TRATADO DE DERECHO ADMINISTRATIVO

Tomo I: El Derecho administrativo y sus principios fundamentales

Allan R. Brewer–Carías

Profesor de la Universidad Central de Venezuela (desde 1963)
Simón Bolívar Professor, University of Cambridge (1985–1986)
Professeur Associé, Université de Paris II (1989–1990)
Adjunct Professor of Law, Columbia Law School, New York (2006–2008)

TRATADO DE DERECHO ADMINISTRATIVO

Derecho Público en Iberoamérica

TOMO I

EL DERECHO ADMINISTRATIVO Y SUS PRINCIPIOS FUNDAMENTALES

FUNDACIÓN DE DERECHO PÚBLICO
EDITORIAL JURÍDICA VENEZOLANA

CARACAS 2013

Primera Edición Tapa dura, 2013

Editorial CivitasAranzadi S.A.
Camino de Galar, 15,
31190 Cizur Menor, Navarra, España
ISBN: 978-84-470-4410-8 (Obra Completa) (Tapa dura)
ISBN: 978-84-470-4387-3 (Tomo I) (Tapa dura)
Depósito Legal NA 934/2013

Primera Edición Tapa rústica, 2013

http://www.allanbrewercarias.com
Email: allan@brewercarias.com

Fundación de Derecho Público
Editorial Jurídica Venezolana
Avda. Francisco Solano López, Torre Oasis, P.B., Local 4, Sabana Grande,
Apartado 17.598 – Caracas, 1015, Venezuela
Teléfono 762.25.53, 762.38.42. Fax. 763.5239
http://www.editorialjuridicavenezolana.com.ve
Email fejv@cantv.net

Hecho el Depósito de Ley
ISBN: 978-980-365-205-0 (Obra Completa) (Tapa rústica)
ISBN: 978-980-365-206-7 (Tomo I) (Tapa rústica)
Depósito Legal: lf54020133403071

Texto levantado por Francis Gil, Mirna Pinto, Arelis Torres
Time New Roman, Interlineado Exacto 11, Mancha 13x19,5

PLAN GENERAL
DE LA OBRA

TOMO I

EL DERECHO ADMINISTRATIVO Y
SUS PRINCIPIOS FUNDAMENTALES

TOMO II

LA ADMINISTRACIÓN PÚBLICA

TOMO III

LOS ACTOS ADMINISTRATIVOS Y
LOS CONTRATOS ADMINISTRATIVOS.

TOMO IV

EL PROCEDIMIENTO ADMINISTRATIVO

TOMO V

LA ACCIÓN DE LA ADMINISTRACIÓN:
PODERES, POTESTADES Y RELACIONES CON LOS ADMINISTRADOS

TOMO VI

LA JURISDICCIÓN CONTENCIOSO ADMINISTRATIVA

PLAN GENERAL
DEL TOMO I

PRESENTACIÓN
LUCIANO PAREJO ALFONSO

LIBRO PRIMERO:

SOBRE EL CONCEPTO DEL DERECHO ADMINISTRATIVO

Sección Primera: EN TORNO AL CONCEPTO DEL DERECHO ADMINISTRATIVO (1984/2008)

Sección Segunda: MARCO CONSTITUCIONAL DEL DERECHO ADMINISTRATIVO (2007)

LIBRO SEGUNDO:

SOBRE LOS FUNDAMENTOS CONSTITUCIONALES DEL DERECHO ADMINISTRATIVO

Sección Primera: BASES CONSTITUCIONALES DEL DERECHO ADMINISTRATIVO (1982)

Sección Segunda: SOBRE LA CONSTITUCIONALIZACIÓN DEL DERECHO ADMINISTRATIVO EN COLOMBIA (1993)

Sección Tercera: SOBRE LA CONSTITUCIONALIZACIÓN DEL DERECHO ADMINISTRATIVO EN VENEZUELA (2000)

Sección Cuarta: SOBRE LA CONSTITUCIONALIZACIÓN DEL DERECHO ADMINISTRATIVO EN LA REPÚBLICA DOMINICANA (2012)

LIBRO TERCERO:

SOBRE LOS PRINCIPIOS FUNDAMENTALES DEL DERECHO ADMINISTRATIVO

Sección Primera: EL PRINCIPIO DE LEGALIDAD ADMINISTRATIVA (1964)

Sección Segunda: SOBRE LOS PRINCIPIOS GENERALES DEL DERECHO ADMINISTRATIVO EN LA LEY GENERAL DE LA ADMINISTRACIÓN PÚBLICA EN COSTA RICA (1982)

Sección Tercera: SOBRE LOS PRINCIPIOS FUNDAMENTALES DEL DERECHO PÚBLICO (2005)

LIBRO CUARTO:

SOBRE LOS SUPUESTOS FUNDAMENTALES DEL DERECHO ADMINISTRATIVO

Sección Primera: LOS SUPUESTOS HISTÓRICOS: EL ESTADO MODERNO Y LA CONFIGURACIÓN DEL ESTADO EN VENEZUELA

Sección Segunda: LOS SUPUESTOS SOCIOECONÓMICOS: HACIA LA CONFIGURACIÓN DEL ESTADO DEMOCRÁTICO Y SOCIAL DE DERECHO

Sección Tercera: LOS SUPUESTOS POLÍTICOS: EL RÉGIMEN CONSTITUCIONAL Y POLÍTICO VENEZOLANO

Sección Cuarta: LOS SUPUESTOS ADMINISTRATIVOS: LA ADMINISTRACION PÚBLICA, LA FUNCIÓN ADMINISTRATIVA Y LA ACTIVIDAD ADMINISTRATIVA

LIBRO QUINTO:

SOBRE EL OBJETO DEL DERECHO ADMINISTRATIVO

Sección Primera: LA ADMINISTRACIÓN PÚBLICA Y EL DERECHO ADMINISTRATIVO

Sección Segunda: EL PROCESO DE HUIDA Y DE RECUPERACIÓN DEL DERECHO ADMINISTRATIVO

Sección Tercera: UN PANORAMA GENERAL DEL DERECHO ADMINISTRATIVO

LIBRO SEXTO:

SOBRE LA PERSONALIDAD JURÍDICA EN EL DERECHO ADMINISTRATIVO

Sección Primera: LAS CLASIFICACIONES DE LAS PERSONAS JURÍDICAS

Sección Segunda: LAS PERSONAS JURÍDICAS DE DERECHO PÚBLICO Y LAS PERSONAS JURÍDICAS DE DERECHO PRIVADO

Sección Tercera: LAS PERSONAS JURÍDICAS ESTATALES

LIBRO SÉPTIMO:

SOBRE EL RÉGIMEN GENERAL DE LA CONSTITUCIÓN DE 1999 COMO MARCO DEL DERECHO ADMINISTRATIVO EN VENEZUELA

Sección Primera: BREVE APROXIMACIÓN A LA HISTORIA CONSTITUCIONAL DE VENEZUELA

Sección Segunda: ASPECTOS RELEVANTES DE LAS REFORMAS CONSTITUCIONALES INTRODUCIDAS EN LA CONSTITUCIÓN DE 1999

Sección Tercera: ASPECTOS RELEVANTES DE LA CONSTITUCIÓN POLÍTICA

Sección Cuarta: ASPECTOS RELEVANTES DE LA ORGANIZACIÓN POLÍTICO TERRITORIAL DEL ESTADO

Sección Quinta: ASPECTOS RELEVANTES DE LA CONSTITUCIÓN SOCIAL Y DEL RÉGIMEN DE LOS DERECHOS Y GARANTÍAS

Sección Sexta: ALGUNOS ASPECTOS RELEVANTES DE LA CONSTITUCIÓN ECONÓMICA

Sección Séptima: LOS SISTEMAS DE PROTECCIÓN Y GARANTÍA DE LA CONSTITUCIÓN

REFLEXIÓN FINAL:

SOBRE LA DEMOCRACIA Y EL DERECHO ADMINISTRATIVO

Sección Primera: EL DERECHO A LA DEMOCRACIA ENTRE LAS NUEVAS TENDENCIAS DEL DERECHO ADMINISTRATIVO COMO PUNTO DE EQUILIBRIO ENTRE LOS PODERES DE LA ADMINISTRACIÓN Y LOS DERECHOS DEL ADMINISTRADO (2008)

Sección Segunda: DERECHO ADMINISTRATIVO Y LA DEMOCRACIA A LOS 100 AÑOS DE LA CÁTEDRA DE DERECHO ADMINISTRATIVO (2009)

PRÓLOGO

I

Sólo a quien no conozca suficientemente al Prof. Dr. Brewer-Carías puede asombrar, a la vista de esta obra en seis gruesos tomos, que una vida académica –ciertamente dilatada pero aún en la plenitud de su vigor– haya podido dar de sí hasta el momento fruto tan cuantioso y de tanta calidad. Tanto más cuanto que aquí solo se recoge una parte, por más sustancial que sea, de su producción (falta no solo toda la de objeto estrictamente constitucional, nacional y comparado, sino la todavía referida al Derecho administrativo, pero centrada en ámbitos o sectores específicos del mismo, tales como la economía, la propiedad, la ordenación territorial, el urbanismo y el régimen municipal o el de las empresas públicas). Quienes hemos tenido la fortuna, el placer y el beneficio de ser testigos de su andadura personal, académica, profesional y pública por más de treinta años podíamos, sin embargo, imaginar perfectamente sus dimensiones: la vida del Prof. Brewer es, en efecto, paradigma de la entrega sin condiciones a la vocación jurídica centrada en los problemas de la organización y gestión de la vida colectiva y apoyada en una capacidad de trabajo inusual. El resultado no podía ser otro teniendo en cuenta las dotes que adornan la persona para la tarea en que ha empeñado verdaderamente su vida. Y puede creer el lector que el valor de tal juicio, aunque legítimamente pudiera estarlo, no está condicionado ni por la amistad personal ni por la admiración científica profesadas al autor; la prueba es objetiva y está ahí: la autoridad que tiene reconocida en toda Iberoamérica y el respeto que se le dispensa en Europa. Una autoridad y un respeto que responden exclusivamente al mérito personal. Vaya por delante la acreditación de tal respeto a mi más inmediato alcance: su pertenencia al claustro de la Universidad Carlos III de Madrid, del que formo parte y por decisión del mismo, a título de Doctor Honoris Causa, que en todo caso no ha venido sino a sancionar su pertenencia, por derecho propio, a la comunidad científica jurídico-administrativa española. Invitado permanente a las reuniones anuales de la escuela de García de Enterría, forma parte, en efecto y desde hace muchos años, del Consejo Asesor de la revista emblemática en la materia, la Revista de Administración Pública (la RAP), condición que solo comparte con otros dos Profesores europeos (F. Moderne y L. Vandelli) y uno iberoamericano (D. Figueiredo Moreira). Brewer Carías, por lo demás, está entre los primeros autores latinoamericanos a quien la Revista le publicó un estudio hace ya casi cincuenta años: "Consideraciones sobre la ilegalidad de los actos administrativos en el derecho venezolano," en el N° 43, de enero-abril de 1964.

II

La obra es, en este caso, si cabe, más que en ningún otro, el hombre. Y por eso éste es, como su obra, al propio tiempo multifacético y compacto, tallado en una sola pieza, invariable en su estar en el mundo desde que le conozco. Aun a riesgo de contrariarle, siquiera sean dos pinceladas sobre el autor parecen indispensables antes de realizar cualquier consideración sobre su obra.

Persona agraciada con un carácter favorecedor de la ponderación en el juicio, la curiosidad intelectual, la llaneza, la amistad, la lealtad y la generosidad, ha hecho compatible todo ello con una autoexigencia y disciplina de trabajo fuera de lo común, que se explican sin duda por los sólidos fundamentos morales y éticos de su personalidad. Estas cualidades las ha proyectado en su temprana vocación jurídica y, concretamente, por el Derecho público como forma de dar salida a su preocupación por, y compromiso con, los valores básicos de la convivencia y, por tanto, la organización y gestión de los asuntos públicos; cuestiones que ha afrontado siempre con espíritu constructivo desde la irrenunciabilidad a los valores básicos de la dignidad de la persona, la libertad que le es propia y las libertades y derechos en que se concreta y la democracia en un sistema de Derecho servido por un Estado teñido de la socialidad precisa para hacer realidad los términos de la convivencia definidos en el pacto constitucional. Sin perjuicio de que su mirada nunca ha quedado limitada por las fronteras nacionales, el grueso de su esfuerzo ha sido para su país, lo que le ha llevado –para entenderlo mejor– a desbordar los límites de la disciplina cultivada para interesarse por sus raíces y evolución históricas (los análisis de la evolución constitucional abundan en sus trabajos y la investigación sobre las influencias determinantes del proceso revolucionario y de independencia, de un lado, y las regulaciones y pautas del poblamiento en América en general y la actual Venezuela en particular, de otro lado, son buena prueba de ello).

Se explica así la simultaneidad de su intensa dedicación a la Universidad, es decir, a la docencia y la investigación, con el ejercicio de la profesión de Abogado. Para la primera se preparó proveyéndose de una formación sólida y amplia que en ningún momento ha dejado de cultivar y que le ha permitido desplegar una labor científica de muy amplio espectro en cuanto a los temas abordados: desde los más dogmáticos y centrales hasta los más especializados, entre otros en los sectores financiero y de la ordenación del territorio y el urbanismo. Propiciador, artífice y patrocinador de varias organizaciones e iniciativas colectivas de estudio y cultivo del Derecho público e, incluso, edición de libros y una revista que ha alcanzado gran prestigio, ha sabido compatibilizar esa actividad, en cuanto firme creyente en el enriquecimiento que proporcionan las redes científicas basadas en lazos personales, con la infatigable de establecimiento de contactos y amistades, organización de reuniones, seminarios y congresos y participación activa en asociaciones y reuniones de Profesores iberoamericanos de Derecho público (constitucional o administrativo) a un lado y otro del Atlántico (lo que lo convirtió pronto en un viajero incansable, siempre dispuesto a atender la invitación de un colega y contribuir con su prestigio personal al éxito de la acción programada, además de haber sido el primero que invitó sistemáticamente a los profesores españoles de derecho administrativo a enseñar en América). Actitud, que se corresponde con la acogida en su editorial de obras de Profesores españoles, en cuya lista, además de mi mismo (El concepto de Derecho administrativo), figuran E. García de Enterría (El caso del Banco de Venezuela, T. II, escrito junto con otros autores entre ellos, M.S. Giannini y R. Drago); R. Martín Mateo (Ordenación del Territorio, El sistema institu-

cional); J.R. Parada (La Administración y los Jueces); T. R. Fernández (La nulidad de los actos administrativos), y J. Rodríguez Arana (Aproximación al Derecho administrativo constitucional y El marco constitucional de los entes territoriales). Su éxito en la vida académica tampoco ha impedido que el despacho profesional montado con un colega y amigo se erigiera en una referencia de calidad; despacho, por cierto, en el que se ha forjado un buen puñado de Abogados-Profesores de actual gran prestigio.

La vocación por lo público ha llevado a Brewer, finalmente, a renunciar a muchas cosas y entregarse de lleno a la política en dos momentos importantes de la vida de Venezuela, con, a la postre, consecuencias en modo alguno banales para él y su familia.

La delicada situación político-constitucional generada por la suspensión del Presidente Carlos Andrés Pérez dio paso en junio de 1993, por acuerdo de los principales partidos políticos con representación parlamentaria, a la elección como Presidente de la República (para el resto del mandato) del senador (historiador y periodista) Ramón José Velázquez, que hubo de designar los miembros de su Gabinete al margen de dichos partidos (por decisión de éstos). A. Brewer Carías aceptó el nombramiento, en el Gobierno de transición que había así de formarse, como Ministro de Estado para la Descentralización, cargo que desempeñó hasta febrero de 1994. En el breve periodo de su desempeño del cargo impulsó y puso en marcha la transformación de un Estado materialmente centralizado de democracia de partidos, aunque formalmente federal, en uno por él mismo calificado como Estado democrático descentralizado participativo (memoria presentada a las Cámaras Legislativas reunidas en sesión conjunta en aplicación del artículo 197 de la Constitución, publicada en 1994 bajo el título "Informe sobre la Descentralización en Venezuela 1993"). La estrategia seguida se enmarcó en la Ley Orgánica de Descentralización, Delimitación y Transferencia de Competencias del Poder Público de 1989, pero inefectiva hasta entonces, institucionalizando mecanismos de colaboración interterritoriales (en especial: el Consejo Territorial de Gobierno como lugar de encuentro entre el Gobierno de la República y los de los Estados; el Consejo Nacional de Alcaldes, como mecanismos de diálogo entre el Gobierno central y los gobiernos locales; y, como expresión de la atención especial dispensada a Caracas, el Consejo de Gobierno del Área Metropolitana de Caracas como vehículo idóneo para el establecimiento de un sistema de gobierno específico de dicho área) y desencadenando (con firma ya de algunos convenios en materia de salud pública) el proceso de transferencia a los Estados de competencias exclusivas y concurrentes con el añadido de la actuación, como instrumento complementario, de la encomienda de gestión de servicios de la competencia nacional. Se trataba, en definitiva de operar como Gobierno "bisagra" para la superación de una fórmula política desgastada a otra vertebrada por la mayor participación posibilitada por la descentralización de la organización y el funcionamiento de la República. Y ello desde la conciencia de estarse jugando la continuidad de la democracia, lo que determinaba la necesidad de la conversión del proceso descentralizador un fenómeno que, al adquirir vitalidad y dinámica propias, fuera ya difícilmente reversible.

El segundo momento en que el compromiso con su país ha llevado al Prof. Brewer a la arena política es el proceso constituyente abierto en 1999 tras la celebración de un referéndum consultivo. Su elección como miembro de la Asamblea Nacional Constituyente le permitió participar muy activamente en los debates que condujeron a la vigente Constitución de 1999, aunque, como es obvio, con escaso éxito en cuanto parte de una minoría tan escasa que podría calificarse de simbólica. En todo caso allí defendió los valores por cuya vigencia ha luchado siempre, volviendo, cumplido su mandato, a sus actividades docente, investigadora y profesional pero sin dejar de interesarse activamente por los avatares de la vida pública venezolana.

Ni siquiera el doloroso y dilatado exilio que viene padeciendo –desde el forzado abandono del país en 2005 a raíz de su persecución en relación con los acontecimientos de 2002 y la fijación de su residencia desde entonces y hasta hoy en Nueva York– ha podido quebrar ni su vida personal y familiar, ni, en lo que aquí interesa, su trayectoria docente e investigadora. Antes al contrario, haciendo de la contrariedad ocasión para un nuevo impulso, su actividad como Adjunct Professor *of Law en la Columbia Law School de Nueva York le ha permitido no solo reencontrarse con la enseñanza, sino cumplir nuevas metas en la investigación comparada en el ámbito del Derecho constitucional. Con acento marcado ya en su temprana y persistente preocupación por los derechos constitucionales y su progresividad, fruto de la cual es un importante trabajo –desarrollado en colaboración con el Prof. J.O. Santofimio Gamboa y aún en fase de publicación– sobre el llamado control de la convencionalidad y la responsabilidad del Estado, categoría, la primera, acuñada judicialmente en la aplicación de la Convención Americana de Derechos Humanos de 1969 y expresiva de las potencialidades del proceso de internacionalización del Derecho constitucional para la evolución del contenido e, incluso, el elenco de los derechos constitucionales básicos y el control del poder público desde la perspectiva de su integridad. Y sin por ello disminuir un ápice su contribución a cursos, seminarios y congresos en toda Iberoamérica y en Europa.*

III

Pero vayamos ya a la obra que ahora ve la luz.

La sistematización de los trabajos en ella reunidos dice mucho, desmintiendo la precipitada impresión que su diverso objeto y distinta época pudieran producir, de la consistencia de los planteamientos en ellos sostenidos, conscientes siempre de la tensión en la materia entre la estabilidad y el cambio y la consecuente necesidad de adaptación a éste, pero igualmente de la coherencia de la evolución del pensamiento del autor, cuya honestidad intelectual y científica no rehúye, cuando procede, la rectificación. Si la atención a los procesos políticos, sociales y económicos les presta la frescura de la aceptación de la innovación para hacer frente a la cambiante realidad y su repercusión en las necesidades a satisfacer y, por ello mismo, les continúa prestando actualidad, su consistencia –anclada en un firme suelo de valores presididos por los de la democracia y el imperio del Derecho al servicio de la persona y su libertad en sociedad– remite y encaja todos ellos en una visión de conjunto de la Administración en cuanto uno de los poderes del Estado con una precisa inserción en el complejo entramado de éstos, cuya actividad, decisiva para la realización efectiva del orden constitucional según los programas legislativos, es, por teleológica, servicial del bien común.

Merece desde luego destacarse que esta visión imbrica temprana y acertadamente los Derechos administrativo y constitucional como dimensiones esenciales del Derecho público. De ahí el análisis e identificación de las bases constitucionales de aquél, que previenen e impiden cualquier desarrollo en él con veleidades de autosuficiencia capaz de aislarlo o siquiera apartarlo del orden básico de la convivencia social haciéndole olvidar su razón de ser en el servicio de su efectividad en la vida social diaria y real. El fenómeno de la constitucionalización del Derecho administrativo, trabajosamente asumido en algunas partes del viejo continente, no sobreviene aquí al desarrollo del Dere-

cho administrativo, sino que forma parte del mismo, estando presente desde el primer momento en Iberoamérica en general, pero desde luego en Venezuela y ya decididamente desde la entrada en vigor de la Constitución de 1961, con la que se inicia la construcción del Estado social y democrático de Derecho. En palabras del autor, los principios jurídicos fundamentales del Derecho público venezolano integran el tronco común o bases tanto del Derecho constitucional como del administrativo y se decantan, en un esfuerzo combinado de la jurisprudencia y la doctrina científica, a lo largo de las casi cuatro décadas de aplicación del texto constitucional de 1961, de forma que han podido ser recogidos, como productos maduros, en la Constitución del 30 de diciembre de 1999.

Queda clara así la virtualidad múltiple de la obra, por más que su efectividad en las distintas dimensiones dependa indudablemente de su aprovechamiento por el lector.

IV

El conjunto es, en este caso, más que la mera suma de las aportaciones sucesivas a la ciencia jurídico-administrativa venezolana. Constituye, en verdad, una visión completa de la evolución de los fundamentos y las principales instituciones del Derecho administrativo venezolano y, por tanto, sobre prácticamente el entero ciclo de su formación, desarrollo, consolidación e, incluso, entrada en crisis en el presente Siglo (justamente por la transformación, en la realidad, de sus bases constitucionales fundamentales). Pasa a ser con ello, pues, una fuente a partir de ahora inexcusable para el ulterior estudio de dicho Derecho tanto por la información esencial que proporciona como por quien la suministra: un al propio tiempo actor y testigo significados –pudiera decirse que protagónicos– de su historia, que, además, sigue implicado en ella. La impregnación del relato que resulta de tal información por la posición empeñada en la lucha por el Derecho administrativo venezolano desde el planteamiento antes expuesto lejos de restarle le añade valor.

Se trata de una visión especialmente valiosa, pues resulta de un esfuerzo continuado por la construcción del edificio jurídico-administrativo con materiales ciertamente autóctonos, al servicio de las necesidades reales del país y a la altura de los tiempos, pero por ello mismo no desconocedor, sino –antes al contrario– perfectamente al tanto de los sistemas administrativos tanto del resto de los países iberoamericanos como de los europeos (continental y anglosajón) y de los elementos valiosos incorporables desde ellos sin incurrir en el nefasto mimetismo. "Una de mis preocupaciones fundamentales en la cátedra, y ello siempre he tratado de transmitírselo a mis alumnos –tiene reconocido el autor– ha sido el que el Derecho administrativo en un determinado país, está íntimamente vinculado a su historia, su sistema socio-económico y sus instituciones políticas y administrativas. Por ello, mi tradicional rechazo a exponer un Derecho administrativo neutro, etéreo e intemporal como el que algunas veces se enseña".

No puede dejar de recordarse que cuando el Prof. Brewer Carías inicia su dedicación al Derecho administrativo siendo aún estudiante de la Facultad de Derecho de la Universidad Central de Caracas a finales de los años 50 del S. XX, en los países de América Latina y concretamente en Venezuela esta disciplina –cuyos comienzos, determinados por el incremento de la intervención estatal en la vida económica y social, pueden hacerse remontar todo lo más a bien entrada la tercera década de dicho siglo– estaba lejos de presentar unos perfiles medianamente nítidos. De un lado, era prácticamente desconocida (por no ser objeto de atención, a diferencia de la civil y mercan-

til) la jurisprudencia constitucional y administrativa de las entonces Corte Federal primero y Corte Suprema de Justicia luego (el propio Brewer Carías confiesa que en los dos últimos años de la carrera de Derecho y también, ya como Auxiliar de Investigación, en el Instituto de Derecho Público se dedicó a recopilar, sistematizar y analizar dicha jurisprudencia en el período 1950-1962 –con una extensión ulterior al período 1936-1949– en el contexto de su colaboración con el Instituto de Codificación y Jurisprudencia del Ministerio de Justicia) y, de otro, el panorama de la construcción doctrinal no era precisamente alentador: existían solo unos pocos manuales para la enseñanza y un único tratado (el de J.M. Hernández Ron). El juicio del propio autor sobre esta época es de por si concluyente: la ausencia de seguridad sobre las bases mismas del Derecho Administrativo y la consecuente duda sobre la posibilidad real de la sumisión de la Administración a la legalidad.

Es ese estado de cosas en la ciencia del Derecho administrativo el que espolea al joven Brewer Carías para asumir su primer compromiso personal (que anuncia ya la vocación que le ha guiado en toda su trayectoria): el de demostrar la existencia –en virtud de los principios de sumisión a la Ley y responsabilidad por la actuación– de un Derecho Administrativo por pertenecer el sistema venezolano a los de régimen administrativo. Tal compromiso queda cumplido con la publicación de su tesis doctoral bajo el significativo título "Las Instituciones Fundamentales del Derecho Administrativo y la Jurisprudencia Venezolana" (1964); *él mismo lo tiene dicho: "...con la cual [la tesis] en definitiva lo que demostraba fue que sí se podía hablar en Venezuela de un Derecho administrativo basado en la jurisprudencia del Tribunal Supremo que resultó de una riqueza inusitada". Aunque leída en la Universidad Central de Caracas, esa tesis es íntegramente fruto del proceso de maduración como investigador en los cursos de posgrado seguidos a principios de la década de los años 60 del S. XX en la antigua Facultad de Derecho de la Universidad de Paris sita en la Place du Panthéon e impartidos por Profesores tan significados como M. Waline, R. Charlier y Ch. Eisenman; Facultad a la cual regresaría como* Professeur Associé, *treinta años después, en 1989-1990, a enseñar sobre el procedimiento administrativo en el Derecho comparado (Tomo IV).*

Después de ganar el Concurso de Oposición de la Cátedra de Derecho Administrativo en la Universidad Central de Venezuela en 1964, en la prosecución de la labor así emprendida es observable el mismo grado de compromiso: sólo una década después aborda ya la tarea de elaborar un verdadero Tratado del que, sin embargo, solo va a poder ver la luz un primer volumen (incluido en el Libro Cuarto del Tomo I esta obra) bajo el título "Derecho Administrativo", cuyo contenido es fruto de la estancia –entre 1972 y 1974 y en calidad de Visiting Scholar– *en el Trinity College y el Centro de Estudios Latinoamericanos de la Universidad de Cambridge (Inglaterra), durante la cual su preocupación se centró –entre otros temas– en el Estado democrático y social como supuesto para el estudio del Derecho administrativo. Diez años después regresaría a la misma Universidad de Cambridge, esta vez como Fellow del Trinity College y* Simon Bolívar Professor *a enseñar en su Facultad de Derecho sobre la justicia constitucional en el Derecho comparado.*

La publicación de la obra que ahora ve la luz ha de verse, pues, como la conclusión (provisional) del empeño bajo forma distinta de la inicialmente proyectada.

V

La articulación sistemática, el tratamiento de todas las cuestiones esenciales, la atención en cada una de ellas a las novedades de cada momento y la actualidad de los enfoques, planteamientos y soluciones que caracterizan los trabajos aquí reunidos determinan el desbordamiento del valor histórico y justifican plenamente el título de la obra: se está ante un verdadero tratado de la materia. Y un tratado que conserva actualidad gracias a la vitalidad que a los materiales de su construcción prestan los planteamientos del autor, atentos siempre a los fenómenos en curso y anticipadores de las soluciones para su tratamiento jurídico adecuado. Quien quiera conocer los fundamentos, la lógica, la estructura y la dinámica del Derecho administrativo –dese luego del venezolano, pero también en general de la América de habla hispana (como prueba el Tomo I y IV) no puede prescindir, pues, de esta obra.

La consistencia se la otorga su descanso en un potente soporte: el que ofrece la consideración de la administración (organización y actividad) como embebida en el orden constitucional organizativo y sustantivo (Tomo I), entendido éste, a su vez, como abierto y poroso a la dimensión tanto supranacional (resultante de los procesos de integración regional) como internacional. La facilidad de tal configuración se explica por tres datos:

a) *La temprana afirmación en Iberoamérica y, desde luego, en Venezuela (a diferencia de lo sucedido en Europa continental) de la normatividad y aplicación inmediata y directa de la Constitución considerada, además, como lex superior a cualquier otra en el orden interno. Como señala el autor, ya la antigua Corte Suprema de Justicia había establecido, en Venezuela y dando un giro completo a la precedente jurisprudencia, la inexistencia en el texto constitucional de normas puramente programáticas.*

b) *La admisión de la llamada "supraconstitucionalidad" (la determinada en el plano internacional por tratado), en materia de derechos humanos, propiciadora del luego técnicamente denominado control de convencionalidad. No obstante, debe señalarse que Venezuela ha resuelto recientemente (en 2012) denunciar la Convención (lo que no empece a la defensa por el autor, si cabe más empeñada aún, de la apuntada supraconstitucionalidad, como demuestra su reciente trabajo –aún inédito y ya aludido– sobre el control de la convencionalidad).*

c) *La apertura a la integración supranacional que, en el caso de Venezuela, se produjo desde 1961 sobre la base una previsión genérica del texto constitucional, pero que a partir de 1999 descansó en un precepto que, expresamente i) promueve y favorece la integración latinoamericana y caribeña con el horizonte de una comunidad regional de naciones; ii) autoriza a la República para suscribir tratados internacionales que conjuguen y coordinen esfuerzos para promover el desarrollo común de dichas naciones y garanticen el bienestar de los pueblos y la seguridad colectiva de sus habitantes; y iii) habilita a la República, en concreto, para atribuir a organizaciones supranacionales el ejercicio de las competencias necesarias para llevar a cabo los pertinentes procesos de integración (con expresa previsión de que las normas adoptadas en el marco de los acuerdos de integración se considerarán parte integrante del ordenamiento legal vigente y de aplicación directa y preferente a la legislación interna). No obstante estas previsiones, también debe señalarse que Venezuela resolvió retirarse (2006) de la Comunidad Andina de Naciones, quizás el más acabado intento de integración regional en la América Hispana.*

El concepto de Administración y Derecho administrativo no es, pues, un a priori *modelador de los heterogéneos y proteicos elementos de la materia, sino resultado meditado sobre la base de un prolongado estudio de la primera en cuanto objeto del segundo, combinado con la directa experiencia en la gestión pública desde diferentes posiciones, y del análisis y aplicación de las regulaciones que la programan (Tomo I). La sujeción de la Administración –en su doble e inescindible dimensión de organización (Tomo II) y actividad (Tomo III)– al servicio del interés general no desconoce así, ni la complejidad actual de éste, determinante de la dificultad de su contraposición ontológica simple –en su cualificación como público– al interés privado o particular, ni su progresiva ampliación para incorporar las dimensiones supranacional e internacional.*

Igual modernidad presentan las formas de la acción administrativa (Tomo V), concretamente la diferenciación, en el seno de la normativa y por más que pudiera ser discutible en los términos en que se formula, de la tan de actualidad consistente en la regulación (especialmente en Europa y en virtud –en combinación con la llamada privatización– de la transición del Estado prestador de servicios al Estado garante de dicha prestación, que adopta fundamentalmente la forma de Estado regulador). Pero no solo ellas, sino también el tratamiento de los temas centrales de la organización y el funcionamiento administrativos: de un lado, el de la personalidad de las estructuras en que aquélla se desagrega y su relación con el régimen de la actividad de las mismas (Tomo I), y, de otro, el esquema de fuentes de dicho régimen, especialmente interesante por lo que hace a la de carácter contractual.

La correcta relativización, en el Derecho público, del dato de personalidad (mero arbitrio técnico e instrumental para la imputación jurídica de las relaciones jurídico-administrativas resultantes de la acción interna de servicio al interés general) explica la acertada negación de personalidad al Estado como un todo. El autor es claro al respecto al sostener que: "... El problema, en todo caso, es un problema de Derecho positivo, por lo que en la actualidad la distinción entre "personas públicas" y "personas privadas" no es posible establecerla, pues ese criterio de distinción entre esas realidades no sólo no proviene del Derecho positivo, sino que no responde a la consecuencia que perseguía cuando se formuló: distinguir el régimen jurídico –de derecho público o de derecho privado– aplicable a los sujetos de derecho .... En la actualidad, al contrario, el Derecho positivo y la teoría jurídica nos muestran en realidad sólo dos criterios para afrontar la multiplicidad de realidades personificadas del Estado: la integración o no de la persona jurídica a la estructura general del Estado, estatales o no estatales (que formen o no parte de la denominada Administración pública descentralizada); y la forma jurídica adoptada por la entidad, originaria del Derecho público (creación por Ley o en virtud de una Ley) u originaria del Derecho privado".

La apuntada relativización implica de suyo, pues, la paralela de la separación de sociedad y Estado, de lo público y lo privado, como esferas estancas. Lo que descansa, a su vez, en un entendimiento cabal y muy actual de los fenómenos modernos de publificación del Derecho privado y de privatización del Derecho público como manifestación de la interpenetración de ambas dimensiones. Es fácil entender así la comprensión del ordenamiento jurídico-administrativo no como un universo autosuficiente, sino como parte del ordenamiento total y único en permanente relación dialéctica y recíprocamente integradora con el Derecho privado. Posición del todo compartible que lleva a la acertada apreciación de que una actividad de la Administración regida por el Derecho administrativo no deja de estarlo por el mero hecho de la aplicabilidad, según las circunstancias y a las correspondientes relaciones, de normas propias del Derecho privado. Pues no hay anormalidad alguna en ello, toda vez que explicable enteramente en el seno de la correcta integración de la normativa aplicable al caso. La prueba más clara la aporta la actividad contractual, tanto más cuanto que en ella se admiten, sin escándalo doctrinal, el arbitraje y las consecuencias que de tal apartamiento del control judicial general se derivan justamente para la determinación del Derecho aplicable a las reclamaciones de orden contractual (Tomo III). Estas consecuencias son, por demás de gran alcance hoy en virtud de la mundialización de la economía y la protección internacional de las inversiones extranjeras básicamente mediante tratados bilaterales previsores de la sujeción de los Estados contratantes a la fórmula arbitral no acompañada de previsiones sustantivas de gobierno de las relaciones contractuales.

El control judicial de la actividad administrativa, con el que se cierra la obra (Tomo VI) y estas consideraciones, presenta la peculiaridad –poniendo de evidencia, una vez, más la consistencia con el concepto del Derecho administrativo inicial- del tratamiento conjunto de los de constitucionalidad y legalidad, lo que no es sino consecuencia lógica del papel desempeñado por la Constitución como norma en general en Iberoamérica, pero especialmente en Venezuela, y el sistema de control diseñado para su efectividad. En ese Tomo destaca la compatibilización del énfasis en la completud y efectividad del control de la acción del poder público y la centralidad en tal control de la integridad de los derechos constitucionales individuales con la preservación de la idoneidad del poder público administrativo como un todo para cumplir su misión constitucional de servicio al interés general.

Getafe (Madrid), a veintiocho de enero de dos mil trece.

Luciano Parejo Alfonso
Catedrático de Derecho Administrativo
Universidad Carlos III de Madrid

A la memoria de Eduardo García de Enterría,
amigo de siempre

PRESENTACIÓN

Esta empresa de editar un ***Tratado de Derecho Administrativo*** *es el resultado de dos intentos anteriores en acometer una obra de largo alcance sobre la materia, los cuales, por diversas razones, a pesar de todo mi interés, no llegaron a cristalizar sino parcialmente. Pero como "a la tercera la vencida," ahora aparece este* ***Tratado de Derecho Administrativo****, en el cual recojo, sistematizada, toda mi extensísima obra en esta disciplina publicada durante los últimos cincuenta años, y que está dispersa tanto por los diversos temas tratados, como por el sitio geográfico de su publicación. Aparte de lo importante que ello es para la comprensión global de mi obra en la materia, el hecho de que salgan ahora publicados estos seis Tomos, a comienzos de 2013, después de más de una década de demolición del Estado de derecho en Venezuela, y con ello, de las bases mismas del derecho público en el país, tanto del derecho constitucional como del derecho administrativo, la publicación es un testimonio en si misma del desarrollo extraordinario que tuvo la disciplina, lo que en el futuro, cuando se trate de reconstruir el Estado de derecho en el país, constituirá una herramienta fundamental.*

Recoger todo ese material y preparar, con base en ello, una nueva obra totalmente actualizada que tratara todo el derecho administrativo, como hubiera sido lo ideal, a estas alturas de mi vida hubiera requerido el que pudiera disponer de otra vida, con la misma intensidad, dedicación e interés como la que he tenido el privilegio de vivir hasta ahora. Como ello ya no era posible, pues a pesar de que la vida es larga, también es breve, he optado por rescatar, recopilar y publicar toda mi obra publicada durante las últimas décadas, con la sistematización propia de un ***Tratado,*** *pues en ella, materialmente, he considerado todos los temas de la disciplina. Al emprender esta tarea, lo que en definitiva hice con conocimiento de causa, fue adelantarme a la iniciativa que quizás algún generoso antiguo alumno o amigo hubieran podido tener en el futuro para cuando ya me toque no poder circular más por estas avenidas de la vida, de efectuar esa labor de búsqueda, recopilación y sistematización. Es claro que nadie mejor que yo, quien conozco todos los vericuetos de mi obra, podría hacer ese trabajo, de manera que como sé, además, lo difícil que hubiera sido para otra persona acometerlo, aquí está el trabajo hecho por el propio autor antes de que le toque irse.*

Esta empresa, ahora, sin embargo, no hubiese podido haber cristalizado si no es porque previamente tuve las iniciativas anteriores de producir un ***Derecho Administrativo*** *en varios tomos, en 1975 y luego 2005, con toda la intención de concluirlos. Ello no fue posible, pues la vida, particularmente la académica, no siempre responde a planes preconcebidos, que a veces las circunstancias obligan a cambiar. Por ello, el primer proyecto de 1975 no pasó de un tomo, y el segundo de 2005 de dos tomos.*

Uno de los motivos de la interrupción de dichos proyectos, sin duda, fue el hecho de que por la situación de crisis terminal en la cual comenzaba a entrar el sistema político venezolano, después de 1975, el derecho constitucional comenzó a acaparar mi atención, al cual dediqué muchísimas horas que culminaron con la edición de muchos li-

bros y trabajos sobre las instituciones políticas y constitucionales del país, que luego integraron mi obra en siete tomos sobre las ***Instituciones Políticas y Constitucionales,*** *editadas bajo el sello editorial de la Universidad Católica del Táchira y la Editorial Jurídica Venezolana, Caracas-San Cristóbal, 1996-1998. Pero no concluyó allí mi obligado interés en los temas constitucionales, pues el proceso constituyente de 1999, la elaboración de una nueva Constitución, y las secuelas constitucionales del comienzo del desmantelamiento de la institucionalidad democrática que se produjo luego de la labor de la Asamblea Nacional Constituyente de 1999, exigieron mi atención prioritaria.*

Sin embargo, luego vino el segundo intento de publicar una obra extensa de Derecho Administrativo que se inició en Bogotá, en 2005, y del cual sólo aparecieron dos tomos bajo el sello editorial de la Universidad Externado de Colombia y de la Universidad Central de Venezuela. La vida, sin duda, da vueltas, de manera que precisamente cuando salían publicados simultáneamente en Bogotá y en Caracas dichos dos primeros tomos de esa obra, pensando que podía dedicarle a la tarea subsiguiente buena parte de mi tiempo, no pude ni siquiera participar en la presentación pública de la obra ni en Bogotá ni en Caracas, pues semanas antes de su aparición, ya me encontraba en Nueva York, forzosamente exilado por la persecución política en mi contra de la cual he sido víctima en mi país. La vida en Nueva York, alejado de mi hábitat familiar y académico de Caracas, alejado de mi práctica profesional y de mi oficina de abogados, y sobre todo, alejado de mi biblioteca, tuvo sus repercusiones, no en la intensidad del trabajo académico e intelectual, que continuó y nunca cesó, sino en el cambio necesario de planes.

De entrada fui llamado a dar clases en la Facultad de Derecho de la Universidad de Columbia, en Nueva York, donde me acogieron de inmediato como profesor adjunto, lo cual para mí fue un privilegio que agradezco mucho, pero no exento de repercusiones, como fue la necesidad de orientar mi trabajo y mis investigaciones hacia puntos alejados del derecho administrativo, y que seguían en la órbita del derecho constitucional. El curso que dí en Columbia, en efecto, fue sobre la acción de amparo en el derecho constitucional comparado latinoamericano, lo que acaparó mi atención en paralelo a mi constante interés en el proceso constitucional en Venezuela, que no cesó de interesarme, particularmente por las ejecutorias del Tribunal Supremo de Justicia como Juez Constitucional. Ello me llevó a analizar con toda regularidad sus actuaciones, lo que sigo haciendo, de lo cual he salido convencido de que si el autoritarismo se apoderó de la República ello fue posible por el asalto efectuado al Tribunal Supremo y por el control político del cual ha sido objeto. Por ello, éste se convirtió en el instrumento más letal del autoritarismo para desmantelar las instituciones del Estado de Derecho y la democracia en el país, desde dentro del Estado mismo.

Pero con todo, la idea de acometer la sistematización de toda mi obra en derecho administrativo siempre estuvo circulando, y es por ello que ha cristalizado ahora con esta empresa del ***Tratado de Derecho Administrativo*** *que se publica ahora a mi manera. En estos seis Tomos, al fin, está publicado ordenadamente todo lo que he escrito en cinco décadas en relación con la teoría del derecho administrativo (esta obra no abarca lo escrito respecto de la materia administrativa, referida por ejemplo, al régimen de la economía, del urbanismo o de la ordenación del territorio), y que ha aparecido en libros y en artículos publicados en Revistas y Obras colectivas en casi todos los países de América Latina y en varios países europeos, y que, por supuesto, nadie, salvo yo, podía saber dónde, cuándo y en qué forma aparecieron, y cómo conseguirlos. La tarea ya está hecha.*

Como para integrar esta obra he tenido que recurrir a textos míos escritos y publicados antes de que la era digital comenzara, cuando todavía el olor a plomo y tinta de la tipografía impregnaba los libros, ha habido que proceder a efectuar el escaneo y digitalización de los mismos, para lo cual he tenido la fortuna de contar con la colaboración de mis secretarias Arelis Torres, Francis Gil y Mirna Pinto, a quienes una vez más quiero agradecer toda su ayuda. Francis Gil, además, ha tenido a su cargo la coordinación del formateo editorial definitivo de la obra, siguiendo la pauta que tenía visualizada, la cual ha interpretado a cabalidad. Mi renovado agradecimiento por toda su colaboración.

En la empresa de mi vida dedicada al estudio del derecho, he tenido el privilegio de haber tenido siempre la compañía vital y el apoyo permanente de Beatriz, desde cuando nos casamos en 1961 al terminar yo el cuarto año de la carrera de derecho en la Universidad Central de Venezuela. Desde esa época de estudiante ella ha sido el testigo fiel, y en buena parte la motivación central de mi trabajo intelectual. Siempre conté con su compañía, apoyo y amor, que es en definitiva lo que me ha permitido tener la tranquilidad necesaria para el trabajo intelectual. Por ello siempre le he dedicado a ella mis trabajos, por lo que, por supuesto, también le dedico éste que es, en cierta forma, la cosecha de tantos años de esfuerzos juntos.

Esta obra aparece publicada por la prestigiosa Editorial Civitas Aranzadi (Thomson Reuter) de Madrid, con los auspicios de la Fundación de Derecho Público y de la Fundación Editorial Jurídica Venezolana, instituciones éstas últimas que establecí hace ya décadas en Caracas, precisamente para apoyar la difusión de estudios de esta naturaleza. Mi agradecimiento, en todo caso, a mis queridos y admirados amigos de tantos años: Eduardo García de Enterría, Jesús González Pérez y Tomás Ramón Fernández del Consejo Editorial de Civitas por el apoyo que le dieron a la decisión de publicar esta obra en Madrid. Mi agradecimiento, además, a Iñigo Moscoso del Prado Hernández, responsable de la Editorial Civitas Aranzadi, por la acogida que le dio a esta iniciativa. La escogencia del lugar de edición, por lo demás, no fue por azar, teniendo dos motivaciones específicas: por una parte, porque con la publicación de la obra en Madrid, sin duda hay mayores posibilidades de que pueda tener proyección hacia todos los paises iberoamericanos, más que si hubiera aparecido en Caracas o en otra de las capitales latinoamericanas; y por la otra, por mi vínculo con el mundo académico del derecho administrativo español, que se remonta a medio siglo, desde cuando comencé a tomar contacto personal con todos los profesores de la época, cuando recién comenzaban a hacer Escuela, como fue el caso de Eduardo García de Enterría, Fernando Garrido Falla, Jesús González Pérez, Rafael Entrena Cuesta, y Laureano López Rodó, y a través de ellos, con sus alumnos y con los alumnos de sus alumnos.

Pero fue con Eduardo García de Enterría con quien mantuve mayor y constante comunicación desde que nos conocimos en 1963, y a través de él, con sus colaboradores inmediatos a quienes fui conociendo y apreciando sucesivamente, entre ellos, Ramón Martín Mateo, Sebastián Martín Retortillo, Alejandro Nieto, Ramón Parada Vázquez, Tomás Ramón Fernández, Lorenzo Martín Retortillo, Juan Alfonso Santamaría Pastor, Luis Cosculluela Montaner, Francisco Sosa Wagner, José Bermejo Vera, Santiago Muñoz Machado, Enrique Gómez Reino, Tomás de la Cuadra Salcedo, Rafael Gómez Ferrer, Luis Martín Rebollo, Fernando Sainz Moreno y Luciano Parejo Alfonso, para sólo referirme a los primeros, lo que me ha llevado a tener el honor y privilegio de haber sido miembro de la Escuela de Enterría por muchos años, habiendo así compartido regularmente con todos ellos, y con los demás componentes de la misma.

Entre todos, en particular, quiero agradecerle especialmente al profesor Luciano Parejo Alfonso, mi amigo de tantos años, el que haya aceptado prologar esta obra. Él ha sido en las últimas décadas un testigo de excepción, no solo de mi permanente interés y dedicación por nuestra disciplina, sino de mi persistente esfuerzo por estrechar los lazos entre los profesores españoles y los iberoamericanos. En España, él fue, sin duda, la contraparte efectiva que tuve para estrechar esos lazos, lo cual todos los profesores de América Latina le agradecemos mucho. Esa actividad pionera de Luciano es lo que explica, por ejemplo, el logro de quienes luego lo han seguido en ese esfuerzo, como es el caso del profesor Jaime Rodríguez Arana, a quien también se le debe agradecer la organización del Foro Iberoamericano de Derecho Administrativo que tanto éxito ha tenido en los últimos años.

Nueva York, febrero de 2013.

***Addendum* a la PRESENTACIÓN,**

con ocasión de la edición del Tratado, en Tapa rústica,
por la Editorial Jurídica Venezolana, Caracas.

*La impecable edición de este **Tratado**, realizada por la Editorial Thomson-Aranzadi-Civitas, en **Tapa dura**, comenzó a circular en España en los primeros días del mes de septiembre de 2013. Por ello, lamentablemente, mi querido amigo Eduardo García de Enterría, quien supo de ella, sin embargo no pudo llegar a verla, como era mi deseo, y no pudo tener los Tomos en sus manos, como sé le hubiera gustado.*

Se nos fue el querido Eduardo, Maestro de todos los que nos dedicamos a esta disciplina en el mundo de habla hispana, dejando, sin embargo, bien cimentada y con sello bien marcado, una obra que no tiene parangón en la historia del derecho administrativo del mundo hispano.

Tuve el privilegio de conocer a Eduardo García de Enterría hace exactamente cincuenta años, en el verano de 1963; él, recién instalado en la Universidad Central (hoy Complutense) de Madrid, después de unos años de enseñanza en la Universidad de Valladolid, y yo, preparándome para regresar a Caracas a comenzar mi enseñanza en la Universidad Central de Venezuela, estando en ese entonces en el proceso de terminar de escribir mi tesis de grado en París. Así, estando de visita circunstancial en Madrid, lo llamé por teléfono, y como siempre hizo con tantos otros que lo contactaron, con la bonhomía que siempre lo caracterizó, sin saber nada de mí salvo que estaba trabajando la disciplina, me recibió, incluso me pidió una colaboración para la Revista de Administración Pública *que dirigía, y desde allí se selló una relación de amistad, de la cual solo tuve manifestaciones de afecto, aliento y solidaridad de su parte. Nos hará falta; y sin duda, será difícil regresar a Madrid y no encontrarlo. Pero quedan sus discípulos, y sobre todo su Escuela, la cual junto con su admirada Amparo, supo construir con pulso y afecto.*

*Por ello, a su memoria, y a los tantos años de amistad que mantuvimos, va dedicada esta edición caraqueña del **Tratado**.*

Nueva York, octubre de 2013

LIBRO PRIMERO:

SOBRE EL CONCEPTO DEL DERECHO ADMINISTRATIVO

Este Libro Primero está conformado por dos estudios generales publicados hace varios lustros sobre el concepto del derecho administrativo y su marco constitucional.

El primero de los estudios tuvo su origen remoto en la ponencia que presenté sobre "Bases constitucionales del Derecho Administrativo en Venezuela," en las Primeras Jornadas Venezolano–Colombianas de Derecho Público, que organicé en 1983 en Caracas, en el Instituto de Derecho Público de la Universidad Central de Venezuela conjuntamente con el Colegio Mayor Nuestra Señora del Rosario de Bogotá. Su texto fue publicado con el título "El concepto del derecho administrativo en Venezuela," *Revista de Administración Pública*, N° 100–102, Vol. I, Madrid, enero–diciembre 1983, pp. 685–704, y fue incluido luego en mi libro *Estudios de derecho administrativo*, Ediciones Rosaristas, Colegio Nuestra Señora del Rosario, Bogotá 1986, pp. 7–24. Con el título de "Bases constitucionales del Derecho Administrativo en Venezuela," se publicó en la *Revista de Derecho Público*, N° 16, Editorial Jurídica Venezolana, Caracas, octubre–diciembre 1983, pp. 5–20, y luego se incluyó en el *Archivo de Derecho Público y Ciencias de la Administración. El Derecho Público en Venezuela y Colombia*, Vol. VII, 1984–1985, Instituto de Derecho Público, Facultad de Ciencias Jurídicas y Políticas, Universidad Central de Venezuela, Caracas 1986, pp. 215–231, que recogió las Ponencias al Seminario de 1983. El mismo tema lo seguí trabajando, y lo traté en el "Prólogo" que escribí para el libro de Luciano Parejo Alfonso, *El concepto del derecho administrativo*, Colección Estudios Jurídicos, N° 23, Editorial Jurídica Venezolana, Caracas 1984, pp. 5–24. El texto que se publica en este Libro es el del Prólogo sobre "El concepto del derecho administrativo," a la Segunda Edición del libro de Luciano Parejo Alfonso, *El concepto del derecho administrativo*, Universidad Externado de Colombia, Editorial Jurídica Venezolana, Bogotá 2008, pp. 23–85;

El segundo de los estudios que forman esta Introducción General tuvo su origen en la Ponencia sobre "Marco constitucional del derecho administrativo en Venezuela" que presenté al IV Congreso Iberoamericano de Derecho Administrativo, celebrado en Quito en 2006, y que fue publicada en la *Revista Ibe-*

***roamericana de Derecho Público y Administrativo*, Asociación e Instituto Iberoamericano de Derecho Administrativo Prof. Jesús González Pérez, Colegio de Abogados de Costa Rica, Año 9, N° 9, San José, 2009, pp. 127–153; y en el libro coordinado por Víctor Hernández Mendible, *Derecho administrativo Iberoamericano. 100 autores en homenaje al postgrado de Derecho Administrativo de la Universidad Católica Andrés Bello*, Ediciones Paredes, Caracas 2007, Tomo I, pp. 183–220. Dicho estudio se incluyó también en mi libro *Estudios de derecho administrativo 2005–2007*, Colección Estudios Jurídicos, N° 86, Editorial Jurídica Venezolana, Caracas 2007, pp. 9–58.**

Sección Primera: EN TORNO AL CONCEPTO DEL DERECHO ADMINISTRATIVO (1984-2008)

"Prólogo" a la segunda edición del libro de Luciano Parejo Alfonso, *El concepto del derecho administrativo,* Universidad Externado de Colombia, Editorial Jurídica Venezolana, Bogotá 2008, pp. 23–85. La primera edición de dicha obra apareció en la Colección Estudios Jurídicos, N° 23, Editorial Jurídica Venezolana, Caracas 1984. El prólogo a dicha primera edición se publicó en pp. 5–24. Los antecedentes remotos del estudio contenido en el Prólogo fueron: "El concepto del derecho administrativo en Venezuela," *Revista de Administración Pública*, N° 100–102, Vol. I, Madrid, enero–diciembre 1983, pp. 685–704, que fue incluido luego en mi libro *Estudios de derecho administrativo*, Ediciones Rosaristas, Colegio Nuestra Señora del Rosario, Bogotá 1986, pp. 7–24; y "Bases constitucionales del Derecho Administrativo en Venezuela," *Revista de Derecho Público*, N° 16, Editorial Jurídica Venezolana, Caracas, octubre–diciembre 1983, pp. 5–20, que se incluyó en el *Archivo de Derecho Público y Ciencias de la Administración. El Derecho Público en Venezuela y Colombia*, Vol. VII, 1984–1985, Instituto de Derecho Público, Facultad de Ciencias Jurídicas y Políticas, Universidad Central de Venezuela, Caracas 1986, pp. 215–231.

El concepto del derecho administrativo, por supuesto, ha sido el tema fundamental que nos ha ocupado a todos los que nos hemos interesado por esta disciplina.[1] El intento de definir esta rama del derecho, sin duda, se encuentra al inicio de todo Manual y Tratado de Derecho Administrativo; sin embargo, en más de una ocasión, definida la disciplina, encontramos en los Manuales y Tratados que en su desarrollo van más allá de lo que se definió inicialmente.

Nosotros mismos hemos señalado que puede admitirse que "el derecho administrativo es aquella rama del derecho que regula a la Administración Pública como complejo orgánico, su organización y funcionamiento; que norma el ejercicio de la función admi-

1 *V.* "El concepto del Derecho Administrativo en Venezuela," en *Revista de Administración Pública*, N° 100–102, Vol. I, Madrid, enero–diciembre 1983, pp. 685–704; "El concepto del derecho administrativo en Venezuela", *Estudios de derecho administrativo*, Ediciones Rosaristas, Colegio Nuestra Señora del Rosario, Bogotá 1986, pp. 7–.24; "Bases constitucionales del Derecho Administrativo en Venezuela", en *Revista de Derecho Público*, N° 16, Editorial Jurídica Venezolana, Caracas, octubre–diciembre 1983, pp. 5–20, y en *Archivo de derecho público y ciencias de la Administración, El derecho público en Venezuela y Colombia*, Vol. VII, 1984–1985, Instituto de Derecho Público, Facultad de Ciencias Jurídicas y Políticas, Universidad Central de Venezuela, Caracas 1986, pp. 215–231

nistrativa por los órganos del Estado; que regula la actividad administrativa del Estado, que norma, también, las relaciones jurídicas que se establecen entre la Administración Pública y los administrados, con motivo del ejercicio de la función administrativa o de la realización de alguna actividad administrativa". En razón de éste, su objeto, estrechamente vinculado al ejercicio del Poder Público, es que se lo ubica dentro de las ramas del derecho público. Sin embargo, también hemos señalado que iniciar el estudio del derecho administrativo, con un intento definitorio a priori de su contorno, podía provocar una peligrosa distorsión respecto de su real contenido. Por ello, admitimos como premisa de todo el estudio del derecho administrativo, que más importante que su definición, es la comprensión de su objeto; y que sólo una vez situado éste, inmerso en una determinada realidad, es que una definición podría tener realmente sentido.

(...)

De la definición, que formulamos inicialmente, por supuesto, resulta claro nuestro rechazo a adoptar un criterio único para definir nuestra disciplina. No se trata de una definición orgánica, ni de una definición material, ni de una definición formal. Insistimos, "El Dorado" no existe en esta rama del derecho, y no creemos que exista el criterio clave absoluto para definir el Derecho Administrativo. De allí que optemos por una definición mixta, que mezcla los diversos criterios, y ello responde a una realidad de nuestra materia: el contenido de la misma es heterogéneo y mutable. El Derecho Administrativo de hace cinco o tres décadas, no es el mismo del mundo contemporáneo, y ello por una razón fundamental: el Derecho Administrativo regula una parcela fundamental de la acción del Estado, y el Estado de la década de los años treinta o cincuenta, sobre todo en nuestros países latinoamericanos, no tiene nada que ver con el Estado Contemporáneo. Por ello, siendo el contenido del Derecho Administrativo heterogéneo y mutable, mal podríamos encontrar un criterio único e inmutable para definirlo.

Ahora bien, en la definición que hemos dado, si bien es de carácter mixto, podemos identificar claramente el contenido del Derecho Administrativo en Venezuela.

Hemos dicho que nuestra disciplina regula, en primer lugar, a la Administración Pública como complejo orgánico dentro de la estructura del Poder del Estado. Ello nos conduce, necesariamente, a identificar el sistema de distribución del Poder Público en Venezuela, donde encontramos una de las bases fundamentales de nuestro Derecho Administrativo; distribución que por nuestra peculiar forma federal del Estado no sólo es horizontal, sino vertical. A comentar este aspecto dedicaremos la primera parte de este prólogo.

También hemos dicho, en segundo lugar, que el Derecho Administrativo regula el ejercicio de la función administrativa, lo que nos obliga a identificar las diversas funciones del Estado, como tareas esenciales, cuya diferenciación no coincide ni con la separación de poderes ni con determinadas actividades estatales. Allí está la segunda de las bases fundamentales del Derecho Administrativo en Venezuela, la cual analizaremos en una segunda parte.

Además, hemos dicho que el Derecho Administrativo regula a la actividad administrativa, como una de las actividades del Estado que en nuestro país, se realiza por todos los órganos del mismo, en ejercicio de variadas funciones. Identificar la actividad administrativa, renunciando al criterio orgánico, pues no sólo es la resultante de la actuación de la Administración Pública, y renunciando al criterio material, pues no sólo es la resultante del ejercicio de la función administrativa, es la tercera de las bases constitucionales del Derecho Administrativo venezolano, que trataremos en una tercera parte, y que nos resulta de la definición propuesta.

Por supuesto, también hemos dicho, en cuarto lugar, que el Derecho Administrativo regula el conjunto de relaciones que se establecen entre la Administración Pública y los administrados o entre los órganos estatales y éstos con motivo del ejercicio de la función administrativa o de la realización de una actividad administrativa, y ello no es otra cosa que un corolario de los tres elementos anteriores.

Esto nos conduce a identificar los sujetos de derecho que actúan en el campo del Derecho Administrativo, y que pueden entrar en esa relación jurídica. En cuanto a los sujetos estatales, su identificación, en muchos países, resulta del sistema de distribución del Poder Público en forma vertical y del proceso de descentralización funcional, que ha provocado la aparición en el mundo contemporáneo de entidades descentralizadas con personalidad propia, lo cual, como dijimos, estudiaremos en la primera parte; y en cuanto a los administrados, su ámbito de acción está íntimamente vinculado al ámbito de intervención del Estado y de regulación y limitación, con base constitucional, de los derechos y garantías, es decir, a la actividad administrativa, la cual, como también dijimos, lo analizaremos en la tercera parte.

I. LA ADMINISTRACIÓN PÚBLICA DENTRO DEL SISTEMA DE DISTRIBUCIÓN DEL PODER PÚBLICO

Hemos señalado que en Venezuela se ha establecido un sistema de distribución del Poder Público, en forma vertical y en forma horizontal, que está a la base de toda la construcción del Estado y, por ende, del derecho que le es aplicable; y por supuesto, por Poder Público entendemos, en la Constitución, la potestad genérica de actuar que tienen los entes estatales y que les permite imponer el interés público sobre el interés particular.

Ahora bien, la distribución vertical del Poder Público, en Venezuela, da origen a un sistema de descentralización político–formal, derivada de la forma federal del Estado; y la distribución horizontal del Poder Público da origen a la separación orgánica de los poderes, siguiendo los criterios clásicos del constitucionalismo moderno. Veamos qué implicaciones tienen estos dos sistemas en nuestro Derecho Administrativo.

1. La distribución vertical del poder público y los sujetos de derecho estatales

Conforme a nuestra Constitución, en sentido vertical, el Poder Público tiene tres ramas, el Poder Nacional, el Poder de los Estados y el Poder Municipal, que se distribuyen en un conjunto de tres niveles de personas jurídicas de derecho público estatales que son, a nivel nacional, la República; a nivel estadal, los Estados que forman la Federación, más las otras entidades políticas federales, como el Distrito Federal o los Territorios Federales; y, a nivel municipal, los Municipios, como división político–territorial de los Estados.

A todas esas personas político–territoriales, en su globalidad, las denominamos "Estado", sin que, sin embargo, salvo en el ámbito internacional, el "Estado", en sí, tenga personalidad jurídica en el ámbito interno.

Por tanto, jurídicamente hablando, y esto tiene una repercusión básica en nuestro Derecho Administrativo, en Venezuela no existe una sola Administración Pública, como complejo orgánico, ni pueden las Administraciones Públicas, como tales, ser personas jurídicas. En efecto, hemos dicho, tenemos tres niveles político–territoriales que son la República, los Estados y los Municipios. Por eso, definitivamente, la Administración Pública en Venezuela, en los tres niveles territoriales, se muestra como subordinada a la instancia político–territorial–estatal respectiva. Así, cada una de estas instancias político–territoriales, tiene su Administración Pública, que no pasa de ser un complejo orgánico, cuya actuación se imputa a la persona jurídico–pública a la cual pertenece.

Este solo aspecto hace inaceptable en Venezuela, la conocida tesis de Eduardo García de Enterría, de definir la Administración Pública como persona jurídica, negándole tal carácter al propio Estado (en nuestro caso, la República a nivel nacional) en el derecho interno, definiendo el Derecho Administrativo como el que regula la actuación de esas personas jurídicas que configuran la Administración Pública. En sus propias palabras, dice: "La personificación de la Administración Pública es el dato primario y sine qua non del Derecho Administrativo", y éste se identifica por ser "el Derecho de las Administraciones Públicas como persona jurídica". Debemos decir, además, que tampoco este criterio es aceptable en Venezuela, pues el Derecho Administrativo en nuestro país, como hemos dicho, si bien regula a la Administración Pública como complejo orgánico, no se agota en ello. De allí que también rechacemos la conocida tesis orgánica de Fernando Garrido Falla, mediante la cual define el Derecho Administrativo como el que regula la Administración Pública como complejo orgánico ubicado en el Poder Ejecutivo, que él mismo ha comenzado a revisar y a abandonar, después de la entrada en vigencia, en España, de la nueva Constitución de 1978.

En todo caso, la identificación del sistema de distribución vertical del Poder Público, y de las personas jurídico–públicas que lo ejercen en las tres ramas territoriales, revalorizan la teoría de la personalidad jurídica en el derecho público. No exageraremos diciendo, como lo hacía Hauriou, que "La teoría de la personalidad comprende todo, explica todo, organiza todo", pero sí diremos que es una pieza clave en la identificación del Derecho Administrativo en nuestro país.

2. La distribución horizontal del poder público y la administración pública como complejo orgánico

Pero además del sistema de distribución vertical del Poder en tres niveles territoriales, la Constitución establece un sistema de distribución horizontal del Poder Público que sigue las líneas clásicas de la separación de poderes, pero sólo como separación orgánica y no como separación funcional.

En efecto, en cada uno de los niveles territoriales, Nacional, Estadal y Municipal, el Poder Público tiene una distribución orgánica horizontal peculiar. En el nivel nacional se distinguen tres ramas del Poder Público: el Poder Legislativo Nacional, el Poder Ejecutivo Nacional y el Poder Judicial, correspondiendo su ejercicio a tres complejos orgánicos diferenciados y separados: las Cámaras Legislativas; el Presidente, sus Ministros y el resto de la Administración Pública; y la Corte Suprema de Justicia y demás tribunales, respectivamente. Estos tres conjuntos orgánicos se encuentran separados, y cada uno de ellos tiene sus competencias constitucionales específicas. La Administración Pública, como complejo orgánico, se encuentra ubicada, en principio, en el denominado Ejecutivo Nacional, que conforma los órganos estatales que ejercen el Poder Ejecutivo Nacional.

Pero no sólo la Administración Pública está integrada al Poder Ejecutivo en Venezuela, y he aquí la primera disidencia contemporánea respecto de la teoría clásica de la separación de poderes: a nivel nacional, sobre todo a partir de 1961, han comenzado a encontrar encuadramiento constitucional diversos órganos estatales que configuran también parte de la Organización Administrativa y de la Administración Pública como complejo orgánico, pero que no dependen del Ejecutivo Nacional, ni están subordinadas a ninguno de los tres conjuntos orgánicos clásicos del Estado: el Legislativo, el Ejecutivo o el Judicial. Se trata de órganos con autonomía funcional, que también son órganos de la República como persona político–territorial nacional, y que son: el Ministerio Público, en particular, la denominada Fiscalía General de la República; la Contraloría General de la República; el Consejo de la Judicatura, y el Consejo Supremo Electoral. Por supuesto, en el derecho venezolano, éstos son órganos que forman parte de la Administración Pública, regulados por el Derecho Administrativo, aun cuando no forman parte del Ejecutivo Nacional ni tengan personalidad jurídica propia. Por ello, el rechazo a la tesis orgánica y personalista para la definición de nuestra disciplina.

Pero decíamos que la separación orgánica de poderes, en forma horizontal, no sólo se daba en el nivel nacional, sino también en el nivel estadal e inclusive en el municipal. En los Estados de la Federación, en efecto, se distinguen dos complejos orgánicos que ejercen el Poder Legislativo y el Poder Ejecutivo, conformados por las Asambleas Legislativas que existen en los Estados y por sus Gobernadores, por lo que la Administración Pública Estadal está integrada, en principio, en las Gobernaciones de Estado, a las cuales hay que agregar los órganos, como las Contralorías estadales, que, en ese nivel, tienen autonomía funcional. No existe un Poder Judicial ni a nivel estadal ni a nivel municipal, a pesar de la forma federal, pues desde 1945, la justicia puede decirse que fue nacionalizada en nuestro país.

Por último, en el nivel municipal, en general en Venezuela no ha habido una separación orgánica de poderes, y ejercen los poderes legislativo y ejecutivo locales, los Concejos Municipales, como órganos colegiados en los cuales se mezclan, inconvenientemente, las tareas de legislar, gobernar, administrar y deliberar a nivel local. Quizás sólo ha sido en el Distrito Federal donde se ha establecido en forma imperfecta un sistema de separación orgánica de poderes, entre el Concejo Municipal del Distrito Federal y el Gobernador, que pronto debe entrar en vías de reforma, como todo el régimen local para, entre otros aspectos, separar orgánicamente los poderes legislativos de los ejecutivos municipales, entre un Concejo y un Alcalde, figura desaparecida entre nosotros desde la misma época de la independencia. En todo caso, a nivel municipal, la Administración Pública, como complejo orgánico, está en la actualidad, en principio, en los propios Concejos Municipales, a los cuales hay que agregar las contralorías municipales que también son órganos municipales pero con autonomía funcional.

En todo caso, del principio de la distribución horizontal del Poder, resulta que en Venezuela, hay administraciones, como complejos orgánicos separados a nivel nacional y a nivel estadal, e indiferenciados a nivel municipal.

El Derecho Administrativo regula, sin duda, esas Administraciones Públicas pero, por supuesto, como hemos dicho, no se reduce a ello, además de que, también por supuesto, no todo el Derecho que se aplica a la Administración Pública, es Derecho Administrativo.

3. Las personas jurídicas en el derecho administrativo y la interaplicación del derecho público y privado

En esta forma, aquella clásica ecuación del Derecho Administrativo de principios de siglo: Persona Pública, Derecho Público; Persona Privada y Derecho Privado, quedó en la historia bibliográfica del Derecho Administrativo, precisamente por los dos elementos que hemos destacado: La Administración Pública es un complejo orgánico de determinadas personas político–territoriales, conforme a nuestro peculiar sistema de distribución vertical y horizontal del Poder que se rige por el Derecho Administrativo, aun cuando en forma no exclusiva ni excluyente.

Esto nos conduce, de nuevo, a retomar el problema de la personalidad jurídica en el Derecho Administrativo y rechazar una vieja y confusa noción: la de persona pública como categoría supuestamente contrapuesta a las personas privadas.

En efecto, un dato es evidente en la administración contemporánea: además de las personas político–territoriales mencionadas, se han venido creando, en virtud de autorización constitucional y legal, diversas personas jurídicas como medios para descentralizar servicios y actividades estatales. Ha surgido así ese museo viviente de entidades descentralizadas, compuesto por institutos o entes autónomos y empresas del Estado, que configuran quizás, el signo más característico de las administraciones contemporáneas.

Todos estos entes son sujetos de derecho, al igual que las personas constituidas por particulares. Sin embargo, ¿podría decirse que ellas, por pertenecer al ámbito de lo público, "son personas públicas" que podemos contraponer a las "personas privadas" que serían las creadas por los particulares? Evidentemente que no. Ante el universo de las entidades que con personalidad jurídica actúan en el mundo contemporáneo, esa distinción clásica entre personas públicas y personas privadas, es totalmente insuficiente y carente de contenido, y tanto el proceso de publicización del campo de lo privado, tan característico de la ruptura de los moldes clásicos del Estado liberal abstencionista, como la privatización jurídica del campo de lo público, por la tendencia creciente del Estado de despojarse de su imperium, han provocado su obsolescencia.

Hoy por hoy, y ello es así en Venezuela, no se puede establecer la distinción entre los sujetos de derecho, entre personas públicas y personas privadas, según un pretendido régimen jurídico que les es aplicable, imposible de aprehender en un mundo de interaplicación permanente del derecho público y del derecho privado a los diversos sujetos de derecho, conforme al cual, ni el derecho privado se aplica sólo a los particulares, ni el derecho administrativo es el cuerpo normativo de las entidades estatales.

En sustitución de esa dicotomía inexistente, en cambio, surgen dos criterios de distinción paralelos, que en nuestro país se aplican para distinguir los sujetos de derecho: en primer lugar, según la forma jurídica adoptada por el ente concreto, se distinguen las personas jurídicas de derecho público y las de derecho privado: las primeras, creadas por la Constitución o la ley o en virtud expresa de una disposición legislativa, que las hace partícipes también del Poder Público; y las personas jurídicas de derecho privado, constituidas por los medios autorizados en los Códigos Civil o de Comercio aun cuando los socios o fundadores sean entes estatales; y en segundo lugar, según la integración de los sujetos a la organización general de la administración del Estado, se distinguen las personas estatales y las no estatales, pudiendo ser ambas categorías, indistintamente, entidades de derecho público o de derecho privado.

Como consecuencia de ello, frente a una persona jurídica determinada, en el derecho administrativo venezolano dos son las preguntas que nos formulamos: ¿Está o no integrada a la estructura general de la administración del Estado y en qué forma?, es decir, ¿es una persona jurídica estatal o no estatal?, y además, ¿qué forma jurídica reviste la entidad?, ¿tiene una forma jurídica del derecho privado o es creada por el legislador y tiene forma jurídica de derecho público?

Las respuestas a esas preguntas, sin duda, dan una serie de datos que contribuyen a construir, en concreto, las modalidades de su régimen jurídico y la preponderancia o no del derecho administrativo en el mismo, sin que éste, en caso alguno, sea el régimen exclusivo de algún sujeto de derecho estatal. Además, esas respuestas permiten que se configure como parte de la Administración Pública, y como objeto del Derecho Administrativo, el universo, tanto de esas personas jurídicas estatales, como de las personas jurídicas con forma de derecho público.

II. LA FUNCIÓN ADMINISTRATIVA DENTRO DE LAS FUNCIONES DEL ESTADO

Pero hemos dicho que el Derecho Administrativo en Venezuela, además de regular la Administración Pública como complejo orgánico en todo el universo de los sujetos de derecho que hemos visto, regula también el ejercicio de la función administrativa por los diversos órganos del Estado, lo cual nos conduce a la segunda parte que queremos exponer en este prólogo al libro del profesor Parejo.

Se advierte, de entrada, que hemos dicho propiamente que la función administrativa se ejerce por los diversos órganos del Estado, y no sólo por los órganos ejecutivos o por las administraciones públicas. Y he aquí otra disidencia del derecho administrativo venezolano respecto de las fórmulas teóricas derivadas de la interpretación extrema de la separación de poderes que la han convertido en una inexistente separación de funciones.

En efecto, las funciones del Estado se configuran como aquellas tareas esenciales al aparato estatal, que le dan razón de ser y que no pueden ejercerse sino en virtud de la potestad constitucional que se identifica con el Poder Público. Esas funciones se pueden clasificar en cuatro; la producción de normas que integran el ordenamiento jurídico, que es la función legislativa; la conducción política de la sociedad, que es la función de gobierno; la solución de conflictos entre partes, que es la función jurisdiccional, y la gestión, en concreto, del interés público por el Estado como sujeto de derecho que se relaciona con los administrados, que es la función administrativa.

Estas cuatro funciones estatales se ejercen, de acuerdo a nuestro sistema constitucional, por los tres grupos de órganos separados horizontalmente y que ejercen el Poder Público, por lo que el ejercicio de las funciones estatales no es ni exclusivo ni excluyente de ningún órgano estatal, o si se quiere, de alguno de los tres "poderes". Así, las Cámaras Legislativas ejercen como función propia la función legislativa, pero ello ni es exclusivo ni es excluyente; primero, porque también ejercen la función legislativa los órganos ejecutivos y judiciales cuando desarrollan la potestad reglamentaria; y segundo, porque las propias Cámaras Legislativas ejercen además, funciones administrativas y de gobierno cuando, por ejemplo, administran su personal o su presupuesto, o nacionalizan un sector de la economía, respectivamente.

Por su parte, los órganos del Ejecutivo Nacional ejercen la función de gobierno, y en general, la Administración Pública ejerce la función administrativa, pero ello tampoco es exclusivo ni excluyente: primero, en cuanto a la función administrativa, ésta se ejerce por las Cámaras Legislativas, como se ha dicho, y aun mediante leyes concretas, y por los tribunales cuando administran su personal y su presupuesto; y segundo, porque los propios órganos de la Administración ejercen funciones jurisdiccionales, toda vez que, por ejemplo, en el caso de autorizaciones administrativas, deban resolver conflictos entre partes interesadas o cuando ello suceda al decidir recursos administrativos; y ejercen funciones legislativas, al desarrollar la potestad reglamentaria.

Por último, los tribunales, como función propia, desarrollan la función jurisdiccional, pero ello tampoco es exclusivo ni excluyente: primero porque, como se dijo, también ejercen la función jurisdiccional de los órganos de la Administración Pública; y segundo, porque también, como se dijo, los propios tribunales ejercen funciones legislativas y administrativas, cuando dictan cuerpos reglamentarios internos o administran su personal o presupuesto e, incluso, cuando realizan tareas de carácter disciplinario, de registro o de la llamada jurisdicción voluntaria.

Por tanto, en Venezuela, no coincide la separación de poderes con una pretendida separación de funciones, y al contrario, como se señaló, funciones estatales se ejercen por todos los órganos estatales. En esta forma, el Derecho Administrativo no sólo regula a la Administración Pública, como complejo orgánico, y, por supuesto, al ejercicio de la función legislativa y jurisdiccional por los órganos de las administraciones públicas; sino que también regula el ejercicio de la función administrativa, así sea por los órganos del Poder Legislativo y del Poder Judicial. Contrastando con esta posición del Derecho Administrativo venezolano, la tesis orgánica, tan difundida por tantos tratadistas, ha tratado siempre de ignorar, ocultar o no darle importancia a estas funciones administrativas ejercidas por órganos legislativos o judiciales o ha tratado de convertir en "administrativas" las funciones legislativas o jurisdiccionales ejercidas por los órganos de la Administración Pública. Ello, sin embargo, a lo que ha conducido es a confundir y a desnaturalizar conceptos, reduciendo la teoría a la práctica, por lo cual ha comenzado ahora a ser abandonada, por sus más destacados propulsores.

En todo caso, de lo dicho hasta ahora resulta claro que, en la estructuración del Estado en Venezuela, no hay coincidencia entre órgano y función, pero, aún más interesante, tampoco hay coincidencia entre función y acto estatal. Por ello, rechazamos la fácil y clásica ecuación: órgano administrativo–función administrativa y acto administrativo, pues la actividad administrativa en Venezuela ni está reservada a los órganos administrativos ni es el resultado del solo ejercicio de la función administrativa.

III. LA ACTIVIDAD ADMINISTRATIVA DENTRO DE LAS ACTIVIDADES DEL ESTADO

Esto nos conduce a la tercera parte de este prólogo, sobre la actividad administrativa dentro de las actividades del Estado, pues el Derecho Administrativo, como dijimos, además de regular a la Administración Pública como complejo orgánico, y el ejercicio de la función administrativa de los diversos órganos del Estado, regula también a la actividad administrativa. Por supuesto, la actividad administrativa puede tener dos connotaciones, ambas fundamentales para entender el Derecho Administrativo, una formal y otra material, por lo que me referiré a ambas, conforme al derecho venezolano.

1. La actividad administrativa como actividad formal del estado

Desde el punto de vista formal, la actividad administrativa, como conjunto de actos jurídicos, es el resultado del ejercicio de las diversas funciones del Estado, por los diversos órganos del Estado, y para identificarlas no puede seguirse un único criterio sino la mezcla de los mismos, lo cual en Venezuela contrasta con la definición de las otras actividades estatales, las cuales, constitucionalmente, tienen una connotación orgánica y formal.

En efecto, los actos legislativos son las leyes y los actos parlamentarios sin forma de ley (actos privativos), y son formalmente definidos en la Constitución, como emanados de las Cámaras Legislativas; los actos del gobierno son los dictados por el Presidente de la República en ejercicio de atribuciones constitucionales, y en ellos se incluyen los decretos–leyes. En ambos casos, la noción del acto legislativo y del acto de gobierno es orgánica y formal: orgánica, pues se definen según el órgano que los dicta; y formal, por la graduación que tienen en el ordenamiento jurídico, de ser actos dictados en ejecución directa de la Constitución.

El acto judicial, la sentencia, en el ordenamiento jurídico venezolano, se define también por el elemento orgánico y el formal: es un acto que sólo puede emanar de los tribunales, y tiene una fuerza definida en el ordenamiento derivado del valor de cosa juzgada, siendo siempre de carácter sublegal, es decir, dictado en ejecución directa de la ley e indirecta de la Constitución.

En la definición de los actos legislativos, de gobierno y judiciales, por lo tanto, hay una identificación entre órgano y acto, además de criterios formales, y en ningún caso existen criterios materiales o derivados de la función que se ejerce. La razón jurídica es evidente: esos actos tienen una determinada homogeneidad derivada del carácter de garantía formal en su emisión que establece el ordenamiento jurídico.

En cambio, en la definición del acto administrativo en Venezuela, nada de lo anterior sucede en esta forma matemática, pues éste no se puede identificar ni orgánica ni funcionalmente: es dictado por los tres grupos de órganos estatales, y en ejercicio de todas las funciones estatales. Así, tan acto administrativo es un reglamento dictado por el Ejecutivo Nacional o los tribunales en ejercicio de la función legislativa, como un acto de ejecución presupuestaria o de personal dictado por el Ejecutivo Nacional, los tribunales o las Cámaras Legislativas en ejercicio de la función administrativa; o un acto derivado por el propio Ejecutivo Nacional, en ejercicio de la función jurisdiccional, al decidir una solicitud o un recurso administrativo.

La definición del acto administrativo, por tanto, en contraste con los otros actos estatales, requiere de una mezcla de criterios, dado lo heterogéneo de los mismos: se emplea el criterio orgánico, al identificar como actos administrativos los actos de la Administración Pública en ejercicio de todas las funciones legislativa, jurisdiccional o administrativa; se utiliza el criterio material, al identificar como actos administrativos los actos dictados por los tribunales en ejercicio de las funciones administrativa y legislativa, y los actos dictados por las Cámaras Legislativas en ejercicio de funciones administrativas; y en todo caso, siempre que se trate de actos de carácter sublegal, es decir, dictados en ejecución directa de la legislación e indirecta de la Constitución; y he aquí el tercer criterio que se utiliza, el formal.

2. La actividad administrativa del estado sometida al derecho y controlable jurisdiccionalmente

Esta forma de enfocar la definición del acto administrativo, clave en la misma noción del Derecho Administrativo, nos conduce directamente a otra de las bases fundamentales del Derecho Administrativo venezolano: todos los actos estatales están sometidos al derecho y todos son controlables jurisdiccionalmente por razones de constitucionalidad o de legalidad. Aquí está la esencia del principio de la legalidad.

En efecto, el sistema jurídico venezolano puede decirse que es un sistema cerrado de control jurisdiccional, conforme al cual ningún acto estatal escapa al control de la Corte Suprema de Justicia y demás tribunales que controlan la constitucionalidad y la legalidad de aquellos. Así, los actos de ejecución directa de la Constitución, es decir, las leyes, los actos parlamentarios sin forma de ley y los actos de gobierno están sometidos al control de la constitucionalidad que está a cargo de la Corte Suprema de Justicia, en Pleno, por la vía de la acción popular, y que corresponde a todos los habitantes del país, en cualquier tiempo.

En cuanto a las sentencias, éstas están sometidas al control judicial ordinario de las apelaciones y, en materia de legalidad, al recurso de casación ante las Salas de Casación Civil y de Casación Penal de la Corte Suprema de Justicia. Y en cuanto a los actos administrativos, éstos están sometidos al control jurisdiccional contencioso–administrativo, que corresponde a la Corte Suprema de Justicia en Sala Político–Administrativa; a la Corte Primera de lo Contencioso–Administrativa; a ocho Tribunales Superiores Regionales en lo Contencioso–Administrativo y a tribunales especiales contencioso–administrativo, como los Tribunales del Impuesto sobre la Renta y el Tribunal de la Carrera Administrativa. Estos órganos judiciales forman parte del Poder Judicial, por lo que queda claro que para haber jurisdicción contencioso–administrativa en un país, no es necesario, ni establecer un Consejo de Estado, ni crear una jurisdicción administrativa separada de la judicial.

Lo importante a señalar sobre este control contencioso–administrativo en Venezuela, ejercido así por un cuerpo de tribunales especializados en la materia, es que el mismo se realiza sobre todos los actos administrativos, pudiendo los tribunales competentes declarar su nulidad, así sean actos administrativos emanados de los órganos de la Administración Pública, de los órganos legislativos o de los tribunales.

Pero al referirnos a la jurisdicción contencioso–administrativa en Venezuela debemos establecer su relación con el Derecho Administrativo, para proclamar que, afortunadamente, nuestro país no fue tributario de la influencia francesa en cuanto a definir el Derecho Administrativo, a los solos efectos del control jurisdiccional, pues consideramos que es un auténtico desenfoque, el identificar el problema teórico de la definición del derecho administrativo con el práctico de delimitar la competencia del juez administrativo.

En efecto, la repartición de competencias jurisdiccionales en Francia, como sabemos, ha sido un factor clave en el nacimiento y desarrollo del Derecho Administrativo y, en definitiva, ha sido la justificación de la propia disciplina, y ello en virtud de la peculiarísima dicotomía jurisdiccional, que distingue una jurisdicción administrativa de una jurisdicción judicial. Pero ello, como hemos dicho, no sucedió así en Venezuela, como tampoco sucedió en la generalidad de los países de América Latina. Insistimos, en nuestro país el Poder Judicial es uno y único, y tiene a su cargo el monopolio de la actividad judicial y del control de la legalidad de los actos administrativos, por lo que la jurisdicción contencioso–administrativa, que en nuestro país tiene rango constitucional, es parte del Poder Judicial.

Por tanto, no existiendo dicotomía jurisdiccional, el Derecho Administrativo no se define según la competencia de determinados órganos judiciales. No hay que olvidar, sin embargo, que esta postura, sobre todo en Francia, originó la teoría del Derecho Administrativo y, materialmente, todos los países latinos hemos sido tributarios de las concepciones teóricas y de los criterios de las doctrinas y jurisprudencias francesas. Sin embargo, en general, no lo hemos sido respecto de las justificaciones prácticas y pragmáticas, motivadas por la repartición de competencias, por no existir dicha dicotomía. Ello ha provocado que, al recibir la influencia teórica sin las justificaciones prácticas, surgieran instituciones que no encajaban totalmente en nuestras realidades. De allí que la madurez del derecho administrativo en nuestros países, comienza a observarse en la tendencia que apreciamos de abandonar tantas teorías y concepciones basadas en situaciones de origen administrativo, circunstancial por lo demás, y de estructurar nuestras propias concepciones. Como lo afirmamos en la conferencia que sobre "La evolución del concepto de contrato administrativo" pronunciamos en el Colegio Mayor de Nuestra Señora del Rosario de Bogotá en 1978, "no se trata de innovar por innovar, sino de sustantivizar el propio derecho administrativo conforme a las peculiaridades de nuestros países, para dejar de importar, por importar". Con base a ello, por ejemplo, concluíamos en la tesis de abandonar toda idea de un pretendido contrato administrativo por oposición a contratos de derecho privado de la Administración, que nosotros mismos hace veinte años propugnábamos en Venezuela. Al contrario, pensamos que los segundos no existen, pues toda la actividad de la Administración Pública es administrativa y, como señalamos, está sometida a un régimen mixto de derecho público y derecho privado. La preponderancia de uno y otro y su utilización regular, es lo que adquiere ahora importancia, tanto en la institución contractual de la Administración como, en general, en relación a todo el régimen jurídico de los sujetos de derecho administrativo, y de su actividad.

3. La actividad administrativa y los administrados

Pero además de tener una connotación formal, y manifestarse en actos administrativos o en contratos, la actividad administrativa se nos presenta también con una connotación material al identificar un conjunto de actuaciones del Estado que, en general, inciden en la esfera jurídica de los administrados. Por eso hemos dicho que el Derecho Administrativo, además de regular a la Administración Pública, el ejercicio de la función administrativa y la propia actividad administrativa del Estado, regula también las relaciones entre los entes públicos y los administrados, resultantes de la gestión del interés público que, en concreto, aquellos asuman.

En estas relaciones está otro de los elementos claves de nuestro Derecho Administrativo, y que además puede decirse que es el signo del Derecho Administrativo contemporáneo: el equilibrio que busca establecer nuestra disciplina entre los poderes y prerrogativas de la Administración y los derechos de los particulares, lo cual plantea unas especiales exigencias dado el régimen democrático que existe en nuestro país.

En esta forma ante el elenco de los derechos y garantías que consagra la Constitución de 1961, cuya formulación está a la altura de las declaraciones universales de los derechos humanos, corresponde al Derecho Administrativo su regulación, actualización, limitación y protección concretas, dando origen así a las diversas formas de actividad administrativa, que se identifican en nuestro país, y que responden a las clásicas formas de policía, fomento, servicio público y gestión económica.

La primera, la actividad de policía, resulta en definitiva en una limitación a los derechos constitucionales; la segunda, la actividad de fomento, se manifiesta como el estímulo al desarrollo pleno de los mismos derechos, con particulares connotaciones en el ámbito económico; la tercera, la actividad de servicio público, en esencia no es más que la obligación prestacional impuesta al Estado, consecuencia directa de algún derecho a prestaciones previsto constitucional o legalmente; y la cuarta de estas formas, la actividad de gestión económica, en un proceso creciente de intervencionismo estatal, es el resultado de la acción del Estado, como ordenador y regulador de la economía, y como partícipe directo en la propiedad de los medios de producción, propia de un sistema político de economía mixta como el establecido en la Constitución.

En esta forma, la actividad administrativa, materialmente hablando, no puede concebirse sin su incidencia directa en la esfera jurídica de los particulares, pues en definitiva, aquella se concreta en una regulación, limitación, estímulo o protección de los derechos y garantías constitucionales.

La materia administrativa en nuestro país, por tanto, está conformada por todas aquellas regulaciones que permiten al Estado actuar en concreto, realizando cometidos y prestaciones, y que a la vez se configuran como limitaciones a los derechos y garantías constitucionalmente permitidas, por lo que bien podría decirse que el Derecho Administrativo, materialmente hablando, es el derecho de las limitaciones y regulaciones al ejercicio de esos derechos.

Con ocasión de este prólogo a la obra del profesor Luciano Parejo Alfonso, y motivados por su mismo tema: el concepto del Derecho Administrativo, hemos pretendido hacer una muy apretada síntesis del derecho administrativo venezolano, partiendo de una definición de nuestra disciplina, y de las implicaciones que ella conlleva. Estas consideraciones, lo sé muy bien, son sin duda polémicas, pues tocan a la vez dogmas y tesis tradicionales, sobre las cuales muchos de nosotros hemos levantado los cimientos de nuestra propia forma de concebir esta disciplina.

No es fácil, a veces, reconocer que los cimientos, o al menos parte de ellos, están fallos, sobre todo porque todo esfuerzo de revisión implica autocríticas. Pero es nuestra responsabilidad, precisamente por haber dedicado ya tantos años al estudio de las instituciones del Derecho Administrativo, hacérnosla de vez en cuando, lo que a la vez no es sino un signo de madurez.

Por ello, para concluir, y tratándose esta de una obra de un renombrado autor español, me parece oportuno comentar un trabajo reciente del profesor Fernando Garrido Falla, en el cual se revisan algunos criterios muy arraigados en la doctrina española y que tienen relación con lo que he expuesto anteriormente. En efecto, se trata de un estudio intitulado "Reflexiones sobre una reconstrucción de los límites formales del derecho administrativo español", lo que de por sí es un título sugestivo, publicado por el Instituto Nacional de Administración Pública de Madrid y reproducido en la Revista de Administración Pública, y donde se revisan diversas concepciones tradicionales de nuestra disciplina.

Debo decir que al leerlo íntegramente, me reconcilié con el Derecho Administrativo español, y sus autores, de quienes tanto hemos aprendido, junto con los franceses, inclusive, al separarnos de sus concepciones.

En el libro citado hay una frase que resume el problema, y que Garrido formula al comentar el asunto de la personalidad. Dice: "Reducir la personalidad del Estado a la de la Administración no significa otra cosa que reducir la teoría a la práctica". Esto último, que es una crítica que compartimos al planteamiento central de este libro, ha producido muchas distorsiones en el derecho administrativo español, y condujo a reducir la noción de acto administrativo a los solos emanados de la Administración Pública orgánicamente considerada (su conocida tesis orgánica), lo que también podría decirse que era reducir la teoría a la práctica.

Los descubrimientos que ahora los autores españoles están haciendo, en cuanto a la reconstrucción de los límites formales del derecho administrativo partiendo de la nueva Constitución española, ya los habíamos comenzado a lograr nosotros, a la luz de la Constitución venezolana de 1961, con la cual la española, sin saberlo quizás, tiene gran similitud. Estos descubrimientos los reseña Garrido y tocan los aspectos centrales que hemos tratado en los comentarios precedentes.

En primer lugar, concluye afirmando que la personalidad jurídica es del Estado (en nuestro caso, por la estructura federal, en el ámbito nacional, de la República) y ello es algo que siempre hemos sostenido. En Venezuela, como hemos dicho, la Administración Pública nunca ha tenido "personalidad". Como el mismo Garrido lo decía en su Tratado: la personalidad del Estado (la República) tiene relevancia práctica normalmente cuando actúan los órganos de la Administración; cierto, pero ello no puede llevar a confundir el todo (el Estado, la República) con la parte (uno de sus órganos). Siempre hemos sostenido que el Estado (la República) es quien tiene personalidad jurídica, y la Administración Pública, los Tribunales y las Cámaras Legislativas son, todos, órganos de la República.

En segundo lugar, admite Garrido que todos los actos de los órganos del Poder Público (órganos de la Administración Pública y del Poder Ejecutivo, Cámaras Legislativas y Corte Suprema de Justicia y Tribunales) están sometidos a la legalidad y constitucionalidad, y son, por tanto, controlables por la propia Corte Suprema de Justicia como órgano de control de la constitucionalidad, lo cual es algo aceptado desde siempre en nuestro país. Nunca hemos compartido la doctrina de los actos excluidos del control jurisdiccional.

En tercer lugar, acepta que todos los órganos del Poder Público tienen potestad reglamentaria, lo cual hemos sostenido desde siempre en nuestro derecho administrativo. Así, no sólo el Presidente de la República tiene potestad de reglamentar las leyes y de dictar reglamentos autónomos, sino que la Corte Suprema de Justicia y los Tribunales Superiores tienen asignada la potestad reglamentaria. En cuanto a las Cámaras Legislativas, además de las leyes, dictan actos parlamentarios sin forma de ley, algunos, por supuesto, de carácter reglamentario pero de la Constitución (Reglamento Interior y de Debates, Estatutos de Personal, etc.). Todos estos actos son fiscalizables por vía de control de la constitucionalidad o legalidad, según los casos.

En cuarto lugar, admite que además de los tres clásicos poderes del Estado (Ejecutivo, Legislativo y Judicial) existen órganos estatales con autonomía funcional e, inclusive, potestad reglamentaria, como el Consejo General del Poder Judicial español, lo cual está aceptado en nuestro ordenamiento desde siempre. Así tenemos, como señalaba, no sólo el Consejo de la Judicatura sino la Contraloría General de la República, el Ministerio Público y el Consejo Supremo Electoral, cuyos actos son controlables jurisdiccionalmente, sin límites, y en cuya formación se siguen las normas de la Ley Orgánica de Procedimientos Administrativos.

En quinto lugar, señala que las Cámaras Legislativas (Senado y Cámara de Diputados) realizan actividad administrativa, sometida al derecho administrativo y pueden dictar actos administrativos, inclusive controlables en vía contencioso–administrativa, lo cual hemos planteado siempre, y ello no afecta, en absoluto, la independencia del Parlamento, derivada de la separación orgánica de poderes, conforme a nuestro sistema constitucional.

En fin, concluye que acto administrativo es una noción clave del derecho administrativo, que no puede definirse orgánicamente (imputable a la Administración Pública como una parcela del Poder Ejecutivo), sino con una mezcla de criterios; y que, por tanto, la jurisdicción contencioso–administrativa es competente para conocer de la impugnación de los actos administrativos que pueden emanar de los tribunales y de las Cámaras Legislativas, además de la Administración Pública, lo cual también es una tesis que hemos sostenido desde hace años, discrepando de otros autores venezolanos, quienes, influenciados por la doctrina española, han propugnado el criterio orgánico, ahora, afortunadamente abandonado por los propios autores españoles.

Como el autor y los lectores podrán comprender, tratándose ésta, de una obra fundamental para la doctrina del derecho administrativo contemporáneo, que siendo obra de un reconocido autor español ha accedido a que se edite en Venezuela, y que trata nada menos que del estudio del concepto del derecho administrativo, al corresponderme prologarla, no podía dejar de referirme a esa misma problemática en nuestro derecho. Por supuesto, la ocasión era única, y no podía desaprovecharla, razón por la cual agradezco doblemente la petición del profesor Parejo.

Concluyo saludando de nuevo la aparición de este libro, cuyo contenido, sin duda, permitirá no sólo a los estudiosos sino a los especialistas de esta disciplina, conocer mejor los orígenes de la misma y las implicaciones de su concepto; agradeciendo de nuevo al profesor Luciano Parejo Alfonso la deferencia que tuvo con nuestro país y su Editorial Jurídica para que se editara en Caracas.

Sección Segunda: MARCO CONSTITUCIONAL DEL DERECHO ADMINISTRATIVO (2007)

"Marco constitucional del derecho administrativo" en Víctor Hernández Mendible (Coord.), *Derecho administrativo Iberoamericano. 100 autores en homenaje al postgrado de Derecho Administrativo de la Universidad Católica Andrés Bello* (Coordinador), Ediciones Paredes, Caracas 2007, Tomo I, pp. 183–220. Publicado también en *Revista Iberoamericana de Derecho Público y Administrativo, Asociación e Instituto Iberoamericano de Derecho Administrativo Prof. Jesús González Pérez*, Colegio de Abogados de Costa Rica, Año 9, Nº 9, San José, 2009, pp. 127–153; y en *Estudios de Derecho Administrativo 2005–2007*, Colección Estudios Jurídicos, Nº 86, Editorial Jurídica Venezolana, Caracas 2007, pp. 9–58.

Uno de los signos más característicos del derecho administrativo en el mundo contemporáneo, es el de su progresiva constitucionalización y, a la vez, del derecho constitucional, el que las Constituciones hayan superado su tradicional contenido orgánico/dogmático relativo a la organización básica del Estado y al régimen de los derechos y garantías constitucionales, y cada vez con mayor frecuencia hayan incorporado a su normativa, los principios básicos de la organización y funcionamiento de la Administración Pública y de la actividad administrativa del Estado.

Por ello, con razón, en el derecho público contemporáneo se puede hablar de la existencia de un marco constitucional del derecho administrativo, el cual, por ejemplo, en el derecho venezolano se conforma por los siguientes principios fundamentales insertos en la Constitución de 1999[2]: en *primer lugar*, el principio de la legalidad, que en particular, se fundamenta en la supremacía constitucional, y los principios de la formación del derecho por grados y la sumisión de la Administración Pública al ordenamiento jurídico; en *segundo lugar,* los principios relativos a la organización del Estado, a la distribución vertical del Poder Público y los que rigen las personas jurídicas estatales; en *tercer lugar,* los principios de la separación orgánica (horizontal) del Poder Público y el carácter ínter–orgánico de la Administración Pública; en *cuarto lugar*, los principios relativos a las funciones del Estado, a su ejercicio inter–orgánico y a la función administrativa; en *quinto lugar,* los principios relativos al carácter inter–funcional de los actos estatales, y a los actos administrativos; y en *sexto lugar*, el principio del control de la Administración Pública y la responsabilidad administrativa.

El marco constitucional del derecho administrativo está conformado por dichos principios, que analizamos a continuación.

---

2 *V.* en general sobre los principios fundamentales del derecho público (constitucional y administrativo) en la Constitución de 1999, Allan R. Brewer–Carías, *Principios fundamentales del derecho público*, Editorial Jurídica Venezolana, Caracas 2005; *Derecho Administrativo*, Universidad Externado de Colombia, Universidad Central de Venezuela, Tomo I, Bogotá, 2006.

I. EL PRINCIPIO DE LA LEGALIDAD: LA SUPREMACÍA CONSTITUCIONAL, LA FORMACIÓN DEL DERECHO POR GRADOS, Y LA SUMISIÓN DE LA ADMINISTRACIÓN PÚBLICA AL ORDENAMIENTO JURÍDICO

El derecho administrativo está montado sobre el principio de legalidad, de manera que puede hablarse de tal derecho administrativo cuando los órganos del Estado que conforman la Administración Pública están sometidos al derecho, y particularmente al derecho desarrollado para normar sus actuaciones.

El principio de legalidad es, por tanto, el primero de los principios del derecho administrativo que han sido constitucionalizados, como consecuencia de la concepción del Estado como Estado de derecho (Art. 2), que implica la necesaria sumisión de sus órganos al ordenamiento jurídico. Este, compuesto por la propia Constitución, que tiene aplicación directa como norma, por las leyes y además, por el conjunto de reglamentos y normas dictados por las autoridades competentes[3].

El primer elemento del principio de la legalidad, por tanto, es el de la supremacía constitucional, que la Constitución regular en forma expresa, en el artículo 7, al disponer que "La Constitución es la norma suprema y el fundamento el ordenamiento jurídico", a la cual quedan sujetos "todas las personas y los órganos que ejercen el Poder Público"[4]; constituyendo uno de los deberes constitucionales de los ciudadanos y funcionarios, el "cumplir y acatar" la Constitución (art. 131). Todos los órganos del Estado, por tanto, están sometidos a la Administración, y dentro de ellos, por supuesto, los que conforman la Administración Pública, a cuyo efecto, el artículo 137 de la propia Constitución dispone que "la Constitución y las leyes definen las atribuciones de los órganos que ejercen el Poder Público, a las cuales deben sujetarse las actividades que realicen"; y el artículo 141, al precisar los principios que rigen la Administración Pública, dispone que esta debe actuar "con sometimiento pleno a la ley y al derecho".

Por tanto, conforme a este principio de sumisión del Estado a la ley y al derecho, es decir, el principio de legalidad, todas las actividades de los órganos del Estado, y de sus autoridades y funcionarios, deben realizarse conforme a la Constitución y la ley, y dentro de los límites establecidos por las mismas. Ahora bien, en relación con el principio de legalidad, en el ordenamiento jurídico se distinguen siempre por una parte, las normas que integran la Constitución en sí misma, como derecho positivo superior; y por la otra, las normas que son sancionadas por una autoridad con poderes derivados de la Constitución. En otras palabras, particularmente en aquellos sistemas con Constituciones escritas, siempre puede establecerse una distinción entre la norma constitucional y legislación ordinaria, y luego, entre la legislación y las normas dictadas en ejecución de la misma; pudiendo decirse que las normas que integran el ordenamiento jurídico siempre se organizan deliberada o espontáneamente en forma jerárquica, de manera que existen normas en un nivel superior que siempre prevalecen sobre otras normas de nivel inferior. Se tratad del principio de la formación del derecho por grados, derivado de las ideas de Hans Kelsen sobre los sistemas jurídicos como una jerarquía de normas, lo

---

3. *V.* Antonio Moles Caubet, *El principio de legalidad y sus implicaciones,* Universidad Central de Venezuela, Facultad de Derecho, Publicaciones del Instituto de Derecho Público, Caracas, 1974.

4 Nos correspondió proponer en la Asamblea la consagración en forma expresa de dicho principio constitucional. *V.* Allan R. Brewer–Carías, *Debate Constituyente, (Aportes a la Asamblea Nacional Constituyente),* Tomo II, (9 septiembre–17 octubre 1999), Fundación de Derecho Público–Editorial Jurídica Venezolana, Caracas, 1999, p. 24.

cual permite determinar la relación jerárquica que existe entre el conjunto normas o de reglas de derecho que forman el ordenamiento.[5].

Ello implica que en el análisis global del ordenamiento jurídico, se puede establecer una distinción entre aquéllos actos de Estado que se dictan en ejecución directa e inmediata de la Constitución, es decir, que son dictados directamente en ejercicio de poderes constitucionales, y aquéllos cuya ejecución no está directamente relacionada con la Constitución y que se dictan en ejercicio directo de poderes establecidos en normas de derecho inferiores a la Constitución. Estos son actos de ejecución directa e inmediata de la legislación y de ejecución indirecta y mediata de la Constitución[6].

Los primeros, es decir, los actos realizadas en ejecución directa e inmediata de la Constitución, precisamente por ello, sólo están y pueden estar sometidas a lo que dispone el texto fundamental, no teniendo competencia el Legislador para regularlas mediante leyes; los segundos, en cambio, son actos realizados en ejecución directa e inmediata de la legislación e indirecta y mediata de la Constitución, las cuales, precisamente por ello, además de estar sometidas al texto fundamental (como toda actividad estatal), están sometidas a las regulaciones establecidas, además de en la Constitución, en las leyes y en las otras fuentes del derecho.

Los primeros por otra parte, dada la ejecución directa e inmediata de la Constitución, sólo están sometidos al control de constitucionalidad a cargo de la Jurisdicción Constitucional que corresponde a la Sala Constitucional del Tribunal Supremo (Arts. 334, 336,2 y 4); los segundos, en cambio, están sometidos al control de constitucionalidad y de legalidad que corresponden a las otras Jurisdicciones del Poder Judicial, tanto a las ordinarias, como sucede con las apelaciones y la Casación en lo que concierne a la actividad judicial; como a la Jurisdicción Contencioso–Administrativa y a la Jurisdicción Contencioso–Electoral (Arts. 259, 297) cuando se trata de actividades administrativas.

Las actividades administrativas, por tanto y por esencia, constituyen actividades estatales que se realizan siempre en ejecución directa e inmediata de la legislación y por tanto, en ejecución indirecta y mediata de la Constitución; y precisamente por ello se dice que esencialmente son de carácter sublegal, pues están sometidos no sólo a la Constitución sino a la ley, y por eso es que su control corresponde a la Jurisdicción contencioso administrativa y en su caso, a la Jurisdicción contencioso electoral.

De lo anterior resulta, que toda actividad administrativa es, ante todo, desde el punto de vista formal, una actividad que siempre es de carácter sublegal, es decir, de ejecución directa e inmediata de la legislación (así las leyes reglamentarias correspondientes no se hayan dictado) y de ejecución indirecta y mediata de la Constitución. Por supuesto, también las actividades judiciales son siempre de carácter sublegal, siendo la diferencia entre una y otra de carácter orgánico, en el sentido que las actividades judiciales siempre las realizan órganos autónomos e independientes en ejecución de la función jurisdiccional, como lo son los órganos que ejercen el Poder Judicial.

---

5 H. Kelsen, *Teoría pura del Derecho,* Buenos Aires, 1981, p. 135.

6 *V.* sobre el sistema jerarquizado o graduado del orden jurídico en el orden constitucional venezolano Allan R. Brewer–Carías, *Derecho Administrativo,* Tomo I, Ediciones de la Facultad de Derecho, Caracas, 1975, pp. 373 y ss.; *Instituciones Políticas y Constitucionales, Tomo VI (Evolución Histórica del Estado),* Universidad Católica del Táchira–Editorial Jurídica Venezolana, Caracas–San Cristóbal 1996, pp. 107–117

En cuanto a los actos de gobierno, son dictados por el Presidente de la República en ejercicio sólo de atribuciones constitucionales[7], razón por la cual no pueden estar regulados o limitados por la Asamblea Nacional mediante leyes. Tienen el mismo rango que la ley, y por ello, el control judicial sobre ellos es un control de constitucionalidad.

De lo anterior resulta, por tanto, que lo que constituyen las normas de derecho en relación con cada órgano del Estado, varía y tiene un ámbito diferente dependiendo de la posición que tiene cada norma o acto del Estado en el sistema jurídico jerarquizado. Por ello, para el Legislador, legalidad quiere decir constitucionalidad o sumisión a la Constitución, igual que para el Jefe de Estado con respecto a los actos de gobierno. En ambos casos, dichos actos se adoptan en ejecución directa e inmediata de la Constitución, sin la interferencia de actos del Parlamento, en forma tal que sólo están subordinados a la Constitución y no puede en general haber ley alguna que los condicione, dando origen al control judicial de la constitucionalidad de los actos estatales (Jurisdicción constitucional)[8].

Además de los actos dictados en ejecución directa e inmediata de la Constitución, en los sistemas legales graduados que han dado origen a los sistemas de control judicial o jurisdiccional de la constitucionalidad, es evidente que el principio de legalidad, por su ámbito, desempeña un papel mucho más importante en el segundo nivel de ejecución del ordenamiento jurídico, es decir, en aquellos actos del Estado dictados en ejecución directa e inmediata de la legislación, o en ejecución indirecta y mediata de la Constitución. Aquí, el principio de legalidad se ha desarrollado en el pleno sentido de la palabra, particularmente con referencia a la Administración Pública, dando origen al control judicial o jurisdiccional de la legalidad de los actos administrativos (Jurisdicción contencioso administrativa)[9], y por consiguiente, al derecho administrativo.

En consecuencia, en un Estado de derecho, el grado de sumisión de la Administración Pública al principio de la legalidad, es de mayor ámbito que el de la sumisión a las normas de derecho por parte de los órganos constitucionales del Estado. La Asamblea o el Parlamento están sometidos a la Constitución e, incluso, el Jefe de Estado o de Gobierno, cuando dicta actos de gobierno sólo está sometido en general, a la Constitución; mientras que los órganos y las autoridades administrativas están envueltos en un área de legalidad de mayor ámbito puesto que están sometidos a la "legislación", la cual ejecutan. Esta es la razón por la cual, en este campo, el principio de legalidad tomó el signifi-

---

7 Allan R. Brewer–Carías, "Comentarios sobre la doctrina del acto de gobierno, del acto político, del acto de Estado y de las cuestiones políticas como motivo de inmunidad jurisdiccional de los Estados en sus Tribunales nacionales", en *Revista de Derecho Público*, N° 26, Editorial Jurídica Venezolana, Caracas, abril–junio 1986, pp. 65–68.

8 *V.* Allan R. Brewer–Carías, *Instituciones Políticas y Constitucionales, Tomo VII (La justicia constitucional),* Universidad Católica del Táchira–Editorial Jurídica Venezolana, Caracas–San Cristóbal 1996; *El sistema de justicia constitucional en la Constitución de 1999 (Comentarios sobre su desarrollo jurisprudencial y su explicación, a veces errada, en la Exposición de Motivos),* Editorial Jurídica Venezolana, Caracas, 2000; "La Justicia Constitucional en la Nueva Constitución" en *Revista de Derecho Constitucional,* N° 1, Septiembre–Diciembre 1999, Editorial Sherwood, Caracas, 1999, pp. 35–44; *Ley Orgánica del Tribunal Supremo de Justicia. Procesos y procedimientos constitucionales y contencioso administrativos,* Editorial Jurídica Venezolana, Caracas, 2004, pp. 75 y ss.

9 *V.* Allan R. Brewer–Carías, *Instituciones Políticas y Constitucionales, Tomo VII (La justicia contencioso administrativa),* Universidad Católica del Táchira–Editorial Jurídica Venezolana, Caracas–San Cristóbal 1996; Allan R. Brewer–Carías, *Ley Orgánica del Tribunal Supremo de Justicia. Procesos y procedimientos constitucionales y contencioso administrativos,* Editorial Jurídica Venezolana, Caracas, 2004, pp. 127 y ss.

cado que normalmente tiene en relación a la actividad administrativa del Estado contemporáneo.

II. LA ORGANIZACIÓN DEL ESTADO: LA DISTRIBUCIÓN VERTICAL DEL PODER PÚBLICO Y LAS PERSONAS JURÍDICAS ESTATALES

El derecho administrativo, como derecho que rige la organización y funcionamiento de la administración Pública, está condicionado por la concreta organización constitucional del Estado, pues de ella deriva que exista una Administración Pública, o múltiples Administraciones Pública, personificadas o no.

En Venezuela, por ello, otro principio que condiciona al derecho administrativo en la Constitución de 1999, es el principio de la distribución territorial del Poder Público, que deriva de la forma federal del Estado, y que encuentra su expresión formal en el artículo 4 de la Constitución que precisa que "La República Bolivariana de Venezuela es un Estado federal descentralizado en los términos consagrados por esta Constitución"; fórmula más o menos similar a la del artículo 2 de la Constitución de 1961 que decía que "La República de Venezuela es un Estado federal, en los términos consagrados por esta Constitución".

A tal efecto, el artículo 136 de la Constitución de 1999, organiza al Estado con forma federal mediante un sistema de "división vertical"[10] del Poder Público en tres niveles: Nacional, Estadal y Municipal, atribuyendo su ejercicio a diversos órganos y asignando competencias exclusivas en los tres niveles, además de las competencias concurrentes entre ellos[11].

En todo caso, "los términos consagrados por la Constitución" (art. 4) relativos a la forma de Estado federal descentralizado, son la clave para determinar efectivamente el grado de descentralización del Estado y, por tanto, de la Federación. En la Constitución de 1999, en todo caso, y salvo en el nominalismo, no se avanzó mayormente en relación con lo que existía en el texto de 1961[12], habiéndose sólo constitucionalizado, en reali-

---

10 *V.* sentencia Nº 355 de 11–5–2000, *Revista de Derecho Público*, Nº 82, (abril–junio), Editorial Jurídica Venezolana, Caracas, 2000, pp. 342 y ss.

11 *V.* en general, sobre el Poder Público y la forma federal del Estado; Allan R. Brewer–Carías, "La descentralización política en la Constitución de 1999: Federalismo y Municipalismo (una reforma insuficiente y regresiva" en *Boletín de la Academia de Ciencias Políticas y Sociales*, Nº 138, Año LXVIII, enero–diciembre 2001, Caracas 2002, pp. 313–359; y publicado también en *Provincia. Revista Venezolana de Estudios Territoriales*, Número 7, julio–diciembre 2001, II Etapa, Centro Iberoamericano de Estudios Provinciales y Locales (CIEPROL), Universidad de los Andes, Mérida, 2001, pp. 7–92; Allan R. Brewer–Carías, "Consideraciones sobre el régimen de distribución de competencias del Poder Público en la Constitución de 1999" en Fernando Parra Aranguren y Armando Rodríguez García Editores, *Estudios de Derecho Administrativo. Libro Homenaje a la Universidad Central de Venezuela*, Tomo I, Tribunal Supremo de Justicia, Caracas 2001, pp. 107–136; Allan R. Brewer–Carías, "Consideraciones sobre el régimen constitucional de la organización y funcionamiento de los Poderes Públicos", en *Revista Derecho y Sociedad de la Universidad Monteávila*, Nº 2 (abril), Caracas, 2001, pp. 135–150.

12 *V.* por ejemplo, Rafael J. Chavero Gazdik, "La forma de Estado prevista en la Constitución de 1999 (¿Un canto de sirenas?)", en *Revista de Derecho Público,* Nº 81 (enero–marzo), Editorial Jurídica Venezolana, Caracas, 2000, pp. 29–39. *V.* en general, sobre la forma del Estado como "Federación Descentralizada", Allan R. Brewer–Carías, *Asamblea Constituyente y ordenamiento constitucional, op. cit.,* pp. 122–144; Allan R. Brewer–Carías, *Reflexiones sobre el constitucionalismo en América, op. cit.,* pp. 158 y ss.; María *V.* Espina y Ornella Bernabei Zaccaro, "Nueva estructura del Estado venezolano", en *Comentarios a la Constitución de la República Bolivariana de Venezuela".* Vadell Hermanos Editores, Caracas, 2000, pp. 65–116; César A. Loaiza Moyetones, "Determinación analítica del concepto de Estado", en *Derecho Constitucional. General y Particular. Actualizado con la Cons-*

dad, aspectos que ya se habían establecido en la Ley Orgánica de Descentralización, Delimitación y Transferencia de Competencias del Poder Público de 1989, los cuales, además, ya tenía rango de ley constitucional en lo que se refería a la transferencia a los Estados de competencias del Poder Nacional[13].

La distribución territorial o vertical del poder, en todo caso, implica autonomía territorial, y sobre ello, la Constitución de 1999, dispone que los Estados son "entidades políticas autónomas en lo político" (art. 159); y que los Municipios gozan de "autonomía dentro de los límites de esta Constitución y de la ley" (art. 168). A tal efecto, la Constitución establece los principios generales de la organización del Poder Público Estadal, conforme al principio de separación orgánica en dos Poderes: el Poder Legislativo, a cargo de los Consejos Legislativos Estadales cuyos miembros son electos por votación popular directa y secreta; y el Poder Ejecutivo, a cargo de los Gobernadores, cuya elección se estableció a partir de 1989 (Arts. 160; 162). Además en la Constitución se prevé un órgano del Poder Público estadal con autonomía funcional, que es la Contraloría del Estado, la cual puede ser configurada como Poder Contralor (Art. 163). En igual sentido, respecto de los Municipios también se establecen los principios generales de la organización del Poder Público Municipal, conforme al principio de separación orgánica en dos Poderes: el Poder Legislativo, a cargo de los Consejos Municipales cuyos miembros son electos por votación popular directa y secreta; y el Poder Ejecutivo, a cargo de los Alcaldes (art. 174), cuya elección se estableció a partir de 1989. Además en la Constitución se prevé un órgano del Poder Público municipal con autonomía funcional, que es la Contraloría municipal (art. 176).

La consecuencia de lo anterior, es que en el ordenamiento constitucional venezolano, el principio de la distribución vertical del Poder Público conduce a la existencia de tres niveles autónomos de Administración Pública: la Administración Pública Nacional, la Administración Pública Estadal (Gobernaciones) y la Administración Pública Municipal (Alcaldías), cada una integrada en una persona jurídica estatal distinta: la República, los Estados y los Municipios, respectivamente.

En efecto, la consecuencia del principio de la distribución vertical del poder público es que el Estado está conformado por diversas entidades político–territoriales que actualizan la personalidad jurídica del Estado. El Estado, por tanto, en el ámbito interno no es una persona jurídica, sino que está conformado por un conjunto de personas jurídicas que son las personas jurídicas estatales.

En consecuencia, en Venezuela, tratándose de un Estado con forma federal, conforme al cual "el Poder Público se distribuye entre el Poder Municipal, el Poder Estatal y el Poder Nacional" (Art. 136 de la Constitución), el "Estado" está básicamente conformado por un conjunto de personas jurídicas que conforman la organización política en el territorio como son la República, los estados y los municipios, y por otras personas jurídicas estatales producto de la descentralización política y funcional.

---

titución de la República Bolivariana de Venezuela del 24–03–2000, Tomo I, Universidad Santa María, Caracas, pp. 25–84. Alfonso Rivas Quintero, *Derecho Constitucional,* Paredes Editores, Valencia–Venezuela, 2002, pp. 182 y ss.; Ricardo Combellas, *Derecho Constitucional: una introducción al estudio de la Constitución de la República Bolivariana de Venezuela,* McGraw Hill, Caracas 2001, pp. 42 y ss., 121 y ss.; e Hildegard Rondón de Sansó, *Análisis de la Constitución venezolana de 1999,* Editorial Ex Libris, Caracas, 2001, pp. 67–68.

13 *V.* Carlos Ayala Corao, "Naturaleza y alcance de la descentralización estadal" en Allan R. Brewer–Carías *et al., Leyes para la Descentralización Política de la Federación,* Editorial Jurídica Venezolana, Caracas, 1994, pp. 99 y ss; y Allan R. Brewer–Carías, *Asamblea Constituyente y Ordenamiento Constitucional,* Biblioteca de la Academia de Ciencias Políticas y Sociales, Serie Estudios N° 53, Caracas, 1999, pp. 122 y ss.

El Estado, por tanto, se insiste, no es una persona jurídica en el ámbito interno; lo que existen son muchas personas jurídicas que actualizan su voluntad y que son las personas jurídicas estatales las cuales en definitiva, conforman el Estado. Estas personas jurídicas estatales, como sujetos de derecho cuyos órganos conforman la Administración Pública, son las que constituyen objeto de regulación por parte del derecho administrativo porque en definitiva, son las que establecen las relaciones jurídico–administrativas con los otros sujetos de derecho y los administrados.

Las personas jurídicas estatales, sin embargo, no tienen una sola forma jurídica, sino que pueden tener la forma jurídica de derecho público o la forma jurídica de derecho privado, según se constituyan mediante mecanismos de derecho público regulados en la propia Constitución o en las leyes o mediante los mecanismos regulados en el derecho privado, particularmente en el Código Civil. En el derecho público venezolano, por tanto, hay dos clasificaciones de las personas jurídicas: las personas estatales y no estatales, según su integración o no a la organización general del Estado o sector público; y las personas jurídicas de derecho público y de derecho privado, según la forma jurídica adoptada para su creación[14]; clasificaciones que han sido acogidas por la Constitución de 1999[15].

En efecto, el artículo 145 de la Constitución, al establecer la inhabilitación de los funcionarios públicos para celebrar contratos con entes que conforman el sector público, se refiere a los municipios, los estados, la República "y demás personas jurídicas de derecho público o de derecho privado estatales". De esta norma, lo que a los efectos de este principio interesa destacar en relación con los funcionarios de las personas jurídicas estatales y la celebración de contratos públicos, es la doble distinción señalada que en ella se establece respecto de las personas jurídicas: por una parte, entre las personas jurídicas de derecho público y las personas jurídicas de derecho privado; y por la otra, entre las personas jurídicas estatales y las personas jurídicas no estatales. La prohibición de contratar que se impone a los funcionarios públicos, por supuesto, es con las personas jurídicas estatales, cualquiera que sea la forma jurídica que tengan, de derecho público o de derecho privado.

Estas dos clasificaciones o distinciones respecto de las personas jurídicas se recogen, además, en otras normas constitucionales: En cuanto a las personas jurídicas de derecho público y de derecho privado, en el artículo 322 de la Constitución, cuando al señalar que la seguridad de la Nación es competencia esencial y responsabilidad del Estado, indica que aquélla se fundamenta en el desarrollo integral de la Nación y que su defensa es responsabilidad de los venezolanos y de las "personas naturales *y jurídicas, tanto de*

---

14 *V.* sobre estas clasificaciones, Allan R. Brewer–Carías, "La distinción entre las personas públicas y las personas privadas y el sentido actual de la clasificación de los sujetos de derecho", en *Revista Argentina de Derecho Administrativo*, Nº 12, Buenos Aires, 1977, pp. 15 a 29; en *Revista de la Facultad de Derecho*, Universidad Central de Venezuela, Nº 57, Caracas, 1976, pp. 115 a 135; y en *Fundamentos de la Administración Pública*, Editorial Jurídica Venezolana, Caracas, 1980, pp. 223 a 248.

15 *V.* nuestra propuesta para incorporar en el texto de la Constitución estas clasificaciones y la terminología sobre personas jurídicas estatales y personas jurídicas de derecho público, en Allan R. Brewer–Carías, *Debate Constituyente (Aportes a la Asamblea Nacional Constituyente)*, Tomo II, *op. cit.*, pp. 169 y ss. Sobre la distinción en la Constitución, véase Allan R. Brewer–Carías, "Sobre las personas jurídicas en la Constitución de 1999" en *Derecho Público Contemporáneo. Libro Homenaje a Jesús Leopoldo Sánchez*, Estudios del Instituto de Derecho Público, Universidad Central de Venezuela, enero–abril 2003, Volumen 1, pp. 48–54; y "El régimen de las personas jurídicas estatales político–territoriales en la Constitución de 1999" en *El Derecho constitucional y público en Venezuela. Homenaje a Gustavo Planchart Manrique*, Tomo I, Universidad Católica Andrés Bello, Tinoco, Travieso, Planchart & Núñez, Abogados, Caracas, 2003, pp. 99–121.

derecho público como de derecho privado" que se encuentren en el espacio geográfico nacional. Por otra parte, en los artículos 159 y 168, en los cuales se determina expresamente la *personalidad jurídica* respecto de los estados y municipios como personas jurídicas de derecho público territoriales; en los artículos 142 y 189,1, en los cuales se regula a los *institutos autónomos* como personas jurídicas de derecho público institucionales; y el artículo 318, el cual califica expresamente al Banco Central de Venezuela como "*persona jurídica de derecho público*".

En cuanto a la integración de las personas jurídicas a la organización general del Estado o al sector público, es decir, a las personas jurídicas estatales, el artículo 190, al regular las incompatibilidades de los diputados a la Asamblea Nacional, precisa, entre otros aspectos, dispone los mismos no pueden ser propietarios, administradores o directores de empresas "que contraten con *personas jurídicas estatales*". Por otra parte, en el artículo 180, al regular la inmunidad tributaria de los entes o personas jurídicas político–territoriales (República, estados y municipios) entre sí, se señala que la inmunidad frente a la potestad impositiva de los municipios a favor de los demás entes político territoriales "se extiende sólo a *las personas jurídicas estatales* creadas por ellos". Además, el artículo 289, al regular las atribuciones de la Contraloría General de la República, precisa la competencia de este órgano para realizar inspecciones y fiscalizaciones respecto de "*las personas jurídicas del sector público*".

De toda esta normativa constitucional deriva, por tanto, como ya hemos señalado, que la expresión genérica de "Estado" comprende a todas las personas jurídicas que en el orden interno y en la organización política del Estado federal se consideran como parte del mismo, conforme a los tres niveles de distribución territorial del Poder Público: nacional, estadal y municipal.

Se establecen así, en la Constitución, como hemos indicado, dos clasificaciones respecto de las personas jurídicas. La *primera,* que distingue entre las personas jurídicas estadales, que forman parte de la organización general del Estado en sus tres niveles territoriales o, si se quiere, del sector público; y las personas jurídicas no estatales, que no forman parte del Estado o del sector público; y la *segunda*, que distingue según la forma jurídica que adoptan las personas jurídicas, entre personas jurídicas de derecho público, como los institutos autónomos, y personas jurídicas de derecho privado, como las sociedades anónimas del Estado (*empresas del Estado, o empresas públicas* conforme las denominan los artículos 189,1 y 184,4, respectivamente, de la Constitución).

III. LA SEPARACIÓN ORGÁNICA (HORIZONTAL) DEL PODER PÚBLICO Y EL CARÁCTER INTERORGÁNICO DE LA ADMINISTRACIÓN PÚBLICA

El tercer principio constitucional que condiciona el derecho administrativo en Venezuela, es el de la penta división horizontal o separación orgánica de poderes, que origina órganos independientes y autónomos entre sí, que ejercen las diversas ramas del Poder Público: Legislativa, Ejecutiva, Judicial, Ciudadana y Electoral.

La Constitución de 1999, en efecto, adoptó un novedoso sistema de separación orgánica del Poder Público Nacional, al hacerlo entre cinco Poderes, agregando a los tradicionales Poderes Legislativo, Ejecutivo y Judicial, dos nuevos, los Poderes Ciudadano y Electoral. Por tanto, en el nivel nacional se distinguen cinco ramas del Poder Público: el

Poder Legislativo Nacional, el Poder Ejecutivo Nacional, el Poder Judicial, el Poder Ciudadano y el Poder Electoral, correspondiendo su ejercicio a cinco complejos orgánicos diferenciados y separados. Estos son, respectivamente, la Asamblea Nacional; el Presidente, sus Ministros y el resto de los órganos del denominado "Ejecutivo Nacional"; el Tribunal Supremo de Justicia y los demás tribunales de la República, así como la Dirección Ejecutiva de la Magistratura y los otros órganos de gobierno y administración del Poder Judicial; el Ministerio Público o Fiscalía General de la República, la Contraloría General de la República y la Defensoría del Pueblo; y el Consejo Nacional Electoral, sus Comisiones y Juntas. Estos cinco conjuntos orgánicos se encuentran separados, son autónomos e independientes entre sí, y cada uno de ellos tiene sus competencias constitucionales y legales específicas.

En esta forma, la otrora clásica división del poder en la ramas Legislativa, Ejecutiva y Judicial, se había roto en el constitucionalismo moderno desde el Siglo XX, de manera que en general, el Poder Público se ejerce, además de por los órganos que componen las tres clásicas ramas, por otra serie de órganos que progresivamente han sido constitucionalizados y dotados de autonomía funcional, y que en el caso de Venezuela, ahora han sido erigidos en ramas formales del Poder Público[16]. Es el caso del Poder Ciudadano, que integra los ya clásicos órganos constitucionales de control (art. 273), como la Contraloría General de la República (art. 267); el Ministerio Público: (art. 284) y la Defensoría del Pueblo (art. 280); y del Poder Electoral, que ejerce el Consejo Nacional Electoral (art. 293). En la Constitución de 1999, en todo caso, se eliminó el Consejo de la Judicatura, que también era un órgano constitucional con autonomía funcional, atribuyéndose ahora las funciones de gobierno y administración de la rama judicial al Tribunal Supremo de Justicia (art. 267).

Pero el principio de la separación orgánica de poderes en forma horizontal, no sólo se ha establecido en el nivel nacional, sino también en los niveles estadales y municipales. En los Estados de la Federación, en efecto, como se ha dicho, se distinguen básicamente dos complejos orgánicos que ejercen respectivamente, el Poder Legislativo y el Poder Ejecutivo, conformados por los Consejos Legislativos de los Estados y por sus Gobernadores (Arts. 160 y 162), por lo que la Administración Pública estadal está integrada, en principio, en las Gobernaciones de Estado. En los Estados, además, hay que indicar que la Constitución ha previsto la existencia de unos órganos con autonomía orgánica y funcional (Art. 163), que ejercen el Poder Estadal aún cuando la Constitución no los califique como tal Poder, que son las Contralorías estadales. Esos órganos de control, sin duda, también forman parte de la Administración Pública estadal, aún cuando por supuesto, no forman parte de la Administración Pública *Central* de los Estados la cual depende de las Gobernaciones estadales.

Además, en el nivel municipal, la Constitución también ha establecido un sistema de separación orgánica de poderes, distinguiéndose dos complejos orgánicos que ejercen los Poderes Legislativo y Ejecutivo locales, conformados, respectivamente, por los Concejos Municipales, como órganos colegiados que ejercen la función normativa (le-

---

16 Conforme lo ha señalado la sentencia Nº 3098 de la Sala Constitucional (Caso: *Nulidad artículos Ley Orgánica de la Justicia de Paz*) de 13–12–2004, la "redistribución orgánica del Poder Público" que establece la Constitución obedece, "según la Exposición de Motivos de la Constitución de 1999, a la necesidad de otorgar independencia y autonomía funcional a los órganos que están encargados de desarrollar determinadas competencias, especialmente las de ejecución de "*procesos electorales, así como el de la función contralora y la defensa de los derechos humanos*". *V.* en *Gaceta Oficial* Nº 38.120 de 02–02–2005.

gislativa) a nivel local; y los Alcaldes, a quienes corresponden las actividades de gobierno y administración municipal (Arts. 174 y 175)[17]. A nivel municipal, por tanto, la Administración Pública *central* como complejo orgánico depende de los Alcaldes. Pero debe indicarse, que también en el nivel de los Municipios, la Constitución establece las Contralorías municipales, como órganos de control, vigilancia y fiscalización, que por ello gozan de autonomía funcional (Art. 176). Esos órganos de control también forman parte de la Administración Pública municipal, aún cuando por supuesto, no forman parte de la Administración Pública *Central* de los Municipios la cual depende de las Alcaldías.

En el ámbito municipal, además, se pueden identificar también como parte integrante de la Administración municipal que depende del Alcalde, a los Jueces de Paz, que si bien son de elección popular organizada por el Poder Electoral, se integran en la estructura organizativa administrativa del Municipio[18], aún cuando ejerciendo funciones jurisdiccionales[19].

La separación orgánica de poderes, sin embargo, no origina un solo grupo de órganos que conforman la Administración Pública y que serían los que ejercen el Poder Ejecutivo, La Administración Pública, en Venezuela, en realidad, tiene en la Constitución de 1999, un carácter inter orgánico, en el sentido de que, como complejo orgánico, no sólo está conformada por órganos que ejercen el Poder Ejecutivo, sino por órganos que ejercen los demás Poderes del Estado. Hay ciertamente una Administración Pública que se configura organizativamente hablando en el "Ejecutivo Nacional" (Administración Pública Central), pero la misma no agota dicho complejo orgánico en el Estado venezolano.

El Estado venezolano, en efecto y como se ha dicho, está constitucionalmente configurado como un Estado Federal (artículo 2 de la Constitución), en el cual se distinguen tres niveles de organización política: el nivel nacional, que corresponde a la República; el nivel estadal, que corresponde a los Estados miembros de la Federación; y el nivel municipal, que corresponde a los Municipios.

En cada uno de estos tres niveles políticos existe una "Administración Pública central" (nacional, estadal y municipal), que ejerce el Poder Ejecutivo, siendo ésta, el instrumento por excelencia de la acción política del Estado. Como instrumento, está compuesto por un conjunto de órganos e instituciones que le sirven para el desarrollo de sus funciones y el logro de los fines que tiene constitucionalmente prescritos.

---

17 Conforme lo ha señalado la sentencia Nº 3098 de la Sala Constitucional (Caso: nulidad artículos Ley Orgánica de la Justicia de Paz) de 13–12–2004, la Constitución de 1999 "precisó el ámbito de competencias tradicionales entre el Poder Legislativo –Concejo Municipal– y el Poder Ejecutivo –Alcalde– en el nivel municipal, y *afianzó considerablemente la diferenciación funcional* que, entre ambos poderes existía en la legislación preconstitucional, concretamente en la Ley Orgánica de Régimen Municipal". *V.* en *Gaceta Oficial* Nº 38.120 de 02–02–2005.

18 Como lo ha dicho la sentencia Nº 3098 de la Sala Constitucional (Caso: nulidad artículos Ley Orgánica de la Justicia de Paz) de 13–12–2004, "la administración, prestación y gestión del servicio de justicia de paz –no así del procedimiento de elección de sus jueces– es competencia exclusiva del Municipio, bien a través de la ejecución y administración que corresponda al Alcalde (artículos 174 y 175 de la Constitución)". *V.* en *Gaceta Oficial* Nº 38.120 de 02–02–2005.

19 Sentencia de la Sala Constitucional de 05–10–de 2000 (caso: *Héctor Luis Quintero),* citada en sentencia Nº 3098 de la Sala Constitucional (Caso: *Nulidad artículos Ley Orgánica de la Justicia de Paz*) de 13–12–2004, en *Gaceta Oficial* Nº 38.120 de 02–02–2005.

Pero como se ha dicho anteriormente, no toda "Administración Pública" del Estado es "Administración Pública central", en el sentido de que no sólo los órganos que ejercen el Poder Ejecutivo en los tres niveles político–territoriales o los que gozan de autonomía fundamental en virtud de disposiciones constitucionales, monopolizan, orgánicamente, a la Administración Pública del Estado.

Las diversas ramas de los Poderes del Estado en sus diversos niveles tienen su propia Administración Pública. Así, en el nivel nacional (Poder Nacional), hay una separación clara entre cinco grupo de órganos de la República: los órganos legislativos (Asamblea Nacional), los órganos ejecutivos (Presidente de la República, Ministerios, etc.), los órganos judiciales (Tribunal Supremo de Justicia, Tribunales), los órganos de control (Fiscalía General de la República, Contraloría General de la República, Defensoría del Pueblo), y los órganos electorales (Consejo Nacional Electoral); y cada uno de estos órganos tiene su propia Administración Pública: la Administración de las Cámaras Legislativas; la Administración de la justicia (Dirección Ejecutiva de la Magistratura); la Administración Pública de los órganos de control, la Administración Electoral, y la Administración Pública central que en principio corresponde a los órganos que ejercen el Poder Ejecutivo. En consecuencia, puede decirse que el ámbito propio de la organización administrativa nacional está en los órganos ejecutivos, en la "Administración Pública Nacional" (central o descentralizada) cuyos órganos ejercen el Poder Ejecutivo Nacional, en cuyo vértice está el Presidente de la República.

Por su parte, en el nivel estadal (Poder de los Estados), hay una clara y precisa separación entre tres grupos de órganos en cada Estado: los órganos legislativos (Consejos Legislativos), los órganos ejecutivos (Gobernadores y sus dependencias administrativas), y los órganos de control (Contraloría estadal); y cada uno de estos órganos tiene su propia administración: la administración de las Asambleas Legislativas, la "Administración Pública central" que en principio corresponde a los órganos que ejercen el Poder Ejecutivo, y la Administración contralora. Así, puede decirse que el ámbito propio de la organización administrativa estadal está en los órganos ejecutivos, en esa "Administración Pública Estadal" (central o descentralizada) cuyos órganos ejercen el Poder Ejecutivo de los Estados, en cuyo vértice están los Gobernadores.

Por último, en el nivel municipal (Poder Municipal), también hay una clara y neta separación legal entre tres grupos de órganos en cada municipio: los órganos legislativos (Concejos Municipales), los órganos ejecutivos (Alcaldes y sus dependencias administrativas), y los órganos de control (Contralorías municipales); y cada uno de esos órganos tiene su propia administración: la administración de los Concejos Municipales como órganos colegiados, la "Administración Pública central" que en principio corresponde a los órganos que ejercen el Poder Ejecutivo municipal y la Administración contralora. Así puede decirse que el ámbito propio de la organización administrativa municipal está en los órganos ejecutivos, en esa "Administración Pública Municipal" (central o descentralizada) cuyos órganos ejercen el Poder Ejecutivo Municipal, en cuyo vértice están los Alcaldes.

Por tanto, la Organización Administrativa del Estado no se agota, por ejemplo, a nivel nacional, en el ámbito de la "Administración Pública Nacional central" que ejerce el Poder Ejecutivo, pues existen órganos administrativos que derivan de la nueva separación orgánica de poderes que ha establecido la Constitución de 1999, regularizando así la existencia de órganos del Estado con autonomía funcional que en la Constitución de 1961 existían (Consejo de la Judicatura, Contraloría general de la República, Fiscalía

General de la República) y que no encuadraban en la clásica trilogía de poderes: legislativos, ejecutivos y judiciales, ni dentro de los órganos que ejercían el Poder Legislativo, ni dentro de los órganos que ejercían el Poder Ejecutivo, ni dentro de los órganos que ejercían el Poder Judicial, y que sin embargo, formaban parte de la organización administrativa de la Administración del Estado, y en general, de lo que siempre se ha conocido como Administración Pública Nacional.

La situación anterior es la que ha sido precisamente regularizada constitucionalmente con las previsiones de la Constitución de 1999, de la cual se deriva que en ejercicio de las respectivas ramas del Poder Público, además de los órganos de la Administración Pública central que ejercen el Poder Ejecutivo, también configuran la Administración Pública del Estado, los órganos de la Asamblea Nacional que ejercen funciones administrativas en ejercicio del Poder Legislativo, la Dirección Ejecutiva de la Magistratura que ejerce el poder Judicial, los órganos que ejercen el Poder Ciudadano y los órganos que ejercen el Poder Electoral.

Por ello, la Constitución de 1999 contiene un extenso Título IV relativo al "Poder Público", cuyas normas se aplican a todos los órganos que ejercen el Poder Público tal como lo indica el artículo 136: en su distribución vertical o territorial (Poder Municipal, Poder Estadal y Poder Nacional); y, en el nivelo Nacional, en su distribución horizontal (Legislativo, Ejecutivo, Judicial, Ciudadano y Electoral)[20]. Y en el Capítulo I (Disposiciones fundamentales), de dicho Título IV relativo al Poder Público, se regularon todos los principios fundamentales sobre la Administración Pública relativos a la organización administrativa (artículos 236, ordinal 20) y a la administración descentralizada funcionalmente (artículos 142, 300); a de la actuación administrativa (art. 141); a la función pública (artículos 145 a 149) y su responsabilidad, (art. 139); a los bienes públicos (artículos 12, 181 y 304); a la información administrativa (art. 143), a la contratación administrativa (arts. 150 y 151), a la responsabilidad patrimonial del Estado (art. 140); y al régimen de control de la gestión administrativa, tanto popular (art. 62), como político (art. 66), fiscal (art. 287) y de gestión (art. 315). De allí que lo primero que debe determinarse es cuáles son los órganos estatales que ejercen el Poder Público y que pueden considerarse como tal "Administración Pública".

Ante todo, por supuesto, están los órganos de los diversos niveles del Poder Público (Nacional, Estadal y Municipal) que ejercen el Poder Ejecutivo. En consecuencia, las normas que contiene la sección se aplican a todas las "Administraciones Públicas" *ejecutivas* de la República (administración pública nacional), de los Estados (administración pública estadal), de los Municipios (administración pública municipal) y de las otras entidades políticas territoriales que establece el artículo 16 de la Constitución, entre las cuales se destacan los Distritos Metropolitanos cuyos órganos ejercen el Poder Municipal.

Pero la Administración Pública del Estado venezolano, en los tres niveles territoriales de distribución vertical del Poder Público, no se agota en los órganos y entes de la Administración Pública *ejecutiva* (que ejercen el Poder Ejecutivo), pues también comprende los otros órganos de los Poderes Públicos que desarrollan las funciones del Estado de carácter sublegal. En tal sentido, en el nivel nacional, los órganos que ejercen el Poder Ciudadano (Fiscalía General de la República, Contraloría General de la República y

20 *V.* nuestra propuesta sobre este título en Allan R. Brewer–Carías, *Debate Constituyente* (Aportes a la Asamblea Nacional Constituyente), Tomo II, (9 Sept.–17 Oct. 1999), Caracas 1999, pp. 159 y ss.

Defensoría del Pueblo) y el Poder Electoral (Consejo Nacional Electoral), sin la menor duda, son órganos que integran la Administración Pública del Estado, organizados con autonomía funcional respecto de los órganos que ejercen otros poderes del Estado. En cuanto a los órganos que ejercen el Poder Judicial, los que conforman la Dirección Ejecutiva de la Magistratura mediante la cual el Tribunal Supremo de Justicia ejerce la dirección, gobierno y administración del Poder Judicial, también son parte de la Administración Pública del Estado.

En consecuencia, en los términos de la sección segunda del Título IV de la Constitución, la Administración Pública del Estado no sólo está conformada por órganos que ejercen el Poder Ejecutivo, sino por los órganos que ejercen el Poder Ciudadano y el Poder Electoral, y por la Dirección Ejecutiva de la Magistratura que en ejercicio del Poder Judicial tiene a su cargo la dirección, el gobierno y la administración del Poder Judicial[21].

En efecto, como se ha dicho, a nivel nacional, a partir de la Constitución de 1961, ya habían comenzado a encontrar encuadramiento constitucional diversos órganos estatales que se configuraban también como parte de la Administración Pública como complejo orgánico, pero que no dependían del Ejecutivo Nacional ni estaban subordinados a ninguno de los tres conjuntos orgánicos clásicos del Estado (Legislativo, Ejecutivo, Judicial). Se trataba de órganos constitucionales con autonomía funcional, que también eran órganos de la República como persona político–territorial nacional, y que eran: el Ministerio Público, también denominado Fiscalía General de la República; la Contraloría General de la República; el Consejo de la Judicatura; y el Consejo Supremo Electoral. Por supuesto, estos eran órganos que forman parte de la Administración Pública nacional regulados por el derecho administrativo, aun cuando no formaban parte del Ejecutivo Nacional ni de la Administración Pública Central, ni tuvieran personalidad jurídica propia.

Esta tendencia fue la que se consolidó en la Constitución de 1999, al establecerse la ya mencionada penta división del Poder Público, agregándose a los Poderes Legislativo, Ejecutivo y Judicial, el Poder Ciudadano y el Poder Electoral (Art. 136). Por ello, puede decirse que también conforman e integran la Administración Pública a nivel nacional, los órganos que ejercen el Poder Ciudadano, es decir, la Fiscalía General de la República o Ministerio Público, la Contraloría General de la República, y la Defensoría del Pueblo; así como los órganos que ejercen el Poder Electoral, como el Consejo Nacional Electoral. Igualmente, también puede considerarse que son órganos de la Administración Pública Nacional, la Dirección Ejecutiva de la Magistratura del Tribunal Supremo de Justicia. Todos esos órganos conforman la Administración Pública Nacional, aún cuando por supuesto, no la Administración Pública *Central* cuyos órganos son los que ejercen el Poder Ejecutivo Nacional.

Para desarrollar los principios constitucionales relativos a la Administración Pública, en todo caso, se ha dictado la Ley Orgánica de la Administración Pública[22], cuyas disposiciones son básicamente "aplicables a la Administración Pública Nacional" (art. 2). La Ley, sin embargo, no define qué ha de entenderse por ello; pero de su normativa se

---

21 *V.* en general, Allan R. Brewer–Carías, *Principios del Régimen Jurídico de la Organización Administrativa Venezolana*, Caracas 1994, pp. 11 y 53.

22 *Gaceta Oficial* Nº 37.305 de 17–10–2001. Esta Ley Orgánica sólo derogó expresamente la Ley Orgánica de la Administración Central, cuya última reforma había sido la hecha mediante Decreto–Ley Nº 369 de 14–9–99, en *Gaceta Oficial* Nº 36.850 de 14–12–99.

deduce que abarca la Administración Pública que conforman los órganos que ejercen el Poder Ejecutivo Nacional y aquéllos que conforman la Administración Pública Nacional descentralizada sometida al control de aquél, con forma de derecho público.

En cuanto a la Administración Pública que conforman los demás órganos del Poder Público Nacional, es decir, los que a nivel nacional ejercen el Poder Judicial, el Poder Ciudadano y el Poder Electoral, las disposiciones de la Ley Orgánica sólo se les aplican "supletoriamente" (art. 2). En cuanto a los órganos que ejercen el Poder Legislativo, respecto de las funciones administrativas que realicen, conforme al artículo 2 de la Ley Orgánica, también se les podrán aplicar sus disposiciones supletoriamente.

En relación con los órganos de los Poderes Públicos que derivan de la distribución territorial del Poder Público, conforme al artículo 2 de la LOAP "los principios y normas (de la Ley Orgánica) que se refieran en general a la Administración Pública, o expresamente a los Estados, Distritos Metropolitanos y Municipios, serán de obligatoria observancia por éstos, quienes desarrollarán los mismos dentro del ámbito de sus respectivas competencias".

IV. LAS FUNCIONES DEL ESTADO, SU EJERCICIO INTERORGÁNICO Y LA FUNCIÓN ADMINISTRATIVA

Anteriormente nos hemos referido al marco constitucional del derecho administrativo que deriva de los principios de la distribución vertical y de la separación orgánica del Poder Público en las diversas ramas territoriales. Ahora bien, conforme a lo establecido en el artículo 136 de la Constitución "Cada una de las ramas del Poder Público tiene sus funciones propias, pero los órganos a los que incumbe su ejercicio colaborarán entre sí en la realización de los fines del Estado".

La asignación de funciones propias, por tanto, no implica que cada uno de los órganos del Estado siempre tenga el ejercicio exclusivo de alguna función estatal específica. Por tanto, todos los órganos del Estado, en una u otra forma ejercen todas las funciones del Estado, lo que conduce al principio del ejercicio inter orgánico de las funciones del Estado, que se configura como otro de los marcos constitucionales del derecho administrativo.

Es decir, la división de la potestad estatal (el Poder Público) en ramas y la distribución de su ejercicio entre diversos órganos, no coincide exactamente con la "separación" de las funciones estatales[23], por lo que el hecho de que exista una separación orgánica "de poderes" no implica que cada uno de los órganos que lo ejercen tenga necesariamente el ejercicio exclusivo de ciertas funciones, ya que paralelamente a las "funciones propias" de cada órgano del Estado, éstos ejercen funciones que por su naturaleza son similares a las que ejercen otros órganos estatales[24]. En otras palabras, para-

23 *V.* por ejemplo, sentencia de la antigua Corte Federal (CF) de 19–6–53, en *Gaceta Forense (GF)* N° 1, 1953, p. 77; y sentencias de la antigua Corte Suprema de Justicia (CSJ) en Sala Político Administrativa (SPA) de 18–7–63, en *GF* N° 41, 1963, pp. 116 y 117; de 27–5–68, en *GF* N° 60, 1969, pp. 115 y ss.; y de 9–7–69, en *GF* N° 65, 1969, pp. 70 y ss.

24 *V.* la sentencia de la antigua CF de 19–6–53, en *GF* N° 1, 1953, p. 77; y la sentencia de la antigua Corte Federal y de Casación (CFC) en Sala Político–Administrativa (SPA) de 18–7–63, en *GF* N° 41, 1963, p. 116.

lelamente a sus funciones propias, los órganos del Estado realizan funciones distintas a aquellas que les corresponden por su naturaleza[25].

Ahora bien, en la expresión constitucional, por "función" ha de entenderse la acción que desarrollan los órganos estatales o la actividad que desempeñan como tarea que les es inherente, en el sentido que sólo en ejercicio del Poder Público pueden cumplirse. De ahí que la función es toda actividad de la propia esencia y naturaleza de los órganos estatales y, por tanto, indelegable salvo que exista una autorización constitucional. Entonces, las diversas funciones del Estado son sólo las diversas formas a través de las cuales se manifiesta la actividad estatal[26]; y ellas no están atribuidas en forma exclusiva a los órganos del Estado[27].

En el mundo contemporáneo estas funciones como tareas inherentes a los órganos del Estado pueden reducirse a las siguientes: la función normativa, la función política, la función administrativa, la función jurisdiccional y la función de control, a las cuales pueden reconducirse todas las actividades del Estado. Estas funciones, realizadas en ejercicio del Poder Público por los órganos estatales, sin embargo, como se dijo, no están encomendadas con carácter exclusivo a diferentes órganos, sino que se ejercen por varios de los órganos estatales.

Así, la función normativa en el Estado contemporáneo es aquella actividad estatal que se manifiesta en la creación, modificación o extinción de normas jurídicas de validez general[28]. La función normativa del Estado, en esta forma, si bien se atribuye como función propia al órgano que ejerce el Poder Legislativo, es decir, a la Asamblea Nacional, al sancionar las leyes (Art. 203), se realiza también por otros órganos del Poder Público incluso con rango y valor de ley. En efecto, cuando mediante una ley habilitante la Asamblea Nacional delega en el Presidente la posibilidad de dictar actos estatales con rango y valor de ley (Art. 236,8), sin duda ejerce la función normativa; e igualmente, cuando reglamenta las leyes (Art. 236,10). Igualmente el Tribunal Supremo de Justicia también ejerce la función normativa cuando dicta los reglamentos necesarios a los efectos de asegurar la dirección y gobierno del Poder Judicial (Art. 267)[29]. Igualmente, ejercen la función normativa, los órganos del Poder Ciudadano cuando dictan los reglamentos establecidos en las leyes reguladoras de su actividad[30], al igual que el Conse-

---

25 *V.* la sentencia de la CSJ en SPA de 18–7–63, en *GF* N° 41, 1963, pp. 116 y 117.

26 *V.*, Allan–R. Brewer–Carías, *Las Instituciones Fundamentales del Derecho Administrativo y la jurisprudencia Venezolana*, Caracas, 1964, p. 105.

27 El carácter flexible, no rígido ni absoluto, del principio en su aplicación en Venezuela, ha sido destacado repetidamente por la jurisprudencia de la Corte Suprema. En particular, h. Sentencias de la CFC en SPA de 23–2–50 en *GF*, N° 4, 1950, pp. 84 a 39; de la CFC en CP de 26–5–51 en *GF*, N° 8, 1952, p. 114; y Sentencias de la CSJ en SPA de 18–7–63 en *GF*, N° 41, 1963, pp. 117–118; de 27–5–68 en *GF*, N° 60, 1969, pp. 115 a 118; de 22–4–69 en *GF*, N° 64, 1969, pp. 5 a 15; de 9–7–69, en *GF*, N° 65, 1969, pp. 70 a 74; y de 1–6–72, en *Gaceta Oficial (G.O.)*. N° 1.523, extraordinario, de 1–6–72, p. 9. *V.* además, Allan–R. Brewer–Carías, "Algunas bases del Derecho Público en la jurisprudencia Venezolana", en *RFD*, N° 27, 1963, pp. 143 y 144. Las referencias jurisprudenciales pueden también consultarse en Allan R. Brewer–Carías, *Jurisprudencia de la Corte Suprema (1930–1973) y Estudios de Derecho Administrativo,* Tomo I, (El ordenamiento constitucional y funcional del Estado), Caracas, 1975, pp. 147 y ss.

28 *V.* la, sentencia de la CSJ en SPA de 18–7–63, en *GF* N° 41, 1963, p. 116.

29 *V.* por ejemplo, Art. 6, párrafo 1,10,12, *Gaceta Oficial* N° 37.942 de 19–05–2004.

30 Artículos 3; 14,2; y 28 de la Ley Orgánica de la Contraloría General de la República; Artículos 29; 20; 34; 36; 40; 43; 46 y 51 de la Ley Orgánica de la Defensoría del Pueblo.

jo Nacional Electoral, en ejercicio del Poder Electoral, cuando reglamenta las leyes electorales (Art. 293,1)[31].

La función normativa, por tanto, si bien es una "función propia" de la Asamblea Nacional, no es una función privativa y exclusiva de ella, pues los otros órganos estatales también la ejercen. Sin embargo, lo que sí es función privativa y exclusiva de la Asamblea Nacional es el ejercicio de la función normativa en una forma determinada: como cuerpo legislador y mediante la emisión de los actos estatales denominados leyes. Los otros órganos estatales que ejercen la función normativa, si bien realizan una función creadora dentro del ordenamiento jurídico, a excepción de los decretos leyes habilitados (dictados por el Presidente de la República una vez que se ha dictado la ley habilitante) lo hacen a través de actos administrativos de efectos generales, y siempre bajo el condicionamiento de las leyes y nunca en ejecución directa e inmediata sólo de una norma constitucional. En otras palabras, las leyes son actos estatales dictados en ejecución directa e inmediata de la Constitución y de rango legal; los reglamentos y demás actos administrativos de efectos generales son actos de ejecución directa e inmediata de la legislación y de rango sublegal. Sin embargo, los decretos–leyes habilitados que puede dictar el Presidente de la República, a pesar de requerir de una ley habilitante, en virtud de la delegación legislativa que contiene, puede decirse que se dictan también en ejecución directa de la Constitución.

Pero aparte de la función normativa, en el Estado contemporáneo ha ido delineándose otra función primordial, distinta de la función administrativa, por medio de la cual el Presidente de la República ejerce sus actividades como jefe del Estado, es decir, como jefe del Gobierno de la República[32], dirigiendo la acción de gobierno (Arts. 226; 236,2). A través de esta función política, el Presidente de la República puede adoptar decisiones en virtud de atribuciones que le son conferidas directamente por la Constitución, en general sin condicionamiento legal, de orden político, las cuales, por tanto, exceden de la administración normal de los asuntos del Estado. Ello ocurre por ejemplo, cuando dirige las relaciones exteriores, convoca a sesiones extraordinarias a la Asamblea Nacional y cuando la disuelve (Arts. 236,4,9,20). También puede considerarse que ejerce la función política, cuando decreta los estados de excepción, y restringe garantías constitucionales, incluso, en este caso, a pesar de que la Constitución dispuso que una Ley Orgánica deba regular la materia (Art. 338)[33]. La característica fundamental de esta función política es que está atribuida en la Constitución directamente al Presidente de la República, es decir, al nivel superior de los órganos que ejercen el Poder Ejecutivo, no pudiendo otros órganos ejecutivos ejercerla.

Los órganos que ejercen el Poder Ejecutivo en esta forma, realizan fundamentalmente dos funciones propias: la función política y la función administrativa[34]. La función política, como función del Presidente de la República, se ejerce en ejecución directa de atribuciones constitucionales, en general sin condicionamiento legal alguno. El Legislador, en esta forma, y salvo por lo que se refiere a los estados de excepción dada la autorización constitucional (Art. 338), no puede limitar las facultades políticas del jefe del Es-

31 Además, artículos 32 y 29 de la Ley Orgánica del Poder Electoral.

32 Aun cuando en algunos casos podría no haber coincidencia, podría decirse que, en general, el Presidente de la República ejerce sus atribuciones de jefe del Estado en ejercicio de la función política, y de jefe del Ejecutivo Nacional, en ejercicio de la función administrativa.

33 *V.* la Ley Orgánica sobre Estados de Excepción (Ley N° 32), *G.O.* N° 37.261 de 15–08–2001.

34 La distinción entre "gobierno y administración" es comúnmente empleada por la Constitución, por ejemplo, artículos, 21, 27, 30 y 191.

tado[35]. La función política, por tanto, se traduce en actos estatales de rango legal, en tanto que la función administrativa se traduce en actos estatales de rango sublegal[36].

Pero si bien la función política se ejerce con el carácter de función propia por el Presidente de la República en ejercicio del Poder Ejecutivo, ello tampoco se realiza con carácter excluyente, ya que la Asamblea Nacional en ejercicio del Poder Legislativo también realiza la función política, sea a través de actos parlamentarios sin forma de ley[37], sea mediante leyes[38]. En estos casos, también, la función política realizada por los órganos del Poder Legislativo es una actividad de rango legal, es decir, de ejecución directa e inmediata de la Constitución. Pero si bien esta función puede ser realizada tanto por el Presidente de la República como por los órganos legislativos, por lo que no es exclusiva o excluyente, sin embargo, lo que sí es exclusiva de uno u otros órganos es la forma de su ejecución en los casos autorizados por la Constitución: la función política mediante decretos ejecutivos (actos de gobierno), se realiza en forma exclusiva por el Presidente de la República; y mediante leyes o actos parlamentarios sin forma de ley, por la Asamblea nacional.

Además de la función normativa y de la función política, los órganos estatales realizan la función jurisdiccional, es decir, conocen, deciden o resuelven controversias entre dos o más pretensiones, es decir, controversias en las cuales una parte esgrime pretensiones frente a otra. El ejercicio de la función jurisdiccional se ha atribuido como función propia al Tribunal Supremo de Justicia y a los tribunales de la República, pero aquí también ello no implica una atribución exclusiva y excluyente, sino que, al contrario, los otros órganos estatales pueden ejercer la función jurisdiccional.

En efecto, los órganos que ejercen el Poder Ejecutivo[39], realizan funciones jurisdiccionales, cuando las autoridades administrativas deciden controversias entre partes, dentro de los límites de su competencia[40], y la Asamblea Nacional también participa en la función jurisdiccional, cuando por ejemplo, autorizan el enjuiciamiento del Presidente de la República (Art. 266,2). Por tanto, la función jurisdiccional como actividad privativa e inherente del Estado mediante la cual sus órganos deciden controversias y declaran el derecho aplicable en un caso concreto, se ejerce por diversos órganos estatales en ejercicio del Poder Público: por el Tribunal Supremo de Justicia y los Tribunales de la República, en ejercicio del Poder Judicial; y por los órganos administrativos en ejercicio del Poder Ejecutivo Nacional. La función jurisdiccional, por tanto, si bien es una

---

35 El legislador, por ejemplo, no podría limitar las atribuciones del Presidente de convocar a la Asamblea nacional a sesiones extraordinarias.

36 Sobre la distinción entre los actos del Poder Ejecutivo dictados en ejecución directa de la Constitución o en ejecución directa de la ley, véase la sentencia de la CSJ en SPA de 13–2–68, en *GF* N° 59, 1969, p. 85. En todo caso, una cosa es atribuir a la función política rango legal y otra es atribuirle "naturaleza legislativa". El decreto de restricción de garantías constitucionales, por ejemplo, tiene rango legal, por cuanto puede "restringir" temporalmente la vigencia de una ley, lo que implica que la modifique ni la derogue. Si la derogara, el acto tendría "naturaleza legislativa". Sobre esta confusión, véase en *Doctrina PGR,* 1971, Caracas, 1972, p. 189.

37 Por ejemplo, cuando autoriza al Presidente de la República para salir del territorio nacional. Art. 187,17 de la Constitución; o cuando reserva al Estado determinadas industrias o servicios, Art. 302.

38 La ley que decreta una amnistía, por ejemplo. Art. 186,5 de la Constitución.

39 *V.* la sentencias de la CSJ en SPA de 18–7–63, en *GF* N° 41, 1963, pp. 116 y 117; de 27–5–68, en *GF* N° 60, 1969, pp. 115 y 118; y de 9–7–69, en *GF* N° 65, 1969, pp. 70 y ss.

40 Cuando la Administración decide, por ejemplo, la oposición a una solicitud de registro de marca de fábrica, conforme a la Ley de Propiedad Industrial, *G.O.* N° 25.227 de 10–12–1956; o cuando decide la oposición a una solicitud de otorgamiento de una concesión de explotación forestal, conforme a la Ley Forestal, de Suelos y Aguas (Art. 6), en *G.O.* N° 997, Extr., de 8–1–66.

"función propia" de los órganos judiciales, no es una función privativa y exclusiva de ellos, pues otros órganos estatales también la ejercen. Sin embargo, lo que sí es una función privativa y exclusiva de los tribunales es el ejercicio de la función jurisdiccional a través de un proceso (Art. 257) en una forma determinada: con fuerza de verdad legal, mediante actos denominados sentencias. Sólo los tribunales pueden resolver controversias y declarar el derecho en un caso concreto, con fuerza de verdad legal, por lo que sólo los órganos del Poder judicial pueden desarrollar la "función judicial" (función jurisdiccional ejercida por los tribunales). Los demás órganos del Estado que realizan funciones jurisdiccionales lo hacen a través de actos administrativos condicionados por la legislación.

Además de la función normativa, de la función política y de la función jurisdiccional, los órganos del Estado también ejercen la función de control, cuando vigilan, supervisan y velan por la regularidad del ejercicio de otras actividades estatales o de las actividades de los administrados y particulares.

El ejercicio de la función de control se ha atribuido como función propia a los órganos que ejercen el Poder Ciudadano, pero en este caso, ello tampoco implica una atribución exclusiva y excluyente, sino que, al contrario, los otros órganos estatales pueden ejercer la función jurisdiccional. En efecto, la Asamblea Nacional, en ejercicio del Poder Legislativo ejerce la función de control sobre el gobierno y la Administración Pública Nacional y los funcionaros ejecutivos (Art. 187,3; 222); el Presidente de la República como Jefe del Ejecutivo Nacional ejerce las funciones de control jerárquico en relación con los órganos de la Administración Pública (Art. 226) y los órganos que ejercen el Poder Ejecutivo controlan las actividades de los particulares, de acuerdo a la regulación legal de las mismas; el Consejo Nacional Electoral, en ejercicio del Poder Electoral, ejerce el control de las actividades de los órganos subordinados (Art. 293), de las elecciones y de las organizaciones con fines políticos (Art. 293); y el Tribunal Supremo de Justicia ejerce las función de control de constitucionalidad y legalidad de los actos del Estado (Art. 259; 336).

Por tanto, la función de control como actividad privativa e inherente del Estado mediante la cual sus órganos supervisan, vigilan y controlan las actividades de otros órganos del Estado o de los administrados, y la misma se ejerce por diversos órganos estatales en ejercicio del Poder Público: por los órganos que ejercen el Poder Ciudadano; por la Asamblea Nacional, en ejercicio del Poder legislativo; por el Tribunal Supremo de Justicia y los Tribunales de la República, en ejercicio del Poder Judicial; y por los órganos administrativos en ejercicio del Poder Ejecutivo Nacional y del Poder Electoral. La función de control, por tanto, si bien es una "función propia" de los órganos que ejercen el Poder Ciudadano, no es una función privativa y exclusiva de ellos, pues todos los otros órganos estatales también la ejercen.

Pero aparte de la función creadora de normas jurídicas de efectos generales (función normativa), de la función de conducción y ordenación política del Estado (función de conducción del gobierno), de la función de resolución de controversias entre partes declarando el derecho aplicable en casos concretos (función jurisdiccional) y de ejercer la vigilancia o fiscalización de actividades estatales y de los particulares (función de control), el Estado ejerce la función administrativa, a través de la cual entra en relación con los particulares, como sujeto de derecho, gestor del interés público[41]. De allí la distinción entre la función de crear el derecho (normativa), de aplicar el derecho imparcialmente (jurisdiccional), y de actuar en relaciones jurídicas como sujeto de derecho, al gestionar el interés público (administrativa)[42].

En las dos primeras, el Estado, al crear el derecho o al aplicarlo, es un tercero en las relaciones jurídicas que surjan; en la última, en cambio, el Estado es parte de la relación jurídica que se establece entre la Administración y los particulares[43], como sujeto de Derecho gestor del interés público. De allí que la personalidad jurídica del Estado, como se ha dicho, se concretice en el orden interno, cuando sus órganos ejercen la función administrativa.

Ahora bien, al igual que lo que sucede con la función normativa, política y jurisdiccional, la función administrativa tampoco está atribuida con carácter de exclusividad a alguno de los órganos del Poder Público. Por ello, si bien la función administrativa puede considerarse como función propia de los órganos ejecutivos y electorales, concretizada básicamente a través de actos administrativos, ello no significa que la ejerzan con carácter exclusivo y excluyente. Al contrario, todos los otros órganos del Estado también ejercen la función administrativa: la Asamblea Nacional, al autorizar diversos actos de los órganos ejecutivos o al dictar actos relativos a su personal o servicios administrativos, realizan la función administrativa[44], y los órganos que ejercen el Poder Judicial o el Poder Ciudadano realizan la función administrativa, al dictar actos concernientes a la administración del personal o de los servicios de los órganos, o al imponer sanciones[45]. En esta forma, la función administrativa, como actividad privativa e inherente del Estado mediante la cual sus órganos, en ejercicio del Poder Público, entran en relaciones jurídicas con los administrados, se puede realizar por los órganos administrativos, en ejercicio del Poder Ejecutivo Nacional y del Poder Electoral; por la Asamblea Nacional, en ejercicio del Poder Legislativo; y por los tribunales de la República, en ejercicio del Poder Judicial. La función administrativa, por tanto, si bien es una "función propia" de los órganos ejecutivos y electorales, no es una función privativa y exclusiva de ellos, pues los otros órganos estatales también la ejercen dentro del ámbito de

---

41 *V.*, Allan R. Brewer–Carías, *Las Instituciones Fundamentales..., cit.*, p. 115. Si el Estado legisla, tal como lo señala Santi Romano, "no entra en relaciones de las cuales él, como legislador, sea parte: las relaciones que la ley establece o de cualquier modo contempla se desenvuelven después entre sujetos diversos del Estado o bien con el mismo Estado, pero no en su aspecto de legislador sino en otros aspectos mediante órganos diversos de los del Poder Legislativo". *V.* el "Prime Pagine di un Manuale de Diritto Amministrativo", en *Scritti Minori*, Milano 1950, p. 363, *cit.*, por J M. Boquera Oliver, *Derecho Administrativo*, Vol. I, Madrid, 1972, p 59. "Cuando el Estado juzga –señala J. González Pérez–, no es parte interesada en una relación jurídica; no es sujeto de derecho que trata de realizar sus peculiares intereses con arreglo al Derecho... cuando el Estado juzga satisface las pretensiones que una parte esgrime frente a otra; incide como tercero en una relación jurídica, decidiendo la pretensión ante él deducida con arreglo al ordenamiento jurídico". *V.* en *Derecho Procesal Administrativo*, Madrid, 1966, Tomo II, p. 37.

42 En este sentido, antigua la Corte Suprema ha señalado al referirse a la función administrativa, que en ella el Estado "no realiza una función creadora dentro del ordenamiento jurídico, que es la función legislativa, ni conoce ni decide acerca de las pretensiones que una parte esgrime frente a otra, que es la función judicial; sino que es sujeto de derecho, titular de intereses, agente propio de la función administrativa...". *V.* las sentencias de la CSJ en SPA de 18–7–63, en *GF* N° 41, 1963, pp. 116 y ss.; de 27–5–68, en *GF* N° 60, 1969, pp. 115 y ss.; de 9–7–69 en *GF* N° 65, 1969, pp. 70 y ss. En estas sentencias, sin embargo, como veremos, la Corte confunde la función estatal con el acto estatal.

43 *V.* la sentencia de la CSJ en SPA de 13–3–67, en *GF* N° 55, 1968, p. 107.

44 *V.* la sentencia de la CSJ en SPA de 18–7–63, en *GF* N° 41, 1963, pp. 116 y 117; y de 27–5–68, en *GF* N° 60, 1969, p. 115.

45 *V.*, además, Allan R. Brewer–Carías, "Consideraciones sobre la impugnación de los Actos de Registro en la vía contencioso–administrativa" en libro *Homenaje a Joaquín Sánchez Coviza,* (en prensa), Caracas, 1975.

sus respectivas competencias constitucionales y legales. El acto administrativo, como concreción típica pero no única del ejercicio de la función administrativa, puede emanar de todos los órganos estatales en ejercicio del Poder Público, teniendo en todo taso carácter sublegal.

El concepto de funciones del Estado, por tanto, es distinto al de poderes del Estado. El Poder Público, sus ramas o distribuciones, constituye en sí mismo una situación jurídica constitucional individualizada, propia y exclusiva de los órganos del Estado, mediante cuyo ejercicio estos realiza las funciones que le son propias. Las funciones del Estado, por su parte, constituyen las actividades propias e inherentes al Estado[46]. La noción de Poder es entonces previa a la de función: ésta se manifiesta como una actividad estatal específica realizada en ejercicio del Poder Público (de una de sus ramas o distribuciones), por lo que no puede existir una función estatal sino cuando se realiza en ejercicio del Poder Público, es decir, de la potestad genérica de obrar que tiene constitucionalmente el Estado. Poder y función son, por tanto, distintos elementos en la actividad del Estado: el Poder Público como situación jurídico–constitucional, tiene su fuente en la propia Constitución y existe la posibilidad de ejercerlo desde el momento en que está establecido en ella; la función estatal, en cambio, presupone siempre el ejercicio del Poder Público por un órgano del Estado, y sólo cuando hay ejercicio concreto del Poder Público es que se realiza una función estatal.

De lo anteriormente expuesto resulta, por tanto, que a nivel de cada una de las cinco ramas del Poder Público nacional (o de las dos ramas de los poderes públicos estadales y municipales), si bien existe una diferenciación orgánica con la asignación de funciones propias a cada uno de los órganos, el ejercicio de las mismas por dichos órganos, en general no es exclusiva ni excluyente. En otras palabras, existen órganos legislativos nacionales, estadales y municipales[47]; órganos ejecutivos nacionales, estadales y municipales; órganos de control nacionales, estadales y municipales; y órganos judiciales y electorales exclusivamente nacionales; pero las funciones normativas, política, administrativas, jurisdiccionales y de control del Estado no coinciden exactamente con aquella división o separación orgánica:

De allí que como principio general de la aplicación del principio de la separación de poderes en el régimen constitucional venezolano, puede afirmarse que la "división del Poder" no coincide exactamente con la "separación de funciones".[48] Por ello, no sólo en múltiples oportunidades los órganos del Estado, además de sus "funciones propias" ejercen funciones que por su naturaleza deberían corresponder a otros órganos, sino que también en múltiples oportunidades la Constitución permite y admite la intervención o interferencia de unos órganos en las funciones propias de otros.

---

46 *V.*, Allan R. Brewer–Carías, *Las Instituciones Fundamentales del Derecho Administrativo y la jurisprudencia Venezolana*, Caracas, 1964, pp. 105 y ss.

47 *V.*, por ejemplo, Sentencia de la CSJ en SPA de 14–3–62 en *GF*, N° 35, 1962, pp. 177 y ss.

48 En tal sentido, expresamente se pronunció la antigua Corte Suprema en varias oportunidades. véase, por ejemplo, la Sentencia de la CF de 19–6–53 en *GF* N° 1, 1953, p. 77; Sentencia de la CSJ en SPA de 18–7–63 en *GF* N° 41 1963 pp. 116 y 117; Sentencia de la CSJ en SPA de 27–5–63 en *GF*, N° 60, 1969, pp. 115 y ss.; y Sentencia de la CSJ en SPA de 9–7–69 en *GF*, N° 65, 1969, pp. 70 y ss.

V. LOS ACTOS ESTATALES, SU CARÁCTER INTERFUNCIONAL Y LOS ACTOS ADMINISTRATIVOS

De lo anteriormente dicho sobre el principio del carácter inter orgánico del ejercicio de las funciones estatales resulta, como se ha dicho, que la separación orgánica de poderes no coincide con la distribución de funciones.

Pero, en el ordenamiento jurídico venezolano, tampoco el ejercicio de una función del Estado por determinado órgano del mismo, conduce necesariamente a la emisión de determinados actos estatales, es decir, tampoco hay coincidencia entre las funciones del Estado y los actos jurídicos que emanan de la voluntad estatal[49]. Ello conlleva a otro de los marcos constitucionales del derecho administrativo que es el del carácter interfuncional de los actos estatales.

En efecto, de lo expuesto anteriormente resulta que la función normativa la ejerce el Estado en Venezuela a través de sus órganos legislativos (Asamblea Nacional), de sus órganos ejecutivos (Presidente de la República), o de sus órganos judiciales (Tribunales), de los órganos del Poder Ciudadano (Consejo Moral republicano, Defensoría del pueblo, Ministerio Público, Contraloría general de la República) y de los órganos electorales (Consejo nacional Electoral).

En cuanto a la función política, la ejerce el Estado a través de sus órganos legislativos (Asamblea nacional y de sus órganos ejecutivos (Presidente de la República).

La función jurisdiccional la ejerce el Estado a través de sus órganos judiciales (Tribunal Supremo de Justicia), de sus órganos ejecutivos (Administración Pública) y de sus órganos electorales (Consejo Nacional Electoral).

La función de control la ejerce el Estado en Venezuela a través de sus órganos legislativos (Asamblea Nacional), de sus órganos ejecutivos (Administración Pública), de sus órganos judiciales (Tribunales), de sus órganos de control (Consejo Moral Republicano, Defensoría del pueblo, Ministerio Público, Contraloría General de la República) y de sus órganos electorales (Consejo Nacional Electoral).

Y la función administrativa la ejerce el Estado a través de sus órganos ejecutivos (Administración Pública), de sus órganos electorales (Consejo Nacional Electoral), de sus órganos legislativos (Asamblea Nacional), de sus órganos judiciales (Tribunal Supremo de Justicia) y de sus órganos de control (Consejo Moral Republicano, Defensoría del pueblo, Ministerio Público, Contraloría General de la República)

Consecuencialmente, de lo anterior no puede deducirse que todo acto realizado en ejercicio de la función normativa, sea un acto legislativo; que todo acto realizado en ejercicio de la función política, sea un acto de gobierno; que todo acto realizado en ejer-

49 La distinción entre funciones del Estado que la doctrina ha realizado, muchas veces se confunde al querer identificar un tipo de acto jurídico estatal con la función ejercida por el Estado. *V.*, Agustín Gordillo, *Introducción al Derecho Administrativo*, Buenos Aires, 1966, pp. 91 y ss. Nosotros mismos hemos incurrido en esta confusión: *V.* Allan R. Brewer–Carías, *Las Instituciones Fundamentales del Derecho Administrativo y la jurisprudencia Venezolana*, Caracas, 1964, pp. 108 y ss. En igual confusión incurre la jurisprudencia reciente de la Corte Suprema. *V.* las. sentencias de la CSJ en SPA de 18–7–63, en *GF* N° 41, 1963, pp. 116 y ss.; de 27–5–68, en *GF* N° 60, 1969, pp. 115 y ss.; y de 9–7–69, en *GF* N° 65, 1969, pp. 70 y ss. Asimismo, en Venezuela, a pesar de su atento de "distinguir" actividad de función, Gonzalo Pérez Luciani incurre en igual confusión al afirmar que "la actividad que tomada globalmente sea relevante jurídicamente se puede decir que es una *función*", en "Actos administrativos que en Venezuela escapan al Recurso Contencioso–Administrativo", *Revista de la facultad de Derecho*, Universidad Católica Andrés Bello, Caracas, 1967–1968 N° 6, p. 196.

cicio de la función jurisdiccional, sea un acto judicial; que todo acto realizado en ejercicio de la función de control sea un acto administrativo o que todo acto realizado en ejercicio de la función administrativa, sea también un acto administrativo.

Al contrario, así como los diversos órganos del Estado realizan diversas funciones, los actos cumplidos en ejercicio de las mismas no son siempre los mismos ni tienen por qué serlo.

En efecto, tal como hemos señalado, la Asamblea Nacional en ejercicio del Poder Legislativo puede ejercer funciones normativas, política, jurisdiccionales, de control y administrativas, pero los actos que emanan de la misma al ejercer dichas funciones no son, necesariamente, ni uniformes ni correlativos.

Cuando la Asamblea Nacional ejerce la función normativa, es decir, crean normas jurídicas de carácter general actuando como cuerpo legisladores, dicta *leyes* (Art. 203), pero cuando lo hace en otra forma distinta, por ejemplo, al dictar sus reglamentos internos, ello lo hace a través de *actos parlamentarios sin forma de ley* (Art. 187,19). Ambos son actos legislativos, pero de distinto valor normativo. Cuando la Asamblea Nacional ejerce la función política, es decir, intervienen en la formulación de las políticas nacionales, lo hacen a través de *leyes* (Art. 303) o a través de *actos parlamentarios sin forma de ley* (Art. 187,10). En el caso de la participación en el ejercicio de la función jurisdiccional, al autorizar el enjuiciamiento del Presidente de la República, la Asamblea Nacional concretiza su acción a través de un *acto parlamentario sin forma de ley* (266,2). Cuando la Asamblea Nacional ejerce sus funciones de control el Gobierno y la Administración Pública también dicta *actos parlamentarios sin forma de ley* (Art. 187,3). Por último, en cuanto al ejercicio de la función administrativa por la Asamblea Nacional, ella puede concretarse en *leyes* (187,9)[50], *actos parlamentarios sin forma de ley* (Art. 187,12) o *actos administrativos* (Art. 187,22).

Por su parte, cuando los órganos que ejercen el Poder Ejecutivo, particularmente el Presidente de la República, realizan la función normativa, ésta se concretiza en *decretos–leyes* y *reglamentos (actos administrativos de efectos generales*) (Art. 236,10; 266,5). En este caso de los *decretos–leyes,* estos pueden ser *decretos leyes* delegados dictados en virtud de una habilitación legislativa (Art. 203; 236,8); *decretos leyes* de organización ministerial (art. 236,20) y *decretos leyes* de estados de excepción (art. 236,7). En todos estos casos de decretos leyes, si bien todos son objeto de regulaciones legislativas que los condicionan (leyes habilitantes o leyes orgánicas) autorizadas en la Constitución; los mismos tienen rango y valor de ley. Pero el Presidente de la República también realiza la función política, al dictar *actos de gobierno*, que son actos dictados en ejecución directa e inmediata de la Constitución (Art. 236,2,4,5,6,19,21). En particular, en este caso, dichos actos de gobierno se caracterizan frente a los actos administrativos por dos elementos combinados: en primer lugar, porque el acto de gobierno sólo puede ser realizado por el Presidente de la República, como jefe del Estado, "en cuya condición dirige la acción de Gobierno" (Art. 226); y en segundo lugar, porque se trata de actos dictados en ejecución de atribuciones establecidas directamente en la Constitución, sin posibilidad de condicionamiento legislativo, y que, por tanto, tienen el mismo rango que las leyes.

50 En el pasado, por ejemplo, eran las leyes aprobatorias de contratos estatales conforme al artículo 126 de la Constitución de 1961.

En todo caso, para distinguir el acto legislativo del acto de gobierno y del acto administrativo no sólo debe utilizarse el criterio orgánico, sino también el criterio formal: el acto de gobierno, aun cuando realizado en ejecución directa de la Constitución, está reservado al Presidente de la República, en tanto que el acto legislativo, realizado también en ejecución directa de la Constitución[51], en principio está reservado a la Asamblea Nacional; aún cuando esta pueda delegar la potestad normativa con rango de ley en el Presidente de la República mediante una ley habilitante (Art. 203), en cuyo caso el acto dictado por el Presidente mediante decretos leyes habilitados (Art. 236,8) es un acto legislativo, aún cuando delegado. En esta forma, el criterio orgánico distingue el acto de gobierno del acto legislativo, y ambos se distinguen del acto administrativo mediante el criterio formal: tanto el acto de gobierno como el acto legislativo (el dictado por la Asamblea Nacional como el dictado por delegación por el Presidente de la República) se realizan en ejecución directa de competencias constitucionales, en tanto que el acto administrativo siempre es de rango sublegal, es decir, sometido a la ley y realizado en ejecución de la ley, y por tanto, en ejecución mediata e indirecta de la Constitución.

Es decir, los actos de gobierno se distinguen de los actos administrativos, en que estos se realizan a todos los niveles de la Administración Pública y siempre tienen rango sublegal, es decir, se dictan por los órganos ejecutivos en ejecución de atribuciones directamente establecidas en la legislación, y sólo en ejecución indirecta y mediata de la Constitución[52]. Pero además, en los casos de ejercicio de la función jurisdiccional, de la función de control y de la función administrativa, los órganos ejecutivos dictan, por ejemplo, *actos administrativos* (Art. 259; 266,5).

En cuanto a los órganos que ejercen el Poder judicial, cuando por ejemplo el Tribunal Supremo de Justicia ejerce la función normativa, dicta reglamentos (actos administrativos de efectos generales),[53] cuando ejerce la función administrativa y la función de control sobre el Poder Judicial (Art. 267), dictan *actos administrativos*; y cuando ejerce la función jurisdiccional, dictan *actos judiciales* (*sentencias*) (Art. 266, 336). El acto judicial, por su parte, también se distingue del acto de gobierno y de la acto legislativo con base en los dos criterios señalados: desde el punto de vista orgánico, porque el acto judicial está reservado a los Tribunales de la República, en tanto que el acto legislativo está reservado a la Asamblea Nacional, la cual puede delegarlo en el Presidente de la República (leyes habilitantes) y el acto de gobierno está reservada al Presidente de la República[54]; y desde el punto de vista formal, porque al igual que el acto administrativo, el acto judicial es de rango sublegal, es decir, sometido a la ley y realizado en ejecución de la ley.

---

51 La Asamblea Nacional realiza su actividad legislativa en cumplimiento de atribuciones directamente establecidas en la Constitución (Art. 187,1; 203). En el solo caso de las leyes especiales que han de someterse a las leyes orgánicas preexistentes (Art. 203) podría decirse que hay condicionamiento legislativo de la propia actividad legislativa. En igual sentido, los decretos–leyes dictados por el Presidente de la República en ejercicio de la función normativa, están condicionados por la ley habilitante o de delegación (Art. 236,8).

52 En este sentido es que podría decirse que la actividad administrativa se reduce a ejecución de la ley.

53 Los reglamentos establecidos en la Ley Orgánica del Tribunal Supremo de Justicia, Art. 6, Párrafo 1,10,12.

54 Puede decirse, entonces, que la separación orgánica de poderes tiene plena concordancia con la división orgánica de las actividades de gobierno (reservada al Presidente de la República), legislativas (reservadas a la Asamblea Nacional, la cual puede delegarla en el ejecutivo Nacional) y judiciales (reservada a los Tribunales). Por supuesto, la coincidencia de actividades específicas con órganos estatales determinados concluye allí, pues la actividad administrativa, al contrario, no está reservada a ningún órgano estatal específico, sino que se realiza por todos ellos.

Por último, en cuanto a la distinción entre el acto administrativo y el acto judicial, si bien no puede utilizarse el criterio formal de su graduación en el ordenamiento jurídico ya que ambos son dictados en ejecución directa e inmediata de la legislación y en ejecución indirecta y mediata de la Constitución, sí se distinguen con base al criterio orgánico y a otro criterio formal. Desde el punto de vista orgánico, el acto judicial está reservado a los tribunales, con carácter de exclusividad, ya que sólo éstos pueden dictar sentencias; y desde el punto de vista formal, la declaración de lo que es derecho en un caso concreto que realizan los órganos judiciales, se hace mediante un acto que tiene fuerza de verdad legal, que sólo las sentencias poseen.

Por su parte, cuando los órganos que ejercen el Poder Ciudadano realizan la función de control (Art. 274; 281; 289), la función normativa y la función administrativa, la misma se concreta en *actos administrativos de efectos generales* (*reglamentos*) *o de efectos particulares* (Art. 259; 266,5). Igualmente, cuando los órganos que ejercen el Poder Electoral realizan la función normativa (Art. 293,1), dictan *actos administrativos de efectos generales* (*reglamentos*) (Art. 293,1); y cuando realizan la función administrativa (Art. 293,3) y de control (Art. 293,9), la misma se concreta en *actos administrativos* (Art. 259; 266,5).

En esta forma, el ejercicio de la función normativa se puede manifestar, variablemente, a través de leyes, actos parlamentarios sin forma de ley, decretos–leyes y reglamentos (actos administrativos de efectos generales); el ejercicio de la función política, a través de actos de gobierno, leyes y actos parlamentarios sin forma de ley; el ejercicio de la función jurisdiccional, a través de actos parlamentarios sin forma de ley, actos administrativos y sentencias; el ejercicio de la función de control, a través de leyes, actos parlamentarios sin forma de ley, actos administrativos y sentencias; y el ejercicio de la función administrativa, a través de leyes, actos parlamentarios sin forma de ley y actos administrativos.

En sentido inverso, puede decirse que las leyes sólo emanan de la Asamblea Nacional actuando no sólo en ejercicio de la función normativa, sino de la función política, de la función de control y de la función administrativa; que los actos de gobierno emanan del Presidente de la República, actuando en ejercicio de la función política; que los decretos–leyes emanan también del Presidente en ejercicio de la función normativa; que los actos parlamentarios sin forma de ley sólo emanan de la Asamblea Nacional, actuando en ejercicio de las funciones normativas, política, de control y administrativa; y que los actos judiciales (sentencias) sólo emanan de los tribunales, actuando en ejercicio de la función jurisdiccional. En todos estos casos, el tipo de acto se dicta exclusivamente por un órgano estatal, pero en ejercicio de variadas funciones estatales. Lo privativo y exclusivo de los órganos estatales en esos casos, no es el ejercicio de una determinada función, sino la posibilidad de dictar determinados actos: las leyes y los actos parlamentarios sin forma de ley por la Asamblea nacional; los actos de gobierno por el Presidente de la República; y los actos judiciales (sentencias) por los tribunales.

En cuanto a los actos administrativos, éstos pueden emanar de la Asamblea Nacional, actuando en función administrativa y en función de control; de los tribunales, actuando en función normativa, en función de control y en función administrativa; de los órganos que ejercen el Poder Ejecutivo (Administración Pública Central) cuando actúan, en función normativa, en función jurisdiccional, en función de control y en función administrativa; de los órganos que ejercen el Poder Ciudadano actuando en función normativa, en función de control y en función administrativa; y de los órganos que ejercen el Poder

Electoral actuando también en función normativa, en función de control y en función administrativa.

Los actos administrativos en esta forma, y contrariamente a lo que sucede con las leyes, con los actos parlamentarios sin forma de ley, con los decretos–leyes, con los actos de gobierno y con las sentencias judiciales, no están reservados a determinados órganos del Estado, sino que pueden ser dictados por todos ellos y no sólo en ejercicio de la función administrativa.

VI. EL CONTROL DE LA ADMINISTRACIÓN PÚBLICA Y LA RESPONSABILIDAD ADMINISTRATIVA.

La consecuencia de los principios de supremacía constitucional, de formación del derecho por grados y de legalidad es que todos los actos estatales están sometidos a control judicial, por lo que en el ordenamiento jurídico venezolano no hay actos estatales excluidos de control. De allí que dentro del marco constitucional del derecho administrativo también se identifique el de la universalidad del control de los actos estatales por parte de los órganos del Poder Judicial.

Por ello, dejando aparte el control judicial que se ejerce sobre los actos judiciales (sistemas procesales de apelación, acción de amparo, recursos de revisión, recurso de casación), los demás actos estatales están sujetos al control judicial por parte de los jueces competentes para ejercer tanto la justicia constitucional como la justicia administrativa.

En cuanto al sistema de justicia constitucional, en Venezuela está concebido como un sistema mixto, en el cual el control difuso de la constitucionalidad está atribuido a todos los tribunales de la República (art. 334), y el sistema concentrado, con relación a las leyes y demás actos de rango legal o de ejecución directa e inmediata de la Constitución, está atribuido a la Sala Constitucional del Tribunal Supremo de Justicia (art. 336)[55], la cual tiene poderes anulatorios en la materia con efectos *erga omnes*.

Ahora bien, para asegurar la sumisión de los reglamentos y demás actos administrativos al derecho, conforme al principio de la legalidad que deriva del Estado de Derecho y a la tradición constitucional que se inicia en 1925 y se consolida en la Constitución de 1961, la Constitución de 1999, ha previsto la garantía judicial específica a cargo de la Jurisdicción contencioso–administrativa, es decir, al conjunto de órganos judiciales encargados de controlar la legalidad y de la legitimidad de las actuaciones de la Administración, tanto por sus actos, omisiones y en general la actividad administrativa, como por las relaciones jurídico–administrativas en las cuales aquélla intervenga[56]. La norma fundamental que constitucionaliza esta jurisdicción en Venezuela está contenida en el artículo 259 de la Constitución de 1999[57], cuyo texto es el siguiente:

La jurisdicción contencioso–administrativa corresponde al Tribunal Supremo de Justicia y a los demás tribunales que determina la ley. Los órganos de la jurisdicción con-

---

55 *V.* en general, Allan R. Brewer–Carías, *Instituciones Políticas y Constitucionales,* Tomo VI (*La Justicia Constitucional), op. cit.,* pp. 86 y ss.

56 Allan R. Brewer–Carías, *Las Instituciones Fundamentales del Derecho Administrativo y la Jurisprudencia Venezolana.* Publicaciones de la Facultad de Derecho, Universidad Central de Venezuela, Caracas, 1964, pp. 295 y ss.

57. *V.* en general Allan R. Brewer–Carías, La *Constitución de 1999. Derecho Constitucional Venezolano,* 2 Tomos, Caracas, 2004

tencioso–administrativa son competentes para anular los actos administrativos generales o individuales contrarios a derecho, incluso por desviación de poder; condenar al pago de sumas de dinero y a la reparación de daños y perjuicios originados en responsabilidad de la Administración; conocer de reclamos por la prestación de servicios públicos y disponer lo necesario para el restablecimiento de las situaciones jurídicas subjetivas lesionadas por la actividad administrativa.

Ha sido precisamente con base en esta norma constitucional, que repite casi textualmente el contenido del artículo 206 de la anterior Constitución de 1961, que en Venezuela se ha desarrollado la jurisdicción contencioso–administrativa que se ejerce por la Sala Político Administrativa del Tribunal Supremo de Justicia y otros tribunales establecidos por ley. La configuración de dicha jurisdicción, por otra parte, se ha completado en la Constitución de 1999, al regularse también en el artículo 297, a la "jurisdicción contencioso electoral" atribuyéndose su ejercicio a la "Sala Electoral del Tribunal Supremo de Justicia y los demás tribunales que determine la ley"; especializándose así, el control de legalidad e inconstitucionalidad de los actos administrativos dictados por los órganos del Poder Electoral.

Con base en el artículo 259 de la Constitución (equivalente al 206 de la Constitución de 1961), fue la jurisprudencia de la antigua Corte Suprema de Justicia la que elaboró las bases del contencioso administrativo[58], las cuales desarrolladas por la doctrina nacional[59], condujeron a la elaboración de la derogada Ley Orgánica de la Corte Suprema de Justicia de 1976[60], en cuyas normas se reguló el procedimiento contencioso–administrativo ante la Corte; situación que continuó con la Ley Orgánica del Tribunal Supremo de Justicia[61].

---

58. En cuanto a la jurisprudencia, véase en Allan R. Brewer–Carías, *Jurisprudencia de la Corte Suprema 1930–74 y Estudios de Derecho Administrativo,* Tomo V, *La Jurisdicción Contencioso–Administrativa,* Vol. 1 y 2, Instituto de Derecho Público, Facultad de Derecho, Universidad Central de Venezuela, Caracas, 1978; Allan R Brewer–Carías y Luís Ortiz Álvarez, *Las grandes decisiones de la jurisprudencia Contencioso Administrativo,* Caracas, 1996; y: Luís Ortiz–Álvarez, *Jurisprudencia de medidas cautelares en el contencioso–administrativo (1980–1994),* Editorial Jurídica Venezolana, Caracas, 1995.

59. Luis Torrealba Narváez, "Consideraciones acerca de la Jurisdicción Contencioso–Administrativa, su Procedimiento y Algunas Relaciones de éste con el de la Jurisdicción Judicial Civil", en *Anales de la Facultad de Derecho,* Universidad Central de Venezuela, Caracas, 1951; Hildegard Rondón de Sansó, *El Sistema Contencioso–Administrativo de la Carrera Administrativa.* Instituciones Procedimiento y Jurisprudencia, Ediciones Magón, Caracas, 1974. *V.* asimismo, Allan R. Brewer–Carías, *Estado de Derecho y Control Judicial,* Madrid, 1985, pp. 281 y ss; José Araujo Juárez, José, *Derecho Procesal Administrativo,* Vadell Hermanos editores, Caracas, 1996; Allan R. Brewer–Carías,, *Instituciones Políticas y Constitucionales,* Tomo VII (*Contencioso Administrativo),* Caracas–San Cristóbal, 1997; Antonio Canova González, *Reflexiones para la reforma del sistema contencioso administrativo venezolano,* Editorial Sherwood, Caracas, 1998. *V.* además, las siguientes obras colectivas: *El Control Jurisdiccional de los Poderes Públicos en Venezuela,* Instituto de Derecho Público, Facultad de Ciencias Jurídicas y Políticas, Universidad Central de Venezuela, Caracas, 1979; *Contencioso Administrativo en Venezuela,* Editorial Jurídica Venezolana, tercera edición, Caracas, 1993; *Derecho Procesal Administrativo,* Vadell Hermanos editores, Caracas, 1997; *8ª Jornadas "J.M. Domínguez Escovar" (Enero 1983), Tendencias de la jurisprudencia venezolana en materia contencioso–administrativa,* Facultad de Ciencias Jurídicas y Políticas, U.C.V., Corte Suprema de Justicia; Instituto de Estudios Jurídicos del Estado Lara, Tip. Pregón, Caracas, 1983; *Contencioso Administrativo, I Jornadas de Derecho Administrativo Allan Randolph Brewer–Carías,* Funeda, Caracas, 1995; *XVIII Jornadas "J.M. Domínguez Escovar, Avances jurisprudenciales del contencioso–administrativo en Venezuela,* 2 Tomos, Instituto de Estudios Jurídicos del Estado Lara, Diario de Tribunales Editores, S.R.L. Barquisimeto, 1993.

60. Ley Orgánica de la Corte Suprema de Justicia del 30 de julio de 1976 (LOCSJ) en *Gaceta Oficial* N° 1.893, Extraordinaria del 30–07–76.

61. Ley Orgánica del Tribunal Supremo de Justicia (LOTSJ), *Gaceta Oficial*, N° 37.942 de 20–05–2004

Ahora bien, la importancia del texto del artículo 259 de la Constitución, y su efecto inmediato, que es la constitucionalización de la jurisdicción contencioso–administrativa, radica en los siguientes cuatro aspectos[62].

En *primer* lugar, en la *universalidad del control* que la Constitución regula respecto de los actos administrativos, en el sentido, de que todos, absolutamente todos los actos administrativos pueden ser sometidos a control judicial por los órganos de la jurisdicción contencioso–administrativa, por contrariedad al derecho, es decir, sea cual sea el motivo de la misma: inconstitucionalidad o ilegalidad en sentido estricto. La Constitución no admite excepciones, y como lo explicó la Exposición de Motivos de la Constitución de 1961, la fórmula "contrarios a derecho es una enunciación general que evita una enumeración que puede ser peligrosa al dejar fuera de control algunos actos administrativos".

Por tanto, la intención de los proyectistas de la norma, tanto en la Constitución de 1961 como en la de 1999, fue la de que a todos los actos administrativos, por cualquier motivo de contrariedad al derecho, pudieran ser controlados por los Tribunales que conforman la jurisdicción contencioso–administrativa. Ello, por supuesto, trae una consecuencia fundamental: cualquier exclusión de control respecto de actos administrativos específicos sería inconstitucional, sea que dicha exclusión se haga por vía de ley o por las propias decisiones de los Tribunales, en particular, del propio Tribunal Supremo de Justicia.

A los efectos de asegurar la universalidad del control contencioso administrativo, han sido los propios órganos de la jurisdicción contencioso administrativa los que han venido ampliando el concepto de acto administrativo, a los efectos de asegurar que todo acto administrativo pueda ser objeto de control judicial, de manera que no haya actos administrativos que queden excluidos de control[63]. Es la tendencia a la universalidad del control que hemos destacado en otro lugar[64], lo que ha permitido, como hemos señalado, someter a control de legalidad y constitucionalidad a los actos administrativos dictados por las Administraciones Públicas en función normativa y jurisdiccional, así como los actos administrativos dictados por otros órganos del Estado distintos a la Administración Pública y por entes de derecho privado o de derecho público no estatales, y por particulares dictados en función normativa o administrativa[65].

En *segundo* lugar y como consecuencia de esta tendencia hacia la universalidad del control, está el elenco de *recursos y acciones* puestos a disposición de los particulares para acceder a la justicia contencioso administrativa que, por supuesto, además del recurso de nulidad contra los actos administrativos de efectos generales o de efectos particulares, o contra los actos administrativos generales o individuales, con o sin pretensión de amparo constitucional, comprende el recurso por abstención o negativa de los funcionarios públicos a actuar conforme a las obligaciones legales que tienen; el recurso de interpretación; el conjunto de demandas contra los entes públicos; y las acciones para resolver los conflictos entre autoridades administrativas del Estado.

62. Allan R. Brewer–Carías, *Nuevas Tendencias en el Contencioso Administrativo en Venezuela*, Caracas, 1993.

63 *V.* por ejemplo la sentencia de la CSJ–SPA de 11.8.93, en *Revista de Derecho Público* Nº 55–56, Caracas, 1993, p. 390.

64 *V.* Allan R. Brewer Carías, *Nuevas Tendencias en el Contencioso Administrativo en Venezuela,* Caracas, 1993, pp. 19 y ss.

65 *Idem,* pp. 25 y ss.

Pero en *tercer* lugar, la importancia de la constitucionalización de la jurisdicción contencioso–administrativa, es decir, del control judicial de constitucionalidad y legalidad de todos los actos administrativos, está en que no sólo la norma constitucional del artículo 259 persigue una asignación de competencias a unos órganos judiciales, sino en que consagra un *derecho fundamental del ciudadano a la tutela judicial efectiva frente a la Administración*, en el sentido de lo establecido en el artículo 26 de la propia Constitución y en el artículo 18, primer párrafo de la Ley Orgánica del Tribunal Supremo. En esta forma, la jurisdicción contencioso administrativa se configura constitucionalmente como un instrumento procesal de protección de los administrados frente a la Administración, y no como un mecanismo de protección de la Administración frente a los particulares. De allí la ratificación del principio de la universalidad del control, en el sentido de que tratándose de un derecho constitucional al mismo, no podría el Legislador excluir de control a determinados actos administrativos. Por otra parte, tratándose de un derecho fundamental al control, en la relación privilegios estatales–libertad ciudadana, esta última debe prevalecer.

Además, en *cuarto* lugar, la forma como están concebidas constitucionalmente la universalidad de control y el derecho ciudadano a la tutela judicial frente a la Administración, implica la asignación al juez contencioso–administrativo de *amplísimos* poderes de tutela, no sólo de la legalidad objetiva que debe siempre ser respetada por la Administración, sino de las diversas situaciones jurídicas subjetivas que pueden tener los particulares en relación a la Administración. Por ello, el juez contencioso–administrativo, de acuerdo a los propios términos del artículo 259 de la Constitución, tiene competencia no sólo para anular los actos administrativos contrarios a derecho, sino para condenar a la Administración al pago de sumas de dinero y a la reparación de daños y perjuicios originados en responsabilidad de la misma, y además, para disponer lo necesario para el restablecimiento de las situaciones jurídicas subjetivas lesionadas por la autoridad administrativa, incluyendo en la expresión "situaciones jurídicas subjetivas" no sólo el clásico derecho subjetivo, sino los derechos constitucionales y los propios intereses legítimos, personales y directos de los ciudadanos.

Se destaca, en este último aspecto del artículo 259 de la Constitución, por supuesto, el marco constitucional de la responsabilidad administrativa, tanto del Estado como de los funcionarios públicos. En efecto, la realización de actividades estatales, como resultado del ejercicio de competencias por los titulares de los órganos que ejercen el Poder Público, como toda actividad en el mundo del derecho, puede producir daños a los administrados, tanto como resultado del ejercicio lícito de los Poderes Públicos como por hecho ilícito. Si estos daños se producen, tanto los titulares de los órganos del Estado (los funcionarios públicos), como las personas jurídicas estatales deben responder por los mismos.

En cuanto a los funcionarios públicos, el artículo 139 de la Constitución, que recoge una norma que ha sido tradicional de nuestro constitucionalismo, relativa al principio de la responsabilidad individual de los titulares de los órganos que ejercen el Poder Público. Dispone dicha norma que "El ejercicio del Poder Público acarrea responsabilidad individual por abuso o desviación de poder o por violación de esta Constitución o de la Ley". Esta norma recogió el principio del artículo 121 de la Constitución de 1961, pero agregando además del abuso de poder y de la violación de la Constitución y la ley, a la "desviación de poder" dentro de los supuestos que generan responsabilidad del funcionario.

En consecuencia, la responsabilidad de los funcionarios cuando en ejercicio del Poder Público causen daños, puede originarse por abuso de poder, es decir, por el llamado vicio en la causa de los actos estatales (falso supuesto, por ejemplo); por desviación de poder, que es el vicio en la finalidad del acto estatal, al utilizarse el poder conferido para perseguir fines distintos a los establecidos en la norma atributiva de competencia; y en general, por violación de la Constitución o de la Ley, es decir, en general, por contrariedad al derecho.

La Constitución, por otra parte, y también siguiendo una larga tradición de nuestro constitucionalismo, reitera el principio de la responsabilidad de los funcionarios públicos pero, en particular, respecto de los actos que dicten, ordenen o ejecuten, que violen o menoscaben los derechos garantizados constitucionalmente; responsabilidad que puede ser civil, penal y administrativa, sin que pueda servirles de excusa órdenes superiores que reciba el funcionario (art. 25). Este mismo principio lo repite el artículo 8 de la Ley Orgánica de la Administración Pública, en relación con los funcionarios "de la Administración Pública".

Debe indicarse, por otra parte, que la Constitución, además de haber sido reiterativa en el establecimiento de la responsabilidad individual de los funcionarios en ejercicio del Poder Público (arts. 46,4; 199, 200, 216, 222, 232, 241, 242, 244, 281,4 y 5; 285,4; 315), la ha reafirmado en particular respecto de los jueces por los daños causados a los ciudadanos en el ejercicio de sus funciones, por ejemplo, por retardo o error judicial (Arts. 49,8 y 255).

Pero además de haber establecido la responsabilidad individual de los funcionarios, una de las innovaciones importantes de la Constitución de 1999 en materia de régimen general del ejercicio del Poder Público, fue la previsión expresa del principio de la responsabilidad patrimonial del Estado, es decir, de las personas jurídicas estatales, básicamente las que resultan de la distribución vertical del Poder Público (Repúblicas, Estados y de Municipios); por los daños y perjuicios que causen los funcionarios en ejercicio de sus funciones.

En la Constitución de 1961, el principio de la responsabilidad del Estado se deducía de la previsión del artículo 47, que establecía que las personas no podían pretender que los entes estatales los indemnizaren sino por daños causados por "autoridades legítimas en ejercicio de su función pública"; y del artículo 206, que regulaba la jurisdicción contencioso administrativa (equivalente al artículo 259 de la Constitución de 1999), al atribuirle a los tribunales de dicha jurisdicción, competencia para dictar sentencias de condena "al pago de sumas de dinero y a la reparación de daños y perjuicios originados en responsabilidad de la Administración".

En la Constitución de 1999, sin embargo, se incluyó una norma expresa en la materia, con el siguiente texto:

> *Artículo 140:* El Estado responderá patrimonialmente por los daños que sufran los particulares en cualquiera de sus bienes y derechos, siempre que la lesión sea imputable al funcionamiento de la Administración Pública.

De la expresión "funcionamiento de la Administración Pública" se admite que la responsabilidad del Estado se puede originar cuando la lesión se derive tanto del "funcionamiento normal" como del "funcionamiento anormal" de la Administración Pública.

Por otra parte, se observa de esta norma que la responsabilidad es del "Estado", es decir, de las personas jurídicas estatales, en particular, de la República, de los Estados y de los Municipios en sus respectivos niveles territoriales, por el funcionamiento de sus Administraciones Públicas.

En cuanto a la expresión "Administración Pública" utilizada en este artículo, en todo caso, debe interpretarse conforme se utiliza la expresión en el Título IV de la Constitución, donde está ubicada, abarcando no sólo la Administración Pública conformada por los órganos que ejercen el Poder Ejecutivo, en los tres niveles político territoriales, sino la conformada por los órganos que ejercen el Poder Ciudadano y el Poder Electoral, así como la Administración Pública que constituye la Dirección Ejecutiva de la Magistratura del Tribunal Supremo de Justicia y las unidades administrativas de la Asamblea Nacional.

La redacción de la norma, sin embargo, no permite su aplicación a los casos de responsabilidad del Estado legislador, causada, por ejemplo, al sancionar una ley.

El principio de la responsabilidad patrimonial del Estado por la actividad de la Administración Pública, por otra parte, lo reitera el artículo 14 de la Ley Orgánica de la Administración Pública, aún cuando en forma impropia, al disponer que la responsabilidad patrimonial sería de la "Administración Pública", cuando esta, como se ha señalado, no es un sujeto de derecho o persona jurídica. La norma, en efecto, señala:

> La Administración Pública será responsable ante los particulares por la gestión de sus respectivos órganos, de conformidad con la Constitución de la República Bolivariana de Venezuela y la ley, sin perjuicio de la responsabilidad que corresponda a los funcionarios por su actuación.
>
> La Administración Pública responderá patrimonialmente por los daños que sufran los particulares, siempre que la lesión sea imputable a su funcionamiento.

La "Administración Pública", en efecto, no puede ser responsable pues no es un sujeto de derecho. En la norma, sin duda, se ha utilizado la expresión como equivalente a las personas jurídicas estatales cuyos órganos administrativos (Administración Pública) han causado el daño, de manera que la responsabilidad es propiamente de las personas jurídicas estatales político–territoriales, (República, Estado, Municipios, Distritos Metropolitanos), o descentralizadas (por ejemplo, los institutos autónomos) que la Constitución comprende en la expresión "Estado".

Ahora bien, sobre el principio de la responsabilidad patrimonial del Estado, el principio deriva del proceso natural de penetración del derecho administrativo en áreas tradicionales del derecho privado, pero sin haber tenido realmente un desarrollo autónomo[66]. Sólo ha sido a partir de la entrada en vigencia de la Constitución de 1999 que la Sala Político Administrativa y la Sala Constitucional del Tribunal Supremo han venido avanzando en ello.

Por supuesto, convenimos en que hoy es perfectamente admisible englobar los dos aspectos mencionados de la obligación resarcidora del Estado bajo la denominación general de "responsabilidad administrativa", que englobaría todas las reparaciones debidas por el Estado por daños causados por actividades administrativas tanto lícitas como ilícitas. En cuanto a la responsabilidad por hecho ilícito, por supuesto, sigue rigiendo el derecho civil; y lo mismo se puede decir de la responsabilidad por riesgo. De la

---

66 *V.* Luis A Ortiz Álvarez, *La Responsabilidad Patrimonial de la Administración Pública, Editorial Jurídica Venezolana*, Caracas, 1995; José Ignacio Hernández G., *Reflexiones críticas sobre las bases constitucionales de la responsabilidad patrimonial de la Administración. Análisis de la interpretación dada al artículo 140 de la Constitución de 1999*, Caracas, 2004. *V.* la jurisprudencia en Luis Ortiz Álvarez, *Jurisprudencia de la responsabilidad extracontractual del Estado (1961–1997)*, Caracas 1997 en general.

norma del artículo 140 e la Constitución, en efecto, en nuestro criterio se deriva lo siguiente:

En *primer lugar,* que la responsabilidad del Estado se puede generar por daños causados a los particulares por culpa imputable a la Administración, como consecuencia de los actos u omisiones de sus funcionarios conforme a los principios del artículo 1.185 del Código Civil.

Se trata, en este caso, de daños causados por lesiones imputables al funcionamiento *anormal* de la Administración que es el que origina el hecho ilícito, es decir, por lesiones producidas por actividades ilegales, contrarias a derecho o que no son realizadas con sometimiento pleno a la ley y al derecho como lo exige el artículo 141 de la Constitución, y que sean imputables a los funcionaros o titulares de los órganos del Estado.

En *segundo lugar,* que la responsabilidad del Estado se puede también generar por daños causados a los particulares por lesiones imputables al funcionamiento *anormal* de la Administración Pública, pero sin que sea necesario establecer culpa alguna de los funcionarios o titulares de los órganos del Estado, como consecuencia de la teoría del riesgo de acuerdo con lo establecido en los artículos 1.192, 1.193 y 1.194 del Código Civil.; y siempre que no se de alguna de las causas eximentes de la responsabilidad consagrada en dichas normas del Código Civil y que la Administración también podría invocar: cuando el daño ha sido causado por falta de la víctima, por el hecho de un tercero o por caso fortuito o fuerza mayor.

En *tercer lugar*, que la responsabilidad del Estado se puede también generar por daños causados a los particulares, sin que haya culpa imputable a la Administración y, por tanto, aún cuando haya habido sometimiento pleno a la ley y al derecho, y que por tanto sean derivados de lesiones causadas por el funcionamiento *normal* de la Administración. En estos casos, el Estado debe también reparar los daños causados por la lesión, pues el particular, conforme al principio de la igualdad ante las cargas públicas, no está legalmente obligado a soportar individualmente el daño que se le causa; y siempre, por supuesto, que no se de alguna de las causas eximentes de la responsabilidad que consagra el artículo 1.193 del Código Civil y que la Administración también podría invocar: cuando el daño ha sido causado por falta de la víctima, por el hecho de un tercero o por caso fortuito o fuerza mayor[67]

En estos casos, como lo ha señalado la Sala Político Administrativa del Tribunal Supremo, "lo determinante es que los particulares no están obligados a soportar sin indemnización el daño sufrido, indistintamente si el daño ha sido causado por el funcionamiento normal o anormal" de la Administración[68]. Por ello, cuando la Sala Constitucional del Tribunal Supremo ha señalado que la responsabilidad administrativa" debe ser apreciada de manera objetiva", en nuestro criterio es sólo porque descarta "la culpa del funcionario como *fundamento único* del sistema indemnizatorio"[69]. Por ello, la Sala Político–Administrativa del Tribunal Supremo, en sentencia de 21–08–2003 (Caso: *Ro-*

67 *V.* la sentencia de la Sala Político Administrativa del Tribunal Supremo de 25–03–2003 (Caso: *CADAFE*), en *Revista de Derecho Público,* N° 93–96, Editorial Jurídica Venezolana, Caracas, 2003, pp. 131 y ss.

68 *V.* la sentencia de la Sala Político Administrativa del Tribunal Supremo de 09–10–2001 (Caso: *Hugo Eunices Betancourt*), en *Revista de Derecho Público*, N° 85–88, Editorial Jurídica Venezolana, Caracas, 2001, pp. 79 y ss.

69 *V.* la sentencia de 19–11–2002 (Caso: *Gladis de Carmona*) de revisión de la sentencia de 15–05–2001 de la Sala Político Administrativa, en *Revista de Derecho Público*, N° 89–92, Editorial Jurídica Venezolana, Caracas, 2002, pp. 110 y ss.

gelio Cartaza Acosta) ha señalado que la Constitución de 1999 "Establece un sistema mixto de responsabilidad patrimonial del Estado, en el cual se combinan la responsabilidad objetiva o sin falta de la Administración y la responsabilidad con falta o por funcionamiento anormal de la misma"; lo que condujo a la Sala a señalar que a los fines de establecer la responsabilidad del Estado, si bien debe constatarse "que se ha producido un daño patrimonial a un particular que no está obligado a soportar". Ese daño o lesión puede darse como consecuencia de una actuación legítima de la Administración (en cuyo caso deben utilizarse la teoría del riesgo y del principio de igualdad ante las cargas públicas), o como consecuencia de un funcionamiento anormal de la Administración (donde debe establecerse si hubo una violación a las obligaciones administrativas)[70].

---

70 *V.* la cita en José Ignacio Hernández G., *Reflexiones críticas... cit.*, p. 48.

LIBRO SEGUNDO:

SOBRE LOS FUNDAMENTOS CONSTITUCIONALES DEL DERECHO ADMINISTRATIVO

Este Libro Segundo está conformado por varios textos en los cuales hemos tratado el tema de los Fundamentos constitucionales del derecho administrativo: La Sección primera es el texto de las notas elaboradas con ocasión del *Curso de Derecho Administrativo Profundizado*, que me correspondió impartir en los Cursos de Postgrado de la Facultad de Ciencias Jurídicas y Políticas de la Universidad Central de Venezuela, en Caracas desde su creación hasta 2002. Estas Notas se transcribieron en 1982 y sólo circularon en fotocopia. La Sección segunda, recoge el estudio sobre el "El proceso de constitucionalización del Derecho Administrativo en Colombia" elaborado luego de la sanción de la Constitución de 1991 la cual marcó un hito en el derecho administrativo latinoamericano por la constitucionalización de sus preceptos. Dicho estudio se publicó en la *Revista de Derecho Público*, Nº 55–56, Editorial Jurídica Venezolana, Caracas, julio–diciembre 1993, pp. 47–59; y en la obra coordinada por Juan Carlos Cassagne, *Derecho Administrativo. Obra Colectiva en Homenaje al Prof. Miguel S. Marienhoff*, Buenos Aires 1998, pp. 157–172. La Sección tercera es el estudio sobre "Algunos aspectos de proceso de constitucionalización del derecho administrativo en la Constitución de 1999," elaborado para las V Jornadas Internacionales de Derecho Administrativo Allan Randolph Brewer–Carías, celebradas en Caracas en 1996, y publicadas en el libro *Los requisitos y vicios de los actos administrativos. V Jornadas Internacionales de Derecho Administrativo Allan Randolph Brewer–Carías, Caracas 1996,* Fundación Estudios de Derecho Administrativo (FUNEDA), Caracas 2000, pp. 23–37. Y la sección cuarta es el estudio sobre "Las bases constitucionales del derecho administrativo en la República Dominicana," presentado como Ponencia, recién en vigor la Constitución de 2010, para el Congreso Internacional de Derecho Administrativo organizado en santo Domingo con ocasión del XI Foro Iberoamericano de Derecho Administrativo, entre el 12 y el 14 de septiembre de 2012.

Sección Primera: BASES CONSTITUCIONALES DEL DERECHO ADMINISTRATIVO (1982)

I. EL PODER PÚBLICO Y SU DISTRIBUCIÓN

1. El Estado y el Poder Público

La primera de las bases constitucionales del Derecho Administrativo en Venezuela, surge del sistema de distribución del poder que establece la Constitución. Esta, siguiendo los principios del constitucionalismo moderno, establece dos sistemas de distribución del poder: Por un lado, un sistema de distribución horizontal del poder; y por otro lado, un sistema de distribución vertical del poder.

Por ello, la expresión "Poder Público" que se encuentra en la Constitución, tiene una ambivalencia. Normalmente, cuando se habla del Poder Público y los órganos del Poder Público o, inclusive, cuando se utiliza la expresión "control jurisdiccional del Poder Público" (en mi criterio, una expresión incorrecta), se está pensando en la distribución horizontal del poder, tradicional, en: Poder Legislativo, Poder Ejecutivo, y Poder Judicial. Sin embargo, nos olvidamos que la verdadera base que está en esa idea del Poder Público, es la distribución vertical del poder, dentro de un sistema, en nuestro caso, federal, que provoca la existencia de tres niveles territoriales: el Poder Nacional, el Poder de los Estados, y el Poder Municipal.

Por eso, cuando se lee el artículo 118 de la Constitución, norma básica en Derecho Administrativo y que establece que "Cada una de las ramas del Poder Público, tiene sus funciones propias; pero los órganos a los que incumbe su ejercicio colaborarán entre sí en la realización de los fines del Estado", debemos preguntarnos: ¿A qué Poder se está refiriendo?; ¿Cuál Poder Público? ¿Cuáles son las ramas del Poder Público?. No se trata, necesaria mente de las ramas Legislativas, Ejecutiva y Judicial; es más, debemos señalar que no es, en definitiva, a la distribución horizontal del poder, al cual hace referencia el artículo 118° de la Constitución, sino, a la distribución vertical del poder, por el sistema federal establecido en la Constitución.

Por tanto, cuando el artículo 118° habla de "cada una de las ramas del Poder Público", está refiriéndose a las ramas nacional, estadal y municipal, y no a las ramas del Poder Ejecutivo, Legislativo y Judicial, los cuales, en definitiva no son uno solo, porque en cada nivel territorial existen, si se quiere, sub–ramas del Poder Público. Por tanto, así como encontramos, a nivel nacional, un Poder Legislativo, un Poder Ejecutivo, y un Poder Judicial; a nivel de los Estados encontramos un Poder Legislativo y un Poder Ejecutivo; y a nivel municipal, la idea del Poder Municipal, que no implica diferenciación clara de potestades al Municipio, sino una sola global potestad, propia del gobierno local o de la comunidad primaria dentro de la organización nacional.

En consecuencia, cuando la Constitución habla del Poder Público, se refiere a un concepto, que no tiene organicidad, que no es un sujeto de derecho, y es por eso que no podemos hablar de "control del Poder Público", ya que no es un órgano, ni es un sujeto actuante en el campo jurídico que pueda ser controlado. Se controla a un órgano que ejerce determinada función, que realiza actos administrativos o que asume una potestad para ejercerla, pe ro no se puede controlar a la potestad misma.

El Poder Público, en realidad, es una potestad del Estado; si se quiere, desde el punto de vista jurídico, es una situación jurídica general, de rango constitucional, que tienen los órganos del Estado para actuar, o que tienen los sujetos de derecho que conforman el Estado, para actuar. Por ello, el Poder Público no es controlable; en cambio, el ejercicio del Poder Público por un determinado órgano, sí es controlable.

El Poder Público por tanto, es una potestad, una situación jurídica general constitucional de los sujetos de derecho que actúan en el Estado para; la realización de sus fines. Este es un primer elemento que debe tenerse absolutamente claro, dentro del contexto constitucional, para comprender las bases del derecho administrativo.

Si se analiza el Título IV de la Constitución, este tiene por título "Del Poder Público", y allí se habla de las ramas del Poder Público en sentido vertical. Por ello, dentro de este título, "Del Poder Público" hay un Capítulo, que es el segundo, que se refiera al Poder Nacional, en especial, a su competencia. Aquí, la Constitución regula al Poder Público en su distribución vertical, pero regulando solo el Poder Nacional. De resto, la Constitución se refiere al Poder Público Nacional y a su distribución horizontal. Así, si vamos más adelante en el texto fundamental, encontramos que el Título V lleva por título "Del Poder Legislativo Nacional", y en el mismo sentido, más adelante, en el Título VI se habla "Del Poder Ejecutivo Nacional"; y en el Título VII habla "Del Poder Judicial", al cual sin embargo, no califica de nacional. Este es el único caso en el cual la Constitución, al regular los poderes y su distribución horizontal en el nivel nacional, no califica al Poder Judicial como nacional. En esta forma es que la Constitución regula al Poder Público, y establece su régimen general como Potestad del Estado.

Pero el artículo 118 de la Constitución aclara que cada una de las ramas del Poder Público tiene sus funciones propias, pero los órganos a los que incumbe su ejercicio colaboran entre sí, en la realización de los fines del Estado. El Estado, en la Constitución, también es un concepto genérico como el Poder Público; Si el Poder Público es una Potestad, el Estado, es la suma de todos los órganos que conforman la organización política de la sociedad, pero tampoco es una realidad orgánica, salvo en escala internacional.

Por ejemplo, cuando la Constitución establece en su artículo 77 que "El Estado propenderá a mejorar las condiciones de vida de la población campesina..." ¿Qué se debe entender por Estado? En definitiva, el Estado es la suma de todos los entes que ejercen el Poder Público; pero no se refiere a una realidad orgánica tampoco.

En efecto, se insiste, el Estado no coincide con ninguna realidad subjetiva actuante en el ordenamiento jurídico. Cuan do la Constitución habla de Estado, no tenemos porqué pensar en la República, o en otro órgano, ni en los del nivel nacional. La noción genérica abarca a todos los órganos que ejercen el Poder Público. Esto es válido respecto de todas las normas de la Constitución donde se habla de Estado: "El Estado protegerá las asociaciones y corporaciones, sociedades y comunidades", dice el artículo 72; el artículo 73 dice: "El Estado protegerá la familia...". En esta expresión no tenemos que pensar que es el poder nacional, también los Estados y los Municipios tienen estas obligaciones constitucionales. "... El Estado creará y sostendrá escuelas..." dice el artículo 78; eso no es una tarea exclusiva ni del Poder Nacional, ni de los Estados, ni de los Municipios, es de todos los entes públicos. De manera que el Estado en la concepción constitucional, no tiene porqué vincularse al Estado Nacional (República). Es una expresión genérica que abarca todos los órganos o los sujetos de derecho que »conforman la organización política de la sociedad. Esto es independiente, por supuesto, de la connotación del Estado Venezolano, en el campo de las relaciones internacionales, donde si tiene una personalidad jurídica, global, única, representada por la República, dado el Sistema Federal. Pero en la proyección interna del texto constitucional, la expresión Estado abarca todos los sujetos de derecho que forman la organización política. Así, el Estado, para actuar a nivel interno, tiene una potestad constitucional, que es el Poder Público, y este poder, tiene una distribución horizontal y una distribución vertical, que conforman la estructura del Estado Venezolano como Estado Federal, y el principio de Separación orgánica de Poder, a nivel nacional.

Por tanto, dentro de las bases constitucionales del derecho administrativo tenemos que partir de esta idea genérica no vinculada a una realidad orgánica, el Estado y de una potestad también genérica, que es el Poder Público y que se configura como una situación jurídica constitucional de todos los entes públicos. Ambos conceptos Estado y Poder Público en la Constitución, no tienen realidad como órganos actuantes en la vida jurídica. Son conceptos genéricos: uno una potestad, y otro la suma de todos los entes que actúan en la organización política de la sociedad, cual quiera que ellos sean, a cualquier nivel.

Por tanto, lo primero que hace la Constitución es regular el Poder Público, como Potestad genérica de los órganos que ejercen las funciones públicas en Venezuela. Al regular el Poder Público, el texto constitucional establece una distribución vertical del poder, derivado del Sistema Federal que regula el artículo 2°. Sin embargo, como se trata de una Constitución que regula el nivel nacional, dentro de éstos tres niveles territoriales, es en ese nivel nacional que establece la distribución precisa del mismo en Poder Legislativo Nacional, Poder Ejecutivo Nacional y del Poder Judicial, que si bien no lo llama nacional, exclusivo del nivel nacional. Ello no significa que el Poder Público no se distribuya, también, horizontalmente en los otros entes territoriales. Así, en particular, a nivel de los Estados, el artículo 17 de la Constitución señala como de la competencia de los mismos, "la organización de sus poderes públicos", utilizando también la expresión Poderes Públicos.

La expresión "Poder", no se utiliza en el ámbito municipal. Fue sin embargo, una expresión utilizada durante el siglo pasado en la mayoría de nuestras constituciones. En el texto constitucional de 1961, sin embargo, no se habla de Poder Municipal, pero dentro del esquema del Poder Público, como concepto genérico, o potestad constitucional general que configura una situación jurídica, también los Municipios ejercen el Poder Público en el ámbito local. Por ello, es perfectamente admisible, en mi criterio, que al poder que se ejerce en el nivel municipal lo denominemos Poder Municipal. Insistimos aún cuando la palabra poder no está prevista en la Constitución, respecto del nivel municipal, este sin la menor duda, es parte del Poder Público. Cuando la Constitución se refiere, en cualquier artículo, al Poder Público, se está refiriendo, no solo al Nacional, ni al Ejecutivo Nacional, sino a todo el conjunto de potestades que se ejercen en el Estado en todos los niveles.

Ahora bien, hemos dicho que ésta expresión "Poder Público", no debe interpretarse como concepto orgánico; sin embargo, si algunas veces ello ha ocurrido no es siempre por culpa del intérprete, sino del propio texto de la Constitución, el cual no siempre es preciso, en todas partes.

Por ejemplo, el artículo 46 dice: "Todo acto del Poder Público que viole los derechos garantizados por ésta Constitución es nulo". Esta expresión "actos del Poder Público" es una expresión incorrecta: debería hablarse, en realidad, de los órganos que ejercen el Poder Público. En todo caso, si tomamos el artículo 46, en su expresión literal "acto del Poder Público", o como debería decir "acto de los órganos que ejercen el Poder Público", en este caso no se está refiriendo a algún nivel horizontal del Poder; o a algún nivel vertical, sino a todo el conjunto de los órganos que ejercen el Poder Público, en global.

En definitiva, es claro que la expresión Poder Público, se refiere a la voluntad genérica de todos los órganos del Estado para actuar, y cuando la Constitución, ha querido referirse a un nivel determinado, en el ámbito de la distribución horizontal del poder o de la distribución vertical del Poder, lo señala de manera expresa. Así cuando la Constitución habla del Poder Nacional, se está refiriendo precisamente a este nivel horizontal. Así también, cuando la Constitución habla de Poder Legislativo Nacional, se refiere a éste, y no al de los Estados ni a ningún otro. De acuerdo a esto, por tanto, podemos establecer una primera base constitucional del Derecho Administrativo, ubicada en el Sistema de Distribución del Poder Público: tanto vertical como horizontal. Por supuesto, la distribución vertical del poder es la primera en importancia para el Derecho Administrativo, porque da origen a los tres niveles territoriales autónomos, con una serie de consecuencias en el campo del Derecho ¿Administrativo, que debemos precisar.

2. La distribución vertical del poder: la descentralización política

A. Las formas de Estado

El principio de la distribución vertical del poder da origen a un principio que tiene incidencia directa y fundamental en el Derecho Administrativo, que es el principio de la descentralización política o descentralización territorial.

La Federación, como forma de Estado, es siempre un sistema de descentralización político–territorial, del poder.

Por tanto, entre las formas de Estado, tanto de Estado Unitario como de Estado Federal, siempre está presente un sistema de descentralización política y territorial, lo cual no es otra cosa que una distribución vertical del poder. En los Estados Unitarios, normalmente el poder se distribuye en dos niveles: un nivel nacional o central y un nivel municipal o local, habiendo un gran escalón, enorme, entre el nivel nacional centralizado y, luego, el poder local municipal. En cambio, en los sistemas federales, lo normal es que además del ámbito federal o nacional, y el ámbito municipal o local, exista un ámbito intermedio territorial autónomo, constituido por los llamados Estados Miembros de la Federación. Por supuesto este esquema clásico de Estados Unitarios y Estados Federales ya están superados y puede decirse que ya no existe ningún estado unitario ideal, como no existe un estado federal ideal. Se tiende, progresivamente, en ambos casos, a un sistema de distribución vertical del Poder y así estamos viendo cada vez con mayor vigencia en el mundo contemporáneo, cómo los estados unitarios tradicionales comienzan a establecer sistemas de distribución vertical del poder, diferentes al clásico, y comienzan a estructurar en un nivel intermedio, en ámbitos regionales, con competencias territoriales. Es el esquema de las Regiones autónomas en Italia; de las comunidades autónomas en España; de las regiones políticas que se acaban de crear en Francia;

de las regiones y comunidades en Bélgica es donde se está configurando un sistema muy parecido al sistema federal, tradicional, propio de estos nuevos sistemas de Estado Regional. Por eso, inclusive, se habla allí de un nuevo regionalismo, o de un nuevo federalismo, provocado por la adopción de fórmulas regionales políticas que andan muy cerca de las viejas fórmulas federales.

En todo caso, para nosotros, teniendo el Estado Venezolano en su Constitución, la forma federal, tal y como lo expresa el artículo 2°: "en los términos consagrados en la Constitución"; en esos términos consagrados en la Constitución, el sistema federal es un sistema de descentralización política territorial, donde cada uno de los niveles de distribución vertical del poder tiene una autonomía que no solo es autonomía administrativa como puede haber en otros sistemas de descentralización no política, sino que es una autonomía político–territorial. La consecuencia fundamental de un sistema de descentralización política territorial, es la autonomía política con todas sus consecuencias: que los entes que ejercen el Poder Público en los diversos niveles territoriales, tienen sus propias competencias, eligen sus propias autoridades y tienen la autonomía que la Constitución consagra para el ejercicio de Aquellas.

B. La personalidad jurídico–territorial

Pero además de la autonomía política, y, por supuesto, consustancial con ella, el sistema de distribución vertical del poder propio del sistema federal, implica la existencia de tres niveles de sujetos de Derecho Público (personas jurídico–territoriales) en la organización del Estado; y así, la Constitución distingue tres niveles de personas jurídicas: la República, los Estados y los Municipios. En el texto constitucional, a los únicos que se califican como personas jurídicas en concreto, es a los Municipios. El artículo 25 de la Constitución en efecto establece que los Municipios son personas jurídicas y su representación la ejercerán los órganos que determine la Ley. No se utiliza, directamente, en ninguna otra norma el calificativo de persona jurídica respecto de la República o a los Estados. Por tanto, en el texto fundamental no se dice "la República es persona jurídica", así como tampoco se dice nada acerca de la personalidad de los Estados; en cambio, por lo que respecta a los Municipios, el asunto está perfectamente definido.

Sin embargo, es claro, que el sistema de descentralización territorial derivado del principio de distribución vertical del poder, conlleva la existencia de éstos tres niveles político–territoriales de personas jurídicas. Indirectamente la Constitución lo establece en diversas normas que debemos comentar y que conforman las bases constitucionales del Derecho Administrativo. Particularmente en el artículo 124 de la Constitución es en el cual podemos fundamentar el calificativo de esos tres niveles territoriales como personas jurídicas. Este artículo comienza señalando a los efectos de establecer una prohibición de contratar con entes públicos, que "nadie que esté al servicio de la República, los Estados y Municipios". La norma, ciertamente, no califica a la República, a los Estados y a los Municipios, como personas jurídicas de Derecho Público, directamente; sin embargo, en este artículo, conseguimos la base de la distribución vertical del Poder, como descentralización territorial, que implica la personalidad jurídica de los tres niveles, acompañada, por supuesto, de autonomía.

Insistamos en la idea: la personalidad jurídica está íntimamente unida a la idea de descentralización. No puede haber descentralización sin existencia de una personalidad jurídica propia y autónoma, sea a nivel territorial, sea a nivel funcional, en cada uno de los niveles nacionales, estadales y municipales.

Por tanto, la distribución vertical del poder, que implica la descentralización política, da origen a varios sujetos de derecho público, la República, los Estados y los Municipios que son el centro de imputación de todas las actuaciones en los tres niveles. Salvo que en cada uno de los niveles se haya producido una descentralización funcional y se haya creado un ente que actúe con personalidad jurídica propia: un instituto autónomo, por ejemplo, lo cual tiene su base constitucional en el ámbito nacional según el artículo 2 30, o una empresa del Estado, sociedad mercantil creada por el Estado/ no puede haber otro sujeto de derecho al cual imputar la acción o la actividad, sino el de la división vertical del poder: la República, los Estados y los Municipios. Por ejemplo a nivel nacional, sea cual sea el ente que actúe, sea que actúe el Congreso, sea que actúen los Ministerios, la Administración Central, la Contraloría, cualquier órgano, el centro de imputación es uno y único en la República, porque estos órganos no son descentralizados, ya que la descentralización se produce solo cuando se crea una persona jurídica distinta.

C. La autonomía territorial

Ahora bien, la distribución vertical del poder, es decir, la descentralización política implica la noción de autonomía, la cual está en el texto constitucional, particularmente en relación a los niveles municipal y estadal. El artículo 16 de la Constitución, cuando habla de los Estados, dice que "son autónomos e iguales entre sí"; y en relación a los Municipios, también el artículo 25, los califica como la unidad política primaria y autónoma, definiendo luego, dicha autonomía en el artículo 29.

Por tanto, la idea de la autonomía como consecuencia de la descentralización política y de la personalidad jurídica político–territorial de éstos tres niveles, está en la propia Constitución.

a. La autonomía política

Ahora bien, de todas las normas de la Constitución en esta materia resulta de que esa autonomía, ante todo es una autonomía política, porque de lo contrario, no habría descentralización territorial, y ello implica la elección de sus propias autoridades, aún cuando en forma atenuada, en relación a los Estados. En efecto, si bien las autoridades nacionales se eligen (artículo) y las municipalidades se eligen (artículo); en los Estados, solo se eligen los Diputados a las Asambleas Legislativas. Sin embargo, no se eligen los gobernadores aún cuando el principio está establecido en la Constitución, cuyo artículo 22 re mite a la ley la cual "podrá establecer la forma de elección y remoción de los gobernadores...", Ley que no se ha dictado todavía. En todo caso, como principio y eso le da coherencia a la descentralización territorial, esta conlleva la autonomía política, y como consecuencia de ella todos los otros signos de la autonomía, como la autonomía normativa.

b. La autonomía normativa: las competencias

En efecto, la autonomía normativa deriva de las competencias distribuidas. La distribución vertical del Poder Público implica, por supuesto, una distribución de competencias en los niveles territoriales, y es la Constitución, la que en sus artículos 136, respecto al Poder Nacional; 17, respecto a los Estados y 30, referente a los Municipios, la que define el ámbito de competencias de los diversos entes territoriales. En estos tres artículos, básicamente, se atribuyen las competencias a los diversos sujetos de derecho político territoriales autónomos, así como se regulan las modalidades del ejercicio de esas competencias.

Ahora bien, estos tres niveles territoriales tienen autonomía normativa, en el sentido de que pueden regular o normar las materias de su respectiva competencia, sin ingerencia de ningún otro órgano, salvo las limitaciones establecidas en la propia Constitución, que es la que distribuye el poder.

Por tanto, siendo la descentralización política de rango constitucional, la única que puede limitar el ejercicio del poder en estos tres niveles, es la propia Constitución y ese límite existe solo, en los términos que establece la Constitución. Esta afirmación, que puede parecer elemental, sin embargo, es fuente permanente de conflictos por los intentos de ingerencia de niveles nacionales en los niveles estadales y municipales o viceversa. Por ejemplo, la Ley Orgánica de Salvaguarda del Patrimonio Público, atribuye a la Contraloría General de la República competencia para declarar la responsabilidad administrativa de los funcionarios públicos nacionales, estadales y municipales. Esto es posible porque es la Constitución la que, en particular, prevee que la Ley Orgánica puede extender las funciones de la Contraloría General respecto a los Estados y Municipios. Sin embargo, ello no excluye que las Contralorías de los Estados y las Contralorías Municipales, tengan su propia competencia, por lo que aquella competencia no puede interpretarse como atribuida exclusivamente a la Contraloría Nacional.

c. La autonomía de descentralización funcional

La asignación de competencias a los entes territoriales en la Constitución, acompañada de la autonomía territorial, implica la potestad del ente territorial de descentralizar funcionalmente sus competencias, mediante el establecimiento de personas jurídicas de derecho público o de derecho privado, para el ejercicio de las mismas. Expresamente, la Constitución consagra esta manifestación de la autonomía respecto de la República, al atribuirse al Congreso, por ley, la potestad de crear institutos autónomos (art. 230). Esta sola mención no excluye la potestad de los Esta dos y Municipios de descentralizar: para ello, sin embargo, las Asambleas legislativas deben establecer en las Constituciones de los Estados que organicen los poderes públicos estadales las formas de ejercicio de esa potestad, la cual en el caso de institutos autónomos estadales debe implicar una ley de creación emanada de la Asamblea Legislativa, conforme al principio del artículo 230 de la Constitución aplicable del acuerdo a lo pautado en el artículo 233 del texto fundamental. En cuanto a los Municipios las modalidades de descentralización funcional deben establecerse en las normas organizativas que los regulen conforme al artículo 26 de la Constitución.

En definitiva estimamos que en cada nivel de descentralización territorial (nacional, estadal y municipal) puede haber un proceso de descentralización funcional en el sentido de que en cada uno de los niveles puede atribuirse una cuota parte del poder a un ente al cual se dota de personalidad jurídica distinta del ente territorial. Así, en el nivel nacional, el Congreso puede crear un Instituto autónomo; los Estados pueden crear Institutos Autónomos y los municipios pueden crear también Institutos Autónomos, y conforme a sus respectivos ordenamientos: por ordenanzas, por leyes de Estado o por ley de la República; y producirse allí una descentralización funcional que implica atribución de personalidad jurídica a una determinada tarea.

d. La autonomía tributaria

Además de la autonomía normativa y de la autonomía política, como consecuencia de la autonomía territorial, también en esos tres niveles existe una autonomía tributaria. A la base de un sistema de distribución vertical del poder está también la asignación de recursos propios a los diversos niveles, territoriales, lo cual se prevé en los artículos 136, respecto al Poder Nacional; y 30 y 31, respecto al Poder Municipal. En ellos se define una potestad tributaria originaria Nacional y Municipal. En cuanto a los Estados, y su potestad tributaria, ha habido una larga discusión, en el sentido de que muchos piensan que no hay, a nivel de los Estados, potestad tributaria originaria; sino que ésta solo se prevé a nivel nacional y municipal. En nuestro criterio ello no es así, La Constitución Nacional, en efecto también consagra una potestad tributaria originaria para los Estados, establecí da en forma indirecta, pero qué se puede perfectamente desentrañar, y ella deriva del propio artículo 136, ordinal 8° concatenado con el artículo 18, cuyo contenido permite en nuestro criterio deducir que los Estados si tienen una potestad tributaria originaria, respecto a los impuestos al consumo.

e. La autonomía administrativa

Por supuesto, la autonomía territorial implica autonomía administrativa de los tres niveles, y ello se deriva, respecto del Poder Nacional en las competencias definidas en el artículo 190; respecto de los Estados, en las competencias definidas en el artículo 21; y respecto de los Municipios, por las competencias precitadas en los artículos 29 y 30.

f. La autonomía jurídica: la ausencia de controles

Por último debe señalarse que la autonomía política implica una autonomía jurídica, por lo que los actos dictados por los diversos niveles territoriales no están sometidos a control por los otros niveles, lo cual es fundamental, sobre todo, para los niveles estadales y municipales: los actos de los municipios no son controlables por los Estados o la República; y los actos de los Estados no son controlables por los órganos nacionales.

Queda a salvo, por supuesto, el control jurisdiccional. Como el Poder Judicial en Venezuela es uno y único, de orden nacional, la Corte Suprema de Justicia y los Tribunales contencioso–administrativos si pueden controlar la legalidad o constitucionalidad de los actos de los Estados y Municipios.

Respecto de los Municipios debe destacarse que el artículo 29, de la Constitución establece que sus actos no podrán ser impugnados sino ante los órganos jurisdiccionales, de conformidad con la Constitución y la Ley. Esto confirma el principio de que los actos municipales no pueden ser revisados por otros niveles territoriales, en forma alguna, sino solo, impugnados ante los órganos jurisdiccionales que siempre son órganos jurisdiccionales nacionales. Nada dice la Constitución respecto a los actos de los Estados, pero, evidentemente que se aplica el mismo principio: se rigen solo por la Constitución; y no puede haber, por encima de lo que la Constitución prevea, ninguna revisión de parte de un órgano nacional sobre la acción de los Estados. Por tanto la descentralización político–territorial trae esta consecuencia jurídico–administrativa, de la ausencia de control, en la cual encontramos otra base fundamental del Derecho Administrativo venezolano.

3. La distribución horizontal del Poder: la separación orgánica de poderes

A. Las ramas del Poder Público

Hemos dicho que el Poder Público es una noción genérica, que indica una potestad, es decir, una situación jurídico constitucional general que permite a los órganos que forman la organización política de la sociedad venezolana, ejercer las funciones que la Constitución, como pacto político, establece. La primera consecuencia de esa unicidad del Poder Público, como Potestad, es la diversidad del Poder Público desde el punto de vista orgánico.

Si bien el Poder Público es uno y único, como potestad genérica de todos los entes del Estado, es la propia Constitución la que establece una diversidad, en el sentido orgánico, y por eso es que decimos que Venezuela tiene un sistema de distribución orgánica del Poder, tanto vertical como horizontal. La distribución vertical, ya la hemos comentado respecto de los tres niveles territoriales en los cuales hay ramas del Poder Público: nacional, estadal y municipal; ramas que se asignan para ser ejercidas por sujetos de derecho, es decir, personas jurídicas diversas que son la República, los Estados y Municipios, entes del derecho público, que ejercen el Poder Público.

Ahora bien, el mismo principio de distribución del poder público se nos plantea también, en forma horizontal, en cada uno de los tres niveles territoriales mencionados. En efecto, en el nivel nacional, el ejercicio del Poder Nacional, asignado a la República como persona jurídica, se divide a su vez en tres ramas: la legislativa nacional, la ejecutiva nacional y la judicial. Asimismo, a nivel de los Estados y municipal, hay una distribución en dos ramas: la legislativa y la ejecutiva.

Por tanto, hay ramas del Poder Público en los tres niveles, con lo cual se configura el otro principio mencionado: el principio de la distribución horizontal del poder, el cual, por supuesto, en la teoría constitucional, es de formulación anterior a la distribución vertical del poder, el cual es un producto de los últimos dos siglos, derivado de la experiencia de la vida local municipal, consolidada en los últimos dos siglos, así como del federalismo. La distribución horizontal del poder, en cambio, en su formulación es anterior, porque fue la primera forma de racionalizar el poder que la teoría política estableció frente al Estado absoluto y a la Monarquía absoluta. La forma de racionalizar el poder fué distribuyéndolo orgánicamente, entre los diversos órganos básicos del Estado que era, por supuesto, unitario. Este principio que, constitucionalmente, es un producto de la Revolución Francesa, aún cuando su formulación teórica es de la época del absolutismo, constitucionalmente se adopta en nuestro país desde el primer momento de nacimiento de la República. Por tanto cuando se establece el sistema constitucional derivado de la independencia en la Constitución de 1811, esta acoge el principio de la Separación de poderes, al preverse en dicho texto que "El ejercicio de la Autoridad de la Confederación no podrá jamás hallarse reunido. El Poder supremo está dividido en Ejecutivo, Legislativo y Judicial". Posteriormente, este principio de la separación orgánica de poderes, va a acompañar toda la tradición constitucional venezolana, habiendo establecido en todas las constituciones la división orgánica de los poderes, desde el punto de vista horizontal.

En conclusión, el Poder público está, dividido, verticalmente, y se ejerce por tres órdenes de personas jurídicas: la República, los Estados y los Municipios, y cada una de esas personas jurídicas ejerce sub–ramas del Poder Público o partiendo de la distribución vertical. Así a nivel nacional, los órganos de la República ejercen el Poder Legislativo Nacional, el Poder Ejecutivo Nacional y el Poder Judicial, como cuotas partes del Poder Público; a nivel estadal, los órganos de los Estados ejercen el poder legislativo y el poder ejecutivo; y los municipios ejercen un poder legislativo y ejecutivo municipal, en la unidad política primaria y autónoma de la organización nacional.

B. La separación orgánica de poderes

Ahora bien, el texto constitucional asigna en general estas sub–ramas del Poder Público en los diversos niveles, a órganos precisos.

En efecto, el Poder Público, si bien en forma vertical se divide en Poder Nacional, Estadal y Municipal; en forma horizontal, el nivel nacional, tradicionalmente se divide en Legislativo, Ejecutivo y Judicial; el nivel estadal en Legislativo y Ejecutivo; no existiendo separación orgánica a nivel municipal. En esta forma todos los órganos del Estado ejercen el poder público en alguna forma; de lo contrario, no tendría sentido el artículo 46 del texto fundamental cuando habla de los actos del poder público. La expresión abarca a todos: desde un acto de un Municipio a cualquier acto de entes nacionales. Ahora bien, si es cierto que a nivel territorial podemos decir que el sistema de distribución vertical del poder es cerrado, en el sentido de que además del poder nacional, estadal y municipal no hay otros poderes territoriales, tendríamos hoy, que hacernos la misma pregunta respecto a la distribución horizontal del Poder en el ámbito nacional. ¿Existen otros poderes distintos al poder Legislativo, Ejecutivo y Judicial a nivel nacional?

a. La separación orgánica en el nivel nacional

Para responder a esta interrogante analicemos la Constitución. El Poder Legislativo Nacional, regulado en el Título V, cuyo primer artículo el 138 dice expresamente que el Poder Legislativo Nacional, como potestad que es parte del poder público, se ejerce por el Congreso integrado por la Cámara del Senado y por la Cámara de Diputados. En esta forma es la propia Constitución la que nos está diciendo quien ejerce el poder legislativo.

En cuanto al Poder Ejecutivo Nacional, regulado en el título VI de la Constitución, cuyo primer artículo, que es el 181, textualmente dice que "El Poder Ejecutivo se ejerce por el Presidente de la República y los demás funcionarios que determine esta Constitución y las leyes"; y luego agrega "el Presidente de la República es el jefe del Ejecutivo Nacional". En esta forma, también hay una indicación expresa de que el Poder Ejecutivo se ejerce por el Presidente de la República y los demás funcionarios que determine la Constitución y la Ley siendo, en todo caso el jefe del Poder Ejecutivo, el Presidente de la República. En esto debe destacarse la connotación jerárquica definitiva: todos los órganos que ejercen el Poder Ejecutivo dependen de la jerarquía del Presidente de la República, porque él es el jefe del Ejecutivo.

Por otra parte, el Título VII de la Constitución se refiere al Poder Judicial, y su artículo 204, expresamente dice que "El Poder Judicial se ejerce por la Corte Suprema de Justicia y por los demás tribunales que determine la Ley Orgánica".

Por tanto, a nivel de la Constitución es clara la previsión de un sistema de distribución horizontal del poder, en el sentido de que el Poder Público Nacional se distribuye en tres ramas asignadas a tres grupos de órganos: El Congreso compuesto por el Senado y la Cámara de Diputados; el Presidente de la República y sus órganos; y la Corte Suprema de Justicia y demás Tribunales. A cada uno de estos órganos se le asigna una rama del Poder Público Nacional, una cuota parte del Poder Público Nacional, que la Constitución califica, además, como tales: Poder Ejecutivo Nacional, Poder Legislativo Nacional y Poder Judicial (Nacional).

Ahora bien, ante este sistema tradicional venezolano, tendríamos que preguntarnos si ¿dentro del sistema constitucional venezolano, también existe un sistema cerrado de distribución del poder en el sentido horizontal tal y como lo hay a nivel territorial?

b. La ruptura de la trilogía clásica de los poderes: Los órganos con autonomía funcional

Como decía, a nivel territorial no hay otro ningún otro órgano fuera de los órganos nacionales la República, los de los Estados y los Municipios. Se trata de un sistema cerrado de distribución vertical del poder. Sin embargo, frente al sistema de distribución horizontal del poder que establece una distribución en Legislativo, Ejecutivo y Judicial, tendríamos que formularnos la misma pregunta de si también existe un sistema rígido y cerrado de distribución del poder nacional en éstos tres grupos de órganos distintos, o delimitados e identificados en la Constitución; o si, al contrario, además de esos podemos identificar otros órganos que ejercen el Poder Público Nacional pero que no ejercen el poder legislativo nacional, ni el poder ejecutivo nacional ni el poder judicial. Ese es el punto que ahora debemos determinar, a los efectos de ver cómo, este segundo principio de la distribución horizontal del poder, también se nos convierte como una de las bases fundamentales del Derecho Administrativo venezolano.

Puede decirse que el sistema de distribución del poder en sentido horizontal se concibió siempre en la tradición constitucional del siglo pasado y de la primera mitad de este siglo, como un sistema rígido. Sin embargo, a partir, básicamente, de la Constitución de 1961, puede decirse que el sistema ya no es rígido y cerrado, pues prevé la existencia de otros órganos que ejercen el Poder Público pero no ejercen en concreto ni el Poder Legislativo, ni el Poder Ejecutivo, ni el Poder Judicial. Dentro de esos órganos uno de los que aparece claro es la Contraloría General de la República, regulada en el Título VIII relativo a la Hacienda Pública, como un órgano que goza de autonomía funcional (artículo 236). Esta idea, que ha venido desarrollándose progresivamente, nos identifica a éste órgano, como un órgano que goza de autonomía funcional dentro de la organización nacional. Sin duda, que ejerce el Poder Público, es decir, ejerce la potestad estatal por excelencia pero no ejerce el Poder Legislativo Nacional porque no es parte de las Cámaras Legislativas ni depende de ellas; no ejerce el Poder Ejecutivo Nacional porque no depende del Presidente de la República que es el jerarca de los órganos ejecutivos; ni ejerce el Poder Judicial, porque no depende de la Corte Suprema de Justicia. Precisamente, es un órgano con autonomía funcional, que no depende de ninguno de los órganos que conforman la clásica distribución horizontal del Poder.

Por eso, aquí encontramos una primera ruptura del principio tradicional de la separación orgánica horizontal del poder, con la creación de la Contraloría General de la República, como un órgano de rango constitucional y luego, paralelamente, con la aparición progresiva de otros órganos constitucionales. Sin du da, el Ministerio Público, particularmente el fiscal General de la República es otro órgano con autonomía funcional. Por eso, el Título VII de la Constitución habla del "Poder Judicial y del Ministerio

Público", distinguiendo tres conjuntos orgánicos: la Corte Suprema de Justicia, el Consejo de la Judicatura y el Ministerio Público, los cuales no quedan todos englobados dentro del Poder Judicial. En cuanto al Fiscal General de la República, por la naturaleza de las funciones que tienen establecidas, también es un órgano del Estado que goza de autonomía funcional y por ello tampoco depende ni del Congreso, ni del Presidente de la República, ni de la Corte Suprema de Justicia y los Tribunales. Tiene autonomía en el ejercicio de las funciones; y si no tuviera no podría ejercer cabalmente las atribuciones previstas en el artículo 220 como la de "Velar por el respeto de los Derechos y garantías constitucionales", para solo citar una. De ello resulta que se trata de un órgano que no puede tener dependencia jerárquica, respecto a ningún otro órgano encuadrado de la distribución orgánica de poderes tradicionales.

Dentro de estos órganos con autonomía funcional tendríamos que agregar, también aún cuando regulado en el Capítulo III del Título VII, relativo al Poder Judicial y el Ministerio Público, al Consejo de la Judicatura. La Constitución solo prevé que la Ley creará el Consejo de la Judicatura para asegurar la independencia, la eficacia, la disciplina y el decoro de los Tribuna les, y garantizar a los Jueces el beneficio de la Carrera Judicial, y agrega el artículo 217 que "en él deberá darse representación a las otras ramas del Poder Público, las cuales, como se trata de un Título que regula al Poder Judicial y al Ministerio Público, son las ramas Legislativas y Ejecutivas.

En todo caso, no puede decirse que el Consejo de la Judicatura, para ejercer sus funciones, dentro de la división orgánica, ejerza el Poder Judicial pues si ello fuera así, sería un órgano dependiente de la Corte Suprema de Justicia. Tampoco ejerce el Poder Ejecutivo, por más que sus funciones sean de Administración de la Justicia, pues dependería del Presidente de la República. En realidad es un órgano incompletamente regulado que también goza de autonomía funcional, pero realmente, no por virtud directa de la Constitución sino de la Ley que lo crea, que es la Ley Orgánica del Poder Judicial.

Habría que agregar también en otro nivel, y regulado por la Ley, al Consejo Supremo Electoral, como un órgano que garantiza la independencia y la autonomía en el ejercicio de la función electoral y que tampoco depende de ninguno de los tres clásicos poderes.

Todos estos órganos comienzan a configurar un universo de entes autónomos que rompen la trilogía tradicional de la separación horizontal del Poder.

c. La separación orgánica a nivel estadal

En los Estados la Constitución también prevé una separación orgánica de poderes entre la Asamblea Legislativa, que ejerce el Poder Legislativo estadal y el Gobernador, que ejerce el Poder Ejecutivo estadal.

En efecto expresamente se señala en el artículo 19 que el Poder Legislativo se ejerce en cada Estado, por una Asamblea Legislativa. Por otra parte, el artículo 21 le atribuye al Gobernador, el gobierno y administración de cada Estado, y dice además que es el jefe del Ejecutivo del Estado, de donde deriva la existencia de un poder: ejecutivo en cada Estado.

d. La conjunción orgánica a nivel municipal

En el caso de los Municipios, no hay ninguna distribución orgánica, de origen constitucional, como si lo hay a nivel nacional, (es la propia Constitución la que establece tres órganos distintos) o a nivel estadal (dos órganos distintos).

En materia municipal, puede decirse que no hay ninguna previsión, y simplemente señala el artículo 25 que la representación de los Municipios se ejerce por los órganos que determine la Ley. Así, puede decirse que en el nivel municipal, no hay órganos de rango constitucional por lo que la figura del Concejo Municipal no es constitucional. La Constitución no quiso establecer ninguna fórmula orgánica precisa para ejercer el poder municipal, sino que lo dejó a lo que determinara la Ley, y esta podría, sin duda, sustituir la conjunción orgánica tradicional por una separación orgánica, por ejemplo, entre un alcalde y un concejo.

Esto es importante destacarlo porque en la tradición venezolana a nivel municipal parecería que no pudiéramos tener otra organización distinta a la del Concejo Municipal. Sin embargo, estimo que deberíamos superar esta tradición histórica de que el único órgano para manejar los intereses locales, es el Concejo Municipal. Pienso que hay que ir hacia otras formas de organización municipal e, inclusive, hacia fórmulas de distribución horizontal del poder público–municipal a nivel local, como en otros países, donde hay un órgano ejecutivo, un Alcalde y un Concejo Municipal, como órgano legislativo; y así debemos superar el sistema de administración y gobierno local, uniforme, por órganos colegiados.

4. Conclusión

Del análisis que hemos hecho anteriormente de las previsiones del texto constitucional sobre el Poder Público y su distribución, resultan una serie de principios que están a la base del derecho administrativo.

El principio básico es el de la unicidad del Poder Público, como potestad genérica constitucional, que permite a todos los órganos que integran la organización política del país, de actuar y cumplir los fines del Estado.

El Poder Público, sin embargo, no está concentrado orgánicamente, sino que está distribuido tanto vertical, como horizontalmente. Existe, por tanto, un sistema de distribución del poder, tanto vertical, como horizontal.

El sistema de distribución vertical del poder origina tres ramas: el Poder Nacional, el Poder de los Estados y el Poder Municipal, que originan tres niveles de descentralización político–territorial y, por tanto tres órdenes de personas jurídico–territoriales (por supuesto, de derecho público): la República, los Estados y los Municipios, que actúan con autonomía como sujetos de derecho.

La distribución vertical del poder, por tanto, da origen al principio de la descentralización territorial que en derecho administrativo implica, tres niveles autónomos de Administración Pública; y al principio de la personalidad jurídica territorial múltiple (República, Estados y Municipios) a las cuales genéricamente, el texto constitucional engloba en la calificación de Estado. La distribución vertical del poder público, por tanto, origina una separación orgánico–territorial del poder.

Pero, además, también existe el principio de la distribución horizontal del poder, que provoca una separación orgánica de poderes en los diversos niveles político territoriales: en el nivel nacional, una separación orgánica de poderes, en base al ejercicio por tres grupos de órganos de los Poderes Legislativo Nacional, Ejecutivo Nacional y Judicial (Cámaras Legislativas, Presidente de la República y sus órganos y Corte Suprema de Justicia y sus órganos, respectivamente) a los cuales debe agregarse, los órganos con autonomía funcional que escapan de la división orgánica clásica; en el nivel estadal, una separación orgánica de poderes en base al ejercicio por dos grupos de órganos, de los Poderes Legislativo estadal y Ejecutivo estadal (Asambleas Legislativas y Gobernadores respectivamente); y en el nivel municipal, en ausencia de previsión constitucional, por virtud de la legislación vigente, una conjunción de los poderes locales en un sólo órgano colegiado (Concejos Municipales).

De lo dicho, surgen por tanto, los siguientes principios que están a la base de todo el Derecho Administrativo:

1. La noción de Poder Público, como potestad genérica de todos los órganos que conforman el Estado; y la noción de Estado, sin realidad orgánica, como comprensiva de todas las personas jurídico territoriales.

2. La distribución vertical del poder público, que origina la descentralización político–territorial, en tres niveles de sujetos de derecho: la República, los Estados y los Municipios, cada uno con autonomía y con su propia Administración Pública.

3. La distribución horizontal del poder público, que origina el sistema de separación orgánica de poderes en el nivel nacional y estadal, los cuales, en cada nivel, son órganos de la respectiva persona jurídico–territorial: la República o los Estados. En el nivel municipal, hay una conjunción de poderes, concentrados en un sólo órgano, el Concejo Municipal, de la persona jurídico territorial: el Municipio.

II. LAS FUNCIONES DEL ESTADO

1. El Poder Público y las funciones del Estado

La primera de las bases constitucionales del Derecho Administrativo, como se dijo, está en la idea del Poder Público y su distribución en los dos sistemas mencionados, horizontal y vertical que además dan origen, por una parte, desde el punto de vista constitucional, al sistema de gobierno (separación horizontal del poder); y por la otra, a la forma del Estado, que es la federal (separación vertical del poder). En este principio del Poder Público y sus dos formas de distribución insistimos, está la primera de las bases constitucionales del Derecho Administrativo.

Ahora bien, antes señalábamos que desde el punto de vista de distribución vertical del poder, en Venezuela hay un sistema o principio de separación orgánica de poderes, lo cual está claramente establecido en la Constitución, entre los órganos que ejercen el Poder Legislativo, el Poder Ejecutivo y el Poder Judicial; y cada uno de ellos, tiene un origen y fundamento constitucional directo. La distribución de éstas cuotas partes o ramas del Poder Público, a diversos órganos: al Congreso, al Presidente de la República y sus Ministros, y a la Corte Suprema de Justicia y los demás Tribunales, está expresamente prevista en normas constitucionales que atribuyen el ejercicio del Poder Público a esos diversos órganos.

Planteaba también cómo, el principio rígido de la separación orgánica de poderes, comenzaba a ser flexibilizado por el propio texto constitucional, al consagrar órganos que no encajaban exactamente dentro de la trilogía clásica de los poderes, y que tenían una autonomía funcional respecto de los órganos que ejercen esos clásicos tres poderes.

Esto podía considerarse como un principio de ruptura de la separación clásica de los poderes que organizaba todo. El Estado y todo el sistema de gobierno, en tres tipos de órganos distintos. Así la Contraloría General de la República y la Fiscalía General de la República son ejemplos, de esos órganos con autonomía funcional que no dependen de ninguno de los clásicos órganos que ejercen los tres poderes del Estado.

Todas estas reflexiones, entre otras normas, las basamos en el artículo 118 del texto fundamental. Por ello quisiera ahora continuar, y partir del mismo artículo que nos ha provocado esas reflexiones, para buscar la segunda de las bases fundamentales de Derecho Administrativo. Este artículo, recordémoslo, dice: "Cada una de las ramas del Poder Público tiene sus funciones propias; pero los órganos a los que incumbe su" ejercicio colaborarán entre sí en la realización de los fines del Estado". El Estado se entiende, aquí, por supuesto, como la globalidad de todos los entes que conforman la organización política de la Sociedad Venezolana.

Pero insistamos ahora en la primera frase del artículo que nos va a conducir a la segunda de las bases constitucionales del Derecho Administrativo: que cada una de las ramas del Poder Público tiene sus "funciones propias". La noción de "funciones del Estado", por tanto, también tiene rango constitucional.

Las "funciones del Estado", debemos vincularlas a las tareas o, si se quiere, a aquellos cometidos, jurídicamente hablan do, que son esenciales al Estado (de la esencia del Estado) y al ejercicio del Poder Público, como potestad, como situación jurídica general de orden constitucional, de los órganos estatales. Se trata, por tanto de una noción esencialmente referida al Estado y sus cometidos.

Como tarea esencial del Estado, solo puede ser ejercida por el Estado; no podría ser ejercida por los particulares. Por tanto, la noción de "función" en el texto constitucional, se nos reduce a aquello que es de la esencia del Estado; y en cuanto a sus órganos, de la esencia del ejercicio del Poder Público.

2. Las diversas funciones del Estado

Si hacemos el esfuerzo de racionalizar, dentro de la misma Constitución, las diversas funciones del Estado, podemos lie gar a la conclusión de que éstas se reducen a cuatro funciones (legislativa, de gobierno, administrativa y jurisdiccional)* que está inclusive, identificadas dentro del texto constitucional.

A. La función legislativa

En efecto, cuando el artículo 139° atribuye al Congreso la tarea de legislar sobre las materias de la competencia nacional, está atribuyendo la función legislativa, a uno de los órganos que ejercen alguno de los poderes del Estado: la función propia de las Cámaras Legislativas, como lo dice el mencionado artículo 118 de la Constitución, es la función legislativa. El mismo supuesto lo encontramos en el artículo 20°, donde se atribuye competencia a las Asambleas Legislativas de los Estados, para "legislar sobre las

* Con posterioridad, hemos abandonado la denominación de función "legislativa" sustituyéndola por la más apropiada de "función "normativa," y además, hemos agregado una función adicional del Estado que es la "función de control."

materias de la competencia estadal". Indirectamente también puede identificarse la función legislativa a nivel municipal, como un signo de la autonomía, que se englobaría dentro de "la libre gestión de las materias de su competencia" (art. 29, ord. 2°) que comprende la autonomía municipal.

En ambos casos, se trata de una tarea propia, que tiene fundamento constitucional, es decir, de una tarea esencial del Estado, que consiste en regular o en dictar normas que integren el ordenamiento jurídico del Estado venezolano. Se trata de una tarea que compete a los órganos públicos y que no se conciben en otros organismos que no sean los estatales.

B. La función jurisdiccional

Una segunda tarea o función esencial al Estado, es la de resolver conflictos entre sujetos de derecho, impartiendo justicia, denominada función jurisdiccional. Esta es tarea esencial de los entes estatales, particularmente de los órganos que ejercen el Poder Judicial: la Corte Suprema de Justicia y de los Tribunales (art. 200), de manera que la Constitución prohíbe a los particulares hacerse justicia por sí mismos, para lo cual, a la vez, garantiza a todos el acceso a los órganos de la administración de justicia para la defensa de sus derechos e intereses (art. 68), y el derecho a ser juzgado por sus jueces naturales (art. 69).

C. La función de gobierno

Otras dos funciones del Estado, como funciones propias de los órganos que ejercen el Poder Ejecutivo, son las que podríamos llamar la función administrativa y la función de gobierno, y las dos tienen, también, su fundamento constitucional. Por ejemplo: cuando el artículo 21° se refiere al órgano que ejerce el Poder Ejecutivo de los Estados, y señala que: "El gobierno y administración de cada Estado corresponde a un Gobernador". Si vamos al ámbito municipal, también nos encontramos el mismo principio: El artículo 27 señala: "La Ley podrá establecer diferentes regímenes para la organización, gobierno y administración de los Municipios...". Y la misma expresión "gobierno y administración" referida al ámbito municipal, la encontramos en el artículo 30°: "Es de la competencia municipal, el gobierno y administración de los intereses peculiares de la entidad...".

Por tanto, es la propia Constitución la que nos permite identificar a nivel estadal y municipal una función de gobierno y una función de administración. Eso mismo lo podemos constatar a nivel nacional; no en la forma precisa en que la Constitución se refiere a las competencias estadales y municipales, pero sí, indirectamente, cuando enumera las funciones del Presidente de la República, en el artículo 190°, donde pueden identificarse tareas políticas y tareas de administración. Pero además, el artículo 191°, cuando le impone la obligación al Presidente de dirigir un mensaje anual a las Cámaras Legislativas en sesión conjunta, exige que, en él se den cuenta de "los aspectos políticos y administrativos de su gestión". También en este artículo encontramos la distinción entre una función de gobierno o política, y una función administrativa. Se trata, por tanto, de unas funciones que está a nivel constitucional.

El gobierno, dentro de ése contexto, tiene que ser entendido, como la tarea esencialmente estatal de conducción política de la sociedad, en los diversos niveles del sistema de distribución vertical del Poder: la conducción política del municipio, de los Estados, dentro de su competencia, y a nivel nacional, de la nación.

D. La función administrativa

Pero además del gobierno, se define como una función propia atribuida a los órganos que ejercen el Poder Ejecutivo la función administrativa, que al igual que la función de gobierno y la legislativa, es una función reservada al Estado. Se trata, aquí, de una tarea que tiene por objeto la gestión del interés público, en concreto, a través de la satisfacción del interés colectivo, con la peculiaridad de que en ésta tarea esencial del Estado, esté', actualizado .en las diversas personas jurídicas que lo componen, entra en relación jurídica con otros sujetos de derecho.

En la función legislativa, el Estado asume la creación de normas que integran el ordenamiento jurídico; en la función de gobierno asume la conducción política del país; y en la función jurisdiccional asume la resolución de conflictos entre sujetos de derecho. En estas tres tareas esenciales, al cumplirlas, el Estado no establece, realmente, ninguna relación jurídica con algún su jeto de derecho individualizado. En cambio, cuando cumple la función administrativa, al gestionar el interés público en representación de toda la sociedad, el Estado entra en relación jurídica con los particulares o sujetos de derecho. Encontramos siempre al Estado como sujeto, en relación a un particular o a otro sujeto de derecho. No así en las otras funciones estatales. Por ejemplo, en la legislativa: cuando las Cámaras Legislativas sancionan una ley, no entra en relación directa con nadie en particular. Dicta una ley válida para todos los sujetos de derecho. Lo mismo sucede con la conducción política del país: Cuando el Presidente de la República ejerce la función de gobierno, por ejemplo, suspende las garantías constitucionales, no entra en relación directa con ningún particular; toma una decisión política de conducción de la sociedad, pero sin entrar en relación concreta en ningún particular, ni con ningún sujeto de derecho. Cuando el Estado resuelve, a través de un Juez, por ejemplo, un conflicto entre partes, tampoco el Estado entra en relación directa con ninguna de esas partes, sino que es un tercero quien resuelve ese conflicto.

En cambio cuando el Estado ejerce la función administrativa, el Estado aquí sí entra directamente en relación con un particular, como sujeto de derecho, tutelador que es del interés público. En este caso, el Estado se erige en gestor del interés público, y como tal tutelador de un interés público, entra en relación con un particular. Por ejemplo, si un Municipio da un permiso de construcción en nombre de la colectividad, entra en relación directa con el particular, pero como gestor del interés público en general.

Es decir, aquí la característica es que se trata de una gestión del interés público que implica relaciones directas, de carácter jurídico, entre sujetos de derecho, entre el Estado y los particulares. En cambio, en las otras tres, el Estado no entra en relación jurídica directa con determinados sujetos.

Estas tareas esenciales del Estado, son esas funciones propias a las que se refiere el artículo 118° de la Constitución al cual nos hemos referido, y tienen, todas, un fundamento constitucional, en las normas comentadas.

3. Las funciones estatales "propias"

Ahora bien, como se ha visto, el texto constitucional habla, en su artículo 118, de funciones propias de los órganos que ejercen las ramas del Poder Público; y en las diversas normas analizadas hemos constatado que asigna esas funciones, como "propias" de dichos órganos. Así, la función legislativa se identifica como una función propia del Congreso; la función de gobierno como una función propia del Presidente de la República; la función administrativa también como una función propia de los órganos ejecutivos; y la función jurisdiccional como una función propia de los órganos judiciales.

Ahora bien, si bien eso es cierto, dentro del contexto del artículo 118 y las otras normas de la Constitución, sin embargo no puede decirse que sea una función exclusiva de éstos órganos. Por tanto, si bien la función legislativa es propia de las Cámaras Legislativas, no es una función que se ejerza, exclusivamente, por las Cámaras Legislativas; si bien la función de gobierno y la función administrativa son funciones propias de los órganos ejecutivos, no es exclusiva de éstos; y si bien la función jurisdiccional es una función propia de los Tribunales, no se trata de una función exclusiva de los órganos judiciales.

Por tanto, si bien hay una atribución de éstas funciones a un órgano que la ejerce normal y naturalmente, ello no es ex elusivamente y menos aún, en forma excluyente. Son funciones propias de los órganos estatales, pero no son exclusivas, ni excluyentes, y este principio, es el que nos identifica otra de las bases constitucionales del Derecho Administrativo, al permitir la identificación precisa de la función administrativa.

Definitivamente, no la podemos identificar como "la función que asumen los órganos que ejercen el Poder Ejecutivo", porque esto no es cierto.

La función administrativa, hemos dicho, se caracteriza por consistir en la gestión del interés público, realizada por el Estado actuando como sujeto de derecho, en una relación que se establece con los particulares, pero no puede identificarse por la vía orgánica. Por ello, no puede decirse que la función administrativa sea aquella que realizan los órganos ejecutivos.

Ahora bien, esta idea de que las funciones del Estado no son coincidentes con la separación orgánica de poderes, permite afirmar que, en Venezuela, si bien hay una separación orgánica de poderes, no hay una separación orgánica de funciones, como si estas estuvieran atribuidas a determinados órganos, con precisión. Más bien nos encontramos que estas funciones del Estado se ejercen, en general, por todos los órganos del Estado.

Por tanto, el problema de las funciones del Estado tenemos que analizarlo desde dos ángulos: por una parte, que las funciones, si bien se asignan con el carácter de propias aun órgano; estatal, en el sentido de que naturalmente se asignan al órgano, cuan do este las ejerce, ello no lo hace ni en forma excluyente, ni en forma exclusiva, ya que esa función puede ser ejercida por los otros órganos del Estado; por la otra, que cuando ese órgano ejerce su función propia, ni siquiera lo hace en forma exclusiva, sino que en el ejercicio de su propia función, interfieren los otros órganos del Estado. Hay por tanto, una doble interrelación que es necesario determinar.

Cuando hablamos de interferencia no lo hacemos pensando en una actividad de entorpecer, sino como un mecanismo que inclusive en algunos casos puede rigidizar una colaboración interorgánica. No es simplemente de una colaboración espontánea sino obligatoria, por eso la calificamos de interferencia. Por ejemplo, necesariamente, en la

Ley de Presupuesto, en la iniciativa debe intervenir el Ejecutivo Nacional. Aquí la facultad de legislar se encuentra interferida obligatoriamente; y es más, la función legislativa del Congreso está limitada, en el sentido de que no puede ir más allá de la estimación de ingresos del proyecto.

4. La interferencia orgánica en el ejercicio de las funciones propias.

A. Las interferencias en el ejercicio de la función legislativa por las cámaras Legislativas

En efecto, es evidente que las Cámaras Legislativas tienen, como función propia, la legislativa; lo dice el artículo 139° de la Constitución, que atribuye al Congreso la facultad de legislar sobre materias que corresponden al Poder Nacional; pero en ejercicio de esa función legislativa, si bien admitimos que es una función propia y normal de las Cámaras Legislativas, hay interferencia de otros órganos estatales. Pongamos algunos ejemplos: Si bien las Cámaras, insisto, tienen la potestad de legislar sobre las materias que corresponden al Poder Nacional, la Constitución, en el artículo 165°, atribuye la iniciativa legislativa a diversos órganos, entre ellos, por ejemplo, al Ejecutivo Nacional, y a la Corte Suprema de Justicia. Por tanto, es una función propia, en la cual interfieren otros órganos del Estado.

Esta interferencia a nivel de la iniciativa legislativa, llega a limitaciones mayores en el propio texto constitucional. Por ejemplo, hay ciertas leyes que solo pueden ser discutidas cuando el Ejecutivo Nacional ejerza su iniciativa, es decir, que ni siquiera las Cámaras Legislativas, en su función de legislar son libres de inventar una Ley como la *de Presupuesto, pues el artículo 228 le atribuye al Ejecutivo Nacional la facultad exclusiva de presentar* el *proyecto de Ley de Presupuesto a la consideración de* la *Cámara de Diputa*dos. No podría, por tanto, el Congreso, elaborar una Ley de Presupuesto y aprobarla, sino que ella tiene que resultar de un proyecto presentado por el Ejecutivo Nacional.

Pero la interferencia en materia presupuestaria, por ejemplo, es mayor: el artículo 228 señala a las Cámaras Legislativas, cuál es el límite que tienen en el análisis del presupuesto, en el sentido de que no pueden autorizar gastos que excedan al monto de las estimaciones de los ingresos que ha hecho el Ejecutivo en el respectivo proyecto de Ley de Presupuesto. Por lo cual no solo el Ejecutivo Nacional tiene la iniciativa exclusiva de pre sentar el proyecto de Ley de Presupuesto, sino que, además, la estimación de ingresos que se determine en el Proyecto no puede ser excedida por el Congreso, en los gastos que autorice, por más soberanía y competencia que tenga de ejercer su función propia que es la de legislar.

En el proceso de formación de las Leyes existen, además, otros dos mecanismos de interferencia: la posibilidad que tienen los Ministros de concurrir al Congreso e intervenir en la discusión de las Leyes según el derecho de palabra en las Cámaras que les prevee la Constitución en la discusión de las Leyes (arts. 170 y 199). Por tanto, siendo la emisión de leyes una función propia del legislador, los Ministros, sin embargo, tienen, durante la discusión, derecho a intervenir con derecho de palabra.

Pero además, el propio Ejecutivo Nacional, con posterioridad a que se sancione una ley conforme al artículo 173 tiene la potestad de vetar la Ley y de devolverla al Congreso para su reconsideración, lo que se ha ejercido últimamente con más frecuencia de lo normal. Aquí también puede verse una interferencia del órgano ejecutivo en el ejercicio de la función de legislar por las Cámaras Legislativas. Además, también consagra la Constitución una interferencia en el ejercicio de esa función por las Cámaras de los órganos judiciales, desde el momento en que el artículo 215, ordinales 3, 4 y 5, de la Constitución, atribuye a la Corte Suprema de Justicia la facultad de declarar la nulidad de las Leyes y demás actos legislativos emanados de las Cámaras Legislativas.

En esta forma se clasifica la idea de una función naturalmente atribuida a las Cámaras Legislativas, como es la función legislativa, pero en cuyo ejercicio se encuentran interferidas por los órganos ejecutivos y por los órganos judiciales. Esta misma operación o ejercicio nos lo encontramos en cada una de las funciones propias .que ejercen los diversos órganos del Estado.

B. Las interferencias en el ejercicio de las funciones de gobierno y administrativa por los órganos del Poder Ejecutivo

Por ejemplo, hemos dicho dentro de las funciones del Ejecutivo Nacional y concretamente del Presidente de la República, están las funciones de gobierno y la administrativa. Orgánicamente, inclusive, podría identificarse esta función de gobierno, como ejercida por los órganos superiores del Ejecutivo Nacional, particularmente, en virtud del artículo 190 que regula la competencia del Presidente de la República, que ejerce solo o en Consejo de Ministros; en cambio la función administrativa se ejerce por todos los niveles del Ejecutivo Nacional, tanto por el Presidente de la República, solo o en Consejo de Ministros como por los Ministros y demás órganos inferiores.

Además, cuando la Constitución dice, en el artículo 181, que el Presidente de la República es el Jefe del Estado y del Ejecutivo Nacional, aquí, como Jefe del Estado, podrían identificarse algunas funciones de gobierno; y como Jefe del Ejecutivo Nacional también, funciones de gobierno y en general, funciones administrativas. Pero en el ejercicio de esas funciones, y vamos a referirnos particularmente a la función de gobierno, también nos encontramos con que el Presidente de la República, también se encuentra interferido por otros órganos del Estado. Tiene, como función propia, la función de gobierno o la función de conducir políticamente al país, pero sin embargo, en el ejercicio de esa función está interferido. Por ejemplo, en el artículo 190 una de las funciones típicas de gobierno del Presidente de la República es la re guiada en los ordinales 5° y 16: el Presidente es quien dirige las relaciones exteriores de la República, celebra tratados, acuerdos y convenios internacionales; nombra los jefes de misiones diplomáticas. Sin embargo, esta función, como función propia, de dirigir las relaciones internacionales, está interferido por las Cámaras Legislativas: el artículo 128 de la Constitución establece el principio de que los tratados y convenios internacionales que celebre el Ejecutivo Nacional deben ser aprobados, por Ley especial, por el Congreso para que tengan validez, con algunas excepciones que la propia norma establece. Por otra parte, en cuanto al nombramiento de los jefes de misiones diplomáticas, el artículo 150, ordinal 7°, atribuye al Senado la competencia de aprobar dichos nombramientos. Dentro de esta función de gobierno en relación a la dirección de las relaciones internacionales, el Presiden te también se encuentra limitado en su función cuando, por ejemplo, se atribuye al Senado, la facultad de autorizar los viajes del Presidente de la República, fuera del territorio nacional, (ordinal 6, artículo 150). Por tanto, si bien es una función propia del Ejecutivo Nacional dirigir las relaciones internacionales y nombrar los embajadores, esta está sometida a interferencias previstas en el propio texto constitucional. Pensemos por último el voto de censura que la Cámara de Diputados puede aprobar contra los Ministros (artículo 153, ordinal 2°), lo que inclusive, puede llevar a la re moción del Ministro si se aprueba con las 2/3 partes de los Diputados presentes. Mayor interferencia en la función de gobierno no puede haber en la Constitución.

Lo mismo encontramos respecto a la función administrativa. Tomemos algún ejemplo: dentro de las funciones administrativas del Ejecutivo Nacional por supuesto, está la de celebrar contratos de interés nacional que permita la Constitución y las leyes, o sea, la celebración de contratos por parte del Ejecutivo Nacionales una tarea esencialmente administrativa (art. 190, ord. 15). Sin embargo, aún frente a esa norma general, la propia Constitución establece una interferencia general en su artículo 126, al atribuir al Congreso la facultad de aprobar, en general, los contratos de interés nacional, con unas excepciones, salvo los que permita la ley o los que sean necesarios para el normal desarrollo de la Administración Pública. Otra interferencia de las Cámaras Legislativas en la realización de tareas administrativas, por el Ejecutivo Nacional, es la del Senado, prevista en el artículo 150, ordinal 2°, que regula su intervención autorizatoria en la enajenación de bienes inmuebles del dominio privado de la Nación. Una interferencia similar se prevé respecto al nombramiento de ciertos funcionarios públicos. Por ejemplo, el Procurador General de la República, es un funcionario que de acuerdo a los artículos 190, ord. 16° y 201 es nombrado por el Presidente de la República. Sin embargo, también el Senado debe autorizar el nombramiento del Procurador, conforme se establece en los artículos 150, ord. 7° y 201.

El ejercicio de la función administrativa por los órganos del Ejecutivo Nacional también está interferida por las Cámaras Legislativas en forma general, cuando el mismo artículo 139 asigna al Congreso, no solo la función de legislar, sino la de controlar la Administración Pública Nacional, en los términos que establece la Constitución. Se consagra, así, en general una interferencia en el ejercicio de la función administrativa por el Ejecutivo Nacional.

Por supuesto, también, tanto el ejercicio de la función de gobierno, como de la función administrativa por el Ejecutivo Nacional, están bajo el control de los órganos judiciales, al atribuirse, en el artículo 215, a la Corte Suprema de Justicia, competencia para anular los actos del Ejecutivo Nacional contrarios a la Constitución, sea que se dicten en función de gobierno como en función administrativa. Además en el artículo 206 que regula la jurisdicción contencioso–administrativa, en concreto, le atribuye competencia especialmente para anular por contrariedad al derecho los actos que puedan dictarse en ejercicio de la función administrativa. Por tanto, una función propia del Ejecutivo Nacional, como la función administrativa es interferida, en su ejercicio, por los órganos judiciales.

C. Las interferencias en el ejercicio de la función jurisdiccional por los Tribunales.

En cuanto al ejercicio de la función jurisdiccional por los Tribunales, como función que les es propia, también conseguimos las interferencias Aquí se trata de una tarea esencial del Estado, que es la de resolver conflictos entre partes, la cual se atribuye, como función propia, a los Tribunales. Sin embargo, también aquí, en el mismo sentido, encontramos interferencias. Es un privilegio del Congreso, y así se declara en el artículo 139, "Decretar amnistías", por lo cual la decisión de un órgano judicial en su función propia, puede encontrar extinguidos sus efectos cuando el Congreso, haciendo uso de este privilegio, decreta una amnistía. En el mismo sentido, la Constitución en su artículo 190, ordinal 21, establece como una de las atribuciones del Presidente de la República el conceder indultos con lo cual también, aquí encontramos una interferencia respecto a los efectos de una decisión judicial. Hay otros casos, en los cuales interviene el órgano legislativo, interfiriendo en las funciones jurisdiccionales propias de los Tribunales. Por ejemplo, en los casos de enjuiciamiento del Presidente de la República, los Tribunales no lo pueden realizar libremente, sino que necesitan de una autorización del Senado, (ordinal 8°, del artículo 150) previa declaratoria por la Corte Suprema de Justicia de que hay méritos. De manera que es necesario que en esa tarea propia, que es el enjuiciamiento que corresponde a los Tribunales, intervenga el órgano legislativo.

Lo señalado anteriormente nos conduce a admitir que si bien hay funciones propias atribuidas a los órganos del Estado, según la separación horizontal del poder, esa atribución no es exclusiva ni excluyente, pues en su ejercicio interfieren otros órganos. Por tanto, el sistema no es de separación de funciones, sino de colaboración funcional entre esos diversos órganos, en algunos casos rígida, que hemos llamado interferencia de otros órganos en el ejercicio de las funciones propias. Por tanto, no hay una separación de funciones que coincide exactamente con la separación orgánica de poderes.

5. El ejercicio no excluyente de las funciones propias

Pero además de que hay funciones propias atribuidas a los diversos órganos del Estado y que estos se encuentren interferidos en su ejercicio por otros órganos del Estado, debe insistirse en que por el hecho de que sean funciones propias de cada uno de esos órganos, ello no excluye que esas funciones pueden ser ejercidas por otros órganos del Estado, es decir, esas funciones no son exclusivas de esos órganos, porque pueden ser ejercidas por otros órganos. Veamos.

A. La función legislativa y su ejercicio

En cuanto a la función legislativa, señalaba es una tarea esencial del Estado que tiene por objeto, la creación, la modificación o extinción de normas jurídicas de validez general que integran el ordenamiento jurídico. Como tal tarea, esta función de creación de normas que integran el ordenamiento jurídico, se atribuye a las Cámaras Legislativas, como función propia. Pero también es una tarea que se asigna a otros órganos del Estado.

En efecto, no sólo el Congreso ejerce la función legislativa, es decir, no solo el Congreso crea normas que integran el ordenamiento jurídico, sino que también otros órganos del Estado crean normas que integran el ordenamiento jurídico. En efecto, por una parte, el Presidente de la República tiene conforme al artículo 190, facultad para reglamentar total o parcialmente les leyes (ordinal 10°), por lo cual el Presidente de la República, cuando ejecuta esta atribución, ejerce la función legislativa. Además, cuando el Presidente de la República dicta Decretos–Leyes, por ejemplo, conforme al ordinal 8° del artículo 190, en materia económica y financiera de emergencia, cuando ha sido habilitado para ello por ley especial, o cuando dicta Decretos–Leyes en base a una suspensión de garantías constitucionales, ejerce la función legislativa. Esta, por tanto, es una tarea esencial del Estado en la cual se crean normas que integren el ordenamiento jurídico, y que no solo corresponde a las Cámaras Legislativas sino también, constitucionalmente, a los órganos que integren el Ejecutivo Nacional.

En el mismo sentido, la Corte Suprema de Justicia también ejerce la función legislativa, cuando dicta reglamentaciones que establezcan normas que integran el ordenamiento jurídico. En efecto, cuando la Corte Suprema de Justicia declara la nulidad de un artículo de una ley, ejerce la función jurisdiccional, está resolviendo un conflicto entre sujetos, no está creando normas que integren el ordenamiento jurídico, es decir, no ejerce la función legislativa. En cambio, la Corte Suprema de Justicia ejerce la función legislativa cuando crea normas que integran el ordenamiento jurídico, en los casos en los cuales esté autorizada a ello por su Ley Orgánica. Esta, en efecto, en el artículo 44 atribuye a la Corte competencia no solo para dictar su Reglamento Interno (ord. 15), sino para "dictar las normas concernientes a los derechos y obligaciones de los empleados al servicio de la Corte y organizar el sistema de administración de dicho personal" (ord. 13). En base a esto, la Corte Suprema de Justicia dictó un estatuto de personal de sus funcionarios que rige las relaciones entre los empleados Escribientes, Secretarias, abogados) que trabajan en la Corte, y la República a cuyo servicio, como persona jurídica, están representadas por la misma Corte Suprema de Justicia. Ese texto del Reglamento del Estatuto de personal de la Corte, es una manifestación del ejercicio de la función legislativa, por la Corte. Al dictarlo, el máximo Tribunal no ha resuelto ningún conflicto, no ha dictado ninguna sentencia; lo que ha hecho es dictar un reglamento, un acto estatal de efectos generales, contentivo de normas que integran el ordenamiento jurídico, en ejercicio de la función legislativa. Esta, si bien es función propia de las Cámaras Legislativas, también es función atribuida a otros órganos del Estado.

Este mismo razonamiento lo podemos hacer respecto de todas las funciones. Ninguna función es exclusiva de algún órgano estatal: primero, porque cuando la ejerce el órgano al cual se la atribuye como propia, la ejerce interferida por otros órganos? y segundo, porque el ejercicio de la misma por ese órgano no excluye que sea ejercida por otros órganos del Estado. De acuerdo al ejemplo planteado, la función legislativa es una función propia de las Cámaras Legislativas, pero no le es privativa, ni exclusiva, ni excluyente. La ejercen, insisto, otros órganos del Estado. Por supuesto, cuando decimos que la Corte Suprema ejerce la función legislativa, al dictar el reglamento del Estatuto de personal, lo ha ce en base a una potestad pública, a una situación jurídica constitucional que tiene: el Poder Judicial. Asimismo, cuando los órganos del Ejecutivo Nacional, el Presidente de la República por ejemplo, dicta un Reglamento, lo hace en base a la cuota parte del Poder Público que tiene: el Poder Ejecutivo.

Podríamos, inclusive, completar este ejemplo en relación a la función legislativa, señalando que solo sería exclusivo de los órganos que ejercen el Poder Legislativo, realizar la función legislativa a través de algunos actos formales concretos que se le atribuyen en tal forma exclusiva: solo las Cámaras Legislativas pueden dictar leyes (art. 162). Por ello, podría decir se entonces, que es exclusivo de estas, el ejercicio de la función legislativa, cuando se manifiesta a través de leyes. También exclusivo del Congreso y las Cámaras el ejercicio de la función legislativa, cuando la creación de normas jurídicas se manifiesta a través de actos parlamentarios sin forma de Leyes (actos privativos). Por ejemplo, cuando el Congreso dicta su Estatuto del Personal que lo ha hecho, este es un cuerpo normativo, acto parlamentario sin forma de Ley o acto privativo, que es también manifestación del ejercicio de la función legislativa, pero a través de un tipo de acto de ejecución directa de la Constitución, conforme a atribuciones constitucionales, que no tienen forma de Ley. En base a estos ejemplos, podría decirse que lo que es exclusivo del Congreso es el ejercicio de la función legislativa a través de un tipo peculiar de acto: la ley, que se califica en el artículo 162 como el acto que emana de las Cámaras Legislativas actuando como cuerpos colegisladores o actos parlamentarios sin forma Se Ley. Eso es lo exclusivo: el acto formal concreto, no el ejercicio en sí de la función, la cual puede ser ejercida por otros órganos estatales.

B. La función de gobierno y su ejercicio

Si analizamos la función de gobierno, nos encontramos con el mismo principio: es una función propia del Ejecutivo Nacional, particularmente, del Presidente de la República, quien ya lo hemos dicho tiene el doble carácter de Jefe de Estado y Jefe del Ejecutivo Nacional, es decir, jefe del gobierno. Como tal, tiene esta función de gobierno, también regulada directamente en la Constitución: por ejemplo, el Presidente puede convocar a sesiones extraordinarias del Congreso (art. 190, ord. 9°) o puede suspender las garantías constitucionales (art. 190, ord. 6°) y declarar el Estado de emergencia (artículo 240), como funciones políticas que le están atribuidas. Sin embargo, no es el Presidente de la República el único que puede ejercer funciones de gobierno, también otros órganos estatales, particularmente las Cámaras Legislativas a través de leyes o de actos parlamentarios en forma de Ley. Cuando el Congreso dictó, por ejemplo, la Ley que reserva al Estado la Industria y el Comercio de los Hidrocarburos, además de regular y ejercer una función legislativa de normación, ejerció, sin duda, una función política: la de nacionalizar la industria petrolera. Cuando el Congreso, de acuerdo al artículo 139, dicta una Ley de Amnistía, puede esa Ley tener contenido normativo, pero básicamente es un acto político que se atribuye expresamente como un privilegio a las Cámaras Legislativas. Pueden también ejercer esa función de gobierno, las Cámaras o el Congreso a través de actos parlamentarios sin forma de Ley: autorización por el Senado al Presidente de la República para salir del país (art. 100, ord. 6); la aprobación por la Cámara de Diputados de un voto de censura a un Ministro (art. 153, ord. 2).

De lo anterior resulta que el ejercicio de la función de gobierno, como función propia del Presidente de la República, no es de su ejercicio exclusivo ni excluye que otros órganos estatales, como las Cámaras Legislativas, la ejerzan. Sin embargo, lo que sí es exclusivo del Presidente de la República, es el ejercicio de la función de gobierno a través de determinados actos concretos, como los actos de gobierno, en ejecución directa de la Constitución, los cuales pueden o no ser de contenido normativo: los actos de gobierno con contenido normativo son los decretos–leyes, dictados en ejecución directa de la Constitución (art. 190, ords. 8 y 11); los no normativos serían los actos de gobierno propiamente dichos, como podría ser el acto de restricción o suspensión de las garantías constitucionales (art. 190, ord. 6°).

C. La función jurisdiccional y su ejercicio

En el mismo sentido podemos decir de la función jurisdiccional: si bien es una función propia de los Tribunales, no es exclusiva, ni excluyente, pues todos los órganos del Estado pueden ejercerla, cuando resuelven conflictos entre partes, entre sujetos de Derecho. Por tanto, además de los órganos judiciales, otros órganos del Estado ejercen la función jurisdiccional, particularmente, los órganos del Ejecutivo Nacional. Esto sucede cuando funcionarios administrativos resuelven conflictos entre partes. Por ejemplo, la labor de las Comisiones Tripartitas, del Ministerio del Trabajo; del Director de Inquilinato del Ministerio de Fomento; o de cualquier superior cuando decide un recurso administrativo que implique decisión sobre intereses contrapuestos.

Entonces, la función jurisdiccional es una función propia de los Tribunales, pero no les es exclusiva ni excluyente. También se ejerce por el Ejecutivo Nacional. Sin embargo, sí es exclusiva de los Tribunales cuando se realiza a través de un acto determinado, que es una sentencia con fuerza de verdad legal. Aquí es la sentencia, como acto estatal, la que es de emanación exclusiva de los tribunales, no el ejercicio de una determinada función. Es distinto, por tanto, función jurisdiccional de acto judicial; lo judicial, no es igual a lo jurisdiccional. Lo judicial se refiere al ejercicio del Poder Judicial por los órganos del Poder Judicial; lo jurisdiccional es una tarea esencial del Estado, para resolver conflictos entre partes, sea cual sea los sujetos de derecho involucrados.

D. La función administrativa y su ejercicio

En cuanto a la función administrativa, también aquí se trata de una función propia de los órganos del Ejecutivo Nacional, que ejercen como gestor del interés público, actuando como sujeto de derecho (la República), lo cual la distingue de las otras funciones del Estado: la de crear el Derecho, la de aplicar el derecho, resolviendo conflictos entre partes o la de conducir políticamente a la sociedad, en cuyos casos el Estado actúa como un tercero en las relaciones jurídicas, y no como parte de ellas.

En la función administrativa, en cambio, el Estado actúa en la relación jurídica, directamente, como sujeto de derecho, encarnado sea en la República, sea en los Estados Federados, sea en las Municipalidades, según los niveles territoriales. Por ejemplo, cuando el Estado impone una multa, niega un permiso, o liquida un impuesto, la persona jurídico estatal entra en relación directa con otro sujeto de derecho; por eso el Estado se nos manifiesta, como persona jurídica, siempre, a través del ejercicio de la función administrativa. En cambio, cuando el Estado dicta una Ley, en principio, no se nos manifiesta como sujeto de derecho; aún cuando las Cámaras Legislativas sean órganos de la República; cuando un juez dicta una sentencia tampoco se nos manifiesta el Estado como sujeto de derecho, aún cuando los Tribunales sean órganos de la República. En cambio en la función administrativa, el Estado como tal gestor del interés público, a través de las personas jurídicas estatales, interviene directamente, en una relación jurídica que surge con otros sujetos de derecho. Por estar tan vinculada al Derecho Administrativo, la idea de la personalidad jurídica de los entes territoriales que conforman el Estado, precisamente, porque es aquí, en la función administrativa, donde se nos manifiesta como una persona jurídica.

Ahora bien, la función administrativa es una función propia de los órganos ejecutivos, pero, por supuesto, tampoco aquí es exclusiva ni excluyente. Todos los otros órganos del Esta do también ejercen la función administrativa.

En efecto, las Cámaras Legislativas ejercen, sin duda, una función administrativa en sus actos internos cuando aplican su Estatuto de Personal, para resolver sus problemas con el personal a su servicio. En esos actos, las Cámaras como órganos de la República, hacen que se establezca una relación jurídica entre la República, como sujeto de derecho, y los funcionarios.

También los órganos que ejercen el Poder Judicial (los Tribunales) realizan la función administrativa en sus actos internos, de administración del personal al servicio de los mismos, o cuando ejercen funciones de policía de los Tribunales. Por ejemplo, el acto por el cual el Juez ordena el arresto disciplinario de un abogado, por irrespeto al Tribunal, ese es un acto administrativo típico, de policía de orden público, no tratándose de un acto típicamente judicial como la sentencia.

Por tanto, la función administrativa, además de por la Administración Pública, se ejerce también por las Cámaras Legislativas y por los Jueces.

6. Las funciones del Estado y los actos estatales

Ahora bien, de lo anterior resulta que dentro del conjunto de actos estatales previstos en la Constitución, todos ellos pueden ser definidos orgánicamente, es decir, por el órgano que los dicta, menos el acto administrativo.

En efecto, la ley es un acto que emana exclusivamente de las Cámaras Legislativas cuando actúan como cuerpos colegisladores, sea en ejercicio de la función legislativa u otras funciones del Estado; el acto de gobierno emana exclusivamente del Presidente de la República, en uso de facultades constitucionales, en ejercicio de la función de gobierno o de otras funciones estatales; y la sentencia es el acto que emana de los Tribunales, con fuerza de verdad legal, en ejercicio de la función jurisdiccional. En estos tres casos podemos dar de dichos actos una definición orgánico–formal, aún cuando no necesariamente con el añadido funcional.

Sin embargo, no sucede lo mismo con el acto administrativo, el cual no se regula constitucionalmente como un acto reservado exclusivamente a algunos órganos estatales, los ejecutivos por ejemplo, pues pueden ser dictados por todos los órganos estatales en ejercicio, además, de todas las funciones estatales.

Por ello, insistimos, tanto la ley, las sentencias, los actos de gobierno o los actos parlamentarios sin forma de ley, si bien no los podemos definir funcionalmente, sí los podemos definir orgánicamente: La Ley, podemos decir, es el acto que emana de las Cámaras Legislativas actuando como Cuerpos colegiados, (artículo 162), pero no podemos decir que la ley sea el resultado del ejercicio de la función legislativa por las Cámaras, porque la ley, definida orgánicamente, puede ser dictada en ejercicio de varias funciones: la función de gobierno, la función legislativa o a la función administrativa.

El mismo razonamiento lo podemos establecer respecto de los actos parlamentarios sin forma de Ley: como su mismo nombre lo indica, son actos parlamentarios sin forma de Ley, lo cual equivale a una noción formal orgánica, no a una definición funcional; y ello, porque esos actos pueden ser dictados por las Cámaras en ejercicio de todas las funciones estatales. También, el acto de gobierno se define orgánicamente: es el acto del Presidente de la República en ejecución directa de la Constitución, noción formal–orgánica, no funcional, pues puede ser dictado en ejercicio de todas las funciones del Estado.

La sentencia también tiene una noción funcional orgánica: el acto que emana de los Tribunales con fuerza de verdad legal.

Sin embargo, lo anterior no puede decirse del acto administrativo, respecto del cual no podemos dar una definición orgánica, pues emana de todos los órganos del Estado, en ejercicio de todas las funciones del Estado. Por supuesto, podríamos llegar a una función negativa: acto administrativo es todo acto del Estado que no sea acto parlamentario con o sin forma de ley, ni acto de gobierno, ni sentencia, pero ello no es admisible.

Por supuesto, no han faltado quienes hayan definido, también, el acto administrativo, en forma orgánica, partiendo de que es emanación exclusiva de los órganos ejecutivos. Así, se ha dicho que acto administrativo es el que emana de los órganos del Poder Ejecutivo, y para distinguirlos de los actos de gobierno, se agrega que aquél es de rango sublegal.

Sin embargo, en nuestro criterio es una definición errada e incompleta, porque tan acto administrativo es el acto de nombramiento de un funcionario en la Administración Pública, como el nombramiento de un funcionario en la Corte Suprema o el nombramiento de un funcionario en las Cámaras Legislativas. No podemos decir es acto administrativo el que emana de los órganos Ejecutivos y no lo son los otros, pues su contenido y la función ejercida es la misma. Tampoco podemos caer en la tentación del facilismo y decir que no importa que esos de las Cámaras sean actos administrativos, ni que esos de los Tribunales sean también actos administrativos, porque los que interesan al Derecho Administrativo, supuestamente sean solo los que emanan del Poder Ejecutivo.

Por supuesto que importa: por ejemplo, el acto del Presidente de la Cámara de Diputados por el que se destituye a un Secretario de una Comisión del Congreso violándose el Estatuto de Personal, ¿qué acto es? ¿Es una ley? No. ¿Es un acto parlamentario en forma de Ley? Tampoco. ¿Es una sentencia? Tampoco. Es un acto administrativo. Evidentemente y además, es un acto administrativo que lesiona un derecho. ¿Cuál es la importancia de su determinación como tal? Pues que a los efectos del artículo 206 de la Constitución que define la competencia de la jurisdicción contencioso–administrativa para anular actos administrativos generales e individuales, se trataría de un acto recurrible, a pesar de que emane de un órgano legislativo, pues en nuestro sistema constitucional, no hay acto que escape del control de la constitucionalidad y legalidad. Pero si definiéramos ese acto orgánicamente, no sería acto administrativo.

Estimamos que toda construcción jurídica debe ser sistemática y global por lo que al definir los actos administrativos, no podemos dejar estos actos fuera, porque se estime que no importan al Derecho Administrativo. En esta forma, estimamos que, la definición del acto administrativo tiene que ser una, porque la Constitución nos remite a una sola noción. No podemos ir definiéndolo en cada Ley, a sus efectos, como ha hecho la Ley Orgánica de Procedimientos Administrativos que lo definió a los efectos de su propio articulado, como los emanados de los órganos administrativos. Consideramos que esa es una definición incorrecta e incompleta porque no solo esos actos son actos administrativos (esos pueden ser los actos administrativos del Poder Ejecutivo sometidos a esa Ley) porque hay otros actos administrativos emanados, como hemos visto, de otros órganos estatales. Por ello estimamos inadmisible la definición orgánica del acto.

Otra vía adoptada es la definición funcional: el acto administrativo es el que emana del ejercicio de la función administrativa; sin embargo, ello no es correcto, porque el acto administrativo, hemos visto, por ejemplo emana del ejercicio de la función jurisdiccional ejercida, por ejemplo, por órganos ejecutivos, cuando una Comisión Tripartita ejerce la función jurisdiccional o del ejercicio de la función legislativa por la Corte Suprema de Justicia, cuando dicta el Reglamento de administración de personal.

Por tanto, no puede definirse el acto administrativo ni por el órgano que lo dicta ni por la función que se ejerce al emanarlo. Podemos decir que no hay coincidencia entre órgano y función en el ejercicio de las funciones del Estado. Lo que hay es coincidencia, algunas veces, entre un acto y el órgano que lo puede dictar en exclusiva ("la Ley por las Cámaras Legislativas, la sentencia por los Tribunales, el acto de gobierno por el Presidente de la República), menos en el caso del acto administrativo, donde no hay coincidencia entre el órgano y la función; ni entre la función y el acto; ni entre el acto y el órgano.

III. EL ESTADO DE DERECHO Y EL PRINCIPIO DE LA LEGALIDAD.

El fundamento constitucional primario del Estado Venezolano, como Estado de Derecho sometido al principio de la legalidad está en el artículo 117° ubicado también en el Título IV, Del Poder Público, y dentro de éste, en su Capítulo I, Disposiciones Generales, en el cual puede decirse, está el fundamento de la organización del Estado y del Derecho Administrativo.

Este artículo 117° dice;

> "La Constitución y las leyes definen las atribuciones del Poder Público y a ellas debe sujetarse su ejercicio".

Aquí debemos hacer algunas precisiones; La norma usa la ex presión "Atribuciones del Poder Público", respecto de la cual se puede formular la misma crítica que hicimos al artículo 46, cuando usa la expresión "acto del Poder Público". Hemos señalado que esta es una expresión impropia, porque el Poder Público no es un órgano, ni es una entidad con realidad jurídica en el derecho, sino que es una potestad estatal (poder). Por tanto, así como es incorrecto hablar de "acto del Poder Público" en el artículo 46; en el artículo 117° también es incorrecta la expresión "atribuciones del Poder Público". Lo correcto debería ser referirse a las atribuciones de los órganos del Poder Público, o de los órganos a los cuales se atribuye el ejercicio del Poder Público, pues en estricto derecho, "el Poder Público" no tiene ni puede tener atribuciones: estas las tienen los órganos del Estado que ejercen aquél Poder.

En todo caso, entendiendo que se trata de atribuciones de los órganos que ejercen el Poder Público, la norma exige que estas estén definidas en la Constitución y las leyes, y a ellas debe sujetarse su ejercicio. Por tanto el principio, es el de la sujeción de los órganos del Estado al derecho que, de acuerdo al artículo 117°, define la Constitución y las leyes.

1. El sometimiento al derecho por los órganos estatales.

Ahora bien la expresión "la Constitución y las leyes" es, sin duda, incompleta porque no solo la Constitución y las leyes definen atribuciones del Poder Público, sino que también otras fuentes que integran el ordenamiento jurídico definen estas atribuciones; y a ellas, también, deben someterse los órganos del Poder Público en el ejercicio de sus atribuciones. Por tanto, ese artículo 117° no puede interpretarse aisladamente, sino que necesariamente tenemos que interpretarlo, sobre todo en relación a la Administración, conca tenado con el artículo 206° que establece la jurisdicción Contencioso–

Administrativa y le atribuye competencia para anular actos administrativos generales o individuales, no sólo contrarios a la Constitución y a las leyes, sino "contrarios a derecho", con lo cual le da una amplitud mucho mayor al principio de la legalidad que aquella que se deriva del artículo 117º, Por ello podemos decir que este artículo 206 es el fundamento constitucional de la superación del positivismo jurídico como única fuente del derecho y único ámbito legal o normativo de sujeción a la Administración. Con este artículo 206 estimamos que se ha constitucionalizado el derecho suprapositivo, particularmente representado por una fuente que está en el Código Civil y que aquí adquiere todo su valor, representada por los principios generales del derecho, como principios que informan el ordenamiento jurídico y que se derivan a la vez, del ordenamiento jurídico.

Por tanto no sólo en el Código Civil, los principios generales del derecho tienen carácter de fuente del derecho, en ausencia de derecho escrito, sino que en el artículo 206, respecto de los actos administrativos, adquieren, rango constitucional. Por tanto, de acuerdo a esa norma, se pueden declarar nulos los actos administrativos contrarios a derecho, y no sólo contrarios a la Ley, o a la Constitución. Por tanto, también pueden declararse nulos los actos contrarios a los reglamentos, en caso de que estos existan, y contrarios, sobre todo, a los principios generales del Derecho Administrativo que hasta la sanción de la Ley Orgánica de Procedimientos Administrativos en 1981 eran la fuente fundamental del Derecho Administrativo, Esto significa, en definitiva, que los actos administrativos deben estar sometidos al derecho, lo cual es mucho más que el sometimiento a la Constitución y la Ley.

Ahora bien, al referirnos a esta amplitud del principio de la legalidad en nuestro estado de derecho, que implica el sometimiento de la Administración al derecho, incluidos los principios generales del derecho administrativo, debemos señalar que en Venezuela se ha operado un proceso de positivización del Derecho Administrativo, primero con la Ley Orgánica de la Corte Suprema de Justicia (1976) que reguló, aún cuando transitoriamente, las bases del contencioso–administrativo, y segundo, con la Ley Orgánica de Procedimientos Administrativos, que reguló la actividad formal de la Administración. Hasta esas dos leyes, la mayoría de esas normas que están en sus normas, eran principios generales del Derecho que los Tribunales y, particularmente, la Corte Suprema de Justicia venía aplicando como fuente del Derecho Administrativo. Ha habido por tanto, esa positivización progresiva de nuestra disciplina, por la conversión, en derecho positivo, de los principios generales del derecho.

Por tanto, el principio de la legalidad, que implica el principio del sentimiento al derecho de todos los órganos que ejercen el Poder Público, no sólo se compone por lo previsto en la Constitución y las Leyes, sino en todas las fuentes del Derecho y, en nuestro campo, particularmente, en el derecho que se deriva de los principios generales del derecho.

2. La supremacía constitucional

En efecto el principio de que todos los órganos estatales, en su actuación, están sometidos a la Constitución, está pre visto expresamente en el mencionado artículo 117, el cual le da, a la Constitución, básicamente, su posición como fuente superior de todo el ordenamiento jurídico. Ahora bien, el hecho de estar sometidos todos los actos estatales a la Constitución, le da al texto fundamental determinadas características que tiene en nuestro ordenamiento. En primer lugar, el principio de la supremacía constitucional, según el cual todos los actos estatales están sujetos al texto fundamental, como ley suprema; ningún acto del Estado puede contrariarla, teniendo ella poder derogatorio propio en relación a todos los actos que se hayan dictado y sean contrarios a sus normas, salvo que la propia Constitución haga las salvedades necesarias, como en el caso de las Disposiciones Transitorias. En ellas, es la propia Constitución la que suspende la aplicación y la efectividad de ciertas normas, mientras se establecen regulaciones de otro tipo.

Por otra parte, la supremacía tiene su complemento en otro principio constitucional el de la rigidez, que implica que la Constitución sólo puede modificarse por las vías que establece el impropio texto; la reforma, y la enmienda. Entre ambas figuras, sin embargo, una diferenciación muy precisa, pues no distingue con precisión, cuándo se requiere una enmienda y cuándo una reforma, aún cuando ambos procedimientos están regulados en los artículos finales de la Constitución: el 245, la Enmienda, y el 246, la Reforma. La diferencia entre ambos procedimientos está en que en el caso de la Enmienda, se prevé un procedimiento más flexible; y en el caso de la Reforma, es un procedimiento más rígido, exigiendo, en los variados trámites, la realización de un referéndum. Este dato permite concluir en que en la Reforma se produce un cambio sustancial en el pacto político, que es la Constitución; y como esta es la manifestación del Poder Constituyente, se prevé la consulta al pueblo, que es, en definitiva, el Poder Constituyente, pues en él reside la soberanía (art. 4°). En cambio, en la Enmienda no se prevé referéndum, sino una consulta a las Asambleas Legislativas, pura y simplemente.

Sin embargo, cierto es que no dicen, los artículos 245 y 246, cuando procede uno u otro procedimiento. Es la Exposición de Motivos del Proyecto de Constitución, la que da alguna idea sobre cuándo debe procederse en una u otra forma. En esa Exposición de motivos se señala que la Comisión redactora se planteó "el problema de darle una mayor rigidez al texto constitucional, con el objeto de evitar, en lo posible, la multiplicidad de reformas, que por no conllevar, como frecuentemente ha ocurrido en nuestro país, cambios sustanciales en las instituciones, dan la desfavorable impresión de mu danza permanente y de inestabilidad jurídica". Nótese que se habla allí de "cambios sustanciales", considerándose a la Constitución, como una decisión fundamental básica para organizar políticamente a la comunidad. Por ello, la Comisión "creyó conveniente adoptar un sistema de enmiendas que permitiera modificar el texto constitucional sin mucha rigidez en algunos aspectos de la Carta, donde predomina más lo incidental o circunstancial sobre lo fundamental; de manera que pudiera facilitar cambios fundamentales". En esta forma, la Enmienda "sería una reforma de artículos que permite dejar incólume el texto original o fundamental, una modificación sentida por la colectividad como consecuencia de los cambios incesantes que en ella se realizan, pero que no llega a tocar la integridad y lo fundamental del texto". De estas expresiones de la Exposición de Motivos resulta relativamente clara la distinción entre Enmienda y Reforma, lo cual no estará en el número de artículos que se modifican, sino en la calidad de fundamental o circunstancial que los cambios conllevan. De todos modos, en muchos aspectos por supuesto, surgirá la discusión sobre qué es fundamental, y qué es circunstancial en el texto constitucional, aún cuando la distinción resulte clara en los extremos: Si se cambiara por ejemplo, el Sistema Republicano, por un monárquico, ese sería un cambio fundamental; si se establece un sistema parlamentario, en lugar de un sistema presidencial. Ello requeriría de una reforma. En cambio, si se trata como ha sucedido de limitar el derecho al sufragio o la modalidad de su ejercicio como fue el caso de las Enmiendas Constitucionales N° 1 y N° 2, ello no afectaría lo fundamental del texto.

Sin embargo, no siempre una limitación a un derecho constitucional requeriría de una Enmienda; en algunos casos, en nuestro criterio, requeriría de una Reforma. Por ejemplo, hay tres derechos garantizados en la Constitución, que pueden considerarse como derechos absolutos, en el sentido de que no pueden ser limitados ni re guiados, ni siquiera por el legislador. No sólo no exigen regulación para su ejercicio, sino que no pueden ser regulados, Estos derechos se mencionan al regularse el estado de emergencia en el artículo 241, cuando autoriza al Presidente de la República a restringir o suspender las garantías, con excepción de las consagradas en el artículo 58° y de los ordinales 3° y 7° del artículo 60°; y que se refieren al derecho a la vida, al derecho a no ser incomunicado ni sometido a torturas; y el derecho a no ser sometido a penas perpetuas ni infamantes.

Para cambiar la fórmula absoluta de consagración de estos derechos, por su forma, en nuestro criterio se requeriría de una Reforma y no de una Enmienda.

3. El sometimiento al derecho y la distribución del Poder Público

Ahora bien, si decimos que los órganos que ejercen el Poder Público deben someterse al derecho (la Constitución, la Ley y las demás fuentes del Derecho), debemos preguntarnos si eso sucede, en la misma forma, respecto de todos los órganos que ejercen el Poder Público o si todos ellos están sometidos al derecho de la misma manera. Esto tiene vinculación con lo ya indicado de la distribución del Poder Público, y puede señalarse que el sometimiento al derecho varía según la forma de distribución vertical u horizontal del Poder.

En cuanto a la distribución vertical del Poder Público, el ámbito del derecho, de acuerdo a la Constitución, al cual están sometidos la República, los Estados y Municipios, varia; no es el mismo derecho el que regula al Municipio, a los Estados y a la República, Por tanto, no son las mismas normas las que regulan la actuación de estos sujetos ni es la misma, la forma de sujeción que tienen unos y otros.

En cuanto a la distribución horizontal del poder, también puede decirse que no es la misma forma de sujeción la que tienen los órganos que ejercen el Poder Legislativo, los órganos que ejercen el Poder Ejecutivo, los órganos que ejercen el Poder Judicial. Hay variación en cuanto al sometimiento al derecho o a la forma en la cual están sujetos al ordenamiento jurídico, según el sistema de distribución del Poder, aún cuando en todo caso, el rasgo común de todos los órganos del Estado, es el sometimiento a la Constitución, como norma suprema.

A. La formación del derecho por grados y la distribución horizontal del poder

Otro principio fundamental dentro de nuestro ordenamiento jurídico es el de la llamada formación del derecho por grados, que tiene vigencia en Venezuela, En efecto, puede decirse que en nuestro sistema constitucional, y particularmente de acuerdo al principio de la distribución horizontal de los órganos del Poder Público, hay actos que son cumplidos en ejecución directa de la Constitución, y que, por tanto, tienen como su fuente fundamental, y casi única, la Constitución misma, porque se dictan directamente en virtud de éstas atribuciones, Por tanto, hay actos que ejecutan, en primer grado, la Constitución, en forma directa. Además, hay otros actos que no ejecutan directamente a la Constitución, y si bien los órganos que los dictan están sometidos a la Constitución, cuando los dictan, no lo hacen en base a atribuciones constitucionales. Por ello el artículo 117 precisa que la Constitución y las leyes definen las atribuciones de los órganos del Poder Público, las cuales no sólo están en la Constitución, directamente establecidas; sino también en las Leyes.

a. La ejecución directa de la Constitución.

a'. La Ley y su sometimiento al derecho

Por ejemplo, la Ley que es un acto de ejecución directa de la Constitución, como principio, como se define el artículo 162°. Además, el artículo 139 atribuye al Congreso competencias para legislar sobre las materias de competencias de materia nacional. Por tanto corresponde al Congreso, legislar sobre las materias de la competencia nacional (art, 139). ¿Legislar cómo? A través de leyes; y leyes son, de acuerdo al 162ª, los actos que emanan de las Cámaras Legislativas actuando como Cuerpos Colegiadores, y ¿Cuáles son las materias de competencia nacional? las definidas y enumeradas en el artículo 136.

Esas tres normas hay que concatenarlas, La ley como acto que emana de las Cámaras actuando como Cuerpos Colegiadores, al legislar las materias que corresponden al Poder Nacional, es un acto que se dicta en base a lo que la Constitución establece. Por ello, la ley es un acto que se dicta en ejecución directa de la Constitución, aún cuando haya determinadas graduaciones entre las Leyes, y es la idea de la Ley Orgánica, que está en el mismo artículo 163.

En efecto, las leyes orgánicas son las que así denominan la Constitución, y las que sean investidas, con tal carácter, por la mayoría absoluta de las Cámaras, al iniciarse en ellas, el respectivo proyecto de Ley. La importancia de este artículo es que agrega al final "las leyes que se dicten en materias reguladas por leyes orgánicas, se someterán a las normas de éstas", con lo cual, a nivel de las leyes orgánicas, hay una graduación res pecto de la Ley ordinaria, que si se dicta en la materia regulada; por la Ley orgánica, la cual debe someterse, también, a lo que establezca la Ley Orgánica. En uno u otro caso, se trata de actos de ejecución directa de la Constitución, pues la Constitución es la que atribuye la competencia, (las leyes se dictan en base a la Constitución), aún cuando haya esta graduación interna.

Aquí surge otro punto ¿cuándo, realmente, debe haber una Ley orgánica y cuando no? No hay en la Constitución una precisión respecto de cuando debe acudirse a la figura de la Ley orgánica. De acuerdo a la Exposición de Motivos, del Proyecto se acogió un criterio meramente formal para definir las leyes orgánicas: En primer lugar, "cuando la Constitución la da tal denominación", y en más de una ocasión la Constitución utiliza la expresión; y en segundo lugar, cuando las Cámaras, por mayoría absoluta de los miembros de cada una de ellas, al iniciarse la discusión, las invistan con tal carácter de orgánica.

Agrega la Exposición de Motivos; la creación de leyes orgánicas tiene por objeto impedir que por leyes especiales se deroguen disposiciones que se refieran a la organización de ciertos poderes o a las formalidades que deben reunir determinadas leyes, y se puso como ejemplo, el caso de la posteriormente dictada Ley Orgánica de Presupuesto, que rige la elaboración de los presupuestos anuales; el de la Ley Orgánica de Crédito Público, que rige en general las operaciones de crédito público qué celebre el Estado; y el de la futura Ley orgánica que regule los Institutos autónomos, que debe privar sobre las Leyes especiales que crean dichos órganos. Estos tres ejemplos son precisos en cuanto al segundo criterio de la Exposición de Motivos sobre las formalidades que deben reunir determinadas leyes especiales, cuando forman parte de una regulación general, como es el caso de las leyes anuales de Presupuesto; de las leyes especiales de Crédito Público; y de las leyes creadoras de Institutos autónomos.

Por otra parte, el otro caso de exigencia de leyes orgánicas se refiere a la organización de ciertos poderes, y se remite por ejemplo, a la que regula el Poder Judicial, a (la Ley Orgánica del Poder Judicial) o las leyes que regulan áreas del propio Poder ejecutivo (La Ley Orgánica de la Administración Central). Aparte de estos criterios generales, en la Exposición de Motivos no hay otro criterio que oriente sobre cuándo debe recurrirse a la figura de la ley orgánica.

En todo caso, en ambos supuestos, ley orgánica o ley especial, se dictan por el Congreso en base a disposiciones que la propia Constitución ha dictado.

b'. Los actos parlamentarios sin forma de ley y su sometimiento al derecho

Igual situación se plantea respecto de los actos parlamentarios sin forma de Ley, los cuales también son actos que dicta el Congreso o las Cámaras en ejecución directa de normas constitucionales. En efecto, es la Constitución la que establece, como atribuciones privativas de cada Cámara, dictar su reglamento, aplicar las sanciones que se establezcan, calificar sus miembros, organizar sus servicios de policía, acordar su presupuesto, ejecutar lo, y luego es la propia Constitución, la que atribuye competencias al Senado en el artículo 150 y a la Cámara de Diputados en el artículo 153. Entre las atribuciones del Senado se destacan la de iniciar las discusiones de determinadas leyes; y autorizar el nombramiento de determinados funcionarios o la enajenación de inmuebles por el Ejecutivo. Entre las atribuciones de la Cámara de Diputados están, dar el voto de censura a los Ministros; e iniciar la discusión de la Ley anual de presupuesto,

Pero en estos dos casos, en los cuales el Senado y la Cámara de Diputados, ejercen sus competencias a través de actos parlamentarios sin forma de Ley, en ejecución directa de la Constitución, debe señalarse que también pueden estar sometidos al cumplimiento de determinados requisitos, que las propias Cámaras establezcan por Ley. Es decir, las Cámaras pueden autolimitarse, a través de leyes en el ejercicio de sus atribuciones privativas, y esto surge de la expresión que está al final de los artículos 150 y 153, cuando señalan entre las atribuciones del Senado y de la Cámara de Diputados, las demás que les señale la Constitución y las Leyes.

Por ejemplo, en la Ley Orgánica de Crédito Público, las propias Cámaras Legislativas, al regular la intervención de las Comisiones Legislativas en la autorización de ciertas operaciones de crédito público que realizan los entes descentralizados, establece una serie dé regulaciones procedimentales que las Comisiones están obligadas a cumplir.

c'. El acto de gobierno y su sometimiento al derecho

En cuanto a los actos de gobierno, se trata de actos del Presidente de la República dictados en ejecución directa de disposiciones constitucionales. Por ejemplo, cuando el artículo 190 le atribuye al Presidente de la República, en el ordinal 6°, "declarar el estado de emergencia, y decretar la restricción o suspensión de garantías, en los casos previstos en la Constitución", está estableciendo una competencia constitucional directa. En estos casos, es la constitución la que le atribuye al Presidente, competencia para declarar el Estado de Emergencia y para decretar la suspensión o restricción de las garantías, y el artículo 240° y siguientes, regulan la forma como el Presidente debe declarar la emergencia.

Ahora bien, qué significa decir que estos son actos de ejecución directa de la Constitución, pues que sólo la Constitución los regula y no puede, ninguna otra norma determinar lo que debe realizar el Presidente de la República en la declaración del Estado de Emergencia o en la suspensión o restricción de garantías constitucionales. En otros términos, no podrían las Cámaras Legislativas, por una Ley, dictar, por ejemplo, una ley que regula se la forma cómo el Presidente habrá de suspender las garantías constitucionales, pues ello serla inconstitucional. Eso es irregulable por el legislador, y esa no puede ser una materia que regule la Ley. Es una materia que sólo puede regular la Constitución; y el Presidente, cuando ejerce esas competencias sólo está sometido a la Constitución. Por eso la legalidad es, aquí, constitucionalidad.

Similar situación se presenta respecto de los Decretos–Leyes, los cuales también son actos de ejecución directa de la Constitución, dictados en base a atribuciones constitucionales. Así son los casos regulados en los ordinales 8° y 11° del artículo 190. Sin embargo, en el primer caso, de los Decretos–Leyes materia económica y financiera, la Constitución los somete a determinadas prescripciones de una ley habilitante, como ha sucedido en los dos casos en los cuales se ha utilizado: en 1960 y en 1974. En esos casos, el Presidente cuando dictó los Decretos–Ley, debía someterse a las prescripciones de la Ley habilitante.

Pero la Ley habilitante, en estos casos, no sólo es una ley que habilita, sino que regula, que norma, que establece cómo y en qué forma pueden ejercerse esos poderes; en cuanto al tiempo, un límite de un año, normalmente; y en cuanto a la materia, cómo y qué tipo. Por tanto, el Decreto–Ley que se dicte en ejecución directa de la Constitución, pero sometido a ésta Ley habilitante, sería inconstitucional si no se ajusta a las prescripciones de la Ley habilitante, como lo dice el artículo 190°, ordinal 8°. Así, como la Ley ordinaria que se dicte violando una norma de una Ley orgánica pertinente, es inconstitucional, y no ilegal, en éste caso, también, el decreto–ley que se dicte en base a una Ley habilitante que no se ajuste a sus prescripciones también sería in constitucional, y particularmente entre los Decretos–Ley dictados en 1974–1975, hay un elenco de decretos–leyes inconstitucionales. La Ley habilitante había prescrito algunas regulaciones muy generales, lo que llevó al Presidente de la República a, materialmente, modificar toda la legislación económica venezolana, sin fundamento preciso en la Ley de medidas extraordinarias.

De lo dicho anteriormente resulta, por tanto, que hay actos estatales, primero, de ejecución en primer grado de la Constitución, dictados en base a atribuciones constitucionales, aún cuando algunos de ellos puedan ser regulados o autoregulados por las Cámaras Legislativas. En otros casos, como se dijo, hay otros actos, como los otros actos de gobierno dictados por el Presidente de la República, por ejemplo, la suspensión de garantías constitucionales o la declaratoria de emergencia que no pueden siquiera ser regulados por el legislador, es decir, actos en los cuales el legislador no puede intervenir.

b. La ejecución indirecta de la Constitución

A parte de los actos legislativos (ley y actos parlamentarios sin forma de ley) y de los actos de gobierno los otros actos estatales, los actos administrativos y los actos judiciales, son actos que resultan, de la ejecución en segundo o tercer grado de la Constitución: se dictan en ejecución mediata o indirecta de la Constitución, y en ejecución inmediata de la Legislación. Esto confirma el principio de la formación del derecho por grados: hay unas normas que ejecutan directamente, la Constitución y que a la vez, son ejecutadas por otras, resultando al final del proceso, los actos administrativos y los actos judiciales, de ejecución de la legislación en forma directa y, en forma indirecta, de la Constitución. Respecto de estos actos, el ámbito de la legalidad se amplía: si por ejemplo, en el nivel de actos de gobierno, legalidad significa constitucionalidad, en el nivel de la actividad administrativa, legalidad no sólo es constitucionalidad, sino sometimiento a todas las normas del ordenamiento que ejecuten a la Constitución, y que condicionen la emisión de esos actos.

a'. Los actos judiciales y su sometimiento al derecho

Ante todo debe decirse que contrariamente a lo que sucede respecto de los órganos que ejercen el Poder Ejecutivo y de los órganos que ejercen el Poder Legislativo, en la Constitución no hay artículo alguno, que regule en general, las funciones de los órganos que ejercen el Poder Judicial, salvo por lo que se refiere a algunas atribuciones particularísimas de la Corte Suprema de Justicia, como contralora de la constitucionalidad de los actos estatales.

En efecto, por ejemplo en la Constitución, hay fundamento para decir que las Cámaras Legislativas legislan, porque lo dice expresamente el artículo 139°; o que el Presidente de la República realiza tareas administrativas derivadas de la serie de atribuciones previstas en el artículo 190; sin embargo, no encontramos respecto de los órganos del Poder Judicial normas genéricas, que atribuyan facultades o funciones derivadas del ejercicio de ese Poder Judicial; salvo, se insiste las competencias de la Corte Suprema de Justicia en el artículo 215 particularmente importantes en el campo de control de la constitucionalidad y legalidad, a lo cual se une el artículo 206° regulador de la jurisdicción Contencioso–administrativa, sin embargo, salvo estas atribuciones, que permiten deducir con claridad que dentro de las funciones de los órganos del Poder Judicial, está el control de la legalidad y de la constitucionalidad de todos los actos emanados de los órganos que ejercen el Poder Público, en la Constitución no existe norma alguna, que diga exactamente qué es lo que los órganos del Poder Judicial realizan como función propia, en particular, en ejercicio de la función jurisdiccional, mediante sentencias. Debe destacarse, por ejemplo, que inclusive los actos denominados sentencias no tienen consagración constitucional, en contraste con los actos denominados leyes (art. 162) o actos administrativos (art. 206) que se nombran en el texto constitucional.

La única norma que permitiría deducir, del texto constitucional, las funciones sustanciales de los órganos que ejercen el Poder Judicial es el artículo 68 que consagra uno de los derechos individuales: el de utilizar los órganos de la administración de justicia para la defensa de sus derechos e intereses. Los órganos judiciales por tanto tendrían entre otras funciones, la de dirimir los conflictos entre diversos derechos e intereses de los particulares.

Ahora bien, en todo caso, la actividad de los órganos judiciales está también sometida a lo que determinen, la Constitución y las leyes. Sin embargo ello no está expresamente establecido en las normas generales que están en el Título VII de la Constitución, cuyas normas se refieren, además de al control de la legalidad de los actos administrativos, a principios que regulan la organización del Poder Judicial, como un conjunto orgánico.

Una referencia a la Ley, sin embargo, se encuentra en el artículo 215° ordinal 11° sólo en cuanto a la Corte Suprema de Justicia a quien asigna las demás "competencias que le atribuya la ley". Por otra parte en forma indirecta, la remisión a la Constitución y a la ley como reguladoras de las atribuciones de n los Órganos que ejercen el Poder Judicial, la conseguimos en el artículo 161 de la Constitución, cuando regula el ejercicio de las facultades de investigación que se refieren al Congreso, aclarando que "No afecta a las atribuciones que correspondan al Poder Judicial, de acuerdo con ésta Constitución y las Leyes". Puede decirse que aquí se hace referencia a la Constitución y a la ley como fuente que regula la actividad judicial.

Sin embargo, en cuanto a las normas del Título VII de la Constitución, como se dijo allí hay regulaciones, fundamentalmente de organización del Poder Judicial: las remisiones a la Ley, que trae el primer Capítulo de ese título, así se refieren a la carrera judicial, al funcionamiento de los Tribunales, a la remoción de los jueces, a la colaboración con los jueces, y a la inspección de los Tribunales. En cambio, el único artículo referido al ejercicio de sus funciones por los jueces, es el que señala que son autónomos e independientes de los otros órganos del Poder Público, (artículo 205°).

En todo caso, para el Juez, la legalidad no sólo es sometimiento a la Constitución, sino también, sometimiento a la Ley. El juez por tanto, debe juzgar de acuerdo a la Constitución y la Ley.

Sin embargo la Ley, a su vez, establece otras fuentes de legalidad que deben regular la competencia de los tribunales; es el caso del Código Civil, cuyo artículo 4° regula las fuentes del derecho en el campo civil; encontrándose normas complementarias, por ejemplo, en materia procesal civil (Código de Procedimiento Civil) o en materia mercantil (Código de Comercio) conforme a las cuales además de la Ley o los reglamentos son fuentes del derecho la analogía, los principios generales del derecho e inclusive, en ciertos casos, la costumbre.

b'. Los de los órganos ejecutivos y su sometimiento al derecho

Los órganos ejecutivos, normalmente, además de los actos de gobierno, dictan dos tipos de actos administrativos; los de efectos particulares y los de efectos generales o reglamentarios.

a". La legalidad y los actos administrativos

En cuanto a los actos administrativos y particularmente los emanados de los órganos del Poder Ejecutivo, el ámbito de la legalidad se amplía considerablemente, si se compara con los otros actos estatales. Por imperativo constitucional, los actos administrativos deben dictarse y estar "conformes a derecho" (art. 206). Al atribuir, competencia a los órganos de la jurisdicción contencioso–administrativa, en efecto, la Constitución no se limita a declarar anulables los actos administrativos contrarios a la Constitución y las leyes, sino contrarios a derecho. En esta forma, es la propia Constitución la que establece el rango constitucional de ese derecho, que está por encima del derecho positivo, al cual se someten también los actos administrativos, compuesto por los principios generales del Derecho,

De todos modos, en cuanto a la propia acción de los órganos que ejercen el Poder Ejecutivo, aparte de la amplitud que trae el artículo 206° al someterlos al derecho en general, debe señalarse que la Constitución remite también a la propia "Constitución y las leyes". Por ejemplo, en el artículo 190° cuando define las atribuciones y deberes del Presidente, el último ordinal 22° remite, además a las que señale "ésta Constitución y las Leyes" el artículo 181° vuelve a hacer referencia "a la Constitución y las leyes", cuando establece que "el Poder ejecutivo se ejerce por el Presidente de la República y los demás funcionarios que determinen esta Constitución y las Leyes",

En todo esto y en cuanto al ámbito normativo que regula la actividad administrativa y que, por tanto, conforma el derecho administrativo, *surge* claro que no está integrado sólo por la Constitución y las Leyes en sentido estricto, pues habría que entenderla como acto normativo de ejecución directa de la Constitución, reguladora de la Administración: por tanto, ley no es sólo la ley orgánica u ordinaria emanada de las Cámaras Legislativas actuando como cuerpos colegisladores (art. 162) sino los actos de gobierno con forma de decreto–ley, es decir de carácter normativo, que también regulan la acción de la Administración, es decir, los actos de rango legal o de ejecución directa de la Constitución que incidan sobre competencias del Poder Ejecutivo,

b". Los reglamentos y su sometimiento al derecho (reserva legal)

Ahora bien, dentro del ámbito normativo que integra el derecho, al cual están sometido los órganos ejecutivos, además de la Constitución y la Ley, está el ámbito reglamentario, que tiene una incidencia específica y especial en relación a la Administración.

A nivel constitucional ésta actividad reglamentaria tiene como base la establecida en el artículo 190°, el ordinal 10° al establecer como atribución del Presidente de la República "Reglamentar total o parcialmente las leyes sin alterar su espíritu, propósito y razón". El reglamento constituye, como lo hemos señalado, un acto dictado en ejercicio de la función legislativa, por el Presidente de la República, es decir, consiste en la producción de normas que integran el ordenamiento jurídico. El ejercicio de la función legislativa por el Presidente de la República, puede manifestarse en decretos–leyes, cuando se trata de actos de ejecución directa de la Constitución, o en reglamentos, cuando se trata de actos de ejecución de la legislación, como es el caso concreto, regulado en el artículo 190, ordinal 10° que se refiere a "reglamentar las leyes".

Ahora bien, el tema del reglamento plantea diversos aspectos. En primer lugar, cabría preguntarse si sólo pueden dictarse reglamentos para reglamentar las leyes, es decir, si ésta función legislativa ejercida por el Ejecutivo Nacional, sólo puede tener por objeto reglamentar leyes preexistentes, o, además pueden haber reglamentos que no reglamenten leyes preexistentes. La Constitución, en el artículo 190 enumera las atribuciones del Presidente de la República, pero esa sola enumeración no siempre es excluyente, por lo que no solo otros órganos tienen la potestad reglan mentaría, sino que el propio Presidente de la República puede reglamentar materias no reguladas por Ley, En todo caso, esta discusión y su respuesta está estrechamente vinculada a la cuestión de las relaciones entre la Ley y el Reglamento,

Ahora bien, además, para determinar las relaciones, en el sistema venezolano, entre la ley y el Reglamento, debemos resolver el problema de la reserva legal, pues ella constituye el límite del Reglamento.

En efecto ¿qué materias están reservadas a su regulación por Ley? En respuesta podemos señalar que el primer principio de la reserva legal es que forma parte de ella, toda materia que la Constitución reserve expresamente al Legislador, es decir, cuando hay indicación expresa de tal reserva en la Constitución. Por tanto, la materia que el texto constitucional remita a una Ley, no es regulable por reglamento, sino para desarrollar lo que esa ley diga. A todo lo largo de la Constitución, hay múltiples casos en los cuales la Constitución remite a la Ley, en cuanto a la regulación de ciertas materias lo cual es particularmente destacable en el campo de los derechos y garantías los cuales están sujetos a las limitaciones que establezca la Ley,

La Constitución, por tanto, en más de una oportunidad, más de las que uno se imagina, remite a la Ley para re guiar, limitar, o establecer un determinado régimen. Este es el primer campo de la reserva legal.

El segundo campo se refiere a la regulación de las garantías constitucionales, las cuales sólo pueden ser reguladas y limitadas por el Legislador. En estos casos, inclusive, puede decirse que la verdadera "garantía" constitucional en relación a los derechos fundamentales, es precisamente la Reserva Legal, pues si esta no estuviese establecida, no habría garantía. La garantía, cuando la Constitución, por ejemplo establece la inviolabilidad de la correspondencia, es que ese derecho, además de estar previsto en el texto fundamental, sólo puede regularlo el legislador, limitándose considerablemente el poder de los órganos ejecutivos. La verdadera garantía en materia de derechos Constitucionales, por tanto, está en que hay reserva legal, es decir, en que los ciudadanos tienen la "garantía" de que sólo el legislador puede regularlos y que no puede otra autoridad limitarlos. Por eso, un área esencial de la reserva legal es la regulación de los derechos y garantías constitucionales, lo que además surge del propio texto de la Constitución, Cuando regula los derechos siempre remite a la Ley, expresamente para la limitación y restricción de los mismos.

El tercer campo propio de la reserva le gal, es el campo tributario, o de las contribuciones: sólo la ley puede establecer tributos, y exenciones y prever exoneraciones, y esto tiene un fundamento en la Constitución, al disponer el artículo 224, que "No podrá cobrarse ningún impuesto u otra contribución que no estén establecidas por Ley".

La cuarta área de materias de reserva legal, es la materia sancionatoria, y la regulación de la responsabilidad de la cual las sanciones son la consecuencia. El principio tiene basamento constitucional en relación a la responsabilidad penal, en el sentido de que los delitos y las penas deben ser establecidos por la Ley. Como lo dice el artículo 60°, ordinal 2°; "Nadie podrá ser privado de su libertad por obligaciones cuyo incumplimiento no haya sido definido por la Ley como delito o falta", pero este principio, por supuesto, se extiende a todo el ámbito de las consecuencias de la responsabilidad, tanto en materia civil como en materia administrativa y disciplinaria. Por tanto, la regulación de la potestad sancionadora del Estado, es materia de reserva legal, por lo que en materia administrativa sólo la Ley puede establecer sanciones, siendo inconstitucionales los reglamentos que establecen multas.

Por último, también es un campo propio de la reserva legal, la organización de los Poderes Públicos y el establecimiento de los diversos órganos que ejercen el Poder Público. Las funciones del Estado asignadas a determinados órganos, por tanto, no pueden transferirse libremente a otras entidades y ello se confirma por la exigencia del artículo 230 de la Constitución, de que la creación de institutos autónomos se haga mediante Ley.

c. *Las relaciones entre la Ley y el reglamento.*

Ahora bien, en cuanto a las relaciones entre la Ley y el reglamento debe señalarse que en todo caso, el reglamento está limitado por la reserva legal, y la reserva legal está establecida en la Constitución, y en las cinco áreas señaladas básicamente, la regulación de las garantías constitucionales, el campo tributario, y el campo sancionatorio. En esas áreas, el reglamento sólo puede "reglamentar la Ley", porque allí no puede haber reglamento sin ley; es decir, no puede haber reglamento que regule estas materias, sin una ley preexistente. Es aquí, entonces, donde adquiere todo su sentido el ordinal 10° del artículo 190°.

Sin embargo, si una Ley no regula una materia determinada, y esa materia no está reservada al legislador ¿qué pasa? En nuestro criterio, ese sería un campo propio de la potestad reguladora del Poder Ejecutivo, o sea, del ejercicio de la función legislativa por los órganos del Poder Ejecutivo, Sin embargo, en materias no reservadas al legislador, por supuesto, este puede regular, en cualquier momento; pero mientras no lo haga, sino son materias de la reserva legal, puede haber regulación por vía reglamentaria abriéndose campo al Reglamento autónomo. Este es aquél que no está sometido a una norma legal preexistente, y cuya materia no ha sido reservada al legislador,

En todo caso*, aún en* estos *reglamentos* autónomos, la Administración no puede traspasar el límite de la legalidad, y las materias reguladas por otras leyes no pueden ser modificadas por el reglamento. Por tanto siempre se trata de un acto sub–legal, sometido a cualquier otro ámbito legislativo que pueda existir. Además, en el caso dé que en un momento determinado, el legislador asuma esa competencia concreta y dicte una ley, quedaría derogado el reglamento autónomo.

Puede decirse, entonces que en Venezuela no hay áreas reservadas al Poder reglamentario, como es el caso en otros sistemas como el francés; sino que lo que hay son áreas reservadas al legislador, mediante la reserva legal.

En cuanto a las áreas no reservadas al Legislador estas son regulables por el mismo, en cualquier momento; pero mientras no sean reguladas por vía legislativa, pueden ser objeto de regulación por vía reglamentaria, hasta tanto el legislador establezca una regulación legal.

Por último, en cuanto a la legalidad respecto de los reglamentos, no sólo debe señalarse su sujeción a la ley, en general, sino además su sujeción a la jerarquía orgánica, en el sentido de que conforme a la Ley Orgánica de Procedimientos Administrativos, estando la Administración conformada por diferentes órganos, en configuración jerárquica, la jerarquía de los reglamentos está determinada por la jerarquía de los órganos administrativos. Por tanto, un reglamento dictado por el Presidente de la República es de rango superior al ^Reglamento dictado por un Ministro.

Y esto nos lleva a un último comentario; el hecho de que el ordinal 10° del artículo 190° establezca como atribución del Presidente de la República reglamentar las leyes sin alterar su espíritu, propósito y razón, se configura como una atribución específica del Presidente de la República, pero ello no implica que otros funcionarios del Ejecutivo Nacional no puedan dictar reglamentos. Hay, en efecto, reglamentos de los Ministros y de otros órganos de la Administración, los que tienen autonomía funcional, por ejemplo.

4. El sometimiento al derecho y la distribución vertical del poder

Siendo la forma del Estado, una forma federal, es evidente que el sometiendo al derecho y el principio de la legalidad, varían según el nivel territorial de distribución del poder. Hemos analizado aspectos del sometimiento al derecho o del principio de la legalidad a nivel nacional y cómo, este principio, varía según la división horizontal del poder: por eso analizamos la legalidad respecto de la actuación de los poderes ejecutivo, legislativo y judicial. Lo mismo, como principio, puede decirse en relación a la distribución vertical del poder: la legalidad varía según los niveles territoriales.

A. La diferenciación de las regulaciones constitucionales destinadas al ámbito nacional, de aquellas con ámbitos estadales y municipales.

Esta apreciación es muy importante, pues a veces se tiende, automáticamente, a aplicar todas las normas de la Constitución, tal como están establecidas, a cualquier nivel: nacional, estadal y municipal, cuando ello no es posible; o, a veces, aplicar cualquier norma de orden nacional a los Estados o Municipios, cuando cada nivel tiene su normativa.

En efecto, el ámbito del sometimiento a la legalidad en la organización política está condicionado por la estructura del Estado, en nuestro caso, la forma federal. Un sólo ejemplo nos aclarará el planteamiento, relativo a lo previsto en el artículo 230 de la Constitución. Esta norma establece: "solo por Ley y en conformidad con la Ley orgánica respectiva podrán crearse institutos autónomos...". De esta norma, algunos han deducido que los Estados y Municipios no pueden crear institutos autónomos, porque sólo por Ley, refiriéndose aquí a la "Ley nacional" y de acuerdo a una Ley orgánica entendiéndose "Ley orgánica nacional", pueden crearse institutos autónomos. Se dice entonces, con gran frecuencia, que los Estados y Municipios no pueden crear, constitucionalmente, institutos autónomos, porque no lo permite la Constitución, lo cual es un criterio errado.

En efecto, este artículo 230 de la Constitución no está destinado a todos los niveles territoriales, sino que se refiere al nivel nacional. No debe olvidarse que cuando la Constitución quiere que un artículo se refiera en su aplicación, a todos los ni veles territoriales, lo dice expresamente: usa la expresión "Estado" para comprender toda la organización política o enumerar las personas político–territoriales: República, Estados y Municipios. Si esto no se hace así, se entiende que las normas son propias de una Constitución "Nacional" y, por tanto, destinadas a regular el Poder Nacional.

Por ejemplo, cuando el texto constitucional establece que la Contraloría General de la República puede intervenir en los Estados y Municipios, ello lo dice expresamente; por Ley dice el artículo 235, las funciones de la Contraloría podrán extender se a las administraciones estadales y municipales. Ello es perfectamente posible. Sin embargo, si no se dijera expresamente, es claro que se regule una Contraloría General de la República, con competencias en materia de control, vigilancia, y fiscalización de ingresos públicos, ello no conlleva que la Ley nacional y la Contraloría controlen los Estados y los Municipios.

Este artículo 230 lo destacamos como ejemplo, frente a la necesidad de determinar cuál es el ámbito del sometimiento al derecho, tanto de los Estados como de los Municipios, y para afirmar que no es el mismo ámbito de sometimiento al derecho para estos, que el previsto para el Poder Nacional. Precisamente en eso radica la autonomía; si hay una distribución vertical del poder, es porque hay una autonomía territorial y política en cada nivel, lo cual implica un cuerpo normativo determinado que debe aplicarse. Por supuesto, en global, está la Constitución que se aplica a todos los niveles pero en los mismos términos en los que la Constitución organiza el Estado Federal y no en cualquier forma. Por tanto, dentro de los términos de la Constitución, ella se aplica a los tres niveles y luego, en relación a estos, cada uno tiene su propio ordenamiento jurídico, que a veces coincide.

Por ejemplo, el artículo 230, tal como está redactado, está destinado al ámbito nacional: la creación por Ley del Congreso, de los institutos autónomos nacionales. No se aplica directamente a los Estados y Municipios en el sentido de que de ese texto se pueda entender que un instituto autónomo de un Estado o de un Municipio requieran Ley nacional, o que pura y simplemente, no puedan existir institutos autónomos sino a nivel nacional.

Pero el artículo 233 del texto constitucional indica que las normas relativas a la Hacienda Pública Nacional y su descentralización, como la del artículo 230, regirán la Administración de la Hacienda Pública de los Estados y los Municipios en cuanto sean aplicables, Por ello el principio del artículo 230 que es aplicable en los Estados y Municipios, es que en esos niveles, un instituto autónomo sólo puede ser creado por Ley de la Asamblea Legislativa, en los Estados, o por una ordenanza municipal; y no por un acto del Gobernador del Estado o por un acuerdo del Concejo. Al contrario, la creación de esos institutos autónomos requieren en los niveles estadal y municipal de un acto con el mismo rango formal en el ordenamiento: una ley del órgano legislativo; nacional estadal o municipal. Este sería el principio a aplicarse de la norma del 230 hacia los Estados y Municipios: que los Institutos autónomos se creen por un acto legislativo de los respectivos niveles, de acuerdo a su propio ordenamiento.

Por otra parte, no hay que olvidar que la creación de Institutos Autónomos es una manifestación de la descentralización funcional con sus consecuencias patrimoniales en relación a la Hacienda Pública, que sólo corresponde a los entes territoriales. Estos son los que pueden descentralizar funcionalmente en nuestra forma de Estado. Por tanto en una estructura descentralizada territorialmente, como la nuestra, la República puede descentralizar por ley, pero los Estados también, por ley. De lo contrario no tendría sentido la autonomía territorial. Por tanto, sin duda alguna, los Estados y los Municipios pueden descentralizar servicios a través de la creación de entes dotados de personalidad jurídica de derecho público dentro de sus respectivos niveles; lo que tienen de acuerdo al artículo 230 y 233 es que establecer esa descentralización por ley de la Asamblea Legislativa del Estado, o por ordenanza municipal formalmente adopta da en el nivel municipal.

Pero el razonamiento es válido, inclusive, en relación a la exigencia de una ley orgánica para crear institutos autónomos, en el sentido de que ciertas normas particulares deben someterse, en determinadas materias a normas de carácter general. En cuanto al nivel nacional, el principio resulta en la exigencia de una ley orgánica a la cual deben adaptarse las leyes de creación de los institutos autónomos. Esta ley orgánica no tiene que ser una relativa a la administración descentralizada y de hecho ha sido la Ley Orgánica de la Hacienda Pública Nacional, la que ha regulado escasamente a los institutos autónomos. El principio rige, sin embargo, a nivel local: puede ser mediante el propio texto de la Constitución de los Estados o de un Código Orgánico de Hacienda. Estimamos que no habría ninguna limitante por la expresión ley orgánica, en relación a la posibilidad de crear institutos autónomos por los Estados, pues si se las puede identificar por su naturaleza las Constituciones de Estado participan de la misma de las leyes orgánicas pues con ellas se organizan los pode res públicos del Estado (art. 17, ord. 1°).

En todo caso, de acuerdo á. la exigencia de una Ley orgánica, en el artículo 230 de la Constitución no es que de acuerdo a esta Ley orgánica nacional los Estados y los municipios puedan crear Institutos autónomos, pues ello sería una invasión de competencias no autorizada en la Constitución por parte del poder nacional; sino que en los niveles estadales y municipales debe también dictarse un elemento orgánico, la ordenanza de Hacienda en los municipios o la propia constitución del Estado, conforme a cuyas normas deben crearse los respectivos institutos autónomos.

Por tanto, la autonomía político–territorial, implica el poder de descentralizar, es decir, de transferir competencias territoriales a un ente de derecho público, con la única limitante de que ello debe hacerse por Ley, de acuerdo a la orientación de la Constitución, sea una ley nacional, una ley estadal o una ordenanza municipal.

En todo caso, cada uno de los niveles territoriales tiene su propio esquema de sometimiento a la legalidad y al derecho. Vamos a referirnos ahora al nivel estadal.

B. Los Estados y el sometimiento a la legalidad

a. El ordenamiento aplicable a los Estados

La Constitución establece el principio del sometimiento al orden jurídico de todas las entidades que ejercen el poder público. El artículo 117 de la Constitución establece, en efecto, que "La Constitución y las leyes definen las atribuciones del poder público y a ellas debe sujetarse su ejercicio". Es un principio que también se aplica a los Estados. El término Constitución, se emplea entendiéndose que se trata de la Constitución Nacional, y la expresión leyes, en cambio, entendiéndose en su sentido lato: las nacionales, que se apliquen a los Estados y las de la propia entidad respectiva territorial. Esas normas definen las atribuciones y a ellas debe sujetarse su ejercicio.

Sometidos a ese orden jurídico, conforme al artículo 16, "Los Estados son iguales y autónomos como entidades políticas...", y esa autonomía les da determinados poderes que se detallan en el propio texto, en los artículos 17 y siguientes. Esos poderes autónomos deben ejercerse de acuerdo al orden jurídico, que se les aplica.

Otras normas que deben destacarse en relación al ordenamiento aplicable a los Estados son los artículos 16 y 23 de la Constitución. El artículo 16, además de establecer la autonomía de los Estados, agrega que estos "están obligados a mantener la independencia e integridad de la Nación...", reflejo del sistema federal que antes se identificaba como una de las Bases de la Unión. Además, agrega ese artículo de la Constitución, que los Estados están obligados a ",.... cumplir y hacer cumplir la Constitución y las Leyes de la 'República". La Constitución aquí sí habla de leyes de la República como una obligación de los Estados de cumplirlas y hacerlas cumplir dentro del contexto de un sistema federal.

Por su parte, el artículo 23 cuando habla de las atribuciones y deberes del Gobernador, le establece la obligación de "cumplir y hacer cumplir esta Constitución y las Leyes". En este artículo, en cambio, se utiliza la expresión "leyes" en sentido genérico, que abarca, por supuesto, las leyes de la República en el mismo sentido del artículo 16 y también las otras leyes del propio Estado, que se dicten por su Asamblea Legislativa, lo que confirma el carácter de órgano ejecutivo del Gobernador.

En esas normas, podríamos decir, está la base del orden jurídico aplicable a los Estados. Sin embargo, debemos plantearnos lo siguiente: ¿hasta qué punto llega la obligación de cumplir y hacer cumplir las leyes de la República que se impone a los Estados? ¿Cuál es el ámbito de esta obligación?. En otros términos ¿Cuáles leyes de la República se pueden aplicar a los Estados?. Se plantean aquí, por tanto, dos problemas. En primer lugar, determinar qué leyes de la República deben aplicarse a los Estados, conforme a su autonomía territorial; y en segundo lugar, determinar si estos tienen esa obligación de aplicar las leyes de la República, respecto de todas las que se dicten, incluso si invaden su autonomía. Respecto de lo primero, debe señalarse que si fuera cualquier ley de la República no habría autonomía y no habría delimitación de competencias verticales, ni habría distribución del poder público a nivel territorial. Por ello, la República debe dictar respecto de los Estados, sólo las leyes que conforme a la autonomía le sean aplicables. Sin embargo, aun tratándose de leyes nacionales que invadan competencias de los Estados y fueran inconstitucionales, la obligación de éstos de cumplir y hacerlas cumplir subsiste mientras no se deroguen o anulen en vía jurisdiccional.

b. Las competencias estadales y el sometimiento al derecho

La Constitución en el sistema que establece de distribución vertical del poder trae un sistema de distribución de competencias en normas expresas: el artículo 30 atribuye competencias al Municipio; el artículo 136 atribuye competencias a los órganos que ejercen el Poder Nacional; el artículo 17 atribuye competencias a los Estados, entre las cuales se agrega la de carácter residual (ordinal 7°) que asigna a los Estados, toda materia que no corresponda a la competencia nacional o municipal. La fórmula constitucional empleada en estos tres artículos conlleva a que las competencias municipal y nacional, hasta cierto punto, sean unas competencias expresas, no habiendo presunción a favor del ámbito nacional.

Ahora bien, en cuanto al poder nacional, el 136 define cuales son las competencias nacionales, y cuando la Constitución, como hemos visto, atribuye al Congreso la facultad de legislar sobre la competencia nacional (art. 139), no le está atribuyendo una potestad genérica y absoluta de legislar sobre cualquier materia, sino sólo de legislar sobre las competencias que están en el artículo 136° o en otras normas ele la Constitución que asignan competencias a los niveles nacionales, por supuesto, el último ordinal del artículo 136° da pie para que esa competencia expresa del Poder Nacional, en éste sistema de distribución propio de un esquema federal, se vaya ampliando. Dice el ordinal 25 del artículo 136 que también es de la competencia nacional: "Toda otra materia que la presente Constitución atribuya al Poder Nacional o que le corresponda por su índole o naturaleza", lo cual ha provocado una ampliación de la competencia nacional en relación a de terminadas materias.

En todo caso, queda claro que no toda ley nacional se aplica a los Estados; estos se rigen por la Constitución Nacional, su propio ordenamiento y las Leyes de la República que de acuerdo a la Constitución, puedan las Cámaras Legislativas dictar, y que se apliquen a los Estados. Se trata en definitiva de determinar cuál es el ámbito real de la autonomía de los Estados y en ese contexto que es lo que compete a estos en relación al

Poder Nacional. En ese contexto tenemos que admitir, como principio general, respecto al sometimiento de los Estados al derecho, que la clave para determinar ese sometimiento al derecho, es el principio de la autonomía. Así, podemos señalar que las leyes de la República, es decir, las Leyes Nacionales, no pueden limitar la autonomía de los Estados, sino en la forma en la cual la Constitución prevé esa limitación. Si la Constitución no la prevé, no pueden los órganos del poder nacional limitar la autonomía de los Estados. Ese es el principio fundamental que tenemos que admitir en nuestro sistema federal, para determinar el derecho aplicable a los Estados en relación al ámbito nacional.

Ahora bien, para determinar con precisión el so metimiento al derecho por parte de los Estados, tenemos que analizar la norma que va a definir la autonomía y el ordenamiento aplicable en cada caso, al precisar las competencias estadales. Esa norma es el artículo 17.

a'. La organización de los poderes públicos estadales.

Este artículo atribuya en su ordinal 1° como competencia de cada Estado "La organización de sus poderes públicos, de conformidad con ésta Constitución", ¿Qué significa que los Estados pueden organizar sus poderes públicos de conformidad con ésta Constitución? En primer lugar, tendríamos que preguntarnos ¿Cuáles son los poderes públicos de los Estados, expresión que también utiliza el artículo 135 de la Constitución?

Dentro de la trilogía de poderes que están en nuestra Constitución, sin duda, los que pueden organizar los Esta dos son básicamente dos: el Legislativo y el Ejecutivo, y por supuesto, no pueden organizar un poder judicial, pues esa es una competencia exclusivamente nacional, y que conforme al 204° "se ejerce por la Corte Suprema de Justicia y por los demás tribunales que determine la Ley orgánica".

En todo caso, la primera competencia de los Estados es la organización de sus poderes públicos ejecutivo y legislativo de conformidad con la Constitución, es decir, en primer lugar, respetando los principios de las disposiciones fundamentales del propio texto constitucional. Por ejemplo, el artículo 1° establece que "La República de Venezuela es independiente de toda dominación o protección de potencia extranjera", y la expresión República de Venezuela se refiere a todo el contexto de la organización política de la Nación (Estado). Por tanto, no podría un Estado declararse bajo la protección de un Estado Extranjero. El artículo 2° establece que "la República de Venezuela es un Estado Federal", de manera que los Estados pueden organizar sus poderes públicos dentro de un esquema federal, en los términos de la Constitución. Por otra parte, conforme al artículo 3° el gobierno que se establezca en los Estados, en sus Asambleas Legislativas o en la propia Gobernación, debe ser democrático, representativo, responsable y alternativo, como debe ser todo el gobierno de la República de Venezuela, y los órganos de los poderes públicos de los Esta dos en particular dé las Asambleas Legislativas, deben ser electos mediante el sufragio (arts. 4, 19 y 22).

Ahora bien, ¿a través de qué actos se organizan los poderes públicos de los Estados? La Constitución de 1961 abandonó una terminología que era constitucional; desde la guerra federal y era el haber denominado como "Constitución" a éste acto de organización de los poderes públicos estadales. En todas las Constituciones anteriores a la actual, incluso la de 1953 se atribuía expresamente competencia a los Estados para dictar "su propia Constitución". En el texto de 1961 eso se elimino y hoy nos encontramos simplemente, con la asignación a los Estados de una potestad organizativa respecto de sus poderes públicos, pero sin utilizar la expresión "Constitución del Estado". Esto platea la duda de considerar si hay o no Constituciones estadales. Sin duda las hay de nombre, pero en el fondo, no son "constituciones" sino Leyes Orgánicas, en el sentido de norma de organización de los poderes públicos que dentro de la estructura de que cada Estado, de ben tener un rango superior a las leyes ordinarias del Estado. Por eso, las asimilamos a *unas* leyes orgánicas en el contexto de cada Estado.

En efecto, cuando la Constitución habla de Ley Orgánica, (Art. 163) es precisamente en ese sentido del ordinal 1° del artículo 17 es decir, de norma destinada a regular la organización de determinados poderes. En la Exposición de Motivos de la Constitución se dice que la creación de las leyes orgánicas tiene por objeto impedir que, por leyes especiales, se deroguen disposiciones que se refieren a la organización de ciertos pode res. Por eso, esta idea de la ley orgánica puede aplicarse a las leyes de organización de los poderes públicos estadales, que denominamos todavía hoy, como constituciones. Se insiste, estas son unas típicas leyes orgánicas en el Estado, que regulan la organización del Estado, por lo que solo podrían ser modificadas con él cumplimiento de determinados requisitos adicionales.

En este sentido, la Constitución del Estado Yaracuy de 1981 dispuso que "la presente Constitución es una ley orgánica y para su reforma total o parcial se procederá conforme a lo previsto en el artículo 114° (Art. 44), con lo cual se previó expresamente que la misma, no podía ser derogada por leyes ordinarias por tener un rango superior a las mismas.

Ahora bien, esta primera competencia del Estado es la organización de sus poderes públicos en los términos establecidos en la Constitución Nacional, y esta establece unos principios fundamentales respecto a los poderes ejecutivo y legislativo, que se detallan en los artículos 19 y 20 de la Constitución, destinados a regular a la Asamblea Legislativa y al Gobernador. Esos poderes como dijimos se organizan es a través de un acto legislativo, que es, en sentido propio, una Ley de organización, o una ley orgánica en la estructura del Estado. En esta materia, y fuera de los límites y prescripciones de la Constitución, por ejemplo, no podría haber limitaciones o regulaciones adicionales establecidas en leyes nacionales y así como habría inconstitucionalidad si el Estado así asume funciones nacionales, también la habría cuando el Poder Nacional regula funciones propias de los Estados. Por tanto, las Leyes Nacionales que se pueden aplicar a los Estados, tienen que estar previstas en la Constitución. Por ejemplo, si los poderes públicos de los Estados de ben ser representativos y democráticos, etc. ¿Cómo se regula ésto? En la propia Constitución se establecen los principios.

En efecto, el sufragio, como derecho, esta regula do en la Constitución y en ella se establecen los principios para la elección de los miembros de los organismos representativos. Ahora bien, si la organización de los poderes públicos estadales debe hacerse básicamente a través de dos órganos, una Asamblea Legislativa y un Gobernador, y su configuración debe ser democrática. ¿Cómo se eligen? Lo establece el artículo 19° respecto de la Asamblea Legislativa: "Los miembros de la Asamblea Legislativa deberán reunir las mismas condiciones exigidas por ésta Constitución para ser diputado, y serán elegidos por votación directa, con representación proporcional de las minorías, de acuerdo con la Ley y tratándose sin duda de una ley nacional. Esta ley electoral que es la Ley Orgánica del Sufragio se dicta, además de acuerdo al artículo 113° que dice: "La legislación electoral asegurará la libertad y el secreto del voto, y consagrará el derecho de representación proporcional de las minorías..." Por tanto, las Asambleas Legislativas pueden organizar los poderes públicos estadales, pero no pueden establecer mecanismos distintos de elección de sus miembros, sino qué esta es una materia reservada al Poder Nacional.

En cuanto a lo de los Gobernadores, la Constitución establece su designación por el Presidente de la República, pero agrega, en el artículo 22, que una ley podrá establecer la forma de elección y remoción de los Gobernadores, de acuerdo a los principios consagrados en el artículo 3° de ésta Constitución. Mientras no se dice esa Ley que regula la elección es los Gobernadores que además, requiere, de acuerdo al artículo 22°, que sea previamente admitido el Proyecto por las Cámaras en sesión conjunta, por el voto de las dos terceras partes de sus miembros? la designación de los mismos se efectúa por el Presidente de la República.

b'. La organización municipal y la división político–territorial.

La segunda competencia de los Estados está regulada en el ordinal 2° del artículo 17, que atribuye a la competencia de los Estados: "La organización de sus Municipios y demás entidades locales, y su división político–territorial, en conformidad con ésta Constitución y las Leyes Nacionales". No se trata aquí de cualquier ley, sino de las "leyes nacionales" y la Constitución utiliza esta expresión en otras normas. Por ello es perfectamente admisible deducir que cuando la Constitución habla de "Ley" en sentido lato, se refiere a cualquier ordenamiento legislativo que se dicte, de acuerdo a un procedimiento de formación de normas de efectos generales, a cualquier nivel por los órganos legislativos: Cámaras Legislativas, Asambleas Legislativas y Concejos Municipales; en cambio, cuando habla de "Ley Nacional", quiere referirse al acto que emana de las Cámaras Legislativas actuando como Cuerpos *Colegisladores* (art. 162).

Ahora bien, en relación a esta segunda competencia, se trata también de una organización de otros poderes dentro, del Estado, pero en este caso, del nivel municipal. Además el artículo contiene vina expresión que, hasta ahora no ha sido desarrollada y que lo debiera ser en una reforma de la Ley Orgánica de Régimen Municipal: los Estados tienen competencia para organizar no sólo sus Municipios sino las demás "entidades locales". En Venezuela, aún no hemos determinado cuáles son esas entidades locales nos hemos aferrado tradicionalmente a la idea de que la única entidad local es el Municipio y su Concejo Municipal. Sin embargo no hemos todavía pensado que la Constitución permite que haya otras entidades locales, con autonomía y poderes propios que la Asamblea Legislativa en cada Estado debe determinar.

Pero además de la organización de sus Municipios, la división político–territorial también es competencia de los Estados y esto de conformidad con la Constitución y las Leyes Nacionales. En todo caso, debe señalarse que remisión a las Leyes Nacionales, en cuanto a la organización de los Municipios y demás entidades locales, está prevista además en el artículo 26° del texto fundamental que establece que la organización de los Municipios y demás entidades locales se regirá por esta Constitución, por las normas que para desarrollar los principios constitucionales establezcan las leyes orgánicas nacionales, y por las disposiciones legales que en conformidad con aquellas dicten los Estados". Con esta norma se ha establecido una graduación de normas que lie van a estimar que no solo la organización de los Municipios se rige por la Constitución y las leyes nacionales sino también por las propias leyes que cada Estado dicte en su territorio. En todo caso, hasta ahora, esas "leyes orgánicas nacionales" básicamente, es la Ley

Orgánica de Régimen Municipal, y aún no se han dictado leyes estadales que desarrollan esos principios en cada entidad.

c'. La administración de bienes e ingresos

El tercer ámbito de competencia de los Estados, establecido en el ordinal 3° del artículo 17 se refiere a: "La administración de sus bienes y la inversión del situado constitucional y demás ingresos que le correspondan, con sujeción a lo dispuesto en los artículos 229 y 235 de la Constitución". Aquí es la propia Constitución la que establece el límite. Sin embargo, en la remisión a otras normas constitucionales la Constitución se quedó corta porque se olvidó del artículo 136°, ordinal 10º que atribuye al poder nacional "el régimen y administración de las tierras baldías, aún y cuando sean de los Estados". Esa es la primera de las limitaciones a la competencia del ordinal 3° del artículo 17, concerniente a la administración de los bienes; pues en todo lo que se refiera a Tierras Baldías, está la competencia nacional del ordinal 10° del artículo 136 que da origen a la Ley de Tierras Baldías y de Ejidos, que regula la administración de los baldíos de los Estados.

En cuanto al artículo 229° de la Constitución, este se refiere al situado constitucional y a la posibilidad de una ley nacional para coordinar la inversión del situado con planes administrativos desarrollados por el poder nacional, agregando que "la Ley puede fijar los límites a los emolumentos que devenguen los funcionarios y empleados de las entidades federales y municipales", en cuyo caso puede ser o una ley nacional o una ley del propio Estado. En todo caso, desde 1974 se ha dictado la Ley de coordinación de la inversión del Situado Constitucional con planes administrativos desarrollados por el Poder Nacional, la cual no ha estado exenta de críticas que cuestionan su constitucionalidad, pues más que una normativa de coordinación de la inversión ha sido de imposición nacional de la inversión, a los Estados.

Pero en materia de administración de sus bienes y de inversión de sus ingresos, otra limitación que está en la misma norma del 17°, en cuanto a la sujeción de los Estados, se refiere a la posibilidad de que por Ley Nacional puedan atenderse las funciones de la Contraloría a las administraciones estatales, sin menoscabo de la autonomía. Aquí encontramos, de nuevo, que es la Constitución, directamente, la que remite a una Ley para la limitación a la autonomía de los Estados en cuanto a las funciones de la Contraloría General de la República.

En cuanto a los ingresos extraordinarios conforme a lo previsto en el ordinal 4° del artículo 117, corresponde a los Estados el uso del crédito público con las limitaciones y requisitos que establezca las Leyes Nacionales"; de nuevo hay aquí, una remisión global á las Leyes Nacionales en materia de crédito público y, particularmente a la Ley Orgánica de Crédito Público.

d'. La organización de la policía.

El artículo 17, ordinal 5° establece también como competencia de los Estados "la organización de la policía urbana y rural y la determinación de las ramas de este servicio atribuidas a la competencia municipal". Es importante destacar de esta norma, que la competencia básica en materia de policía general, es que se trata de una competencia estadal; es decir la organización de la policía urbana y rural, corresponde a los Estados, y son los Estados y sus respectivas jurisdicciones, los que van a determinar las ramas de éste servicio que se atribuyan a la competencia municipal. Este ordinal no remite a la

Ley o a la Constitución para el ejercicio de ésta competencia, pero las remisiones están establecidas en dos normas: el artículo 134 que dice: "Los Estados y los municipios solo podrán organizar sus fuerzas de policía de acuerdo con la Ley", por lo cual sí hay Ley nacional prevista, expresamente, para regular las fuerzas de policía, como organización y no como actividad administrativa, pues una cosa es la policía, como actividad, y otra es la fuerza o conjunto de sujetos o funcionarios que van a ejercer aquella actividad. Puede haber, por tanto, una ley nacional, que regule las fuerzas de policía, la cual aún está por dictarse. Además, el ordinal 5° del artículo 136° establece que: "...corresponde al Poder Nacional los servicios de identificación y de policía nacional" con lo cual establece a la policía como una materia de competencias concurrentes.

e'. Las competencias estadales producto de la descentralización nacional.

Otra de las atribuciones del 17°, es la del ordinal 6° que atribuye a la competencia de los Estados, "las materias que les sean atribuidas de acuerdo con el 137°", el cual establece que: "El Congreso, por el voto de las dos terceras partes de los miembros de cada cámara, podrá atribuir a los Estados o a los Municipios, determinadas materias de la competencia nacional, a fin de promover la descentralización administrativa". Esta es una de las normas claves del ordenamiento venezolano para la descentralización, aún cuando nunca ha sido utilizada como política de descentralización, sino que hemos hecho todo lo contrario, hemos centralizado progresivamente el país.

f'. Las competencias residuales.

Por último, el artículo 17° asigna a la competencia de los Estados, "todo lo que no corresponda, de conformidad con ésta Constitución, a la competencia nacional o municipal" se trata de la competencia residual de los Estados, que también está por inventarse. Del análisis global del texto constitucional en efecto, entre las competencias no asignadas expresamente al Poder Nacional y al ámbito municipal, deben destacarse por ejemplo, las siguientes: el régimen de comercio y de la industria manufacturera; la protección, fomento y conservación del ambiente; la ordenación del territorio y la localización industrial; la ejecución de obras de interés estadal; la apertura y conservación de las vías de comunicación estadales; el fomento de la vivienda rural; y la promoción de la participación ciudadana.

En efecto, debe señalarse que en ninguna parte de la Constitución se utiliza la palabra "comercio"; se habla de industria, de iniciativa privada, pero no hay norma alguna que se refiere a la regulación de comercio. Ahora bien, ¿Por qué ésta tiene que ser una competencia nacional? ¿Porqué el nivel Nacional tiene que montar un aparato denominado Superintendencia de Protección al Consumidor, a nivel nacional, para que vaya a regular los precios de los bienes de consumo en todos los rincones del país?. Al contrario, esa tendría que ser una actividad estadal, pues a ese nivel es más factible desarrollar el control, conforme a una normativa que puede ser nacional. En este nivel, por ejemplo, deben dictarse las normas que por su índole o naturaleza sean nacionales, para por ejemplo, no imponer multas distintas en todos los Estados, pero la administración del sistema de protección al consumidor tendría que funcionar al nivel de los Estados.

En el mismo sentido, la Constitución, en ninguna norma, utiliza la palabra ambiente; *habla* de protección a los Recursos Naturales Renovables (art. 109), pero no habla de ambiente. Entonces, ¿por qué la protección del medio ambiente tiene que ser una competencia nacional? Esta es una típica competencia residual que debería provocar que la normativa y regulación sean nacionales, a los efectos de establecer los criterios generales de contaminación, válidos para todo el país, pero la administración del ambiente debe estar en los Estados. Si descentralizamos estas tareas al nivel estadal, se reduce el aparato estatal a la mitad, considerablemente y así podremos convertir al Gobernador en efectivo agente del Poder Nacional, para aplicar determinadas leyes.

En materia de ordenación del territorio, también debemos decir que ningún artículo de la Constitución habla de ordenación territorial, ni de localización industrial. ¿Por qué entonces, tiene que ser el nivel nacional, representado por el Ministerio de Fomento el que, por ejemplo, determine todo en materia de localización de industrias un Estado determinado?. Creemos que racionalmente, no puede ordenarse el territorio y su ocupación desde el solo nivel nacional.

Ahora bien, a los efectos de ubicar las competencias a los Estados, a nivel de competencias residuales y concurrentes, surge sin duda la pregunta de cómo los Estados van a asumirlas, si el esquema actual es que los Estados dependen totalmente del Poder Nacional a través del situado constitucional. Para responder esta pregunta tenemos que preguntarnos también, si los Estados acaso tienen competencias tributarias. En general, en Venezuela, cuando se habla de la potestad tributaria, originaria se la sitúa a nivel municipal y a nivel nacional, conforme a normas expresas de la Constitución. En efecto, a nivel nacional, el artículo 136°, ordinal 8°, determina una competencia tributaria como de la competencia del Poder Nacional, para determinados tributos; y además, el artículo 31° establece, para los Municipios, competencias tributarias originarias en diversos rubros: patente sobre industria y comercio, impuesto sobre inmuebles urbanos; sobre espectáculos públicos. En contraste, la Constitución no establece directamente, tributo alguno a nivel estadal; es decir, no hay una asignación expresa de competencias tributarias a nivel de los Estados. Ella sin embargo, no puede conducir, a negarla, al contrario, pensamos que la Constitución establece, indirectamente, una competencia tributaria estadal que no ha sido utilizada. En efecto, la Constitución dice, en el artículo 136° que compete, al Poder Nacional los impuestos "que recaigan sobre la producción y consumo de bienes que total o parcialmente la ley reserva al Po der Nacional, tales como las de alcoholes, licores, cigarrillos, fósforos y salinas", es decir, la Constitución Nacional, dice que corresponde al Poder Nacional esos impuestos sobre la producción y consumo de bienes cuando total o parcialmente se reservan por Ley al Poder Nacional. Por tanto, si no hay una ley que reserve total o parcialmente al Poder Nacional determinados impuestos a la producción y al consumo de bienes, estos no son nacionales; o sea, solo son nacionales los impuestos a la producción y al consumo de bienes que la ley haya reservado total o parcialmente al Poder Nacional, tales como alcoholes, licores, cigarrillos, fósforos y salinas, y precisamente estos casos son los que se han regulado en las leyes nacionales de las llamadas renta de licores, de cigarrillos, de fósforos y de salinas. Pero fuera de éstos impuestos a la producción de consumo, relativos a los alcoholes, licores, cigarrillos, fósforos y salinas, no hay otra ley nacional que haya reservado al Poder Nacional impuesto alguno al consumo o la producción de bienes, por lo que en esta materia se aplica la competencia residual de los Estados. Así corresponde, a los Estados, en base a la competencia residual, los otros impuestos a la producción y consumo de bienes, hasta tanto una Ley nacional los haya reserva do al Poder Nacional. Esto lo confirma el artículo 18, ordinal 2° al señalar que "Los Estados no podrán gravar bienes de consumo antes de que entren en circulación dentro de su territorio"; por lo cual si pueden gravar bienes de consumo después de que entren en circulación en su territorio. También, el ordinal 3° del mismo artículo 18° establece que: "Los Estados no podrán prohibir el consumo de bienes producidos fuera de su territorio, ni gravarlos en forma diferente a los producidos en él"; por lo cual si pueden gravar bienes de consumo en forma igual a los producidos en él. La limitación del ordinal 4° también se aplica en el sentido de que no pueden los Estados "crear impuestos sobre el ganado en pie o sobre sus productos o sub–productos", con lo cual si bien se admite la competencia de los Estados sobre la producción, ella no puede caer sobre la producción agropecuaria.

C. Las competencias concurrentes atribuidas al "Estado" como comprensivo de los tres niveles territoriales incluyendo los Estados.

Aparte de las competencias de los Estados enumeradas en el artículo 17 de la Constitución y que son todas de carácter formal excepto por lo que se refiere a la policía urbana y rural, en el texto fundamental pueden identificarse otra serie de competencias que corresponden a los Estados en forma concurrente con las competencias de otros niveles territoriales.

En efecto, la Constitución consagra una serie de competencias que no se reservan a ninguna de las ramas del Poder Público en sentido vertical. Hemos dicho que la totalidad de los entes que conforman la organización política de la Nación, a la que la Constitución engloba bajo el término "Estado", realizan su actividad en ejercicio también de una sola potestad genérica "el Poder Público" que se distribuye vertical y Horizontalmente. Por ello todas las veces que la Constitución utiliza la palabra "Estado", tiene que entenderse comprensivo de la totalidad de los entes que conforman la organización política nacional. Por ello, también cuando la Constitución, en cambio, ha querido hablar de la República, de los Estados o de los Municipios, lo ha hecho expresamente.

Por ejemplo, en la redacción del artículo 124°, al establecer que "Nadie que esté al servicio de la República, de los Estados, de los Municipios y demás personas de derecho público, podrá celebrar contrato alguno con ellos...". Así, cuando la Constitución ha querido mencionar a las personas jurídicas estatales concretas dentro de la distribución vertical del poder, lo hace expresamente. De resto cuando, utiliza la expresión "Esta do" tiene que entenderse que es una expresión comprensiva de todos los órganos que conforman la organización política de la Nación, en los tres niveles territoriales que ejercen las competencias que se han delineado de acuerdo a los principios constitucionales.

Ahora bien, hemos señalado que el Poder Nacional tiene una competencia genérica, establecida en el ordinal 25° del artículo 136°, respecto de las materias que por su índole o naturaleza correspondan al nivel nacional. En base a esos criterios, muchas materias que la Constitución atribuye al "Estado" general, (que comprende la República, los Estados y los Municipios), han si do reguladas por la República (por las Cámaras Legislativas) y han adquirido esa connotación nacional. Pero si eso no se ha hecho en otras materias de competencias concurrentes, no pueden excluir las competencias estadales y municipales que pueda haber, así como tampoco la regulación nacional excluye las competencias estadales y municipales, salvo por lo que se refiere al necesario sometimiento a la jerarquía normativa nacional, por la concurrencia de competencias.

Veamos algunos ejemplos: el artículo 72° dice: "El Estado protegerá las asociaciones, corporaciones, sociedades y comunidades que tengan por objeto el mejor cumplimiento de los fines de la persona humana y de la convivencia social y fomentará la organización de cooperativas y demás instituciones destinadas a mejorar la economía popular".

En éste artículo 72° que es uno de esos artículos programáticos del texto constitucional, está la clave de una ex presión que ha sido tan utilizada políticamente y tan poco llevada a la práctica en todo el período democrático, como es la de la participación. Es en éste artículo donde podría tener su fundamento todo el proceso de organización social del pueblo, como base para un sistema participativo que no sólo se concreta en organizar cooperativas, de las que habla la norma, sino a otras instituciones destinadas al mejoramiento de la economía popular y, en general, todo lo que tiene por objeto el mejor cumplimiento de los fines de la persona humana y la convivencia social, la amplitud es total.

Ahora bien, cuando la norma dice: "El Estado protegerá las asociaciones, corporaciones, sociedades y comunidades...", no tiene porque referirse sólo a la República (el Estado Nacional), sino que también, asigna una competencia programática a los Estados de nuestro sistema federal, y a los Municipios. Si sólo los Estados asumieran la conducción de un proceso de participación a nivel local y de organización social de la población, podría provocarse una reforma del Estado, sin precedentes en nuestro país.

El artículo siguiente, el 73° también señala: "El Esta do protegerá la familia, como célula fundamental de la sociedad y velará por el mejoramiento de su situación moral y económica...". Esta tampoco es una tarea exclusiva del Estado Nacional, (la República) y que se realiza a través de una entidad descentralizada funcionalmente (Instituto Nacional del Menor) sometido a la tutela del Ministerio de la Juventud; al contrario, esta es una tarea que corresponde a todos los entes político–territoriales: la República, los Estados, y los Municipios. Hasta ahora, sin embargo, los Estados, ni ningún otro ente local han asumido competencias en esta materia, y solo la República tiene algunas competencias medio aisladas, pero no precisas.

Bajo éste mismo ángulo, cuando el artículo 73° dice: "La ley protegerá al matrimonio, favorecerá la organización del patrimonio familiar inembargable y proveerá lo conducente a facilitar a cada familia la adquisición de vivienda cómoda e higiénica"; por "Ley" debe entenderse aquí el acto legislativo dentro de los respectivos niveles territoriales de competencia, no sólo la ley nacional. La remisión es a una ley nacional sólo en aquellas áreas que son de la competencia nacional, por ej: en cuanto a la organización del patrimonio familiar inembargable, esto es una regulación nacional, porque incide sobre las normas de procedimiento, y de acuerdo al 136° ordinal 24°, la legislación de procedimientos es de la reserva nacional. Este es un punto que si correspondería ser regulado por una ley nacional, pero no tiene porque corresponder a una ley nacional, el proveer lo conducente para facilitar a cada familia la adquisición de vivienda cómoda e higiénica. El proceso de desarrollo de la vivienda no puede ser sólo una responsabilidad y competencia del nivel nacional, que ejerce a través de un ente descentralizado (el INAVI) sino que realmente es una competencia de todos los entes territoriales.

Otro principio de competencias concurrentes está en el artículo 75° de la Constitución que ha sido, inclusive, calificado como programático por la Corte Suprema de Justicia, por una vez que se demandó la nulidad de una norma en el Código Civil porque lo violaba, en el cual se dispone lo siguiente: "La ley proveerá lo conducente para que todo niño, sea cual fuere su filiación, pueda conocer a sus padres; para que estos cumplan el deber de asistir, alimentar y educar a sus hijos, y para que la infancia y la juventud estén protegidas contra el abandono, la explotación o el abuso. La filiación adoptiva será amparada por la Ley. El Estado compartirá con los padres, de modo subsidiario y atendiendo las posibilidades de aquellos, la responsabilidad que les incumbe en la formación de los hijos. El amparo y la protección de los menores serán objeto de legislación especial y de organismos y tribuna les especiales".

En esta norma, ¿Por qué el "Estado" va a ser la "República"? El Estado allí es toda la organización política de la nación, a todos los niveles y esta es una tarea que además, debe cumplirse a nivel local. De nuevo se nos plantea el problema del centralismo ¿Cómo podemos racionalmente imaginarnos que en un país de la magnitud de los problemas de Venezuela, la atención pública de modo subsidiario, en la formación de los hijos, esto corresponda al nivel nacional que hoy la presta a través de un instituto autónomo, el INAM?.

El artículo 76° de la Constitución, también establece: "Todos tienen derecho a la protección de la salud. Las autoridades velarán por el mantenimiento de la salud pública y proveerán los me dios de prevención y asistencia a quienes carezcan de ellos. Todos están obligados a someterse a las medidas sanitarias que establezca la ley, dentro de los límites impuestos por el respeto a la persona humana". Las autoridades a las cuales se refiere la norma, son las autoridades públicas de todos los niveles territoriales. Ello se confirma en el artículo 136°, ordinal 17, que atribuye al Poder Nacional la dirección técnica y la coordinación de los servicios destinados a la defensa de la salud pública, con lo cual se reconoce que también, en el nivel estadal y municipal existen competencias en materia de salud. De paso debe señalarse que este es el único artículo de la Constitución en el cual se habla de centralización, pe ro denominándola nacionalización; o sea, se reconoce que estos servicios destinados a la salud, pueden estar a nivel estadal y municipal, al establecerse que "por Ley", "pueden ser nacionalizados". Nacionalización como se dijo en el sentido de conversión de una competencia concurrente en una reservada al nivel; es decir, conversión en nacional de lo que es estadal o municipal en materia de salud. Sin duda, el empleo de este término de nacionalización es confuso, pues debió haberse utilizado la expresión centralización, para confrontarla con la expresión del artículo 137° que habla de descentralización. Esta facultad de centralización de servicios públicos des tinados a la salud, mediante una ley se ha dictado en relación a los servicios de recolección de basuras en Caracas, mediante la ley que creó el IMAU.

El artículo 77 de la Constitución también hace referencia al Estado para identificar competencias concurrentes. Dice "El Estado propenderá a mejorar las condiciones de vida de la población campesina". Por supuesto, esta es una función que no sólo le corresponde al nivel nacional a través de un instituto autónomo, el Instituto Agrario Nacional, sino que corresponde en forma concurrente a los niveles estadal o municipal.

En el artículo 78° al regular el derecho a la educación la Constitución establece: "El Estado creará y sostendrá escuelas, instituciones y servicios suficientemente dotados para asegurar el acceso á la educación y a la cultura...". El Estado, en esta: norma no sólo es la República, sino también los niveles estadales y municipales. Puede decirse que en ningún país del mundo la educación es un sólo servicio nacional y en general, es un servicio municipal y del nivel político intermedio. Nacional, es por ejemplo, la competencia en la organización de los curricula, programa, requisitos de exámenes para obtener títulos, reválidas, etc.; pero la prestación del servicio tiene que ser un problema local. Sin embargo, a pesar del sistema constitucional concurrente en esta materia el centralismo se ha acentuado y para ello se ha partido del supuesto de que hay incapacidad administrativa y humana en el nivel local, pero nos hemos olvidado de que jamás habrá capacidad administrativa y humana en los niveles locales si no descentralizamos.

En materia educativa, al establecer el derecho de toda persona natural o jurídica, para dedicarse libremente a la ciencia y arte, las somete a la suprema inspección y vigilancia del Estado (art. 79); y además, precisa que "El Estado orientará y organizará el sistema educativo para lograr el cumplimiento de los fines seña lados en el artículo 80. Este "Estado" comprende todos los niveles político–territoriales. También cuando el artículo 83 señala que "El Estado fomentará la cultura en sus diversas manifestaciones y velará por la protección y conservación de las obras, objetos y monumentos de valor histórico o artístico que se encuentren en el país, y procurará que ellos sirvan al fomento de la educación". El "Estado" que debe fomentar la cultura está compuesto, por los tres niveles territoriales: la República, los Estados y Municipios. En particular, en los Estados de la Federación es donde realmente deben desarrollarse los centros culturales del país. La cultura no puede ser una competencia del CONAC, a nivel nacional, pues la cultura no sólo es un problema nacional. Por otra parte, cuando la Constitución establece en el artículo 84 que "Todos tienen derecho al trabajo", agrega que "El Estado procurará que toda persona apta pueda obtener colocación que le proporcione una subsistencia digna y decorosa. Esta es una responsabilidad de todos los niveles territoriales, inclusive el estadal.

El mismo enfoque se debe hacer en materia de desarrollo económico. Cuando el artículo 95° dice que: "El Estado promoverá el desarrollo económico": ¿por qué ha de ser esa una obligación sólo de la República? al contrario, eso quiere decir que la República, los Estados y los Municipios promoverán el desarrollo económico y la diversificación de la producción, con el fin de crear nuevas fuentes de riqueza, aumentar el nivel de ingresos de la población y fortalecer la soberanía económica del país". Lo mismo debe decirse respecto del artículo 98. Este dispone que "El Estado protegerá la iniciativa privada, sin perjuicio de la facultad de dictar medidas, para planificar, racionalizar y fomentar la producción y regular la circulación, distribución y consumo de la riqueza a fin de impulsar el desarrollo económico del país". Estas tareas, dentro de sus respectivos niveles de competencia corresponden a los tres niveles territoriales. Por ejemplo, nada autoriza a considerar que el fomento sea una actividad nacional, pues también es una actividad que compete a todos los Estados y Municipios.

Por su parte, el artículo 106 de la Constitución, establece: "El Estado atenderá a la defensa y conservación de los recursos naturales de su territorio, y la explotación de los mismos está dirigida primordialmente al beneficio colectivo de los venezolanos". Esto corresponde, ciertamente al Poder Nacional, y para ello se ha creado el Ministerio del Ambiente y de los Recursos Naturales Renovables pero también corresponde a los niveles estadales y municipales.

D. Los Municipios y el sometimiento a la legalidad

Para analizar el régimen de los Municipios y el orden legal aplicable a los mismos de acuerdo a la Constitución, debemos también partir del principio de la autonomía de estas entidades que constituyen la unidad política, primaria y autónoma dentro de la organización nacional. Esa autonomía comprende una autonomía política de acuerdo al artículo 29 la "elección de sus autoridades"; y una autonomía normativa, administrativa, de gobierno y tributaria, que se deriva de los numerales 2 y 3 del propio artículo 29 que se refiere a la "...libre gestión de las materias de su competencia..."; y a "...la creación, recaudación, e inversión de sus ingresos...". Por tanto, constitucionalmente no puede haber Municipio sin autonomía, por lo que es evidente que hay algunas normas inconstitucionales en la Ley Orgánica de Régimen Municipal, que consagran Municipios no autónomos, como los denominados Municipios Foráneos. Se insiste, constitucionalmente no puede haber un municipio que no sea autónomo, es decir, que no tenga la libre gestión de las materias de su competencia y que no elija sus propias autoridades.

El otro signo, de la autonomía, de acuerdo al artículo 29, es la autonomía derivada de la ausencia de control que está en la última parte del artículo 29 al prescribir que los actos municipales sólo pueden ser impugnados por ante los órganos jurisdiccionales, de conformidad con la Constitución y las leyes. En consecuencia, en este nivel, no hay ningún tipo de control sobre los Municipios, salvo el control jurisdiccional, lo que confirma la autonomía. Por ello hemos dicho que el signo máximo de la autonomía territorial, tanto a nivel de Estados como de Municipios, es el hecho de que estos entes no estén sometidos ni à control político ni administrativo, y sólo a control jurisdiccional. Por ello, cuando algunos Municipios del país presentaron una situación irregular, a los efectos de poder permitir su intervención por órganos nacionales se elaboró un Proyecto de Enmienda Constitucional N° 2, que buscaba atribuir al Congrego de la República la intervención de determinados municipios, lo cual no sólo hubiera limitado la autonomía municipal, sino que hubiera sido inconveniente, por centralista

a. La jerarquía de las fuentes a nivel municipal

En el caso de los Municipios, el orden jurídico de las fuentes de la legalidad que les son aplicables están, establecidas en la Constitución, en el artículo 26°, al prescribir que la organización de los Municipios y demás entidades locales, se regirá, primero por lo establecido en la propia Constitución; segundo: "por las normas que para desarrollar los principios constitucionales, establezcan las Leyes orgánicas nacionales"; y tercero: "por las disposiciones legales que en conformidad con aquellas dicten los Estados". En esta forma, se precisan los tres niveles de fuentes normativas que pueden regir a los Municipios: la Constitución, las leyes orgánicas nacionales y las leyes de los Estados,

a'. Las leyes orgánicas

A nivel nacional, por tanto la Ley Orgánica de Régimen Municipal, vendría a ser la primera de las fuentes reguladoras de los municipios; pero la Constitución, en realidad habla de "...las normas que para desarrollar los principios constitucionales establezcan las leyes orgánicas nacionales...". Por tanto no sólo se refiere a la Ley Orgánica de Régimen Municipal, sino que en materia de "organización" hay otras leyes orgánicas que se pueden aplicar a los Municipios. Por ejemplo, la Ley Orgánica de Coordinación del Situado Constitucional, Ley Orgánica del Sufragio, la Ley Orgánica de la Contraloría General de la República, la Ley Orgánica de Procedimientos Administrativos, la Ley Orgánica de Salvaguarda del Patrimonio Público, la Ley Orgánica de la Corte Suprema de Justicia, y el Código Tributario. Estas leyes rigen respecto de los Municipios en las normas relativas a la organización de los mismos, que aquellos textos puedan contener. En los otros aspectos estas leyes no pueden aplicarse a los Municipios si lesionan la autonomía municipal.

Sin embargo, otras Leyes orgánicas nacionales se aplican a los Municipios, en virtud de remisiones expresas del texto Constitucional. Por ejemplo, en materia de elecciones, los artículos 136, ord. 24 y 112 y 113 remiten a una ley nacional que en esta materia se aplica a los Municipios; en materia del con trol jurisdiccional de los actos de los Municipios, los artículos 29, 206 y 215 remiten a una Ley nacional que se aplica a los Municipios; y lo mismo puede señalarse respecto del Código Tributario, que desarrolla el artículo 223 de la Constitución, y que también se aplicaría a los Municipios.

En efecto, este artículo 223 de la Constitución establece que "...el sistema tributario procurará la justa distribución de las cargas, según la capacidad económica del contribuyente, atendiendo al principio de la progresividad, así como la protección, de la economía nacional y la elevación del nivel de vida pueblo". Se prevé, aquí, un principio general que rige también para el Municipio, como orientación de todo el sistema tributario del país. Por tanto no pueden establecerse los ingresos y tributos municipales que establece el artículo 31, sin atender a ésta justa distribución de las cargas, lo cual implica un límite a la potestad tributaria municipal.

En el mismo sentido, por ejemplo, de acuerdo con el artículo 233 de la Constitución, las disposiciones todas que rigen la Hacienda Pública Nacional regirán la administración de la Hacienda Pública de los Municipios en cuanto sea aplicable; y el artículo 2 35 del texto fundamental prescribe que las funciones de la Contraloría General de la República podrán extenderse por ley a las administraciones municipales, sin menoscabo de la autonomía que a estas garantiza la Constitución.

Por tanto, todas estas otras normas nacionales, establecidas en leyes orgánicas nacionales, también se aplican a los Municipios y constituyen parte de las fuentes de la legalidad municipal, en los términos autorizados por la Constitución.

b'. Las leyes ordinarias

Pero además de las Leyes orgánicas nacionales, la propia Constitución remite para la regulación de aspectos que conciernen a los municipios, simplemente a la Ley, sin calificar las de orgánica.

En efecto, por ejemplo, en cuanto a los órganos que deban representar a los Municipios, la Constitución dice, en su artículo 25, que deben ser los determinados en una Ley, sin calificarla de Orgánica; podría, por tanto, tratarse de una ley ordinaria la que establezca cuál es el órgano que va a representar al Municipio, si la Ley Orgánica de Régimen Municipal no lo establecerla ahora. Pero antes de su vigencia en 1978, eran las Leyes de los Estados las que crearon los Concejos Municipales y era la Ley del Sufragio la que establecía la forma de elección de los Concejales. Ahora es la Ley Orgánica de Régimen Municipal la que establece cuáles son los órganos que ejercen la representación del Municipio, regulando a los Concejos Municipales, como órganos colegiados. Por ello hemos dicho que los Concejos no son órganos de rango constitucional, pues no están previstos en la Constitución, por lo que la Ley podría establecer otro tipo de organización diferente a la de los cuerpos colegiados y prever, por ejemplo la figura de los Alcaldes o cualquier otra de representación municipal.

El artículo 27 de la Constitución también trae una remisión a la Ley, en cuanto a los diferentes regímenes para atender a la organización, gobierno y administración de los municipios, atendiendo a las condiciones de población, desarrollo eco nómico, situación geográfica, etc. Allí tampoco habla, exactamente, de Ley Orgánica, aún cuando en la actualidad es la Ley Orgánica de Régimen Municipal la que regula, aún cuando imperfectamente la materia. Sin embargo, podría haber, en un momento determinado, una Ley especial para regular las entidades locales menores o de una determinada región en forma distinta a otras regiones del país.

Otro campo de remisión constitucional a la ley, a los efectos de regular la competencia municipal, dentro de ésta jerarquía de las fuentes, es la contenida en la última parte del artículo 30, que prescribe que "...la ley podrá atribuir a los Municipios competencia exclusiva en determinadas materias, así como imponerles un mínimo obligatorio de servicios".

Los servicios mínimos obligatorios a los Municipios están hoy previstos en la Ley Orgánica de Régimen Municipal; sin embargo, ello no excluye que otras leyes atribuyan a los Municipios competencia exclusiva en determinadas materias, lo cual no necesariamente corresponde a la Ley de Régimen Municipal, sino a las leyes que regulen por ejemplo competencias concurrentes como sería una ley nacional que regule el urbanismo.

En el mismo sentido, de acuerdo al artículo 137 de la Constitución, las Cámaras Legislativas en particular mediante ley, pueden transferir a los Municipios competencias nacionales, mediante el voto favorable de las dos terceras partes de los miembros de cada Cámara. Esta descentralización administrativa de que habla el 137 no es sólo posible a favor de los Estados sino, también, a favor de los Municipios. Por tanto, la ley que descentralice competencias nacionales a favor de los Municipios, o le atribuya la atención, en forma exclusiva, de determinadas competencias del Municipio, en los casos de competencias concurrentes también se configuraría como una fuente de sometimiento al derecho por aquellos.

Luego, en el artículo 31 que regula los ingresos municipales, el ordinal 6°: prevé "....los demás impuestos, tasas y contribuciones especiales que crearen en conformidad con la ley...". Esta ley, por ejemplo, es el Código Tributario o la futura ley que regule las contribuciones especiales que podrán crear los Municipios.

Además, en la Constitución hay otra referencia a la Ley, en el artículo 32, en el caso de la enajenación de ejidos con fines de reforma agraria, en cuanto a que es la Ley la que debe determinarlos, en este caso, la Ley de Reforma Agraria. En el mismo sentido, en materia de utilización del crédito público por los Municipios la Constitución remite directamente a la Ley. Así, el artículo 33 del texto fundamental dispone que "Los Municipios podrán hacer uso del Crédito Público con las limitaciones y requisitos que establezca la Ley.

En conclusión, puede decirse que el ordena miento legal aplicable a los Municipios, no sólo está compuesto por los principios constitucionales, sino que es la propia Constitución la que remite a Leyes orgánicas nacionales que desarrollen esos principios, y a una serie de leyes ordinarias en diversas materias específicas. La autonomía municipal, por tanto, está sometida a una serie de limitaciones impuestas por el Poder Nacional, pero establecidas por Ley, por lo que esa autonomía no podría permitir limitaciones establecidas por vía distinta a la ley, configurándose como una materia de la reserva legal.

c'. Las leyes estadales

Pero el artículo 26 de la Constitución además de remitir a las leyes nacionales como reguladoras de los Municipios, remite, también a las leyes que dicten los Estados. Este, sin duda, es un campo que está por completarse, ya que aún no se ha dictado ninguna Ley estadal de Régimen Municipal. Antes de que se dictara la Ley Orgánica de Régimen Municipal, habían Leyes y Códigos Orgánicos Municipales dictados por las

Asambleas Legislativas de todos los Estados, los cuales hoy están parcialmente derogados por la Ley Nacional y no han sido sustituidos.

Por ejemplo, en las leyes estadales es que deberían regularse las divisiones de los Municipios en especial, de los urbanos. En efecto, de acuerdo a la Ley Nacional, dentro de las múltiples limitaciones para la creación de Municipios, el artículo 14 impone materialmente, que en los centros urbanos que formen una unidad geográfica, económica y social, sólo puede establecerse un Municipio, no pudiendo los diversos territorios de una ciudad adquirir el carácter de entidades municipales separadas. En consecuencia, en la actualidad, sólo puede ser la Ley de Municipios del Estado respectivo, la que establezca las posibles entidades locales que constituyan la división territorial de los Municipios, llámense parroquias, comunas o como sea. No se olvide que los Distritos Autónomos actuales están divididos en Municipios, y que con la aplicación de la Ley Orgánica Nacional, si fuera a aplicarse sin mayores estudios, los actuales Distritos materialmente se convertirían en Municipios, y las actuales divisiones territoriales que se conocen con el nombre de "Municipios" desaparecerían. En su lugar, si ese fuera el caso, habría que establecer otro nivel territorial inferior, por ejemplo, el de parroquias, que tendría que estar regulado en las leyes de los Estados.

En la Ley Orgánica nacional esa subdivisión está regulada pero sólo en el ámbito rural, en relación a los llamados Municipios Foráneos, como subdivisión de los Municipios con una población superior a mil habitantes.

En todo caso, lo que debe destacarse es que la Ley Orgánica de Régimen Municipal prevee esa división en el ámbito rural y la llama Municipio Foráneo, pero no la prevee en el ámbito "urbano.

Por otra parte, la Constitución trae el principio de que los Municipios podrán ser agrupados en Distritos. Así, el artículo 28 cambió el sistema anterior, que era que los Estados se dividían en Distritos, y estos en Municipios, siendo el Distrito el autónomo. En esa forma el Distrito era una figura territorial obligante en el Estados no podría haber un Estado sin Distritos, porque los Distritos eran los que estaban dotados de autonomía municipal.

Con la Constitución de 1961, el Distrito no es una figura territorial de existencia obligante, pues podría haber un Estado que se divida, directamente, en Municipios, sin tener Distritos, Además, en algunos Estados puede establecerse la agrupación de Municipios en un Distrito, pero no necesariamente en forma uniforme, pues puede suceder que en un Estado determinados Municipios se agrupen en un Distrito y que el resto del territorio se configure directamente en Municipios, sin que hayan otras agrupaciones. Por tanto, no es necesario que todo sea uniforme, es decir, que los Estados se dividan en distritos, y que cada Distrito se divida en Municipios. Podría suceder, por ejemplo, que en el área circundante a la capital del Estado, los municipios se agrupen en el Distrito de la Capital, pero que el resto del territorio del Estado se divida en Municipios, sin que exista la figura del Distrito. Todo ello, sin embargo, debe regularse en la ley de Régimen Municipal de cada Estado.

Por tanto, podemos concluir en que la organización de los Municipios está por hacerse, ya que la Ley Orgánica de Régimen Municipal, en definitiva, no resolvió el problema de la organización territorial del país, la cual quedó como estaba anteriormente. En esta materia la Ley equivale a la Disposición Transitoria que estaba en la Constitución y que mandaba a aplicar la organización municipal vigente en 1961, establecida conforme a la Constitución de 1953.

b. El régimen de las competencias municipales en la Constitución

El régimen aplicable a los Municipios, vinculado a la autonomía y al orden legal al cual están sometidos, por supuesto, también incide sobre las competencias. Puede decirse, incluso que la competencia municipal es el elemento clave para determinar cuál es el orden legal que debe aplicarse al Municipio.

En esta materia el artículo 30 de la Constitución, sigue la tradición iniciada en la Constitución de 1925, de definir, a nivel constitucional, las competencias municipales. Sin embargo, es claro, que el artículo 30 de la Constitución de 1961 es más perfecta que los textos anteriores, porque trae dos conceptos que le dan una amplitud considerable a la interpretación de las competencias: por una parte, la idea de que hay intereses peculiares de la entidad, lo que implica que hay intereses peculiares del Municipio y de las demás entidades locales; y por la otra la idea de que hay "materias propias de la vida local". Son éstas, dos expresiones que inciden sobre la misma idea y que ayudan a determinar la competencia que corresponde al Municipio. Luego, la Constitución, a título enunciativo hace una enumeración de materias, que sin embargo, no son exclusivas del Municipio, pues son todas competencias concurrentes: Urbanismo, abastos, circulación, cultura, salubridad, asistencia social, institutos populares de crédito, turismo y policía municipal. En esta enunciación de competencias municipales, sin embargo, todas son en realidad materias concurrentes; no hay ninguna exclusiva del Municipio, pues estas mismas materias se han atribuido, también, al Poder Nacional.

a'. Las competencias urbanísticas

En primer lugar el urbanismo. El artículo 136, ordinal 14 de la Constitución, en efecto, atribuye al Poder Nacional, el establecimiento, coordinación y unificación de normas y procedimientos técnicos para obras de ingeniería, de arquitectura y de urbanismo.

Esta es una competencia que tiene una larga tradición en la evolución Constitucional, y que se empieza a de terminar desde la Constitución de 1925. En esta, se atribuía a la competencia local, sólo la materia de ornamentación municipal y construcción en general. Ello fue derivando hacia el urbanismo, pero sometido a las regulaciones del Poder Nacional, hasta llegar a la Constitución de 1947, donde se establece un principio que es el que va a guiar la mentalidad de los urbanistas en Venezuela, y es que el urbanismo es una materia concurrente entre el nivel municipal y el nacional, pero sometida a una peculiaridad, que va a repetir la Constitución de 1953: que la competencia municipal en materia de urbanismo sólo podía ejercerse con sujeción a las leyes nacionales.

Por tanto, la competencia municipal en materia de urbanismo, con sujeción a las leyes nacionales, es el principio, en las Constituciones de 1947 y de 1953. Sin embargo, ello se elimina en la Constitución de 1961, que establece la autonomía municipal, es decir, la libre gestión por el Municipio, de la materia de urbanismo. En este contexto, la única atribución nacional en la materia está prevista en el ordinal 14 del artículo 136, la cual sin embargo, se configura como una limitación sensata pero de poco alcance, pues se refiere, sólo al establecimiento, coordinación y unificación de normas y procedimientos técnicos en materia de urbanismo.

Esta competencia atribuida al "Poder Nacional", sin embargo, ha venido siendo interpretada en una forma excesivamente centralista, en perjuicio de las competencias municipales. En efecto, por ejemplo, en la Ley Orgánica de la Administración Central, esa competencia, con el mismo texto que tiene el ordinal 14 de la Constitución, fué asignada al Ministerio de Desarrollo Urbano, pura y simplemente, sin que hubiera mediado la sanción de una Ley Nacional de Ordenación Urbanística. La Ley Orgánica de la Administración Central, en realidad, endosó todo el enunciado del ordinal 14 del artículo 136 de la Constitución, en forma impropia al Poder Ejecutivo y dentro de este, al Ministerio de Desarrollo Urbano, cuando al ser una competencia que la Constitución atribuye al Poder Nacional, de acuerdo al 139 era el Poder Legislativo directamente quien debía legislar sobre esa competencia nacional. Sin embargo, el Poder Legislativo legisló, y lo que hizo fue endosar la misma competencia del ordinal 14 del artículo 136 al Poder Ejecutivo, de manera que ahora es el Poder Ejecutivo, el encargado de establecer y coordinar normas y procedimientos técnicos para obras de ingeniería, arquitectura y urbanismo, porque así lo establece la Ley Orgánica de la Administración Central al asignar competencias del Ministerio de Desarrollo Urbano. Luego tenemos la Ley Orgánica de Régimen Municipal.

Sin embargo, cabria preguntarse sobre la efectividad jurídica de esta atribución de competencias al Ministerio de Desarrollo Urbano. En efecto, la jurisprudencia de la Corte Suprema de Justicia ha determinado que la Ley Orgánica de la Administración Central, no puede ser, aisladamente una fuente de atribución de competencias? en otras palabras, que no puede haber ejercicio de la competencia por parte de un Ministerio, sólo en base a la Ley Orgánica de la Administración Central, sino que se re quiere, además, una legislación sustantiva que regule la materia, y que establezca la forma de ejercerla por el Ministerio respectivo. Por tanto, en materia de urbanismo, el hecho de que la Ley Orgánica de la Administración Central endose al Ministerio de Desarrollo Urbano, la competencia del ordinal 14 del artículo 136 de la Constitución, no es suficiente para decir que el Ministerio de Desarrollo Urbano tiene todas las competencias en materia de urbanismo,

Al contrario, el urbanismo tiene que estar regulado en una Ley sustantiva que diga, cual es el ámbito de la competencia nacional y municipal en la materia. Hasta ahora, la única ley que se ha dictado en éste sentido, y que recula algo sobre las competencias públicas en materia de urbanismo, como ley nacional, es la Ley Orgánica de Régimen Municipal, en la cual se establece cual es el sentido de la concurrencia de competencias. En efecto, el ordinal 3° del artículo 7° de la Ley establece, en materia de urbanismo por una parte, que los planes de desarrollo urbano local, deben ser elaborados de acuerdo con las normas y procedimientos técnicos establecidos por el Poder Nacional; ello, sin embargo, todavía no se ha establecido, pues no se han previsto con carácter general, estos principios. Por la otra parte, establece la norma que esos planes de desarrollo local, entrarán en vigencia una vez aprobados por la autoridad nacional competente, el Ministerio de Desarrollo Urbano, de acuerdo a la Ley Orgánica de la Administración Central, para establecer, coordinar y unificar dichas normas y procedimientos en materia de urbanismo, de conformidad con lo dispuesto en el ordinal 14 del artículo 136 de la Constitución.

Esta norma de la Ley Orgánica de Régimen Municipal, en realidad, es lógica y no viola la autonomía municipal, sino que más bien es una aplicación de la concurrencia de competencias: el Poder Nacional tiene competencia para establecer y unificar principios y normas técnicas en materia de urbanismo? los Municipios tienen competencia para sancionar los planes de desarrollo urbano local, de acuerdo a esos principios y normas, y la forma de verificar que estos se elaboran de acuerdo a aquellos principios y normas técnicas, es mediante una técnica aprobatoria, que implica una simple verificación de que se cumplió con lo que la Constitución prescribía.

Pero agrega la norma, que estos planes entrarán en vigencia una vez aprobados por la autoridad nacional competente para establecer las normas, es decir, por el Ministerio de Desarrollo Urbano. ¿Qué significa ésto? Que el Municipio elabora su plan, lo somete al Ministerio, este lo aprueba, y vuelve al Municipio, para que este lo ponga en vigencia mediante la publicación en la Gaceta Municipal. Esto es lo que debería suceder de acuerdo a ésta interpretación. Sin embargo, ello no es así, y es tamos viendo el absurdo, de que cuando se elabora el plan de desarrollo urbano local, a nivel municipal, al someterse al Ministerio de Desarrollo Urbano, si este lo aprueba, lo publica en la Gaceta Oficial de la República, como si se tratase de una decisión nacional, pura y simplemente.

Sin embargo, la situación se agrava después del Decreto 668, de 1979, sobre normas de urbanización, que ha llevado al Ministerio a elaborar y publicar directamente unos planes rectores de desarrollo urbano los cuales, por su contenido, no son otra cosa que planes de desarrollo urbano local. Sin embargo, no puede el Poder Nacional, y este sería el principio básico para delimitar las competencias nacionales y municipales, fijar uso del suelo urbano, pues no hay, en la Constitución, norma alguna que auto rice los órganos que ejercen el Poder Nacional, a fijar uso del suelo en las ciudades; esto es competencia municipal y el hecho de que la Ley Orgánica de la Administración Central atribuya al Ministerio de Desarrollo Urbano, la fijación del uso del suelo urbano, ello no puede considerarse como una norma atributiva de competencia. Por tanto, no puede basarse el MINDUR, para dictar resoluciones que regulen el uso de suelo urbano, en la Ley Orgánica de Administración Central y menos en el Decreto 668, que regula este proceso de urbanización, en forma, por demás, inconstitucional.

En ésta materia de urbanismo, además del ordinal 3° del artículo 7°, sigue la tradición de la enumeración constitucional, el ordinal 4° que también atribuye competencias al Municipio en materia de "Arquitectura Civil, nomenclatura y ornato público de conformidad con el ordinal 14ª del artículo 136 de la Constitución". Otro artículo que establece una competencia en materia de urbanismo en la Ley Orgánica de Régimen Municipal, es el artículo 8, ordinal 3°, que habla de que los Municipios también de ben contribuir y cooperar con el saneamiento ambiental; cooperar en la prevención y asistencia en casos de calamidades públicas, tales como inundaciones, derrumbes y otros; acondicionar, construir y mantener parques, jardines y calles, plazas, balnearios, playas y otros sitios de recreación y deportes; y establecer servicios médico–asistenciales, educacionales, culturales y otros de conformidad con las normas en coordinación con las políticas adoptadas por el Poder Nacional sobre la respectiva materia".

Por último, también se refiere al urbanismo, la norma contenida en el artículo 168 de la Ley Orgánica de Régimen Municipal, que regula en forma transitoria las rezonificaciones aisladas o singulares y los cambios de zonificación. Esta, sin duda, vendría a ser una norma sustantiva en materia de Urbanismo, lo cual nos revela la ausencia y la urgencia de una Ley Nacional que regule el urbanismo, es decir, que establezca estos principios generales que deben regir el proceso de elaboración de planes, respetando la autonomía municipal.

Sin embargo, un principio básico en materia de urbanismo, que es la necesidad de que el Urbanizador transfiera a la Municipalidad determinadas áreas para vialidad, parques, etc., (lo que se llama las cesiones obligatorias gratuitas), aún no se ha establecido con carácter general en el país, y las regulaciones sobre la materia que existen a nivel local están mal fundadas.

b'. Las competencias en materia de abastos

La segunda de las competencias que enumera el artículo 30 de la Constitución es la de los Abastos, la cual ha sido, tradicionalmente, una competencia municipal en la evolución constitucional venezolana. Se estima, que si algo compete a la autoridad local es el asegurar, el abastecimiento de la población. Sin embargo, esta competencia hay que confrontarla a la luz del proceso de urbanización. Por ello, hoy para un municipio rural, para las poblaciones que lo conforman, esta será una materia propia de la vida local; de allí surge, por ejemplo, la competencia tradicional en materia de mataderos. Sin embargo, en un municipio urbano, en una gran ciudad como Caracas, el problema del abastecimiento de la ciudad rebasa el ámbito municipal, y pasa a ser una materia de interés estadal o nacional.

En todo caso, esta materia tendría que ser regulada a nivel local tomando en cuenta las diversas categorías de autoridades locales que debe haber.

Ahora bien, en esta materia tanto en la Constitución como en la Ley Orgánica de Régimen Municipal se habla de "abastos", aún cuando la Ley Orgánica de Régimen Municipal va más allá, y atribuye al Municipio la creación de servicios que faciliten el mercadeo y el abastecimiento de los productos de consumo o de primera necesidad, tales como mercados y mataderos locales" (art. 7, ord. C). Se insiste, esto es perfectamente admisible en autoridades locales pequeñas o en municipios rurales, pues el problema se plantea en otra forma en grandes áreas urbanas, donde la operación tiene otra naturaleza.

Por supuesto, en esta materia también hay una concurrencia de competencias entre el nivel municipal y el nivel nacional. En la propia Constitución hay una norma, adentro de las que regulan los derechos económicos, que establece, con carácter general, que el Estado protegerá la iniciativa privada, sin perjuicio de la facultad para dictar medidas para planificar, racionalizar y fomentar la producción, y regular la circulación, distribución y consumo de 1a riqueza, a fin de impulsar el desarrollo económico del país (art. 9 8). Esta es una competencia que se le atribuye al Estado y cuando el texto constitucional habla del Estado, insistimos, se refiere a los tres niveles territoriales: nacional, estadal y municipal.

De acuerdo a esta norma, sin duda, el Municipio tiene competencia para regular la circulación, distribución y consumo de la riqueza en este caso, de bienes de primera necesidad, aún cuando ello es una competencia concurrente. Hasta ahora, a nivel legislativo, para concretarla se ha dictado la norma de la Ley Orgánica de Régimen Municipal que le atribuye funciones para crear esos servicios, de manera que es una competencia local específica. Además están las normas de la Ley de Protección al Consumidor, y las relativas al mercadeo agrícola (Ley de Mercadeo Agrícola). En estas normas nacionales se regula la distribución, circulación y consumo de bienes de primera necesidad. A ello hay que agregar las normas sobre pesas y medidas (Ley de Metrología legal), "de carácter nacional. En presencia de estas normas nacionales, la competencia genérica en materia de abastos prevista en el artículo 30 de la Constitución, a los Municipios, en la Ley Orgánica de Régimen Municipal, en realidad, se reduce a "crear servicios que faciliten el mercadeo y abastecimiento de productos tales como mercados y mataderos"; es decir, materialmente a crear mercados y mataderos, pura y simplemente, es decir, a establecer la infraestructura para facilitar la comercialización de los productos y para beneficiarse las reses. Sin embargo, la política pública para asegurar el abastecimiento dentro de los mercados o asegurar la producción pecuaria, es un proceso que entra dentro de las competencias nacionales y de allí, las dos leyes mencionadas sobre protección al consumidor y mercadeo agrícola. Además, en el ámbito nacional se ha venido desarrollando una serie de políticas relativas a la agroindustria y a la industria pecuaria, por ejemplo, en materia de mataderos industriales, aún cuando en este campo hay una evidente carencia legislativa como lo hay en materia de industria, en general.

c'. Las competencias en materia de circulación y transporte urbano.

Otra competencia tradicional, la tercera que enumera el artículo 30 de la Constitución, es la competencia en materia de circulación y en torno a ello ha habido una discusión tradicional sobre que es circulación y cuál es el tipo de concurrencia que existe respecto de las competencias nacionales en la materia. En realidad, circulación equivale a tránsito y esto se traduce en uso de las vías públicas y la regulación del mismo. Por tanto la" circulación es una competencia municipal, porque se trata de un uso de la vía pública municipal (tránsito por la vía pública municipal), que es un bien del dominio público municipal. Por ello, es que hay esta competencia local en materia de circulación y tránsito urbano.

Por supuesto, uno de los usos más importantes de las vías públicas, es para el transporte público o colectivo de pasajeros. Por ello, la competencia local en materia de circulación por las vías públicas urbanas, trae consigo la competencia en materia de transporte urbano de personas.

En efecto en las Constituciones de 1947 y de 1953, entre las competencias municipales estaba el transporte urbano, lo cual se eliminó en la enumeración del artículo 30 de la Constitución, no existiendo en ella referencia directa al transporte. Sin embargo, como se dijo siendo el transporte uno de los factores de utilización de la vía pública municipal, se atribuye competencia en materia de transporte de personal a la autoridad local. En efecto, el Poder Nacional conforme al ord. 20 del artículo 136 de la Constitución tiene competencia en lo relativo al trasporte terrestre, y además, también se atribuye al Poder Nacional en el ord. 21 art. 136 C.N., competencia en materia de "cables aéreos de tracción y vías férreas aunque estén dentro de los límites de un Estado, salvo que se trate de tranvías o cables de tracción urbanos cuya concesión y reglamentación compete a los respectivos municipios". En esta forma, indirectamente estamos en presencia de la atribución a los Municipios de una competencia en materia de transporte urbano por lo que se refiere a los tranvías o los cables de tracción urbana. Aquí es donde tiene su asidero, reforzado por la tradición jurisprudencial, la competencia municipal en materia de transporte urbano, que la Ley Orgánica de Régimen Municipal en su artículo 7°, ord. 5, ahora establece expresamente. En dicha norma, en efecto se incluye dentro de las competencias municipales, el transporte colectivo de pasajeros, y además, las materias relativas a la circulación urbana; es decir, tránsito urbano, circulación y transporte urbano.

Sin embargo, en materia de transporte por vía férrea, la Constitución establece una reserva nacional, por lo que el metro sería de la competencia nacional. Tratemos de puntualizar estos aspectos, recapitulando lo dicho hasta ahora.

En efecto, en materia de transporte, la Constitución tiene las siguientes regulaciones: En primer lugar, se atribuye al Poder Nacional el régimen de los transportes terrestres, en general, en el mismo artículo 136, ordinal 20 de la Constitución. No hay, en cambio en el texto fundamental ninguna atribución de competencia municipal en materia de transporte urbano, por lo que podemos decir que actualmente ello no tiene rango constitucional, aún cuando sí lo era en la tradición constitucional.

En efecto, en el texto de 1936, y luego en el de 1947 sí se atribuía al Municipio competencia en materia de transportes urbanos. En esta forma en la Constitución, había una competencia en materia de transporte terrestre general, atribuida al Poder Nacional; y una en materia de transporte urbano atribuida al Municipio. Esto se recogió también en la Constitución de 1953 y luego se eliminó en el texto de 1961. Actualmente, por tanto, no hay una asignación directa al Municipio de competencia en materia de transporte urbano. Sin embargo, el ordinal 21 del artículo 136 indirectamente atribuye al Municipio competencia en materia de transporte urbano, al asignar los cables de tracción urbanos y los tranvías, con lo cual surge el principio de competencia municipal en el campo del transporte urbano,

Conforme a esa orientación en el campo de transporte urbano es que la Ley Orgánica de Régimen Municipal señala en el artículo 7 que es competencia municipal el transporte colectivo de personas. Sin embargo, no todo transporte urbano es municipal pues hay un medio de transporte cuyo régimen la Constitución reserva al Poder Nacional, y que es el realizado por las vías férreas, salvo los tranvías que sin duda, también son por vías férreas. El metro, por tanto, es de la competencia nacional, y en efecto, si algo distingue al metro del tranvía y que uno sea de competencia nacional y el otro, municipal, es el uso de la vía pública: el tranvía va por vías del dominio público municipal: la calle que se convierte en una vía de uso múltiple superficial; en cambio, el metro circula, por una vía férrea de uso exclusivo, y que constituye dominio público nacional, igual que los ferrocarriles. Por ello, la competencia en relación al metro es una competencia nacional.

Ahora bien, ¿qué significa que el Municipio sea competente en materia de circulación y en materia de transporte urbano? Pues que al Municipio corresponde la regulación de la circulación, la policía de la circulación y la imposición de sanciones en materia de circulación; así mismo, en materia de transporte urbano, le corresponde regular el transporte urbano, otorgar las concesiones de transporte urbano, y establecer la fijación de tarifas.

En todo caso, en esta materia del régimen del transporte de personas ha habido discusiones y problemas, básicamente, de legalidad. El Reglamento de la Ley de Tránsito Terrestre, en efecto, contiene un típico caso de inconstitucionalidad, porque invade competencias locales, al establecer una intromisión de las autoridades nacionales en el otorgamiento de concesiones de transporte urbano y no sólo de carácter extra–urbano, que es lo que le corresponde.

En efecto, para el transporte extra–urbano, la concesión de su servicio, su regulación y la policía de ese servicio la otorga el Ministerio de Transporte y Comunicaciones. Ello es perfectamente admisible. En cambio, para el transporte urbano son los Municipios los que deben otorgar la concesión de las líneas de autobuses camionetas, previa buena–pro o visto bueno que el Ministerio de a la respectiva población. Al preverse una actuación en ésta última materia en el Reglamento de la Ley de Tránsito Terrestre, del Ministerio de Transporte y Comunicaciones, ello se estimó inconstitucional y la Corte Suprema de Justicia declaró la nulidad del artículo respectivo, al considerar que no podía, el Poder Nacional invadir las competencias municipales en materia de transporte urbano, que comprendían el régimen, la concesión, la tarifa y la policía de transporte urbano.

En materia de circulación aún cuando no se ha planteado judicialmente, puede decirse que el problema interpretativo tiene connotaciones similares.

En efecto, en cuanto al régimen de la circulación, podría decirse que casi todo es de competencia nacional, por su índole o naturaleza conforme al artículo 136, ordinal 25 de la Constitución aún cuando el artículo 30 del propio texto constitucional enumere a la circulación dentro de las materias propias de la vida local. En efecto, el régimen y regulación de la autorización a los vehículos para circular (matriculación) y de las licencias de conductores son hoy materias de naturaleza nacional pues no tendría sentido, por ejemplo, con las interconexiones territoriales actuales, que cada Municipio diera licencias a su leal saber y entender. En el mismo sentido, por ejemplo, el sistema de señalización para la circulación, tiene que ser nacional, pues no podría, cada Municipio establecer sus particulares sistemas de señalización.

Sin embargo, hay otros elementos de la circulación que permanecen locales, por ejemplo: determinación de las vías peatonales, y las horas o días en los cuales se restringe la circulación de vehículos. Así, una típica competencia local es la determinación, en las ciudades, del día de para da de los vehículos. Por ello la decisión del Ministerio de Transporte y Comunicaciones que fija el día de parada, en Caracas, es absolutamente inconstitucional, pues esa no es materia de la índole nacional, sino típicamente local. Igual situación se presenta con el establecimiento de las vías que deben o no circularse, o con el cierre de avenidas para usarlas para peatones debe ser local.

En cuanto al régimen de la policía de la circulación, esta tiene que ser una materia local. Por ello, hemos considerado inconstitucional, la existencia del cuerpo de inspectores de tránsito, que si bien tiene asidero en la Ley, no así en la Constitución. En esta, al contrario, la policía de la circulación es una típica función de la policía municipal, en ninguna parte del mundo existe tina policía nacional del tránsito. Además, desde el punto de vista práctico es un exabrupto que la policía de la circulación no sea una rama especializada de la policía municipal, destinada al tránsito, y que se pretenda que puede funcionar una policía nacional del tránsito.

En efecto, si la circulación es una competencia municipal, en el ámbito urbano, una de las típicas áreas de la policía es la policía de Circulación, la cual debe ser municipal. Esto tiene sus consecuencias: las sanciones, por ejemplo, deben ser impuestas por la autoridad municipal, y el producto de las multas debe ingresar a la hacienda municipal. Recordemos que de acuerdo al artículo 31 de la Constitución las "Multas que impongan las autoridades municipales" constituyen un típico ingreso local, por lo que las sanciones derivadas de la violación de las normas de circulación, así sean, inclusive, normas nacionales que se establezcan por su índole o naturaleza, pero cuya aplicación es local, deben imponerse por las autoridades municipales y su producto ingresar a la hacienda municipal.

En esta materia, sin embargo hay un desfase total en materia de legalidad, pues lo único que permanece local en materia de circulación, son los impuestos sobre vehículos. De resto, en general el Poder Nacional ha invadido las competencias locales, tanto en materia de circulación como en materia de transporte urbano. En esta materia, además, la Ley Orgánica de Régimen Municipal ha seguido en la tradición centralista, al declarar como de la competencia nacional un servicio público local, cuando este se presta en más de una jurisdicción municipal por una sola entidad pública o privada, o cuando tenga instalaciones en más de una de dichas jurisdicciones. En estos casos, se dice que las tarifas deben ser determinadas por el *Poder* Nacional (art. 7°).

Ahora bien, en realidad, el régimen de un servicio público no se agota en la sola fijación de tarifas como se ha pretendido indicar; el régimen comprende la competencia total en relación al servicio, tanto la regulación, la concesión, la determinación de la tarifa y la policía.

d'. Las competencias en materia de cultura

Otra competencia local derivada de la enumeración del art. 30 de la Constitución es la cultura. Aquí nos encontramos, también, por supuesto, con una competencia concurrente, pues el Poder Nacional y los Estados tienen competencias en materia de cultura. En efecto el art. 83 de la Constitución dispone que "El Estado fomentará la cultura en sus diversas manifestaciones y velará por la protección y conservación de las obras, objetos y monumentos de valor histórico o artístico que se encuentren en el país y procurará que ellos sirvan de fomento a la educación". Al atribuirse esta competencia al "Estado" debe entenderse que se trata de una competencia de los tres niveles, Nacional, Estadal y Municipal.

La Ley Orgánica de Régimen Municipal, en el ordinal 8° del artículo 7° recoge, indirectamente esta competencia; y en el ordinal 4° del artículo 8° le asigna a los Municipios facultad para establecer servicios culturales "de conformidad con las normas y en coordinación con las políticas adoptadas por el Poder Nacional sobre la respectiva materia". Realmente, la cultura tiene que ser una competencia local, y no se entiende este espíritu centralizador de la Ley Orgánica de Régimen Municipal al pretender someter las competencias locales en esta materia, a lo que regule el nivel nacional. Ello significa frenar las iniciativas en materia de cultura popular y local, que deben desarrollarse por los entes locales, se insiste, sí hay algo que tiene que ser estrictamente local es la cultura y la protección de bienes culturales.

Por eso no tiene sentido, en este último aspecto, que se haya concentrado en el nivel nacional la poli tica de protección de los bienes culturales con la Ley de conservación de obras artísticas e históricas, la cual atribuye las competencias a la Junta de Conservación del Patrimonio Histórico y Artístico de la Nación. No puede ser que sea ese organismo a nivel nacional, el que determine cuáles son los monumentos históricos y culturales, cuando ello debe corresponder a los Estados y aún a los Municipios.

e'. Las competencias en materia de salubridad

La quinta competencia municipal enumera da en el art. 30 de la Constitución, es la salubridad, la cual, también, es una competencia concurrente. En efecto la salubridad se asigna al Municipio como una parte específica de los ser vicios de protección a la salud, por lo que en la terminología tradicional municipal debe entenderse como parte del orden público sanitario local, y, por tanto, parte de la policía local. Abarca *básicamente la protección de la salud en la vía pública.* Por ello está directamente vinculado al aseo urbano, típico servicio local en materia de salubridad.

En todo caso, la salubridad entra dentro de la obligación general de los entes públicos, de velar por la protección de la salud, como competencia concurrente, prevista en el art. 76 de la Constitución. Las "autoridades" a las cuales se alude en dicha norma son las autoridades municipales, estadales y nacionales. Sin embargo, expresamente se prevé en la Constitución que en esta materia esos tres niveles de autoridades se coordinan por el Poder Nacional, El artículo 136 ord. 17 del texto fundamental, en efecto, establece que corresponde al Poder Nacional la dirección técnica, el establecimiento de normas administrativas y la coordinación de los servicios destinados a la defensa de la salud pública.

Por su parte, la Ley Orgánica de Régimen Municipal precisa, en el campo de la salubridad, que corresponde a los Municipios, en primer lugar, competencia en materia de Acueductos, cloacas y drenajes, (Ordinal 1° del artículo 7°), es decir, todo lo que concierne a las aguas blancas, aguas negras y drenajes; en segundo lugar, el Aseo Urbano y domiciliario (ord. 9° del art. 7°); y en tercer lugar los cementerios y servicios funerarios (ord. 12, art. 7°). Esas tres competencias serían las manifestaciones, en el ámbito municipal, de las materias vinculadas a la salubridad. A ello habría que agregar la facultad prevista en la Ley, según la cual los Municipios pueden contribuir y cooperar con el saneamiento ambiental.

En todo caso, debe destacarse, que todas estas competencias pueden ser nacionalizadas de acuerdo con el interés colectivo, conforme lo establece el artículo 136, ordinal 17, el cual atribuye al Legislador la potestad para establecer, la nacionalización de estos servicios públicos de acuerdo con el interés colectivo. Ya ha habido una manifestación concreta de ésta nacionalización en la Ley que creó el Instituto Metropolitano de Aseo Urbano de Caracas, como Instituto Autónomo Nacional para atender el aseo urbano de la capital.

f'. Las competencias en materia de asistencia social

Otra competencia municipal enumerada en el artículo 30 de la Constitución, es la asistencia social. Aquí también estamos en presencia de otra típica competencia concurren te dentro de los mismos términos de los art. 73, 76 y 136, ord. 17 de la Constitución. En este campo, no se trata de servicios de medicina preventiva (salubridad) sino de medicina curativa (asistencia social). En base a ello, los Municipios tienen competencia para establecer servicios de asistencia social para quienes carezcan de ella.

Conforme a esto, la Ley Orgánica de Régimen Municipal atribuye a los Municipios facultad para establecer servicios médico–asistenciales de conformidad con las normas y en coordinación con las políticas adoptadas por el Poder Nacional sobre la respectiva materia (art. 8°, ord. 4°). Sin embargo, en esta materia, al igual que en otras como la educativa, progresivamente se han ido nacionalizando, los servicios de atención médica. Con excepción de algunos hospitales Municipales en Caracas, en general, los servicios médicos se han venido nacionalizando y progresivamente se ha venido difundiendo la idea de un servicio nacional de salud que centralice los servicios a nivel nacional.

Estimamos que conforme al ordinal 17 del artículo 136 de la Constitución, nacionales deben ser las normas y la coordinación de los servicios, pero la prestación debe ser local y estadal.

g'. La competencia en materia de institutos populares de crédito

Otra competencia enumerada en el artículo 30 de la Constitución, como competencia municipal, es la relativa a los Institutos Populares de Crédito. Sin embargo, en esta materia, al estar atribuida al Poder Nacional la legislación bancaria y de los otros institutos de crédito, (art, 136, ord. 24), y haberse dictado la Ley General de Bancos y otros Institutos de Crédito, la creación por un Municipio de aquellas entidades tendría que someterse a esta Ley. Por ello el artículo 7°, ord. 11 enumera como parte de la competencia propia del Municipio la "regulación y organización de institutos populares de crédito, con las limitaciones que establezca la legislación nacional".

Los Institutos Municipales de Crédito Popular, como el de la Municipalidad del Distrito Federal, creados antes de la Ley de Bancos, son materialmente los únicos que existen.

h'. La competencia en materia de turismo

Otra de las competencias enumeradas en el artículo 30 de la Constitución es el turismo, la cual también se configura como una competencia concurrente, pues corresponde, también al Poder Nacional, en el ord. 24 del art, 136 de la legislación de turismo. Sin embargo, la legislación de turismo a la cual se refiere en el art, 136, ord. 24 de la Constitución se refiere más a la que interesa al Poder Nacional en materia de turismo extranjero y situación de los extranjeros turistas. Sin embargo, además de eso, en la evolución de la legislación turística, la Ley actual establece las bases para un turismo interno al regular por ejemplo, zonas de interés turístico, y la intervención de la Corporación Venezolana de Turismo en determinadas áreas etc. Sin embargo, el turismo debe ser una competencia municipal y estadal, y no, por supuesto, sólo una competencia nacional. Por ello, el art. 7°, ord. 8°, de la Ley Orgánica de Régimen Local se refiere a las actividades dirigidas al turismo local, como facultad de los Municipios.

i'. La competencia en materia de policía municipal

Por último, el artículo 30 de la Constitución enumera dentro de las materias propias de la vida local, la policía municipal.

Ahora bien, en materia de policía en general, también hay una concurrencia de competencias: el artículo 17, ord. 5° atribuye a los Estados, la organización de la policía urbana y rural, y la determinación de las ramas de este servicio atribuidas a la competencia municipal; y el Poder Nacional, conforme al artículo 136 tiene competencia en materia de policía nacional. Además, en el artículo 134 de la misma Constitución se establece que "los Estados y Municipios sólo podrán organizar sus fuerzas de policía de acuerdo con la Ley".

De estas normas surge una distinción que es básica en materia administrativa, entre la policía como cuerpo (fuerza), y la policía como actividad reguladora y ejecutora. No toda actividad de policía implica una fuerza de policía.

La policía es una de las típicas actividades administrativas, distintas a los cuerpos policiales. Estos, es decir, las fuerzas de policía deben ser determinadas en ley nacional, aún no dictada. En cambio, la actividad de policía, como actividad administrativa da origen a una serie de competencias distribuidas entre una policía nacional, regulada en una multitud de leyes especiales; una policía estadal en materia urbana y rural, regulada en las leyes estadales; y regulada insuficientemente en las Ordenanzas municipales. La muestra de esta actividad reguladora, por ejemplo, está en los Códigos Orgánicos de Policía dictados hace varias décadas, los cuales eran unos verdaderos monumentos jurídicos.

En el Distrito Federal por ejemplo la Ordenanza de Policía Urbana y Rural establecía un completo cuadro normativo de las actividades en el Distrito, adecuado para la época, con regulaciones sobre circulación, transporte, agua, acueductos, cementerios, asistencia, etc. en un sólo cuerpo o código.

En todo caso, en la actualidad, en cuanto a las fuerzas de policía, la materia está mal regulada. No hay ley nacional, y en cambio muchas leyes establecen competencias nacionales en materia de policía, que dan origen a cuerpos de policía: en materia de circulación, por ejemplo, el Cuerpo de Vigilantes de Tránsito, que debería ser competencia local; en materia forestal, la Guardería Forestal o Ambiental asumida por la Guardia Nacional y en general las incompletas regulaciones concernientes a esta última, como fuerzas armadas de cooperación, con funciones de policía de fronteras, de policía industrial, etc,

Por otra parte, en cuanto al cuerpo de funcionarios de la Dirección General de los Servicios de Inteligencia y Prevención del Ministerio de Relaciones Interiores, no encuentra una regulación legal, salvo indirectamente en la Ley Orgánica de la Administración Central como en la Ley de Policía Judicial, en materia de las actuaciones que realicen como auxiliares de la Justicia, como agentes de la policía judicial.

En cuanto al Cuerpo Técnico de la Policía Judicial, como cuerpo nacional, su regulación completa se ha realizado recientemente en la Ley de Policía Judicial, donde se regulan sus atribuciones.

Por otra parte, las fuerzas o cuerpos de policía estadales y municipales no tienen regulación en Ley nacional. Por la deficiente regulación de los Estados, puede decirse que materialmente casi no existen policías municipales. Las policías, en general, son estadales en casi todos los Estados. Sin embargo, el ordinal 13 del artículo 7° de la Ley Orgánica de Régimen Municipal atribuye al Municipio competencia en materia de "ser vicios de policía municipal, que tendrán a su cargo la vigilancia y control de las actividades relativas a las materias de la competencia municipal".

c. *El régimen de las competencias municipales en la Ley Orgánica y su sujeción a la legislación nacional*

Sin duda, el artículo 7° de la Ley Orgánica de Régimen Municipal, es un artículo clave para la determinación de las competencias locales, y del régimen legal que se aplica a esas competencias. En efecto, en su última parte establece lo siguiente: "Las competencias a que se refieren los ordinales 1°, 2°, 5°, 6° y 9°, serán ejercidas por los Municipios en los términos que establezca la legislación nacional.

Ahora bien, si interpretamos esta norma de acuerdo con los principios antes analizados, resulta su evidente in constitucionalidad, porque constituye una limitación a la autonomía municipal no autorizada en la Constitución. Esta establece la autonomía municipal, la cual comprende, por el Municipio la libre gestión de las materias de su competencia (artículo 29° ordinal 2°). Ahora bien, la autonomía implica y exige, ante todo, autonormación, pues gestionar libremente es autoregularse. Siendo esta la primera nota de la autonomía, no puede una ley nacional señalar que determinadas competencias serán ejercidas por los Municipios "en los términos que establezca la Legislación nacional". Ello es inconstitucional, porque implicados cosas: primera, que el legislador nacional, de acuerdo a ésta Ley Orgánica, puede regular y limitar la competencia local; y segunda, la interpretación literal del artículo podría conducir a interpretar que esas competencias sólo pueden ejercerse en los términos que establezca la legislación nacional, de manera que si la legislación nacional no establece "esos términos" de acuerdo al artículo, no podrían ejercerse esas competencias.

En esta norma, en realidad, la Ley incurrió en la tendencia centralista de las Constituciones de 1947 y 1953, que sometían el ejercicio de las competencias locales a lo que estableciera la legislación nacional, con lo que la autonomía local estaba sujeta al legislador nacional. Pero allí eran las propias Constituciones las que indicaban que las competencias municipales debían ejercerse de acuerdo a lo que establecieran las leyes y reglamentos nacionales, con lo cual quedaba el Municipio sujeto al Poder Nacional.

La Constitución de 1961, cambió radicalmente este sistema de las Constituciones anteriores, con lo cual cambió el centralismo tradicional por una descentralización municipal basada en la autonomía.

Ahora en contra de la Constitución la Ley Orgánica ha vuelto al espíritu de la Constitución de 1947 y de 1953, sin que haya ninguna norma en la Constitución que lo autorice. Por ello estimamos que este artículo es inconstitucional.

Pero veamos las implicaciones de esta norma centralista en ese grupo de competencias municipales.

a'. Competencias en materia de acueductos, cloacas y drenajes.

El ordinal 1° del artículo 7° reafirma como competencia propia del Municipio, los "Acueductos, cloacas y drenajes". Estafes una competencia que puede decirse que siempre ha sido local y nunca ha sido nacional. Lo único que existe a nivel nacional es la regulación de la Ley Forestal, de Suelos y Aguas, que norma el aprovechamiento general de las aguas y que se refiere al abastecimiento de poblaciones, solo cuando establece ese aprovechamiento como prioritario en el otorgamiento de las concesiones respectivas. De resto la competencia en la distribución del agua para ese abastecimiento de poblaciones corresponde al Municipio. Por tanto, *puede* decirse *que* la *competencia respecto de las aguas* es nacional *o* Municipal, según que *sé* sea mayorista o distribuidor: hasta que el agua llega a las puertas de la ciudad, su explotación y venta puede ser competencia nacional; pero su distribución en la red urbana, es competencia municipal. Sin embargo, no hay ley alguna que regule esta competencia, y la única es la normativa nacional que regula al Instituto Nacional de Obras Sanitarias, como concesionario de los Municipios para la prestación de los servicios de acueductos, cloacas y drenajes. Ahora bien, según la Ley Orgánica de Régimen Municipal debería haber vina ley nacional de alcantarillados, cloacas, y distribución de aguas, que regule estos servicios, para que en esos términos el Municipio ejerza su competencia. Sin embargo, ¿es eso constitucionalmente posible? No lo creemos. Puede haber una ley nacional que por la vía del 136, ordinal 25 de la Constitución, considere que, por su índole o naturaleza, corresponda al Poder Nacional determinar ciertas condiciones generales de los servicios, por ejemplo de tipo sanitario o por razones de coordinación. Podría también haber una ley nacional que disponga una regulación nacional de los precios o tarifas como más o menos progresivamente se ha ido estableciendo, por la vía de la Ley de Protección al Consumidor. Sin embargo, esa normativa es distinta a la que concierne a la prestación del servicio, en concreto que corresponde al Municipio. Por tanto, no aparece claro cuál es la ley nacional que debe dictarse en materia de alcantarillado, drenaje, o de distribución de aguas.

En todo caso, no ha habido, hasta ahora, una ley nacional en esa materia.

b'. La competencia en materia de distribución y venta de electricidad y gas

El segundo ordinal del artículo 7° de la Ley Orgánica de Régimen Municipal enumera como competencia propia del Municipio, la distribución y venta de electricidad y gas en las poblaciones de su jurisdicción.

En esta materia debemos señalar que la Ley Orgánica es incongruente, pues frente a la tendencia centralista que la inspira agrega, por primera vez en la historia de la legislación venezolana, que en cuanto a la electricidad y el gas, su distribución y venta en las poblaciones es de la competencia municipal. Hasta 1978, puede decirse que esto no estaba establecido en ninguna parte; y solamente algunas Constituciones estadales declaraban como competencia municipal el alumbrado público y en un caso, una Constitución estadal lo hacía respecto de la distribución de gas. De resto, en ninguna ley se hacía referencia alguna a la distribución de electricidad y gas, salvo por lo que se refiere al alumbrado público, es decir, el alumbrado de las calles, en las Constituciones estadales. A nivel nacional, sólo la Ley Orgánica del Distrito Federal, establecía que el alumbrado público era competencia de la Municipalidad.

Por otra parte, la Constitución del Estado Portuguesa, era la única que declaraba a la distribución y venta de la electricidad como de competencia local, siendo esta la primera vez que una ley nacional declara éste servicio como municipal. En este caso no se trata de una, competencia de rango constitucional, sino que su fuente está en el legislador nacional, que asigna al Municipio una competencia. Por tanto, en este caso sí parece ser valedera la expresión del artículo 7°, de que esta competencia debe ejercerse en los términos en que lo establezca la ley nacional. Por tanto, en el futuro, la competencia en materia de distribución de gas» no existiendo regulación nacional alguna, materialmente no puede ejercerse por el Municipio, pues, solo en los términos en que una Ley Nacional lo establezca será que el Municipio podrá prestar el servicio. Por tanto, en ausencia de esa ley nacional no se aprecia cómo el Municipio puede otorgar una concesión para la distribución de gas. El problema se ha planteado, en concreto, en cuanto a la competencia actual de la Corporación Venezolana del Petróleo (Corpoven) y a su relación con esta competencia municipal aún no actualizada legislativamente.

Igual argumentación se puede formular en torno a la distribución y venta de electricidad. Aún no se ha dictado una Ley Nacional de los Servicios Eléctricos, y las normas estadales, hemos visto, no hablan sino de alumbrado público. Por ello, la distribución domiciliaria de electricidad conforme a la Ley requeriría de una ley nacional para poder realizarse por los Municipios.

En Venezuela nunca se ha dictado una Ley en esta materia, la cual se había considerado como un área vetada para el legislador, por realidades económicas locales, que argumentaban que ese servicio no era un servicio público, sino una actividad privada de la órbita de la libertad económica. La presión que en su tiempo ejercieron las empresas privadas para evitar estas regulaciones, ahora se ha revertido: en la actualidad son las empresas privadas las que claman por una legislación nacional que les de cierta protección como concesionarias de este servicio público.

c'. La competencia en materia de transporte colectivo de pasajeros y circulación urbana

El tercer caso es el previsto en el ordinal 5° del artículo 7° que declara como competencia propia del Municipio el "Transporte Colectivo de Pasajeros y demás materias relativas a la circulación urbana". Esta última, como se dijo, la circulación, es una competencia de rango constitucional, por lo que no puede admitirse que se disponga que ella se ejerza en los términos que establezca la legislación nacional, y en realidad, sólo podría la legislación nacional regular la circulación urbana en aquellas materias, que por su naturaleza o índole sean nacionales conforme al artículo 136, ord. 25 de la Constitución, como se ha dicho. Por tanto, la competencia local en materia de circulación urbana, no tiene por qué estar sometida a los términos que establezca la legislación nacional, salvo por lo que se refiere a normas como las que están en la Ley de Tránsito Terrestre, que sean por su naturaleza de orden nacional, por ejemplo, la señalización, y normas para conducir y circular. Sin embargo, la gestión de la circulación a nivel local no puede estar sometida a lo que una ley nacional establezca, y si se dicta ello sería inconstitucional.

d'. Las competencias en materia de servicios de mercadeo y abastecimiento

El cuarto supuesto, al cual se refiere la última parte del artículo 7° de la Ley Orgánica de Régimen Municipal es la competencia contenida en su Ordinal 6°: "Creación de Servicios que faciliten el mercadeo y abastecimiento de los productos de consumo de primera necesidad, tales como mercados y mataderos locales". Ahora bien, decir que esta competencia debe ejercer se en los términos que establezca una Ley nacional, es exagerado: tendría que existir una Ley de Mercados y mataderos, lo cual no es racional. En esta materia, puede haber normas nacionales, particularmente de carácter sanitario, y en materia de regulación de la comercialización de bienes de consumo, como regulaciones de precio con base a las normas de protección al consumidor. Pero de allí a regular nacionalmente la prestación de esos servicios hay una gran distancia.

e'. Las competencias en materia de Aseo Urbano y domiciliario

Por otra parte, el ordinal 9° del artículo 7° de la Ley Orgánica declara como de la competencia municipal "Aseo Urbano y domiciliario". Según la ley, para que los Municipios ejerzan su competencia en esta materia, tendría que haber leyes que regulen, con carácter nacional, los aspectos sanitarios por ejemplo, de la disposición de los desechos, la cual no se ha dictado. Por tanto, cuando la Ley dice que estas competencias deben ejercerse "en los términos que establezca la legislación nacional", puede conducirnos a pensar que todos los servicios sólo pueden prestarse si la Ley nacional se dicta, *y* en los términos en ella previstos; y si ello fuera así, la norma sería inconstitucional.

Al contrario, y esto es válido en todos los casos anteriores, lo que hay que señalar es que puede haber una ley nacional que limite éstas competencias, en las áreas en las cuales la Constitución permita su limitación. Por ejemplo, en caso de Acueductos, cloacas y drenajes, básicamente serían las leyes sanitarias que regulen la calidad del agua y la forma de distribución de la misma; en el caso de mercados y Aseo Urbano, sería legislación de carácter sanitario general; en materia de transporte y circulación por la naturaleza del asunto, por ejemplo, puede una ley nacional limitar el peso de los vehículos en relación a los tipos de carreteras, etc. Es decir, puede haber limitaciones a las competencias municipales impuestas por Ley Nacional, pero en los términos en los cuales la Constitución lo autorice. Así es que tenemos que interpretar la última parte del artículo 7° de la Ley.

d. El régimen de las competencias municipales en la Ley Orgánica y su nacionalización derivada de la forma de prestación

La otra limitación establecida en el artículo 7° de la Ley Orgánica, a la autonomía municipal se refiere a limitaciones derivadas de la forma de prestación de los servicios, lo cual ha originado interpretaciones y polémicas.

Ante todo debe señalarse que aquí se regulan los Servicios Públicos, y no todas las competencias del artículo 7°. Así, en los ordinales del artículo 7° los siguientes se refieren a servicios públicos, es decir, actividades prestacionales del Municipio: ord. 1°, Acueductos, cloacas y drenajes; ord. 2°. Distribución y Venta de electricidad y gas; ord. 5°, Transporte colectivo de personas; 6. Mercados y Mataderos; ord. 9°. Aseo Urbano; ord. 10°. Servicios de Prevención y lucha contra incendios; y ord. 12°. Servicios Funerarios. La actividad de policía, a pesar de que el ordinal 13° la califica como "servicio", sin embargo, no se trata de un servicio público propiamente dicho, como actividad prestacional.

En relación a estos servicios públicos, la última parte del artículo 7° dispone: "Cuando un servicio público tenga o requiera instalaciones ubicadas en jurisdicción de más de un Municipio", es decir, cuando el servicio no pueda prestarse sólo en un Municipio, sino que requiera instalaciones ubicadas en más de un Municipio, o cuando el servicio "sea prestado a más de un Municipio, por el mismo organismo, entidad o empresa, públicos o privados", "el régimen de tal Servicio será de la competencia del Poder Nacional" atribuyéndose al "Ejecutivo Nacional" la competencia para fijar las tarifas. Ahora bien, en ésta norma, ¿Qué debe entenderse por "régimen de servicio"?.

Hemos insistido en que la expresión "régimen de servicio" en Derecho Administrativo, comprende la regulación total de orden administrativo del servicio, y no una parte de ella. Por tanto, régimen, abarca la regulación del servicio, o sea su normación, la prestación del Servicio, y en ella, la concesión; y la policía del Servicio.

Por tanto, aún cuando la última parte del artículo atribuya al Ejecutivo Nacional la fijación de las tarifas, no parece racional interpretar que eso es lo único que abarca el "régimen" que en la norma se nacionaliza, pues entonces la norma sería redundante e inútil. Esa, sin embargo, podría haber sido la intención del legislador, pero resultó otra cosa, una verdadera nacionalización de Servicios Municipales, evidentemente inconstitucional. Esta norma, en efecto no se adapta a la Constitución ni está dentro de su orientación, pues cuando se dé el supuesto, es decir, cuando un servicio se preste a más de un Municipio o requiera instalaciones ubica das en más de un Municipio, lo que habría que acudir sería a la figura de la mancomunidad, que prevé el artículo 28 de la Constitución. Eso es, en efecto, lo que justifica una mancomunidad municipal para determinados fines de su competencia. Por ello, no es ésta nacionalización del servicio derivada de la forma de prestación, lo que se ajusta a la Constitución.

Consideramos, en efecto, que esta última parte del artículo 7° de la Ley Orgánica se configura como una nacionalización de los servicios públicos municipales, pues la mayoría de ellos caen en las regulaciones de la norma. En efecto, los servicios de acueductos, cloacas y drenajes, en general, se prestan por el INOS, ya esto significa que es nacional de acuerdo a ésta ley. Por tanto, el problema planteado de si un acueducto era competencia local o no, y si debía manejarse en los términos que establezca la Ley Nacional, aquí se despeja, porque esta norma nos aclara que sí es nacional, por el hecho de que se presta por una sola empresa pública, que es el INOS en varios Municipios.

Ahora bien, qué implicaría que el régimen de distribución de agua sea de la competencia nacional. ¿Acaso que la concesión la otorgue el Ejecutivo Nacional? ¿Acaso que deba dictarse un Reglamento nacional, por ejemplo, para regular el servicio del acueducto metropolitano? ¿Acaso que la policía del servicio y el con trol, sean ejercidos por el Poder Nacional? Ello, por supuesto, sería absurdo, por exceso de centralismo.

Esta misma problemática, se plantea respecto de los otros servicios públicos municipales, los cuales si caen en el supuesto de la norma, su régimen sería de la competencia nacional. Por ejemplo, en nuestro país puede decirse que casi ya no hay Servicio Municipal de electricidad que se preste aisladamente en un solo Municipio. Al contrario, se prestan por empresas públicas o privadas no sólo con instalaciones en más de un Municipio. Sino a más de un Municipio. Por tanto, el servicio de distribución y venta de electricidad ha quedado nacionalizado. Lo mismo podemos decir de los servicios de distribución y venta de gas, los cuales normalmente tendrán instalaciones ubicadas en más de un Municipio. Y así, en general, el problema se plantearía respecto de los otros servicios municipales.

El artículo 7º, por tanto, en realidad es engañoso, Declara una serie de materias, pomposamente, como de la competencia propia del Municipio y después se la quitan por dos vías: Somete a la regulación nacional un grupo de ellas; y luego dice que el régimen de las mismas no es municipal, sino nacional por la forma de prestación. Por tanto, la norma evidentemente que es inconstitucional.

Y se insiste, no puede interpretarse qué lo único que quiso convertir en nacional el legislador, fue la fijación de tarifas, pues la redacción de la norma hubiera sido distinta. El significado del "régimen" del servicio abarca la totalidad de la actividad administrativa referido al mismo aparte de la fijación de tarifas expresamente establecida. Basta leer el artículo 13° de la Ley Orgánica de Régimen Municipal, relativo a la concesión de los servicios para comprender que es el régimen de los mismos: plazo de la prestación, precios, tarifas, etc.

IV. LA ORGANIZACIÓN ADMINISTRATIVA

1. Introducción

La Constitución establece, directamente, todos los principios de la organización de la Administración Pública, y ellos parten del principió señalado el de la distribución vertical del Poder Público. Por tanto, contrariamente a lo que normalmente se hace, de reducir a la Administración Pública al solo ámbito nacional, la Constitución y la realidad administrativa venezolana, nos muestran tres niveles de la Administración Pública, reflejo de la forma de Estado Federal, regulada en el Artículo 2° del texto fundamental: un nivel nacional; un nivel estadal; y un nivel municipal.

En base a ese principio de distribución vertical del poder, por tanto, la Organización Administrativa está distribuida, necesariamente, cada uno con sus respectivas competencias, en tres niveles; la Administración Pública Nacional; la Administración Pública Estadal y la Administración Pública Municipal.

Pero, la Constitución, además, de establecer el principio básico del Estado Federal y sus consecuencias, regula, en concreto, las bases constitucionales para la organización de cada uno de los tres niveles, aún cuando respecto del primer nivel, el nacional, la Constitución detalle con mayor precisión las normas básicas que regulan la organización administrativa nacional.

2. La Organización Administrativa Nacional.

En cuanto a la organización administrativa nacional, deben distinguirse en la Constitución tres órdenes diferentes de Ad ministraciones Públicas: la Administración Central, las Administraciones con autonomía funcional y la Administración Nacional Descentralizada.

A. La Administración Pública Central: el Ejecutivo Nacional.

Las normas que en la Constitución se refieren a la Administración Central, conciernen básicamente a la organización del denominado "Ejecutivo Nacional". En efecto, el Poder Ejecutivo, dice el artículo 181,..."se ejerce por el Presidente de la República y por los demás funcionarios que determinen esta Constitución y la Ley..."

a. El Presidente de la República

De esto resulta que el Presidente de la Re pública se nos presenta como un órgano de rango constitucional dentro de la organización administrativa además, forman parte de esta los demás funcionarios que determine la propia Constitución y la Ley.

De esta norma retenemos ante todo, la remisión a la "Ley", porque ésto va a configurar el primer principio de reserva legal en materia de organización administrativa; es decir, solo los funcionarios a los cuales una Ley les confiera la potestad, para ejercer el Poder Público, pueden realizarlo, por lo que un Reglamento no puede crear órganos que ejerzan el Poder Ejecutivo.

b. Los Ministros y los Ministerios

Ahora bien, independiente de la indicación que la ley pueda hacer de funcionarios que ejerzan el poder público, la Constitución regula expresamente, además del Jede del Ejecutivo Nacional, con el mismo rango constitucional, a los Ministros, como "los órganos directos del Presidente de la República" (art. 193).

Los Ministros que forman parte de la Organización de la Administración Central son de dos clases, que también precisa la Constitución: los Ministros de Estado y los Ministros a cargo de un determinado Despacho. El artículo 194 regula los Ministros de Estado cuya competencia se refiere a "las materias que les atribuya la Ley", aparte, directamente, del carácter que tienen como órganos asesores del Presidente de la República en los asuntos que éste les confíe. Por tanto, en la Constitución se prevé que una Ley pueda atribuir a los Ministros de Estado determinadas competencias, lo cual configura también una reserva legal.

En cuanto a los Ministros con Despacho, estos son los que tienen a su cargo una organización ministerial, un Ministerio, los cuales están regulados en el artículo 19 3, en el cual se determina que su número, organización y funcionamiento deben estar establecidos en una Ley, que la Constitución califica de Ley Orgánica.

Además, otro órgano que también se regula en la Constitución, vinculado al Presidente de la República y a sus Ministros, es el Consejo de Ministros, es decir la reunión de los Ministros, cuya organización y funcionamiento también debe estar establecido en esa misma Ley Orgánica.

Por tanto, de acuerdo con la Constitución, cuando hablamos de Administración Pública Nacional, esta está formada en primer lugar, por los órganos del Poder Ejecutivo, es decir, lo que denomina el Ejecutivo Nacional, formado por el Presidente de la República y los Ministros, incluyendo su reunión en Consejo de Ministros. Todos ejercen el Poder Ejecutivo y el fundamento de su organización está en los Artículos 181, 193 y 194 de la Constitución.

c. El Procurador General de la República y la Procuraduría General de la República

Pero hemos dicho que conforme a la Constitución el Poder Ejecutivo se ejerce por los funcionarios que determine la Constitución y la Ley, La Ley sin duda, puede establecer otros funcionarios que ejerzan el Poder Ejecutivo, particularmente, la Ley Orgánica de la Administración Central, para señalar sólo un texto fundamental; pero lo que debemos determinar es si la Constitución prevé que otros órganos ejerzan el Poder Ejecutivo, además del Presidente de la República y de los Ministros. Evidentemente que si se trata de la Procuraduría General de la República, órgano de rango constitucional que ejerce el Poder Ejecutivo, porque está integrado dentro del Poder Ejecutivo y que forma parte de lo que la Constitución denomina Ejecutivo Nacional.

La Procuraduría General de la República está re guiada en el Artículo 200 de la Constitución, que determina que la misma está a cargo del Procurador General de la República, con la colaboración de los demás funcionarios que determine la Ley. Se trata, otra vez, de una remisión a la Ley para la determinación de los funcionarios que pueden ejercer funciones en la Procuraduría, de acuerdo a las atribuciones que se le establecen en el Artículo 202. La Procuraduría, aparece del texto constitucional como el órgano asesor de la Administración Pública Nacional, como el representante judicial y extrajudicial de los intereses de la República; y el Procurador puede, inclusive, asistir al Consejo de Ministros cuando el Presidente lo convoque, (Artículo 203). En todo caso, de todas esas atribuciones aparece, sin duda, su carácter de órgano integrado en la organización político–administrativa del Poder Ejecutivo y bajo la jerarquía del Presidente de la República.

d. Las Fuerzas Armadas Nacionales

Pero además de los órganos constitucionales mencionados, en la Constitución se prevé otra organización, que por tanto tiene rango constitucional y que se ubica dentro de la Administración Pública, Nacional; y en particular dentro de la Administración Central. Me refiero a las Fuerzas Armadas Nacionales que forman parte del Poder Ejecutivo, que tienen dependencia en relación al Presidente de la República.

En efecto, la Constitución, en el Artículo 132, se refiere a las Fuerzas Armadas Nacionales, precisando que "forman una institución apolítica, obediente y no deliberante, organizada por el Estado para ejercer la defensa nacional, la estabilidad de las instituciones y el respeto a la Constitución y las leyes, cuyo acatamiento estará siempre por encima de cualquier otro nivel"; y agregando que "Las Fuerzas Armadas estarán al servicio de la República y en ningún caso de persona o parcialidad política...".

Por otra parte, el Artículo 190 declara en el ordinal 3° que el Presidente de la República es Comandante en Jefe de las Fuerzas Armadas Nacionales y ejerce la suprema autoridad jerárquica de ellas. Por ello indicamos que están dentro de la jerarquía del Poder Ejecutivo (no solo dentro de la autoridad jerárquica militar) como tal, formando parte de la organización administrativa nacional.

La forma de integración de las Fuerzas Armadas Nacionales al Poder Ejecutivo, partiendo por supuesto de la Constitución, se realiza a través de uno de los Ministerios, el Ministerio de la Defensa que se integra a la Administración Pública Nacional, y en particular, a la Administración Central.

Pero las Fuerzas Armadas Nacionales en su integración al Ministerio de la Defensa es, sin duda, peculiar, pues da origen a la superposición de dos organizaciones: una admínístrate va y una jerárquica militar. Esto se produce a través de un sistema de organización a través de cuatro órganos desconcentrados: Las Comandancias Generales de las cuatro Fuerzas, reguladas en la Ley Orgánica de las Fuerzas Armadas Nacionales. En cada una de ellas, el nivel jerárquico superior está en la Comandancia General de cada una de las Fuerzas, integradas todas al Ministerio de la Defensa, pero no como dependencias jerárquicas centrales, sino como dependencias jerárquicas desconcentradas. El Ministerio de la Defensa, por tanto, tiene una doble organización, por una parte, una organización central de los servicios centrales (servicios de educación, de sanidad, etc.) de las Fuerzas Armadas; y por la otra una organización desconcentrada de las cuatro Comandancias de Fuerzas. En estas se da la figura precisa de la desconcentración admínístrate va (no la delegación ni la descentralización), mediante la cual se dota a estas organizaciones de autonomía funcional.

B. Las Administraciones con autonomía funcional.

Ahora bien, aparte de la Administración Pública Nacional Central, en el sentido de que se integra jerárquicamente al Poder Ejecutivo, también forma parte de la Administración Pública Nacional, y por tanto, también tienen el carácter de órganos de la República, diversas organizaciones dotadas con autonomía funcional. Se insiste, todas son parte de la Administración Nacional, pero no forman parte de la Administración Central, porque no dependen del Poder Ejecutivo. Por eso, la Ley Orgánica de la Administración Central abarca, básicamente, a los Ministerios y algunos otros órganos que determina la propia Ley y no va más allá, porque la Administración Central es la administración del Poder Ejecutivo; es la organización administrativa que jerárquicamente depende del Presidente de la República y que en tal virtud, son órganos directos de la República.

Pero decía, hay otros órganos regulados en la Constitución que forman parte de la Administración Pública Nacional y que son órganos de la República, porque no tienen personalidad jurídica y los cuales son: El Ministerio Público, la Contraloría General de la República; y el Consejo de la Judicatura.

Respecto de todos estos órganos, la Constitución también establece algunos principios básicos de su organización. En cuanto a la Contraloría General de la República, esta se regula en el Título VIII de la Constitución, destinado a la Hacienda Pública. Allí se establece la competencia básica de la Contraloría General de la República, a cargo del Contralor General de la República, para ejercer el control, vigilancia y fiscalización, de los gastos, ingresos y bienes nacionales; así como su carácter de órgano con autonomía funcional, tal como se determina en el Artículo 236.

La Contraloría, además es órgano auxiliar del Congreso, en sus tareas de control sobre la Hacienda Pública pero goza de autonomía funcional en el ejercicio de sus atribuciones. Por ello, el carácter de órgano auxiliar del Congreso que tiene la Contraloría no la convierte en un órgano dependiente del Congreso, e interpretar lo contrario sería contradictorio con la propia norma que consagra la autonomía funcional de la Contraloría.

En efecto, la autonomía funcional en el ejercicio de sus funciones que está regulada en el Artículo 264, hace que la Contraloría no dependa de ninguno de los órganos clásicos del Poder Público. Si dependiera del Poder Ejecutivo, del Poder Legislativo o del Poder Judicial no tendría la autonomía necesaria para ejercer sus funciones de control. Por ello, en realidad lo que el artículo 236 de la Constitución establece es que en la función que el Congreso tiene de control sobre la Hacienda Pública, este cuenta con un órgano con autonomía funcional, que es la Contraloría, para realizar las investigaciones que estime convenientes, y en esos casos, la Contraloría debe colaborar con el Congreso.

El otro órgano previsto en la Constitución con autonomía funcional y que forma parte de la Administración Pública Nacional, es el Ministerio Público, a cargo del Fiscal General de la República. Esta organización, que se conoce como la Fiscalía General de la República no tiene esa denominación en la Constitución. Sin embargo, en algunas Leyes se le ha dado esa denominación, como ha sucedido en la Ley Orgánica de Procedimientos Administrativos (art. 1º).

Ahora bien, la organización del Ministerio Público, tiene sus principios básicos en los Artículos 218 y 219 de la Constitución, dentro de un Capítulo que forma parte de un Título relativo a "Del Poder Judicial y del Ministerio Público". El Ministerio Público, por tanto no forma parte del Poder Judicial, sino que el propio Título IX de la Constitución se refiere al Poder Judicial y al Ministerio Público, diferenciándolos, lo cual confirma que es un órgano con autonomía funcional, exigida además, por sus funciones.

En efecto, el Artículo 218 del texto fundamental le atribuye, entre otras, la función de "Velar por la exacta observancia de la Constitución y de las leyes", y el artículo 220 la de velar por el respeto de los derechos y garantías constitucionales.

Estas solas atribuciones, confirman la necesidad de que este organismo tenga autonomía funcional y no tenga dependencia ni del Poder Ejecutivo, ni del Poder Legislativo ni del Poder Judicial.

El otro organismo con autonomía funcional regulado en la Constitución, es el Consejo de la Judicatura, aún cuando en forma distinta, respecto a la Fiscalía y a la Contraloría General de la República. En efecto, en cuanto al Consejo de la Judicatura, no lo crea directamente la Constitución; esta se limita a prever la existencia de dicho órgano, y remite a la Ley Orgánica su creación (art. 217). En esta forma, este órgano comenzó sus funciones a partir de su creación, en 1970, por la Ley Orgánica del Poder Judicial, con motivo de su reforma de ese ano.

En todo caso, el artículo 217 de la Constitución se limitó a exigir su creación mediante una Ley Orgánica, y a prescribir que tendría por objeto asegurar la independencia, la eficacia y disciplina de los Tribunales. El constituyente estableció, así, un mandato para el Legislador, que este cumplió sólo nueve años después. Pero además, el constituyente al prever que en la organización de este organismo debía darse representación a las otras ramas del Poder Público, lo concibió como un órgano con autonomía funcional, a pesar de que la norma que lo prevé está ubicada en el Título destinado a regular el Poder Judicial, En efecto, de acuerdo al artículo 204 de la Constitución..."el Poder Judicial se ejerce por la Corte Suprema y por los demás Tribunales", y no se menciona a ningún otro órgano. Por tanto, el Consejo de la Judicatura no es un órgano directo del Poder Judicial, aún cuando vinculado al mismo, en virtud de su tarea de vigilar la independencia de los Tribunales, que son los que ejercen el Poder Judicial. Pero, en sí mismo, no es un órgano del Poder Judicial, sino que es un órgano con autonomía funcional en relación a la trilogía clásica de los Poderes Públicos, En tal carácter, forma parte de la organización administrativa del Estado, es un órgano de la Administración Pública Nacional, con autonomía funcional y sus actos son actos administrativos.

Además de la Contraloría General de la República, de la Fiscalía General de la República y del Consejo de la Judicatura, que son órganos con autonomía funcional de rango constitucional, hay otro órgano de esta naturaleza que si bien no tiene rango constitucional, si tiene fundamento en la Constitución: se trata del Consejo Supremo Electoral.

En efecto, en la Constitución, no se menciona al Consejo Supremo Electoral; y sin embargo, en su artículo 113 sí se establece el principio de que los organismos electorales deben integrarse en una forma tal que se de participación en ellos a los diversos partidos políticos, y que tendrán independencia en el ejercicio de sus funciones. Por supuesto, la independencia a la cual se refiere la Constitución, es en relación a los poderes clásicos Ejecutivo, Legislativo y Judicial; por ello se trata de un órgano con autonomía funcional, que forma parte de la Administración pública Nacional, pero no de la Administración Central, pues no depende del Poder Ejecutivo.

Ahora bien, frente a estos cuatro órganos con autonomía funcional creados o previstos, en la Constitución, cabría preguntarse si en el ordenamiento vigente podrían establecerse otros órganos administrativos con autonomía funcional por vía legislativa, o al contrario estamos en presencia de una materia de reserva constitucional. Nos inclinamos por la segunda posición. Es la Constitución la que nos establece los órganos que ejercen el Poder Ejecutivo, el Poder Legislativo y el Poder Judicial, y además nos establece los órganos que tienen autonomía funcional o que pueden gozar de tal autonomía (funciona]), y nos regula, además, los órganos que pueden gozar de alguna autonomía en virtud de la descentralización, como son los Institutos Autónomos (art. 230). Por tanto, no podía el legislador crear otros órganos con autonomía funcional distintos a los que están en el texto fundamental, por ser éstos –como se van configurando–, materia de reserva constitucional.

C. La Administración Pública Descentralizada

a. *Principios constitucionales*

En la Constitución además de los órganos que ejercen el Poder Ejecutivo y que conforman la Administración Central, y de los órganos que forman la Administración con autonomía funcional, se regulan los principios de la Administración Descentralizada funcionalmente, particularmente, en el Artículo 230, relativo a los Institutos Autónomos.

En efecto, esta norma prescribe..." Qué sólo por Ley y de conformidad con la Ley Orgánica respectiva, podrán crearse institutos autónomos..."; y a falta de la Ley Orgánica de la Administración Descentralizada, aún no dictada, deben aplicarse los principios establecidos en la Ley Orgánica de la Hacienda Pública Nacional.

Ahora bien, lo que en todo caso caracteriza a la Administración Descentralizada, frente a la Administración Central con dependencia general del Ejecutivo Nacional, y a las Administraciones con autonomía funcional, es que todos estos son órganos administrativos de una sola persona jurídica, que es la República; y en cambio, en el caso de la Administración Descentralizada, hay una separación orgánica clara, pues las personas que forman los Institutos Autónomos y demás entes descentralizados, tienen personalidad jurídica propia, distinta a la personalidad de la República. Por supuesto, dentro de la organización administrativa, estos entes descentralizados son también órganos con autonomía funcional, pero con personalidad jurídica, y esa es la diferencia con los órganos con autonomía funcional antes mencionados, que sólo gozan de la personalidad jurídica de la República.

Sin embargo, la autonomía de los entes descentralizados no implica exclusión de mecanismos estatales de control sobre ellos. En efecto, conforme a lo que prevé la Constitución (art, 235) las funciones de la Contraloría General de la República, pueden extenderse por Ley a los Institutos Autónomos. Pe ro además, el artículo 230, dice en general, que ... "Los Institutos Autónomos así como los intereses del Estado en corporaciones o entidades de cualquier naturaleza, estarán sujetos al control del Congreso, en la forma en que la Ley lo establezca".

Por supuesto, en uno y otro caso, la materia del control respecto de la Administración Descentralizada es de la reserva legal; la Ley es la que puede extender el control de la Contraloría General de la República a los Institutos Autónomos; y el Congreso tiene también el control sobre esos entes y otras entidades descentralizadas, en la forma en que la Ley lo establezca.

Ahora bien, al hablar de la Administración Pública Nacional Descentralizada, y en particular, de los institutos autónomos nacionales, necesariamente debemos plantearnos el problema de si el artículo 230 de la Constitución, al establecer que "sólo por ley, y en conformidad con la Ley Orgánica pueden crearse Institutos Autónomos" excluye la posibilidad de que existan institutos autónomos en los niveles estadales o municipales, o exige que esos tengan que ser creados por Ley Nacional.

En realidad, debe decirse de inmediato, que esta norma del artículo 230 de la Constitución es una norma destinada al ámbito nacional. En el nivel nacional, dice, la Ley Nacional es la que puede crear un Instituto Autónomo Nacional y este Instituto Autónomo Nacional está sujeto al control del Congreso; pero no dice esta disposición que el instituto autónomo estadal o municipal, deba crearse por Ley Nacional, o que en esos niveles no pueda haber institutos autónomos, pues se insiste, la disposición no se refiere a estas administraciones.

En todo caso, lo que de esta norma del artículo 230 de la Constitución es aplicable a los niveles estadales y municipales es el principio de la reserva legal en materia de ruptura al principio de la Unidad del Tesoro. En efecto, de acuerdo con el artículo 233 de la Constitución, las normas que rigen la Hacienda Pública Nacional, entre ellas el artículo 230, regirán la administración de la Hacienda de los Estados y Municipios, en cuanto sean aplicables. Y tendríamos que preguntarnos ¿Cuál es la aplicabilidad a ellas del artículo 230? Sin duda, la aplicabilidad es en relación al principio de que la descentralización funcional debe realizarse por ley, cuando se trata de crear un instituto autónomo, lo que implica romper el principio de la Unidad del Tesoro, y en los niveles estadales y municipales, esa Ley es una ley de la Asamblea Legislativa o una ordenanza municipal, respectivamente.

Insistimos, no encontramos, en el artículo 230 de la Constitución, asidero a la interpretación que conduce a deducir de esa norma que a nivel estadal y municipal no podrían crearse institutos autónomos o que ello sólo podría ocurrir mediante Ley nacional.

La Constitución en materia de Hacienda Pública solo regula básicamente lo concerniente al nivel nacional; y en ese nivel nacional es que prescribe que el instituto autónomo nacional debe ser creado por Ley Nacional, de acuerdo a la Ley Orgánica Nacional. Pero luego dice que la Hacienda Pública de los Estados y Municipios se regirán por las normas relativas a la Hacienda Pública Nacional, en cuanto le fueran aplicables, y aquí lo aplicable es el principio de la reserva legal: así como a nivel nacional la ruptura del principio de la unidad del tesoro por la creación de institutos autónomos requiere de una Ley del Congreso; asimismo esa ruptura del principio de la unidad del Tesoro Estadal o Municipal, requiere de una ley estadal o de una ley local (ordenanza). Con lo cual se evita, por ejemplo, que en un Estado se fuera a crear un instituto autónomo por Decreto del Gobernador o en un Municipio por un acto que no cumpla las formalidades de una Ordenanza.

Ahora bien, aparte de este comentario sobre la posibilidad de que existan institutos autónomos en los tres ni veles territoriales, en cuanto a los institutos autónomos como parte de la Administración Nacional descentralizada, estos están regulado^ en varias partes de la Constitución.

Nos referimos al artículo 230 que los regula en forma general, pero luego, el artículo 235 también se refiere a los institutos autónomos, al prescribir que las funciones de la Contraloría General de la República pueden extenderse por Ley a los mismos. Además, el artículo 140 también se refiere a los institutos autónomos al establecer una condición de inelegibilidad para Senadores y Diputados, respecto de "los Presidentes y Directores de los institutos autónomos..." (ord. 1°) entendiéndose a que se refiere a los Institutos Autónomos Nacionales.

Sin embargo, en el mismo artículo 140 pero ordinal 3°, al establecerse otra causal de inelegibilidad para Senadores y Diputados, se refiere a "los funcionarios o emplea dos nacionales, estadales o municipales, de institutos autónomos y de empresas en las cuales el Estado tenga participación decisiva", y aquí, sin duda, la referencia es a los institutos autónomos nacionales, estadales o municipales.

Por su parte, el artículo 141, al establecer la compatibilidad entre la investidura de Senador o Diputado y algunos altos cargos públicos hace mención al de "Presiden te de Instituto Autónomo" se entiende, nacional.

Además, el artículo 160 de la Constitución cuando establece la obligación de los funcionarios públicos de comparecer a las Cámaras Legislativas o sus comisiones se refiere a "los funcionarios de la administración pública y de los institutos autónomos" y por supuesto, no sólo de la Administración Pública Nacional ni de los institutos autónomos nacionales, sino también de la administración pública e institutos autónomos estadles y municipales.

En todo caso, la dicotomía que establece el artículo 160 entre Administración Pública e Institutos Autónomos, no es correcta: en esa norma, de *lo que se está hablando es,* realmente, de la Administración Pública sea Central o con autonomía funcional y de la Administración Pública Descentralizada. Todas son Administración Pública, incluyendo los institutos autónomos.

Ahora bien, hemos señalado las normas de la Constitución que se refieren a los institutos autónomos como figura central de la Administración Pública descentralizada funcionalmente. Lo que ahora debemos preguntarnos, es si la Constitución se refiere a otras figuras posibles que sin ser institutos autónomos, también formen parte de la Administración Descentraliza da. Evidentemente que sí.

En efecto, el mencionado artículo 230 al prever el control del Congreso, se refiere a los intereses del Estado en corporaciones o entidades de cualquier naturaleza, además de los institutos autónomos.

En otras palabras, indirectamente, además de en los institutos autónomos, el Estado puede tener intereses en corporaciones o entidades de cualquier naturaleza, y en todo caso, ellos están sometidos al control del Congreso. Por supuesto esta expresión "entidades o corporaciones de cualquier naturaleza", es lo suficientemente ambigua como para que pueda englobarse en ella toda forma jurídica de descentralización o de participación estatal, como las fundaciones creadas por el Estado, o las Sociedades *Civiles* Mercantiles creadas por el Estado, o en las cuales este tenga participación.

Pero además el Artículo 124, de la Constitución, al hablar de la incompatibilidad de funcionarios para celebrar contratos con entes estatales se refiere a la República, los Estados, los Municipios "y demás personas jurídicas de derecho público" donde se incluyen los institutos autónomos. Esto nos permite concluir lógicamente que esas "corporaciones o entidades" de cualquier naturaleza que forman la Administración Descentralizada pueden ser personas jurídicas de derecho público, por lo que también podrían ser personas jurídicas de derecho privado. Este artículo 124, por tanto, permite establecer la clasificación de los entes que forman la Administración descentralizada, según la forma jurídica de su personalidad; de Derecho Público o de Derecho Privado.

Por otra parte, el artículo 140 mencionado, al regular las condiciones de inelegibilidad para Senadores y Diputados se refiere a las "empresas en las cuales el Estado tenga participación decisiva", lo cual permite deducir que la referencia es básicamente a personas jurídicas de derecho privado, particularmente de carácter societario. En esta categoría formal habría que ubicar, por supuesto, las llamadas "industrias del Estado" en el artículo 97 de la Constitución.

En conclusión, conforme a estos tres artículos; 140, Ordinal Tercero; 124 y 230 de la Constitución sé pueden elaborar las bases jurídicas de la Administración Descentraliza da: pueden distinguirse en ella, a las personas jurídicas de Derecho Público y a las personas jurídicas de Derecho Privado. En estas pueden ubicarse entidades de cualquier naturaleza, en las cuales el Estado tenga participación: sociedades mercantiles, sociedades civiles, fundaciones; y en las personas jurídicas de Derecho público, se ubican básicamente, los Institutos Autónomos aún cuando esta figura no agota a las "personas jurídicas de Derecho Público".

En otras palabras, en virtud de esta expresión del artículo 124 que habla de "personas jurídicas de Derecho Público", estimamos que comprende a los institutos autónomos, pero no se agota en ellos. Hemos sostenido, en efecto, que existen establecimientos públicos no institucionales que sin ser institutos autónomos, son personas jurídicas de derecho público y que han encontrado su regulación en la legislación, entre ellas están las que hemos llamado "establecimientos públicos corporativos", que comprenden a las Universidades Nacionales.

b. Clasificación de los entes descentralizados de derecho público.

Conforme a todas estas normas constitucionales podemos establecer, perfectamente, la clasificación general de la Administración Descentralizada funcionalmente. En efecto, la Constitución da pie para poder clasificar los entes descentralizados en aquellos entes que tienen personalidad de derecho público y los que tienen personalidad de derecho privado, partiendo del supuesto de que la descentralización funcional exige siempre la presencia de una persona jurídica distinta al ente territorial.

Dentro de las personas de Derecho público cuyo signo característico es que son creadas por Ley o en virtud de lo previsto en una Ley especial, nos habla de los institutos autónomos, pero no los identifica^ con aquellas, en el sentido de que puede haber otras personas de Derecho público distintas de los institutos autónomos. La Legislación ha venido desarrollando estas entidades y se distinguen, utilizando la terminología que proviene del Derecho Civil, los establecimientos públicos Corporativos, Asociativos e Institucionales que serían los institutos autónomos.

Los establecimientos públicos corporativos son aquellos entes descentralizados con personalidad jurídica de Derecho Público que se otorga por el Estado para proteger la actuación de una corporación o comunidad de personas. La base de la personalidad esta en un sustrato personal. El ejemplo de estos son las Universidades Nacionales.

Los establecimientos públicos asociativos, son aquellas personas jurídicas de Derecho público, pero a las cuales la ley les da la forma de compañía anónima, a pesar de lo cual no dejan de tener la forma de Derecho Público. El ejemplo es el Banco Central de Venezuela, el Banco Industrial de Venezuela, y Bandagro.

En cuanto a los establecimientos públicos institucionales, son los institutos autónomos, donde el sustrato protegido es un sustrato real. El instituto autónomo, realmente, es un patrimonio separado de la masa general del Tesoro destinado a un fin protegido por el ordenamiento y dotado de personalidad jurídica. Eso distingue estos establecimientos de las Universidades Nacionales: en estas lo que está protegido es la comunidad de intereses formada por profesores y estudiantes, en otras palabras, lo que se protege es una corporación, en su sentido propio castellano: grupo de personas que buscan un fin y que el estado protege y le da personalidad jurídica. Por supuesto el otorgamiento de personalidad implica el patrimonio, de manera que el sustrato personal conlleva un sustrato real. Sin embargo, en el caso de los institutos autónomos lo que se protege es el sustrato real, pues no hay sustrato personal.

El instituto autónomo, por tanto, desde el punto de vista sustantivo, podríamos decir que se identifica con las fundaciones.

En efecto, la fundación regulada en el Código Civil también es eso; un patrimonio destinado a un fin, protegido por el ordenamiento civil y dotado de personalidad jurídica pero de Derecho privado. No hay mayor diferencia sustantiva entre uno y otro, por lo que no es incorrecto decir que el instituto autónomo es una fundación de derecho público, en el sentido de que goza de la misma naturaleza de la fundación, como figura tradicional del Derecho privado, pero en este caso la personalidad jurídica proviene directamente de la Ley y no del registro del acto fundacional.

Queremos insistir en que en nuestro criterio resulta claro, en el caso de las personas de derecho público, que estas no pueden identificarse con los institutos autónomos, porque la Constitución no lo hace, pues nos habla de personas de derecho público y de institutos autónomos. Si el texto hubiera querido identificar esos términos en el artículo

124 hubiera emplea do la expresión instituto autónomo, que se emplea en otras normas. Si no la empleó es porque sugiere una distinción, de género a especie: las personas de derecho público son el género y los institutos autónomos una especie.

[...]

[...]

Sección Segunda: SOBRE LA CONSTITUCIONALIZACIÓN DEL DERECHO ADMINISTRATIVO EN COLOMBIA (1993)

"El proceso de constitucionalización del Derecho Administrativo en Colombia" en *Revista de Derecho Público*, N° 55–56, Editorial Jurídica Venezolana, Caracas, julio–diciembre 1993, pp. 47–59; El proceso de constitucionalización del Derecho Administrativo en Colombia" en Juan Carlos Cassagne (Director), *Derecho Administrativo. Obra Colectiva en Homenaje al Prof. Miguel S. Marienhoff,* Buenos Aires 1998, pp. 157–172.

La Asamblea Constituyente electa en Colombia a finales de 1990, elaboró y sancionó la Constitución de 4 de julio de 1991, uno de los textos constitucionales más ricos jurídicamente de América Latina, en la cual, además, se ha producido un masivo proceso de constitucionalización del Derecho Administrativo como nunca antes se había operado en ese país, y que queremos comentar en estas notas.

En electo, es indudable que entre el Derecho Constitucional y el Derecho Administrativo existen todos los vínculos imaginables. Ambos son, ante todo, derechos estatales, teniendo el Derecho Administrativo un conjunto de bases constitucionales, que son las mismas bases del Estado contemporáneo y que, en general, en el mundo occidental, corresponden a lo que se ha venido denominando el Estado Social y Democrático de Derecho, terminología acuñada desde hace décadas en las Constituciones europeas, y que ha recogido la Constitución colombiana de 1991 en su artículo 1°.

Hemos dicho que el Derecho Administrativo es un "derecho estatal" [1], en el sentido de que además de emanar del Estado, está destinado a regular una parte esencial del mismo, la Administración Pública como complejo orgánico, su organización y funcionamiento; el ejercicio de la función administrativa, y las relaciones jurídicas entre las personas jurídicas estatales y los administrados[2]; siendo su objeto, por tanto, normar instituciones de carácter público que persiguen fines públicos y colectivos, situados por encima de los intereses particulares.

Pero por supuesto, al regular al Estado, el Derecho Administrativo se nos presenta, siempre, como un Derecho dinámico, en constante evolución, del fenómeno social y político. Cada sociedad, como lo ha dicho Alejandro Nieto, "se expresa en un determinado Derecho y las transformaciones sociales arrastran inevitablemente una alteración

1 André Demichel, *Le Droit Administratif. Essai de réflexion théorique*, París 1978, p. 14.

2 *V.* Allan R. Brewer–Carías, "El concepto de Derecho Administrativo en Venezuela", *Revista de Administración Pública,* N° 100–102, Vol. I, Madrid 1983, p. 688. Publicado también en Allan R. Brewer–Carías, *Estudios de Derecho Administrativo,* Bogotá 1986, pp. 7 a 24.

de la superestructura jurídica"[3]; en otras palabras, "el Derecho Administrativo se asienta sobre bases que están en constante evolución y que reflejan los condicionamientos políticos y sociales vigentes en un momento dado"[4]. Por ello, puede decirse que el Derecho Administrativo permanentemente sufre una "crisis de crecimiento"[5], por los cambios que constantemente le provocan las transformaciones económicas y sociales que no cesan.

Teniendo esto en cuenta, nuestro objetivo, en estas notas, es referirnos a las características más resaltantes del Derecho Administrativo colombiano, plasmadas en el texto constitucional de 1991, y determinar cómo están ellas integradas en el panorama jurídico contemporáneo.

Siendo un derecho estatal, las características fundamentales del Derecho Administrativo constitucionalizado en Colombia, responden a lo que hoy, en el panorama jurídico contemporáneo, caracteriza a esta disciplina: en primer lugar, a unas bases constitucionales propias del Estado de Derecho; en segundo lugar, a unos condicionamientos democráticos y sociales de ese Estado, y en tercer lugar, a un conjunto de principios que identifican un determinado equilibrio entre prerrogativas y poderes del Estado y derechos y garantías de los ciudadanos.

I. EL DERECHO ADMINISTRATIVO COMO DERECHO DEL ESTADO DE DERECHO

En primer lugar, sobre el Derecho Administrativo, precisamente, como el derecho de un Estado de Derecho. Es evidente que no habría Derecho Administrativo sin Estado de Derecho. Es más, como todos lo sabemos, nuestra disciplina nació con el Estado de Derecho[6], que emergió de las Revoluciones Francesa y Americana, y que respondía y responde aún actualmente, a cinco principios esenciales que lo condicionan: el constitucionalismo; la limitación y distribución del Poder del Estado; el principio de legalidad; el reconocimiento de los derechos y garantías, y el control judicial del imperio de la ley.

La Constitución colombiana, con toda su novedad, sin duda, sigue respondiendo a estos cinco principios clásicos del Estado de Derecho, que son la base de nuestra disciplina.

1. La supremacía constitucional

En primer lugar, debemos recordar que como todas las Constituciones contemporáneas, y desde que la Constitución, como la entendemos ahora, fue inventada por las Colonias independientes de Norteamérica a partir de 1776, la Constitución Colombiana es un ejemplo de Constitución regida, concebida como la "norma de normas" (Art. 4); en

3 Alejandro Nieto, "La vocación del Derecho Administrativo de nuestro tiempo", *Revista de Administración Pública,* N° 76, Madrid 1975; reproducido en el libro *34 artículos seleccionados de la Revista de Administración Pública con ocasión de su Centenario,* Madrid 1983, pp. 880 y 881.

4 Martín Bassols, "Sobre los principios originarios del Derecho Administrativo y su evolución", en *Libro Homenaje al Profesor Juan Galván Escutia,* Valencia, 1980, p. 57.

5 *Cfr.* Prosper Weil, *El Derecho Administrativo,* Madrid 1966, p. 31.

6 *Cfr.* Fernando Garrido Falla, "Sobre el Derecho Administrativo y sus ideas cardinales", *Revista de Administración Pública,* N° 7, Madrid 1952; reproducido en la obra *34 artículos seleccionados... cit.,* p. 22.

consecuencia, como Ley Suprema, todos los órganos del Estado y todos los individuos están sometidos a sus disposiciones, y tienen la obligación de respetarla y obedecerla (Art. 4). Como tal, es una norma directamente aplicable a los individuos, y fuente directa de derechos y obligaciones.

Ese carácter de norma rígida y suprema, hace que prevalezca sobre toda otra norma o acto estatal, debiendo por tanto ser aplicada con preferencia cuando exista incompatibilidad entre ella y otras normas. Así lo dice el artículo 4° de la Constitución, pero sin aclarar si la aplicación preferente de la Constitución es un poder exclusivo de los jueces, como desde principios de siglo lo ha sido en Colombia, o podría ser extensivo a todo el que en el funcionamiento del Estado deba aplicar normas, lo que sin duda abriría el camino a la anarquía. De algunas normas constitucionales, sin embargo, parece claro que sólo la autoridad judicial es la que puede desaplicar normas por inconstitucionalidad (p.e. Art. 305, ord. 10).

2. La limitación del poder

En segundo lugar, debe señalarse que el Estado de Derecho surgió hace doscientos años, fundamentalmente, como un Estado en el cual su poder era limitado como garantía de la libertad. A tal efecto, dos sistemas de distribución del poderse han venido consagrando en todas las Constituciones: un sistema de distribución horizontal del poder y un sistema de distribución vertical del poder. Por supuesto, dichos sistemas no son ni jamás han sido uniformes: han variado en su forma e intensidad, según los condicionamientos históricos, políticos y sociales propios de cada país. En el caso de Colombia, ambos sistemas, sin duda, se han aplicado históricamente y están consagrados en la Constitución como producto de la realidad actual del país.

En primer lugar, la Constitución de 1991, sin duda, establece un sistema de separación orgánica de poderes, como mecanismo de distribución horizontal del poder. Por supuesto, ese sistema nada tiene que ver con la exageración de los constitucionalistas franceses de la Revolución, que conformaron aquellos compartimientos estancos que tanto ha caracterizado y condicionado la evolución del Derecho–Administrativo francés, y que no sólo dieron origen a la justicia administrativa separada del poder o rama judicial, sino a que aún no se haya pedido establecer un completo sistema de control de la constitucionalidad de las leyes.

Nada más lejos de esa concepción que la que siempre ha adoptado Colombia y que se refleja en la Constitución de 1991, a pesar de la constitucionalización de la jurisdicción contencioso–administrativa y del Concejo de Estado, pues bien sabemos que ésta forma parte de la rama judicial (Art. 116 y Art. 236), al igual que la jurisdicción constitucional y la Corte Constitucional (Arts. 116 y 239); y nada tiene que ver, salvo por aproximaciones semánticas, con el sistema de dualidad jurisdiccional estilo francés, donde la jurisdicción contencioso–administrativa no forma parte de la rama judicial.

Esta separación horizontal orgánica de Poderes en tres ramas de un único Poder Público: la Legislativa, la Ejecutiva y la Judicial (Art. 13), por supuesto, no es rígida, como no lo es hoy en ninguna parte del mundo. No sólo todos los órganos que las integran colaboran entre sí en la realización de los fines del Estado (Art. 113), sino que el ejercicio de las funciones propias de los órganos de cada uno, no es exclusivo ni excluyente, pudiendo, en dicho ejercicio, haber interferencia por parte de los órganos de los otros poderes. Así por ejemplo, la función jurisdiccional se puede ejercer además de por les órganos de la rama judicial, por las autoridades administrativas (Art. 116), como sucede normalmente en todos los países contemporáneos, no sólo de nuestra familia de derechos, sino incluso del *common law*[7] pudiendo, incluso, el Congreso, ejercer funciones judiciales como lo dice el artículo 116 de la Constitución. La función administrativa también se ejerce por las diversas ramas del Poder, al igual que la función normativa. Hay en todo caso, funciones que se ejercen por cada rama en forma privativa, y en éstas no puede haber interferencia; pues habría usurpación. De allí la prohibición que el artículo 136 impone al Congreso, de "inmiscuirse, por medio de resoluciones o de leyes, en asuntos de competencia privativa de otras autoridades" (ord. 1).

Además, como sucede hoy en todos los países del mundo, la distribución del poder en la trilogía clásica de las tres ramas: Legislativa, Ejecutiva y Judicial, en la Constitución de 1991 también ha sido rota. El Poder Público se ejerce, además de por los órganos que componen las tres clásicas ramas, por otra serie de órganos que han sido progresivamente constitucionalizados y dotados de autonomía funcional. Es el caso de los órganos de control, como la Contraloría General de la República (Art. 267); de los que forman el Ministerio Público: el Procurador General de la Nación (Art. 275) y el Defensor del Pueblo (Art. 281); y de la administración electoral, como el Consejo Nacional Electoral (Art. 264). En cuanto al Consejo Superior de la Judicatura y la Fiscalía General de la Nación, que en otros países son también órganos constitucionales con autonomía, en Colombia, sin embargo, son parte de la rama judicial (Art. 116, 249 y 254).

Particular importancia para el Derecho Administrativo en este contexto de la separación orgánica de poderes, tiene el ordenamiento de la rama ejecutiva y el tratamiento de la Administración Pública en la Constitución. Puede decirse que en la materia todos los principios necesarios han sido constitucionalizados: la organización administrativa (Arts. 115, 150, Ord. 7, 185 y 206, 208) y los principios sobre la Administración Descentralizada funcionalmente (Arts. 76, 210, 333, 371); la jerarquía administrativa (Arts. 115, 189); el régimen de los funcionarios públicos(Arts. 110, 122, 125, 189) y su responsabilidad (Arts. 6, 91, 122, 124, 198); el régimen de los bienes públicos (Arts. 63, 72, 75, 82 y 332) y el régimen de control de la gestión administrativa, tanto popular (Art. 88), político (Arts. 114, 189, Ord. 12), fiscal (Arts. 117, 119, 267, 268, 354) como de gestión (Arts. 277, Ord. 5 y 6 y 278, Ord. 13.

En segundo lugar, la Constitución también establece un sistema de distribución vertical del poder, que sin abandonar la forma "unitaria" de la República, la califica, en una aparente contradicción, como descentralizada territorialmente (Arts. 1 y 123), compuesta por entidades territoriales que son los departamentos, los distritos, los municipios y los territorios indígenas (Art. 286). Estas entidades descentralizadas gozan de autonomía para la gestión de sus intereses, dentro de los límites de la Constitución, con derecho a gobernarse por autoridades propias, elegidas por votación popular, ejercer las competencias que les corresponden, administrar los recursos y establecer los tributos necesarios para el cumplimiento de sus funciones y participar en las rentas nacionales (Art. 287). Además, la Constitución regula a las Regiones (Art. 306), las áreas metropolitanas (Art. 319) y los territorios con régimen especial, cerno el Distrito Capital (Art. 322), también como formando parte de la organización territorial.

7 *V.* las muy completas referencias al sistema de *administrative tribunals* y de órganos administrativos con fundaciones cuasi–jurisdiccionales, en Inglaterra y EE.UU.; en Jorge Vélez García, *Los dos sistemas del Derecho Administrativo. Ensayo de Derecho Público Comparado,* Bogotá 1994, pp. 113 y siguientes.

La verdad es que esta organización territorial del poder que prevé la Constitución, lo único que tiene de "unitaria" es que no es una federación –y recordemos que federaciones, en sentido clásico del término no existen actualmente–, pero en realidad, en muchos aspectos, es más descentralizada políticamente que muchas federaciones contemporáneas, como por ejemplo, la de Venezuela, que estamos esforzándonos, precisamente, por descentralizar[8]. Basta resaltar, para darse cuenta de ello, el tratamiento que la Constitución establece en cuanto a las competencias de los órganos de los departamentos y municipios (Arts. 300, 305, 313 y 315), con la autorización general dada al legislador para, mediante la Ley Orgánica de Ordenamiento Territorial, distribuir competencias entre la Nación y las entidades territoriales (Art. 288), y la previsión de un sistema de distribución de recursos financieros entre ellas (Art. 356), incluyendo la figura del situado fiscal (Art. 356) equivalente a lo que en Venezuela hemos denominado desde principios de siglo, el situado constitucional; y el régimen de participación de los municipios en los ingresos de la Nación (Art. 357). En todo ese sistema se aprecia, sin duda, un alto grado de descentralización, no faltante, sin embargo, de algunos lunares que no encajan, como el de la tutela de los Gobernadores sobre las autoridades municipales que prevé el artículo 305, y que les permite a los primeros revisar los actos de los Concejos Municipales y de los Alcaldes y, por motivo de inconstitucionalidad o ilegalidad, remitirlos al Tribunal competente para que decida sobre su validez (Ord. 10).

3. La sumisión a la legalidad

La tercera de las notas clásicas del Estado de Derecho, que justifica incluso su denominación, es la sumisión de todos los órganos del Estado al derecho o a la legalidad, integrada por la norma de normas, que es la Constitución (Art. 4), y por todas las demás fuentes del ordenamiento jurídico que aplican a los diversos órganos del Estado, conforme al clásico principio de la formación del Derecho por grados que legó Hans Kelsen al derecho moderno, y que puede decirse que tiene plena vigencia en la Constitución[9]

Sobre el tema de la sumisión al Derecho, en todo caso, debo hacer una acotación sobre una norma de la Constitución que me ha llamado mucho la atención, y es la que atribuye al Congreso, entre sus funciones, la de "interpretar, reformar y derogar las leyes" (Art. 150, ord. 1). ¿Qué significa esto, particularmente en cuanto a la primera competencia? ¿Qué sólo el Congreso puede interpretar las leyes? Recordemos que eso era lo que, en la exageración revolucionaria francesa de la separación de poderes, correspondía, a comienzos del siglo pasado, a la Asamblea Nacional, a la cual los jueces estaban obligados a consultar cuando tuvieran dudas, respecto de la interpretación de una ley mediante el denominado *refere législatif*[10], debido a la reticencia que había respecto de los jueces, producto de la actitud de los *Parlements* antes de la Revolución. Pero atribuir ese poder, hoy, al Congreso, no tiene sentido alguno: el Congreso, dicta las leyes, las reforma y las deroga. No veo cómo las pueda 'Interpretar", salvo mediante

---

8 *V. Informe sobre la Descentralización en Venezuela 1993,* Memoria del Dr. Allan R.Brewer–Carías, Ministro de Estado para la Descentralización, Caracas 1994, 1.076 pp.

9 *V.* los comentarios en Jorge Humberto Botero, "Nueva Constitución ¿Nuevo Derecho?", *Quaestiones Iuridicae,* Pontificia Universidad Javeriana, Facultad de Ciencias Jurídicas, N° 2, Bogotá 1994, p. 25.

10 *V.* la referencia en Eduardo García de Enterría, *La Constitución como norma y el Tribunal Constitucional,* Madrid 1981, p. 164.

nuevas leyes que modifiquen las anteriores. Quien interpreta la ley es quien tiene que aplicarla y ejecutarla, el juez y el funcionario, dentro de sus respectivas esferas de competencia, y con los límites establecidos en la propia Constitución y sus valores y en la Ley.

4. La declaración constitucional de derechos y garantías

El cuarto de los principios tradicionales del Estado de Derecho es la declaración constitucional de los derechos y garantías, que ha sido y es el signo común de todos los Estados contemporáneos. En esta materia, la nueva Constitución colombiana se ha incorporado a las corrientes actuales del constitucionalismo universal, al establecer una amplísima declaración de derechos y garantías constitucionales, que sigue la línea de Constituciones recientes, como la de Brasil e, incluso, menos recientes como la venezolana, dictada 30 años antes (1961).

Lo primero que debemos destacar en esta materia es que conforme al artículo 2 de la Constitución, se enumera entre los fines esenciales del Estado, el "garantizar la efectividad de les principios, derechos y deberes consagrados en la Constitución", precisándose, en forma expresa, el principio de "la primacía de los derechos inalienables de la persona" (Art. 5), y recogiéndose el principio consagrado, por ejemplo, en la Constitución venezolana de 1961, de que "la enunciación de los derechos y garantías contenidos en la Constitución y en los convenios internacionales vigentes, no debe entenderse como negación de otros que, siendo inherentes a la persona humana, no figuren expresamente en ellos" (Art. 94). La única diferencia de esta cláusula abierta con la prevista en la Constitución venezolana es el agregado que la nuestra hace de que "la falta de ley reglamentaria de estos derechos no menoscaba el ejercicio de los mismos" (Art. 50).

En esta forma, Colombia se ha incorporado a las nuevas tendencias de protección progresiva de los derechos humanes, de todas las generaciones de ellos que nos podamos imaginar, precisando no sólo la prevalencia en el orden interno de los tratados internacionales ratificados por el Congreso, que los reconocen, sino indicando que los derechos se deben interpretar de conformidad con esos tratados internacionales. (Art. 93).

En todo caso, de nuevo debemos decir que no estamos en presencia de nada excepcional, ni que esto sea producto o causa de un "nuevo Derecho", como parece que algunos han querido ver y como he tenido ocasión de apreciar de las discusiones recogidas en las *Quaestiones juridicae*[11] editadas por la Pontificia Universidad Javeriana. Es cierto que de las normas de la Constitución Colombiana se deriva que los principios relativos a los derechos humanos conducen a que, en última instancia, los derechos constitucionales son lo que los jueces digan que son. Pero en esta afirmación no hay nada nuevo. Basta recordar, por ejemplo, la situación en el Reino Unido donde no hay Constitución pero, por supuesto, rige el principio de la *rule of law.* Como señalaba Dicey hace más de un siglo, cuando contrastaba el Derecho Administrativo de Europa continental con la Constitución inglesa: en el Continente –decía– "los derechos individuales resultan, o aparentan resultar de los principios generales de la Constitución", en tanto que en Inglaterra,

---

11 *Quaestiones juridicae,* Pontificia Universidad Javeriana, Facultad de Ciencias Jurídicas, Nº 1, junio 1993, 16 pp.; Nº 2 junio 1994, 31 pp.

> "los principios generales de la Constitución (como por ejemplo la libertad personal, el derecho de reunión pública) son... el resultado de decisiones judiciales en casos concretes llevados ante los tribunales, determinantes de los derechos individuales de las personas".

De allí concluía diciendo que:

> "las normas que en los países extranjeros forman parte de un Código Constitucional, no son la fuente sino la consecuencia de los derechos individuales, tal como han sido definidos y aplicados por los jueces" [12].

Por tanto, que los jueces tengan el poder–deber de aplicar la Constitución y sus principios, incluso conforme a estas cláusulas, no los hace titulares de la creación de ningún "nuevo Derecho" fuera de la propia Constitución, que responde a unos valores concretos, históricos y actuales de la sociedad colombiana. Los jueces nunca han sido meros autómatas, o entes pasivos, ni como decía Montesquieu, "nada más que la boca que pronuncia las palabras de la ley, incapaces de moderar su fuerza y vigor[13]" Al contrario, los jueces siempre han sido les intérpretes de la Constitución, pero como lo dice la propia Constitución colombiana, sometidos siempre "al imperio de la ley" (Art. 230) con la posibilidad de usar los criterios auxiliares de la equidad, la jurisprudencia, los principios generales del Derecho y la doctrina (Art. 230), pero siempre sometidos a la Constitución y la ley, y a sus principios y valores.

Debe señalarse, respecto de la consagración de derechos, sin embargo, que del texto de la Constitución aparecen algunas contradicciones que estoy seguro que los jueces están superando: en primer lugar, la utilización de la expresión "derechos fundamentales" como una categoría de los derechos constitucionales enumerados en los artículos 11 a 42, y donde no están los derechos sociales, económicos y culturales y los derechos colectivos y del ambiente. La acción de tutela, conforme al artículo 86 de la Constitución, sólo está prevista para la protección de los derechos fundamentales, de donde se podría concluir, inconvenientemente," que la protección constitucional podría ser rechazada respecto de los otros derechos. En segundo lugar, también me resulta una aparente contradicción de la misma enumeración de los derechos fundamentales y de la previsión respecto de ellos de la acción de tutela, la precisión que hace el artículo 85, de que algunos de esos derechos fundamentales no serían de aplicación inmediata. Realmente no puedo imaginarme algún derecho fundamental protegible que no sea de aplicación inmediata.

5. Las garantías de la Constitución y de los derechos fundamentales, y el control judicial

En quinto lugar, la Constitución colombiana, conforme a la orientación del Derecho contemporáneo, también establece todo un sistema de garantías de la Constitución y de los derechos constitucionales, entre los cuales destaca un completo sistema de control judicial.

En efecto, en cuanto a las garantías constitucionales de los derechos y de la Constitución, ésta, además de establecer la reserva legal como principio general y precisar la responsabilidad de los funcionarios públicos por violaciones constitucionales (Arts. 6 y

12 A. V. Dicey. *An Introduction to the Study of the Law of the Constitution* (Introducción de E.C.S. Wade), Londres 1973 pp. 195, 196 y 203.

13 *V.* la referencia en H. Mcllwain, *The High Court of Parliament and its Supremacy,* Yale 1910, p. 323.

91), consagra, además de la acción de tutela para la protección de los derechos fundamentales (Art. 86), todo el completísimo sistema de control di–fuso y concentrado de la constitucionalidad de las leyes, tanto antes como después de su sanción y publicación (Arts. 4, 153, 241), que ha sido, históricamente, junto con el sistema venezolano, uno de los grandes aportes de nuestros países al Derecho Constitucional Comparado[14]

Una observación nos resulta obligante, sin embargo, en cuanto a la potestad de la Corte Constitucional para controlar la constitucionalidad de las leyes, y es quela Constitución, al regular el derecho de propiedad (Art. 58), prohíbe que los motivos de utilidad pública o de interés social que puedan ser invocados por el legislador para establecer esa extraña figura de la "expropiación sin indemnización" –que no es otra cosa que una confiscación–, puedan ser "controvertibles judicialmente"(Art. 58). Realmente, aquí hay una disidencia del sistema con la tendencia general en el mundo contemporáneo, que es el ejercicio del control de la constitucionalidad, incluso, con base en los principios de razonabilidad de las leyes[15].

Por otra parte, en cuanto a las garantías, debe destacarse que, como garantía fundamental de los derechos, el artículo 93 remite a los tratados internacionales para la determinación de los casos en los cuales no se pueden éstos limitar, en los casos de estados de excepción (Art. 93). Rigen por tanto, en Colombia, plenamente, las normas de la Convención Americana de Derechos Humanos que excluyen toda suspensión o restricción de garantías de ciertos derechos, como el derecho a la vida.

Debemos señalar, además, que nos ha llamado la atención respecto del tema de la reserva legal, el contraste que resulta de la proclamación del artículo 22 sobre "la paz como un derecho y un deber de obligatorio cumplimiento", y la precisión de que la atribución exclusiva del Congreso, de las Asambleas Departamentales y los Concejos Distritales y Municipales para, por ejemplo, imponer contribuciones fiscales o parafiscales, sea válida sólo en "tiempo de paz" (Art. 338). Parecería existir un sustrato inconveniente y contradictorio con aquella proclamación, derivado de la posibilidad de la existencia misma de "tiempos de guerra", que en todo caso debió haber sido proscrita, antes que vislumbrada.

En cuanto a la acción de tutela, que en nuestro criterio, más que una acción aislada puede concebirse en la Constitución como un derecho ciudadano a la supremacía constitucional y a sus derechos[16] que se manifiesta en múltiples acciones, incluyendo la de la tutela, pero donde encajan también las otras acciones populares de protección (Arts. 88 y 89), el *hábeas corpus* (Art. 30) y el *hábeas data* (Art. 15); a pesar de la novedad que ha constituido en Colombia y de los síntomas que han aparecido de esa enfermedad del crecimiento y desarrollo de la institución, denominada la "tutelitis", sin duda, ha incorporado a Colombia en la vieja ruta que siguen casi todos los países del mundo actual, de la protección inmediata, amparo o tutela, de los derechos constitucionales, y que tan efectiva ha sido ante la justicia lenta, que siempre es injusta. La tutela es un remedio rápido frene a las violaciones de derechos constitucionales, como el amparo en

14 *V.* Allan R. Brewer–Carías, "El control concentrado de la constitucionalidad de las leyes (Estudio de Derecho Comparado)", en el libro *Homenaje a Carlos Restrepo Piedrahita. Simposio Internacional sobre Derecho del Estado,* Universidad Externado de Colombia, Bogotá, 1993, Tomo II, pp. 770 y siguientes.

15 *V.*, por ejemplo, Juan Francisco Linares, *La razonabilidad de las leyes,* Buenos Aires, 1970.

16 *V.* Allan R. Brewer–Carías "El amparo a los derechos y libertades constitucionales y la acción de tutela a los derechos fundamentales en Colombia: una aproximación comparativa" en Manuel José Cepeda (ed). *La Carta de Derechos. Su interpretación y sus implicaciones.* Bogotá 1993, pp. 25 y siguientes.

Venezuela, que tenemos que saludar el que se haya incorporado al Derecho colombiano.

Como lo ha dicho Hernando Herrera Vergara, Presidente de la Corte Constitucional de Colombia:

> "El rol del juez ha sufrido una profunda y constructiva transformación y re–valoración, quizás la de mayor repercusión en la historia nacional a consecuencia principalmente de los cambios que en todos los campos de la justicia realizó la Carta Constitucional. En razón de la existencia de la acción de tutela –continúa–, todos los jueces de la República se han convertido por mandato constitucional en forma efectiva y real en guardianes de la Carta de Derechos, sea cual fuere el lugar del territorio nacional en que ejerzan su jurisdicción, sin importar su especialidad o jerarquía" [17].

Ello es cierto, pero no creamos que con estas instituciones hemos inventado nada: los jueces angloamericanos, cotidianamente amparan o tutelan los derechos constitucionales, mediante los viejos y ordinarios *wrigts,* como el *injuction* o el *mandamus,* al igual que los jueces franceses, con los *referes*[18] con tanta o más efectividad que nuestra tutela o amparo, y en ello no hay ni nada asombroso ni escandaloso. Exijamos, eso sí, que los jueces cumplan con su deber, pues más importante que las leyes, es que sean justamente administradas. Como lo decía Lord Denning:

> "Nada se logra teniendo leyes justas si las mismas son administradas injustamente, por malos jueces o por abogados corruptos. Un país no puede tolerar, por mucho tiempo, un sistema legal que no asegure juicios justos"[19].

II. EL DERECHO ADMINISTRATIVO COMO DERECHO DEL ESTADO DEMOCRÁTICO Y SOCIAL

Pero hemos dicho que el Derecho Administrativo en Colombia, no sólo es el Derecho de un clásico Estado de Derecho, caracterizado conforme a los elementos antes analizados, sino que también es el Derecho de un Estado Democrático y Social.

Ello deriva del propio artículo 1° de la Constitución, que proclama que el Estado está organizado como una República "democrática, participativa y pluralista, fundada en el respeto de la dignidad humana, en el trabajo y la dignidad de las personas que la integran y en la prevalencia del interés general". He allí los valores fundamentales de este Estado democrático y social, que tiene que condicionar todo el Derecho estatal, incluyendo el Derecho Administrativo. Esos valores, además, se complementan con la declaración del artículo 2 de la Constitución, que equivale a los preámbulos de las Constituciones contemporáneas y que señala que:

> "Son fines del Estado: servir a la comunidad, promover la prosperidad general y garantizar la efectividad de los principios, derechos y deberes garantizados en la Constitución; facilitar la participación de todos en las decisiones que los afectan y en la vida económica, política, administra-

17 "Discurso" en *Universitas,* N° 86, Pontificia Universidad Javeriana, Facultad de Ciencias Jurídicas, junio 1994, pp. 295 y 296.

18 *V.* Allan R. Brewer–Carías, *El amparo a los derechos ... loc. cit.,* p. 28. *Cfr.* JorgeVélez García, *op. cit.,* pp. 93 y siguientes y 321 y siguientes.

19 *V.* la referencia en Allan R. Brewer–Carías "La Constitución de 1961 y los problemas del Estado Democrático y Social de Derecho" en *Reflexiones sobre la Constitución (Tres décadas de vigencia),* Fundación Procuraduría General de la República, Caracas 1991, p. 34.

> tiva y cultural de la Nación; defender la independencia nacional, mantener la **integridad territorial** y asegurar la convivencia pacífica y la vigencia de un orden justo".

Todos estos fines configuran, como un valor esencial del Pacto Político, el Estado social que encuentra su concreción individual en esa riquísima cláusula igualitaria del artículo 13 de la Constitución, conforme a la cual "todas las personas nacen libres e iguales ante la Ley, recibirán la misma protección y trato de las autoridades y gozarán de los mismos derechos, libertades y oportunidades sin ninguna discriminación por razones de sexo, raza, origen nacional o familiar, lengua, religión, opinión política o filosófica".

Pero el Estado Social, sin duda, no sólo es fuente de derechos de las personas, sino ante todo, fuente de deberes y obligaciones para el Estado. Recordemos el artículo 366 para darnos cuenta de ello. Dice:

> "El bienestar general y el mejoramiento de la calidad de vida de la población son finalidades sociales del Estado. Será objetivo fundamental de su actividad la solución de las necesidades insatisfechas de salud, de educación, de saneamiento ambiental y de agua potable...".

En base a ello, materialmente, al enumerarse los derechos sociales, económicos y culturales a partir del artículo 42 de la Constitución, en cada uno de los artículos se impone una obligación al Estado de proteger, apoyar, asistir, organizar, dirigir, fomentar, garantizar, promover, regular, ejercer, fortalecer, facilitar, incentivar diversas acciones, actividades o prestaciones de orden social.

Allí sin duda, está la fuente esencial de la normativa que conforma el Derecho Administrativo, que no sólo es un Derecho formal relativo a los actos, contratos y recursos, sino un Derecho material que regula las actuaciones del Estado y sus relaciones con los administrados. En esa normativa, por supuesto, la orientación constitucional es fundamental en cuanto a la finalidad del Estado. No olvidemos que lo que caracteriza al Derecho Administrativo en el panorama jurídico contemporáneo, es que regula instituciones de carácter público colocadas por encima de los intereses colectivos, superiores y generales, que no son, precisamente, la suma de intereses individuales[20]

Respecto de esos intereses la Constitución de Colombia de 1991 opta claramente por una vía: la de "la prevalencia del interés general" como uno de los fundamentos de la República, conforme al artículo 1°, lo que se repite incesantemente en el texto en otras formas: al regular la propiedad indica que "el interés privado deberá ceder al interés público o social" y precisa que es "una función social" (Art. 58); al regular el espacio público, aclara que "prevalece sobre el interés particular"(Art. 82); y al regular la libertad económica señala que el Estado dirige la economía(Art. 334) y que la empresa tiene "una función social que implica obligaciones"(Art. 333). Además, para defender les intereses colectivos y de la sociedad, se consagra la figura del Procurador General de la Nación (Art. 277, ords. 2 y 3).

De acuerdo con esta normativa, en todo caso, el Estado Social tiene un papel ordenador y conformador de la realidad económica y social que debe cumplir envista de realizar una sociedad justa y solidaria, asumiendo obligaciones prestacionales frente a los ciudadanos, y ordenando y regulando la realidad económica y social para el logro de sus fines. Por ello, el artículo 365 insiste en que "los servicios públicos son inherentes a la finalidad social del Estado", siendo su deber el "asegurar su prestación eficiente a todos los habitantes del territorio nacional". En esta norma, sin duda, encontramos la

20 *Cfr.* A. Nieto, *loc. cit.*, p. 890.

constitucionalización de una noción tan cara al Derecho Administrativo como la noción de servicio público, en una forma, sin duda, que no encontramos en ninguna otra Constitución del mundo. En efecto, todo el régimen del Derecho Administrativo del servicio público está enunciado en esa norma:

> "Los Servicios Públicos estarán sometidos al régimen jurídico que fije la ley podrán ser prestados por el Estado, directa o indirectamente, por comunidades organizada, o por particulares. En todo caso, el Estado mantendrá la regulación, el control y la vigencia de dichos servicios. Si por razones de soberanía o de interés social, el Estado, mediante Ley aprobada por la mayoría de los miembros de una y otra Cámara, por iniciativa del Gobierno decide reservarse determinadas actividades estratégicas o servicios públicos, deberá indemnizar previa y plenamente a las personas que en virtud de dicha ley, queden privadas del ejercicio de una actividad lícita" (Art. 365).

III. EL DERECHO ADMINISTRATIVO Y EL EQUILIBRIO ENTRE PRERROGATIVAS Y PODERES ESTADALES Y DERECHOS E INTERESES INDIVIDUALES

Todo ese conjunto de normas que establecen los fines del Estado, sin duda, además de imponerle obligaciones de todo orden, incluyendo las prestacionales, le confieren al Estado poderes y prerrogativas para poder hacer prevalecer los intereses generales y colectivos frente a los intereses individuales. Pero, por supuesto, éstos no desaparecen, pues también están y deben estar protegidos y garantizados. Por ello, el Derecho Administrativo, además de ser el Derecho de Estado Democrático y Social de Derecho, es el derecho regulador del equilibrio necesario entre los intereses públicos, colectivos o generales que debe proteger y garantizar, y los intereses individuales y privados que también debe garantizar.

No olvidemos que si algo ha caracterizado al Derecho Administrativo durante toda su historia es esa ambigüedad básica de su concepción, que a la vez lo muestra como un instrumento para garantizar la acción administrativa y como un instrumento del liberalismo; como un medio para la manifestación de la actividad gubernamental y la prevalencia de los intereses generales y colectivos, y como un medio de protección del administrado frente a la Administración. Por eso, Fernando Garrido Falla ha señalado, con razón, que el

> "Derecho Administrativo encierra en su seno una oposición aparentemente irreductible que le hace ofrecerse como un hipócrita personaje de doble faz: de una parte, un conjunto de prerrogativas que sitúan a la Administración en un plano de desigualdad y favor en sus relaciones con los particulares; de otra parte, la más acabada instrumentación técnica del Estado liberal"[21].

En definitiva, el Derecho Administrativo siempre se ha explicado por el juego dialéctico de esos dos conceptos contrapuestos: prerrogativa administrativa y garantía del particular, de manera que como decía Marcel Waline, por una parte se evite el inmovilismo y la impotencia, y por la otra, la tiranía[22].

La Constitución de Colombia también está imbuida de esta tercera base constitucional, dando cabida a un conjunto de regulaciones para asegurar la relación Administración–administrado, sin el sacrificio o menosprecio de los intereses particulares, a pesar

21 Fernando Garrido Falla, *loc. cit.*, p. 223.

22 Marcel Waline, *Droit administratif*, Paris 1963, p. 4.

de la prevalencia de los intereses generales o colectivos, regulando las normas de actuación de la Administración y protegiendo los derechos e intereses de las personas.

En este campo se destaca, ante todo, la norma que regula la función administrativa, y que declara que:

> "....está al servicio de los intereses generales y se desarrolla con fundamento en los principios de igualdad, moralidad, eficacia, economía, celeridad, imparcialidad y publicidad, mediante la descentralización, la delegación y la desconcentración de funciones (Art. 209).

Estos principios, que se complementan en otras normas como la referida a las competencias de las entidades territoriales "conforme a los principios de coordinación, concurrencia y subsidiariedad" (Art. 288), sin duda, y ante todo, son garantías de los individuos ante el Estado, y que permiten la búsqueda de ese equilibrio entre el Poder y el individuo que caracteriza todo el Derecho Administrativo.

Esas garantías de las personas, además, se concretan en otras normas constitucionales, como la que impone el debido proceso no sólo a las actuaciones judiciales sino administrativas (Art. 29), y la que erige a la buena fe en un principio fundamental que ha de regir la actividad administrativa. Una norma como la del artículo 83, en efecto, no creo que exista en ninguna Constitución del mundo. Dice:

> "Las actuaciones de los particulares y de las autoridades públicas deberán ceñirse a los postulados de la buena fe, la cual se presumirá en todas las gestiones que aquéllos adelanten ante éstas".

El principio que Jesús González Pérez nos descubrió a los administrativistas, en su bellísimo discurso de incorporación a la Real Academia de Ciencias Morales y Políticas de Madrid sobre "El Principio general de la Buena Fe en el Derecho Administrativo"[23] encuentra ahora una consagración constitucional excepcional, que ojalá sirva para superar ese mal atávico de nuestros funcionarios, que ven en el administrado un enemigo y si a éste se le ocurre ejercer un recurso o queja, un criminal, que hay que perseguir. La buena fe también se aplica como principio a la Administración, pero no como presunción, sino como deber para evitar cargas innecesarias al administrado o malos entendidos por las ambigüedades de los actos administrativos.

Hacia ese objetivo de la protección de los administrados, además, apuntan otras normas de la Constitución, como aquellas que establecen el principio de la desregulación. Así, el artículo 84 establece como principio que:

> "Cuando un derecho o una actividad hayan sido reglamentados de manera general, las autoridades públicas no podrán establecer ni exigir permisos, licencias o requisitos adicionales para su ejercicio".

Principio que se complementa con el artículo 333, que al regular la actividad económica y la iniciativa privada como "libres, dentro de los límites del bien común", agrega que "para su ejecución nadie podrá exigir permisos previos ni requisitos, sin autorización de ley".

Por otra parte, en este régimen de relaciones entre la Administración y los administrados, la Constitución colombiana incorpora en su texto, imbuyendo toda su normativa, el principio de la participación. Así, a la República se la define como "participativa" (Art. 1), consagrándose el derecho ciudadano "a participar en la conformación, ejercicio y control del poder político" (Art. 40), para lo cual no sólo se regulan, en general, mecanismos de participación del pueblo (Art. 103), y de participación ciudadana que de-

---

23 *El Principio general de la Buena Fe en el Derecho Administrativo*, Madrid 1983, 156 p.

ben ser establecidos por ley (Art. 152, literal d), incluso para vigilar la gestión pública (Art. 230); sino, en particular, vías de participación concretas, como por ejemplo, de las comunidades educativas en la dirección de las instituciones de educación (Art. 68), y de las organizaciones de consumidores y usuarios en el estudio de las disposiciones que les conciernen (Art. 78).

Además, la Constitución impone al Estado la obligación de contribuir "a la organización, promoción y capacitación de las asociaciones profesionales, cívicas, sindicales, comunitarias, juveniles, benéficas o de utilidad común no gubernamentales con el objeto de que constituyan mecanismos democráticos de concertación, control y vigilancia de la gestión pública" (Art. 103). En todo caso, al Municipio se le concibe como una entidad territorial fundamental para promover la participación ciudadana en el manejo de los asuntos públicos de carácter local (Arts. 311 y 318).

Se destacan, asimismo, como fórmula jurídica para la participación, el establecimiento en el artículo 88 de la Constitución, de las acciones populares que debe regular la ley para la protección de los derechos e intereses colectivos, relacionados con el patrimonio, el espacio, la seguridad y la salubridad públicos, la moral administrativa, el ambiente y la libre competencia económica (Art. 88).

Por último, en relación al binomio prerrogativas de la Administración y garantías de los administrados que caracteriza nuestra disciplina, debo referirme a unas disposiciones de la Constitución, que en cierta forma, pueden considerarse excepcionales en el panorama jurídico contemporáneo, y son las relativas a la propiedad y su garantía.

En efecto, luego de precisar la Constitución el principio de la responsabilidad patrimonial del Estado "por los daños antijurídicos que le sean imputables, causados por la acción o la omisión de las autoridades públicas" (Art. 90) como una garantía fundamental de los administrados frente a los privilegios de la Administración, el texto también garantiza el derecho de propiedad, precisando, sin embargo, en primer lugar, que debe cumplir una función social; y en segundo lugar, que cuando resulte un conflicto entre los derechos de los particulares y una ley expedida por motivo de utilidad pública o interés social, "el interés privado deberá ceder al interés público o social" (Art. 58). Dicha prevalencia, sin embargo, no puede implicar sin más el desconocimiento del derecho de propiedad y la irresponsabilidad del Estado, pues entonces no habría equilibrio entre prerrogativas y garantías. Sin embargo, en esta materia, la Constitución colombiana prevé dos figuras que realmente llaman la atención: en primer lugar, la expropiación en vía administrativa, como una excepción a la garantía judicial que es la contrapartida de la potestad expropiatoria; y en segundo lugar, la expropiación sin indemnización, como otra excepción, esta vez a la garantía patrimonial, sin la cual no hay expropiación, sino confiscación. Estas disposiciones, ha dicho Rafael Nieto Navia "permiten establecer o cohonestan la arbitrariedad del Estado"[24] rompiéndose el mencionado equilibrio esencial del derecho administrativo que otras normas de la Constitución buscan establecer, entre prerrogativas de la Administración y las garantías ciudadanas.

En esta materia, también quisiéramos destacar otra norma de la Constitución, que contrasta con las nuevas tendencias del contencioso cuando están en juego la violación

24 Rafael Nieto Navia, "Comentarios sobre las libertades y algunos derechos humanos contemplados en la nueva Constitución colombiana" en *Homenaje al Profesor Eduardo Ortiz Ortiz,* Colegio Santo Tomás de Aquino, Universidad Autónoma de Centroamérica, San José de Costa Rica, 1994, p. 142.

de derechos fundamentales, y que apuntan a la progresión de la protección jurídica de los administrados frente a la Administración. Me refiero al artículo 238, que establece:

> "La jurisdicción de lo contencioso–administrativo podrá suspender provisionalmente, por los motivos y con los requisitos que establezca la ley, los efectos de los actos administrativos que sean susceptibles de impugnación por vía judicial.

Esta disposición viene a consagrar en forma absoluta el efecto no suspensivo de los recursos contencioso–administrativos, que si bien es cierto que es el principio general tradicional en Colombia y en el mundo jurídico contemporáneo, comienza a encontrar fórmulas inversas como por ejemplo, en España, cuya Ley 62–1978 sobre protección jurisdiccional de los derechos fundamentales establece, en vía contencioso–administrativa, el carácter suspensivo de los recursos, en la orientación de lo que el artículo 55 del Código Contencioso–Administrativo de Colombia establecen vía administrativa, y al cual apuntan las nuevas tendencias del contencioso–administrativo [25].

De lo dicho anteriormente sobre la constitucionalización del Derecho Administrativo colombiano, una conclusión nos surge de inmediato: no hay otro país de habla hispana en el cual el Derecho Administrativo haya alcanzado un grado tal de constitucionalización como ha sucedido en Colombia, siguiendo nuestra disciplina, allí las orientaciones generales que hoy en día tiene en el mundo jurídico contemporáneo y que, como hemos visto, lo configuran como un Derecho del Estado Democrático y Social de Derecho, con las suficientes bases constitucionales, conforme a la realidad colombiana, para mantener el equilibrio necesario entre los poderes y prerrogativas de la Administración y los derechos y garantías de los administrados.

Sección Tercera: SOBRE LA CONSTITUCIONALIZACIÓN DEL DERECHO ADMINISTRATIVO EN VENEZUELA (2000)

"Algunos aspectos de proceso de constitucionalización del derecho administrativo en la Constitución de 1999," en *Los requisitos y vicios de los actos administrativos. V Jornadas Internacionales de Derecho Administrativo Allan Randolph Brewer–Carías, Caracas 1996,* Fundación Estudios de Derecho Administrativo (FUNEDA), Caracas 2000, pp. 23–37

Si hay un signo distintivo de la Constitución de 1999, tal y como ha sucedido en otros países de América Latina, como en Colombia[26], es el de la constitucionalización del derecho administrativo; lo que confirma los cada vez más estrechos vínculos que existen entre el derecho constitucional y el derecho administrativo, constituyendo la propia Constitución la principal fuente de este último.

---

25 *V.* Allan R. Brewer–Carías, *Principios del Procedimiento Administrativo,* Madrid 1990. p. 120; *Nuevas Tendencias en el Contencioso–Administrativo en Venezuela,* Caracas 1993, pp. 158 y ss.; y 195 y ss.

26 *Cfr.* Allan R. Brewer–Carías, "El proceso de constitucionalización del derecho administrativo en Colombia", *Revista de Derecho Público* Nº 55 y 56, Editorial Jurídica Venezolana, Caracas, 1993, pp. 47 a 59; *íd.*, "Algunos aspectos del proceso de constitucionalización del derecho administrativo en Venezuela", *V Jornadas Internacionales de Derecho Administrativo Allan Randolph Brewer Carías, Los requisitos y vicios de los actos administrativos 2000,* Funeda, Caracas, 2000, pp. 21 a 37.

Ambas ramas del derecho son, ante todo y a la vez, tanto derechos estatales como derechos reguladores de las personas. Es decir, son ordenamientos que tienen por objeto regular tanto la organización y actuación del Estado como el ejercicio de los derechos por las personas. Y en el mundo contemporáneo, ambas ramas del derecho responden a las mismas bases constitucionales del Estado como Estado social y democrático de derecho; terminología acuñada desde hace décadas por las constituciones europeas, y posteriormente recogida en varias constituciones latinoamericanas, como por ejemplo, la colombiana de 1991 (art. 1°), la de Ecuador de 1998 (art. 1°) y la de Venezuela (art. 2°).

Hemos dicho que además de ser un derecho de las personas, el derecho administrativo es un *derecho estatal*[27], en el sentido de que además de emanar del Estado, está destinado a regular una parte esencial de la organización y de la actividad del mismo; particularmente a la Administración Pública como complejo orgánico, su organización y funcionamiento; el ejercicio de la función administrativa, y las relaciones jurídicas entre las personas jurídicas estatales y los administrados; siendo su objeto, por tanto, normar instituciones de carácter público que persiguen fines públicos y colectivos, situados por encima de los intereses particulares.

Pero, por supuesto, al regular al Estado, el derecho administrativo se presenta siempre como un derecho dinámico, en constante evolución, como consecuencia directa de los constantes cambios que se operan en el fenómeno social y político de cada sociedad; la cual, como lo ha dicho Alejandro Nieto, "se expresa en un determinado derecho [pues] las transformaciones sociales arrastran inevitablemente una alteración de la superestructura jurídica"[28]. En otras palabras, "el derecho administrativo se asienta sobre bases que están en constante evolución y que reflejan los condicionamientos políticos y sociales vigentes en un momento dado"[29]; por lo que puede decirse que el derecho administrativo sufre permanentemente de una "crisis de crecimiento"[30], que se debe a los cambios que de manera constante le provocan las transformaciones económicas y sociales, que no cesan.

Esos cambios, por supuesto, en el mundo contemporáneo se reflejan cada vez con mayor fuerza en las propias constituciones, por lo que nuestro objetivo, en estas notas, es referirnos a las características más resaltantes del derecho administrativo venezolano, plasmadas precisamente en el texto constitucional de 1999, y determinar cómo están integradas en el panorama jurídico contemporáneo.

Siendo un derecho estatal, las características fundamentales del derecho administrativo constitucionalizado en Venezuela responden a lo que en el panorama jurídico contemporáneo constituyen los elementos fundamentales de nuestra disciplina: en *primer lugar,* el Estado de derecho y la legalidad; en *segundo lugar,* los condicionamientos democráticos y sociales de ese Estado; y en *tercer lugar*, el equilibrio que tiene que existir entre las prerrogativas y poderes del Estado y los derechos y garantías de los ciudadanos.

---

27 André Demichel, *Le droit administratif. Essai de réflexion théorique,* París, 1978, p. 14.

28 *V.* Alejandro Nieto "La vocación del derecho administrativo de nuestro tiempo", *Revista de Administración Pública,* N° 76, Madrid, Centro de Estudios Constitucionales 1975; también en *34 artículos seleccionados de la Revista de Administración Pública con ocasión de su centenario,* Madrid, 1983, pp. 880 y 881.

29 *Cfr.* Martín Bassols, "Sobre los principios originarios del derecho administrativo y su evolución", en *Libro homenaje al profesor Juan Galván Escutia,* Valencia, 1980, p. 57.

30 *V.*. Prosper Weil, *El derecho administrativo,* Madrid, 1966, p. 31.

I. EL DERECHO ADMINISTRATIVO COMO DERECHO DEL ESTADO DE DERECHO

Puede entonces decirse que el derecho administrativo es, ante todo, el derecho del Estado de derecho (*rule of law*), al punto de que sin este no habría derecho administrativo. Como es bien sabido, además, nuestra disciplina puede decirse que nació efectivamente con el surgimiento del Estado de derecho[31], producto de las revoluciones Francesa y Norteamericana[32] del siglo XVIII, el cual se configuró en torno a cinco principios esenciales que lo condicionan, siempre vigentes: el constitucionalismo; la limitación y distribución del poder público; el principio de legalidad; el reconocimiento de los derechos y garantías ciudadanas, y el control judicial del imperio de la ley.

La Constitución venezolana de 1999, con toda su novedad, sin duda, sigue respondiendo a estos cinco principios clásicos del Estado de derecho, que son la base de nuestra disciplina.

1. La supremacía constitucional

La primera nota que condiciona el derecho administrativo es, por tanto, el constitucionalismo, es decir, la idea de la existencia de la Constitución como norma suprema. Debe recordarse que como todas las constituciones contemporáneas, y desde que el concepto de "Constitución" tal y como la entendemos en la actualidad fue inventado en las colonias independientes de Norteamérica a partir de 1776, la Constitución venezolana es un ejemplo de Constitución rígida, concebida como la "norma suprema" (art. 7°). En consecuencia, el constitucionalismo es en realidad, el fundamento de todo el ordenamiento jurídico, de manera que todos los órganos del Estado y todos los individuos están sujetos a la Constitución y tienen la obligación de respetarla y obedecerla (art. 7°). Como tal, sus normas son directamente aplicables tanto a los órganos estatales como a los individuos y son fuente directa de derechos y obligaciones; en particular, aquellas normas que consagran los derechos humanos y sus garantías, y las que atribuyen competencia a los órganos del Estado.

Ese carácter de la Constitución de norma rígida y suprema, como se ha analizado (*Introducción General, I*), hace que prevalezca sobre toda otra norma o acto estatal, debiendo, por tanto, ser aplicada con preferencia cuando exista incompatibilidad entre ella y otras normas. Así lo precisa el artículo 334 C., como poder exclusivo de los jueces, quienes están en la obligación "de asegurar la integridad de la Constitución".

2. La limitación al poder público

La segunda nota esencial del Estado de Derecho que condiciona el derecho administrativo es la limitación al poder público o del poder del Estado, mediante su separación, como garantía de la libertad. A tal efecto, desde los inicios del constitucionalismo mo-

---

31 *Cfr.* Fernando Garrido Falla, "Sobre el derecho administrativo y sus ideas cardinales", *Revista de Administración Pública,* N° 7, Instituto de Estudios Políticos, Madrid, 1952; también en *34 artículos seleccionados de la Revista de Administración Pública con ocasión de su centenario, cit.,* p. 222.

32 *Cfr.* Allan R. Brewer–Carías, *Reflexiones sobre la Revolución americana (1776) y la Revolución francesa (1789) y sus aportes al constitucionalismo moderno,* Editorial Jurídica Venezolana, Caracas, 2001.

derno puede decirse que surgieron dos sistemas de distribución del poder público que se consagraron en todas las constituciones: un sistema de distribución vertical o territorial del poder y un sistema de división horizontal del poder. Por supuesto, dichos sistemas no son ni jamás han sido uniformes: han variado en su forma e intensidad según los condicionamientos históricos, políticos y sociales propios de cada país. En el caso de Venezuela, ambos sistemas, sin duda, se han aplicado históricamente y están consagrados en la Constitución como producto de la realidad actual del país (*Introducción general, IV, VI*).

En *primer lugar,* la Constitución establece un sistema de distribución vertical o territorial del poder público, como consecuencia de la forma federal del Estado, el cual se califica como "descentralizado" (art. 4°), compuesto por tres niveles de entidades territoriales autónomas: los municipios, los estados y la República (además del distrito capital y las dependencias federales) (art. 16). Estas entidades descentralizadas gozan de autonomía para la gestión de sus intereses propios dentro de los límites de la Constitución, con derecho a ser gobernadas por autoridades propias, elegidas por votación popular, las cuales ejercen las competencias que constitucionalmente les corresponden, legislando sobre las mismas; y administran sus propios recursos y establecen los tributos necesarios para el cumplimiento de sus funciones (arts. 16, 159 y 168).

La nueva Constitución, sin embargo, establece una grave limitación a la autonomía de los estados, al remitir a una ley nacional la regulación del régimen de la organización y el funcionamiento de los consejos legislativos de los estados (art. 162), que son los que ejercen el poder legislativo estadal; y una aun más grave limitación a la autonomía municipal al circunscribirla no sólo a los límites impuestos por la Constitución, sino a los que pueda establecer la ley (art. 168), lo que es una negación a la misma, al carecer de garantía constitucional.

En *segundo lugar,* en la Constitución de 1999 se establece una división horizontal o un sistema de separación orgánica de poderes, que origina órganos independientes y autónomos entre sí que ejercen las diversas ramas del poder público: legislativa, ejecutiva, judicial, ciudadana y electoral. El sistema, por supuesto, nada tiene que ver con la exageración del constitucionalismo inicial francés de la Revolución, de acuerdo con el cual se conformaron aquellos compartimientos estancos que tanto caracterizaron y condicionaron la evolución del derecho administrativo en Francia, y que no sólo dieron origen a la justicia administrativa separada del poder o rama judicial, sino que provocaron el tardío establecimiento de un completo sistema de control de la constitucionalidad de las leyes.

Nada más lejos de esa concepción que la que siempre se ha adoptado en Venezuela y que se refleja en la Constitución de 1999, en la cual, desde 1961, se ha constitucionalizado la jurisdicción contencioso administrativa pero formando parte de la rama judicial (art. 259) del poder público, y en la cual la jurisdicción constitucional se ha atribuido al Tribunal Supremo de Justicia en Sala Constitucional (art. 266.1). Dicho sistema, por supuesto, nada tiene que ver, salvo por aproximaciones semánticas, con el sistema de dualidad jurisdiccional estilo francés, donde la jurisdicción contencioso administrativa no forma parte de la rama judicial.

Pero en particular, en cuanto a la división del poder público, la Constitución adoptó un novedoso sistema de separación orgánica del poder público nacional, en cinco poderes, agregando a los tradicionales poderes legislativo, ejecutivo y judicial, dos nuevos, los poderes ciudadano y electoral. Esta penta división o separación horizontal orgánica del poder público (art. 136), por supuesto, no es rígida, como no lo es hoy en ninguna parte del mundo. No sólo todos los órganos que las integran colaboran entre sí en la realización de los fines del Estado (art. 136), sino que el ejercicio de las funciones propias de los órganos de cada uno no es exclusivo ni excluyente, pudiendo, en dicho ejercicio, haber interferencia por parte de los órganos de los otros poderes estatales. Así, por ejemplo, la función jurisdiccional la pueden ejercer, además de los órganos de la rama judicial, las autoridades administrativas, como sucede normalmente en todos los países contemporáneos, no sólo de nuestra familia de derechos, sino del *common law*[33]. La función administrativa también se ejerce por las diversas ramas del poder, al igual que la función normativa. Hay, en todo caso, funciones que se ejercen por cada rama en forma privativa, y en éstas no puede haber interferencia, pues habría usurpación de funciones. De allí que conforme al artículo 138 C. "toda autoridad usurpada es ineficaz y sus actos son nulos".

Además, formalmente, como se ha dicho y como sucede hoy en la mayoría de los países, la otrora clásica división del poder en las ramas legislativa, ejecutiva y judicial, se rompió en el constitucionalismo del siglo XX, de manera que, en general, el poder público se ejerce, además de por los órganos que componen las tres clásicas ramas, por otra serie de órganos que progresivamente han sido constitucionalizados y dotados de autonomía funcional, y que en el caso de Venezuela ahora han sido erigidos en ramas formales del poder público. Es el caso del poder ciudadano, que integra los ya clásicos órganos constitucionales de control (art. 273), como la Contraloría General de la República (art. 267), el Ministerio Público (art. 284) y la Defensoría del Pueblo (art. 280); y del poder electoral, que ejerce el Consejo Nacional Electoral (art. 293). En la nueva Constitución, en todo caso, se eliminó el Consejo de la Judicatura, que también era un órgano constitucional con autonomía funcional, atribuyéndose ahora las funciones de gobierno y administración de la rama judicial al Tribunal Supremo de Justicia (art. 267).

Es de destacar, en todo caso, que la clave de funcionamiento de un sistema de separación orgánica de poderes es la autonomía e independencia entre los poderes, características que en la Constitución de 1999 resultan seriamente afectadas, entre otras, por las siguientes regulaciones: el Tribunal Supremo de Justicia tiene competencia para decretar la destitución del presidente de la República (art. 233); el Presidente de la República puede disolver la Asamblea Nacional (arts. 236.21 y 240), y la Asamblea Nacional puede remover a los magistrados del Tribunal Supremo (art. 265), al Contralor General de la República, al Fiscal General de la República, al Defensor del Pueblo (art. 279) y a los integrantes del Consejo Nacional Electoral (art. 296). La independencia de los poderes, con estas regulaciones, no tiene garantía constitucional alguna.

Por supuesto, para el derecho administrativo en este contexto de la separación orgánica de poderes, tiene una particular importancia tanto el ordenamiento de la rama ejecutiva el poder público como el tratamiento dado a la Administración Pública en la Constitución, y que también comprende a los órganos de los poderes ciudadano y electoral, por ejemplo. Puede decirse que en esta materia todos los principios necesarios han sido constitucionalizados, relativos a la organización administrativa (arts. 236.20) y a la Administración descentralizada funcionalmente (arts. 142 y 300); a la actuación admi-

33 Véanse las muy completas referencias al sistema de *administrative tribunals* y de órganos administrativos con funciones cuasi jurisdiccionales, en Inglaterra y en Estados Unidos de América, en Jorge Vélez García, *Los dos sistemas del derecho administrativo. Ensayo de derecho público comparado,* Bogotá, 1994, pp. 113 y ss.

nistrativa (art. 141); a la función pública (Artículos 145 a 149) y su responsabilidad (art. 139); a los bienes públicos (Artículos 12, 181 y 304); a la información administrativa (art. 143); a la contratación administrativa (arts. 150 y 151); a la responsabilidad patrimonial del Estado (art. 140), y al régimen de control de la gestión administrativa, tanto popular (art. 62) como político (art. 66), fiscal (art. 287) y de gestión (art. 315).

3. La sumisión a la legalidad y el principio de la formación del derecho por grados

La tercera de las notas clásicas del Estado de derecho que condiciona el derecho administrativo, la cual, incluso, justifica su denominación, es la sumisión de todos los órganos del Estado al derecho o a la legalidad, integrada ésta tanto por la norma suprema que es la Constitución (art. 7°), como por todas las demás fuentes del ordenamiento jurídico y que se aplican a los diversos órganos del Estado, conforme al clásico principio de la formación del derecho por grados, principios que también han sido analizados (*Introducción general, II*).

En tal sentido, el artículo 137 recoge la clásica fórmula de nuestro constitucionalismo, al establecer que "la Constitución y las leyes definen las atribuciones de los órganos que ejercen el poder público, a las cuales deben sujetarse las actividades que realicen"; y en cuanto al principio de la formación del derecho por grados, éste tiene su fundamento en la propia Constitución, al distinguir aquellos actos estatales dictados en ejecución directa e inmediata de la Constitución, cuyo control de constitucionalidad corresponde a la Sala Constitucional del Tribunal Supremo de Justicia, como jurisdicción constitucional (art. 336), de los actos estatales dictados en ejecución directa e inmediata de la legislación e indirecta y mediata de la Constitución, entre los cuales están los actos administrativos sometidos al control tanto de legalidad como de constitucionalidad por parte de los órganos de la jurisdicción contencioso administrativa (art. 259) y de la jurisdicción contencioso electoral (art. 297). El derecho administrativo, así, es un derecho que si bien se ha constitucionalizado, esencialmente regula actividades del Estado dictadas en ejecución directa e inmediata de la legislación, y sometidas a la ley.

4. La declaración constitucional de derechos y garantías

El cuarto de los principios tradicionales condicionantes del derecho administrativo es la declaración constitucional de los derechos y garantías, que ha sido y es el signo común de todos los Estados contemporáneos, tal como se ha analizado (*Introducción general, XI*). Por ello hemos dicho que el derecho administrativo, además de ser un derecho estatal, es también un derecho regulador del ejercicio de los derechos de las personas.

Ahora bien, en esta materia, la Constitución de 1999 se ha incorporado a las corrientes actuales del constitucionalismo universal, al establecer una amplísima declaración de derechos y garantías constitucionales, que sigue la línea de constituciones recientes, como las de Brasil y Colombia.

Lo primero que debe destacarse en esta materia es que, conforme al artículo 2° C., se declara como valor superior del ordenamiento jurídico del Estado, incluyendo por supuesto el derecho administrativo, y de su actuación, "la preeminencia de los derechos humanos", y conforme al artículo 3°, se indica entre los fines esenciales del Estado "la garantía del cumplimiento de los principios, derechos y deberes consagrados en esta Constitución", recogiéndose, además, el principio tradicional del constitucionalismo de que "la enunciación de los derechos y garantías contenidos en la Constitución y en los instrumentos internacionales sobre derechos humanos no debe entenderse como negación de otros que, siendo inherentes a la persona humana, no figuren expresamente en ellos. La falta de ley reglamentaria de estos derechos no menoscaba el ejercicio de los mismos" (art. 22).

En la Constitución de 1999, además, no sólo se ha establecido el principio de la progresividad en la interpretación de los derechos (art. 19), y la obligación de los órganos del poder público, incluida por supuesto, la Administración Pública, de respetar y garantizar los derechos humanos conforme a la Constitución, a los tratados sobre derechos humanos y a las leyes que los desarrollen (art. 19); sino que además se le ha dado rango constitucional a los tratados, pactos y convenciones relativos a derechos humanos suscritos y ratificados por Venezuela, los cuales se declara que prevalecen en el orden interno en la medida en que contengan normas sobre su goce y ejercicio más favorables a las establecidas por la Constitución y las leyes (art. 23).

Las normas de la Constitución, en todo caso, en relación con los principios relativos a los derechos humanos conducen a que, en última instancia, estos tienen el alcance que conforme a las normas constitucionales los jueces precisen, lo que no implica novedad alguna. Basta recordar, por ejemplo, la situación en el Reino Unido, donde no hay Constitución pero, por supuesto, rige el principio de la *rule of law*. Como señalaba Dicey hace más de un siglo, cuando contrastaba el derecho administrativo de Europa continental con la Constitución inglesa: en el Continente, decía, "los derechos individuales resultan, o aparentan resultar de los principios generales de la Constitución", en tanto que en Inglaterra,

> Los principios generales de la Constitución (como por ejemplo la libertad personal, el derecho de reunión pública) son el resultado de decisiones judiciales en casos concretos llevados ante los tribunales, determinantes de los derechos individuales de las personas.

De allí concluía:

> Las normas que en los países extranjeros forman parte de un Código Constitucional, no son la fuente sino la consecuencia de los derechos individuales, tal como han sido definidos y aplicados por los jueces[34].

Por tanto, los jueces tienen el poder–deber de aplicar la Constitución y asegurar su integridad (art. 334) particularmente en materia de derechos humanos (art. 19). Los jueces nunca han sido meros autómatas o entes pasivos, ni como decía Montesquieu, "nada más que la boca que pronuncia las palabras de la ley, incapaces de moderar su fuerza y vigor"[35]. Al contrario, los jueces siempre han sido los intérpretes de la Constitución, siempre sometidos a la misma y a la ley, y a sus principios y valores.

---

34 A.V. Dicey, *An Introduction to the Study of the Law of the Constitution* (introd. E.C.S. Wade), London, 1973, pp. 195,196 y 203.

35 *V.* la referencia en H. McIlwain, *The High Court of Parliament and its Supremacy,* Yale, 1910, p. 323.

5. Las garantías de la constitución y de los derechos fundamentales, y el control judicial

En *quinto lugar*, la Constitución venezolana, conforme a la orientación del derecho contemporáneo, también establece todo un sistema de garantías de la misma y de los derechos constitucionales, entre los cuales se destaca un completo sistema de control judicial de las actuaciones del Estado.

En efecto, como se ha indicado en la *Introducción General*, en cuanto a las garantías constitucionales de los derechos y de la Constitución, ésta, además de establecer la reserva legal como principio general y precisar la responsabilidad de los funcionarios públicos por violaciones constitucionales (art. 25), consagra, adicionalmente a la acción de amparo para la protección de los derechos fundamentales (art. 27), todo un completísimo sistema de control difuso y concentrado de la constitucionalidad de las leyes, tanto antes como después de su sanción y publicación (arts. 333 y ss.), que ha sido, históricamente, junto con el sistema colombiano, uno de los grandes aportes de nuestros países al derecho constitucional comparado[36]. Ello ha conducido a la creación, incluso, de la jurisdicción constitucional atribuida a la Sala Constitucional del Tribunal Supremo de Justicia (art. 336).

Por otra parte, en cuanto a las garantías, debe destacarse que, como garantía fundamental de los derechos, el artículo 337 C., al regular los casos de estados de excepción, establece la prohibición de la restricción de los derechos a la vida, la prohibición de incomunicación o tortura, el derecho al debido proceso, el derecho a la información y los demás "derechos humanos intangibles" que son los regulados en tal forma en la Convención Americana de Derechos Humanos.

En cuanto al amparo, éste se regula como un derecho ciudadano (art. 27) a la supremacía constitucional y a sus derechos[37], que se manifiesta en múltiples acciones, incluyendo la acción de amparo (art. 28), la acción de *habeas corpus* (art. 27) y el *habeas data* (art. 28).

Se ratifica así, en la Constitución, la institución del amparo, con lo cual se ratifica uno de los clásicos principios del constitucionalismo. Recuérdese, por ejemplo, que los jueces angloamericanos, a pesar de que no existe una "acción de amparo", cotidianamente amparan o tutelan los derechos constitucionales mediante los viejos y ordinarios *wrigts*, como el *injunction* o el *mandamus,* al igual que los jueces franceses con los *referés*[38], con tanta o más efectividad que nuestro amparo, y en ello no hay nada extraordinario. Lo importante es que los jueces cumplan con su deber, pues más importante que las leyes es que sean justamente administradas. Como lo decía Lord Denning:

---

36 *Cfr.* Allan R. Brewer–Carías, "El control concentrado de la constitucionalidad de las leyes (Estudio de derecho comparado)", *Homenaje a Carlos Restrepo Piedrahita. Simposio Internacional sobre Derecho del Estado,* t. II, Bogotá, Universidad Externado de Colombia, 1993, pp. 770 y ss.; e *íd.*, *El sistema mixto o integral de control de la constitucionalidad en Colombia y Venezuela*, Universidad Externado de Colombia y Pontificia Universidad Javeriana, Bogotá, 1995.

37 *Cfr.* Allan R. Brewer–Carías, "El amparo a los derechos y libertades constitucionales y la acción de tutela a los derechos fundamentales en Colombia: una aproximación comparativa", en Manuel José Cepeda (ed.). *La carta de derechos. Su interpretación y sus implicaciones,* Bogotá, 1993, pp. 25 y ss.

38 *Cfr. ídem.*, p. 28; Jorge Vélez García, *Los dos sistemas del derecho administrativo. Ensayo de derecho público comparado, cit.*, pp. 93 y ss. y 321 y ss.

> Nada se logra teniendo leyes justas si las mismas son administradas injustamente, por malos jueces o por abogados corruptos. Un país no puede tolerar, por mucho tiempo, un sistema legal que no asegure juicios justos[39].

Pero además de las anteriores garantías judiciales, en particular en relación con las actuaciones de la Administración Pública, la Constitución de 1999, siguiendo el modelo de la de 1961 (art. 206), constitucionalizó la jurisdicción contencioso administrativa, cuyos órganos (Sala Político Administrativa del Tribunal Supremo de Justicia y los demás tribunales que determine la ley) son competentes para anular los actos administrativos generales o individuales contrarios a derecho, incluso por desviación de poder; condenar al pago de sumas de dinero y a la reparación de daños y perjuicios originados en responsabilidad de la Administración; conocer de reclamos por la prestación de servicios públicos y disponer lo necesario para el restablecimiento de las situaciones jurídicas subjetivas lesionadas por la actividad administrativa (art. 259). En esta forma, además, el acto administrativo es una noción constitucional en Venezuela.

II. EL DERECHO ADMINISTRATIVO COMO DERECHO DEL ESTADO DEMOCRÁTICO Y SOCIAL

Pero hemos dicho que el derecho administrativo no sólo es el derecho de un clásico Estado de derecho, caracterizado conforme a los principios y notas antes analizados, sino que también es el derecho de un Estado Democrático y Social, lo que, por supuesto, como principio fundamental, también condiciona la actuación de la Administración Pública, tal como se ha analizado (*Introducción general, X*).

Ello deriva del artículo 2° que precisa los valores del Estado democrático y social de derecho y de justicia, entre los cuales está "la construcción de una sociedad justa y amante de la paz, la promoción de la prosperidad y bienestar del pueblo", los cuales tienen que condicionar todo el derecho estatal, incluyendo el derecho administrativo[40].

Esos valores, además, se complementan con la declaración del artículo 3° C., que señala:

> Son fines esenciales del Estado la defensa y el desarrollo de la persona y el respecto de su dignidad, el ejercicio democrático de la voluntad popular, la construcción de una sociedad justa y amante de la paz, la promoción de la prosperidad y bienestar del pueblo y la garantía del cumplimiento de los principios, derechos y deberes consagrados en esta Constitución.

Todos estos fines configuran, como un valor esencial del pacto político, el Estado social que encuentra su concreción individual en la riquísima cláusula igualitaria del artículo 21 C., conforme a la cual "todas las personas son iguales ante la ley", estableciendo, entre otros aspectos, la prohibición de "discriminaciones fundadas en la raza, el sexo, el credo, la condición social o aquellas que en general, tengan por objeto o por

---

39 *V.* la referencia en Allan R. Brewer–Carías "La Constitución de 1961 y los problemas del Estado democrático y social de derecho", *Reflexiones sobre la Constitución (Tres décadas de vigencia),* Fundación Procuraduría General de la República, Caracas, 1991, p. 34.

40 *Cfr.* Pelayo de Pedro Robles "Los valores superiores en el marco de la Constitución de 1999", en *Ensayos de Derecho Administrativo. Libro Homenaje a Nectario Andrade Labarca,* Vol. I, Tribunal Supremo de Justicia, Caracas, 2004, pp. 433 a 444.

resultado anular o menoscabar el reconocimiento, goce o ejercicio en condiciones de igualdad, de los derechos y libertades de la persona" (ord. 1°).

Pero el Estado social, sin duda, no sólo es fuente de derechos de las personas, sino ante todo fuente de deberes y obligaciones para el Estado. Por ello, materialmente, al enumerarse los derechos sociales, económicos y culturales a partir del artículo 75 C., en cada uno de los artículos se impone una obligación al Estado de proteger, apoyar, asistir, organizar, dirigir, fomentar, garantizar, promover, regular, ejercer, fortalecer, facilitar e incentivar diversas acciones, actividades o prestaciones de orden social. Los servicios públicos, como actividades prestacionales impuestas al Estado encuentran, en estas normas, su fundamento jurídico esencial.

En dichas normas, en efecto, está la fuente esencial de la normativa que conforma el derecho administrativo, que no sólo es un derecho formal relativo a los actos, contratos y recursos administrativos, sino un derecho material que regula las actuaciones del Estado y sus relaciones con los administrados. En esa normativa, por supuesto, la orientación constitucional es fundamental en cuanto a la finalidad del Estado. No se olvide que lo que caracteriza al derecho administrativo en el panorama jurídico contemporáneo es que regula instituciones de carácter público colocadas por encima de los intereses individuales, que asumen y gestionan intereses colectivos, superiores y generales, que no son, precisamente, la suma de intereses individuales[41].

De acuerdo con esta normativa, en todo caso, el Estado social tiene un papel ordenador y conformador de la realidad económica y social que debe cumplir con vista a realizar una sociedad justa y solidaria, asumiendo, como se dijo, obligaciones prestacionales frente a los ciudadanos con el carácter de servicios públicos, y ordenando y regulando la realidad económica y social para el logro de sus fines. El Estado, además, constitucionalmente está autorizado a desarrollar actividades económicas mediante la constitución de empresas públicas (art. 300); y en todo caso, tiene constitucionalmente impuesta la obligación de desarrollar una política de ordenación del territorio atendiendo a las realidades ecológicas, geográficas, poblacionales, sociales, culturales, económicas, políticas, de acuerdo con las premisas del desarrollo sustentable, que incluya la información, consulta y participación ciudadana, correspondiendo a la ley orgánica desarrollar los principios y criterios para este ordenamiento (art. 128)[42].

Por otra parte, y en especial respecto de la economía, la Constitución prescribe directamente que el régimen socioeconómico de la República se fundamenta en los principios de justicia social, democracia, eficiencia, libre competencia, protección del ambiente, productividad y solidaridad, a los fines de asegurar el desarrollo humano integral y una existencia digna y provechosa para la colectividad; correspondiendo al Estado, conjuntamente con la iniciativa privada, promover el desarrollo armónico de la economía nacional con el fin de generar fuentes de trabajo, alto valor agregado nacional, elevar el nivel de vida de la población y fortalecer la soberanía económica del país, garantizando la seguridad jurídica, solidez, dinamismo, sustentabilidad, permanencia y equidad del crecimiento de la economía, para lograr una justa distribución de la riqueza mediante una planificación estratégica democrática, participativa y de consulta abierta (art. 299). A tal fin, la Constitución garantiza el derecho de todas las personas a dedicarse libremente a la actividad económica de su preferencia, sin más limitaciones que las pre-

41 *Cfr.* A. Nieto, "La vocación del derecho administrativo", *cit.*, p. 890.

42 Ley Orgánica para la Ordenación del Territorio, *Gaceta Oficial* N° 3.238 Extra. del 11 de agosto de 1983.

vistas en la propia Constitución y en las leyes, por razones de desarrollo humano, seguridad, sanidad, protección del ambiente u otras de interés social; y a la vez, prescribe que el Estado debe promover la iniciativa privada, garantizando la creación y justa distribución de la riqueza, así como la producción de bienes y servicios que satisfagan las necesidades de la población, la libertad de trabajo, empresa, comercio, industria, sin perjuicio de su facultad para dictar medidas para planificar, racionalizar y regular la economía e impulsar el desarrollo integral del país (art. 112).

Además, la Constitución impone al Estado la obligación de promover y proteger las asociaciones destinadas a mejorar la economía popular y alternativa, como las cooperativas, cajas de ahorro y mutuales (art. 118), así como también a la empresa familiar, la microempresa y cualquier otra forma de asociación comunitaria para el trabajo, el ahorro y el consumo, bajo régimen de propiedad colectiva (art. 308).

El derecho administrativo, entonces, debe regular el ejercicio de la actuación del Estado en relación con la economía conforme a esos principios.

III. EL DERECHO ADMINISTRATIVO Y EL EQUILIBRIO ENTRE PRERROGATIVAS Y PODERES ESTATALES Y DERECHOS E INTERESES INDIVIDUALES

Todo ese conjunto de normas que establecen los fines del Estado, sin duda, además de imponerle obligaciones de todo orden, incluyendo las prestacionales, le confieren poderes y prerrogativas para poder hacer prevalecer los intereses generales y colectivos frente a los intereses individuales. Pero, por supuesto, éstos no desaparecen, pues también están y deben ser protegidos y garantizados. Por ello, el derecho administrativo, además de ser el derecho del Estado democrático y social de derecho y el derecho regulador del ejercicio de los derechos de las personas, es el derecho regulador del equilibrio necesario que debe existir entre los intereses públicos, colectivos o generales que debe proteger y garantizar, y los intereses individuales y privados que también debe garantizar. Como lo ha destacado la Sala Político Administrativa del Tribunal Supremo de Justicia en sentencia 1028 del 9 de mayo de 2000:

El derecho administrativo se presenta dentro de un Estado social de derecho como el punto de equilibrio entre el poder (entendido éste como el conjunto de atribuciones y potestades que tienen las instituciones y autoridades públicas, dentro del marco de la legalidad), y la libertad (entendida ésta como los derechos y garantías que tiene el ciudadano para convivir en paz, justicia y democracia). En este orden de ideas el derecho administrativo es ante y por sobre todo un derecho democrático y de la democracia, y su manifestación está íntimamente vinculada a la voluntad general (soberanía) de la cual emana. Así, García de Enterría sostiene que la posición del ciudadano no puede ser la de un simple destinatario de la acción administrativa, o un simple instrumento del poder, él está en el origen mismo del poder y en la manifestación constante que de ese poder se haga dentro de una sociedad[43].

No debe olvidarse, por ello, que si algo ha caracterizado al derecho administrativo durante toda su historia es esa ambigüedad básica de su concepción, que a la vez lo muestra como un instrumento para garantizar la acción administrativa y como un instrumento

43 *V. Revista de Derecho Público*, N° 82, Editorial Jurídica Venezolana, Caracas, 2000, p. 214.

del liberalismo; como un medio para la manifestación de la actividad gubernamental y la prevalencia de los intereses generales y colectivos, y como un medio de protección del administrado frente a la Administración. Por eso, Garrido Falla ha señalado, con razón, que el "derecho administrativo encierra en su seno una oposición aparentemente irreductible que le hace ofrecerse como un hipócrita personaje de doble faz: de una parte, un conjunto de prerrogativas que sitúan a la administración en un plano de desigualdad y favor en sus relaciones con los particulares; de otra parte, la más acabada instrumentación técnica del Estado liberal"[44].

En definitiva, el derecho administrativo siempre se ha explicado por el juego dialéctico de esos dos conceptos contrapuestos: prerrogativa administrativa y garantía del particular, de manera que, como decía Waline, por una parte se evite el inmovilismo y la impotencia, y por la otra, la tiranía[45].

La Constitución de Venezuela también está imbuida de esta tercera base constitucional, dando cabida a un conjunto de regulaciones para asegurar la relación Administración–administrado, sin el sacrificio o menosprecio de los intereses particulares, a pesar de la prevalencia de los intereses generales o colectivos, regulando las normas de actuación de la Administración y protegiendo los derechos e intereses de las personas.

En este campo se destaca, ante todo, la norma que al regular a la Administración Pública declara que "está al servicio de los ciudadanos y ciudadanas y se fundamenta en los principios de honestidad, participación, celeridad, eficacia, eficiencia, transparencia, rendición de cuenta y responsabilidad en el ejercicio de la función pública, con sometimiento pleno a la ley y al derecho" (art. 141). Estos principios, que "por primera vez en la historia constitucional venezolana se elevan a principios de rango constitucional"[46], se complementan con otros contenidos en las normas referidas al Estado federal, que debe estructurarse conforme a "los principios de integridad territorial, cooperación, solidaridad, concurrencia y corresponsabilidad" (art. 4°).

Sin duda, todos estos principios de actuación del Estado constituyen garantías de los individuos ante el mismo, permitiendo la búsqueda de ese equilibrio entre el poder y el individuo que caracteriza todo el derecho administrativo.

Esas garantías de las personas, además, se concretan en otras normas constitucionales, como la que impone el debido proceso, no sólo en las actuaciones judiciales sino en los procedimientos administrativos (art. 49).

Por otra parte, en este régimen de relaciones entre la Administración y los administrados, la Constitución venezolana incorpora en su texto, imbuyendo toda su normativa, el principio de participación. Así, al gobierno de la República se le define como "participativo" (art. 6°), consagrándose el derecho ciudadano "de participar libremente en los asuntos públicos" (art. 62), para lo cual "la participación del pueblo en la formación, ejecución y control de la gestión pública" es considerada como "el medio necesario para lograr el protagonismo que garantice su completo desarrollo, tanto individual como colectivo" (art. 62). Por ello, la Constitución declara que "es obligación del Estado y deber de la sociedad facilitar la generación de las condiciones más favorables" para la práctica de la participación (art. 62).

---

44 Fernando Garrido Falla, "Sobre el derecho administrativo", *cit.*, p. 223.

45 Marcel Waline, *Droit administratif*, París, 1963, p. 4.

46 *V.* sentencia 164 del 19 de diciembre de 2000 de la Sala Electoral del Tribunal Supremo, *Revista de Derecho Público*, N° 84, Editorial Jurídica Venezolana, Caracas, 2000, p. 249.

Dentro de los medios de participación y protagonismo del pueblo en ejercicio de su soberanía, el artículo 70 los define así: *en lo político,* la elección de cargos públicos, el referendo, la consulta popular, la revocatoria del mandato, la iniciativa legislativa, constitucional y constituyente, el cabildo abierto y la asamblea de ciudadanos cuyas decisiones serán de carácter vinculante; y en lo *social y económico,* las instancias de atención ciudadana, la autogestión, la cogestión, las cooperativas en todas sus formas, incluyendo las de carácter financiero, las cajas de ahorro, la empresa comunitaria y demás formas asociativas guiadas por los valores de la mutua cooperación y la solidaridad (art. 70).

En cuanto a los estados y municipios, también se precisa una amplia política de participación mediante la transferencia, en materias de servicios públicos, formulación de políticas, economía, y diversas áreas de gestión, como la penitenciaria (art. 184).

Se destaca, asimismo, como fórmula jurídica para la participación, la regulación de los intereses colectivos y difusos como legitimación para el acceso a la justicia (art. 26), en particular, a la justicia contencioso administrativa (art. 259).

IV. EL DERECHO ADMINISTRATIVO COMO DERECHO QUE REGULA LA ACTUACIÓN DEL ESTADO EN RELACIÓN CON LOS ADMINISTRADOS

La Constitución de 1999, por otra parte, establece las regulaciones fundamentales relativas a la actuación del Estado como gestor del interés general en relación con los particulares o administrados, y en especial, en su actuación administrativa; con lo cual el régimen fundamental del derecho administrativo ha quedado constitucionalizado.

En primer lugar, se destaca el principio constitucional de que "la Administración Pública está al servicio de los ciudadanos y ciudadanas". A tal efecto, se prescribe que la actuación de la Administración Pública "se fundamenta en los principios de honestidad, participación, celeridad, eficacia, eficiencia, transparencia, rendición de cuentas y responsabilidad en el ejercicio de la función pública"; y además, conforme al principio de la legalidad, es decir, "con sometimiento pleno a la ley y al derecho" (art. 141).

La Constitución, por otra parte, garantiza a los ciudadanos el derecho a ser informados oportuna y verazmente por la Administración Pública, sobre el estado de las actuaciones en que estén directamente interesados, y a conocer las resoluciones definitivas que se adopten sobre el particular. Asimismo, la Constitución garantiza a los ciudadanos el acceso a los archivos y registros administrativos, sin perjuicio de los límites aceptables dentro de una sociedad democrática en materias relativas a seguridad interior y exterior, a la investigación criminal y a la intimidad de la vida privada, de conformidad con la ley que regule la materia de clasificación de documentos de contenido confidencial o secreto (art. 143).

Si el Estado está al servicio de los ciudadanos, los funcionarios públicos, a su vez, "están al servicio del Estado y no de parcialidad alguna", razón por la cual, "su nombramiento o remoción no podrán estar determinados por la afiliación u orientación política" (art. 145).

Su régimen debe establecerse por ley, como un estatuto de la función pública, mediante normas sobre el ingreso, ascenso, traslado, suspensión y retiro de los funcionarios de la Administración Pública, debiéndose proveer su incorporación a la seguridad social (art. 144).

La Constitución prescribe, además, que en general los cargos de los órganos de la Administración Pública son de carrera; quedando exceptuados sólo los de elección popular, los de libre nombramiento y remoción, los contratados, los obreros al servicio de la Administración Pública y los demás que determine la ley. A los efectos de los cargos de carrera, la Constitución exige que el ingreso de los funcionarios públicos a los mismos debe ser por concurso público, fundamentado en principios de honestidad, idoneidad y eficiencia; debiendo el ascenso quedar sometido a métodos científicos basados en el sistema de méritos, y debiendo el traslado, la suspensión o el retiro ser de acuerdo con su desempeño (art. 146).

En cuanto a la actuación de la Administración Pública, la Constitución se refiere a los actos administrativos (art. 259), a los contratos estatales y en especial, a los contratos de interés público (art. 150) y a las concesiones administrativas (art. 113). Nociones claves del derecho administrativo, que han sido constitucionalizadas.

Referente a las potestades de la Administración, las mismas también encuentran su fundamento en la propia Constitución. Así, por ejemplo, en cuanto a la potestad reglamentaria, la misma tiene su fundamento en la Constitución, en las atribuciones del Presidente de la República (art. 236.10), constituyendo los reglamentos actos administrativos de efectos generales.

Por otra parte, en cuanto a la potestad expropiatoria, la misma está establecida en la Constitución, como garantía del derecho de propiedad, de manera que "sólo por causa de utilidad pública o interés social, mediante sentencia firme y pago oportuno de justa indemnización, podrá ser declarada la expropiación de cualquier clase de bienes" (art. 115).

Conforme al artículo 139 C., el ejercicio del poder público acarrea responsabilidad individual por abuso o desviación de poder o por violación de la Constitución o de la ley; respondiendo patrimonialmente el Estado, además, por los daños que sufran los particulares en cualquiera de sus bienes y derechos, siempre que la lesión sea imputable al funcionamiento de la Administración Pública (art. 140).

Por último, la Constitución misma regula ciertos bienes públicos como dominio público, constitucionalizando por tanto su régimen. Así, se declara que los yacimientos mineros y de hidrocarburos, cualquiera que sea su naturaleza, existentes en el territorio nacional, bajo el lecho del mar territorial, en la zona económica exclusiva y en la plataforma continental, pertenecen a la República, considerándose como bienes del dominio público y, por tanto, inalienables e imprescriptibles. Igualmente, la Constitución declara a las costas marinas como bienes del dominio público (art. 12). Además, el artículo 304 C. también declara que todas las aguas son bienes de dominio público de la Nación, insustituibles para la vida y el desarrollo, remitiendo a la ley el establecimiento de las disposiciones necesarias a fin de garantizar su protección, aprovechamiento y recuperación, respetando las fases del ciclo hidrológico y los criterios de ordenación del territorio.

V. LA CONSTITUCIÓN COMO FUENTE DEL DERECHO ADMINISTRATIVO

Como se puede apreciar de lo antes expuesto, la primera y más importante de las fuentes del derecho administrativo y, por tanto, de la legalidad administrativa, es la Constitución de 1999. De acuerdo a la tradición constitucional que se remonta al primer texto constitucional de la República del 21 de diciembre de 1811 (Constitución Federal para los Estados de Venezuela), la Constitución, tanto en su parte orgánica como en su parte dogmática, contiene una serie de normas que están en la cúspide del ordenamiento jurídico y que son de aplicación directa e inmediata a los funcionarios y ciudadanos[47]. Todos los principios del ordenamiento jurídico administrativo encuentran su fuente y consagración en dicho Texto Fundamental, el cual es la ley suprema del ordenamiento. Así lo establece expresamente el artículo 7°: "La Constitución es la norma suprema y el fundamento del ordenamiento jurídico". Por tanto, toda ley, norma o acto está subordinado a la Constitución y no puede haber acto alguno superior a ella (*Introducción general, I*).

Entre las varias características que tiene la Constitución, que la configuran como tal ley suprema, está, en primer lugar, su supremacía, tal como el mismo texto la expresa; en segundo lugar, su rigidez, derivada de su inmodificabilidad sin la participación del pueblo a través de las enmiendas, reformas o de la Asamblea Constituyente; en tercer lugar, su imperatividad, como lo indica el mismo artículo 7°: "Todas las personas y los órganos que ejercen el poder público están sujetos a esta Constitución"; y en cuarto lugar, su carácter de fuente del derecho. Todos estos principios están garantizados en el propio texto constitucional, con la sanción de la nulidad respecto de todo acto contrario a su articulado o a los principios constitucionales.

La importancia que tiene el identificar a la Constitución como fuente del derecho administrativo es que tanto los particulares como las autoridades administrativas, en su actividad, están sometidos directamente a las normas constitucionales, tanto a las que conforman la parte orgánica como a las que configuran la parte dogmática, en particular, las que establecen los derechos y garantías constitucionales, las cuales, por lo demás, son de aplicación directa e inmediata. La consecuencia de ello es que los actos administrativos pueden ser controlados y anulados por los órganos de la jurisdicción contencioso administrativa cuando violen una norma constitucional, es decir, por inconstitucionalidad que, por supuesto, es una de las formas de contrariedad al derecho de que habla el artículo 259 C. Tan importante es la consideración de la Constitución como fuente del derecho administrativo que incluso, en la hipótesis de que un acto administrativo se dicte fundado en una ley que sea en sí misma inconstitucional, el poder de los órganos de la jurisdicción contencioso administrativa para controlar la conformidad con el derecho (incluida la Constitución) de dichos actos no se detiene, desde el momento en que los jueces de la República pueden ejercer el control difuso de la inconstitucionalidad de la ley, conforme a los artículos 334 de la propia Constitución y 20 del CPC., declarando la ley inaplicable al caso concreto y, en consecuencia, anulando el acto administrativo por inconstitucional.

---

47 *Cfr.* Nelson E. Rodríguez García "Breves observaciones sobre el valor normativo de la Constitución y sus reflejos en el Derecho Administrativo", *Ensayos de Derecho Administrativo. Libro Homenaje a Nectario Andrade Labarca,* Vol. II, *cit.,* pp. 489 a 515; Augusto Pino, "Sistemas de las fuentes constitucionales del derecho venezolano", *Libro Homenaje a Rafael Caldera. Estudios sobre la Constitución,* t. I, *cit.,* pp. 113 a 150.

Ahora bien, cuando se indica que una de las fuentes del derecho administrativo –la primera y de carácter supremo– es la Constitución[48], ello significa que los órganos de la Administración Pública deben, ante todo, respetar las normas constitucionales, tanto las que se establecen en los *artículos* del texto, como las que regulan los *principios* constitucionales.

1. Los artículos de la constitución como fuente del derecho administrativo

La Constitución, como Ley Suprema de la organización del Estado, por supuesto, contiene una serie de artículos que dentro del marco del derecho constitucional regulan la organización política de la sociedad. Sin embargo, es evidente que al hablar de la Constitución es imposible, desde el ángulo del derecho administrativo, pretender señalar que sólo ciertos de sus artículos conciernen al derecho constitucional y otros se configuran, en cambio, como fuentes del derecho administrativo. Lo cierto, es que, como lo ha señalado por Vedel, es inconcebible que el derecho administrativo se defina con independencia de toda consideración de la Constitución, que es la fuente de todo el ordenamiento jurídico[49]. Como hemos indicado, progresivamente se ha producido un proceso de constitucionalización del derecho administrativo y paralelamente, también, de juridificación del derecho constitucional, que conducen a apreciar a la Constitución, materialmente en la globalidad de su articulado, como la fuente fundamental del derecho administrativo. Ahora bien, entre las normas constitucionales de mayor relevancia como fuente del derecho administrativo están los artículos constitucionales sobre el ejercicio del poder público; los que distribuyen el poder público en forma vertical, configurando la forma federal del Estado; los relativos a la reserva legal; los que consagran los derechos y garantías; los que regulan la actividad de la Administración Pública; los que regulan la Hacienda y las finanzas públicas; y los que establecen el control judicial de la actividad administrativa.

A. Los artículos constitucionales sobre ejercicio del poder público

Ante todo, deben considerarse como fuentes directas del derecho administrativo, de primera importancia, las normas del Texto Fundamental que establecen los principios fundamentales relativos al ejercicio del poder público, y que se aplican tanto a los órganos estatales nacionales, estadales y municipales como en ellos, en su caso, a los órganos legislativos, a los órganos judiciales, a los órganos administrativos y a los órganos de control. Están así, expresamente consagrados el principio de legalidad (arts. 137, 141 y 259); el principio de la distribución de funciones y competencias (art. 136); y la sanción, con nulidad, de los actos viciados de incompetencia constitucional (art. 138) o dictados en violación de los derechos y garantías constitucionales (art. 25).

La Constitución consagra, así mismo, el principio de la responsabilidad del Estado (arts. 6°, 26, 49.8; 141, 165, 311, 313, 319, 322, 326 y 329), y en particular, de la responsabilidad patrimonial del mismo (arts. 140 y 259); así como el principio de la res-

---

48 *Cfr*. Allan R. Brewer–Carías, "La Constitución como fuente del derecho administrativo", *Revista de Derecho Público*, N° 47, Editorial Jurídica Venezolana, Caracas, 1991, pp. 35 y ss.

49 *Cfr*. Georges Vedel y Pierre Devolvé, *Droit administratif*, t. I, París, 1990, p. 444.

ponsabilidad individual de los funcionarios en ejercicio del poder público (arts. 25, 46.4, 49.8, 139, 199, 200, 216, 222, 232, 241, 242, 244, 255, 281.4 y 5, 285.4 y 315).

En particular, sobre la Administración Pública, la Constitución establece sus principios de actuación (art. 141), la figura de los institutos autónomos y el control del Estado sobre los entes descentralizados (art. 142) y el régimen de la información administrativa y del derecho de acceso a los documentos oficiales (art. 143). Sobre los funcionarios públicos, la Constitución regula el estatuto de la función pública y régimen de la carrera administrativa (arts. 144 y 146); el sentido del servicio al Estado de los funcionarios, y las prohibiciones de contratación con entes públicos (art. 145); el régimen de las remuneraciones (art. 147) y de las incompatibilidades (art. 148), y la prohibición de aceptación de cargos de naciones extranjeras (art. 149). Sobre los contratos públicos, la Constitución establece las normas básicas de contratación pública (art. 150) y las cláusulas de inmunidad de jurisdicción (art. 151), de carácter ambiental (art. 129) y de temporalidad en las concesiones (arts. 113 y 156.16)

La Constitución establece, asimismo, al regular el régimen de ejercicio del poder público, los principios fundamentales relativos a las relaciones internacionales, a la celebración de tratados o convenios internacionales y a los procesos de integración regional (arts. 152 a 155). Igualmente reguló en forma detallada el régimen de la seguridad y defensa de la Nación y de la Fuerza Armada y de los órganos de seguridad ciudadana (arts. 322 y ss.).

Todas las normas constitucionales relativas al poder público, por tanto, tienen carácter de fuentes directas del derecho administrativo, así como las relativas a su distribución vertical y división horizontal del poder público (art. 136).

B. Los artículos constitucionales sobre distribución del poder público

En efecto, el Estado venezolano constitucionalmente está estructurado como un Estado federal descentralizado (arts. 4 y 185), lo que implica un sistema de distribución vertical del poder público (art. 136), entre el poder nacional (arts. 156 a 158, y 186 a 298), el poder estadal (arts. 16 y 159 a 167) y el poder municipal (arts. 168 a 184). Cada una de esas ramas del poder público cuyos períodos constitucionales regula el Texto Fundamental en diversas normas (arts. 160, 162, 174, 192 y 230), tiene sus funciones propias, pero los órganos a los que incumbe su ejercicio deben colaborar entre sí en la realización de los fines del Estado (art. 136).

En cada una de esas ramas del poder público, la Constitución establece un sistema de separación orgánica de poderes (o distribución horizontal del poder), entre los órganos legislativos, los órganos ejecutivos y los órganos de control fiscal. En el nivel nacional, además, entre los órganos judiciales, los órganos electorales y algunos órganos de control. Todas las normas sobre esa distribución de competencias son fuentes directas del derecho administrativo. Así están los artículos que a nivel del poder nacional regulan el poder legislativo nacional y la organización y funcionamiento de la Asamblea Nacional (arts. 186 a 224); el poder ejecutivo nacional, y la organización y funcionamiento del Ejecutivo nacional (Presidente y Vicepresidente Ejecutivo de la República, ministros, Procurador General de la República y Consejo de Estado) (arts. 225 a 252); el poder judicial y el sistema de justicia, la organización y funcionamiento del Tribunal Supremo de Justicia y los tribunales (arts. 253 a 272), y la jurisdicción constitucional (arts. 333 a

336); el poder ciudadano, y la organización y funcionamiento del Consejo Moral Republicano, la Defensoría del Pueblo, el Ministerio Público y la Contraloría general de la República (arts. 273 a 291); y el poder electoral, y la organización y funcionamiento del Consejo Nacional Electoral (arts. 292 a 298).

Entre las normas relativas a la distribución del poder público, deben mencionarse además las concernientes al territorio y a la división política (arts. 16 a 18), y entre ellas las que regulan la capital de la República y el distrito capital (art. 18); los territorios federales (art. 16) y las dependencias federales (art. 17). Igualmente, la regulación de mecanismos institucionales para las relaciones intergubenamentales, a cargo del Consejo Federal de Gobierno (art. 185).

C. Los artículos constitucionales que consagran la reserva legal

Pero por supuesto, entre las normas constitucionales relativas a la distribución del poder público tienen especial significación para el derecho administrativo aquellas que establecen la reserva legal, es decir, competencias normativas exclusivas de la ley formal, las que conllevan una limitación al poder reglamentario.

Estas normas están diseminadas a lo largo de la Constitución, y son todas aquellas que remiten expresamente a la ley orgánica o a la ley para la regulación de un asunto. Particularmente, están las normas de organización, pues en general, la Constitución reserva al legislador la potestad organizativa; las normas limitativas o restrictivas de derechos y garantías constitucionales las cuales conforme a la Constitución deben tener siempre rango de ley formal; la creación de impuestos, tasas y contribuciones cuyo establecimiento sólo puede hacerse por ley formal; y el establecimiento de delitos e infracciones y penas y sanciones, lo que se encuentra reservado al legislador.

Todas esas normas constitucionales se configuran como fuentes del derecho administrativo, pues se refieren en alguna forma a la organización administrativa, al funcionamiento de la Administración o al ejercicio de la función administrativa.

D. Los artículos constitucionales sobre derechos y garantías de las personas

Pero, aparte de las normas que conforman la parte orgánica de la Constitución, todas aquellas que conforman la parte dogmática y que regulan los derechos y garantías de los habitantes y ciudadanos de Venezuela (arts. 19 y ss.) constituyen la fuente más importante del derecho administrativo. Puede decirse, sin lugar a dudas, que el derecho administrativo, como cuerpo normativo, se traduce, en general, en un conjunto de normas reguladoras de las relaciones que se establecen entre la Administración y los particulares con motivo del régimen de los derechos y deberes constitucionales y del ejercicio por éstos de dichos derechos y libertades, incluyendo el régimen de dichos derechos en situaciones de excepción (arts. 337 a 339). Dicho régimen, por supuesto, es de la reserva legal y solo puede tener su fuente normativa (aparte de la Constitución) en la ley formal.

Se destacan, en *primer lugar*, las regulaciones sobre el estatuto de las personas, relativas a la nacionalidad y ciudadanía (arts. 32 a 42); en segundo lugar, el régimen de los derechos individuales (arts. 19 a 31 y 43 a 61). Estos derechos individuales, que se traducen en la práctica en libertades (libertad personal, seguridad personal, libertad de tránsito, inviolabilidad del hogar doméstico y de la correspondencia, libertad religiosa, libertad de expresión del pensamiento, libertad de asociación, libertad de reunión), traen como consecuencia, generalmente, como contrapartida a cargo de la Administración, un deber general de abstención en cuanto a la limitación de su ejercicio, salvo que la ley lo autorice. La actividad administrativa de policía tendiente a respetar el ejercicio de los recíprocos derechos y libertades por los individuos, y mantener el orden público y social (art. 20), en definitiva, siempre se traduce en una limitación o restricción de tales derechos y libertades establecidas por ley, pero con las debidas garantías (arts. 19 y ss.).

Entre los derechos individuales, además, debe destacarse el derecho a la igualdad (art. 21), el derecho de petición (art. 51) que ha sido fuente primera, en definitiva, del procedimiento administrativo; el derecho de acceso a la justicia y a la tutela judicial efectiva (art. 26); el derecho al debido proceso y a la defensa (art. 49); el derecho al control judicial de legalidad de la Administración (art. 259), y el derecho de amparo frente a la Administración (art. 27), que conforman garantías fundamentales de los individuos frente a la Administración, y cuya regulación se constituye en una de las piezas fundamentales del derecho administrativo, por ejemplo, al establecerse la nulidad de los actos del poder público que violen o menoscaben dichos derechos (art. 25).

En *segundo lugar*, la Constitución conforme al principio del Estado democrático y social de derecho y de justicia (art. 2°) establece un largo elenco de derechos sociales y de las familias (arts. 75 a 86), de orden laboral (arts. 87 a 97), de carácter cultural y educativo (arts. 98 a 111), y de los pueblos indígenas (arts. 119 a 126), que se traducen, en el campo legislativo, en una serie de deberes de regulación por parte de la Asamblea Nacional; y en el campo administrativo, en una serie de obligaciones concretas de prestación de servicios públicos, de protección y promoción social (corporaciones, familia, maternidad, infancia), de atención a la salud o de educación.

En *tercer lugar*, están las normas constitucionales que establecen los derechos ambientales (arts. 127 a 129), los cuales también dan lugar a regulaciones de orden administrativo, siendo fuente directa del derecho administrativo.

En *cuarto lugar*, están las normas constitucionales que establecen los derechos económicos (arts. 112 a 118), complementadas con las normas que regulan el sistema socioeconómico (arts. 299 a 310) que no sólo regulan derechos, como el derecho de propiedad y las consecuentes limitaciones impuestas al Estado para extinguirlos (expropiación, confiscación), sino que establecen las bases del sistema económico, con la regulación de la libertad económica, sus limitaciones y los poderes de intervención del Estado; y en particular, la posibilidad para el Estado de no sólo fomentarla, sino restringirla, de manera, incluso, de reservarse determinadas industrias y servicios, con regulaciones específicas sobre la reserva en materia petrolera y sobre Petróleos de Venezuela S. A. (PDVSA) (art. 302 y 303). Las actividades administrativas de fomento y de gestión económica (empresas públicas) encuentran en dichas normas constitucionales su fuente primaria. De allí su importancia como fuentes del derecho administrativo.

Por último, en *quinto lugar*, están las normas relativas a los derechos políticos (arts. 62 a 74), a través de cuyo ejercicio se actualiza el régimen democrático (derecho a la participación política, derecho al sufragio, derecho de asociarse en partidos y organizaciones con fines políticos, derecho a referendos, derecho de manifestación, derecho de asilo), y que dan origen a importantes regulaciones de la actuación de la Administración, para lograr su efectivo ejercicio y garantía.

Aparte de los derechos, por supuesto, están las normas constitucionales que regulan los deberes constitucionales (arts. 130 a 135): a la defensa de la patria, al cumplimiento de la Constitución y las leyes, a prestar servicios civiles, electorales y militares; a la solidaridad social, al trabajo y a la educación; y a contribuir con los gastos públicos. Estos conllevan generalmente poderes a cargo de la Administración para exigir dichos derechos. Dichas normas son la fuente última de dicho régimen, y por tanto, fuente importante del derecho administrativo.

E. Los artículos constitucionales sobre el régimen fiscal, monetario y de la tributación

En el texto de la Constitución se regula el régimen fiscal, monetario y de la tributación (arts. 311 a 321), en cuyas normas se dispone sobre los principios fundamentales de gestión fiscal, régimen presupuestario y del crédito público (arts. 311 a 315); el fundamento del sistema tributario e impositivo (arts. 316 y 317), y el régimen relativo al sistema monetario nacional y a la coordinación macroeconómica, con regulaciones fundamentales sobre el Banco Central de Venezuela y su autonomía (arts. 318 a 321). Todas esas normas constituyen fuente primaria del derecho administrativo, al condicionar directamente la actividad administrativa de manejo del sistema fiscal y monetario y de los ingresos y gastos públicos.

F. Los artículos constitucionales sobre el control judicial de la actividad administrativa

Mención especial debe hacerse, por último, al hablar de los artículos de la Constitución que deben considerarse como fuente del derecho administrativo, de los artículos del Texto Fundamental que regulan la jurisdicción contencioso administrativa (art. 259) y la jurisdicción contencioso electoral (art. 297), así como las competencias del Tribunal Supremo de Justicia para ejercer el control de legalidad de determinados actos administrativos (art. 266). En esas normas, en definitiva, está la fuente primaria de todo el régimen contencioso administrativo, que es una de las partes fundamentales de nuestra disciplina. Entre las normas constitucionales de control, además, deben mencionarse las que consagran el derecho y acción de amparo (art. 27) y el derecho y acción de *habeas data* (art. 28), que permiten también el ejercicio del derecho de amparo a los derechos y garantías constitucionales frente a los actos, hechos u omisiones de la Administración que lesionan derechos fundamentales, y que se configuran, por tanto, como una importante fuente del derecho administrativo.

Sobre este punto, incluso, debe destacarse la sentencia de la antigua Corte Suprema de Justicia en Sala Político Administrativa del 30 de enero de 1991, en la cual al derecho de amparo que regulaba el artículo 49 C. de 1961 se le atribuyó un "rango superior" sobre cualquiera otra norma constitucional. En dicha sentencia, en efecto, tratándose de una acción de amparo intentada contra un acto privativo del antiguo Congreso, la Corte señaló:

> No puede existir ningún acto estatal que no sea susceptible de ser revisado por vía de amparo, entendiendo ésta, no como una forma de control jurisdiccional de la constitucionalidad de los actos estatales capaz de declarar su nulidad, sino –como se ha dicho– un medio de protección de las li-

bertades públicas cuyo objeto es restablecer su goce o disfrute, cuando alguna persona natural o jurídica, o grupos u organizaciones privadas, amenacen vulnerarlas o las vulneren efectivamente[50].

2. Los principios constitucionales

Pero además de las normas constitucionales consagradas expresamente en artículos del Texto Fundamental, también deben entenderse como normas constitucionales y que, por tanto, son fuente del derecho administrativo, los principios establecidos en el Preámbulo de la Constitución, y aquellos que se derivan del Texto Fundamental, aun sin consagración escrita, tanto de su parte orgánica como de su parte dogmática.

A. Los principios constitucionales del preámbulo

El Texto Constitucional de 1999 fue dictado por los representantes del pueblo venezolano, con una serie de propósitos que se enumeran y detallan en el Preámbulo de la Constitución, el cual podría considerarse como la base fundamental, el presupuesto que sirve de fundamento a las normas constitucionales, y que señala los valores sociales y económicos, políticos y jurídicos que inspiran la acción del Estado. En palabras de la antigua Corte Suprema de Justicia, "el Preámbulo de la Constitución contiene los "considerandos" o motivos que guiaron al constituyente para decretar una Constitución en los términos como lo hizo, vale decir, configura el propósito que se tuvo en cuenta para tales términos"[51].

En el Preámbulo, por tanto, se establecen los objetivos del pacto de organización política que es la Constitución, objetivos que por supuesto son guía de obligatoria conducta para los órganos del Estado. Por tanto, las declaraciones del Preámbulo forman el conjunto de principios y políticas que los órganos del Estado deben necesariamente seguir, a pesar de que los gobiernos tengan diversos signos ideológicos, y que pueden identificarse como objetivos políticos, sociales y económicos, igualitarios, internacionales, democráticos, morales e históricos, conforme a los principios de justicia, libertad, independencia, paz y de imperio de la ley.

Estos objetivos o propósitos constituyen sin duda, los principios constitucionales fundamentales que inspiran el Texto Fundamental y que, como tales gozan de la misma imperatividad, obligatoriedad y rigidez constitucional que las normas contenidas en el articulado de la Constitución. Su violación por un acto estatal, por ello, podría dar lugar a una acción de inconstitucionalidad o de nulidad por contrariedad al derecho[52].

B. Los principios constitucionales enumerados en el texto fundamental

La Constitución de 1999, además de contener artículos con normas sustantivas, enumera en muchos de ellos principios constitucionales que, por supuesto, constituyen

---

50 Consultada en original.

51 *V.* sentencia del 8 de agosto de 1989 de la Corte Suprema de Justicia en Sala Político Administrativa, *Revista de Derecho Público*, N° 39, Editorial Jurídica Venezolana, Caracas, 1989, p. 102.

52 Sobre el Preámbulo de la Constitución de 1961, *cfr.* Allan R. Brewer–Carías, "El Preámbulo de la Constitución", *Revista de Derecho Público,* N° 45, Editorial Jurídica Venezolana, Caracas, 1991, pp. 31 y ss.

normas constitucionales y que son además fuentes del derecho administrativo. Se destacan, así, los valores fundamentales de la República: libertad, igualdad, justicia y paz internacional, así como los derechos irrenunciables de la Nación: la independencia, la libertad, la soberanía, la inmunidad, la integridad territorial y la autodeterminación nacional (art. 1°); los valores superiores del ordenamiento jurídico y de la actuación del Estado: la vida, la libertad, la justicia, la igualdad, la solidaridad, la democracia, la responsabilidad social y, en general, la preeminencia de los derechos humanos, la ética y el pluralismo político (art. 2°); los fines esenciales del Estado: la defensa y el desarrollo de la persona y el respeto a su dignidad, el ejercicio democrático de la voluntad popular, la construcción de una sociedad justa y amante de la paz, la promoción de la prosperidad y bienestar del pueblo y la garantía del cumplimiento de los principios, derechos y deberes reconocidos y consagrados en la Constitución, considerándose a la educación y al trabajo como procesos fundamentales para alcanzar dichos fines (art. 3°); los principios del Estado federal descentralizado: integridad territorial, cooperación, solidaridad, concurrencia y corresponsabilidad (art. 4°); los principios del gobierno de la República y de sus entidades políticas: democrático, participativo, electivo, descentralizado, alternativo, responsable, pluralista, y de mandatos revocables (art. 6°); los principios de la política fronteriza: la integridad territorial, la soberanía, la seguridad, la defensa, la identidad nacional, la diversidad y el ambiente (art. 15); los principios relativos a la justicia que el Estado debe garantizar: justicia gratuita, accesible, imparcial, idónea, transparente, autónoma, independiente, responsable, equitativa y expedita, sin dilaciones indebidas, sin formalismos o reposiciones inútiles (art. 26); a cuyo efecto las leyes procesales deben establecer la simplificación, uniformidad y eficacia de los trámites y adoptar un procedimiento breve, oral y público, sin sacrificarse la justicia por la omisión de formalidades no esenciales (art. 257); los principios del sistema público nacional de salud: de carácter intersectorial, descentralizado y participativo, integrado al sistema de seguridad social, y regido por los principios de gratuidad, universalidad, integralidad, equidad, integración social y solidaridad (art. 84); los principios que deben regir el sistema de seguridad social que debe ser universal, integral, de financiamiento solidario, unitario, eficiente y participativo, de contribuciones directas o indirectas (art. 86); los principios relativos a la educación, que debe ser democrática, gratuita y obligatoria, así como al servicio público de la educación fundamentado en el respeto a todas las corrientes del pensamiento, con la finalidad de desarrollar el potencial creativo de cada ser humano y el pleno ejercicio de su personalidad en una sociedad democrática basada en la valoración ética del trabajo y en la participación activa, consciente y solidaria en los procesos de transformación social, consustanciados con los valores de la identidad nacional y con una visión latinoamericana y universal (art. 102); los principios en los cuales se fundamenta la Administración Pública que está al servicio de los ciudadanos: honestidad, participación, celeridad, eficacia, eficiencia, transparencia, rendición de cuentas y responsabilidad en el ejercicio de la función pública, con sometimiento pleno a la ley y al derecho (art. 141); los principios de la legislación nacional que se dicte (leyes de base) en materias de competencia concurrente: interdependencia, coordinación, cooperación, corresponsabilidad y subsidiariedad (art. 165); los principios que deben orientar el contenido de los convenios mediante los cuales los estados y los municipios descentralicen y transfieran servicios a las comunidades y grupos vecinales organizados: interdependencia, coordinación, cooperación y corresponsabilidad (art. 184.1); los principios relativos a la actividad de la Defensoría del Pueblo: gratuidad, accesibilidad, celeridad, informalidad e impulso de oficio (art. 283); los principios que los órganos del poder electoral deben garantizar respecto de los procesos electorales: la igualdad, confiabilidad, imparcialidad, transparencia y eficiencia, así como la aplicación de la personalización del sufragio y la representación proporcional (art. 293); los principios en los que se fundamenta el régimen socioeconómico de la República: justicia social, democracia, eficiencia, libre competencia, protección del ambiente, productividad y solidaridad, a los fines de asegurar el desarrollo humano integral, una existencia digna y provechosa para la colectividad, generar fuentes de trabajo, alto valor agregado nacional, elevar el nivel de vida de la población y fortalecer la soberanía económica del país, garantizando la seguridad jurídica, solidez, dinamismo, sustentabilidad, permanencia y equidad del crecimiento de la economía, para lograr una justa distribución de la riqueza mediante una planificación estratégica democrática, participativa y de consulta abierta (art. 299); los principios que deben regir la gestión fiscal: eficiencia, solvencia, transparencia, responsabilidad y equilibrio fiscal (art. 311); los principios del sistema tributario: la progresividad, la protección de la economía nacional y la elevación del nivel de vida de la población (art. 316); los principios de funcionamiento del fondo de estabilidad macroeconómica: la eficiencia, la equidad y la no discriminación entre las entidades públicas que aporten recursos al mismo (art. 321); los principios de la seguridad de la Nación: independencia, democracia, igualdad, paz, libertad, justicia, solidaridad, promoción y conservación ambiental, afirmación de los derechos humanos, y satisfacción progresiva de las necesidades individuales y colectivas de los venezolanos (art. 326).

C. Los principios constitucionales que derivan del Texto Fundamental

Además de los principios expresamente enumerados en la Constitución, también se pueden identificar como tales los que derivan del texto de la misma, tanto de su parte orgánica como de su parte dogmática, muchos de los cuales han venido siendo identificados por el Supremo Tribunal, en su carácter de juez constitucional y juez contencioso administrativo.

En cuanto a la parte orgánica, por ejemplo, se destacan los principios que derivan de la autonomía propia de la descentralización político territorial o distribución vertical del poder público que contiene la Constitución. Así, el hecho de que el artículo 168 C. establezca expresamente el principio de que "los actos de los municipios no podrán ser impugnados sino por ante los tribunales competentes, de conformidad con esta Constitución y la ley", como una consecuencia de la autonomía municipal, no implica que esa garantía sea solo propia de la autonomía municipal, y no exista respecto de la autonomía de los estados. Al contrario, aun cuando sin consagración expresa, derivado del principio de la autonomía de los estados (art. 159), los actos de estas entidades sólo pueden ser impugnados por ante los órganos jurisdiccionales y no están sometidos a control por los órganos ejecutivos o legislativos nacionales.

En cuanto a la parte dogmática, sobre derechos y garantías, es la propia Constitución la que establece el principio de que "la enumeración de los derechos y garantías contenidos en esta Constitución no debe entenderse como negación de otros que, siendo inherentes a la persona humana, no figuren expresamente en ella", por lo que "la falta de ley reglamentaria de estos derechos no menoscaba el ejercicio de los mismos" (art. 22). Por tanto, los derechos constitucionales inherentes a la persona humana deben construirse con base en principios constitucionales, tal como sucedió en el pasado, por ejemplo, con el derecho a la defensa, que si bien sólo se regulaba en materia judicial (en todo estado y grado del proceso, decía el art. 68 C. de 1961), la jurisprudencia lo fue extendiendo al campo del procedimiento administrativo (lo cual se recogió expresamente en el art. 49 C. de 1999); y la garantía de la reserva legal en materia de delitos e infracciones y de penas y sanciones, que si bien la Constitución de 1961 la había consagrado respecto de medidas privativas de la libertad, particularmente en materia penal (art. 60.2), la jurisprudencia la fue extendiendo al régimen de infracciones y sanciones administrativas, lo que se ha acogido expresamente en la Constitución de 1999 (art. 49.6).

Estos principios, por tanto, en materia de derecho administrativo, se constituyen en fuentes de primera importancia de nuestra disciplina.

Como se puede apreciar de los principios y normas constitucionales antes referidos, las instituciones fundamentales del derecho administrativo en Venezuela puede decirse que se encuentran constitucionalizadas, de manera que la fuente fundamental de nuestra disciplina es la Constitución misma. Las normas constitucionales, en tal sentido, tienen aplicación directa e inmediata, siendo fuente de competencias para los órganos del Estado y para el ejercicio de los derechos ciudadanos, los cuales no requieren de desarrollo legislativo para ello. Esto no significa, sin embargo, que la actuación de la Administración, aun aplicando las normas constitucionales, sea una actuación de ejecución directa e inmediata de la Constitución, pues la misma por esencia es regulada y regulable mediante la legislación. Por ello, la actividad administrativa siempre es de carácter sublegal, de ejecución directa e inmediata de la legislación, y sólo indirecta y mediata de la Constitución, así no se haya dictado la ley requerida.

Sección Cuarta: SOBRE LA CONSTITUCIONALIZACIÓN DEL DERECHO ADMINISTRATIVO EN LA REPÚBLICA DOMINICANA (2012)

“Las bases constitucionales del derecho administrativo en la República Dominicana,” Ponencia para el *Congreso Internacional de Derecho Administrativo* con ocasión del *XI Foro Iberoamericano de Derecho Administrativo*, Santo Domingo, 10 al 14 de septiembre de 2012.

Como lo hemos expresado en otro lugar,[53] uno de los signos más característicos del derecho administrativo en el mundo contemporáneo es el de su progresiva constitucionalización. Esto ha implicado, además, que en el campo del derecho constitucional, las Constituciones mismas hayan superado su tradicional contenido orgánico/dogmático relativo a la organización básica del Estado y al régimen de los derechos y garantías constitucionales, y cada vez con mayor frecuencia hayan venido incorporado a su normativa, los principios básicos de la organización y funcionamiento de la Administración Pública y de la actividad administrativa de los órganos del Estado.

---

53 *V.* Allan R. Brewer–Carías, “Marco constitucional del derecho administrativo,” en *Revista Iberoamericana de Derecho Público y Administrativo,* Asociación e Instituto Iberoamericano de Derecho Administrativo Prof. Jesús González Pérez, Colegio de Abogados de Costa Rica, Año 9, N° 9, San José, 2009, pp. 127–153; “Bases constitucionales del Derecho Administrativo en Venezuela” en *Archivo de Derecho Público y Ciencias de la Administración. El Derecho Público en Venezuela y Colombia*, Vol. VII, 1984–1985, Instituto de Derecho Público, Facultad de Ciencias Jurídicas y Políticas, Universidad Central de Venezuela, Caracas 1986, pp. 215–231.

Por ello, con razón, en el derecho público contemporáneo se puede hablar de la existencia de unas bases constitucionales del derecho administrativo, las cuales, en el caso de la Constitución de la República Dominicana del 26 de enero de 2010, se conforma por los siguientes principios fundamentales: en *primer lugar*, el principio de la legalidad, que en particular se fundamenta en la supremacía constitucional; en *segundo lugar*, el principio de la formación del derecho por grados, asegurando la sumisión de los órganos del Estado y en particular, de la Administración Pública, al ordenamiento jurídico; en *tercer lugar,* el principio de la distribución territorial o vertical de los poderes públicos en la organización del Estado y las diversas personas jurídicas estatales; en *cuarto lugar,* el principio de la separación orgánica u horizontal de los poderes públicos y la conformación de los diversos órganos constitucionales del Estado; en *quinto lugar*, el principio el carácter inter orgánico de la Administración Pública; en *sexto lugar,* los principios constitucionales de la actividad administrativa como actividad del Estado; en *séptimo lugar*, el principio del ejercicio inter orgánico de las funciones del Estado y, en particular, de la función administrativa; en *octavo lugar,* el principio del carácter inter funcional de los actos estatales y, en particular, de los actos administrativos; en *noveno lugar*, el principio de la universalidad del control judicial de los actos estatales tanto por la Jurisdicción Constitucional como por la Jurisdicción Contencioso Administrativa; y en *décimo* lugar, el principio de la responsabilidad del Estado y de los funcionarios.

I. EL PRINCIPIO DE LA LEGALIDAD Y LA SUPREMACÍA CONSTITUCIONAL

El derecho administrativo está montado sobre el principio de legalidad, de manera que puede hablarse del mismo cuando los órganos del Estado que conforman la Administración Pública o que realizan la función administrativa están sometidos al derecho, y particularmente, al derecho destinado a normar sus actuaciones.

El principio de legalidad es, por tanto, el primero de los principios del derecho administrativo que han sido constitucionalizados como consecuencia de la concepción del Estado como *Estado de derecho* o Estado democrático y social de derecho (Art. 7, Constitución), lo que implica la necesaria sumisión de sus órganos y entes al ordenamiento jurídico, el cual está compuesto por la propia Constitución, que tiene aplicación directa como norma, por las leyes, por los tratados internacionales ratificados que rigen en el ámbito interno una vez publicados de manera oficial (art. 26.2) y, además, por el conjunto de reglamentos y actos normativos dictados por las autoridades competentes.[54]

El primer elemento del principio de la legalidad, por tanto, es el de la "supremacía de la Constitución," que la Constitución dominicana ha regulado en forma expresa en su artículo 6, al disponer que la misma es "norma suprema y fundamento del ordenamiento jurídico del Estado," a la cual están sujetas "todas las personas y los órganos que ejercen potestades públicas," constituyendo uno de los deberes fundamentales de las personas el "acatar y cumplir la Constitución y las leyes, respetar y obedecer las autoridades establecidas por ellas" (art. 75.1). En la Constitución, además, se atribuyó a los tratados, pactos y convenciones relativos a derechos humanos, suscritos y ratificados por el Esta-

54. *V.* Antonio Moles Caubet, *El principio de legalidad y sus implicaciones,* Universidad Central de Venezuela, Facultad de Derecho, Publicaciones del Instituto de Derecho Público, Caracas, 1974.

do dominicano, "jerarquía constitucional" disponiéndose que "son de aplicación directa e inmediata por los tribunales y demás órganos del Estado."

Como complemento de la supremacía constitucional, la Constitución dominicana, además, incorporó en su propio texto el principio de lo que Hans Kelsen llamó la "garantía objetiva de la Constitución" al declarar que "son nulos de pleno derecho toda ley, decreto, resolución, reglamento o acto contrarios a esta Constitución."

Todos los órganos del Estado que ejercen los poderes públicos, por tanto, están sometidos a la Constitución, siendo sus atribuciones "únicamente las determinadas" en ella y en las leyes (art 4), lo que se ratifica, por ejemplo, respecto del Poder Judicial, al disponer el artículo 149.II que los "tribunales no ejercerán más funciones que las que les atribuyan la Constitución y las leyes." En relación con los órganos que conforman la Administración Pública, por otra parte, el artículo 138 de la propia Constitución también dispone que la misma debe realizar su actuación "con sometimiento pleno al ordenamiento jurídico del Estado."

Por tanto, conforme a este principio de sumisión al ordenamiento jurídico de todos los órganos que ejercen los poderes públicos y, en particular, de los que conforman la Administración Pública, que es el principio de legalidad, todas las actividades de los órganos y entes del Estado, y de sus autoridades y funcionarios, deben realizarse conforme a la Constitución, a las ley, tanto orgánicas como ordinarias (arts. 112, 113), a los tratados y a todas las otras fuentes del derecho que les sean aplicables en su actuación, dentro de los límites establecidos por las mismas. Toda actuación contraria a la Constitución, a la ley o a alguna otra fuente del derecho administrativo vicia la actuación de ilegalidad. Por ejemplo, como lo indica la Constitución específicamente al proteger la función pública, declarando que "La separación de servidores públicos que pertenezcan a la Carrera Administrativa en violación al régimen de la Función Pública, será considerada como un acto contrario a la Constitución y a la ley" (art. 145). Y todo acto estatal contrario al ordenamiento jurídico, lo hace susceptible de ser impugnada ante los tribunales competentes que ejercen el control de constitucionalidad (art. 185) o de legalidad de los actos estatales (art. 165.2).

II. EL PRINCIPIO DE LA FORMACIÓN DEL DERECHO POR GRADOS

Ahora bien, en relación con el principio de legalidad, en el ordenamiento jurídico dominicano se pueden distinguir, por una parte, las normas que integran la Constitución en sí misma, como derecho positivo superior; y por la otra, las normas que son sancionadas por alguno de los órganos que ejercen los poderes públicos con poderes derivados de la Constitución. En otras palabras, particularmente en un sistema como el dominicano, con Constitución escrita, se establece una distinción: primero, entre la norma constitucional en sí misma, y las normas (básicamente las leyes) o los actos dictados en ejecución de sus disposiciones; segundo, entre ese primer nivel de ejecución de la Constitución que está básicamente conformado, desde el punto de vista normativo, por la legislación y las normas dictadas en ejecución de la misma, particularmente los reglamentos; y tercero, los demás actos y normas dictados en ejecución del conjunto normativo que deriva de los dos primeros niveles de ejecución de la Constitución, donde están generalmente los actos administrativos.

Se puede decir, por tanto, que las normas que integran el ordenamiento jurídico de la República Dominicana, partiendo de la Constitución, se organizan en forma jerárquica, de manera que existen normas en un nivel superior que siempre prevalecen sobre otras normas de nivel inferior. Se trata del principio de la formación del derecho por grados, también derivado de las ideas de Hans Kelsen sobre los sistemas jurídicos como una jerarquía de normas, lo cual permite determinar la relación jerárquica que existe entre el conjunto normas o de reglas de derecho que forman el ordenamiento.[55]

Ello implica que en el análisis global del ordenamiento jurídico se puede establecer una distinción entre aquéllos actos de los órganos del Estado, que ejercen los poderes públicos, que se dictan en ejecución directa e inmediata de la Constitución, es decir, que son dictados directamente en ejercicio de potestades constitucionales; y aquéllos cuya ejecución no está directamente relacionada con la Constitución, y que se dictan en ejercicio directo de poderes y competencias establecidos en normas de derecho inferiores a la Constitución. Estos son los actos de ejecución directa e inmediata de la legislación, y de ejecución indirecta y mediata de la Constitución.[56]

Los primeros, es decir, los actos realizados en ejecución directa e inmediata de la Constitución, precisamente por ello, sólo están y pueden estar sometidas a lo que dispone el texto fundamental, no teniendo el Legislador, en general, competencia para regularlas mediante leyes; y los segundos, en cambio, son los actos realizados en ejecución directa e inmediata de la legislación, e indirecta y mediata de la Constitución, las cuales, precisamente por ello, además de estar sometidos al texto fundamental (como toda actividad estatal), están sometidos a las regulaciones establecidas, además de la Constitución, en las leyes y en las otras fuentes del derecho.

Los primeros, por otra parte, dada la ejecución directa e inmediata de la Constitución, sólo están sometidos al control de constitucionalidad a cargo de la Jurisdicción Constitucional que corresponde al Tribunal Constitucional (Arts. 184, 185); los segundos, en cambio, están sometidos al control de constitucionalidad y de legalidad que corresponden a las otras Jurisdicciones del Poder Judicial, tanto a las ordinarias, como sucede con las apelaciones y la casación en lo que concierne a la actividad judicial; como a la Jurisdicción Contencioso–Administrativa (Arts. 165) y la jurisdicción contencioso electoral (art. 214) cuando se trata de actividades administrativas.

En cuanto a los actos sometidos al control de la Jurisdicción Constitucional, en la enumeración del artículo 185.1 de la Constitución, puede decirse que sólo las "leyes" dictadas por el Congreso Nacional tienen siempre el carácter de ser actos dictados en ejecución directa e inmediata de la Constitución (art. 93.1). En cuanto a los "decretos, reglamentos, resoluciones y ordenanzas" que se enumeran en dicha norma, en cambio, sólo están sometidos al control del Tribunal Constitucional aquellos dictados por los órganos constitucionales en ejecución directa e inmediata de la Constitución.

Los otros decretos, reglamentos, resoluciones y ordenanzas dictados en ejecución directa de la legislación (y sólo indirecta de la Constitución), junto con las demás decisiones o "actos, actuaciones y disposiciones de autoridades administrativas" (art. 165.2), están sometidos al control de la Jurisdicción Contencioso Administrativa. Por tanto, las

55 *V.* Hans Kelsen, *Teoría pura del Derecho,* Buenos Aires 1981, p. 135.

56 *V.* sobre el sistema jerarquizado o graduado del orden jurídico en el orden constitucional venezolano Allan R. Brewer–Carías, *Derecho Administrativo,* Tomo I, Ediciones de la Facultad de Derecho, Caracas, 1975, pp. 373 y ss.; *Instituciones Políticas y Constitucionales,* Tomo VI *(Evolución Histórica del Estado),* Universidad Católica del Táchira–Editorial Jurídica Venezolana, Caracas–San Cristóbal 1996, pp. 107–117

actividades administrativas, por esencia, constituyen actividades estatales que se realizan siempre en ejecución directa e inmediata de la legislación y, por tanto, en ejecución indirecta y mediata de la Constitución. Precisamente por ello, se dice que los actos administrativos son esencialmente de carácter sublegal, pues están sometidos no sólo a la Constitución sino a la ley, y por eso es que su control corresponde a la Jurisdicción contencioso administrativa y en su caso, a la Jurisdicción contencioso electoral (art. 214).

De lo anterior resulta, que toda actividad administrativa, ante todo, desde el punto de vista formal, es siempre una actividad que es de carácter sublegal, es decir, de ejecución directa e inmediata de la legislación (así las leyes reglamentarias de la Constitución correspondientes, no se hayan aún sancionado) y de ejecución indirecta y mediata de la Constitución. Por supuesto, también las actividades judiciales son siempre de carácter sublegal, siendo la diferencia entre una y otra, entro otros múltiples factores, fundamentalmente de carácter orgánico, en el sentido que las actividades judiciales siempre las realizan órganos autónomos e independientes en ejecución de la función jurisdiccional, como lo son los órganos que ejercen el Poder Judicial. En cambio, las actividades administrativas son dictadas siempre por órganos jerarquizados, es decir, que responden al principio de la jerarquía (art. 138, 170).

En contraste con la actividad administrativa y con la actividad de los órganos judiciales que son siempre de rango "sublegal," están todos los otros actos de los órganos constitucionales que se consideran como de rango "legal" (es decir, rango que en relación con la Constitución es similar al que tienen las leyes) y que son los que se dictan en ejecución directa de la Constitución. Entre ellos están, primero, las leyes dictadas por el Congreso Nacional (art. 93.1), pero también están todos aquellos actos parlamentarios que aún cuando no tienen "forma de ley," se dictan en ejecución directa de la Constitución, como por ejemplo, los *interna corporis,* dictados en ejercicio de sus atribuciones privativas, por el Senado (art. 80) y por la Cámara de Diputados (art. 83), y muchos actos dictados en ejercicio de sus atribuciones vinculados con la legislación (por ejemplo, art. 93.1, literales: e, f, ñ, p, k) o en "materia de fiscalización y control" (art. 93.2). El Congreso, por otra parte, también adopta actos administrativos de rango sublegal, por ejemplo, en materia de administración de su personal (función pública), que por ello están sometidos al control de legalidad por parte de la jurisdicción contencioso administrativa.

Los actos de gobierno, es decir, los actos dictados por el Presidente de la República en ejercicio directo de atribuciones constitucionales,[57] y que por tanto, tienen su fuente normativa en la Constitución de manera que no pueden estar regulados o limitados por el Congreso mediante leyes (art. 93.1.q), tienen el mismo rango de ejecución directa de la Constitución que las leyes, y por ello, el control jurisdiccional que se ejerce sobre ellos es sólo un control de constitucionalidad a cargo del Tribunal Constitucional. Es el caso, por ejemplo, de los actos dictados por el Presidente de la República en ejercicio de algunas de sus atribuciones como Jefe de Estado (por ejemplo, art. 128.1, literales c, g, h, l). En cuanto a los actos dictados por el Presidente de la República, en los cuales ejecuta básicamente disposiciones legales, los mismos por su carácter sublegal, son ac-

57 Allan R. Brewer–Carías, "Comentarios sobre la doctrina del acto de gobierno, del acto político, del acto de Estado y de las cuestiones políticas como motivo de inmunidad jurisdiccional de los Estados en sus Tribunales nacionales," en *Revista de Derecho Público*, N° 26, Editorial Jurídica Venezolana, Caracas, abril–junio 1986, pp. 65–68.

tos administrativos y están sometidos al control de la Jurisdicción contencioso administrativa.

Otros "órganos constitucionales" previstos en la Constitución de la República Dominicana, precisamente por tener tal carácter (art. 275), también pueden dictar actos de ejecución directa de la Constitución cuando ejercen atribuciones directamente asignadas en la Constitución. Es el caso, por ejemplo, del Consejo Nacional de la Magistratura, el cual conforme al artículo 179 de la Constitución, tiene la función de designar a los jueces de la Suprema Corte de Justicia, del Tribunal Constitucional y del Tribunal Superior Electoral, siendo la Constitución misma la que establece los "criterios para la escogencia" (art. 180), y de separar, luego de una evaluación de desempeño, a un juez de la Suprema Corte de Justicia (art. 181). Estos actos del Consejo Nacional de la Magistratura, por supuesto, no son actos administrativos, sino actos estatales de ejecución directa de la Constitución y, por tanto, sometidos al control jurisdiccional por parte del Tribunal Constitucional.

De lo anterior resulta, por tanto, que lo que constituyen las normas de derecho en relación con cada órgano del Estado varía y tiene un ámbito diferente dependiendo de la posición que cada norma o acto del Estado tenga en el sistema jurídico jerarquizado de normas. Por ello, para el Congreso Nacional, legalidad quiere decir constitucionalidad o sumisión a la Constitución, igual que para el Jefe de Estado con respecto a los actos de gobierno o para el Consejo Nacional de la Magistratura cuando nombra los jueces de los altos órganos judiciales En estos casos, dichos actos se adoptan en ejecución directa e inmediata de la Constitución, sin la interferencia de actos legislativos, en forma tal que sólo están subordinados a la Constitución y no puede en general haber ley alguna que los condicione salvo ejecutando previsiones constitucionales, dando origen al control judicial de la constitucionalidad de los actos estatales (Jurisdicción Constitucional).[58]

Por supuesto, además de los actos dictados en ejecución directa e inmediata de la Constitución, en los sistemas legales graduados que han dado origen a los sistemas de control judicial o jurisdiccional de la constitucionalidad, es evidente que el principio de legalidad, por su ámbito, desempeña un papel mucho más importante en el segundo nivel de ejecución del ordenamiento jurídico, es decir, respecto de aquellos actos del Estado dictados en ejecución directa e inmediata de la legislación, o en ejecución indirecta y mediata de la Constitución. Aquí, el principio de legalidad se ha desarrollado en el pleno sentido de la palabra, particularmente con referencia a la Administración Pública, dando origen al control judicial o jurisdiccional de la legalidad de los actos administrativos (Jurisdicción contencioso administrativa)[59], y por consiguiente, al derecho administrativo.

---

58 *V.* Allan R. Brewer–Carías, La *Justicia Constitucional. Procesos y procedimientos constitucionales*, Ed. Porrúa, México 2007; *Instituciones Políticas y Constitucionales, Tomo VII (La justicia constitucional)*, Universidad Católica del Táchira–Editorial Jurídica Venezolana, Caracas–San Cristóbal 1996; *El sistema de justicia constitucional en la Constitución de 1999 (Comentarios sobre su desarrollo jurisprudencial y su explicación, a veces errada, en la Exposición de Motivos)*, Editorial Jurídica Venezolana, Caracas, 2000; "La Justicia Constitucional en la Nueva Constitución" en *Revista de Derecho Constitucional*, N° 1, Septiembre–Diciembre 1999, Editorial Sherwood, Caracas 1999, pp. 35–44; y Allan R. Brewer–Carías y Víctor Hernández, *Ley Orgánica del Tribunal Supremo de Justicia. Procesos y procedimientos constitucionales,* Editorial Jurídica Venezolana, Caracas, 2010.

59 *V.* Allan R. Brewer–Carías, *Nuevas tendencias en el contencioso administrativo en Venezuela*, Editorial Jurídica Venezolana, Caracas 1993; *La Jurisdicción Contencioso Administrativa en Venezuela*, Asociación Venezolana de Derecho Administrativo y Ciencias de la Administración, Editorial Jurídica Venezolana, Caracas 1983;

En consecuencia, en un Estado de derecho, el grado de sumisión de la Administración Pública al principio de la legalidad es de mayor ámbito que el de la sumisión a las normas de derecho por parte de los órganos constitucionales del Estado. El Congreso está sometido a la Constitución e, incluso, el Jefe de Estado y de Gobierno, cuando dicta actos de gobierno sólo está sometido, en general, a la Constitución; mientras que los órganos y las autoridades administrativas están envueltos en un área de legalidad de mayor ámbito puesto que están sometidos a la "legislación," la cual ejecutan. Esta es la razón por la cual, en este campo, el principio de legalidad tomó el significado que normalmente tiene en relación a la actividad administrativa del Estado contemporáneo.

III. EL PRINCIPIO DE LA DISTRIBUCIÓN VERTICAL O TERRITORIAL DE LOS PODERES PÚBLICOS Y LAS PERSONAS JURÍDICAS ESTATALES

1. El principio de la distribución territorial de los poderes públicos

El derecho administrativo, como derecho que rige la organización y funcionamiento de la Administración Pública, está condicionado por la concreta organización constitucional del Estado, pues de ella deriva que exista desde el punto de vista orgánico, una Administración Pública, o múltiples Administraciones Pública, personificadas o no.

Dicha organización deriva, como ocurre en la República Dominicana, de otro principio que condiciona al derecho administrativo, y que es el principio de la distribución territorial o vertical del poder público[60] el cual se adopta en la Constitución de 2010, aún cuando en forma limitada como descentralización política establecida sólo hacia el nivel de la Administración local. La República Dominicana es por tanto en la Constitución, una "República Unitaria" (art. 7) o "Estado Unitario" (art. 193), con elementos de descentralización política hacia la Administración local.

En efecto conforme al artículo 193 de la Constitución, al declararse a la República Dominicana como un "Estado unitario," se precisa que el mismo tiene una "organización territorial" con la finalidad de propiciar el desarrollo integral y equilibrado del territorio, así como el de sus habitantes, "compatible con sus necesidades y con la preservación de sus recursos naturales, de su identidad nacional y de sus valores culturales." Esta organización territorial se debe implementar "conforme a los principios de unidad, identidad, racionalidad política, administrativa, social y económica."

Esta organización territorial, como se dijo, desde el punto de vista político está montada en un sistema de distribución vertical del poder público entre el Estado y la Administración local, conformada ésta última básicamente por los municipios, los distritos municipales y el Distrito Nacional, que es la ciudad de Santo Domingo de Guzmán, capital de la República y asiento del gobierno nacional (art. 13).

Instituciones Políticas y Constitucionales, Tomo VII (La justicia contencioso administrativa), Universidad Católica del Táchira–Editorial Jurídica Venezolana, Caracas–San Cristóbal 1996; Allan R. Brewer–Carías y Víctor Hernández, *Ley Orgánica de la Jurisdicción Contencioso Administrativa,* Editorial Jurídica Venezolana, Caracas, 2010.

60 *V.* sobre ello, Allan R. Brewer–Carías, "La distribución territorial de competencias en la Federación venezolana" en *Revista de Estudios de Administración Local. Homenaje a Sebastián Martín Retortillo,* Nº 291, enero–abril 2003, Instituto Nacional de Administración Pública, Madrid 2003, pp. 163–200.

Además, la Constitución establece un sistema de organización territorial del Estado, en regiones y provincias que regula la Constitución y que la ley debe establecer (art. 12), que aparecen más como instancias dependientes del Poder Ejecutivo nacional, y que no son parte de un proceso de descentralización política, pues no tienen autoridades electas, sino más bien aparecen como para la actuación desconcentrada del Estado nacional en el territorio (arts. 196–198).

A tal efecto, el artículo 12 de la Constitución, ubicado en la normativa relativa al "territorio nacional" regula la "división político administrativa" del mismo, estableciendo que "para el gobierno y la administración del Estado, el territorio de la República se divide políticamente en un Distrito Nacional y en las regiones, provincias y municipios que las leyes determinen." Se destaca de esta norma, sin embargo, que a pesar del carácter de entes descentralizados "políticamente" que tiene el Distrito Nacional, los Municipios y los distritos municipales como parte de la Administración Local, se los enumera dentro de la misma "división político administrativa" del territorio para el gobierno y administración del Estado que incluye organizaciones desconcentradas del nivel nacional como las regiones y provincias, dependientes del Poder Ejecutivo Nacional...

En efecto, la Constitución organiza a la Administración local, atribuyéndola, conforme al artículo 199, al Distrito Nacional (art. 13), a los municipios y a los distritos municipales, a los cuales se los declara que "constituyen la base del sistema político administrativo local." La Constitución las concibe como "personas jurídicas de Derecho Público, responsables de sus actuaciones," que "gozan de patrimonio propio, de autonomía presupuestaria, con potestad normativa, administrativa y de uso de suelo, fijadas de manera expresa por la ley y sujetas al poder de fiscalización del Estado y al control social de la ciudadanía, en los términos establecidos por esta Constitución y las leyes." Se trata, por tanto, sin duda de entes descentralizados políticamente (el Distrito Nacional, los municipios y de los distritos municipales), lo que deriva del hecho de que cada uno de ellos debe tener su propio gobierno local electo democráticamente (art. 201), y por tanto autónomo, a cargo de un ayuntamiento (Concejo de Regidores y la Alcaldía) en los dos primeros casos, y de una Junta de Distrito en el último caso. Por ello, además, la Constitución garantiza la autonomía de las administraciones locales, en particular, la autonomía presupuestaria, asignándoles la potestad normativa y administrativa.

Es precisamente porque se trata de instancias políticas descentralizadas que forman el "sistema político administrativo local," que la Constitución, por ejemplo, les atribuye competencias tributarias directamente (art. 200), previendo además, la posibilidad de transferencia de competencias del Estado hacia los municipios. En tal sentido, el artículo 204 dispone que el Estado debe propiciar "la transferencia de competencias y recursos hacia los gobiernos locales, de conformidad con esta Constitución y la ley" debiendo implementarse dichas transferencias mediante políticas de desarrollo institucional, capacitación y profesionalización de los recursos humanos.

La Constitución establece, además, los principios generales de la organización del poder público local o municipal particularmente en el Distrito Nacional y los Municipios, siendo instancias descentralizadas políticamente con gobiernos electos y conforme al principio de distribución territorial de los poderes públicos, en ese nivel local también se originan, conforme al principio de separación orgánica de poderes, la existencia de dos poderes públicos: el Poder Legislativo local y el Poder Ejecutivo local. Así, al disponer que el gobierno del Distrito Nacional y el de los municipios debe estar a cargo del

Ayuntamiento, el artículo 201 precisa que éste debe estar constituido por "dos órganos complementarios entre sí," que son el Concejo de Regidores y la Alcaldía. El Concejo de Regidores es un órgano "exclusivamente normativo, reglamentario y de fiscalización integrado por regidores," y la Alcaldía "es el órgano ejecutivo" encabezado por un alcalde, cuyo suplente se denomina vice alcalde.

2. Las diversas personas jurídicas de derecho público territoriales y el sentido de la expresión "Estado" en la Constitución

La consecuencia de la distribución territorial del poder, incluso aún cuando pueda considerarse de carácter limitado dada la concepción de la República Dominicana como un Estado Unitario, es que en el ordenamiento constitucional dominicano conduce a la existencia de dos niveles autónomos de Administración Pública: la Administración Pública del Estado, y la Administración Pública Local o municipal, cada una integrada en una persona jurídica territorial de derecho público distinta: el Estado, a nivel nacional, al que se reconoce personalidad jurídica (art. 3); y el Distrito Nacional, los municipios y los distritos municipales a nivel local, a los cuales el artículo 199 de la Constitución, expresamente los califica como "personas jurídicas de derecho público." La Nación Dominicana, por tanto, en el ámbito interno, está conformada por estos dos niveles de personas jurídicas de derecho público territoriales.[61]

La expresión "Estado"[62], por tanto, tiene en el texto de la Constitución dos significados, pues en algunos casos las normas la utilizan para referirse a la totalidad de los sujetos que conforman la organización política estatal, en el sentido de Estado Unitario, tanto con proyección en el ámbito internacional como en el ámbito interno; y en otros casos, algunas normas la utilizan para referirse sólo a la persona jurídica de derecho público del nivel "nacional" del Estado en contraste con las otras personas de derecho público que se regulan en la Constitución. En el primer sentido de la utilización de la expresión Estado para referirse a la República Dominicana en su globalidad en relación con la comunidad internacional, es que se utiliza la expresión Estado, por ejemplo, en los artículos 1, 3, 26 y 74.3.

La expresión Estado también se utiliza en la Constitución para referirse, en el ámbito interno, a la totalidad de personas y órganos estatales, considerados como una unidad, lo cual ocurre en la mayoría de los artículos constitucionales, como por ejemplo, los referidos a las obligaciones y deberes que se asignan a todos los órganos estatales para asegurar y garantizar los derechos constitucionales. Es el caso, por ejemplo, de la utilización de la expresión Estado en los artículos 38, 39, 42, 45, 50, 51, 54, 55, 56, 57, 58, 59, 60, 61, 62, 63, 64, 65, 67 y 75 todos relativos a derechos fundamentales. Igualmente se utiliza la expresión Estado en las normas que regula el universo de los órganos y personas estatales de cualquier nivel, por ejemplo en las normas relativas a la concepción del Estado como democrático y social de derecho (art. 7), a la división territorial del

61 *V.* por ejemplo, Allan R. Brewer–Carías, "El régimen de las personas jurídicas estatales político–territoriales en la Constitución de 1999" en *El Derecho constitucional y público en Venezuela. Homenaje a Gustavo Planchart Manrique*, Tomo I, Universidad Católica Andrés Bello, Tinoco, Travieso, Planchart & Núñez, Abogados, Caracas 2003, pp. 99–121.

62 *V.* por ejemplo, Allan R. Brewer–Carías, "Sobre los conceptos de Estado, República y Nación en la Constitución de 1999," en *Libro Homenaje a Alfredo Arismendi,* Instituto de Derecho Público, Universidad Central de Venezuela, Caracas 2012

Estado (art. 12); al jefe del Estado (art. 122); a la Administración del Estado (art. 165, 166), a la función pública (arts. 142, 144, 146), y a los servicios públicos (art. 147); al régimen de la economía (art. 218, 219, 222), de la contabilidad pública (art. 245, 248) y del gasto público (art. 75.6); a la seguridad del Estado (art. 128, 261, 264); y a la competencia del Congreso (art. 93.1.q), o del Tribunal Constitucional (art. 184). La típica norma en la que se utiliza la expresión Estado en el ámbito interno, para englobar la totalidad de las personas estatales y los órganos de los poderes públicos es, por ejemplo, la del artículo 8, destinada a definir la "función esencial del Estado" que es "la protección efectiva de los derechos de la persona, el respeto de su dignidad y la obtención de los medios que le permitan perfeccionarse de forma igualitaria, equitativa y progresiva, dentro de un marco de libertad individual y de justicia social, compatibles con el orden público, el bienestar general y los derechos de todos y todas." Esta función, por supuesto, no sólo corresponde a los órganos constitucionales y los poderes públicos nacionales sino también a los que conforman la Administración Pública local

En otras normas constitucionales, sin embargo, la expresión "Estado" se utiliza en sentido más restrictivo, para identificar la persona jurídica territorial de ámbito "nacional," diferenciada de las otras personas jurídicas de derecho público territoriales, por ejemplo, del ámbito local. Es el caso de los artículos relativos, por ejemplo, a los Ministros del Estado (art. 134), al Ministerio Público (art. 169) y a la defensa Pública (art. 177); a los bienes públicos o del Estado (art. 15, 49.5, 64.4; 128); a las finanzas públicas y el régimen monetario (art. 196, 228, 230, 233, 237, 238); a los organismos descentralizados y autónomos del nivel nacional (art. 93.2.c; 95; 128.b; 141; 159.3); a los cuerpos de seguridad del Estado (128). En especial, en el artículo 200, se usa la palabra Estado en relación con los contratos públicos, diferencia de las otras personas de derecho público; y en los artículos 194, 204 y 207 la expresión Estado se utiliza para referirse a la persona estatal nacional en relación con las personas territoriales locales.

De acuerdo a lo anterior, por tanto, en la Constitución de la República Dominicana, el Estado, en sus diversas acepciones y, en particular, las personas jurídicas territoriales de derecho público que derivan del sistema constitucional de distribución territorial del poder, son las que como sujetos de derecho actualizan la voluntad estatal en el cumplimiento de los fines de las mismas y en relación con los administrados. Entre los órganos de esas personas jurídicas de derecho público están los que conforman la Administración Pública, o mejor, la Administración Pública nacional y la Administración Pública local, o los que desarrollan actividades administrativas. Esos órganos son los que constituyen objeto de regulación por parte del derecho administrativo porque, en definitiva, son las que establecen las relaciones jurídico–administrativas con los otros sujetos de derecho y los administrados.

3. Las personas jurídicas de derecho público no territoriales

Pero en la organización del Estado, las personas jurídicas estatales no se agotan en las personas de derecho público territoriales. En la Constitución, en efecto, además de ellas, se regulan un conjunto de personas jurídicas de derecho público no territoriales, que son producto de la descentralización funcional y no de la descentralización territorial.

En el derecho público dominicano, por tanto, hay dos clasificaciones de las personas jurídicas estatales: las personas jurídicas de derecho público y las personas jurídicas de derecho privado; y en cuanto a las personas jurídicas de derecho público, las personas jurídicas de derecho público territoriales, y las no territoriales.[63]

Ya nos hemos referido a las personas de derecho público territoriales que son el Estado (en su concepción "nacional"), el Distrito Nacional, los municipios y los distritos municipales. En cuanto a las personas jurídicas de derecho público no territoriales, de acuerdo con el artículo 141 de la Constitución, son los que se denominan como "organismos autónomos y descentralizados," al disponer que mediante ley se pueden crear "organismos autónomos y descentralizados en el Estado, provistos de personalidad jurídica, con autonomía administrativa, financiera y técnica," los cuales deben siempre estar "adscritos al sector de la administración compatible con su actividad, bajo la vigilancia de la ministra o ministro titular del sector."

Además, la Constitución regula directamente como persona jurídica de derecho público no territorial al Banco Central de la República, al establecer en su artículo 222, que se trata de "una entidad de derecho público con personalidad jurídica, patrimonio propio y autonomía funcional, presupuestaria y administrativa." Igualmente, en la Constitución se regulan directamente otras personas jurídicas de derecho público no territoriales que son la Junta Central Electoral (art. 212) y la Cámara de Cuentas (art. 248).

Estas personas jurídicas de derecho público no territoriales también son, por tanto, manifestación del principio administrativo de la descentralización, pero en este caso, de la descentralización funcional (distinta a la descentralización político territorial), mediante el cual el Estado (aparte de las previstas en la Constitución) por ley puede crear personas jurídicas para el cumplimiento de determinadas misiones. Al establecerse que en estos casos se necesita de una ley para la creación de estas entidades, se entiende que se trata de personas jurídicas de derecho público, cuyo signo clásico de identificación, es su creación mediante ley.

Por otra parte, la Constitución establece directamente un conjunto de aspectos del régimen general aplicable a todas las personas jurídicas de derecho público, independientemente de que se trate de personas de derecho público territoriales producto de la descentralización política territorial (Estado, Distrito Nacional, municipios, distritos municipales) o de personas jurídicas de derecho público no territoriales creadas en la Constitución o producto de la descentralización funcional (organismos autónomos y descentralizados del Estado). En tal sentido se destacan diversas previsiones de la Constitución en las que se refiere expresamente a las "personas jurídicas de derecho público," abarcándolas a todas.

En primer lugar, el artículo 148 que se refiere a la responsabilidad civil, en el cual se dispone que "las personas jurídicas de derecho público y sus funcionarios o agentes serán responsables, conjunta y solidariamente, de conformidad con la ley, por los daños y perjuicios ocasionados a las personas físicas o jurídicas por una actuación u omisión administrativa antijurídica."

---

63 *V.* sobre las clasificaciones de las personas jurídicas en el derecho administrativo, en Allan R. Brewer–Carías, "La distinción entre las personas públicas y las personas privadas y el sentido actual de la clasificación de los sujetos de derecho," en *Revista Argentina de Derecho Administrativo*, N° 12, Buenos Aires, 1977, pp. 15 a 29; en *Revista de la Facultad de Derecho*, Universidad Central de Venezuela, N° 57, Caracas, 1976, pp. 115 a 135; y en *Fundamentos de la Administración Pública*, Editorial Jurídica Venezolana, Caracas, 1980, pp. 223 a 248. Igualmente Allan R. Brewer–Carías, "Sobre las personas jurídicas en la Constitución de 1999" en *Derecho Público Contemporáneo. Libro Homenaje a Jesús Leopoldo Sánchez*, Estudios del Instituto de Derecho Público, Universidad Central de Venezuela, enero–abril 2003, Volumen 1, pp. 48–54.

En segundo lugar, el artículo 220 sobre la "sujeción al ordenamiento jurídico" en materia de "contratos del Estado y de las personas de derecho público" suscritos con personas físicas o jurídicas extranjeras domiciliadas en el país, en el cual se dispone que en el texto de los mismos "debe constar el sometimiento de éstas a las leyes y órganos jurisdiccionales de la República." Prevé la norma, sin embargo, que "el Estado y las demás personas de derecho público pueden someter las controversias derivadas de la relación contractual a jurisdicciones constituidas en virtud de tratados internacionales vigentes" y al "arbitraje nacional e internacional, de conformidad con la ley."

4. Las personas jurídicas estatales de derecho privado

De la regulación en la Constitución sobre las "personas jurídicas de derecho público," se deriva, sin duda, que también hay personas jurídicas estatales que pueden tener forma jurídica de derecho privado. La distinción entre ellas, por tanto, deriva de su creación y constitución mediante mecanismos de derecho público regulados en la propia Constitución o en las leyes, o mediante los mecanismos regulados en el derecho privado, particularmente en la legislación civil o comercial.

Esta distinción entre las personas jurídicas de derecho público (territoriales o no territoriales) y las personas jurídicas estatales de derecho privado, no sólo se recoge en general en la Constitución (art. 149.I), sino que resulta de la regulación expresa del artículo 219 de la propia Constitución relativa a la obligación del Estado debe fomentar la iniciativa económica privada, creando las políticas necesarias para promover el desarrollo del país. La norma, sin embargo, agrega que bajo el principio de subsidiaridad, el Estado, "por cuenta propia o en asociación con el sector privado y solidario, puede ejercer la actividad empresarial con el fin de asegurar el acceso de la población a bienes y servicios básicos y promover la economía nacional." para ello, el Estado puede establecer personas de derecho privado de capital enteramente estatal o como empresa mixta en asociación con capitales privados, es decir, empresas del Estado.[64]

**

De toda esta normativa constitucional deriva, por tanto, que en la República Dominicana, siendo un Estado Unitario descentralizado, el Estado es la persona jurídica de derecho público de ámbito global interno y, además, hacia el ámbito internacional (como República Dominicana, art. 1; 26).

En el ámbito interno, y conforme a la distribución territorial del poder, el Estado es la persona de derecho público territorial nacional, y además, están todas las otras personas jurídicas de derecho público territoriales (Distrito Nacional, municipios, distritos municipales) y no territoriales (los organismos autónomos y descentralizados en el Estado, y el Banco Central de la República, la Junta Central Electoral y la Cámara de Cuentas) y, además, las personas jurídicas estatales de derecho privado (empresas del Estado).

64 *V.* en general, Allan R. Brewer-Carías, *Las empresas públicas en el derecho comparado (Estudio sobre el régimen de las actividades industriales y comerciales del Estado),* Colección Monografías de la Facultad de Derecho, Universidad Central de Venezuela, Vol. XXXVI, Caracas 1967; *El régimen jurídico de las empresas públicas en Venezuela,* Ediciones del Centro Latinoamericano de Administración para el Desarrollo, Caracas 1980, Editorial Jurídica Venezolana, Caracas 1981.

IV. EL PRINCIPIO DE LA SEPARACIÓN ORGÁNICA (HORIZONTAL) DE LOS PODERES PÚBLICOS Y LOS DIVERSOS ÓRGANOS CONSTITUCIONALES QUE CONFIGURAN LOS PODERES PÚBLICOS DEL ESTADO.

1. El principio de la separación de poderes

El tercer principio constitucional que condiciona el derecho administrativo en la República Dominicana, es el de la separación orgánica o división horizontal de los poderes públicos, que origina órganos constitucionales independientes y autónomos entre sí, que ejercen no sólo las clásicas ramas del poder público, es decir, la legislativa, la ejecutiva y la judicial, sino otras potestades públicas constitucionales.

La Constitución de 2010, como toda Constitución democrática moderna, en efecto, al regular el "Gobierno de la Nación y la separación de poderes" no sólo dispuso en su artículo 4, que el gobierno de la Nación "es esencialmente civil, republicano, democrático y representativo," sino que el mismo "se divide en Poder Legislativo, Poder Ejecutivo y Poder Judicial" considerándolos como "tres poderes independientes en el ejercicio de sus respectivas funciones." El principio es de tal importancia en la organización de la República Dominicana como un Estado Social y Democrático de Derecho, que el artículo 7 expresa que el mismo está "fundado en el respeto de la dignidad humana, los derechos fundamentales, el trabajo, la soberanía popular y la separación e independencia de los poderes públicos."

La separación orgánica de poderes en esta forma, da origen en el nivel nacional del Estado, a tres grupos de órganos constitucionales diferenciados, y otros órganos constitucionales; y en el nivel de la Administración local, a dos órganos diferenciados.

2. El Poder legislativo

En primer lugar, en el nivel nacional, está el Congreso Nacional, conformado por el Senado de la República y la Cámara de Diputados, que ejerce el Poder Legislativo en nombre del pueblo (art. 76) mediante los senadores y diputados que componen dichas cámaras, electos mediante sufragio universal directo (art. 77). El Congreso tiene fundamentalmente la función de legislar (art. 93.1) y otras de control político y de fiscalización (art. 93.2), particularmente en relación con el Poder Ejecutivo.

3. El Poder Ejecutivo

En segundo lugar, está el Presidente de la Republica, electo en voto directo (art. 124), el cual en su condición de Jefe de Estado y de Gobierno ejerce el Poder Ejecutivo, de conformidad con lo dispuesto en la Constitución y las leyes (art. 122), y en ejercicio de las atribuciones en ellas establecidas (art. 128). Pero por supuesto, no sólo el Presidente de la República ejerce el Poder Ejecutivo, sino también lo ejercen el Vicepresidente de la República (art. 125), y los Ministros de Estado que están a cargo de los ministerios creados por ley para el despacho de los asuntos de gobierno, los cuales además, disponen de los viceministros que se consideren necesarios para el despacho de sus asuntos (art. 134) y que también ejercen el Poder Ejecutivo. Igualmente, también está el Consejo de Ministros, presidido por el Presidente de la República, quien lo preside, por el Vicepresidente de la República y por los ministros, el cual también es un órganos del Poder Ejecutivo, "de coordinación de los asuntos generales de gobierno y tiene como finalidad organizar y agilizar el despacho de los aspectos de la Administración Pública en beneficio de los intereses generales de la Nación y al servicio de la ciudadanía" (art. 137). En consecuencia, los diversos órganos de la Administración Pública, en los asuntos para los cuales tienen competencia decisoria, también ejercen el Poder Ejecutivo.

Debe agregarse que conforme al artículo 247 de la Constitución, la Contraloría General de la República también es un órgano del Poder Ejecutivo, para el control interno, a cuyo efecto "ejerce la fiscalización interna y la evaluación del debido recaudo, manejo, uso e inversión de los recursos públicos y autoriza las órdenes de pago, previa comprobación del cumplimiento de los trámites legales y administrativos, de las instituciones bajo su ámbito, de conformidad con la ley" (art. 247).

Respecto de la Administración Pública como parte integrante del Poder Ejecutivo, el artículo 138.1 de la Constitución exige que la ley establezca el estatuto de los funcionarios públicos, el acceso a la función pública con arreglo al mérito y capacidad de los candidatos, la formación y capacitación especializada, el régimen de incompatibilidades de los funcionarios que aseguren su imparcialidad en el ejercicio de las funciones legalmente conferidas. A tal efecto, el artículo 142 de la Constitución repite que el Estatuto de la Función Pública como el régimen de derecho público basado en el mérito y la profesionalización para una gestión eficiente y el cumplimiento de las funciones esenciales del Estado, en el cual debe determinar la forma de ingreso, ascenso, evaluación del desempeño, permanencia y separación del servidor público de sus funciones. Además, a los efectos del Estatuto, la ley debe determinar el régimen estatutario requerido para la profesionalización de las diferentes instituciones de la Administración Pública (art. 143); el régimen de compensación, de manera que ningún funcionario o empleado del Estado puede desempeñar, de forma simultánea, más de un cargo remunerado, salvo la docencia. A tal efecto, la ley debe establecer las modalidades de compensación de las y los funcionarios y empleados del Estado, de acuerdo con los criterios de mérito y características de la prestación del servicio (art. 144).

4. El Poder Judicial

Y en tercer lugar, está la Suprema Corte de Justicia y los demás tribunales creados por la Constitución y por las leyes, que ejercen el Poder Judicial que "goza de autonomía funcional, administrativa y presupuestaria," y administran gratuitamente la justicia en nombre de la República (art. 149). La Suprema Corte de Justicia es el órgano jurisdiccional superior de todos los organismos judiciales (art. 152). La función judicial que desarrollan los tribunales y juzgados determinados por la ley, de acuerdo con la misma Constitución, "consiste en administrar justicia para decidir sobre los conflictos entre personas físicas o morales, en derecho privado o público, en todo tipo de procesos, juzgando y haciendo ejecutar lo juzgado." La Constitución agrega además, sobre la independencia del Poder Judicial, que los jueces integrantes del mismo "son independientes, imparciales, responsables e inamovibles y están sometidos a la Constitución y a las leyes" (art. 151). Debe destacarse también, como órgano del Poder Judicial, al Consejo del Poder Judicial, que es el "órgano permanente de administración y disciplina" del mismo (art. 156).

5. Los otros órganos constitucionales que constituyen poderes públicos

Pero como se dijo, además de los órganos que ejercen los tres clásicos poderes del Estado, también ejercen el poder público y se pueden considerar como formando parte de los "poderes del Estado" (art. 19) o de los "poderes públicos" conforme a la terminología constitucional (arts. 3; 9; 15; 19; 22.4; 26.1; 38; 55.6; 62; 67.5; 68; 73; 73.4; 110; 112; 184; 185.3), otros órganos del Estado que no dependen de los clásicos poderes que resultan de la clásica trilogía legislativo, ejecutivo y judicial, y que han sido concebidos en la Constitución como órganos constitucionales con autonomía e independencia. Dentro de estos órganos están:

A. Los órganos constitucionales dentro del sistema de justicia

En primer lugar, están los órganos regulados en la Constitución en el título general del Poder Judicial (Título V), pero que sin embargo, no tienen dependencia respecto de la Suprema Corte de Justicia. Estos son, primero, el Ministerio Público, concebido como "el órgano del sistema de justicia responsable de la formulación e implementación de la política del Estado contra la criminalidad, dirige la investigación penal y ejerce la acción pública en representación de la sociedad' (art. 169). Dicho órgano, de acuerdo con la Constitución, incluso y a pesar de que su titular (el Procurador General de la República) lo designe el Presidente de la República (art. 171), tampoco depende del Poder Ejecutivo sino que "goza de autonomía funcional, administrativa y presupuestaria" y ejerce sus funciones "conforme a los principios de legalidad, objetividad, unidad de actuaciones, jerarquía, indivisibilidad y responsabilidad" (art. 170). Segundo, el otro órgano constitucional que se regula en el Título general de la Constitución sobre el Poder Judicial es el servicio de Defensa Pública concebido también como "un órgano del sistema de justicia dotado de autonomía administrativa y funcional, que tiene por finalidad garantizar la tutela efectiva del derecho fundamental a la defensa en las distintas áreas de su competencia" (art. 176).

B. Los demás órganos constitucionales con autonomía

En segundo lugar, están varios órganos constitucionales, configurados con total independencia y autonomía respecto de los tres clásicos poderes del Estado. Esos son:

Primero, el Consejo Nacional de la Magistratura, regulado como órgano constitucional integrado por los altos titulares de los órganos de los Poderes Legislativo, Ejecutivo y Judicial y del Ministerio Público (art. 178) con la competencia exclusiva de designar a los jueces de la Suprema Corte de Justicia, del Tribunal Constitucional, del Tribunal Superior Electoral y de evaluar el desempeño de los jueces de la Suprema Corte de Justicia (art. 179).

Segundo, el Tribunal Constitucional, establecido como órgano constitucional para "garantizar la supremacía de la Constitución, la defensa del orden constitucional y la protección de los derechos fundamentales," con poderes para dictar sentencias definitivas e irrevocables que "constituyen precedentes vinculantes para los poderes públicos y todos los órganos del Estado." En el ejercicio de sus funciones también goza "de autonomía administrativa y presupuestaria" (art. 184),

Tercero, el Defensor del Pueblo, el cual es un órgano constitucional que conforme al artículo 190 de la Constitución, a pesar de que su titular sea designado por el Senado de una terna que le presente la Cámara de Diputados (art. 193), no depende del Poder legislativo, sino que es "una autoridad independiente en sus funciones y con autonomía administrativa y presupuestaria," debiéndose "de manera exclusiva al mandato de esta Constitución y las leyes." Su función esencial es "contribuir a salvaguardar los derechos fundamentales de las personas y los intereses colectivos y difusos" establecidos en la Constitución y las leyes, en caso de que sean violados por funcionarios u órganos del Estado, por prestadores de servicios públicos o particulares que afecten intereses colectivos y difusos" (art. 191).

Cuarto, la Junta Central Electoral que tienen a su cargo organizar, dirigir y supervisar las elecciones y garantizar "la libertad, transparencia, equidad y objetividad" de las mismas (art. 211), a cuyo efecto la Constitución la concibe como un órgano constitucional no sólo autónomo, sino en este caso, "con personalidad jurídica e independencia técnica, administrativa, presupuestaria y financiera," al cual además, la Constitución lo ha dotado de "facultad reglamentaria" (art. 212).

Quinto, el Tribunal Superior Electoral, creado como órgano constitucional para "juzgar y decidir con carácter definitivo sobre los asuntos contencioso electorales y estatuir sobre los diferendos que surjan a lo interno de los partidos, agrupaciones y movimientos políticos o entre éstos." (art. 214). Al mismo se le atribuyó potestad reglamentaria, que debe ejercer de conformidad con la ley, "respecto de los procedimientos de su competencia y todo lo relativo a su organización y funcionamiento administrativo y financiero" (art. 214). Sus titulares son designados por el Consejo Nacional de la Magistratura (art. 215).

Sexto, la Cámara de Cuentas creado como órgano constitucional superior externo, de carácter técnico, de control fiscal de los recursos públicos, de los procesos administrativos y del patrimonio del Estado. La Constitución lo creó con personalidad jurídica y carácter técnico. A pesar de que sus miembros los designa el Senado de ternas que le presenta la Cámara de Diputados, y que deba presentar informe ante el Congreso (art. 115), no depende del Poder Legislativo, sino que y goza de autonomía administrativa, operativa y presupuestaria" (art. 249).

6. El principio de la separación de poderes en la administración local

Por último, debe mencionarse que el principio de la separación orgánica de poderes en forma horizontal no sólo se ha establecido en el nivel nacional, sino también en el nivel de la Administración Local, en el Distrito Nacional y en los municipios, donde como se dijo, el artículo 201 configura al Ayuntamiento como constituido por "dos órganos complementarios entre sí," que son el Concejo de Regidores y la Alcaldía; el primero como un órgano "exclusivamente normativo, reglamentario y de fiscalización integrado por regidores y regidoras," y el segundo, como "el órgano ejecutivo" encabezado por un alcalde.

V. EL PRINCIPIO DEL CARÁCTER INTERORGÁNICO DE LA ADMINISTRACIÓN PÚBLICA COMO CONJUNTO DE ÓRGANOS DEL ESTADO

En el derecho administrativo, la noción de Administración Pública tiene siempre dos connotaciones, en el sentido de que puede referirse tanto a un conjunto de órganos de las personas jurídicas que conforman el Estado, como a una actividad estatal en sí misma.[65] Ambos conceptos se utilizan en la Constitución dominicana.

En efecto, la expresión Administración Pública o Administración del Estado se utiliza en los artículos 40.17, 94, 137, 141, 143, 165.2, 165.3, 166, 199 en sentido orgánico, como referida a un conjunto de órganos de las personas jurídicas que conforman el Estado, es decir, de los sujetos de derecho que actualizan la voluntad del Estado. En cambio, la expresión Administración Pública referida a la actividad administrativa del Estado, es la utilizada en los artículos 93.2.c, 138 y 139. Además, en los artículos 6, 69.10, 91, 93.2,c, 115, 138, 139, 145, 165.2 se utilizan directamente las expresiones actividad o actuación administrativa; en el artículo 115, la expresión "actos del Poder Ejecutivo," y en los artículos 72 y 138.2, la expresión "acto administrativo."

De estas normas, por tanto, conforme a la Constitución, resulta que hay unos *órganos* que conforman la Administración Pública del Estado y la Administración Pública Local; y hay una *actividad* de los órganos del Estado, y no sólo de los que integran orgánicamente a la Administración Pública, la cual se califica como *actividad administrativa*, de carácter sublegal y sujeta al control de la jurisdicción contencioso administrativa (art, 165.2).

Esto último deriva de dos normas: primero, del artículo 139, relativo al "control de legalidad de la Administración Pública" que asigna a los tribunales competencia para controlar "la legalidad de la actuación de la Administración Pública;" y segundo, del artículo 165.2 que asigna específicamente a los tribunales contencioso administrativos competencia para conocer de los recursos contenciosos contra los "actos, actuaciones y disposiciones de autoridades administrativas contrarias al Derecho como consecuencia de las relaciones entre la Administración del Estado y los particulares."

De la organización de los órganos de los poderes públicos en la Constitución de la República Dominicana resulta, por tanto que la actividad administrativa o la emisión de actos administrativos por los mismos, si bien es el producto regular de los órganos que conforman precisamente a la Administración Pública como complejo orgánico integrado en el Poder Ejecutivo del Estado o de la Administración Pública local, no sólo emanan de los mismos, sino que pueden emanar de otros órganos constitucionales del Estado, cuando actúan por ejemplo en función administrativa. El acto administrativo, por tanto, tiene en la Constitución dominicana una connotación inter orgánica, en el sentido de que no es monopolio de unos órganos determinados sino que pueden emanar de todos los órganos constitucionales, además de los que conforman la Administración Pública del Poder Ejecutivo o de la administración local.

---

65 *V.* por ejemplo, Allan R. Brewer–Carías, "La Administración Pública" en *El Derecho Administrativo Venezolano en los umbrales del siglo XXI. Libro Homenaje al Manual de Derecho Administrativo de Eloy Lares Martínez,* Colección de Estudios Jurídicos de la Universidad Monteávila, Editorial Jurídica Venezolana–Universidad Monteávila, Caracas 2006, pp. 47–73; e "Introducción general al régimen jurídico de la Administración Pública", en Allan R. Brewer–Carías (Coordinador y Editor), Rafael Chavero Gazdik y Jesús María Alvarado Andrade, *Ley Orgánica de la Administración Pública, Decreto Ley Nº 4317 de 15–07–2008*, Colección Textos Legislativos, N° 24, 4ª edición actualizada, Editorial Jurídica Venezolana, Caracas 2009, 7–103.

Incluso, también desde el punto de vista orgánico debe señalarse que la Administración Pública no se agota en la del Poder Ejecutivo o de la Administración local, pues para el ejercicio de sus funciones, los diversos poderes públicos del Estado también tienen su propia "organización administrativa," para el cumplimiento de tareas netamente administrativas Por tanto, hay una Administración del Senado y de la Cámara de Diputados que por ejemplo se ocupa de la función pública en las mismas (art. 90.2) y de aplicación de sanciones conforme a su servicio interior el cual puede reglamentar (art. 90.3); hay una Administración para el Poder Judicial integrada en el Consejo del Poder Judicial que es el órgano permanente de administración y disciplina del Poder Judicial (art. 156); hay una Administración del Ministerio Público para la actualización de su autonomía administrativa, estando sus funciones sujetas a los "principios de legalidad, objetividad, unidad de actuaciones, jerarquía, indivisibilidad y responsabilidad"(170); hay una Administración de la defensoría Pública para la actualización de su autonomía administrativa (art. 176); hay una Administración del Tribunal Constitucional para la actualización de su autonomía administrativa (art. 184); hay una Administración del Defensor del Pueblo, también para la actualización de su autonomía administrativa (art. 190); hay una Administración Electoral, organizada en torno a la Junta Central Electoral, igualmente para la actualización de su autonomía administrativa (art. 212); hay una Administración del Tribunal Superior Electoral, el cual además tiene potestad para reglamentar su organización y funcionamiento administrativo (art. 214); y hay una Administración de la Cámara de Cuentas, también para la actualización de su autonomía administrativa (art. 284).

Por tanto, la organización administrativa del Estado no se agota, en nivel nacional, en el ámbito de la "Administración Pública" del Poder Ejecutivo, o de la Administración Local, pues existen órganos administrativos que derivan de la conformación en la Constitución de los poderes públicos y de órganos constitucionales que gozan de autonomía administrativa y disciplinaria, y que no encuadran en la clásica trilogía de poderes: legislativos, ejecutivos y judiciales, ni dentro de los órganos que ejercen el Poder Legislativo, ni dentro de los órganos que ejercen el Poder Ejecutivo, ni dentro de los órganos que ejercen el Poder Judicial, y que sin embargo, forman parte de la organización administrativa de la Administración del Estado.

VI. LOS PRINCIPIOS DE LA ACTIVIDAD ADMINISTRATIVA COMO ACTIVIDAD DEL ESTADO

Los principios sobre la actuación de la Administración Pública y sobre el control de los actos administrativos, por tanto, no sólo rigen para las decisiones que se adoptan en el seno de los órganos de la Administración Pública del Poder Ejecutivo o de la Administración Pública Local, sino también, por las Administraciones de los otros poderes públicos y órganos constitucionales antes mencionados establecidos en la Constitución.

Para desarrollar los principios constitucionales relativos a la "Administración Pública," o más propiamente la actividad o actuación administrativa de los diversos órganos del los poderes públicos y de los órganos constitucionales, está destinada la Ley a la cual se refiere el artículo 138.2 de la Constitución, tendiente a regular "el procedimiento a través del cual deben producirse las resoluciones y actos administrativos, garantizando la audiencia de las personas interesadas.

1. Principios de la actuación administrativa

De acuerdo a lo anterior, por tanto, en la Constitución de la República Dominicana se regula en su artículo 138 los "principios de la Administración Pública," o más propiamente, los principios a los cuales la Administración Pública debe sujetar su actuación. El Capítulo referido a la Administración Pública (Cap. III) dentro del Título relativo al Poder Ejecutivo, sin embargo, es claro que no está destinado a regular solo la acción administrativa de los órganos del Poder Ejecutivo, sino las actividades administrativas que realicen todos los órganos de los otros poderes públicos, es decir, de todos los órganos constitucionales del Estado, y además, de la Administración Pública local.

Estos principios a los que deben sujetarse las actuaciones administrativas de los poderes públicos, conforme al artículo 138 de la Constitución, en efecto, son los de eficacia, jerarquía, objetividad, igualdad, transparencia, economía, publicidad y coordinación, y además, como se ha dicho, el principio de legalidad, es decir, que la actuación de la Administración se realice "con sometimiento pleno al ordenamiento jurídico del Estado." La Constitución dominicana, al hacer esta enumeración, ha seguido la tendencia general plasmada en algunas Constituciones latinoamericanas como la venezolana (art. 141),[66] y en materialmente todas las Leyes de procedimiento administrativos dictadas en América Latina en las últimas décadas, en la cuales, incluso se los define y regula. De esa legislación puede establecerse el sentido y orientación de los principios.[67]

Por ejemplo, en cuanto al principio de eficacia,[68] el mismo se ha definido por ejemplo en el Código colombiano de Procedimiento Administrativo y Contencioso Administrativo en el sentido de que las autoridades deben buscar "que los procedimientos logren su finalidad," debiendo, a tal efecto, remover de oficio los obstáculos puramente formales; evitar decisiones inhibitorias, las dilaciones o los retardos; y deben sanear, las irregularidades procedimentales que se presenten, en procura de la efectividad del derecho material objeto de la actuación administrativa (art. 3.11).[69] En la misma orientación y con más precisión, la Ley de procedimientos Administrativos del Perú establece en su artículo IV.1.10, Título Preliminar, que conforme a dicho principio de eficacia, los sujetos del procedimiento administrativo deben siempre "hacer prevalecer el cumplimiento de la finalidad del acto procedimental, sobre aquellos formalismos cuya realización no incida en su validez, no determinen aspectos importantes en la decisión final, no disminuyan las garantías del procedimiento, ni causen indefensión a los administrados." La

66 *V.* en general, Allan R. Brewer–Carías, *Principios del procedimiento administrativo* (Prólogo de Eduardo García de Enterría), Editorial Civitas, Madrid 1990; *El derecho administrativo y la Ley Orgánica de Procedimientos Administrativos. Principios del procedimiento administrativo*, Editorial Jurídica Venezolana, 6ª edición ampliada, Caracas 2002.

67 *V.* en general, Allan R. Brewer–Carías, *Principios del Procedimiento Administrativo en América Latina*, Universidad del Rosario, Colegio Mayor de Nuestra Señora del Rosario, Editorial Legis, Bogotá 2003; "Principios del Procedimiento Administrativo. Hacia un estándar continental," en Christian Steiner (Ed), *Procedimiento y Justicia Administrativa en América Latina*, Konrad Adenauer Stiftung, F. Konrad Adenauer, México 2009, pp. 163–199.

68 *V.* por ejemplo en Allan R. Brewer–Carías, "Los principios de legalidad y eficacia en las leyes de Procedimientos Administrativos en América Latina", en *IV Jornadas Internacionales de Derecho Administrativo Allan Randolph Brewer Carías,* Caracas 9–12 noviembre de 1998, FUNEDA, Caracas 1998, pp. 21–90.

69 *V.* por ejemplo, Allan R. Brewer–Carías, "Los principios del procedimiento administrativo en el Código de Procedimiento Administrativo y de lo Contencioso Administrativo de Colombia (Ley 1437 de 2011)," en *Congreso Internacional de Derecho Administrativo, X Foro Iberoamericano de Derecho Administrativo.* El Salvador, 2011, pp. 879–918

consecuencia de ello, es entonces, que "la finalidad del acto se privilegia sobre las formalidades no esenciales" siendo su validez "una garantía de la finalidad pública que se busca satisfacer con la aplicación de este principio."[70]

En el mismo sentido se expresa la Ley de Bolivia (art. 4,j), siendo la consecuencia fundamental de este principio, tal como se expresa en la Ley de Honduras, que "las cuestiones incidentales que se suscitaren en el procedimiento, incluso las que se refieren a la nulidad de actuaciones," no suspenden el curso del mismo" (art. 39).

Por otra parte, teniendo el principio de eficacia por objeto lograr "que los procedimientos logren su finalidad," además del principio de conservación, el mismo conlleva también el principio *pro actione* o de la interpretación más favorable a darle curso a la petición o solicitud. Como lo indica la legislación de Costa Rica, las normas de procedimiento administrativo deben "interpretarse en forma favorable a la admisión y decisión final de las peticiones" (art. 224), para asegurar más allá de las dificultades de índole formal, una decisión sobre el fondo de la cuestión objeto del procedimiento. Por ello, el principio general en esta materia, en particular respecto de la admisión de las solicitudes o peticiones presentadas por los interesados, como se evidencia de la legislación de Colombia (art. 11), de Bolivia (art. 43), de Venezuela, (art. 45) de Honduras (art. 115), de Panamá (art. 76), y del Perú (arts. 125 y 126), es que la Administración está obligada a advertir a los administrados los errores o las omisiones que puedan tener las peticiones, pero sin que puedan negarse a recibirlas, para evitar que dichos errores conduzca a la inadmisibilidad. Como consecuencia, como principio, no se puede negar la petición que haga un administrado por causa de una omisión, estando en realidad la Administración obligada a advertirle al interesado los errores en que pueda haber incurrido, para que lo corrija.

El principio de la jerarquía, por su parte, derivado de la organización jerárquica propia del la Administración Pública, implica la sujeción de los órganos inferiores respecto de los superiores, y la posibilidad para estos de dirigir instrucciones respecto de la actuación de aquellos, así como de poder revisar las actuaciones de los inferiores, en casos de recursos administrativos. En particular, el principio de la jerarquía, aplicado a los actos administrativos, que se plasmó por primera vez en el derecho positivo en la Ley española de Régimen Jurídico de la Administración del Estado, de 1957, en el sentido de que "ninguna disposición administrativa podrá vulnerar los preceptos de otra de grado superior" (art. 23, 1), re recogió, por ejemplo, en la Ley venezolana de procedimientos administrativos, al establecer en su artículo 13 que "ningún acto administrativo podrá violar lo establecido en otro de superior jerarquía." Por tanto, el principio de jerarquía en la organización administrativa rige en materia de legalidad, obligando a que los actos administrativos de los órganos inferiores se sometan a los dictados por los superiores.

El principio también implica la idea de *jerarquía normativa*, en el sentido de que la actividad y actuación administrativa y, particularmente las facultades reglamentarias atribuidas por esta Ley, deben siempre observar la jerarquía normativa establecida en la Constitución y las leyes. De ello deriva, por ejemplo, el principio denominado en España como el de la "inderogabilidad singular de los reglamentos", es decir, la obligación que tiene la Administración de respetar los actos normativos cada vez que se dicte un

70 *V.* en general, Allan R. Brewer–Carías, "Sobre los principios del procedimiento administrativo", "Presentación" a la Obra Colectiva: Orlando Vignolo Cuevas y Roberto Jiménez (Coord.), *Comentarios a la Jurisprudencia de derecho administrativo del Tribunal Constitucional peruano (2000–2010)*, Lima 2011.

acto individual o de efectos particulares. No sólo se trata de que el órgano inferior respete el acto normativo dictado por el órgano superior, sino de que el mismo órgano que dictó un acto normativo lo respete al dictar un acto de efectos particulares e, incluso, que el órgano superior respete el acto normativo del inferior al dictar un acto administrativo de efectos particulares. Este principio también tiene relación con el principio del paralelismo de las formas: el reglamento sólo puede ser modificado por otro reglamento, dictado por la misma autoridad que produjo el primero, conforme al mismo procedimiento. Por tanto, dictado un acto administrativo normativo en una determinada área de competencia, el mismo no puede ser modificado o derogado singularmente cuando se dicte un acto administrativo individual, aún cuando éste lo dicte un órgano superior, el mismo órgano, o uno inferior. Este principio encuentra regulación expresa en la Ley Orgánica venezolana, en cuyo artículo 13 se señala que los actos administrativos de carácter particular no pueden "vulnerar lo establecido en una disposición administrativa de carácter general, aún cuando fueren dictados por autoridad igual o superior a la que dictó la disposición general." En el caso de la Ley General de Costa Rica, su artículo 13 establece que "La Administración estará sujeta en general a todas las normas escritas y no escritas del ordenamiento administrativo, y al derecho privado supletorio del mismo, sin poder derogarlos ni desaplicarlos para casos concretos" agregando que "La regla anterior se aplicará también en relación con los reglamentos, sea que éstos provengan de la misma autoridad, sea que provengan de otra superior o inferior competente.

En consecuencia, dictada una norma reglamentaria ésta no puede derogarse singularmente mediante un acto individual, sino que sólo puede ser modificada por la misma autoridad, mediante otro acto reglamentario. En Honduras, la ley es todavía más precisa al prescribir que los órganos de la Administración, incluso mediante actos de carácter general, no pueden "vulnerar los preceptos de otro acto de carácter general dictado por un órgano de grado superior" (art. 40,d).

Otro de los principios de la actuación de la Administración Pública establecidos en la Constitución es el principio de la objetividad que también se encuentra regulado en las leyes de procedimiento administrativo de América Latina. Así lo expresa claramente la Ley 9.784 de Procedimientos Administrativos de Brasil, al señalar que en los procedimientos administrativos, entre otros criterios debe ser observado "el de la objetividad en la atención del interés público" (art. 2,III). La objetividad apunta en el procedimiento administrativo, en primer lugar, a la satisfacción del interés general, sin discriminaciones y sin inclinar la balanza a favor de un particular, es decir, sin violar el principio de la igualdad. La Administración, en efecto, debe servir a los intereses generales con objetividad; aun cuando para ello no necesariamente debe considerarse neutra. No debe olvidarse que la Administración es una organización instrumental de la acción política del Estado y del gobierno, por ello, tiene subordinación a una determinada orientación política. Esto implica, entonces, que la objetividad en la consecución de los intereses generales está siempre vinculada a la orientación política del gobierno, no pudiendo la Administración estar al margen de la misma. De ello deriva que la objetividad en el procedimiento no es absoluta, sino relativa, pues la Administración está vinculada al gobierno, y actúa dentro de la política formulada por éste.

Adicionalmente, debe tenerse en cuenta que la actividad de la Administración al satisfacer las necesidades colectivas, también está al servicio de los particulares, y esto debe cumplirlo con objetividad; como lo establece el artículo 35 de la Ley sobre Simplificación de Trámites Administrativos de Venezuela de 1999:[71]

> *Artículo 35.* La actividad de los órganos y entes de la Administración Pública debe estar dirigida a servir eficientemente a los particulares, mediante la plena satisfacción de las necesidades colectivas. En tal sentido, el funcionario público es, ante todo, un servidor público.

En todo caso, el principio de la objetividad está garantizado frente a los administrados por el principio de la imparcialidad y las normas de inhibición.

En cuanto al principio de la transparencia, íntimamente vinculado al de la publicidad, el mismo se ha incorporado por ejemplo en el Código Colombiano en la reforma de 2010, al declararse que "la actividad administrativa es del dominio público," y por consiguiente, "toda persona puede conocer las actuaciones de la administración, salvo reserva legal" (art. 3.8), todo lo cual es una consecuencia del derecho constitucional de acceso a la información administrativa. Este principio, sin duda complementa el de la publicidad que ya se había consagrado en el Código de 1984, conforme al cual las autoridades deben dar "a conocer al público y a los interesados, en forma sistemática y permanente, sin que medie petición alguna, sus actos, contratos y resoluciones, mediante las comunicaciones, notificaciones y publicaciones que ordene la ley, incluyendo el empleo de tecnologías que permitan difundir de manera masiva tal información de conformidad con lo dispuesto en el Código (art. 3.9). El mismo principio se consagra en la Ley de procedimientos Administrativos de Bolivia (Art. 4.m: "La actividad y actuación de la Administración es pública, salvo que ésta u otras leyes la limiten"), y en el artículo 16 de la Ley 19.880 de Chile que se refiere en conjunto al "principio de transparencia y de publicidad," con arreglo al cual el procedimiento administrativo se debe realizar "con transparencia, de manera que permita y promueva el conocimiento, contenidos y fundamentos de las decisiones que se adopten en él" (art. 16). Ello implica como principio, que salvo las excepciones establecidas por la ley o el reglamento, son públicos los actos administrativos de los órganos de la Administración del Estado y los documentos que le sirvan de sustento o complemento directo o esencial.

En la Constitución dominicana, en todo caso, como se dijo, además del de transparencia, se enumera también el principio de la publicidad, que en el Código Colombiano desde 1984, se expresó al exigir que las autoridades deben dar "a conocer al público y a los interesados, en forma sistemática y permanente, sin que medie petición alguna, sus actos, contratos y resoluciones, mediante las comunicaciones, notificaciones y publicaciones que ordene la ley, incluyendo el empleo de tecnologías que permitan difundir de manera masiva tal información de conformidad con lo dispuesto en el Código (art. 3.9). El mismo principio se consagra en el artículo 16 de la Ley 19.880 de Chile que se refiere en conjunto al "principio de transparencia y de publicidad," con arreglo al cual el procedimiento administrativo se debe realizar "con transparencia, de manera que permita y promueva el conocimiento, contenidos y fundamentos de las decisiones que se adopten en él" (art. 16). Ello implica como principio, que salvo las excepciones establecidas por la ley o el reglamento, son públicos los actos administrativos de los órganos de la Administración del Estado y los documentos que le sirvan de sustento o complemento directo o esencial.

---

71 *V.* Allan R. Brewer–Carías y otros, *Ley Orgánica de Procedimientos Administrativos y legislación complementaria*, Editorial Jurídica Venezolana, Caracas 2009,

En cuanto al principio de la economía, el mismo fue desarrollado ampliamente en la Ley 19880 de Procedimientos Administrativos de Chile, en la forma siguiente:

> *Artículo 9°*. Principio de economía procedimental. La Administración debe responder a la máxima economía de medios con eficacia, evitando trámites dilatorios.
>
> Se decidirán en un solo acto todos los trámites que, por su naturaleza, admitan un impulso simultáneo, siempre que no sea obligatorio su cumplimiento sucesivo.
>
> Al solicitar los trámites que deban ser cumplidos por otros órganos, deberá consignarse en la comunicación cursada el plazo establecido al efecto.
>
> Las cuestiones incidentales que se susciten en el procedimiento, incluso las que se refieran a la nulidad de actuaciones, no suspenderán la tramitación del mismo, a menos que la Administración, por resolución fundada, determine lo contrario."

De allí el principio general, que deriva del artículo 116 de la Ley de Honduras, conforme al cual "los funcionarios responsables de la tramitación de los expedientes adoptarán las medidas que conduzcan a evitar todo entorpecimiento o demora por innecesarias diligencias".

En el Código colombiano de 1984 también se encontraba una definición del principio de economía en este último sentido, la cual se ha cambiado en la reforma de 2010, que señalaba que:

> "Las normas de procedimiento se utilicen para agilizar las decisiones, que los procedimientos se adelanten en el menor tiempo y con la menor cantidad de gastos de quienes intervienen en ellos, que no se exijan más documentos y copias que los estrictamente necesarios, ni autenticaciones ni notas de presentación personal sino cuando la ley lo ordene en forma expresa" (art. 3).

En el Decreto de Uruguay también se desarrolla el principio al prescribir en su artículo 8 que "en el procedimiento administrativo deberá asegurarse la celeridad, simplicidad y economía del mismo y evitarse la realización o exigencia de trámites, formalismos o recaudos innecesarios o arbitrarios que compliquen o dificulten su desenvolvimiento".

Por último, el otro principio que enumera el artículo 138 de la Constitución es el clásico principio de la coordinación, conforme al cual las autoridades deben concertar sus actividades, como lo indica el Código colombiano, "con las de otras instancias estatales en el cumplimiento de sus cometidos y en el reconocimiento de sus derechos a los particulares" (art. 3.10); principio que tradicionalmente ha sido tratado en general en el derecho comparado, más como principio de la organización administrativa que del procedimiento administrativo.

2. Los principios sobre los contratos del Estado

Además de las previsiones constitucionales en las cuales se regulan aspectos relativos a la actividad administrativa y en particular a los actos administrativos, en la Constitución de la República Dominicana, también se incorporaron previsiones destinadas a regulas aspectos de los contratos del Estado.

La denominación que utilizó la Constitución, en su artículo 220, en efecto, fue la de "contratos del Estado" superando la clásica denominación de "contrato administrativo" que ha sido tan difundida en el derecho administrativo contemporáneo particularmente como noción contrapuesta a los contratos de derecho privado de la Administración, y a la cual todos los que nos hemos ocupado del derecho administrativo le invertimos muchas páginas.[72] Con la denominación de contratos del Estado, se apunta más bien identificar contratos en los cuales una de las partes de la relación contractual es una persona jurídica estatal, es decir, un órgano de los poderes públicos. Conforme a esta noción, todos los contratos del Estado están sujetos en una forma u otra al derecho público (administrativo), al menos en relación con las regulaciones relativas a las competencias de los entes y órganos públicos para suscribirlos, o a la selección de los contratistas (licitación), o en relación con su ejecución, de manera que no hay "contratos públicos que estén sólo sujetos al derecho privado" supuestamente opuestos a los "contratos administrativos sujetos al derecho administrativo."[73] En cambio, hemos sostenido que "la noción de contrato administrativo solo puede ser aceptada para identificar un tipo de contrato público (contratos de Administración Pública) que en virtud de la finalidad de interés público perseguido con el mismo, está sujeto preponderantemente a un régimen de derecho público, pero no con el objeto de distinguir entre contratos públicos sometidos al derecho público y otros supuestamente sujetos a un régimen de derecho privado. La preponderancia de uno u otro régimen es ahora lo importante."[74] Posteriormente hemos insistido en el mismo tema expresando que "las actividades de la Administración Pública están sujetas tanto al derecho público como al derecho privado, en un grado de preponderancia que varía de acuerdo con sus finalidades y naturaleza"; y que "todos los contratos públicos (o contratos del Estado) están siempre sometidos tanto al derecho público como al derecho privado.[75]

En este contexto es que en nuestro criterio se inserta el concepto de contrato del Estado en la Constitución de la República Dominicana. Sobre los mismos, y en relación con su sumisión al ordenamiento jurídico, el mismo artículo 220 de la Constitución dispone específicamente sobre los "contrato del Estado y de las personas de Derecho Público" celebrados "con personas físicas o jurídicas extranjeras domiciliadas en el país," que en los mismos debe constar el sometimiento de éstas a las leyes y órganos jurisdiccionales de la República. La norma, sin embargo, permite al Estado y a las demás personas de Derecho Público contratantes que puedan someter las controversias derivadas de la relación contractual a jurisdicciones constituidas en virtud de tratados internacionales vigentes, e igualmente, a arbitraje nacional e internacional, de conformidad con la ley. Otra norma que se refiere a contratos del Estado, es el artículo 17 de la Constitución relativo a la posibilidad de que los yacimientos mineros y de hidrocarburos y, en general, los recursos naturales no renovables, pueden ser explorados y explotados por particulares "en virtud de las concesiones, contratos, licencias, permisos o cuotas, en las condiciones que determine la ley;" en los cuales, conforme al artículo 67.4, debe consi-

---

72 *V.* Allan R. Brewer–Carías, "La evolución del concepto de contrato administrativo," en *El Derecho Administrativo en América Latina, Curso Internacional,* Colegio Mayor de Nuestra Señora del Rosario, Bogotá 1978, pp. 143–167; *en Jurisprudencia Argentina,* N° 5.076, Buenos Aires, 13–12–1978, pp. 1–12; en *Libro Homenaje al Profesor Antonio Moles Caubet,* Tomo I, Facultad de Ciencias Jurídicas y Políticas, Universidad Central de Venezuela, Caracas, 1981, pp. 41–69; "Evoluçao do conceito do contrato administrativo," en *Revista de Direito Publico* Nos. 51–52, Sao Paulo 1979, pp. 5–19; "Sobre los contratos del Estado en Venezuela," en *Revista Mexicana Statum Rei Romanae de Derecho Administrativo,* N° 6, Homenaje al Dr. José Luis Meilán Gil, Facultad de Derecho y Criminología de la Universidad Autónoma de Nuevo León, Monterrey, Enero–Junio 2011, pp. 207–252.

73 *V.* Allan R. Brewer–Carías, *Contratos administrativos*, Caracas, 1992, pp. 14, 42, 43, 52, 53, 55, 71, 72.

74 *Idem,* p. 14.

75 *V.* Allan R. Brewer–Carías, "La interaplicación del derecho público y del derecho privado a la Administración Pública y el proceso de huída y recuperación del derecho administrativo," en *Las Formas de la Actividad Administrativa. II Jornadas Internacionales de Derecho Administrativo "Allan Randolph Brewer–Carías"*, Fundación de Estudios de Derecho Administrativo, Caracas, 1996, pp. 58–60.

derarse incluida la obligación "de conservar el equilibrio ecológico, el acceso a la tecnología y su transferencia, así como de restablecer el ambiente a su estado natural, si éste resulta alterado."

La Constitución, además, reguló los contratos del Estado, al prever su aprobación por el Congreso a propuesta del Presidente de la República (arts. 93.1.k y 128.1.d; 244); y al prever la autorización del propio Presidente respecto de los contratos de los ayuntamientos en los cuales se vendan inmuebles o se constituyan en garantías inmuebles o rentas municipales (art. 128.3.d).

3. Los principios sobre los servicios públicos

La Constitución de la República Dominicana, también contiene disposiciones sustantivas sobre la actuación de la Administración Pública, particularmente en materia de servicios públicos, a los cuales se define en su sentido propio como aquellos "destinados a satisfacer las necesidades de interés colectivo" que así sean declarados por ley (art. 147). Se trata en este sentido, de las actividades prestacionales que debe asumir el Estado, tendientes a satisfacer necesidades generales o colectivas, en cumplimiento de una obligación constitucional o legal y en relación con las cuales, los particulares se encuentran limitados en cuanto a poder desarrollarlas libremente, sea porque el Estado en algunos casos se las ha reservado, o sea porque el Estado las regula y ordena.[76]

La noción constitucional resulta lo siguiente: En *primer lugar,* que el servicio público es siempre de una actividad, es decir, de un conjunto de operaciones y tareas a cargo de un sujeto de derecho, consistente en dar o hacer algo a favor de otros, en suma, de prestar. Se trata, por tanto, de una actividad prestacional; pero no de cualquier tipo de prestación sino de una que es de interés general de toda la población, es decir, de la colectividad en general y por tanto, de interés colectivo, por lo que los sujetos a los cuales se destina son todos, es decir, el público en general. Por ejemplo, el servicio de correos, el servicio de protección a la salud, los servicios de transporte y los servicios de educación.

En *segundo lugar,* esa actividad prestacional para ser considerada como servicio público por su vinculación al interés general, corresponde cumplirla *obligatoriamente* al Estado, es decir, a los entes públicos, por estar así establecido en la Constitución o en las leyes. Por tanto, no toda actividad prestacional de interés público que realicen los entes públicos puede considerarse como un servicio público, sino sólo aquellas que éstos asumen porque cumplen una obligación constitucional o legal. Por ello, precisamente es que los servicios públicos no pueden ser prestados libremente por los particulares, sino mediante concesión, licencia, permiso o autorización, como por ejemplo, sucede con los servicios públicos domiciliarios y los servicios de policía.

En *tercer lugar,* tratándose de una actividad prestacional que corresponde como obligación al Estado, de acuerdo al principio de alteridad, los particulares, es decir, la colectividad o el público en general, es decir, los usuarios, tienen un correlativo derecho

---

76 *V.* Allan R. Brewer–Carías, "Comentarios sobre la noción de servicio público como actividad prestacional del Estado y sus consecuencias" en *Revista de Derecho Público*, N° 6, EJV, Caracas, 1981, pp. 65–71; "El régimen constitucional de los servicios públicos," en *VI Jornadas Internacionales de Derecho Administrativo "Allan R. Brewer–Carías"*, Fundación de Estudios de Derecho Administrativo, Tomo I, Caracas 2002, y en *Estudios de Derecho Administrativo 2005–2007*, Editorial Jurídica Venezolana, Caracas 2007, pp. 528 ss.

constitucional o legal a recibir la prestación, como sucede por ejemplo, con el derecho a la protección de la salud, e incluso, pueden reclamarlos judicialmente.

En *cuarto lugar,* desde el momento en el cual una actividad se configura como un servicio público a cargo de los entes públicos, la misma queda sustraída de las que pueden ser desarrolladas libremente por los particulares, en el sentido que esencialmente y conforme se establezca en las leyes (reserva legal), el Estado puede limitarlas y restringirlas. Esto no significa ni implica que el Estado necesariamente se deba o haya reservado la actividad para ser desarrollada exclusivamente por sus órganos y excluida del ámbito de la libertad económica de los particulares (lo que sucedería en caso de establecerse un monopolio, art. 50.1, Constitución), sino que en relación con ella, ésta no puede desarrollarse libremente, sino sometida a las limitaciones o restricciones que legalmente se establezcan y requiriéndose para ello, en general o una concesión (art. 53.3, Constitución), una autorización o cualquier tipo de autorización o habilitación.

Es decir, la obligación impuesta al Estado de realizar la prestación en el caso de los servicios públicos, no implica que su realización necesariamente quede siempre reservada al Estado con carácter de exclusividad y que quede excluida la libertad económica de manera que los particulares no puedan realizarla, lo que sólo ocurriría si se estableciese como monopolio en provecho del Estado (art. 50.1). La libertad económica, como derecho de toda persona de "dedicarse libremente a la actividad económica de su preferencia" (Art. 50 de la Constitución), conforme a la Constitución puede estar limitada, constitucional o legalmente, en una proporción inversa al grado de asunción de la actividad por parte del Estado: en unos casos, excepcionales, la libertad económica queda excluida totalmente por la reserva al Estado de los servicios (servicios de la defensa nacional y policía) (arts. 252, 255 Constitución); en otros casos, aún reservada al Estado y excluida del ámbito de la libertad económica, la actividad puede desarrollarse por los particulares mediante concesión otorgada por el Estado (art. 50.3); y en otros casos, en ausencia de reserva en provecho del Estado y existiendo la libertad económica de los particulares para realizarlas, lo que puede estar es restringida o limitada mediante ley, pudiendo realizarse por los particulares mediante autorizaciones o habilitaciones del Estado.

En esta materia, en todo caso, la Constitución establece varias previsiones de importancia. Primero, que el Estado debe garantizar el acceso a servicios públicos de calidad, "directamente o por delegación, mediante concesión, autorización, asociación en participación, transferencia de la propiedad accionaria u otra modalidad contractual, de conformidad con esta Constitución y la ley" (art. 147.1). Segundo, que sea que los servicios públicos sean prestados por el Estado o por los particulares, en las modalidades legales o contractuales, "deben responder a los principios de universalidad, accesibilidad, eficiencia, transparencia, responsabilidad, continuidad, calidad, razonabilidad y equidad tarifaria" (art. 147.2). Y tercero, que la regulación de los servicios públicos es facultad exclusiva del Estado. La ley podrá establecer que la regulación de estos servicios y de otras actividades económicas se encuentre a cargo de organismos creados para tales fines (art. 147.3).

VII. EL PRINCIPIO DEL EJERCICIO INTERORGÁNICO DE LAS FUNCIONES DEL ESTADO, EN PARTICULAR DE LA FUNCIÓN ADMINISTRATIVA

De acuerdo con la Constitución, el sistema de distribución horizontal del poder entre el Poder Legislativo, el Poder Ejecutivo y el Poder Judicial, origina tres conjuntos de órganos que junto con otros órganos constitucionales (Consejo Nacional de la Magistratura, Tribunal Constitucional, Defensor del Pueblo, Junta Central Electoral, Tribunal Superior Electoral, Cámara de Cuentas), ejercen los poderes públicos.

Esta separación de poderes, sin embargo, no coincide con una posible separación de funciones del Estado. Por "función" ha de entenderse la acción que desarrollan los órganos estatales o la actividad que desempeñan como tarea *que les es inherente*, en el sentido que sólo en ejercicio del Poder Público pueden cumplirse. De ahí que la función es toda actividad de la propia esencia y naturaleza de los órganos estatales y, por tanto, indelegable salvo que exista una autorización constitucional. En otras palabras, las diversas funciones del Estado son sólo las diversas formas a través de las cuales se manifiesta la actividad estatal[77]; que no pueden ser ejercidas por los particulares, y que no están atribuidas en forma exclusiva a los diversos órganos del Estado.[78]

En el mundo contemporáneo estas funciones como tareas inherentes a los órganos del Estado pueden reducirse a las siguientes: la función normativa, la función política, la función administrativa, la función jurisdiccional y la función de control, a las cuales pueden reconducirse todas las actividades del Estado. Estas funciones, realizadas en ejercicio del Poder Público por los órganos estatales, sin embargo, como se dijo, no están encomendadas con carácter de exclusividad a cada órgano del Estado, sino que se ejercen en general, en una forma u otra, por todos ellos.

Así, la función normativa en el Estado contemporáneo es aquella actividad estatal que se manifiesta en la creación, modificación o extinción de normas jurídicas de validez general. Esta función normativa del Estado, en general se atribuye como función propia a los órganos que ejercen el Poder Legislativo, como es el caso, en el nivel nacional, del Congreso Nacional, al sancionar las leyes (art. 93.1.q: "legislar acerca de toda materia que no sea de la competencia de otro poder del Estado y que no sea contraria a la Constitución"), y en el nivel local, a los Consejos de Regidores, que son "órganos exclusivamente normativos" (arts. 201, 203), con "potestad normativa" y "funciones normativas" (art. 199) y art. 203: "normativa municipal"). Además, los órganos del Poder legislativo, también ejercen la función normativa, mediante la emisión de otros actos parlamentarios, como son los reglamentos internos de las cámaras (art. 88), donde se debe regular, entre otros aspectos, asuntos de la inmunidad parlamentaria (art. 87); los reglamentos para el servicio interior y el despacho de los asuntos que le son peculiares a cada cámara, con la posibilidad incluso en ellos de que para el ejercicio de sus facultades disciplinarias, se establezcan las sanciones que procedan (art. 90.3); y el reglamento de organización y funcionamiento de la reunión conjunta de ambas cámaras (art. 199).

---

77 *V.*, Allan R. Brewer–Carías, *Las Instituciones Fundamentales del Derecho Administrativo y la jurisprudencia Venezolana*, Caracas, 1964, p. 105.

78 *V.* Allan R. Brewer Carías, "Algunas bases del Derecho Público en la jurisprudencia venezolana", en *RFD*, N° 27, 1963, pp. 143 y 144; y Allan R. Brewer–Carías, *Jurisprudencia de la Corte Suprema (1930–1973) y Estudios de Derecho Administrativo,* Tomo I, (El ordenamiento constitucional y funcional del Estado), Caracas, 1975, pp. 147 y ss.

Pero, sin embargo, la función normativa no es exclusiva de los órganos que ejercen el Poder legislativo, y se realiza también por los órganos que ejercen los poderes públicos al dictar reglamentos (arts. 6; 185.1).

Por ejemplo, la función normativa se ejerce por el Presidente de la República al dictar los reglamentos que son actos administrativos de efectos generales (arts. 128,1.b; 258), que siempre están sometidos al condicionamiento de las leyes, dictados en general para asegurar su ejecución.

Igualmente otros órganos de los poderes públicos ejercen la potestad reglamentaria, como por ejemplo la Cámara de Cuentas, autorizada para "emitir normas con carácter obligatorio para la coordinación interinstitucional de los órganos y organismos responsables del control y auditoría de los recursos públicos" (art. 250.4). Además, la Junta Central Electoral "tiene facultad reglamentaria en los asuntos de su competencia" (art. 212) y en especial, tiene "facultad para reglamentar los tiempos y límites en los gastos de campaña, así como el acceso equitativo a los medios de comunicación (art. 212.IV). Por su parte, el Tribunal Superior Electoral tiene potestad constitucional para reglamentar "de conformidad con la ley, los procedimientos de su competencia y todo lo relativo a su organización y funcionamiento administrativo y financiero" (214). La misma competencia normativa la tienen, por supuesto, el Tribunal Constitucional en su orden interno, y la Corte Suprema de Justicia y el Consejo del Poder Judicial.

La función normativa, por tanto, si bien es una "función propia" del Congreso Nacional, no es una función privativa y exclusiva del mismo, pues los otros órganos estatales también la ejercen. Sin embargo, lo que sí es función privativa y exclusiva del Congreso Nacional es el ejercicio de la función normativa en una forma determinada, como cuerpo legislador y mediante la emisión de los actos estatales denominados que se denominan leyes. Los otros órganos estatales que ejercen la función normativa, si bien realizan una función creadora dentro del ordenamiento jurídico, lo hacen a través de reglamentos.

Esto implica, además, que las leyes son actos estatales dictados en ejecución directa e inmediata de la Constitución y de rango legal; los reglamentos y demás actos administrativos de efectos generales son actos de ejecución directa e inmediata de la legislación y de rango sublegal.

Pero aparte de la función normativa, en el Estado contemporáneo ha ido delineándose otra función primordial, distinta de la función administrativa, por medio de la cual el Presidente de la República ejerce sus actividades como Jefe del Estado, y como Jefe de Estado y de Jefe de Gobierno (art. 128. 1, y 3). A través de esta función política, el Presidente de la República puede adoptar decisiones en virtud de atribuciones que le son conferidas directamente por la Constitución, en general sin condicionamiento legal, de orden político, las cuales, por tanto, exceden de la administración normal de los asuntos del Estado. Ello ocurre por ejemplo, cuando dirige las relaciones exteriores (art. 128.1.d; 128.3.b); cuando decreta los estados de excepción (art. 128.1.g), y adopta medidas en materia de policía y seguridad (art. 128.1.h). La característica fundamental de esta función política es que está atribuida en la Constitución directamente al Presidente de la República, es decir, al nivel superior del Poder Ejecutivo, no pudiendo otros órganos ejecutivos ejercerla.

Los órganos que ejercen el Poder Ejecutivo en esta forma, realizan fundamentalmente dos funciones propias: la función política y la función administrativa. La función política, como función del Presidente de la República, se ejerce en ejecución directa de atribuciones constitucionales, en general sin condicionamiento legal alguno. El Legislador, en esta forma, y salvo por lo que se refiere a los estados de excepción dada la autorización constitucional (Art. 338), no puede limitar las facultades políticas del jefe del Estado[79]. La función política, por tanto, se traduce en actos estatales de rango legal, en tanto que la función administrativa se traduce en actos estatales de rango sublegal.

Pero si bien la función política se ejerce con el carácter de función propia por el Presidente de la República en ejercicio del Poder Ejecutivo, ello tampoco se realiza con carácter excluyente, ya que el Congreso Nacional en ejercicio del Poder Legislativo también realiza la función política, sea a través de actos parlamentarios sin forma de ley[80], sea mediante leyes[81]. En estos casos, también, la función política realizada por los órganos del Poder Legislativo es una actividad de rango legal, es decir, de ejecución directa e inmediata de la Constitución. Pero si bien esta función puede ser realizada tanto por el Presidente de la República como por los órganos legislativos, por lo que no es exclusiva o excluyente, sin embargo, lo que sí es exclusiva de uno u otros órganos es la forma de su ejecución en los casos autorizados por la Constitución: la función política mediante decretos ejecutivos (actos de gobierno), se realiza en forma exclusiva por el Presidente de la República; y mediante leyes o actos parlamentarios sin forma de ley, por el Congreso Nacional.

Además de la función normativa y de la función política, los órganos estatales realizan la función jurisdiccional, es decir, conocen, deciden o resuelven controversias entre dos o más pretensiones, es decir, controversias en las cuales una parte esgrime pretensiones frente a otra. El ejercicio de la función jurisdiccional se ha atribuido como función propia a la Suprema Corte de Justicia, al Tribunal Constitucional, al Tribunal Superior Electoral y a los tribunales de la República, pero aquí también ello no implica una atribución exclusiva y excluyente, sino que, al contrario, los otros órganos estatales pueden ejercer la función jurisdiccional.

En efecto, los órganos que ejercen el Poder Ejecutivo, realizan funciones jurisdiccionales, cuando las autoridades administrativas deciden controversias entre partes, dentro de los límites de su competencia. Por tanto, la función jurisdiccional como actividad privativa e inherente del Estado mediante la cual sus órganos deciden controversias y declaran el derecho aplicable en un caso concreto, se ejerce por diversos órganos estatales en ejercicio del Poder Público: por la Suprema Corte de Justicia y los tribunales de la República, en ejercicio del Poder Judicial; y por los órganos administrativos en ejercicio del Poder Ejecutivo Nacional. La función jurisdiccional, por tanto, si bien es una "función propia" de los órganos judiciales, no es una función privativa y exclusiva de ellos, pues otros órganos estatales también la ejercen. Sin embargo, lo que sí es una función privativa y exclusiva de los tribunales es el ejercicio de la función jurisdiccional a través de un proceso (Art. 257) en una forma determinada: con fuerza de verdad legal, mediante actos denominados sentencias. Sólo los tribunales, siempre con autonomía e independencia, pueden resolver controversias y declarar el derecho en un caso concreto, con fuerza de verdad legal, por lo que sólo los órganos del Poder judicial pueden desarrollar la "función judicial" (función jurisdiccional ejercida por los tribunales)

---

79 El legislador, por ejemplo, no podría limitar las atribuciones del Presidente en la dirección de las relaciones exteriores.

80 Por ejemplo, cuando autoriza al Presidente de la República para decretar los estados de excepción, Art. 93.1.e.

81 La ley que concede amnistía por causas políticas, por ejemplo. Art. 93.1.p de la Constitución.

(art. 150.I).[82] Los demás órganos del Estado que realizan funciones jurisdiccionales lo hacen a través de actos administrativos condicionados por la legislación.

Además de la función normativa, de la función política y de la función jurisdiccional, los órganos del Estado también ejercen la función de control, cuando vigilan, fiscalizan, supervisan y velan por la regularidad del ejercicio de otras actividades estatales o de las actividades de los administrados y particulares.

El ejercicio de la función de control se ha atribuido como función propia a los órganos constitucionales de control, como por ejemplo, la Cámara de Cuentas, la Junta Central Electoral, o el defensor del Pueblo, pero en este caso, ello tampoco implica una atribución exclusiva y excluyente, sino que, al contrario, los otros órganos estatales pueden ejercer la función contralora. Es decir, el Congreso Nacional, en ejercicio del Poder Legislativo, ejerce la función de fiscalización y control sobre el gobierno y la Administración Pública Nacional y los funcionaros ejecutivos (Art. 93.2); el Presidente de la República como Jefe del Ejecutivo Nacional ejerce las funciones de control jerárquico en relación con los órganos de la Administración Pública y los órganos que ejercen el Poder Ejecutivo controlan las actividades de los particulares, de acuerdo a la regulación legal de las mismas; la Junta Central Electoral ejerce el control de las actividades relativas a las elecciones, y partidos políticos; y el Tribunal Constitucional ejerce las función de control de constitucionalidad de los actos del Estado.

Por tanto, la función de control como actividad privativa e inherente del Estado mediante la cual sus órganos supervisan, vigilan y controlan las actividades de otros órganos del Estado o de los administrados, se ejerce por diversos órganos estatales en ejercicio del Poder Público: por los órganos de control que se conciben como órganos de los poderes públicos (Cámara de Cuentas, Junta Central Electoral, Defensor del Pueblo), y además, por el Congreso Nacional, en ejercicio del Poder Legislativo; por la Suprema Corte de Justicia, el Tribunal Constitucional, Tribunal Superior Electoral y los Tribunales de la República, en ejercicio del Poder Judicial; y por los órganos administrativos en ejercicio del Poder Ejecutivo Nacional y del Poder Electoral. La función de control, por tanto, si bien es una "función propia" de los órganos estatales de control fiscal, electoral y de derechos humanos, no es una función privativa y exclusiva de ellos, pues todos los otros órganos estatales también la ejercen.

Pero aparte de la función creadora de normas jurídicas de efectos generales (función normativa), de la función de conducción y ordenación política del Estado (función de conducción del gobierno), de la función de resolución de controversias entre partes declarando el derecho aplicable en casos concretos (función jurisdiccional) y de ejercer la vigilancia o fiscalización de actividades estatales y de los particulares (función de control), el Estado ejerce la función administrativa, a través de la cual entra en relación con los particulares, como sujeto de derecho, gestor del interés público[83]. De allí la distin-

---

82 El artículo 150.I. de la Constitución, en efecto dispone que "La función judicial consiste en administrar justicia para decidir sobre los conflictos entre personas físicas o morales, en derecho privado o público, en todo tipo de procesos, juzgando y haciendo ejecutar lo juzgado. Su ejercicio corresponde a los tribunales y juzgados determinados por la ley."

83 *V.*, Allan R. Brewer–Carías, *Las Instituciones Fundamentales..., cit.*, p. 115. Si el Estado legisla, tal como lo señala Santi Romano, "no entra en relaciones de las cuales él, como legislador, sea parte: las relaciones que la ley establece o de cualquier modo contempla se desenvuelven después entre sujetos diversos del Estado o bien con el mismo Estado, pero no en su aspecto de legislador sino en otros aspectos mediante órganos diversos de los del Poder Legislativo". *V.* el "Prime Pagine di un Manuale de Diritto Amministrativo", en *Scritti Minori*, Milano 1950, p. 363, *cit.*, por J M. Boquera Oliver, *Derecho Administrativo*, Vol. I, Madrid, 1972, p 59. "Cuando el Estado juzga

ción entre la función de crear el derecho (normativa), de aplicar el derecho imparcialmente (jurisdiccional), y de actuar en relaciones jurídicas como sujeto de derecho, al gestionar el interés público (administrativa).

En las dos primeras, el Estado, al crear el derecho o al aplicarlo, es un tercero en las relaciones jurídicas que surjan; en la última, en cambio, el Estado es parte de la relación jurídica que se establece entre la Administración y los particulares, como sujeto de Derecho gestor del interés público. De allí que la personalidad jurídica del Estado, como se ha dicho, se concretice en el orden interno, cuando sus órganos ejercen la función administrativa.

Ahora bien, al igual que lo que sucede con la función normativa, política y jurisdiccional, la función administrativa tampoco está atribuida con carácter de exclusividad a alguno de los órganos del Poder Público. Por ello, si bien la función administrativa puede considerarse como función propia de los órganos ejecutivos, o más propiamente, de la Administración Pública, concretizada básicamente a través de actos administrativos, ello no significa que la ejerzan con carácter exclusivo y excluyente. Al contrario, todos los otros órganos del Estado también ejercen la función administrativa: el Congreso Nacional, al autorizar diversos actos de los órganos ejecutivos o al dictar actos relativos a su personal o servicios administrativos, realizan la función administrativa, y los órganos que ejercen el Poder Judicial o los órganos constitucionales de control realizan la función administrativa, al dictar actos concernientes a la administración del personal o de los servicios de los órganos, o al imponer sanciones. En esta forma, la función administrativa, como actividad privativa e inherente del Estado mediante la cual sus órganos, en ejercicio del Poder Público, entran en relaciones jurídicas con los administrados, se puede realizar por los órganos administrativos, en ejercicio del Poder Ejecutivo Nacional; por el Congreso Nacional, en ejercicio del Poder Legislativo; y por los tribunales de la República, en ejercicio del Poder Judicial, y por los órganos constitucionales de control. La función administrativa, por tanto, si bien es una "función propia" de los órganos ejecutivos y de la administración pública, no es una función privativa y exclusiva de ellos, pues los otros órganos estatales también la ejercen dentro del ámbito de sus respectivas competencias constitucionales y legales. El acto administrativo, como concreción típica pero no única del ejercicio de la función administrativa, puede emanar por tanto de todos los órganos estatales en ejercicio del Poder Público, teniendo en todo caso carácter sublegal.

El concepto de funciones del Estado, en consecuencia, es distinto al de poderes públicos. Los poderes públicos, sus ramas o distribuciones, constituyen en sí mismos una situación jurídica constitucional individualizada, propia y exclusiva de los órganos del Estado, mediante cuyo ejercicio éstos realiza las funciones que le son propias. Las funciones del Estado, por su parte, constituyen las actividades propias e inherentes al Estado[84]. La noción de Poder es entonces previa a la de función: ésta se manifiesta como una actividad estatal específica realizada en ejercicio de los poderes públicos (de una de sus ramas o distribuciones), por lo que no puede existir una función estatal sino cuando

---

–señala J. González Pérez–, no es parte interesada en una relación jurídica; no es sujeto de derecho que trata de realizar sus peculiares intereses con arreglo al Derecho... cuando el Estado juzga satisface las pretensiones que una parte esgrime frente a otra; incide como tercero en una relación jurídica, decidiendo la pretensión ante él deducida con arreglo al ordenamiento jurídico". *V.* en *Derecho Procesal Administrativo*, Madrid, 1966, Tomo II, p. 37.

84 *V.*, Allan R. Brewer–Carías, *Las Instituciones Fundamentales del Derecho Administrativo y la jurisprudencia Venezolana*, Caracas, 1964, pp. 105 y ss.

se realiza en ejercicio de los poderes públicos, es decir, de la potestad genérica de obrar que tiene constitucionalmente el Estado. Poder y función son, por tanto, distintos elementos en la actividad del Estado: el Poder Público o los poderes públicos como situación jurídico–constitucional, tiene su fuente en la propia Constitución y existe la posibilidad de ejercerlo desde el momento en que está establecido en ella; la función estatal, en cambio, presupone siempre el ejercicio del Poder Público por un órgano del Estado, y sólo cuando hay ejercicio concreto del Poder Público es que se realiza una función estatal.

De lo anteriormente expuesto resulta, por tanto, que a nivel de cada una de las ramas de los poderes públicos, si bien existe una diferenciación orgánica con la asignación de funciones propias a cada uno de los órganos que los ejercen, el ejercicio de las mismas por dichos órganos, en general no es exclusiva ni excluyente. En otras palabras, existen órganos legislativos nacionales, y municipales; órganos ejecutivos nacionales, regionales y municipales; órganos de control; órganos electorales; y órganos judiciales; pero las funciones normativas, política, administrativas, jurisdiccionales y de control del Estado no coinciden exactamente con alguna división o separación orgánica:

De allí que como principio general de la aplicación del principio de la separación de poderes en el régimen constitucional dominicano, puede afirmarse que la "separación de poderes" no coincide exactamente con la alguna "separación de funciones," en el sentido de que cada uno de los órganos del Estado sólo pueda ejercer una específica y única función que no pueda ejercerse por los otros órganos. Por ello, al contrario, tal como se explica a continuación, no sólo en múltiples oportunidades los órganos del Estado, además de sus "funciones propias" ejercen funciones que por su naturaleza deberían corresponder a otros órganos, sino que también en múltiples oportunidades la Constitución permite y admite la intervención o interferencia de unos órganos en las funciones propias de otros.

VIII. EL PRINCIPIO DEL CARÁCTER INTER FUNCIONAL DE LOS ACTOS ESTATALES, EN PARTICULAR, DE LOS ACTOS ADMINISTRATIVOS

De lo anteriormente dicho sobre el principio del carácter inter orgánico del ejercicio de las funciones estatales resulta, en efecto, como se ha dicho, que la separación orgánica de poderes no coincide con la distribución de funciones.

Pero, en el ordenamiento jurídico dominicano, tampoco el ejercicio de una función del Estado por determinado órgano del mismo, conduce necesariamente a la emisión de determinados actos estatales, es decir, tampoco hay coincidencia entre las funciones del Estado y los actos jurídicos que emanan de la voluntad estatal[85]. Ello conlleva a otro de los marcos constitucionales del derecho administrativo que es el del carácter inter funcional de los actos estatales.

85 La distinción entre funciones del Estado que la doctrina ha realizado, muchas veces se confunde al querer identificar un tipo de acto jurídico estatal con la función ejercida por el Estado. *V.* Agustín Gordillo, *Introducción al Derecho Administrativo*, Buenos Aires, 1966, pp. 91 y ss. Nosotros mismos hemos incurrido en esta confusión: *V.* Allan R. Brewer–Carías, *Las Instituciones Fundamentales del Derecho Administrativo y la jurisprudencia Venezolana*, Caracas, 1964, pp. 108 y ss.

En efecto, de lo expuesto anteriormente resulta que la función normativa la ejerce el Estado en República Dominicana a través de sus órganos legislativos (Congreso Nacional, Consejos de Regidores) cuando dictan leyes u ordenanzas; de sus órganos ejecutivos (Presidente de la República, Alcalde y en general órganos de la Administración Pública) cuando dictan reglamentos; o de sus órganos judiciales (Tribunales), de los órganos constitucionales de control (Cámara de Cuentas, Junta Central Electoral, Defensor del Pueblo) y de los órganos electorales (Junta Central Electoral) cuando ejercen también la potestad reglamentaria.

En cuanto a la función política, la ejerce el Estado a través de sus órganos legislativos (Congreso Nacional) y de sus órganos ejecutivos (Presidente de la República).

La función jurisdiccional la ejerce el Estado a través de sus órganos judiciales (Suprema Corte de Justicia, Tribunal Constitucional, Tribunal Superior Electoral y demás tribunales) los cuales tienen la exclusividad de la función jurisdiccional "judicial;" y mediante actos administrativos de sus órganos ejecutivos (Administración Pública, Administración Local) y de sus órganos electorales (Junta Central Electoral) cuando declaran el derecho en casos concretos y resuelven conflictos entre partes en sede administrativa.

La función de control la ejerce el Estado en República Dominicana a través de sus órganos legislativos (Congreso Nacional), de sus órganos ejecutivos (Administración Pública), de sus órganos judiciales (Tribunales), de sus órganos de control (Cámara de Cuentas, Defensor del Pueblo), y de sus órganos electorales (Junta Central Electoral).

Y la función administrativa la ejerce el Estado a través de sus órganos ejecutivos (Administración Pública), de sus órganos electorales (Junta Central Electoral), de sus órganos legislativos (Congreso Nacional, Consejo de Regidores), de sus órganos judiciales (Corte Suprema de Justicia, Tribunal Constitucional, Tribunal Superior Electoral) y de sus órganos de control (Cámara de Cuentas, Defensor del Pueblo)

Consecuencialmente, de lo anterior no puede deducirse que todo acto realizado en ejercicio de la función normativa, sea un acto legislativo; que todo acto realizado en ejercicio de la función política, sea un acto de gobierno; que todo acto realizado en ejercicio de la función jurisdiccional, sea un acto judicial; que todo acto realizado en ejercicio de la función de control sea un acto administrativo o que todo acto realizado en ejercicio de la función administrativa, sea también un acto administrativo.

Al contrario, así como los diversos órganos del Estado realizan diversas funciones, los actos cumplidos en ejercicio de las mismas no son siempre los mismos ni tienen por qué serlo.

En efecto, tal como hemos señalado, el Congreso Nacional en ejercicio del Poder Legislativo puede ejercer funciones normativas, políticas, de control y administrativas, pero los actos que emanan de la misma al ejercer dichas funciones no son, necesariamente, ni uniformes ni correlativos.

Cuando al Congreso Nacional ejerce la función normativa, es decir, crean normas jurídicas de carácter general actuando como cuerpo legislador, dicta *leyes*, pero cuando lo hace en otra forma distinta, por ejemplo, al dictar sus reglamentos internos, ello lo hace a través de *actos parlamentarios sin forma de ley*. Ambos son actos legislativos, pero de distinto valor normativo. Cuando el Congreso Nacional ejerce la función política, es decir, intervienen en la formulación de las políticas nacionales, lo hacen a través de *leyes* o a través de *actos parlamentarios sin forma de ley*. Cuando el Congreso Nacional ejerce sus funciones de control respecto del Gobierno y la Administración Pública, también dicta *actos parlamentarios sin forma de ley*. Por último, en cuanto al ejercicio de la función administrativa por el Congreso Nacional, ella puede concretarse en *leyes*, *actos parlamentarios sin forma de ley* o *actos administrativos*.

Por su parte, cuando los órganos que ejercen el Poder Ejecutivo, particularmente el Presidente de la República, realizan la función normativa, ésta se concretiza en *reglamentos (actos administrativos de efectos generales*). Pero el Presidente de la República también realiza la función política, al dictar *actos de gobierno*, que son actos dictados en ejecución directa e inmediata de la Constitución. En particular, en este caso, dichos actos de gobierno se caracterizan frente a los actos administrativos por dos elementos combinados: en primer lugar, porque el acto de gobierno sólo puede ser realizado por el Presidente de la República, como Jefe del Estado o Jefe del Gobierno; y en segundo lugar, porque se trata de actos dictados en ejecución de atribuciones establecidas directamente en la Constitución, sin posibilidad de condicionamiento legislativo, y que, por tanto, tienen el mismo rango que las leyes.

En todo caso, para distinguir el acto legislativo del acto de gobierno y del acto administrativo no sólo debe utilizarse el criterio orgánico, sino también el criterio formal: el acto de gobierno, aun cuando realizado en ejecución directa de la Constitución, está reservado al Presidente de la República, en tanto que el acto legislativo, realizado también en ejecución directa de la Constitución, en principio está reservado al Congreso Nacional. En esta forma, el criterio orgánico distingue el acto de gobierno del acto legislativo, y ambos se distinguen del acto administrativo mediante el criterio formal: tanto el acto de gobierno como el acto legislativo (el dictado por el Congreso Nacional) se realizan en ejecución directa de competencias constitucionales, en tanto que el acto administrativo siempre es de rango sublegal, es decir, sometido a la ley y realizado en ejecución de la ley, y por tanto, en ejecución mediata e indirecta de la Constitución.

Es decir, los actos de gobierno se distinguen de los actos administrativos, en que estos se realizan a todos los niveles de la Administración Pública y siempre tienen rango sublegal, es decir, se dictan por los órganos ejecutivos en ejecución de atribuciones directamente establecidas en la legislación, y sólo en ejecución indirecta y mediata de la Constitución[86]. Pero además, en los casos de ejercicio de la función jurisdiccional, de la función de control y de la función administrativa, los órganos ejecutivos dictan, por ejemplo, *actos administrativos*.

En cuanto a los órganos que ejercen el Poder judicial, cuando por ejemplo la Suprema Corte de Justicia, el Tribunal Constitucional o el Tribunal Superior Electoral ejerce la función normativa, dictan reglamentos (actos administrativos de efectos generales), cuando ejerce la función administrativa y la función de control sobre el funcionamiento de la judicatura, dictan *actos administrativos*; y cuando ejerce la función jurisdiccional ("función judicial"), dictan *actos judiciales* (*sentencias*). El acto judicial, por su parte, también se distingue del acto de gobierno y de la acto legislativo con base en los dos criterios señalados: desde el punto de vista orgánico, porque el acto judicial está reservado a los Tribunales de la República, en tanto que el acto legislativo está reservado al Congreso Nacional, y el acto de gobierno está reservada al Presidente de la República[87];

86 En este sentido es que podría decirse que la actividad administrativa se reduce a ejecución de la ley.

87 Puede decirse, entonces, que la separación orgánica de poderes tiene plena concordancia con la división orgánica de las actividades de gobierno (reservada al Presidente de la República), legislativas (reservadas al Congreso Nacional), y judiciales (reservada a los Tribunales). Por supuesto, la coincidencia de actividades específicas

y desde el punto de vista formal, porque al igual que el acto administrativo, el acto judicial es de rango sublegal, es decir, sometido a la ley y realizado en ejecución de la ley.

Por último, en cuanto a la distinción entre el acto administrativo y el acto judicial, si bien no puede utilizarse el criterio formal de su graduación en el ordenamiento jurídico ya que ambos son dictados en ejecución directa e inmediata de la legislación y en ejecución indirecta y mediata de la Constitución, sí se distinguen con base al criterio orgánico y a otro criterio formal. Desde el punto de vista orgánico, el acto judicial está reservado a los tribunales, como órganos dotados de autonomía e independencia (los órganos de la Administración Pública, en cambio son esencialmente jerarquizados), con carácter de exclusividad, ya que sólo éstos pueden dictar sentencias; y desde el punto de vista formal, la declaración de lo que es derecho en un caso concreto que realizan los órganos judiciales, se hace mediante un acto que tiene fuerza de verdad legal, que sólo las sentencias poseen.

Por su parte, cuando los órganos constitucionales que ejercen poderes públicos de control realizan la función de control, la función normativa y la función administrativa, la misma se concreta en *actos administrativos de efectos generales* (*reglamentos*) *o de efectos particulares*. Igualmente, cuando los órganos constitucionales que ejercen el poder electoral realizan la función normativa, dictan *actos administrativos de efectos generales* (*reglamentos*); y cuando realizan la función administrativa y de control, la misma se concreta en *actos administrativos*.

En esta forma, el ejercicio de la función normativa se puede manifestar, variablemente, a través de leyes, actos parlamentarios sin forma de ley, y reglamentos (actos administrativos de efectos generales); el ejercicio de la función política, a través de actos de gobierno, leyes y actos parlamentarios sin forma de ley; el ejercicio de la función jurisdiccional, a través de actos parlamentarios sin forma de ley, actos administrativos y sentencias; el ejercicio de la función de control, a través de leyes, actos parlamentarios sin forma de ley, actos administrativos y sentencias; y el ejercicio de la función administrativa, a través de leyes, actos parlamentarios sin forma de ley y actos administrativos.

En sentido inverso, puede decirse que las leyes sólo emanan del Congreso Nacional actuando no sólo en ejercicio de la función normativa, sino de la función política, de la función de control y de la función administrativa; que los actos de gobierno emanan del Presidente de la República, actuando en ejercicio de la función política; que los actos parlamentarios sin forma de ley sólo emanan del Congreso Nacional, actuando en ejercicio de las funciones normativas, política, de control y administrativa; y que los actos judiciales (sentencias) sólo emanan de los tribunales, actuando en ejercicio de la función jurisdiccional. En todos estos casos, el tipo de acto se dicta exclusivamente por un órgano estatal, pero en ejercicio de variadas funciones estatales. Lo privativo y exclusivo de los órganos estatales en esos casos, no es el ejercicio de una determinada función, sino la posibilidad de dictar determinados actos: las leyes y los actos parlamentarios sin forma de ley por el Congreso Nacional; los actos de gobierno por el Presidente de la República; y los actos judiciales (sentencias) por los tribunales.

En cuanto a los actos administrativos, éstos pueden emanar del Congreso Nacional, actuando en función administrativa y en función de control; de los tribunales, actuando en función normativa, en función de control y en función administrativa; de los órganos

con órganos estatales determinados concluye allí, pues la actividad administrativa, al contrario, no está reservada a ningún órgano estatal específico, sino que se realiza por todos ellos.

que ejercen el Poder Ejecutivo (Administración Pública) cuando actúan en función normativa, en función jurisdiccional, en función de control y en función administrativa; de los órganos constitucionales de control o electorales actuando en función normativa, en función de control y en función administrativa.

Los actos administrativos en esta forma, y contrariamente a lo que sucede con las leyes, con los actos parlamentarios sin forma de ley, con los actos de gobierno y con las sentencias judiciales, no están reservados a determinados órganos del Estado, sino que pueden ser dictados por todos ellos y no sólo en ejercicio de la función administrativa.

IX. EL PRINCIPIO DE LA UNIVERSALIDAD CONTROL DE LA ACTIVIDAD ESTATAL: EL CONTROL DE CONSTITUCIONALIDAD POR LA JURISDICCIÓN CONSTITUCIONAL Y EL CONTROL DE CONTRARIEDAD AL DERECHO POR LA JURISDICCIÓN CONTENCIOSO ADMINISTRATIVO

La consecuencia de los principios de supremacía constitucional, de formación del derecho por grados y de legalidad es que todos los actos estatales están sometidos a control judicial, por lo que en el ordenamiento jurídico dominicano puede decirse que no hay actos estatales excluidos de control judicial. De allí que dentro del marco constitucional del derecho administrativo también se identifique el principio de la universalidad del control de los actos estatales por parte de los órganos del Poder Judicial.

Por ello, dejando aparte el control judicial que se ejerce sobre los actos judiciales (sistemas procesales de apelación, revisión y casación (art. 154, Constitución), los demás actos estatales están sujetos al control judicial por parte de los jueces competentes para ejercer tanto la justicia constitucional como la justicia contencioso administrativa.

1. El control de la constitucionalidad a cargo del Tribunal Constitucional (Jurisdicción Constitucional)

En cuanto al sistema de justicia constitucional, en República Dominicana el mismo tiene por objeto asegurar la supremacía normativa de la Constitución, la defensa del orden constitucional y la protección de los derechos fundamentales, y está concebido como un sistema mixto, en el cual el control difuso de la constitucionalidad está atribuido a todos los tribunales de la República con competencia para declarar los actos estatales normativos inconstitucionales e inaplicarlos en los casos concretos que decidan (art. 188); el control concentrado de constitucionalidad está atribuido al Tribunal Constitucional con competencia para anular actos estatales violatorios de la Constitución, (leyes, decretos, reglamentos, resoluciones y ordenanzas) con poderes anulatorios y efectos *erga omnes.* (art. 184); y la protección de los derechos fundamentales está atribuida mediante las acciones de amparo, habeas corpus y habeas data, todos los tribunales de la República (art. 70–72), cuyo objeto específico es asegurar la vigencia de la parte dogmática de la Constitución, es decir, de los derechos fundamentales declarados en el texto constitucional, y en el caso de la República Dominicana, también los declarados en los tratados internacionales de derechos humanos a los que se da rango constitucional (art. 74,3).

Ahora bien, en cuanto al método difuso de control de constitucionalidad, como poder atribuido a todos los jueces para poder decidir sobre la inconstitucionalidad de una ley o norma que deba aplicarse en un caso concreto, desaplicándola y aplicando preferentemente la Constitución (art. 188), responde al principio de la garantía objetiva de la supremacía de la Constitución. Conforme a este principio, todo acto contrario a la Constitución debe considerarse inconstitucional; y todos los jueces tienen el poder–deber de apreciar dicha inconstitucionalidad. Ello es la consecuencia lógica cuando se habla de la Constitución como "norma suprema y fundamento de todo el ordenamiento jurídico" (art. 6). Este método difuso de control de la constitucionalidad, en todo caso, se caracteriza por ser de carácter incidental, en el sentido de que se ejerce por el juez al decidirse un caso concreto, como poder que incluso en algunos países, puede ejercer cualquier juez, incluso de oficio. En la República Dominicana la Constitución habla de excepción de constitucionalidad (art. 188) que el juez debe decidir, con efectos *inter partes* y meramente declarativos. El juez, en estos casos, nunca anula la ley, sólo la considera nula, por lo que la decisión tiene efectos *ex tunc, pro praeterito.*

La eventual falta de uniformidad que pueda resultar del ejercicio del control difuso de constitucionalidad, se resuelve en la Constitución al atribuirse al Tribunal Constitucional competencia en paralelo para ejercer el método concentrado de control de constitucionalidad de los actos estatales (leyes, decretos, reglamentos, resoluciones y ordenanzas), se entiende de las leyes y demás actos estatales de ejecución directa de la Constitución, para adoptar sus decisiones del carácter vinculante, es decir, considerando que "constituyen precedentes vinculantes para los poderes públicos y todos los órganos del Estado "(art. 184).

En cuanto a este control concentrado de la constitucionalidad, fundamentalmente dirigido para asegurar frente a los actos estatales no sólo la efectiva vigencia de la parte dogmática sino básicamente de la parte orgánica de la Constitución construida sobre la base de los principios de la separación orgánica de los poderes públicos y de su distribución territorial. Precisamente para ello, a los efectos de velar por el respeto del principio de la separación de poderes, en República Dominicana el Tribunal Constitucional, además de la competencia para anular actos estatales, tiene competencia para resolver los "conflictos de competencia" entre los poderes públicos (art. 185,3), básicamente, entre los poderes Legislativo y Ejecutivo y, además, respecto de los otros órganos constitucionales con autonomía funcional, de manera que todos actúen conforme a los poderes atribuidos en la Constitución, sancionando toda usurpación, por inconstitucionalidad. Además, corresponde al Tribunal Constitucional, mantener el principio de la distribución territorial del poder que establece la Constitución conforme al esquema de descentralización política adoptado, haciendo respetar la autonomía de las entidades municipales que están constitucionalmente establecidas. En el caso de los Municipios que en República Dominicana se dotan de autonomía (art. 199), los conflictos de competencia de rango constitucional también caerían bajo la competencia del Tribunal Constitucional.

Por último, también podría formar parte del objeto del control judicial de la constitucionalidad el velar por el mantenimiento del régimen político democrático, de manera de asegurar que no se rompa; sancionando cualquier actuación que sea contraria a los valores de la democracia que establece la Constitución; por ejemplo, cuando la Constitución dispone que la actuación de los partidos debe realizarse "con sujeción a los principios establecidos en esta Constitución (art. 216).

El método concentrado de control de constitucionalidad, a diferencia del método difuso, se ejerce en un proceso que se desarrolla ante el Tribunal Constitucional en el cual su objeto principal es, precisamente, la decisión sobre la inconstitucionalidad de un acto estatal (leyes, decretos, reglamentos, resoluciones y ordenanzas), la cual cuando declara con lugar la acción respectiva, consiste en una decisión anulatoria del mismo, con efectos generales, *erga omnes*, y en general *ex nunc*, es decir *pro futuro* teniendo la decisión en consecuencia, carácter constitutivo. Este control está concebido en la Constitución en general como un control posterior, respecto de actos estatales vigentes, aún cuando se regula también como control previo respecto de" los tratados internacionales antes de su ratificación por el órgano legislativo" (art. 185,2).

Ahora bien, en el marco de este panorama, puede decirse que en República Dominicana, la justicia constitucional no se concentra en un solo órgano judicial como el Tribunal Constitucional y que conforma la Jurisdicción Constitucional. Se distinguen así, las nociones de "justicia constitucional" y de "Jurisdicción Constitucional," de manera que esta última como noción orgánica, identifica un órgano judicial que ejerce el control concentrado de la constitucionalidad de las leyes y demás actos estatales generalmente de ejecución inmediata de la Constitución, con poderes anulatorios de las mismas; pero el cual no tiene el monopolio de la "justicia constitucional." Por ello, la noción de "justicia constitucional," como noción material equiparable a "control de constitucionalidad," se ejerce además de por la Jurisdicción Constitucional por todos los jueces u órganos jurisdiccionales mediante el método difuso de control de constitucionalidad. Por ello, en la Constitución, además de crearse el Tribunal Constitucional como "Jurisdicción Constitucional," se regulan las competencias en materia de justicia constitucional que ejercen los demás tribunales cuando conocen de las acciones de hábeas corpus, amparo o hábeas data, o cuando ejercen el método de control difuso de la constitucionalidad de las leyes.[88]

2. El control de la contrariedad al derecho de los actos administrativos (Jurisdicción contencioso administrativa)

Pero en paralelo al sistema de de justicia constitucional, en la Constitución de la República Dominicana para asegurar la sumisión y conformidad al derecho de los reglamentos y demás actos administrativos, conforme al principio de la legalidad que deriva del Estado de Derecho, también se ha previsto la garantía judicial específica a cargo de los tribunales de la Jurisdicción contencioso–administrativa, es decir, del conjunto de órganos judiciales encargados de controlar la legalidad y la legitimidad de las actuaciones de la Administración, tanto por sus actos, omisiones y en general la actividad administrativa, como por las relaciones jurídico–administrativas en las cuales aquélla inter-

88 *V.* en general Allan R. Brewer–carías, "El sistema de justicia constitucional en la República Dominicana y el proyecto de Ley Orgánica del Tribunal Constitucional y de los Procedimientos Constitucionales (2011), en *VII Encuentro Iberoamericano de derecho procesal Constitucional,* Comisionado de Apoyo a la Reforma y Modernización de la Justicia, Instituto Iberoamericano de Derecho procesal Constitucional, Santo Domingo 2011, Tomo I, pp. 285–330; "El sistema de justicia constitucional en la República Dominicana y el proyecto de Ley Orgánica del Tribunal Constitucional y de los Procedimientos Constitucionales (marzo, 2011), *Revista de Derecho Público*, N° 125, (enero–marzo 2011), Editorial Jurídica Venezolana, Caracas 2011, pp. 71–97

venga[89]. La norma fundamental que constitucionaliza esta jurisdicción en República Dominicana está contenida en el artículo 165.2 de la Constitución, que atribuye a los tribunales de la misma competencia para:

> "Conocer de los recursos contenciosos contra los actos, actuaciones y disposiciones de autoridades administrativas contrarias al Derecho como consecuencia de las relaciones entre la Administración del Estado y los particulares…(..)"

Ahora bien, el establecimiento paralelo de un sistema de control judicial de conformidad con el derecho de los actos estatales, atribuido en la República Dominicana por una parte a la Jurisdicción Constitucional, para el control de constitucionalidad, y una Jurisdicción Contencioso Administrativa, para el control de conformidad con el derecho, impone la realización de una tarea inicial fundamental consistente en establecer una clara distinción entre ambas Jurisdicciones, la cual en el caso de la República Dominicana como es en general en el derecho comparado, se ha establecido en la Constitución en relación con los actos impugnados y no con los motivos de impugnación, en el sentido de que la Jurisdicción Constitucional no es la única que controla la constitucionalidad de los actos estatales pues la Jurisdicción Contencioso Administrativa también controla la constitucionalidad de los actos estatales. En ambos casos, los tribunales actúan como juez constitucional, y lo que las diferencia es el objeto del control, es decir, los actos sometidos a control en una y otra.

Para ello, resultan fundamentales las previsiones de la Constitución. En cuanto a la jurisdicción contencioso administrativa, la competencia de los tribunales de la misma es para conocer de la impugnación de los actos administrativos, o como lo dice el artículo 165.2 de la Constitución, de "los actos, actuaciones y disposiciones de autoridades administrativas contrarias al Derecho como consecuencia de las relaciones entre la Administración del Estado y los particulares;" y por "contrariedad al derecho" ha de entenderse tanto por vicios de inconstitucionalidad como por vicios de legalidad propiamente dicha. Por supuesto, la clave de esta norma está en determinar primero, que los actos administrativos normativos, como los reglamentos, son actos administrativos; y además, segundo, que no hay actos administrativos que estén excluidos del control contencioso administrativo. El control de la conformidad al derecho por la Jurisdicción contencioso administrativa, por tanto, se refiere a los actos administrativos, cualquiera que sea la "forma" jurídica que revistan y el órgano estatal que los dicte, incluidos en ellos decretos, reglamentos y resoluciones, siempre que sean de carácter sublegal.

En cuanto a la Jurisdicción Constitucional, la competencia del Tribunal Constitucional es para conocer de las "acciones directas de inconstitucionalidad contra las leyes, decretos, reglamentos, resoluciones y ordenanzas," tal como lo establece el artículo 185,2 de la Constitución, lo cual, sólo se refiere a aquellos que sean de ejecución directa e inmediata de la Constitución, y por tanto además de las leyes, los otros de rango legal. El objeto del control en este caso, por el Tribunal Constitucional, y por motivos de inconstitucionalidad, no puede ser de todos los "decretos, reglamentos, resoluciones y ordenanzas" aún cuando sean actos administrativos, pues ello dejaría sin buena parte de su competencia a la Jurisdicción Contencioso Administrativa, e implicaría reducir "contrariedad al derecho" a lo contrario a la ley o a la legalidad, lo que no se ajustaría a la Constitución.

---

89 Allan R. Brewer–Carías, *Las Instituciones Fundamentales del Derecho Administrativo y la Jurisprudencia Venezolana.* Publicaciones de la Facultad de Derecho, Universidad Central de Venezuela, Caracas, 1964, pp. 295 y ss.

Sin duda, será la jurisprudencia tanto del Tribunal Constitucional como de los tribunales de la Jurisdicción Contencioso Administrativa la que irá determinando cuáles "decretos, reglamentos, resoluciones," son actos administrativos y por tanto sujetos al control de la Jurisdicción contencioso administrativa; y cuáles otros "decretos, reglamentos, resoluciones" no son actos administrativos y por tanto, sujetos al control de la Jurisdicción constitucional; y la clave para ello no es otra que la interpretación del sistema jurídico conforme a la doctrina de la creación del derecho por grados antes comentado, de manera que llámense como se llamen los actos estatales, estarán sometidos al control de la Jurisdicción Constitucional, las leyes nacionales y las ordenanzas municipales, y todos los demás actos estatales, llámense "decretos, reglamentos o resoluciones," siempre que los mismos sean dictados en ejecución directa e inmediata de la Constitución. Del resto, los otros actos estatales, llámense igualmente "decretos, reglamentos o resoluciones," serían actos administrativos dictados en ejecución directa de la legislación (e indirecta de la Constitución) y por tanto sometidos al control de la Jurisdicción contencioso administrativa.

En todo caso, y por lo que respecta al artículo 165.2 de la Constitución de la República Dominicana, y su efecto inmediato, que ha sido la constitucionalización de la jurisdicción contencioso–administrativa, radica en los siguientes cuatro aspectos:[90]

En *primer* lugar, en la *universalidad del control* que la Constitución regula respecto de los actos administrativos, es decir, de los "los actos, actuaciones y disposiciones de autoridades administrativas contrarias al Derecho como consecuencia de las relaciones entre la Administración del Estado y los particulares," en el sentido, de que todos, absolutamente todos los actos administrativos pueden ser sometidos a control judicial por los órganos de la jurisdicción contencioso–administrativa, por contrariedad al derecho, es decir, sea cual sea el motivo de la misma: inconstitucionalidad o ilegalidad en sentido estricto. La Constitución no admite excepciones, y "contrarios a derecho" es una enunciación general que precisamente evita enumeraciones que podrían ser peligrosas al dejar fuera de control algunos actos administrativos.

Por tanto, la intención de la norma del artículo 165.2 fue la de que a todos los actos administrativos, por cualquier motivo de impugnación que fuese, por contrariedad al derecho, pueden ser controlados por los Tribunales que conforman la Jurisdicción contencioso–administrativa. Ello, por supuesto, trae una consecuencia fundamental: cualquier exclusión de control respecto de actos administrativos específicos sería inconstitucional, sea que dicha exclusión se haga por vía de ley o por las propias decisiones de los Tribunales

A los efectos de asegurar la universalidad del control contencioso administrativo, que es una característica del tema en el derecho comparado, han sido los propios órganos de la jurisdicción contencioso administrativa los que han venido ampliando el concepto de acto administrativo, a los efectos de asegurar que todo acto administrativo pueda ser objeto de control judicial, de manera que no haya actos administrativos que queden excluidos de control. Es la tendencia a la universalidad del control que hemos destacado en otro lugar,[91] lo que ha permitido, como hemos señalado, someter a control de legali-

90. Allan R. Brewer–Carías, *Nuevas Tendencias en el Contencioso Administrativo en Venezuela*, Caracas, 1993.

91 *V.* Allan R. Brewer Carías, "La universalidad del control contencioso administrativo" en *Libro de la Amistad en Homenaje a Enrique Pérez Olivares,* Caracas 1992, pp. 203–226; y en *Nuevas Tendencias en el Contencioso Administrativo en Venezuela,* Caracas, 1993, pp. 19 y ss.

dad y constitucionalidad a los actos administrativos dictados por las Administraciones Públicas en función normativa y jurisdiccional, así como los actos administrativos dictados por otros órganos del Estado distintos a la Administración Pública, y por entes de derecho privado o de derecho público no estatales, y por particulares dictados en función normativa o administrativa.[92]

En *segundo* lugar y como consecuencia de esta tendencia hacia la universalidad del control, está el elenco de *recursos y acciones* puestos a disposición de los particulares para acceder a la justicia contencioso administrativa que, por supuesto, además del recurso de nulidad contra los actos administrativos de efectos generales o de efectos particulares, o contra los actos administrativos generales o individuales, con o sin pretensión de amparo constitucional, comprende el recurso por abstención o negativa de los funcionarios públicos a actuar conforme a las obligaciones legales que tienen; el conjunto de demandas contra los entes públicos; y las acciones para resolver los conflictos entre autoridades administrativas del Estado.

Pero en *tercer l*ugar, la importancia de la constitucionalización de la jurisdicción contencioso–administrativa, es decir, del control judicial de constitucionalidad y legalidad de todos los actos administrativos, está en que no sólo la norma constitucional del artículo 165.2 persigue una asignación de competencias a unos órganos judiciales, sino en que consagra un *derecho fundamental del ciudadano a la tutela judicial efectiva frente a la Administración*, en el sentido de lo establecido en el artículo 69 de la propia Constitución. En esta forma, la jurisdicción contencioso administrativa se configura constitucionalmente como un instrumento procesal de protección de los administrados frente a la Administración, y no como un mecanismo de protección de la Administración frente a los particulares. De allí la ratificación del principio de la universalidad del control, en el sentido de que tratándose de un derecho constitucional al mismo, no podría el Legislador excluir de control a determinados actos administrativos. Por otra parte, tratándose de un derecho fundamental al control, en la relación privilegios estatales–libertad ciudadana, esta última debe prevalecer.

Además, en *cuarto* lugar, la forma como están concebidas constitucionalmente la universalidad de control y el derecho ciudadano a la tutela judicial frente a la Administración, implica la asignación al juez contencioso–administrativo de *amplísimos* poderes de tutela, no sólo de la legalidad objetiva que debe siempre ser respetada por la Administración, sino de las diversas situaciones jurídicas subjetivas que pueden tener los particulares en relación a la Administración. Por ello, el juez contencioso–administrativo tiene competencia no sólo para anular los actos administrativos contrarios a derecho, sino para resolver "las acciones contencioso administrativas que nazcan de los conflictos surgidos entre la Administración Pública y sus funcionarios y empleados civiles" (art. 165.3); lo que le permite condenar a la Administración o a los funcionarios al pago de sumas de dinero y a la reparación de daños y perjuicios originados en responsabilidad de los mismos, y además, para disponer lo necesario para el restablecimiento de las situaciones jurídicas subjetivas lesionadas por la autoridad administrativa.

---

92 *V.* Allan R. Brewer Carías, *Nuevas Tendencias en el Contencioso Administrativo en Venezuela, cit.*, pp. 25 y ss.

X. EL PRINCIPIO DE LA RESPONSABILIDAD DEL ESTADO Y DE LOS FUNCIONARIOS PÚBLICOS.

El marco constitucional de la responsabilidad administrativa, tanto del Estado como de los funcionarios públicos está previsto en el artículo 148 de la Constitución, conforme al cual "las personas jurídicas de derecho público y sus funcionarios o agentes serán responsables, conjunta y solidariamente, de conformidad con la ley, por los daños y perjuicios ocasionados a las personas físicas o jurídicas por una actuación u omisión administrativa antijurídica."

En efecto, la realización de las actividades estatales como resultado del ejercicio de competencias por los titulares de los órganos que ejercen los poderes públicos, como toda actividad en el mundo del derecho, puede producir daños a los administrados, particularmente como resultado del ejercicio ilícito (antijurídico) de los poderes públicos. Si estos daños se producen, tanto los titulares de los órganos del Estado (los funcionarios públicos), como las personas jurídicas estatales deben responder por los mismos en forma conjunta y solidaria.

En consecuencia, la responsabilidad de los funcionarios cuando en ejercicio de los poderes públicos causen daños, puede originarse por abuso de poder, es decir, por el llamado vicio en la causa de los actos estatales (falso supuesto, por ejemplo); por desviación de poder, que es el vicio en la finalidad del acto estatal, al utilizarse el poder conferido para perseguir fines distintos a los establecidos en la norma atributiva de competencia; y en general, por violación de la Constitución o de la Ley, es decir, en general, por contrariedad al derecho.[93] Debe indicarse, por otra parte, que la Constitución, reafirmado la responsabilidad de los funcionarios, en particular respecto de los jueces (art. 151.2), que puede ser, por ejemplo, por los daños causados a los ciudadanos en el ejercicio de sus funciones, por ejemplo, por retardo o error judicial.

Pero además de haber establecido la responsabilidad individual de los funcionarios, la Constitución prevé expresamente el principio de la responsabilidad patrimonial del Estado, en particular, de las "personas jurídicas de derecho público" por los daños y perjuicios ocasionados a las personas físicas o jurídicas por una actuación u omisión administrativa antijurídica, es decir, de las personas jurídicas estatales que resultan de la distribución vertical de los poderes públicos (Estado, Administración Local: Distrito Nacional, municipios y distritos municipales) (artículo 199), y las personas jurídicas de derecho público no territoriales como los "organismos autónomos y descentralizados" (art. 141) y las que así regula directamente la Constitución, como el Banco Central de la República (art. 222), la Junta Central Electoral (art. 212) y la Cámara de Cuentas (art. 248),

En la Constitución, en todo caso, sólo se regula la responsabilidad administrativa conjunta y solidaria entre el funcionario y el Estado respecto de los daños y perjuicios que se causen con ocasión de la actuación o la omisión administrativas "antijurídicas" (art. 148) lo que implica que el funcionamiento de la Administración Pública para generar responsabilidad conjunta y solidaria del funcionario y del Estado, debe ser un "funcionamiento anormal" contrario a la ley. Ello no excluye, por supuesto, la responsabilidad

---

93 *V.* Allan R. Brewer Carías, "La responsabilidad administrativa de los funcionarios públicos", en Allan R. Brewer–Carías y otros, *Ley Orgánica de Salvaguarda del Patrimonio Público,* Colección Textos Legislativos, N° 2, Editorial Jurídica Venezolana, Caracas 1983, pp. 7–77.

civil del Estado que pueda derivarse de daños y perjuicios que se causen a los particulares por actuaciones lícitas de los funcionarios, es decir, sin su culpa o falta. La Constitución, en definitiva, sólo reguló un supuesto de responsabilidad subjetiva (solidaria y conjunta del funcionario y del Estado) por actuaciones "antijurídicas" de los funcionarios, lo que no excluye que un perjuicio singular o individualizado ocasionado con motivo de una actividad administrativa lícita también pueda generar responsabilidad del Estado, fundado en el principio constitucional de igualdad ante las cargas públicas.

LIBRO TERCERO:

SOBRE LOS PRINCIPIOS FUNDAMENTALES DEL DERECHO ADMINISTRATIVO

Este Libro Tercero está conformado por tres estudios publicados con varias décadas de diferencia entre uno y otro: en primer lugar, el Título I del libro *Las Instituciones Fundamentales del Derecho Administrativo y la Jurisprudencia Venezolana,* Universidad Central de Venezuela, Caracas 1964, que fue mi Tesis Doctoral; en segundo lugar, el estudio sobre "Comentarios sobre los principios generales de la Ley General de la Administración Pública de Costa Rica," publicado en la *Revista del Seminario Internacional de Derecho Administrativo*, Colegio de Abogados de Costa Rica, San José 1981, pp. 31–57; y en tercer lugar, el libro *Principios Fundamentals del derecho Público*, Editorial Jurídica Venezolana, Caracas 2005.

Sección Primera: EL PRINCIPIO DE LEGALIDAD ADMINISTRATIVA (1964)

Este trabajo es el Título I sobre el "Principio de Legalidad Administrativa" del libro *Las Instituciones Fundamentales del Derecho Administrativo y la Jurisprudencia Venezolana*, Colección Tesis de Doctorado, Vol. IV, Facultad de Derecho, Universidad Central de Venezuela, Caracas 1964, pp. 23–93, que fue mi Tesis doctoral en Derecho de la Universidad Central de Venezuela, escrita en Paris entre septiembre de 1962 hasta junio de 1963, mientras cursaba los Cursos del Tercer Ciclo de Derecho Administrativo en la vieja Facultad de Derecho de la Universidad de Paris, en la Place du Panthéon, que estuvieron a cargo de los profesores Marcel Waline, René Charlier y Charles Eisenman, el último de los cuales, a su vez, había sido alumno de Hans Kelsen.

Durante mis dos últimos años de la carrera de derecho, había tenido la oportunidad de recopilar y estudiar la jurisprudencia de la antigua Corte Federal y luego de la Corte Suprema de Justicia en materia de derecho constitucional y de derecho administrativo, la cual, para la época, era completamente desconocida. El Instituto de Codificación y Jurisprudencia del Ministerio de Justicia estudiaba con acierto y regularidad la jurisprudencia civil y mercantil, y nada mas. Mi trabajo e investigación jurisprudencial sobre temas de derecho público resultó ser una fuente única de conocimientos jurídicos que abarcaba un período de doce años desde 1950 hasta 1962. Cuando viajé a Francia ese último año a seguir los cursos de postgrado de derecho administrativo en la Universidad de Paris, con beca de la Universidad Central de Venezuela y del Gobierno francés, llevé conmigo, además de mi familia, un buen baúl con todas las fichas de jurisprudencia, con las cuales pude trabajar mi tesis, con la cual en definitiva lo que demostraba fue que sí se podía hablar en Venezuela de un derecho administrativo, basado en la jurisprudencia del Tribunal Supremo que resultó de una riqueza inusitada.

En la presentación del libro de la Tesis, de 1964, expresé lo siguiente:

"Ciertamente, no era yo el llamado a escribir por primera vez en Venezuela sobre la Teoría General del Derecho Administrativo *venezolano actual.* Sin embargo, cuando se cree tener responsabilidades, la conciencia exige la asunción de ellas, y más, cuando tengo el convencimiento de que, como ha señalado Jesús González Pérez, "el hecho de que, en buen número de casos, no se haya logrado alcanzar un auténtico saber científico del Derecho, no es una imposición de la realidad investigada, no es que ésta se rebele a un conocimiento científico, sino una falla de sus investigadores, que no han logrado alcanzar aquel plano del saber que constituye la Ciencia".

Hasta tal punto esta falla existe, que algunas veces se ha dudado de las propias bases fundamentales del Derecho Administrativo en el ordenamiento jurídico venezolano, y de la posibilidad real de la sumisión de la Administración a la Legalidad. Al contrario, con este estudio pretendo demostrar que sí puede hablarse en Venezuela, con propiedad, de la existencia de un Derecho Administrativo y, por tanto, que podemos calificar a nuestro sistema como de Régimen Administrativo. La Administración, en nuestro sistema jurídico, está sometida a la Ley, y por ello es responsable ante los administrados por su actuación ilegítima.

En los momentos en que concluyo este estudio, llegan a mí poder los Proyectos de Ley Orgánica de la Hacienda Pública Nacional con una remarcable sección sobre Contratación Administrativa, y de Ley de Procedimientos Administrativos reguladora de la Jurisdicción Contencioso–Administrativa, ambos elaborados en el seno de la Comisión de Administración Pública. La lectura de estos Proyectos me ha producido satisfacción. He comprendido el esfuerzo de los proyectistas para interpretar en lo fundamental, la realidad y las necesidades jurídicas del país, incluyendo en su trabajo normas ya desenvueltas por la jurisprudencia y legislación nacional, o amoldando a nuestra realidad disposiciones estudiadas o contenidas en la doctrina y legislación extranjeras.

Es mi deseo de que este estudio contribuya al esclarecimiento o modificación de muchas de las normas de dichos Proyectos, ya porque sean verdaderas innovaciones respecto a la doctrina tradicional de nuestra jurisprudencia, ya porque sean continuación o desconocimiento de dicha doctrina.

Es mi intención, por otra parte, ayudar, en la medida de mis posibilidades, al estudiante de nuestras Facultades de Derecho y a los profesionales preocupados, en la iniciación al estudio o en el estudio de la Teoría General del Derecho Administrativo venezolano. Es quizás nuestra disciplina jurídica la menos

afortunada en cuanto a estudios doctrinales se refiere, excepción hecha de la obra de nuestro primer y único tratadista, J. M. Hernández Ron*. Pretendo, por tanto, con este estudio, comenzar a llenar el vacío hasta ahora existente.

Este trabajo está dividido en cinco Títulos que corresponden a cada una de las cinco Instituciones Fundamentales del Derecho Administrativo en Venezuela, que he escogido: El Principio de la Legalidad Administrativa, La Teoría de los Actos Administrativos, La Teoría de los Contratos Administrativos, Los Recursos Administrativos y la Jurisdicción Contencioso–Administrativa.

El estudio está realizado fundamentalmente a la luz de las soluciones jurisprudenciales de la antigua Corte Federal y de Casación, de la antigua Corte Federal y de la actual Corte Suprema de Justicia, en materia administrativa. La jurisprudencia estudiada cubre un fecundo período de doce años, correspondientes al lapso 1950–1962, que tuve oportunidad de recopilar cuando colaboré con el Instituto de Codificación y Jurisprudencia del Ministerio de Justicia y cuando trabajaba como Auxiliar de Investigación en el Instituto de Derecho Público. He hecho, sin embargo, y en la medida en que mí fichero me lo permitió, algunas citas y referencias respecto a la jurisprudencia correspondiente al período 1936–1949.

He procurado citar toda la información bibliográfica actualmente a mi alcance, para la orientación del lector en cada punto concreto. Con el mismo carácter informativo he elaborado una lista de las obras de carácter general más relevantes en la doctrina contemporánea, sobre Derecho Administrativo, que se encuentra al final de la obra.

Esté seguro el lector, en todo caso, que las observaciones que pueda formular respecto a la interpretación que haya dado a una decisión jurisprudencial o a una norma, serán debidas a mi inmadurez en la investigación jurídica y no a negligencia en el quehacer. Sin embargo, ojalá que las críticas que a esta tesis se hagan sean realizadas por escrito. De la divergencia surgirá la síntesis para el progreso de la disciplina.

No puedo concluir esta Nota Introductiva sin manifestar mi sincero y profundo agradecimiento a todas aquellas personas e instituciones de quienes, en una forma u otra, he recibido colaboración para la realización de este trabajo. Y entre ellas especialmente al Consejo de Desarrollo Científico y Humanístico de la Universidad Central de Venezuela, al Instituto de Derecho Público de la Facultad de Derecho de la Universidad Central de Venezuela, a la Consultoría Jurídica y al Instituto de Codificación y Jurisprudencia del Ministerio de Justicia, a la Embajada de Venezuela en París y al Centre National des Oeuvres Universitaires et Scolaires de Francia.

Asimismo, deseo dejar constancia de mi profunda gratitud a todos mis profesores de la Facultad de Derecho de la Universidad Central de Venezuela, a quienes debo mi formación jurídica, y muy especialmente a mis profesores de Derecho Administrativo, Gonzalo Pérez Luciani y Tomás Polanco, al profesor Antonio Moles Caubet, bajo cuya dirección me inicié en el estudio del Derecho Administrativo en Venezuela, y a los profesores Florencio Contreras Quintero,

* Concluido este trabajo apareció en junio de 1963 el *Manual de Derecho Administrativo* del profesor Eloy Lares Martínez, editado en Caracas por la Imprenta universitaria.

Arístides Calvani, Gustavo Planchart Manrique, Emilio Pittier Sucre, Gert Kummerow, Enrique Pérez Olivares, Arminio Borjas h. y Joaquín Sánchez–Covisa, de quienes aprendí, a lo largo de mis estudios de Derecho, la virtud del método en la disciplina jurídica.

Asimismo, deseo dejar constancia de mi agradecimiento a mis profesores del Doctorado de la Facultad de Derecho y Ciencias Económicas de la Universidad de París, Marcel Waline, Charles Eisenman y Charlier, e igualmente al Asistente Yves Lenior, quienes me guiaron como nadie en la iniciación al estudio del sistema administrativo francés.

Debo indicar, por último, que, sin la ayuda de Dios y la constante comprensión y estímulo de mi querida y amada esposa, no hubiese podido redactar este trabajo durante nuestra estada en esta maravillosa ciudad. París, mayo de 1963."

A continuación, entonces El Título Primero de dicho libro *Las Instituciones Fundamentales del Derecho Administrativo y la Jurisprudencia Venezolana* sobre el Principio de la legalidad administrativa.*

I. NOCIÓN DE LEGALIDAD

1. El Principio de Legalidad es el signo común y quizás más característico y patente de los sistemas jurídicos contemporáneos.

La noción misma de Estado de Derecho que domina el funcionamiento y la actividad del Estado moderno implica la noción de legalidad. Y así, históricamente, desde que el Estado dejó de ser Estado–Policía para devenir en Estado de Derecho, el principio base de su actuación es el Principio de la Legalidad. Pero legalidad, en el sentido etimológico de la palabra, es lo que está conforme con la Ley. Sin embargo, en esta noción, Ley debe ser entendida en un sentido amplio y como sinónimo de Derecho.

* Las abreviaturas utilizadas para la cita de jurisprudencia en esta obra fueron las siguientes: CF: Corte Federal; CFC: Corte Federal y de Casación; CP: Corte Plena; SF: Sala Federal; CSJ: Corte Suprema de Justicia; SPA: Sala Político–Administrativa; CP: Corte Plena. Para las Revistas se utilizaron las siguientes abreviaturas: AJ: *Actualité Juridique*, París; CL: *Compilación Legislativa de Venezuela*; Dalloz Crónicas: *Recueil Dalloz Hebdomadaire,* Chroniques, Paris; EDCE: *Etudes et Documents, Conseil d'Etat*, Paris; FA: *Foro Administrativo*; FI: *Foro Italiano*; GI: *Giurisprudenza Italiana*; JISR 1961: *Jurisprudencia de Impuesto sobre la Renta, Administración General del Impuesto sobre la Renta, Servicio de Publicaciones*, Gráfica Americana, Caracas, junio 1961; JP: *Jurisclasseur Périodique o Semaine Juridique*, Paris; Proyecto LOHPN 1963: Proyecto de la Ley Orgánica de la Hacienda Pública Nacional, Comisión de Administración Pública, Caracas, abril 1963; Proyecto LPA 1963: Proyecto de Ley de Procedimientos Administrativos, Comisión de Administración Pública, Caracas, mayo de 1963; RA: *Revue Administrative*, París; *RAP*: *Revista de Administración Pública*, Madrid; RCADF: *Revista del Colegio de Abogados del Distrito Federal*, Caracas; RDP: *Revue de Droit Public et de Science Politique*, Paris; Resumen CFC en SPA 1956–1939: *Resumen de las decisiones de la Corte Federal y de Casación en Sala Política y Administrativa*, Ministerio de Relaciones Interiores, Tipografía La Nación, Caracas, 1941; Resumen CFC en SPA 1940–1951: *Resumen de las decisiones de la Corte Federal y de Casación en Sala Política y Administrativa (1940–1951)*, Ministerio de Relaciones Interiores, Imprenta Nacional, Caracas, 1954; RIDC: *Revue Internationale de Droit Comparé*, París; RISA: *Revue Internationale des Sciences Administratives*, Bruselas; Riv. dir. pub.: *Rivista di diritto pubblico*; RMJ: *Revista del Ministerio de Justicia*, Caracas; Sirey Crónicas: *Recueil Sirey*, Chroniques, Paris.

Entonces, el Principio de Legalidad aplicado al Estado no es más que la conformidad con el Derecho que debe acompañar a todos los actos de las ramas del Poder Público. Es decir, el principio según el cual toda la actividad del Estado debe estar conforme con el Derecho de ese Estado.

El contenido de los diversos Derechos Nacionales es ciertamente diverso pero, sin embargo, los textos constitucionales de la mayoría de los Estados del mundo occidental, entre ellos Venezuela, contienen una declaración más o menos explícita del Principio de Legalidad. "La Constitución y las Leyes definen las atribuciones del Poder Público, y a ellas debe sujetarse su ejercicio", dice el artículo 117 de la Constitución venezolana de 1961.

Vemos entonces que el Principio de Legalidad no es más que una forma de enunciación de la teoría de la jerarquía de las normas. En los sistemas de Derecho moderno se admite, en efecto, que toda norma o regla jurídica encuentra su fundamento en una norma superior, a la cual, para ser válida, debe estar conforme tanto formal como materialmente. Y en este sentido, la Constitución es la norma jurídica superior del orden interno de la República, Por ello la Corte Suprema de Justicia ha hablado de la "supremacía de la Constitución, como cuerpo dispositivo que forma la estructura básica y fundamental de la República"[1].

Pero si bien es cierto, entonces, que el ejercicio del Poder Público debe sujetarse a la Legalidad, cada una de las ramas de ese Poder Público tiene sus propias funciones y, por tanto, el Principio de Legalidad en base a ellas tiene diverso alcance.

2. Alcance del principio de legalidad según las funciones del estado

La Teoría merkeliana de la construcción escalonada del orden jurídico es, para la elaboración del sistema de las funciones del Estado, un factor decisivo; entendiendo por fundones, claro está, las diversas actividades del Estado, en cuanto constituyen diversos modos de ejercicio del Poder Público o potestad estatal. La misma doctrina de Kelsen sobre las funciones estatales está inspirada en la teoría de Merkl. Eso mismo lo afirma Kelsen en las notas a su Teoría General del Estado[2].

En efecto, Merkl establece que la división tripartita tradicional de los Poderes del Estado, entendida como tres tipos de actividad del mismo, independientes y coordinados, se reduce, bajo la mirada crítico–jurídica, a dos campos de funciones jurídicas dependientes de la Constitución y escalonadas: por un lado la Legislación, entendida como ejecución de la Constitución; por otro lado, la Ejecución entendida como ejecución de la Legislación. La Ejecución vuelve a subdividirse en Justicia y Administración, resultando en definitiva, en lugar de la tríada tradicional de los Poderes, una tríada de funciones jurídicas que se comportan mutuamente de una manera considerablemente diferentes a la de los Poderes del Estado que, al menos originalmente, fueron concebidos con sentido oposicional. Los dos sectores de ese complejo de funciones designado como Ejecución, filiales ambas con respecto a la Legislación y hermanas, por tanto, entre

1 CSJ–PA–24– 1, 14–3–62. Sobre la noción de Estado de Derecho y sus implicaciones véase: Luis Legaz y Lacambra, "El Estado de Derecho", *RAP*, 1951, N° 6, pp. 13 y ss.; R. Entrena Cuesta, "Notas sobre el concepto y clases de Estado de Derecho", *RAP*, 1960, N° 33, pp. 31 y ss.Sobre la teoría de la Jerarquía de las Normas.

2 Hans Kelsen, *Teoría General del Estado,* Editora Nacional, México, 1957, nota al parágrafo N° 33, p. 510

sí, son, como hemos dicho, la Justicia y la Administración[3]. De ello se deduce, en definitiva, que la Legislación es ejecución inmediata, en primer grado, de la Constitución, y la Administración y Jurisdicción son ejecución inmediata de la Legislación y mediata, en segundo grado, de la Constitución.

Por tanto, lo que es legalidad para los actos de la Administración y de la Justicia, es constitucionalidad para la Legislación.

El Legislador no puede actuar sino sometido a las reglas jurídicas superiores de la Carta Fundamental, y por ello el control de la constitucionalidad de las Leyes y demás actos de los Cuerpos legislativos lo ejerce la Corte Suprema de Justicia, en Corte Plena, según los artículos 215, ordinal 3°, 216 y Disposición Transitoria decimoquinta de la Constitución.

Para el Juez, el Principio de Legalidad es más amplio. Si por Jurisdicción entendemos la subsunción de una situación de hecho bajo una norma jurídica abstracta, el Juez determina con fuerza de verdad legal lo que para el caso particular es Derecho, según el sentido de una norma jurídica. Por ello el Juez, personaje encargado fundamentalmente de aplicar el Derecho, está sometido a todas las normas o reglas jurídicas a que están sometidos los particulares. El correctivo a la ilegalidad, en este caso es el Recurso de Casación, que lo conoce la Corte Suprema de Justicia en Sala de Casación[4] y los demás recursos ordinarios que señala la Ley.

Pero, además de las tres clásicas funciones del Estado, éste realiza otra no menos importante: la función de Gobierno, ejecutada por los Cuadros Superiores del Poder Ejecutivo, separados funcionalmente de la Administración. Los Actos de Gobierno[5], procediendo de atribuciones delegadas inmediatamente de la Constitución y no condicionadas por las Leyes, se encuentran en el mismo plano estructural que la Legislación, como ejecución directa de la Constitución. Por tanto, al igual que la actividad legislativa, la actividad de Gobierno no puede ser desarrollada sino encuadrada en las normas jurídicas superiores de la Constitución. El control de la constitucionalidad de los actos de Gobierno lo ejerce la Corte Suprema de Justicia en Corte Plena según el artículo 215, ordinal 6° y Disposición Transitoria decimaquinta de la Constitución. Al igual que los actos legislativos y por ser ejecución inmediata de la Constitución, los actos de Gobierno no están sometidos lógicamente a ningún control de legalidad.

El objeto del presente Título es el estudio del Principio de la Legalidad Administrativa, al cual está sometida toda la actuación de la Administración.

---

3 Adolf Merkl, *Teoría General del Derecho Administrativo,* Editorial Revista de Derecho Privado, Madrid, 1935, p. 13.

4 Artículo 215, ordinal 10 y Disposición Transitoria decimoquinta de la Constitución. La Constitución citada en este libro de 1964 es la Constitución de 23 de enero de 1961.

5 Artículo 190, ordinales 2, 5, 6, 7,9, 18 y 21 y artículos 240 y ss. de la Constitución. *V.* N° 282 y su nota 55 en el Título V

3. La legalidad administrativa

A. Noción

Nuestra antigua Corte Federal ha definido el Principio de la Legalidad Administrativa como aquel según el cual todos los actos de la Administración han de ser cumplidos o realizados dentro de las reglas o normas preestablecidas por la autoridad competente[6].

La amplitud de la legalidad administrativa es mayor a la señalada respecto a la legalidad de los actos jurisdiccionales. La Administración, además de estar sometida a las reglas o normas jurídicas a que está sometido el Juez y los particulares, debe cumplir estrictamente en su actividad las normas que ella misma ha creado. Esta es la característica esencial del Principio de la Legalidad Administrativa, pues éste no implica solamente la sumisión de la Administración a las reglas de derecho que le son exteriores, sino que conlleva también la sumisión a las reglas o normas jurídicas que ella misma ha elaborado.

Por último, el Principio de la Legalidad Administrativa, en virtud de la jerarquía administrativa que implica la subordinación de los funcionarios inferiores a las superiores[7], comprende también las normas que imponen dentro de la Administración los funcionarios superiores a los de inferior jerarquía.

El estudio de las fuentes de la Legalidad Administrativa será el objeto del Segundo Capítulo del presente Título.

B. Actos sometidos al principio

Todos los actos administrativos están sometidos a la legalidad administrativa, y entendemos por ellos las declaraciones de voluntad realizadas por la Administración con el propósito de producir un efecto jurídico[8].

Por otra parte, nuestro estudio se limitará al análisis del Principio de la Legalidad Administrativa al cual deben estar sometidos los actos administrativos.

---

6 CF–30–1, 9–4–59. CF–182–1, 9–8–57. Según la concepción de la Corte, "legalidad" no es sólo el conjunto de leyes dictadas por los órganos legislativos, sino que también la forman el conjunto de reglas de derecho en general. En otras palabras, legalidad es la conformidad con el Derecho. Esta noción ha sido aceptada por nuestra Constitución vigente al declarar, en su artículo 206, que los órganos de la jurisdicción contencioso–administrativa son competentes para anular los actos administrativos "contrarios a derecho", es decir, contrarios al Principio de la Legalidad Administrativa. Esta concepción es la mayormente aceptada en la doctrina. Sin embargo, véase en sentido disidente el magnífico trabajo del profesor Charles Eisenmann, "Le Droit Administratif et le Principe de Légalité", EDCE, *Fascículo* N° 11, pp. 25 y ss. Sobre el Principio de la Legalidad en la Doctrina Administrativa, véase Georges Vedel, *La soumission de l'Administration a la loi*, Curso de Doctorado 1950–1951, Facultad de Derecho de El Cairo, El Cairo, 1952. Asimismo, véase R. Entrena Cuesta, "La Contraposición entre el Régimen Administrativo y el Rule of Law", en *Estudios en Homenaje a Jordana de Pozas*. Vol. I, Instituto de Estudios Políticos, Madrid, 1961, pp. 17 y ss.; Jaroscinsky, "Le Principe de Légalité dans l'Administration de la République populaire de Pologne", EDCE, *Fascículo* N° 12, 1958, p. 22). Sobre un estudio de carácter general del Principio de Legalidad en el mundo occidental, véase: Le Principe de la Légalité, Informe sobre los Trabajos del Congreso Internacional de Juristas celebrado en Nueva Delhi, enero de 1959. Comisión Internacional De Juristas, Ginebra. El informe venezolano para dicho Congreso preparado por Ramón Díaz y Simón González Urbaneja puede verse en el *Boletín de la Academia de Ciencias Políticas y Sociales*, N° 21, Caracas, 1961, pp. 25 y ss.

7 CF–14–1, 16–6–53.

8 CF–59–1, 3–6–59. Se incluyen los actos administrativos tácitos. Quedan excluidos los actos de gobierno.

C. Consecuencias

Las consecuencias principales del Principio de la Legalidad Administrativa son la garantía de los administrados y la ineficacia de los actos cumplidos con su violación.

La antigua Corte Federal ha señalado que la Administración no puede ejercitar sus funciones sino dentro de los precisos limites del derecho positivo, pues la demarcación de éstos constituye garantía establecida en beneficio de los particulares o administrados contra las posibles arbitrariedades de la autoridad administrativa[9].

Todas las actividades de la autoridad administrativa deben ceñirse a las reglas o normas preestablecidas. Por tanto, los actos administrativos carecen de vida jurídica, no sólo cuando les falta como fuente primaria un texto legal, sino también cuando no son ejecutados en los límites y dentro del marco señalado de antemano por la Ley. Desbordar este cerco constituye grave infracción, que apareja la consiguiente enmienda por parte de los órganos jurisdiccionales[10].

La Corte Suprema de Justicia en Sala Político–Administrativa, como órgano de la jurisdicción contencioso–administrativa, es competente para anular los actos administrativos contrarios a derecho e incluso por desviación de poder[11].

Estudiaremos la Legalidad Administrativa en primer lugar desde el punto de vista de sus fuentes, en seguida el alcance del principio y, por último, las consecuencias de la ilegalidad.

II. FUENTES DE LA LEGALIDAD ADMINISTRATIVA

1. Introducción

La jurisprudencia administrativa de la antigua Corte Federal ha establecido, según señalamos, que la legalidad administrativa es aquel principio según el cual todos los actos de la Administración han de ser cumplidos o realizados dentro de las reglas o normas preestablecidas por la autoridad competente[12]".

Ahora bien, ¿qué debemos entender por "reglas o normas preestablecidas por la autoridad competente"? La solución a esta pregunta será el objeto del presente Capítulo. Examinaremos las llamadas fuentes escritas, las fuentes no escritas y las que hemos denominado fuentes de carácter particular.

---

9 CF–33–2, 17–7–33 CF–75–1,23–10–53

10 CF–30–1–, 9–4–59. CF–33–2, 17–7–59

11 Artículos 206 y 215, ordinal 7° y Disposición Transitoria decimoquinta de la Constitución

12 CF–30–1, 9–4–59

CF–33–2, 17–7–53

2. Fuentes escritas

A. Impuestas a la Administración

a. Jerarquía de las fuentes

Ha establecido la actual Corte Suprema de Justicia en Sala Político–Administrativa que, "dentro del régimen jurídico que el propio pueblo se ha impuesto, dentro del conjunto general de disposiciones que él mismo ha creado para que lo rija dentro del campo del Derecho, es evidente la supremacía de la Constitución Nacional como cuerpo dispositivo que forma la estructura básica y fundamental de la República. Es por ello que el régimen legal del país aparece clasificado, en cuanto a las normas concretas, en dos grandes grupos esenciales: las constitucionales y las ordinarias o secundarias, incluyendo por sobre estas últimas, con rango intermedio, la categoría de leyes orgánicas previstas en el régimen constitucional vigente"[13].

Estudiemos someramente estas tres fuentes escritas,

b. Enumeración de las fuentes

a'. La Constitución

El concepto de supremacía constitucional implica que la Ley Fundamental sea, no solamente superior a los demás cuerpos legales, sino que implica también el hecho de que por sobre ella no pueda existir ninguna otra norma jurídica[14].

La Constitución, por tanto, como cuerpo de reglas superiores a toda otra, se impone a la Administración.

La existencia del control jurisdiccional de la Constitucionalidad de los actos del Poder Público por parte del más alto Tribunal de la República ha sido tradicional en Venezuela, y es indispensable en todo régimen que pretenda subsistir como Estado de Derecho. Y ello, porque lo inconstitucional es siempre antijurídico y contrario al principio que ordena al Poder Público, en todas sus ramas, sujetarse a las normas constitucionales y legales que definan sus atribuciones. Lo inconstitucional es un atropello al derecho de los ciudadanos y al orden jurídico general, que tienen su garantía suprema en la Ley Fundamental del Estado.

En los países libremente regidos, toda actividad individual o gubernativa ha de mantenerse necesariamente circunscrita a los límites que le señala la Carta Fundamental, cuyas prescripciones, como expresión solemne de la voluntad popular en la esfera del derecho público, son normas de ineludible observancia para gobernantes y gobernados, desde el más humilde de los ciudadanos hasta el más alto de los Poderes del Estado. De los principios consagrados en la Constitución, de las normas por ella trazadas, así en su parte dogmática como en su parte orgánica, deben ser simple desarrollo las leyes y dis-

13 CSJ–PA–24–1, 14–3–62 Sobre la Jerarquía de las Fuentes del Derecho Administrativo, véase J. Gascón y Marín, "Jerarquía de las Fuentes del Derecho Administrativo", *Estudios Jurídicos*, 2, 1941.

14 CSJ–PA–24–1, 14–3–62. Al respecto, véase R. Bonnard, "La Théorie de la formation du droit pardegrés dans l'ouvre d'Adolf Merkl", *RDP*, 1928; Carre De Malberg, *Théorie de la formation du droit par degrés*, París, 1933.

posiciones que con posterioridad a la misma se dicten, y tan inconstitucionales y, por consiguiente, abusivas, serian éstas si de tal misión se excedieran, como inconstitucionales y también abusivos lo serían cualesquiera otros actos de los Poderes Públicos que abiertamente contravinieren lo establecido en la Ley Fundamental. Así lo ha señalado la Corte Suprema de Justicia[15]".

b'. Las leyes orgánicas

La categoría de Leyes Orgánicas, intermedias entre la Constitución y las leyes ordinarias, ha sido creada expresamente por la vigente Constitución de 1961.

En efecto, señala el artículo 163 de la Constitución que son Leyes Orgánicas las que así denomina la propia Constitución y las que sean investidas con tal carácter por la mayoría absoluta de los miembros de cada Cámara Legislativa al iniciarse en ellas el respectivo proyecto de Ley.

En la Exposición de Motivos de la Constitución se mencionan las Leyes Orgánicas como una categoría especial de leyes intermedias entre la Constitución y las Leyes Ordinarias; agregándose que para definirlas se sigue el modelo francés y se acoge un criterio meramente formal para su calificación: primero, cuando la propia Constitución le dé tal denominación y, segundo, cuando sea investida con ese carácter por las Cámaras en la forma expresada anteriormente.

La creación de las Leyes Orgánicas –añade la indicada Exposición de Motivos– tiene por objeto impedir que por leyes especiales se deroguen disposiciones que se refieren a la organización de ciertos Poderes Públicos o a las formalidades que deben reunir determinadas leyes[16].

Por tanto las Leyes, y en general todos los actos que se dicten en materias reguladas por Leyes Orgánicas, se someterán a las normas de éstas[17].

c'. Las leyes ordinarias

El artículo 162 de la Constitución define como Ley; Los actos que sancionen las Cámaras Legislativas actuando como cuerpos colegisladores. Según este criterio, que también es expresado por las anteriores Constituciones, la orientación constitucional venezolana se ha apartado, en este punto, de toda doctrina que consagre otros requisitos como los de generalidad y carácter abstracto, para determinar el concepto de Ley. Acoge sólo la Constitución esa forma simple pero precisa para tipificar dicho concepto, lo que significa que la mera circunstancia de que una norma sea sancionada por las Cámaras Legislativas como cuerpos colegisladores, basta para que figure como Ley dentro de nuestro ordenamiento jurídico.

Este concepto claro y preciso de lo que la Constitución concibe como Ley, ha sentado la Corte Suprema de Justicia, "no admite ni puede admitir interpretaciones contrarias a su texto, ni menos aún la asignación de otros requisitos o condiciones que, si bien pueden ser atribuibles o procedentes en otras legislaciones donde el concepto de Ley obe-

15 CSJ–CP–27–1, 15–3–62.
16 CSJ–PA–24–2, 14–3–62
17 Artículo 163 de la Constitución.

dece a otros criterios doctrinales, en manera alguna son adecuados al que terminantemente se fija en la Constitución venezolana"[18].

Por tanto, para calificar de Ley a una norma de derecho, basta únicamente determinar si es o no un acto sancionado por las Cámaras Legislativas como Cuerpos colegisladores.

Por otra parte, los Tratados internacionales constituyen, con la misma condición que las leyes ordinarias, fuente de la Legalidad Administrativa ya que, para que tengan validez interna, generalmente deben ser aprobados por las Cámaras Legislativas actuando como Cuerpos colegisladores. El inicio de la discusión de los proyectos de Ley relativos a Tratados o Convenios internacionales corresponde al Senado[19].

La consecuencia inmediata del concepto de Ley que acoge nuestra Constitución consiste, en que la distinción doctrinal entre Ley formal y Ley material no se refleja en nuestro ordenamiento constitucional, sobre todo en lo que respecta al control de la constitucionalidad de las Leyes.

Recientemente ha señalado la Corte Suprema de Justicia[20]20 que, "si bien es cierto que en algunas decisiones de la antigua Corte Federal y de Casación, entre ellas la de 5 de mayo de 1937, se sostuvo la indicada distinción entre las llamadas Ley material y Ley formal, negándose a esta última el recurso objetivo de inconstitucionalidad, también es verdad que, en otras decisiones de aquel Supremo Tribunal, posteriores a la anteriormente señalada, se admitió plenamente dicho recurso contra actos del Poder Legislativo expresados bajo la apariencia de Ley formal. Así, por ejemplo, en sentencia de 16 de noviembre de 1937 (Memoria de la Corte Federal y de Casación, año 1938, tomo I, pág. 339), el Supremo Tribunal de la República declaró la nulidad, por inconstitucionalidad, del acto legislativo (Ley formal de 28 de junio de 1937) que decretó el estudio y trazados del Ferrocarril de los Llanos. Asimismo, por sentencia de 26 de noviembre de 1937 (misma Memoria, pág. 350), la citada Corte declaró la nulidad, por inconstitucionalidad, de una Ley Especial que autorizaba un préstamo a la Municipalidad del Distrito Iribarren del Estado Lara. De la misma manera aquel Supremo Tribunal, por sentencia de 22 de diciembre de 1937 (Memoria citada, pág. 381), declaró la nulidad, por inconstitucionalidad, de varias Leyes Especiales (o formales) sancionadas por las Cámaras Legislativas, contentivas de donaciones a diversas Municipalidades".

En consecuencia, concluye la Corte Suprema de Justicia en el señalado fallo, "la jurisprudencia de nuestro más Alto Tribunal no ha sido constante en cuanto a limitar el recurso objetivo de inconstitucionalidad de las leyes únicamente para las llamadas leyes materiales, o sea, para las normas jurídicas que 'implican un mandato general y abstracto que imponen reglas de conducta válidas para todos y para casos abstractamente considerados' (como expresaba el citado fallo de 5 de mayo de 1937), sino que, por el contrario, con posterioridad a dicho fallo, los propios Magistrados que intervinieron en aquella decisión dictaron las sentencias que se acaban de señalar, por las que se admitió y decidió el recurso objetivo de inconstitucionalidad –mediante el procedimiento in-

---

18 CSJ–CP–27–1, 15–3–62. *V.* también CSJ–PA–39–1, 20–6–61. Sobre la noción de Ley en la doctrina, véase: Eloy Lares Martínez, "La Ley como fuente jurídico–administrativa, *RMJ,* N° 40, 1962, pp. 135 y ss.; Carre De Malberg, *La Loi expression de la volonté général* Paris, 1931; Burdeau, *Essai sur l'évolution de la notion de loi en droit– public français,* Archives du Philosophie du droit, Paris, 1939; R. Mespetiol, "Le problème de la loi et ses développements récents dans le droit public français", EDCE, *Fascículo* de 1949, pp. 50 y ss.

19 Artículos 128 y 150 de la Constitución.

20 CSJ–CP–27–1, 15–3–62.

herente a dicho recurso–, contra actos legislativos emanados de las Cámaras del Congreso que revestían las expresadas características de las llamadas Leyes formales, o sea, actos legislativos que carecían de ese mandato general y abstracto que se ha considerado como típico de las denominadas Leyes materiales, y se concretaban, en cambio, a normas reguladoras de actos especiales y concretos".

Ahora bien, hemos traído a colación este fallo para señalar, en primer lugar, que la Administración sometida al Principio de la Legalidad Administrativa debe observar con igual cuidado las llamadas leyes formales y las materiales. En segundo lugar, para observar que en base a los razonamientos citados[21] se declaró la nulidad por inconstitucionalidad de un Contrato administrativo, acto administrativo bilateral para cuya existencia y validez fue requerida la intervención de los Cuerpos Legislativos actuando como cuerpos colegisladores, según la Constitución vigente para el momento de su celebración.

Pues bien, la cuestión doctrinal que se plantea es, a nuestro entender, la siguiente: El artículo 126 de la Constitución vigente establece que sin la aprobación del Congreso no podrá celebrarse ningún contrato de interés nacional, salvo los que fueren necesarios para el normal desarrollo de la Administración Pública. Ahora bien, ¿el hecho de la aprobación legislativa convierte al Contrato administrativo en Ley, o es sólo una de las manifestaciones de voluntad realizadas en función administrativa complementaria de la manifestación de voluntad de la Administración, ambas formando parte de un acto complejo? O, en otras palabras, ¿la aprobación legislativa de un contrato administrativo que no sea de los normales para el desarrollo de la Administración Pública, convierte a dicho contrato en una Ley y, por tanto, fuente de la Legalidad Administrativa con ese carácter, o continúa siendo un contrato administrativo y, por tanto, fuente de la Legalidad Administrativa como contrato en que están interesados los administrados? Dejamos la cuestión planteada para resolverla al hablar de los Contratos administrativos como fuente de la Legalidad Administrativa.

B. Creadas por la Administración.

a. *El carácter general*

a'. Los Decretos–Leyes

Dentro de las fuentes de la Legalidad Administrativa creadas por la propia Administración con carácter general se encuentran los Decretos con valor de Ley. En Venezuela, la Constitución de 1961 establece un solo caso de los llamados Decretos–Leyes.

En efecto, el artículo 190, ordinal 8 de la Constitución da facultad al Presidente de la República en Consejo de Ministros, para dictar medidas extraordinarias en materia económica o financiera cuando así lo requiera el interés público y haya sido autorizado para ello por Ley especial. Estos actos constituyen lo que la doctrina ha denominado Decretos–Leyes delegados, en que el Congreso por autorización constitucional delega al Presidente de la República la potestad legislativa, sin exclusividad, y con las limita-

21 CSJ–CP–27–1, 15–3–62. Con los que estamos de acuerdo en cuanto a la admisibilidad del recurso de inconstitucionalidad contra las llamadas leyes formales o especiales.

ciones en relación a la materia: económica y financiera; y al tiempo: mientras lo requiera el interés público.

En casi todos los Estados contemporáneos los Jefes de éstos o de sus Gobiernos suelen realizar bajo determinadas circunstancias y condiciones, ciertos actos con fuerza jurídica fundamentalmente igual a la de las normas que votan las Cámaras Legislativas actuando como cuerpos colegisladores. La igualdad normativa fundamental de dichos actos, en relación con las Leyes, es evidente si se advierte que, en virtud de aquéllos, la autoridad Ejecutiva no sólo regula materias que la Constitución o la tradición política reservan a dichas Cámaras, sino que reforma o modifica, e incluso deroga, actos formales acordados por éstas.

En atención a esta virtualidad de dichos actos, se los conceptúa como verdaderos actos legislativos. Se considera que la autoridad Ejecutiva, al dictarlos, está realizando una función legislativa. Es decir, se estima que está dictando reglas jurídicas cuya emisión, según el constitucionalismo predominante, debe corresponder a otra autoridad especializada: el cuerpo legislativo o Congreso. Por ello, el derecho positivo y la doctrina de algunos países han incluido todos estos actos, de categoría legislativa, pero de procedencia ejecutiva, bajo el nombre genérico de Decretos–Leyes. Son Decretos, porque provienen de la autoridad superior ejecutiva; y son leyes, porque versan sobre materias que el Derecho positivo moderno ha reservado tradicionalmente a las Cámaras Legislativas y porque, además, tienen fuerza para modificar y derogar las normas sancionadas por éstas, es decir, las leyes.

En la sistematización general de la doctrina[22] de los Decretos–Leyes se han señalado tres clases fundamentales de ellos: En primer lugar, los Decretos dictados por los gobiernos de jacto; en segundo lugar, los decretos con fuerza de ley dictados por los gobiernos de jure, sin habilitación legislativa, sobre materias reservadas a la ley por la norma constitucional; y en tercer lugar, los Decretos con fuerza de ley, dictados por la misma clase de gobierno, y sobre las mismas materias, pero mediante autorización legislativa. Estos últimos son los admitidos por nuestra Constitución, y son los denominados decretos–leyes autorizados o de legislación delegada.

b'. Los Reglamentos

Es inherente a la función administrativa la facultad de la Administración de dictar actos administrativos contentivos de normas generales. Por tanto debemos entender por Reglamento, como fuente del Principio de la Legalidad Administrativa, todo acto administrativo de carácter general. Es decir que, en este sentido, no sólo son reglamentos los Decretos Reglamentarios que dicta el Presidente de la República en Consejo de Ministros, en virtud de la atribución 10ª del artículo 190 de la Constitución, sino que debemos

---

22 *V.* Cesar A. Quintero, *Los Decretos con valor de Ley, Instituto de* Estudios Políticos, Madrid, 1958; J. Gascón Hernández, "Problemas actuales del Decreto–Ley", *RAP*, Nº 15, 1954, pp. 91 y ss.; R. Gómez Acebo S., "El ejercicio de la función legislativa por el Gobierno: leyes delegadas y Decretos Leyes", *RAP,* Nº 6, 1951, pp. 99 y ss.; J. Donne Dieu De Varbes, *Crónicas Dalloz,* 1949, p. 5; André De Laubadère, "Des pleins pouvoirs aux demi décrets–lois", Crónicas Dalloz, 1952; A. Varela C, "Decretos–leyes y decretos con fuerza de ley", *Boletín del Seminario de Derecho Público,* Escuela de Derecho, Universidad de Chile, Nos. 2 y 3. 1934; Agostino, Orgione, "Decretto Legge", *Nuevo Digesto Italiano,* tomo IV, 1938: M. Mignon, "Nature et effets juridiques d'une technique législative d'exception, mais d'utilization repetée: le décret–loi", *Crónicas Dalloz,* 1948, p. 141; A. R. Real, Los *decretos–ley,* Montevideo, 1946; M. Mignon, *La practique des décrets–lois devant la doctrine et la jurisprudence,* Lille, 1938; G. Ferrari, *Formula e natura dell'attuale* decretazione con valor legislativo, Milán, 1948; R. Bielsa, "El Decreto–Ley", Estudios de Derecho Público, tomo III.

considerar también como Reglamento todo acto administrativo de carácter general emanado de cualquier otra autoridad actuando en función administrativa y en virtud de autorización legal. En esta forma los Reglamentos, como actos administrativos, están sometidos también al Principio de la Legalidad Administrativa por cuanto no deben alterar el espíritu, propósito y razón[23] de la Ley, bajo la sanción de ilegalidad por desviación de poder.

En virtud del principio de la jerarquía administrativa que implica la subordinación de los funcionarios inferiores ante los superiores[24], y por cuanto según el Principio de la Legalidad Administrativa, todo acto administrativo debe estar conforme a las reglas generales preestablecidas, los actos que dicte cualquier autoridad administrativa deben estar conformes a los Reglamentos que se hayan dictado por las autoridades superiores, como también deben estar conformes con los Reglamentos que esa misma autoridad haya dictado con anterioridad. Esto último es consecuencia del principio de que una autoridad administrativa no puede quebrantar sus propias decisiones y reglamentaciones, a menos que las derogue expresamente.

b. De orden interno

Las normas o reglas creadas por la misma Administración, que forman parte del Principio de la Legalidad Administrativa son, además de las que hemos llamado de carácter general, que a la vez de tener como destinatarios a los particulares también rigen a la Administración, las que llamaremos de carácter particular o de orden interno. Es decir, aquellas normas o reglas creadas por la propia Administración y que tienen también como destinataria a la propia Administración. Son los actos administrativos interiores o medidas administrativas de orden interior.

Generalmente se manifiestan en las llamadas Instrucciones del Servicio que no son más que indicaciones, que en base al principio de la jerarquía administrativa, los funcionarios superiores dan a los que les están subordinados, sobre la manera cómo han de desarrollar la actividad administrativa[25]. Por ser de orden interno, normalmente no tienen publicidad. Sin embargo, no por ello dejan de ser normas o reglas preestablecidas que debe observar la autoridad administrativa en su actuar y, por ende, fuente del principio de la Legalidad Administrativa.

---

23 Artículo 190, ordinal 10 de la Constitución. Sobre los Reglamentos en la doctrina, véase: More Au, *Le règlement administratif*, Paris, 1902; J. Lamasurier, "Contribution a l'étude du domaine réglementaire en Droit positif", *R.A.* N° 52, 1957, pp. 624 y ss.; M. Mignon, "Une création continue du Droit Public français: Le Pouvoir réglementaire de l'executif', *R.*A. N° 14, 1950. pp. 144 y ss.

24 CF–14–1, 16–6–33.

25 El Reglamento Interior del Ministerio de Hacienda, Resolución de 4 de abril de 1940 (C. t., tomo I, p. 1.374) en su artículo 2, ordinal 1°, señala que el Ministro de Hacienda puede *instruir,* vigilar y dirigir los funcionarios que integran su administración, en la aplicación de las disposiciones legales y especialmente en el ejercicio de sus atribuciones. Al respecto véase el N° 119. Sobre las llamadas Medidas de Orden interior en la doctrina y el Derecho Comparado, véase: J. Rivero, *Les Mesures d'ordre intérieur administratives,* Tesis, Sirey, París, 1934; R. E. Charlier, "Circulaires, instructions de Service et autres prétendues mesures d'ordre intérieur", *J. P.,* 1954, I, p. 1.169; A. Cocatre–Zilgien, "La nature juridique des mesures d'ordre intérieur en droit administratif français", *RISA,* 1958, N° 4, p. 487; E. Silvestri, *L'attività interna della pubblica amministrazione,* Giuffré, Milán, 1950; J. Ortiz Diaz, "Las circulares, instrucciones y medidas de orden interior ante el recurso por exceso de poder en la jurisprudencia del Consejo de Estado francés", *RAP,* 24, 1957, pp. 335 y ss.; L. Levental, "L'anulation pour excès de pouvoir des circulaires administratives", *Crónicas Dalloz,* 1954, p. 99; Liet–Veaux, "Les actes administratifs qui ne font pas grief, *R.A.,* 1952, p. 384; Cammeo, "La violazione delle circolari comme vizio di eccesso di potere", *G.I.,* III, 1912, p. 107; Cammeo, "A proposito di circolari e istruzioni, *G.I.,* III, 1920, p. 1.

El incumplimiento por parte de una autoridad administrativa inferior de una de esas Instituciones del Servicio acarreará una sanción disciplinaria interna. Por su ausencia generalmente de publicidad, y por sus destinatarios, creemos que los administrados no podrían invocar su violación como fundamento de un recurso contencioso–administrativo de anulación, excepto cuando puedan probar un interés legítimo para recurrir.

3. Fuentes no escritas

A. La Jurisprudencia Administrativa

Sin distinción entre las diversas ramas jurídicas y, en general, el juez juega un considerable rol en la construcción del Derecho. Nosotros no creemos, como todavía algunas veces se afirma, que el juez es una especie de distribuidor automático de decisiones jurídicas concretas que no exigen, de su parte, otra función que la de confrontar la ley a los hechos y deducir una solución en cierta forma mecánica. El juez debe interpretar la ley: y la experiencia prueba que ninguna ley puede prever todos los casos particulares que podrían traer problemas o dificultades de interpretación.

Pero en algunas oportunidades, que se denotan más acentuadamente en el Derecho Administrativo, el juez carece de una norma legal que interpretar para una solución concreta y, sin embargo, debe decidir. En virtud del artículo 9 del Código de Procedimiento Civil se prohíbe al juez abstenerse de decidir so pretexto de silencio, contradicción o deficiencia de la ley, o de oscuridad o de ambigüedad en sus términos. En los casos de ausencia de ley, entonces, el juez está obligado a determinar la regla de derecho que va a aplicar al caso concreto no regulado abstractamente.

Por tanto, la labor del juez no sólo es interpretativa sino creadora. En sentencia de 8 de febrero de 1946 la Corte Federal y de Casación sostuvo: "Pero ni ésta (la jurisprudencia) ni mucho menos los precedentes judiciales aislados tienen en nuestro sistema positivo la fuerza suficiente para elevarse a la categoría de fuente formal del derecho objetivo. El precedente judicial y la jurisprudencia misma no tienen en el Derecho venezolano sino una autoridad puramente científica. A lo más, sólo podría atribuírsele la fuerza de una presunción de interpretación correcta de la norma jurídica por aplicar. De allí que los jueces deban y puedan dar en sus decisiones una interpretación de la ley distinta y aun contraria de aquella recibida y tradicional, por más firme que sea, cuando del estudio detenido del caso y de la norma aparezca que esa interpretación no corresponde a su espíritu y a su sana inteligencia. El valor práctico de seguridad que entrañan los precedentes judiciales y la jurisprudencia cede entonces su puesto y se quebranta ante el más elevado y digno de observancia, que consiste en que las decisiones judiciales correspondan a la convicción que de la voluntad de la ley tengan los jueces para el momento de pronunciar sus fallos. Tal era el alcance científico que en el Derecho romano del último período se atribuyó a la jurisprudencia, según el cual, el juez no estaba obligado a conformarse, en sus sentencias, a las decisiones anteriores, si las encontraba contrarias a la letra y espíritu de la norma, ya que él no sentenciaba por imitación sino para aplicar las leyes: *cum non exemplis sea legibus ináicandum est* (L. 13. cod. 7. 45).

Esta doctrina es conforme a nuestra genuina tradición jurídica y a las funciones que tiene en nuestro sistema el juzgador"[26].

Esta doctrina es ciertamente correcta si se tiene en cuenta la labor interpretativa del juez; pero no es tan absoluta respecto a la labor creadora del sentenciador. En ésta, la seguridad jurídica exige una cierta uniformidad y continuidad en la jurisprudencia. Es cierto que esta labor creadora es excepcional en las ramas jurídicas codificadas, ya que por este mismo carácter las normas aplicables generalmente constan de textos legales. Sin embargo, en Derecho Administrativo la situación es diferente.

En efecto, en materia administrativa, la creación del derecho por el juez no es un hedió excepcional; es, al contrario, lo normal. Es verdad que la legislación llamada de leyes administrativas o especiales es abundantísima, pero, sin embargo, la generalidad de esas leyes están consagradas a regular casos concretos. Por ello, en la mayoría de los problemas planteados ante el juez administrativo, éste se encuentra con la ausencia de normas generales y, por tanto, con la obligación de crear él mismo el derecho aplicable.

Esta específica función del juez en materia administrativa no es más que una consecuencia del carácter nuevo, no codificado y evolutivo del Derecho Administrativo venezolano. En efecto, al darse cuenta el juez administrativo que el Código Civil no podía y no puede regular los problemas específicos del Derecho Administrativo, se vio y se ve obligado a sustituirlo con reglas que él mismo forma y crea inspiradas en ciertos Principios Generales. Por ello, no se piense que estas reglas son arbitrariamente inventadas. De ninguna manera, ellas se inspiran en una serie de Principios Generales referentes al funcionamiento de la Administración, a la equidad y a la misma civilización jurídica. Es así como nuestro Tribunal Supremo ha sentado las bases del Derecho Administrativo en Venezuela. Bases que corresponde a la Doctrina analizar, juzgar y criticar.

Esta realidad es evidente. ¿Dónde, si no en la jurisprudencia, puede la Doctrina fundamentar nuestra Teoría de los actos administrativos, de los Contratos administrativos, de los recursos administrativos y de la materia contencioso–administrativa?

En efecto, en materia de actos administrativos, sólo nuestra Corte ha señalado sus características fundamentales[27]su naturaleza[28], la necesidad de su motivación[29], su carácter ejecutorio o de decisión ejecutoria[30], los efectos de su firmeza[31], los efectos de su discrecionalidad y el Poder discrecional[32], la cosa juzgada administrativa[33], su clasificación general y sus clases[34].

En materia de contratos administrativos sólo la jurisprudencia administrativa de la Corte ha señalado su naturaleza[35], sus características esenciales y su causa[36], la posibili-

---

26 Resumen CFC–SPA, 1940–1951, p. 113. Sobre la jurisprudencia como fuente del Derecho Administrativo en Francia, véase: M. Waline, "Pouvoir normatif de la jurisprudence", *Mélanges Scelle,* tomo II, p. 613; J. Rivero, "Le juge administratif français: un juge qui gouverne?". Crónicas Dalloz, 1951, p. 21; J. Rivero, "Jurisprudence et doctrine dans l'elaboration du droit administratif", *EDCE, Fascículo 9*, 1955, pp. 27 y ss.; J. H. Theis, "Aspectos de la jurisprudencia actual del Consejo de Estado francés", *RAP.* Nº 19, 1956, p. 303.

27 CF–182–1, 9–8–57. CF–30–1, 9–4–59.

28 CFC–CP–40–1, 30–10–32.

29 CF–182–1, 9–8–57.

30 CF–7–1, 25–1–60. CF–54–1, 5–8–58. CF–182–1, 9–8–57.

31 CF–94–1, 24–11–53.

32 CFC–CP–19–1, 4–6–52. CF–2–1, 24–2–56. CF–85–1, 6–11–58. CF–182–1, 9–8–57.

33 CFC–CP–16–1, 30–5–52. CF–97–1, 15–6–56.

34 CF–33–2, 17–7–53. CF–8–1, 9–2–61.

35 CF–127–1, 12–11–54. CF–127–1, 3–12–59. CSJ–PA–97–1, 14–12–61.

dad de rescisión unilateral por parte de la Administración[37] y el derecho a indemnización del co–contratante de la Administración[38], la jurisdicción competente y los criterios de delimitación[39] y la manifestación de la voluntad de la Administración en su formación[40].

En materia de Recursos Administrativos, sólo la Corte ha señalado su fundamento[41], sus efectos[42], la revocación del acto administrativo[43], la revisión del mismo[44], el recurso jerárquico de hecho[45], los efectos del recurso jerárquico[46], el interés legítimo para intentarlo[47] y su decisión[48].

En materia contencioso–administrativa[49], sólo la jurisprudencia de nuestro Tribunal Supremo ha señalado sus requisitos esenciales[50], las características que debe revestir su objeto[51], la legitimación activa y el interés legítimo para recurrir[52], la necesidad de agotar la vía administrativa para la admisibilidad del recurso[53] y las partes en el mismo[54].

Vemos, entonces, que el juez administrativo se ha salido de los marcos tradicionales de la actuación judicial, y ello por necesidad. Sin embargo, ello no quiere decir que propugnemos la "tiranía del precedente". El hecho de que el Derecho Administrativo en Venezuela tenga actualmente que fundamentarse en la jurisprudencia administrativa no convierte a ésta, directamente, en una fuente del Derecho y, por ende, en una fuente del Principio de la Legalidad Administrativa. La verdadera fuente no escrita de este principio en el ordenamiento jurídico venezolano está constituida por *los Principios Generales del Derecho Administrativo* contenidos en esa jurisprudencia.

Por tanto, la sumisión de la actividad administrativa al Principio de la Legalidad Administrativa implica el respeto de los Principios Generales del Derecho Administrativo establecidos y definidos por la jurisprudencia, y no el respeto de la jurisprudencia en sí. De esta manera, un recurso contencioso–administrativo de anulación procedería por la violación, por un acto administrativo, de un Principio General del Derecho Administrativo reconocido por la jurisprudencia, pero no procedería por la violación pura y simplemente de esta última.

---

36 CF–127–1, 12–11–54.
37 CF–127–2, 12–11–54.
38 CF–127–5, 12–11–54.
39 CSJ–CP–27–I, 15–3–62.
40 CSJ–PA–97–1, 14 12 61. CSJ–CP–27–1, 15–3–62.
41 CF–54–1, 5–8–58. CF–127–1, 6–12–55.
42 CF–126–1, 9–11–54. CF–7–1, 25–1–60.
43 CFC–CP–16–1, 30–5–52.
44 CF–33–2, 17–7–53.
45 CFC–CP–26–1, 11–6–52.
46 CF–126–1, 9–11–54.
47 CF–94–3, 24–11–53.
48 CSJ–PA–43–1, 3–7–61.
49 CSJ–PA–26–1, 15–3–62.
50 CF–30–1, 9–4–59. CSJ–PA–102–1, 19–12–61. CSJ–PA–103–1, 20–12–61,
51 CF–59–1, 3–6–59. CF–30–1, 9–4–59– CF–85–1, 6–11–58. CSJ–PA–21–1, 28–2–62. CF–94–3, 24–11–53. CF–107–1, 15–10–59. CF–9–1, 26 1 60. CF–9–2, 26–1–60. CF–33–1, 2–6–58. CF–113–1, 28–10–59. CSJ–PA–90–1, 4–12–61. CF–127–1, 3–12–59. CF–54–1, 5–8–58.
52 CF–115–1, 11–11–55. CF–23–1, 14–3–60. CF–94–3, 24–11–53.
53 CF–94–3, 24–11–33. CSJ–PA–90–1, 4–12–61. CF–54–1, 5–8–58.
54 CF–23–1, 14–3–60.

B. Los Principios Generales del Derecho Administrativo

Los Principios Generales del Derecho, en nuestro ordenamiento jurídico, son fuente del Derecho[55].

En materia administrativa han jugado un papel decisivo en la formación de la jurisprudencia de la Corte. Esta los ha reconocido como fuente del Principio de la Legalidad Administrativa y, por tanto, inspiradores de la actuación de la autoridad administrativa[56]. Veamos algunos de los Principios Generales del Derecho Administrativo según la jurisprudencia administrativa del Supremo Tribunal.

Por una parte, los principios basados en la noción del predominio de *la finalidad de servicio público* en la actuación de la autoridad administrativa[57], de donde se deriva: la ejecutoriedad del acto administrativo según la cual éstos tienen efectos inmediatos y pueden ejecutarse desde que se los dicta[58] y por la cual los recursos administrativos no producen efectos suspensivos[59]; el derecho de la Administración a revisar sus propios actos antes de su recurribilidad jurisdiccional, limitada dicha recurribilidad a los poseedores de un interés legítimo para no entorpecer la acción de la Administración[60]; el derecho de modificar unilateralmente los Contratos Administrativos según las necesidades públicas generales[61]; el derecho para la Administración de conocer exclusivamente del mérito y oportunidad de sus actos[62].

Por otra parte, los principios basados en el derecho de los administrados al normal funcionamiento del servicio y a la protección jurídica frente a la Administración, de donde se deriva: el principio de la cosa juzgada administrativa[63], según el cual un acto administrativo no puede ser revisado por una autoridad de alzada, cuando contra él no se admite apelación o ésta ha caducado, es decir, cuando está firme, siendo creador dicho acto de derechos subjetivos[64]; el derecho a la motivación del acto administrativo como protección contra el arbitrio de la Administración[65]; el carácter de Derecho Público subjetivo que revisten los recursos administrativos para el particular lesionado en su interés legítimo[66].

La violación de estos principios por parte de la autoridad administrativa vicia el acto de ilegalidad, pues son fuente del Principio de la Legalidad Administrativa que, a su

55 CF–54–1, 5–8–58. En esta sentencia la Corte daba carácter supletorio al Código de Procedimiento Civil, "cuando la ley o los *principios* y doctrinas administrativos nada establezcan para casos análogos". *V.* el artículo 4 del Código Civil.

56 En la doctrina administrativa y el derecho comparado, véase: Beniot Janneau, *Les Principes Généraux du droit dans la jurisprudence administrative,* Sirey, Paris, 1954; Letourneur, "Les principes généraux du droit dans la jurisprudence du Conseil d'Etat", *EDCE,* Fascículo de 1951; J. Rivero, "Los principios generales del Derecho en el Derecho Administrativo Francés contemporáneo", *RAP,* Nº 6, 1951, pp. 289 y ss.; M. Clavero Arévalo. "La doctrina de los principios generales del Derecho y las lagunas del ordenamiento administrativo", *RAP,* Nº 7, 1952, pp. 51 y ss.

57 CF–127–2, 12–11–54.

58 CF–182–1, 9–8–57

59 CF–7–1, 25–1–60.

60 CF–94–3, 24–11–53. CF–54–1, 5–8–58. CSJ–PA–90–1, 4–12–61. Sobre el interés legítimo, véase especialmente: CF–23–1, 14–3–60. CF–94–1, 24–11–53.

61 CF–127–3, 12–11–54.

62 CF–85–1, 6–11–58.

63 CF–97–1, 15–6–56.

64 CF–33–2, 17–7–53.

65 CF–182–1, 9–8–57.

66 CF– 54–1, 5–8–58. CF–127–1, 6–12–55.

vez, está reconocido por la Corte, como el principio fundamental del Derecho Administrativo venezolano[67].

C. La costumbre administrativa

La práctica administrativa en Venezuela ha jugado un papel decisivo en la formación de las reglas que guían la acción de las autoridades administrativas, y ello porque la repetición constante de una determinada manera de proceder de la Administración forma una norma decisiva para la actuación sucesiva de las autoridades de la Administración. Es decir que, cuando la práctica es unánimemente aceptada en el orden administrativo, ella forma parte del Principio de la Legalidad Administrativa y, por tanto, de obligatoria observancia por el administrador. En varias oportunidades así lo ha reconocido nuestro Tribunal Supremo[68].

Por otra parte, ello no podría ser de otro modo ya que, por la ausencia de una legislación procedimental administrativa,[*] las autoridades encargadas de cumplir el procedimiento constitutivo e impugnativo del acto administrativo han carecido de normas precisas para actuar, por lo que están guiadas en una larga medida por las prácticas administrativas.

4. Fuentes de carácter particular

Además de las fuentes escritas y no escritas de la Legalidad Administrativa, cumplen también el carácter de fuentes ciertos actos jurídicos, que pueden ser exteriores a la Administración o dictados por ella, de carácter particular. Tales son las decisiones de la autoridad judicial y las decisiones de la autoridad administrativa. De ellas se desprende sucesivamente el respeto de la cosa juzgada jurisdiccional y el respeto de la cosa juzgada administrativa. Además cumplen también, en cierta forma, la función de fuente de la Legalidad Administrativa, los contratos administrativos.

Veamos, someramente, las implicaciones de estos tres supuestos.

A. La cosa juzgada jurisdiccional

La Administración, como los particulares, está obligada a respetar y cumplir lo decidido por la autoridad jurisdiccional con fuerza de verdad legal.

Y ello, así se trate de una cosa juzgada de efectos relativos, cuando la Administración ha sido parte en un proceso y condenada, por ejemplo, al pago de daños y perjuicios originados por su responsabilidad; como de una cosa juzgada de efectos *erga omnes*[69], cuando, por ejemplo, la autoridad jurisdiccional en lo contencioso–administrativo de-

---

67 CF–182–1, 9–8–57. CF–30–1, 9–4–59. CF–33–2, 17–7–53. CF–102–1, 28–9–54. CF–75–1, 23–10–53.

68 Sentencia de la CFC en SPA de 7–12–37, *Memoria* 1938, tomo I, p. 375. CF–54–1, 5–8–58. CF–34–1, 3–6–58. CSJ–PA 17–3, 19–2–62. *V.* al respecto: *G.* Ferrari, *Introduzione allo studios sul Diritto Pubblico Consuetudinario,* Milán, 1950; J. Ortiz Díaz, "El precedente administrativo", *RAP,* Nº 24, 1957, pp. 75 y ss.

* En 1982 al sancionó la Ley Orgánica de Procedimientos Administrativos

69 Sentencia de 27–1–37, Resumen CFC–SPA, 1936–1939, p. 130 (*Memoria 1938,* tomo I, p. 145). *Sobre el problema en el Derecho italiano, véase:* Giucciardi, *L'obbligo dell'aautorità amministrativa dì conformasi al giudicato dei Tribunali, Archivio di Diritto Pubblico*, Padua, 1938, p. 250.

clara la nulidad de un acto administrativo. La Administración, en todo caso, está obligada a observar y cumplir lo decidido por el juez.

Por ello, la cosa juzgada jurisdiccional forma parte del Principio de la Legalidad Administrativa, y su violación acarrea la ilegalidad del acto dictado que la incumple o desconoce.

B. La cosa juzgada administrativa

La Administración, en todo caso, está obligada a respetar las decisiones que ella misma ha tomado, sean éstas de carácter general o particular, una vez que hayan adquirido firmeza[70]" o hayan causado estado[71].

Respecto a sus actos generales, ello no implica que la Administración no los pueda modificar posteriormente. Es derecho de la Administración el revisar en todo caso, sus actos generales[72]. Sin embargo, mientras no los modifique o derogue, la obligan en su acción.

Respecto a los actos administrativos de efectos particulares creadores de derechos a favor de terceros, una vez firmes o si han causado estado, la Administración no puede desconocerlos ni revisarlos nuevamente, ya que es principio general del Derecho Administrativo que, cuando los actos administrativos han creado derechos subjetivos, la Administración no puede revocarlos[73]. Hasta tal punto está obligada la Administración a respetar sus decisiones, que si solicitada la nulidad de un acto administrativo que ha sido dictado con fundamento en otro plenamente válido ante la Corte Suprema, y no se solicita también la nulidad de éste, o está firme, la Corte no puede pronunciarse sobre la nulidad solicitada[74].

En resumen, el principio según el cual la Administración está sometida a sus propias decisiones, que no significa la obligación para ella de un inmovilismo o inmutabilidad jurídica, se traduciría por lógica en las siguientes reglas:

En primer lugar, la Administración debe respetar los derechos adquiridos por terceros y que han sido conferidos por sus propias decisiones. Este es el principio más importante y que juega el primer papel: es la limitación al derecho de la Administración a revisar sus propias decisiones. Sólo puede revisarlas en este caso, cuando están abiertos los lapsos de recursos administrativos. Pero, una vez firmes, hayan o no causado estado, no pueden ser revisados.

En segundo lugar la Administración, pudiendo revisar un acto por no haber creado derechos a favor de particulares, debe para ello respetar el principio de la jerarquía formal de los actos que se desprende de la misma jerarquía administrativa. En este caso, si bien es cierto que el superior jerárquico puede revisar los actos del inferior, éste no puede revisar los actos de aquél.

Por último, respetadas las dos reglas anteriores, la Administración debe tener en cuenta la jerarquía material de los actos en respeto del aforismo: Tu *patere legem quam ipse fecisti*, es decir, el deber de respetar la norma que ella misma dictó. En este sentido la

---

70 CSJ–PA–26–1, 15–3–62. CF–94–3, 24–11–53.
71 CF–54–1, 5–8–58. CSJ–PA–90–1, 4–12–61.
72 CFC–CP–16–1, 30–5–52.
73 CF–33–2, 17–7–53. CFC–CP–16–1, 30–5–52.
74 CSJ–PA–21–1, 28–2–62.

Administración debe, generalmente, dictar sus actos individuales conforme a los actos reglamentarios que ella misma ha dictado. Pero si ella tiene el derecho de revocar el Reglamento, mientras no lo haga no puede violarlo. En este mismo sentido, si un acto individual ha sido dictado en fundamento de otro anterior general o individual, la Administración no debe revisar aquél sin hacer lo mismo respecto a éste.

Por ello la cosa juzgada administrativa[75] es también fuente del Principio de la Legalidad Administrativa.

C. Los contratos administrativos

Hemos examinado anteriormente dos actos jurídicos de carácter particular que forman parte del Principio de la Legalidad Administrativa: la decisión de justicia, como acto externo a la Administración, y le acto administrativo como acto jurídico interno y propio de la Administración. Nos corresponde observar ahora un tercer acto jurídico, también fuente, particular de la Legalidad Administrativa: los contratos administrativos, que tienen carácter mixto, pues, si bien no son exteriores a la Administración, ya que ella interviene preponderantemente en su formación, tampoco son obra exclusiva de ella, pues interviene también en su formación un co–contratante externo a la Administración.

La Constitución de 1961 distingue dos categorías fundamentales de contratos administrativos: En primer lugar los contratos administrativos necesarios para el normal desarrollo de la Administración Pública, que los celebra el Presidente de la República o el funcionario competente, sin necesidad de intervención legislativa; y, en segundo lugar, los contratos administrativos que podríamos llamar excepcionales, que requieren para su celebración, o la aprobación posterior del Congreso o la autorización previa[76].

La naturaleza de estos contratos administrativos excepcionales se desprende asimismo de nuestra Constitución: son aquellos de tal importancia para el funcionamiento del Estado mismo, sobre todo desde el punto de vista económico, que la Constitución exige para su celebración, además de la intervención del órgano ejecutivo, la autorización o aprobación del órgano legislativo como supremo representante de la soberanía popular. Tal es el caso, por ejemplo, de los contratos de empréstito público y operaciones de crédito público, que requieren, para su validez, una ley especial que las autorice[77].

En estos contratos administrativos excepcionales, no sólo está interesado en su cumplimiento el Estado mismo, sino que también están interesados los administrados. De ahí la autorización o aprobación legislativa requerida.

Como consecuencia de ello, el Principio de la Legalidad Administrativa tiene un distinto alcance en ambos Contratos administrativos. En los primeros, normales para el desarrollo de la Administración Pública, el Principio de Legalidad tiene efecto restringido, Ínter partes. El Contrato, en principio, tiene efectos sólo entre las partes[78], y sólo las partes están interesadas en su cumplimiento. Ningún tercero, persona pública o particular, puede intervenir en su cumplimiento, ni podría, en ningún caso, acudir a la vía

75 CF–97–1, 15–6–56.

76 Artículo 190, ordinal 15 y artículo 126 de la Constitución.

77 Artículo 231 de la Constitución.

78 El artículo 1.166 del Código Civil dispone: "Los contratos no tienen efecto sino entre las partes contratantes; no dañan ni aprovechan a terceros, excepto en los casos establecidos por la ley".

contenciosa demandando su nulidad. La Corte Suprema sólo tiene competencia legal[79] para conocer en juicio contencioso de las cuestiones suscitadas entre la República y los particulares a consecuencia de contratos celebrados por el órgano ejecutivo. Por ello, sólo las partes contratantes pueden acudir a la vía jurisdiccional cuando lo consideren conveniente, y sólo el co–contratante de la Administración podría exigir jurisdiccionalmente el respeto del contrato y del Principio de la Legalidad Administrativa por parte de ésta. La violación del Contrato como fuente de la Legalidad Administrativa sólo podría ser denunciada por el co–contratante de la Administración cuando ésta lo ha infringido.

Pero, ¿podríamos decir lo mismo respecto de los contratos administrativos excepcionales que requieren aprobación legislativa, en los que, como, hemos dicho, todos los administrados y las mismas personas públicas tienen interés? Ciertamente que no, y por ello es que consideramos que la Constitución ha exigido que, para su celebración, se obtenga la aprobación legislativa. En efecto, en base a esta aprobación legislativa, que se hace por ley especial, cualquier particular o persona pública podrá exigir ante la Corte, no ya el cumplimiento del contrato por alguno de los contratantes, sino el control de la constitucionalidad[80] del mismo. Esa es la principal finalidad de la aprobación legislativa, hacer que los terceros, ciertamente interesados como administrados, puedan exigir la conformidad con la Constitución del contrato, o, lo que es lo mismo, puedan exigir el cumplimiento del Principio de la Legalidad Administrativa.

Pero volvamos a la pregunta que nos habíamos formulado anteriormente: ¿La aprobación legislativa de un contrato administrativo que no sea de los normales para el desarrollo de la Administración Pública, convierte dicho contrato en una Ley o continúa siendo un contrato administrativo?

Indudablemente que continúa siendo un contrato administrativo, y fuente de la Legalidad Administrativa con ese carácter, en cuya observancia están interesados los administrados, por contener, dicho contrato, prestaciones en las que está interesada la vida del Estado mismo.

La aprobación legislativa recaída en esos contratos perfecciona y completa la voluntad administrativa que interviene en la creación del vínculo contractual. El proceso de formación de la voluntad administrativa comprende varias etapas, una de las cuales es la aprobación impartida por el órgano legislativo.

Siempre que un contrato requiera la aprobación del Congreso, el acto aprobatorio emanado de este último constituye una de las manifestaciones de voluntad del Estado, complementaria de la manifestación anterior hecha por el órgano ejecutivo. La decisión aprobatoria de las Cámaras es, por su contenido, un acto administrativo de aprobación, esto es, una declaración de un órgano del Estado, en ejercicio de la función administrativa, que expresa su conformidad con una declaración de voluntad anterior, de otro órgano estatal. Las Cámaras, en efecto, "actúan en esa ocasión en ejercicio de la función

---

79 El artículo 7, ordinal 28 de la Ley Orgánica de la Corte Federal. Sí bien es cierto que ningún tercero puede acudir a la vía contencioso–administrativa demandando la nulidad de un contrato administrativo, en cambio sí se podría lograr obtener su ineficacia por vía de consecuencia: demandando la nulidad del acto administrativo que manifestó el consentimiento y aprobación de la Administración en el contrato.

80 Artículos 126 y 162 de la Constitución. *V.*, asimismo, el artículo 215, ordinal 3 de la Constitución. Al respecto, véase CSJ–CP–27–l, 15–3–62.

administrativa, y el acto de aprobación emanado del Congreso es un acto administrativo emitido con forma de Ley[81].

Los actos de carácter administrativo, como los judiciales, fiscales, etc., lo son por su naturaleza, y por la cuestión que en ellos se ventila, y no cambia ese carácter ni suspende ni restringe la facultad del funcionamiento a quien la ley da competencia para conocer y decidir, la circunstancia de que otra autoridad conozca de asunto semejante y aun conexo con aquél[82]. La aprobación legislativa, por tanto, en nada altera la naturaleza contractual y administrativa del acto aprobado. Sólo permite, y por ello son fuente de la Legalidad Administrativa, que los particulares promuevan un control jurisdiccional de su constitucionalidad, tal como antes hemos expresado. Sin embargo, y ello queda claro, dichos contratos no podrían ser objeto de un recurso contencioso–administrativo de anulación o de plena jurisdicción. Este último sólo estaría en manos del co–contratante de la Administración, pues el contrato sigue teniendo efecto sólo entre las partes.

III. ALCANCE DEL PRINCIPIO

1. La administración reglada y el poder discrecional

La noción de administración reglada se opone tradicionalmente a la noción de competencia o poder discrecional, en lo que respecta al alcance del Principio de la Legalidad Administrativa. Examinemos entonces la razón de esta distinción, la justificación del poder discrecional y el interés de la distinción.

A. Distinción

a. Administración reglada

La antigua Corte Federal ha señalado que la Administración Pública, como órgano de la actividad estatal, "no puede ejercitar sus funciones sino dentro de los precisos límites del derecho positivo, pues la demarcación de éstos constituye garantía establecida en beneficio de los particulares o administrados contra las posibles arbitrariedades de la autoridad ejecutiva"; y ha señalado además "que la administración reglada es aquella cuyos actos están sujetos a las disposiciones de la ley, reglamento o cualquier otra norma administrativa ya que, así como en el Derecho privado el acto jurídico requiere capacidad de parte de quien lo realiza, así también en el Derecho público el funcionario debe actuar con arreglo a los trámites establecidos con miras a la finalidad social buscada"[83]. Por donde se sigue que el acto administrativo, aun siendo dictado por quien tiene

81 *V.* la sentencia de la CFC en SPA de 5–5–17, *Memoria 1938*, tomo I, p. 226. Así también se expresaron los Magistrados J. M. Padilla, J. R. Duque Sánchez, E. Monsalve Casado, J. H. Rosales y E. Lares Martínez en el voto salvado a la sentencia CSJ–CP–27–I, 15–3–62.

82 CFC–CP–40–1, 30–10–52.

83 CF–33–2, 17–7–53. CF–75–1, 23–10–53. Respecto a la noción de Administración reglada en la doctrina, véase: B. Kornprobst, "La compétence liée", *RDP*, 1961, p. 935.

facultades para ello, debe cumplirse en entera conformidad con las condiciones exigidas por la ley.

En definitiva, la Administración actúa bajo competencia reglada cuando las reglas o normas preestablecidas que forman el Principio de la Legalidad Administrativa no le conceden libertad alguna de obrar o de elección entre varias soluciones, sino que le indican qué decisión concreta debe tomar.

El alcance del Principio de la Legalidad Administrativa se manifiesta extraordinariamente rígido en la Administración reglada.

b. El poder discrecional

Pero si toda la actividad de la Administración se realizara bajo la forma de competencia reglada, la función de ella se reduciría a la elaboración mecánica de actos, sin ninguna libertad de apreciación de la oportunidad o conveniencia de los mismos, y sin posibilidad de iniciativa.

De ahí la existencia del poder discrecional de la Administración, según el cual ante unas circunstancias de hecho determinadas, la autoridad administrativa tiene la facultad de apreciar esas circunstancias en punto a su oportunidad y conveniencia y, por tanto, la facultad discrecional de adoptar, suprimir o modificar providencias[84] sin estar condicionada para ello por norma legal expresa.

c. Consecuencias de la distinción

Los casos de competencia reglada son la excepción en Derecho administrativo. Pero si bien esto es cierto, el principio de la Legalidad Administrativa en los casos de competencia discrecional señala a la autoridad unos ciertos límites de apreciación, por lo cual se halla en todo caso encerrada por ciertas prescripciones normativas. De ahí la ausencia de arbitrariedad.

---

84 CFC–CP–19–I, 4–6–52. Respecto al poder discrecional o competencia discrecional, véase: J.M. Hernández Ron, "La Potestad Discrecional *y* la teoría de la Autolimitación de los poderes", *Revista del Colegio de Abogados del Distrito Federal,* Año VI, N° 30–31, 1942, pp. 5 a 9; J.M. Hernández Ron, "La potestad administrativa discrecional", misma *Revista,* año VII, N° 35–36, 1943, pp. 7 a 11; M. Waline, "Le pouvoir discrétionaire de l'Administration et sa limitation par le contrôle juridictionnel", *RDP,* 1930, p. 197; Nicolás, "Le pouvoir discrétionnaire de l'Administration", *Recueil Lambert,* tomo II, p. 36; T. C. Venezia, *Le pouvoir discrétionnaire,* Tesis, Librairie Général de Droit et de Jurisprudence, Paris, 1939; A. Guillois, "De l'arrêt Bouteyre à l'arrêt Barel (Contribution a l'étude du pouvoir discrétionnaire)", *Mélanges Mestre,* Sirey, 1956, p. 297; L. Lopez–Rodo, "Le pouvoir discrétionnaire de l'Administration", *RDP,* 1953, p. 572; J. Megret, "De l'obligation pour l'Administration de procéder a un examen particulier des circunstances de l'affaire avant de prendre une décision discrétionnaire, *EDCE,* 1953, p. 77; P. Stainof, "Du contrôle juridictionnel sur l'exercice du pouvoir discrétionnaire", *Mélanges Nugulesco,* 1935; C. Ferraris, *Il potere discrecionale délla Pubblica Administrazione,* 1939; F. Garrido Falla. "El Tratamiento jurisprudencial de la discrecionalidad administrativa", *RAP,* N° 13, 1954, p. 143; F. Luces Gil, "La discrecionalidad de la Administración en la jurisprudencia del Tribunal Supremo", *Revista de Estadios de la Vida Local,* año IX, N° 53, p. 665; C. J. Friedrich, "Apuntes sobre el valor de la discreción", *Revista de Ciencias Sociales,* Universidad de Puerto Rico, Vol. II, N° 1, 1958; *V.* Marikowski, *Le pouvoir discrétionnaire de l'Administration,* Bruselas, 1958; L. López–Rodó, "La discrecionalidad de la Administración en el Derecho Español", *Revista de Estudios de la Vida Local,* 1947, p. 493.

B. Justificación del poder discrecional

La antigua Corte Federal, ante la interpretación de una norma legal que disponía que "El Ejecutivo Federal, cuando lo estime conveniente, podrá reducir las penas que esta Ley impone..."[85], señalaba[86] que el uso del verbo "poder" en la oración "podrá reducir las penas", del texto citado, indica que se está en presencia de una facultad discrecional de la Administración Pública.

Poder es tener la facultad o el medio de hacer una cosa y facultad, el derecho –no el deber ni la obligación– de hacer una cosa. El Código de Procedimiento Civil, en su artículo 13, da la interpretación jurídica de este verbo, que bien puede aplicarse, no sólo en las actuaciones judiciales, sino también en general. Cuando la ley dice: "El Juez o Tribunal puede o podrá", se entiende que lo autoriza para obrar según su prudente arbitrio, consultando lo más equitativo o racional, en obsequio de la justicia, y de la imparcialidad.

Este poder discrecional, ya virtual, ya expresamente conferido por la Ley, es indispensable para que el Poder administrador, y de una manera más amplia, el Poder Ejecutivo, pueda realizar sus fines de un modo cabal, porque la Ley no puede prever y reglamentar las múltiples, cambiantes y complejas relaciones jurídicas que se producen en la sociedad. De ahí que, por lo general, se limite a determinar normas que fijan la competencia de los diversos órganos administrativos y deja a éstos una cierta libertad de apreciación de los hechos para decidir u orientar su actuación.

Puede decirse, entonces, que el acto discrecional se produce cuando el administrador actúa en ejercicio del poder de libre apreciación que le deja la Ley para decidir si debe obrar o abstenerse, o cómo ha de obrar, o qué alcance ha de dar a su actuación.

Y esta forma de acción es precisamente, dentro de la Administración, la regía general.

C. Interés de la distinción

a. Apreciación de la oportunidad

El interés fundamental de la distinción entre competencia reglada y poder discrecional es la distinción entre legalidad y oportunidad. En el primer caso, la autoridad administrativa debe dictar su decisión enteramente condicionada por la Ley; en el segundo caso la Administración es libre de adoptar su decisión en cuanto a la oportunidad de hacerlo y a la conveniencia de ello[87].

Sin embargo, la apreciación libre de la oportunidad y conveniencia no implica ausencia de legalidad y ni siquiera una excepción al Principio de la Legalidad Administrativa, pues ha sido precisamente la ley quien ha dado la facultad discrecional a la autoridad administrativa.

---

85 Artículo 74 de la Ley de Impuesto sobre sucesiones y otros ramos de la Renta Nacional.

86 CF–85–l, 6–11–58. Sobre la justificación del Poder discrecional en la doctrina francesa, véase: A. Hauriou, "Le pouvoir discrétionnaire et sa justification", *Mélanges Carré de Malberí*, p. 233.

87 CFC–CP–19–1, 4–6–52. Sobre el control de la legalidad y la oportunidad, véase: M. Dubisson, *La distintion entre la légalité et l'opportunité dans la théorie du recoure pour excès de pouvoir*, Tesis. Librairie Général de Droit et de Jurisprudence, Paris, 1958.

b. Control de la oportunidad

La apreciación de la oportunidad y conveniencia tiene un control innato y es el control de la propia Administración. Los medios puestos a disposición de los administrados para lograr ese control son los recursos administrativos o gubernativos y principalmente el recurso jerárquico[88], admitidos por la legislación vigente y por la jurisprudencia administrativa.

Sin embargo, ¿existe en Venezuela el control jurisdiccional de los actos administrativos discrecionales en cuanto a su oportunidad? Al efecto, la antigua Corte Federal ha señalado que "es de la naturaleza de todo acto realizado en ejercicio de una facultad discrecional, el que no pueda ser revisado o anulado por otro Poder en lo que se refiere al mérito o fondo"[89]. Esta conclusión resulta evidente porque, de lo contrario, esa facultad discrecional no sería tal ni propia de un Poder.

Por tanto, la Corte Suprema de Justicia en Sala Político–Administrativa no es competente para controlar jurisdiccionalmente la oportunidad y conveniencia de los actos administrativos discrecionales[90].

c. El control de la legalidad

¿Quiere decir lo anterior que los actos administrativos discrecionales no están sometidos al control de la legalidad por la Corte? Ciertamente que no, y de ahí es que se encuentran sometidos al cumplimiento del Principio de la Legalidad Administrativa.

Todos los actos administrativos, discrecionales o reglados, están sometidos al control jurisdiccional de la Corte, en cuanto a su legalidad. Sin embargo, ya hemos señalado, la Legalidad tiene un alcance más amplio y estricto en la Administración reglada que en la Administración discrecional.

2. Limites del poder discrecional

La autoridad administrativa que actúa en apoyo de un poder discrecional está sometida, en su competencia discrecional, al fin para el cual le ha sido conferida esa competencia. Ello implica, por otra parte, que la potestad discrecional del funcionario administrativo no puede traspasar los lindes de la verdad y de la equidad.

La antigua Corte Federal ha señalado que "es cierto que los componentes de los Poderes Públicos y especialmente del Poder Ejecutivo y del Poder Judicial, así como del Municipal en los Estados y Distrito Federal, pueden realizar actos discrecionales, es decir, que el ente administrativo al tomar la vía de la discrecionalidad queda en libertad de realizar los actos según la libre expresión de las circunstancias. Pero esa discrecionalidad ni implica arbitrariedad ni injusticia, puesto que la Administración Nacional, Estadal o Municipal no obra en pura conformidad a su elección, sino en virtud y como consecuencia de su capacidad condicionada por su fin[91]. Siendo así las cosas, el funcio-

---

88 Véanse CF–54–1, 5–8–58. CF–127–1, 6–12–55; *V.* al respecto: G. Jeze, "Apprétiation par les gouvernements et leurs agents de l'opportunité d'agir: création, organisation et fonctionement du service public", *RDP,* 1943, p. 1.

89 CF–85–1, 6–11–58.

90 En la doctrina francesa, véase: M. Waline, "Etendue et limites du contrôle du juge administratif', EDCE, *Fascículo* N° 10, 1956, p. 25; Reglade, "Du prétendue contrôle juridictionnel de l'opportunité", *RDP,* 1925.

91 CF–2–1, 24–2–56.

nario, al obrar discrecionalmente, tiene que hacerlo sin excederse de su competencia y marcando la exacta correspondencia entre los motivos, el fin perseguido y los medios utilizables.

Por otra parte, la subordinación del acto administrativo a la equidad y verdad significa que el funcionario o la Administración no pueden en modo alguno salirse de los fines que con la norma legal se persiguen, aun en el supuesto de que estén en función las facultades discrecionales del Poder Público[92].

IV. LA ILEGALIDAD

1. Noción

La violación del Principio de la Legalidad Administrativa por una autoridad administrativa vicia el acto administrativo de ella emanado de ilegalidad.

En este sentido entendemos por ilegalidad como la violación, por parte de la Administración, del conjunto de normas o reglas preestablecidas que forman el conjunto de las fuentes del Principio de la Legalidad Administrativa y que han sido dictadas por la autoridad competente para guiar su acción. Por tanto, hay ilegalidad cuando se infringen cualesquiera de las fuentes señaladas con las observaciones especificadas al hablar de las Instrucciones del Servicio y lo señalado respecto de los contratos administrativos.

Ahora bien, es necesario señalar que no toda ilegalidad vicia un acto administrativo con la misma intensidad. Nos limitaremos a estudiar los vicios de ilegalidad susceptibles de ser controlados jurisdiccionalmente y, en este sentido, veremos las formas de la ilegalidad, su control y las consecuencias que produce.

2. Formas de la ilegalidad

A. La inconstitucionalidad

Nuestra jurisprudencia ha distinguido fundamentalmente dos formas de la inconstitucionalidad de los actos administrativos: la inconstitucionalidad propiamente dicha y la usurpación de funciones como vicio de los mismos. Estudiemos separadamente estas dos formas de presentación de la inconstitucionalidad de los actos administrativos.

a. La inconstitucionalidad de los actos administrativos

Los actos administrativos están viciados de inconstitucionalidad cuando la autoridad administrativa que los dictó ha infringido algún precepto, principio o garantía constitucional. La inconstitucionalidad, entonces, debe resultar siempre sin necesidad de alegar ni probar hechos, del antagonismo directo entre el acto administrativo que se impugna y el precepto, principio o garantía constitucional infringida[93].

---

92 CF–182–1, 9–8–57.

93 Artículo 46 de la Constitución. CFC–CP–5–1, 23–2–53.

De ahí la necesidad de que en el respectivo libelo se exprese, como fundamento, la norma constitucional violada[94].

b. La usurpación de funciones

La Constitución de 1961 señala que la Constitución y las Leyes definen las atribuciones del Poder Público y a ellas debe sujetarse su ejercicio. Cada una de las ramas de ese Poder Público, por otra parte, tiene sus propias funciones pero los órganos a los que incumbe su ejercicio colaborarán entre sí para la realización de los fines del Estado. Y agrega después que toda autoridad usurpada es ineficaz y sus actos son nulos[95].

De estos preceptos constitucionales, que con variaciones de redacción se encuentran en nuestra Teoría Constitucional desde la Carta Fundamental de 1858[96], se desprende que hay dos tipos de usurpación de funciones: la usurpación de autoridad y la usurpación de funciones propiamente dicha.

a'. La usurpación de autoridad

El usurpador de autoridad es aquel que la ejerce y realiza sin ningún tipo de investidura, ni regular ni prescrita. El concepto de usurpación, en este caso, emerge cuando una persona que no tiene *auctoritas* actúa como autoridad. De ahí que la autoridad usurpada sea ineficaz y sus actos sean nulos por inconstitucionalidad[97]. Este no es el caso de la actuación del funcionario de hecho.

Por otra parte, es necesario observar que la usurpación de autoridad implica la usurpación de funciones, por eso la calificamos como una forma de esta última.

b'. La usurpación de funciones

Existe, por otra parte, usurpación de funciones cuando una autoridad, al dictar un acto, incurre en una incompetencia constitucional; y sólo puede considerarse incompetencia constitucional, propiamente hablando, aquella que resulta cuando una de las ramas del Poder Público usurpa funciones correspondientes a otra rama del mismo Poder Público[98], es decir, cuando un órgano del Poder Legislativo, por ejemplo, realiza funciones propias del Poder Judicial. La misma incompetencia constitucional se presenta cuando, por ejemplo, un órgano del Poder Municipal o Estadal usurpa funciones del Poder Nacional en cualquiera de sus ramas. En ambos casos se violan disposiciones "atributivas de competencia constitucional"[99].

Esta usurpación de funciones es lo que la antigua Corte Federal denominó en algunos fallos "exceso de poder jurisdiccional"[100], como vicio de los actos administrativos. Y siguiendo el criterio de la Corte, el exceso de poder jurisdiccional, por contraposición al "exceso de poder administrativo", se confunde con la usurpación de funciones y se relaciona con la inconstitucionalidad de los actos administrativos y, en general, con los ac-

94 CFC–CP–42–1, 26–11–52.

95 Artículos 117 al 119 de la Constitución.

96 CFC–CP–14–1, 12–6–51.

97 Artículo 119 de la Constitución.

98 Artículo 118 de la Constitución. Cuando un órgano ejecutivo, por ejemplo, realiza un acto atribuido a un órgano legislativo o jurisdiccional.

99 Artículos 17, 18, 29, 31 y 136 y Títulos V, VI y VII de la Constitución.

100 CF–*94*–1, 14–11–53. CF–32–2, 2–6–58.

tos del Poder Público, por violación de preceptos estampados en la Carta Fundamental, debido a inversiones o interferencias de un Poder a otro.

Esta usurpación de funciones es lo que nuestras Constituciones anteriores llamaban, a nuestro juicio impropiamente, "extralimitación de atribuciones y facultades" o "usurpación de atribuciones"[101].

Es necesario insistir en este concepto de usurpación de funciones, que sólo vicia a los actos administrativos, cuando la autoridad que los dicta actúa con inversiones o interferencias de un Poder a otro. Es decir, se está en presencia de la forma más burda, grosera y radical de incompetencia. La usurpación de funciones es, así, el grado mayor de incompetencia.

Pero debemos dejar muy claro que no constituye usurpación de funciones la incompetencia en menor grado que vicia el acto administrativo, cuando la autoridad administrativa que lo dicta asume atribuciones o facultades que le están encomendadas a otra autoridad administrativa. En este caso hay extralimitación de atribuciones o, si se quiere, usurpación de atribuciones, pero nunca habrá una usurpación de funciones, pues ambas autoridades ejercen la misma función administrativa. Por ello, en este caso sólo hay un vicio de ilegalidad, de incompetencia legal, que examinaremos más adelante bajo el nombre de "extralimitación de atribuciones", pero no hay un vicio de inconstitucionalidad que, en materia de incompetencia, sólo existe cuando se usurpa una "función" del Estado que no se tiene poder para ejercer.

c'. Precisión terminológica

Creemos imprescindible aclarar, una vez más, los términos que hemos empleado y que, según la terminología de la Constitución vigente de 1961, estimamos los correctos. Insistimos tanto en ello, pues, sí bien es cierto que la Corte en algunos fallos ha sido lo relativamente clara y precisa para deducir el significado exacto de los términos, en algunos otros numerosos fallos ha reinado, en nuestro concepto, una lamentable confusión de términos[102].

La usurpación de funciones es siempre un vicio de inconstitucionalidad, pues las funciones del Estado están definidas fundamentalmente por la Constitución. En cambio la usurpación de atribuciones puede ser vicio de inconstitucionalidad o de ilegalidad, pues las atribuciones no sólo están señaladas en la Constitución sino también en las leyes (artículo 118 de la Constitución). Así, hay usurpación de atribuciones cuando una autoridad usurpa una atribución de otra autoridad, ambas en ejercicio de la misma función estatal y, por tanto, generalmente, pertenecientes al mismo Poder; pero también hay usurpación de atribuciones cuando una autoridad en ejercicio de una función estatal dada usurpa atribuciones de otra autoridad perteneciente a otro Poder estatal, en cuyo caso también usurpa la función.

Por tanto, si queremos evitar los términos confusos y equívocos, tenemos que desechar el de usurpación de atribuciones cuando queremos calificar el vicio de incompe-

---

101 Artículo 41 de la Constitución de 1953; artículo 84 de la Constitución de 1947; artículo 42 de la Constitución de 1936. Una cosa es la Función y otra la Atribución; la Función es el género, la Atribución la especie. Cuando se usurpa la Función se usurpa, como consecuencia, la Atribución; pero cuando se usurpa la Atribución no necesariamente se usurpa la Función, ya que la usurpación de la Atribución puede ser realizada por una autoridad con atribuciones propias dentro de la misma Función.

102 CF–32–1, 2–6–58. CF–33–1, 17–7–53. CFC–CP–14–1, 12–6–51.

tencia constitucional que hemos denominado usurpación de funciones. Y ello porque el término usurpación de funciones sólo nos puede indicar *ese vicio* de incompetencia constitucional; en cambio el término usurpación de atribuciones nos puede indicar tanto un vicio de inconstitucionalidad como un vicio de ilegalidad, como hemos visto. La usurpación de funciones implica, claro está, que también se usurpa la atribución y es siempre un vicio de inconstitucionalidad; en cambio la usurpación de atribuciones no conlleva necesariamente la usurpación de la función y, por tanto, no siempre es un vicio de inconstitucionalidad.

Por tanto no es correcto decir, como lo ha hecho la Procuraduría General de la República, que la usurpación de funciones es sinónima de la usurpación de atribuciones[103].

En definitiva adoptamos la siguiente terminología, que nos parece la más adecuada y que no da lugar a confusión:

a". La *usurpación de autoridad*, tal como se desprende de la Constitución en su artículo 119, es el vicio que acompaña a todo acto dictado por una persona desprovista totalmente de autoridad. No es el caso de la actuación del "funcionario de hecho" y, por tanto, siempre es un vicio de inconstitucionalidad.

b". La *usurpación de funciones* es el vicio que acompaña a todo acto dictado por una autoridad que, para dictarlo, se ha arrogado funciones que corresponden a otra autoridad perteneciente a otra rama del Poder Público distinta de la que ella pertenece. Se trata siempre de un vicio de inconstitucionalidad[104]. Este vicio de usurpación de funciones se ha calificado también como extralimitación de funciones pues, ciertamente, toda autoridad que se extralimite en su función, sea legislativa, jurisdiccional, administrativa o de gobierno, e invada la función de otra distinta, comete una usurpación de funciones.

c". La *extralimitación de atribuciones* es, como veremos, la incompetencia de orden legal que vicia al acto administrativo: la autoridad que se extralimita de su atribución e invade atribuciones de otra autoridad, siempre dentro del mismo Poder y en ejercicio de la misma función estatal, comete una extralimitación de atribuciones. Se trata siempre de un vicio de orden legal.

Muchos de los fallos confusos de nuestra Corte[105] tienen una explicación parcial: el hecho de que las Constituciones anteriores emplearan indistintamente los términos extralimitación de facultades y atribuciones o usurpación de atribuciones para calificar la usurpación de funciones[106]

En la Constitución actual, por otra parte, no hay posibilidad de confundir la "extralimitación de atribuciones" con la "usurpación de funciones". Ambos son vicios distintos: el primero, cuando se refiere a la actividad administrativa, como veremos, es una incompetencia de orden legal; el segundo, como hemos visto, es una incompetencia de orden constitucional y, por tanto, mucho más grave que la primera.

---

103 Escrito dirigido a la Corte Federal en 17 de noviembre de 1960, *Informe de la Fiscalía General de la República al Congreso en 1960*, Caracas, 1961 p. 531.

104 Artículo 118 de la Constitución. CF–94–1, 24–11–53.

105 CF-101-1, 25-9-54. CF-33-1, 17-7-53.

106 Artículo 41 de la Constitución de 1953; artículo 84 de la Constitución de 1947; artículo 42 de la Constitución de 1936.

B. La ilegalidad

Vistos ya los vicios de inconstitucionalidad administrativa, nos corresponde examinar ahora los vicios de ilegalidad administrativa o ilegalidad de los actos administrativos propiamente dicha. Veremos sucesivamente la incompetencia legal o extralimitación de atribuciones, el abuso o exceso de poder, la desviación de poder, los vicios de forma y la contrariedad al Derecho en general que pueden viciar a los actos administrativos[107].

a. La extralimitación de atribuciones

La extralimitación de atribuciones en materia administrativa y, en su concepto propio, supone, según la terminología constitucional[108], la invasión o interferencia de un funcionario administrativo en atribuciones que no le corresponden y que están atribuidas específicamente a otra autoridad administrativa. En nuestra Constitución vigente la extralimitación de atribuciones no es más que esto, es decir, la incompetencia legal que vicia al acto administrativo cuando su autor se extralimita de sus propias atribuciones e invade las de otra autoridad dentro del mismo Poder Administrativo.

Por otra parte es necesario volver a insistir en lo ya dicho: no debe confundirse lo administrativo con lo constitucional. La extralimitación de atribuciones es una incompetencia de orden administrativo, de orden legal; la usurpación de funciones es una incompetencia de orden constitucional. La extralimitación de atribuciones es una incompetencia que proviene de la actividad administrativa dentro de la función administrativa y puede ser, en razón de la materia, del territorio, del tiempo, del grado jerárquico o de los poderes legales conferidos. La usurpación de funciones, en cambio, es una incompetencia de orden constitucional que deriva de la propia Constitución y que es, en nuestro régimen constitucional, una incompetencia político–social. La finalidad de su regulación ha sido, históricamente, amparar la Constitución contra la acción violenta y arbitraria. Nuestra Constitución sanciona los actos viciados de usurpación de funciones o, como alguien la ha llamado, "usurpación de poder"[109], con la ineficacia o nulidad radical, como proveniente de autoridad usurpada, de una autoridad ilegítima, de una autoridad

107 Artículo 206 de la Constitución. Sobre un completo estudio doctrinal respecto a los vicios del acto administrativo, véase: F. Garrido Falla, "Los Motivos de impugnación del acto administrativo", *RAP*, N° 17, 1955, pp. 11 y ss.; también véase el libro del mismo autor: *Régimen de impugnación de los Actos Administrativos*, Instituto de Estudios Políticos, Madrid. 1956. *V.*, asimismo, De Soto, *Contribution á la théorie des nullilés des actes administratifs unilateraux,* Tesis. París, 1942.

108 Artículo 159 de la Constitución. En efecto, este es el único artículo de la Constitución que habla de la "extralimitación de atribuciones", cuando establece: "Los actos de los cuerpos legislativos en ejercicio de sus atribuciones privativas no estarán sometidos al veto, examen o control de los otros poderes, salvo lo que esta Constitución establece sobre ex trai imitación de atribuciones". El artículo, aunque en su fondo no nos interesa para lo que ahora aclaramos, en su forma y por la terminología empleada, nos es de gran utilidad. En efecto, se señala que hay atribuciones privativas de los cuerpos legislativos, es decir, del Senado y de la Cámara de Diputados; y que en el ejercicio de esas atribuciones no están dichos cuerpos sometidos al control de otro Poder del Estado, salvo lo que se establezca sobre la ex trai imitación de atribuciones. Ahora bien, en el sentido del artículo, extralimitación de atribuciones no puede ser otra cosa que la interferencia de un cuerpo legislativo en las atribuciones privativas de otro, y esto nunca puede ser igual a la usurpación de funciones. Un comentario completamente al margen, pero útil como observación jurídica: la Constitución no establece nada, en ninguno de sus artículos, sobre la extralimitación de atribuciones... Sobre la incompetencia como vicio de los actos administrativos en la doctrina, véase: Auby, "L'incompétence ratione temporis", *RDP*, 1953, p., 5; M. S. Giannini, "In tema di vizio di incompetenza dell'atto amministrativo"; *Giurisprudenza completa della Corte Suprema di Cassazione,* 1946, II, p. 570; Sandulli, "Per la delimitazione del vizio di incompetenza degli atti amministrativi". *Rassegna di diritto pubblico*, 1948, I, p. 25.

109 Voto salvado del Magistrado Rafael Ángel Camejo a la sentencia CFC–CP–64–1, 8–8–51

fundada en la arbitrariedad o en la violencia o en cualquier otro hecho desprovisto de respaldo legal.

En cambio, en la extralimitación de atribuciones no hay en juego un interés social, ni conviene declarar tampoco los actos con ese vicio como desprovistos de toda existencia jurídica. En estas situaciones los actos sólo son anulables.

En todo caso debemos expresar que estamos hablando de vicios de los actos administrativos, y éstos son ejecutados en cumplimiento de la Ley. Por ello la extralimitación de atribuciones como vicio de los actos administrativos siempre es un vicio de ilegalidad. No sucede lo mismo, por supuesto, respecto a la extralimitación de atribuciones, por ejemplo, de los cuerpos legislativos. Sólo en la Constitución se establecen las atribuciones privativas de cada Cámara; ninguna ley lo hace, pues la actividad legislativa se realiza en ejecución directa de la Constitución. Por ello la extralimitación de atribuciones, en este caso, corresponde propiamente a problemas de Derecho Constitucional y es un vicio de inconstitucionalidad.

Aquí sólo hablamos de extralimitación de atribuciones de la autoridad administrativa y como vicios de los actos administrativos.

b. El abuso o exceso de poder

En Francia, el Recurso por Exceso de Poder nació y es empleado para impugnar a los actos administrativos viciados de ilegalidad[110]. No se emplea el término "exceso de poder" para calificar un vicio de ilegalidad de los actos administrativos sino para indicar el principal recurso contencioso–administrativo de anulación. En este sentido el recurso por exceso de poder es la acción por la cual toda persona que tenga interés en provocar la anulación de un acto administrativo ejecutorio puede ocurrir al juez de lo contencioso–administrativo en razón de la ilegalidad de ese acto[111].

Nuestra jurisprudencia no utiliza el término "exceso de Poder" para calificar el recurso contencioso–administrativo de anulación. En múltiples fallos, la antigua Corte Federal[112] ha utilizado dicho término para indicar un vicio de ilegalidad del acto administrativo. Y, en este sentido, lo asimila al abuso de poder[113]. También en otros fallos, erradamente en el sentido general de nuestra jurisprudencia, la Corte Federal calificó la extralimitación de funciones como exceso de poder[114] y la desviación de poder también como exceso de poder[115].

110 Sobre la evolución histórica del Recurso por Exceso de Poder en Francia, véase: P. Landon, *Histoire abrégée du recours pour excès de pouvoir des origines à 1934,* Librairie Général de Droit et de Jurisprudence, París, 1962; P. Lampue, "Le développement historique du recours pour excès de pouvoir depuis ses origines jusqu'au debout de XXe. siècle", *RISA,* 1954, N° 2; Imbert, *L'évolution du recours pour excès de pouvoir (1872–1900),* Dalloz, Paris, 1952.

111 Sobre el recurso por exceso de poder en la doctrina, véase: J. Fournies y G. Braibant, "Recous pour excès de pouvoir". *Répertoire de Droit Public et Administratif,* Dalloz, Paris; Arias De Velasco, "El Recurso por exceso de poder". *Revista de Derecho Público*, Madrid, 1934.

112 CF–182–1, 9–8–57. CF–2–1, 24–2–56. Sobre el exceso de poder como vicio del acto administrativo, véase: S. Martin–Retortillo, "Exceso de poder como vicio del acto administrativo", *RAP,* N° 23, 1957, pp. 83 y ss.; Resta, "La natura giuridica dell'eccesso di potere come vizio degli atti amministrativi". *Studi per P. Cammeo,* Padua, Vol. II, 1933, p. 383; Forti, "In tema di eccesso di potere", *P. I.,* 1937, III, p. 122.

113 CF–182–I, 9–8–57. CF–2–1, 24–2–56.

114 CF–182–1, 9–8–57. CF–2–1, 24–2–56.

115 CF–94–1, 24–11–53. CF–182–1, 9–8–57.

Trataremos de sacar en claro cuál es el sentido correcto que domina en la jurisprudencia administrativa de la Corte, cuando se ha atenido a la competencia que le da la Ley Orgánica de la Corte Federal para declarar la nulidad de los actos administrativos por abuso de poder[116].

En sentencia de 9 de agosto de 1957, la antigua Corte Federal ha señalado[117] que "un acto administrativo puede haber sido dictado por el órgano competente aun dando cumplimiento a los preceptos de la ley positiva –y en tal caso no podría tildárselo propiamente de 'ilegal' en el sentido estricto de la palabra–; pero, dentro de esa apariencia de legalidad, el acto puede adolecer de otros vicios, como el de exceso o abuso de poder, contemplado por el ordenamiento jurídico venezolano".

Claramente observamos que, en Venezuela, el exceso de poder o abuso de poder no es un recurso jurisdiccional sino que es un vicio de ilegalidad de los actos administrativos. Y, en este sentido, continúa la Corte señalando[118] que cuando la ley venezolana habla de "abuso de poder para sancionar con la nulidad los actos administrativos que lo contengan, no se contrae exclusivamente a la transgresión de normas constitucionales o legales expresas, sino que mira también otros vicios que pueden infirmar los actos de la administración. Por eso distingue netamente entre ilegalidad o abuso de poder, y este abuso de poder puede cometerlo cualquier funcionario aun en el caso de darle cumplimiento estricto a la norma escrita, ley positiva o precepto legal expreso, porque en la aplicación de ese precepto legal bien puede haber tergiversado los presupuestos de hecho que autorizaban la actuación del funcionario".

Y agrega la Corte en el mismo fallo[119] "que no debe confundirse el abuso de poder con la desviación de poder, pues el primero consiste únicamente en hacer uso indebido del poder que es atribuido al funcionario, independientemente del fin[120] logrado, bien porque se tergiverse la verdad procesal denudándose los hechos o bien por cualquier otra causa". El abuso de poder sostuvo la Corte "se caracteriza más que en ningún otro aspecto en el llamado *travisamento dei facti* del Derecho italiano, o sea, lo que la doctrina procesal denomina 'tergiversamiento', reglamentado en el artículo 435 del Código de Procedimiento Civil así: "Cuando los jueces hayan dado por probado un hecho con pruebas que por la ley sea improcedentes para demostrarlo; cuando a una prueba que no reúna los requisitos exigidos por la Ley le hayan dado, sin embargo, los efectos que ésta le atribuye como si estuviera debidamente hecha; cuando basen sus apreciaciones en falso supuesto, atribuyendo la existencia en un instrumento o acta del expediente de menciones que no contenga, o dando por demostrado un hecho con pruebas que no aparezcan en autos, o cuya inexactitud resulte de actas o instrumentes del expediente mismo no mencionados en la sentencia' ".

Pues bien, esto mismo es lo que se presenta en el Derecho administrativo cuando la Administración, sin violar un precepto legal, realiza un acto en el que altere la verdad que sirve de presupuesto a éste; no podría ciertamente decirse que ha cometido una efectiva transgresión de la Constitución y las leyes, pero no puede caber duda de que el acto así cumplido está gravemente viciado por exceso de poder[121]. Y ello porque la po-

116 Ley Orgánica de la Corte Federal, artículo 7, ordinal 9.
117 CF–182–I, 9–8–57.
118 CF–182–1, 9–8–57.
119 CF–182–1, 9–8–57.
120 Característica de la Desviación de Poder. V. N° 40.
121 CF–182–1, 9–8–57.

testad discrecional del funcionario administrativo, lo mismo que la del juez, no puede atravesar y traspasar los lindes de la verdad y de la equidad.

De lo expuesto, claramente se deduce qué entiende la jurisprudencia por vicio de exceso o abuso de poder de los actos administrativos. Observamos que no se trata de un recurso contencioso–administrativo sino de un vicio del acto administrativo. Observamos, asimismo, que se trata de un vicio totalmente distinto del vicio de incompetencia por extralimitación de atribuciones, sobre la que ya hemos hablado. Veremos también, seguidamente, que este vicio del acto administrativo es completamente distinto de la desviación de poder.

El vicio de abuso o exceso de poder es, en definitiva, el vicio que acompaña al acto administrativo cuando el agente que lo cumplió hizo uso indebido del poder legal que le fue atribuido para su actuación por la ley, y en este sentido el más característico es aquel que acompaña a los actos administrativos cuando el funcionario que los ha dictado modificó los presupuestos de hecho que autorizaban su actuación, alterando, como consecuencia, la verdad de esos presupuestos de hecho del acto administrativo. Estos presupuestos de hecho son los que configuran la causa del acto administrativo[122].

c. La desviación de poder

Ha señalado la antigua Corte Federal que están afectados con vicio de desviación de poder aquellos actos que, a pesar de conservarse siempre formal y aparentemente dentro de los limites de las facultades discrecionales, "éstas son usadas para fines distintos de aquellos para los cuales fueron atribuidas al funcionario" esas facultades[123].

Esta clara noción de la Corte nos indica que no puede confundirse la desviación de poder, creación del Consejo de Estado francés (*detournement de pouvoir*)'[124] con el exceso o abuso de poder antes estudiado. Con el primero se obtiene una finalidad distinta de la buscada por el legislador, en el segundo se hace uso indebido del poder que le es atribuido al funcionario, independientemente del fin logrado, bien porque se tergiverse la verdad procesal denudándose los hechos, o bien por cualquier otra causa.

Las autoridades administrativas no pueden obrar ad libitum cuando están de por medio los derechos de los administrados. Los actos administrativos pueden adolecer de vicios que acarrean su nulidad, aun cuando tales actos no violen los preceptos constitu-

122 Sobre la causa del acto administrativo como uno de los requisitos de fondo, véase: G. Vedel, *Essay sur la notion de cause dans le Droit Administratif.* París, 1934; Forti, "Il motivi e la causa negli atti amministrativi", *Studi di Diri no Pubblico,* 1937, Vol. 3, p. 477; Bodda, "Opinioni sulla causa nell' atto amministrativo", *Studi in onore di Santi Romano,* Vol. II, p. 59; Gasparri, *La causa degli atti amministrativi,* Pisa, 1942; R. Núñez Lagos, "La causa del acto administrativo", *Estudios en Homenaje a Jordana de Pozas,* Vol. I, Madrid, 1961, pp. 65 y ss.; R. E. Charlier, "La cause dans la jurisprudence administrative récente", *JP,* 1950, 871. *V.* el N° 94.

123 CF–182–1, 9–8–57. Sobre la desviación de poder como vicio del acto administrativo en la doctrina, véase: S. Martin–Retortillo Baquer, "La desviación de poder en el Derecho Español", *RAP,* N° 22, 1957, pp. 129 y ss.; A. Serra Piñar, "El recurso por desviación de poder". *Revista de la Facultad de Derecho de Madrid,* 1942, número en homenaje a Gascón y Marín, pp. 181 y ss.; Martínez Useros, "Desviación de Poder", *Anales de la Universidad de Murcia,* 1955–1956; Ferrero, "Lo sviamento di potere della Pubblica Amministrazione", *Annali della Facultà di Giurisprudenza dell'Università di Peruggia,* 1929, p. 294; Rovelli, "Lo sviamento dì potere", *Scritti per G. Vaccbelli,* Milán, 1936, p. 447; M. F. Calvero Arévalo, "La desviación de poder en la reciente jurisprudencia del Tribunal Su– premo", *RAP,* N° 50, 1959, pp. 105 y ss.; M. Lagrange, "Le détourne– ment de pouvoir en droit comparé", *RDP,* 1955, p. 581; Lemasurier, "Le preuve dans le détournement de pouvoir", *RDP,* 1959, p. 36; R. Vidal, "L'évolution du détournement de pouvoir dans la jurisprudence administrative", *RDP,* 1952, pp. 275 *y* ss.

124 M. Long, P. Weil y G. Braibant, *Les grands arrêts de la jurisprudence administrative,* Sirey, Paris, 1962, pp. 19 y ss.

cionales o legales y con ellos no se usurpe atribuciones el funcionario que los profiere. Estamos entonces, ha señalado la antigua Corte Federal[125], en presencia de un acto administrativo viciado de desviación de poder, pues, aun siendo dictado por quien está facultado para hacerlo y en forma tal que aparece subordinado a la ley, "en su espíritu o en el fondo es realmente contrario a la finalidad del servicio público" o de los principios que informan la función administrativa. No es que el agente público carezca de competencia para ejecutar el acto; ni que éste choque con una disposición legal o norma obligatoria; ni que se omitan determinadas formalidades exigidas por la ley; sino que, no obstante emanar el acto de la autoridad competente y encuadrarse objetivamente dentro de la ley, repugne a los principios de la equidad y, de consiguiente, amenace el funcionamiento regular y seguro de los servicios públicos que, "en un Estado de Derecho como el que garantiza nuestro ordenamiento jurídico, ha de constituir meta invariable, como genuina expresión de democracia orgánica".

La actividad administrativa en el Estado de Derecho está condicionada por la Ley a la obtención de determinados resultados; por ello no puede la Administración Pública procurar resultados distintos de los perseguidos por el legislador, aun cuando aquéllos respondan a la más estricta licitud y moralidad, pues lo que se busca es el logro de determinado fin, que no puede ser desviado por ningún motivo, así éste sea plausible.

La Ley atribuye a la autoridad administrativa el ejercicio de cierta y determinada facultad, pero se la atribuye para obtener un determinado fin o para alcanzar determinado objetivo; si la autoridad administrativa se sirve de tal poder que, efectivamente, le ha sido conferido, para obtener un fin distinto de aquel buscado por la ley, desvía la finalidad de ésta, y por ello se dice que los actos que así dicte están viciados de "desviación de poder".

De esta noción jurisprudencial de la desviación de poder podemos concluir que hay dos tipos característicos de este vicio: uno general y otro particular. Se comete desviación de poder general cuando la autoridad administrativa al actuar no persigue el fin general que caracteriza la función administrativa: *la finalidad de servicio público*. Se comete, por otra parte, desviación de poder particular cuando la autoridad administrativa al actuar no persigue el fin determinado, concreto y específico para cuya consecución le ha sido conferido por la ley el poder y la posibilidad de desarrollar esa acción.

En la Constitución vigente de 1961[126], por primera vez en nuestro ordenamiento jurídico positivo se ha empleado el término "desviación de poder" para indicar un vicio del acto administrativo. Sin embargo, ya había aceptado la jurisprudencia administrativa de la Corte este vicio, tal como se desprende en los fallos anteriormente señalados.

Por otra parte, antes de la aparición de la Constitución vigente, el vicio de desviación de poder se desprendía indirectamente de la facultad reglamentaria que se le atribuía al Presidente de la República en todas nuestras Constituciones anteriores[127]. En efecto, se facultaba al Presidente de la República para reglamentar total o parcialmente las leyes "sin alterar su espíritu, propósito y razón". De ahí se desprendía que un acto reglamentario contrario a esas finalidades señaladas por la ley estaba viciado de desviación de

125 CF–102–1, 28–9–54. CF–94–1, 24–11–53.

126 Artículo 206 de la Constitución

127 Artículo 108, ordinal 2° de la Constitución de 1953; artículo 198, ordinal 10 de la Constitución de 1917: artículo 104, ordinal 10 de la Constitución de 1936.

poder[128]. Eso mismo lo aceptaba la antigua Corte Federal y de Casación[129] cuando expresaba que "se altera el espíritu de la ley cuando el acto reglamentario contiene excepciones o sanciones no previstas en la ley o disposiciones contrarias a los fines perseguidos por el legislador".

Nuestra Constitución actual, en su artículo 206, señala que los órganos de la jurisdicción contencioso–administrativa son competentes para anular los actos administrativos generales o individuales contrarios a derecho, "incluso por desviación de poder". La fórmula "contrarios a derecho" es una enunciación general que evita una enumeración que puede ser peligrosa al dejar afuera algunos actos administrativos. La Exposición de Motivos de la Constitución señala que "a título simplemente aclaratorio se agregaron las palabras 'incluso por desviación de poder' ". En realidad esto último no era necesario, porque el acto producido con desviación de poder es también contrario a derecho, pero pareció conveniente ponerlas en el texto constitucional para evitar las dudas que se han producido en otros países.

d. El vicio de forma

La antigua Corte Federal y de Casación en 1937 ya señalaba que, "cuando la Ley crea formas especiales para el cumplimiento del acto administrativo, quiere decir que el acto debe estar rodeado de todas aquellas garantías necesarias para que pueda producir su efecto". Mas es necesario que la misma Ley establezca, de manera categórica, las formas en que ha de cumplirse el acto, y sólo así es cuando el acto cumplido fuera de esas formalidades legales llega a estar viciado de nulidad.

Pero agregaba la Corte, "cuando la ley no establece esas formas especiales para el acto, sino que únicamente establece la facultad de cumplir el funcionario tal o cual acto, la forma de expresión de la Administración Pública puede hacerse en las condiciones que juzgue más conveniente y racional el funcionario público, siempre que esa forma de expresión demuestre claramente la voluntad de la Administración"[130].

La ausencia de una legislación sobre procedimientos administrativos en Venezuela dificulta la construcción sistemática del procedimiento constitutivo del acto administrativo. De ahí la libertad absoluta que daba la Corte al funcionario público para la construcción de la forma de su actividad. Sin embargo, la práctica administrativa y la misma jurisprudencia administrativa de la Corte, fundamentalmente, han elaborado de manera parcial el formalismo del acto administrativo. Formalismo que algunas leyes especiales han acogido. Examinaremos separadamente los principios fundamentales establecidos por la Corte sobre la forma del acto administrativo, con especial referencia a sus vicios.

a'. El vicio de forma en relación con la manifestación de voluntad de la Administración

La Corte Suprema de Justicia ha señalado que "mediando en un asunto la intervención del Estado, su declaración de voluntad... se expresa dentro de un proceso formativo que se desarrolla de acuerdo con la ley y con fundamento en la observancia de ciertas

---

128 *V.* al respecto Antonio Moles Caubet, "Le contentieux de la légalité des actes administratifs", en *Bulletin de la Société de Legislation Comparé, RIDC,* año 4, Nº 3, 1952, pp. 611 y ss.

129 CFC–CP–19–1, 4–6–52.

130 *Resumen* CFC–SPA, 1936–1939, sentencia de 7–12–37 (*Memoria de 1938*, tomo I, p. 374). Sobre el vicio de forma de los actos administrativos en la doctrina, véase: G. Belia. "Le vice de forme et le contrôle de la légalité des actes administratifs, *RDP,* 1941, pp. 397 y ss.

formalidades por parte de quien pueda cumplirlas en ejercicio de la función pública, porque tenga capacidad para obrar e intervenir... como sujeto de derecho". Según este principio, no podrá haber manifestación legítima de voluntad cuando se dejan de cumplir las formas requeridas o cuando se han cumplido de manera irregular o distinta, porque la manifestación así emanada "no responde a la verdadera voluntad de la Administración"[131].

Por tanto, los vicios de error y dolo del derecho común se aplican a la manifestación de voluntad de la Administración, en tanto en cuanto conlleven un vicio de ilegalidad. Respecto al vicio de violencia, la Constitución vigente ha establecido[132] que es nula toda decisión acordada por requisición directa o indirecta de la fuerza o por reunión de individuos en actitud subversiva.

En todo caso, cuando la manifestación de la Administración no responde a su verdadera voluntad, el acto de ella emanado contiene un vicio de forma susceptible de producir la anulación del acto administrativo.

b'. El vicio de forma en relación con la motivación del acto administrativo

El motivo o la causa del acto administrativo es el antecedente que lo provoca. Un acto administrativo se integra con tal elemento cuando existe previa y realmente una situación legal y de hecho y cuando esa situación es la que el legislador ha previsto con miras a la actuación administrativa. De ahí que, vinculado o discrecional el poder de la Administración Pública, cuando están de por medio el interés colectivo y los derechos subjetivos de los administrados, todo acto administrativo ha de ser motivado, o mejor dicho, fundamentado con los razonamientos en que se apoya. En este orden de ideas ha señalado la antigua Corte Federal[133] que "la forma del acto en lo tocante a la motivación del mismo ha llegado a considerarse sustancial, en razón de que la ausencia de fundamentos abre amplio campo al arbitrio del funcionario. En efecto, en tal situación jamás podrían los administrados saber por qué se les priva de su derecho o se les sanciona".

Por canto, según nuestra jurisprudencia, la ausencia de motivación o de razonada fundamentación vicia al acto administrativo.

Sin embargo, ante la ausencia de legislación procedimental administrativa no puede pretenderse que los actos administrativos cumplan con todos los requisitos y formalidades que para las sentencias establece la legislación procesal civil. No es posible equiparar, en su aspecto formal, la decisión gubernamental con la sentencia como acto típico que es de conclusión normal del proceso civil[134].

c'. El vicio de forma en relación a la notificación del acto administrativo

En relación a la necesidad de notificación de los actos administrativos, la antigua Corte Federal ha señalado que en el juicio ordinario, cuando llega la oportunidad de sentencia, las partes están a derecho y, si por cualquier circunstancia extraordinaria, no ocurriere así, deberán ser citadas previamente al acto de decisión, con indicación del día y

---

131 CSJ–PA–97–1, 14–12–61.

132 Artículo 120 de la Constitución. Al respecto, véase: Cammeo, "I vizi di errore e di violenza negli atti amministrativi, *G.I.*, 1913, III, p. 114.

133 CF–182–1, 9–8–57.

134 CSJ–PA–17–3, 19–2–62. *V.*, asimismo, sentencia de la CFC en SPA de 29–3–38 *(Memoria* 1939, tomo I, p. 199) y sentencia de la CFC en SPA de 15–12–36 (*Memoria 1937*, tomo I, p. 237).

hora en que ella habrá de pronunciarse. "Es lógico, pues, que el lapso de apelación comience a correr desde la audiencia siguiente, ya que los interesados están en cuenta o deben estarlo, de la automática apertura de ese lapso. En la tramitación administrativa no ocurre igual cosa". Como sucede en muchos casos, las actuaciones de los funcionarios no están sometidas a plazos previamente determinados; esas actuaciones, por lo general, no son públicas en el sentido de que el interesado no tiene acceso fácil al expediente administrativo y, por lo tanto, el procedimiento se desarrolla prácticamente a sus espaldas. Por ello, en el orden administrativo es unánimemente aceptada la práctica sancionada hoy por todas las leyes sobre esta materia, que la notificación de las resoluciones se haga, de ordinario, por su publicación en el órgano oficial cuando el acto es general. Pero, si el acto es individual, es preciso su notificación especial al interesado por medio de oficio, dejándose constancia también escrita del día y la hora en que se entrega al propio interesado. Sin embargo, algunas leyes especiales establecen la notificación de actos administrativos individuales por su publicación en un órgano oficial determinado. En todo caso, y cuando es requerida la notificación especial y no se logra localizar al interesado, las leyes, la jurisprudencia y la doctrina, así como también un elemental principio de justicia, requieren que el interesado sea notificado por cartel, que se publicará en el órgano oficial destinado a este efecto, con fijación de un lapso prudencial, vencido el cual, sin que se presente el interesado a notificarse, se considerará iniciado el lapso de apelación.

Ha indicado la Corte en la misma decisión que "esta solución, a más de estar enmarcada dentro de claros principios de procedimiento, es justa. La Administración Pública no puede tener interés en cercenar o desconocer el derecho de los particulares de defender sus derechos subjetivos o su interés legítimo contra la posible equivocación, descuido o negligencia de funcionarios de categoría inferior; por el contrario, su deber y conveniencia estriba, como se ha dicho, en que el orden jurídico prevalezca incólume, que el imperio de la ley no se menoscabe ni desvirtúe; y, por ello, el particular que reclama contra una violación de ésta es en realidad un coadyuvador de la Administración en el cumplimiento de ese deber, no su opositor o contrario"[135].

En definitiva, por cuanto los lapsos para recurrir contra los actos administrativos comienzan según lo expuesto, una vez que el interesado tenga conocimiento formal de ellos, su firmeza[136] está condicionada por la notificación al interesado[137], y se produce después de vencidos los lapsos para impugnarlos. La notificación del acto, por tanto, es un requisito de forma esencial para la eficacia del mismo.

d'. Otros vicios de forma

Fundamentalmente, nuestra jurisprudencia sólo se ha pronunciado sobre los tres vicios de forma antes determinados. Sin embargo, numerosas leyes dispersas establecen formalidades especiales para determinados actos. Tal es el caso, por ejemplo, de la con-

---

135 *V.* CF–54–1, 5–8–58. Sobre el vicio en la notificación del acto administrativo, véase; N. Rodríguez Moro, "las Notificaciones defectuosas". *RAP,* N° 31. 1960, pp. 153 y ss.

136 *V.* CF–94–3, 24–11–53.

137 "Es opinión generalmente sustentada en Venezuela que la notificación al interesado o solicitante condiciona la firmeza del acto administrativo". Así se expresa José Guillermo Andueza, *El control en Venezuela de los actos ilegales de la Administración Pública,* trabajo preparado en colaboración con T. Polanco, L. E. Farías Mata y E. Pérez Olivares para el Seminario de las Naciones Unidas sobre "Recursos judiciales o de otra índole contra el ejercicio ilegal o abusivo del Poder Administrativo", celebrado en Buenos Aires del 31 de agosto al 11 de septiembre de 1959, Publicaciones del Ministerio de Justicia de la República de Venezuela, Caracas, p. 14.

sulta previa a órganos de la Administración Consultiva en forma obligatoria. En estos casos la ausencia de consulta vicia al acto.

En todo caso debe tenerse en cuenta que las formalidades del procedimiento constitutivo del acto administrativo han sido señaladas por la Ley en beneficio de los administrados; por tanto, su observancia por parte de la Administración es obligatoria. Sin embargo, para que el vicio de forma constituya una ilegalidad susceptible de producir la nulidad del acto, debe tratarse de una forma esencial a la validez del mismo.

e. Los actos administrativos contrarios a derecho

Según la expresión utilizada por nuestra vigente Constitución, en su artículo 206, los órganos de la jurisdicción contencioso–administrativa son competentes para anular los actos administrativos "contrarios a derecho". Es decir que, además de los vicios de ilegalidad específicamente señalados, que representan también una contrariedad al derecho, caen bajo este control de la ilegalidad que ejerce la Corte todos los actos administrativos que no se acomoden en una u otra forma al Principio de la Legalidad Administrativa. Así, todos los actos administrativos que no se encuentren en acuerdo: "con el conjunto de reglas o normas preestablecidas" que constituyen las señaladas fuentes de la Legalidad Administrativa, y que, por tanto, sean contrarios a derecho, son anulables por estar viciados de ilegalidad. Aquí entran, por ejemplo, los llamados actos negativos de la Administración, es decir, la inacción de la autoridad administrativa cuando estaba obligada a actuar.

Pero es quizás la ilegalidad relativa al objeto del acto administrativo la que aquí nos interesa destacar específicamente. En este sentido también son ilegales, por contrarios al derecho, los actos administrativos cuyo objeto o contenido esté viciado. Esto sucede cuando el objeto del acto es imposible, ilícito, indeterminado o indeterminable, pues, como veremos, el objeto del acto administrativo, como de cualquier acto jurídico debe ser, según la expresión del artículo 1.155 del Código Civil, "posible, lícito, determinado o determinable".

3. El control de la ilegalidad

A. Noción previa

La consecuencia fundamental del principio de la legalidad administrativa, como plataforma donde se apoya el Estado de Derecho, es la existencia de controles para frenar las posibles actuaciones ilegales de la Administración. En Venezuela hay dos tipos fundamentales de Control de la Ilegalidad de los actos administrativos, uno administrativo y otro jurisdiccional. Los medios de que disponen los administrados para poner en movimiento esos controles son los recursos que constituyen las vías de derecho que permiten obtener de una autoridad pública una decisión conforme al derecho y a la equidad.

Tradicionalmente se han distinguido dos tipos de recursos según el control de la ilegalidad de los actos administrativos que se quiera utilizar. Así distinguimos entre los Recursos Administrativos y los Recursos Jurisdiccionales.

El criterio fundamental de distinción radica en el hecho de que los Recursos Administrativos se proponen ante una autoridad administrativa, quien decide por un acto administrativo, en tanto que los Recursos Jurisdiccionales se proponen ante una autoridad judicial, quien decide por un acto jurisdiccional o sentencia.

En el primer caso, el acto administrativo es revisado por la propia Administración; en el segundo caso, es revisado por una autoridad funcional, orgánica y radicalmente distinta o independiente de la Administración Pública,

Examinaremos en esta oportunidad someramente ambos tipos de recursos, los que estudiaremos detenidamente en los Títulos IV y V del presente trabajo.

B. Los recursos administrativos

a. Noción previa

Es deber y conveniencia de la Administración Pública en que el orden jurídico prevalezca incólume y que el imperio de la ley no se menoscabe ni desvirtúe[138]. Y por tanto, correlativamente, es derecho de todos los administrados en solicitar de la Administración el cumplimiento de ese deber. De ahí los Recursos Administrativos.

b. Los principales recursos administrativos

La jurisprudencia de nuestro Tribunal Supremo y algunas leyes especiales y dispersas han distinguido tradicionalmente dos tipos principales de Recursos Administrativos: el Recurso de Reconsideración y el Recurso Jerárquico.

a'. El Recurso de Reconsideración

Este Recurso de Reconsideración se intenta ante la misma autoridad administrativa que dictó el acto administrativo recurrido, para que lo revise desde el punto de vista de la justicia y equidad, y si es el caso, reconsidere su oportunidad y conveniencia.

Ha sostenido la antigua Corte Federal[139] que "es de principio que los actos administrativos, aun cuando sean de la categoría de los discrecionales, pueden ser revisados por el propio órgano que los expide, sobre todo cuando no lesionan derechos legítimamente adquiridos". En ello está comprometido el buen nombre de la Administración, pues una de las peculiaridades del acto administrativo debe ser, precisamente, su subordinación a la equidad y a la oportunidad.

Advertido el funcionario público de que su determinación no corresponde a las exigencias de la equidad, bien por haberse cometido un error de derecho, bien porque no se apreciaron cabalmente las circunstancias de hecho que constituyen el presupuesto del acto administrativo, la sana lógica y el buen sentido han de inducirlo a la consiguiente rectificación, tanto más si no se ha lastimado ningún derecho adquirido. Ahora bien, el medio jurídico puesto a disposición de los particulares lastimados por un acto administrativo para provocar esa rectificación es el Recurso de Reconsideración.

Este recurso ha sido establecido por algunas leyes especiales.

---

138 CF–54–1, 5–8–58
139 CF–33–2, 17–7–53

b'. El Recurso Jerárquico

El Recurso Jerárquico es el medio jurídico de que disponen los administrados para obtener, de una autoridad jerárquicamente superior de aquella que dictó el acto administrativo que los lesiona, la revisión del mismo. Normalmente en nuestro sistema jurídico–positivo se lo denomina como Apelación Administrativa.

Los principios fundamentales de este recurso han sido elaborados, en su casi totalidad, por la jurisprudencia administrativa de la Corte. Actualmente, después de una larga evolución, la jurisprudencia admite su procedencia en todo caso, salvo disposición legal expresa en contrario[140].

En efecto, la antigua Corte Federal ha señalado que "es de principio que en el Estado de Derecho la apelación es concedida a todo aquel que se sienta lesionado por una decisión administrativa, siendo taxativos los casos en que no procede el recurso. Cuando este recurso es negado expresamente por la ley, tal negación ha de entenderse limitada al caso específicamente contemplado por el legislador, sin que pueda extenderse a otras situaciones por interpretación analógica". Por ello, como la negativa de este recurso, que es un derecho del administrado, constituye una derogatoria de los principios –ya que la apelación es la regla–, el intérprete debe ceñirse estrictamente a los precisos términos de la ley cuando es negado.

La apelación ha sostenido la Corte en la misma decisión "es un derecho de carácter general y de incuestionable interés social por cuanto con ello se busca el equilibrio y el imperio de la justicia y la verdad"[141], y, por ende, la negativa de procedencia del Recurso Jerárquico, repítese, no puede extenderse más allá de los límites que la ley establece.

c. Motivos que pueden invocarse en los Recursos Administrativos

Los Recursos Administrativos, internos o gubernativos, como también se los llama, pueden intentarse, además de por motivos de ilegalidad, por motivos que podríamos calificar de extrajurídicos. En este sentido, por ejemplo, en los Recursos Administrativos se puede solicitar la reconsideración o revisión del acto en cuanto a su oportunidad o conveniencia cuando éste ha sido dictado en base a una facultad discrecional de la Administración. En definitiva, en estos recursos puede alegarse todo motivo jurídicamente útil, y por eso es que se ha llamado al Recurso Jerárquico como Apelación Administrativa, pues sólo se exige al interesado su inconformidad con el acto. En los Recursos Jurisdiccionales, al contrario, no pueden alegarse sino motivos de ilegalidad[142].

d. La decisión de los Recursos Administrativos

La decisión de los Recursos Administrativos se manifiesta indudablemente como un acto administrativo. No estamos en presencia, ni mucho menos, de actos jurisdiccionales como inadecuada e inelegantemente ha sostenido algún autor nacional[143]. Los órga-

140 *V.* CF–75–2, 20–10–60; CF–116–2, 15–10–54; CF–127–1, 16–11–54.
En sentido contrario, véase la sentencia de 23–4–42 en Resumen CFC–SPA 1940–1951, p. 30 (*Memoria* 1943, tomo I, p. 295).

141 CF–127–I, 6–12–55.

142 CF–85–1, 6–11–58.

143 *V.* Luis Torrealba Narváez, "Consideraciones acerca de la jurisdicción contencioso–administrativa, su procedimiento y algunas relaciones de éste con el de la jurisdicción judicial civil". *Tesis de Grado. Anales de la Facultad de Derecho,* U.C.V., Caracas, 1951, pp. 474 y 492.

nos administrativos, y en esto ha sido categórica la jurisprudencia, "no revisten en ningún caso el carácter de jueces, ni aun cuando resuelven autorizar o no el ejercicio de un derecho subjetivo"[144].

Por tanto las decisiones emanadas de la autoridad administrativa, cuando resuelve un recurso administrativo o gubernativo, son actos administrativos. Hay que tener en cuenta que "los actos de carácter administrativo... lo son por su naturaleza, por la cuestión que en ellos se ventila, y no cambia ese carácter ni suspende ni restringe la facultad del funcionario a quien la ley da competencia para conocer y decidir, la circunstancia de que otra autoridad conozca de asunto semejante y aun conexo con aquél"[145], ni la circunstancia de que otra autoridad realice en un momento dado una actividad semejante.

C. Los Recursos Jurisdiccionales

a. *Noción previa*

El control jurisdiccional de los actos administrativos contrarios al Principio de la Legalidad Administrativa, se ejerce actualmente por la Corte Suprema de Justicia en Corte Plena y en Sala Político–Administrativa[146].

Debemos distinguir dos tipos fundamentales de Recursos Jurisdiccionales que pueden intentarse contra los actos administrativos: el Recurso de Inconstitucionalidad de los actos administrativos reglamentarios y el Recurso Contencioso–Administrativo de anulación de los actos administrativos generales o individuales.

Estudiemos separadamente ambos recursos.

b. *Los tipos de recursos jurisdiccionales*

a'. **El Recurso de Inconstitucionalidad de los actos administrativos generales**

La Corte Suprema de Justicia, en Corte Plena virtualmente, y en Sala Político–Administrativa transitoriamente[147], tiene competencia para "declarar la nulidad de los reglamentos y demás actos del Ejecutivo Nacional cuando sean violatorios de la Constitución". Esta disposición de la Constitución da atribución a la Corte para controlar la constitucionalidad de los reglamentos o actos administrativos reglamentarios o generales y de los llamados actos de gobierno.

El Recurso de Inconstitucionalidad de los actos administrativos de carácter general es imprescriptible y, por tanto, no está sujeto a término alguno de caducidad. En su procedimiento no hay partes propiamente dichas, por lo que no es contencioso, y la ley respectiva prevé simplemente una notificación al Procurador General de la República[148]. Por ello ha señalado la antigua Corte Federal y de Casación que la inconstitucionalidad, a diferencia de la ilegalidad, "debe resultar siempre sin necesidad de alegar ni probar

---

144 Sentencia de 7–12–37 en Resumen CFC–SPA, 1936–1939, p. 173 (*Memoria 1938*, tomo I, p. 373).

145 CFC–CP–40–1, 30–10–52

146 Artículos 206, 215, 216 y Disposición Transitoria decimoquinta de la Constitución.

147 Artículo 215, ordinal 6º y artículo 216 de la Constitución. Asimismo, la Disposición Transitoria decimoquinta.

148 CF–172–1. 30–7–57.

hechos, del antagonismo directo entre el acto administrativo que se impugna y algún principio o garantía constitucional infringida"[149], o de que aparezca realizado dicho acto por una autoridad usurpada o por un funcionario que ejerza funciones que, según la Constitución, no le correspondan.

El Recurso de Inconstitucionalidad puede ser ejercido por vía de acción popular, que corresponde a todos y cada uno de los individuos que componen el conglomerado social, cuando se impugna la validez de un acto administrativo, que por tener un carácter general y normativo, obra *erga omnes* y, por tanto, su vigencia afecta e interesa a todos por igual[150]. En cambio ha señalado la actual Corte Suprema de Justicia, "la situación particular y concreta que se deriva del acto administrativo inconstitucional con efectos individuales, no puede ser impugnada por vía de acción popular, propia de los actos generales del Poder Público"[151]. En estos casos de actos administrativos individuales con vicio de inconstitucionalidad sólo se pueden impugnar por la vía contencioso–administrativa de anulación, en base a un interés legítimo, y no podría alegarse un simple interés propio de la acción popular[152].

Sobre un estudio comparativo de este Recurso de Inconstitucionalidad con el Recurso Contencioso–Administrativo de Anulación, véanse los núms. 359 y siguientes en el Título V de este estudio.

b'. El Recurso Contencioso–Administrativo de Anulación de los actos administrativos[153].

La jurisdicción contencioso–administrativa corresponde a la Corte Suprema de Justicia en Sala Político–Administrativa y a los demás Tribunales que determine la Ley. Los órganos de la jurisdicción contencioso–administrativa son competentes para anular los actos administrativos generales o individuales contrarios a derecho, incluso por desviación de poder[154].

El medio jurídico de que disponen los particulares para producir esa nulidad jurisdiccional de los actos administrativos es el Recurso Contencioso–Administrativo de Anulación. Este recurso es un medio de impugnación de los actos administrativos y por eso es que se intenta contra el acto y no contra la Administración. Por ello es inexacta la afirmación de la antigua Corte Federal cuando dice que en este recurso se propone "formal demanda contra la Nación en la persona del Procurador de la misma, a quien necesariamente se le cita y se le emplaza, como a cualquier demandado, para que comparezca en la oportunidad que se le señale a contestar la demanda"[155].

El Recurso Contencioso–Administrativo de Anulación en principio es prescriptible y, por tanto, está sujeto a lapso de caducidad[156].

149 CFC–CP–5–1, 23–2–53.

150 CF–23–1, 14–3–60.

151 CSJ–PA 26 1, 15–3–62.

152 CF–23–1, 14–3–60.

153 *V.* el Título V, Nos. 266 y ss.

154 Artículos 206, 215 ordinal 7°, 216 y Disposición Transitoria decimoquinta de la Constitución. Respecto a los Actos Reglamentarios, la atribución es en principio de la Corte Suprema de Justicia en Corte Plena, artículo 215, ordinal 6°

155 CF–172–1, 30–7–57. Esta jurisprudencia no la consideramos del todo exacta.

156 Artículo 7, ordinal 9 de la Ley Orgánica de la Corte Federal. CSJ–PA–76–1, 20–6–62.

En este recurso la función contralora de la Corte Suprema de Justicia no se limita a una simple comparación del acto administrativo con la regla o norma legal violada. La Corte tiene amplios poderes de investigación[157] y las partes deben probar los extremos de sus imputaciones.

Los ordenamientos jurídicos que, como el nuestro, admiten el Recurso Contencioso–Administrativo de Anulación de los actos administrativos exigen, como uno de los requisitos procesales, que el recurrente ostente un interés que, en todo caso, ha de ser personal, directo y legítimo aunque, como lo dispone el artículo 14 de nuestro Código de Procedimiento Civil, puede ser eventual o futuro, salvo el caso en que la ley lo exija actual[158]. Sin embargo, cuando se solicita por vía de ilegalidad la nulidad de actos administrativos generales, cualquier persona con capacidad legal e interés simple podrá solicitarla[159].

La propia Administración puede ocurrir, por conducto del Procurador General de la República, solicitando la nulidad ante la Oírte Suprema de Justicia de un acto administrativo contrario a derecho, siempre que ella misma no lo pueda revocar[160]. Su interés legítimo, al efecto, es presumido.

c. *Motivos que pueden invocarse en los recursos jurisdiccionales*

Respecto al Recurso de Inconstitucionalidad, éste debe fundamentarse en la denuncia del principio o garantía constitucional infringido por el acto administrativo general que se ataca. Por ello debe señalarse obligatoriamente el precepto constitucional infringido o violado. Tal violación no puede colegirse por vía de deducciones, sino que ha de descansar en razones amplias y suficientemente explícitas para poner en claro la cuestión de inconstitucionalidad[161].

En relación con el Recurso Contencioso–Administrativo de Anulación, el recurrente debe señalar la decisión administrativa recurrida, expresando las razones legales y de otra índole en que apoya el recurso[162], y por las que considera que el acto administrativo impugnado es contrario a derecho. Sólo pueden alegarse motivos de ilegalidad, es decir, de contrariedad al Derecho, sea por usurpación de funciones, extralimitación de atribuciones, abuso o exceso de poder, desviación de poder, vicio de forma u otro cualquiera de ilegalidad. En este sentido podría demandarse, por ser contraria a derecho, la inacción de la Administración que es cosa distinta del llamado "silencio administrativo", ya que en la primera lo que se impugna, por ser ilegal, es la falta de acción de la Administración cuando ha debido actuar; en cambio, en el silencio administrativo la doctrina admite el recurso pero contra la decisión administrativa implícita que se considera emanada del órgano administrativo. La doctrina del silencio administrativo no está admitida con carácter general en Venezuela.

157 CF–23–1, 14–3–60; CF–94–2, 24–11–53.

158 CF–23–1, 14–3–60.

159 Colegio De Abogados Del Distrito Federal, Ponencia preparada con la colaboración de José Gabriel Sarmiento Núñez y Eloy Lares Martínez sobre *La Revisión de decisiones administrativas,* y presentada a la Ilustre Conferencia Interamericana de Derecho Procesal reunida en San Juan de Puerto Rico, del 21 al 23 de julio de 1962, edición multigrafiada, p. 5.

160 CF–115–1, 11–11–55; CFC–CP–18–1, 19–10–51.

161 CFC–CP–42–1, 26–11–52.

162 –CF–30–1, 9–4–59; CSJ–PA–102–1, 19–12–61; CSJ–PA–103–1, 20–12–61.

d. La decisión de los recursos jurisdiccionales

La decisión de los recursos jurisdiccionales de Inconstitucionalidad o de Anulación de los actos administrativos por contrariedad al Derecho se manifiesta como un acto jurisdiccional, ya que emana de la Corte Suprema de Justicia ejerciendo el Poder Judicial[163] y actuando en función jurisdiccional.

e. Imposibilidad de acumulación de los recursos jurisdiccionales

Ha sostenido la actual Corte Suprema de Justicia, en Sala Político–Administrativa, que no es posible intentar conjuntamente el Recurso de Inconstitucionalidad de los actos administrativos generales con el Recurso Contencioso–Administrativo de Anulación, ya que "ambos recursos son esencialmente diferentes y distintos los procedimientos para tramitarlos"[164].

D. La excepción de ilegalidad

Establece la Ley Orgánica de la Corte Federal que las acciones y recursos contencioso–administrativos caducarán en todo caso a los seis meses, contados a partir de la fecha de la publicación del acto administrativo en el órgano oficial respectivo, o de la fecha de notificación del acto al interesado, cuando ésta fuere procedente y si aquélla no se efectuare. La ilegalidad del mismo acto –termina la ley– puede oponerse siempre como excepción, salvo que la ley disponga lo contrario[165].

Esta disposición legal responde al aforismo *Quae temporalia sunt ad agendum, perpetua sunt ad excipiendum*, es decir, los argumentos jurídicos que no pueden ser invocados en justicia en un tiempo determinado, pueden ser invocados siempre como excepción.

Sin embargo, debe tenerse en cuenta que el hecho de que transcurra el lapso fijado para el recurso sin que se haya intentado éste para anular el acto, no significa que el mismo deja de ser ilegal. De ahí la existencia de la excepción de ilegalidad.

4. Consecuencias de la ilegalidad

A. Los efectos de la ilegalidad respecto al acto administrativo

a. Noción previa

La violación del acto administrativo de alguna de las fuentes que constituyen el Principio de la Legalidad Administrativa lo hace ilegal, sea por inconstitucionalidad, usurpación de funciones, extralimitación de atribuciones, abuso o exceso de poder, desviación de poder, vicio de forma o, en general, por contrariedad al Derecho.

163 Artículo 204 de la Constitución.
164 CSJ–PA–26–1, 15–3–62.
165 Artículo 7, ordinal 9 de la Ley Orgánica de la Corte Federal.

Sin embargo, estas ilegalidades no vician al acto administrativo con la misma intensidad y, por tanto, no tienen el mismo efecto respecto al acto que las contiene. En este sentido hay que distinguir, entre los vicios de ilegalidad de los actos administrativos, aquellos que producen la nulidad de ellos, de los que producen su anulabilidad.

Estudiaremos entonces, por una parte, la nulidad del acto administrativo donde se incluyen algunos casos que la jurisprudencia ha calificado de inexistencia; y por otra parte, la anulabilidad de los actos administrativos.

b. La nulidad del acto administrativo

La nulidad del acto administrativo puede tener su origen en un vicio de inconstitucionalidad o en un vicio de ilegalidad propiamente dicha. En el primer caso nuestra jurisprudencia ha calificado el acto administrativo nulo por violación de la Constitución como "inexistente". Sin embargo, para nosotros dicho acto es tan nulo, de nulidad absoluta, como el acto administrativo nulo por ilegalidad propiamente dicha. Por tanto, cuando hablemos de inexistencia del acto administrativo, nos referiremos, acogiendo la denominación jurisprudencial, al acto administrativo nulo por violación de la Constitución, y en ningún caso nos estaremos refiriendo a un tipo de nulidad distinto de la nulidad absoluta.

Respecto a la nulidad del acto administrativo por violación de la Constitución, la antigua Corte Federal y de Casación ha sostenido[166] que "el acto nulo por violación de la Constitución, virtualmente no existe; sobre él nada útil puede levantarse. Ni este Alto Tribunal, con toda la extraordinaria facultad que le reconoce la Constitución, puede dar validez alguna al acto ejecutado con violación de algún precepto constitucional".

Es decir, el acto administrativo inconstitucional es inexistente: no produce ninguno de los efectos jurídicos perseguidos ni puede jamás ser convalidado, y, cuando se trata de actos administrativos reglamentarios, el recurso para constatar su inexistencia, sea el Recurso de Inconstitucionalidad, como el Recurso Contencioso–Administrativo de Anulación, es imprescriptible, como hemos visto. La categoría de los vicios de inconstitucionalidad, y entre ellos la usurpación de autoridad y la usurpación de funciones, justifican una sanción jurídica tan rigurosa.

La misma Constitución, en sus artículos 46 y 119, declara nulos, de nulidad absoluta, los actos administrativos viciados de inconstitucionalidad.

Pero, por otra parte, fuera de los actos viciados de inconstitucionalidad, también puede haber actos administrativos nulos, de nulidad absoluta, por estar viciados de ilegalidad propiamente dicha. Tal es el caso, por ejemplo, de los actos administrativos dictados por un funcionario público manifiestamente incompetente. No se trata aquí de una usurpación de funciones sino de una extralimitación de atribuciones burda y manifiesta, que no pueda hacer pensar nunca que el acto fue dictado por la autoridad que era competente y, por tanto, que no pueda ser jamás considerado como una manifestación normal de voluntad de la Administración.

También debe considerarse como acto administrativo nulo, por mandato constitucional, el acto dictado "por requisición directa o indirecta de la fuerza o por reunión de individuos en actitud subversiva"[167]. En la misma forma debe considerarse como acto

166 CFC–CP–14–1, 12–6–51.

167 Artículo 120 de la Constitución.

administrativo nulo, aquellos cuyo objeto sea de realización imposible, o cuyo objeto sea ilícito, constituyendo un delito. Por último, deben también considerarse actos administrativos nulos aquellos dictados con ausencia total y absoluta de procedimiento administrativo, cuando éste estaba determinado para guiar y garantizar la correcta formación y manifestación de la voluntad administrativa. No se trata de una violación de formas prescritas sino una ausencia total de esas formas[168].

Los efectos que produce la nulidad de un acto administrativo respecto a éste son de una gravedad absoluta, correlativa a la gravedad del vicio. Veamos algunas:

En primer lugar, el acto nulo no puede crear ningún derecho ni puede convertirse, por tanto, en definitivo. Nadie puede alegar derechos adquiridos de un acto nulo. Por ello nuestra Corte, refiriéndose al acto nulo por violación de la Constitución, señalaba que "sobre él nada útil puede levantarse"[169].

En segundo lugar, en materia de recursos jurisdiccionales, solamente respecto a los actos administrativos nulos de carácter general, esos recursos son imprescriptibles y, por tanto, su inconstitucionalidad o ilegalidad puede ser señalada e impugnada en cualquier momento. Sin embargo, respecto a los actos administrativos individuales, en contra de los cuales sólo puede intentarse el Recurso Contencioso–Administrativo de Anulación, éste tiene lapso determinado de caducidad y, por tanto, es prescriptible, por lo cual no podrán impugnarse por vía de acción después de vencido el lapso correspondiente. Pero el acto administrativo nulo de efectos individuales podrá, sin embargo, ser impugnado siempre por vía de excepción. De ahí la gran importancia de la excepción de ilegalidad. Esta posibilidad de excepción hará, en todo caso, inaplicable el acto. La razón de ser de este distinto tratamiento, en materia de recursos jurisdiccionales, radica en el interés de los administrados en dichos actos: en los actos administrativos de carácter general el interés es colectivo; en cambio, en los actos administrativos individuales el interés es particular, por lo cual el interesado debe estar pendiente de ejercer los recursos puestos a su disposición. Si no los ejerce en su oportunidad tendrá, sin embargo, la posibilidad de oponer la excepción de ilegalidad cuando se intente aplicar el acto nulo.

En materia de recursos administrativos la situación es distinta. La Administración, como los actos administrativos nulos son incapaces de producir derechos a favor de los administrados, puede declarar su nulidad en cualquier momento, sea de oficio o a solicitud de parte por medio de un recurso administrativo, revocándolos.

En tercer lugar, el acto administrativo nulo no puede ser jamás convalidado, ni siquiera por la Corte Suprema[170].

Por último, los funcionarios y empleados públicos que ordenen o ejecuten un acto administrativo nulo, "incurren en responsabilidad penal, civil y administrativa, según los casos, sin que les sirvan de excusa órdenes superiores manifiestamente contrarias a

168 El Proyecto LPA 1963 distingue claramente entre la nulidad de los actos administrativos y su anulabilidad, acogiendo la doctrina más moderna al respecto. En este sentido, el artículo 31 declara que "Los actos administrativos son nulos en los casos siguientes: 1) Los dictados por un órgano administrativo manifiestamente incompetente; 2) Aquellos cuyo contenido sea de ejecución imposible o que constituyan en sí mismos delito; 3) Los que fueren dictados prescindiendo total y absolutamente del procedimiento legal o reglamentario establecido pata ello". Por otra parte, agrega el artículo 82 del Proyecto que "la Administración podrá, en cualquier momento, de *oficio* o a solicitud del interesado... anular los actos a que se refiere el artículo 31 de esta Ley".

169 CFC–CP–14–1, 12–6–51.

170 CFC–CP–14–I, 12–6–51.

la Constitución y a las leyes"[171] y en todo caso incurren en "responsabilidad individual por abuso de poder o por violación de la ley"[172].

c. La anulabilidad del acto administrativo

La anulabilidad del acto administrativo, contrariamente a lo visto en los casos de nulidad, no produce consecuencias tan graves. Y ello se deriva de la calidad de vicios de ilegalidad que la producen. Tales son los casos de los actos administrativos ilegales por abuso o exceso de poder o por desviación de poder. También produce la anulabilidad del acto la incompetencia del funcionario que lo dictó, cuando esa incompetencia no es manifiesta y haga presumir en el público la normalidad en la manifestación de la voluntad administrativa. En el mismo caso de anulabilidad se encuentran los actos administrativos en cuya formación se omitió una formalidad o se incurrió en un vicio de forma esencial capaz de producir la anulabilidad y el posible control jurisdiccional. Veamos las características de esta anulabilidad por contraposición a la nulidad anteriormente estudiada:

En primer lugar, el acto administrativo anulable, mientras no sea declarado anulado, produce todos sus efectos jurídicos y, por tanto, es susceptible de crear derechos en favor de los particulares.

En segundo lugar, pueden ser impugnados en vía jurisdiccional por el Recurso Contencioso–Administrativo de Anulación, dentro de un determinado lapso de caducidad[173], fuera del cual no se lo podrá impugnar por vía principal, y sólo se podrá invocar su vicio por vía de excepción[174].

En materia de recursos administrativos, si se trata de un Recurso Jerárquico, la autoridad superior puede modificar o revocar el acto impugnado dentro de los términos correspondientes, así como reponer el procedimiento administrativo al estado de subsanar el vicio de forma que hacía al acto anulable. Si se trata de un Recurso de Reconsideración, la autoridad administrativa que decide el recurso, y que es la misma que dictó el acto impugnado, puede modificarlo corrigiendo los vicios de que adolecía o revocarlo, siempre que con dicho acto no se hayan creado derechos a favor de particulares[175]. En todo caso, cuando el acto administrativo es creador de derechos a favor de particulares, la Administración no puede revocar de oficio dichos actos.

---

171 Artículo 46 de la Constitución.

172 Artículo 121 de la Constitución.

En general, en materia de nulidad de los actos administrativos, véase: Tomas Gibbs, "Nulidad de los actos administrativos por ilegalidad o abuso de poder. El problema en la Constitución Nacional", *Revista de Derecho y Legislación,* tomo XXIX, 1940, pp. 187 a 194; J. De Soto, *Contribution a la Théorie des Nullités des actes administratifs unilateraux, Tesis. París,* 1942; Romanelli, *L'annullamento degli atti amministrativi,* Milán, 1939; Cadacci Pisanelli, *L'annullamento degli atti amministrativi, Milán,* 1939; F. Garrido Falla, "Los Motivos de impugnación del Acto Administrativo", *RAP*, Nº 17, 1955, pp. 11 y ss.

173 Hay una evidente contradicción entre el artículo 7, ordinal 9º y el artículo 25 de la Ley Orgánica de la Corte Federal, al señalar lapsos distintos para la impugnación por ilegalidad del acto administrativo. En la primera disposición se señala un lapso de seis meses, y en la segunda otro de tres meses. Esta contradicción ha sido aclarada por la jurisprudencia administrativa de la Corte, aceptando siempre el lapso mayor de seis meses.

174 Artículo 7, ordinal 9 de la Ley Orgánica de la Corte Federal..

175 CF–33–2, 17–7–53.

En tercer lugar, el acto administrativo anulable en principio puede ser convalidado por la Administración subsanando los vicios de que adolecía[176].

Por último, y por cuanto "el ejercicio del Poder Público acarrea responsabilidad individual por abuso de poder o violación de la ley[177], los funcionarios que dicten el acto administrativo anulable deben responder por los daños y perjuicios que causen.

B. La constatación de la ilegalidad

La constatación de la ilegalidad del acto administrativo produce la declaración de nulidad del mismo, sea porque se lo *anula por la autoridad jurisdiccional, sea porque se lo revoca por la autoridad administrativa.* Cuando la autoridad judicial competente en materia contencioso–administrativa declara a un acto administrativo como nulo, de nulidad absoluta, su decisión tiene efectos hacia el futuro y hacia el pasado. Se considera que el acto no ha producido jamás sus efectos pretendidos[178]. En cambio, cuando sólo declara un acto administrativo anulado, los efectos de su decisión se extienden sólo hacia el futuro.

Cuando se trata de una revocación hecha por la autoridad administrativa, los efectos de la decisión serán los mismos antes señalados, según se trate también de la revocación de un acto administrativo nulo o de un acto administrativo anulable[179].

---

176 Sobre la convalidación de los actos administrativos anulables, es interesante destacar el artículo 35 del Proyecto LPA 1963. En efecto, dicha disposición expresa: "La Administración Nacional podrá convalidar los actos anulables subsanando los vicios de que adolezcan. Si el vicio consistiere en la incompetencia, la convalidación podrá realizarse por el superior jerárquico de aquel funcionario u organismo que dictó el acto convalidado. El acto convalidado surtirá todos sus efectos desde la fecha de la convalidación. Cuando la anulabilidad dependa de la falta de alguna autorización podrá ser convalidado el acto mediante el otorgamiento de la misma por el órgano competente. Esta norma no se aplicará en el caso de que la omisión fuere de informes o de propuestas exigidas con carácter obligatorio".

177 Artículo 121 de la Constitución.

178 Al respecto, véase Forti, "Limiti alla retroattivit.i dell'anmillamento, FI, 1931, III, p. 6.

179 Sobre la Revocación de los Actos Administrativos, véanse Nos. 110 y ss.

Sección Segunda: SOBRE LOS PRINCIPIOS GENERALES DEL DERECHO ADMINISTRATIVO EN LA LEY GENERAL DE LA ADMINISTRACIÓN PÚBLICA EN COSTA RICA (1982)

"Comentarios sobre los principios generales de la Ley General de la Administración Pública de Costa Rica," en *Revista del Seminario Internacional de Derecho Administrativo*, Colegio de Abogados de Costa Rica, San José 1981, pp. 31–57; y en *Revista Internacional de Ciencias Administrativas*, Vol. XLVIII, Institut International des Sciences Administratives, Bruselas 1982, Nº 1, pp. 47–58.

I. INTRODUCCIÓN

La Ley General de la Administración Pública de Costa Rica de 1978, con sus 370 artículos, sin duda que podría ser considerada como el texto de un Manual de Derecho Administrativo, volcado en el articulado de un Código. La lectura general de ese texto, que conocemos desde que la ley era Proyecto y que en más de una ocasión habíamos comentado con el Licenciado Eduardo Ortiz Ortiz, puede confirmarle a cualquier especialista, esta apreciación.

Esta hermosa Ley, única en su género, abarca todo el conjunto de materias de un Manual de Derecho Administrativo, por lo que la explicación de su articulado, configuraría, exactamente, el programa de un curso general de esta disciplina. Se trata, por tanto, de un muy raro ejemplo de un Código de Derecho Administrativo que, inclusive, consagra expresamente la autonomía de nuestra disciplina, al declarar la independencia del ordenamiento jurídico administrativo de otras ramas del derecho (art. 9).

En una sola ley, los costarricenses han logrado compendiar lo que en el resto de los países latinoamericanos está formado por un complejo de leyes dispersas, principios generales, interpretación jurisprudencial y doctrina.

En Venezuela, por ejemplo, recientemente se ha promulgado la Ley Orgánica de Procedimientos Administrativos, de 1° de julio de 1981, de enorme importancia para el desarrollo de nuestro derecho administrativo positivo. Sin embargo, comparativamente, equivale a una pequeña porción de la Ley General Costarricense. En efecto esta Ley puede decirse que regula cuatro aspectos fundamentales.

En primer lugar, los Principios Generales de la Organización Administrativa que se refieren a la estructura orgánica de la Administración del Estado; al funcionamiento de los órganos colegiados; a la competencia y en particular a sus desviaciones (delegación, avocación, desconcentración); a las relaciones orgánicas; y a los Funcionarios Públicos.

En segundo lugar, regula la teoría de los actos administrativos, con normas sobre sus elementos, su eficacia, ejecutividad, revocación y precisiones sobre las Nulidades de los mismos.

En tercer lugar, regula la responsabilidad administrativa, tanto de la Administración Pública como de los Funcionarios Públicos.

Y en cuarto lugar, regula el procedimiento, en todos sus aspectos, resultando un verdadero Código Procesal Administrativo.

Se nos ha pedido que comentemos, el Titulo Primero de la Ley General contentivo de los "Principios Generales", y ello lo haremos, cuando sea posible, estableciendo algunas comparaciones con el derecho positivo venezolano. Del estudio detenido que hemos hecho de este Título Primero de la Ley General que desarrolla en 20 artículos los Principios Generales, puede decirse que en ellos se regulan tres aspectos fundamentales del derecho administrativo, referidos al principio de la legalidad; a las fuentes del Derecho Administrativo, y a la actividad administrativa. Nuestra exposición, por tanto, la hemos dividido en tres partes en primer lugar, trataremos el régimen legal del Principio de la Legalidad; en segundo lugar, analizaremos la regulación del sistema de las fuentes del derecho administrativo; y en tercer lugar, nos referiremos a los principios que deben guiar la actividad administrativa.

II. EL RÉGIMEN LEGAL DEL PRINCIPIO DE LA LEGALIDAD ADMINISTRATIVA

La Ley General de Administración Pública puede decirse que es, ante todo, un cuerpo normativo que le da carácter de derecho positivo al principio de la legalidad administrativa, es decir, al principio según el cual, la Administración Pública tiene que actuar ajustada al ordenamiento jurídico.

La ley regula este principio en tres aspectos: en primer lugar, le da una formulación precisa; en segundo lugar, precisa los sujetos de derecho que actúan sometidos al principio; y en tercer lugar, precisa el derecho aplicable a los mismos y el ámbito de aplicación de la Ley. Veamos separadamente estos tres aspectos.

1. La formulación del principio

La Ley General formula el principio de la legalidad en los artículos 11), 12) y 13). En efecto, en el párrafo 1 del artículo 11) se establece en forma precisa que "La Administración Pública actuará sometida al ordenamiento jurídico". Por su parte, el Párrafo 1 del artículo 12), al regular el servicio público y la forma de su prestación, insiste en que el ente encargado deberá hacerlo "bajo el imperio del Derecho"; y el Párrafo 1 del artículo 13) concluye señalando que

> "La Administración estará sujeta, en general, a todas las normas escritas y no escritas del ordenamiento administrativo, y al derecho privado supletorio del mismo, sin poder derogarlos ni desaplicarlos para casos concretos".

De estas normas se deduce una formulación amplia y exacta del principio de la legalidad administrativa, es decir, de la obligación de la Administración Pública de actuar, no sólo conforme a las reglas de derecho positivo que le sean aplicables, sino también, con sujeción a las otras reglas que conforman el ordenamiento, aún cuando no tengan formulación escrita, y entre ellas, por supuesto, las que derivan de los principios generales del derecho administrativo. Por eso la ley habla del "*Ordenamiento Jurídico*" u "*Ordenamiento Administrativo*" y no solo de la "*Ley*" y también habla del "*Derecho*" que abarca las fuentes no escritas del ordenamiento, para describir el principio de la legalidad.

La Ley Venezolana de Procedimientos Administrativos no contiene una formulación del principio de la legalidad de esta naturaleza y amplitud, y se limitó a prescribir en su artículo 1° la obligación de la Administración Pública de ajustar "su actividad a las prescripciones de la presente ley". No significa esto, por supuesto, que la Administración Venezolana no esté sometida obligatoriamente a las otras fuentes de la legalidad distintas a la ley, sino que al no tener el principio una formulación tan exacta como la de la ley costarricense, la interpretación e integración de las fuentes de la legalidad continuará desarrollándose por la jurisprudencia, como ha sucedido hasta ahora. En todo caso, del articulado de la propia Ley Orgánica de Procedimientos Administrativos Venezolana se deducen varios aspectos que consolidan la legalidad y que se refieren al carácter sub–legal de la actividad administrativa (art. 10); a los límites al poder discrecional (art. 12); a la jerarquía de los actos (arts. 13 y 14); a la irretroactividad de los actos administrativos (art. 11); a la irrevocabilidad de los actos creadores de derechos a favor de particulares (art. 19), ord. 2° y 82); y a la inderogabilidad singular de los reglamentos (art. 13).

En este último aspecto, la Ley Venezolana establece con precisión en su artículo 13), que ningún acto administrativo de efectos particulares podrá "vulnerar lo establecido en una disposición administrativa de carácter general, aún cuando fueren dictados por autoridad igual o superior a la que dictó la disposición general". Es lo que la doctrina española califica, con carácter general, como el principio de la inderogabilidad singular de los reglamentos.

Este mismo principio lo encontramos también desarrollado en la Ley Costarricense. En su artículo 13 establece la obligación de la Administración de sujetarse a todas las normas del ordenamiento jurídico, incluidos los reglamentos, los cuales no pueden ser derogados ni desaplicados para casos concretos, "sea que éstos provengan de la misma autoridad, sea que provengan de otra superior o inferior competente".

Pero el artículo 13 de la Ley General amplía, además, de manera expresa, el principio de la legalidad al obligar a la Administración a someterse al Derecho, sin tener posibilidad de desaplicarlo en casos concretos. Por tanto, se niega a la Administración, en forma expresa, con buen sentido, la posibilidad de desaplicar normas que regulan su actividad, posibilidad que solo tiene el Juez en materia de control de la constitucionalidad.

Debe mencionarse por último que la Ley General de la Administración Pública de Costa Rica, es un texto de aplicación inmediata, por lo que sus normas no pueden dejarse de aplicar so pretexto de que necesiten reglamentación. En tal sentido, el artículo 20 de la Ley es terminante al disponer lo siguiente;

> "Los preceptos de esta Ley no dejarán de aplicarse por falta de reglamentación sino que ésta será suplida, salvo disposición expresa en contrario, en la misma forma y orden en que se integra el ordenamiento escrito".

2. Los sujetos de derecho público

Pero la Ley General no sólo formula y amplía el principio de la legalidad, sino que precisa desde el punto de vista de las relaciones jurídicas, qué ha de entenderse por "Administración", es decir, cuáles son los sujetos de derecho a los cuales se aplica el principio de la legalidad.

A tal fin se destina el artículo 1° de la Ley, cuyo texto, sin embargo, podría inducir a confusión, por la terminología empleada.

En efecto, el artículo 1° de la Ley General, señala lo siguiente:

> "Art. 1° La Administración Pública estará constituida por el Estado y los demás entes públicos, cada uno con personalidad jurídica y capacidad de derecho público y privado".

La Ley General, así, parece contraponer al Estado, que goza de personalidad jurídica, frente a "los demás entes públicos", también con personalidad jurídica, y que formarían la administración descentralizada. Ante esto debemos plantearnos al menos dos interrogantes. En primer lugar, ¿Por qué la Ley utilizó el término "Estado" para definir una parte de la Administración Pública? En realidad parecería que lo exacto es lo contrario: la Administración Pública, como complejo orgánico, es una parte del Estado, el cual tiene otros órganos políticamente separados: los órganos legislativos y los Tribunales. Todos forman el Estado y participan de su sola y única personalidad. La Ley General, sin embargo, no parece estar destinada a regular a los Tribunales ni al órgano legislativo. Estos no podrían considerarse "Administración Pública" por lo que no parece acertada la expresión de la ley de que "La Administración Pública estará constituida por el Estado y los demás entes públicos..."

En realidad, parecería que la Ley quiso insistir en que la Administración Pública, a la cual se aplica, no sólo está constituida por la "Administración del Estado" o Administración Central, sino también por la Administración Descentralizada, constituida por otros entes públicos con personalidad jurídica propia, distinta de la del Estado. Para ello, debía contraponer la Administración Nacional Central frente a la Administración descentralizada, y no al "Estado" frente a los otros entes públicos.

La Ley Venezolana, al querer precisar el ámbito organizativo de aplicación de la ley fue más clara que la Ley Costarricense, pero no exenta de imprecisión. En efecto, el artículo 1° de la Ley señala que deben ajustar su actividad a las prescripciones de la Ley "la Administración Pública Nacional y la Administración Pública Descentralizada". Aquí se ve más claramente la intención del legislador: la Administración Pública está formada no sólo por la Administración del Estado (Administración Central) sino también por la Administración descentralizada. Sin embargo, hay dos imperfecciones en la fórmula de la Ley Venezolana: en primer lugar, la ley debió contraponer la Administración Pública Central regida por la Ley Orgánica de la Administración Central a la Administración Pública Descentralizada, y no como lo hizo: la Administración Pública Nacional con la Administración Pública Descentralizada, pues ésta también es Administración Pública Nacional; en segundo lugar, la ley se limitó a hablar de Administración Pública Descentralizada, y ello es impreciso pues en realidad, sólo se aplica a los entes descentralizados estatales con forma de derecho público, por lo que no se aplica ni a las empresas del Estado (entes descentralizados con forma de derecho privado) ni a entes no estatales aún cuando tengan forma jurídica de derecho público, como los colegios profesionales.

Por otra parte, debe observarse que además de la Administración Pública Central, también forman parte de la Administración Pública Venezolana, ciertos entes administrativos que gozan de autonomía funcional aún cuando no son descentralizados porque no gozan de personalidad jurídica. Se trata de la Contraloría General de la República y de la Fiscalía General de la República, ambas organizaciones mencionadas por el artículo 1° de la Ley, y además, del Consejo de la Judicatura, del Consejo Supremo Electoral y de la Comisión Investigadora contra el Enriquecimiento Ilícito de Funcionarios y

Empleados Públicos. Estas organizaciones, que no tienen dependencia jerárquica del Presidente de la República ni de los otros Poderes del Estado, sin embargo forman parte de la Administración Pública del Estado (administración contralora) y están sometidas a las prescripciones de la Ley Orgánica de Procedimientos Administrativos, "en cuanto les sea aplicable", es decir, en cuanto no quede lesionada su autonomía funcional.

Por otra parte, de la Ley Venezolana resulta que ella no se aplica directamente a los entes descentralizados territorialmente (Estados de la Federación y Municipios) sino que, respetando la autonomía de estos que tienen en virtud de la Constitución, prescribe que su actividad se ajustaría a la ley sólo "en cuanto les sea aplicable" (art. 1°).

El segundo interrogante que nos sugiere el artículo 1° de la Ley General de Costa Rica tiene relación con los entes descentralizados territorialmente: cuando el artículo 1° utiliza la expresión "entes públicos" son personalidad jurídica, para indicar aquellos que forman parte de la Administración Pública ¿qué quiso abarcar? ¿sólo los entes descentralizados nacionales (funcionalmente) o también los entes descentralizados territorialmente como los Municipios? La respuesta, sin duda, dependerá del sistema constitucional costarricense relativo al régimen local y a la autonomía municipal. En todo caso, la utilización indistinta en la ley de la expresión "entes descentralizados" (art. 6°, letra "e") como equivalente a entes públicos sugiere la idea de que ella está destinada, directamente, a los entes descentralizados públicos establecidos por el Estado.

3. El derecho aplicable a los diversos sujetos de derecho público

La Ley General de Administración Pública, no sólo formula el principio de la legalidad y precisa los sujetos de derecho público sometidos al mismo, en tanto en cuanto forman parte de la Administración Pública, sino que además precisa el derecho que le es aplicable a los mismos.

Esto lo hace en dos aspectos: en primer lugar, en relación a la distinción entre derecho público y derecho privado, y en segundo lugar, en la aplicación de normas establecidas exclusivamente para algunos de los sujetos de derechos. Veamos separadamente estos dos aspectos.

A. La interaplicación del derecho público y del derecho privado

En general, la Ley establece que a los sujetos de derecho público no sólo se les aplica el derecho público, sino también, el derecho privado; y ello lo hace en varias normas.

En primer lugar, el artículo 1° de la Ley, al definir los entes que forman parte de la Administración Pública, como sujetos de derecho, precisa que cada uno tiene su personalidad jurídica, "y capacidad de derecho público y privado". Cuándo se aplica uno u otro, está definido en el artículo 3 de la ley, así:

> "El derecho público regulará la organización y actividad de los entes públicos, salvo norma expresa en contrario.
>
> El derecho privado regulará la actividad de los entes que por su régimen de conjunto y los requerimientos de su giro puedan estimarse como empresas industriales o mercantiles comunes".

De esta norma se deduce lo siguiente: los entes públicos se rigen por el derecho público tanto en su organización como en su actividad. Sin embargo, cuando estos entes públicos realicen actividades industriales y comerciales (empresas públicas) *también* les será aplicable el derecho privado; y decimos "también" pues no sólo se rigen por el derecho privado. En el mundo contemporáneo ya no existe la distinción matemática en la aplicación de las ramas del derecho público o privado a los sujetos de derecho público, sino que, en realidad, hay siempre una interaplicación de las mismas a dichos entes públicos, con preponderancia de uno u otro, según la naturaleza de su actividad.

En todo caso, aquí nos surge también el interrogante planteado anteriormente: ¿Qué debe entenderse por ente público en la expresión del artículo 2° de la ley? ¿Sólo los entes descentralizados con forma de derecho público o también la Ley abarca los entes descentralizados con forma de derecho privado y creados por el Estado por las vías del derecho privado? La intención global de la Ley parecería ser la primera alternativa, por lo que las empresas del Estado creadas por las vías ordinarias del derecho mercantil, no serían "entes públicos", sino entes descentralizados con forma de derecho privado, recogidos íntegramente por el derecho mercantil.

En todo caso, la Ley General no sólo regula la interaplicación del derecho público y del derecho privado a la actividad de los entes públicos, sino que precisa la forma de esa aplicación, al otorgar carácter predominante al derecho público y supletorio al derecho privado. Esto se deduce de la calificación expresa que el párrafo 1° del artículo 13 otorga al derecho privado como "supletorio" y del artículo 9 de la Ley.

En este último, en efecto, se señala el carácter independiente de otras ramas del derecho del "ordenamiento jurídico administrativo", por lo que, dice su párrafo 1, "solamente en el caso de que no haya norma administrativa aplicable, escrita o no escrita, se aplicará el derecho privado y sus principios". Además, se precisa que en caso de integración del derecho, por laguna del ordenamiento administrativo escrito, se aplicarán, por su orden, las demás fuentes del derecho administrativo (la jurisprudencia, los principios generales del derecho público y la costumbre) y sólo en último lugar, "el derecho privado y sus principios" (art. 9, párrafo 2).

B. La precisión de normas que regulan con exclusividad algunos sujetos de derecho.

Por otra parte, la ley establece un sistema de normas destinadas a regular exclusivamente a los sujetos de derecho sometidos a sus regulaciones, en la siguiente forma: las normas que regulan la actividad administrativa del Estado solo se aplican supletoriamente a los entes descentralizados; y las que regulan estos entes, no se aplican a la Administración del Estado.

En efecto, la Ley General, en su artículo 2° establece lo siguiente:

> "1. Las reglas de esta ley que regulan la actividad del Estado se aplicarán también a los otros entes públicos, en ausencia de norma especial para éstos.
>
> 2. Las reglas que regulan a los otros entes públicos no se aplicarán al Estado, salvo que la naturaleza de la situación requiera lo contrario".

De la lectura de este artículo parece necesario formular de inmediato una precisión: En realidad, la Ley General regula directamente la actividad administrativa del Estado, y no la "actividad del Estado", como dice el artículo 2°. Debemos aquí remitirnos a la observación que hicimos al inicio de nuestra exposición al referirnos a la utilización de la expresión "Estado" en el artículo 1°. En realidad, la Ley General no parece destinada a regular "la actividad del Estado" como dice el párrafo 1 de este artículo; pues en esa expresión se englobaría la actividad de los Tribunales y del órgano legislativo, lo cual no es la intención de la Ley. Por eso, la Ley General realmente parece estar destinada a regular la actividad "administrativa" del Estado. Si esto es cierto, habría que hacer otra precisión: ciertamente, que la actividad administrativa del Estado, normalmente, se realiza por la Administración Pública como complejo orgánico, definida en el artículo 1° de la Ley que ya hemos comentado. Sin embargo, los otros entes del Estado (Tribunales o Cuerpos Legislativos) también realizan ocasionalmente, actividad administrativa y dictan actos administrativos. En estos casos, esa actividad administrativa aún realizada por órganos judiciales o legislativos, también estaría sometida a las prescripciones de la Ley.

Esta norma de la Ley General, por otra parte, nos sugiere una observación fundamental en el derecho administrativo: la distinción entre la Administración –órgano, que precisa el artículo 1°, y la Administración– actividad que se deduce del artículo 2°. La Ley así, en primer lugar, se aplicaría a la Administración Pública Central o Descentralizada, considerada como complejo orgánico; y en segundo lugar, se aplicaría también a la actividad administrativa del Estado, con prescindencia de los órganos que la realicen.

En todo caso, dejando aparte esta precisión, el artículo 2°, al definir el ámbito de aplicación de la Ley General señala su aplicación directa a la actividad administrativa del Estado, y en ausencia de normas especiales, se aplica también a los entes públicos descentralizados. En cambio, las reglas especiales que regulan estos entes públicos, no se aplican a la actividad administrativa del Estado "salvo que la naturaleza de la situación requiera lo contrario".

En relación a esta fórmula legal, en todo caso, creo que debe hacerse una precisión general: la Ley General, en realidad, no define en este artículo un ámbito sustantivo de aplicación. La Ley se aplica a la actividad administrativa del Estado y a los entes descentralizados. En relación a las normas específicas que regulan la actividad administrativa del Estado, estas se aplican a los entes descentralizados "en ausencia de norma especial para estos" por lo que si hay tales normas especiales, no se les aplican "las reglas de la ley que regulan la actividad (administrativa) del Estado". En cuanto a estas normas especiales destinadas a los entes descentralizados, las mismas no se aplican a la Administración del Estado, "salvo que la naturaleza de la situación requiera lo contrario", lo cual en definitiva será el juez contencioso–administrativo, quien lo determinará.

III. EL SISTEMA DE LAS FUENTES DEL DERECHO ADMINISTRATIVO

El segundo gran aspecto regulado en el Título Primero de la Ley General es el relativo al sistema de las fuentes del Derecho Administrativo y a la integración del ordenamiento jurídico administrativo.

En efecto, la Ley General no sólo ha establecido una completa regulación sobre las fuentes del derecho administrativo y su jerarquía, sino que también ha establecido las normas básicas respecto de la integración del derecho escrito y su interpretación.

Por tanto, antes de analizar la jerarquía de las fuentes y su clasificación entre escritas, no escritas y supletorias, creemos conveniente referirnos a los principios de la Ley sobre la integración e interpretación del derecho administrativo.

1. La integración e interpretación del ordenamiento administrativo

La Ley General, en efecto, consagra con carácter de derecho positivo, el principio de la plenitud del ordenamiento jurídico–administrativo, de manera que no pueden existir lagunas del Derecho o de dicho ordenamiento. En tal virtud, las lagunas del derecho escrito y de la ley deben ser integradas y así, construirse la norma del ordenamiento administrativo aplicable.

En varias normas, la Ley General plantea la necesidad de la integración del ordenamiento y sus modalidades. En efecto, en caso de laguna del ordenamiento administrativo escrito, y por tanto, cuando haya de integrarse, el Párrafo 2 del artículo 9° prescribe que "se aplicarán, por su orden, la jurisprudencia, los principios generales del derecho público, la costumbre, y el derecho privado y sus principios". En estos casos, como se trata de suplir la ausencia de normas escritas, las no escritas mencionadas, "tendrán el rango de ley" conforme a lo indicado en el Párrafo 2° del artículo 7).

Por otra parte, como se ha dicho, ante la declaración expresa de la propia Ley General de que sus preceptos no dejarán de aplicarse por falta de reglamentación, el artículo 20) prescribe que esa reglamentación ausente será suplida en la misma forma y orden en que se integra el ordenamiento escrito, antes mencionada.

En todo caso, la integración de las normas administrativas debe hacerse "tomando en cuenta las otras normas conexas y la naturaleza y valores de la conducta y hechos a que se refiere", conforme lo exige el artículo 10), párrafo 2° de la Ley.

Por último, debe señalarse que la Ley General establece expresamente la orientación que debe guiar el proceso de integración del derecho escrito, al declarar en el artículo 8° que:

> "El ordenamiento administrativo se entenderá integrado por las normas no escritas necesarias para garantizar un equilibrio entre la eficiencia de la Administración y la dignidad, la libertad y los otros derechos fundamentales del individuo".

Esta declaración es de suma importancia ya que sitúa, a nivel de derecho positivo, un principio fundamental del derecho administrativo contemporáneo: el del equilibrio entre poderes y prerrogativas de la Administración, por un lado, y por el otro, derechos y libertades de los particulares. Dicho equilibrio no debe ser roto, ni en beneficio del Estado ni de los administrados, y hacia ese equilibrio apunta dicho artículo 8° de la Ley General.

Por otra parte, además de consagrar la integridad y plenitud del ordenamiento administrativo, la Ley General establece disposiciones que orientan el proceso de interpretación del derecho escrito. El artículo 7 de la Ley en efecto prescribe en su párrafo 1° que:

> "Las normas no escritas –como la costumbre, la jurisprudencia y los principios generales de derecho– servirán para interpretar, integrar y delimitar el campo de aplicación del ordenamiento escrito y tendrán el rango de la norma que interpretan, integran o delimitan".

Por tanto, las normas no escritas, legalmente deben servir como fuente de interpretación del derecho escrito, y en tal proceso, tienen el mismo rango de la norma que interpretan. Distinto es el caso señalado de integración del ordenamiento escrito, en cuyo supuesto, las fuentes no escritas utilizadas para suplir la ausencia de normas escritas, tienen rango de ley.

La Ley General, además, establece los criterios fundamentales conforme a los cuales deben interpretarse las normas administrativas. El artículo 10, párrafo 1° prescribe en efecto, que:

"La norma administrativa deberá ser interpretada en la forma que mejor garantice la realización del fin público a que se dirige, dentro del respeto debido a los derechos e intereses del particular".

En esta forma se establece también el principio del equilibrio ante la eficiencia de la Administración y los derechos de los particulares, como criterio de interpretación. En todo caso, la Ley General también exige que la interpretación de las normas administrativas se haga "tomando en cuenta las otras normas conexas y la naturaleza y valor de la conducta y hechos a que se refiere" (art. 10, párrafo 2).

2. La jerarquía de las fuentes del derecho administrativo

En relación al sistema de las fuentes del ordenamiento jurídico–administrativo, la Ley General establece una distinción entre las fuentes escritas y las no escritas.

En general puede decirse que la ley podría deducirse en el principio de que el derecho escrito prevalece sobre el no escrito, y que las fuentes escritas, por tanto, prevalecen sobre las fuentes no escritas. Desde el momento en que la Ley prescribe que en caso de laguna del ordenamiento administrativo escrito se deben aplicar, en caso de integración, por su orden, las fuentes o normas no escritas y el derecho privado y sus principios (párrafo 2° del artículo 9), parecería que se corrobora lo que hemos afirmado sobre la prevalencia de las fuentes escritas sobre las no escritas. Sin embargo, el párrafo 3° del artículo 7) nos provoca dudas, cuando establece que "las normas no escritas prevalecerán sobre las escritas de grado inferior". ¿Cuáles son las fuentes escritas de grado inferior? ¿Dónde está previsto el límite entre ese grado inferior y el superior, para determinar la prevalencia de las normas no escritas? En realidad, no hemos podido determinar el real sentido de este párrafo. El artículo 7°, en sus dos primeros párrafos, ciertamente determina el rango de las normas no escritas cuando se trata de interpretación de normas escritas, en cuyo caso tienen el mismo rango de la norma que interpretan; o de integración del ordenamiento cuando suplen la ausencia del derecho escrito, en cuyo caso tienen rango de ley. Por ello no hemos logrado determinar el sentido de la afirmación del tercer párrafo citado.

Ahora bien, y dejando aparte esta interrogante, la Ley General establece con precisión, la jerarquía de las fuentes, tanto escritas como no escritas.

3. Las fuentes escritas y su jerarquía

En cuanto a las fuentes escritas, el párrafo 1° del artículo 6) de la Ley General establece el orden al cual debe sujetarse "la jerarquía de las fuentes del ordenamiento jurídico–administrativo", en la siguiente forma:

"a. La Constitución Política;

b. Los tratados internacionales y las normas de la Comunidad Centroamericana;

c. Las leyes y los demás actos con valor de ley;

d. Los decretos del Poder Ejecutivo que reglamentan las Leyes y los de los otros supremos poderes en la materia de su competencia;

e. Los demás reglamentos del Poder Ejecutivo, los estatutos y los reglamentos de los entes descentralizados;

f. Las demás normas subordinadas a los reglamentos, centrales y descentralizadas".

Esta enumeración y el orden prescrito, sin duda, nos motiva a hacer algunas observaciones y comentarios.

En primer lugar, debe destacarse el rango expreso que la Ley General otorga a los tratados internacionales y a las normas de la comunidad centroamericana. En esta forma se resuelve un problema general que se plantea en casi todos los países latinoamericanos, y que aún es motivo de discusión en Venezuela, sobre el rango de los tratados internacionales y de las normas del derecho comunitario. En el caso de Costa Rica, queda claro que estas normas prevalecen sobre la ley, pero están subordinadas a la Constitución. Por tanto, podrían ser teóricamente controlables por el órgano jurisdiccional que tenga a su cargo el control de la constitucionalidad de los actos estatales. En Venezuela, en ausencia de una norma expresa como la de la Ley General, la Corte Suprema en más de una ocasión se ha declarado incompetente para controlar la constitucionalidad de Tratados Internacionales.

En segundo lugar, la Ley General, al establecer el rango de las leyes como fuente, agrega a los demás actos con valor de ley, los que comprenden, sin duda, a los Decretos–Leyes que, conforme a la Constitución, puede dictar el Poder Ejecutivo, y que por tener valor de Ley, prevalecen sobre los demás Decretos del Ejecutivo.

En tercer lugar, la ley prescribe normas diversas relativas a los reglamentos y su jerarquía. Así, ante todo, establece la prevalencia de los Reglamentos Ejecutivos, que reglamentan las leyes, sobre los demás reglamentos del Ejecutivo, particularmente, los Reglamentos Autónomos. Por otra parte, establece la prevalencia de los Reglamentos dictados por el Poder Ejecutivo, sobre los Estatutos y Reglamentos de los entes descentralizados. Sin embargo, en este punto, el párrafo 2° del artículo 6) establece que si se trata de reglamentos autónomos, "los del Poder Ejecutivo y los de los entes descentralizados están subordinados entre sí dentro de sus respectivos campos de vigencia". Por último, la Ley General establece la prevalencia de los reglamentos, en general, sobre las otras normas dictadas por la Administración Central o descentralizada.

En todo caso, en cuanto a los reglamentos, la Ley General resuelve una discusión que sobre todo había planteado la doctrina española en relación a su naturaleza. De acuerdo al párrafo 3° del artículo 6) no hay motivo alguno para considerar que los reglamentos no sean actos administrativos al señalar que, al contrario, "los reglamentos estarán sujetos a las reglas y principios que regulan los actos administrativos".

4. Las fuentes no escritas y su jerarquía

En cuanto a las fuentes no escritas, cuando se trata de la integración del ordenamiento administrativo escrito, para suplir su ausencia en caso de laguna del mismo, conforme al párrafo 2° del artículo 9), se aplicarán en el siguiente orden:

a. La jurisprudencia;

b. Los principios generales del derecho público; y

c. La costumbre.

Esta enumeración ordenada, que precisa los términos de la enumeración desordenada del párrafo 1° del artículo 7) provoca algunas observaciones, y entre ellas, la que surge de la prevalencia de la jurisprudencia sobre los principios generales del derecho público. Esto implica, por una parte, no sólo el asignar el carácter de fuente de derecho administrativo, de primer rango entre las fuentes no escritas, a la jurisprudencia; sino el otorgarle un valor al precedente judicial, que no es común en América Latina. Por otra parte, implica establecer la precedencia de la jurisprudencia sobre los principios generales del derecho público, cuando, en realidad, si la jurisprudencia tiene, en general, valor, es por la decisión de casos concretos en base, precisamente, a la aplicación de principios generales del derecho. No hay que olvidar que la jurisprudencia puede y debe cambiar, y en cambio los principios generales del derecho, por su carácter abstracto y derivado del orden jurídico global, tienden a ser más permanentes e inmutables. Por eso, realmente llama la atención esta prevalencia prescrita expresamente por la ley, de la jurisprudencia sobre los principios generales del derecho, como fuente no escrita, la cual no compartimos.

5. Las fuentes supletorias

Como señalamos al inicio, la Ley General de la Administración Pública establece el principio de la autonomía del Derecho Administrativo, al establecer su independencia de otras ramas del derecho. Como consecuencia de ello, el derecho privado y sus principios adquieren, dentro del sistema de las fuentes, un carácter de fuentes supletorias.

Por ello, el artículo 13, párrafo 1° expresamente habla del "derecho privado supletorio" y asimismo, por ello, el párrafo 1° del artículo 9) expresamente establece que "solamente en el caso de que no haya norma administrativa aplicable, escrita o no escrita, se aplicará el derecho privado y sus principios".

Este carácter supletorio del derecho privado y sus principios, por último, también deriva de su ubicación, en último lugar, que la Ley General prescribe en caso de integración del ordenamiento administrativo, por laguna del ordenamiento escrito: se aplicarán, dice el párrafo 2° del artículo 9) "por su orden, la jurisprudencia, los principios generales del derecho público, la costumbre y el derecho privado y sus principios".

En este carácter supletorio del derecho privado, llama la atención la prevalencia que sobre sus normas pueda tener la costumbre o prácticas administrativas, lo cual en algunos casos podría no parecer razonable, salvo por una excesiva tendencia a la autonomía del derecho administrativo, lo cual en el mundo contemporáneo no debería implicar el relegamiento de los principios del derecho privado, de donde, en definitiva, provienen buena parte de las instituciones de nuestra disciplina.

IV. LOS PRINCIPIOS QUE DEBEN GUIAR LA ACTIVIDAD ADMINISTRATIVA

El Título Primero de la Ley General de la Administración Pública, además de regular el principio de la legalidad administrativa y el sistema de las Fuentes del Derecho Administrativo, establece una serie de principios generales que deben guiar la actividad administrativa, a los cuales queremos referirnos, y que se refieren a la competencia, a la potestad reglamentaria, al servicio público, a la discrecionalidad y a sus límites y al respeto de los derechos particulares.

1. El principio de la competencia

El primer principio que regula la Ley General con precisión y amplitud, es el principio de la competencia que debe preceder toda acción administrativa, y decir, la necesaria existencia previa a toda actividad, de una norma atributiva del poder o potestad de actuar en la realidad jurídica. Esto implica que la competencia debe ser expresa y no puede presumirse.

El artículo 11, párrafo 1° de la Ley General, es claro en este sentido al prescribir que la Administración Pública "Sólo podrá realizar aquellos actos o prestar aquellos servicios públicos que autorice" el ordenamiento jurídico, "según la escala jerárquica de sus fuentes". Esta autorización debe ser expresa, y por ello el párrafo 2° del mismo artículo 11 establece que "se considerará autorizado el acto regulado expresamente por norma escrita, al menos en cuanto a *motivo o contenido*, aunque sea en forma imprecisa". Basta, por tanto, la indicación del *motivo o contenido* del acto en la norma escrita, para que se considere que hay competencia expresa.

El principio también se aplica a las competencias en materia de Servicios Públicos. El artículo 12, párrafo 1° de la Ley General en efecto establece que:

> "Se considerará autorizado un servicio público cuando se haya indicado *el sujeto y el fin del mismo*. En este caso a todo evento, el ente encargado de prestarlo, podrá hacerlo "de acuerdo con sus propios reglamentos sobre los demás aspectos de la actividad, bajo el imperio del derecho".

De esto resulta claro el principio de la competencia expresa, regulada en norma escrita, así sea en forma incompleta o imprecisa.

Sin embargo, la Ley General es más amplia en cuanto a las normas atributivas de competencia, al establecer la posibilidad de que esté prescrita en principios generales del derecho. En efecto, el párrafo 1° del artículo 14 de la Ley General establece en este aspecto, lo siguiente:

> "Los principios generales, podrán autorizar implícitamente los actos de la Administración Pública, necesarios para el mejor desarrollo de las relaciones especiales creadas entre ella y los particulares por virtud de actos o contratos administrativos de duración".

Se trata, por tanto, de la consagración de la competencia en normas no escritas, pero de contenido limitado: se trata, en efecto, de competencias derivadas de otros actos autorizados legal o reglamentariamente, para el mejor desarrollo de relaciones jurídicas previamente establecidas.

2. La potestad reglamentaria y sus límites

El segundo principio que regula la Ley General en relación a la actividad administrativa, se refiere a los límites de la potestad reglamentaria.

En efecto, puede decirse que la ley es clara al establecer el carácter sub–legal de los reglamentos, lo cual deriva de varios aspectos. En primer lugar, por su ubicación en las jerarquías de las fuentes, debajo de la ley (Art. 6°, párrafo 1°, letra d y e); en segundo lugar, por la asimilación de los reglamentos a los actos administrativos, los cuales siempre tienen rango sub–legal (Art. 6°, párrafo 3°); y en tercer lugar, por la limitación del contenido de los reglamentos que prescribe el artículo 12 de la ley, en el sentido de que no pueden regular materias reservadas a la Ley.

El párrafo 1° de este artículo en efecto, establece que: "no podrán crearse por reglamentos potestades de imperio que afecten derechos del particular extraños a la relación del servicio".

Este artículo, sin duda, establece indirectamente la reserva legal en aquellas normas que impliquen establecimiento de potestades de imperio y que afecten derechos particulares.

La Ley Orgánica de Procedimientos Administrativos de Venezuela, en este aspecto es más precisa, aunque podría parecer redundante con el texto constitucional, al establecer algunas materias que no pueden ser reguladas por actos administrativos, comprendidos los reglamentos. Su artículo 10, en efecto prescribe que "Ningún acto administrativo podrá crear sanciones ni modificar las que hubieran sido establecidas en las leyes, crear impuestos u otras contribuciones de derecho público, salvo dentro los límites determinados por la ley". La norma es de gran importancia, no sólo por establecer una reserva legal precisa en materia sancionatoria y tributaria, sino por prescribir, indirectamente, una especie de delegación legislativa, precisamente en esos campos. Así, por actos administrativos podrían crearse sanciones o modificarse las legalmente establecidas si la ley lo permite, y si se hace por la Administración dentro de los límites establecidos.

En todo caso, la reserva legal, clásicamente ha abarcado siempre tres aspectos centrales: establecimientos de delitos y penas (infracciones y sanciones); impuestos y otras contribuciones; y limitaciones a los derechos y garantías constitucionales. Sobre este último punto, la Ley General es también expresa.

El artículo 19, en este sentido prescribe que "el régimen jurídico de los derechos constitucionales estará reservado a la Ley, sin perjuicio de los reglamentos ejecutivos correspondientes", es decir, de aquellos reglamentos que desarrollan una ley. Como consecuencia, la ley prohíbe expresamente "los reglamentos autónomos en esta materia".

3. Los principios del servicio público y su aplicación a la actividad administrativa

En tercer lugar, la Ley General regula en forma expresa los principios fundamentales que deben guiar la actividad administrativa, cuando adquiere la forma de servicio público, es decir, de una actividad prestacional. En tal sentido, el artículo 4° de la Ley General, establece lo siguiente:

> *Artículo 4°.* La actividad de los entes públicos deberá estar sujeta en su conjunto a los principios fundamentales del servicio público, para asegurar su continuidad, su eficiencia, su adaptación a todo cambio en el régimen legal o en la necesidad social que satisfacen y la igualdad en el trato de los destinatarios, usuarios o beneficiarios.

La norma, ante todo, otorga carácter de derecho positivo a los clásicos principios de la actividad prestacional del Estado configurada como servicio público: la continuidad, la eficiencia, la mutabilidad y la igualdad. No es frecuente encontrar en el derecho comparado texto escrito similar. Pero además, la norma consagra la extensión de la aplicación de los principios fundamentales del servicio público a todas las actividades de los entes públicos. En esta forma, toda la actividad administrativa, en su conjunto, está sujeta a los mencionados principios.

Sin embargo, esta aplicación de los principios del servicio público a la actividad administrativa, tiene límites, pues la misma, conforme a lo previsto en el artículo 5°, no puede alterar los contratos celebrados por los entes públicos ni violar los derechos adquiridos con base en los mismos, salvo razones de urgente necesidad. En este último caso, el ente público determinante del cambio o de la alteración, es responsable por los daños y perjuicios causados.

En relación a los principios que deben guiar la actividad administrativa, la Ley Orgánica de Procedimientos Administrativos de Venezuela, tiene una formulación que debe destacarse, aún cuando no habla de servicio público. El artículo 30 de dicha Ley, en efecto, prescribe con carácter general que "la actividad administrativa se desarrollará con arreglo a principios de economía, eficacia, celeridad e imparcialidad", lo cual da un amplio margen de interpretación en cuanto al sentido y contenido de los mismos.

4. La discrecionalidad administrativa y sus límites

En cuanto de los principios relativos a la actividad administrativa regulados en la Ley General de la Administración Pública de Costa Rica, es el de la discrecionalidad administrativa. La Ley General, en efecto, reconoce no sólo la necesidad, sino la normalidad de la discrecionalidad, la cual puede darse –dice– "incluso por ausencia de Ley en el caso concreto" (Art. 15, párrafo 1°). De esto resulta que el poder discrecional, conforme a la Ley General, no requiere texto expreso, sino que se presume siempre en ausencia de Ley.

Sin embargo, la contrapartida a esta previsión, son los límites a la discrecionalidad, previstos en la Ley General.

En efecto, ésta, con carácter general, establece en su artículo 15 que la discrecionalidad "estará sometida en todo caso a los límites que le impone el ordenamiento expresa o implícitamente, para lograr que su ejercicio sea eficiente y razonable". La razonabilidad de la actuación, es, así, el primer límite básico del poder discrecional.

Pero la Ley General consagra además otros límites y entre ellos la justicia y la racionalidad. La actuación discrecional, en efecto, tiene que ser equitativa y racional, por lo que conforme al artículo 16, párrafo 1° de la Ley, "En ningún caso podrán dictarse actos contrarios a reglas unívocas de la ciencia o de la técnica, o a principios de justicia, lógica o conveniencia".

Además, el acto discrecional debe respetar el principio de la igualdad establecido en el artículo 4° de la Ley General, y perseguir solo el fin público previsto en la norma atributiva de competencia (Art. 10, párrafo 1°). Por último, debe también respetar los derechos particulares; es por ello por lo que el artículo 17 de la Ley prescribe que "la discrecionalidad estará limitada por los derechos del particular frente a ella, salvo texto legal en contrario".

La consecuencia fundamental de la consagración expresa de límites al poder discrecional, es la posibilidad de que los mismos puedan ser controlados por el Juez, pues el control de la legalidad no sólo abarca los aspectos reglados del acto discrecional, sino que también se ejerce, conforme lo señala el artículo 15, párrafo 2°, "Sobre la observancia de sus límites". Por ello, conforme al artículo 16, párrafo 2°, el Juez puede controlar la conformidad con las reglas no jurídicas de los elementos discrecionales del acto, como si ejerciera el control de la legalidad, lo cual es válido, principalmente en relación a la racionalidad técnica, a la justicia, a la lógica y a la conveniencia.

Sobre la discrecionalidad y sus límites, la Ley Venezolana sobre Procedimientos Administrativos también ha consagrado una norma de gran importancia que debe comentarse. Se trata del artículo 12 en el cual se señala lo siguiente:

> *Artículo 12.*–Aún cuando una disposición legal o reglamentaria deje alguna medida o providencia a juicio de la autoridad competente, dicha medida o providencia deberá mantener la debida proporcionalidad y adecuación con el supuesto de hecho y con los fines de la norma y cumplir los trámites, requisitos, y formalidades necesarios para su validez y eficacia.

Este artículo, en efecto, comienza por establecer indirectamente que el poder discrecional debe estar previsto en una norma expresa, legal o reglamentaria, en la cual debe dejarse a juicio de la autoridad administrativa, la adopción de una decisión. Por la parte, la norma destaca los elementos reglados del acto discrecional, los cuales abarcan "los trámites, requisitos y formalidades necesarios para su validez y eficacia" y que deben siempre cumplirse.

Por último, el artículo precisa los límites al poder discrecional en una forma tal, que amplía el control del juez de la legalidad. En efecto, en forma expresa consagra el principio de la proporcionalidad de la decisión en relación a la causa o motivo del acto. Por otra parte, establece que debe haber adecuación entre la decisión adoptada y los presupuestos de hecho que la motivan, lo cual implica no solo racionalidad, sino una adecuada comprobación de esos supuestos de hecho y una exacta calificación de los mismos. Por último, la Ley exige, también, la adecuación de la decisión con los fines de la norma, como otro límite a la discrecionalidad, lo cual implica la interdicción a la distorsión de los procedimientos (Arts. 3° y 100). A estos límites habría que agregar el límite derivado del principio de la imparcialidad, establecido en el artículo 30.

5. El respeto de los derechos particulares

Por último, dentro de los principios que consagra la Ley General de la Administración Pública en relación a la actividad administrativa, está el del necesario respeto a los derechos de los particulares, lo cual confirma el equilibrio buscado por este texto, entre poderes de la Administración y derechos de los administrados.

Este principio de la actividad administrativa, del respeto de los derechos de los particulares, está consagrado en varias normas del Título Primero de la Ley.

Ante todo, el artículo 18 de la Ley General establece el principio general que d ebe guiar las relaciones entre la Administración y los Administrados, al prescribir el ámbito de los derechos e intereses de los particulares frente a la Administración en la forma siguiente:

> "*Art. 18.* 1. El individuo estará facultado, en sus relaciones con la Administración, para hacer todo aquello que no le esté prohibido".

Sin embargo, tal prohibición no sólo es la que resulta de texto expreso, sino que conforme al párrafo 2° del mismo artículo 18 se presumen legalmente en la forma siguiente:

> "Se entenderá prohibido todo aquello que impida o perturbe el ejercicio legítimo de las potestades administrativas o de los derechos del particular, así como lo que viole el orden público, la moral o las buenas costumbres".

Ahora bien, además de esta formulación general de la situación jurídica de los administrados frente a la Administración, la Ley General establece una regulación amplia en relación a la protección de los derechos de los particulares y a los límites de la actuación de la Administración,

En primer lugar, la Ley General establece el principio del respeto de los derechos de los particulares provenientes de contratos celebrados con la Administración. Prevé así, como principio general en materia de contratos administrativos, que la Administración puede realizar los actos que estime necesarios "para el mejor desarrollo de las relaciones especiales creadas entre ella y los particulares" (art. 14, párrafo 1°); sin embargo, esta posibilidad de actuación tiene sus límites en el párrafo 2° del artículo 14 de la Ley General, que prescribe que:

> "Las limitaciones y las sanciones disciplinarias, en este caso, podrán alcanzar hasta la suspensión temporal de los derechos y bienes creados por la Administración dentro de la relación especial, pero no la negación ni la supresión de los mismos, ni de los otros propios del particular".

Por tanto, los poderes de la Administración en los contratos administrativos, no pueden implicar la negación o supresión de los derechos de los particulares derivados o no de la relación contractual.

Este principio del respeto de los derechos contractuales de los particulares por la Administración, se regula también en forma expresa, en el artículo 5° de la Ley General, como límite a la aplicación de los principios fundamentales del servicio público a la actividad administrativa, al establecerse que ello "no podrá alterar sus contratos ni violar los derechos adquiridos con base en los mismos, salvo razones de urgente necesidad", en cuyo caso, "el ente público determinante del cambio o alteración será responsable por los daños y perjuicios causados".

En segundo lugar, la Ley General prescribe como principio de interpretación de las normas administrativas, el necesario respeto de los derechos de los administrados. En efecto, al señalar, como principio, que "la norma administrativa deberá ser interpretada en la forma que mejor garantice la realización del fin público a que se dirige", el artículo 10 de la Ley General exige que ello se haga "dentro del respeto debido a los derechos e intereses del particular". Por tanto, el respeto de los derechos de los administrados queda consagrado no sólo como principio frente a la interpretación de las normas administrativas, sino como límite a la actividad administrativa.

En tercer lugar, como se dijo, el respeto de los derechos particulares se configura, también, como un límite al poder discrecional que el artículo 17 de la Ley General consagra expresamente.

En cuanto a la Ley Orgánica de Procedimientos Administrativos de Venezuela, la misma solo consagra expresamente el principio del respeto de los derechos de los particulares frente a la actuación de la Administración, al regular la revocabilidad de los actos administrativos. Así, con carácter general, y por interpretación a contrario del texto del artículo 82, puede decirse que la ley venezolana consagra el principio de la irrevocabilidad de los actos administrativos que "originen derechos subjetivos o intereses legítimos, personales y directos para un particular", por lo que sanciona con el vicio de nulidad absoluta, a los actos administrativos que "resuelvan un caso precedentemente decidido con carácter definitivo y que haya creado derechos particulares, salvo autorización expresa de la Ley" (art. 19, ordinal 2°).

V. CONCLUSIONES

Nos ha correspondido analizar solamente el Título Primero de la Ley General, relativo a los Principios Generales de ese texto o Código de Derecho Administrativo. Del estudio que hemos hecho de esa pequeña porción de la ley, podríamos sacar como conclusiones, lo siguiente:

En primer lugar, se trata, como dijimos al inicio, de un texto legal que le ha dado fuerza de derecho positivo escrito a un conjunto de principios generales del derecho administrativo que en la mayoría de los países latinoamericanos no son más que eso: principios generales. Con esta formulación positiva de los principios del derecho administrativo, la Ley General, es un ejemplo único de un Código de la parte dogmática del derecho administrativo.

En segundo lugar, la Ley General, por lo que se deduce de su Título Primero, es un ejemplo del equilibrio que debe existir en el derecho administrativo de nuestros países, particularmente los del régimen democrático, entre los poderes y potestades de la Administración, y los derechos de los particulares. Ni los primeros pueden ser de tal naturaleza que aplasten los de los administrados, ni los derechos de éstos de tal forma que impidan o perturben la acción administrativa. Tiene que haber un equilibrio, y eso es lo que la Ley General persigue.

En tercer lugar, en cuanto al contenido de este Titulo Primero, de acuerdo a lo que hemos visto, el mismo consagra tres órdenes de regulaciones que se refieren, en primer lugar, al principio de la legalidad; en segundo lugar, al sistema de las fuentes del derecho administrativo; y en tercer lugar, a los principios que deben guiar la actividad administrativa. Estas regulaciones, en la mayoría de los ordenamientos, se derivan de principios generales del derecho administrativo. En el caso de Costa Rica, como hemos visto son texto positivo.

Un último comentario que podemos sacar también como conclusión. La Ley General, como dijimos, es una muestra de regulación escrita de los principios fundamentales del derecho administrativo, y al formularse, ha partido de la declaración de la autonomía de nuestra disciplina, particularmente frente al derecho privado. No estoy seguro de que esto sea un signo de fortaleza del derecho administrativo. Más bien, parecería ser una manifestación de esa debilidad que nuestra disciplina ha tenido tradicionalmente frente a otras ramas del derecho, y que exige que siempre tratemos de reafirmar su autonomía, cuando ello ya no es necesario.

Sección Tercera: SOBRE LOS PRINCIPIOS FUNDAMENTALES DEL DERECHO PÚBLICO (2005)

Esta sección está conformada por el texto del libro *Principios Fundamentales del Derecho Administrativo (Constitucional y Administrativo)*, Cuadernos de la Cátedra Allan R. Brewer–Carías de Derecho Administrativo Universidad Católica Andrés Bello, Editorial Jurídica Venezolana. Caracas, agosto 2005; el cual ha sido reimpreso por la Editorial Investigaciones Jurídicas, San José, Costa Rica 2012. El texto se incluyó como Introducción general en el libro *Derecho Administrativo*, Tomo I, Universidad Externado de Colombia, Bogotá 2005.

El derecho administrativo[180] es la rama del derecho público que regula la organización, funcionamiento y actividades de la Administración Pública como complejo orgánico del Estado, el ejercicio de la función administrativa, y las relaciones del Estado con los ciudadanos[181]. Como derecho del Estado y de los ciudadanos es, por tanto, una rama del derecho público que encuentra en la Constitución su fundamento detallado.

Por eso se habla en el mundo contemporáneo, de la constitucionalización del derecho administrativo, lo que ha ocurrido precisamente en la etapa de desarrollo y consolidación del derecho público y, por ende, del derecho constitucional y del derecho administrativo, que se inició en Venezuela con la elaboración de la Constitución de 1947, de muy corta vigencia[182], y luego del interregno autoritario, con la redacción y entrada en

---

180 Las obras generales sobre derecho administrativo que se han publicado en Venezuela son las siguientes: J.M. Hernández Ron, *Tratado elemental de derecho administrativo,* Caracas, Editorial Las Novedades, 1942; Tomás Polanco, *Derecho administrativo especial,* Universidad Central de Venezuela, Caracas, 1958; César Tinoco R., *Nociones de derecho administrativo y Administración Pública*, Editorial Arte, Caracas, 1958; Antonio Moles Caubet, *Lecciones de derecho administrativo* (1960), Editorial Mohingo, Caracas, 1975; Eloy Lares Martínez, *Manual de Derecho Administrativo* (1964), 12ª ed., Universidad Central de Venezuela, Caracas, 2001; Allan R. Brewer–Carías, *Las instituciones fundamentales del derecho administrativo y la jurisprudencia venezolana*, Universidad Central de Venezuela, Caracas, 1964; íd, *Derecho administrativo*, t. I, Universidad Central de Venezuela, Caracas, 1975; Armando Rodríguez García y Gustavo Urdaneta Troconis, *Derecho administrativo I,* guía de estudio, Universidad Central de Venezuela, Caracas, 1982; íd., *Derecho administrativo II,* Universidad Nacional Abierta, Caracas, 1983; José Peña Solís, *Lineamientos del derecho administrativo*, v. I: "La organización administrativa venezolana", v. II, "El derecho administrativo y sus fuentes", Universidad Central de Venezuela, Caracas, 1997; íd. *Manual de derecho administrativo. Adaptado a la Constitución de 1999.* v. I. Tribunal Supremo de Justicia, Caracas, 2000; Antonio Izquierdo Torres, *Derecho administrativo especial.* Caracas, 1997; Galsuinda Veda Parra Manzano, *Manual de derecho administrativo*, Vadell Hermanos, Valencia, 2005.

181 Como se verá más adelante (*Primera parte, I*), esta definición más descriptivamente permite identificar al derecho administrativo por su objeto, como la rama del derecho que estudia los sujetos de derecho o personas jurídicas que conforman el Estado; la Administración Pública como complejo orgánico de esas personas jurídicas estatales, su organización y funcionamiento; el ejercicio de la función administrativa dentro de las funciones del Estado; la actividad administrativa, siempre de carácter sublegal, realizada por los órganos de las personas jurídicas estatales en ejercicio de las funciones normativas o administrativas, o la realizada por los particulares a quienes la ley ha autorizado para ello, su régimen y control; y las relaciones jurídicas que se establecen entre las personas jurídicas estatales o las que desarrollan la actividad administrativa y los administrados, que moldean las formas de la actividad administrativa.

182 *Cfr.* Allan R. Brewer–Carías, *Las Constituciones de Venezuela*, Academia de Ciencias Políticas y Sociales, Caracas, 1997, pp. 991 y ss.

vigencia de la Constitución del 23 de enero de 1961[183], bajo cuyo manto normativo se produjo, además, tanto el proceso de democratización del país como de la conformación del Estado social y democrático de derecho[184].

Fue precisamente durante las casi cuatro décadas de aplicación de este Texto Fundamental de 1961, el que más tiempo de vigencia ha tenido en toda la historia constitucional venezolana, cuando se configuraron los principios fundamentales del derecho público que condicionan tanto al derecho constitucional como al derecho administrativo contemporáneos, y que fueron recogidos por la Constitución del 30 de diciembre de 1999[185].

Esos principios, o si se quiere, las bases constitucionales del derecho administrativo que conforman el tronco jurídico común del derecho constitucional y administrativo, construidos paulatinamente por la doctrina y la jurisprudencia durante las décadas de vigencia de la Constitución de 1961[186], son los que, una vez recogidos en la Constitución de 1999[187], resulta indispensable someter a examen en esta *Introducción general*[188], antes de entrar a estudiar en detalle el contenido de nuestra disciplina; lo que haremos agrupándolos en la siguiente forma: en *primer lugar*, el principio de la supremacía constitucional y de la aplicación directa de la Constitución; en *segundo lugar*, el principio de la formación del derecho por grados y de la jerarquía de los actos estatales; en *tercer lugar,* el principio de legalidad y la supranacionalidad; en *cuarto lugar,* el principio de la distribución vertical del poder público; en *quinto lugar,* el principio de la personalidad jurídica del Estado y las personas estatales; en *sexto lugar*, el principio de la separación orgánica de poderes; en *séptimo lugar*, el principio del ejercicio inter orgánico de las funciones del Estado; en *octavo lugar*, el principio del carácter inter funcional de los actos estatales; en *noveno lugar*, el principio del carácter inter orgánico

---

183 *Cfr.* Allan R. Brewer–Carías, *La Constitución y sus enmiendas*, Editorial Jurídica Venezolana, Caracas, 1991; Allan R. Brewer–Carías, *Instituciones políticas y constitucionales*, t. I, "Evolución histórica del Estado", Universidad Católica del Táchira y Editorial Jurídica Venezolana, San Cristóbal y Caracas, 1996, pp. 391 y ss.

184 *Cfr.* Allan R. Brewer–Carías, *Cambio Político y Reforma del Estado en Venezuela. Contribución al estudio del Estado democrático y social de derecho*, Madrid, Editorial Tecnos, 1975.

185 La Constitución de 1999 fue aprobada mediante referendo el 15 de diciembre de 1999 y publicada en *Gaceta Oficial* N° 36.660 del 30 de diciembre de 1999. Posteriormente fue publicada con correcciones en *Gaceta Oficial* N° 5.453 Extra. de fecha 24 de marzo de 2000. *Cfr.* Allan R. Brewer–Carías, *La Constitución de 1999*, Editorial Jurídica Venezolana, Caracas, 2000; *íd. La Constitución de 1999. Derecho constitucional venezolano,* Editorial Jurídica Venezolana, Caracas, 2004.

186 Esa etapa de desarrollo del derecho público, sin duda, se pudo cumplir dado el invalorable aporte doctrinal que desde inicios de los años sesenta se realizó desde el Instituto de Derecho Público de la Universidad Central de Venezuela, en lo que fue la etapa más pujante e innovadora de esa Institución, cuando además se publicó el *Archivo de Derecho Administrativo y Ciencias de la Administración;* y desde la Maestría de Derecho Administrativo de la misma Universidad Central de Venezuela y de la Universidad Católica Andrés Bello, en Caracas; esfuerzo que bajo otro ángulo se siguió, a partir de 1980, desde las páginas de la *Revista de Derecho Público* de la Fundación Editorial Jurídica Venezolana; y más recientemente, además, desde las páginas de la *Revista de Derecho Constitucional* y de la *Revista de Derecho Administrativo* de la Editorial Sherwood; así como de las actividades desplegadas desde la Fundación de Derecho Público establecida en los años ochenta; desde la Fundación Estudios de Derecho Administrativo (Funeda) establecida a comienzos de los noventa; y más recientemente, desde la Fundación de Estudios Constitucionales, Legislativos y Administrativos (CECLA).

187 *V.* nuestras propuestas en Allan R. Brewer–Carías, *Debate Constituyente (Aportes a la Asamblea Nacional Constituyente)* 3 t., Fundación de Derecho Público, Caracas, 1999.

188 Estos principios, en particular, fueron conformando el *Curso sobre Derecho Administrativo Profundizado* que dictamos durante lustros en la Maestría de Derecho Administrativo en la Facultad de Ciencias Jurídicas y Políticas de la Universidad Central de Venezuela. *Cfr.* Allan R. Brewer–Carías, *Principios fundamentales del derecho público (constitucional y administrativo)*, Editorial Jurídica Venezolana, Caracas, 2005.

de la Administración Pública; en *décimo lugar*, el principio de los fines democráticos, sociales y de justicia del Estado (Estado democrático y social de derecho y de justicia); en *undécimo lugar*, el principio de la primacía y progresividad de los derechos constitucionales; en *duodécimo lugar*, el principio de la responsabilidad del Estado y de los funcionarios públicos; y en *décimo tercer lugar*, el principio de la universalidad del control judicial de los actos estatales.

I. EL PRINCIPIO DE LA SUPREMACÍA CONSTITUCIONAL Y DE LA APLICACIÓN DIRECTA DE LA CONSTITUCIÓN

1. La constitución como norma suprema

El primero de los principios del derecho público establecidos en la Constitución de 1999, siguiendo los principios fundamentales de la organización del Estado esenciales al constitucionalismo moderno, es el de la supremacía constitucional regulado en forma expresa en el artículo 7°, que precisa que "La Constitución es la norma suprema y el fundamento el ordenamiento jurídico", a la cual quedan sujetos "todas las personas y los órganos que ejercen el poder público"[189]; constituyendo, además, como uno de los deberes constitucionales de los ciudadanos y funcionarios, el "cumplir y acatar" la Constitución (art. 131)[190]. Como lo ha precisado la Sala Constitucional del Tribunal Supremo:

> La Constitución es suprema, entre otras cosas, porque en ella se encuentran reconocidos y positivizados los valores básicos de la existencia individual y de la convivencia social, al tiempo que instrumenta los mecanismos democráticos y pluralistas de legitimación del poder, tales como los relativos a la designación de las autoridades y a los mandatos respecto al cómo y al para qué se ejerce autoridad. Persigue con ello el respeto a la determinación libre y responsable de los individuos, la tolerancia ante lo diverso o lo distinto y la promoción del desarrollo armonioso de los pueblos. El principio de supremacía de la Constitución, responde a estos valores de cuya realización depende la calidad de vida y el bien común[191].

Es indudable, por supuesto, que para que una Constitución sea efectivamente la ley suprema de una sociedad debe ser producto de ella misma, del acuerdo, pacto o consenso de sus componentes, y no de imposiciones de un grupo sobre otros. Las constituciones impuestas por un grupo al resto de los integrantes de la sociedad generalmente tie-

---

189 Nos correspondió proponer en la Asamblea la consagración en forma expresa de dicho principio constitucional. *V.* Allan R. Brewer–Carías, *Debate Constituyente (Aportes a la Asamblea Nacional Constituyente),* t. II, 9 septiembre–17 octubre 1999, Caracas, Fundación de Derecho Público y Editorial Jurídica Venezolana, 1999, p. 24.

190 En cuanto a la sujeción del legislador a la Constitución, la Sala Constitucional en sentencia 488 del 30 de marzo de 2004, caso Impugnación de los artículos 11 y 91 numeral 29 de la Ley de la Contraloría General de la República y del Sistema Nacional de Control Fiscal, ha estimado que "al ser la Constitución *la norma primaria a la cual debe sujetarse el ordenamiento jurídico*, la labor del legislador debe tener como norte no sólo los principios generales expresamente consagrados, sino además los supremos fines por ella perseguidos, por lo que está obligado a realizar una interpretación integral y coordinada de las normas que conforman el cuerpo constitucional, es decir, que el legislador no es un simple ejecutor de los principios constitucionales sino que por el contrario en ejercicio de sus funciones goza de una amplia libertad de configuración normativa que le permite determinar y aplicar, de manera concreta las directrices necesarias para el cumplimiento de los cometidos constitucionales", *Revista de Derecho Público,* N° 97 y 98, Editorial Jurídica Venezolana, Caracas, 2004, p. 104.

191 *V.* sentencia 33 del 25 de enero de 2002, *Revista de Derecho Público,* N° 85 a 88, Editorial Jurídica Venezolana, Caracas, 2001, p. 399.

nen no sólo una precaria supremacía, sino una duración limitada a la permanencia en el poder del grupo que la impuso. Por ello la Sala Constitucional del Tribunal Supremo de Justicia en sentencia del 9 de noviembre de 2000 ha destacado lo que considera un "hecho fundamental" aunque no siempre "evidente a simple vista", en el sentido de que "la Constitución es suprema en tanto es producto de la autodeterminación de un pueblo, que se la ha dado a sí mismo sin intervención de elementos externos y sin imposiciones internas. Así, la Constitución viene a ser, necesariamente, la norma fundamental a la cual se encuentran vinculadas las múltiples formas que adquieren las relaciones humanas en una sociedad y tiempo determinados"[192].

Siendo la Constitución la norma suprema, la misma tiene aplicabilidad inmediata en el orden interno, y no admite que pueda haber una norma superior a ella, salvo en relación con el régimen de los derechos humanos. El carácter normativo de la Constitución, por tanto, como lo ha establecido la Sala Constitucional del Tribunal Supremo, constituye "uno de los grandes avances del Derecho Público" de manera que incluso, la jurisdicción constitucional "sólo puede basarse en la afirmación del carácter normativo del Texto Fundamental" pues "sería imposible censurar al legislador en caso de que sus actos se aparten de la Carta Magna y, en consecuencia, anularlos, si no estuviera sometido a mandatos categóricos consagrados por el Constituyente"[193]. Por ello, "el principio de supremacía constitucional justifica el poder de garantía constitucional que ejerce [la] Sala Constitucional, al cual atienden los artículos 334 y 335 C. Es decir, tal principio tiene carácter fundamental"[194].

2. El principio de la aplicabilidad inmediata de la Constitución

El principio de la supremacía constitucional siempre ha implicado, en el orden interno, el principio de la aplicación directa e inmediata de las normas constitucionales, en el sentido de que la Constitución debe considerarse como una norma obligatoria, con fuerza coactiva inmediata y por sí misma[195], que crea derechos y obligaciones directamente ejercibles y exigibles. Así lo ha señalado la Sala Constitucional en sentencia 963 del 5 de junio de 2001 (caso: *José A. Guía y otros vs. Ministerio de Infraestructura*), en relación con el carácter normativo de la Constitución, del cual puede inferirse que la misma:

192 *V.* sentencia 1347 del 9 de noviembre de 2001 de la Sala Constitucional, *Revista de Derecho Público,* Nº 81, Editorial Jurídica Venezolana, Caracas, 2000, p. 265.

193 *V.* la sentencia 1278 del 17 de junio de 2005, caso Aclaratoria de la sentencia interpretativa sobre los artículos 156, 180 y 304 de la Constitución, *Revista de Derecho Público,* Nº 102, Editorial Jurídica Venezolana, Caracas, 2005.

194 *V.* sentencia 33 del 25 de enero de 2002 de la Sala Constitucional, *Revista de Derecho Público,* Nº 85 a 88, Editorial Jurídica Venezolana, Caracas, 2001, pp. 400 y ss; citada también en sentencia 331 del 13 de marzo de 2001, *Idem.* pp. 391 y ss.

195 *Cfr.* Allan R. Brewer–Carías, *Instituciones políticas y constitucionales*, t. I, "Evolución histórica del Estado", *cit.*, pp. 501 a 505. La Sala Constitucional en tal sentido ha indicado en sentencia 2073 del 4 de agosto de 2003 ha señalado que "La aplicación inmediata de la Constitución, con el fin de que ella tenga vigencia inmediata y otorgue la cobertura constitucional, aun antes que se dicten las leyes que desarrollen los preceptos constitucionales, ha sido doctrina de esta Sala contenida en fallos del 20 de enero de 2000, 30 de junio de 2000 y 22 de agosto de 2001, casos: *Emery Mata, Dilia Parra y Asodeviprilara, Revista de Derecho Público,* Nº 93 a 96, Editorial Jurídica Venezolana, Caracas, 2003, p. 214. *V.* además, sentencia de la misma Sala Constitucional Nº 1387 del 21 de noviembre de 2000, *Revista de Derecho Público,* Nº 84, Editorial Jurídica Venezolana, Caracas, 2000, p. 286

> [Es] un instrumento con aliento jurídico que vincula, en grado a la naturaleza del precepto aplicable, tanto a los órganos del poder público como a los particulares; en segundo lugar, que la propia Constitución otorga o impone situaciones jurídicas constitucionales –según se trate de derechos o deberes– con referencia a valores indispensables al aseguramiento de la libertad, la igualdad y la dignidad humanas; y finalmente, que la Constitución ha diseñado un sistema garantizador de tales situaciones jurídicas constitucionales, en el cual el poder judicial juega un papel de primer orden[196].

Esto tiene particular importancia precisamente en materia de derecho administrativo, cuyas normas en gran parte son reguladoras del ejercicio de los derechos fundamentales, pues implica que aun en ausencia de leyes reglamentarias tales derechos pueden ejercerse, quedando proscritas las llamadas normas constitucionales programáticas[197]. Respecto de estas, por otra parte, ya la antigua Corte Suprema de Justicia había modificado su propia jurisprudencia anterior que admitía las normas programáticas[198], estableciendo que dichas normas no cabían en el orden constitucional, lo que por supuesto ratifica expresamente el artículo 22 C. 1999 al disponer que la falta de ley reglamentaria de los derechos humanos no menoscaba el ejercicio de los mismos; es decir que para poder ejercerse los derechos constitucionales no se requiere de ley preexistente, bastando con la norma constitucional o de los respectivos tratados, pactos o convenios internacionales. Sobre ello, sin embargo, la Sala Constitucional se ha reservado, sin fundamento constitucional alguno, la potestad de resolver sobre la aplicabilidad inmediata de las normas constitucionales relativas a derechos humanos cuando no exista ley reglamentaria, contrariando el sentido de la previsión constitucional. Así, en su afán de concentrar la justicia constitucional, en forma inapropiada la Sala se ha reservado la justiciabilidad de ciertos derechos, señalando que:

> Las normas constitucionales tienen vigencia plena y aplicación directa, y que cuando las leyes no han desarrollado su ejercicio y se requiere acudir a los tribunales de justicia, debido a la aplicación directa de dichas normas, es la jurisdicción constitucional, representada por esta Sala Constitucional, la que conocerá de las controversias que surjan con motivo de las normas constitucionales aun no desarrolladas legislativamente, hasta que las leyes que regulan la jurisdicción constitucional, decidan lo contrario[199].

Pero en general sobre el carácter normativo de la Constitución y el tema de las "normas programáticas", la jurisprudencia no ha sido precisamente constante. En efecto, la Sala Constitucional del Tribunal Supremo ha señalado en sentencia 1278 del 17 de junio de 2005, al referirse particularmente a los artículos 156, 180 y 304 C. que los mismos no tienen tal carácter de normas programáticas, sino que por el contrario, "su lectura revela su naturaleza normativa: son previsiones de aplicación obligatoria e inmediata, sin necesidad alguna de desarrollo legislativo ni de declaraciones judiciales", agregando sin embargo, que:

> Por supuesto, no toda disposición constitucional es de aplicación directa e inmediata. Las Constituciones son, entre otras cosas, textos en los que las sociedades jurídicamente organizadas regulan su estructura y funcionamiento, así como precisan el alcance de los derechos ciudadanos y de las

---

196 *V. Revista de Derecho Público*, N° 85 a 88, Editorial Jurídica Venezolana, Caracas, 2001, p. 447

197 *Cfr.* José Rafael Mendoza Mendoza, "Normas programáticas u operativas", en *Libro Homenaje a Rafael Caldera: Estudios sobre la Constitución*, t. I, Universidad Central de Venezuela, Caracas, 1979, pp. 151 a 166.

198 *V.* las referencias en Allan R. Brewer–Carías, de *Instituciones políticas y constitucionales*, t. I, "Evolución histórica del Estado", *cit.*, pp. 501 a 505.

199 *V.* sentencia 332 del 14 de marzo de 2001, caso: *INSACA vs. Ministerio de Sanidad y Asistencia Social, Revista de Derecho Público*, N° 85 a 88, Editorial Jurídica Venezolana, Caracas, 2001, p. 492.

potestades públicas, pero también son textos en los que se exponen los deseos de esa misma sociedad –a veces de difícil realización– y los medios que, para satisfacerlos, han ideado.

Las disposiciones constitucionales, por ello, son de muy diverso contenido. Rara vez se encontrarán disposiciones legales o sublegales que consistan en declaraciones de propósitos. En cambio, las Constituciones sí suelen incluir declaraciones de la más variada índole. Basta leer el Preámbulo que antecede a muchas de ellas, como es el caso venezolano, para confirmar este aserto.

Ahora, al ser la Constitución el documento en el que se reflejan los valores generalmente compartidos por la sociedad de que se trate, esas declaratorias de propósitos tienen un indudable valor, tanto para los órganos del Estado, que deben orientarse por ellas, como para los jueces, en especial esta Sala como máxima tutora judicial de la constitucionalidad. Los diversos cometidos que el Estado asume son órdenes que deben ser ejecutadas. De poco serviría un texto carente de vinculación para sus destinatarios: autoridades públicas y particulares.

Lo que sí resulta cierto es que, aunque pueda afirmarse que toda la Constitución contiene disposiciones que deben ser ejecutadas, no todas son de naturaleza idéntica: algunas son mandatos al legislador para que, haciendo uso de su libertad de apreciación y decisión, escoja los mecanismos más idóneos para dar satisfacción al propósito del Constituyente. Es el caso, precisamente, de las llamadas normas *programáticas*: aquellas que, inspiradas en un fin, prevén la necesidad de materializarlo, pero dejan su desarrollo al legislador, representante de la voluntad popular.

Una disposición programática no contiene un mandato directamente ejecutable por toda la colectividad: tiene destinatarios específicos, que deben desarrollarlo de manera tal que el propósito perseguido logre cumplirse. Antaño existió la tendencia a estimar como programáticas disposiciones que no lo eran, desconociendo su naturaleza. Hoy en día, en buena medida gracias a la interpretación del Máximo Tribunal, se deslindaron las disposiciones programáticas (mandatos al legislador, por lo general) de las inmediatamente ejecutables por todas las autoridades públicas y los particulares[200].

En esta misma línea de argumentación, por ejemplo, la Sala Constitucional ha considerado que "del texto del artículo 86 de la Constitución de 1999, se evidencia que el mismo contiene una norma programática que responde a una estrategia construida en función de la realización de los valores y fines del Estado, y es por ello que la misma, impone una obligación al Estado de crear un sistema de seguridad social universal"[201]. En otra sentencia, sin embargo, pero esta vez dictada por la Sala Político Administrativa del Tribunal Supremo, en cambio, se afirma que "la Constitución no puede consagrar cláusulas programáticas de las cuales pueden emerger derechos posteriores a la acción legislativa, ni tampoco depender de la programada actividad gubernativa sujeta siempre a la interacción de ingresos y gastos, y a la supuesta programación presupuestaria"[202]. En igual sentido, otra de las salas del Tribunal Supremo, la Sala Electoral, en sentencia 51 del 19 de mayo de 2000, decidió que:

[De] acuerdo al constitucionalismo moderno y considerando que la recién promulgada Constitución de la República Bolivariana de Venezuela, al igual que lo era la Constitución de 1961, es un sistema de normas, conduce a descartar la reapertura de la discusión acerca del carácter programático de las disposiciones que la integran, no podría ser considerada como un documento político contentivo de "*programas*", que sólo podrían ser ejecutados una vez que éstos se hicieren operativos mediante el proceso legislativo, por tanto, considera esta Sala, que no se requiere la in-

---

200 *V.* en *Gaceta Oficial* N° 38.220 de 1° de julio de 2005. Igualmente en *Revista de Derecho Público*, N° 102, Editorial Jurídica Venezolana, Caracas, 2005.

201 *V.* sentencia 1197 del 17 de octubre de 2000, *Revista de Derecho Público*, N° 84, Editorial Jurídica Venezolana, Caracas, 2000, p. 157.

202 *V.* sentencia 885 del 5 de octubre de 2000, caso: *José Rojas y otros vs. Instituto Nacional de Hipódromos*, *Revista de Derecho Público*, N° 84, Editorial Jurídica Venezolana, Caracas, 2000, p. 106

termediación de la legislación para ser aplicada directamente, hecho éste al que alude la parte recurrente como indispensable. De esta manera, sería inaceptable calificar una norma como programática, por no haberse promulgado legislación que la desarrolle, dado que en definitiva sería negar la aplicación de una disposición constitucional[203].

Ahora bien, en particular, en cuanto a los preceptos orgánicos de la Constitución, es decir, a las normas relativas a los órganos que ejercen el poder público y sus competencias, el tema de la aplicación inmediata del Texto Fundamental es esencial.

En efecto, la Constitución entre otras, cumple una función organizadora de la cual se desprenden, a su vez, tres principios básicos acerca del modo como se relacionan los órganos titulares de los poderes públicos:

> En primer lugar, el principio de competencia, el cual actúa como un instrumento ordenador del ejercicio del poder una vez que éste es legitimado; seguidamente, el principio de separación de poderes, conforme al cual la Constitución le asigna a diversas instituciones la operación de determinadas funciones públicas en torno a un ámbito objetivo más o menos específico; y tercero: el principio de legalidad, elemento esencial del Estado de Derecho y del sistema democrático. Dichos principios, en tanto fundamentales del Estado de Derecho, exigen la distribución de funciones entre diversos órganos y la actuación de éstos con referencia a normas prefijadas, ya sea como un modo de interdicción de la arbitrariedad o como mecanismos de eficiencia en el cumplimiento de los cometidos del Estado; pero, al mismo tiempo, y a través de su correcta aplicación y de su recto desempeño, garantizan los objetivos de unidad política y convivencia pacífica[204].

Son estos principios de organización, precisamente, los que la Sala Constitucional también ha considerado como de vigencia y aplicación inmediata, no siendo necesaria la sanción previa de las leyes que desarrollen lo dispuesto en la Constitución, para que tengan efectividad. Así lo sostuvo en sentencia 1 de 20 de enero de 2000 (caso *Emery Mata Millán*), al expresar:

> Los preceptos orgánicos son de inmediata aplicación por todos los poderes públicos, y, en particular, por los órganos a los que la disposición constitucional se refiere. Existan o no las normas que desarrollen la regulación constitucional, ésta es plenamente eficaz por sí misma y, por lo tanto, establece pautas para el funcionamiento del órgano al que se refiera la norma constitucional[205].

En definitiva, la Sala Constitucional ha estimado que siendo la Constitución un "sistema de normas", ello:

> [...] conduce a descartar la reapertura de la discusión acerca del carácter programático de las disposiciones que la integran, [por lo que] no podría considerarse como un documento político contentivo de "programas", que sólo podrían ser ejecutados una vez que éstos se hicieren operativos mediante el proceso legislativo; por tanto, considera esta Sala que no se requiere la intermediación de la legislación para ser aplicada directamente [...] De esta manera, sería inaceptable califi-

---

203 *Caso: Simón Sáez y otros vs. Consejo Nacional Electoral, Revista de Derecho Público*, N° 82, Editorial Jurídica Venezolana, Caracas, 2000, p. 141

204 *V.* sentencia 23 del 22 de enero de 2003, caso Interpretación del artículo 71 de la Constitución, *Revista de Derecho Público*, N° 93 a 96, Editorial Jurídica Venezolana, Caracas, 2003, p. 530

205 *V.* en *Revista de Derecho Público,* N° 81, Editorial Jurídica Venezolana, Caracas, 2000, pp. 225 y ss. *V.* además, sentencias 520 de 7 de junio de 2002 de la Sala Constitucional, caso Mercantil Internacional, C. A. *vs.* Juzgado Superior Cuarto del Trabajo de la Circunscripción Judicial del Área Metropolitana de Caracas, *Revista de Derecho Público,* N° 82, Editorial Jurídica Venezolana, Caracas, 2000, pp. 536 y ss; y 2748 del 20 de diciembre de 2001, caso Fiscal General de la República *vs.* Consejo Nacional Electoral, *Revista de Derecho Público,* N° 85 a 88, Editorial Jurídica Venezolana, Caracas, 2001, p. 390

car una norma como programática por no haberse promulgado legislación que la desarrolle, dado que en definitiva sería negar la aplicación de una disposición constitucional[206].

El principio de la aplicabilidad inmediata de la Constitución tiene un particular interés para el derecho administrativo, en el sentido de que en ausencia de ley reglamentaria la competencia de los órganos del Estado o el régimen de ejercicio de los derechos fundamentales es el que está establecido en la Constitución[207], no pudiendo la Administración, dado el principio de la reserva legal, suplir la ausencia de la ley reguladora. En particular, por supuesto, respecto de los derechos constitucionales, la aplicación inmediata de las normas constitucionales contentivas de garantías de los mismos ha sido criterio general sostenido por la jurisprudencia[208].

Por último, debe señalarse que la idea de la Constitución como norma suprema de aplicación inmediata y fundamento del ordenamiento jurídico, conforme a una tradición normativa que se remonta al texto de la Constitución de 1811, se acompaña con la prescripción expresa de la obligatoriedad de sus normas para todos los órganos que ejercen el poder público y los particulares. Por eso la Sala Constitucional del Tribunal Supremo en sentencia 1347 del 9 de noviembre de 2000 ha señalado que de la supremacía deriva que la:

> [...] Constitución ostente, junto con el ordenamiento jurídico en su totalidad, un carácter normativo inmanente; esto es, un deber ser axiológico asumido por la comunidad como de obligatorio cumplimiento, contra cuyas infracciones se activen los mecanismos correctivos que el propio ordenamiento ha creado. La Constitución, también, sin que pueda ser de otro modo, impone modelos de conducta encaminados a cumplir pautas de comportamiento en una sociedad determinada[209].

La consecuencia de la consagración expresa del principio de la supremacía constitucional es, por una parte, la previsión en el propio texto constitucional de todo un sistema para la protección y garantía de esa supremacía constitucional frente a las leyes a través del control de su constitucionalidad, lo cual, sin duda, constituye uno de los pilares fundamentales del constitucionalismo contemporáneo y del Estado de derecho[210]. Entre ellos está, por una parte, la previsión del control difuso y concentrado de la constitucionalidad de las leyes[211], y por otra, la obligación de todos los jueces de asegurar la integridad de la Constitución (art. 334).

---

206 *V.* sentencia 51 del 19 de mayo de 2000 de la Sala Constitucional, *Revista de Derecho Público*, N° 82, Editorial Jurídica Venezolana, Caracas, 2000, pp. 139 a 141.

207 En sentencia 2748 del 20 de diciembre de 2001, la Sala Constitucional ha dicho: "Es un hecho bastante generalizado que los derechos fundamentales y la normativa que se refiere a la creación de órganos de los poderes públicos y su habilitación, en la mayoría de las Constituciones vigentes en distintos países, son considerados de aplicación inmediata y directa", *Revista de Derecho Público*, N° 85 a 88 Editorial Jurídica Venezolana, Caracas, 2001, pp. 390

208 *V.* sentencia 609 del 25 de marzo de 2002 de la Sala Constitucional, caso: *Universidad Yacambú vs. Juzgado Segundo de Primera Instancia del Trabajo y Estabilidad Laboral de la Circunscripción Judicial del Estado Lara*, *Revista de Derecho Público*, N° 89 a 92 Editorial Jurídica Venezolana, Caracas, 2002, p. 147

209 *V.* sentencia 1347 del 9 de noviembre de 2000 de la Sala Constitucional, caso: *Recurso de interpretación constitucional*, *Revista de Derecho Público*, N° 84, Editorial Jurídica Venezolana, Caracas, 2000, pp. 264 y ss.

210 *Cfr.* Allan R. Brewer–Carías, *Instituciones políticas y constitucionales*, t. I, "Evolución Histórica del Estado", *cit.*, pp. 47 y ss.

211 *Cfr.* en general Allan R. Brewer–Carías, *Instituciones políticas y constitucionales*, t. VI, "Justicia Constitucional", Universidad Católica del Táchira y Editorial Jurídica Venezolana, San Cristóbal y Caracas, 1997.

3. La supra constitucionalidad en materia de derechos humanos

Ahora bien, en materia de derechos humanos, el principio de la supremacía constitucional cede ante las normas de los tratados, pactos y convenciones internacionales relativos a derechos humanos, suscritos y ratificados por Venezuela, los que no sólo tienen también jerarquía constitucional, sino que incluso prevalecen en el orden interno (constitucional o legal), conforme lo establece el artículo 23 de la propia Constitución, "en la medida en que contengan normas sobre su goce y ejercicio más favorables a las establecidas en esta Constitución y en las leyes de la República", siendo además "de aplicación inmediata y directa por los tribunales y demás órganos del poder público". Ello ha ocurrido, por ejemplo, en relación con el artículo 8 de la Convención Interamericana sobre Derechos Humanos, que consagra el derecho a la revisión o apelación de las sentencias (garantía de la doble instancia), razón por la cual normas legales que excluyen el derecho de apelar de fallos han sido declaradas inaplicables por contrariedad a la Convención, por la Sala Político Administrativa del Tribunal Supremo[212].

Sobre esta norma que le otorga rango constitucional e, incluso, supra constitucional a esos instrumentos internacionales, la Sala Constitucional del Tribunal Supremo ha puntualizado en sentencia 1942 del 15 de julio de 2003 (caso Impugnación de diversos artículos del Código Penal) que del artículo 23 constitucional se desprenden dos elementos claves:

> 1) Se trata de derechos humanos aplicables a las personas naturales; 2) Se refiere a normas que establezcan derechos, no a fallos o dictámenes de instituciones, resoluciones de organismos, etc., prescritos en los tratados, sino sólo a normas creativas de derechos humanos[...] Repite la Sala, que se trata de una prevalencia de las normas que conforman los tratados, pactos y convenios (términos que son sinónimos) relativos a derechos humanos, pero no de los informes u opiniones de organismos internacionales, que pretendan interpretar el alcance de las normas de los instrumentos internacionales[213].

La Sala, por lo demás, sin que ello pueda derivarse de lo que la Constitución establece, reivindicó para sí en esta materia su carácter de máximo y último interprete de la misma y de los tratados, pactos y convenios sobre derechos humanos, respecto de los cuales consideró que, por adquirir jerarquía constitucional e integrarse a la Carta Fundamental en vigor, "el único capaz de interpretarlos, con miras al derecho venezolano, es el juez constitucional, conforme al artículo 335 de la vigente Constitución, en especial, al intérprete nato de la Constitución de 1999, y que es la Sala Constitucional, y así se declara". De allí la Sala señaló que "es la Sala Constitucional quien determina cuáles normas sobre derechos humanos de esos tratados, pactos y convenios prevalecen en el orden interno; al igual que cuáles derechos humanos no contemplados en los citados instrumentos internacionales tienen vigencia en Venezuela"[214].

En realidad, debe señalarse que esa potestad no sólo corresponde a la Sala Constitucional, sino a todos los tribunales de la República cuando actúen como juez constitucional, por ejemplo, al ejercer el control difuso de la constitucionalidad de las leyes o al

---

212 *V.* sentencia 802 del 13 de abril de 2000 de la Sala Político Administrativa, caso. *C.A., Electricidad del Centro (ELECENTRO) y Compañía Anónima de Electricidad de los Andes (CADELA) vs. Procompetencia, Revista de Derecho Público*, N° 82, Editorial Jurídica Venezolana, Caracas, 2000, pp. 270 y ss.

213 *V.* sentencia 1942 del 15 de julio de 2003 de la Sala Constitucional, *Revista de Derecho Público*, N° 93 a 96, Editorial Jurídica Venezolana, Caracas, 2003, pp. 135 y ss.

214 *Idem*, p. 137.

conocer de acciones de amparo. La pretensión de la Sala Constitucional de concentrar toda la justicia constitucional en nuestro criterio no se ajusta al Texto Fundamental y al sistema de justicia constitucional que regula, de carácter mixto e integral.

La posición de la Sala en esa sentencia, en todo caso, constituyó una inadmisible reacción contra los órganos jurisdiccionales de orden internacional en materia de derechos humanos, mediante la invocación del principio de la supremacía constitucional, pero ignorando la propia disposición constitucional que garantiza la prevalencia de las normas internacionales sobre derechos humanos si contienen disposiciones más favorables que las previstas en la propia Constitución. En ese orden de ideas, en la misma sentencia comentada la Sala señaló sobre su propia competencia, que:

> No puede quedar disminuida por normas de carácter adjetivo contenidas en Tratados ni en otros textos Internacionales sobre Derechos Humanos suscritos por el país, que permitan a los Estados partes del Tratado consultar a organismos internacionales acerca de la interpretación de los derechos referidos en la Convención o Pacto, como se establece en el artículo 64 de la Ley Aprobatoria de la Convención Americana sobre Derechos Humanos, Pacto de San José, ya que, de ello ser posible, se estaría ante una forma de enmienda constitucional en esta materia, sin que se cumplan los trámites para ello, al disminuir la competencia de la Sala Constitucional y trasladarla a entes multinacionales o transnacionales (internacionales), quienes harían interpretaciones vinculantes.

Agregó la Sala, además, que a las decisiones de los organismos se les debe dar cumplimiento en el país, conforme a lo que establezcan la Constitución y las leyes, siempre que ellas no contraríen la supremacía constitucional (art. 7º); pero:

> Si un organismo internacional, aceptado legalmente por la República, amparara a alguien violando derechos humanos de grupos o personas dentro del país, tal decisión tendría que ser rechazada aunque emane de organismos internacionales protectores de los derechos humanos. Es posible que si la República así actúa, se haga acreedora de sanciones internacionales, pero no por ello los amparos o los fallos que dictaran estos organismos se ejecutarán en el país, si ellos resultan violatorios de la Constitución de la República y los derechos que ella garantiza[215].

II. EL PRINCIPIO DE LA FORMACIÓN DEL DERECHO POR GRADOS

El segundo principio fundamental del derecho público consagrado en la Constitución es el principio de la jerarquía de las normas o de la formación del derecho por grados, de particular interés para el derecho administrativo, dado que la actividad de la Administración, que por esencia regula, es siempre una actividad de carácter sublegal, es decir, de ejecución directa e inmediata de la legislación, y sólo de ejecución indirecta y mediata de la Constitución.

1. La Constitución como fuente del ordenamiento jurídico y el sistema jerarquizado del ordenamiento jurídico

En efecto, en todos los ordenamientos jurídicos modernos puede encontrarse una distinción entre las normas que integran la Constitución en sí misma, como derecho positivo superior, y las normas que son sancionadas por una autoridad con poderes derivados de la Constitución. En otras palabras, particularmente en aquellos sistemas con Consti-

215 *V.* en *Revista de Derecho Público*, Nº 93 a 96, Editorial Jurídica Venezolana, Caracas, 2003, p. 137.

tuciones escritas, siempre puede establecerse una distinción entre la norma constitucional y la legislación ordinaria; y luego, entre la legislación y las normas dictadas en ejecución de la misma; pudiendo decirse que las normas que integran el ordenamiento jurídico siempre se organizan deliberada o espontáneamente en forma jerárquica, de manera que existen normas en un nivel superior que siempre prevalecen sobre otras normas de nivel inferior.

De ello deriva, como se ha dicho, el segundo principio fundamental del derecho público en la Constitución de 1999: el de la formación del derecho por grados.

Este principio tiene su origen en la teoría de Hans Kelsen sobre el orden jurídico como sistema de normas de derecho, el cual constituye una unidad con la multitud de normas que lo integran porque está estructurado en forma jerarquizada. Ello permite determinar la relación jerárquica que existe entre el conjunto de normas o de reglas de derecho que forman el ordenamiento, de manera que cada norma del mismo normalmente deriva de otra, y esta cadena de derivaciones tiene su vértice precisamente en un *Grundnorm* o Constitución, que constituye la última razón que justifica la existencia de todas las normas del sistema.

El orden jurídico, para Kelsen, regula su propia creación, en el sentido de que una norma jurídica determina la forma en que es creada, de manera que:

> Cuando una norma jurídica es válida por haber sido creada en la forma establecida por otra, la última constituye la razón de validez de la primera. La relación entre la que regula la creación de otra y esta misma norma, puede presentarse como un vínculo de supra y subordinación, siendo estas figuras del lenguaje de índole espacial. La norma que determina la creación de otra, es superior a ésta; la creada de acuerdo con tal regulación, inferior a la primera. El orden jurídico, especialmente aquél cuya personificación constituye el Estado, no es, por tanto, un sistema de normas coordinadas entre sí, que se hallasen, por así decirlo, una al lado de otra, en un mismo nivel, sino que se trata de una verdadera jerarquía de diferentes niveles. La unidad de esas normas hallase constituida por el hecho de que la creación de la de grado más bajo se encuentra determinada por otra de grado superior, cuya creación es determinada, a su vez, por otra todavía más alta. Lo que constituye la unidad del sistema es precisamente la circunstancia de que tal *regressus* termina en la norma de grado más alto, o básica, que representa la suprema razón de validez de todo el orden jurídico[216].

En otras palabras del mismo Kelsen:

> Una pluralidad de normas constituye una unidad, un sistema o un orden, cuando en el análisis final su validez depende de una norma o ley única. Esta norma fundamental es la fuente común de validez de todas las normas que pertenecen al mismo orden y que forma su unidad. En esta forma, una norma pertenece a un orden dado cuando sólo existe la posibilidad de hacer que su validez dependa de la norma fundamental que es la base de tal orden[217].

Esta "Teoría de la pirámide jurídica", como el mismo Kelsen la denominó[218], o de la formación escalonada del sistema jurídico[219], con la Constitución en la cúspide, fue desarrollada particularmente en el campo del derecho administrativo por Adolf

216 H. Kelsen, *Teoría general del derecho y del Estado*, México, D.F., Universidad Nacional Autónoma de México, 1958, p. 146; *íd. General Theory of Law and State,* Wedberg (trad.), 1901, pp. 110 y ss.

217 *íd. Teoría pura del derecho,* Buenos Aires, 1981, p. 135.

218 *íd. Teoría general del Estado*, Luis Legaz Lacambra (trad.), Editora Nacional, México, 1954, p. 325.

219 *Cfr.* Robert Walter, *La doctrina del derecho de Hans Kelsen*, Bogotá, Universidad Externado de Colombia, 1999, pp. 55 y ss.; Juan Carlos Upegui Mejía, "La teoría del escalonamiento normativo y la creación de normas constitucionales. Un análisis aplicado al caso colombiano" en Luis Villar Borda (comp.), *Hans Kelsen 1881–1973*, Universidad Externado de Colombia, Bogotá, 2004, pp. 175 y ss.

Merkl[220]; perteneciente a la misma llamada "Escuela de Viena", particularmente en relación con las funciones del Estado, de manera que la función administrativa siempre es de carácter sub legal, es decir, de ejecución directa de la legislación, y sólo indirecta de la Constitución. La teoría, en todo caso, proporciona un buen método de orden lógico para construir un sistema contentivo de los diversos niveles normativos del ordenamiento jurídico de cualquier Estado contemporáneo. También suministra una explicación lógica para determinar la validez formal de cada uno de esos niveles normativos.

En efecto, el derecho positivo de cualquier Estado consiste no sólo en las leyes como actos formales emanados del Parlamento, sino también en otros actos normativos, como los decretos leyes, los reglamentos y los principios generales del derecho. Todos estos preceptos que hacen que el ordenamiento jurídico se aplique en un momento determinado, no sólo tienen orígenes diferentes sino también diferentes jerarquías o grados distintos, de manera que no se pueden considerar como normas coordinadas situadas en yuxtaposición[221]. Al contrario, todo ordenamiento jurídico tiene una estructura jerarquizada con sus normas distribuidas en diferentes niveles, más o menos una sobre la otra. Dentro de esta jerarquía, necesariamente debe haber una conexión formal entre las normas, pues a pesar de sus orígenes y características diferentes están orgánicamente relacionadas.

En consecuencia, el ordenamiento jurídico no puede ser interpretado como un mero agregado de componentes inorgánicos y desordenados, o simplemente como una mera yuxtaposición causal de normas. Al contrario, para poder comprender a cabalidad el ordenamiento jurídico de un Estado, todos esos componentes deben organizarse en forma jerárquica, de manera que formen un sistema jurídico con diferentes tipos de normas unificadas y relacionadas. En otras palabras, deben responder a un orden sistemático, con relaciones de dependencia entre las diferentes partes, partiendo de la existencia de una base común de validez, con la forma de ley fundamental y superior (Constitución), de manera que la creación de una norma legal siempre se basa en otra norma legal.

Por ejemplo, la sanción de leyes ordinarias o actos del Parlamento está regulada por la Constitución[222]; y la potestad para reglamentar las leyes y la forma en que debe hacerse está regulada por las leyes formales. En cuanto a las decisiones judiciales y a las actuaciones de los tribunales, las mismas están sujetas a normas legales establecidas en leyes formales y en reglamentos. Asimismo, los actos administrativos están sometidos a las leyes ordinarias y a los reglamentos; y así sucesivamente.

Con este método, en consecuencia, en el análisis global del ordenamiento jurídico se puede establecer una distinción entre aquéllos actos de Estado que se dictan en ejecución directa e inmediata de la Constitución, es decir, que son dictados directamente en ejercicio de poderes constitucionales[223], y aquéllos cuya ejecución no está directamente

---

220 *Cfr.* Adolf Merkl, *Teoría general del derecho administrativo,* Madrid, 1935, pp. 7 a 62. *Cfr.* también H. Kelsen, "La garantie jurisdictionnelle de la Constitution (La Justice constitutionnelle)", *Revue du droit public et de la science politique en France et a l'étranger,* París, 1928, pp. 197 a 257.

221 Id., *Teoría pura del derecho, cit.,* p. 147.

222 Por ejemplo, la Sala Político Administrativa, en sentencia 733 del 30 de marzo de 2000 al referirse a las "leyes en sentido formal, es decir, aquellos actos generales y abstractos sancionados por un *cuerpo legislativo",* entiende, "si se toma en cuenta la estructura jerárquica del ordenamiento jurídico" que "las disposiciones de carácter legal se encuentran inmediatamente después del texto Constitucional", *Revista de Derecho Público,* N° 81, Editorial Jurídica Venezolana, Caracas, 2000, p. 216

223 Nos correspondió proponer en la Comisión Constitucional de la Asamblea Nacional Constituyente en septiembre de 1999, la incorporación al artículo 336,2 de la Constitución de 1999 de la expresión actos "dictados en

relacionada con la Constitución y que se dictan en ejercicio directo de poderes establecidos en normas de derecho inferiores a la Constitución. Estos son actos de ejecución directa e inmediata de la legislación, y de ejecución indirecta y mediata de la Constitución.

2. La formación del derecho por grados en la Constitución de 1999

Este principio de la formación del derecho por grados es uno de los principios fundamentales del derecho público que adopta la Constitución de 1999, conforme al cual todas las actuaciones del Estado derivan de la ejecución de la Constitución como norma suprema "cúspide del ordenamiento jurídico"[224], en forma escalonada y sucesiva, configurándose entonces dos tipos de actividades estatales: aquéllas que derivan de la ejecución directa e inmediata de la Constitución, y aquellas que son de ejecución directa e inmediata de la legislación y, por tanto, de ejecución indirecta y mediata de la Constitución[225].

En efecto, partiendo de la consideración de la Constitución como norma suprema y como fundamento del ordenamiento jurídico, como lo declara incluso su propio artículo 7°, hay actividades que realizan determinados órganos del Estado en cumplimiento de atribuciones establecidas directa y exclusivamente en la Constitución, sin que exista o pueda existir otro acto estatal de ejecución directa e inmediata de la Constitución, como las leyes, que las regulen y que se interpongan entre la Constitución y la actividad. Por ejemplo, la actividad legislativa de la Asamblea Nacional o la actividad de gobierno del Presidente de la República. Además, hay otras actividades de los órganos del Estado que se realizan en cumplimiento de atribuciones establecidas no sólo en la Constitución sino básicamente en las leyes, donde por principio existe o puede y debe existir un cuerpo legislativo que las regule. Por ejemplo, la actividad judicial y, precisamente, la actividad administrativa.

El primer grupo de actividades, es decir, las realizadas en ejecución directa e inmediata de la Constitución, precisamente por ello sólo están y pueden estar sometidas a lo que dispone el Texto Fundamental, no teniendo competencia el legislador para regularlas mediante leyes[226]; en cambio, las actividades realizadas en ejecución directa e inmediata de la legislación, e indirecta y mediata de la Constitución, por eso mismo, además de estar sometidas al Texto Fundamental (como toda actividad estatal), están sometidas a

---

ejecución directa e inmediata de esta Constitución" a los efectos de precisar las competencias del Tribunal Supremo de Justicia en materia del control concentrado de la constitucionalidad.

224 *V.* sentencia 833 del 25 de mayo de 2001 de la Sala Constitucional, *Revista de Derecho Público*, N° 85 a 88, Editorial Jurídica Venezolana, Caracas, 2001, p. 373

225 *V.* sobre el sistema jerarquizado o graduado del orden jurídico en el orden constitucional venezolano Allan R. Brewer–Carías, *Derecho administrativo,* t. I, *cit.,* pp. 373 y ss.; *Instituciones políticas y constitucionales*, t. I, "Evolución Histórica del Estado", *cit.,* pp. 107 a 117.

226 Por ello, la Sala Constitucional, en sentencia 6 del 27 de enero de 2000, indicó que "dichas actuaciones tienen una relación directa con la Constitución que es el cuerpo normativo de más alta jerarquía dentro del ordenamiento jurídico en un Estado de Derecho contemporáneo", *Revista de Derecho Público*, N° 81, Editorial Jurídica Venezolana, Caracas, 2000, pp. 212 y 215. Dichos actos, por tanto, ha dicho la Sala Político Administrativa del Tribunal Supremo en sentencia del 14 de septiembre de 1993 "desde el punto de vista de su rango, son equiparables a la ley"; citada en sentencia de la misma Sala 954 del 27 de abril de 2000, *Revista de Derecho Público*, N° 82, Editorial Jurídica Venezolana, Caracas, 2000, pp. 556 y ss.

las regulaciones establecidas, además de en la Constitución, en las leyes y en las otras fuentes del derecho.

Las actividades que se realizan en ejecución directa e inmediata de la Constitución, por otra parte, sólo están sometidas al control de constitucionalidad a cargo de la jurisdicción constitucional que corresponde a la Sala Constitucional del Tribunal Supremo (arts. 334, 336,2 y 4); en cambio, las actividades que se realizan en ejecución directa de la legislación e indirecta de la Constitución, están sometidas al control de constitucionalidad y de legalidad que corresponde a las otras jurisdicciones del poder judicial, tanto a las ordinarias, como sucede con las apelaciones y la casación en lo que concierne a la actividad judicial, como a la contencioso administrativa y a la contencioso electoral (arts. 259 y 297) cuando se trata de actividades administrativas[227].

Las actividades administrativas, por tanto y por esencia, constituyen actividades estatales que se realizan siempre en ejecución directa e inmediata de la legislación y, por tanto, en ejecución indirecta y mediata de la Constitución; y precisamente por ello es que son esencialmente de carácter sublegal, aun cuando en un momento dado no se haya dictado la legislación correspondiente que las regule en concreto.

Sin embargo, este principio fundamental del constitucionalismo venezolano ha sido lamentablemente violentado por la Sala Constitucional del Tribunal Supremo de Justicia, para justificar su supuesta competencia exclusiva para controlar la actividad administrativa desarrollada por el Consejo Supremo Electoral, en lo que se refiere a los actos administrativos dictados en relación con el proceso de referendo revocatorio del mandato del Presidente de la República, realizado durante el año 2004, impidiendo así a la Sala Electoral (jurisdicción contencioso electoral) ejercer sus competencias constitucionales de control de dicha actividad[228].

En esta materia, lo que en ningún momento puede confundirse es el principio de aplicación directa de las normas constitucionales, antes analizado, es decir, el principio según el cual hay "normas constitucionales de aplicación directa e inmediata", como por ejemplo aquellas que atribuyen competencia a los órganos del Estado y aquellas que declaran derechos y garantías constitucionales, con el principio de "los actos que se dictan en ejecución directa e inmediata de la Constitución". Es decir, una cosa es el

227 Como lo ha señalado la Sala Constitucional del Tribunal Supremo de Justicia en sentencia 1268 del 6 de julio de 2004 al referirse a los actos dictados por la Dirección Ejecutiva de la Magistratura del propio Tribunal Supremo: "por cuanto no se trata, el que fue impugnado, de un acto del poder público que hubiere sido dictado en ejecución directa de la Constitución, sino en ejercicio de función administrativa y, por ende, de rango sublegal, no es la jurisdicción constitucional que ejerce esta Sala la que tiene competencia para su control. Por el contrario, y de conformidad con el artículo 259 de la Constitución, corresponde a la jurisdicción contencioso administrativa el conocimiento de la demanda de nulidad que en su contra se formuló y así se decide", *Revista de Derecho Público*, Nº 99 y 100, Editorial Jurídica Venezolana, Caracas, 2004, p. 230.

228 *V.* la sentencia de avocamiento 566 del 12 de abril de 2004, caso Julio Borges, César Pérez Vivas, Henry Ramos Allup, Jorge Sucre Castillo, Ramón José Medina y Gerardo Blyde *vs.* Consejo Nacional Electoral, con motivo de la impugnación de la Resolución 040302–131 del 2 de marzo de 2004 del Consejo Nacional Electoral, mediante la cual dicho órgano informó sobre resultados preliminares de la verificación de las solicitudes y firmas en el procedimiento revocatorio iniciado en relación con el Presidente de la República, y de un instructivo del mismo Consejo Nacional Electoral sobre el tratamiento por el comité técnico superior de las firmas de caligrafía similar o renglones de planillas llenadas por la misma persona, *Revista de Derecho Público*, Nº 97 y 98, Editorial Jurídica Venezolana, Caracas, 2004, pp. 228 y ss. Véanse los comentarios en Allan R. Brewer–Carías, *La Sala Constitucional vs. El Estado democrático de derecho (El secuestro del poder electoral y de la Sala Electoral del Tribunal Supremo y la confiscación del derecho a la participación política)*, Ediciones Libros El Nacional, Caracas, 2004, pp. 133 y ss.

principio de la aplicación directa e inmediata de las normas constitucionales, que en materia de derechos fundamentales o de competencia de los órganos del poder público no requieren (pero no excluyen) la existencia previa de leyes para poder ser aplicadas, y otra cosa es el rango que tienen los diversos actos dictados por los órganos en ejercicio del poder público en relación con la Constitución, en el sentido de que algunos son dictados en ejecución directa e inmediata de la Constitución (rango legal), no siendo posible su regulación por ley, y otros lo son en ejecución directa e inmediata de la legislación e indirecta y mediata de la Constitución, pudiendo esencialmente ser regulados por la ley (rango sublegal)[229]. Por ello es que los actos dictados en ejecución directa e inmediata de la Constitución, es decir, de rango legal conforme a la teoría de la formación escalonada del orden jurídico, están sometidos al control de constitucionalidad por parte de la Sala Constitucional (jurisdicción constitucional), ya que no son actos en cuya emisión el órgano respectivo pueda estar condicionado por ley alguna[230]. En cambio, los de carácter sublegal están sometidos no sólo a la Constitución sino a la ley, el reglamento y las otras fuentes del derecho, y por eso es que su control corresponde a la jurisdicción contencioso administrativa y, en su caso, a la jurisdicción contencioso electoral.

De lo anterior resulta que toda actividad administrativa es ante todo, desde el punto de vista formal, una actividad que siempre es de carácter sublegal, es decir, de ejecución directa e inmediata de la legislación (así las leyes reglamentarias correspondientes no se hayan dictado), y de ejecución indirecta y mediata de la Constitución. Por supuesto, también las actividades judiciales son siempre de carácter sublegal, siendo la diferencia entre una y otra actividad, de carácter orgánico, en el sentido que las actividades judiciales siempre las realizan órganos autónomos e independientes en ejecución de la función jurisdiccional, como lo son los órganos que ejercen el poder judicial.

3. Los actos estatales dictados en ejecución directa e inmediata de la constitución (actos de rango legal)

De lo anteriormente indicado, como lo ha señalado la Sala Constitucional en sentencia 2.748 del 20 de diciembre de 2001:

> [La] calificación de acto dictado en ejecución directa de la Constitución, está referida a la forma de cómo un determinado acto jurídico se articula con las normas constitucionales, es decir si su ejecución obedece en primer término a una disposición legal que regula su práctica o si deriva directamente de una norma constitucional que no requiere de ley alguna que regule el ejercicio del derecho o de la atribución que fundamenta el acto[231].

---

229 Lamentablemente, la Sala Constitucional en la citada sentencia 566 del 12 de abril de 2004, para impropiamente atribuirse una competencia que no tenía, confundió la noción de "actos estatales dictados en ejecución directa e inmediata de la Constitución" con las "normas constitucionales de aplicación directa e inmediata". Se insiste, los primeros, los actos de "ejecución directa e inmediata de la Constitución", no sólo no requieren de ley alguna que los regule, sino que constitucionalmente no podría dictarse ley alguna que se interponga entre la norma constitucional y el acto estatal que se dicte. ídem.

230 *V.* lo expuesto por la Sala Constitucional en el sentido de que de todos los actos dictados en ejecución directa e inmediata de la Constitución caen bajo el control de la jurisdicción constitucional, en sentencia 357 del 11 de mayo de 2000. *Revista de Derecho Público*, N° 82, Editorial Jurídica Venezolana, Caracas, 2000, p. 447.

231 *V.* caso: *Fiscal General de la República vs. Consejo Nacional Electoral, Revista de Derecho Público*, N° 85 a 88, Editorial Jurídica Venezolana, Caracas, 2001, p. 390. Por ello, la Sala Constitucional en sentencia 32 del 26 de marzo de 2003, caso Desiré Santos A. *vs.* Consejo Nacional Electoral, al referirse al acto de convocatoria de un referendo dictado por el Consejo Nacional Electoral, y rechazar el pretendido rango legal que se le quería atri-

En consecuencia, en el ámbito nacional, son actos estatales dictados en ejecución directa e inmediata de la Constitución los actos legislativos, los decretos leyes y los actos de gobierno.

Los actos legislativos son las leyes (arts. 187,1), es decir, los actos sancionados por la Asamblea Nacional como cuerpo legislador (art. 203)[232]; y los actos parlamentarios sin forma de ley (actos privativos e *interna corporis*) (art. 187). Sobre estos, la Sala Constitucional ha señalado que entre "los actos con rango de ley (de ejecución directa en inmediata de la Constitución), distintas a las leyes nacionales, que sean dictados por la Asamblea Nacional":

> [Se] encuentran tanto los actos de instalación y funcionamiento de las sesiones de la Asamblea Nacional, subsumibles en la categoría de actos legislativos sin forma de ley, como el Reglamento Interior y Debates de la Asamblea Nacional, normativa de rango legal por el que se establece la organización interna del órgano legislativo Nacional y los procedimientos que internamente deben seguir sus integrantes para el desempeño de sus funciones, por ser ambas modalidades de actos legislativos (los primeros sin forma de ley y el último con forma de ley), resultado de la ejecución directa e inmediata de la Constitución por parte de la Asamblea Nacional[233].

También pueden considerarse como actos con rango y valor de ley los decretos leyes o decretos con fuerza de ley dictados por el Presidente de la República previa autorización por una ley habilitante (arts. 203 y 236.8), los dictados en materia de organización ministerial (art. 236.20) y los dictados en estado de excepción (arts. 236.7 y 337).

Los actos de gobierno, por su parte, son los actos dictados por el Presidente de la República en ejercicio sólo de atribuciones constitucionales[234], y que por ello no pueden estar regulados o limitados por la Asamblea Nacional mediante leyes. Es el caso, por ejemplo, del nombramiento del Vicepresidente Ejecutivo, de la concesión de indultos, de la convocatoria de la Asamblea Nacional a sesiones extraordinarias, y de la disolución de la Asamblea Nacional (art. 236.3, 9, 19 y 21).

Por otra parte, debe indicarse que conforme a la doctrina de la Sala Constitucional, al referirse a los "decretos leyes dictados por el Ejecutivo (artículo 336, numeral 10), producto de leyes habilitantes", ha señalado que dichos "actos con rango de ley, y como leyes son de igual naturaleza que la normativa dictada por la Sala Plena de este Tribunal

---

buir a los efectos de su régimen de impugnación y supuesta competencia de la Sala Constitucional, señaló que "Lo contrario sería considerar –como aparentemente pretende argüirse con este alegato–, que la instrumentación de cualquier institución, derecho o principio constitucional mediante el correspondiente acto de normación, constituye un acto de ejecución directa o inmediata de la Carta Fundamental, argumento que, llevado a sus más extremas consecuencias, conllevaría a concederle tal rango a prácticamente todo el ordenamiento jurídico, puesto que el mismo, en última instancia, constituye un mecanismo de aplicación o desarrollo de la normativa constitucional", *Revista de Derecho Público*, N° 93 a 96, Editorial Jurídica Venezolana, Caracas, 2003, p. 490.

232 Sobre una noción absolutamente restrictiva de "ley" véase la sentencia 2353 del 23 de noviembre de 2001 de la Sala Constitucional, caso: *Impugnación de la Ordenanza de Impuestos sobre Juegos y Apuestas del Municipio Iribarren del Estado Lara, Revista de Derecho Público,* N° 85–88, Editorial Jurídica Venezolana, Caracas, 2001, p. 387.

233 Sentencia 2820 del 28 de octubre de 2003, caso: *Impugnación de la primera sesión extraordinaria de la Asamblea Nacional celebrada el 19 de diciembre de 2002 y de la Reforma Parcial del Reglamento Interior y de Debates de la Asamblea Nacional*, publicada en *Gaceta Oficial* N° 37.601, de fecha 2 de enero de 2003, y en *Revista de Derecho Público*, N° 93 a 96, Editorial Jurídica Venezolana, Caracas, 2003, p. 514.

234 Allan R. Brewer–Carías, "Comentarios sobre la doctrina del acto de gobierno, del acto político, del acto de Estado y de las cuestiones políticas como motivo de inmunidad jurisdiccional de los Estados en sus Tribunales nacionales", *Revista de Derecho Público*, N° 26, Editorial Jurídica Venezolana, Caracas, 1986, pp. 65 a 68.

Supremo de Justicia en el ejercicio del artículo 267 constitucional"[235] que se refiere al gobierno y administración del poder judicial.

Hasta ahora nos hemos referido a los actos nacionales de ejecución directa de la Constitución, pero lo cierto es que en el sistema constitucional de distribución vertical del poder Público, también las Constituciones y leyes estatales y las ordenanzas municipales, son actos de ejecución directa de la Constitución, pues "son actos del mismo rango que las leyes nacionales, por lo que no están subordinadas a éstas", respecto de lo cual, la Sala Constitucional en sentencia 3.347 de 3 de diciembre de 2003 (caso Impugnación de la Ordenanza sobre Pensiones y Jubilaciones del municipio José Antonio Páez del Estado Yaracuy) ha dicho que:

> Constitucionalmente, en nuestro ordenamiento jurídico existen tres niveles de legislación, todos de idéntico rango: el nacional, el estadal[236] y el municipal. Así, las leyes nacionales, las leyes estadales y las ordenanzas municipales comparten jerarquía. Es ese mismo rango el que permite que todas esas normas sean impugnables ante la jurisdicción constitucional, que está a cargo de esta Sala. Por supuesto, el hecho de que se trate de actos de idéntico rango no significa que en determinados supuestos alguno de ellos no pueda sujetarse a otro. No es subordinación, pues no existe jerarquía: es la manifestación del respeto a las competencias constitucionales de cada ente[237].

4. Los actos estatales dictados en ejecución indirecta y mediata de la constitución (actos de rango sub legal): los actos administrativos y los actos judiciales

Pero, en la sistematización formal del ordenamiento jurídico, dentro de este sistema graduado de producción de normas, salvo los actos dictados en ejecución directa de la Constitución, las demás actividades del Estado, particularmente las administrativas, de control y judiciales, se ejercen, no en ejecución directa de las normas constitucionales, sino más bien en ejecución directa de la "legislación", es decir, de las leyes formales o los actos del Parlamento, incluso, de los actos de gobierno o los decretos leyes dictados por los órganos constitucionales competentes, a su vez en ejecución directa de la Constitución.

En esta forma, todas las actividades administrativas y judiciales originan actos dictados en ejecución directa e inmediata de la "legislación", y en ejecución indirecta y mediata de la Constitución, es decir, son actos de carácter sublegal. En consecuencia, y en particular para el derecho administrativo, los actos administrativos dictados en ejercicio de las diversas funciones del Estado son actos que por esencia tienen rango sublegal[238], por lo que no hay ni puede haber actos administrativos que se dicten en ejecución directa e inmediata de la Constitución.

---

235 *V.* sentencia 833 del 25 de mayo de 2001, caso: *Instituto Autónomo Policía Municipal de Chacao vs. Corte Primera de lo Contencioso Administrativo*, *Revista de Derecho Público*, N° 85 a 88, Editorial Jurídica Venezolana, Caracas, 2001, pp. 369 y ss.

236 La expresión "estadal" y "estadales" es un neologismo (venezolanismo jurídico) destinado a identificar lo que concierne a los Estados de la federación; para distinguir lo que se refiere al Estado, expresión utilizada para identificar, sea la globalidad de los entes jurídicos que lo componen, o al Estado nacional (federal), caso en el cual su utiliza el término "estatal". *V.* la "Exposición de Motivos del Proyecto de Constitución" de 1961, *Revista de la Facultad de Derecho*, N° 21, Universidad Central de Venezuela, Caracas, 1961, p. 373.

237 *V.* en *Revista de Derecho Público*, N° 93 a 96, Editorial Jurídica Venezolana, Caracas, 2003, p. 121.

238 La Sala Constitucional en sentencia 266 del 25 de abril de 2000 ha considerado que los actos administrativos como actos de carácter sublegal son los "actos, normativos o no, dictados en ejecución directa de una ley y en función administrativa", *Revista de Derecho Público*, N° 82, Editorial Jurídica Venezolana, Caracas, 2000, pp. 569

III. EL PRINCIPIO DE LA LEGALIDAD (EL ESTADO DE DERECHO) Y LA SUPRANACIONALIDAD

Siguiendo la configuración que había establecido la Constitución de 1961[239], la Constitución de 1999 formalmente declaró al Estado venezolano como un Estado de derecho (además de democrático y social y de justicia) (art. 2º), lo que implica, ante todo, la necesaria sumisión de todas las actuaciones de los órganos del Estado al ordenamiento jurídico preestablecido[240], compuesto no sólo por la Constitución y las leyes, sino por el conjunto de reglamentos y normas dictados por las autoridades competentes. De ello deriva el tercer principio fundamental del derecho público que es el principio de la legalidad.

Sobre este principio, la Sala Constitucional en sentencia 271 de 25 de abril de 2000 ha puntualizado en efecto que "la subordinación al derecho de los actos del poder público debe entenderse frente a todo el ordenamiento jurídico, del cual forman parte los reglamentos, ordenanzas y demás actos normativos", recordando que:

> La concreción de este principio de la legalidad aplicado a la Administración ha sido destacado en innumerables ocasiones por el máximo tribunal de la República. Así, en su oportunidad, la Corte Federal expresó al respecto lo siguiente:
>
> El Estado de Derecho de los regímenes democráticos no puede funcionar cabalmente con mengua del principio de la legalidad, según el cual todos los actos de la administración pública han de ser cumplidos o realizados dentro de las normas preestablecidas por la autoridad competente. (Decisión de 09–08–57, *Gaceta Forense*, 2ª Etapa, N° 17, pág. 132).

En otra decisión, la misma Corte Federal dejó sentado lo que sigue:

> Todas las actividades de la autoridad administrativa deben ceñirse a reglas o normas preestablecidas. De ahí el principio de legalidad de los actos administrativos, según el cual éstos carecen de vida jurídica, no sólo cuando les falta como fuente primaria un texto legal, sino también cuando no son ejecutados en los límites y dentro del marco señalado de antemano por la ley". (Decisión de 17–07–53, *Gaceta Forense*, 2° etapa, N° 1, pág. 151)[241]

En efecto, este principio, en relación con los órganos de la Administración Pública adquiere importancia fundamental para el derecho administrativo, y le impone siempre a los órganos que la integran la obligación de actuar con arreglo a lo establecido en la ley y en las otras normas jurídicas que regulan su actividad[242]; y no sólo las establecidas por los órganos del Estado, sino las que establezcan los tratados internacionales, parti-

239 *Cfr.* en general Allan R. Brewer–Carías, *Cambio político y reforma del Estado en Venezuela. Contribución al estudio del Estado Democrático y Social de Derecho*, Editorial Tecnos, Madrid, 1975.

240 *Cfr.* Antonio Moles Caubet, "Estado y derecho (configuración jurídica del Estado)", en *Studia Jurídica*, Nº 1, Universidad Central de Venezuela, Caracas, 1957, pp. 257 a 340.

241. *V.* caso: *José G. Rossi G. vs. Juzgado Superior en lo Civil, Mercantil, del Tránsito, del Trabajo, de Menores y de Estabilidad Laboral del Estado Aragua*, *Revista de Derecho Público* Nº 82, Editorial Jurídica Venezolana, Caracas, 2000, p. 413.

242. *Cfr.* Antonio Moles Caubet, "El principio de la legalidad y sus implicaciones", *Revista de la Facultad de Derecho,* Nºs 50 y 51, Universidad Central de Venezuela, Caracas, 1972, pp. 67 a 100 y 85 a 124, respectivamente; trabajos que luego fueron publicados como *El principio de legalidad y sus implicaciones,* Universidad Central de Venezuela, Caracas, 1974. *Cfr.* además, Antonio Moles Caubet, "Implicaciones del principio de legalidad", en *Archivo de Derecho Público y Ciencias de la Administración*, Vol. II, Universidad Central de Venezuela, Caracas, 1970–1971, pp. 137 a 174; Eloy Lares Martínez, "El principio de la legalidad aplicada a la Administración" (Discurso de incorporación como Individuo de Número), *Boletín de la Academia de Ciencias Políticas y Sociales,* Año XXXI, Nº 35, Caracas, 1967, pp. 45 a 92; Henrique Meier, "El principio de la legalidad administrativa y la Administración Pública", *Revista de Derecho Público*, Nº 5, Editorial Jurídica Venezolana, Caracas, 1981, pp. 45 a 56.

cularmente en materia de derechos humanos, que, como se ha dicho, tienen rango constitucional e, incluso, supra constitucional; y las que emanen de órganos supranacionales, particularmente de la Comunidad Andina de Naciones.

1. El ejercicio del poder público sometido al ordenamiento jurídico

Como lo ha puntualizado la Sala Constitucional del Tribunal Supremo de Justicia, en sentencia 85 del 24 de enero de 2002 (caso Deudores hipotecarios vs. Superintendencia de Bancos):

> El poder se ejerce únicamente a través de normas jurídicas, por lo que la ley regula toda la actividad estatal y en particular la de la Administración; y parte de la esencia del concepto consiste en el control judicial de la legalidad desde lo que se va a considerar la norma suprema: la Constitución, la cual encabeza una jerarquía normativa, garantizada por la separación de poderes. Tal concepción está recogida en la vigente Constitución, donde toda la actividad estatal está regida por la ley: leyes que emanan del poder legislativo y otros poderes, y reglamentos que dicta el poder ejecutivo, sin que estos últimos puedan contradecir la letra o el espíritu de la ley; mientras que la constitucionalidad es controlada judicialmente mediante el control difuso o el control concentrado de la Constitución[243].

Por ello, este tercer principio fundamental del derecho público en la Constitución de 1999, es el de la sumisión de todos los órganos del Estado al derecho o a la legalidad, integrada ésta tanto por la norma suprema que es la Constitución (art. 7°) como por todas las demás fuentes del ordenamiento jurídico y que se aplican a los diversos órganos del Estado, conforme al principio antes referido de la formación del derecho por grados.

En tal sentido, el artículo 137 C. recoge la clásica fórmula de nuestro constitucionalismo, al establecer que "la Constitución y las leyes definen las atribuciones de los órganos que ejercen el poder público, a las cuales deben sujetarse las actividades que realicen"; y el artículo 141, al precisar los principios que en particular rigen la Administración Pública, establece que sus órganos deben actuar "con sometimiento pleno a la ley y al derecho".

Por tanto, conforme a este principio de sumisión del Estado a la ley y al derecho, es decir, al principio de legalidad, todas las actividades de los órganos del Estado y de sus autoridades y funcionarios, deben realizarse conforme a la ley y dentro de los límites establecidos por la misma[244].

Pero por supuesto, "legalidad", en el derecho constitucional contemporáneo, no es sólo la sumisión a la "ley formal" como acto sancionado por el Parlamento, como sucedía en el siglo XIX con respecto a las acciones administrativas y como consecuencia del principio de la supremacía de la ley, sino que quiere decir sumisión al ordenamiento jurídico, incluyendo a la Constitución y a otras fuentes de derecho. Por eso, la Sala Constitucional en sentencia 488 del 30 de marzo de 2004 ha considerado que sobre:

> [El] principio de la legalidad, doctrinariamente se ha venido admitiendo que el mismo comporta un doble significado, a saber: la sumisión de los actos estatales a las disposiciones emanadas de los cuerpos legislativos en forma de ley; además, el sometimiento de todos los actos singulares,

243 *V.* en *Revista de Derecho Público* N° 89 a 92, Editorial Jurídica Venezolana, Caracas, 2002, p. 92.

244 Como lo ha indicado la Sala Constitucional del Tribunal Supremo en sentencia 1002 del 26 de mayo de 2004: "no existen actos de los órganos que ejercen el poder público que puedan desarrollarse al margen del derecho", *Revista de Derecho Público*, N° 97 y 98, Editorial Jurídica Venezolana, Caracas, 2004, p. 146.

individuales y concretos, provenientes de una autoridad pública, a las normas generales y abstractas, previamente establecidas, sean o no de origen legislativo, e inclusive provenientes de esa misma autoridad. De acuerdo a lo indicado, la legalidad representa la conformidad con el derecho, en otros términos, la regularidad jurídica de las actuaciones de todos los órganos del Estado[245].

Ahora bien, hay dos aspectos que deben retenerse de lo dicho anteriormente: en primer lugar, que el principio de legalidad, en el contexto del Estado de derecho, se refiere específicamente a todos los órganos y poderes del Estado, y no sólo a los que ejercen el poder ejecutivo o a la Administración Pública. En consecuencia, en un Estado con Constitución escrita, el órgano legislativo también está limitado por el "principio de legalidad", en el sentido de que sus actividades están constitucionalmente limitadas, por lo que también pueden ser objeto de control judicial o jurisdiccional.

En segundo lugar, que en la expresión "principio de legalidad" el concepto de "ley" debe entenderse en el sentido más amplio de "ordenamiento jurídico", y no en el sentido formal de acto emanado del Parlamento, por lo que comprende la Constitución en sí misma, las leyes formales y todas las otras normas del ordenamiento jurídico conformadas en un sistema legal que deriva de la Constitución en forma escalonada y jerarquizada.

En consecuencia, este principio de legalidad, principalmente en sistemas legales con constituciones escritas, implica por supuesto, no sólo que los órganos que ejercen el poder ejecutivo o más ampliamente que integran la Administración Pública estén sujetos a las normas de derecho, sino que los otros órganos del Estado, incluyendo los órganos legislativos, también estén sujetos a las normas de derecho. En consecuencia, lo que constituyen las normas de derecho en relación a cada órgano del Estado, varía y tiene un ámbito diferente dependiendo de la jerarquía o posición que tiene cada norma o acto del Estado en el sistema jurídico jerarquizado. Por ello, para el legislador, legalidad quiere decir constitucionalidad o sumisión a la Constitución, igual que para el Jefe de Estado con respecto a los actos de gobierno. En ambos casos, dichos actos se dictan en ejecución directa e inmediata de la Constitución, sin la interferencia de actos del Parlamento, en forma tal que sólo están subordinados a la Constitución, y no puede en general haber ley alguna que los condicione.

En todo caso, además de los actos dictados en ejecución directa e inmediata de la Constitución, en los sistemas legales graduados que han dado origen a los sistemas de control judicial de la constitucionalidad, es evidente que el principio de legalidad, por su ámbito, desempeña un papel mucho más importante en el segundo nivel de ejecución del ordenamiento jurídico, es decir, en aquellos actos del Estado dictados en ejecución directa e inmediata de la legislación, y en ejecución indirecta y mediata de la Constitución. Aquí, que es el ámbito propio del derecho administrativo, el principio de legalidad se ha desarrollado en el pleno sentido de la palabra, particularmente con referencia a la Administración Pública, dando origen al control judicial de la legalidad de los actos administrativos (jurisdicción contencioso administrativa y jurisdicción contencioso electoral) y, por consiguiente, al propio derecho administrativo.

En cuanto a los órganos de los poderes judicial, ejecutivo, ciudadano o electoral, por tanto, el principio de legalidad tiene un sentido más amplio, pues incluye no sólo la

245 Caso Impugnación de los artículos 11 y 91,29 de la Ley de la Contraloría General de la República y del Sistema Nacional de Control Fiscal, *Revista de Derecho Público* N° 97 y 98, Editorial Jurídica Venezolana, Caracas, 2004, p. 180.

Constitución sino también a todos los actos del Estado con carácter general y normativo y, particularmente, los de rango "legislativo". En estos se incluye, además de los actos del Parlamento o leyes formales, todos los demás actos del Estado dictados con la misma fuerza legal, como por ejemplo los decretos leyes y los actos de gobierno emanados del Jefe de Estado conforme a los poderes constitucionales. En el principio de legalidad relacionado con los poderes ejecutivo, ciudadano y electoral también se incluyen todas las demás normas legales que regulan y limitan la acción administrativa, así como los principios generales del derecho que deben ser observados por los órganos de la Administración Pública. De allí que, en los sistemas de derecho público contemporáneos, el principio de legalidad en relación con la actividad administrativa haya tenido una mayor importancia.

Por ello, la Sala Político Administrativa del Tribunal Supremo en sentencia 1724 del 27 de julio de 2000 ha señalado:

> El principio de legalidad, constituye el eje alrededor del cual se erige desde su nacimiento el Estado de Derecho, tal como lo califica el artículo 2 de la Constitución de la República Bolivariana de Venezuela, al establecer que Venezuela constituye un *Estado democrático y social de Derecho y de Justicia.* Así, la sujeción de toda acción del poder público a la Ley General, esto es al bloque de la legalidad constituye la base que sustenta la validez del ejercicio de ese poder. Tal principio ha sido recogido por el artículo 137 de la Constitución de la República Bolivariana de Venezuela, conforme al cual: *"La Constitución y la Ley definirán las atribuciones de los órganos que ejercen el poder público, a los cuales deben sujetarse las actividades que realicen".*
>
> En virtud de ello, el principio en referencia, por lo que respecta al ámbito de la Administración Pública, se produce a través de la atribución de potestades, que supone la constitución del título que habilita su actuación y define los límites del ejercicio del poder público, es decir, los órganos administrativos no pueden actuar más allá de los límites fijados por sus potestades, y es por eso que constituye un elemento fundamental en la organización administrativa. En efecto, como elemento de organización, es claro que las potestades son atribuidas en atención al órgano que habrá de ejercerlas y más ampliamente, en función de todo el marco de la organización de la Administración. En consecuencia, las potestades no son ni deben ser determinadas por el titular de un determinado cargo[246].

En consecuencia, en un Estado de derecho, el grado de sumisión de la Administración Pública al principio de la legalidad es de mayor ámbito que el de la sumisión a las normas de derecho por parte de los órganos constitucionales del Estado. La Asamblea o el Parlamento están sometidos a la Constitución e, incluso, el Jefe de Estado o de Gobierno, cuando dicta actos de gobierno sólo está sometido en general a la Constitución; mientras que los órganos y las autoridades administrativas están envueltos en un área de legalidad de mayor ámbito puesto que están sometidos a la "legislación", la cual ejecutan. Esta es la razón por la cual, en este campo, el principio de legalidad tomó el significado que normalmente tiene en relación a la actividad administrativa del Estado contemporáneo y al propio derecho administrativo.

La consecuencia de los principios de supremacía constitucional y de legalidad en Venezuela ha sido el establecimiento de un sistema jurídico de carácter universal y cerrado en materia de control judicial, en el sentido que ninguno de los actos estatales puede escapar al control del Tribunal Supremo de Justicia y de los demás tribunales que controlan la constitucionalidad (art. 336) y la legalidad de los mismos (arts. 259 y 297). El

---

246 *V.* en *Revista de Derecho Público* N° 83, Editorial Jurídica Venezolana, Caracas, 2001, p. 105. Citada también en sentencia 1560 del 19 de julio de 2001 de la misma Sala Político Administrativa, *Revista de Derecho Público* N° 85 a 88, Editorial Jurídica Venezolana, Caracas, 2001, p. 50.

control judicial de los actos estatales conforme a la Constitución, por tanto, además de corresponder a las jurisdicciones ordinarias, en particular corresponde a la jurisdicción constitucional[247], a la jurisdicción contencioso administrativa y a la jurisdicción contencioso electoral[248].

2. La incorporación del derecho comunitario al ordenamiento jurídico

Pero el principio de legalidad no sólo somete a los órganos del Estado al ordenamiento jurídico establecido por el propio Estado o al contenido en tratados internacionales ratificados y aprobados por sus órganos, sino también al ordenamiento establecido por los órganos supranacionales en los procesos de integración económica, y que tienen aplicación directa e inmediata en el ámbito interno.

En tal sentido, en el artículo 153 C. 1999 puede decirse que el proceso de integración económica latinoamericano, y andino en particular, encontró fundamento constitucional en Venezuela. La precaria previsión del artículo 108 C. 1961, en nuestro criterio, impedía a Venezuela ingresar decididamente al proceso de integración sub regional[249], lo cual fue superado con la expresa previsión constitucional del texto de 1999[250].

En efecto, uno de los procesos de mayor importancia para el futuro de América Latina, sin duda, es el proceso de integración económica. Los Estados europeos lo diseñaron como la única vía para recomponer sus economías y, en consecuencia, mejorar la calidad de vida de sus habitantes. Para ello, después de la Segunda Guerra Mundial procedieron a la constitución de un bloque económico, a través del cual implementaron mecanismos de cooperación, facilitando el intercambio de bienes y servicios entre los Estados. Inicialmente el proceso de integración fue por sectores, razón por la cual en 1951 nació la Comunidad Europea del Carbón y el Acero (CECA) mediante la firma del Tratado de París, y posteriormente abarcó otros aspectos, a cuyo efecto se suscribieron, en 1957, los Tratados de Roma que crearon a la Comunidad Económica Europea (CEE) y a la Comunidad Europea de la Energía Atómica (Euratom).

En todo caso, y a pesar de tratarse de un proceso novedoso en el campo internacional, debe decirse que desde el punto de vista constitucional el proceso de integración euro-

---

247 *Cfr.* en general Allan R. Brewer–Carías, *Instituciones Políticas y Constitucionales*, t. VI, "La justicia constitucional', *cit.*, pp. 81 y ss.

248 *Cfr. Idem*, *Instituciones políticas y constitucionales*, t. VII, "La justicia contencioso administrativa", Universidad Católica del Táchira y Editorial Jurídica Venezolana, San Cristóbal y Caracas, 1997; *íd. Ley Orgánica del Tribunal Supremo de Justicia. Procesos y procedimientos constitucionales y contencioso administrativos,* Editorial Jurídica Venezolana, Caracas, 2004, pp. 127 y ss.

249 *Cfr. Idem*, "Las exigencias constitucionales de los procesos de integración y la experiencia latinoamericana", Córdoba, *Congreso de Academias Iberoamericanas de Derecho,* Academia Nacional de Derecho y Ciencias Sociales de Córdoba, 1999, pp. 279 a 317; Antonio Silva Aranguren, "La aplicación directa de las normas andinas: el posible fin de una incertidumbre", en *Ensayos de derecho administrativo, Libro Homenaje a Nectario Andrade Labarca,* Vol. II, Tribunal Supremo de Justicia, Caracas, 2004, pp. 713 a 761; Jorge L. Suárez M. "La Constitución venezolana de 1999 y la integración regional", en *Estudios de derecho administrativo, Libro Homenaje a la Universidad Central de Venezuela,* Vol. II, Tribunal Supremo de Justicia, Caracas, 2001, pp. 439 a 471; Cesar S. García Urbano, "Integración y Constitución", *Boletín de la Academia de Ciencias Políticas y Sociales*, año LXVI, Nº 136, Caracas, 1999, pp. 153 a 170.

250 En tal sentido propusimos a la Asamblea Nacional Constituyente la incorporación de una norma expresa destinada a regular la materia (art. 153). *V.* Allan R. Brewer–Carías, *Debate Constituyente (Aportes a la Asamblea Nacional Constituyente,* t. I, 8 agosto–8 septiembre, *cit.*, pp. 171 a 182.

peo, ya en sus inicios como en todas sus fases, siempre fue precedido de un *reacomodo de las Constituciones de los Estados miembros* para permitirlo y posibilitarlo, de manera de evitar en lo posible todo conflicto, entre lo que ha significado jurídicamente la integración económica, la Comunidad Económica Europea y la Unión Europea, y lo previsto en las constituciones de los Estados miembros; siendo las reformas constitucionales una exigencia y, a la vez, consecuencia lógica y necesaria para el avance de la integración[251].

En América Latina, el proceso de integración económica de más vieja data fue el iniciado en 1969, por Bolivia, Colombia, Chile, Ecuador y Perú, con la suscripción del Acuerdo de Cartagena, al cual Venezuela se adhirió posteriormente en 1973. Mediante dicho Acuerdo los países miembros convinieron, entre otros objetivos, en la armonización de las políticas económicas y sociales, la aproximación de sus legislaciones en las materias pertinentes, la adopción de un arancel externo común y el desarrollo de un programa para la liberalización del intercambio comercial.

Sin embargo, en contraste con lo que sucedió en Europa, las constituciones de los países de América andinos, salvo el caso de Colombia, a comienzos del Siglo XXI aun no habían solucionado los problemas jurídicos que plantea el ingreso a procesos de integración económica de carácter comunitario. Por ello, en América Latina, el problema constitucional de la integración ha sido el problema jurídico más importante con necesidad de ser resuelto, pues sin su solución no pueden existir las bases jurídicas sólidas que requiere el proceso de integración regional.

Debe señalarse que el desarrollo de las Comunidades Europeas y de la Comunidad Andina ha implicado el surgimiento de una serie de instituciones que deben velar por el cumplimiento de los fines de la integración o "comunitarios", los cuales en más de una oportunidad pueden ser distintos e, incluso, opuestos a los de los Estados miembros. En esta forma, en el ámbito europeo nacieron la Comisión, el Consejo, el Parlamento y el Tribunal de Justicia europeos, ahora todos regulados en la Constitución Europea. En nuestro contexto, el Acuerdo de Cartagena creó a la Junta (hoy Secretaría General), la Comisión y el Tribunal de Justicia Andino.

Por otra parte, para garantizar la ejecución de los fines de la integración, progresivamente resultó indispensable que los países miembros transfirieran a los órganos comunitarios competencias originalmente reservadas por las constituciones nacionales a los órganos de los poderes nacionales. Así sucede por ejemplo con el establecimiento de un arancel externo común, que tiene que pasar a ser una competencia "comunitaria", no siendo posible, una vez establecido, que los países miembros puedan llegar a fijar aranceles distintos a los que establezca el órgano comunitario competente. Para ello es indispensable que, en casos como el señalado, los órganos del poder público nacional cedan sus competencias en esas determinadas materias a los órganos supranacionales.

Desde el punto de vista jurídico, la consecuencia fundamental del surgimiento de dichas instituciones supranacionales es el nacimiento de un nuevo derecho que viene a integrarse al ordenamiento jurídico interno: el derecho comunitario, conformado por el conjunto de tratados que originan la Comunidad y por las normas dictadas por los órganos comunitarios para garantizar el cumplimiento de los objetivos comunes fijados. La doctrina y la jurisprudencia europeas tradicionalmente han señalado que el referido de-

251 *Cfr.* en general Allan R. Brewer–Carías, *Las implicaciones constitucionales de la integración económica regional*, Editorial Jurídica Venezolana, Caracas, 1998.

recho comunitario comprende, a su vez, el derecho comunitario originario, constituido por los tratados suscritos por los Estados miembros como actores del derecho internacional público y sus modificaciones, y el derecho comunitario derivado, integrado por el conjunto de normas de diverso rango emanadas de los órganos comunitarios o supranacionales creados.

El derecho comunitario, por lo tanto, es un derecho distinto, novedoso, que cabalga entre el derecho internacional y el derecho interno de cada país miembro. En todo caso, la vasta doctrina y jurisprudencia europea así como la andina, han dejado claramente definido el criterio de que para garantizar la aplicación uniforme del derecho comunitario en los países miembros es indispensable el cumplimiento de al menos tres requisitos: en *primer lugar*, la atribución o cesión de competencias propias de los órganos constitucionales de los Estados a los órganos comunitarios; en *segundo lugar*, la primacía del derecho comunitario y su exclusión del ámbito de los controles constitucionales internos de cada país; y, en *tercer lugar*, la aplicación directa en el ámbito interno de la normativa dictada por dichos órganos. Para ello, como lo enseña el ejemplo europeo, la única manera para garantizar el cumplimiento de los principios antes señalados en cada uno de los países miembros es que sus respectivas constituciones consagren expresamente, por una parte, la posibilidad de transferir competencias a órganos comunitarios y, por la otra, el efecto directo de dicha normativa en el ámbito interno como formando parte de la legalidad.

De ello resulta que no se puede llegar a desarrollar un régimen de integración económica efectivo, desconociendo o coartando en el orden interno el contenido y aplicación de los principios que rigen el derecho comunitario, a cuyo efecto las constituciones de los países miembros deben regular el tema. Por ello, si se analiza la experiencia europea se puede apreciar que todos y cada uno de los Estados de la actual Unión Europea consagraron en sus constituciones, previamente al ingreso a las Comunidades o a la Unión, la posibilidad de atribuir competencias que corresponden a los órganos legislativos, ejecutivos y judiciales nacionales a órganos comunitarios, con la previsión expresa de aceptar limitaciones a su soberanía.

Además, a medida que se ha ido profundizando el proceso de integración europea, como ha sucedido con el reciente paso de la Comunidad Europea a la Unión Europea, y su consolidación a través de los tratados de Maastricht y de Amsterdam, la aprobación de estos instrumentos conllevó a que se realizaran reformas constitucionales (p. ej. en Alemania, Francia y España, países que tuvieron que proceder a realizar dichas modificaciones después de emitidas las decisiones de sus respectivos tribunales constitucionales que así lo impusieron) e incluso referéndum, (como fue el referéndum consultivo de Francia, o el de Dinamarca) en los Estados de la Unión. Lo mismo ocurrió en muchos países con la aprobación del Tratado de la Constitución Europea a partir de 2004, el cual sin embargo, no fue aprobado en los referendos de Francia y de los Países Bajos realizados en 2005.

De lo anterior resulta, por tanto, que en Europa el problema jurídico de la integración *siempre ha encontrado solución en las normas constitucionales de los Estados miembros,* de manera que el derecho comunitario se fundamenta, en último término, en la Constitución de cada uno de ellos.

En Latinoamérica, con excepción de las constituciones de Argentina, Colombia y Paraguay, ninguna otra ha resuelto en forma clara y expresa la problemática de la transferencia de competencias a órganos comunitarios, sin lo cual resulta imposible concebir un régimen de integración.

En el caso de Venezuela, la Constitución de 1961 sólo contenía un artículo que hacía una referencia muy general al proceso de integración, como sólo podía suceder en 1961 cuando aun el proceso de supranacionalidad no había encontrado carta de naturaleza en Europa. Por ello fue que en 1999 se propuso a la Asamblea Nacional Constituyente la inclusión de una norma que resolviera definitivamente las deficiencias constitucionales de la posición de Venezuela en materia de integración latinoamericana, habiéndose aprobado en consecuencia el artículo 153, el cual dispone:

> La República promoverá y favorecerá la integración latinoamericana y caribeña, en aras de avanzar hacia la creación de una comunidad de naciones, defendiendo los intereses económicos, sociales, culturales, políticos y ambientales de la región. La República podrá suscribir tratados internacionales que conjuguen y coordinen esfuerzos para promover el desarrollo común de nuestras naciones, y que aseguren el bienestar de los pueblos y la seguridad colectiva de sus habitantes. Para estos fines, la República podrá atribuir a organizaciones supranacionales, mediante tratados, el ejercicio de las competencias necesarias para llevar a cabo estos procesos de integración. Dentro de las políticas de integración y unión con Latinoamérica y el Caribe, la República privilegiará relaciones con Iberoamérica, procurando sea una política común de toda América Latina. Las normas que se adopten en el marco de los acuerdos de integración serán consideradas parte integrante del ordenamiento legal vigente y de aplicación directa y preferente a la legislación interna.

De esta norma debe destacarse, por su importancia en materia de integración, en *primer lugar,* la aceptación por el orden constitucional de la creación de órganos supranacionales a los cuales se pueden atribuir competencias que la Constitución asigna a los órganos que ejercen el poder público, para que pueda existir un derecho comunitario; y *segundo lugar*, que las normas comunitarias dictadas por los órganos supranacionales no sólo tienen aplicación directa e inmediata en el ámbito interno, desde que se considera que son parte integrante del ordenamiento jurídico vigente, sino que tienen aplicación preferente en relación con las leyes nacionales que se les opongan. Así lo ha reconocido la Sala Constitucional del Tribunal Supremo en sentencia 2167 del 14 de septiembre de 2004 (caso Laboratorios Venezolanos LAVE y otros), al señalar que "según el artículo 153 de la Constitución de la República Bolivariana de Venezuela, los tratados que creen organizaciones comunitarias pueden prever la transferencia del poder legislativo nacional para ser entregado a órganos supranacionales", y que dicha disposición "establece que las normas que de ellos emanen tienen aplicación directa y preferente en el ámbito interno", por lo que consideró "perfectamente válido que el cuerpo legislativo nacional dé su aprobación incondicional a los acuerdos internacionales que prevean tal circunstancia"[252].

Por tanto, las decisiones de los órganos supranacionales comunitarios tienen aplicación inmediata en el país[253], incluyendo por supuesto a los órganos judiciales comunita-

---

252 *V.* en *Revista de Derecho Público*, N° 99 y 100, Editorial Jurídica Venezolana, Caracas, 2004, pp. 72 y ss.

253 *Cfr.* en general, Jorge L. Suárez, "La Constitución venezolana y el derecho comunitario", en *El derecho público a comienzos del siglo XXI. Estudios homenaje al Profesor Allan R. Brewer–Carías,* t. III, Universidad Central de Venezuela (Instituto de Derecho Público) y Thomson–Civitas, Madrid, 2003, pp. 253 a 276; Marianella Zubillaga, "Los fundamentos del derecho comunitario y su soporte constitucional: la experiencia europea y andina", en *El derecho público a comienzos del siglo XXI*, t. III, *cit.*, pp. 281 a 307; Alfonso Rivas Quintero, *Derecho Constitucional,* Paredes Editores, Valencia, 2002, pp. 292 y ss.; Jorge L. Suárez M., "La Comunidad Andina, la responsabilidad del Estado y la Constitución venezolana", en *Estudios de derecho público. Libro Homenaje a Humberto J. La Roche Rincón,* Vol. II, Tribunal Supremo de Justicia, Caracas, 2001, pp. 489 a 648; Jorge L. Suárez M., "La Constitución venezolana de 1999 y la integración regional", en *Estudios de Derecho Administrativo.*

rios. Sin embargo, sobre esto último relativo a las decisiones de los órganos judiciales comunitarios, se ha pronunciado la Sala Constitucional del Tribunal Supremo de Justicia en sentencia 1492 del 15 de julio de 2003 (caso Impugnación de artículos del Código Penal sobre las llamadas leyes de desacato), partiendo de la premisa de que "Por encima del Tribunal Supremo de Justicia y a los efectos del artículo 7° constitucional, no existe órgano jurisdiccional alguno, a menos que la Constitución o la ley así lo señale, y que aun en este último supuesto, la decisión que se contradiga con las normas constitucionales venezolanas, carece de aplicación en el país". La Sala se refirió a los organismos internacionales que emiten verdaderos actos jurisdiccionales con el carácter de órganos supranacionales, y "cuyas decisiones de cualquier clase se ejecutan forzosamente en los países signatarios de los convenios que los crean, quienes al suscribirlos ceden en alguna forma su soberanía y de allí que la ejecución de los fallos sea incondicional", agregando lo siguiente:

> Los artículos 73 y 153 constitucionales, contemplan la posibilidad que puedan transferirse competencias venezolanas a órganos supranacionales, a los que se reconoce que puedan inmiscuirse en la soberanía nacional.
>
> Pero la misma Constitución señala las áreas donde ello podría ocurrir, cuales son –por ejemplo– las de integración latinoamericana y caribeña (artículo 153 *eiusdem*). Áreas diversas a la de los derechos humanos *per se*, y donde las sentencias que se dicten son de aplicación inmediata en el territorio de los países miembros, como lo apunta el artículo 91 de la Ley Aprobatoria del Estatuto del Tribunal de Justicia de la Comunidad Andina.
>
> Entiende la Sala que, fuera de estas expresas áreas, la soberanía nacional no puede sufrir distensión alguna por mandato del artículo 1 constitucional, que establece como derechos irrenunciables de la Nación: la independencia, la libertad, la soberanía, la integridad territorial, la inmunidad y la autodeterminación nacional. Dichos derechos constitucionales son irrenunciables, no están sujetos a ser relajados, excepto que la propia Carta Fundamental lo señale, conjuntamente con los mecanismos que lo hagan posible, tales como los contemplados en los artículos 73 y 336.5 constitucionales, por ejemplo.
>
> Consecuencia de lo expuesto es que en principio, la ejecución de los fallos de los tribunales supranacionales no puede menoscabar la soberanía del país, ni los derechos fundamentales de la República.
>
> Las decisiones pueden resultar obligatorias respecto a lo decidido, creando responsabilidad internacional por el incumplimiento (por ejemplo el artículo 87.7 de la Ley Aprobatoria del Estatuto

---

Libro Homenaje a la Universidad Central de Venezuela, Vol. I, Tribunal Supremo de Justicia, Caracas, 2001, pp. 440 a 472; Nelly Herrera Bond, "El derecho comunitario en la nueva Constitución", en *Comentarios a la Constitución de la República Bolivariana de Venezuela*, Vadell Hermanos, Caracas, 2000, pp. 7 a 10; Patricia L. Kegel, "Las constituciones nacionales y los procesos de integración económica regional", *Anuario de Derecho Constitucional Latinoamericano*, Editorial Grancharoff, Buenos Aires, 2000, pp. 295 a 316; Eloísa Avellaneda Sisto, "Relaciones entre el derecho comunitario y el derecho interno en el marco del Acuerdo de Cartagena", en *Libro Homenaje a Antonio Linares,* Universidad Central de Venezuela, Caracas, 1999, pp. 440 a 472; Eduardo Caligiuri; Jorge Petit, "Los principios de auto–ejecutividad e inmediatez de los tratados internacionales en materia de integración a la luz de la Constitución venezolana de 1999, en el marco de la Comunidad Andina de Naciones", *Revista de la Facultad de Ciencias Jurídicas y Políticas,* N° 122, Universidad Central de Venezuela, Caracas, 2001, pp. 153 a 168; Fernando Delgado, "La integración económica y las industrias culturales", en *Libro Homenaje a Antonio Linares,* Universidad Central de Venezuela, Caracas, 1999, pp. 73 a 88; Juan Carlos Sainz Borgo, "La regulación constitucional del proceso de Integración Andino", en *Libro Homenaje a Enrique Tejera París. Temas sobre la Constitución de 1999,* Caracas, Centro de Investigaciones Jurídicas (CEIN), 2001, pp. 241 a 271; Jorge L. Suárez Mejías, "Las relaciones entre el derecho comunitario y el derecho interno en el Acuerdo de Cartagena. A propósito de la sentencia de la Corte Suprema de Justicia del 10 de julio de 1990", *Revista de la Facultad de Ciencias Jurídicas y Políticas,* N° 100, Universidad Central de Venezuela, Caracas, 1996, pp. 295 a 420.

de Roma de la Corte Penal Internacional), pero nunca en menoscabo de los derechos contenidos en el artículo 1 constitucional, disminuyendo o enervando las competencias exclusivas de los órganos nacionales a quienes la Constitución atribuye determinadas competencias o funciones.

La Sala, sin embargo, en la misma sentencia aclaró, recurriendo al más clásico concepto de soberanía, que:

Mientras existan Estados soberanos, sujetos a constituciones que les crean el marco jurídico dentro de sus límites territoriales y donde los órganos de administración de justicia ejercen la función jurisdiccional dentro de ese Estado, las sentencias de la justicia supranacional o transnacional para ser ejecutadas dentro del Estado, tendrán que adaptarse a su Constitución. Pretender en el país lo contrario sería que Venezuela renunciara a la soberanía [...]

Afirma la Sala, como principio general, la preeminencia de la soberanía que sólo puede ser derogada por vía de excepción en casos singulares y precisos, ya que el sistema internacional dentro del cual vivimos, desde sus orígenes en el siglo XVI, tiene como principios existenciales los siguientes:

1) La coexistencia en el globo terráqueo de un conjunto de Estados soberanos por definición;
2) La existencia de un sistema jurídico generado entre ellos, cuyas normas solo son obligatorias en la medida en que no menoscaben dicha soberanía, aun cuando hayan sido adoptadas entre ellos voluntariamente.

Distinto es el caso de los acuerdos sobre integración donde la soberanía estatal ha sido delegada, total o parcialmente, para construir una soberanía global o de segundo grado, en la cual la de los Estados miembros se disuelve en aras de una unidad superior. No obstante, incluso mientras subsista un espacio de soberanía estatal en el curso de un proceso de integración y una Constitución que la garantice, las normas dictadas por los órganos legislativos y judiciales comunitarios no podrían vulnerar dicha área constitucional, a menos que se trate de una decisión general aplicable por igual a todos los Estados miembros, como pieza del proceso mismo de integración.

Por otra parte, dado que la sociedad internacional como sistema de Estados soberanos carece de órgano jurisdiccional central omnicompetente, las decisiones de los órganos judiciales internacionales existentes, institucionales o *ad hoc* (arbitrales), de carácter sectorial, para su ejecución en el Estado destinatario, no pueden obviar impunemente la soberanía nacional de estos. Esto significa que, para su ejecución, los fallos deben atravesar el sistema jurídico interno que, sólo en el caso de que la sentencia no vulnere principios y normas constitucionales, podría darle pasavante y proceder a su cumplimiento. En caso de menoscabo de la Constitución, es posible sostener que, aun en esta hipótesis, no hay lugar a responsabilidad internacional por la inejecución del fallo, por cuanto éste atenta contra uno de los principios existenciales del orden internacional, como es el debido respeto a la soberanía estatal[254].

IV. EL PRINCIPIO DE LA DISTRIBUCIÓN VERTICAL DEL PODER PÚBLICO: LA FORMA FEDERAL DEL ESTADO

El cuarto principio que condiciona al derecho público en la Constitución de 1999, deriva de la forma del Estado, como forma federal, consistente en el principio de la distribución vertical o territorial del poder público. Este principio tiene particular importancia para el derecho administrativo pues en un Estado federal como el que deriva de la distribución vertical del poder público, incluso podría distinguirse un derecho administrativo estadal y municipal (*Cuarta parte, § 12 y ss.*).

---

254 *V.* en *Revista de Derecho Público*, N° 93 a 96, Editorial Jurídica Venezolana, Caracas, 2003, pp. 138 y ss.

1. La constante histórica del federalismo

La forma "federal" del Estado ha sido la constante en el Estado venezolano durante toda su existencia desde 1811, lo que implica el reconocimiento de autonomías territoriales en el nivel intermedio, es decir, de los Estados federados y, antes de 1864, de las entonces denominadas provincias. En esa fecha, precisamente el triunfo de la revolución federal condujo a la adopción definitiva de la forma federal del Estado, que sustituyó a la fórmula mixta de 1830, la cual a la vez había sustituido a la "Confederación" de 1811; adoptándose la denominación de la República como "Estados Unidos de Venezuela", la que se conservó hasta 1953.

Pero la Federación venezolana, a partir de 1901, cuando se produce el colapso del sistema de Estado federal liberal que se había instaurado en 1864, comenzó a ser una Federación centralizada, habiéndose centralizado el Estado en todos los órdenes[255]; habiendo continuado el centralismo estatal, a pesar del cambio político de 1946 y 1958, desarrollándose a partir de esa fecha la forma democrática de la Federación centralizada que hemos tenido desde las últimas décadas del siglo XX.

La gran transformación política que debió ocurrir con la Constitución de 1999 para afianzar la democracia era, por tanto, sustituir efectivamente la Federación centralizada por una Federación descentralizada[256]. Como lo ha señalado la Corte Primera de lo Contencioso Administrativo en sentencia 1037 del 1° de agosto de 2000 (caso Asociación de Propietarios y Residentes de la Urbanización Miranda [APRUM] *vs.* Alcaldía del municipio Sucre del Estado Miranda):

> Un elemento fundamental dentro de lo que es la democracia, es la descentralización, no puede haber democracia sin descentralización, ese debe ser el apellido de la democracia. Estando cada vez más cerca de las comunidades quien toma las decisiones que los orienten o satisfagan sus necesidades es que exista una interacción entre los vecinos y la Administración[257].

Pero lamentablemente la descentralización, salvo en el verbalismo, no guió la reforma constitucional de 1999[258]. Es decir, grandes esfuerzos se hicieron en la materia, pero la reforma y profundización de la descentralización política como forma de perfeccionar la democracia, que debió ser el tema central del debate constituyente[259], no pasó del nominalismo expresado tanto en el Preámbulo como en el artículo 4° que precisa que "La República Bolivariana de Venezuela es un Estado federal descentralizado en los

---

255 *Cfr.* Tulio Chiossone, "Constitución centralista con ribetes federales", *Libro Homenaje a Rafael Caldera: Estudios sobre la Constitución*, t. I, Universidad Central de Venezuela, Caracas, 1979, pp. 207 a 214; Allan R. Brewer–Carías, *Instituciones Políticas y Constitucionales*, t. I., "Evolución histórica del Estado", *cit.*, pp. 351 y ss.; e íd. "El desarrollo institucional del Estado centralizado en Venezuela (1899–1935) y sus proyecciones contemporáneas", *Revista de Estudios de la Vida Local y Autonómica*, N°s 227 y 228, Madrid, Instituto Nacional de Administración Pública, 1985, pp. 487 a 514 y 695 a 726, respectivamente.

256 *V.* nuestra "Propuesta sobre la forma federal del Estado en la nueva Constitución: Nuevo federalismo y nuevo municipalismo" en Allan R. Brewer–Carías, *Debate Constituyente (Aportes a la Asamblea Nacional Constituyente,* t. I, *cit.*, pp. 155 a 170; y t. II, *cit.*, pp. 227 a 233.

257 *V. Revista de Derecho Público*, N° 83, Editorial Jurídica Venezolana, Caracas, 2000, p. 394.

258 *Cfr.* Allan R. Brewer–Carías, "El 'Estado Federal descentralizado' y la centralización de la federación en Venezuela. Situación y perspectiva de una contradicción constitucional", *Revista de Estudios de la Administración Loca,* N° 292–293, Madrid, Instituto de Administración Pública, 2003, pp. 11 a 43"; y en íd. *Constitución, democracia y control del poder*, Universidad de Los Andes, Mérida, 2004, pp. 111 y ss.

259 *Cfr.* Allan R. Brewer–Carías, *Poder Constituyente originario y Asamblea Nacional Constituyente. Comentarios sobre la interpretación jurisprudencial relativa a la naturaleza, la misión y los límites de la Asamblea Nacional Constituyente,* Editorial Jurídica Venezolana, Caracas, 1999, pp. 269 y ss.

términos consagrados por esta Constitución"; fórmula más o menos similar a la del artículo 2° C. 1961 que decía que "La República de Venezuela es un Estado federal, en los términos consagrados por esta Constitución".

2. El poder público distribuido territorialmente

En todo caso, el artículo 136 C. 1999 organiza al Estado con forma federal mediante un sistema de "división vertical" del poder público en tres estratos o niveles: nacional, estadal y municipal[260], atribuyendo su ejercicio a diversos órganos y asignando competencias exclusivas en los tres niveles, además de las competencias concurrentes entre ellos.

Se trata, sin duda, de una forma de limitación del poder en el Estado constitucional de derecho, tal y como lo ha identificado la Sala Político Administrativa del Tribunal Supremo de Justicia, al señalar en sentencia 1819 del 8 de agosto de 2000 (caso René Molina vs. Luis Miquelena):

> La Constitución de 1999, limita el poder mediante la difusión de la autoridad tanto en el plano horizontal como en el vertical. Esto es, prefigura una distribución horizontal y vertical del poder público en la cual sus creadores proveyeron con relación al *thema decidendum* que nos ocupa, la *distribución* del poder público en el poder municipal, el poder estadal y el poder nacional y, la división del poder público nacional en poder legislativo, poder judicial, poder electoral y poder moral.
>
> Esta limitación del poder por el poder mismo fundada en el temor a su excesiva concentración, persigue su sometimiento a la regla de derecho, limitando su actuación a las específicas atribuciones y funciones consagradas en la ley provocando así salvaguardia contra la tiranía y la libertad de los ciudadanos, lo cual se recoge expresamente en los artículos 136 y 137[261].

En la Constitución de 1999, incluso contrariamente a lo que establecía la Constitución de 1961, se formuló expresamente este principio de la distribución territorial del poder público[262], siguiendo la tendencia iniciada en el texto constitucional de 1858, que esta-

---

260 Sobre la distribución vertical y horizontal del poder público, véase sentencia 355 de la Sala Constitucional del 11 de mayo de 2000, *Revista de Derecho Público*, N° 82, Editorial Jurídica Venezolana, Caracas, 2000, pp. 342 y ss.

261 *V. Revista de Derecho Público*, N° 83, Editorial Jurídica Venezolana, Caracas, 2000, pp. 264 y ss.

262 *Cfr.* en general, sobre el poder público y la forma del Estado, Carlos Luis Carrillo Artiles, "La composición del poder público en la Constitución de la República Bolivariana de Venezuela", *Libro Homenaje a Enrique Tejera París. Temas sobre la Constitución de 1999,* Centro de Investigaciones Jurídicas (CEIN), Caracas, 2001, pp. 51 a 76; C. Kiriadis Ionghi, "Notas sobre la estructura orgánica del Estado venezolano en la Constitución de 1999", en *Temas de derecho administrativo. Libro Homenaje a Gonzalo Pérez Luciani,* Vol. I, Tribunal Supremo de Justicia, Caracas, 2002, pp. 1031 a 1082; Hildegard Rondón de Sansó, "Las transformaciones fundamentales en la organización y dinámica del Estado derivadas de la Constitución de 1999", en *Temas de Derecho Administrativo. Libro Homenaje a Gonzalo Pérez Luciani,* Volumen II, Tribunal Supremo de Justicia, Caracas, 2002, pp. 619 a 644; Allan R. Brewer–Carías, "La descentralización política en la Constitución de 1999: Federalismo y Municipalismo (una reforma insuficiente y regresiva)", *Boletín de la Academia de Ciencias Políticas y Sociales*, año LXVIII, N° 138, Caracas, 2001, pp. 313 a 359; publicado también en *Provincia. Revista Venezolana de Estudios Territoriales*, N° 7, II Etapa, Mérida, Centro Iberoamericano de Estudios Provinciales y Locales y Universidad de los Andes, 2001, pp. 7 a 92; *íd.* "Consideraciones sobre el régimen de distribución de competencias del poder público en la Constitución de 1999", en Fernando Parra Aranguren y Armando Rodríguez García (eds), *Estudios de Derecho Administrativo. Libro Homenaje a la Universidad Central de Venezuela*, t. I, Tribunal Supremo de Justicia, Caracas, 2001, pp. 107 a 136; *íd.*, "Consideraciones sobre el régimen constitucional de la organización y funcionamiento de los poderes públicos", *Revista Derecho y Sociedad*, N° 2, Universidad Monteávila, Caracas, 2001, pp. 135 a 150; Ricardo Combellas, *Derecho constitucional: una introducción al estudio de la Constitución de la República*

bleció que "El poder público se divide en nacional y municipal" (art. 9). Posteriormente, en la Constitución de 1901 se retomó la fórmula, expresándose que "El poder público se distribuye entre el poder federal y el poder de los Estados" (art. 29), lo que se repitió en todas las constituciones posteriores hasta la de 1925, en la cual se agregó al poder municipal, así: "El poder público se distribuye entre el poder federal, el de los Estados y el municipio" (art. 51). La norma se repitió en las constituciones posteriores hasta que en la de 1947 se invirtió la enumeración, así: "El poder público se distribuye entre el poder municipal, el de los Estados y el nacional" (art. 86), lo que se repitió en la de 1953 (art. 40). La Constitución de 1961 no utilizó la fórmula tradicional y se limitó a señalar que "Cada una de las ramas del poder público tiene sus funciones propias" (art. 118), aludiendo, sin duda, a las ramas nacional, estadal y municipal, pero sin enumerarlas. La Constitución de 1999 volvió a la fórmula tradicional[263], al disponer en su artículo 136 que "El poder público se distribuye entre el poder municipal, el poder estadal y el poder nacional".

De esta norma se debe destacar, por una parte, el concepto de funciones del Estado[264], y por la otra, el concepto de fines del Estado expresamente definidos en el artículo 3.° C. Ambos conceptos originan dos principios fundamentales del derecho público en la Constitución con particular importancia para el derecho administrativo: el de las funciones del Estado y el del Estado social y democrático de derecho y de justicia; los cuales se estudian más adelante.

En el Texto constitucional, en todo caso, de acuerdo con el principio de la distribución vertical del poder, se pueden encontrar disposiciones que se refieren en general al poder público, las cuales, por tanto, rigen respecto de los órganos de los tres niveles territoriales nacional, estadal y municipal); y disposiciones específicamente destinadas a cada uno de esos niveles.

En todo caso, "los términos consagrados por la Constitución" relativos a la forma de Estado federal descentralizado son la clave para determinar efectivamente el grado de descentralización del Estado y, por tanto, de la Federación. En la Constitución de 1999, en realidad, y salvo en el nominalismo, no se avanzó mayormente en relación con lo que existía en el texto de 1961[265], habiéndose sólo constitucionalizado algunos aspectos que ya se habían establecido en la Ley Orgánica de Descentralización, Delimitación y Transferencia de Competencias del poder público de 1989, la cual, además, ya tenía

---

Bolivariana de Venezuela, Caracas, Mc Graw Hill, 2001, pp. 121 y ss; Cecilia Sosa Gómez, "La organización política del Estado venezolano: el poder público Nacional", *Revista de Derecho Público*, N° 82, Editorial Jurídica Venezolana, Caracas, 2000, pp. 71 a 83; María *V.* Espina Molina y Ornella Bernabei Zaccaro, "Nueva estructura del Estado venezolano", en *Comentarios a la Constitución de la República Bolivariana de Venezuela"*, Vadell Hermanos, Caracas, 2000, pp. 65 a 116; César A. Loaiza Moyetones, "Los órganos del Estado", en *Derecho Constitucional. General y Particular. Actualizado con la Constitución de la República Bolivariana de Venezuela del 24 de marzo de 2000,* t. I, Universidad Santa María, Caracas, pp. 151 a 175.

263 *V.* nuestra propuesta para la inclusión de esta norma en Allan R. Brewer–Carías, *Debate constituyente (Aportes a la Asamblea Nacional Constituyente),* t. II, *cit.*, pp. 161 a 164.

264 *Cfr.* Allan R. Brewer–Carías, *Instituciones políticas y constitucionales*, t. II., "El poder público: nacional, estadal y municipal", Universidad Católica del Táchira y Editorial Jurídica Venezolana, San Cristóbal y Caracas, 1996, pp. 111 y ss.

265 *Cfr.* p. ej., Rafael J. Chavero Gazdik, "La forma de Estado prevista en la Constitución de 1999 (¿Un canto de sirenas?)", *Revista de Derecho Público,* N° 81, Editorial Jurídica Venezolana, Caracas, 2000, pp. 29 a 39.

rango de ley constitucional en lo que se refería a la transferencia a los estados de competencias del poder nacional[266].

En realidad, no hubo los avances y transformaciones necesarias para hacer realidad la descentralización de la Federación, como por ejemplo, era los cambios que se debían hacer en la distribución de los recursos tributarios hacia los Estados; y más bien se retrocedió institucionalmente al eliminarse el Senado y establecerse una Asamblea Nacional unicameral (art. 186)[267], y al permitirse la limitación por ley nacional de la autonomía de los estados (art. 162) y de los municipios (art. 168) lo que es negar, de entrada, la idea misma de descentralización política que está basada en el concepto de autonomía territorial, precisamente entre los entes políticos–territoriales.

En consecuencia, la denominación de "Federación descentralizada" para identificar la forma del Estado es, sin duda, un avance nominal, pero en los términos establecidos en la Constitución, lo que no significa realmente avance alguno, sino consolidación y mantenimiento parcial de reformas que se venían realizando desde 1989, con algunos retrocesos[268].

3. Los principios del Estado Federal: la autonomía territorial y sus límites

En efecto, toda Federación está montada sobre un principio de la distribución territorial del poder público que conforme al artículo 136 C. es "entre el poder municipal, el poder estadal y el poder nacional". La coherencia y unicidad del Estado y su organización política exige que dicha distribución del poder se rija, conforme lo indica el artículo 4° C., "por los principios de integridad territorial, cooperación, solidaridad, concurrencia y corresponsabilidad". Es decir, la distribución territorial del poder público no puede, en forma ni caso alguno, atentar contra la integridad territorial de la República, cuyo territorio no puede en forma alguna ser afectado por el principio descentralizador, lo que impide cualquier intento separatista de parte de las entidades políticas que componen el Estado.

Por otra parte, la distribución del poder público entre la República, los estados y los municipios, en todo caso exige la cooperación entre los diversos niveles territoriales para alcanzar, en conjunto, los fines del Estado (art. 136); por ello, los principios de la concurrencia y corresponsabilidad de todos los entes públicos hacia los mismos fines superiores del Estado. Además, está el principio de la solidaridad entre las entidades

266 *Cfr.* Carlos Ayala Corao, "Naturaleza y alcance de la descentralización estadal" en Allan R. Brewer–Carías et ál., *Leyes para la Descentralización Política de la Federación*, Editorial Jurídica Venezolana, Caracas, 1994, pp. 99 y ss.; y Allan R. Brewer–Carías, *Asamblea Constituyente y Ordenamiento Constitucional*, Biblioteca de la Academia de Ciencias Políticas y Sociales, Caracas, 1999, pp. 122 y ss.

267 *Cfr.* María M. Matheus Inciarte y María E. Romero Ríos, "Estado federal y unicameralidad en el nuevo orden constitucional de la República Bolivariana de Venezuela", en *Estudios de Derecho Público. Libro Homenaje a Humberto J. La Roche*, Vol. I. Tribunal Supremo de Justicia, Caracas, 2001, pp. 637 a 675.

268 *Cfr.* en general, sobre la forma del Estado como "Federación descentralizada", Allan R. Brewer–Carías, "El Estado 'federal descentralizado" y la centralización de la federación en Venezuela. Situación y perspectiva de una contradicción constitucional", en *íd. Constitución, democracia y control del poder*, Mérida, Universidad de Los Andes, 2004, pp 111 y ss; *íd. Reflexiones sobre el constitucionalismo en América*, Editorial Jurídica Venezolana, Caracas, 2001, pp. 158 y ss.; María *V.* Espina y Ornella Bernabei Zaccaro, "Nueva estructura del Estado venezolano", en *Comentarios a la Constitución de la República Bolivariana de Venezuela"*, Vadell Hermanos, Caracas, 2000, pp. 65 a 116.

políticas, de manera que los deberes de algunas de ellas que no puedan ser cumplidos, no excluyen la asunción de los mismos por las otras entidades políticas.

Pero en un Estado federal, como en todo sistema de distribución política territorial del poder público, la autonomía de las entidades territoriales es consustancial al sistema, y esta debe estar establecida como garantía, en la Constitución. Esta autonomía político territorial implica no sólo autonomía política (elección democrática de sus autoridades), sino además autonomía organizativa (organización de sus poderes públicos al dictar su Constitución), autonomía administrativa (inversión de sus ingresos), autonomía jurídica (no revisión de sus actos sino por los tribunales), autonomía normativa (regulación legislativa de las materias de la competencia de la entidad) y autonomía tributaria (creación, administración y control de sus tributos); y, en todo caso, que sus límites sólo deberían ser los establecidos en la propia Constitución como garantía de dicha autonomía, razón por la cual la ley nacional, en principio, no debería regular las materias de la competencia exclusiva de los estados. La Constitución de 1999, sin embargo, en esta materia sólo dispone que los estados son "entidades políticas autónomas en lo político" (art. 159); y que los municipios gozan de "autonomía dentro de los límites de esta Constitución y de la ley" (art. 168).

En todo caso, esta autonomía territorial implica, además, que en el ejercicio de sus respectivas competencias las entidades político territoriales no deberían estar sujetas a relación jerárquica ni a sujeción alguna entre ellas, ni de orden legislativo ni ejecutivo, conforme a lo que garantice la Constitución, salvo las excepciones que expresamente se establezcan en el Texto Fundamental.

Conforme a la orientación que tenía el texto constitucional de 1961, la Constitución de 1999 establece los principios generales de la organización del poder público estadal, conforme al principio de separación orgánica en dos poderes: el poder legislativo, a cargo de los consejos legislativos estadales cuyos miembros son electos por votación popular, directa y secreta; y el poder ejecutivo, a cargo de los gobernadores, cuya elección se estableció a partir de 1989 (arts. 160 y 162). Además, en la Constitución se prevé un órgano del poder público estadal con autonomía funcional que es la Contraloría del Estado, la cual puede ser configurada como poder contralor (art. 163). En igual sentido, respecto de los municipios también se establecen los principios generales de la organización del poder público municipal, conforme al principio de separación orgánica en dos poderes: el poder legislativo, a cargo de los Concejos municipales cuyos miembros son electos por votación popular, directa y secreta; y el poder ejecutivo, a cargo de los alcaldes (art. 174), cuya elección se estableció a partir de 1989. Además, en la Constitución se prevé un órgano del poder público municipal con autonomía funcional, que es la contraloría municipal (art. 176).

La Constitución, sin embargo, ha establecido importantes limitaciones a la autonomía de los estados; y una aun más grave limitación a la autonomía municipal, al circunscribirla no sólo a los límites establecidos en la Constitución, sino a los que pueda establecer la ley (art. 168), lo que es una negación a la misma, al carecer de garantía constitucional.

En cuanto a los límites constitucionales a la autonomía de los estados, se destacan las siguientes:

En *primer lugar*, las limitaciones a la autonomía organizativa respecto de la organización y funcionamiento de los consejos legislativos los cuales debían ser objeto de regulación en las constituciones que los estados pueden dictar conforme lo indica la Constitución nacional como parte de la organización de sus poderes públicos (art. 164.1). A pesar de ello, sin embargo, ha sido la propia Constitución de 1999 la que ha limitado esta autonomía al establecer que una *ley nacional* puede regular "la organización y funcionamiento" de uno de los poderes públicos estadales, como son los consejos legislativos estadales (art. 162). En ejecución de la norma constitucional, la Asamblea Nacional dictó en 2001 la Ley Orgánica de los Consejos Legislativos de los Estados[269] en la cual se ha regulado, en detalle, no sólo las bases y principios del régimen de organización y funcionamiento de los consejos legislativos de los estados, sino las regulaciones referidas a los legisladores; y más aun, las atribuciones de los consejos legislativos y los principios generales para el ejercicio de la "función legislativa" (art. 1°), con lo cual la Asamblea Nacional se excedió incluso respecto de lo autorizado excepcionalmente en la Constitución.

En *segundo lugar*, se destacan las limitaciones al ejercicio de las funciones legislativas y de control por parte de los consejos legislativos, que la Constitución les asigna (art. 162.1); lo que se estableció en el propio texto constitucional, por ejemplo, en materia de tributos (arts. 167.5 y 156.13). Además, en cuanto a las competencias, las que son de carácter concurrente sólo pueden ejercerse por los Estados conforme a las "leyes de base" que dicte el poder nacional (art. 165); y en los otros casos de competencias exclusivas también están sujetos a lo establecido en la ley nacional, como sucede en materia de policía estadal que sólo puede ejercerse conforme a la legislación *nacional* aplicable (art. 164.6). Pero además, como se indicó, la Asamblea Nacional, sin tener autorización constitucional alguna para regular el ejercicio de la "función legislativa" o la función de control por parte de los consejos legislativos de los Estados, en la Ley Orgánica de los Consejos Legislativos de los Estados de 2001 estableció con todo detalle el procedimiento para la formación de las leyes estadales, lo que debía ser regulado en las constituciones de los estados.

En *tercer lugar*, está la limitación a la autonomía organizativa en cuanto al régimen de la organización y funcionamiento del poder ejecutivo estadal y de la Administración Pública de los estados, el cual está establecido como régimen general en el conjunto de regulaciones constitucionales relativas a la Administración Pública y a la función pública, que se aplican por igual a los tres niveles territoriales de gobierno (arts. 141 y ss.) y las cuales, por tanto, escapan de la posibilidad de regulación por los consejos legislativos estadales en las constituciones de los Estados.

En *cuarto lugar*, también se destacan las limitaciones a la potestad organizativa referida al poder ciudadano estadal, es decir, la regulación en las constituciones estadales de las contralorías de los estados, cuyos titulares deben designarse mediante concurso público (art. 163). En esta materia también se ha producido una intolerable y no autorizada limitación a la autonomía organizativa de los Estados, al dictarse por la Asamblea Nacional la Ley para la Designación y Destitución del Contralor o Contralora del Estado de 2001[270], con el objeto de establecer los conceptos y procedimientos generales, básicos y orientadores que regulan el proceso de designación y destitución del Contralor (art. 1°).

---

269 *Gaceta Oficial* N° 37.282 del 13 de septiembre de 2001. *Cfr.* Mariela de Jesús Morales Soto, "El régimen jurídico aplicable a los consejos legislativos de los estados", *Revista de Derecho Administrativo*, N° 15, Editorial Sherwood, Caracas, 2002, pp. 193 a 205.

270 *Gaceta Oficial* N° 37.303 del 15 de octubre de 2001.

En *quinto lugar*, está la limitación a la potestad organizativa estadal relativa a los "consejos de planificación y coordinación de políticas públicas" regulados en el artículo 166 constitucional. La "ley" conforme a la cual debían funcionar estos consejos debía ser la que dictase cada consejo legislativo estadal. Sin embargo, en este caso, la Asamblea Nacional también ha dictado la Ley de los Consejos Estadales de Planificación y Coordinación de Políticas Públicas de 2002[271] con el objeto de crear, organizar y establecer las competencias del consejo estadal de planificación y coordinación de políticas públicas que debe funcionar en cada Estado, como órgano rector de la planificación de las políticas públicas, a los fines de promover el desarrollo armónico, equilibrado y sustentable (art. 1°). En esta materia, de nuevo, se produjo un vaciamiento no autorizado de las competencias legislativas de los Estados, lesionándose su autonomía.

En cuanto a los municipios, de acuerdo con el artículo 168 de la Constitución, dichas entidades gozan de autonomía "dentro de los límites de esta Constitución y de la Ley", estableciéndose así una limitación inusitada que hace materialmente nugatoria la autonomía político territorial, que sólo debería encontrar límites en la Constitución, pero no en la ley[272]. Conforme a esta norma, que no tiene antecedentes en el constitucionalismo del país, la ley (que podría tanto ser nacional como estadal) puede limitar la autonomía municipal, la cual por tanto perdió su garantía constitucional (*Cuarta parte § 14*). Sin embargo, conforme lo establecía la C. de 1961, el artículo 168 C. 1999 dispone que los actos de los municipios no pueden ser impugnados sino ante los tribunales competentes, de conformidad con la Constitución y la ley; por lo que no pueden ser revisados, en forma alguna, por los órganos del poder nacional ni de los estados.

En todo caso, debe enfatizarse el señalamiento de que la autonomía municipal, tradicionalmente garantizada en la propia Constitución, conforme al espíritu centralizante de la misma ahora se encuentra interferida al señalarse que los municipios gozan de la misma, no sólo "dentro de los límites" establecidos en la Constitución, sino en la ley (art. 168), con lo cual el principio descentralizador básico, que es la autonomía, quedó minimizado.

V. EL PRINCIPIO DE LA PERSONALIDAD JURÍDICA DEL ESTADO Y LAS PERSONAS JURÍDICAS ESTATALES

La consecuencia del principio de la distribución vertical del poder público es que el Estado está conformado por diversas entidades político territoriales que actualizan la personalidad jurídica del Estado. El Estado, por tanto, en el ámbito interno no es una persona jurídica, sino que está conformado por varias personas jurídicas estatales.

En el único ámbito en el cual el Estado es una persona jurídica única, en realidad, es en el ámbito de las relaciones jurídicas internacionales. Es decir, conforme a la Constitución de 1999, el Estado (arts. 2, 3 y 4) venezolano, como "República Bolivariana de Venezuela" (arts. 1 y 6), donde realmente goza de personalidad jurídica es en el ámbito de la comunidad internacional, que es donde se puede hablar del Estado como persona

271 *Gaceta Oficial* N° 37.509 del 20 de agosto de 2002.

272 *Cfr.* José L. Villegas Moreno, "La autonomía local y su configuración en la Constitución venezolana de 1999", en *El derecho Público a comienzos del siglo XXI. Estudios homenaje al Profesor Allan R. Brewer–Carías,* t. I, *cit.*, pp. 715 a 729.

jurídica (arts. 152 a 155); en cambio, como se ha dicho, en el ámbito interno, el "Estado" como tal no es una persona jurídica, sino un conjunto de personas jurídicas que son las personas jurídicas estatales, y cuyo embrión surge del sistema constitucional que se ha establecido para la distribución vertical o territorial del poder público, como "Estado federal descentralizado" (art. 4), el cual como se ha dicho, da origen a la República, a los estados y a los municipios. Por ello, el Estado no se puede confundir con la República[273], y menos aun cuando la Constitución usa la palabra "Estado", como lo decía la misma Exposición de motivos de la Constitución de 1961, para conceptuar "la organización política y jurídica representada por el poder público frente a las actividades privadas"[274]. La Constitución de 1999, sin duda, sigue el mismo criterio al regular el Estado federal y la distribución vertical del poder público.

En consecuencia, en Venezuela, tratándose de un Estado con forma federal, conforme al cual "el poder público se distribuye entre el poder municipal, el poder estatal y el poder nacional" (art. 136 C.), el "Estado" está básicamente conformado por un conjunto de personas jurídicas que conforman la organización política en el territorio como son la República, los estados y los municipios, y por otras personas jurídicas estatales producto de la descentralización política y funcional (*Segunda parte, § 5*).

El Estado, por tanto, se insiste, no es una persona jurídica en el ámbito interno; lo que existen son muchas personas jurídicas que actualizan su voluntad y que son las personas jurídicas estatales, las cuales en definitiva conforman el Estado. Estas personas jurídicas estatales, como sujetos de derecho cuyos órganos conforman la Administración Pública, son las que constituyen objeto de regulación por parte del derecho administrativo porque finalmente, son las que establecen las relaciones jurídico administrativas con los otros sujetos de derecho y los administrados. Por ello, el quinto principio fundamental del derecho público en Venezuela es el que se refiere a la personalidad jurídica del Estado y a las personas jurídicas estatales.

Las personas jurídicas estatales, sin embargo, no tienen una sola forma jurídica, sino que pueden tener la forma jurídica de derecho público o la forma jurídica de derecho privado, según se constituyan mediante mecanismos de derecho público regulados en la propia Constitución o en las leyes, o mediante los mecanismos regulados en el derecho privado, particularmente en el Código Civil.

En el derecho público venezolano, por tanto, hay dos clasificaciones de las personas jurídicas: por una parte, las personas estatales y no estatales, según su integración o no a la organización general del Estado o sector público (*Segunda parte, § 7*); y por la otra, las personas jurídicas de derecho público y de derecho privado, según la forma jurídica adoptada para su creación[275] (*Segunda parte, § 6*); clasificaciones que han sido acogidas por la Constitución de 1999[276].

273 En este error incurrió, muy impropia y lamentablemente, la jurisprudencia de la Sala Político Administrativa de la Corte Suprema de Justicia. *V.* sentencia del 20 de enero de 1983, *Revista de Derecho Público* N° 13, Editorial Jurídica Venezolana, Caracas, 1983, pp. 160 y ss. *V.* los comentarios críticos a dicha sentencia en Allan R. Brewer–Carías, *Estado de derecho y control judicial,* Instituto Nacional de Administración Pública, Madrid, 1985, pp. 571 y ss.

274 Exposición de motivos de la Constitución de 1961, *Revista de la Facultad de Derecho,* N° 21, Universidad Central de Venezuela, Caracas, 1961, p. 373.

275 *V.* nuestro criterio sobre estas clasificaciones, Allan R. Brewer–Carías, "La distinción entre las personas públicas y las personas privadas y el sentido actual de la clasificación de los sujetos de derecho", *Revista Argentina de Derecho Administrativo,* N° 12, Buenos Aires, 1977, pp. 15 a 29; publicado también en *Revista de la Facultad*

En efecto, el artículo 145 del Texto fundamental al establecer la inhabilitación de los funcionarios públicos para celebrar contratos con entes que conforman el sector público, se refiere a los municipios, los estados, la República "y demás personas jurídicas de derecho público o de derecho privado estatales". De esta norma, lo que a los efectos de este principio interesa destacar en relación con los funcionarios de las personas jurídicas estatales y la celebración de contratos públicos es la doble distinción señalada que en ella se establece respecto de las personas jurídicas: por una parte, entre las personas jurídicas de derecho público y las personas jurídicas de derecho privado; y por la otra, entre las personas jurídicas estatales y las personas jurídicas no estatales. La prohibición de contratar que se impone a los funcionarios públicos, por supuesto, es con las personas jurídicas estatales, cualquiera que sea la forma jurídica que tengan, de derecho público o de derecho privado.

Estas dos clasificaciones o distinciones respecto de las personas jurídicas se recogen, además, en otras normas constitucionales: en cuanto a las personas jurídicas de derecho público y de derecho privado, en el artículo 322 C. cuando, al señalar que la seguridad de la Nación es competencia esencial y responsabilidad del Estado, indica que aquélla se fundamenta en el desarrollo integral de la Nación y que su defensa es responsabilidad de los venezolanos y de las "personas naturales y jurídicas, tanto de derecho público como de derecho privado" que se encuentren en el espacio geográfico nacional. Por otra parte, en los artículos 159 y 168, en los cuales se determina expresamente la personalidad jurídica respecto de los estados y municipios como personas jurídicas de derecho público territoriales; en los artículos 142 y 189.1, en los cuales se regula a los institutos autónomos como personas jurídicas de derecho público institucionales, y en el artículo 318, el cual califica expresamente al Banco Central de Venezuela como "persona jurídica de derecho público".

En cuanto a la integración de las personas jurídicas a la organización general del Estado o al sector público, es decir, a las personas jurídicas estatales, el artículo 190, al regular las incompatibilidades de los diputados a la Asamblea Nacional, entre otros aspectos, dispone que los mismos no pueden ser propietarios, administradores o directores de empresas "que contraten con personas jurídicas estatales". Por otra parte, en el artículo 180, al regular la inmunidad tributaria de los entes o personas jurídicas político territoriales (República, estados y municipios) entre sí, se señala que la inmunidad frente a la potestad impositiva de los municipios a favor de los demás entes político territoriales "se extiende sólo a las personas jurídicas estatales creadas por ellos". Además, el artículo 289, al regular las atribuciones de la Contraloría General de la República, precisa la competencia de este órgano para realizar inspecciones y fiscalizaciones respecto de "las personas jurídicas del sector público".

---

de Derecho, N° 57, Universidad Central de Venezuela, Caracas, 1976, pp. 115 a 135; e íd., en *Fundamentos de la Administración Pública*, Editorial Jurídica Venezolana, Caracas, 1980, pp. 223 a 248.

276 *V.* nuestra propuesta para incorporar en el texto de la Constitución estas clasificaciones y la terminología sobre personas jurídicas estatales y personas jurídicas de derecho público, en Allan R. Brewer–Carías, *Debate Constituyente (Aportes a la Asamblea Nacional Constituyente)*, t. II, *cit.* pp. 169 y ss. Sobre la distinción en la Constitución, cfr. íd., "Sobre las personas jurídicas en la Constitución de 1999" en *Derecho Público Contemporáneo. Libro Homenaje a Jesús Leopoldo Sánchez*, Vol. I, Universidad Central de Venezuela, Caracas, 2003, pp. 48 a 54; "El régimen de las personas jurídicas estatales político territoriales en la Constitución de 1999, en *El Derecho constitucional y público en Venezuela. Homenaje a Gustavo Planchart Manrique*, t. I, Universidad Católica Andrés Bello y Tinoco, Travieso, Planchart & Núñez, Caracas, 2003, pp. 99 a 121.

De toda esta normativa constitucional deriva, por tanto, como ya hemos señalado, que la expresión genérica de "Estado" comprende a todas las personas jurídicas que en el orden interno y en la organización política del Estado federal se consideran como parte del mismo, conforme a los tres niveles de distribución territorial del poder público: nacional, estadal y municipal.

Se establecen así, en la Constitución, como hemos indicado, dos clasificaciones respecto de las personas jurídicas: la *primera,* distingue entre las personas jurídicas estadales, que forman parte de la organización general del Estado en sus tres niveles territoriales o, si se quiere, del sector público, y las personas jurídicas no estatales, que no forman parte del Estado o del sector público; y la *segunda*, distingue, según la forma jurídica que adoptan las personas jurídicas, entre personas jurídicas de derecho público, como por ejemplo, los institutos autónomos; y personas jurídicas de derecho privado, como las sociedades anónimas del Estado (empresas del Estado o empresas públicas conforme las denominan los arts. 189.1 y 184.4, respectivamente, de la Constitución).

VI. EL PRINCIPIO DE LA SEPARACIÓN ORGÁNICA DE PODERES: LA DIVISIÓN HORIZONTAL DEL PODER PÚBLICO

1. La penta división del Poder Público Nacional

El *sexto principio* del derecho público en la Constitución de 1999 es el de la división horizontal o separación orgánica de poderes[277], que origina órganos independientes y autónomos entre sí, que ejercen las diversas ramas del poder público: legislativa, ejecutiva, judicial, ciudadana y electoral.

La Constitución de 1999, en efecto, adoptó un novedoso sistema de separación orgánica del poder público nacional, al hacerlo entre cinco poderes, agregando a los tradicionales poderes legislativo, ejecutivo y judicial dos nuevos, los poderes ciudadano y electoral[278]. Por tanto, en el nivel nacional se distinguen cinco ramas del poder público: el poder legislativo nacional, el poder ejecutivo nacional, el poder judicial, el poder ciudadano y el poder electoral, correspondiendo su ejercicio a cinco complejos orgánicos diferenciados y separados. Estos son, respectivamente, la Asamblea Nacional; el Presidente, sus ministros y el resto de los órganos del denominado "Ejecutivo nacional"; el Tribunal Supremo de Justicia y los demás tribunales de la República, así como la Dirección Ejecutiva de la Magistratura y los otros órganos de gobierno y administración del poder judicial; el Ministerio Público o Fiscalía General de la República, la Contraloría General de la República y la Defensoría del Pueblo; y el Consejo Nacional Electoral, sus comisiones y juntas. Estos cinco conjuntos orgánicos se encuentran separados,

277 *Cfr*. en general, Manuel García Pelayo, "La división de poderes y la Constitución Venezolana de 1961", en *Libro Homenaje a Rafael Caldera: Estudios sobre la Constitución*, t. III, Universidad Central de Venezuela, Caracas, 1979, pp. 1403 y 1420; Hildegard Rondón de Sansó, "La separación de los poderes en Venezuela", en *Libro Homenaje a Rafael Caldera: Estudios sobre la Constitución, ibid*., pp. 1369 a 1403.

278 *V.* el comentario en la sentencia 149 del 25 de octubre de 2000 de la Sala Electoral, caso Tulio Pacheco O. *vs*. Asociación Venezolana de Cultivadores de Tabaco, *Revista de Derecho Público*, N° 85 a 88, Editorial Jurídica Venezolana, Caracas, 2001, p. 349.

son autónomos e independientes entre sí, y cada uno de ellos tiene sus competencias constitucionales y legales específicas[279].

La otrora clásica división del poder entre las ramas legislativa, ejecutiva y judicial sin duda se había roto en el constitucionalismo moderno desde el siglo XX, de manera que en general el poder público se ejerce, además de por los órganos que componen las tres clásicas ramas, por otra serie de órganos que progresivamente han sido constitucionalizados y dotados de autonomía funcional, y que en el caso de Venezuela, ahora han sido erigidos en ramas formales del poder público[280]. Es el caso del poder ciudadano, que integra los ya clásicos órganos constitucionales de control (art. 273), como la Contraloría General de la República (art. 267), el Ministerio Público (art. 284) y la Defensoría del Pueblo (art. 280); y del poder electoral, que ejerce el Consejo Nacional Electoral (art. 293). En la Constitución de 1999, en todo caso, se eliminó el Consejo de la Judicatura, que también era un órgano constitucional con autonomía funcional, atribuyéndose ahora las funciones de gobierno y administración de la rama judicial al Tribunal Supremo de Justicia (art. 267).

La separación orgánica de poderes, particularmente en cuanto a las relaciones entre los mismos a los efectos de la conducción política de la sociedad, configura en la Constitución un sistema presidencial de gobierno, conforme a la tradición latinoamericana, pero con sujeción parlamentaria[281]

Es de destacar, en todo caso, que la clave de funcionamiento de un sistema de separación orgánica de poderes[282], es la autonomía e independencia entre los poderes, características que en la Constitución de 1999 resultan seriamente afectadas, entre otras, por las siguientes regulaciones: el Tribunal Supremo de Justicia tiene competencia para decretar la destitución del Presidente de la República (art. 233); el Presidente de la República puede disolver la Asamblea Nacional (arts. 236.21 y 240), y la Asamblea Nacional puede remover a los magistrados del Tribunal Supremo (art. 265), al Contralor General de la República, al Fiscal General de la República, al Defensor del Pueblo (art. 279) y a los integrantes del Consejo Nacional Electoral (art. 296). La independencia de los poderes, con estas regulaciones, no tiene garantía constitucional alguna.

---

279 *Cfr.* en relación con la Constitución de 1999, Hildegard Rondón de Sansó "Las transformaciones fundamentales en la organización y dinámica del Estado derivadas de la Constitución de 1999", en *Temas de derecho administrativo. Libro Homenaje a Gonzalo Pérez Luciani*, Vol. II, *cit.*, pp. 619 a 643; Jorge C. Kiriakidis Longhi, "Notas sobre la estructura orgánica del Estado venezolano en la Constitución de 1999", *Ibíd.*, pp. 1031 a 1082.

280 Conforme lo ha señalado la sentencia 3098 de 13 de diciembre de 2004 de la Sala Constitucional, caso nulidad artículos Ley Orgánica de la Justicia de Paz, la "redistribución orgánica del poder público" que establece la Constitución obedece, "según la Exposición de Motivos de la Constitución de 1999, a la necesidad de otorgar independencia y autonomía funcional a los órganos que están encargados de desarrollar determinadas competencias, especialmente las de ejecución de "*procesos electorales, así como el de la función contralora y la defensa de los derechos humanos". V.* en *Gaceta Oficial* N° 38.120 del 2 de febrero de 2005, y en *Revista de Derecho Público*, N° 99 y 100, Editorial Jurídica Venezolana, Caracas, 2004, pp. 142 y ss.

281 *Cfr.* Allan R. Brewer–Carías, *La Constitución de 1999. Derecho Constitucional Venezolano, cit.*, t. I, pp. 437 y ss. No es correcta la calificación que se hace en la Exposición de Motivos de la Constitución sobre el sistema de gobierno venezolano como un "sistema semipresidencial". *V.* el texto en *ibíd.*, t. II, p. 1146.

282 Sobre el principio de separación de poderes y de colaboración entre los poderes véase la sentencia de la Corte Primera de lo Contencioso Administrativo del 1 de junio de 2000, caso Julio Rico A. *vs.* Juzgado Vigésimo Segundo de Primera Instancia en lo Penal y de Salvaguarda del Patrimonio Público de la Circunscripción Judicial del Distrito Federal y Estado Miranda, *Revista de Derecho Público*, N° 82, Editorial Jurídica Venezolana, Caracas, 2000, p. 415.

2. La división de los poderes públicos estadales y municipales

Pero el principio de la separación orgánica de poderes en forma horizontal no sólo se ha establecido en el nivel nacional, sino también en los niveles estadal y municipal. En los estados de la Federación, en efecto, como se ha dicho, se distinguen básicamente dos complejos orgánicos que ejercen respectivamente el poder legislativo y el poder ejecutivo, conformados por los consejos legislativos de los estados y por sus gobernadores (arts. 160 y 162), por lo que la Administración Pública estadal está integrada, en principio, en las gobernaciones de estado. En los estados, además, hay que indicar que la Constitución ha previsto la existencia de unos órganos con autonomía orgánica y funcional (art. 163), que ejercen el poder estadal aun cuando la Constitución no los califique como tal poder, como son las contralorías estadales. Esos órganos de control, sin duda, también forman parte de la Administración Pública estadal, pese a que, por supuesto no forman parte de la Administración Pública *central* de los estados, la cual depende de las gobernaciones estadales (*Cuarta parte, § 12*).

Además, en el nivel municipal, la Constitución también ha establecido un sistema de separación orgánica de poderes, distinguiéndose dos complejos orgánicos que ejercen los poderes legislativo y ejecutivo locales, conformados, respectivamente, por los Concejos municipales, como órganos colegiados que ejercen la función normativa (legislativa) a nivel local; y los alcaldes, a quienes corresponden las actividades de gobierno y administración municipal (arts. 174 y 175)[283]. A nivel municipal, por tanto, la Administración Pública *central* como complejo orgánico depende de los alcaldes. Pero debe indicarse, que también en el nivel de los municipios la Constitución establece las contralorías municipales como órganos de control, vigilancia y fiscalización, las cuales por ello gozan de autonomía funcional (art. 176). Esos órganos de control también forman parte de la Administración Pública municipal, aun cuando por supuesto no forman parte de la Administración Pública *central* de los municipios, la cual depende de las alcaldías (*Cuarta parte, § 15*).

En el ámbito municipal, además, se pueden identificar también como parte integrante de la Administración municipal que depende del alcalde, a los jueces de paz, que si bien son de elección popular organizada por el poder electoral, se integran en la estructura organizativa administrativa del municipio[284], aun cuando ejercen la función jurisdiccional[285].

283 Conforme lo ha señalado la sentencia 3098 del 13 de diciembre de 2004 de la Sala Constitucional, *cit.*, la Constitución de 1999 "precisó el ámbito de competencias tradicionales entre el poder legislativo –concejo municipal– y el poder ejecutivo –alcalde– en el nivel municipal, y *afianzó considerablemente la diferenciación funcional* que, entre ambos poderes existía en la legislación preconstitucional, concretamente en la Ley Orgánica de Régimen Municipal".

284 Como lo ha dicho la sentencia 3098 del 13 de diciembre de 2004 de la Sala Constitucional, *cit.*,: "la administración, prestación y gestión del servicio de justicia de paz –no así del procedimiento de elección de sus jueces– es competencia exclusiva del municipio, bien a través de la ejecución y administración que corresponda al alcalde (artículos 174 y 175 de la Constitución).

285 *V.* sentencia de la Sala Constitucional del 5 de octubre de 2000, caso: *Héctor Luis Quintero,* citada en sentencia 3098 del 13 de diciembre de 2004 de la Sala Constitucional, *cit.*,

VII. PRINCIPIO DEL EJERCICIO INTERORGÁNICO DE LAS FUNCIONES DEL ESTADO

1. La división del poder público y las diversas funciones del Estado

Hemos analizado anteriormente, como principios del derecho público en la Constitución de 1999, tanto el de la distribución vertical del poder público como el de la separación orgánica de poderes (división horizontal) en las diversas ramas territoriales. Por ello, por ejemplo, a nivel nacional se pueden distinguir los órganos que ejercen el poder legislativo (la Asamblea Nacional), de los órganos que ejercen el poder ejecutivo (el Presidente de la República y demás órganos de la Administración Pública), de los órganos que ejercen el poder judicial (Tribunal Supremo de Justicia y tribunales), de los órganos que ejercen el poder ciudadano (Defensoría del Pueblo, Ministerio Público, Contraloría General de la República), y de los órganos que ejercen el poder electoral (Consejo Nacional Electoral).

Ahora bien, conforme a lo establecido en el artículo 136 C., "cada una de las ramas del poder público tiene sus funciones propias, pero los órganos a los que incumbe su ejercicio colaborarán entre sí en la realización de los fines del Estado"; lo que significa que la asignación de funciones propias a los órganos que ejercen los poderes públicos, no implica que cada uno de los órganos del Estado siempre tenga el ejercicio exclusivo de alguna función estatal específica[286]. Tal como recientemente lo ha reconocido la Sala Constitucional en sentencia 3.098 del 13 de diciembre de 2004 (caso Nulidad de artículos de la Ley Orgánica de la Justicia de Paz):

> No escapa a la Sala que, tal como argumentó en este juicio la representación de la Asamblea Nacional, el principio de separación de poderes que recoge el artículo 136 de nuestro Texto Fundamental, de idéntica manera a como lo establecía el artículo 118 de la Constitución de 1961, no implica, ni mucho menos, una división rígida de órganos y funciones, sino que, como la misma norma predica, *"cada una de las ramas del poder público tiene sus funciones propias, pero los órganos a los que incumbe su ejercicio colaborarán entre sí en la realización de los fines del Estado"*.
>
> Principio de colaboración de los poderes públicos que lleva a un control mutuo entre poderes y, en definitiva, admite, hasta cierto punto, una confusión funcional entre ellos, es decir, que cada una de las ramas del poder público puede ejercer excepcionalmente competencias que, por su naturaleza, corresponderían, en principio, a las otras y de allí que la Administración Pública cuente con potestades normativas (*v.* la potestad reglamentaria) y jurisdiccionales (*v.* resolución de conflictos entre particulares) y los órganos deliberantes y judiciales cumplan ciertas funciones típicamente administrativas (*v.* la organización interna de sus dependencias y la potestad disciplinaria respecto de sus funcionarios, entre otras)[287].

Por tanto, todos los órganos del Estado, en una u otra forma ejercen la totalidad de las funciones del Estado, lo que responde al séptimo de los principios fundamentales del derecho público en la Constitución de 1999: el principio del ejercicio inter orgánico de las funciones del Estado, el cual también tiene especial importancia para el derecho administrativo, pues permite identificar a la función administrativa y su ejercicio por los diversos órganos del Estado.

---

286 *Cfr.* Allan R. Brewer–Carías, *Derecho Administrativo*, Tomo I, Universidad Central de Venezuela, Caracas, 1975, pp. 373 y ss.

287 Sentencia 3098 del 13 de diciembre de 2004 de la Sala Constitucional, *cit.*

Es decir, tal como la antigua Corte Suprema de Justicia lo había señalado, la división de la potestad estatal (el poder público) en ramas y la distribución de su ejercicio entre diversos órganos, no coincide exactamente con la "separación" de las funciones estatales[288]. Por tanto, el hecho de que exista una separación orgánica "de poderes" no implica que cada uno de los órganos que lo ejercen tenga necesariamente el ejercicio exclusivo de ciertas funciones, pues paralelamente a las "funciones propias" de cada órgano del Estado, éstos ejercen funciones que por su naturaleza son similares a las que ejercen otros órganos estatales[289]. En otras palabras, paralelamente a sus funciones propias, realizan funciones distintas a aquellas que les corresponden por su naturaleza[290].

En la expresión constitucional, por "función" ha de entenderse la acción que desarrollan los órganos estatales o la actividad que desempeñan como tarea que les es inherente, en el sentido que sólo en ejercicio del poder público pueden cumplirse; o en términos de la Sala Político Administrativa del Tribunal Supremo, "de funciones 'esenciales' que el Estado, por medio de sus distintos poderes públicos, está obligado a satisfacer tanto por imperativo constitucional, como legal"[291]. De ahí que la función es toda actividad de la propia esencia y naturaleza de los órganos estatales y, por tanto, indelegable, salvo que exista una autorización constitucional. Entonces, las diversas funciones del Estado son sólo las diversas formas a través de las cuales se manifiesta la actividad estatal[292]; y ellas no están atribuidas en forma exclusiva a los órganos del Estado[293].

---

288 *V.* p. ej., sentencia de la antigua Corte Federal del 19 de junio de 1953, *Gaceta Forense* N° 1, Ministerio de Justicia, Caracas, 1953, p. 77; y sentencias de la antigua Corte Suprema de Justicia en Sala Político Administrativa del 18 de julio de 63, *Gaceta Forense* N° 41, Ministerio de Justicia, Caracas, 1963, pp. 116 y 117; del 27 de mayo de 1968, *Gaceta Forense* N° 60, Ministerio de Justicia, Caracas, 1969, pp. 115 y ss.; y del 9 de julio de 1969, *Gaceta Forense* N° 65, Ministerio de Justicia, Caracas, 1969, pp. 70 y ss.

289 *V.* la sentencia de la antigua Corte Federal del 19 de junio de 1953, en *Gaceta Forense* N° 1, Ministerio de Justicia, Caracas, 1953, p. 77; y la sentencia de la antigua Corte Federal y de Casación en Sala Político Administrativa del 18 de julio de 63, en *Gaceta Forense* N° 41, Ministerio de Justicia, Caracas, 1963, p. 116.

290 *V.* sentencia de la Corte Suprema de Justicia en Sala Político Administrativa del 18 de julio de 63, en *Gaceta Forense* N° 41, Ministerio de Justicia, Caracas, 1963, pp. 116 y 117.

291 *V.* la sentencia 1286 del 6 de junio de 2000, *Revista de Derecho Público*, N° 82, Editorial Jurídica Venezolana, Caracas, 2000, p. 148

292 *Cfr.* Allan R. Brewer–Carías, *Las instituciones fundamentales del derecho administrativo y la jurisprudencia venezolana.*, Universidad Central de Venezuela, Caracas, 1964, p. 105. *Cfr.*, en general, sobre las funciones del Estado, María E. Soto Hernández y Fabiola del Valle Tavares Duarte "Funciones del Estado en la Constitución de la República Bolivariana de Venezuela de 1999", en *Estudios de derecho público. Libro Homenaje a Humberto J. La Roche*, Vol. II, *cit.*, pp. 414 a 457; Gonzalo Pérez Luciani, "Funciones del Estado y actividades de la Administración", *Revista de Derecho Público*, N° 13, Editorial Jurídica Venezolana, Caracas, 1983, pp. 21 a 30.

293 El carácter flexible, no rígido ni absoluto, del principio en su aplicación en Venezuela, ha sido destacado repetidamente por la jurisprudencia de la Corte Suprema. En particular, véase sentencias de la Corte Federal y de Casación en Sala Político Administrativa del 23 de febrero de 1950 en *Gaceta Forense* N° 4, Ministerio de Justicia, Caracas, 1950, pp. 84 a 39; de la Corte Federal y de Casación en Corte Plena del 26 de mayo de 1951 en *Gaceta Forense* N° 8, Ministerio de Justicia, Caracas, 1952, p. 114; y Sentencias de la Corte Suprema de Justicia en Sala Político Administrativa del 18 de julio de 1963 en *Gaceta Forense*, N° 41, Ministerio de Justicia, Caracas, 1963, pp. 117 a 118; del 27 de mayo 1968 en *Gaceta Forense* N° 60, Ministerio de Justicia, Caracas, 1969, pp. 115 a 118; del 22 de abril de 1969 en *Gaceta Forense*, N° 64, Ministerio de Justicia, Caracas, 1969, pp. 5 a 15; del 9 de julio de 1969, en *Gaceta Forense*, N° 65, 1969, pp. 70 a 74; y del 1 de junio de 1972, en *Gaceta Oficial* N° 1.523, extraordinario, del 1 de junio de 1972, p. 9. *Cfr.*, además, Allan R. Brewer–Carías, "Algunas bases del derecho público en la jurisprudencia venezolana", *Revista de la Facultad de Derecho*, N° 27, Universidad Central de Venezuela, Caracas, 1963, pp. 143 y 144. Las referencias jurisprudenciales pueden también consultarse en *íd.*, *Jurisprudencia de la Corte Suprema (1930–1973) y Estudios de derecho administrativo,* t. I, "El ordenamiento constitucional y funcional del Estado", Universidad Central de Venezuela, Caracas, 1975, pp. 147 y ss.

2. Las diversas funciones del estado

En el mundo contemporáneo estas funciones como tareas inherentes a los órganos del Estado, pueden reducirse a las siguientes: función normativa, función política, función administrativa, función jurisdiccional y función de control; a las cuales se pueden reconducir todas las actividades del Estado.

Dichas funciones, realizadas en ejercicio del poder público por los órganos estatales, sin embargo, como se dijo, no están encomendadas con carácter exclusivo a diferentes órganos, sino que se ejercen por varios de los órganos estatales. Como lo ha precisado la Sala Constitucional del Tribunal Supremo, "los distintos poderes del Estado pueden dictar actos que rebasan o escapan de su función natural, verbigracia, la facultad del poder del Ejecutivo de reglamentar leyes, o en el caso específico del poder judicial, la facultad del Juez de imponer multas, o destituir funcionarios, los cuales constituyen actos distintos a su función, cual es la de emitir actos o decisiones judiciales"[294].

A. La función normativa

En efecto, la función normativa en el Estado contemporáneo es aquella actividad estatal que se manifiesta en la creación, modificación o extinción de normas jurídicas de validez general[295]. La función normativa del Estado, en esta forma, si bien se atribuye como función propia al órgano que ejerce el poder legislativo, es decir, a la Asamblea Nacional, a los consejos legislativos y a los concejos municipales, se realiza también por otros órganos del poder público. En particular, sobre la existencia de esta "función normativa" en el nivel territorial municipal, la Sala Político Administrativa ha indicado que:

> Esta misma posición es la que sostiene nuestra doctrina al referirse a la autonomía normativa al señalar que "[...] tanto la República como los Estados y los municipios tienen autonomía normativa, en el sentido de que pueden regular o normar las materias de su respectiva competencia, sin injerencias de ningún otro órgano, salvo las limitaciones establecidas en la propia Constitución, que es la que distribuye el poder[...] " (*Vid.* Brewer–Carías, Allan, *Instituciones Políticas y Constitucionales,* EJV–UCAT, p. 18).
>
> En el mismo sentido, el profesor Allan Brewer Carías, al referirse a la función normativa, –con respecto al texto constitucional de 1961– señala que: [...] cuando el artículo 139 atribuye al Congreso, la tarea de legislar sobre las materias de la competencia nacional, está atribuyendo la función normativa a uno de los órganos que ejercen alguno de los poderes del Estado: la función propia de las Cámaras Legislativas, como lo dice el mencionado artículo 118 de la Constitución, es la función normativa. El mismo supuesto lo encontramos en el artículo 20, donde se atribuye competencia a las Asambleas Legislativas de los Estados, para 'legislar sobre las materias de la competencia estadal'. Indirectamente también puede identificarse la función normativa a nivel municipal, como un signo de la autonomía[296].

Ahora bien, en el nivel nacional, ante todo debe destacarse que la potestad de dictar leyes, corresponde esencialmente a la Asamblea Nacional actuando como cuerpo legis-

---

294 *V.* sentencia 21 del 23 de enero de 2002 *Revista de Derecho Público*, N° 89 a 92, Editorial Jurídica Venezolana, Caracas, 2002, p. 203.

295 *V.* la sentencia de la antigua Corte Suprema de Justicia en Sala Político Administrativa del 18 de julio de 63, en *Gaceta Forense* N° 41, Ministerio de Justicia, Caracas, 1963, p. 116.

296 *V.* sentencia 713 del 30 de marzo de 2000, *Revista de Derecho Público*, N° 81, Editorial Jurídica Venezolana, Caracas, 2000, p. 191.

lador (art. 203), siendo estas leyes, por su generalidad e imperatividad, el tipo ideal de actos dictados en ejercicio de la función normativa.

Pero, en el ordenamiento jurídico venezolano como se ha dicho, otros órganos del poder público también ejercen esta función creadora de normas jurídicas[297], incluso en algunos casos con rango y valor de ley. En efecto, cuando mediante una ley habilitante la Asamblea Nacional delega en el Presidente la posibilidad de dictar actos estatales con rango y valor de ley (art. 236.8), sin duda ejerce la función normativa; e igualmente, cuando reglamenta las leyes (art. 236.10). Asimismo, el Tribunal Supremo de Justicia también ejerce la función normativa cuando dicta los reglamentos necesarios a los efectos de asegurar la dirección y gobierno del poder judicial (art. 267)[298]. De la misma manera ejercen la función normativa los órganos del poder ciudadano cuando dictan los reglamentos establecidos en las leyes reguladoras de su actividad[299], al igual que el Consejo Nacional Electoral, en ejercicio del poder electoral, cuando reglamenta las leyes electorales (art. 293.1)[300].

Por tanto, la función normativa, como actividad privativa e inherente al Estado mediante la cual sus órganos pueden crear, modificar o extinguir con carácter general las normas del ordenamiento jurídico, se ejerce por los cinco grupos de órganos estatales en ejercicio del poder público: por la Asamblea Nacional, actuando como cuerpo legislador y en virtud de sus poderes reguladores de los *interna corporis*, en ejercicio del poder legislativo nacional; por el Presidente de la República y otros órganos ejecutivos, en ejercicio del poder ejecutivo nacional[301]; por el Tribunal Supremo de Justicia, en ejercicio del poder judicial; por el Consejo Moral Republicano, la Contraloría General de la República, el Ministerio Público, y la Defensoría del Pueblo, en ejercicio del poder ciudadano; y por el Consejo Nacional Electoral, en ejercicio del poder electoral[302].

La función normativa, por tanto, si bien es una "función propia" de la Asamblea Nacional, no es una función privativa y exclusiva de ella, pues los otros órganos estatales también la ejercen. Sin embargo, lo que sí es función privativa y exclusiva de la Asamblea Nacional es el ejercicio de la función normativa en una forma determinada: como cuerpo legislador y mediante la emisión de los actos estatales denominados "leyes". En efecto, sólo la Asamblea Nacional actuando como cuerpo legislador puede dictar leyes; sólo la Asamblea puede dictar sus *interna corporis* (Reglamento Interior y de Debates), y sólo ella puede crear normas jurídicas generales ejerciendo atribuciones establecidas

297 *V.* la sentencia 1447 del 3 de junio de 2003 de la Sala Constitucional, caso Impugnación del artículo 22 de la Ley Orgánica del Trabajo, *Revista de Derecho Público*, N° 93 a 96, Editorial Jurídica Venezolana, Caracas, 2003, p. 192.

298 *V.* p. ej., art. 6.1, 10 y 12, *Gaceta Oficial* N° 37.942 del 19 de mayo de 2004. *V.*, Laura Louza Scognamiglio "La potestad reglamentaria del poder judicial", *Ensayos de Derecho Administrativo. Libro Homenaje a Nectario Andrade Labarca,* Vol. II, Tribunal Supremo de Justicia, Caracas, 2004, pp. 9 a 45.

299 Artículos 3, 14.2 y 28 de la Ley Orgánica de la Contraloría General de la República; y 29, 20, 34, 36, 40, 43, 46 y 51 de la Ley Orgánica de la Defensoría del Pueblo en *Gaceta Oficial*, N° 37.995 del 5 de agosto de 2004.

300 Además, artículos 32 y 29 de la Ley Orgánica del Poder Electoral en *Gaceta Oficial* N° 37.573 del 19 de noviembre de 2002.

301 *Cfr.* José Guillermo Andueza, "Las potestades normativas del Presidente de la República", en *Libro Homenaje a Rafael Caldera*, t. IV, *cit.*, pp. 2025 a 2080; Antonio Moles Caubet, "La potestad reglamentaria y sus modalidades", *idem.*, pp. 2081 a 2104; Gonzalo Pérez Luciani, "La actividad normativa de la administración", *Revista de Derecho Público*, 1°, Editorial Jurídica Venezolana, Caracas, 1980, pp. 19 a 44; y *Anuario de la Facultad de Derecho*, N° 8, Universidad de los Andes, Mérida 1977, pp. 83 a 122.

302 *V.* sentencia del 4 de agosto de 2003 de la Sala Constitucional 2073, *Revista de Derecho Público*, N° 93 a 96, Editorial Jurídica Venezolana, Caracas, 2003, p. 214.

directamente en la Constitución sin condicionamiento legal alguno. Los otros órganos estatales que ejercen la función normativa, si bien realizan una función creadora dentro del ordenamiento jurídico, a excepción de los decretos leyes habilitados (dictados por el Presidente de la República una vez que se ha dictado la ley habilitante), lo hacen a través de actos administrativos de efectos generales (como los reglamentos) y siempre bajo el condicionamiento de las leyes, nunca en ejecución directa e inmediata sólo de una norma constitucional. Además, sujetos a las leyes y con los límites que le impone la reserva legal. Como lo ha destacado la sala Constitucional del Tribunal Supremo, "no sólo es inválido dictar un reglamento en materia de la reserva legal, sino que tampoco puede hacerse contrariando las disposiciones expresas de la ley reglamentada e incluso su espíritu. Es evidente que si el Ejecutivo está imposibilitado para reglamentar una ley desapegándose de su espíritu, propósito y razón, también debe someterse a lo que la propia ley reglamentada le establezca como límite de su poder normativo"[303].

En otras palabras, las leyes son actos estatales dictados en ejecución directa e inmediata de la Constitución y de rango legal; y los reglamentos y demás actos administrativos de efectos generales son actos de ejecución directa e inmediata de la legislación y de rango sublegal[304]. Sin embargo, los decretos leyes habilitados que puede dictar el Presidente de la República, a pesar de requerir de una ley habilitante, en virtud de la delegación legislativa que contiene son de rango y valor de ley, y puede decirse que se dictan también en ejecución directa de la Constitución.

B. La función política[305]

Pero aparte de la función normativa, en el Estado contemporáneo ha ido delineándose otra función primordial, distinta de la función administrativa, por medio de la cual el Presidente de la República ejerce sus actividades como Jefe del Estado y Jefe del Go-

---

303 *V.* sentencia 1447 del 3 de junio de 2003, caso Impugnación del artículo 22 de la Ley Orgánica del Trabajo, *Revista de Derecho Público*, N° 93 a 96, Editorial Jurídica Venezolana, Caracas, 2003, p. 387.

304 El carácter sublegal de los reglamentos surge, inclusive, en aquellos casos en que el reglamento, en virtud de delegación legislativa, complementa la ley. En esos casos, el reglamento se dicta en ejecución directa de la ley y no de la Constitución, por lo que nunca podría tener igual rango que la ley. Al contrario, la antigua Corte Suprema de Justicia ha señalado en sentencia de la Sala Político Administrativa del 27 de enero de 1971: "La ley de la materia (Ley de Pilotaje) sólo contiene disposiciones que, por su carácter general, pueden aplicarse a todas las zonas de pilotaje actualmente existentes o que se crearen en el futuro, pero la determinación de los límites de éstas, de los requisitos que deben llenarse mientras se navegue por ellas, de los símbolos, luces y señales especiales que deberán usarse en las mismas, en la cuantía del derecho de habilitación y de la forma de distribución de los ingresos provenientes del mismo, así como la regulación de otras materias semejantes, ha sido expresamente confiado, en el articulado de la ley, al poder ejecutivo, quien con tal objeto debe dictar tantos reglamentos como sea necesario, teniendo en cuenta las características o peculiaridades de cada zona. Estos reglamentos no tienen por objeto desarrollar disposiciones legales ya existentes, sino complementar la ley que reglamentan con otras previsiones sobre materias expresamente señaladas por el legislador, por lo cual tienen en nuestro ordenamiento jurídico el mismo rango (*sic*) que los actos legislativos. Podría decirse que son decretos leyes sobre materias cuya regulación reserva el Congreso al poder ejecutivo por consideraciones de orden práctico", *Gaceta Oficial* N° 1.472, extraordinario, del 11 de junio de 1971, p. 18.

305 En cuanto a esta función del Estado hemos ajustado la terminología que habíamos utilizado en los setenta, de "función de gobierno", sustituyéndola por "función política" por considerarla más precisa, y reservar la expresión "gobierno" para identificar los "actos de gobierno". *V.* Allan R. Brewer–Carías, *Derecho administrativo*, t I, *cit.*, (1975). *Cfr.* en general, sobre esta función, María E. Soto Hernández "Formas jurídicas de actuación de la Administración Pública nacional en el ejercicio de la función de gobierno", en *Temas de Derecho Administrativo. Libro Homenaje a Gonzalo Pérez Luciani*, Vol. II, *cit.*, 2002, pp. 805 a 826.

bierno de la República[306], dirigiendo la acción de gobierno (arts. 226 y 236.2). A través de esta función política, el Presidente de la República puede adoptar decisiones en virtud de atribuciones que le son conferidas directamente por la Constitución, en general sin condicionamiento legal alguno, de orden político, las cuales, por tanto, exceden de la administración normal de los asuntos del Estado. Ello ocurre, por ejemplo, cuando dirige las relaciones exteriores, convoca a sesiones extraordinarias a la Asamblea Nacional y cuando la disuelve (arts. 236.4,9 y 20). También puede considerarse que ejerce la función política, cuando decreta los estados de excepción y restringe garantías constitucionales, incluso, en este caso, a pesar de que la Constitución dispuso que una ley orgánica deba regular la materia (art. 338)[307].

La característica fundamental de esta función política es que está atribuida en la Constitución directamente al Presidente de la República, es decir, al nivel superior de los órganos que ejercen el poder ejecutivo, no pudiendo otros órganos ejecutivos ejercerla.

Los órganos que ejercen el poder ejecutivo en esta forma, realizan fundamentalmente dos funciones propias: la función política y la función administrativa[308]. La función política, como función del Presidente de la República, se ejerce en ejecución directa de atribuciones constitucionales, en general sin condicionamiento legal alguno. El legislador, en esta forma, y salvo por lo que se refiere a los estados de excepción dada la autorización constitucional (art. 338), no puede limitar las facultades políticas del Jefe del Estado[309]. La función política, por tanto, se traduce en actos estatales de rango legal, en tanto que la función administrativa se traduce en actos estatales de rango sublegal[310].

Pero si bien la función política se ejerce con el carácter de función propia por el Presidente de la República en ejercicio del poder ejecutivo, ello tampoco se realiza con carácter excluyente, ya que la Asamblea Nacional en ejercicio del poder legislativo

---

306 Aun cuando en algunos casos podría no haber coincidencia, podría decirse que, en general, el Presidente de la República ejerce sus atribuciones de Jefe del Estado en ejercicio de la función política, y de Jefe del Ejecutivo Nacional, en ejercicio de la función administrativa.

307 *Cfr.* la Ley Orgánica sobre Estados de Excepción, Ley N° 32, *Gaceta Oficial* N° 37.261 del 15 de agosto de 2001.

308 La distinción entre "gobierno y administración" es comúnmente empleada por la Constitución, p. ej., en los artículos, 6, 18, 160, 169, 171, 174, 178, 185, 187, 236, 239, 251 y 267. En tal sentido, al referirse a los órganos del poder ejecutivo de los Estados en la Constitución de 1961, la antigua Corte Suprema señaló lo siguiente: "El artículo 21 de la Constitución atribuye al Gobernador del Estado, el gobierno y la administración de la Entidad, como Jefe del Ejecutivo del Estado y Agente del Ejecutivo Nacional o en su respectiva circunscripción. En esta forma, el poder ejecutivo estadal realiza funciones de gobierno, como poder político y funciones que atienden a otra actividad distinta, como poder administrador". *V.* sentencia de la Corte Suprema de Justicia en Sala Político Administrativa del 30 de junio de 1966, en *Gaceta Forense* N° 52, Ministerio de Justicia, Caracas, 1968, p. 231. *Cfr.* sobre la distinción entre función administrativa y función política como actividades que se realizan en ejercicio del poder ejecutivo, el voto salvado a la *Sentencia de la Corte Suprema de Justicia en Corte Plena del 29 de abril de 1965*, Imprenta Nacional, 1965, pp. 53 y ss.; y *Doctrina de la Procuraduría General de la República 1963*, Caracas, 1964, pp. 179 y 180.

309 El legislador, p. ej., no podría limitar las atribuciones del Presidente de convocar a la Asamblea Nacional a sesiones extraordinarias.

310 Sobre la distinción entre los actos del poder ejecutivo dictados en ejecución directa de la Constitución o en ejecución directa de la ley, véase sentencia de la Corte Suprema de Justicia en Sala Político Administrativa del 13 de febrero de 1968, en *Gaceta Forense* N° 59, Ministerio de Justicia, Caracas, 1969, p. 85. En todo caso, una cosa es atribuir a la función política rango legal y otra es atribuirle "naturaleza legislativa". El decreto de restricción de garantías constitucionales, p. ej., tiene rango legal, por cuanto puede "restringir" temporalmente la vigencia de una ley, lo que implica que la modifique ni la derogue. Si la derogara, el acto tendría "naturaleza legislativa". Sobre esta confusión, véase *Doctrina de la Procuraduría General de la República 1971*, Caracas, 1972, p. 189.

también realiza la función política, sea a través de actos parlamentarios sin forma de ley[311], sea mediante leyes[312]. En estos casos, también, la función política realizada por los órganos del poder legislativo es una actividad de rango legal, es decir, de ejecución directa e inmediata de la Constitución. Pero aunque esta función puede ser realizada tanto por el Presidente de la República como por los órganos legislativos, por lo que no es exclusiva o excluyente, sin embargo, lo que sí es exclusivo de uno u otros órganos es la forma de su ejecución en los casos autorizados por la Constitución: la función política mediante decretos ejecutivos (actos de gobierno) se realiza en forma exclusiva por el Presidente de la República; y mediante leyes o actos parlamentarios sin forma de ley, por la Asamblea Nacional.

C. La función jurisdiccional

Además de la función normativa y de la función política, los órganos estatales realizan la función jurisdiccional, es decir, conocen, deciden o resuelven controversias entre dos o más pretensiones, o sea controversias en las cuales una parte esgrime pretensiones frente a otra. La Sala Constitucional del Tribunal Supremo ha dicho que:

> La función jurisdiccional, en contraste con las funciones legislativa y ejecutiva, tiene por objeto el declarar la voluntad de la ley respecto a una determinada controversia jurídica, la cual tiene nacimiento en la inconformidad de un sujeto que, considerándose asistido por un derecho subjetivo contenido en un precepto o norma jurídica, denuncia la conducta de otro sujeto como lesiva de su particular situación jurídica[313].

El ejercicio de la función jurisdiccional se ha atribuido como función propia al Tribunal Supremo de Justicia y a los tribunales de la República, pero aquí también ello no implica una atribución exclusiva y excluyente, sino que, al contrario, otros órganos estatales pueden ejercer la función jurisdiccional.

En efecto, los órganos que ejercen el poder ejecutivo[314] realizan funciones jurisdiccionales cuando las autoridades administrativas deciden controversias entre partes, dentro de los límites de su competencia[315]. En tales casos dictan actos administrativos, impropiamente denominados por la jurisprudencia, como "actos cuasi jurisdicciona-

---

311 Por ejemplo, cuando autoriza al Presidente de la República para salir del territorio nacional. art. 187.17 de la Constitución; o cuando reserva al Estado determinadas industrias o servicios, art. 302.

312 La ley que decreta una amnistía, p. ej.. art. 186.5 de la Constitución.

313 *V.* sentencia 35 de la Sala Constitucional del 18 de febrero de 2000, caso: *Juan G. Medina O. vs. Juzgado de Primera Instancia Agraria de la Circunscripción Judicial del Área Metropolitana de Caracas*, *Revista de Derecho Público*, N° 81, Editorial Jurídica Venezolana, Caracas, 2000, p. 100. *V.* igualmente la sentencia 2673 del 14 de diciembre de 2001 de la misma Sala Constitucional, caso: *DHL Fletes Aéreos, C.A. y otras vs. Sala Político Administrativa del Tribunal Supremo de Justicia*, *Revista de Derecho Público*, N° 85 y 86, Editorial Jurídica Venezolana, Caracas, 2001, p. 314

314 *V.* sentencias de la Corte Suprema de Justicia en Sala Político Administrativa, del 18 de julio de 63, en *Gaceta Forense* N° 41, Ministerio de Justicia, Caracas, 1963, pp. 116 y 117; 27 de mayo de 1968, en *Gaceta Forense* N° 60, Ministerio de Justicia, Caracas, 1969, pp. 115 y 118; y 9 de julio de 1969, en *Gaceta Forense* N° 65, Ministerio de Justicia, Caracas, 1969, pp. 70 y ss.

315 Cuando la Administración decide, p. ej., la oposición a una solicitud de registro de marca de fábrica conforme a la Ley de Propiedad Industrial, *Gaceta Oficial* N° 25.227 del 10 de diciembre de 1956; cuando decide la oposición a una solicitud de otorgamiento de una concesión de explotación forestal, conforme a la Ley Forestal, de Suelos y Aguas (art. 6°), en *Gaceta Oficial* N° 997, Extr., del 8 de enero de 1966; o cuando la Superintendencia de Protección y Promoción a la Libre Competencia decide un conflicto entre empresas competidoras, conforme a la Ley de Promoción y Protección a la Libre Competencia, *Gaceta Oficial* N° 34.880 del 13 de enero de 1992.

les"[316] o como "actos cuasi judiciales"[317]. Sobre tales situaciones de ejercicio de la función jurisdiccional por los órganos de la Administración Pública, la Sala Constitucional del Tribunal Supremo, en sentencia 1318 del 2 de agosto de 2001 (caso: *Nicolás J. Alcalá R. vs. Juzgado Primero de Primera Instancia del Tránsito y del Trabajo del Segundo Circuito de la Circunscripción Judicial del Estado Bolívar*) ha indicado:

> Existen ciertas actuaciones realizadas por la Administración, que son el resultado de un procedimiento de carácter contencioso, tramitado ante esa instancia, que tiene como propósito poner fin en sede administrativa a un litigio entre particulares. Son las llamadas por algún sector de la doctrina, actuaciones cuasijurisdiccionales que tienen por finalidad componer una controversia sin que la propia Administración se encuentre directamente vinculada al conflicto, a no ser su interés como órgano de inspección y vigilancia. Es decir, se trata de situaciones en las que la autoridad administrativa administra justicia, decidiendo una controversia Inter partes en forma similar a como lo hace la autoridad judicial. Tal como sucede verbigracia en los casos que resuelven los órganos administrativos en materia inquilinaria. (Cabe citar a este respecto una decisión dictada por la Sala Político Administrativa de la antes denominada Corte Suprema de Justicia, del 10 de enero de 1980, caso Miranda Entidad de Ahorro y Préstamo, en la que se expresan las dos conclusiones importantes a que llegó esa Corte en aquella oportunidad, a saber: Se reconoce la posibilidad de la emisión de actos de naturaleza jurisdiccional por parte de órganos administrativos; y b) se niega la posibilidad del recurso contencioso administrativo de anulación ante la Corte, por tratarse de actos que no emanan del poder ejecutivo nacional [Ministerio del Trabajo].)[318]

---

316 *V.* p. ej., sentencia de la Sala Constitucional del Tribunal Supremo de Justicia N° 2855 del 20 de noviembre de 2002, caso Impugnación de varios artículos del Decreto con Fuerza de Ley de Tierras y Desarrollo Agrario, *Revista de Derecho Público*, N° 89 a 92, Editorial Jurídica Venezolana, Caracas, 2002, p. 330.

317 *V.* las sentencias de la Corte Primera de lo Contencioso Administrativo del 30 de marzo de 2000, caso Pedro J. Valente y otra *vs.* República, Dirección de Inquilinato, *Revista de Derecho Público*, N° 81, Editorial Jurídica Venezolana, Caracas, 2000, p. 203; y 1062 del 3 de agosto de 2000, *Revista de Derecho Público*, N° 83, Editorial Jurídica Venezolana, Caracas, 2000, p. 235. En sentencia de la Corte Primera del 30 de abril de 2003, caso. *Confecciones Olímpico C.A. vs. Comisiones Tripartitas Laborales*, se resumió el criterio jurisprudencial precedente en relación con la naturaleza de los actos emanados de las Comisiones Tripartitas Laborales, como actos de naturaleza "cuasi judicial", expresando que: "En primer lugar, es pertinente dilucidar la diferencia, que debe establecerse entre el significado de los términos "cuasi jurisdiccional", término utilizado por la doctrina y jurisprudencia nacional y "cuasi judicial", denominación empleada en el derecho anglosajón, pues el vocablo "judicial" obedece a la acción de juzgar, decidir, valorar o adjudicar, mientras que el término "jurisdiccional" está relacionado con la soberanía, el poder o potestad, que es exclusiva de los órganos de la administración de justicia. Considera esta Corte, que es inadecuada la utilización de este último término, que ha venido haciendo pacíficamente tanto la doctrina como la jurisprudencia nacional de los últimos años./ Esta Corte observa, que es más adecuada la utilización de la denominación actos "cuasi judiciales", en virtud de que la administración realiza una función de "cuasi juzgamiento", aplicando criterios de justicia, en su propia sede, con sus propias agencias, mediante sus propios funcionarios y en virtud de atribuciones otorgadas expresamente por la Ley. Las notas características de los actos administrativos "cuasi judiciales", se basan en que los procedimientos que preceden su emanación, guardan gran semejanza con los procedimientos ventilados en los tribunales, donde tiene lugar el cumplimiento de una serie de actuaciones, como, la notificación de los interesados para que presenten sus alegatos y consideraciones, la existencia de un lapso probatorio que conduce a la decisión y además, la valoración realizada por la administración para dictar tales decisiones, obedece a criterios de justicia, en relaciones sustantivas existentes entre dos partes. / Puede considerarse, de acuerdo a calificada doctrina del derecho comparado, que los actos administrativos "*cuasi judiciales*" se producen en aquellos casos donde se establecen relaciones triangulares entre dos sujetos particulares con intereses contrarios y la Administración como ente dotado de potestad decisoria en tales relaciones, determina algo emparentado con un "*lis inter partes*". *V.* Corte Primera de lo Contencioso Administrativo, caso: *Pedro José Valente y Rafaella Valente vs. Juzgado Superior Cuarto en lo Civil y Contencioso Administrativo de la Circunscripción Judicial de la Región Capital*, expediente N° 99–21995, *Revista de Derecho Público*, N° 93 a 96, Editorial Jurídica Venezolana, Caracas, 2003, p 414.

318 *V.* en *Revista de Derecho Público*, N° 85 a 88, Editorial Jurídica Venezolana, Caracas, 2001, p. 254

Pero la Asamblea Nacional también participa en la función jurisdiccional cuando, por ejemplo, autoriza el enjuiciamiento del Presidente de la República (art. 266.2). Por tanto, la función jurisdiccional como actividad privativa e inherente del Estado mediante la cual sus órganos deciden controversias y declaran el derecho aplicable en un caso concreto, se ejerce por diversos órganos estatales en ejercicio del poder público: por el Tribunal Supremo de Justicia y los tribunales de la República, en ejercicio del poder judicial; y por los órganos administrativos en ejercicio del poder ejecutivo nacional.

La función jurisdiccional, por tanto, si bien es una "función propia" de los órganos judiciales, no es una función privativa y exclusiva de ellos, pues otros órganos estatales también la ejercen. Es decir, el "ejercicio de la jurisdicción [no está] supeditado a la jurisdicción ejercida por el poder judicial"[319]. Sin embargo, lo que sí es una función privativa y exclusiva de los tribunales es el ejercicio de la función jurisdiccional a través de un proceso (art. 257) en una forma determinada: con fuerza de verdad legal, mediante actos denominados sentencias. Sólo los tribunales pueden resolver controversias y declarar el derecho en un caso concreto, con fuerza de verdad legal, por lo que sólo los órganos del poder judicial pueden desarrollar la "función judicial" (función jurisdiccional ejercida por los tribunales)[320]. Los demás órganos del Estado que realizan funciones jurisdiccionales lo hacen a través de actos administrativos condicionados por la legislación.

D. La función de control

Además de la función normativa, de la función política y de la función jurisdiccional, los órganos del Estado también ejercen la función de control, cuando vigilan, supervisan, fiscalizan y velan por la regularidad del ejercicio de otras actividades estatales o de las actividades de los administrados y particulares.

El ejercicio de la función de control se ha atribuido como función propia a los órganos que ejercen el poder ciudadano, pero en este caso ello tampoco implica una atribución exclusiva y excluyente, sino que, al contrario, los otros órganos estatales pueden ejercer la función jurisdiccional[321].

---

319 Es el caso de la función jurisdiccional ejercida por los jueces de paz, que no están integrados en el poder judicial, sino en la administración municipal. La Sala Constitucional, por ello, ha señalado que "No puede considerarse que esta forma (la alternativa) de ejercicio de la jurisdicción, esté supeditada a la jurisdicción ejercida por el poder judicial, por lo que a pesar de su naturaleza jurisdiccional, estos Tribunales actúan fuera del poder judicial, sin que ello signifique que este último poder no pueda conocer de las apelaciones de sus fallos, cuando ello sea posible, o de los amparos contra sus sentencias... tanto es parte de la actividad jurisdiccional, pero no por ello pertenece al poder judicial, que representa otra cara de la jurisdicción, la cual atiende a una organización piramidal en cuya cúspide se encuentra el Tribunal Supremo de Justicia, y donde impera un régimen disciplinario y organizativo del cual carece, por ahora, la justicia alternativa". *V.* sentencia del 5 de octubre de 2000, caso: *Héctor Luis Quintero*, citada en sentencia 3098 de la Sala Constitucional del 13 de diciembre de 2004, *cit.*,

320 *V.* la sentencia de la Corte Primera de lo Contencioso Administrativo del 1° de junio de 2000, caso Julio Rico A. *vs.* Juzgado Vigésimo Segundo de Primera Instancia en lo Penal y de Salvaguarda del Patrimonio Público de la Circunscripción Judicial del Distrito Federal y Estado Miranda, en la cual se hace mención a la "función judicial" como la función jurisdiccional ejercida por los jueces, *Revista de Derecho Público*, N° 82, Editorial Jurídica Venezolana, Caracas, 2000, pp. 286.

321 Sobre la actividad electoral, como típica función administrativa, o más precisamente como "función de control", se pronunció la Sala Constitucional en su sentencia 3098 del 13 de diciembre de 2004, *cit.*, al señalar: "Así, la actividad de contenido electoral es una manifestación del ejercicio de la función administrativa, en concreto, de la actividad administrativa de policía (*lato sensu*) o de control y supervisión, a través de la cual se despliegan

En efecto, la Asamblea Nacional, en ejercicio del poder legislativo, ejerce la función de control sobre el Gobierno y la Administración Pública nacional y los funcionaros ejecutivos (art. 187.3 y 222)[322]; el Presidente de la República como Jefe del Ejecutivo nacional ejerce las funciones de control jerárquico en relación con los órganos de la Administración Pública (art. 226), y los órganos que ejercen el poder ejecutivo ejercen facultades contraloras sobre las actividades de la propia Administración[323] y además, controlan las actividades de los particulares, de acuerdo a la regulación legal de las mismas; el Consejo Nacional Electoral, en ejercicio del poder electoral, ejerce el control de las actividades de los órganos subordinados (art. 293), de las elecciones y de las organizaciones con fines políticos (art. 293); y el Tribunal Supremo de Justicia ejerce las función de control de constitucionalidad y legalidad de los actos del Estado (arts. 259 y 336).

Por tanto, la función de control como actividad privativa e inherente del Estado mediante la cual sus órganos supervisan, vigilan y controlan las actividades de otros órganos del Estado o de los administrados, se ejerce por diversos órganos estatales en ejercicio del poder público: por la Contraloría General de la República, el Ministerio Público o la Defensoría del Pueblo, en ejercicio del poder ciudadano; por la Asamblea Nacional, en ejercicio del poder legislativo; por el Tribunal Supremo de Justicia y los Tribunales de la República, en ejercicio del poder judicial; y por los órganos administrativos en ejercicio del poder ejecutivo y del poder electoral. La función de control, por tanto, si bien es una "función propia" de los órganos que ejercen el poder ciudadano, no es una función privativa y exclusiva de ellos, pues todos los otros órganos estatales también la ejercen.

E. La función administrativa

Pero aparte de la función creadora de normas jurídicas de efectos generales (función normativa), de la función de conducción y ordenación política del Estado (función política o de conducción del Gobierno), de la función de resolución de controversias entre partes declarando el derecho aplicable en casos concretos (función jurisdiccional), y de la función de vigilancia o fiscalización de actividades estatales y de los particulares (función de control), el Estado ejerce la función administrativa, como gestor del interés público, a través de la cual las personas jurídicas estatales entran en relación con los particulares, como sujetos de derecho[324]. De allí la distinción entre la función de crear el

---

distintas actuaciones que se formalizan mediante procedimientos administrativos, y que están dirigidas a la garantía y control del efectivo y correcto ejercicio de los derechos políticos que individual o colectivamente, reconoce la Constitución, así como el respeto a los derechos políticos de los demás. Puesto que se trata de una competencia administrativa, su ejercicio no debería corresponder, en principio y tal como alegó la parte actora, al Concejo municipal, al menos a raíz de la vigencia de la Constitución de 1999, la cual delimitó formalmente las ramas ejecutiva y legislativa en el nivel municipal, a cada una de las cuales dotó de funciones públicas concretas". *V.* en *Gaceta Oficial* Nº 38.120 del 2 de febrero de 2005 y *Revista de Derecho Público*, Nº 99 y 100, Editorial Jurídica Venezolana, Caracas, 2004, pp. 139 y ss.

322 *Cfr.* Allan R. Brewer–Carías, "Aspectos del control político sobre la Administración Pública", *Revista de Control Fiscal*, año XXII, Nº 101, Contraloría General de la República, Caracas, 1981, pp. 107 a 130.

323 *V.* sentencia 1553 del 29 de noviembre de 2000 de la Corte Primera de lo Contencioso Administrativa, caso Instituto de Previsión, Capacitación y Desarrollo Humano (INPRECADES) y otro *vs.* Consejo Nacional de Universidades, *Revista de Derecho Público*, Nº 84, Editorial Jurídica Venezolana, Caracas, 2000, p. 123.

324 *Cfr.* Allan R. Brewer–Carías, *Las Instituciones fundamentales del derecho administrativo y la jurisprudencia venezolana, cit.*, p. 115. Si el Estado legisla, tal como lo señala Santi Romano, "no entra en relaciones de las

derecho (normativa), de aplicar el derecho imparcialmente (jurisdiccional), y de actuar en relaciones jurídicas como sujeto de derecho, al gestionar el interés público (administrativa)[325].

En las dos primeras, el Estado, al crear el derecho o al aplicarlo, es un tercero en las relaciones jurídicas que surjan; en la última, en cambio, el Estado es parte de la relación jurídica que se establece entre la Administración y los particulares[326], como sujeto de derecho gestor del interés público. De allí que la personalidad jurídica del Estado se concretice en el orden interno, básicamente cuando sus órganos ejercen la función administrativa.

Ahora bien, al igual que lo que sucede con la función normativa, política, jurisdiccional y de control, la función administrativa tampoco está atribuida con carácter de exclusividad a alguno de los órganos del poder público. Por ello, si bien la función administrativa puede considerarse como función propia de los órganos ejecutivos y electorales, concretizada básicamente a través de actos administrativos, ello no significa que la ejerzan con carácter exclusivo y excluyente. Al contrario, todos los otros órganos del Estado también ejercen la función administrativa, como por ejemplo, la Asamblea Nacional, al autorizar diversos actos de los órganos ejecutivos o al dictar actos relativos a su personal o servicios administrativos, realizan la función administrativa[327].

Por su parte, los órganos que ejercen el poder judicial o el poder ciudadano realizan la función administrativa, al dictar actos concernientes a la administración del personal o de los servicios de los órganos, o al imponer sanciones[328].

---

cuales él, como legislador, sea parte: las relaciones que la ley establece o de cualquier modo contempla se desenvuelven después entre sujetos diversos del Estado o bien con el mismo Estado, pero no en su aspecto de legislador sino en otros aspectos mediante órganos diversos de los del poder legislativo": "Prime Pagine di un Manuale de Diritto Amministrativo", en *Scritti minori*, Milano 1950, p. 363, *cit.*, por J. M. Boquera Oliver, *Derecho administrativo*, Vol. I, Madrid, 1972, p. 59. "Cuando el Estado juzga –señala J. González Pérez–, no es parte interesada en una relación jurídica; no es sujeto de derecho que trata de realizar sus peculiares intereses con arreglo al Derecho [...] cuando el Estado juzga satisface las pretensiones que una parte esgrime frente a otra; incide como tercero en una relación jurídica, decidiendo la pretensión ante él deducida con arreglo al ordenamiento jurídico", *Derecho procesal administrativo*, t. II, Madrid, 1966, p. 37.

325 En este sentido, antigua la Corte Suprema de Justicia ha señalado, al referirse a la función administrativa, que en ella el Estado "no realiza una función creadora dentro del ordenamiento jurídico, que es la función legislativa, ni conoce ni decide acerca de las pretensiones que una parte esgrime frente a otra, que es la función judicial; sino que es sujeto de derecho, titular de intereses, agente propio de la función administrativa". *V.* sentencias de la Corte Suprema de Justicia en Sala Político Administrativa del 18 de julio de 1963, *Gaceta Forense* N° 41, Ministerio de Justicia, Caracas, 1963, pp. 116 y ss.; del 27 de mayo de 1968, *Gaceta Forense* N° 60, Ministerio de Justicia, Caracas, 1969, pp. 115 y ss.; del 9 de julio de 1969, *Gaceta Forense* N° 65, Ministerio de Justicia, Caracas, 1969, pp. 70 y ss. En estas sentencias, sin embargo, como veremos, la Corte confunde la función estatal con el acto estatal.

326 *V.* sentencia de la Corte Suprema de Justicia en Sala Político Administrativa del 13 de marzo de 1967, en *Gaceta Forense* N° 55, Ministerio de Justicia, Caracas, 1968, p. 107.

327 *V.* sentencia de la Corte Suprema de Justicia en Sala Político Administrativa del 18 de julio de 63, en *Gaceta Forense* N° 41, Ministerio de Justicia, Caracas, 1963, pp. 116 y 117; y del 27 de mayo de 1968, en *Gaceta Forense* N° 60, Ministerio de Justicia, Caracas, 1969, p. 115.

328 *V.*, además, sentencia de la Corte Primera de lo Contencioso Administrativa del 1° de junio de 2000, caso Julio Rico A. *vs.* Juzgado Vigésimo Segundo de Primera Instancia en lo Penal y de Salvaguarda del Patrimonio Público de la Circunscripción Judicial del Distrito Federal y Estado Miranda, *Revista de Derecho Público*, N° 82, Editorial Jurídica Venezolana, Caracas, 2000, pp. 286 y 415. *Cfr.* Allan R. Brewer–Carías, "Consideraciones sobre la impugnación de los actos de registro en la vía contencioso administrativa" en *Homenaje a Joaquín Sánchez Coviza,* Universidad Central de Venezuela, Caracas, 1975.

En esta forma, la función administrativa, como actividad privativa e inherente del Estado mediante la cual sus órganos, en ejercicio del poder público, entran en relaciones jurídicas con los administrados, se puede realizar por los órganos administrativos, en ejercicio del poder ejecutivo nacional y del poder electoral; por la Asamblea Nacional, en ejercicio del poder legislativo; y por los tribunales de la República, en ejercicio del poder judicial. La función administrativa, por tanto, si bien es una "función propia" de los órganos ejecutivos y electorales, no es una función privativa y exclusiva de ellos, pues los otros órganos estatales también la ejercen dentro del ámbito de sus respectivas competencias constitucionales y legales. El acto administrativo, como concreción típica pero no única del ejercicio de la función administrativa, puede emanar de todos los órganos estatales en ejercicio del poder público, teniendo en todo taso carácter sublegal.

3. Las "funciones propias"

De lo anterior resulta que la Constitución no sólo distribuye el poder público en "ramas", sino que asigna a cada una de ellas y a sus órganos, conformados de acuerdo a la división del poder en cada nivel, algunas de las funciones antes indicadas como funciones propias.

En cuanto a la rama nacional del poder público, es decir, el poder público nacional (art. 136), la Constitución atribuye su ejercicio a cinco órganos o grupos de órganos separados, distintos e independientes, teniendo cada uno de ellos sus funciones propias:.

En esta forma, la Asamblea Nacional ejerce el poder legislativo nacional (art. 186) y se le atribuye como función propia, tanto la función normativa ("legislar en las materias de la competencia nacional" (art. 187.1) como la función de control (art. 222). En cuanto a la función normativa ejercida como "función propia" por los órganos del poder legislativo, la Sala Constitucional la ha calificado como "función legislativa" en tanto que "especie de la función normativa"[329].

En cuanto al Presidente de la República y demás funcionarios determinados en la Constitución y la ley, estos ejercen el poder ejecutivo nacional (art. 225) y se les atribuyen como funciones propias la función política (arts. 226 y 233.2), la función administrativa, la función de control y la función normativa (art. 236).

El Tribunal Supremo de Justicia y demás tribunales que determina la Constitución y la ley, ejercen el poder judicial, y se les atribuye como funciones propias la función jurisdiccional (art. 253), la función de control (arts. 259 y 336) y la función administrativa (gobierno y administración del poder judicial, art. 267). En cuanto a la función jurisdiccional ejercida como "función propia" por los órganos del poder judicial, la Corte Primera de lo Contencioso Administrativa la ha calificado como "función judicial" en tanto que especie de la función jurisdiccional[330].

---

329 *V.* sentencia 340 del 9 de marzo de 2004, caso Impugnación de la Ley Orgánica de la Contraloría General de la Republica y del Sistema Nacional de Control Fiscal y del Reglamento sobre los Concursos para la designación de los titulares de las Contralorías municipales y distritales, *Revista de Derecho Público*, Nº 97 y 98, Editorial Jurídica Venezolana, Caracas, 2004, p. 220.

330 *V.* la sentencia de la Corte Primera de lo Contencioso Administrativo del 1º de junio de 2000, caso: *Julio Rico A. vs. Juzgado Vigésimo Segundo de Primera Instancia en lo Penal y de Salvaguarda del Patrimonio Público de la Circunscripción Judicial del Distrito Federal y Estado Miranda*, en la cual se hace mención a la "función judicial" como la función jurisdiccional ejercida por los jueces, *cit.*

El Consejo Moral Republicano, la Defensoría del Pueblo, el Ministerio Público y la Contraloría General de la República ejercen el poder ciudadano (art. 273), a los que se les atribuyen como funciones propias la función de control (vigilancia, inspección, fiscalización) sobre actividades de la Administración Pública, de los órganos judiciales y de los administrados (arts. 274, 281, 285 y 289) y la función administrativa.

Y por último, el Consejo Nacional Electoral y sus órganos subordinaos ejercen el poder electoral (art. 292), y se les atribuyen como función propia la función administrativa, la función de control y la función normativa (art. 292).

Sin embargo, el hecho de que cada uno de esos órganos nacionales tenga funciones propias no significa que las ejerzan con carácter de exclusividad, pues no sólo en su ejercicio algunas veces intervienen otros órganos, sino que su ejercicio se atribuye también a otros órganos.

Por otra parte, se destaca que en cuanto a la rama estadal del poder público, es decir, el poder público estadal, la Constitución atribuye su ejercicio a tres órganos o grupos de órganos separados, distintos e independientes, teniendo cada uno de ellos sus funciones propias: Los consejos legislativos estadales que ejercen el poder legislativo de los estados y se le atribuye como función propia, la función normativa (art. 162,1); los gobernadores, quienes ejercen el poder ejecutivo de los estados, y se le atribuye, como funciones propias, las funciones política y administrativa (art. 160); y las contralorías estadales, a las cuales se asigna como función propia, la función de control (art. 163).

Por lo que se refiere a la rama municipal del poder público, es decir, el poder público municipal, la Constitución también atribuye su ejercicio a tres órganos separados e independientes, teniendo cada uno de ellos sus funciones propias: los concejos municipales, que ejercen el poder legislativo municipal y se le atribuye como función propia, la función normativa ("función legislativa", dice el artículo 175) del municipio; los alcaldes que ejercen el poder ejecutivo municipal, y se les atribuyen, como funciones propias, las funciones política y administrativa del municipio (art. 174); y las contralorías municipales, a las cuales se asigna como función propia la función de control (art. 176). La Constitución, adicionalmente asigna, a los municipios la función jurisdiccional, pero exclusivamente mediante la justicia de paz (art. 178.8) conforme a la ley nacional (art. 258).

El concepto de funciones del Estado, por tanto, es distinto al de poderes del Estado. El poder público, sus ramas o distribuciones, constituye en sí mismo una situación jurídica constitucional individualizada, propia y exclusiva de los órganos del Estado, mediante cuyo ejercicio éstos realizan las funciones que le son propias. Las funciones del Estado, por su parte, constituyen las actividades propias e inherentes al Estado[331]. La noción de poder es entonces previa a la de función: ésta se manifiesta como una actividad estatal específica realizada en ejercicio del poder público (de una de sus ramas o distribuciones), por lo que no puede existir una función estatal sino cuando se realiza en ejercicio del poder público, es decir, de la potestad genérica de obrar que tiene constitucionalmente el Estado. Poder y función son, por tanto, distintos elementos en la actividad del Estado: el poder público como situación jurídico–constitucional, tiene su fuente en la propia Constitución y existe la posibilidad de ejercerlo desde el momento en que está establecido en ella; la función estatal, en cambio, presupone siempre el ejercicio

331 *Cfr.*, Allan R. Brewer–Carías, *Las instituciones fundamentales del derecho administrativo y la jurisprudencia venezolana*, *cit.*, pp. 105 y ss.

del poder público por un órgano del Estado, y sólo cuando hay ejercicio concreto del poder público es que se realiza una función estatal.

4. La ausencia de coincidencia de la separación orgánica de "poderes" (división del poder público) y la asignación de funciones estatales

De lo anteriormente expuesto resulta, por tanto, que a nivel de cada una de las cinco ramas del poder público nacional (o de las dos ramas de los poderes públicos estadales y municipales), si bien existe una diferenciación orgánica con la asignación de funciones propias a cada uno de los órganos, el ejercicio de las mismas por dichos órganos en general no es exclusiva ni excluyente. En otras palabras, existen órganos legislativos nacionales, estadales y municipales[332]; órganos ejecutivos nacionales, estadales y municipales; órganos de control nacionales, estadales y municipales, y órganos judiciales y electorales exclusivamente nacionales; pero las funciones normativas, política, administrativas, jurisdiccionales y de control del Estado no coinciden exactamente con aquella división o separación orgánica.

De allí que, como principio general de la aplicación del principio de la separación de poderes en el régimen constitucional venezolano, puede afirmarse que la "división del poder" no coincide exactamente con la "separación de funciones"[333]. Por ello, no sólo en múltiples oportunidades los órganos del Estado, además de sus "funciones propias", ejercen funciones que por su naturaleza deberían corresponder a otros órganos, sino que también en múltiples oportunidades la Constitución permite y admite la intervención o interferencia de unos órganos en las funciones propias de otros. Estos dos aspectos de la situación de la separación de poderes en Venezuela requieren, indudablemente, un tratamiento separado.

En *primer lugar*, la flexibilidad del principio de la separación de poderes resulta, tal como lo ha señalado la antigua Corte Suprema, de que:

> [...] si bien cada uno de ellos tiene definida su propia esfera de acción: el legislativo, para dictar la ley, reformarla y revocarla; el Ejecutivo, para ejecutarla y velar por su cumplimiento; y el judicial, para interpretarla, y darle aplicación en los conflictos surgidos, la demarcación de la línea di-

---

332 *V.* p. ej., sentencia del 14 de marzo de 1962 de la Corte Suprema de Justicia en Sala Político Administrativa, *Gaceta Forense*, N° 35, Ministerio de Justicia, Caracas, 1962, pp. 177 y ss.

333 En tal sentido, expresamente se pronunció la antigua Corte Suprema de Justicia en varias oportunidades: p. ej., las sentencias de la Corte Federal del 19 de junio de 53, *Gaceta Forense* N° 1, Ministerio de Justicia, Caracas, 1953, p. 77; y de la Corte Suprema de Justicia en Sala Político Administrativa del 18 de julio de 63, *Gaceta Forense* N° 41, Ministerio de Justicia, Caracas, 1963 pp. 116 y 117; del 27 de mayo de 1963 en *Gaceta Forense*, N° 60, Ministerio de Justicia, Caracas, 1969, pp. 115 y ss.; y del 9 de julio de 69, *Gaceta Forense* N° 65, Ministerio de Justicia, Caracas, 1969, pp. 70 y ss. No tiene sentido, por tanto, el intento que se ha hecho en la Ley Orgánica del Poder Público Municipal de 2005 por identificar determinadas "funciones" con los órganos municipales, así: la "función ejecutiva", desarrollada por el alcalde a quien corresponde el gobierno y la administración; la "función deliberante" que corresponde al concejo municipal, integrado por concejales; la "función de control fiscal" que corresponde a la contraloría municipal; y la "función de planificación", que es ejercida en corresponsabilidad con el consejo local de planificación pública (art. 45). Aparte de que en esta enumeración no siempre se trata de "funciones" del Estado, la coincidencia legal es imposible. *V.* el texto de la ley, *Gaceta Oficial* N° 38.204 del 8 de junio de 2005.

visoria entre ellos no es excluyente, ya que en muchos casos esos poderes ejercen funciones de naturaleza distinta de las que privativamente le están atribuidas"[334].

El principio, ciertamente, impide a unos órganos invadir las competencias propias de otros,[335] pero no les impide ejercer funciones de naturaleza similar a las de otros órganos.

La antigua Corte Suprema, en este sentido, inclusive fue aun más clara y terminante al señalar:

> Lejos de ser absoluto el principio de la separación de los poderes, la doctrina reconoce y señala el carácter complementario de los diversos organismos a través de los cuales el Estado ejerce sus funciones; de suerte que unos y otros, según las atribuciones que respectivamente les señalan las leyes, realizan eventualmente actos de índole distinta a las que por su naturaleza les incumbe ... La doctrina establece que la división de poderes no coincide plenamente con la separación de funciones, pues corrientemente se asignan al poder legislativo potestades típicamente administrativas y aun jurisdiccionales y al poder judicial funciones administrativas, como en el caso del nombramiento de jueces que hace este mismo tribunal y de la firma de libros de comercio o de registro civil que hacen los jueces de instancia; y a la inversa, se atribuyen al poder ejecutivo, funciones legislativas como la reglamentación, parcial o total de las leyes, sin alterar su espíritu, propósito o razón, que es considerada como el ejemplo más típico de la actividad legislativa del poder ejecutivo, por mandato del numeral 10 del artículo 190 de la Constitución nacional; toda vez que el reglamento es norma jurídica de carácter general dictado par la Administración Pública para su aplicación a todos los sujetos de derecho y en todos los casos que caigan dentro de sus supuestos de hecho. En otros casos la autoridad administrativa imparte justicia, decide una controversia entre partes litigantes en forma similar a como lo hace la autoridad judicial[336].

De acuerdo con esta doctrina, que compartimos, entonces, la separación de poderes ha de entenderse en el sistema venezolano, en primer lugar, como una separación orgánica entre los órganos de cada rama del poder público; y en segundo lugar, como una asignación de funciones propias a cada uno de dichos órganos; pero nunca como una separación de funciones atribuidas con carácter exclusivo a los diversos órganos. Al contrario, además de sus funciones propias, los órganos del Estado realizan funciones que por su naturaleza son semejantes a las funciones asignadas a otros órganos. En otras palabras, mediante este principio se reserva a ciertos órganos el ejercer una función en una forma determinada (funciones propias), lo que no excluye la posibilidad de que otros órganos ejerzan esa función en otra forma.

---

334 *V.* sentencia de la antigua Corte Federal del 19 de junio de 1953, *Gaceta Forense*, N° 1, Ministerio de Justicia, Caracas, 1953, p. 77. En otra sentencia, al referirse a las funciones estatales, la Corte las diferenció así: "No realiza una función creadora dentro del ordenamiento jurídico, que es la función legislativa, ni conoce ni decide acerca de las pretensiones que una parte esgrime frente a la otra, que es la función judicial; sino que es sujeto de derecho, titular de intereses, agente propio de la *función administrativa*", sentencia del 18 de julio de 1963 de la Corte Suprema de Justicia en Sala Político Administrativa en *Gaceta Forense*, N° 41, Ministerio de Justicia, Caracas, 1963, p. 116.

335 *V.* sentencia de la antigua Corte Federal y de Casación en Corte Plena del 26 de mayo de 1951 en *Gaceta Forense*, N° 8, Ministerio de Justicia, Caracas, 1952, p. 114 y sentencia de la Corte Suprema de Justicia en Corte Plena del 12 de junio de 1968, publicación del Senado de la República, 1968, p. 201.

336 Esta doctrina fue establecida en sentencia de la Corte Suprema de Justicia en Sala Político Administrativa del 18 de julio de 1963, *Gaceta Forense* N° 41, Ministerio de Justicia, Caracas, 1963, pp. 116 y 117, y ratificados por la misma Corte y Sala en sentencias del 27 de mayo de 1968, *Gaceta Forense* N° 60, Ministerio de Justicia, Caracas, 1969, pp. 115 a 118, y del 9 de julio de 1969 en *Gaceta Forense* N° 65, Ministerio de Justicia, Caracas, 1969, pp. 70 a 74. Puede verse también en Allan R. Brewer–Carías, "Algunas bases del derecho público...", *cit.*, p. 144.

VIII. EL PRINCIPIO DEL CARÁCTER INTERFUNCIONAL DE LOS ACTOS ESTATALES

1. La distinción entre las funciones y actos estatales

De lo anteriormente dicho sobre el principio del carácter inter orgánico del ejercicio de las funciones estatales resulta, como se ha dicho, que la separación orgánica de poderes no coincide con la distribución de funciones.

Pero, en el ordenamiento jurídico venezolano tampoco el ejercicio de una función del Estado por determinado órgano del mismo conduce necesariamente a la emisión de determinados actos estatales, es decir, tampoco hay coincidencia entre las funciones del Estado y los actos jurídicos que emanan de la voluntad estatal[337]. Ello conlleva al octavo de los principios fundamentales del derecho público venezolano conforme a la Constitución de 1999, que es el del carácter interfuncional de los actos estatales, de particular importancia para el derecho administrativo, en virtud de que precisamente los actos administrativos se dictan en ejercicio de varias funciones estatales[338].

En efecto, de lo expuesto anteriormente resulta que la función normativa la ejerce el Estado a través de sus órganos legislativos (Asamblea Nacional), de sus órganos ejecutivos (Presidente de la República), de sus órganos judiciales (tribunales), de sus órganos de control (Consejo Moral Republicano, Defensoría del Pueblo, Ministerio Público, Contraloría General de la República) y de sus órganos electorales (Consejo Nacional Electoral).

En cuanto a la función política, la ejerce el Estado a través de sus órganos legislativos (Asamblea Nacional) y de sus órganos ejecutivos (Presidente de la República).

La función jurisdiccional la ejerce el Estado a través de sus órganos judiciales (Tribunal Supremo de Justicia), de sus órganos ejecutivos (Administración Pública) y de sus órganos electorales (Consejo Nacional Electoral).

La función de control la ejerce el Estado a través de sus órganos legislativos (Asamblea Nacional), de sus órganos ejecutivos (Administración Pública), de sus órganos judiciales (tribunales), de sus órganos de control (Consejo Moral Republicano, Defensoría del Pueblo, Ministerio Público, Contraloría General de la República) y de sus órganos electorales (Consejo Nacional Electoral).

---

337 La distinción entre funciones del Estado, que la doctrina ha realizado, muchas veces se confunde al querer identificar un tipo de acto jurídico estatal con la función ejercida por el Estado. Nosotros mismos hemos incurrido en esta confusión, Allan R. Brewer–Carías, *Las instituciones fundamentales del derecho administrativo y la jurisprudencia venezolana, cit.*, pp. 108 y ss. En igual confusión incurrió la jurisprudencia de la Corte Suprema de Justicia, en sentencias de la Corte Suprema de Justicia en Sala Político Administrativa del 18 de julio de 1963, en *Gaceta Forense* N° 41, Ministerio de Justicia, Caracas, 1963, pp. 116 y ss.; del 27 de mayo de 1968, en *Gaceta Forense* N° 60, Ministerio de Justicia, Caracas, 1969, pp. 115 y ss.; y del 9 de julio de 1969, en *Gaceta Forense* N° 65, Ministerio de Justicia, Caracas, 1969, pp. 70 y ss. Asimismo, a pesar de su intento de "distinguir" la actividad de la función, Gonzalo Pérez Luciani incurre en igual confusión al afirmar que "la actividad que tomada globalmente sea relevante jurídicamente se puede decir que es una *función*", en "Actos administrativos que en Venezuela escapan al recurso contencioso administrativo", *Revista de la Facultad de Derecho*, N° 6, Universidad Católica Andrés Bello, Caracas, 1967–1968, p. 196.

338 *Cfr.* Allan R. Brewer–Carías, *Derecho administrativo*, t. I, *cit.*, pp. 391 y ss.; íd. "El problema de la definición del acto administrativo en *Libro Homenaje al Doctor Eloy Lares Martínez*, t. I, Caracas, 1984, pp. 25 a 78.

Y la función administrativa la ejerce el Estado a través de sus órganos ejecutivos (Administración Pública), de sus órganos electorales (Consejo Nacional Electoral), de sus órganos legislativos (Asamblea Nacional), de sus órganos judiciales (Tribunal Supremo de Justicia) y de sus órganos de control (Consejo Moral Republicano, Defensoría del Pueblo, Ministerio Público, Contraloría General de la República).

En consecuencia, de lo anterior no puede concluirse señalando que todo acto dictado en ejercicio de la función normativa sea un acto legislativo; que todo acto dictado en ejercicio de la función política sea un acto de gobierno; que todo acto dictado en ejercicio de la función jurisdiccional sea un acto judicial; que todo acto dictado en ejercicio de la función de control sea un acto administrativo o que todo acto dictado en ejercicio de la función administrativa sea también un acto administrativo.

Al contrario, así como los diversos órganos del Estado realizan diversas funciones, los actos dictados en ejercicio de las mismas no son siempre los mismos ni tienen por qué serlo.

2. Los diversos actos estatales

En efecto, tal como hemos señalado, la Asamblea Nacional en ejercicio del poder legislativo puede ejercer funciones normativas, políticas, jurisdiccionales, de control y administrativas, pero los actos que emanan de la misma al ejercer dichas funciones no son necesariamente ni uniformes ni correlativos.

Cuando la Asamblea Nacional ejerce la función normativa, es decir, crea normas jurídicas de carácter general actuando como cuerpo legislador, dicta *leyes* (art. 203), pero cuando lo hace en otra forma distinta, por ejemplo, al dictar sus reglamentos internos, ello lo hace a través de actos parlamentarios sin forma de ley (art. 187.19). Ambos son actos legislativos, pero de distinto valor normativo.

Cuando la Asamblea Nacional ejerce la función política, es decir, interviene en la formulación de las políticas nacionales, lo hace a través de leyes (art. 303) o a través de actos parlamentarios sin forma de ley (art. 187.10).

En el caso de la participación en el ejercicio de la función jurisdiccional, al autorizar el enjuiciamiento del Presidente de la República, la Asamblea Nacional concretiza su acción a través de un acto parlamentario sin forma de ley (266.2).

Cuando la Asamblea Nacional ejerce sus funciones de control del gobierno y la Administración Pública también dicta actos parlamentarios sin forma de ley (art. 187.3).

Por último, en cuanto al ejercicio de la función administrativa por la Asamblea Nacional, ella puede concretizarse en leyes (187.9)[339], en actos parlamentarios sin forma de ley (art. 187.12) o en actos administrativos (art. 187.22).

Por su parte, cuando los órganos que ejercen el poder ejecutivo, particularmente el Presidente de la República, realizan la función normativa, ésta se concretiza en decretos leyes y reglamentos (actos administrativos de efectos generales) (art. 236.10 y 266.5).

En el caso de los decretos leyes[340], estos pueden ser decretos leyes delegados dictados en virtud de una habilitación legislativa (arts. 203 y 236.8), decretos leyes de organiza-

339 En el pasado, p. ej., eran las leyes aprobatorias de contratos estatales conforme al artículo 126 de la Constitución de 1961.

ción ministerial (art. 236.20)[341] y decretos leyes de estados de excepción (art. 236.7). En todos estos casos de decretos leyes, si bien todos son objeto de regulaciones legislativas que los condicionan (leyes habilitantes o leyes orgánicas) autorizadas en la Constitución, los mismos tienen rango y valor de ley.

Pero el Presidente de la República también realiza la función política, al dictar actos de gobierno, que son actos emanados en ejecución directa e inmediata de la Constitución (art. 236.2, 4, 5, 6, 19 y 21). Como lo ha aclarado la Sala Constitucional:

> Sobre este último aspecto, debe aclarar este Máximo Tribunal de Justicia que, como señala la doctrina patria "[...] la noción de acto de gobierno en Venezuela, ha sido delineada sobre la base de un criterio estrictamente formal: se trata de actos dictados por el Presidente de la República, en ejecución directa de la Constitución, en ejercicio de la función de gobierno". (*vid.* Allan R. Brewer–Carías: *El control de la constitucionalidad de los actos estatales,* Colección Estudios Jurídicos N° 2, Editorial Jurídica Venezolana, Caracas, 1977, p. 113). Dichos actos, de indudable naturaleza política, no obstante, pueden ser impugnados no sólo por la vía de la acción de amparo constitucional, sino mediante el recurso de nulidad por inconstitucionalidad ante el Tribunal Supremo de Justicia, en Sala Constitucional, conforme lo dispuesto en la Constitución de la República Bolivariana de Venezuela, tal como lo ha reconocido esta Sala en anterior oportunidad, al señalar, con fundamento en el artículo 334 del Texto Fundamental, que "[...] en ejercicio de la jurisdicción constitucional, conoce de los recursos de nulidad interpuestos contra los actos realizados en ejecución directa de la Constitución[...] ". Así igualmente se declara[342].

En particular, en este caso, dichos actos de gobierno se caracterizan, frente a los actos administrativos, por dos elementos combinados: en primer lugar, porque el acto de gobierno sólo puede ser realizado por el Presidente de la República, como Jefe del Estado, "en cuya condición dirige la acción de gobierno" (art. 226); y en segundo lugar, porque se trata de actos dictados en ejecución de atribuciones establecidas directamente en la Constitución, sin posibilidad de condicionamiento legislativo, y que, por tanto, tienen el mismo rango que las leyes[343].

---

340 *Cfr.* en general, sobre los decretos leyes, Antonio Moles Caubet, *Dogmática de los decretos leyes, Lección inaugural. Curso 1974,* Universidad Central de Venezuela, Caracas, 1974; Eloisa Avellaneda Sisto, "Los decretos leyes", *Revista de Control Fiscal,* año XXIII, N° 105, Contraloría General de la República, Caracas, 1982, pp. 55 a 116; *íd.*, "Los decretos del Presidente de la República", *Revista de la Facultad de Derecho*, N° 48, Universidad Católica Andrés Bello, Caracas, 1993, pp. 345 a 387; íd., "El régimen de los decretos leyes, con especial referencia a la Constitución de 1999", *Estudios de Derecho Administrativo. Libro Homenaje a la Universidad Central de Venezuela,* Vol. I, *cit.,* pp. 69 a 105; José Peña Solís "Análisis crítico de la doctrina de la Sala Constitucional del Tribunal Supremo de Justicia sobre las leyes orgánicas y los decretos leyes orgánicos", *Ensayos de Derecho Administrativo. Libro Homenaje a Nectario Andrade Labarca,* Vol. II, *cit.,* pp. 375 a 414; y Allan R. Brewer–Carías, "Los actos ejecutivos en la Constitución venezolana y su control judicial", id. *Reflexiones sobre el constitucionalismo en América,* Editorial Jurídica Venezolana, Caracas, 2001, pp. 187 a 241.

341 *Cfr.* sobre estos decretos, Daniel Leza Betz, "La organización y funcionamiento de la Administración Pública nacional y las nuevas competencias normativas del Presidente de la República previstas en la Constitución de 1999: al traste con la reserva legal formal ordinaria en el Derecho Constitucional venezolano", *Revista de Derecho Público,* N° 82, Editorial Jurídica Venezolana, Caracas, 2000, pp. 19 a 55; Gerardo Rupérez Caníbal, "La flexibilización de la reserva legal organizativa en el ámbito de la administración pública nacional", *Revista de Derecho,* N° 8, Tribunal Supremo de Justicia, Caracas, 2003, pp. 435 a 452.

342 *V.* la sentencia 880 de 1° de agosto de 2000, caso Domingo Palacios A. *vs.* Comisión Legislativa Nacional, *Revista de Derecho Público,* N° 83, Editorial Jurídica Venezolana, Caracas, 2000, p. 93.

343 *Cfr.* Juan D. Alfonso Paradisi, "Los actos de gobierno", *Revista de Derecho Público,* N° 52, Editorial Jurídica Venezolana, Caracas, 1992, pp. 5 a 23; Pablo Marín Adrián, "Actos de gobierno y la sentencia de la Corte Suprema de Justicia del 11 de marzo de 1993", *Revista de Derecho Público,* N° 65 y 66, Editorial Jurídica Venezolana, Caracas, 1996, pp. 497 a 519.

En todo caso, para distinguir el acto legislativo del acto de gobierno y del acto administrativo no sólo debe utilizarse el criterio orgánico, sino también el criterio formal: el acto de gobierno, aun cuando realizado en ejecución directa de la Constitución, está reservado al Presidente de la República, en tanto que el acto legislativo, realizado también en ejecución directa de la Constitución[344], en principio está reservado a la Asamblea Nacional; aun cuando esta pueda delegar la potestad normativa con rango de ley en el Presidente de la República mediante una ley habilitante (art. 203), en cuyo caso el acto dictado por el Presidente mediante decretos leyes habilitados (art. 236.8) es un acto legislativo, si bien delegado. En esta forma, el criterio orgánico distingue el acto de gobierno del acto legislativo, y ambos se distinguen del acto administrativo mediante el criterio formal: tanto el acto de gobierno como el acto legislativo (el dictado por la Asamblea Nacional como el dictado por delegación por el Presidente de la República) se realizan en ejecución directa de competencias constitucionales, en tanto que el acto administrativo siempre es de rango sublegal, es decir, sometido a la ley y realizado en ejecución de la ley, y por tanto en ejecución mediata e indirecta de la Constitución.

Es decir, los actos de gobierno se distinguen de los actos administrativos dictados por los órganos ejecutivos en que estos se realizan a todos los niveles de la Administración Pública y siempre tienen rango sublegal, o sea se dictan por los órganos ejecutivos en ejecución de atribuciones directamente establecidas en la legislación, y sólo en ejecución indirecta y mediata de la Constitución[345]. Este es el criterio formal, derivado de la teoría merkeliana de construcción escalonada del orden jurídico[346], para la identificación de la Administración; la cual ha sido acogida en la Constitución al reservarse al control que ejerce la jurisdicción constitucional a los actos estatales dictados en ejecución directa e inmediata de la Constitución (art. 336.2), con lo que los actos dictados en ejecución directa e inmediata de la legislación y mediata e indirecta de la Constitución (actos administrativos) caen entonces bajo el control de la jurisdicción contencioso administrativa (art. 259) y de la jurisdicción contencioso electoral (art. 297).

Pero además, en los casos de ejercicio de la función jurisdiccional, de la función de control y de la función administrativa, los órganos ejecutivos dictan, por ejemplo, actos administrativos (arts. 259 y 266.5).

En cuanto a los órganos que ejercen el poder judicial, cuando por ejemplo el Tribunal Supremo de Justicia ejerce la función normativa, dicta reglamentos (actos administrativos de efectos generales)[347], cuando ejerce la función administrativa y la función de control sobre el poder judicial (art. 267), dicta actos administrativos, y cuando ejerce la función jurisdiccional, dicta actos judiciales (sentencias) (arts. 266 y 336); y los primeros están sometidos al control de los órganos de la jurisdicción contencioso administra-

344 La Asamblea Nacional realiza su actividad legislativa en cumplimiento de atribuciones directamente establecidas en la Constitución (arts. 187.1 y 203). En el solo caso de las leyes especiales que han de someterse a las leyes orgánicas preexistentes (art. 203) podría decirse que hay condicionamiento legislativo de la propia actividad legislativa. En igual sentido, los decretos leyes dictados por el Presidente de la República en ejercicio de la función normativa, están condicionados por la ley habilitante o de delegación (art. 236.8).

345 En este sentido es que podría decirse que la actividad administrativa se reduce a ejecución de la ley.

346 *Cfr.* Adolf Merkl, *Teoría general del derecho administrativo, cit.,* 13; Hans Kelsen, *Teoría General del Estado, cit.,* p. 510, y *Teoría Pura del Derecho, cit.,* pp. 135 y ss. *V.* algunas de las referencias en Allan R. Brewer–Carías, *Las instituciones fundamentales del derecho administrativo y la jurisprudencia Venezolana, cit.,* pp. 24 y ss.

347 Los reglamentos establecidos en la Ley Orgánica del Tribunal Supremo de Justicia, art. 6, Párrafo 1°,10 y 12.

tiva. Como lo ha dicho la Sala Constitucional del Tribunal Supremo de Justicia en sentencia 1268 del 6 de julio de 2004 (caso: *Yolanda Mercedes Martínez del Moral vs. Comisión Judicial de la Sala Plena del Tribunal Supremo de Justicia*), respecto de un acto administrativo dictado por un órgano del propio Tribunal Supremo en ejercicio de funciones de administración y gobierno del poder judicial:

> En consecuencia, por cuanto no se trata, el que fue impugnado, de un acto del poder público que hubiere sido dictado en ejecución directa de la Constitución, sino en ejercicio de función administrativa y, por ende, de rango sublegal, no es la jurisdicción constitucional que ejerce esta Sala la que tiene competencia para su control. Por el contrario, y de conformidad con el artículo 259 de la Constitución, corresponde a la jurisdicción contencioso administrativa el conocimiento de la demanda de nulidad que en su contra se formuló y así se decide[348].

El acto judicial, por su parte, también se distingue del acto de gobierno y del acto legislativo con base en los dos criterios señalados: desde el punto de vista orgánico, porque el acto judicial está reservado a los tribunales de la República, en tanto que el acto legislativo está reservado a la Asamblea Nacional, la cual puede delegarlo en el Presidente de la República (leyes habilitantes), y el acto de gobierno está reservado al Presidente de la República[349]; y desde el punto de vista formal, porque al igual que el acto administrativo, el acto judicial es de rango sublegal, es decir, sometido a la ley y realizado en ejecución de la ley.

Por último, en cuanto a la distinción entre el acto administrativo y el acto judicial, si bien no puede utilizarse el criterio formal de su graduación en el ordenamiento jurídico ya que ambos son dictados en ejecución directa e inmediata de la legislación y en ejecución indirecta y mediata de la Constitución, sí se distinguen con base al criterio orgánico y a otro criterio formal. Desde el punto de vista orgánico, el acto judicial está reservado a los tribunales, con carácter de exclusividad, ya que sólo éstos pueden dictar sentencias; y desde el punto de vista formal, la declaración de lo que es derecho en un caso concreto que realizan los órganos judiciales, se hace mediante un acto que tiene fuerza de verdad legal, que sólo las sentencias poseen.

Por su parte, cuando los órganos que ejercen el poder ciudadano realizan la función de control (arts. 274, 281 y 289), la función normativa y la función administrativa, la misma se concreta en actos administrativos de efectos generales (reglamentos) o de efectos particulares (arts. 259 y 266.5).

Igualmente, cuando los órganos que ejercen el poder electoral realizan la función normativa (art. 293.1), dictan actos administrativos de efectos generales (reglamentos) (art. 293.1); y cuando realizan la función administrativa (art. 293.3) y de control (art. 293.9), la misma se concreta en actos administrativos (arts. 259 y 266.5).

En esta forma, el ejercicio de la función normativa se puede manifestar, variablemente, a través de leyes, actos parlamentarios sin forma de ley, decretos leyes y reglamentos (actos administrativos de efectos generales); el ejercicio de la función política, a través

348 *V.* en *Revista de Derecho Público*, N° 99 y 100, Editorial Jurídica Venezolana, Caracas, 2004, pp. 229 y ss.

349 Puede decirse, entonces, que la separación orgánica de poderes tiene plena concordancia con la división orgánica de las actividades de gobierno (reservada al Presidente de la República), legislativas (reservadas a la Asamblea Nacional, la cual puede delegarla en el ejecutivo nacional) y judiciales (reservada a los Tribunales). Por supuesto, la coincidencia de actividades específicas con órganos estatales determinados concluye allí, pues la actividad administrativa, al contrario, no está reservada a ningún órgano estatal específico, sino que se realiza por todos ellos.

de actos de gobierno, leyes y actos parlamentarios sin forma de ley; el ejercicio de la función jurisdiccional, a través de actos parlamentarios sin forma de ley, actos administrativos y sentencias; el ejercicio de la función de control, a través de leyes, actos parlamentarios sin forma de ley, actos administrativos y sentencias; y el ejercicio de la función administrativa, a través de leyes, actos parlamentarios sin forma de ley y actos administrativos.

En sentido inverso, puede decirse que las leyes emanan de la Asamblea Nacional actuando no sólo en ejercicio de la función normativa, sino de la función política, de la función de control y de la función administrativa; que los actos de gobierno emanan del Presidente de la República, actuando en ejercicio de la función política; que los decretos leyes emanan también del Presidente en ejercicio de la función normativa; que los actos parlamentarios sin forma de ley sólo emanan de la Asamblea Nacional, actuando en ejercicio de las funciones normativas, política, de control y administrativa; y que los actos judiciales (sentencias) sólo emanan de los tribunales, actuando en ejercicio de la función jurisdiccional. En todos estos casos, el tipo de acto se dicta exclusivamente por un órgano estatal, pero en ejercicio de variadas funciones estatales. Lo privativo y exclusivo de los órganos estatales, en esos casos, no es el ejercicio de una determinada función, sino la posibilidad de dictar determinados actos: las leyes y los actos parlamentarios sin forma de ley por la Asamblea Nacional; los actos de gobierno por el Presidente de la República, y los actos judiciales (sentencias) por los tribunales.

En cuanto a los actos administrativos, éstos pueden emanar de la Asamblea Nacional, actuando en función administrativa y en función de control; de los tribunales, actuando en función normativa, en función de control y en función administrativa; de los órganos que ejercen el poder ejecutivo (Administración Pública central) cuando actúan en función normativa, en función jurisdiccional, en función de control y en función administrativa; de los órganos que ejercen el poder ciudadano, actuando en función normativa, en función de control y en función administrativa; y de los órganos que ejercen el poder electoral, actuando también en función normativa, en función de control y en función administrativa.

Los actos administrativos en esta forma, y contrariamente a lo que sucede con las leyes, con los actos parlamentarios sin forma de ley, con los decretos leyes, con los actos de gobierno y con las sentencias judiciales, no están reservados a determinados órganos del Estado, sino que pueden ser dictados por todos ellos, y no sólo en ejercicio de la función administrativa, sino de todas las otras funciones del Estado.

IX. EL PRINCIPIO DEL CARÁCTER INTERORGÁNICO DE LA ADMINISTRACIÓN PÚBLICA

El noveno de los principios fundamentales del derecho público conforme a la Constitución de 1999 es el del carácter inter orgánico de la Administración Pública, en el sentido de que la Administración Pública, como complejo orgánico, no sólo está conformada por órganos que ejercen el poder ejecutivo, sino por órganos que ejercen los demás poderes del Estado. Hay ciertamente una Administración Pública que se configura organizativamente hablando en el "Ejecutivo nacional" (Administración Pública central), pero la misma no agota dicho complejo orgánico en el Estado venezolano. Este principio, por supuesto, también tiene particular importancia para el derecho administrativo pues se refiere, precisamente, a su objeto[350] (*Primera parte, § 1; Tercera parte, 8*).

El Estado venezolano, en efecto y como se ha dicho, está constitucionalmente configurado como un Estado Federal (art. 2°), en el cual se distinguen tres niveles de organización política: el nivel nacional, que corresponde a la República; el nivel estadal, que corresponde a los estados miembros de la Federación, y el nivel municipal, que corresponde a los municipios.

En cada uno de estos tres niveles políticos existe una "Administración Pública central" (nacional, estadal y municipal) que ejerce el poder ejecutivo, siendo ésta el instrumento por excelencia de la acción política del Estado. Como instrumento, está compuesto por un conjunto de órganos e instituciones que le sirven para el desarrollo de sus funciones y el logro de los fines que tiene constitucionalmente prescritos.

Pero como se ha dicho anteriormente, no toda "Administración Pública" del Estado es "Administración Pública central", en el sentido de que no sólo los órganos que ejercen el poder ejecutivo en los tres niveles político territoriales o los que gozan de autonomía fundamental en virtud de disposiciones constitucionales monopolizan, orgánicamente, a la Administración Pública del Estado.

Las diversas ramas de los poderes del Estado en sus diversos niveles tienen su propia Administración Pública, lo que nos conduce a insistir en el sentido de la separación de poderes como sistema de distribución horizontal del poder público, en los tres niveles de distribución vertical del propio poder público.

1. La administración del estado y la separación orgánica de poderes

Si algún valor tiene el principio de la separación de poderes, como se ha visto, es el de la "separación orgánica" de poderes, en el sentido de que constitucionalmente, en cada uno de los tres niveles de organización política del Estado (nacional, estadal y municipal), hay una separación formal de órganos, que ejercen las diversas ramas del poder público. Así, en el nivel nacional (poder nacional) hay una separación clara entre cinco grupo de órganos de la República: los órganos legislativos (Asamblea Nacional), los órganos ejecutivos (Presidente de la República, ministerios, etc.), los órganos judiciales (Tribunal Supremo de Justicia, tribunales), los órganos de control (Fiscalía General de la República, Contraloría General de la República, Defensoría del Pueblo), y los órganos electorales (Consejo Nacional Electoral); y cada uno de estos órganos tiene su propia Administración Pública: la administración de la Asamblea nacional; la Administración de la justicia (Dirección Ejecutiva de la Magistratura); la Administración Pública de los órganos de control, la administración electoral, y la Administración Pública central que en principio corresponde a los órganos que ejercen el poder ejecutivo. De todos estos órganos puede decirse que el ámbito propio de la organización administrativa nacional está en los órganos ejecutivos, en esa "Administración Pública nacional" (central o descentralizada) cuyos órganos ejercen el poder ejecutivo nacional, en cuyo vértice está el Presidente de la República.

---

350 *Cfr.* en general Allan R. Brewer–Carías, *Fundamentos de la Administración Pública, cit.,*

Por su parte, en el nivel estadal (poder estadal), hay una clara y precisa separación entre tres grupos de órganos en cada estado: los órganos legislativos (Consejos legislativos), los órganos ejecutivos (gobernadores y sus dependencias administrativas), y los órganos de control (contraloría estadal); y cada uno de estos órganos tiene su propia administración: la administración de los Consejos legislativos, la "Administración Pública central" que en principio corresponde a los órganos que ejercen el poder ejecutivo, y la administración contralora. Así, también puede decirse que el ámbito propio de la organización administrativa estadal está en los órganos ejecutivos, en esa "Administración Pública estadal" (central o descentralizada) cuyos órganos ejercen el poder ejecutivo de los estados, en cuyo vértice están los gobernadores.

Por último, en el nivel municipal (poder municipal) también hay una clara y neta separación legal entre tres grupos de órganos en cada municipio: los órganos legislativos (concejos municipales), los órganos ejecutivos (alcaldes y sus dependencias administrativas), y los órganos de control (contralorías municipales); y cada uno de esos órganos tiene su propia administración: la administración de los concejos municipales como órganos colegiados, la "Administración Pública central" que en principio corresponde a los órganos que ejercen el poder ejecutivo municipal y la administración contralora. Así, también puede decirse que el ámbito propio de la organización administrativa municipal está en los órganos ejecutivos, en esa "Administración Pública municipal" (central o descentralizada) cuyos órganos ejercen el poder ejecutivo municipal, en cuyo vértice están los alcaldes.

Pero la organización administrativa del Estado no se agota, por ejemplo a nivel nacional, en el ámbito de la "Administración Pública nacional central" que ejerce el poder ejecutivo, pues existen órganos administrativos que derivan de la separación orgánica de poderes que ha establecido la Constitución de 1999, como los órganos del poder ciudadano[351] y del poder electoral, regularizando así la existencia de órganos del Estado con autonomía funcional que en la Constitución de 1961 existían (Consejo de la Judicatura, Contraloría General de la República, Fiscalía General de la República) y que no encuadraban en la clásica trilogía de poderes: legislativos, ejecutivos y judiciales, ni dentro de los órganos que ejercían el poder legislativo, ni dentro de los órganos que ejercían el poder ejecutivo, ni dentro de los órganos que ejercían el poder judicial, y que sin embargo formaban parte de la organización administrativa de la Administración del Estado y, en general, de lo que siempre se ha conocido como Administración Pública nacional.

2. El régimen de la administración pública en la Constitución de 1999

La situación anterior es la que ha sido precisamente regularizada constitucionalmente con las previsiones de la Carta de 1999, en la cual con motivo de establecer una penta división del poder público a nivel nacional, además de regular los órganos que ejercen el poder legislativo (Asamblea Nacional), el poder ejecutivo (Presidente de la Repúbli-

351 *V.* la sentencia 340 del 9 de marzo de 2004 de la Sala Constitucional del Tribunal Supremo de Justicia, caso Impugnación de la Ley Orgánica de La Contraloría General de la Republica y del Sistema Nacional de Control Fiscal y del Reglamento sobre los Concursos para la designación de los titulares de las Contralorías municipales y distritales, en la cual precisó que los órganos de dicho poder ciudadano "constituyen, fuera del Ejecutivo, organizaciones calificables como Administración Pública", *Revista de Derecho Público*, Nº 97 y 98, Editorial Jurídica Venezolana, Caracas, 2004, p. 220.

ca, Vicepresidente Ejecutivo, ministros) y del poder judicial (Tribunal Supremo de Justicia, Dirección Ejecutiva de la Magistratura –que sustituyó al Consejo de la Judicatura–, tribunales), ha regulado a los órganos que ejercen el poder ciudadano (Fiscalía General de la República, Contraloría General de la República, Defensoría del Pueblo) y el poder electoral (Consejo Nacional Electoral). Precisamente, en ejercicio de las respectivas ramas del poder público, además de los órganos de la Administración Pública central que ejercen el poder ejecutivo, también configuran la Administración Pública del Estado los órganos de la Asamblea Nacional que ejercen funciones administrativas en ejercicio del poder legislativo, la Dirección Ejecutiva de la Magistratura que ejerce el poder judicial, los órganos que ejercen el poder ciudadano y los órganos que ejercen el poder electoral.

A tal efecto, la Constitución de 1999 contiene un extenso título IV relativo al "poder público", cuyas normas se aplican a todos los órganos que ejercen el poder público tal como lo indica el artículo 136: en su distribución vertical o territorial (poder municipal, poder estadal y poder nacional); y, en el nivel nacional, en su distribución horizontal (poderes legislativo, ejecutivo, judicial, ciudadano y electoral)[352].

En tal sentido, en el Capítulo I "Disposiciones fundamentales" de dicho título IV relativo al poder público se regulan todos los principios fundamentales sobre la "Administración Pública" relativos a la organización administrativa (art. 236.20) y a la administración descentralizada funcionalmente (arts. 142 y 300); a de la actuación administrativa (art. 141); a la función pública (arts. 145 a 149) y su responsabilidad (art. 139); a los bienes públicos (arts. 12, 181 y 304); a la información administrativa (art. 143); a la contratación administrativa (arts. 150 y 151); a la responsabilidad patrimonial del Estado (art. 140), y al régimen de control de la gestión administrativa, tanto popular (art. 62) como político (art. 66), fiscal (art. 287) y de gestión (art. 315). De allí que a los efectos de dichas regulaciones constitucionales lo primero que debe determinarse es cuáles son los órganos estatales que ejercen el poder público y que pueden considerarse como tal "Administración Pública"[353].

Ante todo, por supuesto, están los órganos de los diversos niveles del poder público (nacional, estadal y municipal) que ejercen el poder ejecutivo. En consecuencia, las normas que contiene la sección se aplican a todas las "administraciones públicas" ejecutivas de la República (Administración Pública nacional), de los estados (administración pública estadal), de los municipios (administración pública municipal) y de las otras entidades políticas territoriales que establece el artículo 16 de la Constitución, entre las cuales se destacan los Distritos Metropolitanos cuyos órganos ejercen el poder municipal.

Pero la Administración Pública del Estado venezolano en los tres niveles territoriales de distribución vertical del poder público no se agota en los órganos y entes de la Administración Pública ejecutiva (que ejercen el poder ejecutivo), pues también comprende los otros órganos de los poderes públicos que desarrollan las funciones del Estado de carácter sublegal. En tal sentido, en el nivel nacional, los órganos que ejercen el poder ciudadano (Fiscalía General de la República, Contraloría General de la República y Defensoría del Pueblo) y el poder electoral (Consejo Nacional Electoral), sin la menor du-

---

352 *V.* nuestra propuesta sobre este título en Allan R. Brewer–Carías, *Debate Constituyente (Aportes a la Asamblea Nacional Constituyente)*, t. II, pp. 159 y ss.

353 *V.* nuestra propuesta sobre estos artículos en íd., pp. 189 a 190. *V.* además los comentarios en íd. *La Constitución de 1999. Derecho Constitucional Venezolano,* t. I., *cit.*, pp. 276 y ss.

da, son órganos que integran la Administración Pública del Estado, organizados con autonomía funcional respecto de los órganos que ejercen otros poderes del Estado. En cuanto a los órganos que ejercen el poder judicial, los que conforman la Dirección Ejecutiva de la Magistratura mediante la cual el Tribunal Supremo de Justicia ejerce la dirección, gobierno y administración del poder judicial, también son parte de la Administración Pública del Estado.

En consecuencia, en los términos de la sección segunda del título IV de la Constitución, la Administración Pública del Estado no sólo está conformada por órganos que ejercen el poder ejecutivo, sino por los órganos que ejercen el poder ciudadano y el poder electoral, y por la Dirección Ejecutiva de la Magistratura que en ejercicio del poder judicial tiene a su cargo la dirección, el gobierno y la administración del poder judicial[354].

En efecto, como se ha dicho, a nivel nacional, a partir de la Constitución de 1961, ya habían comenzado a encontrar encuadramiento constitucional diversos órganos estatales que se configuraban también como parte de la Administración Pública como complejo orgánico, pero que no dependían del Ejecutivo nacional ni estaban subordinados a ninguno de los tres conjuntos orgánicos clásicos del Estado (legislativo, ejecutivo, judicial). Se trataba de órganos constitucionales con autonomía funcional, que también eran órganos de la República como persona político territorial nacional, y que eran: el Ministerio Público, también denominado Fiscalía General de la República; la Contraloría General de la República; el Consejo de la Judicatura, y el Consejo Supremo Electoral. Por supuesto, estos eran órganos que forman parte de la Administración Pública nacional regulados por el derecho administrativo, aun cuando no formaran parte del Ejecutivo nacional ni de la Administración Pública central, ni tuvieran personalidad jurídica propia.

Esta tendencia fue la que se consolidó en la Constitución de 1999, al establecerse la ya mencionada penta división del poder público, agregándose a los poderes legislativo, ejecutivo y judicial el poder ciudadano y el poder electoral (art. 136). Por ello, puede decirse que también conforman e integran la Administración Pública a nivel nacional los órganos que ejercen el poder ciudadano, es decir, la Fiscalía General de la República o Ministerio Público, la Contraloría General de la República, y la Defensoría del Pueblo; así como los órganos que ejercen el poder electoral, como el Consejo Nacional Electoral; e igualmente, puede considerarse que es un órganos de la Administración Pública nacional la Dirección Ejecutiva de la Magistratura del Tribunal Supremo de Justicia. Todos esos órganos conforman la Administración Pública nacional, aun cuando, por supuesto, no la Administración Pública central cuyos órganos son los que ejercen el poder ejecutivo nacional.

Para desarrollar los principios constitucionales relativos a la Administración Pública, en todo caso, se ha dictado la Ley Orgánica de la Administración Pública[355] (LOAP), cuyas disposiciones son básicamente "aplicables a la Administración Pública nacional"

---

354 *Cfr.* en general, Allan R. Brewer–Carías, *Principios del régimen jurídico de la organización administrativa venezolana*, Editorial Jurídica Venezolana, Caracas, 1994, pp. 11 y 53.

355 *Gaceta Oficial* N° 37.305 del 17 de octubre de 2001. Esta Ley Orgánica sólo fue derogada expresamente la Ley Orgánica de la Administración Central, cuya última reforma había sido la hecha mediante decreto ley N° 369 del 14 de septiembre de 1999, en *Gaceta Oficial* N° 36.850 del 14 de diciembre de 1999. *Cfr.* Allan R. Brewer–Carías y Rafael Chavero G., *Ley Orgánica de la Administración Pública*, Editorial Jurídica Venezolana, Caracas, 2002.

(art. 2°). La ley, sin embargo, no define qué ha de entenderse por ello; pero de su normativa se deduce que abarca la Administración Pública que conforman los órganos que ejercen el poder ejecutivo nacional y aquéllos que conforman la Administración Pública nacional descentralizada sometida al control de aquél, con forma de derecho público.

En cuanto a la Administración Pública que conforman los demás órganos del poder público nacional, es decir, los que a nivel nacional ejercen el poder judicial, el poder ciudadano y el poder electoral, las disposiciones de la Ley Orgánica sólo se les aplican "supletoriamente" (art. 2°). En cuanto a los órganos que ejercen el poder legislativo, respecto de las funciones administrativas que realicen, conforme al artículo 2° LOAP, también se les podrán aplicar sus disposiciones supletoriamente.

En relación con los órganos de los poderes públicos que derivan de la distribución territorial del poder público, conforme al artículo 2° LOAP, "los principios y normas (de la Ley Orgánica) que se refieran en general a la Administración Pública, o expresamente a los estados, distritos metropolitanos y municipios, serán de obligatoria observancia por éstos, quienes desarrollarán los mismos dentro del ámbito de sus respectivas competencias".

X. EL PRINCIPIO DE LOS FINES DEMOCRÁTICOS, SOCIALES Y DE JUSTICIA DEL ESTADO

La Constitución de 1999 definió al Estado venezolano, no sólo como un Estado de derecho (principio de legalidad), sino como un Estado democrático, social y de justicia (art. 2°), condicionado, por tanto, por unos valores que deben propugnar sus órganos, así como por unos fines que están plasmados en la propia Constitución, de orden democrático, social y de justicia.

En efecto, el artículo 2° del Texto Fundamental dispone que el Estado propugna "como valores superiores de su ordenamiento jurídico y de su actuación, la vida, la libertad, la justicia, la igualdad, la solidaridad, la democracia, la responsabilidad social y, en general, la preeminencia de los derechos humanos, la ética y el pluralismo político"; y el artículo 3° precisa que el Estado "tiene como fines esenciales la defensa y el desarrollo de la persona y el respeto a su dignidad, el ejercicio democrático de la voluntad popular, la construcción de una sociedad justa y amante de la paz, la promoción de la prosperidad y bienestar del pueblo y la garantía del cumplimiento de los principios, derechos y deberes reconocidos y consagrados en esta Constitución"; agregándose que "La educación y el trabajo son los procesos fundamentales para alcanzar dichos fines".

Estos valores y fines son los que configuran al Estado, precisamente, como un Estado democrático, social y de justicia, lo que constituye el décimo de los principios fundamentales del derecho público en la Constitución de 1999; principio que tiene también particular importancia para el derecho administrativo, pues su contenido configura el marco de actuación de la Administración Pública.

En efecto, en cuanto al Estado democrático, sus fines son la profundización de la democracia representativa como régimen político, haciendo énfasis en la participación política, como fundamento de toda la organización política de la Nación; lo que deriva del Preámbulo (sociedad democrática) y de los artículos 2, 3, 5 y 6 C.. Pero por supuesto, la representación no se opone a la participación, ya que la dicotomía que existe es entre democracia representativa y democracia directa[356]. Como lo ha puntualizado la Corte Primera de lo Contencioso Administrativo en sentencia 1037 de 1 de agosto de 2000 (caso: *Asociación de Propietarios y Residentes de la Urbanización Miranda (APRUM) vs. Alcaldía del municipio Sucre del Estado Miranda*):

> La democracia participativa no choca necesariamente con la democracia representativa, ni se excluyen, y dentro de un sistema Republicano necesariamente deben haber autoridades, poderes públicos que representen a los demás, y esa es la esencia misma de la República como tal; son estos entes representativos quienes van a establecer las normas para poder permitir la participación, porque toda participación debe estar sujeta a unas normas o a un principio de legalidad que establezca cuáles son los poderes de la Administración Pública y en qué manera los ciudadanos pueden hacerse parte de la actividad administrativa y la participación legítima a los órganos de representación republicanos, razón por la cual ambos tipos de democracia se complementan[357].

Por tanto, el primer valor del constitucionalismo es la democracia, quedando plasmado el Estado democrático en los principios fundamentales del Texto constitucional, comenzando por la forma de ejercicio de la soberanía mediante mecanismos de democracia directa y de democracia representativa[358].

La Sala Constitucional del Tribunal Supremo de Justicia, en sentencia 23 del 22 de enero de 2003 (caso: *Interpretación del artículo 71 de la Constitución*) ha señalado sobre el tema del perfeccionamiento de la democracia como fin del texto constitucional, que:

> De este modo, como bien lo aclara la Exposición de Motivos de la Constitución, el régimen constitucional vigente responde a una sentida aspiración de la sociedad civil organizada que pugna por cambiar la negativa cultura política generada por décadas de un Estado centralizado de partidos (*Cfr*. Allan R. Brewer–Carías, *Problemas del Estado de Partidos*, Caracas, 1988, pp. 39 y ss) que mediatizó el desarrollo de los valores democráticos, a través de la participación ciudadana que ya no se limita a procesos electorales, pues se reconoce la necesidad de la intervención del pueblo en los procesos de formación, formulación y ejecución de políticas públicas, como medio para superar los déficit de gobernabilidad que han afectado nuestro sistema político debido a la carencia de armonía entre el Estado y la sociedad.
>
> Ello indica, que el modelo democrático electivo, participativo y protagónico instaurado en Venezuela a partir de la entrada en vigencia de la Constitución de 1999, concibe a la gestión pública y la preservación y fomento del bien común como un proceso en el cual se establece una comunicación permanente entre gobernantes y ciudadanos, entre los representantes y sus representados, lo cual implica una modificación radical, a saber, de raíz, en la orientación de las relaciones entre el Estado y la sociedad, en la que se devuelve a esta última su legítimo e innegable protagonismo, a través del ejercicio de sus derechos políticos fundamentales, enunciados en el Capítulo IV del Título III de la Norma Suprema.

---

356 *V*. sentencia 207 del 19 de diciembre de 2001 de la Sala Electoral del Tribunal Supremo de Justicia, caso: *Proyecto Venezuela vs. Consejo Nacional Electoral*, *Revista de Derecho Público*, Nº 85 a 88, Editorial Jurídica Venezolana, Caracas, 2001, p. 345.

357 *V*. *Revista de Derecho Público*, Nº 83, Editorial Jurídica Venezolana, Caracas, 2000, p. 394. Sobre la democracia participativa véase lo expuesto por la Sala en sentencia 21 del 12 de marzo de 2003, caso: *Interpretación del artículo 141 de la Ley Orgánica para la Protección del Niño y del Adolescente*, *Revista de Derecho Público*, Nº 93 a 96, Editorial Jurídica Venezolana, Caracas, 2003, pp. 199 y ss.

358 *V*. nuestras propuestas sobre el tema de la democracia representativa en Allan R. Brewer–Carías, *Debate Constituyente (Aportes a la Asamblea Nacional Constituyente)*, t. I, *cit*., pp. 183 y ss. *V*. los comentarios en id. *La Constitución de 1999. Derecho Constitucional Venezolano*, t. I, *cit*., pp. 172 y ss.; e *id*., *Instituciones Políticas y Constitucionales*, t. I, "Evolución histórica del Estado", *cit*., pp. 507, 510 a 513, y 599.

Dicho proceso de profundización de la cultura democrática del pueblo venezolano, vía proceso constituyente y Constitución, se ve además reforzado en sus propósitos por el marco jurídico internacional, suscrito y ratificado por la República Bolivariana de Venezuela, en materia de derechos humanos, siendo ejemplo de ello lo dispuesto en los artículos 21 de la Declaración Universal de Derechos Humanos, XX de la Declaración Americana de los Derechos y Deberes de Hombre, 25 del Pacto Internacional de Derechos Civiles y Políticos y 23 de la Convención Americana sobre Derechos Humanos, integrantes todos ellos del llamado bloque de la constitucionalidad de acuerdo con el artículo 23 del Texto Fundamental.

De tal manera que, como lo afirma la Carta Democrática Interamericana suscrita el 11 de septiembre de 2001 en Lima, capital de la República del Perú, el carácter participativo de la democracia en Venezuela en los diferentes ámbitos de la actividad pública tiende progresivamente a la consolidación de los valores democráticos y a la libertad y la solidaridad en los distintos niveles político territoriales en que se distribuye el poder público a lo largo y ancho de la República, y por ello mismo, si bien la democracia representativa es la base del Estado de derecho y de los regímenes constitucionales de los Estados Miembros de la Organización de los Estados Americanos, ésta se refuerza y profundiza únicamente con la participación y protagonismo permanente, ético y responsable de la ciudadanía[359].

En cuanto al Estado social, el mismo está basado en la Constitución, en la concepción del Estado con obligaciones sociales y de procura de la justicia social, lo que lo lleva a intervenir en la actividad económica y social, como Estado prestacional[360], o más propiamente, como "aquella unidad política (cualquier ente político territorial) a la que los ciudadanos, mediante el pacto social, le ha otorgado potestades para que satisfaga la procura existencial[361].

Tal carácter social deriva principalmente del valor fundamental de la igualdad y no discriminación establecido en el Preámbulo y el artículo 1° constitucional el cual, además de derecho fundamental (art. 21), es el pilar de actuación del Estado (art. 2°); y de la declaración del principio de la justicia social como base del sistema económico (art. 299)[362].

La Sala Constitucional del Tribunal Supremo de Justicia, en sentencia 85 del 24 de enero de 2002 (caso Deudores hipotecarios *vs.* Superintendencia de Bancos), ha desarrollado muy extensamente el concepto de Estado social, y después de analizar su evolución doctrinal y constitucional consideró que:

> Persigue la armonía entre las clases, evitando que la clase dominante, por tener el poder económico, político o cultural, abuse y subyugue a otras clases o grupos sociales, impidiéndoles el desarrollo y sometiéndolas a la pobreza y a la ignorancia; a la categoría de explotados naturales y sin posibilidad de redimir su situación.
>
> A juicio de esta Sala, el Estado Social debe tutelar a personas o grupos que en relación con otros se encuentran en estado de debilidad o minusvalía jurídica, a pesar del principio del Estado de Derecho Liberal de la igualdad ante la ley, el cual en la práctica no resuelve nada, ya que situaciones desiguales no pueden tratarse con soluciones iguales. El Estado Social para lograr el equi-

359 *V. Revista de Derecho Público*, N° 93 a 96, Editorial Jurídica Venezolana, Caracas, 2003, pp. 215 y ss.

360 *V.* nuestras propuestas en relación con el régimen constitucional del sistema económico, en Allan R. Brewer–Carías, *Debate Constituyente (Aportes a la Asamblea Nacional Constituyente),* t. III, 18 octubre–30 noviembre, Fundación de Derecho Público, Caracas, 1999, pp. 20 y ss.

361 *V.* sentencia 1002 del 26 de mayo de 2004 de la Sala Constitucional, caso: *Federación Médica Venezolana vs. Ministra de Salud y Desarrollo Social y el Presidente del Instituto Venezolano de los Seguros Sociales*, *Revista de Derecho Público,* N° 97 y 98, Editorial Jurídica Venezolana, Caracas, 2004, p. 148

362 *Cfr.* lo expuesto sobre el tema en Allan R. Brewer–Carías, *Instituciones políticas y constitucionales*, t. I, "Evolución histórica del Estado", *cit.* pp. 508, 513 a 516, y 593 y ss.

> librio interviene no solo en el factor trabajo y seguridad social, protegiendo a los asalariados ajenos al poder económico o político, sino que también tutela la salud, la vivienda, la educación y las relaciones económicas, por lo que el sector de la Carta Magna que puede denominarse la Constitución Económica tiene que verse desde una perspectiva esencialmente social.
>
> El Estado Social va a reforzar la protección jurídico–constitucional de personas o grupos que se encuentren ante otras fuerzas sociales o económicas en una posición jurídico–económica o social de debilidad, y va a aminorar la protección de los fuertes. El Estado está obligado a proteger a los débiles, a tutelar sus intereses amparados por la Constitución, sobre todo a través de los Tribunales; y frente a los fuertes, tiene el deber de vigilar que su libertad no sea una carga para todos. Como valor jurídico, no puede existir una protección constitucional a expensas de los derechos fundamentales de otros. Tal como decía Ridder, "el Estado se habilita para intervenir compensatoriamente, desmontando cualquier posición de poder siempre que lo estime conveniente", pero, agrega la Sala, fundado en la ley y en su interpretación desde el ángulo de los conceptos que informan esta forma de Estado.
>
> El Estado social trata de armonizar intereses antagónicos de la sociedad, sin permitir actuaciones ilimitadas a las fuerzas sociales, en base al silencio de la ley o a ambigüedades de la misma, ya que ello conduciría a que los económica y socialmente mas fuertes establezcan una hegemonía sobre los débiles, en la que las posiciones privadas de poder se convierten en una disminución excesiva de la libertad real de los débiles, en un subyugamiento que alienta perennemente una crisis social[363].

La Sala, después de analizar el concepto de Estado social de derecho en el derecho constitucional venezolano, concluyó indicando que el mismo tiene que adaptarse a los valores finalistas del Preámbulo, del cual se colige que el Estado social está destinado a fomentar la consolidación de la solidaridad social, la paz, el bien común, la convivencia, el aseguramiento de la igualdad, sin discriminación ni subordinación, anteponiéndose el bien común (el interés general) al particular, y reconociendo que ese bien común se logra manteniendo la solidaridad social, la paz y la convivencia. De allí concluyó la Sala que, "En consecuencia, las leyes deben tener por norte esos valores, y las que no lo tengan, así como las conductas que fundadas en alguna norma, atenten contra esos fines, se convierten en inconstitucionales"[364].

Por último, en cuanto al Estado de Justicia, se lo concibe en la Constitución como el Estado que tiende a garantizar la justicia por encima de la legalidad formal, de manera que como lo ha señalado la Corte Primera de lo Contencioso Administrativo, la Constitución "ha convertido a la República en un "Estado justicialista" por encima, incluso, de aquellas formalidades procesales no esenciales para la tramitación de las pretensiones de los justiciables[365]. De acuerdo con lo establecido por la Sala Constitucional en sentencia 389 del 7 de marzo de 2002:

---

363 *V. Revista de Derecho Público* N° 89 a 92, Editorial Jurídica Venezolana, Caracas, 2002, pp. 94 y ss.

364 *Idem.*

365 *V.* sentencia del 8 de marzo de 2000, caso: *Alida Peñaloza L. vs. Dirección General Sectorial de los Servicios de Inteligencia y Prevención, Revista de Derecho Público*, N° 81, Editorial Jurídica Venezolana, Caracas, 2000, p. 147. *V.* además, de la misma Corte Primera de lo Contencioso Administrativo, sentencia del 16 de enero de 2003, Caso: *Rita Santana vs. Procuraduría General de la República, Revista de Derecho Público*, N° 93 a 96, Editorial Jurídica Venezolana, Caracas, 2003, p. 411. Sobre el tema de la ausencia de formalismos, véase la sentencia 2038 del 24 de octubre de 2001 de la Sala Constitucional, caso: *Armando O. Moreno C. vs. Juzgado Superior Sexto Agrario de la Circunscripción Judicial del Estado Táchira, Revista de Derecho Público*, N° 85 a 98, Editorial Jurídica Venezolana, Caracas, 2001, p. 151.

El principio de la informalidad del proceso ha sido estudiado por la doctrina y la jurisprudencia constitucional, como un elemento integrante del derecho a la tutela judicial efectiva, específicamente al derecho de acceso a la justicia, pues debe garantizársele a todo ciudadano que desee someter un asunto a los órganos jurisdiccionales, que obtendrá una respuesta motivada, proporcionada y conforme al ordenamiento legal preexistente.

A la par del derecho del justiciable a obtener un pronunciamiento de fondo, el propio ordenamiento jurídico ha establecido una serie de formalidades que pueden concluir con la terminación anormal del proceso, ya que el juez puede constatar que la irregularidad formal se erige como un obstáculo para la prosecución del proceso.

Así, el juez puede constatar el incumplimiento de alguna formalidad y desestimar o inadmitir la pretensión de alguna de las partes, sin que ello se traduzca, en principio, en una violación al derecho a la tutela judicial efectiva, ya que esas formalidades han sido establecidas como una protección de la integridad objetiva del procedimiento[366].

Por ello, la Constitución igualmente estableció en el Preámbulo y en el artículo 1° el valor justicia, sino que reguló expresamente el derecho de acceso a la justicia y a la obtención de una tutela efectiva de los derechos e intereses de las personas. A tal efecto, la Constitución postuló la necesaria organización de los tribunales de manera de garantizar una justicia gratuita, accesible, imparcial, idónea, transparente, autónoma, independiente, responsable, equitativa y expedita, sin dilaciones indebidas, sin formalismos o reposiciones inútiles (art. 26)[367].

En relación con esta noción del Estado de Justicia, entre los múltiples fallos dictados por el Tribunal Supremo de Justicia, se destaca la sentencia 949 de la Sala Político Administrativa del 26 de abril de 2000, en la cual se señaló:

> En consecuencia, cuando el Estado se califica como de Derecho y de Justicia y establece como valor superior de su ordenamiento jurídico a la Justicia y la preeminencia de los derechos fundamentales, no está haciendo más que resaltar que los órganos del poder público y en especial el sistema judicial– deben inexorablemente hacer prelar una noción de justicia material por sobre las formas y tecnicismos, propios de una legalidad formal que ciertamente ha tenido que ceder frente a la nueva concepción de Estado.
>
> Y esta noción de Justicia material adquiere especial significación en el fértil campo de los procesos judiciales en los que el derecho a la defensa y debido proceso (artículo 49 C.), la búsqueda de la verdad como elemento consustancial a la Justicia, en los que no se sacrificará ésta por la omisión de formalidades no esenciales (artículo 257), y el entendimiento de que el acceso a la Justicia es para que el ciudadano haga valer sus derechos y pueda obtener una tutela efectiva de ellos de manera expedita, sin dilaciones indebidas y sin formalismos o reposiciones inútiles (artículo 26), conforman una cosmovisión de Estado justo, del justiciable como elemento protagónico de la democracia, y del deber ineludible que tienen los operadores u operarios del poder judicial de mantener el proceso y las decisiones dentro del marco de los valores y principios constitucionales.
>
> Todo esto nos lleva a que el proceso deja de ser un laberinto, con trabas y obstáculos, donde el Juez es un simple espectador de argucias y estrategias, y se convierte en un instrumento viable para la paz social y el bien común. Esto reafirma al proceso y al derecho procesal como un área jurídica que forma parte del derecho público y que está íntimamente vinculada a la sensibilidad

---

366 *V.* caso: *Agencia Ferrer Palacios C.A. vs. Juzgado Sexto de Primera Instancia en lo Civil, Mercantil y del Tránsito de la Circunscripción Judicial del Área Metropolitana de Caracas, Revista de Derecho Público* N° 89 a 92, Editorial Jurídica Venezolana, Caracas, 2002, p. 175

367 *Cfr.* en general, Carlos J. Sarmiento Sosa, *La justicia en la Constitución de la República Bolivariana de Venezuela (Extradición),* Vadell Hermanos, Caracas, 2000, pp. 147 y ss.; Emilio Spósito Contreras, "Implicaciones del Estado de derecho y justicia en algunos aspectos de la relación súbdito–gobierno", *Revista de derecho,* N° 4, Tribunal Supremo de Justicia, Caracas, 2002, pp. 53 a 84.

social. En consecuencia, al cambiar el rol del Estado y de la sociedad, con la entrada en vigencia de la Constitución de la República Bolivariana de Venezuela, el Juez y el proceso pasan a ser elementos esenciales en la conformación de un Estado de Justicia[368].

Esta concepción del Estado de Justicia también ha sido analizada por la Sala Constitucional del Tribunal Supremo de Justicia, particularmente en la sentencia 389 de 7 del marzo de 2002, en la cual reiteró el principio de la informalidad del proceso en los siguientes términos:

> La justicia constituye uno de los fines propios del Estado Venezolano, conforme lo estatuye el artículo 2° de la Constitución de la República Bolivariana de Venezuela, fin que realiza a través del proceso, como un instrumento fundamental.
>
> El propio Texto Constitucional se ha encargado de desarrollar las garantías y principios que deben imperar en todo proceso, dentro de las cuales se encuentran la garantía de una justicia "sin formalismos o reposiciones inútiles" o la del no sacrificio de la justicia por "la omisión de formalidades no esenciales", prevista expresamente en sus artículos 26 y 257.
>
> De allí que, por mandato constitucional, el principio de la informalidad del proceso se constituye en una de sus características esenciales.
>
> El principio de la informalidad del proceso ha sido estudiado por la doctrina y la jurisprudencia constitucional, como un elemento integrante del derecho a la tutela judicial efectiva, específicamente al derecho de acceso a la justicia, pues debe garantizársele a todo ciudadano que desee someter un asunto a los órganos jurisdiccionales, que obtendrá una respuesta motivada, proporcionada y conforme al ordenamiento legal preexistente.
>
> A la par del derecho del justiciable a obtener un pronunciamiento de fondo, el propio ordenamiento jurídico ha establecido una serie de formalidades que pueden concluir con la terminación anormal del proceso, ya que el juez puede constatar que la irregularidad formal se erige como un obstáculo para la prosecución del proceso.
>
> Así, el juez puede constatar el incumplimiento de alguna formalidad y desestimar o inadmitir la pretensión de alguna de las partes, sin que ello se traduzca, en principio, en una violación al derecho a la tutela judicial efectiva, ya que esas formalidades han sido establecidas como una protección de la integridad objetiva del procedimiento.
>
> Pero no todo incumplimiento de alguna formalidad puede conducir a la desestimación o inadmisión de la pretensión, ya que para ello el juez debe previamente analizar: a) la finalidad legítima que pretende lograrse en el proceso con esa formalidad; b) constatar que esté legalmente establecida; c) que no exista posibilidad de convalidarla; d) que exista proporcionalidad entre la consecuencia jurídica de su incumplimiento y el rechazo de la pretensión.
>
> Solamente cuando el juez haya verificado que no se cumpla con los elementos antes descritos es que debe contraponer el incumplimiento de la formalidad con el derecho fundamental a la tutela judicial efectiva, específicamente de acceso a la justicia, para desechar o inadmitir la pretensión del justiciable y en caso de dudas interpretarse a favor del accionante, ello en cumplimiento del principio del *pro actione*[369].

---

368 *V.* en *Revista de Derecho Público*, N° 82, Editorial Jurídica Venezolana, Caracas, 2000, pp. 163 y ss. *V.* además, la sentencia 1213 del 19 de agosto de 2003 de la Sala Político Administrativa del Tribunal Supremo, caso: *Tomás A. Salazar Marcano vs. SENIAT, Revista de Derecho Público*, N° 93 a 96, Editorial Jurídica Venezolana, Caracas, 2003, p. 407.

369 *V. Revista de Derecho Público*, N° 89 a 92, Editorial Jurídica Venezolana, Caracas, 2002, pp. 176 y ss.

XI. EL PRINCIPIO DE LA PRIMACÍA Y PROGRESIVIDAD DE LOS DERECHOS CONSTITUCIONALES

Así como la Constitución regula la organización del Estado mediante sistemas de distribución y división o separación del poder público (parte orgánica), también tiene por objeto regular no sólo los fines del Estado, como se ha visto, sino el estatuto de las personas y de la sociedad civil, y sus relaciones con el propio Estado. Ello se concreta en el régimen de los derechos[370] y deberes constitucionales de las personas (parte dogmática), en el cual se establece esa relación Estado–Sociedad, de particular importancia para el derecho administrativo pues precisan los campos de actuación prestacional de la Administración Pública.

En esta materia de los derechos constitucionales[371], y en particular en relación con los derechos humanos, sin duda, la Constitución de 1999 es un texto en el cual se han incorporado notables innovaciones signadas por el principio de la progresividad de la protección de los derechos humanos[372].

1. El principio de la progresividad y la no discriminación

El artículo 19 C. 1999 comienza el título relativo a los deberes, derechos y garantías constitucionales disponiendo que el Estado debe garantizar a toda persona, conforme al principio de progresividad y sin discriminación alguna, el goce y ejercicio irrenunciable, indivisible e interdependiente de los derechos humanos.

El respeto y la garantía de los derechos, por tanto, son obligatorios para los órganos del poder público de conformidad con la Constitución, los tratados sobre derechos humanos suscritos y ratificados por la República y las leyes que los desarrollen; exigiéndose en todo caso de actuaciones de la Administración, la interpretación más favorable a la libertad y al ejercicio de los derechos.

---

370 *Cfr.* en general, Josefina Calcaño de Temeltas, "Notas sobre la constitucionalización de los Derechos Fundamentales en Venezuela", en *El derecho público a comienzos del siglo XXI. Estudios homenaje al Profesor Allan R. Brewer–Carías,* t. I, *cit.,* pp. 2489 a 2535; Germán J. Bidart Campos, "¿La incorporación constitucional de un sistema de derechos es una respuesta iusnaturalista o positivista?", en *El Derecho Público a comienzos del siglo XXI. Estudios homenaje al Profesor Allan R. Brewer–Carías,* t. III, *cit.,* pp. 2483 a 2487; Rafael Ortiz–Ortiz, "Los derechos humanos en la República Bolivariana de Venezuela. Apreciaciones generales y principios orientadores de su ejercicio", *Revista de la Facultad de Derecho,* N° 1, Valencia, Universidad de Carabobo, 2002, pp. 339 a 369; Agustina Y. Martínez, "Los derechos humanos en la Constitución venezolana: consenso y disenso", *Estudios de Derecho Público. Libro Homenaje a Humberto J. La Roche Rincón,* Vol. I, *cit.,* pp. 549 a 572; y Elida Aponte Sánchez, "Los derechos humanos: fundamentación, naturaleza y universalidad", *ibíd.,* Vol. I, pp. 85 a 108.

371 Sobre una supuesta distinción entre derechos constitucionales y derechos fundamentales, más propia de las constituciones europeas, como las de Alemania y España, que de la venezolana, véase la sentencia del 24 de mayo de 2000 de la Corte Primera de lo Contencioso Administrativo, *Revista de Derecho Público,* N° 82, Editorial Jurídica Venezolana, Caracas, 2000, p. 323.

372 *V.* nuestras propuestas para incorporar estas normas en el texto del cap. sobre "Disposiciones Generales" del título IV sobre los "Deberes, Derechos Humanos y Garantías de la Constitución" en Allan R. Brewer–Carías, *Debate constituyente (Aportes a la Asamblea Nacional Constituyente),* t. II, *cit.* pp. 77 a 115. Sin embargo, en la materia también hubo notables regresiones específicas, como la eliminación del derecho de protección a las personas desde la concepción, a la violación de la reserva legal como garantía de los derechos por la previsión de la delegación legislativa al Ejecutivo, y de las regulaciones excesivamente paternalistas y estatistas en el campo de los derechos sociales, en las cuales se ha marginado a la sociedad civil. *V.* nuestros votos salvados en esos temas y otros en Allan R. Brewer–Carías, *Debate constituyente (Aportes a la Asamblea Nacional Constituyente),* t. III, *cit.,* pp. 109 y ss.

Se establece así, en *primer lugar*, la garantía estatal de los derechos humanos, conforme al principio de la progresividad[373], lo que implica necesariamente que la interpretación de las normas correspondientes y cualquier revisión constitucional futura debe realizarse de manera más favorable al ejercicio y goce de los derechos y, además, conforme al principio de la no discriminación. Sobre este principio, la Sala Constitucional del Tribunal Supremo, citando el artículo 2° de la Convención Americana sobre Derechos Humanos, en sentencia 1154 de 29 de junio de 2001, ha indicado que "en razón del cual resulta menester la adecuación del ordenamiento jurídico para asegurar la efectividad de dichos derechos, no siendo posible la excusa de la inexistencia o no idoneidad de los recursos consagrados en el orden interno para la protección y aplicación de los mismos"[374].

Sobre el propio principio de la progresividad, la Corte Primera de lo Contencioso Administrativo en sentencia del 1° de junio de 2000 (caso *Julio Roco A.*) ha argumentado que el mismo:

> Se refiere a la obligación que tiene el Estado de incorporar al ordenamiento jurídico el reconocimiento de todos y cada uno de los derechos humanos consagrados tanto en su texto constitucional, como en los instrumentos internacionales que versen sobre la materia, es decir este principio define la obligación de los Estados de reconocer y velar por la defensa de los derechos humanos de manera consecutiva, con el objeto de garantizar el disfrute y goce de tales derechos en la medida que los mismos han sido considerados como inherentes a la condición humana afirmando pues la condición de la dignidad humana frente al Estado y definiendo la actividad de los poderes públicos al servicio del ser humano.
>
> Es tal la importancia de este principio que su aplicación obliga a los Estados a actualizar su legislación en pro de la defensa de los derechos humanos y en aras de dignificar la condición humana, adaptando la interpretación de las normas "*a la sensibilidad, pensamiento y necesidades de los nuevos tiempos*" a fin "*de ponerlas a tono con el nuevo orden establecido y para rechazar todo precepto anacrónico que se oponga a su efectiva vigencia*".
>
> En este orden de ideas, la Constitución de la República Bolivariana de Venezuela en el artículo 44 reconoce el derecho a la libertad y sólo consiente en casos muy claros y definidos las excepciones a dicho principio, comentado *supra*, lo cual en concordancia con el principio de progresividad obliga al Estado Venezolano a reconocer en el ordenamiento jurídico existente la primacía del derecho a la libertad, en los términos definidos y previstos por la Constitución, so pena de inconstitucionalidad de la norma en el caso de que esto no ocurra.
>
> En relación con lo anteriormente expuesto, existe un deber para el juez contencioso administrativo, de interpretar todo el ordenamiento jurídico a la luz del derecho de la Constitución, más aún actuando en ejercicio de la jurisdicción constitucional de amparo, lo que quiere decir también, que hay que interpretar el ordenamiento de manera congruente con los derechos fundamentales o derechos humanos, que deben respetarse por encima de todo, realizando una interpretación de manera progresiva e integral[375].

El artículo 19, además, en *segundo lugar*, establece la obligación de los órganos del Estado, en particular de la Administración Pública, de respetar y garantizar los derechos no sólo conforme a la Constitución y a las leyes, sino también conforme a los tratados sobre derechos humanos ratificados por la República, los cuales, por tanto, se han incorporado definitivamente en el orden constitucional interno.

---

373 *Cfr.* en relación con el proceso penal, Carmelo Borrego, *La Constitución y el proceso penal,* Caracas, Livrosca, 2002, pp. 3 y ss.; 57 y ss.

374 *V. Revista de Derecho Público,* N° 85 a 88, Editorial Jurídica Venezolana, Caracas, 2001, p. 113.

375 *V. Revista de Derecho Público,* N° 82, Editorial Jurídica Venezolana, Caracas, 2000, pp. 287 y ss.

2. El principio de la libertad

Al igual que en el artículo 43 C. 1961, el artículo 20 C. 1999 consagra el principio de la libertad, como fundamento de todo el sistema en la materia, al establecer:

> Toda persona tiene derecho al libre desenvolvimiento de su personalidad, sin más limitaciones que las que derivan del derecho de las demás y del orden público y social.

Como se había señalado en la Exposición de motivos de la Constitución de 1961, esta norma "sustituye el enunciado tradicional de que todos pueden hacer lo que no perjudique a otro y nadie está obligado a hacer lo que la ley no ordene ni impedido de ejecutar lo que ella no prohíba".

El límite al ejercicio de los derechos que derivan del concepto de libertad, en todo caso, está establecido por el derecho de los demás y por el orden público y social; limitaciones que sólo pueden establecerse en las leyes, dada la garantía constitucional de la reserva legal. Las limitaciones derivadas del orden público o social originan la actividad de policía administrativa.

3. La cláusula abierta de los derechos humanos, la preeminencia de los mismos y su aplicación inmediata

Los derechos humanos garantizados y protegidos conforme a la Constitución, no sólo son los enumerados en su texto, sino todos los demás que sean inherentes a la persona humana, entre los que se destacan los denominados derechos de la personalidad[376]. Así se establecía en el artículo 50 C. 1961 lo que permitió, conforme a dicha norma, que la jurisprudencia incorporara con rango constitucional muchos derechos humanos no enumerados en el texto constitucional[377]; cláusula que se recoge, ampliada, en el artículo 22 C. 1999, así:

> La enunciación de los derechos y garantías contenidos en esta Constitución y en los instrumentos internacionales sobre derechos humanos no debe entenderse como negación de otros que, siendo inherentes a la persona, no figuren expresamente en ellos. La falta de ley reglamentaria de estos derechos no menoscaba el ejercicio de los mismos.

La ampliación de la cláusula deriva de la referencia a los derechos y garantías no enunciados no sólo en la Constitución sino en los instrumentos internacionales sobre

---

376 *Cfr.* en general, Agustina Yadira Martínez e Innes Faría Villarreal, "La cláusula enunciativa de los derechos humanos en la Constitución venezolana", *Revista de derecho,* N° 3, Tribunal Supremo de Justicia, 2001, pp. 133 a 151; Rafael Ortiz–Ortiz, "Los derechos de la personalidad como derechos fundamentales en el nuevo orden constitucional venezolano", *Estudios de Derecho Público. Libro Homenaje a Humberto J. La Roche Rincón,* Vol. I, *cit.,* pp. 39 a 82; María C. Domínguez Guillén, "Innovaciones de la Constitución de 1999 en materia de derechos de la personalidad", *Revista de la Facultad de Ciencias Jurídicas y Políticas,* N° 119. Universidad Central de Venezuela, Caracas, 2000, pp. 17 a 44; María Candelaria Domínguez Guillén, "Aproximación al estudio de los derechos de la personalidad", *Revista de Derecho,* N° 7, Tribunal Supremo de Justicia, Caracas, 2002, pp. 49 a 311.

377 Un ejemplo importante fue la definición del derecho a la participación política como derecho inherente a las personas en la sentencia 17 de la Sala Político Administrativa de la Corte Suprema de Justicia del 19 de enero de 1999, con la que se abrió la vía constitucional hacia la convocatoria y elección de la Asamblea Nacional Constituyente. *V.* el texto en Allan R. Brewer–Carías, *Poder Constituyente Originario y Asamblea Nacional Constituyente,* Editorial Jurídica Venezolana, Caracas, 1999, pp. 41 y ss.; y *Revista de Derecho Público,* N° 77 a 80 Editorial Jurídica Venezolana, Caracas, 1999, pp. 56 y ss. *V.* Allan R. Brewer–Carías, "La configuración judicial del proceso constituyente o de cómo el guardián de la Constitución abrió el camino para su violación y para su propia extinción", *Revista de Derecho Público,* N° 77 a 80 Editorial Jurídica Venezolana, Caracas, 1999, pp. 453 y ss.

derechos humanos, lo cual no puede entenderse como negación a los que sean inherentes a la persona humana[378].

De los artículos 22 y 23 C., conforme al criterio de la Sala Constitucional del Tribunal Supremo, "se desprende que la interpretación constitucional debe siempre hacerse conforme al principio de preeminencia de los derechos humanos, el cual, junto con los pactos internacionales suscritos y ratificados por Venezuela relativos a la materia, forma parte del bloque de la constitucionalidad[379]. Por ello, a su vez, la Sala Político Administrativa del Tribunal Supremo de Justicia ha hecho especial énfasis en la noción de preeminencia de la dignidad y los derechos de la persona, considerando en sentencia 224 de 24 de febrero de 2000:

> Este núcleo material axiológico, recogido y desarrollado ampliamente por el Constituyente de 1999, dada su posición preferente, *representa la base ideológica que sustenta el orden dogmático de la vigente Constitución, imponiéndose al ejercicio del poder público y estableciendo un sistema de garantías efectivo y confiable.* De allí que todo Estado Constitucional o Estado de Derecho y de Justicia, lleva consigo la posición preferente de la dignidad humana y de los derechos de la persona, la obligación del Estado y de todos sus órganos a respetarlos y garantizarlos *como objetivo y finalidad primordial* de su acción pública[...]

La Constitución venezolana de 1999 consagra la preeminencia de los derechos de la persona como uno de los *valores superiores* de su ordenamiento jurídico y también refiere que su defensa y desarrollo son uno de *los fines esenciales* del Estado (art. 2 y 3)[380].

Se destaca, además, que al final de la norma del artículo 22 C. se dispone que "La falta de ley reglamentaria de estos derechos no menoscaba el ejercicio de los mismos", sobre lo cual la Sala Constitucional en sentencia 723 del 15 de mayo de 2001 señaló:

> En razón del carácter operativo de las disposiciones relativas a los derechos humanos, la aplicación de los mismos, sin menoscabo de la integración de la regulación internacional con la interna, no puede estar condicionada a la existencia de una ley que los desarrolle; antes por el contrario, la falta de instrumento jurídico que los reglamente, no menoscaba su ejercicio, por cuanto tales derechos "son de aplicación inmediata y directa por los tribunales y demás órganos del poder público" (artículos 22 y 23 del Texto Fundamental)"[381].

4. La jerarquía constitucional de los tratados internacionales sobre derechos humanos

Una de las importantes innovaciones de la Constitución de 1999 en esta materia, como se ha dicho anteriormente, ha sido el haberle otorgado rango constitucional a los tratados internacionales sobre derechos humanos, siguiendo los antecedentes de la Constitución de Perú de 1979 (art. 105) y de la Constitución argentina de 1994 (art. 75), y la orientación de la jurisprudencia de la Corte Suprema de Justicia sentada en la sen-

---

378 *Cfr.* en general, Germán J. Bidart Campos, "Los derechos no enumerados en la Constitución", en *Estudios de Derecho Público. Libro Homenaje a Humberto J. La Roche Rincón,* Vol. I, *cit.*, pp. 225 a 234; Agustina Y. Martínez e Innes Faría V, "La cláusula enunciativa de los derechos humanos en la Constitución venezolana", *cit.*, pp. 111 a 151.

379 *V.* la sentencia 3215 del 15 de junio de 2004, caso Interpretación del artículo 72 de la Constitución, *Revista de Derecho Público*, N° 97 y 98, Editorial Jurídica Venezolana, Caracas, 2004, p. 430.

380 *V. Revista de Derecho Público,* N° 81, Editorial Jurídica Venezolana Caracas, 2000, pp. 131 y ss.

381 *V. Revista de Derecho Público*, N° 85 a 88, Editorial Jurídica Venezolana, Caracas, 2001, pp. 113 y ss.

tencia de declaratoria de nulidad de la Ley de Vagos y Maleantes del 14 de octubre de 1997[382]. Estos antecedentes llevaron a la inclusión de una norma[383] que quedó redactada así:

> *Artículo 23.* Los tratados, pactos y convenciones relativos a derechos humanos, suscritos y ratificados por Venezuela, tienen jerarquía constitucional y prevalecen en el orden interno, en la medida en que contengan normas sobre su goce y ejercicio más favorable a las establecidas por esta Constitución y la ley de la República, y son de aplicación inmediata y directa por los tribunales y demás órganos del poder público.

Se destacan, de esta disposición, los siguientes aspectos: primero, la jerarquía constitucional de los tratados, pactos y convenciones sobre derechos humanos[384]; segundo, la aplicación prevalente de los mismos en relación con la Constitución y las leyes, si establecen normas más favorables; y tercero, la aplicación inmediata y directa de los mismos por los órganos que ejercen el poder público.

Sobre esta norma constitucional, la Sala Constitucional del Tribunal Supremo en sentencia 1942 del 15 de julio de 2003 (caso Impugnación de artículos del Código Penal, sobre "leyes de desacato") sentó los siguientes criterios interpretativos excluyendo de dicha prevalencia a "los informes u opiniones de organismos internacionales, que pretendan interpretar el alcance de las normas de los instrumentos internacionales":

> En materia de derechos humanos, adquieren rango constitucional, equiparadas a normas contenidas en la Constitución, las disposiciones de los Tratados, Pactos y Convenciones relativos a derechos humanos, suscritos y ratificados por Venezuela que resulten más favorables a las establecidas en nuestra Carta Magna o en las leyes nacionales. Así, dichas normas, producto de acuerdos escritos celebrados entre Estados y regidos por el Derecho Internacional, se incorporan al derecho interno.
>
> A juicio de la Sala, dos elementos claves se desprenden del artículo 23: 1) Se trata de derechos humanos aplicables a las personas naturales; 2) Se refiere a normas que establezcan derechos, no a fallos o dictámenes de instituciones, resoluciones de organismos, etc., prescritos en los tratados, sino sólo a normas creativas de derechos humanos.
>
> Dichas disposiciones, al igual que la Constitución, se aplican en Venezuela inmediata y directamente, siempre que sean más favorables para las personas, que los derechos constitucionales, o los derechos humanos contemplados en nuestras leyes; y muchas veces ante antinomias o situaciones ambiguas entre los derechos contenidos en los instrumentos internacionales señalados y la Constitución, corresponderá a la Sala Constitucional interpretar cuál es la disposición más favorable.

---

382 *Cfr.* Humberto J. La Roche, *Ensayos de Derecho Constitucional*, Tribunal Supremo de Justicia, Caracas, 2002, pp. 223 y ss.; Carlos M. Ayala Corao, "Recepción de la jurisprudencia internacional sobre Derechos Humanos por la jurisprudencia constitucional", *Estudios de Derecho Público. Libro Homenaje a Humberto J. La Roche Rincón*, Vol. I, *cit.*, pp. 153 a 224.

383 *V.* nuestra propuesta para incorporar la norma del artículo 23 de la Constitución en Allan R. Brewer–Carías, *Debate Constituyente (Aportes a la Asamblea nacional Constituyente)*, t. II, *cit.*, pp. 111 a 115.

384 *Cfr.* en general, Carlos M. Ayala Corao, "La jerarquía constitucional de los tratados relativos a derechos humanos y sus consecuencias", *Bases y principios del sistema constitucional venezolano (Ponencias del VII Congreso Venezolano de Derecho Constitucional realizado en San Cristóbal del 21 al 23 de Noviembre de 2001)*, San Cristóbal, Vol. I, pp. 167 a 240; y Lorena Rincón Eizaga, "La incorporación de los tratados sobre derechos humanos en el derecho interno a la luz de la Constitución de 1999", *Revista de la Facultad de Ciencias Jurídicas y Políticas*, Nº 119, Universidad Central de Venezuela, Caracas, 2000, pp. 87 a 108. *V.* nuestra propuesta para la incorporación de esta norma en la Constitución en Allan R. Brewer–Carías, *Debate constituyente (Aportes a la Asamblea nacional Constituyente)*, t. II, *cit.*, pp. 111 y ss.

> Repite la Sala, que se trata de una prevalencia de las normas que conforman los tratados, pactos y convenios (términos que son sinónimos) relativos a derechos humanos, pero no de los informes u opiniones de organismos internacionales, que pretendan interpretar el alcance de las normas de los instrumentos internacionales, ya que el artículo 23 constitucional es claro: la jerarquía constitucional de los tratados, pactos y convenios se refiere a sus normas, las cuales, al integrarse a la Constitución vigente, el único capaz de interpretarlas, con miras al Derecho Venezolano, es el juez constitucional, conforme al artículo 335 de la vigente Constitución, en especial, al intérprete nato de la Constitución de 1999, y que es la Sala Constitucional, y así se declara.
>
> Al incorporarse las normas sustantivas sobre derechos humanos, contenidas en los convenios, pactos y tratados internacionales a la jerarquía constitucional, el máximo y último intérprete de ellas, a los efectos del derecho interno, es esta Sala Constitucional, que determina el contenido y alcance de las normas y principios constitucionales (artículo 335 constitucional), entre las cuales se encuentran las de los tratados, pactos y convenciones suscritos y ratificados legalmente por Venezuela, relativos a derechos humanos.
>
> Resulta así que es la Sala Constitucional quien determina cuáles normas sobre derechos humanos de esos tratados, pactos y convenios, prevalecen en el orden interno,; al igual que cuáles derechos humanos no contemplados en los citados instrumentos internacionales tienen vigencia en Venezuela.
>
> Esta competencia de la Sala Constitucional en la materia, que emana de la Carta Fundamental, no puede quedar disminuida por normas de carácter adjetivo contenidas en tratados ni en otros textos internacionales sobre derechos humanos suscritos por el país, que permitan a los Estados partes del tratado consultar a organismos internacionales acerca de la interpretación de los derechos referidos en la convención o pacto, como se establece en el artículo 64 de la Ley Aprobatoria de la Convención Americana sobre Derechos Humanos, Pacto de San José, ya que, de ello ser posible, se estaría ante una forma de enmienda constitucional en esta materia, sin que se cumplan los trámites para ello, al disminuir la competencia de la Sala Constitucional y trasladarla a entes multinacionales o transnacionales (internacionales), quienes harían interpretaciones vinculantes.
>
> Lo declarado inmediatamente no contradice el artículo 31 constitucional, que está referido al derecho de toda persona a dirigir peticiones o quejas a los organismos internacionales reconocidos por la República, conforme a los tratados, pactos o convenios suscritos por ella, a fin que sean amparados por ellos en sus derechos humanos[385].

La Sala Constitucional del Tribunal Supremo ha tenido ocasión de aplicar esta norma en relación con el derecho de las personas a recurrir de los fallos. En efecto, en sentencia de 14 del marzo de 2000 (caso: *C.A. Electricidad del Centro y C.A. Electricidad de los Andes*), en relación con la limitación que establece el artículo 185 de la Ley Orgánica de la Corte Suprema de Justicia respecto de la apelación de fallos de la Corte Primera de lo Contencioso Administrativo, estableció lo siguiente:

> Según la Constitución de la República Bolivariana de Venezuela, toda persona declarada culpable tiene derecho a recurrir del fallo, con las excepciones establecidas en la Constitución y la ley (artículo 49, numeral 1). Esta disposición se halla precedida por otras, según las cuales, la defensa es derecho inviolable en todo estado y grado de la investigación y del proceso (artículo 49, numeral 1, encabezamiento), y la justicia, así como la preeminencia de los derechos humanos, forman parte de los valores superiores del ordenamiento jurídico (artículo 2).
>
> La consideración en conjunto de las disposiciones que anteceden autoriza a reconocer que, si bien el derecho a la defensa forma parte del radical derecho a la justicia, si bien el derecho a recurrir del fallo forma parte del derecho a la defensa, y si bien éste es inviolable en todo estado y grado

---

385 *V.* en *Revista de Derecho Público*, N° 93 a 96, Editorial Jurídica Venezolana, Caracas, 2003, pp. 136 y ss. y 164 y ss. Véanse los comentarios sobre esta sentencia en Alberto Arteaga Sánchez y otros, *Sentencia 1942 vs. Libertad de expresión*, Caracas, 2004.

del proceso, la Constitución y la ley pueden limitar, por excepción, el citado derecho a recurrir del fallo. Sería el supuesto de la negativa a oír recurso que contempla el ya citado artículo 185, último aparte, de la Ley Orgánica de la Corte Suprema de Justicia, supuesto constitutivo de una limitación excepcional al ejercicio al derecho a la defensa [...]

Cabe interpretar que la norma de la convención –artículo 8°, numerales 1 y 2, literal h de la Convención Americana sobre Derechos Humanos– es más favorable al goce y ejercicio del citado derecho, puesto que consagra el derecho de toda persona a ser oída, no sólo en la sustanciación de cualquier acusación penal, sino también en la determinación de sus derechos y obligaciones de orden civil, laboral, fiscal o de cualquier otro carácter; establece el derecho a recurrir del fallo, sin excepción alguna; le atribuye la naturaleza de garantía mínima; otorga su titularidad a toda persona, con independencia de su condición en el proceso; y establece que el titular del citado derecho ha de ser tratado bajo el principio de igualdad plena[386].

En igual sentido, la Sala Constitucional, en relación con las condiciones de recurribilidad de los fallos de menor cuantía establecidos en el artículo 891 del Código de Procedimiento Civil, resolvió en sentencia 328 del 9 de marzo de 2001 que la señalada norma del artículo 8°, numerales 1° y 2°, de la Convención Americana de Derechos Humanos contiene una disposición más favorable, en cuanto al derecho de la recurribilidad de los fallos y a la doble instancia[387].

5. La obligación de los órganos del estado de respetar y garantizar los derechos humanos y el principio de la reserva legal

Como se señaló, el artículo 19 C. además establece la obligación para los órganos del poder público de respetar y garantizar los derechos humanos no sólo conforme a la Constitución y a las leyes que los desarrollen, sino también, como se ha mencionado, conforme a los tratados sobre derechos humanos suscritos y ratificados por la República, los cuales, por tanto, se han incorporado definitivamente en el orden constitucional interno. Sobre esto, la Sala Electoral del Tribunal Supremo de Justicia en sentencia 127 (caso: *Carlos E. Leplace M. vs. Coordinadora Democrática*) ha señalado;

[...] se infiere que existe tanto una vinculación negativa para los órganos del poder público, traducida en la obligación de permitir el ejercicio de los derechos fundamentales, así como una vinculación positiva referida a la instrumentación de mecanismos idóneos para el efectivo y real disfrute de esos derechos en las leyes que sobre la materia sancione la Asamblea Nacional. En términos del Tribunal Constitucional Español, "*los derechos fundamentales responden a un sis-*

386 *V.* en *Revista de Derecho Público*, N° 81, Editorial Jurídica Venezolana, Caracas, 2000, pp. 157 a 158; citada también en sentencia 328 del 9 de marzo de 2001 de la misma Sala, *Revista de Derecho Público*, N° 85 a 88, Editorial Jurídica Venezolana, Caracas, 2001, pp. 108 y ss. La Sala Político Administrativa del Tribunal Supremo interpretó y desarrolló el criterio establecido por la Sala Constitucional en relación con la inaplicabilidad del Artículo 185 de la derogada Ley Orgánica de la Corte Suprema de Justicia, en sentencia 802 del 13 de abril de 2000, caso: *Elecentro vs. Superintendencia Procompetencia*, *Revista de Derecho Público*, N° 82, Editorial Jurídica Venezolana, Caracas, 2000, pp. 270.

387 *Ibíd. V.* además en sentido similar, la sentencia 449 del 27 de marzo de 2001 de la Sala Político Administrativa, caso: *Dayco de Construcciones vs. INOS*, *Revista de Derecho Público*, N° 85 a 88, Editorial Jurídica Venezolana, Caracas, 2001, pp. 110 y ss. La Sala Político Administrativa, por su parte, ha negado la prevalencia del artículo 8 de la Convención Americana en caso de solicitudes formuladas por parte de personas jurídicas, al entender que la misma se refiere a derechos humanos de las personas naturales. *V.* sentencia 278 del 1 de marzo de 2001, *Revista de Derecho Público*, N° 85 a 88, Editorial Jurídica Venezolana, Caracas, 2001, pp. 104 y ss.

tema de valores y principios de alcance universal que [...] han de informar todo nuestro ordenamiento jurídico" (STC del 15 de junio de 1981)[388].

En toda actuación de los órganos del Estado, y particularmente de los órganos de la Administración Pública, por tanto, los funcionarios tienen la obligación constitucional de respetar y garantizar los derechos humanos, de manera que siempre se debe imponer en las mismas la interpretación más favorable a la plena vigencia de los derechos.

Por otra parte, de acuerdo con la Constitución, si bien los derechos constitucionales son limitables (salvo los de carácter absoluto, como la vida), toda limitación o restricción a los mismos tiene que estar establecida en una ley; es decir, están reservadas al legislador. Como también lo ha destacado la Sala Electoral del Tribunal Supremo de Justicia en sentencia 127 (caso: *Carlos E. Leplace M. vs. Coordinadora Democrática*):

> Los derechos fundamentales sólo pueden ser desarrollados en leyes orgánicas, de conformidad con lo previsto en el artículo 203 de la Constitución. Igualmente cabe destacar, que atendiendo a lo dispuesto en el artículo 156 numeral 32, la legislación en materia de derechos, deberes y garantías constitucionales, entre otros aspectos, es de la competencia del poder público nacional, y por ende materia de reserva legal, lo que implica que su contenido sólo puede ser regulado por la Asamblea Nacional, con lo cual se sustrae a eventuales injerencias de cualquier otro órgano del poder público. En ese sentido, la Sala Constitucional ha sido categórica al señalar que "*a la Asamblea Nacional, en el sistema de la distribución de competencias, es el único poder a quien corresponde reglamentar, de manera general y permanente, el ejercicio y protección de los derechos fundamentales*" (Sentencia de la Sala Constitucional del Tribunal Supremo de Justicia número 1309 del 19 de julio de 2001). De otra parte se tiene que el legislador, no puede regular el ejercicio de esos derechos, alterando sus atributos esenciales (contenido esencial). El Tribunal Constitucional Español ha determinado que se lesionaría el contenido esencial cuando el derecho queda sometido a limitaciones que lo hacen impracticable, lo dificultan más allá de lo razonable o lo despojan de la necesaria protección (STC del 8 de abril de 1981)[389].

XII. EL PRINCIPIO DE LA RESPONSABILIDAD DEL ESTADO Y DE LOS FUNCIONARIOS PÚBLICOS

La realización de actividades estatales, como resultado del ejercicio de competencias por los titulares de los órganos que ejercen el poder público, como toda actividad en el mundo del derecho, puede producir daños a las personas, en particular a los administrados, tanto como resultado del ejercicio lícito de los poderes públicos como por hecho ilícito. Si estos daños se producen, tanto los titulares de los órganos del Estado (los funcionarios públicos) como las personas jurídicas estatales deben responder por los mismos. Por ello, el décimo de los principios fundamentales del derecho público en la Constitución de 1999 es el de la responsabilidad de los funcionarios públicos y del Estado, el cual tiene particular importancia en materia de derecho administrativo pues es en ejercicio de la función administrativa que el Estado entra en relación jurídica con los administrados.

388 *V. Revista de Derecho Público*, Nº 99 y 100, Editorial Jurídica Venezolana, Caracas, 2004, pp. 85 y ss.

389 *V. Revista de Derecho Público*, Nº 99 y 100, Editorial Jurídica Venezolana, Caracas, 2004, pp. 85 y ss.

1. La responsabilidad individual de los funcionarios públicos

En cuanto a los funcionarios públicos, el artículo 139 C., que recoge una norma que ha sido tradicional de nuestro constitucionalismo relativa al principio de la responsabilidad individual de los titulares de los órganos que ejercen el poder público, dispone que "El ejercicio del poder público acarrea responsabilidad individual por abuso o desviación de poder o por violación de esta Constitución o de la Ley".

En consecuencia, la responsabilidad de los funcionarios, cuando en ejercicio del poder público causen daños, puede originarse por abuso de poder, es decir, por el llamado vicio en la causa de los actos estatales (falso supuesto, p. ej.); por desviación de poder, que es el vicio en la finalidad del acto estatal, al utilizarse el poder conferido para perseguir fines distintos a los establecidos en la norma atributiva de competencia; y en general, por violación de la Constitución o de la ley, es decir, en general, por contrariedad al derecho[390].

La Constitución, por otra parte, y también siguiendo una larga tradición de nuestro constitucionalismo, reitera el principio de la responsabilidad de los funcionarios públicos, pero en particular respecto de los actos que dicten, ordenen, ejecuten, violen o menoscaben los derechos garantizados constitucionalmente; responsabilidad que puede ser civil, penal y administrativa, sin que pueda servirles de excusa a los funcionarios órdenes superiores que reciban (art. 25). Este mismo principio lo repite el artículo 8° LOAP en relación con los funcionarios "de la Administración Pública".

En estos casos, conforme al artículo 10° ibídem, y sin perjuicio del derecho de acceso a la justicia establecido en la Constitución (art. 26) y la ley, los particulares cuyos derechos humanos hayan sido violados o menoscabados por un acto u orden de un funcionario público pueden, directamente o a través de su representante, acudir ante el Ministerio Público para que éste ejerza las acciones a que hubiere lugar para hacer efectiva "la responsabilidad civil, laboral, militar, penal, administrativa o disciplinaria" en que hubiere incurrido dicho funcionario. Igualmente, pueden acudir ante la Defensoría del Pueblo para que ésta inste al Ministerio Público a ejercer dichas acciones y, además, para que la Defensoría del Pueblo solicite ante el Consejo Moral Republicano que adopte las medidas a que hubiere lugar con respecto a tales funcionarios, de conformidad con la ley.

A los efectos incluso de la posibilidad de exigencia de responsabilidad, la Ley Orgánica establece el principio de rendición de cuentas, al disponer en su artículo 11 que las autoridades y funcionarios de la Administración Pública deben "rendir cuentas de los cargos que desempeñen en los términos y condiciones que determine la ley".

Debe indicarse, por último, que la Constitución, además de haber sido reiterativa en el establecimiento de la responsabilidad individual de los funcionarios en ejercicio del poder público (arts. 46.4, 199, 200, 216, 222, 232, 241, 242, 244, 281.4 y 5, 285.4 y 315), la ha reafirmado en particular respecto de los jueces por los daños causados a los ciudadanos en el ejercicio de sus funciones, por ejemplo, por retardo o error judicial (arts. 49.8 y 255).

---

390 *Cfr.* Salvador Leal Wilhelm, "Responsabilidad civil del funcionario público en razón del delito", *Ensayos de Derecho Administrativo. Libro Homenaje a Nectario Andrade Labarca,* Vol. I, *cit.*, pp. 939 a 958.

2. La responsabilidad patrimonial del Estado

Pero además de haber establecido la responsabilidad individual de los funcionarios, una de las innovaciones importantes de la Constitución de 1999 en materia de régimen general del ejercicio del poder público, fue la previsión expresa del principio de la responsabilidad patrimonial del Estado, es decir, de las personas jurídicas estatales, básicamente las que resultan de la distribución vertical del poder público (República, estados y de municipios), por los daños y perjuicios que causen los funcionarios en ejercicio de sus funciones.

En la Constitución de 1961, el principio de la responsabilidad del Estado se deducía de la previsión del artículo 47, que establecía que las personas no podían pretender que los entes estatales las indemnizaren sino por daños causados por "autoridades legítimas en ejercicio de su función pública"; y del artículo 206, que regulaba la jurisdicción contencioso administrativa (equivalente al art. 259 C. 1999), al atribuirle a los tribunales de dicha jurisdicción competencia para dictar sentencias de condena "al pago de sumas de dinero y a la reparación de daños y perjuicios originados en responsabilidad de la Administración".

En la Constitución de 1999, sin embargo, se incluyó una norma expresa en la materia[391], con el siguiente texto:

> *Artículo 140.* El Estado responderá patrimonialmente por los daños que sufran los particulares en cualquiera de sus bienes y derechos, siempre que la lesión sea imputable al funcionamiento de la Administración Pública.

De la expresión "funcionamiento de la Administración Pública" se admite que la responsabilidad del Estado se puede originar cuando la lesión se derive tanto del "funcionamiento normal" como del "funcionamiento anormal" de la Administración Pública.

Por otra parte, se observa de esta norma que la responsabilidad es del "Estado", es decir, de las personas jurídicas estatales, en particular, de la República, de los estados y de los municipios en sus respectivos niveles territoriales, por el funcionamiento de sus administraciones públicas.

En cuanto a la expresión "Administración Pública" utilizada en este artículo, en todo caso, debe interpretarse conforme se utiliza la expresión en el título IV de la Constitución, donde está ubicada, abarcando no sólo la Administración Pública conformada por los órganos que ejercen el poder ejecutivo, en los tres niveles político territoriales, sino la conformada por los órganos que ejercen el poder ciudadano y el poder electoral, así como la Administración Pública que constituye la Dirección Ejecutiva de la Magistratura del Tribunal Supremo de Justicia y las unidades administrativas de la Asamblea Nacional.

La redacción de la norma, sin embargo, no permite su aplicación a los casos de responsabilidad del Estado legislador, causada, por ejemplo, al sancionar una ley.

El principio de la responsabilidad patrimonial del Estado por la actividad de la Administración Pública, por otra parte, lo reitera el artículo 14 LOAP, aun cuando en forma impropia, al disponer que la responsabilidad patrimonial sería de la "Administración

---

391 *V.* nuestra propuesta para incorporar esta norma al texto constitucional en Allan R. Brewer–Carías, *Debate Constituyente (Aportes a la Asamblea Nacional Constituyente)*, t. II, *cit.*, pp. 185 y ss.

Pública", cuando esta, como se ha señalado, no es un sujeto de derecho o persona jurídica. La norma, en efecto, señala:

> La Administración Pública será responsable ante los particulares por la gestión de sus respectivos órganos, de conformidad con la Constitución de la República Bolivariana de Venezuela y la ley, sin perjuicio de la responsabilidad que corresponda a los funcionarios por su actuación.
>
> La Administración Pública responderá patrimonialmente por los daños que sufran los particulares, siempre que la lesión sea imputable a su funcionamiento.

La "Administración Pública", en efecto, no puede ser responsable pues no es un sujeto de derecho. En la norma, sin duda, se ha utilizado la expresión como equivalente a las personas jurídicas estatales cuyos órganos administrativos (Administración Pública) han causado el daño, de manera que la responsabilidad es propiamente de las personas jurídicas estatales político territoriales, (República, estados, municipios, distritos metropolitanos), o descentralizadas (p. ej. los institutos autónomos) que la Constitución comprende en la expresión "Estado".

Ahora bien, sobre el principio de la responsabilidad patrimonial del Estado, el principio deriva del proceso natural de penetración del derecho administrativo en áreas tradicionales del derecho privado, pero sin haber tenido realmente un desarrollo autónomo[392]. Sólo ha sido a partir de la entrada en vigencia de la Constitución de 1999 que la Sala Político Administrativa y la Sala Constitucional del Tribunal Supremo han venido avanzando en ello.

Por supuesto, convenimos en que hoy es perfectamente admisible englobar los dos aspectos mencionados de la obligación resarcidora del Estado bajo la denominación general de "responsabilidad administrativa", que englobaría todas las reparaciones debidas por el Estado por daños causados por actividades administrativas tanto lícitas como ilícitas. En cuanto a la responsabilidad por hecho ilícito, por supuesto, sigue rigiendo el derecho civil; y lo mismo se puede decir de la responsabilidad por riesgo. En cuanto a la responsabilidad por daños causados por actividades legítimas y lícitas, en su regulación ha penetrado el derecho administrativo, no sólo desde antaño con la figura de la expropiación que tiene individualidad propia[393], sino con las previsiones de la derogada Ley Orgánica para la Ordenación del Territorio[394] en cuyo articulado se incluyó la una norma (art. 63) que dispuso que "los usos regulados y permitidos en los planos de ordenación del territorio se consideran limitaciones legales a la propiedad y, en consecuencia, no originan por sí solos, derecho a indemnizar", agregando que "Esta sólo podrá ser reclamada por los propietarios en los casos de limitaciones que desnaturalicen las facultades del derecho de propiedad, siempre que produzcan un daño cierto, efecti-

392 *Cfr.* Luis A Ortiz Álvarez, *La responsabilidad patrimonial de la Administración Pública*, Editorial Jurídica Venezolana, Caracas, 1995; Luis A. Ortiz Álvarez "La responsabilidad patrimonial del Estado y de los funcionarios públicos en la Constitución de 1999", *Estudios de Derecho Administrativo. Libro Homenaje a la Universidad Central de Venezuela*, Vol. II, *cit.*, pp. 149 a 207; José Ignacio Hernández G., *Reflexiones críticas sobre las bases constitucionales de la responsabilidad patrimonial de la Administración. Análisis de la interpretación dada al artículo 140 de la Constitución de 1999*, Caracas, 2004. *Cfr.* la jurisprudencia en Luis Ortiz Álvarez, *Jurisprudencia de la responsabilidad extracontractual del Estado (1961–1997)*, Caracas, 1997.

393 Ley de Expropiación, por causa de utilidad pública o social, *Gaceta Oficial* Nº 37.475 del 1 de julio de 2002. *Cfr.* Allan R. Brewer–Carías *et al.*, *Ley de Expropiación por causa de utilidad pública o social,* Caracas, 2002.

394 *Gaceta Oficial* Nº 3.238, Extra. del 11 de agosto de 1983.

vo, individualizado, actual y cuantificable económicamente"[395]. Esta disposición fue eliminada de la Ley Orgánica de Planificación y Gestión de la Ordenación del Territorio de 2005[396]; sin embargo, respecto de la misma, la antigua Corte Suprema de Justicia en Sala Político Administrativa en sentencia del 27 de enero de 1994, precisó que "el régimen de responsabilidad del Estado por sus actos lícitos, aparece en la legislación venezolana en el artículo 63 de la Ley Orgánica para la Ordenación del Territorio", señalando:

> Contemporáneamente los textos constitucionales y legales no circunscriben la indemnización únicamente a la pérdida de la propiedad por expropiación, o por los hechos ilícitos de la Administración, sino que la extienden a cualquier lesión a derechos o intereses legítimos, por ejemplo, las privaciones singulares de los atributos esenciales de la propiedad, a pesar de que provengan de sus actos lícitos [...]
>
> Por otra lado, observa la Sala, que los fundamentos constitucionales del régimen de responsabilidad antes señalado, se encuentran en los artículos 206 y 46 de la Constitución, que contempla el deber de indemnizar por parte de la Administración, derivados de su responsabilidad en general o por la actuación de sus funcionarios competentes, de donde se desprende su obligación de indemnizar los daños causados a los particulares, aun por sus actos lícitos, como serían los emanados de dichos funcionarios[397].

En esta forma, el derecho administrativo, en la configuración de la responsabilidad del Estado, conforme a la orientación del derecho comparado y aun tardíamente, ha penetrado definitivamente en el derecho privado, y sin dejar de aplicarse las normas del Código Civil para exigir la responsabilidad administrativa con falta, ha impuesto sus propias normas y principios respecto de la responsabilidad administrativa sin falta originada en actuaciones lícitas, pero sin que de ello pueda derivarse que se haya establecido un régimen general de responsabilidad objetiva general del Estado[398], o que la responsabilidad administrativa esté regida exclusivamente por el derecho administrativo. En definitiva, como lo estableció la misma Sala Político Administrativa de la antigua Corte Suprema en sentencia del 25 de enero de 1996 (caso: *Hermes Figueroa vs. Instituto Autónomo Ferrocarriles del Estado*):

> El fundamento para exigir una responsabilidad patrimonial del Estado varía si se trata de la llamada responsabilidad con falta o se trata de la llamada responsabilidad sin falta. En este último caso, se está frente a un caso de responsabilidad por acto lícito, acto respecto del cual la exigencia de indemnización viene dada por el principio de igualdad ante las cargas públicas. En cambio, en el caso de la llamada responsabilidad con culpa, de lo que se trata es de una exigencia de indemnización derivada de una actuación ilícita del Estado productora de daños.[399]

---

395 *Cfr.* Allan R. Brewer–Carías, *Estudios de Derecho Público (Labor en el Senado 1983),* t. II, Congreso Nacional, Caracas, 1984, p. 178.

396 *Gaceta Oficial* N° 38.264 Extra. del 2 de septiembre de 2005. En el artículo 123 de esta Ley Orgánica, sin embargo, en cuanto a las limitaciones urbanísticas derivadas de los planes de ordenación urbanísticos, se dispuso que la indemnización sólo podía acordarse "en los casos de limitaciones que comporten vinculaciones singulares y que establezca la ley".

397 *V.* caso: *Promociones Terra Cardón C.A.*, *Revista de Derecho Público*, N° 57 y 58, Editorial Jurídica Venezolana, Caracas, 1994, pp. 198 y ss. *V.* también en Allan R. Brewer–Carías y Luis A. Ortiz Álvarez, *Las grandes decisiones de la jurisprudencia contencioso administrativa (1961–1995),* Editorial Jurídica Venezolana, Caracas, 1996, pp. 282 a 283.

398 Como lo ha dicho la Sala Político Administrativa del Tribunal Supremo de Justicia en sentencia del 15 de junio de 2000, *Revista de Derecho Público*, N° 82, Editorial Jurídica Venezolana, Caracas, 2000, pp. 241 y ss.

399 *V.* en Allan R. Brewer–Carías y Luis A. Ortiz Álvarez, *Las grandes decisiones de la jurisprudencia contencioso administrativa (1961–1995), cit.*, p. 307.

En todo caso, como se dijo, la evolución del régimen de la responsabilidad administrativa ha conducido a la inclusión en la Constitución de 1999 del artículo 140, consagrándose la responsabilidad patrimonial del Estado por los daños causados a los particulares imputables al funcionamiento tanto normal como anormal (lícito o ilícito) de la Administración Pública, lo que no implica la exclusión de la aplicación del derecho civil como lo ha afirmado, por ejemplo, la Sala Político Administrativa del Tribunal Supremo[400].

De esta norma, en efecto, en nuestro criterio se deriva lo siguiente:

En *primer lugar,* que la responsabilidad del Estado se puede generar por daños causados a los particulares por culpa imputable a la Administración, como consecuencia de los actos u omisiones de sus funcionarios conforme a los principios del artículo 1185 C. C..

Se trata, en este caso, de daños causados por lesiones imputables al funcionamiento *anormal* de la Administración que es el que origina el hecho ilícito, es decir, por lesiones producidas por actividades ilegales, contrarias a derecho o que no son realizadas con sometimiento pleno a la ley y al derecho como lo exige el artículo 141 C., y que sean imputables a los funcionaros o titulares de los órganos del Estado.

En *segundo lugar,* que la responsabilidad del Estado se puede también generar por daños causados a los particulares por lesiones imputables al funcionamiento *anormal* de la Administración Pública, pero sin que sea necesario establecer culpa alguna de los funcionarios o titulares de los órganos del Estado, como consecuencia de la teoría del riesgo de acuerdo con lo establecido en los artículos 1.192, 1.193 y 1.194 C. C.; y siempre que no se dé alguna de las causas eximentes de la responsabilidad consagrada en dichas normas del Código Civil y que la Administración también podría invocar: cuando el daño ha sido causado por falta de la víctima, por el hecho de un tercero o por caso fortuito o fuerza mayor.

En *tercer lugar,* que la responsabilidad del Estado se puede también generar por daños causados a los particulares, sin que haya culpa imputable a la Administración y, por tanto, aun cuando haya habido sometimiento pleno a la ley y al derecho, y que por tanto sean derivados de lesiones causadas por el funcionamiento *normal* de la Administración.

En estos casos, el Estado debe también reparar los daños causados por la lesión, pues el particular, conforme al principio de la igualdad ante las cargas públicas, no está legalmente obligado a soportar individualmente el daño que se le causa; y siempre, por supuesto, que no se dé alguna de las causas eximentes de la responsabilidad que consagra el artículo 1.193 C.C. y que la Administración también podría invocar: cuando el daño ha sido causado por falta de la víctima, por el hecho de un tercero o por caso fortuito o fuerza mayor[401]

En estos casos, como lo ha señalado la Sala Político Administrativa del Tribunal Supremo, "lo determinante es que los particulares no están obligados a soportar sin indemnización el daño sufrido, indistintamente si el daño ha sido causado por el funcio-

400 *V.* la sentencia del 15 de junio de 2000 caso: *Eleoriente, Revista de Derecho Público,* N° 82, Editorial Jurídica Venezolana, Caracas, 2000, pp. 241 y ss.

401 *V.* la sentencia del 25 de marzo de 2003 de la Sala Político Administrativa del Tribunal Supremo de Justicia, caso: *CADAFE, Revista de Derecho Público,* N° 93 a 96, Editorial Jurídica Venezolana, Caracas, 2003, pp. 131 y ss.

namiento normal o anormal" de la Administración[402]. Por ello, cuando la Sala Constitucional del Tribunal Supremo ha señalado que la responsabilidad administrativa" debe ser apreciada de manera objetiva", en nuestro criterio es sólo porque descarta "la culpa del funcionario como fundamento único del sistema indemnizatorio"[403]. De ahí que la Sala Político Administrativa del Tribunal Supremo, en sentencia del 21 de agosto de 2003 (caso: *Rogelio Cartaza Acosta*) haya señalado que la Constitución de 1999 "Establece un sistema mixto de responsabilidad patrimonial del Estado, en el cual se combinan la responsabilidad objetiva o sin falta de la Administración y la responsabilidad con falta o por funcionamiento anormal de la misma"; lo que condujo a la Sala a señalar que a los fines de establecer la responsabilidad del Estado, si bien debe constatarse "que se ha producido un daño patrimonial a un particular que no está obligado a soportar",

> Ese daño o lesión puede darse como consecuencia de una actuación legítima de la Administración (en cuyo caso deben utilizarse la teoría del riesgo y del principio de igualdad ante las cargas públicas), o como consecuencia de un funcionamiento anormal de la Administración (donde debe establecerse si hubo una violación a las obligaciones administrativas)[404].

La Sala Político Administrativa ha señalado en la misma línea de razonamiento, en sentencia del 20 de junio de 2004 (caso: *Rister Deltony Rodríguez*), que, por una parte, "el Estado responde ordinariamente por el funcionamiento anormal (o por falta) de las instituciones del poder público y sus órganos, en el cumplimiento o realización de sus compromisos, cometidos y fines" y por otra parte, "el Estado responde extraordinariamente por el funcionamiento normal (o sin falta) de las instituciones del poder público y sus órganos, esto es, por los actos, hechos u omisiones que causen un daño o perjuicio sobre la esfera jurídico–subjetiva de los conciudadanos, el cual pueda ser individualizado, valorado y estimulado, aunque aquellos se ajusten o se presuma que sean conformes con el derecho positivo"[405].

XIII. EL PRINCIPIO DE LA UNIVERSALIDAD DEL CONTROL JUDICIAL SOBRE LOS ACTOS ESTATALES

La consecuencia de los principios de supremacía constitucional, de formación del derecho por grados y de legalidad, es que todos los actos estatales están sometidos a con-

---

402 *V.* la sentencia del 9 de octubre de 2001 de la Sala Político Administrativa del Tribunal Supremo de Justicia, caso: *Hugo Eunices Betancourt, Revista de Derecho Público*, N° 85 a 88, Editorial Jurídica Venezolana, Caracas, 2001, pp. 79 y ss.

403 *V.* la sentencia del 19 de noviembre de 2002 de revisión de la sentencia del 15 de mayo de 2001 de la Sala Político Administrativa, caso: *Gladys de Carmona, Revista de Derecho Público*, N° 89 a 92, Editorial Jurídica Venezolana, Caracas, 2002, pp. 110 y ss.

404 *V.* la cita en José Ignacio Hernández G., *Reflexiones críticas, cit.*, p. 48.

405 Citada en José Ignacio Hernández G., *Reflexiones críticas, cit.*, pp. 63 a 64. De lo anterior es que entonces Hernández deriva su conclusión sobre la interpretación del artículo 140 C., en el sentido de que dicha norma "no impone un sistema de responsabilidad sin culpa de la Administración. Exige que la administración repare los daños por ella ocasionados, pero tales daños han de ser antijurídicos, y como tales, contrarios al ordenamiento jurídico, sea que la Administración haya procurado el daño en ejercicio de sus potestades, pero lesionando discriminatoriamente a determinado particular (lo que produciría la ruptura del equilibrio de las cargas públicas); haya creado una situación de riesgo en beneficio propio (lo que nos conduciría a los tradicionales supuestos de responsabilidad sin culpa del Código Civil), o sea que haya procurado el daño actuando indebidamente. Como se ve, y en estricto sentido, la responsabilidad sin culpa –o por riesgo creado– es sólo una de las tres situaciones de responsabilidad que encuentran cobijo en el artículo 140 de la Constitución", *ibid.*, p. 52.

trol judicial, por lo que en el ordenamiento jurídico venezolano no hay actos estatales excluidos de control. De allí el *decimotercer* principio fundamental del derecho público en la Constitución de 1999: el de la universalidad del control de los actos estatales por parte de los órganos del poder judicial.

Por ello, dejando aparte el control judicial que se ejerce sobre los actos judiciales (sistemas procesales de apelación, acción de amparo, recursos de revisión, recurso de casación), los demás actos estatales están sujetos al control judicial por parte de los jueces competentes para ejercer la justicia constitucional como la justicia administrativa.

1. La justicia constitucional: el carácter mixto o integral del sistema de control de constitucionalidad de los actos estatales

La antigua Corte Suprema de Justicia, al referirse al ámbito del control de la constitucionalidad de las leyes, señaló que está encomendado:

> No tan sólo al Supremo Tribunal de la República, sino a los jueces en general, cualquiera sea su grado y por ínfima que fuere su categoría. Basta que el funcionaria forme parte de la rama judicial para ser custodio de la Constitución y aplicar, en consecuencia, las normas de ésta prevalecientemente a las leyes ordinarias[...] Empero, la aplicación de la norma fundamental por parte de los jueces de grado, sólo surte efecto en el caso concreto debatido, y no alcanza, por lo mismo, sino a las partes interesadas en el conflicto; en tanto, que cuando se trata de la ilegitimidad constitucional de las leyes pronunciadas por el Supremo Tribunal en ejercicio de su función soberana, como intérprete de la Constitución y en respuesta a la acción pertinente, los efectos de la decisión se extienden *erga omnes y* cobran fuerza de ley. En el primer caso, el control es incidental *y* especial; y en el segundo, principal *y* general; y cuando éste ocurre, vale decir, cuando el recurso es autónomo, éste es formal o material, según que la nulidad verse sobre una irregularidad concerniente al proceso elaborativo de la ley, o bien que no obstante haberse legislado regularmente en el aspecto formalista, el contenido intrínseco de la norma adolezca de vicios sustanciales[406].

En consecuencia, el sistema venezolano de justicia constitucional es un sistema mixto o integral[407], en el cual el control difuso de la constitucionalidad está atribuido a todos los tribunales de la República[408], y el sistema concentrado[409], con relación a las leyes y demás actos de rango legal o de ejecución directa e inmediata de la Constitución, está atribuido a la Sala Constitucional del Tribunal Supremo de Justicia como jurisdicción constitucional[410].

---

406 *V.* sentencia de la antigua Corte Federal del 19 de junio de 1953, en *Gaceta Forense,* N° 1, Ministerio de Justicia, Caracas, 1953, pp. 77 y 78.

407 *Cfr.* en general Allan R. Brewer–Carías, *El sistema mixto o integral de control de constitucionalidad en Colombia y Venezuela,* Universidad Externado de Colombia, Pontificia Universidad Javeriana, Bogotá, 1995

408 *Cfr.,* Allan R. Brewer–Carías, *Instituciones Políticas y Constitucionales,* t. VI, "La justicia constitucional", t. VI, *cit.,* pp. 121 y ss.; *id.* "La sentencia de los lapsos procesales (1989) y el control difuso de la constitucionalidad de las leyes", *Revista de Derecho Público,* N° 40, Editorial Jurídica Venezolana, Caracas, 1989, pp. 157 a 175

409 *Cfr.,* Allan R. Brewer–Carías, *El control concentrado de la constitucionalidad de las leyes. Estudio de derecho comparado,* Universidad Católica del Táchira y Editorial Jurídica Venezolana, San Cristóbal y Caracas, 1994, 179 pp.; publicado también en *Homenaje a Carlos Restrepo Piedrahita. Simposio Internacional sobre Derecho del Estado,* t. II, Universidad Externado de Colombia, Bogotá, 1993, pp. 705 a 846.

410 *Cfr.* en general sobre el sistema de justicia constitucional en la Constitución de 1999, íd. *El sistema de justicia constitucional en la Constitución de 1999 (Comentarios sobre su desarrollo jurisprudencial y su explicación, a veces errada, en la Exposición de Motivos),* Editorial Jurídica Venezolana, Caracas, 2000; "La Justicia Constitucional en la Nueva Constitución" *Revista de Derecho Constitucional,* N° 1, Editorial Sherwood, Caracas, 1999, pp. 35 a 44; *Ley Orgánica del Tribunal Supremo de Justicia. Procesos y procedimientos constitucionales y contencioso administrativos,* Editorial Jurídica Venezolana, Caracas, 2004, pp. 75 y ss.

A. El control concentrado de la constitucionalidad

En efecto, la Constitución establece en forma expresa en sus artículos 266, 334 y 336 la competencia de la Sala Constitucional del Tribunal Supremo de Justicia para declarar la nulidad por inconstitucionalidad de las leyes y demás actos de los cuerpos deliberantes de carácter nacional, estadal o municipal dictados en ejecución directa de la Constitución, así como de los actos con rango legal dictados por el Ejecutivo nacional.

Es decir, la Constitución prevé un control judicial concentrado de la constitucionalidad de todos los actos estatales, con exclusión de los actos judiciales y de los actos administrativos, respecto de los cuales prevé medios específicos de control de legalidad y constitucionalidad (recurso de casación, apelaciones y jurisdicción contencioso administrativa).

De acuerdo a la Constitución, por tanto, existe un control concentrado de la constitucionalidad a cargo de la jurisdicción constitucional que corresponde a la Sala Constitucional del Tribunal Supremo de Justicia; conforme al artículo 334,

> Corresponde exclusivamente a la Sala Constitucional del Tribunal Supremo de Justicia como jurisdicción constitucional, declarar la nulidad de las leyes y demás actos de los órganos que ejercen el poder público dictados en ejecución directa e inmediata de la Constitución o que tengan rango de ley.

Este control concentrado de la constitucionalidad está reservado, en el nivel nacional, a los actos estatales de rango legal o dictados en ejecución directa e inmediata de la Constitución (leyes, actos parlamentarios sin forma de ley y actos de gobierno); en el nivel estadal, a las leyes emanadas de los consejos legislativos y demás actos de ejecución directa de la Constitución; y en el nivel municipal, a las ordenanzas municipales, consideradas invariablemente como leyes locales, y demás actos de ejecución directa de la Constitución. Mediante este control, la Sala Constitucional del Tribunal Supremo de Justicia, tiene competencia para declarar la nulidad de dichos actos, con efectos *erga omnes*, cuando sean violatorios o colidan con la Constitución. Se trata, por tanto, como hemos dicho, de un control concentrado de la constitucionalidad que se ejerce respecto de actos estatales de rango legal o dictados en ejecución directa e inmediata de la Constitución, atribuido a la Sala Constitucional[411].

Por tanto, conforme a dicho artículo 334, la Sala Constitucional del Tribunal Supremo, como jurisdicción constitucional, requerida mediante *acción popular,* como ha sido la tradición venezolana[412], tiene las siguientes atribuciones de control concentrado de la constitucionalidad de determinados actos estatales, con poderes anulatorios, previstas en el artículo 336:

> 1. Declarar la nulidad total o parcial de las leyes nacionales y demás actos con rango de ley de la Asamblea Nacional que colidan con esta Constitución.
> 2. Declarar la nulidad total o parcial de las Constituciones y leyes estadales, de las ordenanzas municipales y demás actos de los cuerpos deliberantes de los Estados y municipios dictados en ejecución directa e inmediata de la Constitución y que colidan con ésta.

---

411 *Cfr. íd. Judicial Review in Comparative Law,* (Prólogo de J. A. Jolowicz), Cambridge Studies in International and Comparative Law. New Series, Cambridge University Press, Cambridge 1989. El curso de Cambridge ha sido publicado completo en íd. *Études de droit public comparé*, Bruxelles, Académie International de Droit Comparé, Bruylant, 2001, pp. 935 y ss.

412 *Cfr. íd. Instituciones Políticas y Constitucionales*, t. VI, "La Justicia Constitucional", *cit.,* p. 137 y ss.

3. Declarar la nulidad total o parcial de los actos con rango de ley dictados por el Ejecutivo nacional que colidan con esta Constitución.
4. Declarar la nulidad total o parcial de los actos en ejecución directa e inmediata de la Constitución, dictados por cualquier otro órgano estatal en ejercicio del poder público.

De esta enumeración, por supuesto, resulta que sólo los actos subconstitucionales pueden ser objeto de control de la constitucionalidad por la Sala Constitucional, quedando excluidas las normas de la propia Carta Política de dicho control[413]. Los actos de reforma constitucional, sin embargo, si llegasen a vulnerar las cláusulas pétreas de la Constitución o si no se adaptan a las previsiones formales establecidas en los artículos del Texto Fundamental, en nuestro criterio, podrían ser objeto de control, pues en definitiva, como producto del poder constituyente instituido o derivado, serían actos de ejecución directa e inmediata de la Constitución.

La Sala Constitucional, en relación con el artículo 334 C., la jurisdicción constitucional y el control concentrado de la constitucionalidad, estableció una interpretación vinculante en la sentencia 833 del 25 de mayo de 2001 (caso *Instituto Autónomo Policía Municipal de Chacao vs. Corte Primera de lo Contencioso Administrativo*), en los siguientes términos:

> La jurisdicción constitucional tiene encomendado el control concentrado de la Constitución. Ese control concentrado, que corresponde con exclusividad a la Sala Constitucional conforme al artículo 334 antes citado, otorga competencia a esta Sala para declarar la nulidad de:
>
> 1) Leyes;
> 2) Actos de los órganos que ejercen el poder público, dictados en ejecución directa e inmediata de la Constitución;
> 3) Actos de los órganos que ejercen el poder público que tengan rango de ley.

El artículo 336 *eiusdem,* aclara la enumeración del artículo 334 en su tercer parágrafo, y considera leyes:

1) Las nacionales emanadas de la Asamblea Nacional (numeral 1);
2) Actos con rango de ley, emanados de la Asamblea Nacional (numeral 2);
3) Constituciones estadales (numeral 2);
4) Leyes estadales (numeral 2);
5) Ordenanzas municipales (numeral 2);
6) Actos con rango de ley dictados por el Ejecutivo nacional (numeral 3).

De este último tipo de actos, los decretos leyes dictados por el Ejecutivo (artículo 336, numeral 10), producto de leyes habilitantes, son actos con rango de ley, y como leyes son de igual naturaleza que la normativa dictada por la Sala Plena de este Tribunal Supremo de Justicia en el ejercicio del artículo 267 constitucional[414].

413 *V.* sentencia 1140 del 5 de octubre de 2000 de la Sala Constitucional, *Revista de Derecho Público*, N° 84, Editorial Jurídica Venezolana, Caracas, 2000, p. 101.

414 *V. Revista de Derecho Público*, N° 85 a 88, Editorial Jurídica Venezolana, Caracas, 2001, p. 370.

B. El control difuso de la constitucionalidad

Pero además, el artículo 334 C. también dispone que:

> Todos los jueces o juezas de la República, en el ámbito de sus competencias y conforme a lo previsto en esta Constitución y en la ley, están en la obligación de asegurar la integridad de esta Constitución.
>
> En caso de incompatibilidad entre esta Constitución y una ley u otra norma jurídica, se aplicarán las disposiciones constitucionales, correspondiendo a los tribunales en cualquier causa, aun de oficio, decidir lo conducente[415].

Y adicionalmente el artículo 20 C.P.C. y el artículo 19 del C.O.P.P. permiten a todos los tribunales de la República, cuando decidan un caso concreto, el declarar la inaplicabilidad de las leyes y demás actos estatales normativos cuando estimen que son inconstitucionales, dándole por tanto preferencia a las normas constitucionales. En estos casos cuando el juez declara inaplicable una ley al caso concreto, su decisión tiene carácter incidental y efectos *inter partes*, considerándose a la ley como si nunca hubiera existido o producido efectos en el caso concreto. Por supuesto, esta es una potestad exclusiva de los jueces, que los funcionarios de la Administración Pública no pueden pretender ejercer, tal como lo ha precisado la Sala Constitucional en sentencia 331 del 13 de marzo de 2001 (caso: *Henrique Capriles R. vs. Comisión Nacional de Casinos, Salas de Bingo y Máquinas Traganíqueles*):

> Visto el contenido de la norma constitucional transcrita [art. 344], considera esta Sala evidente que la Comisión Nacional de Casinos, Salas de Bingo y Máquinas Traganíqueles, incurrió en una flagrante violación de lo dispuesto en la misma, al ejercer un control difuso de la constitucionalidad de la norma contenida en el artículo 25 de la Ley para el Control de los Casinos, Salas de Bingo y Máquinas Traganíqueles, al desaplicarla y no dar estricto cumplimiento a los requisitos previstos en la misma para el otorgamiento de las Licencias cuestionadas, por estimarla contraria a lo dispuesto en el artículo 71 constitucional; atribución que conforme a lo dispuesto en el transcrito artículo 334, es exclusiva de los jueces o juezas de la República, quienes la ejercen con ocasión de un caso concreto sometido a su conocimiento, al verificar la incompatibilidad entre el Texto Fundamental y otra ley o norma jurídica, cuya aplicación se les solicita[416].

Por tanto, el sistema venezolano de control de la constitucionalidad de las leyes y otros actos estatales puede decirse que es uno de los más amplios conocidos en el mundo actual, si se lo compara con los que muestra el derecho comparado, pues mezcla el llamado control difuso de la constitucionalidad de las leyes con el control concentrado de la constitucionalidad de las mismas[417].

---

415 *V.* nuestra propuesta para incorporar esta norma al texto constitucional en Allan R. Brewer–Carías, *Debate Constituyente (Aportes a la Asamblea Nacional Constituyente)*, t. III, *cit.*, pp. 93 y ss.

416 *V. Revista de Derecho Público*, N° 85 a 88, Editorial Jurídica Venezolana, Caracas, 2001, pp. 374.

417 De acuerdo a la terminología acuñada por Piero Calamandrei, *La illegittimitá Costituzionale delle Leggi*, Padova, 1950, p. 5; y difundida por Mauro Capelletti, *Judicial Review in the contemporary World*, Indianápolis, 1971. *Cfr.* Allan R. Brewer–Carías, *Judicial Review in Comparative Law, cit.*

2. La justicia administrativa: el control de constitucionalidad y de legalidad de los actos administrativos

A. La constitucionalización del contencioso administrativo

Así como corresponde a la jurisdicción constitucional ejercer el control de constitucionalidad sobre las leyes y demás actos de rango legal o de ejecución directa e inmediata de la Constitución, a los órganos de la jurisdicción contencioso administrativa corresponde conocer del control de constitucionalidad y legalidad de los actos de rango sublegal, es decir dictados en ejecución directa e inmediata de la legislación, y sólo en ejecución indirecta e mediata de la Constitución.

Así lo ha precisado la Sala Constitucional en sentencia 2.353 del 23 de noviembre de 2001 (caso Impugnación de la Ordenanza de Impuestos sobre Juegos y Apuestas del Municipio Iribarren del Estado Lara) al buscar establecer las diferencias entre la jurisdicción constitucional y la jurisdicción contencioso administrativa, pretendiendo aclarar lo que había resuelto en sentencias de 4 de abril de 2000 (caso *Instituto Autónomo Municipal de Chacao*), ratificada por sentencia de esta Sala N° 730 del 18 de julio de 2000 (caso: *Jeffre García*), y 25 de mayo de 2001, que cita, exponiendo que "efectivamente fue la intención del constituyente de la Constitución vigente diferenciar la jurisdicción constitucional de la jurisdicción contencioso administrativa, fundamentando dicha división jurisdiccional en un criterio formal del acto objeto de nulidad o anulación", agregando lo siguiente:.

> Al respecto, el Texto Fundamental reserva exclusivamente a la jurisdicción constitucional el verdadero control concentrado de la constitucionalidad, el cual evidentemente, sólo procede en relación con aquellos actos de naturaleza constitucional y no puede proceder con relación a los actos que no han sido dictados en ejecución directa e inmediata de la Constitución, sino en ejecución de una ley. En otros términos, como es lógico, la nulidad por inconstitucionalidad procede sólo contra actos de naturaleza constitucional mientras que la nulidad por ilegalidad procede contra actos de naturaleza sub–legal o inferior.
>
> Por lo anterior, esta Sala considera que es atribución exclusiva de la jurisdicción constitucional el conocimiento de aquellos actos de naturaleza constitucional, mientras que corresponde a la jurisdicción contencioso administrativa el conocimiento de aquellos actos que no sean de naturaleza constitucional, es decir, de aquellos actos que no tengan rango de ley o que no hayan sido dictados en ejecución directa e inmediata de la Constitución, y así se declara.
>
> La Sala observa que pueden existir procedimientos de nulidad por inconstitucionalidad de actos de naturaleza sub–legal en casos de que el acto se dicte, por ejemplo, obviando derechos o garantías constitucionales. En estos casos, el criterio aplicable es el mismo anterior. Es decir, en virtud de que no forma parte de la jurisdicción constitucional la declaratoria de nulidad de actos sublegales, corresponde entonces a la jurisdicción contencioso administrativa conocer de los procedimientos de nulidad por inconstitucionalidad de actos sublegales, y en tal sentido, la determinación del órgano que debe conocer de cada caso dependerá de la competencia establecida en la Ley Orgánica de la Corte Suprema de Justicia
>
> De lo expuesto, se concluye igualmente que el control concentrado de la constitucionalidad de los actos del poder público lo posee, en forma exclusiva, la Sala Constitucional, y dicho control concentrado de la constitucionalidad sólo se refiere a los actos de naturaleza constitucional, es decir

aquellos actos con rango de ley o dictados en ejecución directa e inmediata de la Constitución, y así se declara.[418].

La Sala Constitucional, en su empeño por concentrar control, llegó incluso a afirmar sin mayor sentido, que "no es cierto que la Sala Político Administrativa comparta el control concentrado de la constitucionalidad, tal como se señaló en la sentencia del 25 de mayo de 2001", cuando evidentemente la Sala Político Administrativa si ejerce un control concentrado de la constitucionalidad de los reglamentos y demás actos administrativos, agregando, sin embargo, que si bien "dicha Sala conoce de la nulidad de aquellos actos sublegales cuya anulación o nulidad le compete según la Ley Orgánica de la Corte Suprema de Justicia, incluyendo la nulidad por inconstitucionalidad, sin embargo, en forma alguna la Sala Político Administrativa conoce de la nulidad de actos de naturaleza constitucional cuyo control concentrado reside en forma exclusiva en la Sala Constitucional del Tribunal Supremo de Justicia, y así se declara[419]. La verdad es que nada agrega la sentencia a lo que diferencia ambas jurisdicciones: el objeto de control conforme a la formación del derecho por grados. La sentencia, en todo caso, concluyó resolviendo que:

> De conformidad con lo expuesto en la presente decisión, lo cual debe considerarse como una interpretación vinculante de la Constitución, obligatoria para todos los tribunales del país, incluyendo las demás salas del Máximo Tribunal de la República, cuando la acción o recurso se funde en razones de inconstitucionalidad los tribunales declinarán su competencia en la Sala Constitucional del Tribunal Supremo de Justicia sólo en el caso que se trate de la declaratoria de nulidad de una ley, o de un acto del poder público dictado en ejecución directa e inmediata de la Constitución. Es decir, que los procedimientos de nulidad o anulación que se refieran a actos que no hayan sido dictados en ejecución directa e inmediata de la Constitución deberán seguirse como procedimientos contencioso administrativos regulados en la actualidad y en forma provisional por la Ley Orgánica de la Corte Suprema de Justicia, mientras no se dicte la ley que regule la jurisdicción contencioso administrativa, y así se decide[420].

Ahora bien, a los efectos de asegurar la sumisión de los reglamentos y demás actos administrativos al derecho, conforme al principio de la legalidad que deriva del Estado de derecho y a la tradición constitucional que se inició en 1925 y se consolidó en la Constitución de 1961, la Constitución de 1999 ha previsto la garantía judicial específica a cargo de la jurisdicción contencioso administrativa y de la jurisdicción contencioso electoral, es decir, al conjunto de órganos judiciales encargados de controlar la legalidad y de la legitimidad de las actuaciones de la Administración, tanto por sus actos, omisiones y en general la actividad administrativa, como por las relaciones jurídico administrativas en las cuales aquélla intervenga[421].

La norma fundamental que constitucionaliza la jurisdicción contencioso administrativa en Venezuela está contenida en el artículo 259 C. 1999, cuyo texto es el siguiente:

> La jurisdicción contencioso administrativa corresponde al Tribunal Supremo de Justicia y a los demás tribunales que determina la ley. Los órganos de la jurisdicción contencioso administrativa son competentes para anular los actos administrativos generales o individuales contrarios a derecho, incluso por desviación de poder; condenar al pago de sumas de dinero y a la reparación de

---

418 *V.* en *Revista de Derecho Público*, Nº 85 a 88, Editorial Jurídica Venezolana, Caracas, 2001, pp. 382 a 383.

419 *Ibíd.* p. 386

420 *Ibíd.* p. 397

421 *Cfr.* Allan R. Brewer–Carías, *Las instituciones fundamentales del derecho administrativo y la jurisprudencia venezolana, cit.* pp. 295 y ss.

daños y perjuicios originados en responsabilidad de la Administración; conocer de reclamos por la prestación de servicios públicos y disponer lo necesario para el restablecimiento de las situaciones jurídicas subjetivas lesionadas por la actividad administrativa.

Ha sido precisamente con base en esta norma constitucional, que repite casi textualmente el contenido del artículo 206 de la anterior Constitución de 1961, que en Venezuela se ha desarrollado la jurisdicción contencioso administrativa que se ejerce por la Sala Político Administrativa del Tribunal Supremo de Justicia y otros tribunales establecidos por ley.

La configuración de dicha jurisdicción, por otra parte, se ha completado en la Constitución de 1999, al regularse también en el artículo 297 a la "Jurisdicción Contencioso Electoral", atribuyéndose su ejercicio a la "Sala Electoral del Tribunal Supremo de Justicia y los demás tribunales que determine la ley"; especializándose así el control de legalidad e inconstitucionalidad de los actos administrativos dictados por los órganos del poder electoral.

Con base en el artículo 259 C. (equivalente al 206 C. 1961), fue la jurisprudencia de la antigua Corte Suprema de Justicia la que elaboró las bases del contencioso administrativo[422], las cuales, desarrolladas por la doctrina nacional[423], condujeron a la elaboración de la derogada Ley Orgánica de la Corte Suprema de Justicia de 1976[424], en cuyas normas se reguló el procedimiento contencioso administrativo ante la Corte; situación que ha continuado con la Ley Orgánica del Tribunal Supremo de Justicia[425].

Tanto la Constitución de 1961 como la de 1999, atribuyeron al legislador una amplia potestad para la determinación de los tribunales que integran tanto la jurisdicción contencioso administrativa como la jurisdicción contencioso electoral, con las solas limita-

---

422 En cuanto a la jurisprudencia, *cfr.* Allan R. Brewer–Carías, *Jurisprudencia de la Corte Suprema 1930–74 y Estudios de Derecho Administrativo,* t. V, "La jurisdicción contencioso administrativa", 2 vols., Universidad Central de Venezuela, Caracas, 1978; Allan R. Brewer–Carías y Luis Ortiz Álvarez, *Las grandes decisiones de la jurisprudencia contencioso administrativa, cit.* y Luis Ortiz–Álvarez, *Jurisprudencia de medidas cautelares en el contencioso administrativo (1980–1994),* Editorial Jurídica Venezolana, Caracas, 1995.

423 *Cfr.* En general, Luis Torrealba Narváez, "Consideraciones acerca de la jurisdicción contencioso administrativa, su procedimiento y algunas relaciones de éste con el de la jurisdicción judicial civil", *Anales de la Facultad de Derecho,* Universidad Central de Venezuela, Caracas, 1951; Hildegard Rondón de Sansó, *El sistema contencioso administrativo de la carrera administrativa. Instituciones, Procedimiento y Jurisprudencia,* Ediciones Magón, Caracas, 1974; Allan R. Brewer–Carías, *Estado de derecho y control judicial, cit.,* pp. 281 y ss.; íd. *Instituciones Políticas y Constitucionales,* t. VII, "Justicia contencioso administrativa", *cit.*; José Araujo Juárez, *Derecho procesal administrativo,* Vadell Hermanos, Caracas, 1996; Antonio Canova González, *Reflexiones para la reforma del sistema contencioso administrativo venezolano,* Editorial Sherwood, Caracas, 1998; Carlos L. Carrillo Artiles, *El recurso jurisdiccional contra las abstenciones u omisiones de los funcionarios públicos,* Universidad Católica Andrés Bello, Caracas, 1996; Víctor Hernández–Mendible, *Tutela judicial cautelar en el contencioso administrativo,* Vadell Hermanos, Caracas, 1998; Daniela Urosa Maggi, *Tutela judicial frente a la inactividad administrativa en el derecho español y venezolano,* Funeda, Caracas, 2003. *Cfr.*, además, las siguientes obras colectivas: *El Control jurisdiccional de los poderes públicos en Venezuela,* Universidad Central de Venezuela, Caracas, 1979; *Contencioso Administrativo en Venezuela,* Editorial Jurídica Venezolana, Caracas, 1993; *Derecho procesal administrativo,* Vadell Hermanos, Caracas, 1997; *Tendencias de la jurisprudencia venezolana en materia contencioso administrativa, VIII Jornadas "J.M. Domínguez Escovar" (Enero 1983),* Caracas, Instituto de Estudios Jurídicos del Estado Lara, Tip. Pregón, 1983; *Contencioso Administrativo, I Jornadas de Derecho Administrativo Allan Randolph Brewer–Carías,* Funeda, Caracas, 1995; *Avances jurisprudenciales del contencioso administrativo en Venezuela, XVIII Jornadas "J.M. Domínguez Escovar,* 2 Tomos, Instituto de Estudios Jurídicos del Estado Lara, Diario de Tribunales Editores, Barquisimeto, 1993.

424. Ley Orgánica de la Corte Suprema de Justicia del 30 de julio de 1976 en *Gaceta Oficial* N° 1893, Extra. del 30 de julio de 1976.

425. Ley Orgánica del Tribunal Supremo de Justicia en *Gaceta Oficial,* N° 37.942 del 20 de mayo de 2004.

ciones constitucionales en el sentido de que, conforme al artículo 266, sólo el Tribunal Supremo de Justicia (Sala Político Administrativa) tiene competencia para:

4. Dirimir las controversias administrativas que se susciten entre la República, algún Estado, municipio u otro ente público, cuando la otra parte sea alguna de esas mismas entidades, a menos que se trate de controversias entre municipios de un mismo Estado, caso en el cual la ley podrá atribuir su conocimiento a otro tribunal.
5. Declarar la nulidad total o parcial de los reglamentos y demás actos administrativos generales o individuales del Ejecutivo nacional, cuando sea procedente.
6. Conocer de los recursos de interpretación sobre el contenido y alcance de los textos legales, en los términos contemplados en la ley.

Al reservarse al Tribunal Supremo, en general, la declaratoria de nulidad de los actos administrativos del Ejecutivo nacional, cuando sea procedente, por supuesto se dejó implícitamente a los demás tribunales de la jurisdicción contencioso administrativa la competencia para declarar la nulidad de los actos de las autoridades administrativas de los estados y municipios. Por supuesto, en cuanto a las demás autoridades nacionales que no conforman estrictamente el "Ejecutivo nacional", el control contencioso administrativo de sus actos constitucionalmente puede atribuirse a otros tribunales distintos del Tribunal Supremo de Justicia, tanto por razones de inconstitucionalidad cómo de ilegalidad, como parcialmente lo hizo la derogada Ley Orgánica de la Corte Suprema de Justicia de 1976, al crear transitoriamente la Corte Primera de lo Contencioso Administrativo y atribuirle competencia en dicha materia al igual que a ciertos tribunales superiores con competencia en lo civil.

Ahora bien, la importancia del texto del artículo 259 C., y su efecto inmediato, que es la constitucionalización de la jurisdicción contencioso administrativa, radica en los siguientes cuatro aspectos[426].

En *primer lugar*, en la universalidad del control que la Constitución regula respecto de los actos administrativos, en el sentido de que todos, absolutamente todos los actos administrativos pueden ser sometidos a control judicial por los órganos de la jurisdicción contencioso administrativa, por contrariedad al derecho, es decir, sea cual sea el motivo de la misma: inconstitucionalidad o ilegalidad en sentido estricto. La Constitución no admite excepciones, y como lo explicó la Exposición de motivos de la Constitución de 1961, la fórmula "contrarios a derecho" es una enunciación general que evita una enumeración que puede ser peligrosa al dejar fuera de control algunos actos administrativos".

Por tanto, la intención de los proyectistas de la norma, tanto en la Constitución de 1961 como en la de 1999, fue la de que a todos los actos administrativos, por cualquier motivo de contrariedad al derecho (inconstitucionalidad o ilegalidad), pudieran ser controlados por los tribunales que conforman la jurisdicción contencioso administrativa[427]. Ello, por supuesto, trae una consecuencia fundamental: cualquier exclusión de control respecto de actos administrativos específicos sería inconstitucional, sea que dicha ex-

426. Allan R. Brewer–Carías, *Nuevas Tendencias en el Contencioso Administrativo en Venezuela*, Editorial Jurídica Venezolana, Caracas, 1993.

427. *V.* en particular lo especificado por la sentencia 2353 del 23 de noviembre de 2001 de la Sala Constitucional, caso: *Impugnación de la Ordenanza de Impuestos sobre Juegos y Apuestas del municipio Iribarren del Estado Lara*: "de la interpretación literal de la norma no puede considerarse que excluye la nulidad de actos administrativos generales o individuales por razones de inconstitucionalidad, ya que la expresión "contrarios a derecho" incluye igualmente la inconstitucionalidad", *Revista de Derecho Público* N° 85 a 88, Caracas 2001, p. 381.

clusión se haga por vía de ley o por las propias decisiones de los Tribunales, en particular, del propio Tribunal Supremo de Justicia.

A los efectos de asegurar la universalidad del control contencioso administrativo, han sido los propios órganos de la jurisdicción contencioso administrativa los que han venido ampliando el concepto de acto administrativo, a los efectos de asegurar que todo acto administrativo pueda ser objeto de control judicial, de manera que no haya actos administrativos que queden excluidos de control[428]. Es la tendencia a la universalidad del control, la que ha permitido, como hemos señalado, someter a control de legalidad y constitucionalidad a los actos administrativos dictados por las administraciones públicas en función normativa y jurisdiccional, así como los actos administrativos dictados por otros órganos del Estado distintos a la Administración Pública y por entes de derecho privado o de derecho público no estatales, y por particulares dictados en función normativa o administrativa[429].

En *segundo lugar* y como consecuencia de esta tendencia hacia la universalidad del control, está el elenco de recursos y acciones puestos a disposición de los particulares para acceder a la justicia contencioso administrativa que, por supuesto, además del recurso de nulidad contra los actos administrativos de efectos generales o de efectos particulares, o contra los actos administrativos generales o individuales, con o sin pretensión de amparo constitucional, comprende el recurso por abstención o negativa de los funcionarios públicos a actuar conforme a las obligaciones legales que tienen; el recurso de interpretación; el conjunto de demandas contra los entes públicos, y las acciones para resolver los conflictos entre autoridades administrativas del Estado.

Pero en *tercer lugar*, la importancia de la constitucionalización de la jurisdicción contencioso administrativa, es decir, del control judicial de constitucionalidad y legalidad de todos los actos administrativos, está en que no sólo la norma constitucional del artículo 259 persigue una asignación de competencias a unos órganos judiciales, sino en que consagra un derecho fundamental del ciudadano a la tutela judicial efectiva frente a la Administración, en el sentido de lo establecido en los artículos 26 de la propia Constitución y 18, primer párrafo, de la Ley Orgánica del Tribunal Supremo. En esta forma, la jurisdicción contencioso administrativa se configura constitucionalmente como un instrumento procesal de protección de los administrados frente a la Administración, y no como un mecanismo de protección de la Administración frente a los particulares. De allí la ratificación del principio de la universalidad del control, en el sentido de que tratándose de un derecho constitucional al mismo, no podría el legislador excluir de control a determinados actos administrativos. Por otra parte, tratándose de un derecho fundamental al control, en la relación privilegios estatales–libertad ciudadana esta última debe prevalecer.

Además, en *cuarto lugar*, la forma como están concebidas constitucionalmente la universalidad de control y el derecho ciudadano a la tutela judicial frente a la Administración, implica la asignación al juez contencioso administrativo de amplísimos poderes

428 *V.* p. ej. la sentencia del 11 de agosto de 1993 de la Corte Suprema de Justicia, Sala Político Administrativa en la cual se afirmó que "la jurisdicción contencioso administrativa [...] abarca, sin excepción, a todos los actos administrativos", por lo que desaplicó por inconstitucional el artículo 519 de la Ley Orgánica del Trabajo que excluía el recurso contencioso administrativo contra las decisiones de los inspectores del trabajo favorable a los sindicatos, *Revista de Derecho Público* Nº 55 y 56, Caracas, 1993, p. 390.

429 *Cfr.* Allan R. Brewer–Carías, *Nuevas Tendencias en el Contencioso Administrativo en Venezuela, cit.*, pp. 25 y ss.

de tutela, no sólo de la legalidad objetiva que debe siempre ser respetada por la Administración, sino de las diversas situaciones jurídicas subjetivas que pueden tener los particulares en relación a la Administración. Por ello, el juez contencioso administrativo, de acuerdo a los propios términos del artículo 259 C., tiene competencia no sólo para anular los actos administrativos contrarios a derecho, sino para condenar a la Administración al pago de sumas de dinero y a la reparación de daños y perjuicios originados en responsabilidad de la misma, y además para disponer lo necesario con miras al restablecimiento de las situaciones jurídicas subjetivas lesionadas por la autoridad administrativa, incluyendo en la expresión "situaciones jurídicas subjetivas" no sólo el clásico derecho subjetivo, sino los derechos constitucionales y los propios intereses legítimos, personales y directos de los ciudadanos.

B. El contencioso administrativo como fuero judicial de la Administración Pública

Por otra parte, debe destacarse que a pesar de la expansión del contencioso administrativo en relación a su objeto de control y a la presencia del derecho administrativo, hasta el año 2004 no se había constituido en la jurisdicción especial de la Administración Pública. Es decir, la jurisdicción contencioso administrativa no constituía un fuero judicial específico del conjunto de sujetos de derecho que personifican al Estado, su organización y funcionamiento, ni del ejercicio de la función administrativa o de la actividad Administrativa Pública del Estado.

En efecto tal como estaba regulada en la derogada Ley Orgánica de la Corte Suprema del Justicia (arts. 42.15, 182.2 y 185.6), la competencia de la jurisdicción contencioso administrativa en materia de demandas contra los entes estatales sólo se refería a las demandas contra la República y contra los institutos autónomos y las empresas del Estado nacionales[430]. En esta forma quedaba fuera del conocimiento de la jurisdicción contencioso administrativa, en primera instancia, las demandas contra los estados y municipios y contra los institutos autónomos y empresas del Estado estadales o municipales, aun cuando en segunda instancia conocieran de estas causas los tribunales superiores contencioso administrativos, mediante apelación. Ante estas regulaciones, sin embargo, la forma de penetración de la jurisdicción contencioso administrativa en campos que normalmente le estaban excluidos, como el de las demandas contra los estados y municipios, fue a través de la teoría de los actos separables, lo que permitió someter al conocimiento de la jurisdicción los actos administrativos unilaterales que se podían aislar de una relación jurídica contractual que se hubiera podido concebir como "de derecho privado" y cuyo conocimiento, por tanto, no correspondería a la jurisdicción contencioso administrativa[431].

En todo caso, en la Ley Orgánica del Tribunal Supremo de 2004[432], al reformarse las normas que transitoriamente rigen el contencioso administrativo, puede decirse que se ha buscado configurar a la jurisdicción contencioso administrativa como un fuero de la

---

430 Así se había interpretado por los órganos de la jurisdicción al aplicar la expresión "empresas del Estado", reservando la jurisdicción sólo a las nacionales, *id.*, *Nuevas Tendencias en el Contencioso Administrativo en Venezuela*, *op. cit.*, 44 y ss.

431 *V.* p. ej., sentencia 26 de junio de 1990 de la Corte Suprema de Justicia, Sala Político Administrativa, caso: *Karl Wuff*, *Revista de Derecho Público* N° 43, Editorial Jurídica Venezolana, Caracas, 1990, pp. 97 a 99.

432 *V.* en *Gaceta Oficial* N° 37.942 del 19 de mayo de 2004. *Cfr.* Allan R. Brewer–Carías, *Ley Orgánica del Tribunal Supremo de Justicia*, *cit.* pp. 207 y ss.

Administración Pública, en su globalidad, de manera que para que la misma juzgue la actuación de estas no sea necesario acudir a mecanismo indirectos como el señalado. En efecto, en cuanto a las demandas contra los entes públicos, el artículo 5°, párrafo 1°.24 atribuyó a la Sala Político Administrativa competencia para "conocer de las demandas que se propongan contra la República, los estados, los municipios, o algún instituto autónomo, ente público o empresa, en la cual la República ejerza un control decisivo y permanente, en cuanto a su dirección o administración se refiere". La Sala Político Administrativa del Tribunal Supremo en sentencia 1315 del 8 de septiembre de 2004, además, aplicando el principio de la unidad de competencia, estableció la competencia de los tribunales contencioso administrativos, cuando sean los entes públicos los demandantes contra particulares[433].

433 Caso: *de declinatoria de competencia, Alejandro Ortega O. vs. Banco Industrial de Venezuela, Revista de Derecho Público*, N° 99 y 100, Editorial Jurídica Venezolana, Caracas, 2004, pp. 298 y ss.

LIBRO CUARTO:

SOBRE LOS SUPUESTOS FUNDAMENTALES DEL DERECHO ADMINISTRATIVO

Este Libro Tercero es el texto del libro *Derecho Administrativo*, Tomo I, Publicaciones de la Facultad de Derecho, Universidad Central de Venezuela, Caracas 1975, 463 pp., que como antes indicamos, fue el inicio del primero proyecto que acometí de editar una obra de largo alcance sobre derecho administrativo, y que quedó inconcluso

Ese primer Tomo recogió, fundamentalmente, el texto que redacté entre 1972 y 1974 cuando me desempeñe como Visiting Scholar en la Universidad de Cambridge, Inglaterra sobre el tema de "La consideración del Estado Democrático y Social de Derecho como supuesto para el estudio del Derecho Administrativo," trabajando en el Trinity College y en el Centro de Estudios Latinoamericanos de dicha Universidad; en paralelo a la redacción de mi libro *Cambio Político y Reforma del Estado. Contribución al Estado democrático y social de derecho*, Editorial Tecnos, Madrid 1975. El dicho estudio sobre "La consideración del Estado Democrático y Social de Derecho como supuesto para el estudio del Derecho Administrativo" constituyó, además, mi trabajo de ascenso a la categoría de Profesor Titular de la Universidad Central de Venezuela en 1974. Los cuatro capítulos de dicho estudio formaron los parágrafos 1, 2, 3 y 5 del referido Tomo I del *Derecho Administrativo*, que ahora se recoge en este Libro tercero.

El libro de 1975 estuvo precedido de la siguiente Presentación:

"Con este primer tomo de nuestro Derecho Administrativo, damos inicio a la publicación de una obra que, por su magnitud, así como por el número de años que nos tomará, sólo confío en que podré concluir. Después de varios años de docencia e investigación, parece inevitable que los profesores de Derecho lleguemos a la publicación de este tipo de obra, aun cuando inconscientemente lo tratemos de evitar.

Por mi parte, antes que la reedición de Las Instituciones Fundamentales del Derecho Administrativo y la Jurisprudencia Venezolana (Caracas, 1964), cuyo valor –si lo tiene– está en que aún siendo una tesis doctoral, ha tenido la fortuna de servir de Manual tanto en nuestra Facultad como a nivel profe-

sional, he preferido iniciar este tratado, aún cuando el esfuerzo sea mayor y a más largo plazo.

El derecho administrativo en Venezuela, no ha sido afortunado en contar con este tipo de obras. Solamente se ha escrito, con carácter de tratado, el *Tratado Elemental de Derecho Administrativo* del Profesor J. M. Hernández Ron (2 vols., Caracas, 1943). De resto, sólo contamos con obras a nivel de Manual o que tratan buena parte de la disciplina: la del Profesor Eloy Lares Martínez, *Manual de Derecho Administrativo*, Caracas, 1ª edic. 1963, 2ª edic. 1970 y 3ª edic. 1975; la del Profesor Tomás Polanco, *Derecho Administrativo Especial,* Caracas, 1959; la del Profesor César Tinoco Ritcher, *Teoría de la Administración y del Derecho Administrativo*, Caracas, 1970, y nuestro citado trabajo *Las Instituciones Fundamentales del Derecho Administrativo* y *la Jurisprudencia Venezolana*, Caracas, 1964. Con esta obra, por tanto, se pretende comenzar a llenar el vacío existente.

Una de mis preocupaciones fundamentales en la cátedra, y ello siempre he tratado de transmitírselo a mis alumnos, ha sido el que el derecho administrativo en un determinado país, está íntimamente vinculado a su historia, su sistema socio–económico y sus instituciones políticas y administrativas. Por ello, mi tradicional rechazo a exponer un derecho administrativo neutro, etéreo e intemporal como el que algunas veces se enseña. Esta obra está condicionada, por tanto, por la realidad venezolana, sin perjuicio de que se utilicen los principios generales que le sean aplicables. De allí, inclusive, que este primer tomo esté dedicado al estudio de Los Supuestos Fundamentales del Derecho Administrativo, los cuales, precisamente por darse "por supuesto", no es frecuente que se analicen sistemáticamente.

En este, y en los volúmenes sucesivos, al igual que en todos mis trabajos anteriores, he hecho uso constante de la jurisprudencia de nuestro Tribunal Supremo. Cada vez me convenzo más de la fenomenal labor de integración del derecho administrativo hecha por nuestra Corte Suprema, lo que exige, por tanto, tener un conocimiento preciso de sus decisiones. Paralelamente a esta obra, por ello, he iniciado la publicación de otra en la cual se recopila y sistematiza toda la jurisprudencia de la Corte desde 1930, y cuyo uso, estoy seguro, será esencial para los estudiosos de esta especialidad.[1]

En los tomos sucesivos, analizaré las diversas partes de nuestra sistemática del derecho administrativo, tal como se ha venido depurando en los últimos años en mis cursos de la Facultad de Derecho de la Universidad Central de Venezuela,[2] **y comprenderán los siguientes aspectos: La Administración Pública y el Derecho Administrativo; El Ordenamiento Jurídico Administrativo; La Relación Jurídico Administrativa; Los Medios, Consecuencias, Formas, Recursos y Control de la Actividad Administrativa; La Organización Administrativa; y el Régimen Jurídico–Administrativo del Desarrollo**

1 *V.* Allan R. Brewer–Carías, *Jurisprudencia de la Corte Suprema de Justicia 1930–74 y Estudios de Derecho Administrativo*, Tomo I, Caracas, 1975, 650 pp.

2 *V.* Allan–R. Brewer–Carías, *El sistema y método de la enseñanza del Derecho Administrativo en Venezuela* (inédito), Caracas, 1966, *V.* además, la Sistemática del Derecho Administrativo que se publica como apéndice al presente volumen, pp. 401 y ss.

Económico, del Desarrollo Social, del Desarrollo Físico y de la Ordenación Territorial, y de la Seguridad y Defensa Nacional.

Al publicar este tomo, indudablemente, adquiero un compromiso: el de continuar la preparación y publicación de los volúmenes sucesivos. La voluntad la tengo, lo que espero es seguir teniendo las fuerzas y la tranquilidad necesarias. Caurimare, septiembre de 1975."

Las actividades académicas que realicé con posterioridad, entre ellas la preparación y edición de los seis Volúmenes de la *obra Jurisprudencia de la Corte Suprema de Justicia 1930–74 y Estudios de Derecho Administrativo*, Tomo I, Caracas, 1975– 1979, aunadas al interés progresivo que tuve en los temas de derecho constitucional que requirieron buena parte de mi atención, hicieron de aquél proyecto, un proyecto inconcluso, que sólo ahora es que retomo con este Tratado, y con otro enfoque.

Sin pretender iniciar este estudio con una definición del derecho administrativo, es indudable que puede convenirse en que el mismo regula una parte muy importante de la acción del Estado: aquella a través de la cual éste entra en contacto con los particulares como gestor del interés público. En otras palabras, puede admitirse que el derecho administrativo regula a la Administración Pública como complejo orgánico, el ejercicio de la función y actividad administrativas por los órganos estatales, y las relaciones que se establecen entre la Administración Pública y los administrados, con motivo de las mismas. En razón de éste, su objeto, estrechamente vinculado al ejercicio del Poder Público, es que se lo ubica dentro de las ramas del derecho público.

Sin embargo, adoptar como premisa o supuesto para el estudio de esta rama jurídica un criterio meramente formal como el que podría originar un intento definitorio *a priori* de su contorno, en nuestro criterio, no haría más que provocar una peligrosa distorsión respecto a su real contenido, pues no pasaríamos de considerar la sola superficie de los problemas. Por ello, admitimos como premisa de todo estudio general sobre el derecho administrativo y por supuesto de esta obra, que más importante que su definición, es la comprensión de su objeto,[3] y que sólo una vez situado éste, inmerso en una determinada realidad histórica, política, económica y social, es que una definición podría tener realmente sentido.

En efecto, aun partiendo de la apreciación antes formulada sobre el derecho administrativo, es indudable que se plantea una pregunta, cuya respuesta es indispensable obtener: ¿a cuál Estado o a cuál Administración Pública nos referimos?; *y* la búsqueda de la respuesta indudablemente que tiene que estar condicionada no sólo por apreciaciones geográfico–nacionales (espacio), sino por apreciaciones históricas (tiempo), pues ni el Estado y su Administración Pública tienen el mismo sentido en todo el mundo, ni lo han tenido en la perspectiva histórico–política, sobre todo en los últimos siglos.

En efecto, ante todo conviene insistir en que si bien el derecho administrativo gira en torno a la Administración Pública, esta es, por encima de todo, el instrumento de la ac-

3 *Cfr*. H.W.R. Wade, *Administrative Law,* 3ª ed., Oxford, 1971, p. 2.

ción política del Estado.[4] Por tanto, el papel y actuación de aquélla dependerán de la configuración de éste. Por ello, en nuestro criterio, no puede estudiarse el derecho administrativo y sus instituciones sin analizar previamente en cuál Estado es que actúa la Administración Pública. En otras palabras, el contenido del derecho administrativo variará enormemente si su objetivo, la Administración Pública, es el instrumento de un Estado liberal tradicional, como el que consolidó la Revolución Francesa en los Estados europeos a finales del siglo XVIII y en el siglo XIX, y cuyos esquemas comenzaron a importar nuestros países del Nuevo Mundo a partir de 1811; o si es el instrumento de un Estado intervencionista, como el denominado Estado de Bienestar en la fórmula británica de hace algunas décadas *(Welfare State)*, o de un Estado socialista.

Asimismo, el contenido del derecho administrativo también variará si la Administración Pública, a quien regula, es el instrumento de un Estado autocrítico (o dictatorial) o de un Estado democrático. Cada forma de Estado, por tanto, según sus fines (más o menos intervencionistas) o sus métodos (más o menos democráticos) condiciona el ámbito y forma de acción de la Administración Pública y, por tanto, el contenido del derecho administrativo. En esta forma, es evidente, por ejemplo, que en un sistema político socialista, la actuación del Estado es la pieza fundamental de la vida social y económica, ocupando el derecho administrativo el primer lugar en ámbito e importancia entre las ramas del derecho. Lo contrario sucederá en países de fuerte institucionalización liberal tradicional, donde el poco intervencionismo estatal disminuye la importancia de esa rama del derecho, aumentando, al contrario, la importancia del derecho privado.[5]

En esta forma, puede decirse que el derecho administrativo en los países de América Latina, y particularmente en Venezuela, sólo comienza a adquirir cierta importancia después del primer tercio de este siglo, con motivo del proceso acelerado de intervención del Estado en la vida económica y social, que se acentúa, en especial, a partir de 1936.[6] En las últimas décadas, este proceso no sólo produjo inicialmente una progresiva publicitación del derecho privado, sino particularmente a partir de la década de los sesenta, una socialización del propio derecho público y en especial, del derecho administrativo; y ello porque el intervencionismo estatal y la consolidación de esta rama del derecho, se ha realizado en virtud de las exigencias del proceso de desarrollo económico y social.

Con lo anterior sólo queremos señalar, por ahora, que el derecho administrativo y sus instituciones no deben estudiarse desde una perspectiva puramente formal, como si existiese un derecho administrativo universal, aplicado y aplicable por igual en todos los países y en todos los tiempos, sino que, al contrario, la ausencia de una perspectiva realista y pragmática relativa a los fines del Estado y a sus métodos políticos, con frecuencia distorsionan enormemente su verdadera perspectiva. Por ello, ningún análisis de las instituciones del derecho administrativo en Venezuela puede hacerse, en nuestro criterio, sin tener en cuenta primordialmente que la esfera de acción del Estado se ha ampliado considerablemente, no sólo comparando su situación entre el primero y el

---

4 *Cfr*. Manuel Pérez Olea. "Administración y Política" en *Problemas Políticos de la Vida Local,* Tomo V, Madrid, 1965, p, 12; Segismundo Royo–Villanova, "La Administración y la Política" en *RAP*, Nº 11, Madrid, 1953, pp. 33 y ss.

5 El sentido del principio de la legalidad individualista (burguesa) y de la legalidad socialista, por supuesto también es diferente. *Cfr*. José María Boquera Oliver, *Derecho Administrativo y Socialización,* Madrid, 1965, pp. 26 y ss.

6 *V*. A. R. Brewer Carías, *El Sistema y método de la enseñanza del Derecho Administrativo en Venezuela,* Caracas, 1966 (inédito).

último tercio de este siglo, sino más recientemente, entre los años cincuenta y el momento actual. Hoy no sólo hay mayores y permanentes vinculaciones y relaciones entre el Estado y los particulares, sino que la presencia de la Administración Pública es cotidiana y envolvente, muchas veces en forma imperceptible.[7] Todas las actividades particulares, en esta forma, se van realizando no sólo bajo la sombra[8] de la Administración Pública, sino que van sintiendo su presencia, en forma relativamente creciente; y en la constatación de esta realidad, esencial para la configuración del derecho administrativo, pasa a ocupar un segundo plano toda consideración de valor. Se puede estar o no de acuerdo con la intervención del Estado –aun cuando consideramos que toda discusión sobre ella es bizantina–, pero lo que no se puede ignorar es que es un hecho de enorme importancia para la vida social y económica y para la configuración del derecho administrativo.[9]

Por tanto, partiendo de esta perspectiva realista y pragmática, si estimamos que la Administración Pública, como objeto del derecho administrativo, es el instrumento por excelencia de la acción política del Estado, al intentar estudiar las instituciones de aquél en Venezuela, debemos tratar de determinar previamente, cuál es el tipo de Estado que existe en nuestro país –o pretendemos que existe– adentrados ya en el último cuarto del siglo XX. Es decir, si se trata, como en efecto lo es, de un Estado de Derecho, debemos precisar cuál es el real significado de este esquema formal. ¿Responde a los mismos criterios del Estado Liberal–Burgués de Derecho del siglo pasado o estamos más bien en presencia de un Estado social de Derecho? ¿Cuál es el sentido que la configuración actual del Estado sea de carácter democrático? En definitiva, hay que analizar previamente cuál es la repercusión que comporta la apreciación sobre la forma (democrática o autocrítica) y el contenido (social o liberal tradicional) del Estado en relación a la pura forma de Estado de Derecho (continente). Se trata, en definitiva, de estudiar los supuestos del derecho administrativo –históricos, socioeconómicos, políticos y administrati-

---

7 Utilizando el ejemplo de S. Webb que cita Jordana de Pozas, y trasladándolo al caso venezolano, puede constatarse al analizar la vida cotidiana de un habitante común de una ciudad venezolana, que el mismo se despierta en una vivienda construida, mediando un procedimiento de expropiación, por el Banco Obrero o cuyo canon de arrendamiento ha regulado la Dirección de Inquilinato del Ministerio de Fomento; enciende la luz eléctrica suministrada por una empresa privada mediando una concesión de servicio público, o suministrada por una empresa estatal (CADAFE) *y* que produce otra empresa estatal (EDELCA); utiliza el agua suministrada por un instituto autónomo (INOS)–, se traslada de un lugar a otro de la ciudad en autobuses de una empresa municipal (IMTC, p. ej.) o de un concesionario del servicio público de transporte; seguramente trabaja en alguna dependencia de la Administración Pública y podrá circular por una ciudad vigilada por la policía municipal. Si pasee automóvil adquirido a precio regulado por el Estado (Ministerio de Fomento), el mismo ha sido registrado en una oficina estatal (Ministerio de Comunicaciones), y lo conducirá sometido a la vigilancia de una policía especial (Policía de Tránsito) previa la obtención de una licencia de conducir de una oficina pública (Ministerio de Comunicaciones). Consume alimentos suministrados por abastos municipales o cuyo precio ha sido regulado por la Superintendencia del Consumidor del Ministerio de Fomento. Sus hijos se educan en institutos oficiales en forma gratuita, y si su salud se deteriora, utilizará los servicios de asistencia médica estatal o la seguridad social y cuando muera, como todos los humanos, será enterrado en un cementerio municipal. El mismo esquema, *mutatis mutandis,* puede aplicarse a todas las actividades que los particulares realizan. *V.* L. Jordana de Pozas, "El problema de los fines de la actividad administrativa", *RAP,* Nº 4, Madrid 1951, pp. 11 a 28, en especial p. 17.

8 Refiriéndose a los países altamente industrializados de occidente, en los cuales la parte más grande de los medios de su actividad económica está bajo la propiedad y el control privado, Ralph Miliband ha señalado que "hoy más que nunca antes, el hombre vive bajo la sombra del Estado". *V. The State tn Capitalist Society,* London, 1972, pp. 1 y 7. Por supuesto que en las sociedades latinoamericanas, la sombra señalada se convierte en presencia permanente.

9 Ello ha llevado a Karl Mannheim a insistir en que hoy "el Estado está en todas partes". *V. Freedom, Power and Democratic Planning,* London, 1968, p. 112.

vos–, los cuales muchas veces se ignoran, precisamente porque inadvertidamente se dan por supuesto.

En esta forma, en esta Primera Parte de este estudio sobre el derecho administrativo en Venezuela analizaremos en cuatro capítulos los supuestos fundamentales del mismo. En el *Capítulo Primero* se analizarán los supuestos históricos del derecho administrativo mediante el estudio del Estado Moderno y de la configuración del Estado en Venezuela. En particular estudiaremos los elementos esenciales de la configuración del Estado Moderno (§ 1), de su transformación en Estado de Derecho (§ 2), y de la estructuración del Estado venezolano (§ 3). En el *Capítulo Segundo,* se analizarán los supuestos socioeconómicos del derecho administrativo que configuran al Estado actual como un Estado Democrático *y* Social de Derecho. En particular, estudiaremos el carácter de economía mixta del sistema económico venezolano *y* el significado, dentro de él, de la explotación petrolera (§ 4), los fines del Estado (§ 5), y en general, el papel que le corresponde jugar en los países en vías de desarrollo (§ 6). En el *Capítulo Tercero,* se analizarán los supuestos políticos del derecho administrativo, mediante el estudio del régimen constitucional y político venezolano. En particular, estudiaremos las características del ordenamiento constitucional (§ 7), la forma federal del Estado (§ 8), la aplicación del principio de la separación de poderes (§ 9), el régimen democrático y el sistema político (§ 10), la forma de gobierno presidencial con sujeción parlamentaria (§ 11), la consagración de los derechos y garantías constitucionales (§ 12), y el control jurisdiccional de la constitucionalidad de los actos estatales 13). En fin, en el *Capítulo Cuarto* se analizarán los supuestos administrativos del derecho administrativo mediante la precisión del concepto de la Administración Pública como complejo orgánico (§ 14), la función administrativa dentro de las funciones del Estado (§ 15) y la actividad administrativa dentro de las actividades estatales (§ 16).

Sección Primera: LOS SUPUESTOS HISTÓRICOS: EL ESTADO MODERNO Y LA CONFIGURACIÓN DEL ESTADO EN VENEZUELA

INTRODUCCIÓN

Podemos partir del supuesto de que el Estado en Venezuela, está en proceso de configurarse constitucional y realmente, como un Estado Democrático y Social de Derecho, pues no solo el régimen de su gobierno es *democrático,*[10] sino que sus fines conformadores de la vida *económica y social* los realiza sometido al *derecho,*[11] cuya violación puede ser controlada por los particulares.[12] De los elementos que deben configurar al Estado Democrático y Social de Derecho, y cuyo estudio será el objeto de esta Primera Parte de estas Instituciones, debemos aquí destacar el segundo (social), pues es conse-

10 El artículo 3° de la Constitución establece que "El gobierno de la República de Venezuela es y será siempre democrático, representativo, responsable y alternativo" lo cual implica que "la soberanía reside en el pueblo, quien la ejerce, mediante el sufragio, por los órganos del poder público" (Art. 4°). De ahí las normas relativas a la elección de los órganos del poder público, en todos sus niveles que la Constitución consagra (Arts. 19, 22, 27, 110 a 114, 148, 151 y 183), y a los derechos y garantías constitucionales (Título III).

11 "La Constitución y las leyes definen las atribuciones al Poder Público, y a ellas debe sujetarse su ejercicio", dice el artículo 117 de la Constitución.

12 Artículos 206 y 215 de la Constitución.

cuencia de los nuevos fines de agente del desarrollo económico y social que constitucionalmente se le asignan. En este sentido, puede decirse que, formalmente, el objeto fundamental del Estado en los países latinoamericanos y en particular en Venezuela, es el logro de niveles de desarrollo económico y social en el ámbito nacional y regional, que les permita sobrevivir y participar en la revolución tecnológica y posindustrial, *y* dicho objetivo, inclusive, ha sido plasmado claramente en los *textos constitucionales*. Si se quiere, las últimas décadas han marcado un claro proceso de constitucionalización del desarrollo como objeto de nuestras sociedades, y del papel del Estado y sus instituciones, como instrumentos para su logro. El caso de la Constitución venezolana de 1961 es quizás uno de los ejemplos característicos de este proceso, al destacar entre sus diversos principios programáticos establecidos en su *Preámbulo* y que motivan el texto constitucional, los de "...proteger y enaltecer el trabajo, amparar la dignidad humana, promover el bienestar general y la seguridad social; lograr la participación equitativa de todos en el disfrute de la riqueza, según los principios de la justicia social, y fomentar el desarrollo de la economía al servicio del hombre; mantener la igualdad social y jurídica, sin discriminaciones derivadas de razas, sexo, credo o condición social; (y) ...sustentar el orden democrático como único e irrenunciable medio de asegurar los derechos y dignidad de los ciudadanos...". Con base en dichos principios, el mismo texto constitucional establece expresamente una larga gama de derechos sociales, responsabilizando al Estado por el efectivo logro de los mismos por los habitantes del país,[13] y consagra la necesidad de que el régimen económico de la República se fundamente en principios de justicia social que aseguren a todos una existencia digna y provechosa para la colectividad, por lo cual se asigna al Estado la función de promover el desarrollo económico y la diversificación de la producción, con el fin de crear nuevas fuentes de riquezas, aumentar el nivel de ingreso de la población y fortalecer la soberanía económica del país,[14] regulando además, una larga gama de derechos económicos y de potestades estatales.[15]

Ahora bien, esta configuración constitucional del Estado como democrático y social, lo cual influye considerablemente en la determinación de los contornos del derecho administrativo, es el resultado no sólo de la larga evolución del Estado Moderno, sino de la evolución política y constitucional del Estado en Venezuela. No siempre el Estado ha estado sometido al Derecho, no siempre sus métodos han sido democráticos, y no siempre sus fines han estado tan vinculados al desarrollo económico y social del país. La misma conquista del Estado por el Derecho, que ha dado origen al derecho administrativo, puede considerarse como relativamente reciente, y no está ni siquiera universalmente admitida, por lo que, como la advierte P. Weil, es imprescindible no olvidar las lecciones de la historia.[16]

El Estado y el derecho administrativo son productos de la historia, y como tal han de analizarse.[17] El derecho administrativo, en particular, muestra en su evolución, induda-

13 Protección de la familia, el matrimonio (Art. 73) y la maternidad (Art. 74); protección al niño (Art. 74); derecho a la filiación (Arts. 74 y 75); derecho a la protección de la salud (Art. 76); protección del campesino y de las comunidades indígenas (Art. 77); derecho a la educación (Arts. 78 a 83); y derecho al trabajo, con todas sus consecuencias (Arts. 84 a 93), y a la seguridad social (Art. 94)

14 Artículo 95 de la Constitución.

15 Artículos 96 a 109 de la Constitución.

16 *V.* Prosper Weil, *El Derecho Administrativo*, ed. española, Madrid, 1966, p. 17.

17 En este sentido, A. Passeriun d'Entrevès ha señalado que la concepción del Estado no es otra cosa que el producto de períodos históricos particulares, por lo que debe ser juzgada y valorada como tal. *V.* Alexander Passerin d'Entrèves, *The Notion of the State. An Introduction to Political Theory*, Oxford, 1967, p. 205.

blemente, la evolución de la historia política de cualquier país[18] por lo que resulta indispensable el estudio de sus supuestos históricos. De allí que en este primer Capítulo, al estudiar los supuestos históricos del derecho administrativo, antes de analizar la conformación histórica del Estado venezolano, debamos asomarnos a la evolución del Estado Absoluto al Estado de Derecho y del Estado Liberal–Burgués de Derecho al Estado Social de Derecho. Sólo así, y una vez hecho esto, es que podremos analizar los otros supuestos de esta rama del derecho público, que tiene como centro de su normativa a un Estado que progresivamente se va estructurando como un Estado Democrático y Social de Derecho.

I. DEL ESTADO ABSOLUTO AL ESTADO DE DERECHO

Para comprender adecuadamente el sentido que tiene el señalar que el Estado en Venezuela está en vías de configurarse como un Estado Democrático y Social de Derecho *y*, por tanto, a través de ello, determinar el ámbito del derecho administrativo, estimamos indispensable precisar, aun cuando someramente,[19] la evolución que ha tenido el Estado Moderno en sus dos formas clásicas: el Estado Absoluto y el Estado de Derecho y este último, bajo sus dos fórmulas: el Estado liberal–burgués de Derecho y su correctivo, el Estado social de Derecho.

1. El Estado Moderno y las teorías políticas

En efecto, en la historia del derecho político se considera corno Estado Moderno a la forma de organización política que surge en Europa después del Renacimiento, luego de la transformación del régimen feudal.[20] En su configuración inicial bajo la forma de Estado Absoluto, coincidieron no sólo la formulación de diversas teorías políticas[21] puestas a disposición de los príncipes y soberanos, como consejos, sino diversas circunstancias sociales y económicas que lo hicieron posible.

En efecto, si bien el Estado Moderno surge con la disolución del régimen *feudal,* ésta fue posible por la transformación de un sistema económico fundamentalmente agrícola en una economía basada en el comercio y el artesanado; por el resurgimiento de los centros urbanos como centros de intercambio económico (renacimiento comercial) y de renacimiento del espíritu científico y humanístico; por el inicio de un proceso centrali-

---

18 Con razón observa J. L. Villar Palasí que el derecho administrativo "en cualquier país muestra en su evolución la historia política de ese país", *V.* J. L. Villar Palasí, *Derecho Administrativo. Introducción y Teoría de las Normas,* Madrid, 1966, p. 5.

19 En este parágrafo y en el siguiente, seguimos lo que hemos expuesto en Allan R. Brewer–Carías, *Cambio Político y Reforma del Estado en Venezuela,* Madrid, 1975, Capítulos 4 y 5.

20 En este sentido es que Alexander Passerin d'Entrèves utiliza la expresión "Modern State", en *The notion of the State. An Introduction to Political Theory*, Oxford, 1967, pp. 103 y 201. *V.* F. Garrido Falla, *Tratado de Derecho Administrativo*, Vol. I, Madrid, 1970, p. 69.

21 Para una selección de los textos políticos que están a la base de la formulación del Estado Moderno, *V.* Juan Carlos Rey (ed.), *Las Formas de Gobierno en la Historia del Pensamiento Político de la Antigüedad a la aparición del Estado Liberal de Derecho,* Caracas 1965, pp. 135 y ss.; y David Thomson (ed.), *Political Ideas*, London, 1972.

zador, origen de las Monarquías europeas continentales; y por el debilitamiento del poder temporal de la iglesia y el papado, como consecuencia de la Reforma.[22]

A la base de este proceso, las teorías políticas comenzaron a darle forma a lo que posteriormente serían las Monarquías Absolutas. En *El Príncipe,* Maquiavelo[23] propugna el proceso de concentración del poder político en el Soberano como unidad superior a la atomización territorial del poder, propia del feudalismo, lo cual posiblemente se facilitaba en Italia por la ausencia de poderosos intereses feudales que se pudieran oponer a ella, pues el feudalismo no tuvo allí mayor arraigo;[24] dando origen a la difusión de la idea de la "razón de Estado" –aun cuando dicha frase no aparece en ninguna parte de su libro– como base de una moral propia del Estado, distinta y diferente de la moral de los hombres, la cual podía romperse en interés del mismo.[25] Con la concentración del poder en el Soberano, ha dicho G. H. Sabine, se produce el nacimiento del Estado Moderno[26] y su consolidación se origina cuando éste tiene su principio o razón de su actuación en la fórmula amoral –maquiavélica– de la razón de Estado, la cual desde entonces, no ha cesado de tener opositores.[27] A la concentración del poder, con su propia moral, se agrega la concepción de la soberanía absoluta y perpetua del Monarca, como "el más alto, absoluto y perpetuo poder sobre los ciudadanos de una República",[28] según la conocida expresión de J. Bodino.

Todo este proceso de conformación de una teoría política de la Monarquía Absoluta, puede decirse que concluye en 1651 con Th. Hobbes, cuyo Estado –el *Leviathan*– "es el Estado Moderno".[29] Sobre él, el mismo Hobbes señala, al utilizar una expresión bíblica del libro de Job, que "no hay poder sobre la tierra que pueda compararse le, pues fue creado para no tener temor de nadie. Mira debajo de sí cuánto hay de grande; como quien es el rey de todos los demás soberbios animales".[30] Sin embargo, el *Leviathan* no

22 Es de observar que desaparecido el comercio y la economía dineraria en la Edad Media, la economía era "natural", basada en el trabajo de la tierra, sin existencia de mayor tráfico de bienes en virtud de la multitud de aduanas privadas. Por otra parte, la actividad comercial estaba proscrita por la doctrina cristiana. *Cfr.* H. Pirenne, *Historia Económica y Social de la Edad Media,* México. 1960, pp. 12 y ss.; S. Frondizi, *El Estado Moderno.* Buenos Aires, 1960, pp. 23.

23 Hemos consultado las siguientes ediciones: Niccolo Macchiavelli, *Il Principe* (ed. Vittorio de Capraris), Bari, 1961, y *The Prince* (ed, George Bull), London, 1970. En general, *V.* Friederich Meinecke, *Machiavellism. The Doctrine of Raison d'Etat and its place in Modern History,* London, 1957.

24 *V.* las apreciaciones sobre esto en Frederick M. Vedertck At. Watkings, "State. The Concept", en *International Encyclopedia of the Social Sciences,* Vol. 15, 1968, p. 151. *V.,* también, Ernst Cassirer, *The Myth of the State,* Oxford, 1946, p. 122.

25 *V.* A. Passerin d'Entrèves, *op. cit.,* p. 44.

26 *V.* la Introducción de G. H, Sabine y Walter J. Shepard al libro de H. Krabbe, *The Modem Idea of the State,* London, 1922, p. XVIII y XIX.

27 El primero que reacciona contra la idea de la razón de Estado es Botero, quien en su libro con el mismo título publicado en 1589, trató de restaurar la ética y la conciencia en su correcto lugar en la ciencia de la política, como participante que era en el movimiento de la contrarreforma. *V.* Giovanni Botero, *The Reason of State,* London, 1956, con una Introducción de D. P. Waley, p. IX. Asimismo, *V,* Giovanni Botero, *La Razón de Estado y otros escritos,* con un Estudio Preliminar de M. García Pelayo, Caracas 1962, especialmente pp. 35 y ss.

28 Hemos consultado el facsímil de la primera edición en inglés, I. Bodin, *The Six Books of a Commonwealth,* London, 1606, edit. por Kenneth Douglas Mc Rae, Cambridge, Mass., 1962, Libro Primero, Cap. VIII, De la Soberanía, p 84.

29 Es la expresión de A. Passerin d'Entrèves, *op. cit.,* p. 11.

30 *V.* al final del Cap. XXVIII, Segunda Parte, en Thomas Hobbes, *Leviathan,* (ed. John Plamenatz), London, 1962, p. 284. La cita bíblica la tomó Hobbes del *Libro de Job,* de la *Biblia,* parágrafo 41, versículos 24 y 25.

es un monstruo como resulta de las palabras de Dios al reprimir a Job,[31] sino que es la personificación unitaria de una multitud de hombres[32] quien recibe su autoridad por la gracia de Dios.[33] Este es el legado del cristianismo a la consolidación del Poder del soberano absoluto, y a su legitimación.[34] En esta forma, el Estado Moderno, en su primera fase, durante los siglos XVII y XVIII, fue el Estado Absoluto y se identificó con las Monarquías Absolutas, en las cuales todo el poder estaba concentrado en una sola persona: el Rey, quien lo ejercía en forma ilimitada. De ahí el calificativo de Estado Policía[35] también dado al Estado Absoluto. En esta forma, la soberanía le pertenecía al Monarca a título personal, por lo que el poder lo ejercía en forma incontrolada, en virtud de su procedencia divina.[36] Un solo deber tenía el Monarca, y era asegurar el orden público y la felicidad de los súbditos en interés del Estado, para lo cual no sólo existía el recurso a la "razón del Estado", sino el ejercicio de las atribuciones propias y plenas del absolutismo, en cuyo ejercicio el Monarca era irresponsable.[37] En todo caso, los súbditos no tenían derechos ante el Monarca y sólo el deber de obediencia.

2. La base económica del absolutismo: el Mercantilismo

Pero el Estado Absoluto, así configurado políticamente, tenía su base económica que le dio vigencia y lo mantuvo: el Mercantilismo. Así como políticamente la Monarquía es contraria al régimen feudal, el Mercantilismo, como política económica, es contraria al sistema económico medieval; y tan interrelacionada está la política económica con el régimen político[38] que tanto el Absolutismo como el Mercantilismo se desarrollan y mueren entre los siglos XV y XVIII; es decir, configuran el sistema político–económico

31 La palabra "Leviathan" aparece en varias partes del *Libro de Job y,* particularmente en los versículos 20 del parágrafo 40, y 4 del parágrafo 41.

32 El problema de Hobbes fue construir la sociedad política de una colección de individuos, y ello lo resolvió reduciendo la multitud a una sola persona artificial –el Estado–. *V.* M. M. Goldschmith, *Hobbes' Science of Politics,* New York, 1966, p. 138. Por ello, el mismo Hobbes señala expresamente; *"A multitude of men, are made one person, when they are by one man, or one person, represented. For it is the unity of the represented that maketh the person one. And it is the representer that bearetbe the person, and but one person; and* unity *cannot otherwise be understood in multitude". V.* The Hobbes, *op. cit.,* Cap. XVI, P. 171. En esta forma estando "el poder común" en un soberano, este puede reducir los "intereses" de todos, "por pluralidad de voces, en un solo interés", *Idem*, Cap. XVII, p. 176.

33 *V.* F. C. Hood, *The Divine Polines of Thomas Hobbes, An interpretation of Leviathan,* Oxford, 1964, p. 139 *y* ss.

34 *V.* A. Passerin *d'Entrèves, op. cit.,* pp. 189 y ss.

35 *V.* Fernando Garrido Falla, *op. cit.* Vol. I. pp. 69 y ss.

36 El poder del soberano no tenía freno y su interés, era la ley suprema. La única limitación del poder era la fuerza. *V.* A. Passerin d'Entrèves, *op. cit.,* p. 202.

37 La irresponsabilidad del Monarca fue un principio básico de las Monarquías Absolutas *y* que se ha expresado de acuerdo con la frase "The Crown can do no wrong;" o "Le Roi ne peut mal faire". En Inglaterra, la posibilidad de exigir responsabilidad de la Corona ante los Tribunales (ordinarios), sólo existe desde la "Crown Proceeding Act" de 1947. *Cfr.* J. A. *Jolowicz, International Encyclopedia of Comparative Law,* Vol. XI (Torts), Cap. 13 (Procedural Questions), 13–41; H. W. R. Wade, *Administralive Law*, Oxford, 1971. p. 17. En Francia, el principio condujo a que en la Revolución Francesa se ratificara la incompetencia absoluta de los jueces ordinarios de conocer cualquier conflicto en el cual interviniera una autoridad pública, de acuerdo a la ley *16–24* de agosto de 1970, lo que posteriormente daría origen a la jurisdicción administrativa. *V.* J. Rivero, *Droit Administratif,* París, 1973, p. 128.

38 De ahí que R. M. Mac Iver haya señalado que el sistema económico es inseparable del sistema político. Para funcionar deben hacerlo juntos. En este sentido, ambos constituyen, un solo sistema. *V. Leviathan and the people,* London, 1939, p. 103.

que se desarrolló entre la Edad Media y la época del liberalismo, entre el Renacimiento y la Revolución Francesa, entre el surgimiento del Estado Policía y el nacimiento del Estado de Derecho.

El Mercantilismo, en efecto, debe considerarse como la doctrina y práctica desarrollada por el Estado Absoluto en relación a la naturaleza y adecuada regulación de las relaciones económicas internacionales. Configuró, en este sentido, una política económica que tuvo al Estado "como sujeto y objeto",[39] al poner gran énfasis en la importancia de mantener un exceso en las exportaciones de bienes y servicios sobre las importaciones, como único medio a través del cual los países que no tuviesen minas de oro y plata podían obtener un continuo flujo neto de metales preciosos, lo cual se estimaba esencial para la riqueza de las naciones.[40] En este sentido, el Mercantilismo se configuró como un sistema económico estatista, en el cual la intervención del Estado en la vida económica era muy acentuada, pues la riqueza de las naciones se configuraba como la base del poder estatal.[41] La regulación estatal de las actividades económicas conforme a este sistema económico, tan acentuada, sólo fue posible por el poder del Estado Absoluto. De ahí que estén tan indisolublemente vinculados el Absolutismo con el Mercantilismo, y si el primero se ha visto como el resultado de un proceso de concentración del poder en el Monarca, el segundo sirvió como agente unificador frente a la desintegración feudal[42] al propugnar la eliminación de las barreras locales a la circulación de bienes y al comercio, lo cual se facilitó por la absorción de las ciudades–estado por los nuevos estados–naciones.[43] Como economía de carácter estatal, basada en el enriquecimiento de las naciones mediante la acumulación de riquezas, el Monarca dirige y regula todos los esfuerzos para lograr esa finalidad. De ahí tanto el control que se ejerce sobre la riqueza mobiliaria y el atesoramiento de oro y plata, como la expansión colonial político–marítima, tan característica de la época, como fórmula para la obtención de metales preciosos.

En esta forma, la actividad industrial y comercial pasó a ser la base de la política económica, abandonándose materialmente el interés estatal en relación a las actividades agrícolas; y aquélla no sólo tuvo sus repercusiones en la economía interna, sino en el comercio internacional. En efecto, estando a la base del sistema el logro de una "balanza comercial" favorable para los Estados, éstos debieron desarrollar una política de promoción de exportaciones y restricciones a las importaciones o adoptar medidas que operaran indirectamente en esta dirección.[44] En esta forma, el Estado asumió la organización y control de la industria y el comercio. En el campo industrial estableció subsidios a las industrias de exportación y a las industrias competitivas a las importaciones, y asumió directamente la operación de factorías de producción de bienes para la exportación o sustitutivas de importaciones; concedió monopolios y privilegios a empresas par-

39 *V.* Eli F. Heckscher, *Mercantilism,* London, 1955, Vol. I, p. 20.

40 *V.* Jacob Viner, "Mercantilist Thought (Economic thought)", *International Encyclopedia of the Social Sciences,* 1968. Vol. 4, pp. 455 y 436. El Mercantilismo se ha considerado en todo caso como el origen del Capitalismo. *Cfr.* Nicos Poulantzas, *Poder Político y Clases Sociales en el Estado Capitalista,* México, 1972, p. 203.

41 *V.* Eli F. Heckscher, *Mercantilism,* London, 1955, Vol. I, p. 25.

42 Eli F. Heckscher, materialmente dedica todo el primer volumen de su obra al estudio del Mercantilismo como agente unificador del sistema político–económico del Estado Absoluto, *op. cit.,* Vol. I, pp. 25 y ss.

43 *V.* Jacob Viner, *loc. cit.*, p. 439.

44 El ideal mercantilista implícito –dice Viner– era "cero importación y exportaciones sólo a cambio de metales preciosos", *loc. cit.,* p. 436– En este sentido, para favorecer la entrada de metales preciosos a la nación e impedir su salida, era necesario por todos los medios procurar la reducción de las importaciones y el aumento de las exportaciones.

ticulares para la producción y venta de determinados productos para operar en el comercio internacional o para administrar colonias de ultramar; y en fin, asumió directamente la operación de compañías dedicadas a actuar en el comercio exterior.[45] La economía mercantilista, en este sentido, ha sido calificada como una economía proteccionista.[46]

En el campo comercial interno, la política económica mercantilista provocó el establecimiento de un sistema monetario basado en la circulación de los metales preciosos, cuyo mercado de cambios estaba controlado. Por supuesto, toda esta política proteccionista favoreció la creación de los vastos mercados privilegiados y protegidos de las áreas coloniales, lo cual originó con frecuencia no sólo conflictos internacionales, sino la hegemonía bélica de unos países sobre otros por el afán de exclusivismo marítimo y colonial para lograr el atesoramiento de riquezas. El Mercantilismo, en definitiva, se configuró como la economía del Estado Absoluto, basada en la unificación, control y generalización del comercio, con una razón propia: la acumulación de metales preciosos como base para la riqueza de las naciones. La idea de la autonomía del Estado respecto de la instancia económica y de la "razón de Estado" tuvo aquí su más concreta aplicación.[47]

3. Las teorías políticas a la base del liberalismo

En el devenir histórico del Estado Moderno, frente al Estado Absoluto y al Mercantilismo, surge el Estado de Derecho y el Liberalismo; y un hecho histórico marca la transición de uno a otro sistema político–económico: la Revolución Francesa. Sin embargo, el cambio también se produce luego de una preparación teórica de algunas décadas.

En efecto, en la teoría política, la posterior caída de la Monarquía Absoluta y la transformación del Estado Absoluto en Estado de Derecho, tiene su antecedente remoto en los escritos de J. Locke. Este, en su obra *Two Treatises of Government,*[48] se configura como el primer ideólogo de la reacción contra el absolutismo, al propugnar la limitación del poder político ilimitado del monarca. Para ello, parte de la consideración del estado natural del hombre y del contrato original de la sociedad, origen del Estado. Para Locke, la razón que lleva a los hombres a realizar el contrato social es la preservación de sus vidas, libertades y posesiones, los tres bienes básicos que califica en general como "propiedad",[49] y es esta "propiedad" lo que confiere la personalidad política a los hombres.[50] Este contrato social, que cambia el estado natural del hombre, no podría dar lugar a la estructuración de un gobierno que colocara a los hombres en situación peor a la que tenían en aquél, por lo que el gobierno absoluto no podía considerarse legítimo ni

45 *V.* J. Viner, *loc. cit.,* p. 440. De ahí, por otra parte, la creación de las compañías coloniales tan difundidas en las colonias españolas de América del Sur.

46 *V.* Eli F. Heckscher, *op. cit.* Vol. II, pp. 53 y ss. y en especial pp. 112 y ss

47 *V.* F. Heckscher, *op. cit.* Vol. II, pp. 285 y ss. N. Poulantzas, *op. cit.,* p. 205

48 Hemos consultado la edición preparada por P. Laslett: John Locke, *Two Teatrises of Government* (ed. Peter Laslett), Cambridge, 1967

49 *Cfr.* A. Passerin d'Entrèves, *op. cit.,* p. 204; *V.* P. Laslett, Introduction, John Locke, *op. cit.,* p. 104. En este sentido, Locke señala lo siguiente: "for liberty is to be free from restraint and violence form others wich cannot be, where shere is no Law: But freedom is not, as we are told, a liberty for every Man to do what be wish: But a líberty to dispose, and order, as he wishes his person, action, possessions, and his whole Property", *op. cit.,* parágrafo 57, p. 324. *Cfr.* el parecido de la primera parte de este texto con el de Montesquieu en Nota N° 50 de este parágrafo 1.

50 *V.* Peter Laslett, Introduction, John Locke, *op. cit.,* pp. 101 y 102.

como un gobierno civil. Si el Estado surge para proteger los derechos "naturales" que no desaparecen con el contrato social, la desaparición fáctica de éstos por la actuación de un Estado Absoluto justificarían la resistencia al poder abusivo.[51]

Ahora bien, dentro de las medidas destinadas a racionalizar y limitar el poder, Locke formula una distribución de las funciones del Estado alguna de las cuales califica de "poderes". En efecto, en el parágrafo 131 de sus *Dos Tratados* Locke afirma lo siguiente: *"and so whoever has the legislative or Supream Power of any Common–wealth, is bound to govern by establish'd* standing Laws, *promulgated and known to the People and not by Extemporary Decrees; by* indifferent *and upright Judges, who are to decide Controversies by those Laws; and to employ the force of the Community at home,* only in the Execution of such Laws, *or abroad to prevent or redress Foreign Injuries, and secure the Community from inroads and Invasions*".[52] Es decir, distingue cuatro funciones del Estado: la de legislar, la de juzgar, la de emplear la fuerza en el orden interno en ejecución de las leyes, y la de emplear la fuerza en el orden externo en defensa de la comunidad. A la primera de dichas funciones, la de hacer las leyes, la califica de *poder legislativo,* "al cual los demás poderes están y deben estar subordinados";[53] a la tercera de dichas funciones, la califica de *poder ejecutivo,* comprendiendo la "ejecución de las leyes municipales de la sociedad dentro de ella misma y por encima de sus partes",[54] y a la cuarta de las funciones señaladas la califica de *poder federativo,* que comprende "el poder de la guerra y de la paz, las ligas y alianzas de las transacciones (acuerdos) con todas las personas o comunidades fuera del Estado".[55] De las funciones que distingue en todo Estado soberano, a la única que no califica de "poder" es a la función de juzgar, la cual, como señala Laslett, "no era un poder separado pues era un atributo general del Estado".[56] Dentro de un esfuerzo para racionalizar las funciones del Estado, la novedad de la tesis de Locke estaba en la distinción entre la facultad de legislar y la de utilizar la fuerza en ejecución de las leyes, no siendo necesario individualizar el poder de juzgar, el cual, más aún en Inglaterra, era una función tradicional del Estado.[57] En todo caso, es importante destacar que Locke se limita a racionalizar y sistematizar las funciones de todo Estado Soberano, pero realmente no formula una "teoría" de la división del poder, y menos aún de su separación. Es más, de la obra de Locke no se deduce ninguna tesis que propugnara que el poder del Estado tenía que estar en manos distintas con el objeto

---

51 El derecho a la revuelta, aun cuando no formulado con precisión, surge del contexto de la tesis de Locke. *V.* John Locke, *op. cit.,* pp. 211 y ss. Por supuesto, la resistencia abierta contra el Príncipe, no estaba admitida en la filosofía medieval, pues si éste derivaba su autoridad directamente de Dios, toda resistencia se convertía en una revuelta contra el interés de Dios y, por tanto, en pecado mortal. Sólo a partir de Santo Tomás, se admitió la desobediencia al tirano como un acto legítimo. *V.* Ernst Cassirer, *op. cit.,* pp. 104 y 105. La formulación política del principio, sin embargo, no se realiza sino como reacción a la Monarquía Absoluta.

52 *V.* John Locke, *op. cit.,* p. 371. (Subrayado nuestro)

53 *V.* parágrafos 134, 149 y 150 de John Locke, *op. cit.,* pp. 384 y 385. *V.* los comentarios de P. Laslett, en la Introducción, p. 117.

54 Por leyes municipales debe aquí entenderse el derecho interno, en contraposición al derecho internacional. *Cfr.* E. García de Enterría, *Revolución Francesa y Administración Contemporánea,* Madrid, 1972, p. 25, Nota Nº 32.

55 John Locke, *op. cit.,* p. 383. Sobre el calificativo de Federativo a este poder, el mismo Locke señala que le da ese nombre *"if any one pleases. So the thing he understood, I am indifferent as to the Name",* p. 383.

56 *V.* P. Laslett, Introduction, John Locke, *op. cit.,* p. 118.

57 Algunos autores ingleses interpretan que según Locke, el Poder Judicial estaba incluido dentro del Poder Ejecutivo; *V.* Geoffrey Marshall, *Constitutional Theory,* Oxford, 1971, p. 102; Sir Ivor Jennings, *The Law and the constitution,* London, 1972, p. 20. Otros autores consideran que la función de juzgar en Locke estaba inmersa en el Poder Legislativo: *V.* E. García de Enterría, *op. cit.,* p. 27.

de preservar la libertad o garantizar los derechos individuales, pudiendo sus partes coincidir.[58] Quizás entonces, el aporte fundamental de Locke a la división del poder haya sido su criterio de que el poder ejecutivo y el poder federativo necesariamente debían estar en las mismas manos,[59] así como su criterio de la supremacía del Poder Legislativo sobre los otros, hasta el punto de que tanto la función ejecutiva como la de juzgar debían realizarse en ejecución y de acuerdo a las leyes adoptadas y publicadas debidamente.[60]

4. La división del Poder Estatal

En realidad, la teoría de la división del poder que tanta influencia ha tenido en el constitucionalismo moderno, sobre todo por su conversión de "división del poder" en "separación de los poderes"[61] en la Revolución Francesa y en la Constitución norteamericana, tuvo su formulación fundamental en la obra de Montesquieu. La libertad política, según Montesquieu, existe sólo en aquellos Estados donde el Poder del Estado no reside, con todas sus funciones, en la misma persona o en el mismo cuerpo de magistrados.[62] Por ello, en su *De L'Esprit des Lois* insiste en que *"c'est une experience éternelle que tout homme qui a du pouvoir est porté à en abuser; il va jusqu' à ce qu'il trouve del limites... Pour qu'on ne puisse abuser du pouvoir il faut que, par la disposition des choses, le pouvoir arrête le pouvoir"*.[63] Del estudio comparado que realiza sobre el objeto de los diversos Estados de la época,[64] Montesquieu llega a la conclusión de que Inglaterra es el único Estado que tenía por objeto directo la libertad política, por lo que en el famoso Capítulo VI del Libro XI de su libro, se propone estudiar la "Constitución de Inglaterra", y de ese estudio deduce su teoría de la división del poder en tres clases: *"la puissance législative, la puissance exécutrice des choses qui dépendent du droit des gens, et la puissance exécutrice de celles qui dépendent du droit civil. Par la première, le prince ou le magistrat fait des lois pour un temps ou pour toujours. Par la seconde, il fait la paix ou la guerre, envoie ou reçoit des ambassades, établit la sûreté, previent les invasions. Par la troisième, il punit les crimes, ou juge les différends des particuliers. On appellera cette dernière la puissance de juger et l'autre simplement la puissance exécutrice de l'état"*.[65] En realidad, antes que una división del poder, Montesquieu define, siguiendo a Locke, diversas funciones o potestades (*puissance*) del Estado: la po-

---

58 *V.* Peter Laslett, Introduction, John Locke, *op. cit,* pp. 117 y 118. Sin embargo, como el mismo Laslett lo señala, Locke admitía que los poderes podían "balancearse" si se los situaba en distintas manos (*"ballancing* the Power *of Government, by placing* several parts *of its in different* hands"), pp. 107 y 356.

59 *V.* Peter Laslett, Introduction, John Locke, *op. cit.* p. 118.

60 Es de destacar que la Supremacía del Poder Legislativo en Locke es consecuencia de la Supremacía del Parlamento sobre el Monarca lograda después de la "Gloriosa Revolución" de 1689

61 Debe destacarse que ni Locke ni Montesquieu hablaron de "separación de poderes" sino de distribución o "división del Poder". El poder del Monarca absoluto era uno y único, y el desiderátum para limitarlo era dividirlo, pero no separarlo. *V.* sobre esto Ch. Einsenmann, "L'Espirit des Lois et la séparation des provoirs", *Mélanges Carré de Malberg,* París, 1933, pp. 163 *y ss. Cfr.* E. García de Enterría, *op. cit.,* p. 52; A. Passerin d'Entrèves, *op. cit.,* p. 119. *V.* en sentido contrario, Franco Bassi, "Il principio della separazione del poteri" en *Rivista Trimestrale di Diritto Pubblico,* Anno XV, Nº 1, 1965, pp. 17 a 113.

62. *V.* A. Passerin d'Entréves, *op. cit.*, p. 120.

63 Montesquieu, *De l'Espirít des Lois* (ed. G. Truc), París, 1949, Vol. I, Libro XI, Cap. IV, pp. 162 y 163. Editado inicialmente en 1746.

64 Montesquieu, *op. cit.*, Vol. I, Libro XI, Capítulo V, p. 163.

65 *V.* Montesquieu, *op. cit.* Vol. I, pp. 163 y 164.

testad de hacer las leyes, la potestad de juzgar y la potestad ejecutora, englobando en esta última, las que Locke calificó de poder ejecutivo y federativo.[66]

Ahora bien, lo novedoso de la división del poder en Montesquieu, y lo que lo distingue de la concepción de Locke, es, por una parte, la proposición de que para garantizar la libertad, las tres potestades no deben estar en las mismas manos, y por la otra, que las mismas, en la división del poder, están en plano de igualdad; de lo contrario, el poder no podría frenar al poder. En efecto, en el mismo capítulo VI del Libro XI de *Del Espíritu de las Leyes,* Montesquieu precisa su concepción: *"Lorsque dans la même personne ou dans le même corps de magistrature, la puissance législative est réunie à la puissance exécutrice, il n'y a point de liberté... Il n'y a point encore de liberté si la puissance de juger n'est pas séparée de la puissance législative et de l'exécutrice... Tout serait perdu si le même homme, ou le même corps des principaux, ou des nobles, ou du peuple, exerçaient ces trois pouvoirs: celui de faire des lois, celui d'exécuter les résolutions publiques, et celui de juger les crimes ou les différends des particuliers".*[67]... Como consecuencia, y sacrificando la libertad,[68] "les princes qui ont voulu se rendre despotiques ont–ils toujours commencé par réunir en leur personne toutes les magistratures".[69]

Por otra parte, como se dijo, en la concepción de Montesquieu no hay proposición alguna que otorgue superioridad de una de las potestades públicas sobre la otra. Ciertamente que al definir la potestad legislativa como la "voluntad general del Estado", y la potestad ejecutora como la "ejecución de esa voluntad general",[70] podría deducirse que la segunda debe sujetarse, en su ejecución, a lo dispuesto en la primera, pero no en el sentido de subordinación[71] política. Al contrario, tan iguales concebía las tres potesta-

---

66 La comparación entre la concepción de Locke y la de Montesquieu sería la siguiente:

<u>Locke</u>		<u>Montesquieu</u>
Legislative Power	⟶	Puissance Législative
(Funcion de juzgar)	⟶	Puissance de juger
(Executive Power)	⟶	Puissance Exécutive
Federative Power	⟶	

67 Montesquieu, *op. cit.*, Vol. I, p. 164

68 La concepción de libertad en Montesquieu, también tiene la misma orientación que en Locke: *"Il est vrais que dans la démocraties le peuple paraît faire ce qui'il veut; mais la liberté politique ne consiste point à faire ce que l'on veut.* Dans *un Etat c'est–a–dire, dans une société oú il y a des lois, la liberté ne peut consister qu'a pouvoir faire ce que l'on doit vouloir, et à n'être point contraint de faire ce que l'on ne doit pas vouloir"*, Montesquieu, *op. cit.* Vol. 1, libro XI, Cap. III, p. 162. *V.* en relación a la concepción de Locke, lo señalado en nota Nº 31 de este parágrafo 1.

69 *V.* Montesquieu, *op. cit.* Vol. I, p. 165. En esta forma la "Declaración Universal de los Derechos del Hombre y del Ciudadano de 1789", consagró expresamente en su artículo XVI, que cualquier sociedad en la cual las libertades *no estuvieran* debidamente garantizadas y no estuviese determinada la separación de los poderes, no hay constitución. *V.* el texto en G. De Ruggiero, *The History of the Estropean Liberalism.* Boston, 1967, p. 68.

70 *V.* Montesquieu, *op. cit.,* Vol. 1, p. 166.

71 Por ello, H. K. Girvetz ha señalado que mal pudo Montesquieu tomar como modelo de su teoría la Constitución de Inglaterra, y definir la igualdad de las potestades del Estado, cuando en ese país estaba asegurada desde la Gloriosa Revolución, la supremacía del Parlamento. *V.* Harry K. Girvetz, *From Wealth to Welfare. The Evolution of Liberalism,* Stanford, 1950, p. 94.

des que así podían frenarse unas a otras como única forma de cooperación en beneficio del mantenimiento de la libertad política. De ahí que concluya que *"ces trois puissances devraint former un repros ou une inaction. Mais comme par le mouvement nécessaire des choses, elles sont contraintes d'aller, elles seron forcées d'aller de concert"*.[72] Es claro, en todo caso, que al igual que Locke, la concepción de Montesquieu es una concepción formulada para el absolutismo. Ambos son teóricos del absolutismo; por ello, la división del poder del soberano es más una doctrina legal que un postulado político. Como ha dicho A. Passerin d'Entrèves, la teoría no responde a la pregunta sobre *quién* ha de tener la soberanía, sino *cómo* debe organizarse el poder para lograrse ciertos objetivos.[73]

5. La ley como expresión de la voluntad general

Ahora bien, además de los aportes de Locke y de Montesquieu, en la teoría política que va a permitir la reacción, en la práctica, contra el Estado Absoluto, tiene un puesto de gran importancia la concepción de Rousseau sobre la ley, lo cual va a provocar, posteriormente, el sometimiento del Estado a la ley que él mismo produce, es decir, va a originar el principio de la legalidad y la consolidación del mismo Estado de Derecho.

En efecto, y tal como el mismo Rousseau lo plantea, el pacto o contrato social es la solución dada al problema de encontrar una forma de asociación *"qui défende et protége de toute la force commune la personne et les biens de chaque associé, et par laquelle chacun, s'unissant à tous n'obéisse pourtant qu'à lui–même et reste aussi libre qu'auparvant";* en esa forma se realiza "el paso del estado natural al estado civil".[74] Pero como el mismo Rousseau lo señala, *"par le pacte social nous avons donné l'existence et la vie au corps politique; il s'agit maintenant de lui donner le mouvement et la volonté par la législation"*.[75] Las leyes en esta forma, y he aquí la novedad de su planteamiento, como forma de manifestación del Soberano, son las que dan movimiento y voluntad al Estado, producto del pacto social, en tanto en cuanto se trata de "actos de la voluntad general que estatuyen sobre una materia general". Rousseau entonces no sólo construye la teoría de la ley como "actos de la voluntad general", a cuyas disposiciones deben someterse todas las actuaciones del propio Estado y de los particulares, sino que establece el principio de la generalidad de la ley, lo cual permitirá la posterior reacción contra los privilegios.[76] Por otra parte, en el campo de las funciones estatales, éstas se reducen, en la concepción de Rousseau, a dos: hacer las leyes y ejecutarlas, a las que califica, siguiendo la terminología de Montesquieu, de potestad legislativa y potestad ejecutiva (*puissance*).[77] No se trata aquí, tampoco de una doctrina de la separación de poderes, sino conforme a la orientación de Locke y de Montesquieu, de una doctrina de la divi-

72 *V.* Montesquieu, *op. cit.*, Vol. I, p. 172.

73 *V.* A. Passerin d'Entrèves, *op. cit.*, p. 121

74 *V.* Jean–Jacques Rousseau, *Du Contrat Social* (ed. Ronald Grimsley), Oxford, 1972, Libro I, Cap. IV, p. 114 y Cap. VIII, p. 119. La primera edición es de 1762.

75 *V.* J. J. Rousseau, *op. cit.*, Libro II, Cap. V, p. 134.

76 *V.* J. J. Rousseau, *op. cit.*, Libro II, Cap. V, p. 136. La definición tan conocida de las leyes como "expresión de la voluntad general", corresponde al texto del artículo VI de la *Declaración Universal de los Derechos del Hombre y del ciudadano de 1789. V.* en G. De Ruggiero. *op. cit.*, p. 67.

77 *"Quand je marché vers un object, il premièrement quel' y veville aller; en second lieu, que mes pieds m'y portent. . . Le corps politique a les mêmes mobiles: on y distingue de même la force et la volunté; ccelle–it sous le nom de puissance législative, l'autre sous le nom de puissance exécutive", V.* J. J. Rousseau, *op. cit.*, Libro III, Cap. I, p. 153.

sión del poder, que es uno solo: el del Soberano que resulta del pacto social o de la integración de la voluntad general.[78] Según Rousseau, las dos funciones del poder: la expresión de la voluntad general mediante leyes y la ejecución de éstas, no es bueno que estén en las mismas manos, por lo que siguiendo la orientación de Montesquieu, propugna su ejercicio por órganos distintos,[79] aun cuando contrariamente a la tesis de éste, insiste en la necesaria subordinación que ha de tener quien ejecuta la ley en relación a quien la hace,[80] con lo cual, en la orientación de Locke, se asegurará la supremacía del legislador y de la ley. Esta supremacía, piedra angular del Derecho Público, permitirá la erección del Principio de la Legalidad y la configuración del Estado de Derecho.[81]

Puede decirse, en términos generales, que los escritos de Locke, Montesquieu y Rousseau,[82] conforman todo el arsenal teórico político para la reacción contra el Estado Absoluto y su sustitución por el Estado de Derecho, como garantía de la libertad. Esa reacción, se va a producir, en efecto, en la Revolución Francesa, en base a la exaltación del individualismo y la libertad. En efecto, las teorías políticas analizadas, parten del análisis de la situación natural del hombre y de la realización del pacto o contrato social que erige al Soberano, como mecanismo para la protección de la libertad. He aquí la base para la posterior exaltación del individualismo y la consagración política de los derechos no ya del solo ciudadano de un Estado, sino del hombre, con la consecuente construcción del liberalismo político y económico. Por otra parte, el poder del Estado, producto del pacto social, debe ser dividido y racionalizado, para impedir que el Soberano abuse de él; por ello se formula la sistematización de las funciones del Estado y la división del poder, lo que dará pie para la adopción de una fórmula distinta y más radical: la "separación de los poderes". El poder del Soberano se actualiza mediante la emanación de leyes, las cuales no sólo se consideran indispensables para la existencia del propio Estado, sino como garantía de la libertad civil y política, teniendo la función legislativa una situación de superioridad frente a las otras funciones de ejecución. Por último, a la ley, como acto de la voluntad general, deben someterse todas las actuaciones tanto del Soberano como de los particulares, lo cual configurará el Principio de la Legalidad. A la base del Estado de Derecho y del Liberalismo están, por tanto, las nociones teóricas de libertad, separación de poderes, supremacía de la ley y principio de la legalidad. Pero no bastan teorías políticas para hacer una Revolución: ellas habrían de estar acompañadas por unas realidades económicas y sociales que permitieron, a través de la Revolución Francesa, actualizar las teorías políticas.

---

78 *Cfr.* la Introducción de R. Grimsley, J. J. Rousseau, *op. cit.*, p. 35.

79 *"Il n'est pas bon que celui qui fait les lois les execute"*, J. J. Rousseau, *op. cit.*, Libro III, Cap. IV, p. 163. *Cfr.* Robert Derathé, "Les Rapports de l'Exécutif et du *Législatif* chez J. J. Rousseau", en *Annales de Philosophie Potilique,* Vol. 5, Rousseau et la philosophie Politique, París, 1965, p. 156.

80 Robert Derathé, *loc. cit.*, pp. 157 y ss.

81 La concepción de Rousseau en este campo también coincide con la de Montesquieu, Rousseau, en efecto, señala que *"J'appelle donc Republique tout Etat régi par des lois"*, *op. cit.* Libro III, Cap. VI. Montesquieu, por su parte, también establece como base de la existencia del Estado el que haya leyes: *"Dans une Etat, c'est-a-dire, dans une société où il y a des lois...", op. cit.*, Libro XI, Cap. III, p. 162.

82 Para un análisis de las concepciones de estos tres autores *V.* J. M. Boquera Oliver, "Los orígenes de la distinción entre actividad política y administrativa" en *RAP,* N° 40, Madrid, 1963, pp. 39 y ss.

6. El liberalismo

En efecto, así como en el campo político la concepción del estado natural del hombre y de la libertad fue configurando la base del liberalismo político como reacción frente al absolutismo, en el cual no existían derechos de los individuos; así mismo, en el campo económico, la reacción contra el Mercantilismo –soporte del absolutismo– se va a iniciar con una concepción económica que también va a partir de las leyes naturales para su construcción. En efecto, la política mercantilista, como se dijo, se puede caracterizar como un sistema netamente comercial, en el cual la agricultura –base a su vez de la economía feudal a la cual había desplazado– constituía una actividad económica marginal y sin importancia. Hacia mitades del siglo XVIII, en países como Francia, y como consecuencia de la política mercantilista, la agricultura no sólo no había sido promovida o protegida, sino que pobre y mal llevada había sido objeto de sucesivos gravámenes. La importancia del comercio interno y externo y la concesión de privilegios en relación a dichas actividades, provocó un considerable retraso en las actividades agrícolas, las cuales se consideraban, sin embargo, como la principal industria del país.[83] Ante esta realidad, durante un breve período de tiempo (1760–1770), se desarrolló una política económica basada en los escritos de François Quesnay y en las aplicaciones prácticas que pudo ejecutar Turgot en el Gobierno, que, al contrario del Mercantilismo, minimizaba la importancia del comercio exterior, y en su lugar, ponía énfasis en la importancia de la economía agrícola, y en la eliminación de los privilegios otorgados por el Estado, propios del Mercantilismo. Abogaba en esta forma, porque la actividad económica y política estuviese gobernada por las leyes implantadas en la naturaleza por la Providencia.[84] La Fisiocracia, en esta forma, sostenía que de todas las actividades económicas, sólo la producción agrícola podía considerarse realmente como producción, pues era la única que dejaba un producto neto, en tanto que las otras actividades consistían sólo en transformaciones de riqueza existente;[85] en otras palabras, que sólo la clase productiva que cultivaba la tierra producía un producto neto, en tanto que las otras clases (artesanos o comerciantes) sólo recobraban sus gastos. En esta forma, la Fisiocracia planteaba que la expansión de la economía y la población de un país, dependía de la expansión de la inversión en la agricultura y de los gastos de la clase productiva, y de la expansión resultante del producto neto.[86] En todo caso debe tenerse en cuenta que la fisiocracia, como política económica, sólo pudo ser aplicada muy parcial y aisladamente entre 1760 y 1770, y sólo en Francia. Sin embargo, su importancia teórica fue fundamental, pues si bien no planteaba que el Estado no debía intervenir nunca en el campo económico –como después planteó el liberalismo–,[87] sí fue la primera reacción contra la economía estatista del Mercantilismo, que llevaría a la formulación de la doctrina del liberalismo económico.

Correspondió a Adam Smith (1723–1790), iniciar la formulación de la teoría del liberalismo económico, la cual partía del principio del funcionamiento armonioso de la economía conducida por los solos intereses privados, por lo cual la intervención del

83 *V.* Joseph J. Spengler, "Physiocratic Thought", *Encyclopedia Iinternational of the Social Sciences,* 1968, Vol. IV, p. 443.

84 *V.* Joseph J. Spengler, *loc. cit.*, p. 443.

85 *V. André Piettre, Penseé Economique et Théories Contemporaines,* Paris, 1966, p. 61.

86 *V.* Joseph J. Spengler, *loc. cit.*, p. 444,

87 *V.* H, Scott Gordon, "Laissez–Faire", *International Enciclopedia of the Social Science*, 1968, Vol. 8, p. 546.

Estado en la economía –propia del Mercantilismo– debía ser reducida, lo cual llevaría más adelante a la propugnación liberal de su eliminación. Smith, en este sentido, partía del supuesto de que "la riqueza de las naciones" está menos en la tierra que en el trabajo del hombre, y el resultado de éste es la constitución del capital cuyo fin es hacer del trabajo una actividad todavía más productiva. Por otra parte, si el interés privado es quien mueve al hombre al trabajo y al ahorro, la garantía dc que a pesar de ello existirá armonía frente a los riesgos de contraposición de intereses, está en la organización espontánea de la vida económica por la libre concurrencia de ellos, dentro de un mercado con libre juego de los precios.[88] En esta forma, al Estado correspondía mantener las reglas del libre juego del mercado, el cual no debía distorsionarse con privilegios o monopolios tan característicos del Mercantilismo. Las funciones del Estado, por tanto, son reducidas por Smith a las siguientes: en primer lugar, la protección del grupo social frente a la violencia exterior; en segundo lugar, la protección de los miembros individuales de la sociedad de las injurias u opresiones de sus conciudadanos; y en tercer lugar, "la creación y mantenimiento de ciertas obras públicas y ciertas instituciones públicas, cuyo mantenimiento y erección nunca podrían ser del interés de los particulares porque el beneficio que podían dar nunca podría compensar los gastos de un individuo o de un grupo de personas".[89] De aquí el principio de la subsidiariedad de la acción del Estado en relación a la actuación económica de los particulares, tan característico del liberalismo económico.

7. La Revolución Francesa

La doctrina liberal en la época prerrevolucionaria, tanto la de carácter político (libertades públicas) como la de carácter económico, fue el ingrediente necesario para la configuración de un movimiento social que motorizaría la Revolución Francesa.

Conforme al esquema de la Monarquía Absoluta y del Mercantilismo, el poder político estaba en manos del Monarca y la nobleza, y del clero, donde se alojaban muchos beneficiarios de los privilegios y monopolios derivados del intervencionismo estatal mercantilista. Pero el Mercantilismo era una política económica basada en el comercio y la industria, por lo que había provocado la formación de una gran clase social de banqueros, comerciantes y artesanos, que no participaba del poder político. Por ello, a la búsqueda del poder político por esta clase, que era la burguesía, y a la eliminación de los privilegios, es que se dirigieron todos los esfuerzos revolucionarios en Francia. La primera forma de su actuación y luego de su triunfo, fue a través de la formación del denominado Tercer Estado en los Estados Generales. El mismo Sieyès decía, al compararlo con los otros dos estados (la nobleza y el clero) que el Tercer Estado o Estado Llano era la Nación completa.[90] Y esto era cierto, tal como lo observa De Ruggiero, no en el sentido de que no existía otra clase social distinta a la burguesía, sino en el sentido de que la forma burguesa de actividad económica, sentimientos legalistas y organización política, eran válidas para todas las clases sociales, ofreciéndoles a todas oportuni-

88 André Piettre, *op. cit,*, p. 65.

89 *V.* Adam Smith, *The Wealth of Nations,* Libro V, Cap. I, *cit.,* por Harry K. Girvetz, *op. cit.,* pp. 43 y ss., y por E. Roll, *A History of Economic Thought,* London, 1954, p. 147.

90 *Qu'est–ce que le Tiers?* Se pregunta Sieyès en el propio título y en el Capítulo I de su obra; *y* la respuesta que daba era "tout", *"une nation complette". V.* Emmanuel Sieyès, *Qu`est.cetfest–ce que le tiets Etat* (ed. Roberto Zappeti), Genéve, 1970, p. 121 ss.

dades de acción.[91] La burguesía, en esta forma, buscaba al decir de Sieyès, "la modesta intención de tener en los Estados Generales una influencia *igual* a la de los privilegiados" (nobleza y clero),[92] pero la realidad del poder económico y de los sentimientos sociales contra los privilegios de la Monarquía Absoluta, condujeron a que la burguesía obtuviera el poder mediante la Revolución Francesa, con respaldo popular.[93] La Revolución Francesa, en esta forma, ni más ni menos fue una Revolución de la burguesía, por la burguesía y para la burguesía;[94] y no por ello dejó de ser una verdadera revolución. Situado el movimiento en su momento histórico, lejos de significar una actitud reaccionaria o conservadora frente a las estructuras sociales existentes, como lo apunta A. Passerin d'Entrèves, fue un instrumento de progreso, e inclusive de subversión de estas estructuras, de los privilegios y de las discriminaciones que ellas conllevaban.[95] A la base de la revolución estaba el clamor porque toda persona tuviese igualdad en el goce de sus derechos; de ahí la importancia de la Declaración de los Derechos del Hombre y del Ciudadano de 1789, calificada como la "expresión ideológica del triunfo de la burguesía",[96] cuyo artículo final iría a definir y fijar a la propiedad como "un derecho inviolable y sagrado".[97]

En general, la Revolución Francesa fue, por tanto, una revolución política, social y económica, sobre la cual se va a construir el Estado de Derecho y el liberalismo. Desde el punto de vista político, al significar el fin del Estado Absoluto, la organización política que se va a construir va a tener poderes limitados. No sólo porque el Estado se va a encontrar separado en sus poderes, para realizar el adecuado balance y contrapeso entre ellos, sino porque el poder legislativo y a través de él, la ley, va a tener la supremacía. Frente al poder personal y arbitrario existente con anterioridad, el gobierno por y en virtud de las leyes va a prevalecer,[98] y de ahí la sumisión del Estado al Derecho y al Principio de la Legalidad. Pero la realidad social y económica dentro de este Estado de Derecho va a darle su matiz inicial al Estado Liberal–Burgués de Derecho. En efecto, al ser un movimiento social motorizado por la burguesía, ésta se reserva el derecho –y el privilegio– de estar representada en las Asambleas a quienes corresponde producir las leyes, y de ejercer el derecho del sufragio. El sufragio universal, cuya justificación estaba en la tesis de Rousseau al propugnar el igualitarismo, no sólo no fue acogido en los años posteriores a la Revolución, sino que el mismo Rousseau fue criticado,[99] La fun-

91 *V.* Guido De Ruggiero, *op, cit.,* p. 425.

92 *V.* Emmanuel Sieyès, *op. cit.,* p. 135.

93 El pueblo –los no privilegiados–, por supuesto que respaldó al Tercer Estado, es decir, a la burguesía, pues no tenía otra alternativa en el sentido de que no podía apoyar ni a la nobleza ni al clero, quienes representaban los privilegios. *Cfr.* G. De Ruggiero, *op. cit.,* p. 74.

94 "Fue llevada a cabo por elementos burgueses que interpretaron las pasiones del pueblo con sus criterios de clase", tal como lo señala G. De Ruggiero, *op. cit.,* pp. 75 a 77. La fórmula célebre de A. Lincoln, *"That government of the peoplet by the people, for the people, shall not perish from the earth",* no sólo es posterior, sino que todavía está por tener vigencia plena en el mundo contemporáneo.

95 *V.* A. Passerin d'Entrèves, *op. cit.,* pp. 205 y 206. El mismo A. de Tocqueville la califica, bajo esta perspectiva, como una revolución social y política. *V.* Alexis de Tocqueville, *L'Ancien Régime* (ed. G. W. Headlam), Oxford, 1965, pp. 28 y ss.

96 La expresión es de José Luis Aranguren, *Ética y Política,* Madrid, 1963, pp. 293 y 297, *cit.* por Elías Díaz, *Estado de Derecho y Sociedad Democrática,* Madrid, 1966, p. 80.

97 En el artículo XVII se consagra el carácter inviolable y sagrado de la propiedad, procediendo su extinción en los casos de necesidad pública legalmente determinados, mediando indemnización. *V.* el texto en G. De Ruggiero, *op, cit.,* p. 68.

98 *V.* E. García de Enterría, *op. cit.,* p. 10.

99 *V.* A. Passerin d'Entrèves, *op. cit.,* p. 215.

ción de elegir y ser electo se reservó, al contrario, a los propietarios y a la burguesía, y en Francia sólo fue en 1875 cuando se estableció el sufragio popular.[100] Este esquema del Estado Liberal–Burgués de Derecho y de sufragio limitado fue el que las Constituciones de las recién nacidas Repúblicas latinoamericanas acogieron después de 1811 y hasta bien entrado el siglo XX.

Las leyes que regularon y limitaron al Estado, fueron entonces leyes formuladas por la burguesía, o como las ha calificado García de Enterría: "leyes de libertad", es decir, "leyes cuyo objeto es hacer posible el libre desenvolvimiento de los miembros del grupo social".[101] Leyes, en cierta forma, antiprivilegios, pero leyes que pronto adquieren toda su significación social, al asegurar los principios del liberalismo económico y declarar los derechos universales, no sólo del ciudadano de un Estado en particular, sino del hombre, como derechos naturales.[102] Conforme a este estatuto, en realidad, los propietarios y burgueses quedaron real y efectivamente protegidos en sus derechos frente a cualquier intento de regresión al Antiguo Régimen; pero los no propietarios y el pueblo quedaron insuficientemente protegidos, o sí se quiere, no eran objeto de protección. La ley, como se dijo, en definitiva es expresión de la clase burguesa y la representación que se establece en los cuerpos políticos, está destinada, electoralmente, sólo a la burguesía. No se trata de un sistema político, el de la Revolución Francesa, manejado por el pueblo y para el pueblo sino, como se dijo, por la burguesía y para la burguesía. Sin embargo, los principios de legalidad, libertad e igualdad (fraternidad), de supresión de los privilegios y de la nobleza y de integración de la iglesia a la nación, como conquistas irreversibles frente al absolutismo, hacen olvidar muchas veces la verdadera realidad social que estuvo en la base de la Revolución Francesa y en el nacimiento del Estado de Derecho.

II. DEL ESTADO LIBERAL–BURGUÉS DE DERECHO AL ESTADO SOCIAL DE DERECHO

De las ruinas del Estado Absoluto y en virtud de la Revolución Francesa, surge entonces el Estado de Derecho[103] como fórmula política que aún prevalece en el mundo contemporáneo. Sus características fundamentales se desarrollaron paralelamente al

---

100 *Cfr.* Harry K. Girvetz, *op. cit.*, pp. 98 y 99.

101 *V.* E. García de Enterría, *op. cit.*, pp. 16 y ss. "Todo el fin del Estado se concreta, pues, al Derecho, y en un Derecho cuyo objeto se reduce a asegurar la coexistencia de las libertades de los súbditos", p. 19. "El Derecho es, para esta vasta construcción política, pura y simplemente garantía de la libertad", p. 20. "El Estado debe limitarse a dictar leyes generales con ese contenido característico de garantía y límite externo de la libertad", p. 21. "El Estado ofrece, pues, un marco *puramente* formal dentro del cual la sociedad vive de su propio dinamismo espontáneo por la propia concurrencia indefinida de las libertades de sus miembros", p. 22.

102 El artículo IV de la Declaración de los Derechos del Hombre *y* del Ciudadano de 1789 establece en este sentido que *"la liberté consiste à pouvoir faire tout ce qui né nuit pas à autre; ainsi l'exercise des droits naturels de chaque homme n'a de bornes qece celle qui assurent aux membres de la société la jouissance de ces mêmes droits. Les bornes ne peuvent être détermines que par la loi". V.* en G. De Ruggiero, *op. cit.*, p. 68.

103 En la terminología francesa *Etat de Droit;* en la terminología alemana *Rechtstaat;* y en la terminología inglesa *Legal State.* (*Cfr.*) a traducción inglesa por G. H. Sabine y Walter J. Shepard del libro de H. Krabbe, *The Modem Idea of the State,* London, 1922, pp. 1, 8 y 33) o Estado sometido a la *rule of Law.* Según G. De Ruggiero, la traducción inglesa de *Rechtstaat* es *The State according to rights,* que quizás, refleja más el sentido de la noción referida al Estado Liberal Tradicional. *V.* Guido De Ruggiero, *The History of European Liberalism,* Boston, 1967, pp. 253 y 366.

constitucionalismo, es decir, a la necesidad de dotar a los Estados de un texto fundamental, que limitara el poder de los gobernantes y los sometiera al cumplimiento de su texto y de las leyes; que consagrara expresamente las libertades y derechos; que estableciera la separación de los poderes del Estado; y que previera la elección de los representantes. Este esquema se consideró y se considera en la actualidad como la garantía frente a la tiranía.[104] Pero no sólo las formas políticas configuran la realidad de las Constituciones, sino que ellas no pueden comprenderse completamente sin el análisis interrelacionado de las realidades económicas y sociales. Visto desde este ángulo, el Estado de Derecho que nace con la Revolución Francesa, es un Estado Liberal–Burgués de Derecho y, por tanto, completamente distinto al Estado de Derecho que después se desarrolló y que existe en la actualidad en el mundo contemporáneo.

1. El liberalismo económico

En efecto, en la base del Estado de Derecho en su primaria configuración está, como doctrina económica, el liberalismo económico que durante todo el siglo *XIX va* a constituirse más que como un sistema económico, como un dogma: *Laissez–faire, laissez–paser, le monde va de lui même.*[105] Esta fórmula va a ser, no ya la consagración de la libertad positiva de los particulares, sino de la libertad negativa en relación a la actuación del Estado, es decir, de límites impuestos y establecidos en relación a las actuaciones del Estado.[106] Esta concepción adquiere su más alta expresión en relación a las libertades económicas que implicaron el dogma de la no intervención del Estado, salvo para proteger las mismas libertades económicas. Como reacción frente al Mercantilismo, el liberalismo económico se configura como un sistema económico no estatista, que exige al Estado "dejar hacer y dejar pasar": en el campo de la producción, por ejemplo, el dejar hacer implicó la abolición de los monopolios y corporaciones restrictivas a la libertad de trabajo y de industria; en el campo del comercio, por ejemplo, el dejar pasar, exigió el establecimiento de la libre circulación de bienes y servicios, la supresión de los impuestos internos y al consumo, la libertad de comercio, de la banca y del financiamiento, y la abolición de los privilegios comerciales, inclusive de las compañías coloniales. El Estado no debía actuar en la vida económica, que se desenvolvería por sí misma, y sólo debía limitarse a mantener las condiciones necesarias para este desenvolvimiento, es decir, el orden público y la libre concurrencia. El Estado no sólo era un Estado Abstencionista, sino un Estado Gendarme:[107] sus funciones se limitaban a pre-

---

104 En los inicios del constitucionalismo norteamericano, Madison señalaba que: *"The accumulation of all powers, legislative, executive, and judiciary, in the* same hands, *whether of one, a few, or many, and whether hereditary, self–appointed or elective, may justly be pronounced the very definition of Tyranny". (The Federalist,* N° 47*), Cit.* por Harry K. Girvetz, *From wealth to welfare. The Evolution of liberalism,* Stanford, 1950, p. 94.

105 El origen de la expresión parece estar en lo que un comerciante francés respondió a Colbert, ante la pregunta de éste en relación a qué quería aquél que el Estado hiciera para asistirlo: *"Laissez–nous faire". V.* H. Scott Gordon, "Laissez–faire", *International Encyclopedia of the Social Science,* 1968, Vol. 8, p. 546.

106 *V.* A. Passerin d'Entrèves, *The Notion of the State. An Introduction to Political Theory,* Oxford, 1967, pp. 206 y 207. Las expresiones del marqués d'Argenson (1751) *"Pour governer mieux, il faut governer moins",* y de Bentham, *"Government be quiet",* reflejan claramente este Estado negativo. *Cit.* por J. M, Keynes, *The end of Laissez–faire,* London, 1926, pp. 19 y 21.

107 El Estado era abstencionista en el sentido de que no debía "interferir" en la vida económica, y su intervención debía ser sólo como el gendarme que restablece el orden natural de las cosas y facilita su desenvolvimiento. El concepto de Estado Gendarme, por tanto, es enteramente distinto al del Estado Policía, característico del absolutismo. *Cfr.* F. Garrido Falla, *Tratado de Derecho Administrativo,* Vol. I, Madrid, 1970, p. 75, Nota N° 27. La expre-

servar el orden público (tranquilidad y seguridad pública); a garantizar la libertad de contratos, y la protección de la libertad de concurrencia; y a promover los cambios económicos. Esas "intervenciones" sólo eran para proteger las libertades y en particular la libertad económica. Se cumplía así la tesis de Smith.[108] En cierto sentido, entonces, no puede decirse que el Estado liberal del siglo pasado no interviniera en la vida económica; al contrario, intervenía y con frecuencia, pero para mantener un esquema de libre concurrencia y competencia que el dogma liberal exigía. El Estado, aquí también, cumplía un papel esencial en relación a la vida económica.[109] En todo caso, el dogma liberal le da el calificativo de Estado Liberal de Derecho a la forma que surge con la Revolución Francesa.

Pero además de ser un Estado liberal, era también un Estado burgués, en el sentido de que, como hemos señalado, representaba los intereses de la burguesía, los cuales si bien se consolidan con la Revolución Francesa, se apropian completamente del Estado en 1830, con el establecimiento de la denominada Monarquía burguesa, a través de la cual, como señala De Ruggiero, al fin la burguesía tuvo un gobierno propio.[110] De ahí el calificativo de Estado Liberal–Burgués de Derecho a la primera forma de Estado de Derecho desarrollada en Europa continental, al calor de la Revolución Francesa, y cuyos esquemas y sistemas importaron las repúblicas latinoamericanas a partir de 1811 y que se consolida a partir de 1830, después de finalizadas las guerras de Independencia.

2. Los correctivos al Estado liberal

Ahora bien, el esquema liberal–burgués del Estado, tal como lo hemos delineado, si bien se construyó en las décadas que siguieron a la Revolución Francesa, muy pronto dejó de ser una realidad política,[111] aun cuando su formulación formal continuó y se

---

sión equivalente del Estado Gendarme de la época del *laissez–faire,* es todavía más expresiva en inglés: *"The night watchman state". Cfr.* Asa Briggs, "The Welfare State in Historical Perspective" en *Archive Europeen de Sociologie*, N° 11, 1961, p. 222; y en S. P. Aiyar (ed.), *Perspectives on the Welfare State,* Bombay, 1966, p. 4.

108 *V.* Harry K. Girvetz, *op. cit.,* pp. 68 y ss. La tesis de A. Smith, sobre el Estado negativo y su posición antimercantilista la destaca A. Skinner, en la Introducción a A. Smith, *The Wealth of Nations,* London, 1970, Vol. I, pp. 77 y 78.

109 Morton Fried, en este sentido, puntualiza que todavía circula un mito del siglo XIX que ha extendido la fantasía de que puede existir un Estado que no tiene ningún papel que jugar en relación a la economía. Dicho Estado no ha existido hasta ahora, y hay amplia base teórica para pensar que es imposible que exista, El llamado gobierno del *laissez faire* no tuvo ninguna duda en aplicar toda su fuerza a las perturbaciones del mercado para mantener el *status.* El uso de sus poderes para mantener un orden social específico es uno de los aspectos primarios del Estado, *V.* "State, The Institution", en *International Encyclopedia of the Social Science,* 1968, Vol. 15, p. 147. En este sentido, Marcos Kaplan señala, al analizar la actividad del Estado liberal *clásico,* que "el mismo crea *y* mantiene las *estructuras* de una economía de mercado. Hace respetar la propiedad individual y la libertad contractual. Favorece a ciertos grupos y a un sistema de distribución desigual de la riqueza y del poder, en detrimento de grupos y estratos subordinados o dominados. Prohíbe las coaliciones de trabajadores. Utiliza el pago de impuestos directos como criterio para el ejercicio de los derechos políticos". *V.* "Estado, dependencia externa y desarrollo en América Latina", en *Estudios Internacionales,* N° 2, Santiago de Chile, 1968, p. 197. *Cfr.* Nicos Poulantzas, *Poder Político y Clases Sociales en el Estado Capitalista,* México, 1972, pp. 58 y ss.

110 *V.* G. De Ruggiero, *op. cit.,* p. 177. A pesar de la restauración de la Monarquía a la caída del Imperio a comienzos del siglo XIX, la verdadera clase gobernante siguió siendo la burguesía, *cit.,* p. 158.

111 Maurice Bruce, en este sentido, ha señalado que "el perfecto Estado *laissez–faire* de hecho nunca existió". *V. The Coming of the Welfare State.* London, p. 13. Por su parte Gerhard Kolm también ha señalado que "*laissez–faire,* hay que estar seguro, nunca llegó a tener realidad política". *V.* "Is economic planning compatible with democracy", en Max Ascoli and Fritz Lehmann (ed.), *Political and Economic Democracy,* New York, 1937, p. 23.

propagó fundamentalmente hacia América Latina. Los efectos del liberalismo económico y en particular los de la Revolución industrial,[112] pronto se hicieron sentir y las presiones y revueltas sociales no sólo tuvieron repercusiones importantes de tipo revolucionario, como los movimientos de París en 1848, sino que provocaron la formación de todo el ideario socialista y marxista que condujo, durante la segunda mitad del siglo XIX, a la transformación de aquel Estado Liberal–Burgués de Derecho hacia un Estado de Servicios Sociales, y en las primeras décadas de este siglo, a la conformación de nuevos tipos de Estado: el Estado de Bienestar (*Welfare State*) en los países occidentales altamente industrializados, y el Estado Socialista, con un esquema propio de legalidad socialista.

En efecto, diversos correctivos se fueron formulando al Estado Liberal–Burgués de Derecho, o Estado liberal tradicional, con motivo de la irrupción de la cuestión social y del posterior reconocimiento de los derechos sociales, así como con motivo del establecimiento del sufragio universal en las democracias occidentales; todo lo cual, progresivamente, produjo su transformación después de la Segunda Guerra Mundial, en un Estado Benefactor de Derecho.[113] Los correctivos, en este sentido, no sólo se introdujeron en su sistema político–jurídico sino en su contenido económico y social.

En el campo estrictamente jurídico, si bien la esencia del Estado de Derecho, desde su nacimiento y frente al Estado Absoluto, ha sido la sumisión del Estado y de su Administración a la legalidad, la garantía de tal sumisión no ha sido siempre definitiva. En sus inicios, la separación de los poderes en Francia planteó en tal forma la no injerencia de un poder en otro, que el poder judicial no pudo ser la garantía de los particulares para la sumisión de la Administración a la legalidad.[114] La evolución de la jurisdicción administrativa en Francia, como jurisdicción separada del orden judicial, correspondió entonces a la separación extrema de los poderes: si se trataba de juzgar a la Administración o a los administradores, fue necesario construir a través de un largo proceso, una jurisdicción propia, distinta y separada del Poder Judicial. En todo caso, la evolución durante todo el siglo pasado y el presente ha mostrado una creciente tendencia de sumisión del Estado a la legalidad, y de la previsión de controles jurisdiccionales para ello, sea mediante jurisdicciones separadas del Poder Judicial, sea mediante la utilización de los órganos del Poder Judicial;[115] sumisión y control que ha provocado, entre otros efectos, el propio nacimiento del derecho administrativo como rama autónoma de las ciencias jurídicas, fundamentalmente a partir de finales del siglo pasado. En todo caso, la lucha por la sumisión de la Administración Pública a la legalidad, conquista irreversible del Estado de Derecho, está todavía por materializarse completamente en América Latina. Bajo la influencia del Derecho francés, casi todos los países latinoamericanos han admitido, recientemente en este siglo, el control de la Administración a través de juris-

112 *V.* sobre esta Jean–Pierre Rioux, *La Revolution industrielle 1780–1880,* París, 1971. Así como la Revolución Francesa es obra de la burguesía, la Revolución industrial también lo es, pp. 206 y ss.

113 En la fórmula inglesa esta forma equivaldría al *Welfare State*; y en la fórmula alemana al *Wohlfaurststaat. V.* Elías Díaz, *Estado de Derecho y Sociedad Democrática,* Madrid, 1966, pp. 65 y ss.

114 La Ley de 16–24 de agosto de 1790 estableció expresamente que "*Les fonctions judiciaires sont et demeureront toujours séparées des fonctions administratives. Les juges ne purront pas, à peine de forfaiture troubler de quelque manière que ce soit les opérations des corps administratifs, ni citer devant eux des administrateurs pour raison de leur fonctions*". La ley del 16 Fructidor del año III, ratificó posteriormente que "*Défenses itératives sont faites aux tribunaux de connaître des actes d'administration, de quelque espèce qu'ils soient, aux peines de droit*". *V.* Jean Rivero, *Droit Administratif,* París, 1973, p. 129.

115 *V.* las referencias comparativas a los diversos sistemas de justicia administrativa en Jesús González Pérez, *Derecho Procesal Administrativo,* Tomo Primero, Madrid, 1964, pp. 191 y ss.

dicciones contencioso–administrativas, generalmente integradas al Poder Judicial, y en general, la sumisión de todos los actos del Estado, además, al control de la constitucionalidad, desconocido en Francia y en la mayoría de los países europeos. En este sentido, quizás una de las características de los países latinoamericanos, es la existencia de alguna forma de control de la constitucionalidad de las leyes y demás actos del poder público, llegándose a la consagración absoluta de la acción popular, como en el caso de Venezuela, o del recurso de amparo, como en el caso de México.

Otro de los correctivos a la fórmula original del Estado de Derecho, se ha producido en la reformulación del principio de la separación de los poderes, y la vuelta a su concepción inicial de división del poder. En efecto, hemos señalado que a pesar de que el sistema inicial formulado por Montesquieu, de peso y contrapeso de las potestades del Estado, exigía como necesario que los mismos andaran de concierto, el esquema adoptado por la Revolución Francesa no admitía la idea de la colaboración entre ellos. Esto quizás podía justificarse por la preocupación de limitar el poder y el temor de la vuelta al Antiguo Régimen, al absolutismo; pero en la actualidad, frente a las exigencias crecientes que plantea la Sociedad al Estado en cuanto a su intervención conformadora de la vida económica y social, es evidente que un esquema de conflicto permanente de poderes no es adecuado para la toma de decisiones que las sociedades contemporáneas exigen. De ahí las tendencias progresivas de establecer una mayor cooperación entre los poderes del Estado.[116] Por otra parte, frente a la primacía tradicional del Parlamento que la Constitución inglesa reconoció desde el siglo XVII y que la Revolución Francesa plasmó al establecer la superioridad de la Ley, también han surgido correctivos y tendencias que conllevan a la consagración, en el mundo contemporáneo, de la primacía del Ejecutivo.[117] En éste, la búsqueda de un Ejecutivo fuerte, planificador y conformador de la vida económica y social, condicionante de la Administración Pública contemporánea, es quizás otra de las características del Estado de Derecho actual; pero no de un Ejecutivo incontrolado, por supuesto, sino aun cuando con mayor libertad de acción, con mayor control debido a su sumisión a la legalidad. De ahí, todas las formas de legislación delegada que conoce el derecho actual y la ampliación de la potestad reglamentaria frente a una reducción del ámbito de la ley, como la que resultó de la Constitución francesa en 1958.

También en el campo estrictamente político, importantes correctivos se introdujeron a la fórmula original del Estado de Derecho, y que cambiaron progresivamente la base de la representación popular. En el esquema vigente a comienzos del siglo pasado, y que perduró en muchos países hasta bien avanzado el presente siglo, la elección de los gobernantes no se realizó, como se dijo, mediante sufragio universal, *sino* a través de un sufragio restringido en el cual sólo eran electores los propietarios, terratenientes o los contribuyentes –esquema que recogen las Constituciones latinoamericanas durante la primera mitad del siglo XIX–. La introducción, al contrario, del sufragio universal, directo y secreto desde la segunda mitad del siglo pasado, ha originado el proceso de

---

116 Es de destacar que la Constitución de Venezuela de 1961 expresamente establece que: "Cada una de las ramas del Poder Público tiene sus funciones propias; pero los órganos a los que incumbe su ejercicio colaborarán entre sí en la realización de los fines del Estado" (Art. 118).

117 *V.* por ejemplo, P. M. Gaudemet, *Le Pouvoir Exécutif dans les Pays Occidentaux,* París, 1968, p. 110. Asimismo, véase W. J. Ganshof Van der Meersch, *La Primauté de l'Exécutif.* (Rapport général au VII Congrès International de droit comparé, avec la collaboration de Luc–A, Sommerhausen), Bruxelles, 1966 (policopiado), 157 pp.

igualitarismo que propugnaba Rousseau, contra el que reaccionaron los revolucionarios franceses.

3. La administración liberal y sus transformaciones

En el ángulo administrativo, también surgen desde el inicio de la implantación del Estado de Derecho, algunos correctivos a la fórmula liberal que minimizaba la actuación del Estado y que teóricamente habría conducido a la reducción del aparato administrativo del Estado. En efecto, tal como lo observa E. García de Enterría, la fórmula liberal burguesa del abstencionalismo estatal, no podía alojar en la estructura del Estado de Derecho, "a una Administración como la que el Estado absoluto había erigido en su postrera fase y como la que hoy estamos habituados a conocer".[118] La concepción liberal del Estado, como guardián de la libertad de los administrados, no podía teóricamente haber dado lugar a una administración que actuaba por sí sola y a un derecho administrativo que no tenía por objeto la libertad de los individuos, sino la regulación mediante normas exorbitantes del derecho común, de la Administración del Estado. Sin embargo, la poderosa administración centralizada que legó el Antiguo Régimen a la Revolución[119] no iba a ser desmantelada sino que, al contrario, fue fortalecida –y la fuerza imperial evidentemente que jugó en ello el papel fundamental–, siendo el precio de esta "disidencia" con la ortodoxia revolucionaria, el sometimiento a la actuación de esa Administración al Derecho. Como lo dice E. García de Enterría, "el Derecho Administrativo, en conclusión, se nos aparece como el precio de una disidencia. Como el arbitrio con que la Revolución contrarresta el apartamiento sustancial que de su doctrina efectuaron los mismos poderes revolucionarios".[120] Pero en todo caso, un derecho a cuyo sometimiento por la Administración Pública, no podía ser controlado por otro poder distinto al propio Poder Ejecutivo; de ahí la propia jurisdicción administrativa que se inicia con la creación del Consejo de Estado en Francia, por Napoleón. Esto provocó, indudablemente, el aún mayor fortalecimiento del aparato administrativo del Estado, cuya también autonomía y separación frente al Poder Legislativo, va a originar la posibilidad de que el Ejecutivo cree su propio derecho objetivo mediante los reglamentos.[121] Esta administración poderosa y centralizada va a ser en todo caso, el instrumento de la Revolución para la implementación de sus postulados: la eliminación de los privilegios y prerrogativas en manos de particulares mediante su transferencia al Estado, única forma de garantizar la igualdad propugnada por los postulados constitucionales.[122]

Ahora bien, esta Administración poderosa y centralizada que se fortalece con la Revolución Francesa, si bien en sus inicios, como garantía de la igualdad y la libertad económica y bajo el dogma del liberalismo, va a prescindir de toda interferencia en la

---

118 *V.* E. García de Enterría, *Revolución Francesa y Administración Contemporánea,* Madrid, 1972, p. 31. "La idea de la Administración, como su accesoria, la del Derecho Administrativo, quedan así al margen de la concepción política que va a actuar la Revolución", *op. cit.,* p. 34.

119 *V.* Alexis de Tocqueville, *L'Ancien Régime* (ed. G. W. Headlam), Oxford, 1965, p. 41, donde afirma que la centralización administrativa es realmente una institución del antiguo Régimen –la sola parte de su constitución que sobrevivió– *y* no la obra de la Revolución o del Imperio, como se apreciaba en su época.

120 *V.* E. García de Enterría, *op. cit.,* p. 40.

121 En este sentido, E. García de Enterría señala que "La autonomía del Ejecutivo lleva, pues, a la idea de un poder reglamentario general inherente al mismo, idea rigurosamente contraria al principio de la división de los poderes", *op. cit.,* p. 55

122 *V.* las referencias a Tocqueville, quien describe este proceso, y los interesantes comentarios y conclusiones de E. García de Enterría, *op. cit.,* pp. 56 y ss.

vida económica, tan pronto comienza a cambiar el basamento económico y social del Estado Liberal–Burgués de Derecho, será el instrumento ya establecido, para que el Estado inicie su proceso de intervención en la vida económica y social al declinar el *laissez–faire*. Antes de ello, sin embargo, y dentro de la pura ortodoxia liberal, al corresponder al Estado la tarea de establecer las condiciones necesarias para el ejercicio óptimo de la libertad económica y mantener la situación de competencia, así como el promover actividades, en forma subsidiaria, cuando su realización por los particulares no fuera rentable, el instrumento para ello va a ser esa Administración. Surgen así en Europa las Administraciones de "fomento", cuya función particular va a ser "la transformación positiva de las condiciones fácticas y morales que hacen posible la vida en sociedad, persiguiendo el bienestar o la felicidad terrena" (sanidad, educación, caminos, industrias, canales, colonización, comunicaciones),[123] y que darán origen en España a un Ministerio de Fomento, cuyo nombre e institución se extienden por todos los países latinoamericanos.[124] Pero quizás el elemento de mayor importancia en la transformación sucesiva del aparato administrativo del Estado, y la configuración posterior del derecho administrativo, se produce en el campo económico y social.

En efecto, puede decirse que el principio de la libertad concebida negativamente frente al Estado, y que lo configura como un Estado no interventor (Estado Abstencionista), base del Estado Liberal, y que en el campo económico es reflejo del dogma del *laissez–faire,* va a cambiar radicalmente a partir del momento en que se comienzan a admitir los derechos sociales como derechos de la persona humana, superándose el monopolio de las libertades que ejercían los derechos económicos y políticos. Con razón se ha dicho, por tanto, que la quiebra del liberalismo clásico se inicia al consagrarse en los sistemas jurídicos de los Estados occidentales, los derechos sociales: la promoción de éstos requería y requiere, en el campo económico, no la abstención sino la intervención del Estado.[125] Un sistema económico basado en la consagración de la propiedad privada *y* su santidad *y* en los beneficios de la absoluta libertad en la vida económica, evidentemente que no podía conciliarse con el nacimiento de los derechos sociales, para cuya promoción y protección, precisamente, había que comenzar por cuestionar la propia propiedad y la libertad económica, y moldearlas conforme a los nuevos principios de interés social o de justicia social, en cuyo nombre aquellos derechos podían, inclusive, ser extinguidos. De ahí las instituciones ya tan clásicas, de la expropiación por causa de utilidad social o de los servicios públicos. En todo caso, la irrupción de la cuestión social en todo el panorama del liberalismo económico, ha planteado el conflicto entre individualismo y socialismo, y en el camino entre esos dos extremos, se encuentran la mayoría de las sociedades contemporáneas. El mismo dogma de la subsidiariedad del Estado en el campo de las actividades económicas ya no es hoy la piedra angular de su actuación, y el remedio frente a la desigualdad provocada por el liberalismo económico o, si se quiere, por el sistema económico que basa toda actividad en este campo en la propiedad privada de los medios de producción (capitalismo), ha sido la progresiva apropiación de dichos medios por el Estado, como uno de los mecanismos para redistribuir la riqueza, y superar la injusticia social. Así como la igualdad propugnada por la Revolución Francesa, como lo señalaba Tocqueville, provocó la transferencia de los privilegios y prerrogativas contra los cuales se luchaba, al Estado, para, mediante esta concentración

---

123 *V.* E. García de *Enterría, op. cit.,* p. 88.

124 En Venezuela, el Ministerio de Fomento creado en 1863, aún existe en 1975.

125 *V.* A. Passerin d'Entrèves, *op. cit., p. 207.*

fuera de las manos de particulares, asegurar la igualdad de todos,[126] asimismo, en el mundo contemporáneo está planteada la concentración de las actividades económicas en manos del Estado o su estrecha regulación y control por éste, como mecanismo para asegurar la justicia social y la redistribución de la riqueza.[127] De un capitalismo liberal, si se quiere, se ha ido marchando hacia un capitalismo de Estado, cuyas formas más completas en la actualidad son las de los países socialistas, en los cuales, a pesar del dogma marxista, el Estado no ha sido eliminado, ni lo será.[128]

4. La cuestión social y el Estado de Derecho

Pero aún antes de la intervención activa del Estado en la economía por la apropiación progresiva de éste de los medios de producción, sobre todo después de la Segunda Guerra Mundial, la presión de las injusticias sociales derivadas de la Revolución industrial, comenzaron a cambiar la faz de aquel Estado neutral de comienzos del siglo XIX. El Estado, durante todo el siglo pasado, comenzó a configurarse como un Estado de servicios y particularmente de servicios sociales,[129] lo cual condujo a la posterior formación del Estado de Bienestar (*Welfare State*), particularmente en Inglaterra. En este país, a partir del mismo momento de la aprobación de la Ley de los Pobres en 1834, como consecuencia de la situación de pobreza urbana derivada del desarrollo industrial bajo el dogma liberal, se inicia un largo proceso en el cual la administración social va a jugar un papel de primera importancia; proceso que se consolida en 1948 con el establecimiento del *National Health Service.*[130] El *Welfare State,* en este sentido, fue la respuesta práctica de Inglaterra a los problemas prácticos provocados por el desarrollo industrial y el advenimiento de la sociedad de masas;[131] y como respuesta pragmática al fin, no fue consecuencia de un proceso planificado, sino la consecuencia de un largo proceso de acumulación de remedios sociales a problemas específicos, que alcanzó tal magnitud, que transformó la concepción total de la responsabilidad gubernamental,[132] Pero antes de la consolidación del Estado de Bienestar en la posguerra, a la cual hay que hacer coincidir el proceso de nacionalizaciones de sectores claves de la economía llevados a cabo particularmente en Francia e Inglaterra,[133] la intervención estatal en la vida

---

126 *V.* las referencias a Tocqueville en E. García de Enterría, *op. cit.,* pp. 62. y ss.

127 En este sentido, W. A. Robson ha señalado que no sólo debe haber una libertad frente al Estado, sino también una libertad que se logra a través del Estado en la forma de oportunidades de propio desenvolvimiento dado a todos los individuos. *V.* William A. Robson, *The Welfare State* (L. T. Hobhouse Memorial Trust Lectures Nº 26), London, 1957, p. 12, recopilado en 1962 en *Hobhouse Memorial Lectures,* 1951–1960, London, 1962, pp. 26–12.

128 *Cfr.* Gunnar Myrdal, *Beyond the Welfare State,* London 1961, p. 5.

129 *Cfr. K. Mannheim,* Freedom, Power and Democratic Planning, London, 1968, p. 112.

130 *V.* Maurice Bruce (ed), *The Rise of the Welfare State, English Social Policy* 1601–1971, London, 1973, pp. 1 y 7 y ss.; y 50 y ss. *Richard M. Titmuss, Essays on "The Welfare State",* London, 1969, pp. 136 y ss.

131 *V.* Maurice Bruce, *The Coming of the Welfare State, cit.,* p. 30. *V.,* además, D. L. Hobman, *The Welfare State,* 1953. Entre las características del *Welfare State* en Inglaterra están las siguientes medidas de carácter social: garantía de ingreso mínimo (salarios, seguro social, asistencia); protección social (seguro social); especial protección a los niños (salario familiar, asistencia); servicios de salud y de educación; y servicios de bienestar (vivienda, abastos, nutrición, etc.).

132 *V.* Maurice Bruce, *The Coming of the Welfare State, cit.,* p. 13. *Cfr.* Gunnar Myrdal, *op. cit.,* p. 45. William A. Robson. señala que la concepción del *Welfare State* conlleva una radical transformación de la sociedad liberal–capitalista del siglo XIX en relación al ámbito de las políticas del Estado y al carácter de su acción. *V.* A. Robson, *op. cit.,* p. 3.

133 *V.* en general, William A. Robson, *Nationalized Industry and Public Ownership,* London, 1960; *Industria Nacionalizada y Propiedad Pública* (ed. española), Madrid 1964; y la obra colectiva *Les Nationalisations en Fran-*

económica y social todavía se consideraba como subsidiaria a la actividad de los particulares. El mismo Keynes, a cuyas concepciones se atribuye la formación de la economía de bienestar,[134] en su famoso panfleto *The End of Laissez–faire,* en realidad no planteaba el fin del liberalismo, sino, como dice Roll, la sola modificación de la "Agenda" del Estado[135] al retomar mucho de la política mercantilista sepultada por el liberalismo.[136] En dicha publicación, Keynes señalaba que *"The most important* Agenda *of the State relate not to those activities which private individuals are already fulfilling, but to those functions which fall outside the sphere of the individual, to those decisions which are made by* no one *if the State does not make them. The important thing for government is not to do things which individuals are doing already, and to do them a little better or a little worse; but to do those things which at present are not done at all".*[137] Pero a pesar de la tesis de la subsidiariedad que todavía se evidencia de esta posición original de Keynes, el fin del *laissez–faire,* evidentemente que estaba llegando definitivamente; y ello lo van a confirmar los acontecimientos de la posguerra y las nacionalizaciones.

En la actualidad, por tanto, después del reconocimiento progresivo y el otorgamiento formal de la primacía de los derechos sociales de los ciudadanos, el Estado se ha ido configurando progresivamente en el ente conformador de la realidad económica y social, y de allí la denominación de Estado Benefactor de Derecho, en sustitución de la de Estado Liberal–Burgués de Derecho de comienzos del siglo XIX. Ambos tienen la forma jurídica de Estado de Derecho (sumisión a la ley), pero el derecho en ellos juega un papel esencialmente diferente: en el segundo, el derecho establece sólo libertades y garantiza su ejercicio; el primero, limita esas libertades tradicionales, para garantizar el bienestar y la justicia social, y el supremo responsable de ello, no son los particulares en el libre juego del mercado y de la economía, sino el Estado, con todos sus poderes. Ciertamente, el Estado contemporáneo se ha ido convirtiendo en un nuevo *Leviathan*[138] con un nuevo Mercantilismo como política económica,[139] en el cual la riqueza de las naciones no es ya la acumulación de metales preciosos, sino el bienestar social de los hombres; por tanto, con una nueva razón de Estado: el desarrollo económico y social de la sociedad;[140] y con una nueva técnica: la planificación.[141]

---

ce et a l'etranger, Paris, 1958. *Cfr.* los comentarios sobre los diversos gobiernos reformistas *europeos en* R. Miliband, *El Estado en la Sociedad Capitalista,* México, 1971, pp. 94 y ss.

134 *Cfr.* R. Srinivasan, "The Welfare State in Britain and in USA", en S. P. Aiyar (ed.), *Perspectives on the Welfare State, cit.,* p. 91; *V.,* en general, M. J. Farrel (ed.), *Readings in Welfare Economics,* London, 1973.

135 *V.* Eric Roll, *A History of Economic Thought,* London, 1954, p. 482.

136 *V.* las referencias a la posición de J. M. Keynes y el Mercantilismo en Eli F. Heckscher, *Mercantilism,* Vol. II, London, 1955, pp. 340 y ss.

137 *V.* John M. Keynes, *op. cit.,* pp. 46 y 47.

138 Así lo expresa R. M, MacIver, *Leviathan and the people,* London, 1939, p. 5.

139 La apreciación surge de la influencia de la política mercantilista en la doctrina de J. M. Keynes; *Cfr.* Eli F. Heckscher, *op. cit.,* Vol. II, pp. 340 y ss.

140 Tal como S. P. Aiyar lo indica, se trata de la utilización de la maquinaria del Estado para el mantenimiento del pleno empleo, la provisión de servicios médicos y sociales y la redistribución de la riqueza a través de políticas fiscales y de otro orden en la búsqueda de un mayor igualitarismo. *V.* S. P. Aiyar, Introducción, en el libro que editó, *Perspectives on the Welfare State, cit.,* pp. XV y XVI.

141 Es cierto, como lo señala Lowi, que los gobiernos liberales no pueden planificar. La planificación requiere del uso de la autoridad y de la ley. *V.* Theodore J. Lowi, *The end of Liberalism. Ideology, Policy, and the crisis of Public Authority,* New York, 1969, p. 101

5. La transformación de la democracia

Pero este nuevo *Leviathan* exige, por supuesto, para que no se convierta en un Estado totalitario o fascista, que la democracia como régimen político, que surgió con el liberalismo, también se transforme. No se trata de que con el fin del *laissez–faire* se produce el fin de la democracia, como todavía hay quien pueda pensar por la peligrosa identificación que interesadamente se hizo de la democracia con la idea de liberalismo,[142] sino que, al contrario, el fin del *laissez–faire* es la pieza esencial que faltaba para hacer posible una real democracia económica y social, sin perderse la democracia política; y precisamente es el Estado la única entidad capaz de garantizar y hacer posible esa democracia económica y social, mediante su operación por los mismos beneficiarios de ésta, a través de la democracia política.

En efecto, a pesar de la identificación que con frecuencia se ha formulado entre democracia y liberalismo, lo cierto es que aquélla no surgió con éste, pues como hemos visto, las modalidades de su ejercicio político en la elección de representantes, se efectuó inicialmente mediante mecanismos de sufragio restringido. Sólo fue entonces, a partir de la segunda mitad del siglo pagado, paralelamente a los primeros movimientos sociales, cuando se inicia el proceso de "democratización" de la democracia política, al permitirse el acceso a los procesos electorales de todos los ciudadanos sin distingos de carácter económico. Sin embargo, la experiencia de las últimas décadas ha demostrado lo insuficiente de dicha democratización, así como cuan largo todavía es el camino que queda por correr, sobre todo por la corrupción de muchas democracias contemporáneas por el surgimiento de los grupos de intereses particulares, como parte importante de la filosofía liberal.[143] Por otra parte, los sistemas políticos establecidos para operar el sufragio universal, en muchos casos también han conspirado contra la propia democracia. Esto ha sucedido en América Latina, por ejemplo, con los sistemas electorales minoritarios que todos nuestros países han utilizado, con la sola excepción de México, y que han conducido en la realidad a situaciones alejadas de la democracia, por la imposibilidad de que, de su aplicación, surjan gobiernos mayoritarios, y, al contrario, han surgido gobiernos minoritarios originados por la atomización progresiva del poder político, produciéndose el consecuencial descrédito de las propias instituciones democráticas. En este sentido, en la búsqueda de una efectiva democratización de los procesos políticos y electorales, a través de efectivos mecanismos mayoritarios y de real participación popular, está uno de los instrumentos para la futura consolidación en América Latina del Estado de Bienestar como un efectivo Estado Democrático y Social de Derecho, es decir, está la clave de que el nuevo *Leviathan* tendrá siempre su "razón de Estado" en el logro del bienestar y de la justicia social. Pero no basta con la democratización de los procesos políticos, sino que también se exige, a través de ellos, la democratización de los derechos económicos y sociales, y la democratización del mismo derecho.

En efecto, si bien en América Latina es clara la evolución constitucional que consagra los derechos sociales y limita los derechos económicos por razones de interés social, es claro también que los beneficios de ese proceso todavía no han llegado realmente a toda

---

142 Debido a la frecuente confusión entre liberalismo y democracia (democracia liberal), el problema de si con el fin del *laissez–faire* se produce también el fin de la democracia, no ha cesado de preocupar. *Cfr.* Gerhard Colm, "Is Economic Planning Compatible with Democracy?", *loc. cit.,* pp. 34 *y* ss. R. M. MacIver, *op, cit.,* p. 166.

143 *V.* sobre esto Theodore J. Lowi, *op. cit.,* pp. 287 y ss. *Cfr.,* además, los interesantes análisis del papel que han jugado en el Estado de Bienestar los grupos económicos dominantes, en R. Miliband, *op. cit.,* pp. 50 y ss.

la población y, al contrario, la explosión demográfica y el proceso de urbanización y marginalización, muestran un avance relativamente pequeño en el proceso educativo, en el control de las enfermedades, en la asistencia y protección social, y en la reducción relativa del desempleo. Al Estado formalmente estructurado como Estado Benefactor o Estado Social, es necesario convertirlo efectivamente en el instrumento para la democratización de la economía, de manera que los beneficios de ella, se distribuyan a toda la población, fundamentalmente en servicios sociales. Este es el reto que tienen planteados los países en vías de desarrollo del mundo actual, y en particular los países latinoamericanos; y este reto, es el que le da un sentido y significado completamente distinto a las técnicas económicas y administrativas que puedan utilizarse para asumirlo, como, por ejemplo, la planificación, cuando se compara su aplicación en los países altamente industrializados o en los países en vías de desarrollo: en aquéllos es una técnica aplicada con posterioridad al desarrollo, logrado en situaciones de injusticia social y sin real democracia, tal como se caracterizó el proceso durante el siglo pasado, en dichos países; al contrario, en los países subdesarrollados, la planificación es previa al desarrollo, y como técnica, busca crear las condiciones para hacerlo viable.[144]

Pero no sólo se exige un proceso de democratización política, económica y social para que el Estado Democrático y Social de Derecho adquiera real significación, sino que, inclusive, el mismo derecho al cual ha de someterse el Estado, ha sido objeto de un proceso de democratización y debe serlo con mayor fuerza en el futuro. El derecho administrativo, en esta forma, adquiere por tanto una nueva perspectiva: se trata de una rama del derecho público cuyo objeto es la regulación de la organización, funcionamiento y actividad de un Estado cuyo papel está muy lejos de corresponder a una abstención y, al contrario, es esencialmente interventor y conformador de la vida económica y social. El contenido del derecho administrativo, por tanto, varía totalmente ante esta perspectiva, y adquiere en este sentido su verdadera caracterización: es un instrumento de la acción política del Estado, pero un instrumento que regula y limita su actuación, al proteger y garantizar los derechos de los particulares, especialmente los de orden social.[145] Estos, como consecuencia de la protección, tienen la posibilidad de controlar la sumisión al derecho de las actuaciones de la Administración, en lo que está la esencia jurídica del Estado de Derecho. Pero inclusive, en este campo estrictamente jurídico, está planteada la necesidad de que se produzca un proceso de democratización del propio derecho o del ejercicio de los controles jurisdiccionales de la acción del Estado, pues en la realidad y sobre todo en los países latinoamericanos, muchos los ignoran, muy pocos los ejercen, y en los pocos casos en que se producen, la efectividad de los mismos es relativa, debido a la lentitud de los procesos. Los recursos jurisdiccionales, por otra parte, a pesar de su relativa efectividad, todavía siguen siendo ejercidos por minorías generalmente de carácter económico. Por ello, frente al reto de la consolidación de un Estado Democrático y Social de Derecho, en el esquema formal del Estado de Bienestar de Derecho debe incorporarse un proceso de democratización del control judicial de la Administración, de manera que la sumisión de ella a la legalidad sea efectiva y pueda exigirse su responsabilidad por todas las actuaciones que lesionen ilegítimamente los derechos económicos y sociales.

---

144 *Cfr*. Gunnar Myrdal, *op cit.*, pp. 88 y ss.

145 En este sentido, como lo señala Gladden, si el futuro de la Administración Pública depende del futuro del Estado, ello también puede aplicarse al Derecho Administrativo. *V.* E. N. Gladden, *A History of Public Administration,* Vol. II, London, 1972, p. 392.

Ahora bien, analizada la evolución del Estado Moderno, y su transición de Estado Absoluto al Estado de Derecho, bajo sus dos formas clásicas: Estado Liberal–Burgués de Derecho y Estado Social de Derecho, y ante las exigencias de un nuevo Estado Democrático y Social de Derecho, estimamos que, como paso subsiguiente, debemos situar el Estado venezolano dentro del proceso del Estado Moderno, realizando un rápido análisis de su evolución política y constitucional, para luego precisar los fines que en la actualidad tiene.

EVOLUCIÓN DEL ESTADO DE DERECHO

	Estado Liberal Burgués de Derecho	*Estado Social de Derecho (Welfare State)*	*Estado Democrático y Social de Derecho*
Aspecto Jurídico	—Sometimiento del Estado a la legalidad burguesa	—Sometimiento del Estado a la legalidad social	—Democratización del Derecho (Democracia jurídica
Aspecto Político	—Preeminencia del Parlamento	—Preeminencia del Ejecutivo	—Democratización política (Democracia política)
	—Restricción del sufragio a la burguesía	—Ampliación y universalización del sufragio	—Participación popular
	—Atomización del poder	—Atomización del poder	—Concentración del poder
Aspecto Social	—Garantía de los derechos de la burguesía	—Consagración de los derechos sociales	—Democratización de los derechos sociales (Democracia social)
Aspecto Económico	—Abstencionismo del Estado	—Intervencionismo del Estado (Estado conformador de la vida económica y social)	—Democratización de la economía (Democracia económica)
	—Liberalismo económico	—Economía de Bienestar	—Capitalismo de Estado y Socialismo

III. LA CONFORMACIÓN HISTÓRICA DEL ESTADO VENEZOLANO

La conformación histórico–política de América Latina se ha realizado a través de un largo período de más de siglo y medio; período que separa en la actualidad a nuestros países de la ruptura política con España y durante el cual una accidentada vida política, económica y social nos ha caracterizado. Por tanto, los países latinoamericanos y en particular Venezuela,[146] a pesar de que puedan considerarse dentro del grupo de los países subdesarrollados o en vías de desarrollo del mundo actual, no pueden ser clasificados dentro de la misma categoría de las naciones nuevas de Asia o África, cuyo proceso de construcción nacional e institucional, consecuencia de la reciente descolonización, se ha comenzado a producir en las últimas décadas.[147] La independencia de los países latinoamericanos de la metrópoli española se selló en forma definitiva a principios del siglo XIX y las primeras constituciones políticas latinoamericanas datan de 1811, es decir, de muy pocos años después de la independencia de Norte América de la metrópoli inglesa.

1. La Independencia

En esta forma, la historia política de Venezuela[148] como nación independiente, así como en general la historia política de toda América Latina, puede decirse que comienza el 19 de abril de 1810, cuando el Cabildo o Ayuntamiento de Caracas, al transformarse en una "Suprema Junta Conservadora de los Derechos de Fernando VII en las Provincias de Venezuela", desconociendo la autoridad de la Regencia española y reconociendo la autoridad del Rey, asume automáticamente el gobierno de la Provincia.[149] Lo que aparentemente constituyó en sus inicios una reacción local, de una de las colonias de España, contra las acciones napoleónicas en la metrópoli española, pronto constituyó realmente la primera manifestación de independencia de España en las provincias coloniales americanas, lo cual días después (27 de abril) se comunicaría a todos los Ayuntamientos de América, invitándolos "a la grande obra de la confederación americana–española".[150]

El movimiento revolucionario iniciado en Caracas en 1810, indudablemente que siguió los mismos moldes de la Revolución Francesa y tuvo además la inspiración de la Revolución norteamericana. En esta forma, así como la Revolución Francesa fue una revolución de la burguesía, asimismo, la revolución de independencia en Venezuela y en el resto de la América Latina, fue una revolución de la nobleza u oligarquía criolla, la cual al igual que el tercer estado en Francia, constituía la única fuerza activa nacional.[151] Inicialmente entonces, la revolución de independencia en Venezuela fue el ins-

146 En este parágrafo seguimos lo que hemos expuesto en Allan R. Brewer–Carías, *Cambio Político y Reforma del Estado en Venezuela,* Madrid, 1975, Capítulos 6 y 7.

147 *Cfr.* Allan R. Brewer–Carías, *Los Problemas Constitucionales de la Integración* Económica *Latinoamericana,* Caracas, 1968, pp. 23 y 24.

148 Una vez más aquí, el caso de Venezuela es resaltante y contradictorio: fue el primer país latinoamericano en proclamar su independencia política en 1810 y sus líderes políticos y militares lo fueron también de gran parte de la América latina, correspondiendo a Simón Bolívar, por ejemplo, el título de Libertador no sólo de su tierra natal, Venezuela, sino de Colombia, Ecuador, Perú y Bolivia; y, sin embargo, ha sido uno de los países latinoamericanos más dependientes económicamente de la política norteamericana por ser un país monoproductor y monoexportador de petróleo; fue el primer país de América Latina en proclamar la democracia como base de su régimen político en 1811 pero ha sido el país que menos ha disfrutado de la democracia en toda su historia política hasta 1958; fue el primer país de América Latina en tener Constitución Política en 1811, pero ha sido el país de América Latina que más Constituciones ha tenido en toda su historia política, siendo la de 1961, actualmente vigente, dejando a salvo la de 1830, la que más años de duración ha tenido.

149 *V. el* acta del Ayuntamiento de Caracas del 19 de abril de 1810, en José Gil Fortoul, *Historia Constitucional de Venezuela,* Tomo Primero, *Obras Completas,* Vol. I, Caracas, 1953, pp. 204 y ss.; asimismo en Pablo Ruggeri Parra, *Historia Política y Constitucional de Venezuela,* Tomo I, Caracas, 1949, pp. 75 y ss.

150 *V.* José Gil Fortoul, *op. cit.,* Tomo Primero, p. 209.

151 *Cfr.* José Gil Fortoul, *op. cit.,* Tomo Primero, p, 200; Pablo Ruggeri Parra, *op. cit.,* Tomo I, p. 31.

trumento de la aristocracia colonial, es decir, de los blancos o mantuanos, para reaccionar contra la autoridad española y asumir el gobierno de las tierras que habían sido descubiertas, conquistadas, colonizadas y cultivadas por sus antepasados.[152] No se trató, por tanto, inicialmente, como revolución política, de una revolución popular, pues los pardos a pesar de constituir la mayoría de la población, apenas comenzaban a ser admitidos en los niveles civiles y sociales, como consecuencia de la Cédula de "Gracias al Sacar" en vigencia a partir de 1795 y que, con toda la protesta de los blancos, les permitía a aquellos adquirir, mediante el pago de una cantidad de dinero, los derechos reservados hasta entonces a los blancos notables.[153]

Por ello, teniendo en cuenta la situación social preindependentista, indudablemente que puede calificarse como un hecho "insólito", como lo hace Gil Fortoul, el que en el Ayuntamiento de Caracas transformado en "Junta Suprema", se le hubiera dado representación no sólo a estratos sociales extraños al Cabildo como los representantes del clero y los denominados del pueblo, sino a un representante de los pardos.[154]

Ahora bien, el reconocimiento inicial de la autoridad del Rey fue transformándose progresivamente en una voluntad decidida de dar una nueva forma política y autónoma a las Provincias de Venezuela. Para ello, la Junta Suprema convocó a elecciones de un "Cuerpo Conservador de los Derechos de Fernando VII", el cual pronto había de funcionar como Congreso Constituyente. En estas elecciones, las primeras de nuestra historia política, en las cuales participaron siete de las nueve provincias que configuraban la Capitanía General de Venezuela,[155] siguiendo la orientación filosófica del igualitarismo de la Revolución Francesa, se consagró el sufragio universal para todos los hombres libres.[156] En esta forma configuraron las únicas elecciones relativamente universales

---

152 En este sentido, por ejemplo, L. Vallenilla Lanz es categórico al considerar que "en todo el proceso justificativo de la Revolución (de independencia) no debe verse sino la pugna de los nobles contra las autoridades españolas, la lucha de los propietarios territoriales contra el monopolio comercial, la brega por la dominación absoluta entablada de mucho tiempo atrás por aquella clase social poderosa y absorbente, que con razón se creía dueña exclusiva de esta tierra descubierta, conquistada, colonizada y cultivada por sus antepasados. En todas estas causas se fundaba no sólo el predominio y la influencia de que gozaba la nobleza criolla, sino el legítimo derecho al gobierno propio, sin la necesidad de apelar a principios exóticos tan en pugna con sus exclusivismos y prejuicios de casta". *V.* Laureano Vallenilla Lanz, *Cesarismo Democrático, Estudios sobre las bases sociológicas de la Constitución efectiva de Venezuela,* Caracas, 1952, pp. 54 y 55.

153 *Cfr.* Federico Brito Figueroa, *Historia Económica y Social de Venezuela. Una estructura para su estudio,* Tomo I, Caracas, 1966, p. 167; y, L. Vallenilla Lani, *op. cit.,* pp. 31 y ss. En este sentido, debe destacarse que en la situación social preindependentista, había claras manifestaciones de luchas de clase entre los blancos o mantuanos que constituían el 20 por ciento de la población y los pardos y negros (61%), que luego van a aflorar en la rebelión de 1814. *Cfr.* F. Brito Figueroa, *op. cit.,* Tomo I, pp. 160 y 173. *Cfr.* Ramón Díaz Sánchez, "Evolución social de Venezuela (hasta 1960)", en M. Picón Salas *y* otros, *Venezuela Independiente 1810–1960,* Caracas, 1962, p. 193.

154 *V.* José Gil Fortoul, *op. cit.,* Tomo Primero, pp. 203, 208 y 254. Es de tener en cuenta, como señala A. Grisanti, que "El Cabildo estaba representado por las Oligarquías provincianas, extremadamente celosas de sus prerrogativas políticas, administrativas y sociales, y que detentaban el Poder por el predominio de contadas familias nobles o ennoblecidas, acaparadoras de los cargos edilicios…". *V.* Ángel Grisanti, Prólogo a *Toma de Razón. 1810 a 1812.* Caracas, 1955. El cambio de actitud del Cabildo caraqueño, por tanto, indudablemente que se debe a la influencia que sus miembros ilustrados recibían del igualitarismo de la Revolución Francesa. *Cfr.* L. Vallenilla Lanzt *Cesarismo Democrático, cit.,* p. 36, Este autor insiste en relación a esto de la manera siguiente: "Es en nombre de la Enciclopedia, en nombre de la filosofía racionalista, en nombre del optimismo humanitario de Condorcet y de Rousseau cómo los revolucionarios de 1810 y los constituyentes de 1811, surgidos en su totalidad de las altas clases sociales, decretan la igualdad política y civil de todos los hombres libres", *op. cit.,* p. 75.

155 Participaron las provincias de Caracas, Barinas, Cumaná, Barcelona, Mérida, Trujillo y Margarita. *Cfr.* José Gil Fortoul, *op. cit.,* Tomo Primero, p. 223.

156 El Reglamento general de Elecciones de 10 de junio de 1810 reconoció el derecho del sufragio con las siguientes excepciones: "Las mujeres, los menores de 25 años, a menos que estuviesen casados y velados, los demen-

que se desarrollaron en Venezuela durante todo el siglo XIX y en el presente siglo, hasta 1946, pues ya en la primera Constitución de Venezuela de 1811, el sufragio se restringe por razones económicas, reservándose por tanto a la nobleza criolla o a la alta burguesía asimilada.[157] La elección fue indirecta y en dos grados, y los diputados electos en segundo grado formaron la "Junta General de Diputación de las Provincias de Venezuela",[158] la cual declinó sus poderes en un Congreso Nacional en el cual se constituyeron los representantes. El Congreso, soberano conforme a la más pura ortodoxia revolucionaria de fines del siglo XVIII, eligió un Ejecutivo formado por tres de sus miembros, quienes se turnaban semanalmente en el ejercicio de sus funciones, y pronto consolidó el carácter separatista del movimiento, creando autoridades judiciales, nombrando comisiones para redactar los códigos legislativos básicos y proclamando derechos del pueblo.[159] El 5 de julio de 1811 el Congreso aprobó la declaración de independencia, pasando a denominarse la nueva nación, como Confederación Americana de Venezuela.[160]En los meses siguientes a esa fecha, el Congreso, bajo la inspiración de la Constitución norteamericana y la Declaración francesa de los derechos del hombre,[161] redactó la primera Constitución de Venezuela y de todos los países latinoamericanos, la cual se aprobó el 21 de diciembre de 1811.[162]

2. La Constitución de 1811 y las bases del constitucionalismo

Esta primera Constitución de Venezuela, mediante la cual nació la Primera República, aun cuando no tuvo una vigencia real superior a un año debido a las guerras de independencia, indudablemente que va a condicionar la evolución de las instituciones políticas y constitucionales venezolanas hasta nuestros días. En efecto, ante todo debe señalarse que en la base de este texto, como se dijo, está la ortodoxia revolucionaria francesa condicionada por el control del poder político por la burguesía, el igualitarismo civil, la supremacía de la ley, la separación de los poderes, y la noción de soberanía; y la influencia de la Constitución norteamericana con la idea federal.

En esta forma, la Constitución de 1811, apartándose sustancialmente del igualitarismo político que reinó durante el primer año de independencia del país, va a restringir el sufragio al consagrar requisitos de orden económico para poder participar en las elec-

tes, los sordomudos, los que tuviesen una causa criminal abierta, los fallidos, los deudores a caudales públicos, los extranjeros, los transeúntes, los vagos públicos y notorios, los que hubiesen sufrido pena corporal aflictiva o infamatoria y todos los que tuviesen casa abierta o poblada, esto es, que viviesen en la de otro vecino particular a su salario y expensas o en actual servicio suyo a menos que según la opinión común del vecindario fuesen propietarios por lo menos de dos mil pesos en bienes, muebles o raíces libres". *V.* en José Gil Fortoul, *op. cit.*, Tomo Primero, p. 223.

157 *V.* Nota N° 18 de este Parágrafo.

158 *V.* José Gil Fortoul, *op. cit.*, Tomo Primero, p. 224.

159 *V.* Luis Mariñas Otero, *Las Constituciones de Venezuela,* Madrid, 1965, pp. 5 y 6.

160 *V.* el Acta de la Declaración de Independencia del 5 de julio de 1811, en P. Ruggeri Parra, *op. cit.*, apéndice Tomo I, pp. 79 y ss. Asimismo, en Francisco González Guinán, *Historia Contemporánea de Venezuela,* Tomo I, Caracas, 1954, pp. 26 y ss.

161 *Cfr.* José Gil Fortoul, *op. cit.*, Tomo Primero, pp. 254 y 267.

162 *V.* el texto de la Constitución de 1811, en P. Ruggeri Parra, *op. cit.*, Tomo I, pp. 86 y ss., y los comentarios a la misma de J. Gil Fortoul, *op cit.*, Tomo Primero, pp. 257 y ss. El texto puede verse en *La Constitución Federal de Venezuela de 1811 y Documentos afines* (Est. Preliminar de C. Parra Pérez), Caracas, 1959, pp. 151 y ss.; y en Luis Mariñas Otero, *op. cit.*, pp. 125 y ss., al cual nos referiremos en las notas siguientes.

ciones,[163] reservándose entonces el control político del naciente Estado a la aristocracia criolla y a la naciente burguesía parda. Esta restricción al sufragio, por otra parte, sólo va a eliminarse parcialmente a partir de 1857, bien entrada ya la crisis social que provocará la Guerra Federal. En esta forma, la Constitución de 1811 evidentemente que afianzó el poder de la oligarquía criolla, el cual sólo va a ser quebrantado a los pocos años con la rebelión popular de 1814 y, posteriormente, en las guerras federales. A pesar de ello, los constituyentes del año 1811 consagraron expresamente el igualitarismo civil que va a caracterizar a Venezuela hasta nuestros días y que provocará sucesivas revoluciones sociales, al establecer la igualdad[164] como uno de los "derechos del hombre en sociedad"[165] derivados del "pacto social".[166] En particular, esta igualación social conllevaba la eliminación de los títulos[167] y la restitución de todos los derechos "naturales y civiles" a los pardos,[168] y con ello, el elemento que va a permitir a éstos incorporarse a las luchas contra la oligarquía criolla. Por otra parte, y a pesar de que el texto

163 En este sentido, contrariamente al universalismo que caracterizó la elección de los constituyentes de 1811, éstos en el texto de la Constitución de ese año, consagraron el derecho de sufragio a "todo hombre libre" pero restringiéndolo a "si a esta calidad añade la de ser ciudadano venezolano, residente en la Parroquia o Pueblo donde sufraga; si fuere mayor de veintiún años, siendo soltero, o menor siendo casado, y velado, y si poseyere un caudal libre del valor de seiscientos pesos en las Capitales de Provincias siendo soltero, y de cuatrocientos siendo casado, aunque pertenezcan a la mujer, o de cuatrocientos en las demás poblaciones en el primer caso, y doscientos en el segundo; o si tuviere grado u aprobación pública en una ciencia o arte liberal o mecánica; o si fuere propietario o arrendador de tierras para sementeras o ganado con tal que sus productos sean los asignados para los respectivos casos de soltero o casado" (Art. 20). *V.* en Luis Mariñas Otero, *op. cit.*, pp. 131 y 132. *Cfr.* R. Díaz Sánchez, *loc. cit.*, p. 197, y C. Parra Pérez. Est. Preliminar a la *Constitución Federal de Venezuela de 181,.., cit.*, p, 32. Es de destacar, por otra parte, que las restricciones al sufragio también se establecieron en el sufragio pasivo, pues para ser representante se requería gozar de "una propiedad de cualquier clase" (Art. 15) y para ser Senador, gozar de "una propiedad de seis mil pesos" (Art. 49), *loc. cit.*, pp. 130 y 135. *Cfr.* J. Gil Fortoul, *op. cit.*, Tomo Primero, p 259.

164 "La igualdad consiste en que la Ley sea una misma para todos los ciudadanos, sea que castigue o que proteja. Ella no reconoce distinción de nacimiento ni herencia de poderes" (Art. 154), *loc. cit.*, p. 150.

165 Los derechos del hombre en sociedad, de acuerdo al texto constitucional, eran la libertad, la igualdad, la propiedad y la seguridad (Arts. 151 y ss., *loc. cit.*, p. 151), lo cual formó "el cimiento revolucionario burgués sobre el cual se asentarán en el futuro los cánones constitucionales de Venezuela". *V.* R. Díaz Sánchez, *loc. cit.*, p. 193.

166 "Después de constituidos los hombres en sociedad han renunciado a aquella libertad ilimitada y licenciosa a que fácilmente los conducían sus pasiones, propia sólo del estado salvaje. El establecimiento de la sociedad presupone la renuncia de esos derechos funestos, la adquisición de otros más dulces y pacíficos, y la sujeción a ciertos deberes mutuos". "El pacto social asegura a cada individuo el goce y posesión de sus bienes, sin lesión del derecho que los demás tengan a los suyos" (Arts. 141 y 142), *loc. cit.*, p. 149. La influencia de Rousseau no podía ser más clara en el texto constitucional de 1811.

167 "Quedan extinguidos todos los títulos concedidos por el anterior gobierno y ni el Congreso, ni las Legislaciones Provinciales podrán conceder otro alguno de nobleza, honores o distinciones hereditarias..." (Art. 204), *loc. cit.*, p. 157. Por otra parte, la Constitución de 1811 expresamente señalaba que: "Nadie tendrá en la Confederación de Venezuela otro título ni tratamiento público que el de *ciudadano,* única denominación de todos los hombres libres que componen la Nación..." (Art. 226), *loc. cit.*, p. 160, expresión que ha perdurado en toda nuestra historia constitucional y que se consagra en la vigente Constitución de 1961, cuyo artículo 61 dispone: "No se dará otro tratamiento oficial sino el de ciudadano y usted, salvo las fórmulas diplomáticas. No se reconocerán títulos nobiliarios ni distinciones hereditarias".

168 "Del mismo modo, quedan revocadas y anuladas en todas sus partes las leyes antiguas que imponían degradación civil a una parte de la población libre de Venezuela conocida hasta ahora bajo la denominación de *Pardos;* éstos quedan en posesión de su estimación natural y civil y restituidos a los imprescindibles derechos que les corresponden como a los demás ciudadanos" (Art. 203), *loc. cit.*, p. 157.

constitucional declara abolido el comercio de esclavos,[169] la esclavitud como tal no fue abolida y se mantuvo hasta 1854, a pesar de las exigencias del Libertador en 1819.[170]

En el orden jurídico–político, la Constitución de 1811 no sólo consagraba expresamente la división del Poder Supremo en tres: Legislativo, Ejecutivo y Judicial, conforme a la más pura fórmula revolucionaria francesa,[171] sino que se consagraba la supremacía de la Ley como "la expresión libre de la voluntad general" conforme al texto de la Declaración francesa de 1789,[172] y la soberanía, que residiendo en los habitantes del país, se ejercía por los representantes.[173] Todo este mecanismo de separación de poderes y de hegemonía del Poder Legislativo, configurará en los primeros años de la vida republicana de Venezuela, todo un sistema de contrapeso de poderes para evitar la formación de un poder fuerte, que no sólo originará la caída de la Primera República,[174] sino que, condicionando la vida republicana en las décadas posteriores, por ejemplo, permitirá la reacción del Congreso de Colombia contra el Libertador en 1827 al suspenderle sus facultades extraordinarias;[175] provocará la renuncia del primer Presidente civil de Venezuela, doctor José María Vargas,[176] y llevará al Presidente Monagas a reaccionar contra el Congreso en 1848, en lo que se ha llamado "el día del fusilamiento del Congreso".[177] Contra esta debilidad del Poder Ejecutivo constitucionalmente consagrada, el

---

169 "El comercio inicuo de negros prohibido por decreto de la Junta Suprema de Caracas en 14 de agosto de 1810, queda solemne y constitucionalmente abolido en todo el territorio de la Unión, sin que puedan de modo alguno introducirse esclavos de ninguna especie por vía de especulación mercantil" (Art. 202), *loc. cit.*, p. 157.

170 *Cfr.* C. Parra Pérez, Est. Preliminar, *loc. cit.*, p. 32. En su discurso de Angostura del 1819, Simón Bolívar imploraba al Congreso "la confirmación de la libertad absoluta de los esclavos, como imploraría por mi vida y la vida de la República", considerando a la esclavitud como "la hija de las tinieblas". *V.* el Discurso de Angostura, J. Gil Fortoul, *op. cit.*, Apéndice, Tomo Segundo, pp. 491 y 512.

171 En el *Preliminar* de la Constitución se señala expresamente que "El ejercicio de esta autoridad confiada a la Confederación no podrá jamás hallarse reunido en sus diversas funciones. El Poder Supremo debe estar dividido en Legislativo, Ejecutivo y Judicial, y confiado a distintos Cuerpos independientes entre sí, y en sus respectivas facultades...". Además, el artículo 189 insistía en que "los tres Departamentos esenciales del Gobierno, a saber: el Legislativo, el Ejecutivo y el Judicial, es preciso que se conserven tan separados e independientes el uno del otro cuanto lo exija la naturaleza de un gobierno libre o que es conveniente con la cadena de conexión que liga toda fábrica de la Constitución en un modo indisoluble de Amistad y Unión", *loc. cit.*, pp. 127, 128 y 155.

172 "La Ley es la expresión libre de la voluntad general o de la mayoría de los ciudadanos, indicada por el órgano de sus representantes legalmente constituidos. Ella se funda sobre la justicia y la utilidad común, y ha de proteger la libertad pública e individualidad contra toda opresión o violencia". "Los actos ejercidos contra cualquier persona fuera de los casos y contra las formas que la Ley determina son inicuos, y si por ellos se usurpa la autoridad constitucional o la libertad del pueblo serán tiránicos" (Arts. 149 y 150), *loc. cit.*, p. 150.

173 "Una sociedad de hombres reunidos bajo unas mismas Leyes, costumbres y Gobiernos forma una soberanía". "La soberanía de un país, o supremo poder de reglar o dirigir equitativamente los intereses de la comunidad reside, pues, esencial y originalmente, en la masa general de sus habitantes y se ejercita por medio de apoderados o representantes de éstos, nombrados y establecidos conforme a la Constitución". "Ningún individuo, ninguna familia, ninguna porción o reunión de ciudadanos, ninguna corporación particular, ningún pueblo, ciudad o partido puede atribuirse la soberanía de la sociedad, que es imprescriptible, inalienable e indivisible en su esencia y origen, ni persona alguna podrá ejercer cualquiera función pública del Gobierno, si no lo ha obtenido por la Constitución" (Arts. 143, 144 y 145), *loc. cit.*, pp. 149 y 150.

174 El "obstruccionismo suicida" (Mijares) de "la maldita Cámara de Caracas" (Espejo) ante las exigencias de Francisco de Miranda, se tiene como una de las causas de la caída de la Primera República. *Cfr.* C. Parra Pérez, *Historia de la Primera República de Venezuela,* Caracas, 1959, Tomo II, pp. 473 *y* ss.; Augusto Mijares, "La Evolución Política de Venezuela (1810–1960)", en M. Picón Salas y otros, *Venezuela Independiente, cit.*, p. 31. De ahí el calificativo de la "Patria Boba" que se le da a la Primera República. *Cfr.* R. Díaz Sánchez, *loc. cit.*, pp. 199 y ss.

175 *Cfr.* Augusto Mijares, *loc. cit.*, pp. 56 y 65.

176 *Cfr.* J. Gil Fortoul, *op. cit.*, Tomo Segundo, pp. 220 y ss.; Augusto Mijares, *loc. cit.*, p. 90.

177 *V.* los comentarios sobre los sucesos de 24 de enero de 1848, en J. Gil Fortoul, *op. cit.*, Tomo Segundo, pp. 291 y ss.

cual además era tripartito,[178] el primero que va a reaccionar va a ser el Libertador, al estimar que el Gobierno constituido conforme al texto de 1811, no se identificaba "al carácter de las circunstancias, de los tiempos y de los hombres que lo rodean".[179] Por ello, en su discurso de Angostura en 1819 va a reaccionar violentamente contra la fórmula de gobierno prevista en el texto de 1811, en particular contra la primacía del Congreso[180] y el carácter tripartito del Ejecutivo,[181] y propondrá al Congreso la adopción de una fórmula de gobierno con un Ejecutivo fuerte,[182] lo cual, sin embargo, no fue

---

178 "El Poder Ejecutivo Constitucional de la Confederación residirá en la Ciudad Federal depositado en *tres* individuos elegidos popularmente. . ." (Art. 72), *loc. cit.*, p. 139.

179 Esto lo señalaba en el Manifiesto de Cartagena de 1812. *V.* en J. Gil Fortoul, *op. cit.*, Tomo Primero, pp. 329 y 330. Además, en su Discurso de Angostura, al criticar la adopción de las instituciones norteamericanas por los constituyentes de 1811, indicaba: "¿No sería muy difícil aplicar a España el Código de libertad política, civil y religiosa de Inglaterra? Pues aún es más difícil adoptar en Venezuela las Leyes de Norte América. ¿No dice el *Espíritu de las Leyes* que éstas deben ser propias para el pueblo que se hacen? ¿Qué es una gran casualidad que las de una nación puedan convenir a otra? ¿Que las leyes deben ser relativas a lo físico del país, al clima, a la calidad del terreno, a su situación, a su extensión, al género de vida de los pueblos? ¿Referirse al grado de libertad que la Constitución puede sufrir, a la religión de los habitantes, a sus inclinaciones, a sus riquezas, a su número, a su comercio, a sus costumbres, a sus modales? ¡He aquí el Código que debíamos consultar, y no el de Washington!". *V.* en J. Gil Fortoul, *op. cit.*, Tomo Segundo, Apéndice, p. 495.

180 Decía en su Discurso de Angostura lo siguiente: "Aquí el Congreso ha ligado las manos y hasta la cabeza a los magistrados. Este cuerpo deliberante ha asumido una parte de las funciones ejecutivas, contra la máxima de *Montesquieu,* que dice que un cuerpo representativo no debe tomar ninguna resolución activa: debe hacer leyes, y ver si se ejecutan las que hace. Nada es tan contrario a la armonía de los poderes, como su mezcla. Nada es tan peligroso con respecto al pueblo, como la debilidad del Ejecutivo; y si en un reino (Inglaterra) se ha juzgado necesario concederle tantas facultades, en una república son éstas infinitamente más indispensables". *V.* en J. Gil Fortoul, *op. cit.*, Tomo Segundo, Apéndice, pp. 504 y 505.

181 En su Discurso de Angostura, señalaba, además: "La Constitución Venezolana, sin embargo, de haber tomado sus bases de la más perfecta, si se atiende a la corrección de los principios y a los efectos benéficos de su administración, difirió esencialmente de la Americana en un punto cardinal y sin duda el más importante. El Congreso de Venezuela, como el Americano, participa de algunas de las atribuciones del Poder Ejecutivo. Nosotros además, subdividimos este Poder, haciéndolo cometido a un cuerpo colectivo sujeto por consiguiente a los inconvenientes de hacer periódica la existencia del gobierno, de suspenderla y disolverla siempre que se separan sus miembros. Nuestro Triunvirato carece, por decirlo así, de unidad, de continuación y de responsabilidad individual; está privado de acción momentánea, de vida continua, de uniformidad real, de responsabilidad inmediata; y un gobierno que no posee cuanto constituye su moralidad, debe llamarse nulo". *V.* en J. Gil Fortoul, *op. cit.,* Tomo Segundo, Apéndice, pp. 495 y 496.

182 En su Discurso de Angostura, al comparar la situación política de Inglaterra, el Libertador señalaba: "Por exorbitante que parezca la Autoridad del Poder Ejecutivo de Inglaterra, quizás no es excesiva en la República de Venezuela... Fijemos nuestra atención sobre esta diferencia, y hallaremos que el equilibrio de los poderes debe distribuirse de dos modos. En las repúblicas el Ejecutivo debe ser el más fuerte, porque todo conspira contra él, en tanto que en las monarquías el más fuerte debe ser el Legislativo, porque todo conspira en favor del Monarca."... "Si no se ponen al alcance del Ejecutivo todos los medios que una justa atribución le señala, cae inevitablemente en la nulidad o en su propio abuso, quiero decir, en la muerte del gobierno, cuyos herederos son la anarquía, la usurpación y la tiranía"... "Que se fortifique, pues, todo el sistema de gobierno, y que el equilibrio se establezca de modo que no se pierda, y de modo que no sea su propia delicadeza una causa de decadencia. Por lo mismo que ninguna forma de gobierno es tan débil como la democracia, su estructura debe ser de la mayor solidez, y sus instituciones consultarse para la estabilidad. Si no es así contemos con una sociedad díscola, tumultuaria y anárquica, y no con un establecimiento social donde tengan su imperio la felicidad, la paz y la justicia"... "Separando con límites bien señalados la jurisdicción ejecutiva de la jurisdicción legislativa, no me he propuesto dividir, sino enlazar con los vínculos de la armonía que nace de la independencia, estas potestades supremas, cuyo choque prolongado jamás ha dejado de aterrar a uno de los contendientes. Cuando deseo atribuir al Ejecutivo una suma de facultades superiores a la que antes gozaba, no he deseado autorizar a un déspota para que tiranice la República, sino impedir que el despotismo deliberante sea la causa inmediata de un círculo de vicisitudes despóticas en que alternativamente la anarquía sea reemplazada por la oligarquía y por la monocracia". *V.* en J. Gil Fortoul, *op. cit.,* Tomo Segundo, Apéndice, pp. 504, 505, 506 y 510. Todas estas ideas las tiene en cuenta Bolívar, cuando formula su proyecto de Constitución para Bolivia en 1826, al resumir en su Discurso a los Legisladores el papel del Presidente de la Re-

acogido por la Constitución de 1819, ni por las constituciones posteriores, salvo las que se hicieron a la medida de los caudillos y dictadores.

3. La idea federal y la disgregación política regional caudillista

Pero el texto de la Constitución de 1811, además de las influencias del liberalismo político de la Revolución Francesa, recibió la directa influencia de la Constitución norteamericana en la configuración del Estado como un Estado Federal, fomentada dicha recepción por la situación de autonomía local que tenían los Cabildos y Ayuntamientos de las Provincias que luego conformaron Venezuela.[183] A partir de ese momento, el fantasma de la idea federal va a acompañar toda nuestra historia política y condicionar nuestras instituciones desde su mismo nacimiento. En efecto, de acuerdo con el texto de la "Constitución Federal para los Estados de Venezuela" de 1811, como se llamó, las provincias de Margarita, Cumaná, Barinas, Barcelona, Mérida, Trujillo y Caracas formularon un "Pacto Federativo", partiendo del supuesto de que cada Provincia era soberana, por lo que toda autoridad no delegada a la autoridad general, quedaba conservada por aquellas.[184] Con la Federación de 1811, a cuya fórmula se opusieron en el mismo momento de su concepción Bolívar y Miranda,[185] se inicia en Venezuela un largo proceso de desarticulación institucional del país, que sólo va a ser controlado por los caudillos que lo gobernaron durante el siglo pasado y eliminado en el primer tercio de este siglo, con el fin de la Federación caudillista. En efecto, el establecimiento de la fórmula federal de 1811 tuvo indudablemente su causa profunda en el temor de nuestros primeros republicanos, siguiendo la ortodoxia liberal, por el establecimiento de una autoridad fuerte y central[186] y, más aún, el temor de los representantes de las diversas Provincias de Venezuela en relación a la hegemonía natural de Caracas, lo que provocó inclusive

---

pública así. "Viene a ser en nuestra Constitución como el sol que, firme en su centro, da vida al universo". *V.* en José Gil Fortoul, *op. cit.*, Tomo Segundo, Apéndice, p. 593.

183 En relación a la imitación de la idea federal de los Estados Unidos por los Constituyentes de 1811, E. Wolf la califica de "imitación artificial", *Tratado de Derecho Constitucional Venezolano*, Caracas, 1945, Tomo I, p. 58, y P. Ruggerí Parra, de "traslado" de las instituciones norteamericanas, *op. cit.*, Tomo I, p. 44. Debe destacarse, en todo caso, que si bien hubo, indudablemente, influencia de la Constitución norteamericana en la configuración federal de la Constitución de 1811, como lo reconoció el propio Libertador (*V.* Notas Nos. 34 y 36 de este parágrafo 3), la adopción de la forma federal fue básicamente una consecuencia de la autonomía local de los Cabildos o Ayuntamientos coloniales, según el esquema heredado de España y arraigado en Latinoamérica en el momento de la independencia. Había, según lo señala Vallenilla Lanz, una tendencia "hacia la disgregación anárquica, bautizada desde 1810 con el nombre de Federación o Confederación", *V.* L. Vallenilla Lanz, *Disgregación e integración. Ensayo sobre la formación de la Nacionalidad Venezolana,* Caracas, 1953, p. LIII. La federación, de acuerdo con este autor, fue en América Latina "la expresión más evidente de la herencia española y de la descentralización a que estaban habituados estos pueblos", *idem,* p. LIV; por tanto, "el movimiento disgregativo, que en 1810 tuvo el mismo carácter de Federación de Ciudades, se transformó por circunstancias particulares, en Federación Caudillesca hasta el reconocimiento de la autoridad del Libertador", *ibidem,* p. LXX. En relación a la influencia de la Constitución de Cádiz en la obra de nuestros primeros constituyentes *V.* J. M. Casal Montbrun, *La Constitución de 1961 y la Evolución Constitucional de Venezuela,* Tomo II, Forma de Estado, Caracas, 1972, Val. I, pp. 25 y ss. *V.,* además, los comentarios de Humberto J. de La Roche, "El Federalismo en Venezuela" en *Los Sistemas Federales en América Latina.* UNAM, 1972, pp. 557 y ss.

184 *V.* el Preliminar de la Constitución de 1811, *loc. cit.*, p. 128.

185 *Cfr.* José Gil Fortoul, *op. cit.*, Tomo Primero, p. 255.

186 Tal como se señaló, la reacción contra la Monarquía absoluta que: condicionó todo el movimiento revolucionario en Francia, y que originó la búsqueda política del debilitamiento del poder (p. ej. el sistema de frenos y contrapesos), se reflejó en EE.UU. en la fórmula federal, que importaron luego las Provincias latinoamericanas. *Cfr.* lo indicado en los parágrafos 1 y 2.

que la "Ciudad Federal" que se establecía en la Constitución, se ubicara en la ciudad de Valencia.[187] El caudillismo político regional venezolano, que tanta influencia tuvo en toda nuestra historia, encontró entonces consagración formal en el primer texto constitucional, que garantizaba el poder de la aristocracia regional sobre sus regiones frenando la hegemonía de la capital tradicional. En vano serán los esfuerzos del Libertador para erradicar la idea federal de nuestras instituciones políticas, expuestos fundamentalmente en el Manifiesto de Cartagena y en el Discurso de Angostura:[188] sus ideas originales y su esfuerzo por desarrollar instituciones políticas propias en Venezuela y América Latina, como vías de transición entre la sociedad colonial y la República independiente, lamentablemente no van a ser seguidas, y en la segunda Constitución de Venezuela, de 1819, y en las siguientes aun cuando momentáneamente el calificativo federal desaparece, se va a seguir bajo una forma centralista el mismo esquema político de fondo de autonomía regional y localista y, por tanto, de fomento a la autoridad de los caudillos militares.[189]

Ahora bien, si es cierto que la Constitución de 1811, como se dijo, tuvo un lapso real de duración de un año por la caída de la Primera República en manos de los españoles, el regionalismo caudillista perduró aún estando la República en guerra. En los años posteriores a 1812, deshechas las instituciones republicanas, sólo la autoridad de Bolívar es capaz de dar coherencia a las actividades de los caudillos militares regionales, quienes inclusive en alguna oportunidad, al tratar de desconocer la autoridad del Libertador y de reinstaurar formalmente la República Federal, como sucedió con el denominado Con-

---

187 *V.* Art. 72 de la Constitución de 1811. *Cfr.* J. Gil Fortoul, *op.cit.*, p. 257.

188 Entre las causas que debilitaron al gobierno de la Primera República y que provocaron su caída en 1812, Bolívar señaló en su Manifiesto de Cartagena a "su forma federativa", agregando que "el sistema federal bien que sea el más perfecto y más capaz de proporcionar la felicidad humana en sociedad, es, no obstante, el más opuesto a los intereses de nuestros nacientes Estados. *V.* las referencias en J. Gil Fortoul, *op. cit.,* Tomo Primero, p. 328. *Cfr.* P. Ruggeri Parra, *op. cit.,* Tomo I, p. 51. En su Discurso de Angostura aún es más duro el Libertador al criticar la fórmula federal venezolana: "Cuanto más admiro la excelencia de la Constitución Federal de Venezuela, tanto más me persuado de la imposibilidad de su aplicación en nuestro Estado". Al sistema federal lo califica como "débil y complicado" para el cual "no estamos preparados". Pero la parte de más interés de su Discurso en relación a esta materia, es aquella en la cual desenmascara la realidad de la fórmula federal: el "empeño inconsiderado de aquellos provinciales",... ante el cual "cedieron nuestros legisladores". Fue la presión del regionalismo y caudillismo local lo que originó el pacto federal y el comienzo del fin de la República. Bolívar dice: "El primer Congreso en su constitución federal más consultó el espíritu de las provincias, que la idea sólida de formar una República indivisible y central. Aquí cedieron nuestros Legisladores al empeño inconsiderado de aquellos provinciales seducidos por el deslumbrante brillo de la felicidad del pueblo americano, pensando que las bendiciones de que goza son debidas exclusivamente a la forma de gobierno, y no al carácter y costumbres de los ciudadanos". Por último, insistía en lo siguiente: "Ya disfruta el pueblo de Venezuela de los derechos que legítima y fácilmente puede gozar; moderemos ahora el ímpetu de las pretensiones excesivas que quizás le suscitaría la forma de un gobierno incompetente para él: abandonemos las formas federales que no nos convienen, abandonemos el triunvirato del Poder Ejecutivo, y concentrándolo en un Presidente, confiémosle la autoridad suficiente para que logre mantenerse luchando contra los inconvenientes anexos a nuestra reciente situación, al estado de guerra que sufrimos, y a la especie de los enemigos externos y domésticos contra quienes tenemos largo tiempo que combatir. Que el Poder Legislativo se desprenda de las atribuciones que corresponden al Ejecutivo". *V.* el texto en J. Gil Fortoul, *op. cit.,* Tomo Segundo, pp. 494, 495, 496, 506 y 507.

189 Es de observar que Bolívar, previendo la separación definitiva de Venezuela de la Gran Colombia y la designación de Páez como el Primer Presidente de la República, según éste lo narra, le aconsejó a Páez "una y mil veces que al verificar la separación me opusiera con todo mí influjo a la adopción del sistema federal, que en su opinión era sinónimo de desorden y disolución, recomendándome mucho la constitución boliviana. Encargábame también que al verificarse la separación partiéramos la deuda, la tierra y el ejército; que entonces él vendría a establecerse en Venezuela; pero que si se adoptaba el sistema federal, *no se quedaría ni de mirón".* J. A. Páez, *Autobiografía,* Tomo I, Nueva York, 1870, p. 375. Sobre el carácter centralista de la Constitución de 1819 en cuanto a la eliminación del órgano deliberante de las Provincias, *V.* J. M. Casal Montbrun, *op. cit.,* Vol. I, p. 34.

greso de Cariaco de 1817, debieron ser reprimidos con la pena capital.[190] De manera que si bien la autoridad nacional no se regía por la Constitución de 1811, pues de hecho la guerra la había puesto en manos de Bolívar, la autoridad regional local, al contrario, era muy celosa, no del texto de la Constitución del año 11, sino del espíritu regionalista y, por ende, caudillista local de su contenido.[191]

Por otra parte, otro elemento que perduró del espíritu de la Constitución de 1811 fue el evidente igualitarismo que estableció en relación a los diversos estratos sociales de la República. Este espíritu igualitarista, no sólo fue lo que permitió a los españoles fomentar la sublevación de los negros esclavos de Barlovento el año 1812, [192] sino que abrió el camino para la rebelión popular de 1814 comandada por J. T. Boves, a la sazón bajo las filas realistas.[193] En efecto, quizás una de las características fundamentales de las guerras de independencia en Venezuela, es que éstas no sólo fueron guerras civiles entre los criollos patrióticos y los españoles colonialistas, sino que realmente llegaron a configurarse como auténticas guerras sociales y económicas, [194] con agudas y profundas características de "lucha social de amos contra esclavos, terratenientes contra la población rural enfeudada, y de lucha étnica definida por las pugnas igualmente violentas de negros, mulatos y zambos contra blancos".[195] La independencia en Venezuela, que originalmente se concibió por la aristocracia y nobleza criolla, como una revolución política, inmediatamente después de la caída de la Primera República, desencadenó una *guerra que, aparte* de sus aspectos políticos de lucha entre independentistas y realistas, provocó una verdadera revolución social,[196] En el centro de la rebelión popular estuvo J. T, Boves, el cual, si bien luchando del lado realista, movilizó socialmente las clases desposeídas, los esclavos y los pardos, contra los ricos, los amos y los blancos o mantuanos, [197] produciéndose en todos los rincones del país una aniquilación física de éstos.

---

190 *Cfr.* Augusto Mijares, *loc. cit.*, p. 49, 55 y 56.

191 El origen del caudillismo, como forma de mando, lo sitúa Mijares en los años 1813 a 1819, y a la base del mismo, la idea federal estampada en la Constitución de 1811. *V.* A. Mijares, *loc. cit.*, pp. 34 y 36.

192 *Cfr.* Francisco Javier Yanes, Relación Documentada de los Principales Sucesos Ocurridos en Venezuela desde que se declaró Estado Independiente hasta el año de 1821, Tomo I, Caracas, 1943, p. 51.

193 Para una relación detallada de esta rebelión, *V.* Juan Uslar Pietri, Historia de la Rebelión Popular de 1814. Contribución al estudio de la Historia de Venezuela, París, 1954.

194 *V.* L. Vallenilla Lanz, *Cesarismo..., cit.*, p. 200. Este autor señala que la revolución que nos emancipó de España, emancipó al mismo tiempo las clases populares de la sumisión a que estaban sometidas bajo el antiguo régimen...; "en Venezuela la guerra revolvió hasta el fondo de nuestras más bajas clases populares; y sobre las mismas y la desaparición de las aristocracias municipales, surgió el igualitarismo", *V. en Disgregación..., cit., pp.* LXXV y LXXVI.

195 *V.* F. Brito Figueroa, *op. cit.*, Tomo I, pp. 269 y 270. R. Díaz Sánchez, califica a la guerra de independencia como de "sesgo clasista", *loc. cit.*, p. 195.

196 En este sentido, L. Vallenilla Lanz señala acertadamente, al comparar la situación de las guerras de independencia en Venezuela con las de otros países latinoamericanos, lo siguiente: "Cuando en otros países de Hispano–América la revolución de Independencia se redujo casi a un cambio de autoridades y el Gobierno supremo pasó sin hondas modificaciones de las manos de los agentes de España a las de la aristocracia criolla habituada a la supremacía social, municipal y económica, constituyéndose en oligarquías que aún perduran como en Chile y Colombia, en Venezuela los primeros movimientos revolucionarios comienzan también encabezados por las clases elevadas; pero al cabo de catorce años de cruentísima lucha y por causas étnicas y mesológicas que particularizan nuestra evolución, diferenciándola de la de casi todos los otros pueblos del Continente, se observa con absoluta claridad, que una verdadera revolución social se había realizado en el organismo de la antigua Capitanía General", *Cesarismo, ..., cit.*, p. 200.

197 Por ello Boves fue calificado por Juan Vicente González, como "el primer caudillo de la democracia venezolana". *V.* J. V. González, *Biografía de José Félix Ribas,* Madrid, 1917, p. 139; calificativo que J. Uslar Pietri, estima como acertado, en *op. cit.*, p. 89. F. Brito Figueroa, califica a Boves, como un "verdadero caudillo popular",

[198] El origen del mestizaje venezolano había comenzado y, con él, una diferente estructura social que coloca al país en condiciones excepcionales comparadas con la de otros países latinoamericanos.[199] Pero la quiebra de la autoridad social de la aristocracia criolla, provocada por estas guerras, afianzó indudablemente el poder de los caudillos regionales y militares quienes se convertirían por muchos años en "la única fuerza de conservación social".[200] Se comprende, por tanto, la lucha del Libertador contra la fórmula federal de gobierno, la cual, en 1819, afianzaría el poder de los caudillos regionales, conspirando contra la coherencia institucional de la República.

En efecto, la Constitución de 1819 que sucede a la de 1811, y aun cuando tuvo la influencia de las ideas de Bolívar expresadas en el Congreso de Angostura, no se ciñe completamente a las mismas.[201] La pertinaz oposición del Libertador a la concepción federal y al imperio del caudillismo local y regional, provocaron que el texto constitucional de 1819 organizara una República "unitaria y centralista",[202] la cual, sin embargo, no tuvo mayor vigencia, pues la guerra continuó. Dos años después se dictó la Ley Fundamental de la Unión de los Pueblos de Colombia y la Constitución de 1821, no ya de Venezuela, sino de la República de Colombia, por el Congreso general de los pueblos de Nueva Granada (Colombia y Ecuador) y de Venezuela, reunido en Cúcuta.[203] Esta Constitución, siguiendo la orientación centralista de la anterior, dividió la República en Departamentos y Provincias,[204] pero descartó los principios del Ejecutivo fuerte que propugnaba Bolívar, debilitando aún más su posición en relación a la que consagraba el texto de 1819.[205] La ausencia de Bolívar del ejercicio de la Presidencia de esta

---

op. cit., Tomo I, p. 196. Un magnífico cuadro no sólo psicológico sino social de la época en que vivió Boves, puede apreciarse en F. Herrera Luque, *Boves, El Urogallo,* Caracas, 1972.

198 La guerra y la rebelión de 1814 condujeron a una "destrucción sistemática de la raza blanca" (*V.* J Uslar Pietri, *op. cit.*, p. 104), lo que llevó a Morillo, el general español que fue enviado a Venezuela a imponer el orden inclusive en las filas realistas, a escribir en 1815, muerto Boves, que "la mortandad y la desolación que una guerra tan cruel ha ocasionado, va disminuyendo de un modo conocido la raza de los blancos, y casi no se ven sino gentes de color, enemigos de aquellos, quienes ya han intentado acabar con todos", llegando a calificar la guerra de independencia, como una guerra de negros contra blancos". *Cfr.* En F. Brito Figueroa, *op. cit.,* Tomo I, p. 271.

199 Venezuela, en este sentido, es uno de los países con mayor porcentaje de población mixta (mestiza y mulata), que supera el 70 por ciento, contra un 8 por ciento de población negra y un 1,5 por ciento de amerindios. *Cfr.* Nota N° 25 del Capítulo 2.

200 *V.* L. Vallenilla Lanz, *Cesarismo. . ., cit.,* p. 119. De esta apreciación es que este autor desarrolla su concepción del "Gendarme Necesario", la cual si bien pudo tener base de sustentación aplicada a la situación político–social de los primeros años de la República, la utilizó para justificar la dictadura de J. V. Gómez.

201 *Cfr.* P. Ruggeri Parra, *op. cit.,* Tomo I, p. 5 3.

202 "La República de Venezuela es una e indivisible". Título II, Sección Primera, Art. 1° de la Constitución de 1819, en Luis Mariñas Otero, *op. cit.,* p. 182; constituyendo las diez Provincias (Barcelona, Barinas, Caracas, Coro, Cumaná, Guayana, Maracaibo, Margarita, Mérida y Trujillo) divisiones territoriales de la República *(idem.* Art. 2°), bajo la autoridad de un gobernador sujeto inmediatamente al Presidente de la República. Título IX, Sección Primera, Art. 1°, *loc. cit.,* p. 182. Para un análisis de la labor del Congreso de Angostura, *V.* José Rodríguez Iturbe (ed.), *Actas del Congreso de Angostura,* Caracas, 1969.

203 Ya en diciembre de 1819, meses después de haberse aprobado la Constitución de ese año, el Congreso de Venezuela había aprobado la Ley Fundamental de la República de Colombia, la cual condujo a la reunión de las provincias de la Nueva Granada y Venezuela en una sola nación, regulada por la Constitución de 1821. *V.* el texto de ésta en Luis Mariñas Otero, *op. cit.,* pp. 195 y ss.

204 *V.* Art. 6° de la Ley Fundamental y Art. 150 de la Constitución, *lo., cit.,* pp. 196 y 216. En 1821 a Venezuela se le señalaron tres Departamentos: Orinoco, formado por las Provincias de Guayana, Cumaná, Barcelona y Margarita; el Departamento de Venezuela, con las Provincias de Caracas y Barinas; y el Zulia, con las de Coro, Trujillo, Mérida y Maracaibo. En 1824 se creó un nuevo Departamento en Venezuela, el de Apure, y en 1826, se creó el de Maturín. *Cfr.* los datos en Augusto Mijares, *loc. cit.,* p. 67.

205 *Cfr.* P. Kuggeri Parra, *op. cit.,* Tomo I, pp. 58, 62 y 64; José Gil Fortoul, *op. cit.,* Tomo I, p. 622.

vasta República de Colombia, por encontrarse comandando los ejércitos en el Sur, *y* el desarrollado carácter localista y regional de las autoridades de los Departamentos creados en la nueva República, particularmente los de Venezuela, [206] provocaron el desconocimiento paulatino de la unidad de la Gran Colombia y de la autoridad del Gobierno de Bogotá, donde se había situado desde 1821 la capital provisional. El caudillismo militar y regional que tanto se desarrolló con motivo de las guerras de independencia, y la anarquía personalista que implicó, indudablemente que provocaran la destrucción de la *Gran Colombia, y* varios hechos pueden destacarse en este proceso. En primer lugar el Gobierno de Bogotá, ejercido por el Vicepresidente Soublette en ausencia de Bolívar, no tuvo nunca poder real sobre los jefes militares en guerra de Venezuela y, particularmente, sobre el general Páez. [207] En segundo lugar, la reacción localista de la Municipalidad de Caracas contra el régimen constitucional de 1821, que inclusive condujo a que dicha Municipalidad se negase a jurar fidelidad completa al texto constitucional[208] institucionalizó la tendencia separatista de los venezolanos de la Gran Colombia.[209] En tercer lugar, los conflictos entre las autoridades civiles y militares en Venezuela, que condujeron en 1826 a la separación temporal de Páez de la Comandancia General de las tropas, y que posteriormente, en los sucesos denominados de *La Cosiata,* condujeron a que se reconociera su jefatura militar en contra de las decisiones del gobierno de Bogotá;[210] y por último, después de 1826, el inicio del predominio absoluto del general Páez en Venezuela, con la anuencia del Libertador para evitar una nueva guerra civil, y su renuncia a hacerse "jefe de facciones" de carácter caudillesco.[211]

Por otra parte, debe destacarse que los caudillos militares y regionales venezolanos, se habían constituido en los herederos directos del poder económico de la aristocracia criolla aniquilada, y en los años posteriores a 1830, en los principales aliados de ésta. Tal como lo destaca Vallenilla Lanz, "el latifundio colonial pasó sin modificación alguna a las manos de Páez, Monagas y otros caudillos, quienes habiendo entrado a la guerra sin bienes algunos de fortuna, eran a poco de constituida Venezuela, los más ricos propietarios del país".[212] A ello contribuyeron los Tribunales de Secuestros y las leyes

---

206 El historiador R. M. Baralt resume así los sentimientos de Venezuela, respecto de la Constitución de Cúcuta de 1821: "No fue recibida en Venezuela la Constitución de Cúcuta ni incondicionalmente ni con grandes muestras de alegría. Destruida la soberanía del país, dividido éste en departamentos minados de leyes propias y colocado el centro del gobierno en la distante Bogotá, no podían los venezolanos vivir contentos bajo aquel pacto de unión, por más que la guerra lo hiciese necesario". *Cit.* por Augusto Mijares, *loc. cit.*, p. 69.

207 El mismo Vicepresidente reconocía que no tenía ningún poder sobre los jefes militares venezolanos (Páez y Mariño) y que sólo Bolívar podía controlarlos. *V.* la carta dirigida por Soublette al Libertador en noviembre de 1821 en las *Memorias* de O'Leary, Tomo VIII, p. 26, *cit.* por Augusto Mijares, *loc. cit.*, p. 70.

208 *Cfr.* Augusto Mijares, *loc. cit.*, p. 68; José A. Páez, *op. cit.*, Tomo I, p. 292.

209 *Cfr.* José Antonio Páez, *op. cit.*, Tomo I, pp. 292 *y* ss.; en particular, p. 371; José Gil Fortoul, *op. cit.*, Tomo Primero, pp. 470 y ss. y 585.

210 *Cfr.* Augusto Mijares, *loc. cit.*, pp. 75 y ss.; José Gil Fortoul, *op. cit.*, Tomo Primero, pp. 587 y ss. El mismo general Páez consideró la época de los años posteriores al año 1826, como dolorosa y "la más funesta" de su vida. *V.* J. A. Páez, *op. cit.*, Tomo I, pp. 286 y 292 y ss. *V.* los documentos relativos a los sucesos del año 1826, en pp. 313 a 363.

211 *Cfr.* José Gil Fortoul, *op. cit.*, Tomo Primero, p. 616. Bolívar escribía, en efecto: "Más vale estar con él que conmigo, porque yo tengo enemigos y Páez goza de opinión popular". "La República se va a dividir en partidos; en cualquier parte que me halle me buscarán por caudillo del que se levante allí; y ni mi dignidad ni mi puesto me permiten hacerme jefe de facciones". *V.* las citas en Augusto Mijares, *loc. cit.*, pp. 78 y 80. *Cfr.* J.A. Páez, *op. cit.*, Tomo I, p. 375.

212 *V.* L. Vallenilla Lanz, *Cesarismo..., cit.*, p. 107. *Cfr.* John Duncan Powell, *Political mobilization of the Venezuela Peasant,* Cambridge (Mass.), 1971, p. 16. En 1840 el diario *El Venezolano,* decía que Páez, quien era

de Reparto de los bienes confiscados en las guerras de independencia a los extranjeros y a los criollos, por ambos bandos (realistas y patriotas) entre 1817 y 1824, y que repartidos entre los guerreros fueron paulatinamente adquiridos a precios irrisorios por los caudillos militares. [213] En esta forma, "el latifundio colonial se integró como elemento fundamental de la estructura económica de la República en la forma de posesión de la tierra (monopolio individual o familiar, monocultivo, técnicas rudimentarias) y en las relaciones de producción basadas en la esclavitud y en la servidumbre de la población rural, jurídicamente libre".[214] Por ello, los caudillos militares y regionales, de origen popular, posteriormente como propietarios y terratenientes, se convirtieron paulatinamente en conservadores, y de la alianza entre la oligarquía local y aquéllos, no sólo se producirá la separación definitiva de Venezuela de la Gran Colombia[215] sino que se constituirá la República de Venezuela, autónoma, con un gobierno netamente oligárquico y conservador.[216]

4. La República oligárquica y conservadora

En efecto, el predominio de Páez en Venezuela a partir de 1826, y separado de hecho el país de la Gran Colombia bajo la autoridad de un gobierno fáctico dirigido por aquél desde 1829, condujeron inexorablemente a que en 1830 el Congreso de Valencia aprobara la constitución formal de la República de Venezuela, mediante la Constitución de ese año. [217]

Las discusiones que precedieron a la Constitución de 1830 también estuvieran signadas por la ya secular discusión sobre la estructura federal o centralista del nuevo Estado venezolano, habiéndose optado en definitiva por una fórmula "centro–federal o mixta", como la denominó el Congreso aplicándola al gobierno que se formaba, [218] según la cual, el Estado era unitario, pero las Provincias gozaban de amplia autonomía e inclusive contaban con una Asamblea o Diputación. Estas intervenían en la designación de los gobernadores de Provincia, los cuales, aun cuando dependían del Poder Ejecutivo, significaban el "equilibrio" entre centralismo y federación que los constituyentes buscaron.[219] El sistema electoral que estableció, por otra parte, reservaba a la oligarquía económica el control de todas las asambleas y autoridades, siguiendo la orientación de

---

Presidente en ese momento, era "el más rico propietario del país, el de más pingües y seguras rentas". *Cit.* por F. González Guinán, *op. cit.*, Tomo III, p. 156.

213 *Cfr.* L. Vallenilla Lanz, *Cesarismo..., cit.*, pp. 104 y ss.; F. Brito Figueroa, *op. cit.*, Tomo I, pp. 192 y ss.; P. Ruggeri Parra, *op. cit.*, Tomo I, p. 48; José Gil Fortoul, *op. cit.*, Tomo Segundo, p. 187.

214 *V.* F. Brito Figueroa, *op. cit.*, Tomo I, pp. 220.

215 *Cfr.* J. Gil Fortoul, *op. cit.*, Tomo Primero, pp. 612 y 614.

216 De ahí el calificativo de "Oligarquía Conservadora" que J. Gil Fortoul da al gobierno de Venezuela después de 1830. *V.* J. Gil Fortoul, *op. cit.*, Tomo Segundo, pp. 7 y ss. y 186.

217 *V.* los comentarios de Páez sobre las causas que movieron a Venezuela a separarse de la Unión Colombiana, en *op. cit.*, Tomo II, pp. 1 y ss. Debe señalarse, que la elección de diputados que formaron el Congreso de Valencia se hizo en base a un Decreto expedido por el General Páez, que estableció el sufragio restringido por razones económicas. *Cfr,* F. González Guinán, *op. cit.*, Tomo II, p. 11.

218 *V.* en J. Gil Fortoul, *op. cit.*, Tomo Segundo, pp. 19 y 20. *Cfr.* P. Ruggeri Parra, *op. cit.*, Tomo II, p, 17.

219 Artículos 156 y siguientes de la Constitución de 1830 y particularmente los artículos 164,4 y 170, en Luis Mariñas Otero, *op. cit.*, pp. 246 y ss. *V.* los comentarios sobre esta Constitución en J. Gil Fortoul, *op. cit.*, Tomo Segundo, pp. 17 y ss.; F. González Guinan, *op. cit.*, Tomo II, pp. 135 y ss.; y P. Ruggeri Parra, *op. cit.*, Tomo II, pp. 17 y ss.

los textos constitucionales anteriores, lo cual confirmaba el carácter oligárquico del gobierno.[220]

El texto de 1830 ha sido el que más años de vigencia ha tenido en el país (27 años), lo cual bajo la autoridad directa o indirecta de los caudillos militares (Páez y Monagas) representantes ahora de la oligarquía, contribuyó a un notable auge de las actividades económicas, por supuesto, bajo el signo del más puro liberalismo económico que exportaban los teóricos europeos. Basta recordar, por ejemplo, la famosa Ley del 10 de abril de 1834 que legalizaba la usura estableciendo una supuesta libertad de contratos, para comprender la preponderancia de los capitalistas usurarios en la sociedad e instituciones políticas de la época, y las reacciones que contra la misma surgieron, inclusive de parte de "conservadores" como Fermín Toro.[221]

Páez gobernó al país como Presidente en un primer período, entre 1831 y 1835, y en el momento de elegirse su sucesor, afianzada la oligarquía económica, salió electo Presidente el doctor José María Vargas, candidato de ésta.[222] Los conflictos entre "partidos" militaristas y civiles y particularmente los originados por la denominada "Revolución de Reformas", sí bien afianzaron el poder personal de Páez, originaron conflictos entre el Presidente Vargas y el Congreso que obligaron al primero a renunciar al año de iniciar su gobierno, terminando el período constitucional en 1839, con gobiernos ejercidos por los Vicepresidentes.[223] En 1838 Páez fue electo de nuevo Presidente, y en 1843 asumió la Presidencia el general Soublette hasta 1847, también electo con el apoyo de las oligarquías económicas.[224]

---

220 *Cfr.* las apreciaciones de L. Vallenilla Lanz, *Cesarismo..., cit.,* p. 193, y de P. Ruggeri Parra, *op. cit.,* Tomo II, p. 17. "Bueno o malo este régimen –dice Gil Fortoul–, al referirse a la oligarquía conservadora (1830–1848), su existencia dependía por necesidad de la limitación del sufragio a la clase rica o ilustrada". *V. op. cit.,* Tomo Segundo, p. 311.

221 El texto de la Ley de 10 de abril de 1834 fue el siguiente: "Art. 1. Puede pactarse libremente que para hacer efectivo el pago de cualquier acreencia se rematen los bienes del deudor por la cantidad que se ofrezca por ellos el día y hora señalados para la subasta. Art. 2. En todos los demás contratos, así como el interés que en ellos se estipule, cualquiera que sea, también se ejecutará estrictamente la voluntad de los contratantes. Art. 3. Para el remate de que habla el artículo 1° se observarán las formalidades prescritas por las leyes del procedimiento ejecutivo. Art. 4. En los remates que se celebren en virtud de lo dispuesto en el artículo 1° de esta ley, cesa el privilegio de retracto, y ninguna corporación ni persona podrá reclamar lesión ni restricción *ni integrum.* Art. 5. El acreedor o acreedores pueden ser licitadores en la subasta. Art. 6. El rematador, por el acto del remate y posesión subsecuente, se hace dueño de la propiedad rematada. Art. 7. Se derogan todas las demás leyes que se opongan a las disposiciones de la presente. *Cfr.* el texto en J. Gil Fortoul, *op. cit.,* Tomo Segundo, p. 68, F. Brito Figueroa, *op. cit.,* Tomo I, pp. 238 y 239. *V.* Fermín Toro, *Reflexiones sobre la Ley de 10 de abril de 1834,* Caracas, 1941.

222 Gil Fortoul, refiere que de los candidatos a la Presidencia en 1834 (Mariño, Soublette, Urbaneja, Salom y Gómez), Vargas era quien "juntaba los votos" de los propietarios y agricultores, del comercio, y "de cuantos en suma querían ya substraer la República de toda tutela personal... para sobreponer definitivamente el Poder Civil a las agitaciones armadas". *V.* J. Gil Fortoul, *op. cit.,* Tomo Segundo, p. 189. *Cfr.* C. Parra Pérez, *Mariño y las Guerras Civiles,* Tomo I (La Revolución de las Reformas), Madrid, 1958, quien señala a Vargas como candidato de "los oligarcas", p. 206.

223 *Cfr.* J. Gil Fortoul, *op. cit.,* Tomo Segundo, pp. 185 a 225; Augusto Mijares, *loc. cit.,* p. 90. Los incidentes entre Vargas y el Congreso, puede decirse que se iniciaron el mismo año 1835, *Cfr.* F. González Guinán, *op. cit.,* Tomo II, p. 345.

224 Gil Fortoul señala, en este sentido, que entre los candidatos presidenciales en 1842 (Santos Michelena y Diego Bautista Urbaneja), el general Soublette era considerado como garantía para el porvenir, por "los propietarios, agricultores y capitalistas, que en el régimen oligárquico constituían o determinaban con su influjo las mayorías electorales". *V.* J. Gil Fortoul, *op. cit.,* Tomo Segundo, p. 244. *Cfr.* F. González Guinán, *op. cit.,* Tomo III, pp. 251 y ss.

5. Liberales y conservadores

En esta época, la influencia de las doctrinas sociales europeas, la libertad irrestricta de la prensa y el deseo de llevar "hombres nuevos" a la política y al gobierno, provocaron el surgimiento de una corriente política que se llamó a sí misma como "liberal" y que calificó al gobierno y a la oligarquía, como conservadora, iniciándose entonces la polarización de la vida política venezolana entre liberales y conservadores. En todo caso, la bandera liberal asumió la lucha social que se había iniciado desde las guerras de la independencia y, por tanto, contó rápidamente con gran apoyo popular,[225] promovido demagógicamente por agitadores políticos de la talla de Antonio Leocadio Guzmán. Esta corriente de pensamiento político, en todo caso, contrastaba con la más ortodoxa actitud liberal clásica del gobierno y sus gobernantes, particularmente de Soublette.[226] Puede decirse que llegó a conmocionar socialmente la Venezuela del año 1846, y Guzmán, quien a pesar del sistema electoral oligárquico[227] aspiraba a la elección presidencial, indirectamente promovió sin embargo revueltas políticas y sociales como reacción a las acciones del Gobierno contra las Municipalidades y la prensa, por las cuales se le condenó a muerte. [228] Entre tanto, José Tadeo Monagas era elegido Presidente en 1846, con el apoyo de Páez y Soublette y de los conservadores, pero tan pronto se posesionó de la

225 "Si los liberales merecen su nombre –dice Gil Fortoul–, es porque, cuando sus adversarios tendían, por timidez o por sistema, a mantener el *status quo* constitucional, y a esperar al progreso de la iniciativa privada, ellos instintivamente querían avanzar, aunque a menudo sin saber cómo; presentían que la escuela liberal clásica de no intervención del Gobierno, cuyos verdaderos representantes fueron los conservadores (en política abundan los epítetos absurdos), presentían que esta escuela había de modificar, precisamente con la intervención del gobierno, para acelerar la evolución de un pueblo nuevo e inculto; comprendían, por último, que existiendo en todo organismo social tendencias progresistas *y* tendencias reaccionarias, los gobiernos benéficos son los que saben descubrir aquéllas y encauzarlas, paralizando las otras", *op. cit.*, Tomo Segundo, p. 318. *Cfr.*, F. González Guinán, *op. cit.*, Tomo III, pp. 147 y ss. *V.* la magnífica colección publicada por la Presidencia de la República, *El Pensamiento Político Venezolano del Siglo XIX,* Caracas, 11 tomos. L Vallenilla Lanz, al criticar la afirmación de que el movimiento liberal haya sido obra exclusiva de Antonio Leocadio Guzmán, señala expresamente que "la aparición del Partido Liberal no es otra cosa que la continuación de la lucha social empeñada desde la Independencia, la manifestación principalmente, de ese gran desequilibrio entre las razas pobladoras de nuestros territorios, cuya íntima fusión no se ha verificado sino por los medios violentos de las revoluciones, porque no de otro modo han podido romperse las vallas que los poderosos prejuicios de clase han opuesto a la evolución igualitaria", *cit.* por J. Gil Fortoul, *op. cit.,* Tomo Segundo, p. 232, nota al pie de página. *Cfr.* L. Vallenilla Lanz, *Disgregación..., cit.,* pp. XLV y ss.

226 Gil Fortoul califica a Soublette como "discípulo efectivamente de la escuela liberal inglesa de *non intervention"*... "convencido de que los pueblos no necesitan para su desarrollo normal la vigilancia continua, y menos la tutela del Gobierno". *V.* José Gil Fortoul, *op. cit.,* Tomo Segundo, pp. 245 y 257. *Cfr.* Augusto Mijares, *loc. cit.,* p. 96; F. González Guinán, *op. cit.,* Tomo III, p. 374. Se comprende por qué tenía entonces el apoyo político de la oligarquía económica.

227 *V.* sobre la situación política del año 1846, F. González Guinán, *op. cit.,* Toma IV, pp. 77 y ss. y R. Díaz Sánchez, *Guzmán, Elipse de una ambición de Poder.* Caracas 1953, pp. 293 y ss. y 302 y ss. "El sistema electoral vigente favorecía a los conservadores y liberales moderados. Recuérdese que la Constitución no acordaba el derecho de Sufragio sino a los propietarios, rentistas y empleados (sistema que el mismo Guzmán aceptaba sin reservas); por consiguiente, quien de hecho determinaba la mayoría, como en todo régimen oligárquico era la clase social más rica o instruida, y ésta clase desconfiaba, en general, de los guzmancistas, a quienes se les atribuían propósitos no menos radicales que la inmediata emancipación de los esclavos, sin compensación a sus dueños, y aun el reparto autoritario de tierras". *V.* J. Gil Fortoul, *op. cit.,* Tomo Segundo, p. 267.

228 Señala Gil Fortoul, que a Guzmán se le juzgó como promotor de una revolución social y política a cuyo fin excitaba las pasiones populares con promesas atentatorias de las leyes existentes, cuales el reparto de la tierra y la libertad de los esclavos. *V.* J. Gil Fortoul, *op. cit.,* Tomo Segundo, p. 279. *V.* las referencias a las acciones del gobierno contra las Municipalidades y la Prensa, en F. González Guinán, *op. cit.,* Tomo IV, pp. 146 y ss.; y los comentarios sobre el juicio a Guzmán, *ídem,* pp. 216 y ss. y R. Díaz Sánchez, *Guzmán, cit.* pp. 323 y ss.

Presidencia conmutó la pena de muerte de Guzmán, quien al poco tiempo sería su Ministro y luego su Vicepresidente (1849–1853), y formó gobierno con los liberales, pasando los conservadores y el Congreso que lo había elegido, a la oposición.[229] Esta promovió una acusación política contra el Presidente Monagas, y como secuela de su discusión, se produjo una reacción popular contra el Congreso, provocada por el Partido Liberal, organismo en el cual se situaba la representación del régimen conservador. Como resultado de los acontecimientos del 24 de enero de 1846, el Congreso perdió sus prerrogativas y abandonó su actitud oposicionista;[230] parte de los conservadores, bajo la dirección militar de Páez, se lanzaron a la guerra civil, pero pronto habían de ser vencidos; y Páez, luego de varios años encarcelado, fue expulsado del país en 1850.

Bajo la orientación liberal, el Congreso sometido al Presidente Monagas y al Vicepresidente Guzmán, aprobó algunas leyes de importancia como las de modificación, en 1848, de la Ley de libertad de los contratos de 1834, estableciendo al contrario y en base al principio de igualdad, limitaciones al cobro de intereses contractuales y a la autonomía de la *voluntad; y la abolición de* la pena de muerte en 1849.[231] En 1850 se verificaron nuevas elecciones y contra las pretensiones presidenciales del Vicepresidente Guzmán y del Partido Liberal, el Presidente Monagas impuso la candidatura de su hermano José Gregorio Monagas, quien inició su período en 1851. La reacción del Partido Liberal y de parte del Conservador no se hizo esperar y contra lo que se comenzó a denominar la dinastía de los Monagas, se desataron movimientos armados en 1853 y 1854, sin ningún éxito. Guzmán, en todo caso, se había alejado de la República en una misión diplomática en el Perú.[232]

En el orden social y económico, el gobierno de José Gregorio Monagas no realizó mayores cambios, y sólo se recuerda su labor, por la aprobación en 1854 de la Ley de abolición de la esclavitud, promovida por los propios propietarios[233] y como medida para promover la reelección de José Tadeo Monagas, al concluir el período presidencial de su hermano. En 1855, en efecto, José Tadeo Monagas reasume la Presidencia de la República, consolidándose la autocracia como forma de gobierno, lo que lleva inclusive, a que en el año siguiente, en 1856, se haya aprobado por el Congreso un Decreto

---

229 *Cfr.* F. González Guinán, *op. cit.,* Tomo IV, pp. 205 y ss., 210, 302, 310 y ss., 343 y ss., 356, 361 y ss., y Tomo V, p. 22.

230 Con este acontecimiento, denominado el "día del fusilamiento del Congreso" (*Cfr.* Augusto Mijares, *loc. cit.,* p. 105), se produce, según Gil Fortoul, el fin de la oligarquía conservadora y el inicio de la oligarquía liberal, *op. cit.,* Tomo Segundo, p. 309, y Tomo Tercero, pp. 9 y ss. *V.* los comentarios sobre los acontecimientos del 24 de enero, en J. A. Páez, *op. cit.,* Tomo II, p. 451; C. Parra Pérez, *Mariño..., cit.,* Vol. III (El 24 de enero), Madrid, 1960, pp. 23 y ss.; F. González Guinán, *op. cit.,* Tomo IV, pp. 411 y ss.

231 *Cfr.,* J. Gil Fortoul, *op. cit.,* Tomo Tercero, pp. 26 y 38; F. González Guinán, *op. cit.,* Tomo IV, pp. 480 y ss.

232 *Cfr.* J. Gil Fortoul, *op. cit.,* Tomo Tercero, pp. 42 y ss.; F. González Guinán, *op. cit.,* Tomo V, pp. 136 y ss., 295 y ss., y 369 y ss

233 En 1845 ya se había presentado un proyecto de Ley al Congreso para contratar un empréstito en el extranjero para emancipar completamente a los esclavos, indemnizando a sus dueños, el cual no se aprobó por la situación electoral de 1846. *Cfr.* José Gil Fortoul, *op. cit.,* Tomo Segundo, p. 311. F. Brito Figueroa señala, en este sentido, que los terratenientes auspiciaron la ley, cuando sintieron que el mantenimiento de los esclavos les significaba una carga muy onerosa a la situación de la agricultura en la época, lo que se confirma por el hecho de que por una parte recibieron una indemnización por la emancipación, y no perdieron de hecho los servicios del esclavo libre, pero sin las cargas que la esclavitud imponía, *V.* F. Brito Figueroa, *op. cit.,* Tomo I, pp. 249 y ss. *Cfr.* las disposiciones sobre la obligación impuesta al Estado de indemnizar a los antiguos dueños de esclavos y el modo de hacerlo, así como el impuesto especial creado con este objeto, en P. Ruggeri Parra, *op. cit.,* Tomo II, p. 38; F. Brito Figueroa, *op. cit.,* Tomo I, p. 251; J. Gil Fortoul, *op. cit.,* Tomo Tercero, pp. 51 y 52; F. González Guinán, *op. cit.,* Tomo V, p. 354.

sobre reformas de la Constitución que eludía los procedimientos propios de la Constitución rígida que establecía el texto de 1830.[234]

6. Las Constituciones de 1857 y 1858

Institucionalmente, los acontecimientos de los años 1856 y siguientes, y particularmente la Constitución de 1857, la cual no tuvo sino un año escaso de duración, van a ser de enorme importancia para el desarrollo histórico–político de la República, por varios hechos: ante todo, con la reforma constitucional promovida por Monagas en 1857 para reelegirse antes de finalizar su período,[235] se inicia la larga historia de reformas constitucionales circunstanciales que caracteriza nuestra evolución constitucional desde 1857 hasta la fecha.[236] Como la elección del Presidente se atribuía en la reforma citada al Congreso con anterioridad, en 1856 y mediante la reforma de la Ley de división territorial de la República, se aumentaron a veinte las Provincias que la Constitución de 1830 fijaba en once, decisión que la Constitución Federal de 1864 ratificaría posteriormente.[237] Con esta medida quedaron cesantes los gobernadores interinos *y* se eligieron nuevos congresantes, todos afectos al régimen de Monagas.[238] En esta forma se inició también una larga historia de modificaciones político–territoriales de la República, al antojo de gobernantes, que caracterizó las divisiones territoriales, sobre todo a partir de 1881, y que perduró durante todo el resto del siglo pasado y buena parte del presente. Por otra parte, la reforma Constitucional de 1857 reaccionó contra los poderes de las Provincias que el compromiso centro–federal de la Constitución de 1830 les había dado; y ello de dos maneras: por una parte, eliminando la competencia de las Diputaciones Provinciales para intervenir en la elección de los gobernadores, lo que en 1857 se atribuye sólo a la competencia del Presidente de la República;[239] y en segundo lugar, mediante el establecimiento de un nuevo poder, el "Poder Municipal", al cual se le concedió autonomía,[240] y al cual teóricamente se le trasladaron las competencias de las Diputaciones Provinciales que en el texto de 1857 desaparecen.[241] En esta forma, se es-

234 *Cfr.* Luis Mariñas Otero, *op. cit.,* p, 38; J. Gil Fortoul, *op. cit.,* Tomo Tercero, p. 76; F. González Guinán, *op. cit.,* Tomo VI, pp. 34 y 44.

235 La reforma constitucional de 1857 establecía en el artículo 1° de las Disposiciones Transitorias que "el Congreso en Cámaras reunidas y por las dos terceras partes de sus miembros presentes, procederá a nombrar por esta vez el Presidente y Vicepresidente de la República para el primer período constitucional. Entre tanto los actuales continuarán en sus destinos hasta que sean reemplazados por los que se nombren". *V.* en Ulises Picón Rivas, *Índice Constitucional de Venezuela,* Caracas, 1944, p. 343. *Cfr.* los comentarios sobre la reforma, en F. González Guinán, *op. cit.* Tomo VI, pp. 63, 78 y 82.

236 La Constitución de 1961, la segunda de mayor vigencia en nuestra historia constitucional, fue enmendada en 1973, también por razones circunstanciales electorales. *V.* Nota N° 81 del Capítulo 7.

237 Nota N° 120 de este parágrafo 3. La Ley se dictó el 28 de abril de 1856. *Cfr.* F. González Guinán, *op. cit.,* Tomo VI, p. 37.

238 *Cfr.* José Gil Fortoul, *op. cit.,* Tomo Tercero, p. 78; F. González Guinán, *op. cit.,* Tomo VI, pp. 43 y ss.

239 Artículo 88 de la Constitución de 1857, en U. Picón Rivas, *op. cit.,* p. 88.

240 Artículos 85 a 87 de la Constitución de 1857, *loc. cit.*, p. 338.

241 En el mensaje del Presidente Monagas, dirigido al Congreso el 21 de enero de 1857 sobre la reforma constitucional, señaló lo siguiente: "La actual Constitución de la República (1830), estableciendo un sistema complicado de gobierno que participa del régimen centralista al mismo tiempo que del régimen federal, dió a las Diputaciones Provinciales toda la parte legislativa del poder municipal y a los gobernadores la parte ejecutiva de ese mismo poder... Pero lo peor de esta equivocada combinación consiste en que, aun cuando hubiera sido verdaderamente independiente el poder municipal, la Constitución lo centraliza también en las Diputaciones y gobernadores contra su peculiar naturaleza, dejando sin acción propia a las ciudades y parroquias a quienes debía beneficiar inmediata-

tructura el Poder Municipal autónomo, pero inofensivo hacia el poder central, lo cual va a perdurar hasta nuestros días, y se elimina completamente el elemento federal que hasta la fecha existía, lo cual originará, ante el conflicto centralismo–federación, la Guerra Federal. En efecto, la reforma constitucional de 1857 se ha visto como una reacción del poder central contra el federalismo caudillista regional[242] y, por tanto, como una reacción contra los caudillos locales, que dominaban la vida política del país, desintegrada en feudos provinciales. Monagas mismo era un caudillo regional que había dominado siempre en el Oriente del país, y su reacción contra su mismo poder real, provocaría evidentemente su caída, en la cual se aliaron conservadores y liberales. Estos, en efecto, en el mismo momento en que se produce la reforma constitucional y la reelección de Monagas, estaban preparando los mecanismos para hacer efectiva una reacción contra el personalismo y la autocracia de Monagas, y como jefe de la misma, denominada la Revolución de Marzo, se designó al general Julián Castro, [243] gobernador del Estado Carabobo, y uno de los caudillos regionales del centro. En pocos días, y por primera vez en la historia política del país, una "revolución" había triunfado, [244] y con este triunfo se inicia en nuestra historia una larga y sucesiva lista de "revoluciones" triunfantes contra gobiernos, hasta 1958.

En todo caso, la alianza conservadora–liberal en torno a Castro, va a durar muy poco, y como causa del conflicto están las medidas a adoptarse contra el depuesto Presidente Monagas, con motivo de las cuales, por primera vez en nuestra historia política, se manifestó agudamente la intervención de las potencias imperialistas europeas, y en particular, de Inglaterra y Francia, cuyas representaciones le habían dado asilo. Un "protocolo" firmado con las legaciones europeas que habían dado asilo a Monagas, por un ministro liberal sin consentimiento de los ministros conservadores, provoca la renuncia del primero, y la consecuente alianza del Partido Liberal con las potencias extranjeras contra el gobierno de Castro, [245] cuyas Armas habían bloqueado el puerto de La Guaira para garantizar la salida de Monagas del país. Entre tanto, al organizarse el gobierno de Julián Castro en Caracas, se convocaron elecciones para constituir una Convención Nacional que debía instalarse en Valencia en julio de 1858, habiéndose realizado las elecciones por sufragio universal y directo[246] por primera vez en la República desde las elecciones efectuadas para constituir el Congreso de 1811, habiéndose eliminado las restricciones de carácter económico que se establecieron desde la propia Constitución de 1811. La conformación de la Convención fue, sin embargo, fundamentalmente con-

---

mente... Se estableció de este modo un poder, que se ha creído federal, con los elementos del poder municipal, a expensas de los pueblos que no han gozado del beneficio de ninguno". *Cfr.* en J. Gil Fortoul, *op. cit.,* Tomo Tercero, pp. 79 y 80

242 Gil Fortoul, califica a este período de nuestra historia constitucional como la "Reacción centralista", *op. cit.,* Tomo Tercero, pp. 75 y ss.

243 *Cfr.* F. Brito Figueroa, *op. cit.,* Tomo I, p. 318; J. Gil Fortoul, *op. cit.,* Tomo Tercero, pp. 88 y 93; Augusto Mijares, *loc. cit.,* p. 111; F. González Guinán, *op. cit.,* Tomo VI, pp. 89, 98, 123 y 131 y ss.

244 En los seis años que siguen al plan de Monagas en 1857, al contrario con lo sucedido con los intentos revolucionarios de los años anteriores, triunfa la Revolución de Marzo contra Monagas (1858); los batallones de Casas derrocan a Castro (1858), los de Echezuria a Gual y proclaman la dictadura con Páez (1861); y finalmente la Federación derroca al gobierno dictatorial de Páez en 1863; y como dice J. Gil Fortoul, "seguirán triunfando otras revoluciones", *op. cit.,* Tomo Tercero, p. 90.

245 *Cfr.* J. Gil Fortoul, *op. cit.,* Tomo Tercero, pp. 105 y 107; F. González Guinán, *op. cit.,* Tomo VI, pp. 165 y ss.

246 *V.* el texto del Decreto, en J. Gil Fortoul, *op. cit.,* Tomo Tercero, p. 114. *Cfr.* Augusto Mijares, *loc. cit.,* p. 112; F. González Guinán, *op. cit..* Tomo VI, p. 181.

servadora y sus discusiones estuvieron signadas de nuevo por la forma federal o centralista del Estado.[247]

La Constitución de 1858, en todo caso, adoptó un esquema federal, aun cuando sin utilizar el nombre de "federación",[248] estableciendo además del Poder Nacional, un "Poder Municipal", no sólo a nivel de Cantones, sino a nivel de Provincias,[249] previéndose la existencia en éstas de gobernadores, como agentes del Poder Nacional, pero elegidos por votación universal, directa y secreta.[250] La Constitución de 1858, a pesar de la composición conservadora de la Convención de Valencia, tuvo una marcada tendencia liberal, pues no sólo consagró constitucionalmente por primera vez en Venezuela el voto universal, directo y secreto,[251] sino que se ampliaron considerablemente, en base a los principios liberales, los derechos individuales,[252] Sin embargo, las trabas al poder central perduraron, debilitándose no sólo frente a las Provincias, sino en su misma conformación.[253]

7. Las Guerras Federales

Pero antes de aprobarse la Constitución de 1858, los preparativos e inicio de la guerra que se convertiría en la Guerra Federal ya estaban consumados[254] y a la cabeza de la reacción contra el gobierno estaban Antonio Leocadio Guzmán y el general Juan Crisóstomo Falcón, cuyo partido, el liberal, se oponía al del gobierno que se denominó Partido Constitucional.[255] La bandera de la Federación enarbolada por el Partido Liberal, dará lugar a la "guerra larga", de carácter social, que se inició a comienzos de 1859

---

247 *Cfr.* J. Gil Fortoul, *op. cit.,* Tomo Tercero, pp. 114, 118 y 120; Augusto Mijares, *loc. cit.,* p. 113; F. González Guinán, *op. cit.,* Tomo VI, pp. 183, 238 y ss., y 287 *y* ss.

248 Este hecho llevará a Antonio Leocadio Guzmán a declarar cínicamente en 1867 lo siguiente: "No sé de dónde han sacado que el pueblo de Venezuela le tenga amor a la Federación, cuando no sabe lo que esta palabra significa: esa idea salió de mí y de otros que nos dijimos: supuesto que toda revolución necesita una bandera, ya que la Convención de Valencia no quiso bautizar la Constitución con el nombre de federal, invoquemos nosotros esa idea; porque si los contrarios hubieran dicho Federación nosotros hubiéramos dicho Centralismo". *Cfr.* en J. Gil Fortoul, *op. cit.,* Tomo Tercero, pp. 136 y 137; Augusto Mijares, *loc. cit.,* pp. 113 y 114; Ramón Díaz Sánchez, *loc. cit.,* pp. 249 y 250. Vallenilla Lanz califica de "oportunista" y "falsa" las expresiones de Guzmán, pues "no sólo en Venezuela, sino en casi toda la América Española, se habló de federación y de confederación mucho antes de hablarse abiertamente de independencia...", *Disgregación..., cit.,* p. LVI.

249 "El Poder Municipal se ejercerá por una Legislatura y un Gobernador en las Provincias; por un Concejo y un Jefe Municipal en los Cantones, y por los demás funcionarios y corporaciones que establezca la Legislatura provincial". Art. 122, Constitución de 1858, en Luis Mariñas Otero, *op. cit.,* p. 295.

250 Artículos 135 y 137, Constitución de 1858, *loc. cit.,* p. 297.

251 "Son ciudadanos y, por lo tanto, tienen el derecho de elegir para el ejercicio de los poderes públicos: 1. Todos los venezolanos mayores de 21 años; 2. Los que sin tener esa edad, sean o hayan sido casados" (Art. 11). "Los derechos de ciudadanos se suspenden: 1° Por enajenación mental; 2° Por condenación a pena corporal en virtud de sentencia ejecutoriada mientras se cumple dicha pena; 3° Por interdicción judicial" (Art. 12). *V.* Constitución de 1858, *loc. cit.,* p. 280.

252 *Cfr.* José Gil Fortoul, *op. cit.,* Tomo Tercero, p. 125, *y* Augusto Mijares, *loc. cit.,* p. 113.

253 *Cfr.* José Gil Fortoul, *op. cit.,* Tomo Tercero, pp. 126 y 127

254 *V.* José S. Rodríguez, *Contribución al Estudio de la Guerra Federal en Venezuela,* Tomo I, Caracas, 1960. pp. 202 y ss. *Cfr.* F. González Guinán, *op. cit.,* Tomo VI, pp. 187, 192 y 301 y ss.

255 El Partido Constitucional del Gobierno, se denominó por sus adversarios como Godo, Oligarca, Conservador, Central, Centralista y Colorado; *y* el partido de la revolución, se denominó Liberal, Federalista o Federal ("feberal") *y* Amarillo. Los colores, en virtud de las banderas de combate. *Cfr.* J. Gil Fortoul, *op. cit.,* p. 135. Sobre la denominación de los partidos históricos, *V.* R. A. Rondón Márquez, *Guzmán Blanco. El Autócrata Civilizador o Parábola de los Partidos Políticos Tradicionales en la Historia de Venezuela,* Caracas, *1944,* Tomo II, pp. 377 y ss.

al pronunciarse la ciudad de Coro por la Federación, con el general Zamora a la cabeza de los revolucionarios. Esta Guerra Federal, como guerra civil, evidentemente que produjo profundas consecuencias en nuestra historia político–social, que deben destacarse: por una parte, desde el punto de vista político, condujo al triunfo del regionalismo y caudillismos locales frente al poder central, siendo la federación, la forma política reafirmadora del poder de los caudillos regionales y de la desintegración político–feudal de la República.[256] Por otra parte, y desde el punto de vista social, a pesar de sus promotores, la Guerra Federal desencadenó en el país una segunda revolución social, continuación de la que se había producido en las guerras de independencia, pero todavía más anárquica que aquella,[257] pues provocó la desaparición física de gran parte de la oligarquía, es decir, de las clases privilegiadas y los blancos, a manos de los resentimientos populares, conduciendo a una igualación social, afianzada posteriormente en el mestizaje.[258]

---

256 De acuerdo con la expresión de L. Vallenílla Lanz, el régimen federal que se consagró formalmente en 1864, fue la sanción constitucional del feudalismo caudillesco o federación caudillesca, *Disgregación..., cit.,* p. LXX. *Cfr.* la cita también en Wolf, *op. cit.* Tomo I, p. 88. J. M. Hernández Ron, lo califica como "federalismo de componenda". *V.* su prólogo al Tomo II de Pablo Ruggeri Parra, *op. cit.,* p. 10. Por otra parte, Ramón J. Velásquez la califica de "alianza de intereses feudales" y confirma así la relación entre la federación y el latifundismo–feudal en Venezuela: "Cada uno de los Estados de la alianza federal es en realidad un gran feudo, subdividido o repartido en verdaderas encomiendas políticas entre los tenientes o aliados de los grandes señores provinciales quienes de esta manera garantizan al que está en Caracas la seguridad de la paz o de los contingentes humanos necesarios para hacer la guerra". "El poder de Guzmán Blanco, primero, y más tarde de Joaquín Crespo, no se basa en la existencia de un poderoso ejército nacional, de unas finanzas ordenadas o de un verdadero aparato administrativo, sino en el cumplimiento de un pacto que une, para el disfrute del poder, a los señores terratenientes y guerreros esparcidos en las vastas, poco desarrolladas y bastante aisladas provincias que forman la República. Es una alianza entre iguales, dentro de lo cual cada señor goza de sus privilegios y domina sobre una realidad semibárbara cuya permanencia defiende, evitando toda posibilidad de cambio o reforma". *V.* R. J. Velásquez, *La Caída del Liberalismo Amarillo, Tiempo y Drama de Antonio Paredes,* Caracas, 1973, pp. VII y VIII. Augusto Mijares, señala que cuando se practicó la federación "fue en forma anárquica, para convertir cada región de la República en feudo de los caudillos triunfantes", *loc. cit.,* p. 12 J. Nucete Sardi, señala que la Federación "desfeudalizó, aun cuando creó nuevos caudillismos político–militares"... "Hubo una federación de caudillos", en "El Manuscrito de un Coronel Federal" (Prólogo), en Emilio Navarro, *La Revolución Federal 1859 a 1863,* Caracas, 1963, pp. X y XI. En otro lugar, el mismo Vallenilla Lanz insiste en que "lo que nuestros teóricos del federalismo consideraban ingenuamente como una novedad, no tendía a otro resultado sino al de cubrir con un ropaje republicano las formas disgregativas y rudimentarias de la colonia, dándole el nombre pomposo de Estados o Entidades Federales a las ciudades, Cabildos o Distritos Capitulares, que eran entonces lo que casi son todavía (1829); pequeñas ciudades con extensas y desiertas jurisdicciones territoriales", en *Disgregación..., cit.,* p. LVII. Domingo Alberto Rangel, también señala dentro de la misma orientación que el sistema federal, como el feudal, reposará en "un tácito pacto de vasallaje"... "El Presidente de la República actuará como un «primus inter pares» de la numerosa familia de caudillos que se apropian de las distintas regiones del país", en *Los Andinos en el Poder,* Caracas, 1964, p. 71.

257 J. Gil Fortoul, al calificarla de revolución social señala que "el término de Federación se transforma radicalmente en el cerebro de la gente inculta, hasta perder su significación puramente política de autonomía local, para convertirse en bandera de todo género de reivindicaciones democráticas, y en tendencia a una definitiva igualación de todas las clases sociales", *op. cit.,* Tomo Tercero, p. 137. L. Vallenilla Lanz, al referirse a las masas populares que soportaron la federación, señala lo siguiente: "Las masas populares que habían sido realistas con Boves y patriotas con Páez durante la guerra de Independencia, fueron después liberales con Guzmán y Zamora en el 46 y federales con el mismo Zamora, con Falcón *y con Sotillo* en el 59", *Cesarismo..., cit.,* p. 194.

258 En esta "revolución social más amplia y profunda que la misma revolución, antes política que social, de la Independencia"... "desaparece la oligarquía, se resuelven definitivamente todas las castas *y* se realiza de hecho la igualdad democrática", *idem,* p. 53. *V.* además, *ibídem,* pp. 161 y ss. Agrega Gil Fortoul lo siguiente; "Durante los cuatro o cinco años que siguieron al de la emancipación, no se nota ningún cambio social ni político debido a la influencia de los nuevos ciudadanos (esclavos libres). Muchos continúan viviendo como peones y colonos en las haciendas de sus antiguos señores; otros se dispersan por ciudades y campos; todos van a confundirse poco a poco con la masa de mestizos que forman la mayoría de la población venezolana. En la vida pública no empiezan a in-

Sin embargo, es de destacar que las guerras federales, a pesar de su carácter social y de la rebelión que provocaron en las poblaciones rurales contra los dueños de la riqueza territorial, no transformaron la estructura latifundista, pues la propiedad de la tierra pasó de los caudillos militares conservadores a los caudillos militares federales. [259] De ahí que en la segunda mitad del siglo XIX se afiance el latifundismo en Venezuela, como base de la estructura social y económica del país, hasta el advenimiento de la explotación petrolera, defraudándose las bases revolucionarias de carácter social de la Guerra Federal.

Las consecuencias de la Guerra Federal, en todo caso, no han cesado de ser fuente de opiniones divergentes,[260] y quizás lo que en su momento revelaron fue la gran debilidad de las instituciones de la República que condujeron a la anarquía. No hay que olvidar que el Presidente Castro fue depuesto en 1859 y que el Presidente Tovar, elegido ese mismo año, renuncia en 1861 y ese año se dejan de respetar las formas legales en relación al ejercicio del poder:[261] Páez, quien había regresado de su exilio, asume de hecho el poder y se declara la Dictadura, pero ello no impidió que en 1863 los ejércitos federales hubieran dominado el país. El convenio de Coche de mayo de 1863, firmado por los representantes de Páez (Pedro José Rojas) y del general Falcón (Antonio Guzmán Blanco),[262] puso fin a la dictadura y a las guerras federales, y la Asamblea reunida ese año en La Victoria conforme a lo previsto en el Convenio, nombró Presidente Provisional de la República al general J. C. Falcón, y Vicepresidente a Antonio Guzmán Blanco, habiendo salido Páez al exilio. La labor de reconstrucción del poder político se inició de inmediato y Falcón dictó varios decretos que establecieron las bases para la reconstitución de la República bajo la forma federal, el establecimiento de la vigencia de las leyes civiles y penales dictadas antes de 1858, derogando así el primer Código Civil de la República dictado el año anterior de 1863, *y* las garantías constitucionales, entre las cuales se consagró el sufragio sin otra restricción que la minoridad.[263] Se practicaron

---

tervenir algunos sino por consecuencia de las guerras federales"..., *op. cit.,* p. 132. Por su parte, L. Vallenilla Lanz, señala claramente que "nuestras contiendas civiles posteriores a la Independencia, no han sido como las de otros países de Hispano América, choques de dos oligarquías que se disputan el predominio político. Verdaderas revoluciones sociales, éstas han sido como las etapas de esta evolución que al cabo de un siglo ha dado por resultado el triunfo del igualitarismo", *Cesarismo..., cit.,* p. 201. F. Brito Figueroa, también considera a las guerras federales, como una guerra social, *op. cit.,* Tomo I, pp. 289, 295 y 317 y ss.

259 *V.* F. Brito Figueroa, *op. cit.,* Tomo II, p. 295. R. Díaz Sánchez, considera que con las guerras federales, "todo el esquema social queda modificado. Ya no habrá más castas en Venezuela. Subsistirán, ciertamente, las clases, pero definidas no conforme al patrón estamental de otros tiempos sino por la posición económica", *loc, cit.,* p. 253.

260 *V.* las apreciaciones de A. Mijares, *loc. cit.,* pp. 122 y ss.; Pablo Ruggeri Parra, por ejemplo, sostiene que el sentimiento igualitario no se debió ni a la guerra ni a la Constitución Federal, sino al resultado de un proceso que data de los orígenes de la nacionalidad. A su juicio, "la guerra federal fue una calamidad nacional sin resultado alguno favorable para el país", *op. cit.,* Tomo II, p. 63. *V.* las diversas opiniones citadas por F. Brito Figueroa, *op. cit.,* Tomo I, pp. 327 y ss.

261 La fecha del 29 de agosto de 1861 –dice Gil Fortoul– marca la agonía del régimen establecido desde 1830. Hasta entonces, todos los partidos, inclusive el partido reaccionario de Monagas, habían procurado justificar sus propósitos, y aun sus errores, con preceptos de leyes vigentes o con nuevos actos legislativos. En cambio, la dictadura se implanta a mano violenta, *op. cit.,* Tomo Tercero, p. 192. *Cfr.* F. González Guinán, *op. cit.,* Tomo VII, pp. 337 y ss.

262 *V.* el texto del Convenio de Coche y su antecedente, en José S. Rodríguez, *op. cit.,* Tomo Segundo, pp. 336 y ss.; J. Regíno Pachano, *Biografía del Mariscal Juan C. Falcón,* Caracas, 1960, pp. 178 y 179; en F. González Guinán, *op. cit.,* Tomo VIII, pp. 123 y ss., y J. Gil Fortoul, *op. cit.,* Tomo Tercero, pp. 214 y ss.

263 *V.* en relación al Código Civil de 1863 y su derogatoria: F. González Guinán, *op. cit.,* Tomo VIII, pp. 92 y 162. *V.* el texto del Decreto de Garantías del 16 de agosto de 1863, en P. Ruggeri Parra, *op. cit.,* Tomo II, pp. 54 *y* ss.; J. Gabaldón Márquez (ed.), *Documentos Políticos y Actos Ejecutivos y Legislativos de la Revolución Federal,*

elecciones, y la Asamblea Constituyente instalada en diciembre de 1863, ratificó al general Falcón como Presidente de la República, y aprobó la Constitución de 1864,[264] por la cual se estableció formalmente la condición federal del Estado Venezolano.[265]

8. La alianza caudillista–federal– regional

Con la Constitución de 1864 se inicia, por tanto, una nueva etapa en la conformación constitucional del Estado en Venezuela, pues desintegra la República[266] en entidades federales–feudales autónomas[267] con gobierno propio elegido por sufragio directo y secreto[268] confinándose el Poder Nacional a un Distrito Federal, como territorio neutro.[269] La vida política nacional en las décadas posteriores y hasta comienzos del siglo XX, se va a centrar en la existencia de esta alianza de caudillos regionales formalizada por la Constitución federal[270] y que será la garantía de supervivencia de las autoridades nacionales (federales); alianza y situación que concluirá a comienzos del siglo XX, al iniciarse la integración política del país mediante la fuerza y creación de un Ejército Nacional bajo las órdenes de Gómez, que le permitirá después gobernar dictatorialmente hasta 1935.[271] Las luchas de las guerras federales, que según Alvarado fue más por la democracia que por la federación, que era "asunto de forma",[272] sin embargo, consolidó el sistema federal y los poderes de los caudillos regionales, en perjuicio de la democra-

---

Caracas, 1959, pp. 163 y ss.; J. Regino Pachano, *op. cit.,* pp. 185 y ss.; F. González Guinán, *op. cit.,* Tomo VIII, pp. 168 y ss.

264 *V.* el texto de la Constitución de 1864, en Luis Mariñas Otero, *op. cit.,* pp. 303 y ss. En relación a esta Constitución dice Ruggeri Parra que con ella "no se hubiera podido gobernar el país, ni siquiera en días de paz. Sus violaciones son coetáneas a su sanción, y no se la obedeció ni en la forma, ni en el fondo, en los diez años que estuvo vigente", *op. cit.,* Tomo II, p. 62. El sistema federal, según Gil Fortoul, fue "violado infinitas veces por el Partido Federal", *op. cit.,* Tomo Tercero, p. 136. *V.* los comentarios a la Constitución, en F. González Guinán, *op. cit.,* Tomo VIII, pp. 267 y ss.

265 De acuerdo con el artículo 1° de la Constitución, "Las Provincias de Apure, Aragua, Barcelona, Harinas, Barquisimeto, Carabobo, Caracas, Cojedes, Coro, Cumaná, Guárico, Guayana, Maracaibo, Maturín, Mérida, Margarita, Portuguesa, Táchira, Trujillo y Yaracuy, se declaran Estados independientes y se unen para formar una Nación libre y soberana, con el nombre de Estados Unidos de Venezuela", siendo los límites de cada Estado (Art. 2°) los establecidos en la Ley de 28 de abril de 1856 dictada en el último *gobierno* de Monagas *país* lograr su reelección (*V.* Nota N° 92 de este parágrafo 3), *loc. cit.,* p. 303. La denominación de la República va a perdurar hasta que la Constitución de 1953 la cambie por el de República de Venezuela.

266. "Los Estados que forman la Unión Venezolana reconocen recíprocamente sus autonomías, se declaran iguales en entidad política y conservan en toda su plenitud la soberanía no delegada expresamente en esta Constitución", Art. 12, *loc. cit.,* p. 304. Hasta tal punto se opera la desintegración formal, que desaparece la norma constitucional que los textos anteriores consagraban y según la cual la República debía organizarse mediante un gobierno "republicano, popular, representativo, responsable y alternativo" (p. ej., Art. 6°, Constitución de 1830, *loc. cit.,* p. 224), y al contrario, ahora son los Estados de la Unión quienes deben organizarse "conforme a los principios de Gobierno Popular, Electivo, Federal Representativo, Alternativo y Responsable", Art. 23, 1, Constitución de 1864, *loc. cit.,* p, 305.

267 Hasta tal punto que, por ejemplo, el Gobierno Nacional no podía "situar en un Estado fuerza ni jefes militares con mando, aunque sea del mismo Estado, ni de otro, sin el permiso del Gobierno del Estado en que se deba situar la fuerza", Art. 100 de la Constitución de 1864, *loc. cit.,* p. 319.

268 Arts. 13, 22, *loc. cit.,* p. 306.

269 Arts. 13, 3; 43, 2; 72, 20 y 84, *loc. cit.,* pp. 305. 311, 315 y 317. *V.* en general A. R. Brewer–Carías, *El Régimen de Gobierno Municipal en el Distrito Federal Venezolano,* Caracas, 1965; A. R. Brewer–Carías, "Caracas", en D. Rowat, *The Government in the Federal Capitals.* Toronto, 1973, pp. 113 y ss.

270 *V.* los comentarios en Nota N° 111 de este parágrafo 3.

271 *Cfr.* Ramón J. Velásquez, *op. cit.,* pp. XIII y ss.

272 *V.* Lisandro Alvarado, *Historia de la Revolución Federal, cit.* por R. Díaz Sánchez, *loc. cit.,* p. 254.

cia. Por otra parte, si bien se ratificó en el texto de la Constitución de 1864 el voto popular, universal y secreto, que ya había consagrado el texto de 1858,[273] el ejercicio del mismo se hizo nugatorio, pues entre el 80 y el 90 por ciento de la población era analfabeta y la ley exigía saber leer y escribir para el ejercicio del sufragio, por lo que la participación en el proceso político quedó limitada a una minoría privilegiada, identificada con la nueva oligarquía de la riqueza comercial y terrateniente.[274] Las aspiraciones populares, en todo caso, quedaron defraudadas, y las mismas ofertas y recompensas a las tropas federales no se cumplieron por el gobierno de Falcón,[275] Las reacciones de los mismos liberales y federales a escala regional no se hicieron esperar,[276] y desde 1864 estalla de nuevo la guerra civil comandando el propio Presidente Falcón las fuerzas gubernamentales, ocupando sucesivamente Guzmán Blanco la Presidencia interina,[277] que alterna con las funciones de negociador de sucesivos empréstitos en el exterior.[278]

El Gobierno de Falcón, en todo caso, cae en desprestigio y en 1868 la llamada Revolución Azul, encabezada por el viejo José Tadeo Monagas, tomó el poder;[279] éste se hace elegir Presidente, pero muere a finales de dicho año, y el Congreso designa a su hijo José Ruperto Monagas para que cumpliera el período constitucional. Los conservadores lograron que se excluyera a los liberales del poder, repitiéndose así el esquema de 1858: [280] Los liberales se unieron de nuevo y se lanzaron en una nueva revolución armada contra el ahora gobierno oligarca de Monagas, la cual triunfó en abril de 1870 teniendo al frente a Antonio Guzmán Blanco. [281]

Se inicia entonces con la Revolución de Abril, el predominio en la vida política venezolana de Antonio Guzmán Blanco, que va a durar dieciocho años (1870–1888). Con el respaldo liberal, Guzmán Blanco inició la reconstrucción de la República, gravemente quebrantada como resultado de las guerras federales, caracterizándose los años de su gobierno por el signo del liberalismo y secularismo. En efecto, a los dos meses de estar en el poder y aún antes de que el Congreso de Valencia lo nombrara Presidente Provi-

---

273 El artículo 14,11 de la Constitución de 1864 garantizaba a los venezolanos "la libertad de sufragio para las elecciones populares, sin más restricciones que la menor edad de dieciocho años", *loc. cit.*, p. 307. *V.* Notas 101 y 107 de este parágrafo 3.

274 *Cfr.* F. Brito Figueroa, *op. cit.*. Tomo I, p. 332 y Augusto Mijares, *loc. cit.*, p, 123. Con razón, por tanto, Gil Fortoul señala en relación a la burla de las promesas sociales de las guerras federales, que "los evangelistas del régimen federativo, tan convencidos como sus adversarios de la necesidad o conveniencia o ventaja –para ellos– de una oligarquía territorial o militar o intelectual, hiciesen después en el Gobierno cuanto les fue posible por retroceder la Federación a su esencia de teoría política, bautizando con ella la Constitución para no contradecir el programa de su partido, pero despojándolo del concepto de igualación de clases que durante los años de lucha armada predominó en el pueblo", *op. cit.*, Tomo Tercero, pp. 136 y 137.

275 Es interesante destacar las referencias a este aspecto que hace un testigo de las guerras federales y crítico del gobierno de Falcón, Emilio Navarro, *op. cit.*, pp. 151 y 155.

276 José S, Rodríguez, *op. cit.*, Tomo Segundo, pp. 344 y ss. J Regino Pachano, *op. cit.*, pp. 195 y ss.; L. Level de Goda, *Historia Contemporánea de Venezuela Política y Militar (1858–1886),* Barcelona, 1893, Tomo I, pp. XVIII y ss.

277 *Cfr.* F. González Guinán, *op. cit.*, Tomo VIII, pp. 318 y ss., J. R. Pachano, *op. cit.*, p. 195.

278 Sobre el empréstito de la Federación y sus críticas, *V.* R. A. Rondón Márquez, *Guzmán Blanco, op. cit.*, Tomo II, pp. 135 y ss., y 146 y ss.

279 *Cfr.* Manuel Briceño, *Los Ilustres o la Estafa de los Guzmanes,* Caracas, p. 97; F. González Guinán, *op, cit.*, Tomo IX, pp. 9, 37, 123 y ss., y 138; L. Level de Goda, *op. cit.*, Tomo I, p, XIX. El nombre "azul" de la revolución se deriva de la bandera de guerra.

280 *Cfr.* L. Level de Goda, *op. cit.*, Tomo I, p. XX, Augusto Mijares, *loc. cit.*, p. 125; F. González Guinán, *op. cit.*, Tomo IX, pp. 172 y 212.

281 *Cfr.* F. González Guinán, *op. cit.*, Tomo IX, pp. 233, 245 y 328 y ss.

sional,[282] dictó el célebre Decreto sobre Instrucción Pública, gratuita y obligatoria, de 27 de junio de 1870, cumpliendo así la exigencia que la Constitución de 1864 ya contenía.[283] Por otra parte, durante los primeros años de su gobierno se agudizaron los conflictos con la Iglesia Católica, llegando a expulsar órdenes y a disolver los conventos y seminarios.[284] Estos conflictos tuvieron gran influencia en la redacción de la Legislación Civil (ratificada en el Código Civil de 1873), que estableció el matrimonio civil y el Registro Civil en sustitución de las instituciones eclesiásticas y parroquiales;[285] y en el carácter generalmente laicista y positivista de los estudios superiores.[286] Guzmán Blanco fue elegido Presidente en 1873, recibiendo su Mensaje, en el Congreso, su padre Antonio Leocadio Guzmán, quien ocupaba la presidencia de este organismo,[287] y gobernó hasta 1877 en un primer período que se ha denominado el *septenio.* Le sucede en la Presidencia el general Francisco Linares Alcántara, elegido por el Congreso bajo la influencia de Guzmán Blanco,[288] lo cual se hacía evidente por la exigencia que la Constitución dictada en 1874 hacía del voto público.[289] Con esta exigencia del voto público se cambió radicalmente el sentido igualitario que la Constitución federal de 1864 establecía, y se abrió clara y burdamente la posibilidad de la influencia directa del gobernante en la elección de su sucesor. Linares Alcántara, a pesar de haber sido elegido por la presión de Guzmán Blanco, se separó de su tutelaje y antes del vencimiento de su período, reducido por el texto de 1874 a dos años,[290] lo sorprendió la muerte, sin haber podido reformar la Constitución para ampliarlo a cuatro años.[291]

Una nueva revolución de orientación guzmancista depuso al Encargado de la Presidencia a la muerte de Linares, y llamó de nuevo a Guzmán Blanco, que se encontraba en París, a quien un Congreso de Plenipotenciarios de nuevo eligió, en 1879, Presidente Provisional. Desde 1880 a 1882 gobernó como Presidente y en 1881 hizo modificar la Constitución, a la cual se denominó la Constitución Suiza,[292] por la creación en ella de

---

282 *Cfr.* Augusto Mijares, *loc. cit.,* p. 126; F. González Guinán, *op. cit.,* Tomo IX, p. 352.

283 *Cfr.* R. Díaz Sánchez, *loc. cit.,* pp. 258 y 262. *V.,* además, R. Díaz Sánchez, *Guzmán, cit.* p. 553. La Constitución de 1864 establecía, en su artículo 14, 12 como garantía de los venezolanos. "La libertad de la enseñanza que será protegida en toda su extensión. El Poder Público queda obligado a establecer gratuitamente la educación primaria y de artes y oficios", *loc. cit.,* p. 307.

284 *Cfr.* R. A. Rondón Márquez, *op. cit.,* Tomo II, pp. 154 y ss.; Ramón Díaz Sánchez, *Guzmán, cit.* p. 549; F. González Guinán, *op. cit.,* Tomo X, pp. 251 y ss. Estos acontecimientos disminuyeron la influencia que tenía la Iglesia en relación al poder temporal, produciendo que en los años sucesivos ésta no haya tenido en Venezuela la influencia que tuvo y todavía tiene en otros países latinoamericanos. *Cfr.* José Rodríguez Iturbe, *Iglesia y Estado en Venezuela,* Caracas, 1968. pp. 140 v ss.

285 Previamente al Código Civil se había dictado una Ley sobre el Matrimonio Civil y un Decreto sobre el Registro Civil. *Cfr.* Ramón Díaz Sánchez, *loc. cit.,* p. 260; F. González Guinán, *op. cit.,* Tomo X, pp. 126 y ss.; R. A. Rondón Márquez, *op. cit.,* Tomo II, pp. 153 y ss.

286 *Cfr.* Ramón Díaz Sánchez, *loc. cit.,* pp. 263 y ss.

287 *Cfr.* F. González Guinán, *op. cit.,* Tomo X, p. 145.

288 *Cfr.* Augusto Mijares, *loc. cit.,* p. 126; F. González Guinán, *op. cit.,* Tomo XI, pp. 224 y ss.

289 El artículo 63 de la Constitución de 1874 estableció que "la elección de Presidente se hará por los ciudadanos de todos los Estados en votación directa y pública, de manera que cada Estado tenga un voto, que será el de la mayoría relativa de sus electores", correspondiendo al Congreso realizar el escrutinio y declarar la elección (Arts. 64 y 65). Además, en el artículo 13, 23 se exigía que en las elecciones populares el sufragio debía ser "directo, público, escrito y firmado por el sufragante... a presencia de la Junta que presida la votación", *V.* en Luis Mariñas Otero, *op. cit.,* pp. 328 y 336.

290 *Cfr.* Augusto Mijares, *loc. cit.,* p. 127; R. J. Velásquez, *op. cit.,* p. 19. El artículo 69 de la Constitución de 1874 establecía el lapso de dos años; en cambio, el texto de 1864 establecía un período constitucional del Presidente de cuatro años (Art. 68), *loc. cit.,* pp. 49, 314 y 337.

291 *Cfr.* Augusto Mijares, *loc. cit.,* p. 127; F. González Guinán, *op. cit.,* Tomo XI, p. 426

292 *Cfr.* Augusto Mijares, *loc. cit.,* p, 127; R. J. Velásquez, *op. cit.,* pp. 29 y ss.

un Consejo Federal compuesto por miembros de las Cámaras Legislativas,[293] a quien se le atribuía la facultad de nombrar el Presidente de la República.[294] Guzmán Blanco fue elegido para un segundo período (1882–1884) en la Presidencia y al fin del mismo, habiendo completado cinco nuevos años en ejercicio directo del poder[295] hizo elegir al general Joaquín Crespo como Presidente. Retorna a Francia y al término de la presidencia de Joaquín Crespo, éste prepara de nuevo la *Aclamación* para Guzmán Blanco, quien reasume la Presidencia en 1886.[296] Al año siguiente regresa a Europa y al final del período que concluye un Encargado, hace elegir al doctor Juan Pablo Rojas Paúl como Presidente para el período 1888–1890.[297]

Durante todo el período de predominio de Guzmán Blanco, sin embargo, no quedaron eliminadas las insurrecciones caudillistas regionales,[298] lo cual confirma la apreciación de que el poder central se ejercía y duraba en virtud del pacto tácito de respeto a las reparticiones feudales que configuraban la República.[299] Por otra parte, y si bien durante esos años la República progresó notablemente en el campo intelectual y de las obras públicas,[300] en el campo de la corrupción política alcanzó también niveles notables.[301] En el orden económico y social, a pesar de sus orígenes "federales", el gobierno de Guzmán Blanco fue aristocratizante y signado por el liberalismo económico en su propio apogeo en Europa,[302] con lo cual, a pesar de la interrupción de las guerras federales, la República siguió básicamente la orientación del segundo tercio del mismo siglo, pero con una diferencia sustancial: el poder económico se había desplazado hacia el latifundio.[303]

---

293 El Consejo Federal se componía "de un Senador y de un Diputado por cada una de las Entidades políticas, *y* de un Diputado por el Distrito Federal, que se elegirán por el Congreso cada dos años...", Art. 61 de la Constitución de 1881, en Luís Mariñas Otero, *loc. cit.*, p. 359. Debe destacarse, además, que en otra de las innovaciones de la Constitución de 1881, los Estados Federales quedaron reducidos a nueve grandes entidades políticas, entre ellas una con el nombre de Guzmán Blanco (Art. 1º), *loc. cit.*, p. 348.

294 "El Consejo Federal elige de sus miembros el Presidente de los Estados Unidos de Venezuela..." (Art. *62),* quien duraba dos anos en sus funciones (Art. 63), *loc. cit.*, p. 359.

295 Se denominó este segundo período, como el quinquenio. *Cfr.* Augusto Mijares, *loc. cit.,* p. 126; R. Díaz Sánchez, *loc. cit.,* p. 258; F. González Guinán, *op. cit.,* Tomo XIII, p. 7.

296 *Cfr.* Augusto Mijares, *loc. cit.,* pp. 127 y 129; R. Díaz Sánchez, *loc. cit.,* p. 258; F. González Guinán, *op. cit.,* Tomo XIII, pp. 85 y ss., 99, 269 y 495.

297 El doctor Rojas Paúl fue el primer civil que ocupó la Presidencia en más de cincuenta años. El anterior había sido el doctor Vargas. *Cfr.* Luis Mariñas Otero, *loc. cit.*, p. 52; Augusto Mijares, *loc. cit.,* p. 127; F. González Guinán, *op. cit.,* Tomo XIII, p. 498; Tomo XIV, pp. 101 y 113 y ss.

298 *Cfr.,* p. ej., F. González Guinán, *op. cit.,* Tomos X y XI; Augusto Mijares, *loc. cit.,* pp. 127 y ss.

299 *Cfr.* Ramón J. Velásquez, *op. cit.,* p. VIII. Domingo A. Rangel, en este sentido, señala que el sistema desde 1860 reposaba "en el equilibrio inestable que proporcionaba un caudillo nacional… " al régimen de los "hombres de presa instaurado por la Revolución Federal", *op. cit.,* pp. 71 y ss.

300 *Cfr.* Augusto Mijares, *loc. cit.,* pp. 141 y ss.

301 Guzmán Blanco no sólo se hizo rodear de una orgia de lisonjas a su persona y de aduladores (*Cfr.* Augusto Mijares, *loc. cit.,* p. 133), que dio origen a la célebre denominación de la Adoración Perpetua para ese grupo o corte (*Cfr.,* p. ej., Pedro Emilio Coll, "La Adoración Perpetua", en *Antología de Costumbristas Venezolanos del Siglo XIX,* Caracas, 1964 [Biblioteca Popular Venezolana, Nº 95], pp. 366 y ss.) sino que el enriquecimiento ilícito se proclamó y hasta se pretendió defender públicamente. *Cfr.* Augusto Mijares, *loc. cit.,* pp. 134 y ss.; R. A. Rondón Márquez, *op. cit.,* Tomo II, pp. 104 y ss.

302 *Cfr.* R. Díaz Sánchez, *loc. cit.,* p. 256.

303 En este sentido, señala con acierto Domingo A. Rangel que "la burguesía mercantil fue desplazada del poder en 1864. El triunfo de la Revolución Federal significará la irrupción del latifundio, reencauchado de caudillos, sobre el escenario nacional. Los intereses del agro empiezan a predominar sobre los del comercio capitalino. La desintegración del Estado nacional que entroniza la Guerra Federal no es más si la juzgamos en su justa perspectiva, que la hegemonía de la gran propiedad feudal, regionalista y desparramada, sobre el orden integrador y centra-

En 1890, el Consejo Federal eligió para un nuevo período (18901892) al candidato de Rojas Paúl, doctor Raimundo Andueza Palacio, quien a través de la reforma constitucional de 1891, al modificarse las normas relativas a la reforma de la Constitución,[304] pretendió ampliar su período constitucional. Como reacción contra las pretensiones de Andueza, una nueva guerra civil provocó el triunfo de la Revolución Legalista dirigida por el general Joaquín Crespo, quien en 1892 asumió el poder, haciéndose elegir Presidente Provisional en 1893 por una Asamblea Constituyente.[305] Una nueva reforma constitucional produjo el texto de 1893 con el cual se modificó de nuevo la división político territorial de la República eliminando el nombre de Guzmán Blanco de ella;[306] se eliminó el Consejo Federal que se había establecido en la Constitución de 1881;[307] y se elevó el período constitucional del Presidente *a* cuatro años,[308] El general Crespo fue electo Presidente para el período 1894–1898, y al final de su período murió en combate frente a una rebelión del general José Manuel Hernández.[309] Su sucesor, elegido por su influencia, general Ignacio Andrade, sólo gobernó pocos meses de su período (1898–1902), pues al ejercer la atribución de designar Presidentes provisionales de las Secciones aún no organizadas como Estados de la Federación,[310] provocó el levantamiento en armas del general Cipriano Castro en el Táchira, quien a la cabeza de la Revolución denominada Liberal Restauradora, tomó a Caracas en 1899.[311] Una vez más, la acción del poder central contra su soporte caudillista regional, iba a provocar la caída del gobierno.

---

lista del comercio. Cuando Guzmán Blanco amenaza destruir a los conservadores «hasta como núcleo social», evidentemente se dirige a los comerciantes hostiles a su gobierno. No puede haberle formulado tal ultimátum histórico a los latifundistas que ya lo eran sus propios conmilitones, los caudillos del Partido Liberal", *op. cit.*, p. 91.

304. En el artículo 118 se estableció que la Constitución podía reformarse cuando lo acordaren las dos terceras partes de los miembros de la Legislatura Nacional, sometiéndola posteriormente a la aprobación de la Legislatura de los Estados; *V.* en Luis Mariñas Otero, *op. cit.*, pp. 53 y 391. Con esta reforma se hacía mucho más flexible la Constitución, al eliminarse la iniciativa exclusiva que tenían las Legislaturas Estatales pata las reformas (Art. 118 de la Constitución de 1881), *loc. cit.*, p. 367.

305 *Cfr.* Augusto Mijares, *loc. cit.*, p. 145; R. A. Rondón Márquez, *op. cit.*, Tomo II, pp. 316 *y* 320 y ss. *V.*, además, R. A. Rondón Márquez, *Crespo y la Revolución Legalista,* Caracas, 1973

306 Art. 1° de la Constitución de 1893, en Luis Mariñas Otero, *op. cit.*, pp. 54 *y* 395. *Cfr.* Ramón J. Velásquez, *op. cit.*, p. 88.

307 Los artículos 79 y siguientes de la Constitución de 1893, sin embarco, establecieron un Consejo de Gobierno con facultades *y* composición distintas; *V,* en Luis Mariñas Otero, *op. cit.*, pp. 411 y ss.

308 Art. 71, *loc. cit.*, p. 409.

309 *V.* los comentarios sobre el "Mocho" Hernández y la muerte de Crespo, en Ramón J. Velásquez, *op. cit.*, p, 179; R. A. Rondón Márquez, *Guzmán Blanco...*, *cit.*, Tomo II, pp. 323 y ss. Asimismo, R. A. Rondón Márquez, *Crespo...*, *cit.*, pp. 183 y ss.

310 La Constitución de 1893, en cierta forma, regresa a la conformación federal de la República prevista en la Constitución de 1864. Como la Constitución de 1881 había creado nueve grandes Estados de los veinte anteriores, pasando muchos de éstos formar secciones de ellos, la Constitución de 1893 había previsto la reconstitución de dichas secciones en Estados (Art. 4°). El Congreso, por acuerdo del 22 de abril de 1899, autorizó al Presidente Andrade para nombrar los Presidentes provisionales de las secciones. *Cfr.* Luis Mariñas Otero, *op. cit.*, p. 59; Ramón J. Velásquez, *op. cit.*, pp. 184 y ss.; R. A. Rondón Márquez, *Guzmán Blanco. . .*, *cit.*, Tomo II, p. 328.

311 *Cfr.* Ramón J. Velásquez, *op. cit.*, pp. 206 y ss., y 242 y ss.; Domingo A. Rangel, *op. cit.*, pp. 69 y ss.; Augusto Mijares, *loc. cit.*, p. 114; R. A, Rondón Márquez, *Guzmán Blanco...*, *cit.*, Tomo II, pp. 328 y ss.; José Rafael Pocaterra, *Memorias de un Venezolano de la Decadencia,* Caracas, 1937, Tomo I, pp. 19 y ss.

9. La integración política y la dictadura petrolera

El fin del siglo XIX y los comienzos del siglo actual tuvieron una importancia decisiva en la historia política venezolana, pues materialmente, con la entrada del general Cipriano Castro en Caracas, al frente de la Revolución Liberal Restauradora, se va a iniciar un giro completo en el panorama institucional y político del país, que conducirá a la conclusión del predominio nacional de los caudillos regionales del Centro;[312] a la eliminación del propio caudillismo regional y con él, de los partidos políticos tradicionales (Liberal y Conservador) y de la forma federal del Estado;[313] a la extinción de las guerras civiles que sólo el caudillismo regional podía provocar,[314] y a la integración política nacional mediante el establecimiento de un Ejército Nacional como soporte del poder central.[315] En esta tarea, la dictadura de Juan Vicente Gómez, desde 1908 a 1935, sin duda, fue decisiva.

Durante el gobierno de Castro, que se inicia, como se indicó, en 1899, algunos hechos de gran importancia se van a producir. En primer lugar, en los primeros años de este siglo y del gobierno de Castro, los resultados de una política de empréstitos desarrollada a todo lo largo del siglo XIX, van a evidenciarse; el país había sido progresivamente hipotecado y los prestamistas lo reclamaban.[316] La reacción de éstos se concretizó, a escala internacional, con la reclamación armada de las deudas y el bloqueo de los puertos venezolanos por Inglaterra, Alemania e Italia, táctica normal de las manifestaciones imperialistas de esa época. Castro no sucumbió ante las amenazas y apeló a la precaria fuerza interna y a la represión contra los extranjeros[317] como forma de contrarrestar las acciones de la "planta insolente del extranjero".[318]Por otra parte, otra fuerza imperialista que reclamaba exclusividad en relación a la intervención en América Latina, los Estados Unidos, invocarían de nuevo la Doctrina Monroe, y reaccionaría contra las preten-

---

312 Hasta entonces, los caudillos regionales del centro habían sido el eje del gobierno central: Bolívar, Páez, Monagas, Castro, Guzmán Blanco, Crespo, A partir de 1899 el predominio en el poder central se desplazará hacia los caudillos andinos. *Cfr.*, R. Díaz Sánchez, *loc. cit.*, p. 279.

313 La eliminación de los últimos vestigios de la federación se consuma constitucionalmente a partir de la Constitución de 1925. *V.* Nota 190. *Cfr.* sobre la extinción del federalismo caudillista a comienzos de este siglo: Domingo A. Rangel, *op. cit.*, p. 74; R, Díaz Sánchez, *loc. cit.*, p. 288. Sin embargo, el inicio del fin de los caudillos regionales se produce con el triunfo de Castro y Gómez en las guerras civiles de 1901 a 1903. *Cfr.* R. J. Velásquez, *op. cit.*, pp. 265 y ss.

314 La guerra de la Revolución Libertadora en 1901 será la última de las guerras civiles venezolanas. *Cfr.* Luis Mariñas Otero, *op. cit.*, p. 59; R. A. Rondón Márquez, *op. cit.*, Tomo II, pp. 361 y ss.

315 En este sentido, R. J. Velásquez señala que la base de sustentación del régimen liberal desde 1870 lo constituyó el binomio Partido–Ejercito de 1903. "Hasta los días del gobierno del general Ignacio Andrade (1898), el llamado ejército nacional que se alojaba en los cuarteles, mal atendido y peor dotado, no tuvo ninguna significación *como factor* de poder nacional. La verdadera fuerza, para la defensa del gobierno estaba constituida por los ejércitos particulares que los jefes locales reclutaban en los momentos de peligro...". A partir de Castro, y la organización de un Ejército Nacional, se reemplazará "el binomio Partido–Ejército de los Liberales amarillos por un trípode, Jefe–Ejército–Administración, que perdurará como forma de organización del poder hasta octubre de 1945", *op. cit.*, pp. XI y XII. *Cfr.* D. H. Levine, *Conflit and Political Change in Venezuela,* Princeton, 1973, p. 22.

316 *Cfr.*, Domingo A. Rangel, *op. cit.*, p. 92; R. J. Velásquez, *op. cit.*, pp. 124 y ss.

317 *Cfr.* Domingo A. Rangel, *op. cit.., p.* 143.

318 La célebre Proclama de Castro de 9 de diciembre de 1902, comenzaba así: "Venezolanos: ¡La planta insolente del Extranjero ha profanado el sagrado suelo de la Patria! Un hecho insólito en la historia de las Naciones cultas, sin precedentes, sin posible justificación, hecho bárbaro, porque atenta contra los más rudimentarios principios del Derecho de Gentes; hecho innoble, porque es fruto del contubernio inmoral y cobarde de la fuerza y la alevosía, es el hecho que acaban de realizar en la rada de la Guaira, hace pocos momentos, las Escuadras alemana e inglesa...". Fotocopiado en *El Nacional,* Caracas, 9 de diciembre de 1972.

siones europeas, con lo cual el conflicto entró en la etapa de negociaciones.[319] Como resultado de esta situación, las pretensiones de Estados Unidos quedaron ciaras y reconocidas en relación a América Latina; *y* respecto de Venezuela, cobraron en especie la mediación en el conflicto, pues se iniciaba el proceso que conduciría a la explotación incontrolada de las riquezas del subsuelo por los monopolios norteamericanos.[320] La mediación norteamericana, por otra parte, no se había realizado por simpatía al gobierno de Castro, contra el cual ya habían reaccionado al intervenir el capital .norteamericano en la denominada Revolución Libertadora que el general Matos comandó contra el gobierno en 1901, aglutinando los descontentos de los caudillos centrales contra la intromisión de los Andes en los negocios del poder.[321] Los triunfos de Castro contra la intervención extranjera, aliada en el campo nacional con los caudillos centrales, sin embargo, no fueron capitalizados en la institucionalización interna[322] y sólo será necesario que Castro se aleje del país en 1908 para que el Vicepresidente, general Juan Vicente Gómez, tome el poder para no dejarlo hasta su muerte en 1935, y ejercerlo bajo el signo del terror y la tortura.

Pero dentro de los hechos de importancia que se suscitaron durante el gobierno de Castro, en segundo lugar deben destacarse los triunfos militares del Vicepresidente Gómez entre 1901 y 1903, en los cuales vence a todos los caudillos regionales, y que contribuirán a formar el Ejército Nacional con el cual posteriormente gobernará al país.[323] Por último, debe indicarse que durante el período de gobierno de Castro, éste hizo reformar dos veces la Constitución: en 1901, cuyo texto aumentó los poderes del Presidente de la República, eliminando el Consejo de Gobierno que el texto anterior (1893) establecía, y aumentando a seis años el período constitucional;[324] y en 1904, mediante cuya reforma, Castro hizo extender sil período constitucional, que finalizaba en 1908, hasta 1911.[325]

En realidad, como se dijo, "la evolución dentro de la misma causa"[326] ya estaba fomentada y Juan Vicente Gómez se consolida en el poder desde 1908. Durante su perío-

---

319 *Cfr*. Augusto Mijares, *loc. cit.*, p. 147, R. J. Velásquez, *op. cit.*, pp. 309 y ss. *V*., en general, Luís M. Drago, *La Repúbllca Argentlna y el caso de Venezuela*, Buenos Aires, 1903.

320 *V*. Domingo A. Rangel, *op. cit.*, pp. 146 y ss.

321 La *participación* en la Revolución Libertadora de la empresa explotadora del asfalto en Venezuela, la *N. Y. and Bermúdez Co.*, está fuera de toda duda, lo que provocó que el mismo Castro decretara la intervención estatal de dicha empresa. *Cfr*. R. Betancourt, *Venezuela, Política y Petróleo,* México, 1956, pp. 14 y ss.; Domingo A. Rangel, *op. cit.*, pp. 119 y ss. y 148 y ss.; R. Díaz Sánchez, *loc. cit.*, p. 303. *V*. el libro de *V*. O. E. Thorber, *Origen del Capital Norteamericano en Venezuela. La Época del Asfalto (1884–1907), cit.*, por R. Díaz Sánchez, *loc. cit.*, p. 302, *Cfr*. R. A. Rondón Márquez, *op. cit.*, Tomo II, pp. 352 y ss., R. J. Velásquez cita, además, como soportes de esta Revolución, al Cable francés, la empresa naviera norteamericana Orinoco y el grupo alemán del Gran Ferrocarril de Venezuela, *op. cit.*, p. XII.

322 *Cfr*. Domingo A. Rangel, *op. cit.*, p. 151.

323 *Cfr*. R. J. Velásquez, *op cit.*, p. XIII; Domingo A. Rangel, *op. cit.*, pp. 153 y ss. A los caudillos que no vencen, se los "archiva" posteriormente en el Consejo de Gobierno que creó la Constitución de 1909. *Cfr*. R. A. Rondón Márquez, *op. cit.*, Tomo II, p, 372; J. R. Pocaterra, *op. cit.*, Tomo I, pp. 174 y ss. *V*. los artículos 88 y ss. de la Constitución de 1909, en Luis Mariñas Otero, *op. cit.*, p. 502.

324 Arts. 70 y 72 de la Constitución de 1901. La elección del Presidente se atribuyó por este texto a los Concejos Municipales, Art. 82; y el Presidente no podía ser reelegido, Art. 73; *V*. en Luis Mariñas Otero, *loc. cit.*, pp. 438 y 439.

325 Artículo 146 de la Constitución de 1901, y artículo 132 de la Constitución de 1904; en Luis Mariñas Otero, *op. cit.*, pp. 451 y 478.

326 *Cfr*. Ramón J. Velásquez, *op. cit.*, p. *XIII; R. A. Rondón Márquez, op. cit.*, Tomo II, pp. 366 y ss. *V*. sobre los pormenores del golpe de estado de J. *V*. Gómez a C. Castro, *V*. Domingo A. Rangel, *Gómez, el amo del poder,* Caracas 1975, pp. 157 y ss.

do dictatorial, la Constitución se reformará siete veces,[327] y se amoldará sucesivamente a los intereses y *conveniencias* del dictador. Con la reforma de 1909, se establece la elección del Presidente por el Congreso, lo cual va a permanecer en vigencia hasta 1946,[328] se fija su período en cuatro años contados a partir de 1910 y se otorgan amplísimos poderes al Presidente Provisional, ron lo cual se formaliza la dictadura.[329] En 1914, se dicta un Estatuto Constitucional Provisorio que crea por primera vez a nivel constitucional el cargo de Comandante en Jefe del Ejército Nacional, del cual no se separará Gómez hasta su muerte[330] y que le permitirá gobernar al país aun sin ejercer la Presidencia de la República,[331] y se dicta luego la Constitución de 1914, que ampliará el período constitucional a siete años *y* que eliminara la prohibición de reelección del Presidente de la República,[332] lo que le permitió ser electo para un segundo período (1915–1922).

En 1922 se reforma nuevamente la Constitución, estableciéndose dos Vicepresidencias, que ocuparán su hermano y su hijo.[333] En 1925, con la nueva reforma constitucional se permite al Presidente de la República ausentarse de la capital de la República sin dejar encargado de la Presidencia;[334] se consagra La posibilidad de que el Presidente de la República nombre los presidentes de Estado; se prohíbe a los Estados tener fuerzas armadas propias, con lo que se extinguen formalmente los últimos vestigios del sistema federal;[335] y se elimina la necesidad de aprobación legislativa de las concesiones de explotación de hidrocarburos, que los textos anteriores exigían,[336] con lo cual se pone en evidencia la presión de las empresas petroleras y la complacencia del régimen. En 1928, se eliminaron los Vicepresidentes establecidos en el texto de 1922,[337] y se consagra expresamente en el texto constitucional la prohibición de "la propaganda del comunismo" como reacción evidente a los movimientos estudiantiles de febrero de ese año.[338] En 1929, se restablece el cargo de Comandante en Jefe del Ejército como organismo autónomo, en virtud de que Gómez había manifestado no ser candidato a reelección al finalizar de su tercer período constitucional (1922–1929);[339] y en 1931, al renunciar el Pre-

327 En 1909, 1914, 1922, 1925, 1928, 1929 y 1931.

328 Artículo 75 de la Constitución de 1909. en Luis Mariñas Otero, *op. cit.,* p. 498.

329 Artículo 150 y 156, *loc. cit.,* p. 511.

330 Artículo 43 del Estatuto Constitucional Provisorio *de 1914.* en Luis Mariñas Otero, *op. cit.,* p. 526. Sobre la importancia de este cargo de la dictadura de Gómez, *V.* su propio criterio en su mensaje al Congreso en 1929, en Jorge Luciani, *La Dictadura Perpetua de Gómez y sus Adversarios,* Caracas, 1936, pp. 59 y 60; R, Betancourt, *op. cit.,* p. 71.

331 Durante la dictadura de Gómez ejercieron la Presidencia hombres de su confianza como *V.* Márquez Bustillos y J. B. Pérez.

332 Art. 84 de la Constitución de 1909 y artículo 128 de la Constitución de 1914, *loc. cit.,* pp. 501 y 604.

333 Ocuparon las Vicepresidencias Juan Crisóstomo Gómez, hermano del dictador, y José Vicente Gómez, su hijo. El primero fue asesinado en 1923 y el segundo abandonó Venezuela antes de terminar su período y falleció en Suiza en 1930.

334 Art. 79,6 de la Constitución de 1922, *op. cit.,* p. 594.

335 Artículos 15, 8 y 17,2 de la Constitución de 1925, en Luis Mariñas Otero, *loc. cit.,* pp. 613 y 615.

336 El texto de la Constitución de 1922 otorgaba al Congreso la facultad de "aprobar o negar.., los títulos y concesiones de minas y las enajenaciones de tierras baldías..." (Art. 58, 10, a); en cambio, en la Constitución de 1925 se consagra el principio contrario: "No están sujetos a la aprobación del Congreso las concesiones mineras ni los títulos de tierras baldías..." (Art. 78,6); *loc. cit.,* pp. 591 y 627.

337 *V.* Nota 188 de este parágrafo 3.

338 Art. 32,6 de la Constitución de 1928, en Luis Mariñas Otero, *op. cit.,* p, 655. La única fuente de oposición política al gobierno de Gómez estuvo concentrada en los grupos estudiantiles. *Cfr.* D. H. Levine, *op, cit.,* p. 22.

339 Artículos 128 y 129 de la Constitución de 1929, en Luis Mariñas Otero, *op. cit.,* p. 712. Para el período constitucional 1929–1936 se eligió Presidente a Juan Bautista Pérez, quien renunció en 1931

sidente Juan Bautista Pérez, se reforma de nuevo la Constitución para regularizar la elección de Gómez nuevamente, e integrar de nuevo el poder civil al militar.[340]

Pero aparte de las vicisitudes constitucionales que caracterizan la dictadura de Gómez, quizás el aspecto de mayor importancia que se desarrolla a su amparo y en su sombra, es la dominación progresiva de las empresas y consorcios extranjeros de la explotación petrolera en momentos en que la penetración imperialista en Latinoamérica adquirió proporciones desmesuradas. La dictadura de Gómez, en este sentido, ha sido calificada como "una dictadura petrolera",[341] pues al amparo de un régimen corrupto política y administrativamente hablando, las empresas norteamericanas y del grupo angloholandés[342] tomaron posesión y se repartieron a su antojo el suelo y subsuelo nacional, para lo cual tuvieron la colaboración de muchos burócratas y amigos del dictador, quienes enriquecidos por su intermediación, pasaron a formar buena parte de la oligarquía económica del país.[343] Esta política de entrega al extranjero de la riqueza petrolera venezolana,[344] en esta forma, no sólo sentó las bases de la dependencia económica del país en las décadas posteriores,[345] sino que produjo otras repercusiones internas en relación a la economía agrícola: no sólo se produce la concentración de la propiedad rural por motivos petroleros, convirtiéndose los latifundios caudillescos y militares del siglo XIX en propiedades de los allegados al dictador y de las empresas petroleras y sus in-

---

340 Art. 128 de la Constitución de 1931, en Luis Mariñas Otero, *op. cit., pp.* 82 y 748.

341 *V.* F. Brito Figueroa, *Venezuela, Siglo XX,* La Habana, 1967, pp. 31 y 33, 40 y 197. *Cfr.* también en F. Brito Figueroa, *Historia Económica y Social de Venezuela. . ., cit.,* Tomo II, pp. 359 y ss.

342 No hay que olvidar, en este sentido, que después de la caída del dictador Porfirio Díaz en México en 1911, los capitales norteamericanos invertidos en una industria petrolera que la Constitución mexicana comenzaba a mexicanizar en 1917, vuelan hacia Venezuela, pues allí encuentran el dictador complaciente que habían perdido en México. *Cfr.* Rómulo Betancourt, *op. cit.,* pp. 37 y ss. En esta forma, la complacencia de la dictadura de Gómez con los intereses norteamericanos, trajo como consecuencia que no se hiciera sentir en Venezuela, las *manifestaciones intervencionistas* de carácter militar de la "política del dólar" de las primeras décadas de este siglo, que, sin embargo, se produjeron en México, Guatemala, Honduras, Costa Rica, Panamá, Colombia, Cuba, Santo Domingo y Puerto Rico, cuando en alguna forma estuvo en peligro el capital privado norteamericano invertido. *V.* un interesante recuento de todas estas intervenciones en Claude Julien, *L'Empire Americain,* París, 1972, Primera Parte, pp. 65 y ss.

343 La influencia y penetración de las empresas fue de tal naturaleza, que no sólo se hacen a su medida las leyes de hidrocarburos de principios de los años veinte *(Cfr.* Rómulo Betancourt, *op. cit.,* pp. 46 y ss,), sino que hacen otorgar legalmente el poder expropiatorio a las empresas concesionarias (*V.* las referencias al sentido de este absurdo jurídico en A. R. Brewer–Carías, *Comentarios al Proyecto de Reforma de la Ley de Exportación por Causa de Utilidad Pública y Social,* Caracas, 1971); e inclusive influyen la Reforma Constitucional de 1925 para excluir de la aprobación del Congreso el otorgamiento de concesiones de hidrocarburos (*V.* Nota N° 191 de este parágrafo 3). *Cfr.* las referencias a la colaboración de la oligarquía económica y de los amigos del dictador en la labor de las empresas petroleras, en F. Brito Figueroa, *Historia... cit.,* Tomo II, pp. 367 y ss.; Domingo A, Rangel, *Los andinos..., op. cit.,* p. 222 y ss. (las citas sucesivas de D. A. Rangel se refieren a este libro); Eduardo Arcila Farías, "Evolución de la Economía en Venezuela", en Mariano Picón Salas *y* otros, *op. cit.,* p. 383.

344 A lo que debe agregarse la entrega de la explotación del hierro durante otra dictadura, la de Pérez Jiménez, en la década de los cincuenta.

345 Si se medita sobre la dependencia frágil de nuestra economía hasta años recientes, no sólo de la política de otro país, sino de los consorcios petroleros y del hierro norteamericanos, es evidente que se puede llegar a la conclusión de que nuestro desarrollo económico de las últimas décadas, no sólo es un desarrollo ficticio sino un desarrollo ajeno, prestado a un altísimo interés y por unos prestamistas inescrupulosos aliados a ciertas capas de la oligarquía financiera criolla, quienes nunca han pensado en los intereses nacionales, y el deterioro y dependencia que esta situación ha significado para el país, sino en sus propios intereses cortoplacistas de enriquecimiento personal, y para quienes el reparto, entrega y dependencia de nuestra economía es signo de progreso.

termediarios,[346] sino que se produce el empobrecimiento progresivo del campo por el abandono de la explotación agrícola.[347]

10. La evolución posterior a 1936

Muerto Gómez en 1935, a partir del año 1936, se produce indudablemente comenzó el surgimiento de una nueva Venezuela, no sólo desde el punto de vista político sino también desde el punto de vista social y económico en virtud de los efectos de la explotación petrolera. En efecto, no sólo resurge paulatinamente el ejercicio de los derechos políticos y las libertades públicas, inexistentes cuando Gómez,[348] sino que se reinicia la marcha del país en el campo demográfico, social y cultural, paralizada durante más de un cuarto de siglo,[349] Gómez, ciertamente fue el "Gendarme Necesario", según la tesis de Vallenilla Lanz,[350] es decir, integró políticamente a un país disgregado en feudos caudillistas regionales[351] y, por ello, concluyó el sistema federal en Venezuela; pero paralelamente, paralizó al país por treinta años, precisamente en la época en que se hubiera podido construir la etapa del despegue en el desarrollo económico de Venezuela, utilizando adecuadamente la riqueza petrolera. Por ello, la Venezuela que despertó en 1936 era una Venezuela atrasada, ignorante de lo que sucedía en el mundo, *y* abiertamente saqueada por los inversionistas extranjeros. El cambio operado desde 1936, por ello, fue ciertamente revolucionario.[352]

A la muerte de Gómez asumió el poder su *Ministro* de Guerra, general Eleazar López Contreras, y a los pocos meses se dictó la Constitución de 1936. Tanto el gobierno de López Contreras como la Constitución de 1936, indudablemente que con *formaron un*

---

346 *Cfr*. F. Brito Figueroa, *Venezuela Siglo XX, cit.*, pp. 40 y ss.; John Duncan Powell, *op. cit.*, pp. 21 y ss. y 45.

347 Venezuela, a principios del siglo XX y durante el siglo XIX, había basado su economía de exportación en el café. A partir de 1926 abandona materialmente esa posición y el petróleo pasa a ocupar el primer lugar como producto de exportación por sobre el café, quedando éste en tercer lugar, una vez que se inició la explotación del hierro en la década de los cincuenta. Cierto es que la característica del país exportador de materias primas no ha cambiado desde el siglo pasado en Venezuela; sin embargo, el cambio ha sido radical si se piensa que ahora dependemos de un producto que se gasta y no se renueva, lo cual, como ha dicho Uslar Pietri, "si no se transforma la economía venezolana como consecuencia de los beneficios del petróleo, las consecuencias que se producirán serán catastróficas" *(V. De una a otra Venezuela,* Caracas, 1944); y si se tiene en cuenta que ahora dependemos más de los consorcios extranjeros, quienes se benefician desproporcionadamente de la explotación petrolera, sin que esos beneficios reingresen al país que los produce. Sobre la posición de Gómez en relación a la producción de café, *V.* Domingo A. Rangel, *op. cit.*, pp. 265 y ss., y sobre la decadencia agrícola en general, *idem,* pp. 283 y ss.

348 *Cfr*. Domingo A. Rangel, *op, cit.*, pp. 294 y ss.

349 La apreciación de la parálisis en los campos del desarrollo industrial, de la educación, de la salubridad, puede verse en R. J. Velásquez, *op. cit.*, pp. XX y ss., quien califica con razón a Venezuela en esa época como una "nación secuestrada", p. XX; y en Domingo A. Rangel, *op. cit.*, pp. 278 y ss.

350 *V.* L. Vallenilla Lanz, *Cesarismo Democrático. Estudios sobre las bases sociológicas de la Constitución efectiva de Venezuela, cit., pp. 119 y ss.*

351 *Cfr*. D. H. Levíne, *op. cit.*, pp. 14, 15 y 19. *V.* Laureano Vallenilla Lanz, *Disgregación e Integración, Ensayo sobre la formación de la Nacionalización Venezolana, cit.*, p. LIII. Al comentar los extremos a que llegó la represión y el terror durante la dictadura de Gómez, R. Díaz Sánchez señala que "éste fue el precio que Venezuela pagó por la extirpación del primitivo feudalismo de las regiones, fuente perenne de guerras internas y fábrica de caudillos rapaces e incultos". *Cfr*. R. Díaz Sánchez, *loc. cit.*, p. 288. Por otra parte, debe destacarse que a la eliminación del caudillismo regional contribuyó la concentración de la riqueza latifundista en las manos de Gómez y sus allegados. *Cfr*. F. Brito Figueroa, *Historia..., cit.*, Tomo II, pp. 482 y ss.

352 *Cfr*. Augusto Mijares, *loc. cit.*, pp. 154 y ss.

régimen de transición de la dictadura a la democracia,[353] el cual ni fue continuación de la sombra y dictadura de Gómez ni lo cambió radicalmente: sentó las bases de este cambio, y ello es suficiente históricamente para comprender su papel.

En efecto, por la Constitución de 1936, elaborada por el mismo Congreso que existía antes de la muerte de Gómez, se reconocen por primera vez en un texto constitucional los derechos de carácter social, los cuales van a dar origen a la primera Ley del Trabajo promulgada meses después, y se limita el derecho de propiedad.[354] En el ámbito político, se regularon y reconocieron los derechos políticos, los cuales comenzaron a ejercerse, aun cuando el texto constitucional ratificaba la consideración de las "doctrinas comunistas y anarquistas" como "contrarias a la independencia, a la forma política y a la paz social de la Nación", lo cual no será eliminado sino en 1945.[355] El sistema de sufragio, asimismo, permaneció inmodificado en cuanto al carácter indirecto, pues la elección del Presidente se continuaba realizando por el Congreso, el cual eligió a López Contreras para un período de cinco años (1936–1941), prohibiéndose la reelección.[356] El régimen de López Contreras, a pesar de sus restricciones, fue testigo del nacimiento de los movimientos obreros y de masas, así como de los movimientos políticos, antecedentes de los actuales partidos políticos, en cuya formación los antiguos estudiantes del año 1928 jugarían un gran papel.[357]

En 1941, el Congreso elige como Presidente al candidato de López Contreras, el general Medina Angarita, cuyo gobierno abre el camino a una burguesía liberal reformadora,[358] que promulga en 1942 dos instrumentos legales de grandísima importancia, además de sentar las bases legislativas de casi todo nuestro sistema jurídico actual: la Ley de Hidrocarburos, que uniformiza el régimen de las concesiones, previendo la reversión, y que consolida las posibilidades para un control del Estado en la industria; y la Ley de Impuesto sobre la Renta, base del sistema tributario venezolano. Al final del gobierno del Presidente Medina, durante el cual se inició una política de intervencionismo estatal y de fomento a la producción nacional, se dictó una nueva Constitución, en la cual se incorporaron disposiciones que reflejaban la situación económica de emergencia provocada por la guerra mundial, otorgándose amplios poderes al Estado,[359] de control de la economía nacional; se ampliaron los poderes del Gobierno Central, aun cuando se conservaba de nombre la forma federal del Estado;[360] y se liberalizaron los

---

353 Al morir Gómez, como señala Domingo A. Rangel, nadie había pensado qué hacer políticamente hablando para transformar el régimen, *op. cit.*, p. 252. *V.* sobre el régimen de transición, E. López Contreras, *Proceso Político Social (1928–1936)*, Caracas, 1955.

354 Arts. 32,2 y 32,8 de la Constitución de 1936, en Luis Mariñas Otero, *op. cit.*, pp. 763, 765 y 766.

355 *V.* artículo 32, 6 en *loc. cit.*, p. 765. Domingo A. Rangel señala que la desorientación y confusión de los movimientos políticos en 1936 fue tal, que se acotaron en pura demagogia y gestos de anarquía (*op. cit.*, p. 252), que sólo recuerdan la demagogia guzmancista liberal de los años posteriores a 1840.

356 Arts. 95, 96 y 132, *loc. cit.*, pp. 779 y 788

357 *Cfr.* R. A. Rondón Márquez, *op. cit.*, Tomo II, p. 374. Sobre la generación de 1928, *V.* Domingo A. Rangel, *op. cit.*, pp. 233 y Ss.; Joaquín Gabaldón Márquez, *Memoria y Cuento de la Generación del 28,* Caracas, 1958; y María de Lourdes Acedo de Sucre y Carmen Margarita Nones Mendoza, *La generación venezolana de 1928. Estudio de una élite política,* Caracas, 1967.

358 *Cfr.* F. Brito Figueroa, *Historia... cit.*, Tomo II, pp. 508 y ss., 629 y ss., Sobre el apoyo del partido comunista al gobierno de Medina, *V.* D. H. Levine, *op. cit.*, p. 29.

359 *V.* Art. 32,9 de la Constitución de 1945, en Luis Mariñas Otero, *op. cit.*, p. 804.

360 Arts. 15 y 78, *loc. cit.*, pp. 795 y ss y 813 y ss.

derechos políticos al eliminarse la prohibición que desde el texto constitucional de 1928 se establecía respecto del comunismo.[361]

La Constitución de 1945, sin embargo, no tuvo una vigencia superior a cinco meses, pues el 18 de octubre del mismo año, un golpe militar lleva al poder a una Junta de Gobierno que presidiría Rómulo Betancourt, jefe del principal partido de oposición, Acción Democrática. Aparecía también en la escena política, como actor militar del golpe, el general Marcos Pérez Jiménez, quien después sería, a su vez, dictador por casi una década (1950–1958). Las consecuencias de esta alianza militar con un partido populista comienzan ahora a evaluarse: en ella algunos sitúan el nacimiento de la democracia en Venezuela;[362] y otros sitúan el comienzo del neocolonialismo económico en el país.[363] En todo caso, como proceso que parece era inevitable,[364] significó la ruptura de un proceso político de transición, entronizó la demagogia y el sectarismo en el poder, y se derrumbó al poco tiempo, por la incapacidad de sus dirigentes de asumir una revolución,[365] dando origen a un régimen militar que gobernaría por diez años hasta 1958. En efecto, la Junta Revolucionaria de Gobierno, presidida por Rómulo Betancourt, al derogar la Constitución de 1945, dictó en marzo de 1946 un Estatuto para la elección de representantes a la Asamblea Nacional Constituyente así como un Excreto de Garantías ciudadanas,[366] y mediante la instauración del sufragio directo y realmente universal, con la participación por primera vez de la mujer, se realizaron elecciones para la Asamblea Constituyente, la cual aprueba la Constitución de 1947. Este texto, en la historia constitucional del país, indudablemente que tiene un carácter revolucionario, no sólo en cuanto a técnica y expresión, sino en cuanto al contenido, pues desarrolla ampliamente los derechos sociales, limita los derechos económicos, y establece el derecho al sufragio universal, directo y secreto, con lo cual se inicia la democracia representativa en Venezuela.[367] En cuanto a la forma del Estado, el texto de 1947, que luego servirá de modelo al de 1961, establece una correlación y balance entre los Poderes Nacionales (Legislativo, Ejecutivo y Judicial) en forma tradicional[368] y conserva, a pesar del centralismo inmanente de su texto, vestigios del régimen federal.[369] Conforme a la nueva Constitución, se realizaron elecciones en 1947, resultando electo Presidente el escritor Rómulo Gallegos, candidato del partido en el poder, por una mayoría abrumadora de votos.

---

361 *V.* Nota N° 193 de este parágrafo 3. *Cfr.* D. H. Levine, *op. cit.*, p. 27., quien califica a Medina como el iniciador del proceso de liberalización política y de libertad de organización en Venezuela.

362 *Cfr.* Domingo A. Rangel, *op. cit.*, p. 327. *V.* Robert J. Alexander, *The Venezuelan Democratic Revolution. A profile of the Regime of Rómulo Betamourt*, New Jersey, 1964.

363 F. Brito Figueroa, por ejemplo, señala que las actividades de una burguesía industrial nacional, auspiciadora de una política de intervención del Estado en la economía con sentido nacionalista, que actuó entre 1940 y 1945, por el golpe militar de 1945, cambió radicalmente bajo la orientación del nuevo gobierno, transformado después en una dictadura neoliberal. *V.* F. Brito Figueroa, *Historia..., cit.,* Tomo II, p. 631; *Cfr.* Domingo A. Rangel, *op. cit.*, p. 324.

364 *Cfr.* Domingo A. Rangel, *op. cit.*, p, 317.

365 *Cfr.* Domingo A. Rangel, *op. cit.*, p, 318 y ss.

366 *V.* el Decreto 217 de 15 de marzo de 1946, en Luis Mariñas Otero, *op. cit.*, pp. 833 y ss.

367 *V.* artículos 44, 47 y ss., 65 y ss. y 79 y ss. de la Constitución de 1947, en Luis Mariñas Otero, *op. cit.*, pp. 845 y ss.

368 *V.* artículos 84 y ss y 137 y ss., *loc. cit.*, pp. 852 y ss. y 860 y ss.

369 En la Disposición "Transitoria 7ª se remitía a la realización de un plebiscito, la decisión sobre la elección de los gobernadores de Estado por voto universal, directo o secreto, o sólo su designación por el Ejecutivo Nacional, *loc. cit.*, p. 889. Esta falta de visión política en superar la vieja consigna federal, es reconocida por los propios jefes del gobierno en esa época. *Cfr.* Rómulo Betancourt, *op. cit.*, pp. 218 y 219.

En todo caso, muy poco pudo realizar en el poder el partido Acción Democrática, que no fuera, en materia económica y petrolera, la consolidación de las medidas adoptadas en el gobierno de Medina, y el establecimiento de la fórmula del 50/50 en la participación fiscal en los beneficios de la industria petrolera,[370] pues a los pocos meses de la elección de Gallegos, los mismos militares que habían dado el golpe en 1945, desplazaron del poder a Acción Democrática en noviembre de 1948. La Junta Militar de Gobierno derogó la Constitución de 1947 y puso en vigencia la de 1945 que los militares mismos impidieron aplicar, la cual estuvo en vigor hasta 1953. Durante esos años, se sucedieron persecuciones políticas inusitadas contra todos los partidos políticos, especialmente Acción Democrática, se asesinó al presidente de la Junta, comandante Carlos Delgado Chalbaud, y se consolidó en el poder el después general Pérez Jiménez, quien asumió la Presidencia "Constitucional" en 1953, después de realizarse unas elecciones fraudulentas (1952) y hacerse dictar una Constitución a la medida. El texto constitucional de 1953, tuvo como modelo el de 1945, pero resultó mucho más conservador, político, social y económicamente, y mucho más centralista.[371]

La dictadura de Pérez Jiménez, una de las más sangrientas y desnacionalizadoras de las que ha conocido el país, concluyó en 1958, cuando un movimiento militar, con respaldo popular, asumió el poder. Una Junta de Gobierno presidida por civiles y con el franco apoyo de la oligarquía económica y de todos los partidos políticos promovió elecciones en 1958, resultando electo Rómulo Betancourt como Presidente de la República para el período 1959–1964, bajo cuyo gobierno, una Asamblea Constituyente sancionó la Constitución de 1961, hoy en vigencia. El modelo de este texto fue el de 1947, pero resultando con múltiples mejoras.[372] Desde 1958, en todo caso, el país ha vivido bajo un régimen político democrático–representativo, habiéndose sucedido en la Presidencia, por primera vez en la historia política del país, varios Presidentes por la vía del sufragio universal, directo y secreto.[373]

Sección Segunda: LOS SUPUESTOS SOCIOECONÓMICOS: HACIA LA CONFIGURACIÓN DEL ESTADO DEMOCRÁTICO Y SOCIAL DE DERECHO

INTRODUCCIÓN

La conformación del Estado en Venezuela, tal como se ha señalado, es el resultado de una lenta evolución que marca la transformación del mismo, de un Estado Liberal–Burgués hacia un Estado Democrático y Social de Derecho. En efecto, tal como se

370 *V.* lo indicado en el parágrafo siguiente.

371 La Federación, en la Constitución de 1953, sólo es un recuerdo histórico, pues inclusive dicho texto elimina definitivamente la denominación del Estado, como Estados Unidos de Venezuela, y lo sustituye por el de República de Venezuela. *V.* el texto en Luis Mariñas Otero, *op. cit.*, pp. 899 y ss.

372 En particular, sobre la Constitución de 1961, *V. La Constitución de 1961 y la evolución constitucional de Venezuela,* Ediciones del Congreso de la República, Caracas, 1972–1973, 2 Tomos (4 volúmenes).

373 Ello ha llevado a que, en 1973, se haya estimado a la democracia venezolana como una de las pocas efectivas y competitivas de América Latina. *V.* Daniel H. Levine, *op. cit.*, p. 3. *Cfr.* D. E. Blank, *Politics in Venezuela,* 1973, p. 272. Desde 1959 se han sucedido en la Presidencia de la República: R. Betancourt (1959–1964), R. Leoni (1964–1969), R. Caldera (1969–1974) y C. A, Pérez (1974–1979).

aprecia de lo expuesto en el Capítulo anterior, en el momento en que se produjo la independencia de Venezuela, el nuevo Estado importó como modelo para su configuración, el recién nacido y revolucionario (para su época) Estado Liberal–Burgués de Derecho. Como tal, durante la primera etapa de su conformación, que podemos situar entre 1830 y 1848, el Estado en Venezuela, en el ámbito económico y social era un Estado típicamente *abstencionista* y ortodoxamente liberal, que no sólo no intervenía en la vida económica y social, sino que consideraba que la mayor libertad otorgada a los particulares y garantizada por el Estado, aseguraría su bienestar. El más claro exponente de esta actitud de *laissez–faire* del Estado en esa época, fue la aprobación de la Ley del 10 de abril de 1834 sobre la libertad de contratos,[374] mediante la cual se legalizó la usura al no limitarse los intereses que podían ser estipulados en los préstamos de cantidades de dinero,[375] con lo cual se respaldaba desde el Estado, la naciente economía mercantilista y comercial.[376] La actividad económica fundamental de la República era en todo caso, la agricultura, por lo que el Estado la favorecía directamente al exonerarla de impuestos, particularmente los de exportación, que constituían la fuente principal de rentas públicas.[377] Por otra parte, en el último orden promotor, al aumentar las transacciones mercantiles, el Estado auspició y autorizó la fundación de un Banco Nacional en 1841, en cuyo capital participó minoritariamente,[378] y con el objeto de establecer la infraestructura que permitiera la circulación de bienes, en 1834 se inicia la política de construcción de caminos.[379] A partir de 1848 y hasta 1863, se abre una segunda etapa del Estado Liberal–Burgués, pues del abstencionismo absoluto pasó al liberalismo *regulador* de ciertas actividades económicas,[380] lo cual se manifiesta, por ejemplo, en 1848, con la re-

---

374 *V.* el texto de dicha Ley en la Nota Nº 76 del parágrafo 3.

375 Esta Ley, que rige hasta 1848, provocó una lucha de mucha importancia, entre dos escuelas enemigas, tal como lo reseña Gil Fortoul: "La una, que al declararse partidaria del principio según el cual la voluntad de las partes es soberana en los contratos, sostenía y predicaba el concepto clásico del liberalismo, y la otra, que aconsejaba la intervención previa del legislador, para evitar los abusos de la misma libertad o proteger Sos errores individuales contra las falsas previsiones de los propios individuos. En lo que aparece un contraste sugestivo, pues los oligarcas llamados conservadores o godos defienden aquí, con el «dejar–hacer», la antigua (entonces actual) y errónea concepción del liberalismo, a la vez que los oligarcas llamados liberales luchan por la no menos errónea (y entonces conservadora) concepción del «Estado–providencia». Y para que el contraste fuera más evidente, a los breves años de sancionada la Ley, se alzó contra ella, en un folleto que tuvo inmensa resonancia, la voz más elocuente del partido conservador: la de Fermín Toro". *V. Historia Constitucional de Venezuela,* Obras Completas, Caracas, 1953, Tomo Segundo, pp. 68 y 69.

376 A la Ley de 10 de abril de 1834 debe agregarse la Ley de 5 de mayo de 1841, que dejaba a los bienes del deudor a la merced de de los acreedores, asegurándose el beneficio de espera sólo si todos los acreedores se lo otorgaban. *Cfr.* J. Gil Fortoul, *op. cit.,* Tomo Segundo, p. 70; F. González Guinán, *Historia Contemporánea de Venezuela,* Caracas, 1954, Tomo III, p. 196. La situación anterior, según una Ley de 1838 y la Legislación española, es que se podía dar el beneficio de espera al deudor, cuando la mayoría de los acreedores se lo acordare. A partir de 1849, sin embargo, el beneficio de espera se convierte en un beneficio legal no renunciable, *Cfr.* J. Gil Fortoul, *op. cit.,* Tomo Segundo, p. 70.

377 *Cfr.* J. Gil Fortoul, *op. cit.,* Tomo Segundo, pp. 74 y ss.

378 El Estado suscribió una quinta parte del capital social, los particulares fundadores al menos la mitad, y el resto del capital fue destinado a ser suscrito por las Provincias. *Cfr.* J. Gil Fortoul, *op. cit.,* Tomo Segundo, p. 80. La participación del Estado en dicho Banco fue muy criticada, pues se consideraba que se habían distraído fondos públicos para auxiliar una institución bancaria que había podido ser establecida con sólo capitales privados, *ídem,* p, 251.

379 *Ibídem,* pp. 84 y 258 y ss.

380 En este sentido, Gil Fortoul señala que "la oligarquía liberal sigue un método distinto del que empleó su antecesora. Cuando los conservadores aspiraban a que la voluntad del individuo fuese soberana en los contratos, y el progreso resultase de la evolución social espontánea, independiente de la acción del Estado (confundiéndose en esto los conservadores venezolanos con los liberales clásicos de otras países), la Oligarquía Liberal, en cambio,

forma de la Ley sobre libertad de contratos de 1834, con la cual se estableció un límite legal y convencional a los intereses y al valor de remate de los bienes del deudor; y en 1849, con la reforma de la Ley de 1841 estableciéndose el beneficio de espera para el remate de los bienes del deudor, como beneficio legal.[381]

En el período que se abre en 1863 con motivo de la instauración del gobierno federal, y que va a perdurar hasta 1935, el Estado Liberal–Burgués abstencionista y regulador de las actividades económicas y sociales de las décadas anteriores va a convertirse en un Estado liberal de *fomento,* consolidando sus funciones de promoción de la vida económica y social. La primera medida que originará esta nueva etapa va a ser la creación en 1863 de un nuevo Ministerio, el Ministerio de Fomento,[382] siguiendo la misma denominación y funciones de su homólogo creado en España en 1832.[383] A partir de este momento, no sólo el Estado Liberal–Burgués va a regular la vida económica, sino que la va a fomentar y promover, lo cual refleja particularmente en las acciones de promoción *y* fomento de los servicios públicos, en particular, el telégrafo y los ferrocarriles a partir de 1863;[384] en la promoción y fomento de Bancos comerciales a partir de 1865 Con la creación del Banco de Londres y Venezuela, vinculado a la construcción del Ferrocarril Central de Venezuela;[385] *y* en el fomento y promoción de la construcción de caminos y carreteras.[386] Este último aspecto de la construcción y de las obras públicas, es quizás uno de los que más caracterizó la administración liberal de fomento durante los años del gobierno de Guzmán Blanco a partir de 1870, y que a la vez lo distinguió como un gobierno constructor, muchos de cuyos vestigios todavía existen en Venezuela[387] En el campo social, por otra parte, la característica central de este Estado liberal de fomento resultó de la promulgación en 1870 del Decreto de instrucción pri-

---

creyó necesaria la intervención del Estado para acelerar el progreso y remediar males sociales, aunque así limitase o censurase la libertad individual", *op. cit.,* Tomo Segundo, p. 27.

381 *Cfr.* J. Gil Fortoul, *op. cit.,* pp. 26, 32 y ss.; González Guinán, *op. cit.,* Tomo IV, p. 483, y Tomo V, p. 43. *V.* Nota N° 64 del parágrafo 3.

382 *Cfr.* F. González Guinán, *op. cit.,* Tomo VIII, p. 145; R. A. Rondón Márquez, *Guzmán Blanco – El Autócrata Civilizador o Parábola de los Partidos Políticos Tradicionales de Venezuela,* Caracas, 1944, Tomo I, pp. 171 y ss.

383 *Cfr.* Laureano López Rodó, *La Administración Pública y las Transformaciones Socioeconómicas,* Madrid, 1963, p. 48.

384 *Cfr.* en relación a los telégrafos y a los ferrocarriles las referencias que hace F. González Guinán, *op. cit.,* Tomo VIII pp. 186 y ss., 203, 233, 239, 246 y ss., 342 y ss., 346, 376, 394, 422 y 436.

385 *Cfr.* F. González Guinán, *op. cit.,* Tomo VIH, pp. 342 y ss., y 351 y ss. Debe señalarse, por su importancia, que en 1870 se constituyó, por Decreto de 9 de diciembre, la denominada "Compañía de Crédito, en función de las necesidades del gobierno en relación a las Obras Públicas. Esta empresa, administrada por las principales casas comerciales de Caracas, tenía por objeto proporcionarle al gobierno anticipos sobre las rentas públicas y facilitarle todas las operaciones fiscales. En 1876, dicha empresa se transforma en el Banco de Otacas. *Cfr.* Eduardo Ardía Parías, "Evolución de la Economía de Venezuela", en M. Picón Salas y otros, *Venezuela Independiente 1818–1960,* Caracas, 1960, p. 393; F. González Guinán, *op. cit.,* Tomo XI, pp. 70 y ss.

386 Es de destacar, por ejemplo, la constitución de las denominadas Juntas de Fomento, para la construcción de carreteras. *Cfr.* F. González Guinán, *op. cit.,* Tomo VIII, pp. 419 y ss.

387 Es interesante señalar cómo en la *Historia* de F. González Guinán, particularmente los Tomos X y siguientes, relativos a los gobiernos de Guzmán Blanco, el elemento constante en los sucesivos capítulos, lo constituye la construcción de obras. *V. op. cit.,* Tomos X y XI, particularmente. Por ello, la creación de un Ministerio de Obras Públicas resultó indispensable para asumir toda aquella labor, lo cual se produjo en la época guzmancista, en 1874. *Cfr.* R. A. Rondón Márquez, *op. cit.,* Tomo I, pp. 188 y ss. *V.* Eduardo Arcila Farías, *Centenario del Ministerio de Obras Públicas, influencia de este Ministerio en el Desarrollo,* MOP, Caracas, 1974.

maria obligatoria y gratuita, dándosele a partir de ese momento un extraordinario impulso a la educación[388]

Este Estado liberal de fomento va a configurarse a través de las últimas décadas del siglo pasado y las primeras del presente hasta 1936, cuando comienza a transformarse en un Estado prestador de *servicios públicos y sociales,* tal como lo consolida la Constitución de 1961.[389] En efecto, a partir de 1936 el Estado comienza a asumir directamente la prestación de servicios públicos que generalmente, con anterioridad, se explotaban por empresas privadas concesionarias, generalmente de capital extranjero. Así, por ejemplo, en 1936 se organiza el Ministerio de Comunicaciones para la prestación del servicio público de telecomunicaciones, y en 1937 se crea una empresa estatal para la prestación del servicio público de transporte aéreo, la Línea Aeropostal Venezolana; y en 1940 se crea el Instituto Venezolano de los Seguros Sociales,[390] con lo cual se consolida el carácter de prestador de servicios sociales del Estado. A partir de 1958, al establecerse el Sistema Nacional de Coordinación y Planificación y crearse la Oficina Central de Coordinación y Planificación (Cordiplan),[391] el Estado prestador de servicios públicos pasa a ser un Estado *planificador* con una intervención más directa y progresiva en la vida económica y social, que lo convierte también, en un Estado *empresario.* En efecto, desde 1959 no sólo se inicia la formulación de planes quinquenales de desarrollo económico y social, sino que el Estado define una más clara asunción de actividades económicas, creándose un poderoso sector público empresarial, que llevará al Estado a asumir, por ejemplo, empresas siderúrgicas, de hidrocarburos, petroquímicas, mineras, hidroeléctricas y de distribución de electricidad.

La evolución del Estado de Derecho en Venezuela, por tanto, durante toda nuestra historia independiente, puede resumirse al destacarse las diversas funciones y fines que ha ido asumiendo: funciones de política y orden interior, propios del Estado liberal abstencionista; funciones de regulación de la vida económica y social, propias del Estado liberal regulador; funciones de fomento y promoción, propias del Estado liberal de fomento; funciones de prestador de servicios públicos, propias de la transición del Estado liberal al Estado social; funciones sociales, típicas del Estado social; y las funciones planificadoras, interventoras de la vida económica y social, y empresariales, propias del denominado Estado Democrático y Social de Derecho.

Ahora bien, todo este proceso muestra en la actividad, a un Estado con alto grado de intervención en la vida económica y social, condicionada por tres factores fundamentales que serán objeto de análisis en este Capítulo Segundo; en primer lugar, el carácter de economía mixta del sistema económico del país y el papel que el petróleo y su explotación han jugado en la vida del país; en segundo lugar, la amplitud de los fines que la Constitución impone al Estado; y en tercer lugar, el papel que la institución estatal debe jugar en los países en vías de desarrollo.

---

388 *Cfr.* F. González Guinán, *op. cit.,* Tomo IX, pp. 352 y ss. *y* 377 *y* ss.

389 Tal como se analizará más adelante, a partir de 1936, no sólo se crean los Ministerios de Comunicaciones, Sanidad y Asistencia Social, Agricultura y Cría, Trabajo, Minas e Hidrocarburos, sino que el Estado asume directamente la prestación de algunos servicios públicos, actividades comerciales y servicios sociales, creando empresas públicas o instituciones autónomas.

390 *V.* la Ley del Seguro Social Obligatorio de 1940.

391 *V.* Decreto N° 492 de 30 de diciembre de 1958, en *Gaceta Oficial* N° 25.850, de 30 de diciembre de 1958.

I. EL ESTADO DENTRO DE UN SISTEMA DE ECONOMÍA MIXTA

El proceso de intervención del Estado en la economía ha sido posible en Venezuela, debido a la existencia de un sistema económico de economía mixta, que otorga al Estado potestades propias y directas para actuar en el proceso económico.

En efecto, dentro de los regímenes político–económicos contemporáneos y entre los sistemas capitalista y socialista, se ha venido configurando un estadio intermedio denominado de economía mixta, en el cual el papel del Estado como empresario o regulador de la vida económica se ha convertido en lo suficientemente importante para poner en duda todos los calificativos de capitalistas o de libre empresa comunes a todos los países no socialistas, pero no tan absolutamente importante como para justificar el calificativo de socialista a los países que están en ese estadio intermedio.[392] Venezuela, indudablemente, puede ubicarse dentro de estos sistemas de economía mixta.

1. El sistema económico venezolano

En efecto, los fundamentos del sistema económico venezolano están determinados con precisión en el texto constitucional, en el capítulo dedicado a los derechos económicos, en los siguientes términos:

> *Art. 95.* El régimen económico de la República se fundamentará en los principios de justicia social que aseguren a todos una existencia digna y provechosa para la colectividad.
>
> El Estado promoverá el desarrollo económico y la diversificación de la producción, con el fin de crear nuevas fuentes de riqueza, aumentar el nivel de ingresos de la población y fortalecer la soberanía económica del país.
>
> *Art. 96.* Todos pueden dedicarse libremente a la actividad lucrativa de su preferencia, sin más limitaciones que las previstas en esta Constitución y las que establezcan las leyes por razones de seguridad, de sanidad u otras de interés social.
>
> La ley dictará normas para impedir la usura, la indebida elevación de los precios y, en general, las maniobras abusivas encaminadas a obstruir o restringir la libertad económica.
>
> *Art. 97.* No se permitirán monopolios. Sólo podrán otorgarse, en conformidad con la Ley, concesiones con carácter de exclusividad, y por tiempo limitado, para el establecimiento y la explotación de obras y servicios de interés público.
>
> El Estado podrá reservarse determinadas industrias, explotaciones o servicios de interés público por razones de conveniencia nacional, y propenderá a la creación y desarrollo de una industria básica pesada bajo su control.
>
> La ley determinara lo concerniente a las industrias promovidas y dirigidas por el Estado.
>
> *Art. 98.* El Estado protegerá la iniciativa privada, sin perjuicio de la facultad de dictar medidas para planificar, racionalizar y fomentar la producción, y regular la circulación, distribución y consumo de la riqueza, a fin de impulsar el desarrollo económico del país.

Tal como puede deducirse claramente de los cuatro artículos transcritos de la Constitución, el sistema venezolano no se encuentra ubicado totalmente ni dentro de las llamadas "economías de mercado", donde la libre competencia es la regla y las intervenciones (reguladoras o activas) del Estado son la excepción; ni dentro de las denominadas "economías socialistas", donde la propiedad de los medios de producción se ha esta-

392 *Cfr.* W. Friedmann, *The State and the rule of Law in a Mixted Economy*, London, 1971, p. 2.

tizado o socializado totalmente. El sistema económico venezolano, constitucional y realmente, es un sistema de economía mixta que si bien protege "la iniciativa privada",[393] permite al Estado una gran e ilimitada intervención, no sólo de carácter regulador, sino activa, como Estado Empresario. Por tanto, puede decirse que en el sistema económico venezolano el "sector privado" de la economía *no es la regla,* y el sector público la excepción. Es decir, el sector público y la intervención del Estado en la vida económica no es subsidiaria respecto al sector privado en aquellas áreas en que éste no podría cumplir satisfactoriamente con las exigencias del proceso económico. Sino que, al contrario, se consagra constitucionalmente un sistema de economía mixta en el cual el Estado puede tener una amplísima participación sometida materialmente a muy pocos límites: el ámbito del sector público respecto del sector privado, por tanto, dependerá de la política económica y social concreta del gobierno.

Tal como lo ha precisado la Corte Suprema: "Las actividades del sector público pueden aumentar en la misma medida en que disminuyen las del sector privado, o viceversa, de acuerdo con el uso que hagan las autoridades competentes de los poderes que les confiere el constituyente en las citadas disposiciones".

> "Y en razón de ello, es posible que un servicio pase del sector público al sector privado, para que sea explotado como actividad comercial o industrial con fines de lucro, o que el Estado reasuma la responsabilidad de prestar el servicio directamente o por medio de un órgano contratado por él, entre otros motivos por «razones de conveniencia nacional», según dice el constituyente en las disposiciones antes citadas".[394]

La importancia fundamental de la fórmula constitucional venezolana está, quizás, en que significa un abandono total a la vieja fórmula liberal –todavía novedosa para algunos neoliberales– del principio de la subsidiariedad del Estado en relación a la iniciativa privada. Según este principio, los entes públicos únicamente deben intervenir para suplir la inexistencia o defectuosa actuación de la iniciativa privada, o en otras palabras, debe haber "abstención de toda intervención allí donde el libre juego de la iniciativa privada es más que suficiente para satisfacer adecuadamente las necesidades públicas".[395] Al contrario, en el régimen venezolano, la intervención estatal ni es subsidiaria de la iniciativa privada ni tiene límites, y ella estará directamente condicionada por la consecución de los fines que tiene el Estado.[396]

En todo caso, la consagración del carácter mixto del sistema económico venezolano y la amplia habilitación constitucional dada al Estado para intervenir en la vida económica, se ha hecho partiendo de una consideración que es hasta cierto punto uno de los fines de la sociedad y del Estado: la búsqueda del desarrollo económico y social del país. El objetivo fundamental de promover, impulsar y fomentar el desarrollo económico y social[397] no sólo orienta la normativa constitucional,[398] sino que forma parte de la regulación del texto fundamental en los artículos transcritos anteriormente. Por ello, la intervención del Estado en la economía y el carácter no subsidiario de la misma, no pue-

---

393 No necesariamente la del gran industrial o productor, pues podría ser la del artesano o pequeño o mediano industrial.

394 *V.* sentencia de la CSJ en SPA de 5–10–70 en *G.O.* N° 1.447, Extraordinario, de 15–12–70, p. 11. *V.* además en Allan R. Brewer–Carías, *Jurisprudencia de la Corte Suprema 1930–1974 y Estudios de Derecho Administrativo,* Tomo I, (El ordenamiento constitucional y funcional del Estado), Caracas 1975, pp. 133 y ss.

395 *V.* J. González Pérez, *El Administrado,* Madrid, 1966, pp. 55 y 58.

396 *V.* lo indicado en el parágrafo siguiente.

397 *V.* lo indicado en el parágrafo siguiente.

398 Tal como se indica en el Preámbulo de la Constitución.

den considerarse como un componente más del sistema económico al igual que cualquier otro aspecto del sector privado, sino que cualquier enfoque que se haga del sector público, ha de tener en cuenta la finalidad de su ámbito y actuación dentro del sistema económico: propugnar el desarrollo económico y social. En esta forma, por tanto, el sector público no tiene ni puede tener dentro del sistema económico venezolano, el mismo tratamiento que el sector privado. Si el Estado ha decidido asumir y desarrollar directamente la industria petrolera y petroquímica, la industria siderúrgica, la industria del gas natural, la comercialización de los productos derivados del petróleo, para sólo hacer referencia a aquellas actividades que no constituyen un servicio público en sentido estricto, ello no lo ha hecho con el solo criterio especulativo o de obtención de un beneficio económico,[399] como sería el principal criterio de las actividades desarrolladas por el sector privado, sino básicamente como mecanismos para asegurar la soberanía económica del país, promover su desarrollo económico y social, y elevar el nivel de vida de la población a través de mecanismos de redistribución de la riqueza.

Ahora bien, conforme a la habilitación constitucional que tiene el Estado de intervenir en la vida económica y social, el Estado en Venezuela, para el cumplimiento de sus fines, ha venido adoptando varias funciones. En primer lugar, las del *Estado regulador,* cuando la intervención se limita a regular legalmente y controlar las actividades privadas, por ejemplo, en leyes como las de Protección al Consumidor, de Bancos y otros Institutos de Crédito, o de Empresas de Seguros y Reaseguros. En segundo lugar, las del *Estado promotor o de fomento,* cuando la intervención del Estado se orienta a estimular las iniciativas privadas en ciertas áreas de la economía, por ejemplo, en leyes como las del Mercado de Capitales, que busca estimular y canalizar la participación del ahorro privado en empresas. En tercer lugar, las del *Estado prestador de servicios,* cuando la intervención del Estado se convierte en directa y activa, por la asunción, por el mismo, generalmente con carácter de monopolio, de ciertas actividades con carácter de servicio público. Tal es el caso, por ejemplo, de los *servicios de correos reservados al Estado.* En cuarto lugar, las del *Estado empresario,* cuando la intervención del Estado también es activa y directa, pero en actividades industriales y comerciales que no tienen el carácter de servicios públicos. Tal es el caso de las industrias que el Estado se ha reservado o de las actividades industriales o comerciales que ejerce a través de sus Empresas, en concurrencia con el sector privado; y en quinto lugar, las del *Estado planificador,* cuando la intervención del Estado tiene por objeto ordenar la totalidad de la economía hacia la consecución de objetivos de desarrollo en un plazo determinado de tiempo, mediante técnicas de planificación del desarrollo económico y social.

399 Tal como lo ha precisado la Corte Suprema: "...no son idénticos los motivos que determinan la acción estadal y la de los particulares en los campos que, respectivamente, le sean asignados: la satisfacción de las necesidades colectivas constituye uno de los fines del Estado y no la ocasión o el medio de obtener una ganancia, ni aun en el caso de que los usuarios estén obligados a pagar una retribución para el servicio que se les preste. En cambio, es la especulación entendida en el sentido de obtener un beneficio lícito en el ejercicio de una actividad lucrativa, lo que impulsa generalmente a los particulares a encargarse de la gestión de servicios de utilidad pública. Por tanto, lo que es para los particulares un simple negocio, puede significar para el Estado, en la generalidad de los casos, el cumplimiento de un deber insoslayable". *V.* sentencia de la CSJ en SPA de 5–10–70 en *G.O.* N° 1.447, extraordinario, de 15–12–70, p. 11.

2. La influencia del petróleo

Ahora bien, plantearse la situación y potestad interventora del Estado en un sistema de economía mixta como el de Venezuela, exige hacer una referencia a una de las causas fundamentales de la transformación de Venezuela en las últimas décadas y quizás uno de los motivos que han provocado la institucionalización del sistema de economía mixta; el petróleo y su explotación y control. Es claro, en este sentido, que así como no pueden comprenderse bien los rasgos fundamentales de la transformación del país sin la referencia a las vicisitudes del auge petrolero,[400] en la misma forma, no podría calibrarse adecuadamente el papel que el Estado juega en la economía venezolana, sin una referencia al proceso de control, venezolanización y nacionalización paulatina de la industria petrolera.

En efecto, la historia político–económica de Venezuela a partir de los años treinta, realmente es la historia de la lucha entre los intereses del país y los de las empresas petroleras extranjeras y, por tanto, la historia de la progresiva intervención y control del Estado sobre dicha industria. Con motivo de los resultados económicos de la explotación petrolera, se ha tenido conciencia de que el problema económico actual de Venezuela, a diferencia del de otros países latinoamericanos, realmente no es iniciar un crecimiento económico, sino mantener ese crecimiento a una tasa elevada,[401] pero logrando, paralelamente, por una parte, la disminución de la dependencia económica mediante la obtención de una mayor participación en los beneficios, en la diversificación y en la operación de la industria petrolera; y por la otra, la reducción de la dependencia de la exportación de un solo producto, mediante la diversificación de la producción, y el control y venezolanización de las inversiones extranjeras; todo ello (desarrollo económico), para la realización del desarrollo social y la ordenación del territorio.

En cuanto a la mayor participación en los beneficios de la industria petrolera, y después de finalizar la dictadura de Gómez, las últimas décadas fueron testigos de la realización de esfuerzos crecientes en tal sentido. En efecto, es necesario tener en cuenta que habiendo sido el petróleo y el subsuelo propiedad del Estado y la explotación de hidrocarburos realizada básicamente a través de concesiones, los beneficios de la industria fundamentalmente revirtieron al país a través de tres renglones de gastos: en primer lugar, los gastos destinados a cubrir los costos corrientes, tales como compras de materiales y pago de sueldos y salarios; en segundo lugar, los gastos destinados a cubrir los impuestos a la industria; y en tercer lugar, los gastos destinados a nuevas inversiones y al pago de las concesiones.[402] Entre estos renglones, es evidente que el segundo ha constituido la fuente más importante a través de las cuales ha fluido el dinero a la economía nacional, y en este campo puede observarse una creciente participación del Estado en los beneficios de la industria, lo cual convirtió a Venezuela en la nación pionera en esta lucha entre los países exportadores de petróleo.[403] En efecto, a partir de la apro-

---

400 *V.* D. E. Blank, *Politics in Venezuela,* 1973, pp. 31 y ss. y 273.

401 La verdadera tasa de crecimiento de Venezuela en el período de la posguerra ha sido de las más elevadas del mundo. Su PTB por cabeza es más de seis veces el de Asia y África y cerca de tres veces el de la América Latina. *Cfr.* M. F. Hassan, *Crecimiento Económico y Problemas de Empleo en Venezuela,* Caracas, 1973, p. 7.

402 *Cfr.* M. F. Hassan, *op. cit.,* pp. 15 y ss. Por supuesto que el renglón que más ha contribuido al crecimiento económico de Venezuela ha sido el segundo. *Cfr.* Armando Córdova y Héctor Silva Michelena, *Aspectos Teóricos del Subdesarrollo,* Caracas, 1967, p. 140.

403 No hay que olvidar que Venezuela fue la promotora de la Organización de Países Exportadores de Petróleo (OPEP) en 1960. *Cfr.* Eduardo Acosta Hermoso, *Análisis histórico de la OPEP,* Mérida, 1969; Mustafá el

bación de la Ley de Hidrocarburos de 1943[404] se inicia un proceso de ampliación de los poderes del gobierno en relación a la industria, que antes eran casi inexistentes. En 1945, la Junta Revolucionaria de Gobierno que presidía Rómulo Betancourt, mediante el Decreto N° 112 del 31 de diciembre, estableció un impuesto extraordinario y adicional para gravar el exceso de utilidades de las empresas petroleras, y en 1946 la Asamblea Nacional Constituyente, elevó el impuesto complementario previsto en la Ley de Impuesto sobre la Renta de 1942. A pesar de que la tesis del gobierno en este campo era que "en ningún caso las empresas petroleras llegarán a recibir una participación en las ganancias anuales, superior a las entradas que percibiera el Estado", en realidad, la denominada fórmula del 50/50 en la distribución de los beneficios de la industria entre el gobierno y las empresas petroleras, sólo fue posteriormente establecida en forma expresa en la modificación de la Ley de Impuesto sobre la Renta aprobada por el Congreso en 1948, doce días antes del golpe militar que derrocó al Presidente Gallegos.[405]

Ahora bien, precisamente en este año 1948, se produce un importante cambio en la situación de la demanda energética mundial, pues los Estados Unidos, en relación a sus requerimientos energéticos, pasó a convertirse en país importador de petróleo y, por tanto, pasó a depender progresivamente de fuentes energéticas de otros países.[406] Se comprende, por tanto, la política norteamericana evidenciada en esa misma época por controlar y asegurar las fuentes productoras de petróleo para cubrir las exigencias de un consumo interno, lo cual resulta claro de la política seguida en el Medio Oriente y en Venezuela. Cualquier manifestación nacionalista de estos países que pudiera comprometer los suministros de petróleo, fue entonces extinguida, y basta señalar como ejemplo, para darse cuenta de ello, el bloqueo a los intentos nacionalistas de Mossadegh, en Irán,[407] y la complacencia norteamericana respecto al golpe militar de 1948 en Venezuela. La benevolencia de la dictadura militar de Pérez Jiménez, no sólo estaba asegurada, sino que se manifestó generosamente en 1956 y 1957 con el otorgamiento de nuevas concesiones a las empresas petroleras, en una extensión considerable en relación a todas las existentes para ese momento.[408]

Sayed, *L'Organisation des pays exportateurs de pétrole,* Paris, 1967, y Luis Vallenilla, *Auge, Declinación y Porvenir del Petróleo Venezolano,* Caracas, 1973.

404 *V.* las referencias a las vicisitudes de dicha Ley, en Isaías Medina Angarita, *Cuatro Años de Democracia,* Caracas, 1963, pp. 77 y ss.; y Luis Vallenilla, *op. cit.* pp. 150 y ss.

405 *V.* las referencias en R. Betancourt, *Venezuela, Política y Petróleo,* México, 1956, pp. 245 y 246; y en Luis Vallenilla, *op. cit.,* pp. 166 y ss. y 205 y ss. Es de destacar que esta medida que elevó la participación del Estado en los beneficios de la industria petrolera al 50 por ciento, ha sido considerada como el inicio de la larga lucha, aún no concluida, de los países productores y exportadores de petróleo en el mundo, y que posteriormente en la década de los cincuenta comenzó a ser imitada por los países árabes. *Cfr.* Jean–Jacques Berreby, "Les Conflicts Pétroliers Contemporains", *Revue Française de Science Politique,* Vol. XXII, N° 6, 1972, pp. 1.193 y ss.; Denis Bauchard, *Le Jeu Mondial des Pétroliers,* Paris, 1970, p. 63.

406 *Cfr.* Taki Rifai, "La Crise Pétrolière (1970–1971)", *Revue Française de Science Politique,* Vol. XXII, 6, 1972, pp. 1.214, 1.216 y 1.220.

407 *Cfr.* Jean–Jacques Berreby, *loc. cit.,* p. 1.194. Es de destacar a modo de ejemplo que en 1973, el Presidente Nixon se refirió claramente a lo sucedido en 1951 en Irán y a la actitud norteamericana, al amenazar nuevamente a los países árabes, y particularmente a Libia y a Arabia Saudita, en relación a cualquier decisión que pudiera comprometer el suministro de petróleo a Estados Unidos: *"Oil without a market* –dijo Nixon– *as Mr. Mossadegh learned many, many years ago, doesn't do a country much good. The innevitable result* (de las presiones árabes) *is ihat they will lose their market, and other sources will be developed". V.* el texto en *Times* (European Edition), September 17, 1973, p. 18. Sobre la nacionalización petrolera en Irán *V. G.* Neveu, "La Nationalisation de l'Industrie Pétrolière en Irán" en H. Puget (ed.), *Les Nationalisations en France et a l'Etranger,* Vol. II, Paris 1958, pp. 301 y ss.

408 M. F. Hassan, *op. cit.,* p. 23, señala que la extensión de estas concesiones fue casi igual a la otorgada con anterioridad, la cual evidentemente no es exacto. *Cfr.* Luis Vallenilla, *op. cit.,* p. 219.

3. La participación estatal en la industria petrolera

Ahora bien, en el proceso de obtención de una mayor participación en los beneficios de la industria petrolera iniciada entre 1943 y 1948 e interrumpida por diez años (1948–1958), una nueva Reforma de la Ley de Impuesto sobre la Renta, decretada en 1958 por la Junta de Gobierno en el poder a la caída de la dictadura de Pérez Jiménez, elevó la participación del gobierno al 60 por ciento aproximadamente de los beneficios de la industria petrolera y de la industria del hierro.[409] Posteriormente, en 1970, en el gobierno del Presidente Caldera, al promulgar una nueva reforma de la Ley de Impuesto sobre la Renta, que eliminó los antiguos impuestos a la industria, se estableció un impuesto único del 60 por ciento sobre los beneficios de las empresas petroleras y mineras, lo cual elevó la participación total del Estado en 1972 hasta alrededor del 87 por ciento de los beneficios de las empresas petroleras. En 1974 en una reforma de la misma Ley, el Presidente C. A. Pérez elevó el impuesto único que gravaba el enriquecimiento neto anual de las empresas petroleras al 63 y medio por ciento, y en 1975, otra reforma lo elevó al 72 por ciento, con lo que el Estado en dicho año tenía una participación en las utilidades del negocio petrolero próxima al 98 por ciento.[410] Paralelamente a estas me-

---

409 *V.* la Ley de Impuesto sobre la Renta dictada por Decreto–Ley de 19 de diciembre de 1958, *G.O.* N° 577, extraordinario, de la misma fecha. *V.* las referencias a dicha reforma, en Luis Vallenilla, *op. cit.*, pp. 257 y ss.

410 *V.* las reformas parciales de la Ley de Impuesto sobre la Renta de 18 de diciembre de 1970, del 1° de octubre de 1974 y del 25 de enero de 1975 en *G.O.* N° 1.448, Extr. del 18–1–70, N° 1.702 Extr. de 31–10–74, y N° 1.720 Extr. de 2 5–1–75. El artículo 58 de la Ley quedó redactado así: "El enriquecimiento global neto anual de toda persona o comunidad, determinado de acuerdo con las normas establecidas en el Título III de la presente Ley (empresas mineras o de hidrocarburos) se gravará con una tasa del setenta y dos por ciento (72%)". En cuanto al porcentaje fiscal de participación en los beneficios de la industria. *Cfr.* Rafael Caldera, *Habla el Presidente,* Vol. IV, Caracas, 1973, pp. 564 y 569. En 1973 se establecía este beneficio en el 89 por ciento. *Cfr.* Cordiplan, *Notas para la evaluación de la Obra de Gobierno (1969–1973),* Caracas, 1973, p. 16. Por su parte, M. E. Hassan, *op. cit.*, p. 24 establece este porcentaje en el 75 por ciento. La referencia al porcentaje en 1975 *V.* en *Opinión del Contralor General de la República sobre el articulado del Proyecto de Ley Orgánica que reserva al Estado la Industria y el Comercio de los Hidrocarburos,* CGR, Caracas 1975, p. 3, publicado también en *Revista de Control Fiscal,* N° 77, Caracas 1975, p. 24.

El siguiente cuadro del Ministerio de Minas e Hidrocarburos (*V. Petróleo y otros datos estadísticos,* 1972, Caracas, 1973, p. 152) muestra en *millones de bolívares,* la participación fiscal en los beneficios de la industria petrolera, así como los beneficios obtenidos por las empresas:

	1962	1966	1968	1969	1970	1972
Ingreso Total:	7.703	10.419	11.119	10.906	11.384	13.566
Utilidad Neta (deducidos impuestos)	1.694	2.638	2.653	2.264	1.739	1.266
Utilidad Neta como Porcentaje del Ingreso Total	21,9%	24,0%	23,8%	20,7%	16,2%	9,3%
Participación Fiscal	3.225	4.836	5.513	5.526	6.200	8.411
Participación Fiscal en relación a la Utilidad Neta	66/34	66/34	68/32	71/29	78/22	87/13

En 1972, el porcentaje de beneficio neto, deducidos los impuestos de las empresas petroleras, llegó al 14,4 por ciento y el ingreso fiscal (impuestos) como porcentaje de dicho beneficio alcanzó 89 por ciento, tal como lo señala A. Casas González, *Venezuela. El hombre como objeto fundamental del desarrollo,* Caracas, 1973, p. 16. En todo caso, es de destacar que el promedio mundial de beneficio neto en la industria petrolera se ubica desde 1949 por debajo del 15 por ciento y en los comienzos de la década de los setenta entre el 10 y el 12 por ciento *(Cfr.,* Denis didas impositivas, el Estado adoptó en la misma reforma de la Ley de Impuesto sobre la Renta de 1970, medidas de enorme importancia tendientes a contrarrestar, a los efectos fiscales, el deterioro de los precios de exportación del petróleo,[411] provocado por la política de Estados Unidos sobre sus propios precios de producción, lo que en definitiva incidía sobre la determinación, en Venezuela, de la base imponible y sobre el ingreso fiscal por concepto petrolero.[412] En esta forma, desde 1971 el Ejecutivo Nacional fijó unilateralmente los valores de exportación del petróleo, con lo que las empresas petroleras debieron pagar un impuesto adicional sobre la diferencia entre los ingresos por ventas de exportación por ellas declaradas a efectos fiscales, y los valores fijados por el Ejecutivo Nacional.[413]

Las medidas adoptadas a partir de los años sesenta, sin embargo, no se redujeron a la obtención de una mayor participación en los beneficios de la industria petrolera, sino a lograr una mayor participación en la industria. En este sentido, la política conservacionista del petróleo que condujo al no otorgamiento de nuevas concesiones durante el gobierno del partido Acción Democrática en los años 1945–1948,[414] y aun cuando, como se dijo, se suspendió durante el gobierno de Pérez Jiménez, se continuó a partir de 1958. Como complemento de esta política, en 1960 se creó la Corporación Venezolana del Petróleo como empresa estatal,[415] la cual puede decirse que fue sólo a partir de la reforma de la Ley de Hidrocarburos de 1967,[416] reguladora de la figura de los contratos de

Bauchard, *op. cit.*, p. 40), por lo que sólo es en los primeros años de esta década que en Venezuela los beneficios de la industria petrolera se están acercando al promedio mundial. *V.* en relación a la rentabilidad del capital extranjero invertido en Venezuela en relación con el promedio mundial y latinoamericano, A. Mayobre, *Las Inversiones Extranjeras en Venezuela,* Caracas, 1971, p. 34.

411 Conforme al artículo 41 de la Ley de Impuesto sobre la Renta de 18 de diciembre de 1970, "El Ejecutivo Nacional fijará por período sucesivos hasta de tres años cada uno, los valores de los artículos o mercancías exportados en el puerto venezolano de embarque. Cuando el monto resultante de la aplicación de los valores fijados por el Ejecutivo Nacional exceda de los ingresos por ventas de exportación declarados por el contribuyente, se efectuará un pago complementario de impuesto sobre la diferencia". *V.* en *Gaceta Oficial* N° 1.448, extraordinario, de 18 de diciembre de 1970. *V.* los comentarios de Luis Vallenilla, *op. cit.*, pp. 502 y ss.

412 *Cfr.* Taki Rifai, *loc. cit.*, pp. 1.216 y ss. En este sentido, C. Julien señala que entre 1965 y 1970, el precio del barril del petróleo importado por Estados Unidos desde Venezuela disminuía de 2,47 a 2,30 dólares. *V. L'Empire Americain,* París, 1962, p. 6. Es de destacar, por ello, que en la reforma a la Ley de Impuesto sobre la Renta de 1966 se iniciaron los esfuerzos por la determinación justa de los precios de exportación del petróleo a los efectos fiscales, pero mediante la figura de los "convenios de precios" celebrados entre el gobierno y las empresas petroleras, posteriormente abandonada. *V.* el artículo 41 de la Ley en *Gaceta Oficial* N° 1.069, extraordinario, de diciembre de 1966.

413 En base a la facultad atribuida al Ejecutivo Nacional, los Ministerios de Minas e Hidrocarburos y de Hacienda establecen los valores de exportación de los crudos y de los derivados de Hidrocarburos. *Cfr.* el Informe anexo a Rafael Caldera, *IV Mensaje del Presidente al Congreso, cit.*, p. 183. En esta forma, por ejemplo, en enero de 1973 se estableció un valor promedio de exportación del petróleo de 3,14 dólares por barril, y en julio de 1973 se elevó a 3,75 dólares por barril. (*Cfr.* la información en *El Nacional,* Caracas, 28 de julio de 1973). Posteriormente, en noviembre de 1973, luego de la crisis producida por la cuarta guerra en el Medio Oriente, se elevó el valor promedio de exportación a 7,24 dólares por barril, y en noviembre del mismo año se elevó a 7,74 dólares por barril. Para enero de 1974 dicho valor promedio se estableció en 14,08 dólares por barril *(Cfr. El Nacional,* Caracas, 29 de diciembre de 1973).

414 *V.* R. Betancourt, *op. cit.*, pp. 253 y ss.

415 *V.* el Decreto–Ley N° 260 de la Corporación Venezolana del Petróleo de 19 de abril de 1960, en *Gaceta Oficial* N° 26.234 de abril de 1960. *V.* las referencias a la denominada "Era de Pérez Alfonzo", en Luis Vallenilla, *op. cit.*, pp. 255 y ss.

416 *V.* las referencias a dicha Ley, en Luis Vallenilla, *op. cit.*, pp. 332 y ss.

servicio como sustitutiva de las concesiones, que inició una participación operativa en las actividades de exploración y explotación de hidrocarburos.[417]

Por otra parte, es de destacar que las concesiones de explotación de hidrocarburos otorgadas con anterioridad a la Ley de 1943, conforme a sus disposiciones debían comenzar a revertir al Estado, sin compensación, en 1983, pues la duración de las mismas se fijó en cuarenta años a partir de dicha fecha.[418] Para garantizar que dicha reversión se produciría en forma tal que asegurara al Estado la posibilidad de la continuación de la explotación, en 1971 se dictó la Ley sobre bienes afectos a reversión en las concesiones de hidrocarburos,[419] la cual aumentó el control del Estado sobre las operaciones de todos los bienes de las empresas afectos a las concesiones.

Debe señalarse, además, que las medidas nacionalistas en el campo de los hidrocarburos y sus derivados, tendientes a lograr una mayor participación directa del Estado en las actividades petroleras y sus derivados, también se manifestaron en la década de los sesenta, con la creación del Instituto Venezolano de Petroquímica,[420] cuyas actividades comenzaron a desarrollarse promisoriamente en los primeros años de la década de los setenta.[421] En todo caso, es de destacar que estas medidas adquirieron importancia considerable en el gobierno del Presidente Rafael Caldera, al aprobarse, en 1972, la Ley que reserva al Estado la industria del gas natural[422] y, en 1973, la Ley que reserva al Estado la explotación del mercado interno de los productos derivados del petróleo,[423] que permitieron a la Corporación Venezolana del Petróleo la explotación monopolística del gas natural *y* la comercialización, también monopolística, de la gasolina y demás derivados del petróleo.[424]

Sin embargo, fue en 1975 cuando mediante Ley del 29 de agosto[425] el Estado se reservó por razones de conveniencia nacional, "todo lo relativo a la exploración del territorio nacional en busca de petróleo, asfalto y demás hidrocarburos; a la explotación de yacimientos de los mismos, a la manufactura o refinación, transporte por vías especiales y almacenamiento; al comercio interior y exterior de las sustancias explotadas y refinadas, y a las obras que su manejo requiera".[426] En esta forma, de acuerdo a lo previsto en el artículo 97 de la Constitución, se estableció un monopolio de derecho a favor de la Nación sobre la industria petrolera, que debía manejarse por medio de entes de propiedad de la República.[427] La consecuencia de la Ley de Reserva fue la extinción de las

---

417 En 1973 el promedio diario de producción de petróleo de la CVP (100.000 barriles diarios) quintuplicaba el correspondiente a 1968. *Cfr.* Cordiplan, *Notas para la evaluación de la Obra de Gobierno (1969–1973), cit.,* p. 19. En 1972, las utilidades netas de dicha empresa fueron de 56 millones de bolívares, y en 1973 se estimaban en 80 millones de bolívares. *Cfr. El Nacional,* Caracas, 8 de septiembre de 1973, p. C–4.

418 *V.* Art. 29 de la Ley de Hidrocarburos de 1943. *Cfr.* los comentarios de Luis Vallenilla, *op. cit.,* p. 156.

419 La Ley fue aprobada en 30 de julio de 1971. *V. Gacela Oficial* N° 29.577 del 6 de agosto de 1971.

420 El IVP fue creado por Decreto–Ley N° 367 de 29 de junio de 1956. *V.* en *Gaceta Oficial* N° 25.091 de 30 de junio de 1956.

421 Desde la fundación del IVP hasta 1968 la inversión en la industria petroquímica fue de 577 millones de bolívares, mientras que de 1969 a 1972 fue de 1.350 millones de bolívares. *Cfr.* Cordiplan, *Notas para la evaluación de la Obra de Gobierno (1969–1973), cit.,* p. 28.

422 *V.* la Ley en *Gaceta Oficial* N° 29.594 de 26 de agosto de 1971.

423 *V.* la Ley en *Gaceta Oficial* N° 1.591, extraordinario, de 22 de junio de 1973.

424 La participación de las ventas de la CVP en el mercado interno de hidrocarburos había pasado del 19 por ciento en 1968 al 35 por ciento en 1973. *Cfr.* Cordiplan, *Notas para la evaluación de la Obra de Gobierno (1969–1973), cit.,* p. 20.

425 *V. Gaceta Oficial* N° 1.769 Extr. de 29 de agosto de 1975.

426 Artículo 1.

427 Artículo 5.

concesiones de hidrocarburos y la obligación impuesta a las empresas privadas que operaban la industria de transferir al Estado la propiedad de las mismas, para lo cual se establecieron normas especiales relativas al procedimiento expropiatorio.[428] La Ley no estableció normas particulares relativas a la organización de la Administración Petrolera Nacional, habilitando al Poder Ejecutivo para organizarla de acuerdo a las siguientes bases: creación de las empresas que juzgue necesario para el desarrollo regular y eficiente de las actividades reservadas, con las formas jurídicas que considerara conveniente; y atribución a una de las empresas las funciones de coordinación, supervisión y control de las actividades de las demás, pudiendo asignarle la propiedad de las acciones de cualesquiera de esas empresas.[429] En esta forma, después de más de cincuenta años de explotación petrolera mediante el sistema de concesiones, a partir de 1975 el Estado venezolano comenzó la difícil tarea de dejar su posición de rentista y asumir la de empresario en una industria por demás compleja.

4. El papel del Estado

Ahora bien, tanto el aumento del Estado en la participación en los beneficios de la industria petrolera como en la operación de determinados aspectos de la misma, han convertido al Estado, por gracia de nuestra riqueza petrolera, en el principal agente del desarrollo económico y social.[430] Sin embargo, el Estado, testigo casi mudo y beneficiario del asombroso crecimiento económico experimentado por el país desde 1936, a lo largo de las últimas décadas no ha logrado conducir al país, como podía haberlo hecho, hacia niveles de desarrollo económico que hubieran disminuido la dependencia de nuestra economía exportadora del petróleo, mediante la diversificación de la producción; y, por otra parte, no controló ni orientó la participación de la inversión extranjera en el proceso de sustitución de importaciones que se desarrolló particularmente en la década de los sesenta. A las industrias básicas, en las cuales puede racionalmente fundamentarse una diversificación de la producción para la exportación (p. ej., petroquímica, siderúrgica), si bien se inició su desarrollo en la década de los sesenta, no se le dio todo el impulso que se requería, sino, al contrario, y muy tardíamente, se armó todo un sistema proteccionista oficial para desarrollar una industria ensambladora artificial de capital mayoritariamente extranjero, que en lugar de disminuir la dependencia económica, la aumentó. En efecto, la política de sustitución de importaciones y de industrialización que se desarrolló en Venezuela en la década de los sesenta, mediante una protección excesiva frente a la competencia exterior, desarrolló dentro de un mercado cerrado una serie de industrias tradicionales (alimentos, textiles, vestuario, muebles, bebidas, calzado, etc.) que si bien produjeron bienes que dejaron de importarse, no significaron en modo alguno disminución del valor de las importaciones, las cuales, al contrario, se duplicaron en diez años.[431] Por otra parte, la industrialización efectuada, básicamente tampoco perte-

428 Artículos 13 y ss.

429 Artículo 6.

430 Debe señalarse, por ejemplo, que desde 1974 el ingreso público derivado de los beneficios de la industria petrolera, es superior al 50 por ciento del total del mismo. En 1970, por ejemplo, de los 10.252 millones de bolívares que configuraron el ingreso total del Estado, 5.708 millones de bolívares provinieron del petróleo, lo que equivale a un 56,68 por ciento. *Cfr.* en M. F. Hassan, *op. cit.*, p, 18.

431 El total de las importaciones aumento entre 1960 y 1969 de 3.554 millones de bolívares a 6.749 millones de bolívares, correspondiendo la mitad de las mismas a productos provenientes de los Estados Unidos. *V.* Banco

neció al país, debido a la penetración incontrolada del capital extranjero, lo que convirtió a las "industrias nacionales", en realidad, en prolongación de las empresas extranjeras, particularmente de las norteamericanas, con la consecuente transferencia de capitales al exterior.[432] En el campo económico, por tanto, el reto que tiene planteado Venezuela, además del control y mayor participación del negocio petrolero, está en el desarrollo de una industria con capacidad competitiva en el mercado internacional y particularmente en el área latinoamericana,[433] en el desarrollo de la industrialización en el campo de bienes intermedios cuya importación aún es muy elevada, y en la venezolanización progresiva de la industria, estableciéndose, además, los correctivos necesarios para que un mayor porcentaje de sus beneficios se reinviertan en el país. Por otra parte, es necesario recordar que el mismo modelo de crecimiento petrolero venezolano y el impulso reciente a la sustitución de importaciones e industrialización, condujeron a un abandono completo de las actividades agrícolas y ganaderas, a pesar de los progresos comparativos que pueden apreciarse en algunos rubros.[434] Lo cierto, en todo caso, es que Venezuela ha continuado importando rubros importantes y se prepara para hacerlo en otros.[435] Además, hay que recordar que por el mismo abandono del campo y a pesar de la industrialización realizada, contrasta con el crecimiento económico el aumento de desempleo que ha sido siempre creciente en los últimos años, así como los inadmisibles niveles del ingreso en una sociedad con un crecimiento económico tan abundante.[436] Además, la migración rural a las ciudades ha provocado un creciente proceso de marginalización urbana o de ruralización de las ciudades, con todas sus consecuencias sociales, provocando que las zonas de miseria en el Área Metropolitana de Caracas, correspondan a más de un tercio de la población de la misma.[437]

Realmente, Venezuela no ha sabido aprovechar al máximo los beneficios que se han derivado de los recursos petroleros, y si aún nuestro crecimiento económico no ha logrado transformarse en desarrollo económico, menos aún se han logrado las metas y

---

Central de Venezuela, *Informe Económico*, correspondiente al año 1969. Anexo Estadístico, Cuadro A–X–19, *cit.* Por F. Brito Figueroa, *Venezuela Contemporánea, ¿País Colonial?* Caracas, 1972, p. 61.

432 Esto ha llevado a F. Brito Figueroa a hablar de que lo que se ha realizado ha sido una falsa industrialización, o una industrialización dependiente para la importación dependiente. *V.* F. Brito Figueroa, *op. cit.*, p. 55.

433 Particularmente en el Grupo Andino de integración económica subregional establecido por el Acuerdo de Cartagena de 1968, y al cual Venezuela se adhirió en 1973. *V. IV Mensaje del Presidente Caldera al Congreso, cit.*, pp. IV y ss. *V.* además, la Ley aprobatoria del Acuerdo de Cartagena y de las decisiones más importantes de la Comisión del Acuerdo, en *Gaceta Oficial* N° 1.620, extraordinario, del 1° de noviembre de 1973.

434 *Cfr.* Cordiplan, Notas para la evaluación de la Obra de Gobierno (1969–1973), *cit.*, pp. 21 y ss.

435 *Cfr.* José Antonio Mayobre, "El Reto Económico", edición aniversaria de *El Nacional,* 3 de agosto de 1973, p. IIII–2.

436 *V.* Notas Nos. 19 y 20 de este parágrafo 4. Según M. F. Hassan, el desempleo aumentó del 6 por ciento en 1950 al 15 por ciento en 1962, descendió al 11 por ciento en 1964 y alcanzó a un 9 por ciento en 1970, *op. cit.*, p. 89. Las cifras de que se dispone en este campo no son uniformes. Por ejemplo, el Director General de Estadística y Censos Nacionales, en agosto de 1973 señalaba que en 1961 la población económicamente activa era de 2.351.291 personas y el 13,3 por ciento de esa población se encontraba desempleada; en cambio, en 1971, la población activa alcanzó la cifra de 3.010.148 personas de las cuales el 6,2 por ciento estaba desempleada. *V. El Nacional,* Caracas, 16 de agosto de 1973, p. C–16.

437 Las zonas de marginalidad urbana se han expandido geográfica y demográficamente. Por ejemplo, en 1958, en el Área Metropolitana de Caracas, la zona de miseria urbana estaba representada 'por 49.746 viviendas habitadas por 263–746 personas; y en 1970, la misma zona estaba formada por 130.000 viviendas habitadas por 730.000 personas, lo cual representaba el 33 por ciento de la población total del Área Metropolitana. *V.* Federico Brito Figueroa, *op. cit.*, p. 94. En una información de prensa elaborada sobre la base de la Encuesta sobre el Estudio Real de la Vivienda en Venezuela, se señaló que en 1973 la población del Área Metropolitana de Caracas era de 2.615.484 habitantes, correspondiendo un 44 por ciento a población marginal. *V. El Nacional,* Caracas, 10 de agosto de 1973, p. D–8.

exigencias del desarrollo social. A pesar, por tanto, de las excepcionales condiciones de Venezuela, estamos en la misma angustiosa situación económica y social de muchos otros países latinoamericanos, que se agudiza y empeora cada vez más. Por ello, el problema del desarrollo en nuestros países, no puede plantearse como un posible medio entre muchos para superar la etapa de deficiente industrialización y de desnivel en los ingresos en que se encuentran la mayoría de ellos. El desarrollo, como instrumento revolucionario para eliminar la pobreza y elevar el nivel de vida de la población, no puede dejar de realizarse.[438]

En esa tarea de desarrollo, en el caso particular de Venezuela, debido a su específica estructura económico–petrolera, que configura al Estado en el principal receptor y distribuidor de la riqueza, su papel como agente y promotor de aquél, resulta más que evidente. El Estado contemporáneo en Venezuela se presenta, por tanto, como un Estado regulador, de fomento, prestador de servicios públicos y sociales, planificador y empresario, que indudablemente lo configuran como un Estado Democrático y Social de Derecho.

II. LOS FINES DEL ESTADO CONTEMPORÁNEO

Partiendo del carácter mixto del sistema económico venezolano, así como de las exigencias que el proceso de desarrollo económico y social plantea al Estado en los países latinoamericanos,[439] en el último tercio del siglo XX pueden identificarse cuatro fines fundamentales del Estado,[440] en los cuales se pueden integrar la totalidad de sus actividades: en primer lugar, los fines de política general y orden público; en segundo lugar, los fines de desarrollo económico; en tercer lugar, los fines de desarrollo social; y en cuarto lugar, los fines de desarrollo físico y ordenación territorial.[441] De esta sola enumeración general se evidencia cuál es la magnitud del papel del Estado, cuyo ámbito intentaremos precisar a continuación, partiendo del análisis de la normativa *constitucional* que lo ordena.

1. Los fines de política y administración general

En efecto, el primer grupo de fines del Estado Democrático y Social de Derecho, está relacionado con los fines tradicionales del Estado, identificados con la política y administración general: los fines de política, orden público, defensa y seguridad pública. Sin embargo, al contrario de lo que pudo ser la regla en el Estado Absoluto, estos fines no son maximizados y su consecución buscada con prescindencia de la garantía de los derechos individuales, sino que el criterio democrático y de respeto a la dignidad humana, ha cambiado totalmente la esencia de los mismos. Asimismo, a diferencia de lo que

438 *Cfr*. Allan R. Brewer–Carías, *Una Revolución para el Desarrollo,* Caracas, 1979, p. 15.

439 *V.* lo expuesto en el parágrafo siguiente.

440 Seguimos en este parágrafo lo que hemos expuesto en Allan R. Brewer–Carías, *Cambio Político y Reforma del Estado en Venezuela,* Madrid, 1975, Capítulo 13.

441 *Cfr*. CAP, *Informe sobre la Reforma de la Administración Pública Nacional*, Caracas, 1972, Vol. I, pp. 250 y ss. *V.* en general, Luis Jordana de Pozas, "El Problema de los fines de la actividad administrativa", en *RAP,* N° 4, Madrid, 1951, pp. 11 a 28; J. Gascón Hernández, "Los Fines de la Administración", en *RAP,* N° 11, Madrid, 1953, pp. 33 a 43.

pudo ser la regla en el Estado Liberal–Burgués, estos fines no son los únicos o fundamentales fines de un Estado abstencionista y pasivo respecto de la realidad económica y social, sino que, al contrario, ahora mayor importancia han adquirido los otros fines del Estado, base de la configuración sucesiva del Estado Social de Derecho y del Estado Democrático y Social de Derecho.[442]

En todo caso, y a pesar de que no se trate de los fines esenciales en un Estado Democrático y Social de Derecho, los fines de política general y orden público siguen siendo fundamentales para la configuración formal de la estructura estatal y la supervivencia de su aparato institucional dentro del marco del Derecho. En este sentido, cuatro sectores fundamentales de actividad pública están identificados con estos fines: el sector de política interior, el sector de política exterior, el sector de defensa y el sector justicia. En efecto, y ello identifica al *sector de política interior*, el Estado no sólo requiere la realización de actividades y acciones que garanticen y le permitan su normal funcionamiento político como instrumento de la sociedad, así como el establecimiento de regulaciones adecuadas que hagan posibles las relaciones entre sus poderes, sino de la previsión de medios y garantías que definan las situaciones jurídico–políticas de los ciudadanos y les permitan su defensa conforme al derecho, todo ello dentro de un ordenamiento que tienda a garantizar su funcionamiento democrático. En esta forma, este sector de política interior, abarca todas aquellas actividades y medios del Estado tendientes a la organización de la República conforme al ordenamiento constitucional, como un Estado Federal;[443] y al mantenimiento del gobierno como democrático, representativo, responsable y alternativo.[444] Asimismo, abarca las acciones de organización de la República, en el ámbito nacional, de acuerdo al principio de la división y colaboración entre los Poderes Ejecutivo, Legislativo y Judicial;[445] en el ámbito estadal, conforme a la autonomía que los Estados tienen reconocida en la Constitución;[446] y en el ámbito local, mediante la estructuración de municipios.[447] Por otra parte, el sector de política interior, abarca todas las actividades tendientes a la determinación de la situación jurídico–política de los habitantes del país; y en particular, actividades como las tendientes a garantizar el ejercicio de los derechos políticos[448] y civiles de los venezolanos, mediante el reconocimiento y regulación de su nacionalidad[449] y de su situación civil (registro civil); y a determinar la situación de los extranjeros y garantizar el ejercicio de sus derechos.[450] Por último, el sector política interior abarca todas las actividades del Estado tendientes al resguardo de la seguridad del mismo y al mantenimiento del orden público *en todo el territorio nacional*[451] con el debido respeto y garantía de los derechos

442 *V.* lo indicado en el parágrafo 2.

443 Arts. 2, 5, 6 y 9 *y* ss. de la Constitución de 1961; particularmente Arts. 11 y 12. Los artículos citados en las notas que siguen corresponden al texto constitucional de 1961.

444 Arts. 3 y 4

445 Arts. 117 y 118. En esta forma, se ubican en este sector, actividades tales como la tramitación de la convocatoria del Congreso a las sesiones extraordinarias (relaciones entre el Poder Legislativo y el Poder Ejecutivo) (Art. 190,9); la tramitación ante la Corte Suprema de Justicia de las colisiones que ocurran entre los ordenamientos jurídicos de los Estados, Municipios y la República y de las controversias que puedan surgir entre ésta y los Estados o Municipios (ordenación federal de la República) (Arts. 215, 5 y 215, 8); y las relaciones de la República con los Estados federados y con los Municipios (Arts. 136, 6, 190, 17 y 190, 18).

446 Arts. 9 y ss. y 16 y ss.

447 Arts. 25 y ss.

448 Arts. 110 y ss.

449 Arts. 35 y ss.

450 Arts. 45 y 136,4.

451 Arts. 43, 136, 2 y 136, 5.

individuales[452] lo cual conlleva medidas, por ejemplo, de identificación de todos los habitantes del país;[453] de establecimiento de una policía nacional coordinada con las policías estadales y municipales;[454] e inclusive, de declaratoria del estado de emergencia y la suspensión o restricción de garantías constitucionales.[455]

Dentro del mismo campo de los fines de política general y orden público, además del sector de política interior, puede identificarse el *sector de política exterior,* donde se ubican todas las actividades concernientes a la actuación internacional de la República[456] *y* en particular, las tendientes a formular las relaciones exteriores de la República y al establecimiento de relaciones diplomáticas y consulares con otros Estados u organismos internacionales.[457] Ello conlleva, por supuesto, medidas tales como la celebración y ratificación de tratados, convenios o acuerdos internacionales,[458] la determinación y designación de las misiones diplomáticas en el exterior,[459] la adopción de las medidas necesarias en caso de emergencia internacional,[460] y la demarcación y delimitación de las fronteras.[461]

Además de los sectores de política interior y exterior, dentro de los fines de política general *y* orden público, también puede identificarse el *sector defensa.* En efecto, se encuadran dentro de este sector todas las actividades tendientes al mantenimiento de la soberanía nacional[462] de manera que la República sea siempre e irrevocablemente, como lo especifica la Constitución, libre e independiente de toda dominación o protección de potencia extranjera.[463] Por ello, en el sector defensa se pueden identificar las medidas necesarias para la defensa de la República, la integridad del territorio y de su soberanía, en caso de emergencia internacional;[464] la organización y el régimen de las Fuerzas Armadas Nacionales[465] bajo la suprema autoridad jerárquica del Presidente de la República como su Comandante en Jefe,[466] y su funcionamiento, al servicio de la República y en ningún caso al de una persona o parcialidad política, como institución apolítica, obediente y no deliberante, organizada por el Estado para asegurar la defensa nacional, la estabilidad de las instituciones democráticas y el respeto a la Constitución y las leyes, cuyo acatamiento debe estar siempre por encima de cualquier otra obligación.[467] En esta forma, al sector defensa corresponden todas las actividades vinculadas a la defensa terrestre, aérea, naval y de cooperación; a la participación ciudadana en su contingente[468] mediante el servicio militar obligatorio;[469] a la fabricación, comercio,

---

452 Arts. 58 y ss.
453 Art. 136,5.
454 Arts. 17, 5, 30 y 134.
455 Arts. 190, 6 y 240 y ss.
456 Art. 136,1.
457 Art. 190,5.
458 Arts 128, 129 y 190,5
459 Art. 190,6.
460 Arts. 190,7 y 240 y ss.
461 Arts. 7 y 8.
462 Art. 7.
463 Art. 1.
464 Arts. 190, 7.
465 Art. 136,11
466 Art. 190,3
467 Art. 132
468 Art. 190, 4.
469 Art. 53.

posesión y uso de las armas de guerra[470] y a la cooperación de las Fuerzas Armadas Nacionales en el mantenimiento de la seguridad y orden público en el territorio nacional.

Por último, dentro de los fines de política general y orden público, además de los sectores de política interior, política exterior y defensa, se puede identificar el *sector justicia* que como elemento de contrapeso y de garantía del Estado de Derecho, abarca todas aquellas actividades que permiten a los ciudadanos el amparo y control jurisdiccional de sus derechos e intereses, sea frente al propio listado o ante otros particulares.[471] Se encuadran en este sector, todas las actividades del Estado relacionadas con el Poder Judicial,[472] así como la legislación y seguridad jurídica, la prevención y represión del delito y las relaciones con los cultos establecidos en el país. En efecto, dentro de este sector se ubican en primer lugar todas las actividades tendientes a una correcta administración de justicia y al establecimiento de tribunales[473] de manera que los jueces puedan realizar sus funciones en forma autónoma e independiente de los demás órganos del Poder Público.[474] Por otra parte, el sector abarca las actividades relacionadas con la legislación[475] y la seguridad jurídica, en especial la relativa al tráfico de bienes, mediante el establecimiento de un sistema de registros.[476] Dentro del marco de la seguridad jurídica, se integran además dentro del sector justicia, todas las actividades del Ministerio Público, a quien corresponde velar por la exacta observancia de la Constitución y las leyes,[477] por el respeto de los derechos y garantías constitucionales y por la celeridad y buena marcha de la administración de justicia; y ejercer la acción penal en los casos en que no sea necesaria instancia de parte.[478] Por otra parte, las actividades del Estado tendientes a la prevención y represión del delito, con la debida protección y garantía de la libertad y seguridad personales,[479] también se ubican en el sector justicia, así como todas aquellas actividades relacionadas con la concesión de indultos o los decretos de amnistía.[480] Por último, también se integran dentro de este sector, las actividades del Estado tendientes a ejercer la suprema inspección de los cultos de manera que no sean contrarios al orden público y a las buenas costumbres, y su ejercicio no pueda invocarse para eludir el cumplimiento de las leyes o para impedir a otro el ejercicio de sus derechos,[481] como regulación de uno de los derechos individuales.

2. Los fines de desarrollo económico

El segundo grupo de fines que pueden identificarse en el Estado Democrático y Social de Derecho, son los de desarrollo económico, común en la mayoría de los países latinoamericanos. En efecto, en Venezuela, la Constitución establece como fin fundamen-

---

470 Art. 133.
471 Arts. 46, 47, 49, 50 y 133.
472 Arts. 49, 68 y 69.
473 Arts. 136, 23 y 204.
474 Arts. 205, 210, 211 y 217.
475 Arts. 136, 24.
476 Arts. 136, 24.
477 Arts. 218 y ss.
478 Art. 220.
479 Art. 60.
480 Arts. 139 y 190, 21.
481 Arts. 65 y 130.

tal del Estado en el orden económico, el promover "el desarrollo económico y la diversificación de la producción, con el fin de crear nuevas fuentes de riqueza, aumentar el nivel de ingresos de la población y fortalecer la soberanía económica del país", de manera que el régimen económico de la República se fundamente "en principios de justicia social que aseguren a todos una existencia digna y provechosa para la colectividad".[482] De esta declaración constitucional surge claramente la base para calificar al Estado en Venezuela, como un Estado Democrático y Social de Derecho, definitivamente intervencionista y conformador del orden económico. Muy lejos, por tanto, está el Estado contemporáneo en nuestro país, del Estado liberal tradicional que se limitaba a mantener el orden público y a asegurar el respeto de los derechos y garantías individuales, sin tomar injerencia ni parte en el orden económico, o del Estado liberal de fomento o prestador de servicios públicos. Sin embargo, el carácter de agente del proceso de desarrollo que la Constitución asigna al Estado, con todas las facultades que le atribuye "para dictar medidas para planificar, racionalizar y fomentar la producción, y para regular la circulación, distribución y consumo de la riqueza, a fin de impulsar el desarrollo económico del país",[483] no son de tal naturaleza que impliquen la apropiación por el Estado de todos los medios de producción. Ello no es necesario y, al contrario, la Constitución declara que "el Estado protegerá la iniciativa privada",[484] sin perjuicio de que pueda "reservarse determinadas industrias, explotaciones o servicios de interés público por razones de conveniencia nacional" y que deba propender "a la creación y desarrollo de una industria básica pesada bajo su control", o que pueda expropiar, promover o dirigir las industrias que estime convenientes.[485] En esta forma, si bien se garantiza constitucionalmente la libertad económica, al declararse que "todos pueden dedicarse libremente a la actividad lucrativa de su preferencia",[486] ella no está, en absoluto, exenta de limitaciones reguladoras, aparte de las limitaciones que se deriven de la intervención activa del Estado antes indicadas. En efecto, la libertad económica, conforme a la Constitución, está sometida a las limitaciones previstas en la Constitución y las leyes "por razones de seguridad, de sanidad u otras de interés social". Por ello, la misma Constitución prevé que "la Ley dictará normas para impedir la usura, la indebida elevación de los precios, y en general, las maniobras abusivas encaminadas a obstruir o restringir la libertad económica",[487] y prohíbe los monopolios.[488] En esta forma, la base constitucional de los fines de desarrollo económico del Estado en Venezuela, como Estado Democrático y Social de Derecho, permite identificar una serie de actividades públicas, agrupables en los siguientes sectores: sector finanzas, sector de desarrollo industrial, sector comercio, sector turismo, sector de hidrocarburos y minería y sector de desarrollo agropecuario. En efecto, el *sector finanzas* comprende la formulación de la política económica y financiera del país y la intervención del Estado en los asuntos monetarios, crediticios y financieros. En esta forma, se ubican en este sector todas las actividades del Estado de intervención y control de las actividades crediticias, bancarias y monetarias,[489] las medidas tendientes a regular la participación de los capitales extranjeros en

482 Art. 95.
483 Art. 98.
484 Art. 98.
485 Art. 97 y 101.
486 Art. 96.
487 Art. 96.
488 Art. 97.
489 Art. 30, 136, 7 y 136, 24.

el desarrollo económico nacional[490] y, en general, las que adopte en el ámbito económico y financiero cuando así lo requiera el interés público.[491] El *sector de desarrollo industrial,* por su parte, comprende todas las actividades ya señaladas que el Estado tiene en el campo de la producción y, en particular, sus acciones tendientes a la regulación de las actividades de carácter industrial, con la debida protección del consumidor[492] y a la normación de la participación de capitales extranjeros;[493] a la promoción y fomento de las actividades industriales;[494] a la protección de las actividades industriales, en particular, en relación a las invenciones, denominaciones, marcas y lemas;[495] al financiamiento y auxilio crediticio de las actividades industriales;[496] y a la producción industrial por parte del Estado y de sus empresas.[497] Además de los sectores de finanzas y de desarrollo industrial, los fines de desarrollo económico abarcan el *sector comercio,* en el cual se ubican todas las actividades del Estado en relación a la regulación, promoción, protección *y control* del comercio interior y exterior. En particular, las medidas tendientes a regular la circulación, distribución y consumo de bienes,[498] lo que abarca el régimen de pesas y medidas,[499] y de marcas y lemas;[500] a impedir la indebida elevación de los precios, la usura y las maniobras abusivas encaminadas a obstruir o restringir la libertad económica;[501] y a regular el comercio exterior, en particular, mediante el régimen de aduanas.[502] Asimismo, en el ámbito del sector comercio se integra el programa de integración económica en el ámbito de la Asociación Latinoamericana de Libre Comercio (ALALC) y del Grupo Subregional Andino de integración económica (Acuerdo de Cartagena), en virtud de la exigencia constitucional de que "la República favorecerá la integración económica latinoamericana" para lo cual debe procurar "coordinar recursos y esfuerzos para fomentar el desarrollo económico y aumentar el bienestar y seguridad comunes".[503] En el mismo ámbito de los fines de desarrollo económico, el *sector turismo* comprende todas las actividades del Estado en relación con el desarrollo, coordinación y control de la actividad turística.[504]

Ahora bien, en virtud de la importancia que para Venezuela tienen las actividades de extracción y producción minera y petrolera, dentro de los fines de desarrollo económico, ocupa un lugar de primera importancia el *sector de hidrocarburos y minería*, que comprende todas las actividades del Estado tendientes al desarrollo y control de los recursos naturales no renovables y de las industrias minera y petrolera. En particular. integran este sector, las actividades del Estado tendientes a establecer el régimen y a administrar las minas e hidrocarburos, salinas y ostrales de perlas del país;[505] a autorizar concesiones para la explotación de actividades conexas con dichos recursos, si su ex-

490 Art. 107.
491 Art. 190, 8.
492 Arts. 96 y 109.
493 Art. 107.
494 Art. 95 y 98.
495 Art. 100.
496 Arts. 95 y 98.
497 Art. 97.
498 Arts. 30 y 98.
499 Art. 136, 12.
500 Art. 100.
501 Art. 96.
502 Art. 136, 9.
503 Art. 108.
504 Arts 30 y 136, 24.
505 Art. 136, 10.

plotación no hubiera sido reservada al Estado conforme a la Constitución, las cuales no podrían ser otorgadas ni por tiempo indefinido[506] ni con carácter de exclusividad,[507] y las cuales implicarían, por imperativo constitucional, que las tierras adquiridas con destino a la exploración o explotación de las mismas, pasarían en plena propiedad a la nación, sin indemnización alguna, al extinguirse por cualquier causa.[508] Por último, dentro de los fines de desarrollo económico del Estado en Venezuela, se identifican las actividades públicas integradas en el *sector de desarrollo agropecuario, y* que comprende todas aquellas acciones que tienen por objeto la regulación, financiamiento, dotación de tierras, asistencia técnica y mercadeo agropecuario.[509] En particular, las medidas tendientes a la conservación y fomento de la producción agrícola, ganadera, pesquera y forestal;[510] a la eliminación del régimen latifundista, que se considera contrario al interés social, lo que exige la adopción de medidas conducentes a su eliminación y el establecimiento de normas encaminadas a dotar de tierra a los campesinos y trabajadores rurales que carezcan de ella, así como a proveerles de los medios necesarios para hacerla producir;[511] y a la comercialización de los productos agrícolas.[512]

3. Los fines de desarrollo social

El tercer grupo de fines del Estado en Venezuela, está configurado por aquellos tendientes al desarrollo social, y que hacen del Estado un ente conformador y no sólo regulador del orden social. En efecto, no sólo la Constitución insiste en su *Preámbulo* que la misma se dicta para "proteger y enaltecer el trabajo, amparar la dignidad humana, promover el bienestar general y la seguridad social; lograr la participación equitativa de todos en el disfrute de la riqueza, según los principios de la justicia social, y fomentar el desarrollo de la economía al servicio del hombre", sino que al regular los derechos económicos y establecer los fines del Estado en este ámbito, postula que "el régimen económico de la República se fundamentará en principios de justicia social que aseguren a todos una existencia digna y provechosa para la colectividad", debiendo las medidas de desarrollo económico que se adopten buscar, entre otros objetivos, el aumento del nivel de ingresos de la población.[513] Y es precisamente este énfasis en lo social y en la redistribución de la riqueza, lo que hace que constitucionalmente nuestro Estado sea un Estado Democrático y Social de Derecho en el cual no sólo debe ser una realidad la democracia política, sino la económica y social. Las actividades públicas tendientes a la consecución de estos fines, pueden identificarse en los siguientes sectores: sector de promoción y protección social; sector de desarrollo cultural; sector de asuntos laborales; sector de previsión y seguridad social; sector educación y sector salud.

En el *sector protección y promoción social* se encuadran todas las actividades públicas tendientes a la consecución de estos fines, pueden como las de protección y bienestar social que corresponden al Estado, y que en ningún caso excluyen las obligaciones

506 Art. 136, 10.
507 Art. 97.
508 Art. 103.
509 Art. 136, 24.
510 Art. 136, 18.
511 Art. 105.
512 Arts. 96 y 98.
513 Art. 95.

que en virtud de la solidaridad social, incumben a los particulares según su capacidad.[514] En particular, se encuadran en este sector las actividades de bienestar social[515] las cuales, entre otras funciones, exigen al Estado proteger las asociaciones, corporaciones, sociedades y comunidades que tengan por objeto el mejor cumplimiento de los fines de la persona humana y de la convivencia social;[516] las actividades de asistencia social destinada a quienes carezcan de medios económicos y no estén en condiciones de procurárselos, mientras sean incorporados al sistema de seguridad social;[517] las actividades de promoción social y desarrollo de la comunidad, por lo que el Estado debe fomentar la organización de cooperativas y demás instituciones destinadas a mejorar la economía popular[518] y, en particular, propender a mejorar las condiciones de vida de la población campesina;[519] las actividades de protección de la familia como célula fundamental de la sociedad[520] y de la maternidad, sea cual fuere el estado civil de la madre;[521] las actividades de protección y promoción del niño y de los menores de manera que la infancia y la juventud estén al abrigo del abandono, la explotación y el abuso;[522] y las actividades de protección de las comunidades indígenas.[523] El *sector desarrollo cultural* comprende todas las actividades tendientes al fomento de la cultura en sus diversas manifestaciones y a la protección y conservación de las obras, objetos y monumentos que forman el patrimonio histórico y artístico del país.[524]

El *sector de asuntos laborales* comprende las actividades tendientes a hacer efectivo el deber de trabajar que tiene toda persona apta para realizarlo, así como a dar vigencia al derecho al trabajo y a la libertad de trabajo que consagra la Constitución[525] y, en particular, aquellas tendientes a procurar el pleno empleo, es decir, que toda persona apta pueda obtener colocación que le proporcione una subsistencia digna y decorosa.[526] Además, se encuadran dentro del sector de asuntos laborales, todas las actividades del Estado tendientes a proteger al trabajo y a mejorar las condiciones materiales, morales e intelectuales de los trabajadores,[527] mediante la *limitación* de la duración máxima de la jornada de trabajo y su progresiva disminución,[528] el disfrute del descanso semanal remunerado y de vacaciones pagadas,[529] la mejor utilización del tiempo libre,[530] la estabilidad en el trabajo,[531] la obtención de un salario justo,[532] y la recompensa de su antigüedad en el servicio y amparo en caso de cesantía,[533] así como las actividades tendientes a

514 Art. 57.
515 Art. 57.
516 Art. 72.
517 Arts. 30, 57 y 94.
518 Art. 72.
519 Art. 77.
520 Art. 73.
521 Arts. 74 y 93.
522 Arts. 75 y 93.
523 Art. 77.
524 Arts. 30 y 83
525 Arts. 54 y 84.
526 Art. 84.
527 Art. 85
528 Art. 86.
529 Art. 86.
530 Art. 86.
531 Art. 88.
532 Art. 87.
533 Art. 88.

favorecer el desarrollo de las relaciones colectivas de trabajo,[534] y de las asociaciones sindicales,[535] y a regular el ejercicio del derecho de huelga.[536]

Por otra parte, también dentro de los fines de desarrollo social, se puede identificar el *sector de seguridad y previsión social,* que comprende todas las actividades conducentes a desarrollar en forma progresiva un sistema de seguridad social tendiente a proteger a todos los habitantes de la República contra infortunios del trabajo, enfermedad, invalidez, vejez, muerte, desempleo y cualesquiera otros riesgos que puedan ser objeto de previsión social, así como contra las cargas derivadas de la vida familiar.[537] Asimismo, dentro de los fines de desarrollo social, tienen particularísima importancia las actividades del Estado comprendidas en el *sector educación,* tendientes a hacer efectivo el derecho a la educación y el deber de educarse,[538] las cuales tampoco excluyen las que en virtud de la solidaridad social incumbe a los particulares según su capacidad y cuyo cumplimiento puede establecerse legislativamente.[539] En todo caso, dentro del sector educación se encuadran todas las actividades públicas tendientes a la creación y sostenimiento de escuelas, instituciones y servicios suficientemente dotados para asegurar el acceso de todos a la educación y a la cultura, sin más limitaciones que las derivadas de la vocación y de las aptitudes, debiendo ser gratuita la educación impartida en los institutos oficiales en todos sus ciclos;[540] a la regulación de las personas a cuyo cargo puede estar la educación;[541] y a la regulación de la posibilidad de toda persona natural o jurídica de dedicarse libremente a las ciencias o a las artes y, previa demostración de su capacidad, fundar cátedras y establecimientos educativos bajo la suprema inspección y vigilancia del Estado.[542] Esto implica que la educación, aun cuando gratuita cuando es impartida por el Estado, no es un monopolio de éste, por lo que se garantiza la libertad de enseñanza, teniendo el Estado la obligación de estimular y proteger la educación privada que se imparta conforme a los principios contenidos en la Constitución y las leyes,[543] es decir, conforme a los fines del Estado, por lo que está proscrita toda enseñanza clasista. En este sentido, la educación, como un fin del Estado en Venezuela, tiene como objetivo el pleno desarrollo de la personalidad, la formación de ciudadanos aptos para la vida y para el ejercicio de la democracia, el fomento de la cultura y el desarrollo del espíritu de solidaridad humana,[544] por lo que se incluyen dentro del sector educación todas las actividades del Estado tendientes a organizar y orientar el sistema educativo hacia dichas finalidades.[545] Por último, dentro de los fines de desarrollo social del Estado en Venezuela, se incluyen todas las actividades que se encuadran dentro del *sector salud,* es decir, todas las actividades públicas tendientes a hacer efectivo el derecho de todos a la protección de la salud[546] y, en particular, las acciones del Estado destinadas a velar por el mantenimiento de la salud pública y proveer los medios de pre-

534 Art. 90.
535 Art. 91.
536 Art. 92,
537 Art. 94.
538 Arts. 55, 78 y 136, 16.
539 Art. 57.
540 Arts. 78 y 136, 16.
541 Art. 81.
542 Art. 79.
543 Art. 79.
544 Art. 80.
545 Art. 80.
546 Arts, 30 y 76.

vención y asistencia a quienes carezcan de ellos;[547] así como las actividades públicas tendientes a la coordinación de los servidos destinados a la defensa de la salud pública, los cuales pueden ser nacionalizados de acuerdo con el interés colectivo.[548]

4. Los fines de desarrollo físico y ordenación territorial

Pero aparte de los fines de política general *y* orden público, de desarrollo económico *y* de desarrollo social, el listado en Venezuela tiene importantes fines de desarrollo físico y ordenación territorial, sin cuya consecución los otros fines del Estado no podrían alcanzarse adecuadamente. En efecto, los fines de desarrollo físico y ordenación territorial orientan las actividades del Estado al establecimiento de una adecuada infraestructura física y ambiental que permita y facilite los objetivos de desarrollo económico y social, y al equipamiento y ordenación del territorio, de manera que los beneficios del desarrollo se extiendan a todas las regiones del país. En este sentido, es posible distinguir los siguientes sectores de actividad pública dentro de estos fines del Estado: el sector desarrollo urbano y vivienda, el sector transporte, el sector comunicaciones y el sector de recursos naturales renovables. El *sector desarrollo urbano y vivienda* comprende todas las actividades del Estado que se adopten como consecuencia del proceso de urbanización a que ha estado sometido el país en las últimas décadas y, en particular, aquellas relativas al desarrollo y ordenación territorial y urbana,[549] al régimen y uso del suelo, y a la coordinación y unificación de normas y procedimientos para obras de urbanismo.[550] Asimismo, se identifican con este sector, las actividades de construcción y fomento de viviendas populares[551] y de regulación de alquileres de inmuebles urbanos.[552] En el *sector transporte,* se encuadran todas las actividades del Estado de regulación, prestación, control y construcción de los medios y de los servicios de transporte terrestre, marítimo y aéreo;[553] y las relativas a la circulación terrestre (tránsito), a la construcción de obras públicas viales[554] y a la apertura y conservación de vías de comunicación (vialidad).[555] El *sector comunicaciones* integra, por otra parte, a las actividades de regulación, prestación y control de los servicios de telecomunicaciones y correos[556] y, en especial, las actividades de regulación y control de los medios de comunicación social, particularmente la radiodifusión y la televisión; y la regulación, prestación y control de los servicios de teléfonos, telégrafos y correos. Por último, dentro de los fines de desarrollo físico y ordenación territorial, puede distinguirse también el *sector de recursos naturales renovables,* en el cual se integran todas las acciones del Estado tendientes a garantizar el desarrollo, protección, conservación y racional aprovechamiento de los recursos naturales renovables, de manera que la explotación de los mismos esté dirigida primordialmente al beneficio colectivo de los venezolanos, y que abarcan los

547 Art. 76.
548 Arts. 136, 17.
549 Art. 30.
550 Art. 136,14.
551 Arts. 136, 15 y 136, 19.
552 Art. 96.
553 Arts. 104 y 136,20.
554 Arts. 30 y 136, 15.
555 Arts. 30 y 136, 21.
556 Art. 136,22.

recursos hidráulicos, forestales y los suelos.[557] Se encuadran también en este sector, en general, todas las acciones estatales tendientes a proteger el medio ambiente.

5. La previsión constitucional de los recursos del Estado

Ahora bien, una visión de los fines del Estado contemporáneo en Venezuela realizada en una sola perspectiva constitucional, como la que hemos hecho anteriormente, quedaría incompleta si no especificáramos también las previsiones del texto fundamental destinadas a proveer al Estado de los recursos necesarios para la consecución de sus fines, así como aquellas destinadas a regular los mecanismos del Estado para la formulación de las políticas de desarrollo. En efecto, en cuanto a los recursos utilizados para la consecución de sus fines, el Estado opera básicamente con recursos financieros, humanos y materiales. A los efectos de la obtención de los *recursos financieros,* la Constitución establece las normas básicas del sistema tributario,[558] el cual debe procurar la justa distribución de las cargas según la capacidad económica de los contribuyentes, atendiendo al principio de la progresividad, la protección de la economía nacional y la elevación del nivel de vida del pueblo.[559]

En esta forma, la Constitución regula la obtención de recursos financieros ordinarios mediante un sistema impositivo en tres niveles (nacional, estadal y municipal),[560] regulando particularmente su legalidad,[561] y su carácter patrimonial.[562] Se prevé, además, expresamente, la posibilidad para el Estado de la obtención de recursos financieros extraordinarios, mediante la utilización del crédito público.[563] La utilización de los recursos financieros del Estado para el cumplimiento de sus fines, se ordena mediante el sistema presupuestario,[564] a través del Presupuesto, como autorización anual del Congreso de los gastos del Estado[565] o a través de autorizaciones particulares materializadas mediante los Créditos Adicionales al Presupuesto,[566]

En relación a los *recursos humanos* utilizados por el Estado para accionar sus órganos, la Constitución distingue tres categorías básicas de funcionarios a su servicio: funcionarios designados por elección popular, funcionarios designados con intervención del Poder Legislativo y funcionarios designados por las diversas autoridades ejecutivas y administrativas. En cuanto a la primera categoría, son funcionarios del Estado electos por votación popular, en la rama Ejecutiva, el Presidente de la República;[567] en la rama legislativa, los Senadores y Diputados al Congreso Nacional y los Diputados a las Asambleas Legislativas de los Estados;[568] y en el ámbito municipal, los miembros de

119 Arts. 106, 136, 10 y 136, 18.

558 Allan Brewer Carias, "La Hacienda Pública Venezolana. Bases Constitucionales para su estudio", en *Revista del Ministerio de Justicia,* N° 49, Caracas, 1964, pp. 64 a 124.

559 Art. 223.

560 Arts. 18, 29, 3, 31, 34, 136, 8, 229 y 233.

561 Arts. 224 y 226.

562 Art. 235.

563 Arts. 17, 4, 190, 13 y 231.

564 Art. 227.

565 Arts. 228 y 229.

566 Arts. 190, 14 y 227.

567 Arts. 182 y ss.; la elección de Gobernadores, aun cuando permitida por la Constitución, no ha sido regulada legalmente (Art. 22).

568 Arts. 19, 148 y ss., y 151 y ss.

los Concejos Municipales.[569] Por otra parte, la Constitución exige la intervención del Poder Legislativo en la designación de otros funcionarios: las Cámaras Legislativas, en sesión conjunta, eligen los Magistrados de la Corte Suprema de Justicia,[570] al Fiscal General de la República[571] y al Contralor General de la República;[572] el Senado autoriza el nombramiento por el Presidente de la República del Procurador General de la República[573] y de los jefes de misiones diplomáticas permanentes;[574] y el Poder Legislativo debe intervenir en la designación de los miembros del Consejo de la Judicatura.[575] Aparte de estos supuestos, la Constitución no exige ni regula otro supuesto en el que el Poder Legislativo deba intervenir para la designación de un funcionario público y, al contrario, atribuye al Presidente de la República la facultad de "nombrar y remover, de conformidad con la Ley, los funcionarios y empleados nacionales cuya designación no esté atribuida a otra autoridad.[576] Los funcionarios públicos, en todo caso están al servicio del Estado, y 110 de parcialidad política alguna, y gozan de los derechos y obligaciones derivados de la carrera administrativa.[577]

En cuanto a los *recursos materiales* del Estado para el cumplimiento de sus fines, la Constitución prevé su dominio y soberanía sobre los bienes del subsuelo situados en el territorio nacional[578] y sobre el mar territorial, la zona marítima contigua y la plataforma continental,[579] y le reserva su explotación, pudiendo ésta realizarse por particulares, solamente mediante concesiones no exclusivas y temporales.[580] Regula, además, los bienes inmuebles del dominio privado del Estado, denominados tierras baldías[581] cuando pertenecen a la República, y ejidos cuando pertenecen a los municipios;[582] y establece disposiciones para la construcción de obras,[583] y para la adquisición de bienes y servicios por vía contractual,[584] de expropiación forzosa[585] o de reversión;[586] o para la afectación de obras y servicios de interés público al servicio del público.[587]

---

569 Arts. 25 y *29*.
570 Art. 214.
571 Art. 219.
572 Art. 238.
573 Arts. 150, 7 190. 16 y 201.
574 Arts. 150,7 y 190, 16.
575 Art. 217
576 Arts. 190, 2, 190,18, 190, 19 y 193 y ss. La disposición evidentemente que es muy rígida, pues implica que salvo las excepciones constitucionales, todos los funcionarios públicos nacionales son nombrados por ti Presidente de *l*a República o por delegación. Quedaría, sin embargo, excluido de la intervención del Presidente, por interpretación del texto constitucional, los funcionarios públicos dependientes de los Poderes Legislativo y Judicial, en base al principio de la división de los Poderes (Arts. 158, ords. 3, 4, 5 y 6; 204, 205 y 217) y de aquellos organismos que gozan de autonomía o independencia funcional en el ejercicio de sus funciones: la Fiscalía General de la República (Arts. 213 *y* ss.); la Contraloría General de la República (Art. 236); el Consejo Supremo Electoral (Art. 113) y los Institutos Autónomos (Art. 230). En consecuencia, cualquier otra restricción de orden legal de la atribución constitucional del Presidente de la República para designar los funcionarios públicos nacionales es inconstitucional, como, por ejemplo, la designación de uno de los miembros del Directorio de la Oficina Central de Personal, que se atribuye directamente al Congreso. *V*– Ley de Catrera Administrativa, Art. 8, y los comentarios al respecto en Allan R. Brewer–Carías, *El Estatuto del Funcionario Público en la Ley de Carrera Administrativa,* Caracas, 1971, p. 182. *V*. lo indicado en el Capítulo 12.
577 Arts. 122 y 123.
578 Arts. 103 y 136, 10.
579 Art. 7.
580 Arts. 97. 103, 126 y 136, 10.
581 Art. 136, 10,
582 Arts. 31, 1 y 32.
583 Art. 136,15
584 Arts. 124, 126, 127 y 190, 15

Ahora bien, la determinación en el texto constitucional de una serie de fines del Estado, identificados con el proceso de desarrollo económico y social, y la precisión de los recursos necesarios para la consecución de esos fines, alcanza coherencia con la previsión, en su mismo texto, de una serie de mecanismos tendientes a la formulación de políticas de desarrollo, a la administración de los recursos del Estado y al control de la actividad de la Administración Pública. En efecto, la aplicación de los recursos para la consecución de fines exige, en primer lugar, la definición de políticas coherentes que guíen el proceso administrativo; de ahí el sistema de *planificación* como técnica político–administrativa de ordenación de las actividades del Estado,[588] para cuya formulación se exige un adecuado sistema de información *estadística.*[589] La *administración de los recursos* del Estado para la consecución de sus fines, conforme a técnicas ordenadoras de planificación y *presupuesto,* se atribuye en esta forma a la administración pública, organizada bajo la dirección del Presidente de la República y sus órganos inmediatos, los Ministros[590] en forma centralizada en Ministerios y otros servicios[591] o en forma descentralizada, en institutos autónomos o empresas del Estado.[592] Las actividades administrativas en todo caso, no sólo acarrean responsabilidad para quienes las ejecutan,[593] sino que están sometidas a un *control* jurisdiccional de la legalidad,[594] al control fiscal de la Contraloría General de la República [595] y al control del Congreso.[596]

III. EL PAPEL DEL ESTADO EN EL PROCESO DE DESARROLLO EN AMÉRICA LATINA

De cualquier análisis que se haga de la situación actual del proceso de desarrollo latinoamericano y de algunos de los cambios que el mismo exigirá en las estructuras económicas y sociales, surge con absoluta evidencia que es absolutamente inimaginable la incorporación de nuestros países a un proceso autónomo e independiente de desarrollo y la realización consecuente, en ellos, de la serie de cambios y transformaciones que se exigen en las estructuras tradicionales, sin una neta, oportuna y enérgica intervención del Estado. En otras palabras, así como es inimaginable el proceso de desarrollo sin un cambio ordenado de las estructuras –y de ahí la planificación, para asegurar el menor costo y lapso posible en esa empresa–, es evidente que también es inimaginable el desarrollo sin la participación activa del Estado,[597] como actor y agente en el proceso, y no como espectador. En efecto, un cambio de estructuras afecta directamente a quienes usufructan de las injusticias del subdesarrollo, por lo que es cierto que utilizarán y utili-

585 Arts. 101 y 102.

586 Art. 103

587 Art. 104

588 Arts. 98 y 191,

589 Art. 136,13

590 Arts. 190, 8, 190, 12 y 193 y ss.

591 Arts. 190, 11 y 193.

592 Art. 230.

593 Arts. 47, 121, 150, 8, 196 y 220, 5.

594 Arts. 46, 119, 204 y ss., 206 y 215.

595 Arts. 234 y ss.

596 Arts. 126, 139, 153, 2, 160, 230 y 236.

597 En este parágrafo seguimos básicamente lo expuesto en Allan R. Brewer–Carías, *Cambio Político y Reforma del Estado en Venezuela,* Madrid, 1975, Capítulo 3.

zan todos los medios a su alcance para rechazarlas o para hacerlas inoperantes. De ahí que sea necesario el fortalecimiento y la intervención del Estado a fin de que mediante el poder público, las reformas y transformaciones lleguen a hacerse realidad.

1. Poder económico y poder político

Ello, sin embargo, no es tarea fácil, pues en América Latina, a lo largo de todo el proceso de formación y consolidación de los Estados nacionales, lo normal es que quienes han detentado el poder económico han controlado también el poder político. Las instituciones políticas liberales, por otra parte, fueron estructuradas para facilitar y permitir esa participación, y en ese sentido fueron y han sido efectivas. En todo caso, e históricamente ello es irrefutable, el Estado en América Latina, y particularmente en Venezuela, ha sido utilizado como instrumento de las clases económicas dominantes. En Venezuela, no hay duda de que éstas lo utilizaron instrumentalmente durante todo el siglo pasado y la mayor parte del presente, y sólo es ahora, en los últimos recientes años, cuando comienza a dar ciertos síntomas de autonomía, los cuales, precisamente, son los que se hace necesario desarrollar institucionalmente para convertirlo en instrumento de desarrollo al servicio de las mayorías nacionales.

En efecto, parece fuera de toda discusión la apreciación de que buena parte de la intervención del Estado que normalmente se ha realizado en América Latina en las últimas décadas, en general, no ha sido realmente para el cambio, sino para preservar el *statu quo,* y si algún tipo de acciones estatales pueden identificarse como de tipo social, inclusive con algunos sacrificios para las clases económicas dominantes, ello se permitió precisamente porque, a pesar de ello, no ponían en peligro su control sobre el poder político.[598] Sin embargo, esto no significa que en las décadas pasadas no se hayan realizado esfuerzos en materia de desarrollo. En efecto, nuestros países han intentado llevar adelante, desde hace algunos años, una política de desarrollo, pero en muchos casos dicha política, no sólo ha carecido de objetivos bien establecidos, sino que se ha iniciado por fuerza e influencia de presiones mundiales extrañas a ellos, y por la posesión de una serie ele recursos básicos y estratégicos.[599] Por ello, puede decirse que hay consenso en América Latina, en relación a considerar que los progresos económicos y sociales en las últimas décadas en la región, no han sido el resultado de la formulación consciente de una política de desarrollo que haya sido seguida por los diversos países,[600] sino más bien consecuencia de un accidente histórico o de circunstancias externas[601] a la

598 En esta forma, la injerencia del Estado en el proceso económico ha sido admitida porque se ha orientado a mantener el estado actual de cosas, pero no para cambiarlo. *Cfr.* Raúl Prebish, *Change and Development, Latin American greal task,* New York, 1971, p. 213. Por otra parte, con razón se ha señalado que muchas de las reformas "sociales" que se ha permitido al Estado realizar, se han llevado a cabo sin llegar nunca a amenazar el poder político de las clases económicas dominantes. *V.* Nicos Poulantzas, *Poder político y clases sociales en el Estado capitalista,* México, 1972, p. 245.

599 En todo caso, el desarrollo de esa política ha sido la intención de algunos dirigentes latinoamericanos y la preocupación constante de algunas oficinas técnicas que operan en la zona, como la CEPAL. Esa intención y preocupación, han tenido sus reflejos, los cuales han contribuido en parte a la realización de las transformaciones operadas en nuestras naciones en los últimos años. La política de industrialización a través de la sustitución de importaciones ya señaladas, es el más claro ejemplo de ello.

600 Por ejemplo, *V.* C. Furtado, "Political Obstacles to Economic Growth in Brazil", en Claudio Veliz (ed.), *Obstacles to Chance in Latin American,* Oxford, 1965, p. 145.

601 La expresión la utilizan Claudio Veliz, "Introducción" a C. Veliz (ed.), *op. cit.,* p. 5; Aníbal Pinto, "Political Aspects of Economic Development in Latin America", en Claudio Veliz (ed.), *op. cit.,* pp. 10 y 12; Jacques

región, como consecuencia fundamental de la crisis mundial. Por supuesto que en dicho proceso la burguesía empresarial y el proteccionismo del Estado –principalmente esto último–, jugaron un papel fundamental. Ello se evidencia, inclusive, en los países como Venezuela que se incorporaron al proceso de industrialización a partir de la década de los cincuenta, y que ni siquiera supieron extraer las consecuencias y conocer las experiencias del proceso en los demás países. En todo caso, el proceso de industrialización y sustitución de importaciones tuvo el apoyo decidido de los empresarios, porque allí vieron una fuente excepcional de ganancias protegidas y aseguradas por la acción estatal, y de las burocracias oficiales, porque vieron en el proceso, no sólo la solución mágica de los problemas económicos y sociales, sino en algunos lamentables casos, un medio para favorecer a sus sostenedores y para mantener clientelas políticas. El proceso, sin embargo, no podrá continuar jugando el mismo dinámico papel que tuvo en las décadas pasadas desde el punto de vista económico, salvo que se produzcan esenciales cambios estructurales y se redefina el papel del sector público en el proceso de desarrollo.

2. El Estado como agente y actor en el proceso de desarrollo

Ahora bien, la intervención del Estado, necesaria e indispensable, para el proceso de desarrollo a la que queremos hacer referencia, es aquella esencial en nuestros países para provocar, dirigir, orientar y planificar los cambios en las estructuras económicas y sociales exigidos por dicho proceso, para lo cual el Estado ha comenzado a dar signos de autonomía en relación a las clases económicas dominantes. En la consolidación de dicha autonomía y en la conversión del Estado en instrumento de desarrollo social para la mayoría de la población, es que ahora todos los esfuerzos deben dirigirse. En este sentido, la problemática del Estado, entonces, debe enfocarse a la luz de nuevos criterios adecuados a la realidad actual latinoamericana frente al desarrollo nacional; el Estado, en este sentido, debe convertirse en el agente de las reformas sociales, económicas y políticas exigidas por el desarrollo. Su función debe ser, entonces, absolutamente activa, a través de la planificación, pero con un profundo respeto a la dignidad humana. Desarrollo, cambio de estructuras, Estado y planificación son entonces los cuatro elementos fundamentales en el planteamiento político de América Latina.[602] Pero para que el Estado actúe como agente principal del desarrollo –no como un agente secundario o de menor cuantía–, debe comenzarse por dotársele de instituciones que le permitan actuar como tal; y sólo así, podrá formular las políticas de desarrollo de manera que la planificación sea factible. Sólo a través de su fortalecimiento, las reformas que el desarrollo implica podrán ser ejecutadas. La transformación o cambio de estructuras que el

Chonchol, "Land tenure and development in Latin American", en Claudio Veliz (ed.), *op. cít.*, pp. 78 y 79; O. Sunkel, "Change and Frustration in Chile", en Claudio Velíz (ed.), *op. cit.*, pp. 129 *y* 130,

602 *Cfr.* Allan R. Brewer–Carías, *Una Revolución para el Desarrollo,* Caracas, 1970, p. 25. Esta ha sido, por otra parte, la opinión generalizada en América Latina en la década de los sesenta, y para darse cuenta de ella, basta citar a R. Prebish: "Si se quiere transformar fundamentalmente la estructura económica y social, la planificación es indispensable . . Todo esto implica y requiere una clara intervención del Estado. . . El Estado tiene que intervenir". *V.* "Planificación y Democracia", en *Mensaje,* N° 115, Santiago de Chile, 1968, pp. 683, 685 y 689. En todo caso, es interesante destacar cómo del análisis comparativo de los indicadores políticos y sociales del mundo, B. M, Russett y otros autores llegan a la conclusión de que "una economía moderna no puede operar sin una sustancial actividad económica del Estado". *V.* Bruce M. Russett y otros, *World Handbook of Political and Social Indicators,* Yale, 1965, pp. 308 y 309.

desarrollo conlleva, por tanto, abarca también las instituciones políticas y administrativas, ya que con las actuales, no podrá aquél impulsarse definitivamente.

Ahora bien, este fenómeno, particularmente claro en Venezuela, de los inicios de autonomización del Estado, cuya intervención comienza a dejar de ser de sólo proteccionismo y fomento a la iniciativa privada, y a estar orientada hacia el cambio económico y social, es lo que ha provocado el resurgimiento de las viejas consignas liberales de "libre empresa", "libre competencia" y "empresa privada" que antes no se oían. La intervención del Estado mediante la creación de incipientes y protegidas actividades industriales que se produjo en los inicios de la industrialización, nunca fue discutida, pues fundamentalmente benefició a los grupos empresariales; en cambio, la intervención del Estado tendiente a provocar un desarrollo social y económico de la colectividad, y no solamente de los grupos empresariales, es decir, a poner en vigencia una real democracia social y económica, por supuesto ha producido la reacción de éstos.

Ahora bien, en relación al papel del Estado durante el período del proceso de industrialización, debe también destacarse[603] que la realización y desenvolvimiento de una verdadera política de desarrollo económico, con objetivos claramente establecidos, en muchos casos no fue posible debido a su manipulación mediante instrumentos e instituciones políticas, administrativas y jurídicas que pertenecen casi completamente al siglo pasado, cuando la economía de nuestros países giraba en torno a la "hacienda" como unidad básica, inclusive sociopolítica. Sin entrar a considerar si esos instrumentos, en lugar de contribuir al desenvolvimiento armónico político–económico de nuestros países a partir del siglo pasado, no hicieron otra cosa que arraigar fuertemente la estructura feudal en América Latina, lo que sí resulta ahora como notorio es que no son apropiados para permitir la realización de los imperativos del desarrollo y de la tecnología moderna.[604] En Venezuela, a comienzos de la década de los setenta, la conducción del país a través de esas instituciones políticas, administrativas y jurídicas, ha producido un resultado evidente: el descrédito de esos mecanismos e instituciones como consecuencia de una ausencia de decisión política y de mando; es decir, como consecuencia de una vida política vegetativa –existencia del Estado y nada más–, sin precisión clara de políticas económicas y sociales, es decir, de una política de desarrollo nacional; o lo que es peor –como en el caso del reto del desarrollo–, si alguna vez se definió o se pretendió definir y planificar políticas, esas nunca fueron realizadas por ausencia de mecanismos reales y efectivos de decisión. En este sentido, puede decirse que una de las características resaltantes del Estado venezolano en los últimos años ha sido precisamente esa: la ausencia de decisiones políticas y, por tanto, de mando; y como ha dicho Philip *Selznick,* "si falta el mando cuando es necesario, la institución comienza a ir a la deriva,

---

603 *Cfr.*, Allan R. Brewer–Carías, *Una Revolución para el Desarrollo, cit.*, pp. 26 y ss.

604 Lamentablemente, gran parte de los dirigentes latinoamericanos fueron formados en esos esquemas, y mediante esas instituciones, ya superadas por las nuevas problemáticas de nuestros países, y ello ha contribuido aún más radicalmente a las fallas políticas actuales. Si nuestra generación ha podido apreciar por sí sola el cambio de orden económico y social que se ha producido en nuestros países en los últimos quince años, y ha comprendido que los problemas sociales de hoy no pueden ser resueltos ni suficiente ni adecuadamente ni siquiera con los instrumentos e instituciones de la década del cincuenta, resulta verdaderamente incomprensible que muchos de esos dirigentes todavía sigan pretendiendo dirigirlos con métodos, mecanismos e instituciones decimonónicos, que fueron los que ellos conocieron y a través de los cuales se formaron, y en algunos casos, por fuerza de aspectos políticos internos, añoraron. *Cfr.* Allan–R. Brewer–Carías, *Una Revolución para el Desarrollo, cit.*, p. 26.

expuesta a las presiones que encuentra en su camino o influida por tendencias oportunistas de poco aliento".[605]

Ahora bien, esa ausencia de decisión política tiene su origen, ciertamente, en diversos factores que se entrecruzan y complementan y que surgen de la contradicción de las realidades actuales con las instituciones superadas, que por complicadas y muchas veces inútiles, no sólo carecen de funcionalidad sino que estorban. Esta apreciación, por otra parte, tiene validez universal, por ejemplo, frente a la estructura de la administración, aun cuando surge con mayor evidencia en los países subdesarrollados.[606] Por ello, al pretenderse conducir un Estado contemporáneo subdesarrollado, donde se exigen, como señalamos, decisiones políticas ágiles, definidas y muchas veces audaces, mediante mecanismos institucionales que no se corresponden con la realidad económica y social, se produce, entonces, esa ausencia de decisión. La estructura del Estado y de la administración, así como el sistema jurídico, entonces, son tan apropiados para los problemas del liberalismo o para la época de la escritura a mano y de los cálculos a tinta, que cuando se pretende tomar una decisión, el proceso de su formación está tan diluido y es tan complicado, que al final del mismo no resulta decisión alguna, y es que, en esa forma, no puede haberla.

Pero la crisis institucional de Estado en estos países, además de producir como consecuencia una ausencia de decisión política y de mando, produce a la vez una enorme debilidad del poder público frente a las inevitables y muchas veces necesarias presiones de los grupos de intereses de la comunidad, particularmente de los grupos económicos. Ciertamente que esas presiones son muchas veces un efectivo mecanismo de control colectivo frente a posibles abusos del Estado. Sin embargo, se tornan nocivas cuando surgen indiscriminadamente ante cualquier actuación estatal que por ellas, en definitiva, se detiene.[607] En este sentido, puede decirse que una política de desarrollo económico, con todas las reformas estructurales que implica, cuenta y contará con innumerables enemigos que la analizarán, no bajo el ángulo del beneficio colectivo que puede aportar a la comunidad, sino bajo el ángulo del beneficio que puede o no aportarle a sus intereses particulares.[608] Frente a la inacción del Estado ante presiones de los grupos econó-

605 *V.* Philip Selznick, El mando en la administración (Una Interpretación Sociológica), Madrid, 1962, p. 38.

606 Basta recordar aquí las palabras de Edouard Bonnefous, Ministro de la Reforma Administrativa en la IV República francesa, cuando constataba que "en la era del átomo, los servicios públicos han mantenido las grandes líneas de la organización napoleónica y utilizan aún procedimientos de los tiempos de la diligencia", y concluía afirmando que con esa estructura, realmente "es un milagro que la administración continúe asegurando la marcha de los servicios públicos", *La Reforma Administrativa,* Madrid, 1960, p. 12.

607 *Cfr.* Allan R. Brewer–Carías, *Una Revolución para el Desarrollo, cit.*, pp. 27 y 28

608 Baste citar aquí un solo ejemplo, relativo a la integración económica latinoamericana entendida ésta como factor de desarrollo. Sobre ella, Bela Balassa, uno de los teóricos de la integración económica, ha señalado con precisión que "en países *con costos* de producción relativamente altos –es el caso de Venezuela–, los usuarios verán con agrado la integración, pensando en el efecto de reducción de precios; en cambio –y es lo que ha sucedido en nuestro país–, lo objetarán los productores que operan con altos costos". Concluye Balassa su apreciación al señalar que "la experiencia sugiere que los intereses de los productores tienen mayor influencia sobre las decisiones gubernamentales; de aquí que esas presiones probablemente tengan un efecto en la integración". *V. Teoría, de la Integración Económica,* México, 1957, p. 16. Esto tuvo su más reciente aplicación práctica en la actuación venezolana frente al Acuerdo de integración subregional del Grupo Andino, durante los últimos años de la década de los sesenta y comienzos de la de los setenta, hasta que al fin Venezuela se adhirió al mismo en 1973. (El Consenso de Lima mediante el cual concluyeron las negociaciones para la adhesión de Venezuela al Grupo Andino se suscribió el 13 de febrero de 1973. *V.* la Ley aprobatoria del Pacto Andino en *Gaceta Oficial* N° 1.620, extraordinario, de 1° de diciembre de 1973). Pero lo más grave en esa actuación, ciertamente, no fue el que las presiones de los sectores económicos (*V.* la colección de documentos y las intervenciones del *Foro Nacional sobre Venezuela y la Integración Latinoamericana,* Caracas, 9 al 14 de agosto de 1971, Caracas, 1972, y la investigación de Andrés Stambouli,

micos, muchas veces hay que llegar a la conclusión de que o hay una ausencia de preparación o imaginación en los cuadros administrativos, o las instituciones políticas son tan débiles que no resisten la más mínima presión, cuando, al contrario, deben estar preparadas para resistir presiones que siempre surgirán cuando se busca un interés colectivo, lo cual por esencia implica el sacrificio de intereses privados. En este sentido, entonces, no puede seguirse admitiendo una Administración que lo único que hace, materialmente, es no hacer nada, por no quererle hacer nada a nadie; un sistema jurídico que sólo protege y regula a grupos dominantes de carácter económico y que ignora a los sectores medios y marginales, los cuales, quiérase o no, son los mayoritarios; y un sistema político que permite, por sus deficiencias, el enquistamiento de los grupos de presión en los cuerpos representativos, y en el cual no hay real participación y representación, y el cual, en general, no se llega a aplicar, por el secular tutelaje militar tan característico de América Latina. En otras palabras, no puede seguir funcionando adecuadamente en América Latina un aparato institucional que en definitiva ni garantiza la democracia política, ni mucho menos la democracia social y económica, si se quiere alcanzar rápidamente niveles importantes de desarrollo económico y social en forma constante. Por ello, la importancia de la cuestión institucional en la problemática del desarrollo latinoamericano.

3. La búsqueda de un modelo político para el desarrollo

Sin embargo, la labor de pensar o crear instituciones tendientes a consolidar y fortalecer la autonomía y el papel del Estado en un proceso de desarrollo en América Latina, y particularmente en Venezuela, plantea indudablemente, la necesidad de buscar la identificación de un esquema político–institucional para ese desarrollo autónomo, nacional y latinoamericano, no tutelado ni dependiente. Para la precisión de esa opción, quizás tendrían que tenerse presente al menos tres premisas fundamentales: en primer lugar, que con las instituciones tradicionales actualmente existentes en América Latina, no se podrá avanzar decididamente en ese proceso de desarrollo, a menos que sufran una fundamental transformación; en segundo lugar, que las fórmulas o modelos político–institucionales adecuados para un proceso de desarrollo en los países latinoamericanos deben elaborarse para cada país, de acuerdo con su particular realidad, por lo que deben descartarse las fórmulas o vías universales o regionales, particularmente cuando se considera a un país como Venezuela, con una situación única y excepcional en el continente; y en tercer lugar, que para precisar un esquema político–institucional de desarrollo autónomo en cualquiera de nuestros países, aparte de las consideraciones específicas de espacio y tiempo, no pueden adoptarse ni importarse los modelos que surgen de la experiencia histórica de otros países hoy altamente industrializados.[609] Esto implica, par-

"La actuación de Fedecámaras y la CTV ante el ingreso de Venezuela al Pacto Andino", en *Politeia,* N° 2, Instituto de Estudios Políticos, UCV, Caracas, 1973, pp. 325 y ss.) influyeron en la no adhesión inicial de Venezuela al Acuerdo de Cartagena, sino que aparentemente pusieron en evidencia el hecho de que la administración no había estudiado y tabulado todas las consecuencias que el referido Acuerdo traía para nuestra economía que, artificial y todo, era la economía del país. Y sin haber estudiado esas repercusiones, se aprestaba originalmente a firmar el referido Acuerdo en 1968. Fue sólo después de creado el Instituto de Comercio Exterior en 1970 (*V.* Ley del Instituto de Comercio Exterior en *Gaceta Oficial* N° 29.294 de 17 de agosto de 1972), cuando conocidas y estudiadas las repercusiones de la adhesión de Venezuela al Acuerdo, ésta se produjo en 1973.

609 Sobre estas premisas, puede decirse que en general hay consenso entre los estudiosos del desarrollo latinoamericano. Es el sentido, por ejemplo, de los trabajos en el libro editado por Claudio Veliz (ed.), *Obstacles to Cbange in Latin American, cit.,* tal como el mismo Veliz lo destaca al introducir los diferentes ensayos, p. 1. En

ticularmente, que en nuestros países, para el enfoque que es necesario hacer del papel del Estado en el proceso de desarrollo, deben superarse por anticuadas y engañosas, las perspectivas tradicionales y dogmáticas sobre la institución estatal que por largos años se nos han querido imponer a los latinoamericanos. Es decir, en nuestro criterio, debe superarse la concepción marxista determinista que entiende al Estado, en sociedades de formación capitalista como las latinoamericanas, como un simple instrumento, directa o indirectamente de las clases económicas dominantes, sin posibilidad de autonomizarse de las mismas; así como también deben superarse las concepciones liberales que conciben al Estado como un ente abstencionista y cuya única intervención se justifica cuando se realiza en beneficio de las clases económicas dominantes.[610] En efecto, puede decirse que la ciencia política latinoamericana en los inicios del último tercio del siglo XX ya ha superado la dicotomía tradicional proveniente de Europa o Norteamérica entre el marxismo oficializado y dogmático y las corrientes neoliberales, como únicas fórmulas para determinar las alternativas válidas para el desarrollo[611] y que, superada la polarización a que ha sido sometida durante las últimas décadas, desde los últimos años de la década de los sesenta, se han venido sentando las bases para la determinación de una vía político–institucional de desarrollo, no sólo autónoma en cuanto a que es latinoamericana y con características propias en cada país, sino particularmente democrática, pragmática y realista en cuanto que es derivada del análisis de nuestra realidad económica y social, de nuestra situación de dependencia,[612] y de los retos que se nos plantean para las décadas futuras.[613] En esta alternativa autónoma de desarrollo se destaca, ciertamente, el papel fundamental del Estado y de las *instituciones políticas,* administrativas y jurídicas en el proceso de desarrollo y la incapacidad de las instituciones tradicionales para acometerlo; o en otras palabras, el papel esencialmente estratégico de la acción estatal en el futuro desarrollo de América Latina.

4. La fórmula neoliberal

Ahora bien, partiendo de esta premisa, en nuestro criterio, una conclusión podría obtenerse de inmediato: América Latina no será capaz de avanzar decididamente en el proceso de desarrollo económico y social que tiene planteado y, por tanto, de transfor-

---

particular, *V.* los trabajos de A. Pinto, "Political Aspects of Economic Developmeut in Latin America", y O. Sunkel, "Change and Fructration in Chile", en pp. 20, 21 y 134

610 *Cfr.*, por ejemplo, Helio Jaguaribe, "Dependencia y Autonomía en América Latina", en *Cuadernos de la Sociedad Venezolana de Planificación,* Nos. 70–71, Caracas, dic. 1969, p. 4. (Este trabajo fue publicado también en H. Jaguaribe y otros. *La dependencia político–económica de América Latina,* México, 1971, pp. 1 y ss.); Ismael Bustos, "El Estado y las reformas revolucionarías", en *Mensaje,* N° 123, Santiago de Chile, octubre, 1963, p. 619; Oswaldo Sunkel. "Política Nacional de Desarrollo y Dependencia Externa" (Segunda Parte), en *Comercio Exterior,* Tomo XVIII. N° 4, México, abril, 1968, p. 333; y Claudio Veliz, "Introduction", en Claudio Veliz (ed.), *op. cit.,* p. 8.

611 *V.* por ejemplo, el análisis en tal sentido de Marcos Kaplan, *La Ciencia Política Latinoamericana en la Encrucijada,* Santiago de Chile, 1970, pp. 26 y ss.

612 *Cfr.*, por ejemplo, T. Dos Santos, "The Crisis of Development Theory and the Problem of Dependence in Latín America", en Henry Bernstein (ed.), *Underdevelopment and development,* The Third World Today, 1973, pp. 72 y ss.; Fernando Henrique Cardozo, *Estado* y *Sociedad en América Latina,* Buenos Aires 197, pp. 133 y ss.

613 Por ejemplo, es de destacar los esfuerzos por la elaboración de un "modelo autónomo de desarrollo e integración de América Latina", desarrollados por Helio Jaguaribe. *V.* "Dependencia y Autonomía en América Latina", *loc. cit.,* pp. 4 y ss., y en sus libros *Political and Economic Development,* Harvard 1968 y *Political Development,* New York, 1973.

mación de sus estructuras económicas y sociales, mediante un modelo político–institucional de crecimiento económico puramente capitalista, o neoliberal. El desarrollo y las transformaciones estructurales que es indispensable realizar en el futuro, no serán posibles en nuestros países, tal como anteriormente se ha insistido, si la conducción del proceso de desarrollo se deja sólo en manos de la economía privada, pues el solo crecimiento económico espontáneo, de carácter privado y sin participación activa del listado, como agente, no garantiza el desarrollo económico y social y la consecuente redistribución de la riqueza. Sin embargo, y ello también es cierto, el rechazo de un esquema político–institucional para el desarrollo en América Latina, no debe surgir de posiciones predeterminadas en forma dogmática, sino del análisis pragmático y realista de nuestras distintas sociedades,[614] teniendo en cuenta las particulares condiciones de cada una de ellas en un momento determinado. Por ello, y en vista de las características actuales del proceso de desarrollo latinoamericano y de sus exigencias futuras, una fórmula puramente capitalista neoliberal o "desarrollista", la cual se basa en la capacidad de la iniciativa privada –con la reforma de algunas estructuras arcaicas y deficientes– para desarrollar los ingentes recursos naturales que existen en nuestros países,[615] siguiendo los pasos que continuaron en su desarrollo los países occidentales hoy altamente industrializados –experiencia que hoy es irrepetible–, y que provocaría consecuencia! y automáticamente un desarrollo social, es inaplicable. Y ello no sólo poique las posibilidades del proceso de industrialización a través de la sustitución de importaciones –base hoy de buena parte de la iniciativa privada en América Latina–, están agotándose, al disminuirse el ritmo de crecimiento inicial, sino porque esa fórmula es incapaz de disminuir la dependencia –al contrario, la aumenta– de la región, imposibilitando, además, la integración a la vida económica, social y política, de las cada vez mayores masas marginales. En otras palabras, un régimen de real democracia económica *y* social no podrá ser garantizado en nuestros países, mediante una fórmula neoliberal de crecimiento, tal como en la actualidad no está realmente garantizado. En efecto, la agudización de las contradicciones entre las expectativas crecientes de las masas marginadas y las posibilidades de una fórmula puramente capitalista neoliberal, provocarán una creciente insatisfacción de las necesidades elementales de la sociedad, que conducirán, como tantas veces ha sucedido en América Latina, a la irrupción de autocracias militares de corte fascista. El desarrollo autónomo que América Latina tiene planteado, al contrario, por exigir una mayor participación de las masas marginales en la vida económica, social y política, requiere de un esquema político–institucional que admita y garantice realmente la democracia económica, social y política y que, por tanto, garantice también esa participación. En este campo, sin embargo, si bien y hasta cierto punto pueden formularse generalizaciones sobre ciertas situaciones y alternativas para América Latina, es necesario tener en cuenta, ante todo, que cada país tiene sus propias condiciones nacionales económicas y sociales, en un espacio y tiempo determinado, y son esas condiciones las que pueden orientar en la búsqueda y opción de una fórmula de desarrollo determinado, por lo que bajo todo punto de vista sería errado importar o trasplantar experiencias políticas de Europa a América Latina, así como también pretender

---

614 Los modelos para el desarrollo, como bien lo ha indicado H. Jaguaribe, no son buenos o malos en si mismos: ellos son, simplemente, más o menos adecuados para promover el desarrollo nacional de una determinada sociedad en un tiempo particular, en vista de las condiciones estructurales de esa sociedad en dicho tiempo. *V.* Helio Jaguaribe, *Political and Economic Development, cit.*, p. 91.

615 *V.* la apreciación crítica sobre esta alternativa, en Carlos Acedo Mendoza, *América Latina, Marginalidad y Desarrollo,* Caracas, 1972, pp. 23 y ss.

el trasplante de experiencias de unos países latinoamericanos a otros, o aplicar a un país específico una opción seguida por otro país en un momento histórico determinado.[616]

En esta forma, y si bien la fórmula capitalista liberal fue la aplicada en América Latina durante el siglo pasado y la primera mitad del actual, consideramos que ese modelo *no podrá seguir aplicándose* en el futuro –inclusive cuando se realiza por la fuerza militar de corte fascista– so riesgo de ir contra el devenir histórico e ignorar que el mundo avanza cada vez más, científica y tecnológicamente, en forma también cada vez más estratificada. El rechazo de una fórmula capitalista neoliberal, como posibilidad de un desarrollo autónomo e integrado de América Latina en este último tercio del Siglo XX, y el reconocimiento, guste o no guste, del papel del Estado como agente y factor estratégico del desarrollo, exige la búsqueda de un esquema distinto basado en la creciente autonomía e intervención del Estado y en la delimitación consecuencial del papel de la iniciativa privada o si se quiere, de la apropiación privada de los medios de producción, de acuerdo a la situación de cada país.

5. El modelo socialista revolucionario

En la búsqueda de este esquema, por supuesto, se plantea en primer lugar la formulación de un modelo socialista revolucionario de desarrollo, que implica la estatización y socialización total de los medios de producción y la maximización del papel del Estado en el orden económico y social, tal como ha sucedido en Cuba, y en cierta forma, como se ensayó parcialmente en Chile durante la experiencia del Gobierno de Unidad Popular del Presidente Allende hasta 1973. Ahora bien, en el primer caso de la experiencia cubana, la única fórmula político–institucional de carácter socialista revolucionaria que se ha consolidado en América Latina, la situación latinoamericana ha enseñado que no es transplantable con independencia de la consideración del momento histórico, la situación del país y la correlación de las grandes potencias mundiales. Por ello, la revolución armada como fórmula de llegar a la vía cubana, no sólo fracasó en toda América Latina, como sus actores ahora lo reconocen,[617] sino que consideramos una insensatez el que pueda proponerse como modelo universal para el desarrollo autónomo de nuestros países o como única estrategia válida para el mismo.[618] Ante todo es conveniente tener en cuenta que una fórmula de esta naturaleza, indudablemente que requiere de una situación o de condiciones prerrevolucionarias que surgen, entre otros factores, por un alto grado de frustración económica, social y política derivada de una relativamente alta

616 En este sentido, considerarnos que la experiencia del Brasil actual, no sólo es inaplicable a los demás países latinoamericanos en vista de las premisas anteriores, sino que su repetición no es deseable. Asimismo, y ésta es quizás una de las características de los procesos políticos de América Latina, no sólo la experiencia revolucionaria de Cuba es irrepetible, sino que las mismas experiencias políticas de Chile (1970–1973) o Perú son también íntransplantables. *Cfr.* Helio Jaguaribe, *Political Development, cit.,* pp. 459 y ss.; Fernando Henrique Cardozo, *op. cit.,* pp. 57 y ss.

617 *V.* las referencias documentales al caso venezolano, en Richard Gott, *Rural Guerrillas in Latinoamérica,* 1973, pp. 213 y ss.

618 No consideramos correcta, entonces, la afirmación de A. Gunder Frank de que la única y verdadera estrategia del desarrollo en América Latina es la revolución armada para la construcción del socialismo, y ello porque no sólo ambos elementos no van necesaria e indisolublemente unidos –a pesar del fracaso de la experiencia chilena en 1973–, sino porque la posibilidad misma de esa estrategia está condicionada por la particular situación de cada país. *V.* André Gunder Frank, *Lumpenburguesía: Lumpendesarrollo,* México, 1971, p, 154. Un interesante recuento del fracaso de los movimientos guerrilleros en América Latina, y particularmente en Venezuela. puede verse en Richard Gott, *op. cit.,* pp. 153 y ss.

insatisfacción de necesidades económicas y sociales o de participación política, ocurrida después de un período relativamente prolongado de desarrollo económico y social.[619] No sólo los movimientos guerrilleros de la década de los sesenta fracasaron en crear esas condiciones prerrevolucionarias, sino que la sola situación de marginalidad de una alta proporción de la población en los países de América Latina no conduce automáticamente a una insurrección popular revolucionaria y al establecimiento de un modelo de socialismo revolucionario, sino que se hace indispensable que en un momento histórico determinado, la satisfacción de las necesidades y expectativas crecientes de la colectividad, provocada entre otros factores por los medios de comunicación dirigidos a un consumo inalcanzable, no se pueda realizar en los mismos niveles relativamente normales que existían con anterioridad a ese momento histórico; y es precisamente ese estado relativamente alto de frustración en la satisfacción de necesidades económicas y sociales o en la participación política, cuya expectativa se tendría en *forma* creciente, el que pudría contribuir a la configuración de una situación prerrevolucionaria.[620] En todo

---

619 En este sentido es interesante destacar el cuadro de J. C. Davies, sobre las condiciones revolucionarias producidas cuando surge un intolerable "gap" entre lo que el pueblo (necesidades) y lo que obtiene o espera obtener (satisfacción), en su trabajo, "Toward a Theory of Revolution", en *American Sociological Review*, February 1962, Vol. 27, N° 1, p. 5. Dicho cuadro es el siguiente:

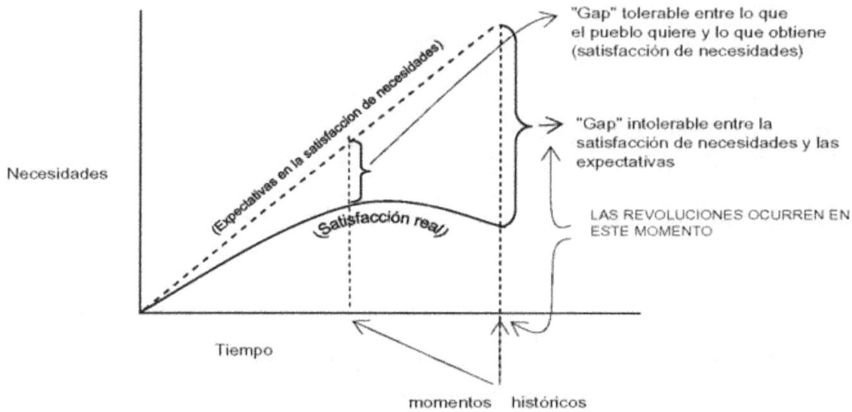

V. por otra parte, en igual sentido, Robert Dowse, "The Military and Political Development", en C. Leys (ed.). *Politics and change in developing Countries*, Cambridge, 1963, pp. 218 y 219.

620 Al analizar la situación de marginalidad creciente de América Latina, sobre todo en las áreas urbanas, quizás habría que estar consciente de que estando compuesta por migrantes rurales, en su mayoría de primera generación marginal, pues las áreas urbanas marginales se han formado en proporciones alarmantes en los últimos veinte años, esa primera generación marginal, en términos relativos, no ha tenido una situación de frustración como la anotada, porque, en todo caso –y esto es lo trágico de la marginalidad urbana en América Latina–, su situación en los barrios o favelas es relativamente mejor y en ningún caso peor a la que tenían en las áreas rurales. La posibilidad de gozar, así sea marginalmente, de los beneficios urbanos y citadinos, es en muchos casos suficiente para sofocar todo llamado a la insurrección, debido al efecto de comparación. En los casos de áreas marginales de primera generación, como son la mayoría de los barrios de Caracas, por ejemplo y por ello, la votación en elecciones populares ha sido paradójicamente más conservadora que en otras áreas urbanas, cuando teóricamente podría esperarse, en dichas zonas, una votación al menos más progresista. (*V.* por ejemplo, las referencias similares respecto de las elecciones chilenas de 1961 y peruanas de 1963, en S. Huntington, *Political Order in Changing Societies,* Yale, 1968, pp. 279 a 281). Los "fenómenos" electorales en las elecciones venezolanas desde 1958 hasta 1968, eviden-

caso, las revoluciones no se improvisan, ni se importan ni se trasplantan, y el fracaso y la frustración política producida por la ilusión de derramar la revolución cubana en América Latina mediante la difusión de las guerrillas, es una experiencia muy reciente para poder ser olvidada.[621] En esta forma, consideramos que la opción por un modelo de desarrollo socialista revolucionario, no puede ser una opción dogmática, como no lo puede ser la opción por ninguna fórmula de desarrollo: debe, al contrario, partir de una realidad determinada económica y social de un país en un momento histórico concreto. Por ello, la aplicación de una fórmula de esta naturaleza en un momento histórico inadecuado, antes de contribuir al desarrollo nacional y autónomo de un país, lo que puede provocar es una mayor frustración en todos los niveles, que abra paso a soluciones militares de corte fascista,[622] con el consiguiente retroceso y pérdida de las transformaciones sociales y económicas pretendidas.

---

ciados sobre todo en la votación urbana, en este sentido, confirman la ausencia de la brecha de frustración entre las expectativas y la satisfacción de necesidades que requiere una situación revolucionaría. Pero si bien esto es cierto cuando se analiza la marginalidad –económica, social y política– de primera generación, ello es absolutamente distinto en las áreas marginales de segunda generación, que ahora están comenzando a tomar conciencia de su situación; el hombre nacido o levantado en la miseria marginal urbana, que no conoció la situación de olvido y relegación rural que tuvieron sus predecesores, no tiene punto de comparación entre la marginalidad rural y la urbana. Al contrario, en la marginalidad urbana de segunda generación, la comparación será entre los beneficios del consumo y civilización urbanos inalcanzables y la situación de miseria de las barriadas, y en esta situación, a producirse en las próximas décadas, si no se adoptan medidas audaces de carácter social, las condiciones de frustración derivadas de la brecha entre las expectativas y la satisfacción, provocarán situaciones indudablemente de carácter prerrevolucionarias. *(V.,* por ejemplo, la apreciación coincidente de Talton Ray, *The Politics of the Barrios of Venezuela,* Berkeley, 1969, pp. 168, 174, 175 y 177).

621 En este sentido, la experiencia revolucionaria de Cuba, tal como allí sucedió, también es irrepetible en el resto de América Latina; sobre todo por la condición *sine qua non* de la revolución cubana de la no intervención de los Estados Unidos. En todo caso, si en el futuro se producen en nuestros países condiciones prerrevolucionarias, éstas serán distintas.

622 Cualquier fórmula político–Institucional de desarrollo no capitalista, evidentemente que plantea la necesaria reforma de las estructuras económicas, entre otros aspectos, mediante la estatización o socialización en mayor o menor grado, de los medios de producción, de manera que el producto social se transfiera y redistribuya a la colectividad. Esto, por supuesto, exige la delimitación del postulado de la propiedad pública o social de los medios de producción y la delimitación del ámbito de la participación en ellos, del Estado, de las colectividades organizadas y de la iniciativa privada. En este sentido, por ejemplo, está por analizarse si en Chile, después de la evolución del sistema político, económico y social del país en la década de los sesenta, estaban dadas las condiciones de frustración entre las expectativas crecientes de la colectividad y las satisfacciones proporcionadas a las necesidades económicas y sociales y a la participación política, capaces de contribuir a la adopción realista y pragmática –no idealista– de una fórmula de socialización extrema e indiscriminada de los medios de producción como el que realizó o permitió el Gobierno de Unidad Popular hasta 1973. Aparentemente, la vía ligeramente más "reformista" que se le impidió llevar adelante al Presidente Allende, y la polarización forzada de las fuerzas políticas, hacen dudar de la oportunidad histórica de la fórmula escogida, sobre tocio si se tiene en cuenta que las instituciones democráticas representativas que le servían de canal a la experiencia pacífica de transición al socialismo del Gobierno de la Unidad Popular, precisamente no eran las más adecuadas, por su sistema eJeeto/ai minoritario y su necesario producto: un gobierno de minorías. En todo caso, no está fuera de toda duda el que la frustración frente a la posible inoportunidad histórica de la fórmula admitida, no haya contribuido a la descomposición económica, social y política que condujo al absurdo golpe militar del 11 de septiembre de 1973, y con él, la experimentación, por primera vez en la reciente historia política de Chile, de soluciones militares de corte tradicional tan conocidas en los otros países latinoamericanos. En el primer semestre de 1973, en todo caso, el Presidente Allende no sólo no pudo lograr, dentro de las fuerzas políticas que lo apoyaban, un viraje hacia el reformismo, que a la larga hubiera sido más efectivo, sino que perdió toda posibilidad de lograr un consenso político nacional en relación a su gobierno. El apoyo que logró en los militares, no sólo se resquebrajó al aparecer los primeros brotes golpistas en esos meses, sino que después de llamar tardíamente a ocupar posiciones ministeriales a los Jefes de las Fuerzas Armadas, agudizó la polarización y politización de éstas, que llevaron a dichas Fuerzas a irrumpir con un gobierno fascista en el cuadro institucional de ese país.

Ahora bien, a mitades de la década de los setenta, puede señalarse que en general –y aquí reconocemos una vez más la dificultad de formular generalizaciones respecto de América Latina– y en particular en Venezuela, las condiciones económicas y sociales para la opción de un modelo socialista revolucionario no estaban dadas,[623] lo cual no implica que no puedan darse en cualquiera de los países latinoamericanos en un futuro próximo. En todo caso, la opción por la fórmula socialista revolucionaría violenta debe tenerse como una solución extrema para una situación extrema[624] y esa situación extrema, en general, no estaba dada en la mayoría de los países latinoamericanos y, en particular, en Venezuela.

6. La autonomización del Estado y el capitalismo del Estado

En esta forma, y dentro de las fórmulas no puramente socialistas o capitalistas para un desarrollo autónomo y no dependiente de América Latina, partiendo de una apreciación general de nuestros países en la segunda mitad de la década de los setenta, y de la condición única de Venezuela dentro de ellos, estimamos que los intentos para la formulación de un esquema político–institucional viable y pragmático para nuestro desarrollo, podrían estar basados en la consideración de varios aspectos: las exigencias del proceso de desarrollo económico y social en cuanto al necesario cambio de estructuras que conlleva; la socialización y estatización de los esenciales y principales medios de producción de manera que se garantice la transferencia de su producto al beneficio social, sin que ello implique la total extinción de la participación de la iniciativa privada en el proceso de desarrollo; la participación creciente de las áreas marginales rurales y urbanas en los procesos políticos, económicos y sociales; la intervención activa y primordial del Estado como agente y actor de ese proceso, con un alto grado de autonomía; el establecimiento de mecanismos institucionales jurídico–político–administrativos que consoliden y fortalezcan esa autonomía del sector público, de manera que actúe en beneficio de las mayorías nacionales; y particularmente, el establecimiento de un sistema político basado en la democracia participativa, que garantice la democracia económica y la democracia social. Un esquema basado en estas consideraciones, podría dar origen a la configuración de un *Estado Democrático y Social de Derecho* [625] que, como tal, no sea

623 En otras palabras, tal como lo señala H. Jaguaribe, la condición de subdesarrollo de la mayoría de los países latinoamericanos, en general, no es tal que permita identificar una clase dominante que no sólo mantenga a un país en una situación de estancamiento o regresión y de explotación de las masas, sino que ejerza el control mediante procesos feudales o semi feudales, y que no de pie para la acción de la inteligencia de la clase media en la burocracia o las fuerzas armadas; situaciones propias de la opción del modelo de "socialismo desarrollista" como lo califica. *V. Political and Economic Development, cit.*, p. 60.

624 *Cfr.* Helio Jaguaribe, *Political and Economic Development, cit.*, pp. 60 y 61

625 *V.* lo indicado en el Capítulo 2. Sobre la noción del Estado Democrático y Social de Derecho, *V.* W. Abendroth, "Der demokratische und soziale Rechtsstaat als politischer Auftrag", en León Cortinas Peláez (director), *Perspectivas del Derecho Público en la Segunda Mitad del Siglo XX, Homenaje a Enrique Sayagués Laso,* I.E.A.L., Madrid, 1969, Tomo I, pp. 803 a 846; y en relación a América Latina, en León Cortiñas Peláez, "Las Ciencias Administrativas en América Latina", *Archivo de Derecho Público y Ciencias de la Administración,* Vol. 2, 1970–1971 (Instituto de Derecho Público, UCV), Caracas, 1972, pp. 20 y ss., particularmente 24 y ss.; y "Estado Democrático y Administración Prestacional", en *Revista de Administración Pública,* N° 67, Madrid, 1972, pp. 95 y ss. Con el fundamental agregado del carácter *democrático,* la fórmula del Estado Democrático y Social de Derecho tendría muchas de las características del *Welfare State* (Estado de Bienestar) o Estado Social de Derecho *(Cfr.* Elías Díaz, *Esiado de Derecho y Sociedad Democrática,* Madrid, 1966, p. 80), que lo distinguirían del denominado Estado de Servicios Sociales de la preguerra, que buscaba "mejorar" socialmente sólo a ciertos sectores de la sociedad, y del Estado Socialista, que conduce a un cambio total en las estructuras económicas y *sociales* basado en un igua-

un instrumento de las clases económicas dominantes, sino, al *contrario,* de las mayorías nacionales y, por tanto, de un real desarrollo económico y social, autónomo y no dependiente, para la consolidación de la democracia social, económica *y* política. Por supuesto, que una fórmula político–institucional como la propuesta de un Estado Democrático *y* Social de Derecho, provocará la reacción de la ortodoxia marxista y de los sectores económicos dominantes en América Latina. La argumentación marxista frente a una fórmula político–institucional de esta naturaleza, calificándola de reformista, se fundamentaría en considerar que la autonomía relativa del Estado capitalista no le permitiría en ningún caso independizarse de la instrumentalización de que ha sido objeto por parte de las clases económicas dominantes, sino que más bien siempre la presupone;[626] y la argumentación neoliberal, al contrario, vería en una fórmula de Estado Democrático y Social de Derecho el mayor atentado al capitalismo.[627]

---

litarismo absoluto y utópico. En el caso del Estado de Bienestar, según la noción de Asa Briggs, éste "deliberadamente usa los poderes públicos para modificar el juego de las fuerzas del mercado, con el objeto, primera, de garantizar a todos un mínimo de ingreso independientemente del valor de mercado de su trabajo o propiedad; *segundo,* de reducir los márgenes de inseguridad, otorgando a todos la posibilidad de afrontar ciertas «contingencias sociales» que provocarían, de lo contrario, crisis familiares o individuales (p. ej., enfermedad, ancianidad, desempleo); y *tercero,* de asegurar a todos los individuos, sin distinción de *status* o clase, la disponibilidad de los mejores *estándares* en relación a los servicios sociales". *V.* Asa Briggs, "Welfare State in Historical Perspective", en S. P Aiyar (ed.), *Perpectives on the Welfare State,* Bombay, 1966, pp. 10 y ss. En definitiva, el *Estado de Bienestar* se consideró como un Estado "positivo" en el sentido de que asumía el papel activo de promoción y protección social mediante las modificaciones de las reglas del mercado; como un Estado Democrático, capaz de promover el cambio social a través de instituciones democráticas; y como un Estado que operaba en un contexto de economía mixta. *Cfr.* A. R. Dessai, "The Myth uf the Welfare State", en S. P. Aiyar (ed.), *op. cit.,* p. 158. En cierta forma, debe señalarse también que en el esquema de un Estado Democrático y Social de Derecho podrían estructurarse síntomas de capitalismo de Estado, que implica, según H. Jaguaribe, "la superación de la crisis social mediante la transferencia al Estado de la iniciativa y control de la empresa privada y el aumento considerable de la capacidad de consumo de todos los grupos sociales e individuos. Se distingue del socialismo por el hecho de que no se produce la abolición legal de la propiedad privada de los medios de producción y no se elimina la economía de mercado. Se distingue del neobismarckismo en que el Estado no se confina a sí mismo a programar el desarrollo y a recular esquemas de participación mediante arbitramento, sino que también se convierte, a través de la imposición, en la principal fuente de ahorro e inversión, asumiendo la responsabilidad, a través de su burocracia tecnocrática, de las iniciativas", *V. Economic and Political Development, cit.,* pp. 45 y 46. Además, en su *Political Development, cit.,* pp. 290 a 297. *V.* sobre *el* Capitalismo de Estado dentro del marco de una investigación sobre el Estado en América Latina, en M. Kaplan, "Estado, dependencia externa y desarrollo en América Latina", *Estudios Internacionales,* N° 2, 1968, Santiago de Chile, p. 211.

626 En este sentido, por ejemplo, N. Poulantzas señala, al comentar "la autonomía relativa del tipo capitalista de Estado" en relación a la denominada "teoría de la revolución desde arriba" que una fórmula como la indicada supuestamente se "caracterizaría por una no–correspondencia específica de la superestructura jurídico–política del Estado y de lo económico, en el sentido de que la superestructura jurídico política nacionalizaciones, planificación, etc.–, estaría en cierto modo más avanzada que lo económico y presentaría ya los rasgos de un Estado socialista. Por esta característica fundamental, se asistiría a una autonomización particular del Estado actual respecto de lo económico. Esta se reflejaría en una autonomización particular del aparato de Estado respecto a la burguesía monopolista, desempeñando la categoría tecnoburocrática actual, análogamente, el papel de la burocracia bismarckiana". Estas concepciones las califica Poulantzas de "radicalmente erradas" (dentro de la ortodoxia marxista, por supuesto), señalando que "no se trata sino de la repetición de una forma típica de revisionismo, la del «socialismo de Estado», que aparece invariablemente siempre que el Estado capitalista emprende intervenciones en masa, a fin de adoptar y de ajustar el sistema ante la socialización de las fuerzas productivas: «lassalismo», Bismarck; Proudhon y el «cesarismo social». I. Bonaparte; «capitalismo social», Nuevo Trato (New Deal) roosveltiano; «welfare state», capitalismo de Estado bajo el imperialismo", *op. cit.,* pp. 354 y 355.

627 Es interesante destacar lo planteado en Venezuela hace algo más de tres lustros por Arturo Uslar Pietri: "No es aventurado pensar que en los próximos cinco años la suma de dinero que va a recibir el Estado venezolano, por distintos conceptos, se acercará a los treinta mil millones de bolívares. Una gran parte de esa riqueza, en el pasado, se ha invertido en crear un capitalismo de Estado, que, seguramente, es el más extenso y poderoso del mundo, del lado de acá de la Cortina de Hierro. Ese capitalismo de Estado tiene consecuencias graves. Si sigue

En todo caso, y dejando a un lado las posiciones teóricas, en nuestro criterio y ante la alternativa ilusoria de la toma violenta del poder para la instauración del socialismo mediante la ruptura del Estado y el establecimiento de la dictadura del proletariado, considerando la particular posición del Estado en Venezuela, así como los cambios que es indispensable introducir en las estructuras económicas y sociales para el desarrollo, estimamos que una vía realista y pragmática, a la vez que democrática, para la conducción de esos cambios y del desarrollo, estaría en el fortalecimiento de la posición del Estado para que se haga efectiva su autonomización respecto de las clases económicas dominantes, y actúe al servicio de la mayoría del país.

En todo caso, a la base de un esquema político–institucional de desarrollo latinoamericano como el del Estado Democrático y Social de Derecho, está el papel que corresponde jugar al Estado en el proceso de desarrollo y su mayor o menor participación en la propiedad de los medios de producción. La proporción de esta participación dentro de un sistema de economía mixta como el que produce ese modelo, por supuesto, trae consecuencias y modalidades distintas, con un mayor énfasis en aspectos de capitalismo de Estado o socialistas, según el grado de esa participación, la cual, en todo caso, tampoco puede ser determinada *a priori* en forma dogmática.

En efecto, elemento básico a dilucidar en un esquema de Estado Democrático y Social de Derecho está en que la intervención del Estado en la vida económica y social de un país en vías de desarrollo como cualquiera de los latinoamericanos, tal como se dijo anteriormente, no tiene carácter subsidiario ni se realiza de contrabando, mediante la supuesta invasión por el sector público de actividades cuyo ejercicio no le está encomendado. En efecto, si para el planteamiento de cualquier solución institucional al proceso de desarrollo económico y social en América Latina, hemos partido del papel fundamental que corresponde al Estado en dicho proceso como agente estratégico, ello debe conducir al rechazo definitivo de la vieja tesis liberal del carácter subsidiario y supletorio de la intervención del Estado en la vida económica, en relación a la iniciativa privada. Ciertamente, en un modelo capitalista o neoliberal de desarrollo, la tesis de la intervención subsidiaria del Estado es uno de sus soportes, así como en un modelo socialista revolucionario, la tesis de la marginalidad o inexistencia de la iniciativa privada es también uno de sus soportes. En cambio, y esto es necesario destacarlo adecuadamente, en un esquema de Estado Democrático y Social de Derecho, de economía mixta, el problema a resolver no está en plantearse la subsidiariedad de la acción del Estado o la marginalidad de la iniciativa privada, sino, en base a criterios pragmáticos orientados a lograr un proceso de desarrollo integral –económico, social e institucional–, y consecuencialmente de real democracia económica, social y política, determinar las áreas en las cuales los sectores públicos y privados pueden contribuir mejor a dicho logro. En este esquema, ni el sector público es subsidiario o supletorio de la iniciativa privada, ni ésta debe desaparecer completamente, pues ambos sectores han de participar en el logro

creciendo ilimitadamente, Venezuela va a llegar a ser un país, no ya dependiente del petróleo, sino dependiente del Estado, y ese capitalismo monstruoso de Estado, llegará fatalmente a convertirse, como en el pasado se convirtió, en una terrible máquina de tiranizar. Nosotros tenemos que hacer todo esfuerzo para que, en el porvenir inmediato, una gran parte de esa riqueza que va a pasar por las manos del Estado, no vaya a engrosar, fortificar y extender el capitalismo de Estado en Venezuela, con todas las fatales consecuencias que en el terreno político ha de implicar fatalmente este hecho, sino que vaya, pura y simplemente, a fortificar esa clase media y a crear verdaderamente un capitalismo dentro de Venezuela, que apenas en nuestros días está dando sus primeros vagidos y que ha de ser, forzosamente, una fuerza estabilizadora, liberal y democrática en el futuro inmediato del país". *V.* Arturo Uslar Pietri, *Materiales para la construcción de Venezuela,* Caracas, 1959, p. 83.

de las metas del proceso de desarrollo, y de la democracia económica y social, y el ámbito de dicha participación dependerá de las condiciones de espacio y tiempo, es decir, de la situación particular de cada país y de su estructura económica y social en un momento determinado. La esencia socialista del esquema está, en todo caso, en que los beneficios económicos deben estar orientados hacia el desarrollo social, y la redistribución del ingreso, y no sólo al enriquecimiento de las clases económicas poderosas. Por su parte, la esencia democrática garantizará que la participación de los sectores públicos y privados en el proceso económico no responderá a los solos criterios de una minoría burocrática o de una aristocracia económica que pueda estar de turno en el ejercicio del poder, sino al real sentir y necesidad del país, es decir, a un auténtico régimen de democracia no sólo política, sino esencialmente económica y social.

7. El Estado Democrático y Social de Derecho

En el esquema democrático y social del Estado de Derecho, la participación e intervención del Estado en el proceso de desarrollo y en la conformación del orden económico y social tiene por supuesto una importancia decisiva, así como las actividades de control que le corresponde ejercer para reducir, orientar y canalizar la iniciativa privada en la consecución de los fines de desarrollo.[628] La participación del Estado en esta fórmula, por tanto, no se encierra en el solo ejercicio de una actividad planificadora y reguladora como la que ha caracterizado a muchos países latinoamericanos; sino que va más allá, al asumir un papel activo en el desarrollo económico y social mediante la inversión directa, convirtiéndose en todo caso, en la principal fuente de ahorro e inversión, principalmente a través de adecuadas políticas impositivas; y todo ello para conducir la inversión hacia fines y objetivos de desarrollo económico, social y físico y de ordenación territorial, en proporciones mayores en relación a los gastos corrientes de administración general y de defensa. En este sentido, en un país como Venezuela, la intervención del Estado en el futuro debe tender a ser cada vez mayor en el campo de las actividades industriales o básicas, y en particular, en las extractivas y sus derivados, en las cuales reposa, real y efectivamente, casi toda la potencialidad y posibilidad económica del país, como, por ejemplo, las actividades relacionadas con los hidrocarburos, petroquímica, hierro, siderúrgica y energía, o en las actividades tendientes a asegurar a todos adecuados *y generales* servicios sociales y urbanos, como, por ejemplo, los servicios de salud, de comercialización *y transporte*. En un país como Venezuela, por tanto, una política de nacionalización o estatización, como dogma, de todas las actividades privadas, realmente no tendría sentido alguno, y lo que podría producir es el descalabro total de las estructuras económicas existentes, sin ningún beneficio social con-

628 En este sentido, por supuesto, un esquema de desarrollo basado en la fórmula político–institucional del Estado Democrático y Social de Derecho se distingue claramente de las fórmulas fascistas que a menudo se muestran como un ejemplo del "dominio de la sociedad por parte del Estado". Tal como R. Miliband ha señalado: "Esto es perfectamente cierto. Pero la fórmula (fascista), puesto que *carece de contenido social,* es engañosa por dos conceptos: en primer lugar, no nos permite advertir en qué grado el Estado fascista actuó de manera enormemente ventajosa para las clases poseedoras y patronales; en segundo lugar, porque no toma en cuenta que «el Estado» siguió siendo dirigido, en gran parte, por personas pertenecientes a las élites tradicionales, administrativa, militar y judicial", *El Estado en la sociedad capitalista,* México, 1971, p. 90. El alto contenido social del esquema propuesto de Estado democrático y social, y la búsqueda de su autonomía respecto de las clases económicas dominantes mediante la consolidación de una efectiva democracia económica, social y política, lo distingue de las fórmulas fascistas que con el régimen militar chileno instalado en septiembre de 1973, se pretendió introducir en América Latina.

secuencial.[629] En este país, los problemas que el Estado tiene que resolver en relación a petroquímica, a la asunción de la industria petrolera *y a la del hierro y la siderúrgica, a la energía,* a los transportes y a la comercialización de bienes, por ejemplo, y los *ingentes recursos* que necesita para intervenir, controlar y orientar estos pilares del sistema económico del país, son suficientes como para que no sea sino una aventura dogmática sin sentido, toda política que se base en una nacionalización indiscriminada de todos los medios de producción y que pretenda convertir al Estado en único banquero, financista o asegurador o en productor de bienes elementales de consumo, ensamblador de productos semielaborados, talabartero, hilandero o editor. Estas actividades económicas deben controlarse, y asegurarse que contribuyan al desarrollo del país, pero para ello el Estado no tiene que apropiárselas y asumirlas; para ello están las medidas reguladoras y de control, las medidas impositivas y la progresiva participación de los trabajadores en los beneficios y dirección de las empresas. En todo caso, y esto es lo que interesa destacar, no caben en América Latina generalizaciones en torno a las áreas que al Estado corresponde ejercer como exigencias del desarrollo, sino que la determinación de las mismas y el papel de la iniciativa privada debe determinarse sin dogmatismos, con vista de las exigencias del proceso de desarrollo económico, social y físico y de ordenación territorial de cada país, en un tiempo determinado.

En el caso de Venezuela, por ejemplo, pueden establecerse algunos criterios de orientación para la vigencia de un esquema político–institucional de desarrollo como el señalado, y que hemos calificado de Estado Democrático y Social de Derecho, teniendo en cuenta las exigencias del desarrollo económico y social del país. Para ello, en la década de los setenta –y este mecanismo teórico es valedero para realizar el planteamiento en cualquiera de los países latinoamericanos–, podría realizarse un enfoque macroeconómico, social e institucional basado en el criterio sistémico o de sistema de la sociedad venezolana: todos los componentes de ésta, en base a determinados –cualitativa y cuantitativamente– recursos humanos, materiales, financieros y de información *(inputs*), tienen unos objetivos concretos de desarrollo económico, de desarrollo social y de desarrollo físico y ordenación territorial que alcanzar en tiempo dado (*output*) –y que deben estar plasmados en un plan y en unas políticas–, por la acción conjunta y mixta de los sectores públicos y privados, a través de la integración de sus instituciones –jurídicas, políticas y administrativas–, en un sistema (ver cuadro anexo)[630]

Ahora bien, precisados determinados objetivos de desarrollo y cuantificados los recursos disponibles –y sobre estos aspectos en el campo económico y social está inundada la literatura hispanoamericana–, el problema a dilucidar y determinar es si los mecanismos o medios procesadores de una sociedad en un tiempo determinado, están en capacidad de producir los bienes y servicios necesarios para, con los recursos e informaciones disponibles, en un período establecido, alcanzar los objetivos del desarrollo económico y social. En un sistema de cualquiera de nuestras sociedades, los mecanismos o medios procesadores serían las instituciones jurídicas, políticas y administrativas que configuran el sector público y las instituciones privadas o particulares que configuran el sector privado, quienes tendrían la responsabilidad de alcanzar los objetivos de

629 El ejemplo de la política generalizada de nacionalización y ocupación de todo tipo de empresas que se *siguió* en el Gobierno *de Unidad Popular en Chile entre 1970 y* 1973, no parece ser un ejemplo a seguir en América Latina desde el ángulo puramente económico.

630 Para un análisis extenso de este criterio *y* del cuadro anexo, véase CAP, *Informe sobre la Reforma de la. Administración Pública Nacional.* Caracas, 1972, 2 volúmenes.

SISTEMA DE LA SOCIEDAD VENEZOLANA

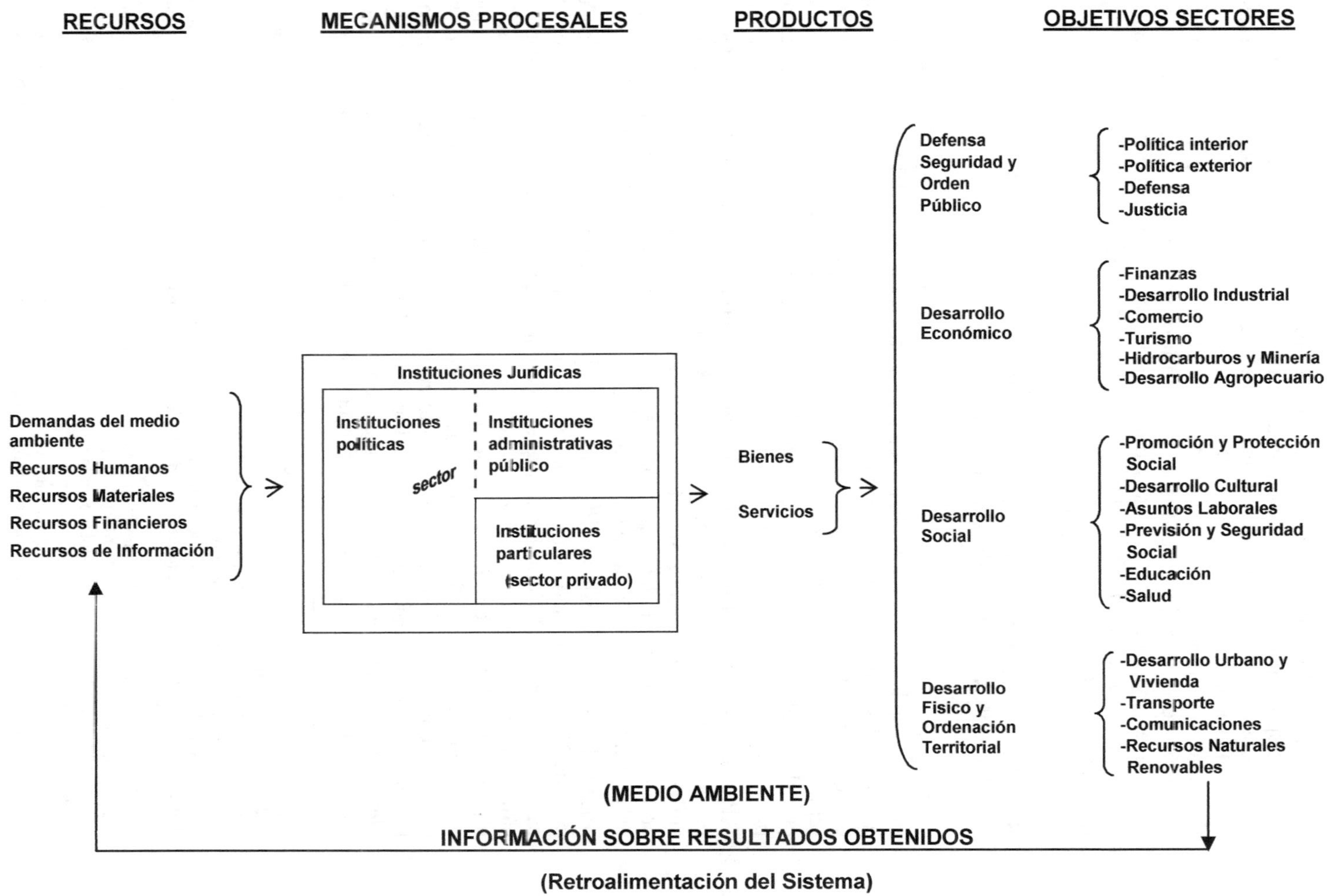

desarrollo en el lapso querido y mediante la utilización adecuada y racional de los recursos disponibles; y la proporción de la participación de los sectores público y privado dependerá de los objetivos de desarrollo perseguidos y del tiempo y recursos disponibles. Pero, en todo caso, la pregunta esencial tiende a determinar si realmente las instituciones de una sociedad dada en América Latina están en capacidad de alcanzar los objetivos de desarrollo deseados o, al contrario, si esas instituciones en general, no constituyen más bien obstáculos o frenos al desarrollo en lugar de ser la palanca del mismo. En la respuesta a este planteamiento está la médula de la cuestión institucional del proceso de desarrollo.[631]

Sección Tercera: LOS SUPUESTOS POLÍTICOS: EL RÉGIMEN CONSTITUCIONAL Y POLÍTICO VENEZOLANO

El régimen constitucional y político de la Venezuela contemporánea es el resultado indudable de la configuración histórica de nuestra sociedad y del Estado, con las nuevas modalidades y exigencias impuestas por las realidades económicas y sociales del país en las últimas décadas.[632] La Constitución del 23 de enero de 1961, que determina aquel régimen, es, en esta forma, por una parte, el resultado de una larga evolución constitucional y política;[633] y por la otra, el resultado de una decisión política concreta adoptada por el pueblo, como poder constituyente.

Para actuar como tal poder constituyente, el pueblo venezolano manifestó su decisión política por intermedio del Congreso de la República de Venezuela,[634] electo mediante sufragio universal, directo, secreto y de representación proporcional.[635] El pueblo tuvo en ese momento de la elección, capacidad para decidir, y allí actuó por tanto como Nación; y el Congreso decretó la Constitución en representación de aquél.[636]

En todo caso, la decisión política adoptada por el pueblo y que resultó en la Constitución de 1961, fue tomada en un momento histórico preciso, condicionado por el derrocamiento de una dictadura. De allí que tras una larga tradición dictatorialista, la decisión política contenida en la Constitución, no sólo haya buscado el establecimiento de un régimen político democrático, sino que ello se baya hecho con un alto contenido de "reacción antidictatorialista".[637] Esta decisión política concretizada en la Constitución de 1961, consistió básicamente en el establecimiento de un determinado régimen constitucional y político para la propia Nación venezolana, caracterizado por los siguientes elementos: el establecimiento de un régimen democrático–representativo; la configuración de un Estado de Derecho con forma federal; el establecimiento de una forma de

---

631 A este análisis es que dedicamos el libro: Allan–R. Brewer–Carías, *Cambio Político y Reforma del Estado en Venezuela,* Madrid, 1975.

632 *V.* lo expuesto en el Capítulo 1.

633 *V.* lo indicado en el parágrafo 3.

634 El hecho de que la Constitución haya sido decretada por el Congreso no significa que lo haya sido por el Poder Legislativo Ordinario, sino que es obra del Poder Constituyente. *V.* sentencia de la CFC en SPA de 5–5–37, en *M. 1938*, p. 226.

635 Las elecciones para constituir el Congreso se efectuaron el 7 de diciembre de 1958. *V.* Boris Bunimov Parra, *Introducción a la Sociología Electoral Venezolana,* Caracas. 1968, pp. 81 y ss.

636 Conforme lo indica el Preámbulo de la Constitución, ésta se decretó por el Congreso, "en representación del Pueblo Venezolano".

637 *V.* José Guillermo Andueza, "Introducción a las Actas", en *La Constitución de 1961 y la Evolución Constitucional de Venezuela. Actas de la Comisión Redactara del Proyecto*, Tomo I, Vol. I, Caracas, 1971, p. XXIV.

gobierno presidencial dentro del marco de la separación de poderes; y la previsión de una serie de garantías y derechos individuales, sociales y económicos. Al estudio de estos elementos de nuestro régimen constitucional y político es que dedicaremos los parágrafos del presente Capítulo, no sin antes precisar algunas de las características fundamentales del ordenamiento constitucional venezolano.

I. EL ORDENAMIENTO CONSTITUCIONAL[638]

Como decisión política del pueblo, titular de la soberanía,[639] la Constitución en Venezuela es una norma de carácter supremo, que se impone por sobre todo otro acto jurídico o material, no sólo a los particulares, sino a los órganos del Estado. Dentro del ordenamiento jurídico, existe por tanto un ordenamiento constitucional, como ley fundamental, con diversas características y consecuencias que debemos analizar.

Ante todo, la Constitución es la ley suprema, la ley de leyes, por lo que toda otra ley, norma o acto le debe estar subordinada y no puede haber acto alguno superior a ella.

1. La supremacía constitucional

El fundamento básico del Estado de Derecho en Venezuela está en esta supremacía de la Constitución, que da origen a una "superlegalidad"[640] por sobre la legalidad ordinaria,[641] reconocida inclusive en presencia de gobiernos *de facto*:[642] La supremacía de la Constitución[643] implica, entonces, que en la cúspide del ordenamiento jurídico está el

638 Las referencias jurisprudenciales sobre el ordenamiento constitucional pueden consultarse en Allan–R. Brewer–Carías, *Jurisprudencia de la Corte Suprema (1930–1975)* y *Estudios de Derecho Administrativo,* Tomo I (El ordenamiento constitucional y funcional del Estado), Caracas, 1975, 650 pp.

639 "La soberanía reside en el pueblo, quien la ejerce, mediante el sufragio, por los órganos del Poder Público", dice el artículo 4° de la Constitución. *Cfr.* la sentencia de la CFC en SPA de 17–4–41 en *M. 1942*, pp. 182 y ss. Sobre el carácter de decisión política fundamental de la Constitución, *V.* lo expresado en la Exposición de Motivos del Proyecto de Constitución en *RFD,* N° 21, 1961, p. 142.

640 La expresión ha sido utilizada desde hace muchos años por la Corte Suprema (*V.* sentencia de la CFC en SPA de 6–8–37 en *M. 1938,* pp. 175 *y* 176); y fue recogida en el Voto Salvado del Magistrado J. G. Sarmiento Núñez a la Sentencia de la CSJ en CP del 29–4–65, Edic. Imprenta Nacional, Caracas, 1965, pp. 20 y ss.

641 En este sentido, la Corte Suprema ha dicho que "es base cardinal del sistema institucional de Venezuela, como el de todas las naciones civilizadas constituidas en Estados de Derecho, que el conjunto de normas jurídicas fundamentales que con el nombre de Constitución, organizan la vida política del Estado, el número y competencia de sus Poderes Públicos, así como la enumeración y reconocimiento de los derechos y garantías de los ciudadanos, han de ser acatadas *y* cumplidas por encima de cualesquiera otras reglas legales, estatutos, decisiones *y* mandatos emanados de esos mismos Poderes Públicos, no importa la categoría de esos Poderes, ni la naturaleza o significación de aquellos actos", *V.* sentencia de la CFC en SPA de 4–12–41 en *M. 1942,* p. 345.

642 En tal sentido, la Corte Suprema ha señalado que "un Gobierno de hecho no es libre de sus actos y, consiguientemente, sus poderes no son ilimitados: éstos deben conformarse a los principios que constituyen el orden jurídico nuevo que se propone establecer la revolución que le da nacimiento". *V.* sentencia de la C.F de 5–11–54 en *GF,* N° 6, 1954, pp. 163 a 165. *Cfr.* sentencia de la CF de 4–11–58 en *GF,* N° 22, 1958, p. 111, *cit.* por J. S. Núñez Aristimuño, *Doctrina Político–Administrativa de la Corte Suprema,* Mérida, 1964, p. 97.

643 "El concepto de supremacía constitucional –ha dicho la Corte Suprema– implica que la Ley Fundamental sea no sólo superior a los demás cuerpos legales, sino que, sobre ella, no puede existir ninguna otra norma jurídica". *V.* sentencia de la CSJ en SPA de 14–3–62 en *GF,* N° 35, 1962, p. 177. Este principio de la "Supremacía Constitucional" ha sido tradicionalmente establecido y utilizado por el Tribunal Supremo, estableciendo en muchos casos la equivalencia con las nociones de "preeminencia" o "primacía" constitucional. *V.* sentencias de la CFC en

ordenamiento constitucional, establecido como decisión política por el Poder Constituyente y sólo modificable, como tal decisión, por éste.[644]

Ahora bien, este ordenamiento constitucional superior, en Venezuela está conformado solamente por el texto constitucional y sus enmiendas,[645] por lo que no se reconocen las denominadas leyes constitucionales en otros sistemas jurídicos, como normas que puedan integrar el orden constitucional.

Ahora bien, el carácter de norma suprema de la Constitución produce tres consecuencias fundamentales: en primer lugar, el hecho de que la legitimidad de la Constitución es incontrolable; en segundo lugar, el hecho de que los dispositivos constitucionales implican la derogación del ordenamiento jurídico existente previamente a su promulgación que lo contradiga; y en tercer lugar, la nulidad de todo acto que se dicte contraviniendo sus disposiciones.

En efecto, la Constitución, como norma suprema emanada del Poder Constituyente, al no tener un orden jurídico superior, no puede ser controlada en su legitimidad, ni la Corte Suprema de Justicia podría tener competencia para declarar la nulidad de alguna norma constitucional.[646] No puede existir, por tanto, una "inconstitucionalidad" de la Constitución,[647] ni siquiera tratándose del Acta Constitutiva de un gobierno *de facto*.[648] La Constitución emana del Poder Constituyente y sólo éste puede controlarla o revisarla.

Por otra parte, al ser la Constitución, dentro del ordenamiento jurídico, un cuerpo de normas superior a todas las leyes,[649] resulta de principio que toda ley o acto de efectos generales dictado con anterioridad a la Constitución y que contradiga sus disposiciones queda tácitamente derogado. Sin embargo, este principio no puede ser aplicado en términos absolutos, particularmente cuando la norma constitucional en cuestión es una norma atributiva de competencias a un órgano del Poder Público. Por ejemplo, las ordenanzas dictadas por las Municipalidades en materias de su competencia conforme a un texto constitucional, no quedan derogadas automáticamente por el hecho de que un nuevo texto constitucional atribuya competencias al Poder Nacional para legislar sobre la misma materia. Mientras el Poder Nacional no ejerza la competencia legislativa que se le atribuye en el nuevo texto, las anteriores ordenanzas municipales tienen todos sus efectos, y éstos sólo se extinguen al dictarse la ley nacional correspondiente.[650] En este

---

SPA de 5–5–37 en *M, 1938,* pp. 225 y 226; CFC en SPA de 17–4–41 y 4–12–41 en *M. 1942,* pp. 182 a 185 y 345; CSJ en CP de 13–2–62 en *GF,* N° 35, 1962, pp. 92 a 94; CSJ en SPA de 14–3–62 en *GF,* N° 35, 1962, pp. 177 y ss.; CSJ en SPA de 20–1–66 en *GF,* N° 51, 1966, pp. 12 a 14; CSJ en SPA de 27–3–67 en *GF,* N° 55, 1967, pp. 184 y 185; CSJ en SPA de 16–1–68 en *GF,* N° 59, 1969, p. 46; CSJ en SPA de 6–8–70 en *GF,* N° 69, 1970, p. 52; y CSJ en SPA de 7–5–73 en *G.O.*, N° 1.618. extraordinario, de 16–10–73, p. 7.

644 En este sentido, la Corte Suprema ha reconocido categoría constitucional al ordenamiento establecido por los gobiernos *de facto*; "tienen carácter constitutivo, son por tanto de naturaleza constitucional y están por encima del ordenamiento legal ordinario". *V.* sentencia de la CSJ en *CP* de 13–2–62 en *GF,* N° 35, 1962, p. 93.

645 La "jerarquía constitucional" de las enmiendas a la Constitución ha sido expresamente reconocida por la Corte Suprema. *V.* sentencia de la CSJ en CP Accidental de 14–8–73 en *G.O.* N° 30.183, de 20–8–73, p. 226.079.

646 Tradicionalmente la Corte Suprema se ha declarado incompetente para conocer de pretensiones de anulación de preceptos constitucionales. *V.* sentencia de la CFC en SPA de 6–8–36 en *M, 1937,* pp. 175 a 179.

647 *Cfr.* sentencia de la *CFC* en SPA de 17–4–41 en *M. 1942,* pp. 182 y ss.

648 *V.* sentencias de la CF de 5–11–54 en *GF* N° 6, 1954, pp. 163 a 165; y de la CSJ en CP de 13–2–62 en *GF,* N° 35, 1962, pp. 92 a 94.

649 *V.* sentencia de la CFC en SPA de 5–3–37 en *M. 1938,* p. 226.

650 Así lo ha decidido la Corte Suprema en dos oportunidades, en base a la misma argumentación. En 1953, aplicando el texto constitucional de 1953, señaló lo siguiente: "No se concibe lo que podríamos llamar el vacío del

momento es que se produciría la derogación tácita o expresa de la disposición anterior. La ausencia de derogación tácita de las disposiciones legales o reglamentarias contrarias a una norma constitucional, existiría entonces siempre que se esté en presencia de una norma puramente atributiva de competencia[651] que ha de ser desarrollada por vía legislativa con posterioridad.

El tercer efecto de la supremacía constitucional es el de la nulidad de todo acto dictado en contravención con la Constitución o, utilizando la terminología constitucional, que se encuentre en "colisión" con dicho texto o lo viole,[652] Esta nulidad será siempre una nulidad absoluta cuando el acto violatorio de la Constitución se haya dictado por una "autoridad usurpada",[653] sea acordado "por requisición directa o indirecta de la fuerza, o por reunión de individuos en actitud subversiva",[654] o "viole o menoscabe los derechos garantizados" por la Constitución.[655] Los otros supuestos de violaciones o colisiones con la Constitución, no necesariamente acarrearán la nulidad absoluta de los actos respectivos.[656] En todo caso, tratándose de una nulidad absoluta o relativa, los actos violatorios de la Constitución deben ser declarados como tales por la Corte Suprema de Justicia, quien tiene el "monopolio" de dichas declaratorias. La presunción de legitimidad y legalidad de todos los actos del Poder Público[657] exige mantener su vigencia, hasta tanto la Corte Suprema de Justicia no declare su nulidad.

En esta forma, la garantía real y completa de la efectividad del principio de la supremacía constitucional en Venezuela, *y* consecuencialmente del Estado de Derecho, es el establecimiento de un control absoluto y total de la constitucionalidad de los actos del

---

derecho. Mientras el Poder Federal no hubiese legislado sobre la materia concreta sobre la cual versan las disposiciones municipales vigentes, éstas han de continuar en vigor sobre toda la materia no legislada aún por el Poder Federal. Y tal es el caso del problema planteado respecto al Reglamento sobre "Casas de Empeño", cuya vigencia se impone, mientras no se haya legislado nacionalmente con generalidad sobre la misma materia o mientras no se hayan dictado leyes nacionales que colidan con normas particulares contenidas en el ordenamiento municipal, y que, por tanto, prevalezcan sobre éstas. La Corte ha de declarar, consecuencialmente, que el Reglamento Municipal sobre Casas de Empeño denunciado ha de quedar en vigencia hasta tanto el Poder Nacional no lo haya derogado expresamente, en su generalidad, o implícitamente, al legislar sobre la totalidad de esa misma materia, o mientras no haya derogado parcialmente esa misma regulación material poniendo en vigor disposiciones particulares de carácter nacional que colidan con dicho ordenamiento municipal". *V.* sentencia de la CF de 7–8–58 en *GF,* N° 21, 1958, p. 111. Esta misma argumentación fue utilizada por la Corte Suprema al decidir sobre una acción de inconstitucionalidad de la Ordenanza sobre Lotería del Distrito Federal: "Por tanto, la Corte considera y así lo declara, que la Ordenanza impugnada mantiene su vigencia hasta tanto el Poder Nacional ejerza su competencia sobre la materia y dicte la legislación pertinente". *V.* sentencia de la CSJ en SPA de 20–12–67 en *GF,* N° 58, 1968, p. 164.

651 El artículo 207 de la Constitución, por ejemplo, establece lo siguiente: "La ley proveerá lo conducente para el establecimiento de la carrera judicial y para asegurar la idoneidad, estabilidad e independencia de los jueces, y establecerá las normas relativas a la competencia, organización y funcionamiento de los tribunales en cuanto no esté previsto en esta Constitución". Sobre esta norma, aun después de reformada la Ley Orgánica del Poder Judicial, la Corte Suprema dijo que "contiene normas para el futuro que deberá observar el legislador. Representan un programa que requiere ulterior desenvolvimiento y subordina la acción legislativa del porvenir; pero no da lugar a la nulidad de las normas dictadas con anterioridad a la vigencia de la Constitución, que le sean opuestas". *V.* sentencia de la CSJ en CP de 22–4–69 en *GF.* N° 64, 1969, p. 13.

652 Art. 215, ords. 3, 4 y 6, de la Constitución

653 Art. 119 de la Constitución.

654 Art, 120 de la Constitución.

655 Art. 46 de la Constitución.

656 *V.* lo indicado en el parágrafo 13.

657 *V.* p. e. la sentencia de la CSJ en SPA de 15–2–67 en *GF,* N° 55, 1967, pp. 66 y ss.

Poder Público, que corresponde a la Corte Suprema de Justicia,[658] y que también se atribuye, por vía de excepción, a los tribunales ordinarios.[659]

2. La rigidez constitucional

Pero el ordenamiento constitucional venezolano no sólo tiene el carácter preeminente propio del principio de la supremacía constitucional, sino que el mismo está configurado con caracteres de rigidez. La Constitución venezolana es, por tanto, de aquellas denominadas rígidas, es decir, cuyo contenido es *intangible aun* para *el Poder* Legislativo.[660] Como consecuencia, el Congreso de la República, aun y siendo el representante por excelencia del pueblo, no puede en ningún caso modificar o reformar la Constitución, pues no es Poder Constituyente ni tiene mandato para actuar como tal. La consecuencia de esta rigidez constitucional es que toda reforma de la Constitución, es decir, toda reforma de la decisión política que ella implica y que configura el régimen político y constitucional de la República, sólo puede tener vigencia si la reforma es aprobada mediante *referéndum,* por la mayoría absoluta de los sufragantes.[661] Por tanto, sólo el Poder Constituyente, es decir, el pueblo soberano, puede modificar su decisión política consagrada en la Constitución.

Pero es claro que al hablar de reforma de la Constitución, reservada al Poder Constituyente, es indispensable clarificar en el ordenamiento constitucional de Venezuela, cuándo procede la reforma y, por tanto, la exigencia de una consulta popular (*referéndum*), y cuándo procede la enmienda de la Constitución que, según el propio texto, no requiere consulta popular.

En efecto, la Constitución de 1961 estableció en los artículos 245 y siguientes dos procedimientos de revisión constitucional: las enmiendas y las reformas generales, pero no especificó cuándo podía recurrirse a una u otra de dichas figuras. La diferencia procedimental básica entre ellas radica en que la iniciativa para proponerlas si bien es específica, es más rígida en el caso de las reformas,[662] y en éstas interviene el Poder Constituyente.[663] En cambio, en las enmiendas, corresponde a las Asambleas Legislativas la ratificación o rechazo[664] sin intervención popular. Por tanto, es claro que toda revisión constitucional que implique una modificación de las decisiones políticas básicas contenidas en la Constitución tendrá que ser objeto del procedimiento de reforma general,

---

658 Art. 215 de la Constitución. *V.* lo indicado en el parágrafo 13.

659 Art. 7 del Código de Procedimiento Civil. *V.* lo indicado en el parágrafo 13.

660 *V.* sentencia de la CFC en SPA de 6–3–36 en *M. 1937*, p, 175.

661 Art. 246 de la Constitución.

662 La iniciativa para una "reforma general" de la Constitución "deberá partir de una tercera parte de los miembros del Congreso, o de la mayoría absoluta de las Asambleas Legislativas en acuerdos tomados en no menos de dos discusiones por la mayoría absoluta de los miembros de cada Asamblea" (Art. 246, ord. l); en tanto que la iniciativa para las enmiendas, "podrá partir de una cuarta parte de los miembros de una de las Cámaras, o bien de una cuarta parte de las Asambleas Legislativas de los Estados, mediante acuerdos tomados en no menos de dos discusiones por la mayoría absoluta de los miembros de cada Asamblea" (Art. 245, ord. 1).

663 "El proyecto aprobado (de reforma) se someterá a referéndum en la oportunidad que fijen las Cámaras en sesión conjunta, para que el pueblo se pronuncie en favor o en contra de la reforma. . ." (Art. 246, ord. 4),

664 "Aprobada la enmienda por el Congreso, la Presidencia la remitirá a todas las Asambleas Legislativas para su ratificación o rechazo en sesiones ordinarias, mediante acuerdos considerados en no menos de dos discusiones y aprobados por la mayoría de sus miembros" (Art. 245, ord. 4), La enmienda se declarará sancionada "en los puntos que hayan sido ratificados por las dos terceras partes de las Asambleas" (Art. 245, ord. 5).

pues requerirá la intervención del Poder Constituyente.[665] De esta manera, por ejemplo, toda modificación del régimen democrático–representativo, que implique su sustitución, por ejemplo, por un régimen monárquico u oligárquico exigiría una reforma de la Constitución. Así mismo, toda modificación de la forma del Estado que implique transformar del esquema federal por cualquier otra forma de descentralización territorial regional, exigiría una reforma de la Constitución. Por supuesto que el procedimiento de reforma se exigiría también si se pretende cambiar la forma de gobierno presidencial por una parlamentaria. Por último, constituyendo los derechos y garantías partes esenciales de la decisión política contenida en la Constitución, toda eliminación o restricción de dichos derechos, debería ser objeto de reforma constitucional, siempre y cuando se trate de derechos constitucionales que no supediten su ejercicio a lo establecido en la ley. Es quizás en este último campo en el cual han surgido dudas respecto del procedimiento a utilizar, la enmienda o la reforma, por lo que conviene precisar lo indicado.

En efecto, tal como se verá más adelante,[666] dentro de los derechos *y* garantías constitucionales, la Constitución establece una graduación que es importante destacar: en primer lugar, el texto fundamental prevé una serie de derechos fundamentales, verdaderas garantías, consagrados en términos absolutos, es decir, que no admiten ningún tipo de restricción o suspensión y ni siquiera de regulación legislativa;[667] en segundo lugar, se prevén una serie de derechos y garantías fundamentales, que si bien pueden ser restringidos o suspendidos en su ejercicio por Decreto presidencial, no admiten ningún tipo de regulación legislativa para su ejercicio,[668] en tercer Jugar, se *consagran* una serie de *derechos* constitucionales cuyo ejercicio puede ser regulado o limitado por el legislador ordinario en aspectos específicos,[669] y en cuarto lugar, el texto fundamental consagra otra serie de derechos constitucionales cuyo ejercicio queda sometido enteramente a lo que establezca y regule el legislador.[670]

Ahora bien, parece evidente que los dos primeros grupos de derechos y garantías, que podríamos denominar como derechos fundamentales, han sido concebidos de tal manera en el texto constitucional, que su ejercicio resulta pleno del mismo texto, sin ulteriores regulaciones legales o posibilidad de limitaciones legales. En cambio, los dos últimos grupos de artículos consagran derechos de *carácter constitucional,* pero sometidos a la regulación restringida o ilimitada del legislador. En esta *distinción podrí* a ubicarse el criterio que estableció la Exposición de Motivos del Proyecto de Constitución para la utilización de la reforma o de la enmienda, mientras se tratara de aspectos fundamenta-

665 *Cfr.* la doctrina de la Procuraduría General de la República, en *Doctrina PGR, 1973,* Caracas, 1974, pp. 161 y ss.

666 *V.* lo indicado en el parágrafo 12.

667 Tal es el caso del derecho a la vida (Art. 58); de la garantía a no ser incomunicado ni sometido a tortura o a otros procedimientos que causen sufrimiento físico o mental (Art. 60, ord. 3); y de la garantía a no ser condenado a penas perpetuas o infamantes y a no ser condenado a penas restrictivas de la libertad superiores a treinta años (Art. 60, ord. 7). Estos son los únicos derechos fundamentales cuyo ejercicio no puede restringirse o suspenderse por el Presidente de la República conforme al artículo 241 de la Constitución.

668 *V.* los derechos y garantías previstos en los artículos 59, 60, ords. 4, 6 y 8, 61, 65, 66, 67, 69, 71, 76, 78, 84 *y* 111 de la Constitución.

669 *V.* las limitaciones restringidas que el legislador puede regular en los derechos consagrados en los artículos 60, ord. 5, 62, 63 y 112.

670 En estos casos, el legislador puede establecer limitaciones "sin límites" a dichos derechos, que se ejercen "con arreglo a la ley". Tal es el caso de los derechos consagrados en los artículos 60, ords. 1, 2, 5 y 9, 64, 65, 68, 70, 92, 96, 99, 114 *y* 115.

les o circunstanciales, respectivamente.[671] Indudablemente que cambiar el *texto* constitucional en algunos de los derechos fundamentales, sería cambiar un aspecto de "alcance trascendente" que incide sobre la organización política de la nación; en cambio, cambiar el texto de algunos de los derechos constitucionales, limitables por el legislador, en el sentido de agregar alguna otra limitación a su ejercicio, podría hacerse a través del procedimiento de enmienda "que permite dejar incólume el texto original o fundamental", introduciendo alguna "modificación sentida por la colectividad como consecuencia de los cambios incesantes que en ella se realizan". En tal sentido, el procedimiento utilizado en 1973 para agregar una condición de elegibilidad o nombramiento para determinados destinos públicos, fue el de la enmienda y no el de la reforma:[672] se agregó así una limitación al ejercicio del derecho al sufragio pasivo y al ejercicio de ciertas funciones públicas. Por supuesto que, a todo evento, la eliminación de algunos de los derechos o garantías constitucionales, cualquiera sea su naturaleza, sólo podría ser objeto de reforma.

En todo caso, lo que debe quedar claro del carácter del ordenamiento constitucional, es su rigidez, que implica que la decisión política del Poder Constituyente no puede ser modificada sino por el propio Poder Constituyente, mediante referéndum; y cualquier otra modificación del texto constitucional, que no incida sobre lo fundamental de dicha decisión política, sólo puede ser enmendada a través de un procedimiento, que si bien no exige la intervención del pueblo, sí prevé la participación de las Asambleas Legislativas de los Estados. En ambos casos, la modificación del orden constitucional escapa de la competencia del Poder Legislativo.

Consecuencia de esta rigidez constitucional, es la existencia de una distinción radical o separación profunda entre el ordenamiento constitucional integrado por la Constitución y sus enmiendas y el ordenamiento legal,[673] de manera que el segundo está supeditado al primero. Por tanto, el legislador ordinario, creador de normas de orden legal, no puede modificar el Orden constitucional; y si el mismo Congreso interviene en las reformas de la Constitución y sus enmiendas no lo hace en tanto Poder Legislativo, sino en tanto que copartícipe del Poder Constituyente.

3. La imperatividad constitucional

Pero, aparte del carácter supremo y rígido de la Constitución, ésta, como ley fundamental, es imperativa, es decir, tiene en sí misma fuerza coactiva inmediata.[674] Sus

---

671 *V.* la Exposición de Motivos en la. parte correspondiente al Título X en *RFD,* N° 21, 1961, pp. 412 y 413.

672 La Enmienda N° 1 de la Constitución, sancionada el 9 de mayo de 1973, estableció que "no podrán ser elegidos Presidente de la República, Senador o Diputado al Congreso, ni Magistrado de la Corte Suprema de Justicia, quienes hayan sido condenados mediante sentencia definitivamente firme, dictada por tribunales ordinarios, a pena de presidio o prisión superior a tres años, por delitos cometidos en el desempeño de funciones públicas, o con ocasión de éstas". *V.* en *G.O.* N° 1.585, extraordinario, de 11–5–73. La discusión de dicha Enmienda dio origen a múltiples debates, cuya procedencia vislumbraba ya el texto de la Exposición de Motivos. En particular, *V.* la sentencia de la CSJ en SPA de 20–8–73 en *G.O.* N° 30.183 de 20–8–73, p. 226.079.

673 Sobre la distinción entre la Constitución *y* la ley, *V.* sentencias de la CFC en SPA de 5–5–37 en *M., 1938,* p. 226; CFC en SPA de 17–4–41 y de 4–12–41 en *M, 1942,* pp. 183 y 345; CSJ en SPA de 14–3–62 en *GF,* N° 35, 1962. p. 177; y CSJ en CP Accidental de 14–8–73 en *G.O.*, N° 30.183 de 20–8–73, p. 226.079.

674 En tal sentido, la Corte Suprema ha indicado que "la Constitución contiene en sí todos los instrumentos necesarios para su defensa, bien porque aparezcan expresamente acordados a los Poderes Públicos, bien porque

normas, por tanto, y en principio, son de aplicación inmediata; y en este sentido es clara la disposición relativa a la ausencia de reglamentación legal de los derechos y garantías: "la falta de ley reglamentaria de estos derechos no menoscaba el ejercicio de los mismos",[675] dispone expresamente el texto fundamental.

Sin embargo, parece evidente que esta imperatividad constitucional no es absoluta, pues algunas normas constitucionales ciertamente que sí son de aplicación inmediata, en tanto que otras están concebidas en términos programáticos o se trata de normas puramente atributivas de competencia, que requieren de desarrollo o reglamentación legislativa ulterior para adquirir toda su fuerza coactiva. En tal sentido, la Corte Suprema de Justicia, al conocer de varios recursos de inconstitucionalidad, ha señalado expresamente que "la Constitución distingue entre las cláusulas directamente operativas, que preceptúan autónomamente, son completas y suficientes hasta agotar los *requisitos sustantivos y* procesales para su aplicación, y las mediatamente operativas o programáticas, que no pueden aplicarse sino cuando las complete la legislación ulterior, por requerirlo así la letra y el contenido del precepto".[676]

Dentro de estas normas de contenido programático [677] se destacan, en primer lugar, las atributivas de competencia a los poderes públicos y particularmente al legislador. Tales son los supuestos, por ejemplo, de los artículos 49, 75 y 207 de la Constitución, cuyo carácter programático ha sido precisado por la Corte Suprema. En efecto, el artículo 49 del texto fundamental que regula el recurso de amparo,[678] conforme a la doctrina de la Corte en 1970, "no es una norma directa e inmediatamente aplicable por los jueces, sino un precepto programático, sólo parcialmente reglamentado para la fecha en que la Constitución fue promulgada, y dirigido particularmente al Congreso, que es el órgano a quien compete la reglamentación de las garantías constitucionales, en conformidad con los artículos 136, ordinal 24, y 139 de la Constitución. Tal es la interpretación que da la Corte al artículo 49 al analizar sus previsiones aisladamente con el fin de desentrañar la mente del constituyente del lenguaje usado por éste para expresar su voluntad. Pero esta interpretación gramatical se robustece con la observación adicional de que el constituyente se habría abstenido de regular el procedimiento de *habeas corpus,* si hubiera considerado que para hacer efectivo el amparo bastaba lo dicho en el artículo 49 respecto al procedimiento, no siendo indispensable su reglamentación legal para de-

---

ellos deban considerarse conferidos por necesaria *y* genuina implicación de aquéllos". *V.* sentencia de la *CFC* en SPA de 4–3–41 en *M, 1942,* p. 135.

675 Art. 50 de la Constitución.

676 *V.* sentencias de la CSJ en CP de 27–5–69 en *GF,* N° 64, 1969, pp. 21 y ss; y de 12–9–69 en *GF,* N° 65, 1969, p. 10. De allí que, como se dijo, "no puede fundarse una declaratoria de inconstitucionalidad en las cláusulas programáticas hasta tanto el legislador no las haya desenvuelto".

677 La intención de los proyectistas de la Constitución sobre estas normas resulta clara de la Exposición de Motivos del Proyecto: "Ha sido propósito de la Comisión redactar un articulado sobrio, que no obstante su definición de cortas líneas, deje cierta flexibilidad al legislador ordinario para resolver cuestiones e insertar modificaciones que correspondan a las necesidades y a la experiencia de la República, sin tener que apelar a una reforma constitucional. No obstante esta posibilidad, que en más de una ocasión ha permitido reducir la extensión de muchas disposiciones del Proyecto, hemos considerado que no podíamos llevar deseos de sobriedad hasta el extremo de ahorrar numerosas disposiciones de contenido programático que, aun cuando no constituyen preceptos de aplicación inmediata y directa, señalan a la acción futura de los poderes públicos aquellos objetivos que la realidad histórica y actual de nuestro país define como imperativa". *V.* en *RFD,* UCV, N° 21, 1961, pp. 371 y 372.

678 "Los Tribunales ampararán a todo habitante de la República en el goce y ejercicio de los derechos y garantías que la Constitución establece, en conformidad con la ley. El procedimiento será breve y sumario, y el juez competente tendrá potestad para restablecer inmediatamente la situación jurídica infringida", dice el artículo 49 de la Constitución.

terminar el fuero competente y el modo de proceder".[679] De consiguiente, ha agregado la Corte: "el constituyente supone la existencia de una ley anterior al hecho o acto que afecte el derecho cuya protección se solicite; que autorice a determinados jueces para obrar en el sentido que pretenda el actor; y que establezca un procedimiento adecuado a la finalidad que se persiga. Dado el número y la variedad de las situaciones jurídicas en que puede estar comprometido un derecho o una garantía constitucional, era forzoso que el constituyente dejara al legislador ordinario la potestad de establecer las reglas conforme a las cuales los tribunales deben amparar el goce y ejercicio de los derechos y garantías constitucionales, teniendo en cuenta no sólo las previsiones ya existentes en nuestra legislación con tal objeto, sino todos los factores que es necesario apreciar para atribuir a un determinado tribunal el conocimiento de un asunto, y establecer el procedimiento a seguir en cada situación.[680]

Otra de las normas constitucionales ejemplifica doras de este carácter programático que las hace inaplicables, en general, en forma inmediata, es la contenida en el artículo 75 de la Constitución."[681] Este artículo, según argumentación de la Corte Suprema, al decir que «"la ley proveerá lo conducente para que...", establece que "el legislador deberá dictar, en el futuro, el ordenamiento legal para que se cumpla lo programado en la norma constitucional". Dicho artículo no se refiere al pasado ni al momento en el cual se promulga la Constitución, sino al porvenir, dado que si bien dice "que todo niño, sea cual fuere su filiación, pueda conocer a sus padres", lo hace solamente para anunciar un propósito cuya realización se deja a cargo del legislador ordinario. Las instituciones sociales tienen una duración más o menos larga, de acuerdo con la vigencia de las ideas sobre las cuales descansan y con las transformaciones de la familia, de la sociedad y del Estado. Las Constituciones –agrega la Corte–, para adaptar el ordenamiento jurídico a las modificaciones que sufren las instituciones, *contienen* normas que, en el futuro, deberá observar el legislador, pero mientras no sea dictada la ley respectiva, no afectan la vigencia de la ley anterior. Esas disposiciones reconocen derechos y enuncian propósitos cuya realización y efectiva vigencia está *subordinada a la promulgación de leyes futuras.* Se llaman *programáticas* porque representan un programa que requiere ulterior desarrollo y deben orientar la acción legislativa del futuro».[682]

679 *V.* sentencia de la CSJ en SPA de 14–12–70 en *GF,* N° 70, 1970, pp. 179 y ss. El recurso de *habeos corpus* lo regula la Disposición Transitoria Quinta de la Constitución.

680 *V.* sentencia de CSJ en SPA de 14–12–70 en *GF,* N° 70, 1970, pp. 179 y ss. En base a todos estos argumentos fue que la Corte Suprema, a pesar de la consagración del recurso de amparo en el artículo 49 de la Constitución, estableció que éste sólo era procedente en relación a la libertad personal *(habeas corpus),* pero que mientras no se estableciera la correspondiente reglamentación legal, no procedía en relación a ningún otro derecho o garantía constitucional. *V.* lo señalado en el parágrafo 13.

681 Según la primera parte de este artículo "la ley proveerá lo conducente para que todo niño, sea cual fuere su filiación, pueda conocer a sus padres, para que éstos cumplan el deber de asistir, alimentar y educar a sus hijos, y para que la infancia y la juventud estén protegidas contra el abandono, la explotación o el abuso".

682 *V.* sentencia de la CSJ en CP de 27–5–69 en *GF,* N° 64, 1969, pp. 21 y ss. En base a esos argumentos, la Corte declaró sin lugar el recurso de inconstitucionalidad del artículo 220 del Código Civil que prohíbe al hijo adulterino la inquisición de la paternidad en ciertos casos. *Cfr.* la sentencia de la CSJ en SPA de 1972 s/f. publicada en *G.O.* N° 1.542, extraordinario, de 14–9–72, p. 25, por la cual se declaró sin lugar el recurso de inconstitucionalidad de la Ley Orgánica del Sufragio.

Por último, y también a título de ejemplo, el artículo 207 de la Constitución[683] fue considerado como una de las normas típicamente programáticas de la Constitución. Este artículo, al decir de la Corte, "contiene normas para el futuro que deberá observar el legislador. Representan un programa que requiere ulterior desenvolvimiento y subordina la acción legislativa del porvenir".[684] En otra decisión, en torno al mismo artículo, la Corte aclaró que "a quien toca determinar el momento en el cual debe ser establecida en el país la carrera judicial es al legislador, pero mientras éste no lo haga, la existencia de esa norma programática no puede menoscabar la potestad de que está investido constitucionalmente el Congreso para legislar en lo relativo a la competencia, organización y funcionamiento de los Tribunales".[685]

En todo caso, y respecto a la imperatividad de la Constitución, lo que hay que tener en cuenta es la existencia de muchas normas de carácter programático dirigidas a ser desarrolladas por el legislador, de manera que "carecen de positividad mientras no sean desarrolladas por la legislación ordinaria".[686] Al contrario, las cláusulas de carácter directamente operativas "pueden aplicarse directamente por los jueces aun cuando no hayan sido reglamentadas, desde el momento en el cual entra en vigencia la Constitución",[687] por lo que los particulares también se encuentran directa e inmediatamente protegidos por ellas. Pero, además del carácter superior, rígido e imperativo de las normas constitucionales, puede decirse que las mismas no pierden su eficacia a menos que sean modificadas por el Poder Constituyente en una reforma constitucional. De lo contrario, tal como lo aclara /a propia Constitución, ella "no perderá su vigencia si dejare de observarse por acto de fuerza o fuere derogada por cualquier otro medio distinto del que ella misma dispone".[688] La Constitución, sin embargo, establece una sola excepción en que la eficacia de algunas normas constitucionales puede restringirse o suspenderse *temporalmente*. Tal es el supuesto de la posibilidad que tiene el Presidente de la República de suspender o restringir las garantías constitucionales "en caso de emergencia, de conmoción que pueda perturbar la paz de la República o de graves circunstancias que afectan la vida económica o social",[689] lo que en ningún caso se aplica a ciertas garantías fundamentales,[690] y nunca afecta la parte orgánica de la Constitución.[691]

Ahora bien, hemos señalado que el ordenamiento constitucional básicamente contiene una serie de decisiones políticas adoptadas por el Poder Constituyente, donde la supremacía constitucional, y la rigidez, imperatividad y eficacia del texto adquieren su pleno sentido, y dichas decisiones se refieren a la forma del Estado, a la forma de gobierno, a la consagración de los derechos y garantías constitucionales, y al régimen democrático

683 Este artículo dispone lo siguiente: "La ley proveerá lo conducente para el establecimiento de la carrera judicial, y para asegurar la idoneidad, estabilidad e independencia de los jueces, y establecerá las normas relativas a la competencia, organización y funcionamiento de los Tribunales en cuanto no esté previsto en esta Constitución".

684 *V.* sentencia de la CSJ en CP de 22–4–69 en *GF,* N° 64, 1969, p. 13. En base a estos argumentos, la Corte declaró sin lugar el recurso de inconstitucionalidad contra diversas normas de la Ley Orgánica del Poder Judicial.

685 *V.* sentencia de la CSJ en CP de 12–9–69 en *GF,* N° 65, 1969, p. 10. En base a estos argumentos, la Corte declaró sin lugar las inconstitucionalidad es alegadas por el Presidente de 1 a República respecto de la misma Ley Orgánica del Poder Judicial.

686 *V.* sentencia de la CSJ en SPA de 20–12–67 en *GF,* N° 58, 1967, p, 163.

687 *V.* sentencia de la CSJ en CP de 27–5–69 en *GF,* N° 64, 1969, p. 24.

688 Art. 250 de la Constitución.

689 Arts. 190, ord. 6, 241 y 242 de la Constitución

690 *V.* lo indicado en la Nota N° 30 de este parágrafo 7

691 *Cfr.*, en este sentido, el criterio de la Procuraduría General de República en dictamen de 15–5–70, publicado en *Doctrina PGR, 1970,* Caracas, 1971, pp. 51 *y* ss.

adoptado como condicionante del sistema político. A continuación, analizaremos el sentido y alcance de estas decisiones que constituyen los supuestos políticos del derecho administrativo.

II. LA FORMA DEL ESTADO: LAS PECULIARIDADES DEL FEDERALISMO VENEZOLANO

El Estado en Venezuela está configurado como un "Estado Federal", pero "en los términos consagrados por la Constitución",[692] es decir, "en la medida y forma peculiar en que esta idea ha sido vivida dentro de la sociedad venezolana",[693] En esta forma, la Constitución, siguiendo la motivación de sus proyectistas, consagró un Estado con forma federal pero con contenido centralista. Esa fue la fórmula utilizada para el establecimiento de un nuevo "compromiso" centrofederal[694] y evitar así que resucitaran las *polémicas* que dominaron las reformas constitucionales del siglo pasado.[695]

El resultado del compromiso constitucional ha sido el establecimiento de una forma federal del Estado, pero como mera "forma", pues ni siquiera llega el esquema federal a configurarse como un adecuado medio para la descentralización. Esta forma federal, aun cuando la Constitución, como decisión política, no es un "pacto federal" entre Estados,[696] implica la existencia en la vida política venezolana de tres personas públicas de carácter territorial, con autonomía entre ellas: la República, en el ámbito nacional; los Estados federados, como nivel intermedio, en el ámbito de los veinte Estados en que se

---

692 Art. 2.

693 *V.* Exposición de Motivos del Proyecto de Constitución en *RFD,* N° 21, Caracas, 1961, p. 375.

694 *V.* lo expuesto en el parágrafo 3.

695 La motivación de la fórmula constitucional resulta de la expresa discusión del problema en la Exposición de Motivos: "La Comisión se abocó al estudio de si resultaba conveniente mantener la forma federal del Estado venezolano. La vieja polémica de centralistas y federalistas pudo empezar a revivirse en nuestras primeras reuniones que habrían tomado un curso de discusiones infecundas, como lo ha sido en gran parte esta polémica a lo largo de nuestra historia. Los trabajos se dirigieron hacía el encuentro de una fórmula capaz de evitar lo árido de las contradicciones y ofrecer una solución cónsona con nuestros antecedentes y con la estructura real del Estado.

"Quienes pensaron en la eliminación de la forma federal creyeron que era preferible reemplazar la estructura de la federación por un sistema de descentralización administrativa o autonomías progresivas que funcionarían más de acuerdo con la realidad venezolana; quienes se pronunciaron por el mantenimiento de la forma federal del Estado arguyeron, entre otros, motivos de orden histórico que hicieron arraigar el movimiento federalista en el sentimiento nacional.

"La Comisión comenzó por reconocer que el sentimiento federal, las consecuencias del federalismo en el sentido de la organización social y el nombre mismo de la Federación, constituyen un hecho cumplido y hondamente enraizado en la conciencia de los venezolanos. Por otra parte, estimó que, a pesar de no haberse realizado efectivamente, la Federación sigue siendo en el espíritu de la mayoría un desiderátum hacia el cual debe tender la organización de la República.

"Pensó también la Comisión que la semántica en la vida política y jurídica no tiene un contenido inmutable. Los vocablos se entienden, no sólo por su significación literal, sino por el ambiente histórico y las circunstancias dentro de las cuales se han realizado los valores que representan... «Federación», en unas partes, significó la integración de unidades dispersas para formar un todo armónico; «federación» en los países de América Latina significó a veces la disgregación de una unidad en comunidades locales. Pero «federación» en Venezuela, propiamente hablando, representa un sistema peculiar de vida, un conjunto de valores y de sentimientos que el Constituyente está en el deber de respetar, en la medida en que los intereses del pueblo lo permitan"; *loc. cit.,* p. 375.

696 Sobre la noción de Constitución como pacto Federal, *V.* Carl Schmitt, *Teoría de la Constitución,* México, 1961, pp. 71 y ss.

divide el territorio nacional; y los Municipios, a nivel local, organizados por cada Estado.

Cada una de estas personas públicas territoriales se rige por sus propias autoridades electas por votación universal, directa y secreta,[697] y realizan sus actividades públicas en ejercicio de una "cuota" del Poder Público: el Poder Nacional, el Poder Estadal o el Poder Municipal.[698] Por ello, es clara la disposición de la Constitución: "Cada una de las ramas del Poder Público tiene sus funciones propias; pero los órganos a los que incumbe su ejercicio colaborarán entre sí en la realización de los fines del Estado".[699] Las "ramas" del Poder Público, no son otras que las atribuidas a la República (Poder Nacional), a los Estados (Poder Estadal) y a los Municipios (Poder Municipal).[700]

Formalmente, por tanto, la configuración del Estado venezolano como una "Federación" parecería indicar que el mismo es el resultado de un pacto entre entidades territoriales autónomas y que, por tanto, son el centro de un esquema descentralizados político y administrativo. Sin embargo, la realidad es completamente distinta. El Estado en Venezuela se caracteriza, desde el punto de vista institucional, por su excesiva centralización, es decir, por la excesiva concentración del poder político, administrativo y jurídico en los niveles nacionales o de la "rama" nacional del Poder Público, el cual no es compartido por los Estado ni por las Municipalidades.[701]

Sin embargo, hay que reconocerlo, esta situación de excesiva centralización que aparece hoy como evidente en el campo político y administrativo y que ahonda el abismo que existe entre el ciudadano y los gobernantes, no siempre ha sido igual; es más, realmente es un producto del presente siglo.[702]

1. La disgregación federal–caudillista

En efecto, al declararse la independencia de los países latinoamericanos de España a comienzos del siglo XIX, puede decirse que el sistema administrativo de las nacientes repúblicas del Nuevo Mundo era completamente descentralizado: las Provincias que formaban la Capitanía General de Venezuela, tenían el poder local, y el más claro ejemplo de ello lo configuró la declaración de independencia del 19 de Abril de 1810 por el Cabildo de Caracas y la invitación que formuló a los demás Cabildos o Ayuntamientos de América Latina para la formación de aquella gran confederación america-

697 Con la única excepción de los Gobernadores de Estado que son designados por el Presidente de la República hasta que el Legislador no prevea su elección (Art. 22 de la Constitución).

698 La división del Poder Público en tres ramas, la Nacional, la Estadal y la Municipal, es tradicional en nuestro constitucionalismo. *V.* sentencias de la CFC en SPA de 19–2–37 y de 6–11–37 en *M. 1938,* pp. 166 y 312; de la CFC en SPA de 4–3–41 y de 17–4–41 en *M,* 1942, pp. 128 y ss. y 182 y ss. *Cfr.* Allan R. Brewer–Carías, *Las Instituciones fundamentales del Derecho Administrativo y la Jurisprudencia Venezolana,* Caracas, 1964, p. 104.

699 Artículo 118 de la Constitución.

700 Y cada una de estas ramas tiene sus funciones propias, ejercidas en principio pero en forma no excluyente, a través de sus respectivos órganos; el Poder Nacional, la función legislativa (Poder Legislativo Nacional), la función de gobierno y la administrativa (Poder Ejecutivo Nacional) y la función judicial o jurisdiccional (Poder Judicial); el Poder Estadal, la función de gobierno y administrativa (Poder Ejecutivo Estadal) y la función legislativa (Poder Legislativo Estadal); y el Poder Municipal, la función legislativa local y la función de gobierno y administrativa. *V.* lo indicado en el parágrafo 15.

701 Seguiremos a continuación, en buena parte, lo expuesto en Allan–R, Brewer–Carías, *Cambio Político y Reforma del Estado en Venezuela,* Caracas, 1975, Capítulo 16.

702 *V.* lo indicado en el parágrafo 3.

no–española soñada por los notables locales.[703] Por otra parte, fueron siete las Provincias "de la Capitanía General de Venezuela las que constituyeron la República Federal del año 11,[704] y fue el poder local–federal que ese texto consagró,[705] el que marcó el inicio de un sistema de gobierno descentralizado en Venezuela, en el cual, a pesar de las propuestas del Libertador, el poder quedó alojado en las Provincias–Ciudades, siendo el gobierno central una entelequia. A esta debilidad del poder central, el propio Libertador atribuyó la caída de la Primera República en 1812.

Las guerras de independencia, que se extienden basta 1824, si bien hicieron inaplicables, formalmente, los textos constitucionales de 1811, 1819 y 1821, consolidaron los poderes de los caudillos militares regionales y locales bajo cuyas tropas se habían ganado y perdido batallas. La Provincia–Ciudad–Estado que había quedado como legado de la época colonial, se consolidaría con el agregado militar fáctico, que no sólo permitió desconocer Constituciones, como sucedió respecto al texto de 1821 por la Municipalidad de Caracas y el poder militar de Páez,[706] sino que inclusive liego a poner en duda y discusión la autoridad del Libertador.[707]

En la Constitución de 1819, si bien su tendencia teórica, por las presiones del Libertador,[708] fue por el establecimiento de un sólido poder central,[709] la división de la República en Provincias,[710] a cargo de "un Gobernador sujeto inmediatamente al Presidente de la República", y el establecimiento de "municipalidades" en los Departamentos (divisiones de las Provincias) con atribuciones propias, inclusive de proponer el nombramiento del Gobernador de la Provincia que correspondía a los "miembros municipales" electos por votación,[711] indudablemente que contribuyó a consolidar el poder regional–local de los caudillos militares, quienes sustituyeron a la aristocracia criolla colonial en el control de los organismos locales.[712] La Constitución de 1821, al unir los

---

703 *Idem,* particularmente las referencias en Nota N° 5.

704 La "Constitución Federal para los Estados de Venezuela" del año 1811, se formuló en base a un "Pacto Federal" entre los "representantes de Margarita, de Mérida, de Cumaná, de Barinas, de Barcelona, de Trujillo y de Caracas en Congreso General" y quedó abierta a la adhesión de "las provincias de Coro, Maracaibo y Guayana". *V.* Preámbulo y artículo 128, en Luis Mariñas Otero, *Las Constituciones de Venezuela,* Madrid, 1965, pp. 126 y 143. En las citas sucesivas, todas las referencias a los textos constitucionales se harán en relación a esta obra.

705 En esta forma puede decirse con Humberto J. La Roche que "el federalismo venezolano fue una consecuencia de la tradición histórica... fue un sistema que no olvidó la autonomía de las provincias para con sustanciarla con la nueva forma del listado venezolano", en "El Federalismo en Venezuela" en *los sistemas Federales en América Latina,* UNAM, 1972, p. 563.

706 *V.* lo indicado en las Notas Nos. 61 y 65 del parágrafo 3. Posteriormente, el movimiento de *la Cosiata* consolidaría el poder de Páez y provocaría la separación de Venezuela de la Gran Colombia.

707 Tal como sucedió en el denominado *Congreso de Cariaco,* que provocó el fusilamiento de Piar. *V.* lo indicado en el parágrafo 3.

708 *V.* las referencias respecto del Discurso de Angostura en Notas Nos. 43 y ss. del parágrafo 3.

709 De allí la declaración del artículo 1o (Título II) de la Constitución de 1819: "La República de Venezuela es una e indivisible", *loc. cit.,* p. 166.

710 Las Provincias en que se dividía el territorio de la República en la Constitución de 1819 fueron básicamente las mismas referidas en la Constitución de 1811: Barcelona, Barinas, Caracas, Coro, Cumaná, Guayana, Maracaibo, Margarita, Mérida y Trujillo, *V.* artículo 2, Título I, Sección Primera, *loc. cit.,* p. 166.

711 Artículos 1, 2 y 4 de la Sección Segunda del Título IX de la Constitución de 1819, *loc. cit.,* p. 183.

712 En la época colonial inmediatamente anterior a la Independencia, la aristocracia criolla, como clase privilegiada, "habla monopolizado el derecho de los cargos concejiles" *(V.* Jesús González Cabrera, *Caracas y su Régimen Municipal,* Caracas, 1961, p. 62, *cit.* pot Julio Castro Guevara, *Esquema de la evolución municipal en Venezuela,* Caracas, 1968, p. 57), y ello le permitió asumir el poder Local, al declararse la independencia. *V,* lo indicado en el *parágrafo* 3. Sin embargo, la lucha social que condenó a los blancos *y* mantuanos durante las guerras de independencia, provocó la toma de posición en los cuerpos municipales de los del "partido" del caudillo regional–militar correspondiente. Tal como lo señala L. Val leni Ila Lare, "durante algunos años más lucharán los Cabildos

territorios de Colombia (Nueva Granada) y Venezuela en la República de Colombia, formalmente centralizó aún más el gobierno del nuevo Estado, el cual se dividió en Departamentos pero con "una administración subalterna dependiente del gobierno nacional";[713] sin embargo, la situación de guerra que todavía continuaba, el poder de los caudillos militares regionales y los poderes de las autoridades civiles municipales, desde el primer momento conspiraron contra este texto y su pretendida centralización,[714] hasta que lograron, por sobre los deseos del Libertador e inclusive expulsándolo de Venezuela, la separación de ésta de la República de la Gran Colombia y la formación, en 1830, de la República de Venezuela.

Tal como se ha dicho, la elaboración del texto constitucional de 1830, que no configuró ni una república "centralista" ni "federal", sino un pacto "centro–federal",[715] estuvo nuevamente signada por las discusiones en torno a centralismo o federación, y para la transacción del conflicto, sus redactores indudablemente se inspiraron en el texto de la Constitución de Cádiz de 1812:[716] se dividió el país en Provincias,[717] en las cuales funcionaba una Diputación Provincial compuesta por diputados electos, y cuyo "régimen superior político" estaba a cargo de "un gobernador dependiente del Poder Ejecutivo" nombrado a proposición de las Diputaciones.[718] Las Provincias se dividieron en cantones y parroquias, y en cada cantón la Ley atribuyó la autoridad gubernativa y económica a los "jefes políticos" designados por el Gobernador, quienes presidían los "Concejos Municipales" integrados, a su vez, por alcaldes y concejales designados por las Diputaciones Provinciales.[719] En esta forma, el pacto centro–federal, disminuyó la autonomía municipal que el texto constitucional de 1819 consagró en beneficio de las Diputaciones Provinciales, donde se alojó el poder de los caudillos regionales para, inclusive, discutir el poder central.[720] La transacción centro–federal del texto de 1830, sin embargo, no satisfizo ni a los que propugnaban un gobierno centralista ni a los que buscaban la consolidación de un sistema completamente federal, y en la llamada Revolución de las Reformas contra el Presidente Vargas, los federalistas insistían en lo inoperante de la organización provincial y propugnaban la transformación de las Provincias

---

por sus antiguas prerrogativas, pretenderán asumir como antaño la representación de los intereses comunes y aun los generales del país, pero sucumbirán *al fin ahogados bajo* el poder avasallador del caudillismo que surgía por evolución regresiva del seno de la revolución, no quedando sino como supervivencias de un organismo social hondamente transformado...", *Disgregación e integración,* Caracas, p. 100, *cit.* por J, Castro Guevara, *op. cit.*, p. 61.

713 Artículo 6 de la Ley Fundamental de la Unión de los Pueblos de Colombia, de 1821, *loc. cit.,* p. 196. *V.* lo indicado en Nota N° 61 del parágrafo 3.

714 *V.* lo indicado en el parágrafo 3, particularmente Nota N° 59.

715 *V.* lo indicado en el parágrafo 3, particularmente Nota N° 73.

716 *Cfr.* J. M. Casal Montbrun (Estudio Preliminar), *La Constitución de 1961 y la Evolución Constitucional de Venezuela,* Tomo II, Vol., I, Caracas, 1972, pp. 23 y 32. Sobre las implicaciones de la Constitución de Cádiz en el Régimen local español, *V.* S. Martín–Retortillo y E. Argullol, "Aproximación histórica al tema de la descentralización 1812–1931", en S. Martín–Retortillo y otros, *Descentralización Administrativa y Organización Política,* Madrid, 1973, Tomo I, pp. 43 y ss.

717 Las Provincias que adoptaron la Constitución de 1830 fueron las siguientes: Cumaná, Barcelona, Margarita, Caracas, Carabobo, Coro, Mérida, Barinas, Apure y Guayana. La Ley sobre el Régimen y Organización de las Provincias decretada conforme al artículo 5 de dicho texto (*loc. cit.,* p. 224), estableció, sin embargo, la división del territorio nacional en trece Provincias (*Cfr.* la referencia en J. M. Casal Montbrun *op. cit.,* Tomo II, Vol. I, p. 123).

718 Artículos 156, 161,4 y 170 de la Constitución de 1830, *loc. cit.,* pp. 246, 247 y 249

719 *Cfr.* Julio Castro Guevara, *op. cit.,* p. 68.

720 En la *Memoria* de la Secretaría de Interior y Justicia de 1832 se denunció, en efecto, cómo las Diputaciones de Caracas y Mérida traspasaron los límites establecidos por la Constitución en "escandalosa infracción", arrogándose funciones atribuidas al Poder Legislativo Nacional. *V.* las referencias en J. M. Casal Montbrun, *op. cit.,* Tomo II, Vol. I, anexo 13 del Estudio Preliminar, p. 117.

en Estados, y de las Diputaciones Provinciales en Legislaturas.[721] Los años de la República durante la vigencia de la Constitución de 1830, en todo caso, continuaron bajo el conflicto de los poderes regionales–caudillistas–militares contra el recién creado poder civil–nacional.[722] El conflicto, en definitiva, llevó a la reforma constitucional de 1857, en la cual, con la pretensión de resolver las tensiones centralistas y federalistas,[723] se optó por eliminar las Diputaciones Provinciales y erigir, en su lugar, un "Poder Municipal".[724] En esta forma, en las Provincias, el "régimen político" quedó a "cargo de un Gobernador dependiente y de libre nombramiento del Poder Ejecutivo" y en los Cantones (divisiones de la Provincia), el Poder Municipal se ejercía "por los Concejos Municipales", a quienes correspondía el "gobierno de los cantones y parroquias en lo económico y administrativo", compuestos por funcionarios electos.[725] La lucha del poder central contra las apetencias regionales–federales–caudillistas, se pretendió resolver a favor del poder central, asfixiando el poder de las Provincias y creando el Poder Municipal;[726] en definitiva, sesgando la aspiración a un federalismo progresivo que los constituyentes de 1830 buscaron, lo cual explica, entre otros factores, la precaria vigencia de la Constitución de 1857.[727]

La Constitución de 1858, en esta forma, significó una vuelta al espíritu del texto de 1830: adoptó de nuevo una forma mixta, tratando de conjugar los intereses del gobierno central con los regionales, pero controlando el ahora "Poder Municipal".[728] En dicho texto, se integró todo el sistema de gobierno regional (provincias, cantones y parroquias) en un Poder Municipal que se ejercía "por una Legislatura y un Gobernador en la

721 *V.* el Manifiesto de la Revolución de las Reformas de 1835, en J. M. Casal Montbrun, *op. cit.,* Tomo II, Vol. I, pp. 47 y 123. En dicho documento se calificaba a la Constitución de 1830 como "inadecuada a nuestras circunstancias y adversa a los deseos manifestados por el pueblo, inventándose un sistema mixto y contradictorio desconocido hasta entonces y que sólo pudo tener por objeto halagar las ideas y miras del Ejecutivo reinante", *idem,* p. 123.

722 Por ejemplo, es de destacar el rechazo del Presidente José Gregorio Monagas al Proyecto de Ley sobre Organización del Régimen Interior de la República en 1853, que buscaba reforzar el poder de las Diputaciones Provinciales, alegando que se afectaba "el principio centro–federal" y "se limitaban las facultades del Poder Ejecutivo". *V.* las referencias en J. M. Casal Montbrun, *op. cit.,* Tomo II, Vol. I, pp. 48 y 124 y ss.

723 En su Mensaje al Congreso en 1857, el Presidente J. T. Monagas planteaba la necesaria reforma de las instituciones políticas y, por ende, de la Constitución, alegando que el texto de 1830 establecía "un sistema complicado de Gobierno, que participaba el régimen central al mismo tiempo que del régimen federal, fió a las Diputaciones provinciales toda la parte legislativa del poder municipal, y a los gobernadores la parte ejecutiva de ese mismo poder; pero hizo a las Diputaciones además de responsables de sus actos, dependientes del Congreso General, y a los gobernadores dependientes del Poder Ejecutivo... Tan extraña combinación produjo, desde el principio, el desorden que acompaña siempre a la confusión de los derechos y deberes... prevaleciendo el elemento centralizador, en pugna siempre con el elemento llamado federal, que surgía de cuando en cuando... Pero lo peor de esta equivocada combinación consiste en que, aun cuando hubiera sido verdaderamente independiente el poder municipal, la Constitución lo centraliza también en las Diputaciones y gobernadores contra su peculiar naturaleza... Se estableció de este modo un poder, que se ha creído federal, con los elementos del poder municipal, a expensas de los pueblos, que no han gozado del beneficio de ninguno, y sólo han sufrido el atraso *y* los perjuicios que eran consiguientes a semejante desorden". *V.* en J. M. Casal Montbrun, *op. cit.,* Tomo II, Vol. I, pp. 130 y 131.

724 "El Poder Público se divide para su administración en Legislativo, Ejecutivo, Judicial y Municipal. Cada uno de estos poderes ejercerá las atribuciones que le señalan la Constitución *y* las leyes, sin excederse de sus límites", Art. 6, Constitución de 1857, *loc. cit.,* p. 258.

725 Arts. 85, 86 y 88 de la Constitución de 1857, *loc. cit.,* pp. 270 y 271.

726 Sobre el significado de la creación del Poder Municipal en 1857. *V.* Julio Castro Guevara, *op. cit.,* pp. 71 *y* ss. Las facultades autonómicas del Municipio se ampliaron en la Ley sobre Poder Municipal del mismo año de 1857, *idem,* pp. 72 y ss.

727 *V.* J. M. Casal Montbrun, *op. cit.,* Tomo II, Vol. I, p. 50.

728 *Cfr. idem,* p. 51. En el texto de 1858, "el Poder Público Se divide en Nacional y Municipal", y el Nacional "se divide en Legislativo, Ejecutivo y Judicial", *loc. cit.,* p. 280.

Provincia; por un Concejo y un Jefe Municipal en los Cantones, y por los demás funcionarios y corporaciones que establezca la legislatura provincial".[729] Los gobernadores, sin embargo, eran electos por votación universal, directa y secreta, aun cuando actuaban "como agentes del Poder Nacional".[730] Con el texto de 1858, aun cuando también se buscaba establecer una transacción con la fórmula mixta,[731] indudablemente que los poderes locales salieron fortalecidos tanto a nivel de las Legislaturas Provinciales como de los Concejos Cantonales: el caudillismo regional federalista había llegado a su apogeo de poder político, y sólo faltaban las guerras federales para que se consagrara formalmente la Federación en Venezuela.[732]

2. El Estado Federal

En efecto, la Constitución de los Estados Unidos de Venezuela de 1864 "reunió" veinte Provincias que se declaraban "independientes" y "reconocían recíprocamente sus autonomías",[733] con lo cual quedaba consolidado el pacto regional–caudillista–federalista que daba soporte al Estado Nacional y al poder central,[734] y que se manifestó particularmente en la organización de las fuerzas armadas. Estas estaban formadas por "la milicia ciudadana que organicen los Estados", compuesta "con individuos voluntarios, con un contingente proporcionado que dará cada Estado, llamando al servicio a los ciudadanos que deban prestarlo conforme a sus leyes", no pudiendo en ningún caso, el Gobierno Nacional "situar en un Estado fuerza ni Jefes militares con mando, aunque sean del mismo Estado, ni de otro, sin el permiso del Gobierno del Estado en que se deba situar la fuerza".[735] La ausencia de un Ejército Nacional, y la consolidación de las milicias regionales irregulares bajo el comando de los caudillos regionales, daba, a través de este pacto de señores regionales–feudales, soporte al poder nacional;[736] y sólo será a comienzos de este siglo que mediante la formación de un Ejército Nacional, Gómez integrará por la fuerza de las armas a la República.[737] El federalismo, desde el punto de vista administrativo, tal como tanto se ha dicho, fue ciertamente una ficción y una farsa[738] que no impidió al Poder Nacional intervenir en la administración de los Estados; pero desde el punto de vista político–militar, muy lejos estuvo de ser irreal; al

729 Art. 122, *loc. cit.*, p. 295.

730 Arts. 11, 135 y 137, *loc. cit.*, pp. 280 y 297.

731 Producto, según la acertada opinión de J. M. Casal Montbrun, de "una oligarquía que juega al federalismo para evitarlo", *op. cit.*, Tomo II, Vol. I, p. 51.

732 *V.* lo indicado en el parágrafo 3.

733 Esta expresión la consagraron todos los textos constitucionales hasta 1961, cuando la Constitución vigente la cambió: "Los Estados son autónomos e iguales como entidades políticas" (Art. 16). Los Estados que formaron la República Federal de 1864 fueron los siguientes: Apure, Aragua, Barcelona, Barinas, Barquisimeto, Carabobo, Caracas, Cojedes, Coro, Cumaná, Guárico, Guayana, Maracaibo, Maturín, Mérida, Margarita, Portuguesa, Táchira, Trujillo y Yaracuy.

734 *V.* lo indicado en el parágrafo 3, particularmente en su Nota N° 111.

735 Arts. 94 y 100 de la Constitución de 1864, *loc. cit.*, p. 319.

736 *V.* lo indicado en el parágrafo 3.

737 *Idem.*

738 *V.* las referencias en Nota N° 119 del parágrafo 3. *Cfr.*, además, J. M. Casal Montbrun, *op. cit.*, Tomo II, Vol. I, pp. 56 y ss.; y Humberto J. La Roche, *loc. cit.*, *p.* 573. De allí que se haya hablado de las "Repúblicas Federales centralizadas" respecto de las latinoamericanas: *V.* William S. Strokes, "The Centralíced Federal Republics of Latín America", en Peter G. Snow, *Government and Politics in Latin America,* New York, 1967, pp. 158 y ss.

contrario, fue la base de sustentación de una República disgregada y dividida en feudos regionales.

En la organización política de 1864, en todo caso, el constituyente ignoró al Poder Municipal, quedando en poder de los Estados el establecimiento de "las reglas fundamentales de su régimen y gobierno interior",[739] Fue sólo en el texto constitucional de 1893 cuando por primera vez, dentro del sistema federal, se consagró "la autonomía del Municipio y su independencia del poder político del Estado en todo lo concerniente a su régimen económico y administrativo",[740] independencia que se estableció posteriormente, también expresamente respecto del Poder Federal.[741] A partir de 1904, en todo caso, constitucionalmente se estableció la autonomía municipal, no de los Municipios, sino de los Distritos en que se dividían los Estados "cuyas Municipalidades" eran entonces las autónomas, situación que se mantuvo hasta la Constitución de 1953.[742]

En cuanto a la organización federal, si bien desde el punto de vista político–regional tuvo vigencia mientras los caudillos regionales dominaron el país, como consecuencia de la integración política que el dictador J. V. Gómez realizó autoritariamente del país,[743] aquélla perdió toda vigencia. Administrativamente, durante el siglo XIX, había sido una entelequia formal que encubría una Administración centralizada, y al perder su único objetivo –pacto de descentralización político–regional–caudillista–, a partir de las primeras décadas del siglo XX, no ha tenido real vigencia, siendo el ropaje formal de un Estado centralizado administrativa y políticamente hablando. En este sentido, estimamos importante insistir en torno a los aspectos políticos y administrativos de la Federación, pues las apreciaciones tan generalizadas relativas a su carácter ficticio,[744] deben aplicarse sólo a la concepción de Federación como fórmula de descentralización administrativa. Ciertamente, la Federación no significó descentralización sino que su contenido se violó desde el inicio: los caudillos de turno en el poder, desarrollaron una política administrativa de carácter meramente centralista; pero ello, indudablemente, a cambio de la descentralización político–militar. En este último aspecto, todo lo contrarío de una ficción, la Federación fue una realidad, con enorme arraigo histórico, ligada al caudillismo y al latifundismo regional. Desaparecidos éstos por la concentración del poder militar y del latifundio en torno a Gómez, la Federación entonces pasó a ser un mero recuerdo histórico de las luchas civiles del siglo XIX; y ello lo reconoce la propia Constitución de 1961, al disponer que "la República de Venezuela es un Estado federal, en

739 Art. 13,2 de las Constituciones de 1881 y 1891, *loc. cit.*, pp. 349 y 374.

740 Art. 13,2 de la Constitución de 1893; Art. 13,3 de la Constitución de 1901; Art. 73 de la Constitución de 1904; Art. 12, 3 de la Constitución de 1909; Art. 19,4 de las Constituciones de 1914 y 1922, y Art. 14 de las Constituciones de 1925, 1928, 1929, 1931, 1936, 1945, *loc. cit.*, pp. 397, 424, 455, 484, 539, 581, 612, 648, 684, 720, 757 y 795, respectivamente.

741 Art. 14 de la Constitución de 1936, *loc. cit.*, p. 757.

742 Art. 7,3 de la Constitución de 1904, *loc. cit.*, p, 455; Art. 109 de la Constitución de 1953, *loc. cit.*, *p.* 855. En la Constitución de 1961 se consagró la autonomía de los "Municipios", pudiendo éstos ser "agrupados en Distritos" (Arts. 25 y 28). Mediante la Disposición Transitoria 1ª de la Constitución, mientras no se dictara la Ley Orgánica del Poder Municipal, se mantenía en vigencia el régimen anterior a 1961 (el de la Constitución de 1953), por lo que hasta 1975 la autonomía municipal existía a nivel de "Municipalidades" en los Distritos y no a nivel de los Municipios, que eran meras divisiones administrativas de aquéllos.

743 *V.* lo indicado en el parágrafo 3.

744 *V.* las referencias en Notas Nos. 119 del parágrafo 3 y 37 del presente parágrafo.

los términos consagrados por esta Constitución", lo que equivale a decir muy poco,[745] como se verá más adelante.

En el orden político venezolano, sin embargo, el año 1936 tuvo una enorme importancia, tal como ya hemos tenido oportunidad de señalar, lo cual también se aplica a la evolución, posterior a esa fecha, de la forma del Estado venezolano. En efecto, el Estado que emerge de la dictadura de J. V. Gómez, indudablemente que no fue ni la sombra del que había sido fácil presa del dictador: no sólo aparecía ahora integrado políticamente, sino que debido a los recursos fiscales provenientes del petróleo, aparecía como una entidad de un enorme poder económico. Por otra parte, la política administrativa de la dictadura, *siguiendo la. orientación de los* gobiernos de la segunda mitad del siglo XIX, había sido progresivamente centralista, de manera que en las sucesivas reformas constitucionales, se le fueron quitando o limitando poderes a los entes locales: los Estados y Municipalidades. A pesar de la forma "federal", el Estado de 1936 era un Estado casi completamente centralizado, y si bien la justicia permanecía en cierta forma en poder de los Estados, la Constitución de 1945 dio el golpe de gracia a la descentralización, al nacionalizarse las actividades judiciales.[746] Había, sin embargo, competencias propias de los Estados, de las Municipalidades y del Poder Nacional (Federal), correspondiendo a los Estados toda competencia "no delegada expresamente al Poder Central",[747] con lo que se consagraba una especie de poder residual tácito a favor de los Estados. En 1953, sin embargo, el proceso centralizador, de nuevo bajo otra dictadura militar, llevó a norma constitucional el principio contrario: correspondía al Poder Nacional "toda materia que la presente Constitución no atribuya a los otros Poderes",[748] con lo que se reducía la competencia de los Estados, con carácter restrictivo, y se ampliaba la competencia del Poder Nacional con las atribuciones residuales. Esta situación, ciertamente, se invirtió nuevamente en la Constitución de 1961, la cual, si bien atribuyó a los Estados "todo lo que no corresponda, de conformidad con esta Constitución, a la *competencia* nacional o municipal",[749] consagró expresamente el principio de los "poderes implícitos" a favor del Poder Nacional, al precisar que corresponde a éste "toda otra materia que la presente Constitución atribuya al Poder Nacional o que le corresponda *por su índole o naturaleza"*.[750]

---

745 Art. 2. *V.* la Exposición de Motivos de la Constitución sobre el significado de la expresión de este artículo sobre la Federación, *cit.* en la Nota Nº 4 de este parágrafo, y los debates de la Comisión Redactora del Proyecto de Constitución, en *La Constitución de 1961 y la Evolución Constitucional de Venezuela,* Tomo I, Vols. I y II, Caracas, 1971.

746 Mediante el artículo 15,7, los Estados convinieron por primera vez: "reservar al poder Federal".,, "todo lo relativo a la Administración de justicia y al Ministerio Público en el territorio Nacional", *loc. cit.,* p. 796. Sobre la importancia de esta "nacionalización de la Justicia" en el esquema federal venezolano, *V.* Humberto J. La Roche, *loc. cit.,* pp. 578 y ss.

747 Esta norma consagrada en la Constitución de 1864 (Art. 12) se mantuvo en todos los textos constitucionales posteriores hasta 1953.

748 Art 60, 29, *loc. cit.,* p. 911.

749 Art. 17,7

750 Art. 136, 25. *V.* en relación a lo novedoso de esta disposición en Humberto J. La Roche, *op. Cit.,* p, 591. Una aplicación del criterio contenido en esta norma puede encontrarse en nuestro libro, Allan–R. Brewer–Carías, *Aspectos Institucionales del Transporte y Tránsito en el Área Metropolitana de Caracas*, Caracas, 1971, pp. 72 y ss. y 82.

3. La autonomía estadal mediatizada

Ahora bien, conforme al régimen de la Constitución de 1961, ¿cuál es la situación real de la forma federal del Estado en Venezuela en la segunda mitad de la década de los setenta?, o si se quiere, ¿cuál es el alcance y realidad de las autonomías locales –estadales y municipales– frente al poder central? Dos aspectos están envueltos en las respuestas a estas preguntas: el estudio de la organización "federal" de la República en "Estados", y la realidad de la "Autonomía Municipal", lo cual intentaremos hacer separadamente.

Cualquier análisis somero de la normativa constitucional en lo que se refiere a la diferenciación del "Poder Público" en "Poder Nacional" y "Poder de los Estados" o "Poder Estadal"[751] evidentemente que conduce a la apreciación de que la organización "estadal" está minimizada, en cuanto a atribuciones y facultades, en relación a las que se asignan al Poder Nacional. En efecto, dentro de las potestades asignadas a los Estados,[752] a los que se considera "autónomos e iguales como entidades políticas",[753] están: la organización de sus poderes públicos;[754] la organización de sus Municipios y demás entidades locales;[755] la administración de sus bienes, la inversión del situado constitucional y demás ingresos que le correspondan,[756]y la utilización del crédito público;[757] la organización de la policía urbana y rural y la determinación de las ramas de este servicio atribuidas a la competencia municipal;[758] y las materias que el Poder Nacional "descentralice" a favor de los Estados.[759] Sin embargo, todas estas potestades están sujetas a limitaciones e intervenciones del Poder Nacional, y su ámbito en cierta forma no sólo está sujeto a lo que la Constitución regula, sino a lo que el Congreso (Poder Nacional) establezca: la organización de los Municipios por leyes estadales, por ejemplo, ha de someterse a "las normas que para desarrollar los principios constitucionales establezcan las leyes orgánicas nacionales";[760] la administración de los bienes a inversión de los ingresos que obtengan los Estados provenientes de las asignaciones que el Poder Nacional les debe dar constitucionalmente (situado), está limitada por la Ley nacional que coordina dicha inversión "con planes administrativos desarrollados por el Poder Nacional";[761] la inversión de todos sus ingresos puede ser sometida al control de la Contralor-

---

751 *V.* Arts. 17 y 118, por ejemplo.

752 Los Estados son veinte: Anzoátegui, Apure, Aragua, Barinas, Bolívar, Carabobo, Cojedes, Falcón, Guárico, Lara, Mérida, Miranda, Monagas, Nueva Esparta, Portuguesa, Sucre, Táchira, Trujillo, Yaracuy y Zulia.

753 Art. 16.

754 Lo que conlleva la regulación de las relaciones entre el Poder Legislativo Estadal (atribuido a las Asambleas Legislativas) y el Poder Ejecutivo Estadal (atribuido a los Gobernadores), conforme a las orientaciones de la Constitución (separación y colaboración de poderes, p. ej.). *V.* Art. 17,1 de la Constitución.

755 Lo que implica que los Estados establecen la división político–territorial que estimen conveniente conforme a la normativa de la Constitución y a lo que se establezca en las Leyes Nacionales (Art. 17,2 de la Constitución). En esta forma, es a los Estados a quienes corresponde establecer el número de Municipios en su territorio y pueden también agrupar varios Municipios en un Distrito (Art. 28 de la Constitución). *V.*, en este sentido, la sentencia de la CFC en SPA de 28–2–31 en *M, 1932*, p. 102.

756 Ello, con sujeción a lo establecido en los artículos 229 y 235 de la Constitución (Art. 17,3 de la Constitución).

757 Con las limitaciones y requisitos que establezcan las Leyes Nacionales (Art. 17,4 de la Constitución).

758 Art. 17, 5 de la Constitución.

759 Arts. 17, 6 y 137 de la Constitución.

760 Art. 26 de la Constitución.

761 Art. 229 de la Constitución. *V.* La Ley Orgánica de coordinación de la Inversión del Situado Constitucional con los planes administrativos desarrollados por el Poder Nacional de 5–8–74 en *G.O.*. Nº 30.465 de 5–8–74.

ía General de la República[762] y por Ley nacional pueden, inclusive, determinarse los "límites a los emolumentos que devenguen los funcionarios y empleados" de los Estados;[763] la utilización del crédito público por los Estados depende de lo que la Ley nacional establezca;[764] la organización de la policía urbana y rural sólo puede hacerse de acuerdo con lo que una ley nacional establezca;[765] y por último, el ámbito de la "descentralización" de competencias nacionales a los Estados, depende íntegramente de lo que el Poder Nacional determine.[766] Por otra parte, y particularmente en materia de ingresos propios, la Constitución establece una larga lista de limitaciones a las potestades tributarias de los Estados, que materialmente las reducen a la inexistencia.[767] Ciertamente que las Asambleas Legislativas tienen competencia para "legislar sobre las materias de la competencia estadal", y que el "gobierno y administración de cada Estado corresponde a un Gobernador";[768] sin embargo, esta autonomía "normativa", "fiscal" y "administrativa" se hace nugatoria e inoperante por la material ausencia de materia sobre la cual "legislar" [769] o administrar, lo que hace, por otra parte, inefectiva la competencia residual de los Estados. En esta forma, conforme al texto constitucional, la "autonomía" de los Estados en una autonomía dependiente del Poder Nacional: existe y tiene ámbito e importancia, en tanto cuanto el Poder Nacional lo determine.[770] A mitades de la década de los setenta, en todo caso, el Poder Nacional no había determinado ámbito efectivo a dicha autonomía, y por la normativa que existía, los Estados quedaban reducidos a unas entelequias políticas, sin competencias administrativas de interés, que sólo servían para alimentar clientelas político–partidistas. Con razón, por tanto, se ha dicho que las Asambleas Legislativas son entes políticos de debates y no órganos promotores del desarrollo, lo que podría aplicarse a toda la estructura de los Estados federados.[771] De ahí que se haya insistido en la necesidad de eliminar las Asambleas Legislativas y reordenar la división territorial de la "Federación".[772] En todo caso, y sin entrar por ahora a

---

762 Art. 235 de la Constitución. En este sentido, la Ley Orgánica de la Contraloría General de la República de 6–1–75, extiende sus funciones de inspección y fiscalización a los Estados. *V.* en *G.O.* 1.712 de 6–1–75.

763 Art. 229 de la Constitución. Esta determinación se realiza anualmente en la Ley de Presupuesto de la República según el artículo 18 de la Ley Orgánica de coordinación de la Inversión del Situado Constitucional.

764 Art. 17, 4 de la Constitución.

765 Art. 134 de la Constitución.

766 Arts. 17, 6 y 137 de la Constitución.

767 Art. 18 de la Constitución. *V.*, al respecto, los comentarios de H. J. La Roche, *op. cit.*, pp. 600 y ss.

768 Arts. 20, 1 y 21 de la Constitución.

769 De la lectura del artículo 136 de la Constitución, que atribuye competencias al Poder Nacional, se aprecia el material "monopolio" legislativo que la Constitución atribuye al Poder Nacional. *V.* los comentarios de H. J. La Roche, *loc. cit.*, p. 599.

770 Por supuesto que conforme a esto, las propias "Constituciones" de los Estados, como legislación estadal, están subordinadas a la Constitución Nacional. *V.* sentencia de la CSJ en SPA de 6–8–70 en *GF*, Nº 69, Caracas, 1970 (consultada en original).

771 Por ello, con razón se ha dicho que "la Organización regional en Venezuela se ha mantenido vegetando sobre un mismo esquema; apariencias federativas vertebradas a una presión cada vez más centralista. La tradición formalista, revelada como incapaz de amenazar las inmensas prerrogativas del poder central, ha sido mantenida casi sin maquillaje por nuestros constituyentes. La organización regional, despojada de vitales funciones de creación, subordinada económicamente al poder nacional, comprometida políticamente con partidos cuyas directrices nacionales les atan y mediatizan, no ha podido ser fiel reflejo de inquietudes zonales sino más bien instrumento para acallarlas o resolverlas a medias, en beneficio de los intereses que dirigen desde el centro los destinos del país". *V.* J. M. Casal Montbrun, *op. cit.*, Tomo II, Vol. I, p. 79. *Cfr.* Humberto J. La Roche, *op. cit.*, pp. 647 y ss.

772 *V.*, por ejemplo, las opiniones de Ramón Escovar Salom en las discusiones del Proyecto de Constitución, en J. M. Casal Montbrun, *op. cit.*, Tomo II, Vol. I, pp. 165 y ss. En 1968 señalábamos, al analizar el significado de un proceso de regionalización que conllevara "una revisión total de la división político–territorial y materialmente

considerar la racionalidad o irracionalidad de la división político–territorial de la República en veinte Estados, y la posibilidad o imposibilidad de realizar un proceso de "descentralización" hacia esas entidades, lo que sí resulta claro del análisis de la normativa constitucional es que la Federación en Venezuela ha encubierto a un Estado centralizado, con un ropaje político del cual no se han beneficiado los pueblos del interior del país, pues no han tenido real participación en el manejo de los asuntos regionales, y sólo han obtenido ganancias los partidos políticos, quienes han encontrado en los cargos de diputados de las Asambleas Legislativas y en las burocracias estadales, la forma de colmar las apetencias políticas de los partidarios y adversarios. Se impone, por tanto, una reforma del régimen federal, que no sólo reordene territorialmente la República con criterios racionales y regionales, sino que conlleve un proceso de descentralización del Poder Nacional, y de efectiva participación de las comunidades en las decisiones políticas y administrativas. Pero cualquier análisis de la forma federal del Estado en Venezuela, exige estudiar también la realidad de la "autonomía municipal" que la Constitución consagra y, por tanto, la operatividad o no del régimen local en Venezuela.

4. La relativa autonomía municipal

En efecto, conforme a la Constitución, "los Municipios constituyen la unidad política primaria y autónoma dentro de la organización nacional" y como tales "son personas jurídicas"[773]. En esta forma, el Municipio es, ante todo, una división territorial de la República o, más precisamente, de los Estados federados,[774] a cuyas autoridades corresponde "el gobierno y administración de los intereses peculiares de la entidad" [775]con entera autonomía. En esta forma, de acuerdo con la Constitución, la autonomía municipal comprende una autonomía política, en cuanto que los Municipios eligen sus propias autoridades;[776] una autonomía normativa y administrativa, en cuanto a que ellos tienen "la libre gestión de las materias de su competencia" ;[777] una autonomía fiscal y tributaria, en cuanto a que pueden crear, recaudar e invertir sus propios ingresos;[778] y sus actos no pueden ser impugnados ante ningún órgano del Poder Estadal o Nacional, y sólo ante los órganos jurisdiccionales, conforme a la Constitución y las leyes.[779] Sin embargo, esta autonomía municipal, está sometida también a una multiplicidad de limitaciones[780] que hacen dudar, realmente, de su existencia.

En efecto, las limitaciones a la autonomía municipal, comienzan por establecerse en la Constitución, respecto de la propia "existencia" de los Municipios como entidades político–territoriales. Estos, si bien son las unidades políticas primarias dentro de la

---

la eliminación de los Estados, como últimos resabios de una federación que siempre fue centralista y que, como tal, nunca existió". *V.* Allan–R. Brewer–Carías, *Una Revolución pata el Desarrollo*, Caracas, 1970, p. 47.

773 Art. 25 de la Constitución.

774 Art. 17, 2 de la Constitución.

775 Art. 30 de la Constitución.

776 Art. 29, 1 de la Constitución.

777 Art. 29, 2 de la Constitución.

778 Art. 29, 3 de la Constitución.

779 Arts. 29, 206 y 215,4 de la Constitución.

780 *V.*, al respecto, Antonio Moles Caubet, "Los límites de la Autonomía Municipal", en *Revista de la Facultad de Derecho*, N° 26, Caracas, 1963 pp. 12 y ss., Allan–R. Brewer–Carías, *El Régimen de Gobierno Municipal en el Distrito Federal Venezolano*, Caracas, 1968, pp. 4 y ss. *V.*, asimismo, la doctrina del 20–9–65 de la Procuraduría General de la República, en *Doctrina PGR*, 1965, Caracas, 1966, pp. 28 y ss.

organización nacional, como lo señala la Constitución, ello no implica que tengan existencia previa y por sobre dicho texto fundamental,[781] sino que su existencia depende de lo que dicho texto establezca, lo que es lo mismo que decir, que la existencia de los Municipios depende, no sólo de lo que los Estados federados dispongan, sino de lo que dispongan con arreglo a las leyes nacionales. En esta forma, la propia Constitución ha dispuesto que los Estados organicen "sus Municipios" y "su división político territorial",[782] y que en todo caso, "la organización de los Municipios y demás entidades locales se regirá por esta Constitución, por las normas que para desarrollar los principios constitucionales establezcan las leyes orgánicas nacionales y por las disposiciones legales que en conformidad con ellas dicten los Estados"[783].De manera que conforme a esas leyes, el número de Municipios de la República y su organización, puede variar. Por otra parte, la Constitución expresamente se apartó del establecimiento de un régimen uniforme para dicha organización y, al contrario, previo que "la ley podrá establecer diferentes regímenes para la organización, gobierno y administración de los Municipios atendiendo a las condiciones de población, desarrollo económico, situación geográfica y otros factores de importancia", aun cuando "en todo caso, la organización municipal será democrática y responderá a la naturaleza propia del gobierno local"[784]. Por otra parte, también previó la Constitución que "los Municipios podrán ser agrupados en Distritos"[785], con lo que se atribuye a los Poderes a cuyo cargo está su organización (Poder Nacional y Estadal), una aún más amplia competencia para determinar la existencia, inexistencia y agrupación de las "entidades primarias".

Pero dejando aparte las limitaciones a la autonomía municipal, derivadas de los poderes de organización que se atribuyen al Congreso y a las Asambleas Legislativas, en el propio ejercicio de sus atribuciones propias, la autonomía municipal se encuentra limitada. En efecto, en cuanto a la libre elección de sus autoridades, si bien ello corresponde al Municipio, es al Poder Nacional a quien corresponde determinar "quiénes" son las autoridades a elegir: un alcalde, un Concejo Municipal[786], u otra corporación municipal; y la forma de dicha elección"[787]. Por otra parte, se ha señalado que la autonomía municipal conlleva "la creación, recaudación e inversión de sus ingresos"; sin embargo, esta autonomía normativa, administrativa y fiscal también está sometida a amplías limita-

781 Ello lo ha dejado claramente establecido la Corte Suprema desde hace años. En efecto, en sentencia de la CFC en SPA de 2–12–37, se señaló que "aunque desde el punto de vista sociológico puede afirmarse que la autonomía municipal es emanación del pueblo, anterior a los preceptos constitucionales de cualquier país, es lo cierto que en el derecho positivo venezolano se la considera como emanada exclusivamente de la Constitución, pues es ésta la que distribuye el Poder Público, entre el Poder Federal, el Poder de los Estados y el Municipal…", *V.* en 1938, p. 359.

782 Art. 17, 2 de la Constitución.

783 Art. 26 de La Constitución.

784 Art. 27 de la Constitución.

785 Art. 28 de la Constitución.

786 En ninguna parte del texto constitucional se utiliza la expresión "Concejo Municipal", ni se especifica que éstos sean las autoridades a que se refiere el artículo 29,1 de la Constitución.

787 La legislación electoral corresponde al Poder Nacional, y en ella puede determinarse otra forma de elección que no sea la "representación proporcional" utilizada en los últimos años para la elección de los miembros de los Concejos Municipales. En la Legislación Nacional, en este sentido, podría establecerse una elección uninominal para los miembros de las Corporaciones Municipales y para los Alcaldes o Gerentes Municipales, *V.* Allan–R. Brewer–Carías, "Obstáculos Políticos al Desarrollo en Venezuela", en *Revista de la Escuela Superior de las Fuerzas Armadas de Cooperación*, N° 1, Caracas, 1973, p. 127.

ciones.[788] En primer lugar, los Municipios tienen determinados, taxativamente, los ingresos que pueden tener, y están sujetos a diversas prohibiciones en materia impositiva[789]. En segundo lugar, la utilización del crédito público sólo pueden hacerla con las limitaciones y requisitos que establezca la Ley[790]. En tercer lugar, si bien por Ley se determina "la participación que corresponda a las entidades municipales en el situado constitucional", dicha Ley limita la administración de esos ingresos "para coordinar la inversión del situado con planes administrativos desarrollados por el Poder Nacional"[791].En cuarto lugar, por Ley nacional se fijan "los emolumentos que devenguen los funcionarios y empleados de las entidades municipales"[792].Y en quinto lugar, a pesar de la "inalienabilidad e imprescriptibilidad de los ejidos", la Ley nacional puede determinar la enajenación de las referidas tierras municipales con fines de Reforma Agraria[793]. De estas limitaciones resulta, por tanto, que la autonomía normativa, administrativa y fiscal no es absoluta[794].

Pero la autonomía municipal comprende, además, según se ha visto, "la libre gestión en las materias de su competencia"[795],es decir, "los intereses peculiares de la entidad, en particular, cuanto tenga relación... con las materias propias de la vida local, tales como urbanismo, abastos, circulación, cultura, salubridad, asistencia social, institutos populares de crédito, turismo y policía municipal"[796]. Sin embargo, a pesar de la enumeración de las materias propias de la vida local, la sola ejemplificación que la Constitución hace, convierte en completamente relativa la autonomía normativa y administrativa del Municipio sobre ellas. En efecto, en cuanto al "urbanismo", el Poder Nacional puede establecer, coordinar y unificar normas y procedimientos técnicos para obras de urbanismo[797], estando, por otra parte, fuera de toda duda, la competencia del mismo en materia de desarrollo urbano, como una de las materias que ha escapado del solo ámbito local, y que por su índole y naturaleza requieren de una normativa nacional[798]. En cuanto a los "abastos", el Poder Nacional tiene competencia para dictar medidas destinadas a "racionalizar" la producción y regular "la circulación, distribución y consumo" de bienes[799]. En cuanto a la "circulación", el Poder Nacional tiene diversas competencias en materia de tránsito y transporte[800], además de ser una materia que le corresponde por su

788 *V.*, en particular. la doctrina de la Procuraduría General de la República de 10–8–70 en *Doctrina PGR*, 1970, Caracas, 1971, pp. 70 y ss.; y de 15–2–72 en *Doctrina PGR*, 1972, Caracas, 1973, pp. 339 y ss.

789 Arts. 18, 31 y 34 de la Constitución. *V.*, los innumerables conflictos judiciales derivados de inconstitucionalidades de los tributos municipales, en Allan–R, Brewer–Carías, Jurisprudencia de la Corte Suprema (1930–1974) y *Estudios de Derecho Administrativo,* Tomo II (El ordenamiento orgánico y tributario del Estado), Caracas, 1975.

790 Art. 33 de la Constitución.

791 Art. 229 de la Constitución y Ley Orgánica de 1974.

792 Art. 229 de la Constitución. *V.*, nota N° 72 de este Parágrafo 8.

793 Art. 32 de la Constitución.

794 *Cfr.* Allan R. Brewer–Carías, El Régimen de Gobierno Municipal del Distrito Federal.. *cit.*, pp. 8 y 9.

795 Art. 29, 2 de la Constitución.

796 Art. 30 de la Constitución.

797 Arts. 136, 14 de la Constitución.

798 *V.*, sobre esto, Allan–R. Brewer–Carías, "El Área Metropolitana de Caracas y la cooperación intermunicipal en materia de urbanismo", en *Revista de la Facultad de Derecho,* UCV, N° 35, Caracas, 1967, pp. 49 y ss. *V.*, además, Luis Torrealba Narváez, *Aspectos Jurídicos del Urbanismo en Venezuela*, Caracas, 1970, pp. 45 y ss.; Nelson Geigel Lope–Bello, *Autonomía Municipal y Urbanismo*, Caracas 1972, pp. 23 y ss.; y la doctrina de la Procuraduría General de la República de 13–11–68 en Doctrina PGR, 1968, Caracas. 1969, pp. 36 y ss.

799 Art. 98 de la Constitución.

800 Arts. 136, ords. 5, 20 y 21, de la Constitución.

índole y naturaleza[801], que le permiten regular nacionalmente aspectos de la circulación[802]. En cuanto a la "cultura", la Constitución atribuye al Poder Nacional, la obligación de fomentar "la cultura en sus diversas manifestaciones".[803]En cuanto a la "salubridad" y la "asistencia social", al Poder Nacional corresponde "la dirección técnica, el establecimiento de normas administrativas y la coordinación de los servicios destinados a la defensa de la salud pública",[804]además, de tener la obligación de velar "por el mantenimiento de la salud pública" y proveer "los medios de prevención y asistencia a quienes carezcan de ellos".[805] En materia de "institutos populares de crédito", al Poder Nacional corresponde dictar la legislación en materia de "bancos y demás instituciones de crédito",[806]además de las facultades para regular la circulación de la riqueza.[807] En materia de "turismo", al Poder Nacional también corresponde dictar la legislación "de turismo".[808] Por último, en materia de "policía municipal", no sólo los Estados tienen competencia para determinar las ramas de la policía urbana y rural atribuidas a la competencia municipal,[809] sino que tanto los Estados como los Municipios "sólo podrán organizar sus fuerzas de policía de acuerdo con la Ley" nacional,"[810] que puede limitarlas, para coordinarlas con la "policía nacional".[811]

5. La crisis del municipalismo

En esta forma, en todas las materias propias de la vida local que la Constitución ha señalado como de la competencia de las Municipalidades, el propio texto fundamental ha establecido competencias concurrentes del Poder Nacional e inclusive de los Estados, que han producido que el ejercicio de las competencias municipales se encuentre doblemente limitado, frente a los poderes residuales de los Estados, a los poderes implícitos del Poder Nacional, y a los poderes concurrentes. A estas limitaciones debe agregarse la tendencia centralista del Poder Central ya comentada, y la complejidad de los problemas del desarrollo económico y social, en particular los del desarrollo urbanístico, que han hecho intervenir con más razón a los poderes nacionales. En todo caso, la institución municipal ha quedado relegada a un localismo que la hace inoperante, administrativa y económicamente hablando, con exiguos recursos financieros, y que la han convertido, al igual que las entidades estadales–federales, en fuente de satisfacción de clientelas partidistas mediante los tradicionales repartos burocráticos. De todo esto, ha resultado que la participación del pueblo en la entidad política primaria de la organización nacional ha estado ausente. Las entidades políticas regionales y locales –Estados y Municipios–, en todo caso, han quedado, en las últimas décadas, al margen del proceso

801 Art. 136, 25 de la Constitución.

802 *V.*, sobre esto, Allan–R. Brewer–Carías, *Aspectos Institucionales del Transporte y Tránsito en el Área Metropolitana de Caracas*, Caracas, 1971, pp. 71 y ss. En materia de transporte urbano, la Corte Suprema ha ratificado la competencia municipal. *V.*, sentencia de la CSJ en SPA de 7–5–70 en *GF*, N° 68, 1970, pp. 98 y ss., publicada también en Doctrina de la Procuraduría General de la República, Doctrina PGR. 1972, Caracas, 1973, pp. 422 y ss.

803 *V.*, Art. 83 de la Constitución.

804 Art. 136, 17 de la Constitución.

805 Art. 76 de la Constitución.

806 Art. 136, 24 de la Constitución.

807 Art. 98 de la Constitución.

808 Art. 136, 24 de la Constitución.

809 Art. 17,6 de la Constitución.

810 Art. 134 de la Constitución.

811 Art. 136, 5 de la Constitución.

de desarrollo, aun cuando han sobrevivido formalmente, a pesar del proceso de transformación económica y social que ha vivido la República. Como instrumentos de desarrollo, no cumplen cometido alguno racional e importante[812] y han quedado, para sobrevivir, aferradas a un federalismo y a un municipalismo decadentes,[813] compelidas a ello por el proceso centralizador del Estado, El reto planteado en el ámbito de las instituciones regionales y locales, en todo caso, está en hacerlas partícipes de los procesos de decisiones concernientes al desarrollo del país, y corresponsabilizarlas del mismo, a la vez que lograr, mediante ellas, la efectiva democracia política, a través de la participación del pueblo en los procesos políticos. Para ello, la enorme tarea que tiene planteado el Estado venezolano para su reforma, aparte de las múltiples que tiene a nivel nacional, consiste en realizar un amplio proceso de descentralización administrativa y organizar una efectiva participación popular a nivel local.[814] Ello será la garantía de estabilidad institucional, tanto desde el punto de vista administrativo como político.

En efecto, las tareas del desarrollo económico y social, en una sociedad compleja como la venezolana, ya no pueden atenderse como la administración de una "hacienda" particular tal como el dictador Gómez trataba al país en las primeras décadas de este siglo. Frente a la disgregación feudal–regional–caudillista que la Federación del siglo

---

812 *Cfr*. J. M. Casal Montbrun, *op. cit*., Tomo II, Vol. I, p. 79; Humberto J. La Roche, *loc. cit*., pp. 647 y ss.; Allan R. Brewer–Carías. *Problemas Institucionales del Área Metropolitana de Caracas y del Desarrollo Regional y Urbano*, Caracas, 1971, pp. 29 y ss.

813 En relación a los Estados, en otro lugar hemos señalado que "la situación actual de las estructuras políticas y administrativas locales a nivel estadal, es la de compartimientos estancos, que actúan de espaldas totalmente a la realidad nacional, al proceso de desarrollo y a la participación de las regiones en el proceso de desarrollo nacional. En general, se trata de instituciones que casi para lo que sirven es para mantener una especie de clientela política para los diversos partidos políticos dentro de nuestra democracia formal y que, por tanto, no son instituciones que por sí mismas puedan contribuir adecuadamente al proceso de desarrollo nacional. Por otra parte, el carácter de compartimientos estancos, la ausencia de recursos propios, la dependencia de parte del situado constitucional que provee la República, el excesivo localismo originado por la supervivencia de la clientela política a la cual están sometidos, hacen que estos organismos, aun cuando autónomos, tengan una autonomía que no les sirva de mucho. Es decir, estamos en presencia de una autonomía que, tal como está concebida y tal como funciona, es una autonomía hasta cierto punto inútil; una autonomía que no tiene, dentro del contexto del desarrollo, un adecuado papel que jugar. *V.,* Allan R. Brewer–Carías, *Problemas Institucionales del Área Metropolitana de Caracas y del Desarrollo Regional y Urbano, cit*., p. 29. Por otra parte, estos compartimientos estancos han dado origen a administraciones ligadas y ceñidas a un ámbito territorial específico, con escasos recursos para poder acometer acciones de desarrollo importantes, con un excesivo localismo que hace casi imposible el lograr una coordinación regional. En la actualidad, hay muy poca colaboración entre los diversos Estados que conforman una Región. Esto se deriva fundamentalmente de esa autonomía, muchas veces inútil, que sólo sirve a intereses que posiblemente no están ligados a las exigencias del desarrollo, sino a intereses circunstanciales generados por los vaivenes políticos del país. En todo caso, estos problemas de la "autonomía inútil", no sólo surgen a nivel de los Estados, sino quizás fundamentalmente a nivel de los Municipios. Esta autonomía inútil, sobre todo por la forma como está estructurada, es quizás uno de los objetivos a superar dentro de un nuevo planteamiento que se exige formular en torno al papel de los Estados y de los Municipios en un proceso de desarrollo". *V*., Allan–R. Brewer–Carías, *El Proceso de Regionalización y la Reforma Administrativa en los Estados y Municipalidades*, Mérida, 1971, pp. 9 y 10.

814 "Personalmente –señala S. Martín–Retortillo– entiendo que la descentralización es en nuestros días la alternativa más válida y consistente para afrontar el tema de la crisis del Estado. También, para llevar a cabo una democratización sustantiva y no puramente formal de las propias estructuras políticas y administrativas... hoy, con un signo totalmente distinto a como anteriormente se presentaron, el Estado para su efectiva gestión, y el ciudadano para su mayor participación, exijan y requieran el abandono de los esquemas centralizadores, para situarse en un sistema efectivamente pluralista, tanto desde el punto de vista corporativo como desde el territorial... La descentralización, como base de una efectiva participación ciudadana en el gobierno de la cosa pública... La descentralización como técnica de incorporación Ciudadana; pero no de una incorporación por simple representación, sino de una auténtica incorporación por participación". *V*., en Sebastián Martín–Retortillo y otros. *Descentralización Administrativa y Organización Política, cit*., Tomo I (Introducción) pp. XXXIV, XXXVII, LIX y LXII.

con la misma Federación y concluido con Gómez, indudablemente fue necesario. Fue la única forma de integración política del país. Sin embargo, los cambios sociales, políticos y económicos que se han producido a partir de 1936, exigen replantearse completamente la forma centralizada de administración y gobierno, que ha excluido a las entidades locales de todo papel en el proceso de desarrollo, y que ha impedido el surgimiento de mecanismos de participación política del pueblo en los procesos de toma de decisiones. Pero plantearse la tarea de descentralizar el Estado en Venezuela tomando como punto de referencia las entidades político–territoriales tradicionales –Estados y Municipios–, también sería una insensatez, pues por su composición, ubicación en el territorio nacional y dimensión, no podrían ser niveles adecuados para hacer efectivo el proceso de descentralización que le está planteado al Estado.

Se impone, por tanto, la búsqueda de un nivel óptimo a escala regional, que sirva como punto de referencia adecuado para la descentralización de las competencias del Poder Nacional hacia las Regiones, y que permita la participación, en el proceso de desarrollo económico–social, de los entes locales tradicionales –Estados y Municipios–. El desiderátum y el reto planteado está, entonces, en la estructuración de un Gobierno y Administración Regional, con características de nueva entidad territorial, en la cual se conjuguen la descentralización política y la descentralización administrativa.[815]

III. LA SEPARACIÓN DE PODERES

Es indudable que uno de los conceptos más confusos e imprecisos del pensamiento constitucional y político moderno, es el que se ha englobado en la denominación de "teoría" o "principio de la separación de poderes", transformada en uno de los pilares fundamentales de los regímenes democrático–liberales.[816] Y, por supuesto, hablar de separación de poderes sigue siendo actualmente, hablar del *Esprit des Lois* de Montesquieu, escrito hace más de dos siglos.

1. Los antecedentes

Sin embargo, como se señaló anteriormente,[817] ni Locke ni Montesquieu formularon teoría o principio alguno de "separación de poderes" tal como ha sido demostrado con precisión por Ch. Eisenmann,[818] sino a lo sumo de división del poder. A la base del pensamiento de Montesquieu se encuentra el postulado político fundamental, como garantía de libertad y como forma de atenuar el poder absoluto y el despotismo, de que dos o tres de las funciones del Estado no deben ser ejercidas por una misma persona,

---

815 *V.*, Allan R. Brewer–Carías, *El Proceso de Regionalización y la Reforma... cit.*, pp. 9 y ss.; y *La regionalización en materia económica en el Derecho Comparado* (Ponencia general al IX Congreso Internacional de Derecho Comparado), Teherán, 1974, publicado en *Cuadernos de la Sociedad Venezolana de Planificación*, Caracas, 1975.

816 *Cfr.* Geoffrey Marshall, *Constitutional Theory*, Oxford, 1971, pp. 97 y 124; y H. Fix Zamudio. *"Valor actual del Principio de la División de Poderes y su consagración en las constituciones de 1857 y 1917"*, en *Boletín del Instituto de Derecho Comparado de México*, Nos. 58–59, México 1967, p. 98.

817 *V.* lo expresado en el parágrafo 1.

818 *V.* Charles Eisenmann, "L'« Esprit des Lois» et la Séparation des Pouvoirs"; en *Mélanges Carré de Malberg*. Paris, 1935, pp. 165 y ss.

órgano o cuerpo de funcionarios;[819] es decir, el principio político formulado por Montesquieu fue el de que un solo órgano estatal no debía ejercer conjuntamente dos o más de las funciones políticas que identificó en su análisis del sistema constitucional inglés, como la *puissance législative, la puissance exécutrice* y la *puissance de juger*. Lejos estuvo, por tanto, no sólo de formular una teoría jurídica de los poderes del Estado –en sentido formal, orgánico o material–, sino de preconizar la separación total y completa del Parlamento, el gobierno y los tribunales, tanto funcional como orgánicamente.[820] Por tanto, la construcción del principio de la separación de poderes en el sentido de que tres funciones estatales serían atribuidas a tres autoridades o grupos de autoridades completamente distintas e independientes, que las ejercerían, respectivamente, de manera integral y exclusiva y sin posibilidad de su delegación, fue producto de lo que se creyó o se quiso creer que Montesquieu decía, pero no un derivado cierto de su pensamiento.[821] En esta distorsión del pensamiento de Montesquieu, por supuesto, jugó un papel esencial la motivación política: los revolucionarios franceses antes que la interpretación adecuada de las teorías políticas, estaban más interesados en lograr que los jueces no pudieran entorpecer el funcionamiento del nuevo Estado, tal como los cuerpos judiciales lo habían hecho en relación a las reformas que los ministros de Luis XV habían querido realizar y que Francia tanto requería. Los revolucionarios, así, a pesar del papel que jugaron los "Parlamentos" (jurisdicciones) en lograr el inmovilismo del Estado que terminaría por provocar la Revolución, aprendieron bien la lección y reaccionaron, como dogma, contra el poder judicial,[822] prohibiendo a los jueces en la ley de los días 16–24 de agosto de 1790, de toda interferencia en las operaciones de los cuerpos administrativos.[823] Así nació el principio de la "separación de poderes" que tanta influencia habría de tener posteriormente, y así se estableció, también, el fundamento de lo que posteriormente sería la "jurisdicción administrativa" en Francia, separada de la jurisdicción judicial: al no poder los jueces juzgar a la Administración, hubo que crear una jurisdicción especial y separada con esa finalidad, so pena de denegación de justicia.[824]

En todo caso, la aplicación y el desarrollo del principio de la separación de poderes que se atribuyó a Montesquieu, no sólo tuvo sus propias implicaciones en Francia, sino también en Inglaterra y en los Estados Unidos. En todos estos sistemas, la doctrina de Montesquieu fue usada para fines cuya formulación original nunca pretendió.[825] En efecto, en Inglaterra, si bien ha sido usada para mantener la independencia de los jueces, no lo ha sido para impedir la estrecha relación que existe entre el gabinete británico y el Parlamento. Al contrario, en Estados Unidos fue utilizada para impedir que el Presidente tuviera poderes de control sobre el Congreso, situándose en la Corte Suprema el

---

819 *V.* la cita de parte del Capítulo VI del Libro XI del *Esprit des Lois*, en el parágrafo 1, Nota N° 49.

820 *V.* Ch. Eisenmann, *loc. cit.*, pp. 173 y 178. *Cfr.* Geoffrey Marshall, *op. cit.*, p. 102.

821 *V.* Ch. Eisenmann, *loc. cit.*, pp. 165 y 173.

822 *Cfr.* Georges Vedel, Droit Administratif. Paris, 1973, pp. 73 y 74; J. Rivero, *Droit Administratif,* Paris, 1973, p. 129.

823 El artículo 13 de la Ley establecía lo siguiente: "*Les fonstions judiciaires sont distinctes el demeureront toujours séparées des fonctions administratives; les juges ne pourront à peine de forfaiture, troubler de quelque manière que ce soit les opérations des corps administratifs, ni citer devant eux les administratuers pour raison de leur fonctions*". Esta prohibición formal fue ratificada por el Decreto del 16 fructidor del año III: "*Défenses itératives sont faites aux tribunaux de connaître des actes d'administration, de quelque espèce qu'ils soient, aux peines de droit*". *V.* en G. Vedel, *op. cit.*, p. 75, y J. Rivero, *op. cit.*, p. 129. Estos textos aún están en vigor en Francia.

824 *Cfr.* Jean Rivero, *op. cit.*, p. 127 y ss.

825 *V.* Sir Ivor Jennings, *The Law and the Constitution*, London, 1972, p. 25.

eje del contrapeso y balance entre los poderes, mediante el control de la constitucionalidad.[826]

En principio, por otra parte, influenció directamente a los constitucionalistas de las nacientes repúblicas latinoamericanas. En el Preliminar de la primera de las constituciones de la América hispana, la venezolana de 1811, se estableció claramente el principio: "El ejercicio de esta autoridad confiada a la Confederación no podrá jamás hallarse reunido en sus diversas funciones. El Poder Supremo debe estar dividido en Legislativo, Ejecutivo y Judicial, y confiado a distintos Cuerpos independientes entre sí, y en sus respectivas facultades"[827]; y se ratificaba como uno de los "derechos del hombre en sociedad": "los tres departamentos esenciales del gobierno, a saber: el Legislativo, el Ejecutivo y el Judicial, es preciso que se conserven tan separados e independientes el uno del otro cuanto lo exija la naturaleza de un gobierno libre o cuanto es conveniente con la cadena de conexión que liga toda la fábrica de la Constitución en un modo indisoluble de amistad y unión".[828] De estas normas se deduce la evidente influencia del principio de la Revolución Francesa sobre nuestros constituyentes,[829] y de allí que casi todas las constituciones de Venezuela, desde la de 1811 hasta la vigente de 1961, hayan distinguido tres poderes: el Poder Legislativo, ejercido por el Congreso; el Poder Ejecutivo, ejercido por el Presidente de la República, y el Poder Judicial, ejercido por la Corte Suprema de Justicia y demás tribunales de la República.[830] Sin embargo, la distinción entre los poderes ciertamente que no ha tenido el mismo sentido en toda nuestra evolución constitucional, pues si bien la "separación de poderes" fue la regla durante todo el siglo pasado, al menos en la pura forma de los textos constitucionales, esa "separación de poderes" se torna en "división de Poder" desde comienzos del presente siglo.

2. La división y distribución del Poder

En efecto, la noción tan tradicional en nuestro constitucionalismo, del "Poder Público", como potestad o poder jurídico de obrar que la Constitución confiere al Estado venezolano para la realización de sus fines,[831] es introducida por primera vez en el texto constitucional de 1901;[832] y desde su misma consagración constitucional, el constitu-

---

826 *Idem*, pp. 26 y 27.

827 *V.* en Luis Mariñas Otero, *Las Constituciones Venezolanas*, Madrid, 1965, pp. 127 y 128. Las citas subsiguientes a textos constitucionales se referirán a esta publicación.

828 Art. 189, *loc. cit.*, p. 135.

829 *V.* lo expresado en el parágrafo 3.

830 La Constitución de 1864 no utilizó la denominación de "Poderes", sino que se refirió a la Legislatura Nacional, al Ejecutivo Nacional y a la Alta Corte Federal (*loc. cit.*, pp. 308, 313 y 317) en virtud de la organización federal que se estableció. Igual fórmula utilizaron los textos fundamentales de 1874 y 1881. En la Constitución de 1891 se sustituyó la expresión "Ejecutivo Nacional" por "Poder General de la Federación", y en la Constitución de 1893 se distinguió el Congreso de los Estados Unidos de Venezuela, el Ejecutivo Nacional que se ejercía por el Presidente en unión de los Ministros que eran sus órganos (Art. 60, *loc. cit.*, p. 507), y el Poder Judicial de la Nación. A partir de la Constitución de 1901 se retomó la división tripartita del Poder en Poder Legislativo, Poder Ejecutivo y Poder Judicial, pero incluyendo en el ejercicio del Poder Ejecutivo a los Ministros como órganos del Presidente.

831 *V.* lo indicado en el parágrafo 5. *V.*, además, Allan–R. Brewer Carías, *Las Instituciones Fundamentales del Derecho Administrativo y la Jurisprudencia Venezolana*, Caracas, 1964, pp. 103 y ss.; y Allan–R. Brewer–Carías. "*Las Transacciones Fiscales y la Indisponibilidad de la Potestad y Competencia Tributarias*", en *Revista de Derecho Tributario*, N° 18, Caracas, 1967. pp. 10 y ss.

832 Título IV, Soberanía Popular y Poder Público, *loc. cit.*, p. 430.

yente se cuidó de no atribuirle sentido orgánico alguno a dicha noción, por lo que la distinguió de otra, "los Poderes Públicos" con sentido evidentemente orgánico.[833]El Poder Público, por tanto, como potestad estatal, no existe ni ha existido en la realidad político–administrativa venezolana como un ente funcionante, orgánicamente considerado, sino como un concepto jurídico que representa las funciones del Estado venezolano. Como todo poder, por ello, el Poder público es y ha sido una situación jurídica constitucional individualizada, propia y exclusiva del Estado.[834]

El régimen constitucional venezolano, por tanto, y al menos desde la Constitución de 1901, ha partido del supuesto de la unicidad del Poder del Estado y no de la pluralidad de poderes separados. Constitucionalmente, el Poder Público es y ha sido la potestad única del Estado. Consiste de manara invariable, en el poder que tiene el Estado de querer por sus órganos esenciales por cuenta de la colectividad y de imponer su voluntad a los individuos. Cualquiera que sean el contenido y la forma variable de los actos por medio de los cuales se ejerce el Poder Público, todos esos actos se reducen, en definitiva, a manifestaciones de la voluntad estatal, que es una e indivisible. Es necesario, por tanto, como lo afirmaba Carré de Maiberg, comenzar por establecer la unidad del Poder del Estado[835] para luego distinguir sus funciones.

Partiendo de esta unidad del Poder Público, debido a la configuración federal del Estado en Venezuela, y aun así, en el texto constitucional de 1901 se distribuyó el Poder Público "entre el Poder Federal y el Poder de los Estados, en los límites establecidos en esta Constitución";[836] y al Poder Federal se lo dividió "en Legislativo, Ejecutivo y Judicial".[837]Se trató, por tanto, de un régimen de distribución del Poder y de "división del Poder" que era uno, y no de la separación de poderes, a la usanza francesa. Puede decirse, sin lugar a dudas, que esta concepción de la división del Poder Público ha perdurado invariablemente en todas las constituciones del presente siglo. Su formulación, sin embargo, hasta el texto constitucional de 1953, sufrió una sola variación que debe destacarse; a partir de la Constitución de 1925, los Municipios entran en la distribución del Poder Público, por lo que los dos niveles de distribución (Federal y Estadal) se convierten en tres (Federal, Estadal y Municipal),[838] lo que se mantiene expresamente formulado hasta la Constitución de 1953.[839] La Constitución de 1961, a pesar de que abandona la formulación expresa, en su texto, de la "distribución" del Poder Público en Poder

---

833 "Art. 21. La soberanía reside esencialmente en el pueblo, quien la ejerce por medio de los Poderes Públicos pura garantía de la libertad y del orden. Art. 23. La definición de atribuciones y facultades señala los límites del Poder Público: todo lo que extralimite dicha definición, constituye una usurpación de atribuciones. Art. 27. El ejercicio de la soberanía se confiere por el voto de los ciudadanos o de las corporaciones que tienen la facultad de elegir los Poderes Públicos, al tenor de esta Constitución, sin que sea potestativo a ninguno de estos Poderes arrogase la plenitud de la soberanía. Art. 28. El ejercicio de todo Poder Público acarrea responsabilidad individual, por extralimitación de las facultades que la Constitución otorga o por quebrantamiento de la ley que organiza sus funciones en los términos que esta Constitución y las leyes establecen", *loc. cit.*, pp. 430 y 431.

834 *V.* Allan R Brewer Carias, *Las Instituciones Fundamentales..., cit.*, p. 103.

835 *V.* R Carré de Malberg, *Teoría General del Estado*. México, 1948, p. 249, Nota N° 1. Un comentario crítico a la doctrina de Carré de Malberg sobre las funciones del Estado puede verse en Ch. Eisenmann, "La Théorie des Fonctions de l'Etat chez Carré de Malberg, en *Annales de la Faculté de Droit et des Sciences Politiques et Economiques de Strasbourg*, *XV*. Rélation des Journées d'études en l'honeur de Carré de Malberg, 1861–1935, Paris, 1966, pp. 49 y ss.

836 Art. 29, *loc. cit.*, p. 431.

837 Art. 30, *loc. cit.*, p. 431.

838 Art. 51, *loc. cit.*, p. 623.

839 "Art. 40. El Poder Público se distribuye entre el Poder Municipal, el de los Estados y el Nacional", *loc. cit.*, p. 907.

Nacional, Poder de los Estados y Poder Municipal; y de la "división" del Poder Nacional, en Poder Legislativo, Poder Ejecutivo y Poder Judicial, como lo hicieron absolutamente todos los textos a partir de 1901, sin embargo, responde claramente a la misma concepción.

En primer lugar, resulta expresamente establecida en la Constitución de 1961 la distinción entre el "Poder Público" en el sentido de potestad única del Estado y, por tanto, sin referencia orgánica de cualquier naturaleza; y "los órganos del Poder Público". La Constitución, cuando ha querido referirse a los órganos del Estado habla de "órganos del Poder Público"[840] y cuando ha querido referirse a la potestad única estatal habla de "Poder Público" simplemente;[841] distinción que inclusive se encuentra cuando se refiere a los niveles nacionales: en sentido orgánico habla de "órganos de Poder Nacional",[842] y en sentido funcional o de potestad jurídica, simplemente, de "Poder Nacional".[843] De manera que en cuanto a la potestad estatal, la Constitución parte del supuesto de la unicidad del Poder Público, el cual se ejerce por multiplicidad de órganos.

En segundo lugar, en el texto constitucional de 1961 se recoge la tradición de distribución del Poder Público en tres "ramas": el Poder Nacional, el Poder Estatal y, sin nombrarlo, el Poder Municipal. En efecto, el artículo 118 expresamente indica que "cada una de las ramas del Poder Público tiene sus funciones propias; pero los órganos a los que incumbe su ejercicio colaborarán entre sí en la realización de los fines del Estado". Estas "ramas del Poder Público" que la Constitución presume múltiples, no pueden ser otras que el Poder Nacional, el Poder Estadal y el Poder Municipal, en el sentido de distribución del Poder Público en tres niveles de entidades territoriales, por lo que no parece correcto considerar que la referencia a "ramas del Poder Público" se hace pensando únicamente en la división del Poder entre Legislativo, Ejecutivo y Judicial. Y ello, particularmente, porque para haberse referido a la división del Poder, el constituyente habría tenido que referirse a algunas de las "ramas" del Poder Público en especial, tal como lo hicieron todos los textos constitucionales de 1901 a 1953. El Poder Nacional, por ejemplo (como rama del Poder Público), se divide en Poder Legislativo Nacional, Poder Ejecutivo Nacional y Poder Judicial, pero el "Poder Público" como tal, nunca podría "dividirse" en Poder Legislativo, Poder Ejecutivo y Poder Judicial.[844]

Es claro, por tanto, que a las "ramas del Poder Público" a las que se refiere el artículo 118 de la Constitución son: el Poder Nacional, el Poder de los Estados y el Poder Muni-

840 Esta expresión la utiliza la Constitución, por ejemplo, en los artículos 4, 11, 52 y 205.

841 Esta expresión la utiliza la Constitución, por ejemplo, en sus artículos 19, 46, 64, 117, 118, 121.

842 Arts. 232 y 241

843 Arts. 135 y 136.

844 Títulos V, VI y VII de la Constitución. De allí que resulte confuso y contradictoria la utilización de la expresión "ramas del Poder Público" en el artículo 217 de la Constitución, al indicarse que en el Consejo de la Judicatura "deberá darse adecuada representación a las otras ramas del Poder Público". En realidad, ¿a qué "ramas" se refiere la Constitución? ¿Quiso, por ejemplo, el constituyente dar representación en el Consejo de la Judicatura al Poder Estadal y al Poder Municipal, en virtud de la nacionalización de la Justicia, es decir, en virtud de que las funciones judiciales se reservaron a la rama nacional del Poder Público?, o ¿quiso el constituyente que en el Consejo de la Judicatura estuvieran representados los órganos del Poder Ejecutivo Nacional y del Poder Legislativo Nacional, además de los del Poder Judicial? Indudablemente que la intención del constituyente fue la segunda, tal como aparece expreso de la Exposición de Motivos del Proyecto de Constitución, "se opinó que el Consejo de la Judicatura debía estar integrado únicamente por miembros del Poder Judicial. Sin embargo, fue criterio predominante en la Comisión, que era necesario asegurar adecuada representación a las otras ramas del Poder Público. Con ello se persigue ofrecer al Poder Judicial el concurso del Poder Legislativo y del Ejecutivo que tan necesario es para su fortalecimiento". *V.* en *RFD*, N° 21, 1961, pp. 405 y 406. En este sentido, resulta claro que la expresión que debió utilizar el constituyente debió ser ramas del "*Poder Nacional*" y no ramas del *Poder Público*.

cipal,[845] aun cuando contrariamente a lo establecido en las constituciones anteriores, ellas no se identifican expresamente, sino que se presumen: al Poder Nacional se dedica íntegramente el artículo 136 y los títulos V, VI y VII; el Poder de los Estados emana del Capítulo III del Título I; y el Poder Municipal resulta del Capítulo IV del mismo Título; sin embargo, la única de las ramas del Poder Público que se califica como tal Poder, es a la rama Nacional.

3. Las funciones estatales

Pero de acuerdo con el texto constitucional, "los órganos a los que incumbe" (el) "ejercicio" (de las) "funciones propias" (de) "cada una de las ramas del Poder Público"... "colaborarán entre sí en la realización de los fines del Estado",[846] por lo que de la unicidad del Estado y del Poder Público; y de la trilogía de "ramas" de dicho Poder, se pasa a la multiplicidad de las "funciones propias" de cada una de esas "ramas" y de los órganos a los que incumbe el ejercicio de dichas funciones.

Recoge aquí la Constitución, siguiendo el texto de la Constitución de 1953;[847] una terminología nueva respecto a la tradición constitucional anterior, pues antes que referirse a una "división del Poder" en cada "rama" del Poder Público, entre Legislativo, Ejecutivo y Judicial, se refiere a que cada una de dichas ramas tiene "funciones" propias; y la novedad está en esta noción de funciones estatales.[848] La revisión de la doctrina de la separación de poderes que los proyectistas de la Constitución hicieron, resulta en nuestro criterio evidente; se buscó superar las distorsiones de la "separación de Poderes" y sustituir inclusive la "división del Poder" por una asignación constitucional y legal de funciones propias a cada órgano del Estado, con la obligación de colaborar entre sí en la realización de los fines del Estado. En la expresión constitucional, por tanto, por función ha de entenderse la acción que desarrollan los órganos estatales o la actividad que desempeñan como tarea que les es inherente. De ahí que la función es toda actividad de la propia esencia y naturaleza de los órganos estatales y, por tanto, indelegable salvo que exista una autorización constitucional. Entonces, las diversas funciones del Estado son sólo las diversas formas a través de las cuales se manifiesta la actividad estatal.[849]

Puede decirse, entonces, que la doctrina o principio de la separación de poderes no tiene aplicación alguna en Venezuela, en su concepción rígida, como separación de tres

845 *Cfr.* Allan R. Brewer–Carías, *Las Instituciones Fundamentales..., cit.*, p. 104. Ello, por otra parte, ha sido tradicional mente admitido por la Corte Suprema*: V.* Sentencias de la CFC en SPA de 19–2–37 y 6–11–37 en *M. 1938,* pp. 166 y 312; y Sentencias de la CFC en SPA de 4–3–41 y de 17–4–41 en *M. 1942*, pp. 128 y ss., y 182 y ss.

846 Art. 118.

847 Art. 59, *loc. cit.*, p. 909.

848 En relación al artículo 118 la Exposición de Motivos del Proyecto de Constitución señala que en él "se hace la definición relativa a la separación de los Poderes y a la revisión que el concepto clásico de Montesquieu ha recibido en el Derecho Moderno". *V.* en *RFD* N° 21, pp. 389 y 390. En las discusiones de la Comisión redactora del Proyecto de Constitución, la ponencia original de dicho artículo estaba redactada así: "Cada órgano del Poder Público tiene su función propia, pero deberán colaborar entre sí en la realización de los fines del Estado". Una modificación sugerida por el diputado J. Villalba condujo a la redacción definitiva. *V.*, *La Constitución de 1961 y la Evolución Constitucional de Venezuela, Actas de la Comisión Redactora del Proyecto*, Tomo I. Vol. I, Caracas, 1971. p. 150.

849 Allan R. Brewer–Carías, *Las Instituciones Fundamentales..., cit.*, p. 105.

"poderes" atribuida en forma exclusiva a tres órganos distintos e independientes,[850] sino que más bien ha sido formulada como una "división del Poder" en el sentido de que se establece una multiplicidad de órganos y a cada uno se asigna una función propia, lo que en modo alguno significa exclusividad en el ejercicio de esa función. Esta es realmente la innovación constitucional de los textos de 1953 y de 1961, y el sentido de la llamada colaboración funcional de los poderes.[851] En otras palabras, el sistema constitucional establece una separación orgánica con la cual no coincide una supuesta "separación de funciones".

En efecto, ante todo la Constitución no sólo insiste en la distribución del Poder Público en "ramas", sino que asigna a cada una de ellas y a sus órganos, funciones propias.

En efecto, en cuanto a la rama nacional del Poder Público, es decir, el Poder Público Nacional,[852] la Constitución atribuye su ejercicio a tres órganos o grupos de órganos separados, distintos e independientes, teniendo cada uno de ellos sus funciones propias: el Congreso integrado por el Senado y la Cámara de Diputados, ejerce el Poder Legislativo Nacional[853]y se le atribuye como función propia, la función legislativa;[*] el Presidente de la República y demás funcionarios que determine la Constitución y la ley, ejerce el Poder Ejecutivo Nacional[854]y se le atribuyen como funciones propias, la función de gobierno y la función administrativa; y la Corte Suprema de Justicia y demás tribunales que determine la Ley, ejercen el Poder Judicial,[855] y se le atribuye como función propia la función jurisdiccional. Sin embargo, el hecho de que cada uno de esos órganos nacionales tenga funciones propias no significa que las ejerza con carácter de exclusividad, pues no sólo en su ejercicio algunas veces intervienen otros órganos, sino que su ejercicio se atribuye también a otros órganos.

En cuanto a la rama estadal del Poder Público, es decir, el Poder Público de los Estados, la Constitución atribuye su ejercicio a dos órganos o grupos de órganos separados, distintos e independientes, teniendo cada uno de ellos sus funciones propias: las Asambleas Legislativas ejercen el Poder Legislativo de los Estados[856] y se le atribuye como función propia, la función legislativa estadal; y los gobernadores ejercen el Poder Ejecutivo de los Estados, además de ser agentes del Ejecutivo Nacional,[857] y se le atribuye,

850 El carácter flexible, no rígido ni absoluto, del principio en su aplicación en Venezuela, ha sido destacado repetidamente por la jurisprudencia de la Corte Suprema. En particular, *V.* Sentencias de la CFC en SPA de 23–2–50 en *GF*, N° 4, 1950, pp. 84 a 89; de la CFC en CP de 26–5–51 en *GF*, N° 8, 1952, p. 114; y Sentencias de la CSJ en SPA de 18–7–63 en *GF*, N° 41. 1963, pp. 117–118; de 27–5–68 en *GF*, N° 60, 1969, pp. 115 a 118; de 22–4–69 en *GF*, N° 61, 1969, pp. 5 a 15; de 9–7–69, en *GF*, N° 65, 1969, pp. 70 a 74; y de 1–6–72, en *GF*, N° 1.523, extraordinario, de 1–6–72, p. 9. *V.*, además, Allan R. Brewer–Carias, "Algunas bases del Derecho Público en la Jurisprudencia Venezolana", en *RFD*, N° 27, 1963, pp. 143 y 144. Las referencias jurisprudenciales citadas a lo largo de este parágrafo pueden verse en Allan R. Brewer–Carias, *Jurisprudencia de la Corte Suprema (1930–1975) y Estudios de Derecho Administrativo.* Tomo I, (El ordenamiento constitucional y funcional del Estado), Caracas, 1975, pp. 147 y ss.

851 *V. La Constitución de 1961 y la Evolución..., cit.*, Tomo l, Vol. I, p. 513.

852 Art. 136.

853 Art. 138.

* A esta función "legislativa" posteriormente la hemos denominado más propiamente "función normativa."

854 Art. 181.

855 Art. 204.

856 Art. 19.

857 Art. 21.

como función propia, la función ejecutiva estadal. No existe función jurisdiccional de nivel estadal, pues la justicia fue nacionalizada en Venezuela desde 1945.[858]

En cuanto a la rama municipal del Poder Público, es decir, el Poder Municipal, la Constitución atribuye su ejercicio a un solo órgano al cual se asignan funciones legislativas de carácter local y funciones ejecutivas: los Concejos Municipales.[859] En el solo caso de la Municipalidad del Distrito Federal, la Ley Orgánica respectiva establece una diferenciación orgánica entre el Gobernador del Distrito Federal y el Concejo Municipal del mismo, atribuyendo al primero, como función propia, la función ejecutiva, y atribuyendo al segundo, también como función propia, la función legislativa local.[860]

4. La ausencia de coincidencia de la separación orgánica de "poderes" y la asignación de funciones estatales

En todo caso, a nivel de cada una de las tres ramas del Poder Público, si bien existe una diferenciación orgánica con la asignación de funciones propias a cada uno de los órganos, el ejercicio de las mismas por dichos órganos en general, no es exclusiva ni excluyente. En otras palabras, existen órganos legislativos nacionales, estadales y municipales;[861] órganos ejecutivos nacionales, estadales y municipales, y órganos judiciales exclusivamente nacionales; pero las funciones legislativas, administrativas y jurisdiccionales del Estado no coinciden exactamente con aquella separación orgánica.

En efecto, como principio general de la aplicación del principio de la separación de poderes en el régimen constitucional venezolano, puede afirmarse que la "división del Poder" no coincide exactamente con la "separación de funciones".[862] Por ello, no sólo en múltiples oportunidades los órganos del Estado, además de sus "funciones propias" ejercen funciones que por su naturaleza deberían corresponder a otros órganos, sino que también en múltiples oportunidades la Constitución permite y admite la intervención o interferencia de unos órganos en las funciones propias de otros. Estos dos aspectos de la situación de la separación de poderes en Venezuela, requieren, indudablemente, un tratamiento separado.

En primer lugar, la flexibilidad del principio de la separación de poderes resulta, tal como lo ha señalado la Corte Suprema de que, "si bien cada uno de ellos tiene definida

---

858 *V.* lo indicado en el parágrafo 8.

859 El carácter legislativo de las Ordenanzas Municipales parece evidente, a pesar de que la Constitución no lo prevea expresamente. Nos apartamos así de la opinión que sostuvimos en nuestro libro: Allan–R. Brewer–Carías, *Las Instituciones Fundamentales..., cit.,* pp. 107, 150 y 151. Sobre el carácter legislativo local de las Ordenanzas Municipales, *V.*, por ejemplo. Sentencias de la CFC en SPA de 28–12–37 en *M. 1938*, pp. 390 a 399; de 2–12–41 en *M. 1942*, pp. 335 a 338; de 2–3–42 en *M. 1943*. pp. 119 y 120; de la CF de 25–3–58 en *GF*, N° 19, 1958. p. 56; y de la CSJ en SPA de 11–6–69 en *GF*. N° 61. 1969. p. 308; de 12–5–69 en *GF*. N° 65, pp. 172 a 174; de 16–12–70 en *GF*, 1970 (consultada en original); de 5–10–70 en *G.O.* N° 1.447, extraordinario, de 15–12–70, p. 10; de 21–4–71 y 21–6–71 en *G.O.*, N° 1.478, extraordinario, pp. 13 y 39; de 7–2–72 en *G.O.* 1.517, extraordinario, de 14–4–72, p. 27. y de 21–12–72 en *G.O.* N° 1.568, extraordinario, de 12–2–73, p. 6.

860 *V.* Allan–R. Brewer–Carías. *El Régimen de Gobierno Municipal en el Distrito Federal Venezolano*, Caracas, 1968, pp. 57 y ss. *Cfr.* la doctrina de la Procuraduría General de la República en *Doctrina PGR*, 1963, Caracas, 1964, pp. 45 a 48.

861 *V.*, por ejemplo. Sentencia de la CSJ en SPA de 14–3–62 en *GF*, N° 35, 1962, pp. 177 y ss.

862 En tal sentido, expresamente se ha pronunciado la Corte Suprema en varias oportunidades. *V.*, por ejemplo, la Sentencia de la CF de 19–6–53 en *GF* N° 1, 1953 p. 77; Sentencia de la CSJ en SPA de 18–7–63 en *GF* N° 41, 1963 pp. 116 y 117; Sentencia de la CSJ en SPA de 27–5–68 en *GF*, N° 60, 1969, pp. 115 y ss.; y Sentencia de la CSJ en SPA de 9–7–69 en *GF*, N° 65, 1969, pp. 70 y ss.

su propia esfera de acción: el Legislativo, para dictar la ley, reformarla y revocarla; el Ejecutivo, para ejecutarla y velar por su cumplimiento; y el Judicial, para interpretarla, y darle aplicación en los conflictos surgidos, la demarcación de la línea divisoria entre ellos no es excluyente, ya que en muchos casos esos poderes ejercen funciones de naturaleza distinta de las que privativamente le están atribuidas".[863] El principio, ciertamente, impide a unos órganos invadir las competencias propias de otro,[864] pero no les impide ejercer funciones de naturaleza similar a las de otros órganos.

La Corte, en este sentido, inclusive ha sido aún más clara y determinante: "Lejos de ser absoluto el principio de la separación de los poderes, la doctrina reconoce y señala el carácter complementario de los diversos organismos a través de los cuales el Estado ejerce sus funciones; de suerte que unos y otros, según las atribuciones que respectivamente les señalan las leyes, realizan eventualmente actos de índole distinta a las que por su naturaleza les incumbe". "La doctrina establece que la división de poderes no coincide plenamente con la separación de funciones, pues corrientemente se asignan al Poder Legislativo potestades típicamente administrativas y aun jurisdiccionales y al Poder Judicial funciones administrativas, como en el caso del nombramiento de jueces que hace este mismo tribunal y de la firma de libros de comercio o de registro civil que hacen los jueces de instancia; y a la inversa, se atribuyen al Poder Ejecutivo, funciones legislativas como la reglamentación, parcial o total de las leyes, sin alterar su espíritu, propósito o razón, que es considerada como el ejemplo más típico de la actividad legislativa del Poder Ejecutivo, por mandato del numeral 10 del artículo 190 de la Constitución Nacional; toda vez que el Reglamento es norma jurídica de carácter general dictado por la Administración Pública para su aplicación a todos los sujetos de derecho y en todos los casos que caigan dentro de sus supuestos de hecho. En otros casos la autoridad administrativa imparte justicia, decide una controversia entre partes litigantes en forma similar a como lo hace la autoridad judicial"[865]

De acuerdo con esta doctrina, que compartimos, entonces, la separación de poderes ha de entenderse en el sistema venezolano, en primer lugar, como una separación orgánica entre los órganos del Poder Público; y en segundo lugar, como una asignación de funciones propias a cada uno de dichos órganos; pero nunca como una separación de funciones atribuidas con carácter exclusivo a los diversos órganos. Al contrario, además de sus funciones propias, los órganos del Estado realizan funciones que por su naturaleza son semejantes a las funciones asignadas a otros órganos. En otras palabras, mediante este principio se reserva a ciertos órganos el ejercer una función en una forma determinada (funciones propias), lo que no excluye la posibilidad de que otros órganos ejerzan esa función en otra forma.

---

863 *V.* Sentencia de la CF de 19–6–53 en *GF*, N° 1, 1953, p. 77. En otra sentencia, al referirse a las funciones estatales, la Corte las diferenció así: "No realiza una función creadora dentro del ordenamiento jurídico, que es la función legislativa, ni conoce ni decide acerca de las pretensiones que una parte esgrime frente a la otra, que es la función judicial; sino que es sujeto de derecho, titular de intereses, agente propio de la función administrativa". *V.* Sentencia de 18–7–63 de la CSJ en SPA en *GF*, N° 41, 1963, p. 116.

864 *Cfr.* Sentencia de la CFC en CP de 26–5–51 en *GF*, N° 8, 1952, p. 114 y Sentencia de la CSJ en CP de 12–6–68 en publicación del Senado de la República. 1968, p. 201.

865 Esta doctrina fue establecida en Sentencia de la CSJ en SPA de 18–7–63 en *GF*, N° 41, 1963, pp. 116 y 117, y ratificados por la misma Corte y Sala en Sentencias de 27–5–68 en *GF*, N° 60, 1969, pp. 115 a 118, y de 9–7–69 en *GF*, N° 65, 1969, pp. 70 a 74. Puede verse también en Allan–R. Brewer–Carías, *Algunas Bases del Derecho Público... loc. cit.*, p. 144.

En efecto, el Congreso tiene atribuida la función legislativa y, en forma privativa, la sanción de leyes por las Cámaras actuando como cuerpos colegisladores[866] así como la emisión de actos privativos de dichas Cámaras.[867] Sin embargo, además del cumplimiento de la función legislativa, el Congreso y las Cámaras Legislativas realizan funciones administrativas, por ejemplo, cuando imponen sanciones a quienes infringen los reglamentos internos de las Cámaras, cuando organizan su servicio de policía o cuando ejecutan su presupuesto de gastos[868]. Asimismo, las Cámaras ejercen funciones administrativas, cuando asignan o remueven su personal administrativo excluido de la aplicación de la Ley de Carrera Administrativa[869], es decir, cuando realizan cualquier acto relativo a la administración de su personal. Por otra parte, también interviene el Senado en funciones jurisdiccionales cuando autoriza "por el voto de la mayoría de sus miembros, el enjuiciamiento del Presidente de la República, previa declaratoria de la Corte Suprema de Justicia de que hay mérito para ello"[870]. En estos casos, por supuesto, no podría verse violación alguna al principio de la separación de poderes, pues se trata de funciones de naturaleza distinta a las legislativas que el ordenamiento jurídico permite realizar, pues en ningún dispositivo se indica que la función administrativa corresponde exclusivamente a los órganos del Ejecutivo Nacional. Al contrario, sí habría violación de principio y, por tanto, usurpación de funciones, cuando el Congreso pretende atribuirse por ley el ejercicio de funciones administrativas reservadas a los órganos del Poder Ejecutivo. Tal es el caso, por ejemplo, de la Ley de Carrera Administrativa que atribuye al Congreso la elección de uno de los miembros del Directorio de la Oficina Central de Personal,[871] y del Proyecto de Ley Orgánica de Identificación que atribuía al Senado la autorización previa para que el Ejecutivo designara al Director Nacional de Identificación del Ministerio de Relaciones Interiores.[872] En estos dos supuestos, al atribuirse el Congreso a sí mismo, por sobre las normas constitucionales, la facultad de nombrar funcionarios públicos de los órganos del Poder Ejecutivo, usurpa fruiciones propias de éstos, por lo que esas normas serían nulas por usurpación de funciones.[873] Por otra parte, también habría usurpación de funciones, si el Congreso pretendiera crear un órgano administrativo fuera del control de los órganos del Poder Ejecutivo, como se pretendió en el Proyecto de Ley Orgánica de Identificación en 1971.[874]

---

866 Art. 162.

867 Arts. 150, 153 y 158.

868 Art. 158, ords. 1, 3 y 5,

869 Art. 5 de la ley.

870 Art. 150.

871 Art. 8 de la Ley, Sobre la inconstitucionalidad de esta norma. *V.* los comentarios que formulamos cuando la ley aún estaba en proyecto, en Allan R. Brewer–Carías, *El Estatuto del Funcionario Público en la Ley de Carrera Administrativa.* Caracas, 1971, p. 182.

872 Sobre la inconstitucionalidad de esa norma del Proyecto, *V.* la doctrina de la PGR 14–7–71 en *Doctrina PGR,* 1971. Caracas, 1972, p. 296.

873 *V.* lo indicado en la Nota N° 138 del parágrafo 5.

874 Sobre la inconstitucionalidad de esa norma, la Procuraduría General de la República expresó lo siguiente: "El proyecto de Ley Orgánica de Identificación crea órganos que, por sus funciones, son evidentemente administrativos y, sin embargo, los sustrae de la competencia del poder administrador y les da "autonomía funcional y administrativa" (en forma parecida al tratamiento constitucional de la Contraloría General de la República, artículo 236 de la Constitución), usurpando así las funciones del poder constituyente. Es necesario recalcar que el ordenamiento constitucional venezolano distribuye el poder público –a nivel nacional– en las tres ramas tradicionales, de cuya jerarquía sólo excluye a determinados y precisos entes públicos. Estos son solamente: en la rama judicial: la Corte Suprema de Justicia, el Consejo de la Judicatura y el Ministerio Público; en la rama legislativa: la Contraloría General de la República; y en la rama ejecutiva: la Procuraduría General de la República y los institutos autónomos, Toda otra institución tiene que quedar incorporada –según su naturaleza y fines– a una de las tres grandes ramas del

En todo caso, el problema de la usurpación de funciones administrativas por los órganos del Poder Legislativo ha sido resuelto acertadamente por la Corte Suprema de Justicia, al declarar la nulidad por inconstitucionalidad de varias leyes estadales, mediante las cuales algunas Asambleas Legislativas pretendieron intervenir en la designación de funcionarios de los Ejecutivos estadales o pretendieron crear órganos administrativos fuera del control de los Ejecutivos estadales."[875] La argumentación de dichos fallos sería perfectamente aplicable a todos aquellos supuestos similares que se han producido o se produzcan a nivel nacional, y se ha utilizado en relación a las Ordenanzas del Concejo Municipal del Distrito Federal que han incurrido en usurpaciones similares de las facultades administrativas del Gobernador de dicho Distrito.[876]

Pero volviendo al argumento central sobre el alcance de la separación de poderes, los órganos del poder judicial también pueden ejercer funciones administrativas. En efecto, la Corte Suprema de Justicia y los Tribunales de la República tienen atribuida la función jurisdiccional y, en forma primitiva, la adopción de decisiones acerca de pretensiones procesales de una parte frente a otra, de nulidad de actos del poder público o de condena de carácter penal, con fuerza de cosa juzgada jurisdiccionalmente, en forma autónoma e independiente de los demás órganos del Poder Público.[877] Sin embargo, además del cumplimiento de la función judicial o jurisdiccional los órganos judiciales realizan funciones administrativas, por ejemplo, al designar o remover los funcionarios administrativos de los tribunales, al dictar los reglamentos de organización o policía en determinados niveles, o al imponer sanciones administrativas o disciplinarias.[878] En ninguno de estos casos podría verse usurpación alguna o violación del principio de la separación de poderes, pues no hay norma alguna de orden constitucional que reserve con exclusividad el ejercicio de la función administrativa a los órganos del Poder Ejecutivo.

Por último, y así como los órganos legislativos y judiciales ejercen funciones administrativas, así también los órganos del poder ejecutivo realizan funciones legislativas y

---

poder público o a la figura del instituto autónomo (que es también de la rama ejecutiva). Es inconcebible la creación de órganos jurisdiccionales que estén fuera del poder judicial, y de órganos legislativos distintos del Congreso; pero también es inusitada la institución de órganos administrativos colocados fuera de la jerarquía del poder ejecutivo". *V.* en *Doctrina PGR,* 1912, Caracas, 1973. p. 388. *V.* lo indicado en la Nota N° 138 del parágrafo 5.

875 Particularmente, *V.* la Sentencia de la CSJ en SPA de 14–3–62 en CP, N° 35, 1962, pp. 177 y ss., por la cual la Corte declaró inconstitucionales los artículos de la Constitución del Estado Aragua que atribuía a la Asamblea Legislativa la destitución de los Secretarios del Ejecutivo del Estado en algunos casos específicos, por violación del artículo 23, ord. 2, de la Constitución, y del principio de la separación de poderes. En tal sentido, la Corte señaló: "La Constitución de la República, al señalar atribuciones básicas de los Poderes Legislativo y Ejecutivo de los Estados, ha querido mantener la separación propia y tradicional en las privativas Funciones de cada uno, a fin de evitar interferencias que impidan su libre desenvolvimiento en las correspondientes esferas de actuación". Decisiones similares fueron adoptadas por la Corte Suprema en otros fallos, y particularmente en los siguientes: CFC en SPA de 20–10–41 en *M, 1942,* p. 290; y CSJ en SPA de 14–3–62 en *GF,* N° 35, 1962, pp. 117 y ss.; de 30–7–63 en *GF,* N° 41. 1963, pp. 156 y 157; de 27–3–67 en *GF,* 55, 1968, pp. 184 y 185, y de 30–6–66 en *GF,* N° 52, 1968, pp. 231 y ss. En igual sentido, la doctrina de la Procuraduría General de la República es también constante: *V.*, en particular, *Doctrina PGR,* 1965, Caracas, 1966, pp. 126 y ss. y 187 y ss.; *Doctrina PGR,* 1970, Caracas, 1971, pp. 141 y ss. y 271 y ss.; *Doctrina PGR.* 1971, Caracas 1972, pp. 281 .y ss., 295 y 296; y *Doctrina PGR,* 1972, Caracas 1973, pp. 387 y 388.

876 En particular, *V.* las Sentencias de la CFC en SPA de 10–8–38 en *M, 1939,* p. 269; de 10–2–43 en *M. 1944,* pp. 124 a 127; y de 11–2–42 en *M. 1943,* pp. 113 y 114. *V.*, además, las referencias en Allan–R. Brewer–Carías. *El Régimen de Gobierno Municipal..., cit.,* pp. 57 y ss.

877 Art. 205.

878 Se incluirían en estos supuestos los actos de la llamada jurisdicción voluntaria. *V.*, Sentencia de la CSJ en SPA de 18–7–63 en *GF,* N° 41, 1962, pp. 116 y 117, citada anteriormente en el texto.

jurisdiccionales. En efecto, el Presidente de la República, además de las funciones ejecutivas propias (funciones de gobierno y funciones administrativas),[879] realiza funciones legislativas no sólo al dictar decretos con valor de ley conforme a la Ley de Medidas Económicas de Urgencia respectiva,[880] sino cuando crea normas de carácter general en el ordenamiento jurídico al ejercer la potestad reglamentaria.[881] Asimismo, los órganos ejecutivos también realizan en ciertos casos funciones jurisdiccionales aun cuando no de carácter judicial,[882] siendo en todo caso funciones excepcionales. Dentro de estas funciones jurisdiccionales se incluiría, tal como lo ha hecho la Corte Suprema en varias de sus decisiones, por ejemplo, las que adopta el Inspector del Trabajo de conformidad con lo dispuesto en el artículo 198 de la Ley del Trabajo, siguiendo un procedimiento contencioso de promoción y evacuación de pruebas, sometido a lapsos allí mismos previstos, al decidir: "Si el trabajador goza o no de inamovilidad por ser dirigente sindical, o si gozando de ella lo pierde posteriormente por hechos que hubiese cometido, en contra o a favor de la pretensión que en tal caso pueda sostener su patrono".[883] Sin embargo, en relación al planteamiento de estas decisiones de la Corte debemos observar que si bien coincidimos en la apreciación del carácter jurisdiccional (no judicial) de dichos actos,[884] discrepamos, como tendremos ocasión de ver más adelante, con la conclusión de dichos fallos de excluir del conocimiento de la jurisdicción contencioso–administrativa la nulidad de dichos actos, por considerar que no se trata de "actos administrativos".[885]

---

879 Para el estudio de la función administrativa y la función de gobierno, *V.* lo indicado en el capítulo 4, parágrafo 15.

880 Art. 190, ord. 8.

881 Art. 190, ord. 10. Este ha sido el criterio de la Corte Suprema expresado en Sentencias de la CSJ en SPA de 18–7–63 en *GF*, N° 41. 1963, pp. 116 y 117; de 27–5–68 en *GF*, N° 60, 1969, pp. 115 a 118; de 9–7–69 en *GF*, N° 65, 1969, pp. 70 a 74, y de 27–1–71 en *G.O.* N° 1.472, extraordinario, de 11–6–71, p. 18. Sobre los Reglamentos, *V.* lo indicado en la Segunda Parte.

882 La función judicial sería en realidad la función jurisdiccional reservada a los órganos del Poder Judicial. En este sentido es que debe interpretarse la expresión de la Corte Federal en sus Sentencias de 23–7–57 en *GF*, N° 17, 1957, p. 32 *cit.* también en Allan R. Brewer–Carías, *Algunas Bases del Derecho Público..., loc. cit.*, pp. 143 y 144, cuando expresa que "no puede admitirse que establecido por el Derecho Público venezolano el principio de la separación de los poderes, pueda el Ejecutivo ejercer la función jurisdiccional". Sobre el carácter jurisdiccional de ciertos actos de los órganos ejecutivos, *V.* la doctrina de la PGR de 4–10–63 en *Doctrina PGR*, 1963, Caracas, 1964, p. 206.

883 *V.* Sentencias de la CSJ en SPA de 18–7–63 en *GF*, N° 41, 1963. pp. 116 y 117; de 27–5–68 en *GF*, N° 60, 1969, pp. 115 y 118; y de 9–7–69 en *GF*, N° 65, 1969, pp. 70 a 74.

884 Nos apartamos en cierta forma de lo que expresamos en nuestro libro *Las Instituciones Fundamentales...cit.*, p. 106, en el sentido de que la función jurisdiccional estaba reservada en forma exclusiva al Poder judicial.

885 *V.* Allan R. Brewer–Carías, "Estudio sobre la impugnación ante la jurisdicción contencioso–administrativa de los actos administrativos de registro", en libro en Homenaje a Joaquín Sánchez Covisa (en prensa), Caracas 1975. *Cfr.*, Luis H. Farías Mata, "*La Doctrina de los Actos Excluidos de la Jurisprudencia del Supremo Tribunal*", en *Archivo de Derecho Público y Ciencias de la Administración,* Vol. I, 1968–1969, Caracas, 1971, p. 334.

EL EJERCICIO DEL PODER PUBLICO

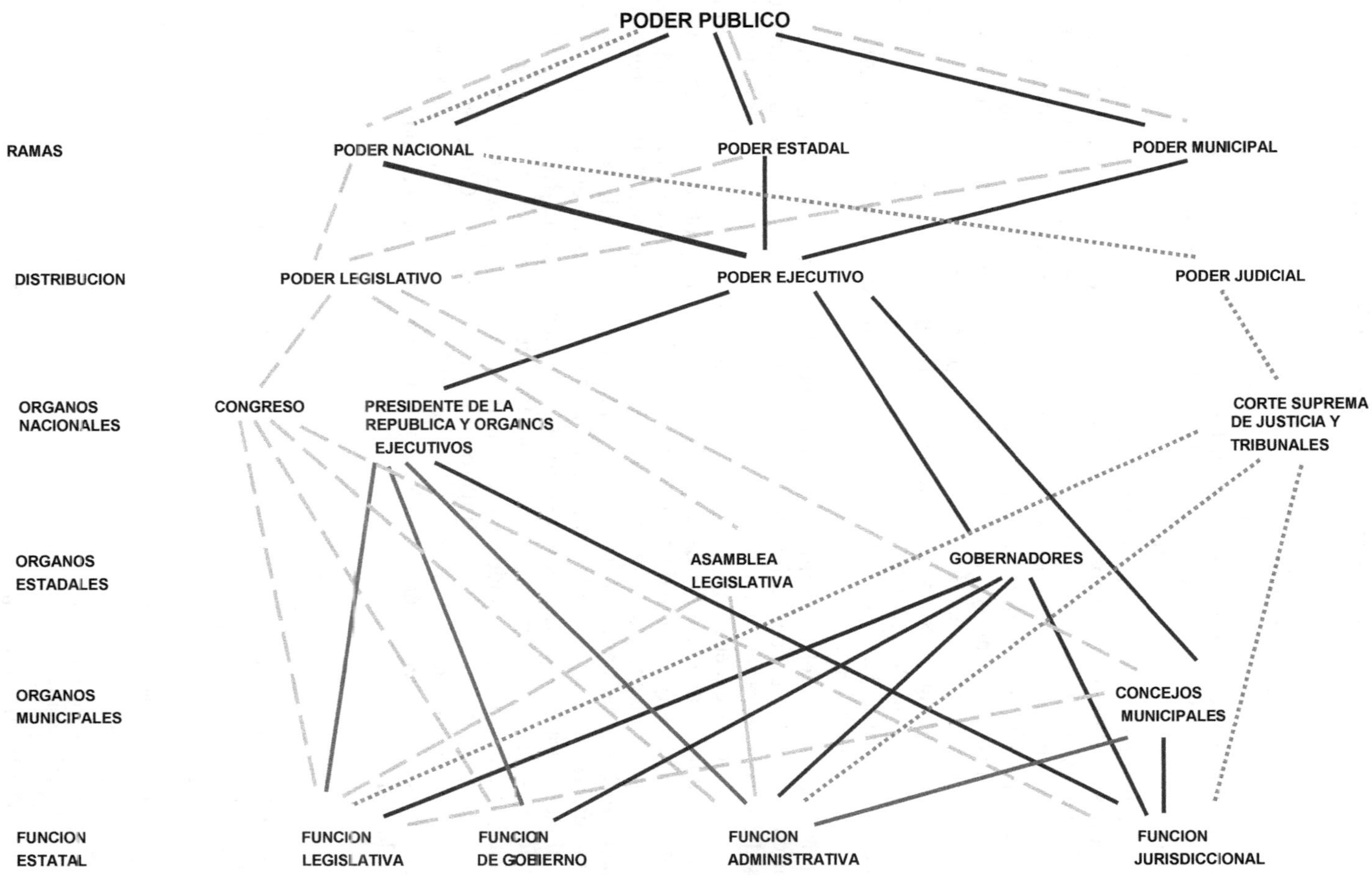

5. Las interferencias orgánicas en el ejercicio de las funciones estatales

Pero la flexibilidad de la aplicación del principio de la separación de poderes en Venezuela, no sólo resulta del hecho de que, en general, los distintos órganos del Poder Público, además de sus funciones propias ejerzan funciones cuya naturaleza es similar a las ejercidas por otros órganos, sino del hecho de que en el ejercicio de las funciones propias por cada uno de los órganos del Poder Público, la Constitución admite o autoriza la intervención o la interferencia de otros órganos.[886]

En efecto, en el ejercicio de sus funciones legislativas, las Cámaras se encuentran interferidas en algunos supuestos tanto por los órganos ejecutivos como por los judiciales. En efecto, la iniciativa de las leyes puede corresponder al Ejecutivo Nacional o a la Corte Suprema de Justicia, cuando se trate de leyes relativas a la organización y procedimiento judiciales;[887] la iniciativa de la Ley de Presupuesto corresponde exclusivamente al Ejecutivo Nacional y las Cámaras no pueden autorizar "gastos que excedan el monto de las estimaciones de ingresos del respectivo proyecto de Ley de Presupuesto";[888] el Presidente puede vetar la ley y devolverla al Congreso para su reconsideración;[889] y la Corte Suprema de Justicia tiene competencia para declarar la nulidad por inconstitucionalidad de las leyes o resolver las colisiones que existan entre diversas disposiciones legislativas.[890]

Por otra parte, en el ejercicio de sus funciones de gobierno y administrativas, el Ejecutivo Nacional se encuentra interferido tanto por los órganos legislativos como judiciales. En efecto, los tratados o convenios internacionales, que celebre el Ejecutivo Nacional, salvo ciertas excepciones, deben ser aprobados por ley especial;[891] los contratos de interés público, salvo ciertas excepciones, deberán ser aprobados previamente por el Congreso y el otorgamiento de concesiones de hidrocarburos deberá ser autorizada previamente por las Cámaras en sesión conjunta;[892] el Senado debe autorizar previamente al Ejecutivo Nacional para enajenar bienes inmuebles del dominio privado de la Nación, para autorizar el empleo de misiones militares venezolanas en el exterior o extranjeras en el país, para el nombramiento del Procurador General de la República y los jefes de misiones diplomáticas permanentes, o al Presidente de la República para salir del país;[893] la Cámara de Diputados puede dar un voto de censura a los Ministros el cual puede acarrear la remoción del Ministro en ciertos casos;[894] el Congreso ejerce el control de la Administración Pública;[895] y los actos de gobierno, reglamentos y actos administrativos pueden ser declarados nulos por contrariedad al derecho por la Corte Suprema de Justicia.[896]

---

886 *Cfr*. Sentencia de la CFC en SPA de 17–6–41 *M. 1942*, p. 184, y Sentencia de la CFC en la SF de 23–2–50 en *GF*, Nº 4, 1950, p. 87.

887 Art. 165, ordinales 2 y 4.

888 Art. 228.

889 Art. 173.

890 Art. 215, ordinales 3, 4 y 5.

891 Art. 128.

892 Art. 126.

893 Art. 150, ordinales 2, 4, 6 y 7.

894 Art. 153, ordinal 2.

895 Art. 139.

896 Arts. 206 y 215, ordinales 6 y 7.

Por último, en el ejercicio de sus funciones judiciales, la Corte Suprema de Justicia se encuentra interferida tanto por los órganos legislativos como por los órganos ejecutivos. En efecto, el Congreso puede decretar amnistías[897] y el Presidente de la República conceder indultos;[898] el enjuiciamiento del Presidente de la República debe ser autorizado por el Senado;[899] y el Ejecutivo Nacional determina el número de tribunales y su circunscripción.[900]

En todos estos casos, encontramos supuestos de interferencia o intervención autorizada constitucionalmente, de los órganos del Poder Legislativo en las funciones propias de los órganos del Poder Ejecutivo y del Poder Judicial; de los órganos del Poder Ejecutivo en las funciones propias de los órganos del Poder Legislativo y del Poder Judicial; y de los órganos del Poder Judicial en las funciones propias de los órganos del Poder Legislativo y del Poder Ejecutivo, que en modo alguno significan violación del principio de la separación de poderes.

Al contrario, estas interferencias confirman el carácter y sentido de dicho principio en el ordenamiento constitucional venezolano, que antes que una separación de poderes, más bien consagra el carácter complementario[901] de los mismos, así como la colaboración y cooperación [902] entre ellos, para la consecución de los fines del Estado. El sistema es, por tanto, un sistema de equilibrio armónico[903] entre los poderes, en el cual se combinan funciones propias con interferencias, estando atribuida a la Corte Suprema de Justicia la función, de asegurar el balance y contrapeso entre los mismos.[904] En la base de toda la concepción, en todo caso, está el principio de que si bien hay una división del Poder en sentido orgánico y con las flexibilidades señaladas, a esa división orgánica no se corresponde una separación absoluta de funciones. Pero, por supuesto, la operatividad de este sistema de contrapesos depende de la conformación política del Congreso y de la Presidencia, pues debido a la forma presidencial de gobierno, si el Presidente de la República no tiene el respaldo mayoritario del Congreso, el sistema de cooperación entre poderes se convierte en un sistema de conflicto de poderes con el riesgo de que se inmovilice el Estado.[905]

---

897 Art. 139.

898 Art. 190, ordinal 21.

899 Art. 150, ordinal 8.

900 *Cfr*. Sentencia de la CSJ en CP de 22–4–69 en *GF*, Nº 64. 1969, pp. 9 y ss.

901 *Cfr*. Sentencia de la CF de 27–5–58 en *GF*, N° 60, 1969, pp. 115 a 118. y de la CSJ en SPA de 18–7–63 en *GF*, Nº 41, 1963, pp. 116 y 117.

902 *Cfr*. Sentencia de la CSJ en SPA de 1–6–72 en *G.O.* Nº 1.523. extraordinario, de 1–6–72, p. 9.

903 *Cfr*. Sentencia de la CSJ en SPA de 5–2–64 en *GF*, Nº 43, 1964, pp. 14 a 19.

904 *V*. Sentencias de la CFC en SPA de 4–3–41 y de 17–4–41 en *M. 1942*, pp. 128 y ss. y 182 y ss. En Sentencia de 1968, sobre su función, la propia Corte señaló: "El control jurisdiccional de este Supremo Tribunal sobre los actos de los otros Poderes del Estado, debe ser ejercido con el sano espíritu de mantener y respetar el principio de la separación de poderes, sin invadir la órbita de la propia actividad del Poder Ejecutivo o del Legislativo. Si este Supremo Tribunal actuara en forma diferente, invadiría la esfera privativa de las funciones de otros Poderes, excedería sus facultades de control jurisdiccional y, lejos de cumplir su elevada misión de afianzar la justicia, crearía un clima de recelo y desconfianza, contrario al principio de colaboración entre los Poderes Nacionales establecido en el artículo 118 de la Constitución" *V*. Sentencia de la CSJ en CP de 12–6–68 en publicación del Senado, 1968, p. 201.

905 *V*. lo indicado en el parágrafo 11.

IV. EL RÉGIMEN DEMOCRÁTICO Y EL SISTEMA POLÍTICO[906]

El régimen político democrático constituye, indudablemente, una de las piezas fundamentales de las instituciones políticas y constitucionales venezolanas, y si bien surge del texto de la Constitución de 1961, indudablemente que tiene sus antecedentes formales en los innumerables textos anteriores y en las vicisitudes de nuestra vida política.[907]

1. La democracia formal

En efecto, el régimen democrático, como régimen político–formal venezolano, comienza expresamente a establecerse en las constituciones, desde el texto fundamental de 1830, cuyo artículo 6 estableció que "el gobierno de Venezuela es y será siempre republicano, popular, representativo, responsable y alternativo"; conservándose absolutamente en todos los textos constitucionales que ha tenido la República[908] hasta el vigente de 1961, el cual establece (Artículo 3°) que "el gobierno de la República de Venezuela es y será siempre democrático, representativo, responsable y alternativo". De acuerdo a esta trayectoria constitucional, puede decirse que formalmente nuestro régimen político siempre ha sido la democracia, y un régimen democrático calificado expresamente: popular, responsable, alternativo, representativo;[909] sin embargo, si se analiza nuestra

---

906 En este parágrafo seguimos en parte lo expresado en Allan–R., Brewer–Carias., *Cambio Político y Reforma del Estado en Venezuela*, Madrid, 1975, capítulos 8 a 11.

907 Tal como resulta de lo indicado anteriormente (*V.* parágrafo 3), en toda su historia constitucional como país independiente a partir de 1811, Venezuela ha tenido 25 constituciones (1811, 1819, 1821, 1830, 1857. 1858, 1864, 1874, 1881. 1891, 1893. 1901, 1904, 1909, 1914, 1922, 1925, 1928, 1929, 1931, 1936, 1945, 1947, 1953 y 1961). siendo la de 1961, la vigente actualmente. En esta forma, y dejando aparte la Constitución de 1830, primera de la Venezuela separada de Colombia que tuvo una vigencia de veintisiete años, la actual de 1961 ha sido la de mayor duración en toda nuestra historia constitucional. Ello, por otra parte, coloca a Venezuela en el primer lugar de los países latinoamericanos en cuanto al número de constituciones que ha tenido en su historia independiente (*V.* un recuento numérico de las constituciones latinoamericanas en J. Lloyd Mechan, "Latin American Constitutions: Nominal and Real", Journal of Politics, Vol. 25, N° 2 (may. 1959), pp. 258 a 275, publicado también en Petras G., Snow, *Government and Politics in Latin America*, 1967, p. 144, asimismo, *V.* Jacques Lambert, Amerique Latine, Structure Sociales et institutions politiques. Paris, 1963, p. 300); lugar, por supuesto, no muy honorífico en materia de "mortalidad constitucional", según la expresión de Alexander T. Edelman, *Latin American Government and politics.* The Dynamics of a Revolutionary Society, Illinois, 1965, p. 371. El solo número de los textos constitucionales venezolanos demuestra que, realmente, estos no sólo han sido puras formas inaplicadas, sino que hasta 1936 fueron hechos a la medida de los intereses personalistas de los caudillos de turno en el poder. Las constituciones se reformaban más fácilmente que un texto municipal y la sola voluntad de un gobernante de continuar en el poder, el interés circunstancial de reforzar las facultades del Presidente o del Comandante en Jefe de las Fuerzas Armadas, o el deseo de ausentarse indefinidamente de la capital de la República, era suficiente para la reforma constitucional, en aquellos casos en que ésta no era el producto del arribo, generalmente por la fuerza, de un nuevo caudillo a la Presidencia de la República. El afán reformista circunstancial puede decirse que está tan arraigado en nuestro sistema político, que a comienzos de 1973 el Congreso aprobó una Enmienda constitucional al texto de 1961, con el único objeto de impedir que un ex dictador se pudiera presentar como candidato presidencial en las elecciones de 1973. *V. G.O.* N° 1.585 Extr. de 11–5–73.

908 En los textos constitucionales vigentes desde 1909, en el apogeo del sistema federal, la declaración se formula respecto del régimen político de los Estados federados, y no respecto al régimen de la República. En los textos de 1811 y 1819 se evidencia dicha orientación, y el texto de 1821 aclara expresamente (Art. 1) que el gobierno "será ahora y siempre popular representativo".

909 Desde 1830 hasta 1936, como se dijo, los caudillos, tan tradicionales en América Latina, dominaron la vida política venezolana (Páez 1830–1846; los Monagas 1846–1858; J. Castro 1858–1861; Páez 1861–1863; Falcón 1863–1868; los Monagas 1868–1870; Guzmán Blanco 1870–1888; J. Crespo 1889 1898; C. Castro 1899–1908; J.*V.* Gómez 1908–1935); y los cinco años de las guerras federales (1858–1863) destruyeron buena parte de los

historia política, tal como brevemente se ha hecho, se evidencia que Venezuela ha sido uno de los países latinoamericanos que menos democracia ha tenido en toda su historia, en la cual hasta 1958, la alternabilidad ha sido inexistente y, la responsabilidad, popularidad y representatividad, relativa y mediatizada. Por eso se ha dicho que nuestra historia constitucional es, realmente, una historia de mentiras constitucionales.[910]

El constitucionalismo formal de nuestro régimen político, por tanto, ha sido tradicional, como lo ha sido la inexistencia de la verdadera democracia. Sin embargo, en la historia política de Venezuela, el año 1958 y la Constitución de 1961 marcan hechos de excepcional importancia; no sólo la Constitución lleva un lapso considerable de vigencia, si la comparamos a las constituciones anteriores, sino que el régimen democrático consagrado en la misma ha comenzado a tener vigencia.

Ahora bien, este régimen político democrático previsto en el texto constitucional de 1961 funciona y se actualiza a través de un sistema político configurado por un sistema electoral y un sistema de partidos políticos, que analizaremos separadamente.

En efecto, la garantía democrática de la representación popular, según la cual, residiendo la soberanía en el pueblo éste debe ejercerla mediante el sufragio, por los órganos del Poder Público,[911] implica, en Venezuela, que la elección del Presidente de la República, de los diputados y senadores al Congreso Nacional, de los diputados a las Asambleas Legislativas de los Estados federados, y de los miembros de los Concejos Municipales, se produzca mediante sufragio universal, directo y secreto.[912] Responde este sistema político a la idea, relativamente moderna, de que los gobernados puedan elegir o escoger a los gobernantes, producto, como se ha dicho, de la Revolución Francesa.[913] De ahí la importancia fundamental que este acontecimiento ha tenido en la evolución política de la humanidad, pues es sólo con posterioridad a ella que, aun cuando en forma relativa en su origen, el pueblo ha adquirido capacidad política y, por tanto, la posibilidad de intervenir, a través de una representación, en el manejo y control de los asuntos públicos. Con anterioridad, por tanto, los gobernantes no se escogían, sino que formaban parte del orden natural o divino. No se les escogía, como no se elige el clima, el sol, la lluvia o la enfermedad; simplemente, se imponían a los gobernados, quienes no tenían posibilidad alguna de impugnarlos o cuestionarlos. Además, el carácter divino o sagrado de los mismos, los hacía mucho más inaccesibles y, por tanto, eliminaba toda idea de escogencia. El pueblo no era soberano, sólo era soberano el Monarca, y por la gracia de Dios.[914]

---

recursos del país. Desde 1936 hasta 1958, y dejando aparte los regímenes de transición de democracia restringida de López Contreras (1936–1941) y de Medina (1941–1945), sólo tuvimos dos años de democracia representativa (1946–1948). El período democrático que se inicia en 1958 marca, en este sentido, una etapa de excepcional importancia en nuestra historia política. Baste recordar, por ejemplo, que por primera vez en nuestra historia republicana, un Presidente electo por sufragio universal entregó el poder a otro Presidente electo en 1964 (R. Betancourt a Raúl Leoni), y que también por primera vez en nuestra historia, en 1969 se produjo una similar alternabilidad en la presidencia, pero con la característica de que el nuevo Presidente pertenecía a un partido de la oposición (Raúl Leoni de AD a Rafael Caldera de COPEI). En 1974 una nueva alternabilidad democrática se produjo (R. Caldera a C.A. Pérez de A.D.).

910 *Cfr*. Ernesto Wolf, *Tratado de Derecho Constitucional Venezolano*, Caracas, 1945, Tomo I, p. 60.

911 El artículo 4 de la Constitución venezolana de 1961 establece lo siguiente: "La soberanía reside en el pueblo, quien la ejerce, mediante el sufragio, por los órganos del Poder Público",

912 Artículos 19, 29, 148, 151 y 183 de la Constitución de 1961.

913 *V*. parágrafo 2.

914 *V*. parágrafo 1.

La elección de los gobernantes, como sistema político, sólo surge entonces, cuando la soberanía pasa al pueblo; y desde el momento en que se considera que es el pueblo quien decide, la elección, como forma de designación de los gobernantes, comienza a extenderse."[915] En la actualidad, la soberanía del pueblo y, por tanto, la elección de los gobernantes, al menos en las democracias occidentales, se considera como la forma natural y legítima del régimen político. La elección ha entrado ya, por tanto, en las costumbres de la civilización moderna, y ha adquirido tanta importancia, que frecuentemente surge la tendencia a confundir la democracia con la sola elección, es decir, el régimen político (democrático), con un sistema político (electoral), o al menos, a definir aquél por éste. En Occidente, se considera "democrático" al país en el cual los gobernantes son escogidos por elección, y la elección en sí misma adquiere entonces tanta importancia, que de sólo ser un elemento o mecanismo del régimen democrático, va a considerarse que éste sólo se agota en ella. En esta forma, con frecuencia se ha falseado el verdadero contenido de la democracia, que ciertamente no se agota en la elección, y de ahí que con tanta frecuencia se hable de democracia participativa en contraposición a la democracia formal o simplemente representativa.[916] En la idea roussoniana de la democracia, por ejemplo, para no retroceder a la democracia citadina antigua, no existía relación directa entre democracia y elección; y en la democracia antigua, por otra parte, era la idea de la participación directa la que dominaba. Por supuesto, la imposibilidad de reunir al pueblo todo en grandes asambleas, así fueran de carácter local, para dirigir los asuntos públicos, hizo surgir la teoría de la representación nacional.[917] Por ello, en los dos últimos siglos, con el desarrollo de la teoría de la representación a través de la elección, se va a identificar ésta con la democracia, e inclusive, la lucha por la conquista del sufragio universal se va a confundir totalmente con la lucha por la democracia.

2. El sistema electoral: la universalización progresiva

En todo caso, estimamos que actualmente está claro, sobre todo en América Latina, que democracia y elección son dos cosas distintas. La primera, como régimen político, implica el gobierno no sólo por el pueblo, sino para el pueblo; la segunda, como sistema político, es uno de los mecanismos de concreción del régimen político; y de allí la tendencia por transformar la democracia formal en nuestros días, que se agota en la elección, en una democracia económica y social a la vez que política, que garantice la real participación del pueblo en los beneficios económicos y sociales de la nación, y en su gestión.

En el caso de Venezuela, el país, desde la primera Constitución de 1811, conoce de un sistema electoral,[918] aun cuando la democracia no haya sido persistente y, más bien, casi inexistente. Y si hoy, como se dijo, el sistema electoral está caracterizado por la

---

915 Para ello se ha dicho que la idea de escoger o elegir los gobernantes se desarrolló paralelamente a la teoría de la soberanía del pueblo; y el sufragio se universaliza a medida que esta última se extiende. En este sentido, debe recordarse que la noción de la soberanía que surge de la Revolución Francesa, como "soberanía nacional", no pertenecía al pueblo, sino a ciertos representantes de la Nación *V.* Maurice Duveger, *Institutions politiques et Droit Constitutionnel*, Vol. I, Paris, 1971, pp. 101 y 102.

916 *V.*, por ejemplo, las referencias que se hacen a la democracia participativa en Tomic, Castillo Velasco y otros, *Pensamiento Comunitario*, Caracas, 1973, pp. 45 y ss.; 57 y ss.; 67 y ss.; y 97 y ss.

917 *V.*, por ejemplo, John Stuart Mill, "Of the Proper Functions of Representative Bodies", en Harry Eckstein y David E. Apter, *Comparative Politics*, New York, 1963, pp. 104 y ss.

918 *V.*, las referencias en el parágrafo 3.

existencia del sufragio universal, directo y secreto y que otorga representación proporcional a las minorías, ello es fruto de una larga evolución que va de un sufragio limitado o restringido a un sufragio universal; de un sufragio indirecto a un sufragio directo; de un sufragio a veces público a un sufragio secreto; y de un sufragio mayoritario a un sufragio de representación proporcional de las minorías. En estos cuatro puntos puede situarse la evolución del sistema electoral venezolano, los cuales analizaremos separadamente.

El primero de los aspectos que marca la evolución señalada, es el que va de un sufragio originalmente limitado, a un sufragio universal como el actualmente en vigor, es decir, que no está limitado por condiciones económicas o de fortuna o por aspectos particulares de la capacidad o situación física del elector.[919] La universalidad del sufragio, que no admite restricciones por razones de sexo, fortuna o condición social, sin embargo, es sólo una realidad constitucional desde 1946. En efecto, a pesar de que la elección para los miembros del Congreso que en 1811 aprobó la primera Constitución republicana de Venezuela, se realizó mediante sufragio universal, excluidos sólo los esclavos, el propio texto constitucional de 1811[920] establece restricciones particularmente de carácter económico en el ejercicio del sufragio y el cual se reserva a los varones,[921] Sólo es a partir de la Constitución de 1857 cuando se eliminan los requisitos económicos para tener la condición de elector,"[922] y sólo es en el Estatuto Electoral de 1946 cuando se consagra expresamente el voto femenino.[923] Debe destacarse que para tener la condición de ciudadano y, por tanto, de elector, las constituciones de 1819 a 1857[924] exigían saber leer y escribir, lo cual limitaba el sufragio respecto a los analfabetos. Esta condición se eliminó en la Constitución de 1858,[925] llegando la Constitución de 1864 a limitar el sufragio sólo a los menores de dieciocho años,[926] como consecuencia ciertamente, del igualitarismo derivado de nuestras Guerras Federales.[927] A esta sola restricción, la Constitución de 1893 agregará también, como restricción, la interdicción declarada por sentencia ejecutoriada de los tribunales competentes.[928] Esta situación permanece regulada en igual forma en el texto constitucional de 1901,[929] siendo la Constitución de 1904, la que por primera vez en la evolución constitucional venezolana, remite *a la ley*

---

919 De acuerdo con la Constitución de 1961, "son electores, todos los venezolanos que hayan cumplido dieciocho (18) años de edad y no estén sujetos a interdicción civil ni a inhabilitación política" (Art. 11). La Ley Orgánica del Sufragio de 3 de septiembre de 1973 (*V.* en *Gacela Oficial*, N° 1609, extraordinario, de dicha fecha) aclara (Art. 7°) que la interdicción civil debe derivar de sentencia definitivamente firme y la inhabilitación política de condena penal que la conlleve, como pena accesoria. Dicha ley agrega (Art. 7°), que "los miembros de las fuerzas armadas no ejercerán el sufragio mientras permanezcan en Servicio militar activo", lo cual parecería destinado a garantizar el carácter de "institución apolítica, obediente y no deliberante" que las Fuerzas Armadas Nacionales tienen de acuerdo con el artículo 132 de la Constitución.

920 *V.* los textos en Notas N° 11 y 18 del parágrafo 3.

921 *V.* Arts. 26 a 30 de la Constitución de 1811 en Luis Mariñas Otero, *Las Constituciones de Venezuela*, Madrid, 1965, pp. 131 y 132. Todas las citas y referencias a los textos constitucionales anteriores a 1961 se harán en las notas sucesivas indicando la página respectiva de esta obra. Dichos textos pueden verse también en Ulises Picón Rivas. *Índice Constitucional de Venezuela,* Caracas, 1944.

922 *V.* Art 12 de la Constitución de 1857, *loc. cit.*, p. 258.

923 Lo cual es acogido en la Constitución de 1947, *loc. cit.*, p, 851.

924 *V.* Constitución de 1819, Art. 4°; Constitución de 1821, Art. 15; Constitución de 1830, Art. 14; y Constitución de 1857, Art. 12; *loc. cit.*, pp. 166, 200, 225 y 258.

925 *V.* Constitución de 1858, Art. 11; *op. cit.*, p. 280.

926 *V.* Art. 16, ordinal 11, de las constituciones de 1864, 1874, 1881 y 1891; *loc. cit.*, pp. 307, 329, 352 y 377.

927 *V.* lo indicado en el parágrafo 3,

928 *V.* Art. 14, ordinal 11, de la Constitución de 1893; *loc. cit.*, p. 400.

929 *V.* Art 17, ordinal 11, de la Constitución de 1901; *loc. cit.*, p. 429.

la posibilidad de establecer restricciones al sufragio, cambiando la reserva constitucional existente hasta ese momento.[930] Esta situación se mantiene hasta el texto constitucional de 1925 el cual vuelve a establecer reserva constitucional en las limitaciones al ejercicio del sufragio, otorgando la calidad de electores a los venezolanos mayores de veintiún años, que no estén sujetos a interdicción ni a condena penal que envuelva la inhabilitación política, lo cual se mantendrá hasta la Constitución de 1931.[931] La Constitución de 1936, restringe aún más el derecho al sufragio, [932] siendo de observar que, paradójicamente, la Constitución que se dicta a la caída del dictador Gómez, y que abre la transición hacia el régimen democrático, estableció de nuevo la limitación al sufragio para los analfabetos, lo que había sido eliminado desde la Constitución de 1858, y consagra expresamente la exclusión del voto femenino, lo cual no estaba establecido expresamente en los textos constitucionales anteriores.[933] Por otra parte, la edad electoral que en 1864 había sido reducida a dieciocho años, en la Constitución de 1936, siguiendo la línea de las constituciones posteriores a 1925, se eleva a veintiún años. Con posterioridad a la Constitución de 1947, la universalización del sufragio se produce en Venezuela en los términos que se señaló anteriormente,[934] permitiéndose, inclusive, la participación de los extranjeros en las elecciones municipales, siempre que tengan más de diez años en calidad de residentes en el país, con uno de residencia en el Distrito de que se trate.[935]

3. El sufragio directo y secreto

El segundo elemento de la evolución del sufragio en Venezuela, lo marca la transición del sufragio indirecto al sufragio directo, es decir, de un sistema electoral en el cual los electores no escogen directamente los gobernantes, sino a través de unos delegados que serán electores en segundo grado, a un sistema en el cual los electores escogen inmediata y directamente los gobernantes. En este aspecto, la evolución venezolana no es constante, y para su análisis debe distinguirse la elección para Presidente de la República de la elección para las Asambleas de representantes.

En las elecciones presidenciales, desde la Constitución de 1830[936] hasta la Constitución de 1858, el sistema electoral fue indirecto y la elección del Presidente de la República se realizó por Colegios electorales o Asambleas electorales, electos a su vez por sufragio restringido;[937]y desde la Constitución de 1858 hasta la de 1874, la elección se

930 *V.* Arts. 10 y 17 y ordinal 11 de la Constitución de 1904; *loc. cit.,* pp. 458 y 460–

931 *V.* Art. 32, ordinal 12, de las constituciones de 1925, 1928, 1929 y 1931; *loc. cit.,* pp. 619. 655, 691 y 727.

932 Lo atribuyó a "los venezolanos varones, mayores de veintiún años, que sepan leer y escribir y que no estén sujetos a interdicción ni a condena penal que envuelva la inhabilitación política". Art. 32, ordinal 14 de la Constitución de 1936; *loc. cit.,* p. 767.

933 Es de destacar que la no exclusión del voto femenino en los textos constitucionales posterior a 1858, si bien no condujo a su admisión, al menos dio origen a que se discutiera su posibilidad. La Constitución de 1936, al contrario, lo excluyó expresamente.

934 *V.* Nota Nº 14 de este parágrafo 10.

935 *V.* Art. 11 de la Constitución de 1961, y Art. 8º de la Ley Orgánica del Sufragio de 1973.

936 En las constituciones de 1811. Art. 76; de 1819, Art. 1 Titulo VII, Sección Segunda; de 1821, Art. 34, la elección también se reguló en forma indirecta, aun cuando nunca tuvieron oportunidad de ser realizadas; *op. cit.,* pp. 140, 177 y 202.

937 *V.* Constitución de 1830. Art. 105; Constitución de 1857, Art. 59; *loc., cit.,* pp. 238 y 266.

realizó en forma directa por los electores, en sufragio fundamentalmente universal.[938] En la Constitución de 1881 se estableció de nuevo la elección indirecta del Presidente de la República, la cual se realizó por un Consejo Federal designado por el Congreso,[939] regulación que permaneció en la Constitución de 1891.[940] La Constitución de 1893 vuelve a establecer el sistema electoral directo y secreto,[941] lo cual se eliminará de nuevo en la Constitución de 1901, al establecer un sistema electoral indirecto para Presidente de la República con participación de los Concejos Municipales.[942] A partir de ese texto constitucional y hasta la Constitución de 1936, el sistema electoral para Presidente continuará siendo indirecto, efectuándose la elección por el Congreso[943] o por un Cuerpo Electoral designado por éste.[944] La Constitución de 1947 vuelve a establecer la elección del Presidente de la República en forma directa y secreta y, como se vio, mediante sufragio universal, lo cual permanecerá en la Constitución de 1953[945], estableciendo la Constitución vigente de 1961 que la elección del Presidente de la República se hará por votación universal, directa y secreta,[946] disposición que ha regido las últimas elecciones posteriores a 1958.

En cuanto a las elecciones para las Asambleas representativas, puede decirse que la elección de senadores al Congreso Nacional, en toda nuestra evolución constitucional, con excepción de las constituciones de 1947 y la actual de 1961,[947] siempre fue indirecta, realizándose la elección, generalmente, por las Asambleas Legislativas de los Estados federados,[948] por el Congreso constituyente,[949] o por los colegios electorales provinciales.[950] Actualmente, sin embargo, para formar el Senado se eligen por votación universal, directa y secreta, dos senadores por cada Estado federado y dos por el Distrito Federal.[951] En cuanto a la elección de diputados al Congreso Nacional, la elección indirecta no ha sido una norma tan absoluta como en el supuesto de los senadores. En efecto, desde la Constitución de 1811 hasta la Constitución de 1830,[952] la elección de diputados al Congreso Nacional se realizó mediante el sistema indirecto. A partir de la

---

938 *V.* Constitución de 1858, Art. 81, Constitución de 1861, Art. 63, y Constitución de 1874, Art. 63; *loc. cit.*, pp. 289, 313 y 336.

939 *V.* Constitución de 1881 Art. 61 v ss. *loc. cit.*, p. 359.

940 *V.* Constitución de 1891. Art. 61 y ss.; *loc. cit.*, p. 383.

941 *V.* Constitución de 1893, Art. 63; *loc. cit.*, p. 407.

942 *V.* Constitución de 1901, Art. 82; *loc. cit.*, p. 439.

943 *V.* Constitución de 1901. Art. 75, Constitución de 1914, Art. 74; Constitución de 1922, Art. 74; Constitución de 1925, Art. 96; Constitución de 1928, Art. 96; Constitución de 1929, Art. 96; Constitución de 1931, Art. 96; Constitución de 1936, Art. 96: *loc. cit.*, pp. 498, 551, 593, 630, 667, 702, 738 y 779.

944 *V.* Constitución de 1904. Art. 70; *loc. cit.*, p. 467.

945 *V.* Constitución de 1947. Art. 192; y Constitución de 1953, Art. 104; *loc. cit.*, pp. 873 y 918.

946 *V.* Constitución de 1961, Arts. 113 y 183.

947 *V.* Constitución de 1947. Art. 154; loc. *cit.*, p. 865; y Constitución de 1961, Art. 148.

948 *V.* Constitución de 1811, Art. 48; Constitución de 1821, Art. 93; Constitución de 1857, Art. 25; Constitución de 1858, Art. 49; Constitución de 1864, Art, 25; Constitución de 1874, Art. 25; Constitución de 1881. Art. 25; Constitución de 1891, Art. 25; Constitución de 1893, Art. 26; Constitución de 1901, Art. 36; Constitución de 1904, Art. 35; Constitución de 1909, Art. 40; Constitución de 1914, Art. 39; Constitución de 1922, Art. 39; Constitución de 1922, Art. 60; Constitución de 1928, Art. 60; Constitución de 1929, Art. 60; Constitución de 1931, Art. 60; Constitución de 1936, Art. 59; Constitución de 1953, Art. 70; *loc. cit.*, pp. 134, 210, 260, 284, 309, 331, 355, 379, 403, 432, 463, 493, 549, 588, 624, 660, 696, 732, 772 y 912.

949 *V.* Constitución de 1819. Art. 3°, Sección III, Título VI; *loc. cit.*, p. 174.

950 *V.* Constitución de 1830, Art. 36, *loc. cit.*, p. 228,

951 *V.* Constitución de 1961, Arts. 113 y 148.

952 *V.* Constitución de 1811, Art. 14; Constitución de 1819, Art. 1, Sección II, Título VI; Constitución de 1821, Art. 84, y Constitución de 1830, Arts. 36 y 50; *loc. cit.*, pp. 130, 173, 209, 228 y 230.

Constitución de 1859 hasta la vigente de 1961, puede decirse que la elección de diputados al Congreso ha sido siempre una elección directa,[953] con la sola excepción de la Constitución de 1936, que estableció una elección indirecta, por las Municipalidades de cada Estado federado, de los diputados al Congreso Nacional.[954] Debe también destacarse lo paradójico que resulta esta limitación al ejercicio directo del sufragio, en el régimen de transición de la dictadura de Gómez al régimen democrático posterior. En la actualidad, en todo caso, la elección de diputados al Congreso Nacional se realiza también por votación universal, directa y secreta con representación proporcional de las minorías, en el número que determina la Ley Orgánica del Sufragio según la base de población requerida, que la Constitución prohíbe que exceda para un diputado, del uno por ciento de la población total del país.[955]

El tercer elemento de la evolución del sistema electoral venezolano está marcado por la transición del sufragio público al sufragio secreto que existe en la actualidad. En efecto, en las primeras constituciones de la República de 1811 y 1830, el sistema de voto público fue exigido,[956] y es aquí, también, que la Constitución de 1857 establece el gran cambio al prever la garantía del sufragio secreto, lo cual perdura hasta 1874.[957] La Constitución de ese año vuelve a establecer el sufragio público,[958] lo cual será cambiado de nuevo por la Constitución de 1893 al exigir, como todas las posteriores,[959] el sufragio secreto, con la sola excepción de la Constitución de 1936, que no estableció nada al respecto. La Constitución vigente de 1961, con carácter general, establece que "la legislación electoral asegurará la libertad y el secreto del voto",[960] lo cual se aplica a todas las elecciones, tanto para representantes nacionales como estadales y municipales.

---

953 *V.* Constitución de 1857, Art. 21; Constitución de 1858, Art. 58; Constitución de 1864, Art. 20; Constitución de 1874, Art. 20; Constitución de 1881, Art. 20; Constitución de 1891, Art. 20; Constitución de 1893, Art. 22; Constitución de 1901, Art. 32; Constitución de 1904, Art. 31; Constitución de 1909, Art. 36; Constitución de 1914, Art. 35; Constitución de 1922, Art. 35; Constitución de 1925, Art. 56; Constitución de 1928, Art. 56; Constitución de 1929, Art. 56; Constitución de 1931, Art. 56; Constitución de 1947, Art. 151; Constitución de 1953, Art. 69; Constitución de 1961, Art. 151; *loc. cit.*, pp. 259, 285, 308, 330, 354, 378, 402, 431, 462, 492, 545, 587, 623, 660, 696, 732, 864, 912 y 956.

954 *V.* Constitución de 1936, Art. 55; *op. cit.*, p. 771.

955 *V.* Constitución de 1961. Art. 151. La Ley Orgánica del Sufragio de 1973 estableció la base de población para elegir un diputado en el 0,55 por ciento de la población del país (Art. 3°). *V.* en *G.O.* N° 1.609 Extr. de 6–9–73.

956 *V.* Constitución de 1811, Arts. 39 y 76; Constitución de 1891, Art. 6; Constitución de 1821, Art. 24; Constitución de 1830, Art. 26; *loc. cit.*, pp. 133, 140, 168, 201 y 227.

957 *V.* Constitución de 1857, Art. 59; Constitución de 1858, Arts. 58 y 81; y Constitución de 1864, Art. 63; *loc. cit.*, pp. 267, 285, 289 y 313.

958 *V.* Constitución de 1874, Art. 13, ordinal 23; Constitución de 1881, Art. 13, ordinal 22; Constitución de 1891, Art. 13, ordinal 22; *loc. cit.*, pp. 328, 350 y 375.

959 *V.* Constitución de 1893, Art. 13, ordinal 24; Constitución de 1901, Art. 6°, ordinal 21: Constitución de 1904. Art. 7°. ordinal 19; Constitución de 1909, Art. 12, ordinal 19; Constitución de 1914. Art. 19, ordinal 20; Constitución de 1922, Art. 19, ordinal 20; Constitución de 1925. Art. 17, ordinal 1°; Constitución de 1928, Art. 17, ordinal 1°; Constitución de 1929. Art. 17, ordinal 1°; Constitución de 1931, Art. 17, ordinal 1°; Constitución de 1947. Arts. 151, 154 y 192; y Constitución de 1953, Arts. 69 y 104; *loc. cit.*, pp. 398, 425, 456, 486, 540, 582, 614, 651. 687, 723, 864, 865, 873, 912 y 913.

960 *V.* Constitución de 1961, Art. 113.

4. El sistema electoral minoritario y la representación proporcional

El cuarto elemento que caracteriza la evolución constitucional venezolana del sistema electoral, es el que marca la transición de un sistema electoral mayoritario o uno minoritario. Paradójicamente, los tres elementos evolutivos anteriores configuran un proceso de "democratización" del sufragio al hacerlo ahora universal, directo y secreto; sin embargo, el cuarto elemento sigue una dirección inversa: dificultar la formación de gobiernos capaces de representar las mayorías nacionales. En efecto, la transición de un sistema electoral mayoritario a uno minoritario debe analizarse distinguiendo las elecciones para Presidente de la República de aquellas destinadas a elegir los miembros de las Asambleas representativas.

En la elección de Presidente de la República, la evolución ha marcado una transición de un sistema electoral de mayoría calificada a un sistema de mayoría relativa. En efecto, las constituciones de 1811 a 1857 exigieron una mayoría de las dos terceras partes de la votación para la elección presidencial,[961] previendo la Constitución de 1857, por ejemplo, el recurso a una segunda votación entre los dos candidatos que hubieran sacado mayor número de votos, cuando ninguno hubiere obtenido la mayoría calificada.[962] La exigencia de la obtención de las dos terceras partes de la votación para la elección de Presidente fue modificada por la Constitución de 1858, la cual exigió la mayoría absoluta, exigencia que permaneció en el texto constitucional hasta la Constitución de 1922.[963] Las constituciones posteriores de la dictadura gomecista no consagraron proporción determinada para la elección presidencial, la cual era regida en todo caso por los deseos del dictador; y, paradójicamente, la Constitución de transición de 1936, siguió el ejemplo de las constituciones que la precedieron, no estableciendo porcentaje alguno para la elección presidencial.[964] A partir de la Constitución de 1947 hasta la actual, se consagra expresamente la elección directa del Presidente de la República, por mayoría relativa de votos,[965] es decir, es electo el candidato que obtenga el mayor número de votos.

En el campo de la elección de representantes; la evolución se caracteriza por la transición del sistema de escrutinio mayoritario al sistema de representación proporcional. En efecto, el sistema de escrutinio mayoritario para la elección de senadores y diputados fue el único conocido en Venezuela hasta el año 1945,[966] cuando el Estatuto Electoral dictado por la Junta Revolucionaria de Gobierno en ese año, para la elección de los

---

961 *V.* Constitución de 1819, Art. 7; Constitución de 1830, Art. 105; y Constitución de 1857, Art. 59; *loc. cit.*, pp. 177, 238 y 267. No se hace referencia a la Constitución de 1811 porque se trata de la única, en nuestra evolución constitucional, que consagraba un ejecutivo colegiado de tres miembros.

962 *V.* Constitución de 1857, Art. 59; *loc. cit.*, p. 267.

963 *V.* Constitución de 1858, Art. 83; Constitución de 1864, Art. 65; Constitución de 1874, Art. 65; Constitución de 1893, Art. 65; Constitución de 1901, Art. 82; Constitución de 1904, Art. 72; Constitución de 1909; Art. 77; Constitución de 1914, Art. 76, y Constitución de 1922, Art. 76; *loc. cit.*, pp. 289, 314, 336, 408, 439, 468, 498, 552 y 594. No se hace referencia a las constituciones de 1881 y 1891 pues éstas establecieron la elección del Presidente por un Consejo Federal. *V.* Nota Nº 35 de este parágrafo. Es de destacar que entre 1858 y 1881 la elección presidencial fue directa. *V.* Nota Nº 33 de este parágrafo.

964 Las leyes electorales de la época, sin embargo, mantuvieron la formula de la mayoría absoluta que se había establecido constitucionalmente hasta 1922.

965 *V.* Constitución de 1947, Art. 192, y Constitución de 1953. Art. 104; *loc. cit.*, pp. 873 y 918; y Constitución de 1961, Art. 183.

966 *V.*, en este sentido, la opinión de E. Wolf, *Tratado de Derecho Constitucional Venezolano*, *cit.*, Tomo I, p. 209.

miembros de la Asamblea Constituyente, previó por primera vez en nuestra historia constitucional el sistema electoral de representación proporcional. Este sistema, posteriormente, consagrado en la Constitución de 1947,[967] es el vigente en la actualidad.[968] Debe destacarse que quizás fue consagrado en 1917 y posiblemente tuvo razón de ser en los primeros años de 1960, dada las situaciones, en ambas fechas, de transición hacia el régimen democrático, con el objeto de que ningún partido dominara en forma absoluta las Cámaras Legislativas. Las sucesivas dictaduras de principios del siglo hasta 1936 y de la década de los cincuenta parecen haber producido esta reacción contra el absolutismo.[969]

Como resultado de esta evolución, en la actualidad, el sistema electoral venezolano es universal, directo, secreto y de escrutinio minoritario, con la exigencia de sólo una mayoría relativa (simple mayoría) para elegir Presidente de la República, y de la aplicación del principio de la representación proporcional de las minorías para la elección de los miembros de las Cámaras Legislativas, mediante listas bloqueadas, en 23 circunscripciones electorales (equivalentes a los veinte Estados, los dos Territorios Federales y el Distrito Federal), con población variable, pero muy densa en algunas. Esta situación venezolana, en todo caso, no es extraña, si se analizan los sistemas electorales de los demás países latinoamericanos que conocen de elecciones.[970]

5. Efectos del sistema electoral minoritario

Ahora bien, del estudio comparativo de los resultados de los procesos electorales desde 1946 hasta 1973, se puede constatar que el sistema electoral minoritario en Venezuela, con la momentánea excepción de los resultados electorales de 1973, debido a la pronunciada polarización que distorsionó, como es natural, la lógica del sistema electoral,[971] condujo a que los gobiernos electos, a medida que el sistema se aplicó, fueran electos con cada vez menos respaldo popular, y que la integración de las Asambleas

---

967 *V.* Constitución de 1947, Art. 83, *loc. cit.*, p. 852.

968 En diversos artículos, la Constitución vigente consagra expresamente el sistema de la representación proporcional de las minorías: Art. 19, para la elección de diputados a las Asambleas Legislativas; Art. 148, para la elección de senadores; y Art. 151. para la elección de diputados al Congreso. Además, el Art. 113, de carácter general, agrega que "la legislación electoral asegurará la libertad y el secreto del voto y consagrará el derecho de representación proporcional de las minorías".

969 *Cfr.* sobre el carácter antidictatorial de la Constitución de 1961 y los defectos del sistema de representación proporcional en J.G. Andueza, *"Introducción a las Actas", La Constitución de 1961 y la Evolución Constitucional de Venezuela. Actas de la Comisión redactora del Proyecto*, Tomo I, Vol. I, Caracas, 1971, pp. XXVI y ss.

970 En general, para la elección de Presidente de la República sólo se exige la simple mayoría y, excepcionalmente, algunos países como Argentina y Guatemala exigen mayoría absoluta, o como Costa Rica, que exige el 70 por ciento de los votos válidos. Para la elección de los miembros de las Asambleas representativas, puede decirse que con la sola excepción importante de México, la elección se realiza por el sistema de representación proporcional de las minorías como regla general en América Latina. Es sólo en la reforma constitucional de 1965 que en México el sistema mayoritario absoluto tradicional comenzó a adquirir carácter relativamente mixto, lo cual se ha reforzado por la reforma constitucional de 1972, al admitirse los denominados "diputados de partidos" en representación de los partidos minoritarios, *V.* los textos en el *Diario Oficial de la Federación* de 22 de junio de 1963 y de 14 de febrero de 1972 y la Nota N° 80 de este parágrafo 10, *Cfr.*, en general, Maruja Delfino de Palacios, *Las constituciones americanas y la forma de elección presidencial*, Cuadernos del Instituto de Estudios Políticos. N° 15, Caracas, 1968, pp. 15 y ss.; y Ronald H. McDonald, *Party Systems and Elections in America*, Chicago, 1971.

971 *V.* Allan R. Brewer–Carías, *Cambio Político y Reforma...*, *cit.*, capítulos 8 y 11.

representativas diera lugar a una progresiva atomización de las fuerzas políticas en ellas representadas.[972]

En efecto, en cuanto a la elección presidencial, las cifras electorales demostraron hasta la elección de 1968, una pérdida progresiva de respaldo popular al Presidente electo y una difusión también progresiva de la votación entre los diversos candidatos. El sistema minoritario de elección presidencial, o de mayoría relativa o simple mayoría, en realidad condujo a la elección de presidentes con respaldo minoritario en lugar de un respaldo mayoritario,[973] En muchos casos, esta posición de debilitamiento ab initio del gobierno, se agravó por el hecho de que la elección minoritaria del Presidente se acompañó de una composición atomizada–proporcional de las Cámaras Legislativas, pues resulta evidente que la elección presidencial por mayoría relativa no tendría tantas consecuencias inconvenientes, si la integración del Congreso se realizara por un sistema distinto al de representación proporcional.

Lamentablemente, todavía el mito del presidencialismo latinoamericano[974] está presente entre nosotros y se cree solucionar toda la contradicción de nuestras instituciones políticas, estableciendo un sistema de mayoría absoluta para la elección presidencial, pero sin cambiar el sistema proporcional de las minorías para la elección de las Cámaras Legislativas.[975]

En cuanto a la elección de las Asambleas representativas, y en particular de las Cámaras Legislativas nacionales, la aplicación en Venezuela del sistema electoral minoritario de representación proporcional de las minorías ha producido consecuencias todavía más dramáticas.[976] En efecto, por contraposición a los sistemas electorales mayoritarios, que en circunscripciones electorales de tamaño variable producen la elección de los representantes que hayan obtenido el mayor número de votos, sin consideración relativa al número de votos obtenidos por los demás candidatos, el sistema de representación proporcional de las minorías también en forma variable según los mecanismos que se adopten, tiende a asignar representación a todos los grupos políticos que participen en una elección en circunscripciones electorales generalmente grandes.

Diversos mecanismos se pueden adoptar para operar la representación proporcional[977] y, entre ellos, en Venezuela se ha adoptado el llamado sistema d'Hondt –denominado

972 En general, sobre los efectos del sistema electoral de representación proporcional y el análisis de las elecciones venezolanas desde 1946 a 1973, *V.* Allan R. Brewer–Carías, *Cambio Político y Reforma..., cit.*, capítulos 8 y ss.

973 En base a esto, con razón ha Señalado T. E. Carrillo Batalla que el "error" del artículo 182 de la Constitución debe corregirse y establecerse la elección presidencial por mayoría absoluta. "De lo contrario, seguiremos viendo el contrasentido de un gobierno proclamado democrático por la Constitución, pero elevado a la cumbre del mando, no por el voto mayoritario de la voluntad general como dijera Rousseau, sino con los sufragios de una pequeña fracción del pueblo". *V. Historia crítica del concepto de la Democracia*, Tomo I, Caracas, 1973, p. 83.

974 *V.* Lo indicado en el parágrafo 11.

975 Esta fue la situación de Chile hasta 1973, que originó tantas contradicciones entre el Presidente, electo por mayoría absoluta y un Congreso en el cual tenía un respaldo bastante minoritario. *Cfr.* Joan E. Garcés, Chile. 1971: "A Revolutionary Government within a Welfare State", en Kenneth Medhurst (ed.), *Allende's Chile*, London, 1972, p. 45, y J. Biehl del Río y Gonzalo Fernandez R., "The Political pre–requisites for a Chilean way", *idem.*, p, 54. Esta es. por otra parte, la reforma "original" como la califica la Exposición de Motivos de la Ley sobre el Régimen Nacional Electoral que rigió las elecciones argentinas de marzo de 1973 y la siguiente y, asimismo, esta fue la reforma que se sugirió, sin éxito, en Venezuela a mitades de 1972 para ser aplicada en las elecciones de 1973. *V.* Allan R. Brewer–Carías, *Cambio Político y Reforma..., cit.*, capítulos 9 y ss.

976 Sobre ello, *V.* Allan R. Brewer–Carías, *Cambio Político y Reforma..., cit.*, capítulos 8 y ss.

977 Para un cuadro sobre los diversos sistemas electorales, *V. Parliaments and Electoral Systems. A World Handbook*, Institute of Electoral Research, London, 1962.

así en honor de su creador en Bélgica–, con listas bloqueadas, el cual, en cierta forma, es el que permite la mayor proporcionalidad en los resultados de una elección, debido a su aplicación inmediata; proporcionalidad que se perfecciona, aún más, mediante una segunda operación postelectoral que conlleva la asignación de los llamados "Senadores y Diputados adicionales".[978]

Ahora bien, en relación a este sistema de representación proporcional, tal como E. Wolf lo señaló, el mismo ha cambiado totalmente el aspecto de las elecciones en Venezuela[979]. Con anterioridad a 1.945, la elección mayoritaria tradicional, dado que en nuestro país no existía realmente un régimen democrático, no era más que una pura y vana formalidad[980], empleada por la larga lista de caudillos y dictadores como fórmula para imponer su voluntad al país. La reacción contra el absolutismo, que no era producto de un sistema electoral determinado, y el rechazo a la dictadura mediante la apertura de un régimen democrático, produjo, sin embargo, los tradicionales juicios de valor sobre la "justicia" de los sistemas electorales, adoptándose el de la representación proporcional como el más "justo" y rechazándose el sistema mayoritario que, según Duguit, "conduce a la opresión de una parte de la nación por la otra, so pretexto de contener esta última unos cuantos votos más que la primera".[981] Los juicios de valor –"más o menos justos"– de los sistemas electorales, si bien son tradicionales entre nuestros autores de Derecho Constitucional al insistir en la justicia de los sistemas de representación proporcional de las minorías,[982] estimamos que hoy están realmente superados.[983] En nuestro criterio, lo que debe privar al establecerse un sistema electoral, es la consideración de que en una realidad política determinada contribuyan o no a la formación de un consenso político y, en cierta forma, que puedan o no dar como resultado gobiernos que gobiernen. Si el objetivo a lograr es que surjan instituciones políticas cada vez más débiles que provoquen disenso político y con las que no se pueda gobernar, el sistema de representación proporcional en países como Venezuela, es el más adecuado; si, al contrario, lo que se busca es el establecimiento de gobiernos que puedan realmente gobernar y que representen a las mayorías nacionales, un sistema menos proporcional es el más adecuado, sobre todo si sus efectos sobre las minorías pueden atenuarse dándole representación a éstas. Una cosa es la representación proporcional *de las minorías* y otra cosa es *la representación proporcional* en un sistema que produce, materialmente, que todos los grupos políticos sean minoritarios. En otras palabras, una cosa es la representación proporcional "de las minorías", cuando sin embargo hay algunos grupos políticos "mayoritarios", y otra cosa es que sólo surjan gobiernos de minorías. En Venezuela, la aplicación de un sistema electoral de representación proporcional absoluta condujo durante la década de los sesenta, de la representación de las minorías a gobiernos de minorías; y si bien momentáneamente la tendencia se detuvo en las elecciones de 1973

---

978 Artículos 13 y ss. de la ley Orgánica del Sufragio.

979 *V.* E. Wolf, *Tratado de Derecho Constitucional Venezolano*, Tomo I, *cit.*, p. 234.

980 La expresión es de E. Wolf, *idem.*

981 *Cit.* por E. Wolf, *op. cit.*, p. 225.

982 *V.* E. Wolf, *op. cit.*, p. 226; Ambrosio Oropeza, *La Nuera Constitución Venezolana*. 1961. Caracas, 1969, p. 325.

983 Para un análisis general sobre la justicia de los sistemas electorales con especial análisis de la representación proporcional, *V.* F. Hermens, *Democracy or Anarchy? A Study of proportional Representation*, 1941; E. Lakeman and J.D. Lambert, *Voting in Democracies: a study of Majority and Proportional Elections Systems*, London, 1959.

por la acentuada polarización política, si no se corrige el sistema o ésta se mantiene, la tendencia minoritaria continuará.[984]

6. Los orígenes del sistema de partidos

Una de las consecuencias más importantes del sistema electoral minoritario venezolano ha sido el condicionamiento del sistema de partidos políticos, que también comenzó a conformarse a partir del 1945.[985]

En nuestro criterio, y sin llegar a apreciaciones deterministas sobre la influencia de los sistemas electorales sobre los sistemas de partidos, estimamos que no puede llegarse a comprender realmente estos y el porqué de su conformación, sin el análisis pormenorizado del sistema electoral en cuyo marco funcionan.[986]

Ahora bien, sí consideramos que el sistema de partidos venezolanos comienza a estructurarse realmente, como tal, con posterioridad a 1945, no hay duda de que sus antecedentes remotos hay que situarlos en los movimientos estudiantiles de 1928 y sus antecedentes próximos, en las organizaciones políticas que comienzan a surgir entre 1936

---

984 *V.* lo indicado en Allan R. Brewer–Carías, *Cambio Político y Reforma..., cit.*, capítulo II.

985 Por supuesto que la afirmación hecha de que el sistema electoral venezolano de representación proporcional ha condicionado nuestro sistema multipartidista, toca aspectos muy controvertidos en la teoría política sobre los sistemas de partidos. Según la tesis de M. Duverger, difundida desde 1945, el sistema de partidos políticos está condicionado por el sistema electoral (*V.* Maurice Duverger (ed.). *L'Influence des Systèmes Electoraux sur la vie politique.* Cahiers de la Fondation National des Science Politiques. Nº 16. Paris, 1950; *Institutions Politiques et Droit Constitutionnel*, Tomo I, Paris, 1971, p. 160. *V.*, además, la bibliografía que cita en la Nota Nº 250) y, en particular, el sistema electoral de representación proporcional tiende al multipartidismo (*V.* Maurice Duverger, *Les Partis Politiques*, Paris, 1973, pp. 269 y ss.). Esta tesis ha tenido grandes defensores, y entre ellos, por la crítica a la representación proporcional, deben destacarse los diversos trabajos de Ferdinand A. Hermens, *Democracy or Anarchy? A Study of Proportional Representation*, 1941; *The Representative Republic*, 1958; *"The Dynamics of Proportional Representation"* en Andrew J. Milnor (ed.), *Comparative Politics Parties*, New York, 1969, y en Harry Eckstein and David E. Apter, *Comparative Politics*, New York, 1963, pp., 254 y ss. Por otra parte, deben destacarse algunos trabajos específicos destinados a determinar la influencia de los sistemas electorales. en las instituciones políticas y, particularmente, los de E. Lakeman and J.D. Lambert, *Voting in Democracies: A Study of Majority and Proportional Electoral Systems,* London, 1959, y de Douglas W. Rae, *The Political Consequences of Electoral Laws*, Yale U.P., 1967. Por supuesto, que la tesis de la influencia de los sistemas electorales sobre los sistemas de partidos no es compartida generalmente (para un análisis general sobre las diversas tipologías de los partidos políticos, *V.* M. Delfino de Palacios, *"Sistema de Partidos y Sistema Político*; Descripción Tipológica", en *Politeia*, Nº 2, Instituto de Estudios Políticos, Caracas, 1973, pp. 91 y ss.), y se llega inclusive a estudiar el sistema de partidos políticos como una realidad sociopolítica sin que se preste atención alguna a uno de les factores que lo condicionan, el sistema electoral. De ahí, por ejemplo, la apreciación de Ronald H. McDonald sobre la poca atención que se ha prestado a los sistemas electorales y de representación política en América Latina, *Party Systems and Elections in Latin America*, Chicago, 1971, p. 18.

986 En Venezuela, por ejemplo, algunos de los pocos estudios que se han efectuado sobre el sistema de partidos, ignoran por completo la influencia sobre el sistema electoral: *V.* Juan C. Rey, *"El sistema de partidos venezolanos"*, Politeia, Nº 1, Instituto de Estudios Políticos, Caracas, 1972, pp. 185 y ss. Otros no le asignan importancia: *V.* H. Njaim, R. Combellas, E. de Guerón y A. Stambouli, *El Sistema Político Venezolano.* Caracas 1975, pp. 15 y 16. En este sentido, consideramos incompletas las apreciaciones que frecuentemente se realizan sobre la existencia de un sistema de partidos o sobre la conveniencia de que un sistema de partidos se cambie por otra, sin referencia al sistema electoral, como si el sistema de partidos fuera una simple creación política preexistente a aquél *V.* por ejemplo, Donald V. Smiley, "The Two Party System and One–Party Dominance in Liberal Democtatic State", en Andrew J. Milnor (ed.), *op. cit.*, pp. 54 y 59 y ss.; Sigmund Neumann, "Toward an Comparative Study of Political Parties", *idem*, pp. 35 y ss.

y 1945, durante los períodos de transición de la dictadura a la democracia, que se abren con posterioridad a la muerte de Gómez, en 1935.[987]

En efecto, el esquema tan tradicional en América Latina, de partidos liberales y conservadores, que también se desarrolló en Venezuela durante la segunda mitad del siglo pasado,[988] fue totalmente eliminado de la faz política de Venezuela, al concluir el predominio de la política regional, federalista y caudillista, mediante la acción integradora de la dictadura de J.V. Gómez.[989] El único reducto político y de protesta que existió durante el primer tercio de este siglo, se concentró materialmente en los movimientos estudiantiles, quienes, sobre todo en la década de los veinte hasta la muerte de Gómez, tuvieron el monopolio de la acción política opositora. La reacción política de la dictadura, no sólo fue feroz en cuanto a la represión desatada, particularmente contra los participantes en los movimientos estudiantiles de 1928, sino que provocó una reforma constitucional que iba a legalizar la represión político–ideológica hasta 1945: la reforma constitucional de 1929, entre otros objetivos, tuvo el de "prohibir la propaganda del comunismo"[990] la cual permaneció, ampliada, no sólo en la Constitución de 1936,[991] sino que condicionó la vida de las nacientes organizaciones políticas hasta 1945.[992]

En efecto, con la muerte de Gómez puede decirse que cesó el monopolio político de los grupos estudiantiles,[993] y la liberalización política parcialmente iniciada por el gobierno de E. López Contreras y consolidada por el gobierno de I. Medina Angarita,[994] dio lugar a la Constitución entre 1936 y 1945, de diecisiete partidos políticos, la mayoría de los cuales tuvieron como fundadores y participantes a los miembros de la Federación Venezolana de Estudiantes (FVE), entidad a quien había correspondido motorizar

987 *V.* lo indicado en el parágrafo 3.

988 *V.* las referencias históricas en E. Wolf, *Tratado de Derecho Constitucional Venezolano.* Tomo I, Caracas 1945, pp. 237 y ss.: Aníbal Pinto, con razón, considera este esquema como un reflejo de la importación masiva de instituciones políticas europeas creadas para satisfacer intereses, relaciones y objetivos completamente antipáticos a los problemas básicos del desarrollo, "Political Aspect of Economic Development", en Claudio Veliz (ed.), *Obstacles to Change in Latín America.* Oxford 1969, pp. 20 y 21.

989 *V.* lo indicado en el parágrafo 3.

990 Así se dispuso en el artículo 32, ord. 6, de la Constitución de 1929 como limitación, a la libertad de pensamiento: "Queda también prohibida la propaganda del comunismo". *V.* en Luis Mariñas Otero, *Las Constituciones de Venezuela,* Madrid, 1965, p. 655. Bajo la vigencia de la Constitución de 1931, la cual contenía una norma similar, se dictó meses antes de la promulgación de la Constitución de 1936, la Ley para garantizar el orden público y el ejercicio de los derechos individuales, cuyo artículo 33 establecía lo siguiente: "El que públicamente, de palabra, por escrito o por impresos, por medio de la radiodifusión, dibujos, carteles, mítines u otros medios de publicidad, o haciendo uso de algún servicio público, haga propaganda a favor de la abolición de la propiedad privada, lucha de clases, incitación de los obreros contra las patronos, extinción de la familia, desconocimiento de la ley, dictadura del proletariado; así como las demás doctrinas o métodos que abarquen el ideal comunista, anarquista o terrorista, serán penados con prisión de uno a tres años. Si como consecuencia de la propaganda llegaren a verificarse hechos delictuosos o desórdenes públicos, la pena será de dos a seis años", Esta ley denominada "Ley Lara" en virtud de haber sido su redactor el Ministro del Interior de la época, doctor Alejandro Lara. estuvo vigente hasta 1945. *V.* la decisión de la Corte Federal y de Casación de 4–3–41 (*M. 1912,* pp. 130–136) sobre esta limitación en Allan R. Brewer–Carias, *Jurisprudencia de la Corte Suprema 1930–1974 y Estudios de Derecho Administrativo,* Tomo I (El ordenamiento constitucional y funcional del Estado) Caracas, 1975, pp. 110 y ss.

991 El famoso inciso VI del artículo 32 de la Constitución de 1956 estableció lo siguiente: "Se consideran contrarias a la independencia, a la forma política y a la paz social de la Nación, las doctrinas comunistas y anarquistas, y los que las proclamen. propaguen o practiquen serán considerados como traidores a la Patria y castigados conforme a las leyes".

992 La reforma constitucional de 1945, realizada al final del gobierno de Medina, eliminó la prohibición constitucional que tenía la izquierda para actuar políticamente en Venezuela, *V.* Luis Mariñas Otero, *op. cit...*, p. 803.

993 *Cfr.* D.H. Levine, *Conflict and Political Change in Venezuela,* Princeton, 1973, p. 14.

994 *V.* lo indicado en el parágrafo 3.

los movimientos estudiantiles de 1928. La "generación del 28", por tanto, asumió la lucha política y el monopolio de los partidos en 1936, y de la larga lucha entre los gobiernos de transición y los partidos generalmente de izquierda,[995] sólo llegaron a traspasar los acontecimientos del año 1945, los partidos Acción Democrática (AD), que asumió el poder, y el Partido Comunista de Venezuela (PCV), pues el Partido Unión Republicana Democrática se constituyó en 1946 como oposición de la izquierda democrática al partido AD.[996] Los líderes de estos partidos, indudablemente, fueron factores fundamentales hasta la década de los setenta, en la consolidación del régimen democrático. En 1936, al separarse de la FVE otro núcleo estudiantil, se constituyó la Unión Nacional de Estudiantes (UNE), opositora a la línea política de la izquierda originada por aquélla, dando lugar posteriormente a la constitución del Partido Acción Electoral (AE), que después de 1945 se convertiría en el Comité Político Electoral Independiente (COPEI), cuyos líderes también fueron factores fundamentales en la consolidación del régimen democrático en Venezuela.[997]

El año 1945 marca, sin embargo, el punto de partida institucional del régimen democrático–representativo en Venezuela, con la reforma constitucional de 1945 que eliminó las limitaciones político–ideológicas que habían obstruido los intentos de actuación político–partidista desde 1936,[998] y con la promulgación del Decreto N° 217 del 15 de marzo de 1.946 de la Junta Revolucionaria de Gobierno que sucedió al Presidente Medina en el poder, mediante el cual se establecieron las libertades públicas y garantías políticas que condicionaron buena parte de la evolución democrática posterior.[999] La misma Junta Revolucionaria de Gobierno, en la misma fecha, dictó un Estatuto Electoral para la elección de una Asamblea Constituyente en 1946, estableciendo por primera vez –como se dijo– el sufragio universal, directo y secreto, y un mecanismo de escrutinio de representación proporcional. Con las elecciones realizadas en 1946, puede decirse, se inicia en Venezuela la configuración del sistema electoral y del sistema de partidos.[1000]

---

995 *V.* Las referencias a las más importante; decisiones de la Corte Federal y de Casación en relación a la legalización e ilegalización de los partidos políticos, en E. Wolf, *op. cit.*, Tomo I, pp. 247 y ss.

996 Para un estudio de los antecedentes de los principales partidos políticos venezolanos, *V.* Manuel Vicente Magallanes, *Partidos Políticos Venezolanos*, Caracas, 1960; Rafael Gallegos Ortiz, *La Historia Política de Venezuela de Cipriano Castro a Pérez Jiménez*, Caracas, 1960; y el reciente trabajo de Manuel Vicente Magallanes, ampliación y redición del citado, *Los Partidos Políticos en la Evolución Histórica Venezolana*, Caracas, 1973.

997 Sobre la UNE, *V. Por los legítimos ideales del estudiante venezolano.* UNE: *Gestación de una idea revolucionaria.* (Est. Introd.) por Naudy Suárez, Caracas, 1973.

998 La Constitución del 5 de mayo de 1915, sin embargo, sólo tuvo una vigencia de seis meses, pues el 18 de octubre de ese año, la junta Revolucionaria de Gobierno la derogó. *Cfr.* Luis Mariñas Otero, *op. cit.*, p. 888.

999 Este Decreto estableció, entre otros derechos: "1) El derecho de sufragio para todos los venezolanos mayores de dieciocho años, con las solas excepciones establecidas en el Estatuto Electoral y, en consecuencia, pueden formar parte de los partidos o asociaciones políticas y tienen derecho sin distinción de sexo, al ejercicio de cargos públicos, salvo que por disposiciones especiales se reclamen condiciones o cualidades particulares". *V.* en Luis Mariñas Otero, *op. cit.*, p. 834.

1000 Para el estudio de la evolución y configuración del sistema departidos políticos en Venezuela a partir de 1915, *V.* Allan R. Brewer–Carías, Cambio Político y Reforma..., *cit.*, capítulos 10 y ss. *V.*, además, John D. Martz. *Acción Democrática: Evolution of a modern political party of Venezuela*, Princeton, 1966; Robert J. Alexander. *The Venezuelan Democratic Revolution*, New Jersey, 1964; J. P. Bernard y otros. *Tableau des Parties Politiques en Amerique du Sud.* Cahiers de la Fondation Nationale des Sciences Politiques. N° 171, París, 1969, pp. 365 a 402 (trabajo de Leslie P. Manigat), libro editado en ingles, Jean–Pierre Bernard y otros, *Guide to the Political Parties of South America*, 1973. pp. 517 y ss.; Ronald H. McDonald, *Op. cit.*, pp. 37 a 55; Boris Bunimov Parra, *Introducción a la Sociología Electoral Venezolana*, Caracas, 1968: David J. Myer, *Democratic Campaigninig in Venezuela. Caldera's Victory*, Caracas, 1973; J.C. Rey, *loc. cit.*, pp. 175 a 230; J.F. Oviedo, *Historia e Ideología de los Demó-*

7. El sistema multipartidista

A partir de 1946, por tanto, se ha configurado un sistema multipartidista que ha pasado sucesivamente de una fase inicial de multipartidismo con partido dominante, a otra de multipartidismo amplio, de coaliciones de partidos,[1001] volviendo de nuevo en 1974 a su configuración inicial de sistema de partido dominante.[1002] Lo invariable en el sistema político venezolano ha sido el carácter multipartidista del sistema de partidos, influido por el sistema electoral de representación proporcional; pero el mismo no ha permanecido idéntico desde 1946. Al contrario, en las elecciones de 1946, 1947 y 1953, fue un sistema de partido dominante, pues Acción Democrática obtuvo en todas ellas un porcentaje superior al 40 por ciento de los votos en la Cámara de Diputados; se transformó en un sistema multipartidista abierto en 1963 y en 1968, oportunidades en las cuales ningún partido alcanzó la proporción indicada, y volvió a convertirse en 1973 en un sistema de partido dominante con el triunfo de Acción Democrática. Sin embargo, en 1973, el carácter multipartidista no se atenuó, sino que más bien se acentuó, pues si bien AD controlaba la mayoría absoluta en las Cámaras Legislativas, obtuvieron representación once partidos políticos, el mayor número que registra la historia parlamentaria del país.[1003] Las elecciones de 1973, por tanto, no eliminaron, en absoluto, el multipartidismo, ni provocaron el nacimiento de un sistema bipartidista en Venezuela; solo temporalmente, por efectos de la polarización política, disminuyó la importancia cualitativa de los partidos minoritarios. Si el sistema electoral no se cambia, de nuevo se producirá el ciclo, y el sistema de partido dominante de 1973 seguramente se abrirá en un sistema multipartidista amplio.[1004]

Esta situación, que produce la participación ilimitada[1005] de partidos y grupos de electores en los procesos electorales, es, como se dijo, consecuencia directa de la legislación electoral y de partidos, aun cuando, por supuesto, no expresamente prevista en ellas. Nuestro sistema multipartidista, por tanto, no es consecuencia de la herencia hispánica de los latinoamericanos, que según algunos, conspira contra los gobiernos democráticos representativos que se intenten establecer en nuestros países,[1006] ni la división de nues-

---

cratas Cristianos en Venezuela, Caracas, 1969; y S.A. Bonomo, *Sociología Electoral en Venezuela. Un estudio sobre Caracas*, Buenos Aires, 1973. pp. 21 y ss.

1001 *V.* Juan Carlos Rey, "El Sistema de Partidos Venezolanos", en *Politeia*, N° 1, Instituto de Estudios Políticos, Caracas, 1972, p. 219. *Cfr.* Peter Ranis, A Two–Dimensional Typology of Latín American Political Parties, en Robert D. Tomasek (ed.), *Latin American Politics*, New York, 1970, p. 227.

1002 Antes de 1975, el sistema de partidos venezolanos, según la clasificación de R. H. McDonald, no era un sistema multipartidista de partido dominante (Multi–Party Dominant), sino abierto (Multi–Party Loose System), pues ningún partido individualmente recibía más del 40 por ciento de la representación en las Cámaras Legislativas. *V.* R. H. McDonald, *Party Systems and Elections in Latin America*, Chicago, 1971, pp. 17 y 33 y ss.

1003 *V.* lo indicado en Allan–R. Brewer–Carías, *Cambio Político y Reforma..., cit.*, capítulo 10.

1004 Coincidimos, por tanto, con la apreciación formulada por Luis A. Pietri, Presidente del Consejo Supremo Electoral de Venezuela al finalizar el proceso electoral de 1973, en el sentido de considerar que la eliminación de partidos por el resultado electoral "es transitoria", por lo que de no modificarse la legislación "volverán a constituirse mediante la obtención de un reducido número de miembros". *V.*, en *El Universal,* Caracas, 15 de diciembre de 1973. p. 1–10.

1005 Es de destacar, por ejemplo, que para la constitución de un partido político en 1973, la Ley de Partidos Políticos, Reuniones Públicas y Manifestaciones, exigía la presentación de una nómina equivalente al 0.5 de la población electoral en 12 circunscripciones electorales (Art. 10, 1), por lo que, por ejemplo, en la circunscripción electoral del Territorio Federal Amazonas, sólo se requerían 42 firmas para constituir el partido en esa dependencia, *Cfr.* las informaciones dadas por Luis A. Pietri, *El Nacional,* Caracas, 28 de noviembre de 1973, p. D–1.

1006 *V.*, por ejemplo. Charles C. Cumberland. "Political Implications of Cultural Heterogeneity", en F. B. Pike (ed.), *Freedom and Reform in Latin America*. 1959, p. 70.

tros partidos es consecuencia de un supuesto individualismo latinoamericano.[1007] El sistema multipartidista, influido por el sistema electoral minoritario, más bien produce la inestabilidad de los regímenes democráticos y fomenta el individualismo en las actitudes políticas. Por otra parte, en el mismo sentido, la apreciación del "fraccionalismo" como una característica del sistema de partidos latinoamericanos,[1008] tampoco puede considerarse aisladamente del sistema electoral de representación proporcional que ha existido en toda la América Latina.[1009] Multipartidismo, individualismo, fraccionalismo, atomización política, son resultantes de un sistema electoral de representación proporcional que los fomenta,[1010] y los efectos atenuadores que puede producir en esos efectos un fenómeno de polarización electoral, son temporales y transitorios, pues los fenómenos polarizadores por sí solos, sin la modificación de la legislación, no son permanentes.

1007 *Idem*. p. 68.

1008 *Cfr*. Ronald H. McDonald, *op. cit*., p. 12; Leslie F. Manigat y otros, *Tableau des Parties Politiques en Amerique du Sud*, Cahiers de la Fondation National des Sciences Politiques, Paris, 1969, p. 18,

1009 Es conveniente señalar que la tesis de la influencia directa del sistema electoral sobre el multipartidismo y el fraccionamiento de los partidos, tal como lo hemos advertido, ha sido cuestionada. Por ejemplo, E. Lakeman y J.D. Lambert han indicado que "el número de partidos en un país tiene poca relación con su sistema de votación, por lo que sería más correcto decir, no que la representación proporcional crea partidos, sino que cuando esos partidos han surgido por otras causas (la representación proporcional) les asegura su reflejo en el Parlamento". (*V*., *Voting in Democracies: A study of majority and proportional electoral system*, London, 1959, pp. 149 y 150. *Cfr*. John G. Grumm, "Theories of Electoral Systems", en Andrew J. Milnor (ed.), *Comparative Political Parties*, New York, 1969, p. 250). En realidad, este argumento está contradicho en su misma formulación: si un sistema electoral dado asegura representación en el Parlamento a todos los partidos o grupos que participen en las elecciones, la tendencia será a la creación de tales grupos y partidos o a la división de los existentes; al contrario, en el otro extremo, si un sistema electoral restringe la representación en el Parlamento a los partidos o grupos que tengan una determinada mayoría, la tendencia será la contraria, es decir, a la cohesión y concentración de las fuerzas políticas. El problema, por tanto, del aumento o división de los partidos está directamente relacionado y es consecuencia de la posibilidad o imposibilidad de que todos obtengan representación en el Parlamento, y esto sólo lo determina el sistema electoral aplicable. No puede sostenerse, por tanto, la apreciación de Lakeman y Lambert en el sentido de que "la representación proporcional no fomenta la formación de partidos, sino sólo refleja en el Parlamento las tendencias hacia la fusión o división que puedan existir en un país en el momento de la elección" (*op. cit*., p, 150). Insistimos, este argumento es sofista, pues precisamente si el Parlamento puede llegar a reflejar esas tendencias –y ello sólo puede ser consecuencia de un sistema electoral– las mismas se producirán a nivel de creación o fusión de grupos o partidos. En Francia, por ejemplo, la única alternativa de la izquierda para lograr representación en la Asamblea ha sido la tendencia hacia la concentración electoral: para competir con un candidato de la mayoría, los partidos de la izquierda, como señala Thorbum, tienen la alternativa de "unirse detrás de un candidato o perder los elecciones" (*V*. Hugh G. Thorburn, "The Realignment of Political Forces in France", en Andrew J. Milnor (ed.), *op. cit*., p. 252). En efecto, como lo precisa Hermens "en un sistema electoral mayoritario, el número de candidatos que tienen oportunidad de ganar es restringido. Todos los grupos políticos están conscientes del hecho de que hay un solo camino para triunfar, y es el tener una mayoría absoluta sobre los demás partidos. Sólo un partido que tenga la esperanza de lograrla puede correr el riesgo de luchar solo en la batalla electoral. Los otros partidos están conscientes de que peleando exclusivamente bajo sus solas banderas, corren el riesgo de traspasarle los puestos en los cuerpos representamos al oponente. Aparte de ello, los votantes con puntos de vista similares estarán preparados para cambiarse en apoyo de un mismo candidato" (*V*. F.A. Hermens, "The Dynamics of Proportional Representation". En Andrew J. Milnor (ed.), *op. cit*., p. 220).

1010 En un sistema electoral mayoritario, en consecuencia, la tendencia hacia la restricción de partidos es evidente, y su demostración es matemática y conducente (*Cfr*. E.E. Schaffschmeider, "The Two–Party System", en Andrew J. Milnor (ed.), *op. cit*., p. 227, y Donald *V*. Smiley, "The Two–Party System and One–Party Dominance in the Liberal Democratic State", *idem*, p. 59); al contrario, en un sistema electoral de representación proporcional o minoritario, la tendencia hacia el multipartidismo también es evidente (*Cfr*. Maurice Duverger, *Les Partis Politiques*, París, 1973, p. 271; Douglas W. Rae, *The Political Consequenses of Electoral Laws*, New Haven, 1971, p. 144).

8. Las características del multipartidismo

En el caso venezolano, puede decirse, que la consecuencia producida por el sistema electoral minoritario de representación proporcional absoluta ha sido indudablemente la multiplicidad y la división de los partidos. En efecto, ¿sí no hubiera sido por la posibilidad que el sistema electoral otorga de obtener representación parlamentaria, se hubieran creado tantos micropartidos en Venezuela en los últimos años, o se hubieran producido tantas divisiones en los partidos políticos tradicionales? Evidentemente que no. La sucesiva creación de partidos por individualidades políticas a lo largo de nuestra historia electoral hasta 1973, sólo fue posible por la facilidad de su formación y por la factibilidad de lograr la elección en las Asambleas representativas.[1011]

Por otra parte, el personalismo, que también se señala como característica de los partidos políticos latinoamericanos,[1012] y que en general no escapa a ningún sistema de partidos en los cuales siempre la influencia de un hombre es decisiva,[1013] en Venezuela, por la posibilidad de obtener fácil representación electoral, ha originado los hombres–partido, que con mayor o menor densidad han poblado el Congreso, las Asambleas Legislativas y los Concejos Municipales en los últimos años.

Pero aparte de la facilidad de constitución de partidos, el sistema venezolano se caracteriza también por una tendencia evidente hacia la división de los partidos también bajo la influencia del sistema electoral minoritario que facilita la obtención de representación en las Asambleas. En efecto, por ejemplo, las sucesivas divisiones sufridas por el partido AD desde 1960, no fueron producto del individualismo latino,[1014] y a pesar de que las mismas se efectuaron en base a alegaciones ideológicas, ellas fueron posibles porque afectaban sustancialmente la elección de los fraccionalistas a las Asambleas representativas. Dejando a salvo la división que originó el MIR, partido que no participó directamente en los procesos electorales anteriores a 1973, en los otros casos, las divisio-

---

1011 En cuanto a lo primero, como se dijo, la Ley de Partidos Políticos, Reuniones Públicas y Manifestaciones, de 15 de diciembre de 1964, exige como requisito fundamental para que se otorgue la inscripción de un partido político nacional por el Consejo Supremo Electoral, la presentación de una nómina de integrantes del partido en número no inferior al 0,5 por ciento de la población inscrita en el Registro Electoral Permanente de por lo menos 12 circunscripciones electorales, lo que llevó a afirmar al Presidente R. Caldera al inicio del proceso electoral de 1973, que "en Venezuela hay más libertad que en cualquier otro país del mundo, para constituir un partido político; que las facilidades que se dan son enormes, de manera que cualquiera que tenga interés en arrastrar voluntades de sus compatriotas de la vida política del país tiene las más amplias facilidades", *V.* Rueda de Prensa Nº 163, *El Nacional*, Caracas, 29 de septiembre de 1972, p. D–1, *V.* un análisis detallado de dicha Ley en Allan–R. Brewer–Carías, "Algunas notas sobre el Régimen jurídico–Administrativo de los Partidos Políticos en el Derecho Venezolano", en *Revista de Derecho Español y Americano*, Nº 8, Madrid, 1965. En Venezuela, Como en la mayoría de los países latinoamericanos, algunas veces ha estado vigente la apreciación que L. Terán Gómez hacía respecto a Bolivia: "En estos tiempos, nada es más simple que fundar un partido político. Para formar un partido político sólo se necesitan tres personas y un objeto; un presidente, un vicepresidente y un secretario y un sello de goma. El partido puede andar inclusive sin el vicepresidente y el secretario. Ha habido casos en los cuales la existencia de sólo el sello de goma ha sido suficiente"; Luis Terán Gómez, *Los Partidos Políticos y su Acción Democrática*, La Paz, 1942, pp. 50 y 51, *cit.*, por W. W. Pearson y F. Gil, *Governments of Latin America*, McGraw–Hill, 1957, p. 318.

1012 *V.* R.H. McDonald, *op. cit.* p. 10; George L. Blanksten, "Political Groups in Latin America", en John H. Kautsky (ed.), *Political Change in Underveloped Countries: Nationalism and Communism*, 1967, p. 147: Leslie F. Manigat, en *Tableu des Partis Politiques en Amerique du Sud*, *cit.*, p. 17; y Federico Gil, *Instituciones y Desarrollo de América Latina*, Buenos Aires, 1966, p, 106.

1013 *V.* las referencias de M. Duverger, *op. cit.*, pp. 161 y ss., a la "Tendencia Autocrática" de la dirigencia de los partidos políticos. *V.*, además, por ejemplo, el reciente estudio de J.C. Colliard, *Les Républicains Independante Valéry Giscard d'Estaing*, París, 1971.

1014 Como lo parece indicar Leslie F. Manigat, *loc. cit.*, p. 18.

nes, quizás, no se hubieran producido de existir un sistema electoral mayoritario que hubiera condenado a los grupos fraccionalistas a la inexistencia, por la dificultad de obtener representación actuando separadamente. En un sistema de esa naturaleza, la lucha de los grupos fraccionalistas se hubiera tenido que concentrar dentro de los partidos.

Ahora bien, la multiplicidad de partidos políticos, como característica del sistema político venezolano, en nuestro criterio, no sólo ha afectado la esencial función de los partidos en todo régimen democrático, sino que ha conspirado contra los propios partidos y contra aquél.

En efecto, una de las características del sistema político venezolano con posterioridad a 1958, ha sido la monopolización del juego y la vida política por los partidos,[1015] es decir, los partidos se han consolidado como los instrumentos de organización de la ciudadanía y, a la vez, de conversión de las exigencias populares en políticas específicas de gobierno.[1016] En otras palabras, los partidos políticos en Venezuela se han configurado como los instrumentos exclusivos para la formación del gobierno, por lo que no se agotan en sí mismos. Por ello, cuando el sistema electoral y de partidos, no contribuye a la formación de gobiernos con reales posibilidades de gobernar, como sucedió en los procesos electorales de la década de los sesenta, sino que se agota en dar representatividad dispersa, atomizada e incoherente, a las más variadas fracciones y opiniones, el sistema de partidos se encuentra en la incapacidad de cumplir su función esencial de convertir los deseos y expectativas de una masa electoral en alternativas viables de gobierno. El sistema de partidos, en esta forma configurado, no sólo no contribuyó a resolverla crisis que está planteada en nuestro país por el rápido cambio a que ha estado sometido, sino que, evidentemente, contribuyó a agravarla.[1017]

La reforma del sistema electoral y del sistema de partidos es, por tanto, una tarea de realización inaplazable en el proceso de reforma o transformación del Estado, de manera que produzcan no sólo reales medios de representatividad y participación política para el pueblo, sino adecuados mecanismos de formación de gobiernos fuertes, estables y democráticos, que puedan resistir las presiones y no se vean sometidos a los vaivenes de los grupos de presión e intereses, muchos de los cuales, ciertamente, no tienen ni vocación ni conformación democrática.[1018]

9. El régimen democrático

Pero frente al régimen democrático venezolano y al sistema político establecido para actualizarlo, es decir, frente a los elementos formales que la Constitución consagra sobre democracia política, cabría preguntarse hasta qué punto puede garantizarse la de-

1015 *Cfr.* D.H. Levine, *op. cit.*, p. 8.

1016 *Cfr.* S.P. Huntington, *Political Order in Changing Societies*, New Haven, 1968, p. 91, y Andrew J. Milnor (ed.), *op. cit.*, (Introduction), p. 2.

1017 *Cfr.* Robert E. Scott, "Political Parties and Policy–Making in Latin America", en J. La Palombara and M. Winder, *Political Parties and Political Development*, Princeton, 1966, p. 339. En este sentido, Helio Jaguaribe ha señalado que los partidos políticos así configurados, no sólo fracasan en representar las distintas capas de la opinión, sino que actúan como instrumentos para distorsionar y violar esa opinión. *V. Economic and Political Development*, Harvard, 1968, p. 54.

1018 *V.* Allan R. Brewer–Carías, *Cambio Político y Reforma..., cit.*, capítulos 10 y 11.

mocracia económica y social que el proceso de desarrollo implica y la real participación del pueblo en los procesos políticos.

En efecto, si se analizan los elementos definidores de la democracia política venezolana, se evidencia que el elemento de representatividad, por la configuración de nuestro sistema electoral y de partidos, no se realiza completamente; hoy es cada vez mayor el abismo entre gobernantes (representantes) y gobernados (representados), y los partidos políticos y el sistema electoral, no lo llenan; y quizás la inadecuación del mecanismo de representatividad a las exigencias actuales está en que estamos tratando de aplicar en el siglo XX, sin cambiarlos básicamente, los principios establecidos en el siglo XVIII. La democracia que surge de la Revolución Francesa, como se dijo, es una democracia de minorías, es decir, en cuyo ejercicio sólo participaba la burguesía y, por tanto, un régimen ajustado a un tipo de sociedad muy distinto.[1019] La inadecuación de la democracia al proceso de desarrollo que algunas veces se señala, debe entonces situarse en un contexto histórico. La democracia del siglo XIX aplicada a los procesos de desarrollo económico y social de la actualidad, por supuesto que da origen a un proceso de desarrollo lento;[1020] pero esta apreciación no puede considerarse como absoluta si se tiene en cuenta que aquella democracia fue concebida para otros fines económicos, sociales y políticos. La democracia destinada a hacer participar a todos en los procesos políticos y en los beneficios económicos y sociales, en este sentido, quizás todavía esté por ensayarse, y por ello estimamos que mal puede hablarse del fracaso de la democracia para servir de instrumento de desarrollo.

En efecto, cuando surge la inquietud de las fallas de la democracia en los países latinoamericanos, y en Venezuela en particular, debe inquirirse siempre sobre cuál democracia se está hablando. Sí se trata de la democracia de los siglos XVIII y XIX, su fracaso es evidente, pero por inadecuación histórica. En este sentido, entonces, quizás lo que ha hecho falta en América Latina y en Venezuela en el siglo XX, ha sido el ensayar un verdadero régimen democrático (de democracia económica, social y política).[1021] Por

---

1019 Tal como lo señala Gino Germani, "se trata de sociedades más pequeñas, en que los derechos, aunque en teoría ejercidos por los ciudadanos, estaban en la práctica restringidos a una minoría entre ellos. El mero hecho demográfico del extraordinario crecimiento de la población nos coloca en una situación radicalmente distinta. Además, estas masas ya no están excluidas del ejercicio del poder político o por lo menos ya no quieren estarlo y de algún modo hay que contar con ellas para gobernar"... "están dadas las condiciones para que la democracia de minorías del reciente pasado se transforme en una democracia en que realmente todos participen" *V.* Gino Germani. *Política y Sociedad en una época de transición*, Buenos Aires, 1966, p. 235. Es interesante destacar la apreciación de E. Wolf en relación a las instituciones constitucionales venezolanas: "Debemos guardarnos de considerar como verdadera democracia –dice– las pseudoelecciones y los pseudo Congresos de América Latina: pero sería un error decir que la raza y el clima hacen imposible una evolución democrática. La América Latina probablemente nunca tendrá la democracia liberal que tuvo Inglaterra en el siglo pasado; este sistema presupone una numerosa clase media que no existe. La democracia liberal tiende a desaparecer en todas pactes a favor de un Estado cuyo primer deber es la intervención económica en favor de la masa pobre del pueblo", *op. cit.*, Tomo I, p. 17.

1020 En este sentido, es que entendemos lo que Riggs afirma categóricamente al indicar que el precio de la democracia puede ser un desarrollo lento en la esfera económica; *cit.* por Joseph La Palombara en el libro J. La Palombara (ed.), *Burocracia y Desarrollo Político*, Buenos Aires, 1970, p. 34.

1021 En este sentido, coincidimos con la apreciación de que América Latina, para su desarrollo, ha ensayado todos los regímenes políticos, pero nunca ha ensayado el régimen democrático. Víctor Alba concluye: "Todo ha sido ensayado: dictaduras eficientes y dictaduras corrompidas; el militarismo de animales uniformados y el militarismo de hombres inteligentes; liberalismo anticlerical y explotador; conservatismo clerical y paternalista; falsas revoluciones y auténticas revoluciones. Todas han fallado (excepto auténticas revoluciones en pocos países). Las masas continúan sumergidas, el poder continúa en manos de la oligarquía latifundista, el nivel de vida de las masas decae mientras mejora la existencia de minorías. Ninguno de los sistemas que han sido probados ha sido capaz de traer el progreso a América Latina. Lo único que no ha sido probado es la democracia, la real democracia, la demoello, no compartimos la tesis de que la democracia, en sí misma, haya demostrado su incapacidad de servir de instrumento político del desarrollo, pues lo que hemos tenido en América Latina es la imitación de segunda mano de una democracia parlamentaria perteneciente a otras épocas, a otros países y establecida para otros problemas.[1022] En este sentido, es frecuente la opinión en Venezuela, inclusive expresada de buena fe, de que después del experimento democrático de los últimos años y de los fracasos que hemos tenido en impulsar la culpa de dichos fracasos es atribuida a la democracia. Aquí, de nuevo, surge la pregunta ¿a cuál democracia? Si dichas opiniones se refieren al esquema representativo que nuestra Constitución consagra y que se desarrolla legal y políticamente a través de nuestros sistemas electorales y de partidos, evidentemente que tiene razón, pero ello no debe confundirse con el régimen democrático, considerado en sí mismo. Las fallas están en los mecanismos o sistemas políticos que hemos adoptado para operar el régimen democrático y no en la democracia en sí misma, la cual, como consecuencia de las inadecuaciones de dichos sistemas, no hemos llegado a ensayar realmente, o no hemos llegado a legitimar[1023] y, quizás, la demostración de ello está en la permanente búsqueda por cristalizar un real régimen democrático que se observa en toda la historia política latinoamericana, lo que, inclusive, ha llegado a considerarse como uno de los valores culturales estables de América Latina[1024] cada vez que ha habido un golpe militar en nuestros países, con algunas recientes excepciones, el régimen militar después de varios ensayos ha desembocado en la búsqueda del régimen democrático,[1025] pero con inadecuados sistemas o mecanismos, que no han llevado a una real democracia participativa.[1026]

Las fallas en el primero de los elementos de la democracia liberal, es decir, las fallas de la representación popular tal como se ha regulado en América Latina, y en particular en Venezuela, deben situarse en lo inoperante de la misma para lograr una real participación de las mayorías en los procesos políticos,[1027] la cual se limita al momento en

cracia que es a la vez política, social y económica, que es el gobierno del, por y para el pueblo". *V.* Víctor Alba, *Alliance Without Allies*, New York, 1965, p. 125.

1022 Con esto coincide A. Pinto, al señalar que está generalmente aceptado en América Latina que la imitación de segundo rango de los sistemas democráticos y parlamentarios son inadecuados para tratar con los problemas que requieren inmediata solución. *V.* A. Pinto. "Political Aspects of Economic Development in Latin America en Claudio Veliz (ed.).*Obstacles to Change in Latin America*, Oxford, 1965, pp. 31 y 32. A lo sumo, como dice *V.* Alba, hemos probado (y no siempre ni en todas partes) una imitación de la democracia representativa, pero nunca hemos experimentado la democracia, *op. cit.*, p. 125.

1023 *Cfr.* Ch. Anderson, "The Latin American Political System", en Robert D. Tomasek (ed.), *Latin American Politics*. 1970, p. 29. Y en *Politics and Economic Change in Latín America*, Princeton, 1967, p. 108.

1024 *V.* Ch. Anderson, *op. cit.*, p. 379. En este sentido, Jacques Lambert destaca la paradoja de la vida política latinoamericana de que pocos pueblos como los nuestros han mantenido tan gran fidelidad al ideal de la democracia política, pero pocos pueblos han conocido tan frecuentemente la dictadura, *V.* J. Lambert, *op. cit.*, p. 165.

1025 Ferdinand A. Hermens, en este sentido, destaca el ciclo democracia–dictadura–democracia, tan característico de América Latina, en "Constitutionalism Freedom and Reform in Latín America", en F.B. Pike, (ed.), *Freedom and Reform in Latin America*, 1959, p. 115.

1026 Parecería, en este sentido, que América no quiere aprender de su propia historia; es preciso, por tanto, recordar las expresiones de Santayana y Marx, resumidas por *V.* Alba: "Esos que no aprenden de la historia están condenados a repetirla (Santayana); y cuando la historia se repite, lo que fue una tragedia la primera vez será una comedia la secunda (Marx)", *op. cit.*, p. 226; y las tragedias provocadas por los fracasos de los sistemas políticos electorales y de partidos en América Latina, que han conducido al aniquilamiento de la democracia, han sido comedias en nuestros países, en las cuales los participantes han seguido siendo las minorías quienes las representan para ellos mismos, continuando las mayorías, cada vez más desamparadas, de nuestros países, al margen de la función.

1027 *Cfr.* O. Sunkel, "Change and Frustation in Chile" en Claudio Veliz (ed.), *op. cit,* p. 126; George C. Lodge, *Engines of Change*, New York, 1970, p. 61.

que, como señala Furtado, "los votos se cambian por promesas electorales",[1028] las cuales después, por la ausencia de participación, los gobiernos formalmente democráticos no son capaces de satisfacer.[1029] En definitiva, por tanto, el reto que tiene planteado la democracia en Venezuela y, en general, en América Latina, es el de la construcción de una democracia participativa en lugar de la democracia formal que hoy existe en muchos de nuestros países; pero teniendo en cuenta que si la democracia se opera imperfectamente en nuestros países, no es por el carácter "latinoamericano" de nuestros pueblos,[1030] sino porque no hemos sabido darle un contenido participativo; y es en este aspecto de la participación política el que distingue la todavía no lograda democracia latinoamericana de la de otros países.[1031]

Nuestras democracias, en efecto, no sólo no han sido capaces de asegurar la participación de las mayorías en los procesos políticos y de allí nuestro subdesarrollo político,[1032] sino que de representativas, por tanto, tienen sólo la forma: han sido no sólo no representativas, sino "subrepresentativas".[1033]

V. LA FORMA DE GOBIERNO PRESIDENCIAL CON SUJECIÓN PARLAMENTARIA[1034]

Dentro de la clasificación general de las formas de gobierno que distingue el sistema presidencial del sistema parlamentario, tradicionalmente todos los países de América Latina han adoptado el primero o, al menos, una forma de gobierno de "preponderancia presidencial",[1035] por lo que es frecuente el calificativo de "presidencialista" dado a los mismos. Venezuela tampoco escapa ni de esta tradición ni de este calificativo, y los gobiernos, una vez conformados por el sistema electoral y de partido, actúan mediante un sistema presidencial, pero con sujeción parlamentaria.

1028 *V.* Celso Furtado, "Political obstacles to economic growth in Brazil", en Claudio Veliz (ed.), *op. cit.*, p. 157.

1029 *V.*, en relación al dilema que se plantea entre las expectativas electorales y las realizaciones gubernamentales por la ausencia de relaciones entre el gobierno y la comunidad, Helio Jaguaribe, *Economic and Political Development*, Harvard, 1965, p. 55. Inclusive podría destacarse cómo la ausencia de participación efectiva de las masas en los procesos políticos ha provocado que el expediente de las manifestaciones públicas sea tan utilizado en las democracias formales latinoamericanas: en ausencia de mecanismos de participación, la manifestación pública es uno de los medios sustitutivos, pero imperfectos, de participación en los procesos políticos. *Cfr.* Ch. Anderson, *loc. cit.*, p. 17.

1030 *Cfr.* A. Pinto, *loc. cit.*, p. 32

1031 *Cfr.*, en este sentido, la opinión de S. Hantington cuando afirma que los sistemas políticos pueden distinguirse por el nivel de institucionalización y de participación política, en *Political Order in Changing Societies*, New Haven, 1968, p. 78.

1032 Así lo caracteriza H. Jaguaribe, *Economic and Political Development*, *cit.*, pp. 53 y 54.

1033 La expresión es de Charles Anderson, *op. cit.*, p. 368.

1034 Seguimos en este parágrafo, en parte, lo expuesto en Allan R. Brewer–Carías, *Cambio Político y Reforma del Estado en Venezuela*, Madrid 1975, capítulo 12.

1035 *V.* por todos, Jacques Lambert, *Amerique Latine; Structures Sociales et Institutions Politiques*, Paris, 1963, pp. 376 y ss.; Federico Gil, *Instituciones y Desarrollo Político de América Latina*, Buenos Aires, 1966, pp. 74 y ss.

1. El sistema presidencial

En efecto, la fórmula presidencial consagrada en la Constitución de los Estados Unidos de Norteamérica de 1787 evidentemente que influyó en forma directa sobre todas las constituciones latinoamericanas y, entre ellas, sobre las venezolanas,[1036] y en su configuración inicial, el pensamiento político del Libertador fue decisivo, hasta el punto de imprimirle una característica peculiar desconocida en el sistema norteamericano: el Poder Ejecutivo en Venezuela, se compone del Presidente y sus Ministros, y aquél no puede actuar válidamente en general, sino por medio de éstos, quienes deben refrendar sus actos siendo también responsables políticamente ante el Congreso.[1037]

Ahora bien, el régimen presidencial en el sistema venezolano, puede ser caracterizado por una serie de elementos que deben precisarse en nuestro régimen constitucional. En efecto, en primer lugar, es claro que ni el Presidente de la República ni los ministros, proceden, en su titularidad, en forma alguna, del Congreso. Estos funcionarios son totalmente independientes tanto en su designación como en sus funciones propias, de las Cámaras Legislativas: el Presidente de la República es electo por sufragio universal, directo y secreto en un acto que si bien ha sido tradicionalmente coincidente y simultáneo a la elección de senadores y diputados, podrían y deberían realizarse en forma separada.[1038]Los Ministros del Ejecutivo Nacional, por otra parte, son designados por el Presidente de la República[1039] sin intervención alguna del Congreso, y si alguno de ellos hubiese sido previamente electo senador o diputado, no pierde su investidura al aceptar el cargo de ministro aun cuando, por supuesto, debe separarse de la respectiva Cámara, pudiendo reincorporarse al cesar en aquellas funciones.[1040] La situación es distinta en los sistemas parlamentarios, en los cuales los ministros y en general el Gabinete, por regla general, provienen del Parlamento, hasta el punto de que para gobernar, requieren de la confianza de éste. En el sistema presidencial venezolano, si bien el Presidente de la República y los ministros no requieren de la confianza del Parlamento para gobernar debido a la separación orgánica de los poderes, la Cámara de Diputados puede dar un voto de censura a los ministros, lo cual implica su remoción por el Presidente de la República.[1041] Esta injerencia del Congreso en el gobierno, evidentemente que se configura en un elemento de parlamentarismo en la forma presidencial de gobierno venezolano, aun cuando no esté prevista la contrapartida de protección que los sistemas parlamentarios consagran, cuando el Gabinete pierde la confianza del Parlamento, y que da lugar a la posibilidad de disolución de éste por aquél, apelando a la búsqueda de la confianza popular mediante nuevas elecciones generales. La sola injerencia que el Presidente de la República puede tener respecto al funcionamiento del Congreso, es la posibilidad que tiene de convocarlo a sesiones extraordinarias.[1042]

Por otra parte, es de destacar que si bien los ministros no son por esencia miembros del Parlamento, en el sistema presidencial venezolano ellos tienen derecho de palabra

---

1036 *Cfr*. José Guillermo Andueza, "El Presidente de la República", *Estudios en Homenaje al Profesor López Rodó*, Vol. III, Madrid, 1972, p, 161.

1037 *Cfr*. Ernesto Wolf, *Tratado de Derecho Constitucional*, Caracas, 1945, Tomo I, p. 26.

1038 Art. 183 de la Constitución. Esta posibilidad, anteriormente dudosa y cuestionada, es ahora factible en virtud de lo dispuesto en la Ley Orgánica del Sufragio de 1973, articulo 91.

1039 Art. 190, 2° de la Constitución.

1040 Art. 141 de la Constitución.

1041 Art. 153, 2° de la Constitución.

1042 Art. 190, 9° de la Constitución.

sin restricción en las Cámaras y en sus Comisiones, estando obligados a concurrir a ellas cuando sean llamados a informar o a contestar las interpelaciones que se les hagan, además de tener la obligación de presentar anualmente al Congreso, una Memoria razonada y suficiente de su gestión en el año anterior y de sus planes para el siguiente.[1043] En esto puede verse también otro elemento propio de los sistemas parlamentarios, lo que aparta el sistema venezolano del norteamericano, en el cual los secretarios del Poder Ejecutivo no tienen acceso a las sesiones del Congreso. Además, debe destacarse que el propio Presidente de la República puede dirigir al Congreso, personalmente o por uno de sus ministros, informes o mensajes especiales,[1044] además del Mensaje anual que debe presentar sobre los aspectos políticos y administrativos de su gestión durante el año inmediatamente anterior, en el cual debe exponer, además, los lineamientos del plan de desarrollo económico y social de la Nación.[1045]

Por otra parte, en el sistema presidencial venezolano, el Ejecutivo Nacional, es decir, el Presidente de la República y los ministros, tienen iniciativa legislativa,[1046] aun cuando el Congreso puede rechazar los proyectos de ley que presenten. En todo caso, los ministros tienen derecho de palabra en la discusión de las leyes.[1047] Debe indicarse, además, que la iniciativa parlamentaria de las leyes no es ilimitada, como correspondería a un sistema presidencial típico, sino que tiene restricciones: el proyecto de Ley de Presupuesto sólo puede ser presentado al Congreso, para que se inicie su discusión en la Cámara de Diputados,[1048] por el Ejecutivo Nacional, pudiendo las Cámaras solamente alterar las partidas presupuestarias, pero sin poder autorizar gastos que excedan el monto de las estimaciones de ingresos del respectivo proyecto de Ley de Presupuesto presentado por el Poder Ejecutivo.[1049]

2. Las interferencias entre los órganos ejecutivos y legislativos

Las injerencias de uno y otro poder en su funcionamiento, por tanto, son frecuentes en el sistema presidencial venezolano. Por ejemplo, la nominación de funcionarios por parte del Presidente de la República no es ilimitada, pues en algunos nombramientos como el del Procurador General de la República o el de los jefes de Misiones Diplomáticas permanentes, deben realizarse previa autorización del Senado o de la Comisión Delegada.[1050] Algunos actos del Poder Ejecutivo requieren también de la intervención del Congreso para que tengan validez: la aprobación del Congreso es necesaria para la celebración de contratos de interés nacional y para el otorgamiento de concesiones de hidrocarburos;[1051] y la autorización previa de las Cámaras en sesión conjunta o de la

1043 Artículos 197 y 199 de la Constitución.

1044 Art. 190, 20 de la Constitución–

1045 Art. 191 de la Constitución.

1046 Art. 165, 2° de la Constitución.

1047 Art. 170 de la Constitución.

1048 Art. 153, 1° de la Constitución.

1049 Art. 228 de la Constitución de 1961. Aún en Venezuela no se ha planteado la cuestión constitucional de la iniciativa presupuestaria del Parlamento, es decir, de si este puede incluir partidas presupuestarias para gastos distintos a los previstos en el Proyecto de Ley presentado por el Ejecutivo, o si su misión se reduce a disminuir o aumentar las partidas previstas en el Proyecto. De la redacción del artículo 228 de la Constitución, parece que la intención del constituyente, en cuanto al papel del Congreso en esta materia, es la última de las indicadas, no teniendo las Cámaras realmente iniciativa presupuestaria alguna.

1050 Art. 190, 16 y 150, 7° de la Constitución.

1051 Art. 126 de la Constitución.

Comisión Delegada, es necesaria para que el Presidente de la República pueda decretar créditos adicionales al Presupuesto.[1052] Asimismo, la autorización previa del Senado es necesaria para que el Ejecutivo pueda enajenar bienes inmuebles del dominio privado de la Nación;[1053] para el empleo de misiones militares venezolanas en el exterior o extranjeras en el país, a solicitud del propio Ejecutivo Nacional;[1054] y para que el Presidente de la República pueda salir del territorio nacional.[1055]

Por otra parte, en materia legislativa, las leyes para que tengan validez, no sólo tienen que ser promulgadas por el Presidente de la República, una vez que han sido sancionadas por las Cámaras Legislativas, sino que pueden ser vetadas por aquél con la consecuente devolución al Congreso para su reconsideración.[1056] El Congreso, por su parte, ejerce el control de la Administración Pública Nacional[1057] y las Cámaras y sus Comisiones pueden realizar las investigaciones que juzguen convenientes, estando obligados los funcionarios de la Administración Pública y de los institutos autónomos, a comparecer ante ellas y a suministrarles las informaciones y documentos que requieran para el cumplimiento de sus funciones.[1058]

Por último, debe destacarse que en el sistema presidencial venezolano, todos los actos del Presidente de la República, salvo los de nombramiento y remoción de los ministros y los que cumpla como Comandante en Jefe de las Fuerzas Armadas Nacionales, en ejercicio de la suprema autoridad jerárquica de ellas, deben estar refrendados, para su validez, por el ministro o los ministros respectivos,[1059] siendo éstos constitucionalmente responsables de sus actos, aun en el caso de que obren por orden expresa del Presidente,[1060] al igual que el propio Presidente es responsable constitucionalmente de sus actos.[1061] Este, inclusive, puede ser enjuiciado, previa declaratoria de la Corte Suprema de Justicia y autorización del Senado, en cuyo caso quedaría suspendido en el ejercicio de sus funciones.[1062]

3. La sujeción parlamentaria

Ahora bien, del rápido bosquejo anterior de las bases constitucionales de la forma de gobierno venezolano, se deduce que la misma se ubica dentro de las formas presidenciales, pero con una gran sujeción parlamentaria. Esta forma es el resultado de una larga evolución constitucional que se ha acentuado sólo en los textos posteriores a 1947; sin embargo, es sólo a partir de 1958 y en particular, después de la promulgación de la Constitución de 1961, que ha sido real y auténticamente ensayada. En este sentido, cualquier análisis de la forma de gobierno de Venezuela que se refiera a cualquier período de nuestra historia hasta 1958, no pasa de ser un análisis histórico y, por supuesto, muy alejado de la realidad actual. En este sentido, por ejemplo, el enfoque de Lambert,

1052 Art. 190, 14 de la Constitución.
1053 Art. 150. 2° de la Constitución.
1054 Art. 150, 4° de la Constitución.
1055 Art. 150, 6° y Art. 189 de la Constitución.
1056 Art. 173 de la Constitución.
1057 Art. 139 de la Constitución.
1058 Art. 160 de la Constitución.
1059 Art. 190. ords. 2° y 3° y parte final, de la Constitución.
1060 Art. 196 de la Constitución.
1061 Art. 192 de la Constitución.
1062 Art. 150, 8° de la Constitución.

al aplicar a América Latina su criterio de régimen "predominantemente presidencial" no tiene total vigencia en Venezuela,[1063] pues, como hemos dicho, nuestro sistema es presidencial con sujeción parlamentaria.

En efecto, en Venezuela, los poderes del Presidente de la República no son ilimitados en su contenido, sino que además de existir una reserva legislativa amplísima del Congreso, en el ejercicio de sus propias atribuciones, tal como se ha señalado, el Presidente se ve sometido a innumerables autorizaciones o aprobaciones legislativas, Por otra parte, en Venezuela el Presidente no puede imponer a las Cámaras la sanción de las leyes que él desee, característica ésta del régimen de preponderancia presidencial,[1064] sino, al contrario, en los últimos años el Congreso ha rechazado con frecuencia leyes propuestas por el Poder Ejecutivo: y ha aprobado leyes no queridas por éste, inclusive, a pesar del veto del Presidente de la República.[1065] En un sistema como el venezolano actual, por tanto, no puede hablarse ni de preponderancia presidencial, ni de "presidencialismo", de acuerdo con la terminología latinoamericana tradicional, en el cual el Poder Legislativo es generalmente maleable a las orientaciones del Ejecutivo y raramente muestra una independencia efectiva.[1066] Al contrario, los últimos años han mostrado cómo buena parte de la legislación petrolera reciente, en particular la Ley sobre Bienes Afectos a Reversión en las concesiones de hidrocarburos de 1971 fue no sólo una iniciativa del Congreso sino que fue discutida y aprobada sin criterio oficial definido de parte del Ejecutivo. Por tanto, la opinión generalizada de que en los sistemas latinoamericanos los poderes del Presidente de la República no son limitados en cuanto a su extensión sino en cuanto al tiempo de duración de sus funciones,[1067] no es en absoluto aplicable al sistema venezolano actual, así como a varios otros de los sistemas de gobierno de América Latina.

En este campo, como en muchos otros, estimamos que las generalizaciones frecuentemente expresadas sobre las instituciones políticas latinoamericanas, no sólo son peligrosas sino muchas veces erradas. En efecto, en cuanto al denominado sistema de preponderancia presidencial que se atribuye en general a América Latina, en realidad, el mismo no es otra cosa que el resultado de la larga historia dictatorial y caudillista de nuestros países. Señalar, sin embargo, que el sistema venezolano de forma presidencial de gobierno, es "presidencialista" o de "preponderancia presidencial" sin sujeción parlamentaria, por el hecho de que durante toda nuestra historia política anterior a 1958, con la sola excepción del período 1945–1948, el país estuvo sometido a dictaduras o autocracias, es no sólo distorsionar la realidad actual, al desconocérsela, sino atribuir a situaciones, muchas veces de facto, carácter institucional permanente. Ciertamente que los sistemas de gobierno de las largas dictaduras y autocracias que tuvo Venezuela durante el siglo pasado y la primera mitad del presente, eran de régimen presidencialista o

---

1063 *V.* Jacques Lambert, *op. cit.*, pp. 253 y ss.; 320 y ss.; y 359 y ss.; y Federico Gil, *op. cit.*, p. 74. En sentido contrario, *V.* Pierre Gilhodes, "Venezuela: Trois ans de Democratie Chretienne". *Notes et Etudes Documentaines* (La Documentation Francaise), Nos. 3.935–3.936, 25 octubre 1972, pp. 13 y 14; David Eugene Blank, *Politics in Venezuela*, Boston, 1973, p. 251; y J.G. Andueza, "Introducción a las Actas", *La Constitución de 1961 y la Evolución Constitucional de Venezuela*, Actas de la Comisión Redactora del Proyecto, Tomo I, Vol. I, Caracas, 1971, pp. XXVI y siguientes.

1064 *Cfr.* Jacques Lambert, *op. cit.*, p. 318.

1065 Es de recordar el procedimiento de veto y la acción ante la Corle promovida por el Presidente de la República para impedir la sanción de la Ley Orgánica del Poder Judicial en 1969. *V. G.O.* 1.331 Extr. de 13–9–69.

1066 Tal como lo sostiene Federico Gil. *op. cit.*, pp. 74 y 75.

1067 *V.*, por ejemplo, J.Y. Calvez. *Aspects Politiques et Sociaux des pays en voie de development.* Paris 1971, p. 69; Jacques Lambert, *op. cit.*, p. 22.

de preponderancia presidencial,[1068] pero ello no ha sido así porque estuviese establecido en Constitución alguna, sino por la autoridad del dictador, del autócrata o del caudillo. Al contrario, establecido en Venezuela el régimen representativo a partir de 1958, ha quedado evidenciado cuan teórico es el calificativo de presidencialismo latinoamericano tan aplicado al país, y cuan alejado está la preponderancia presidencial sobre el Congreso. La realidad de varios lustros de ejercicio democrático en Venezuela a partir de 1958, ha demostrado realmente otra cosa: que sin el respaldo o apoyo del Congreso es muy difícil gobernar. El sistema presidencial de gobierno, conforme al modelo norteamericano, ha adquirido ahora en Venezuela su real expresión: es un sistema de contrapeso de poderes y no de conjunción de los poderes como puede serlo el sistema parlamentario. La deformación del régimen "presidencial" en el "presidencialista", atribuido a América Latina, conforme a la experiencia venezolana, no era más que una deformación fáctica por la existencia de tantos dictadores y caudillos en ejercicio del gobierno en nuestra historia política, y en absoluto, de carácter institucional.

4. El sistema presidencial y el sistema electoral

En efecto, el sistema parlamentario, tal como se señaló, es un sistema de cooperación completa de los poderes en el ejercicio del gobierno, en el sentido de que el gobierno emana del Parlamento y para realizar su labor debe contar con la confianza del Parlamento. El sistema presidencial, al contrario, es de independencia y de contrapeso de poderes, en el cual el sistema de freno y balance entre los poderes adquiere toda su efectividad, ya que ambos poderes, el Legislativo y Ejecutivo, reciben su mandato directamente del pueblo por la vía electoral. Pero en uno y otro sistema de gobierno, ¿cómo realmente se asegura la estabilidad de este último, es decir, cómo se logra la confianza del Parlamento, en el primer caso, y el respaldo del Congreso, en el segundo caso? En este campo, el papel del sistema electoral también es decisivo: si los sistemas de gobierno parlamentario o presidencial están acompañados de un sistema electoral mayoritario –es el caso de los sistemas británico y norteamericano–, la estabilidad política está más asegurada que si estuvieran acompañados de un sistema electoral minoritario o de representación proporcional. La comparación de sistemas parlamentarios estables e inestables lo confirma: el sistema francés de la IV República posterior a la Liberación, fue un sistema parlamentario inestable, pues el gobierno no tenía asegurada una mayoría en la Asamblea, producto de la ausencia de un sistema electoral mayoritario; al contrario, el sistema parlamentario británico, ha estado acompañado siempre de un sistema electoral mayoritario lo que le permite al gobierno tener un respaldo mayoritario del Parlamento y gozar de la confianza del mismo, hasta el punto de que si la misma se pierde, las elecciones generales que sucedan a la disolución del Parlamento vuelven a asegurar la mayoría del nuevo gobierno.

Asimismo, la comparación de los sistemas presidenciales estables e inestables también confirma la influencia política del sistema electoral: el sistema presidencial norteamericano y el francés de la V República, son sistemas políticos estables porque el sistema electoral asegura al Presidente de la República mayoría en el Congreso o la Asamblea Nacional, que le permite conducir la vida política del país y reduce los conflictos entre los poderes; al contrario, los sistemas presidenciales latinoamericanos –cuando los mismos se han aplicado efectivamente en régimen representativo y no en

1068 *V.* lo indicado en el parágrafo 3.

dictaduras–, generalmente han sido sistemas políticos inestables, porque no han estado acompañados de un sistema electoral mayoritario, sino, al contrario, de representación proporcional, que no sólo no asegura en general al Presidente de la República, un respaldo mayoritario en el Congreso, sino que aumenta la posibilidad de los conflictos de poderes. La excepción fundamental a esta generalización sobre América Latina la ha constituido el sistema presidencial mexicano, precisamente porque conforme al modelo norteamericano, dicho sistema presidencial se ha acompañado de un sistema electoral mayoritario que asegura un respaldo parlamentario adecuado al Presidente de la República.[1069]

Ahora bien, en un sistema presidencial como el establecido en la Constitución de 1961 en Venezuela, y que, como se ha señalado, está acompañado de un sistema electoral minoritario que no asegura necesariamente mayoría de respaldo al Presidente de la República, no sólo los conflictos entre los poderes se acentúan, sino que el sistema de coaliciones de partidos se hace indispensable para poder gobernar.[1070] Tal fue la situación existente en la vida política venezolana en la década de los sesenta y hasta 1974.[1071]

A pesar de las tantas veces comentado carácter ejecutivo o presidencialista del sistema presidencial venezolano, lo cierto es que sin un respaldo mayoritario del Congreso, el Presidente de la República no puede gobernar adecuadamente o su ejercicio se torna sumamente difícil,[1072] por la necesidad de lograr mayorías mediante coaliciones o acuerdos parlamentarios de carácter temporal o permanente. El sistema, realmente, es un sistema presidencial de sujeción parlamentaria y el mismo se ha ensayado hasta la saciedad en América Latina, habiendo fracasado en la gran mayoría de los casos. Por su parte, los presidentes y sus gobiernos, en la mayoría de los casos, se han visto imposibilitados de llevar adelante la ejecución de los programas sometidos al electorado, tal como ha sucedido en Chile,[1073] y se han debatido, como lo advierte Furtado respecto al Brasil, en una lucha permanente entre los líderes del Ejecutivo, sometidos a las presiones de las masas por sus promesas electorales, y el Congreso, que se convierte en el centro de poder de las clases dirigentes tradicionales.[1074] De esta lucha permanente, la historia política latinoamericana muestra como resultado, la intermitente y cíclica irrupción militarista con sus impredecibles resultados: régimen militar del tipo clásico, como los de Brasil después de 1964 y de Argentina hasta 1973; régimen militar de corte fascista, como el de Chile a partir de 1973; o régimen militar de tipo nacionalista–nasserista como el del Perú después de 1968, donde los militares han hecho mucho más, en materia de reformas sociales y económicas, que lo que el régimen representativo

---

1069 *V.* Allan R. Brewer–Carías, *Cambio Político y Reforma…, cit.*, capítulos 8 y 9.

1070 *Idem*, capítulo 10.

1071 *Idem*, capítulo 11.

1072 *Cfr.* J.C. Rey, "El Sistema de Partidos Venezolanos", *Politeia*. N° 1, Instituto de Estudios Políticos, Caracas, 1972, p. 225.

1073 *V.* las referencias al caso chileno en F. Hermens. "Constitutionalism, Freedom and Reform in Latin America", en F. B. Pike (ed.). Freedom *and Reform in Latin America*, 1959, p. 107. Más recientemente, *V.* H. Zemelman and Patricio León, "Political Opposition to the Government of Allende" y H. E. Bicheno, "Anti–Parlamentary Themes in Chilean History: 1920–1970", en Kenneth Medhurst (ed.), *Allende's Chile*, London, 1973, pp. 73 y ss. y 97 y ss., respectivamente.

1074 *V.*, C. Furtado. "Political Obstacle to Economic Growth in Brazil", en Claudio Veliz (ed.), *Obstacles to Change in Latin America*, Oxford, 1965, p. 158.

presidencial parlamentario que lo precedió, con sus partidos, pudieron haber soñado realizar.[1075]

El reto en América Latina, y en Venezuela en particular, está entonces en la superación institucional de las fallas y debilidades del sistema presidencial de sujeción parlamentaria, el cual por los efectos del sistema electoral de representación proporcional no sólo ha demostrado su incapacidad para resolver adecuadamente las exigencias del desarrollo, sino que ha permitido la permeabilidad de las asambleas representativas a los grupos de intereses y de presión de toda índole.[1076] El caso de Venezuela hasta 1974, en este sentido, fue evidente; y si con motivo de la polarización político–electoral ocurrida en 1973, el gobierno que se inició en 1974 tenía una sólida mayoría parlamentaria, ello se logró, no por la reforma institucional que el sistema político requería, sino como un correctivo que el mismo electorado impuso a las debilidades del sistema.[1077]

5. La superación del sistema de contrapesos

En base a lo anterior, estimamos que se impone la superación de los conflictos permanentes entre el Congreso y el Presidente de la República y, en este sentido, la institucionalización del logro de una mayoría parlamentaria para el gobierno como la que se produjo circunstancialmente en 1973, pues aquellos conflictos, aparentemente a lo que conducen es a impedir que el gobierno actúe.[1078] Frente a las exigencias del desarrollo, es claro que el cuerpo deliberante conformado por diversos y algunas veces anárquicos grupos minoritarios, ni con la mayor y mejor buena voluntad puede actuar, y un Poder Ejecutivo que tiene en su frente un ente de esa naturaleza, con las manos atadas, se aburre de la inacción.[1079]

En Venezuela, por tanto, los efectos negativos e inmovilizadores del sistema presidencial de sujeción parlamentaria deben ser superados, como única condición en el campo de las instituciones políticas, para que el país pueda realmente incorporarse al proceso de desarrollo, en una vía realmente democrática; y si bien, con motivo de las elecciones de 1973 dichos efectos han sido superados, como lo hemos señalado, ni la polarización política es un fenómeno necesariamente permanente ni puede decirse que después de 1973 ha surgido en Venezuela un sistema bipartidista.[1080] Lo que no hizo el

1075 Por ello, dicen Petras y La Porte respecto del Perú, que muy poco o nada se oye en el pueblo concerniente a la ausencia de elecciones. Congreso o actividad de partidos, y casi nadie, salvo los viejos políticos profesionales, está interesado en restaurar las instituciones políticas "representativas"; *V.* J. E. Petras and R. La Porte, *Cultivating Revolution*, New York, 1971, p. 280.

1076 Tal como J. Lambert lo ha indicado "en países en los cuales las exigencias del desarrollo implican la adopción de decisiones que están llamadas a transformar la estructura social y a lesionar intereses y creencias de una parte importante de la población, se puede dudar que sea posible a un gobierno de conducir una política eficaz, sí la separación de poderes debiera ser respetada y si el Congreso tuviera la plena libertad de rechazar al Presidente la legislación que éste desea o de imponerle otra", *op. cit.*, p. 20.

1077 *V.*, Allan R. Brewer–Carías, Cambio Político y Reforma..., *cit.*, capítulos 9, 10 y 11.

1078 *V.*, J.G. Andueza, al respecto y citando a J. Story señala que "la lucha contra la pobreza exige mucha energía. La dispersión del poder o su debilitamiento puede originar un estancamiento peligroso. Un Poder Ejecutivo débil –dice Story– lleva consigo una administración débil, y una administración débil es una mala administración; luego, un gobierno mal administrado, por bueno que parezca en teoría es siempre en la práctica un mal gobierno"; en "El Presidente de la...", *loc. cit.*, p. 162.

1079 *V.*, Allan R, Brewer–Carías, *Una Revolución para el Desarrollo*, Caracas, 1970, p. 31.

1080 *V.*, Allan R. Brewer–Carías, *Cambio Político y Reforma...*, *cit.*, capítulos 9 y 11. *Cfr.* J. Rodríguez Iturbe. *Polarización y Bipartidismo en las elecciones de 1973*, Caracas 1974. Orlando Albornoz, *Desarrollo Político en* legislador, insistimos, lo suplió el electorado, y toca, por consiguiente, a las instituciones políticas, autorreformarse e institucionalizar para el futuro el aseguramiento de que los gobiernos tendrán mayoría en el Congreso, es decir, tendrán posibilidad de gobernar.

La superación institucional de los efectos negativos e inmovilizadores del sistema presidencial con sujeción parlamentaria originados por la conformación del gobierno mediante un sistema electoral minoritario (representación proporcional) y de un sistema multipartidista, en esta forma, puede conducirse por dos vías distintas. Por una parte, mediante la transformación del sistema electoral de representación proporcional y, por tanto, de carácter minoritario actualmente existente, que no asegura necesariamente al gobierno un respaldo mayoritario en las Cámaras Legislativas, sobre lo cual ya hemos insistido.[1081] Sí bien hasta 1973 el sistema de coaliciones de partidos puede decirse que funcionó en Venezuela,[1082] ello es cierto en cuanto a que se mantuvo y sobrevivió, pero no en cuanto a que dio los resultados que los gobiernos habían querido ni en cuanto a que sirvió para que se adoptaran las audaces decisiones que estaba requiriendo el proceso de desarrollo en Venezuela. Ciertamente, que dicho sistema de coaliciones de partidos, producto del sistema electoral minoritario, configuró el establecimiento de una regla de juego por los partidos políticos más importantes; pero de la mesa de juego, en términos generales, quedó excluida la mayoría de la población del país: la mayoría marginal y pobre.[1083] En todo caso, la transformación del sistema electoral en un sistema mayoritario o en el cual se atenúen los efectos negativos de la representación proporcional,[1084] acompañado de las reformas necesarias para lograr una efectiva participación política sobre todo en el ámbito regional y municipal,[1085] aseguraría no sólo la formación permanente de gobiernos de mayorías, sino un respaldo mayoritario del Congreso al Poder Ejecutivo, para poder llevar adelante una política de desarrollo económico y social. Un sistema presidencial, en esta forma, por la mayoría parlamentaria que respaldaría al Presidente, como fue el que se originó en las elecciones de 1973,[1086] no se caracterizaría por originar un conflicto entre los poderes del Estado, sino que provocaría una colaboración efectiva entre ellos, adquiriendo, en esa forma, plena vigencia el mandato constitucional venezolano: "Cada una de las ramas del Poder Público tiene sus funciones propias; pero los órganos a los que incumbe su ejercicio colaborarán entre sí en la realización de los fines del Estado".[1087] Esta colaboración, insistimos, sólo será posible, en forma estable y permanente, cuando el sistema político venezolano provoque formas de colaboración entre sus instituciones, y, al contrario, será sumamente difí-

---

Venezuela, Caracas 1974, p. 93; Domingo A. Rangel, "Las Elecciones; una lección para la izquierda" en F. Álvarez y otros, *La Izquierda Venezolana y las Elecciones del 73*, Caracas 1974, pp. 213 y ss.

1081 Allan R. Brewer–Carías, *Cambio Político y Reforma... cit.*, capítulo 9. *Cfr.* J. G. Andueza, "Introducción a las Actas", *loc. cit.*, p, XXVIII.

1082 *Cfr.* D.H. Levine, *Conflict and Political Change in Venezuela*, Princeton, 1973, pp. 223 y 259; J.C. Rey, *loc. cit.*, pp. 225 y 229.

1083 Si bien la mesa de juego estaba llena de jugadores (partidos políticos, grupos de presión), para utilizar la expresión de Lodge, casi el 80 por ciento del pueblo no tenia puesto donde sentarse y su acceso al juego no sólo era difícil, sino muchas veces imposible. *V.*, G. Lodge, *Engines of Change*, New York, 1970, pp. 77 y 78. Por supuesto que a partir de 1974, con un gobierno con mayoría en el Congreso, el reto estaba en lograr que la gran mayoría del país pudiera sentarse en la mesa de juego, y en que las reformas sociales y económicas urgentes que el país necesita, pudieran realizarse. *V.* Allan–R. Brewer–Carías, *Cambio Político y Reforma..., cit.*, capítulo 11.

1084 *Cfr.* J.G. Andueza, "Introducción a las Actas" *loc. cit.*, p. XXVIII.

1085 *V.* lo indicado en el parágrafo 8.

1086 *V.* Allan R. Brewer–Carías, *Cambio Político y Reforma..., cit.*, capítulo 11.

1087 Artículo 118.

cil o de conformación circunstancial –como en las elecciones de 1973–, con instituciones políticas, que en lugar de buscar la indispensable colaboración entre sí para la consecución de los fines de desarrollo de la sociedad venezolana, parecerían estar conformadas para estar en una posición de conflicto casi permanente.[1088] Por tanto, una de las fórmulas de atenuar dichos conflictos en el sistema presidencial de sujeción parlamentaria, es asegurándole al Presidente de la República una mayoría en el Parlamento, lo cual sólo puede lograrse en situaciones normales –en ausencia de polarización–, mediante un sistema, electoral mayoritario o de efectos minoritarios atenuados, y, al contrario, de muy difícil logro con un sistema de representación proporcional absoluto.[1089]

6. El fortalecimiento del Ejecutivo

Pero los inconvenientes derivados de un sistema presidencial con sujeción parlamentaria, y que pueden conducir al inmovilismo del Poder Ejecutivo, también pueden ser superados, ampliando el ámbito de competencias del Poder Ejecutivo por la limitación de las competencias reguladoras del Parlamento, y la adopción, por dicha institución, de leyes de bases o enmarcadoras o contentivas de principios generales, y la ampliación consecuente de las potestades reglamentarias o de legislación delegada del Ejecutivo.[1090] En este sentido, puede decirse que en los últimos años ha constituido una tendencia universal, el refuerzo de facultades al Poder Ejecutivo en los países del mundo desarrollado,[1091] por supuesto, con su contrapartida de controles jurisdiccionales y de sumisión a la legalidad,[1092] y dicha tendencia aparece como cada vez más necesaria cuando las sociedades tienen por delante el complejo camino de su incorporación a un proceso de desarrollo, por el tipo de medidas, muchas veces ágiles y audaces, que el Estado debe asumir para satisfacer las expectativas de los pueblos.[1093] Frente a esta tendencia, es evidente que los países en vías de desarrollo quizás son los que más requieren de este refuerzo de los poderes del Ejecutivo, claro está, dentro de un régimen democrático, precisamente para que la democracia sea efectiva. Frente a esta situación, aquellas reacciones contra los gobiernos dictatoriales que llevaron a muchos de nuestros consti-

---

1088 *V.* Allan–R. Brewer–Carías, *Cambio Político y Reforma..., cit.*, capítulos 9 y 11.

1089 En este sentido, J. G. Andueza, ha observado que en Venezuela la Constitución no ha previsto mecanismos que solventen "los conflictos que pueden suscitarse entre el Ejecutivo Nacional y el Congreso en la determinación de la política nacional, ante la negativa del Congreso a aprobar la legislación necesaria para poner en marcha el programa de gobierno, o ante la rebeldía del Congreso a respaldar al Ejecutivo Nacional, el Presidente de la República carece de poderes. Tal vez la facultad de disolver las Cámaras en estos casos podría dar un remedio útil", "El Presidente de la..." *loc. cit.*, p. 164.

1090 Recuérdese que la superación de la inestabilidad política institucionalizada de la IV República Francesa, no sólo fue posible por el establecimiento de una forma presidencial de gobierno con un sistema electoral mayoritario en 1958, sino mediante la ampliación del poder reglamentario del Presidente de la República y la delimitación de la reserva legal de la Asamblea Nacional.

1091 *Cfr.* en particular, Paul M. Gaudemet, *Le Pouvoir Executiv dans les Pays Occidentaux*, París, 1968, p. 110.

1092 *Cfr.* Guy Braibant, Nicole Questian, Céline Weiner, *Le Contrôle de l'Administration et la Protection des Citoyens (Etude Comparative)*, París 1973.

1093 En 1968, al sugerir una serie de propuestas en relación a la Reforma del Estado, señalábamos lo siguiente: "La restructuración de estos niveles superiores de la administración, pretende fundamentalmente, la reafirmación de la primacía del Ejecutivo frente a las otras instituciones políticas, mediante la atribución de poderes y mecanismos que aquél requiere para ejercer eficazmente su tarea en el gobierno y administración modernamente concebidas. Tiende asimismo dicha restructuración, a precisar los mecanismos de control del Parlamento. En todo caso, la reafirmación del fortalecimiento del Ejecutivo, en esta forma, es condición indispensable para llevar adelante una política de desarrollo, que requiere decisiones firmes, ágiles, definidas, y muchas veces audaces". *V.* A. R. Brewer–Carias, *Una Revolución para el desarrollo, cit.*, p. 36.

tuyentes a limitar cada vez más los poderes del Ejecutivo y a ampliar los del Poder Legislativo[1094] si bien tuvieron una justificación histórica, en el momento actual no pueden defenderse, sobre todo por la creciente intervención del Estado en la vida económica y social. Los controles a las actividades ampliadas del Ejecutivo, por supuesto que deben reforzarse, particularmente el control jurisdiccional por el Poder Judicial y el control político por el Parlamento, pero lo que no puede admitirse es la tendencia observada del Poder Legislativo a sustituirse en el Ejecutivo y asumir funciones que no le corresponden o que cercenan aquellas que incumben al gobierno. Es decir, que en lugar de seguir la tendencia universal de ampliar y reforzar los poderes del Ejecutivo, el sistema político venezolano parece partir del supuesto de que el Parlamento, por esencia, debe desconfiar del Poder Ejecutivo, y sucesivamente le ha ido invadiendo competencias. Ante esto, lo que definitivamente hay que tener en cuenta es que el Parlamento no puede ni debe gobernar en el mundo contemporáneo, tal como se evidencia de otras experiencias democráticas. Pretender seguir la orientación contraria y vivir ilusamente en una especie de República parlamentaria, no es más que un sueño del cual el despertar sólo puede ser brusco.

En efecto, en Venezuela, lamentablemente, en los últimos años, además de la existencia de un sistema presidencial con sujeción parlamentaria y de un sistema electoral minoritario, la invasión de competencias ejecutivas por parte del Congreso ha venido siendo progresiva, sobre todo en cuanto al manejo de la Administración Pública, campo por esencia de la exclusiva competencia del Poder Ejecutivo. En efecto, por ejemplo, la Constitución asigna al Presidente de la República el carácter de Jefe del Ejecutivo Nacional,[1095] y como tal, a él corresponde ejercer la dirección de la Administración Pública. Todo lo concerniente al funcionamiento de ella –no así su legislación, que corresponde al Congreso– evidentemente que es de la exclusiva competencia del Poder Ejecutivo bajo la autoridad y dirección del Presidente y, por supuesto, en ello se incluye todo lo relativo a la administración de personal al servicio del Estado.[1096] Para auxiliar al Presidente en todo lo relativo a la administración del personal al servicio del Estado, la Ley de Carrera Administrativa de 1970 ha previsto la creación de una Oficina Central de Personal, como una de las Oficinas de la Presidencia de la República. Dada las funciones y el carácter de la misma, parecería evidente que el nombramiento de los funcionarios que han de actuar en la Dirección de esta Oficina Central de Personal, correspondería al Presidente; sin embargo, la Ley de Carrera Administrativa establece el contrasentido institucional, de que uno de los miembros del directorio de la Oficina es "elegido por las Cámaras Legislativas Nacionales en sesión conjunta"[1097] en forma directa; norma evidentemente inconstitucional, por usurpación de funciones por el Poder Legis-

---

1094 *Cfr.* J.G. Andueza, Introducción a las Actas, *loc. cit.*, p. XXVI.

1095 Artículo 181.

1096 En efecto, dejando a un lado los funcionarios públicos de elección popular, todos los demás funcionarios públicos del *Poder Ejecutivo*, son designados por el Presidente de la República (Art. 190, ord. 2°), sin intervención del Poder Legislativo, salvo las excepciones especialmente previstas en la Constitución cuando exige la intervención de alguna de las Cámaras Legislativa; (Procurador General de la República y Jefes de Misiones Diplomáticas; Arts. 150, 7, 190: 6 y 201) o en los casos de organismos con autonomía funcional (Fiscalía General de la República, Contraloría General de la República, Consejo Supremo Electoral, Institutos Autónomos; Arts. 113, 218, 230 y 236). Fuera de estos supuestos, no puede el Congreso intervenir en forma alguna en el nombramiento de funcionarios públicos. *V.* lo indicado en el parágrafo 5, nota N° 138, y particularmente en el parágrafo 9.

1097 Art. 8 de la Ley de Carrera Administrativa de 1971, reformada parcialmente en 1975.

lativo de las que corresponden al Poder Ejecutivo.[1098] Esta tendencia, peligrosamente consagrada en el texto legal relativo a la carrera administrativa, ya había sido observada a nivel local y, en particular, en los casos en que el Concejo Municipal del Distrito Federal se ha atribuido a sí mismo, mediante ordenanzas, competencias ejecutivas que corresponden al órgano ejecutivo local, el Gobernador del Distrito Federal; tendencia que ha provocado la intervención del Poder Judicial con motivo de algunas acciones de nulidad de actos legislativos locales, declarando nulas usurpaciones similares particularmente en el caso de las Asambleas Legislativas.[1099]

Pero no sólo en materia de funcionarios públicos la acción del Congreso ha sido en perjuicio y usurpando funciones ejecutivas, sino que más general e importante, en materia de organización de la Administración Pública, el Congreso ha ido reduciendo progresivamente la competencia del Poder Ejecutivo. En efecto, de acuerdo con la competencia legislativa del Congreso, la organización de la Administración Pública es una actividad de regulación compartida entre los Poderes Legislativo y Ejecutivo. El artículo 193 de la Constitución exige que la Ley establezca el número y organización de los ministerios, y, por tanto, delimite la competencia reglamentaria del Poder Ejecutivo. En esta forma, el Estatuto Orgánico de Ministerios de 1950 determinó sólo el número y competencia de los ministerios, atribuyendo a la potestad reglamentaria del Ejecutivo todo lo relativo a la organización interna de los mismos, y fue en virtud de ello que se dictaron los viejos reglamentos de la Ley de Ministerios así como el reciente Reglamento del Estatuto Orgánico de Ministerios de 1971.[1100] Este último Reglamento, sin embargo, fue desconocido por el Congreso en 1971 y 1972, así como también el Decreto relativo a la organización interna del Ministerio de Obras Públicas dictado por Decreto N° 540 del 10 de febrero de 1971.[1101]

El Congreso insistió en que todo lo relativo a la organización interna de los ministerios era de la competencia legislativa, desconociendo la competencia ejecutiva, hasta el punto de que después de dictada, en 1971, la Ley sobre los Bienes Afectos a Reversión en las Concesiones de Hidrocarburos, el Congreso desconoció el Decreto Ejecutivo de 1971 que creaba, como órgano administrativo para cumplir dicha Ley, a la Dirección de Coordinación, inspección y Control de los Bienes Afectos a Reversión del Ministerio de Minas e Hidrocarburos,[1102] y dictó, con el mismo texto de dicho decreto, una "ley de creación de la Dirección de Coordinación, Inspección y Control de los Bienes Afectos a

---

1098 *V.*, nuestra opinión contraria a dicha norma cuando la Ley todavía era Proyecto, en Allan–R. Brewer–Carías, *El Estatuto del Funcionario Público en la Ley de Carrera Administrativa*, CAP, Caracas, 1971, p. 182, *V.* lo indicado en el parágrafo 9.

1099 *V.*, un recuento de esta tendencia en el Distrito Federal en Allan–R. Brewer–Carías, *El Régimen de Gobierno Municipal en el Distrito Federal Venezolano*, Caracas, 1968. *V.* lo indicado en el parágrafo 9, particularmente en su nota N° 60. *V.* en particular sentencias de la CFC en SPA de 20–10–41 en *M, 1942*, p. 290; y de la CSJ en SPA de 14–3–62 en *GF* N° 35, 1962, pp. 177 a 184, y de 30–5–66. en *GF* N° 52, 1966, pp. 111 y 112. *V.* dichas sentencias, además en Allan–R. Brewer–Carías, *Jurisprudencia de la Corte Suprema 1930–1974 y Estudios de Derecho Administrativo*, Tomo I (El Ordenamiento Constitucional y Funcional del Estado). Caracas, 1975, pp. 161 y 284; y Tomo II (El Ordenamiento Orgánico y Tributario del Estado), Caracas 1975, N° 259.

1100 Dictado por Decreto N° 539 de 10–2–71, en *G.O.* N° 29.438 de 11–2–71. *V.* el texto en CAP, *Informe sobre la Reforma de la Administración Pública Nacional*, Caracas, 1972, Vol. I, pp. 585 y ss., y los comentarios en pp. 567 y ss. El Decreto fue modificado por Decreto N° 661 de 30–12–74 en *G.O.* N° 30.586 de 30–12–74.

1101 A partir de 1975 el Congreso reconoció la potestad organizativa del Ejecutivo y fueron dictados los Decretos Orgánicos de los Ministerios de Agricultura y Cría, Fomento, Educación y Comunicaciones (*V.* los Decretos Nos. 796, 826, 827 y 839 de 11–3–75, 1–4–75, 1–4–75 y 8–4–75 en *G.O.* Nos. 30.651, 30.657, 30.657 y 30.663 de 20–3–75, 1–4–75, 1–4–75 y 8–4–75, respectivamente).

1102 *V.* en *G.O.* N° 29.138 de 11–2–71.

Reversión".[1103]En esta forma, el Congreso desconoció toda competencia del Poder Ejecutivo en materia de organización interna de los ministerios, hasta el punto de que, de acuerdo con el criterio seguido en la sanción de la última ley señalada, la creación de cualquier oficina, dirección o unidad administrativa en cualquier ministerio, cualquiera que sea su magnitud y funciones, debía ser objeto de una Ley. Ello, por supuesto, no sólo es absurdo, sino imposible de cumplir[1104]

En esta forma, aparecía como evidente la tendencia en el sistema político venezolano, no ya una ampliación de los poderes del Poder Ejecutivo con su contrapartida de controles políticos y jurisdiccionales, tal como es la tendencia universal, sino todo lo contrario, la limitación progresiva de dichos poderes y la tendencia del Congreso, no a controlar al Ejecutivo, sino a coadministrar, contra todo sentido común, y por supuesto contra lo establecido en el propio texto constitucional. El sistema presidencial entonces, no sólo no contó antes de 1973 con un respaldo mayoritario en las Cámaras, sino que además la sujeción parlamentaria fue progresiva e incoherente, pues eran tantas las tendencias de la oposición por la atomización de las fuerzas políticas en el Parlamento, que muchas de las limitaciones al Ejecutivo fueron producto de exigencias de grupos inframinoritarios, como contrapartida a los votos dados para determinados asuntos.[1105]

1103 El Decreto fue el Nº 746 de 29 de septiembre de 1971 (*G.O.* 29–625 de 1–10–71; *V.* los comentarios al problema en CAP, Informe sobre la Reforma de la Administración…, *cit.*, Tomo I, pp. 530 y ss.; y la Ley dictada con idéntico texto fue promulgada el 10–8–72, en *G.O.* Nº 29.877 de 11–8–72).

1104 La tendencia, por absurda y motivada sólo por posiciones políticas circunstanciales fue modificada al cambiarse la correlación de fuerzas en el Congreso en 1974. De allí que en 1974, el Congreso, al aprobar la Ley de Presupuestos haya aceptado la reforma interna del Ministerio de Obras Públicas; y en 1975 se hayan dictado los Decretos Orgánicos referidos en nota Nº 67 de este parágrafo 11.

1105 Esta debilidad institucional del Poder Ejecutivo en Venezuela, por la sujeción parlamentaria, tal como hemos señalado, estuvo agravada por la ausencia de un respaldo mayoritario en las Cámaras Legislativas; situación que –corregida momentáneamente en 1973– aparece clara del cuadro de distribución de fuerzas en la Cámara de Diputados entre el gobierno y la oposición, durante el período 1959–1974:

RESPALDO DEL GOBIERNO EN LA CÁMARA DE DIPUTADOS 1959–1974

	1959	1960	1962	1964	1966	1968	1969	1972	1973	1974
	%	%	%	%	%	%	%	%	%	%
Gobierno:	94	56	41	65	53	37	28	29	28	51
Oposición:	6	44	59	35	47	63	72	71	72	49

En 1959, la coalición gubernamental de partidos tenía el 94 por ciento de los votos de la Cámara de Diputados, porcentaje que con las divisiones de Acción Democrática y la separación de la coalición de gobierno del Partido URD, se redujo al 41 por ciento al final del período constitucional. En el período iniciado en 1964, la coalición gubernamental de partidos tenía un porcentaje considerablemente menor a la de la coalición que inició el período anterior 1958–1963, es decir, del 65 por ciento de los votos de la Cámara de Diputados, porcentaje que se redujo al 37 por ciento al final del período, después de la separación del FND de la coalición de gobierno y de una nueva división de AD. En 1969, al iniciar el período constitucional 1969–1973, el gobierno tenía el respaldo del partido COPEI y de algunos grupos con los cuales tuvo alianza electoral (29%), y quienes hacia finales del período constitucional en 1973 habían roto sus ligaduras con el gobierno, participando en las elecciones de 1973 la mayoría de ellos con grupos no vinculados a COPEI.

Por ello, el porcentaje propio de respaldo que el gobierno tenía en 1973 era sólo de un 18 por ciento de la Cámara de Diputados. Se puede comprender los esfuerzos de compromisos, pactos y coincidencias que el partido COPEI tuvo que desplegar durante el período constitucional 1969–1973 para poder mantener el gobierno, lo que se vio agravado por la inexistencia en Venezuela de medios de participación política que pudieran permitir al gobierno en un momento dado, apelar al voto popular o al respaldo del país, mediante un referéndum en relación a una determi-

VI. LA CONSAGRACIÓN DE LOS DERECHOS Y GARANTÍAS CONSTITUCIONALES[1106]

Es indudable que uno de los pilares fundamentales del Estado de Derecho, además de la separación de poderes, ha sido la consagración constitucional de los derechos y garantías del hombre y del ciudadano. Por ello hemos señalado que el Estado de Derecho, en su esencia y desde el punto de vista jurídico, surge no sólo al someterse el Estado a las leyes, sino particularmente, a un tipo especial de leyes: las llamadas Leyes de Libertad, es decir, leyes cuyo objeto era hacer posible el libre desenvolvimiento de los miembros del grupo social.[1107] Allí estaba la esencia del liberalismo político–jurídico, en que el derecho se convertía pura y simplemente en garantía de la libertad.[1108]

1. El Estado de Derecho y los derechos

Ciertamente que, por supuesto, el contenido del ordenamiento jurídico en el mundo contemporáneo, a pesar de que el esquema estatal siga siendo el del Estado de Derecho, no es la sola protección de los derechos y garantías individuales; por ello, hemos señalado, el Estado, de un Estado Liberal–Burgués de Derecho se ha transformado en un Estado Democrático y Social de Derecho.[1109] Sin embargo, ello no implica que los derechos y garantías del individuo, no encuentren protección; lo que sucede es que no son el único objeto de regulación del ordenamiento jurídico, tal como se ha podido apreciar.

En efecto, en el sistema jurídico venezolano, la Constitución garantiza a todos "el derecho al libre desenvolvimiento de su personalidad, sin más limitaciones que las que derivan del derecho de los demás y del orden público y social",[1110] disposición que sustituye el enunciado tradicional de que todos pueden hacer lo que no perjudique a otro y nadie está obligado a hacer lo que la ley no ordene ni impedido de ejecutar lo que ella no prohíba,[1111] y que introduce a la vez, en el ordenamiento constitucional, la noción de orden público como criterio limitante de los derechos y garantías constitucionales y, por tanto, la noción de policía administrativa. En esta forma, la consagración de derechos y garantías constitucionales, si bien no es restrictiva,[1112] tampoco es ilimitada; no se trata, en ningún caso, de derechos y garantías absolutos, sino sometidos a una serie de limitaciones constitucionales y legales, inspiradas por "el derecho de los demás", es decir, el interés general y la justicia social, y el "orden público y social". La protección jurisdiccional de los derechos y garantías, sin embargo, es completa, al menos en el texto cons-

---

nada decisión política. *V.* lo indicado en Allan R. Brewer–Carías, *Cambio Político y Reforma…*, *cit.*, capítulos 10 y ss.

1106 Seguimos, en este parágrafo, básicamente lo expuesto en Allan R. Brewer–Carías, *Cambio Político y Reforma del Estado en Venezuela*, Madrid, 1975, capítulo 21.

1107 *V.* Eduardo García de Enterría, *Revolución Francesa y Administración Contemporánea*, Madrid, 1972, pp. 16 y ss.

1108 *V.* lo indicado en el parágrafo 2.

1109 *V.* lo indicado en el parágrafo 2.

1110 Art. 43.

1111 Tal como se afirma en la Exposición de Motivos de la Constitución de 1961 (Título III, Cap. I).

1112 La enunciación de los derechos y garantías contenidas en la Constitución, tal como lo establece el artículo 50 de la misma, "no debe entenderse como negación de otros que, siendo inherentes a la persona humana, no figuren expresamente en ella. La falta de Ley reglamentaria de estos derechos no menoscaba el ejercicio de los mismos".

titucional: son nulos –de nulidad absoluta– todos los actos del Poder Público que violen o menoscaben los derechos garantizados por la Constitución, y los funcionarios y empleados públicos que los ordenen y ejecuten incurren en responsabilidad penal, civil y administrativa, según los casos;[1113] y los "Tribunales ampararán a todo habitante de la República en el goce y ejercicio de los derechos y garantías que la Constitución establece".[1114] La efectividad de esta protección jurisdiccional, que da origen al recurso de inconstitucionalidad, al recurso de amparo y a los recursos contencioso–administrativos (de ilegalidad) será objeto de análisis más adelante, y en otro lugar hemos analizado la efectividad de la garantía constitucional de los derechos y libertades, es decir, las posibilidades del goce y disfrute de los mismos, y la real protección que en dichos goce y disfrute, tienen los particulares frente al abuso del poder público o al abuso del poder privado, particularmente de tipo económico.[1115] Para ello, ahora trataremos de realizar un rápido análisis, garantía por garantía y derecho por derecho, según los enunciados constitucionales: derechos individuales, derechos sociales, derechos económicos y derechos políticos.

2. Los derechos individuales

En el campo de los derechos individuales, el primero que consagra la Constitución es el "derecho a la vida", que es inviolable, por lo que "ninguna Ley podrá establecer la pena de muerte ni autoridad alguna aplicarla".[1116] Ciertamente que el régimen democrático en Venezuela a partir de los inicios de la década de los sesenta, ha sido la mayor garantía para la inviolabilidad del derecho a la vida, lo que sin embargo no ha significado, en más de una oportunidad, la comisión de abusos por parte de los cuerpos de policía de seguridad del Estado, que han atentado contra la vida de personas, particularmente por motivos políticos. A ello contribuyó, indudablemente, la ausencia de un cuerpo normativo que regule las funciones de policía administrativa, y establezca adecuadamente las responsabilidades de los funcionarios de policía.

La Constitución consagra, además, el derecho de toda persona "a ser protegida contra los perjuicios a su honor, reputación o vida privada";[1117] sin embargo, aparte de las protecciones punitivas respecto de los delitos de difamación e injuria que establece el Código Penal, y de las acciones por responsabilidad civil que autoriza el Código Civil, el derecho al nombre, a la privacidad, a la propia imagen, como derechos de la personalidad, no encuentran efectiva protección en el ordenamiento jurídico venezolano, siendo, al contrario, objeto de abusos permanentes por los medios de comunicación social, en base a otro derecho constitucional, el derecho a la libre expresión del pensamiento, tal como se indicará más adelante.[1118]

El tercero de los derechos individuales que prevé la Constitución es el derecho a "la libertad y seguridad personales", que también es inviolable, y que da origen a la previsión de una serie de garantías frente el Poder Público, y entre ellas: la determinación

1113 Art. 46 de la Constitución.

1114 Art. 49 de la Constitución.

1115 *V.* lo indicado en el Capítulo 21 del libro, Allan–R, Brewer–Carías, *Cambio Político y Reforma..., cit.*

1116 Art. 58

1117 Art. 59.

1118 *V.* por ejemplo, el *Proyecto de Ley sobre el nombre y la protección de la personalidad, Ministerio de Justicia*, Caracas, 1960.

legal de los delitos o faltas que puedan dar motivo a la privación de la libertad y la previsión, también en la Ley, de los casos en que una persona puede ser presa o detenida; la prohibición de la incomunicación, la tortura o de los procedimientos que causen sufrimiento físico o moral; la garantía de que nadie podrá ser obligado a prestar juramento ni constreñido a rendir declaración o a reconocer culpabilidad en causa penal contra sí mismo sus familiares; la garantía de ser notificado personalmente de los cargos y ser oído antes de la condena penal; la prohibición de condenas a penas perpetuas y la limitación a treinta años de las penas restrictivas a la libertad personal; y la prohibición del reclutamiento forzoso para el servicio militar.[1119] Sin embargo, este derecho a la libertad y seguridad personales, se encuentra regulado en Venezuela a través de un sistema clásico, basado en un Código Penal inspirado en el Código italiano de 1879, y concebido bajo la idea de que la pena es sólo un castigo, al margen de las modernas concepciones del derecho penal basadas en la noción de defensa social y rehabilitación del delincuente.[1120] Por otra parte, por lo que se refiere al procedimiento penal, las consecuencias de la aplicación de un Código de Enjuiciamiento Criminal anticuado, no pueden ser más monstruosas y degradantes y contrarias a la intención del constituyente, debido a lo lento del procedimiento y a las deficiencias del sistema carcelario.

El cuarto derecho individual que prevé la Constitución es el que garantiza a todos la ausencia de discriminación fundadas en "la raza, el sexo, el credo o la condición social",[1121] con lo cual se reafirma el principio jurídico de la igualdad. Multitud de leyes, sin embargo, continúan estableciendo discriminaciones fundadas en el sexo, algunas de las cuales ya han sido impugnadas.[1122] La prohibición de la discriminación se complementa, también, con la prohibición de que los documentos de identificación para los actos de la vida civil contengan mención alguna que califique la filiación, con lo que se ha venido a remediar una fuente de discriminación de gran importancia en un país donde más del 50 por ciento de los niños que nacen son naturales.

La noción de igualdad ante la ley derivada de este derecho a la no discriminación, ha sido precisada claramente por la jurisprudencia de la Corte Suprema. En tal sentido, ha señalado que la desigualdad proscrita por la Constitución "sólo quiere que los ciudadanos, en circunstancias y casos iguales, sean tratados, en cuanto a derechos y obligaciones, del mismo modo, y no de modo desemejante según rango, raza, color, religión y bienes de fortuna, posición social y otros motivos creados para establecer distinciones y separaciones entre hombres".[1123] Por tanto, en materia impositiva el principio de la igualdad se cumple cabalmente y en toda su extensión "cuando en condiciones análogas se imponen los mismos o iguales gravámenes a los contribuyentes, conforme a las dife-

---

1119 Art. 60.

1120 Sobre el Código Penal venezolano, Omar Arenas Cándelo ha señalado que el mismo "se nos presenta hoy como un abigarrado mosaico de piezas modulares heterogéneas e inorgánicas, muchas veces incongruentes y otras tantas inconsistentes y oscuras, todo lo cual es fruto de inconsultas y sucesivas reformas introducidas con gran alarde de falta de técnica legislativa, lo que ha determinado que la primitiva y singular unidad estructural orgánica del modelo original se haya perdido totalmente en perjuicio de la eficacia operativa de este fundamental instrumento legal", *V.*, en el Foro realizado por Julio Barroeta Lara, "Nuestras Leyes Penales", en *El Nacional*, Caracas 25 de septiembre de 1972, p. C–1.

1121 Art. 61.

1122 El artículo 970 del Código de Comercio establecía, en este sentido, la prohibición para la mujer de ser síndico de la quiebra, lo cual fue declarado nulo por la Corte Suprema de Justicia. *V.* las referencias jurisprudenciales en Allan–R. Brewer–Carías, *Jurisprudencia de la Corte Suprema 1930–1974 y Estudios de Derecho Administrativo*, Tomo I (El ordenamiento constitucional y funcional del Estado). Caracas 1975, pp. 395 y ss.

1123 *V.* Sentencia de la CFC en CP de 10–10–47 en *M. 1948*, pp. 6 y 7.

rencias constitutivas que pudiera haber entre ellos", y lo que la garantía constitucional de la igualdad no permite "es que dentro de cada categoría o grupo de contribuyentes se establezcan excepciones o privilegios, recabando de unos lo que no se cobre a los otros del mismo grupo".[1124]

En quinto lugar, se establece como derecho individual la inviolabilidad del hogar doméstico, y las condiciones para su allanamiento y para las visitas sanitarias.[1125] Las mismas deficiencias anotadas respecto de las regulaciones de las actividades de policía de seguridad, del Estado, hacen indudablemente nugatoria en muchos supuestos, esta regulación, debido a la utilización de la fuerza y las vías de hecho.

En sexto lugar, se consagra constitucionalmente la inviolabilidad de la correspondencia en todas sus formas, con la sola excepción de la ocupación judicial;[1126] y en séptimo lugar, la libertad de tránsito en todo territorio de la República.[1127] Particularmente, se consagra la libertad de cambio de domicilio o residencia, de ausentarse con o sin bienes de la República y regresar a ella, con las solas limitaciones que la Ley establezca. En este sentido, la Constitución de 1961 eliminó las limitaciones que existían con anterioridad para el ingreso de los venezolanos a la República, y garantizó el mismo, sin necesidad de autorización alguna. Por último, como corolario de ello, expresamente se establece que ningún acto del Poder Público podrá establecer la pena de extrañamiento del territorio nacional contra venezolanos, salvo como conmutación de otra pena y a solicitud del reo, lo cual ha sido regulado por Ley especial.[1128]

Por otra parte, como derecho individual se consagra el derecho de profesar la fe religiosa y ejercitar el culto, pública o privadamente, siempre que no sea contrario al orden público o a las buenas costumbres, con lo cual se recoge la mejor tradición sobre libertad de cultos.[1129] La regulación de la suprema inspección del Ejecutivo Nacional sobre los cultos, sin embargo, no ha sido objeto de ley alguna, salvo la de Patronato Eclesiástico de los años de la Independencia, mandada a aplicar a comienzos de siglo a todos

---

1124 La Corte Suprema, al decidir cuestiones sobre la igualdad tributaria ha insistido en la precisión del principio de igualdad ante la ley en los términos siguientes: "La igualdad ante la ley, sanamente entendida, no es ni puede ser otra cosa que el derecho de los ciudadanos a que no se establezcan excepciones o privilegios que excluyan a unos de lo que se concede a los otros en igualdad de circunstancias: que no se establezcan diferencias entre quienes se encuentran en las mismas condiciones; y de allí que una disposición legal no puede jamás violar la garantía constitucional de la igualdad sino cuando en situaciones idénticas establezca desigualdades entre los ciudadanos sin razón alguna que las amerite". *V.* Sentencia de la CF de 8–6–54 en *GF* N° 4, 1954, pp. 116 y ss. Igual criterio lo ha ratificado la Corte Suprema en sentencias de la CF de 8–7–55 en *GF* N° 9, 1955, p. 10, citada también por J. S. Núñez Aristimuño, *Doctrina Político–Administrativa de la Corte Suprema,* Mérida, 1964, p. 98; y CSJ en SPA (s/f) publicada en *G.O.* N° 1.542, extraordinaria, de 14–9–72 p. 25. *Cfr*, la Doctrina de la Procuraduría General de la República de 10–11–70 en *Doctrina PGR* 1970, Caracas, 1971, pp. 266 y ss.; y de 29–12–71 en *Doctrina PGR* 1971, Caracas, 1972, pp. 299 y ss. *V.* todas las sentencias señaladas en Allan–R. Brewer–Carías, *Jurisprudencia de la Corte Suprema..., cit.*, Tomo I, pp. 395 y ss.

1125 Art. 62.

1126 Art. 63.

1127 Art. 63. *V.* La Ley sobre conmutación de penas por extrañamiento de 11 de diciembre de 1964 en *G.O.* N° 27.619 de 15–12–64.

1128 *Idem. Cfr.*, sobre las limitaciones a la libertad de tránsito las sentencias de la CSJ en SPA de 9–10–68 en *GF* N° 62, 1969, p. 16 y ss. y de 16–7–70 en *G.O.* N° 29.369 de 14–11–70. *V.* además en Allan R. Brewer–Carías, *Jurisprudencia de la Corte Suprema... cit.*, Tomo I, pp. 420 y ss.

1129 Art. 65. *V.* sentencia de la CFC en SF de 2–2–53 en *GF* N° 13, 1953, pp. 17 a 21.

los cultos, y derogada respecto al culto católico en 1965 por la Ley Aprobatoria del Modus Vivendi entre la iglesia y el Estado, que sustituyó el régimen de Patronato.[1130]

El noveno derecho individual que consagra la Constitución es el derecho de todos "de expresar su pensamiento de viva voz o por escrito y de hacer uso para ello de cualquier medio de difusión, sin que pueda establecerse censura previa". Este derecho, ciertamente que está sometido a algunas limitaciones constitucionales[1131] sin embargo, por la ausencia de regulaciones legales, su ejercicio, lejos de garantizar el derecho a la información, ha dado lugar a abusos por parte de las empresas de información y a la ausencia de protección de los ciudadanos frente a la prensa, radio, cine y televisión. En este campo, es uno en los que surge la necesidad de una regulación legal que protege a los ciudadanos contra el poder privado,[1132] y proteja también al Poder Público frente a la revelación abusiva de documentos oficiales y secretos.[1133]

En efecto, la ausencia de regulación legal en Venezuela respecto a la prensa, la radio y la televisión, salvo por lo que se refiere a los permisos administrativos para operar, han hecho no sólo casi inexistente el derecho de toda persona a ser informado verazmente, y no intencionadamente, sino que han colocado a los particulares en una situación de indefensión frente a los abusos de los medios de comunicación, particularmente ante otros derechos, como los derechos de la personalidad.[1134] En tal sentido, parece urgente la necesidad en Venezuela de una Ley de Prensa, Radio y Televisión, que regule las condiciones para la veracidad de la información (noticias falsas), limite la información por razones de seguridad del Estado, de orden público, de orden judicial y de orden personal; prevea las adecuadas garantías de los particulares frente a los abusos de la información, tales como el derecho de rectificación y el derecho de réplica o respuesta, así como las medidas admisibles de policía administrativa;[1135] y concilie, en definitiva, el derecho de informar con el derecho a la información, de manera que aquél no continúe siendo un medio para la alienación.[1136]

Otros derechos individuales consagra también expresamente la Constitución, y entre ellos el derecho de petición ante cualquier entidad o funcionario y a obtener oportuna respuesta. Sin embargo, mientras no se regule legalmente el procedimiento administrativo y se establezcan las normas básicas relativas al ejercicio de los recursos administrativos y a los efectos del silencio de la administración, la efectiva garantía del derecho de petición quedará todavía en suspenso.[1137] Por otra parte, también se consagra como derecho individual en la Constitución, el derecho a utilizar los órganos de la administra-

---

1130 Ley de 30–6–64 en *G.O.* N° 27.478 de 30–6–64 .*José* Rodríguez Iturbe, Iglesia y Estado en Venezuela, Caracas, 1968.

1131 Art. 66. Las limitaciones son; no se permite el anonimato. Tampoco se permitirá la propaganda de guerra, la que ofenda la moral pública ni la que tenga por objeto provocar la desobediencia de las leyes, sin que por esto pueda coartarse el análisis o la crítica de los preceptos legales.

1132 *Cfr*. Harry Street, Freedom, the Individual and the Law, 1972, pp. 251 y ss.

1133 *V*. Sobre el particular: J. G. Andueza, "Interpretación al aparte único del artículo 66 de la Constitución"; Tulio Chiossone, "El Delito de Revelación de Secretos", y Hugo Mármol, "Publicación de Documentos Oficiales", en Doctrina. PGR, 1971, Caracas, 1972, pp. 21 y ss.

1134 *V*. Allan–R, Brewer–Carías, "Las limitaciones a la libertad de información en el Derecho Comparado (Prensa, Radio, Cine y Televisión)", en RFD, UCV, N° 47, Caracas, 1970, pp. 9 y ss.

1135 *Idem*, pp. 22 y ss.

1136 *Ibídem*. pp. 46 y 47. *V*. en general Eddie Rafael Ferreira y Luis Beltrán Guerra, "La Libertad Individual. Algunas consideraciones sobre la libertad de prensa", en *Doctrina PGR*, 1971, Caracas, 1972, pp. 37 y ss.

1137 Art. 67. *V*. en este sentido, sentencia de la CSJ en SPA de 14–12–70 en *G.O.* N° 29.434 de 6–2–71, p. 219.985.

ción de justicia para la defensa de los derechos e intereses, dentro de las condiciones que establezcan las leyes, siendo además la defensa, un derecho inviolable en todo estado y grado del proceso.[1138] Sin embargo, a pesar de la exigencia de la Constitución de que la Ley deberá fijar "normas que aseguren el ejercicio de este derecho a quienes no dispongan de medios suficientes",[1139] las diferencias de orden económico siguen siendo una de las grandes limitaciones al efectivo y libre acceso a los medios de protección jurisdiccional,[1140] pues salvo la superada figura de la declaración de pobreza que prevé el Código de Procedimiento Civil,[1141] la Ley no garantiza el ejercicio pleno de este derecho, el cual queda reservado, de hecho, a una minoría privilegiada económicamente. Por otra parte, y en el mismo orden judicial, la Constitución garantiza el que nadie podrá ser juzgado sino por sus jueces naturales, por lo que no podrán constituirse tribunales ad hoc para el castigo de determinadas personas; y el que nadie podrá sufrir pena que no esté establecida por Ley preexistente, recogiéndose un clásico principio de derecho penal.[1142]

Por último, y también como derechos individuales, la Constitución garantiza el "derecho de asociarse con fines lícitos, en conformidad con la ley" y el derecho de todos de "reunirse pública o privadamente, sin permiso previo, con fines lícitos y sin armas"; derechos que bajo el régimen democrático han sido efectivamente garantizados.[1143] En todo caso, la previsión constitucional, por la ausencia de regulaciones legales adecuadas, resulta claramente incompleta, pues algunos derechos aún no encuentran real y efectiva protección, tal como sucede con el derecho a la información; el derecho a no ser detenido por autoridades policiales por más de ocho días sin intervención de los tribunales,[1144] o el derecho a la privacidad de las conversaciones, inclusive telefónicas, y a que ellas no sean interceptadas o grabadas sin consentimiento.

3. Los derechos sociales

El segundo grupo de derechos que la Constitución regula y garantiza son los derechos sociales,[1145] y en relación a éstos pueden distinguirse dos tipos de derechos: por una parte, aquellos expresa y directamente formulados por la Constitución; y por la otra, aquellos que pueden deducirse como contrapartida a las obligaciones que la Constitución establece para el Estado, y que, por tanto, su efectividad depende de la regulación legal que se dicte en cumplimiento de dichas obligaciones. No se trata, por tanto, de derechos exigibles por su sola previsión indirecta en la Constitución, sino que requieren de una consagración o actualización legal para su exigibilidad ante el Estado. Por eso, realmente, podría hablarse respecto a ellos, como "expectativas de derechos". En el

---

1138 Art. 68.

1139 Art. 68.

1140 *V.* Allan–R. Brewer–Carías, *Cambio Político y Reforma... cit.*, capítulo 22.

1141 Arts. 28 y siguientes.

1142 Art. 69, *V.* Sentencia de la CFC en SPA de 16–5–38 en *M. 1939*, pp. 213 y 214.

1143 Arts. 70 y 71 *V.*, por ejemplo, la Ley sobre Partidos Políticos, Reuniones y Manifestaciones Públicas de 15 de diciembre de 1964, en *G.O.* N° 27.620 de 16–12–64.

1144 *V.* Disposición Transitoria Sexta de la Constitución.

1145 Sobre el sentido de la consagración de los derechos sociales en la Constitución, *V.* lo señalado en la Sentencia de la CSJ en CP de 27–5–69, en *GF* N° 64, 1969, pp. 21 y ss., y en *G.O.* N° 1.484, extraordinario, de 4–10–71, p. 37, *V.* además, en Allan R, Brewer–Carías, jurisprudencia de la Corte Suprema... Tomo I, *cit.*, pp. 106 y ss.

primer caso, están sin embargo, el derecho a la protección de la salud, el derecho a la educación, el derecho al trabajo, y el derecho a la huelga.

En primer lugar, el derecho a la protección de la salud, que conlleva una obligación constitucional a las autoridades de velar "por el mantenimiento de la salud pública" y de proveer "los medios de prevención y asistencia a quienes carezcan de ellos".[1146] A nivel legislativo, el régimen para garantizar este derecho está establecido en una antigua Ley de Sanidad de 1942, y en varias leyes dispersas, todas dictadas en la década de los años treinta,[1147] siendo la única excepción, el Reglamento General de Alimentos dictado por vía ejecutiva.[1148] A ello hay que unir la dispersión administrativa del sector salud, con el resultado de que el derecho a la protección de la salud no está debidamente garantizado. En efecto, no sólo no existe a nivel del sector público un Servicio Nacional de Salud, sino que a nivel de los servicios privados de atención médica, éstos, por su elevado costo, resultan materialmente inaccesibles. Los particulares, entonces, se debaten entre unos servicios públicos dispersos y deficientes y unos servicios privados de costos inalcanzables.

El derecho a la protección de la salud, por ello, para ser debidamente garantizado, exigirá una firme acción del Estado que proteja a los particulares del poder privado de un sector del gremio médico que sólo ve en los servicios privados de atención médica una manifestación del libre ejercicio de las actividades lucrativas, y no una profesión que en sí misma es un servicio público y social. Por otra parte, se hará indispensable en un futuro próximo, actualizar la previsión constitucional relativa a la posibilidad de que la Ley imponga, a quienes aspiren a ejercer la profesión de médico, el deber de prestar servicios en las instituciones del Servicio Nacional de Salud, por un lapso que podría ser de dos años y en el interior de la República,[1149] como medio para evitar la excesiva concentración de médicos en la capital de la República y en las demás áreas urbanas.

El segundo derecho social directamente establecido en la Constitución, es el derecho a la educación, el cual, a la vez, se configura como una obligación.[1150] Este derecho, también conlleva, correlativamente, la obligación para el Estado de crear y sostener "escuelas, instituciones y servicios suficientemente dotados para asegurar el acceso a la educación y a la cultura, sin más limitaciones que las derivadas de la vocación y de las aptitudes de manera de garantizar a todos una educación gratuita en todos sus ciclos, en los institutos oficiales".[1151] Puede decirse que el sistema venezolano de la educación es de carácter mixto, ya que la Constitución exige al Estado el estimular y proteger la educación privada;[1152] por lo que los conflictos tradicionales a partir de 1945, entre la educación oficial y la privada, particularmente católica, están superados en lo que concierne a su legitimidad.[1153] Se consagra, por tanto, paralelamente al derecho a la educación,

1146 Art. 76.

1147 *V.*, por ejemplo, la Ley de Protección contra la Fiebre Amarilla, la Ley de Defensa contra el Paludismo, la Ley de Vacunación, la Ley de Estupefactivos y la Ley de Defensa contra las Enfermedades Venéreas, *V.* en MSAS, Legislación Sanitaria Nacional, 2 tomos, Caracas 1967.

1148 *V.* Decreto N° 525 de 12–1–59 en *G.O.* N° 25.864 de 16–1–59.

1149 Art. 57.

1150 Arts. 55 y 78 y ss.

1151 Art. 78.

1152 Art. 79.

1153 Un interesante análisis de estos conflictos, desde el punto de vista político, puede verse en Daniel H. Levine, *Conflict and Political Change in Venezuela*, University Press, Princeton, 1973, pp. 62 y ss.

el derecho a educar o la libertad de enseñanza, sometida también a limitaciones constitucionales y legales.[1154]

En todo caso, a pesar de la gratuidad de la educación oficial y de los progresos realizados en los últimos años a nivel de inversión pública, lejos está todavía de ser garantizado el derecho a la educación, y la población venezolana, en muchos casos, se debate entre la ausencia de escuelas, particularmente en las áreas marginales, y lo costoso de la educación privada; y en todo caso, de los libros y materiales escolares. Una regulación de estos últimos, para garantizar la efectiva gratuidad de la enseñanza, ha sido indispensable, a la vez que una regulación de las tarifas de la educación privada, a la cual se ha tendido a subvencionar en muchos casos, de manera que se elimine el carácter clasista de la misma. En todo caso, será indispensable una nueva Ley de Educación que sustituya a la vieja o inadaptada Ley de 1955, aún vigente en 1975.[1155]

Además de los derechos a la protección de la salud y a la educación, el tercer derecho directamente establecido en la Constitución es el derecho al trabajo, el cual también, en este caso, se configura como un deber para toda persona apta para prestarlo.[1156] En tal sentido, el Estado debe procurar que toda persona apta pueda obtener colocación que le proporcione una subsistencia digna y decorosa,[1157] quedando el trabajo sometido a protección especial por parte del Estado.[1158] Indudablemente que el pleno empleo es todavía una de las metas a lograr en el desarrollo económico de nuestros países, donde la escasa industrialización aún no permite la creación del número de empleos requeridos para la población activa,[1159] por lo que el derecho al trabajo aún es uno de los derechos que están por garantizarse materialmente. Ello, sin embargo, no ha impedido el que, desde 1936, se haya dictado una legislación laboral, siendo la Ley del Trabajo, aún en la década de los setenta, un instrumento legal de gran contenido social. Hasta cierto punto, puede decirse que, inclusive, todos los principios contenidos en la Constitución de 1961 sobre la protección del trabajo,[1160] fueron inspirados en la legislación laboral de 1936; y la exigencia constitucional de que el Estado debía propender a mejorar las condiciones de vida de la población campesina[1161] ha sido cubierta recientemente, mediante el nuevo Reglamento de la Ley del Trabajo de 1974,[1162] que equipara los trabajadores rurales a los trabajadores urbanos, eliminando una odiosa discriminación que perduró durante cerca de cuarenta años. Debe indicarse, además, que íntimamente vinculado al derecho al trabajo, la Constitución regula, también directamente, el derecho a la huelga dentro de las condiciones que fije la Ley, aun cuando en los servicios públicos el mismo sólo

1154 Art. 79, La Constitución regula el derecho de toda persona natural o jurídica para dedicarse libremente a las ciencias o a las artes y, previa demostración de su capacidad, para fundar cátedras y establecimientos educativos bajo la suprema inspección y vigilancia del Estado. En relación a las limitaciones a este derecho, *V.*, la sentencia de la CFC en SPA de 16–12–40 en *M, 1941*, pp. 287 y ss., y de 14–8–45 en *M, 1946*, pp. 135 y ss.; de la CFC en CP de 25–5–49, en *GF* N° 2, 1949, pp. 7 a 9; y de la CSJ en SPA de 20–10–60 en *GF* N° 30, pp. 40 y ss., publicada también en *Doctrina PGR 1971*, Caracas, 1972, pp. 349 y ss. *V.* en Allan R. Brewer–Carías, *Jurisprudencia de la Corte Suprema. . . cit.*, Tomo I, pp. 426 y ss.

1155 Una nueva Ley Orgánica de Educación había sido prometida en el Programa del Gobierno 1974–1979. *V.* Carlos Andrés Pérez, Acción de Gobierno, Caracas, 1973, pp. 43 y ss.

1156 Arts. 54 y 84

1157 Art. 84,

1158 Art. 85.

1159 *V.* Allan R. Brewer–Carías, *Cambio Político y Reforma... cit.*

1160 Arts. 85 a 93.

1161 Art. 77.

1162 Dictado por Decreto N° 1.563 de 31 de diciembre de 1973 (*G.O.* N° 1.631, extraordinario, de la misma fecha), que entró en vigencia el 1° de febrero de 1974 (Art. 869).

podrá ejercerse en los casos en que la propia Ley determine,[1163] lo cual hasta 1975, no se había legislado.[1164]

Hemos señalado, sin embargo, que aparte de los cuatro derechos sociales directamente previstos en la Constitución, este texto establece y regula otra serie de derechos en forma indirecta o, mejor dicho, regula expectativas de derecho, al establecer obligaciones al Estado y definir sus fines.[1165] En este sentido, puede decirse que son derechos de carácter social, en primer lugar, el derecho de las asociaciones, corporaciones, sociedades y comunidades que tengan por objeto el mejor cumplimiento de los fines de la persona humana y de la convivencia social, a ser objeto de protección por parte del Estado,[1166] el cual, además, está obligado a fomentar la organización de cooperativas y demás instituciones destinadas a mejorar la economía popular.[1167] En segundo lugar, también es un derecho social, el derecho de la familia a obtener protección del Estado, como célula fundamental de la sociedad, para lo cual éste tiene la obligación de velar por el mejoramiento de su situación moral y económica.[1168] En este sentido, el matrimonio también debe ser objeto de protección,[1169] y la familia tiene, además, derecho a que el Estado provea lo conducente a facilitarle la adquisición de vivienda cómoda e higiénica.[1170] En igual sentido, la maternidad también debe ser objeto de protección especial, sea cual fuere el estado civil de la madre, y todo niño, sin discriminación alguna, tiene derecho a protección integral, desde su concepción hasta su completo desarrollo.[1171] Todo niño, además, tiene derecho a conocer a sus padres, sea cual fuere su filiación, por lo que la Ley debe proveer lo conducente a tal fin,[1172] y por ello se ha dictado la Ley de Protección Familiar.[1173] Además, la juventud tiene derecho a ser protegida contra el abandono, la explotación o el abuso y, básicamente, las obligaciones del Estado en este campo están determinadas en el Estatuto de Menores.[1174] Constitucionalmente, por tanto, los derechos sociales de la población marginal, están debidamente garantizados, pero la insuficiencia legislativa de las normas existentes, y la dispersión administrativa del sector de protección y promoción social, indudablemente que hacen nugatorios el cuerpo de derechos tan completamente previstos por el texto constitucional.

Debe destacarse, además, que en el orden social, salvo por lo que se refiere a las leyes de protección familiar, de adopción y del delito de violación de los derechos alimenta-

---

1163 Art. 92.

1164 *V.* Allan R. Brewer Carías, "El derecho de huelga en el concepto de libertad en el Estado Moderno", en *RFD*, UCV, N° 21, Caracas, 1961, pp. 251 y ss.

1165 *Cfr.* sobre estos derechos, como expectativas de derecho, que no implican directamente una responsabilidad de la Administración, en H. Barbé Pérez. "Adecuación de la Administración conformadora del orden económico y social a las exigencias del Estado de Derecho", en *Revista de Derecho, Jurisprudencia y Administración,* Tomo 65, N° 1, Montevideo, p. 9.

1166 Art. 72.

1167 *Idem.*

1168 Art. 73.

1169 *Idem.* Particularmente se prevé en la Constitución que la ley debe favorecer la organización del patrimonio familiar inembargable.

1170 Art. 73.

1171 Art. 74.

1172 Art. 75.

1173 Ley dictada el 22 de diciembre de 1961, en *G.O.* N° 26.735 de 22–12–61.

1174 Art. 75 del Estatuto de Menores de 30 de diciembre de 1949 en *G.O.* N° 23.118 de 5–1–50.

rios del menor,[1175] la legislación está totalmente alejada de la realidad. Por ejemplo, en el orden civil, las discriminaciones respecto al hijo natural y la ausencia de protección completa respecto a la concubina, a pesar de las normas constitucionales que prohíben todo tipo de discriminación, todavía están vigentes en un Código Civil que si bien fue revolucionario en este campo en 1942, actualmente está desadaptado. No es posible, en este sentido, por ejemplo, seguir regulando civilmente preponderadamente los derechos de los hijos legítimos, cuando lo normal en Venezuela es que los hijos sean naturales, siendo la excepción los hijos legítimos.[1176] Por ello, tampoco tiene sentido basar toda la legislación civil en la patria potestad del padre, cuando la realidad social muestra un esquema claro de preponderancia matriarcal en la conducción de los asuntos familiares.[1177] La legislación social en Venezuela, en este sentido, requiere no sólo de una urgente adaptación a la realidad de nuestros fenómenos colectivos actuales, para lo cual es indispensable que el ordenamiento jurídico que se dicte responda a una concepción sociológica acorde con aquellos; sino que es indispensable que esa legislación se establezca con visión de futuro, para dar curso a la nueva sociedad que en menos de una generación existirá en Venezuela.

Por último, y también dentro de los derechos sociales, todos los habitantes de la República tienen derecho a la seguridad social, cuyo sistema el Estado debe desarrollar progresivamente, de manera que tengan protección contra infortunios de trabajo, enfermedad, invalidez, vejez, muerte, desempleo y cualesquier otros riesgos que puedan ser objeto de previsión social, así como contra las cargas derivadas de la vida familiar.[1178] En este mismo orden de ideas, la ausencia de materialización del derecho a la seguridad social, da origen al derecho a la asistencia social a quienes carezcan de medios económicos y no estén en condiciones de procurárselos.[1179] La materialización de estos derechos a la seguridad social y a la asistencia social, sin embargo, y en especial debido a las deficiencias administrativas, está lejos todavía de producir su ejercicio efectivo.

4. Los derechos económicos

La Constitución, además de los derechos individuales y de los derechos sociales, destina también un capítulo especial a la regulación de los derechos de carácter económico y, particularmente del derecho a la libertad económica y del derecho de propiedad, definiendo además todas las características del régimen económico mixto de la República, con una creciente participación activa del Estado en la conducción del proceso de desarrollo.[1180]

1175 Dichas leyes, respectivamente, fueron dictadas el 22 de diciembre de 1961; el 20 de junio de 1972 y el 14 de agosto de 1959, *V.* respectivamente en *G.O.* Nº 26.735 de 22–12–61; Nº 29.859 de 20–7–72; y Nº 26.041 de 20–8–59.

1176 *V.*, lo indicado en el parágrafo 7 sobre las normas programáticas de la Constitución, *V.* Sentencia de la CSJ en CP de 27–5–69 en *GF* Nº 64, 1969. pp. 21 y ss., por la cual se declaró sin lugar la acción de inconstitucionalidad del artículo 220 del Código Civil por violación del artículo 75 de la Constitución.

1177 *V.* José F. Iribarren, "Legislación y realidad social", en *El Universal*, Caracas, 15 de febrero de 1974, p. I–4. *V.* Allan R Brewer–Carías, *Cambio Político y Reforma... cit.*, capítulos 2, 13 y 14.

1178 Art. 94. En tal sentido se orienta la Ley del Seguro Social Obligatorio de 11 de julio de 1966 en *G.O.* Nº 1.096, Extr. de 6–4–67.

1179 Art. 94.

1180 *V.*, lo indicado en el parágrafo 4.

En efecto, de acuerdo con la Constitución, todos tienen el derecho de dedicarse libremente a las actividades lucrativas de su preferencia, sin más limitaciones que las previstas en el propio texto constitucional y las que establezcan las leyes por razones de seguridad, de sanidad y otras de interés social.[1181] El margen de limitaciones a la libertad, económica, por tanto, es sumamente amplio, por lo que no hay duda en considerar que la libertad económica ilimitada, base del liberalismo, en Venezuela quedó en la historia; y particularmente por las limitaciones derivadas de las posibilidades de intervención del Estado para planificar, racionalizar y fomentar la producción, y regular la circulación, distribución y consumo de la riqueza, con el fin de impulsar el desarrollo económico del país;[1182] es decir, para crear nuevas fuentes de riqueza, aumentar el nivel de vida de la población y fortalecer la soberanía nacional,[1183] todo ello dentro de los principios de justicia social que aseguren a todos una existencia digna y provechosa para la colectividad.[1184] Dado el carácter mixto del sistema económico de Venezuela, las necesidades de protección de la libertad económica frente al poder público, sin embargo, y aun cuando todavía importantes, han abierto el paso a otro tipo de protecciones a la propia libertad económica, pero en este caso, frente al abuso del propio poder privado desarrollado a su amparo. El problema lo prevé la propia Constitución al exigir que "la Ley dictara normas para impedir la usura, la indebida elevación de los precios y, en general, las maniobras abusivas encaminadas a obstruir o restringir la libertad económica".[1185] Estas protecciones, indudablemente que tienen una importancia fundamental en el mundo moderno, de manera que la libertad económica y la propia Ley no se conviertan en un arma utilizada contra el pueblo y principalmente, contra los débiles económicos,[1186] particularmente por el poder económico privado.

Tres tipos de protección a la libertad económica prevén entonces la Constitución. En primer lugar, la protección contra la usura y, por tanto, la necesidad de que el Estado intervenga en la limitación de la libertad contractual para proteger a los débiles económicos. En tal sentido, por ejemplo, y después de haberse superado las aberrantes situaciones que produjo el liberalismo imperante durante el siglo pasado,[1187] desde 1946 hasta 1974 estuvo vigente un Decreto–Ley contra la usura que limitaba el tipo máximo de interés a estipularse en los contratos de préstamo de dinero, al 1 por ciento mensual (12 por ciento anual), considerándose como usura todo porcentaje superior a dicho límite, sometida, como delito, a penas de privación de la libertad.[1188]

El segundo tipo de limitaciones a los abusos de la libertad económica, se refiere al poder del Estado de impedir la indebida elevación de los precios, es decir, de regular los

---

1181 Art. 95.

1182 Art. 98.

1183 Art. 95.

1184 *Idem*. En relación a las limitaciones a la libertad económica, *V*. Sentencia de la CSJ en SPA de 5–6–67 en *GF* Nº 56, 1968, p. 164, y la doctrina de la Procuraduría General de la República en *Doctrina PGR 1966*, Caracas, 1967, pp. 179 y ss., y 302 y ss.

1185 Art. 96

1186 Tal como lo sugiere el título de la obra editada por Robert Lefcourt (ed.), Law Against the People, New York, 1971.

1187 *V.*, lo indicado en el parágrafo 3.

1188 *V.*, Decreto–Ley de 9 de abril de 1946 de Represión contra la Usura en *G.O.* 21.980 de 9–4–46 Este Decreto fue parcialmente derogado por la Ley de Protección al Consumidor de 5–8–74 publicada en *G.O.* 1.680 Extr. de 2–9–74, cuyo artículo 6º remitió a una decisión del Ejecutivo Nacional la fijación del tipo máximo de interés en las operaciones de crédito o de financiamiento.

precios de los bienes destinados al consumo.[1189] Frente a un proceso de industrialización altamente protegido a través de un mecanismo de sustitución de importaciones, indudablemente que la protección al consumidor se convierte en una exigencia ineludible por parte del Estado, frente a los productores y comerciantes. Sin embargo, en Venezuela hasta 1974, una de las situaciones increíbles derivadas de la ausencia de normativa jurídica adecuada para conducir el proceso de industrialización, fue la ausencia de un cuerpo de normas que permitiera al Estado regular adecuadamente los precios de los artículos de primera necesidad. En 1974, por ejemplo, los mecanismos de protección del consumidor frente al alza de precios derivados del oneroso proceso de industrialización o de las tendencias inflacionarias mundiales, estaban establecidos en el Decreto N° 176, dictado el 15 de agosto de 1944, en la situación de emergencia de suministros provocada por la guerra mundial, en virtud de una suspensión de garantías constitucionales consagradas en la Constitución de 1936, vigente en aquella época. Este Decreto, en efecto, treinta años después, era el instrumento con que contaba el Estado para regular los precios de los artículos de primera necesidad, y para utilizarlo, durante todo ese lapso, materialmente fue necesario mantener suspendida la garantía constitucional de la Libertad económica.[1190] Desde el punto de vista jurídico–económico, la sociedad venezolana vivió entonces por un lapso de treinta años, en un permanente estado de emergencia económica, pues sólo mediante esa emergencia y la suspensión del derecho a la libertad económica, por ausencia de legislación adecuada, fue que el Estado pudo regular los precios de los artículos de primera necesidad y proteger al consumidor. Fue sólo en el campo de los productos agrícolas, en virtud de las disposiciones de la Ley de Mercadeo Agropecuario, que se previeron legislativamente poderes para la regulación de los precios de los mismos. Esta situación fue remediada en 1974 al promulgarse la Ley de Protección al Consumidor,[1191] que contiene normas relativas a la regulación de precios máximos para bienes y servicios de primera necesidad; a la publicidad comercial e industrial; a las garantías contra defectos o mal funcionamiento; y a la normalización y a la certificación de calidad de los bienes de consumo.

El consumidor, por tanto, puede decirse que fue el gran ausente de las regulaciones y protecciones de nuestro régimen jurídico, siendo hasta 1974, objeto de protección indirecta e inorgánicamente prevista en algunos casos particulares. En efecto, el productor y el comerciante, muy poca o ninguna responsabilidad efectiva tenía frente a los perjuicios y daños que pudieran causarle a los consumidores los bienes producidos o vendidos,[1192] salvo las vías de responsabilidad civil previstas en el Código Civil; y las regulaciones concernientes a las pesas y medidas, marcas y denominaciones comerciales y

---

1189 Arts. 96 y 98.

1190 Es de destacar que el mismo día en que se promulgó la Constitución, el 23 de enero de 1961, el Presidente de la República dictó un Decreto de suspensión de la garantía constitucional de la libertad económica, aún vigente en 1975. *V.* Decreto N° 455 de 23–1–61 en *G.O.* 26.464 de 24–1–61.

1191 Ley de 5–8–74 en *G.O.* N° 1.680, Extr. de 2–9–74. La Ley de Mercadeo Agropecuario de 4–8–70 en *G.O.* N° 29.298 de 21–8–70, autorizó al Ejecutivo Nacional para adoptar las medidas necesarias para impedir la indebida elevación de los precios de los productos agrícolas. *V.* Allan R. Brewer–Carías. *Derecho y Desarrollo*, Caracas 1971, pp. 32 y 33. La Ley de Mercadeo Agrícola creó a la Corporación de Mercadeo Agrícola como ente autónomo, y la Ley de Protección al Consumidor creó la Superintendencia de Protección al Consumidor como dependencia del Ministerio de Fomento.

1192 *V.* en general, Gordon Borrie and Anbrey L. Diamond. *The Container, Society and the Law*, 1973.

propaganda comercial[1193] eran manifiestamente insuficientes. En particular, en el campo de la publicidad, la situación del consumidor no podía estar más desasistida, sólo existiendo indirectamente, algunas limitaciones de protección por motivos sanitarios.[1194] En términos generales puede decirse, entonces, que las regulaciones de protección al consumidor o eran insuficientes o eran muy anticuadas, salvo por lo que se refiere a las regulaciones y control sobre los bancos y otros institutos de crédito;[1195] sobre las empresas de seguro y reaseguro;[1196] sobre las ventas con reserva de dominio;[1197] sobre las ventas de parcelas,[1198] y sobre las ventas en propiedad horizontal.[1199] Una regulación general, en este campo, que es necesario destacar, aun cuando dictada en 1946, es la Ley contra el Acaparamiento y la Especulación, que otorga poderes sancionadores a la Administración para evitar el acaparamiento de bienes por productores y comerciantes, e inclusive autoriza el comiso de los productos sin indemnización.[1200] Además, la libertad contractual en materia de arrendamientos de inmuebles urbanos ha sido también regulada e intervenida desde la década de los cuarenta, de manera que, modificándose las normas del Código Civil, la autonomía de la voluntad, en lo que se refiere a la fijación del canon de los arrendamientos, está limitada. Conforme a la Ley de Regulación de Alquileres de 1° de agosto de 1960,[1201] corresponde a la Administración la determinación unilateral de los cánones de arrendamiento de todos los inmuebles urbanos, facultad que ha sido extendida a los inmuebles rurales mediante la Ley de Reforma Agraria, en cuyo caso, corresponde la determinación al instituto Agrario Nacional.[1202]

Por último, dentro de las limitaciones que la Constitución prevé como protección a la libertad económica, por una parte exige que la Ley dicte normas destinadas a impedir "las maniobras abusivas encaminadas a obstruir o restringir la libertad económica",[1203]

1193 La Ley de Medidas y su aplicación de 15–12–64; la Ley de Propiedad Industrial de 2–9–55 y la Ley sobre Propaganda Comercial de 30–8–44. *V.* en *G.O.* N° 27.619 de 15–12–64, N° 25.227 de 10–12–56 y N° 21.503 de 6–9–44.

1194 Tal como, por ejemplo, el Reglamento General de Alimentos lo prevé respecto de la propaganda en la venta de alimentos y bebidas. *V.*, en general, F. Hung Vailant, *La regulación de la actividad publicitaria*, Caracas, 1972.

1195 *V.* la Ley General de Bancos y otros Institutos de Crédito de 22–4–75 en *G.O.* N° 1.742 Extr. de 22–5–75.

1196 Ley de Empresas de Seguro y Reaseguro de 22–4–75 en *G.O.* 1.743 Extr. de 22–5–75. Por lo general, las Superintendencias de Seguros y Bancos, como dependencias del Ministerio de Fomento y del Ministerio de Hacienda, respectivamente tienen a su cargo el control de las actividades bancarias y aseguradoras y la protección del consumidor, mediante la aprobación previa de la mayoría de las formas, de contratos y pólizas.

1197 La protección de los consumidores en las operaciones de venta de bienes muebles con reserva de dominio se estableció desde 1955 con la Ley de Ventas con Reserva de Dominio de 29–12–58 en *G.O.* N° 25.856 de 7–1–59.

1198 Para evitar los abusos originados en la venta de inmuebles urbanos con motivo del proceso de urbanización, en 1960 se dictó la Ley de Venta de Parcelas del 9–12–60 en *G.O.* 26.428 de 9–12–60.

1199 El auge de la modalidad de venta de inmuebles urbanos en propiedad horizontal provocó la promulgación de la Ley de Propiedad Horizontal de 15–9–58 en *G.O.* N° 25.760 de 15–9–68.

1200 La Ley contra el Acaparamiento y la Especulación de 2–8–47 en *G.O.* N° 22.380 de 7–8–47.

1201 *V.* en *G.O.* N° 26.319 de 1–8–60. *V.* Allan R. Brewer–Carías, "Estudio sobre la Ley de Regulación de Alquileres de agosto de 1960", en *Revista del Colegio de Abogados del Distrito Federal*, N° 113, Caracas, 1960, pp. 217 y ss. *V.* Las decisiones de la Corte Suprema sobre esta materia en Allan–R. Brewer–Carías, *Jurisprudencia de la Corle Suprema... cit.*, Tomo I, pp. 465 y ss.

1202 La Ley de Reforma Agraria de 5–3–60 en *G.O.* N° 611, Extr. de 19–3–60 limitó, asimismo, la autonomía contractual en el campo de los arrendamientos rurales.

1203 Art. 96.

y por la otra, prohíbe directamente los monopolios.[1204] Lamentablemente, sin embargo, en Venezuela hasta 1975 no se había dictado ninguna ley contra los monopolios o las prácticas restrictivas a la competencia, y el hecho de que determinadas industrias tuvieran la exclusividad táctica de la producción de determinados bienes, con las consecuentes maniobras relativas a los precios, no pudo ser realmente evitado por el Estado; sea que se tratara de una sola industria que operase en monopolio o de un grupo de industrias que controlasen el mercado mediante acuerdos o convenios.[1205]

Además de la consagración del derecho a la libertad económica y sus limitaciones y protecciones, la Constitución garantiza también el derecho de propiedad, pero de ninguna manera como un derecho absoluto, sino esencialmente relativo, como el que más: "En virtud de su función social la propiedad estará sometida a las contribuciones, restricciones y obligaciones que establezca la Ley con fines de utilidad pública o interés general".[1206] La propiedad, por tanto, ha sido regulada en la Constitución, en tanto que objeto de limitación,[1207] y como tal, se prevé expresamente la expropiación por causa de utilidad pública o interés social,[1208] se prohíbe la confiscación salvo algún caso especial;[1209] se prevé la reversión de los bienes afectos a la exploración o explotación de las concesiones mineras y de hidrocarburos, los cuales al extinguirse por cualquier causa las concesiones, pasarán en plena propiedad a la Nación,[1210] se afectan al servicio del público los ferrocarriles, carreteras, oleoductos y demás vías de comunicación y de transporte construidos por empresas de explotación de recursos naturales;[1211] se declara contrario al interés social el régimen latifundista,[1212] y se prevén limitaciones al aprovechamiento de los recursos naturales.[1213] Todas estas limitaciones autorizadas por la Constitución han dado lugar a la promulgación de una serie de normas legales, de manera de hacer efectivas algunas de ellas: Ley de Expropiación por Causa de Utilidad Pública o Social, Ley sobre Bienes Afectos a Reversión en las Concesiones de Hidrocarburos, la Ley de Reforma Agraria y la Ley Forestal, de Suelos y Aguas.[1214]

Aparte de los derechos de carácter económico que expresa y directamente prevé la Constitución, puede asimismo identificarse un tercer derecho indirectamente consagra-

---

1204 Art. 97. Medidas que, tal como lo señala la Exposición de Motivos de la Constitución, tienden a "impedir todas aquellas manifestaciones de predominio que en el campo económico suelen ejercerse en detrimento de la efectiva libertad del menos fuerte".

1205 En 1974 se presentó al Congreso un proyecto de Ley Anti–Monopolios y de Protección al Consumidor que realmente no regulaba dicha protección y era permisiva –en lugar de prohibitiva– respecto a los Monopolios y Carteles. Dicho proyecto fue modificado y con fecha 5–8–74 se aprobó una Ley de Protección al Consumidor (*V.*, en *G.O.* Nº 1.680, Extr. de 2–9–74), sin regulaciones relativas a los monopolios.

1206 Art. 99.

1207 Sobre las limitaciones a la propiedad. *V.* Sentencias de la CFC en SF de 15–12–33 en *M. 1934*, pp. 240 y ss.; y de 15–2–38 en *M. 1939*, pp. 452 y ss.; de la CFS en SPA de 20–11–36 en *M. 1937*, pp. 226 y ss., y de 10–1–41 en *M. 1942*, pp. 106 y ss.; y de la CFC en CP de 4–6–52 en *GF* Nº 11, 1952, pp. 27 y ss. *V.* además, la doctrina de la Procuraduría General de la República en *Doctrina PGR 1963*. Caracas, 1964, pp. 185 y ss., y *Doctrina PGR 1972*, Caracas, 1973, pp. 71 y ss.

1208 Art. 101. *V.* Allan–R. Brewer–Carías, *La Expropiación por causa de utilidad pública o social*, Caracas, 1966.

1209 Arts. 102 y 250.

1210 Art. 103.

1211 Art. 104.

1212 Art. 105.

1213 Art. 106.

1214 Dichas Leyes, respectivamente son de 6–11–47 en *G.O.* Nº 22.458 de 6–11–47 (reformada parcialmente por Decreto Nº 184 de 25–4–58 en *G.O.* Nº 25.642 de 25–4–58); de 30–6–71 en *G.O.* Nº 29.577 de 6–8–71; de 5–3–60 en *G.O.* Nº 611, Extr. de 19–3–60; y de 30–12–65 en *G.O.* Nº 1.004, Extr. de 26–1–66.

do –tratándose también, en este caso, de una expectativa de derecho–, pero no por ello ausente de protección: el derecho de los campesinos y trabajadores rurales a ser dotados de tierras, cuando carezcan de ellas, para lo cual la Ley debe disponer lo conducente.[1215] En realidad, se trata de una obligación impuesta al Estado de dictar la Ley que conduzca a la eliminación del latifundio y a la consecuente dotación de tierra, lo que se produjo al promulgarse la Ley de Reforma Agraria de 1960. Dicho derecho indirecto de los campesinos y trabajadores rurales, sin embargo, lejos está aún de haber sido garantizado cabalmente, a pesar de todos los progresos realizados en el campo.

5. Los derechos políticos y la regulación constitucional de los derechos y garantías

Por último, y también en el orden de los derechos consagrados en la Constitución, se prevén los derechos políticos, reservados a los ciudadanos; el derecho activo y pasivo al sufragio,[1216] el derecho a ejercer funciones públicas;[1217] el derecho a asociarse en partidos políticos;[1218] el derecho de manifestar pacíficamente y sin armas,[1219] y el derecho de asilo político.[1220] Los referidos derechos, particularmente los del ejercicio del sufragio y de asociarse en partidos políticos han sido analizados anteriormente.[1221]

Ahora bien, no todos estos derechos tienen igual consagración constitucional. No sólo algunos, en realidad, han sido consagrados como meras expectativas de derecho cuya actualización depende enteramente del Legislador, tal como se señaló anteriormente, sino que incluso en los derechos directamente consagrados por el constituyente pueden distinguirse diversas graduaciones: En algunos casos se trata de derechos absolutos, que no admiten restricciones, suspensiones ni limitaciones en su ejercicio; en otros casos, se trata de derechos que no pueden ser limitados por el Legislador, aun cuando su ejercicio puede ser restringido o suspendido temporalmente; en otros casos, se trata de derechos que pueden ser limitados o regulados en aspectos específicos por el Legislador; en otros casos, puede tratarse de derechos que pueden ser regulados o limitados sin restricciones por el Legislador, y por último, puede tratarse de derechos que requieren de regulación legal para poder ser ejercidos.

En efecto, puede decirse que son derechos fundamentales de carácter absoluto, el derecho a la vida; el derecho a no ser incomunicado, ni sometido a tortura o a otros procedimientos que causen sufrimiento físico o moral; y el derecho a no ser condenado a penas perpetuas o infamantes o a penas restrictivas de la libertad personal por lapsos mayores de treinta años.[1222] Estos derechos, ni pueden ser limitados en forma alguna por el

1215 Art. 105 de la Constitución.

1216 Arts. 110, 111, 112 y 113, regulados en la Ley Orgánica del Sufragio de 6–9–73 en *G.O.* 1.609 Extr. de la misma fecha.

1217 Art. 112, regulado en la Ley de Carrera Administrativa de 3–9–70 en *G.O.* Nº 1.428, Extr. de 4–9–70 modificada por Decreto–Ley Nº 914 de 13–5–75 en *G.O.* 1.745 Extr. de 23–5–75.

1218 Art. 114. Regulado en la Ley de Partidos Políticos, Reuniones y Manifestaciones Públicas de 15–12–64 en *G.O.* Nº 27.725 de 30–4–65.

1219 Art. 115.

1220 Art. 116.

1221 *V.* lo indicado en el parágrafo 10. Para un análisis estrictamente jurídico de estos derechos *V.* Allan–R. Brewer–Carías, El Régimen Jurídico–Administrativo de la Nacionalidad y Ciudadanía Venezolanas, Caracas, 1965, y El Estatuto del Funcionario Público en la Ley de Carrera Administrativa, Caracas, 1971.

1222 Artículos 58, 60. 3 y 60.7 de la Constitución.

Legislador, ni pueden ser restringidos o suspendidos en su ejercicio por actos de gobierno, ni siquiera en los casos de emergencia o conmoción que pueda perturbar la paz de la República o de graves circunstancias que afecten la vida económica y social.[1223] Salvo estas solas tres excepciones, todos los derechos y garantías constitucionales admiten algún tipo de limitación o restricción y, por tanto, tienen carácter relativo.

En primer lugar, el texto constitucional consagra una serie de derechos fundamentales que si bien no pueden ser limitados por el Legislador pueden, sin embargo, ser suspendidos o restringidos por actos de gobierno, temporalmente, en situaciones o circunstancias excepcionales. En este grupo se incluyen el derecho a ser protegido contra los perjuicios al honor, reputación o vida privada[1224] el derecho a no ser obligado a prestar juramento ni constreñido a rendir declaración o reconocer culpabilidad en causa penal contra sí mismo o contra otras personas expresadas en el texto constitucional;[1225] el derecho a no continuar detenido después de dictada orden de excarcelación por la autoridad competente o una vez cumplida la pena impuesta;[1226] el derecho a no ser sometido a juicio por los mismos hechos en virtud de los cuales hubiere sido juzgado anteriormente;[1227] el derecho a la igualdad ante la ley y a la no discriminación,[1228] el derecho a la libertad religiosa,[1229] el derecho a expresar el pensamiento y a informar;[1230] el derecho de petición y a obtener oportuna respuesta;[1231] el derecho a ser juzgado por sus jueces naturales, a ser juzgado sólo por penas establecidas y preexistentes y el derecho a la defensa;[1232] el derecho de reunión;[1233] el derecho a la protección de la salud;[1234] el derecho a la educación;[1235] el derecho al trabajo,[1236] y el derecho activo al sufragio.[1237] No todos estos derechos, sin embargo, pueden ser ejercidos a plenitud, directamente, en virtud de su consagración constitucional, pues en algunos casos, dada la redacción de la norma respectiva, alguna regulación legal es necesaria para hacerlos efectivos; tal es el supuesto del derecho a ser protegido contra los perjuicios al honor, reputación o vida privada;[1238] el derecho a obtener oportuna respuesta derivado del derecho de petición;[1239] el derecho a la protección de la salud;[1240] el derecho a la educación;[1241] el derecho al trabajo.[1242]

En todos estos derechos, es indudable que una normativa adicional de carácter legal es indispensable que establezca las vías o recursos legales destinados a asegurar la pro-

1223 Art. 241.
1224 Art. 59.
1225 Art. 60.4.
1226 Art. 60.6.
1227 Art. 60.8.
1228 Art. 61.
1229 Art. 65.
1230 Art. 66.
1231 Art. 67.
1232 Arts. 68 y 69.
1233 Art. 71.
1234 Art. 76.
1235 Art. 78.
1236 Art. 84.
1237 Art. 111.
1238 Art. 59.
1239 Art. 67
1240 Art. 76.
1241 Art. 78.
1242 Art. 84.

tección contra los perjuicios al honor, reputación o vida privada; que establezca cuándo se considera o no oportuna la respuesta a las peticiones; en qué forma el Estado protegerá la salud o asegurará el acceso de todos a la educación; y en qué forma se asegurará el derecho al trabajo.

En segundo lugar, dentro de los derechos consagrados en la Constitución, pueden distinguirse aquellos que sí admiten en su ejercicio limitaciones de carácter legal, pero en aspectos específicamente señalados, además de admitir suspensión o restricción por acto de gobierno. Dentro de esta categoría de derechos, se pueden incluir: el derecho a no ser condenado a causa penal sin haber sido notificado personalmente de los cargos y oído "en la forma que indique la ley";[1243] el derecho a la inviolabilidad del hogar doméstico salvo los allanamientos permitidos para cumplir "de acuerdo con la ley las decisiones que dicten los tribunales";[1244] el derecho a la inviolabilidad de la correspondencia salvo los casos de ocupación judicial "con el cumplimiento de las formalidades legales" o de inspección o fiscalización de los documentos de contabilidad "de conformidad con la ley",[1245] y el derecho a ejercer funciones públicas o a ser elegido salvo las restricciones "derivadas de las condiciones de aptitud que, para el ejercicio de determinados cargos, exijan las leyes".[1246]

En tercer lugar, otra serie de derechos constitucionales, están consagrados de tal forma que admiten regulaciones y limitaciones de orden legal de carácter materialmente amplio. En tal caso están el derecho a,no ser preso o detenido, a menos que sea sorprendido in fraganti, sino en virtud de orden escrita del funcionario autorizado para decretar la detención "en los casos y con las formalidades previstos por la ley";[1247] el derecho a no ser privado de la libertad por obligaciones cuyo incumplimiento no haya sido definido "por la ley como delito o falta";[1248] el derecho a no ser objeto de reclutamiento forzoso .ni sometido al servicio militar "sino en los términos pautados por la ley";[1249] el derecho, a la libertad de tránsito "sin más limitaciones que las establecidas por la ley;[1250] el derecho al ejercicio del cuito sometido a la suprema inspección del Ejecutivo Nacional, "de conformidad con la ley";[1251] el derecho a dedicarse a la actividad lucrativa de la preferencia de cada quien "sin más [imitaciones que las previstas en esta Constitución y las que establezcan las leyes por razones de seguridad, de sanidad u otras de interés social";[1252] el derecho de propiedad, sometidos a "las contribuciones, restricciones y obligaciones que establezca la ley con fines de utilidad pública o de interés social";[1253] el derecho a asociarse en partidos políticos regulado por el Legislador para asegurar su carácter democrático y su igualdad ante la ley;[1254] el derecho a manifestar

---

1243 Art. 60.5.
1244 Art. 62.
1245 Art. 63.
1246 Art. 112. La Corte Suprema, sin embargo, ha admitido otras limitaciones al derecho pasivo al sufragio, como la necesidad de que el elegido esté inscrito en el Registro Electoral, *V.* Sentencia de la CSJ en SPA de 9–4–69 en *GF* N° 64, 1969, pp. 42 y 56.
1247 Art. 60. 1.
1248 Art. 60. 2.
1249 Art. 60.9.
1250 Art. 64.
1251 Art. 65.
1252 Art. 96.
1253 Art. 99.
1254 Art. 114.

"sin otros requisitos que los que establezca la ley".[1255] Dentro de esta categoría de derechos debe señalarse que la delegación constitucional hacia el Legislador ha sido de tal naturaleza que en algunos casos los derechos no pueden ejercerse sin la regulación legal, como, por ejemplo, en el derecho a utilizar los órganos de la administración de justicia "en los términos y condiciones establecidos por la ley";[1256] el derecho de asociarse con fines lícitos "en conformidad con la ley",[1257] y el derecho de huelga "dentro de las condiciones que fije la ley" o "en los casos en que aquella determine" en los servicios públicos.[1258]

6. El amparo

En todo caso, la consecuencia fundamental que produce la consagración constitucional de los derechos y garantías, es la previsión de una serie de medios de protección destinados a asegurar el ejercicio de dichos derechos y a impedir restricciones o limitaciones abusivas o ilegales. Estos medios jurídicos de protección de estos derechos son el recurso de amparo, el recurso de inconstitucionalidad y el recurso contencioso–administrativo.[1259]

En efecto, tal como lo hemos señalado, la Constitución, al establecer los derechos individuales, sociales, económicos y políticos, garantiza que el goce y ejercicio de los mismos será amparado por los tribunales.[1260] Con ello, la Constitución de 1961 dio entrada en el ordenamiento jurídico venezolano al recurso de amparo, no sólo respecto a la libertad personal como lo había previsto la Constitución de 1947,[1261] sino respecto de todos los derechos y garantías "que la Constitución establece".[1262] La previsión constitucional, sin embargo, supeditó el ejercicio del recurso de amparo a lo que la ley estableciera, por lo que "a fin de no dejar en suspenso su eficacia hasta la promulgación de la ley respectiva, se consagra en las Disposiciones Transitorias, el derecho de habeas corpus, reglamentándolo de manera provisional".[1263]

En esta forma, la Disposición Transitoria Quinta reguló el "amparo a la libertad personal, hasta que se dicte la ley especial"; norma aún vigente en 1975 por la ausencia de la prometida –constitucionalmente– ley reglamentaria del recurso. El resultado de esta situación ha sido evidentemente que, con la sola excepción de la libertad personal mediante la transitoria regulación del habeas corpus, los demás derechos y garantías constitucionales han carecido de protección mediante el recurso de amparo, por lo que la falta del Legislador aquí también ha sido insólita: por la ausencia de legislación, un preciso medio de control judicial de las arbitrariedades de la Administración, ha resultado inexistente, debido al carácter programático de la norma constitucional.[1264]

1255 Art. 115.

1256 Art. 68. *Cfr.* Sentencia de la CSJ en SPA de 14–12–70 en *GF* N° 70, 1970, pp. 179 a 185, publicada también en *G.O.* N° 29.434, de 6–2–71.

1257 Art. 70.

1258 Art. 92.

1259 Sobre el control de la constitucionalidad de los actos del Poder Público, *V.* lo indicado en el parágrafo 13.

1260 Art. 49.

1261 Art. 32. *V.* en Luis Mariñas Otero, *Las Constituciones de Venezuela*, Madrid 1965 p, 843.

1262 Art. 49.

1263 *V.*, Exposición de Motivos del Proyecto de Constitución, en *RFD*, N° 21, Caracas 1961, p. 381.

1264 *V.* sobre ello lo indicado en el parágrafo 7.

Las precisas disposiciones de la Constitución, en el sentido de prever directamente sólo el amparo a la libertad personal,[1265] sin embargo, no fueron obstáculo para que algunos jueces de instancia, por las insuficiencias constitucionales, hacia finales de la década de los sesenta, comenzaran a admitir recursos de amparo para proteger otras libertades o garantías distintas de la libertad individual.[1266] El problema interpretativo, sin embargo, pronto habría de ser resuelto por la Corte Suprema de Justicia a finales de 1970,[1267] al señalar, en relación a la Disposición Transitoria Quinta, que "la protección de cualquier otro derecho –establecido o no en la Constitución– queda excluido del campo de aplicación de esa norma, por ser evidente la intención del constituyente de limitar su alcance al caso expresamente previsto por ella", calificando las decisiones adoptadas por jueces de instancia en lo penal amparando otros derechos distintos a la libertad personal, como "extralimitación de atribuciones".[1268]

En todo caso, el recurso de amparo no es el único medio jurisdiccional de protección y amparo de los derechos constitucionales contra actos arbitrarios de la Administración, por lo que aun cuando haya sido limitada la procedencia del recurso de amparo a la libertad personal hasta tanto se dicte la ley respectiva, ello no significa que frente a actos administrativos arbitrarios, violatorios de derechos individuales, los particulares afectados se encuentren desasistidos. Al contrario, éstos pueden o utilizar las vías ordina-

---

1265 En este sentido fue tradicional el criterio de la Procuraduría General de la República. *V.*, por ejemplo, doctrina de 14–10–65 en *Doctrina PGR 1965*, Caracas, 1966, pp. 20 y ss.; y doctrina de 23–2–66 en *Doctrina PGR 1966*, Caracas, 1967, pp. 267 y siguientes.

1266 Por sentencia del 13–9–68 del Juez Séptimo de Primera Instancia en lo Penal del Distrito Federal, confirmada por fallo de 4–10–68 de la Corte Superior Segunda en lo Penal del Distrito Federal, se otorgó amparo a un ciudadano contra un acto administrativo que ordenó la detención de su automóvil en virtud de que el mismo no había sido importado regularmente al país. Asimismo, con fecha 14–1–69 otro juez de Primera Instancia en lo Civil del Distrito Federal, acordó recurso de amparo, confirmado por decisión de 14–7–69 de la Corte Superior Segunda en lo Civil y Mercantil del Distrito Federal, contra un acto de la Policía Técnica Judicial que detuvo a un particular y se le obligó a reconocerse como padre de un menor y a pagar una pensión alimentaria. Estas decisiones, tomadas de referencias contenidas en la publicación periódica Síntesis Jurídica (Escritorio Santana Mujica) fueron cementadas por dicha publicación en los siguientes términos: "Como un paso formativo del lento avance de nuestro país hacia un eficiente estado de derecho, ha de apuntarse las iniciales sentencias, derivadas de jueces penales y civiles, donde se derrota la tesis restrictiva, que se sostuvo inicialmente de que el amparo no era aplicable en el país, pese a su consagración en la Constitución, porque carecía de reglamentación. Ahora se sostiene que cualquier juez es competente para conocer y decidir el amparo, que el fallo dictado no tiene consulta, que la ausencia de procedimiento no impide la procedencia del amparo, porque la Constitución dice: «la falta de ley reglamentaria de estos derechos no menoscaba el ejercicio de los mismos» (Art. 50 CN), y se otorga ante cualquier acto público o privado, que desconozca, disminuya o menoscabe las garantías constitucionales". Este criterio, sin embargo, era evidentemente erróneo no sólo por la precisión del texto constitucional sobre la procedencia del amparo sólo sobre la libertad personal hasta que no se dictara la correspondiente ley, sino porque tal recurso no procedería nunca contra actos "privados" sino sólo contra actos públicos.

1267 En la Sentencia de la CSJ en SPA de 11–11–70 en *G.O.* N° 1.447, extraordinario, de 15–12–70, pp. 27 y 28, ya se vislumbra la interpretación que posteriormente se adoptaría: "A diferencia de otras situaciones en relación a las cuales el Congreso, aún no ha determinado por ley, cuál es el juez competente y el procedimiento a seguir a fin de obtener amparo judicial...".

1268 *V.* Sentencia de la CSJ en SPA de 14–12–70 en *G.O.* N° 29.434 de 6–2–71, pp. 219.984 y 219.985, y en *GF* N° 70, 1970, pp. 179 y ss. Esta decisión fue ratificada por sentencia de la misma Corte de 26–4–71 en *G.O.* N° 1.478, Extr. de 16–7–71, p. 31, y en Repertorio Forense N° 1.741 de 12–8–71, pp. 4 y ss.; y por Acuerdo de 24–4–72 en *G.O.* N° 29.788 de 25–4–72, p. 222.865. El criterio de la Corte había sido también el de la procuraduría General de la República. *V. Doctrina PGR 1970*, Caracas, 1971, pp. 37 y ss.; y las referencias en Nota N° 160 de este parágrafo 12.

rias[1269] o las vías de control jurisdiccional de la legalidad de los actos administrativos ante la jurisdicción contencioso administrativa.[1270] Es más, en caso de regularse legalmente el recurso de amparo, habría que excluirlo en los supuestos en que están previstas otras vías de amparo o protección jurisdiccional en el ordenamiento jurídico, como podrían ser el recurso contencioso–administrativo[1271] o las acciones posesorias. En todo caso, es evidente que hasta que no se dicte dicha ley, los particulares están desasistidos frente a las violaciones de sus derechos y garantías constitucionales cometidas por la Administración por vías de hecho, es decir, mediante actos materiales en los cuales la actuación arbitraria de la Administración no está respaldada en un acto administrativo.

Por último, debe señalarse que la institución del recurso de amparo es concebida en el ordenamiento constitucional venezolano, siguiendo la orientación del derecho comparado latinoamericano, corno un medio jurídico de protección contra las actuaciones del Estado que lesionen o menoscaben los derechos y garantías constitucionales, por lo que no procedería en ningún caso contra actos de particulares que afecten a otros particulares.[1272] Las vías judiciales ordinarias están precisamente abiertas en estos casos.

7. El control político y fiscal

Pero, aparte de los medios jurisdiccionales de protección a los derechos y garantías constitucionales,[1273] el ordenamiento jurídico ha ido perfilando diversos mecanismos parlamentarios o administrativos de control, de manera de mantener incólumes los derechos y garantías constitucionales frente a la propia Administración.[1274]

En efecto, ante todo es necesario señalar que el Congreso, como representante de la voluntad popular, en el sistema constitucional de la separación de poderes,[1275] tiene el control de la Administración Pública central[1276] y descentralizadas,[1277] y en tal virtud,

1269 En los casos en que la "acción esté dirigida a la defensa de derechos definidos y protegidos por el derecho común", como los que serían objeto de acciones posesorias, *V.* Sentencia de la CSJ en SPA de 11–11–70, en *G.O.* Nº 1.447 de 15–12–70, p. 27.

1270 En tal sentido, la Corte Suprema ha señalado frente a un acto administrativo de expulsión de un extranjero del país respecto del cual se solicitó amparo, que "calificado como ha sido de acto administrativo la medida de expulsión en referencia, es obvio que el interesado puede recurrir ante la Corte, si considera que el acto es nulo por inconstitucionalidad o ilegalidad", por lo que decidió que la sentencia del Juez de Primera Instancia en lo Penal que otorgó el amparo "carecía de jurisdicción para conocer y decidir sobre el mismo, ya que su competencia se limita a conocer del recurso de habeas corpus". *V.* Sentencia de la CSJ en SPA de 26–4–71 en *G.O.* Nº 1.478, extraordinario, de 16–7–71. *V.*, en general. J. G. Sarmiento Núñez, "El amparo contra los actos administrativos", en *Ministerio Público*, Caracas, enero–abril, 1971, pp. 127 a 132.

1271 Debe señalarse, en todo caso, que el recurso de amparo no está previsto en el ordenamiento constitucional venezolano, como una institución comprensiva o sustitutiva del control de la legalidad de los actos administrativos por la vía contencioso administrativa, como podría serlo en otros sistemas jurídicos, como el mexicano (*V.*, en particular. H. Fix Zamudio, "Algunos aspectos comparativos del derecho de amparo en México y Venezuela", en *Libro Homenaje a Lorenzo Herrera Mendoza*, Facultad de Derecho, UCV, Caracas, 1970, pp. 333 a 389), por lo que su regulación legal deberá diferenciar los supuestos en que proceden ambas vías de protección jurisdiccional.

1272 *Cfr.* Guaicaipuro Martínez M., "Acción de Amparo. Legitimación Pasiva", en *Doctrina PGR 1971*, Caracas, 1972, pp. 9 y ss.

1273 Sobre el recurso de inconstitucionalidad, *V.* lo indicado en el parágrafo 3.

1274 Para una reciente visión de la problemática en los países desarrollados, *V.* Guy Braibant, Nicole Questiau et Céline Wiener, Le Contrôle de l'Administration et la Protection des citoryens (Etude Comparative), París, 1973.

1275 *V.* lo indicado en el parágrafo 9.

1276 Art. 139 de la Constitución.

1277 Art. 230 de la Constitución.

todos los funcionarios de la Administración y de los institutos autónomos están obligados a comparecer ante las Cámaras Legislativas y a suministrarles las informaciones y documentos que requieran para el cumplimiento de sus funciones.[1278] En esta forma, puede decirse que dentro de los límites constitucionales y legales, los poderes de control parlamentario directo de la Administración por el Congreso, son suficientemente amplios; y a ello habría que agregar el control político, evidenciado en la posibilidad que tiene la Cámara de Diputados de dar un voto de censura a los ministros.[1279]

Pero el Congreso, además, tiene una serie de medios de control indirectos sobre la Administración Pública, y particularmente, en el campo del control, vigilancia y fiscalización de los ingresos, gastos y bienes nacionales, que realiza a través de la Contraloría General de la República, en su carácter de "órgano auxiliar del Congreso", el cual, sin embargo, goza de autonomía funcional en el ejercicio de sus atribuciones.[1280] La efectividad del control de la Contraloría General de la República, sin embargo, particularmente en relación a las entidades descentralizadas o a los funcionarios públicos, ha sido sólo a partir de 1975 cuando ha comenzado a lograrse, con motivo de la promulgación de la nueva Ley Orgánica de la Contraloría General de la República que sustituyó a las normas de la Ley Orgánica de la Hacienda Pública Nacional, concebidas conforme a los mismos moldes de las que dieron origen a dicho organismo en la década de los treinta.[1281]

Aun cuando nuestro sistema constitucional no regula expresamente la figura del delegado parlamentario para la protección de los ciudadanos conforme al modelo del Ombudsman adoptado ya en varios países,[1282] es indudable que por la amplitud de sus funciones –"velar por el respeto de los derechos y garantías constitucionales"–,[1283] el Fiscal General de la República como director del Ministerio Público designado por el Congreso[1284] podría, indudablemente, asimilarse a aquel "delegado parlamentario". Sin embargo, a pesar de la amplitud de las competencias del Fiscal General de la República,[1285] éste ha actuado más como Ministerio Público *stictu senso* que como *Ombudsman* y no ha logrado configurarse como un efectivo guardián de la constitucionalidad y protector de los derechos y garantías constitucionales. Estas deficiencias provocaron la creación

---

1278 Art. 160 de la Constitución.

1279 Art. 153, 2 de la Constitución.

1280 Arts. 234, 235 y 236 de la Constitución.

1281 *V.* Allan–R. Brewer–Carías, El Control de las Actividades Económicas del Estado en el Derecho Venezolano, Caracas, 1969, pp. 111 y ss., y 123 y ss.; y "Aspectos de la actividad contralora sobre los funcionarios públicos y sus consecuencias", en *Revista del Colegio de Abogados del Distrito Federal,* N° 129, Caracas, 1965, pp. 9 y ss. La Ley Orgánica de la Contraloría General de la República de 28–12–74, en *G.O.* N° 1.712 Extr. de 6–1–75 entró en vigencia el 7–7–75.

1282 *V.* en general, Donald C. Rowat (ed.), *The Ombudsman*, Citizen's Defender, London, 1965.

1283 Art. 220. 1° de la Constitución.

1284 Arts. 218 y 219 de la Constitución.

1285 Conforme al artículo 220 de la Constitución, además de las competencias para "velar por el respeto de los derechos y garantías constitucionales", tiene las siguientes: "velar por la celeridad y buena marcha de la administración de justicia y porque en los tribunales de la República se apliquen rectamente las leyes en los procesos penales y en los que estén interesados el orden público y las buenas costumbres"; "ejercer la acción penal en los casos en que para intentarla o proseguirla no fuere necesaria instancia de parte, sin perjuicio de que el tribunal proceda de oficio cuando lo determine la Ley"; "velar por el correcto cumplimiento de las leyes y la garantía de los derechos humanos en las cárceles y demás establecimientos de reclusión"; "intentar las acciones a que hubiere lugar para hacer efectiva la responsabilidad civil, penal, administrativa o disciplinaria en que hubieren incurrido los funcionarios públicos con motivo del ejercicio de sus funciones". *Cfr.* Humberto J. La Roche "El Ombudsman en los países nórdicos y el caso de Venezuela" en *RFD*, U. del Z, N° 19, 1969, pp. 40 y ss.

de otros organismos y, entre ellos, del Comisionado del Presidente de la República para Denuncias, Quejas y Reclamos.[1286] Este funcionario, integrado dentro de la propia Administración Pública a nivel de la Presidencia y designado por el propio Presidente, tuvo competencias para conocer y tramitar "las denuncias, quejas y reclamos que los ciudadanos formulen al Ejecutivo Nacional, sobre el mal funcionamiento de los servicios públicos, la incorrecta administración de los fondos públicos, el tráfico de influencias y, en general, sobre cualquier irregularidad administrativa".[1287] Las diferencias con la institución del Ombudsman, sin embargo, son evidentes: por una parte su integración dentro de la Administración Pública y su ausencia de vinculación con la representación popular –el Congreso–, y por otra parte, sus funciones limitadas a la búsqueda de eficiencia y moralidad en el funcionamiento de la Administración, sin directa vinculación con los derechos y garantías constitucionales. Por ello, pensamos que difícilmente puede hablarse de este funcionario como un "Ombudsman Presidencial",[1288] aun cuando indudablemente que puede comparárselo con aquella institución.[1289] En todo caso, la función del Comisionado Presidencial, indudablemente que desde el punto de vista administrativo podría ser de enorme utilidad, para lo cual habría que dotársele de nuevos poderes, inclusive algunos de carácter decisorio, y no sólo de mera tramitación. Ello aunado a la asunción por el Fiscal General de la República de sus funciones de contralor de los derechos y garantías constitucionales, indudablemente que contribuirían a garantizar y proteger, extrajudicialmente, dichos derechos frente al Estado y a su Administración.

VII. EL CONTROL JURISDICCIONAL DE LA CONSTITUCIONALIDAD DE LOS ACTOS ESTATALES

La consecuencia fundamental del postulado de la supremacía constitucional, que como principio básico de nuestro ordenamiento constitucional exige que todos los actos estatales estén sometidos a sus disposiciones,[1290] es la previsión de medios jurídicos destinados a garantizar su efectividad. El Estado de Derecho, en este sentido, no tendría plena vigencia, si los particulares no pudieran promover algún control de la constitucionalidad de aquellos actos.

1. El Estado de derecho y los controles en el derecho comparado

Como medios para garantizar este Estado de Derecho, el ordenamiento constitucional y legal venezolano consagra una serie de recursos jurisdiccionales y defensas judiciales que, indudablemente, constituyen, formalmente, uno de los catálogos más completos que pueden encontrarse en el derecho comparado. En efecto, los actos emanados del Poder Judicial pueden ser cuestionados a través de los recursos de apelación que el ordenamiento procesal consagra, y algunos de ellos, los más importantes, pueden ser im-

1286 Creado por Decreto Nº 95 del 16–6–69 publicado en *G.O.* Nº 28.972 de 17–7–69.

1287 Art. 1, *ídem*.

1288 *V.* Guillermo Quintero, "La experiencia venezolana del «Ombudsman» Presidencial" en *Revista Internacional de Ciencias Administrativas*, Bruselas, 1972, pp. 312 y ss.

1289 *V.* G. Braibant, N. Quesirau et C. Wiener, *op. cit.*, p. 297.

1290 *V.* Lo indicado en el parágrafo 7.

pugnados mediante el recurso de casación por ante la Corte Suprema de Justicia.[1291] Mediante éste, la Corte ejerce un control de la constitucionalidad y legalidad de los actos judiciales.[1292] Los actos administrativos generales o individuales, por otra parte, pueden ser impugnados por ante la misma Corte Suprema de Justicia mediante el recurso contencioso–administrativo de anulación, en cuyo conocimiento la Corte ejerce el control de la constitucionalidad y legalidad de los mismos, es decir, controla la conformidad con el derecho de los actos administrativos.[1293] Por último, la Corte Suprema de Justicia también es competente para conocer del recurso de inconstitucionalidad, es decir, para controlar la constitucionalidad de "las leyes nacionales y demás actos de los cuerpos legislativos", "de las leyes estadales, de las ordenanzas municipales y demás actos de los cuerpos deliberantes de los Estados o Municipios", y de los "Reglamentos y demás actos del Ejecutivo Nacional".[1294] En esta forma, todos los actos estatales o, en otras palabras, todos los actos dictados en ejercicio del Poder Público, caen bajo el control de la constitucionalidad del Poder Judicial, sea de la Corte Suprema de Justicia directamente, sea de los demás Tribunales de la República en los casos de la mayoría de los actos judiciales. De acuerdo a ello, entonces, indudablemente que en la aplicación del principio de la separación de poderes en Venezuela, corresponde al Poder Judicial asumir el papel de fiel de la balanza entre los diversos órganos estatales respecto de su conformidad constitucional.

Pero entre estos diversos medios de control de la constitucionalidad y legalidad de los actos estatales, interesa ahora analizar particularmente el control de la constitucionalidad de las leyes y demás actos de los cuerpos deliberantes de carácter nacional, estadal o municipal, de los reglamentos y de los actos de gobierno, es decir, el control de la constitucionalidad de los actos estadales, con exclusión de los actos judiciales y de los actos administrativos que, como se dijo, tienen sus propios medios de control, que serán analizados posteriormente. Y en este sentido quizás deba señalarse que este control de la constitucionalidad de las leyes está reservado a los actos estatales de rango legal (leyes, actos parlamentarios sin forma de ley y actos de gobierno) y a los reglamentos dictados por el Ejecutivo Nacional, exclusivamente.

Ahora bien, este control de la constitucionalidad de los actos estatales[1295] permite a la Corte Suprema de Justicia declarar su nulidad cuando sean violatorios de la Constitución y permite además a los Tribunales de la República declarar la inaplicabilidad de dichos actos en un caso concreto. Por tanto, el sistema venezolano de control de la constitucionalidad de las leyes, puede decirse que es uno de los más amplios conocidos en el mundo actual, si se lo compara con los que muestra el derecho comparado, pues mezcla el llamado control difuso de la constitucionalidad de las leyes con el control concentrado de la constitucionalidad de las mismas, siguiendo la terminología desarrollada por Calamandrei.[1296] En efecto, cuando se habla de control difuso de la constitu-

1291 Art. 215, ord. 10, de la Constitución. Los actos judiciales, por tanto, no pueden ser objeto del recurso de inconstitucionalidad: *Cfr.* sentencia de la CF de 20–5–55 en *GF* N° 8, 1955, pp. 96 a 99; y sentencias de la CSJ en SPA de 7–11–63 en *GF* N° 42, 1963, pp. 240 y ss. y de 27–5–64 en *GF* N° 44, 1963. P. 78.

1292 *V.* Allan R. Brewer–Carías, "El Proceso de Impugnación en el Recurso de Casación", *Revista Rayas*, UCAB, Nos. 7–8, Caracas, 1962, p. 38.

1293 Arts. 206 y 215, ord. 7, de la Constitución. Sobre la jurisdicción contencioso–administrativa, *V.* Allan–R. Brewer–Carías, *Las Instituciones Fundamentales del Derecho Administrativo y la Jurisprudencia Venezolana*, Caracas, 1964, pp. 293 y ss.

1294 Art. 215, ords. 3, 4 y 6, de la Constitución.

1295 *V.* sentencia de la CFC en SPA de 5–5–37 en *M. 1937*, pp. 182 y 185.

1296 *V.* Piero Calamandrei, *La Illegittimitá Costituzionale delle Leggi*, Padova, 1950, p. 5.

cionalidad, se quiere significar, que la facultad de control no se concentra en un solo órgano judicial, sino, por el contrario, corresponde, en general, a todos los órganos judiciales de un determinado país, que poseen el poder–deber de desaplicar las leyes inconstitucionales en los casos concretos sometidos a su conocimiento; en cambio, en el denominado método de control concentrado, el control de la inconstitucionalidad se centraliza en un solo órgano judicial, quien tiene el monopolio de la declaratoria de la nulidad de las leyes inconstitucionales.[1297] Confrontados estos dos métodos con los sistemas que muestra el derecho comparado, se ha identificado como arquetipo del denominado control difuso de la constitucionalidad de las leyes, al sistema norteamericano, y, en cambio, como arquetipo del denominado control concentrado, al sistema austríaco.[1298]

En Venezuela, al contrario de los sistemas que normalmente se aprecian en el derecho comparado, el control de la constitucionalidad de las leyes no puede identificarse en particular con alguno de esos dos métodos o sistemas, sino que, realmente, está conformado por la mezcla de ambos,[1299] configurándose entonces como un sistema híbrido y de una amplitud no comparable con otro sistema de los fundamentales que muestra el derecho comparado.

En efecto, como es sabido, el Código de Procedimiento Civil vigente señala expresamente que "cuando la ley vigente, cuya aplicación se pida, colidiere con alguna disposición constitucional, los tribunales aplicarán ésta con preferencia",[1300] norma recogida por primera vez en nuestro ordenamiento jurídico en el Código de Procedimiento Civil de 1897.[1301]

En ella, claramente se ve la consagración del denominado control difuso de la constitucionalidad de las leyes, que permite a cualquier juez, inaplicar una ley que estime inconstitucional, aplicando preferentemente la Constitución, siempre que ello haya sido solicitado, como excepción, por una de las partes, en un proceso cuyo conocimiento le corresponda.[1302] Pero, además, la Constitución atribuye expresamente a la Corte Suprema de Justicia competencia para declarar la nulidad total o parcial de las leyes nacionales, de las leyes estadales y de las ordenanzas municipales, y de los actos de gobierno y reglamentos que colidan con la Constitución,[1303] consagrándose un control concentrado reservado a la Corte Suprema de Justicia en Corte Plena[1304] y que tiene por objeto no ya inaplicar la ley en un proceso concreto, sino declarar la nulidad por inconstitucionalidad de las leyes con efectos *erga omnes*, cuando ello se ha solicitado por vía de acción.

1297 *V.* Mauro Cappelletti "El Control Jurisdiccional de la Constitucionalidad de las Leyes en el Derecho Comparado", en *Revista de la Facultad de Derecho* Nº 65 Tomo XVI, México, 1966, pp. 28 a 33.

1298 *Idem*, p. 29.

1299 *Cfr.* la doctrina de la Procuraduría General de la República en *Doctrina PGR*, 1968, Caracas 1969, pp. 20 y ss. *V.*, además, sentencias de la CSJ en SPA de 14–6–65 en *GF* Nº 48, 1967, pp. 192 y ss.

1300 Art. 7.

1301 *Cfr.* José Guillermo Andueza, *La Jurisdicción Constitucional en el Derecho Venezolano*, Caracas, 1955, p. 38. (Esta obra ha sido reeditada por el Instituto de Derecho Público, UCV, en 1974).

1302 *Idem.*, pp., 37 y 38. *Cfr.* sentencia de la CFC en SF de 18–5–45 en *M. 1946*, pp. 226 y ss.

1303 Art. 215, ords 3, 4 y 6.

1304 Art. 216.

La propia Corte Suprema de Justicia ha insistido sobre el ámbito del control de la constitucionalidad de las leyes en Venezuela al señalar que está encomendado "no tan sólo al Supremo Tribunal de la República, sino a los jueces en general, cualquiera sea su grado y por ínfima que fuere su categoría. Basta que el funcionario forme parte de la rama judicial para ser custodio de la Constitución y aplicar, en consecuencia, las normas de ésta prevalecientemente a las leyes ordinarias... Empero, la aplicación de la norma fundamental por parte de los jueces de grado, sólo surte efecto en el caso concreto debatido, y no alcanza, por lo mismo, sino a las partes interesadas en el conflicto; en tanto, que cuando se trata de la ilegitimidad constitucional de las leyes pronunciadas por el Supremo Tribunal en ejercicio de su función soberana, como intérprete de la Constitución y en respuesta a la acción pertinente, los efectos de la decisión se extienden *erga omnes* y cobran fuerza de ley. En el primer caso, el control es *incidental* y *especial*; y en el segundo, *principal* y *general*; y cuando éste ocurre, vale decir, cuando el recurso es autónomo, éste es *formal* o *material*, según que la nulidad verse sobre una irregularidad concerniente al proceso elaborativo de la ley, o bien que, no obstante haberse legislado regularmente en el aspecto formalista, el contenido intrínseco de la norma dé vicios sustanciales".[1305]

2. La evolución del recurso de inconstitucionalidad

Ahora bien, dejando aparte el control difuso de la constitucionalidad de las leyes que corresponde a todo tribunal[1306] y sobre cuyos efectos insistiremos más adelante, interesa ahora analizar el control concentrado de la constitucionalidad que se ejerce por vía de acción (recurso de inconstitucionalidad) por ante la Corte Suprema de Justicia.

El recurso de inconstitucionalidad hoy consagrado casi en términos absolutos para ser ejercido contra los actos estatales de rango legal y los reglamentos, no siempre ha tenido tal amplitud. En realidad, en la Constitución de 1858, donde por primera vez se consagró la competencia de la Corte Suprema en esta materia, se la limitó a "declarar la nulidad de los actos legislativos sancionados por las legislaturas provinciales, a petición de cualquier ciudadano, cuando sean contrarios a la Constitución".[1307] Nació entonces el recurso de inconstitucionalidad con carácter de acción popular, otorgada a "cualquier ciudadano", pero limitado a la impugnación de las leyes estadales. Este sistema, que perseguía evitar las invasiones de los Estados a las competencias del Poder Central, se invierte en la Constitución Federal de 1864, para proteger a los Estados de las invasiones en sus competencias y derechos por parte del Poder Central.[1308] En esta forma, se eliminó la popularidad del recurso y se limitó la legitimación activa a las legislaturas estadales cuando lo decidieran por mayoría. Se consagró, sin embargo, en 1864, la competencia de la Corte Suprema para "declarar cuál sea la ley vigente cuando se hallen en colisión las nacionales entre sí o éstas con las de los Estados o las de los mismos

1305 *V.* sentencia de la CF de 19–6–53 en *GF* Nº 1, 1953, pp. 77 y 78.

1306 Un buen ejemplo de la realización de este control puede verse en la sentencia del Tribunal Segundo de Primera Instancia en lo Civil del Distrito Federal y Estado Miranda de 4–5–72 en *Doctrina, PGR*, 1971, Caracas, 1972, pp. 326 a 334.

1307 Art. 113, ord. 8, en Luis Mariñas Otero, *Las Constituciones de Venezuela*, Madrid, 1965, p. 294. Las citas posteriores a textos constitucionales se referirán a esta obra.

1308 En tal sentido, el artículo 92 de la Constitución de 1864 dispuso que "Todo acto del Congreso o del Ejecutivo Nacional que viole los derechos garantizados a los Estados en esta Constitución o ataque su independencia, debed ser declarado nulo por la Alta Corte, siempre que así lo pida la mayoría de las Legislaturas", *loc. cit.*, p. 319.

Estados",[1309] lo cual si bien no constituía un control de la constitucionalidad de las leyes, permitía a la Corte ejercer un control de la vigencia y legalidad del ordenamiento normativo.

Esta situación se mantuvo invariable hasta que el texto constitucional de 1893 extendió este control de la vigencia y legalidad del ordenamiento normativo, a otros actos estatales y a su conformidad con la Constitución, al atribuir a la Corte Suprema competencia para "declarar cuál sea la ley, decreto o resolución vigente cuando estén en colisión las nacionales entre sí, o éstas con las de los Estados, o las de los mismos Estados, o cualquiera con esta Constitución.[1310] Se consagró así, de nuevo, el recurso de inconstitucionalidad, extendido a "la ley, decreto o resolución", manteniéndose además la norma de protección de los derechos de los Estados frente a las invasiones de sus competencias por el Poder Nacional.[1311] Por otra parte, en el mismo texto constitucional de 1893 por primera vez se consagraba una protección efectiva, al menos teóricamente, a los derechos garantizados en el texto fundamental, al señalar que las leyes que los menoscabaren o dañaren "serán tenidas como inconstitucionales y carecerán de toda eficacia".[1312] Por último, la misma Constitución atribuyó a la Corte Suprema competencia para declarar la nulidad de todos los actos dictados con usurpación de autoridad y de las decisiones acordadas por requisición directa o indirecta de la guerra, o de reunión del pueblo en actitud subversiva,[1313] por lo que indudablemente que puede situarse en este texto constitucional de 1893 el punto de partida efectivo del control concentrado de la constitucionalidad de los actos estatales, lo cual se completaría con la consagración del control difuso cuatro años después, en el Código de Procedimiento Civil del 14 de mayo de 1897.

Este sistema de la Constitución de 1893, con la sola excepción del texto constitucional de 1901,[1314] se mantuvo más o menos en los mismos términos en todos los textos posteriores pero dentro de un proceso de ampliación del ámbito de control del recurso. En efecto, en la Constitución de 1925 se agregó la competencia de la Corte Suprema para declarar la nulidad de las Ordenanzas Municipales que menoscabaran o dañaran los derechos garantizados a los ciudadanos,[1315] y en 1936 se incluyó en la enumeración a los Reglamentos.[1316] En todo caso, en este texto de 1936 se consagró la amplitud total del recurso respecto a cualquier acto del Poder Público violatorio de la Constitución (y no sólo violatorio de los derechos garantizados por la misma)[1317].

Por último, debe destacarse que paralelamente a esta ampliación del ámbito del recurso de inconstitucionalidad, desde 1925 se consagra el recurso de ilegalidad, inicialmente limitado a los Decretos o Reglamentos que dictare el Poder Ejecutivo para la ejecu-

---

1309 Art. 89. ord. 9, *loc. cit.*, p. 318.

1310 Art. 110, ord. 8, loc. *cit.*, p. 415.

1311 Art. 123, *loc. cit.*, p. 417.

1312 Art. 17, *loc. cit.*, pp., 401 y 402.

1313 Arts. 110, ords. 9, 118 y 119, *loc. cit.*, pp. 415 y 417.

1314 La Constitución de 1901 eliminó la acción directa de inconstitucionalidad y consagró una vía indirecta de carácter judicial: los Tribunales *motu proprio* o a instancia de parte podían proponer ante la Corte la cuestión de inconstitucionalidad de las leyes. Art. 106, ord. 8, *loc. cit.*, p. 415. Sobre la especificidad de esta vía de control, *V.* J. G. Andueza, *op. cit.*, p. 33.

1315 Art. 34, *loc. cit.*, p. 620.

1316 Art. 34, *loc. cit.*, p. 768.

1317 Art. 123, ord. 11, p. 787.

ción de las leyes y a las Resoluciones ministeriales[1318] y posteriormente extendidos en 1931 a todos los actos administrativos.[1319]

En esta forma puede decirse que desde 1893 hasta 1925 se estableció un control de la constitucionalidad de ciertos actos estatales,[1320] y entre 1925 y 1936 se regularon paralelamente los recursos de inconstitucionalidad y de ilegalidad, que podían ser intentados contra actos estatales diferentes, coincidiendo sólo dichos recursos respecto de los Reglamentos, Sin embargo, en el texto constitucional de 1936, al consagrarse el recurso de inconstitucionalidad contra todos los actos del Poder Público y el recurso de ilegalidad contra todos los actos administrativos, se estableció una coincidencia de recursos, el de inconstitucionalidad y el de ilegalidad contra los actos administrativos, que habría de originar una tremenda confusión entre los recursos de inconstitucionalidad y el recurso contencioso–administrativo de anulación, que aún perduraría hasta la década de los sesenta.[1321]

En efecto, en la Constitución de 1936 y posteriormente en la de 1945, de efímera vigencia efectiva, se consagraron ambos recursos, el de inconstitucionalidad y el de ilegalidad y expresamente se previó que el recurso de ilegalidad contra los actos administrativos estaba sometido a un lapso de caducidad, sólo cuando los motivos de impugnación eran exclusivamente de ilegalidad; por lo que dicho lapso no tenía vigencia cuando se impugnaba el acto por motivos de inconstitucionalidad (violación de principios, garantías o derechos consagrados por la Constitución).[1322] Igual distinción se recogió en la Constitución de 1947[1323] y si bien se eliminó del texto constitucional de 1953[1324] se recogió en la aún vigente Ley Orgánica de la Corte Federal.[1325] Desde 1936 hasta 1961, por tanto, los actos administrativos individuales podían ser objeto de dos recursos: uno por inconstitucionalidad, no sometido a lapso de caducidad alguno, y otro de ilegalidad, sometido a un lapso de caducidad que desde 1953 se estableció en seis meses. Ello traía como consecuencia que en innumerable cantidad de supuestos, al encontrarse vencido dicho lapso, los particulares pretendieran ejercer el recurso de inconstitucionalidad, ale-

1318 Art. 120, ord 12, *loc. cit.*, p. 637.

1319 Art. 120, ord. 12, *loc. cit.*, p. 746.

1320 Entre los cuales se incluían los actos administrativos. J. G. Andueza considera que también debían incluirse las decisiones del Poder Judicial, *op. cit.*, p. 33.

1321 *V.* las referencias jurisprudenciales en Allan R, Brewer–Carías: *Las Instituciones Fundamentales del Derecho Administrativo y la Jurisprudencia Venezolana*, *cit.*, pp. 395 y ss. *V.* por ejemplo, la sentencia de la CF de 8–8–51 en *GF* N° 8, 1962, pp. 213 y ss.

1322 Art. 123, ord. 11, de la Constitución de 1936, y art. 128, ord. 11, de la Constitución de 1945, *loc. cit.*, pp. 787 y 825.

1323 Art. 220, ord. 10, *loc. cit.*, p. 882.

1324 El artículo 133, ord. 3, de esta Constitución se limitaba a atribuir a esta Corte Federal competencia para "declarar la nulidad de los actos del Poder Público que sean violatorios de esta Constitución", *loc. cit.*, p. 923.

1325 La Ley Orgánica de la Corte Federal de 2–8–53, (*G.O.* 24.207 de 6–8–53), aún vigente en 1975, consagraba la competencia de la Corte Federal para "declarar la nulidad de todos los actos del Poder Público que sean violatorios de la Constitución", cuyo recurso no quedaba sometido a lapso de caducidad alguno y cuyo procedimiento no era de carácter contencioso (ord. 8, art. 7); paralelamente a la competencia para conocer en "juicio contencioso de las acciones y recursos por abusos de poder y otras ilegalidades de las Resoluciones Ministeriales y en general de los actos de la Autoridad Administrativa, en cualquiera de sus ramas Nacionales, Estatales y Municipales", cuyo recurso quedaba sometido a un lapso de caducidad de seis meses (ord. 9, art. 7).

gando siempre violación, de la Constitución que la mayoría de las veces, era una violación indirecta, en virtud de una ilegalidad.[1326]

A partir de la Constitución de 1961, la delimitación entre ambos recursos, el de inconstitucionalidad y el de ilegalidad, se ha precisado: mediante el primero, como se dijo, pueden impugnarse las leyes nacionales y estadales, y las Ordenanzas Municipales, así como los demás actos de las Cámaras Legislativas y cuerpos deliberantes de los Estados y Municipios; y los Reglamentos y actos de gobierno del Ejecutivo Nacional, cuando colindan o sean violatorios de la Constitución;[1327] mediante el segundo, sólo pueden impugnarse los actos administrativos, por contrariedad al derecho, es decir, por motivos de inconstitucionalidad e ilegalidad.[1328] Sin embargo, la ausencia de una regulación legal de la jurisdicción contencioso–administrativa produjo cierta confusión en la procedencia de dichos recursos, que ha sido aclarada parcialmente por la jurisprudencia de la Corte Suprema. En las páginas que siguen nos limitaremos a analizar el recurso de inconstitucionalidad en Venezuela, dejando para más adelante el estudio de la jurisdicción contencioso–administrativo.[1329]

3. El régimen en la Constitución de 1961

En efecto, conforme a la Constitución de 1961, como se dijo, el control de la constitucionalidad de los actos estatales por vía de acción está reservado a actos de rango legal, es decir, dictados en ejecución directa de la Constitución, y a los Reglamentos. En el ámbito nacional, estos actos estatales de rango legal son las leyes, los actos parlamentarios sin forma de ley y los actos de gobierno;[1330] y en el ámbito estadal y municipal, las leyes estadales y las Ordenanzas Municipales, así como los actos de los cuerpos deliberantes de esos niveles político–territoriales. En el ámbito nacional, por tanto, con la sola excepción de los Reglamentos, sólo pueden ser objeto de un recurso de inconstitucionalidad los actos dictados por el Congreso y las Cámaras Legislativas el Ejecutivo Nacional en ejecución directa de la Constitución.[1331]

1326 Frente a los casos de incompetencia que daban origen a violaciones legales se alegaba siempre violación de la norma constitucional que establecía el principio de que "cada una de las ramas del Poder Público tiene sus funciones propias".

1327 Art. 215, ord. 3, 4 y 6. No procede el recurso de inconstitucionalidad, en ningún caso, contra actos administrativos individuales. *V.* sentencia de la CSJ en SPA de 14–3–60 en *G.O.* N° 26.222 de 1–4–60, p. 194.255. *Cfr. Doctrina PGR, 1966*, Caracas. 1967, p. 11.

1328 Arts. 206 y 215, ord. 7, *V.* sentencia de la CSJ en SPA de 2–6–64 en *G.O.* N° 27.474 de 25–6–64, p. 204.365.

1329 *V.* Allan–R. Brewer–Carías, *Las Instituciones Fundamentales del Derecho Administrativo... cit.*, pp. 293 y ss.; y "Aspects Généraux de la Procédure contentieuse administrative au Vénézuéla", en *Conseil d'Etat, Études et Documents*, 1972, París, 1973, pp. 339 y ss.

1330 De allí que la Corte haya reservado este recurso de inconstitucionalidad a los actos de efectos *erga omnes*, que interesan a todos, *V.* sentencia de la CSJ en SPA de 14–3–60 en *G.O.* N° 26.222 de 1–4–60, p. 154–255.

1331 Claramente la Corte Suprema de Justicia ha expresado este criterio en los siguientes términos: "el examen de una acción por inconstitucionalidad supone la confrontación entre el acto que se considera viciado y las normas de la Constitución presuntamente infringidas por éste. Si tales normas condicionan el acto, es decir, determinan, por ejemplo, la finalidad de éste, la autoridad competente para realizado, o los requisitos intrínsecos o extrínsecos cuyo incumplimiento puede afectar su validez, la acción o recurso dirigido a anularlo, por colidir con la Constitución, es de inconstitucionalidad. Pero si el acto no es regulado por una disposición de la Carta Fundamental sino por una ley, la contravención a éstas u otras irregularidades menos aparentes que la doctrina denomina exceso, abuso o desviación de poder, dan lugar a una acción o recurso de ilegalidad", *V.* sentencia de la CSJ en SPA de 13–2–68 en *GF* N° 59, 1968, p. 83.

En este sentido, conforme a la Constitución, podrían ser objeto de un recurso de inconstitucionalidad los siguientes actos estatales: 1) Las leyes nacionales; 2) Las leyes estadales; 3) Las ordenanzas municipales; 4) Los actos del Congreso o de las Cámaras Legislativas Nacionales, de las Asambleas Legislativas o de los Concejos Municipales dictados en ejercicio de la función legislativa (es decir, que no sean dictados en ejercicio de la función administrativa y que constituyan actos administrativos),[1332] 5) Los actos de gobierno del Ejecutivo Nacional; y 6) Los Reglamentos del Ejecutivo Nacional.[1333]

En esta forma, puede decirse que el control jurisdiccional de la constitucionalidad de los actos estatales está consagrado en términos absolutos, en el texto fundamental, sea a través de los recursos judiciales ordinarios, respecto de los actos judiciales; sea a través de los recursos contencioso–administrativos, respecto de los actos administrativos emanados de cualquier autoridad; sea a través del recurso de inconstitucionalidad, respecto de los actos estatales de rango legal y los reglamentos. Sin embargo, a pesar de lo absoluto de dicho control, la Corte Suprema de Justicia, en una forma incomprensible, en un fallo de 1965 se limitó a sí misma sus facultades y señaló que "el control jurisdiccional de la constitucionalidad intrínseca de los actos estatales no ha sido consagrado en forma absoluta", por lo que "se justifican situaciones excepcionales en que los actos del Poder Público en sus tres ramas no están sometidos al control de la jurisdicción constitucional".[1334] Estas declaraciones y los ejemplos de actos que a su juicio no están sometidos al control de la constitucionalidad, en una sentencia dictada en un recurso de inconstitucionalidad de un artículo de la ley aprobatoria del Tratado de Extradición suscrito entre Venezuela y los Estados Unidos de Norte América, no sólo eran totalmente innecesarias, sino peligrosas para el futuro, como lo demostró acertadamente el Voto Salvado al fallo.[1335] En este sentido, la Corte no sólo se declaró incompetente para conocer de los recursos de inconstitucionalidad de las leyes aprobatorias de Tratados Internacionales, sino para conocer de recursos intentados contra actos dictados en ejercicio de atribuciones privativas de las Cámaras Legislativas, salvo los casos de "extralimitación de atribuciones";[1336] y para conocer de recursos intentados contra los actos de gobierno del

1332 *V.* lo indicado en el parágrafo 9.

1333 Art. 215, ord. 3, 4 y 6 de la Constitución. *Cfr.* el voto salvado del magistrado J. G. Sarmiento Núñez a la sentencia de la CSJ en CP de 29–4–65 publicada por la Imprenta Nacional, Caracas, 1965, p. 25.

1334 *V.* sentencia de la CSJ en CP de 29–4–65 publicada por la Imprenta Nacional, Caracas 1965, p. 9.

1335 El magistrado J. G. Sarmiento Núñez, observó acertadamente que "por no ser necesario para arribar a la conclusión a que llega el fallo, no ha debido la sentencia dejar establecido que existan actos del Poder Público que, en su concepto, no están sometidos a revisión por inconstitucionalidad; pues ello implica comprometer anticipadamente el criterio de este Supremo Tribunal sobre materias no planteadas en el proceso, y ajenas al supuesto que es objeto del presente juicio; ya que, sobre la posibilidad de control constitucional de estos actos, debe decidirse en la oportunidad en que surja un caso determinado", *loc. cit.*, p. 48.

1336 Este criterio en cuanto al ámbito del control de la constitucionalidad de los actos privativos de las Cámaras Legislativas, lamentablemente ha sido ratificado por la Corte en 1968 en los siguientes términos: "De los textos constitucionales antes copiados se desprende claramente que los actos de los cuerpos legislativos en ejercicio de sus atribuciones privativas, no están sometidos al veto del Presidente de la República, que es quien constitucionalmente puede ejercerlo, ni al examen y control de la Corte Suprema de Justicia, salvo cuando el cuerpo legislativo incurra en extralimitación de atribuciones. Es entendido, por lo tanto, que solamente cuando los cuerpos legislativos, en ejercicio de sus atribuciones privativas, se extralimiten contrariando lo que sobre la materia establece la misma Constitución, podrá esta Corte declarar la nulidad de tales actos". *V.* sentencia de la CSJ en CP de 12–6–68 publicada por el Senado de la República, Caracas 1969, p. 193. *V.*, sobre el particular, G. Pérez Luciani, "El Control Jurisdiccional de la Constitucionalidad de los Actos de Organización Interna de las Cámaras Legislativas", en *RFD*, UCAB, N° 8, 1968–1969, pp. 141 a 196, 48.

Presidente de la República.[1337] Los argumentos de la Corte en 1965, indudablemente, carecieron de toda consistencia y un solo ejemplo basta para comprobarlo: el artículo 61 de la Constitución establece que "no se permitirán discriminaciones fundadas en la raza, el sexo, el credo o la condición social"; por tanto, ¿podría afirmarse, cómo resultaría de los argumentos de la Corte, que no serían impugnables por inconstitucionalidad, un acto del Senado que niegue la autorización a un funcionario a aceptar recompensas de gobiernos extranjeros en virtud de que el funcionario es de raza negra; el voto de censura a un Ministro o la improbación de la Memoria y Cuenta de un Ministro por no haber aplicado durante su gestión, discriminaciones fundadas en la raza o la condición social; o el acto del Presidente de la República que al fijar el contingente de las Fuerzas Armadas excluya a los miembros de una determinada Iglesia o secta religiosa? Indudablemente que esos actos legislativos sin forma de ley o esos actos de gobierno serían impugnables por inconstitucionalidad, máxime cuando la Constitución no da pie para la exclusión de ninguno de ellos del control de la Corte; lo contrario significaría propiciar la apertura de una brecha a la supremacía constitucional, al reconocer, contrariamente a lo que sus normas prevé, que hay actos no sometidos al control constitucional y que pueden, impunemente, violar la Constitución.

4. El control de la constitucionalidad de las leyes

Pero entre todos los actos sometidos al control de la constitucionalidad, indudablemente que los de mayor importancia son las leyes, en virtud de su generalidad. La Constitución, en tal sentido, señala expresamente la competencia de la Corte Suprema para declarar la nulidad total o parcial de las leyes nacionales, de las leyes estadales y de las ordenanzas municipales que colidan con la Constitución.[1338] En el ámbito nacional, por tanto, todos los actos que sancionen las Cámaras Legislativas como cuerpos colegisladores, son leyes,[1339] y son impugnables ante la Corte Suprema por la vía del recurso de inconstitucionalidad. Sin que valga distinción alguna entre la ley formal o la ley material como objeto de este recurso.[1340] En tal sentido, así como en 1962 la Corte Suprema admitió el recurso de inconstitucionalidad contra un artículo de una ley aprobatoria de un contrato administrativo,[1341] así mismo, iguales criterios deben ser válidos frente a los recursos de inconstitucionalidad de las leyes aprobatorias de tratados internacionales;[1342] en ambos casos, se trata de leyes, es decir, actos de las Cámaras Legislativas actuando como cuerpos colegisladores, por lo que no se justifican los argumentos que se fundamentan en la especificidad de las leyes aprobatorias para excluir el control

---

1337 *V.* sentencia de la CSJ en CP de 29–4–65, *loc. cit.*, pp. 10 y 11.

1338 Art. 215, ords. 3 y 4.

1339 Art. 162 de la Constitución.

1340 Distinción abandonada totalmente a partir de la Constitución de 1961 (Art. 162). *Cfr.* el criterio de la CSJ en CP de 15–3–62 en *G.O.* N° 760, Extraordinario, de 22–3–62.

1341 *V.*, sentencia de la CSJ en CP de 15–3–62 en *G.O.* N° 760, Extr. de 22–3–62. *V.* Sobre el particular G. Pérez Luciani: "El Control Jurisdiccional de la Constitucionalidad de las Leyes no Normativas Aprobatorias de Contratos", en *RFD*, UCAB, N° 2, 1965–1966, pp. 207 a 231. *V.*, además, los argumentos del Voto Salvado del magistrado J. G. Sarmiento Núñez, a la sentencia de la CSJ en CP de 29–4–65, *loc. cit.*, pp. 31 y ss. y 66 y ss.

1342 *V.*, G. Pérez Luciani, "El Control Jurisdiccional de la Constitucionalidad de las Leyes Aprobatorias de Tratados Internacionales", en *RFD*, UCAB, N° 4, 1966–1967, pp. 293 a 335; J. E. Quintero Marquina: "¿Pueden ser Demandados por Inconstitucionalidad los Tratados Internacionales ante el Organismo Contralor?", *RFD*, ULA, Mérida, 1966, N° 14, pp. 207 a 231.

de la constitucionalidad. Por otra parte, en cuanto a los efectos de la declaratoria de nulidad por inconstitucionalidad de los tratados en el ámbito internacional, si bien la decisión de la Corte no los tendría sino en el ámbito interno, su efecto fundamental sería obligar al Ejecutivo Nacional a denunciar el Tratado para que cese sus efectos en el ámbito internacional.

Pero dejando a un lado el problema relativo a las leyes aprobatorias de contratos o tratados, que serán objeto de estudio detenido más adelante,[1343] ahora interesa precisar cuándo pueden ser impugnadas las leyes por la vía del recurso de inconstitucionalidad. En principio, sólo puede ser objeto del recurso de inconstitucionalidad la ley vigente; sin embargo, las dudas se plantean respecto de las leyes sancionadas, aún no promulgadas, y respecto de las leyes derogadas.

En efecto, en cuanto a las leyes sancionadas por el Congreso pero no promulgadas por el Presidente de la República, ya en la década de los treinta, la Corte admitió la posibilidad de su impugnación por inconstitucionalidad por el Presidente de la República, alegando que resultaría un contrasentido el que la autoridad ejecutiva la promulgara y luego solicitara la nulidad de la ley.[1344] En la Constitución de 1961 se reguló definitivamente el procedimiento y se facultó al Presidente de la República para acudir ante la Corte Suprema de Justicia, dentro del término fijado para la promulgación de la ley, solicitando decisión sobre la inconstitucionalidad de la ley,[1345] disposición que ha sido acogida y repetida por las constituciones estadales. En estos casos, como lo ha señalado la Corte, la decisión judicial tiene carácter previo a la promulgación, por lo que éstas sólo podrían tener lugar con posterioridad al fallo respectivo.[1346]

Sin embargo, en relación a la procedencia de este recurso de inconstitucionalidad de la ley sancionada, antes de su promulgación, hay que compatibilizarlo con el procedimiento del veto y reconsideración ante el órgano legislativo. En efecto, conforme al artículo 173 de la Constitución, que recogen las constituciones estadales, el Presidente de la República, al recibir la ley sancionada por el Congreso, tiene un lapso de diez días para promulgarla, y dentro del mismo puede devolverla al Congreso para su reconsideración o impugnarla ante la Corte por motivos de inconstitucionalidad. En caso de optar por el primer procedimiento, parecería, lógico que el Presidente tendría que esperar su agotamiento y devolución de la ley por el Congreso, para acudir ante la Corte. Se aplicaría aquí el principio de que el recurso extraordinario sólo procedería una vez agotados los recursos ordinarios, lo cual ha sido acogido repetidamente por la Corte Suprema.[1347]

1343 *V.* Allan R. Brewer–Carías, *Los Problemas Constitucionales de la Integración Económica Latinoamericana*, Caracas 1968, pp. 109 y ss.

1344 "Resultaría por lo menos irregular de parte del Ejecutivo –señaló la Corte–, el ordenar su ejecución, promulgación y publicación, o sea elevarlo a la categoría de ley vigente, para luego instar su nulidad por razón de su inconstitucionalidad, aparte de que semejante proceder del ciudadano Presidente, frente a un acto del Poder Público, que conceptúa de su exclusiva competencia, podría interpretarse como un asentimiento a la usurpación cometida contra su propia autoridad". *V.*, sentencia de la CFC en SPA de 22–12–37 en *M. 1938*, p. 383, *Cfr.* sentencia de la CFC en SPA de 6–6–40 en *M. 1941*, pp. 167 y 168, en la cual la Corte insistió en que "el interés jurídico de la acción de nulidad estribará, pues, en que si la ley está en su primer estado, no se promulgue; si ha sido promulgada, no se la publique; y si ya ha sido publicada, no sea obligatoria".

1345 Art. 173.

1346 *V.* Sentencia de la CSJ en SPA de 12–5–65 en *GF* N° 48, 1965, pp. 116 y 117.

1347 La Corte Suprema, en efecto, ha declarado extemporáneas las solicitudes de nulidad por inconstitucionalidad de leyes estadales sancionadas, aún no promulgadas por los Gobernadores, cuando aún está pendiente la decisión del veto y de reconsideración formulada ante la Asamblea Legislativa correspondiente. La Corte ha señalado, en este sentido, que "mientras la Asamblea Legislativa no decida acerca de la solicitud de revisión del Gobernador,

En todo caso, en los supuestos de impugnación de leyes sancionadas, pero no promulgadas, en virtud de que cuando sea procedente, la decisión de la Corte debe ser previa a la promulgación, el recurso tiene efectos suspensivos respecto a la promulgación de la ley, siendo este el único supuesto en que un recurso de inconstitucionalidad de las leyes produciría la suspensión de los efectos de las mismas.[1348]

Pero en el otro extremo de la vida de las leyes, la cuestión relativa a la posibilidad de impugnar por vía del recurso de inconstitucionalidad, las leyes ya derogadas, también se ha planteado, y su solución depende evidentemente de los efectos de la sentencia declaratoria de la inconstitucionalidad. En Venezuela, como se verá, siendo los efectos de la sentencia declaratoria de nulidad por inconstitucionalidad de efectos constitutivos, pro futuro, no hay duda, en principio, que sólo pueden ser objeto del recurso de inconstitucionalidad las leyes vigentes.[1349]

5. El recurso de inconstitucionalidad como acción popular

Ahora bien, la característica fundamental del recurso de inconstitucionalidad en el ordenamiento venezolano, es que está configurado como una acción, popular, es decir, un recurso que corresponde a cualquier ciudadano que se encuentre en el pleno goce de sus derechos.[1350] Como lo ha dicho la Corte, esta acción popular que se da "a cualquiera del pueblo (de allí la denominación) está dirigida a la defensa de un interés público que es a la vez simple interés del accionante quien, por esta sola razón, no requiere estar investido de un interés jurídico diferencial o legítimo". Por ello, la acción popular en Venezuela, está consagrada "para impugnar la validez de un acto del Poder Público, que por tener un carácter normativo y general, obra erga omnes y, por tanto, su vigencia afecta e interesa a todos por igual".[1351] De aquí resulta una de las grandes diferencias entre el recurso de inconstitucionalidad y el recurso contencioso–administrativo: el primero no requiere legitimación activa especial, basta el simple interés en la legalidad; en cambio, en el segundo, se requiere que el recurrente sea titular de un derecho subjetivo o de un interés personal, legítimo y directo en la legalidad del acto.[1352] Esto a la vez da origen a otra diferencia: el recurso de inconstitucionalidad por tener como objeto actos de carácter general o de rango legal, no está sujeto a lapso de caducidad alguno, es imprescripti-

---

el acto legislativo no es perfecto, ni tiene carácter definitivo, pues, en el curso de las dos discusiones de que ha de ser objeto en el seno de aquel cuerpo, su contenido puede ser modificado, acogiendo no lo pedido por el Gobernador", *V.* sentencia de la CSJ en SPA de 18–1–68 en *GF* N° 59, 1969, pp. 53 a 55. *Cfr.* sentencia de la CSJ en SPA de 5–5–70, en *G.O.* N° 29.339 de 8–10–70, p. 219.225.

1348 Repetidamente la Corte ha sostenido que el recurso de inconstitucionalidad de leyes sancionadas pero no promulgadas, es el único supuesto en que el recurso de inconstitucionalidad de las leyes tiene efectos suspensivos. *V.* sentencias de la CSJ en SPA de 16–1–68, en *GF* N° 59, 1968, pp. 47 y ss.; de 6–2–69 en *GF* N° 63, 1969, p. 137; de 28 y 29–7–69 en *GF* N° 65, 1969, pp. 102, 103, 115 y 116; de 25–2–70 en *GF* N° 67, 1970, p. 224; y de 7–6–73 en *G.O.* N° 1.618, extraordinario, de 16–10–73. p. 7. En tal sentido, la Corte se ha declarado incompetente para suspender los efectos de un acto de instalación de una Asamblea Legislativa. *V.* sentencia de la CSJ en SPA de 15–2–67, en *GF* N° 55, 1968, pp. 66 y 70.

1349 *V.* sentencia de la CFC en CP de 21–3–49 en *GF* N° 1, 1949, pp. 13 a 15, y Sentencia de la CSJ en SPA de 20–1–66, *GF* N° 51, 1968, pp. 13 y 14.

1350 *Cfr.* sentencia de la CF de 22–2–60 en *GF* N° 27, 1960, pp. 107 y 108, y sentencias de la CSJ en SPA de 3–10–63 en *GF* N° 42, 1963, pp. 19 y 20; de 6–2–64 en *G.O.* N° 27.373 de 21–2–64; de 30–5–63 en *GF* N° 52, 1968, p. 109, y de 25–9–73 en *G.O.* N° 1.643, extraordinario, de 21–3–74, p. 15.

1351 *V.* sentencia de la CSJ en SPA de 18–2–71 en *G.O.* N° 1.472, Extraordinario, de 11–6–71. p. 6. *Cfr.* Sentencia de la CSJ en SPA de 6–2–64 en *G.O.* N° 27.373 de 21–2–64.

1352 *V.* por ejemplo, sentencia de la CSJ en SPA de 18–2–71 en *G.O.* N° 1.472, Extraordinario, de 11–6–71, p. 6.

ble,[1353] en tanto que el recurso contencioso–administrativo está sometido a un lapso de caducidad de seis meses.[1354]

Correspondiendo, en todo caso, el recurso de inconstitucionalidad a cualquier ciudadano, es claro que las deficiencias que puedan existir en la representación que se atribuye el recurrente no impiden el que se pueda admitir el recurso, pues igual posibilidad de recurrir tendría a título personal.[1355] Pero, además, así como cualquier ciudadano puede ejercer el recurso de inconstitucionalidad de las leyes, y demás actos estatales en los casos señalados, asimismo cualquier ciudadano tendría derecho a presentar escritos y alegatos en el juicio, inclusive en defensa de la ley o acto impugnado, sin que valga en este recurso el concepto de parte,[1356] por no tener carácter contencioso.

En efecto, a diferencia del procedimiento del recurso contencioso–administrativo, que como su nombre lo indica, tiene carácter contencioso, el procedimiento del recurso de inconstitucionalidad, tiene carácter sumario, no contencioso, por lo que no se exige citación de persona alguna[1357] y sólo se notifica al Procurador General de la República cuando no sea este funcionario el recurrente.[1358] Siendo, por tanto, distinto el procedimiento en uno y otro recurso, no es posible acumularlos ni siquiera en aquellos casos en que corresponda a una misma Sala de la Corte Suprema su conocimiento,[1359] y mucho menos, cuando el conocimiento de dichos recursos corresponde normalmente a la Corte en pleno, en la acción popular, y a la Sala Político–Administrativa en el recurso contencioso–administrativo de anulación.[1360]

El recurso de inconstitucionalidad, por otra parte, se inicia mediante escrito de recurso en el cual el recurrente ha de expresar con claridad el acto recurrido[1361] e indicar con precisión las inconstitucionalidades denunciadas, es decir, tanto los motivos del recurso como las normas constitucionales que se dicen violadas.[1362] Sin embargo, y tratándose de una acción popular en la cual está en juego la vigencia de una ley y la supremacía

---

1353 *V.* sentencia de la CSJ en SPA de 3–10–63 en *GF* N° 42, 1963, pp. 20 y 21,

1354 Art. 7. ord. 9, de la Ley Orgánica de la Corte Federal. Sólo cuando el recurso contencioso–administrativo se intenta contra actos administrativos por violación directa de la Constitución (violación del artículo 61, por ejemplo), el recurso será imprescriptible conforme a lo dispuesto en el ord. 8 del artículo 7 de la misma ley. *V.* sentencia de la CSJ en SPA de 3–10–63 en *GF* N° 42, 1963, pp. 20 y 21.

1355 *V.*, por ejemplo, sentencias de la CF de 12–6–53 en *GF* N° 1, 1953, pp. 48 a 50; y de 22–2–60 en *GF* N° 27, 1960, pp. 107 y 108; y de la CSJ en SPA de 25–9–73 en *G.O.* N° 1.643, extraordinario, de 21–3–74, p, 15.

1356 Es de destacar que la Corte Suprema, al decidir el recurso de inconstitucionalidad del Acto de Instalación de las Cámaras Legislativas del 5 de marzo de 1968, ante escritos presentados por dos ciudadanos en contra de los pedimentos de los recurrentes, estableció, contrariamente a lo expresado en el texto, que la Corte "se limitó a hacer agregar a los autos, dichos escritos, por no ser los nombrados parte [sic.] en el presente juicio ni haber intervenido en los actos impugnados por los demandantes. El ejercicio de la acción popular... es el derecho que tiene cualquier ciudadano para constituirse en demandante en los casos permitidos por la ley, pero no para hacerse parte como demandado cuando la acción no ha sido intentada contra él". *V.* sentencia de la CSJ en CP de 12–6–68, publicaciones del Senado, *cit.*, pp. 190 y 191. En otra sentencia, la Corte señaló que para que un abogado pudiera asumir la defensa de la constitucionalidad de una ley, debía tener la representación de la respectiva Asamblea Legislativa, por lo que declaró improcedentes los pedimentos de dicho abogado por no tener dicha representación. *V.* sentencia de la CSJ en SPA de 27–5–70 en *GF* N° 68, 1970, p. 111.

1357 *V.* sentencia de la CFC en SPA de 20–11–40 en *M. 1941*, pp. 265 y 266.

1358 Art. 27 de la LOCF.

1359 Por ejemplo, a la Sala Político–Administrativa, según la Disposición Transitoria Decimoquinta de la Constitución.

1360 *Cfr. Doctrina PGR, 1964*, Caracas 1965, pp. 82 y ss.

1361 *Cfr.* sentencia de la CSJ en SPA de 23–1–69 en *GF* N° 63, 1969, p. 95.

1362 *Cfr.* sentencia de la CFC en CP de 14–12–50 en *GF* N° 6, 1950, pp. 46 y 47; y sentencia de la CSJ en SPA de 11–8–64 en *GF* N° 45, 1964, pp. 185 y 186.

constitucional, parecería lógico que la Corte pudiera apreciar la inconstitucionalidad del acto impugnado, de oficio, por vicios no alegados por el recurrente,[1363] y no que tuviera que someterse a las denuncias formuladas por el recurrente.[1364] El conocimiento de la Corte Suprema en los recursos de inconstitucionalidad, no está sujeta totalmente a la voluntad del recurrente, quien, por ejemplo, no puede desistir del recurso, una vez intentado, teniendo la Corte que conocerlo y decidirlo en todo caso.[1365]

En cuanto a los motivos del recurso de inconstitucionalidad, ante todo, en el mismo, sólo pueden alegarse violaciones o colisiones con la Constitución, es decir, motivos de inconstitucionalidad.[1366] Pero no toda norma constitucional puede servir de fundamento a una acción popular; al contrario, tiene que tratarse de una norma directamente operativa por lo que no procede el recurso cuando se alegan violaciones de normas programáticas.[1367] Por otra parte, la denuncia de inconstitucionalidad debe necesariamente plantear la "vinculación lógica, a través de una seria y necesaria motivación, entre el acto recurrido y la norma que se dice quebrantada por ésta",[1368] por lo que se considerarían formalmente insuficientes las denuncias de infracciones de normas constitucionales cuando dicha vinculación no aparece de las denuncias. En todo caso, es claro que la violación de la Constitución puede surgir cuando el acto recurrido contradice el espíritu y propósito de una norma constitucional[1369] y no sólo cuando hay contradicción literal entre las normas y el acto impugnado.

6. Efectos del control difuso de la constitucionalidad

Ahora bien, hemos señalado que el control de la constitucionalidad de las leyes en Venezuela se ejerce por los órganos del Poder Judicial, sea a través del control difuso que corresponde a todos los tribunales de la República al declarar inaplicable una ley, sea a través del control concentrado que corresponde a la Corte Suprema de Justicia. En este último, la Corte asume su rol de supremo intérprete[1370] o defensor[1371] de la Constitución, a quien corresponde el fiel de la balanza en la aplicación del principio de la se-

---

1363 En tal sentido, la Procuraduría ha señalado que la constitucionalidad de los actos legislativos es materia de orden público eminente; por tanto, en los juicios en que se ventilan tales problemas, las facultades del juez no están ni pueden estar limitadas por lo alegado y probado en autos. *V. Doctrinas PGR, 1963*, Caracas 1964, pp. 23 y 24.

1364 Tal como la Corte Suprema lo ha sostenido, *V.* sentencia de la CSJ en CP de 15–3–62 en *G.O.* Nº 760, Extraordinario, de 22–3–62. En este sentido, J. G. Andueza sostiene que la sentencia no puede contener Ultra petita, *op. cit.*, p. 37.

1365 *Cfr.* J.G. Andueza, *op. cit.*, p. 37.

1366 No pueden alegarse, por tanto, motivos de ilegalidad. *V.* sentencia de la CSJ en SPA de 13–2–68 en *GF* Nº 59, 1969, pp. 85 y 86.

1367 *V.* sentencias de la CSJ en CP de 12–9–69 en *GF* Nº 65, 1969, p. 10; y en SPA de 27–4–69 en *GF* Nº 64, 1969, pp. 23 y 24. Sobre las normas programáticas de la Constitución, *V.* lo indicado en el parágrafo 7.

1368 *V.* sentencia de la CSJ en SPA de 20–12–67 en *GF* Nº 58, 1968, p. 68.

1369 *V.* sentencia de la CF de 25–3–58 en *GF* N° 19, 1958, p. 58, En sentido contrario la Procuraduría General de la República ha sostenido que no puede ser causa de anulación de un texto legal la infracción de los móviles de la Constitución. *V. Doctrina PGR, 1964*, Caracas, 1965, p. 158. En otra parte, sin embargo, la misma Procuraduría ha sostenido que se viola la Constitución cuando la ley pretende alcanzar fines diferentes a los propuestos por la Constitución, y no solamente cuando existe una contradicción literal entre la norma constitucional y la norma legal. *V. Doctrina PGR, 1969*, Caracas, 1970, p. 111. En general sobre los diversos tipos de motivos de inconstitucionalidad de las leyes, *V. Doctrina PGR. 1966*. Caracas, 1964, pp. 170 a 174.

1370 Lo que implica la irrevisibilidad de sus decisiones, *V.* Art. 211 de la Constitución. La doctrina, sin embargo, ha sido establecida desde hace muchos años por la propia Corte, *V.*, por ejemplo, sentencia de la CFC en SPA de 17–11–38 en *M. 1939*, pp. 330 y ss.

1371 *V.* sentencia de la CSJ en SPA de 4–3–41 en *M. 1942*. pp. 128 a 130.

paración de poderes,[1372] teniendo que proclamar, al decidir el recurso, la "extinción jurídica" del acto recurrido o el mantenimiento del mismo con la plenitud de sus efectos,[1373] Los efectos del control de la constitucionalidad en ambos casos, sin embargo, difieren, y en ausencia de una ley reguladora de la jurisdicción constitucional,[1374] las soluciones del derecho comparado pueden servir de ilustración sobre el alcance y efectos de dichos controles, y han servido de orientación frecuentemente utilizada por las decisiones de la Corte Suprema de Justicia.

En efecto, en el denominado control o método difuso, cuyo arquetipo ha sido el sistema norteamericano, los efectos del control son radicalmente distintos a los efectos que produce la declaratoria de nulidad por inconstitucionalidad en el denominado control concentrado, cuyo arquetipo es el austríaco, por lo que no es posible pretender aplicar los efectos de uno de ellos al otro. De aquí que, por ejemplo, no sea posible aplicar las características del control de la constitucionalidad de las leyes del sistema norteamericano, exclusivamente de carácter difuso, al control de la constitucionalidad de las leyes que ejerce la Corte Suprema de Justicia en Venezuela, de carácter monopolísticamente concentrado.

En efecto, en el control difuso de la constitucionalidad de las leyes, que en Venezuela ejercen todos los órganos jurisdiccionales conforme al artículo 7 del Código de Procedimiento Civil cuando un juez desaplica una ley que estima inconstitucional aplicando preferentemente la Constitución, su decisión no es una declaratoria "de nulidad" de La ley que estima inconstitucional, sino una declaratoria de que la ley "es inconstitucional"; al desaplicarla, evidentemente que aprecia que esa ley nunca, ha podido haber surtido sus efectos en el caso concreto que conoce; estima al desaplicar la ley, que ésta no existe, y que nunca ha existido. Este y no otro puede lógicamente ser el efecto de su decisión: el juez, al conocer un caso concreto pretendidamente regulado en el pasado por una ley que una de las partes del proceso estima inconstitucional, al decidir la inaplicabilidad de la ley al caso concreto, está "ignorando" la ley, en su criterio, inconstitucional, y, por tanto, estimando que la misma, en el pasado, nunca tuvo efectos sobre el caso concreto sometido a su consideración. Los efectos de la decisión del juez al declarar la inaplicabilidad por inconstitucionalidad de la ley conforme al artículo 7 del Código de Procedimiento Civil, si se quiere, son los de una sentencia declarativa; el juez declara la inconstitucionalidad de la ley y no la aplica, la ignora, estimando que nunca ha surtido efectos en relación al caso, lo que equivale a considerar que la ley nunca ha existido, es decir, que es inexistente. Lógicamente, esta decisión del juez conforme a lo previsto en el artículo 7 del Código de Procedimiento Civil, es una decisión de efectos *inter partes* y, por tanto, relativos:[1375] la ley se considera inconstitucional, se la desaplica y se estima que nunca pudo surtir efectos, exclusivamente en relación al caso concreto cuyo conocimiento ha sido sometido a un juez, de acuerdo con sus competencias procesales; y los efectos de esa decisión, por supuesto, no obligan a los otros jueces y ni siquiera al mismo juez que lo dictó quien, en otro juicio, puede variar de criterio jurídico. La ley inaplicada en un caso concreto, por otra parte, no se ve afectada en su vigencia general con motivo de esa decisión; la ley, como tal, continúa vigente, y sólo per-

1372 *V.*, por ejemplo, sentencia de la CFC en SPA 3–5–39 en *M. 1940*, p 217; y de 17–4–41 en *M. 1942*. pp., 182 y ss.

1373 *V.* sentencia de la CSJ en SPA de 20–1–66 en *GF* N° 51, 1968, p. 13.

1374 *V.*, por ejemplo, el Proyecto de Ley de la Jurisdicción Constitucional en *CAP, Informe sobre la Reforma de la Administración Pública Nacional*, Caracas, 1972, Vol. II, pp. 547 y ss.

1375 *V.* sentencia de la CF de 19–6–53 en *GF* N° l, 1953. pp. 77 y 78.

derá sus efectos generales si es derogada[1376] o si se le declara nula por la Corte Suprema de Justicia.[1377] El hecho de que haya sido declarada inaplicable por inconstitucional por un juez en un proceso determinado, insistimos, no afecta su vigencia ni equivale a una declaratoria de que es nula, no siendo además la decisión del juez obligatoria, como precedente, para ningún otro juez y ni siquiera para el mismo juez que la dictó en los otros procesos que le corresponda conocer.[1378]

Los efectos relativos del control difuso de la constitucionalidad de las leyes se encuentran, por otra parte, en todos los sistemas que han seguido el modelo norteamericano,[1379] tal como sucede con el argentino, el más similar a aquél desde el punto de vista del sistema constitucional, entre todos los latinoamericanos,[1380] aun cuando ha habido discusión en relación a los efectos de dichas decisiones cuando han sido dictadas por la Corte Suprema en virtud del valor de las mismas como precedentes.[1381]

En términos generales, entonces, los efectos de la decisión de desaplicar una ley conforme al artículo 7 del Código de Procedimiento Civil venezolano, tal como se dijo, son similares a los de los sistemas denominados de control difuso en el derecho comparado, y particularmente al sistema americano, con la gran diferencia sin embargo, de que en Estados Unidos las decisiones de los tribunales sí se consideran y aprecian como precedentes para otras decisiones. Pero aparte de esta trascendental distinción, los efectos "declarativos" de la decisión son evidentemente similares. Basta aquí para darse cuenta de ello, recordar lo expuesto por A. y S. Tunc en su magistral análisis del sistema constitucional norteamericano sobre la decisión de desaplicar una ley por inconstitucional en Estados Unidos: "La ley no es ni derogada ni anulada. Ella es pura y simplemente desconocida como si no fuera una ley sino, si se quiere, una simple apariencia de ley, y los derechos de las partes son regulados como si ella no fue nunca aprobada. (La decisión del juez) se limita, pura y simplemente a ignorar la ley... Del principio según el cual una ley inconstitucional se la considera como si nunca hubiera sido aprobada, deriva el efecto retroactivo de la declaración de inconstitucionalidad; efecto retroactivo que, como se puede adivinar, conlleva cuando se trata de una ley importante, las más profundas perturbaciones.[1382] De acuerdo con la expresión de los Tunc, la "retroactividad" de la declaratoria de no aplicabilidad de la ley tiene sólo sentido bajo el ángulo de que el juez estima que ella nunca ha surtido efectos, es decir, de que los efectos de la declaración de inconstitucionalidad operan *ex tunc*, al ser una decisión mero declarativa de una inconstitucionalidad o nulidad preexistente. En este sentido, por ejemplo, la apreciación de la inconstitucionalidad de la ley ya derogada, pero que se aplicó durante su vigencia

1376 Art. 177 de la Constitución.

1377 Art. 215, ords. 3° y 4°.

1378 M. Cappelletti, al referirse a los ordenamientos que siguen esta fórmula de control (norteamericano, japonés y mexicano), resume los efectos de la decisión del juez, señalando que éste debe limitarse a desaplicar la ley inconstitucional en el caso concreto, de manera que el control judicial de la constitucionalidad de las leyes, carece, como en Austria, de eficacia general, *erga omnes*, pues únicamente posee eficacia particular, limitada al caso concreto, aun cuando, por otra parte, debe hacerse notar que en los Estados Unidos esta característica ha sido descartada en buena parte especialmente cuando se trata de control ejercitado por la Supreme Court en virtud del principio del stare decisis, *loc. cit.*, pp. 59 y 60.

1379 *V.* A. Jorge Alvarado, *El Recurso contra la Inconstitucionalidad de las Leyes*. Madrid, 1920, pp. 60 y ss.

1380 *V.* Alejandro E. Ghigliani, *Del Control Jurisdiccional de Constitucionalidad*, Buenos Aires, 1952, p. 97,

1381 *V.* Carlos A. Ayarragaray, *Efectos de la Declaración de inconstitucionalidad*, Buenos Aires, 1955, pp. 32 y ss.; Alejandro E. Ghigliani, *op. cit.*, pp. 100 y ss.

1382 *V.* A. y S. Tunc, *Le Systéme Constitutionnel des Etats–Unis d'Amerique*, París, 1954, Vol. II, pp. 294 y 295.

al caso concreto que el juez está conociendo, tiene justificación, pues la declaratoria de inaplicabilidad de la ley, al ignorar la existencia de la ley, tiene sentido para el proceso, aun cuando la ley esté derogada en el momento de la decisión. Por ello se ha dicho que si la decisión judicial que se pronuncia en el control de la constitucionalidad de las leyes, como sucede con el control difuso, tiene "efectos retroactivos", evidentemente que pueden anularse las leyes derogadas, ya que así se pone término a los efectos que la ley durante su vigencia pudo producir.[1383]

Conforme a lo anteriormente señalado, puede entonces estimarse como claro que la decisión de desaplicar una ley inconstitucional en los sistemas difusos de control de la constitucionalidad de las leyes, entre los cuales se incluye el que se ejerce en Venezuela conforme al artículo 7 del Código de Procedimiento Civil, si bien tiene solo y exclusivamente efectos *inter partes*, equivale a una decisión mero declarativa, de efectos retroactivos o ex tunc. El juez no anula la ley al ejercer este control, sino que sólo declara o constata una nulidad o inconstitucionalidad preexistente, por lo que ignora la existencia de la ley (la considera inexistente) y no la aplica al caso concreto cuyo conocimiento jurisdiccional le corresponde.

7. Efectos de control concentrado de constitucionalidad

Pero si bien esto es cierto en el control de la constitucionalidad de las leyes que se ejerce conforme al artículo 7 del Código de Procedimiento Civil venezolano y en todos los controles de la constitucionalidad denominados difusos, los efectos de la decisión de declaratoria de nulidad (anulación) de una ley por inconstitucionalidad pronunciada en Venezuela por la Corte Suprema de Justicia en pleno, son entera y completamente distintos, así como lo son en todos los sistemas que siguen el modelo austríaco de control concentrado.

Un efecto, en los sistemas denominados concentrados de control de la constitucionalidad de las leyes, el monopolio de la declaratoria de nulidad por inconstitucionalidad de las leyes corresponde a la Corte Suprema de Justicia o su equivalente, en el sentido de que ningún otro tribunal tiene competencia para ello. En la decisión que la Corte Suprema de Justicia adopta en Venezuela conforme a lo previsto en el artículo 215, ordinales 3° y 4°, de la Constitución, la Corte "declara la nulidad" de la ley, es decir, anula la ley, la cual hasta el momento en que la sentencia de la Corte se publica, es válida y eficaz, habiendo surtido todos sus efectos, no obstante su inconstitucionalidad; y esto, en virtud de la presunción de constitucionalidad que las leyes tienen,[1384] equivalente, *mutatis mutandis*, a la presunción de legalidad que acompaña a los actos administrativos.[1385]

En efecto, tal como lo señala Cappelletti al insistir en la diferencia entre los métodos difusos y concentrado del control de la constitucionalidad, "puede afirmarse que mientras el sistema estadounidense de control judicial de la constitucionalidad de las leyes, tiene el carácter de un control *meramente declarativo*, a la inversa, el austríaco asume la naturaleza de un control *constitutivo* de la invalidez y de la consiguiente ineficacia de las leyes contrarias a la Constitución, y de aquí se concluye con plena coherencia, que,

---

1383 *V.* J.G. Andueza, *op. cit.*, pp. 56 y 57.

1384 *Cfr.* J.G. Andueza, *op. cit.*, p. 90.

1385 *V.* Allan R. Brewer Carías, *Las Instituciones Fundamentales del Derecho Administrativo y Jurisprudencia Venezolana*, *cit.*, p. 131.

mientras en el primer sistema de eficacia (meramente declarativa) opera ex tunc, o sea, retroactivamente –se trata en efecto, repito, de la simple declaración de una nulidad absoluta preexistente–, en el sistema austriaco, por el contrario, la eficacia (constitutiva, es decir, de anulación) de la sentencia de inconstitucionalidad, obra *ex nunc* y, por lo tanto, pro futuro, excluyéndose una retroactividad de la eficacia de anulación".[1386] A esta diferencia entre el control difuso y el control concentrado de la constitucionalidad de las leyes, hay que agregar otra complementaria y también fundamental: la naturaleza "general" de la anulación, que si bien carece de eficacia retroactiva, pues como se dijo la misma es *ex nunc* o *pro futuro*, opera sin embargo, *erga omnes*.[1387]

Ahora bien, así como puede afirmarse que la generalidad de los sistemas de control concentrado de la constitucionalidad de las leyes que nos muestra el derecho comparado, y particularmente el austríaco[1388] y el italiano,[1389] establecen indubitablemente los efectos generales de las sentencias del Tribunal Supremo que declare la nulidad por inconstitucionalidad de una ley y su eficacia *ex nunc*, es decir, sólo hacia el futuro, asimismo sucede con el control de la constitucionalidad de las leyes que ejerce en forma concentrada, la Corte Suprema de Justicia en Corte plena, conforme a los ordinales 3° y 4° del artículo 215 de la Constitución. Es más, puede afirmarse que en ninguno de los sistemas concentrados del control de la constitucionalidad de las leyes que se conocen, se atribuye efectos generales hacía el pasado, es decir *ex tunc*, a todas las sentencias declaratorias de nulidad por inconstitucionalidad, las cuales no son mero declarativas ni tienen efectos retroactivos, sino que son sólo constitutivas; y en los casos en que se atribuye algunos efectos hacia el pasado, como en los sistemas italiano y alemán, estos son restringidos fundamentalmente al ámbito penal.[1390] Y la solución de estas dos legislaciones –la italiana y la alemana– es lógica, pues si bien sería monstruoso, por las repercusiones que tendría sobre la seguridad jurídica, pretender que las sentencias declaratorias de la nulidad por inconstitucionalidad de una ley tienen efectos mero declarativos, y que, por tanto, se tienen como nunca dictados o cumplidos los actos realizados antes de que la ley fuera declarada nula, asimismo podría resultar injusto que en los casos penales las sentencias adoptadas conforme a una ley declarada posteriormente nula, no fue-

1386 *V.* Mauro Cappelletti: *loc. cit.*, pp. 58 y 59, Subrayado en el original.

1387 *V.*, por *ejemplo*, sentencia de la CFC en SPA de 17– 11–38 en *M. 1939*, pp. 330 a 334; sentencia de la CF de 19–6–53 en *GF* N° 1, 1953, pp. 77 y ss.; y sentencia de la CSJ en CP de 29–4–65, publicada por la Imprenta Nacional, 1965, pp. 13 y 16, *Cfr. Doctrina PGR 1963*, Caracas 1964, pp. 199 a 201. *V.* En otras palabras, tal como Cappelletti señala, "una vez pronunciada la sentencia de inconstitucionalidad, la ley respectiva es privada de efectos de manera general, ni más ni menos que sí hubiese sido abrogada por una ley posterior, *y,* por el contrario, recuperan su vigencia las disposiciones legislativas anteriores a la ley de inconstitucionalidad" (*loc. cit.*. p. 59 –subrayado del autor–); siendo los efectos del control concentrado de la inconstitucionalidad radicalmente distintos a los efectos particulares ínter partes del control difuso de la constitucionalidad, tal como se ha visto.

1388 *Cfr.* M. Cappelletti, *loc. cit.*, pp. 59 y 60.

1389 *V.* F. Rubio Llorente, *La Corte Constitucional Italiana*, Cuadernos del Instituto de Estudios Políticos, N° 8, UCV, Caracas, 1966, p. 30.

1390 Tal es el supuesto, por ejemplo, de la Ley Constitucional italiana de 11 de marzo de 1953, que establece las normas complementarias de la Constitución en lo concerniente a la Corte Constitucional, cuyo artículo 30 expresa: "las normas declaradas inconstitucionales no pueden ser aplicadas a partir del día siguiente a la publicación de la decisión. Cuando en aplicación de la norma declarada inconstitucional haya sido pronunciada una sentencia irrevocable, cesará su ejecución y todos los efectos penales", (*V.* F. Rubio Llorente, *op. cit.*, p. 53). Asimismo, la Ley del Tribunal Constitucional Federal alemán de 12 de marzo de 1951, establece que "permanecen inmutables las resoluciones firmes, apoyadas en una norma declarada nula" por el Tribunal Constitucional Federal, aun cuando "es admisible la revisión del procedimiento, según los preceptos de la Ley de Procedimiento Penal, contra una sentencia penal formal apoyada" sobre la misma norma declarada nula (*V.*, Art. 79 en F. Rubio Llorente, "El Tribunal Constitucional Alemán", *Revista de la Facultad de Derecho*, UCV, N° 18, Caracas, 1959, p. 154).

ran afectadas por la anulación por inconstitucionalidad. De ahí la excepción respecto de los casos penales que la legislación italiana y alemana establecen para el principio de que los efectos de las sentencias declaratorias de nulidad por inconstitucionalidad sólo se producen hacia el futuro. Es más, la misma situación pragmática del conflicto que puede surgir entre la seguridad jurídica y las sentencias penales, ha llevado a la jurisprudencia norteamericana a establecer excepciones al principio contrario: hemos visto que en Estados Unidos, el control constitucional es de carácter difuso, siendo los efectos de las sentencias declaratorias de inconstitucionalidad de carácter retroactivo por ser mero declarativas. Hemos señalado que, en principio, el ámbito de dichas sentencias es *inter partes*, pero que en virtud de la técnica de los precedentes, las mismas adquieren carácter general obligatorio. Sin embargo, a pesar de ello, la jurisprudencia ha extendido sólo el carácter retroactivo a los casos penales, respetando, al contrario, los efectos cumplidos en materias civiles y administrativas en base a una ley declarada inconstitucional.[1391]

Ahora bien, siendo el control de la constitucionalidad de las leyes atribuido por la Constitución a la Corte Suprema de Justicia[1392] un control similar a los denominados concentrados en el derecho comparado, es evidente que los efectos de la declaratoria de nulidad por inconstitucionalidad de una ley, en ausencia de norma constitucional o legal alguna, sólo pueden ser producidos *erga omnes* pero hacia el futuro; es decir, las sentencias son en principio constitutivas y sus efectos no pueden extenderse hacia et pasado (no pueden ser retroactivas). Puede decirse que este ha sido el criterio no sólo seguido por la doctrina venezolana, por cierto escasa,[1393] sino por la jurisprudencia de la Corte Suprema de Justicia.

En efecto, la Corte ha sostenido expresamente que "las leyes se dictan para que tengan ejecución, debiendo, por ello, ser cumplidas aun cuando su existencia, por razones de adecuada impugnación, sufra la contingencia de su nulidad constitucional. *Sólo se extingue su vigencia por la sentencia definitiva declaratoria de haber lugar a dicha impugnación*".[1394] En otras palabras, mediante la sentencia de la Corte de declaratoria de nulidad por inconstitucionalidad, ésta se limita a "proclamar la extinción jurídica" de la ley impugnada.[1395] Es decir, la Corte ha sostenido que las leyes producen todos los efectos hasta tanto no sean declaradas nulas; pues como ha señalado en otra decisión, "los actos anulables son válidos y, una vez consumados, surten plenamente sus efectos, mientras no sea declarada su nulidad";[1396] y si bien los efectos de sus sentencias decla-

---

1391 *V.* M. Cappelletti, *loc. cit.*, pp. 63 y 64.

1392 Art. 215, ords. 3 y 4.

1393 En su libro sobre La Jurisdicción Constitucional en el Derecho Venezolano (*cit.*), José Guillermo Andueza ha sido abundante y terminante en la demostración de que la sentencia de declaratoria de nulidad por inconstitucionalidad es de carácter constitutivo, pues "la presunción de constitucionalidad de que gozan los actos de los Poderes Públicos hace que éstos produzcan todos sus efectos jurídicos hasta tanto la Corte no pronuncie su nulidad. En consecuencia, la sentencia de la Corte deberá necesariamente respetar los efectos que el acto estatal produjo durante su vigencia" (p. 93), pues "ella realiza una modificación en los efectos del acto estatal. Es decir, la sentencia hace ineficaz un acto que antes era válido" (p. 94). Conforme al mismo Andueza y en acuerdo con la más ortodoxa doctrina, "lo que caracteriza a las sentencias constitutivas es la ausencia de efectos retroactivos. Ellas continúan siempre pro futuro, ex nunc; es decir, que la sentencia produce sus efectos desde el día de su publicación (p. 94). No compartimos, por tanto, la opinión de Humberto J. La Roche, *El Control Jurisdiccional de la Constitucionalidad en Venezuela y Estados Unidos*, Maracaibo 1972, p. 153.

1394 Sentencia de la CFC de 20–12–40, *cit.* por J. A. Andueza: *op. cit.*, p. 90.

1395 Sentencia de la CSJ en SPA de 20–1–66 en *GF* N° 51, 1956, p. 13.

1396 *V.* sentencia de la CSJ en SPA de 15–2–67 en *GF* N° 55, 1967, p. 70.

ratorias de nulidad por inconstitucionalidad son de carácter general, *erga omnes*,[1397] es evidente que las decisiones de la Corte en materia de inconstitucionalidad al declarar nula una ley, entran a formar parte, *mutatis mutandis*, de "una legislación especial emergente del Poder Constituyente secundario que en tales materias ejerce este Alto Tribunal",[1398] pues esas decisiones "tienen carácter de disposiciones complementarias de la Constitución y leyes de la República",[1399] o, en otras palabras, como lo ha dicho expresamente la Corte, los efectos de dichas decisiones "se extienden *erga omnes y cobran fuerza de ley*".[1400] Por tanto, si la ley declarada nula por inconstitucionalidad en virtud de la decisión respectiva, como dice Cappelletti, "es privada de efectos de manera general, ni más ni menos que si hubiera sido *abrogada* por una ley posterior",[1401] es claro que así como una ley no puede tener efectos retroactivos, la sentencia declaratoria de nulidad por inconstitucionalidad, que tiene como lo sostiene la jurisprudencia venezolana "fuerza de ley", tampoco puede tener efectos retroactivos; y tan lógica es esta afirmación que en algunos sistemas constitucionales latinoamericanos, el principio clásico de irretroactividad de las leyes[1402] ha sido extendido a las sentencias del Tribunal Supremo.[1403]

8. La irretroactividad de las decisiones de inconstitucionalidad

Este principio de la irretroactividad de los efectos de las decisiones de la Corte Suprema declaratorias de nulidad por inconstitucionalidad de las leyes, que surge de su carácter constitutivo y no declarativo, ha sido reconocido expresamente por la misma Corte Suprema en sentencia de 1965, cuando al declarar nulidad por inconstitucionalidad de una Ordenanza Municipal que creó un impuesto contraviniendo la prohibición contenida en el artículo 18, ord. 4, de la Constitución, rechazó la solicitud del recurrente de "que se condene a la Municipalidad, al reintegro de las sumas de dinero que haya recabado indebidamente, por concepto del cobro de la contribución discutida... por considerar que ella no está ajustada a derecho".[1404] En esta forma, la Corte reconoció el carácter constitutivo, de efectos hacia el futuro de su decisión de nulidad de la Ordenanza, pues de lo contrario, si hubiera estimado que los efectos de la decisión eran mero declarativos, ex tunc, hubiera procedido el reintegro solicitado.

Por otra parte, en 1968, la Corte insistió en la presunción de legitimidad de las leyes al señalar que "los actos legislativos nacionales una vez sancionados y promulgados conservan su validez y eficacia hasta que no sean derogados por el cuerpo que los dictó o anulados por la Corte, y, entre tanto, su legitimidad ampara también las actuaciones de otras autoridades en conformidad con los poderes que les atribuyan",[1405] por lo que declarada la nulidad por inconstitucionalidad, dando efectos retroactivos a dicha declaratoria, equivaldría a dejar sin efectos todos los actos cumplidos en ejecución de la ley,

1397 *Cfr.* sentencias de la CFC en SPA de 17–11–38, *M. 1939*, p. 330; de 21–3–39, en *M. 1940*, p. 176; de 16–12–40 en *M. 1941* p. 311; y de la CF de 19–6–53, en *GF* N° 1, 1953, pp. 77 y 78.

1398 *V.* sentencia de la CFC en SPA de 16–12–40, en *M. 1941*, p. 311.

1399 *V.* sentencia de la CFC en SPA de 21–3–39 en *M. 1940*, p. 176.

1400 *V.* sentencia de la CF de 19–6–53 en *GF* N° 1, 1953, pp. 77 y 78.

1401 *V.* M. Cappelletti, *loc. cit.*, p. 59.

1402 Art. 44 de la Constitución.

1403 *V.* la cita de la Constitución del Ecuador que hace J. G. Andueza, *op. cit.*, p. 94.

1404 *V.* sentencia de la CSJ en SPA de 18–11–65 en *GF* N° 50, 1967, p. 111.

1405 *V.* sentencia de la CSJ en SPA de 13–2–68 en *GF* N° 59, 1969, p. 85.

con grave perjuicio para la seguridad jurídica. En el mismo año 1968, la Corte Suprema incidentalmente reconoció el carácter constitutivo y no declarativo de sus sentencias al sostener que "los efectos de las decisiones que dicte la Corte al ejercer esa atribución (el control jurisdiccional de la constitucionalidad de las leyes) sólo se extiende al tiempo durante el cual subsista (hacia el futuro, por supuesto) la vigencia del precepto constitucional en que aquellas (las decisiones de la Corte) se hayan basado. Por consiguiente, es posible que una disposición legal anulada por ser contraria a la Constitución –pero que de hecho haya seguido formando parte de un instrumento legal no derogado– recobre su eficacia jurídica al entrar en vigencia una reforma que derogue la norma constitucional en que se haya apoyado la Corte, para declarar la nulidad de aquella, o que cambie radicalmente el régimen anteriormente establecido".[1406] Si es posible el planteamiento que hace la Corte en su decisión, es precisamente porque los efectos cumplidos por la ley declarada nula antes de esa decisión quedaron incólumes, por los efectos constitutivos de la sentencia. De lo contrario el trastorno del ordenamiento jurídico sería insostenible, pues si las decisiones de la Corte en ejercicio del control jurisdiccional de la constitucionalidad de las leyes tuvieran efectos retroactivos, es decir, fueran mero declarativas, no sólo los actos cumplidos con anterioridad a la decisión judicial conforme a la ley declarada inconstitucional serían ineficaces sino que al ser la ley inconstitucional inexistente, nunca podría darse el supuesto de que recobrase su vigencia si la Constitución conforme a la cual se declaró su inconstitucionalidad, se modifica, como lo plantea la Corte. Por ello, insistimos, no hay duda de que en Venezuela, los efectos de las decisiones declaratorias de nulidad por inconstitucionalidad de las leyes, son los propios de las sentencias constitutivas, es decir, se producen sólo hacia el futuro.

Esta afirmación, por otra parte, se deduce de otras decisiones de la propia Corte Suprema de Justicia, en relación a solicitudes de nulidad por inconstitucionalidad de leyes ya derogadas. En efecto, puede afirmarse, como lo señala J. G. Andueza, que la posición que se adopte en torno a esas solicitudes, "depende de la posición que se tenga sobre los efectos de la sentencia de inconstitucionalidad". Si a ésta le damos efectos retroactivos, evidentemente que pueden anularse las leyes derogadas, ya que así se pone término a los efectos que la ley, durante su vigencia, pudo producir. Pero si la sentencia sólo rige pro futuro, resulta contradictorio que pueda anularse una ley que no existe, ya que los efectos producidos durante su vigencia no pueden destruirse en virtud del principio que ampara a todo acto estatal, el de la presunción de constitucionalidad.[1407] Puede decirse, en base a esta alternativa, que las decisiones de la Corte con posterioridad a 1949 han sido denegatorias de las solicitudes de nulidad de leyes derogadas. En efecto, si bien en 1940 la Corte Suprema sostuvo que había interés en demandar la nulidad de una ley derogada, pues "la anulación obra retroactivamente y suprime todos los efectos que había producido la aplicación de la ley nula",[1408] ese criterio ha sido cambiado radicalmente a partir de 1949, no sólo en relación a la no admisibilidad de recursos de inconstitucionalidad de leyes ya derogadas, sino en relación a los efectos sólo constitutivos de las sentencias de la Corte declaratoria de nulidad por inconstitucionalidad de las leyes. En efecto, en 1949, la Corte sostuvo que "las facultades constitucionales de control de la Constitución de este Alto Tribunal sólo se refieren a las leyes vigentes", por lo que al solicitarse la nulidad por inconstitucionalidad de una ley derogada "la Corte ca-

---

1406 *V.* sentencia de la CSJ en SPA de 19–12–68 en *GF* Nº 62, 1969, p. 112.

1407 *V.* J. C. Andueza, *op. cit.*, pp. 56 y 57.

1408 *V.* sentencia de la CFC en SPA de 13–1–40 en *M. 1941*, p. 102.

rece de materia sobre qué decidir".[1409] Recientemente, en 1966, la Corte Suprema de Justicia en Sala Político–Administrativa ha sostenido el mismo criterio, al precisar que entre las circunstancias determinantes de la relación procesal en el recurso de inconstitucionalidad, "tiene especial relieve la existencia misma del acto impugnado por inconstitucional, cuya validez o nulidad viene a constituirse, precisamente, en la materia u objeto del proceso", por lo que al solicitarse la nulidad de un acto que ya ha cesado en su vigencia, el recurso "carece de objeto".[1410]

Ahora bien, conforme a este criterio sostenido por la Corte, es evidente que en Venezuela, como principio general, las sentencias declaratorias de nulidad por inconstitucionalidad de las leyes tienen efectos generales erga omnes, pero que sólo se extienden hada el futuro en el sentido de que las mismas anulan una ley que si bien produjo sus efectos hasta el momento de la publicación de la sentencia, la misma se extingue jurídicamente a partir de ese momento. Los efectos de la sentencia, en este sentido, no pueden ser retroactivos propios de las sentencias mero declarativas, sino sólo pro futuro, propios de las sentencias constitutivas.[1411]

En nuestro criterio, no hay, por tanto, duda en torno a que en Venezuela el control jurisdiccional de constitucionalidad de las leyes que realiza la Corte Suprema de Justicia conforme al artículo 215, ordinales 3° y 4°, de la Constitución, siendo equivalente a los controles denominados "concentrados" en el derecho comparado, tienen por objeto la anulación de las leyes ("declarar la nulidad" dice la Constitución, y no "declarar la inconstitucionalidad"); anulación que se realiza con efectos *erga omnes*, los cuales se extienden *pro futuro* (*ex nunc*) mediante una sentencia de las denominadas "constitutivas", por oposición a las "declarativas",[1412] salvo que se trate de casos de nulidad absoluta, tal como se verá.

1409 *V.* sentencia de la CFC en CP de 21–3–49 en *GF* N° 1, 1949, p. 15.

1410 *V.* sentencia de la CSJ en SPA de 20–1–66 en *GF* N° 51, 1968, pp. 13 y 14.

1411 Este y no otro fue, por ejemplo, el criterio seguido en la Corte en la sentencia que declaró la nulidad por inconstitucionalidad del artículo 20 de la ley aprobatoria del contrato celebrado entre el Ejecutivo Nacional y el Banco de Venezuela, S.A. dictada el 15 de marzo de 1962 (*V.* sentencia de la CSJ en CP en *G.O.* N° 760, extraordinario, de 22–3–62), y para darse cuenta de ello basta recoger la opinión del Magistrado Ponente de dicha sentencia José Gabriel Sarmiento Núñez, sostenida en su voto salvado a la sentencia de la Corte Suprema de Justicia que declaró sin lugar la demanda de nulidad por inconstitucional del ordinal 14° del artículo II de la Ley aprobatoria del Tratado de Extradición suscrito entre Venezuela y los Estados Unidos de Norte América el 29 de abril de 1965. En dicho voto salvado el Magistrado Ponente de la sentencia de declaratoria de nulidad del artículo 20 de la ley aprobatoria del contrato celebrado entre el Ejecutivo Nacional y el Banco de Venezuela, al insistir en la distinción entre el control difuso y el concentrado de la constitucionalidad de las leyes en Venezuela, señaló que en el primero, el que ejercen los tribunales conforme al artículo 7 del Código de Procedimiento Civil, la decisión "tiene un carácter relativo, ya que afecta sólo al caso concreto controvertido y no obliga las futuras decisiones de ese u otros tribunales. En cambio, lo decidido al respecto por la Corte Suprema de Justicia (en el control concentrado) tiene un carácter absoluto: la nulidad de la ley es proclamada erga omnes, o sea, frente a todos los casos, y surte efectos ex tune (sic.), es decir, a partir de la decisión". *V.,* sentencia de la CSJ en CP de 29–4–65, publicada por la imprenta Nacional, 1965, p, 74).

1412 En este sentido, debe señalarse que este criterio universal en el derecho comparado y aceptado por la jurisprudencia y doctrina venezolanas, ha sido acogido por los proyectistas de la Ley de la Jurisdicción Constitucional, al establecer en el artículo 19 del Proyecto lo siguiente: "Las normas declaradas inconstitucionales no podrán ser aplicadas ni tendrán efecto alguno desde el día siguiente a la publicación en la Gaceta Oficial de la sentencia o, a falta de publicación, a partir del décimo día de su firma. Cuando en virtud de ellas hubiese sido pronunciada una sentencia firme de condena en curso de ejecución, cesará ésta y con ella todos los demás efectos penales", (*V.* Proyecto de Ley de la Jurisdicción Constitucional elaborado por los profesores Sebastián Martín–Retortillo, Francisco Rubio Llorente y Allan–R. Brewer–Carías, en CAP, *Informe sobre la Reforma de la Administración Pública Nacional,* Caracas, 1972, Vol. II, p. 551).

9. La inconstitucionalidad como nulidad absoluta o relativa

Pero si bien este es el principio general en el sistema constitucional venezolano, habría que plantearse si en el ordenamiento jurídico–publico venezolano, la anulación por inconstitucionalidad que la Corte Suprema puede declarar respecto de las leyes, sólo se realiza por motivos de nulidad relativa o, al contrario, la Constitución regula casos de nulidad absoluta; en otras palabras, habría que precisar si todas las leyes inconstitucionales son "actos anulables" o si, por el contrario, existen supuestos de leyes inconstitucionales de un vicio tal que sean consideradas por el ordenamiento jurídico como "actos nulos".[1413]

En Venezuela, en efecto, como regla general puede admitirse que las sentencias de la Corte mediante la cual declara la nulidad de las leyes son constitutivas, siendo, por tanto, las leyes inconstitucionales, en principio, actos estatales afectados de nulidad relativa, es decir, actos anulables, dejando a salvo solamente dos supuestos, y he aquí la excepción de la regla.

En efecto, sólo en dos casos puede llegarse a admitir en el ordenamiento constitucional venezolano que las sentencias de la Corte Suprema declaratorias de nulidad de una ley tienen la categoría de sentencias declarativas produciendo enteros efectos hacia el pasado: en primer lugar, cuando la propia Constitución califica a una ley o acto estatal como nulo o ineficaz, supuesto que sólo se regula en los artículos 46 y 119 de la Constitución; y en segundo lugar, cuando la Corte Suprema estime y declare expresamente, en cada caso, que la ley declarada inconstitucional es nula de nulidad absoluta.[1414] El segundo supuesto, aun cuando de difícil configuración teórica en virtud de la relativamente amplia concepción contenida en el primero, es de lógica jurisdiccional dejarlo abierto[1415] respetando la soberanía y autonomía de la Corte Suprema; pero en todo caso, teniendo en cuenta que si la Corte Suprema de Justicia no califica expresamente en su decisión a una ley que declara nula como viciada de nulidad absoluta, se tiene como vigente el principio general señalado de la nulidad relativa, no pudiendo los jueces de instancia sustituirse a la decisión de la Corte, y estimar por sí mismos los efectos de sus decisiones.

En cuanto a la primera excepción señalada al principio general de la nulidad relativa de las leyes inconstitucionales y de los efectos constitutivos de la sentencia de la Corte, éstas provienen de texto expreso, lo cual evidentemente que confirma la regla ya señalada. En efecto, el artículo 46 de la Constitución contiene la primera de las normas que declara, *per se*, la nulidad absoluta de los actos del Poder Público, en los cuales se incluyen las leyes: "Todo acto del Poder Público –dice la norma– que viole o menoscabe los derechos garantizados por esta Constitución es nulo, y los funcionarios y empleados públicos que lo ordenen o ejecuten incurren en responsabilidad penal, civil y administrativa según los casos, sin que les sirva de excusa órdenes superiores manifiestamente

---

1413 Tal como J. G. Andueza lo señala, "la diferencia que existe entre un acto nulo y el anulable debe verse en la naturaleza del pronunciamiento judicial. Si la sentencia es solamente declarativa, con efecto retroactivo, cuando el acto se anula pro pretérito podemos afirmar que estamos en presencia de una nulidad absoluta, Por el contrario, cuando el juez dicta una sentencia constitutiva, con efecto ex nunc, pro futuro, el vicio solamente tiene como consecuencia la anulabilidad del acto estatal" *op. cit.*, pp. 92 y 93.

1414 En alguna sentencia aislada, en este sentido, la Corte ha señalado al anular una Ordenanza Municipal contraria a la igualdad tributaria, que las infracciones constitucionales de la misma "vician de nulidad absoluta todas sus disposiciones". *V.* sentencia de la CFC en SPA de 28–3–41 en *M. 1942*, p. 158.

1415 *Cfr.* J. G. Andueza, *op. cit.*, p. 93.

contrarias a la Constitución y a las leyes". Conforme a esta primera excepción expresa, una ley que, por ejemplo, establezca una discriminación fundada en "la raza, el sexo, el credo o la condición social",[1416] viola expresamente el derecho a la igualdad garantizado por la propia Constitución, y conforme al texto constitucional del artículo 46 es "nula", con vicio de nulidad absoluta, no pudiendo producir ningún efecto jurídico e inclusive no debiendo ser aplicada por autoridad alguna *so pena* de incurrir en responsabilidad. En estos casos, la decisión de la Corte Suprema de declarar la nulidad por inconstitucionalidad de la ley no puede ser otra que de carácter mero declarativo en virtud del texto expreso de la Constitución, la constatación de una nulidad ya establecida en la Constitución, extinguiéndose la ley hacia el futuro y hacia el pasado, en el sentido que en virtud de la propia declaratoria de la ley como "nula" por la Constitución, ella nunca pudo surtir efectos. En los supuestos en que están en juego los derechos garantizados por la Constitución y que son los que regula el artículo 46 de dicho texto, no podría tener efectos constitutivos la sentencia, dejando incólumes los efectos producidos por una ley inconstitucional con anterioridad a la declaratoria de nulidad por la Corte.

El segundo caso de regulación expresa de la excepción al principio del efecto constitutivo de las sentencias de la Corte Suprema declaratorias de nulidad por inconstitucionalidad de las leyes, está contenida en el artículo 119 de la Constitución que establece que "toda autoridad usurpada es ineficaz, y sus actos son nulos"; y por usurpación de autoridad hay que entender "el vicio que acompaña a todo acto dictado por una persona desprovista totalmente de autoridad";[1417] es decir, "el usurpador de autoridad es aquel que la ejerce y realiza sin ningún tipo de investidura, ni regular ni prescrita. El concepto de usurpación, en este caso, emerge cuando una persona que no tiene *autoritas* actúa como autoridad",[1418] en el sentido en que la propia Constitución emplea el término "autoridad",[1419] y de ahí que, como dice la Constitución, la autoridad usurpada sea ineficaz y sus actos sean nulos. Este segundo caso de texto expuesto de la Constitución que declara como "nulo", con vicio de nulidad absoluta, e "ineficaz" un acto estatal, implica que la sentencia que declare la nulidad por inconstitucionalidad, por ejemplo, de una "ley" dictada por un gobierno que se organice por la fuerza,[1420] sólo puede tener efectos declarativos de una nulidad ya establecida expresamente en la propia Constitución.

Pero, insistimos, aparte de estas dos previsiones expresas de la Constitución mediante los cuales el mismo texto constitucional declara la nulidad absoluta de una ley, lo cual produce, como consecuencia, que la sentencia de la Corte Suprema de Justicia declaratoria de la nulidad por inconstitucionalidad tenga meros efectos declarativos; sólo podrían admitirse como excepción al principio adoptado por nuestro sistema constitucional de los efectos constitutivos de las sentencias de la Corte Suprema, declaratorias de la nulidad por inconstitucionalidad de las leyes que se estiman, como principio general, viciadas de nulidad relativa, aquellos casos en los cuales la misma Corte Suprema, en forma expresa en su sentencia, establezca la nulidad absoluta, lo que podría producirse, por ejemplo, en algunos Supuestos de usurpación de funciones, concepto constitucional enteramente distinto al señalado de usurpación de autoridad.[1421]

1416 Art. 61 de la Constitución.

1417 *V.* Allan R. Brewer–Carías, *Las Instituciones Fundamentales…*, *cit.*, p. 62.

1418 *Idem*, p. 59.

1419 Art. 250 de la Constitución.

1420 En el sentido del Art. 250 de la Constitución.

1421 *V.* Allan R. Brewer–Carías, *Las Instituciones Fundamentales...*, *cit.*, p. 60.

De acuerdo con lo anteriormente señalado, puede por tanto concluirse que, como principio general, toda sentencia declaratoria de nulidad por inconstitucionalidad de una ley dictada por la Corte Suprema de Justicia en Corte Plena, conforme al artículo 215, ordinales 3° y 4°, de la Constitución, tiene efectos erga omnes, y el carácter de una sentencia constitutiva, de nulidad relativa, salvo que el propio texto de la sentencia declare la nulidad absoluta de la ley o esta se pronuncie en virtud de lo previsto en los artículos 46 y 119 de la Constitución, en cuyo caso tendría carácter declarativo. Sin embargo, inclusive en estos casos, esta irretroactividad de la sentencia no es absoluta, sino que en realidad implica que todas las situaciones particulares nacidas de la aplicación de la ley declarada nula *son susceptibles de impugnación*,[1422] por lo que en muchos supuestos podría sostenerse que permanecerían incólumes las situaciones jurídicas respecto de cuya impugnación se hayan consumado los lapsos de caducidad o prescripción de las acciones correspondientes.

Sección Cuarta: LOS SUPUESTOS ADMINISTRATIVOS: LA ADMINISTRACION PÚBLICA, LA FUNCIÓN ADMINISTRATIVA Y LA ACTIVIDAD ADMINISTRATIVA

Hemos señalado que el derecho administrativo no es una ciencia jurídica intemporal, sino que está condicionada por una serie de factores que provocan su configuración en un espacio y tiempo determinados. En los tres capítulos anteriores hemos analizado los supuestos históricos, socioeconómicos, políticos y constitucionales del derecho administrativo venezolano; corresponde ahora estudiar los supuestos administrativos.

En efecto, determinada la existencia, en Venezuela, en el último cuarto del siglo XX, de un Estado Democrático y Social de Derecho, producto de una concreta evolución histórica, con unos fines específicos y con un basamento político y constitucional determinado, es necesario ahora precisar someramente el instrumental de que dispone ese Estado para la consecución de sus fines. Este instrumental, que no es otro que la Administración Pública, no sólo permitirá al Estado concretizar su acción, sino que condicionará la extensión, ámbito y sentido del derecho administrativo.

En este sentido, es claro que la Administración Pública debe considerarse como el instrumento por excelencia del Estado para el cumplimiento de sus fines.[1423] El carácter y extensión de la Administración Pública está, por tanto, condicionada por los fines del Estado, y el derecho administrativo que la regule variará, en definitiva, con la variación de los fines del Estado.[1424]

Esta consideración de la Administración Pública como instrumento para la realización de los fines del Estado[1425] implica, ante todo, su carácter subordinado a la política. En

1422 Este es el criterio, con el cual coincidimos, de la Procuraduría General de la República. Diferimos del mismo en el sentido de que la Procuraduría estima que todas las sentencias declaratorias de nulidad de una ley tienen carácter declarativo y, por tanto, efectos hacia el pasado. *V.* el criterio de 12–11–68 en *Doctrina PGR*, 1968, Caracas, 1969, pp. 20 y ss., en particular p. 25.

1423 Sobre el carácter instrumental de la Administración Pública en relación al Estado, *V.* lo indicado en sentencia de la CSJ en SPA de 16–6–69, en *GF* N° 64, 1969, p. 328,

1424 Sobre los fines del Estado contemporáneo en Venezuela, *V.* lo indicado en el parágrafo 5.

1425 *Cfr.* Charles Debbasch, *Science Administrative*, París, 1972, p, 28; Jean Boulouis, *Administration Publique et Development Economique et Social*, IIAP, 1970–71 (policopiado), Paris, p. 29; Héctor Giorgi, *La Nueva Admi-*

este sentido, la Administración Pública de cualquier país es un producto del sistema político respectivo,[1426] por lo que la misma no tiene ni puede tener autonomía ideológica respecto de éste, sino que tampoco puede tener fines propios.[1427] Los fines de la Administración Pública son los fines de la sociedad y del Estado, y su filosofía es la filosofía del sistema político que la condiciona.

Por ello, al variar la concepción del Estado, de su papel en los procesos económicos y sociales y el régimen político que lo sustenta, variará correlativamente la concepción y el papel de la Administración Pública dentro del sistema social. En este sentido, la Administración del Estado Absoluto no fue la misma que la Administración del Estado de Derecho;[1428] y en este último, la Administración del Estado Liberal Burgués de Derecho no fue la misma que la del Estado Social de Derecho o la de un Estado Socialista. En la misma forma, la Administración de un Estado democrático no es la misma que la de un Estado autocrático.[1429]

Administración y política, por tanto, son elementos interconexos dentro de cada sistema social, que no pueden separarse, pues la primera tiene sentido en tanto en cuanto sirve para ejecutar las decisiones políticas. Pero si bien esto es cierto, no es menos cierto que, particularmente en los Estados con regímenes democrático–liberales, influenciados por las ideas de los teóricos norteamericanos de la Administración Científica, se ha pretendido "despolitizar" la Administración Pública al quererla sustraer de las influencias partidistas.[1430] Ello ha dado origen a todo un movimiento tendiente a independizar la Administración Pública de los cambios de gobierno y de los partidos políticos en el poder, lo que indudablemente ha producido resultados positivos en cuanto a la continuidad del sector público a través de un cuerpo de funcionarios públicos profesionalizados.[1431] Sin embargo, una cosa es despartidizar la Administración Pública y otra despolitizarla. En el primer caso, sólo se busca garantizar la continuidad del sector público al eliminarse el sistema del "botín"; pero ello no puede conducir a una despolitización de la Administración, la cual, al contrario, debe necesariamente responder a la política del gobierno y, por tanto, del partido en el poder.[1432] El problema, por supuesto, no se discute en los regímenes de partido único ni en los países socialistas.[1433]

---

nistración Pública, Montevideo, 1965, pp. 53 y ss.; M. Lésage, "L'Administraron et son milieu: Le milieu politique", en *Traité de Science Administrative*, Paris, 1966, pp. 165 y ss.

1426 *Cfr.* Bernard Gournay, Jean–François Kesler et Jeanne Siwek–Pouydesseau, *Administration Publique*, Paris, 1967, pp. 71 y ss.; M. Duverger, "La influencia de las fuerzas políticas en la Administración Pública en los países en proceso de desarrollo" en *ESAP, La Administración Pública en los países en desarrollo*, Tomo I, Bogotá, 1963, pp. 17 y ss.

1427 *Cfr.* Charles Debbasch, *op. cit.*, pp. 38 y 39; S. Royo–Villanova, "La Administración y la Política", en *RAP*, N° 10, 1953, p. 24.

1428 *V.* lo indicado en los parágrafos 1 y 2.

1429 *Cfr.* José Luis Villar Palasi, *Derecho Administrativo, Introducción y Teoría de las Normas*, Madrid, 1968, p. 39.

1430 *Cfr.* Femando Garrido Falla, *Tratado de Derecho Administrativo*, Vol. I, Madrid, 1970, p. 58; Dwight Waldo, *Teoría Política de la Administración Pública*, Madrid, 1961, pp. 75 y ss.

1431 Ejemplos característicos lo serían el Civil Service británico y los cuerpos de funcionarios públicos franceses. En tal sentido se encuadran los movimientos latinoamericanos por establecer una carrera administrativa en la función pública. Allan R, Brewer–Carías, *El Estatuto del Funcionario Público en la Ley de Carrera Administrativa*, Caracas, 1971.

1432 Es de destacar, por ejemplo, cómo inclusive en países con una Administración más o menos rígida y estable como Francia, los gobernantes han sentido necesidad de insistir en que esa Administración no puede gobernar sola, sino que ha de estar sometida a la política del Gobierno. En tal sentido, son significativas las palabras de Giscard d'Estaing al celebrar, como Presidente de Francia, la primera reunión de su Consejo de Ministros en mayo de

En todo caso, una de las consecuencias de mayor interés que ha resultado de los intentos por independizar y despolitizar a la Administración Pública ha sido la pretendida asimilación de la Administración Pública a la Administración Privada, tan difundida por las ciencias administrativas norteamericanas desde principios de este siglo.[1434] Una y otra, sin embargo, son imposibles de identificar debido a sus insalvables diferencias.[1435] Baste señalar que los fines, en una y otra, son absolutamente distintos: la Administración Pública tiene por finalidad la satisfacción del interés público concretizado en cualquiera de los fines del Estado; la Administración Privada tiene por finalidad primordial, la obtención de una ganancia o provecho personal para los particulares.[1436]

A la diferencia de fines, por supuesto, corresponde la diferencia de medios[1437] de que se dispone para la realización de las finalidades respectivas; la Administración Pública, como titular del Poder Público, puede imponer su voluntad a los particulares, debiendo ceder, en tales casos, el interés particular ante el general.[1438] Por tanto, las relaciones jurídicas en las que es parte la Administración, ésta no está situada en el mismo plano de igualdad, como ocurriría en las relaciones entre particulares, sino en un plano de superioridad debido al interés que busca gestionar: el interés público.[1439]

Pero, por supuesto, el papel y la importancia de la Administración Pública dependerá de cuáles sean los intereses públicos que le corresponde gestionar; en definitiva, como antes se ha dicho, dependerá de la amplitud de los fines del Estado. En Venezuela, precisados estos fines como los de un Estado Democrático y Social de Derecho,[1440] la Administración que ha de realizarlos no puede ser otra que una Administración conforma-

---

1974: "La France, actuellement, est une administration, d'aillieur excellente, représentée par les hommes politiques. Or j'entends qu'elle soit gouvernée par les responsables politiques". *V.* en Le Monde, 30–5–74, p. 8.

1433 Sobre el papel de los regímenes de partido único en relación a la Administración Pública, *V.* Bernard Gournay, Jean François Kesler y Jeanne Siwek–Pouydesseau, *op. cit.*, pp. 74 y ss.

1434 Para un análisis de toda la literatura norteamericana que surgió en base a este dogma o consigna, *V.* Dwight Waldo, *op. cit.*, pp. 76 y ss.

1435 Para un estudio exhaustivo de la especificidad de la Administración Pública y su distinción respecto de la Administración Privada, *V.* León Cortiñas Peláez, "Las Ciencias Administrativas en América Latina", en *Archivo de Derecho Público y Ciencias de la Administración*, Vol. 2, 1970–71, Caracas, 1972, pp. 34 y ss.; León Cortiñas Peláez, "Estado Democrático y Administración Prestacional", en *RAP*, N° 67, 1972, pp. 110 y ss.

1436 En este sentido, la jurisprudencia de la Corte Suprema es terminante: entre la Administración Pública y la Administración Privada "existe otra diferencia sustantiva, derivada de que no son idénticos los motivos que determinan la acción estatal y la de los particulares en los campos que, respectivamente, le sean asignados: la satisfacción de las necesidades colectivas constituye –como ya se ha dicho– uno de los fines del Estado y no la ocasión o medio de obtener una ganancia, ni aun en el caso de que los usuarios estén obligados a pagar una retribución por el Servicio que se les presta. En cambio, es la especulación, entendida en el sentido de obtener un beneficio lícito en el ejercicio de una actividad lucrativa, lo que impulsa generalmente a los particulares a encargarse de la gestión de servicios de utilidad pública. Por tanto, lo que es para los particulares un simple negocio, puede significar para el Estado, en la generalidad de los casos, el cumplimiento de un deber insoslayable". *V.* sentencia de la CSJ en SPA de 5–10–70, en *G.O.* N° 1.447, extraordinario, de 15–12–70, p. 11. Sobre la actividad de la Administración Pública condicionada por la finalidad o el interés social, *V.* sentencia de la CFC en SF de 26–10–49, en *GF* N° 3, 1949, p. 26, y de 23–2–50, en *GF* N° 4, 1950, p. 87.

1437 *Cfr.* Jean Rivero, *Droit Administratif*, París, 1973, p. 11.

1438 *V.* sentencia de la CF de 16–10–58, en *GF* N° 22, 1958, p. 82.

1439 La noción de "gestión del interés público", como se verá, acompaña siempre a la noción de Administración Pública. *Cfr.* Allan R. Brewer–Carías, *Las Instituciones Fundamentales del Derecho Administrativo y la Jurisprudencia Venezolana*, Caracas, 1964, p. 114; Ramón Martín Mateo, *Manual de Derecho Administrativo*, Madrid, 1970, pp. 19 y 25; F. Garrido Falla, *op. cit.*, Tomo I, p. 25; y J. Rivero, *op. cit.*, p. 12, *Cfr.*, además, la jurisprudencia de la Corte Suprema en sentencias de la CSJ en SPA de 30–7–63, en *GF* N° 41, 1963, p. 156, y de 2–11–67, en *GF* N° 58, 1967, p. 47.

1440 *V.* lo indicado en el Capítulo Segundo.

dora del orden económico y social, cuyas funciones no son sólo reguladoras y de fomento, como la Administración liberal tradicional, y ni siquiera prestadoras o prestacionales, como la Administración de carácter social, sino, más aun, planificadoras y empresariales, en suma, conformadoras.[1441]

Ahora bien, es indudable que al hablar de Administración Pública, o Administración simplemente, estamos utilizando una terminología ambivalente que algunas veces se refiere a un complejo de órganos, y que otras a una actividad del Estado. Cuando la Constitución atribuye a los Estados "la administración de sus bienes",[1442] indudablemente que se refiere a una actividad, utilizándose aquí el concepto material de Administración, Pero cuando la Constitución había de "los empleados de la Administración Pública",[1443] en sentido distinto, se refiere al complejo de órganos que forman la Administración del Estado. Esta distinción, que aparece del texto constitucional en varias de sus disposiciones[1444] y que resulta además del lenguaje común, tiene sentido preciso en el campo del derecho administrativo. Por ello, los parágrafos que siguen se destinarán a la precisión del conjunto orgánico que conforma la Administración Pública; a la caracterización de la función administrativa dentro de las funciones del Estado; y a la identificación de la actividad administrativa como una de las actividades del Estado.

I. LA ADMINISTRACION PÚBLICA COMO COMPLEJO ORGANICO

El ordenamiento constitucional venezolano, si bien recoge el principio de la separación de poderes o mejor dicho, de división del poder en diversas funciones, en términos relativos, es indudable que sí establece en términos absolutos la llamada separación orgánica de los poderes.[1445] La realidad política del país y la normativa constitucional, en efecto, muestran la existencia de tres grupos de órganos del Estado, independientes entre sí y con relativa autonomía en el ejercicio de sus funciones; en el ámbito nacional, las Cámaras Legislativas (Cámara de Diputados y el Senado), los órganos del Ejecutivo Nacional y los Institutos Autónomos, y los Tribunales de la República; y en el ámbito estadal, las Asambleas Legislativas y los órganos de los Ejecutivos Estadales. Es decir, a nivel nacional y estadal existe y ha existido una separación orgánica entre órganos legislativos, Órganos ejecutivos y órganos judiciales, aun cuando estos últimos sólo existan a nivel nacional.[1446] En el ámbito municipal, en cambio, con excepción de la

---

1441 *Cfr.*, Ernst Forshoff, *Tratado de Derecho Administrativo*, Madrid. 1958, p. 116; H. Barbé Pérez, "Adecuación de la administración conformadora del orden económico y social a las exigencias del Estado de Derecho", en *Revista de Derecho, Jurisprudencia y Administración*, Tomo 65, N° 1, Montevideo, s/f, pp. 1 y ss.; L. López Rodó, *La Administración Pública y las transformaciones socioeconómicas*, Madrid 1963, p. 124.

1442 Art. 17, ord. 3.

1443 Art. 122.

1444 En sentido material, por ejemplo, utilizan la expresión "Administración" o "Administración Pública", como actividad, los artículos 17, ord. 3; 21; 23, ord. 3; 27; 30; 126; 190, ord. 19; 191; 206; 233 y 235. En sentido orgánico, referida al conjunto de órganos diferente del Congreso o los tribunales, la utilizan los artículos 19; 122; 139; 160 y 202, ord. 3 y único aparte; y la Disposición Transitoria Décima de la Constitución.

1445 Sobre la separación de poderes en el ordenamiento constitucional venezolano, *V.* lo indicado en el parágrafo 9.

1446 Como se dijo, a partir de la Constitución de 1945 se "nacionalizó" la justicia en Venezuela. *V.* lo indicado en el parágrafo 9.

Municipalidad del Distrito Federal,[1447] los órganos legislativos locales (Concejos Municipales) no se han diferenciado orgánicamente de los órganos administrativos municipales, lo que ha dado origen a multitud de interferencias funcionales.

En todo caso, es claro, no sólo constitucional sino práctica y realmente, que a nivel nacional, al lado del Congreso y de los Tribunales de la República, existe todo un complejo orgánico que el lenguaje común y técnico identifica como Administración Pública, compuesto por Ministerios, Oficinas Presidenciales, Comisiones e Institutos Autónomos.[1448] En principio, es a este complejo orgánico al cual se refiere el derecho administrativo.

En todo caso, ese conjunto de órganos ejecutivos, que existe en la actualidad, es el resultado de un largo proceso de crecimiento desordenado a medida que las realidades económicas y sociales fueron planteando modificaciones a los fines del Estado, es decir, el resultado de un proceso de adaptación y acomodo del instrumento administrativo a los fines del Estado. Ese proceso no sólo se puede apreciar a nivel de la Administración Central (Ministerios y Oficinas Presidenciales), sino de la administración descentralizada (Institutos Autónomos).

1. La evolución de la administración ministerial

Concentrándonos ahora a las estructuras de la Administración Central, y particularmente a la estructura ministerial que ha sido el pilar de la actuación del Estado en toda la historia administrativa de Venezuela hasta 1958, cuando comienzan a surgir las oficinas presidenciales,[1449] la evolución de la misma, marca claramente la transición de un Estado liberal clásico y abstencionista, con fines de policía y administración general hasta 1863, pasando por un Estado liberal que se comienza a preocupar por "fomentar" diversas actividades de la vida del país hasta 1936, hacia un Estado Social de Derecho que comienza a intervenir en la vida económica y social, conformándola desde esa fecha hasta nuestros días.[1450]

En el primer período hasta 1863, entre los hechos resaltantes de la evolución ministerial pueden destacarse los siguientes: en la Constitución de 1819, aparecen en el texto constitucional seis Secretarías con la posibilidad de que se agruparan dos o más de ellas en una: Relaciones Exteriores, Interior, Justicia, Hacienda, Marina y Guerra;[1451] Secretarías que en realidad correspondían a las funciones esenciales y clásicas necesarias para la existencia de todo Estado y, en particular, del Estado Liberal–Burgués de Derecho que se crea a partir de 1811 a imagen y semejanza de los recién creados con poste-

---

1447 En el caso del Distrito Federal se distingue el Concejo Municipal de la Gobernación del Distrito Federal. *V.* Allan–R, Brewer–Carías, *El Régimen de Gobierno Municipal en el Distrito Federal Venezolano*, Caracas, 1963, pp. 57 y ss.

1448 Este es el sentido, por ejemplo, de las expresiones de los artículos 122, 139 y 160 de la Constitución. *V.* sobre la Administración Pública como conjunto orgánico, Tomás Polanco, "La Administración Pública" en *Anales de la Facultad de Derecho*, UCV, Caracas 1951, pp., 117 y ss.

1449 La Oficina Central de Coordinación y Planificación (Cordiplan) y la Comisión de Administración Pública fueron creadas en 1958.

1450 *V.* lo indicado en el Capítulo Segundo.

1451 Art. 1, Sección Sexta, del Título VII de la Constitución de 1819, en Luis Mariñas Otero, *Las Constituciones de Venezuela*, Madrid, 1965, p. 180. En las notas sucesivas, todas las citas relativas a los textos constitucionales anteriores al de 1961 se referirán a esta obra.

rioridad a la Revolución Francesa.[1452] Estas Secretarías se reducen a cinco, al no incluirse la Secretaría de Justicia en la enumeración del texto constitucional de 1821,[1453] y llegan a tres en la Constitución de 1830, al preverse las Secretarías de Interior y Justicia; de Hacienda; y de Guerra y Marina.[1454] Esta Constitución de 1830, es el último de los textos constitucionales venezolanos que incluyó la enumeración de las Secretarías o despachos ministeriales, pues en la Constitución de 1857, si bien se exigían cuatro Secretarías, no se les indicó competencias específicas, cuya determinación se dejó a la ley.[1455] Por ello, por Ley de 25 de mayo de 1857 se establecieron las cuatro Secretarías siguientes; Interior y Justicia; Relaciones Exteriores e Instrucción Pública; Hacienda; y Guerra y Marina.[1456] A partir del texto constitucional de 1858 se adopta la fórmula que, con variantes menores, existe en la actualidad: el número y competencia de las Secretarías se deja a regulación legal.[1457] En 1862, en virtud de la Guerra Federal, el General Páez, entonces Presidente de la República, dispuso por Decreto la integración de las cuatro Secretarías del Despacho señaladas, en una Secretaría General, a la cual posteriormente dividió en cuatro Departamentos con idénticas denominaciones.[1458] El año de 1863, con motivo de la instauración de la Federación en Venezuela y aun antes de dictarse la Constitución Federal de 1864, se produce el hecho más significativo de la evolución de la estructura ministerial durante todo el siglo pasado, con la creación, por Decreto de 25 de julio de 1863, del Ministerio de Fomento,[1459] elevándose entonces a cinco los Ministerios, a los cuales se les cambió el anterior nombre de Secretarías: Interior y Justicia; Fomento; Relaciones Exteriores; Hacienda, y Guerra y Marina.

La evolución de dicha estructura ministerial hasta 1936, se puede resumir así: el Ministerio del Interior y de Justicia, aun cuando a partir de 1874 cambia su denominación por la de Ministerio de Relaciones Interiores,[1460] permanece básicamente con sus mismas competencias. Lo mismo puede decirse de los Ministerios de Relaciones Exteriores y de Guerra y Marina. En cuanto al Ministerio de Hacienda, el hecho fundamental de su evolución lo constituye la creación separada de un Ministerio de Crédito Público en 1864, el cual se refunde con aquél en 1892, para restablecerse de nuevo en 1898 y refundirse definitivamente en el Ministerio de Hacienda en 1899[1461] En todo caso, el paso fundamental que se produce en la estructura ministerial, se origina evidentemente con la creación en 1863 del primero de los ministerios con competencia no tradicional, el Ministerio de Fomento, cuyo nombre sólo se cambia momentáneamente en 1898 por el de Ministerio de Agricultura, Industrias y Comercio,[1462] del cual surgieron sucesivamente los siguientes otros Ministerios; en 1874 el Ministerio de Obras Públicas;[1463] en 1881 el

1452 *V.* lo Indicado en el parágrafo 3°.

1453 Art. 136 de la Constitución de 1821, *loc. cit.*, pp. 214 y 215.

1454 Art. 134 de la Constitución de 1830, *loc. cit.*, p. 243.

1455 Art. 65 de la Constitución de 1857, *loc. cit.*, p. 267.

1456 *V.* en *Recopilación de Leyes y Decretos de Venezuela*, Caracas, Tomo III, p. 57.

1457 Art. 100 de la Constitución de 1858, *loc. cit.*, p. 292.

1458 *V.* Decretos de 1 y 9 de enero de 1862. *V.* en Leyes y Decretos…, *cit.* Tomo IV, pp. 124 y 142.

1459 *V.* en Galería del Ministerio de Fomento, Tomo I (*Documentos para la historia del Ministerio de Fomento*), Caracas, 1963, p. 15, y en *Leyes y Decretos…, cit.*, Tomo IV, p. 264.

1460 *V.* Ley del 6 de junio de 1874, en *Leyes y Decretos..., cit.*, Tomo VII, p. 195.

1461 *V.* Decretos de 30 de mayo de 1864 y 7 de octubre de 1892; Ley de 9 de marzo de 1898; Decreto de 23 de octubre de 1899, relativas a la organización ministerial, en la Recopilación de *Leyes y Decretos…, cit.*, Tomo IV, p. 358; Tomo XVI, p. 190; Tomo XXI, p. 26, y Tomo XXII, p. 622, respectivamente.

1462 *V.* Ley de 9 de marzo de 1898, en *Leyes y Decretos..., cit.*, Tomo XXI, p. 26.

1463 *V.* Ley de 6 de junio do 1874, en *Leyes y Decretos..., cit.*, Tomo VII, p. 195.

Ministerio de Instrucción Pública;[1464] en 1891 y en 1898, el Ministerio de Correos y Teléfonos con una duración muy efímera;[1465] en 1931 el Ministerio de Salubridad y Agricultura y Cría.[1466]

En esta forma, para el momento de la muerte del dictador Gómez, en 1935, existían los siguientes ocho despachos ministeriales; Ministerio de Relaciones Interiores, de Obras Públicas, de Fomento, de Salubridad y Agricultura y Cría, de Instrucción Pública, de Relaciones Exteriores, de Hacienda y de Guerra y Marina.[1467]

En 1936 se produce una nueva etapa en la evolución del Estado y la sociedad venezolana, que ya hemos referido,[1468] y se abre paso definitivamente a las bases de configuración del Estado Social de Derecho, que comienza no sólo a fomentar las actividades económicas y sociales, sino a prestar servicios y a conformar la realidad económica y social. Ello se traduce en la evolución ministerial posterior a 1936. En efecto, ese mismo año, el gobierno de transición crea el Ministerio de Comunicaciones con competencias que antes correspondían al Ministerio de Fomento; el Ministerio de Salubridad y Asistencia Social se divide en dos: el Ministerio de Sanidad y Asistencia Social y el Ministerio de Agricultura que posteriormente, ese mismo año, adquiere el nombre de Ministerio de Agricultura y Cría; y se le cambia el nombre al Ministerio de Instrucción Pública, en Ministerio de Educación.[1469] En 1937, se crea el Ministerio de Trabajo y Comunicaciones con la asignación al antiguo Ministerio de Comunicaciones, de las competencias que tenía la Oficina Nacional del Trabajo adscrita al Ministerio de Relaciones Interiores;[1470] y dicho Ministerio, en 1945, es dividido en dos: el Ministerio del Trabajo y el Ministerio de Comunicaciones.[1471] En 1950, el Estatuto de Ministerios creó el Ministerio de Justicia, con las competencias que en ese sector tenía el Ministerio de Relaciones Interiores; y el Ministerio de Minas e Hidrocarburos, con competencias asignadas hasta ese momento al Ministerio de Fomento; y se le cambió el nombre al Ministerio de Guerra y Marina por el de Defensa.[1472] De acuerdo con este texto legal, en 1975 la estructura ministerial de Venezuela comprendía entonces los siguientes trece ministerios: Relaciones Interiores, Relaciones Exteriores, Obras Públicas, Trabajo, Comunicaciones, Fomento, Minas e Hidrocarburos, Sanidad y Asistencia Social, Agricultura y Cría, Educación, Justicia, Hacienda y Defensa.

Ahora bien, a más de veinticinco años de dictado el Estatuto Orgánico de Ministerios, y definidos los fines del Estado en la Constitución de 1961, resulta evidente que la estructura ministerial de Venezuela no fue configurada para los fines del Estado que se desgajan en la Constitución de 1961 ya analizados,[1473] y mucho menos para un Estado Democrático y Social de Derecho como el que formalmente ésta regula,[1474] para asumir

1464 *V.* Ley de 24 de mayo de 1.881, en Leyes y Decretos..., *cit.*, Tomo IX, p. 254.

1465 *V.* Leyes de 27 de junio de 1891 y de 9 de marzo de 1898, en Leyes y Decretos..., *cit.*, Tomo XV, p. 325, y XXI, p. 26, respectivamente.

1466 *V.* Ley de 28 de mayo de 1931, en Leyes *y Decretos*..., *cit.*, Tomo LIV, p. 139.

1467 *V.* Ley de 21 de julio de 1933, en *Leyes y Decretos*..., *cit.*, Tomo LVI.

1468 *V.* lo indicado en el parágrafo 3.

1469 *V.* Ley de 25 de febrero de 1936, en Leyes y Decretos..., *cit.*, Tomo LIX, Vol. I, p. 76.

1470 *V.* Decreto de 12 de marzo de 1937, en Leyes y Decretos. . ., *cit.*, Tomo LX, p. 184.

1471 *V.* Decretos N° 4 de 21 de octubre y N° 21 del 30 de octubre de 1945, en *Gaceta Oficial* N° 21.841 y N° 21.847, de 23 y 30 de octubre de 1945, respectivamente.

1472 *V.* el Estatuto Orgánico de Ministerios de 30 de diciembre de 1950, en *Gaceta Oficial* N° 23.418, de la misma fecha.

1473 *V.* lo indicado en el parágrafo 5°.

1474 *V.* lo indicado en el Capítulo Segundo.

LA ESTRUCTURA MINISTERIAL
EVOLUCION HISTORICA
1819-1975

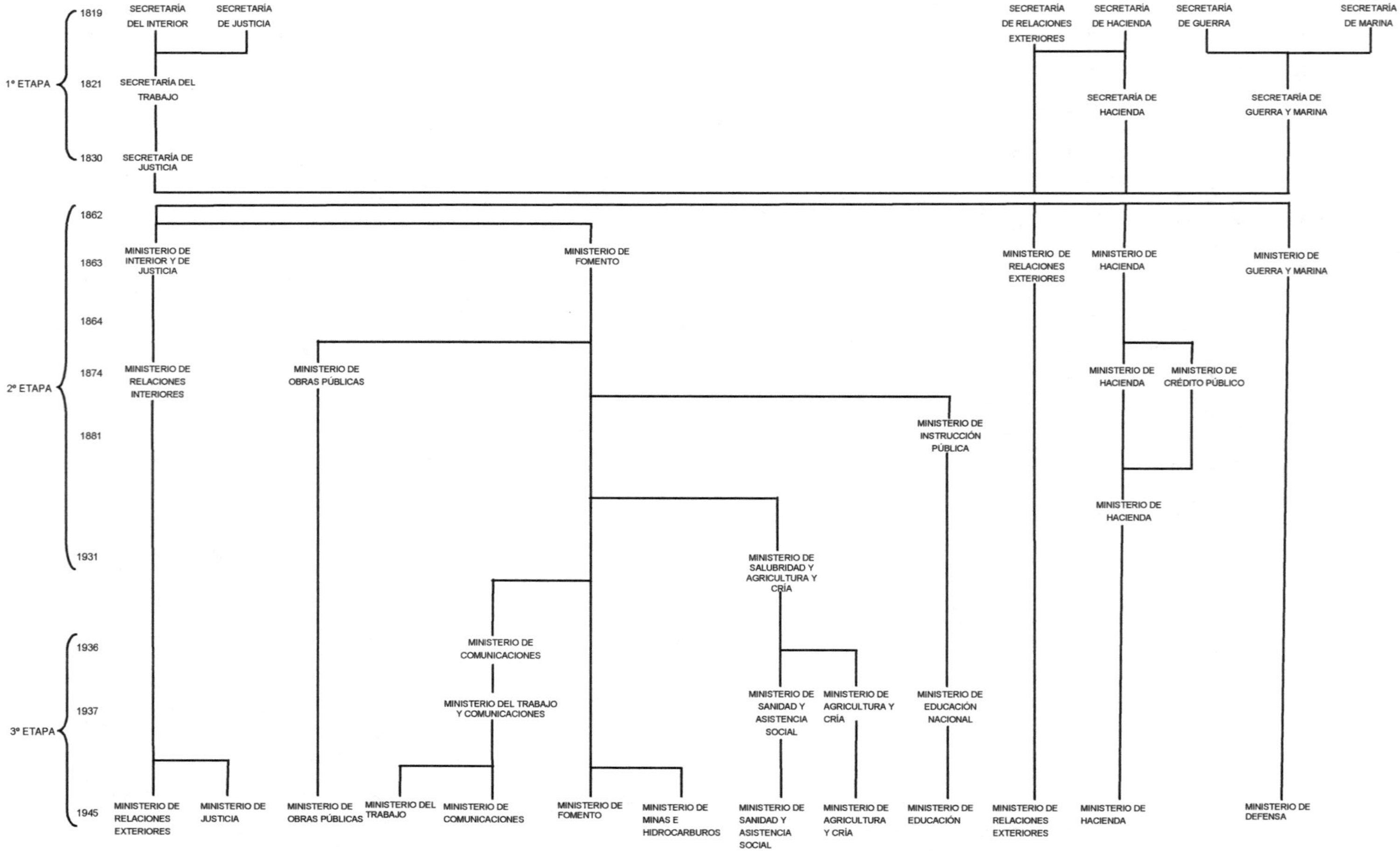

el reto del desarrollo en el último cuarto del siglo XX. Al contrario, dicha estructura, a través de un proceso de desgajamiento y agregación, si acaso respondía a las exigencias de la Venezuela de 1936, de 1950 o de 1961.[1475]

2. Las oficinas presidenciales y los órganos con autonomía funcional

A partir de la década de los cincuenta, en todo caso, y frente a las insuficiencias de la administración ministerial para cumplir las nuevas tareas que se le exigían al Estado, puede decirse que los ministerios dejaron de tener el monopolio de la Administración Central. En 1958, en efecto, se creó formalmente una oficina presidencial de carácter permanente, la Oficina Central de Coordinación y Planificación (Cordiplan),[1476] y en ese mismo año, surgiría otra oficina presidencial que ha perdurado hasta la década de los setenta, la Comisión de Administración Pública,[1477] aun cuando originalmente no fue la intención de crearla con carácter permanente.[1478] Por otra parte, en 1970 se adscribieron a la Presidencia de la República la Oficina Central de Personal[1479] y la Oficina Central de Información,[1480] con la cual en 1975 hay cuatro oficinas presidenciales, pero con diversos rangos.[1481]

Pero, indudablemente, la estructura de la Administración Central en Venezuela no se ha quedado en las organizaciones ministeriales o en las oficinas presidenciales, sino que, sucesivamente, formando parte de la Administración Central, se han ido creando y configurando diversos órganos con autonomía funcional: la llamada "administración contralora" atribuida a la Contraloría General de la República configurada como órgano auxiliar del Congreso;[1482] la "administración electoral" atribuida al Consejo Supremo

---

1475 La distancia que separa administrativamente a la Venezuela de 1950 de la de los años setenta, se puede apreciar de sólo comparar el monto del presupuesto nacional en 1936, de alrededor de 160 millones de bolívares, o el de 1961, de alrededor de 7.000 millones de bolívares, en relación con el presupuesto para 1975, de más de 40.000 millones de bolívares. Los fines y las exigencias del Estado puede decirse que, desde 1936 hasta la década de los setenta, cambiaron radicalmente, y sin embargo, las estructuras administrativas ministeriales, en términos generales, habían permanecido casi invariables.

1476 El núcleo que provocó la creación de Cordiplan fue, indudablemente, la Oficina de Estudios Especiales de la Presidencia de la República que funcionó en los años cincuenta. *V.* Comisión de Administración Pública (CAP), Informe sobre la Reforma de la Administración Pública Nacional, Caracas, 1972, Vol. II, pp. 14 y ss. Cordiplan fue creado por Decreto–Ley N° 492 de 30–12–58, publicado en *G.O.* N° 25.850 de 30–12–58. *V.*, en general Cordiplan, La Planificación en Venezuela, Normas legales y reglamentarias, Caracas, 1973, pp. 19 y ss.

1477 La Comisión fue creada por Decreto N° 287 de 27 de junio de 1958, publicada en *G.O.* N° 25.694 de 27–6–58, y fue reglamentada por Decreto N° 103 de 23–7–69, publicado en *G.O.* N° 28.982 de 30–7–69.

1478 *Cfr.* Allan–R., Brewer–Carías, La Reforma Administrativa en Venezuela 1969–1975: Experiencias, Tácticas y Criterios, I Seminario Latinoamericano de Reforma Administrativa, Rio de Janeiro, 1973, pp. 1 y ss., publicado en INAP, Reforma Administrativa: Experiencias Latinoamericanas, México, 1975, pp. 193 y ss.

1479 La OCP se creó como una unidad orgánica dentro de la Comisión de Administración Pública desde mediados de la década de los sesenta, y en 1970 la Ley de Carrera Administrativa la elevó a la categoría de Oficina Presidencial, *V.* Arts., 8 y ss. de la Ley de Carrera Administrativa de 4–9–70, en *G.O.* N° 1.428, Extr., de 4–9–70, reformada por Decreto–Ley N° 914 de 13–5–75, en *G.O.* N° 1.745, Extr., de 23–5–75.

1480 *Cfr.*, CAP, *Informe sobre la Reforma de la Administración…*, *cit.*, Vol. II, p. 175.

1481 En 1974, por ejemplo, por primera vez se designaron como Ministros de Estado, tanto al Jefe de Cordiplan como al Jefe de la Oficina Central de Información. Por otra parte, la OCP ha estado adscrita, de hecho, a la Secretaría General de la Presidencia desde 1970; y desde 1969, la CAP se adscribió a Cordiplan (*V.* Decreto N° 28 de 9–4–69, en *G.O.* N° 28.893 de 11–4–69).

1482 Art. 236 de la Constitución y Ley Orgánica de la Contraloría General de la República de 4–1–75, en *G.O.* N° 1.712, Extr. de 6–1–75, la cual entró en vigencia el 7–7–75 (*V.* Art. 117). Esta ley fue reformada por ley de 5–6–75 en *G.O.* 1.756 Extr. de 30–6–75.

Electoral;[1483] la administración del Ministerio Público atribuida a la Fiscalía General de la República;[1484] el Consejo de la Judicatura,[1485] y la Procuraduría General de la República.[1486] El signo común de estas organizaciones, salvo por lo que respecta a la Procuraduría General de la República, es que gozan de autonomía funcional respecto de todos los órganos del Estado (legislativos, ejecutivos o judiciales), correspondiendo además el nombramiento de sus directivos al Congreso en el caso del Contralor General de la República, del Fiscal General de la República y de los miembros del Consejo Supremo Electoral; al Congreso y al Ejecutivo Nacional en el caso del Procurador General de la República; y a los tres organismos del Estado en el caso de los miembros del Consejo de la Judicatura.

3. La administración descentralizada

Pero paralelamente al desarrollo y posterior estancamiento de la estructura ministerial, que configura el núcleo de la Administración Central del Estado, Venezuela tampoco ha escapado del fenómeno universal de crecimiento, generalmente inorgánico, de la administración descentralizada, es decir, de los establecimientos públicos, particularmente, de los institutos autónomos y de las empresas del Estado. Este fenómeno, hasta cierto punto, puede considerarse como una característica de la transición del Estado liberal tradicional abstencionista al Estado Social de Derecho, pues éste, ante la incapacidad de su estructura tradicional ministerial para asumir los nuevos cometidos que las exigencias económicas y sociales le fueron planteando, optó por establecer una estructura administrativa paralela a la administración central: la administración descentralizada.

Esta realidad incontestable e importantísima de la administración descentralizada, cuyo desbordante crecimiento en Venezuela se ha producido en menos de cincuenta anos, por supuesto que ha provocado la ruptura de los moldes y esquemas tradicionales de la Administración Pública y del derecho administrativo. En efecto, la estructura ministerial, tan importante durante más de un siglo en Venezuela, comenzó a declinar a partir de la década de los años cincuenta, cuando se produce un verdadero florecimiento de la administración descentralizada, lo cual se acentuó en la década de los sesenta. Por otra parte, la forma organizativa que se adoptó en cada caso en la administración descentralizada, fue tan variada que, en la actualidad, lejos de existir una o dos fórmulas para su operación, existe un museo viviente de tipos diferentes de establecimientos públicos, institutos autónomos y empresas del Estado, que concurren con los ministerios y muchas veces contra ellos, en la realización de los fines del Estado. Las formas de la actividad administrativa de acuerdo con los criterios comúnmente empleados en el derecho administrativo, con el crecimiento de aquéllos, también han pasado de las actividades tradicionales de policía, fomento y servicio público, hacia las de gestión económica, en

---

1483 Art. 113 de la Constitución y Arts. 38 y ss. de la Ley Orgánica del Sufragio de 6–9–73, en *G.O.* N° 1.609, Extr. de 6–9–73.

1484 Arts. 215 y ss. de la Constitución y Ley Orgánica del Ministerio Público de 16–9–70, en *G.O.* N° 1.434, Extr. de 16–9–70.

1485 Art. 217 de la Constitución y Art. 34 de la Ley Orgánica del Poder Judicial de 26–8–69, en *G.O.* N° 1.333 de 16–9–69, mediante la cual se creó dicho Consejo. Dicha Ley se modificó en 1974. *V. G.O.* N° 1.692 de 4–10–74.

1486 Arts. 200 y ss. de la Constitución y Ley Orgánica de la Procuraduría General de la República de 20–12–65, en *G.O.* N° 27.921 de 22–12–65.

las cuales el Estado asume la realización directa de actividades industriales o comerciales, con carácter de exclusividad o en concurrencia con los particulares.[1487]

Ahora bien, en Venezuela, el crecimiento de la administración descentralizada[1488] mediante la creación de entes jurídicos separados de la estructura ministerial tradicional para la realización de los nuevos cometidos que el Estado ha ido asumiendo a todo lo largo de este siglo, se inició en 1928 con la creación del Banco Obrero (BO), y del Banco Agrícola y Pecuario (BAP), transformados en 1975 en el Instituto Nacional de la Vivienda y en el Instituto de Crédito Agrícola y Pecuario; el primero como entidad financiera y de construcción y administración de viviendas; y el segundo como entidad financiera y de fomento de la agricultura, la cría y la pesquería, con funciones posteriores en el campo de la comercialización de productos agrícolas. Estos fueron los dos institutos autónomos creados en la década de los años veinte. En la década de los treinta, y particularmente con posterioridad a la muerte de Gómez en 1935, el gobierno de transición iniciado en 1936 dio un gran impulso a la creación de entidades descentralizadas, iniciándose así una política de intervención estatal en la vida económica y social, lo cual como se dijo, marca el inicio de la transformación del Estado liberal tradicional en el Estado Social de Derecho de las últimas décadas.[1489] En efecto, en 1937 se creó la Línea Aeropostal Venezolana (LAV), como instituto autónomo, cuya función inicial fue el desarrollo del transporte aéreo en el interior del país. Ese mismo año se creó el Banco Industrial de Venezuela (UIV), cuya forma híbrida de establecimiento público con capital mixto con posibilidad de participación de capital privado, muestra la forma tímida cómo el Estado comenzó a intervenir en campos puramente económicos, como el que le correspondía a dicha institución bancaria. Dentro de la misma orientación, en 1938 se creó el Banco Central de Venezuela, también como establecimiento público de capital mixto, en el cual participó el capital privado hasta 1974, cuyas funciones esenciales han sido realizar todo el control y regulación de los aspectos monetarios y crediticios del país. En el mismo año 1938 se crearon dos instituciones fundamentales en el campo social: el Instituto Nacional de Higiene y el Consejo Venezolano del Niño (CVN). En 1940 se crea el Instituto Venezolano de los Seguros Sociales (IVSS), aun cuando su funcionamiento comienza en 1944; y en 1943 se crea el Instituto Nacional de Obras Sanitarias (INOS), el cual absorbió, en 1958, el Instituto Autónomo de Abastecimiento de Agua para Margarita y Coche, creado ese mismo año. En 1943 se creó el Instituto Autónomo de la Ciudad Universitaria, que tuvo a su cargo la construcción de la sede de la Universidad Central de Venezuela, corporación pública autónoma que posteriormente absorbió sus funciones en 1958.

Después del golpe de estado que llevó al partido Acción Democrática al poder, se produjo el inicio de otro repentino incremento de la administración descentralizada, debido a la vocación decididamente intervencionista del gobierno en el campo económico y social.[1490] En esta Forma, en 1946 se crearon seis institutos autónomos: el Instituto Autónomo Administración Ferrocarriles del Estado, creado para asumir la administración de los ferrocarriles expropiados a las empresas inglesas y alemanas; el Patronato Nacional de Comedores Escolares, posteriormente absorbido por el Instituto Nacional

1487 *Cfr.* sobre esto Allan–R. Brewer–Carías, *Las Empresas Públicas en el Derecho Comparado*, Caracas, 1968, pp. 23 y ss.; y en la "Nota Introductiva" a Allan R. Brewer–Carías, *El Régimen Jurídico–Administrativo de la Nacionalidad y Ciudadanía Venezolanas*, Caracas, 1965, p. 8.

1488 *V.* CAP, *Informe sobre la Reforma de la Administración Pública Nacional*, *cit.*, Vol. I, pp. 300 y ss.

1489 *V.* lo indicado en el parágrafo 3.

1490 *V.* lo indicado en el parágrafo 3.

de Nutrición; la Corporación Venezolana de Fomento, para estimular financieramente el desarrollo económico del país; el Instituto Pro Alimentación Popular y el Consejo Nacional de Universidades, posteriormente extinguidos como institutos autónomos. En 1947 se constituyó, también como empresa del Estado, el Centro Simón Bolívar C.A., que ha actuado como agencia de renovación urbana en el centro de Caracas; y se creó el Instituto Autónomo Diques y Astilleros Nacionales, extinguido en 1975 por la organización de la industria naval del Estado.

Con posterioridad a la caída del régimen democrático en 1948 y durante el período de la dictadura de Pérez Jiménez hasta 1958, se produjo un florecimiento inusitado de la administración descentralizada, creándose en dicha década diecisiete organismos, como consecuencia del auge del petróleo y la demanda de nuevos servicios, derivada del incremento de la población. En efecto, en 1948 se creó el Consejo de Bienestar Rural bajo la forma de asociación civil auspiciada por el Estado, En 1949 se creó el Instituto Nacional de Deportes, se transformó el Instituto Técnico de Inmigración y Colonización en el Instituto Agrario Nacional, y se constituyó el Banco de Fomento Comercial de Venezuela, como filial de la Corporación Venezolana de Fomento. Ese mismo año, las acciones sociales del Estado fueron reforzadas con la creación del Instituto de Previsión Social de las Fuerzas Armadas Nacionales (IPSFAN), del Instituto de Previsión y Asistencia Social para el personal del Ministerio de Educación (IPASME); del Patronato Nacional de Ancianos e Inválidos, y del Instituto Nacional de Nutrición, que posteriormente, en 1968, absorbió al Patronato Nacional de Comedores Escolares. Bajo la forma de sociedad anónima, se constituyeron, en 1950, la empresa Minas de Carbón de Lobatera, y en 1951 el Banco de Fomento Regional de los Andes. En 1952 se creó el Instituto Nacional de Canalizaciones destinado fundamentalmente a permitir la navegación en el río Orinoco y el lago de Maracaibo. La Caja de Trabajo Penitenciario fue creada en 1953 para fomentar el trabajo en las cárceles y prisiones, y en ese mismo año se creó el Círculo de las Fuerzas Armadas. Como sociedad mercantil se constituyó la Transportadora Marítima Venezolana en 1953. El año siguiente se creó el Instituto Venezolano de Neurología e Investigaciones Cerebrales, el cual se transformó, en 1959, en el Instituto Venezolano de Investigaciones Científicas (IVIC). Asimismo, ese año se creó el Instituto para la Capacitación y Recreación de los Trabajadores (INCRET), y el Estado adquirió la totalidad de las acciones de la Compañía Nacional Teléfonos de Venezuela (CANTV), antes de capital mixto con participación de capital inglés. En 1955 se constituyó la Corporación Nacional de Hoteles y Turismo (CONAHOTU) y la Compañía Anónima Venezolana de Navegación (CAVN), ambas como compañías anónimas de capital público, habiendo surgido de la primera en 1973 un instituto autónomo: la Corporación de Turismo de Venezuela. En 1956 se crearon dos nuevos institutos autónomos: el Hospital Universitario de Caracas y el Instituto Venezolano de Petroquímica; y una compañía anónima: el Banco de Fomento Regional del Estado Zulia.

Con motivo de la caída del gobierno de Pérez Jiménez, en 1958, el gobierno provisional durante ese año y el siguiente, le dio un impulso decisivo al crecimiento de la administración descentralizada. En efecto, en 1958 se creó el Instituto Nacional de Hipódromos, el Instituto de Oficiales de las Fuerzas Armadas en Situación de Disponibilidad y Retiro, y la Universidad de Oriente. En ese mismo año se formó la Compañía Anónima de Administración y Fomento Eléctrico (CADAFE), la cual, al año siguiente, absorbió todas las empresas que en el campo de la distribución de energía eléctrica había constituido la Corporación Venezolana de Fomento. Esta Corporación, por otra parte, en 1959, constituyó la empresa Centrales Azucareros C. A., a la cual se transfirieron diversos centrales de producción de azúcar. En ese mismo año se creó, como patrimonio autónomo, el Fondo Nacional del Café y Cacao, dividido en dos institutos autónomos en 1975; y como institutos autónomos, el Instituto Nacional de Cooperación Educativa (INCE) y el Consejo Nacional de Investigaciones Agrícolas.

En la década de los sesenta, y a todo lo largo de la actuación de los gobiernos democráticos, el florecimiento de la administración descentralizada no ha sido menos importante. En efecto, en 1960 se crearon el Instituto Nacional de Cultura y Bellas Artes (INCIBA), la Corporación Venezolana del Petróleo (CVP), la Compañía Anónima Venezolana Internacional de Aviación S. A. (VIASA), con participación del capital privado, y la Corporación Venezolana de Guayana (CVG). En 1961 se creó el Fondo Nacional de Investigaciones Agropecuarias y la Administración del Parque del Este, habiendo sido éstos, los últimos institutos creados durante este período, conforme a las previsiones de la Constitución de 1953.[1491]

En efecto, al promulgarse la Constitución de 1961, se produjo una evidente disminución en el crecimiento de la administración descentralizada, pues al contrario de lo previsto en la Constitución de 1953, conforme a ella, el Poder Ejecutivo no puede crear por sí solo institutos autónomos, sino que éstos requieren, para su constitución, de una ley,[1492] Esta disposición limitativa, sin embargo, no redujo la política de descentralización que a nivel ejecutivo se venía desarrollando, y la misma se ejecutó a través de canales irregulares o distintos a los exigidos por la Constitución. En esta forma, se recurrió a diversas figuras distintas del instituto autónomo para la descentralización, evitando la intervención del Parlamento: se apeló de nuevo a la figura del patrimonio autónomo, no prevista en la legislación venezolana,[1493] al constituirse la Comisión Nacional de la Pequeña y Mediana Industria, transformada en 1974 en Instituto Autónomo; se recurrió a la forma jurídica de la Fundación del derecho privado para constituir, en 1961, la Fundación Instituto Venezolano de Productividad (INPRO) y la Fundación para el Desarrollo de la Comunidad y Fomento Municipal (FUNDACOMUN); en 1964, la Fundación para el Desarrollo de la Región Centro–Occidental (FUNDECO); en 1966, la Fundación para la Capacitación e Investigación Aplicada a la Reforma Agraria (CIARA), y en 1969, la Fundación Fondo de Solidaridad Social (FUNDASOCIAL); se adoptó la forma jurídica de la asociación civil, también de derecho privado, para la constitución del Fondo de Desarrollo Algodonero, en 1962; del Fondo de Desarrollo del Ajonjolí, en 1964, y del Fondo de Desarrollo Frutícola, en 1966; y se constituyeron bajo la forma de sociedades mercantiles, en 1962, la empresa Almacenes y Depósitos Agropecuarios C.A. (ADAGRO), como filial del Banco Agrícola y Pecuario; en 1964, las empresas CVG Siderúrgica del Orinoco (SIDOR) y CVG Electrificación del Caroní C.A. (EDELCA), como filiales de la Corporación Venezolana de Guayana; en 1965, el Banco de Fomento Regional de Coro S. A.; en 1967, el Banco de Fomento Regional de Guayana C. A., la empresa Venezolana del Nitrógeno S. A. (NITROVEN) y la Empresa Nacional de Salinas (ENSAL), ambas como filiales del Instituto Venezolano de Petroquímica. Asimismo, en 1967, se constituyeron por el Ejecutivo Nacional, sin intervención parlamentaria, como universidades experimentales, la Universidad Simón Bolívar y la Universidad de la Región Centro–Occidental.

1491 El artículo 108, a, 3°, de la Constitución de 1953, atribuyó al Presidente de la República, en Consejo de Ministros, la creación de "nuevos servicios públicos, autónomos o dependientes de la administración nacional, y suprimir o modificar los que existan".

1492 El artículo 230 de la Constitución de 1961 establece que "sólo por ley, y en conformidad con la Ley Orgánica respectiva, podrán crearse institutos autónomos".

1493 *Cfr.* CAP, *Informe sobre la Reforma de la Administración Pública Nacional, cit...*, Vol. I, pp. 360 y ss.

La utilización de la forma jurídica del instituto autónomo, después de promulgada la Constitución de 1961, se reinició en 1964, con la creación de la Corporación de los Andes y con la constitución formal del Banco de los Trabajadores, en 1966, con una forma jurídica híbrida, de sociedad anónima creada por ley. Ese mismo año de 1966 se creó el Banco Nacional de Ahorro y Préstamo; en 1967, el Banco de Desarrollo Agropecuario; en 1968, el Consejo Nacional de Investigaciones Científicas y Tecnológicas (CONICIT); en 1970, la Corporación de Mercadeo Agrícola, el Instituto de Comercio Exterior (ICE) y la Corporación de Desarrollo de la Región Nor–Oriental (CORPORIENTE); en 1971, el Instituto Autónomo Aeropuerto Internacional de Maiquetía y la Corporación de Desarrollo de la Región Centro–Occidental (CORPOOCCIDENTE), y en 1973, la Corporación de Turismo de Venezuela y el Instituto Nacional de Parques, que absorbió al Instituto Administración del Parque del Este; todas como institutos autónomos, es decir, mediante ley del Congreso.

En junio de 1974, al aprobarse la Ley de Medidas Extraordinarias en Materia Económica y Financiera, mediante sendos Decretos–Ley se constituyó como instituto autónomo el Fondo de Inversiones de Venezuela, y como patrimonios semi–autónomos el Fondo de Crédito Industrial y el Fondo de Crédito Agrícola, para lo cual se modificaron las disposiciones de la Ley Orgánica de la Hacienda Pública Nacional, relativas a la unidad del Tesoro, y de acuerdo a la misma Ley, mediante Decretos–Leyes, se acordó la creación de sendas empresas públicas para el desarrollo de la industria naval y de la industria aeronáutica.

Es evidente que la creación en menos de cuarenta años (1936 a 1975) de más de cien entidades descentralizadas, muchas de las cuales han sido desgajadas de la administración central ministerial, sin que dicho proceso haya obedecido a algún plan previo o se haya realizado con base a criterios preestablecidos, no sólo ha producido una desintegración del conjunto de la Administración Pública, originando innumerables problemas de coordinación y control, sino que ha afectado la autoridad y poder ministerial, tan importante dentro de la estructura formal del Poder Ejecutivo.[1494]

Ahora bien, el crecimiento desbordante de la administración descentralizada en Venezuela, y la importancia material y financiera, en aumento, de la misma, han venido planteando innumerables problemas de orden jurídico, administrativo y político, que es necesario destacar para percibir el impacto que las instituciones que la componen han tenido en el contexto de la Administración Pública venezolana. En primer lugar, es necesario destacar que la actividad administrativa realizada por vía descentralizada ha producido, en medio siglo, una transformación total respecto de las formas jurídicas utilizadas por el Estado para su acción. No sólo la noción de establecimiento público[1495] o

---

1494 Para darse cuenta de ello, basta apreciar no sólo las áreas de actividades dentro de los diversos sectores que dichas entidades realizan, tal como se ha visto y se aprecia de la sola denominación de las diversas instituciones, sino la importancia económica y financiera que los mismos tienen en el sector público en su conjunto. En efecto, la participación de la administración descentralizada dentro del sector público venezolano, se estima en el orden del 50 por ciento, con tendencia creciente, lo cual representa cerca del 15 por ciento del Producto Territorial Bruto. En particular, durante el período 1965–1969, la administración descentralizada movilizó recursos por 30.971,1 millones de bolívares, equivalentes al 46,8 por ciento de los del sector público consolidado. En el IV Plan de la Nación (1970–1974) se previó que la importancia de la administración descentralizada se elevaría y un 53,4 por ciento, lo cual resulta más si se considera que el 61,5 por ciento de los gastos de capital del sector público son realizados a través de la administración descentralizada. *V.* CAP, *Informe sobre la Reforma de la Administración Pública Nacional, cit.* pp. 318 y ss.

1495 Art. 538 del Código Civil.

personas jurídicas de carácter público[1496] se adoptan en nuestro ordenamiento jurídico, como entes estatales distintos de las personas públicas territoriales tradicionales (República, Estados y Municipios), fundamentalmente a través de la figura de los institutos autónomos,[1497] sino que el Estado convierte en práctica común la utilización, para la realización de sus fines, de formas típicas del derecho privado, como las fundaciones, las sociedades mercantiles y las asociaciones civiles. Por otra parte, la misma figura de los establecimientos públicos, después de la evolución citada, no se identifica con los institutos autónomos, sino que aquélla es el género de las personas jurídicas de derecho público y éstos son una de sus especies: los establecimientos públicos institucionales.[1498] Además de ellos, pueden ubicarse con claras distinciones, sobre todo en cuanto a la atenuación o eliminación del control de tutela de parte de la administración central, los establecimientos públicos de economía mixta, en los cuales la persona jurídica, aun siendo pública, admite en su capital la participación de los particulares, como era el caso del Banco Central de Venezuela;[1499] y los establecimientos públicos corporativos, en los cuales una determinada comunidad o "corporación" se constituye en la esencia de la existencia de la persona pública, como es el caso de las Universidades Nacionales Autónomas. Esta variedad de formas jurídicas,[1500] no sólo ha producido una variedad de regímenes jurídicos a aplicar en cada caso, sino un innumerable catálogo de controles que, de aplicarse todos, se correría el riesgo de paralizar la actividad de la administración descentralizada.[1501] En esta forma, un reciente esfuerzo por racionalizar los controles que se deben ejercer sobre los distintos entes descentralizados fue la publicación del Reglamento de Coordinación, Administración y Control de la administración descentralizada, en 1970.[1502]

4. La Administración Pública y la personalidad del Estado

De todo el anterior panorama resulta con evidencia que dentro del complejo de órganos estatales, separados de las Cámaras Legislativas y de los Tribunales, la Administración Pública se configura por una serie de órganos de la administración central, de la administración descentralizada (autonomía orgánica) y de otras administraciones con autonomía funcional. Puede decirse entonces que en este sentido es que adquiere relevancia la separación orgánica de poderes.

Pero si bien resulta claro de la conformación histórica del Estado y de nuestro ordenamiento legal y constitucional, que en el ámbito nacional la Administración Pública es una parte de la organización del Estado, distinta de las Cámaras Legislativas y de los Tribunales, también parece cierto que es a ese complejo orgánico, que se denomina como Administración, a quien corresponde, en el ámbito interno, concretizar o materializar la personalidad estatal.

1496 Art. 124 de la Constitución.

1497 Art. 230 de la Constitución y Titulo IV de la Ley Orgánica de la Hacienda Pública Nacional, en *G.O.* N° 1.660, Extr., de 21–6–74

1498 *V.* CAP, *Informe sobre la Reforma de la Administración Pública Nacional, cit.*, Vol. I, pp. 307 y ss.

1499 Sobre la naturaleza jurídica del Banco Central de Venezuela antes de 1974, *V.*, especialmente, CAP, *Informe sobre la Reforma de la Administración Pública Nacional, cit.*, Vol. I, pp. 611 y ss.

1500 *V.* una enumeración de las mismas y los entes que encuadran en cada categoría, en CAP, *Informe sobre la Reforma de la Administración Pública Nacional, cit.*, Vol. I, pp. 296 y ss., y 306 y ss.

1501 *V.*, por ejemplo, A.R. Brewer–Carías, *El Control de las Actividades Económicas del Estado en el Derecho Venezolano*, Caracas, 1969, p. 70.

1502 Decreto N° 280 de 8 de abril de 1970, en *Gaceta Oficial* N° 29.190 de 14 de abril de 1970.

En efecto, el Estado venezolano, en realidad, no es una persona jurídica, salvo en el ámbito internacional, sino que está conformado por tres personas públicas territoriales: la República, los Estados Federados y los Municipios.[1503] En el ámbito internacional, el Estado se confunde con la persona pública territorial nacional: la República. Es ella quien actúa y obliga internacionalmente al Estado.[1504] En el ámbito nacional (interno), en cambio, la actuación del Estado se manifiesta a través de sus tres personas jurídico–territoriales, según su ámbito de competencia, por lo que las obligaciones y potestades que la Constitución asigna al "Estado" en el ámbito interno, en realidad se asignan a las tres personas territoriales dentro del ámbito de sus competencias.[1505]

Pero cada una de estas tres personas jurídico–territoriales que conforman el Estado, en el ámbito interno, actúan como personas jurídicas entrando en relación con los particulares como sujeto de derechos titulares de un interés público, que gestionan, a través de sus Administraciones Publicas.[1506] De allí que se haya dicho que sólo cuando el Estado actúa como Administración es verdadera y propia persona jurídica.[1507]

Sin embargo, si bien ello es cierto, de allí no puede concluirse que el Estado no tenga personalidad jurídica. En Venezuela la tiene en sus tres personas territoriales (la República, los Estados y Municipios), aun cuando dicha personalidad jurídica se concretice o materialice, normalmente, a través de sus Administraciones Públicas.

II. LA FUNCIÓN ADMINISTRATIVA DENTRO DE LAS FUNCIONES DEL ESTADO

Si bien puede decirse que en Venezuela rige el principio de la separación orgánica "de poderes" en el sentido de que el ordenamiento constitucional distingue, a nivel nacional, los órganos que ejercen el Poder Legislativo (el Congreso), de los órganos que ejercen el Poder Ejecutivo (el Presidente de la República y demás órganos de la Administración Pública) y de los órganos que ejercen el Poder Judicial (Corte Suprema de Justicia y Tribunales), ello no implica que cada uno de dichos órganos siempre tenga el ejercicio exclusivo de alguna función estatal específica. Es decir, tal como la Corte Suprema lo ha señalado reiteradamente, la división de la Potestad Estatal (el Poder Público) en ramas y la distribución de su ejercicio entre diversos órganos, no coincide exactamente con la "separación" de las funciones estatales.[1508] Por tanto, el hecho de que exista una separación orgánica "de poderes" no implica que cada uno de los órganos que lo ejercen tenga necesariamente el ejercicio exclusivo de ciertas funciones, pues paralelamente a

---

1503 *V.*, por ejemplo, el artículo 47 de la Constitución

1504 *V.*, por ejemplo, los artículos 128, 129 y 130 de la Constitución.

1505 En multitud de normas, por ejemplo, la Constitución asigna obligaciones y potestades al Estado, y no sólo a la República: artículos 72, 73, 75, 77, 78, 79, 83, 84, 95, 97, 98, 106, 132 y 133. El Estado actúa también, por supuesto, a través de las personas públicas (estatales) no territoriales (establecimientos públicos, institutos autónomos). *Cfr.*, E. García de Enterría y Tomás–Ramón Fernández, *Curso de Derecho Administrativo*, Tomo I, Madrid 1974, p. 22.

1506 *Cfr.* sentencia de la CSJ en SPA de 18–7–62, en *GF* 41, 1963, p, 116.

1507 *V.* Eduardo García de Enterría, "Verso un Concetto di Diritto Amministtrativo come Diritto Statutario", en *Rivista Trimestrale di Diritto Pubblico*, Nos. 2–3, 1960, p. 323.

1508 *Cfr.* por ejemplo, sentencia de la CF de 19–6–53, en *GF* N° 1, 1953, p. 77; y sentencias de la CSJ en SPA de 18–7–63, en *GF* N° 41, 1963, pp. 116 y 117; de 27–5–68, en *GF* N° 60, 1969, p. 115 y ss.; y de 9–7–69, en *GF* N° 65, 1969, pp. 70 y ss.

las "funciones propias" de cada órgano del Estado, éstos ejercen funciones que por su naturaleza son similares a las que ejercen otros órganos estatales.[1509] En otras palabras, paralelamente a sus funciones propias, realizan funciones distintas a aquellas que les corresponden por su naturaleza.[1510]

El concepto de funciones del Estado es, por tanto, distinto al de poderes del Estado. El Poder Público, sus ramas o distribuciones, constituye en sí mismo, una situación jurídica constitucional individualizada, propia y exclusiva del Estado, mediante cuyo ejercicio éste realiza las funciones que le son propias. Las funciones del Estado, por su parte, constituyen las actividades propias e inherentes al Estado.[1511] La noción de Poder es entonces previa a la de función: ésta se manifiesta como una actividad estatal específica realizada en ejercicio del Poder Público (de una de sus ramas o distribuciones), por lo que no puede existir una función estatal sino cuando se realiza en ejercicio del Poder Público, es decir, de la potestad genérica de obrar que tiene constitucionalmente el Estado, Poder y función son, por tanto, distintos elementos en la actividad del Estado: el Poder Público como situación jurídico–constitucional, tiene su fuente en la propia Constitución y existe la posibilidad de ejercerlo desde el momento en que está establecido en ella; la función estatal, en cambio, presupone siempre el ejercicio del Poder Público por un órgano del Estado, y sólo cuando hay ejercicio concreto del Poder Público es que se realiza una función estatal.

Ahora bien, en el mundo contemporáneo pueden distinguirse cuatro funciones básicas del Estado: la función legislativa;[*] la función de gobierno; la función administrativa, y la función jurisdiccional, a las cuales pueden reconducirse todas las actividades del Estado. Estas funciones, realizadas en ejercicio del Poder Público por los órganos estatales, sin embargo, generalmente no están encomendadas con carácter exclusivo a diferentes órganos, sino que se ejercen por varios de los órganos estatales.

1. La función legislativa

En efecto, la función legislativa en el Estado contemporáneo es aquella actividad estatal que se manifiesta en la creación, modificación o extinción de normas jurídicas de validez general.[1512] La función legislativa del Estado, en esta forma, si bien se atribuye como función propia a los órganos que ejercen el Poder Legislativo, es decir, a las Cámaras Legislativas, se realiza también por otros órganos del Poder Público.

En efecto, ante todo debe destacarse que la potestad de dictar leyes, en el ámbito nacional, corresponde a las Cámaras Legislativas actuando como cuerpos colegisladores,[1513] siendo estas leyes, por su generalidad e imperatividad, el tipo ideal de actos dictados en ejercicio de la función legislativa. Pero en el ordenamiento jurídico venezolano, los otros órganos del Poder Público también ejercen esta función creadora de nor-

1509 *V.* lo indicado en el parágrafo 9. *Cfr.* la sentencia de la CF de 19–6–53, en *GF* N° 1, 1953, p. 77; y la sentencia de la CFC en SPA de 18–7–63, en *GF* N° 41, 1963, p. 116.

1510 *V.* sentencia de la CSJ en SPA de 18–7–63, en *GF* N° 41, 1961, pp. 116 y 117. *V.* lo indicado en el parágrafo 9, particularmente en la Nota N° 50.

1511 *Cfr.* Allan R. Brewer–Carías, *Las Instituciones Fundamentales del Derecho Administrativo y la Jurisprudencia Venezolana*, Caracas, 1964, pp. 105 y ss.

* Con posterioridad, a esta función "legislativa" la hemos denominado más propiamente como "función normativa," y, además, hemos identificado adicionalmente la "función de control."

1512 *Cfr.* sentencia de la CSJ en SPA de 18–7–6, en *GF* N° 41, 1963, p. 116.

1513 Art. 162 de la Constitución.

mas jurídicas: el Presidente de la República y otros órganos ejecutivos al dictar Decretos–Leyes y Reglamentos;[1514] y ciertos Tribunales de la República al dictar los reglamentos reguladores de las respectivas circunscripciones judiciales.[1515] Por tanto, la función legislativa, como actividad privativa e inherente del Estado mediante la cual sus órganos pueden crear, modificar o extinguir con carácter general las normas del ordenamiento jurídico, se ejerce por los tres grupos de órganos estatales en ejercicio del Poder Público: por las Cámaras Legislativas, actuando como cuerpos colegisladores, en ejercicio del Poder Legislativo Nacional; por el Presidente de la República y ciertos órganos ejecutivos, en ejercicio del Poder Ejecutivo Nacional; y por ciertos Tribunales de la República, en ejercicio del Poder Judicial. La función legislativa, por tanto, si bien es una "función propia" de las Cámaras Legislativas, no es una función privativa y exclusiva de ellas, pues los otros órganos estatales también la ejercen. Sin embargo, lo que sí es función privativa y exclusiva de las Cámaras Legislativas, es el ejercicio de la función legislativa en una forma determinada: en ejecución directa de atribuciones constitucionales y mediante la emisión de ciertos actos estatales denominados leyes. En efecto, sólo las Cámaras Legislativas actuando como cuerpos colegisladores pueden dictar leyes; y sólo ellas pueden crear normas jurídicas generales ejerciendo atribuciones establecidas directamente en la Constitución, sin condicionamiento legal alguno. Los otros órganos estatales que ejercen la función legislativa, si bien realizan una función creadora dentro del ordenamiento jurídico, ello lo hacen a través de actos administrativos de efectos generales, y bajo el condicionamiento de las leyes y nunca en ejercicio directo e inmediato de una norma constitucional.[1516] En otras palabras, las leyes son actos de ejecución directa de la Constitución y de rango legal; los reglamentos y demás actos administrativos de efectos generales son actos de ejecución directa de la legislación y de rango sublegal.[1517] Los decretos–leyes que puede dictar el Presidente, aun cuando tienen el mismo poder derogativo de las leyes, no se realizan en ejecución directa de la Constitución sino en ejecución de la respectiva ley habilitante.

1514 Art. 190, ords. 8 y 10 de la Constitución.

1515 *V.*, por ejemplo, Art. 77, A, 8 de la Ley Orgánica del Poder Judicial de 16–9–74, en *G.O.* N° 1.692, Extr., de 4–10–74.

1516 Inclusive en los casos en que el Presidente de la República puede, mediante decretos, modificar las leyes (decreto–ley conforme al artículo 190, ord. 8), requiere previamente de una ley especial habilitante, que es la directamente ejecutada. *V.*, por ejemplo, la Ley Orgánica que autoriza al Presidente de la República para dictar Medidas Extraordinarias en Materia Económica y Financiera de 31–5–74, en *G.O.* N° 30.412 de 31–5–74. así como los diversos decretos–leyes dictados hasta el 30–5–75.

1517 El carácter sublegal de los Reglamentos surge, inclusive, en aquellos casos en que el Reglamento, en virtud de delegación legislativa, complementa la ley. En esos casos, el Reglamento se dicta en ejecución directa de la ley y no de la Constitución, por lo que nunca podría tener igual rango que la ley. Al contrario, la Corte Suprema de Justicia ha señalado lo siguiente: "La ley de la materia (Ley de Pilotaje) sólo contiene disposiciones que, por su carácter general, pueden aplicarse a todas las zonas de pilotaje actualmente existentes o que se crearen en el futuro, pero la determinación de los límites de éstas, de les requisitos que deben llenarse mientras se navegue por ellas, de los símbolos, luces y señales especiales que deberán usarse en las mismas, en la cuantía del derecho de habilitación y de la forma de distribución de los ingresos provenientes del mismo, así como la regulación de otras Materias semejantes, ha sido expresamente confiado, en el articulado de la ley, al Poder Ejecutivo, quien con tal objeto debe dictar tantos reglamentos como sea necesario, teniendo en cuenta las características o peculiaridades de cada zona. Estos reglamentos no tienen por objeto desarrollar disposiciones legales ya existentes, sino complementar la ley que reglamentan con otras previsiones sobre materias expresamente señaladas por el legislador, por lo cual tienen en nuestro ordenamiento jurídico el mismo rango (*sic.*) que los actos legislativos. Podría decirse que son decretos–leyes sobre materias cuya regulación reserva el Congreso al Poder Ejecutivo por consideraciones de orden práctico". *V.* sentencia de la CSJ en SPA de 27–1–71, en *G.O.* N° 1.472, extraordinario, de 11–6–71, p. 18.

EJERCICIO DE LA FUNCION LEGISLATIVA

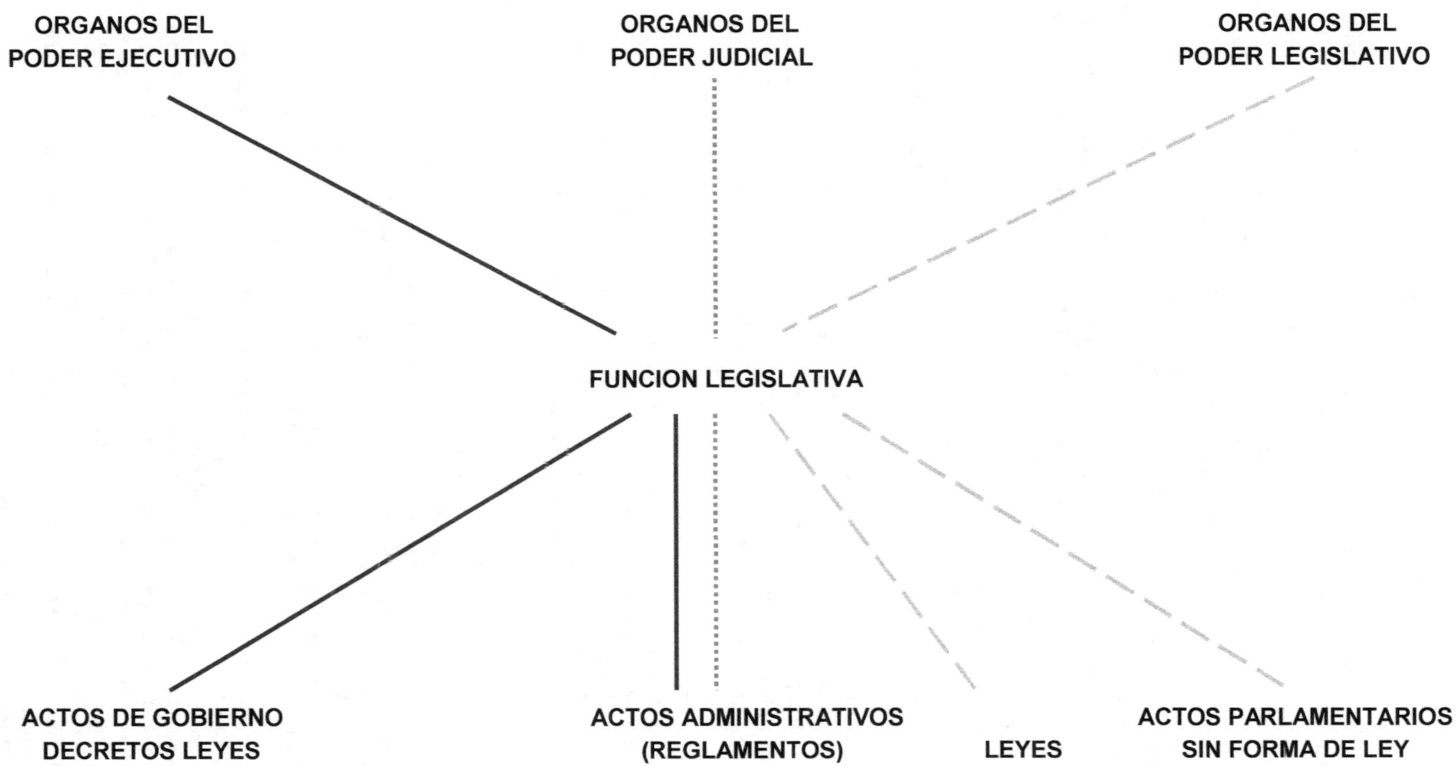

2. La función de gobierno

Pero aparte de la función legislativa, en el Estado contemporáneo ha ido delineándose una función primordial, distinta de la función administrativa, por medio de la cual el Presidente de la República ejerce sus actividades como Jefe del Estado, es decir, como Jefe del Gobierno de la República.[1518] A través de esta función de gobierno, el Presidente de la República puede adoptar decisiones en virtud de atribuciones que le son conferidas directamente por la Constitución, sin condicionamiento legal y por sobre la ley, de orden político que exceden de la administración normal de los asuntos del Estado.[1519] La característica fundamental de esta función de gobierno es que está atribuida al Presidente de la República, es decir, al nivel superior de los órganos que ejercen el Poder Ejecutivo, no pudiendo otros órganos ejecutivos ejercerla. Los órganos que ejercen el Poder Ejecutivo en esta forma, realizan fundamentalmente dos funciones propias: la función de gobierno y la función administrativa.[1520] La función de gobierno, como función estrictamente política del Presidente de la República, se ejerce en ejecución directa de atribuciones constitucionales, sin condicionamiento legal alguno. El legislador, en esta forma, no puede limitar las facultades políticas del Jefe del Estado.[1521] La función de gobierno, por tanto, es de rango legal, en cambio que la función administrativa es de carácter sublegal.[1522]

Pero si bien la función de gobierno se ejerce con el carácter de función propia por el Presidente de la República en ejercicio del Poder Ejecutivo, ello tampoco se realiza con carácter excluyente, ya que las Cámaras Legislativas en ejercicio del Poder Legislativo también realizan la función de gobierno, sea a través de actos parlamentarios sin forma de ley,[1523] sea mediante leyes.[1524] En estos casos, también, la función de gobierno reali-

1518 Aun cuando en algunos casos podría no haber coincidencia, podría decirse que, en general, el Presidente de la República ejerce sus atribuciones de Jefe del Estado en ejercicio de la función de gobierno, y de Jefe del Ejecutivo Nacional, en ejercicio de la función administrativa. *V.* artículo 181 de la Constitución.

1519 En tal sentido, típicos actos de gobierno serian el declarar el estado de emergencia, el decretar la suspensión o restricción de las garantías constitucionales o el convocar al Congreso a sesiones extraordinarias. Artículo 190, ords. 6 y 9 y artículos 240 y ss.

1520 La distinción entre "gobierno y administración" es comúnmente empleada por la Constitución. *V.* por ejemplo, artículos 21, 27 y 30. En el artículo 191 de la Constitución, en igual sentido habla de "aspectos políticos y administrativos" de la gestión del Presidente de la República. En tal sentido, al referirse a los órganos del Poder Ejecutivo de los Estados, la Corte ha señalado lo siguiente: "El artículo 21 de la Constitución atribuye al Gobernador del Estado, el gobierno y la administración de la Entidad, como Jefe del Ejecutivo del Estado y Agente del Ejecutivo Nacional en su respectiva circunscripción. En esta forma, el Poder Ejecutivo Estadal realiza funciones de gobierno, como poder político y funciones que atienden a otra actividad distinta, como poder administrador", *V.* sentencia de la CSJ en SPA de 30–6–66, en *GF* N° 52, 1968, p. 231. *Cfr.* sobre la distinción entre función administrativa y función de gobierno como actividades que se realizan en ejercicio del Poder Ejecutivo, el voto salvado a la sentencia de la CSJ en CP de 29–4–65, Imprenta Nacional, 1965, pp. 53 y ss.; y *Doctrina PGR, 1963*, Caracas, 1964, pp. 179 y 180.

1521 El legislador, por ejemplo, no podría limitar las atribuciones del Presidente de suspender las garantías constitucionales en forma distinta a las previstas en la propia Constitución.

1522 Sobre la distinción entre los actos del Poder Ejecutivo dictados en ejecución directa de la Constitución o en ejecución directa de la ley, *V.* sentencia de la CSJ en SPA de 13–2–68, en *GF* N° 59, 1969, p. 85. En todo caso, una cosa es atribuir a la función de gobierno rango legal y otra es atribuirle "naturaleza legislativa". El Decreto de Suspensión de Garantías Constitucionales, por ejemplo, tiene rango legal por cuanto puede "suspender" temporalmente la vigencia de una ley, lo que no implica que la derogue. Si la derogara, el acto tendría "naturaleza legislativa". Sobre esta confusión, *V. Doctrina PGR, 1971*, Caracas, 1972, p. 189.

1523 Por ejemplo, cuando el Senado autoriza al Presidente de la República para salir del territorio nacional. Art. 150, ord. 6 de la Constitución.

1524 La ley que decreta una amnistía, por ejemplo. Art. 139 de la Constitución.

EJERCICIO DE LA FUNCION DE GOBIERNO

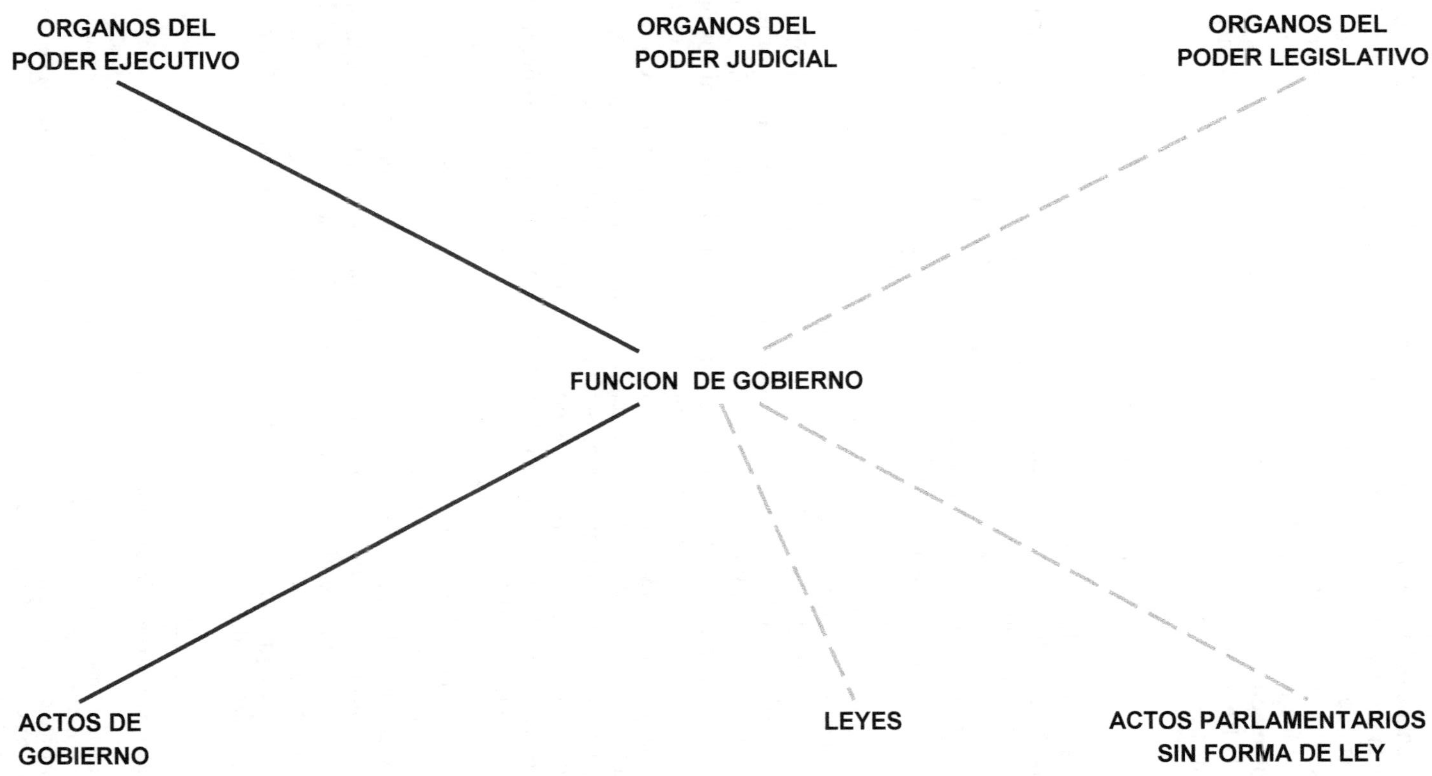

zada por los órganos del Poder Legislativo es una actividad de rango legal, es decir, de ejecución directa de la Constitución. Pero si bien esta función puede ser realizada tanto por el Presidente de la República como por los órganos legislativos, por lo que no es exclusiva o excluyente, sin embargo, sí es exclusiva de uno u otros órganos la forma de su ejecución en los casos autorizados por la Constitución: la función de gobierno mediante decretos ejecutivos (Actos de Gobierno), se realiza en forma exclusiva por el Presidente de la República; y mediante leyes o actos parlamentarios sin forma de ley, por las Cámaras Legislativas.

3. La función jurisdiccional

Además de la función legislativa y de la función de gobierno, los órganos estatales realizan la función jurisdiccional, es decir, conocen, deciden o resuelven controversias entre dos o más pretensiones, es decir, controversias en las cuales una parte esgrime pretensiones frente a otra. El ejercicio de la función jurisdiccional se ha atribuido como función propia a la Corte Suprema de justicia y a los Tribunales de la República, pero aquí también, ello no implica una atribución exclusiva y excluyente, sino que, al contrario, los otros órganos estatales pueden ejercer la función jurisdiccional.

En efecto, los órganos que ejercen el Poder Ejecutivo, tal como se ha señalado[1525], realizan funciones jurisdiccionales, cuando las autoridades administrativas deciden controversias entre partes, dentro de los límites de su competencia[1526], y las Cámaras Legislativas también participan en la función jurisdiccional, cuando el Senado, por ejemplo, autoriza el enjuiciamiento del Presidente de la República[1527] Por tanto, la función jurisdiccional como actividad privativa e inherente del Estado mediante la cual sus órganos deciden controversias y declaran el derecho aplicable en un caso concreto, se ejerce por los tres grupos de órganos estatales en ejercicio del Poder Público: por la Corte Suprema de Justicia y los Tribunales de la República, en ejercicio del Poder judicial; por las Cámaras Legislativas, en particular, por el Senado, en ejercicio del Poder Legislativo Nacional; y por los órganos administrativos en ejercicio del Poder Ejecutivo Nacional. La función jurisdiccional, por tanto, si bien es una "función propia" de los órganos judiciales, no es una función privativa y exclusiva de ellos, pues los órganos estatales también la ejercen. Sin embargo, lo que sí es una función privativa y exclusiva de los tribunales es el ejercicio de la función jurisdiccional en una forma determinada: con fuerza de verdad legal, mediante actos denominados sentencias. Sólo los tribunales pueden resolver controversias y declarar el derecho en un caso concreto, con fuerza de verdad legal, por lo que sólo los órganos del Poder Judicial pueden desarrollar la función judicial (función jurisdiccional ejercida por los tribunales). Los demás órganos del Estado que realizan funciones jurisdiccionales lo hacen sea a través de actos administrativos condicionados por la legislación, sea a través de actos parlamentarios sin forma de ley y, por tanto, de rango legal.

1525 *V.* lo señalado en el parágrafo 9. *Cfr.* sentencias de la CSJ en SPA de 18–7–63, en *GF* N° 41. 1963, pp. 116 y 117; de 27·5–68, en *GF* N° 60, 1969, pp. 115 y 118; y de 9–7·69, en *GF* N° 65, 1969, pp. 70 y ss.

1526 Cuando la Administración decide, por ejemplo, la oposición a una solicitud de registro de marca de fábrica, conforme a la Ley de Propiedad Industrial (Arts. 65 y ss.), en *G.O.* N° 24.873; de 14·10–55; o cuando decide la oposición a una solicitud de otorgamiento de una concesión de explotación forestal, conforme a la Ley forestal, de Suelos y Aguas (Art. 6), en *G.O.* N° 997, Extr. de 8–1·66.

1527 Art. 150, ord. 8.

EJERCICIO DE LA FUNCION JURISDICCIONAL

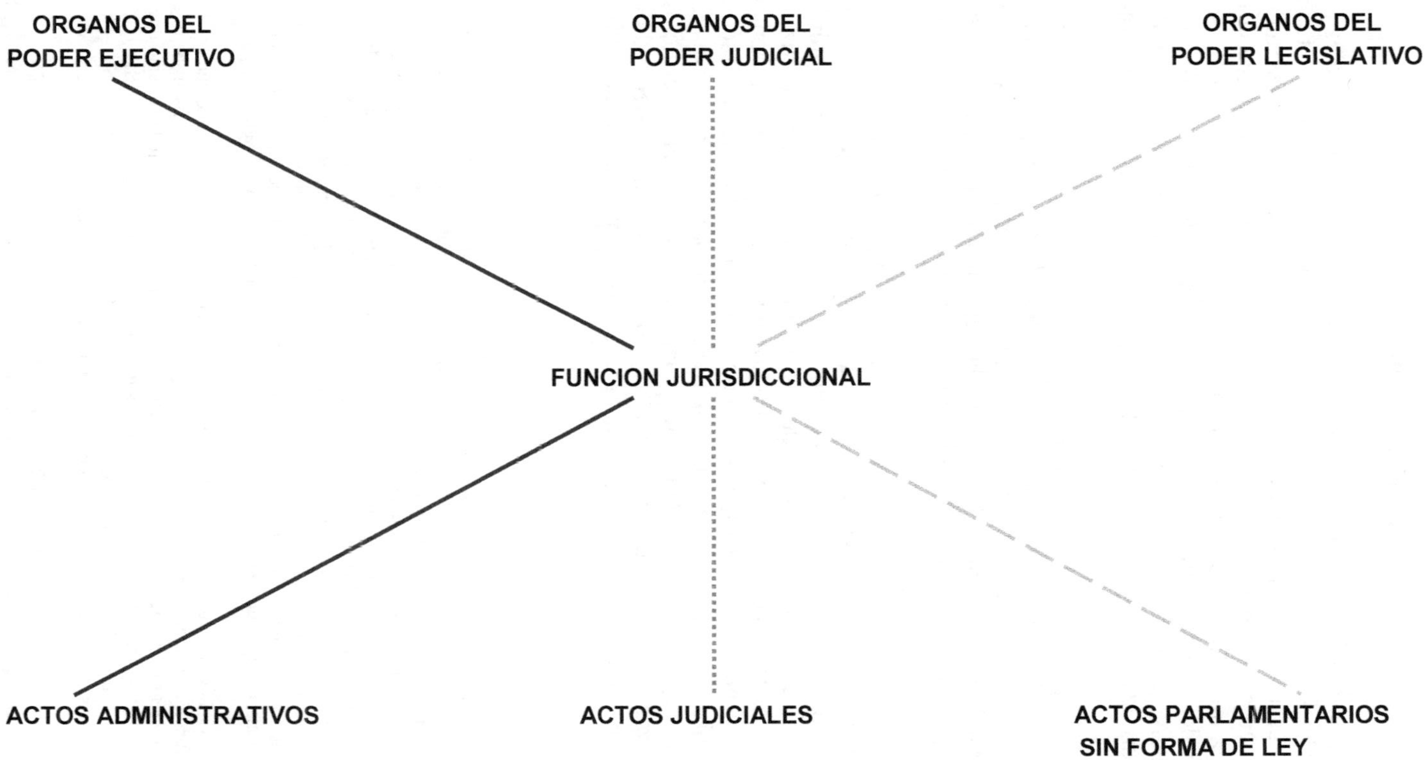

4. La función administrativa

Pero aparte de la función creadora de normas jurídicas de efectos generales (función legislativa), de la función de conducción y ordenación política del Estado (función de gobierno), y de la función de resolución de controversias entre partes declarando el derecho aplicable en casos concretos (función jurisdiccional), el Estado ejerce la función administrativa, a través de la cual entra en relación con los particulares, como sujeto de derecho, gestor del interés público[1528]. De allí la distinción entre la función de crear el derecho (legislativo), de aplicar el derecho imparcialmente (jurisdiccional), y de actuar en relaciones jurídicas como sujeto de derecho, al gestionar el interés público (administrativa)[1529].

En las dos primeras, el Estado al crear el derecho o al aplicarlo, es un tercero en las relaciones jurídicas que surjan; en la última, en cambio, el Estado es parte de la relación jurídica que se establece entre la Administración y los particulares[1530], como sujeto de Derecho gestor del interés público. De allí que la personalidad jurídica del Estado, como se ha dicho, se concretice en el orden interno, cuando sus órganos ejercen la función administrativa.

Ahora bien, al igual que lo que sucede con la función legislativa, de gobierno y jurisdiccional, la función administrativa tampoco está atribuida con carácter de exclusividad a ninguno de los órganos del Poder Público. Por ello, si bien la función administrativa puede considerarse como función propia de los órganos ejecutivos, concretizada básicamente a través de actos administrativos, ello no significa que la ejerzan con carácter exclusivo y excluyente. Al contrario, todos los otros órganos del Estado también ejercen la función administrativa: las Cámaras Legislativas, al autorizar o aprobar diversos actos de los órganos ejecutivos o al dictar actos relativos a su personal o servicios administrativos, realizan la función administrativa[1531]; y los órganos del Poder Judicial también realizan la función administrativa, al dictar actos concernientes a la administración

---

1528 *Cfr.* Allan–R. Brewer–Carías, Las Instituciones Fundamentales..., *cit.*, p. 115. Si el Estado legisla, tal como lo señala Santi Romano, "no entra en relaciones de las cuales él, como legislador, sea parte: las relaciones que la ley establece o de cualquier modo contempla se desenvuelven después entre sujetos diversos del Estado o bien con el mismo Estado, pero no en su aspecto de legislador sino en otros aspectos mediante órganos diversos de los del Poder Legislativo". *V.* "Prime Pagine di un Manuale de Diritto Amministrativo", en Scritti Minori, Milano, 1950, p. 363, *cit.*, por J. M. Boquera Oliver, *Derecho Administrativo*, Vol. I, Madrid, 1972, p. 59. "Cuando el Estado juzga –señala J. González Pérez–, no es parte interesada en una relación jurídica; no es sujeto de derecho que trata de realizar sus peculiares intereses con arreglo al Derecho. . . cuando el Estado juzga satisface las pretensiones que una parte esgrime frente a otra; incide como tercero en una relación jurídica, decidiendo la pretensión ante él deducida con arreglo al ordenamiento jurídico". *V. Derecho Procesal Administrativo*, Madrid, 1966, Tomo II, p. 37.

1529 En este sentido, la Corte Suprema ha señalado, al referirse a la función administrativa, que en ella el Estado "no realiza una función creadora dentro del ordenamiento jurídico, que es la función legislativa, ni conoce ni decide acerca de las pretensiones que una parte esgrime frente a otra, que es la función judicial; sino que es sujeto de derecho, titular de intereses, agente propio de la función administrativa". *V.* sentencias de la CS] en SPA de 18–7–63, en *GF* N° 41, 1963, pp. 116 y ss.; de 27–5·68, en *GF* N° 60, 1969, pp. 115 y ss.; y de 9·7–69, en *GF* N° 65, 1969, pp. 70 y ss. En estas sentencias, sin embargo, como veremos, la Corte confunde la función estatal con el acto *estatal.*

1530 *Cfr.* sentencia de la CSJ en SPA de 13–3–67, en *GF* N° 55, 1968, p. 107.

1531 *V.* lo indicado en el parágrafo 9. *Cfr.*, sentencias de la CSJ en SPA de 18–7–63, en *GF* N° 41, 1963, pp. 116 y 117; y de 27–5·68, en *GF* N° 60, 1969, p. 115.

EJERCICIO DE LA FUNCION ADMINISTRATIVA

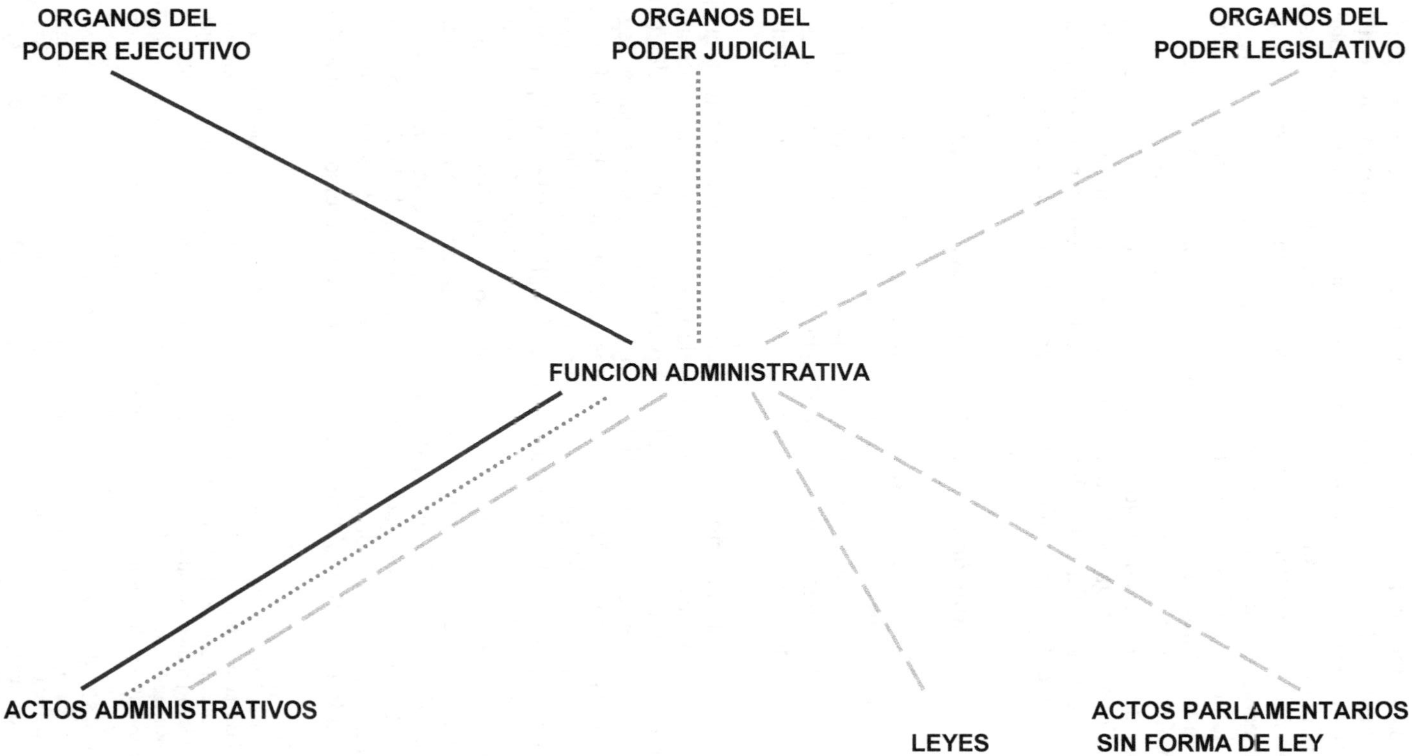

del personal o los servicios de los tribunales, o al imponer sanciones policiales[1532]. En esta forma, la función administrativa, como actividad privativa e inherente del Estado mediante la cual sus órganos al gestionar el interés público entran en relaciones jurídicas con los particulares, como sujeto de Derecho, se ejerce por los tres grupos de órganos estatales en ejercicio del Poder Público: por los órganos administrativos, en ejercicio del Poder Ejecutivo Nacional; por las Cámaras Legislativas, en ejercicio del Poder Legislativo Nacional; y por los Tribunales de la República, en ejercicio del Poder Judicial. La función administrativa, por tanto, si bien es una "función propia" de los órganos ejecutivos y administrativos, no es una función privativa y exclusiva de ellos, pues los otros órganos estatales también la ejercen dentro del ámbito de sus respectivas competencias constitucionales y legales. El acto administrativo, como concreción típica pero no única del ejercicio de la función administrativa, puede emanar de todos los órganos estatales en ejercicio del Poder Público, teniendo en todo caso carácter sublegal.

5. La distinción entre las funciones y actos estatales

Pero si bien resulta clara, de lo anterior, la distinción entre las funciones fundamentales del Estado, no debe, por ningún respecto, identificarse el ejercicio de una función estatal determinada con la producción de determinados actos jurídicos. Al igual que la separación orgánica de poderes no coincide con la distribución de funciones, ésta no coincide, necesariamente, con el tipo de acto jurídico que emane de la voluntad estatal[1533].

En efecto, de lo expuesto anteriormente resulta que la función legislativa la ejerce el Estado en Venezuela a través de sus órganos legislativos (Cámaras Legislativas), de sus órganos ejecutivos (Presidente de la República) o de sus Órganos judiciales (Tribunales); la función de gobierno la ejerce el Estado a través de sus órganos legislativos (Cámaras Legislativas) y de sus órganos ejecutivos (Presidente de la República); la función jurisdiccional la ejerce el Estado a través de sus órganos legislativos (Senado), de sus órganos administrativos o de sus órganos judiciales (Tribunales); y la función administrativa la ejerce el Estado a través de sus órganos legislativos (Cámaras Legislativas), de sus órganos judiciales (Tribunales) y de sus órganos administrativos. Sin embargo, de ello no puede deducirse que todo acto realizado en ejercicio de la función legislativa, sea un acto legislativo; que todo acto realizado en ejercicio de la función de gobierno, sea un acto de gobierno; que todo acto realizado en ejercicio de la función jurisdiccional, sea un acto judicial; o que todo acto realizado en ejercicio de la función administrativa, sea un acto administrativo. Al contrario, así como los diversos órganos del Estado

---

1532 *ldem. V.* además, Allan–R. Brewer–Caríes, "Consideraciones sobre la impugnación de *los* Actos de Registro en la vía contencioso–administrativa" en libro *Homenaje a Joaquín Sánchez Coviza,* (en prensa) Caracas, 1975.

1533 La distinción entre funciones del Estado que la doctrina ha realizado, muchas veces se confunde al querer identificar un tipo de acto jurídico estatal con la función ejercida por el Estado. *V.* Agustín Gordillo, *Introducción al Derecho Administrativo*, Buenos Aires, 1966. pp. 91 y ss. Nosotros mismos hemos incurrido en esta confusión: *V.* Allan R. Brewer–Carías, *Las Instituciones Fundamentales del Derecho Administrativo y la Jurisprudencia Venezolana*, Caracas, 1954, pp. 108 y ss. En igual confusión incurre la jurisprudencia reciente de la Corte Suprema. *V.* sentencias de la CSJ en SPA de 18–7–63, en *GF* N° 41, 1963, pp. 116 y ss.; de 27–5–68, en *GF* N° 60, 1969, pp. 115 y ss.; y de 9–7–69, en *GF* N° 65, 1969, pp. 70 y ss. Asimismo, en Venezuela, a pesar de su intentó de "distinguir" actividad de función, Gonzalo Pérez Ludarci incurre en igual confusión al afirmar que "la actividad que tornada globalmente sea relevante jurídicamente se puede decir que es una función", en "Actos administrativos que en Venezuela escapan al Recurso Contencioso–Administrativo", *RFD*, UCAB, N° 6, Caracas, 1967–1968, p. 196.

realizan diversas funciones, los actos cumplidos en ejercicio de las mismas no son siempre los mismos ni tienen por qué serlo.

En efecto, tal como hemos señalado, los órganos del Poder Legislativo pueden ejercer funciones legislativas, de gobierno, jurisdiccionales y administrativas, pero los actos que de dichos órganos emanen al ejercer dichas funciones no son, necesariamente, ni uniformes ni correspectivos. Cuando las Cámaras Legislativas ejercen la función legislativa, es decir, crean normas jurídicas de carácter general actuando como cuerpos colegisladores, dictan leyes[1534], pero cuando lo hacen en otra forma distinta, por ejemplo, al dictar sus reglamentos internos, ello lo hacen a través de actos parlamentarios sin' forma de ley[1535]. Cuando las Cámaras Legislativas ejercen la función de gobierno, es decir, intervienen en la formulación de las políticas nacionales, lo hacen a través de leyes[1536] o a través de actos parlamentarios sin forma de ley[1537]. En el caso del ejercicio de la función jurisdiccional, el Senado concretiza su acción a través de un acto parlamentario sin forma de ley[1538]; y en cuanto al ejercicio de la función administrativa por las Cámaras Legislativas, ella puede concretarse en leyes[1539], actos parlamentarios sin forma de ley[1540] o actos administrativos[1541].

Por su parte, cuando los órganos del Poder Ejecutivo, particularmente el Presidente de la República, realizan la función legislativa, ésta se concretiza en decretos–leyes[1542] o en reglamentos (actos administrativos)[1543], y cuando realizan la función de gobierno, dicta actos de gobierno[1544]. En los casos de ejercicio de la función jurisdiccional y de la función administrativa, los órganos ejecutivos dictan, por ejemplo, actos administrativos.[1545]

En cuanto a los órganos del Poder Judicial, cuando ejercen la función legislativa, dictan reglamentos (actos administrativos)[1546], cuando ejercen la función administrativa, dictan actos administrativos[1547], y cuando ejercen la función jurisdiccional, dictan actos judiciales (sentencias).

En esta forma, el ejercicio de la función legislativa se puede manifestar, variablemente, a través de leyes, actos parlamentarios sin forma de ley, decretos–leyes y reglamentos (actos administrativos); el ejercicio de la función de gobierno, a través de actos de gobierno, leyes y actos parlamentarios sin forma de ley; el ejercicio de la función juris-

---

1534 Art. 162 de la Constitución.

1535 Art. 158, ords. 1 y 3, de la Constitución

1536 Art. 139.

1537 Arts. 150, ords. 4, 6, 7, y 153, ord. 2.

1538 Art. 150, ord. 8.

1539 Las leyes aprobatorias de contratos administrativos, por ejemplo, *V.* artículo 126 de la Constitución. En este sentido es que hemos señalado que se trata de actos administrativos con forma de ley. *V.* Allan R. Brewer–Carías. *Las Instituciones Fundamentales . . . cit.*. pp. 24 y 48 y ss.

1540 Por ejemplo, los diversos actos de autorización que el Senado debe dar a actividades administrativas de los órganos del Poder Ejecutivo. *V.* artículos 150, ords. 2, 3 y 5, y 158. ords. 2 y 6.

1541 Art. 158. ords. 1, 3. 4 y 5.

1542 Art. 190, ord. 8.

1543 Art. 190, ord. 10.

1544 Art. 190, ords. 3, 4, 5, 6, 7, 9. 11 y 21, por ejemplo, *y* artículo 215, ord. 6.

1545 Art. 206.

1546 Los reglamentos de las circunscripciones judiciales dictados por las Cortes Superiores. Ley Orgánica del Poder Judicial. *cit.*, Art. 77, A, 8.

1547 Los actos de la denominada jurisdicción voluntaria, y los actos *administrativos relativos a su administración de personal.*

EL EJERCICIO DE LAS FUNCIONES DEL ESTADO

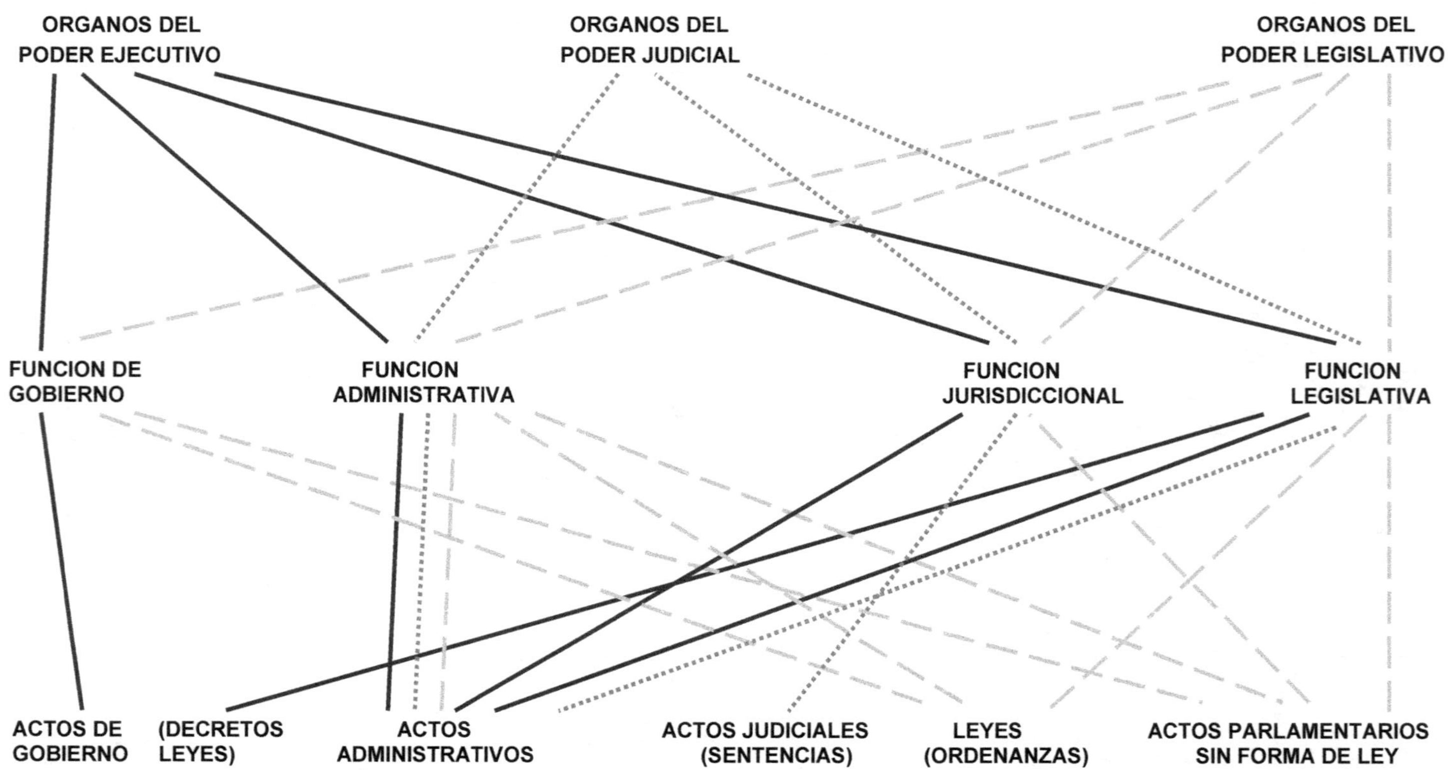

diccional, a través de actos parlamentarios sin forma de ley, actos administrativos y sentencias; y el ejercicio de la función administrativa, a través de leyes, actos parlamentarios sin forma de ley y actos administrativos. En sentido inverso, puede decirse que las leyes sólo emanan de las Cámaras Legislativas actuando no sólo en ejercicio de la función legislativa, sino de la función de gobierno y de la función administrativa; que los actos de gobierno emanan del Presidente de la República, actuando no sólo en ejercicio de la función de gobierno sino en ejercicio de la función legislativa; que los actos parlamentarios sin forma de ley sólo emanan de las Cámaras Legislativas, actuando en ejercicio de las cuatro funciones estatales; y que los actos judiciales (sentencias) sólo emanan de los tribunales, actuando en ejercicio de la función jurisdiccional. En todos estos casos, el tipo de acto se dicta exclusivamente por un órgano estatal, pero en ejercicio de variadas funciones estatales. Lo privativo y exclusivo de los órganos estatales en esos casos, no es el ejercicio de una determinada función, sino la posibilidad de dictar determinados actos: las leyes por las Cámaras Legislativas; los actos de gobierno por el Presidente de la República; y los actos judiciales (sentencias) por los tribunales.

En cuanto a los actos administrativos, éstos pueden emanar de las Cámaras Legislativas, actuando en función administrativa; de los tribunales, actuando en función legislativa y en función administrativa; y de los órganos del Poder Ejecutivo, actuando en función legislativa, en función jurisdiccional y en función administrativa. Los actos administrativos en esta forma, y contrariamente a lo que sucede con las leyes, los actos de gobierno y las sentencias judiciales, no están reservados a determinados órganos del Estado, sino que pueden ser dictados por todos ellos y no sólo en ejercicio de la función administrativa.

En esta forma, es evidente que al analizar la función administrativa y la concreción más general que resulta de su ejercicio, los actos administrativos, no puede adoptarse un criterio orgánico para su caracterización, en virtud de la no coincidencia de la separación orgánica de poderes con la distribución de funciones. Por otra parte, para la diferenciación de los actos estatales, tampoco pueden adoptarse criterios orgánicos, pues si bien es cierto que las leyes emanan solamente de las Cámaras Legislativas, que los actos de gobierno emanan solamente del Presidente de la República, y que las sentencias judiciales emanan solamente de los tribunales, eso mismo no se puede decir de los actos administrativos, que emanan de todos los órganos del Estado.

La definición de las funciones del Estado, por tanto, ha de ser una definición material que se deriva de la naturaleza de la actividad estatal y no del órgano del cual emana o de su forma[1548] y para llegar a dicha caracterización material resulta indispensable, tal

---

1548 *Cfr.* Allan–R. Brewer–Carias, *Las Instituciones Fundamentales,.., cit.*, pp. 109 y ss. En sentido coincidente ha sido tradicional la doctrina de la Corte Suprema, en 1951 señaló que "no son los nombres o denominaciones, sino su naturaleza o contenido lo que da a los actos, tanto de los funcionarios como de los particulares, su verdadero carácter, su significación o su fisonomía propia". (V, sentencia de la CFC en CP de 4–4–51, en CF N° 7, 1952, p, 17); en 1952, expresó que "los actos administrativos, como los judiciales, fiscales... lo son por su naturaleza, por la cuestión que en ellos se ventila, y no cambia ese carácter ni suspende ni restringe la facultad del funcionario a quien la ley le da competencia para conocer y decidir, la circunstancia de que otra autoridad conozca de asunto semejante y aun conexo con aquél" (sentencia de la CFC en CP de 30–10–52, en *GF* N° 12, p. 18); y en 1963 insistió en que "prevalece en la doctrina el criterio de que, tratándose de actos del Poder Público, la condición de acto administrativo no deriva, necesariamente, de la índole del organismo o funcionario que lo realiza, sino de la función o facultad que éste ejerce al realizarlo" (sentencia de la CSJ en SPA de 18–7–65, en *GF* N° 41, 1963, pp. 116 y ss.). Contra la definición material protesta en Venezuela, L. H. Farías Mata al proclamar, siguiendo a F. Garrido Falla, un criterio orgánico. *V.* en "Procedimientos para la fijación de cánones de arrendamiento en el Derecho Venezolano", *Studia Jurídica*, N° 13, Caracas 1971, pp. 425 y ss. *V.* la referencia en Nota N° 12 del parágrafo 16.

como se ha señalado anteriormente, no confundir la función misma con el acto que emana de su ejercicio[1549], es decir, la naturaleza de la actividad estatal (función) con el resultado de su ejercicio (actos jurídicos).

III. LA ACTIVIDAD ADMINISTRATIVA DENTRO DE LAS ACTIVIDADES ESTATALES

La identificación de la actividad administrativa dentro de las actividades del Estado no puede realizarse con Los mismos criterios utilizados para precisar a la Administración Pública como complejo orgánico (criterio orgánico), o para caracterizar a la función administrativa dentro de las funciones del Estado (criterio material), pues no sólo no es actividad administrativa la totalidad de la actividad desplegada por los órganos del Poder Ejecutivo, sino que tampoco constituyen actividad administrativa todas las actividades que resultan del ejercicio de la función administrativa.

1. Las actividades del Estado

En efecto, las actividades que despliegan los órganos ejecutivos, tal como se señaló anteriormente, pueden clasificarse en dos grandes grupos que responden a las nociones de gobierno y administración[1550], es decir, actividad de gobierno y actividad administrativa. La actividad de gobierno. tal como se indicó anteriormente, resulta del ejercicio de la función de gobierno y de la función legislativa por el Presidente de la República[1551], y se caracteriza frente a la actividad administrativa por dos elementos combinados: en primer lugar, porque la actividad de gobierno, sólo puede ser realizada por el Presidente de la República, como Jefe del Estado[1552], y en segundo lugar, porque se trata de actividades desplegadas en ejecución de atribuciones establecidas directamente en la Constitución, sin condicionamiento legislativo, y que, por tanto, o tienen el mismo rango que la actividad legislativa[1553] o tienen el mismo valor jurídico que la ley[1554]. En esta forma, la actividad de gobierno se distingue de la actividad administrativa realizada por los órganos ejecutivos, en que ésta se realiza a todos los niveles de la Administración Pública, y siempre tiene rango sublegal, es decir, se despliega por los órganos ejecutivos en ejecución de atribuciones directamente establecidas en la legislación, y sólo en ejecución indirecta de la Constitución[1555]. He aquí un nuevo criterio, en este caso for-

1549 En esta forma, nos apartamos parcialmente del intento que hicimos de definir la función administrativa a través de la naturaleza de los actos administrativos. *V.* Allan R. Brewer–Carias, *Las Instituciones Fundamentales... cit.*, p. 109.

1550 *Cfr.* lo expresado en el parágrafo 15. *V.* Arts. 27, 30 y 191 de la Constitución

1551 Lo indicado en el párrafo 15.

1552 Arts. 181 y 190 de la Constitución.

1553 En este sentido el Decreto de Suspensión de Garantía, Constitucionales (Art. 240 de la Constitución) o la convocatoria al Congreso a sesiones extraordinarias (Art. 191, ord. 9) tienen el mismo rango que la ley en relación a la Constitución.

1554 En este sentido los decretos–ley dictados en ejecución de una ley habilitante especial conforme al artículo 190, ord. 8, de la Constitución tienen el mismo valer jurídico que la ley, a la cual pueden derogar o modificar. A pesar de lo expuesto por E. Lares Martinez, consideramos que la categoría de los actos de gobierno no es una categoría "inútil", tal como lo sostiene en *Manual de Derecho Administrativo,* Caracas 1970, p. 175.

1555 En este sentido es que podría decirse que la actividad administrativa Se reduce a ejecución de la ley.

mal, derivado de la teoría merkeliana de construcción escalonada del orden jurídico,[1556] para la identificación de la problemática administrativa.

Para la distinción de la actividad legislativa de la actividad de gobierno y de la actividad administrativa no sólo debe utilizarse el criterio orgánico, sino también el criterio formal: la actividad de gobierno, aun cuando realizada en ejecución directa de la Constitución, está reservada al Presidente de la República, en tanto que la actividad legislativa, realizada también en ejecución directa de la Constitución,[1557] está reservada a las Cámaras Legislativas. En esta forma, el criterio orgánico distingue la actividad de gobierno de la actividad legislativa, y ambas se distinguen de la actividad administrativa mediante el criterio formal: tanto la actividad de gobierno como la actividad legislativa se realizan en ejecución directa de competencias constitucionales, en tanto que la actividad administrativa siempre es una actividad sublegal, es decir, sometida a la ley y realizada en ejecución de la ley.

La actividad judicial, por su parte, también se distingue de la actividad de gobierno y de la actividad legislativa en base a los dos criterios señalados: desde el punto de vista orgánico, porque la actividad judicial está reservada a los Tribunales de la República, en tanto que la actividad legislativa está reservada a las Cámaras Legislativas y la actividad de gobierno está reservada al Presidente de la República,[1558] y desde el punto de vista formal, porque al igual que la actividad administrativa, la actividad judicial es una actividad sublegal, es decir, sometida a la ley y realizada en ejecución de la ley.

Por último, en cuanto a la distinción entre la actividad administrativa y la actividad judicial, si bien no puede utilizarse el criterio formal de su graduación en el ordenamiento jurídico, sí se distinguen en base al criterio orgánico y a otro criterio formal. Desde el punto de vista orgánico, la actividad judicial está reservada a los tribunales con carácter exclusivo; y desde el punto de vista formal, la declaración de lo que es derecho en un caso concreto que realizan los órganos judiciales, se hace con fuerza de verdad legal, que sólo las sentencias poseen.

De lo anterior resulta entonces que las actividades de gobierno, judicial y legislativa son actividades reservadas al Presidente de la República, a los tribunales y a las Cámaras Legislativas, respectivamente. La actividad de gobierno, en efecto, consiste en la producción de actos de gobierno y decretos–leyes por el Presidente de la República, dictados en ejercicio de la función de gobierno y de la función legislativa; la actividad judicial, por su parte, consiste en la adopción de decisiones judiciales (sentencias) por la Corte Suprema de Justicia y los Tribunales de la República, en ejercicio de la función

---

1556 Adolf Merkl, *Teoría General del Derecho Administrativo*, Madrid, 1935, p. 13. *Cfr.* Hans Kelsen, *Teoría General del Estado*, México, 1957, p. 510, y *Teoría Pura del Derecho*, Buenos Aires, 1974, pp. 135 y ss. *V.* algunas de las referencias en Allan R. Brewer–Carías, *Las Instituciones Fundamentales del Derecho Administrativo y la Jurisprudencia Venezolana*, Caracas, 1964, pp. 24 y ss.

1557 Las Cámaras Legislativas realizan su actividad legislativa en cumplimiento de atribuciones directamente establecidas en la Constitución (Art. 139 de la Constitución), En el solo caso de las leyes especiales que han de someterse a las leyes orgánicas preexistentes (Art. 163 de la Constitución) podría decirse que hay condicionamiento legislativo de la actividad legislativa. En los decretos–leyes dictados por el Presidente de la República en ejercicio de la función legislativa, los actos de gobierno a través de los cuales se dictan también, están condicionados por la ley habilitante (Art. 190, ord. 8 de la Constitución).

1558 Puede decirse, entonces, que la separación orgánica de poderes (*V.* lo señalado en el parágrafo 9) tiene plena concordancia con la división orgánica de las actividades de gobierno (reservada al Presidente de la República), legislativas (reservadas a las Cámaras Legislativas) y judiciales (reservada a los Tribunales). Por supuesto, la coincidencia de actividades específicas con órganos estatales determinados concluye allí, pues la actividad administrativa, al contrario, no está reservada a ningún órgano estatal específico, sino que se realiza por todos ellos.

jurisdiccional. Por último, la actividad legislativa consiste en la producción de leyes y actos parlamentarios sin forma de ley dictados por las Cámaras Legislativas en ejercicio tanto de la función legislativa como de la función de gobierno, de la función administrativa y de la función jurisdiccional.

2. La actividad administrativa

En cuanto a la actividad administrativa, sin embargo, respecto de ella no se produce la reserva de su ejercicio a determinados órganos estatales, sino que la misma se realiza por todos los órganos del Estado.

De allí las definiciones negativas de la actividad administrativa que pretendían delimitarla señalando que era toda aquella actividad estatal que no fuera ni actividad de gobierno, ni actividad judicial, ni actividad legislativa;[1559] es decir, todo el residuo que quedaba luego de restarle a la actividad estatal, la actividad de gobierno, la actividad legislativa y la actividad judicial. Pero indudablemente que la definición negativa o residual de la actividad administrativa no satisface el razonamiento lógico,[1560] por lo cual resulta necesario tratar de formularla en forma positiva.

Para ello hay que partir de diversos supuestos: en primer lugar, no puede utilizarse un criterio orgánico para su diferenciación de las otras actividades del Estado, pues si bien el cumplimiento de estas está reservado a ciertos órganos estatales, la realización de la actividad administrativa está encomendada, dentro de sus respectivas competencias, a todos los órganos del Estado.[1561]En segundo lugar, tampoco puede identificarse la actividad administrativa como el rebultado del ejercicio de una función estatal, pues ella resulta tanto del ejercicio de la función administrativa, de la función jurisdiccional y de la función legislativa por órganos del Poder Ejecutivo; como por el ejercicio de la función administrativa por las Cámaras Legislativas o de la función administrativa o legislativa por los tribunales.[1562] En tercer lugar, tampoco puede utilizarse un criterio meramente formal de graduación de los actos en el ordenamiento jurídico, pues no sólo la actividad administrativa tiene carácter sublegal, pues también lo tiene la actividad judicial.[1563] En cuarto lugar, la actividad administrativa consiste tanto en la producción de actos heterogéneos, pues no sólo pueden ser unilaterales o bilaterales (contratos administrativos, concesiones), sino que los unilaterales pueden ser de efectos generales (re-

---

1559 *Cfr.* A. Merkl, *op. cit.*, p. 35, M. Waline. *Droit Administratif*, Paris, 1963, p. 4, A. Gordillo, *Introducción al Derecho Administrativo*, Buenos Aires. 1966. p. 99.

1560 Para una crítica a la concepción negativa de la Administración *V.* F. Garrido Palla, *Tratado de Derecho Administrativo*, Vol. I, 1970. p. 32.

1561 En tal sentido no puede aceptarse el criterio orgánico que define la Administración Pública como "una zona de la actividad desplegada por el Poder Ejecutivo". *V.* F. Garrido Falla, *Cfr. cit.*, Vol. 1, pp. 36. 38 y 49. Esta concepción la sigue en Venezuela Luis H. Farías Mata, "Procedimiento para la fijación de cánones de arrendamiento en el Derecho Venezolano". *Studia Jurídica*, N° 3, Caracas, 1974 pp. 423 y ss.

1562 Algunos autores, como A. Gordillo al confundir la función estatal con la actividad estatal, reservan el ejercicio de la función legislativa a los órganos del Poder Legislativo, y el ejercicio de la función jurisdiccional a los órganos del Poder Judicial, y en cambio atribuyen el ejercicio de la función administrativa a los tres grupo de órganos estatales, *op. cit.*, p. 99. *V.* igualmente su *Tratado de Derecho Administrativo*, Parte General, Tomo I, Buenos Aires. 1974, pp. VII–13 y VII–16

1563 Podría decirse, sin embargo, como lo hizo O. Mayer que la administración sería una actividad del Estado bajo la ley para el cumplimiento de sus fines en tanto que la función judicial sería una actividad del Estado en la cual el cumplimiento de la ley (por la ley) constituye el fin esencial de la misma. *Cfr.* las referencias en J. L. Villar Palasí, *Derecho Administrativo. Introducción y Teoría de Las Normas,* Madrid 1968, p. 43.

glamentos) o actos administrativos individuales, como de operaciones materiales. Resulta, por tanto, imposible utilizar un criterio material que pueda reducir a una unidad la actividad administrativa.

De lo anterior se deduce, por tanto, que debido al carácter residual de la actividad administrativa,[1564] y no existiendo coincidencia entre la actividad administrativa y el órgano que la produce, o entre ella y la función que se ejerce para producida, resulta indispensable utilizar una mezcla de criterios.[1565] En esta forma, frente a las diversas actividades estatales, se considera que constituyen actividad administrativa: 1) Aquellas actividades de carácter sublegal[1566] realizadas por los órganos del Poder Ejecutivo (Administración Pública como conjunto orgánico)[1567] en ejercicio de la función administrativa, de la función legislativa o de la función jurisdiccional;[1568] 2) Aquellas actividades realizadas por los Tribunales de la República en ejercicio de la función administrativa o de la función legislativa;[1569] y 3) Aquellas actividades realizadas por las Cáma-

---

1564 Históricamente, la aplicación del principio de separación de poderes con posterioridad a la Revolución Francesa, produjo que se le quitaran al monarca las funciones legislativas atribuidas al Parlamento y las funciones jurisdiccionales, atribuidas a los Tribunales. En el monarca quedaron las funciones ejecutivas, con carácter residual. *Cfr.* F. Garrido Falla, *op. cit.*, Tomo I, p. 35; J. L. Villar Palasí, *op. cit.*, pp. 48 y 49.

1565 *Esta utilización* de *varios criterios* es lo que nos ha criticado Gonzalo Pérez Luciano en "Actos administrativos que en Venezuela escapan al Recurso Contencioso–Administrativo", *RFD, UCAB,* Caracas, 1967·1968, N° 6, p. 183, Nota N° 19.

1566 En esta forma, quedarla excluida de la actividad administrativa, la actividad de gobierno realizada por los órganos ejecutivos en ejercicio tanto de la función Legislativa como de la función de gobierno, por ser ésta de rango legal (realizada en ejecución directa de la Constitución).

1567 *V.* lo indicado en el parágrafo 14.

1568 En este sentido, constituye actividad administrativa realizada en ejercicio de la función administrativa, por ejemplo, el otorgamiento de un permiso o licencia para conducir automóvil o para operar una estación de radio (actos administrativos individuales) constituye actividad administrativa realizada en ejercicio de la función jurisdiccional, por ejemplo, la decisión de Registrador de la Propiedad Industrial del Ministerio de Fomento, o la oposición formulada por un interesado contra la solicitud de registro de una marca de fábrica por un industrial, o la decisión de un Ministro al resolver un recurso jerárquico (actos administrativos individuales); constituyo actividad administrativa realizada en ejercicio de la función legislativa, por ejemplo los Reglamentos ejecutivos dictadas por el Presidente de la República (actos administrativos de efectos generales). Los órganos del Poder Ejecutivo, por tanto, es decir, la Administración Pública como complejo orgánico, no está confinada al solo ejercicio de la función administrativa, como lo señala A. Gordillo, Introducción...*cit.*, en p. 98. A lo que está confinada es a la realización de actividad administrativa (además de la actividad de gobierno), pero no al ejercicio de una sola función estatal– Por ello insistimos, no debe confundirse la función administrativa con la actividad administrativa, como la mayoría de los administrativos lo hacen. *Cfr.* F. Garrido Falla *op. cit.*, Tomo I, pp. 30 y ss.; A. Gordillo, Introducción.. *cit.*, pp. 91 y ss. Nosotros mismos lo hemos hecho. *V.* Allan–R. Brewer–Carías, *Las Instituciones Fundamentales..., cit.*, pp. 108 y ss.

1569 En este sentido, constituyen una actividad administrativa realizada en ejercicio de la función administrativa, por ejemplo, el acto de nombramiento de los empleados administrativos de los juzgados, o los actos de ejecución presupuestaria adoptados por los jueces (actos administrativos individuales); y constituyen una actividad administrativa realizada en ejercicio de la función legislativa, por ejemplo, los reglamentos de organización interna dictados por ciertos tribunales en determinadas circunscripciones judiciales (actos administrativos de efectos generales). En cuanto a los denominados como "actos de la jurisdicción voluntaria", los mismos también podrían considerarse como actividad administrativa realizada por los tribunales competentes en ejercicio de la función administrativa. No hay en ellos, realmente, ejercicio de la función jurisdiccional por los tribunales. Tanto es así, que en Venezuela, por ejemplo, la labor de "registro" de ciertos documentos mercantiles en el área metropolitana de Caracas, antaño atribuida a los Tribunales Mercantiles de Primera Instancia, se atribuyeron hace algunos lustros al Registrador Mercantil; y las labores de "autenticación" y reconocimiento de ciertos documentos, atribuidas tradicionalmente a ciertos jueces, en determinadas áreas de! país se han atribuido a funcionarios administrativos: los Notarios, dependientes del Ministerio de Justicia. Sobre el carácter administrativo de los actos de la jurisdicción voluntaria, *V.*, los comentarios contrarios de F. Garrido Falla, *op. cit.*, Tomo I, pp. 40 y ss., quien califica estas actividades como "seudoadministrativas". *Cfr.* A. Gordillo, *op. cit.*, p. 100; J. L. Villar Palasí, *op. cit.*, p. 46. *V.* sobre ello Allan–R. Brewer–Carías, "Estudio sobre la impugnación ante la jurisdicción contencioso administrativa de los actos administrativos de registro", en *Estudios en Homenaje a Joaquín Sánchez Coviza*, Caracas, 1975 (en prensa).

LA ACTIVIDAD ESTATAL

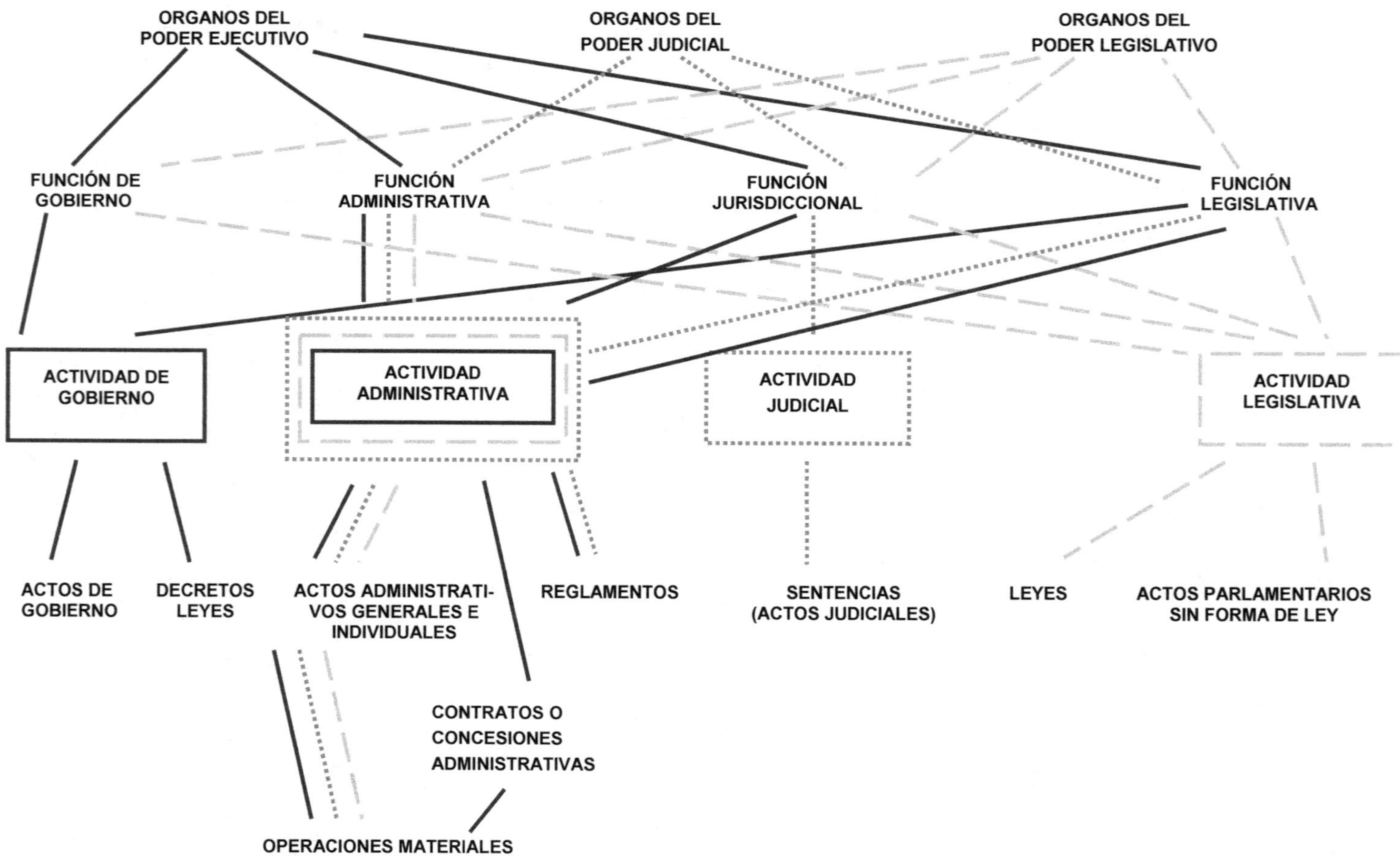

ras Legislativas en ejercicio de la función administrativa.[1570] Por supuesto que las actividades administrativas cumplidas por la Administración Pública como complejo orgánico, son las que constituyen el campo normal de aplicación del derecho administrativo, pero ello, por supuesto, no puede conducir a negar el carácter administrativo de las otras actividades señaladas realizadas tanto por las Cámaras Legislativas como por los tribunales. Por otra parte, como se verá más adelante, el objeto del derecho administrativo no se agota en el estudio de la actividad administrativa tal como la hemos definido, sino que abarca también el estudio de la actividad legislativa cumplida en ejercicio de la función administrativa, así como de la actividad de gobierno cumplida por los órganos superiores del Poder Ejecutivo.

Ahora bien, la actividad administrativa del Estado, desde el punto de vista estrictamente jurídico, tal como se ha dicho, es una actividad de carácter sublegal, es decir, que se realiza con sujeción a la ley. De allí la vigencia del principio de la legalidad, base del Estado de Derecho. Sin embargo, no puede ya decirse que la administración se agote con la mera ejecución mecánica de la ley,[1571] la administración debe someterse a la legalidad pero no consiste en la sola ejecución de las leyes, y mucho menos de las leyes de libertad que acompañaron el nacimiento del Estado de Derecho.[1572]

A lo heterogéneo de los actos que pueden resultar de la actividad administrativa en el mundo contemporáneo,[1573] se agrega, en todo caso, la heterogeneidad de las formas que puede revestir esa actividad. Ya no se está en presencia de un Estado que limitaba su actividad a actuar como gendarme en el orden económico y social, cuidando que los derechos individuales garantizados por las leyes se mantuvieran incólumes. El Estado contemporáneo, al dejar de ser un Estado Liberal–Burgués de Derecho y asumir su papel de Estado Social de Derecho (Estado Benefactor) o de Estado Democrático y Social de Derecho,[1574] ha venido asumiendo una serie de actividades no sólo reguladoras del orden económico y social (policía administrativa), sino promotoras (fomento), prestadoras de servicios públicos, empresariales (gestión económica) y planificadoras que caracterizan, en el mundo actual, a la actividad administrativa. Fácil es comprender, por tanto, por qué el estudio del régimen jurídico de esta actividad forma la médula central del derecho administrativo.

1570 Por ejemplo, los actos de las Cámaras Legislativas dictados en el campo de la administración de su personal administrativo o de su presupuesto (actos administrativos individuales).

1571 *Cfr.* Héctor Giorgi, *La Nueva Administración Pública.* Montevideo 1965, pp. 53 y ss.

1572 *V.* lo indicado en el párrafo 2

1573 Reglamentos actos administrativos unilaterales (generales o individuales) actos administrativos bilaterales (contratos o concesiones administrativas) concesiones materiales.

1574 *V.* lo indicado en el capítulo 2

LIBRO QUINTO:
SOBRE EL OBJETO DEL DERECHO ADMINISTRATIVO

Este Libro Quinto, en la misma orientación del Libro Cuarto, recoge la casi totalidad del texto de otro libro titulado *Derecho Administrativo*, Tomo I (Principios del derecho público. Administración Pública y derecho administrativo. Personalidad jurídica en el derecho administrativo. Régimen de la Administración Pública), Universidad Externado de Colombia, Universidad Central de Venezuela, Bogotá 2005, 445 pp. *

Se trató, como explicamos en la Presentación de este Tomo I, del inicio de otro proyecto de una obra de varios volúmenes, que los azares de la vida, el persistente interés y dedicación que he tenido en los temas de derecho constitucional, y sobre todo, los avatares del exilio precisamente desde que salieron los dos tomos iniciales de obra en 2005, me impidieron proseguirla (el texto del segundo tomo se recogerá en el Tomo II de este *Tratado*).

La aparición de dicho Tomo I, del *Derecho Administrativo* de 2005, la expliqué en la Presentación que había escrito para su edición, y que al final el editor no incluyó en la publicación, pero que ahora recojo. Allí decía lo siguiente:

"En 1975 apareció en Caracas, editado por la Universidad Central de Venezuela, el tomo I de nuestro *Derecho administrativo* (463 pp.), texto que era el anuncio de un proyecto muy ambicioso de una obra de larguísimo alcance sobre la disciplina, el cual, sin embargo, precisamente por la intensísima actividad académica que he tenido en los treinta largos años han pasado, no pude continuar en su momento.

Pero nunca es tarde para la labor creadora, y menos cuando se trata de las actividades académicas que se realizan con gran entusiasmo, como es precisamente la que representa la obra que ahora acometo, editada en Bogotá por la Universidad Externado de Colombia y la Universidad Central de Venezuela; obra mediante la cual he reformulado totalmente el viejo proyecto.

---

* En este Libro utilizamos las siguientes abreviaturas: C.: Constitución; C.C.: Código Civil; C.Co.: Código de Comercio; COPP: Código Orgánico Procesal Penal; CPC: Código de Procedimiento Civil; LOAP: Ley Orgánica de la Administración Pública; LOPA: Ley Orgánica de Procedimientos Administrativos

Se trataba, sin duda, una tarea que tenía pendiente, pero que, por lo demás, considero que ahora la cumplo en el momento que debía ocurrir, en la cual tengo la oportunidad de recoger los frutos de las más de cuatro décadas de investigación y de enseñanza de esta disciplina, tanto en pre como postgrado. Ha sido una fructífera actividad académica que desde 1963 he tenido la fortuna de desarrollar en las muy queridas Universidades a cuyo Claustro he tenido y tengo el privilegio de pertenecer, tanto en Venezuela (Universidad Central de Venezuela, Universidad Católica Andrés Bello, Universidad de Los Andes, Universidad del Zulia y Universidad Católica del Táchira) y en Colombia (Universidad Externado de Colombia, Pontificia Universidad Javeriana, Universidad Colegio Mayor Nuestra Señora del Rosario) como en Europa (Universidad de Cambridge, Universidad de París II, Universidad Carlos III de Madrid).

El tiempo pasa siempre dejando sus huellas, y en relación con esta obra, produjo la necesidad de cambiar tanto el proyecto original como el contenido mismo de aquél tomo I del Derecho Administrativo que, en su momento, básicamente había dedicado al estudio de lo que en su momento califique como los supuestos fundamentales de la disciplina. En sí mismo, aquél era un tema inagotable que invadía los campos de las instituciones políticas y constitucionales y del propio derecho constitucional, por lo que puede decirse que al desarrollo de cuanto escribí en aquél tomo I, fue que dediqué buena parte mi actividad académica posterior, al editar el libro *Instituciones Políticas y Constitucionales*, en aproximaciones sucesivas hasta llegar a la edición en 7 tomos realizada entre 1996 y 1998, por la Editorial Jurídica Venezolana y la Universidad Católica del Táchira (4.589 pp.). Esa edición había sustituido la de 1985 (en 2 tomos, 1.488 pp.) la cual había sustituido la de 1982 (713 pp.), y en su presentación yo mismo apunté, sin duda equivocadamente, como el tiempo lo demostró, que "con estos trabajos cierro, por ahora, un capítulo de la incursión de un administrativista en los predios de la ciencia política y del derecho constitucional"; agregando que "Tengo proyectado volver rápidamente a mi campo específico, y desde ya trabajo en una obra sobre Instituciones de derecho administrativo que espero saldrá pronto a la luz pública".

No fue así sin embargo, y sólo ha sido después de casi una década que he podido acometer la tarea. Es decir, no sólo no pude en ese momento volver a mis predios iniciales, sino que la propia crisis del sistema político venezolano a finales de los ochenta y los cambios políticos y constitucionales que ocurrieron en Venezuela a partir de los noventa, así como mi propia participación como constituyente en la Asamblea Nacional Constituyente de 1999, me obligaron de nuevo a posponer aquella tarea anunciada, y me exigieron más bien profundizar el tema constitucional, lo que condujo, en 2004, a la edición de la obra La Constitución de 1999. Derecho constitucional venezolano, publicada en 2 tomos (1.349 pp.) por la Editorial Jurídica Venezolana.

Pero el tiempo llegó para acometer la tarea pendiente e inconclusa, y gracias al estímulo intelectual que significó la propuesta de la Universidad Externado de Colombia, ahora el sale a la luz esta obra de Derecho administrativo, en cinco tomos iniciales, que son los que están completamente estructurados, a los que espero seguirán otros.

Por lo pronto, respecto de los cinco primeros tomos ya definitivamente estructurados, en los mismos he querido estudiar lo siguiente: en el tomo I, los principios fundamentales del derecho público, tanto administrativo como constitucional (Introducción general), la Administración Pública y el derecho administrativo (Primera parte) y la personalidad jurídica en el derecho administrativo (Segunda parte); en el tomo II, los aspectos sustanciales de la organización administrativa, particularmente de la Administración Pública nacional (Tercera parte) y de las Administraciones Públicas estadales y municipales (Cuarta parte); en el tomo III, las actividades del Estado y la actividad administrativa (Quinta parte) y el procedimiento administrativo (Sexta parte); en el tomo IV, el acto administrativo (Séptima parte) y los contratos del Estado (Octava parte), y en el tomo V, el control judicial de la actividad administrativa, es decir, el contencioso administrativo.

Los tomos subsiguientes se destinarán a estudiar los cometidos estatales, los recursos para su desempeño (administración financiera, bienes públicos, estatuto de la función pública), la participación de los administrados en las tareas administrativas, la responsabilidad de la Administración Pública, y el régimen jurídico administrativo de la economía, de la ordenación territorial y del urbanismo.

Sin duda, se trata de nuevo de una obra ambiciosa, pero que la inicio con cinco tomos ya estructurados, lo que asegura su cristalización; obra que, estoy seguro, no sólo era esperada por muchos alumnos, colegas de cátedra y amigos, sino principalmente por mí mismo. De allí el entusiasmo con que la acometo, gracias a Dios siempre en compañía de Beatriz, con los mismos bríos intelectuales y vitales con los que asumí la redacción de aquél mi primer libro en estos campos, en aquellos siempre recordados días paisínos de comienzos de los años sesenta, sobre *Las Instituciones Fundamentales del Derecho Administrativo y la Jurisprudencia Venezolana*, (494 pp.), obra también editada por la Universidad Central de Venezuela (1964).

Cuarenta años entre una y otra obra, para una vida ciertamente es mucho, pero en realidad no es nada cuando a pesar de ello, se siente que se tiene la vida por delante! Bogotá, octubre 2005."

A continuación parte del texto del Tomo I de dicha obra en la cual se recogieron muchos trabajos aislados anteriores, entre ellos, *Principios fundamentales del derecho Público* (Constitucional Y Administrativo), Cuadernos de la Cátedra Allan R. Brewer–Carías de Derecho Administrativo Universidad Católica Andrés Bello, Editorial Jurídica Venezolana. Caracas, agosto 2005,169 pp.; "La Constitución como fuente del derecho administrativo" en *Revista de Derecho Público* N° 47, Editorial Jurídica Venezolana, Caracas julio–septiembre 1991, pp. 35–41; "La distinción entre las personas jurídicas y las personas privadas y el sentido de la problemática actual de la clasificación de los sujetos de derecho" en *Revista de la Facultad de Derecho*, Nº 57, Universidad Central de Venezuela, Caracas 1976, pp. 115–135; "La distinción entre las personas jurídicas y las personas privadas y el sentido de la problemática actual de la clasificación de los sujetos de derecho" en *Revista Argentina de Derecho Administrativo*, Nº 17, Buenos Aires 1977, pp. 15–29; "El régimen de las personas jurídicas estatales político–territoriales en la Constitución de 1999"

en *El Derecho constitucional y público en Venezuela. Homenaje a Gustavo Planchart Manrique*, Tomo I, Universidad Católica Andrés Bello, Tinoco, Travieso, Planchart & Núñez, Abogados, Caracas 2003, pp. 99–121; "Sobre las personas jurídicas en la Constitución de 1999" en *Derecho Público Contemporáneo. Libro Homenaje a Jesús Leopoldo Sánchez*, Estudios del Instituto de Derecho Público, Universidad Central de Venezuela, enero–abril 2003, Volumen 1, pp. 48–54; "La interaplicación del Derecho Público y del Derecho Privado a la Administración Pública y el proceso de huída y recuperación del Derecho Administrativo" en *Las formas de la actividad administrativa. II Jornadas Internacionales de Derecho Administrativo Allan Randolph Brewer–Carías*, Caracas 1996, Fundación Estudios de Derecho Administrativo (FUNEDA), Caracas 1996, pp. 23–73; "El proceso de huída y recuperación del derecho administrativo," en David Cienfuegos Salgado y Luis Gerardo Rodríguez Lozano (coordinadores, *Actualidad de los Servicios Públicos en Iberoamérica*, Universidad Nacional Autónoma de México, México 2008, pp. 79–133; "Algunos aspectos de proceso de constitucionalización del derecho administrativo en la Constitución de 1999" en *Los requisitos y vicios de los actos administrativos. V Jornadas Internacionales de Derecho Administrativo Allan Randolph Brewer–Carías*, Caracas 1996, Fundación Estudios de Derecho Administrativo (FUNEDA), Caracas 2000, pp. 23–37; y "Panorama general del derecho administrativo en Venezuela (2004)" en Santiago González–Varas Ibáñez (Coordinador), *El Derecho Administrativo Iberoamericano*, Instituto de Investigación Urbana y Territorial, Granada, España 2005, pp. 745–791; trabajo que se actualizó para la edición del libro editado por el Instituto Nacional de Administración Pública, Madrid 2012.

Desde el punto de vista jurídico, la Administración Pública puede considerarse como el objeto de regulación por excelencia del derecho administrativo. Por ello, la definición más sencilla de esta disciplina jurídica es considerarla como aquella rama del derecho público que regula a la Administración Pública[1]; la cual, sin embargo, aun cuando no es sustancialmente inexacta, es insuficiente dados los múltiples sentidos que tiene la noción de Administración Pública[2].

En efecto, en el campo del derecho administrativo la expresión "Administración Pública" tiene al menos dos significados: por una parte, con ella se identifica a un conjunto de órganos del Estado o, más propiamente, de las personas jurídicas estatales que como sujetos de derecho actúan en el mundo de las relaciones jurídicas; y por la otra, con dicha noción se identifica también a un conjunto de actividades que resultan de la gestión del interés general (actividad administrativa) realizada generalmente por esos

1 "El objeto del derecho administrativo es la Administración Pública, en todas sus manifestaciones, sean éstas externas o internas". Así lo ha indicado la Sala Político Administrativa del Tribunal Supremo de Justicia, en sentencia 1028 del 9 de mayo de 2000, *Revista de Derecho Público*, Nº 82, Editorial Jurídica Venezolana, Caracas, 2000, p. 214.

2 Para una aproximación más amplia respecto de la noción de Administración Pública, *Cfr.* Tomás Polanco A., "La Administración Pública", *Anales de la Facultad de Derecho*, Universidad Central de Venezuela, Caracas, 1952, pp. 117 a 371; Nectario Andrade Labarca, "La Administración Pública", *Revista de la Facultad de Derecho*, Año I, Nº 3, Universidad del Zulia, Maracaibo, 1961, pp. 7 a 20; Allan R. Brewer–Carías, "Las transformaciones de la Administración Pública para el desarrollo", *Revista de la Facultad de Derecho,* Nº 41, Universidad Central de Venezuela, Caracas, 1968, pp. 19 a 64; *íd.*, *Fundamentos de la Administración Pública*, Editorial Jurídica Venezolana, Caracas, 1980.

mismos órganos. Hay, por tanto, al menos un concepto orgánico y un concepto material de la Administración Pública; y ambos interesan al derecho administrativo[3].

Desde el punto de vista orgánico, la Administración Pública se identifica siempre como un *conjunto de órganos* de las personas jurídicas que, como sujetos de derecho, conforman el Estado, es decir, de las personas jurídicas estatales. Por tanto, las nociones de Administración Pública y de personas jurídicas estatales siempre están indisolublemente vinculadas, ya que son los órganos de éstas los que constituyen la primera.

Pero sin embargo, no todos los órganos de las personas jurídicas estatales son parte o constituyen la Administración Pública, sino sólo aquéllos de las personas jurídicas político territoriales que derivan de la forma federal del Estado, es decir, de la República, de los estados, de los municipios y de las demás entidades políticas que la componen, que ejercen el poder ejecutivo. Estos órganos son los que, en general, se identifican en el lenguaje jurídico común como "el poder ejecutivo"[4], que comprende a la Presidencia de la República y a los ministerios a nivel nacional (Ejecutivo nacional), a las gobernaciones de los estados (Ejecutivo estadal) y a las alcaldías municipales (Ejecutivo municipal). Esos órganos conforman lo que se denomina, en general, la "Administración central".

Además, también integran la Administración Pública los órganos de las personas jurídicas estatales descentralizadas de las mencionadas personas estatales político territoriales, que actúan siempre adscritas y bajo el control de tutela de los órganos que ejercen el poder ejecutivo, sea que hayan sido constituidas mediante ley con forma jurídica de derecho público, como, por ejemplo, los institutos autónomos, o con forma jurídica de derecho privado, como, por ejemplo, las empresas o fundaciones del Estado. Estos órganos conforman lo que se denomina, en general, la "Administración descentralizada". En tal sentido, en relación con la Administración Pública nacional, la Sala Constitucional del Tribunal Supremo ha señalado:

> Al respecto, y en un primer término, se observa que la Administración Pública nacional está integrada por: a) La Administración Central, conformada por órganos que dependen directamente del Ejecutivo nacional, como lo son la Presidencia de la República, la Vicepresidencia Ejecutiva, el Consejo de Ministros, los Ministerios, las Oficinas Centrales de la Presidencia, la Procuraduría General de la República, el Consejo de Estado y el Consejo de la Defensa de la Nación; y, b) La Administración descentralizada, la cual a su vez se subdivide en dos tipos, la Administración descentralizada Territorialmente, conformada por los entes político–territoriales (Estados y municipios); y la Administración descentralizada Funcionalmente, conformada por los Institutos Autó-

3 La Sala Electoral del Tribunal Supremo en sentencia del 25 de febrero de 2000 ha señalado, p. ej., que la Administración Pública, tal como aparece definida en el artículo 141 C., es el "complejo orgánico encargado de realizar la función pública (satisfacción y tutela de los intereses generales), el cual conforme a la tesis doctrinaria dominante, derivada de la diferencia entre Gobierno y Administración, está integrado por los órganos que forman los poderes ejecutivos nacional, estadal y municipal", *Revista de Derecho Público*, N° 81, Editorial Jurídica Venezolana, Caracas, 2000, p. 170. En cambio, la Sala Político Administrativa del Tribunal Supremo de Justicia, en sentencia 1028 del 9 de mayo de 2000, ha señalado que "la doctrina predominante, con todo acierto, al referirse a la Administración Pública, no considera a ésta en sentido orgánico o subjetivo, sino desde el punto de vista material, sustancial u objetivo, vale decir, la Administración resulta caracterizada con base en la naturaleza jurídica interna del acto administrativo, con total prescindencia de la índole del órgano o del agente productor del acto; sólo se tiene en cuenta el 'acto' en sí mismo", *Revista de Derecho Público*, N° 82, Editorial Jurídica Venezolana, Caracas, 2000, p. 214.

4 La Sala Constitucional ha señalado, p. ej., que "el poder ejecutivo es por definición [un] conjunto orgánico", sentencia 1447 del 3 de junio de 2003, caso: *Impugnación del artículo 22 de la Ley Orgánica del Trabajo*, *Revista de Derecho Público*, N° 93 a 96, Editorial Jurídica Venezolana, Caracas, 2003, p. 192.

nomos; personas jurídicas de Derecho Público con forma societaria (empresas del Estado), asociaciones civiles y fundaciones pertenecientes al Estado[5].

Pero una descripción como la anterior de la Administración Pública en sentido orgánico, también podría considerarse como insuficiente en nuestro régimen constitucional, pues hay otros órganos de las personas jurídicas estatales político territoriales que si bien también se puede considerar que integran o son parte de la Administración Pública, sin embargo, no ejercen el poder ejecutivo. Es decir, si bien todos los órganos del Estado que ejercen el poder ejecutivo están integrados en la Administración Pública, no todos los órganos que conforman la Administración Pública ejercen el poder ejecutivo del Estado, de manera que hay órganos de la Administración Pública que no dependen jerárquicamente del Presidente de la República, de los gobernadores ni de los alcaldes, pues ejercen otros poderes públicos distintos del poder ejecutivo. Recuérdese, en efecto, que conforme al sistema de penta división del poder público establecido en el artículo 136 C., el poder público nacional se divide en cinco ramas: legislativo, ejecutivo, judicial, ciudadano y electoral, de manera que los órganos estatales que los ejercen son, respectivamente, autónomos e independientes entre sí.

En ese contexto de división del poder público nacional, además de aquéllos que ejercen el poder ejecutivo, los órganos estatales que ejercen el poder ciudadano (Ministerio Público: Fiscalía General de la República, Contraloría General de la República y Defensoría del Pueblo) y el poder electoral (Consejo Nacional Electoral y sus juntas y comisiones), si bien son autónomos e independientes del poder ejecutivo nacional y de los otros poderes públicos; sin embargo también son órganos que forman parte de la Administración Pública de la República[6], aun cuando no sean parte de la "Administración central".

Igualmente, también conforman la Administración Pública de la República los órganos de administración y gobierno del poder judicial dependiente del Tribunal Supremo de Justicia, en particular, la Dirección Ejecutiva de la Magistratura y sus diversas dependencias.

Como se puede apreciar, el universo de la Administración Pública en sentido orgánico es mucho más amplio que el tradicional, que la reducía a los órganos estatales que ejercían el poder ejecutivo; y ello se confirma por la misma ubicación de la sección segunda, "De la Administración Pública", en el capítulo I, "De las disposiciones generales", del título IV sobre "El poder público" de la Constitución de 1999. Los artículos constitucionales de dicha sección: el 141, sobre los principios de la Administración Pública; el 142, sobre la creación de entes descentralizados, y el 143, sobre el derecho a la información administrativa y acceso a los documentos oficiales, se aplican a todo el universo de órganos que conforman la Administración Pública[7], y no sólo a los que ejercen el poder ejecutivo.

---

5 Sentencia 2724 del 18 de diciembre de 2001, caso: *Impugnación del artículo 2º ordinal 9º de la Ley del estatuto Sobre el Régimen de Jubilaciones y Pensiones de los Funcionarios o Empleados de la Administración Pública Nacional, de los Estados y de los municipios* (consultada en original).

6 Como lo ha dicho la Sala Constitucional: "ambos poderes constituyen, fuera del ejecutivo, organizaciones calificables como Administración Pública", en sentencia 340 del 9 de marzo de 2004, caso: *Impugnación de la Ley Orgánica de La Contraloría General de la Republica y del Sistema Nacional de Control Fiscal y del Reglamento sobre los Concursos para la designación de los titulares de las Contralorías municipales y distritales, Revista de Derecho Público*, Nº 97 y 98, Editorial Jurídica Venezolana, Caracas, 2004, p. 220.

7 *Cfr.* sobre el régimen constitucional relativo a la Administración Pública, Allan R. Brewer–Carías, *La Constitución de 1999. Derecho constitucional venezolano*, t. I, Editorial Jurídica Venezolana, Caracas, 2004, pp.

Sin embargo, en cuanto a la Ley Orgánica de la Administración Pública[8], la misma, si bien está básicamente destinada a regular a la Administración Pública central del poder nacional (que ejerce el poder ejecutivo) y a la Administración Pública descentralizada nacional, sus normas son aplicables a los otros órganos nacionales, estadales y municipales antes mencionados que integran la Administración Pública, como se deriva de su artículo 1° que dispone:

> Las disposiciones de la presente Ley serán aplicables a la Administración Pública nacional. Los principios y normas que se refieran en general a la Administración Pública, o expresamente a los estados, distritos metropolitanos y municipios serán de obligatoria observancia por éstos, quienes deberán desarrollarlos dentro del ámbito de sus respectivas competencias.
>
> Las disposiciones de la presente Ley podrán aplicarse supletoriamente a los demás órganos del poder público.

Pero por otra parte, como se ha dicho, el término Administración Pública también tiene una connotación material al identificar no sólo a un conjunto de órganos estatales, sino a unas *actividades* realizadas con vistas a satisfacer un interés general del Estado o de la sociedad, generalmente por sus órganos.

Estas actividades se caracterizan, ante todo, porque son siempre de carácter sublegal en el sistema de formación del derecho por grados, pues se trata de actividades realizadas en ejecución directa e inmediata de la legislación y sólo indirecta y mediata de la Constitución; y fundamentalmente las realizan los órganos del Estado o de las personas jurídicas estatales; órganos que, sin embargo, no necesariamente son sólo los antes señalados que integran la Administración Pública en sentido *orgánico*. La actividad administrativa del Estado, en efecto, no la cumplen únicamente los órganos de las personas jurídicas estatales que ejercen el poder ejecutivo, el poder judicial (gobierno y administración del mismo), el poder ciudadano y el poder electoral y que conforman la Administración Pública, sino que también la cumplen la Asamblea Nacional, los consejos legislativos de los estados y los concejos municipales, en ejercicio del poder legislativo, o el Tribunal Supremo de Justicia y demás tribunales de la República, en ejercicio del poder judicial, cuando por ejemplo administran su cuerpo de funcionarios o entran en relación con los particulares en ejercicio de la función administrativa o cuando ejercen la función normativa emitiendo actos reglamentarios. La actividad administrativa como objeto del derecho administrativo, por ello, está también esencialmente vinculada al ejercicio de las diversas funciones del Estado (normativa, política, administrativa, jurisdiccional y de control).

Además, la actividad administrativa que interesa al derecho administrativo muchas veces se realiza por particulares o por personas jurídicas de derecho privado e, incluso, de carácter no estatal, pero que en virtud de la ley ejercen prerrogativas del poder público. Así sucede, por ejemplo, con ciertos actos de las universidades privadas o de las federaciones deportivas, como serían los actos sancionatorios, regulados por ejemplo en

276 y ss.; Antonieta Garrido de Cárdenas "La Administración Pública nacional y su organización administrativa en la Constitución de 1999", en *Estudios de derecho administrativo. Libro homenaje a la Universidad Central de Venezuela*, Vol. I. Tribunal Supremo de Justicia, Caracas, 2001, pp. 428 a 471.

8 *Cfr.* sobre el régimen legal de la Administración Pública, Allan R. Brewer–Carías, "Introducción general al régimen jurídico de la Administración Pública" en *íd.* y Rafael J. Chavero G., *Ley Orgánica de la Administración Pública*, Editorial Jurídica Venezolana, Caracas, 2003, pp. 13 y ss.; Gustavo Briceño Vivas "Principios constitucionales que rigen la Administración en la nueva Ley Orgánica de la Administración Pública", en *Temas de derecho administrativo. Libro homenaje a Gonzalo Pérez Luciani*, Vol. I, Tribunal Supremo de Justicia, Caracas, 2002, pp. 351 a 372.

las leyes que regulan a las universidades y al deporte, y que tienen el carácter de actos administrativos[9].

Finalmente, no toda la actividad que realizan algunos órganos que configuran la Administración Pública del Estado, como por ejemplo la que realiza el Presidente de la República, constituye actividad administrativa, sino sólo las actividades que sean de carácter sublegal. El Jefe del Ejecutivo nacional y otros órganos del Estado, en efecto, además de realizar actividades en ejecución directa e inmediata de la legislación e indirecta y mediata de la Constitución, ejercen actividades que son formal y sustancialmente distintas de la anterior, realizadas en ejecución directa e inmediata de la Constitución, como son las actividades políticas (de gobierno)[10]. Por ello, la actividad administrativa que interesa al derecho administrativo está esencialmente vinculada al sistema de formación del derecho por grados[11], al cual nos hemos referido en la *Introducción General*.

Pero si bien la Administración Pública, tanto en su connotación orgánica como en su sentido material de actividad, constituye el objeto del derecho administrativo, no todo el derecho que regula a la Administración Pública, o sea, a los órganos estatales que la conforman o a las actividades administrativas, es derecho administrativo. Es decir, en el mundo del derecho no existen sujetos de derecho o actividades respecto de los cuales pueda decirse que exclusivamente se rigen por una sola rama del derecho. Así como no se puede decir que las sociedades anónimas sean sujetos de derecho que sólo se regulan por el Código de Comercio, pues también están sometidas al Código Civil, al Código Penal y a todas las leyes de derecho administrativo que, por ejemplo, regulan diversos sectores de la economía (bancos, seguros, mercado de capitales, etc.); en igual sentido, los órganos de la Administración Pública, además de estar sometidos al derecho administrativo, también están sometidos al derecho civil y al derecho mercantil, por ejemplo.

Por lo demás, como se dijo, esos sujetos de derecho o personas jurídicas estatales que interesan al derecho administrativo no tienen una configuración uniforme pues pueden tener la forma de personas jurídicas de derecho público o la forma jurídica de personas jurídicas de derecho privado. Por ello, a los órganos de la Administración Pública, si bien regidos por el derecho administrativo, sin embargo, en una forma u otra, siempre se les interaplica de manera variable un régimen tanto de derecho público como de derecho privado[12]. El derecho administrativo, por supuesto, tiene siempre una preponde-

---

9 *V.* el análisis de la jurisprudencia sobre el tema en Allan R. Brewer–Carías, *Estado de derecho y control judicial*, Instituto Nacional de Administración Pública, Alcalá de Henares y Madrid, 1987, pp. 498 y ss.

10 *Cfr.* Allan R. Brewer–Carías, *Instituciones Políticas y Constitucionales*, T. VI, "La justicia constitucional", Universidad Católica del Táchira y Editorial Jurídica Venezolana, San Cristóbal y Caracas, 1996, pp. 199 a 226; e *íd.*, "Comentarios sobre la doctrina del acto de gobierno, del acto político, del acto de Estado y de las cuestiones políticas como motivo de inmunidad jurisdiccional de los Estados en sus Tribunales nacionales", *Revista de Derecho Público*, Nº 26, Editorial Jurídica Venezolana, Caracas, 1986, pp. 65 a 68.

11 Sobre el sistema jerarquizado o graduado del orden jurídico, creación de la denominada Escuela Vienesa, *Cfr.* Hans Kelsen, *Teoría pura del derecho*, Buenos Aires 1981, p. 135 y ss.; Adolf Merkl, *Teoría general del derecho administrativo*, Madrid, 1935, pp. 7 a 62. Sobre dicho sistema en el constitucionalismo venezolano, *Cfr.* Allan R. Brewer–Carías, *Derecho administrativo,* t. I, Universidad Central de Venezuela, Caracas, 1975, pp. 373 y ss.; *íd. Instituciones Políticas y Constitucionales*, t. I, "Evolución Histórica del Estado", Universidad Católica del Táchira y Editorial Jurídica Venezolana, San Cristóbal y Caracas, 1996, pp. 107 a 117.

12 *Cfr.* Allan R. Brewer–Carías, "La interaplicación del derecho público y del derecho privado a la Administración Pública y el proceso de huida y recuperación del derecho administrativo" en *Las formas de la actividad administrativa. II Jornadas Internacionales de Derecho Administrativo Allan Randolph Brewer–Carías, 1996,* Fundación Estudios de Derecho Administrativo (FUNEDA), Caracas, 1996, pp. 23 a 73.

rancia en este régimen, pero el mismo no comprende la totalidad de las normas que se aplican a los órganos de la Administración Pública del Estado ni a la actividad administrativa del mismo. De allí que las clásicas ecuaciones del derecho administrativo de principios del siglo pasado, que, por lo demás, fueron útiles en el proceso de autonomización de nuestra disciplina, puede decirse que quedaron en la historia bibliográfica del derecho administrativo. Ellas fueron, por una parte:

> Personas públicas–Administración Pública–actividad administrativa–derecho público–actos administrativos–contratos administrativos–responsabilidad administrativa;

y por la otra parte:

> Personas privadas–administración privada–actividad privada–derecho privado–actos privados–contratos privados–responsabilidad civil.

Y ello ocurrió, precisamente por los dos elementos que hemos destacado: la Administración Pública es un complejo orgánico de determinadas personas político territoriales, conforme a nuestro sistema constitucional de distribución vertical y horizontal del poder público, que se rige por el derecho administrativo, aun cuando en forma no exclusiva ni excluyente.

En todo caso, el derecho administrativo no pierde su autonomía cuando a la Administración Pública y a la actividad administrativa se le aplican normas de derecho privado, ni los órganos del Estado dejan de serlo cuando, para determinadas actuaciones, deban regirse, además de por el derecho público, por normas del derecho privado; así mismo, los particulares y, en general, las personas jurídicas no estatales, no dejan de serlo cuando en ciertas de sus actividades cotidianas se encuentran sometidos al derecho administrativo, incluso, en algunos casos con preponderancia del derecho civil. El derecho, en definitiva, es uno sólo y se aplica a todos los sujetos de derecho en todas sus ramas, las cuales tendrán preponderancia según cual sea la finalidad de la actividad que estos realizan.

Por tanto, el derecho administrativo no comprende la totalidad de las normas que se aplican tanto a los órganos de la Administración Pública del Estado como a la actividad administrativa del mismo, pues siempre estos órganos y esas actividades están sometidos a un régimen mixto de derecho administrativo y de derecho privado, con preponderancia variable de uno u otro.

Sección Primera: LA ADMINISTRACIÓN PÚBLICA Y EL DERECHO ADMINISTRATIVO

De todo lo anteriormente expuesto resulta, por tanto, que la definición de la Administración Pública como objeto del derecho administrativo es esencial para la definición de esta rama del derecho, la cual consideramos que tiene que estar basada en la descripción de dicho objeto.

Por ello, bien podría partirse para el estudio de nuestra disciplina de la definición del derecho administrativo como: aquella rama del derecho público que regula los sujetos de derecho o personas jurídicas que conforman el Estado; la Administración Pública como complejo orgánico de esas personas jurídicas estatales, su organización y funcionamiento; el ejercicio de la función administrativa dentro de las funciones del Estado; la actividad administrativa, siempre de carácter sublegal, realizada por los órganos de las personas jurídicas estatales en ejercicio de las funciones normativas o administrativas, o la realizada por los particulares a quienes la ley ha autorizado para ello, su régimen y control; y las relaciones jurídicas que se establecen entre las personas jurídicas estatales o las que desarrollan la actividad administrativa, y los administrados, que moldean las formas de la actividad administrativa.

Con una definición como esta, por supuesto, no cabe hacer intento alguno de adoptar un criterio único para definir el derecho administrativo[13]. No se trata, por tanto, ni de una definición orgánica ni de una definición material ni de una definición formal, pues no existe un criterio clave absoluto para definir el derecho administrativo ni su objeto: la Administración Pública. La definición debe elaborarse con la mezcla de los diversos criterios, lo que además responde al contenido heterogéneo y mutable de la actividad administrativa del Estado. Por ello, el derecho administrativo de hace cuatro o cinco décadas no es ni puede ser el mismo del mundo contemporáneo, y ello por la razón fundamental de que regula una parcela esencial de la acción del Estado que, además de ser siempre heterogénea, es esencialmente mutable.

Ahora bien, lo que resulta de cualquier definición del derecho administrativo y, en particular, de su objeto, la Administración Pública, es que en forma preliminar deben estudiarse los siguientes aspectos:

En *primer lugar*, el conjunto de sujetos de derecho o personas jurídicas estatales cuyos órganos conforman la Administración Pública como complejo orgánico.

En *segundo lugar*, la Administración Pública como tal complejo orgánico dentro de la estructura general del Estado que resulta del sistema de distribución del poder público en Venezuela, que por la forma federal del Estado no sólo es horizontal sino vertical.

En *tercer lugar*, la función administrativa dentro de las funciones del Estado como tareas esenciales, cuya diferenciación no coincide ni con la separación de poderes ni con las mismas actividades estatales.

En *cuarto lugar*, la actividad administrativa como una de las actividades del Estado que se realiza por todos los órganos del mismo, de carácter sublegal y en ejercicio de variadas funciones, su régimen y control.

En *quinto lugar*, las formas de la actividad administrativa como consecuencia del conjunto de relaciones que se establecen entre las personas jurídicas estatales y los administrados o entre los diversos órganos de la Administración Pública con motivo del ejercicio de la función administrativa o de la realización de una actividad administrativa.

---

13 *Cfr.* Allan R. Brewer–Carías, "El concepto de derecho administrativo en Venezuela", *Revista de Administración Pública*, N° 100 a 102, Vol. I, Madrid, Centro de Estudios Constitucionales 1983, pp. 685 a 704, y en *Estudios de Derecho Administrativo,* Bogotá, Universidad Colegio Mayor Nuestra Señora del Rosario, 1986, pp. 7 a 24. Con el título "Bases constitucionales del derecho administrativo en Venezuela", *Revista de Derecho Público*, N° 16, Editorial Jurídica Venezolana, Caracas, 1983, pp. 5 a 20; y *El derecho público en Venezuela y Colombia, Archivo de Derecho Público y Ciencias de la Administración*, Vol. VII, 1984–1985, Universidad Central de Venezuela, Caracas, 1986, pp. 215 a 231. *Cfr.* además, específicamente sobre el tema, Nectario Andrade Labarca, "Consideraciones sobre el concepto de derecho administrativo", *Revista de la Facultad de Derecho*, Año II, N° 6, Maracaibo, Universidad del Zulia, 1962, pp. 5 a 14; Francisco Briceño Canelón, "Idea general, concepto e importancia del derecho administrativo", *Revista del Colegio de Abogados del Distrito Federal*, Año XV, N° 67 a 72, Caracas, 1951, pp. 62 a 73, *íd.* "Caracteres generales del derecho administrativo en Venezuela", *Revista del Colegio de Abogados del Estado Lara,* N° 28, Barquisimeto, 1963, pp. 27 a 48.

I. LA ADMINISTRACIÓN PÚBLICA COMO COMPLEJO DE ÓRGANOS ESTATALES

1. La administración pública como conjunto de órganos de las personas jurídicas estatales y la distribución vertical del poder público

A. El Estado y las personas jurídicas estatales

La Constitución utiliza con gran frecuencia la palabra "Estado" para establecer, por ejemplo, obligaciones prestacionales concretas a cargo de los entes públicos en relación con los administrados. Por ejemplo, dispone que "el Estado protegerá la familia" (art. 75), que "el Estado creará, ejercerá la rectoría y gestionará un sistema público nacional de salud" (art. 84), que "el Estado asumirá [la educación] como función indeclinable" (art. 102), que "el Estado garantizará la atención integral de los deportistas" (art. 111), que "el Estado reconocerá la existencia de los pueblos y comunidades indígenas (art. 119), o que "el Estado protegerá el ambiente" (art. 127).

Sin embargo, "el Estado", como tal y en el orden constitucional y legal interno, a pesar de estas expresiones constitucionales, no es sujeto de derechos y obligaciones pues no es una persona jurídica, sino que, en realidad, lo conforman un conjunto de personas jurídicas estatales. Es decir, si bien es cierto que en el ámbito de la comunidad internacional la República de Venezuela, como "Estado", goza de personalidad jurídica internacional, en cambio, en el ámbito del derecho interno el Estado, como tal, no es un solo sujeto de derecho o persona jurídica, sino que en realidad es un conjunto de personas jurídicas estatales, que resultan del sistema constitucional que se ha establecido para la distribución territorial del poder público (personas jurídicas estatales). Como lo ha constatado la sala Constitucional del Tribunal Supremo:

> El Estado, al menos entre nosotros, es visto como la personificación de la República a efectos internacionales (en el entendido de que sólo la República tiene poder para las relaciones exteriores) e incluso como la forma de englobar el conjunto de personas públicas a ciertos efectos nacionales (como sería el caso de asuntos atribuidos a todas las personas públicas, incluso no territoriales, por lo que no es necesario distinguir entre ellas y se les trata en común; tal es el supuesto del deber del Estado de procurar la salud o la educación de la población, que en ningún caso puede ser considerado como una obligación exclusiva de un ente)[14].

B. La distribución y división del poder público

En efecto, en la Constitución, cuando se regula el poder público como la potestad constitucional que habilita a las personas estatales para actuar como sujetos de derecho y que les permite imponer el interés público sobre el interés particular[15], establece un

---

14 *V.* sentencia 285 del 4 de marzo de 2004, caso: *Interpretación de los artículos 156, 180 y 304 de la Constitución de la República Bolivariana de Venezuela*, *Revista de Derecho Público*, N° 97 y 98, Editorial Jurídica Venezolana, Caracas, 2004, p. 278.

15 La Sala Electoral del Tribunal Supremo en sentencia 4 del 25 de enero de 2001, caso: *Roraima Quiñonez vs. Universidad de Carabobo*, ha definido "la potestad –por oposición al derecho subjetivo– como poder que tienen

doble sistema respecto de su separación: una distribución vertical del mismo en el territorio, y una división orgánica horizontal del mismo en cada nivel territorial. Por ello es que el artículo 136 C. establece que "el poder público se distribuye entre el poder municipal, el poder estadal y el poder nacional"; y además, que "el poder público nacional", cuyo ejercicio es el que básicamente se regula en la Constitución *nacional*, "se divide en legislativo, ejecutivo, judicial, ciudadano y electoral".

Como antes se ha analizado en la *Introducción General*, lo primero que establece esta norma es la llamada *distribución vertical* del poder público, lo que da origen a un sistema de personas jurídicas estatales derivadas de la descentralización político territorial que origina la forma federal del Estado, en tres niveles: nacional, estadal y municipal; y lo segundo que regula la disposición es que en el nivel nacional se establece una penta *división horizontal* del poder público, lo que da origen a la separación orgánica de los poderes del Estado, no sólo en los tres clásicos poderes legislativo, ejecutivo y judicial, siguiendo los criterios tradicionales del constitucionalismo moderno, sino agregando al poder ciudadano y al poder electoral. Estos últimos lo ejercen los órganos del Estado que con anterioridad se habían venido configurando como órganos constitucionales con autonomía funcional[16] y que formaban parte de la Administración Pública.

Estos dos sistemas de regulación del poder público, para su ejercicio, tienen implicaciones en la configuración de la Administración Pública como complejo orgánico; pero es la distribución territorial del mismo la que origina los diversos sujetos de derecho o personas jurídicas que configuran el Estado, y dentro de cuyos órganos están los que constituyen la Administración Pública.

C. Las personas jurídicas estatales

En efecto, siendo el Estado venezolano un "Estado federal descentralizado" en los términos formales establecidos en el articulo 4° C., el mismo está básicamente conformado por el conjunto de personas jurídicas político territoriales que son: la República, los estados, los municipios y las otras personas jurídicas estatales producto de la descentralización política y funcional. El Estado, por ello, se insiste, no es una persona jurídica en el ámbito interno, sino que en el sistema constitucional lo que existen son muchas personas jurídicas que actualizan su voluntad, que son las personas jurídicas estatales.

Por tanto, jurídicamente hablando, y esto tiene una repercusión básica en el derecho administrativo, en Venezuela no existe ni puede existir una sola Administración Pública como complejo orgánico, ni las administraciones públicas pueden, como tales, ser personas jurídicas. En realidad, cada una de las personas político territoriales tiene su propia Administración Pública como conjunto orgánico, cuya actuación se imputa a la persona jurídico estatal a la cual pertenece. En otras palabras, la Administración Pública, en realidad, es una organización que, por supuesto, está conformado por un conjunto de

---

una serie de órganos conforme al ordenamiento jurídico para imponer su voluntad frente a los particulares, se justifica precisamente por el hecho de que la actuación de estos órganos (sean o no administrativos en sentido estricto) debe responder a necesidades de interés general, que precisamente viene a legitimar la preeminencia del ejercicio de esta potestad sobre los intereses particulares", *Revista de Derecho Público*, N° 85 a 88, Editorial Jurídica Venezolana, Caracas, 2001, p. 145.

16 *Cfr.* sobre el sistema anterior a la Constitución de 1999, Allan R. Brewer–Carías, *Principios del régimen de la organización administrativa venezolana*, Editorial Jurídica Venezolana, Caracas, 1991, pp. 11 y ss.

órganos que, además, lo son de las personas jurídicas estatales, y que, como tales órganos, sirven para manifestar o actualizar la voluntad de éstas y, mediante ellas, la del Estado.

D. La administración pública y las personas jurídicas estatales

La Administración Pública, por ello, como lo precisa la misma Ley Orgánica de la Administración Pública, está conformada tanto por los órganos de las personas jurídicas estatales como unidades administrativas, como por algunas de dichas personas (las no territoriales) que la ley denomina "entes". Así lo indica el artículo 15 LOAP al disponer que "los órganos y entes de la Administración Pública se crean, modifican y suprimen por los titulares de la potestad organizativa"[17], conforme a lo establecido en la Constitución y la ley, de manera que:

> Tendrá el carácter de *ente* toda organización administrativa descentralizada funcionalmente con personalidad jurídica propia distinta de la República, de los estados, de los distritos metropolitanos y de los municipios.
>
> Son *órganos* las unidades administrativas de la República, los estados, los distritos metropolitanos y entes públicos a las que se les atribuyan funciones que tengan efectos jurídicos frente a terceros, o cuya actuación tenga carácter preceptivo.

De lo anterior deriva la importancia que tiene para el derecho administrativo el tema de la personalidad jurídica.

Ahora bien, en cuanto a esas personas jurídicas estatales que son los sujetos de derecho cuyos órganos conforman la Administración Pública, ellas son objeto de regulación por parte del derecho administrativo porque, en definitiva, son las que establecen relaciones jurídico administrativas con los particulares. La Administración Pública, por tanto, se insiste, no es una persona jurídica en sí misma; sino que está conformada por los órganos de las diversas personas jurídicas estatales; noción ésta última clave para su precisión.

Como en tantos otros aspectos del derecho administrativo, la construcción de la teoría de la personalidad jurídica no puede hacerse con independencia de los principios y regulaciones de la teoría general del derecho y, en especial, del derecho civil, pues la idea de persona jurídica o moral, como sujeto de derecho, es y tiene que ser una y única[18].

En efecto, de acuerdo con el Código Civil, en el mundo del derecho, además de las personas naturales, son reconocidos como sujetos de derecho, es decir, como entes capaces de derechos y obligaciones, una serie de "centros de intereses" con sustratos personales o reales a los cuales, para protegerlos jurídicamente, el ordenamiento jurídico les asigna personalidad jurídica o moral como entidades abstractas. En tal sentido, el artículo 19 C. C. dispone:

---

17 *Cfr.* en general, Hildegard Rondón de Sansó, "La potestad organizativa en el derecho venezolano", *Libro Homenaje a Rafael Caldera. Estudios sobre la Constitución*, t. IV, Universidad Central de Venezuela, Caracas, 1979, pp. 2.105 a 2.192.

18 *Cfr.* Allan R. Brewer–Carías, *La Constitución de 1999. Derecho constitucional venezolano*, t. I, *cit.*, pp. 266 y ss.

Son personas jurídicas y por lo tanto, capaces de obligaciones y derechos:

1° La Nación y las Entidades políticas que la componen;

2° Las Iglesias, de cualquier credo que sean, las universidades y, en general todos los seres o cuerpos morales de carácter público;

3° Asociaciones, corporaciones y fundaciones lícitas de carácter privado.

De acuerdo con esta enumeración, en consecuencia, son personas jurídicas en el ordenamiento jurídico venezolano:

En *primer lugar,* las *personas jurídicas político territoriales* que el Código Civil enuncia como "la Nación y las entidades políticas que la componen", y que conforme a la terminología de la Constitución integran el Estado. Como se ha dicho, la forma federal del mismo establecida en la Constitución (art. 4°) y la distribución vertical del poder público "entre el poder municipal, el poder estadal y el poder nacional" (art. 136) da origen a tres niveles de personas jurídicas que integran el Estado: la República, que ejerce el poder nacional; los estados que ejercen el poder estadal, y los municipios y demás entidades locales (entre ellas los distritos metropolitanos), que ejercen el poder municipal.

En esta forma, como se dijo, en el derecho interno el "Estado" comprende a la República, a los estados y a los municipios y a las demás entidades locales; por lo que en el derecho interno la República es una de las personificaciones del Estado en el ámbito nacional, siendo los estados federados y los municipios, también, personificaciones del Estado en sus respectivos ámbitos territoriales.

El Estado, por tanto, no se puede confundir con la República y menos aún cuando la Constitución, como se ha dicho, usa la palabra "Estado" para conceptuar la organización política y jurídica que ejerce el poder público frente a las actividades y entidades privadas.

En *segundo lugar*, de acuerdo al artículo 19 C.C. también son personas jurídicas en el ordenamiento jurídico venezolano las *personas jurídicas "de carácter público",* entre las cuales el Código enuncia a "las Iglesias de cualquier credo que sean y las universidades". Estas personas jurídicas de carácter público, conforme a la terminología empleada en la Constitución de 1999 (art. 145, en particular), son las "demás personas jurídicas de derecho público" (excluidas las político territoriales) y que comprenden, además de las de carácter corporativo, algunas de las cuales (comunidades) son las que enuncia el ordinal 2°, artículo 19 C.C. (Iglesias y universidades), las de carácter institucional (o fundacional) que son los institutos autónomos, terminología acogida también en la Constitución (art. 142, entre otros).

En *tercer lugar*, el Código Civil también considera como personas morales a las *personas jurídicas "de carácter privado",* las cuales son las personas jurídicas de derecho privado, terminología también seguida en la Constitución (art. 145, entre otros), que comprenden a las asociaciones, entre las cuales se destacan las sociedades civiles y sociedades mercantiles, las corporaciones, que incluyen a las comunidades particulares y las fundaciones lícitas, cuya personalidad se adquiere, en principio, con la protocolización de la correspondiente acta constitutiva en la respectiva Oficina Subalterna de Registro.

Ahora bien, no todas las personas jurídicas enumeradas en este artículo 19 C.C. interesan al derecho administrativo, ni son objeto de regulación formal por parte de esta disciplina, ni todos sus órganos configuran la Administración Pública. Entre ellas, son objeto de estudio por el derecho administrativo aquéllas que forman parte de la organización general del Estado, sean constituidas con forma jurídica de derecho público o de derecho privado. Es decir, aquéllas que conforman lo que desde el punto de vista económico constituye el "sector público" (art. 289,3 C.) y que pueden considerarse como personas jurídicas *estatales* conforme a la terminología que adopta la misma Constitución (arts. 145 y 180, entre otros).

Sin embargo, también son objeto de estudio por el derecho administrativo aquellas personas jurídicas con forma de derecho público que aun siendo no estatales, por el conjunto de potestades que les están atribuidas por ley, su actividad está sometida a un régimen de derecho administrativo, como ocurre con los colegios profesionales.

En efecto, de acuerdo a la enumeración del mismo artículo 19 C.C., entre las personas jurídicas estatales, además de las político territoriales, están algunas de carácter público o de derecho público, como los institutos autónomos. Pero no todas las personas de derecho público son estatales, porque por ejemplo, si bien los colegios profesionales, las academias nacionales y las Iglesias son "personas de derecho público", no son, en absoluto, de carácter estatal, pues no forman parte de la organización general del Estado.

Por otra parte, también son personas jurídicas *estatales* todas aquellas personas jurídicas de derecho privado creadas y dirigidas por otras personas estatales, como sucede con las sociedades mercantiles (empresas del Estado) y civiles del Estado o las fundaciones del Estado. El carácter estatal de todas esas personas jurídicas, por tanto, es independiente de su forma de derecho público o de derecho privado. Por pertenecer a la organización general del Estado (sector público) o Administración Pública, son objeto de regulación por parte del derecho administrativo.

Pero además, como se dijo, también interesan al derecho administrativo y están sometidas a sus regulaciones todas aquellas personas jurídicas que aun cuando no sean estatales porque no forman parte de la organización general del Estado y sus órganos, y por tanto no sean parte de la Administración Pública, sin embargo son de *derecho público* o, en la terminología del artículo 19 C.C., son "cuerpos morales de carácter público" como sucede, por ejemplo, con los colegios profesionales o las academias nacionales.

E. La clasificación de las personas jurídicas en el derecho administrativo

De lo anterior resulta, por tanto, a los efectos de determinar la Administración Pública, la necesidad ineludible de emplear las dos clasificaciones respecto de las personas jurídicas en el derecho administrativo que se han mencionado (*Introducción General, V*), y que son objeto de análisis detallado en la *Segunda Parte* de esta obra: por una parte, la que distingue entre las personas jurídicas de derecho público y las de derecho privado, según la forma jurídica adoptada; y por la otra, la que distingue las personas estatales de las no estatales, según su integración a la estructura y organización general del Estado. Los órganos de las personas jurídicas estatales son básicamente los que configuran la Administración Pública.

Ello, además, deriva de lo que se regula en los artículos 142, 145, 159, 168, 180, 184,4; 189,1; 289 y 322 C., hay por un lado hay personas jurídicas estatales, que forman parte de la organización general del Estado en sus tres niveles territoriales o, si se quiere, del sector público; y las personas jurídicas no estatales, que no forman parte del Estado o del sector público; y por el otro, hay personas jurídicas de derecho público, como los institutos autónomos, y personas jurídicas de derecho privado, como las sociedades anónimas del Estado, empresas del Estado, o "empresas públicas". Estas últimas personas jurídicas surgen como consecuencia de la descentralización funcional, la cual conforme al artículo 29 LOAP da origen a entes de dos tipos:

1. Entes descentralizados funcionalmente con forma de derecho privado: estarán conformados por las personas jurídicas constituidas y regidas de acuerdo a las normas del derecho privado en los términos de la presente Ley, y serán de dos tipos:
    a. Entes descentralizados funcionalmente sin fines empresariales: serán aquellos entes descentralizados funcionalmente que no realicen actividades de producción de bienes o servicios destinados a la venta y cuyos ingresos o recursos provengan fundamentalmente del presupuesto de la República, los estados, los distritos metropolitanos, o los municipios.
    b. Entes descentralizados funcionalmente con fines empresariales: serán aquellos cuya actividad principal sea la producción de bienes o servicios destinados a la venta y cuyos ingresos o recursos provengan fundamentalmente de esta actividad.
2. Entes descentralizados funcionalmente con forma de derecho público: estarán conformados por aquellas personas jurídicas creadas y regidas por normas de derecho público y podrán perseguir fines empresariales o no empresariales, al igual que podrán tener atribuido el ejercicio de potestades públicas.

De lo anterior resulta, en todo caso, como ya se señaló, que la expresión genérica de "Estado" comprende a todas las personas jurídicas que en el orden interno y en la organización política del Estado federal se consideran como parte del mismo, conforme a los tres niveles de distribución territorial del poder público: nacional, estadal y municipal. Entre los órganos de esas personas jurídicas estatales están, precisamente, los que conforman la Administración Pública.

2. La administración pública como complejo orgánico y la división horizontal del poder público

Pero por supuesto, no todos los órganos de las personas estatales integran la Administración Pública. La conformación de los órganos que la componen en esos casos está condicionada, a la vez, por el sistema de la división horizontal del poder público que se ha establecido en la Constitución, el cual puede considerarse que ha avanzado respecto de lo que son las líneas clásicas de la separación de poderes, pero sólo como separación orgánica y no como separación funcional.

En efecto, en cada complejo orgánico de las personas jurídicas estatales político territoriales: nacional, estadal y municipal, el poder público tiene una distribución orgánica horizontal peculiar.

A. La penta división del poder público nacional y la Administración Pública Nacional

En el nivel nacional, como se ha analizado en la *Introducción General*, se distinguen cinco ramas del poder público: el poder legislativo nacional, el poder ejecutivo nacional, el poder judicial, el poder ciudadano y el poder electoral, correspondiendo su ejercicio a cinco complejos orgánicos diferenciados y separados.

La Administración Pública nacional central, como complejo orgánico, se encuentra ubicada en principio en el "Ejecutivo nacional", que conforma los órganos estatales que ejercen el poder ejecutivo nacional. Pero no sólo la Administración Pública nacional está conformada por los órganos que ejercen el poder ejecutivo, pues a nivel nacional a partir de la Constitución de 1961 encontraron encuadramiento constitucional diversos órganos estatales que se configuraban también como parte de la Administración Pública como complejo orgánico, pero que no dependían del Ejecutivo nacional ni estaban subordinados a ninguno de los tres conjuntos orgánicos clásicos del Estado (legislativo, ejecutivo, judicial). Se trataba de órganos constitucionales con autonomía funcional, que también eran órganos de la República como persona político territorial nacional, y que eran: el Ministerio Público, denominado igualmente Fiscalía General de la República; la Contraloría General de la República; el Consejo de la Judicatura, y el Consejo Supremo Electoral. Por supuesto, estos eran órganos que formaban parte de la Administración Pública nacional regulados por el derecho administrativo, aun cuando no formaran parte del Ejecutivo nacional ni de la Administración Pública central, ni tuvieran personalidad jurídica propia.

Esta tendencia se ha consolidado en la Constitución de 1999, al establecerse la ya mencionada penta división del poder público, agregándose a los poderes legislativo, ejecutivo y judicial, el poder ciudadano y el poder electoral (art. 136). Por ello, puede decirse que también conforman e integran la Administración Pública a nivel nacional, los órganos que ejercen el poder ciudadano, es decir, la Fiscalía General de la República o Ministerio Público, la Contraloría General de la República, y la Defensoría del Pueblo; así como los órganos que ejercen el poder electoral, como el Consejo Nacional Electoral. Igualmente, también puede considerarse que es órgano de la Administración Pública nacional la Dirección Ejecutiva de la Magistratura del Tribunal Supremo de Justicia[19]. Todos esos órganos conforman la Administración Pública nacional, aun cuando, por supuesto, no la Administración Pública *central* cuyos órganos son los que ejercen el poder ejecutivo nacional.

B. La división de los poderes públicos estadales y municipales y la Administración Pública estadal y municipal

La separación orgánica de poderes, en forma horizontal, no sólo se ha establecido en el nivel nacional, sino también en los niveles estadales y municipales[20]. En los estados de la Federación, en efecto, se distinguen básicamente dos complejos orgánicos que ejercen respectivamente, el poder legislativo y el poder ejecutivo, conformados por los consejos legislativos de los estados y por sus gobernadores (arts. 160 y 162), por lo que la Administración Pública estadal está integrada, en principio, en las gobernaciones de estado. En los estados, además, hay que indicar que la Constitución ha previsto la existencia de unos órganos con autonomía orgánica y funcional (art. 163), que ejercen el poder estadal aun cuando la Constitución no los califique como tal poder, que son las contralorías estadales. Esos órganos de control, sin duda, también forman parte de la

19 *Cfr.* Laura Louza Scognamiglio "La Administración Pública en el poder judicial", en *Temas de Derecho Administrativo. Libro Homenaje a Gonzalo Pérez Luciani*, Vol. II, *cit.*, pp. 55 a 96.

20 *Cfr.* Alfredo Arismendi A., "Organización política administrativa de los estados en Venezuela", *Libro Homenaje a Rafael Caldera: Estudios sobre la Constitución*, t. I, *cit.*, pp. 351 a 384; e *íd.*, "Régimen constitucional y administrativo de los estados y municipios en Venezuela", *Libro Homenaje al Profesor Antonio Moles Caubet,* t. I, Universidad Central de Venezuela, Caracas, 1981, pp. 293 a 312.

Administración Pública estadal, aunque por supuesto no forman parte de la Administración Pública *central* de los estados, la cual depende de las gobernaciones estadales.

Por último, en el nivel municipal, la Constitución también ha establecido un sistema de separación orgánica de poderes, distinguiéndose dos complejos orgánicos que ejercen los poderes legislativo y ejecutivo locales, conformados, respectivamente, por los concejos municipales, como órganos colegiados que ejercen la función legislativa a nivel local; y los alcaldes, a quienes corresponden las actividades de gobierno y administración municipal (arts. 174 y 175). A nivel municipal, por tanto, la Administración Pública *central* como complejo orgánico depende de los alcaldes. Pero debe indicarse que también en el nivel de los municipios la Constitución establece las contralorías municipales, como órganos de control, vigilancia y fiscalización, que por ello gozan de autonomía funcional (art. 176). Esos órganos de control también forman parte de la Administración Pública municipal, aun cuando, por supuesto, no forman parte de la Administración Pública *central* de los municipios, la cual depende de las alcaldías.

De todo lo anterior resulta, por tanto, que conforme a los principios de la distribución vertical y de la división horizontal del poder público, en el sistema constitucional venezolano, la Administración Pública está conformada por el complejo de órganos de las personas jurídicas estatales que ejercen el poder ejecutivo en los tres niveles territoriales (nacional, estadal y municipal), así como por los órganos que en el nivel nacional ejercen el poder ciudadano, el poder electoral y el poder judicial, en este último caso en lo que se refiere al gobierno y administración del mismo; y en los niveles estadales y municipales, por los que conforman sus contralorías.

II. LA ADMINISTRACIÓN PÚBLICA COMO ACTIVIDAD ADMINISTRATIVA

Pero hemos dicho, el término "Administración Pública" también tiene un sentido material, como actividad, en particular, como actividad administrativa, para cuya determinación y comprensión resulta necesario precisar dicho concepto; con miras a ello, preponemos partir de la siguiente definición: la actividad administrativa es toda actividad desarrollada por los órganos competentes de la Administración Pública o con autorización de la misma, de carácter sublegal, realizada en ejecución de las funciones del Estado para el cumplimiento de sus cometidos, y de cuyas consecuencias o efectos responden tanto los funcionarios como las personas jurídicas estatales a las cuales representan.

De esta propuesta de definición, por supuesto, resulta indispensable precisar su contenido, particularmente en relación con las seis nociones básicas que hemos utilizado para conformarla, que son: la Administración Pública, la competencia, el carácter sublegal de la actividad, las funciones del Estado, los cometidos estatales y la responsabilidad. El primer concepto ya se ha analizado al considerar a la Administración Pública como complejo orgánico, por lo que a continuación se analizarán los otros.

1. La actividad administrativa realizada por órganos competentes conforme al principio de legalidad

La actividad administrativa, hemos dicho, no sólo se ejerce por los órganos de las personas jurídicas estatales que conforman la Administración Pública, sino que también sólo puede ser tal la que se realice por los órganos competentes (*Tercera parte, § 10*), ciñéndose a lo que se establece en la Constitución y en las leyes, es decir, al principio de la legalidad y conforme al procedimiento administrativo establecido[21]. Las actuaciones realizadas por órganos incompetentes, o sin observancia del procedimiento legalmente prescrito, en definitiva, lo que constituyen son vías de hecho.

Este principio de legalidad que rige no sólo para la Administración Pública sino para todos los órganos del Estado, tiene su fundamento en el artículo 137 C., que dispone:

> La Constitución y la Ley definirán las atribuciones de los órganos que ejercen el poder público, a las cuales deben sujetarse las actividades que realicen.

Esta norma recoge el principio que estaba en el artículo 117 C. de 1961, pero con una nueva redacción en la cual no se habla de "atribuciones del poder público", lo cual era impropio ya que el poder público es una potestad constitucional y no un órgano sino de "las atribuciones de *los órganos que ejercen* el poder público", cuyas actividades son las que deben sujetarse a la Constitución y a las leyes.

El principio de legalidad o de actuación en conformidad con el derecho[22], como ya se ha analizado (*Introducción general, III)*, por tanto, implica que las actividades que realicen todos los órganos que ejercen el poder público y no sólo los que conforman la Administración Pública, deben someterse a la Constitución y a las leyes. La consecuencia de ello, en un Estado de derecho como el que organiza la Constitución de 1999, es que todas las actividades contrarias al derecho están sometidas al control tanto de la jurisdicción constitucional (art. 334) como de la jurisdicción contencioso administrativa (art. 259), cuyos tribunales pueden anularlos.

En relación con la Administración Pública, la Ley Orgánica de la Administración Pública expresa formalmente el principio vinculándolo a la competencia, para lo cual, además, precisa la jerarquía de las fuentes del derecho aplicable a la Administración, así:

> *Artículo 4º* La Administración Pública se organiza y actúa de conformidad con el principio de legalidad, por el cual la asignación, distribución y ejercicio de sus competencias se sujeta a la Constitución de la República Bolivariana de Venezuela, a las leyes y a los actos administrativos de carácter normativo, dictados formal y previamente conforme a la ley, en garantía y protección de las libertades públicas que consagra el régimen democrático a las personas.

Se destaca de esta norma, como se dijo, tanto la indicación formal de la jerarquía de las fuentes del derecho: 1. La Constitución; 2. Las leyes, y 3. Los actos administrativos normativos, como la referencia al principio teleológico de la sumisión a la ley, cuyo fin es la garantía y protección de las libertades públicas propias del régimen democrático. Las fuentes del derecho, además, para ser tales, deben haberse dictado formal y previamente a la actividad que se regule, lo que implica la proscripción de la retroactividad de la ley.

---

21 *V.* la Ley Orgánica de Procedimientos Administrativos en *Gaceta Oficial* Nº 2.818 Extra. del 1º de julio de 1981. *Cfr.* además, en Allan R. Brewer–Carías et ál., *Ley Orgánica de Procedimientos Administrativos*, Editorial Jurídica Venezolana, Caracas, 12ª. ed. actualizada, 2005, pp. 175 y ss.; *íd. El derecho administrativo y la Ley Orgánica de Procedimientos Administrativos*, Editorial Jurídica Venezolana, Caracas, 1985; *íd. Principios del procedimiento administrativo* (Prólogo de Eduardo García de Enterría), Madrid, Editorial Civitas, 1990; *íd. Principios del procedimiento administrativo en América Latina*, Universidad del Rosario y Editorial Legis, Bogotá, 2003.

22 *Cfr.* Antonio Moles Caubet, *El principio de legalidad y sus implicaciones*, Universidad Central de Venezuela, Caracas, 1974.

El principio de la legalidad, además, se erige en la Constitución como un principio en el cual se fundamenta la Administración Pública, definiéndose como "el sometimiento pleno a la ley y al derecho" (art. 141), y además, destacándose como una de las misiones fundamentales de los órganos del poder ciudadano, el velar por "la aplicación del principio de la legalidad en toda la actividad administrativa del Estado" (art. 274).

Adicionalmente, el artículo 8 LOAP recoge la previsión del artículo 7° C., al precisar que "todos los funcionarios de la Administración Pública están en la obligación de cumplir y hacer cumplir la Constitución". Toda autoridad, por tanto, deriva y debe ejecutarse conforme a la Constitución.

La consecuencia de lo anterior es que los órganos de la Administración Pública, para desarrollar las actividades administrativas, tienen que tener competencia para ello, la cual por sobre todo requiere de texto expreso, siendo además de obligatorio cumplimiento y debiendo ser ejercida bajo las condiciones, límites y procedimientos establecidos legalmente[23]. Además, la competencia, tal como lo precisa el artículo 26 LOAP, es irrenunciable, indelegable, improrrogable y no puede ser relajada por convención alguna, salvo los casos expresamente previstos en las leyes y demás actos normativos. Por tanto, toda actividad realizada por un órgano manifiestamente incompetente o usurpada por quien carece de autoridad pública, es nula y sus efectos se deben tener por inexistentes (art. 26). Se recoge así, el principio establecido en el artículo 138 C., conforme al cual "toda autoridad usurpada es ineficaz y sus actos son nulos".

En la realización de las actividades administrativas, por tanto, no puede haber competencias que no estén reguladas expresamente en la Constitución o en la ley[24], de manera que el principio general es que la competencia de todos los órganos del Estado para la realización de sus actividades, tiene que derivar de texto constitucional o legal expreso; y en lo que se refiere a la actividad administrativa, la misma básicamente puede y está en la ley, pues dicha actividad siempre es de carácter sublegal.

2. La actividad administrativa como actividad de carácter sublegal conforme al principio de la formación del derecho por grados

En efecto, desde el punto de vista formal, conforme al principio de la formación del derecho por grados, que como antes se ha analizado (*Introducción general, II*), es uno de sus principios fundamentales que adopta la Constitución de 1999, todas las actuaciones del Estado derivan de la ejecución de la Constitución como norma suprema, en

---

23 Por ello, la antigua Corte Suprema de Justicia en Sala Político Administrativa precisó en sentencia del 28 de enero de 1964, que la competencia "debe emerger del texto expreso de una regla de derecho, ya sea de la Constitución, la ley, el reglamento o la ordenanza", *Gaceta Oficial* N° 27.367 del 13 de febrero de 1964, p. 203.359. *Cfr.* además, Allan R. Brewer–Carías, *Principios del régimen de la organización administrativa venezolana, cit.*, pp. 47 y ss.

24 La jurisprudencia del Tribunal Supremo de Justicia, ha insistido en la necesidad de que la competencia resulte de texto expreso, y si bien ha admitido la posibilidad de ejercicio de competencias con base en el "principio del paralelismo de las competencias" o de "las competencias implícitas", ello ha sido con la limitación expresa de que en ejercicio de las mismas no se pueden afectar derechos subjetivos e intereses de los administrados. *V.* el criterio de la Sala Constitucional del Tribunal Supremo de Justicia sobre el "paralelismo de las competencias" en sentencia 2612 del 11 de diciembre de 2001, caso: *Impugnación de la Constitución del Estado Portuguesa* (consultada en original), y el criterio de la Sala Político Administrativa del Tribunal Supremo de Justicia sobre las "potestades implícitas o inherentes", en sentencia 87 del 11 de febrero de 2004, *Revista de Derecho Público,* N° 97 y 98, Editorial Jurídica Venezolana, Caracas, 2004, p. 190.

forma escalonada y sucesiva, configurándose entonces dos tipos de actividades estatales: aquéllas que derivan de la ejecución directa e inmediata de la Constitución, y aquellas que son de ejecución directa e inmediata de la legislación y, por tanto, de ejecución indirecta y mediata de la Constitución.

Así, partiendo de la consideración de la Constitución como norma suprema y como fundamento del ordenamiento jurídico, como lo declara el artículo 7º, hay actividades que realizan determinados órganos del Estado en cumplimiento de atribuciones establecidas directa y exclusivamente en la Constitución, sin que exista o pueda existir otro acto estatal de ejecución directa e inmediata de la Constitución, como las leyes, que las regulen y que se interponga entre la Constitución y la actividad. Por ejemplo, la actividad legislativa o la actividad de gobierno. Además, hay otras actividades de los órganos del Estado que se realizan en cumplimiento de atribuciones establecidas no sólo en la Constitución sino también en las leyes, en las que, por principio, existe o puede y debe existir un cuerpo legislativo que las regule. Verbigracia, la actividad judicial y, precisamente, la actividad administrativa.

Las primeras, es decir, las actividades realizadas en ejecución directa e inmediata de la Constitución, precisamente por ello, sólo están y pueden estar sometidas a lo que dispone el Texto Fundamental, no teniendo competencia el legislador para regularlas mediante leyes; las segundas, en cambio, son actividades realizadas en ejecución directa e inmediata de la legislación e indirecta y mediata de la Constitución, las cuales, precisamente por ello, además de estar sometidas al Texto Fundamental (como toda actividad estatal), están sometidas a las regulaciones establecidas, además de en la Constitución, en las leyes y en las otras fuentes del derecho.

Las primeras por otra parte, dada la ejecución directa e inmediata de la Carta, sólo están sometidas al control de constitucionalidad a cargo de la jurisdicción constitucional que corresponde a la Sala Constitucional del Tribunal Supremo (arts. 334, 336.2 y 4); las segundas, en cambio, están sometidas al control de constitucionalidad y de legalidad que corresponde a las otras Jurisdicciones del poder judicial, tanto a las ordinarias, como sucede con las apelaciones y la casación en lo que concierne a la actividad judicial; como a la jurisdicción contencioso administrativa y a la jurisdicción contencioso electoral (arts. 259 y 297) cuando se trata de actividades administrativas.

Las actividades administrativas, por tanto y por esencia, constituyen actividades estatales que se realizan siempre en ejecución directa e inmediata de la legislación y, por ende, en ejecución indirecta y mediata de la Constitución; precisamente por ello se dice que esencialmente son de carácter sublegal, aun cuando en un momento dado no se haya dictado la legislación correspondiente que las regule en concreto. El elemento de distinción no es que se haya dictado una ley o no que regule la actividad, sino que no cabe dictarla cuando se trata de actos que ejecutan directamente la Constitución, que por ello, precisamente, no pueden estar condicionados por una norma de rango legal. Por ello, como se ha analizado en la *Introducción General*, no se puede confundir el principio de que hay "normas constitucionales de aplicación directa e inmediata", como, por ejemplo, aquellas que atribuyen competencia a los órganos del Estado y aquellas que declaran derechos y garantías constitucionales, con el principio de "los actos que se dictan en ejecución directa e inmediata de la Constitución"[25].

25 Por ello es que hemos dicho que, lamentablemente, este principio fundamental del constitucionalismo venezolano fue violentado por la Sala Constitucional del Tribunal Supremo de Justicia, para justificar su competencia

En consecuencia, como se ha dicho, toda actividad administrativa es una actividad que siempre es de carácter sublegal, es decir, de ejecución directa e inmediata de la legislación (así las leyes reglamentarias correspondientes no se hayan dictado) y de ejecución indirecta y mediata de la Constitución. Estas actividades, conforme a lo anteriormente expuesto, por tanto, desde el punto de vista formal como orgánico, pueden distinguirse de las otras actividades legislativas, de gobierno y judiciales.

En efecto, la actividad legislativa está conformada por los actos legislativos, que son las leyes (arts. 187.1 y 203), y los actos parlamentarios sin forma de ley (actos privativos e *interna corporis*) (art. 187). Las leyes, incluso, son formalmente definidas en la Constitución como los actos sancionados por la Asamblea Nacional como cuerpo legislador (art. 203). También pueden considerarse como actos legislativos los decretos leyes o decretos con fuerza de ley, dictados por el Presidente de la República previa autorización por una ley habilitante (arts. 203 y 236.8). Todos estos actos legislativos son actos de ejecución directa e inmediata de la Constitución, incluso en los casos de los decretos ley; y su definición es tanto orgánica como formal: orgánica, pues se definen según el órgano que los dicta; y formal, por la graduación que tienen en el ordenamiento jurídico, de ser actos dictados en ejecución directa e inmediata de la Constitución o de rango de ley.

Los actos de gobierno, por su parte, son los actos dictados por el Presidente de la República en ejercicio sólo de atribuciones constitucionales, y que por ello, no pueden estar regulados o limitados por la Asamblea Nacional mediante leyes. Es el caso, por ejemplo, del nombramiento del Vicepresidente Ejecutivo, de la concesión de indultos, de la convocatoria de la Asamblea Nacional a sesiones extraordinarias, y de la disolución de la Asamblea Nacional (art. 236.3, 9, 19 y 21). Los actos de gobierno también son actos de ejecución directa e inmediata de la Constitución, y su definición es tanto orgánica como formal: orgánica, pues se definen según el órgano que los dicta, y formal, por la graduación que tienen en el ordenamiento jurídico, de ser actos dictados en ejecución directa e inmediata de la Constitución.

Los actos judiciales y, más propiamente, las sentencias, también se definen por el elemento orgánico y el formal: son actos que sólo pueden emanar de los tribunales, y tienen unos efectos precisos de verdad legal definidos en el ordenamiento y derivados del valor de cosa juzgada. Se trata, siempre, de actos de carácter sublegal, es decir, dictados en ejecución directa e inmediata de la ley, e indirecta y mediata de la Constitución.

---

exclusiva para controlar la actividad administrativa desarrollada por el Consejo Supremo Electoral, en lo que se refiere a los actos administrativos dictados en relación con el proceso de referendo revocatorio del mandato del presidente de la República, realizado durante el año 2004, impidiendo así a la sala Electoral ejercer sus competencias constitucionales de control de dicha actividad. *V.* la sentencia de avocamiento 566 el 12 de abril de 2004, caso: *Julio Borges, César Pérez Vivas, Henry Ramos Allup, Jorge Sucre Castillo, Ramón José Medina y Gerardo Blyde vs. Consejo Nacional Electoral*, con motivo de la impugnación de la Resolución 040302–131 del 2 de marzo de 2004 del Consejo Nacional Electoral, mediante la cual dicho órgano informó sobre resultados preliminares de la verificación de las solicitudes y firmas en el procedimiento revocatorio iniciado en relación con el Presidente de la República, y de un Instructivo del mismo Consejo Nacional Electoral sobre el tratamiento por el comité técnico superior de las firmas de caligrafía similar o renglones de planillas llenadas por la misma persona, *Revista de Derecho Público*, N° 97 y 98, Editorial Jurídica Venezolana, Caracas, 2004, pp. 228 y ss. Véanse los comentarios en Allan R. Brewer–Carías, *La Sala Constitucional vs. El Estado democrático de derecho (El secuestro del poder electoral y de la Sala Electoral del Tribunal Supremo y la confiscación del derecho a la participación política)*, Ediciones Libros El Nacional, Caracas, 2004.

En la definición de los actos legislativos, de gobierno y judiciales, por lo tanto, hay una identificación entre órgano y acto, además de criterios formales derivados de la formación del derecho por grados, y no necesariamente se definen según criterios materiales o derivados de la función que se ejerce al dictarlos. Por ejemplo, los actos legislativos pueden no tener contenido normativo, y pueden haberse dictado en ejercicio de funciones administrativas o políticas; y los actos de gobierno, pueden, en cambio, tener contenido normativo.

Pero en la definición de la actividad administrativa y, en particular, de los actos administrativos, en cambio, los criterios anteriores no se pueden aplicar en forma lineal, pues estos no se pueden identificar ni orgánica ni funcionalmente: son dictados por los cinco grupos de órganos estatales que ejercen el poder público, y se pueden dictar en ejercicio de todas las funciones estatales. Así, tan acto administrativo es un reglamento dictado por cualquier órgano de la Administración Pública o por los tribunales en ejercicio de la función normativa, como un acto de ejecución presupuestaria o de personal dictado por los órganos de la Administración Pública, los tribunales o la Asamblea Nacional en ejercicio de la función administrativa; o un acto dictado por los órganos de la Administración Pública en ejercicio de la función jurisdiccional, al decidir una solicitud o un recurso administrativo.

La definición del acto administrativo, por tanto, en contraste con los otros actos estatales, requiere de una mezcla de criterios dado el carácter heterogéneo de los mismos: se emplea el criterio orgánico, al identificar como actos administrativos los actos emanados de la Administración Pública como complejo orgánico en ejercicio de las funciones normativa, jurisdiccional o administrativa del Estado; se utiliza el criterio material, al identificar como actos administrativos los actos dictados por los tribunales en ejercicio de las funciones administrativa y normativa, los actos dictados por la Asamblea Nacional en ejercicio de funciones administrativas e, incluso, los dictados por entidades privadas autorizadas por ley en ejercicio de funciones normativas y administrativas; y en todo caso, conforme al criterio formal, siempre que se trate de actos de carácter sublegal, es decir, dictados en ejecución directa e inmediata de la legislación e indirecta y mediata de la Constitución[26].

La actividad administrativa, en todo caso, al ser de carácter sublegal, como ya se ha dicho, está, por sobre todo, sometida al derecho y es controlable jurisdiccionalmente. En efecto, conforme al sistema establecido en la Constitución todos los actos estatales están sometidos al derecho y todos son controlables jurisdiccionalmente por razones de constitucionalidad o de legalidad. Aquí está la esencia del principio de la legalidad y del Estado de derecho.

En Venezuela, como se ha analizado (*Introducción general, XIII*), el sistema jurídico es de carácter universal y cerrado en materia de control jurisdiccional, en el sentido de que ninguno de los actos estatales puede escapar al control del Tribunal Supremo de Justicia y de los demás tribunales que controlan la constitucionalidad y la legalidad de los mismos. Así, los actos estatales dictados en ejecución directa e inmediata de la Constitución, es decir, las leyes, los actos parlamentarios sin forma de ley, los actos ejecutivos de rango y valor de ley y los actos de gobierno, están sometidos exclusivamente al control de la constitucionalidad que está a cargo de la jurisdicción constitucio-

26 *Cfr.* Allan R. Brewer–Carías, "El problema de la definición del acto administrativo" en *Libro Homenaje al Doctor Eloy Lares Martínez*, t. I, Universidad Central de Venezuela, Caracas, 1984, pp. 25 a 78.

nal que corresponde a la Sala Constitucional del Tribunal Supremo de Justicia[27]. En cuanto a las sentencias, estas están sometidas al control judicial ordinario de las apelaciones y, en materia de legalidad, al recurso de casación ante las salas de Casación Civil, de Casación Social y de Casación Penal del Tribunal Supremo de Justicia. Y en cuanto a los actos administrativos, estos están sometidos al control por parte de la jurisdicción contencioso administrativa y de la jurisdicción contencioso electoral, que corresponde a las salas Político Administrativa y Electoral del Tribunal Supremo de Justicia y a los otros tribunales que las conforman[28].

Lo importante a señalar sobre este control contencioso administrativo es que el mismo se realiza sobre *todos* los actos administrativos, pudiendo los tribunales competentes declarar su nulidad, así sean actos administrativos emanados no sólo de los órganos de la Administración Pública, sino de los órganos legislativos, de los tribunales e, incluso, de entidades privadas.

3. La actividad administrativa y el ejercicio de la función administrativa dentro de las funciones del estado

Ahora bien, como también se ha analizado anteriormente (*Introducción general, VII*), las actividades del Estado se realizan en cumplimiento de determinadas funciones que le son esenciales y le dan, incluso, razón de ser[29]. En particular, los órganos que conforman la Administración Pública, por esencia, ejercen la función administrativa, que es una de las funciones del Estado, con vistas a gestionar el interés general que se le ha encomendado, entrando en relaciones jurídicas con los administrados y otros sujetos de derecho. Pero ello no significa que los órganos que conforman la Administración Pública sólo ejerzan esta función estatal, ni que los demás órganos de las personas jurídicas estatales que no se integran en la Administración Pública no puedan ejercer dicha función administrativa. Es decir, el ejercicio de la función administrativa no constituye un monopolio de la Administración Pública, ya que se ejerce por todos los órganos estatales. De ello resulta, por supuesto, que la separación de poderes no coincide con una inexistente separación de funciones.

En efecto, las funciones del Estado se configuran como aquellas tareas esenciales de las personas estatales, que le dan razón de ser al Estado mismo y que no pueden ejercerse sino en ejercicio de la potestad constitucional que se identifica con el poder público. Como ya se ha indicado, esas funciones se pueden clasificar en cinco: la producción de normas que integran el ordenamiento jurídico, que es la función normativa; la conducción política de la sociedad, que es la función política; la solución de conflictos sobre derechos e intereses entre partes, que es la función jurisdiccional; el control de las pro-

---

27 *Cfr.* Allan R. Brewer–Carías, *Instituciones Políticas y Constitucionales,* t. VI, "La justicia constitucional", *cit., íd. El sistema de justicia constitucional en la Constitución de 1999 (Comentarios sobre su desarrollo jurisprudencial y su explicación, a veces errada, en la Exposición de Motivos)*, Editorial Jurídica Venezolana, Caracas, 2000; *íd.* "La Justicia Constitucional en la Nueva Constitución" *Revista de Derecho Constitucional*, Nº 1, Editorial Sherwood, Caracas, 1999, pp. 35 a 44; e *íd. Ley Orgánica del Tribunal Supremo de Justicia. Procesos y procedimientos constitucionales y contencioso administrativos,* Editorial Jurídica Venezolana, Caracas, 2004, pp. 75 y ss.

28 *Id., Instituciones Políticas y Constitucionales*, t. VII, "La justicia contencioso administrativa", Universidad Católica del Táchira y Editorial Jurídica Venezolana, San Cristóbal y Caracas, 1996; *íd. Ley Orgánica del Tribunal Supremo de Justicia. Procesos y procedimientos constitucionales y contencioso administrativos, cit.,* pp. 127 y ss.

29 *Cfr.* Allan R. Brewer–Carías, *Derecho administrativo*, t. I, *cit.*, pp. 373 y ss.

pias actividades administrativas y de las actividades particulares reguladas por el Estado, que es la función de control; y la gestión, en concreto, del interés público por el Estado como sujeto de derecho o por otros sujetos de derecho autorizados por el Estado, que se relacionan con los administrados, que es la función administrativa.

Todas estas cinco funciones estatales se ejercen, de acuerdo con nuestro sistema constitucional, por todos los cinco grupos de órganos separados horizontalmente y que ejercen el poder público, por lo que el ejercicio de las funciones estatales no es ni exclusivo ni excluyente de ningún órgano estatal, o si se quiere, de alguno de los cinco "poderes públicos".

Así, la Asamblea Nacional, los consejos legislativos estadales y los concejos municipales ejercen como función propia la función normativa, que en este caso se configura como "función legislativa" (función normativa ejercida por el legislador); pero ello ni es exclusivo de los órganos legislativos ni es excluyente: primero, porque la función normativa también se ejerce por los órganos ejecutivos, judiciales, de control (poder ciudadano) y electoral cuando desarrollan la potestad reglamentaria; y segundo, porque la propia Asamblea Nacional ejerce además funciones administrativas y políticas cuando, por ejemplo, administra su personal o su presupuesto, o se reserva un sector de la economía, respectivamente.

Por su parte, en el nivel nacional, por ejemplo, los órganos del Ejecutivo nacional ejercen la función política y, en general, la Administración Pública central ejerce la función administrativa, pero ello tampoco es exclusivo de dichos órganos ni excluyente: primero, en cuanto a la función administrativa, porque ésta también es función propia de los órganos que ejercen el poder ciudadano (Fiscalía General de la República, Contraloría General de la República, Defensoría del Pueblo) y el poder electoral; y además, se ejerce también por la Asamblea Nacional, como se ha dicho, y aun mediante leyes concretas; y por el Tribunal Supremo de Justicia, su Dirección Ejecutiva de la Magistratura y los tribunales cuando, por ejemplo, administran su personal y su presupuesto. Segundo, porque los propios órganos de la Administración Pública central ejercen la función jurisdiccional, verbigracia, cuando se trata de procedimientos administrativos en los cuales intervienen administrados con posiciones encontradas, o en caso de autorizaciones administrativas en las cuales se deban resolver conflictos entre partes interesadas, o cuando ello suceda al decidir recursos administrativos. Tercero, además, porque todos los órganos de la Administración Pública ejercen funciones normativas, al desarrollar la potestad reglamentaria.

El Tribunal Supremo de Justicia y los demás tribunales tienen como función propia ejercer la función jurisdiccional, pero ello tampoco es exclusivo de los órganos del poder judicial ni excluyente: primero, porque, como se dijo, la función jurisdiccional también la ejercen los órganos de la Administración Pública nacional central; y segundo, porque también, como se dijo, el Tribunal Supremo de Justicia a través de su Dirección Ejecutiva de la Magistratura y los propios tribunales ejercen funciones normativas y administrativas cuando dictan cuerpos reglamentarios internos o administran su personal o presupuesto e, incluso, cuando realizan tareas de carácter disciplinario, de registro o de la llamada jurisdicción voluntaria.

Por último, los órganos del poder ciudadano, es decir, la Fiscalía General de la República, la Defensoría del Pueblo y Contraloría General de la República, ejercen como función propia la función de control; pero ello ni es exclusivo de los órganos de control ni es excluyente: primero, porque la función de control también se ejerce, esencialmente, por los órganos legislativos (control parlamentario), ejecutivos (control administrativo y financiero) y judiciales (control judicial); y segundo, porque los propios órganos del poder ciudadano ejercen además funciones normativas y administrativas, integrando sus órganos a la Administración Pública del Estado.

Por tanto, en Venezuela, la división o separación de poderes no coincide con una pretendida separación de funciones, y al contrario, como se señaló, las funciones estatales se ejercen por todos los órganos estatales en ejercicio de todos los poderes del Estado. En esta forma, el derecho administrativo no sólo regula a la Administración Pública como complejo orgánico, y, por supuesto, al ejercicio de todas las funciones del Estado (particularmente la función normativa y jurisdiccional) por dichos órganos; sino que también regula el ejercicio de la función administrativa, cuando se realiza por los órganos que ejercen el poder legislativo, el poder judicial, el poder ciudadano y el poder electoral, y el ejercicio de la función normativa y de control, de rango sublegal por dichos órganos.

4. La finalidad de la actividad administrativa, sus formas y las relaciones jurídico administrativas

La Constitución de 1999 en forma expresa establece que "la Administración Pública está al servicio de los ciudadanos" (art. 141); lo que reitera el artículo 3° LOAP, sustituyendo, sin embargo, la expresión "ciudadanos" por "particulares", y agregando que en su actuación la Administración Pública debe dar preferencia a la atención de los requerimientos de la población y a la satisfacción de sus necesidades (art. 5°); pues, en definitiva, en el "Estado Social y de Justicia, la Administración está forzada a tener en cuenta los valores materiales primarios que reclama la sociedad, de lo contrario, su poder o autoridad se torna ilegítima y materialmente injusta"[30].

Sobre la interpretación del artículo 141 C., la Corte Primera de lo Contencioso Administrativa en sentencia de 16 de marzo de 2000, ha precisado que el mismo:

> [Debe] ser interpretado como lo ha hecho en el derecho comparado el catedrático Jesús González Pérez, para quien interpretando la Constitución española, "La idea de servicio de los intereses generales debe presidir la actuación de cualquiera que realiza una función pública. Autoridad o funcionario, político o empleado, debe hacer siempre lo que sea mejor para los intereses públicos. La Administración pública –dice el art. 103.1 de la Constitución– sirve con objetividad los intereses generales. Lo que constituye un mandato para todos y cada uno de los que realizan una actividad administrativa. Consiguientemente, los programas de Ética Pública se elaboran sobre la idea de servicio, tratando de imbuir la idea de que el funcionario está al servicio de la colectividad. Y los conflictos –y las medidas para prevenirlos y darles solución adecuada– constituyen uno de los temas generales de los congresos sobre Ética pública[31].

Por su parte, el artículo 3° LOAP señala que el "principal objetivo" de la organización y funcionamiento de la Administración Pública es dar eficacia a los principios, valores y normas consagrados en la Constitución y, en especial, conforme se indica en el artículo 19 C., "garantizar a todas las personas, conforme al principio de progresividad y sin discriminación alguna, el goce y ejercicio irrenunciable, indivisible e interdependiente de los derechos humanos".

---

30 *V.* lo expuesto por la Sala Político Administrativa en sentencia 1885 del 5 de octubre de 2000, *Revista de Derecho Público*, N° 84, Editorial Jurídica Venezolana, Caracas, 2000, p. 105.

31 *V. Revista de Derecho Público*, N° 81, Editorial Jurídica Venezolana, Caracas, 2000, p. 196.

La Administración Pública, agrega el artículo 5° LOAP, debe asegurar a los particulares la efectividad de sus derechos cuando se relacionen con ella; además, debe tener entre sus objetivos la continua mejora de los procedimientos, servicios y prestaciones públicas, de acuerdo con las políticas fijadas y teniendo en cuenta los recursos disponibles, determinando al respecto las prestaciones que proporcionan los servicios de la Administración Pública, sus contenidos y los correspondientes estándares de calidad.

La actividad administrativa, por tanto, por esencia, incide en la esfera jurídica de los administrados. Por eso hemos dicho que el derecho administrativo, además de regular a la Administración Pública como complejo orgánico, el ejercicio de la función administrativa y la propia actividad administrativa del Estado, regula también las relaciones entre las personas jurídicas estatales como sujetos de derecho actuando a través de los órganos de la Administración Pública, y los administrados, como consecuencia de la gestión del interés público que, en concreto, aquéllas tienen que asumir.

En estas relaciones está otro de los elementos clave del derecho administrativo contemporáneo: el necesario equilibrio, en un régimen democrático, que tiene que establecerse entre los poderes y prerrogativas de los órganos de la Administración Pública y los derechos de los particulares o administrados, lo cual plantea unas especiales exigencias en un régimen de derechos y garantías ciudadanas.

En esta forma, ante el elenco de derechos y garantías que declara la Constitución, corresponde a la legislación propia del derecho administrativo su regulación, actualización, limitación y protección concretas y, con ello, la de las diversas formas de la actividad administrativa, que corresponden a las clásicas formas o cometidos de: policía, fomento, servicio público, control y gestión de los asuntos públicos.

La primera, la actividad de policía, quizás la más clásica de las actividades administrativas, siempre resulta en definitiva en una limitación a los derechos constitucionales[32]; la segunda, la actividad de fomento, se manifiesta en la política de estímulo al desarrollo pleno de los mismos derechos ciudadanos, con particulares connotaciones en el ámbito económico; la tercera, la actividad de servicio público, en esencia es la obligación prestacional impuesta al Estado consecuencia directa de derechos ciudadanos previstos constitucional o legalmente[33]; la cuarta, la actividad de control, corresponde a todas las acciones del Estado de control de la actuación tanto de los órganos de la Administración Pública como de los propios administrados en relación con sus actividades reguladas; y la quinta forma de la actividad administrativa, la de gestión del interés general, que puede manifestarse, entre otros, en el campo de la economía cuando el Estado gestiona incluso directamente actividades dentro del sistema de economía mixta establecido en la Constitución[34].

32 *Cfr.* Allan R. Brewer–Carías, "Consideraciones sobre el régimen jurídico de la actividad de policía administrativa", *Revista de Derecho Público*, N° 48, Editorial Jurídica Venezolana, Caracas, 1991, pp. 51 a 66.

33 *Cfr.* Allan R. Brewer–Carías, "Comentarios sobre la noción del servicio público como actividad prestacional del Estado y sus consecuencias" *Revista de Derecho Público*, N° 6, Editorial Jurídica Venezolana, Caracas, 1981, pp. 65 a 71; *íd.*, "El régimen constitucional de los servicios públicos" en *El nuevo servicio público. Actividades reservadas y regulación de actividades de interés general (electricidad, gas, telecomunicaciones y radiodifusión) VI Jornadas Internacionales de Derecho Administrativo Allan Randolph Brewer–Carías 2002*, Caracas, Fundación de Estudios de Derecho Administrativo, 2003, pp. 19 a 49; José Ignacio Hernández G., "Un ensayo sobre el concepto de servicio público en el derecho venezolano", *Revista de Derecho Público*, N° 89 a 92, Editorial Jurídica Venezolana, Caracas, 2002, pp. 47 a 75.

34 *Cfr.* Allan R. Brewer–Carías, *Fundamentos de la Administración Pública*, *cit.*, pp. 253 y ss.

De esta manera, la actividad administrativa, materialmente hablando, no puede concebirse sin su incidencia directa en la esfera jurídica de los particulares, pues en definitiva aquella se concreta en una regulación, limitación, estímulo, satisfacción, control o protección de los derechos y garantías constitucionales.

La materia administrativa, por tanto, está conformada por todas aquellas regulaciones que permiten al Estado actuar en concreto, realizando cometidos y prestaciones, y que a la vez se configuran como limitaciones a los derechos y garantías constitucionalmente permitidas, por lo que bien podría decirse que el derecho administrativo, materialmente hablando, es el derecho de las limitaciones y regulaciones al ejercicio de esos derechos.

5. La consecuencia de la actividad administrativa: la responsabilidad

La actividad administrativa, como resultado del ejercicio de competencias de los órganos de la Administración Pública legalmente establecidas en forma expresa y cuyo cumplimiento es generalmente de carácter obligatorio, como toda actividad en el mundo del derecho, puede producir daños a los administrados, tanto en el ejercicio lícito de sus poderes como por hecho ilícito. Si estos daños se producen, tanto los titulares de los órganos del Estado o de su Administración Pública (los funcionarios públicos) como las personas jurídicas estatales deben responder por los mismos.

Como ya se ha analizado (*Introducción general, XII*), uno de los principios fundamentales que rige para todos los órganos del Estado, es decir, que ejercen el poder público y, por supuesto, para los que conforman la Administración Pública, es el regulado en el artículo 139 C., que recoge otra norma tradicional de nuestro constitucionalismo, y es el principio de la responsabilidad individual de los titulares de dichos órganos, es decir, de los funcionarios públicos en el ejercicio del poder público. Dispone dicha norma:

> El ejercicio del poder público acarrea responsabilidad individual por abuso o desviación de poder o por violación de esta Constitución o de la Ley.
>
> Esta norma recoge el principio del artículo 121 C. 1961, pero agregando la "desviación de poder" dentro de los supuestos que generan responsabilidad del funcionario.

Pero, además de haber establecido la responsabilidad individual de los funcionarios, como antes se ha dicho, una de las innovaciones importantes de la Constitución de 1999 en materia de régimen general del ejercicio del poder público, es la previsión expresa del principio de la responsabilidad patrimonial del Estado, es decir, de las personas jurídicas estatales, básicamente las que resultan de la distribución vertical del poder público (República, estados y de municipios); por los daños y perjuicios que causen los funcionarios en ejercicio de sus funciones, así:

> *Artículo 140*: El Estado responderá patrimonialmente por los daños que sufran los particulares en cualquiera de sus bienes y derechos, siempre que la lesión sea imputable al funcionamiento de la Administración Pública.

III. EL OBJETO DEL DERECHO ADMINISTRATIVO

Hemos dicho que el derecho administrativo puede considerarse, simplemente, como el derecho de la Administración Pública, y en este contexto se puede entender por Administración Pública, en *primer lugar*, desde el punto de vista orgánico, el conjunto de sujetos de derecho que personifican al Estado, su organización y los medios para su funcionamiento; y en *segundo lugar,* desde el punto de vista material, el ejercicio de la función administrativa como una de las funciones del Estado y la realización de la actividad administrativa del Estado[35].

Esta definición elemental, que describe el objeto del derecho administrativo tal como se ha ido paulatinamente formando durante las centurias de su consolidación, precisa el contenido del derecho que es común y normal a la Administración y que se puede moldear en torno a los siguientes bloques de regulación:

En *primer lugar,* el régimen de la Administración Pública como complejo orgánico del Estado al cual está atribuido, en general, el ejercicio del poder ejecutivo como rama del poder público. En un Estado con forma federal como el venezolano, la Administración Pública tiene necesariamente que identificarse en plural, como las Administraciones Públicas nacional, estadal y municipal, de acuerdo a la distribución vertical del poder público.

El derecho administrativo regula, por tanto, la organización de esas administraciones públicas y, en particular, la personificación de las mismas como sujetos de derecho tanto de carácter público territoriales, conformando la llamada Administración central; como de carácter no territorial, sea de derecho público o de derecho privado, y que conforman la llamada Administración Pública descentralizada.

En *segundo lugar,* el derecho administrativo regula el funcionamiento de las referidas administraciones públicas, particularmente en lo que concierne a los recursos necesarios para hacerlas actuar. Así, es campo normal del derecho administrativo, el régimen del personal al servicio de las administraciones públicas, en especial, el régimen de los funcionarios o empleados públicos; el régimen de los bienes de los sujetos de derecho que personifican las administraciones públicas, sean del dominio público o del dominio privado de las mismas; y el régimen de los recursos financieros necesarios para su funcionamiento, el cual se ha ido imbricando paulatinamente con el derecho financiero y tributario.

En *tercer lugar,* también es campo propio del derecho administrativo, el régimen del ejercicio de las funciones del Estado por parte de las administraciones públicas, es decir, de las funciones normativa, política, jurisdiccional y administrativa; así como el ejercicio de la función administrativa y de la función normativa de rango sublegal, por otros órganos del Estado distintos de las administraciones públicas, y por los particulares y sus organizaciones, a los cuales la ley se las haya atribuido.

En *cuarto lugar,* también es campo propio y normal del derecho administrativo, el régimen de la actividad administrativa que resulta del ejercicio de las funciones estatales, en todas sus formas, en particular, el régimen de la policía administrativa, de los

---

35 *Cfr.* Allan R. Brewer–Carías, "El concepto del derecho administrativo en Venezuela", *Revista de Administración Pública* N° 101 y 102, Vol. I, *cit.*; y en *Revista de Derecho Público* N° 16, *cit.*, pp. 5 a 20. Publicado también en íd., *Estudios de Derecho Administrativo,* Universidad Colegio Mayor del Rosario, Bogotá, 1986, pp. 7 a 24

servicios públicos, del fomento y de la ordenación de las actividades particulares consideradas como de interés o utilidad general.

En *quinto lugar,* es también objeto propio y normal del derecho administrativo el régimen de la actividad administrativa en cuanto a su materialización en hechos y actos jurídicos, particularmente los actos administrativos y los contratos administrativos, y en cuanto a los procedimientos para su formación y ejecución.

En *sexto lugar,* el derecho administrativo también regula la responsabilidad del Estado, o más precisamente, de las personas jurídicas estatales originada por la actuación de sus órganos, así como la responsabilidad de los funcionarios o empleados públicos en el ejercicio de sus funciones.

Por último, en *séptimo lugar,* es también campo propio y normal del derecho administrativo el régimen del control de las administraciones públicas, de sus funcionarios y de sus actividades, tanto de carácter administrativo como fiscal y, en particular, el régimen del control contencioso administrativo para garantizar la tutela judicial efectiva de los administrados y de las propias personas estatales.

Ahora bien, tanto la Administración Pública, entendida como complejo orgánico de las personas jurídicas estatales, como la actividad administrativa, entendida como la que desarrollan los órganos competentes de aquellas o con autorización de las mismas, de carácter sublegal, en ejecución de las funciones del Estado para el cumplimiento de sus cometidos, y de cuyas consecuencias o efectos responden tanto los funcionarios como las personas jurídicas estatales a las cuales representan, precisamente, constituyen el objeto fundamental del derecho administrativo. Su régimen jurídico, por tanto, se refiere a todos los elementos destacados de ambos conceptos: la Administración Pública como complejo orgánico de las personas jurídicas estatales, su organización y funcionamiento; la competencia de sus órganos; el ejercicio de la función administrativa por los órganos estatales; los cometidos estatales y la responsabilidad de los funcionarios y del Estado.

El derecho administrativo, configurado en torno a los elementos tanto de la definición orgánica de la Administración Pública como de su definición material como actividad administrativa, en consecuencia, tiene por objeto regular básicamente los aspectos formales, en lo que se refiere, por ejemplo, a los procedimientos administrativos para la formación de la voluntad de los órganos de las personas estatales; y los aspectos materiales, en relación con la regulación del cometido específico del Estado respecto de cuya consecución se realiza.

Sección Segunda: EL PROCESO DE HUIDA Y DE RECUPERACIÓN DEL DERECHO ADMINISTRATIVO

El derecho administrativo, como derecho de la Administración Pública, es el derecho que le es común, peculiar y normal; sin embargo, evidentemente, ello no significa ni ha significado jamás que sea un derecho exclusivo de la Administración Pública y excluyente de otras ramas que le puedan ser aplicadas.

No es exclusivo pues, por supuesto, el derecho administrativo es comúnmente aplicable a los particulares, al punto de que en muchos casos es el que preponderantemente se aplica a los individuos desde que nacen hasta que mueren. Y no es excluyente, porque el derecho administrativo no es el único derecho aplicable a la Administración Pública.

Esta, en todos los campos antes señalados que conforman el objeto del derecho administrativo, también se rige por el derecho privado –el cual, por supuesto, está en la génesis de tantas instituciones del derecho administrativo[36]–, unas veces más, otras veces menos, dependiendo de las épocas históricas y de las políticas públicas; y que siempre conforman el derecho supletorio ante la ausencia de principios generales del propio derecho administrativo.

En todo caso, siempre ha habido una interaplicación del derecho administrativo y del derecho privado a la Administración Pública; pero el problema, siempre, ha sido el determinar las fronteras y la intensidad de su respectiva aplicación. En otros términos, el tema tradicional de discusión en el derecho administrativo ha sido el establecer cuáles son los campos de regulación que sólo pertenecen al derecho administrativo, si es que los hay; y hasta qué punto la aplicación del derecho privado a la Administración Pública constituye realmente una huida de esta del derecho administrativo[37], que incluso se ha considerado como inconstitucional[38].

En efecto, no hay que olvidar que el derecho administrativo, como derecho aplicable a la Administración, como antes se ha analizado, tiene rango constitucional, pues en definitiva, el fundamento de todas sus instituciones está en el propio Texto Constitucional. Por ejemplo, en materia de organización administrativa, en el mismo se regulan los principios de la organización central y ministerial (arts. 141, 142 y 236.20); las personas de derecho público territoriales y no territoriales (arts. 145 y 322); los institutos autónomos (art. 142) y las empresas del Estado (art. 300). En materia de funcionarios públicos se prevé expresamente el estatuto de los mismos (arts. 144 a 149). En materia de formas de la actividad administrativa se establecen los principios de la policía administrativa (arts. 20, 156.6, 164.6 y 178,), de los servicios públicos (arts. 84, 86, 102, 103, 113, 156.29, 164.7, 178, 196.6, 281 y 259) y el fomento (arts. 306 y ss), y la ordenación de las actividades particulares (arts. 112 y 128). En cuanto a la actividad administrativa se establecen principios sobre los actos administrativos (arts. 259 y 266.5) y los contratos de la administración (arts. 113, 150 y 151); y sobre la responsabilidad administrativa (arts. 25, 49.8, 139, 140 y 255) y sobre el control fiscal (art. 287). En cuanto a la jurisdicción contencioso administrativa la misma se ha constitucionalizado (art. 259) al igual que la jurisdicción contencioso electoral (art. 297). En esta forma, como consecuencia de la constitucionalización del derecho administrativo, toda regulación que signifique huida del derecho administrativo y que contraríe las normas indicadas sería inconstitucional. Así se ha considerado, por ejemplo, en los casos de exclusión del estatuto de los

36 *Cfr.* Sebastián Martín Retortillo Baquer, *El derecho civil en la génesis del derecho administrativo y de sus instituciones,* Madrid, 1996.

37 *Cfr.* en general, en la doctrina española, Carmen Chinchilla, Blanca Lozano y Silvia del Saz, *Nuevas perspectivas del derecho administrativo. Tres Estudios,* Madrid, 1992; María Nieves de la Serna Bilbao, *La privatización en España. Fundamentos constitucionales y comentarios,* Madrid, 1995, pp. 95 y ss.; Luciano Parejo Alfonso, *Eficacia y Administración. Tres Estudios,* Madrid, 1995; Santiago González–Varas Ibáñez, *El Derecho administrativo privado,* Madrid, 1996; Silvia del Saz, "La huida del derecho administrativo: Últimas manifestaciones. Aplausos y críticas", *Revista de Administración Pública,* N° 133, Madrid, Centro de Estudios Constitucionales, pp. 57 y ss.; I. Borrajo Iniesta "El intento de huir del derecho administrativo", *Revista Española de Derecho Administrativo,* N° 78, Madrid, Ed. Civitas, pp. 233 y ss.; José Carlos Laguna de Paz, "La renuncia de la Administración Pública al Derecho Administrativo", *Revista de Administración Pública,* N° 136, Centro de Estudios Constitucionales, Madrid, 1995, pp. 201 y ss.

38 *Cfr.* Silvia del Saz, "Desarrollo y crisis del derecho administrativo. Su reserva constitucional", en Carmen Chinchilla, Blanca Lozano y Silvia del Saz, *Nuevas perspectivas del derecho administrativo, cit.,* pp. 172 y ss.

funcionarios públicos y aplicación de la Ley Orgánica del Trabajo respecto de funcionarios de un instituto autónomo[39].

En las últimas décadas, este tema ha estado en el centro de la polémica de nuestra disciplina en todo el mundo, particularmente como consecuencia de los procesos de desregulación, desburocratización y privatización que han constituido el signo del Estado de nuestro tiempo, una vez que el Estado social al entrar en crisis en las últimas décadas en todo el mundo occidental, tuvo que acudir al auxilio de la sociedad para la generación de riqueza, y mediante la inversión privada, lograr la multiplicación del empleo. Por supuesto, ello con las excepciones derivadas del estatismo exacerbado que en algunos casos aislados todavía provoca, por ejemplo, la relación Estado rico–país pobre, que ha caracterizado a ciertos "Estados petroleros" conducidos por el populismo desenfrenado[40].

Nuestra intención, en parágrafo, es hacer algunas reflexiones sobre este tema de la huída i recuperación del derecho administrativo, conforme se ha venido planteando en la doctrina del derecho administrativo y las respuestas diversas que se han venido dando, caso a caso, en el derecho venezolano, en varios aspectos de los grandes bloques de regulación propios del derecho administrativo.

I. LA HUIDA DEL RÉGIMEN GENERAL DE LA ORGANIZACIÓN ADMINISTRATIVA

El primer elemento que debemos retener en la evolución de la organización administrativa, sin duda, es el del abandono progresivo de las formas clásicas de la Administración Pública, por supuesto, para huir de su régimen jurídico –el de la Administración central del Estado– y que como fenómeno mundial condujo, sobre todo después de la Segunda Guerra Mundial, a la aparición de las empresas públicas[41]. Antes, habían surgido los institutos autónomos, cuya razón fue dar más flexibilidad y autonomía a la realización de los cometidos estatales, dotando de personalidad jurídica de derecho público a determinados patrimonios afectados a un fin de utilidad pública, generalmente de carácter económico, industrial o comercial, o de carácter social[42]. Fue la primera forma de ruptura del principio de la unidad del Tesoro que se inició en nuestro país en los años veinte[43].

El instituto autónomo fue, así, el paradigma de la Administración descentralizada, hasta que el ingreso petrolero llevó al Estado venezolano a intervenir directamente en la

---

39 *V.* el voto salvado de Gustavo Urdaneta T. y Alexis Pinto D. a la sentencia de la Corte Primera de lo Contencioso Administrativo del 31 de mayo de 1993, caso: *Ipostel, Revista de Derecho Público*, Nº 53 y 54, Editorial Jurídica Venezolana, Caracas, 1993, p. 419.

40 *Cfr.* Allan R. Brewer–Carías, "Discurso de instalación, Reflexiones sobre el Estado rico y el país pobre", *VII Jornadas Internacionales de Derecho Administrativo Allan R. Brewer–Carías 2004*, Fundación de Estudios de Derecho Administrativo (FUNEDA), Caracas 3 Noviembre 2004, en www.allanbrewercarias.com (Conferencias 2004).

41 *Cfr.* Allan R. Brewer–Carías, *Las empresas públicas en el derecho comparado,* Universidad Central de Venezuela, Caracas, 1967.

42 *Cfr.* Jesús Caballero Ortiz, *Los institutos autónomos,* Editorial Jurídica Venezolana, Caracas, 1995

43 *Cfr.* Allan R. Brewer–Carías, "50 años en la evolución institucional de Venezuela 1926–1976", en Ramón J. Velásquez *et al.*, *Venezuela moderna. Medio siglo de historia 1926–1976*, Fundación Mendoza, Caracas, 1979, p. 670.

economía, sin ningún principio de subsidiaridad que lo limitara, proliferando en nuestro medio, empresas del Estado de toda índole y actividad[44].

Tanto los institutos autónomos como las empresas del Estado han sido figuras organizativas propias del derecho administrativo, pero, por supuesto, por la forma jurídica adoptada, se hizo presente, sobre todo en las últimas, el derecho privado. Si para constituirlas se optó por la forma jurídica societaria del derecho mercantil, este comenzó a aplicárseles en toda su integridad, pero sin desplazar al derecho administrativo. La situación, aquí, ha sido de preponderancia en la aplicación del derecho privado para escapar de la rigidez de la organización administrativa clásica, pero paralelamente a ello el derecho administrativo ha venido penetrando y recuperando su campo de actuación.

Así, en las regulaciones más generales surgió el concepto de "sector público", de manera que, por ejemplo, para el régimen presupuestario y de crédito público[45], por más sociedades anónimas de derecho privado que sean, las empresas del Estado fueron abarcadas por dicho régimen quedando precisamente amarradas al sector público, es decir, a los entes estatales. De allí, incluso, la propia denominación de la Ley Orgánica de Administración Financiera del Sector Público[46].

Lo mismo sucedió con el concepto de patrimonio público, de manera que la descentralización funcional con forma societaria no produjera una huida respecto a los controles y régimen de la gestión, responsabilidad y salvaguarda del patrimonio público. Así, las empresas del Estado, a los efectos de la Ley contra la Corrupción[47] y de la Ley Orgánica de la Contraloría General de la República[48], están todas en el mismo régimen, igual que la más clásica Administración central. Por ello, más que una huida del derecho administrativo, en este campo hemos venido presenciando un aseguramiento, más que recuperación, de áreas perdidas, aun cuando no necesariamente para bien en cuanto a la flexibilidad que exigen algunas áreas de la gestión pública.

Menos conveniente ha sido, por otra parte, el uso de la tradicional figura del instituto autónomo para personificar actividades que nada tienen que ver con áreas de carácter económico o social y que constituyen las más clásicas funciones del Estado, como sucedió en 1993 con el Consejo Nacional Electoral[49], un auténtico disparate jurídico administrativo. Igualmente ha sucedido con la atribución a la Superintendencia de Bancos y otras Instituciones Financieras del carácter de instituto autónomo[50], y a la Comisión Nacional de Valores de personalidad jurídica y patrimonio propio[51].

En todo caso, en cuanto a la forma jurídica de derecho privado de carácter societario atribuida a ciertos entes públicos, no debe dejarse de mencionar el caso del Banco Cen-

---

44 *Cfr.* Jesús Caballero Ortiz, *Las empresas públicas en el derecho venezolano,* Editorial Jurídica Venezolana, Caracas, 1982.

45 Por ejemplo, art. 1°, de la derogada Ley Orgánica de Régimen Presupuestario, *Gaceta Oficial* N° 4.718, Extra. del 26 de abril de 1994; y art. 2°, de la derogada Ley Orgánica de Crédito Público, *Gaceta Oficial* N° 35.007 del 26 de octubre de 1992.

46 *V.* Ley Orgánica de Administración Financiera del Sector Público, *Gaceta Oficial* N° 38.198 del 31 de mayo de 2005.

47 Art. 4.10. *Gaceta Oficial* N° 5.637 Extra. del 07 de abril de 2003.

48 Art. 9.10. *Gaceta Oficial* N° 37.347 del 17 de diciembre de 2001.

49 Art. 38. Ley Orgánica del Sufragio, *Gaceta Oficial* N° 4.918 Extra. del 2 de junio de 1995.

50 Art. 213. *Ley General de Bancos y otras Instituciones Financieras* (Decreto Ley N° 1.526), *Gaceta Oficial* N° 5.555 Extra. del 13 de noviembre de 2001.

51 Art. 2. Ley de Mercado de Capitales del 22 de octubre de 1998, *Gaceta Oficial* N° 36.565 del 22 de octubre de 1998.

tral de Venezuela, persona de derecho público institucional, originalmente de carácter asociativo y, en todo caso, con forma de sociedad anónima y que tiene un régimen jurídico mixto como lo ha reafirmado la jurisprudencia de la antigua Corte Suprema de Justicia[52].

Dicho régimen, por supuesto, es preponderantemente de derecho público ya que se trata del instituto emisor y regulador del crédito y de la moneda, al cual, por su forma jurídica, también se le aplica el derecho mercantil. A pesar de ello, sin embargo, la propia antigua Corte Suprema de Justicia en una desafortunada sentencia de la Sala Político Administrativa del 18 de julio de 1985, en un intento de expulsión más que de huida del derecho administrativo, llegó a interpretar lo contrario, es decir, que el instituto emisor era una "persona de derecho privado" que se regía casi exclusivamente por el derecho privado, al punto de considerar que el decreto presidencial de nombramiento del propio presidente del instituto, que además de emisor es contralor del crédito en general y de la estabilidad monetaria, no era un acto administrativo, sino un simple acto societario, y por tanto no susceptible de control por la jurisdicción contencioso administrativa[53].

En las últimas décadas, y particularmente a partir de 1961, cuando la creación de institutos autónomos por parte de los órganos del poder ejecutivo se hizo más difícil por la exigencia constitucional de que su creación sólo se podía hacer mediante ley especial en cada caso[54], comenzó a proliferar el uso de otras formas jurídicas de derecho privado distintas de las societarias para la gestión descentralizada de actividades públicas, particularmente de orden social y administrativo. Se crearon así multitud de asociaciones civiles del Estado, y de fundaciones del Estado, en cuya constitución, dirección y financiamiento en algunos casos también participaban particulares.

Si bien las mismas no ejercen, en general, poder público, pues en relación con ellas no se produce una transferencia de potestades por ley; sí han abarcado un amplísimo campo de la gestión social del Estado que provocó, sin duda, una huida de las mismas del derecho administrativo. La reacción, en todo caso, no se hizo esperar mucho y, al igual que sucedió con las empresas del Estado, no sólo se incorporaron las asociaciones civiles y fundaciones del Estado en la enumeración legal de los entes que conforman el sector público[55] y de los que conforman el patrimonio público[56], sino que incluso, en 1985, fueron objeto de una regulación legal especial –que no abarcó a las empresas del

52 Art. 318 C. La antigua Corte Suprema de Justicia en Sala Político Administrativa, señaló con toda precisión, que "El Banco Central de Venezuela es un establecimiento público asociativo, creado por ley, que forma parte de la Administración descentralizada, y el cual se encuentra sometido a un régimen jurídico mixto, configurado tanto por normas de derecho público como de derecho privado"; sentencia 985 del 10 de noviembre de 1994, caso: *Seguros Saint Paul de Venezuela S.A. vs. BCV* (consultada en original).

53 *V.* sentencia del 18 de julio de 1985, caso: *Leopoldo Díaz Bruzual, Revista de Derecho Público,* N° 24, Editorial Jurídica Venezolana, Caracas, 1985, pp. 103 a 108. Véanse los comentarios críticos que hemos formulado a esa sentencia en Allan R. Brewer–Carías, *Estado de derecho y control judicial, cit.*, pp. 489 y ss.

54 Art. 230 C. 1961; art. 142 C. 1999.

55 Por ejemplo, en el artículo 1° de la derogada Ley Orgánica de Régimen Presupuestario, y en el artículo 2° de la derogada Ley Orgánica de Crédito Público. Véanse artículo 6.10 de la Ley Orgánica de Administración Financiera del Sector Público, *Gaceta Oficial* N° 38.198 del 31 de mayo de 2005.

56 Artículo 4° de la derogada Ley Orgánica de Salvaguarda del Patrimonio Público. *V.* artículo 4.11, Ley Orgánica contra la Corrupción, *Gaceta Oficial* N° 5.637 Extra. del 7 de abril de 2003.

Estado– dictada mediante decreto ley[57], cuyo objetivo fue integrar definitivamente al sector público a dichos entes, mediante el establecimiento de estrictos medios de control. En dicha normativa se consideró como parte de los entes estatales no sólo a las fundaciones creadas o dirigidas por estos, o en las cuales hubiesen aportado más del 50% de su patrimonio, sino aquellas de cuya gestión pudieran derivarse compromisos financieros para el Estado. Frente a la huida o, más precisamente, frente al escurrimiento desenfrenado de entes y actividades del campo del derecho administrativo, se establecieron las compuertas necesarias e, incluso, se recuperó lo que se había desparramado. A partir de 2001, en todo caso, mediante la Ley Orgánica de la Administración Central[58] se estableció una regulación general y uniforme sobre todos los entes que conforman la Administración descentralizada funcionalmente, con formas de derecho público (instituto autónomo) y con formas de derecho privado (asociaciones civiles del Estado, empresas del Estado y fundaciones del Estado).

Por tanto, a pesar de que los entes descentralizados del Estado se hayan creado con formas jurídicas de derecho privado con el objeto de que se sometan a un régimen jurídico más flexible propio del derecho privado, el derecho público siempre les resulta aplicable particularmente cuando se dicta una normativa legal integradora que regule a dichos entes en forma similar que a los de derecho público[59].

Además, en muchos casos, en el ámbito local, fue la antigua Corte Suprema la que puso remedio a la pretendida creación de fundaciones por entes públicos, como personas jurídicas de derecho privado fuera del ámbito del derecho administrativo; cuando en realidad eran institutos autónomos por la forma de creación por ley y la transferencia a las mismas de ciertas potestades propias del ejercicio del poder público. La antigua Corte Suprema, en este sentido, señaló que no basta con asignarle a un ente una "forma jurídica" de derecho privado para que lo sea, por lo que el velo de las mismas debe levantarse cuando la regulación concreta de la entidad y los poderes que se le transfieren evidencien un ente público institucional[60].

Por último, en la organización administrativa, dada la rigidez que existía en la legislación, hasta mitades de la década de los setenta, para romper el principio de la unidad del Tesoro que sólo se admitía con la creación de institutos autónomos, en el Plan de Reforma Administrativa de 1972[61] –cuyos lineamientos generales guiaron todas las transformaciones ocurridas en los lustros posteriores– se propuso la creación de la figura de

---

57 *V.* el derogado decreto ley N° 677 del 21 de junio de 1985 sobre Normas sobre las Fundaciones, Asociaciones y Sociedades Civiles del Estado y el Control de los Aportes Públicos a Instituciones Privadas similares, *Gaceta Oficial* N° 3.574, Extra. del 21 de junio de 1985.

58 Artículos 95 y ss. *Gaceta Oficial* N° 37.305 del 17 de octubre de 2001.

59 En tal sentido, la Corte Primera de lo Contencioso Administrativo en sentencia del 6 de agosto de 1996, caso: *Consorcio Hidroeléctrico Caroní vs. CVG Edelca*, señaló "Es conocido que cuando el Estado crea administraciones descentralizadas con formas jurídicas privadas, como son las sociedades civiles o mercantiles propiedad del Estado o Empresas del Estado, es con el evidente propósito de someterlas a un régimen jurídico más flexible que el aplicable a las administraciones con formas jurídicas de derecho público. Esto trae como obligada consecuencia que sus actuaciones deben ser consideradas como actos de naturaleza privada, sujetos por tanto al derecho común. Sólo sería aplicable al derecho público cuando una determinada normativa integradora de esa rama jurídica, incluya dentro de su ámbito de aplicación a las organizaciones administrativas con formas jurídicas de derecho privado, las cuales, a los efectos específicos de esa normativa, quedarían en la misma situación que las organizaciones administrativas con formas jurídicas de derecho público" (consultada en original).

60 *V.* sentencia Corte Suprema de Justicia, Sala Político Administrativa del 15 de julio de 1992, caso: *Arquímedes Fajardo* (consultada en original)

61 *Cfr. Informe sobre la Reforma de Administración Pública Nacional,* Vol. I, Comisión de Administración Pública, Caracas, 1972, p. 362 y ss.

los patrimonios o servicios autónomos sin personalidad jurídica, como un mecanismo para evitar acudir a la forma de la fundación o asociación civil para la gestión más flexible de una actividad pública que permitiera la percepción de ingresos para afectarlos a sus propios gastos, lo cual luego fue establecido a partir de la Ley Orgánica de Régimen Presupuestario de 1974[62]. En esta forma, se frenó el proceso de huida del derecho administrativo en la organización destinada a atender muchas actividades públicas, dotándose la gestión de las mismas de la autonomía necesaria, pero sin dejar de estar integradas a la propia Administración central del Estado. La proliferación de los servicios autónomos sin personalidad jurídica en los últimos lustros –lo que incluso fue motivo para su reglamentación general[63]–, sin duda, ha sido un definitivo freno a la posible huida de sectores de la Administración Pública al derecho administrativo, habiéndose previsto, en la regulación de estos servicios, regímenes especiales de la función pública con mayor autonomía de manejo que los propios institutos autónomos, sobre todo en materia de contratación de personal. Así ha sucedido particularmente con el Servicio Nacional Integrado de Administración Aduanera y Tributaria (SENIAT), originalmente establecido mediante decreto[64] y regulado por ley especial a partir de 2001[65].

Una última reflexión sobre el tema de la organización administrativa, en particular, de la Administración descentralizada con forma de sociedad anónima. Dijimos que la proliferación de empresas públicas en nuestro país, más que por motivaciones ideológicas que conformaron una política de intervención activa del Estado en la economía, se produjo por la particular circunstancia de la estructura de la economía venezolana dependiente de la industria petrolera. Venezuela es un país petrolero y como conforme a las regulaciones de las Ordenanzas de Minería de Nueva España que el Libertador puso en vigencia desde 1821, el Estado es el dueño del subsuelo –y así lo ha seguido siendo en toda la historia republicana de Venezuela[66]–; tenemos un Estado petrolero que ha sido inmensamente rico y poderoso; en general el principal inversionista, financista, empleador e industrial. Por ello, el sector público en Venezuela ha llegado a tener un porcentaje mucho mayor en la economía que el que tuvieron algunos de los antiguos países socialistas, lo cual se acrecentó con la nacionalización, en 1975, de las industrias de gas natural, de la extracción de mineral de hierro y de los hidrocarburos[67]. Ese Estado y esa economía pública, por la deuda pública incontrolada y el deterioro financiero derivado de las fluctuaciones históricas del ingreso petrolero, han entrado en la misma crisis que afectó a los países del mundo occidental a partir, justamente, del aumento del precio del

---

62 Artículo 16.5 de la derogada Ley Orgánica de Régimen Presupuestario.

63 *Cfr.* el Reglamento de los servicios autónomos sin personalidad jurídica, Decreto 1.921 del 31 de octubre de 1991, *Gaceta Oficial* N° 34.836 del 7 de noviembre de 1991.

64 *Cfr.* p. ej., el artículo 226 del Código Orgánico Tributario en *Gaceta Oficial* N° 4.727, Extra. del 27 de mayo de 1994; el Decreto N° 310 del 10 de agosto de 1994 de creación del Servicio Nacional Integrado de Administración Tributaria, *Gaceta Oficial* N° 35.525 del 16 de agosto de 1994 y el Decreto N° 364 del 28 de septiembre de 1994 que estableció el Estatuto del Sistema Profesional de Recursos Humanos del SENIAT, *Gaceta Oficial* N° 35.558 del 28 de septiembre de 1994.

65 *Cfr.* Ley del Servicio Nacional Integrado de Administración Aduanera y Tributaria, *Gaceta Oficial* N° 37.320 del 8 de noviembre de 2001.

66 Así lo ratifica el artículo 12 de la C. de 1999 que declara a los yacimientos mineros y de hidrocarburos como bienes del dominio público, inalienables e imprescriptibles.

67 Ley que Reserva al Estado la Industria del Gas Natural, *Gaceta Oficial* N° 29.594 del 26 de agosto de 1991; decreto ley N° 580 del 26 de noviembre de 1974 que reserva al Estado la Industria de Explotación del Hierro, *Gaceta Oficial* N° 30.577 del 16 de diciembre de 1974; y la Ley Orgánica que Reserva al Estado la Industria y el Comercio de los Hidrocarburos, *Gaceta Oficial* N° 1.769 Extra. del 29 de agosto de 1975.

petróleo en la década de los setenta. Con una motivación contraria, la misma política de privatización que ha sido característica de los países europeos, en las últimas décadas resultó indispensable en Venezuela, y en ello se empeñó el sector público, aun cuando, lamentablemente, con una conducción errática de parte de quienes han controlado el poder.

La privatización, en todo caso, fue una decisión política adoptada conforme a la Constitución, de ejercicio por parte del Estado de sus derechos de propietario de disponer de sus bienes, para lo cual se dictó la Ley de Privatización que, de nuevo, al definir su ámbito de aplicación incluye expresamente a todo el sector público en el cual se enumeran, además de la Administración central, los institutos autónomos, las empresas del Estado en dos niveles y las fundaciones y asociaciones civiles del Estado[68]. No hubo en el proceso de privatización, en realidad, ninguna huida de la Administración del derecho administrativo, sino una devolución al sector privado de actividades que le serían propias mediante una reducción del sector público[69]. Ello, incluso, originó marcos regulatorios que por la realización directa de las actividades por parte del Estado no se habían dictado para ordenarlas, tal como ha sucedido en materia de telecomunicaciones y de servicios eléctricos[70]. Por tanto, lejos de debilitar al Estado, la privatización podría fortalecer su función ordenadora descuidada hasta ahora.

Sin embargo, debe advertirse que el proceso de privatización sólo está legalmente destinado a transferir al sector privado actividades económicas productivas e industriales, que el Estado fue asumiendo, por lo que debe denunciarse la privatización fáctica de actividades esenciales del Estado –ajenas al sector privado– que comenzó a aparecer como producto de una especie de fiebre privatizadora. Así, por ejemplo, no es posible legalmente que la Administración Pública contrate a auditores particulares para la revisión fiscal de los contribuyentes, y que ello sirva de base para la formulación de reparos, como había sucedido con frecuencia a nivel municipal[71]; y tampoco es posible que se generalice la representación judicial y extra judicial de la República, que corresponde a la Procuraduría General de la República, a través de abogados que no son funcionarios públicos[72]. Estos procesos a lo que han tendido, es a convertir a la Administración tributaria o a la Procuraduría General de la República en agencias de empleo de particulares para el cumplimiento de funciones públicas. Allí sí ha habido una huida de la Administración Pública del derecho administrativo que debe atajarse a tiempo, ya que el solo derecho privado es esencialmente inservible al Estado para el ejercicio del poder público, pues entre otros aspectos conduce a la realización de actividades administrati-

---

68 Artículo 2° de la Ley de Privatización, *Gaceta Oficial* N° 4.929 Extra. del 30 de junio de 1995.

69 La Sala Constitucional del Tribunal Supremo ha considerado a dicha Ley como ajustada a la Constitución. *V.* sentencia 117 del 6 de febrero de 2001, *Revista de Derecho Público,* N° 85 a 88, Editorial Jurídica Venezolana, Caracas, 2001, pp. 212 y ss. Véanse los comentarios a dicha sentencias en José Ignacio Hernández, "Constitución económica y privatización (Comentarios a la sentencia de la Sala Constitucional del 6 de febrero de 2001)", *Revista de Derecho Constitucional,* N° 5, Editorial Sherwood, Caracas, 2001, pp. 327 a 342.

70 La Comisión Nacional de Telecomunicaciones fue creada por la Ley Orgánica de Telecomunicaciones, *Gaceta Oficial* N° 36.970 del 12 de junio de 2000; y la Comisión Nacional de Energía Eléctrica fue creada por la Ley Orgánica del Servicio Eléctrico, Ley N° 78, *Gaceta Oficial* N° 5.568, Extra. del 31 de diciembre de 2001.

71 Por ello, en la Ley Orgánica del Poder Municipal de 2005 se ha dispuesto expresamente en su artículo 175, que las facultades de los municipios para la fiscalización, gestión y recaudación de sus tributos propios, "no podrán ser delegadas a particulares", *Gaceta Oficial* N° 38.204 del 8 de junio de 2005.

72 *Cfr.* el decreto N° 319 que estableció el Servicio Autónomo de Personería adscrito a la Procuraduría General de la República, *Gaceta Oficial* N° 35.534 del 29 de agosto de 1994.

vas al margen de las garantías jurídicas que el derecho administrativo otorga a los particulares, en especial para el ejercicio de su derecho a la defensa.

II. LA LABORALIZACIÓN DEL RÉGIMEN DE LA FUNCIÓN PÚBLICA

Uno de los elementos medulares del derecho administrativo ha sido el régimen de los funcionarios públicos. En el origen de nuestra disciplina, el personal al servicio del Estado estaba regido por sus propias normas y al mismo no le era aplicable el derecho que rige las relaciones de trabajo en el ámbito privado, es decir, el derecho laboral o derecho del trabajo.

La función pública, por tanto, tenía su propio estatuto de personal condicionado por las tareas públicas que tienen asignadas los funcionarios públicos y que tienen el deber de cumplir. En esta forma, la relación estatutaria y no contractual, y el acto de nombramiento de los funcionarios era un típico acto administrativo, condición que al producirse los subsumía en un régimen de personal establecido unilateralmente por el Estado. De la función pública, por tanto, estaban proscritos los contratos colectivos, el derecho a la huelga, el derecho a la sindicalización y el régimen de beneficios o prestaciones sociales establecidos en la Ley del Trabajo. Esta sólo se aplicaba a los obreros al servicio del Estado, es decir, a los trabajadores en los cuales predominaba el trabajo manual[73].

Bajo este esquema fue que se sancionó en Venezuela la Ley de Carrera Administrativa de 1970[74], la cual constituyó en su momento una revolución, pues se trataba de la primera vez que se regulaba legalmente el régimen de los funcionarios públicos[75].

Han pasado más de tres décadas desde que se produjo la sanción de aquel instrumento legal, y debemos aquí recordar que el argumento que en el Congreso se esgrimió para eliminar del proyecto que habíamos elaborado dos normas que prohibían expresamente la contratación colectiva y la huelga en la función pública era que ello era evidente y que, por tanto, su prohibición expresa no esa necesaria[76].

Por supuesto, en tres décadas todo cambió. La admisión de la sindicalización de la función pública que se había previsto en la ley condujo progresivamente, y de hecho, a la admisión de la contratación colectiva mediante las denominadas "actas convenios", que fueron regulando progresiva e ilegalmente las condiciones de trabajo de los funcionarios públicos en diversas áreas cruciales de servicios públicos, como los de carácter social. Luego, tanto la reforma de la Ley de Carrera Administrativa de 1975[77], aplicando a los funcionarios públicos el régimen general de prestaciones sociales de la Ley del Trabajo, como la sindicalización desarrollada y la contratación colectiva condujeron, también, de hecho, al uso del recurso a la huelga como mecanismo conflictivo de uso progresivo.

---

73 Artículo 6° de la derogada Ley del Trabajo del 1975, *Gaceta Oficial* N° 1.736 Extra. del 5 de mayo de 1975.

74 *Cfr.* la derogada Ley de Carrera Administrativa, *Gaceta Oficial* N° 1.745 Extra. del 23 de mayo de 1975.

75 *Cfr.* Allan R. Brewer–Carías, *El estatuto de los funcionarios públicos y la Ley de carrera administrativa,* Comisión de Administración Pública, Caracas, 1970.

76 *Cfr.* "Proyecto de Ley sobre Funcionarios Públicos", Comisión de Administración Pública, Caracas, 1970.

77 *Gaceta Oficial* N° 1.745 Extra. del 23 de mayo de 1975.

Así, la función pública se fue laboralizando inexorablemente, pero encontrando dicho proceso, siempre, un límite, que es el artículo 144 C. que establece con rango constitucional lo que se configura como el núcleo del estatuto del funcionario público, de establecimiento unilateral por el Estado, es decir, que no puede ser objeto de contratos colectivos, y que se refiere a las normas sobre ingreso, ascenso, traslado, suspensión y retiro de los funcionarios de la Administración Pública. Este régimen, por tanto, en relación con los funcionarios públicos de la Administración Pública nacional puede ser regulado en forma especial con relación a determinados órganos o institutos autónomos, pero no puede ser constitucionalmente eliminado dando paso a la aplicación global a la Ley Orgánica del Trabajo en la función pública.

En efecto, precisamente sobre los aspectos del estatuto de los funcionarios públicos que enumera el artículo 144 C. es que regula, en general, la Ley del Estatuto de la Función Pública[78], y precisamente por ello en el artículo 8 de la Ley Orgánica del Trabajo, luego de todas las discusiones inimaginables sobre este tema crucial de la laboralización de la función pública, se llegó a establecer la diferenciación respecto a los aspectos estatutarios de la función pública, que por tanto no entran dentro del marco regulativo de la Ley Orgánica del Trabajo, así:

> *Artículo 8º:* Los funcionarios o empleados públicos nacionales, estadales o municipales se regirán por las normas sobre carrera administrativa nacionales, estadales o municipales, según sea el caso, en todo lo relativo a su ingreso, ascenso, traslado, suspensión, retiro, sistemas de remuneración, estabilidad y régimen jurisdiccional; y gozarán de los beneficios acordados por esta ley en todo lo no previsto en aquellos ordenamientos.

La situación actual del régimen de los funcionarios públicos, en Venezuela, en todo caso, responde a los principios generales que se observan en todo el mundo y en cuya conformación, sin duda, han jugado un papel importante los Convenios de la Organización Internacional del Trabajo que han ido evolucionando y uniformizando normas en los diversos países[79]. La laboralización del régimen de la función pública, en todo caso, no puede verse como una huida del derecho administrativo, sino como la interaplicación normal del derecho público y del derecho privado al funcionamiento de la Administración Pública. En este campo, como hemos señalado, el núcleo del régimen de derecho administrativo de la función pública, previsto en la Constitución, permanece intacto por lo que se refiere a los funcionarios al servicio de la Administración Pública del poder ejecutivo, ya que la Ley del Estatuto excluye de la aplicación de esta ley, a los funcionarios públicos al servicio del poder legislativo nacional; del servicio exterior; del poder judicial; del poder ciudadano; del poder electoral; de la Procuraduría General de la República (a pesar de ser parte del poder ejecutivo); del Servicio Nacional Integrado de Administración Aduanera y Tributaria (SENIAT); y a los miembros del personal directivo, académico, docente, administrativo y de investigación de las universidades nacionales. Además, también quedan excluidos de la aplicación de esta ley los obreros y obreras al servicio de la Administración Pública (art. 1º). Esta amplia exclusión es una puerta abierta a la laboralización del régimen de la función pública.

Por otra parte, en relación con el derecho a la sindicalización, a la negociación colectiva y a la huelga, se ha laboralizado completamente, tal como lo dispuso la Constitu-

---

78 *Gaceta Oficial* Nº 37.522 del 6 de septiembre de 2002.

79 *Cfr.* Jesús Caballero Ortiz, *Incidencias del artículo 8º de la Ley Orgánica del Trabajo en el régimen jurídico del funcionario público*, Editorial Jurídica Venezolana, Caracas, 1991; Hildegard Rondón de Sansó, *El funcionario público y la Ley Orgánica del Trabajo,* Editorial Jurídica Venezolana, Caracas, 1991.

ción de 1999 (arts. 95 a 97) al equiparar en esos derechos a los trabajadores de los sectores públicos o privados. En estas materias, además, la Ley Orgánica del Trabajo dispuso expresamente que "los funcionarios o empleados públicos que desempeñen cargos de carrera tendrán derecho a la negociación colectiva, a la solución pacífica de los conflictos y a la huelga, de conformidad con lo previsto en el Título VII de esta Ley, en cuanto sea compatible con la índole de los servicios que prestan y con las exigencias de la Administración Pública" (art. 8º); agregando respecto del derecho de huelga que "podrá ejercerse en los servicios públicos sometido a esta Ley, cuando su paralización no cause perjuicios irremediables a la población o a las instituciones" (art. 496).

Por su parte, la Ley del Estatuto de la Función Pública reitera la laboralización en estas materias, al precisar en su artículo 32 que los funcionarios públicos de carrera, que ocupen cargos de carrera, tendrán el derecho a organizarse sindicalmente, a la solución pacífica de los conflictos, a la convención colectiva y a la huelga, de conformidad con lo establecido en la Ley Orgánica del Trabajo y su Reglamento, en cuanto sea compatible con la índole de los servicios que prestan y con las exigencias de la Administración Pública. Sin embargo, agrega la norma que todos los conflictos a los cuales diere lugar la disposición anterior serán conocidos por los tribunales competentes en lo contencioso administrativo funcionarial.

En este sentido, un aspecto esencial de la unicidad del régimen de los funcionarios públicos y que forma parte de su estatuto, como expresamente lo regula la Ley del Estatuto de la Función Pública, es precisamente el régimen de control jurisdiccional de la función pública, más que de la carrera administrativa, que como competencia de los tribunales de la jurisdicción contencioso administrativa se ha regulado en la ley (arts. 93 y ss.). Estos órganos jurisdiccionales son competentes en materia de función pública, de manera que por más proceso de laboralización que se haya efectuado, los conflictos de la función pública escapan al conocimiento de los tribunales del trabajo y van a la jurisdicción contencioso administrativa. Estos tribunales de la jurisdicción tienen competencia para resolver las reclamaciones que formulen los funcionarios públicos o aspirantes a ingresar en la función pública cuando consideren lesionados sus derechos por actos o hechos de los órganos o entes de la Administración Pública; así como las solicitudes de declaratoria de nulidad de las cláusulas de los convenios colectivos.

Deben destacarse, por otra parte, los frenos que fueron estableciendo el antiguo Tribunal de la Carrera Administrativa y la Corte Primera de lo Contencioso Administrativa a los intentos de huida del régimen de la función pública establecido en la derogada Ley de Carrera Administrativa, por una parte, por la interpretación amplia de la misma, al aplicarla a todos los funcionarios públicos, fueran o no de carrera, y por la otra, por la interpretación precisa del concepto de funcionario público, que hace énfasis en la naturaleza intelectual del servicio prestado en contraposición a la del obrero al servicio de la Administración Pública, siendo las circunstancias de nombramiento, permanencia en el cargo y la existencia de la partida presupuestaria correspondiente elementos que sólo sirven de mera presunción, pero que pueden ser desvirtuados por la realidad o naturaleza efectiva de los servicios prestados, y que pueden conducir a considerar la relación laboral como la de obrero y no la de empleado o funcionario público[80].

---

80 *V.* sentencia de la Corte Primera de lo Contencioso Administrativo del 17 de noviembre de 1994, Caso Instituto Universitario de Policía Científica (consultada en original).

Por otra parte, la ausencia de nombramiento tampoco puede considerarse como elemento para que no exista la relación de empleo público y se pretenda aplicar a la relación laboral el régimen de la Ley Orgánica del Trabajo. Sobre esto, la jurisprudencia contencioso administrativa fue reiterada en considerar que la sola existencia de un contrato de trabajo no bastaba para excluir a un sujeto de la aplicación de la derogada Ley de Carrera Administrativa y para, por tanto, huir del derecho administrativo. Por ello, la Corte Primera de lo Contencioso Administrativo, independientemente de si un sujeto ingresó a trabajar en la Administración Pública con un contrato de trabajo que se pretenda como de derecho privado, señaló que en cada caso:

> Debe precisarse si se cumplen los requisitos necesarios para considerar como relación de empleo público a ciertas relaciones contractuales en su origen. Estos requisitos pueden resumirse en los siguientes: 1) Que las funciones asignadas corresponden a un funcionario de carrera; 2) Que se trate de funciones de carácter permanente, y 3) Que el régimen laboral (salario, horario, beneficios y otros) corresponda al establecido para los funcionarios que han ingresado a través de la vía normal del nombramiento[81].

Así, en un intento por regularizar la relación entre el régimen de la función pública y el personal contratado en la Administración Pública, la Ley del Estatuto de la Función Pública dispuso que sólo puede procederse por la vía del contrato en aquellos casos en que se requiera personal altamente calificado para realizar tareas específicas y por tiempo determinado; prohibiendo la contratación de personal para realizar funciones correspondientes a los cargos previstos en la ley (art. 37). En ningún caso el contrato puede constituirse en una vía de ingreso a la Administración Pública (art. 39); y en estos casos de personal contratado, el régimen aplicable es el previsto en el respectivo contrato y en la legislación laboral (art. 38).

Pero en todo caso, las derogaciones al régimen de derecho administrativo de la función pública, en general, han sido producto de vías de hecho que en materia laboral han sido los canales normales para el logro de tantos avances y reivindicaciones, lo que ha caracterizado la historia del derecho del trabajo. Ello se ha reproducido en los servicios públicos, y las huelgas recurrentes en los servicios de salud y de educación prestados por las Administraciones Públicas son parte de esa evolución.

Ahora bien, donde sí puede decirse que se efectuó una huida respecto del derecho administrativo con relación al régimen del personal es, sin duda, en el campo de la Administración Pública descentralizada que ya hemos referido en general. Esto fue evidente al excluirse a determinados institutos autónomos del régimen funcionarial, regulándose en la ley respectiva la aplicación general al personal de la Ley del Trabajo[82].

Esta huida, puede considerarse como inconstitucional, pues al establecer el artículo 122 C. de 1961 equivalente al artículo 144 C. de 1999, que la ley debe regular un estatuto de la función pública, es lógico que su contenido deba diferir del régimen laboral ordinario, pues de lo contrario el constituyente habría aplicado a los funcionarios públi-

81 Véanse sentencias de la Corte Primera de lo Contencioso Administrativo del 1° de julio de 1993, *Revista de Derecho Público*, N° 55 a 56, Editorial Jurídica Venezolana, Caracas, 1993, p. 556; y del 10 de noviembre de 1994, caso: *Teófilo Gutiérrez vs. INOS* (consultada en original).

82 Es el caso, p. ej., del Instituto Postal Telegráfico conforme al artículo 37 de su Ley de creación, *Gaceta Oficial* N° 2.146 Extra. del 28 de enero de 1978. Por ello, la Corte Primera de lo Contencioso Administrativo ha rechazado el conocimiento de recursos contencioso administrativos contra actos administrativos dictados en relación con la materia laboral. *V.* sentencia de Corte Primera de lo Contencioso Administrativo del 31 de mayo de 1993, y del 13 de agosto de 1993, *Revista de Derecho Público,* N° 53 y 54, Editorial Jurídica Venezolana, Caracas, 1993, pp. 419 y 549, y pp. 287 y ss., respectivamente.

cos la Ley del Trabajo. Por ello, cuando en virtud de ley, no es que se establece un régimen estatutario especial para los funcionarios de un instituto autónomo, es decir, no es que excluye a los funcionarios del mismo de la aplicación de la Ley del Estatuto para someterlos a otro régimen funcionarial, sino que se los excluye de la categoría de funcionarios públicos reenviándolos expresamente a la Ley Orgánica del Trabajo, como sucedió con el personal del Instituto Postal telegráfico IPOSTEL; con razón se puede considerar ello como inconstitucional[83].

De todas formas, con el recurso a la figura jurídica de la descentralización funcional mediante personas de derecho privado, la condición de funcionarios públicos no se da respecto de los empleados de las empresas, asociaciones y fundaciones del Estado, los cuales en sus relaciones de trabajo se rigen íntegramente por las normas de la Ley Orgánica del Trabajo. Sin embargo, normas limitativas como la del artículo 145 C. que establece la incompatibilidad para contratar con la República, los estados, los municipios y demás personas jurídicas de derecho público o de derecho privado estatales, abarcan ahora también a las personas que estén incluso al servicio de entidades descentralizadas con forma de derecho privado. Este campo de rescate del derecho administrativo ya se había establecido, por ejemplo, en el artículo 8, parágrafo unico, de la derogada Ley Orgánica que Reserva al Estado la Industria y el Comercio de los Hidrocarburos, que si bien había establecido expresamente que los empleados de las entidades de la industria petrolera nacionalizada no tenían el carácter de funcionarios públicos, sin embargo a ellos se aplicaban las restricciones constitucionales establecidas en los artículos 123 a 125 C. de 1961 respecto de los funcionarios públicos.

Por otra parte, otro aspecto de rescate del régimen de derecho administrativo respecto de los empleados de las empresas, asociaciones civiles y fundaciones del Estado, es la previsión de la Ley contra la Corrupción que establece que a los efectos de su articulado, y sin perjuicio de lo que disponga la Ley del Estatuto de la Función Pública, se consideran funcionarios o empleados públicos:

> Los directores y administradores de las sociedades civiles y mercantiles, fundaciones, asociaciones civiles y demás instituciones constituidas con recursos públicos o dirigidas por algunas de las personas a que se refiere el artículo 4 de esta Ley, o cuando la totalidad de los aportes presupuestarios o contribuciones en un ejercicio provenientes de una o varias de estas personas represente el cincuenta por ciento (50%) o más de su presupuesto o patrimonio; y los directores nombrados en representación de dichos órganos y entes, aun cuando la participación fuere inferior al cincuenta por ciento (50%) del capital o patrimonio (art. 3°)[84].

---

83 En este sentido, en el voto salvado de los Magistrados Gustavo Urdaneta Troconis y Alexis Pinto D'Ascoli a las sentencias antes citadas (Corte Primera de lo Contencioso Administrativo del 31 de mayo de 1993 y 13 de agosto de 1993), expusieron que el artículo 37 de la Ley del IPOSTEL colide con el artículo 122 C. que ordenó crear la carrera administrativa mediante el establecimiento de un estatuto para los funcionarios públicos cuyo contenido es distinto al régimen de la Ley del Trabajo, cuya aplicación general no fue la voluntad del constituyente, pues lo hubiera hecho expresamente, señalando: "A juicio de los magistrados disidentes esto fue justamente lo que se quiso evitar mediante la norma del 122 constitucional que –sin duda– se desconoce en el fallo anterior el cual deja de lado la naturaleza de la relación existente entre la Administración y sus funcionarios: de base estatutaria, de empleo público, distinta –se insiste– de la que rige las relaciones convencionales existentes entre los trabajadores y sus patronos que están reguladas esencialmente por la legislación laboral. Por tales razones, consideran los Magistrados disidentes que lo procedente hubiera sido que –en aplicación del control difuso de la constitucionalidad reconocido a los jueces de cualquier nivel en el artículo 20 del Código de Procedimiento Civil– esta Corte desaplicara en el caso de autos el citado artículo 37 de la Ley que crea el Instituto Postal Telegráfico, dada su evidente colisión con los artículos 122 y 206 de la Constitución", *ídem*.

84 *Gaceta Oficial* N° 5.637 Extra. del 7 de abril de 2003.

Debe mencionarse, por último, el proceso de especialización del régimen de la función pública que se ha venido operando en los últimos años, tendiente a excluir del régimen general de funcionarios públicos al personal al servicio de determinados organismos de la Administración central, lo cual si bien no es una huida, sin duda constituye un peligro de que esto último pueda ocurrir, de hecho.

En algunos casos, la especialización del régimen se ha establecido mediante ley, como ha sucedido respecto de los funcionarios del Banco Central de Venezuela, y de la Superintendencia de Bancos y otras entidades financieras y de la Superintendencia de Seguros. En estos últimos casos, incluso, se ha atribuido al propio directorio del Banco Central y al Superintendente de Bancos y otras instituciones financieras, respectivamente, la facultad de dictar el estatuto funcionarial de las instituciones[85]. En contraste con normas de leyes anteriores que disponían que los funcionarios o empleados del Banco Central "no tendrán derecho a contratación colectiva ni a huelga", el artículo 29 de la Ley de 2001 dispone, conforme a la orientación de la Constitución, que "el personal del Banco Central de Venezuela goza de los derechos a huelga, a sindicalización y a contratación colectiva", regulando, sin embargo, mecanismos para evitar la interrupción de actividades "no susceptibles de suspensión".

III. LA APLICACIÓN DEL DERECHO ADMINISTRATIVO AL EJERCICIO DE LA FUNCIÓN ADMINISTRATIVA

El derecho administrativo, con la superación de su definición mediante un único criterio "mágico", que no existe, ha afianzado campos de regulación que escapaban de la misma con la sola definición orgánica o funcional de nuestra disciplina.

En efecto, el tradicional y superado criterio orgánico para la definición del derecho administrativo que lo concebía como el aplicable a los órganos del poder ejecutivo que constituían la Administración Pública, expulsaba de la regulación del derecho administrativo a la actuación en función administrativa o normativa sublegal de los órganos que ejercían el poder legislativo y el poder judicial, es decir, la Asamblea Nacional y sus comisiones y los tribunales de la República. Por supuesto, este criterio, que en otras latitudes podía haber tenido fundamento en otras épocas[86], de acuerdo a la Constitución de 1961 así como a la Constitución de 1999, no podía tener aplicación en Venezuela[87]. Por ello, la jurisprudencia contencioso administrativa, en el proceso de universalización del control sobre los actos administrativos, había considerado siempre como tales los dictados por los antiguos órganos constitucionales dotados de autonomía funcional y que no estaban integrados a los órganos tradicionales del Estado, como eran la Contraloría General de la República, la Fiscalía General de la República, el Consejo Supremo Electoral y el Consejo de la Judicatura, los cuales siempre se habían considerado como parte de la Administración Pública pero con autonomía funcional (para diferenciarla de

85 Artículos 28 y 273 de la Ley General de Bancos y otras Instituciones Financieras, Decreto Ley Nº 1.526, *Gaceta Oficial* Nº 5.555, Extra. del 13 de noviembre de 2001.

86 Véanse los trabajos críticos sobre el criterio orgánico que se publican en el libro *Actualidad y Perspectivas del derecho público a finales del siglo XX, Homenaje al profesor Fernando Garrido Falla*, t. I, Madrid, 1992.

87 *Cfr.* Allan R. Brewer–Carías, "El problema de la definición del acto administrativo", en *Libro Homenaje al Dr. Eloy Lares Martínez*, t. I., Universidad Central de Venezuela, Caracas, 1984, pp. 25 y ss.

la Administración central y descentralizada)[88], regidas por el derecho administrativo. Ahora, por supuesto, de acuerdo con la Constitución de 1999, dichos órganos forman parte de la división del poder público, conformando órganos de la Administración Pública, pero integrados al poder ciudadano (Contraloría General de la República, Fiscalía General de la República, Defensoría del Pueblo), al poder electoral (Consejo Nacional Electoral) o al poder judicial (Dirección Ejecutiva de la Judicatura).

Pero el afianzamiento del derecho administrativo más importante se ha producido con su penetración respecto de la regulación de la actuación administrativa de los órganos del Estado que ejercen el poder legislativo y el poder judicial. En esta forma ha quedado fuera de duda el carácter de acto administrativo de las decisiones de los órganos de la Asamblea Nacional, de rango sublegal, dictadas en función administrativa[89], por ejemplo, en materia de personal o que puedan afectar a los particulares (policía administrativa de las comisiones, p.ej.); así como de decisiones del propio Tribunal Supremo de Justicia como órgano de gobierno y administración del poder judicial (arts. 267 y ss.) en relación con el estatuto de los magistrados o adoptadas en función normativa (reglamentos de personal, p.ej.), o de los tribunales en general, dictadas en función normativa (reglamentos internos) o en función administrativa, en relación con el personal tribunalicio o en materia de policía de los tribunales (medidas disciplinarias respecto de abogados, p.ej.)[90]. Igualmente, no hay duda alguna del carácter de actos administrativos de los dictados por los órganos de los poder ciudadano y del poder electoral.

Precisamente por este afianzamiento del derecho administrativo y de su aplicación en áreas de actividad pública que escapan de la actuación de los órganos de la Administración Pública que ejercen el poder ejecutivo es que el criterio orgánico para la definición de nuestra disciplina es totalmente inservible como criterio único.

Lo mismo debe decirse de la utilización del sólo criterio funcional relativo al ejercicio de la función administrativa como criterio único para la definición del derecho administrativo, que dejaba fuera del ámbito de su regulación las actuaciones de las administraciones públicas realizadas en ejercicio de la función normativa o de la función jurisdiccional. Los reglamentos, en Venezuela, siempre han sido considerados como actos administrativos dictados en ejercicio de la función normativa del Estado y, por tanto, sometidos al control de los órganos de la jurisdicción contencioso administrativa como actos administrativos de efectos generales. Por ello, a pesar de las dudas que en otros ordenamientos han existido históricamente respecto de la consideración de los reglamentos como actos administrativos, en nuestro país ninguna duda ha existido ni surgido al respecto.

No ha sucedido lo mismo, sin embargo, respecto del ejercicio de la función jurisdiccional por parte de los órganos de la Administración Pública, lo cual condujo en algu-

---

88 *Cfr.* Allan R. Brewer–Carías, *Principios del régimen jurídico de la organización administrativa en Venezuela, cit.*, p. 95.

89 *V.* p. ej., sentencia de la Corte Suprema de Justicia en Sala Político Administrativa del 14 de septiembre de 1993, caso: *Carlos Andrés Pérez*, en Allan R. Brewer–Carías y Luis Ortiz Álvarez, *Las grandes decisiones de la jurisprudencia contencioso administrativa 1961–1996,* Editorial Jurídica Venezolana, Caracas, 1996, pp. 27 y 28. *V.* además, sentencia del 19 de diciembre de 1974, caso: *A. Toro, Ibíd.*, p. 468.

90 *V.* sentencia de la Corte Suprema de Justicia del 19 de julio de 1984, caso: *Alí Quiñones, Revista de Derecho Público,* Nº 19, Editorial Jurídica Venezolana, Caracas, 1984, pp. 122 a 124; y sentencia de Corte Suprema de Justicia, Sala Político Administrativa del 30 de junio de 1986, caso: *M. J. Alvarado*, en Allan R. Brewer–Carías y Luis Ortiz Álvarez, *Las grandes decisiones de la jurisprudencia contencioso administrativa 1961–1996, cit.*, p. 433.

nas ocasiones a la antigua Corte Suprema de Justicia, en unas decisiones de expulsión del derecho administrativo para regir la actividad disciplinaria de la Administración, a considerar que la actividad realizada no era actividad administrativa, sino "jurisdiccional", no sujeta al control de la jurisdicción contencioso administrativa. Así sucedió, inicialmente, al juzgarse, por la Corte Primera de lo Contencioso Administrativo, la actuación de las Comisiones Tripartitas en materia de aplicación de la derogada Ley contra Despidos Injustificados[91] –órganos administrativos integrados al Ministerio del Trabajo–, que indudablemente se ejercía en función jurisdiccional. Ello, sin embargo, luego se corrigió por la antigua Corte Suprema de Justicia al considerar que los actos dictados por aquellas Comisiones eran actos administrativos "de sustancia jurisdiccional"[92] regulados por el derecho administrativo. También sucedió inicialmente, al juzgarse por la misma Corte Suprema de Justicia en Sala Político Administrativa la actuación en materia disciplinaria del antiguo Consejo de la Judicatura –órgano constitucional con autonomía funcional que conforme a la Constitución de 1961 tenía a su cargo el gobierno y administración del poder judicial–, que indudablemente era ejercida en función jurisdiccional y que –en otra expulsión de áreas de actividad del derecho administrativo– no se consideró como actividad administrativa[93]. Ello también fue corregido posteriormente, y a medias, en virtud de una reforma legal[94], por lo que la antigua Corte Suprema de Justicia, en Corte Plena, rescató para el derecho administrativo lo que se había expulsado al declarar la inconstitucionalidad de la norma de la derogada Ley del Consejo de la Judicatura que excluía de control contencioso administrativo algún acto en materia disciplinaria respecto de los jueces que, sin duda, era un acto administrativo dictado en función jurisdiccional y sujeto al derecho administrativo[95].

IV. LA PENETRACIÓN DEL PODER LEGISLATIVO EN LA FUNCIÓN ADMINISTRATIVA

Un aspecto debe especialmente destacarse en este campo del ejercicio de las funciones del Estado, y particularmente de la función administrativa por parte de los órganos del Ejecutivo nacional, en cuyo ejercicio ha venido interviniendo e interfiriendo, en muchos casos, con dudosa constitucionalidad, el poder legislativo. Son múltiples las intervenciones e interferencias que en este campo, y de variada naturaleza, se establecieron en el pasado, en las cuales se produjo una huida de la función administrativa hacia las antiguas Cámaras Legislativas y sus comisiones. En algunos casos se trató de la participación del órgano legislativo (antiguo Congreso) en el nombramiento de fun-

91 Véanse los comentarios a dicha sentencia en Allan R. Brewer–Carías "El problema de la definición del acto administrativo", *cit.*, pp. 31 y ss.

92 Sentencia de la Corte Suprema de Justicia en Sala Político Administrativa del 10 de enero de 1980, caso: *Miranda Entidad de Ahorro y Préstamo*, *Revista de Derecho Público,* N° 1, Editorial Jurídica Venezolana, Caracas, 1980, pp. 128 a 136.

93 *V.* sentencia de la Corte Suprema de Justicia, Sala Político Administrativa del 26 de marzo de 1985, caso: *Ruiz Becerra*, *Revista de Derecho Público,* N° 22, Editorial Jurídica Venezolana, Caracas, 1985, pp. 118 a 143.

94 Mediante la derogada Ley Orgánica del Consejo de la Judicatura, *Gaceta Oficial* N° 36.534 de 8 de septiembre de 1988.

95 Sentencia de la Corte Suprema de Justicia, Sala Político Administrativa del 6 de agosto de 1991, caso: *Iván Hernández G.*, *Revista de Derecho Público,* N° 47, Editorial Jurídica Venezolana, Caracas, 1991, pp. 107 y 108.

cionarios públicos en casos no autorizados por la Constitución de 1961, como en cambio sí sucedía –y continúa sucediendo en la Constitución de 1999– con la autorización de la Asamblea Nacional para el nombramiento del Procurador General de la República y los jefes de misiones diplomáticas permanentes (art. 187.14). Así, por ejemplo, en la derogada Ley de Carrera Administrativa, un miembro del directorio de la Oficina Central de Personal lo designaba el Congreso (art. 8°); en la derogada Ley General de Bancos y otras Instituciones Financieras, el nombramiento del Superintendente de Bancos y del presidente del Fondo de Garantías de Depósitos y Protección Bancaria debía ser autorizado por el Congreso con el voto de las dos terceras partes de sus miembros (arts. 146 y 209); y en la progresivamente derogada Ley de Política Habitacional de 1993 se creó una Junta de Vigilancia integrada por 11 miembros, de los cuales dos eran diputados designados por el antiguo Congreso (art. 67)[96].

En este contexto, en la Constitución de 1999 se han regulado dos únicos supuestos en los cuales se establece la participación de la Asamblea Nacional en la designación de un funcionario que integra la organización general de la Administración Pública. Es el caso, por una parte, de los integrantes del directorio del Banco Central de Venezuela, los cuales representan exclusivamente el interés de la Nación, estableciéndose en la disposición transitoria cuarta de la Constitución que la ley debe establecer que corresponde al poder ejecutivo la designación del presidente del Banco Central de Venezuela y, al menos, de la mitad de sus directores o directoras; y debe establecer “los términos de participación del poder legislativo nacional en la designación y ratificación de estas autoridades”. En tal sentido, la Ley del Banco Central de Venezuela de 2001[97] estableció que el Presidente del Banco debe ser designado por el presidente de la República, nombramiento que debe ser ratificado por el voto de la mayoría de los miembros de la Asamblea Nacional (art. 9°); y en cuanto al resto de los seis directores adicionales que conforman el directorio del banco, se dispuso que uno debe ser un ministro del área económica; tres deben ser designados por el Presidente de la República, y dos por la Asamblea Nacional (art. 15).

Por otra parte, también es el caso del Superintendente de Protección y Promoción a la Libre Competencia, en cuyo caso la disposición transitoria decimoctava de la Constitución establece que a los fines de asegurar la vigencia de los principios relativos a la proscripción de los monopolios que tienden a evitar los abusos de la posición de dominio en el mercado establecidos en el artículo 113 C., exhortó a la Asamblea Nacional a dictar “una ley que establezca, entre otros aspectos, el organismo de supervisión, control y fiscalización que deba asegurar la efectiva aplicación de estos principios y las disposiciones y demás reglas que los desarrollen”; agregando expresamente que “La persona que presida o dirija este organismo será designada por el voto de la mayoría de los diputados o diputadas a la Asamblea Nacional, previo informe favorable de una comisión especial designada de su seno al efecto”.

En otros casos, el régimen de intervención de la Asamblea Nacional para la ejecución de políticas públicas, como la política de privatización, hace de aquella, materialmente, una co–gestora o co–administradora del proceso, al preverse en la Ley de Privatización todo tipo de autorizaciones previas y posteriores en la venta de empresas del Estado[98], a

96 Ley de Política Habitacional, decreto ley N° 3.270, del 30 de noviembre de 1993. *Gaceta Oficial* N° 4.659 Extra., del 15 de diciembre de 1993.

97 *Gaceta Oficial* N° 5.606, Extra. del 18 de octubre de 2002.

98 Artículo 10°, Ley de Privatización, *Gaceta Oficial* N° 5.199 Extra del 30 de diciembre de 1997.

pesar de que en la Constitución la intervención del poder legislativo se reduce, en esta materia, a la autorización por la Asamblea al Ejecutivo nacional para enajenar bienes inmuebles del dominio privado de la República (art. 187.12).

En otros casos, como el previsto en la Ley Orgánica del Trabajo, en general los reglamentos de dicha ley, y en particular los decretos presidenciales de aumento de salarios, que son actos típicamente administrativos dictados en ejercicio de la función normativa, deben ser sometidos a la consideración de la Asamblea Nacional, correspondiéndole decidir la ratificación o suspensión de los decretos "dentro de los 10 días siguientes a la fecha de recepción" (art. 22). Esta previsión legislativa, la cual puede causar múltiples problemas en la política salarial del Estado, fue impugnada por inconstitucional[99] ante el Tribunal Supremo, cuya la Sala Constitucional en sentencia 1447 del 3 de junio de 2003 (caso Impugnación del artículo 22 de la Ley Orgánica Del Trabajo), sin embargo, la consideró acorde con la Constitución, al estimar que ésta en ningún caso atribuye la función normativa en forma exclusiva al Presidente de la República, y que es más bien el legislador el que al tener potestad normativa exclusiva en materia de regulación y limitación de los derechos constitucionales (como los laborales), puede asignar la potestad reglamentaria al Ejecutivo nacional, estableciendo el control parlamentario sobre los reglamentos. En definitiva, en la sentencia, la Sala Constitucional resolvió:

> En vista de que el Ejecutivo nacional no dispone de un poder constitucional originario para intervenir en tales materias, pues son de reserva legal, el legislador pudo prever que tales poderes correspondiesen directamente al órgano parlamentario. Sin embargo no lo hizo, tal vez considerando que la correcta ejecución de esa competencia exige la flexibilidad que caracteriza la actuación de la Administración. Ello no significa, en todo caso, que el Ejecutivo nacional asumiese una potestad que le fuese exclusiva. Al contrario, así como el legislador asignó al Ejecutivo nacional la potestad para dictar Decretos en los aspectos mencionados, también pudo válidamente establecer que los Decretos dictados fueren sometidos a cierta forma de control, tal como en efecto se hizo en el artículo 22 de la Ley Orgánica del Trabajo.
>
> En criterio de esta Sala, no es necesario que ese control esté establecido expresamente en la Constitución –tal como lo afirmaron los recurrentes–, por cuanto su exigencia no vulnera el ejercicio de ningún poder constitucional propio del Ejecutivo nacional. Al contrario, se ha indicado insistentemente que el Ejecutivo carece de poderes originarios en la materia, disponiendo sólo de aquellos que le atribuye la ley[100].

V. LA PROYECCIÓN DEL DERECHO ADMINISTRATIVO HACIA ACTUACIONES DE PERSONAS JURÍDICAS O ESTATALES

El derecho administrativo, como se ha dicho, es esencialmente el derecho de la Administración Pública, es decir, fundamentalmente el derecho que regula las entidades *estatales* de derecho público o de derecho privado (*Segunda parte, § 5 y ss*). Sin embargo, si bien ese es el campo natural o común del derecho administrativo, éste, al regular

99 Ley Orgánica del Trabajo, *Gaceta Oficial* Extra. N° 5.152 del 19 de junio de 1997. *Cfr.* Carlos Ayala Corao, "Inconstitucionalidad de la fijación del salario mínimo nacional obligatorio en base al artículo 26 de la Ley del Trabajo", *Revista de la Facultad de Ciencias Jurídicas y Políticas*, N° 74, Universidad Central de Venezuela, Caracas, 1990.

100 *V. Revista de Derecho Público*, N° 93 a 96, Editorial Jurídica Venezolana, Caracas, 2003, pp. 186 y ss.; y 379 y ss.

también el ejercicio de la función administrativa del Estado, ha penetrado en el ámbito de la actuación de personas jurídicas *no estatales*, es decir, que no forman parte de la organización general del Estado ni del sector público, pero que en virtud de ley realizan actuaciones que ejercen la función administrativa y que, en definitiva, constituyen ejercicio del poder público.

Esta penetración o proyección del derecho administrativo hacia la actuación de personas jurídicas no estatales se ha producido, en primer lugar, cuando las mismas han sido dotadas por ley con formas jurídicas de derecho público, lo que se da normalmente en las corporaciones de carácter público, es decir, las personas jurídicas que tienen básicamente un sustrato personal como objeto de protección y que cumplen tareas públicas fuera de la organización del Estado. Es el caso, ante todo, de las comunidades públicas, como las comunidades académicas, es decir, de las academias nacionales, que han sido creadas por ley como corporaciones de carácter público no estatales, con funciones científicas y de asesoría en sus áreas de actuación específica: Medicina, Historia, Lengua, Ciencias Políticas y Sociales, Ciencias Físicas y Matemáticas, Economía[101]. Las Academias no forman parte de la organización general del Estado, no dependen de ningún órgano administrativo ni están sometidas a ningún tipo de control de tutela o administrativo de los órganos estatales; sin perjuicio de que puedan ser objeto de control fiscal de acuerdo a la Contraloría General de la República con motivo de recibir subvenciones de parte del Estado a través del presupuesto de Ministerio de Educación.

Las otras corporaciones públicas no estatales sometidas al derecho administrativo son los colegios profesionales, integrados todos por particulares que ejercen profesiones liberales, y constituidos como personas jurídicas de derecho público no estatales, sea establecidas por ley directamente o en virtud de la ley, a los efectos del control y ordenación del ejercicio de dichas profesiones liberales y en virtud de la colegiación obligatoria que las leyes respectivas han establecido conforme al artículo 105 C.[102]. En dichas leyes, en particular, al igual que las academias nacionales, se ha concebido a los colegios profesionales como corporaciones de carácter público no sujetas a ningún tipo de control de tutela de parte de entidades públicas; pero a diferencia de las academias nacionales, por las atribuciones que tienen, las leyes han dotado a los colegios profesionales de potestades normativas, reguladoras, disciplinarias y sancionatorias que ejercen respecto de los particulares colegiados, como parte del poder público y de funciones del Estado. En tal virtud, aun no siendo personas estatales, ni parte de las administraciones

---

101 Véanse las siguientes leyes de academias: Academia de Ciencias Físicas, Matemáticas y Naturales, Ley del 19 de junio de 1917, *Gaceta Oficial* Nº 13.181; Academia de Ciencias Políticas y Sociales, Ley del 30 de junio de 1924, *Gaceta Oficial* Nº 15.361; Academia Nacional de la Historia, decreto del 28 de octubre de 1888; Academia Nacional de Medicina, Ley del 1º de agosto de 1941, *Gaceta Oficial* Nº 20.557; Academia Venezolana correspondiente de la Real Academia Española de la Lengua, decreto del 10 de abril de 1883; Academia de Ciencias Económicas, Ley del 24 de agosto de 1983, *Gaceta Oficial* Nº 32.796.

102 Véanse las siguientes leyes de colegios profesionales: Ley de Abogados, *Gaceta Oficial* Nº 1.081 Extra. del 23 de enero de 1967; Ley de Ejercicio de Bioanálisis, *Gaceta Oficial* Nº 30.160 del 23 de julio de 1973; Ley de Ejercicio de la Contaduría Pública, *Gaceta Oficial* Nº 30.273 del 5 de diciembre de 1973; Ley de Ejercicio de la Profesión de Economista, *Gaceta Oficial* Nº 29.687 del 15 de diciembre de 1971; Ley de Ejercicio de la Farmacia, *Gaceta Oficial* Nº 16.551 del 7 de julio de 1928; Ley de Ejercicio de la Ingeniería, la Arquitectura y Profesiones afines, *Gaceta Oficial* Nº 25.822 del 26 de noviembre de 1958; Ley de Ejercicio de la Medicina, *Gaceta Oficial* Nº 30.766 del 12 de agosto de 1975; Ley de Ejercicio de la Odontología, *Gaceta Oficial* Nº 29.288 del 10 de agosto de 1970; Ley de Ejercicio del Periodismo, *Gaceta Oficial* Nº 29.887 del 23 de agosto de 1972; Ley de Ejercicio de la Psicología *Gaceta Oficial* Nº 2.306 del 11 de septiembre de 1978; y Ley de Ejercicio de la Medicina Veterinaria, *Gaceta Oficial* Nº 28.737 del 24 de septiembre de 1968.

públicas, el derecho que les es normalmente aplicable es el derecho administrativo, considerándose los actos dictados por dichas corporaciones en ejercicio de las facultades de control profesional como actos administrativos, sometidos al control de la jurisdicción contencioso administrativa. Además, en particular sobre los colegios profesionales, dado el carácter de gremios profesionales, la Constitución ha atribuido al poder electoral la competencia de organizar sus elecciones (art. 293.6)

Pero la penetración más importante del derecho administrativo hacia el campo de las personas jurídicas no estatales se ha producido respecto de personas de derecho privado constituidas y dirigidas por particulares, que no forman de manera alguna parte de la organización general del Estado, pero a las cuales la ley les ha atribuido la gestión de la prestación de un servicio público o la ordenación de actividades privadas de interés general. En estos casos y con motivo de estas tareas, esas entidades se encuentran sometidas al derecho administrativo, incluso en la regulación del personal al servicio de las mismas. En este sentido debe destacarse el caso de las universidades privadas, respecto de las cuales la jurisprudencia contencioso administrativa ha señalado que "al intervenir en la gestión de un servicio público y al obligárseles a que apliquen la Ley de Universidades en la ejecución de dicho servicio y en concreto en las designaciones de su personal docente, realizan funciones administrativas. Y ello con independencia de la naturaleza privada de la relación de la prestación de servicios que surge entre la Universidad y el profesor designado"[103].

En el mismo sentido la jurisprudencia contencioso administrativa, al constatar "la realización por parte de personas jurídicas de derecho privado de actos que supongan la ejecución de competencias de derecho público", ha considerado como actividad de servicio público al control que ejerce, por ejemplo, una asociación de vecinos en relación con el servicio de abastecimiento de agua de una urbanización, sometida, por tanto, al derecho administrativo y al control de la jurisdicción contencioso administrativa[104].

En definitiva, la jurisprudencia contencioso administrativa ha entendido que en estos casos la ley ha "delegado" la función administrativa del Estado por ejemplo en las universidades privadas, que no son universidades nacionales, por lo que se rigen en el ejercicio de las mismas por el derecho administrativo, en especial por las garantías que esta establece en las relaciones entre el Estado y los particulares con relación al debido proceso y al derecho a la defensa.

El mismo proceso de penetración del derecho administrativo hacia la actuación de las personas jurídicas privadas, de derecho privado, se ha venido produciendo incluso respecto de actividades cumplidas por éstas que no constituyen un servicio público, aun cuando por el interés o utilidad general de las mismas han sido objeto de una regulación legal que ha otorgado a entidades privadas básicamente de carácter corporativo el ejercicio de ciertas potestades públicas ordenadoras o disciplinarias en la actividad que gerencian. Así se ha resuelto por la jurisprudencia contencioso administrativa respecto de

---

103 *V.* sentencia de la Corte Primera de lo Contencioso Administrativo del 24 de noviembre de 1986, *Revista de Derecho Público,* N° 25, Editorial Jurídica Venezolana, Caracas, 1986, pp. 112 a 116; del 19 de enero de 1988, caso: *Ramón Escovar León vs. Universidad Católica Andrés Bello*, en Allan R. Brewer–Carías y Luis A. Ortiz Álvarez, *Las grandes decisiones de la jurisprudencia contencioso administrativa 1961–1996, cit.*, p. 493; y Corte Primera de lo Contencioso Administrativo de 23 de noviembre de 1994, caso: *Universidad José María Vargas* (consultada en original); y de la Corte Suprema de Justicia en Sala Político Administrativa del 7 de julio de 1994 en íd., *cit.*, p. 503.

104 *V.* sentencia de la Corte Primera de lo Contencioso Administrativo del 2 de noviembre de 1994, caso: *Asociación de Vecinos de la Urbanización Guataparo* (consultada en original).

la Sociedad de Autores y Compositores en relación con el establecimiento de tarifas conforme a la Ley de Derecho de Autor[105]; del Comité Olímpico Venezolano[106] y de las federaciones y asociaciones deportivas, como la Asociación de Tiro del Distrito Federal[107], en relación con la actividad disciplinaria y sancionadora que realizan conforme a la Ley del Deporte.

En estos casos, la Corte Primera de lo Contencioso Administrativo ha considerado que "las entidades deportivas previstas en la Ley del Deporte, cuando dictan actos sancionatorios en uso de la potestad que les ha conferido la misma ley, se comportan ante sus integrantes en un plano de supremacía, es decir, de autoridad, que ubica a los referidos actos dentro del marco del derecho administrativo y los hace formar parte del objeto del control ejercido por la jurisdicción contencioso administrativa"[108].

VI. LA FÁCTICA "PRIVATIZACIÓN" DEL EJERCICIO DE ACTIVIDADES ADMINISTRATIVAS

Una de las técnicas de regulación más clásicas del derecho administrativo, y que pone de manifiesto el ejercicio del poder público para el cumplimiento de las tareas que tiene asignado el Estado, es el de la reserva de ciertas actividades al Estado, que este asume a veces en forma exclusiva y excluyente, y otras veces, sin dejar de ser exclusiva, sin excluir la posibilidad de la participación de los particulares en su realización, generalmente mediante concesión.

De las formas de la actividad administrativa, aquellas en las cuales siempre se da la figura de la reserva son la policía administrativa y los servicios públicos propiamente dichos.

En efecto, la policía administrativa es la actividad del Estado mediante la cual se garantiza el ejercicio de los derechos y libertades y el mantenimiento del orden público y social, lo cual implica, siempre, para lograr dicho objetivo, la posibilidad tanto de limitación o restricción de la actividad de los particulares como del uso de la fuerza coactiva. El régimen jurídico de la policía administrativa, en todas las áreas de actuación del Estado es materia de reserva legal, pues implica limitar el ejercicio de los derechos y libertades ciudadanas para garantizar su ejercicio por todos y el orden público y social. Además, el uso de los medios coactivos, es decir, de la fuerza pública, para precisamente garantizar, para todos, el ejercicio y goce de los derechos y libertades constitucionales y para mantener y restablecer el orden público o social, es un monopolio del Estado. En otras palabras, la policía administrativa, como actividad, está reservada al Estado no sólo en cuanto al uso de la fuerza pública, sino respecto a la existencia de la fuerza

105 *V.* sentencia de la Corte Primera de lo Contencioso Administrativo del 15 de marzo de 1984 y 18 de febrero de 1986, *Revista de Derecho Público,* Nº 18, Editorial Jurídica Venezolana, Caracas, 1984, pp. 177 a 178 y Nº 25, 1986, pp. 131 a 132

106 *V.* en sentencia de la Corte Primera de lo Contencioso Administrativo del 14 de mayo de 1984 (consultada en original).

107 Sentencia Corte Primera de lo Contencioso Administrativo, 13 de febrero de 1986 en Allan R. Brewer–Carías y Luis A. Ortiz Álvarez, *Las grandes decisiones de la jurisprudencia contencioso administrativa 1961–1996*, *cit.*, p. 479.

108 *V.* sentencia Corte Primera de lo Contencioso Administrativo del 30 de agosto de 1993, caso: *Liga de Fútbol Profesional de Venezuela*, *Revista de Derecho Público*, Nº 55 y 56, Editorial Jurídica Venezolana, Caracas, 1993, pp. 398 a 399.

pública en sí misma. Por ello, la Constitución no sólo atribuye a los entes político territoriales competencia expresa en materia de policía nacional, estadal y municipal (arts. 156.6, 164.6 y 178.7), configurándose la función de los órganos de seguridad ciudadana como una materia de competencia concurrente (art. 332).

Hay por tanto fuerzas de policía nacionales, estadales y municipales a las cuales se ha atribuido el uso de la fuerza pública en forma exclusiva y excluyente. Es decir, la policía administrativa es una actividad y una fuerza reservada al Estado, en sus tres niveles territoriales, lo que significa atribución exclusiva, en el sentido de que sólo corresponde al Estado como tarea y obligación esencial y en este caso de la policía, además, como atribución excluyente, en el sentido de que sólo el Estado puede organizar el uso de la fuerza pública, particularmente en materia de orden público general, de tranquilidad, seguridad, moralidad y salubridad en la calle[109], no pudiendo los particulares establecer fuerzas, con armas, para realizar actividades de policía. Ello es campo esencial del derecho administrativo, particularmente por las garantías que este prevé respecto de los derechos de los individuos en relación con la actividad policial, que es actividad que se traduce en actos administrativos, sometidos a control de la jurisdicción contencioso administrativa[110].

Sin embargo, la desatención progresiva por parte del Estado venezolano de las tareas de seguridad y orden público, y la exigencia ciudadana por mayor seguridad personal, ha conducido a la aparición progresiva de unos "servicios de vigilancia privada", primero, de hecho, y luego, objeto de una reglamentación que fue establecida a partir del Reglamento de los Servicios Privados de Vigilancia, Protección e Investigación de 1975[111].

En este reglamento se reguló, entonces, el ejercicio por particulares de la función policial en las áreas de servicios de vigilancia y protección de propiedades; de traslado y custodia de valores, y de investigación sobre personas y bienes, precisándose sólo respecto de estos últimos que "en ningún caso podrán afectar los derechos y garantías de los ciudadanos establecidos en la Constitución y las leyes, ni interferir las funciones de investigación del Estado" (art. 2º).

El reglamento citado previó la necesidad de una autorización para la prestación privada de estos servicios de policía, estableciendo normas sobre uso de armas, la contratación de personal y el ejercicio de potestades de control, inspección y fiscalización por parte del Ministerio de Relaciones Interiores. Además, en el reglamento se previó la posibilidad de que el Ministerio de Relaciones Interiores pudiera disponer, por razones de seguridad, el despido de cualquier persona contratada por los servicios privados de vigilancia, protección e investigación (art. 36); se estableció la obligación de los mismos de informar a las autoridades de policía cuando tengan conocimiento de la comisión de hechos punibles y de denunciarlos cuando sean de acción pública (arts. 24 y 34), y se previó en general:

---

109 Como dice la antigua Ordenanza de Policía Urbana y Rural del Distrito Federal en su artículo 1: "La policía municipal es el ramo de la Administración Pública que tiene por objeto garantizar la seguridad, tanto de las personas como de la propiedad, la moralidad, salubridad y el orden público en el Distrito Federal".

110 Son de destacar las normas de conducta de los miembros de los cuerpos de policía establecidas en el decreto Nº 3.179 del 7 de octubre de 1993 contentivo del Reglamento de Coordinación de los Servicios de Policía y sobre normas de conducta de los miembros de los cuerpos de policía, *Gaceta Oficial* Nº 35.317 del 14 de octubre de 1993.

111 Decreto Nº 699 del 14 de enero de 1975, *Gaceta Oficial* Nº 30.597 del 14 de enero de 1975.

Artículo 35. En caso de guerra, perturbación del orden público, calamidades públicas u otras emergencias graves, las personas autorizadas para prestar los servicios aquí reglamentados, pondrán su personal, instalaciones, equipos, armas e implementos a la orden del Ejecutivo nacional, según él le indique, por el tiempo que sea necesario y mientras se mantengan las causas que hubieren provocado la medida

De esto resulta ni más ni menos que la realización, por parte de particulares, de actividades de policía administrativa que han sido atribuidas en forma exclusiva y excluyente al Estado, rompiéndose así el monopolio del Estado en el uso de la fuerza pública, lo que llevó en su momento al gobernador del antiguo Distrito Federal en Caracas, por ejemplo, a tener que atribuir a los vigilantes privados y a los transportistas de valores al servicio de las empresas privadas de vigilancia protección de propiedades y custodia y traslado de valores, "el carácter de auxiliares *ad–honorem* de la Policía Metropolitana", motivo por el cual se les impusieron deberes adicionales de policía administrativa[112].

En esta forma, hemos estado en presencia de cuerpos armados de vigilancia y protección privadas con funciones de policía administrativa, es decir, "policías administrativas privadas" no previstas ni en las leyes nacionales o estadales ni en las ordenanzas municipales, que han roto el carácter excluyente y monopólico del uso de la fuerza pública por el Estado. Ello ha significado un escape fáctico del derecho administrativo, pues quienes han cumplido dichos servicios ni son funcionarios públicos ni sus actuaciones pueden considerarse como de carácter administrativa siendo el único "lazo" con el sector público el establecido en una resolución que les asignó el carácter de funcionarios auxiliares *ad honorem* de la Policía Metropolitana y que regía sólo en una parte de la ciudad de Caracas.

Así, la policía administrativa se "privatizó", es decir, se desarrolló una policía administrativa privada, con el consiguiente relajamiento de la reserva al Estado del uso de la fuerza pública y de las actividades de seguridad pública, y la consecuencial huida del derecho administrativo.

Un fenómeno similar se puede constatar en el campo de los servicios públicos en sentido propio, cuya existencia misma es consecuencia de la reserva que el Estado se hace respecto de determinadas actividades prestacionales para la satisfacción de necesidades colectivas, que la Constitución o la ley le imponen como obligación. El servicio público, por tanto, no es otra cosa que una actividad prestacional impuesta y reservada al Estado en forma exclusiva, lo que hace que esta sea una de las clásicas formas de la actividad administrativa[113]. Pero por supuesto, con gran frecuencia la Constitución y la ley califican una actividad como servicio público, y la misma no es exclusiva del Estado, como el de salud o educación, en cuya prestación participan los particulares, en

---

112 El artículo 1° de la resolución N° 44 del 30 de enero de 1992, impuso a los mismos los deberes de "vigilancia general sobre los bienes bajo su custodia"; de "protección a las personas y a las propiedades donde prestan sus servicios"; de "impedir la comisión de hechos delictivos durante su horario de labores y en su lugar de trabajo"; de "cooperar con los cuerpos de seguridad y orden público poniendo en conocimiento de la autoridad competente más cercana los hechos ilícitos que se estén perpetrando"; o "aprehender y poner a la disposición de dichos cuerpos la persona sorprendida *in fraganti* cometiendo actos delictivos, conjuntamente con los objetos con que haya cometido o intentado cometer el delito y que sirvan para comprobar su perpetración, así como preservar el sitio del suceso"; y de "prestar su colaboración a las autoridades de tránsito, no permitiendo el estacionamiento de vehículos en el espacio denominado zona bancaria"; *Gaceta Oficial* N° 34.989 del 6 de febrero de 1992.

113 Allan R. Brewer–Carías, "Comentarios sobre la noción de servicio público como actividad prestacional del Estado y sus consecuencias", *Revista de Derecho Público,* N° 6, Editorial Jurídica Venezolana, Caracas, 1981, pp. 65 a 71.

ejercicio de su liberad económica, co–prestándolo, sometidos sólo a controles públicos (licencias, registros).

Ahora bien, los servicios públicos propiamente dichos, como reservados al Estado, pueden ser exclusivos y excluyentes, cuando la prestación del servicio público se establece como una reserva absoluta a cargo del Estado, en la cual se excluye a los particulares; o pueden ser de carácter exclusivo pero no excluyente, los cuales, si bien implican una reserva al Estado, sin embargo los particulares pueden prestarlos mediante concesión, como sucede, por ejemplo, con todos los servicios públicos domiciliarios y municipales regulados en la Constitución (art. 178) y en la Ley Orgánica del Poder Público Municipal[114].

En materia de servicios públicos exclusivos no excluyentes, la "privatización" de los mismos, como política del Estado, se concreta en la concesión de la prestación de los mismos a los particulares, mediante concesiones administrativas[115]. Sin embargo, esta privatización se reduce al titular de la prestación, pero no al régimen de la misma, el cual, mediante la figura de las concesiones administrativas de servicios públicos, sigue siendo un régimen típicamente de derecho administrativo.

El problema, en este campo, se plantea en aquellos casos en los cuales se ha producido la privatización de un servicio público, que a pesar de su carácter exclusivo y excluyente se llega a prestar por particulares, de hecho y sin que medie concesión administrativa. En este caso hay no sólo una "privatización" del régimen del servicio público y el relajamiento de la reserva, sino una huida del régimen de derecho administrativo. Es el caso del servicio de correo, que la Ley de Correos, conforme a la tradición precedente, declaró como "prestado exclusivamente por el Estado" (art. 1°)[116], agregando la ley que creó el Instituto Postal Telegráfico su "carácter público"[117], estando obligados, por tanto, los particulares a utilizar dichos servicios públicos para el envío de correspondencia[118].

La insuficiencia y deficiencia del servicio público de correo, sin embargo, condujo, primero, de hecho, y luego, con alguna regularización, a la privatización de los servicios de correo, sin concesión. En efecto, el artículo 13.b de la Ley de Correos estableció la posibilidad de que los particulares pudieran ser portadores de correspondencia, entre otros casos, "por estar autorizados, conforme a los Reglamentos, por falta absoluta o poca frecuencia del servicio oficial"; autorización que regulaba el viejo Reglamento de la Ley de Correos de 1938[119]. La verdad fue que de hecho, con o sin dichas autorizaciones, el servicio público de correo se fue privatizando, apareciendo servicios privados de correspondencia paralelos a los públicos, cuya regularización se comenzó a establecer a partir de 1983 mediante el Reglamento sobre Concesión de los Servicios de Correos [120], que aun cuando sin fundamentación legal expresa alguna, previó que "la prestación de los servicios de correos por empresas privadas, requiere de concesión otorgada por actos unilaterales del IPOSTEL, previa opinión favorable del Ministerio de Transporte y

114 Artículo 61. *Gaceta Oficial* N° 38.204 del 8 de junio de 2005.

115 Por ello la Ley de Privatización, *Gaceta Oficial* N° 4.927 Extra. del 30 de junio de 1995, reguló las concesiones de servicios públicos dentro de la política de privatización (art. 1).

116 Decreto Ley N° 474 del 12 de diciembre de 58, *Gaceta Oficial* N° 25.841 del 18 de diciembre de 1958.

117 Artículo 1° de la Ley del Instituto Postal Telegráfico, *Gaceta Oficial* N° 2.146 Extra. del 28 de enero de 1978.

118 Artículo 13 de la Ley de Correos, *Gaceta Oficial* N° 25.841 del 18 de diciembre de 1958.

119 *Gaceta Oficial* Extra. del 31 de diciembre de 1938.

120 Decreto N° 2.180 del 28 de julio de 1983, *Gaceta Oficial* N° 32.784 del 8 de agosto de 1983.

Comunicaciones" (art. 1°), obligando, por tanto, a "las empresas privadas" que estaban "atendiendo los servicios de correos" hasta esa fecha, a adaptarse a la regulación establecida.

En esta forma, frente a la huida fáctica del servicio de correos del régimen del derecho administrativo, mediante el establecimiento del régimen de concesión de los servicios –y aun con precario fundamento legal, dado el carácter exclusivo y excluyente del mismo–, se recuperó para el derecho administrativo el régimen de un servicio público que fácticamente había sido "privatizado".

VII. LA INEXISTENCIA DE ACTOS O DE CONTRATOS ESTATALES EXCLUSIVAMENTE DE DERECHO PRIVADO

Como hemos señalado, los órganos de la Administración Pública, en su actividad, se encuentran siempre sometidos tanto al derecho público como al derecho privado, en un grado de preponderancia que varía de acuerdo a la finalidad y naturaleza de la misma.

El derecho administrativo, y por supuesto el constitucional, es el derecho normal y específico de los mismos, de manera que, incluso algunas actividades públicas sólo están sometidas al derecho público; sin embargo, lo contrario nunca se puede dar, es decir, no puede haber actividades de las administraciones públicas que estén sometidas exclusivamente al derecho privado, o sea que no hay actividad administrativa de derecho privado.

La ficción de la teoría del Fisco, que consideraba al Estado como persona jurídica (Estado–persona) sometida al derecho privado para distinguirla del Estado–poder, que ejercía el poder público y estaba sometido al derecho público[121], quedó en la prehistoria del derecho administrativo. El Estado, en el constitucionalismo moderno, se personifica en los sujetos de derecho que su forma política implique (en nuestro caso, la forma federal conduce a tres grupos de sujetos de derecho público –la República, los estados y los municipios–), que se derive de su posibilidad de descentralización funcional (personas de derecho público o de derecho privado); y todas esas personas como sujetos de derecho están sometidas tanto al derecho público como al derecho privado, que se les interaplica.

Sin embargo, en ningún caso puede identificarse una persona jurídica estatal que sólo esté sometida al derecho privado; un acto de las entidades estatales que sólo esté sometido al derecho privado, ni un contrato celebrado por los órganos de la Administración Pública sólo sometido al derecho privado. Lo que hay son sujetos de derecho, actos y contratos a los cuales se interaplica el derecho público y el derecho privado, con una preponderancia variable, pero que siempre por su carácter estatal se encuentran sometidos en alguna forma y medida al derecho administrativo.

Por tanto, si bien puede haber actos de las personas jurídicas de derecho público estatales sólo sometidas al derecho público, no puede haber actos de las mismas sólo sometidas al derecho privado. De allí la crítica que hemos formulado a la expulsión que decretó la antigua Corte Suprema de Justicia en Sala Político Administrativa, en sentencia

121 El vestigio de dicha teoría se conservó en el artículo 1° de la Ley Orgánica de la Hacienda Pública Nacional, hasta que fue derogado por la Ley Orgánica de la Administración Financiera del Sector Público, *Gaceta Oficial* N° 38.198 del 31 de mayo de 2005.

del 18 de julio de 1985, en relación con la naturaleza del Banco Central de Venezuela, respecto de la aplicación del derecho administrativo con relación al funcionamiento de dicho Banco, como persona jurídica de derecho público de naturaleza única (art. 1°), y cuya existencia, según la Corte, tenía "como único y exclusivo sustento el conjunto de normas de derecho privado comercial que rige la constitución, organización y desenvolvimiento de las compañías anónimas"[122]. Por ello, en cuanto al acto del Presidente de la República de remoción del presidente del Banco Central de Venezuela, que se realiza mediante decreto, acto que la Ley Orgánica de Procedimientos Administrativos define esencialmente como acto administrativo (art. 15), la antigua Corte Suprema consideró que se trataba de un acto revocatorio de un administrador de una compañía anónima dada la forma de sociedad anónima del Banco Central de Venezuela, adoptado por el órgano que sustituye a la Asamblea del Banco por lo que respecta a la provisión de los cargos del directorio del mismo, concluyendo entonces:

> En ejercicio pues de una potestad de derecho privado, como órgano sustitutivo de la asamblea en virtud de la Ley del Banco Central de Venezuela –que tiene jurídicamente el mismo valor que el contrato constitutivo de la sociedad (artículo 84 de la Ley de 1939)–, el Presidente de la República revocó la designación del Presidente del Instituto que en uso de la misma facultad había efectuado su antecesor en el cargo (artículo 19 de la Ley vigente).
>
> El empleo de la forma de Decreto para ejercer dicha facultad no era necesaria, porque, como se ha dicho, *no constituyen actos administrativos estatales*, ni la designación ni la revocación. *Pero se trata de un elemento puramente externo que en nada puede desnaturalizar la esencia del acto de derecho privado ejecutado por el Presidente de la República*[123].

En esta forma, el decreto presidencial de remoción del presidente del Instituto emisor y contralor del crédito y de la estabilidad monetaria en el país, que por sobre todo es un funcionario público y que ejerce potestades públicas, la antigua Corte Suprema lo consideró, de un plumazo, como un mero "acto de derecho privado", le quitó todo carácter de acto administrativo estatal, y todo para excluirlo de control por parte de la jurisdicción contencioso administrativa. Por eso hemos dicho que esta sentencia, al menos como la calificó el voto salvado, fue "errada" e "incongruente" pues no puede haber actos de órganos del Estado –como el Presidente de la República– sólo regidos por el derecho privado; y menos un decreto del Jefe del Ejecutivo nacional.

Lo mismo puede señalarse respecto de los contratos de la Administración Pública, en el sentido de que no puede haber contratos de derecho privado de los entes públicos que se diferencien respecto de los contratos administrativos[124]. Puede haber, y los hay, contratos del Estado que por su objeto se considera que tienen, a priori, por ejemplo, el contrato de obra pública o la concesión de servicio público, un régimen preponderantemente de derecho público; y otros, un régimen preponderante de derecho privado, como el contrato de suministro de bienes no esenciales, al funcionamiento del Estado pero nunca puede haber un contrato del Estado sometido únicamente al derecho privado. Ello es una imposibilidad esencial, pues al igual que el acto administrativo unilateral, el acto bilateral de un órgano estatal está sometido a normas de competencia y formalida-

---

122 *V. Revista de Derecho Público*, N° 24, Editorial Jurídica Venezolana, Caracas, 1985, pp. 103–108.

123 *Idem.*

124 *Cfr.* Allan R. Brewer–Carías, "La evolución del concepto de contrato administrativo", *Libro Homenaje al Profesor Antonio Moles Caubet,* t. I, Universidad Central de Venezuela, Caracas, 1981, pp. 41 y ss. Véase además lo expuesto en Jorge Vélez García y Allan R. Brewer–Carías, *Contratación Estatal, Derecho Administrativo y Constitución,* Universidad Externado de Colombia y Pontificia Universidad Javeriana, Bogotá, 1995, pp. 29 y ss.

des, en este caso, por ejemplo, de selección de contratistas (licitación), que forman parte del derecho administrativo que les es aplicable.

Por ello hemos cuestionado la distinción entre contratos administrativos y contratos de derecho privado de la Administración, como si estos últimos sólo estuviesen sometidos a normas de derecho privado, lo cual es imposible, pues todos los contratos de la Administración están sometidos al derecho administrativo, aun cuando pueda considerarse, a priori, que preponderantemente se les aplica el derecho privado. Por ello, la distinción no tenía ninguna justificación en el país, hasta que la Ley Orgánica de la Corte Suprema de 1976 acogió la noción de contrato administrativo para asignar a la Sala Político Administrativa de la Corte competencia para conocer de las cuestiones que se susciten con motivo de "la interpretación, cumplimiento, caducidad, nulidad, validez o resolución" de los mismos (art. 42); norma que si bien se repite en la Ley Orgánica del Tribunal Supremo de Justicia de 2004[125], con la atribución de la competencia a los otros tribunales de la jurisdicción según la cuantía, la distinción carece ahora de utilidad[126].

En todo caso, la norma legal, por supuesto, ha sido objeto de aplicación en múltiples casos, y varias han sido las decisiones del Supremo Tribunal para identificar a los contratos administrativos, habiéndose acogido como criterio, además del objeto vinculado a un servicio público –la verdad es que en nuestro criterio, parecería imposible no encontrar algún contrato de la Administración, en una u otra forma vinculado a un servicio público–, la existencia de cláusulas exorbitantes del derecho común, es decir, que crearen situaciones de privilegio a favor de la Administración contratante, como serían las que le permiten dirigir y controlar la ejecución del contrato; modificarlo unilateralmente, con el debido respeto al principio de la llamada ecuación o equilibrio económico del contrato, y rescindirlo unilateralmente, las cuales, como lo consideró la antigua Corte Suprema, "podrían incluso ser implícitas, es decir, no figurar en forma expresa en el texto del contrato, y sin embargo, considerarse presentes en el mismo por estar consustanciadas con la naturaleza de la relación jurídica creada". En palabras de la antigua Corte, implícita o expresamente dichas cláusulas están "en los casos en los cuales este poder de supremacía de la Administración se pone de manifiesto justificado por la necesidad de proteger el interés jurídico en forma especial confiado a su competencia"[127].

Por eso, en definitiva, un contrato de la Administración, aun con régimen inicial preponderantemente de derecho privado, podría pasar a ser un "contrato administrativo" y, por tanto, con "régimen preeminentemente de derecho público"[128], si la Administración, por razones de interés general, decide hacer uso de las cláusulas exorbitantes implícitas;

---

125 *V.* en *Gaceta Oficial* Nº 37.942 del 19 de mayo de 2004.

126 *Cfr.* lo expuesto en Allan R. Brewer–Carías, *Algunas innovaciones en la Ley Orgánica del Tribunal Supremo de Justicia,* Conferencia dictada en el Seminario sobre la Ley Orgánica del Tribunal Supremo de Justicia. Facultad de Ciencias Jurídicas, Universidad Monteávila, Caracas 9 diciembre 2004, en www.allanbrewercarias.com (Documentos 2004). *Cfr.* José Ignacio Hernández, ¿Subsiste la tesis de los contratos administrativos en la interpretación jurisprudecial de la nueva Ley Orgánica del Tribunal Supremo de Justicia?, *Revista de Derecho Público*, Nº 99 y 100, Editorial Jurídica Venezolana, Caracas, 2004, pp. 369 y ss.

127 Sentencia de la Corte Suprema de Justicia, Sala Político Administrativa del 27 de enero de 1993, caso: *Hotel Isla de Coche II*, en Allan R. Brewer–Carías y Luis Ortiz Álvarez, *Las grandes decisiones de la jurisprudencia contencioso administrativa, cit.*, p. 194.

128 Sentencia de la Corte Suprema de Justicia, Sala Político Administrativa del 17 de noviembre de 1994 (consultada en original).

razón por la cual la categoría de "contrato administrativo", en definitiva, es una categoría *ex post facto*, cuya existencia misma depende de la voluntad de la Administración[129].

De cualquier forma, sea cual sea el contrato de la Administración en cuanto al régimen jurídico que le es aplicable –preponderantemente de derecho público o de derecho privado–, la tendencia legislativa es a regularlo uniformemente desde el punto de vista del derecho administrativo, por ejemplo, estableciendo un régimen común para la selección de los contratistas en la Ley de Licitaciones, de aplicación general, incluso para la Administración descentralizada[130]; y para el ejercicio del control fiscal de los compromisos financieros por parte de la Contraloría General de la República[131].

En estos casos, aun tratándose de contratos que deban ser suscritos por personas jurídicas de derecho privado estatales, la exigencia de la aplicación a los mismos del procedimiento de selección previsto en la Ley de Licitaciones conduce a que se estime que los entes de derecho privado mencionados actúan en función administrativa, originando relaciones jurídico administrativas sujetas al derecho administrativo y a la jurisdicción contencioso administrativa. En este sentido, la Corte Primera de lo Contencioso Administrativo en sentencia de 6 de agosto de 1996 (caso: *Consorcio Hidroeléctrico Caroní vs. CVG–Edelca*) ha señalado:

> Todos los procedimientos de selección de contratistas que conforme a esa Ley se apliquen, tienen la naturaleza de procedimientos administrativos, aun cuando se trate de aquellos procedimientos especiales que la propia Ley autoriza, en los casos en que exceptúa la aplicación de los regulados en ella. En efecto, cuando una Ley obliga a los sujetos a los cuales se aplica, a utilizar un procedimiento para la selección de sus contratistas, sea cual fuere la naturaleza del contrato que en definitiva se vaya a celebrar, sea cual fuere el tipo de procedimiento aplicable, es obvio que los mismos dan origen a relaciones jurídico–administrativas, sujetas al derecho administrativo y a la jurisdicción contencioso administrativa[132].

Por lo demás, el régimen común a todos los contratos de la Administración parte de la noción de "contratos de interés público" que consagra la Constitución, que pueden ser de interés público nacional, estadal o municipal, no en cuanto a su objeto y naturaleza, sino en cuanto a que sean suscritos por entidades que formen parte de la Administración Pública nacional –incluso la descentralizada con forma de derecho privado, como las empresas del Estado–, de la Administración Pública estadal o de la Administración Pública municipal, respectivamente[133].

VIII. LA PUBLICIZACIÓN PROGRESIVA DEL DERECHO PRIVADO

El proceso de intervención del Estado en la economía, mediante potestades reguladoras u ordenadoras de la misma, antes que mostrar una huida de regulación del derecho

129 *Cfr.* Allan R. Brewer–Carías, *Contratos Administrativos*, Editorial Jurídica Venezolana, Caracas, 1992.

130 Artículo 2 de la Ley de Licitaciones, *Gaceta Oficial* N° 5.556 Extra. del 13 de noviembre de 2001.

131 Ley Orgánica de la Contraloría General de la República y del Sistema Nacional de Control Fiscal, Ley N° 59, *Gaceta Oficial* N° 37.347 del 17 de diciembre de 2001.

132 Consultada en original.

133 Artículos 150 y 151 de la C. de 1999. *Cfr.* Allan R. Brewer–Carías, "Los contratos de interés nacional y su aprobación legislativa" en *Estudios de Derecho Público (Labor en el Senado)*, t. I, Congreso Nacional, Caracas, 1983, pp. 183 y ss.

administrativo, más bien lo que muestra es un proceso de publicización de campos de actividad que en su origen estaban sólo regulados por el derecho privado.

En esta forma, el derecho administrativo fue penetrando progresivamente en el campo que era propio del derecho civil o mercantil, con particulares incidencias en la autonomía de la voluntad contractual. La primera de estas penetraciones importantes ocurrió en los años cuarenta con la regulación de los arrendamientos urbanos, régimen que desembocó en la Ley de Regulación de Alquileres de 1960, mediante la cual se permitió a la Administración interferir en una parte tan medular de los contratos de arrendamiento como la fijación del canon o la terminación de los mismos, al regularse las causales de desalojo y el derecho de preferencia del arrendador a continuar arrendando el inmueble[134]. La Administración Pública, en esta forma, intervino en la relación contractual mediante actos administrativos, la mayoría dictados en función jurisdiccional, cuyo control incluso dio origen a una jurisdicción contencioso administrativa especial –el Tribunal de Inquilinato– que luego se integró en la jurisdicción contencioso administrativa general[135].

Por otra parte, la intervención progresiva del Estado en la regulación del régimen de los bancos y otras instituciones financieras[136] y de las empresas de seguro[137] ha hecho del derecho comercial bancario o de seguros mitad derecho público, mitad derecho privado, dado el amplio poder que se ha atribuido a la Superintendencia de Bancos y otras Instituciones Financieras y la Superintendencia de Seguros en el control de las actividades, y que ha llevado a dichos organismos, en algunos casos, a calificar y desnaturalizar contratos como consecuencia de su intervención, lo cual incluso ha sido corregido por la jurisprudencia contencioso administrativa[138].

Otro tanto debe señalarse respecto de las regulaciones relativas a los títulos valores, otrora materia exclusivamente regulada por el Código de Comercio, y que con la promulgación de la Ley de Mercado de Capitales y la regulación de las bolsas de valores[139] ha dado origen, incluso, a un derecho público del mercado de valores[140]. La Comisión Nacional de Valores, en el cumplimiento de sus atribuciones, con frecuencia las ejerce en función jurisdiccional, habiendo llegado en su intervención a penetrar en la autonomía empresarial y contractual a veces más allá de lo permitido, calificando actos y

---

134 Ley de Regulación de Alquileres, *Gaceta Oficial* Nº 26.319 del 1 de agosto de 1960. Dicha Ley fue derogada por la Ley sobre Arrendamientos Inmobiliarios de 1999, decreto ley 427, *Gaceta Oficial* Nº 36.845 del 7 de diciembre de 1999

135 *V.* resolución Nº 861 del 9 de mayo de 1991 del antiguo Consejo de la Judicatura, *Gaceta Oficial* Nº 34.775 del 13 de agosto de 1991.

136 Ley General de Bancos y otras Instituciones Financieras, Decreto Ley Nº 1.526, *Gaceta Oficial* Nº 5.555, Extra. del 13 de noviembre de 2001

137 Ley de Empresas de Seguros y Reaseguros, Decreto Ley Nº 1.545, *Gaceta Oficial* Nº 5.561 Extra. del 28 de noviembre de 2001; Ley del Contrato de Seguro, Decreto Ley Nº 1.505, *Gaceta Oficial* Nº 5.553 Extra. del 12 de noviembre de 2001

138 *V.* sentencia de la Corte Suprema de Justicia, Sala Político Administrativa del 15 de junio de 1994, caso: *Banco Hipotecario Unido* (consultada en original).

139 Ley de Mercado de Capitales del 22 de octubre de 1998, *Gaceta Oficial* Nº 36.565 del 22 de octubre de 1998.

140 *Cfr.* Antonio Jiménez–Blanco, *Derecho Público del Mercado de Valores*, Madrid, 1989; Allan R. Brewer–Carías, *El régimen Legal de las ofertas públicas de adquisición de acciones y de toma de control de empresas*, Editorial Jurídica Venezolana, Caracas, 2001.

acciones en forma distinta a lo establecido por las partes, lo que ha sido objeto de control contencioso administrativo[141].

Por último, en este proceso progresivo de publicización del derecho privado, debe mencionarse el régimen legal de promoción y protección de la libre competencia[142], ahora de rango constitucional (art. 113), que atribuye a la Superintendencia de Promoción y Protección a la Libre Competencia amplios poderes de control y decisión sobre conductas y cláusulas contractuales que puedan ser anticompetitivas y contrarias a la ley, los que ejerce en función jurisdiccional. La consecuencia de la declaración por la Superintendencia del carácter restrictivo de la libre competencia de determinada cláusula contractual es la consideración *ex lege* de su nulidad (art. 57), quedando dicha materia fuera de la jurisdicción de los tribunales mercantiles, como lo ha decidido la Corte Suprema de Justicia en Sala Político Administrativa[143].

En esta forma, lejos de perder áreas de regulación, el derecho administrativo ha venido penetrando progresivamente en campos tradicionales del derecho privado, más allá de las clásicas actividades de la llamada "administración del derecho privado" como podían ser, por ejemplo, las relativas al régimen del registro público inmobiliario[144].

IX. LA CONFIGURACIÓN DEL RÉGIMEN DE LA RESPONSABILIDAD ADMINISTRATIVA

Un último aspecto debe destacarse en cuanto al proceso de penetración del derecho administrativo en áreas tradicionales del derecho privado, y es el relativo a la configuración del régimen de la responsabilidad administrativa, tema de primera importancia en nuestra disciplina y que a pesar de su constitucionalización en el artículo 140 C. de 1999, no ha tenido un desarrollo autónomo[145].

Cuando nos ocupamos por primera vez del tema hace más de cuatro décadas y conforme a la situación de la época de nuestro ordenamiento jurídico aplicado por la antigua Corte Suprema, distinguimos entre la responsabilidad de la Administración por falta o riesgo regida por los principios del Código Civil, y la obligación del Estado de indemnizar a los particulares por los daños causados por sus actividades lícitas[146] que aquellos no estaban obligados a soportar, incluyendo la expropiación, los cuales signifi-

141 *Cfr.* Allan R. Brewer–Carías *et al.*, *El caso del Banco de Venezuela*, t. I, Editorial Jurídica Venezolana, Caracas, 1995.

142 Ley para promover y proteger el ejercicio de la libre competencia, *Gaceta Oficial* N° 34.880 del 13 de enero de 1992. *Cfr.* Allan R. Brewer–Carías *et al.*, *Ley para promover y proteger el ejercicio de la libre competencia,* Editorial Jurídica Venezolana, Caracas, 1996.

143 *V.* sentencia Corte Suprema de Justicia, Sala Político Administrativa del 29 de mayo de 1996, caso: *Heinz–Kraft* (consultada en original).

144 *Cfr.* Allan R. Brewer–Carías, "La impugnación de los actos administrativos de registro ante la jurisdicción contencioso administrativa", *Libro Homenaje a la Memoria de Joaquín Sánchez Covisa,* Universidad Central de Venezuela, Caracas, 1975, pp. 459 y ss.

145 *Cfr.* Luis A. Ortiz Álvarez, *La Responsabilidad Patrimonial de la Administración Pública*, Editorial Jurídica Venezolana, Caracas, 1995; José Ignacio Hernández G., *Reflexiones críticas sobre las bases constitucionales de la responsabilidad patrimonial de la Administración. Análisis de la interpretación dada al artículo 140 de la Constitución de 1999*, Caracas, 2004.

146 *Cfr.* Allan R. Brewer–Carías, *Las instituciones fundamentales del derecho administrativo y la jurisprudencia venezolana,* Universidad Central de Venezuela, Caracas, 1964, p. 417 y ss.

caban la ruptura del principio de la igualdad ante las cargas públicas. El tema ha sido estudiado por todos los que se han ocupado del derecho administrativo desde que en el famoso *arrêt Blanco* del 8 de febrero de 1873 el Tribunal de Conflictos de Francia estableció que:

> La responsabilidad que puede incumbir al Estado por los daños causados a los particulares por el hecho de las personas que emplea en el servicio público, no puede estar regida por los principios establecidos en el Código Civil para las relaciones de particular a particular; que esta responsabilidad no es general, ni absoluta; que ella tiene sus reglas propias que varían según las necesidades del servicio y la necesidad de conciliar los derechos del Estado con los derechos privados[147].

Por tanto, pregonar como pieza esencial del derecho administrativo un régimen propio de la responsabilidad administrativa es tan viejo como el derecho administrativo mismo. Pero este, en cada país, se ha ido moldeando conforme a las normas y principios del ordenamiento aplicable por los tribunales; y la verdad es que en esta materia la jurisprudencia contencioso administrativa había sido relativamente escasa en cuanto a la configuración del régimen de la responsabilidad[148]. Sólo ha sido a partir de la entrada en vigencia de la Constitución de 1999 que la Sala Político Administrativa y la Sala Constitucional del Tribunal Supremo han venido avanzando en ello, tal como se ha analizado anteriormente (*Introducción general, XII*).

De ello, lo que interesa retener aquí es que en cuanto a la responsabilidad por hecho ilícito, por supuesto, sigue rigiendo el derecho civil; y lo mismo se puede decir de la responsabilidad por riesgo. En cuanto a la responsabilidad por daños causados por actividades legítimas y lícitas, en su regulación ha penetrado el derecho administrativo, no sólo desde antaño con la figura de la expropiación que tiene individualidad propia[149], sino con las previsiones de la derogada Ley Orgánica para la Ordenación del Territorio[150].

En esta forma, el derecho administrativo, en la configuración de la responsabilidad del Estado, conforme a la orientación del derecho comparado y aun tardíamente, ha penetrado definitivamente en el derecho privado, y sin dejar de aplicarse las normas del Código Civil para exigir la responsabilidad administrativa con falta, ha impuesto sus propias normas y principios respecto de la responsabilidad administrativa sin falta originada en actuaciones lícitas, pero sin que de ello pueda derivarse que se haya establecido un régimen general de responsabilidad objetiva general del Estado[151], o que la responsabilidad administrativa esté regida exclusivamente por el derecho administrativo.

---

147 M. Long, P. Weil, G. Braibart, P. Delvolvé y B. Genevois, *Les grands arrêts de la jurisprudence administrative,* París, 1990, p. 15.

148 *Cfr.* Luis A. Ortiz Álvarez, *La Responsabilidad Patrimonial de la Administración Pública, cit.,*

149 Ley de Expropiación por causa de utilidad pública o social, *Gaceta Oficial* N° 37.475 del 1 de julio de 2002. *Cfr.* Allan R. Brewer–Carías *et ál., Ley de Expropiación por causa de utilidad pública o social,* Editorial Jurídica Venezolana, Caracas, 2002.

150 *Gaceta Oficial* N° 3.238 Extra. del 11 de agosto de 1983.

151 Como lo ha dicho la Sala Político Administrativa del Tribunal Supremo de Justicia en sentencia del 15 de junio de 2000, *Revista de Derecho Público,* N° 82, Editorial Jurídica Venezolana, Caracas, 2000, pp. 241 y ss.

X. LA EXPANSIÓN DEL CONTENCIOSO ADMINISTRATIVO

Como puede apreciarse de todo lo anteriormente señalado, en el proceso de freno o detención de la huida del derecho administrativo, de recuperación de áreas de regulación perdidas y de afianzamiento de su estatuto, el papel más importante en el mismo lo han desempeñado los órganos de la jurisdicción contencioso administrativa los cuales han pasado a ser, como lo exige la Constitución, jueces de todas las administraciones públicas.

En efecto, como hemos señalado, han sido los órganos de la jurisdicción contencioso administrativa los que han venido moldeando el régimen jurídico aplicable a las organizaciones estatales tanto con formas de derecho privado como con forma de derecho público, lo que se evidencia con la tendencia integradora del sector público y de su sometimiento completo a normas de derecho público. Por ello, ha sido frecuente el control ejercido por los órganos de la jurisdicción contencioso administrativa en relación con actos administrativos adoptados por empresas del Estado, constituyendo este sólo hecho de que se consideren como actos administrativos decisiones dictadas por personas jurídicas de derecho privado mercantil, una reacción recuperadora importante respecto de áreas que rige el derecho administrativo[152].

En otros casos, sobre la reacción recuperadora del derecho administrativo, han sido los órganos de la jurisdicción contencioso administrativa, por ejemplo, los que han quitado el velo de la personalidad jurídica de derecho privado otorgado a una organización administrativa, que por las funciones y poderes que le fueron atribuidas era más un instituto autónomo que una fundación del Estado y, por tanto, sujeto al derecho administrativo con más preponderancia de lo que había sido la intención al crearla[153].

En el campo de la función pública, también, como se ha señalado, han sido los órganos de la jurisdicción contencioso administrativa y particularmente del desaparecido Tribunal de la Carrera Administrativa los que, a pesar de la laboralización progresiva del régimen de los funcionarios públicos, en algún momento afianzaron el carácter estatutario del régimen, aplicable, incluso, a los funcionarios contratados[154].

Por otra parte, han sido los órganos de la jurisdicción contencioso administrativa los que han venido ampliando el concepto de acto administrativo, a pesar de que en casos aislados, como se ha visto, los criterios fueran restrictivos. En todo caso, ha quedado claramente establecido por la jurisprudencia contencioso administrativa, que todo acto administrativo puede ser objeto de control contencioso administrativo, por lo que no puede haber actos administrativos que queden excluidos de control[155]. Es la tendencia a

---

152 Por ejemplo, la Corte Primera de lo Contencioso Administrativo consideró como acto administrativo los adoptados por empresas del Estado en aplicación del procedimiento licitatorio regulado en la Ley de Licitaciones; véase sentencia del 6 de agosto de 1996, caso: *Consorcio Hidroeléctrico Caroní vs. CVG Edelca* (consultada en original).

153 *V.* sentencia de la Corte Suprema de Justicia en Sala Político Administrativa del 15 de julio de 1992, caso: *Arquímedes Fajardo* (consultada en original).

154 Sentencia Corte Primera de lo Contencioso Administrativo 10 de noviembre de 1994, caso: *Teófilo Gutiérrez vs. INOS* (consultada en original).

155 *V.*, p. ej., la citada sentencia de la Corte Suprema de Justicia, Sala Político Administrativa del 11 de agosto de 1993 en la cual se afirmó que "la jurisdicción contencioso administrativa [...] abarca, sin excepción, a todos los actos administrativos" por lo que desaplicó, por inconstitucional, el art. 519 de la Ley Orgánica del Trabajo que excluía el recurso contencioso administrativo contra las decisiones de los inspectores del trabajo favorable a los sindicatos, *Revista de Derecho Público* N° 55 y 56, Editorial Jurídica Venezolana, Caracas, 1993, p. 390.

la universalidad del control, que hemos destacado en otro lugar[156], lo que ha permitido, como hemos señalado, someter a control de legalidad y constitucionalidad los actos administrativos dictados por las administraciones públicas en función normativa y jurisdiccional, así como los actos administrativos dictados por otros órganos del Estado distintos a la Administración Pública y por entes de derecho privado o de derecho público no estatales, y por particulares dictados en función normativa o administrativa[157].

Debe destacarse que a pesar de la expansión del contencioso administrativo con relación a su objeto de control y a la presencia del derecho administrativo, hasta el año 2004 no se había constituido en la jurisdicción especial de la Administración Pública. Es decir, la jurisdicción contencioso administrativa no constituía un fuero judicial específico del conjunto de sujetos de derecho que personifican al Estado, su organización y funcionamiento, ni del ejercicio de la función administrativa o de la actividad de la Administrativa Pública del Estado.

En efecto, tal como estaba regulada en la derogada Ley Orgánica de la Corte Suprema del Justicia (arts. 42.15, 182.2 y 185.6), la competencia de la jurisdicción contencioso administrativa en materia de demandas contra los entes estatales, sólo se refería a las demandas contra la República y contra los institutos autónomos y las empresas del Estado nacionales[158]. En esta forma quedaba fuera del conocimiento de la jurisdicción contencioso administrativa, en primera instancia, las demandas contra los estados y municipios y contra los institutos autónomos y empresas del Estado estadales o municipales, aun cuando en segunda instancia conocieran de estas causas los tribunales superiores contencioso administrativos, mediante apelación. Ante estas regulaciones, sin embargo, la forma de penetración de la jurisdicción contencioso administrativa en campos que normalmente le estaban excluidos, como el de las demandas contra los estados y municipios, fue a través de la teoría de los actos separables, lo que permitió someter al conocimiento de la jurisdicción los actos administrativos unilaterales que se podían aislar de una relación jurídica contractual que se hubiera podido concebir como "de derecho privado" y cuyo conocimiento, por tanto, no correspondería a la jurisdicción contencioso administrativa[159].

En todo caso, en la Ley Orgánica del Tribunal Supremo de 2004, al reformarse las normas que transitoriamente rigen el contencioso administrativo, puede decirse que se ha buscado configurar a la jurisdicción contencioso administrativa como un fuero de la Administración Pública, en su globalidad, de manera que para que la misma juzgue la actuación de esta no sea necesario acudir a mecanismos indirectos como el señalado. En efecto, en cuanto a las demandas contra los entes públicos, el artículo 5°, párrafo 1°, 24 atribuyó a la Sala Político Administrativa competencia para "conocer de las demandas que se propongan contra la República, los Estados, los municipios, o algún Instituto Autónomo, ente público o empresa, en la cual la República ejerza un control decisivo y permanente, en cuanto a su dirección o administración se refiere". La Sala Político Ad-

156 *Cfr.* Allan R. Brewer–Carías, *Nuevas Tendencias en el Contencioso Administrativo en Venezuela,* Editorial Jurídica Venezolana, Caracas, 1993, pp. 19 y ss.

157 *Idem,* pp. 25 y ss.

158 Así se había interpretado por los órganos de la jurisdicción al aplicar la expresión "empresas del Estado", reservando la jurisdicción sólo a las nacionales. *Cfr.* Allan R. Brewer–Carías, *Nuevas Tendencias en el Contencioso Administrativo en Venezuela, cit.,* pp. 44 y ss.

159 *V.*, p. ej., sentencia Corte Suprema de Justicia, Sala Político Administrativa de 26 de junio de 1990, caso: *Karl Wuff, Revista de Derecho Público* N° 43, Editorial Jurídica Venezolana, Caracas, 1990, pp. 97 a 99.

ministrativa del Tribunal Supremo en sentencia 1315 del 8 de septiembre de 2004, además, aplicando el principio de la unidad de competencia, estableció la competencia de los tribunales contencioso administrativos, cuando sean los entes públicos los demandantes contra particulares[160].

Pero un aspecto de primera importancia, aun no resuelto totalmente en la jurisprudencia contencioso administrativa misma, es el de que supuestamente los actos administrativos sometidos a conocimiento de los órganos de dicha jurisdicción serían sólo aquellos sujetos al derecho administrativo –como si pudiera haber actos administrativos no sujetos a nuestra disciplina–, lo que ha permitido excluir del conocimiento de ellos actos administrativos supuestamente no sujetos al derecho administrativo. El artículo 259 C., que precisa la competencia de los órganos de la jurisdicción contencioso administrativa para anular los actos administrativos contrarios a derecho, no distingue entre actos administrativos sujetos o no al derecho administrativo, por lo que el sólo planteamiento de esta posibilidad es inconstitucional.

Lamentablemente, en Venezuela, fue la antigua Corte Suprema de Justicia en Sala Político Administrativa la que introdujo el tema, quizás por la inadecuada interpretación del texto del artículo 1° de la Ley de la Jurisdicción Contencioso Administrativa española que al definir la competencia de esta la refiere a "las pretensiones que se deduzcan en relación con los actos de la Administración Pública sujetos al derecho administrativo"[161].

Pero una cosa es hablar de "actos de la Administración" y otra de "actos administrativos". No todos los actos de la Administración están sujetos al derecho administrativo[162], pero todos los actos administrativos sí están sujetos al derecho administrativo. Lamentablemente las cosas se han mezclado, y la conclusión ha sido que en ciertos casos se ha resuelto que algunos actos administrativos no están sujetos al derecho administrativo.

En nuestro criterio, no puede haber un acto administrativo que no esté "sujeto al derecho administrativo", por lo que la definición de la competencia de la jurisdicción contencioso administrativa referida sólo a conocer de actos administrativos sujetos al derecho administrativo, en nuestro criterio, no tiene sentido. Como se ha señalado, la interaplicación del derecho público y del derecho privado a las administraciones públicas es normal en el régimen de estas, con preponderancia de uno u otro, pero lo que no puede darse es un acto administrativo o una Administración Pública que sólo se rija por el derecho privado.

En una vieja sentencia de 1959, la antigua Corte Federal había precisado que "en toda pretensión que se proponga ante el órgano jurisdiccional contencioso administrativo,

---

160 Caso Declinatoria de competencia, Alejandro Ortega O. *vs.* Banco Industrial de Venezuela, *Revista de Derecho Público,* N° 99 y 100, Editorial Jurídica Venezolana, Caracas, 2004, pp. 298 y ss.

161 *V.*, p. ej., la expresa indicación al antecedente español que se hace en la sentencia Corte Suprema de Justicia en Sala Político Administrativa del 5 de junio de 1986, caso: *Fetraeducación*, *Revista de Derecho Público* N° 27, Editorial Jurídica Venezolana, Caracas, 1986 pp. 106 y ss. La redacción de la norma española, incluso, influyó en la redacción del artículo 1° del proyecto de Ley de la Jurisdicción Contencioso Administrativa propuesto en la década de los ochenta por la Comisión Presidencial para la Reforma del Estado, en el cual se disponía: "Art. 1°. La presente Ley regula la jurisdicción contenciosa prevista en el artículo 206 de la Constitución como la encargada de conocer las pretensiones relativas a la legalidad de los actos de la Administración Pública sujetos al derecho administrativo, así como las pretensiones que se deduzcan contra su actividad legal", *Cfr.* en *Fortalecimiento del Estado de Derecho,* Vol. 5, Comisión para la Reforma del Estado, Caracas, 1990, p. 331.

162 *V.*, p. ej., lo resuelto en sentencia de la Corte Primera de lo Contencioso Administrativo del 22 de diciembre de 1993, *Revista de Derecho Público*, N° 55 y 56, Editorial Jurídica Venezolana, Caracas, 1993, p. 206.

debe examinarse previamente si cae dentro de la esfera de esta jurisdicción por estar fundada en preceptos de derecho administrativo; porque ni una pretensión de este tipo puede ser deducida ante jurisdicción distinta, ni una pretensión con otro fundamento podrá ser examinada ante la jurisdicción contencioso administrativa"[163]. Conforme a este criterio, la antigua Corte Suprema de Justicia como órgano de la jurisdicción contencioso administrativa, por ejemplo, declaró su incompetencia para conocer de un asunto que en definitiva se concretaba a definir la propiedad de unas tierras que habían sido objeto de una decisión municipal[164], pero nunca dejó de conocer de la impugnación de un acto administrativo por considerar que no estaba sujeto al derecho administrativo.

Pero posteriormente, en un sentencia del 5 de junio de 1986 y tratándose de la impugnación de una resolución del Ministerio de Educación que había ordenado descontar un día de salario a los obreros al servicio de su despacho, que evidentemente un acto administrativo (art. 16 LOPA), la antigua Corte concluyó señalando que se encontraban fuera de su ámbito de control "los actos de la Administración Pública emitidos con arreglo a otras ramas del ordenamiento jurídico positivo (civil, mercantil, laboral, etc.)", siendo de su competencia, en cambio, "el conocimiento de las pretensiones que se dirijan a impugnar actos emitidos por los órganos de la Administración Pública en ejecución de normas de derecho Administrativo"[165].

El tema, por supuesto, es de primera importancia, pues se trata de establecer cuándo hay una relación de derecho administrativo y cuándo no la hay. La Corte Suprema ha razonado en torno a ello, así:

> Para que una relación de derecho administrativo aparezca, es necesario, por una parte que el Estado intervenga en la relación jurídica de que se trate, haciendo de la norma jurídica una norma obligatoria [...] Es decir, que el propio Estado acuda, a su poder de coacción, montando además un aparato administrativo encargado de la puesta en marcha, aplicación y ejecución de esa normativa jurídico pública[166].

Por tanto, de acuerdo a ello, el acto administrativo de un ministro que ordenó descontar un día de salario a todos los obreros al servicio del ministerio por haber realizado una huelga, pues conforme a la Ley Orgánica de la Contraloría General de la República no podía ordenar el pago de dicho salario por no tener el gasto la necesaria justificación, era sin duda un acto administrativo sometido al derecho administrativo. Sin embargo, la Corte no lo interpretó así y lo consideró como sometido al derecho del trabajo, excluyéndolo del conocimiento de la jurisdicción contencioso administrativa[167]. En cambio, en sentencia del 30 de marzo de 1987, la misma Corte Suprema, ante la impugnación de un acto administrativo del Ministerio del Trabajo convocando a una convención obrero patronal para un tipo de actividad empresarial para negociar y concluir un contrato colectivo para esa rama empresarial, lo consideró, sin embargo como "de naturaleza administrativa y no directa y estrictamente laboral", y por tanto del conocimiento de la jurisdicción contencioso administrativa[168].

---

163 Sentencia 3 de diciembre de 1959, *Gaceta Forense,* N° 26, Ministerio de Justicia, Caracas, 1959, p. 142.

164 *V.* Corte Suprema de Justicia, Sala Político Administrativa del 21.3.65 en Allan R. Brewer–Carías y Luis Ortiz Álvarez, *Las grandes decisiones de la jurisprudencia contencioso administrativa, cit.,* p. 459.

165 Caso: *Fetraeducación, Revista de Derecho Público* N° 27, Editorial Jurídica Venezolana, Caracas, 1986 pp. 106 a 114.

166 *Idem*

167 *Idem*

168 Sentencia de la Corte Suprema de Justicia, Sala Político Administrativa del 30 de marzo de 1987, caso: *ANSA, Revista de Derecho Público* N° 33, Editorial Jurídica Venezolana, Caracas, 1988, pp. 124 a 125.

Precisamente, a esta variabilidad de decisiones es a lo que conduce, en un mundo de interaplicación del derecho público y del derecho privado a los órganos de las administraciones públicas, la adopción de un criterio tan impreciso para definir la competencia de los órganos de la jurisdicción contencioso administrativa que de ser sólo respecto de los actos de la Administración sujetos al derecho administrativo ha pasado a ser de actos administrativos supuestamente no sujetos al derecho administrativo. Ello ha provocado, con criterios variables, un amplio aliviadero en la presa que necesariamente debe ser la jurisdicción contencioso administrativa, y que puede permitir el indebido escurrimiento de asuntos que deben ser juzgados por la misma.

En todo caso, lo que constitucionalmente es claro es que todo acto administrativo está sujeto a control contencioso administrativo por parte de los órganos de la jurisdicción contencioso administrativa, por lo que cualquier exclusión de un acto administrativo de control judicial de su conformidad con el derecho, es inconstitucional.

Por supuesto, además de los órganos de la jurisdicción contencioso administrativa ordinaria (Tribunal Supremo de Justicia, cortes de lo contencioso administrativo y tribunales superiores de lo contencioso administrativo) hay otros Tribunales de la Jurisdicción contencioso administrativa especial que conocen de la nulidad de actos administrativos, por lo que puede hablarse del contencioso tributario[169] y del contencioso agrario[170].

En materia laboral, hasta 2000, además, también podría hablarse de un contencioso administrativo especial laboral, en los casos en los cuales los tribunales del trabajo debían conocer de la impugnación de actos administrativos[171]. En efecto, de acuerdo con los artículos 425, 465 y 519 de la Ley Orgánica del Trabajo, correspondía a la jurisdicción contencioso administrativa y queda excluido de la jurisdicción laboral el conocimiento de los recursos que se ejercieran contra decisiones del Ministro del Trabajo en los casos de negativa de registro e inscripción de organizaciones sindicales, o en los casos de oposiciones a convocatorias para negociaciones de convenciones colectivas. En cambio, como lo había dicho la antigua Corte Suprema de Justicia, correspondía a la jurisdicción laboral que se regula en los artículos 5° y 655 de la Ley Orgánica del Trabajo "conocer de los recursos contencioso administrativos de anulación contra las decisiones de las autoridades del trabajo dictadas en aplicación de las normas de dicha Ley que regulan su 'parte administrativa' a que se refiere su artículo 586", como las dictadas en los procedimientos de calificación de despido o de solicitudes de reenganche, por motivo de las inamovilidades que la misma ley contempla (art. 456)[172].

Esta interpretación ha cambiado radicalmente a favor de la jurisdicción contencioso administrativa por la interpretación vinculante de la Sala Constitucional del Tribunal Supremo establecida en sentencia 1318 del 2 de agosto de 2002, mediante la cual estableció que es competencia de la jurisdicción contencioso administrativa conocer de los recursos de nulidad ejercidos contra las decisiones provenientes de los órganos de la Administración del Trabajo. A cuyo efecto, en sentencia posterior del 20 de noviembre

---

169 Código Orgánico Tributario, Ley N° 42, *Gaceta Oficial* N° 37.305 del 17 de octubre de 2001.

170 *V.*, p. ej., sentencias Corte Suprema de Justicia, Sala Político Administrativa del 30 de septiembre de 1982, 11 de agosto de 1983, y del 19 de julio de 1994, citadas en *Revista de Derecho Público*, N° 50, Editorial Jurídica Venezolana, Caracas, 1992, p. 192.

171 *V.* sentencia de la Corte Suprema de Justicia, Sala Político Administrativa del 9 de abril de 1992, caso: *Bamundi, Revista de Derecho Público*, N° 50, Editorial Jurídica Venezolana, Caracas, 1992, p. 192.

172 *Idem*, pp. 190 a 191.

de 2002 (caso: *Ricardo Baroni Uzcátegui*), la misma Sala precisó la distribución de competencias entre los tribunales de la jurisdicción contencioso administrativa para conocer de las distintas pretensiones que se planteen en relación con los actos administrativos dictados por los inspectores del trabajo, concluyendo en lo siguiente:

> La jurisdicción competente para el conocimiento de las pretensiones de nulidad de los actos administrativos que dicten las Inspectorías del Trabajo, así como de cualquier otra pretensión –distinta de la pretensión de amparo constitucional– que se fundamente en las actuaciones u omisiones de dichos órganos, es la jurisdicción contencioso administrativa[173].

De cualquier manera, frente a los intentos de huida del derecho administrativo que se han analizado, y que por sobre todo pueden implicar que determinados actos o relaciones jurídicas escapen del sistema de garantías jurídicas que los administrados tienen frente al poder, el muro de contención está en la jurisdicción contencioso administrativa. Esta es competente conforme al artículo 259 C., para anular los *actos administrativos* generales o individuales contrarios a derecho, incluso por desviación de poder; condenar al pago de sumas de dinero y a la reparación de daños y perjuicios originados en *responsabilidad de la Administración*; conocer de reclamos por la prestación de *servicios públicos* y disponer lo necesario para el restablecimiento de las situaciones jurídicas subjetivas lesionadas por la *actividad administrativa.*

El ámbito de la jurisdicción contencioso administrativa, por tanto, gira en torno a la interpretación que los órganos de la misma han dado y den a las expresiones *acto administrativo, Administración, servicio público* y *actividad administrativa,* las cuales, como se ha visto, son conceptos claves del derecho administrativo. Por ello, en definitiva no sólo la construcción de nuestra disciplina sino también la detención del proceso de huida del derecho administrativo han correspondido en Venezuela, fundamentalmente, a los órganos de la jurisdicción contencioso administrativo, tareas en las cuales han realizado una encomiable labor, aun cuando en algunos aspectos no exenta de críticas.

Sección Tercera: UN PANORAMA GENERAL DEL DERECHO ADMINISTRATIVO

Esta Sección sobre "Un panorama del derecho administrativo en Venezuela" tiene por objeto enunciar y analizar brevemente los temas centrales de la disciplina, que son los que constituyen su objeto fundamental. El texto se incluyó, en la obra *Derecho Administrativo*, Tomo I, publicada por la Universidad Externado de Colombia, recogiendo el texto inicialmente publicado con el mismo título en la obra colectiva coordinada por Santiago González–Varas Ibáñez, *El derecho administrativo Iberoamericano,* Ministerio de Administraciones Públicas (INAP)-Instituto de Investigación Urbana y Territorial, Granada, España 2005, pp. 745-791. El texto actualizado y ampliado se publicó igualmente en la 2ª Edición de la obra, *El derecho administrativo en Iberoamérica,* Instituto Na-

173 *V.* las referencias a estas sentencias, en sentencia de la Corte Primera de lo Contencioso Administrativo del 13 de marzo de 2003, caso: *Puerto Viejo Marina A.C. vs. Inspectoría del Trabajo del Estado Vargas, Revista de Derecho Público*, N° 93 a 96, Editorial Jurídica Venezolana, Caracas, 2003, pp. 397 y ss. *Cfr.* Ricardo Baroni Uzcátegui "¿Quién conoce los recursos de nulidad contra actos administrativos emanados de las inspectorías del trabajo sobre derechos individuales de los trabajadores?", *Temas de Derecho Administrativo. Libro Homenaje a Gonzalo Pérez Luciani*, Vol. I, *cit.*, pp. 233 a 253.

cional de Administración Pública, Madrid 2012, pp. 1473-1584. Las referencias bibliográficas que se hacen en este trabajo, se refieren en su mayoría, solo a trabajos del autor.

I. BASE CONSTITUCIONAL DEL DERECHO ADMINISTRATIVO

La regulación fundamental sobre la Administración Pública en Venezuela está en la propia Constitución de 1999[174], en la cual, en el *Capítulo I* relativo a "De las disposiciones generales", del *Título IV* sobre "El Poder Público" de la Constitución, se incorporó una *Sección Segunda* relativa específicamente a "De la Administración Pública", con tres artículos: el 141, que establece los principios de la Administración Pública; el 142, sobre la creación de entidades descentralizadas; y el 143, que consagra el derecho a la información administrativa y de acceso a los documentos oficiales. Dichas normas, por supuesto, se aplican a todo el universo de órganos que conforman la Administración Pública, y no sólo a los que ejercen el Poder Ejecutivo.

1. La connotación orgánica de la Administración

En efecto, en Venezuela, conforme a la forma federal que siempre ha tenido el Estado, conforman la Administración Pública, ante todo, los órganos que ejercen el Poder Ejecutivo de las personas jurídicas estatales que integran la Federación, en sus tres niveles territoriales que son la República, los Estados y los Municipios. Estos órganos son los que en general se identifican en el lenguaje jurídico común como "el Poder Ejecutivo," que comprende a la Presidencia de la República y a los Ministerios a nivel nacional (Ejecutivo Nacional), a las Gobernaciones de los Estados en el nivel estadal (Ejecutivo Estadal) y a las Alcaldías (Ejecutivo Municipal) en el nivel municipal. Esos grupos de órganos conforman lo que se denomina en general, la "Administración Central," todos los cuales, sin embargo, de acuerdo con la Ley Orgánica de la Administración Pública de 2008, "en el ejercicio de sus funciones, los mismos deberán sujetarse a los lineamientos dictados conforme a la planificación centralizada."[175]

Pero también integran la Administración Pública, las entidades descentralizadas funcionalmente de cada una de las mencionadas personas estatales político–territoriales, que actúan siempre adscritas y bajo el control de tutela de los órganos ejecutivos de las mismas, sea que hayan sido constituidas mediante ley con forma jurídica de derecho público, como por ejemplo, los institutos autónomos; o con forma jurídica de derecho

---

174 La Constitución de 1999 originalmente publicada en *Gaceta Oficial* N° 36.860 de 30 de diciembre de 1999 y republicada en la *Gaceta Oficial* N° 5.453 Extraordinaria del 24 de marzo de 2000; fue objeto de una Enmienda Constitucional N° 1 en 2009 publicada en *Gaceta Oficial* N° 5.908 Extra. de 19–02–2009. *V.* sobre el régimen constitucional relativo a la Administración Pública en la Constitución, Allan R. Brewer–Carías, *La Constitución de 1999. Derecho Constitucional Venezolano*, Tomo I, Editorial Jurídica Venezolana, Caracas 2004, pp. 276 y ss.

175 Esta Ley Orgánica, inicialmente sancionada en 2001, ha sido objeto de múltiples reformas, la última de las cuales en 2008 (Decreto Ley N° 6.217, *Gaceta Oficial* N° 5.890 Extra. de 31–7–2008.). *V.* en general sobre el régimen legal de la Administración Pública, Allan R. Brewer–Carías, Rafael J. Chavero Gazdik y Jesús María Alvarado Andrade, *Ley Orgánica de la Administración Pública. Decreto Ley Nº 6217 de 15–07–2008,* Editorial Jurídica Venezolana, Caracas, 2008.

privado, como por ejemplo las empresas o fundaciones del Estado. Estas entidades conforman lo que en general se denomina la "Administración Pública Descentralizada".

Pero una descripción como la anterior de la Administración Pública en sentido orgánico, sin duda, en Venezuela sería insuficiente, pues hay otros órganos de las personas jurídicas estatales político–territoriales que pueden considerarse como parte de la Administración Pública, y sin embargo no ejercen el Poder Ejecutivo. En consecuencia, si bien todos los órganos del Estado que ejercen el Poder Ejecutivo están integrados en la Administración Pública; sin embargo, no todos los órganos que conforman la Administración Pública ejercen el Poder Ejecutivo del Estado, pues hay órganos de la Administración Pública que no dependen jerárquicamente del Presidente de la República, de los Gobernadores ni de los Alcaldes, y que ejercen otros Poderes Públicos distintos del Poder Ejecutivo.

Concentrándonos en el nivel nacional del Estado, es decir, en la República, conforme a la penta división del Poder Público establecida en la Constitución (art. 136), el mismo a nivel nacional se divide en cinco ramas que son las tres clásicas de los Poderes Legislativo, Ejecutivo y Judicial, a los cuales se agregaron los Poderes Ciudadano y Electoral, a cargo todos, de órganos estatales autónomos e independientes entre sí. Por ello, además de aquéllos órganos que ejercen el Poder Ejecutivo, los órganos estatales que ejercen el Poder Ciudadano (el Ministerio Público o Fiscalía General de la República, la Contraloría General de la República y la Defensoría del Pueblo) [176] y los que ejercen el Poder Electoral (el Consejo Nacional Electoral y sus Juntas y Comisiones), [177] si bien son autónomos e independientes del Poder Ejecutivo Nacional y de los otros Poderes Públicos, sin embargo, también son órganos que forman parte de la Administración Pública de la República, aún cuando no sean parte de la "Administración Central."

Igualmente, también conforman a la Administración Pública de la República, los órganos de administración y gobierno del Poder Judicial que a partir de la Constitución de 1999 (al eliminarse en antiguo Consejo de la Judicatura) son dependientes del Tribunal Supremo de Justicia, en particular, la Dirección Ejecutiva de la Magistratura y sus diversas dependencias. [178]

Ahora bien, para regular específicamente a la Administración Pública Central de la República (que ejerce el Poder Ejecutivo Nacional) y a la Administración Pública Descentralizada Nacional, en 2001 se dictó la Ley Orgánica de la Administración Pública, cuyas normas, se decía, también eran aplicaban supletoriamente, a las Administraciones Públicas estadales y municipales, y "a los demás órganos del Poder Público" (art. 1) distintos al Poder Ejecutivo. Sin embargo, como muestra del proceso de centralización que se ha desarrollado en el país desde 2000, la reforma de la Ley Orgánica de 2008

---

176 Regulados en general en la Ley Orgánica del Poder Ciudadano (*Gaceta Oficial* Nº 37.310 de 25–10–2001), y en particular en la Ley Orgánica del Ministerio Público (*Gaceta Oficial* N° 38.647 de 19–03–2007), Ley Orgánica de la Defensoría del Pueblo (*Gaceta Oficial* N° 37.995 de 5–8–2004) y Ley Orgánica de la Contraloría General de la República y del Sistema Nacional de Control Fiscal (*Gaceta Oficial* Nº 37.347 de 17–12–2001) *V.* en general, sobre el régimen legal del Poder Ciudadano, Allan R. Brewer–Carías *et al.*, *Ley Orgánica del Poder Ciudadano.(Ley Orgánica del Poder Ciudadano, Ley Orgánica de la Defensoría del Pueblo, Ley Orgánica del Ministerio Público, Ley Orgánica de la Contraloría General de la República)*, Editorial Jurídica Venezolana, Caracas 2005.

177 Regulados en la Ley Orgánica del Poder Electoral (*Gaceta Oficial* Nº 37.573 de 19–11–2002).

178 Regulada en la Ley Orgánica del Tribunal Supremo de Justicia (*Gaceta Oficial* Nº 39.483 de 9–8–2010. *V.* en general en Allan R. Brewer–Carías y Víctor Hernández Mendible, *Ley Orgánica del Tribunal Supremo de Justicia,* Editorial Jurídica Venezolana, Caracas, 2010.

estableció directamente que sus normas "serán aplicables a la Administración Pública, incluidos los estados, distritos metropolitanos y municipios, quienes deberán desarrollar su contenido dentro del ámbito de sus respectivas competencias." (art. 2); disponiendo que sus normas de aplican "supletoriamente a los demás órganos y entes del Poder Público" distintos a los del Poder Ejecutivo.

Ahora bien, respecto de todo este complejo orgánico del Estado, que es la Administración Pública, la Constitución dispone que "está al servicio de los ciudadanos" (art. 141); lo que se reitera en el artículo 5° de la Ley Orgánica. En la Ley de 2001 en lugar de "ciudadanos," se había utilizado la palabra "particulares" pus en la Constitución "ciudadano" responde al concepto más restringido de ciudadanía relativo a los titulares de derechos políticos (art. 39); la cual en la reforma de 2008 se sustituyó por la palabra "personas," agregando que en su actuación, la Administración Pública está dirigida a la atención de los requerimientos de las personas y la satisfacción de sus necesidades," brindando especial atención a las de carácter social" (art. 5).

Por su parte, el artículo 3 de la Ley Orgánica agrega que el "principal objetivo" de la organización y funcionamiento de la Administración Pública, es hacer efectivos los principios, valores y normas consagrados en la Constitución y, en especial, garantizar a todas las personas, el goce y ejercicio de los derechos humanos;" lo que conforme se indica en el artículo 19 de la Constitución, implica "garantizar a todas las personas, conforme al principio de progresividad y sin discriminación alguna, el goce y ejercicio irrenunciable, indivisible e interdependiente de los derechos humanos." Por ello, el artículo 5 de la Ley Orgánica también precisa que la Administración Pública debe asegurar a todas las personas la efectividad de sus derechos cuando se relacionen con ella; y además, debe tener entre sus objetivos, la continua mejora de los procedimientos, servicios y prestaciones públicas, de acuerdo con las políticas que se dicten.

2. La connotación material de la Administración

Pero adicionalmente a la connotación orgánica, en el derecho administrativo venezolano, la expresión Administración Pública también tiene un sentido material, al identificarse el concepto también con unas *actividades* estatales realizadas con vistas a satisfacer el interés general del propio Estado o de la sociedad, generalmente por los órganos que la integran.

Estas actividades se caracterizan, ante todo, conforme al sistema de formación del derecho por grados que adopta la Constitución, porque son siempre de carácter sub–legal, pues se trata de actividades realizadas en ejecución directa e inmediata de la legislación y sólo indirecta y mediata de la Constitución.

Esta actividad administrativa, por otra parte, no sólo la cumplen los órganos de la Administración Pública en sentido orgánico antes identificados (órganos de las personas jurídicas estatales que ejercen el Poder Ejecutivo, el gobierno y administración del Poder Judicial, el Poder Ciudadano y el Poder Electoral); sino también, otros órganos del Estado como los que ejercen el Poder Legislativo (la Asamblea Nacional, los Consejos Legislativos de los Estados y los Concejos Municipales), o el Poder Judicial (el Tribunal Supremo de Justicia y demás Tribunales de la República) cuando ejercen la función administrativa (por ejemplo, administran su cuerpo de funcionarios o entran en relación con los particulares) o la función normativa de carácter sub–legal emitiendo, por ejemplo, actos reglamentarios. La actividad administrativa como objeto del derecho administrativo, por ello, está también esencialmente vinculada al ejercicio de las diversas funciones del Estado (normativa, de gobierno, administrativa, jurisdiccional y de control).

Además, la actividad administrativa que interesa al derecho administrativo muchas veces se realiza por particulares o por personas jurídicas de derecho privado, incluso, de carácter no estatal, pero que en virtud de la expresa previsión de ley ejercen prerrogativas del Poder Público. Así sucede, por ejemplo, con ciertos actos de las Universidades privadas o de las Federaciones deportivas, como serían los actos sancionatorios, en los casos regulados respectivamente en la Ley de Universidades o en la Ley del Deporte, y que son considerados como actos administrativos[179].

Finalmente, no toda la actividad que realizan algunos órganos que configuran la Administración Pública del Estado, como por ejemplo, la que realiza el Presidente de la República, constituye actividad administrativa, sino, como se ha dicho, sólo las actividades que sean de carácter sub–legal. El Jefe del Ejecutivo Nacional y otros órganos del Estado, en efecto, además de realizar actividades en ejecución directa e inmediata de la legislación e indirecta y mediata de la Constitución, ejercen actividades que son formal y sustancialmente distintas de la anterior, realizadas en ejecución directa e inmediata de la Constitución como son las actividades de gobierno.[180] De ello, resultan los actos de gobierno que si bien interesan al derecho administrativo, no se pueden considerar como formando parte de la actividad administrativa.[181]

3. Administración Pública, derecho administrativo, personalidad jurídica

Por otra parte debe indicarse que si bien la Administración Pública, tanto en su connotación orgánica como en su sentido material, constituye el objeto por excelencia del derecho administrativo, no todo el derecho que regula a la Administración Pública, es decir, a los órganos estatales que la conforman o a las actividades administrativas, es derecho administrativo. En otros términos, en el mundo del derecho no existen sujetos de derecho o actividades respecto de los cuales pueda decirse que exclusivamente se rigen por una sola rama del derecho. Así como no se puede decir que las sociedades anónimas sean sujetos de derecho que sólo se regulan por el Código de Comercio, pues también están sometidas al Código Civil, al Código Penal y a todas las leyes de derecho administrativo que por ejemplo regulan diversos sectores de la economía (bancos, seguros, mercado de capitales, etc.); en igual sentido, los órganos de la Administración

179 *V.* Allan R. Brewer–Carías, *Estado de Derecho y Control Judicial*, Instituto Nacional de Administración Pública, Alcalá de Henares, Madrid 1987, pp. 498 y ss.

180 *V.* Allan R. Brewer–Carías, *La justicia constitucional,* Tomo VI de *Instituciones Políticas y Constitucionales,* Universidad Católica del Táchira–Editorial Jurídica Venezolana, Caracas–San Cristóbal 1996, pp. 199–226; y "Comentarios sobre la doctrina del acto de gobierno, del acto político, del acto de Estado y de las cuestiones políticas como motivo de inmunidad jurisdiccional de los Estados en sus Tribunales nacionales», en *Revista de Derecho Público*, N° 26, Editorial Jurídica Venezolana, Caracas, abril–junio 1986, pp. 65–68.

181 Sobre el sistema jerarquizado o graduado del orden jurídico, creación de la denominada Escuela Vienesa, véase Hans Kelsen, *Teoría Pura del Derecho*, Buenos Aires 1981, p. 135 y ss; Adolf Merkl, *Teoría General del Derecho Administrativo*, Madrid 1935, pp. 7–62. Sobre dicho sistema en el constitucionalismo venezolano, véase Allan R. Brewer–Carías, *Evolución Histórica del Estado, Tomo VI de Instituciones Políticas y Constitucionales,* Universidad Católica del Táchira, Editorial Jurídica Venezolana, Caracas–San Cristóbal 1996, pp. 107–117. *V.* igualmente en Allan R. Brewer–Carías, *Principios Fundamentales del Derecho Público (Constitucional y Administrativo),* Editorial Jurídica Venezolana. Caracas, 2005.

Pública, además de estar sometidos al derecho administrativo, también están sometidos al derecho civil y al derecho mercantil, por ejemplo.

Por lo demás, esos sujetos de derecho o personas jurídicas estatales que interesan al derecho administrativo, no tienen una configuración uniforme, pues pueden tener la forma de las personas jurídicas de derecho público o la forma jurídica de las personas jurídicas de derecho privado. Por ello, a los órganos de la Administración Pública, si bien regidos por el derecho administrativo, sin embargo, en una forma u otra siempre se les interaplica de manera variable, tanto un régimen de derecho público como un régimen de derecho privado[182]. El derecho administrativo, por supuesto, tiene siempre una preponderancia en esta interaplicación, pero el mismo no comprende la totalidad de las normas que se aplican a los órganos de la Administración Pública del Estado ni a la actividad administrativa del mismo. En otras palabras, la Administración Pública se rige por el derecho administrativo, aun cuando en forma no exclusiva ni excluyente.

4. Encuadramiento del derecho administrativo y sus fuentes

En todo caso, de lo anterior resulta que, por supuesto, la definición de la Administración Pública como objeto del derecho administrativo sigue siendo esencial para la definición de esta rama del derecho, la cual consideramos que tiene que estar basada en la descripción de dicho objeto. Por ello, bien podría señalarse que el derecho administrativo es aquella rama del derecho público que regula los sujetos de derecho o personas jurídicas que conforman al Estado; la Administración Pública como complejo orgánico de esas personas jurídicas estatales, su organización y funcionamiento; el ejercicio de la función administrativa dentro de las funciones del Estado; la actividad administrativa, siempre de carácter sublegal realizadas por los órganos de las personas jurídicas estatales en ejercicio de las funciones normativas, jurisdiccional o administrativas, o la realizada por los particulares a quienes la ley ha autorizado para ello, su régimen y control; y las relaciones jurídicas que se establecen entre las personas jurídicas estatales o las que desarrollan la actividad administrativas, y los administrados, que moldea las formas de la actividad administrativa.

Con una definición como esta, por supuesto, no cabe hacer intento alguno de adoptar un criterio único para definir el derecho administrativo[183]. No se trata por tanto, ni de una definición orgánica, ni de una definición material, ni de una definición formal, pues no existe un criterio clave absoluto para definir el derecho administrativo ni su objeto: la Administración Pública. La definición debe elaborarse con la mezcla de los diversos criterios, lo que además responde al contenido heterogéneo y mutable de la actividad administrativa del Estado.

---

182 *V.* Allan R. Brewer–Carías, "La interaplicación del Derecho Público y del Derecho Privado a la Administración Pública y el proceso de huida y recuperación del Derecho Administrativo" en *Las formas de la actividad administrativa. II Jornadas Internacionales de Derecho Administrativo Allan Randolph Brewer–Carías, Caracas, 1996,* Fundación Estudios de Derecho Administrativo (FUNEDA), Caracas, 1996, pp. 23 a 73.

183 *V.* Allan R. Brewer–Carías, "El concepto de derecho administrativo en Venezuela" en *Revista de Administración Pública*, N° 100–102, Vol. I, Madrid, enero–diciembre 1983, pp. 685–704, y en *Estudios de Derecho Administrativo,* Universidad Colegio Mayor Nuestra Señora del Rosario, Bogotá, 1986, pp. 7–24. Con el título "Bases constitucionales del Derecho Administrativo en Venezuela" en *Revista de Derecho Público*, N° 16, Editorial Jurídica Venezolana, Caracas, octubre–diciembre 1983, pp. 5–20; y *El Derecho Público en Venezuela y Colombia, Archivo de Derecho Público y Ciencias de la Administración*, Vol. VII, 1984–1985, Instituto de Derecho Público, Facultad de Ciencias Jurídicas y Políticas, Universidad Central de Venezuela, Caracas, 1986, pp. 215–231.

En cuanto a la jerarquía de las fuentes del derecho aplicable a la Administración, la Ley Orgánica de la Administración Pública expresa formalmente el principio de legalidad vinculándolo a la competencia, así:

> *Artículo 4º*. La Administración Pública se organiza y actúa de conformidad con el principio de legalidad, por el cual la asignación, distribución y ejercicio de sus competencias se sujeta a lo establecido en la Constitución de la República Bolivariana de Venezuela, las leyes y los actos administrativos de carácter normativo dictados formal y previamente conforme a la ley, en garantía y protección de las libertades públicas que consagra el régimen democrático, participativo y protagónico

Se destaca de esta norma, como se dijo, tanto la indicación formal de la jerarquía de las fuentes del derecho: 1) la Constitución, 2) las leyes y 3) los actos administrativos normativos; como la referencia al principio teleológico de la sumisión a la ley, cuyo fin es la garantía y protección de las libertades públicas propias del régimen democrático. Las fuentes del derecho, además, para ser tales, deben haberse dictado formal y previamente a la actividad que se regule, lo que implica la proscripción de la retroactividad de la ley.

II. LA ORGANIZACIÓN ADMINISTRATIVA NACIONAL, ESTADAL Y MUNICIPAL

1. Administración y federación

Como se ha dicho, dada la forma federal del Estado en Venezuela, que conforme al artículo 4 de la Constitución se lo define como un "Estado federal descentralizado," hay tres niveles fundamentales de órganos que integran la Administración Pública y que ejercen el Poder Ejecutivo, por lo que se puede distinguir una Administración Pública Nacional cuyo Jefe es el Presidente de la República; una Administración Pública Estadal,[184] cuyos Jefes, en cada uno de los 23 Estados de la Federación, son los Gobernadores; y una Administración Pública Municipal cuyos Jefes, en cada uno de los 338 Municipios del país, son los Alcaldes. Todos esos funcionarios son electos mediante sufragio universal, directo y secreto.

Como se dijo, la Constitución y la Ley Orgánica de la Administración Pública contienen principios que se aplican a la Administración Pública de todos los niveles territoriales; y en cuanto a las regulaciones específicas, las mismas se encuentran establecidas en las leyes nacional y estadales y en las Ordenanzas municipales que se dicten por los respectivos órganos titulares de la potestad organizativa. Estos son los que de acuerdo con el artículo 15 de la Ley Orgánica de la Administración Pública pueden crear, modificar y suprimir dichos órganos.

Por tanto, la titularidad de la potestad organizativa sólo puede ser asignada por la Constitución o la ley.[185]

---

184 La palabra "estadal" es un venezolanismo jurídico, y se usa para identificar lo que concierne a los Estados.

185 *V.* Allan R. Brewer–Carías, *Principios del Régimen Jurídico de la Organización Administrativa Venezolana, cit.*, pp. 21 y ss.

2. Potestad organizativa, reserva legal y delegación legislativa

En cuanto a la Constitución, esta atribuye a la Asamblea Nacional potestad organizativa respecto de la Administración Pública Nacional (art. 187,9), así como respecto de otros órganos del Poder Público Nacional como los del Poder Ciudadano (arts. 273, 290); y los del Poder Electoral (art. 292).

La Asamblea Nacional también tiene atribuida la titularidad de la potestad organizativa en materia de organización de los Municipios y demás entidades locales, con la obligación de establecer diferentes regímenes para dicha organización (art. 169).

La Constitución, por otra parte, en relación con la Administración Pública Nacional, estableció la reserva legal sólo en relación con la creación de los institutos autónomos (art. 142); pero en cuanto a la organización de la Administración Pública Nacional centralizada, asignó la potestad organizativa al Presidente de la República, en Consejo de Ministros, "dentro de los principios y lineamientos" señalados en la Ley Orgánica (art. 236,20).

En efecto, de acuerdo con lo establecido en el artículo 236.20 de la Constitución, corresponde al Presidente de la República en Consejo de Ministros, fijar el número, organización y competencia de los ministerios y otros organismos de la Administración Pública Nacional, así como también la organización y funcionamiento del Consejo de Ministros, dentro de los principios y lineamientos que señale la correspondiente ley orgánica.

Se varió, en esta forma, de manera sustancial, el sistema de la Constitución de 1961, que seguía la tradición constitucional iniciada desde el siglo XIX, y que rigidizaba la organización ministerial que sólo la ley podía determinar (art. 193).

En desarrollo de esta potestad organizativa de rango constitucional atribuida al Presidente de la República en Consejo de Ministros, el artículo 58 de la Ley Orgánica le atribuye la facultad para fijar, mediante decreto, "el número, denominación, competencia y organización de los ministerios y otros órganos de la Administración Pública Nacional, con base en parámetros de adaptabilidad de las estructuras administrativas a las políticas públicas que desarrolla el Poder Ejecutivo Nacional y en los principios de organización y funcionamiento establecidos en la presente ley".

Conforme a esta atribución, el Presidente de la República ha dictado numerosos decretos, sobre organización y funcionamiento de la Administración Pública Central, donde se regulan los Ministerios y se enumeran sus competencias. En dichos decreto se han establecido, además, la estructura organizativa básica de cada Ministerio, integrada por el Despacho del Ministro y los Despachos de los Viceministros; estando estos últimos integrados en orden jerárquico descendente así: Direcciones Generales, Direcciones de línea y Divisiones (arts. 16 y 17).

Cada Ministerio, en todo caso, debe estar regulado internamente por un Reglamento Orgánico dictado también por el Presidente en Consejo de Ministros, "previa propuesta del respectivo Ministro" (art. 18), en el cual se debe determinar la estructura y las funciones de los Viceministros y de las demás dependencias que integran cada Ministerio (art. 17).

Uno de los principios fundamentales de la organización administrativa es que los órganos de la Administración Pública debe estar jerárquicamente ordenados y relacionados de conformidad con la distribución vertical de atribuciones en niveles organizativos; estando los órganos de inferior jerarquía, sometidos a la dirección, supervisión y control de los órganos superiores de la Administración Pública con competencia en la materia respectiva (art. 28).

3. Organización de la Administración Pública Nacional

Como se dijo, la Ley Orgánica de la Administración Pública, básicamente regula la organización de la Administración Pública Nacional *ejecutiva* (art. 2), estableciendo en sus normas, la clasificación clásica general de la misma que distingue la Administración Pública Central del Poder Nacional (Título III) y de la Administración Pública Nacional Descentralizada funcionalmente (Capítulo II, Título IV). Para ello, la ley Orgánica distingue, entre los órganos y los entes. Así, conforme al artículo 15 de la misma, se entiende como "órganos, las unidades administrativas de la República, de los estados, de los distritos metropolitanos y de los municipios a los que se les atribuyan funciones que tengan efectos jurídicos, o cuya actuación tenga carácter regulatorio; y se entiende que tiene "el carácter de ente, toda organización administrativa descentralizada funcionalmente con personalidad jurídica propia; sujeta al control, evaluación y seguimiento de sus actuaciones por parte de sus órganos rectores, de adscripción y de la Comisión Central de Planificación."

A esta distinción clásica, se agregó en la reforma de la ley Orgánica de 2008, formalizando una práctica desordenada de organización, una nueva organización en la Administración Pública nacional denominada "misiones", la cual se define como "aquellas creadas con la finalidad de satisfacer las necesidades fundamentales y urgentes de la población" (art. 15), y las cuales se han establecido con las más variadas formas jurídicas, sin orden ni concierto, excluidas en muchos casos de la aplicación de las normas de la ley que en general se dirigen a los órganos y entes.[186]

A. Administración Central

En cuanto a la organización de la Administración Pública Nacional Central, el artículo 45 de la LOAP distingue dos tipos de *órganos superiores* de la misma: los órganos superiores de dirección y los órganos superiores de consulta, los cuales ejercen el Poder Ejecutivo en los términos del artículo 225 de la Constitución.

La Ley Orgánica enumera como órganos superiores de dirección de la Administración Pública Central a los siguientes: el Presidente de la República, el Vicepresidente Ejecutivo, el Consejo de Ministros, los Ministros y los Viceministros. En cuanto a los órganos superiores de consulta de la Administración Pública Central, el artículo 45 de la LOAP enumera los siguientes: la Procuraduría General de la República, el Consejo de Estado, el Consejo de Defensa de la Nación, los gabinetes sectoriales y los gabinetes ministeriales, los cuales también ejercen el Poder Ejecutivo (art. 225 C).

---

186 *V.* Allan R. Brewer–Carías, "El sentido de la reforma de la Ley Orgánica de la Administración Pública", *Revista de Derecho Público. Estudios sobre los decretos leyes 2008*, N° 115, (julio–septiembre 2008), Editorial Jurídica Venezolana, Caracas 2008, pp. 155–162.

B. Administración descentralizada

Además de los principios relativos a la organización de la Administración Pública central nacional, la LOAP establece el régimen general de la organización de la administración pública descentralizada tanto nacional, como estadal y municipal; mediante la creación de personas jurídicas (entes) a las cuales se transfiere la titularidad de determinadas competencias y la responsabilidad de ejecutarlas (arts. 29 y 32 LOAP). Conforme a lo indicado en el artículo 29 de la LOAP, esta descentralización funcional puede realizarse mediante la creación de personas jurídicas con forma de derecho público o con forma de derecho privado.[187] En cuanto a los entes descentralizados funcionalmente con forma de derecho público, dice la misma norma, están conformados por aquellas "personas jurídicas creadas y regidas por normas de derecho público y que podrán tener atribuido el ejercicio de potestades públicas;" y en cuanto a los entes descentralizados funcionalmente con forma de derecho privado, están conformados por "las personas jurídicas constituidas de acuerdo a las normas del derecho privado y podrán adoptar o no la forma empresarial de acuerdo a los fines y objetivos para los cuales fueron creados y en atención a si la fuente fundamental de sus recursos proviene de su propia actividad o de los aportes públicos, respectivamente."

Entre las primeras, a las cuales como se indicó, se puede atribuir el ejercicio de potestades públicas, está la figura de los institutos públicos (que tradicionalmente se habían denominado como "institutos autónomos," término que la Constitución conservó, art. 142), los cuales se definen en el artículo 95 de la LOAP, como las "personas jurídicas de derecho público de naturaleza fundacional," creadas por ley nacional, estadal u ordenanza municipal, dotadas de patrimonio propio, con las competencias determinadas en estas.[188] La reforma de la Ley Orgánica de 2008, eliminó la tradicional indicación de que el patrimonio de estos entes descentralizados también era "independiente de la República, de los estados, de los distritos metropolitanos y de los municipios, según sea el caso."

Sin embargo, las formas jurídicas de derecho público estatales no se agotan en los institutos públicos, los cuales sin embargo son los únicos que regula la Ley Orgánica, pues también los establecimientos públicos corporativos, como las universidades nacionales y los Colegios profesionales y aquellas personas jurídicas de derecho público específicas, como el Banco Central de Venezuela (art. 318, Constitución), son formas jurídicas de derecho público estatales para la descentralización funcional.

La creación de los institutos públicos sólo puede realizarse mediante ley, conforme lo establece el artículo 142 de la Constitución, a cuyo efecto, el artículo 97 de la LOAP dispone lo que la ley nacional, estadal u ordenanza que cree un instituto autónomo debe contener.

En cuanto a las formas jurídicas de derecho privado de la Administración Pública descentralizada funcionalmente, la LOAP regula detalladamente a empresas del Estado, a las fundaciones del Estado y a las asociaciones y sociedades civiles del Estado (arts. 102–116). En particular, en cuanto a las empresas del Estado en el artículo 102 de la LOAP, en lo que sin duda fue un error o dislate, pues sería contradictorio con lo previs-

187 *V.* Allan R. Brewer–Carías, *Principios del Régimen Jurídico de la Organización Administrativa... cit.*, pp. 115 y ss.

188 *V.* Jesús Caballero Ortiz, *Los Institutos Autónomos,* Caracas 1985.

to en el artículo 29, las definió como "personas jurídicas de derecho público constituidas de acuerdo a las normas de derecho privado"(sic) sin indicar que se tratan de sociedades mercantiles, en las cuales la República, los estados, los distritos metropolitanos y los municipios, o alguno de los entes descentralizados funcionalmente regulados en la Ley Orgánica, solos o conjuntamente, tengan una participación mayor al 50% del capital social.[189] La Ley Orgánica, en consecuencia autoriza a las personas jurídicas político territoriales para constituir estas empresas, se presume como "sociedades anónimas" incluso "con un único accionista," al hacer mención a "derechos societarios" y a la titularidad de "acciones" (art. 105).

A los efectos del control de tutela y de gestión, las entidades descentralizadas nacionales deben estar adscritas a los órganos de la administración pública central nacional, es decir, básicamente a los ministerios respectivos (Arts. 117–118 LOAP).

4. La "Administración Pública" del Estado Comunal paralela a la del Estado Constitucional

Debe destacarse, por otra parte, la creación en 2010 de una "Administración Pública" paralela a la que se regula en la Ley Orgánica de la Administración Pública, establecida no sólo fuera de su ámbito normativo sino del ámbito regulatorio de la propia Constitución donde se regula al Estado Constitucional cuyos órganos ejercen el Poder Público en la antes señalada penta división del Poder; y es la que conforma la "Administración Pública del Estado Comunal," conformada por una serie de órganos que ejercen un "Poder Popular." Ello se ha establecido en un conjunto de las Leyes Orgánicas dictadas en diciembre de 2010, referidas al Poder Popular, a las Comunas, al Sistema Económico Comunal, a la Planificación Pública y Comunal y a la Contraloría Social,[190] que completaron la normativa iniciada con las Leyes Orgánicas de los Consejos Comunales[191] y del Consejo Federal de Gobierno,[192] la reforma de la Ley Orgánica del Poder Público Municipal,[193] y las reformas de las Leyes de los Consejos Estadales de Planificación y Coordinación de Políticas Públicas, y de los Consejos Locales de Planificación Pública.[194]

Mediante ese conjunto normativo, se ha creado una Administración Pública de un "Estado Comunal," denominado también como "socialista," conformado por las Comunas y los Consejos Comunales, que se han establecido en paralelo a los Municipios y demás entidades locales, con funcionarios que no son electos mediante sufragio, y dispuestos para progresivamente vaciar a estos últimos de competencias y recursos. Otros órganos y entidades creadas han sido las diversas organizaciones socio productivas de un Sistema Económico Comunal, al margen no sólo del derecho mercantil, sino al derecho de las empresas públicas.[195]

---

189 *V.* Allan R. Brewer–Carías, *Régimen de las Empresas Públicas en Venezuela,* Caracas 1981.

190 Todas publicadas en *Gaceta Oficial* N° 6.011 Extra. de 21–12–2010.

191 Inicialmente sancionada en 2006, fue reformada en 2009. *V.* Ley Orgánica de los Consejos Comunales (*Gaceta Oficial* N° 39.335 de 28–12–2009).

192 *V.* en *Gaceta Oficial* N° 5.963 Extra. de 22–02–2010.

193 *V.* en *Gaceta Oficial* N° 6.015 Extra. de 28–12–2010.

194 Ambas publicadas en *Gaceta Oficial* N° 6.017 Extra. de 30–12–2010.

195 *V.* Allan R. Brewer–Carías, Claudia Nikken, Luis A. Herrera Orellana, Jesús María Alvarado Andrade, José Ignacio Hernández y Adriana Vigilanza, *Leyes Orgánicas sobre el Poder Popular y el Estado Comunal (Los*

III. EL PROCEDIMIENTO ADMINISTRATIVO

La actividad administrativa, ejercida o no por los órganos de las personas jurídicas estatales que conforman la Administración Pública, en todo caso, conforme al principio de legalidad, debe ejercerse por los órganos competentes, ciñéndose a lo establecido en la Constitución y en las leyes, y en particular, conforme al procedimiento legalmente establecido. Las actuaciones realizadas por órganos incompetentes, o sin observancia del procedimiento legalmente prescrito, por tanto, constituyen vías de hecho y vician los actos dictados de nulidad absoluta.

El principio de la legalidad, además, se erige en la Constitución como un principio en el cual se fundamenta la Administración Pública, definiéndoselo como "el sometimiento pleno a la ley y al derecho" (art. 141), y además, destacándose como una de las misiones fundamentales de los órganos del Poder Ciudadano, el velar por "la aplicación del principio de la legalidad en toda la actividad administrativa del Estado" (art. 274).

Ahora bien, uno de los principales signos formales del afianzamiento del principio de la legalidad, ha sido precisamente el sometimiento de la actuación de la Administración Pública a normas procedimentales que aseguren a los administrados un trato justo, basado en la buena fe y en la confianza legítima, mediante la previsión de un procedimiento formalmente regulado, en el cual se garantice el derecho a la defensa y, en general, el debido procedimiento administrativo. A tal efecto, Venezuela no ha escapado a la tendencia general que se puede observar en América Latina[196] siguiendo el modelo español de 1958,[197] de la codificación del procedimiento administrativo; habiéndose sancionado en 1982, la Ley Orgánica de Procedimientos Administrativos,[198] cuyas disposiciones se han complementado, además, con las de la propia Ley Orgánica de La Administración Pública antes mencionada y de la Ley de Simplificación de Trámites Administrativos de 1999.[199] Estas últimas dictadas para racionalizar las tramitaciones que realizan los particulares ante la Administración Pública; mejorar su eficiencia, pertinencia y utilidad, a fin de lograr mayor celeridad y funcionalidad en las mismas; reducir los gastos operativos; obtener ahorros presupuestarios; cubrir insuficiencias de carácter fiscal y mejorar las relaciones de la Administración Pública con los ciudadanos.

Por otra parte, en cuanto a los principios del procedimiento administrativo, debe destacarse que es el artículo 141 de la Constitución el que dispone que la Administración Pública se fundamenta en "los principios de honestidad, participación, celeridad, eficacia, eficiencia, transparencia, rendición de cuentas y responsabilidad en el ejercicio de la función pública, con sometimiento pleno a la ley y al derecho"; principios que repite el artículo 12 de la Ley Orgánica de la Administración Pública al precisar que la actividad de la Administración Pública se desarrollará con base en "los principios de eco-

---

Consejos Comunales, Las Comunas, La Sociedad Socialista y El Sistema Económico Comunal), Editorial Jurídica Venezolana, Caracas 2011.

196 *V.* Allan R. Brewer–Carías, *Principios del procedimiento Administrativo en América Latina*, Universidad del Rosario, Editorial Legis, Bogotá, 2003.

197 *V.* Allan R. Brewer–Carías, *Principios del Procedimiento Administrativo*, Editorial Civitas, Madrid, 1990.

198 *V.* la Ley Orgánica de Procedimientos Administrativos en *Gaceta Oficial* N° 2.818 *Extraordinaria* de 1–7–81. *V.* además, en Allan R. Brewer–Carías *et al.*, *Ley Orgánica de Procedimientos Administrativos*, Editorial Jurídica Venezolana, 12 edición, Caracas 2001, pp. 175 y ss.; y Allan R. Brewer–Carías, *El derecho administrativo y la Ley Orgánica de Procedimientos Administrativos,* Editorial Jurídica Venezolana, Caracas 1982.

199 *V. Gaceta Oficial* N° 36.845 de 7–12–99. *V.* además en Allan R. Brewer–Carías *et al.*, *Ley Orgánica de Procedimiento Administrativos, cit.*, pp. 199 y ss.

nomía, celeridad, simplicidad administrativa, eficacia, objetividad, imparcialidad, honestidad, transparencia, buena fe y confianza". Asimismo, dispone la Ley que dicha actividad se debe efectuar dentro de parámetros de racionalidad técnica y jurídica, lo que ya se configura como un límite a la discrecionalidad.

Tales principios, con anterioridad también se habían definido en la Ley Orgánica de Procedimientos Administrativos de 1982, en cuyo artículo 30 se enumeran los de "economía, eficacia, celeridad e imparcialidad". Este conjunto de principios expresados formalmente en la Constitución y las leyes, sin duda, constituyen un arsenal de instrumentos para la protección de los administrados frente a la Administración Pública que, sin duda, alimenta el ámbito del control que los órganos de la jurisdicción contencioso administrativa puedan ejercer sobre la actividad administrativa.

Con la Ley Orgánica de Procedimientos Administrativos, por tanto, se consolidó la formalización o juridificación del derecho administrativo, al positivizarse lo que anteriormente había venido construyendo la jurisprudencia, con gran esfuerzo y lentamente, sobre la base de identificar principios generales de la disciplina.[200] En esa forma, a partir de la entrada en vigencia de la Ley Orgánica se hizo más seguro la posibilidad del control judicial efectivo de la actividad de la Administración Pública, habiéndose erigido dicha Ley en la fuente del derecho administrativo formal más importante, con base en la cual la jurisprudencia ha continuado enriqueciendo nuestra disciplina, como fuente complementaria o accesoria.

La Ley Orgánica de Procedimientos Administrativos, siguiendo la orientación de las leyes similares de América Latina, establece una regulación detallada de los actos administrativos, estableciendo el proceso de su formación, los requisitos de validez, de carácter formal y de orden sustantivo, en particular, la competencia y la motivación de los mismos, su expresión formal expresa o tácita (silencio administrativo), el principio de su irrevocabilidad cuando creen o declaren derechos a favor de particulares, los vicios de nulidad que pueden afectarlos, y que sin embargo permiten su revisión en cualquier momento, aún de oficio, y los recursos para su reconsideración o su revisión jerárquica.

IV. EL ACTO ADMINISTRATIVO Y LOS RECURSOS EN VÍA ADMINISTRATIVA

Como se ha dicho, una de las regulaciones medulares de la Ley Orgánica de Procedimientos Administrativos, por supuesto, y siguiendo la orientación de todas las leyes similares dictadas en América Latina conforme al modelo de la Ley española de 1958, es la relativa a los actos administrativos, su formación, sus efectos, su ejecución y su control interno mediante los recursos administrativos.[201] En esta materia, las principales regulaciones de la Ley Orgánica se refieren a la previsión de un lapso para la adopción de las decisiones, lo que permite poder accionar contra la carencia administrativa; la regulación de los trámites procedimentales, garantizándose el derecho a la defensa (ac-

200 *V.* por ejemplo, Allan R. Brewer–Carías, *Las Instituciones Fundamentales del derecho administrativo y la Jurisprudencia venezolanas*, Universidad Central de Venezuela, Caracas 1964.

201 *V.* Allan R. Brewer–Carías, *El derecho administrativo y la Ley Orgánica de Procedimientos Administrativos*, Editorial Jurídica Venezolana, Caracas, 1982, pp. 133. y ss.

ceso al expediente; pruebas; notificaciones; recursos); los vicios de nulidad absoluta de los actos administrativos (vicios de orden público o de pleno derecho), como la incompetencia manifiesta, la ausencia absoluta y total de procedimiento, o los vicios en el objeto; y las regulaciones sobre la ejecución forzosa de los actos administrativos, mediante multas. En Venezuela, salvo mediante dichas multas pecuniarias, la Administración Pública no puede sin embargo afectar el patrimonio de los administrados, sino acudiendo a la vía judicial.

Pero al igual que en la generalidad de los países iberoamericanos, el tema medular respecto de los actos administrativos, por supuesto, y particularmente a los efectos de asegurar su control judicial por los órganos de la jurisdicción contencioso–administrativa, es el de su definición, o más propiamente, el de su caracterización particularmente entre los diversos actos estatales.

Conforme al antes mencionado principio que tiene rango constitucional en Venezuela, de la formación del derecho por grados partiendo de la Constitución, puede decirse que toda la actividad administrativa es, ante todo, desde el punto de vista formal, una actividad que siempre es de carácter sublegal, es decir, de ejecución directa e inmediata de la legislación (así las leyes reglamentarias correspondientes no se hayan dictado) y de ejecución indirecta y mediata de la Constitución. Por supuesto, también las actividades judiciales son siempre de carácter sublegal, siendo la diferencia entre una y otra de carácter orgánico, en el sentido que las actividades judiciales siempre las realizan órganos autónomos e independientes en ejecución de la función jurisdiccional, como lo son los órganos que ejercen el Poder Judicial.

Ahora bien, conforme a lo anteriormente expuesto, tanto desde el punto de vista formal como orgánico, esas actividades administrativas pueden distinguirse de las otras actividades estatales, en particular de las legislativas, de gobierno y judiciales.

En efecto, la actividad legislativa está conformada por los actos legislativos, que son las leyes (arts. 187,1 y 203) y los actos parlamentarios sin forma de ley (actos privativos e *interna corporis*) (art. 187). Las leyes, incluso, son formalmente definidas en la Constitución, como los actos sancionados por la Asamblea Nacional como cuerpo legislador (Art. 203). También pueden considerarse como actos legislativos los decretos leyes o decretos con fuerza de ley, dictados por el Presidente de la República previa autorización por una ley habilitante (arts. 203; 236, 8). Todos estos actos legislativos son actos de ejecución directa e inmediata de la Constitución, incluso en los casos de los decretos ley; y su definición es tanto orgánica como formal: orgánica, pues se definen según el órgano que los dicta; y formal, por la graduación que tienen en el ordenamiento jurídico, de ser actos dictados en ejecución directa e inmediata de la Constitución o de rango de ley. Todos estos actos estatales están sometidos al control judicial constitucional que corresponde a la Jurisdicción Constitucional (Sala Constitucional del Tribunal Supremo de Justicia).

Los actos del gobierno, por su parte, como se dijo, son los actos dictados por el Presidente de la República en ejercicio sólo de atribuciones constitucionales, y que por ello, no pueden estar regulados o limitados por la Asamblea Nacional mediante leyes. Es el caso, por ejemplo, del nombramiento del Vicepresidente Ejecutivo, de la concesión de indultos, de la convocatoria de la Asamblea Nacional a sesiones extraordinarias, y de la disolución de la Asamblea Nacional (Art. 236,3,9,19,21). Los actos de gobierno también son actos de ejecución directa e inmediata de la Constitución, y su definición es tanto orgánica como formal: orgánica, pues se definen según el órgano que los dicta; y formal, por la graduación que tienen en el ordenamiento jurídico, de ser actos dictados en ejecución directa e inmediata de la Constitución. Por ello están sometidos al control judicial constitucional por parte de la Jurisdicción Constitucional (Sala Constitucional del Tribunal Supremo de Justicia).

Los actos judiciales y más propiamente, las sentencias, también se definen por el elemento orgánico y el formal: son actos que sólo pueden emanar de los Tribunales, y tienen unos efectos precisos de verdad legal definidos en el ordenamiento y derivados del valor de cosa juzgada. Se trata, siempre, de actos de carácter sublegal, es decir, dictados en ejecución directa e inmediata de la ley e indirecta y mediata de la Constitución, correspondiendo su control a los propios tribunales, incluyendo el control de casación ante las Salas de Casación del Tribunal Supremo de Justicia.

En la definición de los actos legislativos, de gobierno y judiciales, por lo tanto, hay una identificación entre órgano y acto, además de criterios formales derivados de la formación del derecho por grados, y no necesariamente se definen según criterios materiales o derivados de la función que se ejerce al dictarlos. Por ejemplo, los actos legislativos pueden no tener contenido normativo; y pueden haberse dictado en ejercicio de funciones administrativas o de gobierno; y los actos de gobierno, pueden en cambio tener contenido normativo.

En cambio, en la definición de la actividad administrativa y, en particular, de los actos administrativos, los criterios anteriores no se pueden aplicar en forma lineal, pues estos no se pueden identificar ni orgánica ni funcionalmente: son dictados por los cinco grupos de órganos estatales que ejercen el Poder Público, y se pueden dictar en ejercicio de todas las funciones estatales. Así, tan acto administrativo es un reglamento dictado por cualquier órgano de la Administración Pública o por los Tribunales en ejercicio de la función normativa, como un acto de ejecución presupuestaria o de personal dictado por los órganos de la Administración Pública, los Tribunales o la Asamblea Nacional en ejercicio de la función administrativa; o un acto dictado por los órganos de la Administración Pública en ejercicio de la función jurisdiccional, al decidir una solicitud o un recurso administrativo.

La definición del acto administrativo, por tanto, en contraste con los otros actos estatales, requiere de una mezcla de criterios, dado el carácter heterogéneo de los mismos:[202] Se emplea el criterio orgánico, al identificar como actos administrativos los actos emanados de la Administración Pública como complejo orgánico en ejercicio de las funciones normativa, jurisdiccional o administrativa del Estado. Se utiliza el criterio material, al identificar como actos administrativos los actos dictados por los Tribunales en ejercicio de las funciones administrativa y normativa, los actos dictados por la Asamblea Nacional en ejercicio de funciones administrativas, e incluso, los dictados por entidades privadas autorizadas por ley en ejercicio de funciones normativas y administrativas; y en todo caso, conforme al criterio formal, siempre que se trate de actos de carácter sub–legal, es decir, dictados en ejecución directa e inmediata de la legislación e indirecta y mediata de la Constitución, razón por la cual están sometidos al control judicial por parte de la jurisdicción Contencioso Administrativa (Art. 259, Constitución).

En todo caso, respecto de los actos administrativos, rige el principio de la autotutela, en el sentido de que la Administración Pública puede revisar sus propios actos, corregir

---

202 *V.* en general, Allan R. Brewer–Carías, "El problema de la definición del derecho administrativo" en *Libro Homenaje al profesor Eloy Lares Martínez,* Tomo I, Universidad Central de Venezuela, Caracas 1984, pp. 25–78.

errores materiales e incluso revocarlos, siempre que no hayan creado o declarado derechos a favor de particulares. Los vicios de nulidad absoluta de los actos administrativos, taxativamente enumerados en la Ley Orgánica de Procedimientos Administrativos (Art. 19.: por ejemplo, incompetencia manifiesta, ausencia absoluta de procedimiento, vicio en el objeto), sin embargo, conforme a la propia ley Orgánica (Art. 83), pueden motivar su revisión en cualquier tiempo, incluso de oficio, siempre garantizándose el debido procedimiento administrativo.

Además, los administrados pueden requerir el control de la legalidad y de la oportunidad de los mismos ante la propia Administración Pública mediante el ejercicio de los recursos administrativos tradicionales, es decir, del recurso jerárquico (o de apelación ante el superior jerárquico), del recurso de reconsideración (que se ejerce ante la misma autoridad que dictó el acto) y del recurso de revisión (ante el superior jerárquico por hechos sobrevenidos) regulados todos en la Ley Orgánica de Procedimientos Administrativos. Estos recursos administrativos permiten a los interesados exigir el control de la legalidad de los actos dentro de la propia Administración, además de que les permite exigir un control y revisión de la oportunidad de los actos cuestionados. Es decir, en el ámbito administrativo puede decirse que además de la garantía de la legalidad, existe la garantía del control de la oportunidad o inoportunidad de una actuación administrativa.

Por último, en relación con los actos administrativos, además de aquéllos con efectos particulares, están los que tienen efectos generales, es decir, contenido normativo. Entre estos últimos, están los Reglamentos que en Venezuela son actos administrativos.

En relación con los reglamentos rige, por supuesto, el principio de la reserva legal establecido en la Constitución, como consecuencia del cual, el artículo 87 de la Ley Orgánica de la Administración Pública dispone que los reglamentos no pueden regular materias objeto de reserva de ley, ni infringir normas con dicho rango. Además, sin perjuicio de su función de desarrollo o colaboración con respecto a la ley, los reglamentos no pueden tipificar delitos, faltas o infracciones administrativas, establecer penas o sanciones, así como tributos, cánones u otras cargas o prestaciones personales o patrimoniales de carácter público.

Además, conforme al artículo 88 de la LOAP, la elaboración de los reglamentos de leyes debe ajustarse obligatoriamente al siguiente procedimiento:

1. La iniciación del procedimiento de elaboración de un reglamento se debe llevar a cabo por el ministerio competente según la materia, mediante la elaboración del correspondiente proyecto, al que se debe acompañar un informe técnico y un informe sobre su impacto o incidencia presupuestaria.
2. A lo largo del proceso de elaboración se debe recabar, además de los informes, los dictámenes correspondientes y cuantos estudios y consultas se estimen convenientes para garantizar la eficacia y la legalidad del texto.
3. Elaborado el texto se debe someter a consulta pública para garantizar el derecho de participación de las personas, de conformidad con lo dispuesto en los artículos 138 y siguientes de la propia Ley Orgánica. Durante el proceso de consulta las personas, directamente o a través de las comunidades organizadas, pueden presentar propuestas y formular opiniones sobre la gestión de los órganos y entes de la Administración Pública, así como participar en la elaboración de los instrumentos de contenido normativo (art. 138).
4. Aprobado el reglamento por el Presidente de la República en Consejo de Ministros, entrará en vigencia con su publicación en la Gaceta Oficial de la República, salvo que el mismo disponga otra cosa.

Lo importante de este régimen de consulta pública, es que la ley orgánica es que conforme al artículo 140 de la misma Ley Orgánica, se prohíbe a los órganos o entes públicos aprobar normas o remitir a otra instancia proyectos normativos que no sean sometidos a consulta pública, sancionándose como nulas de nulidad absoluta, las normas que sean aprobadas por los órganos o entes públicos o propuestas por éstos a otras instancias sin que hayan sido consultadas según el procedimiento establecido (Art. 140).

V. LOS CONTRATOS DEL ESTADO Y EL CONTRATO ADMINISTRATIVO

1. Los contratos de interés público

En materia de contratos del Estado, en la Constitución de 1999, como en tantas otras materias, puede decirse que se consolidó un importante proceso de constitucionalización del derecho administrativo de los contratos públicos.[203] En dicho texto, en efecto, en relación con los contratos públicos o contratos de la Administración, se regulan los contratos celebrados por las personas jurídicas *estatales*; denominándolos como "contratos de interés público," expresión equivalente en general a la de contratos públicos, del Estado o estatales.[204]

En efecto, en la sección cuarta relativa a "De los contratos de interés público" del Capítulo I "Disposiciones fundamentales" del Título IV "Del Poder Público" de la Constitución, se regula el régimen de los mismos, de manera que la denominación genérica comprende tres especies de contratos, de acuerdo con el sistema constitucional de distribución vertical del Poder Público: contratos de interés público *nacional*, contratos de interés público *estadal* y contratos de interés público *municipal* (art. 150), los cuales son los suscritos, respectivamente, por los tres órdenes de personas jurídicas estatales mencionadas (la República, los Estados y los Municipios), las cuales, en general, ejercen el Poder Público en sus tres niveles territoriales, respectivamente.

En consecuencia, todos los contratos tanto de interés nacional, como de interés estadal o municipal, son, por supuesto, contratos de "interés público" (artículo 150, 151) en el mismo sentido que la noción de Poder Público (Título IV de la Constitución) comprende al Poder Nacional, a los Poderes de los Estados y al Poder Municipal.[205]

En consecuencia un contrato de interés público nacional, es aquél que interesa al ámbito nacional (en contraposición al ámbito estadal o municipal), porque ha sido celebrado por una persona jurídica estatal nacional, de derecho público (la República o un instituto público) o de derecho privado (empresa del Estado). Por tanto, no serán contratos de interés público *nacional* aquéllos que son de interés público estadal o municipal,

---

203 *V.* Allan R. Brewer–Carías, "Algunos aspectos del proceso de constitucionalización del Derecho administrativo en Venezuela", en *V Jornadas internacionales de Derecho Administrativo Allan Randolph Brewer Carías, Los requisitos y vicios de los actos administrativos,* FUNEDA, Caracas, 2000, pp. 21 a 37.

204 . *V.* Allan R. Brewer–Carías, *Contratos Administrativos*, Editorial Jurídica Venezolana, Caracas, 1992, pp. 28 y ss.

205 *V.* Allan R. Brewer–Carías, *El Poder Público: Nacional, Estadal y Municipal,* Tomo II, *Instituciones Políticas y Constitucionales*, Universidad católica del Táchira, Editorial Jurídica Venezolana, Caracas–San Cristóbal, 1996, pp. 11 y ss.

celebrados por personas jurídicas estatales de los Estados o de los Municipios, incluyendo los institutos públicos y empresas del Estado de esas entidades político–territoriales.[206]

2. La superada noción de "contratos administrativos"

La noción de "contrato administrativo", en cambio, no tiene rango constitucional en Venezuela y legalmente sólo se había utilizado hasta 2010, en la Ley Orgánica del Tribunal Supremo de Justicia a los efectos de atribuir competencia al órgano de mayor jerarquía de la Jurisdicción Contencioso Administrativa (la Sala Político Administrativa del Tribunal Supremo) para conocer de las controversias relativas a los mismos. En ausencia de una ley general sobre contratos del Estado o sobre contratos administrativos, ello originó en el pasado, por supuesto, una intensa actividad jurisprudencial y doctrinal tendiente a identificar dichos contratos administrativos, los cuales en definitiva se enmarcaron por su objeto vinculado a la prestación de un servicio público o a las obras públicas o por la inclusión en los mismos de las llamadas cláusulas exorbitantes del derecho común.

El problema central, en esta materia para la determinación de qué debía entenderse por contrato administrativo, había girado en torno a la distinción entre contratos administrativos y contratos de derecho privado de la Administración; la cual si bien parecía haberse superado definitivamente en Venezuela, fue desde 1976 en la derogada Ley Orgánica de la Corte Suprema de Justicia al haber atribuido expresa y exclusivamente a la Sala Político–Administrativa de la Corte Suprema de Justicia (Art. 42, Ord. 14) la competencia referida en materia de "contratos administrativos".

A pesar de dicha norma y de su equivalente en la también derogada Ley Orgánica del Tribunal Supremo de Justicia de 2004[207] (Art. 5, párrafo 1°,25), sin embargo, estimamos que la distinción no tenía sustantividad firme, ya que no había ni puede haber contratos de derecho privado de la Administración, regidos exclusivamente por el derecho privado, que excluyan el conocimiento de los mismos a la jurisdicción contencioso–administrativa.[208] En realidad, todos los contratos que celebra la Administración están sometidos en una forma u otra al derecho público y a todos se les aplica también el derecho privado, teniendo según su objeto, un régimen preponderante de derecho público

206 *V.* en general, Jesús Caballero Ortiz, "Los contratos administrativos, los contratos de interés público y los contratos de interés nacional en la Constitución de 1999", en *Estudios de Derecho Administrativo: Libro Homenaje a la Universidad Central de Venezuela,* Volumen I, Imprenta Nacional, Caracas, 2001, pp. 139–154; Allan R. Brewer–Carías, "Los contratos de interés público nacional y su aprobación legislativa" en *Revista de Derecho Público,* N° 11, Caracas, 1982, pp. 40 a 54; Allan R. Brewer–Carías, *Contratos Administrativos,* Caracas, 1992, pp. 28 a 36; Allan R. Brewer–Carías, *Debate Constituyente (Aportes a la Asamblea nacional Constituyente),* Tomo II, *op. cit.,* p. 173.

207 *V.* Ley Orgánica del Tribunal Supremo de Justicia (*Gaceta Oficial* N° 37.042 de 19–05–2004. *V.* en general en Allan R. Brewer–Carías, *Ley Orgánica del Tribunal Supremo de Justicia,* Editorial Jurídica Venezolana, Caracas, 2004.

208. *V.* Allan R. Brewer–Carías, «La evolución del concepto de contrato administrativo» en *El Derecho Administrativo en América Latina, Curso Internacional,* Colegio Mayor de Nuestra Señora del Rosario, Bogotá 1978, pp. 143–167; *Jurisprudencia Argentina,* N° 5.076, Buenos Aires, 13–12–1978, pp. 1–12; *Libro Homenaje al Profesor Antonio Moles Caubet,* Tomo I, Facultad de Ciencias Jurídicas y Políticas, Universidad Central de Venezuela, Caracas, 1981, pp. 41–69; y Allan R. Brewer–Carías, *Estudios de Derecho Administrativo,* Bogotá, 1986, pp. 61–90; y «Evoluçao do conceito do contrato administrativo» en *Revista de Direito Publico* N° 51–52, Sao Paulo, julio–diciembre 1979, pp. 5–19.

o de derecho privado;[209] por lo que estimábamos que la distinción no tenía fundamento alguno, y menos cuando en Venezuela nunca ha habido dualidad de jurisdicciones (judicial y administrativa) que fue lo que en Francia fue el verdadero sustento de la distinción.[210]

Así como no puede haber acto unilateral dictado por los funcionarios públicos que no sea un acto administrativo, tampoco existen contratos celebrados por la Administración que no estén sometidos en alguna forma al derecho público, por lo que la terminología empleada en las ahora derogadas Leyes Orgánicas de la Corte Suprema de 1976 y del Tribunal Supremo de 2004, en realidad, a lo que habían conducido era a confusiones, contradicciones y dilaciones. Por ello pronto, no había demanda que se intentase en relación a contratos celebrados por la Administración en la cual no se plantease el problema de la competencia: si la demanda se intentaba ante la jurisdicción ordinaria, se alegaba la naturaleza administrativa del contrato; en cambio, si se intentaba ante el Tribunal Supremo de Justicia, se alegaba el carácter de derecho privado" del contrato.

Todo ello y la discusión sobre los contratos administrativos como categoría específica en los contratos del Estado puede decirse que desapareció, a eliminarse de la Ley Orgánica del Tribunal Supremo de 2010 la noción misma de contrato administrativo y no incluirse la misma en la ley Orgánica de la Jurisdicción Contencioso Administrativa de ese mismo año[211] para la delimitación de la competencia judicial; y además, al no haberse empleado la terminología en la Ley sobre Contrataciones Públicas de 2008, reformada en 2010.[212] Esta, en efecto, habla de contratos del Estado o contratos públicos, y en cuanto a la atribución de competencia entre los diversos tribunales de la Jurisdicción Contencioso Administrativa para conocer de controversias sobre contratos suscritos por entes públicos, la Ley Orgánica de la misma no establece distinción alguna entre contratos administrativos y otros que podrían no serlo, de manera que todas las demandas sobre contratos públicos son del conocimiento de los tribunales de la jurisdicción contencioso administrativas.

Por otra parte, debe recordarse que en la determinación de cuándo se estaba en presencia de un contrato administrativo o no, ello dependía en mucho del interés circunstancial de la Administración, pues además de que todo contrato que celebre tienen algún interés público envuelto o se celebra vinculado a un servicio público, las llamadas cláusulas exorbitantes del derecho común que caracterizan a los contratos administrativos, no necesitan estar expresas en el texto del contrato, sino que son inherentes a las potestades de la Administración y se presumen en los contratos estatales. Dependía, por tanto, del recurso que hiciera la Administración en un momento dado a estas cláusulas (por ejemplo, para rescindir el contrato), para que el contrato se calificara o no de administrativo, lo que hacía insegura la distinción. De allí, incluso las dudas y variaciones jurisprudenciales, particularmente con relación a contratos municipales de compra–venta

---

209. *V.* Allan R. Brewer–Carías, *Contratos Administrativos*, Caracas, 1992, pp. 46 y ss.; y "La interaplicación del derecho público y del derecho privado a la Administración Pública y el proceso de huída y recuperación del derecho administrativo" en *Las Formas de la Actividad Administrativa. II Jornadas Internacionales de Derecho Administrativo Allan Randolph Brewer–Carías*, Fundación de Estudios de Derecho Administrativo, Caracas, 1996, pp. 59 y ss.

210. *V.* Jesús Caballero Ortíz, "Deben subsistir los contratos administrativos en una futura legislación?", en *El Derecho Público a comienzos del siglo XXI. Estudios homenaje al Profesor Allan R. Brewer–Carías,* Tomo II, Instituto de Derecho Público, UCV, Editorial Civitas Ediciones, Madrid, 2003, pp. 1773 y ss.

211 *V.* Ley Orgánica de la Jurisdicción Contencioso Administrativa (*Gaceta Oficial* 39.451 de 22–6–2010)

212 *V.* Ley de Contrataciones Públicas en *Gaceta Oficial* N° 39.503 de 6–9–2010.

de inmuebles municipales, que llevó a la antigua Corte Suprema a considerarlos algunas veces como contratos administrativos[213] y otras veces como contratos de derecho privado.[214]

3. El régimen constitucional sobre los contratos públicos

En todo caso, la Constitución establece un conjunto de regulaciones relativas a todos los contratos del Estado, y que, por supuesto, se aplicaban también a los llamados contratos administrativos.

En cuanto a las incompatibilidades o prohibiciones, por ejemplo, la Constitución establece una prohibición general a los funcionarios públicos, más genéricamente, a quienes estén al servicio de los órganos de las personas estatales, de celebrar contrato alguno con ellas (art. 145). Además, el artículo 190 de la Constitución prohíbe a los diputados a la Asamblea Nacional ser propietarios, administradores o directores de empresas que contraten con personas jurídicas estatales.

Por otra parte, la Constitución de 1999 regula en algunas normas especificas la posibilidad de contratos de interés público inter–gubernamentales o interadministrativos, es decir, celebrados ente personas jurídicas estatales. Los primeros serían aquéllos que se celebran entre la República y los Estados o Municipios, o entre éstos, y que, por lo general, derivan de los procesos de descentralización política y, en particular, de transferencia de competencias entre los entes territoriales.

En efecto, el artículo 157 de la Constitución establece que la Asamblea Nacional, por mayoría de sus integrantes, puede atribuir a los Municipios o a los Estados determinadas materias de la competencia nacional, a fin de promover la descentralización. Con fundamento en una norma similar que estaba en la Constitución de 1961, en 1989 se dictó la Ley Orgánica de Descentralización, Delimitación y Transferencia de Competencias del Poder Público,[215] en la cual se regularon los contratos inter–gubernamentales que se debían celebrar entre la República y los Estados, precisamente, para el desarrollo de procesos de transferencia de competencias nacionales hacia los Estados y de asunción por éstos de las mismas.

La Constitución de 1999 regula, ahora, además, la posibilidad de que los Estados descentralicen y transfieran los servicios y competencias que gestionen a los Municipios, siempre que los mismos estén en capacidad de prestarlos, así como la administración de los respectivos recursos dentro de las áreas de competencias concurrentes entre ambos niveles territoriales del Poder Público (art. 165). Ello también puede dar origen a contratos intergubernamentales de orden local para materializar las transferencias y regular la gestión de las mismas.

Además, entre estos contratos de interés público intergubernamentales están los acuerdos de mancomunidad municipal, mediante los cuales los Municipios se pueden asociar para la realización de una actividad en común (art. 170). También están los con-

213. Sentencia de 11–08–83, *Revista de Derecho Público*, N° 16, Editorial Jurídica Venezolana, Caracas, 1983, p. 164.

214. Sentencia de 26–06–80, *Revista de Derecho Público*, N° 4, Editorial Jurídica Venezolana, Caracas, 1980, p. 146.

215 *V.* en *Gaceta Oficial* Extra. N° 4.153 de 28–12–1989. *V.* además, en Allan R. Brewer–Carías *et al.*, *Leyes y Reglamentos para la descentralización política de la Federación*, Colección Textos Legislativos, N° 11, Editorial Jurídica Venezolana, Caracas 1990.

tratos de interés público interterritoriales, es decir, aquéllos suscritos por los Municipios entre sí o entre la República y los Municipios o los Estados y los Municipios para fines de interés público. En tal sentido, el artículo 170 de la Constitución establece que los Municipios pueden "acordar entre sí o con los demás entes públicos territoriales, la creación de modalidades asociativas inter–gubernamentales para fines de interés público relativos a materias de su competencia". De ello deriva la posibilidad de contratos de interés público de carácter asociativo, Inter–gubernamentales.

Debe señalarse, por último, en relación con estos contratos intergubernamentales e interadministrativos, que la Constitución regula la competencia de la jurisdicción contencioso–administrativa para conocer de controversias derivadas de la ejecución de los mismos, así como las controversias administrativas que se susciten entre la República, algún Estado, Municipio u otro ente público, cuando la otra parte sea alguna de esas mismas entidades, como las que pueden resultar de un contrato intergubernamental. Estas controversias deben ser resueltas por el Tribunal Supremo de Justicia en Sala Político–Administrativa (art. 266,4). La Constitución, además, autoriza al legislador para atribuir la competencia jurisdiccional para resolver las controversias administrativas cuando se trate de controversias entre Municipios de un mismo Estado, a otros tribunales, por supuesto, de la jurisdicción contencioso administrativa (art. 259).

Otro específico de la constitucionalización del régimen de los contratos estatales se refiere al régimen del dominio público y de los servicios públicos, en el sentido de que la propia Constitución prevé el régimen de concesiones para la explotación de los bienes que sean "recursos naturales propiedad de la Nación", las cuales pueden ser otorgadas con exclusividad o sin ella, por tiempo determinado, y asegurando, siempre, la existencia de contraprestaciones o contrapartidas adecuadas al interés público" (art. 113). En cuanto a las concesiones mineras, en particular, se dispone en el artículo 156,16 de la Constitución que "el Ejecutivo Nacional no podrá otorgar concesiones mineras por tiempo indefinido"[216]. Todas estas concesiones, por supuesto, son contratos estatales. Por lo que se refiere a los servicios públicos, en los casos en los que se los regula de manera de permitir la actuación de los particulares sólo mediante concesión, como sucede en los casos de servicios públicos municipales o domiciliarios, rige el mismo principio constitucional antes indicado relativo a las concesiones establecido en el artículo 113.

La Constitución regula, además, otros contratos de interés público estadal y municipal al establecer los principios para que los Estados y los Municipios descentralicen y transfieran "a las comunidades y grupos vecinales organizados" los servicios que éstos gestionen, previa demostración de su capacidad para prestarlo (art. 184). A tal efecto, los Estados y Municipios deben promover la transferencia de servicios en materia de salud, educación, vivienda, deporte, cultura, programas sociales, ambiente, mantenimiento de áreas industriales, mantenimiento y conservación de áreas urbanas, prevención y protección vecinal, construcción de obras y prestación de servicios públicos. En todos estos casos, para lograr esos objetivos los Estados y Municipios pueden establecer convenios, es decir, celebrar contratos de interés público estadal o municipal con las comunidades y grupos vecinales organizados, cuyos contenidos deben estar orientados por los principios de interdependencia, coordinación, cooperación y corresponsabilidad (art. 184,1).

---

216 . *V.* Allan R. Brewer–Carías, "Prologo" sobre "El régimen constitucional aplicable a las concesiones de obras y servicios públicos", en Alfredo Romero Mendoza *et al.*, *Régimen Legal de las Concesiones Públicas*, Caracas 2000, pp. 9 a 16.

4. Las cláusulas obligatorias en los contratos públicos

Por otra parte, siguiendo la orientación de la Constitución de 1961, la Constitución de 1999 ha establecido la incorporación obligatoria y tácita en todos los contratos de interés público, de una serie de cláusulas, entre las cuales destacan las de inmunidad de jurisdicción y la llamada cláusula "Calvo"; y a ciertos de ellos, una cláusula de protección ambiental. Además, regula las cláusulas de temporalidad en las concesiones administrativas de explotación de recursos naturales, de servicios públicos y de carácter minero.

En cuanto a la cláusula de inmunidad de jurisdicción, el artículo 151 de la Constitución establece el principio de la inmunidad relativa en el sentido de que:

> En los contratos de interés público, si no fuere improcedente de acuerdo con la naturaleza de los mismos, se considerará incorporada, aun cuando no estuviera expresa, una cláusula según la cual las dudas y controversias que puedan suscitarse sobre dichos contratos y que no llegaren a ser resueltas amigablemente por las partes contratantes, serán decididas por los Tribunales competentes de la República, de conformidad con sus leyes...

Se trata, realmente, de una cláusula obligatoria en el sentido de que todo contrato que suscriba una persona jurídica estatal en los tres niveles territoriales del Poder Público e, incluso, en los niveles de descentralización funcional, deben contener esta cláusula cuyo objeto es, primero, asegurar que la interpretación, aplicación y ejecución de esos contratos debe someterse a la ley venezolana; y segundo, que las controversias y dudas que de ellos surjan deben también someterse al conocimiento de los tribunales venezolanos.[217]

En todo caso, en el citado artículo 151 de la Constitución de 1999, el régimen de la inmunidad jurisdiccional previsto se aparta del carácter absoluto tradicional que tenía en el siglo XIX, establecido originalmente en la Constitución de 1892 (art. 147), y como se ha dicho, encaja dentro de la llamada "inmunidad relativa de jurisdicción."[218] Por ello, la norma prescribe que la cláusula debe estar presente en todos los contratos de la Administración "si no fuere improcedente de acuerdo con la naturaleza de los mismos", lo que convierte la cláusula en una de inmunidad relativa de jurisdicción.[219] Esta relatividad de la inmunidad de jurisdicción deriva, en todo caso, de la naturaleza de la actividad del Estado o sus entes públicos regulada en el contrato, más que en su finalidad, que siempre es pública, admitiéndose la excepción al principio de la inmunidad basada por ejemplo, en el carácter comercial de las actividades que realice un Estado, sobre todo en el ámbito de las contrataciones internacionales. Con esta cláusula, en particular, encontró fundamento constitucional la posibilidad del arbitraje internacional conforme a la Ley de Promoción y Protección de Inversiones de 1999,[220] a la Ley Orgánica sobre

---

217 *V.* por ejemploAlfredo Morles H., "La inmunidad de Jurisdicción y las operaciones de Crédito Público" en *Estudios sobre la Constitución, Libro Homenaje a Rafael Caldera,* tomo III, Caracas, 1979, pp. 1.701 y ss.

218 Sobre la inclusión de esta cláusula en la Constitución de 1999, véase Allan R. Brewer–Carías, *Debate Constituyente (Aportes a la Asamblea Nacional Constituyente),* Tomo I, Fundación de Derecho Público, Caracas 1999, pp. 209 a 233; y *Debate Constituyente (Aportes a la Asamblea Nacional Constituyente),* Tomo II, Fundación de Derecho Público, Caracas 1999, pp. 174 y 175.

219 *V.* Allan R. Brewer–Carías, *Contratos Administrativos, cit.,* pp. 130 a 137.

220 *V.* Ley de Promoción y Protección de Inversiones, Decreto–Ley Nº 356 (*Gaceta Oficial* Extra. Nº 5.390 de 22–10–1999).

promoción de la inversión privada bajo el régimen de concesiones de 1999,[221] y con arreglo en los múltiples Tratados Bilaterales de protección de Inversiones suscritos por la República, básicamente en el marco del Convenio sobre arreglo de diferencias relativas a inversiones entre Estados y Nacionales de otros Estados (CIADI).[222]

Por supuesto, para la determinación de la naturaleza de los contratos no se pueden dar fórmulas universales. Por ejemplo, se han planteado discusiones sobre la naturaleza de tales contratos en materia de empréstitos públicos, tanto en el derecho financiero como en el derecho internacional. En todo caso, utilizando la vieja distinción entre actos de autoridad y actos de gestión, nadie podría afirmar que un contrato de empréstito público no sea un acto de autoridad ni un contrato de interés público. Por ello, dicho criterio no puede utilizarse para determinar la relatividad de la inmunidad de jurisdicción, pues la solución al problema no se puede basar en la consideración de si el Estado suscribe el contrato haciendo uso de su soberanía o de sus poderes públicos, o si son o no contratos de la Administración; sino en la naturaleza de las operaciones. En el caso de los empréstitos, sin duda, el juez llamado a conocer de un problema judicial en relación a ellos, debe conocer, en realidad, de cuestiones mercantiles y comerciales. Por eso, y con base en la excepción prevista en la Constitución, los contratos de empréstito no contienen las cláusulas de inmunidad de jurisdicción y, por tanto, están sometidos en su ejecución, la cual, además, en general, se produce fuera del país, a las leyes y tribunales donde se realiza la operación e, incluso, a tribunales arbítrales.

La segunda cláusula de carácter obligatorio, de rango constitucional regulada en el artículo 151 de la Constitución, reprodujo exactamente el texto del artículo 127 de la Constitución de 1961, y es la llamada cláusula "Calvo," que implica que en los contratos de interés público también se debe considerar incorporada una cláusula que establece que por "ningún motivo" ni causa, la ejecución de los mismos "puede dar origen a reclamaciones extranjeras."[223] El origen de esta cláusula se remonta a la Constitución de 1893 en la cual, al regularse los contratos de interés público, se señaló que los mismos en ningún caso podían ser motivo de reclamaciones internacionales. Esta cláusula establece, por tanto, la improcedencia de reclamaciones diplomáticas de Estados extranjeros contra el Estado venezolano, actuando aquellos Estados por cuenta de súbditos extranjeros, y parte del supuesto de que los extranjeros en el territorio del Estado venezolano se hallan en las mismas condiciones que los nacionales, por lo que si tienen alguna reclamación que formular cuando se puedan considerar lesionados, deben acudir únicamente a los tribunales nacionales. El objeto de la cláusula, en definitiva, es impedir que las divergencias que puedan surgir entre partes en un contrato estatal, en el cual una parte fuera un ciudadano extranjero, pudieran ser consideradas como de naturaleza internacional.

Con relación a las concesiones administrativas, como contratos estatales, también puede identificarse en el ordenamiento constitucional venezolano, otra cláusula de carácter obligatorio y que tiene su fundamento en el citado artículo 113 de la Constitución, que regula las concesiones para la explotación de recursos naturales propiedad de la Nación o para la prestación de servicios de naturaleza pública, las cuales sólo pueden

221 *V.* Ley Orgánica sobre promoción de la inversión privada bajo el régimen de concesiones, en *Gaceta Oficial* Extra. N° 5.394 de 25–10–1999.

222 *V. Ley Aprobatoria del Convenio sobre arreglo de diferencias relativas a inversiones entre Estados y Nacionales de otros Estados* (*Gaceta Oficial* N° 35.685 de 03–04–1995.

223 *V.* Allan R. Brewer–Carías, *Contratos Administrativos, cit.*, pp. 137 y ss.

otorgarse "por tiempo determinado." En el mismo sentido, el artículo 156,16 de la Constitución prohíbe el otorgamiento de "concesiones mineras por tiempo indefinido." Es evidente, por tanto, de acuerdo con estas normas, la posibilidad de que el Estado otorgue con carácter de exclusividad, concesiones para la explotación de bienes públicos o la prestación de servicios públicos por tiempo limitado. La temporalidad, así, puede considerarse como una característica de todas las concesiones por lo que las leyes especiales que las regulan prevén, en general, lapsos variables, pero siempre precisos, de duración de las mismas.

En este sentido, por ejemplo, las concesiones de servicios públicos municipales, de acuerdo con la Ley Orgánica de Régimen Municipal, sólo pueden tener un plazo máximo de 20 años;[224] y las concesiones para el aprovechamiento de las aguas, conforme a la Ley de Aguas deben tener una duración máxima de 20 años.[225] Asimismo, las concesiones de obras y servicios públicos previstas en la Ley Orgánica sobre Promoción de la Inversión Privada bajo el Régimen de Concesiones,[226] deben tener una duración máxima de 50 años. Por último, en cuanto a las concesiones mineras, la duración de las mismas de acuerdo a la Ley de Minas, es de 20 años prorrogable (art 25).[227]

Por otra parte, el artículo 129 de la Constitución exige la inclusión en los contratos que celebre la República (contratos de interés público nacional celebrados por la República), de una cláusula de protección ambiental[228] en los siguientes términos:

> En los contratos que la República celebre con personas naturales o jurídicas, nacionales o extranjeras, o en los permisos que se otorguen, que afecten los recursos naturales, se considerará incluida aún cuando no estuviere expresa, la obligación de conservar el equilibrio ecológico de permitir el acceso a la tecnología y la transferencia de la misma en condiciones mutuamente convenidas y de restablecer el ambiente a su estado natural si éste resultara alterado, en los términos que fije la ley.

Se debe destacar de esta norma, que se trata de una cláusula de protección ambiental constitucionalmente obligatoria sólo respecto de los contratos de interés público *nacional*, que celebre la República. En consecuencia, puede considerarse que no es obligatoria en los contratos de interés público estadal ni municipal, que celebren, por ejemplo, los Estados y Municipios; así como tampoco sería constitucionalmente obligatoria en los contratos de interés público nacional que celebren otras personas jurídicas estatales distintas a la República, como los institutos autónomos o empresas del Estado nacionales.

5. La aprobación legislativa en materia de contratos públicos

En cuanto a la aprobación legislativa de los contratos de interés público nacional, la Constitución de 1999, a propuesta nuestra[229], cambió radicalmente la previsión del artí-

---

224 *V.* Ley Orgánica del Poder Público Municipal (*Gaceta Oficial* N° 6.015 Extra. de 28–12–2010).

225 *V.* Ley de Aguas (*Gaceta Oficial* N° 38.595 de 02–01–2007.

226 *V.* Ley Orgánica sobre promoción de la inversión privada bajo el régimen de concesiones, en *Gaceta Oficial* Extra. N° 5.394 de 25–10–1999

227 *V. Ley de Minas,* Decreto–Ley N° 295 (*Gaceta Oficial* Extra. N° 5.382 de 28–09–1999)

228 *V.*, en general, Alberto Blanco–Uribe Quintero, "La tutela ambiental como derecho–deber del Constituyente. Base constitucional y principios rectores del derecho ambiental", en *Revista de Derecho Constitucional,* N° 6 (enero–diciembre), Editorial Sherwood, Caracas, 2002, pp. 31–64.

229 *V.* Allan R. Brewer–Carías, *Debate Constituyente (Aportes a la Asamblea nacional Constituyente),* Tomo II, *op. cit.,* pp. 175 a 177.

culo 126 de la Constitución de 1961, que materialmente sometía *todos* los contratos de interés público nacional a la aprobación legislativa, salvo las excepciones (contratos normales en el desarrollo de la Administración Pública y aquellos para los cuales la ley no establecía la aprobación legislativa) lo que terminó convirtiéndose en la regla. Por ello, el artículo 150 de la Constitución de 1999, siguiendo la orientación mencionada de la práctica legislativa e interpretativa, ahora se limita a señalar que "la celebración de los contratos de interés público nacional requerirá la aprobación de la Asamblea Nacional sólo *en los casos que determine la ley"*. En consecuencia, sólo cuando mediante ley se determine expresamente que un contrato de interés público nacional debe someterse a la aprobación de la Asamblea, ello se convierte en un requisito de eficacia del contrato (art. 182,9). Es el caso, por ejemplo, de los contratos para la formación de empresas mixtas para la explotación petrolera,[230] que es una industria que fue nacionalizada desde 1975.

Sin embargo, la Constitución exige la aprobación obligatoria por parte de la Asamblea Nacional, (art. 150; 187,9) solo respecto de los contratos de interés público (no sólo nacional, sino estadal o municipal) que se celebren con Estados o entidades oficiales extranjeras o con sociedades no domiciliadas en Venezuela, así como respecto de los traspasos de esos contratos a dichas entidades.

6. El régimen legal de los contratos públicos

En 2008 se sancionó por primera vez en el país, una Ley de Contrataciones Públicas, la cual ha sido reformada en 2010.[231] La misma, sin embargo, y a pesar de su denominación no regula universalmente la "contratación pública", es decir, toda la actividad contractual del Estado (los contratos del Estado o los contratos públicos) a cargo de las personas jurídicas estatales, tal y como sucede, por ejemplo, en términos generales, en España, sucesivamente con la Ley de Contratos del Estado (1965), la Ley de Contratos de las Administraciones Públicas (1995) o la Ley de Contratos del Sector Público (2007); y en Colombia, con la Ley de Contratos del Estado (1993).

La Ley, en efecto, no se configuró como cuerpo normativo general, destinado a regular todos los contratos del Estado celebrados por todas las personas jurídicas estatales, sino que se ha limitado su alcance, y está destinada, básicamente, a regular el procedimiento de selección de contratistas (licitación) y sólo respecto de ciertos (no todos) los contratos públicos. Por ello, la única Ley precedente que se derogó expresamente con la nueva Ley fue la vieja Ley de Licitaciones,[232] por lo que en su parte medular, sigue siendo un cuerpo normativo destinado a regular el régimen de selección de contratistas (arts. 36 a 92) en ciertos contratos públicos. Sin embargo, a las tradicionales previsiones de la Ley de Licitaciones sobre selección de contratistas, la nueva Ley agregó, un nuevo Título general sobre la "Contratación" (art. 93 a 131), con normas que deben regir respecto de todos los contratos del Estado que caen dentro del ámbito de aplicación que

---

230 *V.* Ley Orgánica de Hidrocarburos (*Gaceta Oficial* N° 38.493 de 4–8–2006).

231 *V.* Ley de Contrataciones Públicas, Decreto Ley N° 5.929 de 11–03–2008 en *Gaceta Oficial* N° 38.895 de 25–03–2008. *V.* el texto de la reforma de 2010 en *Gaceta Oficial* N° 39.503 de 6–9–2010.

232 Decreto Ley N° 1555 de fecha 13 de noviembre de 2001, *Gaceta Oficial* N° 5556 de 13–11–2001. *V.* sobre dicha Ley los comentarios que hicimos en Allan R. Brewer–Carías, "El régimen de selección de contratistas en la Administración Pública y la Ley de Licitaciones" en *Revista de Derecho Público*, N° 42, Editorial Jurídica Venezolana, Caracas, abril–junio 1990, pp. 5–25.

son solamente los destinados a la "adquisición de bienes, prestación de servicios y ejecución de obras" (art. 1), suscritos por personas jurídicas estadales, a las cuales la Ley ha agregado a los Consejos Comunales. Pero incluso, respecto de los contratos sometidos a la normativa legal, la propia Ley excluye a aquellos celebrados "en el marco del cumplimiento de acuerdos internacionales de cooperación entre la República Bolivariana de Venezuela y otros Estados, incluyendo la contratación con empresas mixtas constituidas en el marco de estos convenios" (art. 4); y respecto de las previsiones específicas en materia de "selección de contratistas," la ley excluye a los contratos para la prestación de servicios profesionales y laborales; para la prestación de servicios financieros; para la adquisición y arrendamiento de bienes inmuebles; para la adquisición de obras artísticas, literarias o científicas; para "las alianzas comerciales y estratégicas" para la adquisición de bienes y prestación de servicios entre personas naturales o jurídicas y los órganos o entes contratantes; para los servicios básicos indispensables para el funcionamiento del órgano o ente contratante; y para la adquisición de bienes, la prestación de servicios y la ejecución de obras, encomendadas a los órganos o entes de la administración pública (art. 5).

Con estas exclusiones y ámbito reducido, se trata en todo caso, como se dijo, de una Ley reguladora básicamente del proceso de selección de contratistas, con normas generales respecto, entre otros aspectos, los poderes de la Administración para controlar los contratos (art. 95), en especial, respecto de los contratos de obra (arts. 112–115); los poderes de modificación de los contratos y el régimen de variación de precios y ajustes contractuales (arts. 106–111); el régimen de la nulidad de los mismos (art. 99), las garantías de cumplimiento, (arts. 99–102), y el régimen de los anticipos (arts. 103–105); el régimen de los pagos (arts. 116–119), el régimen de la terminación de los contratos (arts. 120–127), y las causas de rescisión unilateral de los contratos (arts. 127–129); y finalmente, el régimen sancionatorio (arts. 130–131).

VI. EL DERECHO ADMINISTRATIVO SANCIONADOR

La más importante de las garantías constitucionales, además del acceso a la justicia y el derecho a la tutela judicial efectiva, es que la justicia y en general, la función jurisdiccional se ejerza e imparta de acuerdo con las normas establecidas en la Constitución y las leyes, es decir, en el curso de un debido proceso, cuyos principios conforme se establece expresamente en la misma Constitución, se aplican no sólo en las actuaciones judiciales sino administrativas. Ello tiene, en consecuencia, una importante repercusión en relación con la potestad sancionadora de la Administración, la cual necesariamente está sometida a las garantías del debido proceso.

Estas garantías al debido proceso[233], además, se han regulado detalladamente en el artículo 49, y han sido analizadas extensamente por el Tribunal Supremo de Justicia,

233 *V.* en general, Antonieta Garrido de Cárdenas, "La naturaleza del debido proceso en la Constitución de la República Bolivariana de Venezuela de 1999", en *Revista de Derecho Constitucional,* N° 5 (julio–diciembre), Editorial Sherwood, Caracas, 2001, pp. 89–116; Antonieta Garrido de Cárdenas, "El debido proceso como derecho fundamental en la Constitución de 1999 y sus medios de protección", en *Bases y principios del sistema constitucional venezolano (Ponencias del VII Congreso Venezolano de Derecho Constitucional realizado en San Cristóbal del 21 al 23 de Noviembre de 2001),* Volumen I, pp. 127–144.

calificándoselas como una "garantía suprema dentro de un Estado de Derecho"[234], de manera que "cualquiera sea la vía escogida para la defensa de los derechos o intereses legítimos, las leyes procesales deben garantizar la existencia de un procedimiento que asegure el derecho de defensa de la parte y la posibilidad de una tutela judicial efectiva"[235].

En particular, en relación con el procedimiento sancionatorio, la jurisprudencia ha precisado las siguientes garantías derivadas del debido proceso: el derecho a que la decisión se adopte por el órgano competente (en materia judicial, el Juez natural: numeral 4 del artículo 49); el derecho a la presunción de inocencia (numeral 2 del artículo 49); el derecho a la defensa y a ser informado de los cargos formulados (numeral 1 del artículo 49); el derecho a ser oído (numeral 3 del artículo 49); el derecho a un procedimiento sin dilaciones indebidas (numeral 8 del artículo 49); el derecho a utilizar los medios de prueba pertinentes para su defensa (numeral 1 del artículo 49); el derecho a no confesarse culpable y no declarar contra sí misma (numeral 5 del artículo 49); y el derecho a la tutela efectiva de los derechos e intereses del procesado (artículo 26 de la Constitución)[236].

Aplicados los principios del artículo 49 de la Constitución a los procedimientos administrativos sancionatorios, resulta entonces el siguiente régimen:

El ordinal 1° del artículo 49 comienza por establecer no sólo el derecho a la *defensa,* sino a la *asistencia jurídica* (de abogado) los que considera como derechos inviolables en *todo estado y grado* de la investigación y del procedimiento. Adicionalmente, precisa que toda persona tiene derecho a ser notificada de los cargos por los cuales se la investiga, de *acceder a las pruebas* y de *disponer del tiempo* y de los medios adecuados para ejercer su *defensa.*

En particular, en relación con el derecho a la defensa el mismo ha sido amplio y tradicionalmente analizado por la jurisprudencia destacándose, por ejemplo, que:

> En cuanto al procedimiento de determinación e imposición de sanciones por ilícitos tributarios, el derecho a la defensa se concreta en el derecho de los sujetos pasivos de la relación tributaria a ser debidamente notificados de cualquier acto administrativo que afecten sus derechos subjetivos o sus intereses particulares legítimos y directos; en la oportunidad que tiene el administrado para formular los descargos que le permita desvirtuar lo imputado por la Administración en el acta fiscal debidamente notificada; en el derecho del contribuyente o responsable para promover y controlar, en tiempo oportuno, la producción de cualquier prueba razonable y legalmente pertinente, antes de que la Administración adopte la decisión final sobre el fondo del asunto debatido; en el derecho a tener el libre acceso al expediente administrativo; en el derecho a conocer oportunamente las razones de hecho y de derecho que fundamentan el acto administrativo determinativo o sancionatorio, lo cual le permitirá accionar ante los organismos competentes; y en poder impugnar en la vía administrativa o judicial un acto administrativo emitido por la Administración tributaria, que afecte, en cualquier forma, sus derechos como contribuyente o responsables[237].

Por otra parte, ha sido por la prevalencia del derecho a la defensa que la Sala Constitucional, siguiendo la doctrina constitucional establecida por la antigua Corte Suprema

---

234 *V.* sentencia N° 123 de la Sala Constitucional (Caso: *Sergio J. Meléndez*) de 17 de marzo de 2000, en *Revista de Derecho Público*, N° 81, (enero–marzo), Editorial Jurídica Venezolana, Caracas 2000, p. 143.

235 *V.* sentencia de la sala Constitucional N° 97 de 15 de marzo de 2000 (Caso: *Agropecuaria Los Tres Rebeldes* en *Revista de Derecho Público,* N° 81, (enero–marzo), Editorial Jurídica Venezolana, Caracas 2000, p. 148.

236 *V.* sentencia N° 224 de 24–02–2000, *idem*, pp. 136 y ss.

237 *V.* la sentencia N° 1643 de 1° de diciembre de 1999, de la Sala Político Administrativa de la antigua Corte Suprema de Justicia en *Revista de Derecho Público,* N° 79–80, Editorial Jurídica Venezolana, Caracas 1999, p. 232

de Justicia[238], ha desaplicado normas que consagran el principio *solve et repete*, como condición para acceder a la justicia contencioso–administrativa, por considerarlo inconstitucional[239].

En la Constitución de 1999, además, en forma explícita se estableció el principio de que "Toda persona se presume inocente mientras no se pruebe lo contrario" (ordinal 2° del artículo 49), conforme al cual "una persona acusada de una infracción, no puede ser considerada culpable hasta que así lo declare una decisión condenatoria precedida de un procedimiento suficiente para procurar su dimanación. El particular tiene entonces derecho a ser presumido inocente, lo que equivale a que su eventual condena sea precedida por "una actividad probatoria suficiente con la participación del acusado y con una adecuado razonamiento del nexo causal entre la norma y la situación concreta, sin que base la mera sospecha o conjetura"[240].

El ordinal 3° del artículo 49, regula además, el derecho de toda persona a ser oída en cualquier clase de proceso, con las debidas garantías y dentro del plazo razonable determinado legalmente, por el órgano administrativo competente e imparcial establecido con anterioridad. Este derecho comprende por supuesto, el derecho de formular alegatos y presentar pruebas en el procedimiento.

De acuerdo con el mismo artículo 49,1 de la Constitución, como parte del debido procedimiento se establece la garantía fundamental en materia probatoria, conforme a la cual se consideran como nulas *las pruebas* obtenidas mediante violación del debido proceso.

El mismo artículo 49,1 de la Constitución, también como manifestación del derecho a la defensa consagra el derecho de toda persona declarada culpable a recurrir de la decisión sancionatoria, con lo que se regula el derecho a la doble instancia que consiste en la efectiva posibilidad de revisión de las decisiones dictadas con ocasión de un procedimiento, esto es, de someter una la decisión al conocimiento posterior de un órgano de mayor jerarquía en la pirámide organizativa de la Administración. Con esta disposición, adquiere rango constitucional el derecho al recurso jerárquico en los procedimientos administrativos.

El ordinal 6° del artículo 49 recoge el principio tradicional de que ninguna persona puede ser sancionada por actos u omisiones que no fueren previstos como delitos, faltas o infracciones en leyes preexistentes; principio que por supuesto es aplicable a los procedimientos sancionatorios.

Además, en materia sancionatoria también tiene rango constitucional el principio *non bis in idem* que recoge el ordinal 7° del artículo 49 de la Constitución, al establecer que ninguna persona puede ser sometida a un procedimiento sancionatorio por los mismos hechos en virtud de los cuales hubiese sido sancionado anteriormente.

---

238 *V.* en Allan R. Brewer–Carías, *La justicia contencioso–administrativa,* Tomo VII, *Instituciones Políticas y Constitucionales, cit.*, pp. 196 y ss.

239 *V.* la sentencia de la Sala Constitucional N° 321 de 22 de febrero de 2002 (Caso: *Papeles Nacionales Flamingo, C.A. vs. Dirección de Hacienda del Municipio Guácara del Estado Carabobo)* en *Revista de Derecho Público,* N° 89–92, Editorial Jurídica Venezolana, Caracas 2002.

240 *V.* sentencia de la Corte Primera de lo Contencioso Administrativo N° 315 de 19 de marzo de 2001, en *Revista de Derecho Público,* N° 85–88, Editorial Jurídica Venezolana, Caracas 2001, pp. 103 y ss.

VII. LA DISCRECIONALIDAD ADMINISTRATIVA

La discrecionalidad se da, como lo ha señalado la jurisprudencia venezolana, cuando el ordenamiento jurídico le otorga al funcionario cierta libertad para elegir entre uno y otro curso de acción, para hacer una u otra cosa, o hacerla de una u otra manera, apreciando la oportunidad o conveniencia de la medida a tomarse[241]. En los casos de ejercicio de poderes discrecionales, es la ley la que permite a la Administración apreciar la oportunidad o conveniencia del acto según los intereses públicos, sin predeterminar cuál es la situación de hecho. En esos casos, la Administración tiene la elección, sea de las circunstancias ante las cuales dictará el acto, sea del acto que se dictará ante una situación de hecho, por lo que es posible afirmar que "la potestad discrecional es más una libertad de elección entre alternativas igualmente justas"[242].

Por ello, en algunas de las leyes de procedimientos administrativos se ha regulado el ejercicio de la potestad discrecional, entendida como la posibilidad que da la ley al funcionario de adoptar decisiones según su apreciación de la oportunidad y conveniencia, pudiendo normalmente adoptar varias decisiones que de acuerdo a la apreciación de los hechos y a la finalidad de la norma, todas, si se aplican, podrían ser igualmente justas.

En todo caso, si algo ha caracterizado al derecho administrativo en las últimas décadas en todos los países iberoamericanos, es el proceso de redefinición del ámbito de la discrecionalidad y de limitación de la misma. Este puede decirse que es el signo común del derecho administrativo y, en particular, de las leyes de procedimiento administrativo.

El esfuerzo de la doctrina y de la jurisprudencia de las últimas décadas ha consistido, entonces, en deslastrar a los funcionarios de ciertas áreas de actuación que antes se consideraban como parte del poder discrecional y que, progresivamente, se han ido eliminando de dicho ámbito, como es el caso de la utilización de "conceptos jurídicos indeterminados" en la atribución de competencias. Como lo precisó la Sala Político–Administrativa de la antigua Corte Suprema de Justicia de Venezuela, al distinguir los conceptos jurídicos indeterminados, de las llamadas potestades discrecionales:

> "Mientras éstas dejan al funcionario la posibilidad de escoger según su criterio una entre varias soluciones justas, no sucede lo mismo cuando se trata de la aplicación de un concepto jurídico indeterminado. Se caracterizan estos últimos por ser conceptos que resulta difícil delimitar con precisión en su enunciado, pero cuya aplicación no admite sino una sola solución justa y correcta, que no es otra que aquélla que se conforme con el espíritu, propósito y razón de la norma. La aplicación del concepto jurídico indeterminado por la Administración Pública constituye una actividad reglada y por consiguiente sujeta al control de legalidad por parte del órgano jurisdiccional competente"[243].

Por otra parte, en la Ley Orgánica de Procedimientos Administrativos debe destacarse el esfuerzo por establecer límites a la discrecionalidad, en el artículo 12 al disponer que

---

241 *V.* Allan R. Brewer–Carías, "Los límites a la actividad discrecional de las autoridades administrativas", en *Ponencias Venezolanas al VII Congreso Internacional de Derecho Comparado* (*Uppsala, agosto 1966*), publicaciones del Instituto de Derecho Privado, Facultad de Derecho, Universidad Central de Venezuela, Caracas 1966, pp. 255–279; en *Revista de la Facultad de Derecho*, N° 2, Universidad Católica Andrés Bello, Caracas 1966, pp. 9–35; y en *Jurisprudencia de la Corte Suprema 1930–1974 y Estudios de Derecho Administrativo, Tomo I: El Ordenamiento Constitucional y Funcional del Estado*, Caracas 1975, pp. 15–41.

242 Corte Primera de lo Contencioso Administrativo, sentencia de 1–6–2001.

243 *V.* sentencia N° 100 de 19–05–83 en *Revista de de Derecho Público,* N° 34, Editorial Jurídica Venezolana, Caracas, 1988, p. 69.

"Aún cuando una disposición legal o reglamentaria deje alguna medida o providencia a juicio de la autoridad competente, dicha medida o providencia deberá mantener la debida proporcionalidad y adecuación con el supuesto de hecho y con los fines de la norma, y cumplir los trámites, requisitos y formalidades necesarios para su validez y eficacia".

En todo caso, con enunciados de esta naturaleza en una ley de procedimiento administrativo, sin duda el juez contencioso administrativo dispone de efectivas herramientas para controlar la legalidad de la actuación de la Administración, más allá de los aspectos formales de tal actuación.

VIII. EL CONTROL JUDICIAL DE LA ADMINISTRACIÓN

1. El control judicial de la constitucionalidad y legalidad de los actos estatales

Conforme al sistema establecido en la Constitución venezolana, todos los actos estatales están sometidos al derecho y todos son controlables judicialmente por razones de constitucionalidad o de legalidad. Aquí está la consecuencia de la consagración del principio de la legalidad y la garantía del Estado de derecho.

Este sistema de control judicial de las actuaciones del Estado puede decirse además, que es de carácter universal y cerrado, en el sentido que ninguno de los actos estatales puede escapar al control del Tribunal Supremo de Justicia y de los demás Tribunales que controlan la constitucionalidad y la legalidad de los mismos; control que se ejerce, en general, además de a través de la Jurisdicción Ordinaria, a través de la Jurisdicción Constitucional, de la Jurisdicción Contencioso Administrativa y de la Jurisdicción Contencioso Electoral.[244]

En efecto, los actos estatales dictados en ejecución directa e inmediata de la Constitución, es decir, las leyes, los actos parlamentarios sin forma de ley, los actos ejecutivos de rango y valor de ley (decretos–leyes), y los actos de gobierno están sometidos exclusivamente al control de la constitucionalidad que está a cargo de la Jurisdicción Constitucional que corresponde a la Sala Constitucional del Tribunal Supremo de Justicia.

En cuanto a las sentencias, estas están sometidas al control judicial ordinario mediante las apelaciones y, en materia de legalidad, al recurso de extraordinario de casación ante las Salas de Casación Civil, de Casación Social y de Casación Penal del Tribunal Supremo de Justicia.

Y en cuanto a los actos administrativos, al ser de carácter sublegal, como ya se ha dicho, están sometidos al control judicial tanto por parte de la Jurisdicción Contencioso–Administrativo como de la Jurisdicción Contencioso Electoral. La primera la integran la Sala Político–Administrativa del Tribunal Supremo de Justicia y los demás tribunales que se han establecido por la ley; y la segunda, la integra básicamente la Sala Electoral del mismo Tribunal Supremo de Justicia, a los efectos específicos del control de legalidad e inconstitucionalidad de los actos administrativos dictados por los órganos que

---

244. *V.* Allan R. Brewer–Carías, *Justicia contencioso administrativa,* Tomo VII, *Instituciones Políticas y Constitucionales*, Universidad Católica del Táchira, Editorial Jurídica Venezolana, Caracas–San Cristóbal, 1997.

ejercen el Poder Electoral (Consejo Nacional Electoral, sus Comisiones y órganos subalternos).

Lo importante a señalar sobre este control contencioso administrativo es que el mismo se realiza en relación con *todos* los actos administrativos, pudiendo los tribunales competentes declarar su nulidad, así sean actos administrativos emanados no sólo de los órganos de la Administración Pública, sino de los órganos legislativos, de los tribunales, e incluso de entidades privadas.

2. La jurisdicción contencioso administrativa

La jurisdicción contencioso–administrativa, por otra parte, se constitucionalizó en Venezuela desde 1961, en una norma que ahora está contenida en el artículo 259 de la Constitución de 1999[245], cuyo texto es el siguiente:

> La jurisdicción contencioso–administrativa corresponde al Tribunal Supremo de Justicia y a los demás tribunales que determina la ley. Los órganos de la jurisdicción contencioso–administrativa son competentes para anular los actos administrativos generales o individuales contrarios a derecho, incluso por desviación de poder; condenar al pago de sumas de dinero y a la reparación de daños y perjuicios originados en responsabilidad de la Administración; conocer de reclamos por la prestación de servicios públicos y disponer lo necesario para el restablecimiento de las situaciones jurídicas subjetivas lesionadas por la actividad administrativa.

Ha sido precisamente con base en esta norma constitucional que la jurisprudencia de la antigua Corte Suprema de Justicia fue elaborando las bases del sistema contencioso administrativo en el país,[246] las cuales desarrolladas por la doctrina nacional,[247] condujeron en 1976 a la sanción de la Ley Orgánica de la Corte Suprema de Justicia,[248] en cuyas normas se reguló el procedimiento contencioso–administrativo ante la Sala Político Administrativa de dicha Corte. En las Disposiciones Transitorias de esa Ley,

245. *V.* en general Allan R. Brewer–Carías, *Ley Orgánica del Tribunal Supremo de Justicia. Procesos y procedimientos constitucionales y contencioso–administrativos*, Editorial Jurídica venezolana, Caracas 2004.

246. En cuanto a la jurisprudencia, véase en Allan R. Brewer–Carías, *Jurisprudencia de la Corte Suprema 1930–74 y Estudios de Derecho Administrativo,* Tomo V, *La Jurisdicción Contencioso–Administrativa,* Vol. 1 y 2, Instituto de Derecho Público, Facultad de Derecho, Universidad Central de Venezuela, Caracas, 1978; Allan R. Brewer–Carías y Luis Ortiz Álvarez, *Las grandes decisiones de la jurisprudencia Contencioso–Administrativa,* Caracas, 1996; y Luis Ortiz–Álvarez, *Jurisprudencia de medidas cautelares en el contencioso–administrativo (1980–1994),* Editorial Jurídica Venezolana, Caracas, 1995.

247. *V.* Allan R. Brewer–Carías, *Estado de Derecho y Control Judicial,* Madrid, 1985, pp. 281 y ss.; Allan R. Brewer–Carías, *Contencioso Administrativo,* Tomo VII, *Instituciones Políticas y Constitucionales,* Caracas–San Cristóbal, 1997; Antonio Canova González, *Reflexiones para la reforma del sistema contencioso administrativo venezolano,* Editorial Sherwood, Caracas, 1998; Víctor Hernández–Mendible, *Tutela judicial cautelar en el contencioso administrativo*, Vadell Hermanos editores, Caracas, 1998. *V.* además, las siguientes obras colectivas: *El Control Jurisdiccional de los Poderes Públicos en Venezuela,* Instituto de Derecho Público, Facultad de Ciencias Jurídicas y Políticas, Universidad Central de Venezuela, Caracas, 1979; *Contencioso Administrativo en Venezuela,* Editorial Jurídica Venezolana, tercera edición, Caracas, 1993; *Derecho Procesal Administrativo,* Vadell Hermanos editores, Caracas, 1997; *8ª Jornadas "J.M. Domínguez Escovar" (Enero 1983), Tendencias de la jurisprudencia venezolana en materia contencioso–administrativa,* Facultad de Ciencias Jurídicas y Políticas, U.C.V., Corte Suprema de Justicia; Instituto de Estudios Jurídicos del Estado Lara, Tip. Pregón, Caracas, 1983; *Contencioso Administrativo, I Jornadas de Derecho Administrativo Allan Randolph Brewer–Carías,* Funeda, Caracas, 1995; *XVIII Jornadas "J.M. Domínguez Escovar, Avances jurisprudenciales del contencioso–administrativo en Venezuela,* 2 Tomos, Instituto de Estudios Jurídicos del Estado Lara, Diario de Tribunales Editores, S.R.L. Barquisimeto, 1993.

248. Ley Orgánica de la Corte Suprema de Justicia del 30 de julio de 1976 en *Gaceta Oficial* Nº 1.893, Extraordinaria del 30–07–76. *V.* Allan R. Brewer–Carías y Josefina Calcaño de Temeltas, *Ley Orgánica de la Corte Suprema de Justicia,* Editorial Jurídica Venezolana, Caracas 1989.

además, se reguló la organización de la jurisdicción contencioso– administrativo, con indicación de los diversos tribunales que la integraban, además de la Sala Político Administrativa de la antigua Corte Suprema: la Corte Primera de lo Contencioso Administrativo (en 2004 se creó una Corte Segunda) y ocho Tribunales Superiores Contencioso–Administrativos ubicados en las diversas regiones del país.

En mayo de 2004 se sancionó la nueva Ley Orgánica del Tribunal Supremo de Justicia,[249] en la cual y a pesar de las imperfecciones de sus nuevas Disposiciones Transitorias que afectaron la base legal fundamental de la organización de la Jurisdicción, se volvieron a regular los principios del procedimiento contencioso administrativo (Arts. 18 a 21) siguiendo literalmente lo que establecía la derogada Ley Orgánica de la Corte Suprema; conservándose además, la organización de la Jurisdicción transitoriamente hasta que se dictase la Ley especializada sobre lo contencioso administrativo.

Esa ley especializada que se dictó en 2010, es la Ley Orgánica de la Jurisdicción Contencioso Administrativa,[250] en la cual, conforme a la orientación constitucional, se configura a la jurisdicción contencioso administrativa como una jurisdicción especial integrada al Poder Judicial. En Venezuela, por tanto, el derecho administrativo no construyó con base en la distinción entre las competencias de la jurisdicción judicial y una jurisdicción administrativa, que siguiendo la orientación del derecho administrativo francés, se siguió por ejemplo en Colombia. En Venezuela, al contrario, la tradición ha sido la existencia de una competencia especializada de determinados tribunales para conocer de litigios en los cuales interviene la Administración, pero integrados en el Poder Judicial.[251] En esos tribunales, por otra parte, se materializa el derecho de las personas a la tutela judicial efectiva[252] frente a las acciones de la Administración, a través del desarrollo de un conjunto de procesos contencioso administrativos.

3. Los diversos procesos contencioso administrativos en la Ley de 2010

De acuerdo con la Ley Orgánica de la Jurisdicción Contencioso Administrativa, en efecto, el sistema de los procesos contencioso administrativos resulta directamente del conjunto de atribuciones que se asignan en la misma a los diversos órganos de la Jurisdicción Contencioso Administrativa, que son la Sala Político Administrativa del Tribunal Supremo, en su cúspide de la organización judicial contencioso administrativa, y en orden descendente, los Juzgados Nacionales de la Jurisdicción Contencioso Administra-

249. *V.* la Ley Orgánica del Tribunal Supremo de Justicia (LOTSJ), *Gaceta Oficial*, N° 37942 de 20–05–2004. *V.* Allan R. Brewer–Carías, *Ley Orgánica del Tribunal Supremo de Justicia*, Editorial Jurídica Venezolana, Caracas 2004.

250 *V.* la Ley Orgánica de la Jurisdicción Contencioso Administrativa (*Gaceta Oficial* 39.451 de 22–6–2010). *V.* sobre la ley, Allan R. Brewer–Carías y Víctor Hernández Mendible, *Ley de la Jurisdicción Contencioso Administrativa*, Editorial Jurídica Venezolana, Caracas 2010.

251 Martín Pérez Guevara, "Prólogo", en Allan R. Brewer–Carías, Jurisprudencia de la Corte Suprema 1930–74 y Estudios de Derecho Administrativo, Tomo II. Ordenamiento Orgánico y Tributario del Estado, Instituto de Derecho Público, Facultad de Derecho, Universidad Central de Venezuela, Caracas, 1976, pp. 1–10.

252 *V.* en general, Ingrid Cancelado Ruíz, "La tutela judicial efectiva y la ejecución de sentencias condenatorias de la Administración Pública a la luz de la Constitución de 1999", en *Revista de Derecho Constitucional,* N° 4 (enero–junio), Editorial Sherwood, Caracas, 2001, pp. 75–139; Rafael G. Prado Moncada, "De nuevo sobre el derecho a la tutela judicial efectiva (Avances normativos a raíz de la Constitución de 1999)", en *Revista de Derecho Administrativo,* N° 9 (mayo–agosto), Editorial Sherwood, Caracas, 2000, pp. 93–119.

tiva, los Juzgados Superiores Estadales de la Jurisdicción Contencioso Administrativos y los Juzgados Municipales de la Jurisdicción Contencioso Administrativos.

Las competencias judiciales establecidas en los artículos 23, 24, 25 y 26, dan origen a los siguientes procesos contencioso administrativos: (i) el proceso contencioso administrativo de las demandas patrimoniales;[253] (ii) el proceso contencioso administrativo de las demandas contra las vías de hecho;[254] (iii) el proceso contencioso administrativo en materia de prestación servicios públicos;[255] (iv) el proceso contencioso administrativo de anulación de actos administrativos;[256] (v) el proceso contencioso administrativo contra las carencias administrativas; (vi) el proceso contencioso administrativo de las controversias administrativas; y (vii) el proceso contencioso administrativo de la interpretación de las leyes.

Debe señalarse además, que en la Ley Orgánica se atribuyó competencia en el artículo 24.6 a los Juzgados Nacionales de la Jurisdicción Contencioso Administrativa para conocer de "los juicios de expropiación intentados por la República, en primera instancia," con la apelación para ante la Sala Político Administrativa del Tribunal Supremo, y cuyo procedimiento se regula en la Ley de Expropiación por causa de utilidad pública o social de 2002.[257]

A. Los procesos contencioso administrativos de las demandas patrimoniales

En primer lugar, están los procesos contencioso administrativos de las demandas patrimoniales contra entes públicos o que estos puedan intentar, a cuyo efecto, el artículo 23 atribuye a la Sala Político Administrativa del Tribunal Supremo, competencia para conocer de:

1. Las demandas que se ejerzan contra la República, los estados, los municipios, o algún instituto autónomo, ente público, empresa, o cualquier otra forma de asociación, en la cual la República, los estados, los municipios u otros de los entes mencionados tengan participación decisiva, si su cuantía excede de setenta mil unidades tributarias (70.000 U.T.), cuando su conocimiento no esté atribuido a otro tribunal en razón de su especialidad.
2. Las demandas que ejerzan la República, los estados, los municipios, o algún instituto autónomo, ente público, empresa, o cualquier otra forma de asociación, en la cual la República, los estados, los municipios o cualquiera de los entes mencionados tengan participación decisiva, si su cuantía excede de setenta mil unidades tributarias (70.000 U.T.), cuando su conocimiento no esté atribuido a otro tribunal en razón de su especialidad.
10. Las demandas que se interpongan con motivo de la adquisición, goce, ejercicio o pérdida de la nacionalidad o de los derechos que de ella derivan.

---

253 *V.* Miguel Ángel Torrealba Sánchez, "Las demandas de contenido patrimonial en la Ley Orgánica de la Jurisdicción Contencioso Administrativa," en *Comentarios a la Ley Orgánica de la Jurisdicción Contencioso Administrativa,* Vol. II, FUNEDA, Caracas, 2011, pp. 299–340.

254 *V.* Miguel Ángel Torrealba Sánchez, *La vía de hecho en Venezuela*, FUNEDA, Caracas, 2011.

255 *V.* Jorge Kiriakidis, "Notas en torno al Procedimiento Breve en la Ley Orgánica de la Jurisdicción Contencioso Administrativa," *Comentarios a la Ley Orgánica de la Jurisdicción Contencioso Administrativa,* Vol. II, FUNEDA, Caracas, 2011, pp. 167–193.

256 *V.* en general la obra colectiva, *Comentarios a la Ley Orgánica de la Jurisdicción Contencioso Administrativa,* Vol. I y II, FUNEDA, Caracas, 2010 y 2011, respectivamente.

257 *V.* en *Gaceta Oficial* N° 37.475 de 01–07–02. Véanse los comentarios sobre esta ley en Allan R. Brewer–Carías, Gustavo Linares Benzo, Dolores Aguerrevere Valero y Caterina Balasso Tejera, *Ley de Expropiación por Causa de Utilidad Pública o Interés Social,* Editorial Jurídica Venezolana, Caracas 2002.

11. Las demandas que se ejerzan con ocasión del uso del espectro radioeléctrico.
12. Las demandas que le atribuyan la Constitución de la República o las leyes especiales, o que le correspondan conforme a éstas, en su condición de máxima instancia de la Jurisdicción Contencioso Administrativa.
13. Las demás demandas derivadas de la actividad administrativa desplegada por las altas autoridades de los órganos que ejercen el Poder Público, no atribuidas a otro tribunal.
23. Conocer y decidir las pretensiones, acciones o recursos interpuestos, en el caso de retiro, permanencia, estabilidad o conceptos derivados de empleo público del personal con grado de oficiales de la Fuerza Armada Nacional Bolivariana.

Por su parte el artículo 24 de la Ley Orgánica asigna a los Juzgados Nacionales de la Jurisdicción Contencioso Administrativa, competencia para conocer de:

1. Las demandas que se ejerzan contra la República, los estados, los municipios, o algún instituto autónomo, ente público, empresa o cualquier otra forma de asociación, en la cual la República, los estados, los municipios u otros de los entes mencionados tengan participación decisiva, si su cuantía excede de treinta mil unidades tributarias (30.000 U.T.) y no supera setenta mil unidades tributarias (70.000 U.T.), cuando su conocimiento no esté atribuido expresamente a otro tribunal, en razón de su especialidad.
2. Las demandas que ejerzan la República, los estados, los municipios, o algún instituto autónomo, ente público, empresa o cualquier otra forma de asociación, en la cual la República, los estados, los municipios u otros de los entes mencionados tengan participación decisiva, si su cuantía excede de las treinta mil unidades tributarias (30.000 U.T.) y no supera setenta mil unidades tributarias (70.000 U.T.), cuando su conocimiento no esté atribuido a otro tribunal en razón de su especialidad.
8. Las demandas derivadas de la actividad administrativa contraria al ordenamiento jurídico desplegada por las autoridades de los órganos que ejercen el Poder Público, cuyo control no haya sido atribuido a la Sala Político–Administrativa o a los Juzgados Superiores Estadales de la Jurisdicción Contencioso Administrativa.

Conforme al artículo 25 de la Ley Orgánica, a los Juzgados Superiores Estadales de la Jurisdicción Contencioso Administrativa se les asigna competencia para conocer de:

1. Las demandas que se ejerzan contra la República, los estados, los municipios, o algún instituto autónomo, ente público, empresa o cualquier otra forma de asociación, en la cual la República, los estados, los municipios u otros de los entes mencionados tengan participación decisiva, si su cuantía no excede de treinta mil unidades tributarias (30.000 U.T.), cuando su conocimiento no esté atribuido a otro tribunal en razón de su especialidad.
2. Las demandas que ejerzan la República, los estados, los municipios, o algún instituto autónomo, ente público, empresa o cualquier otra forma de asociación, en la cual la República, los estados, los municipios u otros de los entes mencionados tengan participación decisiva, si su cuantía no excede de treinta mil unidades tributarias (30.000 U.T.), cuando su conocimiento no esté atribuido a otro tribunal en razón de su especialidad.
8. Las demandas derivadas de la actividad administrativa contraria al ordenamiento jurídico de los órganos del Poder Público estadal, municipal o local.

Una de las innovaciones de la Ley Orgánica de 2010 en la conformación del proceso contencioso administrativo de las demandas de contenido patrimonial, como antes se ha dicho, como lo propusimos en 2004,[258] fue haber eliminado la referencia a demandas que pudieran derivarse de "contratos administrativos," que en el pasado había condicio-

---

258 *V.* Allan R. Brewer–Carías, *Ley Orgánica del Tribunal Supremo de Justicia*, Editorial Jurídica Venezolana, Caracas, 2004, p. 219.

nado la distribución de competencias judiciales en la materia, atribuyéndose a los órganos de la misma todas las cuestiones concernientes a los contratos de la Administración, cualquiera que sea su naturaleza, según la cuantía. La Ley 2010, por tanto, ha regulado la competencia en materia de demandas de contenido patrimonial, independientemente de que sean derivadas de responsabilidad contractual o extracontractual, y la misma ha sido sólo distribuida entre los diversos Juzgados según la cuantía. Por tanto, conflictos derivados de la ejecución de contratos del Estado, contratos públicos o contratos administrativos corresponden según la cuantía a los diversos tribunales de la jurisdicción.

B. Los procesos contencioso administrativos de las demandas contra las vías de hecho administrativas

En segundo lugar, está el proceso contencioso administrativo de las demandas contra las vías de hecho administrativas, a cuyo efecto, el artículo 23.4 asigna a la Sala Político Administrativa del Tribunal Supremo, competencia para conocer de "las reclamaciones contra las vías de hecho atribuidas a las altas autoridades antes enumeradas."

Por su parte el artículo 24.4 de la Ley Orgánica asigna a los Juzgados Nacionales de la Jurisdicción Contencioso Administrativa, competencia para conocer de "Las reclamaciones contra las vías de hecho atribuidas a las autoridades a las que se refiere el numeral anterior."

Y conforme al artículo 25.5 de la Ley Orgánica, a los Juzgados Superiores Estadales de la Jurisdicción Contencioso Administrativa se les asigna competencia para conocer de "las reclamaciones contra las vías de hecho atribuidas a autoridades estadales o municipales de su jurisdicción."

C. Los procesos contencioso administrativos de las demandas relativas a los servicios públicos

En tercer lugar, está el proceso contencioso administrativo de las demandas de los servicios públicos a las cuales se refiere el artículo 259 de la Constitución. Conforme al cual la Ley Orgánica, que creó como innovación fundamental en la organización de la Jurisdicción Contencioso Administrativa a los Juzgados de Municipio de la Jurisdicción Contencioso Administrativa, de carácter unipersonal (art. 21), les asignó la específica competencia de conocer de las demandas que interpongan los usuarios o usuarias o las organizaciones públicas o privadas que los representen, por la prestación de servicios públicos (art. 21,1).[259]

Debe destacarse que en realidad, la única innovación de la Constitución de 1999 en materia contencioso administrativa en relación con lo que estaba regulado en la Constitución de 1961 (Art. 206), fue el agregado, en el artículo 259, dentro de las competencias de los órganos de la jurisdicción contencioso administrativa, del conocimiento de los "reclamos por la prestación de servicios públicos." La LOTSJ de 2004 no reguló el procedimiento en este caso, y se limitó a establecer la competencia de la Sala Político

259 Se dispuso sin embargo en la Disposición Transitoria Sexta de la Ley Orgánica, que hasta tanto entren en funcionamiento estos Juzgados de Municipio de la Jurisdicción Contencioso Administrativa, los Juzgados de Municipio existentes son los que deben conocer de esta competencia.

Administrativa para conocer y decidir, en segunda instancia, las apelaciones y demás acciones o recursos contra las sentencias dictadas por los Tribunales Contencioso Administrativos, cuando su conocimiento no estuviere atribuido a otro tribunal, que decidan sobre las acciones de reclamos por la prestación de servicios públicos nacionales (Art. 5, 37).

La LOJCA 2010 ahora ha atribuido a los órganos de la Jurisdicción competencia en materia de reclamos por la prestación de los servicios públicos y el restablecimiento de las situaciones jurídicas subjetivas lesionadas por los prestadores de los mismos (art. 9,5), atribuyendo ahora el conocimiento de la materia exclusivamente a los Juzgados de Municipio de la Jurisdicción Contencioso Administrativa, como competencia única, conocer de "las demandas que interpongan los usuarios o usuarias o las organizaciones públicas o privadas que los representen, por la prestación de servicios públicos" (art. 26,1).

D. Los procesos contencioso administrativos de anulación de los actos administrativos

En cuarto lugar está el proceso contencioso administrativo de anulación, a cuyo efecto el artículo 23 asigna a la Sala Político Administrativa, competencia para conocer de:

5. Las demandas de nulidad contra los actos administrativos de efectos generales o particulares dictados por el Presidente o Presidenta de la República, el Vicepresidente Ejecutivo o Vicepresidenta Ejecutiva de la República, los Ministros o Ministras, así como por las máximas autoridades de los demás organismos de rango constitucional, si su competencia no está atribuida a otro tribunal.
6. Las demandas de nulidad que se ejerzan contra un acto administrativo de efectos particulares y al mismo tiempo el acto normativo sub–legal que le sirve de fundamento, siempre que el conocimiento de este último corresponda a la Sala Político–Administrativa.

El artículo 24 de la Ley, por su parte, asigna competencia a los Juzgados Nacionales de la Jurisdicción Contencioso Administrativa para conocer de:

5. Las demandas de nulidad de los actos administrativos de efectos generales o particulares dictados por autoridades distintas a las mencionadas en el numeral 5 del artículo 23 de esta Ley y en el numeral 3 del artículo 25 de esta Ley, cuyo conocimiento no esté atribuido a otro tribunal en razón de la materia.

El artículo 25 de la Ley Orgánica, además, asigna a los Juzgados Superiores Estadales de la Jurisdicción Contencioso Administrativa competencia para conocer de:

3. Las demandas de nulidad contra los actos administrativos de efectos generales o particulares, dictados por las autoridades estadales o municipales de su jurisdicción, con excepción de las acciones de nulidad ejercidas contra las decisiones administrativas dictadas por la Administración del trabajo en materia de inamovilidad, con ocasión de una relación laboral regulada por la Ley Orgánica del Trabajo.
6. Las demandas de nulidad contra los actos administrativos de efectos particulares concernientes a la función pública, conforme a lo dispuesto en la ley.

En cuanto al procedimiento en los casos de demandas de nulidad de los actos administrativos, deben destacarse varios aspectos específicos que resultan de las disposiciones de la Ley Orgánica de 2010.

En primer lugar está el tema de la legitimación activa en los procesos de nulidad de los actos administrativos respecto de los cuales la Ley Orgánica de 2010 omitió toda regulación, lo que implica que el interés para recurrir debe estar condicionado básicamente por los efectos producidos por los actos impugnados. En cuanto a los actos administrativos de efectos generales, la legitimación para impugnarlos y para hacerse parte en los juicios, en nuestro criterio debe corresponder a cualquiera que alegue un simple interés en la anulación o en el mantenimiento del acto impugnado, por lo que consideramos que el carácter popular de la acción contra los actos administrativos de efectos generales no ha variado.

En cuanto a la impugnación de los actos administrativos de efectos particulares, debe recordarse que tradicionalmente se había establecido para la admisibilidad de las acciones, que el recurrente tuviese un interés personal, legítimo y directo[260] en la impugnación. Se consideraba, así, que tratándose de actos individuales o de efectos particulares, en principio, en el proceso sólo podían "actuar los sujetos a quienes directamente afecta el acto administrativo,"[261] es decir, "los que tuvieran un interés legítimo en su anulación."[262] Esta noción de interés personal, legítimo y directo, fue precisada con acuciosidad por la Corte Primera de lo Contencioso–Administrativa en su sentencia del 13 de octubre de 1988 (Caso: *Cememosa*), al clarificar que por interés legítimo "debe entenderse como la existencia de una tutela legal sobre la pretensión del actor;" que *el interés sea personal* "alude a la de que el actor haga valer en su nombre o en el de un sujeto o comunidad a los cuales representa, su pretensión; "y que el interés sea directo, se refiere a "que el efecto del acto recaiga sobre el actor" y que "el acto esté destinado al actor." En fin la exigencia apunta a que "el impugnante sea el afectado, el que recibe los efectos inmediatos de la decisión sobre su esfera de intereses."[263]

Esta exigencia, sin embargo, comenzó a variar en 2000, mediante sentencia de la Sala Político Administrativa del Tribunal Supremo, en efecto, N° 873 de 13 de abril de 2000 (Caso: *Banco FIVENEZ vs. Junta de Emergencia Financiera*), en la cual consideró que con la Constitución de 1999, había "quedado tácitamente derogado el criterio legitimador exigido en la Ley Orgánica de la Corte Suprema de Justicia, pues dicho criterio resulta incompatible con los principios que establece la nueva Constitución (Disposición Derogatoria única de la Constitución de 1999), al menos en lo que respecta a la exigencia de que el interés legitimador sea personal y directo." La Sala concluyó entonces indicando que "el interés para recurrir que exige la nueva Constitución, obviamente, sigue siendo "legítimo", ya que el ordenamiento jurídico no puede proteger intereses ilegítimos." Sin embargo, por lo que respecta al interés directo, la Sala lo consideró sin aplicación por lo que el recurrente en estos procesos de nulidad, "cuando el particular pueda obtener de la impugnación del acto administrativo una ventaja o evitar un perjuicio, aunque no exista una relación inmediata entre la situación derivada o creada por el acto administrativo" debe admitirse la impugnación al ser "titular de un 'interés indirecto', lo cual lo legitima para ejercer el recurso contencioso administrativo." Consideró la Sala, en consecuencia, que es suficiente para impugnar tanto actos de efectos particula-

260 *V.* Allan R. Brewer–Carías, "Aspectos de la legitimación activa en los recursos contencioso–administrativos contra los actos administrativos de efectos particulares", en *Revista de Derecho Público,* N° 16, Editorial Jurídica Venezolana, Caracas, 1983, pp. 227–233.

261 *V.* en *Gaceta Forense,* N° 27, pp. 127–132. *V.* además en Allan R. Brewer–Carías, *Jurisprudencia de la Corte Suprema*, Tomo V, Vol. I, *cit.*, p. 293.

262 *V. Gaceta Oficial* N° 14.72 Extra, de 11–06–71.

263 *V. Revista de Derecho Público,* N° 82, Editorial Jurídica Venezolana, Caracas, 2000, pp. 445 ss.

res como actos de efectos generales, "que se tenga un interés conforme con el ordenamiento jurídico, aunque dicho interés no sea personal y directo." Además, señaló la Sala que en lo que respecta a la exigencia de que el interés sea "personal," que "la nueva Constitución permite el acceso a la justicia para la defensa de los intereses "difusos" y "colectivos," concluyendo entonces que "el concepto de interés previsto en la nueva Constitución abarca los intereses estrictamente personales así como los intereses comunes de cuya satisfacción depende la de todos y cada uno de los que componen la sociedad." Terminó la Sala Político Administrativa aclarando que, en todo caso, "no puede confundirse la legitimación por simple interés legítimo que exige la nueva Constitución con la denominada acción popular" en cuyo caso "al particular deberá admitírsele la interposición del recurso con independencia de que pueda ostentar un derecho o interés lesionado."[264]

Pero a pesar de este criterio jurisprudencial de 2000, la Ley Orgánica de 2004 repitió en su texto la norma de la derogada Ley Orgánica de 1976 (norma que había sido considerada tácitamente derogada por la Constitución por la Sala Político Administrativa del Tribunal Supremo), exigiéndose el interés personal, legítimo y directo como condición de legitimidad para interponer el recurso contencioso de anulación contra los actos administrativos de efectos particulares (Art. 21, párrafo 9°); razón por la cual continuó siendo, hasta 2010, la condición básica de la legitimación para intentar demandas de nulidad de actos administrativos de efectos particulares o para hacerse parte en los juicios. A partir de 2010, sin embargo, como se dijo, ni la Ley Orgánica de la Jurisdicción Contencioso Administrativa, ni la Ley Orgánica del Tribunal Supremo de Justicia de 2010 establecen condición alguna de interés del recurrente para intentar acciones contencioso administrativas contra actos de efectos particulares, por lo que será la jurisprudencia la que irá delineando la legitimación.

Otro aspecto que debe mencionarse en relación con el proceso contencioso de anulación de los actos administrativos, tal como se regula en los artículos 76 a 96 de la Ley Orgánica de 2010, es que las normas de procedimiento que en ellos se establece solo se refieren a las demandas en las cuales sólo se solicite la nulidad de un acto administrativo. Sin embargo, en muchos casos, la demanda de nulidad de los actos administrativos no se agota con la sola pretensión de anulación de los mismos, sino que la demanda de anulación puede estar acompañada de otras pretensiones procesales de contenido patrimonial conforme se establece en el artículo 259 de la Constitución. En estos últimos casos, sin embargo, la Ley Orgánica no estableció procedimiento específico, por lo que además de aplicarse el procedimiento previsto para las demandas de nulidad, con las notificaciones y emplazamientos, en nuestro criterio debe efectuarse la citación del ente demandado, por ejemplo, en cabeza del Procurador General, como representante de la República.

Debe mencionarse que con la Ley Orgánica, como se ha dicho, quedó totalmente rota la tradicional dicotomía del contencioso de anulación, por un lado, y del contencioso de los derechos, por el otro,[265] de manera que en el contencioso de los actos administrativos, además de la anulación del acto, la pretensión del recurrente y la decisión del juez

264 *V.* en *Revista de Derecho Público,* N° 82, Editorial Jurídica Venezolana, Caracas, 2002, pp. 582–583

265 *V.* los comentarios de A. Moles Caubet sobre lo que llamó "el contencioso mixto", en "'Rasgos generales de la jurisdicción contencioso administrativa" en Instituto de Derecho Público, *El control jurisdiccional de los Poderes Públicos en Venezuela,* Caracas, 1979, pp. 67–77; Nelson Rodríguez García, *El sistema contencioso–administrativo venezolano y la jurisdicción contencioso–administrativa,* Valencia, 1982, pp. 76–77.

puede ser de condena a la Administración al pago de sumas de dinero, de reparación de daños y perjuicios y de restablecimiento de las situaciones jurídicas subjetivas lesionadas por el acto anulado. Esas pretensiones pueden tener su origen básicamente en la responsabilidad de la Administración derivada del acto administrativo ilegal. Para estos fines, en todo caso, la legitimación del recurrente tiene que ser algo más que "el simple interés legítimo" del cual hablaba la Sala Político Administrativa, como antes se ha dicho, y tendrá que ser propia de además, un interés personal y directo, cuando no un derecho subjetivo.[266]

Por último, en esta materia de los procesos contencioso administrativos de anulación, debe mencionarse que conforme al artículo 8 de la Ley Orgánica de 2010, además de los actos administrativos de efectos generales y particulares, también pueden ser objeto de control judicial las "actuaciones bilaterales," lo que apunta, sin duda, a los contratos públicos. Esto se había establecido en la derogada Ley Orgánica de 2004, que expresamente preveía la posibilidad de la impugnación por ilegalidad o inconstitucionalidad de los contratos o acuerdos celebrados por la Administración cuando afectasen los intereses particulares o generales, legítimos, directos, colectivos o difusos de los ciudadanos, atribuyéndose la legitimidad a personas extrañas a la relación contractual (Art. 21, párrafo 2°). La Ley Orgánica de 2010, sin embargo, en esta materia, tampoco reguló procedimiento contencioso específico alguno.

E. Los procesos contencioso administrativos contra las carencias administrativas

El quinto lugar, está el proceso contencioso administrativo que regula la Ley Orgánica es el establecido contra la carencia administrativa, a cuyo efecto, el artículo 23 asigna a la Sala Político Administrativa, competencia para conocer de:

> 3. La abstención o la negativa del Presidente o Presidenta de la República, del Vicepresidente Ejecutivo o Vicepresidenta Ejecutiva de la República, de los Ministros o Ministras, así como de las máximas autoridades de los demás órganos de rango constitucional, a cumplir los actos a que estén obligados por las leyes.

Por su parte el artículo 24 de la Ley Orgánica le asigna a los Juzgados Nacionales de la Jurisdicción Contencioso Administrativa, competencia para conocer de:

> 3. La abstención o la negativa de las autoridades distintas a las mencionadas en el numeral 3 del artículo 23 de esta Ley y en el numeral 4 del artículo 25 de esta Ley.

Y conforme al artículo 25 de la Ley Orgánica, los Juzgados Superiores Estadales de la Jurisdicción Contencioso Administrativa son competentes para conocer de:

> 4. La abstención o la negativa de las autoridades estadales o municipales a cumplir los actos a que estén obligadas por las leyes.

---

266 *Idem*, pp. 74–75.

F. Los procesos contencioso administrativos de las controversias administrativas

El sexto proceso contencioso administrativo previsto en la Ley es el proceso contencioso administrativo de las controversias administrativas, a cuyo efecto, el artículo 23 asigna a la Sala Político Administrativa, competencia para conocer de:

7. Las controversias administrativas entre la República, los estados, los municipios u otro ente público, cuando la otra parte sea una de esas mismas entidades, a menos que se trate de controversias entre municipios de un mismo estado.
8. Las controversias administrativas entre autoridades de un mismo órgano o ente, o entre distintos órganos o entes que ejerzan el Poder Público, que se susciten por el ejercicio de una competencia atribuida por la ley.

Y conforme al artículo 25 de la Ley Orgánica, los Juzgados Superiores Estadales de la Jurisdicción Contencioso Administrativa son competentes para conocer de:

9. Las controversias administrativas entre municipios de un mismo estado por el ejercicio de una competencia directa e inmediata en ejecución de la ley.

G. Los procesos contencioso administrativos de interpretación de las leyes

El séptimo proceso contencioso administrativo es el de interpretación de las leyes, a cuyo efecto el artículo 23.21 asigna a la Sala Político Administrativa, con exclusividad, competencia para conocer de "los recursos de interpretación de leyes de contenido administrativo."

Se precisó, en esta forma, frente a la competencia general de todas las Salas para interpretar las leyes, que lo que corresponde a la Sala Político Administrativa en exclusividad es sólo la interpretación de las leyes de "contenido administrativo."

4. Acciones y demandas contencioso administrativas y los procedimientos

A los efectos del desarrollo de estos procesos, conforme a la Ley Orgánica, se han puesto a disposición de que quienes ejerzan los puedan iniciar, como lo hemos señalado en otro lugar,[267] las siguientes siete de acciones contencioso–administrativos: en primer lugar, las demandas de contenido patrimonial contra los entes públicos; en segundo lugar, las demandas en relación con la prestación de servicios públicos; en tercer lugar, las contra las vías de hecho administrativas; en cuarto lugar, las demandas contra las conductas omisivas de la Administración; en quinto lugar, las demandas de nulidad de los actos administrativos; en sexto lugar, las demandas de interpretación de leyes administrativas, y en séptimo lugar, las demandas para la solución de las controversias administrativas.

---

267 *V.* Allan R. Brewer–Carías, "Introducción General al Régimen de la Jurisdicción Contencioso Administrativa," en Allan R. Brewer–Carías y Víctor Hernández Mendible, *Ley Orgánica de la Jurisdicción Contencioso Administrativa*, Editorial Jurídica Venezolana, Caracas 2010, pp. 9–151.*V.* además, Allan R. Brewer–Carías, "Los diversos tipos de acciones y recursos contencioso–administrativos en Venezuela", en *Revista de Derecho Público,* Nº 25, Editorial Jurídica Venezolana, Caracas, 1986, pp. 6 ss.

Por otra parte, la Ley Orgánica de 2010 estableció en relación a todos estos procesos, un conjunto de normas procesales comunes a todas las demandas, dividiendo arbitrariamente los procedimientos que deben seguirse en los procesos, sólo en tres tipos:

Primero, el procedimiento aplicable al proceso contencioso administrativo de las demandas de contenido patrimonial;

Segundo, un procedimiento denominado "breve," aplicable (i) al proceso contencioso administrativos de las demandas de contenido no patrimonial o indemnizatorio y en especial, las ejercidas con ocasión de la omisión, demora o deficiente prestación a los servicios públicos; (ii) al proceso contencioso administrativos de las demandas contra las vías de hecho; y (iii) al proceso contencioso administrativos de las demandas contra la abstención o carencia de la Administración; y

Tercero, un procedimiento común aplicable (i) el proceso contencioso administrativos anulación de los actos administrativos; (ii) al proceso contencioso administrativos para la interpretación de leyes; y (iii) al proceso contencioso administrativos para la solución de controversias administrativas.

Esta división de los procedimientos contencioso administrativos, como hemos dicho, fue hecha en forma arbitraria, sin explicación alguna de la agrupación de procesos, mezclando así en un procedimiento, procesos que nada tienen en común. No se entiende, por ejemplo, porqué a los procesos contencioso administrativos contra la carencia o abstención administrativas no se aplicó, por ejemplo, el mismo procedimiento establecido para los procesos contencioso administrativos de anulación de actos administrativos; o porqué a los procesos contencioso administrativos de demandas contra vías de hecho, no se aplicó el mismo procedimiento establecido para los procesos contencioso administrativos de las demandas de contenido patrimonial.

5. La protección contencioso administrativa de los intereses colectivos y difusos

Una de las innovaciones importantes en materia de tutela judicial efectiva frente a la Administración fue la consagración del derecho de acceso a la justicia con expresa mención de la protección judicial de los intereses colectivos y difusos,[268] y no sólo de los intereses subjetivos y particulares. Los intereses difusos han sido caracterizados por la Sala Constitucional del Tribunal Supremo como los que conciernen a la calidad de la vida (condiciones básicas de existencia) de toda la comunidad o sociedad, que se difunden entre todos los individuos de la comunidad. Este *derecho o interés difuso*, ha agre-

---

268 *V.* en general, José L. Villegas Moreno, "Los intereses difusos y colectivos en la Constitución de 1999", en *Revista de Derecho Constitucional*, Nº 2 (enero–junio). Editorial Sherwood, Caracas, 2000, pp. 253–269; Ana E. Araujo García, "El principio de la tutela judicial efectiva y los intereses colectivos y difusos", en *El Derecho Público a comienzos del siglo XXI. Estudios homenaje al Profesor Allan R. Brewer–Carías,* Tomo III, Instituto de Derecho Público, Universidad Central de Venezuela, Editorial Civitas, Madrid 2003, pp. 2703–2717; Ana Elvira Araujo, "El principio de la tutela judicial efectiva y los intereses colectivos y difusos", *Revista de derecho del Tribunal Supremo de Justicia,* Nº 4, Caracas, 2002, pp. 1 a 29; Mariolga Quintero Tirado, "Aspectos de una tutela judicial ambiental efectiva", en *Nuevos estudios de derecho procesal, Libro Homenaje a José Andrés Fuenmayor,* Vol. II, Tribunal Supremo de Justicia, Colección Libros Homenaje, Nº 8, Caracas, 2002 pp. 189 a 236; Flor M. Ávila Hernández, "La tutela de los intereses colectivos y difusos en la Constitución venezolana de 1999", en *El Derecho Público a comienzos del siglo XXI. Estudios homenaje al Profesor Allan R. Brewer–Carías,* Tomo III, *op. cit.*, pp. 2719–2742.

gado la Sala Constitucional, "debido a que la lesión que lo infringe es general (a la población o a extensos sectores de ella), vincula a personas que no se conocen entre sí, que individualmente pueden carecer de nexo o relaciones jurídicas entre ellas, que en principio son indeterminadas, unidas sólo por la misma situación de daño o peligro en que se encuentran como miembros de una sociedad, y por el derecho que en todos nace de que se les proteja la calidad de la vida, tutelada por la Constitución". Por tanto, es la afectación o lesión común de la calidad de vida, que atañe a cualquier componente de la población o de la sociedad como tal, independientemente de las relaciones jurídicas que puedan tener con otros de esos indeterminados miembros, lo que lo caracteriza.

Los daños al ambiente o a los consumidores, son así, por ejemplo, daños que afectan intereses difusos, así ocurra en una determinada localidad, pues tienen efectos expansivos que perjudican a los habitantes de grandes sectores del país y hasta del mundo, y responden a la prestación indeterminada de protección al ambiente o de los consumidores. Esa lesión a la población, que afecta con mayor o menor grado a todo el mundo, que es captado por la sociedad conforme al grado de conciencia del grupo social, es diferente a la lesión que se localiza concretamente en un grupo, determinable como tal, aunque no cuantificado o individualizado, como serían los habitantes de una zona del país afectados por una construcción ilegal que genera problemas de servicios públicos en la zona. Estos intereses concretos, focalizados, son en cambio, los *colectivos*, referidos a un sector poblacional determinado (aunque no cuantificado) e identificable, aunque individualmente, dentro del conjunto de personas existe o puede existir un vínculo jurídico que los une entre ellos. De ello dedujo la Sala Constitucional que "Son los *difusos* los de mayor cobertura, donde el bien lesionado es más generalizado, ya que atañe a la población en extenso, y que al contrario de los *derechos e intereses colectivos*, surgen de una prestación de objeto indeterminado; mientras que en los *colectivos*, la prestación puede ser concreta, pero exigible por personas no individualizables". Los intereses difusos por ejemplo, se refieren a los daños al ambiente; en cambio, es un interés colectivo "El interés de los vecinos de una urbanización, o un barrio, que se ve desmejorado en sus servicios públicos por una construcción, por ejemplo, también responde a un bien jurídico suprapersonal, pero es determinable, localizable en grupos específicos, y ese es el interés que permite la acción colectiva"[269].

Si bien la Constitución atribuye expresamente al Defensor del Pueblo la atribución de amparar y proteger los derechos e intereses legítimos, colectivos y difusos de las personas contra las arbitrariedades, desviaciones de poder y errores cometidos en la prestación de los servicios públicos, interponiendo cuando fuere procedente las acciones necesarias para exigir al Estado el resarcimiento a los administrados de los daños y perjuicios que les sean ocasionados con motivo del funcionamiento de los servicios públicos (art. 281,2), la legitimación activa para proteger esos derechos e intereses colectivos y difusos no está reservada en exclusiva a dicho funcionario.

Cualquier persona legitimada para intentar una acción contencioso–administrativa puede invocar la representación de intereses difusos o colectivos, siempre que "el que acciona lo haga en base no sólo a su derecho o interés individual, sino en función del derecho o interés común o de incidencia colectiva"; que "la razón de la demanda (o del

---

269 *V.* sentencia de la Sala Constitucional N° 656 de 30–06–2000, Caso: *Defensor del Pueblo vs. Comisión Legislativa Nacional.* Citada en la sentencia de la Sala Constitucional N° 279 de 19–2–2002 (Caso: *Ministerio Publico vs. Colegio de Médicos del Distrito Capital*) como Caso: *Dilia Parra Guillén,* en *Revista de Derecho Público,* N° 89–92, Editorial Jurídica Venezolana, Caracas 2002.

amparo interpuesto) sea la lesión general a la calidad de vida de todos los habitantes del país o de sectores de él, ya que la situación jurídica de todos los componentes de la sociedad o de sus grupos o sectores, ha quedado lesionada al desmejorarse su calidad común de vida"; y "que exista un vínculo, así no sea jurídico, entre quien demanda en interés general de la sociedad o de un sector de ella (interés social común), nacido del daño o peligro en que se encuentra la colectividad (como tal)[270].

6. El recurso al arbitraje en materia de contratos públicos

La Constitución, por otra parte, en su artículo 258 remite a la Ley para promover el arbitraje, la conciliación, la mediación y cualesquiera otros medios alternativos para la solución de conflictos.[271] En lo que se refiere al arbitraje, en materia administrativa ello está aceptado, tal como se regula en el ámbito interno en la Ley de Arbitraje Comercial,[272] y en el ámbito internacional, siempre que conforme a la naturaleza del objeto del contrato, por ejemplo por su carácter comercial, pueda establecerse la cláusula arbitral conforme al artículo 151 de la Constitución,[273] conforme se ha analizado anteriormente.

IX. OTRAS TÉCNICAS DE CONTROL DE LA ADMINISTRACIÓN

Además del control judicial de la Administración Pública, la Constitución establece el control parlamentario y el control fiscal.

1. El control político sobre la Administración

En cuanto al primero, se atribuye a la Asamblea Nacional y a sus Comisiones, a cuyo efecto, el artículo 222 de la Constitución, dispone que la Asamblea Nacional puede ejercer su función de control mediante los siguientes mecanismos: las interpelaciones, las investigaciones, las preguntas, las autorizaciones y las aprobaciones parlamentarias previstas en la Constitución y en la ley y cualquier otro mecanismo que establezcan las leyes y su reglamento. En ejercicio del control parlamentario, la Asamblea pueda declarar la responsabilidad política de los funcionarios públicos[274] y solicitar al Poder Ciudadano que intente las acciones a que haya lugar para hacer efectiva tal responsabilidad.

---

270 *V.* sentencia Nº 1048 de 17–08–2000 (Caso: *William Ojeda vs. Consejo Nacional Electoral*), en *Revista de Derecho Público*, Nº 83, (julio–septiembre), Editorial Jurídica Venezolana, Caracas 2000, pp. 325 y ss.

271 Sobre el arbitraje como medio alternativo de justicia véase la sentencia de la Sala Constitucional del Tribunal Supremo Nº 186 de 14–02–2001, en *Revista de Derecho Público*, Nº 85–88, Editorial Jurídica Venezolana, Caracas, 2001, pp. 253 y ss.

272 Artículo 4 de la *Ley de Arbitraje Comercial* (*Gaceta Oficial* Nº 36. 430 de 07–04–1998. *V.*, Allan R. Brewer–Carías, "El arbitraje y los contratos de interés nacional," en *Seminario sobre la Ley de Arbitraje Comercial*, Academia de Ciencias Políticas y Sociales, Caracas 1999, pp. 169–186.

273 *V.* Allan R. Brewer–Carías, "Algunos comentarios a la Ley de Promoción y Protección de Inversiones: Contratos Públicos y Jurisdicción," en Irene Valera (Coord.), *Arbitraje comercial interno e internacional. Reflexiones teóricas y experiencias prácticas*, Academia de Ciencias Políticas y Sociales, Caracas 1999, pp. 279–288.

274 *V.* sobre esto Allan R. Brewer–Carías "Aspectos del control político sobre la Administración Pública" en *Revista de Control Fiscal,* Nº 101, Contraloría General de la República, Caracas, 1981, pp. 107 a 130.

Por otra parte, tanto la Asamblea como sus Comisiones pueden realizar las investigaciones que juzguen convenientes en las materias de su competencia, de conformidad con el reglamento (art. 223).

Por último, debe destacarse que conforme al artículo 224, el ejercicio de la facultad de investigación no afecta las atribuciones de los demás poderes públicos. Sin embargo, en cuanto a los jueces, estos están obligados a evacuar las pruebas para las cuales reciban comisión de la Asamblea Nacional y de sus Comisiones.[275]

De acuerdo con el artículo 223 de la Constitución, todos los funcionarios públicos están obligados, bajo las sanciones que establezcan las leyes, a comparecer ante dichas Comisiones y a suministrarles las informaciones y documentos que requieran para el cumplimiento de sus funciones. Esta obligación comprende también a los particulares; quedando a salvo los derechos y garantías que la Constitución consagra.

A los efectos de asegurar la aplicación de esta norma constitucional en 2001 se dictó la Ley Sobre el Régimen para la Comparecencia de Funcionarios y Funcionarias Públicos y los o las Particulares ante la Asamblea Nacional o sus Comisiones[276], con el objeto, precisamente, de establecer las normas que rigen la comparecencia de funcionarios públicos y los particulares ante la Asamblea Nacional o sus Comisiones, así como las sanciones por el incumplimiento a las mismas. Dicha Ley dispone que la Asamblea Nacional, o sus Comisiones, en el ejercicio de sus atribuciones constitucionales puede acordar, conforme a su Reglamento, la comparecencia ante la plenaria, o ante sus Comisiones, de todos los funcionarios públicos, así como de los particulares "preservando los derechos fundamentales, garantías y principios constitucionales, a los fines del cumplimiento efectivo de las funciones de control y de investigación parlamentaria que sobre el Gobierno nacional, estadal y municipal, y sobre la administración descentralizada, le correspondan" (art. 3).

Cuando con motivo de la comparecencia de un funcionario público, persona natural o representantes de personas jurídicas, se determinen fundados indicios que hagan presumir la existencia de ilícitos administrativos que comprometan el patrimonio público, conforme se establece en el artículo 19 de la Ley, "las actuaciones de la Asamblea Nacional o de la Comisión respectiva constituyen medios de prueba vinculantes, para que la Contraloría General de la República abra la averiguación correspondiente sobre la responsabilidad administrativa de las personas involucradas". Si en esos casos se determinan fundados indicios de la comisión de ilícitos penales, también dispone el artículo 20 de la Ley que "las Actas de las comparecencias constituyen actuaciones preliminares similares a las exigidas en la fase preparatoria del juicio penal" las cuales adminiculadas deben ser pasadas al Ministerio Público para que ejerza la acción correspondiente contra las personas involucradas.

275 *V.* Allan R. Brewer–Carías, "Los poderes de investigación de los cuerpos legislativos y sus limitaciones, con particular referencia a los asuntos secretos", *Revista de Derecho Público,* N° 10, Editorial Jurídica Venezolana, Caracas, 1982, pp. 25 a 42.

276 *V.* Ley Sobre el Régimen para la Comparecencia de Funcionarios y Funcionarias Públicos y los o las Particulares ante la Asamblea Nacional o sus Comisiones (Ley N° 30), en *Gaceta Oficial* N° 37.252 del 2 de agosto de 2001.

2. El control fiscal de la Administración

Pero además del control parlamentario, la Administración Pública está sometida al control fiscal por parte de la Contraloría General de la República que es uno de los órganos del Poder Ciudadano; y que conforme al artículo 287 de la Constitución, es el órgano de control, vigilancia y fiscalización de los ingresos, gastos, bienes públicos y bienes nacionales, así como de las operaciones relativas a los mismos. Goza de autonomía funcional, administrativa y organizativa, y orienta su actuación a las funciones de inspección de los organismos y entidades sujetas a su control[277]. En 2001 se ha sancionado la Ley N° 59, sobre Ley Orgánica de la Contraloría General de la República y del Sistema Nacional de Control Fiscal[278].

Entre las atribuciones de la Contraloría General de la República, conforme al artículo 289 de la Constitución, además de la ya señalada, están las de controlar la deuda pública, inspeccionar y fiscalizar los órganos, entidades y personas jurídicas del sector público sometidos a su control; practicar fiscalizaciones, disponer el inicio de investigaciones sobre irregularidades contra el patrimonio público, así como dictar las medidas, imponer los reparos y aplicar las sanciones administrativas a que haya lugar de conformidad con la ley; instar al Fiscal General de la República a que ejerzan las acciones judiciales a que hubiere lugar con motivo de las infracciones y delitos cometidos contra el patrimonio público y de los cuales tenga conocimiento en el ejercicio de sus atribuciones; y ejercer el control de gestión y evaluar el cumplimiento y resultado de las decisiones y políticas públicas de los órganos, entidades y personas jurídicas del sector público sujetos a su control, relacionadas con sus ingresos, gastos y bienes.

A los efectos de desarrollar estos principios constitucionales relativos al sistema nacional de control fiscal (art. 290), se ha sancionado la Ley Orgánica de la Contraloría General de la República y del Sistema Nacional de Control Fiscal[279], la cual en su artículo 9, sujeta a sus disposiciones y al control, vigilancia y fiscalización de la Contraloría General de la República, a todos los órganos y entidades del Estado, en los tres niveles territoriales.

X. LA RESPONSABILIDAD ADMINISTRATIVA

Uno de los principios de rango constitucional más importantes en relación con el derecho administrativo en Venezuela, es el de la responsabilidad administrativa, tanto de los funcionarios como de la Administración Pública, es decir, de las personas jurídicas estatales de cuyos órganos administrativos aquéllos son titulares.

1. La responsabilidad de los funcionarios públicos

En efecto, un principio fundamental que rige para todos los órganos del Estado, es decir, que ejercen el Poder Público, y por supuesto, para la Administración Pública, es

277 *V.* José Ignacio, Hernández G., "La Contraloría General de la República", *Revista de Derecho Público,* N° 83 (julio–septiembre), Editorial Jurídica Venezolana, Caracas 2000, pp. 21–38.

278 *Gaceta Oficial* N° 37.347 del 17 de diciembre de 2001.

279 *Gaceta Oficial* N° 37.347 del 17 de diciembre de 2001.

el regulado en el artículo 139 de la Constitución, que recoge otra norma tradicional de nuestro constitucionalismo, y es el principio de la responsabilidad individual de los funcionarios públicos en el ejercicio del Poder Público[280]. Dispone dicha norma que "El ejercicio del Poder Público acarrea responsabilidad individual por abuso o desviación de poder o por violación de esta Constitución o de la Ley". Esta norma recoge el principio del artículo 121 de la Constitución de 1961, pero agregando a la ahora la "desviación de poder" dentro de los supuestos que generan responsabilidad del funcionario; vicio de los actos administrativos que reafirma su rango constitucional.

En consecuencia, la responsabilidad de los funcionarios que causen daños al ejercer el Poder Público, se puede originar cuando ello ocurra por abuso de poder, es decir, por el llamado vicio en la causa de los actos estatales (falso supuesto, por ejemplo); por desviación de poder, que es el vicio en la finalidad del acto estatal, al usarse el poder conferido para perseguir fines distintos a los establecidos en la norma atributiva de competencia; y en general, por violación de la Constitución o de la Ley, es decir, en general, por contrariedad al derecho.

La Constitución, por otra parte, y también siguiendo una larga tradición de nuestro constitucionalismo, reitera el principio de la responsabilidad de los funcionarios públicos pero en particular, respecto de los actos que dicten, ordenen o ejecuten, que violen o menoscaben los derechos garantizados constitucionalmente; responsabilidad que puede ser civil, penal y administrativa, sin que pueda servirles de excusa órdenes superiores que reciba el funcionario. (art. 25). Este mismo principio lo repite el artículo 8 de la Ley Orgánica de la Administración Pública, en relación con los funcionarios de la misma.

En estos casos, y sin perjuicio del derecho de acceso a la justicia establecido en la Constitución (art. 26) y la ley, los particulares cuyos derechos humanos hayan sido violados o menoscabados por un acto u orden de un funcionario público pueden, directamente o a través de su representante, acudir ante el Ministerio Público para que éste ejerza las acciones a que hubiere lugar para hacer efectiva "la responsabilidad civil, laboral, militar, penal, administrativa o disciplinaria" en que hubiere incurrido dicho funcionario. Igualmente, pueden acudir ante la Defensoría del Pueblo para que ésta inste al Ministerio Público a ejercer dichas acciones y, además, para que la Defensoría del Pueblo solicite ante el Consejo Moral Republicano que adopte las medidas a que hubiere lugar con respecto a tales funcionarios, de conformidad con la ley.

A los efectos, incluso, de la posibilidad de exigencia de responsabilidad, la Ley Orgánica establece el principio de rendición de cuentas, al disponer su artículo 14 que las autoridades y funcionarios de la Administración Pública deben "rendir cuentas de los cargos que desempeñen en los términos y condiciones que determine la ley."

---

280 *V.* en general, Jesús Caballero Ortiz, "Consideraciones fundamentales sobre la responsabilidad administrativa en Francia y en España y su recepción en la Constitución venezolana de 1999", en *Estudios de Derecho Público: Libro Homenaje a Humberto J. La Roche Rincón,* Volumen II. Tribunal Supremo de Justicia, Caracas, 2001, pp. 255–271; Luis A. Ortiz–Álvarez, "La responsabilidad patrimonial del Estado y de los funcionarios públicos en la Constitución de 1999", en *Estudios de Derecho Administrativo: Libro Homenaje a la Universidad Central de Venezuela,* Volumen II. Imprenta Nacional, Caracas, 2001, pp. 149–208.

2. La responsabilidad patrimonial de la Administración

Por otra parte, una de las innovaciones importantes de la Constitución de 1999 en materia de régimen general del ejercicio del Poder Público, es la previsión expresa del principio de la responsabilidad patrimonial del Estado; es decir, de las personas jurídicas estatales, básicamente la que resultan de la distribución vertical del Poder Público (Repúblicas, Estados y de Municipios), por los daños y perjuicios que causen los funcionarios en ejercicio de sus funciones.

En la Constitución de 1961 el principio de la responsabilidad del Estado, por supuesto, que se deducía de la previsión del artículo 47 de que establecía que las personas no podían pretender que los entes estatales los indemnizaren sino por daños causados por "autoridades legítimas en ejercicio de su función pública"; y del artículo 206, que regulaba la jurisdicción contencioso administrativa (equivalente al artículo 259 de la Constitución de 1999), al atribuirle a los tribunales de dicha jurisdicción, competencia para dictar sentencias de condena "al pago de sumas de dinero y a la reparación de daños y perjuicios originados en responsabilidad de la Administración".

A propuesta nuestra[281] se incluyó en la nueva Constitución una norma expresa en la materia, con el siguiente texto:

> *Artículo 140:* El Estado responderá patrimonialmente por los daños que sufran los particulares en cualquiera de sus bienes y derechos, siempre que la lesión sea imputable al funcionamiento de la Administración Pública.

La expresión "funcionamiento de la Administración Pública", de carácter muy genérico, permite que la responsabilidad del Estado se origine cuando la lesión se derive del funcionamiento normal o anormal de los servicios públicos a cargo del Estado o en general, de la actividad administrativa realizada por la Administración Pública, como estructura orgánica.[282]

Se observa, ante todo, que conforme a este artículo, la responsabilidad es del "Estado", es decir, de las personas jurídicas estatales en particular, de la República, de los

---

281 *V.* Allan R. Brewer–Carías, *Debate Constituyente (Aportes a la Asamblea nacional Constituyente),* Tomo II, Fundación de Derecho Público, Editorial Jurídica Venezolana, Caracas 1999, pp. 184 y ss.

282 *V.* en general, Luis Ortiz Álvarez, *La Responsabilidad Patrimonial de la Administración Pública,* Caracas, 1995; Margarita Escudero León, "Reflexiones sobre la ejecución de sentencias que condenan al Estado al pago de sumas de dinero", en *El Derecho Público a comienzos del siglo XXI. Estudios homenaje al Profesor Allan R. Brewer–Carías,* Tomo II, Instituto de Derecho Público, UCV, Civitas Ediciones, Madrid, 2003, pp. 2310–2329; María E. Soto, "Régimen constitucional de la responsabilidad extracontractual de la Administración Pública", en *Revista LEX NOVA del Colegio de Abogados del Estado Zulia,* N° 239, Maracaibo, 2001, pp. 49–72; Luis A. Ortiz–Álvarez, "La responsabilidad patrimonial del Estado y de los funcionarios públicos en la Constitución de 1999", en *Estudios de Derecho Administrativo: Libro Homenaje a la Universidad Central de Venezuela,* Volumen II, Imprenta Nacional, Caracas, 2001, pp. 149–208; Ana C. Núñez Machado, "La nueva Constitución y la responsabilidad patrimonial del Estado", en *Comentarios a la Constitución de la República Bolivariana de Venezuela",* Vadell Hermanos Editores, Caracas, 2000, pp. 35–64; Abdón Sánchez Noguera, "La responsabilidad del Estado por el ejercicio de la función jurisdiccional en la Constitución venezolana de 1999", en *Revista Tachirense de Derecho,* N° 12 (enero–diciembre). Universidad Católica del Táchira, San Cristóbal, 2000, pp. 55–74; Luis Ortiz–Álvarez, "La responsabilidad patrimonial del Estado y de los funcionarios públicos en la Constitución de 1999", en *Revista de Derecho Constitucional,* N° 1 (septiembre–diciembre), Editorial Sherwood, Caracas, 1999, pp. 267–312; Ana C. Núñez Machado, "Reflexiones sobre la interpretación constitucional y el artículo 140 de la Constitución sobre responsabilidad patrimonial del Estado", en *Revista de Derecho Administrativo,* N° 15 (mayo–diciembre), Editorial Sherwood, Caracas, 2002, pp. 207–222; Alfonso Rivas Quintero, *Derecho Constitucional,* Paredes Editores, Valencia–Venezuela, 2002, pp. 276 y ss.

Estados y de los Municipios en sus respectivos niveles territoriales, por el funcionamiento de sus Administraciones Públicas.

Ahora bien, en cuanto a la expresión "Administración Pública" utilizada en este artículo, en todo caso, debe interpretarse conforme se utiliza la expresión en el Título IV de la Constitución, donde está ubicada, abarcando no sólo la Administración Pública conformada por los órganos que ejercen el Poder Ejecutivo, en los y tres niveles político territoriales, sino la conformada por los órganos que ejercen el Poder Ciudadano y el Poder Electoral, así como la Administración Pública que constituye la Dirección Ejecutiva de la Magistratura del Tribunal Supremo de Justicia y las unidades administrativas de la Asamblea Nacional.

La redacción de la norma, sin embargo, podría plantear dudas sobre su aplicación a los casos de responsabilidad del Estado legislador, causada, por ejemplo, al sancionar una ley, la cual sin embargo, deriva de los principios generales del derecho público[283]. En cuanto a la responsabilidad del Estado por actos judiciales o de los jueces, ésta, sin embargo, sí está regulada expresamente en los artículos 49,8 y 255 de la Constitución.

El principio de la responsabilidad patrimonial del Estado, por la actividad de la Administración Pública, por otra parte, lo reitera el artículo 13 de la Ley Orgánica de la Administración Pública, el cual aún cuando en forma impropia se dispone que la responsabilidad patrimonial sería de la "Administración Pública", cuando esta en realidad no es sujeto de derecho ni persona jurídica. La norma, en efecto, señala:

La Administración Pública será responsable ante las personas por la gestión de sus respectivos órganos, de conformidad con la Constitución de la República Bolivariana de Venezuela y la ley, sin perjuicio de la responsabilidad de cualquier índole que corresponda a los funcionarios por su actuación.

La Administración Pública responderá patrimonialmente por los daños que sufran las personas, siempre que la lesión sea imputable a su funcionamiento.

La "Administración Pública," en efecto, no puede ser responsable pues no es un sujeto de derecho; la responsabilidad es de las personas jurídicas estatales político–territoriales (República, Estado, Municipios, Distritos Metropolitana), o descentralizadas (*p.e.*, institutos autónomos) que la Constitución comprende en la expresión "Estado."

La Sala Constitucional ha sentado criterio de que la Constitución de 1999 establece un régimen amplio, integral y objetivo de la responsabilidad patrimonial del Estado que se erige en garantía de los particulares frente a las actuaciones dañosas de la Administración, mucho más amplio del establecido en la Constitución de 1961, del cual "no cabe duda que dicha responsabilidad debe ser apreciada de manera objetiva descartándose la culpa del funcionario como fundamento único del sistema indemnizatorio". En consecuencia, la Sala apartándose del criterio restringido que había sido establecido por la Sala Político Administrativa[284], resolvió que "la responsabilidad patrimonial del Estado no debe ser considerada como una garantía en favor de los entes públicos; por el contrario, su consagración constitucional exige que la misma sea interpretada por los

---

283 *V.* Carlos A. Urdaneta Sandoval, "El Estado venezolano y el fundamento de su responsabilidad patrimonial extracontractual por el ejercicio de la función legislativa a la luz de la Constitución de 1999", en *Revista de Derecho Constitucional*, N° 5 (julio–diciembre), Editorial Sherwood, Caracas, 2001, pp. 247–301.

284 *V.* la sentencia N° 943 de 15–05–2001.

jueces en sentido amplio y progresista como una garantía patrimonial del administrado frente a las actuaciones de la Administración generadoras de daño."[285]

XI. EL SERVICIO PÚBLICO Y EL RÉGIMEN DE COMPETENCIA

1. Principios constitucionales del sistema económico

Siguiendo, en cierta forma, las orientaciones de la Constitución de 1961, en materia de Constitución Económica[286] la Constitución de 1999 estableció un sistema económico de economía mixta y social de mercado[287] que se fundamenta en la libertad económica, pero que debe desenvolverse conforme a principios de justicia social, que requieren de la intervención del Estado.[288]

En esa orientación, precisamente se inscribe el contenido del artículo 299, al prescribir que el régimen socioeconómico de la República se fundamenta en los siguientes principios: justicia social, democratización, eficiencia, libre competencia, protección del ambiente, productividad y solidaridad, a los fines de asegurar el desarrollo humano integral y una existencia digna y provechosa para la colectividad.

El sistema económico, por tanto, se fundamenta en la libertad económica, la iniciativa privada y la libre competencia, pero con la participación del Estado como promotor del desarrollo económico, regulador de la actividad económica, y planificador con la participación de la sociedad civil. Este sistema de economía mixta como lo ha sido precisado por la Sala Constitucional del Tribunal Supremo, en sentencia N° 117 de 6 de febrero de 2001, está basado en la idea de que la Constitución:

> propugna una serie de valores normativos superiores del régimen económico, consagrando como tales la libertad de empresa en el marco de una economía de mercado y fundamentalmente el del Estado Social de Derecho (Welfare State, Estado de Bienestar o Estado Socialdemócrata), esto es

---

285 *V.* la sentencia N° 2818 de 19–11–2002 (Caso: *Ramón Oscar Carmona Vásquez,* en *Revista de Derecho Público*, N° 89–92, Editorial Jurídica Venezolana, Caracas, 2002, pp. 113 y ss.

286 *V.* Allan R. Brewer–Carías, "Reflexiones sobre la Constitución Económica" en *Estudios sobre la Constitución Española. Homenaje al Profesor Eduardo García de Enterría,* Madrid 1991, pp. 3839 a 3853; Ignacio de León, "A cinco años de la Constitución Económica de 1999. Un balance de la gestión," Jesús María Casal, Alfredo Arismendi y Carlos Luis Carrillo Artiles (Coord.), *Tendencias Actuales del Derecho Constitucional. Homenaje a Jesús María Casal Montbrun,* Tomo II, Universidad Central de Venezuela/Universidad Católica Andrés Bello, Caracas, 2008, pp. 379–406.

287 *V.* lo que expusimos ante la Asamblea, en Allan R. Brewer–Carías, *Debate Constituyente*, Tomo III, *op. cit.*, pp. 15 a 52.

288 *V.* en general, Henrique Meier, "La Constitución económica," en *Revista de Derecho Corporativo*, Vol. 1, N° 1. Caracas, 2001, pp. 9–74; Dagmar Albornoz, "Constitución económica, régimen tributario y tutela judicial efectiva," en *Revista de Derecho Constitucional*, N° 5 (julio–diciembre), Editorial Sherwood, Caracas, 2001, pp. 7–20; Ana C. Núñez Machado, "Los principios económicos de la Constitución de 1999," en *Revista de Derecho Constitucional,* N° 6 (enero–diciembre), Editorial Sherwood, Caracas, 2002, pp. 129–140; Claudia Briceño Aranguren y Ana C. Núñez Machado, "Aspectos económicos de la nueva Constitución," en *Comentarios a la Constitución de la República Bolivariana de Venezuela*, Vadell Hermanos, Editores, Caracas, 2000, pp. 177 ss., Jesús Ollarves Irazábal, "La vigencia constitucional de los Derechos Económicos y Sociales en Venezuela," *Libro Homenaje a Enrique Tejera París, Temas sobre la Constitución de 1999,* Centro de Investigaciones Jurídicas (CEIN), Caracas, 2001, pp. 159 a 192; Rafael Ortiz Ortiz, "Derechos fundamentales y las actividades económicas de interés general," en *Revista de Derecho*, N° 22, Tribunal Supremo de Justicia, Caracas, 2006, pp. 123–202.

> un Estado social opuesto al autoritarismo. Los valores aludidos se desarrollan mediante el concepto de libertad de empresa, que encierra, tanto la noción de un derecho subjetivo "a dedicarse libremente a la actividad económica de su preferencia," como un principio de ordenación económica dentro del cual se manifiesta la voluntad de la empresa de decidir sobre sus objetivos. En este contexto, los Poderes Públicos, cumplen un rol de intervención, la cual puede ser directa (a través de empresas) o indirecta (como ente regulador del mercado).[289]

Ello, según el criterio de la misma Sala Constitucional, "permiten determinar el grado de flexibilidad de nuestra Constitución Económica dentro de la economía de mercado, el cual puede tener como contenido la economía social de mercado o la economía dirigida o controlada de mercado, adaptándose de esta forma, a las necesidades de su tiempo..."; de lo que concluyó la Sala señalando que se patentiza "el carácter mixto de la economía venezolana," esto es, "un sistema socioeconómico intermedio entre la economía de libre mercado (en el que el Estado funge como simple programador de la economía, dependiendo ésta de la oferta y la demanda de bienes y servicios) y la economía interventora (en la que el Estado interviene activamente como el "empresario mayor")."

Ello se desprende, por otra parte, del propio texto de la Constitución, que promueve expresamente, "la actividad económica conjunta del Estado y de la iniciativa privada en la persecución y concreción de los valores supremos consagrados en la Constitución,"[290] garantizando tanto la libertad económica o el derecho de las personas al libre ejercicio de las actividades económicas de su preferencia (art. 112), como la propiedad privada (art. 115), y en particular, prohibiendo la confiscación (art. 116) y regulando la expropiación (art. 115), garantizando el pago de una justa y oportuna compensación.

2. La actividad administrativa y su incidencia en la esfera de los administrados

La actividad administrativa, por esencia, incide en la esfera jurídica de los administrados, y en materia económica, en la libertad económica. En este campo, como en todo el del derecho administrativo, éste, además de regular a la Administración Pública como complejo orgánico, el ejercicio de la función administrativa y la propia actividad administrativa del Estado, regula también las relaciones entre las personas jurídicas estatales como sujetos de derecho actuando a través de los órganos de la Administración Pública, y los administrados, como consecuencia de la gestión del interés público que, en concreto, aquéllas tienen que asumir.

En estas relaciones está otro de los elementos claves del derecho administrativo contemporáneo: el necesario equilibrio, en un régimen democrático, que tiene que establecerse entre los poderes y prerrogativas de los órganos de la Administración Pública y los derechos de los particulares o administrados, lo cual plantea unas especiales exigencias en un régimen de derechos y garantías ciudadanas.

En esta forma, ante el elenco de derechos y garantías que declara la Constitución, corresponde a la legislación propia del derecho administrativo su regulación, actualización, limitación y protección concretas, y con ello la de las diversas formas de la activi-

---

289 *V.* en *Revista de Derecho Público,* N° 85–88, Editorial Jurídica Venezolana, Caracas, 2001, pp. 212–218.

290 *Idem. V.* sobre dicha sentencia, José Ignacio Hernández, "Constitución económica y privatización (Comentarios a la sentencia de la Sala Constitucional del 6 de febrero de 2001)," en *Revista de Derecho Constitucional,* N° 5, julio–diciembre–2001, Editorial Sherwood, Caracas, 2002, pp. 327–342.

dad administrativa, que corresponden a las clásicas formas o cometidos de: policía, fomento, servicio público, control y gestión de los asuntos públicos.

La primera, la actividad de policía, quizás la más clásica de las actividades administrativas, siempre resulta en definitiva en una limitación a los derechos constitucionales; la segunda, la actividad de fomento, se manifiesta en la política el estímulo al desarrollo pleno de los mismos derechos ciudadanos, con particulares connotaciones en el ámbito económico; la tercera, la actividad de servicio público, en esencia es la obligación prestacional impuesta al Estado consecuencia directa de derechos ciudadanos previstos constitucional o legalmente; la cuarta, la actividad de control, corresponde a todas las acciones del Estado de control de la actuación tanto de los órganos de la Administración Pública como de los propios administrados en relación con sus actividades reguladas; y la quinta forma de la actividad administrativa, la de gestión del interés general, que puede manifestarse, entre otros, en el campo de la economía cuando el Estado gestiona incluso directamente actividades dentro del sistema de economía mixta establecido en la Constitución.

En esta forma, la actividad administrativa, materialmente hablando, no puede concebirse sin su incidencia directa en la esfera jurídica de los particulares, pues en definitiva, aquella se concreta en una regulación, limitación, estímulo, satisfacción, control o protección de los derechos y garantías constitucionales.

La materia administrativa, por tanto, está conformada por todas aquellas regulaciones que permiten al Estado actuar en concreto, realizando cometidos y prestaciones, y que a la vez se configuran como limitaciones a los derechos y garantías constitucionalmente permitidas, por lo que bien podría decirse que el derecho administrativo, materialmente hablando, es el derecho de las limitaciones y regulaciones al ejercicio de esos derechos.

3. El régimen de los servicios públicos

Ahora bien, en particular en relación con los servicios públicos, a pesar de las sucesivas crisis que ha tenido en la historia del derecho administrativo, esa noción continúa siendo clave para nuestra disciplina. Incluso, su carácter escurridizo y multivalente no puede impedir que se pueda definir el concepto como referido a las actividades prestacionales que debe asumir el Estado, tendientes a satisfacer necesidades generales o colectivas, en cumplimiento de una obligación constitucional o legal y en relación con las cuales, los particulares no tienen derecho a desarrollarlas "libremente."[291]

De esta definición resulta lo siguiente:

En *primer lugar,* que se trata siempre de una actividad, es decir, de un conjunto de operaciones y tareas a cargo de un sujeto de derecho, consistente en dar o hacer algo a favor de otros, en suma, de prestar. Se trata, por tanto, de una actividad prestacional;

291 *V.* Allan R. Brewer–Carías, "Comentarios sobre la noción del servicio público como actividad prestacional del Estado y sus consecuencias" en *Revista de Derecho Público,* N° 6, Editorial Jurídica Venezolana, Caracas, abril–junio 1981, pp. 65–71 "El régimen constitucional de los servicios públicos» en *El nuevo servicio público. Actividades reservadas y regulación de actividades de interés general (electricidad, gas, telecomunicaciones y radiodifusión) VI Jornadas Internacionales de Derecho Administrativo Allan Randolph Brewer–Carías, Caracas 2002,* Fundación de Estudios de Derecho Administrativo, Caracas 2003, pp. 19–49; José Ignacio Hernández G., "Un ensayo sobre el concepto de servicio público en el derecho venezolano", *Revista de Derecho Público,* N° 89–92, Editorial Jurídica Venezolana, Caracas 2002, pp. 47–75.

pero no de cualquier tipo de prestación sino de una que es de interés de todos, de interés público o colectivo por lo que los sujetos a los cuales se destina son todos, es decir, al público en general.

En *segundo lugar,* esa actividad prestacional corresponde cumplirla obligatoriamente al Estado, es decir, a los entes públicos, por estar así establecido en la Constitución o en una Ley. Por tanto, no toda actividad prestacional de interés público que realicen los entes públicos puede considerarse como un servicio público, sino sólo aquellas que éstos asumen en cumplimiento de una obligación constitucional o legal, lo que implica la regularidad y continuidad.

En *tercer lugar,* tratándose de una actividad prestacional que corresponde como obligación al Estado, de acuerdo al principio de alteridad, los particulares, es decir, el público en general, tienen un correlativo derecho constitucional o legal a recibir la prestación, el cual, como todo derecho, debe ser esencialmente justiciable y protegible.

En *cuarto lugar,* desde el momento en el cual una actividad se configura como servicio público a cargo de los entes públicos, la misma queda sustraída de las que pueden ser desarrolladas libremente por los particulares. No es que necesariamente la actividad queda excluida del ámbito de la libertad económica de los particulares, sino que en relación con ella, ésta no puede desarrollarse libremente.

Es decir, la libertad económica, como derecho de toda persona de "dedicarse libremente a la actividad económica de su preferencia" (art. 112 de la Constitución), está limitada, constitucional o legalmente, en una proporción inversa al grado de asunción de la actividad por parte del Estado.

En todo caso, la idea clave a los efectos de la conceptualización jurídica del servicio público, es la existencia de una obligación constitucional o legal a cargo del Estado para la realización de la actividad prestacional. Ello contribuye a deslindar a los servicios públicos de las actividades prestacionales que el Estado realiza por ejemplo, como mero empresario, que no se ejecutan en virtud del cumplimiento de obligación constitucional o legal algunas, y respecto de las cuales existe el derecho de los particulares a desarrollarlas libremente.

En consecuencia, la declaración de una actividad como servicio público que, por tanto, se cumple por el Estado en ejecución de una obligación constitucional o legal, da origen a dos consecuencias fundamentales en relación con los particulares y el mercado:

Por una parte, que con motivo de la obligación jurídica del Estado surge una relación jurídica, en cuyo otro extremo está como correlativo a la obligación, un derecho de los administrados a percibir la prestación de tales servicios públicos; y por otra parte, que la presencia del Estado como prestador de servicios públicos restringe, a la vez, la libertad económica de los administrados.

El servicio público así entendido, se presenta entonces siempre, como una restricción a la libertad económica de los particulares. Por ello es que la creación de un servicio público, es decir, el establecimiento de la obligación prestacional a cargo del Estado, sólo puede tener su origen directamente en la Constitución o en la ley, pues sólo en esos textos, conforme al principio de la reserva legal previsto en la propia Constitución (art. 112), es que puede limitarse o restringirse la libertad económica.

Esta consecuencia de la noción de servicio público es la más importante desde el punto de vista jurídico; que cuando una actividad prestacional se erige en servicio público, es decir, se impone obligatoriamente al Estado, sea a la República, a los Estados o a los

Municipios, se restringe automáticamente la libertad económica de los particulares en el sentido de que no pueden, libremente, ejercer dicha actividad.

Es evidente, por supuesto, que el ámbito de esta restricción no es uniforme, pues depende de la regulación concreta que se establezca en la Constitución o en la ley. Las normas pueden establecer una variada gama de restricciones a la libertad económica que pueden ir desde la exclusión total de la actividad económica de los particulares en el ámbito de la actividad prestacional, por ejemplo, cuando el Estado se la reserva con carácter de exclusividad; hasta la previsión de una concurrencia casi sin restricciones, entre la actividad pública y la actividad privada, pasando por los supuestos en los cuales, a pesar de que el Estado se reserve el servicio, los particulares pueden prestarlo mediante concesión.

Por tanto, según la intensidad de la restricción a la libertad económica que acarrea la consideración de una actividad como servicio público, se pueden distinguir tres grandes categorías de servicios públicos: los servicios públicos exclusivos y excluyentes; los servicios públicos exclusivos, pero concedibles; los servicios públicos concurrentes.

La primera categoría de servicios públicos abarca aquellos reservados al Estado en forma absoluta, de manera que los particulares no pueden, en forma alguna, prestarlos. La Constitución, en general, salvo en relación con los servicios públicos vinculados a la seguridad de la Nación y a los fines del Estado, no establece directamente ningún servicio público de esta naturaleza, pero permite que la ley los pueda establecer en determinados supuestos. En efecto, el artículo 302 de la Constitución establece expresamente la posibilidad que tiene el Estado de reservarse, mediante Ley Orgánica, y por razones de conveniencia nacional, "industrias, explotaciones, *servicios y bienes de interés público*".

De acuerdo a este artículo, por tanto, mediante ley orgánica podría establecerse un servicio público para ser prestado en forma exclusiva por el Estado, excluyendo a los particulares del ámbito del mismo. Una reserva de este tipo tendría por efecto fundamental establecer una exclusión a la libertad económica de los administrados, la cual no podría desarrollarse, en forma alguna, respecto del servicio reservado. En estos casos, la reserva de servicios provocaría el establecimiento de un *monopolio de derecho* a favor del Estado, configurándose el supuesto del artículo 302 de la Constitución como una excepción a la prohibición de los monopolios que regula el artículo 113 de la propia Constitución. En el ordenamiento jurídico actual no existe ningún servicio público de esta naturaleza.

Una segunda categoría de servicios públicos estaría configurada por aquellos que aún siendo atribuidos en forma obligatoria y exclusiva al Estado, es decir, a la República, a los Estados o a los Municipios, y estando reservados a los entes públicos, ello no se ha hecho en forma excluyente, por lo que mediante concesión podría permitirse a los particulares la prestación de los mismos en determinadas condiciones. La Constitución ha regulado, en muchas normas esta categoría de servicios públicos, como servicios públicos exclusivos y no excluyentes, por tanto, concedibles, a cuyo efecto ha regulado en general, en el artículo 113 que cuando se trate de "prestación de servicios de naturaleza pública con exclusividad o sin ella, el Estado podrá otorgar concesiones por tiempo determinado, asegurando siempre la existencia de contraprestaciones o contrapartidas adecuadas al interés público."

Esta norma establece, por tanto, que cuando se trate de una actividad declarada como servicio público exclusivo del Estado, pero no excluyente, sea que se vaya a prestar en forma exclusiva o no, el Estado puede otorgar concesiones por tiempo determinado. Por supuesto, corresponde a la Ley la determinación del carácter exclusivo del servicio que permita, sin embargo, que su prestación se pueda conceder a los particulares.

La consecuencia de ello es que en virtud de la reserva, los particulares no tendrían libertad económica respecto de las actividades que configuran estos servicios, es decir, en esos supuestos, los particulares *no tienen derecho* a realizar las actividades económicas que los configuran. Pueden, sí, obtener ese derecho mediante un acto administrativo bilateral, que es la concesión de servicio público, a través de la cual se transfiere a los particulares un derecho que antes no tenían y que se constituye por dicho acto.

En relación con estos servicios, y con excepción de los de carácter municipal (abastecimiento de aguas,[292] recolección de desechos sólidos, transporte público de pasajeros) o de prestación local,[293] puede decirse que en Venezuela se ha venido produciendo un proceso de liberalización, de manera que el régimen de concesión no encuentra ahora regulación sino excepcionalmente, por ejemplo, en materia de transporte, como el ferroviario[294] o de instalaciones portuarias.[295] En materia de telecomunicaciones, en cambio, puede decirse que la actividad económica se liberalizó, correspondiendo al Estado la regulación del servicio a través del ente regulador como es la Comisión Nacional de Telecomunicaciones creada en la Ley Orgánica de Telecomunicaciones.[296] En sentido similar, el servicio eléctrico también se ha liberalizado conforme a la Ley Orgánica del Servicio Eléctrico,[297] correspondiendo a la Comisión Nacional de Energía, como ente regulador, el control de las actividades particulares en ese campo. En ambos casos, sujetas a la obtención de autorizaciones, permisos y licencias.

Un tercer tipo de servicio público está configurado por aquellas actividades prestacionales también impuestas obligatoriamente al Estado, pero respecto de las cuales el ordenamiento constitucional también consagra un derecho de los particulares a prestarlos, como sucede, por ejemplo, en materia de servicios educativos y de atención a la salud. En estos casos, el establecimiento de una actividad como servicio público lo que produce, como consecuencia, es una limitación a la libertad económica de los particulares, que requieren para ello, por ejemplo, de un registro ante la autoridad pública. No se trata por tanto, de que la actividad económica se excluya del ámbito de los particulares, como sucede en los casos anteriores, sino de una limitación a su ejercicio. Por ello, en estos casos, el derecho de los particulares a prestar los servicios está establecido directamente en el ordenamiento jurídico, y lo único que en éste se establece son los mecanismos de control, para asegurar que los servicios se presten en forma adecuada al interés general envuelto.

---

292 Ley Orgánica para la Prestación de los Servicios de Agua Potable y de Saneamiento (Ley Nº 75), *Gaceta Oficial* Nº 5.568 Extraordinario de 31–12–2001.

293 Por ejemplo, la Ley de Armonización y Coordinación de Competencias de los Poderes Públicos Nacional y Municipal para la Prestación de los Servicios de Distribución de Gas con fines domésticos y de Electricidad (Decreto–Ley Nº 1.507) *Gaceta Oficial* Nº 37.319 de 07–11–2001

294 Ley Orgánica del Transporte Ferroviario Nacional (*Gaceta Oficial* Nº 5.889 Extra. de 31–7–2008.

295 *V.* Ley General de Puertos (*Gaceta Oficial* Nº 39.140 de 17–03–2009)

296 *V.* Ley Orgánica de Telecomunicaciones (*Gaceta Oficial* Nº 39.610 de 7–2–2011

297 *V.* Ley Orgánica de Reorganización del Sector Eléctrico (*Gaceta Oficial* Nº 39.494 de 24–8–2010.

4. La nacionalización de actividades económicas

Conforme al sistema económico establecido en la Constitución, de economía mixta, el ámbito de lo público y de lo privado es correlativo, pudiendo variar conforme las políticas gubernamentales, siempre resguardando el núcleo esencial de los derechos. Pero en Venezuela, en forma diametralmente distinta a la tendencia contemporánea de reducción de las actividades públicas directas, al contrario, en la primera década del siglo XXI en Venezuela lo que se ha visto ha sido una tendencia diametralmente opuesta, signada por la expansión del sector público y la asunción forzosa y en algunos casos, mediante la nacionalización, de actividades económicas.

La Constitución de 1999, en efecto, había establecido en el régimen de intervención del Estado en la economía, el régimen de la creación de empresas estatales (Art. 300); el régimen de la nacionalización petrolera y el régimen de la reserva de actividades económicas al Estado.[298]

Sobre estos últimos aspectos, el artículo 302 de la Constitución, luego de intensos debates[299] estableció que "el Estado se reserva, mediante la ley orgánica respectiva y por razones de conveniencia nacional, la actividad petrolera". En esta forma, la reserva de la industria petrolera que se había efectuado mediante la Ley Orgánica que reserva al Estado la Industria y el Comercio de los Hidrocarburos de 1975,[300] adquirió rango constitucional en el texto de 1999, pero conforme lo establezca la ley orgánica respectiva, la cual puede ser modificada. La reserva, por tanto, puede considerarse que no es ni rígida ni absoluta, sino flexible, conforme lo establezca la ley orgánica respectiva.[301]

En particular, en todo caso, en la Constitución (Art. 303) se estableció expresamente que por razones de soberanía económica, política y de estrategia nacional "el Estado conservará la totalidad de las acciones de Petróleos de Venezuela, S.A"., o del ente creado para el manejo de la industria petrolera, exceptuando la de las filiales, asociaciones estratégicas, empresas y cualquier otra que se haya constituido o se constituya como consecuencia del desarrollo de negocios de Petróleos de Venezuela, S.A. En esta forma, lo que de acuerdo con la Constitución debe permanecer como propiedad de la República (no del Estado) son las acciones de PDVSA, es decir, del holding de la industria petrolera, pero no de las filiales, las cuales son, en realidad, las que realizan las actividades económicas en la industria. En todo caso, mediante la Ley Orgánica de Hidrocarburos de 2001, reformada en 2006,[302] se ratificó la nacionalización de la industria petrolera previéndose sin embargo el régimen necesario para el establecimiento de empresas mixtas, con capital mayoritario del Estado, para la explotación petrolera. En 2007, dicho régimen fue forzosamente impuesto a los Convenios de Asociación que venían eje-

---

298 *V.* en general, Víctor Rafael Hernández–Mendible, José Ignacio Hernández G, Allan R. Brewer–Carías y José Araujo–Juárez, *Nacionalización, Libertad de Empresa y Asociaciones Mixtas*, Editorial Jurídica Venezolana, Caracas, 2008

299 *V. Gaceta Constituyente (Diario de Debates), Noviembre 1999–Enero 2000,* Sesión de 14–11–99, N° 44, pp. 3 ss. *V.* nuestro voto salvado en primera discusión en Allan R. Brewer–Carías, *Debate Constituyente,* Tomo III, *op. cit.*, pp. 209 y 210.

300 *V.* nuestros comentarios sobre ese proceso en Allan R. Brewer–Carías, "Aspectos organizativos de la industria petrolera nacionalizada," en *Archivo de Derecho Público y Ciencias de la Administración,* Instituto de Derecho Público UCV, Vol. III, Tomo I, Caracas 1981, pp. 407 a 492.

301 Así se reguló, en la Ley Orgánica de Hidrocarburos de 2001, reformada en 2006, *Gaceta Oficial* N° 38.493 de 4–8–2006, mediante la cual se derogó la Ley de Nacionalización Petrolera de 1975.

302 *V.* Ley Orgánica de Hidrocarburos (*Gaceta Oficial* N° 38.493 de 4–8–2006);

cutándose desde los años noventa para la explotación petrolera, con participación de empresas extranjeras, a los cuales se obligó a transformarse en empresas mixtas.[303]

El mismo artículo 302 de la Constitución, también establece que el Estado se puede reservar, mediante ley orgánica, y por razones de conveniencia nacional, industrias, explotaciones, servicios y bienes de interés público y de carácter estratégico. En este caso, distinto al de la industria petrolera ya reservada desde 1975, se trata de una previsión que sigue la orientación del artículo 97 de la Constitución de 1961, y que se refiere tanto a otras actividades ya reservadas en el pasado (por ejemplo la industria del mineral de hierro), como a la posibilidad, en el futuro, que se pueda dictar una reserva de actividades económicas de interés público o de carácter estratégico.[304] Ha sido precisamente el caso de la reserva al Estado de la industria del cemento, la industria siderúrgica y las actividades y servicios conexos con los hidrocarburos.[305]

5. La estatización de actividades económicas y el "sistema económico comunal"

Por otra parte, en cuanto al régimen de las regulaciones legales a las actividades económicas, la expansión del sector público ha llevado al ahogamiento progresivo del sector privado, por las regulaciones draconianas que progresivamente se han venido estableciendo, con regímenes sancionatorios que ha autorizado a la Administración a ocupar y apropiarse de industrias y servicios, incluso sin compensación, configurándose como confiscaciones administrativas.

En 2007, muchas de estas acciones se pretendió que fueran constitucionalizadas, mediante una propuesta de reforma constitucional que sin embargo, fue rechazada en referendo realizado en diciembre de 2007.[306] Sin embargo, en evidente fraude a la voluntad

303 *V.* en general, Ley de Regularización de la Participación Privada en las Actividades Primarias Previstas en el Decreto N° 1.510 con Fuerza de Ley Orgánica de Hidrocarburos (*Gaceta Oficial* N° 38.419 de 18–4–2006); Ley de Migración a Empresas Mixtas de los Convenios de Asociación de la Faja Petrolífera del Orinoco; así como de los Convenios de Exploración a Riesgo y Ganancias Compartidas (Decreto Ley N° 5.200) (*Gaceta Oficial* N° 38.632 de 26–02–2007); Ley sobre los Efectos del Proceso de Migración a Empresas Mixtas de los Convenios de Asociación de la Faja Petrolífera del Orinoco; así como de los Convenios de Exploración a Riesgo y Ganancias Compartidas (*Gaceta Oficial* N° 38.785 del 08–10–2007). *V.* sobre este proceso en Allan R. Brewer–Carías, "La estatización de los convenios de asociación que permitían la participación del capital privado en las actividades primarias de hidrocarburos suscritos antes de 2002, mediante su terminación anticipada y unilateral y la confiscación de los bienes afectos a los mismos", en Víctor Hernández Mendible (Coordinador), *Nacionalización, Libertad de Empresa y Asociaciones Mixtas*, Editorial Jurídica Venezolana, Caracas 2008, pp. 123–188

304 *V.* nuestro voto salvado en primera discusión en Allan R. Brewer–Carías, *Debate Constituyente,* Tomo III, *op. cit.* pp. 210 y 211.

305 *V.* Ley Orgánica de Ordenación de las Empresas Productoras de Cemento, Decreto Ley N° 6.091, *Gaceta Oficial* N° 5.886 Extra. de de 18–6–2008); Ley Orgánica de Ordenación de las Empresas que Desarrollan Actividades en el Sector Siderúrgico en la Región de Guayana, Decreto Ley N° 6.058 *Gaceta Oficial* N° 38.928 de 12–5–2008; Ley Orgánica que reserva al Estado bienes y servicios conexos a las actividades primarias de Hidrocarburos, *Gaceta Oficial* N° 39.173 de 7–5–2009.

306 *V.* Allan R. Brewer–Carías, "La reforma constitucional en Venezuela de 2007 y su rechazo por el poder constituyente originario," en José Ma. Serna de la Garza (Coord.), *Procesos Constituyentes contemporáneos en América latina. Tendencias y perspectivas*, Universidad Nacional Autónoma de México, México 2009, pp. 407–449; "La proyectada reforma constitucional de 2007, rechazada por el poder constituyente originario," en *Anuario de Derecho Público 2007,* Año 1, Instituto de Estudios de Derecho Público de la Universidad Monteávila, Caracas 2008, pp. 17–65; "La reforma constitucional en Venezuela de 2007 y su rechazo por el poder constituyente originario," en *Revista Peruana de Derecho Público,* Año 8, N° 15, Lima, Julio–Diciembre 2007, pp. 13–53.

popular y a la propia Constitución, ese rechazo popular no sólo no ha impedido que las reformas se haya implementado inconstitucionalmente en diversos aspectos mediante leyes, como ocurrió en materia económica, inicialmente mediante el Decreto Ley N° 6.130 de 2008, contentivo de la Ley para el Fomento y Desarrollo de la Economía Popular,[307] la cual se ha derogado en 2010 mediante la Ley Orgánica del Sistema Económico Comunal (LOSEC),[308] en la cual se ha establecido materialmente una nueva "Constitución Económica" para el país, en paralelo a la prevista en la Constitución, pero que cambia de raíz el sistema constitucional al pretender establecer un sistema económico comunista, denominado Sistema Económico Comunal.

En efecto, el 21 de diciembre de 2010, la Asamblea Nacional junto con otras leyes relativas al Poder Popular y al Estado Comunal, como antes se ha dicho, sancionó la Ley Orgánica del Sistema Económico Comunal,[309] buscando sustituir el sistema económico de economía mixta consagrado en la Constitución de 1999, por un sistema económico socialista o comunista, por el cual nadie ha votado y, al contrario, ha sido rechazado popularmente,[310] concebido, tal como se lo define en el artículo 2, como:

> "el conjunto de relaciones sociales de producción, distribución, intercambio y consumo de bienes y servicios, así como de saberes y conocimientos, desarrolladas por las instancias del Poder Popular, el Poder Público o por acuerdo entre ambos, a través de organizaciones socio productivas bajo formas de propiedad social comunal."

Se trata, por tanto, de un sistema económico que se debe desarrollar exclusivamente "a través de organizaciones socio–productivas bajo formas de propiedad social comunal" que conforme a la Ley son solamente las empresas del Estado Comunal creadas por las instancias del Poder Público; las empresas públicas creadas por los órganos que ejercen del Poder Público; las unidades productivas familiares; o los grupos de trueque, donde está excluida toda iniciativa privada y la propiedad privada de los medios de producción y comercialización de bienes y servicios.

Es en consecuencia, un sistema económico socialista que se ha implantado mediante ley, violentando completamente el sistema de economía mixta que garantiza la Constitución donde se establece, al contrario, como se dijo, como uno de los principios fundamentales del sistema constitucional, tanto la libertad económica como el derecho de propiedad privada.

En la Ley Orgánica del Sistema Económico Comunal se regula, por tanto, un sistema económico que cambia la estructura el Estado y cuya aprobación solo hubiera podido ser posible a través de la convocatoria de una Asamblea Constituyente (ni siquiera mediante reforma o enmienda constitucional), de un sistema de economía mixta a un sis-

---

307 *V.* en *Gaceta Oficial* N° 5.890 Extra. de 31–07–2008.

308 *V.* en *Gaceta Oficial* N° 6.011 Extra. de 21–12–2010.

309 *V.* Ley Orgánica del Sistema Económico Comunal (*Gaceta Oficial* N° 6.011 Extra. de 21–12–2010). *V.*, Allan R. Brewer–Carías, "Introducción General al Régimen del Poder Popular y del Estado Comunal (O de cómo en el siglo XXI, en Venezuela se decreta, al margen de la Constitución, un Estado de Comunas y de Consejos Comunales, y se establece una sociedad socialista y un sistema económico comunista, por los cuales nadie ha votado)," en Allan R. Brewer–Carías, Claudia Nikken, Luis A. Herrera Orellana, Jesús María Alvarado Andrade, José Ignacio Hernández y Adriana Vigilanza, *Leyes Orgánicas sobre el Poder Popular y el Estado Comunal (Los consejos comunales, las comunas, la sociedad socialista y el sistema económico comunal*), Editorial Jurídica Venezolana, Caracas 2011, pp. 9–182.

310 El rechazo popular se efectuó mediante el referendo de diciembre de 2007 en el cual se rechazó la reforma constitucional en la cual se proponía su creación; y en las elecciones parlamentarias de septiembre de 2010, en la cual el Pueblo mayoritariamente voló contra el Presidente y sus políticas socialistas.

tema económico estatista o controlado por el Estado, mezclado con previsiones propias de sociedades primitivas y lugareñas que en el mundo globalizado de hoy ya simplemente no existen, que presuponen la miseria como forma de vida, para regular y justificar el "trueque" como sistema, pensando quizás en sociedades agrícolas o recolectoras; y para crear una moneda al margen de la de curso legal que es el Bolívar, llamando así como "moneda comunal," como medio de intercambio de bienes y servicios, a los viejos "vales" de las haciendas de hace más de un siglo, donde el campesino estaba confinado al ámbito geográfico de la economía que controlaba estrictamente el hacendado.

Por ello es que este sistema económico comunal se lo concibe como la "herramienta fundamental para construcción de la nueva sociedad," que supuestamente debe regirse sólo "por los principios y valores socialistas" que en esta Ley Orgánica, sin fundamento histórico alguno, se declara que supuestamente se inspira en la "doctrina de Simón Bolívar" (Art. 5).

A tal efecto, reducida la propiedad privada a la mínima expresión, en la Ley se define la "propiedad social" como:

> "El derecho que tiene la sociedad de poseer medios y factores de producción o entidades con posibilidades de convertirse en tales, esenciales para el desarrollo de una vida plena o la producción de obras, bienes o servicios, que por condición y naturaleza propia son del dominio del Estado; bien sea por su condición estratégica para la soberanía y el desarrollo humano integral nacional, o porque su aprovechamiento garantiza el bienestar general, la satisfacción de las necesidades humanas, el desarrollo humano integral y el logro de la suprema felicidad social" (Art. 6.15).

Con ello se reafirma que el sistema económico comunal que se regula, está basado exclusivamente en la propiedad pública, del Estado (dominio del Estado), sobre los medios de producción, de manera que en la práctica, no se trata de ningún derecho que sea "de la sociedad," sino del aparato Estatal, cuyo desarrollo, regido por un sistema de planificación centralizada, elimina toda posibilidad de libertad económica e iniciativa privada, y convierte a las "organizaciones socio productivas" en meros apéndices del aparato estatal.

El sistema omnicomprensivo que se regula, al contrario está basado en la "propiedad social comunal" y que debe ser desarrollada tanto por el Estado Constitucional (los órganos del Poder Público) como por el Estado Comunal (instancias del Poder Popular), como se dijo, exclusivamente a través de "organizaciones socio–productivas bajo formas de propiedad comunal."

Este sistema económico comunal como se dijo, se había comenzado a regular ilegalmente, al margen de la Constitución, violentándola, tiene por finalidad, entre otras, impulsar dicho sistema "a través de un modelo de gestión sustentable y sostenible para el fortalecimiento del desarrollo endógeno (Art. 3.2); "fomentar el sistema económico comunal en el marco del modelo productivo socialista, a través de diversas formas de organización socio productiva, comunitaria y comunal en todo el territorio nacional (Art. 3.3); e "incentivar en las comunidades y las comunas los valores y principios socialistas para la educación, el trabajo, la investigación, el intercambio de saberes y conocimientos, así como la solidaridad, como medios para alcanzar el bien común.(Art. 3.8).

En este contexto socialista, la Ley Orgánica definió el "modelo productivo socialista" como el:

"modelo de producción basado en la *propiedad social*, orientado hacia la eliminación de la *división social del trabajo* propio del modelo capitalista. El modelo de producción socialista está dirigido a la satisfacción de necesidades crecientes de la población, a través de nuevas formas de generación y apropiación así como de la *reinversión social del excedente*." (Art. 6.12).

Se trata en consecuencia, de una Ley mediante la cual se pretende, además, cambiar el sistema capitalista y sustituirlo a la fuerza por un sistema socialista, imponiendo un sistema comunista.[311]

Para ello, y como mecanismo para eliminar toda forma de generar riqueza y con ello, de trabajo libre y empleo, la Ley Orgánica de 2010 declaró como pieza esencial del nuevo sistema económico comunal, la necesaria "reinversión social del excedente," como principio esencial que rige las organizaciones socio productivas, definida como "el uso de los recursos remanentes provenientes de la actividad económica de las organizaciones socio productivas, en pro de satisfacer las necesidades colectivas de la comunidad o la comuna, y contribuir al desarrollo social integral del país" (Art. 6.19). Con este principio, los redactores de la Ley incorporaron a su articulado, otros de los pilares del sistema comunista, tal como fue concebido por Marx y Engels, como contrapuesto al sistema capitalista, y es la necesaria "reinversión social de excedente" producto de la actividad económica. Basada, por tanto, en los principios utópicos comunistas de la "propiedad social de los medios de producción," la "eliminación de la división social del trabajo" y la "reinversión social del excedente," la Ley Orgánica del Sistema Económico Comunal está sin duda concebida para implantar en Venezuela el sistema comunista como contrario al sistema capitalista.

Para ello, Ley Orgánica establece un ámbito omnicomprensivo de aplicación, al establecer, formalmente, que se aplica, por una parte "a las comunidades organizadas, consejos comunales, comunas y todas las instancias y expresiones del Poder Popular, en especial a las organizaciones socio productivas que se constituyan dentro del sistema económico comunal," es decir, a todo el ámbito del Estado Comunal; y por la otra, "de igual manera, a los órganos y entes del Poder Público y las organizaciones del sector privado, en sus relaciones con las instancias del Poder Popular" (Art. 3), es decir, a todos los órganos y entes del Estado Constitucional y a todas las instituciones, empresas y personas del sector privado. Es decir, es una Ley tendiente a implementar el comunismo en todos los órdenes.

Como antes se ha dicho, de acuerdo con esta Ley Orgánica, las organizaciones socio productivas son los "actores" fundamentales que se han diseñado para dar soporte al sistema económico comunal, pues es a través de ellas que se desarrolla el "modelo productivo socialista" que propugna, las cuales se definen como las:

"unidades de producción constituidas por las instancias del Poder Popular, el Poder Público o por acuerdo entre ambos, con objetivos e intereses comunes, orientadas a la satisfacción de necesidades colectivas, mediante una economía basada en la producción, transformación, distribución, in-

311 Para lo cual sus redactores, basándose quizás en algún "Manual" vetusto de revoluciones comunistas fracasadas, parafrasearon en la Ley, lo que Carlos Marx y Federico Engels escribieron hace más de 150 años, en 1845 y 1846, sobre la sociedad comunista, en el conocido libro *La Ideología Alemana*, al referirse a la sociedad primitiva de la época, en muchas partes aún esclavista y en todas, preindustrial, afirmando que la propiedad es "el derecho de suponer de la fuerza de trabajo de otros" y declarando que la "división del trabajo y la propiedad privada" eran "términos idénticos: uno de ellos, referido a la esclavitud, lo mismo que el otro, referido al producto de ésta."*V.* Karl Marx and Frederich Engels, "The German Ideology," en *Collective Works*, Vol. 5, International Publishers, New York 1976, p. 47. Véanse además los textos pertinentes en http://www.educa.madrid.org/cms_tools/files/0a24636f–764c–4e03–9c1d–6722e2ee60d7/Texto%20Marx%20y%20Engels.pdf"

tercambio y consumo de bienes y servicios, así como de saberes y conocimientos, en las cuales el trabajo tiene significado propio, auténtico; sin ningún tipo de discriminación" (Art. 9).

Esta afirmación legal, que también proviene de los viejos Manuales comunistas basados en las apreciaciones de Marx y Engels en las sociedades anteriores a las europeas de mitades del siglo XIX sobre el trabajo asalariado, su explotación y carácter esclavista y discriminatorio, particularmente en relación con las mujeres,[312] lo cual no tiene ninguna relación con la actualidad en ningún país occidental. Ahora bien, ese trabajo con sentido "propio y auténtico," y "sin discriminación," al que se refiere la Ley Orgánica, supuestamente se va a garantizar a través de las organizaciones socio–productivas que se regulan en la ley, mediante las cuales, en forma exclusiva, se desarrollará la economía del país, y que conforme al artículo 10 de la Ley Orgánica, son sólo cuatro: primero, las empresas del Estado Comunal; segundo, las empresas públicas del Estado Constitucional; tercero, las unidades productivas familiares; y cuarto, los grupos de trueque. O sea, que del trabajo en empresas privadas en las cuales los trabajadoras tienen herramientas para lograr mejores condiciones que ha sido una de las bases del sistema económico del país, se quiere pasar al trabajo exclusivamente en empresas de carácter público, creadas por las instancias del Estado Comunal y por los órganos y entes del Estado Constitucional, sometidas todas a una planificación centralizada, en las cuales no puede haber movimientos sindicales u organizaciones de trabajadores libres que puedan presionar para el logro de mejores condiciones laborales, y donde el "empresario" en definitiva resultará ser un burócrata de un régimen autoritario que usa el "excedente" para su propio confort, explotando a los asalariados alienados.

En todo caso, este sistema de economía comunal, en la Ley para el Fomento y Desarrollo de la Economía Popular de 2008, se había establecido como un sistema altamente centralizado bajo el control del Ejecutivo Nacional, como "órgano rector," que se ejercía por órgano del Ministerio del Poder Popular para las Comunas y Protección Social (Art. 6). La Ley Orgánica del Sistema Económico Comunal establece ahora que el Ministerio de las Comunas, "es el órgano coordinador de las políticas públicas relacionadas con la promoción, formación, acompañamiento integral y financiamiento de los proyectos socio productivos, originados del seno de las comunidades, las comunas o constituidos por entes del Poder Público conforme a lo establecido en el Plan de Desarrollo Económico y Social de la Nación, las disposiciones de la Ley, su Reglamento y demás normativas aplicables" (art 7). Sin embargo, de las competencias que se atribuyen, resulta todo un sistema centralizado que conduce el Ejecutivo Nacional.

Precisamente por ello, el sistema de producción socialista que se regula en la Ley Orgánica, es también un sistema económico sometido a una planificación centralizada, conforme a la cual está proscrita toda iniciativa privada, controlado además por el Ejecutivo nacional directamente. En esta materia, con base en las atribuciones que los artículos 112 y 299 de la Constitución atribuyen al Estado en materia de planificación, aún cuando con la especificación de que debe ser democrática, participativa y de consulta abierta, en 2001 se dictó el Decreto Ley N° 1.528 de Ley Orgánica de Planificación, el cual fue posteriormente modificado por la Ley de la Comisión Central de Planificación,

312 Al referirse al trabajo en la misma obra la *Ideología Alemana,* Marx y Engels hablaron de la "explotación del hombre por el hombre": y se refirieron a la "distribución desigual, tanto cuantitativa como cualitativamente, del trabajo y de sus productos." *Idem.*

y posteriormente por la Ley Orgánica de Planificación Popular de 2010, con acentuado carácter centralista y nada democrático.[313]

XII. LA FUNCIÓN PÚBLICA

En la Constitución de 1999 se han establecido los principios fundamentales relativos al régimen de los funcionarios públicos, a los efectos de guiar el establecimiento más de un Estatuto de la función pública que para la carrera administrativa como lo establecía la Constitución de 1961 (art. 122); a cuyo efecto, la Asamblea Nacional sancionó en 2002 la Ley del Estatuto de la Función Pública.[314]

Conforme a la Constitución, en dicho Estatuto se establecieron las normas sobre el ingreso, ascenso, traslado, suspensión y retiro de los funcionarios de la Administración Pública. La Constitución, además, exigió que en el Estatuto se previera la incorporación de los funcionarios a la seguridad social[315]. La Constitución, además remitió a la ley para determinar las funciones y requisitos que deben cumplir los funcionarios públicos para ejercer sus cargos (art. 144)[316].

En cuanto a los principios constitucionales, debe destacarse que el artículo 145 de la Constitución, dispone en general, que los funcionarios públicos deben estar al servicio del Estado y no de parcialidad alguna, precisando, incluso, que su nombramiento y remoción no puede estar determinado por la afiliación u orientación política.

Ahora bien, en cuanto a los cargos en la Administración Pública, la Constitución estableció, con carácter general, que los cargos "son de carrera" (artículo 146), exceptuando los de elección popular, los de libre nombramiento y remoción, los contratados, los obreros al servicio de la Administración Pública y los demás que determine la Ley.

La consecuencia del principio de la carrera es que el ingreso de los funcionarios públicos y a los cargos de carrera, en principio deben realizarse mediante concurso público, fundamentado en principios de honestidad, idoneidad y eficiencia; los cuales lamentablemente no se han implementado, proliferando los cargos de libre nombramiento y remoción. En cuanto al ascenso, la Constitución también dispone que debe estar sometido a métodos científicos basados en el sistema de méritos, y el traslado, suspensión y retiro debe ser de acuerdo con el desempeño de los funcionarios. La reducción fáctica de los cargos de carrera, en todo caso, hacen inaplicables estas normas.

---

313 *V.* la Ley Orgánica de Planificación y Popular (*Gaceta Oficial* N° 6.011 Extra. de de 21–12–2010); y Ley Orgánica de Creación de la Comisión Central de Planificación (*Gaceta Oficial* N° 5.990 Extra. de 29–7–2010) *V.* los comentarios a esta última en Allan R. Brewer–Carías, "Comentarios sobre la inconstitucional creación de la Comisión Central de Planificación, centralizada y obligatoria," en *Revista de Derecho Público,*" N° 110, (abril–junio 2007), Editorial Jurídica Venezolana, Caracas 2007, pp. 79–89.

314 *V. Gaceta Oficial* N° 37.522 del 6 de septiembre de 2002. *V.* en general, Jesús Caballero Ortíz, "Bases constitucionales del derecho de la función pública", *Revista de Derecho Constitucional,* N° 5, julio–diciembre–2001, Editorial Sherwood, Caracas, 2002, pp. 21 a 46.

315 *V.* nuestra propuesta en Allan R. Brewer–Carías, *Debate Constituyente (Aportes a la Asamblea Nacional Constituyente),* Tomo II, *op. cit.* p. 182. *V.* en general Allan R. Brewer–Carías, *El Estatuto del funcionario público en la Ley de Carrera Administrativa,* Caracas, 1971.

316 En general, sobre el régimen constitucional de los funcionarios públicos, véase Antonio de Pedro Fernández, "Algunas consideraciones sobre la función pública en la Constitución de la República Bolivariana de Venezuela", en *Estudios de Derecho Administrativo: Libro Homenaje a la Universidad Central de Venezuela,* Volumen I, Imprenta Nacional, Caracas, 2001, pp. 307–342.

En cuanto a las remuneraciones, el artículo 147 establece un principio general de disciplina del gasto público, en el sentido de que para la ocupación de cargos públicos de carácter remunerado es necesario que sus respectivos emolumentos estén previstos en el presupuesto correspondiente. Las escalas de salarios en la Administración Pública, dado su carácter estatutario, se deben establecer reglamentariamente conforme a la ley.

La Constitución, por otra parte, recogió el principio que estaba en el artículo 229 de la Constitución de 1961, conforme al cual, el Poder Nacional, por ley orgánica, puede establecer límites razonables a los emolumentos que devenguen los funcionarios públicos tanto municipales y estadales, como nacionales. La materia quedó así consolidada como una competencia del Poder Nacional que corresponde a la Asamblea Nacional (y escapa de la competencia de los Consejos Legislativos)[317], y en ejecución de dicha norma en 2002, con reforma en 2011, se dictó la Ley Orgánica de Emolumentos, Pensiones y Jubilaciones de los Altos Funcionarios y Altas Funcionarias del Poder Público.[318] Además, la Constitución previó que la ley nacional también debe establecer el régimen de las jubilaciones y pensiones de los funcionarios públicos nacionales, estadales y municipales, siguiendo la orientación que se había establecido en la Enmienda N° 2 de la Constitución de 1961, sancionada en 1983. En esta forma, en cuanto al régimen de remuneraciones y pensiones, el Poder Nacional tiene competencias expresas para su regulación respecto de los tres niveles territoriales.

La Constitución estableció, además, algunos principios relativos a incompatibilidades respecto de los funcionarios públicos. Así, conforme al artículo 148, y siguiendo la orientación del artículo 123 de la Constitución de 1961, nadie puede desempeñar a la vez más de un destino público remunerado, a menos que se trata de los cargos académicos, accidentales, asistenciales o docentes que determine la ley. Se eliminó de las excepciones la referencia a los cargos edilicios y electorales que establecía el texto de 1961 (art. 123).

En todo caso, la aceptación de un segundo destino que no sea de los exceptuados, siempre implica la renuncia del primero, salvo cuando se trate de suplentes, mientras no reemplacen definitivamente al principal.

En cuanto a las jubilaciones o pensiones se estableció en la Constitución que nadie puede disfrutar más de una, salvo los casos expresamente determinados en la ley.

El artículo 145 de la Constitución, por otra parte, estableció el principio de que quien esté al servicio de los Municipios, de los Estados, de la República "y demás personas jurídicas de derecho público o de derecho privado estatales", no puede celebrar contrato alguno con ellas, ni por sí ni por interpuesta persona, ni en representación de otro, salvo las excepciones que establezca la ley. Se destaca, de esta norma, la referencia a la clasificación de las personas jurídicas en el derecho público, en sus dos vertientes, que hemos propuesto desde hace años: por una parte, las personas jurídicas de derecho público y las personas jurídicas de derecho privado, según la forma de creación; y por la

317 *V.* sentencia de la Sala Constitucional N° 2399 de 29–08–03 (Caso: *Interpretación de las normas contenidas en los artículos 4 del Régimen Transitorio de Remuneraciones de los más Altos Funcionarios de los Estados y Municipios, Comisión Legislativa Nacional de 2000).*

318 *V.* Ley Orgánica de Emolumentos, Pensiones y Jubilaciones de los Altos Funcionarios y Altas Funcionarias del Poder Público (*Gaceta Oficial* N° 39.592 de 12–1–2011).

otra, las personas jurídicas estatales y las personas jurídicas no estatales, según su integración o no a la organización general del Estado.[319]

XIII. EL URBANISMO, EL MEDIO AMBIENTE Y LA ORDENACIÓN DEL TERRITORIO

1. Los derechos ambientales y la protección del medio ambiente

En la Constitución de 1999, también constituyó una novedad en cuanto a la regulación de los derechos constitucionales, el conjunto de normas contenidas en el Capítulo relativo a los derechos ambientales[320].

En el mismo, en el artículo 127, se establece que es un derecho y un deber de cada generación proteger y mantener el ambiente en beneficio de sí misma y del mundo futuro. Además, toda persona tiene derecho individual y colectivamente a disfrutar de una vida y de un ambiente seguro, sano y ecológicamente equilibrado. La consecuencia de estos derechos es que el Estado debe proteger el ambiente, la diversidad biológica, genética, los procesos ecológicos, los parques nacionales y monumentos naturales y demás áreas de especial importancia ecológica. Se agrega, además, que es una obligación fundamental del Estado, con la activa participación de la sociedad, garantizar que la población se desenvuelva en un ambiente libre de contaminación, en donde el aire, el agua, los suelos, las costas, el clima, la capa de ozono, las especies vivas, sean especialmente protegidos, de conformidad con la ley. Por último, la Constitución prohíbe además, la patentabilidad del genoma de los seres vivos, remitiéndose a la ley que se refiere a los principios bioéticos la regulación de la materia.

El artículo 156 de la Constitución atribuye como competencia exclusiva del Poder Nacional "las políticas *nacionales* y la legislación en materia... (de) ambiente, aguas... y ordenación del territorio" (ord. 23); y "la legislación sobre ordenación urbanística" (ord. 19). Además, la Constitución atribuye a los Municipios competencia exclusiva, en

---

319 *V.* Allan R. Brewer–Carías, "La distinción entre las personas públicas y las personas privadas y el sentido general de la problemática actual de la clasificación de los sujetos de derecho" en *Revista de la Facultad de Derecho,* N° 57, UCV, Caracas, 1976, pp. 115 a 135. La distinción se puede apreciar, también, por ejemplo, en el texto del artículo 322.

320 *V.* en general, Fortunato González Cruz, "El ambiente en la nueva Constitución venezolana", en *El Derecho Público a comienzos del siglo XXI. Estudios homenaje al Profesor Allan R. Brewer–Carías,* Tomo III, Instituto de Derecho Público, UCV, Civitas Ediciones, Madrid, 2003, pp. 2917–2923; Germán Acedo Payáres, "La Constitución de la República Bolivariana de Venezuela de 1999 y los denominados 'Derechos Ambientales", en *El Derecho Público a comienzos del siglo XXI. Estudios homenaje al Profesor Allan R. Brewer–Carías,* Tomo III, Instituto de Derecho Público, UCV, Civitas Ediciones, Madrid, 2003, pp. 2925–2978; Alberto Blanco–Uribe Quintero, "La tutela ambiental como derecho–deber del Constituyente. Base constitucional y principios rectores del derecho ambiental", en *Revista de Derecho Constitucional, N° 6 (enero–diciembre).* Editorial Sherwood, Caracas, 2002, pp. 31–64; Alberto Blanco–Uribe Quintero, "El ciudadano frente a la defensa jurídica del ambiente en Venezuela", en *El Derecho Público a comienzos del siglo XXI. Estudios homenaje al Profesor Allan R. Brewer–Carías,* Tomo III, Instituto de Derecho Público, UCV, Civitas Ediciones, Madrid, 2003, pp. 2995–3008; y *V.* Luciano Parejo Alfonso, "El derecho al medio ambiente y la actuación de la Administración Pública", en *El Derecho Público a comienzos del siglo XXI. Estudios homenaje al Profesor Allan R. Brewer–Carías,* Tomo III, Instituto de Derecho Público, UCV, Civitas Ediciones, Madrid, 2003, pp. 2979–2994.

cuanto concierne a la vida local, en materia de "protección del ambiente y cooperación con el saneamiento ambiental" (art. 178,4).

En todo caso, la ley fundamental en esta materia la constituye la Ley Orgánica del Ambiente de 1976,[321] donde se regulan las actividades susceptibles de contaminar el ambiente y el régimen de autorizaciones administrativas correspondiente.

Además, el artículo 178,4 de la Constitución le atribuye en forma exclusiva a los Municipios, en cuanto concierne a la vida local, competencias en materia de "protección del ambiente y cooperación con el saneamiento ambiental". El artículo 184 de la Constitución, además, confirma la competencia de Estados y Municipios en materia de "servicios ambientales".

Debe indicarse además, que el artículo 129 de la Constitución ha elevado a rango constitucional el requisito que hasta ese momento tenía rango reglamentario, de exigir que todas las actividades susceptibles de generar daños a los ecosistemas, deben ser previamente acompañadas de estudios de impacto ambiental y socio cultural. El mismo artículo 129 de la Constitución dispone además que el Estado debe impedir la entrada al país de desechos tóxicos y peligrosos, así como la fabricación y uso de armas nucleares, químicas y biológicas, remitiendo a una ley especial la regulación del uso, manejo, transporte y almacenamiento de las sustancias tóxicas y peligrosas.

Por otra parte, como ya se ha señalado, el mismo artículo 129 de la Constitución establece que en los contratos que la República celebre con personas naturales o jurídicas, nacionales o extranjeras, o en los permisos que se otorguen, que involucren los recursos naturales, se debe considerar incluida aun cuando no estuviera expresa, la obligación de conservar el equilibrio ecológico, de permitir el acceso a la tecnología y la transferencia de la misma en condiciones mutuamente convenidas y de restablecer el ambiente a su estado natural si éste resultara alterado, en los términos que fije la ley.

2. La política de ordenación del territorio y el régimen de la ordenación urbanística

En cuanto a la política de ordenación del territorio, el artículo 128 de la Constitución impone al Estado la obligación de desarrollar una política de ordenación del territorio atendiendo a las realidades ecológicas, geográficas, poblacionales, sociales, culturales, económicas, políticas, de acuerdo con las premisas del desarrollo sustentable, que incluya la información, consulta y participación ciudadana. Una ley orgánica debe desarrollar los principios y criterios para este ordenamiento, con lo que se remite a la Ley Orgánica para la Ordenación del Territorio de 1983[322]. Adicionalmente, el artículo 178 le atribuye expresamente a los Municipios competencia exclusiva, en cuanto concierne a la vida local, en materia de "ordenación territorial", y el artículo 184 confirma la competencia de Estados y Municipios en la materia, por ejemplo, al referirse al "mantenimiento de áreas industriales".

En materia de urbanismo, se trata de una materia de la competencia concurrente de las entidades político-territoriales, de manera que el artículo 184 de la Constitución, atribuye competencia tanto a los Estados como a los Municipios en materia de "mantenimien-

---

321 *V.* la Ley Orgánica del Ambiente en *Gaceta Oficial* N° 31.004 de 16–06–1976.

322 *Gaceta Oficial* N° Extra. 3.238 de 11–08–1983. *V.* además, Allan R. Brewer–Carías, *Ley Orgánica para la Ordenación del Territorio*, Caracas, 1983.

to y conservación de áreas urbanas". Además, el Poder Nacional tiene competencia exclusiva para el establecimiento, coordinación y unificación de normas y procedimientos técnicos para obras de ingeniería, de arquitectura y de urbanismo y la legislación sobre ordenación urbanística, (art. 156,19). Adicionalmente el Poder Municipal tiene competencia exclusiva, en cuanto concierne a la vida local, en materia de ordenación urbanística, parques, jardines, plazas, balnearios, otros sitios de recreación, arquitectura civil, nomenclatura y ornato público (art. 178,1). Se trata, por tanto, de una materia de la competencia concurrente entre el Poder Nacional, el Poder Estadal y el Poder Municipal, que ha sido regulada detalladamente en la Ley Orgánica de Ordenación Urbanística de 1987[323], en la cual además del sistema de planes, se establece el marco regulatorio del control urbanístico que ejercen las autoridades locales mediante el otorgamiento de las constancias de variables urbanas fundamentales, tanto para las urbanizaciones como para las edificaciones.

XIV. LOS BIENES PÚBLICOS

La Constitución de 1999, por primera vez en el constitucionalismo venezolano, declaró como del dominio público una serie de bienes, régimen que, con anterioridad, sólo estaba regulado en el Código Civil y, más, recientemente en algunas leyes especiales.

En esta forma, la Constitución declara como bienes del dominio público a los yacimientos mineros y de hidrocarburos (Art. 12), pero con anterioridad a esta constitucionalización, ya la Ley de Minas de 1999 lo había establecido (art. 2), así como la Ley Orgánica de Hidrocarburos Gaseosos de 1999 (art. 1).[324] La Constitución, por otra parte, también declara que "las costas marinas son bienes del dominio público" (art. 12); lo cual se había complementado en la Ley de Conservación y Saneamiento de Playas de 2000 (art. 2) y se reguló en la Ley de Zonas Costeras.[325] Por otra parte, en cuanto a las aguas, el artículo 304 de la Constitución establece que "Todas las aguas son del dominio público de la Nación, insustituibles para la vida y el desarrollo...", lo que también se reguló en la Ley de Aguas.[326]

Además, otras normas constitucionales también regulan bienes del dominio público, aun cuando sin utilizar este calificativo jurídico: se trata, por ejemplo de las "armas de guerra" respecto de las cuales el artículo 324 declara que sólo el Estado puede poseerlas y usarlas, de manera que "todas las que existan, se fabriquen o se introduzcan en el país *pasarán a ser propiedad* de la República sin indemnización ni proceso" (art. 324). Por otra parte, el artículo 303 de la Constitución dispone que "por razones de soberanía económica, política y de estrategia nacional, el Estado *conservará* la totalidad de las acciones de Petróleos de Venezuela, S.A., o del ente creado para el manejo de la industria petrolera", lo que implica una declaratoria indirecta de dominio público de dichas acciones societarias, que son inalienables.

---

323 *Gaceta Oficial* N° 33.868 de 16–12–1987. *V.* además, Allan R. Brewer–Carías y et al, *Ley Orgánica de Ordenación Urbanística*, Editorial Jurídica Venezolana, Caracas, 1988.

324 *V. Ley Orgánica de Hidrocarburos Gaseosos,* Decreto–Ley N° 310 (*Gaceta Oficial* N° 36.793 de 23–09–1999).

325 *V.* Ley de Zonas Costeras, Decreto–Ley N° 1.468 (*Gaceta Oficial* N° 37.349 de 19–12–2001

326 *V.* Ley de Aguas (*Gaceta Oficial* N° 38.595 de 02–01–2007);

Ahora bien, la declaratoria de todos estos bienes como del dominio público en la propia la Constitución, implica limitaciones a la potestad contractual de los entes públicos, particularmente por la inalienabilidad de los mismos, lo que implica la prohibición de cualquier contrato de interés público que pueda significar la enajenación de estos bienes.

Sin embargo, la propia Constitución prevé el régimen de concesiones para la explotación de los bienes que sean "recursos naturales propiedad de la Nación", las cuales pueden ser otorgadas con exclusividad o sin ella, por tiempo determinado, y asegurando, siempre, la existencia de contraprestaciones o contrapartidas adecuadas al interés público" (art. 113). En cuanto a las concesiones mineras, en particular, se dispone en el artículo 156,16 de la Constitución que "el Ejecutivo Nacional no podrá otorgar concesiones mineras por tiempo indefinido"[327].

Aparte de estas disposiciones constitucionales, por supuesto, los bienes del dominio público se han definido tradicionalmente en el Código Civil conforme al criterio de la afectación al uso público, como las vías públicas, los ríos, los lagos, el mar y las plazas y fuertes de guerra (Art. 534).

Por otra parte, de acuerdo con el artículo 542 del Código Civil se consideran como tierras baldías los bienes inmuebles que no tengan dueño, los cuales se configuran como parte del dominio privado de los Estados de la Federación. Por ello, el artículo 164,5 de la Constitución ahora le atribuye a los Estados la administración de las tierras baldías, aún cuando "el régimen" de las mismas debe ser establecido por ley nacional (art. 156,16).

Como bienes del dominio privado de los Estados, las tierras baldías pueden ser objeto de contratación, en el sentido de que por ejemplo, pueden ser enajenadas o arrendadas, con una sola excepción que establece la Constitución y es en relación con las tierras baldías existentes en las dependencias federales y en las islas fluviales o lacustres las cuales "no podrán enajenarse y su aprovechamiento sólo podrá concederse en forma que no implique, directa ni indirectamente, la transferencia de la propiedad de la tierra" (art. 13). Las "dependencias federales" a que alude esta norma son las islas marítimas no integradas en el territorio de un Estado de la federación, así como las islas que se formen o aparezcan en el mar territorial o en el que cubra la plataforma continental (art. 7 y 11).

Entre los bienes inmuebles de los Municipios, la Constitución define a los ejidos, presumiendo, además, que son tales, "los terrenos situados dentro del área urbana de las poblaciones del Municipio, carentes de dueño, sin menoscabo de legítimos derechos de terceros, válidamente constituidos" (art. 181). Los ejidos, a pesar de que conforme al artículo 181 de la Constitución "son inalienables e imprescriptibles"; la misma norma agrega que "sólo podrán enajenarse previo el cumplimiento de las formalidades previstas en las ordenanzas municipales y en los supuestos que las mismas señalen".

En relación con los baldíos y ejidos, por supuesto, también se aplica el régimen de concesiones antes indicado, conforme al mencionado artículo 113 de la Constitución.

327 *V.* Allan R. Brewer–Carías, "Prologo" sobre "El régimen constitucional aplicable a las concesiones de obras y servicios públicos", en Alfredo Romero Mendoza (Coordinador) *et al.*, *Régimen Legal de las Concesiones Públicas,* Caracas 2000, pp. 9 a 16.

LIBRO SEXTO:

LA PERSONALIDAD JURÍDICA EN EL DERECHO ADMINISTRATIVO

Este Libro Sexto recoge la Segunda Parte del libro titulado *Derecho Administrativo*, Tomo I (Principios del derecho público. Administración Pública y derecho administrativo. Personalidad jurídica en el derecho administrativo. Régimen de la Administración Pública), Universidad Externado de Colombia, Universidad Central de Venezuela, Bogotá 2005.

El derecho administrativo también puede decirse que es el derecho de las personas jurídicas que conforman el Estado. Por esa importancia que tienen para el derecho administrativo fue que Maurice Hauriou definió el mismo derecho administrativo como la rama del derecho público que tiene por objeto, precisamente, la organización y el ejercicio de los derechos por las personas administrativas[1]. En consecuencia, si es importante para el derecho administrativo el estudio de la Administración Pública, la cual está integrada por las unidades administrativas que constituyen los órganos de tales personas jurídicas estatales, lo es aún más el estudio de estas, que son las que actualizan la voluntad del Estado cuando esos órganos ejercen el poder público;[2].

Por ello también, la personalidad jurídica es la clave para el estudio de la organización administrativa, porque en definitiva esta está conformada por los órganos que actualizan la voluntad de las personas jurídicas estatales; y asimismo, para el estudio de la actividad administrativa y de las relaciones jurídico administrativas, las cuales en defi-

---

1 *V.* Maurice Hauriou, *Précis de Droit Administratif*, Paris, 1893, p. 171. *Cfr.* además, Antonio Moles Caubet, "La personalidad jurídica del Estado", *Revista de la Facultad de Derecho*, N° 8, Universidad Central de Venezuela, Caracas, 1956, pp. 21 a 56.

2 Sobre el tema nos hemos ocupado desde hace años: primero, en el *Informe sobre la reforma de la Administración Pública Nacional*, t. I, Comisión de Administración Pública, Caracas, 1972, pp. 306 y ss. y 611 y ss; segundo, en Allan R. Brewer–Carías, "La distinción entre las personas públicas y las personas privadas y el sentido actual de la clasificación de los sujetos de derecho", *Revista Argentina de Derecho Administrativo*, N° 12, Buenos Aires, 1977, pp. 15 a 29; publicado también en *Revista de la Facultad de Derecho*, Universidad Central de Venezuela, N° 57, Caracas, 1976, pp. 115 a 135; y en íd., *Fundamentos de la Administración Pública*, Editorial Jurídica Venezolana, Caracas, 1980, pp. 223 a 248; *Régimen jurídico de las empresas públicas*, Editorial Jurídica Venezolana, Caracas, 1980, pp. 35 y ss.; *Estado de derecho y control judicial*, Madrid, Instituto Nacional de Administración Pública, 1987, pp. 555 y ss.; y *Principios del régimen jurídico de la organización administrativa venezolana,* Editorial Jurídica Venezolana, Caracas, 1991, pp. 117 y ss.

nitiva son las que se establecen entre las personas jurídicas que conforman el Estado y los otros sujetos de derecho[3].

Nótese que hasta ahora hemos hablado de personas jurídicas estatales y no del Estado, pues éste en el ámbito constitucional interno, que es donde rige el derecho administrativo, puede decirse que no tiene personalidad jurídica. En realidad, como ya se ha dicho, de acuerdo con nuestra organización constitucional y administrativa, en las relaciones jurídicas del ámbito interno el Estado está conformado no por una sino por un conjunto de personas jurídicas[4]; siendo el ámbito de las relaciones internacionales el único en el cual el Estado es una persona jurídica única.

Por supuesto, bajo este ángulo, la "Administración Pública" tampoco es una persona jurídica, ni puede decirse que hay muchas administraciones públicas como personas jurídicas. La Administración Pública, en realidad, es una organización que por supuesto está conformada por un conjunto de órganos, los cuales además lo son de las personas jurídicas estatales, y que como tales órganos sirven para manifestar o actualizar la voluntad de éstas y, mediante ellas, la del Estado. La Administración Pública, por tanto, está conformada por los órganos de las personas jurídicas estatales (entes), los cuales, como lo precisa la misma Ley Orgánica de la Administración Pública de 2001[5], son las unidades administrativas de dichas personas jurídicas estatales (art. 15).

En cuanto a esas personas jurídicas estatales que son los sujetos de derecho cuyos órganos conforman la Administración Pública, ellas son objeto de regulación por parte del derecho administrativo, porque en definitiva son los que establecen las relaciones jurídico administrativas con los otros sujetos de derecho. La Administración Pública, por tanto, se insiste, tampoco es una persona jurídica en sí misma, sino que los órganos que la conforman lo son de diversas personas jurídicas estatales. Por ello es que, precisamente, el tema de la personalidad jurídica tiene tanta importancia en el estudio y comprensión del derecho administrativo, pues condiciona todo su objeto.

En todo caso, como en tantos otros aspectos del derecho administrativo, la construcción de la teoría de la personalidad jurídica no puede hacerse con independencia de los principios y regulaciones de la teoría general del derecho y en especial del derecho civil, pues la idea de persona jurídica moral como sujeto de derecho es y tiene que ser una y única.

---

3 *Cfr.* José Peña Solís "El régimen de las personas jurídicas públicas (entes públicos) en Venezuela", en *Estudios de derecho administrativo. Libro Homenaje a la Universidad Central de Venezuela*, Vol. II, Tribunal Supremo de Justicia, Caracas, 2001, pp. 313 a 367.

4 *V.* sentencia de la sala Constitucional 1002 del 26 de mayo de 2004, caso: *Federación Médica Venezolana vs. Ministra de Salud y Desarrollo Social y el Presidente del Instituto Venezolano de los Seguros Sociales*, *Revista de Derecho Público*, N° 97 y 98, Editorial Jurídica Venezolana, Caracas, 2004, p. 148.

5 *V.* en *Gaceta Oficial* N° 37.035 del 17 de octubre de 2001. Véanse los comentarios a la Ley en Allan R. Brewer–Carías et ál. *Ley Orgánica de la Administración Pública,* Caracas, 2002.

Sección Primera: LAS CLASIFICACIONES DE LAS PERSONAS JURÍDICAS

I. LA CLASIFICACIÓN DE LAS PERSONAS JURÍDICAS EN LA CONSTITUCIÓN Y EN EL CÓDIGO CIVIL

1. La clasificación según las disposiciones del Código Civil

De acuerdo al Código Civil, en el mundo del derecho, además de las personas naturales son reconocidos como sujetos de derecho, es decir, como entes capaces de derechos y obligaciones, una serie de "centros de intereses" a los cuales, para protegerlos jurídicamente, el ordenamiento jurídico les otorga el carácter de personas jurídicas o morales, como entidades abstractas; en definitiva, como "personas ficticias", tal y como las calificaron los Códigos Civiles de 1862 y 1873.

En una forma, el artículo 19 C.C. vigente dispone:

Son personas jurídicas y por lo tanto, capaces de obligaciones y derechos:

1° La Nación y las Entidades políticas que la componen;

2° Las Iglesias, de cualquier credo que sean, las universidades y, en general todos los seres o cuerpos morales de carácter público.

3° Asociaciones, corporaciones y fundaciones lícitas de carácter privado.

Conforme a esta enumeración del Código Civil, en consecuencia, las personas jurídicas en el ordenamiento jurídico venezolano, como resulta de la teoría general del derecho civil, son de dos tipos según el sustrato que les da razón de ser, sea un sustrato personal o un sustrato real: o se trata de *corporaciones* cuando el sustrato que las justifica y les da razón de ser lo constituye un conjunto de personas (sustrato personal), como una comunidad o una asociación de personas; o se trata de *instituciones* en el sentido de que lo que se busca proteger con la atribución de la personalidad jurídica es un conjunto de bienes (sustrato real), es decir, un patrimonio que se ha afectado a un fin. Esta distinción clásica y básica también se aplica a las personas en el ámbito del derecho administrativo, y es la que resulta del propio artículo 19 C.C..

En efecto, de esa norma resulta que en cada una de las dos grandes categorías de personas que regula el Código (personas o cuerpos morales de carácter público o de carácter privado) se identifican tanto un conjunto de corporaciones (comunidades o asociaciones) como un conjunto de instituciones.

1. *Entre las personas o cuerpos morales de carácter público,* en efecto, por una parte existen las corporaciones de derecho público, es decir, aquellas que tienen un sustrato personal que las sustenta, como son, por ejemplo, las comunidades políticas, las corporaciones públicas y las asociaciones de derecho público; y por la otra, las instituciones de derecho público, con un sustrato real (patrimonio) que es el que le da razón de ser.

PERSONAS JURÍDICAS DE DERECHO PÚBLICO

–Base corporativa (sustrato personal)

- **Corporaciones de derecho público**
  - **–Comunidades públicas**
    - **–Comunidades políticas: personas político territoriales**
    - **–Comunidades indígenas**
    - **–Comunidades religiosas: Iglesias**
    - **–Comunidades universitarias: universidades nacionales**
      - **–Corporaciones públicas**
    - **–Colegios profesionales**
    - **–Academias nacionales**
- **Asociaciones de derecho público:**
  - **–Mancomunidades**
    - **–Asociaciones intergubernamentales**

–Base patrimonial (sustrato real)

- **Instituciones de derecho público**
  - **–Institutos autónomos**
  - **–Banco Central de Venezuela**

Entre las que constituyen *corporaciones*, es decir, que tienen como justificación de su personalidad la existencia de un sustrato personal o una base corporativa, se distinguen una serie de comunidades, las más importantes de las cuales son las que derivan de la organización política de la sociedad; y además, tanto una serie de corporaciones de derecho público propiamente dichas como una serie de asociaciones de derecho público.

En cuanto a las comunidades, en efecto, en primer lugar están las comunidades políticas, es decir, las *personas político territoriales* que conforman la división y organización política del país, y cuya razón de existir la constituye la población asentada en el respectivo territorio, como comunidad política. Sobre ellas, el Código Civil enuncia a "la Nación y las entidades políticas que la componen", y que de acuerdo con la terminología de la Constitución de 1999 serían las personas jurídicas que derivan de la forma federal del Estado (art. 4º) conforme a la distribución vertical del poder público "entre el poder municipal, el poder estadal y el poder nacional". Ello es lo que da origen a los tres niveles de personas jurídicas corporativas, como comunidades políticas, que integran al Estado: *la República*, que ejerce el poder nacional; *los estados,* que ejercen el poder estadal, y *los municipios* y demás entidades locales (entre ellas, los distritos municipales y metropolitanos), que ejercen el poder municipal.

En esta forma, el "Estado", como se dijo, en el derecho interno está conformado tanto por la República como por los estados y los municipios, así como por las demás entidades locales; siendo por tanto la República sólo una de las personificaciones del Estado en el ámbito nacional, y los estados federados y los municipios también personificaciones del Estado en sus respectivos ámbitos territoriales.

En segundo lugar, y sin que formen parte de la organización territorial del Estado, entre las comunidades políticas y conforme a la concepción constitucional sobre los pueblos indígenas, también se pueden identificar las comunidades indígenas reconocidas en el artículo 119 C.

En tercer lugar, también entre las comunidades que se califican como personas o cuerpos morales de carácter público el artículo 19 C.C. enumera a "las Iglesias de cualquier credo que sean y las universidades". Se trata, en este caso, a partir de 1873, del reconocimiento de personalidad jurídica a un conjunto de comunidades que existían para ese momento, en particular del reconocimiento de la personalidad jurídica de las universidades, que en 1873 se circunscribían a la Universidad Central de Venezuela, que era la única existente.

En cuanto a las "Iglesias de cualquier credo", si bien son comunidades religiosas, su enumeración entre los "cuerpos morales de carácter público" sólo tiene una explicación histórica derivada del principio del Patronato Eclesiástico aplicado, precisamente, en medio de los graves conflictos entre el Estado y la Iglesia que existían para cuando se sancionó el Código Civil de 1873, y en cuya redacción influyeron determinantemente en esa y otras normas[6].

Por otra parte, al agregar la norma del Código Civil la frase: "y, en general todos los seres o cuerpos morales de carácter público", ello permite identificar dentro de las corporaciones de derecho público otras corporaciones públicas que si bien no existían al momento de sancionarse dicho código, se fueron desarrollando con posterioridad, como es el caso de las corporaciones profesionales (colegios profesionales), generalmente abiertas, y las corporaciones académicas (academias nacionales) generalmente cerradas, todas reguladas por ley.

Los cuatro grupos anteriores de personas jurídicas de derecho público (comunidades públicas y corporaciones públicas) tienen, como se dijo, una base corporativa, es decir, la existencia de una comunidad o de una agrupación de personas cuyo origen está en la regulación concreta establecida en la Constitución o la ley, y que por ello no tiene su origen en un contrato de sociedad.

En otros casos, en cambio, las personas jurídicas o cuerpos morales de carácter público, siguiendo la terminología del Código Civil ("y, en general todos los seres o cuerpos morales de carácter público"), aun con base corporativa o sustrato personal, pueden tener su origen en un acuerdo de voluntades, es decir, en un contrato de sociedad, configurándose entonces la entidad como una asociaciones de derecho público. En este caso, se trata de personas jurídicas creadas mediante la asociación de personas de derecho público, como serían las mancomunidades municipales que se regulan en el artículo 170 C. y las demás asociaciones de carácter intergubernamental establecidas entre las personas jurídicas político-territoriales.

Por otra parte, además de las corporaciones (comunidades o asociaciones de derecho público), entre las personas jurídicas o cuerpos morales de carácter público, conforme a la misma terminología del artículo 19.2 C.C. (al agregar: "y, en general todos los seres o cuerpos morales de carácter público") la cual es igualmente empleada en la Constitución de 1999 (art. 145); también se pueden identificar como personas jurídicas de derecho público las de carácter institucional o fundacional (sustrato real), como serían los "institutos autónomos", según la terminología acogida también en la Constitución (art.

---

6 *Cfr.* Allan R. Brewer–Carías, *Instituciones Políticas y Constitucionales*, T. I, "Evolución histórica del Estado", Universidad Católica del Táchira y Editorial Jurídica Venezolana, San Cristóbal y Caracas, 1996, p. 338

142, entre otros), y que el propio Código Civil incluye en la expresión de "establecimiento público"[7].

2. Entre las *personas jurídicas o cuerpos morales de carácter privado,* a las que se refiere el artículo 19.3 C.C. (que son las personas jurídicas de derecho privado conforme a la terminología también seguida en la Constitución, art. 145, entre otros), están las "asociaciones, corporaciones y fundaciones lícitas de carácter privado", entre las cuales también se pueden identificar tanto las de carácter corporativo (sustrato personal) como institucional (sustrato real).

PERSONAS JURÍDICAS DE DERECHO PRIVADO

–Base corporativa (sustrato personal)

- **Corporaciones de derecho privado: comunidades privadas**
  - **–Comunidades universitarias: universidades**
  - **–Comunidades políticas: partidos políticos**
  - **–Comunidades laborales: sindicatos**
- **Asociaciones de derecho privado**
  - **–Sociedades civiles**
    - **–Sociedades mercantiles**
    - **–Petróleos de Venezuela S.A. (PDVSA)**

–Base patrimonial (sustrato real)

- **Fundaciones**

Entre las primeras se puede también distinguir entre las personas de derecho privado de carácter corporativo y las de orden asociativo. Entre las primeras están las que tienen como sustrato personal determinadas comunidades, como serían, por ejemplo, las comunidades universitarias (universidades privadas), las comunidades políticas (partidos políticos o asociaciones con fines políticos) o las comunidades laborales (sindicatos).

Entre las segundas están las asociaciones, entre las cuales se destacan las sociedades civiles, sociedades mercantiles y las asociaciones cooperativas, cuya personalidad se adquiere mediante la protocolización de las actas constitutivas en oficinas de registro.

En cuanto a las personas de derecho privado o cuerpos morales de carácter privado de tipo institucional (sustrato real), están las "fundaciones lícitas", cuya personalidad también se adquiere con la protocolización de la correspondiente acta constitutiva en la respectiva oficina de registro.

Ahora bien, no todas las personas jurídicas enumeradas en el artículo 19 C.C. interesan al derecho administrativo ni son objeto de regulación formal por parte de esta disciplina. Entre ellas son objeto de estudio por el derecho administrativo, básicamente las de carácter estatal, es decir que forman parte de la organización general del Estado, sean de derecho público o de derecho privado; o sea, aquéllas que conforman lo que desde el punto de vista económico constituye el "sector público" (art. 289.3 C.). Esas son las que pueden considerarse como personas jurídicas *estatales* conforme a la terminología que adopta la Constitución (arts. 145 y 180 entre otros).

---

7 Artículos 538, 900, 1000 y 1482. La misma expresión fue utilizada en la Ley Orgánica de la Hacienda Pública Nacional desde la reforma de 1928.

Pero también son objeto de estudio por nuestra disciplina aquellas personas jurídicas con forma de derecho público o de derecho privado que aun siendo *no estatales*, por el conjunto de potestades que les están atribuidas por ley o por las actividades que realizan vinculadas al interés público, están sometidas a un régimen de derecho administrativo. Es el caso, por ejemplo, de las comunidades indígenas, de los colegios profesionales y de las academias nacionales, que aun siendo "personas de derecho público" no son, en absoluto, de carácter estatal, pues no forman parte de la organización general del Estado. A pesar de ello, sin embargo, por las tareas que tienen encomendadas por ley, interesan al derecho administrativo.

Por otra parte, también son personas *estatales* todas aquellas personas jurídicas de derecho privado creadas y dirigidas por entes públicos, como sucede con las sociedades mercantiles de capital público (empresas del Estado), las sociedades civiles del Estado o las fundaciones del Estado. El carácter estatal de todas esas personas jurídicas, por tanto, es independiente de su forma jurídica de derecho público o de derecho privado. Por pertenecer a la organización administrativa del Estado (sector público), son objeto de regulación por parte del derecho administrativo.

Pero además, como se dijo, también interesan al derecho administrativo y están sometidas a sus regulaciones todas aquellas personas jurídicas que aun cuando no sean estatales porque no forman parte de la organización general del Estado, y conforme a la terminología del artículo 19 C.C. son "cuerpos morales de carácter privado", por su carácter de comunidades y por las actividades que realizan vinculadas al interés público o político también interesan al derecho administrativo y son objeto de sus regulaciones, como serían los partidos políticos, los sindicatos o las universidades privadas.

De lo anterior resulta, por tanto, la necesidad del empleo de dos clasificaciones distintas respecto de las personas jurídicas en el derecho administrativo: por una parte, la que distingue entre las personas jurídicas de derecho público y las de derecho privado, según la forma jurídica adoptada; y por la otra, la que distingue entre las personas estatales de las no estatales, como en su momento lo hizo Enrique Sayagués Laso[8], según la integración del ente a la estructura y organización general del Estado. Estas dos clasificaciones son, precisamente, las que ha adoptado la Constitución de 1999, las cuales, por supuesto, contrastan con la clasificación tradicional (entre personas públicas y personas privadas) que se había utilizado respecto de las personas jurídicas en el derecho administrativo, y que sólo muy excepcionalmente se ha utilizado en textos legislativos[9].

2. Las clasificaciones según las disposiciones de la Constitución

Como ya se ha dicho, el artículo 145 C. establece la doble distinción respecto de las personas jurídicas, por una parte, entre las personas jurídicas de derecho público y las personas jurídicas de derecho privado; y por la otra, entre las personas jurídicas estatales y las personas jurídicas no estatales; clasificación que propusimos hace décadas[10];

---

8 *Cfr.* Enrique Sayagués Laso, *Tratado de Derecho Administrativo*, Tomo I, Montevideo, 1953, pp. 165, 173 y ss.

9 Fue el caso del artículo 1.3 de la derogada Ley Orgánica de la Procuraduría General de la República de 1965, en el cual se hizo referencia a las "personas públicas y privadas", *Gaceta Oficial*, Nº 27.921 del 22 de diciembre de 1965.

10 *V.* lo expuesto en Allan R. Brewer–Carías, "La distinción entre las personas públicas y las personas privadas y el sentido actual de la clasificación de los sujetos de derecho", *Revista Argentina de Derecho Administrativo*,

distinciones se recogen, además, en otras normas constitucionales, como los arts. 142, 159, 168, 180, 189.1 190, 289, 318 y 322.

La *primera* clasificación distingue entre las personas jurídicas estadales, que forman parte de la organización general del Estado en sus tres niveles territoriales o, si se quiere, del sector público; y las personas jurídicas no estatales, que no forman parte del Estado o del sector público; y la *segunda* clasificación distingue, según la forma jurídica que adoptan las personas jurídicas, entre personas jurídicas de derecho público, como los institutos autónomos, y personas jurídicas de derecho privado, como las sociedades anónimas del Estado (*empresas del Estado* o *empresas públicas,* conforme las denominan los arts. 189.1 y 184.4 C., respectivamente).

II. EL PROBLEMA DE LA CLÁSICA Y SUPERADA DISTINCIÓN ENTRE LAS "PERSONAS PÚBLICAS" Y LAS "PERSONAS PRIVADAS"

Ahora bien, en virtud de que la Constitución se refiere a las personas jurídicas estatales y a las personas jurídicas de derecho público, como objeto de regulación por el derecho administrativo, ello nos conduce a que tengamos que plantear la interrogante de si dichas personas estatales o las personas de derecho público coinciden o no con lo que de acuerdo a la terminología usada con frecuencia se ha denominado "personas públicas", por oposición a las "personas privadas".

Esta distinción entre personas públicas o personas privadas, que pudo haber tenido alguna aplicación hasta comienzos del siglo pasado, cuando no existía la diversidad de entes administrativos que conforman la Administración Pública contemporánea, en la actualidad es insostenible. Por ello, la Constitución de 1999, debido al universo de las entidades que con personalidad jurídica actúan en el mundo contemporáneo, ha desechado esa clásica distinción entre personas públicas y personas privadas por resultar insuficiente para clasificarlas. Han sido el proceso de publicización del campo de lo privado, tan característico de la ruptura de los moldes clásicos del Estado liberal abstencionista, y la privatización jurídica del campo de lo público, por la tendencia creciente del Estado de despojarse de su *imperium*, los que, entre otros factores, han provocado la obsolescencia y, a veces, la imposibilidad de aquella distinción otrora simple[11]. La misma, por otra parte, se basaba en diversos criterios o índices que en realidad apuntaban a otros fines. Esos criterios, por ejemplo, fueron resumidos por la Corte Primera de lo Contencioso Administrativo, en una confusa sentencia del 26 de agosto de 1989 en la cual, supuestamente refiriéndose a la distinción entre personas jurídicas de derecho público y de derecho privado, en realidad lo hizo utilizando los viejos criterios relativos a la clásica distinción entre personas públicas y personas privadas, en la siguiente forma:

Nº 12, Buenos Aires, 1977, pp. 15 a 29; *Revista de la Facultad de Derecho*, Universidad Central de Venezuela, Nº 57, Caracas, 1976, pp. 115 a 135; y en *Fundamentos de la Administración Pública*, Editorial Jurídica Venezolana, Caracas, 1980, pp. 223 a 248.

11 *Cfr.* Allan R. Brewer–Carías, "La interaplicación del derecho público y del derecho privado a la Administración Pública y el proceso de huida y recuperación del derecho administrativo" en *Las formas de la actividad administrativa. II Jornadas Internacionales de Derecho Administrativo Allan Randolph Brewer–Carías 1996,* Caracas, Fundación Estudios de Derecho Administrativo (FUNEDA), 1996, p. 23 a 73.

El primer problema a dilucidar lo constituye, por tanto, determinar si los partidos políticos pueden dictar actos administrativos, y, en consecuencia, ser recurridos ante la jurisdicción contencioso administrativa. Tal determinación requiere un examen previo acerca de la naturaleza jurídica de los Partidos Políticos. Para ello es necesario precisar si los Partidos Políticos se inscriben en la categoría de las personas jurídicas de derecho público, o si, por el contrario, son personas jurídicas de derecho privado.

La configuración de un esquema que permita establecer tal distinción constituye uno de los problemas más debatidos en la literatura jurídica. Al efecto, se han manejado diversos criterios como el de *los fines públicos o privados* que realizan. La insuficiencia de este criterio ha sido, empero, puesta de relieve por la doctrina. Ferrara ha resaltado cómo un mismo fin puede hacer surgir, según las circunstancias, un organismo paraestatal de naturaleza pública, o una persona jurídica privada.

Un segundo criterio manejado por la doctrina ha sido el de la existencia de prerrogativas. Según esta tesis, la persona jurídica de derecho público se caracteriza por *participar de la potestad de imperium,* típica del Estado. Esta teoría que tiene su origen en Jellinek ha sido seguida en Italia por varios civilistas como Coviello y Ferrara. Conforme a ella, las personas jurídicas públicas deben participar de aquellas características que son exclusivas y esenciales del Estado, y que, como tales, las colocan en una posición de preeminencia sobre los sujetos privados. Empero, también ha sido cuestionada por algunos autores como criterio único.

En tercer lugar se encuentra el criterio de la *integración de la persona jurídica dentro de la organización del Estado.* En este sentido se ha dicho que la persona pública, a diferencia de la privada, es parte de la administración pública, criterio que también ha sido cuestionado ya que existen personas jurídicas de derecho público a las cuales el legislador expresamente califica de tales sin que formen parte de la estructura general del Estado, como los colegios profesionales.

Un cuarto criterio lo constituye el de *la creación del ente por un acto de poder público.* Es el criterio del origen de la entidad al cual se refiere Renato Alessi al reconocer el carácter público solamente a las entidades que tienen su origen directamente en un acto del poder estatal. En este sentido puede decirse que en nuestro país, sin temor a equívocos, son personas jurídicas de derecho público los institutos autónomos, el Banco Central de Venezuela y el Banco Industrial de Venezuela, ya que son creados directamente por el legislador.

Y por último, la doctrina ha hecho referencia al *criterio de la forma,* y según la cual, en esta teoría serían personas jurídicas públicas las que adopten una forma propia en esta rama del derecho (derecho público); y las privadas, las que adopten una forma que corresponde al derecho privado, como por ejemplo las asociaciones civiles, las sociedades civiles y las sociedades mercantiles, las cuales conservan su naturaleza jurídica privada aun cuando formen parte de la administración pública.

Como se observa, más que un criterio único, la doctrina ha hecho hincapié acerca de los signos o índices reveladores de la personalidad jurídica de derecho público, que pueden ser concurrentes.

A juicio de esta Corte, entre los índices mencionados existen tres que son fundamentales para determinar la naturaleza jurídica–pública de un determinado organismo a saber: su ubicación dentro de la administración pública, el disfrute de prerrogativas inherentes al Estado o su creación por un acto del poder público[12].

Esa distinción identificaba a la "persona pública" con las organizaciones integradas al Estado (inicialmente las personas territoriales y posteriormente, los establecimientos públicos) que adoptaban solamente las formas jurídicas originarias del derecho público (instituto autónomo, p. ej.) y que, como consecuencia, estaban regidas por el derecho público; y en el mismo sentido, identificaba a las "personas privadas" con las organizaciones establecidas por los particulares o entidades privadas (sociedades y fundaciones),

12 *V. Revista de Derecho Público,* N° 39, Editorial Jurídica Venezolana, Caracas, 1989, pp. 149 a 151.

que adoptaban solamente las formas jurídicas originarias del derecho privado (compañía anónima, p. ej.) y que, como consecuencia, estaban regidas por el derecho privado.

La realidad jurídica actual, por el contrario, muestra que esa distinción tradicional se ha roto totalmente, al menos con relación a los elementos que le daban sentido[13].

1. La interaplicación del derecho público y del derecho privado a los diversos sujetos de derecho

Para comenzar por el último de los elementos en los cuales se basaba dicha distinción, no puede decirse en la actualidad que el derecho público o el derecho privado sean el orden exclusivo de determinados sujetos de derecho: derecho público para sujetos estatales o para las personas de derecho público, y derecho privado para los particulares o para las personas de derecho privado.

En efecto, las personas jurídicas creadas por los particulares, si bien están sometidas a una regulación que les es propia (derecho privado), ella ni es exclusiva ni excluyente. No es exclusiva, pues el derecho privado se aplica sin discusión, en la actualidad, a todos los sujetos de derecho calificados usualmente como públicos, y en este sentido a entidades tradicionalmente consideradas como públicas como las personas político territoriales, en campos como el de la responsabilidad administrativa, por ejemplo. Cuando el Estado era irresponsable, por supuesto, como sucedió en el absolutismo, para superar las injusticias que ello provocaba hubo que acudir a la ficción del "Fisco" que, como persona jurídica estatal, sí estaba sometida al derecho privado. Así surgió la teoría del Estado–Nación y Estado–Persona–Fisco, superada desde el siglo XIX. El sometimiento del Estado al derecho –Estado de derecho– en efecto, dio origen a la reafirmación de la personalidad de los entes político territoriales, sometidos tanto a normas de derecho público como de derecho privado.

Por otra parte, no es excluyente, pues además de las normas de derecho privado que se aplican como normativa propia a los particulares y a sus organizaciones, también se aplican a éstos –que cada vez más se mueven bajo la sombra del Estado– las normas de derecho público, otrora reservadas a los entes del Estado.

Además, y bajo el otro ángulo, el derecho público tampoco es en la actualidad el cuerpo normativo exclusivo de los entes públicos. La superación de las consecuencias de la consideración del Estado de derecho como Estado liberal abstencionista, mediante el desarrollo progresivo del Estado democrático y social de Derecho, de mecanismos de intervención del Estado en la actividad de los particulares y de participación estatal en actividades netamente económicas, inclusive sin carácter subsidiario frente a aquellos, ha provocado la aplicación sucesiva del derecho público a entidades de particulares, tal como ha sucedido en el campo financiero. ¿Quién duda, por ejemplo, que muchas veces un banco privado no está sometido a mayores controles y normas propias del derecho público, que muchos entes autónomos del mismo Estado? El derecho público, por tanto, aun cuando es la normativa propia de las organizaciones del Estado, ni es exclusiva de ellas ni, como se dijo, excluye la aplicación a las mismas de normas de derecho privado.

---

13 *V.* lo expuesto en Allan R. Brewer–Carías "La distinción entre las personas públicas y las personas privadas y el sentido actual de la clasificación de los sujetos de derecho", *cit.*, notas 2 y 10.

En la actualidad, por tanto, hay una interaplicación evidente de normas de derecho público y normas de derecho privado a todos los sujetos de derecho[14]. Lo único válido, en este campo, es la constatación de que, generalmente, por la integración de los entes a la organización del Estado o por los fines de interés social que desarrollan los sujetos estatales o los particulares; o al contrario, por el carácter exclusivamente particular y privado de los sujetos, habrá una preponderancia en el régimen jurídico de los mismos, de normas de derecho público o de normas de derecho privado. Sólo el análisis del derecho positivo en cada caso concreto permitirá establecer el ámbito y significado de dicha preponderancia; pero ello no arrojará ninguna luz sobre la naturaleza estatal o no estatal del sujeto o sobre la forma jurídica que se haya adoptado para que actúe en la vida jurídica.

Como consecuencia, los criterios que tratan de establecer una distinción entre personas públicas y personas privadas basadas en "el régimen jurídico en el cual se mueven"[15] o en el "régimen jurídico al cual están sometidas dichas entidades"[16], ante la interacción permanente de las normas de derecho público y de derecho privado a los sujetos de derecho, en realidad no pueden tener valor como tales, pues a lo sumo lo que podrá resultar será una preponderancia de régimen jurídico de derecho público o de derecho privado. Esta preponderancia, en todo caso, resultará de la integración o no del ente a la estructura organizativa del Estado y de la forma jurídica adoptada para su personificación, y en todo caso será una consecuencia proveniente del derecho positivo, y no la causa de una pretendida distinción.

2. La variedad de las formas jurídicas adoptadas para los sujetos de derecho

Tal como se dijo, la distinción entre "personas públicas" y "personas privadas" entre otros factores, reposaba sobre la distinción de las formas jurídicas adoptadas: los entes públicos adoptan las formas jurídicas admitidas por el derecho público, y los particulares, para actuar, utilizaban sólo las formas jurídicas reguladas y admitidas por el derecho privado. Así, había una perfecta identificación entre la naturaleza del ente –pública o privada–, y la forma jurídica adoptada –de derecho público o de derecho privado– y el derecho aplicable –derecho público o derecho privado–.

Ahora bien, cuando el Estado actuaba sólo bajo sus formas jurídicas político territoriales (República, estados, municipios) no era difícil identificar las formas jurídico públicas con la naturaleza pública del ente; bajo esta misma orientación, cuando a comienzos del siglo pasado el Estado comenzó a utilizar mecanismos de descentralización funcional para realizar actividades en forma indirecta (descentralización funcional), creó la figura jurídico pública del "establecimiento público" conforme a la terminología recogida en nuestro derecho positivo (art. 538 C.C.), entre los cuales destacan los institutos autónomos (art. 142 C.). Hasta aquí, la identificación de "persona pública" con la forma jurídico personificada de derecho público era completa: las "personas públicas" tenían la forma jurídica que el derecho positivo admitía, establecidas en la Constitución

14 *Cfr.* íd. "La interaplicación del derecho público y del derecho privado a la Administración Pública y el proceso de huida y recuperación del derecho administrativo", *cit.*, pp. 23 a 73.

15 *Cfr.* E. Sayagués Laso, *Tratado de derecho administrativo*, t. I, *cit.*, p. 175.

16 *Cfr.* E. Lares Martínez, *Manual de derecho administrativo*, Universidad Central de Venezuela, Caracas, 1975, p. 350.

o creadas por ley o decreto, como propias de las entidades estatales; en cambio, las "personas privadas" o particulares estaban revestidas de la forma jurídica que destinaba la legislación civil o mercantil para ellas: sociedades, asociaciones, fundaciones, constituidas conforme a lo previsto en el Código Civil.

Sin embargo esta identificación, otrora absoluta, fue quebrantada en todos los países contemporáneos con motivo de los efectos de las crisis de la pre y posguerra del siglo pasado. El derecho, sin duda, producto de la lucha de intereses, también ha sido y es producto de las crisis. Pues bien, aquellas crisis y sus componentes: intervención del Estado en la economía, nacionalizaciones, asunción o creación *ex novo* de empresas, provocaron que el Estado se saliera de sus moldes clásicos y acudiera a utilizar otras formas previstas en el derecho positivo que los usos político económicos habían reservado a los particulares: la forma societaria civil y mercantil, y la forma fundacional regulada en el Código Civil y en el Código de Comercio. Así, aparecieron innumerables organizaciones del Estado –personas estatales– con formas jurídicas de derecho privado: sociedades mercantiles de capital totalmente público o mixto, asociaciones civiles en las cuales un ente público era socio, y fundaciones en las cuales el Estado era el único fundador o uno de los fundadores.

Como consecuencia de ello, no pudo sostenerse más el criterio de que las formas jurídicas de las personas se correspondía con la naturaleza de las mismas: públicas o privadas. La forma jurídica personificada consagrada en el derecho positivo adquirió así su real sentido, el de una pura y simple forma, abstracta, neutra, tanto en relación con el contenido estatal o no de la organización, como con el carácter público o no de la actividad que pudiese realizar, o con el régimen jurídico, de derecho público o de derecho privado, que pudiera serle aplicable.

Por otra parte, no sólo fue el Estado el que recurrió a formas anteriormente reservadas a los particulares, sino que el propio derecho positivo, desde antes, venía reconociendo a ciertas corporaciones privadas carácter de personas jurídicas de derecho público, aun sin revestir las formas tradicionales establecidas en el derecho positivo. Así, por ejemplo, a los colegios profesionales se los reconoció como personas jurídicas de derecho público –corporaciones o comunidades profesionales– (establecimientos públicos corporativos), a pesar de estar constituidas por particulares o profesionales los cuales, por ello, teóricamente debían acudir a las formas tradicionales que el derecho les reservaba (asociaciones civiles). Estas corporaciones, aun cuando se trata de comunidades de profesionales, no ha habido duda en considerarlas siempre y tradicionalmente como personas de derecho público, aunque no integradas en la estructura general del Estado.

De lo expuesto, resultó con evidencia que no era posible identificar la persona pública o privada como antes se hacía, con base en la forma jurídica adoptada para operarla. Esta, la forma, no puede prejuzgar sobre la naturaleza –pública o privada o estatal o no estatal– del ente. El Estado, para realizar sus actividades, ha acudido y acude a formas originarias del derecho público (establecimientos públicos) o a formas originarias del derecho privado (sociedades mercantiles); y los particulares, por su parte, si bien han acudido y acuden normalmente a formas originarias del derecho privado, pueden acudir a formas originarias del derecho público (establecimientos públicos corporativos) o participar en ellas.

En todo caso, y ello es incontestable, la forma jurídica regulada por el derecho positivo es un dato de extraordinaria importancia –como tal forma y exclusivamente como ella– para la comprensión de todo el fenómeno de la personalidad jurídica. De acuerdo a ello, como lo indica la Constitución de 1999 y se ha analizado anteriormente, las personas morales se clasifican en personas de derecho público (formas originarias del derecho público) o personas de derecho privado (formas del derecho privado). Pero ello, como forma, y salvo por lo que se refiere a las comunidades políticas de rango constitucional (personas político territoriales) no significa absolutamente nada sobre quién ni sobre cómo las constituyen, ni sobre la naturaleza de la actividad que realizan –pública o privada–, ni sobre su integración o no a la estructura organizativa del Estado, ni sobre el régimen jurídico –público o privado– que preponderantemente les es aplicable.

En este sentido, por ejemplo, como se ha señalado, son personas jurídicas de derecho público en el derecho positivo venezolano las siguientes: las personas político territoriales (República, estados federados, municipios) y las personas de derecho público no territoriales, como las comunidades públicas (indígenas y religiosas), las corporaciones públicas (colegios profesionales, universidades nacionales), las asociaciones de derecho público (mancomunidades) y los entes institucionales o fundacionales públicos (institutos autónomos). Son personas jurídicas de derecho privado, al contrario, las corporaciones privadas, como las comunidades de interés general (universitarias, sindicales, partidos políticos) y las asociaciones civiles y mercantiles (aun las creadas por el Estado y donde éste sea único accionista), y las fundaciones (aun las creadas por el Estado, y donde éste sea el único fundador).

Frente a esta clasificación y a pesar de que la forma jurídica de la persona no prejuzga sobre el régimen jurídico que le es aplicable, existe, sin embargo, una presunción en relación a la preponderancia de este régimen: las personas jurídicas constituidas con formas jurídicas originarias del derecho público tienen una presunción de preponderancia del derecho público en su régimen jurídico; al contrario, las personas jurídicas constituidas con formas jurídicas originarias del derecho privado tienen una presunción de preponderancia del derecho privado en su régimen jurídico. En tal sentido es que, por ejemplo, debe interpretarse la clasificación establecida en el artículo 29 LOAP, cuando distingue entre los entes descentralizados funcionalmente (personas jurídicas) con forma de derecho público, como las "creadas y regidas por normas de derecho público", y los entes descentralizados funcionalmente (personas jurídicas) con forma de derecho privado, como las "constituidas y regidas de acuerdo a normas del derecho privado".

3. La integración de los diversos sujetos de derecho a la organización del estado

Otra de las premisas de la formulación clásica de la distinción entre personas públicas y personas privadas era la integración o no de las mismas a la organización general del Estado, es decir, si formaban parte de lo que en general se denomina Administración Pública del Estado. Las "personas públicas", en esta forma, creadas con formas jurídicas de derecho público y con régimen de derecho público eran las que estaban integradas a la estructura del Estado y, por tanto, eran personas estatales; las personas privadas, en cambio, creadas por particulares, con formas jurídicas de derecho privado y sometidas a un régimen de derecho privado, eran las que no estaban integradas a dicha estructura organizativa del Estado y, por tanto, eran personas no estatales.

Sin embargo, este elemento de la distinción, al igual que el anteriormente analizado, fue también cuestionado por efecto de la propia realidad jurídico administrativa, que demostró que no podía establecerse identificación alguna entre persona pública y persona estatal, o entre persona privada y persona no estatal.

En efecto, la intervención del Estado en el proceso económico llevó a éste a crear entes jurídicos con forma de derecho privado (sociedades anónimas) con un régimen de derecho positivo casi íntegramente de derecho privado. Estos entes, a pesar de ello, sin embargo, eran y son personas jurídicas estatales en el sentido de que están integrados dentro de la estructura general de la Administración descentralizada funcionalmente del Estado. Tal es el caso, por ejemplo, de las empresas creadas por el Estado o institutos autónomos, los que a pesar de su forma societaria y de su régimen jurídico se consideran económicamente como parte del sector público, y jurídicamente como parte de la Administración Pública descentralizada.

Por el contrario, algunas personas jurídicas de derecho público, con un régimen preponderante de derecho público, como por ejemplo las corporaciones profesionales (colegios profesionales), sin embargo, no pueden considerarse como personas estatales –a pesar de su forma o carácter de derecho público– ya que no están integradas a la estructura general del Estado ni se las puede considerar parte de la Administración Pública descentralizada del mismo.

La integración de determinados sujetos de derecho a la estructura general del Estado, por tanto, si bien es otro dato de enorme importancia para la comprensión de todo el universo de las personas jurídicas, responde a criterios también de carácter formal (orgánico) y no puede prejuzgar sobre la naturaleza o no (pública o privada) del ente. No puede decirse, en efecto, que toda persona jurídica integrada a la organización administrativa descentralizada del Estado es una "persona pública", pues hemos visto cómo personas con formas jurídicas de derecho privado y régimen jurídico preponderante de derecho privado son parte integrante de la estructura estatal (sociedades anónimas de capital totalmente público, p. ej.), y al contrario, cómo personas jurídicas con formas de derecho público y régimen jurídico preponderante de derecho público no son parte integrante de la estructura general del Estado ni de su Administración Pública indirecta o descentralizada (colegios profesionales).

Ahora bien, así como no puede en la actualidad identificarse la "persona pública" pura, simple y exclusivamente con aquel sujeto de derecho sometido a un régimen preponderante o no de derecho público; ni con aquél que tenga una forma jurídica originaria del derecho público; tampoco puede identificarse con aquellos sujetos integrados a la estructura del Estado. Persona pública y persona estatal son dos nociones distintas que obedecen a distintas fundamentaciones (naturaleza del ente en un caso y organización formal en el otro), y por ello no deben confundirse. Lamentablemente, en muchos casos, aun cuando se reconoce que la distinción tradicional entre persona pública y persona privada no puede plantearse en los mismos términos que le dieron origen, sin embargo se acude a la distinción entre persona estatal y no estatal para fundamentar la misma distinción superada entre personas públicas y personas privadas, identificando en definitiva lo estatal con lo público y lo no estatal con lo privado, lo cual, evidentemente, no es adecuado[17].

En este sentido, verbigracia, si se analizan muchos de los intentos de la doctrina más moderna para establecer un criterio de distinción entre "personas públicas" y "personas

17 *Cfr.* Allan R. Brewer–Carías, "La interaplicación del Derecho Público y del Derecho Privado a la Administración Pública y el proceso de huida y recuperación del Derecho Administrativo", *cit.*, nota 12.

privadas", resulta que, en realidad, lo que se está distinguiendo son las personas estatales de las no estatales, según su integración o encuadramiento a la organización del Estado.

En efecto, por ejemplo, uno de los elementos que José Antonio García Trevijano Fos aportó para la distinción es que los entes públicos eran "los que están con el ente de cobertura en una relación de derecho público, de manera que se encuadran en su organización general"[18]. En similar posición se colocaba Fernando Garrido Falla, quien insistía que el "criterio fundamental para saber si una persona jurídica debe considerarse como de derecho público [es] su encuadramiento en la organización estatal", aun cuando llegaba a la conclusión de que las sociedades anónimas creadas por el Estado están deliberadamente desplazadas de su propia organización administrativa[19].

Salvo esto último, en realidad, el criterio de base que aducían ambos autores para distinguir las personas públicas de las privadas era en realidad válido para distinguir las personas estatales de las no estatales, lo cual, por sí mismo, no prejuzga sobre su naturaleza ni sobre su régimen jurídico.

Por otra parte, la distinción que introdujo Charles Eisenmann entre personas públicas y privadas también, en realidad, era una distinción entre personas estatales y no estatales. En efecto, Eisenmann partió de la consideración de que la distinción entre personas públicas y personas privadas, sometidas las primeras a un régimen de derecho público y las segundas a un régimen de derecho privado (único sentido de dicha clásica distinción, en nuestro criterio) ya no existía[20]; pero concluyó señalando que "la distinción entre las instituciones públicas y las instituciones privadas se fundamenta esencialmente sobre la incidencia patrimonial o financiera de sus actividades; más exactamente, sobre el régimen jurídico de esta incidencia"[21]. Con base en ello, señaló que las personas públicas serían aquellas en las cuales el costo de su actividad afectaba un patrimonio público, es decir, estaba cubierto esencialmente por recaudaciones autoritarias sobre patrimonios particulares, o por una masa de bienes y dinero que se separaban para constituirse en patrimonio distinto del patrimonio de una colectividad territorial[22]. En realidad, este criterio de distinción fundado sobre la incidencia patrimonial o financiera de los entes era una consecuencia de la distinción admitida por el derecho positivo entre personas estatales y no estatales; la actividad de las primeras, al estar integradas a la organización general del Estado, tiene una incidencia patrimonial y financiera en un patrimonio público; pero no podía servir de fundamento para la pretendida distinción entre personas públicas y personas privadas, cuyo origen tuvo otro sentido: el distinto régimen jurídico.

Una problemática similar se ha planteado al estudiar a las empresas públicas, pero se ha resuelto identificando el término "empresa pública" con organización económica para la producción de bienes y servicios del Estado[23]. En efecto, la noción de empresa

---

18 *Cfr.* J. A. García Trevijano Fos, *Tratado de derecho administrativo*, t. I, Madrid, Editorial *Revista de Derecho Privado*, 1974, p. 155.

19 *Cfr.* F. Garrido Falla, *Tratado de derecho administrativo*, Vol. I, Madrid, Instituto de Estudios Políticos, 1973, pp. 342 a 343.

20 *Cfr.* Charles Eisenmann, "Prefacio" a E. P. Spiliotopoulos, *La distintion des institutions publiques et institutions privées en droit français*, Paris, 1959, pp. III y IV.

21 *Ibíd.* p. *V.*

22 *Ibíd.* p. VI.

23 *Cfr.* Allan R. Brewer–Carías, *Las empresas públicas en el derecho comparado*, Universidad Central de Venezuela, Caracas, 1967.

pública no responde tampoco a una determinada forma jurídica de la organización económica sino a la integración o no de dicha organización a la estructura general del Estado, o a la participación patrimonial del Estado en la misma. Así, hay empresas públicas sin personalidad jurídica integradas a la Administración central del Estado (algunos fondos constituidos como patrimonios autónomos, o servicios autónomos sin personalidad jurídica, p. ej.); y empresas públicas con personalidad jurídica (Administración descentralizada) con forma de derecho público (institutos autónomos con fines económicos) o de derecho privado (sociedades mercantiles de capital público, a las cuales se denomina convencionalmente como empresas del Estado). En todos estos casos, el concepto de empresa pública como noción diferenciada de la empresa privada está fundamentado en la integración de la organización económica al sector público o en la participación del Estado en su patrimonio.

Pero, tal como se ha visto, la construcción de este criterio de empresa pública vinculado al carácter "estatal" de la organización ha obedecido a criterios y épocas distintas a la construcción de la diferencia entre persona pública y persona privada, por lo que identificar "persona pública" con "persona estatal" significaría desconocer el origen de aquella distinción y la realidad jurídica actual.

4. El sentido de las clasificaciones

Como conclusión de lo planteado anteriormente puede afirmarse que la distinción entre "persona pública" y "persona privada" pudo haber tenido sentido cuando se comparaban realidades extremas: por ejemplo, la República, por una parte, como persona político territorial (forma jurídica constitucional originaria del derecho público) sometida preponderantemente a un régimen de derecho público, y por la otra, una sociedad mercantil entre comerciantes (forma jurídica originaria del derecho privado) sometida preponderantemente a un régimen de derecho privado comercial. Para comparar y diferenciar estas realidades extremas –únicas que existían, jurídicamente hablando, durante el siglo XIX– la distinción podría utilizarse, y argumentarse, además, como consecuencia de la calificación: que las personas públicas normalmente serían las creadas por ley en virtud del interés público que perseguían; que estarían sometidas vinculatoriamente a la ley; que ejercerían potestades públicas; que tendrían una indisponibilidad patrimonial y el sometimiento a un régimen financiero de derecho público; que producirían actos administrativos en su actuación frente a los particulares (con las consiguientes garantías procesales para éstos y privilegios y prerrogativas de la Administración; presunción de legitimidad, ejecutividad, ejecutoriedad, etc.); que serían controlables ante la jurisdicción contencioso administrativa, y que estarían sometidas a un control público (político o de tutela).

Sin embargo, cuando no se trata de distinguir realidades extremas y relativamente simples de diferenciar –y no hay que olvidar que ante la simpleza de las realidades a distinguir el criterio para diferenciarlas, consecuencialmente, era un criterio simplista– no puede seguirse aferrando el análisis jurídico a aquel mismo criterio de diferenciación.

El problema, en todo caso, es un problema de derecho positivo, por lo que en la actualidad la distinción entre "personas públicas" y "personas privadas" no es posible establecerla, pues ese criterio de distinción entre esas realidades no sólo no proviene del derecho positivo, sino que no responde a la consecuencia que perseguía cuando se formuló: distinguir el régimen jurídico –de derecho público o de derecho privado– aplicable a los sujetos de derecho.

En la actualidad, al contrario, el derecho positivo y la teoría jurídica nos muestran en realidad sólo dos criterios para afrontar la multiplicidad de realidades personificadas del Estado: la integración o no de la persona jurídica a la estructura general del Estado, estatales o no estatales (que formen o no parte de la denominada Administración Pública descentralizada); y la forma jurídica adoptada por la entidad, originaria del derecho público (creación por ley o en virtud de una ley) u originaria del derecho privado.

Como consecuencia de ello, frente a una persona jurídica determinada, dos son las preguntas que hay que formularse: ¿está o no integrada a la estructura general de la Administración Pública del Estado?, y ¿en qué forma? Es decir, ¿es una persona jurídica estatal o no estatal?; y ¿qué forma jurídica reviste la entidad? ¿Tiene una forma jurídica originaria del derecho público o del derecho privado?

La respuesta a estas preguntas dará, sin duda, una serie de datos que podrán contribuir a construir, en el caso concreto, las modalidades de su régimen jurídico y determinar las preponderancias que pueda haber del derecho público o del derecho privado. Del resto, en nuestro criterio, no tiene mayor sentido que se intente encasillar los sujetos de derecho dentro de las nociones "persona pública" o "persona privada", pues ello, en definitiva, no aporta nada desde el punto de vista del derecho positivo, salvo que se confunda –como es frecuente– persona pública con persona estatal, lo cual en nuestro criterio es incorrecto.

III. LOS CRITERIOS PARA LAS CLASIFICACIONES DE LAS PERSONAS JURÍDICAS EN EL DERECHO ADMINISTRATIVO

Ahora bien, si se analiza el derecho positivo venezolano, tal como se dijo, en la clasificación de los sujetos de derecho sólo se distinguen los dos grupos señalados: por una parte, las personas jurídicas de derecho público y las personas jurídicas de derecho privado; y por la otra, las personas jurídicas estatales y las personas jurídicas no estatales.

1. La distinción entre las personas jurídicas de derecho público y las personas jurídicas de derecho privado

En efecto, en relación con el primer grupo, como se ha dicho, es la propia Constitución la que da origen a la distinción en su artículo 145 al establecer que "quien esté al servicio de los municipios, de los estados, de la República, y demás personas jurídicas de derecho público, o derecho privado estatales, no podrá celebrar contrato alguno con ellos". No hay duda de que el constituyente para establecer tal prohibición atendió a la integración del ente a la organización general del Estado, independientemente de que el ente tenga forma de derecho público o forma de derecho privado. Al establecer este principio, sin embargo, la Constitución estableció con toda claridad la clasificación entre personas jurídicas de derecho público y personas jurídicas de derecho privado según la forma jurídica adoptada para crear o constituir el ente; distinción que también se recoge en el artículo 322 al referirse a "las personas naturales o jurídicas, tanto de derecho público como de derecho privado", como sujetos responsables de la seguridad de la

Nación. La misma terminología se utilizó, además, en el artículo 318 C. cuando califica al Banco Central de Venezuela como persona jurídica de derecho público.

Esta distinción, por otra parte, es la que se sigue en el artículo 29 LOAP de 2001, al clasificar los "entes descentralizados funcionalmente" en dos tipos: en *primer lugar*, los entes descentralizados funcionalmente "con forma de derecho público" que integran aquellas "personas jurídicas creadas y regidas por normas de derecho público" las cuales pueden tener atribuido el ejercicio de potestades públicas; y en *segundo lugar,* los entes descentralizados funcionalmente "con forma de derecho privado" que están conformados por las personas jurídicas constituidas y regidas de acuerdo con las normas del derecho privado.

En este mismo sentido el propio Código Civil, al enumerar las personas jurídicas, luego de identificar las personas político territoriales (art. 19.1) y mencionar a las Iglesias, por la razón histórica antes reseñada, y a las universidades (art. 19.2), hace referencia a que también son personas jurídicas "todos los seres o cuerpos morales de carácter público" (art. 19.2); y esta expresión no puede ser tomada sino en sentido formal de personas jurídicas de derecho público, pues el ordinal siguiente del mismo artículo 19 identifica a las personas jurídicas de derecho privado: "las asociaciones, corporaciones y fundaciones lícitas de carácter privado", cuya personalidad se adquiere mediante la protocolización de su acta constitutiva en la oficina subalterna de registro respectiva.

La distinción entre personas jurídicas de derecho público y personas jurídicas de derecho privado[24], en nuestro criterio, resulta entonces evidente de los artículos 145 C.; 29 LOAP; y 19 C.C.; y entre otros elementos de distinción (excepto por lo que se refiere a las Iglesias) está el dato de la creación o adquisición de la personalidad: en las personas jurídicas de derecho público generalmente es *ex lege* o en virtud de la Constitución; en cambio, en las personas jurídicas de derecho privado es en virtud de la protocolización o registro de su acta constitutiva.

Conforme a esta misma orientación, estimamos que cuando algunas leyes se refieren a "personas morales de carácter público", tal como lo hace la Ley de Abogados de 1966[25] para hacer obligatoria la retasa para quienes las representen en juicio (art. 26), en realidad se refieren a personas jurídicas de derecho público, es decir, con forma jurídica de derecho público, por lo que los representantes de una empresa del Estado constituida como sociedad anónima, en nuestro criterio, no estarían incluidos en la retasa obligatoria de honorarios a que se refiere esa norma.

En todo caso, debe señalarse que la distinción se había utilizado ampliamente en la legislación preconstitucional (C. 1999). Por ejemplo, en la Ley Orgánica de Régimen Presupuestario[26], en la Ley Orgánica de Crédito Público[27] y en la Ley de Privatizacio-

24 La Sala Constitucional en sentencia 1240 del 24 de octubre de 2000, al resumir la distinción ha señalado que: "el autor Jesús Caballero Ortiz, a manera esquemática clasifica a los organismos descentralizados funcionalmente en dos tipos de personas: personas de derecho público y personas de derecho privado. Dentro de las primeras se incluyen las siguientes: los institutos autónomos, las universidades nacionales, las sociedades anónimas creadas por ley y una persona de naturaleza única, como lo es el Banco Central de Venezuela. Dentro de las segundas se encuentran: las asociaciones civiles, las sociedades anónimas y las fundaciones (*V.* Jesús Caballero Ortiz, *Los institutos autónomos*, Editorial Jurídica Venezolana, Caracas, 1995, p. 50 y 51)", *Revista de Derecho Público*, N° 84, Editorial Jurídica Venezolana, Caracas, 2000, p. 378.

25 *Gaceta Oficial* N° Extra. N° 1.081 del 23 de enero de 1967.

26 *Gaceta Oficial* N° 36.916 del 22 de marzo de 2000.

27 *Gaceta Oficial* N° 35.077 del 26 de octubre de 1992.

nes[28] se había incluido dentro de los organismos del sector público, entre otros, a los institutos autónomos y a las demás personas de derecho público (art. 1.3 y 2); en la Ley Orgánica de la Contraloría General de la República[29], al identificar los sujetos de control, se hacía referencia a los institutos autónomos, a los establecimientos públicos, al Banco Central de Venezuela y a las demás personas jurídicas de derecho público (art. 5º); en el Estatuto de Jubilaciones y Pensiones de los Funcionarios o Empleados de la Administración Pública nacional, de los estados y de los municipios de 1985[30], se hacía referencia. entre otras, a las personas jurídicas de derecho público con forma societaria (art. 2.11); en la Ley Orgánica del Trabajo [31] en su artículo 668, al definirse el ámbito del sector público para el pago de prestaciones sociales adeudadas, se hace referencia a las personas de derecho público de rango constitucional (lit. a), a los institutos autónomos (lit. c) y a las personas de derecho público descentralizadas territorialmente (lit. e), y a las demás personas organizadas bajo el régimen de derecho público (lit. g). En la Ley Orgánica de Salvaguarda del Patrimonio Público[32], al definir el patrimonio público, se mencionaba el que correspondía a los institutos autónomos, a los establecimientos públicos y a las demás personas jurídicas de derecho público (art. 4.3).

En cuanto a las leyes postconstitucionales sustitutivas de las anteriores, debe mencionarse a la Ley Orgánica de la Administración Financiera del Sector Público[33], en la cual se utiliza la frase "personas jurídicas *estatales* de derecho público" (art. 6.7). Por su parte, en la Ley contra la Corrupción[34] de 2003 y la Ley Orgánica de la Contraloría General de la República de 2001[35] se ha utilizado la frase "personas de derecho público nacionales, estadales, distritales y municipales" (arts. 4.6; y 9.9). En cuanto al Código Orgánico Tributario[36], en el mismo se ha utilizado la expresión: "personas de derecho público *no estatales*" (art. 1º).

2. La distinción entre las personas jurídicas estatales y las personas jurídicas no estatales

Como resulta de lo anteriormente expuesto, la Constitución es precisa al utilizar la integración a la estructura general del Estado de un ente, cualquiera sea su forma jurídica, para establecer la prohibición de contratar con sus funcionarios refiriéndose a "las personas de derecho público o de derecho privado *estatales*" (art. 145). La misma expresión se ha utilizado en la Constitución para regular la extensión de la inmunidad tributaria de la República y de los estados respecto de los impuestos municipales a las "personas jurídicas estatales" creadas por ellos (art. 180), o al referirse a las "empresas del Estado" para regular las condiciones de elegibilidad de los diputados a la Asamblea Nacional (art. 189). En estos casos, la Constitución ha atendido, antes que a la forma jurídica del ente, a su integración o no a la estructura general del Estado, lo cual se manifiesta, entre otros factores, por la participación patrimonial del Estado en el ente.

28 *Gaceta Oficial* Nº 5.199 Extra. del 30 de diciembre de 1997.
29 *Gaceta Oficial* Nº 5.017 Extra. del 13 de diciembre de 1995
30 *Gaceta Oficial* Nº 35.535 del 21 de agosto de 1990.
31 *Gaceta Oficial* Nº 5.152 Extra. del 19 de junio de 1997.
32 *Gaceta Oficial* Nº 3.077 Extra. del 23 de diciembre de 1982.
33 *Gaceta Oficial* Nº 38.198 del 31 de mayo de 2005.
34 *Gaceta Oficial* Nº 37.606 del 09 de enero de 2003.
35 *Gaceta Oficial* Nº 37.347 del 17 de diciembre de 2001.
36 *Gaceta Oficial* Nº 4.727 Extra del 27 de mayo de 1994.

En el mismo sentido, se recurre al criterio de integración a la estructura general del Estado cuando se somete su control a "los intereses públicos en corporaciones o entidades de cualquier naturaleza" (art. 142) o cuando se precisa que las facultades de control por la Contraloría General de la República se extienden a las "personas jurídicas del sector público" (art. 289.3).

Por otra parte, en el orden legal, el derecho positivo ha adoptado en muchos casos el criterio de distinción entre personas estatales y no estatales para una determinada regulación, sin atender a su diversa forma jurídica. Así sucedió en innumerables leyes preconstitucionales. Tal fue el caso de la Ley que estableció el régimen para la conciliación, compensación y pagos de deudas entre organismos gubernamentales y entre éstos y los estados o los municipios del 1º de septiembre de 1975, en la cual se definió como "organismos gubernamentales" los equivalentes a lo que hemos denominado "personas estatales", pues se identifican por su integración a la organización general del Estado[37]. De la sola lectura de la enumeración de dicha ley es claro que las entidades a las cuales se aplicaba eran las personas estatales, que se denominan "organismos gubernamentales", independientemente de su forma jurídica –se incluía allí, indistintamente, a la República, a los institutos autónomos, a las empresas del Estado y a las fundaciones creadas por el Estado, p. ej.–, y el criterio que utilizaba para identificar estas personas estatales –organismos gubernamentales– era la integración a la estructura general del Estado, en unos casos identificada a través de aportes patrimoniales del mismo.

Igualmente, otras leyes habían utilizado el mismo criterio de distinción entre sujetos de derecho, basado en su integración o no a la estructura general de la organización del Estado. Esto también lo hizo la Ley de remisión, reconversión y consolidación de las deudas de los productores agropecuarios del 2 de julio de 1974,[38] al establecer la distinción entre personas jurídicas estatales y no estatales a los efectos de la reconversión, remisión y consolidación de la deuda agraria. En las personas estatales, que se denominaban "organismos o entidades de carácter público", se incluía, independientemente de su forma jurídica, a la República, a los institutos autónomos, a las empresas del Estado y cualquiera otra persona jurídica integrada a la estructura general del Estado, es decir, que formase parte del sector público.

En la derogada Ley Orgánica de Régimen Presupuestario de 1976[39], por otra parte también, se recogió la misma distinción entre personas jurídicas estatales y no estatales

---

37 *Gaceta Oficial* Nº 30.800 del 20 de septiembre de 1975. De acuerdo con el artículo 1º de dicha Ley, en efecto se entiende por organismos gubernamentales a los efectos de la misma: 1. Los órganos del poder nacional (la República) y los Institutos Autónomos; 2. Las sociedades en las cuales la República, y los institutos autónomos tengan participación mayor de 50% del capital social y las fundaciones dirigidas por ellos; 3. Las empresas en las cuales las sociedades y fundaciones a que se refiere el ordinal anterior tengan participación mayor del 50% de su capital social y las fundaciones dirigidas por ellos; 4. Los fondos y patrimonios separados que se crearen de conformidad con la Ley.

38 *V. Gaceta Oficial* Nº 30.448 del 15 de julio de 1974. El artículo se refería al "Estado", sus organismos de crédito agrícola o pecuario, los bancos del Estado o aquellos en los cuales tenga hasta un 50% de su capital, las corporaciones, las empresas agroindustriales con mayoría de capital del Estado o cualesquiera otros organismos o entidades de carácter público entre cuyas funciones esté la de atender financieramente a la producción agrícola o pecuaria.

39. *V. Gaceta Oficial* Nº 1.893 Extra. del 15 de julio de 76. El artículo 1º establecía: "La presente Ley establece los principios y normas básicos que regirán el proceso presupuestario de los organismos del Sector Público, sin perjuicio de las atribuciones que, sobre control externo, la Constitución y las leyes confieren a los órganos de la función contralora. Están sujetos a las disposiciones de la presente Ley: 1. El poder nacional. 2. Los estados y los municipios. 3. Los institutos autónomos, los servicios autónomos sin personalidad jurídica y demás personas de derecho público en las que los organismos antes mencionados tengan participación. 4. Las sociedades en las cuales

según su integración o no al sector público, y básicamente según criterios presupuestarios; y en sentido similar se establecía en la también derogada Ley Orgánica de Crédito Público de 1976[40].

En estas normas, sin duda, entre las personas jurídicas estatales que integraban el sector público se incluía a las personas político-territoriales, a los institutos autónomos, a las empresas del Estado y a las fundaciones creadas por el Estado, independientemente de la forma jurídica que revistieran.

La Ley Orgánica del Trabajo de 1997[41], por otra parte, al definir las entidades que integran el sector público a los efectos del pago de prestaciones sociales, enumeró las siguientes: *en primer lugar*, las personas de derecho público territoriales: a. Las personas de derecho público de rango constitucional; *en segundo lugar*, las personas de derecho público no territoriales estatales: c. Los institutos autónomos; d. Las universidades nacionales; e. Las personas de derecho público descentralizadas territorialmente; g. Las demás personas organizadas bajo régimen de derecho público; y *en tercer lugar,* las personas de derecho privado estatales: f. Las fundaciones y asociaciones civiles del Estado.

Estas regulaciones desembocaron en la Ley Orgánica de la Administración Financiera del Sector Público de 2000[42], en la cual se identificaron como "entes u organismos que conforman el sector público", en su artículo 6°, las siguientes personas jurídicas: En *primer lugar*, las personas jurídicas de derecho público territoriales: 1. La República; 2. Los estados; 3. El Distrito Metropolitano de Caracas; 4. Los distritos; 5. Los municipios.

En *segundo lugar*, las personas jurídicas de derecho público no territoriales estatales: 6. Los institutos autónomos; 7. Las personas jurídicas estatales de derecho público; y

En *tercer lugar*, las personas jurídicas de derecho privado estatales: 8. Las empresas del Estado constituidas por sociedades mercantiles en las cuales la República o alguna de las personas jurídicas antes mencionadas tenga una participación igual o mayor al 50% del capital social; 9. Las empresas del Estado constituidas por sociedades mercantiles en las cuales las empresas del Estado antes mencionadas tengan una participación igual o mayor al 50% del capital social, y 10. Las fundaciones, asociaciones civiles y demás instituciones constituidas con fondos públicos o dirigidas por algunas personas jurídicas estatales cuando la totalidad de los aportes presupuestarios o contribuciones en un ejercicio, efectuada por una o varias de las personas jurídicas estatales, represente el 50% de su presupuesto.

---

el poder nacional y demás personas a que se refiere el presente artículo tengan participación igual o mayor al 50% del capital social. Quedarán comprendidas, además, las sociedades de propiedad totalmente estatal, cuya función, a través de la posesión de acciones de otras sociedades, sea coordinar la gestión empresarial pública de un sector de la economía nacional. 5. Las sociedades en las cuales las personas a que se refiere el ordinal anterior tengan participación igual o mayor al 50%. 6. Las fundaciones constituidas y dirigidas por algunas de las personas referidas en el presente artículo, o aquellas de cuya gestión pudieran derivarse compromisos financieros para esas personas".

40 "Artículo 2°. Están sujetos a las disposiciones de la presente Ley: 1. La República, los Estados, las municipalidades, los Institutos Autónomos y demás personas de derecho público; 2. Las sociedades en las cuales la República y demás personas a que se refiere el presente artículo tengan participación igual o superior al 51% del capital social; 3. Las sociedades en las cuales las personas a que se refiere el ordinal anterior tengan participación igual o superior al 51%; 4. Las funciones constituidas y dirigidas por alguna de las personas referidas en el presente artículo, o aquellas de cuya gestión pudieran derivarse compromisos financieros para esas personas".

41 *Gaceta Oficial* N° 5.152 Extra. del 19 de junio de 1997.

42. *V. Gaceta Oficial* N° 38.198 del 31 de mayo de 2005.

En esta norma, es claro que lo que interesa al legislador para definir el ámbito de la Administración financiera del sector público es esto último, el sector público conformado por entes integrados al Estado o financiados por el Estado.

Por último, en el análisis del derecho positivo preconstitucional debe destacarse la Ley Orgánica de Salvaguarda del Patrimonio Público de 1982[43], en la cual se consideraba (art. 4°) como "patrimonio público" aquel que correspondía por cualquier título, en *primer lugar,* a las personas de derecho público territoriales: 1. La República; 2. Los estados y municipios; en *segundo lugar*, a las personas de derecho público no territoriales estatales: 3. Los institutos autónomos, los establecimientos públicos y demás personas jurídicas de derecho público en las cuales los organismos antes mencionados tengan participación; y en *tercer lugar*, a las personas de derecho privado estatales: 4. Las sociedades en las cuales la República y demás personas a que se refieren los numerales anteriores tengan participación igual o mayor al 50% del capital. Quedan comprendidas, además, las sociedades de propiedad totalmente estatal cuya función, a través de la posesión de acciones de otras sociedades, sea coordinar la gestión empresarial pública de un sector de la economía nacional; 5. Las sociedades en las cuales las personas a que se refiere el ordinal anterior tengan participación igual o mayor al 50%; 6. Las fundaciones constituidas y dirigidas por algunas de las personas referidas en el presente artículo, o aquellas de cuya gestión pudieran derivarse compromisos financieros para las personas.

La Ley Orgánica de Salvaguarda fue derogada por la Ley contra la Corrupción[44] de 2003, en cuyo artículo 4° se considera como "patrimonio público" aquél que corresponde, primero, a las personas jurídicas de derecho público político territoriales, noción que comprende a las que ejercen el poder público nacional, estadal y municipal (ords. 1° a 5°), y no territoriales, lo que comprende a los institutos autónomos nacionales, estadales, distritales y municipales (ord. 6°), al Banco Central de Venezuela (ord. 7°), a las universidades públicas (ord. 8°), y a las "demás personas de derecho público nacionales, estadales, distritales y municipales" (ord. 9°), es decir, estatales; y segundo, a las personas de derecho público estatales, como las "sociedades de cualquier naturaleza en las cuales las personas a que se refieren los ordinales anteriores tengan participación en su capital social, así como las que se constituyen con la participación de aquéllas" (ord. 10°), "las fundaciones y asociaciones civiles y demás instituciones creadas con fondos públicos o que sean dirigidas por las personas a que se refieren los numerales anteriores, o en las cuales tales personas designen sus autoridades, o cuando los aportes presupuestarios o contribuciones efectuadas en un ejercicio presupuestario por una o varias de las personas a que se refieren los ordinales anteriores representen el cincuenta por ciento (50%) o más de su presupuesto" (ord. 11). Una enumeración similar está en el artículo 9° de la Ley Orgánica de la Contraloría General de la República de 2001[45].

Conforme a todas estas normas del derecho positivo, por tanto, resulta que las personas jurídicas estatales configuran los organismos gubernamentales, titulares del patrimonio público y que conforman el sector público; por oposición a las personas jurídicas no estatales o no gubernamentales o que no forman parte del sector público ni su patrimonio forma parte del patrimonio público.

---

43 *V. Gaceta Oficial* N° 3.077 Extra. del 23 de diciembre de 1982.

44 *Gaceta Oficial* N° 5.637 Extra. del 7 de abril de 2003.

45 *Gaceta Oficial* N° 37.347 del 17 de diciembre de 2001.

Sección Segunda: LAS PERSONAS JURÍDICAS DE DERECHO PÚBLICO Y LAS PERSONAS JURÍDICAS DE DERECHO PRIVADO

La distinción entre las personas jurídicas de derecho público o de carácter público, como las califica el Código Civil, y las personas jurídicas de derecho privado o de carácter privado, también conforme al Código Civil, como se ha señalado, está basada en el criterio de la forma jurídica adoptada por el sujeto de derecho que deriva de la forma de su creación; sea que la creación esté expresada en la Constitución o en ley formal (nacional, estadal o municipal), o se produzca en virtud de una manifestación de voluntad de uno o varios sujetos de derecho, conforme a las regulaciones que rigen las relaciones entre particulares en el Código Civil o el Código de Comercio.

Este elemento diferenciador conduce a la razón de ser de la distinción[46]; en general, las personas jurídicas de derecho público ejercen una cuota parte del poder público por ser una manifestación de la descentralización del poder o de funciones administrativas, que se traduce en la atribución al ente de prerrogativas y privilegios del poder público y que sólo la Constitución o una ley formal les puede asignar; de allí que su creación sólo puede tener origen en la Constitución o en una ley o en virtud de una disposición expresa de esas normas. Por eso la Constitución, en el caso de los institutos autónomos, exige que sólo pueden crearse por ley (art. 142), y la Ley Orgánica de la Administración Pública, además de repetir esta exigencia (art. 95), precisa que en el caso de las personas jurídicas estatales o entes descentralizados funcionalmente "con forma de derecho público" deben ser "creadas [...] por normas de derecho público" (art. 29.2), y esas no son otras que la ley formal, pues sólo la Ley puede atribuir a las mismas "el ejercicio de potestades públicas" (ídem). En cambio, en general, las personas jurídicas de derecho privado, al ser creadas en virtud de la manifestación de voluntad de sujetos de derecho formulada conforme a las normas que regulan las relaciones entre particulares, no son titulares de dichas prerrogativas o privilegios, ni podrían serlo por el solo hecho de su creación. El ejercicio del poder público sólo puede realizarse por los sujetos de derecho y sus órganos establecidos en la Constitución (art. 137), y conforme a las normas constitucionales, por los otros sujetos de derecho a los cuales se les transfieran prerrogativas y poderes públicos, lo cual sólo puede ocurrir mediante ley formal (nacional, estadal o municipal), única fuente válida para transferir o desviar competencias legalmente asignadas a un sujeto de derecho de carácter público.

El criterio de distinción, sin embargo, encuentra en el Código Civil una excepción, y es la atribución por ley a las "Iglesias de cualquier credo" (art. 19 C.C.) de la personalidad jurídica de "carácter público", sin que sean creadas por ley y sin que ejerzan, ni puedan ejercer, en forma alguna, prerrogativas del poder público. La indicación del Código tiene su origen, como se ha dicho, en el conflicto entre la Iglesia y el Estado que existía precisamente al sancionarse el Código de 1873, y que dio origen además, por ejemplo, a la regulación exclusivamente civil del matrimonio.

46 . *V.*, en general, sobre la distinción Enrique Sánchez Falcón, "La distinción entre personas jurídicas de derecho público y personas jurídicas de derecho privado. Verdades y confusiones de una problemática", *Revista de Derecho Público*, Nº 15, Editorial Jurídico Venezolana, Caracas, 1983, pp. 78 y ss.

I. LAS PERSONAS JURÍDICAS DE DERECHO PÚBLICO

El ordenamiento constitucional y legal, ante todo, regula las personas jurídicas de derecho público, distinguiendo dos grandes categorías según el sustrato personal o real de las mismas: corporaciones y asociaciones de derecho público por una parte, y por la otra, las instituciones de derecho público.

Entre las primeras, que tienen base corporativa (sustrato personal), como se ha señalado, están las corporaciones y las asociaciones de derecho público. En cuanto a las corporaciones de derecho público, éstas a la vez se clasifican en dos grupos: primero, las comunidades públicas, entre las que están las comunidades políticas que son las personas político territoriales (entidades políticas del Estado consecuencia de la distribución del poder público), las comunidades indígenas, las Iglesias (comunidades religiosas) y las comunidades universitarias; y segundo, las corporaciones públicas como las profesionales (colegios profesionales) y académicas (academias nacionales); y luego, las asociaciones de derecho público, es decir, las personas jurídicas creadas por asociaciones entre personas de derecho público (mancomunidades).

Entre las segundas, las que tienen base patrimonial (sustrato real), están las instituciones de derecho público, como los institutos autónomos.

Debe señalarse que frente a las comunidades políticas como personas jurídicas de derecho público territoriales, producto de la descentralización política dispuesta en la Constitución, desde hace años habíamos utilizado la expresión "establecimientos públicos" para identificar a las denominadas personas jurídicas de derecho público "no territoriales", que en general eran producto de la descentralización funcional con forma de derecho público. Para tratar de identificar a dichas personas de derecho público no territoriales, habíamos recurrido a la expresión de "establecimiento público"[47] que los artículos 538, 900, 1000 y 1482 C.C. emplean para identificar las personas jurídicas distintas de los particulares y de las entidades políticas (personas político territoriales), que pueden ser propietarias de bienes, que pueden ser herederos o cuyos bienes no pueden comprar los empleados públicos que los administren.

La terminología "establecimiento público", entonces, la habíamos utilizado para identificar la descentralización funcional con formas de derecho público, pero con la dificultad de que se trataba de identificar a personas jurídicas que no tenían un mismo sustrato jurídico, ya que abarcaba entidades diversas y disímiles tanto de carácter fundacional como corporativo, pero que tenían en común el hecho de que su creación era producto de una ley formal que crea la persona jurídica, le atribuye un patrimonio, le asigna competencias mediante un proceso de descentralización funcional, y le atribuye el ejercicio de una cuota parte del poder público, mediante atribución de privilegios y prerrogativas públicas. La creación de dichas entidades descentralizadas funcionalmente, por tanto, es de la reserva legal, por lo que es precisamente por una ley o en virtud de una manifestación expresa del legislador que obtienen la personalidad jurídica. Por ello,

---

47 Que comprendía a los denominados establecimientos públicos fundacionales o institucionales (institutos autónomos), a los establecimientos públicos corporativos (universidades, colegios profesionales, academias) y establecimientos públicos asociativos (mancomunidades). *V.* esa clasificación en sentencia de la Corte Primera de lo Contencioso Administrativo del 11 de mayo de 1980, *Revista de Derecho Público*, N° 3, Editorial Jurídica Venezolana, Caracas, 1980, p. 104. Hemos abandonado esta clasificación, dada la dificultad de englobar dentro de una misma categoría (personas de derecho público no territoriales) un universo muy dispar de entes, con bases corporativas o patrimoniales de diversa naturaleza.

ahora, la Ley Orgánica de la Administración Pública dispone que la descentralización administrativa funcional tiene por objeto la creación de personas jurídicas a las cuales se transfiere la titularidad de determinadas competencias y la responsabilidad de ejecutarlas (arts. 29 y 32); pudiendo realizarse esta descentralización funcional mediante la creación de personas jurídicas tanto con forma de derecho público como con forma de derecho privado (art. 29)[48].

Pero aparte de este rasgo común de creación por ley o en virtud de una ley, la figura general de los "establecimientos públicos" no distinguía el sustrato legal que justificaba la creación del ente, por lo que podía tratarse de un puro sustrato real o patrimonial, es decir, de la afectación de un patrimonio a un fin público determinado, en cuyo caso estábamos en presencia del "instituto autónomo" o del establecimiento público institucional o fundacional; podía tratarse de un sustrato personal el que motivase o justificase la atribución de personalidad jurídica de derecho público, como sucedía con algunas de las "comunidades públicas" antes señaladas (universidades) o con las "corporaciones públicas" como las profesionales o académicas, que podían ser calificadas como establecimientos públicos corporativos. Por ello, a pesar de que los establecimientos públicos fueran manifestación de la descentralización funcional, no todos formaban parte de la estructura general del Estado, es decir, no todos eran personas jurídicas estatales. Por ello el abandono que hemos hecho de tal clasificación respecto de los "establecimientos públicos", formulando, en sustitución, la de corporaciones y asociaciones de derecho público (base personal) e instituciones de derecho público (base real).

1. Las corporaciones de derecho público

A Las comunidades públicas: las personas jurídicas de derecho público político territoriales

Las personas jurídicas político territoriales son las entidades o comunidades políticas creadas en la Constitución que resultan de la distribución vertical del poder público en el territorio y que conforman, por ello, la división político territorial del Estado venezolano.

Por tanto, es la forma federal del Estado venezolano, como sistema de descentralización político territorial en tres niveles, la que origina estas personas jurídicas de derecho público, cuyo establecimiento, en definitiva, se ha hecho por el constituyente al sancionar la Constitución, y que son: *la República*, cuyos órganos ejercen el poder nacional y cuyo ámbito de actuación territorial es todo el territorio nacional; los *23 estados* federados, cuyos órganos ejercen el poder estadal, y cuyo ámbito territorial es el territorio que tiene cada estado de acuerdo a la división político territorial de la República[49], y los *municipios*, cuyos órganos ejercen el poder municipal, y cuyo ámbito territorial es el territorio que tiene cada municipio de acuerdo a las leyes de división territorial de cada

48 *Cfr.* Allan R. Brewer–Carías, *Principios del régimen jurídico de la organización administrativa venezolana,* Editorial Jurídica Venezolana, Caracas, 1994, pp. 115 y ss.

49 *V.* Ley de División Territorial del 28 de abril de 1856 reformada por ley del 9 de octubre de 1861, *Leyes y Decretos Reglamentarios de los Estados Unidos de Venezuela,* t. VII, Ministerio de Relaciones Interiores, Caracas, 1943, pp. 67 y ss.

estado de la federación. También constituyen personas de derecho público político territoriales los distritos municipales y, en particular, el Distrito Metropolitano de Caracas[50] y el Distrito del Alto Apure[51], cuyos órganos también ejercen el poder municipal (*Cuarta parte*).

Además, dentro de entidades políticas, conforme al artículo 16 C., está el Distrito Capital, cuyo ámbito territorial es el que correspondía al antiguo Distrito Federal, y los territorios federales. Estas entidades territoriales, sin embargo, al no existir en la actualidad[52], carecen de órganos que puedan ejercer su personalidad jurídica.

Sobre este universo de personas jurídicas de derecho público político territoriales (comunidades políticas), la Corte Primera de lo Contencioso Administrativo en sentencia 1205 del 24 de agosto de 2000 (caso: *Jhonny A. Ampueda M. vs. Policía Metropolitana*), aun cuando sin mayor precisión jurídica (como identificar al "Gobierno nacional" con una persona jurídica, cuando debió referirse a la "República"), ha enumerado las siguientes:

1) Un primer nivel conformado por el Gobierno nacional.
2) Un segundo nivel, conformado por los Estados Federales.
3) El tercer nivel está conformado por el Distrito Capital que, por mandato del artículo 16 de la Constitución de la República Bolivariana de Venezuela, es el órgano que debería tener personalidad jurídica. Tradicionalmente se le ha asignado al Distrito Federal tratamiento similar al de una entidad estadal, y conforme al artículo 16 antes mencionado, ese es el tratamiento que debe seguir asignándosele. Tiene un poder ejecutivo, representado por un Gobernador, y la ley que lo organice establecerá un órgano legislativo.
4) El cuarto nivel de rango constitucional, existente sólo en la ciudad Capital, vendría a estar conformado por la superioridad municipal, el Distrito Metropolitano, que ha sido creado por el artículo 18 de la Constitución nacional, integrado por municipios tanto del Distrito Capital como del Estado Miranda.
5) El quinto nivel, está integrado por los municipios, cuya autonomía está reconocida constitucionalmente, y que cuentan con rama legislativa, como lo es los Concejos municipales.
6) También las dependencias federales constituyen un nivel de persona jurídica territorial.
7) Por último los territorios federales constituyen el otro nivel existente de persona jurídico territorial[53].

Las personas jurídicas político territoriales, por supuesto, son personas jurídicas *estatales*, en cuanto a que conforman la organización política del Estado venezolano; son

---

50 Ley Especial sobre el Régimen del Distrito Metropolitano de Caracas, *Gaceta Oficial* Nº 36.906 del 8 de marzo de 2000.

51 Ley Especial que crea el Distrito del Alto Apure, ley Nº 56, *Gaceta Oficial* Nº 37.326 del 16 de noviembre de 2001.

52 En la actualidad no existen territorios federales, pues los últimos que existieron (Amazonas, Delta Amacuro y Vargas) fueron elevados a la categoría de estados conforme al artículo 13 C. de 1961. *V.* la ley especial que da categoría de estado al Territorio Federal Delta Amacuro, *Gaceta Oficial* Nº 4.295 del 3 de agosto de 1991; la ley especial que eleva a la categoría de estado al Territorio Federal Amazonas, *Gaceta Oficial* Nº 35.015 del 29 de julio de 1992; y la Ley Especial que eleva a la categoría de estado al Territorio Federal Vargas, *Gaceta Oficial* Nº 36.488 del 3 de julio de 1998. El artículo 16 C., sin embargo, ahora establece que mediante la ley orgánica de división político territorial se puede disponer la creación de territorios federales en determinadas áreas de los estados, cuya vigencia queda supeditada a la realización de un referendo aprobatorio en la entidad respectiva. En consecuencia, de crearse dichos territorios federales, en la ley Orgánica debe regularse lo concerniente a su organización y personalidad jurídica. Además, la Constitución precisa que por ley especial puede darse a un territorio federal la categoría de estado, asignándosele la totalidad o una parte de la superficie del territorio respectivo.

53 *V. Revista de Derecho Público*, Nº 83, Editorial Jurídica Venezolana, Caracas, 2000, p. 194.

las denominadas "personas de derecho público de rango constitucional" en el artículo 668, parágrafo tercero, a) de la Ley Orgánica del Trabajo. En consecuencia, en general, cuando la Constitución emplea la palabra "Estado" para establecer, por ejemplo, la responsabilidad patrimonial (art. 140) o para prever obligaciones prestacionales de salud o educación (arts. 83 y 102), se refiere en global y en conjunto a la República, a los estados de la Federación, a los municipios y a los distritos municipales. El "Estado", en ese contexto, no sólo es la República, sino el conjunto de entidades o comunidades políticas que conforman la organización política de la sociedad venezolana[54]. En consecuencia en las líneas que siguen analizaremos el régimen constitucional de las comunidades políticas o personas jurídicas estatales políticos territoriales, es decir, la República, los estados, los municipios y los distritos municipales, incluyendo los metropolitanos. Además, nos referiremos al Distrito Capital y a las parroquias, las cuales también podrían tener personalidad jurídica.

a. La República

La República, sin duda, es la comunidad política integrada por los habitantes de su territorio, aun cuando sólo los ciudadanos tengan derechos políticos para la elección de sus autoridades como sus representantes (art. 40 C.)[55]. La República, como tal comunidad política nacional, es una persona jurídica, sujeto de derechos y obligaciones cuyos órganos, como se dijo, ejercen el poder público nacional conforme a la distribución vertical del poder público que establece el artículo 136 C.

Sin embargo, en la Constitución, el término "República" no se utiliza en un sentido unívoco, sino que tiene una ambivalencia: en algunos casos se utiliza como sinónimo de "Estado"[56] como organización o comunidad política general de la sociedad, titular del poder público, denominándosela "República Bolivariana de Venezuela"[57] o simplemente "República"; y en otros casos, que son la mayoría, se utiliza para hacer referencia a la persona jurídica político territorial nacional[58] como titular del poder público nacional y,

---

54 En tal sentido, en los siguientes artículos de la Constitución, la expresión "Estado" comprende a la República, a los estados de la Federación, a los municipios y a las demás entidades locales (como los distritos municipales y metropolitanos): Preámbulo y arts. 2º, 3º, 4º, 5º, 15, 19, 26, 29, 30, 31, 43, 46, 49.1 y 8, 52, 55, 56, 59, 62, 67, 75, 76, 78, 79, 80, 81, 82, 83, 84, 85, 86, 87, 88, 89, 89.6, 91, 94, 96, 98, 99, 100, 101, 102, 103, 104, 106, 108, 109, 110, 111, 112, 113, 118, 119, 120, 121, 122, 123, 125, 126, 127, 128, 129, 135, 136, 140, 142, 145, 152; 156.32, 189.1 y 3, 211, 226, 272, 274, 281.2 y 9, 285.4, 299, 305, 306, 307, 308, 309, 310, 312, 318, 321, 322, 326 y 347 C. En cambio, en los artículos 37, 49.8, 250, 251, 254, 273, 301, 302, 313, 320, 324 y 328 se utiliza la expresión "Estado" para referirse, en realidad, sólo a la República, como persona jurídica político territorial nacional.

55 Excepcionalmente, sin embargo, los extranjeros tienen derecho a voto en las elecciones estadales y municipales. art. 64.

56 En algunos artículos se utiliza la expresión "República" para referirse al "Estado" como comprensivo de las diversas personas jurídicas políticos territoriales (República, estados, municipios y otras entidades locales). Así sucede en el Preámbulo y en los artículos 8, 10, 11, 19, 32, 36, 50 y 278 C.

57 En tal sentido, los artículos 1º, 4º y 6º C., cuando se refieren a la "República Bolivariana de Venezuela" como Estado independiente a Estado federal descentralizado o para determinar los principios del gobierno, se refieren al "Estado" venezolano como organización política de la sociedad que comprende a la República, a los estados y a los municipios y demás entidades locales. En igual sentido los artículos 69, 186, 299 y 318 emplean la expresión "República Bolivariana de Venezuela" como sinónimo de "Estado" y no de la "República" como persona jurídica nacional. Por el contrario, los artículos 312 y 315 al referirse a la "República Bolivariana de Venezuela", en realidad se refieren a la República como persona jurídica nacional y no a las diversas personificaciones del Estado.

58 En este sentido, utilizan la expresión "República" como persona jurídica político territorial nacional los artículos: 11, 18, 19, 129, 145, 152, 153, 154, 155, 236.4, 253, 266.4, 267, 324 y 336.5 C..

por tanto, diferenciada de los estados y municipios. Ambos conceptos, Estado y República, sin embargo, no deben confundirse[59].

De todas formas, es la segunda connotación del término República la que aquí nos interesa, siendo por tanto la Constitución, en definitiva, la que regula a la República como comunidad política o persona jurídica (de derecho público político territorial) nacional, aun cuando no haya una norma constitucional que señale expresamente que la República es una persona jurídica, o que tenga personalidad jurídica como, en cambio, sí lo señala respecto de los estados (art. 159) y los municipios (art. 168).

En todo caso, la referencia a la República como persona jurídica nacional, por ejemplo, deriva de los artículos 129 y 145 que la identifican como sujeto de derecho contractual, sin necesidad de acudir a la vieja ficción del Fisco como persona, conforme lo regulaba la vieja Ley Orgánica de la Hacienda Pública Nacional; norma que fue expresamente derogada por la Ley Orgánica de la Administración Financiera del Sector Público[60]. La República, por otra parte, en la normativa constitucional, como persona político territorial nacional equivale a la Nación, en los términos de titularidad, por ejemplo, del dominio público sobre las aguas[61].

Ahora bien, la República, como persona jurídica, actúa a través de los órganos que ejercen el poder público nacional en sus cinco ramas: poder legislativo, poder ejecutivo, poder judicial, poder ciudadano y poder electoral (art. 136). En particular, la República actúa a través de la Asamblea Nacional, integrada por diputados electos que ejercen el poder legislativo nacional; del presidente de la República, también electo popularmente y del vicepresidente de la República, de los ministros, del Procurador General de la República y demás órganos ejecutivos, los cuales ejercen el poder ejecutivo nacional; del Tribunal Supremo de Justicia y demás tribunales, los cuales ejercen el poder judicial; del Contralor General de la República, del Fiscal General de la República y del Defensor del Pueblo, los cuales ejercen el poder ciudadano; y del Consejo Nacional Electoral, que ejerce el poder electoral.

Todos estos órganos, al actuar, actualizan la personalidad jurídica de la República aun cuando, por supuesto, ésta se manifiesta fundamentalmente cuando actúan los órganos de la Administración Pública en ejercicio del poder ejecutivo, conforme a la Ley Orgánica de la Administración Pública[62].

---

59 *V.* Allan R. Brewer–Carías, *Estado de derecho y control judicial*, Madrid, Instituto Nacional de Administración Pública, 1985, pp. 571 y ss., donde criticamos la sentencia de la Sala Político Administrativa del 20 de enero de 1983, *Revista de Derecho Público*, Nº 13, Editorial Jurídica Venezolana, Caracas, 1983, pp. 110 a 163, en la cual se confundieron inadecuadamente dichos conceptos. *V.* más recientemente la confusión en sentencia 172 del 18 de febrero de 2004 de la Sala Constitucional del Tribunal Supremo, *Revista de Derecho Público*, Nº 97 y 98, Editorial Jurídica Venezolana, Caracas, 2004, p. 194.

60 Artículo 171, *Gaceta Oficial* Nº 38.198 del 31 de mayo de 2005.

61 La Sala Constitucional del Tribunal Supremo, en efecto, al interpretar el artículo 304 C. que declara que las aguas son del dominio público de la nación, ha resuelto que el término "nación" debe entenderse que equivale a República, sentencia 285 del 4 de marzo de 2004, *Revista de Derecho Público*, Nº 97 y 98, Editorial Jurídica Venezolana, Caracas, 2004, pp. 278 a 279. *V.*, igualmente la sentencia 172 del 18 de febrero de 2004, caso: *Interpretación de los artículos 21, numerales 1 y 2, y 26 de la Constitución de la República Bolivariana de Venezuela, ibíd.* p. 195.

62 *V.* en *Gaceta Oficial* Nº 37.305 del 17 de octubre de 2001.

b. *Los Estados*

Los estados que forman la Federación son también comunidades políticas o personas jurídicas de derecho público político territoriales, y constituyen, como se indica en el artículo 16 C. la base fundamental de la organización política del Estado y de la división de territorio nacional. Esta personalidad jurídica de los estados, por lo demás, está expresamente atribuida en el artículo 159 C., que habla de "personalidad jurídica plena"[63] (*Cuarta parte, § 12*).

En la Constitución de 1999, sin embargo, no se enumeran los estados de la República (al contrario de lo que ocurrió en los textos constitucionales entre 1864 y 1953), por lo que los estados que regula son los 23 estados que existían, y aun existen, para el momento de su promulgación: Amazonas, Anzoátegui, Apure, Aragua, Barinas, Bolívar, Carabobo, Cojedes, Delta Amacuro, Falcón, Guárico, Lara, Mérida, Miranda, Monagas, Nueva Esparta, Portuguesa, Sucre, Táchira, Trujillo, Vargas, Yaracuy y Zulia[64]. La división político territorial de la República, con la indicación de los límites territoriales de los 23 estados, debe establecerse en una Ley Orgánica que, en definitiva, sustituya la vieja Ley de División Territorial de la República del 28 de abril de 1856, reformada por Ley de 09–10–1861[65].

Como entidades o comunidades políticas integradas por los habitantes de sus respectivos territorios, incluyendo a los extranjeros que tienen derecho a voto en ellas (art. 64 C.) además de los ciudadanos que tienen todos los derechos políticos, los estados son entidades autónomas e iguales conforme a la Constitución (art. 159), y como personas jurídicas político territoriales actúan a través de sus órganos los cuales son, básicamente, los gobernadores electos popularmente que ejercen el poder ejecutivo estadal (Administración Pública estadal); los legisladores también electos popularmente quienes que integran los respectivos consejos legislativos[66] y ejercen el poder legislativo estadal; los contralores estadales[67]; y los procuradores estadales. Dichos órganos son los que, conforme a la Constitución nacional y a las respectivas constituciones estadales, actualizan la personalidad jurídica de los estados.

c. *El Distrito Capital*

De acuerdo con lo establecido en el artículo 16 C. de 1999, con el fin de organizar políticamente la República, el territorio nacional se divide "En el de los Estados, el del *Distrito Capital*, el de las dependencias federales y el de los territorios federales".

Esta división política del territorio nacional es geográfica y cartográficamente similar a la que preveía el artículo 9º C. de 1961 (salvo en cuanto a la reducción del territorio del Distrito Federal por la creación del Estado Vargas), pero con el muy importante cambio de concepción y denominación del territorio de la parte oeste del valle de Cara-

63 La referencia a que la personalidad jurídica de los estados sea "plena" no tiene sentido alguno. Toda personalidad jurídica es "plena"; no puede haber personalidad jurídica "precaria".

64 En el artículo 18 C., sin embargo, se hace referencia al Estado Miranda; y en las disposiciones transitorias de la Constitución se mencionan otros estados: *Primera*: Estado Miranda; *Tercera*: Apure; *Séptima*: Zulia, Mérida, Trujillo, Amazonas, Apure, Bolívar, Delta Amacuro, Anzoátegui, Sucre.

65 *V.* en *Leyes y Decretos Reglamentarios de los Estados Unidos de Venezuela,* t. VII, *cit.,* p. 67 y ss.

66 *V.* la Ley Orgánica de los Consejos Legislativos Estadales, *Gaceta Oficial* Nº 37.282 del 13 de septiembre de 2001.

67 *V.* la Ley para la designación y destitución del Contralor o Contralora del Estado, *Gaceta Oficial* Nº 37.305 del 17 de octubre de 2001.

cas, del "Distrito Federal" por el "Distrito Capital", lo que implicó la *eliminación* del Distrito Federal como entidad política vinculada al poder nacional o Federal, en el cual, si bien había autoridades municipales, su gobernador era de libre nombramiento y remoción del Presidente de la República[68] (*Cuarta parte, § 16*).

Con la Constitución de 1999, en consecuencia, se eliminó todo vestigio de injerencia de los órganos del poder nacional con el territorio del antiguo Distrito Federal, el cual se sustituyó por el del Distrito Capital, que como comunidad política es parte de la división política del territorio nacional donde debe garantizarse la autonomía municipal y la descentralización político administrativa (art. 16)[69] .

En consecuencia, el Distrito Capital en la Constitución de 1999 es una parte de la división política del territorio nacional que, sin embargo, no abarca territorialmente toda la ciudad de Caracas, sino que coincide con el territorio del antiguo Distrito Federal, por lo que en forma alguna afecta o puede afectar el territorio del Estado Miranda, el cual, conforme a la voluntad del Constituyente, ha permanecido incólume. En consecuencia, de acuerdo con la Constitución de 1999, los municipios del valle de Caracas, al este de la quebrada Chacaíto y en línea hacia el sur, necesariamente continúan y continuarán siendo parte del territorio del Estado Miranda.

Sobre el Distrito Capital y su personalidad jurídica, la Corte Primera de lo Contencioso Administrativo en sentencia 1205 del 24 de agosto de 2000 (caso Policía Metropolitana), al destacar que el Distrito Metropolitano de Caracas y el Distrito Capital a que hace referencia la Constitución de 1999 son entes diferentes, que presentan características distintas, señaló que "el Distrito Capital se asimila a una entidad con características propias de un Estado Federal, mientras que el Distrito Metropolitano de Caracas es una entidad que se asemeja a un nuevo nivel de gobierno municipal" agregando:

Por ello se plantea una duda, si el Distrito Capital está reconocido constitucionalmente, es obvio que debe existir una Ley especial que lo regule, y que mientras no sea dictada dicha Ley, regirá lo dispuesto en la Ley Orgánica del Distrito Federal y la Ley Orgánica de Régimen Municipal (disposición transitoria primera C.). Como consecuencia, se denota que este Distrito Capital tiene que tener un gobernador o alguien de similar jerarquía, por equipararse a una entidad estadal, postura que se ve reforzada por las disposiciones de la propia Constitución de la República Bolivariana de Venezuela, la cual en su artículo 189 numeral 2, establece como una de las condiciones de inelegibilidad de los Diputados a la Asamblea Nacional, el hecho de haber sido gobernador o alguien de similar jerarquía del Distrito Capital, hasta tres meses antes de la elección como diputado. De ello se desprende que dicho Gobernador o persona de similar jerarquía

---

68 *Cfr.* Allan R. Brewer–Carías, *El régimen de gobierno municipal del Distrito Federal*, Caracas, Gobernación del Distrito Federal, 1968.

69 En las discusiones en la Asamblea Nacional Constituyente para la redacción de la Constitución de 1999, la propuesta original no fue sólo sustituir y cambiarle de nombre al Distrito Federal, sino crear un "Distrito Capital" en un territorio que abarcara mucho más que el del antiguo Distrito Federal, es decir, además de éste, el de los territorios de los municipios Chacao, Sucre, Baruta y El Hatillo del estado Miranda, equivalente al territorio geográfico del valle de Caracas y sus zonas más próximas. Se propuso así, inicialmente, separar del Estado Miranda esos municipios e integrarlos territorialmente al Distrito Capital, como una nueva entidad política en el territorio nacional. Lamentablemente, factores políticos circunstanciales impidieron la solución territorial definitiva para Caracas. *V. Asamblea Nacional Constituyente, Gaceta Constituyente (Diario de Debates),* Caracas, octubre–noviembre 1999. El debate terminó con el establecimiento del Distrito Capital única y exclusivamente en el territorio del antiguo Distrito Federal, con la mención expresa de que debía preservarse "la integridad territorial del Estado Miranda" (disposición transitoria primera).

gobernará dentro de los límites del Distrito Capital, cosa distinta a la que hará el alcalde Metropolitano cuyo ámbito de gobierno se encuentra no sólo en el municipio del Distrito Capital, sino en algunos del Estado Miranda.

Por otra parte, siendo el Distrito Capital, un nivel de persona político territorial, se constituye con personalidad jurídica propia, y debería contar con un poder legislativo propio, bien sea la Asamblea Nacional, que haga las veces de poder legislativo del Distrito Capital, como ocurría con el extinto Congreso de la República y el Distrito Federal, o bien podría la ley que se dicte para regir el Distrito Capital, disponer la creación de un órgano legislativo propio.

Ante esta situación, también se observa que la disposición transitoria Primera de la Carta Magna, dispone que la Asamblea Nacional Constituyente dictaría la Ley especial sobre el Régimen del Distrito Capital, sin embargo fue dictada la Ley que regula lo atinente al Distrito Metropolitano de Caracas, sin hacer lo propio con el Distrito Capital.

De ello se deriva, que la Ley que regule el Distrito Capital debe ser dictada de forma prioritaria, porque de lo contrario, se estaría permitiendo que una figura reconocida y consagrada constitucionalmente se encuentre vacía, sin autoridad, sin regulación, e incluso sin competencias, ya que conforme a lo enunciado *ut supra*, las competencias que antes correspondían al Gobernador del Distrito Federal, han sido reasignadas al alcalde del Distrito Metropolitano[70].

La existencia ahora del Distrito Capital en sustitución del antiguo Distrito Federal implica, constitucionalmente hablando, lo siguiente: en *primer lugar,* que a todos los efectos administrativos, el Distrito Capital es una división política del territorio nacional, por lo que las unidades administrativas nacionales que actúan en el territorio nacional pueden adoptar la división del Distrito Capital.

En *segundo lugar,* que como entidad político territorial, al Distrito Capital le corresponde participar en la distribución del situado constitucional (una partida equivalente a un máximo del 20% del total de los ingresos ordinarios estimados anualmente por el Fisco nacional) junto con los estados de la República (art. 167.4). Por tanto, en la asignación del situado constitucional, al Distrito Capital le corresponde igual parte que a cada uno de los estados respecto del 30% del situado constitucional; y una parte muy importante respecto del 70% restante del situado constitucional, que se reparte en proporción a la población de cada uno de los estados y del Distrito Capital.

En *tercer lugar*, que corresponde a la Asamblea Nacional sancionar una ley que regule la organización y régimen del Distrito Capital (art. 156.10) en cuyo territorio puede haber uno o más municipios. Es decir, una ley nacional podría establecer un régimen y organización del Distrito Capital, el cual no necesariamente tiene que conducir a crear alguna nueva "autoridad" a nivel del Distrito Capital, como incluso podría deducirse de lo indicado en el artículo 189.2 C., sino que puede perfectamente regular sólo la existencia de diversos municipios que podrían establecerse en dicho territorio (art. 18), dividiendo al actual municipio Libertador del Distrito Capital.

En *cuarto lugar,* que una ley nacional, en todo caso, es la llamada a determinar a cuál órgano corresponde administrar y ejecutar los ingresos que por situado constitucional corresponden al Distrito Capital como entidad territorial, lo cual se ha atribuido al Dis-

70 *V. Revista de Derecho Público*, N° 83, Editorial Jurídica Venezolana, Caracas, 2000, pp. 195 a 196.

trito Metropolitano de Caracas[71]. En la actualidad, por tanto, el Distrito Capital, al carecer de órganos propios, no puede actuar como persona jurídica.

d. *Los municipios*

De acuerdo a lo establecido en el artículo 168 C., los municipios constituyen la unidad política primaria de la organización nacional, es decir, constituyen la comunidad política local por excelencia, integrada por los "vecinos" de sus respectivos territorios. Como tales comunidades políticas locales, "gozan de personalidad jurídica" y actúan a través de sus órganos que son los concejos municipales[72] cuyos concejales son electos popularmente (art. 175) por los vecinos; los alcaldes[73], también electos popularmente (art. 174), y los contralores municipales[74] y demás órganos que establece la Ley Orgánica del Poder Público Municipal[75] (*Cuarta parte, § 14*).

La Sala Constitucional del Tribunal Supremo en sentencia 618 del 2 de mayo de 2001 analizó el mencionado carácter del municipio como unidad primaria y autónoma en la organización política del país, en los siguientes términos:

> Al respecto, se hace imperativo para esta Sala recordar que, a tenor de lo dispuesto en el artículo 168 constitucional, los municipios constituyen la unidad política primaria de la organización nacional, gozan de personalidad jurídica y autonomía dentro de los límites de la propia Constitución y de la ley, comprendiendo tal autonomía la elección de sus autoridades, la gestión de la materia de su competencia y la creación, recaudación e inversión de sus ingresos. La señalada norma constitucional, ya se contenía en el artículo 25 de la Constitución de 1961, artículo este que se repite casi de forma exacta en el artículo 3° de la Ley Orgánica de Régimen Municipal.
>
> En ese sentido, el municipio es la unidad política de menor nivel territorial dentro del sistema de distribución vertical del poder en el Estado venezolano, pero cuyos mecanismos de ejercicio del poder se encuentran más próximos a los ciudadanos, por ello es definido constitucionalmente como un ente "primario" y esencialmente autónomo, autonomía esta que se encuentra limitada por la propia normativa constitucional, principalmente en lo que respecta al reparto de competencias de los distintos poderes político territoriales, cuestión que ha sido prevista así, lógicamente, a objeto de mantener la convivencia armónica de todos los elementos que conforman el Estado.

Así las cosas, siendo el municipio la unidad política primaria dentro del sistema de división vertical del poder (constituye el vínculo más estrecho entre el individuo y el centro de toma de decisiones), es evidente que debe contar con ingresos propios suficientes que le garanticen a sus ciudadanos la prestación de unos servicios mínimos obligatorios, prestación esta que es esencial a su propia existencia[76].

Los municipios, por tanto, son las comunidades o entidades políticas primarias y autónomas dentro de la organización nacional (art. 168) y deberían constituir el nivel político territorial para hacer efectiva la participación ciudadana. Sin embargo, para ello la entidad local tendría que estar más cerca del ciudadano.

---

71 Ley Especial sobre el Régimen del Distrito Metropolitano de Caracas, *Gaceta Oficial* N° 36.906 del 8 de marzo de 2000

72 Artículo 135

73 Artículo 174

74 Artículo 176

75 La Ley Orgánica de Régimen Municipal de 1989 (*Gaceta Oficial* N° *Extra.* 4.109 del 15 de junio de 89) ha sido derogada por la Ley Orgánica del Poder Público Municipal de 2005, *Gaceta Oficial* N° 38.204 del 8 de junio de 2005.

76 Caso: *Municipio Simón Bolívar*, Estado Zulia, *Revista de Derecho Público*, N° 85 a 88, Editorial Jurídica Venezolana, Caracas, 2001, p. 199.

e. *Los distritos municipales*

De acuerdo con la Constitución, el poder público municipal no sólo lo ejercen "los municipios" como unidad política primaria de la organización nacional (art. 168), sino también "*las demás entidades locales*" a las que alude el artículo 169, cuya organización se rige por la "Constitución, por las normas que para desarrollar los principios constitucionales establezcan las leyes orgánicas nacionales, y por las disposiciones legales que en conformidad con aquellas dicten los Estados" (art. 169).

Es decir, además de los municipios, la Constitución y las leyes orgánicas nacionales pueden establecer otras comunidades o entidades locales cuya organización debe ser siempre democrática y responder a la naturaleza propia del gobierno local (*Cuarta parte, § 15*).

En relación con estas entidades locales, la Constitución regula expresamente a los distritos metropolitanos (arts. 171 y 172) y a las parroquias (art. 173), pudiendo la ley orgánica establecer otras entidades. Ese fue el sentido, por ejemplo, de la derogada Ley Orgánica de Régimen Municipal de septiembre de 1988[77], que debió haber entrado en vigencia el 15 de junio de 1989, la cual expresamente establecía la figura de los "Distritos municipales" como entidades locales[78]; y en este sentido fue que además se concibió el texto de la versión original de la Constitución sancionada por la Asamblea Nacional Constituyente, aprobada en el referéndum consultivo del 15 de diciembre de 1999[79] al permitir el artículo 170 del texto la "agrupación de dos o más municipios en distritos", pura y simplemente, sin calificar a dichos distritos de "metropolitanos o rurales". Consideramos que la intención del constituyente fue establecer la posibilidad de que una de las entidades locales mencionadas en la Constitución fueran los distritos. Sin embargo, en la "revisión" del texto constitucional que se publicó en *Gaceta Oficial* de marzo de 2000[80] apareció agregado a la norma el calificativo de "metropolitanos" para los distritos, lo que, sin duda, es una limitación ilegítimamente introducida en el texto constitucional.

En todo caso, estimamos que la expresión constitucional "demás entidades locales" (art. 169) permite al legislador nacional regular a los distritos municipales en áreas no urbanas o rurales, diferenciados de los distritos metropolitanos que la Constitución regula expresamente para áreas urbanas, pero en forma no excluyente.

---

77 *Gaceta Oficial* Extra. Nº 4.109 del 15 de junio de 1989.

78 En efecto, el artículo 24 de aquella ley estableció: "Artículo 24: Los Distritos Municipales son entidades locales de carácter público y con personalidad jurídica, formadas por la agrupación de dos o más municipios. Los Distritos municipales se denominan Distritos Metropolitanos cuando la agrupación de municipios se realice debido a la conurbación de sus centros poblados capitales y se hayan desarrollado en forma tal que lleguen a constituir una unidad urbana, social y económica con más de 250.000 habitantes". Se estableció, así, la figura de los distritos como agrupación de municipios, que podían ser urbanos o rurales, distinguiéndose en la ley, por tanto, los distritos metropolitanos (urbanos), de los distritos municipales (rurales). La disposición de la Ley Orgánica de Régimen Municipal, antes indicada, sin embargo, lamentablemente fue suprimida en la reforma de la Ley Orgánica de 1989, en la cual se redujo la figura de los distritos municipales sólo a los distritos metropolitanos, olvidándose el legislador del carácter mayoritariamente rural de los municipios venezolanos. Este antecedente legislativo de la Ley Orgánica de 1988, es importante destacarlo porque permitía apreciar cómo el legislador, en ejecución de una norma similar de la Constitución de 1961 que se refería a las "demás entidades locales", estableció la figura de los distritos municipales rurales y de los distritos municipales urbanos (distritos metropolitanos).

79 *Gaceta Oficial* Nº 36.860 del 30 de diciembre de 99.

80 *Gaceta Oficial* Nº 5.453 Extra. del 24 de marzo de 2000.

a'. El régimen de los distritos metropolitanos y del Distrito Metropolitano de Caracas

En cuanto a los distritos metropolitanos, el artículo 171 C. dispone que cuando dos o más municipios pertenecientes a una misma entidad federal tengan relaciones económicas, sociales y físicas que den al conjunto características de un área metropolitana, pueden organizarse como tales. Sin embargo, cuando los municipios que deseen constituirse en un distrito metropolitano pertenezcan a entidades federales distintas, su creación y organización corresponde a la Asamblea Nacional (art. 172)[81]. En todos los casos de creación de un distrito metropolitano, es la ley *orgánica* (que en todo caso es nacional) que al efecto se dicte la que debe garantizar el carácter democrático y participativo del gobierno metropolitano y establecer sus competencias funcionales, así como el régimen fiscal, financiero y de control.

Ahora bien, la Constitución regula expresamente sólo un distrito metropolitano, y ese es el Distrito Metropolitano de Caracas (art. 18), el cual fue desarrollado por la propia Asamblea Nacional Constituyente al dictar la Ley Especial del Distrito Metropolitano de Caracas del 8 de marzo de 2000[82] (*Cuarta parte, § 16*).

En efecto, respecto de la organización del área metropolitana de Caracas[83], la Constitución de 1999 introdujo una reforma que significó un avance sustancial en relación con la Constitución de 1961, más allá del sólo reconocimiento de la existencia de distintas jurisdicciones con competencias en el territorio del Área Metropolitana de Caracas y del establecimiento del principio de coordinación, al regular en su lugar, directamente, la necesidad de establecer un *sistema de gobierno municipal a dos niveles para toda el área integrada por* los municipios Libertador del Distrito Capital y Chacao, Sucre, Baruta y El Hatillo del Estado Miranda, lo que implica no sólo autoridades municipales electas en los dos niveles, sino un sistema de distribución de la *competencia municipal* entre los dos niveles, de manera que el nivel metropolitano ejerza los aspectos metropo-

81 Los distritos metropolitanos, en todo caso, como toda organización municipal de áreas metropolitanas, sólo deben establecerse en áreas urbanas. La Sala Constitucional del Tribunal Supremo de Justicia en la sentencia 1562 del 13 de diciembre de 2000, caso: *Interpretación de las leyes del Distrito Metropolitano de Caracas*, ha sostenido, en este sentido que "tratándose de distritos metropolitanos [...] uno de los significados de la voz metrópolis, el de ciudad, lo entiende esta Sala por *lo urbano* (de la ciudad), en contraposición a lo rural", concluyendo, por tanto, que los distritos metropolitanos no pueden tener impuestos territoriales rurales o sobre predios rurales. Sin embargo, a pesar del carácter esencialmente urbano de los distritos metropolitanos, la misma Sala ha señalado que "no es requisito para la creación de estos distritos, la conurbación de sus centros urbanos capitales", lo que si exigía el artículo 24 de la Ley Orgánica de Régimen Municipal de 1989. *V.* la sentencia en *Revista de Derecho Público*, Nº 84, Caracas, Editorial Jurídica venezolana, 2000, pp. 184 y ss. La Ley Orgánica del Poder Público Municipal de 2005 exige para la creación de un distrito metropolitano que las relaciones entre los municipios "den al conjunto urbano las características de un Área Metropolitana" (art. 20), *Gaceta Oficial* Nº 38.204 del 8 de junio de 2005.

82 *V.* en *Gaceta Oficial* Nº 36.906 del 8 de marzo de 2000. *Cfr.* Lizett Fernández Parra y Iliany Mata Ponte, "Breves comentarios sobre la Ley Especial del Distrito Metropolitano de Caracas", *Revista de Derecho Administrativo*, Nº 8, Editorial Sherwood, Caracas, 2000, pp. 245 a 265; Allan R. Brewer–Carías, "Consideraciones sobre el régimen constitucional del Distrito Capital y del sistema de gobierno municipal de Caracas" *Revista Iberoamericana de Administración Pública,* Nº 5, Madrid, Ministerio de Administraciones Públicas, 2000, pp. 17 a 39; y *Revista de Derecho Público*, Nº 82, Editorial Jurídica Venezolana, Caracas, abril–junio 2000, pp. 5 a 17.

83 La C. de 1961, en efecto, sólo establecía que una ley especial *podía coordinar* las distintas jurisdicciones existentes dentro del área metropolitana de Caracas, sin menoscabo de la autonomía municipal (art. 11); ley especial que jamás llegó a sancionarse, a pesar de todas las propuestas que se fueron formulando. En todo caso, la C. de 1961 planteaba, como principio, la necesidad de coordinar las distintas jurisdicciones (nacionales, del Estado Miranda, del Distrito Federal y municipales) que existían en el Área Metropolitana de la Capital.

litanos (macro) de la competencia municipal y los niveles municipales ejerzan los aspectos locales (micro) de las mismas competencias municipales.

El artículo 1° de la Ley Especial sobre el Régimen del Distrito Metropolitano de Caracas, establece que se creó "el Distrito Metropolitano de Caracas como unidad político territorial de la ciudad de Caracas", regulando las bases de su régimen de gobierno, organización, funcionamiento, administración, competencia y recursos, agregando:

> El Distrito Metropolitano de Caracas goza de personalidad jurídica y autonomía dentro de los límites de la Constitución y la ley, y su representación la ejercerán los órganos que determine la ley.

El sistema de gobierno municipal a dos niveles lo organiza el artículo 3° de la Ley Especial, así:

1. El Nivel Metropolitano, formado por un órgano ejecutivo y un órgano legislativo, cuya jurisdicción comprende la totalidad territorial metropolitana de Caracas;
2. El Nivel municipal formado por un órgano ejecutivo y un órgano legislativo en cada municipio integrante del Distrito Metropolitano de Caracas, con jurisdicción municipal.

En el Distrito Metropolitano de Caracas, por tanto, el gobierno y la administración corresponden al alcalde metropolitano, electo popularmente; y la función legislativa corresponde al Cabildo Metropolitano (art. 4°), cuyos concejales también son electos popularmente. En el nivel metropolitano, el alcalde metropolitano es la primera autoridad civil, política y administrativa del Distrito Metropolitano de Caracas, así como los alcaldes municipales lo son en cada uno de los municipios que lo integran (art. 8°)[84].

b'. El Distrito Municipal del Alto Apure

Tal como se estableció en la Disposición Transitoria Tercera, numeral 3° de la Constitución de 1999, mediante la Ley Especial que crea al Distrito Municipal del Alto Apure del 16 de noviembre de 2001[85] se creó dicho Distrito del Alto Apure, que establece un régimen especial para los municipios José Antonio Páez y Rómulo Gallegos del Estado Apure, con la finalidad de que sus habitantes y gobernantes asuman la autonomía de gestión de sus respectivos intereses, en el marco de la participación ciudadana y comunitaria; y regular su régimen de gobierno, organización, funcionamiento, administración, competencias y recursos (art. 1°); definiéndose sus límites territoriales conforme a la Ley de División Territorial de dicho estado (art. 2°).

Conforme al artículo 3° de la Ley, tanto el Distrito del Alto Apure como los municipios que lo integran "tendrán personalidad jurídica y autonomía de gestión" y un régimen de gobierno distrital y municipal de carácter democrático y participativo, de acuerdo al sistema de distribución de competencias y de orden fiscal, financiero y de control, conforme a la Constitución, ley y demás leyes de la República (art. 4°).

En cuanto al sistema de gobierno municipal a dos niveles, el distrital y el municipal, el artículo 8° de la Ley Especial lo organiza de la siguiente manera:

---

84 *Cfr.* Allan R. Brewer–Carías, *Federalismo y municipalismo en la Constitución de 1999,* Editorial Jurídica Venezolana, Caracas, 2001, pp. 107 y ss.; Alfredo De Stefano Pérez "Aproximación al estudio del Distrito Metropolitano de Caracas", en *Temas de derecho administrativo. Libro Homenaje a Gonzalo Pérez Luciani*, Vol. I, Tribunal Supremo de Justicia, Caracas, 2002, pp. 553 a 592.

85 *Gaceta Oficial* N° 37.326 del 16 de noviembre de 2001.

1. El gobierno distrital del Alto Apure estará a cargo de un alcalde Distrital, como órgano ejecutivo, y de un Cabildo Distrital, como órgano legislativo, con jurisdicción en todo el territorio del Distrito del Alto Apure.
2. El gobierno de los municipios integrantes del Distrito del Alto Apure estará a cargo de los alcaldes y concejos municipales, conforme a lo establecido en la Constitución, en la Ley Orgánica de Régimen Municipal y en la Ley Especial con jurisdicción en sus respectivos territorios.

Tanto el alcalde distrital como los concejales distritales integrantes del Cabildo Distrital deben ser electos por votación libre, universal, directa y secreta en la misma oportunidad en que se lleven a cabo las elecciones municipales a nivel nacional (art. 10º)[86].

f. Las parroquias

Las parroquias también podrían tener personalidad jurídica de derecho público, pero ello debe determinarlo la ley orgánica. En la derogada Ley Orgánica de Régimen Municipal de 1989[87] nada se regulaba al respecto. En cuanto a las disposiciones constitucionales sobre las parroquias, el texto establece que todos los municipios pueden crear parroquias conforme a las condiciones que determine la ley, tanto la nacional como la que se dicte en el estado respectivo. Sin embargo, el artículo 173 precisa que en ningún caso las parroquias deben ser asumidas como divisiones exhaustivas o imperativas del territorio del municipio, es decir, no es obligatorio dividir los municipios en parroquias.

La Ley Orgánica del Poder Público Municipal de 2005 ha regulado a las parroquias como demarcaciones dentro del dentro del territorio municipal, creadas con el objeto de desconcentrar la gestión municipal, promover la participación ciudadana y una mejor prestación de los servicios públicos municipales. (art. 30); y ha regulado los supuestos y condiciones para la creación de tales y otras entidades locales dentro del territorio municipal, así como los recursos de los cuales deben disponer, concatenados a las funciones que se les asignen, incluso su participación en los ingresos propios del municipio[88] (*Cuarta parte, § 15*).

La creación de las parroquias y otras entidades locales, en todo caso, debe atender a la iniciativa vecinal o comunitaria, con el objeto de promover la desconcentración de la Administración del municipio, la participación ciudadana y la mejor prestación de los servicios públicos.

B. Las comunidades indígenas

Una de las novedades de la Constitución de 1999 fue la declaración expresa contenida en el artículo 119 de que "el Estado reconocerá la existencia de los pueblos y comunidades indígenas, su organización social, política y económica, sus culturas, usos y costumbres, idiomas y religiones, así como su hábitat y derechos originarios sobre las tierras que ancestral y tradicionalmente ocupan y que son necesarias para desarrollar y garantizar sus formas de vida"[89]. Dispuso además la Constitución que correspondía "al

86 *Cfr.* Allan R. Brewer–Carías, *Federalismo y municipalismo en la Constitución de 1999, cit.*, pp. 167 y ss.

87 *Gaceta Oficial* Extra. Nº 4.109 del 15 de junio de 1989.

88 *Gaceta Oficial* Nº 38.204 del 8 de junio de 2005. *Cfr.* Allan R. Brewer–Carías, "Introducción general al régimen del poder público municipal", en Allan R. Brewer–Carías *et al., Ley Orgánica del Poder Público Municipal*, Editorial Jurídica Venezolana, Caracas, 2005, pp. 100 y ss.

89 Ley aprobatoria del Convenio Nº 169 sobre Pueblos Indígenas y Tribales, Ley Nº 41, *Gaceta Oficial* Nº 37.305 del 17 de octubre de 2001

Ejecutivo nacional, con la participación de los pueblos indígenas, demarcar y garantizar el derecho a la propiedad colectiva de sus tierras, las cuales serán inalienables, imprescriptibles, inembargables e intransferibles de acuerdo con lo establecido en esta Constitución y la ley"[90].

Las comunidades indígenas, por tanto, son comunidades políticas aun cuando no estatales, que conforme al artículo 126, en tanto que pueblos indígenas[91], "forman parte de la Nación, del Estado y del pueblo venezolano como único, soberano e indivisible", teniendo el deber "de salvaguardar la integridad y la soberanía nacional". La Constitución, además, les reconoce y asegura derechos. Por ejemplo, en cuanto al aprovechamiento de recursos naturales en los territorios indígenas, el artículo 120 dispone que dicho aprovechamiento de los recursos naturales en los hábitat indígenas por parte del Estado se debe hacer sin lesionar la integridad cultural, social y económica de los mismos; estando además "sujeto a previa información y consulta a las comunidades indígenas respectivas".

La Constitución, por otra parte, garantiza a dichas comunidades indígenas el "derecho a mantener y desarrollar su identidad étnica y cultural, cosmovisión, valores, espiritualidad y sus lugares sagrados y de culto", estando obligado el Estado a fomentar "la valoración y difusión de las manifestaciones culturales de los pueblos indígenas, los cuales tienen derecho a una educación propia y a un régimen educativo de carácter intercultural y bilingüe, atendiendo a sus particularidades socioculturales, valores y tradiciones" (art. 121). La Constitución, igualmente, reconoce a los pueblos indígenas el "derecho a una salud integral que considere sus prácticas y culturas", debiendo el Estado reconocer "su medicina tradicional y las terapias complementarias, con sujeción a principios bioéticos" (art. 122).

Adicionalmente, la Constitución reconoce a los pueblos indígenas el "derecho a la participación política", estando obligado el Estado a garantizar "la representación indígena en la Asamblea Nacional y en los cuerpos deliberantes de las entidades federales y locales con población indígena, conforme a la ley" (art. 125).

C. Las comunidades religiosas: las iglesias

Dentro de las comunidades públicas, debe mencionarse además el caso de las Iglesias. Como hemos dicho, el Código Civil (art. 19.2) las califica como "cuerpos morales de carácter público", habiendo tenido tal calificación su origen histórico en un momento de conflicto entre la Iglesia y el Estado, en ejercicio del derecho de Patronato Eclesiástico.

Ahora bien, las "Iglesias de cualquier credo" no han sido creadas por ley ni tienen atribuida por ley prerrogativa alguna del poder público, por lo que no pueden considerarse como producto de la descentralización funcional. Se trata, pura y simplemente, de la atribución a las comunidades religiosas de personalidad jurídica por virtud del propio Código Civil, conforme a los criterios del Patronato Eclesiástico que hasta 1964 ejercía la República sobre la Iglesia católica (art. 130 C. de 1961). Por ello, sin duda, se trata de personas jurídicas, aun cuando calificadas como "personas de carácter público" por ra-

---

90 Ley de Demarcación y Garantía del Hábitat y Tierras de los Pueblos Indígenas, Ley Nº 14, *Gaceta Oficial* Nº 37.118 del 12 de enero de 2001.

91 De acuerdo con el mismo artículo 126 de la Constitución, "El término pueblo no podrá interpretarse en esta Constitución en el sentido que se le da en el derecho internacional".

zones atípicas, sin que dicha personalidad de derecho público tenga efecto alguno en el mundo del derecho, salvo el reconocimiento de que son sujetos de derecho.

Se debe destacar, además, que el Convenio (*modus vivendi*) suscrito entre el Estado venezolano y la Santa Sede en 1964[92], también le reconoció a la Iglesia católica la "personalidad de carácter público" (art. 4º), a pesar de que su normativa materialmente sustituyó al régimen legal del Patronato Eclesiástico regulado en la vieja Ley de Patronato Eclesiástico de 1824. También se señala en dicho instrumento que "gozan además de personalidad jurídica para los actos de la vida civil las diócesis, los capítulos catedrales, los seminarios, las parroquias, las órdenes, congregaciones religiosas y demás institutos de perfección cristiana canónicamente reconocidos" (art. 4º).

D. Las comunidades universitarias: las universidades nacionales y los institutos públicos de educación superior

Las otras comunidades públicas a que hace referencia el Código Civil como personas de carácter público son las universidades (art. 19.2), las cuales conforme a la propia Ley de Universidades de 1970[93] son "comunidades de intereses espirituales que reúnen a profesores y estudiantes en la tarea de buscar la verdad y afianzar los valores trascendentales del hombre" (art. 1º). Se trata, por tanto, de "entes de origen corporativo"[94] o comunidades universitarias cuya personalidad jurídica se consagró en el Código Civil en la segunda mitad del siglo XIX cuando sólo existía la Universidad Central de Venezuela.

Sin embargo, en la actualidad dicha personalidad la tienen todas las universidades nacionales, como corporaciones de derecho público[95], cuyo fin último es la protección de su sustrato personal, constituido por la comunidad universitaria de cada una de ellas. En la actualidad, además, es la propia Ley de Universidades la que dispone que las universidades nacionales gozan de personalidad jurídica y patrimonio propio, distinto e independiente del Fisco nacional (art. 12), personalidad jurídica que adquieren con la publicación en la *Gaceta Oficial* del decreto del ejecutivo nacional por el cual se crean (art. 8).

En todo caso, se trata de personas jurídicas de derecho público de carácter estatal a las cuales, además, la propia Constitución les reconoce su autonomía. En efecto, la jurisprudencia ha establecido que las universidades nacionales son:

> Órganos de la Administración Pública nacional, de los que integran la Administración descentralizada, dentro del género denominado personas públicas corporativas, porque lo que las distingue del resto de las personas jurídicas descentralizadas no es tanto su personería jurídica independien-

---

92 *Gaceta Oficial* Nº 27.551 del 24 de septiembre de 1964.

93 *Gaceta Oficial* Nº 1429 Extra. del 8 de septiembre de 1970.

94 *V.* p. ej., sentencia 1278 del 27 de octubre de 2000 de la Sala Constitucional del Tribunal Supremo, *Revista de Derecho Público*, Nº 84, Editorial Jurídica Venezolana, Caracas, 2000, p. 300.

95 *V.* la sentencia del 21 de mayo de 1984 de la Corte Primera de lo Contencioso Administrativo, *Revista de Derecho Público*, Nº 19, Editorial Jurídica Venezolana, Caracas, 1984, pp. 94 a 98. La misma Corte Primera en sentencia del 29 de junio de 2000, caso: *Marcos Chandler M. vs. Universidad del Zulia* ha insistido en que "las Universidades son entes corporativos pertenecientes a la administración pública nacional, descentralizada funcionalmente, dotados de personalidad jurídica, con patrimonio propio y evidente autonomía, que por tanto poseen la facultad de celebrar contratos de acuerdo a sus necesidades", *Revista de Derecho Público*, Nº 82, Editorial Jurídica Venezolana, Caracas, 2000, p. 213.

te y su patrimonio separado, sino fundamentalmente el sustrato personal que las integra, sin el cual no podrían existir además de su régimen propio autonómico[96]

En cuanto a la autonomía de las universidades nacionales, el artículo 109 C. señala que "el Estado reconocerá la autonomía universitaria como principio y jerarquía que permite a los profesores, estudiantes y egresados de su comunidad dedicarse a la búsqueda del conocimiento a través de la investigación científica, humanística y tecnológica, para beneficio espiritual y material de la Nación". La autonomía universitaria se consagra, además, "para planificar, organizar, elaborar y actualizar los programas de investigación, docencia y extensión", reconociéndose en la Constitución "la inviolabilidad del recinto universitario"[97].

Esta autonomía implica que las universidades autónomas se dan sus propias normas de gobierno y funcionamiento y adelantan por sí mismas la administración eficiente de su patrimonio bajo el control y vigilancia que a tales efectos establezca la ley. La Ley de Universidades precisa que esta autonomía es organizativa, académica, administrativa, y económica y financiera (art. 9º), lo que implica ausencia de adscripción y de control de tutela por parte de la Administración central, siendo el único control relativo que se ejerce sobre ellas el que corresponde al Consejo Nacional de Universidades, que preside el ministro de Educación. La autonomía, conforme lo ha establecido la jurisprudencia, en definitiva es un "concepto jurídico político mediante el cual se le otorga al ente dotado de ella de la facultad de darse su propia ley; en otros términos, pueden estos establecimientos crear preceptos obligatorios de derecho objetivo, con un ámbito de validez y aplicación limitadas a los sujetos que se encuentran bajo su autoridad"[98]

En cuanto a la autonomía, sin embargo, la Constitución estableció respecto de las universidades nacionales experimentales que éstas sólo "alcanzarán su autonomía de conformidad con la ley" (art. 109), lo que en definitiva es un reconocimiento de una autonomía limitada que ya había sido determinada por la jurisprudencia, sin que ello les quitara el carácter de personas de derecho público corporativo[99].

96 *V.* la sentencia del 16 de octubre de 1986, de la Corte Primera de lo Contencioso Administrativo, *Revista de Derecho Público*, Nº 28, Editorial Jurídica Venezolana, Caracas, 1986, p. 80. *V.* igualmente, sentencia de la Corte Primera de lo Contencioso Administrativo del 22 de julio de 1987, *Revista de Derecho Público* Nº 31, Editorial Jurídica Venezolana, Caracas, 1987, pp. 72 y ss.; y sentencia de la Sala Político Administrativa del Tribunal Supremo Nº 2220 del 28 de noviembre de 2000, caso: *Alimentos de Occidente, C.A. (ADOCA) vs. Universidad del Zulia*, *Revista de Derecho Público* Nº 84, Editorial Jurídica Venezolana, Caracas, 2000, p. 236.

97 *Cfr.* en general José M. Delgado–Ocando "Idea de la universidad autónoma", *Estudios de Derecho Público. Libro Homenaje a Humberto J. La Roche*, Vol. I, Tribunal Supremo de Justicia, Caracas, 2001, pp. 283 a 288; Jonathan A. García Nieves "La autonomía universitaria: Una noción sui géneris en el ordenamiento jurídico venezolano", *Ensayos de Derecho Administrativo. Libro Homenaje a Nectario Andrade Labarca,* Vol. I, Tribunal Supremo de Justicia, Caracas, 2004, pp. 649 a 664; María E. León Álvarez, "Los mecanismos de control popular de la administración pública: el caso de las Universidades nacionales autónomas", *Estudios de Derecho Público. Libro Homenaje a Humberto J. La Roche*, Vol. I, *cit.*, pp. 487 a 496.

98 Véanse las sentencias de la Corte Primera de lo Contencioso Administrativo del 21 de mayo de 1984 y 9 de mayo de 1985, *Revista de Derecho Público* Nº 19, Editorial Jurídica Venezolana, Caracas, 1984, p. 95 y *Revista de Derecho Público* Nº 23, Editorial Jurídica Venezolana, Caracas, 1985, pp. 124 y ss.

99 *V.* la sentencia de la Corte Primera de lo Contencioso Administrativo del 22 de julio de 87, *Revista de Derecho Público*, Nº 31, Editorial Jurídica Venezolana, Caracas, 1987, p. 72.

2. Las corporaciones públicas

Ahora bien, en particular, en cuanto a las corporaciones públicas, son todas aquellas otras personas jurídicas creadas por ley o en virtud de una disposición expresa del legislador para hacer posible el funcionamiento autónomo y proteger a determinadas corporaciones profesionales o gremiales y normar a corporaciones de orden académico con funciones consultivas, a las cuales, en general, se les transfieren algunas prerrogativas y privilegios del poder público y que no tienen, sin embargo, un ámbito político de acción territorial.

Estas corporaciones públicas se caracterizan por la presencia de un sustrato personal, de una corporación que da a estos entes un carácter diferente al del resto de los entes descentralizados. La naturaleza de los fines que persiguen estos entes, además, exige que los mismos no sólo estén dotados de autonomía administrativa y de gestión patrimonial, sino además de la posibilidad de elegir los titulares de sus órganos administrativos.

Estas personas jurídicas de derecho público que también habíamos denominado como establecimientos públicos (aun cuando corporativos) conforme a la terminología del Código Civil, o como corporaciones públicas conforme a la terminología acogida por la jurisprudencia venezolana[100], son los colegios profesionales y las academias nacionales, las cuales tienen en común que no están integradas a la organización general del Estado, siendo entonces personas jurídicas no estatales.

A. Los colegios o gremios profesionales

El primer tipo de corporación pública caracterizado por la existencia de un sustrato personal o corporación de intereses de tipo profesional o gremial está constituido por los colegios profesionales, los cuales están dotados de personalidad jurídica de derecho público por virtud de las funciones que realizan de control del ejercicio de una profesión liberal y en virtud de las leyes que los crean o los regulan, en las cuales se ha establecido el principio de la colegiación obligatoria para el ejercicio de la profesión respectiva[101].

Esta materia, en efecto, es de la reserva legal, disponiendo en tal sentido el artículo 105 C. que "La ley determinará las profesiones que requieren título y las condiciones que deben cumplirse para ejercerlas, incluyendo la colegiación". En consecuencia, los "colegios" profesionales que no se han establecido por ley, sino como asociaciones ci-

---

100 Véanse, p. ej., las sentencias de la Corte primera de lo Contencioso Administrativo del 11 de mayo de 1980 y del 18 de febrero de 1986, *Revista de Derecho Público*, Nº 3, Editorial Jurídica Venezolana, Caracas, 1980, pp. 104 y ss. y *Revista de Derecho Público*, Nº 25, Editorial Jurídica Venezolana, Caracas, 1986, p. 85, respectivamente. *Cfr.* Antonio Angrisano, "Los establecimientos públicos corporativos", *Revista de Derecho Público*, Nº 3, Editorial Jurídica Venezolana, Caracas, 1980, pp. 104 a 107.

101 *Cfr.* en general, Annakarinna Frías Tovar, "Clasificación de los colegios profesionales como personas jurídicas de derecho público", *Revista de Derecho Público*, Nº 67 y 68, Editorial Jurídica Venezolana, Caracas, 1996, pp. 70 a 79.

viles de profesionales de base contractual, no pueden calificarse como personas jurídicas de derecho público corporativas, ni sus actos constituyen actos administrativos[102].

En la actualidad existen colegios profesionales creados por ley, como establecimientos públicos corporativos, en relación con el ejercicio de las siguientes profesiones: Farmacia, Ingeniería, Arquitectura y profesiones afines, Abogacía, Medicina Veterinaria, Odontología, Economía, Periodismo, Bioanálisis, Contaduría Pública, Psicología, Medicina, Administración, de Bombero, Sociología y Antropología, y Nutrición y Dietética[103].

Los colegios profesionales, por tanto, son el ejemplo más acabado del llamado "establecimiento público corporativo"[104], los cuales a pesar de no ser personas estatales[105] y no estar sometidos a control de tutela por parte de los órganos de la Administración Pública, por las funciones que realizan de protección y vigilancia del ejercicio de profesiones liberales, dentro de la esfera de su competencia, dictan actos administrativos[106] y disfrutan de facultades contributivas con respecto a sus miembros, lo que les confiere una total independencia financiera frente al Estado, y gozan además de autonomía plena, incluso para la libre elección de sus autoridades, autonomía que, sin embargo, ha sido limitada en la Constitución de 1999.

En efecto, la Constitución de 1999, a pesar de toda la fraseología participativa que contiene, es un texto intervencionista y limitativo respecto de la sociedad civil, lo que entre otros aspectos resulta de la limitación que contiene respecto de la autonomía de los colegios profesionales, en cuanto a la libertad de elección de sus propias autoridades que debería resultar de su autonomía y por el carácter de corporaciones de derecho

---

102 *V.* la sentencia de la Corte Primera de lo Contencioso Administrativo del 27 de septiembre de 1993, caso: *Colegio Nacional de Técnicos Radiólogos*, *Revista de Derecho Público*, Nº 55 y 56, Editorial Jurídica Venezolana, Caracas, 1993, pp. 208 a 209.

103 *V.*, Ley de Ejercicio de la Farmacia del 27 de junio de 1928, *Gaceta Oficial* Nº 16.551 del 7 de julio de 1928; Ley de Ejercicio de la Ingeniería, la Arquitectura y Profesiones afines. Decreto Nº 444 del 24 de noviembre de 1958, *Gaceta Oficial* Nº 25.822 del 26 de noviembre de 1958; Ley de Abogados del 16 de diciembre de 66. (*Gaceta Oficial* Extra. Nº 1.081 del 23 de enero de 1967); Ley de Ejercicio de la Medicina Veterinaria del 19 de septiembre de 1968, *Gaceta Oficial* Nº 28.737 del 24 de septiembre de 1968; Ley de Ejercicio de la Odontología del 10 de agosto de 1970, *Gaceta Oficial* Nº 29.288 del 10 de agosto de 1970; Ley de Ejercicio de la Profesión de Economistas del 15 de diciembre de 1971, *Gaceta Oficial* Nº 29.687 del 15 de diciembre de 1971; Ley de Ejercicio del Periodismo, *Gaceta Oficial* Nº 4.883 Extra. del 31 de marzo de 1995; Ley de Ejercicio del Bioanálisis, *Gaceta Oficial* Nº 30.160 del 23 de julio de 1973; Ley de Ejercicio de la Contaduría Pública, *Gaceta Oficial* Nº 30.273 del 5 de diciembre de 1973; Ley de Colegiación Farmacéutica del 27 de enero de 1978, *Gaceta Oficial* Extra Nº 2.146 del 28 de enero de 1978; Ley de Ejercicio de la Psicología del 4 de septiembre de 1978, *Gaceta Oficial* Extra. Nº 2.306 del 11 de septiembre de 1978; Ley de Ejercicio de la Medicina 19 de agosto de 1982, *Gaceta Oficial* Nº 3.002 Extra. del 23 de agosto de 1982; Ley de Ejercicio de la Profesión de Licenciado en Administración del 17 de agosto de 1982, *Gaceta Oficial* Nº 3.004 Extra. del 26 de agosto de 1982; Ley de los Cuerpos de Bomberos y Administración de Emergencias de Carácter Civil, *Gaceta Oficial* Nº 5.561 Extra. del 28 de noviembre de de 2001; Ley del Ejercicio Profesional de la Sociología y la Antropología, *Gaceta Oficial* Nº 5.239 Extra. del 23 de junio de 1998; Ley de Ejercicio de la Profesión de Licenciado en Nutrición y Dietética, *Gaceta Oficial* Nº 36.526 del 27 de agosto de 1998.

104 La terminología de "establecimiento público corporativo" ha sido ampliamente acogida por la jurisprudencia: véanse las sentencias de la Corte Primera de lo Contencioso Administrativo del 11 de mayo de 1980 y 01 de junio de 82, *Revista de Derecho Público*, Nº 3, Editorial Jurídica Venezolana, Caracas, 1980, pp. 104 y ss.; y *Revista de Derecho Público*, Nº 11, Editorial Jurídica Venezolana, Caracas, 1982, p. 106, respectivamente.

105 Como lo ha señalado la Sala Electoral del Tribunal Supremo en sentencia 43 del 10 de mayo de 2000, caso: *Oscar Mora E. vs. Colegio de Ingenieros de Venezuela*, *Revista de Derecho Público*, Nº 82, Editorial Jurídica Venezolana, Caracas, 2000, p. 224.

106 La jurisprudencia de la Corte Primera ha sido reiterativa en someter al control contencioso administrativo los actos dictados por los colegios profesionales.

público no estatales que tienen. El artículo 293.6 C., creó el poder electoral como una de las ramas del poder público, atribuyéndole competencia para "la organización de las elecciones de sindicatos, gremios profesionales y organizaciones con fines políticos" y en general la misión de garantizar "la igualdad, confiabilidad, imparcialidad, transparencia y eficiencia de los procesos electorales" (art. 293), como lo ha señalado la Sala Electoral del Tribunal Supremo de Justicia, en sentencia del 10 de mayo de 2000 (caso Colegio de Ingenieros de Venezuela):

> [N]o sólo los celebrados para la elección de los cargos públicos sino de todos aquellos que se celebren en organizaciones que sean la expresión de la voluntad popular como un mecanismo destinado a garantizar el ejercicio de los derechos políticos y en general la participación protagónica de los ciudadanos mediante diversas modalidades especificadas en el artículo 70 de la Ley Fundamental.

De ello, la misma Sala Electoral dedujo:

> La creación del poder electoral no sólo tiene justificación por la atribución que le ha sido conferida de controlar y garantizar la organización, administración, dirección y vigilancia de los procesos electorales para la elección de los cargos públicos, aun cuando ello constituye gran parte de sus funciones, sino que, además, su creación se justifica en la medida que se le ha atribuido competencia para la organización de los procesos electorales de agrupaciones de la sociedad, destinados a la elección de cargos de representación popular, pues se ha reconocido irrestrictamente a la sociedad civil la posibilidad de asociarse y constituirse a través de distintas formas que aseguren la participación ciudadana de una forma organizada, como espacios creados para la defensa de intereses a veces no solo de sus miembros sino también de la comunidad, constituyéndose en expresión de un sistema asociativo que procura la realización de un objetivo común, en cuya organización se prevé la elección de autoridades que rigen los destinos de tales asociaciones y en el que el Estado como interesado debe garantizar el respeto de la manifestación de voluntad de sus integrantes, como máxima expresión del sistema democrático.

En la misma sentencia, la Sala Electoral de la Corte Suprema reconoció que los colegios profesionales, como el Colegio de Ingenieros de Venezuela "no forman parte de la estructura del Estado (y) son considerados en la actualidad como "personas públicas no estatales", cuyo régimen y organización se caracteriza por el carácter público que poseen, derivado del número de participantes que las integran y los objetivos y fines que cumplen dentro de la sociedad, y sobre todo en el caso venezolano, porque así lo dispone una ley formal (Artículo 21 Ley del Ejercicio de la Ingeniería, la Arquitectura y Profesiones Afines)". Pero la Sala dedujo de ese "carácter público" de las mismas que ello:

> [S]upone un interés particular en su funcionamiento por parte del Estado que lo obliga a intervenir de forma directa y decisiva en la determinación de los procesos eleccionarios que las mismas ejecuten, que deben sujetarse estrictamente a los mecanismos de consulta democrática y participativa que la nueva Constitución propugna para todos las instituciones, de cualquier tipo que ellas sean.
>
> De tal manera que el sustrato público que estas entidades abrigan hace posible que al momento de elegir a sus autoridades a través de procesos eleccionarios, el poder electoral intervenga salvaguardando la manifestación de voluntad expresada por sus miembros a través del voto, en la medida que éste garantice la igualdad, confiabilidad, imparcialidad, transparencia y eficiencia de los comicios que celebren, en ejercicio de una función constitucional que le ha sido atribuida en forma expresa[107].

---

107 *V.* sentencia 43 de la Sala Electoral de la Corte Suprema de Justicia de 10 de mayo de 2000, Exp. 0043, *Revista de Derecho Público*, Nº 82, Editorial Jurídica Venezolana, Caracas, 2000, pp. 224 y ss.

En definitiva, a pesar de tratarse de personas jurídicas de derecho público, manifestación incluso de la descentralización funcional del Estado, los colegios profesionales no son personas jurídicas estatales, pues no forman parte de la organización general del Estado[108].

B. Las academias nacionales

Las academias nacionales también las hemos considerado como personas jurídicas de derecho público no territorial de carácter corporativo, es decir, como corporaciones públicas[109].

Las academias nacionales son siete: la Academia Venezolana de la Lengua, correspondiente de la Real Academia Española, creada por decreto de 1883[110]; la Academia Nacional de la Historia creada por decreto de 1888[111]; la Academia Nacional de Medicina, creada por ley de 1904[112]; la Academia de Ciencias Políticas y Sociales, creada por ley de 1915[113]; la Academia de Ciencias Físicas, Matemáticas y Naturales, creada por ley de 1917[114]; la Academia Nacional de Ciencias Económicas, creada por ley de 1983[115]; y la Academia Nacional de la Ingeniería y el Hábitat, creada por ley de 1998[116].

Por supuesto, sólo en las leyes de creación de las dos últimas, de 1983 y 1998, fue que se especificó que se trataba de "corporaciones de carácter público, con personalidad jurídica, patrimonio distinto del Fisco nacional, autonomía académica, organizativa y económica"; pero la ausencia de indicación expresa de tal circunstancia en relación con las academias creadas durante el siglo XIX y las dos primeras décadas del siglo XX no puede conducir a negarle la personalidad jurídica a las mismas, y menos aun cuando el Código Civil desde el siglo XIX entre las personas jurídicas se refiere a "los demás cuerpos morales de carácter público" (art.19.2).

No tenemos duda sobre la personalidad jurídica de las academias y sobre su autonomía, lo que hace que sus miembros se elijan por cooptación; así como sobre su carácter de personas jurídicas no estatales, las cuales, por tanto, no están sometidas a control alguno de tutela por parte de los órganos de la Administración Pública central. Si bien cumplen funciones consultivas en relación con la Administración Pública, sin que las consultas

---

108 En ese sentido es que se podría decir que, p. ej., los colegios de abogados son "entes corporativos de la administración pública descentralizada", véase la sentencia de la Corte Primera de lo Contencioso Administrativa del 23 de mayo de 2000, *Revista de Derecho Público*, N° 82, Editorial Jurídica Venezolana, Caracas, 2000, p. 207.

109 Esta calificación la establecimos por primera vez en la comunicación N° 1165 del 19 de noviembre de 1971 dirigida al Presidente del Banco Central de Venezuela, en la cual tratamos sobre la naturaleza jurídica de dicha entidad. *Cfr.* en *Informe sobre la reforma de la Administración Pública Nacional*, t. I, Comisión de Administración Pública, Caracas, 1972, pp. 611 y ss. La calificación ha sido acogida, en forma pacífica, por la doctrina: véase, en general, la opinión de los académicos Jesús Leopoldo Sánchez, Tito Gutiérrez Alfaro, Eloy Lares Martínez, Luis Felipe Urbaneja y René de Sola, en *Boletín de la Academia de Ciencias Políticas y Sociales*, N°s 72 y 73, Caracas, 1978, pp. 19 y ss.; y Eugenio Hernández Bretón, "La personalidad jurídica de las Academias", *Boletín de la Academia de Ciencias Políticas y Sociales*, N° 97 y 98, Caracas, 1989, pp. 125 y ss.

110 *Compilación Legislativa*, t. II, Editorial Andrés Bello, Caracas, 1952, Sección VII–6.

111 *Compilación Legislativa*, t. II, Editorial Andrés Bello, Caracas, 1952, Sección VII–5.

112 Regulada por Ley del 1941, *Gaceta Oficial* N° 20.557 del 5 de agosto de 1941.

113 Regulada por Ley del 1924, *Gaceta Oficial* N° 15.361 del 13 de agosto de 1924.

114 *Gaceta Oficial* N° 13.181 del 27 de junio de 1917.

115 *Gaceta Oficial* N° 32.798 del 24 de agosto de 1983.

116 *Gaceta Oficial* N° 5.263 Extra. del 17 de septiembre de 1998.

tengan ni carácter obligatorio ni vinculante, ello no puede conducir a considerarlas como meras dependencias jerárquicas de la Administración Pública nacional[117], lo cual no tendría fundamento alguno.

3. Las asociaciones de derecho público

Los establecimientos asociativos de derecho público en la actualidad, son las personas jurídicas de derecho público que se crean en virtud de un contrato de asociación entre las comunidades políticas (personas de derecho público político territoriales), siendo la figura más característica las mancomunidades entre municipios. Además, existen otras asociaciones entre comunidades políticas que pueden dar origen a personas jurídicas mancomunadas.

A. Las mancomunidades

En efecto, el artículo 170 C. dispone que "Los municipios podrán asociarse en mancomunidades o acordar entre sí o con los demás entes públicos territoriales, la creación de modalidades asociativas intergubernamentales para fines de interés público relativos a materias de su competencia".

Ello implica que mediante un convenio o asociación entre dos o más municipios, estos pueden atribuir a un nuevo ente público una mancomunidad, para que ésta, en común, ejerza o gerencie materias de la competencia municipal definidas en el artículo 178 C. y en los artículos 40 y siguientes de la Ley Orgánica del Poder Público Municipal de 2005. En esta se dispone que las mancomunidades son "figuras asociativas constituidas en forma voluntaria por dos o más municipios para la gestión de materias específicas de su competencia" (art. 40), y se crean "cuando se asocien dos o más municipios, colindantes o no, de la misma o de diversas entidades federales" (art. 41).

La mancomunidad, por ello, necesariamente goza de personalidad jurídica (art. 44) la cual, sin duda, es de derecho público, pues la voluntad de cada municipio para constituirla se manifiesta por ley local, es decir, por ordenanza, la cual confiere al ente prerrogativas del poder público municipal (*Cuarta parte, § 15*).

La Ley Orgánica del Poder Público Municipal del 2005[118], en su artículo 42, precisa que la creación de una mancomunidad requiere de la aprobación del acuerdo respectivo por las entidades que concurran a su formación; el cual contendrá el estatuto que la regirá; acuerdo que, entre otros aspectos, debe precisar la personalidad jurídica propia de la mancomunidad, de manera que no comprometa a los municipios que la integran más allá de los límites señalados en los estatutos respectivos (art. 44).

---

117 Según la opinión de Gonzalo Pérez Luciani, la cual no compartimos, las academias nacionales no serían personas jurídicas, sino sólo "órganos de la Administración Pública venezolana" u "órganos administrativos del Estado", en particular, de la "administración consultiva"; en definitiva, "órganos colegiados" que se integran en "la organización administrativa central". *Cfr.* "Las Academias venezolanas. Su naturaleza jurídica" en *Estudios de Derecho Civil. Libro Homenaje a José Luis Aguilar Gorrondona*, Caracas, 2002, pp. 102 a 103.

118 *Gaceta Oficial* N° 38.204 del 8 de junio de 2005.

B. Las personas asociativas intergubernamentales

La Constitución ha ampliado el ámbito de las asociaciones entre personas de derecho público territoriales (comunidades políticas) para la creación de personas asociativas de derecho público. El mismo artículo 170 C., en efecto, en cuanto a los municipios, dispone que estos pueden acordar con los demás entes públicos territoriales la creación de modalidades asociativas intergubernamentales para fines de interés público relativos a materias de su competencia. Es decir, conforme a esta norma, que repite el artículo 46 de la Ley Orgánica del poder municipal, los municipios y los estados y/o la República pueden celebrar contratos de asociación para la constitución de personas de derecho público, por ejemplo, para la prestación de determinados servicios públicos[119].

En el mismo sentido, el Reglamento Parcial 3º de la Ley Orgánica de Descentralización, Delimitación y Transferencia de Competencias del poder público sobre el Consejo Territorial de Gobierno y el Fondo Intergubernamental para la Descentralización[120] establecía expresamente que los órganos de la Administración Pública nacional (la República) podían celebrar convenios de colaboración con los estados, y estos entre sí (art. 14), agregando que "Cuando para la adecuada gestión del objeto de un convenio de colaboración sea necesaria la creación de una entidad con personalidad jurídica, ésta podrá ser creada con la forma de corporación asociativa de carácter público, siguiendo las formalidades establecidas en el artículo 19 C.C." (art. 17). Consideramos que estas personas jurídicas que derivan de un contrato de asociación suscrito exclusivamente entre personas jurídicas político territoriales, deben ser consideradas como cuerpos morales de carácter público conforme a la mención del artículo 19.2 C.C.; antes que "asociaciones de carácter privado" conforme al artículo 19.3 C.C. Por más forma asociativa de derecho privado que puedan tener esas entidades, en nuestro criterio no pueden en forma alguna ser considerada como de carácter privado, a pesar de que se las constituya como asociaciones inscritas en el registro público, dado que son las comunidades políticas las que las constituyen para el cumplimiento de fines comunes.

4. Las instituciones de derecho público: establecimientos públicos institucionales o fundacionales

En el ordenamiento jurídico constitucional pueden distinguirse dos tipos de personas jurídicas de derecho público de base o sustrato patrimonial, también denominados establecimientos públicos institucionales o fundacionales: por una parte, los institutos autónomos regulados en el artículo 142 C.; y por la otra, el Banco Central de Venezuela, como institución con personalidad de derecho público de carácter único, la cual a partir de la Carta de 1999 adquirió rango constitucional (arts. 318 y ss.).

---

119 *Cfr.* José L. Villegas Moreno "El consorcio administrativo en el ámbito local venezolano: Aproximación a una descentralización cooperativa en el área de los servicios públicos domiciliarios", *Temas de Derecho Administrativo. Libro Homenaje a Gonzalo Pérez Luciani*, Vol. II, Tribunal Supremo de Justicia, Caracas, 2002, pp. 1021 a 1037.

120 *Gaceta Oficial* Nº 35.273 del 12 de agosto de 1993.

A. Los institutos autónomos

Los institutos autónomos[121], en estricto derecho, son "fundaciones públicas", es decir, instituciones creadas por ley por una persona jurídica de derecho público territorial mediante la afectación de un activo que forma parte del patrimonio público, para la consecución de un fin de carácter público. Son "instrumentos del Estado para el cumplimiento de sus fines"[122], o como los ha definido la jurisprudencia: "constituyen entidades no territoriales, que forman parte de la Administración descentralizada, y a los cuales podríamos definir como aquellos organismos creados por el Estado, dotados de personalidad jurídica y patrimonio propio, cuya finalidad es cumplir la gestión de un servicio público administrativo, industrial o comercial, creados por ley de conformidad con lo establecido en la Constitución"[123]

En otras palabras, los institutos autónomos son personas jurídicas de derecho público creadas por ley, mediante la descentralización de una parte del patrimonio público y de competencias legales, por parte de una persona de derecho público político territorial, y la atribución a las mismas, además de prerrogativas del poder público, y que por ello quedan sometidas al control de tutela del respectivo órgano ejecutivo y al control político del respectivo órgano legislativo (*Tercera parte, § 10*).

Se trata, en definitiva, de una forma de ruptura del principio hacendístico de la unidad del Tesoro, que puede producirse en los tres niveles de descentralización política: nacional, estadal y municipal, y que a nivel nacional, conforme a la vieja Ley Orgánica de la Hacienda Pública Nacional[124], se estableció desde los años veinte con la previsión de la figura de los "institutos y establecimientos oficiales autónomos" (arts. 70 y ss.).

Esta institución, además, se reguló expresamente en la Constitución de 1961, en el título relativo a la Hacienda Pública Nacional, en cuyo artículo 230 se dispuso que "solo por ley y en conformidad con la Ley Orgánica respectiva, podrán crearse institutos autónomos", con lo cual se puso término al régimen precedente conforme al cual los institutos autónomos podían crearse por decreto ejecutivo. Esta misma orientación es la que se siguió en la Constitución de 1999, en cuyo artículo 142 se exige que "los institutos autónomos sólo podrán crearse por ley", agregándose el principio del control público, al prescribirse que "tales instituciones, así como los intereses públicos en corporaciones o entidades de cualquier naturaleza, estarán sujetos al control del Estado en la forma que establezca la ley".

La norma del artículo 142 C., por otra parte, se encuentra dentro de las normas que se refieren a la Administración Pública y que están ubicadas entre las disposiciones fundamentales relativas al poder público, lo que implica que estos entes descentralizados o establecimientos públicos institucionales no sólo pueden existir a nivel nacional, sino también en los niveles territoriales inferiores. Es decir, por tratarse de una forma de descentralización funcional, todos los niveles de descentralización política (nacional,

---

121 *Cfr.* Jesús Caballero Ortiz, *Los institutos autónomos,* Editorial Jurídica Venezolana, Caracas, 1986.

122 *V.* sentencia de la Corte Primera de lo Contencioso Administrativo del 16 de junio de 81, *Revista de Derecho Público,* N° 7, Editorial Jurídica Venezolana, Caracas, 1981, pp. 143–144.

123 *V.* sentencia de la Corte Primera de lo Contencioso Administrativo del 21 de mayo de 1984, *Revista de Derecho Público,* N° 19, Editorial Jurídica Venezolana, Caracas, 1984, p. 95.

124 *Gaceta Oficial* N° Extra. 1.660 del 21 de junio de 1974.

estadal, municipal) pueden establecer institutos autónomos[125] pero con la aplicación de los principios del artículo 142 C. conforme a la previsión expresa del artículo 233 ídem, es decir, que los institutos autónomos de los estados se deben crear por ley de los consejos legislativos y que los institutos autónomos municipales se deben crear por ordenanza de los concejos municipales, y que, además, esos entes legislativos, los consejos legislativos y los concejos municipales deben ejercer el control sobre los mencionados institutos autónomos.

Esta exigencia constitucional la reafirma la Ley Orgánica de la Administración Pública de 2001[126], al disponer que la creación de los institutos autónomos sólo pueda realizarse mediante ley, a cuyo efecto el artículo 96 de la LOAP dispone que la ley nacional, estadal u ordenanza que cree un instituto autónomo debe contener:

1. El señalamiento preciso de su finalidad, competencias y actividades a su cargo.
2. La descripción de la integración de su patrimonio y de sus fuentes ordinarias de ingresos.
3. Su estructura organizativa interna a nivel superior, con indicación de sus unidades administrativas y señalamiento de su jerarquía y atribuciones.
4. Los mecanismos particulares de control de tutela que ejercerá el órgano de adscripción.

Los institutos autónomos han sido regulados por primera vez en el ordenamiento, y dejando de lado las viejas normas de la Ley Orgánica de la Hacienda Pública nacional, en la referida Ley Orgánica de la Administración Pública de 2001, la cual los define como personas jurídicas de derecho público de naturaleza fundacional, creadas por ley nacional, estadal u ordenanza municipal conforme a las disposiciones de la Ley Orgánica, dotadas de patrimonio propio e independientes de la República, de los estados, de los distritos metropolitanos y de los municipios, según sea el caso, con las competencias o actividades determinadas en la ley que las cree (art. 95).

En la materia, por tanto, rige el principio de la reserva legal para los actos jurídicos fundacionales públicos, por lo que a nivel nacional la separación de parte del patrimonio público de la masa general del Tesoro para afectarlo a un fin público específico que se le transfiere, mediante un acto de descentralización que implica además la atribución de personalidad jurídica, solo puede hacerse mediante ley formal del Congreso de la República (art. 142). Esta reserva legal implica también, por supuesto, que los institutos autónomos sólo pueden ser suprimidos por ley especial, la cual debe establecer las reglas básicas de la disolución, así como las potestades necesarias para que el respectivo ejecutivo nacional, estadal, del distrito metropolitano o municipal proceda a su liquidación (art. 99).

La Ley Orgánica de la Administración Pública, además y con carácter general, dispone que los institutos autónomos gozan de los privilegios y prerrogativas que la ley nacional acuerde a la República, los estados, los distritos metropolitanos o los municipios (art. 97). No se estableció, entonces, que la ley de creación determinaría los privilegios y prerrogativas de los cuales gozaría cada instituto autónomo, sino que la Ley Orgánica directamente se los otorgó.

Ahora bien, la atribución de personalidad jurídica a un patrimonio público para el cumplimiento de un fin público mediante la asignación al nuevo ente de poderes y pre-

125 *Cfr.* Allan R. Brewer–Carías, "Introducción general al régimen jurídico de la Administración Pública" en Allan R. Brewer–Carías y Rafael Chavero G., *Ley Orgánica de la Administración Pública*, Editorial Jurídica Venezolana, Caracas, 2002, pp. 62 y ss.

126 *Gaceta Oficial* Nº 37.305 del 17 de octubre de 2002.

rrogativas implica la voluntad de dotarlo de cierta autonomía para el manejo patrimonial del ente respecto de las normas que normalmente rigen la Administración central. Sin embargo, la autonomía administrativa y de gestión no excluye el control por parte de los órganos de la Administración central respectiva, el cual siempre debe estar presente conforme al artículo 142 C., y que en relación con los institutos autónomos se denomina control de tutela. En otras palabras, siendo el instituto autónomo una forma de descentralización administrativa, el nuevo ente siempre debe permanecer sometido al control de tutela de los órganos ejecutivos, a los cuales en definitiva corresponde la administración de la Hacienda Pública. Estos, incluso, pueden decretar la intervención de los institutos autónomos (art. 123).

Por ello, los institutos autónomos siempre son personas jurídicas estatales, en el sentido de que a pesar de su autonomía son parte de la organización general del Estado, como Administración descentralizada, por lo que la actividad de los mismos está sujeta a los principios y bases establecidos en la Ley Orgánica de la Administración Pública y a las disposiciones de la Ley Orgánica de Procedimientos Administrativos (art. 98). Por ello no podría crearse un instituto autónomo por ley, y establecerse en dicha ley, que a pesar de tratarse de una persona de derecho público estatal integrada a la organización general del Estado como formando la Administración Pública descentralizada, sin embargo, por ejemplo, sea sometido al sólo control de tutela del órgano legislativo y no del órgano ejecutivo.

Se trata, por tanto, siempre, de personas de derecho público estatales, pues están integradas a la organización general del Estado como integrando la Administración Pública descentralizada. A ese efecto, todo instituto autónomo tiene que estar adscrito a un determinado ministerio u órgano de la Administración Pública correspondiente, y en ningún caso puede quedar adscrito al despacho del Presidente de la República, del Vicepresidente Ejecutivo, del gobernador o del alcalde (art. 116)[127]. En el ámbito nacional, en todo caso, corresponde al Presidente de la República en Consejo de Ministros decretar la adscripción de los institutos autónomos a los órganos de la Administración Pública central nacional (art. 115). En relación con los establecimientos públicos institucionales, por tanto, la adscripción formal a un ministerio es un dato que contribuye a precisar su carácter de instituto autónomo, como ahora ocurre con el Banco Industrial de Venezuela que está formalmente adscrito al Ministerio de Finanzas (art. 3.5 de la Ley de Adscripción).

Por otra parte, los ministerios u otros órganos de control, nacionales, estadales, de los distritos metropolitanos o municipales, respecto de los entes descentralizados funcionalmente que les estén adscritos, conforme al artículo 117 de la Ley Orgánica deben definir la política a desarrollar por tales entes, a cuyo efecto deben formular las directivas generales que sean necesarias; ejercer permanentemente funciones de coordinación, supervisión y control; evaluar en forma continua el desempeño y los resultados de su gestión e informar oportunamente al Presidente de la República, gobernador o alcalde, según corresponda; informar trimestralmente al organismo u órgano, nacional, estadal, del distrito metropolitano o municipal, encargado de la planificación acerca de la ejecución de los planes por parte de los entes; y proponer al Presidente de la República, go-

127 *V.* p. ej., la Ley de adscripción de institutos autónomos, empresas del Estado, fundaciones, asociaciones y sociedades civiles del Estado a los órganos de la Administración Pública, dictada apenas fue sancionada la Ley Orgánica de la Administración Pública, por Decreto Ley Nº 1.512 del 2 de noviembre de 2001, *Gaceta Oficial* Nº 5.556 Extra. del 13 de noviembre de 2001.

bernador o alcalde, según corresponda, las reformas necesarias a los fines de crear, modificar o eliminar las entidades descentralizadas funcionalmente que respectivamente les estén adscritas.

Debe señalarse, por último, que los institutos autónomos no pueden identificarse en razón de sus fines específicos, pues aunque siempre son fines de interés público y general, varían comúnmente entre sí. En efecto, existen institutos autónomos que realizan actividades industriales y comerciales; otros, en cambio, tienen asignada la prestación servicios públicos o la realización de tareas de investigación, de ejecución de obras, de desarrollo social, de fomento a la educación y la cultura, de desarrollo regional, de financiamiento y promoción de la actividad económica privada, y de numerosas funciones de la más diversa índole. Incluso, hay institutos autónomos que son servicios administrativos personificados, como la Superintendencia de Bancos regulada en la Ley General de Bancos y otras Instituciones Financieras[128] para controlar la actividad bancaria, y la Comisión Nacional de Valores creada por la Ley de Mercado de Capitales[129], también para el control de dicho mercado.

Por otra parte, históricamente se crearon establecimientos públicos institucionales con forma de sociedad anónima, como sucedió con el Banco Industrial de Venezuela, el antiguo Banco de Desarrollo Agropecuario y el desaparecido Banco de los Trabajadores. La característica primordial de estos establecimientos radicaba en que siendo personas jurídicas de derecho público creadas por ley, se constituyeron bajo la forma de sociedades por acciones para, en principio, permitir la participación de capital privado en su capital. Se diferencian de las empresas del Estado en que éstas son personas jurídicas constituidas totalmente conforme a un régimen de derecho privado, de acuerdo al Código de Comercio, por lo que no pueden, por su acta de creación, ser titulares de prerrogativas del poder público. Por otra parte, esta categoría de establecimientos públicos se diferencia de los clásicos institutos autónomos en que éstos se establecían con un aporte fundacional totalmente público, en el cual no se aceptaba la participación del capital privado en su funcionamiento

El único de estos institutos que sobrevive es el Banco Industrial de Venezuela creado por Ley de 1937 con forma jurídica de sociedad anónima y que originalmente permitía la participación de particulares en su capital. Ello nos llevó a calificarlos como "establecimientos o corporaciones públicas asociativas", pero dada la participación exclusivamente pública en su capital, particularmente después de la reforma de la Ley de 1975, dicha institución se puede asimilar perfectamente a la figura de los institutos autónomos[130], estando adscrito, además, como todos los institutos autónomos, como antes se dijo, al Ministerio de Finanzas.

Debe también mencionarse que la terminología que se ha utilizado históricamente para designar a los institutos autónomos ha sido sumamente variada: institutos, administración, bancos, círculos, cajas, consejos, patronatos, corporaciones, fondos, todo lo

128 Ley General de Bancos y otras Instituciones Financieras, decreto ley Nº 1.526, *Gaceta Oficial* Nº 5.555 Extra. del 13 de noviembre de 2001.

129 Ley de Mercado de Capitales del 22 de octubre de 98, *Gaceta Oficial* Nº 36.565 del 22 de octubre de 1998.

130 En consecuencia, consideramos que debe abandonarse su ubicación dentro de los "establecimientos públicos asociativos" donde se lo había ubicado cuando todavía podía participar el capital privado en el capital de la sociedad. En la misma categoría se ubicó en su momento al Banco de Desarrollo Agropecuario y al Banco de los Trabajadores, los cuales desde hace años están en liquidación.

cual en determinados casos ha inducido a confusión sobre la naturaleza de estos entes descentralizados. Sin embargo, es evidente que para la identificación de los institutos autónomos o para desechar tal carácter no basta atenerse a la denominación que se pueda haber dado al ente respectivo. Ello quedó claro de la sentencia de la Sala Político Administrativa de la antigua Corte Suprema de Justicia 222 del 15 de julio de 1992 (caso *Fundación Yohama–Arquímedes Fajardo*), en la cual se hizo el siguiente razonamiento para identificar como un instituto autónomo municipal a un ente que había sido creado por ordenanza como una fundación:

> Es lo cierto que los entes descentralizados nacionales, estadales o municipales, pueden ser creados de conformidad con normas de derecho público o de acuerdo con las reglas del derecho común. Así, la previsión constitucional que establece reserva legal en esa materia, sólo por ley pueden crearse los institutos autónomos (Artículo 230).
>
> De otra parte, sociedades mercantiles, fundaciones, asociaciones civiles, formas jurídicas propias del derecho privado que se han estimado convenientes para arbitrar determinados cometidos estatales, son creadas en la mayoría de los casos, conforme a las normas del derecho común, de acuerdo con su naturaleza.
>
> Para esta Sala es concluyente, que la norma de creación del ente público descentralizado va a determinar si se han asumido formas típicas del derecho público o del derecho privado y como consecuencia de ello variaría el régimen jurídico aplicable.
>
> Conviene sin embargo, destacar que la naturaleza del ente no puede determinarse con base solamente a la denominación y carácter que pretenda atribuirle el ente creador. En efecto, para identificar la naturaleza del ente, se hace necesario en la mayoría de los casos, realizar un examen que trasciende la sola consideración del nombre utilizado, siendo necesario atender a diversos criterios que lo revelen. Entre los criterios se encuentra, entre otros, la participación –directa o indirecta– de la entidad territorial en su patrimonio, la asignación de objetivos propios de la administración estadal, los mecanismos para otorgarle los recursos y en fin, cualquier otra circunstancia reveladora de una participación estatal decisiva en la dirección del ente en cuestión.
>
> Estima esta Sala que el acto de creación tiene particular importancia y en ocasiones puede incluso hacer innecesaria la búsqueda de criterios auxiliares. Ello ocurre, cuando el acto de creación es el propio del derecho público, como acontece cuando se acude a un acto jurídico de rango legal para crear una persona jurídica y en ese mismo texto se la dota, de patrimonio propio distinto y separado del fisco nacional, estadal o municipal según sea el caso; todo lo cual es determinante de su naturaleza pública.
>
> Por el contrario cuando se da origen al ente, prevaliéndose de formas propias del derecho común, y obviando que su nacimiento sea la consecuencia del acto legislativo, se estaría en presencia entre otras, de fundaciones, sociedades civiles o mercantiles. Estas, no obstante que su procedimiento de creación concierne al derecho común y que su régimen principalmente obedecerá a ese ordenamiento jurídico, pueden ser consideradas personas jurídicas de derecho público si fueran creadas por ley y así expresamente queda consagrado.
>
> El artículo 48 de la Ley Orgánica de Régimen Municipal, señala que "Las fundaciones municipales son universalidades de bienes creadas por el municipio, sólo o conjuntamente con otras entidades locales con personalidad jurídica con fines culturales, sociales o benéficos y en cuyo patrimonio el municipio haya incorporado bienes en proporción mayor al cincuenta por ciento (50%)".
>
> La disposición transcrita no hace mención respecto del instrumento por cuyo intermedio ha de crearse la fundación municipal como tampoco ocurre cuando se refiere a las asociaciones civiles y las empresas municipales por lo que en principio tales personas jurídicas han de ser creadas cumpliendo las formalidades exigidas por el derecho común, vale decir y en concreto para el caso de las fundaciones atendiendo a las disposiciones contenidas en el artículo 19, ordinal 3° del Código Civil, de igual manera que tendrían que cumplirse los trámites que la legislación mercantil exige para el caso de que la voluntad sea la de constituir sociedades de comercio.

Se ha creado mediante una Ordenanza municipal –ley material– la referida fundación "Yohama" el 22 de abril de 1991, fecha de publicación en la *Gaceta Municipal* del municipio Sucre, en su edición extraordinaria nº 26 y se ha indicado en el artículo 5º de la Ordenanza por cuyo intermedio se le crea que "es una persona jurídica de derecho privado que tendría su patrimonio propio e independiente del patrimonio de la Municipalidad". Con vista a ello se ha alegado ante esta Sala que siendo que la referida fundación es –por suerte de su acto de creación– persona jurídica de derecho privado y que en su patrimonio no se han incorporado bienes en una proporción superior al cincuenta por ciento, ella no se rige por lo dispuesto en la Ley Orgánica de Régimen Municipal, porcentaje exigido por el artículo 48 de la Ley Orgánica de Régimen Municipal para que pueda ser considerada como una Fundación municipal. Tal argumentación presupone que la persona jurídica sea verdaderamente una fundación; y que el cargo desempeñado por el alcalde no lo sea en una fundación del municipio.

Considera esta Sala, que con prescindencia de la denominación "Fundación" el ente creado por la Ordenanza dictada el 22 de abril de 1991 por el Concejo del municipio Autónomo Sucre del Estado Mérida tiene su origen en una ley local. Por otra parte en la Ley que crea la Fundación Yohama dice: "Artículo 16. El patrimonio de la Fundación Yohama estará integrado por los aportes que le hicieren el Concejo municipal o cualquier otro organismo público o privado, por las donaciones que recibiere y por los ingresos que resultaren de sus propias actividades en función de los espectáculos presentados en el período ferial".

Así mismo, la Ordenanza otorga a la "Fundación competencia para otorgar autorizaciones, imponer multas (arts. 21 a 25). Visto lo anterior, la Sala estima que no puede considerársele a la llamada Fundación Yohama como una persona jurídica de derecho privado, e incluso habida cuenta de la ausencia de sustrato personal podría estimarse que su naturaleza se corresponde a la del instituto autónomo municipal[131].

B. El Banco Central de Venezuela

El Banco Central de Venezuela, desde su creación ha sido una institución atípica, y lo continúa siendo, particularmente después de sancionada la Constitución de 1999, cuyas normas la han constitucionalizado, consagrando su personalidad jurídica de derecho público y autonomía. En tal sentido, el artículo 318 dispone que "el Banco Central de Venezuela es persona jurídica de derecho público con autonomía para la formulación y el ejercicio de las políticas de su competencia", el cual debe ejercer "sus funciones en coordinación con la política económica general, para alcanzar los objetivos superiores del Estado y la Nación".

Se trata ahora de un establecimiento público institucional (pero distinto a los institutos autónomos) con autonomía funcional garantizada en la propia Constitución, la cual le asigna el ejercicio exclusivo y obligatorio de las competencias monetarias que corresponden al poder nacional (art. 318), con el objetivo fundamental de lograr la estabilidad de precios y preservar el valor interno y externo de la unidad monetaria. La misma norma dispone que el Banco Central de Venezuela tiene entre sus funciones las de "formular y ejecutar la política monetaria, participar en el diseño y ejecutar la política cambiaria, regular la moneda, el crédito y las tasas de interés, administrar las reservas internacionales, y todas aquellas que establezca la ley". Por ello, el artículo 1º de la ley del Banco Central de Venezuela, define a esta institución como "una persona jurídica de

131 Sentencia de la Sala Político Administrativa de la antigua Corte Suprema de Justicia, *Revista de Derecho Público*, Nº 51, Editorial Jurídica Venezolana, Caracas, 1992, pp. 93 y ss.

derecho público, de rango constitucional, de naturaleza única, con plena capacidad pública y privada, integrante del poder público nacional"[132].

Ahora bien, en la ley de creación del Banco Central de Venezuela de 1939 se le dio la forma jurídica de compañía anónima, admitiéndose la participación privada en la constitución de su capital pero sin que se pudiera aceptar un número de acciones privadas que representara más del 50 % de su capital social. Con motivo de la impugnación por inconstitucionalidad de dicha ley, basada precisamente en el hecho de que se atribuía la potestad emisora de billetes y de acuñación de monedas a una "compañía privada", la antigua Corte Federal y de Casación en Sala Político Administrativa, en sentencia del 20 de diciembre de 1940, decidió que en realidad el Banco "no era un instituto particular o privado" sino un ente público[133]; y así se consideró siempre a pesar de su forma societaria, la cual se desdibujó definitivamente con la reforma de la Ley del Banco Central de Venezuela de 1974, en la cual no sólo se lo calificó como "persona jurídica pública con forma de compañía anónima" (art. 1º), sino que se eliminó toda posibilidad de participación privada en la constitución de su capital, el cual fue nacionalizado completamente (art. 8º)[134]. Posteriormente, en la reforma de la Ley de 2002 definitivamente se calificó al Banco como una persona jurídica de derecho público de carácter único, como en efecto lo es[135], sobre todo después de la reforma constitucional de 1999.

Fue la forma de sociedad anónima que desde su origen sin embargo ha tenido el Banco Central de Venezuela y, además, su régimen de autonomía y el hecho de que hasta 1974 los particulares pudieran participar en su capital, lo que nos llevó no sólo a diferenciar dicha institución de los institutos autónomos tradicionales, sino a calificarlo como un establecimiento público asociativo[136], lo que en la actualidad no se justifica. Se trata de un establecimiento público institucional, con forma de sociedad anónima, que tiene a su cargo funciones que son típicamente estatales por referirse a la política monetaria, crediticia y financiera del país, lo que implica la atribución por la Constitución y la ley a dicha entidad de prerrogativas del poder público.

Su régimen jurídico básico, por otra parte, es de rango constitucional, en el que, en primer lugar, se garantiza su autonomía. A tal efecto, el artículo 320 C. dispone que el ministerio responsable de las finanzas y el Banco Central de Venezuela deben contribuir a la armonización de la política fiscal con la política monetaria, facilitando el logro de los objetivos macroeconómicos, y que en el ejercicio de sus funciones el Banco Central de Venezuela "no estará subordinado a directivas del poder ejecutivo y no podrá convalidar o financiar políticas fiscales deficitarias". Además, la actuación coordinada del poder ejecutivo y del Banco Central de Venezuela se debe realizar mediante un acuerdo anual de políticas, en el cual se deben establecer los objetivos finales de crecimiento y sus repercusiones sociales, balance externo e inflación, concernientes a las

---

132 Ley del Banco Central de Venezuela, *Gaceta Oficial* Nº 38.232 Extra. del 20 de julio de 2005.

133 Véanse las referencias en M. R. Egaña, *Documentos relacionados con la creación del Banco Central de Venezuela,* t. III, Caracas, 1980, pp. 26 y ss.

134 Ley del Banco Central de Venezuela, *Gaceta Oficial* Nº 1711 Extra del 30 de diciembre de 1974.

135 *V.* sobre la personalidad jurídica del Banco Central de Venezuela, la sentencia 214 del 18 de julio de 1985, caso: *Leopoldo Díaz Bruzual, Revista de Derecho Público,* Nº 24, Editorial Jurídica Venezolana, Caracas, 1985, pp. 103 y ss.

136 *Cfr.* en *Informe sobre la reforma de la Administración Pública Nacional,* t. I, Comisión de Administración Pública, Caracas, 1972, pp. 611 y ss. Ello no tiene justificación alguna después de su constitucionalización, sobre todo cuando la forma societaria que tiene el Banco es una mera "forma jurídica" que no afecta la titularidad única de la República sobre sus acciones.

políticas fiscal, cambiaria y monetaria; así como los niveles de las variables intermedias e instrumentales requeridos para alcanzar dichos objetivos finales. Dicho acuerdo debe ser firmado por el presidente o presidenta del Banco Central de Venezuela y el titular del Ministerio de Finanzas, y se debe divulgar en el momento de la aprobación del presupuesto por la Asamblea Nacional.

En la Constitución también se establece el régimen de control posterior por parte de la Contraloría General de la República y la inspección y vigilancia por parte de la Superintendencia de Bancos, la cual debe remitir a la Asamblea Nacional informes de las inspecciones que realice. En cuanto a la Asamblea Nacional, dicha institución es la que debe discutir y aprobar el presupuesto de gastos operativos del Banco Central de Venezuela, cuyas cuentas y balances deben ser objeto de auditoría externa en los términos que fije la ley (art. 319). En términos generales, además, el mismo artículo dispone que el Banco Central de Venezuela se rige por el principio de responsabilidad pública, a cuyo efecto debe rendir cuenta de las actuaciones, metas y resultados de sus políticas ante la Asamblea Nacional, de acuerdo con la ley. También debe rendir informes periódicos sobre el comportamiento de las variables macroeconómicas del país y sobre los demás asuntos que se le soliciten, e incluirá los análisis que permitan su evaluación; pudiendo el incumplimiento sin causa justificada del objetivo y de las metas dar lugar a la remoción del directorio y a sanciones administrativas, de acuerdo con la ley.

II. LAS PERSONAS JURÍDICAS DE DERECHO PRIVADO

Las personas jurídicas de derecho privado o de carácter privado, al contrario de las personas jurídicas de derecho público, se constituyen en virtud de una manifestación de voluntad de uno o varios sujetos de derecho, utilizando para ello las formas y mecanismos establecidos para regular las relaciones entre particulares, usualmente consagrados en normas de derecho privado civil o mercantil.

Por ello, al ser creadas conforme a los mecanismos del derecho privado, y no por una ley en sí misma, estas personas no son ni pueden ser titulares de prerrogativas y privilegios del poder público. La transferencia de competencias públicas como efecto propio de la descentralización funcional de derecho público sólo puede hacerse a través de una ley, de manera que son las personas jurídicas de derecho público las que normalmente tienen su origen en una ley que regula su constitución, la cual, además, es la que dispone la transferencia a la entidad de funciones o poderes de carácter público. En el caso de las personas jurídicas de derecho privado, en cambio, por su sola creación conforme a las formas jurídicas civiles, no pueden asumir poderes de derecho público.

Ahora bien, para determinar la variedad de las personas jurídicas de derecho privado hay que partir también de la regulación contenida en el artículo 19 C.C., el cual enumera como personas jurídicas, y por tanto capaces de derechos de obligaciones, además de las personas jurídicas de derecho público político territoriales y a las comunidades y corporaciones públicas (ords. 1° y 2°) a "las asociaciones, corporaciones y fundaciones lícitas" (ord. 3°).

Es decir, el Código Civil enumera tres tipos de entidades o personas jurídicas que pueden ser calificadas como de derecho privado, las cuales, como principio general común relativo a la forma jurídica de la entidad, disponen que la personalidad jurídica la adquieren con la protocolización de su acta constitutiva en la oficina subalterna de Registro. De ello resulta, por tanto, como principio general, que estas personas jurídicas de derecho privado, en principio, se constituyen con la protocolización de su acta constitutiva y de sus estatutos en una Oficina Subalterna de Registro.

La diferenciación de las tres entidades distintas enumeradas en la norma, que son las asociaciones, las corporaciones y las fundaciones, deriva del sustrato personal o real que justifica su existencia o del predominio de uno u otro, y que es, en definitiva, el objeto de la protección que establece el ordenamiento jurídico para el desarrollo de las actividades que tienen encomendadas.

Si se analizan las tres categorías enunciadas (asociaciones, corporaciones y fundaciones) puede decirse que, en cuanto a las asociaciones, en ellas siempre están presentes los dos sustratos, el personal, materializado en las personas asociadas que suscriben el contrato de sociedad, y el real, constituido por los aportes que los socios hacen, y que conforma el patrimonio de la entidad. Estas asociaciones o como lo indica el mismo artículo 19 C.C., "las sociedades civiles y las mercantiles se rigen por las disposiciones legales que les concierne", en una clara referencia a las sociedades reguladas en el Código Civil y en el Código de Comercio.

En cuanto a las corporaciones, puede decirse que en las mismas predomina el sustrato personal como objeto de protección, constituido por la comunidad (grupo de personas) que las constituyen.

Por último, en cuanto a las fundaciones, al contrario, solo hay un sustrato real, que es el que justifica la protección que el ordenamiento jurídico establece.

Con base en estas nociones del artículo 19 C.C. se puede establecer la clasificación general de las personas jurídicas de derecho privado en la siguiente forma:

En primer lugar, aquellas que tienen una base corporativa (sustrato personal), que son de dos tipos: primero, las corporaciones de derecho privado, conformadas por las comunidades privadas: las comunidades universitarias (universidades); las comunidades políticas (partidos políticos), y las comunidades laborales (sindicatos); y segundo, las asociaciones de derecho privado que comprenden las sociedades civiles, las sociedades mercantiles y las asociaciones cooperativas.

En segundo lugar, están aquellas personas jurídicas que tiene una base patrimonial (sustrato real), que son las fundaciones.

1. Las corporaciones de derecho privado (comunidades privadas)

El artículo 19 C.C. enumera entre las personas jurídicas de derecho privado a las corporaciones, las cuales se diferencian de las asociaciones en que no tienen su origen en un contrato o acuerdo de asociación, plasmado en un acta constitutiva que se registra; sino que la base de las mismas es la existencia de una comunidad, es decir, una agrupación abstracta de personas con una tarea común, que es la que se protege por el ordenamiento jurídico mediante la asignación de personalidad jurídica. Las corporaciones, se insiste, siempre constituyen una agrupación abstracta de personas, no siendo sus miembros ni socios ni asociados, y por ello son distintas de las asociaciones.

Las corporaciones a que se refiere el artículo 19 C.C., en efecto, a diferencia de las asociaciones y de las fundaciones, no encuentran regulación expresa en ninguna otra norma del Código, por lo que su régimen se ha venido estableciendo en leyes especiales. Entre ellas se destacan las universidades privadas, los partidos políticos y los sindicatos.

A. Las comunidades universitarias privadas: las universidades privadas

En cuanto a las universidades privadas, las mismas se regulan particularmente, en la Ley de Universidades[137], como personas jurídicas de derecho privado, en concreto, como "comunidades de intereses espirituales que reúnen a profesores y estudiantes en la tarea común de buscar la verdad y afianzar los valores trascendentales del hombre" (art. 1º).

Las mismas se establecen por un acto de constitución de cualquier naturaleza, ya que la ley habla de "título jurídico de creación". Este puede ser, por ejemplo, un acto unilateral de uno o varios sujetos de derecho[138], un acuerdo de voluntades[139], e incluso un acto testamentario (art. 176).

La personalidad jurídica de las universidades privadas, en todo caso, se obtiene con la protocolización en la oficina subalterna de registro correspondiente: de la solicitud de funcionamiento de la universidad dirigida al Ministerio de Educación; del título jurídico de creación; del proyecto de estatuto orgánico, y del decreto del Presidente de la República autorizando el funcionamiento de la universidad (art. 175).

En el caso de las universidades privadas, la jurisprudencia contencioso administrativa ha señalado que "al intervenir en la gestión de un servicio público y al obligárseles a que apliquen la Ley de Universidades en la ejecución de dicho servicio y en concreto en las designaciones de su personal docente, realizan funciones administrativas. Y ello con independencia de la naturaleza privada de la relación de la prestación de servicios que surge entre la universidad y el profesor designado"[140].

B. Las comunidades políticas privadas: las organizaciones con fines políticos (partidos políticos)

La Constitución de 1999 eliminó de su léxico la expresión "partidos políticos", limitándose a regular a las organizaciones con fines políticos (arts. 67 y 293.6). Entre las mismas, sin embargo, las más importantes y las únicas reguladas según la Ley de Partidos Políticos, Reuniones Públicas y Manifestaciones del 30 de abril de 1964[141] son los

---

137 *Gaceta Oficial* Nº 1.429 Extra. del 8 de septiembre de 1970.

138 La Universidad Católica Andrés Bello, p. ej., fue creada por decreto del Episcopado Venezolano de 1951, implementado en 1953 por la Compañía de Jesús.

139 La Universidad Católica del Táchira, p. ej., se creó por acuerdo entre el Obispo de San Cristóbal y la Universidad Católica Andrés Bello.

140 *V.* sentencia de la Corte Primera de lo Contencioso Administrativo del 24 de noviembre de 1986, *Revista de Derecho Público*, Nº 25, Editorial Jurídica Venezolana, Caracas, 1986, pp. 112 a 116; del 19 de enero de 1988, caso: *Ramón Escovar León vs. Universidad Católica Andrés Bello*, en Allan R. Brewer–Carías y Luis A. Ortiz Álvarez, *Las grandes decisiones de la jurisprudencia contencioso administrativa 1961–1996,* Editorial Jurídica Venezolana, Caracas, 1996, p. 493; y Corte Primera de lo Contencioso Administrativo 23 de noviembre de 1994, caso: *Universidad José María Vargas* (consultada en original); y de la Corte Suprema de Justicia en Sala Político Administrativa del 7 de julio de 1994 en *ídem., cit.,* p. 503.

141 *Gaceta Oficial* Nº 27.725 del 30 de abril de 1965. *Cfr.* Allan R. Brewer–Carías, "El régimen jurídico administrativo de los partidos políticos en Venezuela", *Revista del Ministerio de Justicia,* Nº 51, Caracas, 1964, pp. 263 a 295; y como "Algunas notas sobre el régimen jurídico administrativo de los partidos políticos en el derecho

partidos políticos, que son comunidades políticas de derecho privado, los cuales son definidos en el artículo 2.° de dicha ley como agrupaciones de carácter permanente cuyos miembros convienen en asociarse para participar, por medios lícitos, en la vida política del país, de acuerdo con programas y estatutos libremente acordados por ellos. Se trata, como lo afirmó la Corte Primera de lo Contencioso Administrativo en sentencia del 10 de octubre de 1990, de entidades "que forman parte del engranaje con base en la cual se estructuran los órganos representativos de las instituciones del Estado"[142].

La importancia constitucional de estas comunidades políticas deriva de que su constitución resulta del ejercicio del derecho ciudadano de asociación con fines políticos que establece el artículo 67 C. "mediante métodos democráticos de organización, funcionamiento y dirección", en general con la misión de participar en la orientación de la política nacional. Sobre esta exigencia, la Sala Electoral del Tribunal Supremo de Justicia, en sentencia 38 del 28 de abril de 2004, estableció:

> En tal sentido, se observa que la Constitución de la República Bolivariana de Venezuela orientada por uno de los principios que la informan, como lo es la participación protagónica de los ciudadanos en los asuntos públicos, consagró el derecho a la asociación en organizaciones con fines políticos, cuya estructura debe garantizar métodos democráticos de organización, funcionamiento y dirección. A tal fin las organizaciones políticas que se crearen deberán incluir en su ordenamiento interno aquellas normas que desarrollen y garanticen el cumplimiento de este mandato, de igual modo, las ya existentes, tienen el deber ineludible de adaptar sus reglamentos y estatutos a esta exigencia constitucional, en caso de que los dictados con anterioridad a la entrada en vigencia de la Constitución, no garanticen el derecho constitucional referido, y la participación de sus integrantes en su organización y funcionamiento. Ello, con el apoyo del recién creado poder electoral que tiene a su cargo, por mandato constitucional, garantizar la participación de los ciudadanos, a través de procesos comiciales transparentes, imparciales, eficientes y confiables, que se celebren, entre otros, en las mismas organizaciones con fines políticos.
>
> Los partidos políticos han de tener, entonces, necesariamente un carácter democrático, la actividad del partido en todo momento debe garantizar, preservar y desarrollar los principios democráticos contenidos en la Constitución, desechando cualquier conducta o práctica que distorsione el carácter democrático exigido por ella, debiendo abstenerse de cualquier método que vulnere las formas establecidas para acceder, ejercer y participar en el sistema político venezolano. Tales principios deben estar garantizados en su seno, es decir, dichas, organizaciones deben asegurar a sus afiliados la participación directa o representativa en el gobierno del partido[143].

Los partidos políticos, en todo caso, son comunidades u organizaciones políticas de ciudadanos, las cuales a pesar de que se constituyan para que estos puedan participar por métodos democráticos en la orientación de la política nacional, conforme al ejercicio de un derecho político, no por ello dejan de ser personas jurídicas de derecho privado. Su constitución, sin embargo, y la adquisición de personalidad jurídica, no se producen con el registro del acta constitutiva en la Oficina Subalterna de Registro, sino mediante otra forma jurídica regulada en la ley.

En efecto, los partidos políticos, tanto regionales como nacionales, deben constituirse conforme a diversos requisitos que establece la Ley de Partidos Políticos (arts. 10° y 16), que concluyen con la "inscripción en el registro que al efecto llevará el Consejo Supremo Electoral" (*ídem*). Hecha la inscripción del partido político, el Consejo Su-

---

venezolano", *Revista de Derecho Español y Americano*, Año X, N° 8, Instituto de Cultura Hispánica, Madrid, 1965, pp. 27 a 46.

142 *V. Revista de Derecho Público*, N° 44, Editorial Jurídica Venezolana, Caracas, 1990, pp. 108 y ss.

143 *V. Revista de Derecho Público*, N° 82, Editorial Jurídica Venezolana, Caracas, 2002, pp. 333 y ss.

premo Electoral debe proceder a comunicarla a los interesados y a publicarla en la *Gaceta Oficial* de la República (art. 19), y tratándose de un partido político regional, además, en la *gaceta oficial* de la entidad respectiva (art. 13). Conforme al artículo 21 de la ley, es "desde la fecha de la publicación de su registro [que] el partido adquirirá personería jurídica y podrá actuar, a los fines de sus objetivos políticos, en toda la República o en todo el territorio de la Entidad Regional según el caso".

Ahora bien, por el hecho de sus fines políticos, no debe dejar de mencionarse que en la jurisprudencia se ha planteado la duda sobre si los partidos políticos son personas jurídicas de derecho público o personas jurídicas de derecho privado. En efecto, este rango constitucional de la consagración de los partidos políticos como instrumentos a través de los cuales los ciudadanos pueden participar en la orientación de la política nacional, llevó incluso a la antigua Corte Suprema de Justicia, siguiendo una doctrina sentada por el Consejo Supremo Electoral en 1970, a considerar a los partidos políticos desde el punto de vista histórico, sociológico y de la ciencia política, como "asociaciones políticas", "asociaciones de derecho público", "entes de carácter público" o "entes jurídicos de derecho público"[144], considerando, por tanto, que le correspondía a cualquier ciudadano el derecho de denunciar ante el Consejo Supremo Electoral las infracciones en que a su juicio hubiera podido incurrir un partido determinado y, en consecuencia, que correspondía al Consejo Supremo Electoral, en virtud de sus atribuciones, velar por que se cumplieran las exigencias legales en cuanto a la constitución y funcionamiento de los partidos políticos[145].

Precisamente por ello, requerida la intervención del Consejo Nacional Electoral con motivo de denuncias sobre infracciones en que pudieran incurrir los partidos políticos, las decisiones que adopta el ente rector del poder electoral se consideran actos administrativos recurribles ante la jurisdicción contencioso administrativa y, por tanto, sujetas al control judicial de constitucionalidad y legalidad por la Sala Electoral del Tribunal Supremo de Justicia[146]. Sin embargo, los actos y decisiones adoptados por los propios partidos políticos, en cambio, no pueden considerarse en el derecho administrativo venezolano como actos administrativos que pudieran ser recurribles directamente en vía contencioso administrativa, pues los partidos políticos, por más que puedan considerarse bajo el ángulo del derecho constitucional y de la ciencia política como comunidades u organizaciones políticas ("asociaciones políticas" en la terminología histórica de la antigua Corte Suprema), no son personas jurídicas de derecho público ni ejercen prerrogativa pública alguna en relación a sus afiliados.

Como lo ha precisado la Corte Primera de lo Contencioso Administrativo en sentencia del 28 de agosto de 1989, "ni la previsión constitucional ni la definición misma que da de Partidos Políticos nuestro derecho positivo, en modo alguno permite configurarlos como personas jurídicas de derecho público", pues los mismos "ni forman parte de la estructura de la Administración Pública, ni han sido creados por actos de poder público", agregando:

---

144 Sentencia de la Sala Político Administrativa del 30 de enero de 1973, *Gaceta Oficial* N° 30.112 del 26 de mayo de 1973 y en Allan R. Brewer–Carías, *Jurisprudencia de la Corte Suprema 1930–1974 y Estudios de Derecho Administrativo,* t. I, Universidad Central de Venezuela, Caracas, 1975, pp. 571 y ss.

145 Sentencia de la Sala Político Administrativa del 30 de enero de 73, *Gaceta Oficial* N° 30.112 del 26 de mayo de 1973.

146 Así se ha establecido, entre otras, por la sentencia de dicha Sala del 26 de junio de 1968, *Gaceta Forense* N° 60, Ministerio de Justicia, Caracas, 1960, pp. 189 a 197; y se ha consagrado expresamente en la Ley Orgánica del Tribunal Supremo de Justicia.

> Tampoco nos encontramos frente al supuesto de personas jurídicas de derecho privado, a las cuales el legislador las haya habilitado para dictar actos administrativos, como ocurre excepcionalmente en el supuesto previsto en el artículo 92 de la Ley Orgánica de la Contraloría General de la República, por lo que respecta a las fundaciones y empresas del Estado las cuales, no obstante tratarse, por su forma, de personas jurídicas de derecho privado, se encuentran habilitados expresamente para dictar las decisiones correspondientes en materia de averiguaciones administrativas. Tal prerrogativa, en virtud del carácter aislado no es susceptible de convertirlas en personas de derecho público.
>
> Todo lo anterior lleva a esta Corte a la conclusión de que los partidos políticos, no obstante la muy importante y decisiva participación en la vida pública del país, son personas jurídicas de derecho privado, cuyos actos no son susceptibles de ser calificados como actos administrativos. Cualquier divergencia que surja con motivo de una decisión del partido político o de uno de sus órganos, y la cual dé lugar al menoscabo de los derechos o intereses de un particular, debe ser sometida a la consideración del Consejo Supremo Electoral de conformidad con las previsiones correspondientes establecidas en la Ley de Partidos Políticos. En consecuencia, el acto administrativo será, precisamente, la decisión que al respecto adopte el Consejo Supremo Electoral y éste sería el acto impugnable por la vía del contencioso administrativo, sujeto al control judicial de constitucionalidad y de legalidad por la Sala Político Administrativa de la Corte Suprema de Justicia.
>
> Esta Corte debe entonces concluir que los partidos políticos no son personas jurídicas de derecho público, ni pueden considerarse que ejercen potestades de poder público, pues el papel que la Constitución les asigna a los efectos de canalizar la participación de los ciudadanos en la orientación política nacional no es susceptible de calificar de prerrogativa lo que simplemente es una función, aunque sí, de gran relevancia para el desarrollo de la vida pública del país[147].

Como consecuencia, consideró la Corte que los partidos políticos en el régimen constitucional y legal venezolano, son personas jurídicas de derecho privado de las que el artículo 19.3 C.C. califica como "corporaciones", las cuales, en virtud del papel político que la Constitución y la Ley de Partidos Políticos les asignan, están sometidas al control del Consejo Supremo Electoral, cuyos actos de control, por supuesto, son actos administrativos; pero no resultando de ello, de manera alguna, que los partidos puedan dictar por sí mismos actos administrativos, pues no ejercen prerrogativa pública alguna.

Esta jurisprudencia, sin embargo, ha variado a raíz de la promulgación de la Constitución de 1999 y de la creación en ella tanto del poder electoral como de la Sala Electoral del Tribunal Supremo de Justicia. En cuanto al poder electoral, se le atribuyó la potestad de organizar las elecciones de las organizaciones con fines políticos (art. 293.6), y la Ley Orgánica del poder electoral[148] precisó las funciones de control del Consejo Nacional Electoral sobre dichas organizaciones. En cuanto a la Sala Electoral del Tribunal Supremo, a la misma se atribuyó la jurisdicción contencioso electoral (art. 297), y en la Ley Orgánica del Tribunal Supremo de Justicia se le atribuyó competencia para "Conocer los recursos que se ejerzan contra actos, actuaciones y omisiones relacionados con la constitución, denominación, funcionamiento y cancelación de las organizaciones políticas, con la designación de miembros de organismos electorales, con el Registro Electoral Permanente, con la postulación y elección de candidatos a la Presidencia de la República y a la Asamblea Nacional" (art. 5º, párrafo 1º.45).

Al no establecerse entre los objetos de impugnación si se trata sólo de actos administrativos del Consejo Nacional Electoral o de actos de los partidos políticos, esta posibi-

147 *V. Revista de Derecho Público* Nº 39, Editorial Jurídica Venezolana, Caracas, 1989. pp. 149 a 151.
148 *Gaceta Oficial* Nº 37.573 del 19 de noviembre de 2002.

lidad ha quedado abierta, como resultó incluso de la jurisprudencia sentada por la misma Sala Electoral en sentencia 38 del 28 de abril de 2004, en la cual conoció de la impugnación de un reglamento para la elección de precandidatos de un partido político (Movimiento al Socialismo) para las elecciones del año 2000, aprobado por la Dirección Nacional de dicho partido, por supuesta violación del artículo 67 C., en cuanto a los "métodos democráticos de organización, funcionamiento y dirección" de los partidos. La Sala consideró que el nuevo esquema constitucional "impone a estos organismos, en el ejercicio de tal facultad, el recato y prudencia necesaria que garantice que la voluntad de sus respectivos colectivos se exprese en forma diáfana, evitando con ello la tentación de convertirse en instrumentos confiscatorios de la expresión o voluntad popular, en consecuencia, los candidatos deben ser seleccionados de conformidad con el proceso eleccionario interno instaurado en el que participen sus integrantes". En el caso concreto, en el cual el reglamento impugnado disponía elecciones en un sistema de segundo hasta cuarto grado de elección, la Sala constató:

> Ahora bien, cabe destacar que el artículo 67 constitucional, invocado como violado por los recurrentes, no ha limitado a un esquema único eleccionario la escogencia de los candidatos que serán postulados por las asociaciones con fines políticos para los cargos de elección popular, sólo ha establecido que tales organizaciones incorporen en su normativa mecanismos de consulta democráticos que aseguren la participación de todos sus integrantes en dicha selección, por ello considera esta Sala que la exigencia prevista en el referido precepto constitucional ha sido cumplida por el Reglamento impugnado, pues estableció, como se señaló anteriormente, un sistema de elección para los precandidatos en el Movimiento al Socialismo MAS que garantiza la participación de sus integrantes[149].

C. Las comunidades laborales privadas: las organizaciones sindicales (sindicatos)

Entre las corporaciones de derecho privado están también las comunidades laborales privadas, es decir, los sindicatos[150], producto del ejercicio del derecho de los trabajadores a la sindicalización garantizado en el artículo 95 C., para la mejor defensa de sus derechos e intereses; garantizando la Constitución, que tales organizaciones sindicales "no están sujetas a intervención, suspensión o disolución administrativa". La Constitución agrega, además, que para el ejercicio de la democracia sindical los estatutos y reglamentos de las organizaciones sindicales deben establecer la alternabilidad de los integrantes de las directivas y representantes mediante el sufragio universal, directo y secreto[151].

Conforme a la Ley Orgánica del Trabajo de 1997[152], "los sindicatos tendrán por objeto el estudio, defensa, desarrollo y protección de los intereses profesionales o generales

149 *V. Revista de Derecho Público*, N° 82, Editorial Jurídica Venezolana, Caracas, 2002, pp. 333 y ss.

150 La Sala Electoral del Tribunal Supremo en sentencia 29 del 19 de febrero de 2002, caso: *Gustavo Pérez y otros vs. Consejo Nacional Electoral*, calificó a los sindicatos como "entes de naturaleza asociativa privada", *Revista de Derecho Público*, N° 89 a 92 Editorial Jurídica Venezolana, Caracas, 2002, p. 164.

151 Sobre esta libertad sindical, véase Ley Aprobatoria del Convenio relativo a la libertad sindical y a la protección del derecho de sindicación, *Gaceta Oficial* N° 3.011 del 3 de septiembre de 1982; Ley Aprobatoria del Convenio relativo a la aplicación de los principios del derecho de sindicación y de negociación colectiva, *Gaceta Oficial* N° 28.709 del 22 de agosto de 1968; Ley Aprobatoria del Convenio sobre las Organizaciones de Trabajadores Rurales y su función en el desarrollo económico y social, *Gaceta Oficial* N° 32.740 del 3 de junio de 1983.

152 *V.* en *Gaceta Oficial* Extra. N° 5.152 del 19 de junio de 1997. Esta fue una reforma parcial de la Ley de 1990, *Gaceta Oficial* N° 4220 Extra. de 20 de diciembre de 1990.

de los trabajadores y de la producción, según se trate de sindicatos de trabajadores o de patronos, y el mejoramiento social, económico y moral y la defensa de los derechos individuales de sus asociados" (art. 407); y "para su constitución y funcionamiento", dice el artículo 403, no estarán sometidas a otros requisitos que los establecidos en la propia Ley Orgánica del Trabajo, "a objeto de asegurar la mejor realización de sus funciones propias y garantizar los derechos de sus miembros".

Los sindicatos deben registrarse ante la inspectoría del trabajo de la jurisdicción (art. 420), a cuyo efecto deben formular una solicitud acompañada de copia del acta constitutiva, los estatutos y la nómina de miembros fundadores (art. 421). La personalidad jurídica de los sindicatos se obtiene con la inscripción de un sindicato ante la inspectoría del trabajo (art. 429). En cambio, conforme se regulaba en la anterior Ley del Trabajo de 1936 con sus reformas hasta 1990, los sindicatos en principio eran asociaciones sin personalidad jurídica, cuyos fines podían realizarse con la inscripción de los documentos de su constitución, en el Libro de Registro de Sindicatos que llevaba el Ministerio del Trabajo. Conforme al artículo 186 de dicha Ley del Trabajo, este registro investía "a la respectiva organización sindical de la situación jurídica que requiere la Ley del Trabajo para actuar como tal organización sindical del trabajo"; sin embargo, agregaba dicha norma que ello era "sin perjuicio de que puede obtener personalidad jurídica de acuerdo con las disposiciones pertinentes del Código Civil", que no eran otras que las que regulan las sociedades civiles. Por lo tanto, si los sindicatos decidían obtener la personalidad jurídica, lo debían hacer como sociedades civiles conforme a lo establecido en el Código Civil. Con la reforma de la ley a partir de 1990, en cambio, la personalidad jurídica de los sindicatos deriva de la sola inscripción ante la inspectoría del trabajo.

Ahora bien, a pesar de tratarse de comunidades laborales privadas, la Sala Constitucional del Tribunal Supremo de Justicia, al declarar sin lugar la impugnación del denominado "Referendo sindical" realizado en 2000, les negó a los sindicatos el carácter de "asociaciones de carácter privado", considerándolos en cambio como "personas jurídicas de derecho social, que persiguen fines de alto interés público, lo que explica su regulación y funcionamiento prevista en el capítulo II de la Ley Orgánica del Trabajo, y lo que da a dicha regulación carácter protector y, por tanto, imperativo"[153]. En otra sentencia, la 46 del 11 de marzo de 2002, de la Sala Electoral, sin embargo, sí se reconocería a las organizaciones sindicales como "personas jurídicas privadas [que] tienen además un carácter social... de interés público y de relevancia constitucional", señalando:

> [L]os sindicatos revisten una naturaleza compleja, pues en cuanto asociación privada representan y defienden el interés de todos y cada uno de sus afiliados, y en cuanto institución de carácter social poseen una esencia cuasi–pública, ya que tales organizaciones representan el interés general de un amplio sector de la población –los trabajadores–, siendo, justamente, ésta última, la función que reviste especial trascendencia en el ámbito público y político, y que justifica la supervisión del Estado[154].

Por otra parte, dado el carácter de personas jurídicas de derecho privado y a pesar de las tareas sociales que tienen encomendadas, los sindicatos, por supuesto, no son personas jurídicas estatales. Así lo ha precisado, además, la Sala Electoral del Tribunal Supremo de Justicia en sentencia 168 del 20 de diciembre de 2000 (caso: *Sindicato Único de Trabajadores de la Salud de Instituciones Públicas y Privadas y de la Seguridad*

153 *V. Revista de Derecho Público,* N° 84, Editorial Jurídica Venezolana, Caracas, 2000, p. 159.
154 *V. Revista de Derecho Público,* N° 89 a 92, Editorial Jurídica Venezolana, Caracas, 2000, p. 156.

Social del Estado Carabobo), con motivo de conocer de la impugnación de un reglamento electoral nacional de la Confederación de Trabajadores de Venezuela, al desechar el argumento de que para dicha impugnación debía agotarse la vía administrativa, señalando:

> [E]n principio, los sindicatos son instituciones sociales espontáneas, asociaciones constituidas por los propios interesados para la defensa de sus intereses profesionales y económicos dentro de las relaciones laborales que, si bien no se oponen al Estado, son, por lo menos, independientes de él. Tanto es así, que el artículo 95 constitucional, al consagrar el derecho a la sindicación señala expresamente: "Estas organizaciones no están sujetas a intervención, suspensión o disolución administrativa".
>
> La referida independencia de las instituciones del derecho del trabajo, en este caso los sindicatos, nos lleva a concluir que los mismos no pertenecen a la organización estatal, aun cuando en determinadas circunstancias pudieran estar relacionados con sus órganos para la mediación o resolución de sus conflictos, bien sea en sede administrativa o jurisdiccional, y, con la entrada en vigencia de la Constitución de 1999, para la organización de sus elecciones (artículo 293, numeral 6, constitucional).
>
> Ahora bien, a pesar de que pudieran existir normas legales y reglamentarias que establecieran una rigurosa regulación estatal, el hecho de que la Administración mantenga una cercana intervención de estas materias, o inclusive, que los sindicatos ejercieran una particular influencia en la conducción de la Administración, no permite deducir que estos sean agregados de la Administración, que gocen de los privilegios propios de ésta, tal como el agotamiento de la vía administrativa, esto es, la prerrogativa prevista en los artículos 92 de la Ley Orgánica de Procedimientos Administrativos y, específicamente en materia electoral, en el artículo 225 de la Ley Orgánica del Sufragio y Participación Política, la cual sirve a la Administración para revisar sus propias decisiones, y además decantar las pretensiones que se intentaran ante los tribunales, dado que su omisión constituye una causal de inadmisibilidad, de conformidad a lo dispuesto en los artículos 237, parágrafo único, y 241 *eiusdem*[155].

De lo anterior, concluyó la Sala que el sindicato es un ente jurídico que "aun cuando persiga fines colectivos, no encuadra dentro de la estructura de la organización administrativa venezolana"[156].

Por último, debe mencionase que por el carácter y función de los sindicatos, también en relación con los mismos, la Constitución dispuso que las elecciones de sus cuerpos directivos las debe organizar el poder electoral (Consejo Nacional Electoral) (art. 293.6), sobre lo cual la Sala Electoral del Tribunal Supremo ha señalado en sentencia 46 de 11 de marzo de 2002, para además, justificar el contencioso electoral:

> [Es] justamente, en el plano de la actividad cuasi–pública de los sindicatos que [...] se justifica la supervisión del Estado para garantizar la democratización de dichas organizaciones a través de la transparencia y celeridad de los procesos electorales y la escogencia de las autoridades legítimas que están llamadas a representar los intereses y derechos de los afiliados en las negociaciones y conflictos colectivos de trabajo; en los procedimientos de conciliación y arbitraje; en la promoción, negociación, celebración, revisión y modificación de convenciones colectivas de trabajo; y en todo cuanto sea necesario a objeto de resguardar el patrimonio y los intereses de la organización sindical[157].

En particular sobre el contencioso electoral del cual conoce la sala electoral, esta ha señalado además, en sentencia del 13 de agosto de 2001, que es a través del "Sistema

---

155 *V. Revista de Derecho Público,* N° 84, Editorial Jurídica Venezolana, Caracas, 2000, p. 132

156 *Idem.*

157 *V. Revista de Derecho Público,* N° 89 a 92, Editorial Jurídica Venezolana, Caracas, 2000, pp. 148 a 149.

Contencioso Social Electoral que se han de canalizar las acciones o pretensiones de orden electoral que puedan presentar los ciudadanos, y que se deriven de su participación en las distintas organizaciones sociales previstas en nuestro ordenamiento legal, bien sean éstas sindicatos, gremios profesionales, asociaciones civiles de recreación o cualquier otra de la sociedad civil"[158].

2. Las asociaciones de derecho privado

Las asociaciones son personas jurídicas que se crean en virtud de un acuerdo de voluntades o de un contrato de sociedad entre diversos sujetos de derecho, mediante aportes patrimoniales o de trabajo. Este acuerdo de voluntades es el resultado, ante todo, del ejercicio del derecho constitucional de asociación con fines lícitos que regula el artículo 52 C., y que el Estado está obligado a facilitar en cuanto a su ejercicio, el cual normalmente se documenta en un acta constitutiva que debe siempre expresar el nombre, el domicilio y objeto de la asociación, y la forma en que será administrada y dirigida (art. 19 C.C.). Dicha acta constitutiva, en principio, conforme al artículo 19 C.C., debe registrarse en la oficina subalterna de registro del distrito donde haya sido creada la asociación, adquiriendo la entidad la personalidad jurídica con dicha protocolización.

Sin embargo, no todas las asociaciones se crean con la protocolización del acta constitutiva en la oficina subalterna de registro, pues hay otras sociedades, como las mercantiles, que se rigen por el Código de Comercio, en el cual se dispone la protocolización de los documentos en el registro mercantil.

En consecuencia, entre las asociaciones pueden distinguirse las sociedades civiles, las sociedades mercantiles y otras asociaciones reguladas por leyes especiales, como las asociaciones cooperativas.

A. Las sociedades civiles

Las sociedades civiles son producto del contrato de sociedad que regula el Código Civil, cuyo artículo 1649 lo define como "aquél por el cual dos o más personas convienen en contribuir, cada uno con la propiedad o el uso de las cosas, o con su propia industria, a la realización de un fin económico común".

Éstas, sin embargo, pueden ser constituidas sin fines de lucro cuando los asociados dispongan en los estatutos que los beneficios de la sociedad no sean distribuidos entre ellos, y se destinen a incrementar el activo o patrimonio social; pudiendo incluso disponerse que, en caso de liquidación, el activo social no se reparta entre los socios sino que se prevea su destino a otra institución[159].

De acuerdo al artículo 1651 C.C., las sociedades civiles adquieren personalidad jurídica y tienen efecto contra terceros desde que se protocoliza el respectivo contrato en la oficina subalterna de registro de su domicilio, y su régimen jurídico en general es el establecido en el Código Civil.

158 Sentencia citada en la sentencia 46 del 11 de marzo de 2002, un extracto de la cual se publicó *Revista de Derecho Público,* Nº 89 a 92, Editorial Jurídica Venezolana, Caracas, 2000, pp. 155 y ss.

159 *V.*, en general, A. y M. Itriago, *Las asociaciones civiles en el derecho venezolano*, Caracas, 1998.

Algunas sociedades civiles, además, sin dejar de ser tales, fueron objeto de regulación especial, como fue el caso de las asociaciones de vecinos reguladas por la derogada Ley Orgánica de Régimen Municipal de 1989[160], como reconocimiento a los movimientos sociales urbanos que se habían desarrollado desde hacía años para abrir un canal institucional de participación de la comunidad en la gestión de los asuntos locales. Se trató del reconocimiento legal de la existencia de estas sociedades que solo podían constituirse por los habitantes que integraban una determinada vecindad, para lo cual el artículo 172 de la Ley Orgánica disponía que para adquirir personalidad jurídica dichas asociaciones debían "inscribir su acta constitutiva y estatutos en la correspondiente Oficina Subalterna de Registro"; y sólo para fines informativos era que los concejos municipales correspondientes debían mantener un "archivo actualizado de las asociaciones legalmente constituidas en su jurisdicción".

Las asociaciones de vecinos, incluso, fueron objeto de una regulación detallada en el Reglamento Parcial 1 de la derogada Ley Orgánica de Régimen Municipal, sobre la Participación de la Comunidad de 1990[161], con el propósito y objeto fundamental de defender los intereses colectivos, a cuyo efecto se estableció que debían colaborar con los organismos públicos en la gestión de los asuntos comunitarios en su ámbito espacial, utilizando los canales de participación ciudadana que les permitan actuar en nombre de la comunidad (art. 5° del reglamento). Las asociaciones se debían constituir entonces, si era en áreas urbanas, por al menos 50 vecinos residentes de la zona urbana que integran una comunidad (barrio, vecindad, urbanización) con lazos y vínculos permanentes, un ámbito espacial que debe determinar la oficina que tenga a su cargo la planificación urbana. En áreas no urbanas, el número de vecinos para constituir la asociación debía ser de 20. En el reglamento se establecieron, además, diversos requisitos de publicidad e información pública para la constitución de las asociaciones, así como el derecho de todo vecino residente en el ámbito espacial respectivo a ser inscrito como miembro (art. 10° Reglamento); y una norma destinada a los registradores subalternos para que antes de la protocolización del documento constitutivo verificasen el cumplimiento por parte de los promotores, de "las normas legales y reglamentarias" sobre dichas asociaciones (art. 14 Reglamento) (*Cuarta parte, § 14*).

Entre sus múltiples competencias estaba la de tener la iniciativa legislativa para presentar ante los concejos municipales proyectos de ordenanzas (art. 174 Ley Orgánica), así como la de tener la legitimidad activa necesaria para actuar ante los tribunales de la jurisdicción contencioso administrativa en defensa de los intereses colectivos de su comunidad[162]. Ello fue además, admitido desde hace años por la jurisprudencia, con base

160 *Gaceta Oficial* N° 4.409 Extra. del 15 de junio de 89. La Ley Orgánica del Poder Público Municipal de 2005, *Gaceta Oficial* N° 38.204 del 8 de junio de 2005, no sólo incomprensiblemente omitió toda referencia a las asociaciones de vecinos, sino que derogó expresamente el Reglamento parcial N° 1 que las regulaba.

161 Decreto N° 1297 del 22 de noviembre de 1990, *Gaceta Oficial* N° 34.609 del 5 de diciembre de 1990. Sobre estas asociaciones de vecinos, *cfr.*, Carlos Ayala C. "La participación ciudadana en el nuevo régimen municipal" en Allan R. Brewer–Carías et ál., *Ley Orgánica de Régimen Municipal 1989,* Editorial Jurídica Venezolana, Caracas, 1994, pp. 219 y ss.

162 *Cfr.* Allan R. Brewer–Carías, *Ley Orgánica el Tribunal Supremo de Justicia*, Editorial Jurídica Venezolana, Caracas, 2004, pp. 182 y ss.

en considerar a los intereses colectivos como intereses "personales", directos y legítimos de una comunidad[163].

Las asociaciones de vecinos, además, podrían ser "las comunidades y grupos vecinales organizados" a que se refiere el artículo 184 C., como receptores de trasferencias de servicios públicos por parte de los estados y municipios, o de las "asociaciones vecinales y organizaciones no gubernamentales" como instrumentos para la participación de las comunidades en los asuntos locales.

La Ley de Protección al Consumidor y al Usuario de 2004[164], por su parte, ha establecido el derecho de los consumidores y usuarios a constituirse en organizaciones o asociaciones, que ostenten la representación de sus asociados y puedan servir de instrumento para el ejercicio de sus derechos e intereses individuales y colectivos, siempre de conformidad con lo previsto en la propia Ley (art. 73). Conforme al artículo 74 ídem, se entiende por asociación de consumidores y usuarios:

> [T]oda organización constituida por un mínimo de veinticinco personas naturales, y tendrá como finalidad la defensa de los intereses, incluyendo la información y educación de los consumidores y usuarios, bien sea con carácter general, bien en relación con productos o servicios determinados; podrán ser declaradas de utilidad pública, integrarse en agrupaciones y federaciones con idénticos fines, percibir ayudas y subvenciones, representar a sus asociados y ejercer las correspondientes acciones en defensa de los mismos, de la asociación o de los intereses generales de los consumidores y usuarios".

Dichas asociaciones están sujetas a las normas del Código Civil pertinentes en cuanto a registro y suministro de información contable referente al uso de los fondos públicos, donaciones privadas, cotizaciones u otros ingresos que les fuesen asignados (art. 78).

Ahora bien, las sociedades civiles, como lo indica su propio nombre, cuando han sido constituidas por personas naturales o jurídicas particulares, forman parte esencial de la sociedad civil, es decir, del ámbito de las entidades no estatales, que caen fuera del control del Estado y se rigen en su funcionamiento por sus propios estatutos, lo que no excluye que puedan tener participación en la gestión de asuntos públicos. En tal sentido, por ejemplo, la Constitución de 1999 ha reconocido la existencia de la sociedad civil al regular la participación de representantes de los diversos sectores de la misma en la gestión de determinados asuntos públicos, como por ejemplo en la conformación de los comités de postulaciones para la designación de los titulares de los órganos del poder ciudadano, del poder electoral y de los magistrados del Tribunal Supremo de Justicia (arts. 270, 279 y 295). Lamentablemente, sin embargo, dicha participación ha sido distorsionada, al constituir las diversas leyes, unas comisiones parlamentarias ampliadas, con lo que se ha desfigurado el sentido de la norma. Contrario, incluso, con la definición que la Sala Constitucional del Supremo Tribunal en sentencia de fecha 30 de junio de 2000 dio sobre la sociedad civil como conformada por "asociaciones, grupos e instituciones venezolanas (sin subsidio externo) que por su objeto, permanencia, número de miembros o afiliados y actividad continua, han venido trabajando desde diversos ángu-

---

163 *V.* Allan R. Brewer–Carías, *Instituciones Políticas y Constitucionales,* t. VII, "Justicia Contencioso Administrativa", Universidad Católica del Táchira y Editorial Jurídica Venezolana, San Cristóbal–Caracas, 1997, pp. 78 y ss.

164 *Gaceta Oficial* N° 37.930 del 4 de mayo de 2004.

los de esa sociedad, para lograr para ésta una mejor calidad de vida, desligadas del gobierno y de los partidos políticos"[165].

Pero a pesar de todo el nominalismo constitucional participativo, la propia Constitución ha establecido una limitación a la autonomía de la sociedad civil, al abrir la posibilidad de que el Estado, a través de los órganos del poder electoral, pueda intervenir en las elecciones para la designación de los directivos de determinadas sociedades civiles. En efecto, el artículo 293 C. asigna al poder electoral, entre otras, la función de:

> 6. Organizar las elecciones de sindicatos, gremios profesionales y organizaciones con fines políticos en los términos que señale la ley. Así mismo, podrán organizar procesos electorales de otras organizaciones de la sociedad civil a solicitud de éstas, o por orden de la Sala Electoral del Tribunal Supremo de Justicia. Las corporaciones, entidades y organizaciones aquí referidas cubrirán los costos de sus procesos eleccionarios.

Precisamente con base en esta disposición constitucional, la Sala Electoral del Tribunal Supremo de Justicia ha decidido numerosos casos en los cuales ha intervenido en el funcionamiento interno de diversas asociaciones civiles, en general, sin fines de lucro.

Ha sucedido respecto de las asociaciones de vecinos, conforme a la sentencia 61 del 29 de mayo de 2001 (caso *Asociación de Residentes de la Urbanización La Trinidad*), que la Sala Constitucional consideró que se trataba de organizaciones "que el mismo texto constitucional alude implícitamente como 'sociedad civil', pudiendo solicitar al Consejo Nacional Electoral su intervención para organizar sus elecciones"[166].

También ha sucedido respecto de los clubes sociales o asociaciones recreativas, como se ha resuelto en sentencia de 1º de noviembre de 2000, (caso: *Asociación Civil Club Campestre Paracotos*), en la cual la Sala, al conocer de una acción de amparo constitucional ejercida contra el reglamento electoral dictado por la Comisión Electoral de dicho club, consideró que el mismo era una sociedad

> [C]omprendida entre aquellas organizaciones que el mismo texto constitucional refiere de la "sociedad civil" y que como entes de carácter estatutario, constituidos libremente por sus miembros, pueden darse su organización, normativa y gobierno, con las garantías constitucionales debidas que permitan su participación directa en las decisiones que le interesan a todos sus integrantes y entre ellas, la escogencia de sus autoridades a través de sistemas democráticos de participación, pudiendo, de acuerdo a lo previsto en el artículo 293.6 C. de la República Bolivariana de Venezuela, solicitar al Consejo Nacional Electoral su intervención para organizar sus elecciones[167].

En cuanto a otras asociaciones civiles económicas, es decir, de las de empresas y empresarios de carácter industrial o comercial, constituidas como "cámaras", la Sala Electoral del Tribunal Supremo, en sentencia 18 del 15 de febrero de 2001 (caso Cámara de Comercios e Industrias del Estado Aragua), consideró que la Asociación Civil "Cámara de Comercios e Industrias del Estado Aragua" en virtud de sus objetivos de "impulsar el desarrollo económico y el progreso social de la región propiciando el esfuerzo conjunto de los sectores que la integran", así como "la defensa y el fortalecimiento de la libre iniciativa y la libertad de empresa", constituye un mecanismo de participación indirecta –en lo económico y social– de un sector de la ciudadanía (comerciantes e industriales) en la vida societaria nacional, por lo que "aun teniendo la referida Asociación Civil una

---

165 *V.* la cita en la sentencia 90 del 26 de julio de 2000, caso: *Caja de Ahorros y Previsión Social de los Trabajadores de la Universidad Central de Venezuela*, *Revista de Derecho Público*, Nº 83, Editorial Jurídica Venezolana, Caracas, 2000, p. 446.

166 Exp. 000064 (consultada en original).

167 Exp. 0115 (consultada en original).

naturaleza jurídica de derecho privado, sus fines trascienden al mero interés particular". Por ello, la Sala consideró que era "procedente incluirla como una de las organizaciones de la "sociedad civil" enunciadas implícitamente en el artículo 293.6 C., a los fines contenidos en dicha norma", razón por la cual declaró su competencia para conocer de la impugnación de los actos electorales dictados por dicha Cámara "independientemente de la naturaleza del ente del cual emanan los mismos"[168].

Pero en otros casos más emblemáticos, la Sala Electoral ha admitido la intervención obligatoria del Consejo Nacional Electoral en los procesos eleccionarios de asociaciones civiles como las de profesores universitarios, tal y como sucedió con la de la Universidad Central de Venezuela, dándole el mismo tratamiento que a los colegios profesionales, que en cambio son los gremios profesionales creados por ley al establecerse la colegiación obligatoria para el ejercicio de una profesión liberal. En efecto, en sentencia 51 del 19 de mayo de 2000, la Sala interpretó lo que la Constitución quiso identificar al referirse a los "gremios profesionales" en la norma constitucional del artículo 293.6, a los efectos de "dilucidar si efectivamente la Asociación de Profesores de la Universidad Central de Venezuela, debió ser considerada como gremio profesional y en consecuencia ser objeto de regulación por dichas disposiciones"[169].

Para ello, la Sala partió de la consideración de que si bien no existe en nuestro ordenamiento jurídico una definición predeterminada de gremios profesionales, consideró que cuando nuestra legislación ha empleado tal expresión, lo ha hecho atendiendo a la definición de Manuel Ossorio, *Diccionario de Ciencias Jurídicas, Políticas y Sociales*, como "un conjunto de personas que desempeñan un mismo oficio o profesión, y que se aúnan para defender sus intereses comunes y lograr mejoras también de carácter común". La Sala concluyó, después de hacer referencia al sentido medieval del término, que los gremios fueron y son aun "instituciones constituidas por el acuerdo autónomo, libre de los individuos que tienen el mismo oficio o que ejercen idéntica profesión, que no pueden ser vistas en un solo orden, pues su contenido, constitución, organización, atribuciones y características varían, en atención al ordenamiento jurídico de cada país y a la voluntad autónoma de sus asociados que deciden constituirlo".

La Asociación de Profesores de la Universidad Central de Venezuela, recurrente en ese caso, había argumentado que la expresión "gremio profesional" utilizada en la Constitución sólo identificaba a los colegios profesionales, ante lo cual la Sala señaló:

> Si bien los hoy conocidos colegios profesionales, revisten el carácter gremial, ellos no resultan su única expresión, dado que también puede comprender otras asociaciones que sin ser creadas por disposición expresa de la ley, como es el caso de los colegios profesionales, lo son aun cuando hayan sido creadas bajo formas del derecho civil, que cumplen el mismo fin. Lo fundamental para que determinadas asociaciones se les reconozca el carácter gremial, no es su forma de constitución, pues no hay una sola, sino los fines de la asociación, los cuales deben abarcar a todos sus integrantes vinculados entre sí por la misma profesión u oficio.
>
> Considera necesario esta Sala destacar que resulta incorrecto establecer una sinonimia entre los términos "gremios profesionales" y "colegios profesionales". Debe entenderse que el primero está signado por su condición de género y, el segundo constituye una especie de aquél, es decir, el concepto de gremio profesional no se agota en el de colegios profesionales, antes bien, éste sólo

---

168 Exp. 000017 (consultada en original). Esta jurisprudencia fue ratificada por la misma Sala, según sentencia 162, Exp. 2002–000077 del 17 de octubre de 2002, caso: *Cámara de Comercio e Industrias del Estado Bolívar* (consultada en original).

169 *V. Revista de Derecho Público*, Nº 82, Editorial Jurídica Venezolana, Caracas, 2000, pp. 132 y ss.

abarca una parcela de aquél. Por tal razón, cuando los textos normativos aluden a la noción de gremios profesionales no debe considerarse que está regulando únicamente a los colegios profesionales, debe entenderse al vocablo gremio en su sentido lato. Así lo evidencia el propio texto Constitucional al referirse a una modalidad específica de los gremios profesionales en su artículo 105 al señalar: "La ley determinará las profesiones que requieren título y las condiciones que deben cumplirse para ejercerlas, incluyendo la colegiación".

En virtud de lo anterior, la Sala concluyó señalando que cuando la Constitución en su artículo 293.6 se refiere a la competencia del poder electoral para organizar las elecciones, entre otros de los "gremios profesionales", está "haciendo alusión no exclusivamente a los colegios profesionales, sino además a aquel conjunto de personas que en su condición de profesionales, se aúnan para defender sus intereses comunes y lograr mejoras también de carácter común, independientemente de que su conformación no sea por disposición expresa de la ley, sino por acuerdo común de sus integrantes, bajo una forma de derecho privado". Dentro de ellas, la Sala Electoral precisamente incluyó a las asociaciones que se establecen en el seno de las universidades, conformadas por los profesionales en diversas disciplinas o áreas del conocimiento que integran la institución en su condición de docentes, en la que no participan personas que no tengan tal carácter. En el caso de la Asociación de Profesores de la Universidad Central de Venezuela, la Sala señaló que aun cuando fue:

> [C]onstituida bajo la forma jurídica de una asociación civil sin fines de lucro, conforme al derecho civil, su objetivo ha sido orientado por el respeto de sus integrantes en el ámbito universitario, como dependientes directos de esa Casa de Estudios, bajo una misma condición: *profesor*, y que de acuerdo a su Acta Constitutiva y sus estatutos cumple un papel fundamental de interés común a sus asociados, como lo es la lucha por la dignidad, el bienestar, la protección social, la estabilidad y el escalafón de todo el profesorado universitario, es decir, la obtención de beneficios específicos en el ámbito laboral"[170]

De allí que la sala haya considerado que dicha Asociación desempeñaba actividades de carácter gremial, constituyendo por tanto un gremio profesional, razón por la cual "por disposición constitucional le compete al Consejo Nacional Electoral, organizar" sus procesos comiciales para las elecciones de sus autoridades directivas. En definitiva, la Sala Electoral concluyó señalando que "la Asociación de Profesores de la Universidad Central de Venezuela (APUCV) es un gremio profesional, que sin perder su condición de asociación civil sin fines de lucro, se encuentra sometida, cuando realiza procesos eleccionarios, a la normativa dictada por el poder electoral".

Por último, dentro de las sociedades civiles, debe hacerse mención particular a las asociaciones cooperativas reguladas en la Ley Especial Asociaciones Cooperativas de 2001[171], como "asociaciones abiertas y flexibles, de hecho y derecho cooperativo, de la economía social y participativa, autónomas, de personas que se unen mediante un proceso y acuerdo voluntario, para hacer frente a sus necesidades y aspiraciones económicas, sociales y culturales comunes, para generar bienestar integral, colectivo y personal, por medio de procesos y empresas de propiedad colectiva, gestionadas y controladas democráticamente" (art. 2º).

Estas empresas "se originan en un acuerdo libre e igualitario de personas que deciden constituir y mantener una empresa asociativa de derecho cooperativo" (art. 6º), adquiriendo personalidad jurídica mediante la protocolización del documento constitutivo y

170 *Idem.*
171 Decreto Ley Nº 1440 del 30 de agosto de 2001, *Gaceta Oficial* Nº 37285 del 18 de septiembre de 2001.

estatutos en la oficina subalterna de registro del domicilio de la cooperativa (arts. 10º y 11). Una vez constituida la cooperativa, se debe enviar a la Superintendencia Nacional de Cooperativas copia del documento constitutivo y estatutos a los efectos de control (art. 11). En la anterior Ley General de Asociaciones Cooperativas de 1975[172], sin embargo, se establecía un régimen diferente y particular para la adquisición de personalidad jurídica por parte de estas asociaciones, ahora eliminado, pues se disponía que el acta constitutiva debía "ser autenticada por ante un Juzgado, Notaría Pública o Registro Público de la localidad" (art. 13), para luego de esta autenticación, solicitarse a la Superintendencia Nacional de Cooperativas una autorización para el funcionamiento de la asociación (arts. 14 y 15), mediante la emisión de un acto administrativo formal (resolución de autorización) en el cual se ordenaba insertar en un Registro General de Cooperativas los datos de la respectiva asociación (art. 15). Este registro, sin embargo, conforme al Artículo 16 de la ley "no surtía efectos respecto de terceros hasta tanto no aparecieran publicadas en la *Gaceta Oficial*" la resolución y copia del extracto de las disposiciones fundamentales del acta constitutiva. En esta forma, en la legislación anterior las asociaciones cooperativas no adquirían personalidad como las sociedades civiles (protocolización del acta en la Oficina de Registro Público), y como ahora se regula en la Ley Especial de 2001, sino mediante la publicación en *Gaceta Oficial* de un extracto del acta constitutiva que se hubiese registrado en el Registro Nacional de Cooperativas del Ministerio de Fomento, una vez que se hubiere autenticado ante cualquier autoridad con facultades para dar fe pública documental.

En cuanto a estas asociaciones cooperativas, la Sala Electoral del Tribunal Supremo de Justicia también se ha pronunciado respecto de las cajas de ahorro, como formando parte de la sociedad civil, como asociaciones civiles sin fines de lucro, que pueden quedar sometidas al control del poder electoral en materia de elección de sus directivos. En efecto, en sentencia 90 del 26 de julio de 2000 (caso Caja de Ahorros y Previsión Social de los Trabajadores de la UCV), la Sala señaló que:

> [L]as Cajas de Ahorro, aun cuando tienen una forma jurídica propia del derecho privado (asociación civil prevista por el artículo 19.3 C.C.), están sometidas a una serie de regulaciones legales previstas en la Ley General de Asociaciones Cooperativas y su Reglamento, aplicables en virtud de lo dispuesto en el artículo 69, aparte único, de la Ley General de Asociaciones Cooperativas[...] [y] aun cuando no resultan totalmente equiparables a las asociaciones cooperativas, forman parte de esa categoría de personas jurídicas enmarcadas por alguna tendencia doctrinaria en el llamado 'derecho cooperativo', en el cual principios fundamentales del derecho público juegan un rol relevante, en virtud de la finalidad de interés general que radica en la organización de grupos de ciudadanos para el logro de metas que van más allá del simple beneficio económico y propenden al beneficio de la colectividad[173].

La Sala analizó la regulación de las entidades cooperativas y cajas de ahorro en la Constitución, y de la interpretación armónica de los dispositivos de la Carta Magna dedujo los siguientes principios que presiden la concepción, funcionamiento y organización de este tipo de entes:

1) Las cooperativas y Cajas de Ahorro son medios de participación y protagonismo del pueblo en ejercicio de su soberanía en el aspecto socioeconómico (artículo 70), así como mecanismos de fortalecimiento del desarrollo socioeconómico nacional (artículo 308).

172 *Gaceta Oficial* Nº 17.509 Extra. del 27 de mayo de 1975.

173 Exp. 0082. *V. Revista de Derecho Público*, Nº 83, Editorial Jurídica Venezolana, Caracas, 2000, p. 444.

2) El Estado reconoce, promueve y protege el derecho de los trabajadores y de la comunidad para desarrollar acciones de carácter social y participativo, tales como las cooperativas y cajas de ahorro, debiendo la ley reconocer las especificidades de estos entes, en especial las relativas al acto cooperativo, a los fines de lograr el mejoramiento de la economía popular y alternativa (artículo 118)[174].

De ello, la Sala resolvió que las cajas de ahorros aparecen enmarcadas en la noción de organizaciones pertenecientes a la sociedad civil, en virtud de que cumplen un papel de intermediación entre los ciudadanos (sus miembros) y los órganos del poder público en los asuntos públicos en lo que respecta a la materia socioeconómica. En virtud de su participación en los ámbitos social y económico, la Sala determinó, además, que "ciertos aspectos en el funcionamiento de tales entes pueden estar sujetos al control de la jurisdicción contencioso electoral", como

> [S]ería el caso de que los propios representantes de la Caja de Ahorros, como organización de la sociedad civil, soliciten a los órganos del poder electoral apoyo en la organización de los procesos electorales para la escogencia de sus directivos, o bien que esta Sala, ante el ejercicio de un mecanismo procesal idóneo que evidencie (o constituya presunción grave de) la existencia de notables irregularidades en dichos procesos electorales que resulten de tal magnitud y trascendencia que excedan de la esfera jurídica privada, ordene a dichos órganos electorales intervenir en la realización de tales comicios (artículo 293.6 C.).

En conclusión, la Sala estableció que las Cajas de Ahorro, de conformidad con lo preceptuado en el artículo 293.6, del texto constitucional,

> [S]on organizaciones de la sociedad civil, pero además persiguen fines que trascienden el interés individual de cada uno de sus miembros, por cuanto aparecen concebidas constitucionalmente como instrumentos de participación ciudadana en lo económico y en lo social, razón por la cual los actos sustancialmente electorales de sus órganos, que resultan de la vigencia en su seno del principio de "control democrático", son susceptibles de ser impugnados mediante los recursos contencioso electorales, pero igualmente pueden ser accionados por los interesados acudiendo a la vía de la acción de amparo autónomo, conforme a lo estatuido en los artículos 27 y 297 de la Constitución, en concordancia con el artículo 2° de la Ley Orgánica de Amparo Sobre Derechos y Garantías Constitucionales[175].

B. Las sociedades mercantiles

El artículo 1651 C.C. establece que si las sociedades revisten una de las formas establecidas para las sociedades mercantiles, entonces adquieren personalidad jurídica y tendrán efecto contra terceros, cumpliendo las formalidades exigidas por el Código de Comercio, el cual regula cuatro tipos básicos de sociedades mercantiles: las sociedades anónimas, las sociedades en nombre colectivo, las sociedades en comandita (simple o por acciones) y las sociedades de responsabilidad limitada.

En todos esos casos, el contrato de sociedad entre los socios debe otorgarse por documento público o privado (art. 211 C. Co.) y debe registrarse en el Registro que debe llevar o el tribunal mercantil respectivo o, si ha sido creado en la jurisdicción, el registro mercantil correspondiente, inscripción que luego debe publicarse en una publicación

---

174 *Idem*.

175 ídem. *V.* además, de la misma Sala Electoral sentencia 149 del 24 de septiembre de 2002, caso: *Ángel García y otros vs. Superintendencia de Cajas de Ahorro*, *Revista de Derecho Público*, N° 89 a 92, Editorial Jurídica Venezolana, Caracas, 2002, p. 226

periódica (art. 212 C. Co.). El Código de Comercio, además, regula con detalle el contenido de las actas constitutivas y estatutos de las diversas formas de sociedades (arts. 213 a 215 C. Co.).

Muchas sociedades mercantiles, sin embargo, están sometidas a regulaciones y controles diversos, según la actividad económica que realicen. En tal sentido se destacan, por ejemplo, las sociedades bancarias y financieras y las sociedades de seguros, reguladas en la Ley General de Bancos y otras Instituciones Financieras[176] y en la Ley de Empresas de Seguros y Reaseguros[177], en las cuales se regulan en detalle diversas condiciones para la constitución de las empresas, entre ellas, la autorización de las Superintendencia de Bancos y de la Superintendencia de Seguros, respectivamente, así como los mecanismos de control que estas instituciones ejercen respecto de las mismas.

3. Las instituciones de derecho privado (base patrimonial): las fundaciones

Por último, dentro de la enumeración de las personas jurídicas de derecho privado que establece el artículo 19 C.C., se destacan las fundaciones, las universalidades de bienes dotadas de personalidad jurídica, es decir, los patrimonios destinados a un fin de utilidad general, y por tal razón protegido por el ordenamiento jurídico mediante la concesión de la personalidad jurídica.

Estas personas jurídicas están reguladas, como sujetos capaces de obligaciones y derechos en el artículo 19.3 C.C. ("fundaciones lícitas de carácter privado"), con la precisión de que adquieren la personalidad, con la protocolización de su acta constitutiva en la oficina subalterna de registro del departamento o distrito en que hayan sido creadas, donde se archivará un ejemplar auténtico de sus estatutos.

Se trata, por tanto, de personas jurídicas de derecho privado, o en la terminología del Código Civil, "de carácter privado", pero que sólo pueden crearse con un objeto de utilidad general: artístico, científico, literario, benéfico o social (art. 20 C.C.). De allí el principio de que todas las fundaciones están sometidas a la supervigilancia del Estado, por intermedio de los respectivos jueces de primera instancia, ante los cuales deben rendir cuenta los administradores (art. 21 C.C.)[178].

Ahora bien, el elemento clave en la creación de una fundación es el elemento patrimonial: la fundación es un patrimonio afectado a un fin de utilidad pública dotado de personalidad, por lo cual no se concibe una fundación sin un patrimonio inicial, configurado por los aportes que los fundadores hacen al ente fundacional, y sin una organización propia, que precise la administración de ese patrimonio. Este aporte inicial se realiza, generalmente, a través de la figura de la donación, como una de las maneras de adquirir la propiedad sobre determinados bienes o derechos. Mediante ésta, el o los fundadores transfieren gratuitamente a la fundación que constituyen una cosa u otro derecho de su patrimonio (art. 1431 C.C.).

---

176 Ley General de Bancos y otras Instituciones Financieras, Decreto Ley Nº 1.526, *Gaceta Oficial* Extra. Nº 5.555 del 13 de noviembre de 2001

177 Ley de Empresas de Seguros y Reaseguros, Decreto Ley Nº 1.545, *Gaceta Oficial* Nº 5.561 Extra. del 28 de noviembre de 2001.

178 *Cfr.* en general, J. Colmenares Martínez, *Régimen legal de las personas jurídicas sin fines de lucro. Las fundaciones,* Valencia, 1995.

Las fundaciones privadas por tanto, son, en principio, aquellas constituidas por particulares, es decir, aquellas cuyos fundadores han sido personas naturales o personas jurídicas de derecho privado particulares, y cuya dirección y administración se rige, como en toda fundación, por lo que dispongan sus estatutos, conservando los particulares, por supuesto, la dirección de la fundación. También se consideran fundaciones privadas, aquellas en cuya constitución, como fundadores, participen personas jurídicas estatales, siempre que sus aportes iniciales al patrimonio en bienes o cantidades sea inferior al 50% del patrimonio fundacional inicial. En efecto, al contrario, conforme al artículo 108 LOAP, las fundaciones se consideran fundaciones del Estado cuando en su acto de constitución participe la República, los estados, los distritos metropolitanos, los municipios o alguno de los entes descentralizados funcionalmente a los que se refiere esta ley, siempre que su patrimonio inicial se realice con aportes del Estado en un porcentaje mayor al 50% (art. 108). De manera que son dos las condiciones que deben cumplirse acumulativamente para que una fundación pueda considerarse como fundación del Estado: por una parte, que en su constitución participen entes públicos y por la otra, que en el patrimonio fundacional *inicial* haya aporte del Estado mayor al 50% del mismo.

Como en toda fundación, el patrimonio de ésta es esencial a su creación, por lo que en el acto fundacional deben precisarse los aportes en bienes o derechos que hacen los fundadores, para configurar ese patrimonio. Además, como toda persona jurídica, el patrimonio inicial de la fundación puede ser incrementado, y quizás deba insistirse en esto, en el sentido de que en las fundaciones, precisamente por su finalidad, ese patrimonio inicial *debe ser* incrementado para el cumplimiento de los fines de utilidad pública. En esta forma, el patrimonio constituido con aportes iniciales de los fundadores, posteriormente puede incrementarse con donaciones de particulares o subsidios otorgados por entes públicos. En ambos casos, si se trata de fundaciones privadas, los subsidios recibidos después de su constitución del Estado, así sean de gran magnitud, no cambian la naturaleza privada de la fundación, aun cuando pueda ello dar origen a controles específicos, para vigilar la aplicación de los subsidios a los fines particulares del ente.

Como resulta de lo anterior, las fundaciones se constituyen o establecen mediante un negocio de derecho privado de carácter unilateral que es el acto de constitución o fundación, el cual puede ser adoptado tanto por personas naturales como por personas jurídicas de derecho privado o de derecho público, estatales y no estatales. Por tanto, no sólo los particulares o las sociedades civiles o mercantiles pueden erigirse en fundadores de estas entidades, sino también las personas jurídicas de derecho público y, en general, las personas estatales.

En cuanto a la fundación privada, por otra parte, una vez constituida la misma, desde el momento en que ésta adquiere personalidad jurídica, queda desligada de los fundadores, pues se trata de una persona jurídica nueva y distinta respecto de quien o quienes la constituyeron, con una organización propia, regida por sus estatutos y dirigida conforme ellos lo determinen.

Por tanto, a partir del momento en el cual se protocoliza el acto fundacional, la fundación comenzará a actuar a través de los órganos que se establezcan en los estatutos respectivos. Por ello el Código Civil exige que en el acta constitutiva se indique expresamente "la forma en que será administrada y dirigida" (art. 19). Por supuesto, el fundador o los fundadores podrían incorporarse al esquema organizativo de la fundación, y aun administrarla y dirigirla, lo cual podrían hacer no por ser "fundadores", sino porque así se establezca en el acto fundacional.

Ahora bien, para el derecho administrativo, las fundaciones tienen una especial importancia pues se trata de personas jurídicas que, aun cuando sean de derecho privado y puedan ser fundadas originalmente por particulares, realizan siempre funciones de utilidad general. Además, se trata de una forma jurídica frecuentemente utilizada por el Estado para la realización de sus propios fines de utilidad general. Es decir, el Estado y los diversos entes públicos que lo componen con frecuencia actúan como fundadores, constituyendo y dirigiendo fundaciones que son, como se dijo, personas jurídicas de derecho privado.

Por otra parte, el Estado también efectúa, con frecuencia, donaciones de importancia a fundaciones constituidas y dirigidas por particulares, para el desarrollo de fines de utilidad general. Este aspecto también interesa al derecho administrativo, pues se trata de subvenciones administrativas, es decir, de la realización de una típica actividad administrativa de fomento a las actividades privadas (subsidios).

En uno u otro caso estamos en presencia de personas jurídicas de derecho privado que siempre realizan una actividad de utilidad pública y que, además, el Estado o las utiliza como instrumento directo de su acción o subvenciona para fomentar actividades particulares. Por eso, diversos mecanismos se han establecido para que el propio Estado, como gestor del interés general, controle a las fundaciones. Este control, sin embargo, varía según la clase de fundación de que se trate.

Como se ha dicho, el control sobre las fundaciones está establecido en el Código Civil, en cuyo artículo 21 se establece:

> Las fundaciones quedarán sometidas a la supervigilancia del Estado, quien la ejercerá por intermedio de los respectivos Jueces de Primera Instancia, ante los cuales rendirán cuenta los administradores.

Al Estado, como gestor del interés general, le interesa que esos patrimonios destinados a esos fines coincidentes de utilidad general, cumplan su cometido. Por ello la "supervigilancia" de las fundaciones que se le atribuye.

Por supuesto, esta actividad del Estado es una típica tarea de orden administrativo, aun cuando se haya asignado la supervigilancia a los jueces de primera instancia en lo civil. Se trata, aquí, de una típica función administrativa realizada por órganos judiciales, que debe materializarse, inclusive, en actos administrativos, y no en sentencias.

Para el ejercicio de estas funciones de control del Estado sobre las fundaciones privadas, el Código Civil establece tres poderes fundamentales de estos jueces de primera instancia en lo civil:

> 1. Recibir la cuenta que los administradores deben rendir (art. 21 C.C.) conforme a los Estatutos de la fundación y de acuerdo al ejercicio de la actividad económica de la misma, que se establezca.
>
> 2. Organizar la administración de la fundación o suplir las deficiencias que ocurran en dicha administración, con el propósito de mantener, en lo posible, su objeto, en caso de que por ausencia, incapacidad o muerte del fundador, o si por cualquiera otra circunstancia no pudiere ser administrada la fundación de acuerdo con sus estatutos (art. 22 C.C.); y
>
> 3. Disponer la disolución de la fundación, oída la administración de la misma, y pasar sus bienes a otra fundación o institución, siempre que se haya hecho imposible o ilícito su objeto (art. 23 C.C.).

Pero las fundaciones privadas, sometidas al control antes mencionado del Estado a través de los jueces de primera instancia en lo civil, pueden recibir subvenciones del Estado y, por esa vía, estar también sometidas a controles adicionales.

En efecto, dentro de las formas de la actividad administrativa se encuentra la actividad administrativa *de fomento,* es decir, la acción del Estado de carácter no coactivo, y que sin sustituir la actividad privada, estimulándola o promoviéndola logra canalizarla hacia los fines de utilidad general que le interesan.

Dentro de las medidas de fomento y que, quizás, son las más utilizadas en nuestro país, deben destacarse las medidas económicas, y entre ellas las subvenciones, a las cuales se hace referencia, en el ordenamiento presupuestario, como subsidio.

Efectivamente, en materia de regulación presupuestaria se identifica a la subvención pública con diversas formas de aportaciones, en dinero, de carácter no reintegrable, que la República hace a personas naturales y jurídicas para la realización de sus fines[179]. Se trata de técnicas de fomento para auxiliar, ayudar, promover, favorecer o estimular actividades privadas, y que consiste en el otorgamiento de una ventaja económica a una persona jurídica que se traduce en la entrega de cantidades de dinero, de carácter no reembolsable, para su destino a una finalidad de interés general.

Ahora bien, el hecho de que una persona jurídica de derecho privado, como una fundación, reciba subsidios de la República previstos en la Ley de Presupuesto (Partida 80, Transferencias), ello no cambia, en absoluto y en forma alguna, la naturaleza jurídico privada de la fundación, aun cuando en general esto conlleva el establecimiento de ciertos mecanismos de control del cumplimiento de la finalidad a la cual se destina la subvención, que pueden ser de orden presupuestario y fiscal, consistentes básicamente en el suministro de información a los entes públicos[180], y que implican: en primer lugar, la obligación legal impuesta a los directivos de las fundaciones privadas que reciban subsidios de la República de informar, a la Contraloría General de la República y al ministerio en cuyo presupuesto se haya previsto el subsidio, acerca del uso de las asignaciones requeridas; y en segundo lugar, la consecuencia del incumplimiento de esa obligación consistente en la eliminación del subsidio.

En cuanto a las funciones de control de la Contraloría General de la República en relación con las fundaciones privadas que reciban subsidios de los entes públicos, en todo

179 Estas subvenciones, conforme al Clasificador de Partidas del Presupuesto, p.ej., resolución N° 25 del 28 de diciembre de 1979 de la Oficina Central de Presupuesto, en *Gaceta Oficial* N° 2.532 Extra, del 31 de diciembre de 1979, son de dos tipos: Becas (Partida 80, subpartida 820) y Subsidios Sociales y Económicos, (Partida 80, sus partidas 830 y 840). Las becas son "subvenciones acordadas" a personas naturales para seguir estudios (subpartidas 820); los subsidios sociales son "subvenciones destinadas al auxilio y estímulo de actividades de índole social realizadas por instituciones públicas o de carácter privado" (subpartida 830); y los "subsidios económicos" a empresas privadas son las "cantidades destinadas a auxiliar empresas y productores privados" (subpartida 842).

180 En efecto, p.ej., la Ley de Presupuesto para el Ejercicio Fiscal de 1981, *Gaceta Oficial* Extra. N° 2.713 del 30 de diciembre de 1980., en su artículo 5° estableció que "Las Instituciones de carácter privado que reciban subsidios en la presente Ley, quedan obligadas a informar semestralmente a la Contraloría General de la República y al Ministerio correspondiente, acerca del uso de las asignaciones requeridas. El incumplimiento de esta disposición acarreará la eliminación del subsidio". En la Ley de Presupuesto para 1982, *Gaceta Oficial* N° 2.893 Extra, del 23 de diciembre de 1981, se formuló este mecanismo de control en forma distinta, ya que se eliminó la obligación de informar impuesta directamente a los organismos privados subsidiados, y se la impuso a los organismos ordenadores de pago (art. 5°). Por otra parte, como dato en la evolución legislativa, debe señalarse que la Ley de Presupuesto Anual para 1981 estableció, en su artículo 22, las consecuencias del incumplimiento de las obligaciones impuestas en la ley, de la manera siguiente: "Artículo. 22. El incumplimiento de los deberes establecidos en esta ley dará lugar a que la Contraloría General de la República inicie la correspondiente averiguación a los fines de la determinación de la responsabilidad administrativa de los infractores".

caso, ellas se limitan a la vigilancia de los mencionados subsidios, a los efectos de que sean invertidos en las finalidades para las cuales fueron efectuados. En tal sentido, la Ley Orgánica de la Contraloría General de la República establece en su artículo 67:

> Los órganos de control fiscal externo están facultados, dentro de los límites de su competencia, para vigilar que los aportes, subsidios y otras transferencias hechas por las entidades sometidas a su control a otras entidades públicas o privadas sean invertidos en las finalidades para las cuales fueron efectuados. A tal efecto, podrán practicar inspecciones y establecer los sistemas de control que estimen convenientes.

Por tanto, puede decirse que las fundaciones privadas a las cuales la República o cualquier persona jurídica estatal otorguen *subsidios* están sujetas al control de la Contraloría en cuanto a la vigilancia de que los mencionados subsidios sean invertidos en las finalidades para las cuales fueron asignados. En tal sentido, el artículo 52 de la Ley Orgánica de la Contraloría General de la República dispone que quienes administren, manejen o custodien recursos de cualquier tipo afectados al cumplimiento de finalidades de interés público, provenientes de los entes y organismos estatales, en la forma de transferencias, subsidios, aportes, contribuciones o alguna otra modalidad similar, están obligados a establecer un sistema de control interno y a rendir cuenta de las operaciones y resultados de su gestión. Los administradores que incurran en irregularidades en el manejo de estos fondos serán sometidos a las acciones resarcitorias y sanciones previstas en dicha ley. Por ello, conforme al artículo 9º de la Ley Orgánica de la Contraloría General de la República, están sujetos a las disposiciones de la ley y al control, vigilancia y fiscalización de la Contraloría General de la República, entre otras, las personas naturales o jurídicas que reciban aportes, subsidios, otras transferencias o incentivos fiscales, o que en cualquier forma intervengan en la administración, manejo o custodia de recursos públicos (ord. 12º). En consecuencia, los "particulares" que administren fundaciones que reciban fondos del Estado, pueden ser objeto de investigaciones por la Contraloría cuando surjan indicios de que han incurrido en errores, omisiones o negligencias en la administración de los subsidios, a los efectos de su aplicación a las finalidades para las cuales se efectuaron, y dichas investigaciones pueden conducir a que se dicte un auto de responsabilidad administrativa en relación con dichos particulares.

Sección Tercera: LAS PERSONAS JURÍDICAS ESTATALES

La distinción entre las personas jurídicas estatales y las personas jurídicas no estatales, como se dijo, obedece al criterio de la integración o no del ente respectivo a la estructura general del Estado, es decir, a su organización administrativa descentralizada, o si se quiere, al sector público, independientemente de la forma de su creación y de las prerrogativas y privilegios del poder público que puedan tener o no atribuidas.

En esta forma, la mayoría de las personas jurídicas de derecho público, pero no todas, son personas jurídicas estatales; y algunas de las personas jurídicas de derecho privado, la minoría, son también personas jurídicas estatales, en el sentido de que forman parte del sector público[181].

---

181 *Cfr.* en general, Ingrid Cancelado Ruíz, "Las personas jurídicas que conforman el sector público (Su clasificación y tratamiento jurídico frente al sector privado)", *Revista de Derecho Administrativo*, Nº 14 Editorial Sherwood, Caracas, 2002, pp. 31 a 77.

I. LAS PERSONAS JURÍDICAS DE DERECHO PÚBLICO ESTATALES

Ante todo, son personas jurídicas estatales las personas jurídicas de derecho público político territorial, es decir, la República, los estados, los municipios, el Distrito Capital y los territorios federales. Las mismas constituyen la columna vertebral de la organización del Estado en sus tres niveles territoriales, conformando el mapa de la división político territorial del mismo. La organización administrativa a través de la cual actúan constituye básicamente el ámbito de la Administración Pública central.

En cuanto a las otras comunidades públicas que con base corporativa (corporaciones de derecho público) son personas de derecho público, no todas ellas son personas jurídicas estatales, en el sentido de que no todas forman parte de la organización general del Estado, ni por tanto del sector público. En particular, ni las comunidades indígenas ni las comunidades religiosas (Iglesias) pueden considerarse estatales. En cambio, las comunidades universitarias nacionales (universidades nacionales) sí son personas jurídicas estatales, pues integran la organización administrativa del Estado, como entidades descentralizadas.

PERSONAS JURÍDICAS ESTATALES

–DE DERECHO PÚBLICO

–Base corporativa (sustrato personal)

- **Corporaciones de derecho público**

Comunidades públicas

–Comunidades políticas: personas político territoriales

–Comunidades universitarias: universidades nacionales

- **Asociaciones de derecho público**

–Mancomunidades

–Asociaciones intergubernamentales

–Base patrimonial (sustrato real)

- **Instituciones de derecho público:**

–Institutos autónomos

–Banco Central de Venezuela

–DE DERECHO PRIVADO

–Base corporativa (sustrato personal)

- **Asociaciones de derecho privado**

–Sociedades civiles del Estado

–Empresas del Estado (sociedades mercantiles del Estado)

–Petróleos de Venezuela S.A. (PDVSA)

–Base patrimonial (sustrato real)

- **Fundaciones del Estado**

En cuanto a las corporaciones públicas, las corporaciones profesionales (colegios profesionales) y las corporaciones académicas (academias nacionales), no forman parte de la organización del Estado ni están sometidas a ningún control de tutela por parte de los órganos de la Administración central. Por tanto, no forman parte de la organización administrativa del Estado, por lo que no son personas jurídicas estatales.

En cuanto a las asociaciones de derecho público, es decir, las mancomunidades y las otras formas derivadas de las asociaciones intergubernamentales, sin duda, forman parte de la organización general del Estado en los niveles territoriales inferiores.

En cuanto a las personas de derecho público de base patrimonial (real) las mismas, integradas por las instituciones de derecho público, es decir, en general los institutos autónomos, sea cual sea la forma que tengan, y en particular, el Banco Central de Venezuela, son personas jurídicas estatales, que integran la Administración Pública descentralizada funcionalmente del Estado (*Tercera parte, § 10*).

II. LAS PERSONAS JURÍDICAS DE DERECHO PRIVADO ESTATALES

Por lo que respecta a las personas jurídicas de derecho privado, las mismas pueden ser o estatales o no estatales, según se constituyan o no por entes públicos y estén o no integradas a la Administración descentralizada del Estado con forma de derecho privado.

Sin embargo, por lo que respecta a las personas jurídicas de derecho privado de base corporativa que constituyen comunidades privadas, como las políticas (partidos políticos), las laborales (sindicatos) y las universitarias (universidades privadas), las mismas no son en forma alguna personas jurídicas estatales, pues no están integradas en forma alguna a la estructura general del Estado ni de su Administración Pública).

En cambio, de base corporativa, como se ha dicho, el Estado utiliza con frecuencia la figura de las asociaciones de derecho privado, en particular constituyendo sociedades civiles (sociedades del Estado) y sociedades mercantiles (empresas del Estado), incluso con único accionista (Petróleos de Venezuela); y de base patrimonial, con frecuencia, el Estado ha recurrido a la creación de fundaciones (fundaciones del Estado); todas las cuales, al estar integradas en la estructura general de la organización del Estado, se consideran personas jurídicas estatales.

Estas personas jurídicas de derecho privado estatales, por otra parte, pueden tener conforme a la Ley Orgánica de Administración Financiera del Sector Público carácter empresarial o no, a cuyo efecto el artículo 7° considera como "entes descentralizados funcionalmente, sin fines empresariales", a las fundaciones y asociaciones civiles del Estado "que no realizan actividades de producción de bienes o servicios destinados a la venta y cuyos ingresos o recursos provengan fundamentalmente del presupuesto de la República"; en cambio, considera como "entes descentralizados con fines empresariales aquéllos cuya actividad principal es la producción de bienes o servicios destinados a la venta y cuyos ingresos o recursos provengan fundamentalmente de esa actividad", como las sociedades mercantiles del Estado (*Tercera parte, § 10*).

En todo caso, la constitución y el funcionamiento de dichos entes: las empresas del Estado, las asociaciones civiles del Estado y las fundaciones del Estado, como parte de la Administración Pública descentralizada, han sido objeto de regulación en la Ley Orgánica de la Administración Pública de 2002, cuyas normas, por la especialidad, privarían sobre las de la Ley de la Administración Financiera del Sector Público.

1. Las sociedades civiles del estado (nacionales)

El artículo 113 LOAP define a las asociaciones y sociedades civiles del Estado como aquéllas en las cuales la República o algún ente descentralizado funcionalmente nacional posea el 50% o más de las cuotas de participación, y aquéllas cuyo monto se encuentre conformado en la misma porción, por aporte de los mencionados entes, siempre que tales aportes hubiesen sido efectuados en calidad de socio o miembro.

La Ley Orgánica de la Administración Pública, por tanto, no regula las sociedades civiles del Estado que puedan constituir los estados, municipios o distritos metropolitanos.

La creación de las asociaciones y sociedades civiles del Estado debe estar autorizada por el Presidente de la República mediante decreto, o a través de resolución dictada por el máximo jerarca del ente descentralizado funcionalmente, que participe en su creación (art. 114). El acta constitutiva de las sociedades civiles del Estado debe indicar el valor de los bienes que integran su patrimonio, así como la forma en que serán dirigidas y administradas (arts. 114 y 111).

Las sociedades civiles del Estado adquieren personalidad jurídica con la protocolización de su Acta Constitutiva en la Oficina del Registro Subalterno correspondiente a su domicilio, donde se debe archivar un ejemplar auténtico de sus estatutos y de la *Gaceta Oficial* de la República donde aparezca publicado el decreto que autorice la creación (art. 114). Dicha acta constitutiva y estatutos de las sociedades civiles del Estado deben ser publicados en la *Gaceta Oficial* de la República, con indicación de los datos de registro (arts. 114 y 110).

Estas asociaciones civiles del Estado, en general, también se rigen por el Código Civil y las demás normas aplicables, salvo lo establecido en la Ley Orgánica (arts. 114 y 113)[182].

2. Las sociedades mercantiles del estado

A Las empresas del estado

El artículo 100 LOAP define a las empresas del Estado como las sociedades mercantiles en las cuales la República, los estados, los distritos metropolitanos y los municipios, o alguno de los entes descentralizados funcionalmente regulados en la Ley Orgánica,

182 En consecuencia, con la Ley Orgánica de la Administración Pública quedaron derogadas parcialmente las normas del decreto ley 677 del 21 de junio de 1985. Con anterioridad, el carácter de empresa del Estado derivaba de la expresión "empresas en las cuales el Estado (es decir, las personas jurídicas estatales) tenga participación decisiva", la cual había sido precisada legislativamente en diversas leyes, aun cuando de manera no uniforme, al establecerse que esa participación debía ser mayor del 50% del capital social o igual o mayor al 50% del capital social. Por otra parte, es de destacar que conforme a las derogadas leyes orgánicas de Régimen Presupuestario, de Crédito Público, y de Salvaguarda del Patrimonio Público, se consideraban empresas del Estado, no solo aquellas en primer grado, es decir, en las que las personas estatales tuvieran la participación mayoritaria en el capital, sino las otras empresas en las cuales las empresas del Estado tuvieran dicha participación (arts. 1.5 y 2.3 y 4,5 respectivamente). Incluso, en las derogadas leyes orgánicas de Régimen Presupuestario y de Salvaguarda del Patrimonio Público expresamente se regulaba la figuras del *holding* público como empresa del Estado, definida como "sociedades de propiedad totalmente estatal, cuya función, a través de la posesión de acciones de otras sociedades, sea coordinar la gestión empresarial pública de un sector de la economía" (art. 1.4 y 4.4, respectivamente).

solos o conjuntamente, tengan una participación mayor al 50% del capital social[183]. Con esta definición quedaron superados todos los erráticos intentos de definición de las empresas del Estado fundados en criterios procesales (competenciales) que caracterizó la jurisprudencia de la Sala Político Administrativa de la antigua Corte Suprema de Justicia, conforme a las previsiones de la derogada Ley Orgánica de la Corte Suprema de Justicia[184].

La Ley Orgánica de la Administración Pública, en consecuencia autoriza a la República, a los estados, a los municipios, a los distritos metropolitanos, para constituir sociedades anónimas y de responsabilidad limitada, incluso como únicos accionistas (art. 103).

La creación de las empresas del Estado debe ser autorizada respectivamente por el Presidente de la República en Consejo de Ministros, los gobernadores y los alcaldes según corresponda, mediante decreto o resolución de conformidad con la ley (art. 101).

Estas empresas del Estado pueden constituirse con un único accionista[185], estableciéndose así, en el artículo 104 LOAP, la excepción al régimen del contrato de sociedad que establece el Código de Comercio para la constitución de sociedades mercantiles. Esta es una innovación en la legislación, ya que las sociedades, en principio, requieren de la participación de dos o más accionistas dado que surgen de un contrato de sociedad. Con anterioridad sólo se destacaba el caso de la constitución de Petróleos de Venezuela S.A. (PDVSA), con la República como única persona accionista[186]; luego, con motivo de la transformación de dos institutos autónomos, el Instituto Venezolano de Petroquímica y la Corporación Venezolana del Petróleo, las leyes respectivas dispusieron la constitución de la empresa Intevep S.A. y Corpoven S.A., como filiales de Petró-

---

183 *V.* en general, sobre las empresas públicas, Jesús Caballero Ortiz, *Las empresas públicas en el derecho venezolano*, Editorial Jurídica Venezolana, Caracas, 1982, pp. 288 a 295; Jesús Caballero Ortiz, "La noción de empresas públicas y de empresa del Estado en el derecho venezolano", *Revista de Derecho Público*, Nº 2, Editorial Jurídica Venezolana, Caracas, 1980, pp. 33 a 36; Jesús Caballero Ortiz, "Desarrollo del sector empresarial público en Venezuela", *Revista de Control Fiscal*, Nº 101, Contraloría General de la Republica, Caracas, 1981, pp. 67 a 105; Enrique Viloria, "Las empresas públicas venezolanas: aspectos más relevantes", *Revista de Control Fiscal*, Nº 100, Contraloría General de la República, Caracas, 1981, pp. 45 a 57; Enrique Viloria, "La organización del sector empresarial público", *Revista de Derecho Público* Nº 4, Editorial Jurídica Venezolana, Caracas, 1980, pp. 19 a 26; Enrique Viloria *V.*, "Las formas jurídicas de las empresas públicas", *Revista de Derecho Público*, Nº 14, Editorial Jurídica Venezolana, Caracas, 1983, pp. 57 a 72; Enrique Viloria *V.*, "Las formas jurídicas de las empresas públicas en Venezuela", *Boletín de la Academia de Ciencias Políticas y Sociales*, año XXXIX, Nº 93 y 94, Caracas, 1983, pp. 115 a 136; Enrique Viloria, "Análisis de la experiencia del holding de empresas públicas con especial referencia al caso venezolano", *Revista de Control Fiscal*, Nº 79, Contraloría General de la República, Caracas, 1975, pp. 7 a 53.; Allan R. Brewer–Carías, *Las empresas públicas en el derecho comparado*, Universidad Central de Venezuela, Caracas, 1967; Régimen jurídico de las empresas públicas en Venezuela, Editorial Arte, Caracas, 1980; "Introducción al estudio del régimen legal de las empresas públicas en Venezuela, *Revista de la Facultad De Derecho*, Nº 21, Universidad Católica Andrés Bello, Caracas, 1975–1976, pp. 83 a 144.

184 *V.* sobre esta definición, la sentencia de la Sala Constitucional 2724 del 18 de diciembre de 2001, caso: *Impugnación del artículo 2º ordinal 9º de la Ley del estatuto Sobre el Régimen de Jubilaciones y Pensiones de los Funcionarios o Empleados de la Administración Pública Nacional, de los Estados y de los municipios* (Consultada en original). *V.* el estudio pormenorizado de toda la evolución jurisprudencial en la materia, en la sentencia de la Sala de Casación Civil del Tribunal Supremo de Justicia del 25 de abril de 2003, caso: *Leonardo Segundo Cenci E. vs. Gobernación del Estado Táchira, Revista de Derecho Público,* Nº 93 a 96, Editorial Jurídica Venezolana, Caracas, 2003, pp. 473 y ss.

185 *Cfr.* Allan R. Brewer–Carías, *Las empresas públicas en el derecho comparado, cit.*, pp. 115 y ss.

186 *Cfr.* Allan R. Brewer–Carías, "Aspectos organizativos de la industria petrolera nacionalizada", *Archivo de Derecho Público y Ciencias de la Administración, Régimen Jurídico de las Nacionalizaciones en Venezuela,* Vol. III, 1972–1979, t. I, Universidad Central de Venezuela, Caracas, 1981, pp. 407 y ss.

leos de Venezuela S.A., esta empresa como única accionista, en el mismo sentido que ha sido única accionista de las diversas empresas operadoras nacionalizadas de la industria petrolera que se constituyeron a partir de 1975.

Ahora bien, conforme a las regulaciones generales de la Ley Orgánica, las empresas del Estado adquieren la personalidad jurídica con la protocolización de su acta constitutiva en el registro mercantil correspondiente a su domicilio, donde se debe archivar un ejemplar auténtico de sus estatutos y de la *Gaceta Oficial* de la República o del medio de publicación oficial correspondiente donde aparezca publicado el decreto que autorice su creación (art. 101).

Conforme al artículo 102 LOAP, todos los documentos relacionados con las empresas del Estado que conforme al Código de Comercio tienen que ser objeto de publicación deben insertarse en la *Gaceta Oficial* de la República o en el correspondiente medio de divulgación oficial de los estados, de los distritos metropolitanos o de los municipios.

Con el cumplimiento de esta obligación la Ley Orgánica de la Administración Pública considera satisfechas las exigencias previstas en el Código de Comercio, sin perjuicio de que la publicación pueda hacerse también en otros medios de comunicación si así lo estima conveniente la empresa. En este último supuesto, debe dejarse constancia del número y fecha de la *Gaceta Oficial* de la República o del medio de divulgación oficial, estadal, del distrito metropolitano o municipal en el cual se hizo la publicación legal (art. 102).

Cuando varias empresas del Estado operen en un mismo sector, o requieran una vinculación aunque operen en diversos sectores, el Presidente de la República, el gobernador y el alcalde correspondiente pueden crear empresas matrices tenedoras de las acciones de las empresas del Estado y de las empresas mixtas correspondientes, sin perjuicio de que los institutos autónomos puedan desempeñar igual función (art. 105).

En todo caso, corresponde al ministro u órgano de adscripción, nacional, estadal, del distrito metropolitano o municipal respectivo, ejercer, según corresponda, la representación del órgano respectivo en la asamblea de accionistas u órganos correspondientes de las empresas del Estado que se encuentren bajo su tutela (art. 120).

En los casos de empresas del Estado nacionales, estadales, de los distritos metropolitanos o municipales con un único accionista, el artículo 104 LOAP dispone que los derechos societarios podrán ser ejercidos, según sea el caso, por la República, los estados, los distritos metropolitanos, los municipios o los entes a que se refiere la Ley Orgánica de la Administración Pública, que sean titulares de las acciones en forma unilateral, sin que ello implique el incumplimiento de las disposiciones pertinentes del Código de Comercio ni las relacionadas con la publicación a que se refiere esta ley.

De forma que, tratándose de personas jurídicas de derecho privado, las empresas del Estado se rigen por la legislación ordinaria, particularmente, la establecida en el Código de Comercio, salvo lo establecido en la Ley Orgánica de la Administración Pública. En el caso de las empresas del Estado creadas por ley nacional también se deben regir igualmente por la legislación ordinaria, salvo lo establecido en la ley (art. 106). Además, evidentemente, la consecuencia de que una persona jurídica societaria de derecho privado se considere legalmente como empresa del Estado, independientemente de la actividad económica que realice, es que la misma además de regirse por el régimen establecido en la Ley Orgánica de la Administración Pública y en el Código de Comercio respecto del régimen de las sociedades anónimas, queda sometida al régimen legal de los organismos gubernamentales o del sector público. Por tanto, estas empresas, en principio, quedan sometidas a las normas sobre régimen presupuestario, sobre crédito público y, en general, sobre Administración Financiera contenidas en la Ley Orgánica de la Administración Financiera, como las relativas a la salvaguarda del patrimonio público contenidas en la Ley contra la Corrupción, y las relativas al manejo y gestión del sector público, como las normas sobre control fiscal[187], y las normas sobre contratación administrativa, tanto sobre selección de contratistas como sobre cláusulas de condiciones generales.

Pero además de poder constituir empresas del Estado, tanto la República, como los estados, los distritos metropolitanos, los municipios y los entes a que se refiere la Ley Orgánica de la Administración Pública, pueden tener participación en todo tipo de sociedades, suscribir o vender acciones e incorporar nuevos accionistas del sector público (art. 103). En los casos de procesos de privatización se debe seguir el procedimiento establecido la Ley de Privatización de 1997 (art. 103)[188].

El ministerio o el órgano estadal o municipal competente en materia presupuestaria debe llevar un registro de la composición accionaria de las empresas donde el Estado tenga participación en su capital social, y remitir semestralmente copia del mismo a la comisión correspondiente de la Asamblea Nacional, de los consejos legislativos, de los cabildos metropolitanos o de los concejos municipales, dentro de los primeros treinta días del semestre siguiente (art. 107).

B. Petróleos de Venezuela s.a. (PDVSA)

Entre las empresas del Estado, constituida como sociedad anónima de capital público, aportado su capital íntegramente por la República, como único accionista, debe mencionase especialmente a Petróleos de Venezuela S. A., no sólo porque fue creada como consecuencia del mandato dispuesto en la antes mencionada Ley que Reserva al Estado la Industria y el Comercio de los Hidrocarburos de 1975[189], sino porque además, a partir de 1999, tiene rango constitucional.

En efecto, el artículo 303 C. dispone que "por razones de soberanía económica, política y de estrategia nacional, el Estado conservará la totalidad de las acciones de Petróleos de Venezuela, S. A., o del ente creado para el manejo de la industria petrolera, exceptuando la de las filiales, asociaciones estratégicas, empresas y cualquier otra que se haya constituido o se constituya como consecuencia del desarrollo de negocios de Petróleos de Venezuela, S. A."

---

187 Ley Orgánica de la Contraloría General de la República y del Sistema Nacional de Control Fiscal, Ley Nº 59, *Gaceta Oficial* Nº 37.347 del 17 de diciembre de 2001.

188 *V.* en *Gaceta Oficial* Nº 5.199 Extra. del 30 de diciembre de 1997. *Cfr.* en general, sobre Petróleos de Venezuela, Allan R. Brewer–Carías, "Consideraciones sobre el régimen jurídico administrativo de Petróleos de Venezuela, S.A.", *Revista de Hacienda* Nº 67, Caracas 1977, p. 79 a 99; íd. "Aspectos organizativos de la industria petrolera nacionalizada en Venezuela", *cit.*, Vol. III, t. I, pp. 407 a 491; y en Marcos Kaplan (Coord.), *Petróleo y Desarrollo en México y Venezuela,* UNAM, México 1981, p. 333 a 432; Allan R. Brewer–Carías, "El proceso jurídico organizativo de la industria petrolera nacionalizada en Venezuela", *Revista de la Facultad de Ciencias Jurídicas y Políticas*, Nº 58, Universidad central de Venezuela, Caracas, 1976, p. 53 a 88; *íd.* "El carácter de Petróleos de Venezuela, S.A. como instrumento del Estado en la industria petrolera", *Revista de Derecho Público*, Nº 23, Editorial Jurídica Venezolana, Caracas, 1985, pp. 77 a 87.

189 *Gaceta Oficial* Nº 1.769 del 29 de agosto de 1975.

Se establece, en esta forma, el carácter de dominio público, y por tanto inalienable, de las acciones de la República en la empresa matriz petrolera, Petróleos de Venezuela S. A. (PDVSA); declaración que, sin embargo, el constituyente expresamente no formuló respecto de las acciones que la propia República o PDVSA puedan tener en filiales, asociaciones estratégicas, empresas y cualquier otra que se haya constituido o se constituya como consecuencia del desarrollo de negocios de la industria.

Petróleos de Venezuela S. A., sin embargo, aun habiendo sido constitucionalizada, continúa siendo una empresa del Estado, sometida preponderantemente a un régimen de derecho privado en tanto que sociedad anónima. Como lo ha señalado la sala Constitucional del Tribunal Supremo:

> Petróleos de Venezuela S.A. y sus compañías filiales tienen un régimen legal que permite diferenciarlas claramente, no sólo de la Administración Pública centralizada y de los institutos autónomos, sino también de otras empresas del Estado. Por tanto, esta Sala debe concluir que la identificación de la naturaleza jurídica de dichas compañías como personas estatales con forma jurídica de derecho privado, plantea, sin duda, como consecuencia, que el régimen jurídico aplicable a las mismas sea un régimen mixto, tanto de derecho público como de derecho privado, aun cuando sea preponderantemente de derecho privado, debido a su forma, pero no exclusivamente, dado que su íntima relación con el Estado, las somete a las reglas obligatorias de derecho público dictadas para la mejor organización, funcionamiento y control de ejecución de la Administración Pública, por parte de los órganos que se integran a ésta o coadyuvan al logro de sus cometidos[190].

3. Las fundaciones del Estado

Conforme al artículo 108 LOAP, son fundaciones del Estado los patrimonios afectados a un objeto de utilidad general, artístico, científico, literario, benéfico, social u otros, en cuyo acto de constitución participe la República, los estados, los distritos metropolitanos, los municipios o alguno de los entes descentralizados funcionalmente a los que se refiere esta ley, siempre que su patrimonio inicial se realice con aportes del Estado en un porcentaje mayor al 50% (art. 108).

Dos son, por tanto, como se ha dicho, las condiciones para que una fundación pueda considerarse como fundación del Estado: por una parte, que se constituya por un ente público, y por la otra, que en el patrimonio fundacional *inicial* haya aporte del Estado mayor al 50% del mismo. Ambas condiciones deben cumplirse acumulativamente. En consecuencia, si en la constitución de una fundación no participa un ente público, la fundación no puede considerarse como fundación del Estado, así posteriormente reciba aportes y subvenciones estatales. Por otra parte, aun si en la constitución de la fundación participa un ente público, si en el patrimonio fundacional *inicial* no hay un aporte del Estado mayor al 50% del mismo, tampoco se puede considerar a la fundación como fundación del Estado.

---

190 *V.* la sentencia 464 del 18 de marzo de 2002, caso: *Interpretación del Decreto de la Asamblea Nacional Constituyente de fecha 30 de enero de 2000*, mediante el cual se suspende por 180 días la negociación de la Convención Colectiva del Trabajo, *Revista de Derecho Público*, Nº 89 a 92, Editorial Jurídica Venezolana, Caracas, 2002, pp. 218 y ss. *Cfr.* en general, Isabel Boscán de Ruesta, "Consideraciones sobre la naturaleza jurídica de Petróleos de Venezuela, S.A.", *Revista de Derecho Público,* Nº 9, Editorial Jurídica Venezolana, Caracas, 1982, pp. 55 a 60.

La creación de las fundaciones del Estado debe ser autorizada respectivamente por el Presidente de la República en Consejo de Ministros, los gobernadores, los alcaldes, según corresponda, mediante decreto o resolución (art. 109).

Las fundaciones del Estado adquieren personalidad jurídica conforme al artículo 19 C.C. con la protocolización de su acta constitutiva en la oficina subalterna de registro correspondiente a su domicilio, donde se debe archivar un ejemplar auténtico de sus estatutos y de la *Gaceta Oficial* de la República o del medio de publicación oficial estadal o municipal correspondiente donde aparezca publicado el decreto o resolución que autorice su creación.

En el acta constitutiva de las fundaciones del Estado se debe indicar el valor de los bienes que integran su patrimonio, así como la forma en que deben ser dirigidas y administradas (art. 111).

El acta constitutiva, los estatutos y cualquier reforma de tales documentos de las fundaciones del Estado deben ser publicados en la Gaceta Oficial de la República o en el respectivo medio de publicación oficial, estadal o municipal, con indicación de los datos correspondientes al registro (art. 110).

Corresponde al ministro u órgano de adscripción nacional, estatal, del distrito metropolitano o municipal respectivo ejercer, según proceda, la representación del órgano respectivo en los órganos correspondientes de las fundaciones del Estado que se encuentren bajo su tutela (art. 120).

Conforme lo indica el artículo 112 LOAP, las fundaciones del Estado se rigen por el Código Civil y las demás normas aplicables, salvo lo establecido en la Ley Orgánica de la Administración Pública o en otras leyes[191].

III. EL CONTROL ESTATAL SOBRE LAS PERSONAS JURÍDICAS ESTATALES: LA POTESTAD DE ADSCRIPCIÓN Y EL CONTROL DE TUTELA

A los efectos de implementar el control de tutela sobre los entes descentralizados, todo instituto autónomo, empresa o fundación, asociaciones y sociedades civiles del Estado se tiene que encontrar adscrito a un determinado ministerio u órgano de la Administración Pública correspondiente y, en ningún caso puede quedar adscrito al despacho del Presidente de la República, del Vicepresidente Ejecutivo, del gobernador o del alcalde (art. 116).

A tal efecto, corresponde al presidente de la República en Consejo de Ministros decretar la adscripción de los institutos autónomos, empresas, fundaciones, asociaciones y sociedades civiles del Estado a los órganos de la Administración Pública central nacional. En dicho decreto, el Presidente, conforme se establece en el artículo 115 LOAP, puede:

---

191 La LOAP, en consecuencia, derogó parcialmente el decreto ley Nº 677 del 21 de junio de 1985 que estableció las Normas sobre las Fundaciones, Asociaciones y Sociedades Civiles del Estado y el control de los aportes públicos a las instituciones privadas, *Gaceta Oficial* Nº 3.574 Extra. Del 21 de junio de 1985. *V.*, en general, Allan R. Brewer–Carías, "El régimen de las fundaciones en el Decreto Nº 41 del 14 de diciembre de 1984" *Revista de Derecho Público,* Nº 20, Editorial Jurídica Venezolana, Caracas, 1984, pp. 96 y ss.

1. Determinar el ministerio de adscripción en los casos en que ello no se encuentre previsto en la ley o acto jurídico de creación del ente descentralizado funcionalmente.
2. Variar la adscripción del ente descentralizado funcionalmente que se encuentre prevista en su correspondiente ley o acto jurídico de creación, de acuerdo a las reformas que tengan lugar en la organización ministerial, y atendiendo, en especial, a la creación o supresión de los ministerios o cambios en sus respectivas competencias.
3. Variar la adscripción de las acciones de uno a otro órgano, o transferir sus acciones a un instituto autónomo o a otro ente descentralizado funcionalmente.
4. Fusionar empresas del Estado y transformar en éstas o en servicios autónomos sin personalidad jurídica, las fundaciones del Estado que estime conveniente.

De acuerdo con el artículo 118 LOAP, en el mes de enero de cada año, los ministerios y órganos de adscripción nacionales, estadales, de los distritos metropolitanos o municipales deben publicar en la *Gaceta Oficial* de la República o en el medio oficial que corresponda la lista de los entes descentralizados adscritos o bajo su tutela, con indicación del monto de la participación, si se tratare de una empresa del Estado y de la conformación de su patrimonio, si se tratare de un instituto autónomo o una fundación del Estado. Igualmente deben indicar los entes que se hallen en proceso de privatización o de liquidación. Este decreto, por tanto, puede considerarse que tiene valor de ley por el poder derogatorio que tiene respecto de las leyes, por ejemplo, la Ley sobre Adscripción de Institutos Autónomos y Fundaciones del Estado dictada por Decreto Ley 370 del 5 de octubre de 1999[192]

Debe señalarse, por otra parte, que la Ley Orgánica de la Administración Pública no regula la potestad de determinar la adscripción de los entes descentralizados funcionalmente en los estados, municipios o distritos metropolitanos, por lo que debe aplicarse analógicamente el régimen anterior, en cuanto que tal atribución corresponde a la autoridad ejecutiva de mayor jerarquía.

En todo caso, los ministerios u otros órganos de control, nacionales, estadales, de los distritos metropolitanos o municipales, respecto de los entes descentralizados funcionalmente que le estén adscritos, tienen las siguientes atribuciones generales indicadas en el artículo 117 LOAP:

1. Definir la política a desarrollar por tales entes, a cuyo efecto formularán las directivas generales que sean necesarias.
2. Ejercer permanentemente funciones de coordinación, supervisión y control.
3. Evaluar en forma continua el desempeño y los resultados de su gestión e informar oportunamente al presidente de la República, gobernador o alcalde, según corresponda.
4. Informar trimestralmente al organismo u órgano, nacional, estadal, del distrito metropolitano o municipal, encargado de la planificación acerca de la ejecución de los planes por parte de los entes.
5. Proponer al presidente de la República, gobernador, o alcalde, según corresponda, las reformas necesarias a los fines de crear, modificar o eliminar las entidades descentralizadas funcionalmente que respectivamente le estén adscritas.
6. Las demás que determinen las leyes nacionales, estadales y las ordenanzas y sus reglamentos.

Conforme al artículo 119, el ministerio u órgano de control, nacional, estadal, del distrito metropolitano o municipal, a cargo de la coordinación y planificación deben de-

192 *V. Gaceta Oficial* Nº 36.889 de fecha 10 de febrero de 2000.

terminar los indicadores de gestión aplicables para la evaluación del desempeño institucional de los entes descentralizados funcionalmente, de conformidad con el reglamento respectivo.

Como instrumento del control de tutela sobre el desempeño institucional de los entes descentralizados, de conformidad con la Ley Orgánica de la Administración Pública se deben suscribir compromisos de gestión entre entes descentralizados funcionalmente y el respectivo ministerio u órgano de adscripción nacional, estadal, del distrito metropolitano o municipal, según el caso (art. 119).

Dichos compromisos de gestión se regulan detalladamente en los artículos 129 y siguientes LOAP, como se señala más adelante.

El artículo 121 LOAP obliga a los entes descentralizados funcionalmente a informar al ministerio u órgano de adscripción, nacional, estadal, del distrito metropolitano o municipal, acerca de toda participación accionaria que suscriban y de los resultados económicos de la misma.

Además, los administradores de los entes descentralizados funcionalmente deben remitir anualmente a los ministerios u órganos de adscripción nacional, estadal, del distrito metropolitano o municipal correspondientes el informe y cuenta de su gestión (art. 121).

Por último, debe indicarse que las empresas y las fundaciones del Estado también pueden ser objeto de intervención, supresión y liquidación de conformidad con las normas previstas en el Código de Comercio y en el Código Civil.

En todo caso, el Presidente de la República, gobernador o alcalde, según corresponda, mediante decreto o resolución correspondiente, debe dictar las reglas que estime necesarias a los fines de la intervención, supresión o liquidación de las entidades mencionadas y debe designar a las personas encargadas de ejecutarlas.

La personalidad jurídica de las entidades descentralizadas funcionalmente debe subsistir para los fines de la liquidación, hasta el final de ésta (art. 128).

Conforme a todo lo anteriormente expuesto, constituye objeto del derecho administrativo el régimen jurídico tanto de las personas jurídicas de derecho público como de las personas jurídicas estatales.

En *primer lugar*, el carácter público de la persona jurídica, derivado de la forma de su creación y de la atribución a la misma, en general, de prerrogativas del poder público, lo cual lleva a que el régimen de dichas personas jurídicas en cuanto a su organización y funcionamiento sea un régimen propio del derecho administrativo pues, además, en general, la actividad que realizan se puede considerar actividad administrativa.

En *segundo lugar*, el carácter estatal de la persona jurídica, derivado de la integración del ente a la organización general del Estado, es decir, a la organización administrativa del mismo, lleva a que el régimen de dichas personas jurídicas, si bien en general sea el del Código Civil y el del Código de Comercio, en cuanto a su organización y funcionamiento sea un régimen con regulaciones esenciales propias del derecho administrativo.

De allí la importancia que tiene para el derecho administrativo el tema de la personalidad jurídica.

LIBRO SÉPTIMO:

SOBRE EL RÉGIMEN GENERAL DE LA CONSTITUCIÓN DE 1999 COMO MARCO DEL DERECHO ADMINISTRATIVO EN VENEZUELA

Este Libro Séptimo está conformado por el estudio preliminar a la obra *La Constitución de 1999 y la Enmienda Constitucional Nº 1 de 1999*, Editorial Jurídica Venezolana, Caracas 2011.

Sección Primera: BREVE APROXIMACIÓN A LA HISTORIA CONSTITUCIONAL DE VENEZUELA

La Constitución de la República Bolivariana de Venezuela, sancionada por la Asamblea Nacional Constituyente el 15 de noviembre de 1999, y aprobada mediante referendo realizado el 15 de diciembre de 1999,[1] formalmente es la Constitución número 26 que se ha dictado en el país desde que el mismo se declaró independiente de España a partir de 1810.

Ello ocurrió, luego de los hechos revolucionarios que depusieron el gobierno colonial en el Cabildo de Caracas el 19 de abril de 1810,[2] mediante la elección del Congreso General de las Provincias Unidas de Venezuela, el cual declaró formalmente los derechos del Pueblo de 1° de julio de 1811,[3] adoptó la declaración formal de independencia

---

1 *V.* el texto en *Gaceta Oficial* (en lo adelante *G.O.*) Nº 5.908 Extra. de 19–02–2009, en la cual se publicó con la Enmienda Nº 1. *V.* el texto en las páginas 361 ss. de este libro. Sobre la Constitución de 1999, véase, en general, Allan R. Brewer–Carías, *La Constitución de 1999,* Editorial Jurídica Venezolana, Caracas, 2000, y *La Constitución de 1999. Derecho constitucional venezolano*, 2 vols. Editorial Jurídica Venezolana, Caracas 2004; Hildegard Rondón de Sansó, *Análisis de la Constitución venezolana de 1999,* Caracas, 2001; Ricardo Combellas, *Derecho Constitucional: una introducción al estudio de la Constitución de la República Bolivariana de Venezuela,* Mc Graw Hill, Caracas, 2001; Alfonso Rivas Quintero, *Derecho Constitucional,* Valencia, 2002; Román Duque Corredor, *Temario de Derecho Constitucional y de Derecho Público,* Legis Caracas, 2008; Tulio Alberto Álvarez, *Instituciones Políticas y Derecho Constitucional,* Tomo I, Ediciones Liber, Caracas, 2008; José Peña Solís, *Lecciones de Derecho Constitucional General, Volumen I, Tomo I y II,* Universidad Central de Venezuela, Caracas, 2008.

2 *V.* Juan Garrido Rovira, *La revolución de 1810*, Universidad Monteávila, Caracas, 2009; Enrique Viloria Vera y Allan R. Brewer–Carías, *La revolución de Caracas de 1810*, Centro de Estudios Ibéricos y Americanos de Salamanca, Caracas 2011.

3 *V.* Allan R. Brewer–Carías, *Las declaraciones de derechos del pueblo y del hombre de 1811*, Academia de Ciencias Políticas y Sociales, Caracas 2011.

el 5 de julio de 1811; y dispuso la subsecuente constitución del Estado de Venezuela como nación independiente mediante la Constitución Federal para los Estados de Venezuela 21 de diciembre de 1811, en el territorio de lo que había sido la antigua Capitanía General de Venezuela. Esa fue, en todo caso, la tercera Constitución republicana del mundo moderno después de la Constitución de los Estados Unidos de América de 1787 y de la Constitución francesa de 1791.[4]

Durante los dos siglos que han transcurrido desde entonces, el Estado venezolano ha estado formalmente regido por 26 textos constitucionales sancionados, sucesivamente, en los años 1811, 1819, 1821, 1830, 1857, 1858, 1864, 1874, 1881, 1891, 1893, 1901, 1904, 1909, 1914, 1922, 1925, 1928, 1929, 1931, 1936, 1945, 1947, 1953, 1961 y 1999.[5]

Ese excesivo número de textos constitucionales, sin embargo, no significa que en el país haya habido, literal y jurídicamente hablando 26 "Constituciones" diferentes. En realidad, la gran mayoría de dichos textos sólo fueron meras enmiendas o reformas parciales de los precedentes, muchas veces provocadas por factores circunstanciales del ejercicio del poder, como la extensión del período constitucional o la reelección, que no incidieron sobre aspectos sustanciales del hilo constitucional. Sin embargo, al no existir en la tradición constitucional venezolana, hasta 1961, el mecanismo formal de reformar las constituciones mediante la introducción de "enmiendas" sin afectar el texto básico (lo cual sólo fue recogido en las Constituciones de 1961 y 1999), para introducir reformas constitucionales incluso no sustanciales, parciales o puntuales se promulgaban sucesivamente textos constitucionales completos, autónomos unos de otros, aún cuando en muchos casos de contenido casi idéntico.

De manera que si analizan globalmente todas estas "Constituciones" en el marco histórico del país, ello pone en evidencia, ante tantos textos, que en realidad, constituciones políticas entendidas como las que conformaron determinados regímenes políticos diferenciados derivados de verdaderos pactos políticos o de imposiciones políticas a la sociedad, diferentes sustancialmente unas de otras, ha habido sólo cinco, que fueron las sancionadas en 1811, 1864, 1901, 1947 y 1999. Esas Constituciones fueron, además, las que marcaron el inicio de los cinco grandes períodos políticos que caracterizan la historia constitucional de Venezuela, cuatro que se sucedieron hasta 1999, y el último, que se si bien se inició en 1999, que aún está en proceso de configuración.[6]

4 Sobre la historia constitucional venezolana véase, en general, José Gil Fortoul, *Historia Constitucional de Venezuela*, 2 Vols. Berlín 1905, 3 vols. Caracas 1953; Ambrosio Oropeza, *Evolución Constitucional de nuestra República*, Caracas, 1944; Pablo Ruggieri Parra, *Historia Política y Constitucional de Venezuela*, 2 tomos, Caracas, 1949; Rafael Arráiz Lucca, *Venezuela: 1830 a nuestros días. Breve historia Política*, Editorial Alfa, Caracas, 2007; Allan R. Brewer–Carías, *Historia Constitucional de Venezuela*, 2 Vols., Editorial Alfa, Caracas, 2008; Irene Loreto González, *Algunos Aspectos de la Historia Constitucional Venezolana*, Academia de Ciencias Políticas y Sociales, Caracas, 2010.

5 Sobre los textos de todas las Constituciones de Venezuela desde 1811 véase Ulises Picón Rivas, *Índice Constitucional de Venezuela*, Caracas, 1944; Luis Mariñas Otero, *Las Constituciones de Venezuela*, Madrid, 1965; Allan R. Brewer–Carías, *Las Constituciones de Venezuela*, Academia de Ciencias Políticas y Sociales, 2 Vols., Caracas, 2008.

6 Sobre la identificación de estos cinco ciclos políticos véase lo que expusimos en *Informe sobre la descentralización en Venezuela 1993, Memoria del Dr. Allan R. Brewer–Carías, Ministro de Estado para la Descentralización (junio 1993 – febrero 1994)*, Caracas 1994, pp. 17 ss.; Allan R. Brewer Carías, *Instituciones Políticas y Constitucionales*, Tomo I, *Evolución histórica del Estado*, Caracas 1996; "La conformación político– constitucional del Estado Venezolano," en *Las Constituciones de Venezuela, cit.*, Tomo I, pp. 23–526; y en *Historia Constitucional de Venezuela, cit.*, Tomo I, pp. 220 ss.

Esas cinco grandes Constituciones que dividen la historia constitucional de Venezuela, fueron en efecto las siguientes: (i) la Constitución Federal para los Estados de Venezuela de 21 de diciembre de 1811, con la cual se constituyó el Estado independiente y marcó el desarrollo posterior de todo el constitucionalismo en el país; (ii) la Constitución de los Estados Unidos de Venezuela de 28 de marzo de 1864; (iii) la Constitución de 26 de marzo de 1901; (iv) la Constitución de 5 de julio de 1947; y (v) la Constitución de la República Bolivariana de Venezuela de 15 de diciembre de 1999, que son las que, a pesar de las reformas puntuales que sufrieron, permiten distinguir en la historia constitucional de Venezuela en los pasados doscientos años cinco períodos constitucionales: el del Estado independiente y autónomo (1811–1864); el del Estado Federal (1864–1901); el del Estado autocrático centralizado (1901–1947); el del Estado democrático centralizado (1947–1999); y el periodo que se inicia en 1999 y que se ha venido configurando como el de un Estado autoritario centralizado.

Debe mencionarse además, que en el proceso de conformación de esos períodos políticos, además del papel fundamental que correspondió a las cinco Constituciones mencionadas que les dieron origen, sin duda, las diversas otras reformas constitucionales sancionadas en los mismos fueron moldeando el régimen constituido, a lo que también contribuyeron los diversos "actos constitucionales" que se produjeron en la historia constitucional al inicio o durante esos períodos como consecuencias de las múltiples rupturas del hilo constitucional que se produjeron en la historia del país, como consecuencia de revoluciones y golpes de Estado que se sucedieron entre 1812 y 1899; luego, entre 1945 y 1958, y posteriormente, en 1999, como consecuencia de las decisiones adoptadas para convocar la Asamblea Nacional Constituyente que se desarrolló ese año, violentando la Constitución de 1961, y por los actos adoptados por ésta contra el orden constitucional existente.[7] Esos actos constitucionales forman también parte importante de la historia política y constitucional del país, y contribuyen a explicar los ciclos histórico políticos mencionados.

I. EL PERÍODO CONSTITUYENTE DEL ESTADO, COMO ESTADO INDEPENDIENTE Y AUTÓNOMO: 1811–1864

El primer período corresponde al de la constitución del Estado y a su estructuración como Estado independiente y autónomo (semi descentralizado) y que se desarrolló entre 1811 y 1863, el cual, a su vez, comprende tres lapsos bien diferenciados: primero, el que corresponde a las dos Constituciones sancionadas en el proceso primario de formación del Estado independiente que fueron, además de la Constitución constitutiva del Estado Federal de 1811, la Constitución llamada de Angostura de 1819, que con acentuado centralismo presentó Simón Bolívar al Congreso de las Provincias reunidas en esa ciudad; segundo, el que corresponde a la República de Colombia, marcado por la Constitución de Colombia sancionada en Cúcuta en 1821, en la cual, igualmente a propuesta de Bolívar, quedaron reunidas en un solo Estado las antiguas provincias de Venezuela,

7 *V.* lo expuesto en Allan R. Brewer–Carías, *Asamblea Constituyente y Ordenamiento Constitucional,* Academia de Ciencias Políticas y Sociales, Caracas 1999*; Poder Constituyente Originario y Asamblea Nacional Constituyente,* Editorial Jurídica Venezolana, Caracas 1999*; Debate Constituyente (Aportes a la Asamblea nacional Constituyente)*, 3 Vols., Fundación de Derecho Público, Editorial Jurídica Venezolana, Caracas, 1999; *Golpe de Estado y proceso constituyente en Venezuela,* Universidad Nacional Autónoma de México, México, 2002.

de Nueva Granada y de Ecuador, en lo que se conoció como la Gran Colombia, en la cual Venezuela fue inmersa; y tercero, el del reestructurado Estado venezolano autónomo que surgió de la Constitución de Venezuela de 1830, luego de la separación de la Gran Colombia, con la cual se consolidó la República conforme a un pacto político centro–federal que le dio sustento, y con el cual tuvo un largo período de vigencia hasta 1864, con reformas parciales en dos oportunidades (1857–1858) y una ruptura del hilo constitucional. Este primer período de la historia constitucional de Venezuela, con esos tres lapsos, concluyó con las guerras federales que se desarrollaron entre 1858–1863.

En este primer período, en todo caso, se sentaron las bases de lo que sería el constitucionalismo venezolano posterior, al adoptarse los principios básicos del constitucionalismo moderno producto de las revoluciones norteamericana y francesa de finales del siglo XVIII[8] antes, incluso que se sancionara la Constitución de la Monarquía Española de Cádiz de 1812.[9]

La Constitución Federal para los Estados de Venezuela de 21 de diciembre de 1811,[10] adoptada por el Congreso General de las Provincias Unidas de Venezuela,[11] en efecto, "fue la primera Constitución *nacional* en el continente americano,"[12] y aún cuando no tuvo vigencia real superior a un año debido al inicio de las guerras de independencia, condicionó la evolución de las instituciones políticas y constitucionales venezolanas hasta nuestros días; habiendo recogido en su texto los principios fundamentales del constitucionalismo moderno, como fueron el carácter mismo de la Constitución como norme suprema, producto de la voluntad popular; el carácter representativo y republicano del gobierno; el principio de la separación de poderes en la organización del Estado; la declaración de derechos del hombre; las bases de la organización territorial del Estado conforme a los principios de federalismo y del municipalismo; y la garantía objetiva de la Constitución, lo que abrió la puerta al posterior desarrollo del control de constitucionalidad. Conforme a esos principios, en sus 228 artículos reguló, entonces, el Poder Legislativo (Arts. 3 a 71), el Poder Ejecutivo (Arts. 72 a 109), el Poder Judicial (Arts. 110 a 118), el régimen de las Provincias (Arts. 119 a 134) y los Derechos del Hombre a ser respetados en toda la extensión del Estado (Arts. 141 a 199). En el Capítulo I, además, se reguló la Religión, proclamándose a la Religión Católica, Apostólica y Ro-

---

8 *V.* Allan R. Brewer–Carías, *Reflexiones sobre la Revolución Americana (1776) y la Revolución Francesa (1789) y sus aportes al constitucionalismo moderno,* Editorial Jurídica Venezolana, Caracas 1991; y *Reflexiones sobre la Revolución Norteamericana (1776), la Revolución Francesa (1789) i la Revolución Hispanoamericana (1810–1830) y sus aportes al Constitucionalismo Moderno*, Universidad Externado de Colombia, Bogotá 2008.

9 *V.* Allan R. Brewer–Carías, "El paralelismo entre el constitucionalismo venezolano y el constitucionalismo de Cádiz (o cómo el de Cádiz no influyó en el venezolano)," en Asdrúbal Aguiar (Coord.), *La Constitución de Cádiz. Hacia los orígenes del Constitucionalismo Iberoamericano y Latino,* Unión Latina–UCAB, Caracas, 2004, pp. 223–331

10 *V.* el texto en Allan R. Brewer–Carías *Las Constituciones de Venezuela, cit.,* Tomo I, pp. 553–581; y en *La Constitución Federal de Venezuela de 1811 y documentos afines,* Biblioteca de la Academia Nacional de la Historia, Caracas, 1959, pp. 79 ss.

11 Las Provincias de la Capitanía General de Venezuela en 1811 eran las siguientes nueve: Caracas, Barinas, Barcelona, Cumaná, Margarita, Mérida, Trujillo, Maracaibo, Guayana. En el Congreso de las Provincias Unidas sólo participaron diputados por las primeras siete provincias. *V.* Juan Garrido Rovira, "La legitimación de Venezuela (El Congreso Constituyente de 1811)," en Elena Plaza y Ricardo Combellas (Coord.), *Procesos Constituyentes y Reformas Constitucionales en la Historia de Venezuela: 1811–1999*, Universidad Central de Venezuela, Caracas, 2005, tomo I, pp. 13–74; y *El Congreso Constituyente de Venezuela*, Bicentenario del 5 de julio de 1811, Universidad Monteávila, Caracas, 2010.

12 *V.* Carlos Restrepo Piedrahita, *Primeras Constituciones de Venezuela y Colombia,* Universidad Externado de Colombia, Bogotá, 1996, p. 21.

mana como la religión del Estado y la única y exclusiva de los habitantes de Venezuela (Art. 1).

En esta Constitución se destaca, ante todo, la consagración de su supremacía, fuera del alcance del legislador ordinario, lo que se plasmó expresamente en su artículo 227 al indicar que:

> "Las leyes que se expidan contra el tenor de ella no tendrán ningún valor sino cuando hubieren llenado las condiciones requeridas para una justa y legítima revisión y sanción."

En el mismo sentido, luego de la enumeración de los derechos del hombre, el artículo 199 de la Constitución de 1811 precisó que dichos derechos:

> "Están exentos y fuera del alcance del poder general ordinario del gobierno y que, conteniendo o apoyándose sobre los indestructibles y sagrados principios de la naturaleza, toda ley contraria a ellos que se expida por la legislatura federal o por las provincias será absolutamente nula y de ningún valor."

La Constitución por otra parte, conforme al concepto moderno, fue producto de la soberanía del pueblo, expresada a través de la representación nacional, indicando en su propio texto la definición de la propia soberanía popular, así:

> *Artículo 143.* Una sociedad de hombres reunidos bajo unas mismas leyes, costumbres y gobiernos forma una soberanía.
>
> *Artículo 144.* La soberanía de un país, o supremo poder de reglar o dirigir equitativamente los intereses de la comunidad, reside, pues esencial y originalmente en la masa general de sus habitantes y se ejercita por medio de apoderados o representantes de éstos, nombrados y establecidos conforme a la Constitución.

Por ello, agregó la Constitución de 1811 que:

> *Artículo 146.* Ningún individuo, ninguna familia, ninguna porción o reunión de ciudadanos, ninguna corporación particular, ningún pueblo, ciudad o partido, puede atribuirse la soberanía de la sociedad que es imprescindible, inajenable e indivisible, en su esencia y origen, ni persona alguna podrá ejercer cualquier función pública del gobierno si no la ha obtenido por la Constitución" (Art. 146).

En definitiva, siendo el sistema de gobierno netamente republicano y representativo, la Constitución de 1811 estableció que:

> *Artículo 149.* La Ley es la expresión libre de la voluntad general de la mayoría de los ciudadanos, indicada por el órgano de sus representantes legalmente constituidos."

Para la conformación de dicho gobierno, la Constitución se redactó sobre la base del principio de la separación de poderes disponiendo en el Preámbulo que:

El ejercicio de la autoridad confiada a la Confederación no podrá jamás hallarse reunido en sus diversas funciones. El Poder Supremo debe estar dividido en Legislativo, Ejecutivo y Judicial, y confiado a distintos cuerpos independientes entre sí y en sus respectivas facultades.

Además, el artículo 189 insistía en que:

> Los tres Departamentos esenciales del Gobierno, á saber: el Legislativo, el Ejecutivo y el Judicial, es preciso que se conserven tan separados e independientes el uno del otro cuanto lo exija la naturaleza de un gobierno libre lo que es conveniente con la cadena de conexión que liga toda fábrica de la Constitución en un modo indisoluble de Amistad y Unión.

Así, en cuanto al Poder Legislativo, en el Capítulo II se lo reguló, atribuyéndoselo al Congreso General de Venezuela, dividido en dos Cámaras, la de Representantes y el Senado (Art. 3); con normas destinadas a regular el proceso de formación de las leyes (Arts. 4 a 13); la forma de elección de los miembros de la Cámara de Representantes y del Senado (Art. 14 a 51) con una regulación detallada del proceso de elección de manera indirecta en congregaciones parroquiales (Art. 26) y en congregaciones electorales (Art. 28); sus funciones y facultades (Art. 52 a 66); el régimen de las sesiones de las Cámaras (Art. 67 a 70); y sus atribuciones especiales (Art. 71).

En particular, en cuanto al órgano legislativo, se le asignó la función de elaborar las leyes, al establecer en su Sección Tercera que:

> *Artículo 3*. La ley se forma por la expresión libre y solemne de la voluntad general, y ésta se expresa por los apoderados que el pueblo elige para que representen sus derechos."

En esta misma orientación, en el artículo 149 de la Constitución de 1811 se estableció:

> *Artículo 149*. La ley es la expresión libre de la voluntad general o de la mayoría de los ciudadanos, indicada por el órgano de sus representantes legalmente constituidos. Ella se funda sobre la justicia y la utilidad común y ha de proteger la libertad pública e individual contra toda opresión o violencia.

En el Capítulo III se reguló al Poder Ejecutivo en forma plural, el cual se dispuso que residiera en la ciudad federal, estando "depositado en tres individuos elegidos popularmente" (Art. 72) por las Congregaciones Electorales (Art. 76) por listas abiertas (Art. 77). En el Capítulo no sólo se reguló la forma de elección del triunvirato (Arts. 76 a 85), sino qué se definieron las atribuciones del Poder Ejecutivo (Arts. 86 a 99) y sus deberes (Arts. 100 a 107). De acuerdo a la forma federal de la Confederación, se reguló la relación entre los Poderes Ejecutivos Provinciales y el Gobierno Federal, indicándose que aquéllos eran, en cada Provincia, "los agentes naturales e inmediatos del Poder Ejecutivo Federal para todo aquello que por el Congreso General no estuviere cometido a empleados particulares en los ramos de Marina, Ejército y Hacienda Nacional" (Art. 108).

Por último, en cuanto al Poder Judicial, el Capítulo IV se destinó a regularlo, depositándolo en una Corte Suprema de Justicia (Arts. 110 a 114) con competencia originaria entre otros, en los asuntos en los cuales las Provincias fueren parte interesada y competencia en apelación en asuntos civiles o criminales contenciosos (Art. 116).

Por otra parte, en la Constitución federal se incorporó un *Capítulo VIII* dedicado a los "Derechos del Hombre que se reconocerán y respetarán en toda la extensión del Estado," distribuidos en cuatro secciones: Soberanía del pueblo (Arts. 141 a 159), Derechos del hombre en sociedad (Arts. 151 a 191), Derechos del hombre en sociedad (Arts. 192 a 196) y Deberes del cuerpo social (Arts. 197 a 199). Dichos derechos, se complementaron, por otra parte, con diversas previsiones incorporadas en el Capítulo IX sobre Disposiciones Generales.

En la *Primera Sección* sobre "Soberanía del pueblo," se precisan los conceptos básicos que en la época originaban una república, comenzando por el sentido del "pacto social" (artículos 141 y 142). La Sección continúa con el concepto de soberanía (Art. 143) y de de su ejercicio mediante representación (Art. 144–146), el derecho al desempeño de empleos públicos en forma igualitaria (Art. 147), con la proscripción de privilegios o títulos hereditarios (Art. 148), la noción de la ley como expresión de la voluntad general (Art. 149) y la nulidad de los actos dictados en usurpación de autoridad (Art. 150).

En la *Segunda Sección* sobre "Derechos del hombre en sociedad," al definirse la finalidad del gobierno republicano (Art. 151), se enumeran como tales derechos a la libertad, la igualdad, la propiedad y la seguridad (Art. 152), y a continuación se detalla el contenido de cada uno: se define la libertad y sus límites solo mediante ley (Art. 153–156), la igualdad (Art. 154), la propiedad (Art. 155) y la seguridad (Art. 156). Además, en esta sección se regulan los derechos al debido proceso: el derecho a ser procesado solo por causas establecidas en la ley (Art. 158), el derecho a la presunción de inocencia (Art. 159), el derecho a ser oído (Art. 160), el derecho a juicio por jurados (Art. 161). Además, se regula el derecho a no ser objeto de registro (Art. 162), a la inviolabilidad del hogar (Art. 163) y los límites de las visitas autorizadas (Art. 165), el derecho a la seguridad personal y a ser protegido por la autoridad en su vida, libertad y propiedades (Art. 165), el derecho a que los impuestos sólo se establezcan mediante ley dictada por los representantes (Art. 166), el derecho al trabajo y a la industria (Art. 167), el derecho de reclamo y petición (Art. 168), el derecho a la igualdad respecto de los extranjeros (Art. 168), la proscripción de la irretroactividad de la ley (Art. 169), la limitación a las penas y castigos (Art. 170) y la prohibición respecto de los tratos excesivo y la tortura (Arts. 171–172), el derecho a la libertad bajo fianza (Art. 174), la prohibición de penas infamantes (Art. 175), la limitación del uso de la jurisdicción militar respecto de los civiles (Art. 176), la limitación a las requisiciones militares (Art. 177), el régimen de las milicias (Art. 178), el derecho a portar armas (Art. 179), la eliminación de fueros (180) y la libertad de expresión de pensamiento (Art. 181). La Sección concluye con la enumeración del derecho de petición de las Legislaturas provinciales (Art. 182) y el derecho de reunión y petición de los ciudadanos (Art. 183–184), el poder exclusivo de las Legislaturas de suspender las leyes o detener su ejecución (Art. 185), el poder de legislar atribuido al Poder Legislativo (Art. 186), el derecho del pueblo a participar en la legislatura (Art. 187), el principio de la alternabilidad republicana (Art. 188), el principio de la separación de poderes entre el Legislativo, el Ejecutivo y el Judicial (Art. 189), el derecho al libre tránsito entre las provincias (Art. 190), el fin de los gobiernos y el derecho ciudadano de abolirlos y cambiarlos (Art. 191).

En la *Sección Tercera* sobre "Deberes del hombre en sociedad," donde se establece la interrelación entre derechos y deberes (Art. 192), la interrelación y limitación entre los derechos (Art. 193), los deberes de respetar las leyes, mantener la igualdad, contribuir a los gastos públicos y servir a la patria (Art. 194), con precisión de lo que significa ser buen ciudadano (Art. 195), y de lo que significa violar las leyes (Art. 196).

En la *Sección Cuarta* sobre "Deberes del Cuerpo Social," donde se precisa las relaciones y los deberes de solidaridad social (Art. 197–198), y se establece en el artículo 199, la declaración general sobre la supremacía y constitucional y vigencia de estos derechos, y la nulidad de las leyes contrarias a los mismos.

Por último, en cuanto a la organización constitucional del Estado, en la Constitución de 1811, como resulta de su propia denominación, se adoptó la forma federal que se había concebido con motivo de la Revolución Norteamericana, como fórmula para unir las diversas provincias. Se estableció, así, una Federación de Provincias, regulándoselas someramente, pues las Legislaturas Provinciales debían dictar las propias Constituciones Provinciales. Para ello, en el "Preliminar" de la Constitución se regularon las "Bases del Pacto Federativo que ha de constituir la autoridad general de la Confederación," donde se precisó la distribución de poderes y facultades entre la Confederación y los Estados confederados (las Provincias). Se estableció, en esta forma, por primera vez en el constitucionalismo moderno, después de su creación en la Constitución de los Estados Unidos de Norteamérica, una forma federal para un nuevo Estado, conforme al siguiente esquema:

> En todo lo que por el Pacto Federal no estuviere expresamente delegado a la Autoridad general de la Confederación, conservará cada una de las Provincias que la componen su Soberanía, Libertad e Independencia; en uso de ellas tendrán el derecho exclusivo de arreglar su Gobierno y Administración territorial bajo las leyes que crean convenientes, con tal que no sean de las comprendidas en esta Constitución ni se opongan o perjudiquen a los Pactos Federativos que por ella se establecen.

En cuanto a las competencias de la Confederación "en quien reside exclusivamente la representación Nacional," se dispuso que estaba encargada de:

> Las relaciones extranjeras, de la defensa común y general de los Estados Confederados, de conservar la paz pública contra las conmociones internas o los ataques exteriores, de arreglar el comercio exterior y el de los Estados entre sí, de levantar y mantener ejércitos, cuando sean necesarios para mantener la libertad, integridad e independencia de la Nación, de construir y equipar bajeles de guerra, de celebrar y concluir tratados y alianzas con las demás naciones, de declararles la guerra y hacer la paz, de imponer las contribuciones indispensables para estos fines u otros convenientes a la seguridad, tranquilidad y felicidad común, con plena y absoluta autoridad para establecer las leyes generales de la Unión y juzgar y hacer ejecutar cuanto por ellas quede resuelto y determinado.

En todo lo no atribuido a la Confederación, la competencia entonces correspondía a las Provincias se concibieron como "Estados Soberanos," correspondiéndoles a ellos, en sus respectivas Constituciones, disponer sus poderes y en particular la organización territorial interna de las mismas.

Como se dijo, todos estos principios del constitucionalismo condicionaron el proceso posterior, habiendo dominado estado este primer ciclo político constitucional del Estado independiente y autónomo semi descentralizado, por los hombres que conformaron la generación de la independencia, con líderes civiles como Juan Germán Roscio, Francisco Javier Ustáriz y Francisco Iznardi; y líderes militares como Francisco de Miranda, Simón Bolívar, José Antonio Páez. El proyecto que lo caracterizó fue la construcción e implantación de un Estado nuevo, fundado en las excolonias españolas, basado, en cuanto a la forma del Estado, en la organización de las Provincias que nos quedaron como legado del régimen español; Provincias que se habían desarrollado en el sistema colonial como organizaciones administrativas altamente descentralizadas. Precisamente, fue por esa enorme descentralización y autonomía provincial que existía en los territorios de la Capitanía General de Venezuela que, como forma para estructurar un Estado nuevo –que fue lo que se propuso ese liderazgo político–, se escogió el esquema federal.

Por ello, puede decirse que Venezuela como Estado Independiente, nació bajo una forma federal de Estado, porque, entre otros factores, en el constitucionalismo de la época no había otra forma para construir un Estado con base en la estructura político territorial de excolonias descentralizadas. La "Confederación de los Estados de Venezuela," por ello, fue el esquema político tomado de la experiencia norteamericana para unir lo que estaba y había estado siempre desunido, salvo precariamente en los treinta años anteriores a la Independencia, a raíz de la creación, en 1777, de la Capitanía General de Venezuela, que comprendía el grupo de Provincias que conformaron el territorio del Estado; pero en todo caso, incomunicadas entre sí, y altamente disgregadas.

La progresiva instauración de un Poder Central dentro de las vicisitudes iniciales de la Guerra de Independencia, antes y después de la separación de la Gran Colombia, llevaron al nuevo liderazgo que sucedió al de la Independencia y sus sucesores, y que asumió el control del Estado a partir de 1830, a no entender los cambios que habían provocado, y a pretender aplicar, a finales de la década de los cincuenta del siglo XIX, los mismos criterios políticos iniciales, como si no hubieran transcurrido casi tres décadas de vida republicana. Precisamente, hacia fines de la década de los cincuenta del siglo XIX, fue la lucha entre el poder central que había sido construido por los propios líderes regionales en el gobierno, y el poder regional, que se había afianzado en las provincias, lo que provocó la ruptura del sistema, culminando con las Guerras Federales (1858–1863). No faltaron, en ese período de crisis, reformas constitucionales en 1857 y 1858, las cuales en nuestra historia, siempre han sido el preludio del derrumbe de los sistemas.

Así, la Constitución se reformó en 1857 y 1858 y de allí, en medio de la guerra, no hubo más remedio que llamar al prócer, al que había estado actuando en la vida política del país desde la Independencia, y la había dominado por completo desde 1830: José Antonio Páez. Fue llamado como el salvador del país, y la realidad fue que no duró sino meses en el poder, incluso asumiendo una dictadura, acabando definitivamente con el sistema, y concluyendo la última fase de las Guerras Federales.

II. EL PERÍODO DE LA CONSOLIDACIÓN DEL ESTADO FEDERAL: 1864–1899

El *segundo* período en la historia constitucional de Venezuela (1863–1901), corresponde al de la federalización del Estado, el cual fue marcado por la Constitución que configuró el Estado Federal (1864), producto de una Asamblea Constituyente convocada al concluir las guerras federales,[13] bajo cuya fórmula se desarrolló la autocracia liberal, con modificaciones parciales en múltiples ocasiones (1874, 1881, 1891, 1893). Este período concluyó con la Revolución Liberal Restauradora de 1899 y las "guerras" libradas contra los caudillos regionales.

En efecto, del derrumbe del Estado autónomo semi descentralizado del primer período, surgió una nueva estructuración constitucional del Estado, con un nuevo liderazgo político en el poder y un nuevo proyecto político, que fue el del Estado Federal. El cambio fue radical, habiendo asumido el poder los líderes y caudillos regionales que habían venido confrontando el poder central, como Juan Crisóstomo Falcón, Ezequiel Zamora y Antonio Guzmán Blanco, desconocidos hasta entonces. El último, sin embargo, dominaría el país por varias décadas, en una alianza constitucional que fue tejiendo con los caudillos regionales, y que duraría hasta comienzos del Siglo XX.

Lo cierto es que en 1863 surgió un nuevo sistema político, un nuevo liderazgo, un nuevo Estado y un nuevo proyecto político. El anterior sistema fue barrido y comenzó

---

13 *V.* en general, Rafael Lugo Felice, "Proceso Constituyente de 1863," en Elena Plaza y Ricardo Combellas (Coord.), *Procesos Constituyentes y Reformas Constitucionales en la Historia de Venezuela: 1811–1999*, Universidad Central de Venezuela, tomo I, Caracas, 2005, pp. 225–264

la instauración de uno nuevo, en este caso, basado en la forma federal del Estado, con una disgregación extrema del Poder.

Este período, después del armisticio de 1863 que puso fin a la guerras, se inició constitucionalmente con la sanción por una Asamblea Constituyente, de la Constitución de los Estados Unidos de Venezuela la cual estableció, formalmente, a la forma federal del Estado venezolano, distribuyendo territorialmente el poder de la República en entidades federales autónomas con gobierno propio elegido por sufragio directo y secreto (Artículos 13 y 22), confinándose el Poder Nacional a un Distrito Federal, como territorio neutro (Artículos 13,3; 43,2; 72,20 y 84).[14]

Para ello, las 19 provincias que conformaban el territorio, producto de la subdivisión de las 9 Provincias iniciales de 1811,[15] en efecto, se unieron "para formar una Nación libre y soberana, con el nombre de Estados Unidos de Venezuela," denominación que perdurará hasta la Constitución de 1947, cambiándose a partir de 1953 por la de República de Venezuela. Las Provincias, así, comenzaron a denominarse Estados, y en las "Bases de la Unión," fórmula que perduró hasta la Constitución de 1945 y que se eliminó a partir de 1947, aquellos Estados se comprometieron a una serie de postulados donde estaban expuestas las bases de este Pacto Federal o más bien, el pacto regional caudillista federalista que daba soporte al Estado Nacional y al poder central, y que se manifestó particularmente en la organización de las fuerzas armadas. Estas estaban formadas por "la milicia ciudadana que organizaban los Estados," compuesta, "con individuos voluntarios, con un contingente proporcionado que dará cada Estado llamando al servicio a los ciudadanos que deban prestarlo conforme sus leyes," no pudiendo en ningún caso el Gobierno Nacional "situar en un Estado fuerza ni jefes militares con mando, que no sean el mismo Estado, ni de otro, sin el permiso del Gobierno del Estado en que se deba situar la fuerza (Arts. 94, 100). La ausencia de un Ejército Nacional, y la consolidación de las milicias regionales irregulares bajo el comando de los caudillos regionales, era sin duda lo que daba, a través de este pacto de señores regionales feudales, soporte al poder nacional.

El establecimiento formalmente de la Federación implicó, por supuesto, una distribución vertical del Poder Público, entre el que tenían los Estados "independientes" y el que se atribuían, en las Bases de la Unión, a la Nación, eliminándose toda referencia al Poder Municipal que se había incorporado en las reformas de 1857 y 1858, el cual quedó atribuido a los Estados en el establecimiento de "la reglas fundamentales de su régimen y gobierno interior" (Artículo 13, Constitución de 1864). La Federación de 1864, en todo caso, tuvo formalmente elementos particulares que la apartaron del modelo norteamericano, habiendo tenido desde el inicio una marcada carga centralista, por ejemplo en materia legislativa, al comprometerse los Estados en las Bases de la Unión, "a tener para todos ellos una misma legislación sustantiva, civil y criminal" (Art. 13,22), con lo cual desde el mismo inicio del proceso legislativo de Venezuela, los Códigos fundamentales fueron y siguen siendo nacionales, y nunca se dictaron por los Estados. En el esquema federal debe mencionarse, sin embargo, que el Poder Judicial correspondía básicamente a los Estados.

---

14 *V.* en general A. R. Brewer–Carías, *El Régimen de Gobierno Municipal en el Distrito Federal Venezolano*, Caracas, 1965.

15 De acuerdo con el artículo 1° de la Constitución, esas Provincias fueron: "Apure, Aragua, Barcelona, Barinas, Barquisimeto, Carabobo, Caracas, Coro, Cumaná, Guárico, Guayana, Maracaibo, Maturín, Mérida, Margarita, Portuguesa, Táchira, Trujillo y Yaracuy."

Antonio Guzmán Blanco, como se dijo, fue *primus inter pares* en el sistema político que dominaron los caudillos regionales, y entre otros instrumentos, en los primeros lustros del período, gobernó a través de lo que se llamaron las Conferencias de Plenipotenciarios, que no eran otra cosa que la reunión de los diversos caudillos regionales en Caracas, para resolver los grandes problemas del país; un país, además, paupérrimo, endeudado y sometido progresivamente a una autocracia central que se había venido construyendo a su sombra, que al ser abandonada por el "Gran Civilizador," quien se retiró a Francia, produjo el progresivo deterioro del debilitado Poder Central.

En esas décadas y con innumerables revoluciones y rupturas, producto de la lucha por el poder, la Constitución Federal fue objeto de varias reformas, a cargo de Congresos constituyentes y plenipotenciarios, generalmente puntuales, incidiendo en el sistema electoral y la duración de los períodos constitucionales, en 1874 y en 1881. La Constitución de este último año fue denominada como la Constitución "Suiza"[16] por la creación en ella de un Consejo Federal para integrar formalmente a los caudillos regionales al poder. En esta Constitución, además, se agruparon los 20 Estados de la Federación en 9 grandes Estados, pasándose a denominar como "secciones" a los viejos Estados agrupados (Art. 1 a 4); iniciándose así el proceso de centralización formal del federalismo.

La última década del Siglo XIX, con Guzmán fuera del país, también estuvo signada por las reformas constitucionales de 1891 y 1893, entre otros factores y como ha sido una constante en nuestra historia, para extender el período constitucional. Sin embargo, la crisis política derivada de la confrontación liberal de los liderazgos regionales no se podía resolver con reformas constitucionales; el problema era el del deterioro general del sistema, entre otros factores, por la lucha sin cuartel entre el Poder Central y los caudillos regionales. En particular, la reforma constitucional de 1893 reconstituyó la antigua división político territorial de la República de los Estados, eliminó el Consejo Federal y elevó el período constitucional del Presidente a cuatro años (Art. 71), y estableció por primera vez a nivel constitucional "la autonomía del Municipio y su independencia del poder político del estado en todo lo concerniente a su régimen económico y administrativo" (Art. 13.2). Al pretender ejercer el Presidente de la Republica en 1899 la atribución de designar Presidente provisionales de las Secciones territoriales en proceso de ser reorganizadas como Estados, provocó el levantamiento en armas del General Cipriano Castro en el Estado Táchira, quien a la cabeza de la Revolución Liberal Restauradora, tomó a Caracas en 1899,[17] concluyendo con ella, el ciclo histórico del Estado Federal, dándose inicio al tercer período del Estado autocrático centralizado.

16 *V.* en general, Elide Rivas, "El proceso constituyente y la Constitución de 1881. Un federalismo a la Suiza," en Elena Plaza y Ricardo Combellas (Coord.), *Procesos Constituyentes y Reformas Constitucionales en la Historia de Venezuela: 1811–1999*, Universidad Central de Venezuela, Tomo I, Caracas, 2005, pp. 317–339.

17 *V.* Ramón J. Velásquez, *La Caída del Liberalismo Amarillo, Tiempo y Drama de Antonio Paredes*, Caracas, 1973, pp. 206 ss., y 242 ss.; Ángel Zerpa Aponte, "Los procesos constituyentes de 1892 y 1893: La constitucionalización de la "caída del liberalismo amarillo," en Elena Plaza y Ricardo Combellas (Coord.), *Procesos Constituyentes y Reformas Constitucionales en la Historia de Venezuela: 1811–1999*, Universidad Central de Venezuela, Tomo I, Caracas, 2005, pp. 341–412.

III. EL PERÍODO DE LA CENTRALIZACIÓN DEL ESTADO Y DE LA AUTOCRACIA: 1901–1945

El tercer período constitucional de Venezuela que abarca desde 1901 a 1945, que corresponde a la consolidación del Estado Nacional, signado por las Constituciones que dieron forma al Estado autocrático centralizado, comenzando con la Constitución de 1901,[18] que revirtió la estructura federal, y sus sucesivas reformas de 1904, 1909, 1914, 1922), alcanzando su versión más acabada en la reforma de 1925, producto de la dictadura de Juan Vicente Gómez, que ya se había consolidado como una dictadura "petrolera," la cual a su vez, fue reformada parcialmente en varias ocasiones (1928, 1929, 1931), incluso al final de la época del predominio de los gobernantes andinos (1936–1945). Este período concluyó con la Revolución de Octubre de 1945.

En efecto, la Revolución Liberal Restauradora de 1899, como se señaló, paradójicamente se inició en defensa de la soberanía de los Estados que se pensaba lesionada con la designación provisional de los Presidentes de los mismos por el Gobierno Central. Por ello, la protesta de Cipriano Castro, que provocó su primera proclama, fue contra las decisiones del Congreso Nacional respecto al nombramiento provisional por el Presidente de la República, de los Presidentes de los Estados que se habían recién reinstaurado, después de que en la época de Guzmán Blanco se habían convertido en "secciones" de agrupaciones territoriales mayores.[19] Pero esa idea original, supuestamente federalista, se desvirtuaría con el texto constitucional de 1901, aprobado por una Asamblea Constituyente, y por supuesto con las ejecutorias posteriores del propio caudillo de los Andes, Juan Vicente Gómez, como motivo de la revolución, y con una "evolución dentro de la misma causa" a la salida de Castro del Poder en 1908, – enjuiciado por la Corte Federal y de Casación –, con lo que se puso fin, definitivamente, al ciclo del Estado Federal, dándose inicio a un nuevo ciclo histórico en nuestra vida política signado por la centralización política en todos los órdenes,[20] el ciclo del Estado Autocrático Centralizado, que se inició a comienzos del presente siglo, concluyendo en 1945.

Luego del triunfo de la revolución, una Asamblea Nacional Constituyente sancionó, como se dijo, una nueva Constitución, la de 1901, en la cual, se elevó a seis años el período constitucional (Art. 73); se eliminó el sufragio universal, al colocar en manos de los Concejos Municipales la elección del Presidente de la República (Art. 82), cuyos poderes se aumentaron (Art. 89), eliminando el Consejo de Gobierno; y se dispuso la formal división del Poder Público, entre "el Poder Federal y el Poder de los Estados" (Art. 29), acrecentando sin embargo, las competencias y facultades de los órganos del Poder Federal. Con esta Constitución de 1901, además, se centralizó el Ejército, al desaparecer del texto constitucional la norma que en el período del Estado federal prohibía al Gobierno nacional situar en los Estados fuerzas o jefes con mando. Con ello se na-

18 *V.* en general, Ángel Zerpa Aponte, "El primer proceso constituyente del Siglo XX: La Constituyente de 1901," en Elena Plaza y Ricardo Combellas (Coord.), *Procesos Constituyentes y Reformas Constitucionales en la Historia de Venezuela: 1811–1999*, Universidad Central de Venezuela, Tomo II, Caracas, 2005, pp. 419–449.

19 *V.* la proclama del General Cipriano Castro al iniciar la Revolución Liberal Restauradora el 24 de mayo de 1899, en *Programas Políticos Venezolanos de la Primera Mitad del siglo XX* (Ed. Naudy Suárez Figueroa), tomo I, Caracas, 1977, p. 31.

20 *V.* Allan R. Brewer–Carías, "El desarrollo institucional del Estado Centralizado en Venezuela (1899–1935) y sus proyecciones contemporáneas" en *Revista de Estudio de Administración Local Autonómica*, N° 227, Madrid, 1985, pp. 487 a 514 y N° 228, Madrid, 1985, pp. 695 a 726.

cionalizaron las armas y la guerra, lo que se consolidó en la reforma constitucional de 1904, donde se afirmó que "todos los elementos de guerra pertenecen a la Nación."

A la centralización militar siguió la centralización fiscal, que progresivamente se fue acentuando con motivo del inicio de la explotación petrolera, y de la facultad que los Estados delegaron expresamente en el Congreso para crear y organizar la renta básica de los mismos (Art. 6.29), con lo cual su manejo lo asumió el Poder Federal. En esa forma, los Estados progresivamente fueron perdiendo toda fuente de ingresos, quedando reducidos éstos a los que el Poder Central les debía repartir, en lo que se denominó el Situado Constitucional, que se consolidó constitucionalmente en la reforma de 1925. La centralización de los ingresos condujo a la centralización de la hacienda Pública y de la Administración Pública, y además, al desarrollo de la legislación en el país, que desde comienzos del siglo XX fue definitivamente nacional o federal, desapareciendo progresivamente la escasa legislación que se había producido en los Estados durante el siglo XIX, particularmente en materia de policía.

Durante este ciclo del Estado Autocrático Centralizado, por tanto, y producto de la autocracia, se comenzó la verdadera integración del país y se consolidó el Estado Nacional, el cual, en muchos países de América Latina ya se había consolidado mucho antes, hacia mitades del siglo XIX. En este sentido, puede considerarse que ese proceso fue tardío en Venezuela, por la disgregación nacional que produjo el federalismo del siglo XIX, y en buena parte por la aparición, luego, del Estado Autocrático Centralizado, en la primera mitad del siglo XX.

Pero de nuevo, después de varias décadas de autocracia centralista, y de construcción del Estado Central, que fue acabando progresivamente con todos los vestigios del Estado Federal, salvo con su nombre, el liderazgo político andino no supo o no quiso entender los cambios que habían venido provocando en la sociedad y en las relaciones de poder, la propia consolidación e integración del Estado Nacional, el cambio político en el mundo de mitades del siglo XX como consecuencia de las dos guerras mundiales, y el proceso general de democratización que se estaba iniciando a comienzos de los años cuarenta.

Por ejemplo, los sucesores políticos de Gómez, quien falleció en 1935, a pesar de la apertura democrática y de modernización iniciada por López Contreras y Medina, no supieron entender que el sufragio universal, directo y secreto en el año 1945, después de la Segunda Guerra Mundial, era el elemento esencial para consolidar la democracia que comenzaba a nacer. Se reformó la Constitución en ese mismo año 1945,[21] pero a pesar del clamor de los nuevos actores políticos, producto del sindicalismo naciente y de la apertura democrática que surgió desde fines de los años 30, no se estableció el sufragio universal y directo, y lo que se consagró fue el sufragio universal limitado sólo para darle el voto a las mujeres en las elecciones municipales, excluyéndolas de las elecciones nacionales; sin modificarse el sistema de elección indirecta para Presidente de la República. Con la reforma de 1945, en realidad no se tocaron los aspectos esenciales del régimen, lo que condujo a que la misma y el régimen político que se había iniciado a principios de siglo, cesaran meses después con la Revolución de Octubre de 1945, la cual, al menos del Acta Constitutiva de la Junta Revolucionaria de Gobierno, se constata que la misma se hacía, entre otros factores, para establecer el sufragio universal, di-

21 *V.* en general, Linda Núñez, "El reforma constitucional del 1945," en Elena Plaza y Ricardo Combellas (Coord.), *Procesos Constituyentes y Reformas Constitucionales en la Historia de Venezuela: 1811–1999*, Universidad Central de Venezuela, Tomo II, Caracas, 2005, pp. 563–585.

recto y secreto en beneficio del pueblo venezolano. Con ello se inició el cuarto período de la historia constitucional de Venezuela

IV. EL PERÍODO DE LA ESTRUCTURACIÓN DEL ESTADO DEMOCRÁTICO CENTRALIZADO DE DERECHO: 1945–1999

El cuarto período de la historia constitucional de Venezuela que transcurrió desde 1945 a 1998, y que corresponde al de la democratización del Estado petrolero, estuvo signado por los aportes de la Constitución de 1947, la cual a adoptada por una Asamblea Constituyente plural,[22] a pesar de su corta vigencia (1947–1948), sentó las bases del régimen democrático que luego recogería la Constitución de 1961, que ha sido el de más larga duración en toda la historia del país, cuando en 1999 fue sustituida por la vigente Constitución de 1999.

Este período comprende una etapa inicial del populismo democrático que se desarrolló al calor de la Revolución de octubre y que mediante la elección de una Asamblea Constituyente llevó a la sanción de la Constitución de 1947, conforme a la cual se eligió por primera vez en la historia un Presidente de la República por sufragio universal directo y secreto (Rómulo Gallegos), quien fue derrocado en 1948, por los mismos militares que habían acompañado la Revolución. La etapa inicial fue seguida de una década de interregno de la intervención y dictadura militar, donde se adoptó la Constitución de 1953 y que duró hasta 1958, cuando como consecuencia de una nueva revolución democrática, se inició el período del Estado Democrático Centralizado de Partidos y que se desarrolló al amparo del texto constitucional de 1961 hasta 1999.

En 1945, por tanto, terminó el ciclo histórico de la autocracia de principios del siglo XX, habiendo quedado barrido el sistema, su liderazgo y la generación que había asumido el proyecto político iniciado a principios del Siglo XX; comenzando la instauración, en su lugar, de un sistema de Estado Democrático, pero igualmente Centralizado. Por ello, el centralismo que se inició a principios del Siglo XX, como sistema estatal, en realidad no terminó en 1945, al concluir el ciclo autocrático centralizado, sino que se prolongó durante el ciclo democrático centralizado que se instauró a partir de la década de los cuarenta, basado en los dos pilares fundamentales que caracterizaron al Estado y al sistema político durante el Siglo XX: la democracia de partidos y el centralismo de Estado.

Desde el punto de vista constitucional, como se dijo, el signo del período lo dio la Constitución de 1947, sancionada por una Asamblea Constituyente en cuya elección tuvo participación, por primera vez, el voto femenino. El texto constitucional, indudablemente, tuvo un carácter revolucionario, no sólo en cuanto a técnica y expresión, sino en cuanto al contenido, pues desarrolló ampliamente los derechos sociales, limitó los derechos económicos, y estableció el derecho al sufragio universal, directo y secreto, con lo cual se inició la democracia representativa en Venezuela (Arts. 44 y 47). En cuanto a la forma del Estado, el texto de 1947, que como se dijo luego sirvió de modelo

22 *V.* en general, Ingrid Jiménez Monsalve, "Asamblea Nacional Constituyente 1946–1947. Logros y fracasos de un programa político," en Elena Plaza y Ricardo Combellas (Coord.), *Procesos Constituyentes y Reformas Constitucionales en la Historia de Venezuela: 1811–1999*, Universidad Central de Venezuela, Tomo II, Caracas 2005, pp. 587–621

al de 1961, estableció una correlación y balance entre los Poderes Nacionales (Legislativo, Ejecutivo y Judicial) divididos en forma tradicional (Arts. 84 y 137), y conservó, a pesar del centralismo inmanente de su texto, vestigios del régimen federal.[23]

La Constitución de 1947, en todo caso, a pesar de su vigencia efímera de algo más de un año, y de que muchas de sus disposiciones no llegaron a aplicarse, cambió completamente en cuanto al fondo y a la forma, la tradición constitucional precedente, incluso en el número de los artículos que la conformaron que doblaron a los de los textos anteriores. Comenzó, incluso, con una Declaración Preliminar, equivalente al Preámbulo de las Constituciones posteriores (1961 y 1999), en la cual se formularon los principios fundamentales de dicho pacto de organización política, entre ellos, "la sustentación de la democracia, como único e irrenunciable sistema de gobernar su conducta interior, y la colaboración pacífica en el designio de auspiciar ese mismo sistema de gobierno y relaciones de todos los pueblos de la tierra," lo cual recogió luego el texto constitucional de 1961 y en cierta forma el de 1999 en sus preámbulos.

En cuanto a la forma del Estado, la Constitución de 1947 lo dividió territorialmente en Estados, un Distrito Federal, los Territorios Federales y las Dependencias Federales (Arts. 2 y 9), estas últimas formadas por las islas del Mar Caribe de acuerdo a la figura que había sido creada por la Constitución de 1925 (Arts. 3 y 10). El territorio de los Estados de acuerdo al artículo 2 de la Constitución de 1947, y siguiendo la orientación de la de 1904 (Art. 7,3), se dividió en Distritos Municipales y el de éstos, a su vez, en Municipios" (Art. 2). De acuerdo a esta división político territorial, el Poder Público se distribuyó verticalmente "entre el Poder Municipal, el de los Estados y el Nacional" (Art. 86) (fórmula que luego recogió la Constitución de 1999), correspondiendo, sin embargo, el ejercicio del primero, a los Concejos Municipales ubicados en cada "distrito" de los Estados y no en los Municipios (Art. 109). Se inició así una confusión que perduró hasta 1989, entre la Municipalidad (Distrito Municipal) y el Concejo Municipal órgano que representaba a la Municipalidad, a quien se atribuyó el ejercicio del Poder Municipal.

En este esquema de distribución vertical del Poder, la Constitución de 1947, si bien conservó el nombre de Estados Unidos de Venezuela, eliminó el Título inicial que habían tenido las Constituciones desde 1864, relativo a las "Bases de la Unión," y lo sustituyó por un extenso título relativo al Poder de los Estados, en el cual se conservaron competencias sustantivas de éstos en materia de desarrollo económico y físico (Art. 121). En cuanto al Poder Municipal, la Constitución de 1947 destinó también un desusado y extenso título a su regulación, con detalle respecto del ámbito de la autonomía "de los Concejos Municipales" (Art. 111) y de la competencia del "Poder Municipal" (Art. 112), la cual también tenía un contenido amplio (como el de la Constitución de 1999), aun cuando con previsión expresa, en muchos casos, respecto de que esa competencia debía ejercerse "con sujeción a las leyes y reglamentos nacionales" (Art. 112, 2 y 3) con lo cual se limitó sustancialmente la referida autonomía del Poder Municipal, como igualmente ocurre en el texto constitucional de 1999.

La Constitución de 1947 destinó, por otra parte, un extenso articulado a la regulación de los "deberes y derechos individuales y sociales" (Arts. 20 a 78), siguiendo las líneas del constitucionalismo de la época. Así, reguló detalladamente las garantías individua-

23 En la Disposición Transitoria 7ª se remitió a la realización de un plebiscito la decisión sobre la elección de los gobernadores de Estado por voto universal, directo y secreto, o sólo su designación por el Ejecutivo Nacional.

les (Art 29 a 46), los derechos de la familia (Arts. 47 a 50), el derecho a la salud y a la seguridad social (Arts. 51 y 52), los derechos concernientes a la educación (Arts. 53 a 60), el derecho al trabajo (Arts. 6 a 61), los derechos de carácter económico (Arts. 65 a 75), y las normas relativas a la suspensión y restricción de garantías (Arts. 76 a 78). Además, reguló el derecho al sufragio, estableciéndolo por primera vez en el siglo XX en un texto constitucional, con carácter universal, directo y secreto para la elección de todos los cuerpos representativos y del Presidente de los Estados Unidos de Venezuela, respecto de todos los venezolanos, hombres y mujeres, mayores de 18 años (Art. 81).

En cuanto a la regulación de la propiedad privada y de la libertad económica, la Constitución de 1947 siguió la orientación iniciada en el texto de 1936, estableciendo la función social de la propiedad, la cual, en consecuencia, podía ser sometida a las contribuciones, restricciones y obligaciones que estableciera la Ley con fines de utilidad pública o interés general (Art. 65), orientación que se siguió en las Constituciones de 1961 y 1999. En cuanto a la libertad económica, la Constitución de 1947 estableció las bases contemporáneas del intervencionismo estatal, no sólo al permitir limitaciones a dicha libertad por razones sanitarias o de seguridad pública, sino al consagrar el derecho del Estado de "dictar medidas de orden económico para planificar, racionalizar y fomentar la producción, y regular la circulación y el consumo de la riqueza, a fin de lograr el desarrollo de la economía nacional" (Art. 73), en una fórmula que también se siguió en las Constituciones posteriores.

En cuanto al Poder Nacional, al eliminarse el título de las "Bases de la Unión," se estableció en el texto del 1947 un título especial dedicado al mismo, en el cual se enumeró su competencia (Art. 138) en el estilo que luego se recogió en el artículo 136 de la Constitución de 1961 y 156 de la de 1999. Se previó consecuencialmente, en virtud de la tendencia centralista que este texto conllevaba, la posibilidad de que las Cámaras Legislativas descentralizaren competencias nacionales hacia los Estados y Municipalidades (Art. 139), lo cual recogieron las Constituciones de 1961 (artículo 137) y 1999 (Arts. 157, 158).

Se reguló detalladamente lo relativo a las relaciones internacionales (Art. 104 a 108), a las Fuerzas Armadas Nacionales (Arts. 93 a 103) y a la Hacienda Pública Nacional (Arts. 231 a 247) de manera muy diferente a la tradición constitucional precedente, y en cuanto al Poder Nacional, éste, dividido en Poder Legislativo, Ejecutivo y Judicial (Art. 139), fue objeto de una regulación orgánica detallada (Art. 137 y 222), que han seguido muy de cerca las Constituciones de 1961 y 1999, aún cuando en ésta última con el agregado de dos otros Poderes Públicos: Ciudadano y Electoral.

En este contexto, debe destacarse particularmente como innovación, la regulación por primera vez a nivel constitucional de instituciones como el Ministerio Público a cargo del Fiscal General de la República (Arts. 223 a 227) y la Contraloría General de la República (Arts. 241 a 247) con autonomía funcional, y la Procuraduría General de la República (Arts. 228 a 230) como institución diferenciada del Ministerio Público, dentro de la misma orientación luego recogida por la Constitución de 1961; y que la Constitución de 1999 completó, al configurar el Poder Ciudadano (Ministerio Público, Contraloría General, Defensor del Pueblo) y el Poder Electoral.

A pesar del excelente texto constitucional democrático de 1947, la práctica política del trienio 1945–1948 lamentablemente impidió el establecimiento de un sistema político con reglas de juego claramente establecidas, debido a la tendencia hegemónica del partido Acción Democrática, gran triunfador en las elecciones de 1946 y 1947, con una mayoría más que abrumadora. Esto provocó conflictos políticos y sociales al gobierno que impidieron a Acción Democrática realizar mayores transformaciones efectivas que no fueran, en materia económica y petrolera, pues a los pocos meses de la elección de Rómulo Gallegos (1884–1969) como Presidente de la República, los mismos militares que habían dado el golpe en 1945 desplazaron del poder a Acción Democrática el 24 de noviembre de 1948. Así, las Fuerzas Armadas asumieron "el control de la situación de la República" mediante una Junta Militar de Gobierno presidida por Carlos Delgado Chalbaud, quien había sido Ministro de Defensa de Gallegos, poniendo en aplicación la Constitución de 1936, reformada en 1945. Dos años después, el Presidente de la Junta Militar de Gobierno, Carlos Delgado Chalbaud sería asesinado (13 de noviembre de 1950), asumiendo el poder los otros militares que habían sido sus compañeros en los golpes de 1945 y 1948, con Marcos Pérez Jiménez. Éste, luego de una farsa electoral realizada en 1953, asumió la Presidencia de la República, completando una década de gobierno militar,[24] hasta que fue derrocado por una rebelión militar y civil en 1958, que dio origen a un la renovación del régimen democrático.

Para ello, los partidos políticos que habían fracasado en 1946–1947 en la consolidación del régimen democrático, suscribieron en 1958 un pacto político con ese propósito, denominado el Pacto de Punto Fijo[25] con el cual se garantizó la democratización del país y la estabilidad del régimen democrático. El resultado fue que luego de efectuadas una elecciones democráticas, Rómulo Betancourt – el mismo que había presidido la Junta revolucionaria de Gobierno en 1945 – resultó electo Presidente de la República, y Cámaras Legislativas electas en diciembre de 1958, elaboraron y sancionaron la Constitución de 23 de enero de 1961, cuando se promulgó la Constitución de 1961. Esta ha sido la que en toda la historia constitucional de Venezuela ha tenido el mayor lapso de vigencia (38 años) siendo la segunda la de 1830, que tuvo 27 años de aplicación. Puede decirse inclusive que así como en el momento político de 1830, que condujo a un acuerdo de los líderes militares regionalistas que concluyó en lo que se denominó el Pacto Centro Federal, contribuyó a que esa Constitución tuviese vigencia suficiente durante el proceso de consolidación del Estado, una vez que se separó de la Gran Colombia precisamente por el acuerdo expreso, inicialmente, y tácito posteriormente, para mantener la naciente República; asimismo, esa explicación puede darse en el caso de la vigencia de la Constitución de 1961 la cual también fue el producto de un pacto político nuevo, que se construyó a partir de 1958.

El modelo de este texto de 1961 fue el de 1947, pero resultando con múltiples mejoras[26]. Desde 1958 en todo caso el país vivió bajo un régimen político democrático representativo, monopolizado por los partidos políticos, habiéndose sucedido en la Presi-

---

24 *V.* Andrés Stambouli, *Crisis Política Venezuela 1945–1958*, Caracas, 1980; José Rodríguez Iturbe. *Crónica de la Década Militar*, Caracas, 1984

25 Juan Carlos Rey calificó el Pacto de Punto fijo, como "uno de los más notables ejemplos que cabe encontrar en sistema político alguno, de formalización e institucionalización de unas comunes reglas de juego, al mismo tiempo que muestran la lucidez de la élite de los partidos políticos venezolanos." *V.* en "El Sistema de Partidos Venezolanos," en Juan Carlos Rey, libro *Problemas Socio–Político de América Latina*, Caracas 1980, p. 315. *V.* además Naudy Suárez Figueroa, *Punto Fijo y otros puntos. Los grandes acuerdos políticos de 1958*, Serie Cuadernos de Ideas Políticas N° 1, Fundación Rómulo Betancourt, Caracas, 2006

26 En particular, sobre la Constitución de 1961, *La Constitución de 1961 y la evolución constitucional de Venezuela*, Ediciones del Congreso de la República, Caracas, 1972–1973, 2 tomos (4 volúmenes); *Estudios sobre la Constitución. Libro Homenaje a Rafael Caldera,* 4 Tomos, Caracas, 1980; y Allan R. Brewer–Carías, *La Constitución y sus Enmiendas*, Editorial Jurídica Venezolana, Caracas, 1991.

dencia, por primera vez en la historia política del país, varios Presidentes por la vía del sufragio universal, directo y secreto.

Ahora bien, el sistema político iniciado en 1945 y sobre todo, consolidado a partir de 1958 al amparo de la Constitución de 1961, fue el de un régimen democrático dominado por los partidos, los cuales monopolizaron la representatividad y la participación política, asumiendo la conducción política del país, sin que hubiera otra forma de participar que no fuera sino a través de los partidos políticos. Esta situación, por supuesto, era perfectamente legítima, pero los partidos políticos, lamentablemente, a lo largo de los últimos cuarenta años del siglo XX y de desarrollo del sistema, se cerraron en sí mismos y comenzaron a configurarse como un fin en sí mismos, de manera que, incluso, no sólo no había otra forma de participar políticamente sino a través de los partidos, sino que el acceso a los mismos partidos políticos fue progresivamente cerrándose y, por tanto, sin canales de participación adicionales. Progresivamente, además, se produjo el ahogamiento de todo el nuevo liderazgo que había estado surgiendo dentro de los propios partidos. En este proceso de centralismo democrático, los partidos no sólo ahogaron la sociedad civil, penetrando a los gremios y a todas las sociedades intermedias, sino que además, ahogaron a los Estados y Municipios, de manera que los primeros quedaron como meros desechos históricos; sus Asambleas Legislativas, como meras formas de reducto del activismo político partidista local, y los Ejecutivos Estadales como meros agentes del Poder Nacional; funciones que compartían con las de gestores para sus jurisdicciones de alguna que otra obra pública que podían lograr del Poder Central.

Todo ese proceso contribuyó a configurar un Estado Federal vaciado totalmente de contenido, donde no había efectivo poder político regional y local, ni niveles intermedios de poder, habiendo quedado concentrado todo el poder político, económico, legislativo, tributario, administrativo o sindical, en el centro del poder. El centralismo de Estado fue, así, acompañado de otros centralismos, como además del de los partidos políticos, organizados internamente bajo el esquema del centralismo democrático, el que se consolidó en el ámbito sindical.[27]

Todo este sistema, desde la década de los ochenta, comenzó a resquebrajarse, y se desmoronó a la vista de los ojos de los venezolanos, de manera que de la crisis resultó el vacío de poder y de liderazgo partidista que se llenó con el asalto al poder que se efectuó a partir de 1999, en fraude a la Constitución y a la propia democracia, bajo el comando de Hugo Chávez Frías, imponiendo un esquema estatal autoritario y centralizado, cuyas bases se plasmaron en la Constitución vigente de 1999.

---

27 *V.* en general, Allan R. Brewer–Carías, *El Estado. Crisis y Reforma*, Academia de Ciencias Políticas y Sociales, Caracas 1983; *El Estado Incomprendido. Reflexiones sobre el sistema político y su reforma,* Vadell hermanos, Caracas, 1985; *Problemas del Estado de Partidos*, Editorial Jurídica Venezolana, Caracas 1989; *Cinco siglos de Historia y un País en Crisis,* Academia de Ciencias Políticas y Sociales y Comisión Presidencial del V Centenario de Venezuela, Caracas 1998, pp. 95 a 117.

V. EL PERÍODO CONTEMPORÁNEO DE ESTADO CENTRALIZADO Y AUTORITARIO, DESDE 1999 CON OCASIÓN DE LA CONVOCATORIA DE UNA ASAMBLEA NACIONAL CONSTITUYENTE

Como consecuencia de la crisis del Estado democrático, puede decirse que en 1999 se inició un quinto período de la historia política constitucional de Venezuela, que está aún en proceso de configuración, mostrándonos después de más de una década, la implantación inicial de un régimen político de Estado autoritario centralizado y populista al cual se le ha impuesto, al margen de la propia Constitución de 1999, sólo legalmente, un signo Socialista, todo lo cual ha ocurrido mediante el paralelo y progresivo desmantelamiento y desmoronamiento de las bases del Estado de derecho, del sistema de separación de poderes, del régimen de la federación, de los sistemas de control y contrapesos del poder y de la propia democracia representativa.[28]

La Constitución de la República Bolivariana de Venezuela de 15 de diciembre de 1999, con la cual se ha iniciado este período, también fue producto de una Asamblea Nacional Constituyente que fue electa en el mismo año de 1999, aún cuando sin haber estado prevista ni regulada en la Constitución entonces vigente de 1961; Asamblea que antes de la sanción de la nueva Constitución, dio un golpe de Estado contra la Constitución de 1961 y contra todos los poderes públicos constituidos, designando nuevas autoridades e irrumpiendo contra el principio democrático.[29]

Posteriormente, al amparo de la Constitución de 1999 hasta la actualidad (2011), progresivamente se ha venido configurando como un Estado autoritario socialista que con supuesto apoyo popular, ha estado ahogando los derechos y libertades constitucionales de los venezolanos, y la propia democracia. Por ello, los cambios constitucionales que se intentaron efectuar en 2007 mediante una "reforma constitucional" que no se adaptaba a las previsiones constitucionales en la materia, tenían precisamente por fin efectuar una transformación radical del Estado, y trastocar el Estado Social y Democrático de Derecho y de Justicia de orden civil que formalmente regula, para convertirlo en un Estado Socialista, Centralizado, Policial y Militarista, donde hubiera desaparecido definitivamente la democracia representativa, el principio de alternabilidad republicana y toda idea de descentralización del poder, y con la cual se hubiera retrocedido en materia de protección de los derechos humanos, y se hubiera concentrado todo el poder en la Jefatura del Estado, desapareciendo la libertad económica y el derecho de propiedad.[30] Ello no era posible hacerlo constitucionalmente con el procedimiento de la "reforma," sino que requería del procedimiento de convocatoria de una Asamblea Nacional Constituyente (Art. 347). Dicha reforma constitucional, en todo caso, fue rechazada por el voto popular en referendo que tuvo lugar el 2 de diciembre de 2007, lo que no ha impe-

---

28 *V.* en general Allan R. Brewer–Carías, *Dismantling Democracy. The Chávez Authoritarian Experiment*, Cambridge University Press, 2010.

29 *V.* lo expuesto en Allan R. Brewer–Carías, *Asamblea Constituyente y Ordenamiento Constitucional,* Academia de Ciencias Políticas y Sociales, Caracas, 1999; *Poder Constituyente Originario y Asamblea Nacional Constituyente,* Editorial Jurídica Venezolana, Caracas, 1999; *Debate Constituyente,* 3 Tomos, Fundación de Derecho Público, Editorial Jurídica Venezolana, Caracas, 1999; *Golpe de Estado y proceso constituyente en Venezuela,* Universidad Nacional Autónoma de México, México 2002.

30 *V.* Allan R. Brewer–Carías, *La reforma constitucional de 2007 (Inconstitucionalmente sancionada por la Asamblea Nacional el 2 de noviembre de 2007),* Editorial Jurídica Venezolana, Caracas, 2007; Manuel Rachadell, *Socialismo del Siglo XXI. Análisis de la Reforma Constitucional propuesta por el Presidente Chávez en agosto de 2007,* FUNEDA, Caracas, 2007.

dido que mediante leyes y decretos leyes se hayan venido implementando, al margen de la Constitución, culminando con la sanción en diciembre de 2010 de las leyes sobre el Estado Comunal y el Poder Popular.[31]

Ahora bien, antes de analizar la Constitución de 1999 y sus principales innovaciones y regulaciones, debemos referirnos al conjunto de vicisitudes políticas que la precedieron, y que tiene su origen en la crisis, en los años 1998 y 1999, del sistema político de Estado democrático centralizado de partidos que se había iniciado en 1945 y se había consolidado a partir de 1958, particularmente sobre la base del Pacto de Punto Fijo y al amparo de la Constitución de 1961. La crisis imponía la necesidad de la consolidación y afianzamiento que requería el régimen democrático que se había construido en los cuarenta años precedentes, pero ya era evidente que las mismas no se podían solucionar con una simple reforma constitucional como se había planteado, sino abriendo efectivamente nuevos canales de representatividad y de participación democráticas para llenar el vacío que había dejado el deterioro de los partidos políticos tradicionales y que, de nuevo, habían colocado al país en una orfandad política.

Ello lo entendió el candidato presidencial Hugo Chávez, por lo que la convocatoria de una Asamblea Constituyente, aún cuando ya había sido una propuesta que se había formulado en el país desde 1992, como consecuencia precisamente del golpe de Estado militar que intentó y en el cual fracasó; se constituyó en su principal bandera política, planteada con total independencia a toda consideración de orden constitucional.

La Constitución de 1961, que estaba vigente para ese momento, no regulaba a la "Asamblea Constituyente" como un medio de revisión constitucional, como posteriormente si lo hizo la Constitución de 1999, limitándose sólo a establecer los mecanismos de la Enmienda y de la Reforma Constitucionales según la importancia de los cambios buscados.[32]

La propuesta de una Asamblea Constituyente en 1999, por tanto, era distinta a la que históricamente había sido implementada en el país, siempre producto de una revolución o golpe de Estado. En este caso, se trataba de forzar su convocatoria, en democracia, aún cuando sin ruptura por la fuerza del orden constitucional. Como se dijo, la convocatoria de una Asamblea Constituyente para solucionar la crisis se había planteado en 1992, después del intento de golpe de Estado militar liderado por el mismo Chávez en febrero de 1992;[33] planteamiento que sin embargo fue completamente ignorado por los

---

31 *V.* Allan R. Brewer–Carías *et al.*, *Leyes Orgánicas sobre el Poder Popular y el Estado Comunal (Los Consejos Comunales, las Comunas, la Sociedad Socialista y el Sistema Económico Comunal),* Editorial Jurídica Venezolana, Caracas, 2011.

32 *V.* en Allan R. Brewer–Carías, "Los procedimientos de revisión constitucional en Venezuela," en Eduardo Rozo Acuña (Coord.), *I Procedimenti di revisione costituzionale nel Diritto Comparato,* Atti del Convegno Internazionale organizzato dalla Facoltà di Giurisprudenza di Urbino, 23–24 aprile 1997, Università Degli Studi di Urbino, pubblicazioni della Facoltà di Giurisprudenza e della Facoltá di Scienze Politiche, Urbino, Italia, 1999, pp. 137–181

33 *V.* Frente Patriótico, *Por una Asamblea Constituyente para una nueva Venezuela,* Caracas 1991; *El Nacional,* Caracas 01–03–92, p. D–2; Consejo Consultivo de la Presidencia de la República, *Recomendaciones del Consejo Consultivo al Presidente de la República,* Caracas 1992, p. 15; *El Fiscal General y la Reforma Constitucional.* Comunicación del Dr. Ramón Escovar Salóm al Presidente de la Cámara de Diputados Dr. Luis Enrique Oberto. Ministerio Público, Caracas 08–07–92. *V.*, además, R. Escovar Salóm, "Necesidad de una Asamblea Nacional Constituyente" en *Cuadernos Nuevo Sur,* Nº 2–3, julio–diciembre, Caracas 1992, pp. 156 a 160; Ricardo Combellas, "Asamblea Constituyente. Estudio jurídico–político" y de Ángel Álvarez, "Análisis de la naturaleza de la crisis actual y la viabilidad política de la Asamblea Constituyente" en COPRE, *Asamblea Constituyente: Salida democrática a la crisis,* Folletos para la Discusión Nº 18, Caracas 1992. Frente Amplio Pro–constituyente *¿Qué es*

partidos políticos. El campo quedó entonces sólo en manos del candidato Hugo Chávez Frías, a quien el Presidente R. Caldera en 1994 había indultado por su intentona golpista, quedando abierta la posibilidad de una vía democrática para convocar una Constituyente, pero que en todo caso debía incluirse en la Constitución, mediante una enmienda o reforma puntual previa.[34]

Sin embargo, la pauta para poder convocar la Asamblea Constituyente sin regularla previamente en la Constitución, como lo pretendía el candidato Chávez, y como efectivamente ocurrió, al ganar éste la elección presidencial el 6 de diciembre de 1998,[35] la dio la antigua Corte Suprema de Justicia en Sala Político Administrativa, en dos sentencias, por demás ambiguas, dictadas el 19 de enero de 1999, (Casos: *Referendo Consultivo I y II*).[36] De ellas, al resolver Corte Suprema sendos recursos de interpretación que se le habían formulado sobre la posibilidad de convocar un referendo consultivo sobre la Asamblea Constituyente sin reformar previamente la Constitución de 1961, aún cuando sin resolver la Corte expresamente lo que se había planteado, se dedujo el criterio, orientado por la opinión pública, de que se podía convocar un referendo consultivo sobre la Asamblea Constituyente, y que la misma, en definitiva, se podía crear mediante la voluntad popular al margen de lo que establecía la Constitución de 1961. En realidad, la solicitud de los recurrentes de si "con fundamento en dicha norma [sobre referendos consultivos en la Ley Orgánica del Sufragio] puede convocarse un referendo que sirva de base para la convocatoria de una Asamblea Constituyente *sin que medie una Enmienda o una Reforma de la Constitución*," no fue resuelto expresamente,[37] por lo que fue de las consideraciones contenidas en las sentencias sobre el derecho la participación política, sobre el poder constituyente y los poderes constituidos, que se abrió el camino para la estructuración de una tercera vía para reformar la Constitución de 1961, distinta a la Reforma General y la Enmienda previstas en sus artículos 245 y 246, antes indicadas, y que resultaba de la realización de una consulta popular para convocar una Asamblea Constituyente.[38]

---

la Constituyente?, El Nacional, Caracas, 30–06–94; Oswaldo Álvarez Paz, *El Camino Constituyente,* Gobernación del Estado Zulia, Maracaibo, Junio 1992, Hermánn Escarrá Malavé, *Democracia, reforma constitucional y asamblea constituyente,* Caracas 1995.

34 *V.* Allan R. Brewer–Carías, "Reflexiones sobre la crisis del sistema político, sus salidas democráticas y la convocatoria a una Constituyente," en "Presentación" del libro *Los Candidatos Presidenciales ante la Academia,* Academia de Ciencias Políticas y Sociales, Caracas, 1998, pp. 11 a 66.

35 En la elección presidencial de 1998 Hugo Chávez Frías obtuvo el 56,20% de los votos válidos, seguido por Henrique Salas Römer, con 39,99%. La abstención fue de aproximadamente el 35,27%. *V.* en *El Universal,* Caracas 11–12–98, p. 1–1.

36 *V.* el texto de las sentencias en Allan R. Brewer–Carías, *Poder Constituyente Originario y Asamblea Nacional Constituyente,* Editorial Jurídica Venezolana, Caracas 1999, pp. 25 a 53; y véanse los comentarios a dichas sentencias en ese mismo libro, pp. 55 a 114 y en Allan R. Brewer–Carías, *Asamblea Constituyente y Ordenamiento Constitucional, op. cit.*, pp. 153 a 228. Igualmente en *Revista de Derecho Público,* N° 77–80, Editorial Jurídica Venezolana, Caracas 1999, pp. 56 ss. y 68 ss.

37 *Idem.* Sobre esta decisión de la sentencia, Lolymar Hernández Camargo señala: "lejos de dar una respuesta directa a la importante interrogante planteada, abre la posibilidad para que se realice el referendo consultivo, pero no establece con precisión el mecanismo que permita tal convocatoria, sino que entrega tal cometido a los 'órganos competentes'" en *La Teoría del Poder Constituyente. Un caso de estudio: el proceso constituyente venezolano de 1999,* UCAT, San Cristóbal, 2000, pp. 54, 63.

38 Con esta sentencia, como lo ha señalado Jesús María Casal, la antigua Corte Suprema avaló ir a un proceso constituyente desarrollado al margen de los procedimientos de reforma previstos en la Constitución de 1961. *V.* Jesús M. Casal, "La apertura de la Constitución al proceso político y sus implicaciones," en *Constitución y Constitucionalismo Hoy*, Fundación Manuel García–Pelayo, Editorial Ex Libris, Caracas, 2000, p. 146. *V.* además, Norbert Lôsing, "El guardián de la Constitución en tiempo de crisis. Logros y límites de la jurisdicción constitucional.

El primer paso para ello lo dio el Presidente de la República Hugo Chávez Frías el día 2 de febrero de 1999, el mismo día que tomó posesión de su cargo, dictando el Decreto Nº 3 mediante el cual decretó "la realización de un referendo para que el pueblo se pronunciase sobre la convocatoria de una Asamblea Nacional Constituyente" (Art. 1), "con el propósito de transformar el Estado y crear un nuevo ordenamiento jurídico que permita el funcionamiento efectivo de una Democracia Social y Participativa" (primera pregunta); y buscando que el pueblo lo autorizara, pura y simplemente, para que el propio Presidente "mediante un Acto de Gobierno fije, oída la opinión de los sectores políticos, sociales y económicos, las bases del proceso comicial en el cual se elegirán los integrantes de la Asamblea Nacional Constituyente" (Segunda pregunta).[39]

El Decreto, sin duda, violaba el artículo 181 de la Ley Orgánica del Sufragio y Participación Política, que se había invocado como base legal, en virtud de que las preguntas evidenciaban que en lugar de convocarse un "referendo consultivo" que era lo que dicha norma permitía, lo que se estaba convocando era un referendo *"decisorio"* y "autorizatorio" no regulado ni previsto en la norma legal,[40] para que una Asamblea reformara la Constitución y, además, asumiera un poder total, pudiendo incluso sustituir a los poderes constituidos. Si bien el decreto fue impugnado por inconstitucionalidad,[41] después de varias sentencias que obligaron al Presidente a modificarlo,[42] el proceso constituyente quedó abierto, habiéndose celebrado el referendo consultivo el 25 de abril de 1999, en el cual votaron 4.137.509 de los 11.022.936 electores registrados, con una abstención electoral del 62.2%. La votación por el "*sí*" representó un 92,4% y la votación "no" un 7,6%.[43]

En consecuencia, la Asamblea Nacional Constituyente fue electa el 25 de julio de 1999, en una votación donde la abstención fue del 53.7%[44], resultando, de un total de 131 constituyentes electos, 125 con el apoyo del Presidente Chávez, con lo que la "opo-

---

Los ejemplos de Guatemala 1993 y Venezuela 1999/2002," en *Anuario de Derecho Constitucional Latinoamericano,* Editorial Gran Charoff J.A., Buenos Aires, 2000, pp. 139–162; Lolymar Hernández Camargo, *La Teoría del Poder Constituyente. Un caso de estudio: el proceso constituyente venezolano de 1999,* UCAT, San Cristóbal, 2000, y *El Proceso Constituyente Venezolano de 1999,* Academia de Ciencias Políticas y Sociales, Caracas, 2008; Claudia Nikken, *La cour suprême de justice et la constitution vénézuélienne du 23 janvier 1961,* Thèse Docteur de l'Université Panthéon Assas (Paris II), Paris 2001, pp. 366 ss.; Allan R. Brewer–Carías *Golpe de Estado y proceso constituyente en Venezuela,* Universidad Nacional Autónoma de México, México, 2001, pp. 60 ss.; y "La configuración judicial del proceso constituyente o de cómo el guardián de la Constitución abrió el camino para su violación y para su propia extinción," en *Revista de Derecho Público,* Nº 77–80, Editorial Jurídica Venezolana, Caracas 1999, pp. 453–514.

39 *V.* en *G. O.* Nº 36.634 de 02–02–99.

40 Como lo señaló Ricardo Combellas, "Estamos hablando de un referendo consultivo, no de un referendo decisorio, cuya aprobación demanda necesariamente en Venezuela, tal como lo propuso con visión avanzada la Comisión Bicameral, una reforma constitucional," en *¿Qué es la Constituyente?. Voz para el futuro de Venezuela, cit.*, p. 38.

41 *V.* un texto de la acción de nulidad en Allan R. Brewer–Carías, *Asamblea Constituyente y Ordenación Constitucional,* Academia de Ciencias Políticas y Sociales, Caracas 1999, pp. 255 a 321. *V.* la relación de todas las acciones de nulidad intentadas en Carlos M. Escarrá Malavé, *Proceso Político y Constituyente,* Caracas 1999, anexo 4.

42 *V.* el texto de las sentencias en Allan R. Brewer–Carías, *Poder Constituyente Originario y Asamblea Nacional Constituyente,* Caracas 1999, pp. 169 a 185; y pp. 190 a 198. Igualmente en *Revista de Derecho Público,* Nº 77–80, Editorial Jurídica Venezolana, Caracas 1999, pp. 73 ss.; y 85 ss.

43 *V.* José E. Molina *V.* y Carmen Pérez Baralt, "Procesos Electorales. Venezuela, abril, julio y diciembre de 1999" en *Boletín Electoral Latinoamericano,* CAPEL–IIDH, Nº XXII, julio–dic. 1999, San José, 2000, pp. 61 ss.

44 José E. Molina y Carmen Pérez Baralt, "Procesos electorales. Venezuela, abril, julio y diciembre 1999," en CAPEL–IIDH, *Boletín Electoral Latinoamericano,* Nº XXII, *cit.,* pp. 63 ss.

sición" quedó reducida a sólo 6 constituyentes.[45] Luego de haber asumido un "poder constituyente originario" la Asamblea, en consecuencia, procedió a intervenir todos los poderes constituidos, en particular, el Congreso y el Poder Judicial, con la anuencia, incluso, de la Corte Suprema de Justicia expresada mediante un Acuerdo dictado en octubre de 1999.[46] Ello no le sirvió de mucho, pues a los pocos meses la Corte se convirtió en la primera víctima del golpe de Estado que dio la Asamblea Constituyente contra todos los poderes constituidos.[47]

En cuanto al texto de la Constitución, el mismo se elaboró por la Asamblea Constituyente en un breve período de dos meses (septiembre–noviembre 1999), sin haberse partido de un proyecto inicial, ya que incluso el texto que había enviado el Presidente de la República a la Asamblea,[48] ni siquiera fue considerado como tal por la misma.

Sección Segunda: ASPECTOS RELEVANTES DE LAS REFORMAS CONSTITUCIONALES INTRODUCIDAS EN LA CONSTITUCIÓN DE 1999

Luego de concluida la discusión del proyecto de Constitución en el seno de la Asamblea nacional Constituyente el 15 de noviembre de 1999, conforme a las bases comiciales que le habían dado origen la misma fue sometida a referendo aprobatorio que se efectuó el 15 de diciembre de 2000, habiéndose aprobado la Constitución en un proceso en el cual de los 10.860.789 votantes inscritos sólo votaron 4.819.786 (con una abstención del 55,62%), de los cuales votaron por el "sí," 3.301.475 (71,78%) y por el "no," 1.298.105 (28,22%), por lo que sólo el 32% de los venezolanos con derecho al voto aprobaron la nueva Constitución.

Una vez realizado el referendo, la Constitución fue proclamada por la Asamblea Nacional Constituyente el 20 de diciembre de 1999[49], y entró en vigencia el 30 de ese mismo mes y año, fecha de su publicación en la *Gaceta Oficial.*[50]

45 Cuatro electos en la circunscripción nacional (Allan R. Brewer–Carías, Alberto Franceschi, Claudio Fermín y Jorge Olavarría) y dos en las circunscripciones regionales (Antonio Di'Giampaolo y Virgilio Ávila Vivas).

46 *V.*, nuestros comentarios sobre el Acuerdo en Allan R. Brewer–Carías, *Debate Constituyente,* Tomo I, *op. cit.*, pp. 141 ss. *V.*, además, los comentarios de Lolymar Hernández Camargo, *La Teoría del Poder Constituyente, cit.*, pp. 75 ss.

47 *V.* en general Allan R. Brewer–Carías, *Golpe de Estado y Proceso Constituyente en Venezuela,* Universidad Nacional Autónoma de México, México 2002.

48 *V.* Hugo Chávez Frías, *Ideas Fundamentales para la Constitución Bolivariana de la V República,* Caracas agosto 1999.

49 *V.* Asamblea Nacional Constituyente, *Gaceta Constituyente (Diario de Debates), Noviembre 1999–Enero 2000,* Sesión de 20–12–99, N° 49, pp. 5 y 6. En la ocasión de la proclamación de la Constitución, firmamos su texto al haber aprobado popularmente, pero exigimos indicará nuestra reserva y votos salvados. *V.* Allan R. Brewer–Carías, *La Constitución de 1999,* 1ª Edición, Caracas, 2000, p. 392.

50 *G. O.* N° 36.860 de 30–12–99. Sobre la Constitución de 1999, además de las referencias indicadas en nota N° 1, véase el libro, *Constitución de 1999,* Academia de Ciencias Políticas y Sociales, Caracas, 2000; Marcela I. Basterra, "Nuevas reflexiones en torno a la Constitución venezolana de 1999," en *Revista Científica de Universidad de Ciencias Empresariales y Sociales,* Vol. IV, N° 2, Buenos Aires, 2000, pp. 44 a 69, y en *Revista de Derecho Constitucional,* N° 7, enero–junio 2003, Editorial Sherwood, Caracas, 2003, pp. 23 a 43; Marcela I. Basterra, "La nueva Constitución de la República Bolivariana de Venezuela en *Boletín Informativo. Asociación Argentina de Derecho Constitucional,* N° 165, Buenos Aires, 2000, pp. 15 a 23. Gustavo Linares Benzo, "Las innovaciones de la Constitución de 1999," *Revista de Derecho Público,* N° 81, Editorial Jurídica Venezolana, Caracas, 2000, pp. 23–28.

La Constitución de 1999, en esta forma, y como lo dice su propio texto, fue dictada por "el pueblo de Venezuela," lo que significa que es emanación del Poder Constituyente originario que sólo corresponde al pueblo, el cual no sólo ordenó elaborar el proyecto a una Asamblea Nacional Constituyente conforme se manifestó en el referéndum consultivo del 25 de abril de 1999 (Asamblea que actuó en representación de dicho Poder originario), sino que aprobó el texto constitucional "mediante el voto libre y en referendo democrático el 15 de diciembre de 1999." El pueblo de Venezuela, para decretar la Constitución, lo hizo "en ejercicio de sus poderes creadores" precisamente como poder constituyente originario, e "invocando la protección de Dios," con lo cual se respetó la tradición constitucional de invocación al Ser Supremo que se remonta al texto de 1811 que se dictó "en nombre de Dios Todopoderoso".

Ahora bien, la nueva Constitución, en términos generales, no aseguró la transformación del Estado que se quería para perfeccionar la democracia, de manera de garantizar el reemplazo del Estado centralizado de partidos, que estaba, y sigue en crisis terminal, aún cuando con otros partidos; por uno descentralizado y participativo,[51] respecto de lo cual, por lo demás, ningún debate sobre el tema se efectuó en la Asamblea.

La nueva Constitución, a pesar de que denominó al Estado como "Federal descentralizado" (Art. 4), no logró superar el esquema centralista de la Constitución de 1961, quedando con Estados minimizados políticamente, sin recursos tributarios propios que se le quitaron totalmente y con entes legislativos regionales que no pasan de ser las Asambleas Legislativas tradicionales con otros nombres, pero ahora reguladas por y sometidas al Poder Nacional.

El centralismo del Estado, en la Constitución resultó agravado, con la eliminación, por una parte, del Senado, institución que era la que podía permitir una representación igualitaria de los Estados para participar en la formulación de las políticas nacionales; y por la otra, de la descentralización política como condición para el perfeccionamiento de la democracia, que quedó pospuesta, defraudándose así al país en su conjunto.

Pero no sólo no se superó el centralismo del Estado, sino que la Asamblea no cambió nada en relación con la partidocracia, es decir, el sistema en el cual los partidos políticos han ejercido el monopolio de la representación popular y de la participación política. Lo único que se aprobó fue la eliminación de la denominación "partidos políticos" en el texto Constitucional, pero con un claro objetivo hegemónico del partido de gobierno: del Estado multipartidista se sentaron las bases para el Estado de partido único que actualmente funciona, controlado por el propio Presidente de la república quien lo preside.

El gran cambio político democrático que debía haber ocurrido con la Constitución de 1999, no encontró cabida en la nueva Constitución, por lo que con ella no era posible superar la crisis del Estado centralizado de partidos y llegar a perfeccionarse la democracia, lo que sólo podía lograrse con un sistema político descentralizado y participativo, que ha quedado ausente de la Constitución.

Por lo demás, al centralismo y a la partidocracia en la nueva Constitución se agregó una concepción fuertemente estatista del sistema socio económico, contrario a toda idea

51 Por ello no sólo no firmamos el Proyecto, sino que en el referendo consultivo del 15–12–99 propugnamos el voto negativo. *V.* los argumentos para ello en Allan R. Brewer–Carías, *Debate Constituyente,* Tomo III, *op. cit.,* pp. 309 a 340. Sólo firmamos el texto constitucional en el acto de su proclamación, el 20–12–99, una vez que fue aprobado en el referendo del 15–12–99, en virtud de que ya había una decisión popular.

de libertad y solidaridad social, en el cual el Estado sustituye a la propia sociedad y a las iniciativas particulares. El signo de la Constitución aprobada fue y es el paternalismo estatal, que minimiza la iniciativa privada, y por ejemplo, la educación privada, los servicios médicos particulares y la participación de los individuos, incluso los asegurados, en el manejo de la seguridad social. La verdad es que la Asamblea Constituyente no había sido electa en 1999 para constitucionalizar los fracasos del Estado centralizado y estatista, por ejemplo en materia de seguro social o de los servicios públicos de salud, ni para reducir las iniciativas privadas en la educación.

A continuación analizaremos algunos aspectos más relevantes del nuevo texto Constitucional, el cual por supuesto, como ha sido la tradición constitucional en Venezuela desde 1811, tiene carácter normativo ("la Constitución como norma"), lo que ha explicado la Sala Constitucional del Tribunal Supremo en sentencia N° 963 de 5 de junio de 2001 (Caso: *José A. Guía y otros vs. Ministerio de Infraestructura*), al señalar:

En primer lugar, que la Carta Magna es un instrumento con aliento jurídico que vincula, en grado a la naturaleza del precepto aplicable, tanto a los órganos del Poder Público como a los particulares; en segundo lugar, que la propia Constitución otorga o impone situaciones jurídicas constitucionales –según se trate de derechos o deberes– con referencia a valores indispensables al aseguramiento de la libertad, la igualdad y la dignidad humanas; y finalmente, que la Constitución ha diseñado un sistema garantizador de tales situaciones jurídicas constitucionales, en el cual el Poder Judicial juega un papel de primer orden.[52]

I. LA SUPREMACÍA Y LA IMPERATIVIDAD CONSTITUCIONAL

Dentro de los principios fundamentales de la organización del Estado, que es esencial al constitucionalismo moderno es el de la supremacía constitucional, el cual siguiendo la tradición que se remonta a la Constitución Federal de 1811, se consagró expresamente en el texto de la Constitución de 1999,[53] al disponer el artículo 7 de la Constitución, que "la Constitución es la norma suprema y el fundamento el ordenamiento jurídico," y que "todas las personas y los órganos que ejercen el Poder Público están sujetos a esta Constitución;"[54] constituyendo, además, uno de los deberes constitucionales de los ciudadanos y funcionarios, el "cumplir y acatar" la Constitución (Art. 131).

52 *V. Revista de Derecho Público*, N° 85–88, Editorial Jurídica Venezolana, Caracas, 2001, p. 447. Ello conduce a conforme a la doctrina de la propia Sala Constitucional "a descartar la reapertura de la discusión acerca del carácter programático de las disposiciones que la integran [...] que sólo podrían ser ejecutados una vez que éstos se hicieren operativos mediante el proceso legislativo," considerando al contrario, "que no se requiere la intermediación de la legislación para ser aplicada directamente." Lo contrario, sería "en definitiva sería negar la aplicación de una disposición constitucional." *V.* en sentencia de la Sala Constitucional N° 51 de 19–05–2000, en *Revista de Derecho Público*, N° 82, (abril–junio), Editorial Jurídica Venezolana, Caracas, 2000, pp. 139–141. Sin embargo, esta imperatividad normativa ha sido distorsionada por la propia Sala Constitucional, al haber asumido el monopolio para conocer "de las controversias que surjan con motivo de las normas constitucionales aun no desarrolladas legislativamente, hasta que las leyes que regulan la jurisdicción constitucional, decidan lo contrario." *V.* sentencia N° 332 de 14–03–2001 (Caso: *INSACA vs. Ministerio de Sanidad y Asistencia Social*), en *Revista de Derecho Público,* N° 85–88, Editorial Jurídica Venezolana, Caracas, 2001, p. 492.

53 *V.,* Allan R. Brewer–Carías, *Debate Constituyente,* Tomo II, *op. cit.*, p. 24.

54 Nos correspondió proponer en la Asamblea la consagración en forma expresa de dicho principio constitucional. *V.* Allan R. Brewer–Carías, *Debate Constituyente, (Aportes a la Asamblea Nacional Constituyente),* Tomo

Es indudable, por supuesto, que para que una Constitución sea efectivamente la ley suprema de una sociedad, debe ser producto de ella misma, sin imposiciones. Las Constituciones impuestas por un grupo político al resto de los integrantes de la sociedad tienen, por tanto, no sólo una precaria supremacía, sino una duración limitada a la presencia en el poder del grupo que la impuso. La Sala Constitucional del Tribunal Supremo en sentencia de 9 de noviembre de 2000 ha destacado lo que considera un "hecho fundamental" aunque no siempre "evidente a simple vista," que:

> La Constitución es suprema en tanto es producto de la autodeterminación de un pueblo, que se la ha dado a sí mismo sin intervención de elementos externos y sin imposiciones internas. Así, la Constitución viene a ser, necesariamente, la norma fundamental a la cual se encuentran vinculadas las múltiples formas que adquieren las relaciones humanas en una sociedad y tiempo determinados.[55]

Esta idea de la Constitución como norma suprema y fundamento del ordenamiento jurídico, conforme a una tradición normativa que se remonta al texto de la Constitución de 1811, se acompaña con la prescripción expresa de la obligatoriedad de sus normas para todos los órganos que ejercen el Poder Público y los particulares. Por eso la Sala Constitucional en la misma sentencia citada ha señalado que la supremacía implica que:

> Que la Constitución ostente, junto con el ordenamiento jurídico en su totalidad, un carácter normativo inmanente; esto es, un deber ser axiológico asumido por la comunidad como de obligatorio cumplimiento, contra cuyas infracciones se activen los mecanismos correctivos que el propio ordenamiento ha creado. La Constitución, también, sin que pueda ser de otro modo, impone modelos de conducta encaminados a cumplir pautas de comportamiento en una sociedad determinada.[56]

Ahora bien, en materia de derechos humanos, el principio de la supremacía constitucional cede ante las normas de los tratados, pactos y convenciones internacionales relativos a derechos humanos, suscritos y ratificados por Venezuela, los cuales también tienen jerarquía constitucional, pero que incluso prevalecen en el orden interno, conforme lo establece el artículo 23 de la propia Constitución, "en la medida en que contengan normas sobre su goce y ejercicio más favorables a las establecidas en esta Constitución y en las leyes de la República," siendo además "de aplicación inmediata y directa por los tribunales y demás órganos del Poder Público."[57]

En todo caso, la supremacía constitucional, que conlleva su obligatoriedad, es el fundamento del derecho ciudadano a la desobediencia civil que la Constitución consagra

---

II, *(9 septiembre–17 octubre 1999)*, Fundación de Derecho Público–Editorial Jurídica Venezolana, Caracas, 1999, p. 24.

55 Sentencia de la Sala Constitucional Nº 1347 de 9 de noviembre de 2001, en *Revista de Derecho Público,* Nº 81, Editorial Jurídica Venezolana, Caracas 2000, p. 265.

56 *Idem,* p. 264.

57 Lamentablemente, sin embargo, estos principios han sido distorsionados por la Sala Constitucional del Tribunal Supremo al haber monopolizado la decisión sobre la prevalencia de los tratados internacionales en materia de derechos humanos, y al haberle quitado la potestad de los jueces de aplicarlos con prevalencia directamente. *V.* sentencia Nº 1942 de 15 de julio de 2003 (Caso: *Impugnación de diversos artículos del Código Penal*), en *Revista de Derecho Público*, Nº 93–96, Editorial Jurídica Venezolana, Caracas 2003, pp. 530–531. *V.* Giuseppe Rosito Arbia, "Consideraciones sobre la desobediencia civil a propósito de la sentencia de la Sala Constitucional del Tribunal Supremo de Justicia del 22 de enero de 2003 que interpreta el artículo 350 de la Constitución de 1999," en *Derecho y Sociedad. Revista de Estudiantes de Derecho de la Universidad Monteávila*, Universidad Monteávila, Facultad de Ciencias Jurídicas y Políticas, Editorial Altolitho, Nº 4, Caracas, 2003, pp. 41–52.

respecto de regímenes, legislación y autoridades que contraríen la Constitución.[58] El artículo 350 de la Constitución dispone, en efecto, que el pueblo "desconocerá cualquier régimen, legislación o autoridad que contraríe los valores, principios y garantías democráticas o menoscabe los derechos humanos," como una manifestación, sin duda, del derecho de resistencia, cuyo origen histórico está en el derecho a la insurrección, que tuvo su fuente en la teoría política difundida por John Locke,[59] y que se reflejó en el último artículo de la Declaración de los Derechos del Hombre y del Ciudadano que precedía la Constitución francesa de 1793, y que disponía que "cuando el gobierno viole los derechos del pueblo, la insurrección es, para el pueblo y para cada porción del pueblo, el más sagrado de los derechos y el más indispensable de los deberes"(Art. 35). La Sala Constitucional del Tribunal Supremo, sin embargo, también en este caso, ha interpretado el artículo 350 de la Constitución y materialmente lo ha vaciado de contenido, al disponer en definitiva que sólo "puede manifestarse constitucionalmente mediante los diversos mecanismos para la participación ciudadana contenidos en la Carta Fundamental, en particular los de naturaleza política, preceptuados en el artículo 70, a saber: "la elección de cargos públicos, el referendo, la consulta popular, la revocación del mandato, las iniciativas legislativa, constitucional y constituyente, el cabildo abierto y la asamblea de ciudadanos y ciudadanas."[60]

Debe señalarse, por último, que como consecuencia de la supremacía constitucional, la Constitución consagra las respectivas garantías a la misma, de carácter objetivo y de orden judicial.

En cuanto a la garantía objetiva de la supremacía constitucional, siguiendo una tradición que se remonta a la Constitución de 1811,[61] se establece que todo acto estatal que se dicte en contravención con las disposiciones constitucionales debe considerarse nulo. Así está expresamente establecido en diversas normas del texto constitucional, respecto de los actos del Poder Público que violen o menoscaben los derechos garantizados en la Constitución y la ley, los cuales se declaran nulos (Art. 25); respecto de los actos de los patronos que sean contrarios a la Constitución, los cuales también se declaran "nulos y no generan efecto alguno" (Art. 89,4) y los despidos contrarios a la Constitución, los cuales también se declaran nulos (Art. 93); y respecto de la autoridad usurpada, la cual la Constitución declara "ineficaz y sus actos nulos"(Art. 138).

---

58 Sobre la desobediencia civil y el artículo 350 de la Constitución, véase: María L. Álvarez Chamosa y Paola A. A. Yrady, "La desobediencia civil como mecanismo de participación ciudadana," en *Revista de Derecho Constitucional*, Nº 7 (Enero–Junio). Editorial Sherwood, Caracas, 2003, pp. 7–21; Andrés A. Mezgravis, "¿Qué es la desobediencia civil?," en *Revista de Derecho Constitucional*, Nº 7 (enero–junio), Editorial Sherwood, Caracas, 2003, pp. 189–191; Marie Picard de Orsini, "Consideraciones acerca de la desobediencia civil como instrumento de la democracia," en *El Derecho Público a comienzos del siglo XXI. Estudios homenaje al Profesor Allan R. Brewer–Carías*, Tomo I, Instituto de Derecho Público, UCV, Civitas Ediciones, Madrid, 2003, pp. 535–551; y Eloísa Avellaneda y Luis Salamanca, "El artículo 350 de la Constitución: derecho de rebelión, derecho resistencia o derecho a la desobediencia civil," en *El Derecho Público a comienzos del siglo XXI. Estudios homenaje al Profesor Allan R. Brewer–Carías*, Tomo I, Instituto de Derecho Público, UCV, Civitas Ediciones, Madrid, 2003, pp. 553–583; Jorge Enrique Pabón Raydan, *Artículo 350 de la Constitución ¿Se consagra un derecho a la rebelión?*, Universidad Central de Venezuela, Caracas, 2006.

59 *V.* John Locke, *Two Treaties of Government* (ed. P. Laslett), Cambridge 1967, p. 211.

60 *V.* sentencia Nº 24 de 22 de enero de 2003, en *Revista de Derecho Público*, Nº 93–96, Editorial Jurídica Venezolana, Caracas, 2003, p. 128.

61 *V.* Allan R. Brewer–Carías, *Los Derechos humanos en Venezuela: Casi 200 años de historia,* Biblioteca de la Academia de Ciencias Políticas y Sociales, Serie Estudios, N° 38, Caracas, 1990, p. 139.

En cuanto a las garantías judiciales, el monopolio para la declaratoria de nulidad de los actos contrarios a la Constitución la tiene el Poder Judicial, a través de la Jurisdicción Constitucional que a se atribuye a la Sala Constitucional del Tribunal Supremo de Justicia (Arts. 266,4 y 336) y de la Jurisdicción Contencioso Administrativa (Art. 259), que se atribuye a las Salas Político Administrativa y Electoral del Tribunal Supremo de Justicia y demás tribunales que establece la ley. Además, la Constitución consagra el control difuso de la constitucionalidad de las leyes;[62] y además, la obligación de todos los jueces de asegurar la integridad de la Constitución (Art. 334).

II. LA NUEVA DENOMINACIÓN DE LA REPÚBLICA COMO REPÚBLICA BOLIVARIANA DE VENEZUELA

La innovación más destacada del artículo 1° de la Constitución de 1999, fue la denominación de la República como "República Bolivariana de Venezuela," lo que había sido propuesto por el Presidente de la República en el texto *Ideas Fundamentales para la Constitución Bolivariana de la V República* (Caracas 05–08–99). Ello fue rechazado por la mayoría de los constituyentes en la primera discusión, quienes luego cambiaron radicalmente de parecer aprobándola en segunda discusión.[63]

Se cambió, así, el anterior nombre de "República de Venezuela," que tenía la República desde 1811 a 1821, y luego, desde 1830. En el período 1819–1830 hay que recordar que la República desapareció, integrada como fue Venezuela a la República de Colombia, por lo que la idea de una República "Bolivariana," históricamente y de acuerdo con la concepción del Libertador Simón Bolívar, apunta a una organización política que implica la desaparición de Venezuela como Estado. Además, el calificativo de "bolivariana" a la República en 1999 resultaba totalmente contradictoria con la forma "federal" del Estado, que Simón Bolívar tanto había rechazado, propugnando en cambio el centralismo de Estado.[64]

El cambio de nombre, por tanto, nada tenía que ver con Simón Bolívar y su pensamiento, y sólo puede explicarse por su motivación político partidaria, partisana o partidista derivada de la denominación inicial del Movimiento político que estableció el Presidente de la República y que, como partido político, pretendió funcionar con el nombre de "Movimiento Bolivariano 200," denominación que tuvo que ser cambiada por exigencias de la Ley Orgánica del Sufragio. El partido del Presidente de la República entonces era y es el "partido bolivariano" que se pretendió incluso consolidar como "partido militar," imponiéndose como nombre de la República, y luego de la Fuerza Armada en 2008. En 2010, adicionalmente, se han develado las otras motivaciones del cam-

62 *V.*. en general Allan R. Brewer–Carías, *El sistema de justicia constitucional en la Constitución de 1999 (Comentarios sobre su desarrollo jurisprudencial y su explicación, a veces errada, en la Exposición de Motivos)*, Editorial Jurídica Venezolana, Caracas, 2000.

63 *V. Gaceta Constituyente (Diario de Debates), Noviembre 1999–Enero 2000,* Sesión de 12–11–99, N° 42, pp. 4 a 6. *V.* además, nuestro voto salvado sobre este artículo en Allan R. Brewer–Carías, *Debate Constituyente, (Aportes a la Asamblea Nacional Constituyente),* Tomo III, (*18 octubre–30 noviembre 1999)*, Caracas, 1999, p. 251.

64 *V.* Allan R. Brewer–Carías, "Ideas Centrales sobre la organización del Estado en la obra del Libertador y sus proyecciones contemporáneas" en *Boletín de la Academia de Ciencias Políticas y Sociales,* N° 95–96, Caracas, enero–junio 1984, pp. 137 ss.

bio de nombre de la República, y es el "descubrimiento" de una "doctrina socialista Bolivariana" la cual, mediante ley, se ha decretado como la doctrina oficial del Estado, con la configuración de un Estado Comunal y Socialista del Poder Popular.[65] Por supuesto, el nombre de Bolívar, en estos propósitos, no pasa de ser una excusa incorrectamente establecida,[66] la cual, por lo demás, ya ha sido utilizada en el pasado por otros gobiernos autoritarios anteriores.[67]

III. LOS PRINCIPIOS Y FINES DEL ESTADO Y DEL ORDENAMIENTO JURÍDICO, Y LA FÓRMULA DEL ESTADO DEMOCRÁTICO Y SOCIAL DE DERECHO Y DE JUSTICIA

La Constitución de 1999 está precedida de un Preámbulo, donde se plasmaron los fines políticos, sociales e internacionales que se tuvieron para su sanción.

En cuanto a los fines políticos, el primero que se mencionó fue la "refundación de la República," lo que sugiere que se trataba de una Constitución destinada a producir un cambio político radical, de las instituciones y del sistema político para establecer una sociedad democrática, participativa y protagónica, como "fin supremo" de la Constitución. En el texto constitucional, sin embargo, lamentablemente se margina a la sociedad civil en relación con el Estado, y los mecanismos para su directa participación en la gestión de asuntos públicos, como por ejemplo, los comités de postulaciones de altos funcionarios de los Poderes Públicos, han sido distorsionados en la práctica legislativa. Sin embargo, la Sala Constitucional del Tribunal Supremo de Justicia, en sentencia N°

---

65 El 21 de diciembre de 2011 se sancionaros las Leyes Orgánicas del Poder Popular, de las Comunas, del Sistema Económico Comunal, de Planificación Pública y Comunal y de Contraloría Social. *G.O.* N° 6.011 Extra. de 21–12–2010. *V.* Allan R. Brewer–Carías *et al.*, *Leyes Orgánicas sobre el Poder Popular y el Estado Comunal*, Editorial Jurídica Venezolana, Caracas 2011.

66 En el pensamiento del Bolívar, por lo demás, nada se encuentra que permita identificarlo con ideas socialistas. De lo contrario, el propio Karl Marx lo habría detectado en 1857, diez años después de haber escrito junto con Friedrich Engels sobre el socialismo y el comunismo en el libro *La Ideología Alemana* (véase en http://www.educa.madrid.org/cms_tools/files/0a24636f–764c–4e03–9c1d–6722e2ee60d7/Texto%20Marx%20y%20Engels.pdf). En efecto, en la entrada que escribió Marx, muy crítica por cierto, sobre "Bolívar y Ponte, Simón," para la *The New American Cyclopaedia*, Vol. III, 1858, nada observó sobre posibles ideas socialistas que pudieran derivarse de los escritos de Simón Bolívar. *V.* el texto en http://www.marxists.org/archive/marx/works/1858/01/bolivar.htm. Por ello, por ejemplo, John Lynch ha observado que: "En 1999 los venezolanos quedaron sorprendidos al saber que su país había sido renombrado como 'República Bolivariana de Venezuela' [a iniciativa] de Hugo Chávez Frías, quien se denomina a sí mismo como "revolucionario bolivariano." Populistas autoritario, neo caudillos, o bolivarianos militaristas, cualquiera sea su denominación, invocan a Bolívar no menos ardientemente que gobernantes anteriores, aún cuando es dudoso que él hubiera respondido a sus llamados…Pero la nueva herejía, lejos de mantener una continuidad con las ideas constitucionales de Bolívar, como ha sido alegado, ha inventado un nuevo atributo, el Bolívar populista, y en el caso de Cuba le dio una nueva identidad, el Bolívar socialista. Pero explotando la tendencia autoritaria, que ciertamente existió en el pensamiento y acción de Bolívar, regímenes como los de Cuba y Venezuela alegan que el Libertador es el patrón de sus políticas, distorsionando de paso sus ideas." *V.* John Lynch, *Simón Bolívar: A Life*, Yale University Press, New Haven, CT, 2007, p. 304.

67 Fue el caso, por ejemplo, de Antonio Guzmán Blanco en el siglo XIX y de Cipriano Castro, Juan Vicente Gómez, Eleazar López Contreras, y Marcos Pérez Jiménez en el siglo XX. John Lynch ha dicho que: "El tradicional culto a Bolívar ha sido usado como una ideología de conveniencia por dictadores militares, culminando con los regímenes de Juan Vicente Gómez y Eleazar López Contreras; estos, al menos, más o menos respetaron los pensamientos básicos del Libertador, aun cuando distorsionaron su significado." *V.* John Lynch, *Simón Bolívar: A Life*, Yale University Press, 2007, p. 304.

23 del 22 de enero de 2003 (Caso: *Interpretación del artículo 71 de la Constitución*), precisó sobre este fin supremo que:

> De este modo, como bien lo aclara la Exposición de Motivos de la Constitución, el régimen constitucional vigente responde a una sentida aspiración de la sociedad civil organizada que pugna por cambiar la negativa cultura política generada por décadas de un Estado centralizado de partidos (*Cfr*. Allan R. Brewer–Carías, Problemas del Estado de Partidos, Caracas, 1988, pp. 39 y ss) que mediatizó el desarrollo de los valores democráticos, a través de la participación ciudadana que ya no se limita a procesos electorales, pues se reconoce la necesidad de la intervención del pueblo en los procesos de formación, formulación y ejecución de políticas públicas, como medio para superar los déficits de gobernabilidad que han afectado nuestro sistema político debido a la carencia de armonía entre el Estado y la sociedad.

Ello indica, que el modelo democrático electivo, participativo y protagónico instaurado en Venezuela a partir de la entrada en vigencia de la Constitución de 1999, concibe a la gestión pública y la preservación y fomento del bien común como un proceso en el cual se establece una comunicación permanente entre gobernantes y ciudadanos, entre los representantes y sus representados, lo cual implica una modificación radical, a saber, de raíz, en la orientación de las relaciones entre el Estado y la sociedad, en la que se devuelve a esta última su legítimo e innegable protagonismo, a través del ejercicio de sus derechos políticos fundamentales, enunciados en el Capítulo IV del Título III de la Norma Suprema.[68]

Por otra parte, en el Preámbulo también se hace referencia expresa a que la Constitución misma se ha dictado para consolidar "los valores de la libertad, la independencia, la paz, la solidaridad, el bien común, la integridad territorial, la convivencia y el imperio de la Ley, para ésta y las futuras generaciones," como valores fundamentales, todos, de la sociedad democrática que se busca establecer.

La refundación de la República además de los fines políticos mencionados, debe responder a una serie de fines sociales que se precisan con el objeto de asegurar "el derecho a la vida, al trabajo, a la cultura, a la educación, a la justicia social y a la igualdad sin discriminación ni subordinación alguna."Se invoca, así, como principios esenciales y fines de la sociedad, los derechos humanos fundamentales a la vida, al trabajo, a la cultura y a la educación, que encuentran desarrollo sustancial en el texto constitucional.

Y además de fines políticos y sociales, también se mencionan en el Preámbulo, como fines de la sociedad venezolana y del Estado, una serie de fines internacionales, como promover la cooperación pacífica entre las naciones, de acuerdo con los principios de la no intervención en los asuntos de otros países y de la autodeterminación de los pueblos, y conforme a la garantía universal e indivisible de los derechos humanos y la democratización de la sociedad internacional. También se hace referencia en el Preámbulo a otros valores que deben guiar las relaciones internacionales de la República, como el desarme nuclear, el equilibrio ecológico y los bienes jurídicos ambientales como patrimonio común e irrenunciable de la humanidad.

Sobre los fines esenciales del Estado, además, el artículo 3 de la Constitución los refiere en el orden social, económico y político,[69] enumerando "la defensa y el desarrollo de la persona y el respeto a su dignidad" y la "garantía del cumplimiento de los princi-

---

68 *V*. en *Revista de Derecho Público*, N° 93–96, Editorial Jurídica Venezolana, Caracas 2003, p. 219–221.

69 *V*. en general María E. Soto Hernández y Fabiola del Valle Tavares Duarte, "Funciones del Estado en la Constitución de la República Bolivariana de Venezuela de 1999," en *Estudios de Derecho Público: Libro Homenaje a Humberto J. La Roche Rincón,* Volumen II. Tribunal Supremo de Justicia, Caracas, 2001, pp. 413–458.

pios, derechos y deberes consagrados en la Constitución." Además, se indica en el mencionado artículo, como fines del Estado, "la construcción de una sociedad justa y amante de la paz" y "la promoción de la prosperidad y bienestar del pueblo"; a lo que se debe agregar, además, como fin del Estado en materia social, el "fomentar el empleo" como lo dispone expresamente el artículo 87 de la Constitución. En el marco de los fines políticos del Estado, el artículo hace mención "al ejercicio democrático de la voluntad popular," remitiendo básicamente a la noción de democracia, como gobierno popular; y en el marco de los jurídicos, el mismo artículo hace mención, dentro de los fines del Estado, a "la garantía del cumplimiento de los principios, derechos y deberes consagrados en la Constitución."

La Constitución también se refirió en el artículo 2 a los valores superiores del ordenamiento jurídico y que también deben guiar la actuación del Estado, enumerando a la vida, la libertad, la justicia, la igualdad, la solidaridad, la democracia, la responsabilidad social, la ética y el pluralismo político,[70] repitiendo previsiones que están también en el Preámbulo y en el artículo 1°. Además, el artículo 2 incluye dentro de esos valores, a la democracia, como sistema de gobierno y de vida, montada en la idea del pluralismo político, basado en la participación igualitaria de todos en los procesos políticos, lo que se define como otro valor del ordenamiento. Se agregan a dichos valores, la idea de la responsabilidad social, que configura al Estado social y, en general, la idea de la preeminencia de los derechos humanos, y entre ellos los sociales, lo que implica siempre la interpretación de la ley en la forma más favorable a los derechos y libertades de los individuos. La norma hace mención, además, a los valores de la ética, y no sólo pública, de manera que más allá de las normas jurídicas exista un conjunto de normas éticas que han de guiar a funcionarios y al Estado en la tarea de transformar el Estado y crear un nuevo ordenamiento jurídico.[71]

Por último, debe mencionarse que el artículo 2 de la Constitución, siguiendo la orientación que ya estaba a la base de la Constitución de 1961, definió a Venezuela como un Estado democrático y social de derecho y de justicia,[72] denominación que con el agregado respecto del Estado de justicia siguió la tradición del constitucionalismo contemporáneo, tal como estaba expresado, por ejemplo, en la Constitución española (Art. 1°), en la Constitución de Colombia (Art. 1°) y en la Constitución de la República Federal de Alemania (Art. 20,1).[73]

---

70 Sobre estos valores véase Jacqueline Lejarza A., "El carácter normativo de los principios y valores en la Constitución de 1999," en *Revista de Derecho Constitucional,* N° 1 (septiembre–diciembre), Editorial Sherwood, Caracas, 1999, pp. 195–220; Liliana Fasciani "De la Justicia a la Justicia Social", (Jesús María Casal, Alfredo Arismendi y Carlos Luis Carrillo Artiles Coords.) en *Tendencias Actuales del Derecho Constitucional. Homenaje a Jesús María Casal Montbrun,* Tomo I, Universidad Central de Venezuela/Universidad Católica Andrés Bello, Caracas, 2008, pp. 161–196.

71 Sobre estos valores, véase la sentencia de la Sala Político Administrativa del Tribunal Supremo de Justicia durante el año 2000, entre las cuales se destaca la sentencia N° 659 de 24 de marzo de 2000 (Caso: *Rosario Nouel vs. Consejo de la Judicatura y Comisión de Emergencia Judicial),* en *Revista de Derecho Público,* N° 81 (enero–marzo), Editorial Jurídica Venezolana, Caracas, 2000, p. 103 y 10

72 *V.* Luis Enrique Useche Díaz, "El Estado Social y Democrático de Derecho y de Justicia. Utopía y Frustración", (Jesús María Casal, Alfredo Arismendi y Carlos Luis Carrillo Artiles Coords.) en *Tendencias Actuales del Derecho Constitucional. Homenaje a Jesús María Casal Montbrun,* Tomo I, Universidad Central de Venezuela / Universidad Católica Andrés Bello, Caracas, 2008, pp. 129–160; José M. Delgado Ocando, "El estado social de derecho," en *Lex. Revista del Colegio de Abogados del Estado Zulia,* Colegio de Abogados del Estado Zulia, 236, Maracaibo, 2000, pp. 17–27

73 *V.* Allan R. Brewer–Carías, *Debate Constituyente, (Aportes a la Asamblea Nacional Constituyente),* Tomo II, *(9 septiembre–17 de octubre 1999), cit.,* Caracas 1999, pp. 21, 30 y 31.

La idea de Estado social es la de un Estado con obligaciones sociales, de procura de la justicia social, lo que lo lleva a intervenir en la actividad económica y social, como Estado prestacional. Tal carácter social deriva principalmente del valor fundamental de la igualdad y no discriminación que deriva del Preámbulo y del artículo 1° de la Constitución, que además de derecho fundamental (Art. 21) es el pilar de actuación del Estado (Art. 2); y de la declaración del principio de la justicia social como base del sistema económico (Art. 299).[74]

El Estado democrático, es el que fundamenta toda la organización política de la Nación en el principio democrático. Ello deriva también del Preámbulo (sociedad democrática) y de los artículos 2, 3, 5 y 6 de la Constitución. El primer valor, por tanto, del constitucionalismo es la democracia, quedando plasmado el Estado democrático en los principios fundamentales del texto constitucional, comenzando por la forma de ejercicio de la soberanía mediante mecanismos de democracia directa y de democracia representativa.[75]

El Estado de derecho es el Estado sometido al imperio de la Ley como lo señala el Preámbulo, es decir, el Estado sometido a la legalidad. Ello deriva no sólo del principio de la supremacía constitucional consagrado en el artículo 7 y del sometimiento de los órganos del Poder Público a la Constitución y las leyes (Art. 137), sino de los sistemas de control de constitucionalidad (Arts. 334 y 336) y de control contencioso–administrativo (Art. 259) que constituyen la garantía de la Constitución.[76]

Por último, el Estado de justicia es el Estado que tiende a garantizar la justicia por encima de la legalidad formal, estableciendo no sólo el valor justicia en el Preámbulo y en el artículo 1°, sino regulando expresamente el derecho de acceso a la justicia y a la obtención de una tutela efectiva de los derechos e intereses de las personas, organizando unos tribunales que deben garantizar una justicia gratuita, accesible, imparcial, idónea, transparente, autónoma, independiente, responsable, equitativa y expedita, sin dilaciones indebidas, sin formalismos o reposiciones inútiles (Art. 26).

IV. LA CONTRADICTORIA FORMA DEL ESTADO: LA "FEDERACIÓN DESCENTRALIZADA"

Como se dijo anteriormente, la forma del Estado venezolano durante toda su existencia desde 1811, ha sido forme federal de gobierno, lo que implica el reconocimiento de autonomías territoriales en el nivel intermedio, es decir, de los Estados federados. Pero la Federación venezolana, a partir de 1901, cuando se produjo el colapso del sistema de Estado federal liberal que se había instaurado en 1864, comenzó a ser una Federación centralizada, habiéndose centralizado el Estado en todos los órdenes;[77] lo que continuó

74 *V.* el desarrollo de estos principios en la sentencias de la Constitucional del Tribunal Supremo de Justicia, N° 85 de 24–01–2002 (Caso: *Deudores hipotecarios vs. Superintendencia de Bancos*) y sentencia de 7 de marzo de 2002, en *Revista de Derecho Público,* N° 89–92, Editorial Jurídica Venezolana, Caracas 2002, p. 92.

75 Allan R. Brewer–Carías, *Evolución histórica del Estado, Instituciones Políticas y Constitucionales,* Tomo I, Caracas–San Cristóbal 1996, pp. 507, 510 a 513, y 599.

76 *Idem*, pp. 509, 516 a 521, y 600.

77 *V.* Allan R. Brewer–Carías, "El desarrollo institucional del Estado Centralizado en Venezuela (1899–1935) y sus proyecciones contemporáneas" en *Revista de Estudios de la Vida Local y Autonómica,* N° 227 y 228, Madrid 1985, pp. 487 a 514 y 695 a 726, respectivamente.

a pesar del cambio político de 1946 y 1958, desarrollándose a partir de esa fecha la forma democrática de la Federación centralizada que tuvo el país en las últimas décadas del siglo XX.

La gran transformación política que debió efectuarse con la Constitución de 1999 era, por tanto, sustituir efectivamente la Federación centralizada por una Federación descentralizada.[78] Grandes esfuerzos se hicieron en la materia, pero la reforma y profundización de la descentralización política como forma de perfeccionar la democracia que debió ser el tema central del debate constituyente,[79] sin que hubiera habido un solo debate sobre el tema, no pasó del nominalismo expresado tanto en el Preámbulo como en el artículo 4 que precisa que "La República Bolivariana de Venezuela es un Estado federal descentralizado en los términos consagrados por esta Constitución"; fórmula más o menos similar a la del artículo 2 de la Constitución de 1961 que decía que "La República de Venezuela es un Estado federal, en los términos consagrados por esta Constitución."

En la Constitución de 1999, salvo en el nominalismo, no se avanzó mayormente en relación con lo que existía en el texto de 1961, habiéndose constitucionalizado sólo algunos aspectos que ya estaban establecidos en la Ley Orgánica de Descentralización, Delimitación y Transferencia de Competencias del Poder Público de 1989, que ya tenía rango de ley constitucional en lo que se refería a la transferencia a los Estados de competencias del Poder Nacional.[80]

Sin embargo, no hubo los avances y transformaciones necesarias para hacer realidad la descentralización de la Federación, como era necesario hacer, por ejemplo, en la distribución de los recursos tributarios hacia los Estados. Más bien, en este tema se retrocedió institucionalmente al eliminarse el Senado y establecerse una Asamblea Nacional Unicameral (Art. 186), y al permitirse la limitación por ley nacional de la autonomía de los Estados (Art. 162) y de los Municipios (Art. 168). Ello es negar, de entrada, la idea misma de descentralización política que está basada en el concepto de autonomía territorial, precisamente entre los entes políticos–territoriales.

En consecuencia, la denominación de "Federación descentralizada" para identificar la forma del Estado fue sin duda un avance nominal, pero en los términos establecidos en la Constitución, lo que no significa realmente avance alguno, sino consolidación y mantenimiento parcial de reformas que se venían realizando desde 1989, con algunos retrocesos; y en definitiva, la regulación de una contradicción constitucional entre la denominación de la forma del Estado como Federal, y la realidad de la implementación política de las normas constitucionales como un Estrado centralizado.[81]

---

78 *V.* Allan R. Brewer–Carías, *Debate Constituyente,* Tomo I, *op. cit.*, pp. 155 a 170; y Tomo II, *op. cit.*, pp. 227 a 233.

79 *V.* Allan R. Brewer–Carías, *Poder Constituyente Originario y Asamblea Nacional Constituyente,* Caracas 1999, pp. 269 ss.

80 *V.* Carlos Ayala Corao, "Naturaleza y alcance de la descentralización estadal" en Allan R. Brewer–Carías y otros, *Leyes para la Descentralización Política de la Federación*, Caracas 1994, pp. 99 ss.; Allan R. Brewer–Carías, *Asamblea Constituyente y Ordenamiento Constitucional,* Caracas 1999, pp. 122 ss.

81 *V.* Allan R. Brewer–Carías, *Federalismo y Municipalismo en la Constitución de 1999 (Alcance de una reforma insuficiente y regresiva),* Cuadernos de la Cátedra Allan R. Brewer–Carías de Derecho Público, N° 7, Universidad Católica del Táchira, Editorial Jurídica Venezolana, Caracas–San Cristóbal, 2001; "El Estado federal descentralizado y la centralización de la federación en Venezuela. Situación y perspectiva de una contradicción constitucional," en *Federalismo y regionalismo,* Coordinadores Diego Valadés y José María Serna de la Garza, Universidad Nacional Autónoma de México, Tribunal Superior de Justicia del Estado de Puebla, Instituto de Inves-

V. LA SOBERANÍA POPULAR Y EL RÉGIMEN DEMOCRÁTICO

El artículo 5° de la Constitución, establece lo siguiente:

> "La soberanía reside intransferiblemente en el pueblo, quien la ejerce directamente en la forma prevista en esta Constitución y en la Ley, e indirectamente, mediante el sufragio, por los órganos que ejercen el Poder Público".

Con esta norma, si bien se siguió la tradición republicana de la soberanía popular iniciada en 1811, y en particular, el concepto de representatividad política (democracia indirecta), [82] se complementó con la previsión de la posibilidad del ejercicio directo de la democracia mediante mecanismos de participación previstos en el artículo 62 que consagra el derecho de todos los ciudadanos "de participar libremente en los asuntos públicos, directamente o por medio de sus representantes."

Soberanía popular y democracia representativa[83] son, por tanto, principios consustanciales e indisolubles, razón por la cual es imposible consagrar la soberanía popular, en régimen democrático, sin el principio de la democracia representativa.[84]

De ello deriva, por tanto, que la representatividad democrática siempre tiene que tener su fuente en elecciones populares universales, directas y secretas (Art. 70), destinadas a elegir los titulares de los órganos que ejercen el Poder Público que, por supuesto, son los que establece la Constitución conforme a los principios de distribución y separación del Poder Público (Art. 136). Sin embargo, en el texto de la Constitución de 1999 se eliminó del léxico constitucional la palabra "representativo" cuando en el artículo 6 se calificó al gobierno democrático[85], aún cuando quedó como "electivo," conforme a un discurso políticos que ha pretendido que haya que supuestamente sustituir la "democracia representativa" por una "democracia participativa."[86]

---

tigaciones Jurídicas, Serie Doctrina Jurídica N° 229, México, 2005, pp. 717–750; y "La federación centralizada en Venezuela. Una contradicción constitucional" en *Revista Iberoamericana de Estudios Autonómicos,* Centro de Estudios de Derecho Público Goberna & Derecho, Syntagma, Centro de Estudios Estratégicos de Madrid, Año 1, N° 1. Guayaquil, 2005, pp. 59–68; Enrique Sánchez Falcón, "El Federalismo en la Constitución de 1999. Proceso Constituyente y desarrollos legislativos," Jesús María Casal, Alfredo Arismendi y Carlos Luis Carrillo Artiles (Coord.), *Tendencias Actuales del Derecho Constitucional. Homenaje a Jesús María Casal Montbrun,* Tomo I, Universidad Central de Venezuela/Universidad Católica Andrés Bello, Caracas, 2008, pp. 591–628; Jorge Sánchez Meleán, "Federalismo, Descentralización y Participación en Venezuela (1990–2006)," Jesús María Casal, Alfredo Arismendi y Carlos Luis Carrillo Artiles (Coord.), *Tendencias Actuales del Derecho Constitucional. Homenaje a Jesús María Casal Montbrun,* Tomo I, Universidad Central de Venezuela / Universidad Católica Andrés Bello, Caracas, 2008, pp. 629–647.

82 *V.* nuestra propuesta en relación con este artículo en Allan R. Brewer–Carías, *Debate Constituyente,* Tomo I, *op. cit.*, pp. 183 a 199.

83 *V.* sobre la soberanía y la democracia representativa, Pedro L. Bracho Grand y Miriam Álvarez de Bozo, "Democracia representativa en la Constitución Nacional de 1999," en *Estudios de Derecho Público: Libro Homenaje a Humberto J. La Roche Rincón,* Volumen I, Tribunal Supremo de Justicia, Caracas, 2001, pp. 235–254; Allan R. Brewer–Carías, *Reflexiones sobre el constitucionalismo en América, op. cit.*, pp. 17 ss., 55 ss.; Alfonso Rivas Quintero, *Derecho Constitucional,* Paredes Editores, Valencia–Venezuela, 2002, pp. 190 ss.; y Ricardo Combellas, "Representación vs. Participación en la Constitución Bolivariana. Análisis de un falso dilema," en *Bases y principios del sistema constitucional venezolano (Ponencias del VII Congreso Venezolano de Derecho Constitucional realizado en San Cristóbal del 21 al 23 de Noviembre de 2001),* Volumen II, pp. 383–402.

84 *V.* en Allan R. Brewer–Carías, *Debate Constituyente,* Tomo I, *op. cit.*, pp. 184 ss.

85 *V.* nuestro voto salvado por la omisión en *Gaceta Constituyente (Diario de Debates), Noviembre 1999–Enero 2000,* Sesión de 12–11–99, N° 42, p. 7.

86 En la Cumbre Presidencial de las Américas de Québec, celebrada en abril de 2001, el Presidente de la República formuló objeciones al Proyecto de Carta Democrática de la OEA pretendiendo que se sustituyera "democracia representativa" por "democracia participativa." Véanse las referencias en Luis Henrique Ball, "Nadando

Pero la verdad es que no existe democracia que no sea representativa, siendo de la esencia del régimen político democrático la idea de representación, de manera que el pueblo, titular de la soberanía, no la ejerce directamente, sino a través de representantes. Por lo demás, la democracia representativa no se opone a democracia participativa,[87] y lo que se ha establecido en materia de referendos (consultivas, aprobatorios, abrogatorios y revocatorios) (Arts. 78 y ss.), en realidad son manifestaciones de democracia directa. Igual ocurre con las previsiones sobre las consultas populares, la revocatoria del mandato, la iniciativa legislativa, constitucional y constituyente, el cabildo abierto y la asamblea de ciudadanos y ciudadanas.

Sin embargo, lo grave de esta confusión, y del engaño sobre el verdadero sentido de la democracia participativa, es que con ello se ha pretendido ejecutar un proyecto político basado en un pretendido apoyo popular, que pretende acaparar el poder y consolidarlo como hegemónico, concentrado y autoritario, todo lo contrario a lo que impone un régimen democrático; en el denominado Estado Comunal y Socialista del Poder Popular que se ha creado por leyes orgánicas en 2010, en paralelo al Estado Constitucional, y que pretende fundarse en una supuesta "democracia participativa" donde los "voceros"

---

contra la corriente en Québec," *El Universal,* Caracas, 27–04–01, p. 2–11; y en Adolfo R. Tayardat, "La pírrica victoria de San José," *El Nacional,* Caracas, 16–06–01, p. A–8. En todo caso dicha posición fue abandonada y el Ministro de Relaciones Exteriores de Venezuela en agosto de 2001 manifestó su acuerdo con la definición de democracia representativa en la referida Carta Democrática. *V.* en *El Nacional,* Caracas, 28–08–01, p. A–2. Sobre la democracia participativa en la Constitución de 1999, Manuel Feo La Cruz, "La participación de la sociedad civil en el proceso de gestión pública. Retos y desafíos," en *El Derecho Público a comienzos del siglo XXI. Estudios homenaje al Profesor Allan R. Brewer–Carías,* Tomo I, Instituto de Derecho Público, UCV, Civitas Ediciones, Madrid, 2003, pp. 415–429; Yusby S. Méndez–Apolinar, "La obligación ciudadana de participar en los asuntos públicos, como expresión de la cultura democrática," en *El Derecho Público a comienzos del siglo XXI. Estudios homenaje al Profesor Allan R. Brewer–Carías,* Tomo I, Instituto de Derecho Público, UCV, Civitas Ediciones, Madrid, 2003, pp. 431–437; María L. Álvarez Chamosa; Paola A. A. Yrady, "La desobediencia civil como mecanismo de participación ciudadana," en *Revista de Derecho Constitucional,* N° 7 (enero–junio). Editorial Sherwood, Caracas, 2003, pp. 7–21; Ana P. Deniz, "La participación ciudadana en la Constitución de 1999," en *Revista de Derecho Constitucional,* N° 7 (enero–junio). Editorial Sherwood, Caracas, 2003, pp. 115–124; Fernando Flores Jiménez, "La participación ciudadana en la Constitución venezolana de 1999," en *Revista de Derecho Constitucional,* N° 5 (julio–diciembre). Editorial Sherwood, Caracas, 2001, pp. 75–88; Allan R. Brewer–Carías, *Reflexiones sobre el constitucionalismo en América, op. cit.,* pp. 48 ss., 137 ss; Luis Salamanca, "La Constitución venezolana de 1999: de la representación a la hiper–participación ciudadana," en *Revista de Derecho Público,* N° 82 (abril–junio). Editorial Jurídica Venezolana, Caracas, 2000, pp. 85–105; Humberto Njaim, "Las implicaciones de la democracia participativa: un tema constitucional de nuestro tiempo," en *Constitución y Constitucionalismo Hoy.* Editorial Ex Libris, Caracas, 2000, pp. 719–742; Ángel Alegre Martínez, "Cultura de Derechos, Deberes y Participación," en *Revista de derecho del Tribunal Supremo de Justicia,* N° 5, Caracas, 2002, pp. 1 a 17; y Ricardo Combellas, "La democracia participativa y la Constitución de la República Bolivariana de Venezuela," en *Derecho Constitucional. General y Particular. Actualizado con la Constitución de la República Bolivariana de Venezuela del 24–03–2000,* Tomo I, Universidad Santa María, Caracas, pp. 279–305.

87 Como lo ha señalado la Corte Primera de lo Contencioso Administrativo en sentencia N° 1037 de 1 de agosto de 2000 (Caso: *Asociación de Propietarios y Residentes de la Urbanización Miranda (APRUM) vs. Alcaldía del Municipio Sucre del Estado Miranda*): "La democracia participativa no choca necesariamente con la democracia representativa, ni se excluyen, y dentro de un sistema Republicano necesariamente deben haber autoridades, Poderes Públicos que representen a los demás, y esa es la esencia misma de la República como tal; son estos entes representativos quienes van a establecer las normas para poder permitir la participación, porque toda participación debe estar sujeta a unas normas o a un principio de legalidad que establezca cuáles son los poderes de la Administración Pública y en qué manera los ciudadanos pueden hacerse parte de la actividad administrativa y la participación legítima a los órganos de representación republicanos, razón por la cual ambos tipos de democracia se complementan" *V.* en *Revista de Derecho Público,* N° 83 (julio–septiembre), Editorial Jurídica Venezolana, Caracas, 2000, p. 394. *V.* Allan R. Brewer–Carías, "Democracia participativa, descentralización política y régimen municipal," en Miguel Alejandro López Olvera y Luis Gerardo Rodríguez Lozano Coordinadores), *Tendencias Actuales del Derecho Público en Iberoamérica,* Editorial Porrúa, México, 2006, pp. 1–23.

de los Consejos Comunales no son electos mediante sufragio directo, universal y secreto, sino impuestos a mano alzada en Asambleas de Ciudadanos controladas políticamente desde un Ministerio del Ejecutivo Nacional.[88]

La democracia para que sea participativa, tiene que ser una forma de vida y su ejercicio tiene que ser cotidiano. Para que el ciudadano pueda participar en los asuntos públicos, como cosa regular, tiene que tener acceso al poder, lo tiene que tener cerca, lo que implica un bien arraigado y desarrollado sistema de gobierno local, en cada lugar, asentamiento urbano o rural, basado en la descentralización política. Pero descentralizar, creando autoridades locales en los niveles territoriales más pequeños, implica desparramar el poder, lo que es todo lo contrario a la concentración del Poder y al centralismo que ha venido desarrollando al amparo de la Constitución de 1999, a pesar de que se la proclame como reguladora de la "democracia participativa."[89] Lo que se ha hecho es utilizar la Constitución de manera engañosa para, que en nombre de la sustitución de la democracia representativa por una supuesta democracia participativa, acabar con la propia democracia como régimen político sustituyéndola por un régimen autoritario, centralizador y concentrador del Poder.[90]

Pero en contraste con esa política, por ejemplo, la Constitución estableció una forma de participación de la sociedad civil, absolutamente excepcional en el derecho comparado, en la gestión de los asuntos públicos, al establecer que la postulación para cargos de Magistrados del Tribunal Supremo de Justicia, de los Miembros del Consejo Nacional Electoral, del Defensor del Pueblo, del Contralor General de la República y del Fiscal General de la República debía hacerse ante la Asamblea Nacional, por sendos Comités de Postulaciones integrados por "representantes de los diferentes sectores de la sociedad" (Arts. 270, 295 y 279). Lamentablemente, sin embargo, desde la sentencia del Tribunal Supremo de Justicia de 30 de junio de 2000 (N° 656) (*Caso: Defensor del Pueblo*),[91] y posteriormente por las leyes dictadas por la Asamblea (Poder Electoral,

88 *V.* Allan R. Brewer–Carías, "Introducción General al Régimen del Poder Popular y del Estado Comunal (O de cómo en el siglo XXI, en Venezuela se decreta, al margen de la Constitución, un Estado de Comunas y de Consejos Comunales, y se establece una sociedad socialista y un sistema económico comunista, por los cuales nadie ha votado)," en Allan R. Brewer–Carías, Claudia Nikken, Luis A. Herrera Orellana, Jesús María Alvarado Andrade, José Ignacio Hernández y Adriana Vigilanza, *Leyes Orgánicas sobre el Poder Popular y el Estado Comunal (Los Consejos Comunales, las Comunas, la Sociedad Socialista y el Sistema Económico Comunal)*, Editorial Jurídica Venezolana, Caracas 2011, pp. 9–182; "Las leyes del Poder Popular dictadas en Venezuela en diciembre de 2010, para transformar el Estado Democrático y Social de Derecho en un Estado Comunal Socialista, sin reformar la Constitución," en *Cuadernos Manuel Giménez Abad,* Fundación Manuel Giménez Abad de Estudios Parlamentarios y del Estado Autonómico, N° 1, Madrid, Junio 2011, pp. 127–131; "La desconstitucionalización del Estado de derecho en Venezuela: del Estado democrático y social de derecho al Estado Comunal socialista, sin reformar la Constitución," en *Revista Aequitas Virtual,* Número 15 – Año V – Facultad de Ciencias Jurídicas, Universidad de El Salvador, Buenos Aires, Mayo 2011 (Sección "Derecho Constitucional"), http://www.salvador.edu.ar/juri/aequitasNE/nroquince/Derecho%20constitucional%20Allan%20R.Brewer–Carias.pdf.

89 *V.* Allan R. Brewer–Carías, "Democracia participativa, descentralización política y régimen municipal," en Miguel Alejandro López Olvera y Luis Gerardo Rodríguez Lozano Coordinadores), *Tendencias Actuales del Derecho Público en Iberoamérica,* Editorial Porrúa, México, 2006, pp. 1–23

90 *V.* sobre el sentido que se ha buscado establecer al Estado democrático y sobre el empeño de la Sala Constitucional de reinterpretar y repositivizar los derechos humanos dentro de la "perspectiva política" definida por la misma., la sentencia de la Sala Constitucional del Tribunal Supremo de Justicia, N° 23 del 22–01–2003 (Caso: *Interpretación del artículo 71 de la Constitución*), en *Revista de Derecho Público,* N° 93–96, Editorial Jurídica Venezolana, Caracas, 2003, pp. 214 ss.

91 *V.* en *Revista de Derecho Público,* N° 84, Editorial Jurídica Venezolana, Caracas, 2000, pp. 108 ss. El caso tuvo su origen en la impugnación de la Ley Especial para la ratificación o designación de los miembros del Poder

Tribunal Supremo de Justicia, Poder Ciudadano),[92] dicha participación fue confiscada y los Comités de Postulaciones quedaron convertidos en simples Comisiones parlamentarias ampliadas.[93]

Ello no obsta, son embargo, para que el propio Tribunal Supremo, en Sala Electoral, por ejemplo, haya señalado que los artículos 5 y 6 de la Constitución, "consagran un nuevo modelo de democracia participativa, evolucionando de la clásica concepción de la democracia representativa, limitada al ejercicio de la soberanía popular únicamente por medio de la elección periódica de representantes," consagrando en consonancia novedosos mecanismos que permiten la participación política del soberano en los asuntos que le conciernen, que se enumeran en el artículo 70 de la Constitución.[94]

Por último, debe señalarse, que la consecuencia de la regulación constitucional del principio de la soberanía del pueblo y de la representatividad política, es la previsión del artículo 6 de la Constitución, equivalente al artículo 3° de la Constitución de 1961, que dispone que:

> El gobierno de la República Bolivariana de Venezuela y de las demás entidades políticas que la componen es y será siempre democrático, participativo, electivo, descentralizado, alternativo, responsable, pluralista y de mandatos revocables.

Esta forma democrática de gobierno, por supuesto, no sólo se impone a la República, sino a las "entidades políticas" que la componen conforme al principio de la distribución territorial del Poder, es decir, a los Estados y Municipios (Art. 136). Todos los órganos de estas entidades, en todo caso, "emanan de la soberanía popular y a ella están sometidos."

VI EL ESTATUTO DE LAS PERSONAS Y DE LOS CIUDADANOS

La Constitución de 1999 siguió las líneas tradicionales de las Constituciones anteriores sobre el régimen de los extranjeros y nacionales,[95] es decir, en personas que no tienen vinculo jurídico esencial con el Estado y las que si lo tienen. Por ello, el artículo 45 de la Constitución de 1961 establecía que "Los extranjeros tienen los mismos deberes y derechos que los venezolanos, con las limitaciones o excepciones establecidas por esta Constitución y las leyes". Esta norma, sin embargo, desapareció del texto constitucional

---

Ciudadano y de los magistrados del Tribunal Supremo de Justicia, *G.O.* N° 37.077, de 14–11–2000. Por ello, la Comisión Interamericana de Derechos Humanos en su Informe de *2003 Report on the Situation of Human Rights in Venezuela*, advirtió que "las reformas constitucionales introducidas para el nombramiento de estas autoridades como garantías de su independencia e imparcialidad no se pusieron en práctica en esta instancia," Parágrafo 186, en http://www.cidh.oas.org/countryrep/Venezuela2003eng/chapter1.htm#B

92 *V.* la Ley Orgánica del Tribunal Supremo de Justicia, *G.O.* N° 37.942, 20–05–2004 (la misma norma está en la reforma de la Ley Orgánica de 2010); Ley Orgánica del Poder Electoral, *G.O.* N° 37.573, 19–11–2002; y Ley Orgánica del Poder Ciudadano, *G.O.* N° 37.310, de 19–10–2001.

93 *V.* Allan R. Brewer–Carías, "La participación ciudadana en la designación de los titulares de los órganos no electos de los Poderes Públicos en Venezuela y sus vicisitudes políticas," *Revista Iberoamericana de Derecho Público y Administrativo* 5, San José, Costa Rica, 2005, 76–95; y "Sobre el nombramiento irregular por la Asamblea Nacional de los titulares de los órganos del poder ciudadano en 2007," en *Revista de Derecho Público,* N° 113, Editorial Jurídica Venezolana, Caracas, 2008, pp. 85–88.

94 *V.* en *Revista de Derecho Público,* N° 84, Editorial Jurídica Venezolana, Caracas, 2000, p. 168.

95 Ello a pesar de las propuestas que se formularon por modernizar el régimen de la nacionalidad. *V.* nuestra propuesta presentada por la Comisión de Nacionalidad y Ciudadanía de la Asamblea, en Allan R. Brewer–Carías, *Debate Constituyente,* Tomo II, *op. cit.,* pp. 45 a 74.

y nada se establece en la Constitución de 1999. No obstante, es evidente que el principio sigue rigiendo en la forma expresada, derivada del derecho fundamental a la igualdad ante la ley (Art. 21) y de la regulación expresa de la nacionalidad y ciudadanía, lo que por exclusión permite construir el régimen de los extranjeros.[96]

En cuanto a la nacionalidad, el régimen se siguió basando en los clásicos elementos del *jus soli* y del *jus sanguinis,* los cuales en general, siguen teniendo una consagración de carácter absoluto.[97] Así el artículo 32 de la Constitución de 1999 establece que son venezolanos por nacimiento, las siguientes: "1. Toda persona nacida en territorio de la República; 2. Toda persona nacida en territorio extranjero, hijo o hija de padre venezolano y madre venezolana por nacimiento; 3. Toda persona nacida en territorio extranjero, hijo o hija de padre venezolano por nacimiento o madre venezolana por nacimiento, siempre que establezcan su residencia en el territorio de la República o declaren su voluntad de acogerse a la nacionalidad venezolana; y 4. Toda persona nacida en territorio extranjero de padre venezolano por naturalización o madre venezolana por naturalización siempre que antes de cumplir dieciocho años de edad, establezca su residencia en el territorio de la República y antes de cumplir veinticinco años de edad declare su voluntad de acogerse a la nacionalidad venezolana."

En cuanto a los venezolanos por naturalización, el artículo 33 de la Constitución la prevé respecto de "los extranjeros que obtengan carta de naturaleza." A tal fin deberán tener domicilio en Venezuela con residencia ininterrumpida de por lo menos, diez años, inmediatamente anteriores a la fecha de la respectiva solicitud. Sin embargo, "el tiempo de residencia se reducirá a cinco años en el caso de aquellos y aquellas que tuvieren la nacionalidad originaria de España, Portugal, Italia, países latinoamericanos y del Caribe."

En cuanto a los extranjeros "que contraigan matrimonio con venezolano o venezolana" pueden obtener la naturalización desde que declaren su voluntad de serlo, "transcurridos por lo menos cinco años a partir de la fecha del matrimonio." Por último, en cuanto a "los extranjeros menores de edad para la fecha de la naturalización del padre o de la madre que ejerza sobre ellos la patria potestad," pueden obtener la carta de naturaleza, "siempre que declaren su voluntad de ser venezolanos o venezolanas antes de cumplir los veintiún años de edad y hayan residido en Venezuela, ininterrumpidamente, durante los cinco años anteriores a dicha declaración."

En esta materia, las innovaciones fundamentales de la Constitución de 1999 se refirieron a la nacionalidad venezolana por naturalización, con la exigencia constitucional de al menos 10 años de residencia para obtener la carta de naturaleza; con la reforma a la

---

96 *V.* en general, Allan R. Brewer–Carías, *Régimen legal de la Nacionalidad, Ciudadanía y Extranjería (Ley de Nacionalidad y Ciudadanía, Ley de Extranjería y Migración, Ley Orgánica sobre Refugiados y Asilados)*, Editorial Jurídica Venezolana, Caracas 2005; Eugenio Hernández Bretón, "Nacionalidad, ciudadanía y extranjería en la Constitución de 1999," en *Revista de Derecho Público,* N° 81 (enero–marzo), Editorial Jurídica Venezolana, Caracas, 2000, pp. 47–59.

97 *V.* sobre el tema Allan R. Brewer–Carías, *El régimen jurídico administrativa de la Nacionalidad y Ciudadanía Venezolana,* Instituto de Derecho Público, Caracas, 1965. Allan R. Brewer–Carías, *Derechos y Garantías Constitucionales,* Tomo IV, *Instituciones Políticas y Constitucionales,* Universidad Católica del Táchira–Editorial Jurídica Venezolana, Caracas–San Cristóbal, 1996, pp. 19 a 42; y en relación con la Constitución de 1999: *V.* Juan De Stefano, "El principio de la nacionalidad," en *Temas de Derecho Administrativo: Libro Homenaje a Gonzalo Pérez Luciani,* Volumen I. Editorial Torino, Caracas, 2002, pp. 593–608; Eugenio Hernández Bretón, "Nacionalidad, ciudadanía y extranjería en la Constitución de 1999," en *Revista de Derecho Público,* N° 81, Editorial Jurídica Venezolana, Caracas, 2000, pp. 47–59.

naturalización derivada del matrimonio, que ahora no sólo beneficia a la extranjera casada con venezolano sino también al extranjero casado con venezolana; con las facilidades especiales para los naturales de países latinoamericanos y del Caribe y de España, Portugal e Italia, respecto de los cuales se redujo el término de residencia para la obtención de la carta de naturaleza; y con la admisión de la doble nacionalidad, es decir, que los venezolanos, sea por nacimiento o por naturalización, puedan tener otra nacionalidad sin perder la venezolana.[98]

Este último principio, consagrado en el artículo 34 al prescribir que "la nacionalidad venezolana no se pierde al optar o adquirir otra nacionalidad," cambió radicalmente el régimen anterior, conforme al cual, de acuerdo con el artículo 39 de la Constitución de 1961, la nacionalidad venezolana se perdía por opción o adquisición voluntaria de otra nacionalidad. La Constitución sin embargo, estableció restricciones en cuanto al ejercicio de altos cargos públicos al exigir no sólo la nacionalidad originaria, sino como única nacionalidad (Art. 41).[99]

Otra innovación en la materia fue la previsión expresa en el artículo 39 de la Constitución, sobre la ciudadanía que corresponde a los venezolanos, y con ella, "los derechos y deberes políticos"; así como el principio de igualdad que deriva del artículo 40 entre venezolanos por nacimiento y venezolanos por naturalización en cuanto al ejercicio de los derechos políticos, "con las excepciones establecidas en la Constitución". Estas excepciones, en general, se establecen en el artículo 41 que dispone que sólo los venezolanos por nacimiento y sin otra nacionalidad, podrán ejercer los cargos de Presidente de la República, Vicepresidente Ejecutivo, Presidente y Vicepresidentes de la Asamblea Nacional, Magistrados del Tribunal Supremo de Justicia, Presidente del Consejo Nacional Electoral, Procurador General de la República, Contralor General de la República, Fiscal General de la República, Defensor del Pueblo, Ministros de los despachos relacionados con la seguridad de la Nación, finanzas, energía y minas, educación; Gobernadores y Alcaldes de los Estados y Municipios fronterizos y aquellos contemplados en la Ley Orgánica de la Fuerza Armada Nacional.

Por otra parte, para ejercer los cargos de Diputado a la Asamblea Nacional, Ministro, Gobernadores y Alcaldes de Estados y Municipios no fronterizos, la Constitución exige que los venezolanos por naturalización deben tener domicilio con residencia ininterrumpida en Venezuela no menor de quince años y cumplir los requisitos de aptitud previstos en la ley (Art. 41).

De lo anterior resulta, en todo caso, que la condición de ciudadano, corresponde a los venezolanos hábiles en derecho, no sujetos a interdicción civil ni a inhabilitación política (como pena accesoria a la pena principal en el campo penal) y, por supuesto, en las condiciones de edad previstas en la Constitución, que no son uniformes. Por ejemplo, para ejercer el derecho al sufragio basta ser mayor de 18 años (Art. 64), pero para ser Gobernador se requiere ser mayor de 25 años (Art. 160), para ser Diputado a la Asamblea Nacional y legislador estadal se requiere ser mayor de 21 años (Arts. 188 y 162), para ser Alcalde se requiere ser mayor de 25 años (Art. 174), para ser Presidente y Vicepresidente de la República se requiere ser mayor de 30 años (Arts. 227 y 238), al

98 *V.* nuestro voto salvado en relación con la redacción original de esta norma en Allan R. Brewer–Carías, *Debate Constituyente*, Tomo III, *cit.* p. 254.

99 Con ello se excluyó a los venezolanos por naturalización. *V.* sobre la interpretación del artículo 41 de la Constitución, la sentencia de la Sala Constitucional del Tribunal Supremo de Justicia, N° 2394 del 28 de agosto de 2003, en *Revista de Derecho Público*, N° 93–96, Editorial Jurídica Venezolana, Caracas, 2003, pp. 205–206.

igual que para ser Defensor del Pueblo (Art. 280) y Contralor General de la República (Art. 288); y para ser Ministro se requiere ser mayor de 25 años (Art. 244).

Asimismo, en cuanto a los Magistrados del Tribunal Supremo de Justicia (Art. 263), al Procurador General de la República (Art. 249) y al Fiscal General de la República (Art. 284) la Constitución exige, al menos tener 35 años, lo que deriva de las condiciones que regula para ejercer dichos cargos.

Por último, debe indicarse que la ciudadanía sólo se pierde cuando se pierda o se renuncia a la nacionalidad (Art. 42).

La Constitución, por último, dedica el Capítulo X del Título III a regular el conjunto de deberes constitucionales de las personas, los cuales se complementan con otras disposiciones del texto constitucional: el deber de defender a la patria (Art. 130); el deber de acatar la Constitución (Art. 131); los deberes de solidaridad social (Art. 132); el deber de contribuir con los gastos públicos (Art. 133); el deber de prestar el servicio civil y militar (Art. 134); el deber de educarse (Art. 102); el deber de trabajar (Art. 87); y los deberes de los padres e hijos (Art. 76).

VII. EL RÉGIMEN CONSTITUCIONAL DEL TERRITORIO DE LA REPÚBLICA

Siguiendo la orientación de las Constitución anteriores desde la de 1830, el artículo 10 de la Constitución de 1999 define el territorio "y demás espacios geográficos" de la República, conforme al principio del *uti possidetis juris*[100], como "los que correspondían a la Capitanía General de Venezuela antes de la transformación política iniciada el 19 de abril de 1810, con las modificaciones resultantes de los tratados y laudos arbitrales no viciados de nulidad"[101].

Sin embargo, hay tres variantes en esta redacción en comparación con el texto de la Constitución de 19061 (Art. 7): en *primer lugar,* ahora se hace referencia a los "demás espacios geográficos" con lo que se quiso especificar los otros espacios no continentales o de tierra firme sobre los cuales el Estado ejerce soberanía, como el espacio marítimo e insular o el espacio aéreo. En *segundo lugar,* se ha agregado la indicación relativa a "los laudos arbitrales no viciados de nulidad"; en cambio, en el artículo 7 de la Constitución de 1961 sólo se mencionaban las modificaciones al territorio "resultantes de los tratados celebrados válidamente por la República". Al mencionarse ahora a los laudos arbitrales, resulta una clara referencia a los dictados durante el siglo XIX respecto de las fronteras con Colombia (*Laudo español* de 1891) y Guyana (*Laudo de París* de

---

100 *V.* José A. Zambrano Velazco, *Sumario Jurídico de la territorialidad,* Maracaibo–San Cristóbal, 1983, donde se reproduce el trabajo del mismo autor con el título "'*El Uti possidetis'*. Examen de algunas cuestiones relacionadas con el territorio del Estado y, en particular, del criterio para la determinación de los límites territoriales de Venezuela: el *uti possidetis jurís* de 1810 (Art. 7 constitucional)," en *Estudios sobre la Constitución. Libro Homenaje a Rafael Caldera,* Tomo I, Caracas, 1979, pp. 247 ss.

101 En general, sobre la configuración del territorio nacional, véase Allan R. Brewer–Carías, "Territorio de Venezuela," en *Diccionario de Historia de Venezuela,* Fundación Polar, Tomo II, Caracas, 1989, pp. 867 a 874; y en *Instituciones Políticas y Constitucionales,* Tomo II, *El Poder Público: Nacional, Estadal y Municipal,* Universidad Católica del Táchira–Editorial Jurídica Venezolana, Caracas–San Cristóbal 1996, pp. 237 ss.; Tulio Álvarez, "El concepto de territorio y su integración en el caso venezolano," en Román Duque Corredor, y Jesús María Casal (Coord.), *Estudios de Derecho Público,* Tomo II, Universidad Católica Andrés Bello, Caracas, 2004, pp. 1–50

1899).[102] Y en tercer lugar, en el texto constitucional se ha adoptado la expresión "no viciados de nulidad" en lugar de la que estaba en la Constitución de 1961, de "válidamente celebrados por la República".

Este agregado del adverbio "válidamente" para referirse a las modificaciones territoriales establecidas mediante tratados, se había incorporado en la Constitución de 1961 para demostrar en forma inequívoca, la voluntad de la República de aceptar sólo aquellas modificaciones en su *status* territorial que hubiesen sido resultado de libre y válida determinación; lo que abrió la posibilidad formal de cuestionar la validez de las decisiones concernientes a las fronteras que habían sido rechazadas, particularmente el *Laudo de París* de 1899. Ello originó la reclamación de la zona de la Guyana Esequiba a partir de 1962, la cual culminó con el Acuerdo de Ginebra en 1966 para la búsqueda de soluciones satisfactorias para el arreglo práctico de la controversia entre Venezuela y Guyana, país que adquirió su independencia en ese mismo año.[103]

El cambio de expresión a "tratados y laudos arbitrales no viciados de nulidad," en nuestro criterio, cambia la situación jurídica de la controversia, pues hace que el vicio de nulidad deba ser alegado por alguien y resuelto por un tercero, normalmente la jurisdicción internacional, lo cual consideramos, podría afectar la posición negociadora de la República[104].

Ahora bien, en cuanto al ámbito del territorio, al referirlo al que era de la antigua Capitanía General de la República, el mismo corresponde al que tenía el Estado en su momento constitutivo con la Constitución Federal para los Estados de Venezuela de 1811, que fue hecha por los representantes de las provincias "de Margarita, de Mérida, de Cumaná, de Barinas, de Barcelona, de Trujillo y de Caracas," a las que conforme al artículo 128 de la Constitución, se agregan las provincias de Coro, Maracaibo y Guayana, las cuales "luego que libres de la operación que sufren puedan y quieran unirse a la Confederación." Ese territorio, por lo demás, fue el que se expresó en la Constitución, la Constitución de 1819, en su título II, Sección Primera, artículo 2 cuando estableció que "El territorio de la República de Venezuela se divide en diez Provincias que son: Barcelona, Barinas, Caracas, Coro, Cumaná, Guayana, Maracaibo, Margarita, Mérida y Trujillo." Ese es el espacio que corresponde a los 23 Estados y el Distrito capital que conforman el territorio de la República.

La soberanía del Estado, por tanto, se ejerce sobre el territorio, y además, conforme al artículo 11, sobre los espacios continental e insular, lacustre y fluvial, mar territorial, áreas marinas interiores, históricas y vitales y las comprendidas dentro de las líneas de base recta que ha adoptado o adopte la República; el suelo y subsuelo de éstos; el espacio aéreo continental, insular y marítimo y los recursos que en ellos se encuentran, incluidos los genéticos, los de las especies migratorias, sus productos derivados y los componentes intangibles que por causas naturales allí se encuentren.[105]

---

102 *V.* Tomás E. Carrillo Batalla (Coord.), *La Reclamación Venezolana sobre la Guayana Esequiba,* Academia de Ciencias Políticas y Sociales, Caracas, 2009.

103 *V.* lo indicado en Allan R. Brewer–Carías, *Instituciones Políticas y Constitucionales,* Tomo II, *El Poder Público: Nacional, Estadal y Municipal, op. cit.*, pp. 248 ss.

104 *V.* nuestro Voto Salvado respecto de esta frase en Allan R. Brewer–Carías, *Debate Constituyente*, Tomo III, *op. cit.*, pp. 126, 127, 252, y 253.

105 En general sobre el territorio y los espacios geográficos, véase Armando Rodríguez, "Las nuevas bases constitucionales de la estructura político territorial en Venezuela," en *Revista de Derecho Administrativo,* Nº 10 (septiembre–diciembre). Editorial Sherwood, Caracas, 2001, pp. 169–200; Ramón Crazut, "Comentarios al Título

En esta forma se precisa con todo detalle el ámbito del ejercicio de la soberanía de la República,[106] declarándose que "el espacio geográfico venezolano es una zona de paz," lo que implica conforme al artículo 11 que no se pueden establecer en él bases militares extranjeras o instalaciones que tengan de alguna manera propósitos militares, por parte de ninguna potencia o coalición de potencias.

La Constitución indica, en todo caso, respecto del espacio geográfico, elementos claves como la mención a las áreas marinas interiores históricas y vitales como las del Golfo de Venezuela, y las comprendidas en las líneas de base recta que ha adoptado o adopte la República; el suelo y subsuelo de éstos; y el espacio aéreo.

En el artículo 11 de la Constitución, se describen además, los componentes de los espacios insular, acuático y ultraterrestre. En cuanto al espacio insular de la República se precisa que comprende el archipiélago de Los Monjes, el archipiélago de Las Aves, el archipiélago de Los Roques, el archipiélago de La Orchila, la isla La Tortuga, la isla La Blanquilla, el archipiélago Los Hermanos, las islas de Margarita, Cubagua y Coche, el archipiélago de Los Frailes, la isla La Sola, el archipiélago de Los Testigos, la isla de Patos y la isla de Aves; y, además, las islas, islotes, cayos y bancos situados o que emerjan dentro del mar territorial, en el que cubre la plataforma continental o dentro de los límites de la zona económica exclusiva.

Respecto de los espacios acuáticos constituidos por la zona marítima contigua, la plataforma continental y la zona económica exclusiva, se precisa que la República ejerce derechos exclusivos de soberanía y jurisdicción en los términos, extensión y condiciones que determinen el derecho internacional público y la ley. En 2002 se dictó la Ley de Reforma Parcial del Decreto con Fuerza de Ley Orgánica de los Espacios Acuáticos e Insulares.[107]

Por otra parte, en la norma se indica que corresponden a la República derechos en el espacio ultraterrestre suprayacente y en las áreas que son o puedan ser patrimonio común de la humanidad, en los términos, extensión y condiciones que determinen los acuerdos internacionales y la legislación nacional.

Conforme se indicaba en el artículo 8 de la Constitución de 1961, el artículo 13 de la Constitución de 1999 también establece que el territorio no podrá ser jamás cedido, traspasado, arrendado, ni en forma alguna enajenado, ni aun temporal o parcialmente, a Estados extranjeros u otros sujetos de derecho internacional.

VIII. EL RÉGIMEN DE LA SEGURIDAD Y DEFENSA DE LA NACIÓN

En materia de seguridad y defensa, la Constitución de 1999 también significó un cambio sustancial respecto de la Constitución de 1961, la cual sólo destinaba tres disposiciones relativas al tema militar: la que regulaba el régimen de las armas (Art. 133) con antecedentes en la Constitución de 1901; la que establecía la prohibición del ejercicio

II de la Constitución de 1999 sobre el espacio geográfico y la división política," en *Revista de Derecho Público,* N° 81, Editorial Jurídica Venezolana, Caracas, 2000, pp. 40–46.

106 *V.* Alirolaiza del Carmen Bastardo Salazar, "La soberanía del Estado," en *Derecho Constitucional. General y Particular. Actualizado con la Constitución de la República Bolivariana de Venezuela del 24–03–2000,* Tomo I, Universidad Santa María, Caracas, pp. 181–201.

107 *G.O.* N° 37.596 del 20–12–2002.

simultáneo de la autoridad civil y la militar por un mismo funcionario, con excepción del Presidente de la República quien es Comandante en Jefe de las Fuerzas Armadas por razón de su cargo (Art. 131); y la que regulaba en general a las Fuerzas Armadas (Art. 132).

En la Constitución de 1999, el régimen de la seguridad y defensa aparece con una normativa más militarista, en una forma que no tiene antecedentes en nuestro constitucionalismo.[108]

Conforme al artículo 322 el término seguridad de la Nación se concibe como una función estatal; y la defensa de la Nación, como una responsabilidad de todas las personas naturales y morales que se encuentren en el territorio nacional. Por ello, a pesar de la concepción estatista de la seguridad que se establece en el artículo 322, como responsabilidad esencial del Estado, en el artículo 326 se la establece como una *corresponsabilidad* entre el Estado y la sociedad civil para dar cumplimiento a los principios de independencia, democracia, igualdad, paz, libertad, justicia, solidaridad, promoción y conservación ambiental y afirmación de los derechos humanos, así como en la satisfacción progresiva de las necesidades individuales y colectivas de los venezolanos sobre las bases de un desarrollo sustentable y productivo de plena cobertura para la comunidad nacional.

La Constitución de 1999, además, creó (Art. 323) el Consejo de Defensa de la Nación como el máximo órgano de consulta para la planificación y asesoramiento del Poder Público en los asuntos relacionados con la defensa integral de la Nación, su soberanía y la integridad de su espacio geográfico y para establecer el concepto estratégico de la Nación.

Por último, las antiguas Fuerzas Armadas Nacionales (Ejército, Armada, Aviación y Guardia Nacional), en la Constitución de 1999 pasaron a ser una sola institución, la Fuerza Armada Nacional, integrada, sin embargo, conforme al artículo 328, por el Ejército, la Armada, la Aviación y la Guardia Nacional, que funcionan de manera integral dentro del marco de su competencia para el cumplimiento de su misión, con un régimen de seguridad social integral propio, según lo establezca su respectiva ley orgánica. Esta Fuerza Armada, sin embargo, mediante reforma de la Ley Orgánica que la regula, y a pesar de que ello había sido rechazado por el pueblo en el referendo de diciembre de 2007 que rechazó el proyecto de reforma constitucional presentado por el Presidente de la República ante la Asamblea Nacional, fue inconstitucionalmente transformada en la Fuerza Armada "Bolivariana," y además, con la creación de un componente adicional, pero paralelo, denominado Milicia Nacional Bolivariana.[109]

En todo caso, el artículo 328 de la Constitución precisó el carácter de la Fuerza Armada como institución esencialmente profesional, sin militancia política, organizada por el Estado para garantizar la independencia y soberanía de la Nación y asegurar la integridad del espacio geográfico, mediante la defensa militar, la cooperación en el

---

108 *V.* nuestros votos salvados sobre diversas normas del Título en Allan R. Brewer–Carías, *Debate Constituyente,* Tomo III, *op. cit.* pp. 228 a 233 y 303 a 306.

109 *V.* en *G.O.* N° 5.891 de 31–07–2008. *V.* Jesús María Alvarado Andrade, "La nueva Fuerza Armada Bolivariana (comentarios a raíz del Decreto N° 6.239, con rango, valor y fuerza de Ley Orgánica de la Fuerza Armada Nacional Bolivariana)," en *Revista de Derecho Público,* N° 115, *(Estudios sobre los Decretos Leyes 2008)*, Editorial Jurídica Venezolana, Caracas, 2008, pp. 205 ss.; Alfredo Arismendi, "Fuerza Armada Nacional: Antecedentes, evolución y régimen actual," en *Revista de Derecho Público,* N° 115 *(Estudios sobre los Decretos Leyes 2008)*, Editorial Jurídica Venezolana, Caracas, 2008, pp. 187–206.

mantenimiento del orden interno y la participación activa en el desarrollo nacional, de acuerdo con la Constitución y la ley. En el cumplimiento de sus funciones, está al servicio exclusivo de la Nación y en ningún caso al de persona o parcialidad política alguna. Sus pilares fundamentales son la disciplina, la obediencia y la subordinación. No aparece en la Constitución, sin embargo, el carácter apolítico y no deliberante de la Fuerza Armada que establecía el artículo 132 de la Constitución de 1961, ni la obligación esencial de la Fuerza Armada Nacional de asegurar "la estabilidad de las instituciones democráticas y el respeto a la Constitución y las leyes, cuyo acatamiento estará siempre por encima de cualquier otra obligación," como lo disponía dicha norma.

En cuanto a los miembros de las Fuerzas Armadas, la Constitución de 1999, les otorgó el derecho de voto (Art. 325), y además precisó que los ascensos militares se obtienen por mérito, escalafón y plaza vacante son competencia *exclusiva* de la Fuerza Armada Nacional, aún cuando deben estar regulados por la ley respectiva (Art. 331). Se eliminó, así, la previsión de la Constitución de 1961 conforme a la cual los ascensos de altos oficiales debían obtener autorización parlamentaria (Art. 150.5).

De toda esta normativa resulta un acentuado esquema constitucional militarista cuya combinación con el centralismo y el presidencialismo conduce al autoritarismo, sobre todo cuando se constata que en la Constitución de 1999 quedó eliminada toda idea de sujeción o subordinación de la autoridad militar a la autoridad civil, consagrándose, al contrario, una gran autonomía de la autoridad militar y de la Fuerza Armada Nacional, unificadas las cuatro fuerzas, con la posibilidad de intervenir en funciones civiles. Ello se evidencia de las siguientes regulaciones: *primero,* de la eliminación de la tradicional prohibición de que la autoridad militar y la civil no pueden ejercerse simultáneamente, que establecía el artículo 131 de la Constitución de 1961; *segundo*, de la eliminación del control por parte de la Asamblea Nacional respecto de los ascensos de los militares de alta graduación (Art. 331), que en el constitucionalismo histórico siempre se había previsto; *tercero*, de la eliminación del carácter no deliberante y apolítica de la institución militar, como lo establecía el artículo 132 de la Constitución de 1961, lo que abre la vía para que la Fuerza Armada, como institución militar, pueda deliberar políticamente e intervenir y dar su parecer sobre los asuntos de los que estén resolviendo los órganos del Estado; *cuarto,* de la eliminación de la obligación de la Fuerza Armada de velar por la estabilidad de las instituciones democráticas que preveía el artículo 132 de la Constitución de 1961; *quinto,* lo que es más grave aún, de la eliminación de la obligación de la Fuerza Armada de respetar la Constitución y las leyes "cuyo acatamiento estará siempre por encima de cualquier otra obligación," como lo decía el artículo 132 de la Constitución de 1961; *sexto,* de la atribución de los militares, en forma expresa, del derecho al sufragio (Art. 330), lo cual podría ser incompatible, políticamente, con el principio de obediencia; *séptimo,* del sometimiento a la autoridad de la Fuerza Armada de todo lo concerniente con el uso de armas y no sólo las de guerra, lo que se le quita a la Administración civil del Estado (Art. 324); *octavo,* de la atribución, en general, a la Fuerza Armada de competencias en materia de policía administrativa (Art. 329); *noveno,* del establecimiento del privilegio procesal a favor de los generales y almirantes de que para poder ser enjuiciados, el Tribunal Supremo de Justicia debe declarar previamente si hay o no mérito para ello (Art. 266, ord. 3); y *décimo*, de la adopción en la Constitución del concepto ya histórico de la doctrina de la seguridad nacional, como globalizante, totalizante y omnicomprensiva, conforme a la cual todo lo que acaece en el Estado y la Nación, concierne a la seguridad del Estado, incluso el desarrollo económico y social (Art. 326).

Todo lo anterior da origen a un esquema militarista que si bien constitucionalmente es una novedad, ha venido conduciendo a un apoderamiento de la Administración civil del Estado por la Fuerza Armada, a la cual, incluso se le atribuye en la Constitución "la participación activa en el desarrollo nacional" (Art. 328).

Todo lo anterior, muestra un cuadro de militarismo realmente único en nuestra historia constitucional que ni siquiera se encuentra en las Constituciones de los regímenes militares.

IX. RÉGIMEN CONSTITUCIONAL DE LA INTEGRACIÓN ECONÓMICA REGIONAL

En el artículo 153 de la Constitución de 1999, el proceso de integración económica latinoamericano y andino, encontró finalmente el fundamento constitucional que antes no había tenido. La precaria previsión del artículo 108 de la Constitución de 1961, en efecto, impedía a Venezuela ingresar decididamente en un proceso de integración económica regional,[110] por lo que, en contraste, la norma contenida en el artículo 153[111] de la Constitución de 1999, permite, en *primer lugar,* la creación de órganos supranacionales a los cuales se pueden atribuir competencias que la Constitución asigna a los órganos del Poder Público, para que pueda existir un derecho comunitario; y *segundo lugar*, que las normas comunitarias no sólo pueden tener aplicación directa e inmediata en el derecho interno, desde que se considera que son parte integrante del ordenamiento legal vigente, sino que tienen aplicación preferente en relación a las leyes nacionales que se les opongan.

Con estas normas se abría por tanto la posibilidad efectiva de que el país se incorporara en el proceso de la Comunidad Andina de Naciones, con herramientas constitucionales que antes no había tenido. Sin embargo, en contraste con estas previsiones, lo que la política gubernamental ha hecho es abandonar el camino de la integración, para lo cual, sin que hubiese consulta alguna al país, el Presidente de la República decidió en 2006 retirar a Venezuela de la Comunidad Andina, aislando aún más al país.[112] Posteriormente, en la propuesta de reforma constitucional de 2007 se pretendió revertir los avances que se había logrado con la norma del artículo 153 de la Constitución.[113]

---

110 *V.,* Allan R. Brewer–Carías, *Implicaciones constitucionales del proceso de integración económica regional,* Caracas, 1997.

111 *V.* nuestra propuesta sobre esta norma en Allan R. Brewer–Carías, *Debate Constituyente,* Tomo I, *op. cit.,* pp. 171 a 182.

112 *V.* Allan R. Brewer–Carías, "El largo camino para la consolidación de las bases constitucionales de la Integración Regional Andina y su abandono por el régimen autoritario de Venezuela," en André Saddy (Coord.), *Direito Público Econômico Supranacional,* Lumen Juris Editora, Rio de Janeiro, 2009, pp. 319–351.

113 *V.* María Auxiliadora Andrade, "La integración económica latinoamericana en la Constitución de 1999 y en la Reforma Constitucional de 2007," en *Revista de Derecho Público,* N° 112, Editorial Jurídica Venezolana, Caracas, 2007, pp. 131–135; Jorge Luis Suárez, "La reforma del artículo 153 de la Constitución de 1999: un severo retroceso de una gran avance," en *Revista de Derecho Público,* N° 112, Editorial Jurídica Venezolana, Caracas, 2007, pp. 125–130.

X. EL RÉGIMEN TRANSITORIO EN LA CONSTITUCIÓN DE 1999

La Constitución de 1999 fue objeto de dos regímenes transitorios: uno que formó parte del texto constitucional sancionado por la Asamblea Constituyente y que, por tanto, fue el aprobado popularmente en el referendo del 15 de diciembre de 1999; y otro que no formó parte del texto constitucional y que fue ilegítimamente impuesto por la Asamblea Constituyente una semana después de que se realizara dicho referendo aprobatorio.

1. Las disposiciones transitorias de la Constitución aprobadas popularmente

Las Disposiciones Transitorias a la Constitución contienen 28 normas que estuvieron destinadas a asegurar la vigencia inmediata de la Constitución; a posponer la vigencia de algunas de sus disposiciones mientras se dictaba la nueva legislación; y a regular el programa legislativo que debía corresponder a la Asamblea Nacional una vez electa, para la ejecución de la Constitución. Esa fue la única voluntad expresada por el poder constituyente originario (que el pueblo) en torno a la transitoriedad constitucional; y en esas normas, nada se dispuso a los efectos de regular la cesación inmediata de los titulares de los órganos del Poder Público que establecía la Constitución de 1961, que habían sido electos en noviembre y diciembre de 1998; y prever sobre los titulares de dichos órganos del Poder Público que debían sustituir a aquellos.

Es cierto que hubo una propuesta en este último sentido de combinar con el referendo aprobatorio de la Constitución, un referendo consultivo sobre la cesación inmediata del mandato de las autoridades de la República, la cual no prosperó en la Asamblea Constituyente.[114]

Por tanto, la ausencia de previsiones transitorias destinadas a asegurar la inmediata sustitución de los titulares de los órganos del Estado, conducía en un régimen democrático a que mientras se elegía al nuevo Presidente de la República, a los diputados a la nueva Asamblea Nacional, y se designaba, por esta, a los nuevos titulares de los Poderes Públicos Judicial, Electoral y Ciudadano siguiendo las previsiones de la nueva Constitución (Comité de Postulaciones), permanecían en sus cargos los titulares que habían sido electos en 1998. Lo mismo ocurría con los titulares de las autoridades estadales y municipales, permaneciendo en sus cargos los titulares que habían sido electos en 1998, hasta que se realizaran las nuevas elecciones. De lo contrario se hubiera producido un vacío constitucional que la Constitución aprobada por el pueblo no dispuso en forma alguna. Este fue el sentido de la regulación contenida en el Decreto de la Asamblea Nacional Constituyente de "Régimen de Transición del Poder Público," dictado el 22–12–99[115] referida a los titulares de los órganos ejecutivos al disponer que: "El actual Presidente de la República, los actuales Gobernadores de los Estados y Alcaldes de los Municipios continuarán en el ejercicio de sus funciones hasta tanto se produzca su elección mediante comicios populares" (Art. 16).

114 Debe destacarse que el constituyente Hermánn Escarrá Malavé, en la sesión de la Asamblea de 15–11–99, distinguía entre las Disposiciones Transitorias y un supuesto "Régimen Transitorio" que debía ser aprobado por referendo y sobre el cual dijo que no se le preguntara. *V.* además *Gaceta Constituyente (Diario de Debates), Noviembre 1999–Enero 2000, cit.,* Sesión de 15–11–99, N° 45, p. 9; Sesión 19–11–99, N° 46, p. 3; Sesión 09–12–99, N° 48, pp. 5 ss.

115 *V.* en *G. O.* N° 36.859 de 29–12–99.

La Constitución de 1999, en realidad, sólo previó una designación inmediata por la propia Asamblea Constituyente, aún cuando provisional, respecto al titular del Defensor del Pueblo que fue el único órgano completamente nuevo que se creaba con el nuevo texto constitucional (Disposición Transitoria Novena).

Una regulación similar, en ausencia de Disposiciones Transitorias en la Constitución, era la que el principio democrático exigía respecto de todos los otros cargos electivos para regular la transición de los órganos del Poder Público.

2. La ruptura del hilo constitucional por la Asamblea Nacional Constituyente al dictar unas disposiciones constitucionales transitorias no aprobadas por el pueblo

Ahora bien, una vez aprobada la nueva Constitución por el pueblo en el referendo de 15 de diciembre de 1999, en la sesión ordinaria siguiente de la Asamblea Nacional Constituyente, celebrada el 20 de diciembre de 1999, como para ese momento ya había concluido su misión, procedió a proclamar formalmente la Constitución.[116] Sin embargo, en lugar de disolverse, y estando pronto a vencerse el lapso de 180 días de duración que se había fijado en el referendo consultivo del 25 de abril de 1999, procedió a dictar un Decreto extendiendo dicho lapso y convocando para el 30 de enero de 2000 la sesión de clausura de la Asamblea.[117] Con ello, a pesar de la existencia ya de una nueva Constitución, la Asamblea Constituyente dispuso seguir ejerciendo el poder constituyente "originario" que se había auto atribuido, anunciando que se requería "decretar los actos constitucionales necesarios para la transición hacía el nuevo Estado previsto en la Constitución aprobada por el pueblo de Venezuela." Pretendiendo "suplir" así en forma fraudulenta, el supuesto vacío que ella misma habría creado al someter la Constitución a voto popular sin previsiones sobre esa "transición."

Demorando deliberadamente la publicación de la Constitución sancionada, aprobada popularmente y promulgada hasta el 30 de diciembre de 1999,[118] la primera burla a la misma se realizó por la propia Asamblea Nacional Constituyente dos días después de su Proclamación al dictar un nuevo Decreto no autorizado por el pueblo, que fue el mencionado "Régimen de Transición del Poder Público" de 22 de diciembre de 1999,[119] en el cual dispuso proceder a sustituir de inmediato a todos los titulares de los órganos del Estado, sin esperar la elección de la nueva Asamblea Nacional, con lo que se dio inicio a un largo período de golpe de Estado continuado.[120]

---

116 Por eso a partir de esa Sesión no acudimos a ninguna otra Sesión de la Asamblea salvo la realizada para ejecutar la Disposición Transitoria Primera de la Constitución consistente en la aprobación de la Ley Especial del Distrito Metropolitano de Caracas. *V. Gaceta Constituyente (Diario de Debates), Noviembre 1999–Enero 2000, cit.*, Sesión de 25–04–00, Nº 58, pp. 8 ss.

117 *V. Gaceta Constituyente (Diario de Debates), Noviembre 1999–Enero 2000, cit.* Sesión de 20–12–99, Nº 49, p. 6.

118 *V.* en *Gaceta Constituyente (Diario de Debates), Noviembre 1999–Enero 2000, cit.* Sesión de 22–12–9, Nº 51, pp. 2 ss. *V. G.O.* Nº 36.859 de 29–12–99; y *G.O.* Nº 36.860 de 30–12–99.

119 *V.* en *G.O.* Nº 36.859 de 29–12–99.)

120 *V.* lo expuesto en Allan R. Brewer–Carías, *Golpe de Estado y Proceso Constituyente en Venezuela*, Universidad nacional Autónoma de México, México, 2002; Lolymar Hernández, Lolymar Hernández Camargo, *La Teoría del Poder Constituyente. Un caso de estudio: el proceso constituyente venezolano de 1999,* UCAT, San Cristóbal, 2000, y *El Proceso Constituyente Venezolano de 1999*, Academia de Ciencias Políticas y Sociales, Caracas, 2008; Claudia Nikken, *La cour suprême de justice et la constitution vénézuélienne du 23 janvier 1961*, Thèse Docteur de l'Université Panthéon Assas (Paris II), Paris, 2001.

La Asamblea, en primer lugar, decidió la definitiva disolución del Congreso y acordó la cesación en sus funciones de los senadores y diputados (Art. 4) que habían sido electos un año antes a finales de 1998. Lo mismo ocurrió con los diputados de las antiguas Asambleas legislativas de los Estados.

Esta decisión, violatoria del principio democrático, indudablemente que fue la que creó un vacío constitucional, pues implicaba que hasta que se produjera la elección de los nuevos miembros de la nueva Asamblea Nacional, y de los Consejos legislativos de los Estados, la República y éstos podían carecer de órgano legislativo.

En cuanto al órgano legislativo nacional, para "suplir" el vacío que la misma Asamblea Nacional Constituyente creó, la misma tomó otra decisión, que fue la de "crear" un nuevo órgano no previsto en la nueva Constitución denominada "Comisión Legislativa Nacional" (denominada "Congresillo"), a la cual le asignó el Poder Legislativo Nacional "hasta tanto se elijan y tomen posesión los diputados integrantes de la Asamblea Nacional" (Art. 5). Los miembros de la misma fueron todos designados a dedo por la Asamblea (Art. 5), con integrantes afectos al nuevo poder y a los partidos de gobierno, violando el principio democrático electivo representativo. Lo mismo ocurrió con las designaciones de los miembros de unas "Comisiones legislativas Estadales" que tampoco tenía asidero constitucional.

Por otra parte, en el mismo Decreto de Transición, la Asamblea Constituyente dispuso la cesación de los Magistrados de la Corte Suprema de Justicia, designando nuevos Magistrados para el Tribunal Supremo de Justicia, pero sin sujetarse a las condiciones establecidas en la nueva Constitución; continuó con la política de intervención del Poder Judicial mediante una "Comisión de Funcionamiento y Reestructuración del Sistema Judicial," y dispuso cesar al Consejo de la Judicatura, pasando sus funciones a la Dirección Ejecutiva de la Magistratura del Tribunal Supremo de Justicia (Art. 26). Sin embargo, mientras esta se organizaba por el Tribunal Supremo, dispuso que el gobierno, administración, inspección y vigilancia de los Tribunales, serían ejercidas por la "Comisión de Funcionamiento y Reestructuración del Sistema Judicial" (Art. 21), a la cual se atribuyó la competencia disciplinaria judicial, la cual ejerció hasta el año 2011, cuando se conformó la Jurisdicción Disciplinaria. Todo ello, en violación a la garantía del debido proceso y del juez natural que la nueva Constitución regulaba expresamente (Art. 49).

La Asamblea Nacional Constituyente, además, en el mismo Decreto sobre Régimen de Transición de Poder Público de 22 de diciembre de 1999, no sólo nombró al Defensor del Pueblo (Art. 34) que era para lo único que tenía competencia constitucional en las Disposiciones Transitorias de la Constitución, sino también al Contralor General de la República (Art. 36) y al Fiscal General de la República (Art. 35), en forma provisional mientras la Asamblea Nacional, una vez que se eligiese, designase a los nuevos titulares.

En cuanto al Poder Electoral, la Asamblea Nacional Constituyente, también se auto atribuyó competencia para designar a los integrantes del Consejo Nacional Electoral (Art. 40); y además, para fijar la oportunidad de las primeras elecciones para los cargos representativos previstos en la Constitución (Art. 39), y para dictar un Estatuto Electoral que debería regir en los primeros comicios.

Este Decreto sobre el Régimen de Transición del Poder Público, por supuesto, fue impugnado ante la Sala Plena de la antigua Corte Suprema de Justicia en fecha 29 de diciembre de 1999, habiendo pasado los casos al conocimiento de la nueva Sala Constitucional nombrada en el mismo, la cual decidiendo en causa propia, consideró que el mismo "rango constitucional." Así sucedió en una de las primeras sentencias de la Sala, la Nº 4 de fecha 26 de enero de 2000 (Caso: *Eduardo García*) considerando que el Decreto era "un acto de rango y naturaleza constitucional" y, además "de naturaleza organizativa, por el cual se produjo la designación de altos funcionarios del Poder Público Nacional, el cual se fundamenta en los propósitos de reorganización del Estado, conferidos a la Asamblea Nacional Constituyente." Lo más grave fue que la Sala consideró por ello, que el Decreto no estaba sujeto "*al texto constitucional vigente para la época*," que era la Constitución de 1961.[121] De igual manera, la Sala Constitucional del Tribunal Supremo de Justicia se pronunció sentencia Nº 6 de fecha 27 de enero de 2000, al considerar que el referido Decreto de Transición, no sólo no estaba sometido a la Constitución derogada de 1961, sino tampoco a la de 1999.[122]

En esta forma, el Tribunal Supremo de Justicia, atribuyó rango constitucional al régimen transitorio que había inventado por la Asamblea Nacional Constituyente, desligándolo tanto de la Constitución de 1961 como de la propia Constitución de 1999; régimen transitorio que, además, contenía el acto de designación de los propios Magistrados. Lo menos que podían haber hecho era inhibirse, pero no fue así; y esa y otras sentencias que juzgaron dicho régimen transitorio, constituyeron una violación del principio elemental del Estado de derecho conforme al cual nadie puede ser juez en su propia causa. También, en la sentencia Nº 180 de 28 de marzo de 2000 (*Caso: Allan R. Brewer–Carías y otros*),[123] la Sala Constitucional, al conocer de la impugnación del Estatuto Electoral del Poder Público dictado por la Asamblea el 30 de enero de 2000, al declarar sin lugar la acción de nulidad,[124] le atribuyó al Régimen de Transición del Poder Público, rango y valor constitucional, admitiendo entonces que en el país, comenzaron a existir dos regímenes constitucionales paralelos: uno, el contenido en la Constitución de 1999, aprobada por el pueblo; y otro, el dictado con posterioridad a dicha aprobación por la Asamblea Nacional Constituyente, no aprobado por el pueblo y de vigencia imprecisa hasta que se aprobase toda la legislación que preveía la propia Constitución de 1999, lo que era de duración indefinida.

Todo este sistema de doble régimen constitucional paralelo y yuxtapuesto lo confirmó la Sala Constitucional posteriormente, en la sentencia Nº 1562 del 12 de diciembre de 2000, con motivo de resolver sobre la pretensión de amparo que había acumulado la Defensora del Pueblo a la acción de nulidad por inconstitucionalidad que intentó contra la "Ley Especial para la Ratificación o Designación de los Funcionarios y Funcionarias

---

121 *V.* en *Revista de Derecho Público*, Nº 81, Editorial Jurídica Venezolana, Caracas, 2000, pp. 93 ss.

122 *V.* en *Revista de Derecho Público*, Nº 81, Editorial Jurídica Venezolana, Caracas, 2000, pp. 125 ss.

123 En la sentencia, la Sala inventó una visión apocalíptica y desconsolada para justificar el ilegítimo Régimen Transitorio, y declarar sin lugar la acción, indicando entre otros argumentos, y con razonamientos totalmente alejados de lo que es el control de constitucionalidad, que "si tal pedimento fuese declarado con lugar, no se podría elegir la Asamblea Nacional, desapareciendo así uno de los poderes en que se divide el Estado, y dejando sin efecto el sistema democrático" (…); que de ser nulo el Estatuto Electoral del Poder Público, "dejaría en un limbo jurídico la elección de la Asamblea Nacional, hasta el punto que no podría realizarse su elección," que entonces "Venezuela dejaría de ser un Estado Democrático, ya que uno de sus poderes, la Asamblea Nacional (Poder Legislativo) no podría instalarse, y aceptar tal situación es violar flagrantemente no sólo la Constitución vigente, sino los principios de organización política que la informan"; y que "declarar una nulidad del Estatuto que regula las únicas elecciones posibles para normalizar el funcionamiento del Estado es una irresponsabilidad que conduce a la negación del sistema democrático, al dejar indefinida la instalación de la Asamblea Nacional, con sus deberes esenciales para la vida del Estado." *V.* en *Revista de Derecho Público*, Nº 81, Editorial Jurídica Venezolana, Caracas 2000, pp. 86 ss.

124 *V.* en *G.O.* Nº 36.884 de 03–02–2000.

del Poder Ciudadano y Magistrados y Magistradas del Tribunal Supremo de Justicia para el Primer Período Constitucional" de 14 de noviembre de 2000,[125] en el cual señaló:

> "A partir de la aprobación de las bases comiciales y la instalación de la Asamblea Nacional Constituyente surge una situación inédita en el constitucionalismo nacional. En una primera fase, hasta la promulgación de la actual Constitución, sin ruptura constitucional de ninguna especie, siguió vigente la Constitución de la República de Venezuela de 1961, coexistiendo con los actos que dictó la Asamblea Nacional Constituyente, en lo que contraríen a dicha Constitución, adquirieron la categoría de actos constitucionales, ya que es el pueblo soberano, por medio de sus representantes, quien deroga puntualmente disposiciones constitucionales, creando así un doble régimen, donde como ya lo ha señalado esta Sala, coexistía la Constitución de 1961 con los actos constituyentes. Una segunda etapa, de este sistema constitucional, surge a partir de la promulgación de la Constitución de la República Bolivariana de Venezuela, la cual crea una serie de instituciones no previstas en las cartas fundamentales anteriores, pero cuyas pautas de funcionamiento no fueron consagradas en el texto constitucional, quedando sujetas a una regulación posterior mediante leyes que dictare la Asamblea Nacional.
>
> Para evitar el vacío institucional mientras se promulguen las leyes, la Asamblea Nacional Constituyente decretó el Régimen de Transición del Poder Público (*Gaceta Oficial* N° 36.920 de 28 de marzo de 2000), de manera que las instituciones delineadas en la Constitución de 1999, aun no desarrolladas por las leyes, pudieran funcionar, evitándose así que las normas constitucionales quedaran sin contenido. Este régimen de transición, que se fue complementando con otras normativas emanadas del poder constituyente, necesariamente tiene naturaleza constitucional, ya que integra la Constitución, vigente mientras las instituciones se normalicen, por lo que no puede considerarse que los poderes actuales sean ilegítimos o inconstitucionales, si se fundan en el Régimen de Transición del Poder Público. Basta leer el *artículo 2 del Régimen de Transición del Poder Público,* para constatar que dicho régimen desarrolla y complementa las disposiciones transitorias de la Constitución de 1999. La normalización total de instituciones nuevas como el Poder Ciudadano y el Tribunal Supremo de Justicia, requieren de leyes orgánicas que desarrollen el texto constitucional, y mientras ellas no se dicten, las mismas se rigen por dos cuerpos legales coexistentes e integrativos: Decreto sobre el Régimen de Transición del Poder Público y la Constitución de la República Bolivariana de Venezuela, en lo que se complementan.
>
> Por ello, en fallo de esta Sala, de fecha 30 de junio de 2000 (caso Defensoría del Pueblo), la Sala enfatizó, que cuando las leyes orgánicas respectivas se dictaren, cesaría definitivamente el régimen provisorio que gobierna a las instituciones, actualmente carentes de dichas leyes especiales, pero mientras tanto, conformaban un solo bloque constitucional el Régimen de Transición del Poder Público y la Constitución de la República Bolivariana de Venezuela, tal como lo ha apuntado esta Sala en fallos de fechas 14 de marzo y 28 de marzo de 2000."[126]

En todo caso, lo único que no tuvo en cuenta la Sala Constitucional fue que si las disposiciones transitorias inventadas por la Asamblea Constituyente no se incorporaron al texto de la Constitución y a sus Disposiciones Transitorias, fue porque esa fue la voluntad de la propia Asamblea aprobada por el pueblo en el referendo del 15–12–99, y nadie tenía el poder de sustituirse al pueblo, ni la Asamblea Nacional Constituyente ni su producto primario, el Tribunal Supremo de Justicia. Con las sentencias citadas, ambos órganos incurrieron en usurpación de la voluntad popular, consolidándose el criterio de que podía haber un régimen constitucional transitorio no previsto en la Constitución de 1999 ni aprobado por el pueblo, dictado por la Asamblea Nacional Constituyente. Por

---

125 *V. G.O.* N° 37.077 de 14–11–2000. *V.* en general, Carlos Luis Carrillo Artiles, "El desplazamiento del principio de supremacía constitucional por la vigencia de los interregnos temporales," en *Revista de Derecho Constitucional,* N° 3, Caracas, 2000, pp. 86 ss.

126 *V.* en *Revista de Derecho Público,* N° 84, Editorial Jurídica Venezolana, Caracas, 2000, pp. 108 ss.

tanto, lo que ocurrió fue que el pueblo soberano aprobó una Constitución para que fuera burlada, siendo la Sala Constitucional, al concluir la Asamblea Nacional Constituyente sus funciones, la llamada a orquestar la burla, iniciando una larga carrera de mutaciones constitucionales ilegítimas.[127]

Sección Tercera: ASPECTOS RELEVANTES DE LA CONSTITUCIÓN POLÍTICA

Conforme a la tradición constitucional venezolana, la Constitución Política en el texto de 1999, como se dijo, formalmente organiza al Estado con forma federal, mediante un sistema de distribución del Poder Público en tres niveles: Nacional, Estadal y Municipal, atribuyendo su ejercicio a diversos órganos y asignando competencias exclusivas en los tres niveles, además de las competencias concurrentes entre ellos. Establece, además, las bases del sistema político democrático y el régimen de los derechos políticos.

I. EL SISTEMA POLÍTICO

El sistema político que ha estado vigente en el país desde mitades del Siglo pasado ha sido el del Estado centralizado de partidos, donde los partidos políticos asumieron el monopolio de la representatividad y de la participación, de manera que el sistema electoral se concibió para asegurar tal representatividad exclusiva de los partidos políticos en las asambleas representativas, lo que condujo, por supuesto, a que sólo se pudiera participar en política a través de los partidos.[128]

Ese fue el sistema político que entró en crisis en la década de los ochenta y que debió haber sido cambiado radicalmente con la nueva Constitución. El articulado de la Constitución de 1999,[129] en esta materia, si bien abrió nuevos espacios para la participación política en materia de democracia directa a través de los referendos, conservó el sistema electoral personalizado y de representación proporcional, que tal como se ha concebido y desarrollado en la práctica, particularmente con la reforma de la Ley Orgánica sobre

---

127 *V.* Allan R. Brewer–Carías, *Reforma Constitucional y fraude a la Constitución (1999–2009)*, Academia de Ciencias Políticas y Sociales, Caracas, 2009; "El juez constitucional al servicio del autoritarismo y la ilegítima mutación de la Constitución: el caso de la Sala Constitucional del Tribunal Supremo de Justicia de Venezuela (1999–2009)," en *IUSTEL, Revista General de Derecho Administrativo*, Nº 21, junio 2009, Madrid, ISSN–1696–9650; "La ilegítima mutación de la Constitución por el juez constitucional y la demolición del Estado de derecho en Venezuela.," *Revista de Derecho Político*, Nº 75–76, Homenaje a Manuel García Pelayo, Universidad Nacional de Educación a Distancia, Madrid, 2009, pp. 289–325; "La fraudulenta mutación de la Constitución en Venezuela, o de cómo el juez constitucional usurpa el poder constituyente originario" en *Anuario de Derecho Público*, Centro de Estudios de Derecho Público de la Universidad Monteávila, Año 2, Caracas, 2009, pp. 23–65; y "El juez constitucional al servicio del autoritarismo y la ilegítima mutación de la Constitución: el caso de la Sala Constitucional del Tribunal Supremo de Justicia de Venezuela (1999–2009)," en *Revista de Administración Pública*, Nº 180, Madrid 2009, pp. 383–418.

128 *V.* Allan R. Brewer–Carías, *Cambio Político y Reforma del Estado en Venezuela*, Madrid, 1975, pp. 202 ss.; *Problemas del Estado de Partidos*, Editorial Jurídica Venezolana, Caracas 1988.

129 *V.* los planteamientos que formulamos en relación con la reforma al sistema político y a los derechos políticos en Allan R. Brewer–Carías, *Debate Constituyente*, Tomo II, *op. cit.* p. 119 a 134.

los Procesos Electorales de 2009,[130] materialmente minimizando la representación proporcional, ha hecho que el sistema de Estado de partidos haya continuado, con el agravante de que la representatividad política ha sido casi monopolizada por el solo partido de gobierno, al cual a partir de 2007 se lo concibió como "partido único" o unificado.

A continuación, en todo caso, analizaremos las disposiciones más importantes de la nueva Constitución en cuanto al sistema político de democracia representativa con el acento de "participativa" que nominalmente se persigue.

1. El derecho a la participación política

La Constitución comienza el Capítulo de los Derechos Políticos con la consagración, en el artículo 62, del derecho a la participación política de todos los ciudadanos, libremente, en los asuntos públicos, directamente o por medio de sus representantes elegidos, lo que no estaba dispuesto en el texto constitucional de 1961; y en la misma orientación de lo indicado en el artículo 5° de la Constitución, lo que consolida la idea de un sistema político democrático representativo y participativo.[131]

Declaró, además, la Constitución, que la participación del pueblo en la formación, ejecución y control de la gestión pública es el medio necesario para lograr el protagonismo que garantice su completo desarrollo, tanto individual como colectivo; siendo obligación del Estado y deber de la sociedad facilitar la generación de las condiciones más favorables para la práctica de la participación.

Por otra parte, el artículo 70 de la Constitución enumera como medios de participación y protagonismo del pueblo en ejercicio de su soberanía, por una parte, *en lo político*: la elección de cargos públicos, el referendo, la consulta popular, la revocatoria del mandato, la iniciativa legislativa, constitucional y constituyente, el cabildo abierto y la asamblea de ciudadanos cuyas decisiones deben ser de carácter vinculante, entre otros; y por la otra, *en lo social y económico,* las instancias de atención ciudadana, la autogestión, la cogestión, las cooperativas en todas sus formas incluyendo las de carácter financiero, las cajas de ahorro, la empresa comunitaria y demás formas asociativas guiadas por los valores de la mutua cooperación y la solidaridad.

Todas estas formas de participación han sido desarrolladas legalmente durante los últimos 10 años, pero sin embargo, en desmedro de las normas relativas a la representación, en el sentido de haberse materialmente eliminado en las nuevas organizaciones "participativas" el principio de "elección de cargos públicos" que exige la norma constitucional antes citada, lo que ha sido patente desde 2006 en la composición de los órganos públicos creados en el marco del Estado Comunal o del Poder Popular y sus Consejos Comunales, integrados por personas que no son electas por votación universal, directa y secreta, en elecciones organizadas por el Poder Electoral, contrariando el principio de la representatividad.[132]

---

130 *V.* la Ley Orgánica de Procesos Electorales, en *G.O.* N° 5.928 Extra. de de 12–08–2009. *V.* Juan M. Matheus (Coord.), *Ley Orgánica de los Procesos Electorales*, Editorial Jurídica Venezolana, Caracas, 2010.

131 *V.* nuestra proposición de este artículo en Allan R. Brewer Carías, *Debate Constituyente,* Tomo II, *op. cit.* p. 137.

132 *V.* Allan R. Brewer–Carías, "El inicio de la desmunicipalización en Venezuela: La organización del Poder Popular para eliminar la descentralización, la democracia representativa y la participación a nivel local," en *AIDA, Opera Prima de Derecho Administrativo. Revista de la Asociación Internacional de Derecho Administrativo*, Uni-

2. El sistema electoral y la democracia representativa

La Constitución reguló al sufragio como un derecho (Art. 63) eliminándose toda consideración del voto como un deber, como lo disponía la Constitución de 1961 (Art. 110),[133] que debe ejercerse mediante votaciones libres, universales, directas y secretas, estableciendo la norma el principio general de que la ley debe garantizar la personalización del sufragio y la representación proporcional.[134]

Con esto se consagraron dos elementos esenciales del sistema electoral: por una parte, la llamada "personalización del sufragio," que no es otra cosa que la exigencia de la nominalidad, es decir, del necesario voto por nombre y apellido, sea que el escrutinio sea uninominal, en cuyo caso, no puede ser de otra forma que nominal o personificado, pues se vota por una persona; sea que el escrutinio sea plurinominal, es decir, por listas en una misma circunscripción, donde se elige a varias personas en forma nominal..

Pero por otra parte, constitucionalmente se establece que la ley debe garantizar la representación proporcional, para lo cual se requiere inexorablemente el escrutinio plurinominal, es decir, varios candidatos en una circunscripción electoral. Es decir, la representación proporcional excluye la elección uninominal en la elección de asambleas representativas, lo que implica que el sistema electoral que exige garantizar la Constitución es la votación por listas, en circunscripciones plurinominales, en forma nominal. Sin embargo, debe señalarse que el principio de la representación proporcional ha sido distorsionado en Venezuela, primero por vía de interpretación constitucional por la Sala Constitucional del Tribunal Supremo y luego mediante ley.

Debe señalarse que la previsión constitucional sobre el sistema que combine "el principio de la personalización del sufragio con la representación proporcional (Art. 63), siguiendo la orientación de la Ley Orgánica del Sufragio y participación Política de 1993, modificada en 1998,[135] se reguló por primera vez en el Estatuto Electoral del Poder Público que dictó la Asamblea Nacional Constituyente en enero de 2000,[136] en el cual se dispuso que el 60% de todos los representantes populares debían ser electos en circunscripciones uninominales, según el principio de la personalización; y el 40 % se

---

versidad Nacional Autónoma de México, Facultad de Estudios Superiores de Acatlán, Coordinación de Postgrado, Instituto Internacional de Derecho Administrativo "Agustín Gordillo," Asociación Internacional de Derecho Administrativo, México, 2007, pp. 49 a 67; y *Ley de los Consejos Comunales*, Editorial Jurídica Venezolana, Caracas, 2010, pp. 16 ss. *V.* además, Antonio Canova González, "¿Extinción de los Municipios? Una propuesta más en el afán de centralizar el poder," en *Erga Omnes. Revista Jurídica de la Sindicatura Municipal de Chacao,* Ediciones Sindicatura Municipal de Chacao, N° 1 (julio diciembre), Caracas, 2006, pp. 239–252.

133 *V.* nuestra propuesta sobre el artículo en Allan R. Brewer–Carías, *Debate Constituyente,* Tomo II, *op. cit.* pp. 125.

134 *V.* Dieter Nohlen, "Diseño institucional y evaluación de los sistemas electorales," en *El Derecho Público a comienzos del siglo XXI. Estudios homenaje al Profesor Allan R. Brewer–Carías,* Tomo I, Instituto de Derecho Público, Universidad Central de Venezuela, Civitas Ediciones, Madrid, 2003, pp. 402–412; Pedro L. Bracho Grand, "Democracia representativa en la Constitución Nacional de 1999," en *Estudios de Derecho Público: Libro Homenaje a Humberto J. La Roche Rincón,* Volumen II, Tribunal Supremo de Justicia, Caracas, 2001, pp. 235–254; Juan De Stefano, "El sufragio, el mandato político y su doctrina en la Constitución de 1961 y 1999 y de los Estados Socialistas," Jesús María Casal, Alfredo Arismendi y Carlos Luis Carrillo Artiles (Coord.), *Tendencias Actuales del Derecho Constitucional. Homenaje a Jesús María Casal Montbrun,* Tomo I, Universidad Central de Venezuela / Universidad Católica Andrés Bello, Caracas, 2008, pp. 563–576.

135 *V.* en (*G. O.* N° 5.233 Extraordinaria de 28 de mayo de 1998.

136 *V. G.O.* N° 36.884 de 03–02–2000. *V.* Allan R. Brewer–Carías, "Reforma electoral en el sistema político de Venezuela," en Daniel Zovatto y J. Jesús Orozco Henríquez (Coord.), *Reforma Política y Electoral en América Latina 1978–2007,* Universidad Nacional Autónoma de México–IDEA internacional, México, 2008, pp. 953–1019.

debía elegir por lista, según el principio de la representación proporcional (Art. 15). Para garantizar la combinación y aplicación de ambos sistemas, conforme a la Ley Orgánica y el Estatuto Electoral, el procedimiento de adjudicación de puestos debía comenzar mediante la adjudicación de los electos por representación proporcional en las circunscripciones plurinominales, para posteriormente sustraer de los puestos adjudicados en esa forma a los partidos, los que obtuviesen por mayoría de votos en las circunscripciones uninominales y, en esa forma, poder mantener el grado requerido de proporcionalidad entre los votos obtenidos y los puestos adjudicados.

El sistema opera, por supuesto, en relación con los candidatos de un mismo partido postulados para la elección mayoritaria en los circuitos uninominales y para la elección por lista en las circunscripciones plurinominales. Por tanto, si un partido sólo postula para elecciones uninominales o solo postula para las elecciones en las circunscripciones por lista, no habría deducción alguna que hacer, de manera que una forma de burlar la Constitución y la Ley y eliminar la proporcionalidad fue la desarrollada por la práctica política en 2005, por los partidos que respaldaban al gobierno, conforme al método que se denominó de "las morochas," y que consistió en un sistema de postulación de candidatos a cuerpos deliberantes, donde una pluralidad de partidos o grupos políticos actuaron postulando candidatos por lista y candidatos nominales; pero con la característica de que los partidos agrupados, participaron postulando en sus listas, pero no lo hicieron en los circuitos uninominales, de manera que los candidatos electos en estos, no se le dedujeron a los electos en las listas, atribuyéndose al grupo o partido político más representantes que los que le debían corresponder mediante el método del cociente. El método, aceptado por el Consejo Nacional Electoral, fue impugnado vía acción de amparo ante la Sala Constitucional del Tribunal Supremo de Justicia, el cual mediante sentencia N° 74 de 25 de enero de 2006[137] se limitó a señalar que "El principio de personalización del sufragio está garantizado por la nominalidad y la representación proporcional por el voto lista, dejando a la iniciativa de los ciudadanos y de las organizaciones políticas el sistema de selección y postulación de sus candidatos."[138]

Posteriormente la Ley Orgánica de los Procesos Electorales de 2009,[139] que derogó el Estatuto Electoral de 2000 y la Ley Orgánica del Sufragio de 1998, recogió el mismo principio del artículo 63 de la Constitución (Art. 3), aún cuando distorsionándolo, al regular en su artículo 8 un "sistema electoral paralelo" para la elección de los integrantes de la Asamblea Nacional, de los Concejos Legislativos de los Estados, de los Concejos Municipales, y demás cuerpos colegiados de elección popular, consistente en la aplicación "de personalización del sufragio para los cargos nominales y de representación proporcional para los cargos de la lista." Con ello, como se ha señalado, "se ha menoscabado a tal grado la representación proporcional que prácticamente no existe, y la personalización del sufragio está cada vez más ausente."[140]

---

137 *V.* en *Revista de Derecho Público,* N° 105, Editorial Jurídica Venezolana, Caracas, 2006, pp. 122–144.

138 El Magistrado que salvó su voto respecto de dicha decisión (Pedro Rafael Rondón Haaz), calificó el método como "un fraude a la Ley y más grave aún, en un fraude a la Constitución, a través de un evidente abuso de las formas jurídicas en pro de conseguir una finalidad distinta a la que las normas constitucional y legal establecieron respecto del método de elecciones mixtas uninominal–lista y a través de un evidente abuso de derecho de las organizaciones con fines políticos a postular candidatos." *Idem.*

139 *V.* en *G. O.* N° 5.928 Extra. de 12–08–2009.

140 *V.* Manuel Rachadell, "El sistema electoral en la Ley Orgánica de Procesos Electorales," en Juan M. Matheus (Coord.), *Ley Orgánica de los Procesos Electorales*, Editorial Jurídica Venezolana, Caracas, 2010, pp. 15 ss.

Ahora bien, en cuanto a los electores, el artículo 64 de la Constitución califica como tales a todos los venezolanos que hayan cumplido 18 años de edad no sujetos a interdicción civil o inhabilitación política; atribuyendo expresamente a los integrantes de la Fuerza Armada Nacional en situación de actividad, el derecho al sufragio de conformidad con la ley. Los militares, sin embargo, no pueden participar en actos de propaganda, militancia o proselitismo político (Art. 330). Esto, sin duda, constituye una novedad en el proceso político, en el cual tradicionalmente los militares no habían tenido derecho de voto, con el riesgo de acentuar un militarismo constitucional totalmente inconveniente.[141]

En el texto de la Constitución de 1999 no hay una norma que sea equivalente al artículo 112 de la Constitución de 1961 que establecía el derecho ciudadano a ser electo y desempeñar funciones públicas. Es decir, no existe en la Constitución de 1999 una norma general que regule el derecho de los ciudadanos a ejercer cargos públicos y a ser elegidos, lo cual es una falla evidente.

En la materia, lo único que regula la Constitución son normas restrictivas o prohibitivas. Así, en general, el artículo 65 de la Constitución establece que no podrán optar a cargo alguno de elección popular quienes hayan sido condenados por delitos cometidos durante el ejercicio de sus funciones y otros que afecten el patrimonio público, dentro del tiempo que fije la ley, a partir del cumplimiento de la condena y de acuerdo con la gravedad del delito.

Por otra parte, en cuanto a los integrantes de la Fuerza Armada Nacional en situación de actividad, el artículo 330, establece que a los mismos no les está permitido optar a cargos de elección popular.

De acuerdo con el artículo 67 de la Constitución la postulación para cargos elegibles puede ser hecha por iniciativa propia, o por las asociaciones políticas. Así, todos los ciudadanos tienen derecho a concurrir a los procesos electorales postulando candidatos.

Con carácter general, el artículo 66 de la Constitución, consagra el derecho de los electores a que sus representantes rindan cuentas públicas, transparentes y periódicas sobre su gestión,[142] "de acuerdo con el programa presentado" (Art. 66). La última frase agregada a esta norma, que no propusimos, implica la exigencia constitucional indirectamente establecida, de que toda candidatura para cargo elegible debe acompañarse de un programa que ha de ser presentado al electorado. Esta exigencia, sin embargo, es de difícil cumplimiento en los casos de elecciones plurinominales de representación proporcional.

3. El sistema de partidos políticos y de asociación política

En un marcado criterio reactivo contra los partidos políticos, en la Constitución de 1999 se eliminó tal expresión (sólo se regulan a las "organizaciones con fines políti-

V. igualmente, Juan M. Matheus, "Representación proporcional de las minorías y Ley Orgánica de Procesos Electorales," *Idem.*, pp. 41 ss.

141 *V.* nuestro voto salvado sobre esta norma en Allan R. Brewer–Carías, *Debate Constituyente,* Tomo III, *op. cit.*, pp. 232 y 305.

142 *V.* nuestra propuesta sobre este artículo en Allan R. Brewer–Carías, *Debate Constituyente,* Tomo II, *op. cit.* p. 138.

cos") estableciéndose, en cambio, un conjunto de regulaciones contra lo que habían sido los partidos políticos tradicionales.[143]

La Constitución, en está forma, pretendió ignorar a los partidos políticos cuando éstos son los que han controlado el poder y aún lo controlan. En efecto, como hemos dicho, la crisis del sistema político venezolano desencadenada a partir de la década de los ochenta del siglo pasado tuvo su motivo fundamental en la incomprensión de los partidos políticos y de su liderazgo respecto de los logros democráticos que habían alcanzado para Venezuela a partir de los inicios de la década de los sesenta. La democratización del país había comenzado a plantear exigencias de representatividad y de participación más allá de los propios partidos, de manera que se abriera la democracia y se descentralizara el poder y la participación, situación que los partidos no entendieron.

En todo caso, a finales del siglo XX, y ante la crisis de los partidos políticos, la crítica a los mismos, pasó de ser contractiva y en boca de quienes comenzaron a controlar el poder, pasó a ser destructiva incluyendo al Pacto de Punto Fijo y a la Constitución de 1961, centrándose el discurso político del nuevo liderazgo autoritario militarista y populista, en la destrucción y anatema de aquellos. En ese contexto fue que se desarrolló el proceso constituyente de 1999 y la sanción de la nueva Constitución. Un nuevo partido político constituido a la medida del nuevo liderazgo sirvió para el apoderamiento electoral del poder a partir de 1999, al cual acompañaron viejos y marginados partidos políticos que también participaron en el proceso de apoderamiento.

La Constitución de 1999, en definitiva, no significó cambio real respecto del sistema político de Estado centralizado de partidos que quedó incólume, con más centralismo, habiéndose en realidad, en la práctica política, cambiado unos partidos por otros, pero con mayor centralismo y con cúpulas más autocráticas, como son los partidos que han apoyado el proyecto concentrador y centralista del presidente Hugo Chávez.

Pero, a pesar de ello, la Constitución de 1999 engaña, al pretender ignorar en sus regulaciones a los partidos políticos. En su texto, en efecto, se comenzó por eliminar el derecho político de los ciudadanos a agruparse en partidos políticos para participar en la conducción de la vida política nacional, como lo regulaba la Constitución de 1961. Esto dejó de ser un derecho político de los ciudadanos, y la Constitución de 1999 lo que pasó a regular fue sólo la existencia de "agrupaciones con fines políticos" (Art. 67), lo que en definitiva puede ser cualquier asociación o agrupación y no necesariamente un partido político. Sin embargo, en la práctica, lo que siguen existiendo son los partidos políticos en su configuración más tradicional.

La reacción contra la falta de democratización interna de los partidos políticos, y su conducción por cúpulas eternizadas de dirigentes, condujo a la inclusión de una disposición en la Constitución, conforme a la cual no sólo la designación de sus directivos debe realizarse mediante elecciones, sino que, incluso, la escogencia de los candidatos de los partidos políticos a los cuerpos y cargos representativos, debe realizarse mediante votación interna democrática (Art. 67). Para ello, la Constitución, incluso, impuso la

---

143 *V.* Lolymar Hernández Camargo, "Los Partidos Políticos en la Constitución de la República Bolivariana de Venezuela de 1999," Jesús María Casal, Alfredo Arismendi y Carlos Luis Carrillo Artiles (Coord.), *Tendencias Actuales del Derecho Constitucional. Homenaje a Jesús María Casal Montbrun,* Tomo I, Universidad Central de Venezuela / Universidad Católica Andrés Bello, Caracas, 2008, pp. 577–590; Allan R. Brewer–Carías, "Regulación jurídica de los partidos políticos en Venezuela," en Daniel Zovatto (Coord.), *Regulación jurídica de los partidos políticos en América Latina,* Universidad Nacional Autónoma de México, International IDEA, México, 2006, pp. 893–937.

obligación de la organización de dichas elecciones internas, por el Consejo Nacional Electoral (Art. 293.6). Ello, sin embargo, en la práctica jamás se ha llevado a cabo

Además, por los problemas derivados del financiamiento público a los partidos políticos[144] que regulaba la Ley Orgánica del Sufragio y Participación Política, lo que había conducido a un acaparamiento de dichos fondos por los partidos tradicionales, los redactores de la Constitución reaccionaron contra ello, prohibiendo simplemente dicho financiamiento público y exigiendo control respecto del financiamiento privado de los partidos (Art. 67). Indudablemente, con esto, se retrocedió en lo que es la constante en todo el mundo democrático, habiéndose abierto, de hecho, la posibilidad de financiamiento público irregular e ilegítimo a los partidos de gobierno.

En todo caso, en la proyectada y rechazada reforma constitucional de 2007, se propuso expresamente modificar esta norma, eliminándose la prohibición general de financiamiento público a los partidos; previendo, en cambio, que "el Estado podrá financiar las actividades electorales," y estableciéndose una prohibición al "financiamiento a las asociaciones con fines políticos o a quienes participen en procesos electorales por iniciativa propia, por parte de gobiernos o cualquier otra entidad pública o privada extranjeros."[145] Como la reforma no se aprobó por el pueblo, con posterioridad, mediante una ilegítima mutación constitucional efectuada por la Sala Constitucional del Tribunal Supremo mediante sentencia Nº 780 de 8 de mayo de 2008,[146] la misma dispuso "en lo que respecta al alcance de la prohibición de financiamiento público de asociaciones políticas" contenida en la mencionada norma, que la misma "se circunscribe a la imposibilidad de aportar fondos a los gastos corrientes e internos de las distintas formas de asociaciones políticas, pero ...dicha limitación, no resulta extensiva a la campaña electoral, como etapa fundamental del proceso electoral." Es decir, la Sala Constitucional, ante una norma tan clara e igualmente tan criticable como la contenida en el artículo 67 de la Constitución, erigiéndose en poder constituyente, señaló, en definitiva, que la prohibición constitucional no limita que el Estado "destine fondos con el objeto de financiar el desarrollo de las campañas electorales, de los partidos y asociaciones políticas" con la sólo aclaratoria de que la materia requería "ex profeso, de regulación normativa por parte de la Asamblea Nacional, porque en esto descansa el ejercicio de la reserva legal."[147]

Por otra parte, la Constitución, al establecer que los diputados a la Asamblea Nacional "no están sujetos a mandatos ni instrucciones, sino sólo a su conciencia" (Art. 200), condujo a la pretensión de la eliminación de las fracciones parlamentarias de los partidos políticos en la Asamblea Nacional. Incluso, las antiguas e importantes sedes de las fracciones parlamentarias de los partidos políticos fueron desmanteladas, regulándose

---

144 *V.* J.C. Rey y otros, *El financiamiento de los partidos políticos y la democracia en Venezuela,* Caracas 1981; Allan R. Brewer–Carías, "Consideraciones sobre el financiamiento de los partidos políticos en Venezuela" en *Financiación y democratización interna de partidos políticos. Aproximaciones. Memoria IV Curso Anual Interamericano de Elecciones,* Instituto Interamericano de Derechos Humanos–CAPEL, San José, 1991, pp. 121 a 139.

145 *V.* Allan R. Brewer–Carías, *Hacia la Consolidación de un Estado Socialista, Centralizado, Policial y Militarista. Comentarios sobre el sentido y alcance de las propuestas de reforma constitucional 2007,* Colección Textos Legislativos, Nº 42, Editorial Jurídica Venezolana, Caracas, 2007, pp. 41 ss.

146 *V.* en *Revista de Derecho Público,* Nº 114, Caracas, 2008, pp. 127 ss.

147 *Idem. V.* sobre esta decisión Allan R. Brewer–Carías, "El juez constitucional como constituyente: el caso del financiamiento de las campañas electorales de los partidos políticos en Venezuela," en *Revista de Derecho Público,* Nº 117, Caracas, 2009, pp. 195–203.

en la Constitución el principio expreso de que los diputados integrantes de la Asamblea Nacional representan sólo al pueblo en su conjunto.

Todo esto, sin embargo, no fue más que otro engaño constitucional: las fracciones parlamentarias sólo cambiaron de nombre y comenzaron a llamarse "grupos de opinión" y se reúnen cerca de a la sede de la Asamblea Nacional. El Presidente de la Asamblea y otros líderes parlamentarios de los partidos de gobierno sucesivamente han anunciado y amenazado, públicamente, sobre el control de la Asamblea y de los votos de los que disponen, habiéndose llegando a sancionar el 21 de diciembre de 2011, una reforma a la Ley de partidos Políticos, prohibiendo a los diputados que puedan cambiar de partido político o de votar por con una fracción de un partido político diferente al que los eligió.[148]

En la práctica política, en todo caso, después de la entrada en vigencia de la Constitución, los partidos han tenido más presencia que nunca, al punto de que sin ningún recato, el Presidente de la República ha sido y es el Presidente del Partido de gobierno, y todo la mayoría de su gabinete está formada por directivos del partido, al punto de que en 2007, con la creación del "partido socialista único" por parte del gobierno, ello fue una operación del Estado, usando los recursos y medios públicos y hasta el propio Consejo Nacional Electoral para su formación. Como nunca antes, la simbiosis partido político–Administración Pública se ha enquistado en Venezuela, abriéndose así vasos comunicantes que permiten canalizar financiamientos específicos, como incluso nunca se llegaron a ver en la época dorada de la partidocracia de comienzos de los años ochenta.

Lo que en definitiva ocurrió a partir de 1999 como consecuencia del proceso constituyente, fue el cambio de unos partidos por otros en el control del poder y en el dominio del juego electoral. La partidocracia o democracia de partidos ha seguido incólume, con los mismos vicios clientelares y los mismos controles por cúpulas no electas en elecciones internas libres y democráticas, por supuesto agravados. Nada, por tanto, ha cambiado en el sistema político, salvo la denominación de los partidos políticos, ahora son otros, y otro es su liderazgo.

Por último, debe destacarse que la Constitución atribuyó a un órgano del Poder Público (Poder Público Electoral) como es el Consejo Nacional Electoral, la potestad de "organizar las elecciones de las organizaciones con fines políticos" (Art. 293,6), con lo cual se incluyó un principio de intervención estatal intolerable en relación con los partidos políticos. Ello es particularmente sensible, si se toma en cuenta que el Poder Electoral, por la forma de elección de los "rectores" del Consejo Nacional Electoral en 2004 por parte de la Sala Constitucional del Tribunal Supremo (y no por la Asamblea Nacional), sin sujetarse a las limitaciones constitucionales y sin garantizar la participación ciudadana, ha quedado en definitiva sometido a los designios del gobierno.[149]

148 *V.* Patricia Rendón Espín, "AN aprueba Ley que impedirá a diputados venezolanos disentir de su partido," publicado en http://www.noticias24.com/actualidad/noticia/186300/reforma–a–la–ley–de–partidos–impedira–a–diputados–venezolanos–disentir–de–su–tolda/. Esa reforma legislativa, sin embargo, no fue ni promulgada ni publicada.

149 *V.* Allan R. Brewer–Carías, *La Sala Constitucional Versus el Estado Democrático de Derecho. El secuestro del poder electoral y de la Sala Electoral del Tribunal Supremo y la confiscación del derecho a la participación política*, Los Libros de El Nacional, Colección Ares, Caracas, 2004.

4. El sistema de referendos y la democracia directa

Como se señaló, tanto el artículo 5° como el 62 de la Constitución prevén el ejercicio del sufragio y del derecho a la participación política mediante la elección de representantes o en forma directa, a través de los mecanismos previstos en la Constitución y en la ley, en particular, además de los previstos en el artículo 70, mediante los referendos que son de cuatro tipos en la Constitución: el referendo consultivo, el referendo revocatorio, el referendo aprobatorio, y el referendo abrogatorio.[150]

En cuanto a los referendos consultivos, conforme al artículo 71, tienen por objeto consultar al pueblo sobre las materias de especial trascendencia nacional, correspondiendo la iniciativa al Presidente de la República en Consejo de Ministros; a la Asamblea Nacional, mediante Acuerdo aprobado por el voto de la mayoría de sus integrantes; o a solicitud de un número no menor del 10% de los electores inscritos en el registro civil y electoral. También pueden ser sometidas a referendo consultivo las materias de especial trascendencia, parroquial, municipal, y estadal en cuyo caso, la iniciativa le corresponde a la Junta Parroquial, al Concejo Municipal y al Consejo Legislativo, respectivamente, por acuerdo de los 2/3 de sus integrantes; al Alcalde y al Gobernador de Estado, o a solicitud de un número no menor del 10% del total de inscritos en el registro civil y electoral en la circunscripción correspondiente.

En cuanto a los referendos aprobatorios, el artículo 73 establece que aquellos proyectos de ley en discusión por la Asamblea Nacional, deben ser sometidos a referendo cuando así lo decidan por lo menos las 2/3 partes de los integrantes de la Asamblea. En estos casos, si el referendo concluye en un sí aprobatorio, el proyecto correspondiente debe ser sancionado como ley, siempre que haya concurrido el 25% de los electores inscritos en el registro civil y electoral. Debe destacarse, además, la previsión de un tipo particular de referendo aprobatorio que debe realizarse cuando presentado un proyecto de ley por iniciativa popular (Art. 204.7), si la discusión del proyecto no se inicia en la Asamblea Nacional a más tardar en el período de sesiones ordinarias siguientes al que se haya presentado (Art. 205).

La Constitución es explícita, además, en disponer que pueden ser sometidos a referendo los tratados, convenios o acuerdos internacionales que pudieren comprometer la soberanía nacional o transferir competencias a órganos supranacionales, como serían los tratados de integración. En estos casos, la iniciativa corresponde al Presidente de la República en Consejo de Ministros; a la Asamblea Nacional por el voto de las 2/3 partes de sus integrantes; o al 15% de los electores inscritos en el registro civil y electoral.

La Constitución regula, además, los referendos abrogatorios respecto de las leyes al señalar, en el artículo 74, que deben ser sometidas a referendo, para ser abrogadas total o parcialmente, las leyes cuya abrogación fuere solicitada por iniciativa de un número no menor del 10% de los electores inscritos en el registro civil y electoral o por el Presidente de la República en Consejo de Ministros. También pueden ser sometidos a referendo abrogatorio los decretos ley que dicte el Presidente de la República en uso de la atribución prescrita en el numeral 8 del artículo 236 de esta Constitución, en cuyo caso la iniciativa corresponde sólo a un número no menor del 5% de los electores inscritos

150 *V.* nuestra propuesta respecto de este articulado en Allan R. Brewer–Carías, *Debate Constituyente,* Tomo II, *op. cit.,* pp. 138 a 143. *V.* en general sobre los referendos, Hildegard Rondón de Sansó, "El referendo en la Constitución de Venezuela de 1999," en Román Duque Corredor y Jesús María Casal (Coords), *Estudios de Derecho Público,* Tomo II, Universidad Católica Andrés Bello, Caracas, 2004, pp. 163–212.

en el registro civil y electoral. En todo caso, para la validez del referendo abrogatorio es indispensable la concurrencia del 40% de los electores inscritos en el registro civil y electoral.

En todo caso, conforme a la Constitución, no toda ley puede ser sometida a referendo abrogatorio pues el artículo 74 de la Constitución excluye a las leyes de presupuesto, las que establezcan o modifiquen impuestos, las de crédito público y las de amnistía, así como aquellas que protejan, garanticen o desarrollen los derechos humanos y las que aprueben tratados internacionales.

Por último, particular importancia es el régimen del referendo revocatorio de mandato,[151] que tiene su fundamento en el artículo 70 de la Constitución, que identifica como uno de los medios de participación en lo político, "la revocación del mandato"; y se desarrolla en el artículo 72, que dispone que todos los cargos y magistraturas de elección popular son revocables (Art. 6), a cuyo efecto indica que transcurrida la mitad del período para el cual fue elegido un funcionario, un número no menor del 20% de los electores inscritos en la correspondiente circunscripción en el momento de formular la solicitud, puede solicitar la convocatoria de un referendo para revocar su mandato.

El quórum requerido de participación para que sea válido un referendo revocatorio es un número de electores "igual o superior al veinticinco por ciento de los electores inscritos" y se considerará revocado su mandato, cuando igual o mayor número de electores que eligieron al funcionario hubieren votado a favor de la revocación, en cuyo caso se procederá de inmediato a cubrir la falta absoluta conforme a lo dispuesto en esta Constitución y en la ley. Estos referendos revocatorios tienen un límite en el sentido de que durante el período para el cual fue elegido el funcionario no puede hacerse más de una solicitud de revocación de su mandato.

En especial debe hacerse referencia a los referendos revocatorios del mandato presidencial, el cual se estableció como supuesto elemento de contrapeso a la extensión del período del Presidente de la República de 5 a 6 años. Un referendo revocatorio del mandato presidencial, sin embargo, después de varios intentos de realización infructuosa por la trabas desplegadas desde el Consejo Nacional Electoral,[152] sin embargo, finalmente se realizó en 2004, pero para un momento en el cual la Constitución ya había sido ilegítimamente mutada mediante interpretación constitucional por parte de la Sala Constitucional del Tribunal Supremo, mediante la cual el referendo revocatorio fue transformado en un referendo "ratificatorio," inexistente en la Constitución.

En efecto, de acuerdo con el texto del artículo 72 de la Constitución, la revocatoria del mandato de funcionarios electos solicitada por iniciativa popular, se produce cuando en el referendo respectivo, un número "igual o mayor del número de electores que eligieron al funcionario" vota a favor de la revocación.[153] Sin embargo, en una forma cla-

---

151 *V.* en general Ricardo Antela, *La revocatoria del mandato (Régimen Jurídico del referéndum revocatorio en Venezuela)*, Editorial Jurídica Venezolana, Caracas, 2011; Carlos Ayala Corao, "Antecedentes del Referendo Revocatorio," en Román Duque Corredor y Jesús María Casal (Coord.), *Estudios de Derecho Público,* Tomo II, Universidad Católica Andrés Bello, Caracas, 2004, pp. 213–240.

152 *V.* Allan R. Brewer–Carías, "El secuestro del Poder Electoral y la confiscación del derecho a la participación política mediante el referendo revocatorio presidencial: Venezuela 2000–2004," en Juan Pérez Royo, Joaquín Pablo Urías Martínez, Manuel Carrasco Durán (Editores), *Derecho Constitucional para el Siglo XXI. Actas del Congreso Iberoamericano de Derecho Constitucional,* Tomo I, Thomson–Aranzadi, Madrid, 2006, pp. 1081–1126.

153 Así se indicó, por ejemplo, en la sentencia N° 1139 de 5 de junio de 2002 (Caso: *Sergio Omar Calderón Duque y William Dávila Barrios),* en *Revista de Derecho Público,* N° 89–92, Editorial Jurídica Venezolana, Caracas, 2002, p. 171.

ramente inconstitucional, en 2003, la Sala Constitucional convirtió dicho referendo "revocatorio" en un referendo "ratificatorio," al considerar que la revocación no se producía a pesar de que igual o mayor del número de electores que los que eligieron al funcionario votaran por la revocación, si en el referendo se depositaban más votos en contra de la revocación que a favor de la misma, en cuyo caso consideró la Sala, que el funcionario antes que salir del cargo "debería seguir" en el mismo, "aunque votasen en su contra el número suficiente de personas para revocarle el mandato."[154]

II. EL PODER PÚBLICO

El Poder Público es la potestad genérica del Estado Constitucional para actuar en representación del pueblo y en resguardo del interés general. Es, en su ejercicio, que las entidades políticas actúan como personas jurídicas de derecho público, a través de sus órganos y entes.

A los efectos de garantizar la democracia como régimen político, que ante todo implica la limitación al poder, y tal como lo destacó la Sala Político Administrativa del Tribunal Supremo de Justicia, la Constitución:

> limita el poder mediante la difusión de la autoridad tanto en el plano horizontal como en el vertical. Esto es, prefigura una distribución horizontal y vertical del Poder Público en la cual sus creadores proveyeron [...] la distribución del Poder Público en Poder Municipal, el Poder Estadal y el Poder Nacional y, la división del Poder Público Nacional en Poder Legislativo, Poder Judicial, Poder Electoral y Poder Moral.
>
> Esta limitación del poder por el poder mismo fundada en el temor a su excesiva concentración, persigue su sometimiento a la regla de derecho, limitando su actuación a las específicas atribuciones y funciones consagradas en la Ley provocando así salvaguardia contra la tiranía y la libertad de los ciudadanos, lo cual se recoge expresamente en los artículos 136 y 137...[155.]

---

154 *V.* sentencia Nº 2750 de 21 de octubre de 2003 (Caso: *Carlos E. Herrera Mendoza. Interpretación del artículo 72 de la Constitución*), en *Revista de Derecho Público,* Nº 93–96, Editorial Jurídica Venezolana, Caracas 2003, pp. 229 ss. Esta ilegitima mutación de la Constitución tuvo por supuesto, un claro propósito, que fue el impedir que el mandato al Presidente de República fuera revocado en 2004. Este había sido electo en agosto de 2000 con 3.757.774 votos, y en el referendo revocatorio de 2004, votaron por la revocación de su mandato 3.989.008 electores, por lo que constitucionalmente su mandato había quedado revocado automáticamente, *ex constitutione.* Sin embargo, como "por la no revocación" supuestamente habrían votado 5.800.629 de electores, el Consejo Nacional Electoral, conforme a la doctrina hecha a la medida del caso por la Sala Constitucional, decidió "ratificar" al Presidente de la República en su cargo hasta 2007 (*V.* en *El Nacional*, Caracas, 28–08–2004, pp. A–1 y A–2). Así, ilegítimamente, un referendo revocatorio fue transformado en un referendo ratificatorio o en un plebiscito que no existe en la Constitución. *V.* Allan R. Brewer–Carías, "La Sala Constitucional vs. el derecho ciudadano a la revocatoria de mandatos populares: de cómo un referendo revocatorio fue inconstitucionalmente convertido en un 'referendo ratificatorio,'" en *Crónica sobre la "In" Justicia Constitucional. La Sala Constitucional y el autoritarismo en Venezuela*, Editorial Jurídica Venezolana, Caracas, 2007, pp. 349–378.

155 *V.* sentencia Nº 1819 de 8 de agosto de 2000 (Caso: *René Molina vs. Luis Miquelena*), en *Revista de Derecho Público,* Nº 83, (julio–septiembre), Editorial Jurídica Venezolana, Caracas, 2000, pp. 264 ss. *V.* en general, sobre el Poder Público y la forma del Estado, Carlos Luis Carrillo Artiles, "La composición del poder público en la Constitución de la República Bolivariana de Venezuela," *Libro Homenaje a Enrique Tejera París, Temas sobre la Constitución de 1999,* Centro de Investigaciones Jurídicas (CEIN), Caracas, 2001, pp. 51 a 76; Allan R. Brewer–Carías, "Consideraciones sobre el régimen de distribución de competencias del Poder Público en la Constitución de 1999" en Fernando Parra Aranguren y Armando Rodríguez García Editores, *Estudios de Derecho Administrativo. Libro Homenaje a la Universidad Central de Venezuela,* Tomo I, Tribunal Supremo de Justicia, Caracas, 2001, pp. 107–136.

1. La distribución vertical del Poder Público: Poder Público Nacional, Poder de los Estados o Poder Público Estadal, y Poder Público Municipal

En cuanto a la distribución vertical del Poder Público, según la fórmula federal, la Constitución la formula en tres niveles territoriales de entidades políticas: nacional (la república), estadal (los Estados) y municipal (los Municipios).

En las Constituciones venezolanas, esta forma de distribución vertical del Poder Público comenzó a expresarse formalmente en la Constitución de 1858, la cual estableció que "El Poder Público se divide en Nacional y Municipal" (Art. 9). Posteriormente, en la Constitución de 1901 se retomó la fórmula, expresándose que "El Poder Público se distribuye entre el Poder Federal y el Poder de los Estados" (Art. 29), lo que se repitió en todas las Constituciones posteriores hasta la de 1925, en la cual se agregó al Poder Municipal así: "El Poder Público se distribuye entre el Poder Federal, el de los Estados y el Municipio" (Art. 51).

La norma se repitió en las Constituciones posteriores hasta que en la Constitución de 1947 se invirtió la enumeración así: "El Poder Público se distribuye entre el Poder Municipal, el de los Estados y el Nacional..." (Art. 86), lo que se repitió en la Constitución de 1953 (Art. 40). La Constitución de 1961 no utilizó la fórmula tradicional y se limitó a señalar que "Cada una de las ramas del Poder Público tienen sus funciones propias..." (Art. 118), aludiendo, sin duda, a las ramas Nacional, Estadal y Municipal, pero sin enumerarlas.

La Constitución de 1999, a propuesta nuestra, volvió a la fórmula tradicional,[156] al disponer en su artículo 136 que: "El Poder Público se distribuye entre el Poder Municipal, el Poder Estadal y el Poder Nacional," lo que se completa con la fórmula de colaboración o cooperación entre los órganos que ejercen los Poderes, en el ejercicio de sus funciones propias, que se recoge en el artículo 136 de la Constitución.[157]

En todo el texto constitucional, en consecuencia, se pueden encontrar disposiciones que se refieren, en general, al Poder Público que, por tanto, rigen respecto de los órganos de los tres niveles territoriales; y disposiciones específicamente destinadas a cada uno de los niveles.[158]

Esta distribución vertical del Poder Público da origen a que el "Estado" venezolano esté básicamente conformado por un conjunto de personas jurídicas político territoriales como son la República, los Estados y los Municipios, y además, por otras personas jurídicas estatales producto de la descentralización política y funcional.[159]

---

156 *V.* Allan R. Brewer–Carías, *Debate Constituyente, (Aportes a la Asamblea Nacional Constituyente),* Tomo II, *(9 septiembre–17 octubre de 1999),* Caracas, 1999, p. 161 a 164.

157 *V.* Allan R. Brewer–Carías, *Instituciones Políticas y Constitucionales,* Tomo II, *El Poder Público: Nacional, Estadal y Municipal,* Caracas–San Cristóbal, 1996, p. 111 ss.

158 *V.* Allan R. Brewer–Carías, "Consideraciones sobre el régimen constitucional de la organización y funcionamiento de los Poderes Públicos," en *Derecho y Sociedad, Revista de los Estudiantes de Derecho*, Universidad Monteávila, Nº 2, Caracas, abril 2001, pp. 135 a 149.

159 *V.* en general sobre el tema de la personalidad jurídica en la Constitución, Juan A. Bracamonte, "La personalidad jurídica del Estado," en *Derecho Constitucional. General y Particular. Actualizado con la Constitución de la República Bolivariana de Venezuela del 24–03–2000,* Tomo I. Universidad Santa María, Caracas, pp. 110–117; José Peña Solís, "El régimen de las personas jurídicas públicas (entes públicos) en Venezuela," en *Estudios de Derecho Administrativo: Libro Homenaje a la Universidad Central de Venezuela,* Volumen II. Imprenta Nacional, Caracas, 2001, pp. 313–368; Allan R. Brewer–Carías, *Derecho Administrativo*, Tomo I, Universidad Externado de Colombia, Bogotá, 2004.

2. El régimen constitucional aplicado a todos los niveles del Poder Público

En la Constitución, cuyo articulado sin duda está básicamente destinado a regular al Poder Público Nacional, sin embargo, además de sentarse las bases de la organización del Poder Público Estadal y del Poder Público Municipal, se establecen los principios constitucionales fundamentales que rigen para todos los órganos del Estado Constitucional, es decir, que ejercen el Poder Público en cualquier nivel.

Ante todo está el principio de legalidad que deriva del artículo 137 de la Constitución, que dispone que "La Constitución y la Ley definirán las atribuciones de los órganos que ejercen el Poder Público, a las cuales deben sujetarse las actividades que realicen." De esta nueva redacción se debe destacar que no se habla de "atribuciones del Poder Público," lo cual era impropio, ya que el Poder Público es una potestad constitucional y no un órgano; y en su lugar, como lo propusimos[160] se habla de "las atribuciones de los órganos que ejercen el Poder Público," cuyas actividades son las que deben sujetarse a la Constitución y a las leyes.

El principio de la legalidad o de conformidad con el derecho, por tanto, implica que las actividades que realicen los órganos que ejercen el Poder Público deben someterse a la Constitución y a las leyes[161], por lo que las actividades contrarias al derecho están sometidas al control tanto de la jurisdicción constitucional (Art. 334) como de la jurisdicción contencioso–administrativa (Art. 259). Como lo dijo la antigua Corte federal desde 1957: "El Estado de Derecho de los regímenes democráticos no puede funcionar cabalmente con mengua del principio de la legalidad, según el cual todos los actos de la administración pública han de ser cumplidos o realizados dentro de las normas preestablecidas por la autoridad competente."[162]

Por otra parte, siguiendo la tradición constitucional venezolana y con la misma redacción del artículo 119 de la Constitución de 1961, el artículo 138 precisa que "Toda autoridad usurpada es ineficaz y sus actos son nulos." Este supuesto de usurpación de autoridad, que es más grave que una incompetencia, apunta al hecho de que una persona no investida de autoridad, ejerza una función que corresponde a un órgano estatal. Es una incompetencia constitucional que acarrea la nulidad absoluta de los actos que dicte el usurpador. Se distingue, así la usurpación de autoridad de otros vicios de incompetencia constitucional, como la usurpación de funciones.[163]

En la Constitución de 1999, sin embargo, se eliminó otra norma de larga tradición constitucional que tiene su origen en las Constituciones del Siglo pasado, que establecía un supuesto de nulidad de actos estatales viciados en la manifestación de voluntad emitida bajo violencia y que estaba contenida en el artículo 120 de la Constitución de 1961,

---

160 *V.* Allan R. Brewer–Carías, *Debate Constituyente (Aportes a la Asamblea Nacional Constituyente),* Tomo II, *op. cit.* pp. 172 y 173.

161 *V.* en general, Gonzalo Pérez Luciani, *El Principio de Legalidad,* Serie Estudios 81, Academia de Ciencias Políticas y Sociales, Caracas, 2009; Carlos L. Carrillo Artiles, "La ampliación cuantitativa del principio de la legalidad en la Constitución de 1999," en *El Derecho Público a comienzos del siglo XXI. Estudios homenaje al Profesor Allan R. Brewer–Carías,* Tomo II, Instituto de Derecho Público, UCV, Civitas Ediciones, Madrid, 2003, pp. 1359–1371.

162 *V.* sentencia de fecha 09–08–57, *Gaceta Forense,* 2ª Etapa, N° 17, p. 132). *V.* en sentencia de la Sala Constitucional del Tribunal Supremo Nº 271 de 25–04–2002 (Caso: *José G. Rossi G.*), en *Revista de Derecho Público,* Nº 82, Editorial Jurídica Venezolana, Caracas, 2000, pp. 412 ss.

163 *V.* sobre estos vicios Allan R. Brewer–Carías, *Las Instituciones Fundamentales del Derecho Administrativo y la Jurisprudencia Venezolana,* Universidad Central de Venezuela, Caracas, 1964, p. 59.

con el siguiente texto: "Es nula toda decisión acordada por requisición directa o indirecta de la fuerza, o por reunión de individuos en actitud subversiva.

El artículo 139 de la Constitución, por otra parte, recoge otra norma tradicional de nuestro constitucionalismo que establece el principio de la responsabilidad individual de los funcionarios públicos en el ejercicio del Poder Público,"[164] al establecer que "El ejercicio del Poder Público acarrea responsabilidad individual por abuso o desviación de poder o por violación de esta Constitución o de la Ley." En consecuencia, la responsabilidad de los funcionarios que causen daños al ejercer el Poder Público, se puede originar cuando ello ocurra por abuso de poder, es decir, por el llamado vicio en la causa de los actos estatales (falso supuesto, por ejemplo); por desviación de poder, que es el vicio en la finalidad del acto estatal, al usarse el poder conferido para perseguir fines distintos a los establecidos en la norma atributiva de competencia; y en general, por violación de la Constitución o de la Ley, es decir, en general, por contrariedad al derecho.[165]

Una de las innovaciones importantes de la Constitución de 1999 en materia de régimen general del ejercicio del Poder Público, es la previsión expresa del principio de la responsabilidad patrimonial del Estado; es decir, de las personas jurídicas estatales, básicamente la que resultan de la distribución vertical del Poder Público (Repúblicas, Estados y de Municipios), por los daños y perjuicios que causen los funcionarios en ejercicio de sus funciones.

En la Constitución de 1961 el principio de la responsabilidad del Estado, por supuesto, que se deducía de la previsión del artículo 47 de que establecía que las personas no podían pretender que los entes estatales los indemnizaren sino por daños causados por "autoridades legítimas en ejercicio de su función pública"; y del artículo 206, que regulaba la jurisdicción contencioso administrativa (equivalente al artículo 259 de la Constitución de 1999), al atribuirle a los tribunales de dicha jurisdicción, competencia para dictar sentencias de condena "al pago de sumas de dinero y a la reparación de daños y perjuicios originados en responsabilidad de la Administración".

A propuesta nuestra[166] se incluyó en la nueva Constitución el artículo 140, en el cual se dispone que "El Estado responderá patrimonialmente por los daños que sufran los particulares en cualquiera de sus bienes y derechos, siempre que la lesión sea imputable al funcionamiento de la Administración Pública."[167]

---

164 *V.* en general, Luis A. Ortiz–Álvarez, "La responsabilidad patrimonial del Estado y de los funcionarios públicos en la Constitución de 1999," en *Estudios de Derecho Administrativo: Libro Homenaje a la Universidad Central de Venezuela,* Volumen II. Imprenta Nacional, Caracas, 2001, pp. 149–208, e "Introducción a la teoría de la Responsabilidad del Estado," en *Revista Tachirense de Derecho,* N° 15, Universidad Católica del Táchira, San Cristóbal, 2003, pp. 123–168; Juan Carlos Márquez Cabrera, "La responsabilidad política de los funcionarios públicos en la Constitución de 1999," en *Revista Tachirense de Derecho,* N° 18, Universidad Católica del Táchira, San Cristóbal, 2006, pp. 7–24.

165 Sobre estos vicios véase, Allan R. Brewer–Carías, *Estado de Derecho y Control Judicial,* Instituto Nacional de Administración Pública, Madrid, 1987, pp. 528 ss.

166 *V.* Allan R. Brewer–Carías, *Debate Constituyente,* Tomo II, *op. cit.,* pp. 184 ss.

167 *V.* en general, Luis Ortiz Álvarez, *La Responsabilidad Patrimonial de la Administración Pública,* Caracas, 1995; María E. Soto, "Régimen constitucional de la responsabilidad extracontractual de la Administración Pública," en *Revista LEX NOVA del Colegio de Abogados del Estado Zulia,* N° 239, Maracaibo, 2001, pp. 49–72; Ana C. Núñez Machado, "La nueva Constitución y la responsabilidad patrimonial del Estado," en *Comentarios a la Constitución de la República Bolivariana de Venezuela,"* Vadell Hermanos Editores, Caracas, 2000, pp. 35–64; Ana C. Núñez Machado, "Reflexiones sobre la interpretación constitucional y el artículo 140 de la Constitución sobre responsabilidad patrimonial del Estado," en *Revista de Derecho Administrativo,* N° 15 (mayo–diciembre),

La expresión "funcionamiento de la Administración Pública," de carácter muy genérico, permite que la responsabilidad del Estado se origine cuando la lesión se derive del funcionamiento normal o anormal de los servicios públicos a cargo del Estado o en general, de la actividad administrativa realizada por la Administración Pública, como estructura orgánica.

Se observa, ante todo, que conforme a este artículo, la responsabilidad es del "Estado," es decir, de las personas jurídicas estatales en particular, de la República, de los Estados y de los Municipios en sus respectivos niveles territoriales, por el funcionamiento de sus Administraciones Públicas. La redacción de la norma, sin embargo, podría plantear dudas sobre su aplicación a los casos de responsabilidad del Estado legislador, causada, por ejemplo, al sancionar una ley, la cual sin embargo, deriva de los principios generales del derecho público[168]. En cuanto a la responsabilidad del Estado por actos judiciales o de los jueces, ésta, sin embargo, sí está regulada expresamente en los artículos 49,8 y 255 de la Constitución.[169]

La norma del artículo 140 de la Constitución, en todo caso, ha sido interpretada por Sala Constitucional como establecedora de en sentido amplio, integral y objetivo de la responsabilidad patrimonial del Estado que se erige en garantía de los particulares frente a las actuaciones dañosas de la Administración, disponiendo que "la responsabilidad patrimonial del Estado no debe ser considerada como una garantía en favor de los entes públicos; por el contrario, su consagración constitucional exige que la misma sea interpretada por los jueces en sentido amplio y progresista como una garantía patrimonial del administrado frente a las actuaciones de la Administración generadoras de daño"[170]

Se destaca, por otra parte, que la Constitución de 1999 contiene un extenso Título IV relativo al "Poder Público," cuyas normas se aplican a todos los órganos que ejercen el Poder Público tal como lo indica el artículo 136: en su distribución vertical o territorial

---

Editorial Sherwood, Caracas, 2002, pp. 207–222; Álvaro Guerrero Hardy, *El Régimen de la Responsabilidad Patrimonial de la Administración Pública durante la vigencia de los Estados de Excepción*, Cuadernos de Derecho Público N 2, FUNEDA, 2008; Rafael Badell Madrid, "La Responsabilidad Patrimonial del Estado en Venezuela," en Román Duque Corredor y Jesús María Casal (Coord.), *Estudios de Derecho Público,* Tomo II, Universidad Católica Andrés Bello, Caracas, 2004, pp. 481–576.

168 *V.* Carlos A. Urdaneta Sandoval, "El Estado venezolano y el fundamento de su responsabilidad patrimonial extracontractual por el ejercicio de la función legislativa a la luz de la Constitución de 1999," en *Revista de Derecho Constitucional,* N° 5 (julio–diciembre), Editorial Sherwood, Caracas, 2001, pp. 247–301; Diego Moya–Ocampos Panzera, "La responsabilidad patrimonial del Estado legislador por normal funcionamiento o por sacrificio particular," en *Erga omnes. Revista Jurídica de la Sindicatura Municipal de Chacao*, Ediciones Sindicatura Municipal de Chacao, N° 1 (julio–diciembre), Caracas, 2006, pp. 317–359

169 La Sala Constitucional ha sentado criterio de que la Constitución de 1999 establece un régimen amplio, integral y objetivo de la responsabilidad patrimonial del Estado que se erige en garantía de los particulares frente a las actuaciones dañosas de la Administración, mucho más amplio del establecido en la Constitución de 1961, del cual "no cabe duda que dicha responsabilidad debe ser apreciada de manera objetiva descartándose la culpa del funcionario como fundamento único del sistema indemnizatorio." En consecuencia, la Sala apartándose del criterio restringido que había sido establecido por la Sala Político Administrativa en sentencia N° 943 de 15–05–2001, en la sentencia N° 2818 de 19–11–2002 (Caso: *Ramón Oscar Carmona Vásquez*), estableció que "la responsabilidad patrimonial del Estado no debe ser considerada como una garantía en favor de los entes públicos; por el contrario, su consagración constitucional exige que la misma sea interpretada por los jueces en sentido amplio y progresista como una garantía patrimonial del administrado frente a las actuaciones de la Administración generadoras de daño." *V.* en *Revista de Derecho Público,* N° 89–92, Editorial Jurídica Venezolana, Caracas, 2002, pp. 113 ss.

170 *V.* sentencia N° 943 de 15–05–2001, en la sentencia N° 2818 de 19–11–2002 (Caso: *Ramón Oscar Carmona Vásquez*), en *Revista de Derecho Público*, N° 89–92, Editorial Jurídica Venezolana, Caracas, 2002, pp. 113 ss.

(Poder Municipal, Poder Estadal y Poder Nacional); y, en el nivel Nacional, en su distribución horizontal (Legislativo, Ejecutivo, Judicial, Ciudadano y Electoral).[171]

En dicho Título se incorporó una sección relativa a la Administración Pública,[172] cuyas normas, desarrolladas en la Ley Orgánica de la Administración Pública de 2008,[173] se aplican a todos los órganos y entes que ejercen esos Poderes Públicos. De allí que lo primero que debe determinarse es cuáles son los órganos estatales que ejercen el Poder Público y que pueden considerarse como tal "Administración Pública".

Ante todo, por supuesto, están los órganos de los diversos niveles del Poder Público (Nacional, Estadal y Municipal) que ejercen el Poder Ejecutivo. En consecuencia, las normas que contiene la sección se aplican a todas las "Administraciones Públicas" *ejecutivas* de la República (administración pública nacional), de los Estados (administración pública estadal), de los Municipios (administración pública municipal) y de las otras entidades políticas territoriales que establece el artículo 16 de la Constitución, entre las cuales se destacan los Distritos Metropolitanos cuyos órganos ejercen el Poder Municipal.

Pero la Administración Pública del Estado venezolano, en los tres niveles territoriales de distribución vertical del Poder Público, no se agota en los órganos y entes de la Administración Pública *ejecutiva* (que ejercen el Poder Ejecutivo), pues también comprende los otros órganos de los Poderes Públicos que desarrollan las funciones del Estado de carácter sublegal. En tal sentido, en el nivel nacional, los órganos que ejercen el Poder Ciudadano (Fiscalía General de la República, Contraloría General de la República y Defensoría del Pueblo) y el Poder Electoral (Consejo Nacional Electoral), sin la menor duda, son órganos que integran la Administración Pública del Estado, organizados con autonomía funcional respecto de los órganos que ejercen otros poderes del Estado. En cuanto a los órganos que ejercen el Poder Judicial, los que conforman la Dirección Ejecutiva de la Magistratura mediante la cual el Tribunal Supremo de Justicia ejerce la dirección, gobierno y administración del Poder Judicial, también son parte de la Administración Pública del Estado.

En consecuencia, en los términos de la sección segunda del Título IV de la Constitución, la Administración Pública del Estado no sólo está conformada por órganos que ejercen el Poder Ejecutivo, sino por los órganos que ejercen el Poder Ciudadano y el Poder Electoral, y por la Dirección Ejecutiva de la Magistratura que en ejercicio del Poder Judicial tiene a su cargo la dirección, el gobierno y la administración del Poder Judicial.[174] Y todos esos órganos de la Administración Pública, conforme al artículo 141 de la Constitución, se fundamenta en "los principios de honestidad, participación,

171 *V.* nuestra propuesta sobre este título en Allan R. Brewer–Carías, *Debate Constituyente (Aportes a la Asamblea Nacional Constituyente),* Tomo II, (9 sept.–17 oct. 1999), Fundación de Derecho Público/Editorial Jurídica Venezolana, Caracas, 1999, pp. 159 ss.

172 *V.* en general, Antonieta Garrido de Cárdenas, "La Administración Pública Nacional y su organización administrativa en la Constitución de 1999," en *Estudios de Derecho Administrativo: Libro Homenaje a la Universidad Central de Venezuela,* Volumen I, Imprenta Nacional, Caracas, 2001, pp. 427.471.

173 *V.* en *G.O.* N° 5890 Extra. de 31–07–2008. *V.* en general, Allan R. Brewer–Carías, Rafael Chavero Gazdik y Jesús María Alvarado Andrade, *Ley Orgánica de la Administración Pública, Decreto Ley* N° *4317 de 15–07–2008*, Colección Textos Legislativos, N° 24, 4ª edición actualizada, Editorial Jurídica Venezolana, Caracas, 2009.

174 *V.* en general, Allan R. Brewer–Carías, "Introducción General al régimen jurídico de la Administración Pública," en *Idem*, pp. 7–103; *Derecho Administrativo*, Tomo II. (*La organización administrativa y la Administración Pública nacional. Los Estados y la Administración Pública estadal. Los Municipios y la Administración Pública municipal*), Universidad Externado de Colombia– Universidad Central de Venezuela. Bogotá, 2005; y *Principios del Régimen Jurídico de la Organización Administrativa Venezolana*, Caracas, 1994, pp. 11 y 53.

celeridad, eficacia, eficiencia, transparencia, rendición de cuentas y responsabilidad en el ejercicio de la función pública, con sometimiento pleno a la ley y al derecho."

Ahora bien, en cuanto a la potestad organizativa respecto de la Administración Pública, la Constitución se la atribuye básicamente a la Asamblea Nacional, al asignarle la competencia genérica para legislar "en las materias de la competencia nacional" (Art. 187,9), definiendo el artículo 156, como de la competencia del Poder Público Nacional, las siguientes materias que tienen relación con la organización de la Administración Pública en sentido general: *ord. 8.* La organización de la Fuerza Armada; *ord. 10.* La organización del Distrito Capital y de las dependencias federales; *ord. 31.* La organización y administración nacional de la Justicia, del Ministerio Público y de la Defensoría del Pueblo; y el *ord. 32.* La organización de los órganos del Poder Público Nacional y demás órganos e instituciones nacionales del Estado. Además, la Constitución recogió la disposición del artículo 230 de la Constitución de 1961 al prever, en el artículo 142, que los institutos autónomos sólo pueden crearse por ley; y que tales instituciones, así como los intereses públicos en corporaciones o entidades de cualquier naturaleza, están sujetos al control del Estado, en la forma que la ley establezca.

Además, expresamente se le atribuye a la Asamblea Nacional competencia en materia de organización administrativa respecto de otros órganos del Poder Público Nacional como los del Poder Ciudadano, en general, (Art. 273) y, en particular, la Contraloría General de la República (Art. 290); los del Poder Electoral (Art. 292), y la Procuraduría General de la República (Art. 247) que está integrada del Poder Ejecutivo Nacional.

La Asamblea Nacional también tiene atribuida la titularidad de la potestad organizativa en materia de organización de los Municipios y demás entidades locales, con la obligación de establecer diferentes regímenes para dicha organización (Art. 169).

La Constitución, por otra parte, en relación con la Administración Pública Nacional, estableció la reserva legal sólo en relación con la creación de los institutos autónomos (Art. 142); pero en cuanto a la organización de la Administración Pública Nacional centralizada, asignó la potestad organizativa al Presidente de la República, en Consejo de Ministros, "dentro de los principios y lineamientos" señalados en la Ley Orgánica." Se dispone así en el artículo 236, ordinal 20 de la Constitución, que corresponde al Presidente de la República en Consejo de Ministros, fijar el número, organización y competencia de los ministerios y otros organismos de la Administración Pública Nacional, así como también la organización y funcionamiento del Consejo de Ministros, dentro de los principios y lineamientos que señale la correspondiente ley orgánica.

Se varió, en esta forma, de manera sustancial el sistema de la Constitución de 1961, que seguía la tradición constitucional iniciada desde el siglo XIX, y que rigidizaba la organización ministerial que sólo la ley podía determinar (Art. 193) determinar (Art. 193).[175]

En cuanto al régimen general sobre el Poder Público, debe destacarse que la Constitución estableció el régimen de la información administrativa, previendo en el artículo 143 un conjunto normativo innovador, consagrando en primer lugar, consagra el derecho de los ciudadanos a ser informados oportuna y verazmente por la Administración

175 *V.* Daniel Leza Betz, "La organización y funcionamiento de la administración pública nacional y las nuevas competencias normativas del Presidente de la República previstas en la Constitución de 1999. Al traste con la reserva legal formal ordinaria en el Derecho Constitucional venezolano," en *Revista de Derecho Público,* N° 82, Editorial Jurídica Venezolana, Caracas, 2000, pp. 18–55.

Pública, sobre el estado de las actuaciones en que estén directamente interesados, y a conocer las resoluciones definitivas que se adopten; el derecho a ser notificados de los actos administrativos y a ser informados de los trámites del procedimiento administrativo.

La norma, en segundo lugar, consagra el derecho de acceder a los archivos y registros administrativos, sin perjuicio de los límites aceptables dentro de una sociedad democrática en materias relativas a seguridad interior y exterior, a investigación criminal y a la intimidad de la vida privada, de conformidad con la ley que regule la materia de clasificación de documentos de contenido confidencial o secreto. Y en tercer lugar, establece el principio de la prohibición de censura alguna a los funcionarios públicos en relación con las informaciones que puedan dar sobre los asuntos bajo su responsabilidad.

En la Constitución de 1999 se estableció una variación en relación con el régimen de los funcionarios públicos, al preverse los principios para el establecimiento de un Estatuto de la función pública más que para la Carrera Administrativa como lo establecía la Constitución de 1961 (Art. 122). Dicho Estatuto fue dictado por la Asamblea Nacional en 2002 al sancionar la Ley del Estatuto de la Función Pública.[176] Conforme a la Constitución dicho Estatuto estableció las normas sobre el ingreso, ascenso, traslado, suspensión y retiro de los funcionarios de la Administración Pública, en el cual, además, debió haberse provisto su incorporación a la seguridad social.[177] La Constitución, además remitió a la ley para determinar las funciones y requisitos que deben cumplir los funcionarios públicos para ejercer sus cargos (Art. 144).[178]

El artículo 145 de la Constitución, conforme al principio que establecía el artículo 122 de la Constitución de 1961, establece que los funcionarios públicos están al servicio del Estado y no de parcialidad alguna, precisando, incluso, que su nombramiento y remoción no puede estar determinado por la afiliación u orientación política.

La Constitución estableció, con carácter general, que los cargos de los órganos de la Administración Pública son de carrera (artículo 146), exceptuando los de elección popular, los de libre nombramiento y remoción, los contratados, los obreros al servicio de la Administración Pública y los demás que determine la Ley.

La consecuencia del principio de la carrera es que el ingreso de los funcionarios públicos y a los cargos de carrera deben realizarse mediante concurso público, fundamentado en principios de honestidad, idoneidad y eficiencia. En cuanto al ascenso, debe estar sometido a métodos científicos basados en el sistema de méritos, y el traslado, suspensión y retiro debe ser de acuerdo con el desempeño de los funcionarios.

El artículo 147 establece un principio general de disciplina del gasto público, en el sentido de que para la ocupación de cargos públicos de carácter remunerado es necesario que sus respectivos emolumentos estén previstos en el presupuesto correspondiente.

---

176 *V.* en *G.O.* N° 37.522 del 06–09–2002. *V.* en general, Jesús Caballero Ortíz, "Bases constitucionales del derecho de la función pública," en *Revista de Derecho Constitucional,* N° 5, julio–diciembre–2001, Editorial Sherwood, Caracas, 2002, pp. 21–46.

177 *V.* nuestra propuesta en Allan R. Brewer–Carías, *Debate Constituyente,* Tomo II, *op. cit.* p. 182. *V.* en general Allan R. Brewer–Carías, *El Estatuto del funcionario público en la Ley de Carrera Administrativa,* Caracas, 1971.

178 En general, sobre el régimen constitucional de los funcionarios públicos, véase Antonio de Pedro Fernández, "Algunas consideraciones sobre la función pública en la Constitución de la República Bolivariana de Venezuela," en *Estudios de Derecho Administrativo: Libro Homenaje a la Universidad Central de Venezuela,* Volumen I, Imprenta Nacional, Caracas, 2001, pp. 307–342.

Las escalas de salarios en la Administración Pública, dado su carácter estatutario, se deben establecer reglamentariamente conforme a la ley.

La Constitución, por otra parte, recogió el principio que estaba en el artículo 229 de la Constitución de 1961, conforme al cual, el Poder Nacional, por ley orgánica, puede establecer límites razonables a los emolumentos que devenguen los funcionarios públicos tanto municipales y estadales, como nacionales. La materia quedó así consolidada como una competencia del poder nacional que corresponde a la Asamblea Nacional (y escapa de la competencia de los Consejos Legislativos),[179] y en ejecución de dicha norma en 2002 se dictó la Ley Orgánica sobre Emolumentos para Altos Funcionarios de los Estados y Municipios.[180] Además, la Constitución previó que la ley nacional también debe establecer el régimen de las jubilaciones y pensiones de los funcionarios públicos nacionales, estadales y municipales. En esta forma, en cuanto al régimen de remuneraciones y pensiones, el Poder Nacional tiene competencias expresas para su regulación respecto de los tres niveles territoriales, las cuales además, ejerció en 2011 mediante una ley única que ha derogado las anteriores.[181]

Conforme al artículo 148, nadie puede desempeñar a la vez más de un destino público remunerado, a menos que se trata de los cargos académicos, accidentales, asistenciales o docentes que determine la ley. Se eliminó de las excepciones la referencia a los cargos edilicios y electorales que establecía el texto de 1961 (Art. 123). En todo caso, la aceptación de un segundo destino que no sea de los exceptuados, siempre implica la renuncia del primero, salvo cuando se trate de suplentes, mientras no reemplacen definitivamente al principal. En cuanto a las jubilaciones o pensiones nadie puede disfrutar más de una, salvo los casos expresamente determinados en la ley.

La Constitución por último, en materia de funcionarios, también estableció el régimen de incompatibilidad al disponer en el artículo 145 de la Constitución que quien esté al servicio de los Municipios, de los Estados, de la República "y demás personas jurídicas de derecho público o de derecho privado estatales," no puede celebrar contrato alguno con ellas, ni por sí ni por interpuesta persona, ni en representación de otro, salvo las excepciones que establezca la ley.

En la Constitución de 1999, además, se establecieron normas generales sobre contratación pública, recogiéndose ante todo, la misma noción de contratos de interés público establecida en el constitucionalismo precedente para calificar los contratos que celebren las personas jurídicas estatales (nacionales, estadales o municipales), con lo conforme al artículo 150, los contratos de *interés público* pueden ser contratos de interés público *nacional*, de interés público *estadal* o de interés público *municipal*, según conciernan a los diversos niveles territoriales de distribución del Poder Público.[182] Esta clasificación,

179 *V.* sentencia de la Sala Constitucional N° 2399 de 29–08–03 (Caso: *Interpretación de las normas contenidas en los artículos 4 del Régimen Transitorio de Remuneraciones de los más Altos Funcionarios de los Estados y Municipios, Comisión Legislativa Nacional de 2000)*, en *Revista de Derecho Público,* N° 93–96, Editorial Jurídica Venezolana, Caracas, 2003, pp. 319 ss.

180 *G.O.* N° 37.412 del 26–03–2002.

181 *V.* la Ley Orgánica de Emolumentos, Pensiones y Jubilaciones de los Altos Funcionarios y Altas Funcionarias del Poder Público, *G.O.* N° 39.592 de 12–01–2011.

182 *V.* en general, Jesús Caballero Ortiz, "Los contratos administrativos, los contratos de interés público y los contratos de interés nacional en la Constitución de 1999," en *Estudios de Derecho Administrativo: Libro Homenaje a la Universidad Central de Venezuela,* Volumen I, Imprenta Nacional, Caracas, 2001, pp. 139–154; Jesús Caballero Ortíz, "¡Deben subsistir los contratos administrativos en una futura legislación," en *El Derecho Público a comienzos del siglo XXI. Estudios homenaje al Profesor Allan R. Brewer–Carías,* Tomo II, Instituto de Derecho

por otra parte, tiene congruencia con el principio fundamental de una Constitución que como se ha dicho, organiza un "Estado Federal Descentralizado" (Art. 4), distribuyendo el Poder Público entre esos tres niveles territoriales: el Poder Municipal, el Poder Estadal y el Poder Nacional (Art. 136). Ello origina tres órdenes de personas jurídicas de derecho público estatales (y territoriales) (Art. 16) que conforman la organización política básica del país, que son la República, la cual ejerce el Poder Público Nacional; los 23 Estados de la Federación, que ejercen el Poder Público Estadal y los 338 Municipios y demás entidades locales, que ejercen el Poder Público Municipal.

Por tanto, en virtud de que el Poder Público se distribuye en tres ramas territoriales (nacional, estadal y municipal), en la federación existen tres órdenes de personas jurídicas estatales: las nacionales, las estadales y las municipales; y existen, en consecuencia, tres categorías de contratos estatales o de interés público: los contratos de interés público nacional, los contratos de interés público estadal y los contratos de interés público municipal, los cuales son los suscritos, respectivamente, por los tres órdenes de personas jurídicas estatales mencionadas, las cuales, en general, ejercen el Poder Público en sus tres niveles territoriales indicadas, respectivamente.[183]

En consecuencia, todos los contratos tanto de interés nacional, como de interés estadal o municipal, son, por supuesto, contratos de "interés público" (artículo 150, 151) en el mismo sentido que la noción de Poder Público (Título IV de la Constitución) comprende al Poder Nacional, a los Poderes de los Estados y al Poder Municipal.[184]

En consecuencia un contrato de interés público nacional, es aquél que interesa al ámbito nacional (en contraposición al ámbito estadal o municipal), porque ha sido celebrado por una persona jurídica estatal nacional, de derecho público (la República o un instituto autónomo) o de derecho privado (empresa del Estado). Por tanto, no serán contratos de interés público *nacional* aquéllos que son de interés público estadal o municipal, celebrados por personas jurídicas estatales de los Estados o de los Municipios, incluyendo los institutos autónomos y empresas del Estado de esas entidades político–territoriales.

En esta materia de contratos de interés nacional, por otra parte, y en materia de inmunidad de jurisdicción, el artículo 151 de la Constitución siguió la misma orientación de la Constitución precedente y establece que:

En los contratos de interés público, si no fuere improcedente de acuerdo con la naturaleza de los mismos, se considerará incorporada, aun cuando no estuviera expresa, una cláusula según la cual las dudas y controversias que puedan suscitarse sobre dichos contratos y que no llegaren a ser resueltas amigablemente por las partes contratantes, serán decididas por los Tribunales competentes de la República, de conformidad con sus leyes…

Se trata, realmente, de una cláusula obligatoria cuyo objeto es, primero, asegurar que la interpretación, aplicación y ejecución de esos contratos debe someterse a la ley vene-

---

Público, UCV, Civitas Ediciones, Madrid, 2003, pp. 1765–1777; Allan R. Brewer–Carías, "Los contratos de interés público nacional y su aprobación legislativa" en *Revista de Derecho Público,* N° 11, Caracas, 1982, pp. 40 a 54; Allan R. Brewer–Carías, *Contratos Administrativos,* Caracas, 1992, pp. 28 a 36; Allan R. Brewer–Carías, *Debate Constituyente,* Tomo II, *op. cit.,* p. 173.

183 *V.* Allan R. Brewer–Carías, *Contratos Administrativos,* Colección Estudios Jurídicos, N° 44. Editorial Jurídica Venezolana. Caracas, 1992, pp. 28 ss.

184 *V.* Allan R. Brewer–Carías, *Instituciones Políticas y Constitucionales,* Tomo II: *El Poder Público: Nacional, Estadal y Municipal, op. cit.,* pp. 11 ss.

zolana; y segundo, que las controversias y dudas que de ellos surjan deben también someterse al conocimiento de los tribunales venezolanos. Sin embargo, como sucedía en la Constitución de 1961, conforme al artículo 151 de la Constitución de 1999, el régimen de la inmunidad jurisdiccional previsto se aparta del carácter absoluto tradicional que tenía en el siglo XIX, establecido originalmente en la Constitución de 1892 (Art. 147), y encaja dentro de la llamada "inmunidad relativa de jurisdicción". Por ello, la norma prescribe que la cláusula debe estar presente en todos los contratos de la Administración "si no fuere improcedente de acuerdo con la naturaleza de los mismos," lo que convierte la cláusula en una de inmunidad relativa de jurisdicción.[185]

Además, el mismo artículo estableció otra cláusula de carácter obligatorio en todos los contratos de interés público, de rango constitucional, en el mismo artículo 151 de la Constitución, al incorporar, como lo propusimos y siguiendo lo que establecía la Constitución de 1961,[186] la llamada cláusula "Calvo," que implica que en los contratos de interés público también se debe considerar incorporada una cláusula que establece que por "ningún motivo" ni causa, la ejecución de los mismos "puede dar origen a reclamaciones extranjeras."[187]

Por último, en esta materia de contratos de interés nacional, y en cuanto a la aprobación legislativa de los de orden nacional, la Constitución de 1999, a propuesta nuestra[188], cambió radicalmente la previsión del artículo 126 de la Constitución de 1961, que materialmente sometía a *todos* los contratos de interés público nacional a la aprobación legislativa, salvo las excepciones (contratos normales en el desarrollo de la Administración Pública y aquellos para los cuales la ley no establecía la aprobación legislativa) que terminaron convirtiéndose en la regla. Por ello, el artículo 150 de la Constitución de 1999, siguiendo la orientación mencionada de la práctica legislativa e interpretativa, ahora se limita a señalar que "la celebración de los contratos de interés público nacional requerirá la aprobación de la Asamblea Nacional sólo *en los casos que determine la ley"*.

En consecuencia, sólo cuando mediante ley se determine expresamente que un contrato de interés público nacional debe someterse a la aprobación de la Asamblea, ello se convierte en un requisito de eficacia del contrato (Art. 182,9).

Sin embargo, la Constitución exige la aprobación obligatoria por parte de la Asamblea Nacional, (Art. 150; 187,9) solo respecto de los contratos de interés público (no sólo nacional, sino estadal o municipal) que se celebren con Estados o entidades oficiales extranjeras o con sociedades no domiciliadas en Venezuela, así como respecto de los traspasos de esos contratos a dichas entidades

3. La estructuración del llamado "Poder Popular" y de un "Estado Comunal" al margen de la Constitución

De lo anteriormente expuesto, es claro que en la Constitución de 1999, como en todas las anteriores, la organización del Estado Constitucional gira en torno al Poder Público,

185 *V.* Allan R. Brewer–Carías, *Contratos Administrativos, cit.*, pp. 130 a 137.

186 *V.* Allan R. Brewer–Carías, *Debate Constituyente,* Tomo I, *op. cit.*, pp. 209 a 233; y *Debate Constituyente,* Tomo II, *op. cit.*, pp. 174 y 175.

187 *V.* Allan R. Brewer–Carías, *Contratos Administrativos, cit.*, pp. 137 ss.

188 *V.* Allan R. Brewer–Carías, *Debate Constituyente,* Tomo II, *op. cit.*, pp. 175 a 177.

como potestad genérica de acción del Estado, y su distribución vertical, en tres niveles nacional, estadal y municipal, siguiendo la forma federal del Estado.

Nada hay en la Constitución, por tanto, que permita estructurar otro Poder estatal, por lo que para ello habría que reformarla. En particular nada permite de las normas constitucionales que se establezca un "Poder Popular" que pueda ser la base para la institucionalización de un "Estado Comunal" en paralelo al Estado Constitucional que ejerce el Poder Público antes mencionado, y menos, crearlo con intención de absorber y eliminar al último. Precisamente por ello, y con tal propósito, en 2007 se planteó una reforma constitucional que el Presidente de la república formuló ante la Asamblea nacional, y que aún cuando ésta la sancionó, sometida como fue a referendo en diciembre de 2007, la misma fue rechazada por el pueblo. Luego, sin embargo, al margen de la Constitución, dicho sistema se ha establecido mediante leyes orgánicas dictadas en diciembre de 2010, todas violando la Constitución.

En efecto, la propuesta de reforma constitucional de 2007, el Presidente de la República presentó ante la Asamblea Nacional un proyecto de Reforma Constitucional[189] con e objeto de establecer un Estado Socialista, Centralizado, Policial y Militarista[190] montado sobre el denominado Poder Popular que se propuso crear, en el cual jugaban importante papel, precisamente, los consejos comunales. El proyecto era para "la construcción del Socialismo Bolivariano, el Socialismo venezolano, nuestro Socialismo, nuestro modelo socialista,"[191] cuyo "núcleo básico e indivisible" era "la comunidad," "donde los ciudadanos y las ciudadanas comunes, tendrán el poder de construir su propia geografía y su propia historia."[192] Y todo ello bajo la premisa de que "sólo en el socialismo será posible la verdadera democracia."[193] pero por supuesto, una "democracia" sin representación que, como lo propuso el Presidente y fue sancionado por la Asamblea Nacional en la rechazada reforma del artículo 136 de la Constitución, se bus-

---

189 *V.* Allan R. Brewer–Carías, *La Reforma Constitucional de 2007 (Comentarios al proyecto inconstitucionalmente sancionado por la Asamblea Nacional el 2 de noviembre de 2007)*, Editorial Jurídica Venezolana, Caracas 2007; Manuel Rachadell, *Socialismo del Siglo XXI. Análisis de la Reforma Constitucional propuesta por el Presidente Chávez en agosto de 2007,* FUNEDA, Caracas, 2007; Jesús María Alvarado Andrade, "Reflexiones críticas sobre el estado de justicia (El desvarío del estado socialista como único camino a la justicia en la propuesta de reforma constitucional de 2007)," en *Revista de Derecho Público,* N° 113, Editorial Jurídica Venezolana, Caracas, 2008, pp. 43–56.

190 *V.* Allan R. Brewer–Carías, *Hacia la consolidación de un Estado Socialista, Centralizado, Policial y Militarista, Comentarios sobre el sentido y alcance de las propuestas de reforma constitucional 2007,* Editorial Jurídica Venezolana, Caracas, 2007. Sobre la propuesta de establecer el Estado socialista y la doctrina socialista como doctrina del Estado, lo expresado en el *Discurso de Orden pronunciado por el ciudadano Comandante Hugo Chávez Frías, Presidente Constitucional de la República Bolivariana de Venezuela en la conmemoración del Ducentésimo Segundo Aniversario del Juramento del Libertador Simón Bolívar en el Monte Sacro y el Tercer Aniversario del Referendo Aprobatorio de su mandato constitucional,* Sesión especial del día Miércoles 15 de agosto de 2007, Asamblea Nacional, División de Servicio y Atención legislativa, Sección de Edición, Caracas, 2007.

191 *V. Discurso...* p. 34.

192 *Idem*, p. 32.

193 *Idem*, p. 35. Estos conceptos se recogieron igualmente en la *Exposición de Motivos* para la Reforma Constitucional, Agosto 2007, donde se expresó la necesidad de "ruptura del modelo capitalista burgués" (p. 1), de desmontar la superestructura que le da soporte a la producción capitalista"(p. 2); de "dejar atrás la democracia representativa para consolidad la democracia participativa y protagónica"(p. 2); de "crear un enfoque socialista nuevo" (p. 2) y "construir la vía venezolana al socialismo"(p. 3); de producir "el reordenamiento socialista de la geopolítica de la Nación" (p. 8); de la "construcción de un modelo de sociedad colectivista" y "el Estado sometido al poder popular"(p. 11); de "extender la revolución para que Venezuela sea una República socialista, bolivariana," y para "construir la vía venezolana al socialismo; construir el socialismo venezolano como único camino a la redención de nuestro pueblo"(p. 19).

caba establecer una "democracia" que "no nace del sufragio ni de elección alguna, sino que nace de la condición de los grupos humanos organizados como base de la población." Es decir, se buscaba establecer una "democracia" que no era democracia, pues en el mundo moderno no hay ni ha habido democracia sin elección de representantes.

En resumen, entre los aspectos esenciales de la reforma propuesta estaba por una parte, transformar el Estado en un Estado Socialista, con una doctrina política oficial de carácter socialista, que se denominaba además como "doctrina bolivariana," con lo cual se eliminaba toda posibilidad de pensamiento distinto al "oficial" y, por tanto, toda disidencia, pues la doctrina política oficial se quería incorporar en la Constitución, como política y doctrina del Estado y la Sociedad, hubiera constituido un deber constitucional de todos los ciudadanos cumplir y hacerla cumplir. Con ello, se buscaba sentar las bases para la criminalización de la disidencia.

Por la otra, también se buscaba transformar el Estado en un Estado Centralizado, de poder concentrado bajo la ilusión del Poder Popular, lo que implicaba la eliminación definitiva de la forma federal del Estado, imposibilitando la participación política y degradando la democracia representativa; todo ello, mediante la supuesta organización de la población para la participación en los Consejos del Poder Popular, como los Comunales, que eran y son instituciones sin autonomía política alguna, cuyos miembros se pretendía declarar, en la propia Constitución, que no fueran electos. Dichos Consejos, creados por Ley en 2006, estaban controlados desde la Jefatura del gobierno y para cuyo funcionamiento, el instrumento preciso era el partido único Socialista que el Estado creó también durante 2007.

En ese marco, en la propuesta de reforma constitucional de 2007 se propuso modificar varios artículos fundamentales de la Constitución así:

Primero, con la rechazada propuesta de reforma constitucional, se buscaba agregar a la distribución vertical del Poder Público entre el Poder Municipal, el Poder Estadal y el Poder Nacional (Art. 136), a un denominado "Poder Popular," que se pretendía concebir como el medio para que supuestamente "el pueblo" como el depositario de la soberanía, la ejerciera "directamente," pero con la advertencia expresa, como se dijo, de que dicho Poder Popular" "no nace del sufragio ni de elección alguna, sino que nace de la condición de los grupos humanos organizados como base de la población," sino mediante la constitución de comunidades, comunas y el autogobierno de las ciudades, a través de toda suerte de consejos comunales y de otra índole.

Segundo, en relación con la forma federal del Estado, con la reforma constitucional rechazada de 2007 se buscaba vaciarla totalmente de contenido, en particular, en cuanto a los Estados y Municipios. A estos últimos, con la rechazada reforma constitucional se les buscaba quitar el carácter de unidad política primaria que el artículo 168 de la Constitución de 1999 les garantiza, y en su lugar se proponía establecer a "la ciudad" como la unidad política primaria de la organización territorial nacional. A partir de este esquema inicial, en el artículo 16 del proyecto de la rechazado de reforma constitucional, se buscaba cambiar radicalmente la división política del territorio nacional en "entidades políticas" (Estados, Distrito Capital, dependencias federales, territorios federales y Municipios y otras entidades locales) que conforme a la Constitución gozan esencialmente de autonomía política territorial, y deben tener un gobierno "electivo" (Art. 6); por una "conformación" del territorio nacional a los fines político–territoriales y de acuerdo con una "nueva geometría del poder," por un Distrito Federal, por los estados, las regiones marítimas, los territorios federales, los municipios federales y los distritos insulares". En ese esquema, se proponía eliminar la exigencia constitucional de que todo el territorio nacional se debe organizar en municipios, por la previsión de que sólo "los Estados se organizan en municipios" (Art. 16), los que por tanto se buscaba que desaparecieran, si una parte del territorio se convertía en alguna de las "nuevas" entidades. Por ello es que precisamente, se buscaba que el Municipio desapareciera como unidad política primaria en la organización nacional.

Tercero, en relación con el artículo 158 se buscaba eliminar toda referencia a la descentralización política siguiendo la orientación de la práctica política centralista de los últimos años, y centralizar completamente el Estado, eliminando toda idea de autonomía territorial y de democracia representativa a nivel local, es decir, de la unidad política primaria en el territorio. Con la rechazada reforma constitucional, en este campo, se buscaba materializar una supuesta "nueva geometría del poder" donde no había ni podía haber autonomías, con la propuesta de creación de nuevas instancias territoriales, todas sometidas al poder Central, mediante las cuales el Poder Popular[194] supuestamente iba a desarrollar "formas de agregación comunitaria política territorial" que constituían formas de autogobierno, pero sin democracia representativa alguna, sino sólo como "expresión de democracia directa" (Art. 16). Con ello se pretendía lograr la eliminación de los entes territoriales descentralizados políticamente, sin las cuales no puede haber efectivamente democracia participativa, y la creación en su lugar de Consejos del poder popular que no pasan de ser una simple manifestación de movilización controlada desde el Poder Central.

Cuarto, en relación con el artículo 16 de la Constitución, se buscaba crear las comunas y comunidades como "el núcleo territorial básico e indivisible del Estado Socialista Venezolano"; con el artículo 70, se definían los medios de participación y protagonismo del pueblo en ejercicio directo de su soberanía mediante todo tipo de consejos, "para la construcción del socialismo," haciéndose mención a las diversas asociaciones "constituidas para desarrollar los valores de la mutua cooperación y la solidaridad socialista"; con el artículo 158, se buscaba eliminar toda mención a la descentralización como política nacional, y definir como política nacional, "la participación protagónica del pueblo, restituyéndole el poder y creando las mejores condiciones para la construcción de una democracia socialista"; con el artículo 168 relativo al Municipio, se buscaba precisar la necesidad de incorporar "la participación ciudadana a través de los Consejos del Poder Popular y de los medios de producción socialista"; con el artículo 184, se buscaba orientar la descentralización de Estados y Municipios para permitir "la construcción de la economía socialista." Con ello, en definitiva, en nombre de una "democracia participativa y protagónica," lo que se buscaba era poner fin en Venezuela a la democracia representativa a nivel local, y con ello, de todo vestigio de autonomía política territorial que es la esencia de la descentralización. Además, se buscaba reducir las posibilidades de participación política al único propósito de "la construcción del socialismo," de ma-

194 En la *Exposición de Motivos del Proyecto de Reforma Constitucional* presentado por el Presidente de la República en agosto 2007, se lee que el Poder Popular "es la más alta expresión del pueblo para la toma de decisiones en todos sus ámbitos (político, económico, social, ambiental, organizativo, internacional y otros) para el ejercicio pleno de su soberanía. Es el poder constituyente en movimiento y acción permanente en la construcción de un modelo de sociedad colectivista de equidad y de justicia. Es el poder del pueblo organizado, en las más diversas y disímiles formas de participación, al cual está sometido el poder constituido. No se trata del poder del Estado, es el Estado sometido al poder popular. Es el pueblo organizado y organizando las instancias de poder que decide las pautas del orden y metabolismo social y no el pueblo sometido a los partido políticos, a los grupos de intereses económicos o a una particularidad determinada," *cit.*, p. 11.

nera que quien no quisiera construir socialismo alguno, hubiera quedado excluido del derecho a la participación política, que sólo estaba destinado a desarrollar los valores de "la solidaridad socialista" y no era libre como indica el artículo 62.

Como se dijo, todas estas reformas constitucionales se rechazaron por el pueblo en el referéndum del 2 de diciembre de 2007. Sin embargo, muchas de ellas fueron fraudulentamente implementadas mediante leyes en 2008–2009;[195] y finalmente, en diciembre de 2010, después de que se realizaron las elecciones legislativas (Septiembre 2010) en las cuales el gobierno perdió la mayoría absoluta que tenía en la Asamblea nacional desde 2005, la Asamblea, diez días antes de que tomaran posesión los nuevos diputados electos, sancionó el 21 de diciembre de 2010, atropelladamente, en fraude a la voluntad popular y a la Constitución, un conjunto de Leyes Orgánicas sobre el Poder Popular, las Comunas, el Sistema Económico Comunal, la Planificación Pública y Comunal y la Contraloría Social;[196] y a reformar la Ley Orgánica del Poder Público Municipal, y de las Leyes de los Consejos Estadales de Planificación y Coordinación de Políticas Públicas, y de los Consejos Locales de Planificación Pública,[197] completando así el esquema de institucionalización del Estado Comunista, denominado Estado Comunal que ya se había esbozado en la Ley de los Consejos Comunales de 2006 y en la Ley Orgánica del Consejo Federal de Gobierno.[198]

Con estas leyes se ha terminado de definir, al margen de la Constitución, el marco normativo de un nuevo Estado, paralelo al Estado Constitucional, que se denomina "Estado Comunal," adoptándose l Socialismo como doctrina oficial pública, impuesta a los ciudadanos para poder participar, montado sobre un sistema político centralizado, militarista y policial para el ejercicio del poder.

El objetivo fundamental de estas leyes, como se buscaba con la rechazada reforma constitucional, es la organización del "Estado Comunal" que tiene a la Comuna como a su célula fundamental, suplantando inconstitucionalmente al Municipio en el carácter que tiene de "unidad política primaria de la organización nacional" (Art. 168 de la Constitución). A través de la organización de ese Estado Comunal o Comunista, se ejerce el Poder Popular, el cual se concreta en el ejercicio de la soberanía popular sólo directamente por el pueblo, y no mediante representantes. Se trata por tanto, de un sistema político estatal en el cual se ignora la democracia representativa violándose así abiertamente la Constitución de la República.

---

195 *V.* en general, Lolymar Hernández Camargo, "Límites del poder ejecutivo en el ejercicio de la habilitación legislativa: Imposibilidad de establecer el contenido de la reforma constitucional rechazada vía habilitación legislativa," en *Revista de Derecho Público*, Nº 115, *(Estudios sobre los Decretos Leyes 2008)*, Editorial Jurídica Venezolana, Caracas, 2008, pp. 51–56; José Vicente Haro, "Los recientes intentos de reforma constitucional o de cómo se está tratando de establecer una dictadura socialista con apariencia de legalidad (A propósito del proyecto de reforma constitucional de 2007 y los 26 decretos leyes del 31 de julio de 2008 que tratan de imponerla)," en *Revista de Derecho Público,* Nº 115, *(Estudios sobre los Decretos Leyes 2008)*, Editorial Jurídica Venezolana, Caracas, 2008, pp. 63–77; Carlos Luis Carrillo Artiles, "La paradójica situación de los Decretos Leyes Orgánicos frente a la Ingeniería Constitucional de 1999," en *Revista de Derecho Público,* Nº 115, *(Estudios sobre los Decretos Leyes 2008)*, Editorial Jurídica Venezolana, Caracas, 2008, pp. 93–100.

196 Todas publicadas en *G.O.* Nº 6.011 Extra. de 21–12–2010. La Sala Constitucional mediante sentencia Nº 1329 de 16–12–2010 declaró la constitucionalidad del carácter orgánico de esta Ley. *V.* en http://www.tsj.gov.ve/decisiones/scon/Diciembre/%201328-161210-2010-10-1437.html

197 Todas publicadas en *V.* en *G.O.* Nº 6.017 Extra. de 30–12–2010. *V.* sobre todas estas leyes, Allan R. Brewer–Carías *et al.*, *Leyes Orgánicas sobre el Poder Popular y el Estado Comunal*, Editorial Jurídica Venezolana, Caracas 2011.

198 *V.* en *G.O.* Nº 5.963 Extra. de 22–02–2010.

El Estado Comunista que se busca implantar con estas leyes, denominado Estado Comunal, *en paralelo* al Estado Constitucional, se basa en este simple esquema: como el artículo 5 de la Constitución dispone que "La soberanía reside intransferiblemente en el pueblo, quien la ejerce *directamente* en la forma prevista en esta Constitución y en la ley, e *indirectamente*, mediante el sufragio, por los órganos que ejercen el Poder Público," habiéndose estructurado el Estado Constitucional basado en el concepto de democracia representativa, es decir, el ejercicio de la soberanía en forma indirecta mediante el sufragio; entonces ahora se estructura el Estado Comunal, basado en el ejercicio de la soberanía en forma directa."[199] Así el Estado Comunal paralelo al Estado Constitucional, estaría supuestamente basado en el ejercicio de la soberanía directamente por el pueblo; y el Estado Constitucional, basado en el ejercicio de la soberanía indirectamente por el pueblo, mediante representantes electos por sufragio universal; en un sistema, en el cual el primero irá vaciando progresivamente de competencias al segundo. Todo ello es inconstitucional, particularmente porque en la estructura del Estado Comunal que se monta, el ejercicio de la soberanía en definitiva es indirecta mediante "representantes" que se "eligen" para ejercer el Poder Popular en nombre del pueblo, y que son denominados "voceros" o "vocerías," pero no son electos mediante sufragio.

El sistema que se busca montar, en definitiva, controlado todo por un Ministerio del Ejecutivo Nacional, lejos de ser un instrumento de descentralización – concepto que está indisolublemente unido a la autonomía política – es un sistema de centralización y control férreo de las comunidades por el Poder Central. Por ello la aversión al sufragio.[200] En ese esquema, una verdadera democracia participativa sería la que garantizaría que los miembros de los Consejos Comunales, las comunas y todas las organizaciones e instancias del Poder Popular fueran electas por sufragio universal, directo y secreto, y no a mano alzada por asambleas controladas por el partido oficial y el Ejecutivo Nacional, en contravención al modelo de Estado democrático y social de derecho y de justicia descentralizado establecido en la Constitución.

Sección Cuarta: ASPECTOS RELEVANTES DE LA ORGANIZACIÓN POLÍTICO TERRITORIAL DEL ESTADO

La Constitución en su artículo 136, organiza al Estado conforme al principio de la distribución vertical del Poder Público en el Poder Público Nacional que ejerce la República; el Poder Público Estadal o de los Estados, que ejercen los 23 Estados de la federación; y el Poder Público Municipal, que ejercen los Municipios y demás entidades locales.

---

199 *V.* la sentencia Nº 1.330, Caso: *Carácter Orgánico de la Ley Orgánica de Comunas*, de fecha 17/12/2010. *V.* en http://www.tsj.gov.ve/decisiones/scon/Diciembre/1330–171210–2010–10–1436.html

200 *V.* lo expuesto en los estudios de José Ignacio Hernández G., "Descentralización y Poder Popular," y Adriana Vigilanza García, "La descentralización política de Venezuela y las nuevas leyes del 'Poder Popular'," en Allan R. Brewer–Carías *et al.*, *Leyes Orgánicas sobre el Poder Popular y el Estado Comunal*, Editorial Jurídica Venezolana, Caracas, 2011, pp. 459 ss. y 477 ss., respectivamente.

I. LA ORGANIZACIÓN DEL PODER PÚBLICO NACIONAL

En cuanto al Poder Público Nacional, la Constitución en el mismo artículo 136, establece el régimen del mismo distribuyéndolo en forma horizontal conforme al principio de la separación orgánica de poderes, pero rompiendo con la tradicional división tripartita del Poder Público (Legislativo, Ejecutivo y Judicial) y agregando dos más (Ciudadano y Electoral)[201] en la siguiente forma: "El Poder Público Nacional se divide en Legislativo, Ejecutivo, Judicial, Ciudadano y Electoral".

1. La penta división del Poder y la ausencia efectiva de independencia entre los Poderes

En Venezuela como en toda América Latina, en las últimas décadas habían comenzado a institucionalizarse con arraigada cada vez más autonomía constitucional, otros órganos del Poder Público Nacional que no se encontraban sometidos o sujetos a los órganos de los clásicos poderes Legislativo, Ejecutivo y Judicial, como fue el caso de las Contralorías Generales, la Defensorías del Pueblo o de los Derechos Ciudadanos, el Ministerio Públicos, los Consejos de la Magistratura o de la Judicatura, y los órganos de conducción electoral.

Esta evolución autonomista puede decirse que encontró un paso formal de gran importancia en la Constitución de 1999, al regularizarse el rango constitucional de dichos órganos y el *status* de órganos del Poder Público que tenían, pasándose a la penta división del Poder Público Nacional que establece la separación entre los poderes Legislativo, Ejecutivo, Judicial, Ciudadano y Electoral. El Poder Legislativo ejercido por la Asamblea Nacional; el Poder Ejecutivo, por el Presidente de la República y demás funcionarios del Gobierno y Administración Pública; el Poder Judicial, por el Tribunal Supremo de Justicia y demás Tribunales; el Poder Ciudadano, por la Contraloría General de la República, el Ministerio Público (Fiscalía General de la República) y el Defensor del Pueblo, y el Poder Electoral, por el Consejo Nacional Electoral y demás órganos electorales.

La esencia del principio de la separación de poderes en la Constitución es que cada órgano del Poder Público tiene sus funciones propias, que ejerce con autonomía e independencia, en un sistema de balances y contrapesos conforme al cual ningún órgano del Poder Público está sujeto a otro ni puede estarlo, salvo en lo que se refiere a los mecanismos de control judicial, control fiscal o la protección de derechos humanos.

La separación penta partita del Poder Público Nacional en la Constitución de 1999, sin embargo, es engañosa, pues encubre un peligroso sistema de sujeción de unos poderes a otros, que constituyen la puerta abierta a la concentración del Poder Público y al autoritarismo, como ha quedado en evidencia durante la primera década de aplicación de la Constitución.

201 *V.* en general, sobre la organización del Poder Nacional, Cecilia Sosa Gómez, "La organización política del estado venezolano: El Poder Público Nacional," *Revista de Derecho Público,* N° 82, Editorial Jurídica Venezolana, Caracas, 2000, pp. 71–83; C. Kiriadis Iongui, "Notas sobre la estructura orgánica del Estado venezolano en la Constitución de 1999," en *Temas de Derecho Administrativo: Libro Homenaje a Gonzalo Pérez Luciani,* Volumen I, Editorial Torino, Caracas, 2002, pp. 1031–1082.

De hecho, aún antes de que entrara en vigencia la Constitución, al dictarse el Decreto sobre Régimen de Transición del Poder Público por la Asamblea Nacional Constituyente del 22 de diciembre de 1999,[202] ésta, con la abrumadora mayoría oficialista que la controlaba, designó a todos los titulares de los Poderes Públicos: al Presidente de la República, que había puesto su cargo a "la orden de la Asamblea," a los integrantes de la Comisión Legislativa Nacional (Congresillo), que sustituyó transitoriamente al Congreso (Senado y Cámara de Diputados) que había sido extinguido; a los Magistrados del Tribunal Supremo de Justicia, que había sido creado con sus Salas; al Fiscal General de la República; al Contralor General de la República, al Defensor del Pueblo y a los miembros del Consejo Nacional Electoral; todos designados a dedo, sin cumplirse con las condiciones que establecía la Constitución que una semana antes se había aprobada mediante referendo, con personas afectas o sometidas al nuevo poder. Al poco tiempo, el fracaso de los Miembros del Consejo Nacional Electoral en conducir y organizar las primeras elecciones después de la puesta en vigencia de la Constitución, previstas para el 28 de mayo de 2000, condujo a su destitución y a la designación de otros, por la Comisión Legislativa Nacional (órgano "transitorio" tampoco previsto en la Constitución) no precisamente conforme a lo que exigía la Constitución a través de un Comité de Postulaciones que no se estableció. Luego, al pretender el Fiscal General de la República ejercer sus funciones, e ingenuamente, quizás, pretender que era autónomo e independiente en el proceso de someter a un antejuicio de méritos al Presidente de dicha Comisión Legislativa Nacional quien era a la vez Coordinador General del partido de gobierno,[203] fue consecuentemente destituido por la Asamblea Nacional.

Igual suerte corrió la Defensora del Pueblo quien pretendió también ejercer sus funciones con autonomía, impugnando ante el nuevo Tribunal Supremo la "Ley Especial para la Ratificación o Designación de los Funcionarios del Poder Ciudadano y Magistrados y Magistradas del Tribunal Supremo de Justicia para su Primer Periodo Constitucional,"[204] por inconstitucionalidad, por violar el derecho a la participación política de los ciudadanos;[205] acción que nunca fue decidida.

La destitución de esos dos altos funcionarios titulares de órganos del Poder Ciudadano fue encubierta por la supuesta designación definitiva, por la Asamblea Nacional que había sido recién electa, de dichos funcionarios, no precisamente conforme a las pautas constitucionales que exigían la Constitución de sendos Comités de Postulaciones integrados por representantes de la sociedad civil. La Asamblea, para ello, dictó la mencionada Ley Especial obviando la aplicación de las normas expresas de la Constitución, nombrando directamente a los funcionarios con la votación exclusiva de la mayoría oficialista, inventando unas "mesas de diálogo" no previstas en la Constitución. La Constitución fue burlada, como se ha dicho, y en 2000 la Asamblea nombró a nuevos Fiscal General de la República y Defensor del Pueblo, afectos al Poder y ratificó al Contralor General de la República, como premio por no haber ejercido sus funciones de control fiscal, cargo que conservó hasta su fallecimiento en 2011.

La práctica constitucional del ejercicio del Poder hegemónico puso en evidencia que lejos de una separación de poderes, se estaba en presencia de una concentración del po-

---

202 *V.* en *G.O.* N° 36.859 de 29–12–99.

203 *V.* también, la sentencia N° 1819 de 8 de agosto de 2000 (Caso: *René Molina vs. Luis Miquelena*), en *Revista de Derecho Público*, N° 83, Editorial Jurídica Venezolana, Caracas, 2000, pp. 264 ss.

204 *V.* en *G.O.* N° 37.077 del 14–11–2000

205 *V.* en *El Universal,* Caracas, 14–12– 2000, pp. 1–2

der en la Asamblea Nacional y una sujeción de aquél y de ésta al Presidente de la República. La Constitución, en todo caso, y como antes dijimos, es engañosa en esta materia, pues después de proclamar la separación de poderes, la contradice al someter y sujetar los poderes públicos a la Asamblea Nacional.

En primer lugar, mediante la distorsión realizada por la propia Asamblea de las normas de designación de los altos titulares de los órganos del Poder Público. Un sistema de separación de poderes implica en efecto la previsión de normas que garanticen, la independencia y autonomía respecto de la designación de los mismos. Para ello se concibió la existencia de Comités de Postulaciones integrados exclusivamente por "representantes de los diversos sectores de la sociedad" que son los llamados a nominar o postular ante la Asamblea los candidatos a los altos cargos,[206] expresamente previstos para designar los Magistrados del Tribunal Supremo (Art. 270), al Fiscal General de la República, al Defensor del Pueblo, al Contralor General de la República (Art. 279) y a los miembros del Consejo Nacional Electoral (Art. 295). Así se buscaba evitar el nombramiento de los funcionarios con exclusivos criterios partidistas, como había ocurrido en el pasado.[207] Sin embargo, en la práctica política y legislativa, ninguno de dichos comités se ha integrado en la forma prevista en la Constitución, habiendo resultado en la configuración de simples "comisiones parlamentarias" ampliadas pero sujetas y totalmente controladas por la Asamblea, [208] y, por tanto, por el partido de gobierno que durante la primera década de vigencia de la Constitución controló la mayoría calificada de la misma. Por ello, en definitiva el nombramiento de todos esos altos funcionarios a pesar de ser supuestamente de la exclusiva competencia del Poder Legislativo, ha sido completamente controlado por el Presidente de la República, dado su control de la Asamblea, como lo reconoció públicamente por ejemplo el Presidente de la Comisión Parlamentaria dispuesta para la selección de los Magistrados.[209]

En segundo lugar, la otra previsión constitucional que buscaría asegurar la independencia y autonomía de los titulares de los Poderes Públicos no electos popularmente se refiere al mandato de los mismos, que no debería poder ser revocado por otro órgano del Poder Público y que los titulares tengan el derecho de permanecer en sus cargos hasta su término, sin poder ser removidos, salvo mediante enjuiciamiento penal. Este principio, sin embargo, está roto en la propia Constitución de 1999, al atribuirse a la Asamblea Nacional la potestad de remover conforme se regule en la Ley que la propia Asamblea debe dictar, a los magistrados del Tribunal Supremo (Art. 265), al Fiscal General de la República, al Defensor del Pueblo, al Contralor General de la República (Art. 279) y a los miembros del Consejo Nacional Electoral (Art. 296). Aún cuando en general, en dichas normas se requiere una mayoría calificada para ello, en la Ley Orgá-

---

206 *V.* Allan R. Brewer–Carías, "La participación ciudadana en la designación de los titulares de los órganos no electos de los poderes públicos en Venezuela y sus vicisitudes políticas," en *Revista Iberoamericana de Derecho Público y Administrativo,* N° 5, San José, Costa Rica, 2005, pp. 76–95.

207 *V.* Allan R. Brewer–Carías, *Los problemas del estado de partidos*, Editorial Jurídica Venezolana, Caracas, 1988.

208 Así se estableció en la Ley Orgánica del Tribunal Supremo de Justicia desde la reforma de 2004, *G. O.* N° 37.942, de 20–05–2004; en la Ley Orgánica del Poder Electoral, *G.O.* N° 37.573, de 19–11–2002; y en la Ley Orgánica del Poder Ciudadano, *G.O.* N° 37.310, de 19–10–2001.

209 *V. El Nacional,* Caracas, 13 de diciembre de 2004. La Comisión Interamericana de Derechos Humanos sugirió en su Informe a la Asamblea General de la OEA para 2004 que "estas normas de la Ley Orgánica del Tribunal Supremo de Justicia habrían facilitado que el Poder Ejecutivo manipulara el proceso de elección de magistrados llevado a cabo durante 2004." *V.* Comisión Interamericana de Derechos Humanos, *Informe sobre Venezuela 2004*, párrafo 180.

nica del Tribunal Supremo de Justicia, sin duda en forma inconstitucional, se estableció en el artículo 23, la posibilidad de que "la Asamblea Nacional, por mayoría simple, podrá anular el acto administrativo mediante el cual se designa a un Magistrado," facultad que incluso fue utilizada de inmediato en 2004, para remover por razones políticas al Vicepresidente del Tribunal.[210]

Así, la separación de poderes y la autonomía e independencia que supuestamente existe en la flamante penta división del Poder es un engaño, al incorporarse, por primera vez en el constitucionalismo venezolano, la sujeción en última instancia de todos los poderes públicos no electos a la Asamblea Nacional, lo que ha conducido a una absoluta concentración del poder en el órgano político como ha quedado evidenciado en la práctica de la transición constitucional de los últimos años. La Constitución, por tanto, es engañosa al proclamar una separación de poderes, cuando establece el germen de su indebida concentración política.

2. El sistema presidencial de gobierno

Por otra parte, en la relación entre el Poder Ejecutivo Nacional y el Poder Legislativo, la Constitución optó por continuar con el sistema presidencial de gobierno, aún cuando se le hayan incrustado algunos elementos del parlamentarismo como ya había sucedido en la Constitución de 1961.[211]

Sin embargo, en la Constitución de 1999, el presidencialismo se ha exacerbado por la extensión del período constitucional del Presidente de la República, con la previsión inicial de la reelección inmediata, y a partir de la Enmienda N° 1 a la Constitución, de la reelección continua e indefinida; y por la pérdida de balance o contrapeso de los dos poderes, entre otros aspectos por la eliminación del bicameralismo.

---

210 *V.* la sobre la remoción en junio de 2004 del Primer Vicepresidente del Tribunal Supremo, en *El Nacional*, Caracas 16–06–2004, p. A–5.

211 *V.* en general, Donato Lupidi, "El sistema presidencial y la Constitución venezolana de 1999," en *El Derecho Público a comienzos del siglo XXI. Estudios homenaje al Profesor Allan R. Brewer–Carías,* Tomo I. Instituto de Derecho Público, UCV, Civitas Ediciones, Madrid, 2003, pp. 819–835; Miguel A. Gómez Ortiz, "El régimen presidencial en Venezuela," en *Bases y principios del sistema constitucional venezolano (Ponencias del VII Congreso Venezolano de Derecho Constitucional realizado en San Cristóbal del 21 al 23 de Noviembre de 2001),* Volumen II, pp. 299–336; José Peña Solis, "Notas sobre los Sistemas de Gobierno parlamentario y Presidencial. Breve Referencia al Sistema Venezolano," en Jesús María Casal, Alfredo Arismendi y Carlos Luis Carrillo Artiles (Coord.), *Tendencias Actuales del Derecho Constitucional. Homenaje a Jesús María Casal Montbrun,* Tomo I, Universidad Central de Venezuela / Universidad Católica Andrés Bello, Caracas, 2008, pp. 405–430; Alfredo Arismendi, "La Separación de Poderes y el Sistema Presidencial," en Jesús María Casal, Alfredo Arismendi y Carlos Luis Carrillo Artiles (Coord.), *Tendencias Actuales del Derecho Constitucional. Homenaje a Jesús María Casal Montbrun,* Tomo I, Universidad Central de Venezuela/Universidad Católica Andrés Bello, Caracas, 2008, pp. 465–484; José Guillermo Andueza, "¿Presidencialismo Caudillista o Cesarista?," Jesús María Casal, Alfredo Arismendi y Carlos Luis Carrillo Artiles (Coord.), *Tendencias Actuales del Derecho Constitucional. Homenaje a Jesús María Casal Montbrun,* Tomo I, Universidad Central de Venezuela / Universidad Católica Andrés Bello, Caracas, 2008, pp. 431–464.; Carlos Luis Carrillo Artiles, "La desnaturalización del sistema presidencial en Venezuela. Del presidencialismo exacerbado consagrado en la Constitución de 1999 al ultrapresidencialismo pretendido en la Reforma Constitucional de 2007," en *Revista de Derecho Público,* N° 112, Editorial Jurídica Venezolana, Caracas 2007, pp. 145–149.

En particular, la reelección indefinida como se ha establecido en la enmienda a la Constitución, luego de una ilegítima mutación constitucional,[212] contradice el principio de la alternabilidad republicana establecido en el artículo 6 de la misma Constitución.[213] Además, como antes se analizó, lo complicado y distorsionado del referendo revocatorio del mandato (Art. 72), también ilegítimamente mutado por la Sala Constitucional,[214] lo hace prácticamente inaplicable como contrapeso a la extensión de la permanencia del Presidente de la república en el cargo.

Con este modelo presidencialista, al que se agrega la posibilidad de disolución de la Asamblea por el Presidente de la República, aún cuando en casos excepcionales de tres votos de censura parlamentaria al Vicepresidente Ejecutivo (Art. 240); se exacerba el presidencialismo que no encuentra contrapeso en el bicameralismo que se eliminó, sino más bien refuerzo en otras reformas, como la regularización de las leyes habilitantes o de delegación legislativa a los efectos de emisión de Decretos–leyes y no sólo en materia económica y financiera (Art. 203), lo que ha significado un atentado a la garantía constitucional de la reserva legal.

3. El Poder Legislativo Nacional: La Asamblea Nacional

El Poder Legislativo Nacional se ejerce por la Asamblea Nacional como cuerpo unicameral, en lo que la Constitución de 1999 cambió radicalmente la tradición bicameral que caracterizaba a los órganos del Poder Legislativo Nacional desde 1811, y establecer una sola Cámara Legislativa lo que, por lo demás, es contradictorio con la forma federal del Estado, y con la descentralización política[215].

De acuerdo con el artículo 186 de la Constitución, la Asamblea Nacional está integrada por diputados elegidos en cada entidad federal, es decir, en los Estados y el Distrito Capital por votación universal, directa, personalizada y secreta con representación proporcional, según una base poblacional del 1,1% de la población total del país. Cada entidad federal tiene derecho a elegir, además, tres diputados adicionales a los antes señalados.

Los pueblos indígenas de la República tienen derecho a elegir tres diputados de acuerdo con lo establecido en la ley electoral, respetando sus tradiciones y costumbres (Art. 125).

---

212 *V.* Manuel Rojas Pérez, "Reelección indefinida en la jurisprudencia de la Sala Constitucional," en *Revista de Derecho Público,* N° 114, Editorial Jurídica Venezolana, Caracas, 2008, pp. 261–263

213 *V.* Allan R. Brewer–Carías, "El Juez Constitucional vs. La alternabilidad republicana (La reelección continua e indefinida), en *Revista de Derecho Público*, N° 117, Caracas, 2009, pp. 205–211.

214 *V.* Allan R. Brewer–Carías, "La Sala Constitucional vs. el derecho ciudadano a la revocatoria de mandatos populares: de cómo un referendo revocatorio fue inconstitucionalmente convertido en un "referendo ratificatorio," en *Crónica sobre la "in" justicia constitucional. La Sala Constitucional y el autoritarismo en Venezuela*, Colección Instituto de Derecho Público, Universidad Central de Venezuela, N° 2, Caracas, 2007, pp. 349–378

215 *V.* nuestro voto salvado sobre este tema en Allan R. Brewer–Carías, *Debate Constituyente, (Aportes a la Asamblea Nacional Constituyente),* Tomo III, (18 octubre–30 noviembre 1999), Fundación de Derecho Público–Editorial Jurídica Venezolana, Caracas, 1999, pp. 196 a 198; *V.* en general, María M. Matheus Inciarte y María Elena Romero Ríos, "Estado Federal y unicameralidad en el nuevo orden constitucional de la República Bolivariana de Venezuela," en *Estudios de Derecho Público: Libro Homenaje a Humberto J. La Roche Rincón,* Volumen I, Tribunal Supremo de Justicia, Caracas, 2001, pp. 637–676.

En todo caso, cada diputado debe tener un suplente escogido en el mismo proceso.

En cuanto al período constitucional de los diputados y, por tanto, de la Asamblea, el artículo 192 dispone que durarán 5 años en el ejercicio de sus funciones, pudiendo ser reelegidos por dos períodos consecutivos como máximo.

De acuerdo con el artículo 210 de la Constitución, los diputados son representantes del pueblo y de los Estados en su conjunto, no sujetos a mandatos ni instrucciones, sino sólo a su conciencia, de manera que su voto en la Asamblea Nacional es personal (Art. 201). La práctica política, sin embargo, ha conducido a lo contrario pues nunca como ahora ha habido mayor sujeción de los parlamentarios a los dictados del partido de gobierno y de su presiente que es el Presidente de la república.

Entre las competencias de la Asamblea (Art. 187), además de las competencias para legislar en las materias de la competencia nacional y sobre el funcionamiento de las distintas ramas del Poder Nacional (ord. 1) y dar voto de censura al Vicepresidente Ejecutivo y a los Ministros o Ministras (ord. 10); se destaca la de remover a los Magistrados del Tribunal Supremo de Justicia (Art. 265), al Contralor General de la República, al Fiscal General de la República y al Defensor del Pueblo (Art. 279); y a los integrantes del Consejo Nacional Electoral (Art. 296), atribuciones que, sin duda, constituyen una contradicción con el principio de la autonomía del Poder Judicial, del Poder Ciudadano y del Poder Electoral.

Además, la Asamblea ejerce funciones de control sobre el Gobierno y la Administración Pública Nacional, en los términos consagrados en esta Constitución y la ley (ord. 3), lo que se materializa en aprobaciones y autorizaciones para la emisión de actos ejecutivos y en las investigaciones que realice.

En cuanto al proceso legislativo, como elementos novedosos, la Constitución, al igual que lo había hecho la Constitución de 1961, reguló a las *leyes* orgánicas[216] pero sólo como las que así denomina la Constitución;[217] las que se dicten para organizar los Poderes Públicos[218] o para desarrollar los derechos constitucionales y las que sirvan de mar-

---

216 *V.* sobre las cuatro categorías de leyes orgánicas previstas en la Constitución, la sentencia de la Sala Constitucional del Tribunal Supremo en sentencia Nº 537 de 12 de junio de 2000, en *Revista de Derecho Público*, Nº 82, Editorial Jurídica Venezolana, Caracas, 2000, pp. 141 y 142.

217 Estas son las siguientes: Ley Orgánica de Fronteras (Art. 15), Ley Orgánica de División Territorial (Art. 16), Ley Orgánica de la Fuerza Armada Nacional (Art. 41), Ley Orgánica del Sistema de Seguridad Social (Art. 86), Ley Orgánica para la Ordenación del Territorio (Art. 128), Ley Orgánica que establece los límites a los emolumentos de los funcionarios públicos (Art. 147), Ley Orgánica de Régimen Municipal (Art. 169), Ley Orgánica que regule los Distritos Metropolitanos (Arts. 171, 172), Ley Orgánica que regule la inelegibilidad de funcionarios (Art. 189), Ley Orgánica de reserva al Estado de actividades, industria o servicios (Art. 302), Ley Orgánica del Consejo de Defensa de la Nación (Art. 323), Ley Orgánica que regule el recurso de revisión de las sentencias de amparo y de control difuso de la constitucionalidad (Art. 336), Ley Orgánica de los Estados de Excepción (Art. 338 y Disposición Transitoria Tercera, 2), Ley Orgánica sobre refugiados y asilados (Disposición Transitoria Cuarta, 2), Ley Orgánica sobre Defensa Pública (Disposición Transitoria Cuarta, 5), Ley Orgánica de Educación (Disposición Transitoria Sexta), Ley Orgánica de Pueblos Indígenas (Disposición Transitoria Séptima), Ley Orgánica del Trabajo (Disposición Transitoria Cuarta, 3), y Ley Orgánica Procesal del Trabajo (Disposición Transitoria Cuarta, 4) y Código Orgánico Tributario (Disposición Transitoria Quinta). Sobre estas leyes véase sentencia de la sala Constitucional Nº 1723 de 31 de julio de 2002, Citada en la sentencia Nº 34 de 26–01–04 (Caso: *Interpretación artículo 203 de la Constitución*) en *Revista de Derecho Público,* Nº 97–98, Editorial Jurídica Venezolana, Caracas, 2004, pp. 107 ss.

218 Estas son: Ley Orgánica de la Administración Pública –Poder Ejecutivo–, (Art. 236.20); Ley Orgánica de la Procuraduría General de la República (Art. 247), Ley Orgánica del Poder Judicial, Ley Orgánica del Tribunal Supremo de Justicia (art, 262); Ley Orgánica del Poder Electoral (Art. 292 y Disposición Transitoria Octava); Ley Orgánica del Poder Ciudadano, comprendidas la Ley Orgánica de la Contraloría General de la República, Ley

co normativo a otras leyes (Art. 203);[219] incorporando además, otra innovación, en relación con el control constitucional *a priori* de las mismas al disponer que las leyes que la Asamblea Nacional haya calificado de orgánica deben ser remitidas, antes de su promulgación, a la Sala Constitucional del Tribunal Supremo de Justicia, para que se pronuncie acerca de la constitucionalidad de su carácter orgánico.

Además de las leyes orgánicas, la Constitución reguló unas llamadas "leyes de bases" que son las que deben regular las materias de competencias concurrentes entre el Poder Nacional y el Poder Estadal, las cuales además, pueden ser objeto de regulación en "leyes de desarrollo" aprobadas por los Consejos Legislativos de los Estados.[220]

Por último, la Constitución también reguló expresa y ampliamente la posibilidad para la Asamblea Nacional de delegación legislativa en el Presidente de la República, al establecer el mismo artículo 203 de la Constitución el concepto de *leyes habilitantes* como las sancionadas por la Asamblea Nacional por las 3/5 partes de sus integrantes, a fin de establecer las directrices, propósitos y el marco de las materias que se delegan al Presidente de la República, con rango y valor de ley. Las leyes habilitantes deben fijar el plazo de su ejercicio.[221] Se consagró, así, formalmente la posibilidad de delegación legislativa al Presidente de la República, lo cual constituye una novedad constitucional en el país, particularmente porque al no establecerse límites de contenido,[222] ha conducido a la violación de la garantía constitucional de la reserva legal.[223] Dicha delegación ha sido ampliamente utilizada en la primera década de vigencia de la Constitución, en

---

Orgánica de la Fiscalía General de la República –Ministerio Público–, y Ley Orgánica de la Defensoría del Pueblo (Disposición Transitoria Novena); Ley Orgánica de Régimen Municipal –Poder Municipal– (Art. 169 y Disposición Transitoria Primera) y Ley Orgánica que regule los Consejos Legislativos Estadales (Art. 162).

219 *V.* en general José Peña Solís, "La nueva concepción de las leyes orgánicas en la Constitución de 1999," en *Revista del Tribunal Supremo de Justicia,* N° 1, Caracas, 2000, pp. 73–111; Milagros López Betancourt, "Una aproximación a las Leyes Orgánicas en Venezuela," *Libro Homenaje a Enrique Tejera París, Temas sobre la Constitución de 1999,* Centro de Investigaciones Jurídicas (CEIN), Caracas, 2001, pp. 109 a 157. Sobre la interpretación del artículo 203 véase las sentencias N° 1971 de 16 de octubre de 2001 y N° 34 de la Sala Constitucional de 26–01–2004 (Caso: *Interpretación artículo 203 de la Constitución*), en *Revista de Derecho Público,* N° 97–98, Editorial Jurídica Venezolana, Caracas, 2004, pp. 107 ss.

220 *V.* Luis A. Herrera Orellana, "Autonomía y competencias concurrentes en la federación descentralizada venezolana (con especial referencia a las leyes de base y a las leyes de desarrollo)," en *Revista de Derecho,* N° 18, Tribunal Supremo de Justicia, Caracas, 2005, pp. 21–68.

221 *V.* José Peña Solís, "Dos nuevos tipos de leyes en la Constitución de 1999: leyes habilitantes y leyes de bases," en *Revista de la Facultad de Ciencias Jurídicas y Políticas de la UCV,* N° 119, Caracas, 2000, pp. 79–123. Eloísa Avellaneda Sisto, "El régimen de los Decretos–Leyes, con especial referencia a la Constitución de 1999," en F. Parra Aranguren y A. Rodríguez G. (Editores), *Estudios de Derecho Administrativo, Libro Homenaje a la Universidad Central de Venezuela,* Tomo I, Tribunal Supremo de Justicia, Caracas, 2001, pp. 69 a 106; Allan R. Brewer–Carías, "El régimen constitucional de los Decretos–Leyes y de los Actos de Gobierno," en *Bases y principios del sistema constitucional venezolano (Ponencias del VII Congreso Venezolano de Derecho Constitucional realizado en San Cristóbal del 21 al 23 de Noviembre de 2001),* Volumen I, pp. 25–74. *V.* sobre estas leyes habilitantes la sentencia de la Sala Constitucional del Tribunal Supremo N° 1515 de 6 de diciembre de 2000, en *Revista de Derecho Público,* N° 84, (octubre–diciembre), Editorial Jurídica Venezolana, Caracas, 2000, p. 103.

222 *V.* en este sentido el criterio de la sala Constitucional en sentencia N° 1716 de 19–09–01 (Caso: *Revisión constitucional del Decreto con fuerza de Ley Orgánica de los Espacios Acuáticos e Insulares de 2001*), en *Revista de Derecho Público,* N° 85–88, Editorial Jurídica Venezolana, Caracas, 2001, p. 419

223 *V.* Pedro Nikken, "Constitución venezolana de 1999: La habilitación para dictar decretos ejecutivos con fuerza de ley restrictivos de los derechos humanos y su contradicción con el derecho internacional," *Revista de Derecho Público,* N° 83 (julio–septiembre), Editorial Jurídica Venezolana, Caracas, 2000, pp. 5–19; María Amparo Grau, *Separación de Poderes y Leyes Presidenciales en Venezuela,* Caracas, 2009; Marie Picard de Orsini y Judith Useche, "Control constitucional de la delegación legislativa en Venezuela," en *Revista de Derecho Público,* N° 115, *(Estudios sobre los Decretos Leyes 2008),* Editorial Jurídica Venezolana, Caracas, 2008, pp. 105–110.

1999, 2001, 2007 y 2010, durante la cual buena parte de la legislación nacional tiene su fuente en decretos leyes.

Por otra parte, la Constitución de 1999 amplió la legitimidad para la iniciativa para la discusión de las leyes ante la Asamblea la cual corresponde conforme al Art. 204: al Poder Ejecutivo Nacional (ord. 1); a la Comisión Delegada y a las Comisiones Permanentes (ord. 2); a los integrantes de la Asamblea Nacional, en número no menor de tres (ord. 3); al Tribunal Supremo de Justicia, cuando se trate de leyes relativas a la organización y procedimientos judiciales (ord. 4); al Poder Ciudadano, cuando se trate de leyes relativas a los órganos que lo integran (ord. 5); al Poder Electoral, cuando se trate de leyes relativas a la materia electoral (ord. 6); a los electores en un número no menor del 0,1% de los inscritos en el registro electoral permanente (ord. 7); y a los al Consejos Legislativos estadales, cuando se trate de leyes relativas a los Estados.

Otra innovación de importancia en esta materia fue la establecida en el artículo 211 que estableció en forma general que durante el procedimiento de discusión y aprobación de los proyectos de leyes,[224] la Asamblea Nacional o las Comisiones Permanentes, deben consultar a los otros órganos del Estado, a los ciudadanos y a la sociedad organizada para oír su opinión sobre los mismos.

En particular, además, conforme al artículo 206, los Estados deben ser consultados por la Asamblea Nacional, a través de los Consejos Legislativo, cuando se legisle en materias relativas a los mismos. La ley debe establecer los mecanismos de consulta a la sociedad civil y demás instituciones de los Estados, por parte de los Consejos en dichas materias.

En la discusión de las leyes, como lo dispone el artículo 211, tienen derecho de palabra los Ministros en representación del Poder Ejecutivo; el magistrado del Tribunal Supremo de Justicia a quien éste designe, en representación del Poder Judicial; el representante del Poder Ciudadano designado por el Consejo Moral Republicano; los integrantes del Poder Electoral; los Estados, a través de un representante designado por el Consejo Legislativo y los representantes de la sociedad organizada, en los términos que establezca el reglamento de la Asamblea Nacional.

En materia de veto presidencial en la promulgación de las leyes, el artículo 214, dispuso que el Presidente puede solicitar a la Asamblea Nacional, mediante exposición razonada, que modifique alguna de las disposiciones de la ley o levante la sanción a toda la ley o parte de ella; sobre lo cual la Asamblea Nacional debe decidir por mayoría absoluta de los diputados presentes y debe remitirle la ley para la promulgación. Sin embargo, cuando el Presidente de la República considere que la ley o alguno de sus artículos es inconstitucional, puede solicitar el pronunciamiento de la Sala Constitucional del Tribunal Supremo de Justicia, en el lapso de diez días que tiene para promulgar la misma; debiendo decidir la Sala en el término de 15 días contados desde el recibo de la comunicación del Presidente de la República. Si el Tribunal niega la inconstitucionalidad invocada o no decidiese en el lapso anterior, el Presidente de la República debe

224 Alberto González Fuenmayor, "La formación de las leyes en la Constitución de 1999," en *Revista del Colegio de Abogados del Estado Zulia, Lex Nova,* N° 238, Maracaibo, 2001, pp. 31–40.

promulgar la ley dentro de los 5 días siguientes a la decisión del Tribunal o al vencimiento de dicho lapso.[225]

Por último, en cuanto a los instrumentos de control político y administrativo, conforme a la tradición constitucional anterior, el artículo 222 de la Constitución precisa que la Asamblea Nacional puede ejercer su función de control mediante los siguientes mecanismos: las interpelaciones, las investigaciones, las preguntas, las autorizaciones y las aprobaciones parlamentarias previstas en la Constitución y en la ley y cualquier otro mecanismo que establezcan las leyes y su reglamento.

En ejercicio del control parlamentario, la Asamblea puede declarar la responsabilidad política de los funcionarios públicos[226] y solicitar al Poder Ciudadano que intente las acciones a que haya lugar para hacer efectiva tal responsabilidad.

Por otra parte, tanto la Asamblea como sus Comisiones pueden realizar las investigaciones que juzguen convenientes en las materias de su competencia, de conformidad con el reglamento (Art. 223).

4. El Poder Ejecutivo Nacional

Conforme al artículo 225 de la Constitución, el Poder Ejecutivo se ejerce por el Presidente de la República, el Vicepresidente Ejecutivo, los Ministros y demás funcionarios que determinen la Constitución y la ley.[227]

Dado el sistema presidencial de gobierno que se conserva en la Constitución, el artículo 226 dispone que el Presidente de la República es a la vez el Jefe del Estado y del Ejecutivo Nacional, en cuya condición dirige la acción del Gobierno.; y su elección se debe siempre realizar por votación universal, directa y secreta, en conformidad con la ley (Art. 227). No puede ser elegido Presidente de la República quien esté en ejercicio del cargo de Vicepresidente Ejecutivo, o Gobernador y Alcalde en el día de su postulación o en cualquier momento entre esta fecha y la de la elección (Art. 229).

De acuerdo con la misma orientación de la Constitución de 1961, se debe proclamar electo el candidato que hubiere obtenido la mayoría de votos válidos (Art. 228), es decir, la mayoría relativa; no habiendo la Asamblea aceptado la propuesta de reforma consistente en el establecimiento del principio de la mayoría absoluta y la doble vuelta en la elección presidencial.[228]

De acuerdo con el artículo 230, el período del Presidente de la República es de 6 años, habiéndose establecido en la Enmienda N° 1 de la Constitución de 2009, contra-

225 *V.* en esta materia la interpretación vinculante de la Sala Constitucional en sentencia N° 2817 de 18 de noviembre de 2002, en *Revista de Derecho Público,* N° 85–88, Editorial Jurídica Venezolana, Caracas, 2001, pp. 176–177.

226 *V.* sobre esto Allan R Brewer–Carías "Aspectos del control político sobre la Administración Pública" en *Revista de Control Fiscal,* N° 101, Contraloría General de la República, Caracas, 1981, pp. 107 a 130.

227 *V.* en general, sobre el Poder Ejecutivo, Alfredo Arismendi A., "El fortalecimiento del Poder Ejecutivo Nacional en la Constitución venezolana de 1999," en *El Derecho Público a comienzos del siglo XXI. Estudios homenaje al Profesor Allan R. Brewer–Carías,* Tomo I, Instituto de Derecho Público, UCV, Civitas Ediciones, Madrid, 2003, pp. 837–865; Ricardo Combellas, "El Poder Ejecutivo en la Constitución de 1999," en *Revista UGMA Jurídica de la Facultad de Derecho de la Universidad Gran Mariscal de Ayacucho,* N° 1 (mayo–agosto). Barcelona–Venezuela, 2002, pp. 9–24.

228 *V.* nuestro voto salvado en Allan R. Brewer–Carías, *Debate Constituyente,* Tomo III, *op. cit.* pp. 191 y 195.

riamente a lo que disponía en texto sancionado en 1999, que el Presidente puede ser reelegido indefinidamente, sin restricción, lo que hemos considerado contrario al principio de la alternabilidad republicana que prevé el artículo 6 de la misma Constitución.[229] En todo caso, incluso estimamos que no era conveniente regular ni siquiera la reelección inmediata extendiendo a la vez el período constitucional del Presidente de los 5 años que establecía la Constitución de 1961 (Art. 135) a 6 años; por ello propusimos que el período fuese de 4 años para que hubiera reelección.[230]

Una de las innovaciones de la Constitución de 1999 fue la creación de la figura del Vicepresidente Ejecutivo, como órgano directo y colaborador inmediato del Presidente de la República en su condición de Jefe del Ejecutivo Nacional (Art. 238), quien tiene a su cargo, entre otras atribuciones, suplir las faltas temporales del Presidente (Art. 234). La existencia de este órgano, sin embargo, no cambia el carácter presidencial del sistema de gobierno, como resulta de sus atribuciones y del hecho de que es del libre nombramiento y remoción del Presidente.[231] El cargo de Vicepresidente, por otra parte, es el único respecto del cual la Constitución establece expresamente un caso de incompatibilidad, al disponer que no puede ejercerlo quien tenga algún parentesco de consanguinidad o afinidad con el Presidente en cualquier grado que sea (Art. 238).

Conforme al artículo 240, la aprobación de un moción de censura al Vicepresidente Ejecutivo, por una votación no menor de las 3/5 partes de los integrantes de la Asamblea Nacional, implica su remoción. En estos casos, el funcionario removido no puede optar al cargo de Vicepresidente Ejecutivo o de Ministro por el resto del período presidencial. Por otra parte, la remoción del Vicepresidente Ejecutivo en tres oportunidades dentro de un mismo período constitucional, como consecuencia de la aprobación de mociones de censura, faculta al Presidente de la República para disolver la Asamblea Nacional.

Esta es la única posibilidad que tiene el Presidente de la República de disolver la Asamblea, la cual se puede considerar como de difícil materialización, salvo que la propia Asamblea así lo provoque aprobando el tercer voto de censura. En todo caso, el decreto de disolución conlleva la convocatoria de elecciones para una nueva legislatura dentro de los 60 días siguientes a su disolución. En todo caso, la Asamblea no puede ser disuelta en el último año de su período constitucional.

En cuanto a los Ministros son órganos directos del Presidente de la República, y reunidos conjuntamente con este y con el Vicepresidente Ejecutivo, integran el Consejo de Ministros (Art. 242). Los Ministros tienen derecho de palabra en la Asamblea Nacional y en sus Comisiones (Art. 211). Además, pueden tomar parte en los debates de la Asamblea Nacional, sin derecho al voto (Art. 245).

El artículo 246 de la Constitución establece que la aprobación de una moción de censura a un Ministro por una votación no menor de las 3/5 partes de los integrantes presentes de la Asamblea Nacional, implica su remoción.

En este caso, el funcionario removido no puede optar al cargo de Ministro ni de Vicepresidente Ejecutivo por el resto del período presidencial.

---

229 *V.* Allan R. Brewer–Carías, "El Juez Constitucional vs. La alternabilidad republicana (La reelección continua e indefinida), en *Revista de Derecho Público*, Nº 117, (enero–marzo 2009), Caracas, 2009, pp. 205–211.

230 *V.* nuestro voto salvado en Allan R. Brewer–Carías, *Debate Constituyente,* Tomo III, *op. cit.* pp. 199 y 289.

231 *V.* los comentarios críticos en torno a esta reforma en Carlos Ayala Corao, *El Régimen Presidencial en América Latina y los planteamientos para su Reforma,* Caracas, 1992.

Los Ministros reunidos con el Presidente y con el Vicepresidente integran el Consejo de Ministros (Art. 242), forma en la cual, conforme al artículo 236 de la Constitución, el Presidente de la República debe obligatoriamente ejercer un conjunto de atribuciones (numerales 7, 8, 9, 10, 12, 13, 14, 18, 20, 21, 22).[232]

Las reuniones del Consejo de Ministros las preside el Presidente de la República pero puede autorizar al Vicepresidente Ejecutivo para que las presida cuando no pueda asistir a ellas. En todo caso, las decisiones tomadas deben ser ratificadas por el Presidente de la República.

Conforme al mismo artículo 242 de la Constitución, de las decisiones del Consejo de Ministros son solidariamente responsables el Vicepresidente Ejecutivo y los Ministros que hubieren concurrido, salvo aquellos que hayan hecho constar su voto adverso o negativo. Por supuesto que dicha responsabilidad solidaria también comprende al Presidente de la República cuando presida el cuerpo.

El Procurador General de la República debe asistir al Consejo de Ministros, pero con sólo derecho a voz (Art. 250). La Procuraduría General de la República se define en la Constitución, como un órgano del Poder Ejecutivo Nacional que asesora, defiende y representa judicial y extrajudicialmente los intereses patrimoniales de la República (Art. 247). En particular, la Constitución exige que la Procuraduría debe ser consultada para la aprobación de los contratos de interés público nacional.[233]

Por último, otra innovación de la Constitución de 1999 fue la creación del Consejo de Estado como órgano superior de consulta del Gobierno y la Administración Pública Nacional (Art. 251), presidido por el Vicepresidente Ejecutivo, el cual sin embargo no ha sido puesto en funcionamiento. Tiene a su cargo recomendar políticas de interés nacional en aquellos asuntos a los que el Presidente de la República reconozca de especial trascendencia y requiera su opinión. Corresponde a la ley respectiva determinar sus funciones y atribuciones.[234]

5. El Poder Judicial

A. Los principios de la justicia

Conforme al artículo 253 de la Constitución, la potestad de administrar justicia emana de los ciudadanos y se imparte en nombre de la República por autoridad de la ley. Además, conforme al artículo 26 de la Constitución, el Estado debe garantizar "una justicia gratuita, accesible, imparcial, idónea, transparente, autónoma, independiente, responsable, equitativa y expedita, sin dilaciones indebidas ni formalismos o reposiciones inútiles."

232 *V.* Ley Orgánica de la Administración Pública, Decreto Ley N° 6.217, en *G.O.* N° 5.890 Extra. de 31–7–2008.

233 *V.* Ley Orgánica de la Procuraduría General de la República, Decreto Ley N° 6.286, en *G.O.* N° 5.892 Extra. de 31–7–2008.

234 *V.* nuestro voto salvado sobre este tema en Allan R. Brewer–Carías, *Debate Constituyente,* Tomo III, *op. cit.* p. 199. En los primeros dos años de vigencia de la Constitución, este órgano no se había creado.

El sistema de justicia,[235] es decir, los órganos del Poder Judicial está constituido por el Tribunal Supremo de Justicia, los demás tribunales que determine la ley, el Ministerio Público, la Defensoría Pública, los órganos de investigación penal, los auxiliares y funcionarios de justicia, el sistema penitenciario, los medios alternativos de justicia, los ciudadanos que participan en la administración de justicia conforme a la ley y los abogados autorizados para el ejercicio.

El principio de la independencia del Poder Judicial está declarado en el artículo 254 de la Constitución, el cual, además, establece la autonomía financiera del mismo. Dicha norma, en efecto, dispone que el Tribunal Supremo de Justicia goza de "autonomía funcional, financiera y administrativa," lo cual en la práctica política, sin embargo, como se explica más adelante, no ha tenido mayor desarrollo dado el control político que ha ejercido el Poder Ejecutivo sobre el Tribunal Supremo.[236]

A tal efecto, dentro del presupuesto general del Estado se prevé que se le debe asignar al sistema de justicia una partida anual variable, no menor del 2% del presupuesto ordinario nacional, para su efectivo funcionamiento, el cual no puede ser reducido o modificado sin autorización previa de la Asamblea Nacional. Lamentablemente, lo que aparecía como una norma constitucional rígida, se cambió al atribuir a la Asamblea Nacional la posibilidad de reducir o modificar el porcentaje señalado.

El artículo 26 de la Constitución garantiza la "justicia gratuita" por lo que conforme al mismo artículo 254 de la Constitución, el Poder Judicial no está facultado para establecer tasas, aranceles, ni exigir pago alguno por sus servicios.[237]

Conforme al artículo 257, el proceso constituye un instrumento fundamental para la realización de la justicia. Por ello, las leyes procesales deben establecer la simplificación, uniformidad y eficacia de los trámites y adoptarán un procedimiento breve, oral y público.

En ningún caso se debe sacrificar la justicia por la omisión de formalidades no esenciales. Esto lo complementa el artículo 26 de la Constitución al establecer que el Estado debe garantizar una justicia expedita, sin dilaciones indebidas, sin formalismo o reposiciones inútiles.

---

235 *V.* la Ley del Sistema de Justicia en *G.O.* Nº 39.276 de 01–10–2009. *V.* en general sobre el poder judicial y el sistema de justicia, Gustavo Urdaneta Troconis, "El Poder Judicial en la Constitución de 1999," en *Estudios de Derecho Administrativo: Libro Homenaje a la Universidad Central de Venezuela,* Volumen I. Imprenta Nacional, Caracas, 2001, pp. 521–564; Román J. Duque Corredor, "El sistema de Justicia," en Jesús María Casal, Alfredo Arismendi y Carlos Luis Carrillo Artiles (Coord.), *Tendencias Actuales del Derecho Constitucional. Homenaje a Jesús María Casal Montbrun,* Tomo II, Universidad Central de Venezuela/Universidad Católica Andrés Bello, Caracas, 2008, pp. 87–112.

236 *V.* Rafael J. Chavero Gazdik, *La Justicia Revolucionaria. Una década de reestructuración (o involución) Judicial en Venezuela*, Editorial Aequitas, Caracas 2011; Laura Louza Scognamiglio, *La revolución judicial en Venezuela*, FUNEDA, Caracas 2011; Allan R. Brewer–Carías, "La progresiva y sistemática demolición institucional de la autonomía e independencia del Poder Judicial en Venezuela 1999–2004," en *XXX Jornadas J.M Domínguez Escovar, Estado de derecho, Administración de justicia y derechos humanos*, Instituto de Estudios Jurídicos del Estado Lara, Barquisimeto, 2005, pp. 33–174; "La justicia sometida al poder (La ausencia de independencia y autonomía de los jueces en Venezuela por la interminable emergencia del Poder Judicial (1999–2006))" en *Cuestiones Internacionales. Anuario Jurídico Villanueva 2007,* Centro Universitario Villanueva, Marcial Pons, Madrid, 2007, pp. 25–57.

237 Sobre el principio de gratuidad de la justicia véase sentencia de la Sala Constitucional Nº 1943 de 15–07–2003 (caso: *Impugnación artículos del Código de Procedimiento Civil*), en *Revista de Derecho Público,* Nº 93–96, Editorial Jurídica Venezolana, Caracas, 2003, pp. 248–249.

Por su parte, el artículo 258 de la Constitución remite a la Ley para promover el arbitraje, la conciliación, la mediación y cualesquiera otros medios alternativos para la solución de conflictos, los cuales deben ser promovidos por el Estado.

B. Las jurisdicciones en la Constitución

En la Constitución se establecen algunas normas que regulan, en particular, algunas jurisdicciones dentro del sistema de justicia, como las jurisdicciones: constitucional, disciplinaria judiciales, contencioso–administrativas, electorales, penal militar, justicia de paz y jurisdicción indígena.

Así, la Constitución de 1999 establece expresamente que corresponde al Tribunal Supremo de Justicia en Sala Constitucional, ejercer exclusivamente la jurisdicción constitucional, para declarar la nulidad de las leyes y demás actos de los órganos que ejercen el Poder Público dictados en ejecución directa e inmediata de la Constitución o que tengan rango de Ley (Art. 334). Esta jurisdicción ejerce el control concentrado de la constitucionalidad.

El artículo 267 de la Constitución establece la jurisdicción disciplinaria judicial, remitiendo a la Ley la determinación de los Tribunales disciplinarios que la deben ejercer. Este régimen disciplinario de los magistrados y jueces debe estar fundamentado en el Código de Ética del Juez Venezolano, y el procedimiento disciplinario, precisa la Constitución, debe ser público, oral y breve, conforme al debido proceso, en los términos y condiciones que establezca la ley.

Lamentablemente, sin embargo, la prolongación de la transitoriedad constitucional y del funcionamiento de la Comisión de Funcionamiento del Poder Judicial creada por la Asamblea Constituyente, impidieron sistemáticamente la estructuración de esta importante jurisdicción disciplinaria. Solo fue en 2011, cuando al fin, conforme a la Ley del Código de Ética del Juez Venezolano de 2010 se reguló dicha Jurisdicción Disciplinaria.[238]

Por otra parte, siguiendo la orientación del artículo 206 de la Constitución de 1961, el artículo 259 de la Constitución de 1999 dispone que:

> La jurisdicción contencioso administrativa corresponde al Tribunal Supremo de Justicia y a los demás tribunales que determine la ley. Los órganos de la jurisdicción contencioso administrativa son competentes para anular los actos administrativos generales o individuales contrarios a derecho, incluso por desviación de poder; condenar al pago de sumas de dinero y a la reparación de daños y perjuicios originados en responsabilidad de la Administración; conocer de reclamos por la prestación de servicios públicos; y disponer lo necesario para el restablecimiento de las situaciones jurídicas subjetivas lesionadas por la actividad administrativa.

El régimen jurídico sobre esta jurisdicción y sobre el control de los actos administrativos, estuvo tradicionalmente regulado transitoriamente en la Ley Orgánica del Tribunal Supremo de Justicia, hasta que en 2010 se sancionó la Ley Orgánica de la Jurisdicción Contencioso Administrativa, en la cual se recogió la larga experiencia en la mate-

---

238 *V.* la Ley del Código de Ética del Juez Venezolano y Jueza Venezolana en *G.O.* N° 39.494 de 24–8–2010. El Código derogó expresamente el Reglamento que regía el funcionamiento de la Comisión de Funcionamiento y reorganización del Poder Judicial. Los jueces del Tribunal Disciplinario Judicial y de la Corte Disciplinaria Judicial fueron nombrados por Actos Legislativos publicados en *G.O.* N° 39693 de 10–06–2011. *V.* el "Acta de Constitución del Tribunal Disciplinario Judicial," de 28–06–2011, en *G.O.* N° 39.704 de 29–06–2011.

ria así como todos los principios sobre la misma que habían venido construyéndose por la jurisprudencia.[239] Sin embargo, en la práctica judicial, en los últimos diez años, como se analiza más adelante, esta jurisdicción ha perdido efectividad

De acuerdo con el artículo 297 de la Constitución debe existir una jurisdicción contencioso–electoral ejercida por la Sala Electoral del Tribunal Supremo de Justicia y los demás tribunales que determine la ley.[240] La misma, reducida a la Sala Electoral del Tribunal Supremo, está transitoriamente regulada en la ley Orgánica del mismo.

Conforme al artículo 261, la jurisdicción penal militar es parte integrante del Poder Judicial, y sus jueces deben ser seleccionados por concurso. Su ámbito de competencia, organización y modalidades de funcionamiento se deben regir por el sistema acusatorio, de acuerdo con lo previsto en el Código Orgánico de Justicia Militar. En todo caso, la comisión de delitos comunes, violaciones de derechos humanos y crímenes de lesa humanidad, serán juzgados por los tribunales ordinarios, limitándose la competencia de los tribunales militares a delitos de naturaleza militar.

Siguiendo la orientación de la Ley Orgánica de la Justicia de Paz, el artículo 258 remite a la ley la organización de la justicia de paz en las comunidades previendo, además, que los jueces de paz deben ser elegidos por votación universal, directa y secreta, conforme a la ley.

Conforme al artículo 260 de la Constitución se autoriza a las autoridades legítimas de los pueblos indígenas para aplicar en su hábitat instancias de justicia con base en sus tradiciones ancestrales y que sólo afecten a sus integrantes, según sus propias normas y procedimientos, siempre que no sean contrarios a la Constitución, a la ley y al orden público. En todo caso, la ley debe determinar la forma de coordinación de esta jurisdicción especial con el sistema judicial nacional.[241]

C. Los principios de la carrera judicial

Ahora bien, en cuanto a la carrera judicial, de acuerdo con lo dispuesto en el artículo 255 de la Constitución, el ingreso a la carrera judicial y el ascenso de los jueces se debe hacer por concursos de oposición públicos que aseguren la idoneidad y excelencia de los participantes y serán seleccionados por los jurados de los circuitos judiciales, en la forma y condiciones que establezca la ley. El nombramiento y juramento de los jueces corresponde al Tribunal Supremo de Justicia. La ley debe garantizar la participación ciudadana en el procedimiento de selección y designación de los jueces. Lamentablemente, como se analiza más adelante, nada de esto se ha implementado, y en 2011 todavía no se habían realizado los concursos públicos, y en su sustitución, lo que se esta-

---

239 *V.* en *G. O.* N° 39.451 de 22–06–2010. *V.* Allan R. Brewer–Carías y Víctor Hernández Mendible, *Ley de la Jurisdicción Contencioso Administrativa*, Editorial Jurídica venezolana, Caracas 2011; María L. Acuña López, "Algunas notas relacionadas con los principios constitucionales que regulan el sistema de justicia venezolano y su alcance en la jurisdicción contencioso–administrativa," en *Estudios de Derecho Administrativo: Libro Homenaje a la Universidad Central de Venezuela,* Volumen I, Imprenta Nacional, Caracas, 2001, pp. 521–564.

240 *V.* Carlos Pérez Fernández; Miguel A. Torrealba Sánchez, "Notas sobre la jurisdicción contencioso electoral en la Constitución de 1999," en *Revista de Derecho Administrativo,* N° 12 (mayo–agosto). Editorial Sherwood, Caracas, 2001, pp. 165–192.

241 *V.* María E. León Álvarez, "El sistema de justicia en la Constitución de Venezuela de 1999. Estudio crítico acerca de la jurisdicción especial indígena," en *Revista del Tribunal Supremo de Justicia,* N° 4, Caracas, 2002, pp. 369–377.

blecieron fueron sistemas de titulación de jueces suplentes sin concursos, en clara violación de la Constitución.

La Constitución además, concibió al Comité de Postulaciones Judiciales (Art. 270), como un órgano asesor del Poder Judicial para la selección de los candidatos a magistrados del Tribunal Supremo de Justicia (Art. 264). Igualmente, el Comité debe asesorar a los colegios electorales judiciales para la elección de los jueces de la jurisdicción disciplinaria. Este Comité de Postulaciones Judiciales debía estar integrado por representantes de los diferentes sectores de la sociedad, de conformidad con lo que establezca la ley. Sin embargo, como se precisa más adelante, la Ley Orgánica del Tribunal Supremo de Justicia desde 2004, lo que reguló fue una comisión parlamentaria ampliada, controlada por el parlamento, burlando la disposición constitucional.

Por otra parte, la Constitución dispuso que los jueces sólo podían ser removidos o suspendidos de sus cargos mediante los procedimientos expresamente previstos en la ley (Art. 255), es decir, los juicios disciplinarios, llevados por jueces disciplinarios, los cuales nunca se crearon hasta 2011, cuando por primera vez se llegó a constituir el Tribunal Disciplinario Judicial conforme a las normas de la Ley del Código de Ética del Juez Venezolano de 2009, reformado en 2010.

La Constitución dispuso además, en el artículo 255, la responsabilidad personal de los jueces, por error, retardo u omisiones injustificadas, por la inobservancia sustancial de las normas procesales, por denegación, parcialidad, y por los delitos de cohecho y prevaricación en que incurran en el desempeño de sus funciones. Con la finalidad de garantizar la imparcialidad y la independencia en el ejercicio de sus funciones, el artículo 256 de las Constitución prescribe que los magistrados, jueces, fiscales del Ministerio Público y defensores públicos, desde la fecha de su nombramiento y hasta su egreso del cargo respectivo, no pueden, salvo el ejercicio del voto, llevar a cabo activismo político partidista, gremial, sindical o de índole semejante, ni realizar actividades privadas lucrativas incompatibles con su función, ni por sí ni por interpuesta persona, ni ejercer ninguna otra función pública a excepción de actividades educativas.

La Constitución, por último, prohibió a los jueces asociarse entre sí (Art. 256), lo que constituye, sin duda, una limitación constitucional al derecho de asociación (Art. 52).

D. El Tribunal Supremo de Justicia y sus atribuciones en el gobierno y administración del sistema judicial

La Constitución de 1999 creó el Tribunal Supremo de Justicia en sustitución de la Corte Suprema de Justicia, el cual funciona en Sala Plena y en Salas Constitucional, Político–Administrativa, Electoral, de Casación Civil, Casación Penal y de Casación Social, cuya integración y competencia se han determinado en la ley orgánica, regulándose en la Constitución sólo la competencia de la Sala Social en lo referente a la casación agraria, laboral y de menores (Art. 262).[242]

---

242 La Ley Orgánica del Tribunal Supremo se dictó inicialmente en 2004. *V.* en *G.O.* N° 37.942 del 20 de mayo de 2004. *V.* Allan R. Brewer–Carías, *Ley Orgánica del Tribunal Supremo de Justicia. El Tribunal Supremo de Justicia y los procesos y procedimientos constitucionales y contenciosos administrativos* Editorial Jurídica Venezolana, Caracas 2005. La ley se reformó en 2010, *G.O.* N° 39.522, de 1 de octubre de 2010, *V.* Allan R. Brewer–Carías y Víctor Hernández Mendible, *Ley Orgánica del Tribunal Supremo de Justicia 2010,* Editorial Jurídica Venezolana, Caracas 2010. *V.* además, en general, Laura Louza, "El Tribunal Supremo de Justicia en la Constitu-

El artículo 263 de la Constitución establece con todo detalle los requisitos para ser Magistrado del Tribunal Supremo de Justicia, remitiendo el artículo 264 de la Constitución a la Ley para la determinación del procedimiento de elección de los Magistrados del Tribunal Supremo. Sin embargo, la Constitución precisa directamente que, en todo caso, podrán postularse candidatos ante el Comité de Postulaciones Judiciales que debe estar integrado por representantes de los diferentes sectores de la sociedad, (Art. 270), por iniciativa propia o por organizaciones vinculadas con la actividad jurídica. El Comité, oída la opinión de la comunidad, debe efectuar una preselección para su presentación al Poder Ciudadano, el cual debe efectuar una segunda preselección que debe ser presentada a la Asamblea Nacional, la cual en definitiva, es la que debe efectuar la selección.[243] Los ciudadanos pueden ejercer fundadamente objeciones a cualquiera de los postulados ante el Comité de Postulaciones Judiciales, o ante la Asamblea Nacional.

Lamentablemente, como se dijo y se analiza más adelante, este Comité supuestamente integrado por representantes de los diversos sectores de la sociedad, se convirtió desde 2000, y luego, en virtud de la Ley Orgánica del Tribunal Supremo de 2004, en una comisión parlamentaria ampliada, controlada por el Parlamento, con lo que nada de lo que se quiso cambiar se logró; situación que continuó en la reforma de la Ley de 2010.[244]

El artículo 264 dispuso que los magistrados del Tribunal Supremo de Justicia deben ser elegidos por un único período de doce años. En consecuencia, se excluye en reelección de los Magistrados. De acuerdo con el artículo 265, los magistrados del Tribunal Supremo de Justicia pueden ser removidos por la Asamblea Nacional mediante una mayoría calificada de las dos terceras partes de sus integrantes, previa audiencia concedida al interesado, en caso de faltas graves ya calificadas por el Poder Ciudadano, conforme se establece en la Ley Orgánica. Con esta disposición, la autonomía e independencia de los magistrados, puede decirse que desapareció, conformando una vía de injerencia no conveniente ni aceptable de la instancia política del Poder en relación con la Administración de Justicia.

El Tribunal Supremo de Justicia, ejerce, en exclusiva, a través de la Sala Constitucional la Jurisdicción constitucional (Art. 334); es la máxima autoridad judicial en la Jurisdicción Contencioso–Administrativa (Art. 259) y en la Jurisdicción Contencioso Electoral; resuelve los conflictos entre autoridades judiciales; conoce en exclusiva de los recursos de casación y de interpretación y tiene a su cargo declarar si hay o no méritos para el enjuiciamiento de altos funcionarios (Art. 266).

Una de las innovaciones de la Constitución de 1999 fue el atribuir al Tribunal Supremo de Justicia el "Gobierno y la Administración del Poder Judicial," eliminando al Consejo de la Judicatura que como órgano con autonomía funcional ejercía estas funciones conforme a la previsión del artículo 217 de la Constitución de 1961.[245]

---

ción de la República Bolivariana de Venezuela," en *Revista del Tribunal Supremo de Justicia,* N° 4. Caracas, 2002, pp. 379–437.

243 *V.* nuestro voto salvado en esta materia en Allan R. Brewer–Carías, *Debate Constituyente,* Tomo III, *op. cit.* pp. 201 ss. y 290. En el 2000, la designación de los Magistrados del Tribunal Supremo se hizo desconociendo las normas constitucionales.

244 *V.* Allan R. Brewer–Carías, "El rol del Tribunal Supremo de Justicia en Venezuela, en el marco de la ausencia de separación de poderes, producto del régimen autoritario," en *Segundo Congreso Colombiano de Derecho Procesal Constitucional, Bogotá 16 de marzo de 2011*, Centro Colombiano de Derecho Procesal Constitucional, Universidad Católica de Colombia, Bogotá, 2011, pp. 85–111.

245 La vieja Ley del Consejo de la Judicatura, estuvo vigente hasta 2009 cuando se derogó por la Ley del Código de Ética del Juez Venezolano.

De acuerdo con el artículo 267, entonces, corresponde al Tribunal Supremo de Justicia la dirección, el gobierno y la administración del Poder Judicial, la inspección y vigilancia de los tribunales de la República y de las Defensorías Públicas. Igualmente, le corresponde la elaboración y ejecución de su propio presupuesto y del presupuesto del Poder Judicial, conforme a los principios establecidos en el artículo 254. Para el ejercicio de estas atribuciones, el Tribunal Supremo en pleno debe crear una Dirección Ejecutiva de la Magistratura, con sus oficinas regionales.

E. El Tribunal Supremo de Justicia y el problema de la autonomía e independencia del Poder Judicial

En las páginas anteriores hemos hecho referencias al problema de la independencia y autonomía judicial durante la vigencia de la Constitución de 1999, por la falta de implementación de sus disposiciones, lo que ahora debemos recapitular.

El proceso comenzó, en efecto, con la intervención por parte de la Asamblea nacional Constituyente en 1999, de todos los poderes entonces constituidos y que habían sido electos unos meses antes,[246] y en particular, del Poder Judicial, cuya autonomía e independencia comenzó a ser sistemáticamente demolida.[247] Y todo ello ocurrió, lamentablemente, con la anuencia de la antigua Corte Suprema la cual avaló la creación de una Comisión de Emergencia Judicial, llegando incluso a nombrar a uno de sus Magistrados como miembro de la misma.[248] Esa Comisión, aún cuando posteriormente denominada de Funcionamiento y Reorganización del Poder Judicial, duró hasta 2009, cuando se dictó la Ley del Código de Ética del Juez Venezolano, antes mencionado.

Los actos de la Asamblea Constituyente fueron impugnados ante la entonces ya completamente sometida Corte Suprema, la cual en otra altamente criticada decisión dictada el 14 de octubre de 1999,[249] avaló la constitucionalidad de los mismos reconociendo supuestos poderes supra–constitucionales de la Asamblea. Era, sin duda, la única forma que tenía la Corte Suprema para justificar la inconstitucional intervención de los Poderes Públicos, por lo cual habría de pagar un muy alto precio, como fue el de su propia existencia. Con esas decisiones, en realidad la Corte Suprema había firmado su propia sentencia de muerte, desapareciendo del panorama institucional dos meses después,

---

246 *V.* Decreto mediante el cual se declara la *reorganización de todos los órganos del Poder Público*" de fecha 12 de agosto de 1999, en *G.O.* N° 36.764 de 13–08–99; Decreto mediante el cual *se regulan las funciones del Poder Legislativo* de 25 de agosto de 1999, en *G.O.* N° 36.772 de 25–08–99. Sobre esto último, véase en Allan R. Brewer–Carías, *Debate Constituyente,* tomo I, *op. cit.*, pp. 75 a 113; y en *Gaceta Constituyente (Diario de Debates), Agosto–Septiembre 1999, cit.*, Sesión de 25–08–99, N° 13, pp. 12 a 13 y 27 a 30 y Sesión de 30–08–99, N° 16, pp. 16 a 19. Con posterioridad, sin embargo, y con la intermediación de la Iglesia Católica, el 9–9–99, la directiva de la Asamblea llegó a un acuerdo con la directiva del Congreso, con lo cual, de hecho, se dejó sin efecto el contenido del Decreto, siguiendo el Congreso funcionando conforme al régimen de la Constitución de 1961. *V.* el texto del Acuerdo en *El Nacional,* Caracas, 10–9–99, p. D–4

247 El 19 de agosto de 1999, la Asamblea Nacional Constituyente resolvió declarar "al Poder Judicial en emergencia," *G.O.* N° 36.772 de 25–08–99 reimpreso en *G.O.* N° 36.782 de 08–09–99. *V.* en Allan R. Brewer–Carías, *Debate Constituyente,* tomo I, *op. cit.*, p. 57 a 73; y en *Gaceta Constituyente (Diario de Debates), Agosto–Septiembre de 1999, cit.*, Sesión de 18–08–99, N° 10, pp. 17 a 22. *V.* el texto del Decreto en *G.O.* N° 36.782 de 08–09–99.

248 Acuerdo de la Suprema de Justicia de 23 de agosto de 1999. Véanse nuestros comentarios sobre el Acuerdo en Allan R. Brewer–Carías, *Debate Constituyente,* tomo I, *op. cit.*, pp. 141 ss. Véanse además, los comentarios de Lolymar Hernández Camargo, *La Teoría del Poder Constituyente, cit.*, pp. 75 ss.

249 *V.* sentencia en el Caso: *Impugnación del Decreto de Regulación de las Funciones del Poder Legislativo,* en *Revista de Derecho Público,* N° 77–80, Editorial Jurídica Venezolana, Caracas 1999, pp. 111 ss.

como la primera de las víctimas del gobierno autoritario al cual había ayudado a apoderarse del poder.

Esto sucedió el 22 de diciembre del mismo año 1999, cuando la Asamblea Constituyente, una semana después de aprobada de Constitución por voto popular (15 de diciembre de 1999), como señalamos anteriormente, dictó un acto "constituyente" violando, a la vez, la antigua (que estaba aún vigente) Constitución de 1961) y la sancionada (aún no publicada) Constitución de 1999,[250] eliminando la misma Corte Suprema, y destituyendo sus magistrados junto con todos los demás altos funcionarios del Estado, incluso los que habían sido electos un año antes. Esto lo logró la Asamblea dictado el Decreto de Transición del Poder Público,[251] con disposiciones no aprobadas popularmente. Mediante este Decreto se organizó el nuevo Tribunal Supremo nombrándose los Magistrados sin cumplirse con las exigencias establecidas en la nueva Constitución, el cual resultó integrado completamente por personas adeptas al gobierno; transformándose la Comisión de Emergencia Judicial en una Comisión de Reorganización y Funcionamiento del Poder Judicial destinada a remover a los jueces sin debido proceso, la cual continúo hasta 2011, con el aval del Tribunal Supremo.

Ante la impugnación de aquél Decreto de Régimen de Transición dictado por la Asamblea Constituyente al margen de la voluntad popular, nombrando a los propios Magistrados del nuevo Tribunal Supremo de Justicia, estos al decidir el recurso, en lugar de inhibirse, pasaron a decidir en causa propia, considerando el Decreto impugnado como "un acto de rango y naturaleza constitucional,"[252] y aceptando la existencia, no de uno, sino de dos regímenes constitucionales paralelos: uno aprobado por el pueblo y contenido en la Constitución de 1999; y otro, impuesto al pueblo por la Asamblea Constituyente. Con ello, el Tribunal Supremo abrió un largo e interminable periodo de inestabilidad e inseguridad constitucional que aún continúa once años después, socavando lo poco que queda de las ruinas del Estado de derecho.[253]

El Tribunal Supremo de Justicia, lamentablemente, en lugar de cumplir con su deber como contralor de la constitucionalidad, precisamente cuando comenzaba a entrar en aplicación la nueva Constitución, decidió que ese ilegítimo régimen transitorio no estaba sometido ni a la nueva ni a la vieja Constitución,[254] era entonces una especie de régimen "para–constitucional" que sin embargo formaba parte del "bloque de la constitucionalidad" a pesar de no haber sido aprobado por el pueblo.[255]

Uno de los resultados de este inconstitucional régimen de transición constitucional fue precisamente el nombramiento de los propios Magistrados del Tribunal Supremo de Justicia sin cumplirse con las condiciones impuestas en la Constitución para tales nombramientos, y sin garantizarse el derecho ciudadano a participar en los mismos a través

---

250 *V.* en *Gaceta Constituyente (Diario de Debates), Noviembre 1999–Enero 2000, cit.*, Sesión de 22–12–9, N° 51, pp. 2 ss. *V. G.O.* N° 36.859 de 29–12–99; y *G.O.* N° 36.860 de 30–12–99.

251 *V.* en *G.O.* N° 36.859 de 29–12–99.

252 *V.* sentencia N° 4 de fecha 26 de enero de 2000, caso: *Eduardo García,* en *Revista de Derecho Público*, N° 81, Editorial Jurídica Venezolana, Caracas 2000, pp. 93 ss.

253 *V.* Allan R. Brewer–Carías, "El juez constitucional al servicio del autoritarismo y la ilegítima mutación de la Constitución: el caso de la Sala Constitucional del Tribunal Supremo de Justicia de Venezuela (1999–2009)", en *IUSTEL, Revista General de Derecho Administrativo*, N° 21, junio 2009, Madrid, ISSN–1696–9650

254 *V.* sentencia N° 6 de fecha 27 de enero de 2000, en *Revista de Derecho Público*, N° 81, (enero–marzo), Editorial Jurídica Venezolana, Caracas, 2000, pp. 81 ss.

255 *V.* sentencia de 28 de marzo de 2000, *caso: Allan R. Brewer–Carías y otros,* en *Revista de Derecho Público*, N° 81, (enero–marzo), Editorial Jurídica Venezolana, Caracas, 2000, p. 86.

del Comité de Postulaciones Judiciales que conforme a la Constitución debía estar integrado sólo y exclusivamente por representantes de los "diversos sectores de la sociedad." Ese Comité nunca ha sido creado, habiendo sido las normas constitucionales fraudulentamente distorsionadas al convertírselo de hecho en una simple comisión parlamentaria sujeta a la Asamblea.[256]

Esto ocurrió en 2000, cuando la nueva Asamblea Nacional, en lugar de sancionar la Ley Orgánica del Tribunal Supremo para regular dicho Comité de Postulaciones Judiciales, lo que dictó una "Ley Especial para la Ratificación o Designación de los Funcionarios del Poder Ciudadano y Magistrados y Magistradas del Tribunal Supremo de Justicia para su Primer Periodo Constitucional,"[257] sin organizar el mencionado Comité de Postulaciones Judiciales. Esa Ley Especial fue incluso impugnada por la Defensora del Pueblo por inconstitucionalidad por violar el derecho a la participación política de los ciudadanos;[258] acción que hasta la fecha la Sala Constitucional no ha decidido. Lo sorprendente fue, sin embargo, que mediante una medida cautelar de amparo los Magistrados de la Sala Constitucional, en lugar de inhibirse de conocer del caso que los involucraba a ellos mismos, decidieron en causa propia, resolviendo que la Constitución no les era aplicable a ellos mismos porque supuestamente ellos no iban a ser "designados" sino "ratificados,"[259] forjándose así una grotesca burla a la Constitución.

Esta irregular situación continuó en 2004 cuando al fin la Asamblea Nacional sancionó la Ley Orgánica del Tribunal Supremo de Justicia,[260] aumentando de 20 a 32 el total de Magistrados, pero distorsionando las condiciones constitucionales para su nombramiento y remoción, consolidando el Comité de Postulaciones Judiciales como la referida comisión parlamentaria ampliada, sujeta a la Asamblea. Esta reforma fue criticada por la Comisión Interamericana de Derechos Humanos en su *Informe Anual de 2004*, al decir que carecía "de las salvaguardas necesarias para impedir que otras ramas del Poder Público pudieran minar la independencia del Tribunal."[261]

---

256 *V.* Allan R. Brewer–Carías, "La participación ciudadana en la designación de los titulares de los órganos no electos de los Poderes Públicos en Venezuela y sus vicisitudes políticas", en *Revista Iberoamericana de Derecho Público y Administrativo*, Año 5, Nº 5–2005, San José, Costa Rica 2005, pp. 76–95.

257 *G.O.* Nº 37.077 del 14 de noviembre de 2000.

258 *V. El Universal,* 14 de diciembre de 2000, pp. 1–2.

259 La Sala Constitucional adoptó el punto de vista de que ellos podían ser "ratificados" por la Ley Especial sin cumplir con la Constitución porque la Constitución sólo establecía la "postulación" de los Magistrados y no contemplaba la "ratificación" de los que ya estaban ocupando el cargo. La Sala decidió. "Consecuencia de la necesaria aplicación del Régimen de Transición de los Poderes Públicos el cual – como lo ha señalado esta Sala – tiene rango constitucional, es que es sólo con respecto a los Magistrados del Tribunal Supremo de Justicia que se aplicará el concepto de ratificación [concepto] que no está previsto en la Constitución, como resultado de lo cual la frase en el Artículo 21 del Régimen de Transición de los Poderes Públicos, conforme al cual se harán ratificaciones definitivas de conformidad con la Constitución, es inaplicable, ya que, como lo ha señalado previamente esta Sala, la Constitución actual no establecía (*sic*) normas sobre ratificación de Magistrados para el Tribunal Supremo de Justicia." *V.* Tribunal Supremo de Justicia, Sala Constitucional, Decisión del 12 de diciembre de 2000 en *Revista de Derecho Público* Nº *84*, Editorial Jurídica Venezolana, Caracas, 2000, p. 109. Véanse comentarios en Allan R. Brewer–Carías, "La participación ciudadana en la designación de los titulares de los órganos no electos de los Poderes Públicos en Venezuela y sus vicisitudes políticas" en *Revista Iberoamericana de Derecho Público y Administrativo*, Año 5, Nº 5–2005, San José, Costa Rica, 2005, pp. 76–95.

260 *G.O.* Nº 37.942 del 20 de mayo de 2004.

261 *V.* IACHR, *2004 Annual Report* (Follow–Up Report on Compliance by the State of Venezuela with the Recommendations made by the IACHR in its Report on the Situation of Human Rights in Venezuela [2003]), para. 174. Available at http://www.cidh.oas.org/annualrep/2004eng/chap.5b.htm

Después de esa reforma, en todo caso, el proceso de postulación y designación de los Magistrados del Tribunal Supremo, a pesar de ser de la exclusiva competencia del Poder Legislativo, fue completamente controlado por el Presidente de la República, como lo reconoció públicamente el Presidente de la Comisión parlamentaria, al punto de afirmar públicamente, además, que "En el grupo de postulados no hay nadie que vaya actuar contra nosotros."[262] La última manifestación de este control ocurrió, luego de una ilegítima "reforma" de la ley Orgánica del Tribunal Supremo mediante una "reimpresión" por supuesto error material,[263] con la elección de los Magistrados del Tribunal Supremo a finales de 2010.[264]

Ha sido esa configuración del Tribunal Supremo, altamente politizada y sujeta a los deseos del Presidente, lo que ha permitido la completa eliminación de la autonomía del Poder Judicial, y por ende, la separación de poderes, permitiendo al gobierno ejercer un control absoluto sobre el Tribunal y en particular, sobre su Sala Constitucional. Ello ha llegado al punto, por ejemplo, de que en algún caso en el cual el Tribunal dictó una absurda sentencia "reformando" la Ley de Impuesto sobre la Renta,[265] el Presidente la criticó, pero no por su absurdo contenido, sino porque se hubiese dictado sin consultar previamente al "líder de la Revolución," advirtiendo a los tribunales que eso de decidir

---

262 Declaró a la prensa: "Si bien los diputados tenemos la potestad de esta escogencia, el Presidente de la República fue consultado y su opinión fue tomada muy en cuenta." Añadió: "Vamos a estar claros, nosotros no nos vamos a meter autogoles. En la lista había gente de la oposición que cumplen con todos los requisitos. La oposición hubiera podido usarlos para llegar a un acuerdo en las últimas sesiones, pero no quisieron. Así que nosotros no lo vamos a hacer por ellos. En el grupo de postulados no hay nadie que vaya actuar contra nosotros." *V. El Nacional*, Caracas, 13 de diciembre de 2004. La Comisión Interamericana de Derechos Humanos sugirió en su Informe a la Asamblea General de la OEA para 2004 que "estas normas de la Ley Orgánica del Tribunal Supremo de Justicia habrían facilitado que el Poder Ejecutivo manipulara el proceso de elección de magistrados llevado a cabo durante 2004." *V.* Comisión Interamericana de Derechos Humanos, *Informe sobre Venezuela 2004*, párrafo 180.

263 *V.* los comentarios de Víctor Hernández Mendible, "Sobre la nueva reimpresión por "supuestos errores" materiales de la LOTSJ en la *G.O.* N° 39.522, de 1 de octubre de 2010," y Antonio Silva Aranguren, "Tras el rastro del engaño, en la web de la Asamblea Nacional," publicados en el *Addendum* al libro de Allan R. Brewer–Carías y Víctor Hernández Mendible, *Ley Orgánica del Tribunal Supremo de Justicia de 2010,* Editorial Jurídica Venezolana, Caracas, 2010.

264 Con motivo de la designación de Magistrados a finales de 2010, igualmente con personas todas afectas al gobierno, Hildegard Rondón de Sansó expresó: "El mayor de los riesgos que plantea para el Estado la desacertada actuación de la Asamblea Nacional en la reciente designación de los Magistrados del Tribunal Supremo de Justicia, no está solo en la carencia, en la mayoría de los designados de los requisitos constitucionales, sino el haber llevado a la cúspide del Poder Judicial la decisiva influencia de un sector del Poder Legislativo, ya que para diferentes Salas, fueron elegidos cinco parlamentarios" [...] "la configuración del Comité de Postulaciones Judiciales, al cual la Constitución creó como un organismo neutro, representante de los "diferentes sectores de la sociedad" (Art. 271), pero la Ley Orgánica del Tribunal Supremo de Justicia, lo convirtió en forma inconstitucional, en un apéndice del Poder Legislativo. La consecuencia de este grave error era inevitable: los electores eligieron a sus propios colegas, considerando que hacerlo era lo más natural de este mundo y, ejemplo de ello fueron los bochornosos aplausos con que se festejara cada nombramiento." En "*Obiter Dicta.* En torno a una elección," en *La Voce d'Italia*, 14–12–2010.

265 *V.* sentencia de la Sala Constitucional, Decisión N° 301 del 27 de febrero de 2007 (Caso: *Adriana Vigilanza y Carlos A. Vecchio*) (Exp. N° 01–2862) en *G.O.* N° 38.635 del 1 de marzo de 2007. Véanse comentarios en Allan R. Brewer–Carías, "El juez constitucional en Venezuela como legislador positivo de oficio en materia tributaria" en *Revista de Derecho Público* N° 109, Editorial Jurídica Venezolana, Caracas 2007, pp. 193–212, *disponible en* www.allanbrewercarias.com, (Biblioteca Virtual, II.4. Artículos y Estudios N° 508, 2007) pp. 1–36; y Allan R. Brewer–Carías, "De cómo la Jurisdicción constitucional en Venezuela, no sólo legisla de oficio, sino subrepticiamente modifica las reformas legales que "sanciona", a espaldas de las partes en el proceso: el caso de la aclaratoria de la sentencia de Reforma de la Ley de Impuesto sobre la Renta de 2007" en *Revista de Derecho Público* N° 114, Editorial Jurídica Venezolana, Caracas, 2008, pp. 267–276, disponible en http://www.brewercarias.com/Content/449725d9–f1cb–474b–8ab2–41efb849fea8/Content/ II.4.575.pdf.

sin que se le consultaran los asuntos, podía considerarse "traición al Pueblo" o a "la Revolución."[266]

Y ha sido mediante el control ejercido sobre del Tribunal Supremo, que en Venezuela es el órgano encargado del gobierno y administración del sistema judicial, que el gobierno ha ejercido un control político sobre la universalidad de las instituciones judiciales, con la cooperación de la hasta 2011 sobreviviente Comisión de Reorganización del Poder Judicial, legitimizada por el propio Tribunal Supremo. Con ello, se hicieron completamente inaplicables las magníficas previsiones constitucionales que buscaban garantizar la independencia y autonomía de los jueces.[267]

De acuerdo con el texto constitucional, en efecto, jueces sólo pueden ser quienes entren en la carrera judicial mediante concurso público con participación ciudadana. Estos, sin embargo, nunca se han implementado, estando el Poder Judicial compuesto casi exclusivamente por jueces temporales y provisorios, sin estabilidad alguna. Desde 2003, la Comisión Interamericana de Derechos Humanos[268] ha advertido sobre esta situación irregular, de manera que todavía en su *Informe Anual de 2008,* la califica como un "problema endémico" que expone a los jueces a su destitución discrecional, llamando la atención sobre el "permanente estado de emergencia al cual están sometidos los jueces."[269]

Pero si se lee el texto de la Constitución, lo que resulta es que al contrario, los jueces sólo podrían ser removidos a través de procedimientos disciplinarios conducidos por jueces disciplinarios que deben formar una Jurisdicción Disciplinaria Judicial. Sin embargo, de nuevo, esta última sólo se ha creado en 2011, habiendo asumido la función

---

266 "Muchas veces llegan, viene el Gobierno Nacional Revolucionario y quiere tomar una decisión contra algo por ejemplo que tiene que ver o que tiene que pasar por decisiones judiciales y ellos empiezan a moverse en contrario a la sombra, y muchas veces logran neutralizar decisiones de la Revolución a través de un juez, o de un tribunal, o hasta en el mismísimo Tribunal Supremo de Justicia, a espaldas del líder de la Revolución, actuando por dentro contra la Revolución. Eso es, repito, traición al pueblo, traición a la Revolución." Discurso en el Primer Encuentro con Propulsores del Partido Socialista Unido de Venezuela desde el teatro Teresa Carreño, 24 de marzo de 2007, disponible en http://www.minci.gob.ve/alocuciones/4/13788/primer_encuentro_con.html, p. 45.

267 *V., en general,* Allan R. Brewer–Carías, "La progresiva y sistemática demolición de la autonomía e independencia del Poder Judicial en Venezuela (1999–2004)" en *XXX Jornadas J.M Domínguez Escovar, Estado de Derecho, Administración de Justicia y Derechos Humanos*, Instituto de Estudios Jurídicos del Estado Lara, Barquisimeto 2005, pp. 33–174; Allan R. Brewer–Carías, "El constitucionalismo y la emergencia en Venezuela: entre la emergencia formal y la emergencia anormal del Poder Judicial" en Allan R. Brewer–Carías, *Estudios Sobre el Estado Constitucional (2005–2006)*, Editorial Jurídica Venezolana, Caracas 2007, pp. 245–269; y Allan R. Brewer–Carías "La justicia sometida al poder. La ausencia de independencia y autonomía de los jueces en Venezuela por la interminable emergencia del Poder Judicial (1999–2006)" en *Cuestiones Internacionales. Anuario Jurídico Villanueva 2007,* Centro Universitario Villanueva, Marcial Pons, Madrid, 2007, pp. 25–57, *disponible en* www.allanbrewercarias.com, (Biblioteca Virtual, II.4. Artículos y Estudios N° 550, 2007) pp. 1–37. *V.* también Allan R. Brewer–Carías, *Historia Constitucional de Venezuela*, Editorial Alfa, Tomo II, Caracas, 2008, pp. 402–454.

268 Un juez provisorio es un juez designado mediante un concurso público. Un juez temporal es un juez designado para cumplir una tarea específica o por un periodo específico de tiempo. En 2003, la Comisión Interamericana de Derechos Humanos indicó que había sido: "informada que sólo 250 jueces han sido designados por concurso de oposición de conformidad a la normativa constitucional. De un total de 1772 cargos de jueces en Venezuela, el Tribunal Supremo de Justicia reporta que solo 183 son titulares, 1331 son provisorios y 258 son temporales." *Reporte sobre la Situación de Derechos Humanos en Venezuela*; OAS/Ser.L/V/II.118. doc.4rev.2; 29 de diciembre de 2003, par. 174, *disponible en* http://www.cidh.oas.org/countryrep/Venezuela2003eng/toc.htm. La Comisión también agregó que "un aspecto vinculado a la autonomía e independencia del Poder Judicial es el relativo al carácter provisorio de los jueces en el sistema judicial de Venezuela. Actualmente, la información proporcionada por las distintas fuentes indica que más del 80% de los jueces venezolanos son 'provisionales.'" *Id.* parágrafo 161.

269 *V. Annual Report 2008* (OEA/Ser.L/V/II.134. Doc. 5 rev. 1. 25 febrero 2009), para. 39

disciplinaria la antes mencionada Comisión ad hoc,[270] la cual, además de remover a los jueces en forma discrecional sin garantía alguna del debido proceso,[271] como lo destacó la misma Comisión Interamericana en su *Informe de 2009*, lo peor es que ella misma, no gozaba de independencia, pues sus integrantes son de la libre remoción discrecional de la Sala Constitucional.[272]

Esa Comisión de Reorganización, por tanto, literalmente "depuró" la judicatura de jueces que no estaban en línea con el régimen autoritario, como lo reconoció la propia Sala Constitucional,[273] removiendo discrecionalmente jueces que puedan haber dictado decisiones que no han complacido al Ejecutivo. Esto llevó a la Comisión Interamericanas de Derechos Humanos a decir, en el mismo *Informe Anual* de 2009, que "en Venezuela los jueces y fiscales no gozan de la garantía de permanencia en su cargo necesaria para asegurar su independencia en relación con los cambios de políticas gubernamentales."[274]

Uno de los casos emblemáticos que muestra esta insólita situación tuvo lugar en 2003, cuando la Corte Primera de lo Contencioso Administrativo dictó una medida cautelar suspendiendo la ejecución de un programa de contratación pública de médicos extranjeros sin licencia, para programas sociales de atención médica; medida que se dictó a solicitud del Colegio de Médicos de Caracas que alegaba discriminación contra los médicos licenciados."[275] La respuesta del Gobierno contra una simple medida cautelar de suspensión de efectos, además de anunciar públicamente que no sería acatada,[276] fue el allanamiento policial de la sede del tribunal; la destitución de todos sus Magistrados y la clausura del mismo por casi un año, y el insulto público proferido por el Presidente de la República contra los Magistrados destituidos.[277] El caso fue llevado ante la Corte Interamericana de Derechos Humanos, la cual dictó sentencia en 2008 condenando al Estado venezolano por la violación de las garantías judiciales de los Magistra-

---

270 La Sala Político–Administrativa del Tribunal Supremo de Justicia resolvió que la remoción de jueces temporales es una facultad discrecional de la Comisión de Funcionamiento y Reestructuración del Sistema Judicial, la cual adopta sus decisiones sin seguir procedimiento administrativo alguno. *V.* Decisión Nº 00463–2007 del 20 de marzo de 2007; Decisión Nº 00673–2008 del 24 de abril de 2008 (citada en la Decisión Nº 1.939 del 18 de diciembre de 2008, p. 42). La Sala Constitucional ha establecido la misma posición en la Decisión Nº 2414 del 20 de diciembre de 2007 y Decisión Nº 280 del 23 de febrero de 2007.

271 *V.* Tribunal Supremo de Justicia, Decisión Nº 1.939 del 18 de diciembre de 2008 (Caso: *Gustavo Álvarez Arias et al.*)

272 *V. Annual Report 2009*, Par. 481, en http://www.cidh.org/annualrep/2009eng/Chap.I*V*.f.eng.htm.

273 Decisión Nº 1.939 de 18–12–2008 (Caso: *Abogados Gustavo Álvarez Arias y otros*), en la cual la Sala Constitucional decidió la no ejecutabilidad de la decisión de la Corte Interamericana de Derechos Humanos del 05–08–2008 (Caso: *Apitz Barbera y otros ["Corte Primera de lo Contencioso Administrativo"] vs. Venezuela [Corte IDH]*, Case: *Apitz Barbera y otros ["Corte Primera de lo Contencioso Administrativo"] vs. Venezuela*, Sentencia de 5 de agosto de 2008, Serie C, Nº 182.

274 *V. Informe Anual de 2009*, parágrafo 480, en http://www.cidh.oas.org/annualrep/2009eng/Chap.IV.f.eng.htm

275 *V.* Claudia Nikken, "El caso "Barrio Adentro": La Corte Primera de lo Contencioso Administrativo ante la Sala Constitucional del Tribunal Supremo de Justicia o el avocamiento como medio de amparo de derechos e intereses colectivos y difusos, " en *Revista de Derecho Público*, Nº 93–96, Editorial Jurídica Venezolana, Caracas, 2003, pp. 5 ss.

276 "Váyanse con su decisión no sé para donde, la cumplirán ustedes en su casa si quieren…" Exposición en el programa radial *Aló Presidente*, Nº 161, 24–08–2004

277 Exposición pública el 20–09–2004. *V.* la información en *El Nacional*, Caracas 05–11–2004, p. A–2, donde el Presidente destituido de la Corte Primera señaló que: "La justicia venezolana vive un momento tenebroso, pues el tribunal que constituye un último resquicio de esperanza ha sido clausurado".

dos,[278] pero la respuesta de la Sala Constitucional del Tribunal Supremo a solicitud del gobierno, fue simplemente declarar que las decisiones de la Corte Interamericana son inejecutables en Venezuela.[279] Tan simple como eso, mostrando la total subordinación de las instituciones judiciales respecto de las políticas, deseos y dictados del Presidente de la República.

Además, en diciembre de 2009 tuvo lugar otro asombroso caso, que fue la detención policial arbitraria de una juez penal (María Lourdes Afiuni Mora) por habérsele ocurrido ordenar, conforme a sus atribuciones y siguiendo las recomendaciones del Grupo de Trabajo de las Naciones Unidas sobre Detenciones Arbitrarias, la excarcelación de un individuo investigado por delios financieros a los efectos de que fuese enjuiciado en libertad como lo garantiza la Constitución. El mismo día de la decisión, el Presidente de la Republica pidió públicamente la detención de la juez, exigiendo que se le aplicara la pena máxima de 30 años establecida en Venezuela para crímenes horrendos y graves. La juez fue efectivamente detenida por la policía ese mismo día, y todavía permanece en detención, sin que se haya iniciado juicio alguno contra ella. El mismo Grupo de Expertos de Naciones Unidas consideró estos hechos como "un golpe del Presidente Hugo Chávez contra la independencia de los jueces y abogados" solicitando la "inmediata liberación de la juez" concluyendo que "las represalias ejercidas sobre jueces y abogados por el ejercicio de sus funciones garantizadas constitucionalmente creando un clima de temor, solo sirve para minar el Estado de derecho y obstruir la justicia."[280]

El hecho es que en Venezuela ningún juez puede adoptar una decisión que pueda afectar las políticas gubernamentales, los intereses del Estado o la voluntad de los funcionarios públicos, por lo que por ejemplo, la Jurisdicción Contencioso Administrativa ha dejado de tener efectividad e importancia.[281] Por ello la Comisión Interamericana de Derechos Humanos después de describir con preocupación en su *Informe Anual de 2009* que en muchos casos, "los jueces son removidos inmediatamente después de adoptar decisiones judiciales en casos con impactos políticos importantes," concluyó señalando que "la falta de independencia judicial y de autonomía en relación con el poder político es, en opinión de la Comisión el punto más débil de la democracia venezolana."[282]

---

278 *V.* sentencia de la Corte Interamericana de 5 de agosto de 2008 Caso: *Apitz Barbera y otros ("Corte Primera de lo Contencioso Administrativo") vs. Venezuela,* en www.corteidh.or.cr . Excepción Preliminar, Fondo, Reparaciones y Costas, Serie C Nº 182;

279 *V.* sentencia de la Sala Constitucional, sentencia Nº 1.939 de 18 de diciembre de 2008 (Caso *Abogados Gustavo Álvarez Arias y otros*), en http://www.tsj.gov.ve/decisiones/scon/Diciembre/1939–181208–2008–08–1572.html

280 *V.* en at http://www.unog.ch/unog/website/news_media.nsf/%28httpNewsByYear_en%29/93687E84–29BD53A1C125768E00529DB6?OpenDocument&cntxt=B35C3&cookielang=fr . En Octubre 14, 2010, el mismo Grupo de Trabajo de la ONU solicitó formalmente al Gobierno venezolano que la Juez fuse "sometida a un juicio apegado al debido proceso y bajo el derecho de la libertad provisional". *V.* en *El Universal*, 14–10–2010, en http://www.eluniversal.com/2010/10/14/pol_ava_instancia–de–la–onu_14A4608051.shtml

281 *V.* Antonio Canova González, *La realidad del contencioso administrativo venezolano (Un llamado de atención frente a las desoladoras estadísticas de la Sala Político Administrativa en 2007 y primer semestre de 2008), cit.*, p. 14.

282 *V.* en ICHR, *Annual Report 2009*, para. 483. Available at http://www.cidh.oas.org/annualrep/2009eng/Chap.IV.f.eng.htm.

6. El Poder Ciudadano

Otra innovación de la Constitución de 1999 fue declarar formalmente como formando parte de la distribución del Poder Público Nacional, además del Poder Legislativo Nacional, del Poder Ejecutivo Nacional y del Poder Judicial, tanto al Poder Ciudadano como al Poder Electoral (Art. 136).

En cuanto al Poder Ciudadano, el mismo lo ejercen dos órganos de rango Constitucional con tradición en el país, como la Contraloría General de la República y el Ministerio Público (Fiscalía General de la República) y un órgano nuevo creado por la Constitución de 1999, el Defensor del Pueblo, en la orientación general de los organismos similares creados en toda América Latina.[283] Así, conforme al artículo 273 de la Constitución los órganos del Poder Ciudadano son la Defensoría del Pueblo, el Ministerio Público y la Contraloría General de la República[284] y sus titulares, designados por períodos de 7 años, reunidos, forman el Consejo Moral Republicado (Art. 274). La organización y funcionamiento de los órganos del Poder Ciudadano se ha establecido en la Ley Orgánica del Poder Ciudadano de 2001.[285]

Estos órganos tienen a su cargo, como atribución común de conformidad con la Constitución y la ley, prevenir, investigar y sancionar los hechos que atenten contra la ética pública y la moral administrativa; velar por la buena gestión y la legalidad en el uso del patrimonio público, el cumplimiento y la aplicación del principio de la legalidad en toda la actividad administrativa del Estado, e igualmente, promover la educación como proceso creador de la ciudadanía, así como la solidaridad, la libertad, la democracia, la responsabilidad social y el trabajo (Art. 274).

En todo caso, el Poder Ciudadano es independiente y sus órganos gozan de autonomía funcional, financiera y administrativa, a cuyo efecto, dentro del presupuesto general del Estado se le debe asignar una partida anual variable. Sin embargo, dichos funcionarios pueden ser removidos por la Asamblea nacional, con lo que queda lesionada su autonomía e independencia.

Los representantes del Consejo Moral Republicano deben formular a las autoridades, y funcionarios de la Administración Pública, las advertencias sobre las faltas en el cum-

283 *V.* Alberto Baumeister Toledo, "Algunos aspectos de derecho comparado de especial consideración sobre la figura del defensor del pueblo en la Constitución de 1999," Jesús María Casal, Alfredo Arismendi y Carlos Luis Carrillo Artiles (Coord.), *Tendencias Actuales del Derecho Constitucional. Homenaje a Jesús María Casal Montbrun,* Tomo II, Universidad Central de Venezuela / Universidad Católica Andrés Bello, Caracas, 2008, pp. 53–64; Gustavo Briceño Vivas, "La protección de los derechos humanos y su inserción en la Constitución de 1999," Román Duque Corredor y Jesús María Casal Coords), *Estudios de Derecho Público,* Tomo II, Universidad Católica Andrés Bello, Caracas, 2004, pp. 51–86.

284 *V.* en general, Roxana Orihuela Gonzatti, "El nuevo Poder Ciudadano," en *El Derecho Público a comienzos del siglo XXI. Estudios homenaje al Profesor Allan R. Brewer–Carías,* Tomo I, Instituto de Derecho Público, UCV, Civitas Ediciones, Madrid, 2003, pp. 933–980; María A. Correa de Baumeister, "El Poder Ciudadano y el Poder Electoral en la Constitución de 1999," en *El Derecho Público a comienzos del siglo XXI. Estudios homenaje al Profesor Allan R. Brewer–Carías,* Tomo I, Instituto de Derecho Público, UCV, Civitas Ediciones, Madrid, 2003, pp. 982–995; José L. Morantes Mago, "El Poder Ciudadano y sus órganos en la Constitución de 1999," en *Revista de Control Fiscal,* N° 142 (enero–abril). Contraloría General de la República, Caracas, 2000, pp. 15–51; Celia Poleo de Ortega, "El Poder Ciudadano en la Constitución venezolana de 1999," en *Revista de Control Fiscal,* N° 143 (mayo–agosto). Contraloría General de la República, Caracas, 2000, pp. 15–46

285 *G.O.* N° 37.310 de 25–10–2001. *V.* Allan R. Brewer–Carías *et al.*, *Ley Orgánica del Poder Ciudadano. Ley Orgánica del Poder Ciudadano, Ley Orgánica de la Defensoría del Pueblo, Ley Orgánica del Ministerio Público, Ley Orgánica de la Contraloría General de la República,* Editorial Jurídica Venezolana, Caracas 2005.

plimiento de sus obligaciones legales. De no acatarse estas advertencias, el Consejo Moral Republicano puede imponer las sanciones establecidas en la ley. En caso de contumacia, el Presidente del Consejo Moral Republicano debe presentar un informe al órgano o dependencia al cual esté adscrito el funcionario público, para que esa instancia tome los correctivos de acuerdo con el caso, sin perjuicio de las sanciones a que hubiere lugar en conformidad con la ley (Art. 275).

Además, conforme al artículo 278, el Consejo Moral Republicano debe promover todas aquellas actividades pedagógicas dirigidas al conocimiento y estudio de la Constitución, al amor a la patria, a las virtudes cívicas y democráticas, a los valores trascendentales de la República y a la observancia y respeto de los derechos humanos.

A los efectos del nombramiento de los titulares de los órganos del Poder Ciudadano por la Asamblea Nacional, el Consejo Moral Republicano debe convocar un Comité de Evaluación de Postulaciones del Poder Ciudadano, que debe estar integrado por representantes de diversos sectores de la sociedad, lo que no ha ocurrido así.[286]

Dicho Comité debe adelantar un proceso público de cuyo resultado se debe obtener una terna por cada órgano del Poder Ciudadano, que debe ser sometida a la consideración de la Asamblea Nacional que, mediante el voto favorable de las 2/3 partes de sus integrantes, escogerá en un lapso no mayor de treinta días continuos, al titular del órgano del Poder Ciudadano que esté en consideración.

Si concluido este lapso no hay acuerdo en la Asamblea Nacional, el Poder Electoral debe someter la terna a consulta popular.

El artículo 279 dispone, sin embargo, que en caso de no haber sido convocado el Comité de Evaluación de Postulaciones del Poder Ciudadano, la Asamblea Nacional debe proceder, dentro del plazo que determine la ley, a la designación del titular del órgano del Poder Ciudadano correspondiente.

En cuanto a la Contraloría General de la República (Art. 287),[287] y el Ministerio Público (Art. 284),[288] como órganos ahora integrantes del Poder Ciudadano, el régimen constitucional de las mismas sigue las mismas orientaciones que las que estaban en la Constitución de 1961. La novedad constitucional en esta materia fue la creación de la Defensoría del Pueblo, a cargo del Defensor del Pueblo, a quien compete la promoción, defensa y vigilancia de los derechos y garantías establecidos en la Constitución y los tratados internacionales sobre derechos humanos, además de los intereses legítimos, colectivos y difusos de los ciudadanos (Art. 280); y cuya actividad se rige por los principios de gratuidad, accesibilidad, celeridad, informalidad e impulso de oficio (Art. 283).[289] La competencia del Defensor del Pueblo en materia de defensa de los derechos humanos ha sido considerada por la Sala Constitucional como exclusiva de Poder Na-

286 *V.* Allan R. Brewer–Carías, "Sobre el nombramiento irregular por la Asamblea Nacional de los titulares de los órganos del poder ciudadano en 2007," en *Revista de Derecho Público,* N° 113, Editorial Jurídica Venezolana, Caracas, 2008, pp. 85–88.

287 *V.* la Ley Orgánica de la Contraloría General de la República y del Sistema Nacional de Control Fiscal, *G.O.* N° 37.347 del 17 de diciembre de 2001. *V.* José Ignacio, Hernández G., "La Contraloría General de la República," *Revista de Derecho Público,* N° 83 (julio–septiembre), Editorial Jurídica Venezolana, Caracas, 2000, pp. 21–38

288 *V.* la Ley Orgánica del Ministerio Público, en *G.O.* N° 38.647 de 19–03–2007.

289 *V.* en general, Gustavo Briceño Vivas, "El Defensor del Pueblo en la nueva Constitución. Análisis y crítica," en *Revista de Derecho Público,* N° 82 (abril–junio). Editorial Jurídica Venezolana, Caracas, 2000, pp. 57–69; Jesús M. Casal H., "La Defensoría del Pueblo en Venezuela," en *Revista de Derecho Constitucional,* N° 3 (julio–diciembre). Editorial Sherwood, Caracas, 2000, pp. 345–358.

cional y de la Defensoría del Pueblo, razón por la cual en diversas ocasiones anuló normas de Constituciones de los Estados creando órganos similares leyes de los Estados."[290]

7. El Poder Electoral

Otra innovación de la Constitución de 1999 fue que elevó al rango constitucional al órgano de control electoral, el cual conforme a la Constitución de 1961 (Art. 113) sólo tenía rango legal. Así, el artículo 292 dispone que el Poder Electoral se ejerce por el Consejo Nacional Electoral como ente rector y, como organismos subordinados a éste, la Junta Electoral Nacional, la Comisión de Registro Civil y Electoral y la Comisión de Participación Política y Financiamiento, con la organización y el funcionamiento que se ha establecido en la Ley Orgánica del Poder Electoral.[291]

Entre las funciones del Poder Electoral (artículo 293) además de la organización, administración, dirección y vigilancia de todos los actos relativos a la elección de los cargos de representación popular de los poderes públicos, así como de los referendos (ord. 5), está la de organizar las elecciones de sindicatos, gremios profesionales y organizaciones con fines políticos en los términos que señale la ley. Así mismo, puede organizar procesos electorales de otras organizaciones de la sociedad civil a solicitud de éstas, o por orden de la Sala Electoral del Tribunal Supremo de Justicia (ord. 6). Esto se configura como una injerencia intolerable del Estado en las organizaciones intermedias de la sociedad.

El artículo 296 exige que el Consejo Nacional Electoral debe estar integrado por cinco personas no vinculadas a organizaciones con fines políticos; tres de ellos serán postulados por la sociedad civil, uno por las facultades de ciencias jurídicas y políticas de las universidades nacionales, y uno por el Poder Ciudadano.

Los tres integrantes postulados por la sociedad civil deben tener seis suplentes en secuencia ordinal, y cada designado por las Universidades y el Poder Ciudadano tendrá dos suplentes, respectivamente.

El artículo 295 crea un Comité de Postulaciones Electorales de candidatos a integrantes del Consejo Nacional Electoral, el cual debe estar integrado por representantes de los diferentes sectores de la sociedad, de conformidad con lo que establezca la ley. Lamentablemente, sin embargo, también en este caso, la Ley Orgánica del Poder Electoral lo que ha organizado en lugar del Comité, es una comisión parlamentaria ampliada, sujeta al parlamento. En todo caso, los integrantes del Consejo Nacional Electoral son designados por la Asamblea Nacional con el voto de las 2/3 partes de sus integrantes.

---

290 *V.* la sentencia Nº 1182 de 11 de octubre de 2000 que anuló las normas de la Constitución del Estado Mérida que había creado la figura del "Defensor de los Derechos, en *Revista de Derecho Público*, Nº 84, (octubre–diciembre), Editorial Jurídica Venezolana, Caracas, 2000, pp. 177 ss.; y la en sentencia Nº 1395 de 7 de agosto de 2001 anuló las normas de la Constitución del Estado Aragua que había creado la figura del "Defensor del Pueblo de Aragua, en *Revista de Derecho Público*, Nº 85–88, Editorial Jurídica Venezolana, Caracas, 2001, pp. 192 ss.

291 *G.O.* Nº 37.573 del 19 de noviembre de 2002. *V.* María A. Correa de Baumeister, "El Poder Ciudadano y el Poder Electoral en la Constitución de 1999," en *El Derecho Público a comienzos del siglo XXI. Estudios homenaje al Profesor Allan R. Brewer–Carías,* Tomo I, Instituto de Derecho Público, UCV, Civitas Ediciones, Madrid, 2003, pp. 982–995; Rafael Méndez García, "Estudio del Poder Electoral (controles)," en *Bases y principios del sistema constitucional venezolano (Ponencias del VII Congreso Venezolano de Derecho Constitucional realizado en San Cristóbal del 21 al 23 de Noviembre de 2001),* Volumen II, pp. 355–383.

Los integrantes del Consejo Nacional Electoral escogerán de su seno a su Presidente, de conformidad con la ley.

Los integrantes del Consejo Nacional Electoral duran siete años en sus funciones y deben ser elegidos por separado: los tres postulados o postuladas por la sociedad civil al inicio de cada período de la Asamblea Nacional, y los otros dos a la mitad del mismo (Art. 296).

En este caso también, los integrantes del Consejo Nacional Electoral pueden ser removidos por la Asamblea Nacional, previo pronunciamiento del Tribunal Supremo de Justicia (Art. 296), lo que en si mismo es la negación de la autonomía e independencia de sus titulares.

Ahora bien, durante la década de vigencia de la Constitución, el Poder Electoral ha sido progresivamente controlado por el Poder Ejecutivo, lo que comenzó a ocurrir con una decisión de la Sala Electoral del Tribunal Supremo de 22 de enero de 2003,[292] con ocasión de la presentación ante el Consejo Nacional Electoral de más de tres millones de firmas respaldando la solicitud de convocatoria a un referendo consultivo sobre la renuncia del Presidente de la República, mediante la cual no sólo ordenó por vía cautelar al Consejo Nacional Electoral abstenerse de convocar referendo alguno, sino que le ordenó no sesionar con la participación un miembro (Leonardo Pizani) que la Asamblea Nacional había designado en 2000. Con ello, simplemente se paralizó el funcionamiento del máximo órgano electoral, habiendo quedado en suspenso el derecho a la participación política. Un año y dos meses después, el 19 de marzo de 2003, [293] la misma Sala Electoral desincorporó de su cargo al Sr. Pizani, con lo que se paralizó el efectivo funcionamiento del órgano, por falta del quórum requerido para determinadas decisiones. La Ley Orgánica del Poder Electoral se había sancionado en noviembre de 2002,[294] pero aún constituido el inconstitucional Comité de Postulaciones que se reguló, sin embargo, la Asamblea Nacional no pudo lograr acuerdos para la designación de los integrantes del Consejo Nacional Electoral. Frente a inacción se ejercieron ante la Sala Constitucional diversos recursos contra la omisión de la Asamblea Nacional en designar a los Rectores del Consejo Nacional Electoral, lo que motivó la emisión de la sentencia de 4 de agosto de 2003 (Caso: *Hermann Escarrá Malavé y otros*)[295] mediante la cual

---

292 *V.* sentencia N° 3 de 22 de enero de 2003 (Caso: *Darío Vivas y otros*). *V.* la referencia en Allan R. Brewer–Carías, "El secuestro del Poder Electoral y de la Sala Electoral del Tribunal Supremo y la confiscación del derecho a la participación política mediante el referendo revocatorio presidencial: Venezuela: 2000–2004," en *Revista Costarricense de Derecho Constitucional,* Tomo V, Instituto Costarricense de Derecho Constitucional, Editorial Investigaciones Jurídicas S.A., San José, 2004, pp. 167–312; y en *La Sala Constitucional Versus el Estado Democrático de Derecho. El secuestro del poder electoral y de la Sala Electoral del Tribunal Supremo y la confiscación del derecho a la participación política,* Los Libros de El Nacional, Colección Ares, Caracas, 2004, pp. 33 ss.

293 *V.* sentencia N° 32 de 19 de marzo de 2003 (Caso: *Darío Vivas y otros*). *V.* la referencia en Allan R. Brewer–Carías, en "El secuestro del Poder Electoral y la confiscación del derecho a la participación política mediante el referendo revocatorio presidencial: Venezuela 2000–2004," en *Revista Jurídica del Perú,* Año LIV N° 55, Lima, marzo–abril 2004, pp. 353–396.

294 *V.* Ley Orgánica del Poder Electoral en *G.O.* N° 37.573 de 19–11–2002.

295 *V.* sentencia N° 2073 de 4 de agosto de 2003 (Caso: *Hermánn Escarrá Malaver y oros*), en *Revista de Derecho Público,* N° 93–96, Editorial Jurídica Venezolana, Caracas 2003, pp. 520 ss.; y sentencia N° 2341 del 25 de agosto de 2003 (Caso: *Hemann Escarrá y otros*), *Idem.,* pp. 525 ss. *V.* las referencias en Allan R. Brewer–Carías, "El secuestro del poder electoral y la conficación del derecho a la participación política mediante el referendo revocatorio presidencial: Venezuela 2000–2004", en *Stvdi Vrbinati, Rivista tgrimestrale di Scienze Giuridiche, Politiche ed Economiche,* Año LXXI – 2003/04 Nuova Serie A – N. 55,3, Università degli studi di Urbino, pp.379–436; y en *La Sala Constitucional Versus el Estado Democrático de Derecho. El secuestro del poder electoral y de la Sala Electoral del Tribunal Supremo y la confiscación del derecho a la participación política, cit.,* pp. 38 ss.

instó a la Asamblea a hacer las designaciones de los Rectores del Consejo Nacional Electoral, con una serie de lineamientos. La persistente omisión de la Asamblea Nacional originó la otra sentencia de la misma Sala Constitucional de 25 de agosto de 2003,[296] no sólo designando a los Rectores del Consejo Nacional Electoral, sino eligiendo su directiva y nombrando otros funcionarios titulares de órganos subordinados del Cuerpo. El Tribunal Supremo de Justicia, en esta forma, en una sentencia que excede la que podría dictar para suplir las omisiones del legislador, en definitiva, pretendió llenar el vacío institucional que ella misma había creado, al impedir el funcionamiento del órgano electoral; y luego usurpó las funciones de la Asamblea, designando un Consejo Nacional Electoral totalmente controlado por el Poder Ejecutivo.[297]

II. LA ORGANIZACIÓN DEL PODER PÚBLICO ESTADAL

La distribución territorial del Poder Público en el marco de la federación implica la estructuración, en forma descentralizada, de las entidades políticas, las cuales por esencia gozan de autonomía. Por ello, el artículo 159 de la Constitución establece que los Estados que son un total de 23, son entidades "autónomas e iguales en lo político," con personalidad jurídica plena, y quedan obligados a mantener la independencia, soberanía e integridad nacional, y a cumplir y hacer cumplir la Constitución y las leyes de la República.

Esta autonomía, por supuesto, es política (elección de sus autoridades), organizativa (se dictan su Constitución), administrativa (inversión de sus ingresos), jurídica (no revisión de sus actos sino por los tribunales) y tributaria (creación de sus tributos); y sus límites deben ser los establecidos en la Constitución, razón por la cual la ley nacional no podría regular a los Estados. Sin embargo, esta autonomía está limitada en la Constitución en forma absolutamente inconveniente, al remitir el artículo 162 a la ley nacional para establecer "el régimen de la organización y el funcionamiento de los Consejos Legislativos Estadales, es decir, el órgano que ejerce el Poder Legislativo en los Estados". Esa materia debería ser competencia exclusiva de los Estados a ser regulados en sus respectivas Constituciones (Art. 164, ord. 1).[298]

Limitaciones similares se establecen en la Constitución en cuanto al ejercicio de las competencias. Por ejemplo, en materia de tributos, en la Constitución no sólo se ha dejado la materia a una legislación nacional futura, sino que en definitiva, el Poder Nacional es el llamado a regular el ejercicio de la potestad tributaria, estadal y municipal (Art. 156, ord. 13).[299]

---

296 *Idem.*

297 *Idem.*

298 *V.* sobre la interpretación de los artículos 162 y 200 de la Constitución, sentencia Nº 1636 de 16–06–2003, en *Revista de Derecho Público* Nº 93–94/95–96, Editorial Jurídica Venezolana, Caracas, 2003, pp. 326–327.

299 *V.* en general, sobre el tema de la distribución vertical de competencias, Gustavo J. Linares Benzo, "El sistema venezolano de repartición de competencias," en *El Derecho Público a comienzos del siglo XXI. Estudios homenaje al Profesor Allan R. Brewer–Carías,* Tomo I, Instituto de Derecho Público, UCV, Civitas Ediciones, Madrid, 2003, pp. 702–713; Allan R. Brewer Carías, "Consideraciones sobre el régimen de distribución de competencias del Poder Público en la Constitución de 1999," en *Estudios de Derecho Administrativo: Libro Homenaje a la Universidad Central de Venezuela,* Volumen I. Imprenta Nacional, Caracas, 2001, pp. 107–138; Allan R. Brewer–Carías, "La distribución territorial de competencias en la Federación venezolana," en *Revista de Estudios de la*

En cuanto a las competencias,[300] las que son de carácter concurrente sólo pueden ejercerse por los Estados conforme a las "leyes de base" que dicte el Poder Nacional (Art. 165); y en algunos casos, como en materia de policía, la función de policía estadal sólo puede ejercerse conforme a la legislación nacional aplicable (Art. 164, ord. 6). Todo lo anterior configura una autonomía limitada, lo que es lo mismo que una descentralización más nominal que real.[301] Ello se ha agravado, incluso, respecto de las escasas competencias exclusivas que se atribuyen a los Estados, como la establecida en el artículo 164 en materia de "la ejecución, conservación, administración y aprovechamiento de las vías terrestres estadales" y de los "puertos y aeropuertos de uso comercial, en coordinación con el Poder Nacional. (ord. 9 y 10), las cuales, después de que se rechazó la reforma constitucional de 2007 que buscaba nacionalizarlas,[302] mediante una ilegítima interpretación constitucional emitida a solicitud del Poder Ejecutivo, la Sala Constitucional materializó una mutación constitucional, y convirtió una competencia exclusiva en concurrente, con posibilidad de ser intervenida por el poder central.[303]

Por otra parte, en cuanto a la igualdad de los Estados, la misma ha perdido la garantía que le daba la representación igualitaria en el Senado, al haberse previsto en la Constitución una Asamblea Legislativa unicameral.[304]

De acuerdo con el artículo 160, el gobierno y administración de cada Estado corresponde a un Gobernador, que es elegido por un período de 4 años por mayoría de las personas que votan. El Gobernador puede ser reelegido de inmediato y por una sola vez, para un período adicional.

Lamentablemente no se estableció la elección por mayoría absoluta y doble vuelta, para asegurar la legitimidad de la representación.[305]

En cuanto al Poder Legislativo estadal, este se ejerce en cada Estado por un Consejo Legislativo conformado por un número no mayor de 15 ni menor de 7 integrantes,

---

Administración Local, Homenaje a Sebastián Martín Retortillo, Nº 291, enero–abril 2003, Instituto Nacional de Administración Pública, Madrid, 2003, pp. 163–200.

300 *V.* en general, Manuel Rachadell, "La distribución del poder tributario entre los diversos niveles del Poder Público según la Constitución de 1999," en *Revista de Derecho Administrativo,* Nº *8 (enero–abril).* Editorial Sherwood, Caracas, 2000, pp. 179–205.

301 *V.* Luis A. Herrera Orellana, "Autonomía y competencias concurrentes en la federación descentralizada venezolana (con especial referencia a las leyes de base y a las leyes de desarrollo)," en *Revista de Derecho,* Nº 18, Tribunal Supremo de Justicia, Caracas, 2005, pp. 21–68.

302 *V.* Allan R. Brewer Carías *La reforma constitucional de 2007,* Editorial Jurídica Venezolana, Caracas, 2007, pp. 87 ss.

303 *V.* sentencia de la Sala Constitucional N° 565, caso: *Procuradora General de la República, recurso de interpretación del artículo 164.10 de la Constitución de 1999* de fecha 15–04–2008, en http://www.tsj.gov.ve/decisiones/scon/Abril/565–150408–07–1108.htm .*V.* Allan R. Brewer–Carías, "La Sala Constitucional como poder constituyente: la modificación de la forma federal del estado y del sistema constitucional de división territorial del poder público, en *Revista de Derecho Público*, Nº 114, (abril–junio 2008), Editorial Jurídica Venezolana, Caracas, 2008, pp. 247–262; "La ilegitima mutación de la Constitución y la legitimidad de la jurisdicción constitucional: la "reforma" de la forma federal del Estado en Venezuela mediante interpretación constitucional," en *Memoria del X Congreso Iberoamericano de Derecho Constitucional,* Instituto Iberoamericano de Derecho Constitucional, Asociación Peruana de Derecho Constitucional, Instituto de Investigaciones Jurídicas–UNAM y Maestría en Derecho Constitucional–PUCP, IDEMSA, tomo 1, Lima, 2009, pp. 29–51.

304 *V.* María M. Matheus Inciarte y María Elena Romero Ríos, "Estado Federal y unicameralidad en el nuevo orden constitucional de la República Bolivariana de Venezuela," en *Estudios de Derecho Público: Libro Homenaje a Humberto J. La Roche Rincón,* Volumen I. Tribunal Supremo de Justicia, Caracas, 2001, pp. 637–676.

305 *V.* nuestro voto salvado sobre esto en Allan R. Brewer–Carías, *Debate Constituyente,* Tomo III, *op. cit.*, p. 191 y 192.

quienes proporcionalmente deben representar a la población del Estado y a los Municipios (Art. 162)

El artículo 162 contiene una norma que sin duda atenta contra la autonomía de los Estados, al establecer que la ley nacional debe regular el régimen de la organización y el funcionamiento del Consejo Legislativo, cuando eso corresponde a las Constituciones que deben dictar los Consejos Legislativos de los Estados (Art. 164). A tal efecto, en 2001 la Asamblea Nacional sancionó la Ley Orgánica de los Consejos Legislativos de los Estados.[306]

En todo caso, en cuanto a su competencia, los Consejos Legislativos tienen las atribuciones siguientes: 1) Legislar sobre las materias de la competencia estadal; 2) Sancionar la Ley de Presupuesto del Estado; y 3) Las demás que le atribuya la Constitución y la ley (Art. 162). En particular, por lo que se refiere a la competencia de los Consejos legislativos de legislar en materia de organización municipal, la sala Constitucional la ha sujetado a lo que dispongan las leyes nacionales.[307]

Por último, debe hacerse mención al régimen de financiamiento nacional a los Estados, pues en ausencia de competencias tributarias propias de los Estados, el financiamiento de los mismos proviene íntegramente de aportes nacionales, muchos establecidos directamente en la Constitución.[308]

En tal sentido, el ingreso más importante de los Estados, está constituido por lo que les corresponda por el denominado "Situado Constitucional," que conforme al artículo 167,4 de la Constitución, es una partida del Presupuesto Nacional equivalente a un máximo del veinte por ciento (20%) del total de los ingresos ordinarios estimados anualmente por el Fisco Nacional. En caso de variaciones de los ingresos del Fisco Nacional que impongan una modificación del Presupuesto Nacional, se debe efectuar un reajuste proporcional del situado.

En todo caso, el porcentaje del ingreso nacional ordinario estimado que se destine al Situado Constitucional, no puede ser menor al quince por ciento (15%) del ingreso ordinario, para lo cual se debe tener en cuenta la situación y sostenibilidad financiera de la Hacienda Pública Nacional, sin menoscabo de la capacidad de las administraciones estadales para atender adecuadamente los servicios de su competencia (Art. 167,5).

Esta partida del Situado Constitucional debe distribuirse entre los Estados y el Distrito Capital en la forma siguiente: un treinta por ciento (30%) de dicho porcentaje por partes iguales, y el setenta por ciento (70%) restante en proporción a la población de cada una de dichas entidades.[309] El monto del situado correspondiente al Distrito Capi-

---

306 *V.* en *G.O.* N° 37.282 del 13 de septiembre de 2001.

307 *V.* sentencia N° 3118 de 06–10–2003, en *Revista de Derecho Público* N° 93–96, Editorial Jurídica Venezolana, Caracas, 2003, pp. 326–327

308 *V.* en general Adriana Vigilanza García, *La Federación Descentralizada. Mitos y realidades en el reparto de tributos y otros ingresos entre los entes políticos territoriales en Venezuela*, Los Ángeles Editores, Caracas 2010; Manuel Rachadell, "La centralización del poder en el Estado federal descentralizado," en *Revista de Derecho Público,* N° 115, *(Estudios sobre los Decretos Leyes 2008)*, Editorial Jurídica Venezolana, Caracas, 2008, pp. 111–131; Manuel Rachadell, "El Régimen jurídico de la Hacienda Pública Estadal," en *Revista de Derecho Público,* N° 103, Editorial Jurídica Venezolana, Caracas, 2005, pp. 7–31.

309 *V.* la Ley Orgánica de Descentralización, Delimitación y Transferencia de competencias del Poder Público en *G.O.* N° 4153 Extra. de 28–12–89.

tal, conforme a la Ley Especial del Distrito Metropolitano de Caracas[310] de 2000, se asigna a este pero para ser invertido en el territorio del Distrito Capital.

En todo caso, exige la Constitución que en cada ejercicio fiscal, los Estados deben destinar a la inversión un mínimo del cincuenta por ciento (50%) del monto que les corresponda por concepto de Situado. A los Municipios de cada Estado les corresponde, en cada ejercicio fiscal, una participación no menor del veinte por ciento (20%) del Situado y de los demás ingresos ordinarios del respectivo Estado.

La ley nacional debe establecer los principios, normas y procedimientos que propendan a garantizar el uso correcto y eficiente de los recursos provenientes del situado constitucional y de la participación municipal en el mismo. Esta ley ha sido la Ley Orgánica de Descentralización, Delimitación y Transferencia de Competencias del Poder Público de 1989.[311]

Aparte del situado, de acuerdo con el artículo 156,16 de la Constitución corresponde al Poder Nacional el régimen y administración de las minas e hidrocarburos; el régimen de las tierras baldías; y la conservación, fomento y aprovechamiento de los bosques, suelos, aguas y otras riquezas naturales del país. Sin embargo, prevé dicha norma que la ley nacional debe establecer un sistema de asignaciones económicas especiales en beneficio de los Estados en cuyo territorio se encuentren situados los bienes antes mencionados, sin perjuicio de que también puedan establecerse asignaciones especiales en beneficio de otros Estados. En tal sentido es que se ha dictado la Ley de Asignaciones Económicas Especiales para los Estados derivadas de Minas e Hidrocarburos.[312]

Por otra parte, los Estados también tienen como ingresos, los recursos provenientes del Fondo de Compensación Interterritorial (Art. 167,6), el cual depende del Consejo Federal de Gobierno. Este Fondo, creado en 2010 en la ley de dicho Consejo federal de Gobierno, está destinado al financiamiento de inversiones públicas para promover el desarrollo equilibrado de las regiones, la cooperación y complementación de las políticas e iniciativas de desarrollo de las distintas entidades públicas territoriales, y a apoyar especialmente la dotación de obras y servicios esenciales en las regiones y comunidades de menor desarrollo relativo.

El Consejo Federal de Gobierno, con base en los desequilibrios regionales, debe discutir y aprobar anualmente los recursos que se deben destinar al Fondo de Compensación Interterritorial y las áreas de inversión prioritaria a las cuales se deben aplicar dichos recursos.

Por último, también se consideran ingresos de los Estados, cualquier transferencia, subvención o asignación especial (Art. 167,6) de fondos nacionales, como los fondos específicos que aseguren la solidaridad interterritorial (Art. 156,13). Entre estos Fondos estaba el Fondo Intergubernamental para la Descentralización (FIDES) establecido des-

310 *V.* Ley Especial sobre el Régimen del Distrito Metropolitano de Caracas en *G.O.* N° 36.906 del 8 de marzo de 2000 y Ley de Transición del Distrito Federal al Distrito Metropolitano de Caracas en *G.O.* N° 37.006 del 3 de agosto de 2000.

311 *V.* en *G.O.* N° 4153 Extra. de 28–11–89. *V.* Allan R. Brewer–Carías et al, *Leyes para la Descentralización política de la Federación*, Caracas, 1994.

312 Ley de Asignaciones Económicas Especiales para los Estados Derivadas de Minas e Hidrocarburos, en *G.O.* N° 5.991 Extra. de 29–7–2010.

de 1993,[313] que fue liquidado al entrar en funcionamiento el Fondo de Compensación Interterritorial.

III. LA ORGANIZACIÓN DEL PODER PÚBLICO MUNICIPAL

De acuerdo con el artículo 168 de la Constitución, los Municipios constituyen la unidad política primaria de la organización nacional, gozan de personalidad jurídica y autonomía dentro de los límites de la Constitución y de la ley.[314] En todo caso, la organización municipal debe ser democrática y debe responder a la naturaleza propia del gobierno local (Art. 169).[315] Esta institución básica de la democracia ocal, sin embargo, ha venido siendo progresivamente marginada mediante la creación de instituciones, mediante ley, como las Comunas y los Consejos Comunales, que no son democrática–representativas, los cuales, como se ha analizado anteriormente, no sólo le han pretendido sustraer al Municipio su carácter de unidad política primaria, sino que se han regulado para vaciar a aquellos de competencias.[316]

En todo caso, y a pesar de esta limitación por vía legislativa de los Municipios, la Constitución consagra la autonomía de los mismos, que comprende, conforme al artículo 168, lo siguiente: 1. La elección de sus autoridades; 2. La gestión de las materias de su competencia; y 3. La creación, recaudación e inversión de sus ingresos. Además, los actos de los Municipios no pueden ser impugnados sino ante los tribunales competentes, de conformidad con la Constitución y la ley; por lo que no pueden ser revisados, en forma alguna, por los órganos del Poder Nacional ni de los Estados.[317] Todas estos signos de la autonomía municipal, sin embargo, han sido relativizados por la Sala Constitucional del Tribunal Supremo, al considerar que "la intención que proyecta la Constitución vigente, no es la de consagrar la autonomía municipal con carácter absoluto sino

---

313 *V.* la última Reforma Parcial de la Ley que Crea el Fondo Intergubernamental para la Descentralización en *G.O.* Nº 37.022 del 25 de agosto de 2000.

314 *V.* nuestras propuestas para la reforma hacia un Nuevo Municipalismo en Allan R. Brewer–Carías, *Debate Constituyente,* Tomo I, *op. cit.,* pp. 164 a 169; y los comentarios críticos al proyecto constitucional en Tomo II, *op. cit.,* pp. 230 ss.

315 *V.* en general sobre el régimen municipal en la Constitución, Argenis Urdaneta, "El Poder Público Municipal en el Estado federal descentralizado," en *El Derecho Público a comienzos del siglo XXI. Estudios homenaje al Profesor Allan R. Brewer–Carías,* Tomo I. Instituto de Derecho Público, UCV, Civitas Ediciones, Madrid, 2003, pp. 731–744; Allan R. Brewer–Carías *et al., Ley Orgánica del Poder Público Municipal,* Editorial Jurídica Venezolana, Caracas 2005; Daniela Urosa Maggi, "El poder público municipal y su tratamiento en la jurisprudencia de la sala constitucional," en *Revista de Derecho* Nº 23, Tribunal Supremo de Justicia, Caracas, 2006, pp. 157–172.

316 *V.* Allan R. Brewer–Carías, "El inicio de la desmunicipalización en Venezuela: La organización del Poder Popular para eliminar la descentralización, la democracia representativa y la participación a nivel local," en *AIDA, Opera Prima de Derecho Administrativo. Revista de la Asociación Internacional de Derecho Administrativo,* Universidad Nacional Autónoma de México, Facultad de Estudios Superiores de Acatlán, Coordinación de Postgrado, Instituto Internacional de Derecho Administrativo "Agustín Gordillo," Asociación Internacional de Derecho Administrativo, México, 2007, pp. 49 a 67; y *Ley Orgánica de los Consejos Comunales,* Editorial Jurídica Venezolana, Caracas 2010; Armando Rodríguez García, "Participación ciudadana, institucionalidad local y consejos comunales en Venezuela," en *Revista de la Facultad de Ciencias Jurídicas y Políticas de la Universidad Central de Venezuela,* Nº 129, Universidad Central de Venezuela, Caracas, 2007, pp. 125–164.

317 *V.* en general José L. Villegas Moreno, "La autonomía local y su configuración en la Constitución venezolana de 1999," en *El Derecho Público a comienzos del siglo XXI. Estudios homenaje al Profesor Allan R. Brewer–Carías,* Tomo I, Instituto de Derecho Público, UCV, Civitas Ediciones, Madrid, 2003, pp. 715–729.

relativo, es decir, dentro del marco de los principios y limitaciones establecidas en la propia Constitución y en las leyes nacionales..."[318]

De acuerdo con el mismo artículo 168, las actuaciones de los Municipios en el ámbito de sus competencias se deben cumplir incorporando la participación ciudadana al proceso de definición y ejecución de la gestión pública y en el control y evaluación de sus resultados, en forma efectiva, suficiente y oportuna, conforme a la ley.[319]

El artículo 169, en el mismo sentido que el artículo 26 de la Constitución de 1961, dispone que la organización de los Municipios y demás entidades locales se debe regir por la Constitución, por la normas que para desarrollar los principios constitucionales establezcan las leyes orgánicas nacionales, y por las disposiciones legales que en conformidad con aquellas dicten los Estados mediante sus Consejos Legislativos.

Una de las críticas más importantes que se habían formulado respecto de nuestro régimen municipal, era el excesivo uniformismo en la organización municipal, que ha hecho prácticamente inaplicable la Ley Orgánica de Régimen Municipal en muchos de los Municipios actuales.[320] Por ello, el artículo 169, establece que la legislación que se dicte para desarrollar los principios constitucionales relativos a los Municipios y demás entidades locales, debe obligatoriamente establecer diferentes regímenes para su organización, gobierno y administración, incluso en lo que respecta a la determinación de sus competencias y recursos, atendiendo a las condiciones de población, desarrollo económico, capacidad para generar ingresos fiscales propios, situación geográfica, elementos históricos y culturales y otros factores relevantes. En particular, dicha legislación debe establecer las opciones para la organización del régimen de gobierno y administración local que debe corresponder a los Municipios con población indígena. La Ley Orgánica del Poder Público Municipal de 2005, sin embargo, no reguló nada de esto.

Además de los Municipios, la Constitución regula expresamente a otras entidades locales como las Mancomunidades, los Distritos Metropolitanos y las Parroquias.

En cuanto al gobierno y administración del Municipio, el mismo corresponde al Alcalde, quien además, y en los términos del Código Civil (Art. 446 y siguientes) tiene el carácter de la primera autoridad civil (Art. 174)[321]. El Alcalde debe ser elegido por un

318 Sentencia N° 2257 de 13 de noviembre de 2001, en *Revista de Derecho Público*, N° 85–88, Editorial Jurídica Venezolana, Caracas, 2001, pp. 202 ss. *V.* también sobre la autonomía municipal la sentencia N° 670 de 6–7–2000 (Caso: *Impugnación Ordenanza sobre Contribución por Consumo de Cerveza, Municipio San Carlos, Estado Cojedes*), en *Revista de Derecho Público*, N° 83, (julio–septiembre), Editorial Jurídica Venezolana, Caracas, 2000, p. 199.

319 *V.* en general, sobre la participación ciudadana a nivel local, Ana P. Deniz, "La participación ciudadana en la Constitución de 1999," en *Revista de Derecho Constitucional*, N° 7 (enero–junio), Editorial Sherwood, Caracas, 2003, pp. 115–124; Manuel Feo La Cruz, "La participación de la sociedad civil en el proceso de gestión pública. Retos y desafíos," en *El Derecho Público a comienzos del siglo XXI. Estudios homenaje al Profesor Allan R. Brewer–Carías*, Tomo I, Instituto de Derecho Público, UCV, Civitas Ediciones, Madrid, 2003, pp. 415–429; Fernando Flores Jiménez, "La participación ciudadana en la Constitución venezolana de 1999," en *Revista de Derecho Constitucional*, N° 5 (julio–diciembre). Editorial Sherwood, Caracas, 2001, pp. 75–88; Carlos E. Mouriño *V.*, "Participación ciudadana," en *Estudios de Derecho Público: Libro Homenaje a Humberto J. La Roche Rincón*, Volumen II. Tribunal Supremo de Justicia, Caracas 2001, pp. 1–38; José Mendoza Angulo, "Democracia, descentralización y participación ciudadana," en *Estudios de Derecho Administrativo: Libro Homenaje a la Universidad Central de Venezuela*, Volumen I. Imprenta Nacional, Caracas, 2001, pp. 121–144.

320 *V.* nuestra propuesta en Allan R. Brewer–Carías, *Debate Constituyente*, Tomo I, *op. cit.*, p. 165.

321 Las competencias en materia de registro civil, en consecuencia, deben ser asumidas por los Alcaldes. *V.* sobre esto Allan R. Brewer–Carías, *Informe sobre la Descentralización en Venezuela 1993, Memoria del Ministro de Estado para la Descentralización, op. cit.*, pp. 957 ss. *V.* la Ley Orgánica de Registro Civil, *G.O.* N° 39.264 de 15–9–2009.

período de 4 años por mayoría de las personas que votan, y podrá ser reelegido de inmediato y por una sola vez, para un período adicional. Tampoco se estableció, en este caso, el principio de la elección por mayoría absoluta, como se había planteado en la discusión constitucional[322].

El artículo 175 de la Constitución, atribuye la función legislativa del Municipio al Concejo, integrado por concejales elegidos en la forma establecidas en la Constitución, en el número y condiciones de elegibilidad que determine la ley. Lamentablemente no se estableció en la Constitución el principio de la elección uninominal de concejales, para asegurar la efectiva representatividad de las comunidades y sus electores, remitiéndose el sistema electoral al principio de la representación proporcional destinado a permitir la representatividad de partidos.[323]

IV. EL RÉGIMEN DEL DISTRITO CAPITAL Y DEL ÁREA METROPOLITANA DE CARACAS

En la Constitución de 1999 se eliminó formalmente el Distrito federal que se había creado en 1864, con un régimen inicial de sujeción hacia el Poder Central, sustituyéndoselo por un Distrito Capital, como entidad política junto a los Estados y por tanto, desvinculada del Poder Nacional (Art. 16), y además, se estableció un régimen municipal específico para el Área metropolitana de Caracas, de dos niveles de gobierno local (Art. 18).[324]

Para implementar esta organización, y por mandato de la propia Constitución, en 2000 la Asamblea Nacional Constituyente sancionó la Ley Especial sobre el Régimen del Distrito Metropolitano de Caracas de 8 de marzo de 2000,[325] estableciendo un sistema de gobierno municipal a dos niveles, así: Primero, un Nivel Metropolitano, formado por un órgano ejecutivo y un órgano Legislativo, cuya jurisdicción comprende la totalidad territorial Metropolitana de Caracas. En este nivel del Distrito Metropolitano de Caracas, el gobierno y la administración corresponden al Alcalde Metropolitano; y la función legislativa corresponde al Cabildo Metropolitano (Art. 4). Segundo, un Nivel

---

322 *V.* nuestro voto salvado en Allan R. Brewer–Carías, *Debate Constituyente,* Tomo III, *op. cit.,* p. 195.

323 *V.* nuestro voto salvado en Allan R. Brewer–Carías, *Debate Constituyente,* Tomo III, *op. cit.,* pp. 195 y 196.

324 *V.* en general, María de los Ángeles Delfino M., "La gobernabilidad de Caracas, la Capital y el Distrito Metropolitano," *Revista de Derecho Público,* N° 82, (abril–junio), Editorial Jurídica Venezolana, Caracas, 2000, pp. 107–114; Manuel Rachadell, "¿Distrito Capital o Distrito Metropolitano?," en *El Derecho Público a comienzos del siglo XXI. Estudios en homenaje al Profesor Allan R. Brewer–Carías,* Tomo III, Instituto de Derecho Público, UCV, Civitas Ediciones, Madrid, 2003, pp. 3271 a 3311; Alfredo De Stefano Pérez, "Aproximación al estudio del Distrito Metropolitano de Caracas," en *Temas de Derecho Administrativo: Libro Homenaje a Gonzalo Pérez Luciani,* Volumen II, Editorial Torino, Caracas, 2002, pp. 553–592; Allan R. Brewer–Carías, "Consideraciones sobre el régimen constitucional del Distrito Capital y del sistema de gobierno municipal de Caracas," en *Revista de Derecho Público,* N° 82 (abril–junio), Editorial Jurídica Venezolana, Caracas, 2000, pp. 5–17; Allan R. Brewer–Carías, "Consideraciones sobre el régimen constitucional del Distrito Capital y del sistema de gobierno municipal de Caracas" en *Revista Iberoamericana de Administración Pública (RIAP),* Ministerio de Administraciones Públicas, N° 5, julio–diciembre 2000, Madrid, 2000, pp. 17–39.

325 *G.O.* N° 36.906 de 8–3–2000. La Ley fue objeto de una importante interpretación mediante sentencia N° 1563 de la Sala Constitucional de 13–12–00 (Caso: *Interpretación de la Ley Especial sobre el Régimen del Distrito Metropolitano de Caracas*), en *Revista de Derecho Público,* N° 84, (octubre–diciembre), Editorial Jurídica Venezolana, Caracas, 2000, pp. 184 ss.

Municipal formado por un órgano ejecutivo y un órgano legislativo en cada municipio integrante del Distrito Metropolitano de Caracas, con jurisdicción municipal. Por tanto, conforme a la Ley Orgánica de Régimen Municipal, en cada uno de los Municipios que integran el Distrito Metropolitano, el Poder Ejecutivo lo ejerce el Alcalde Municipal; y el Poder Legislativo lo ejerce el Concejo Municipal, con sus respectivas competencias, de conformidad con lo establecido en la Constitución y leyes de la República (Art. 5).

Ahora bien, en cuanto al régimen del Distrito Capital, como se dijo, dado el esquema de autonomía territorial que se había dispuesto en la Constitución para su regulación, el mismo se pretendió reformar en la rechazada Reforma Constitucional de 2007 presentada a la Asamblea por iniciativa del Presidente de la República, mediante la eliminación del propio Distrito Capital para recrear la desaparecida figura del Distrito Federal, como entidad totalmente dependiente del Poder Nacional, en particular del Presidente de la República, sin gobierno propio. En 2009, sin embargo, esto último es lo que precisamente se materializó, en fraude a la Constitución que no fue reformada, mediante ley sancionada por la Asamblea Nacional en abril de 2009 denominada: la Ley Especial Sobre la Organización y Régimen del Distrito Capital.[326]

En esta Ley, lejos de haber establecido una organización democrática de una entidad política de la Republica, lo que se hizo fue implementar ilegítimamente la propuesta que estaba en la rechazada reforma constitucional de 2007,[327] regulándose fue una dependencia del Poder Nacional, con ámbito territorial igual al que "correspondían al extinto Distrito Federal a la fecha de entrada en vigencia de la Constitución de la República Bolivariana de Venezuela y que comprende el territorio del actual Municipio Bolivariano Libertador." (Art. 4). El "régimen especial de gobierno" que se estableció para este ente, es muy parecido al de los "institutos autónomos" como entes descentralizados funcionalmente conforme a la Ley Orgánica de la Administración Pública; y consiste en que no tiene autoridades propias de gobierno, sino que es gobernada por el Poder Nacional. Por ello, el "régimen especial... de gobierno" que se prevé en el artículo 3, dispone que el ejercicio de la función legislativa en el Distrito esta a cargo de la Asamblea Nacional, y que el órgano ejecutivo es ejercido por un Jefe de Gobierno, el cual de acuerdo con el artículo 7 de la Ley Especial es "de libre nombramiento y remoción" por parte del Presidente de la República. La dependencia del Jefe de Gobierno del Distrito Capital del Poder Nacional se confirma con la previsión del artículo 10 de la Ley Especial según la cual, el mismo debe rendir "cuenta de su gestión anualmente, dentro de los primeros sesenta días de cada año ante la Asamblea Nacional y el Poder Popular."[328]

326 *G.O.* N° 39.156 de 13 de abril de 2009. *V.* sobre esta Ley Allan R. Brewer–Carías, "La problemática del régimen jurídico del "Distrito Capital" en la estructura federal del Estado en Venezuela, y su inconstitucional regulación legal," *AIDA Opera Prima de Derecho Administrativo*, N° 5, Universidad Nacional Autónoma de México, enero–junio 2009, México, 2009, pp. 81–119.

327 *V.* Allan R. Brewer Carías *La reforma constitucional de 2007,* Editorial Jurídica Venezolana, Caracas, 2007, pp. 81 ss.

328 *V.* en general sobre esta ley Allan R. Brewer–Carías, Manuel Rachadell, Nelson Socorro, Enrique Sánchez Falcón, Juan Carmona Borjas, Tulio Álvarez, *Leyes sobre el Distrito Capital y el Área Metropolitana de Caracas,* Colección Textos Legislativos N° 45, Editorial Jurídica Venezolana, Caracas, 2009.

V. EL PROBLEMA DEL ESTADO FEDERAL DESCENTRALIZADO CON UN MARCO CENTRALISTA

Uno de los grandes cambios políticos que debió propugnar la nueva Constitución era transformar definitivamente la Federación centralizada que hemos tenido durante los últimos cien años, por una Federación descentralizada, con una efectiva distribución territorial del poder hacia los Estados y Municipios[329]. En tal sentido apuntaba la reforma constitucional no sólo al concebirse la forma del Estado como un Estado federal descentralizado (Art. 4), sino al preverse a la descentralización política de la Federación como una política nacional de carácter estratégico (Art. 158).

Sin embargo, el resultado final del esquema constitucional de distribución territorial del poder, no significó avance sustancial alguno respecto del proceso de descentralización que se venía desarrollando durante la última década del siglo pasado, al amparo de la Constitución de 1961[330]; y más bien, en muchos aspectos significó un retroceso institucional. Por ello, la denominación de "Estado federal descentralizado," en definitiva, no pasa de ser el mismo "desideratum" inserto en la Constitución de 1961, hacia el cual se puede ir, pero que no se consolidó en la Constitución.

En este caso, incluso, como se ha señalado, el régimen se concibe en forma contradictoria, pues institucionalmente se limita en forma amplia la autonomía de los Estados y Municipios, al remitirse su regulación a la Ley, y se lesiona la igualdad de los Estados al eliminarse el Senado y con ello, la posibilidad de la participación política igualitaria de los Estados en la conducción de las políticas nacionales. [331]

En efecto, como se ha dicho, en la Constitución se estableció una organización unicameral de la Asamblea Nacional (Art. 186) que no sólo rompió una tradición que se remonta a 1811, sino que es contradictoria con la forma federal del Estado, que exige una Cámara Legislativa con representación igualitaria de los Estados, cualquiera que sea su población, y que sirva de contrapeso a la cámara de representación popular según la población del país. La eliminación del Senado o Cámara Federal fue, por tanto, un atentado contra la descentralización política efectiva, al extinguir el instrumento para la igualación de los Estados en el tratamiento de los asuntos nacionales en la Asamblea Nacional; y además, un retroceso tanto en el proceso de formación de las leyes nacionales, como en el ejercicio de los poderes de control parlamentario sobre el Ejecutivo.

Por otra parte, la autonomía de los entes territoriales, Estados y Municipios, exige su garantía constitucional, en el sentido de que no puede ser limitada por ley nacional posterior. De ello se trata al establecerse una distribución constitucional del Poder en el territorio. En la Constitución, sin embargo, la regulación del funcionamiento y la organización de los Consejos Legislativos Estadales se remite a la ley nacional (Art. 162), lo cual, además de contradictorio con la atribución de los Estados de dictarse su Constitu-

---

329 *V.* nuestras propuestas en Allan R. Brewer–Carías, *Poder Constituyente Originario y Asamblea Nacional Constituyente*, Caracas, 1999, pp. 271 ss. *V.* además, Allan R. Brewer–Carías, "Propuesta sobre la forma federal del Estado en la nueva Constitución: Nuevo Federalismo y Nuevo Municipalismo" en *Debate Constituyente,* Tomo I, *op. cit.*, pp. 155 a 170;

330 *V.* en general Allan R. Brewer–Carías, *Informe sobre la Descentralización en Venezuela 1993, Memoria del Ministro de Estado para la Descentralización,* Caracas, 1993.

331 *V.* en general Allan R. Brewer–Carías, *Federalismo y Municipalismo en la Constitución de 1999 (Alcance de una reforma insuficiente y regresiva)*, Caracas, 2001.

ción para organizar sus poderes públicos (Art. 164, ord. 1), es una intromisión inaceptable del Poder Nacional en el régimen de los Estados.

En cuanto a los Municipios, la autonomía municipal tradicionalmente garantizada en la propia Constitución, también se encuentra interferida, al señalarse que los Municipios gozan de la misma, no sólo "dentro de los límites" establecidos en la Constitución, sino en la ley nacional (Art. 168), con lo cual el principio descentralizador básico, que es la autonomía, queda minimizado.

Por otra parte, en cuanto a la distribución de competencias entre los entes territoriales, el proceso de descentralización exigía, ante todo, la asignación efectiva de competencias tributarias a los Estados, sobre todo en materia de impuestos al consumo, como sucede en todas las Federaciones. Los avances que el Proyecto tenía en esta materia en la primera discusión fueron abandonados, y en la segunda discusión se le quitaron a los Estados todas las competencias tributarias que se le habían asignado,[332] con lo que se retrocedió al mismo estado que existía en la Constitución de 1961. En esta forma, los Estados seguirán dependientes del Situado Constitucional, el cual puede incluso disminuirse, además de que se le fijó un tope máximo (20% de los ingresos nacionales) que en la Constitución de 1961 no tenía (sólo había un mínimo); y si bien se crea en la Constitución el Consejo Federal de Gobierno (Art. 185) como órgano intergubernamental, su organización por ley nacional puede conducir a su control por los órganos nacionales.

Conforme a lo anterior, en líneas generales, el esquema de Federación centralizada de la Constitución de 1961 no logró ser totalmente superado en la nueva Constitución, y si bien se habla de descentralización, sigue siendo un desideratum, no actualizado. La gran reforma del sistema político, necesaria e indispensable para perfeccionar la democracia, en todo caso, era desmontar el centralismo del Estado y distribuir el Poder Público en el territorio; única vía para hacer realidad la participación política. Ello sólo justificaba el proceso constituyente; pero su decisión se pospuso y con ello, se perdió la gran oportunidad de comenzar a sustituir el Estado centralizado por un Estado descentralizado.[333] La Asamblea Constituyente, para superar la crisis política, debió diseñar la transformación del Estado, descentralizando el poder y sentar las bases para acercarlo efectivamente al ciudadano. Al no hacerlo, ni transformó el Estado ni dispuso lo necesario para hacer efectiva la participación, y más bien sentó las bases para acentuar el centralismo.

Ello, incluso de materializó en la previsión constitucional en el artículo 185 sobre el órgano de carácter intergubernamental llamado a integrar los tres niveles de distribución del Poder Público (Nacional, Estadal y Municipal), que es el Consejo Federal de Gobierno,[334] el cual debía ser el órgano del Poder Público encargado de la planificación

332 *Gaceta Constituyente (Diario de Debates), Noviembre 1999–Enero 2000*, Sesión de 13–11–99, Nº 43, pp. 54 ss.

333 *V.* en general, Rafael J. Chavero Gazdik, "La forma de Estado prevista en la Constitución de 1999 (¿Un canto de sirenas?)," en *Revista de Derecho Público*, Nº 81 (enero–marzo), Editorial Jurídica Venezolana, Caracas, 2000, pp. 29–39; José Peña Solís, "Aproximación al proceso de descentralización delineado en la Constitución de 1999" en *Estudios de Derecho Público: Libro Homenaje a Humberto J. La Roche Rincón,* Volumen II. Tribunal Supremo de Justicia, Caracas, 2001, pp. 217–282; Ricardo Combellas, *Derecho Constitucional: una introducción al estudio de la Constitución de la República Bolivariana de Venezuela,* McGraw Hill, Caracas, 2001, pp. 121 ss.

334 *V.* Manuel Rachadell, "El Consejo Federal de Gobierno y el Fondo de Compensación," en *Revista de derecho del Tribunal Supremo de Justicia,* Nº 7, Caracas, 2002, pp. 417 a 457; Emilio Spósito Contreras, "Reflexiones sobre el Consejo Federal de Gobierno como máxima instancia de Participación administrativa," en *Temas de*

y coordinación de políticas y acciones para el desarrollo del proceso de descentralización y transferencia de competencias del Poder Nacional a los Estados y Municipios. Dicho órgano, presidido por el Vicepresidente Ejecutivo e integrado por los Ministros, los Gobernadores, un Alcalde por cada Estado y por representantes de la sociedad organizada, se ha regulado en la Ley Orgánica del Consejo Federal de Gobierno de 2010,[335] la cual con un acentuado centralismo, lo ha convertido en el instrumento del Poder Nacional para intervenir y limitar a los Estados. En la Constitución, además, se creó el Fondo de Compensación Interterritorial, en sustitución de Fondo Intergubernamental para la Descentralización creado en 1993,[336] regulado en la mencionada Ley del Consejo federal de Gobierno y destinado al financiamiento de inversiones públicas dirigidas a promover el desarrollo equilibrado de las regiones, la cooperación y complementación de las políticas e iniciativas de desarrollo de las distintas entidades públicas territoriales, y a apoyar especialmente la dotación de obras y servicios esenciales en las regiones y comunidades de menor desarrollo relativo.

Sección Quinta: ASPECTOS RELEVANTES DE LA CONSTITUCIÓN SOCIAL Y DEL RÉGIMEN DE LOS DERECHOS Y GARANTÍAS

Así como la Constitución Política regula la organización del Estado mediante sistemas de distribución y división (separación) del Poder Público; la Constitución Social tiene por objeto regular el estatuto de las personas y de la sociedad civil y sus relaciones con el Estado. Ello se concreta en el régimen de los derechos y deberes constitucionales de las personas, en el cual se establece esa relación Estado–Sociedad.

En esta materia de los derechos constitucionales y, en particular, en relación con los derechos humanos, sin duda, la Constitución de 1999 fue un texto en el cual se incorporaron notables innovaciones[337] signadas por la progresividad de la protección de los derechos humanos, como resulta del texto del Capítulo I sobre Disposiciones Generales del Título IV sobre los Deberes, Derechos Humanos y Garantías.[338] Sin embargo, tam-

---

derecho administrativo, Libro Homenaje a Gonzalo Pérez Luciani, Vol. II, Tribunal Supremo de Justicia, Colección Libros Homenaje, N° 7, Caracas, 2002, pp. 827 a 863, y José V. Haro, "Aproximación a la noción del Consejo Federal de Gobierno previsto en la Constitución de 1999," en *Revista de Derecho Constitucional,* N° 7 (enero–junio), Editorial Sherwood, Caracas, 2003, pp. 161–166.

335 *V.* en *G.O.* N° 5.963 Extra. de 22–2–2010

336 El Fondo fue por tanto objeto de una Ley Especial de Liquidación de 2010. *V.* en *G.O.* N° 5.991 Extra. de 29–07–2010.

337 *V.* en general, Jesús María Casal H., *Los derechos fundamentales y sus restricciones*, Legis, Caracas 2010; Josefina Calcaño de Temeltas, "Notas sobre la constitucionalización de los Derechos Fundamentales en Venezuela," en *El Derecho Público a comienzos del siglo XXI. Estudios homenaje al Profesor Allan R. Brewer–Carías,* Tomo I. Civitas Ediciones, Madrid, 2003, pp. 2489–2535; Rafael Ortiz–Ortiz, "Los Derechos Humanos en la República Bolivariana de Venezuela. Apreciaciones generales y principios orientadores de su ejercicio," en *Revista de la Facultad de Derecho de la Universidad de Carabobo*, N° 1, Valencia, 2002, pp. 339–369; Agustina Y. Martínez, "Los Derechos Humanos en la Constitución Venezolana: consenso y disenso," en *Estudios de Derecho Público: Libro Homenaje a Humberto J. La Roche Rincón,* Volumen I. Tribunal Supremo de Justicia, Caracas, 2001, pp. 549–572; Élida Aponte Sánchez, "Los Derechos Humanos: fundamentación, naturaleza y universalidad," en *Estudios de Derecho Público: Libro Homenaje a Humberto J. La Roche Rincón,* Volumen I. Tribunal Supremo de Justicia, Caracas, 2001, pp. 85–108; Luis A. Herrera Orellana, "Sobre el concepto y fundamento de los derechos humanos," en *Revista de Derecho,* N° 12, Tribunal Supremo de Justicia, Caracas, 2004, pp. 31–58.

338 *V.* las propuestas que formulamos en esta materia en Allan R. Brewer–Carías, *Debate Constituyente, (Aportes a la Asamblea Nacional Constituyente)*, Tomo II, *(9 septiembre–17 octubre 1999)*, Caracas, 1999, pp. 77 a 115.

bién ha habido notables regresiones específicas, como la eliminación del derecho de protección de los niños, a la violación de la reserva legal como garantía de los derechos por la previsión de la delegación legislativa al Ejecutivo, y de las regulaciones excesivamente paternalistas y estatistas en el campo de los derechos sociales, en las cuales se ha marginado a la sociedad civil.

I. EL RÉGIMEN GENERAL DE LOS DERECHOS HUMANOS

El artículo 19 de la Constitución de 1999 comienza el Título relativo a los "Deberes, Derechos y Garantías constitucionales," con una innovación en la materia, disponiendo que el Estado debe garantizar a toda persona, conforme al principio de progresividad y sin discriminación alguna, el goce y ejercicio irrenunciable, indivisible e interdependiente de los derechos humanos. El respeto y garantía de los derechos, por tanto, son obligatorios para los órganos del Poder Público de conformidad con la Constitución, los tratados sobre derechos humanos suscritos y ratificados por la República y las leyes que los desarrollen.

Se establece así, en primer lugar, la garantía estatal de los derechos humanos, conforme al principio de la progresividad y no discriminación; y en segundo lugar, la obligación estatal de respetarlos y garantizarlos no sólo conforme a la Constitución y a las leyes sino conforme a los tratados sobre derechos humanos ratificados por la República.

Al igual que en el artículo 43 de la Constitución de 1961, el artículo 20 de la Constitución de 1999 consagra el principio de la libertad, como fundamento de todo el sistema en la materia al establecer que:

> *Artículo 20:* Toda persona tiene derecho al libre desenvolvimiento de su personalidad, sin más limitaciones que las que derivan del derecho de las demás y del orden público y social.

Como se había señalado en la Exposición de Motivos de la Constitución de 1961, esta norma "sustituye el enunciado tradicional de que todos pueden hacer lo que no perjudique a otro y nadie está obligado a hacer lo que la ley no ordene ni impedido de ejecutar lo que ella no prohíba."[339]

Los derechos humanos garantizados y protegidos conforme a la Constitución, no son sólo los enumerados en su texto sino todos los demás que sean inherentes a la persona humana. Así se establecía en el artículo 50 de la Constitución de 1961 lo que permitió, conforme a dicha norma, que la jurisprudencia incorporara, con rango constitucional, muchos derechos humanos no enumerados en el texto constitucional[340], y se recoge, ampliado, en el artículo 22 de la Constitución de 1999.[341]

---

339 *V.* en general, María C. Domínguez Guillen, "Alcance del artículo 20 de la Constitución de la República Bolivariana de Venezuela (Libre desenvolvimiento de la personalidad)," en *Revista de Derecho,* N° 13, Tribunal Supremo de Justicia, Caracas, 2004, pp. 13–40

340 El último ejemplo importante fue la definición del derecho a la participación política como derecho inherente a las personas en la sentencia de la Corte Suprema del 19–01–99 que abrió la vía constitucional hacia la elección de la Asamblea Nacional Constituyente. *V.* el texto en Allan R. Brewer–Carías, *Poder Constituyente Originario y Asamblea Nacional Constituyente,* Caracas, 1999, p. 41.

341 *V.* en general, Agustina Yadira Martínez e Innes Faría Villarreal, "La Cláusula Enunciativa de los Derechos Humanos en la Constitución venezolana," en *Revista de derecho del Tribunal Supremo de Justicia,* N° 3, Caracas, 2001, pp. 133 a 151; Germán J. Bidart Campos, "Los derechos no enumerados en la Constitución," en

Por último, una de las grandes e importantes innovaciones de la Constitución de 1999 en esta materia, fue otorgarle rango constitucional a los Tratados internacionales sobre derechos humanos, siguiendo la orientación de la jurisprudencia de la antigua Corte Suprema sentada.[342] Estos antecedentes nos llevaron a proponer la inclusión de una norma,[343] que es la del artículo 23, en la cual se consagró la jerarquía constitucional de los tratados, pactos y convenciones sobre derechos humanos, con la precisión de que tienen aplicación prevalente en el orden interno, es decir, en relación con la Constitución y las leyes, si contienen normas más favorables sobre el goce y ejercicio de los derechos.[344] La norma, además, dispuso que dichos tratados, pactos y convenciones son de aplicación inmediata y directa por los tribunales y demás órganos que ejercen el Poder Público.

El Tribunal Supremo aplicó en algunas ocasiones esta norma, dando prevalencia a la Convención Americana de Derechos Humanos, por ejemplo, en relación con al derecho de las personas a recurrir de los fallos (derecho a la doble instancia), desaplicando la limitación establecida en el artículo 185 de la derogada Ley Orgánica de la Corte Suprema de Justicia respecto de la apelación de fallos de la Corte Primera de lo Contencioso Administrativo;[345] y relación con las condiciones de recurribilidad de los fallos de menor cuantía establecidos en el artículo 891 del Código de Procedimiento Civil.[346]

Sin embargo, la Sala Constitucional a partir de la sentencia Nº 1942 de 15 de julio de 2003 (Caso: *Impugnación de artículos del Código Penal, sobre "leyes de desacato"*)

Estudios de Derecho Público: Libro Homenaje a Humberto J. La Roche Rincón, Volumen I, Tribunal Supremo de Justicia, Caracas, 2001, pp. 225–234.

342 Por ejemplo, sentencia de la Sala Político–Administrativa de 29–05–97 (Caso: *ACOMISUR)*, en *Revista de Derecho Público,* Nº 69–70, Caracas 1997, pp. 178–179. Igualmente el caso de la sentencia de declaratoria de nulidad de la Ley de Vagos y Maleantes de 14–10–97. *V.* Carlos M. Ayala Corao, "Recepción de la jurisprudencia internacional sobre Derechos Humanos por la jurisprudencia constitucional," en *Estudios de Derecho Público: Libro Homenaje a Humberto J. La Roche Rincón,* Volumen I. Tribunal Supremo de Justicia, Caracas, 2001, pp. 153–224.

343 *V.* Allan R. Brewer–Carías, *Debate Constituyente,* Tomo II, *op. cit.*, pp. 111 a 115. *V.* en general, Carlos M. Ayala Corao, "La jerarquía constitucional de los tratados relativos a Derechos Humanos y sus consecuencias," en *Bases y principios del sistema constitucional venezolano (Ponencias del VII Congreso Venezolano de Derecho Constitucional realizado en San Cristóbal del 21 al 23 de Noviembre de 2001),* Volumen I, pp. 167–240; y Lorena Rincón Eizaga, "La incorporación de los tratados sobre derechos humanos en el derecho interno a la luz de la Constitución de 1999," en *Revista de la Facultad de Ciencias Jurídicas y Políticas de la UCV,* Nº 119, Caracas, 2000, pp. 87–108; Innes Faria Villarreal, "Los tratados Internacionales sobre derechos humanos en la Constitución venezolana," en *Revista de Derecho,* Nº 13, Tribunal Supremo de Justicia, Caracas, 2004, pp. 297–326

344 *V.* en general Larys Hernández Villalobos, "Rango o jerarquía de los tratados internacionales en el ordenamiento jurídico de Venezuela (1999)," en *Revista del Tribunal Supremo de Justicia,* Nº 3, Caracas, 2001, pp. 110–131.

345 *V.* sentencia de 14 de marzo de 2000 (Caso: *C.A. Electricidad del Centro y C.A. Electricidad de los Andes*), en *Revista de Derecho Público*, Nº 81, (enero–marzo), Editorial Jurídica Venezolana, Caracas, 2000, pp. 157–158; citada también en sentencia de la misma Sala Nº 328 de 9–03–2001 en *Revista de Derecho Público*, Nº 85–88, Editorial Jurídica Venezolana, Caracas, 2001. La sala Político Administrativa del Tribunal Supremo interpretó y desarrolló el criterio establecido por la Sala Constitucional en relación con la inaplicabilidad del Artículo 185 de la Ley Orgánica de la Corte Suprema de Justicia en sentencia Nº 802 de 13–04–2000 (Caso *Elecentro vs. Superintendencia Procompetencia*), en *Revista de Derecho Público*, Nº 82, (abril–junio), Editorial Jurídica Venezolana, Caracas, 2000, pp. 270.

346 *V.* sentencia Nº 328 de 9 de marzo de 2001. *V.* además en sentido similar la sentencia Nº 449 de 27–03–2001 de la Sala Político Administrativa (Caso: *Dayco de Construcciones vs. INOS*) en *Revista de Derecho Público*, Nº 85–88, Editorial Jurídica Venezolana, Caracas, 2001. La Sala Político Administrativa, por su parte, ha negado la prevalencia del Artículo 8 de la Convención Americana en caso de solicitudes formuladas por parte de personas jurídicas, al entender que la misma se refiere a derechos humanos de las personas naturales. *V.* sentencia Nº 278 de 01–03–2001 en *Revista de Derecho Público*, Nº 85–88, Editorial Jurídica Venezolana, Caracas, 2001.

distorsionó la norma del artículo 22, primero, al reservarse la potestad de decidir sobre la prevalencia de los tratados, pactos y convenciones sobre derechos humanos en el ámbito interno, excluyendo de ello a los tribunales de la República, a pesar de que conforme al artículo 334 de la Constitución, todos están en la obligación de asegurar su integridad, y a pesar del texto de la propia norma del artículo 22 que es clara al establecer que los referidos tratados son "de aplicación inmediata y directa por los tribunales."[347]

II. EL RÉGIMEN GENERAL DE LAS GARANTÍAS CONSTITUCIONALES

En la Constitución de 1999 también se han incorporado un conjunto de regulaciones muy importantes, relativas a las garantías constitucionales de los derechos humanos, es decir, de los instrumentos que permiten hacer efectivo el ejercicio de los derechos.[348]

En efecto, en la Constitución se regula ampliamente la garantía de la irretroactividad de la ley (Art. 24); la garantía objetiva de la Constitución o de la nulidad de los actos violatorios de derecho y de la responsabilidad de los funcionarios (Art. 25); la garantía de la igualdad ante la ley y a la no discriminación (Art. 21); [349] la garantía judicial y el derecho de acceso a la justicia que tiene toda persona para hacer valer sus derechos e intereses, incluso los colectivos o difusos, a la tutela efectiva de los mismos y a obtener con prontitud la decisión correspondiente (Art. 26).[350] De esta norma, se destaca no sólo el derecho de acceder a la justicia para la protección de sus derechos e intereses, incluso

---

347 En forma evidentemente contraria a la Constitución, la Sala concluyó "que es la Sala Constitucional quien determina cuáles normas sobre derechos humanos de esos tratados, pactos y convenios, prevalecen en el orden interno; al igual que cuáles derechos humanos no contemplados en los citados instrumentos internacionales tienen vigencia en Venezuela;" en *Revista de Derecho Público*, Nº 93–96, Editorial Jurídica Venezolana, Caracas, 2003, pp. 138–140. *V.* los comentarios sobre esta sentencia en Alberto Arteaga Sánchez *et al.*, *Sentencia 1942 vs. Libertad de expresión*, Caracas 2004; y en Allan R. Brewer–Carías, "La aplicación de los tratados internacionales sobre derechos humanos en el orden interno," en *Revista IIDH*, Instituto Interamericano de Derechos Humanos, Nº 46, San José 2007, pp. 219–271; y "La aplicación de los tratados internacionales sobre derechos humanos en el orden interno. Estudio de derecho constitucional comparado latinoamericano," en *Libro Homenaje al Profesor Alfredo Arismendi A.* (Comisión Académica para la Edición: Carlos Luis Carrillo Artiles, Coordinador, Nelson Chitty Laroche, Asdrúbal Grillet), Universidad central de Venezuela, Ediciones paredes, Caracas, 2008, pp. 109–145.

348 *V.* en general, Allan R. Brewer–Carías, *El derecho y la acción de amparo, Instituciones Políticas y Constitucionales,* Tomo V, 1998, pp. 11 ss.

349 *V.* en general, sobre el principio de la igualdad, Luis Beltrán Guerra, "Algunas consideraciones respecto a la igualdad y a la libertad como valores protegidos en el régimen de los derechos fundamentales," en *Temas de Derecho Administrativo: Libro Homenaje a Gonzalo Pérez Luciani,* Volumen I, Editorial Torino, Caracas, 2002, pp. 815–876; Miguel Carbonell, "El principio constitucional de igualdad: significado y problemas de aplicabilidad" en *El Derecho Público a comienzos del Siglo XXI. Estudios homenaje al profesor Allan R. Brewer–Carías*, Tomo III, Instituto de Derecho Público, UCV, Civitas Ediciones, Madrid. 2003, pp. 2569–2578; Alirio Abreu Burelli, "Derecho a la igualdad y no discriminación (Con referencia a la Jurisprudencia de la Sala Constitucional del tribunal Supremo de Justicia sobre la igualdad y no discriminación en razón de la orientación sexual de la persona)," en *Revista de Derecho,* Nº 27, Tribunal Supremo de Justicia, Caracas, 2008, pp. 85–110.

350 *V.* en general, José R. Duque Corredor, "El acceso a la justicia como derecho fundamental en el contexto de la democracia y de los derechos humanos," en *Revista de derecho del Tribunal Supremo de Justicia,* Nº 6, Caracas, 2002, pp. 379 a 389; Judith Useche, "El acceso a la justicia en el nuevo orden constitucional venezolano," en *Bases y principios del sistema constitucional venezolano (Ponencias del VII Congreso Venezolano de Derecho Constitucional realizado en San Cristóbal del 21 al 23 de Noviembre de 2001),* Volumen II, pp. 29–76; Lourdes Cortes de Arangon, "El acceso de los administrados al sistema jurídico: ¿un derecho vivo?," en *Estudios de Derecho Administrativo: Libro Homenaje a la Universidad Central de Venezuela,* Volumen I, Imprenta Nacional, Caracas, 2001, pp. 275–305.

de carácter colectivo y difuso,[351] sino el derecho a la tutela efectiva[352] de los mismos, y el derecho a obtener con prontitud la decisión correspondiente.

Además, en el mismo artículo constitucional se establecen los principios generales del sistema judicial al establecer que:

> "El Estado garantizará una justicia gratuita, accesible, imparcial, idónea, transparente, autónoma, independiente, responsable, equitativa y expedita, sin dilaciones indebidas, sin formalismo o reposiciones inútiles".

La Constitución regula, además, la garantía de protección mediante recursos efectivos: el derecho y la acción de amparo y la acción de habeas data (Art. 27),[353] conforme a todos los principios fundamentales en materia de amparo que se desarrollaron en aplicación de la Ley Orgánica de Amparo sobre Derechos y Garantías Constitucionales, y que configuraron esta garantía conforme al principio de la universalidad respecto de los derechos protegidos (todos los de rango constitucional y además los que sean inherentes a la persona humana); de las personas agraviantes (todos las autoridades o entes públicos y todos los particulares) y los actos lesivos (todos los actos estatales, sin excepción, y de particulares).[354]

La más importante de las garantías constitucionales, además del acceso a la justicia, es que ésta se imparta de acuerdo con las normas establecidas en la Constitución y las leyes, es decir, en el curso de un debido proceso.[355] Estas garantías se han establecido

---

351 *V.* sobre los intereses colectivos y difusos, la Sala Constitucional del Tribunal Supremo en la sentencia N° 656 de 30–06–2000 (Caso: *Defensor del Pueblo vs. Comisión Legislativa Nacional),* citada en la sentencia de la Sala Constitucional N° 279 de 19–2–2002 (Caso: *Ministerio Publico vs. Colegio de Médicos del Distrito Capital*) como "Caso: *Dilia Parra Guillén,*" en *Revista de Derecho Público,* N° 89–92, Editorial Jurídica Venezolana, Caracas, 2002, pp. 390–393. *V.* en general, José L. Villegas Moreno, "Los intereses difusos y colectivos en la Constitución de 1999," en *Revista de Derecho Constitucional,* N° 2 (enero–junio), Editorial Sherwood, Caracas, 2000, pp. 253–269; Ana E. Araujo García, "El principio de la tutela judicial efectiva y los intereses colectivos y difusos," en *El Derecho Público a comienzos del siglo XXI. Estudios homenaje al Profesor Allan R. Brewer–Carías,* Tomo III, *op. cit.,* pp. 2703–2717; y en *Revista de Derecho del Tribunal Supremo de Justicia,* N° 4, Caracas, 2002, pp. 1 a 29; y Flor M. Ávila Hernández, "La tutela de los intereses colectivos y difusos en la Constitución venezolana de 1999," en *El Derecho Público a comienzos del siglo XXI. Estudios homenaje al Profesor Allan R. Brewer–Carías,* Tomo III, *op. cit.,* pp. 2719–2742; María A. Grau, "Los intereses colectivos y difusos," en *Derecho y Sociedad. Revista de Estudiantes de Derecho de la Universidad Monteávila,* Universidad Monteávila, Facultad de Ciencias Jurídicas y Políticas, N° 2, Caracas, 2001, pp. 195–208; Rafael Badell Madrid, "La tutela judicial de los intereses colectivos y difusos," en *Revista de Derecho,* N° 14, Tribunal Supremo de Justicia, Caracas, 2004, pp. 13–48.

352 *V.* en general, Rafael G. Prado Moncada, "Comentarios sobre el derecho a la tutela judicial efectiva en el sistema jurídico administrativo venezolano," en *Derecho y Sociedad. Revista de Estudiantes de Derecho de la Universidad Monteávila,* Universidad Monteávila, Facultad de Ciencias Jurídicas y Políticas, N° 3, Caracas, 2002, pp. 69–143.

353 *V.* en general, Allan R. Brewer–Carías, *El Derecho y la acción de amparo, Instituciones Políticas y Constitucionales,* Tomo V, *op. cit.,* pp. 163 ss.; Hildegard Rondón de Sansó, "La acción de amparo constitucional a raíz de la vigencia de la Constitución de 1999," en *Revista de la Facultad de Ciencias Jurídicas y Políticas de la* UCV, N° 119, Caracas, 2000, pp. 147–172; Richard D. Henríquez Larrazábal, "El problema de la procedencia del amparo constitucional en el Derecho venezolano," en *Bases y principios del sistema constitucional venezolano (Ponencias del VII Congreso Venezolano de Derecho Constitucional realizado en San Cristóbal del 21 al 23 de Noviembre de 2001),* Volumen II, pp. 403–475; Giancarlo Henríquez Maionica, *Amparo Constitucional: Control de los derechos fundamentales,* Editorial Sherwood, Caracas, 2004.

354 *V.* Allan R. Brewer–Carías, "El proceso constitucional de amparo en Venezuela: su universalidad y su inefectividad en el régimen autoritario," en *Horizontes Contemporáneos del Derecho Procesal Constitucional. Liber Amicorum Néstor Pedro Sagüés,* Centro de Estudios Constitucionales del Tribunal Constitucional, Lima, 2011.

355 *V.* en general, Antonieta Garrido de Cárdenas, "La naturaleza del debido proceso en la Constitución de la República Bolivariana de Venezuela de 1999," en *Revista de Derecho Constitucional,* N° 5 (julio–diciembre), Editorial Sherwood, Caracas, 2001, pp. 89–116; Antonieta Garrido de Cárdenas, "El debido proceso como derecho

detalladamente en el artículo 49 que exige que "el debido proceso se aplicará a todas las actuaciones judiciales y administrativas," regulándose las siguientes en forma detallada: el derecho a la defensa; la presunción de inocencia; el derecho a ser oído; el derecho al ser juzgado por su juez natural,[356] que debe ser competente, independiente e imparcial; las garantías de la confesión; el principio *nullum crimen nulla poena sine lege*; el principio *non bis in idem* y la garantía de la responsabilidad estatal por errores o retardos judiciales.

Pero entre las garantías constitucionales de los derechos humanos, sin duda, la más importante es la garantía de la reserva legal, es decir, que las limitaciones y restricciones a los derechos sólo pueden establecerse mediante ley formal.[357] De allí la remisión que los artículos relativos a los derechos constitucionales hacen a la ley.

Pero ley, en los términos de la garantía constitucional, sólo puede ser el acto emanado de la Asamblea Nacional actuando como Cuerpo Legislador (Art. 202). Este es el único acto que puede restringir o limitar las garantías constitucionales, como lo indica el artículo 30 de la Convención Americana sobre Derechos Humanos.

Sin embargo, esta garantía puede considerarse que se ha violentado en el propio texto constitucional, al regular la "delegación legislativa" al Presidente de la República, mediante las llamadas "leyes habilitantes" (Art. 203), para poder dictar actos con rango y valor de ley en cualquier materia (Art. 236.8), que en la Constitución de 1961 sólo estaban reducidos a materias económicas y financieras (Art. 190.8).

Esto podría abrir la vía constitucional para la violación de la reserva legal que, como se dijo, es la garantía constitucional más importante en relación con la efectiva vigencia y ejercicio de los derechos humanos.

La Corte Interamericana de Derechos Humanos, en todo caso, ha decidido formalmente en la opinión consultiva OC–6/86 de 9–3–86 que la expresión "leyes" en el artículo 30 de la Convención sólo se refiere a las emanadas de "los órganos legislativos constitucionalmente previstos y democráticamente electos"[358], por lo que en ningún caso las leyes habilitantes podrían autorizar al Presidente de la República para dictar "decretos–leyes" restrictivos de derechos y garantías constitucionales.

Por último, entre las garantías constitucionales, en el artículo 29 de la Constitución se estableció expresamente la obligación del Estado de investigar y sancionar legalmente los delitos contra los derechos humanos cometidos por sus autoridades,[359] y en el artícu-

---

fundamental en la Constitución de 1999 y sus medios de protección," en *Bases y principios del sistema constitucional venezolano (Ponencias del VII Congreso Venezolano de Derecho Constitucional realizado en San Cristóbal del 21 al 23 de Noviembre de 2001),* Volumen I, pp. 127–144.

356 *V.* José Valentín González, "La noción de juez natural en la jurisprudencia de la Sala Constitucional del Tribunal Supremo de Justicia Venezolano, la Corte Interamericana de Derechos Humanos y el Tribunal Constitucional Español," Jesús María Casal, Alfredo Arismendi y Carlos Luis Carrillo Artiles (Coord.), *Tendencias Actuales del Derecho Constitucional. Homenaje a Jesús María Casal Montbrun,* Tomo II, Universidad Central de Venezuela / Universidad Católica Andrés Bello, Caracas, 2008, pp. 213–252.

357 *V.* Allan R Brewer–Carías, "Consideraciones sobre la suspensión o restricción de las garantías constitucionales," *Revista de Derecho Público,* Nº 37, Caracas, 1989, pp. 6 y 7.

358 *V.* "La expresión "leyes" en el artículo 30 de la Convención Americana sobre Derechos Humanos" (Opinión Consultiva, OC–6/86) Corte Interamericana de Derechos Humanos, en *Revista IIDH*; Instituto Interamericano de Derechos Humanos Nº 3, San José, 1986, pp. 107 ss.

359 *V.* nuestra propuesta sobre esta norma en Allan R. Brewer–Carías, *Debate Constituyente, (Aportes a la Asamblea Nacional Constituyente),* Tomo II, (9 septiembre–17 octubre de 1999), Editorial Jurídica Venezolana, Caracas, 1999, p. 104. El artículo ha sido interpretado por la Sala Constitucional del Tribunal Supremo en sentencia

lo 30 de la Constitución se estableció la obligación del Estado de indemnizar integralmente a las víctimas de violaciones a los derechos humanos que le sean imputables, y a sus derechohabientes, incluido el pago de daños y perjuicios. A tal efecto, en la Constitución se exige que el Estado adopte las medidas legislativas y de otra naturaleza, para hacer efectivas estas indemnizaciones. El Estado, además, debe proteger a las víctimas de delitos comunes y debe procurar que los culpables reparen los daños causados.

El colorario internacional de las garantías constitucionales está en el artículo 31 de la Constitución,[360] que regula el acceso a la justicia internacional para la protección de los derechos humanos en la siguiente forma: como derecho de toda persona con el objeto de solicitar el amparo a sus derechos humanos.[361] Esta norma, sin embargo, ha sido marginada por la Sala Constitucional del Tribunal Supremo al declarar en 2008 como "inejecutable" en Venezuela una decisión de la Corte Interamericana de Derechos Humanos dictada ese mismo año, mediante la cual se condenó al Estado por violación de los derechos y garantías judiciales de los jueces de la Corte Primera de lo Contencioso Administrativo, quienes habían sido destituidos en 2003 por haber dictado conforme a su competencia, una decisión se suspensión de efectos de unos actos administrativos.[362] En esta forma, la Sala Constitucional desconoció la obligación que establece la Constitución para el Estado, de adoptar, conforme a procedimientos establecidos en la Constitución y la ley, las medidas que sean necesarias para dar cumplimiento a las decisiones emanadas de los órganos internacionales previstos en la norma.

III. LOS DERECHOS INDIVIDUALES

El Capítulo IV del Título III de la Constitución se destina a regular "los derechos civiles," los que, en realidad, en castellano y conforme a la tradición constitucional venezo-

---

Nº 3167 de 9 de diciembre de 2002, en *Revista de Derecho Público,* Nº 89–92, Editorial Jurídica Venezolana, Caracas, 2002, pp. 118 ss.

360 *Ibídem,* p. 107

361 *V.* Carlos M. Ayala Corao, *Del amparo constitucional al amparo Interamericano como Institutos para la protección de los Derechos Humanos,* Editorial Jurídica Venezolana –IIDH, Caracas, 1998.

362 Sobre la decisión de 2003 de la Corte Primera de lo Contencioso Administrativa véase Claudia Nikken, "El caso 'Barrio Adentro': La Corte Primera de lo Contencioso Administrativo ante la Sala Constitucional del Tribunal Supremo de Justicia o el avocamiento como medio de amparo de derechos e intereses colectivos y difusos," en *Revista de Derecho Público* 93–96, Editorial Jurídica Venezolana, Caracas 2003, pp. 5 ss. La decisión de la Corte Interamericana en el caso fue dictada el 05–08–2008 (Caso: *Apitz Barbera y otros ("Corte Primera de lo Contencioso Administrativo") vs. Venezuela*) (*V.* en http://www.corteidh.or.cr. Excepción Preliminar, Fondo, Reparaciones y Costas, Serie C, N° 182); y la decisión de la Sala Constitucional declarándola "inejecutable" fue la N° 1939 de 12–12–2008 (Caso *Abogados Gustavo Álvarez Arias y otros*, véase en *Revista de Derecho Público,* Nº 116, Editorial Jurídica Venezolana, Caracas 2008, pp. 89–106). *V.* sobre esto, Allan R. Brewer–Carías, "El juez constitucional vs. La justicia internacional en materia de derechos humanos," en *Revista de Derecho Público,* Nº 116, Editorial Jurídica Venezolana, Caracas, 2008, pp. 249–260; "La interrelación entre los Tribunales Constitucionales de América Latina y la Corte Interamericana de Derechos Humanos, y la cuestión de la inejecutabilidad de sus decisiones en Venezuela," en *Anuario Iberoamericano de Justicia Constitucional,* Centro de Estudios Políticos y Constitucionales, Nº 13, Madrid, 2009, pp. 99–136; y "La interrelación entre los Tribunales Constitucionales de América Latina y la Corte Interamericana de Derechos Humanos, y la cuestión de la inejecutabilidad de sus decisiones en Venezuela," en Armin von Bogdandy, Flavia Piovesan y Mariela Morales Antonorzi (Coord.), *Direitos Humanos, Democracia e Integracao Jurídica na América do Sul,* Lumen Juris Editora, Rio de Janeiro, 2010, pp. 661–701.

lana, son los *derechos individuales*[363]. En realidad, la expresión "derechos civiles" es una traducción de la expresión en inglés, *"civil rights"* que se incorporó en la traducción al español del Pacto Internacional de Derechos Civiles y Políticos de Naciones Unidas, que es ley en la República[364].

Se regula, así el derecho a la vida, como inviolable, con la prohibición de que se pueda establecer la pena de muerte (Art. 43). En la Constitución de 1999, se reforzó la previsión de este derecho, obligándose en particular al Estado a proteger "la vida de las personas que se encuentren privadas de su libertad, prestando el servicio militar o civil, o sometidas a su autoridad en cualquier otra forma".

La Constitución, además, reguló expresamente el derecho al nombre y a la identificación (Art. 56); y el derecho a la inviolabilidad de la libertad personal (Art. 44), con los siguientes derechos y garantías: garantías ante el arresto o detención; derecho a la defensa y a no estar incomunicado; límite personal de las penas; la identificación de la autoridad; el derecho a la excarcelación. Se estableció igualmente; la protección frente a la esclavitud o servidumbre (Art. 45); y la prohibición de la desaparición forzosa de personas (Art. 45).

Se reguló, además, detalladamente, el derecho a la integridad personal (Art. 46), con los siguientes derechos: el derecho a no ser sometido a torturas o penas degradantes; el derecho de los detenidos al respeto a la dignidad humana; el derecho a decidir sobre experimentos y tratamientos; y la responsabilidad de los funcionarios.

Adicionalmente, el texto constitucional, conforme a la tradición de los textos anteriores, consagra el derecho a la inviolabilidad del hogar doméstico y de todo recinto privado (Art. 47); la inviolabilidad de las comunicaciones privadas (Art. 48); la libertad de tránsito y de ausentarse y regresar al país (Art. 50)[365]; el derecho de petición y a la oportuna respuesta (Art. 51); [366] y el derecho de asociación (Art. 52).

En relación con este último derecho, el artículo 52 establece que toda persona tiene derecho de asociarse con fines lícitos, de conformidad con la ley, estando obligado el Estado a facilitar el ejercicio de este derecho. Este derecho sin embargo, encuentra limitaciones de rango constitucional, en el artículo 256 respecto de los jueces, a quienes se prohíbe asociarse; y en el artículo 294,6 en cuanto a la inherencia del Estado en las elecciones de los gremios profesionales, que deben ser organizadas por el Consejo Supremo Electoral, como órgano del Poder Público (Poder Electoral).

En relación con los derechos individuales, la Constitución garantiza, además, el derecho de reunión (Art. 53); el derecho a la libre expresión del pensamiento (Art. 57); y el derecho a la información *oportuna, veraz e imparcial,* así como el derecho de réplica y

363 *V.* la denominación desde la Constitución de 1858 en Allan R. Brewer–Carías, *Las Constituciones de Venezuela,* Caracas, 1997, p. 488; y Allan R. Brewer–Carías, *Los Derechos y garantías constitucionales, Instituciones Políticas y Constitucionales,* Tomo IV, *op. cit.*, pp. 53 ss.

364 *V.* en *G.O. Extraordinaria* N° 2.146 de 28–01–1978.

365 *V.* nuestras observaciones sobre esta norma en Allan R. Brewer–Carías, *Debate Constituyente,* Tomo III, *op. cit.*, pp. 150 y 151.

366 *V.* Carlos L. Carrillo Artiles, "El derecho de petición y la oportuna y adecuada respuesta en la Constitución de 1999," en *Estudios de Derecho Administrativo: Libro Homenaje a la Universidad Central de Venezuela,* Volumen I, Imprenta Nacional, Caracas, 2001, pp. 219–251; y Lubín Aguirre, "Garantías procesales frente a la inacción administrativa" en *Estudios de Derecho Administrativo: Libro Homenaje a la Universidad Central de Venezuela,* Volumen I, Imprenta Nacional, Caracas, 2001, pp. 35–41.

rectificación cuando se vean afectados directamente por informaciones inexactas o agraviantes (Art. 58).[367]

Una larga polémica se planteó respecto de la utilización de los adjetivos "oportuna, veraz e imparcial" para calificar la información que toda persona tiene derecho a recibir, no porque no deba ser así, sino porque todos estos calificativos en la Constitución podrían dar lugar a que desde el Estado pueda establecerse algún control para determinar la veracidad, la oportunidad o la imparcialidad de la información, y con ello el establecimiento de alguna "verdad oficial."[368] En una Constitución signada por el principio de la progresión en la mayoría de los derechos individuales, esta regresión en materia de derechos individuales es inadmisible, pues abre una grieta que puede servir al autoritarismo. Ello, precisamente, condujo a la Sala Constitucional a establecer varias interpretaciones vinculantes, con restrictivas, de la libertad de expresión del pensamiento,[369] que dieron origen a intensas polémicas.[370]

En el marco de los derechos individuales, además, encuentran regulación expresa la libertad religiosa (Art. 59);[371] el derecho a la protección del honor y la intimidad (Art.

---

367 *V.* en torno al derecho a la libre expresión del pensamiento y a la rectificación y respuesta: Allan R. Brewer–Carías, "La libre expresión del pensamiento y el derecho a la información en la Constitución venezolana de 1999," *Anuario de Derecho Constitucional Latinoamericano,* Edición 2002, Konrad Adenauer Stiftung, Montevideo, 2002, pp. 267 a 276; Fernando Flores Giménez, "Las libertades de expresión e información en la Constitución de Venezuela: Análisis de una confusión," *Revista de Derecho Constitucional,* Nº 7, enero–junio 2003, Editorial Sherwood, Caracas, 2003, pp. 125 a 135; Jesús A. Dávila Ortega, "El Derecho de la información y la libertad de expresión en Venezuela (Un estudio de la sentencia 1.013/2001 de la Sala Constitucional del Tribunal Supremo de Justicia)," *Revista de Derecho Constitucional,* Nº 5, julio–diciembre–2001, Editorial Sherwood, Caracas, 2002, pp. 305 a 325; María Candelaria Domínguez Guillén, "Las libertades de expresión e información," *Revista de derecho del Tribunal Supremo de Justicia,* Nº 5, Caracas, 2002, pp. 19 a 72; Carolina Puppio, "Libertad de Expresión vs. Ley de Contenidos. Reflexiones de cara a la Aprobación de una Ley de Contenido en Venezuela," *Revista de Derecho Constitucional,* Nº 6, enero–diciembre–2002, Editorial Sherwood, Caracas, 2003, pp. 165 a 190; Héctor Faúndez Ledesma, "Las condiciones de las restricciones a la libertad de expresión," en *El Derecho Público a comienzos del siglo XXI. Estudios homenaje al Profesor Allan R. Brewer–Carías,* Tomo III, Instituto de Derecho Público, UCV, Civitas Ediciones, Madrid, 2003, pp. 2598–2664; Rafael Ortiz–Ortiz, "Las implicaciones jurídico positivas del derecho a la información y a la libertad de expresión en el nuevo orden constitucional," en *Revista de la Facultad de Derecho de la Universidad de Carabobo,* Nº 1, Valencia, 2002, pp. 163–246; María Candelaria Domínguez Guillén, "El derecho a la identidad como límite a las libertades de expresión e información," en *Revista de derecho del Tribunal Supremo de Justicia,* Nº 9, Caracas, 2003, pp. 343 a 359.

368 *V.* nuestro voto salvado sobre esta norma en Allan R. Brewer–Carías, *Debate Constituyente,* Tomo III, *op. cit.,* pp. 154 a 156.

369 *V.* por ejemplo, sentencia Nº 1155 de 18 de mayo de 2000 de la Sala Político Administrativa (Caso: *Tulio A. Álvarez et al. vs. Gobernación del Estado Apure),* en *Revista de Derecho Público*, Nº 82, (abril–junio), Editorial Jurídica Venezolana, Caracas 2000, pp. 291 ss.; sentencia de la Sala Constitucional Nº 1013 de 12 de junio de 2001 (Caso: *Elías Santana y Asociación Civil queremos elegir vs. Presidente de la República y Radio Nacional de Venezuela), V.* en *Revista de Derecho Público*, Nº 85–88, Editorial Jurídica Venezolana, Caracas, 2001, pp. 117 ss; sentencia Nº 1942 de la Sala Constitucional de 15 de julio de 2003 (Caso: *Impugnación de los artículos 141, 148, 149, 150, 151, 152, 223, 224, 225, 226, 227, 444, 445, 446, 447 y 450 del Código Penal,* sobre las llamadas leyes de desacato), en *Revista de Derecho Público*, Nº 93–96, Editorial Jurídica Venezolana, Caracas 2003, pp. 530–531.

370 *V.* sobre esas sentencias los diversos trabajos en Allan R. Brewer–Carías *et al.*, *La Libertad de expresión amenazada. Sentencia 1013,* Instituto Interamericano de Derechos humanos, Editorial Jurídica Venezolana, Caracas / San José 2001; y en Alberto Arteaga Sánchez *et al.*, *sentencia 1942 vs. Libertad de expresión*, Caracas, 2004.

371 *V.* Josefina Calcaño de Temeltas, *Aproximación a la libertad de conciencia, religión y culto en derecho comparado y en Venezuela*, FUNEDA, Caracas 2011; Carmen Vallarino Bracho, "Libertad de religión y derechos humanos en Venezuela," en *Revista de Derecho,* Nº 30, Tribunal Supremo de Justicia, Caracas, 2009, pp. 309–319.

60),[372] y a obtener información sobre su persona (Art. 28); el derecho a la libertad de conciencia (Art. 61); el derecho de protección por parte del Estado (Art. 55).

Por último, en el artículo 143 de la Constitución se consagra también como derecho individual el derecho ciudadano a la información administrativa, es decir, el derecho de acceder a los archivos y registros administrativos, sometido sólo a los límites aceptables dentro de una sociedad democrática en materias relativas a seguridad interior y exterior, a investigación criminal y a la intimidad de la vida privada, de conformidad con la ley que regule la materia de clasificación de documentos de contenido confidencial o secreto. Este derecho que responde a las modernas tendencias a la trasparencia administrativa, lamentablemente ha sido restringido por la Sala Constitucional del Tribunal Supremo, el cual en sentencia N° 745 de 15 de julio de 2010 (Caso: *Asociación Civil Espacio Público*) estableció con carácter vinculante, en ausencia de legislación específica sobre el tema, que "para salvaguardar los límites del ejercicio del derecho fundamental a la información, se hace necesario: i) que el o la solicitante de la información manifieste expresamente las razones o los propósitos por los cuales requiere la información; y ii) que la magnitud de la información que se solicita sea proporcional con la utilización y uso que se pretenda dar a la información solicitada." Con ello, frente a la solicitud formulada por una asociación civil sobre información relativa a las remuneraciones de funcionarios de la Contraloría General de la República, la Sala Constitucional procedió a establecer la "ponderación entre el derecho a la información y el derecho a la intimidad de los funcionarios públicos," dándole prevalencia al último como "derecho a la intimidad económica" que pertenece a la "espera íntima del funcionario," negando finalmente el derecho ciudadano a la información solicitada.[373]

IV. LOS DERECHOS SOCIALES Y DE LAS FAMILIAS

En el campo de los derechos sociales y de las familias, la Constitución de 1999 contiene extensas y complejas declaraciones, muchas de las cuales no guardan relación con el principio de la alteridad, que atribuyen al Estado innumerables obligaciones[374] y que en gran parte marginalizan a la sociedad civil. El esquema, globalmente considerado es altamente paternalista.

Por una parte la Constitución reguló una serie de derechos sociales que pueden denominarse como derechos de protección, y son los siguientes: la protección de las familias

372 *V.* en general Rafael Ortiz Ortiz, "Configuración del derecho a la intimidad como derecho civil fundamental," en *Revista del Tribunal Supremo de Justicia,* N° 5, Caracas, 2002, pp. 87–149; Cosimina Pellegrino Pacera, "El derecho a la intimidad en la nueva era informática, el derecho a la autodeterminación informativa y el hábeas data a la luz de la Constitución venezolana de 1999," en *Estudios de Derecho Público: Libro Homenaje a Humberto J. La Roche Rincón,* Volumen I. Tribunal Supremo de Justicia, Caracas, 2001, pp. 143–216.

373 *V.* en *Revista de Derecho Público*, N° 123, Editorial Jurídica Venezolana, Caracas 2010, pp. 104–105. *V.* Allan R. Brewer–Carías, "De la Casa de Cristal a la Barraca de Hierro: el Juez Constitucional Vs. El derecho de acceso a la información administrativa," en *Revista de Derecho Público,* N° 123, Editorial Jurídica Venezolana, Caracas, 2010, pp. 197–206.

374 *V.* en general, los trabajos de Aristóbulo Istúriz, "Lo social en la nueva Constitución Bolivariana," pp. 1–14; Mercedes Pulido de Briceño, "La Constitución de 1999 y los derechos sociales," pp. 15–28; Carlos Aponte Blank, "Los derechos sociales y la Constitución de 1999, pp. 113–134; en el libro *La cuestión social en la Constitución Bolivariana de Venezuela,* Editorial Torino, Caracas, 2000. *V.* también, en general, Emilio Spósito Contreras, "Aproximación a los derechos sociales en la Constitución de la República Bolivariana de Venezuela," en *Revista de derecho del Tribunal Supremo de Justicia,* N° 9, Caracas, 2003, pp. 381 a 398.

(Art. 75);[375] la protección de la maternidad (Art. 76);[376] la protección del matrimonio "entre un hombre y una mujer" (Art. 77);[377] la protección de los niños (Art. 78) y los derechos de los jóvenes (Art. 79) (no se estableció, sin embargo, que este derecho a protección integral lo tienen los niños desde su concepción, como lo establecía el artículo 74 de la Constitución de 1961);[378] la protección de los ancianos (Art. 80); y los derechos de los discapacitados (Art. 81),[379] regulándose expresamente en el artículo 101, la obligación para los medios televisivos de incorporar subtítulos y traducción a la lengua de señas para las personas con problemas auditivos.

La Constitución reguló, además, expresamente, el derecho a la vivienda (Art. 82), como una declaración;[380] y el derecho a la salud[381] y a su protección (Art. 83). En esta materia, a los efectos de que el Estado pueda garantizar "el derecho a la protección de la salud," el artículo 84 le impone la obligación de crear, ejercer la rectoría y gestionar un "sistema público nacional de salud," de carácter intersectorial, descentralizado y participativo, integrado al sistema de seguridad social, regido por los principios de gratuidad, universalidad, integralidad, equidad, integración social y solidaridad.

Es decir, el servicio de salud se concibe constitucionalmente como integrado al sistema de seguridad social (como un subsistema) y se lo concibe como gratuito y universal, lo que no guarda relación alguna con el sistema de seguridad social que se establece para los afiliados o asegurados. El servicio de salud, en realidad, tiene esas características, pero siempre que esté fuera del sistema de seguridad social. Esta norma, en realidad constitucionaliza inconvenientemente el régimen de la seguridad social de las últimas décadas, que no ha funcionado.[382]

---

375 *V.* nuestro voto salvado en relación con este concepto de la familia como "asociación" en Allan R. Brewer–Carías, *Debate Constituyente,* Tomo III, *op. cit.* p. 163.

376 *V.* nuestra posición en la discusión de este artículo, en *idem,* p. 164.

377 *V.* Anabella Del Moral, "Contenido y alcance del artículo 77 de la Constitución de la República Bolivariana de Venezuela, según sentencia de la Sala Constitucional del 15 de julio de 2005," en *Revista de Derecho,* Nº 27, Tribunal Supremo de Justicia, Caracas, 2008, pp. 111–131; María C. Domínguez Guillen, "Más sobre las uniones estables de hecho, según la Sala Constitucional del Tribunal Supremo de Justicia," en *Revista de Derecho,* Nº 27, Tribunal Supremo de Justicia, Caracas, 2008, pp. 133–167; Gilberto Guerrero Quintero, "La interpretación de la Sala Constitucional del Tribunal Supremo de Justicia del artículo 77 de la Carta Magna," en *Revista de Derecho,* Nº 27, Tribunal Supremo de Justicia, Caracas, 2008, pp. 169–237; José Peña Solís, "Análisis crítico de la sentencia de la Sala Constitucional Nº 0190, de 28 de febrero de 2008: Interpretación de los artículos 21 y 77 constitucionales: derecho a la igualdad, uniones estables de hecho y extensión de los efectos del matrimonio a uniones concubinarias," en *Revista de Derecho,* Nº 27, Tribunal Supremo de Justicia, Caracas, 2008, pp. 287–322.

378 *V.* nuestro voto salvado en esta materia en Allan R. Brewer–Carías, *Debate Constituyente,* Tomo III, *op. cit.,* pp. 165 y 166 y 262 a 265.

379 *V.* en general, María C. Domínguez Guillén, "La protección constitucional de los incapaces," en *Temas de Derecho Administrativo: Libro Homenaje a Gonzalo Pérez Luciani,* Vol. I, Tribunal Supremo de Justicia, Colección Libros Homenaje, Nº 7, Caracas, 2002, pp. 609 a 658.

380 *V.* nuestro voto salvado en Allan R. Brewer–Carías, *Debate Constituyente,* Tomo III, *op. cit.* pp. 167.

381 *V.* nuestro voto salvado en Allan R. Brewer–Carías, *Debate Constituyente,* Tomo III, *op. cit.* pp. 169 y 170 y 265 y 266. *V.* en general, Jesús Ollarves Irazábal, "La vigencia del derecho a la salud," en *El Derecho Público a comienzos del siglo XXI. Estudios homenaje al Profesor Allan R. Brewer–Carías,* Tomo III, Instituto de Derecho Público, UCV, Civitas Ediciones, Madrid, 2003, pp. 2867–2886; Oscar Feo, "La salud en la nueva Constitución," en *La cuestión social en la Constitución Bolivariana de Venezuela.* Editorial Torino, Caracas, 2000, pp. 29–46; Belén Anasagasti, "Caracterización de los principales rasgos del derecho a la salud dentro del marco constitucional de los derechos sociales del texto de 1961 y de 1999," en *La cuestión social en la Constitución Bolivariana de Venezuela.* Editorial Torino, Caracas, 2000, pp. 135–152

382 *V.* nuestro voto salvado sobre esto en Allan R. Brewer–Carías, *Debate Constituyente,* Tomo III, *op. cit.,* pp. 170 y 226.

Se establece además, con rango constitucional, que los bienes y servicios públicos de salud son propiedad del Estado y no pueden ser privatizados.

Por último, se establece el principio de que la comunidad organizada tiene el derecho y el deber de participar en la toma de decisiones sobre la planificación, ejecución y control de la política específica en las instituciones públicas de salud.

En el artículo 85 de la Constitución se establece que es una obligación del Estado, el financiamiento del sistema público de salud, que debe integrar los recursos fiscales, las cotizaciones obligatorias de la seguridad social y cualquier otra fuente de financiamiento que determine la ley.[383] El Estado, además, debe garantizar un presupuesto para la salud que permita cumplir con los objetivos de la política sanitaria.

Finalmente, el artículo 85 termina su normación indicando que el Estado "regulara las instituciones públicas y privadas de salud," en la única norma en la que se nombra a las instituciones privadas de salud, pero como el objeto de regulación.

En cuanto al derecho a la seguridad social,[384] el artículo 86 de la Constitución lo regula "como servicio público de carácter no lucrativo, que garantice la salud y asegure protección en contingencias de maternidad, paternidad, enfermedad, invalidez, enfermedades catastróficas, discapacidad, necesidades especiales, riesgos laborales, pérdida de empleo, desempleo, vejez, viudedad, orfandad, vivienda, cargas derivadas de la vida familiar y cualquier otra circunstancia de previsión social."[385]

V. LOS DERECHOS LABORALES

En el mismo Capítulo relativo a los derechos sociales y de la familia, la Constitución de 1999, en la misma orientación de la Constitución de 1961, incorporó el conjunto de derechos laborales al texto constitucional, pero esta vez ampliándolos y rigidizándolos aún mas, llevando a rango constitucional muchos derechos que por su naturaleza podrían ser de rango legal.[386] Se reguló, así, expresamente, el derecho y el deber de trabajar

---

383 *V.* nuestro voto salvado en Allan R. Brewer–Carías, *Debate Constituyente,* Tomo III, *op. cit.,* pp. 171 y 267.

384 *V.* en general, María Bernardoni de Govea, "Reforma de la seguridad social en Venezuela: un proceso inconcluso," en *Derecho y Sociedad. Revista de Estudiantes de Derecho de la Universidad Monteávila,* Universidad Monteávila, Facultad de Ciencias Jurídicas y Políticas, Nº 3, Caracas, 2002, pp. 193–213; Pablo Pérez Herrera, "El sistema venezolano de seguridad social," en *Revista Tachirense de Derecho,* Nº 14, Universidad Católica del Táchira, San Cristóbal, 2002, pp. 143–158.

385 *V.* nuestro voto salvado en Allan R. Brewer–Carías, *Debate Constituyente,* Tomo III, *op. cit.* pp. 172 a 174 y 257 a 270. *V.* Allan R. Brewer–Carías, "Consideraciones sobre el Régimen Constitucional del Derecho a la Seguridad Social, el Sistema de Seguridad Social y la Administración Privada de Fondos de Pensiones" en *Libro Homenaje a Fernando Parra Aranguren,* Tomo I, Facultad de Ciencias Jurídicas y Políticas, Universidad Central de Venezuela, Caracas, 2001, pp. 73–85

386 *V.* en general, Napoleón Goizueta H., "Aspectos laborales en la Constitución Bolivariana de Venezuela y normas concordantes con la legislación del trabajo," en *Revista Gaceta Laboral,* Vol. 8, Nº 2 (mayo–agosto). Ediciones Astro Data, Maracaibo, 2002, pp. 251–282; Héctor A. Jaime Martínez, "La nueva Constitución venezolana y su influencia en la Ley Orgánica del Trabajo," en *Revista Tachirense de Derecho,* Nº 12, Universidad Católica del Táchira, San Cristóbal, 2000, pp. 151–178; Gabriela Santana González, "Normas constitucionales en materia laboral. De moribundas a bolivarianas," en *Revista Syllabus,* Escuela de Derecho, Facultad de Ciencias Jurídicas y Políticas. Universidad Central de Venezuela, Nº 1 (noviembre), Caracas, 2000, pp. 39–55; María C. Torres Seoane, "Las normas laborales en la Constitución," en *Comentarios a la Constitución de la República Bolivariana de Venezuela,"* Vadell Hermanos Editores, Caracas, 2000, pp. 149–176.

(Art. 87); la igualdad y no discriminación en el trabajo (Art. 88); la protección estatal al trabajo (Art. 89); la jornada laboral y el derecho al descanso (Art. 90); el derecho al salario (Art. 91); el derecho a prestaciones sociales (Art. 92); el derecho a la estabilidad laboral (Art. 93); las responsabilidades laborales; el derecho a la sindicalización (Art. 95); el derecho a la contratación colectiva (Art. 96); y el derecho a la huelga (Art. 97).

Sobre el derecho a la sindicalización,[387] debe destacarse la injerencia del Estado en el funcionamiento de los sindicatos, al establecer el artículo 294,6 de la Constitución la competencia del Consejo Nacional Electoral, que es un órgano del Poder Público (Poder Electoral) para "organizar las elecciones de los sindicatos y gremios profesionales". En consecuencia, en Venezuela, los sindicatos no son libres de organizar la elección de sus autoridades y representantes, sino que las mismas deben ser organizadas por el Estado. Por lo demás, desde el siguiente a la sanción de la Constitución, en enero de 2000, la Asamblea Constituyente dejo sentadas las bases para la intervención del Estado en los sindicatos,[388] lo que se materializó en la convocatoria de un referendo aprobatorio sobre la renovación de la dirigencia sindical (referendo sindical).[389]

VI. LOS DERECHOS CULTURALES Y EDUCACIÓN

La Constitución además, consagró una serie de derechos relativos a la cultura, como la libertad y la creación cultural y la propiedad intelectual (Art. 98); los valores de la cultura y la protección del patrimonio cultural (Art. 99); la protección de la cultura popular (Art. 100) y a la información cultural (Art. 101), estableciendo que el Estado debe garantizar la emisión, recepción y circulación de la información cultural. A tal efecto, se impone a los medios de comunicación el deber de coadyuvar a la difusión de los valores de la tradición popular y la obra de los artistas, escritores, compositores, cineastas, científicos y demás creadores y creadoras culturales del país.

En cuanto al derecho a la educación,[390] el artículo 102 de la Constitución comienza estableciendo, en general, que "la educación es un derecho humano y un deber social fundamental, es democrática, gratuita y obligatoria". La consecuencia de lo anterior es

---

387 *V.* en general, León Arismendi; "Libertad sindical y elecciones sindicales en la Constitución de 1999," en *Revista Gaceta Laboral,* Vol. 8, N° 1 (enero–abril), Ediciones Astro Data, Maracaibo, 2002, pp. 79–98.

388 Decreto de 30–01–00, de la Asamblea Nacional Constituyente para "garantizar la libertad sindical, *G.O.* N° 36.904 de 02–03–2000. Este Decreto fue considerado en sentencia N° 1447 de 28–11–2000 (Caso: *Fedepetrol*) de la Sala Constitucional, como "parte integrante del sistema constitucional vigente, por ser un acto constituyente sancionado por la Asamblea Nacional Constituyente el 30 de enero de 2000. *V.* en *Revista de Derecho Público,* N° 84, (octubre–diciembre), Editorial Jurídica Venezolana, Caracas, 2000, pp. 158 ss.

389 *V.* la Resolución del Consejo Nacional Electoral en *G.O.* N° 37.081 de 20–11–00

390 *V.* en general, Gustavo J. Linares Benzo, "Bases constitucionales de la educación," en *Revista Derecho y Sociedad de la Universidad Monteávila,* N° 2 (abril), Caracas, 2001, pp. 217–252; Gustavo J. Linares Benzo, "La educación en el texto constitucional," en *Estudios de Derecho Administrativo: Libro Homenaje a la Universidad Central de Venezuela,* Volumen II. Imprenta Nacional, Caracas. 2001 pp. 91–120 y en *Revista de Derecho Público,* N° 84 (octubre–diciembre), Editorial Jurídica Venezolana, Caracas, 2000, pp. 5–25; y Mabel Mundó, "El derecho a la educación en las Constituciones de 1999 y 1961: reflexiones sobre principios, recursos y aprendizajes para la elaboración de la política educativa," en *La cuestión social en la Constitución Bolivariana de Venezuela,* Editorial Torino, Caracas, 2000, pp. 47–74; Suying Olivares García, "El derecho a la educación como un derecho humano fundamental a la luz de la Constitución de 1999," en *Frónesis. Revista de Filosofía Jurídica, Social y Política,* Universidad del Zulia, Facultad de Ciencias Jurídicas y Políticas, Instituto de Filosofía del Derecho Dr. José M. Delgado Ocando, Ediciones Astro Data, N° 14, 2 (mayo–agosto), Maracaibo, 2007, pp. 11–36.

la previsión del mismo artículo 102, en el sentido de imponer al Estado la obligación de asumir la educación como "función indeclinable" y de máximo interés en todos sus niveles y modalidades, y como instrumento del conocimiento científico, humanístico y tecnológico al servicio de la sociedad.

En consecuencia, constitucionalmente se declara a la educación como un servicio público;[391] precisándose, sin embargo, que "el Estado estimulará y protegerá la educación privada que se imparta de acuerdo con los principios contenidos en esta Constitución y en las Leyes".

Se regula, además, el derecho a la educación integral, la gratuidad de la educación pública; y el carácter obligatorio de la educación en todos sus niveles, desde el maternal hasta el nivel medio diversificado. La impartida en las instituciones del Estado es gratuita hasta el pregrado universitario (Art. 103). Además, se establece el régimen de los educadores; (Art. 104); el derecho a educar (Art. 106); y la educación ambiental e histórica (Art. 107). En el artículo 108, se precisa, además, que los medios de comunicación social, públicos y privados, deben contribuir a la formación ciudadana. Además, los centros educativos deben incorporar el conocimiento y aplicación de las nuevas tecnologías, de sus innovaciones, según los requisitos que establezca la ley.

En la Constitución de 1999, además, se constitucionalizó el principio de la autonomía universitaria (Art. 109);[392] se reguló el régimen de las profesiones liberales (Art. 105); el régimen de la ciencia y la tecnología (Art. 110); y el derecho al deporte (Art. 111).[393]

VII. LOS DERECHOS AMBIENTALES

La Constitución de 1999 también constituye una novedad en cuanto a la regulación de los derechos constitucionales relativos a los derechos ambientales,[394] que precisan el

391 Sobre las características del servicio público y de la educación como servicio público véase la sentencia de la Sala Político Administrativa, N° 1154 de 18–05–2000, en *Revista de Derecho Público*, N° 82, (abril–junio), Editorial Jurídica Venezolana, Caracas, 2000, pp. 301 ss.; y N° 3052 de 19 de diciembre de 2001 (Caso: *Nulidad de la reforma parcial del Decreto* N° *1011 de 4–10–2000*), en *Revista de Derecho Público*, N° 85–88, Editorial Jurídica Venezolana, Caracas, 2001, pp. 130–139.

392 *V.* sobre la educación universitaria frente a los intentos de su reforma regresiva, Ricardo Antela G., Humberto Najim, Enrique Sánchez F., *Bases constitucionales para la redacción de una ley de Educación Universitaria,* Universidad Metropolitana, Caracas, 2011.

393 *V.* nuestra posición sobre esta norma en Allan R. Brewer–Carías, *Debate Constituyente,* Tomo III, *op. cit.,* p. 184. *V.* en general, Auber Infante Bustamante, "La Constitución de 1999: una percepción de la política deportiva," en *Revista de la Facultad de Ciencias Jurídicas y Políticas de la UCV,* N° 119, Caracas, 2000, pp. 49–77.

394 *V.* en general, Fortunato González Cruz, "El ambiente en la nueva Constitución venezolana," en *El Derecho Público a comienzos del siglo XXI. Estudios homenaje al Profesor Allan R. Brewer–Carías,* Tomo III, Instituto de Derecho Público, UCV, Civitas Ediciones, Madrid, 2003, pp. 2917–2923; Germán Acedo Payarez, "La Constitución de la República Bolivariana de Venezuela de 1999 y los denominados 'Derechos Ambientales," en *El Derecho Público a comienzos del siglo XXI. Estudios homenaje al Profesor Allan R. Brewer–Carías,* Tomo III, Instituto de Derecho Público, UCV, Civitas Ediciones, Madrid, 2003, pp. 2925–2978; Alberto Blanco–Uribe Quintero, "La tutela ambiental como derecho–deber del Constituyente. Base constitucional y principios rectores del derecho ambiental," en *Revista de Derecho Constitucional,* N° *6 (enero–diciembre)*. Editorial Sherwood, Caracas, 2002, pp. 31–64; Alberto Blanco–Uribe Quintero, "El ciudadano frente a la defensa jurídica del ambiente en Venezuela," en *El Derecho Público a comienzos del siglo XXI. Estudios homenaje al Profesor Allan R. Brewer–Carías,* Tomo III, Instituto de Derecho Público, UCV, Civitas Ediciones, Madrid, 2003, pp. 2995–3008; y *V.* Luciano Parejo Alfonso, "El derecho al medio ambiente y la actuación de la Administración Pública," en *El Derecho Público a comienzos*

derecho al ambiente como "derecho y un deber de cada generación [de] proteger y mantener el ambiente en beneficio de sí misma y del mundo futuro" (Art. 127); la política de ordenación territorial (Art. 128); los estudios de impacto ambiental y el régimen de los desechos tóxicos; y las cláusulas contractuales ambientales obligatorias (Art. 129).

VIII. LOS DERECHOS DE LOS PUEBLOS INDÍGENAS

Otra de las innovaciones de la Constitución de 1999, polémica por cierto, fue la incorporación de un conjunto de normas sobre los derechos de los pueblos indígenas,[395] respecto de los cuales sólo había una escueta norma de protección en la Constitución de 1961 (Art. 77). La forma como quedaron redactados estos artículos, sin embargo, la consideramos altamente discriminatoria en relación al conjunto de la población venezolana en favor de un grupo porcentualmente reducido de etnias que no superan el 1.5% de la población venezolana.[396]

El capítulo comienza en el artículo 119, con la siguiente redacción

> *Artículo 119:* El Estado reconocerá la existencia de los pueblos y comunidades indígenas, su organización social, política y económica, sus culturas, usos y costumbres, idiomas y religiones, así como su hábitat y derechos originarios sobre las tierras que ancestral y tradicionalmente ocupan y que son necesarias para desarrollar y garantizar sus formas de vida. Corresponderá al Ejecutivo Nacional, con la participación de los pueblos indígenas, demarcar y garantizar el derecho a la propiedad colectiva de sus tierras, las cuales serán inalienables, imprescriptibles, inembargables e intransferibles de acuerdo con lo establecido en esta Constitución y la ley.

De esta norma surge, ante todo, el peligro del reconocimiento de un Estado dentro del Estado, desde que se reconoce que puede haber, en específico, en el país, un *pueblo,* con su *organización política* en sus propios *territorios.* Estos elementos: pueblo, gobierno y territorio son los componentes esenciales de todo Estado, lo que podría originar, en el futuro, problemas en cuanto a la integridad territorial. Precisamente por ello, sin embargo, fue que se incorporó el artículo 126, con el siguiente texto:

> *"Artículo 126:* Los pueblos indígenas, como culturas de raíces ancestrales, forman parte de la Nación, del Estado y del pueblo venezolano como único, soberano e indivisible. De conformidad con esta Constitución tienen el deber de salvaguardar la integridad y la soberanía nacional.

El término pueblo no podrá interpretarse en esta Constitución en el sentido que se le da en el derecho internacional".

Conforme al artículo 120, el aprovechamiento de los recursos naturales en los hábitats indígenas por parte del Estado se debe hacer sin lesionar la integridad cultural, social y económica de los mismos e, igualmente, está sujeto a previa información y consulta a

---

del siglo XXI. Estudios homenaje al Profesor Allan R. Brewer–Carías, Tomo III, Instituto de Derecho Público, UCV, Civitas Ediciones, Madrid, 2003, pp. 2979–2994.

395 *V.* en general, Ricardo Colmenares Olívar, "Constitucionalismo y derechos de los pueblos indígenas en Venezuela," en *Revista Lex Nova del Colegio de Abogados del Estado Zulia,* N° 237, Maracaibo, 2000, pp. 13–46. *V.* sobre estos derechos, la sentencia de la Sala Constitucional del Tribunal Supremo, N° 1600 de 20 de diciembre de 2000 (Caso: *Melchor Flores y otros vs. República y EDELCA*), en *Revista de Derecho Público,* N° 84, (octubre–diciembre), Editorial Jurídica Venezolana, Caracas, 2000, pp. 169 ss.

396 *V.* nuestro voto salvado sobre esta norma y la propuesta de redacción alternativa en Allan R. Brewer–Carías, *Debate Constituyente,* Tomo III, *op. cit.,* pp. 186 a 190.

las comunidades indígenas respectivas.[397] Por interpretación en contrario, todo otro aprovechamiento por parte de los particulares de estos mismos recursos no estarían sujetos a la previa información y consulta.

El artículo 121 de la Constitución declara el derecho de los pueblos indígenas a mantener y desarrollar su identidad étnica y cultural, cosmovisión, valores, espiritualidad y sus lugares sagrados y de culto.

A tal efecto se obliga al Estado a fomentar la valoración y difusión de las manifestaciones culturales de los pueblos indígenas, los cuales tienen derecho a una educación propia y a un régimen educativo de carácter intercultural y bilingüe, atendiendo a sus particularidades socioculturales, valores y tradiciones.

Igualmente, el artículo 122 establece el derecho de los pueblos indígenas a una salud integral que considere sus prácticas y culturas. En consecuencia, se obliga al Estado a reconocer su medicina tradicional y las terapias complementarias, con sujeción a principios bioéticos.

Por otra parte, el artículo 123 de la Constitución establece el derecho de los pueblos indígenas a mantener y promover sus propias prácticas económicas basadas en la reciprocidad, la solidaridad y el intercambio; sus actividades productivas tradicionales, su participación en la economía nacional y a definir sus prioridades. Además, se consagra el derecho de los pueblos indígenas a servicios de formación profesional y a participar en la elaboración, ejecución y gestión de programas específicos de capacitación, servicios de asistencia técnica y financiera que fortalezcan sus actividades económicas en el marco del desarrollo local sustentable.

Por otra parte, el Estado también está obligado a garantizar a los trabajadores y trabajadoras pertenecientes a los pueblos indígenas el goce de los derechos que confiere la legislación laboral.

El artículo 124 de la Constitución se garantiza y protege la propiedad intelectual colectiva de los conocimientos, tecnológicas e innovaciones de los pueblos indígenas, exigiendo que toda actividad relacionada con los recursos genéticos y los conocimientos asociados a los mismos perseguirán beneficios colectivos. La Constitución, además, prohíbe el registro de patentes sobre estos recursos y conocimientos ancestrales.

Como ya hemos señalado, el artículo 260 de la Constitución también dispone que las autoridades legítimas de los pueblos indígenas podrán aplicar en su hábitat, instancias de justicia con base en sus tradiciones ancestrales y que sólo afecten a sus integrantes, según sus propias normas y procedimientos, siempre que no sean contrarios a la Constitución, a la ley y al orden público. Corresponde a la ley la determinación de la forma de coordinar esta jurisdicción especial con el sistema judicial.[398]

Por último, el artículo 125 de la Constitución consagra el derecho de los pueblos indígenas a la participación política; garantizando el artículo 182 de la Constitución, "la representación indígena en la Asamblea Nacional y en los cuerpos deliberantes de las entidades federales y locales con población indígena, conforme a la ley".

---

397 *V.*, Ricardo Colmenares Olívar, "El derecho de participación y consulta de los pueblos indígenas en Venezuela," en *Revista del Tribunal Supremo de Justicia*, N° 8, Caracas, 2003, pp. 21–48.

398 *V.* María E. León Álvarez, "El sistema de justicia en la Constitución de Venezuela de 1999. Estudio crítico acerca de la jurisdicción especial indígena," en *Revista del Tribunal Supremo de Justicia,* N° 4, Caracas, 2002, pp. 369–377.

IX. LA GARANTÍA JUDICIAL DE LOS DERECHOS Y GARANTÍAS CONSTITUCIONALES: EL AMPARO CONSTITUCIONAL Y EL HABEAS DATA

La Constitución de 1999, siguiendo la tradición iniciada en la Constitución de 1961, y la orientación del constitucionalismo moderno latinoamericano,[399] estableció la institución del amparo constitucional como la garantía judicial específica de protección de los derechos y garantías constitucionales, configurándolo, además, como un derecho constitucional de todas las personas a ser amparados por los Tribunales en el goce y ejercicio de todos dichos derechos y garantías.[400] La institución tiene entonces características bien definidas en el derecho constitucional comparado de América Latina[401]. Dicho derecho constitucional que han sido reguladas ampliamente en el artículo 27 de la Constitución de 1999,[402] siguiendo la orientación del artículo 49 de la Constitución de 1961,[403] así:

---

399 *V.* el trabajo de Héctor Fix–Zamudio sobre el amparo venezolano en su trabajo: "Algunos aspectos comparativos del derecho de amparo en México y Venezuela," *Libro Homenaje a la Memoria de Lorenzo Herrera Mendoza,* Universidad Central de Venezuela, Caracas, 1970, Tomo II, pp. 333–390. *V.* además, Héctor Fix Zamudio, "La teoría de Allan R. Brewer–Carías sobre el derecho de amparo Latinoamericano y el juicio de amparo mexicano," en *El derecho público a comienzos del siglo XXI. Estudios en homenaje al Profesor Allan R. Brewer–Carías,* Editorial Thomson Civitas, Madrid, 2002, Tomo I, pp. 1125 ss.

400 *V.* Allan R. Brewer–Carías, *El Derecho y la Acción de Amparo,* Tomo V, *Instituciones Políticas y Constitucionales,* Editorial Jurídica Venezolana, Universidad Católica del Táchira, Caracas–San Cristóbal, 1998; *La Justicia Constitucional (Procesos y procedimientos constitucionales)*, Instituto Mexicano de Derecho Procesal Constitucional, Ed. Porrúa, México, 2007.

401 *V.* nuestros trabajos: Allan R. Brewer–Carías, *Judicial Review in Comparative Law,* Cambridge Studies in International and Comparative Law. New Series, Cambridge University Press, Cambridge 1989, 406 pp.; y en Allan R. Brewer–Carías, *Études de droit public comparé*, Académie International de Droit Comparé, Bruylant, Bruxelles 2001, pp. 526–934; "El amparo a los derechos y libertades constitucionales y la acción de tutela a los derechos fundamentales en Colombia: una aproximación comparativa," en Manuel José Cepeda (editor), *La Carta de derechos. Su interpretación y sus implicaciones*, Editorial Temis, Bogotá 1993, pp. 21–81, y en *La protección jurídica del ciudadano. Estudios en Homenaje al Profesor Jesús González Pérez*, Tomo 3, Editorial Civitas, Madrid 1993, pp. 2.695–2.748; *El amparo a los derechos y libertades constitucionales. Una aproximación comparativa*, Cuadernos de la Cátedra Allan R. Brewer–Carías de Derecho Público, N° 1, Universidad Católica del Táchira, San Cristóbal, 1993, 138 pp.; "La justice constitutionnelle et le pouvoir judiciaire," en Allan R. Brewer–Carías, *Études de droit public comparé*, Académie International de Droit Comparé, Bruylant, Bruxelles 2001, pp. 935–1182; *Mecanismos nacionales de protección de los derechos humanos (Garantías judiciales de los derechos humanos en el derecho constitucional comparado latinoamericano)*, Instituto Interamericano de Derechos Humanos, San José 2005, 300 pp.; y *Constitutional Protection of Human Rights in Latin America. A Comparative Study of the Amparo Proceeding,* Cambridge University Press, New York, 2008.

402 *V.* en general, Hildegard Rondón de Sansó, "La acción de amparo constitucional a raíz de la vigencia de la Constitución de 1999," en *Revista de la Facultad de Ciencias Jurídicas y Políticas de la UCV,* N° 119, Caracas, 2000, pp. 147–172; Richard D. Henríquez Larrazábal, "El problema de la procedencia del amparo constitucional en el Derecho venezolano," en *Bases y principios del sistema constitucional venezolano (Ponencias del VII Congreso Venezolano de Derecho Constitucional realizado en San Cristóbal del 21 al 23 de Noviembre de 2001),* Volumen II, pp. 403–475; Víctor R. Hernández–Mendible, "El amparo constitucional desde la perspectiva cautelar," en *El Derecho Público a comienzos del siglo XXI. Estudios homenaje al Profesor Allan R. Brewer–Carías,* Tomo I, Editorial Civitas, Madrid, 2003, pp. 1219–1301; Allan R. Brewer–Carías, "Introducción general al régimen del derecho de amparo a los derechos y garantías constitucionales (el proceso de amparo)," en *Ley Orgánica de amparo sobre derechos y garantías constitucionales*, Editorial Jurídica Venezolana, Caracas, 2007, pp. 9–149.

403 *V.* en general Allan R. Brewer–Carías y Carlos Ayala Corao, en *Ley Orgánica de amparo sobre derechos y garantías constitucionales*, Editorial Jurídica Venezolana, Caracas, 1988; Hildegard Rondón de Sansó, *La acción de amparo contra los Poderes Públicos*, Editorial Arte, Caracas, 1994; Hildegard Rondón de Sansó, *Amparo constitucional,* Editorial Arte, Caracas, 1998; Gustavo Linares Benzo, El proceso de amparo, Universidad Central de Venezuela, Caracas, 1999; Rafael J. Chavero Gazdik, *El nuevo régimen del amparo constitucional en Venezuela,* Editorial Sherwood, Caracas, 2001.

"*Artículo 27*: Toda persona tiene derecho a ser amparada por los tribunales en el goce y ejercicio de los derechos y garantías constitucionales, aun de aquellos inherentes a la persona que no figuren expresamente en esta Constitución o en los instrumentos internacionales sobre derechos humanos.

El procedimiento de la acción de amparo constitucional será oral, público, breve, gratuito y no sujeto a formalidad, y la autoridad judicial competente tendrá potestad para restablecer inmediatamente la situación jurídica infringida o la situación que más se asemeje a ella. Todo tiempo será hábil y el tribunal lo tramitará con preferencia a cualquier otro asunto.

La acción de amparo a la libertad o seguridad podrá ser interpuesta por cualquier persona, y el detenido o detenida será puesto bajo la custodia del tribunal de manera inmediata, sin dilación alguna.

El ejercicio de este derecho no puede ser afectado, en modo alguno, por la declaración del estado de excepción o de la restricción de garantías constitucionales."

De esta norma constitucional derivan las notas distintivas del derecho y acción de amparo en Venezuela, y entre ellas, su universalidad respecto de los derechos protegidos y las causas de la lesión o amenaza de lesión de los mismos; las formas de su ejercicio; y los principios del procedimiento los cuales desde el inicio fueron desarrollados por la jurisprudencia en aplicación de la Ley Orgánica de Amparo sobre Derechos y Garantías Constitucionales de 1988.[404]

1. La universalidad del amparo: derechos y garantías protegidos y actos lesivos de particulares y de autoridades

La acción de amparo procede para la protección de todos los derechos constitucionales enumerados en el texto de la Constitución (artículos 19 a 129: derechos civiles, políticos, sociales y de las familias, culturales y educativos, económicos, de los pueblos indígenas, y ambientales), y en los tratados internacionales sobre derechos humanos, que conforme al artículo 23 de la Constitución tienen jerarquía constitucional, y además, respecto de todos aquellos otros derechos inherentes a la persona humana que no figuren expresamente, ni en la Constitución o en dichos tratados internacionales (artículo 22, Constitución), los cuales además, prevalecen incluso sobre el orden interno si contienen regulaciones más favorables para el goce y ejercicio de los derechos.

Por tanto, no hay derechos o garantías constitucionales y fundamentales que no sean justiciables mediante la acción de amparo, correspondiendo su ejercicio a todas las personas tanto naturales como jurídicas o morales,[405] debiendo estas últimas estar domiciliadas en el país (Art. 1, Ley). Lo único que se requiere para que proceda el amparo, sin embargo, es que se violación inmediata, directa y clara del derecho constitucional.[406] La

404 *V.* Allan R. Brewer–Carías, "La reciente evolución jurisprudencial en relación a la admisibilidad del recurso de amparo," en *Revista de Derecho Público*, N° 19, Editorial Jurídica Venezolana, Caracas, julio–septiembre 1984, pp. 207–217.

405 *V.* lo indicado por la Corte Primera de lo Contencioso–Administrativo en sentencias de 30–4–87, 24–4–88 y 28–7–88 en FUNEDA, 15 *años de Jurisprudencia de la Corte Primera de lo Contencioso–Administrativo, 1977–1992, Amparo Constitucional,* Caracas, 1994, pp. 141, 180 y 225.

406 *V.*, por ejemplo, sentencias de la Corte Primera de lo Contencioso administrativo de 22–1–88, *Revista de Derecho Público,* N° 33, Editorial Jurídica Venezolana, Caracas, 1988, p. 109; de 24–5–88, *Revista de Derecho Público,* N° 35, Editorial Jurídica Venezolana, Caracas, 1988, p. 100; de 30–6–88, *Revista de Derecho Público,* N°

consecuencia de esta universalidad del amparo, es que en Venezuela, el llamado derecho de hábeas corpus se haya configurado como parte del derecho de amparo[407] o, si se quiere, como una manifestación del derecho de amparo, a cuyo efecto, la Ley Orgánica de Amparo establece en su artículo 1° que "La garantía de la libertad personal que regula el *hábeas corpus* constitucional, se regirá por esta ley"; destinando a ello los artículos 38 a 47 de la misma.

Por otra parte, de acuerdo con la Constitución, el amparo constitucional procede contra cualquier acto, hecho u omisión de autoridades o de particulares que viole derechos o garantías constitucionales o amenace violarlos. Por tanto, así como no hay derechos y garantías excluidos del amparo, tampoco hay actos, hechos u omisiones que escapen de la protección de la misma. Ello se precisa en el artículo 2° de la Ley Orgánica, cuando indica que:

> "La acción de amparo procede contra cualquier hecho, acto u omisión provenientes de los órganos del Poder Público Nacional, Estadal o Municipal. También procede contra el hecho, acto u omisión originados por ciudadanos, personas jurídicas, grupos u organizaciones privadas, que hayan violado, violen o amenacen violar cualquiera de las garantías o derechos amparados por esta Ley".

Por tanto, además de proceder el amparo contra particulares, sin distinción alguna,[408] procede contra todas las perturbaciones provenientes de autoridades públicas, igualmente sin distinción alguna, sea que se trate de actos estatales u omisiones así como de actos materiales y vías de hecho de las autoridades públicas (Art. 5 LOA). Así, ninguna actuación u omisión pública escapa al amparo, quedando sólo excluidos de la acción, conforme se estableció en el artículo 6,6 de la ley Orgánica, "los actos de la Corte Suprema de Justicia."[409] Por ello, la antigua Corte Suprema de Justicia en Sala Político Administrativa en sentencia de 31 de enero de 1991 (Caso: *Anselmo Natale*), afirmó enfáticamente que "no puede existir ningún acto estatal que no sea susceptible de ser revisado por vía de amparo, entendiendo ésta [...como] "un medio de protección de las libertades públicas cuyo objeto es restablecer su goce o disfrute, cuando alguna persona

---

35, Editorial Jurídica Venezolana, Caracas, 1988, p. 129; de 8–10–91, *Revista de Derecho Público,* N° 48, Editorial Jurídica Venezolana, Caracas, 1991, p. 138; de 15–9–92 y 16–9–92, *Revista de Derecho Público,* N° 51, Editorial Jurídica Venezolana, Caracas, 1992, pp. 146 y 150; y de la antigua Corte Suprema de Justicia, Sala Político Administrativa, de 9–5–88, *Revista de Derecho Público* N° 34, Editorial Jurídica Venezolana, Caracas, 1988, pp. 105 y 116; de 27–6–90, *Revista de Derecho Público* N° 43, Editorial Jurídica Venezolana, Caracas, 1990 p. 92, y de 26–10–89, *Revista de Derecho Público*, N° 40, Editorial Jurídica Venezolana, Caracas, 1989, p. 109. *V.* también de la antigua Corte Suprema de Justicia, Sala Plena de 21–3–88, *Revista de Derecho Público,* N° 34, Editorial Jurídica Venezolana, Caracas, 1988, p. 105.

407 Allan R. Brewer–Carías, "El derecho de amparo y la acción de amparo," en *Revista de Derecho Público,* N° 22, Editorial Jurídica Venezolana, Caracas, abril–junio 1985, pp. 51–61; y "El derecho de amparo en Venezuela," en *Revista de Derecho,* N° 1, año V, Facultad de Derecho, Universidad Central, Santiago de Chile 1991, pp. 151–178; y en *Garantías jurisdiccionales para la defensa de los derechos humanos en Iberoamérica,* Instituto de Investigaciones Jurídicas, Universidad Nacional Autónoma de México, México, 1992, pp. 7–53.

408 Tal como sucede en Argentina después del caso *Samuel Kot SRL.* de 1958. S. *V.* Linares Quintana, *Acción de Amparo,* Buenos Aires, 1960, p. 25, G. R. Carrio, *Algunos aspectos del recurso de amparo,* Buenos Aires, 1959, p. 13.

409 *V.* sentencia de la Corte Primera de lo Contencioso Administrativa de 18–6–91, en FUNEDA, *15 años de Jurisprudencia op. cit.,* p. 145; y en *Revista de Derecho Público,* N° 46, Editorial Jurídica Venezolana, Caracas, 1991, p. 124.

natural o jurídica, o grupos u organizaciones privadas, amenace vulnerarlas o las vulneren efectivamente."[410]

En cuanto al amparo contra leyes y demás actos normativos, de acuerdo al artículo 3° de la Ley Orgánica:

> "También es procedente la acción de amparo cuando la violación o amenaza de violación deriven de una norma que colida con la Constitución. En este caso, la providencia judicial que resuelva la acción interpuesta deberá apreciar la inaplicación de la norma impugnada y el Juez informará a la Corte Suprema de Justicia acerca de la respectiva decisión."

Se previó así en la Ley Orgánica el llamado "amparo contra normas" el cual en ciertos aspectos se puede asimilar al denominado en México "amparo contra leyes,"[411] no teniendo la decisión del juez efectos anulatorios, sino de inaplicación de la norma respecto de quién se solicita amparo (*inter partes*). Pero en relación al control de la constitucionalidad de las leyes, que la Ley Orgánica, además de prever el amparo contra normas, permite ejercer la pretensión de amparo, conjuntamente con la acción popular de inconstitucionalidad de las leyes ante la Sala Constitucional del Tribunal Supremo de Justicia, previendo en el mismo artículo 3° de la Ley Orgánica, lo siguiente:

> "La acción de amparo también podrá ejercerse conjuntamente con la acción popular de inconstitucionalidad de las leyes y demás actos estatales normativos, en cuyo caso, la Corte Suprema de Justicia, si lo estima procedente para la protección constitucional, podrá suspender la aplicación de la norma respecto de la situación jurídica concreta cuya violación se alega, mientras dure el juicio de nulidad."

Aún cuando de la norma del artículo 3° de la Ley Orgánica, puede decirse que resultaba una *vía directa de control difuso* de la constitucionalidad de las leyes,[412] la jurisprudencia de la Sala Político Administrativa de la antigua Corte Suprema impuso el criterio de que no procede la acción de amparo directamente contra normas, siendo que lo que procede es su ejercicio contra los actos de ejecución de la norma, que serían los actos lesivos.[413] Así lo indicó en sentencia de 24 de mayo de 1993, al afirmar que "el mencionado artículo de la Ley Orgánica de Amparo no consagra la posibilidad de interponer esta acción de protección constitucional contra una ley u otro acto normativo sino contra el acto de aplicación o ejecución de ésta, el cual en definitiva es el que, en el ca-

---

410 *V.* en *Revista de Derecho Público,* N° 45, Editorial Jurídica Venezolana, Caracas, 1991, p. 118. La tesis de la Corte Suprema fue reafirmada por la Corte Primera de lo Contencioso Administrativo en sentencia de 18–6–91, en *V.* en *Revista de Derecho Público,* N° 46, Editorial Jurídica Venezolana, Caracas, 1991, p. 125.

411 Héctor Fix–Zamudio, "Algunos problemas que plantea el amparo contra leyes," *Boletín del Instituto de Derecho Comparado de México,* UNAM, N° 37, 1960, pp. 11 a 39. *V.* además, además, Allan R. Brewer–Carías, "La acción de amparo contra leyes y demás actos normativos en el derecho venezolano," en *Liber Amicorum. Héctor Fix–Zamudio,* Volumen I, Secretaría de la Corte Interamericana de Derechos Humanos. San José, Costa Rica 1998, pp. 481–501

412 *V.* Allan R. Brewer–Carías, *Nuevas tendencias en el contencioso administrativo en Venezuela,* Editorial Jurídica Venezolana, Caracas, 1993, p. 168.

413 Fue el caso de la en sentencia de 8–8–94, la Sala Político Administrativa al resolver un amparo en el caso de las declaraciones juradas de patrimonio exigidas a los administradores de bancos por la Ley de Emergencia Financiera de 1994. *V.* el texto en Allan R. Brewer–Carías y Carlos Ayala Corao, *El derecho a la intimidad y a la vida privada y su protección frente a las injerencias abusivas o arbitrarias del Estado,* Caracas, 1995, pp. 214 a 216.

so concreto, puede ocasionar una lesión particular de los derechos y garantías constitucionales de una persona determinada."[414]

En materia de amparo contra actos administrativos y conductas omisivas de la Administración, el artículo 5° de la Ley Orgánica dispone que:

> "La acción de amparo procede contra todo acto administrativo, actuaciones materiales, vías de hecho, abstenciones u omisiones que violen o amenacen violar un derecho o garantía constitucionales, cuando no exista un medio procesal breve, sumario y eficaz, acorde con la protección constitucional."

En consecuencia, si dicho medio procesal acorde con la protección constitucional existe, la acción de amparo no es admisible; pudiendo ser dicho medio el recurso contencioso administrativo de anulación, siempre que exista en la localidad un tribunal con competencia contencioso administrativa, y se formule en el mismo conjuntamente con la pretensión de nulidad, la pretensión de amparo.[415]

En estos casos, agrega el artículo 5° de la Ley Orgánica, el Juez, en forma breve, sumaria y efectiva, si lo considera procedente para la protección constitucional, suspenderá los efectos del acto recurrido como garantía de dicho derecho constitucional violado, mientras dure el juicio. Para garantizar que este recurso contencioso administrativo de anulación y amparo, sea un medio procesal breve, sumario y efectivo, acorde con la protección constitucional, el Parágrafo Único del artículo 5° de la Ley Orgánica precisa que:

> "Cuando se ejerza la acción de amparo contra actos administrativos conjuntamente con el recurso contencioso administrativo que se fundamente en la violación de un derecho constitucional, el ejercicio del recurso procederá en cualquier tiempo, aun después de transcurridos los lapsos de caducidad previstos en la Ley; y no será necesario el agotamiento previo de la vía administrativa."

Ahora bien, en el caso de ejercicio de la acción autónoma de amparo contra actos administrativos, el tema central a precisar es que los efectos de la decisión de amparo no son de orden anulatorio sino de mera suspensión de efectos del acto, lo que implica que el acto administrativo lesivo queda incólume en cuanto a su validez, por lo que para que la protección constitucional sea integral debería buscarse su anulación posterior por la vía contencioso administrativa.

Pero la acción de amparo no sólo procede contra actos administrativos sino también contra conductas omisivas de la Administración, para lo cual debe existir mora frente a un requerimiento del interesado. Es decir, es necesario que el presunto agraviado se haya dirigido en forma previa a la presunta autoridad agraviante, dando inicio a un procedimiento constitutivo, de manera que no se puede accionar por abstención cuando no habido requerimiento del administrado para que la autoridad administrativa emita algún acto administrativo[416]. Por supuesto, en todos estos casos de procedencia de la acción de amparo contra la mora de la Administración, como violatoria del derecho a obtener oportuna respuesta garantizado en el artículo 67 de la Constitución, la consecuencia de la violación de tal derecho, como lo ha señalado la Corte Primera de lo Contencioso

---

414 *V.* en *Revista de Derecho Público*, N° 55–56, Editorial Jurídica Venezolana, Caracas, 1993, pp. 287–288. *V.* también sentencia N° 584 de 19–11–1992 (Caso: *Electrificación del Caroní, EDELCA),* en *Revista de Derecho Público*, N° 52, Editorial Jurídica Venezolana, Caracas, 1992, pp. 136.

415 *V.* sentencias de la antigua Corte Suprema de Justicia, Sala Político Administrativa de 25–1–89 y 9–8–89 en *Revista de Derecho Público,* N° 39, Editorial Jurídica Venezolana, Caracas, 1989, p. 139.

416 Sentencia de la antigua Corte Suprema de Justicia, Sala Político Administrativa de 18–11–93, en *Revista de Derecho Público* nos 55–56, Editorial Jurídica Venezolana, Caracas, 1993, p. 295.

Administrativo, "sólo implica ordenar a la autoridad administrativa que otorgue la respuesta correspondiente."[417]

Por otra parte, en cuanto al amparo contra sentencias y demás actos judiciales, el artículo 4° de la Ley Orgánica establece que:

> "Igualmente procede la acción de amparo cuando un Tribunal de la República, actuando fuera de su competencia, dicte una resolución o sentencia u ordene un acto que lesione un derecho constitucional."

En estos casos, y con el objeto de salvaguardar las jerarquías judiciales de revisión, se establece expresamente que "La acción de amparo debe interponerse por ante un Tribunal superior al que emitió el pronunciamiento, quien decidirá en forma breve, sumaria y efectiva."

Tratándose de amparo contra sentencias,[418] la jurisprudencia ha precisado sus contornos indicando que es necesario que exista un acto judicial lesivo, es decir, que lesione o amenace lesionar un derecho constitucional, para lo cual ningún tribunal puede tener competencia.[419] Por ello, la expresión legal "actuando fuera de su competencia" ha sido interpretada por la Sala Político Administrativa de la antigua Corte Suprema, en sentencia de 12 de diciembre de 1989 (Caso: *El Crack C.A*) como equivalente a un tribunal que "usurpa funciones, ejerciendo unas que no le son conferidas o hace uso indebido de las funciones que le han sido atribuidas, lesionando con su actuación derechos o garantías constitucionales."[420] De acuerdo a esta doctrina, por tanto, y dada la garantía de la cosa juzgada que protege a las decisiones judiciales, no basta para que sea procedente una acción de amparo contra sentencias que el accionante sólo señale que la sentencia le fue adversa, sino que debe alegar abuso o exceso de poder del juez, como forma de incompetencia.[421]

Por otra parte, en relación al amparo contra sentencias y demás actos judiciales, otro aspecto que debe destacarse es que la aplicación del artículo 4° de la Ley Orgánica de Amparo sólo procede cuando el juez en concreto actúa en ejercicio de funciones jurisdiccionales, en cuyo caso, el juez competente para conocer de la acción es el tribunal superior al que emitió el pronunciamiento. En cambio, en los supuestos en los cuales un juez dicte un acto actuando en función administrativa (no jurisdiccional), por ejemplo, cuando actúa como registrador mercantil, la competencia para conocer de la acción de

---

417 *V.* sentencia de 26–8–93 (Caso: *Inversiones Klanki*), en *Revista de Derecho Público,* N° 55–56, Editorial Jurídica Venezolana, Caracas, 1993, p. 294.

418 *V.*, entre otras, la sentencia de la Sala Constitucional N° 848 de 28–7–2000 (Caso: *Luis A. Baca vs. Juzgado Segundo de Primera Instancia en lo Civil, Mercantil, Agrario y del Tránsito del Primer Circuito de la Circunscripción Judicial del Estado Bolívar*), en *Revista de Derecho Público,* N° 83, Editorial Jurídica Venezolana, Caracas, 2000, p. 296 ss.

419 *V.* Allan R. Brewer–Carías, "El problema del amparo contra sentencias o de cómo la Sala de Casación Civil remedia arbitrariedades judiciales" en *Revista de Derecho Público,* N° 34, Editorial Jurídica Venezolana, Caracas, 1988, p. 164; y "El recurso de amparo contra sentencias de amparo dictadas en segunda instancia," en *Revista de Derecho Público,* N° 36, Editorial Jurídica Venezolana, Caracas, octubre–diciembre 1988, pp. 160–172.

420 *V.* en *Revista de Derecho Público,* N° 41, Editorial Jurídica Venezolana, Caracas, 1990, pp. 110–111. En igual sentido se destacan las sentencias de la misma Sala Político Administrativa de 27–6–90, 4–7–90, 7–8–90, 5–12–90 y 31–5–91, citadas en *Revista de Derecho Público,* N° 46, Editorial Jurídica Venezolana, Caracas, 1991, p. 132. Igualmente, sentencia de 4–2–93, *Revista de Derecho Público* no 53–54, Editorial Jurídica Venezolana, Caracas, 1993, p. 276.

421 *V.* sentencia antigua Corte Suprema de Justicia, Sala Político Administrativa de 31–5–91, *Revista de Derecho Público,* N° 46, Editorial Jurídica Venezolana, Caracas, 1991, p. 132.

amparo corresponde al tribunal de primera instancia que lo sea en la materia afín con la naturaleza del derecho violado."[422]

En relación con las partes en el proceso, debe señalarse que conforme a la doctrina de la Sala Constitucional, "la acción de amparo contra decisiones judiciales no procede contra el Juez que dictó la decisión sino contra la decisión en sí misma," en el sentido de que el Juez no es el legitimado pasivo en el procedimiento de amparo, siendo el fallo, en si mismo, "el presunto trasgresor de un derecho o garantía constitucional". Por ello es que se ha considerado que no es necesaria la presencia del Juez para defender o informar sobre la decisión tomada, de manera que según lo resuelto por la misma Sala en su sentencia de 1° de febrero de 2000 (Caso: *José A. Mejías y otros*), "la ausencia del juez a la audiencia oral, no significa aceptación de la pretensión de amparo."[423]

2. Las formas de ejercicio del derecho de amparo: acción autónoma de amparo y pretensión de amparo acumulada a otras acciones judiciales

La regulación del amparo constitucional en la Constitución y en la Ley Orgánica de Amparo como un *derecho* fundamental y no sólo como una *única acción autónoma* de amparo, implicó la necesidad de conciliar el ejercicio del derecho de amparo con los medios judiciales existentes de protección constitucional, de manera que no quedasen éstos eliminados como tales, sino al contrario, reforzados. De allí las previsiones de los artículos 3, 5 y 6,5 de la Ley Orgánica de Amparo que permiten la formulación de pretensiones de amparo constitucional conjuntamente con las acciones de nulidad por inconstitucionalidad, con las acciones contencioso–administrativas de anulación y con las acciones judiciales ordinarias o extraordinarias, que propusimos en el proceso de formación de la Ley en la Cámara del Senado.[424]

Después de múltiples vacilaciones jurisprudenciales que se extendieron por casi cuatro años, el sentido de la regulación contenida en dichas normas finalmente lo resumió la Sala Político Administrativa de la antigua Corte Suprema en la sentencia de 10 de julio de 1991 (Caso: *Tarjetas Banvenez*), al señalar que la Ley Orgánica prevé fundamentalmente dos mecanismos procesales la acción autónoma de amparo y la acumulación de ésta con otro tipo de acciones o recursos."[425]

En cuanto a la primera de las modalidades, es decir, la acción autónoma de amparo, al ser una acción que se ejercita en forma autónoma e independiente, no se vincula ni se subordina a ningún otro recurso o procedimiento. La misma se intenta en principio ante todos los tribunales de primera instancia, o ante cualquier juzgado si no hay en el lugar, tribunal de primera instancia. Sólo contra altos funcionarios, la competencia para conocer de la acción de amparo corresponde a todas las salas del Tribunal Supremo, según la materia afín a la competencia. Sin embargo, la Sala Constitucional en sentencia nº 1 de

422 *V.* la sentencia de la Sala de Casación Civil de la Corte Suprema de Justicia de 21–9–89, *Revista de Derecho Público,* Nº 40, Editorial Jurídica Venezolana, Caracas, 1989, pp. 92–93.

423 *V.* sentencia Nº 436 de 22–5–2000 (Caso: *Foramer de Venezuela, C.A. vs. Juzgado Tercero de Primera Instancia del Trabajo de la Circunscripción Judicial del Estado Zulia*), en *Revista de Derecho Público,* Nº 82, Editorial Jurídica Venezolana, Caracas, 2000, p. 476.

424 *V.* Allan R. Brewer–Carías, "Propuestas de reforma al Proyecto de Ley Orgánica de Amparo sobre Derechos y Garantías Constitucionales (1987)," *Estudios de derecho público, (Labor en el Senado 1985–1987),* Tomo III, Ediciones del Congreso de la República, Caracas, 1989, pp. 205–229.

425 *V.* en *Revista de Derecho Público,* Nº 47, Editorial Jurídica Venezolana, Caracas, 1991, pp. 169–174.

20 de enero de 2000 dictada con motivo de decidir la admisibilidad de una acción de amparo (Caso: *Emery Mata Millán vs. Ministro del Interior y Justicia y otros*), interpretó erradamente los principios constitucionales y resolvió *concentrar* exclusivamente en la propia Sala Constitucional, las competencias para conocer de las acciones de amparo que venían conociendo las otras Salas, en única instancia, contra altos funcionarios nacionales conforme al artículo 8 de la Ley Orgánica de Amparo; o contra las sentencias dictadas en primera instancia por los Tribunales Superiores de la República, la Corte Primera de lo Contencioso Administrativo y las Cortes de Apelaciones en lo Penal; o las apelaciones o consultas de las sentencias dictadas por esos mismos Tribunales cuando conocieran de acciones de amparo en primera instancia.[426] Estas competencias, en todo caso, se recogieron en la Ley Orgánica del Tribunal Supremo de Justicia desde 2004, ratificadas en la reforma de dicha Ley Orgánica de 2010.

Por lo que respecta a la segunda de las modalidades señaladas, es decir, la acción de amparo ejercida conjuntamente con otros medios procesales, ha dicho la Corte, "la referida ley regula tres supuestos: a) la acción de amparo acumulada a la acción popular de inconstitucionalidad de las leyes y demás actos estatales normativos (artículo 3º); b) la acción de amparo acumulada al recurso contencioso administrativo de anulación contra actos administrativos de efectos particulares o contra las conductas omisivas de la Administración (artículo 5°); c) la acción de amparo acumulada con acciones ordinarias (artículo 6°, ordinal 5°)." En este último supuesto, conforme a la ley Orgánica, "el Juez deberá acogerse al procedimiento y a los lapsos establecidos en los artículos 23, 24 y 26 de la presente ley, a fin de ordenar la suspensión provisional de los efectos del acto cuestionado."

En todos estos casos, la pretensión de amparo no es una acción principal, sino una pretensión "subordinada, accesoria a la acción o al recurso al cual se acumuló, sometido al pronunciamiento jurisdiccional final que se emita en la acción acumulada tratándose de una acumulación de acciones, debe ser resuelta por el juez competente para conocer de la acción principal."[427] Por ello, en estos casos, el amparo tiene mero carácter cautelar y no tiene ninguna relevancia el que existan procedimientos distintos para la acción principal y para la acción de amparo, porque, en definitiva, en caso de acumulación de la pretensión de amparo con una acción principal, el procedimiento regular previsto para la acción de amparo (solicitud de informe y audiencia pública y oral, por ejemplo) no se debe aplicar.

Debe mencionarse por último, que la Sala Constitucional, al interpretar el artículo 27 de la Constitución sobre la acción de amparo, ha materialmente legislado en materia del

426 En todo caso, la Sala Constitucional fue dictando nuevas "normas" reguladoras de la competencia judicial en materia de amparo, en las sentencias Nº 7 de 20–01–2000 (Caso *Emery Mata Millán*), en *Revista de Derecho Público*, Nº 81, (enero–marzo), Editorial Jurídica Venezolana, Caracas, 2000, p. 226; Nº 1555 de 08–12–2000 (Caso: *Yoslena Chamchamire B. vs. Instituto Universitario Politécnico Santiago Mariño*), en *Revista de Derecho Público*, Nº 84, Editorial Jurídica Venezolana, Caracas, 2000, pp. 304 ss.; y en la sentencia Nº 26 de 25 de enero de 2001 (Caso: *José C.C. y otros vs. Comisión Legislativa Transitoria, Estado Portuguesa*), en *Revista de Derecho Público*, Nº 85–88, Editorial Jurídica Venezolana, Caracas, 2001, pp. 422–427. *V.* Antonio Canova González, "La Sala Constitucional y su competencia en los procesos de amparo," en *Estudios de Derecho Administrativo: Libro Homenaje a la Universidad Central de Venezuela,* Volumen I, Imprenta Nacional, Caracas, 2001, pp. 157–176;

427 *V.* en *Revista de Derecho Público,* Nº 50, Editorial Jurídica Venezolana, Caracas, 1992, pp. 183–184.

procedimiento aplicable, "reformando" completamente el procedimiento previsto en la Ley Orgánica de amparo de 1988.[428]

3. La acción de habeas data

El artículo 28 de la Constitución de 1999, siguiendo la orientación de las Constituciones latinoamericanas recientes, estableció expresamente en Venezuela la acción de *habeas data* mediante la cual se garantiza a todas las personas el derecho de acceder a la información y a los datos que sobre sí misma o sobre sus bienes consten en registros oficiales o privados, con las excepciones que establezca la ley, así como conocer el uso que se haga de los mismos y su finalidad, y a solicitar ante el tribunal competente la actualización, la rectificación o la destrucción de aquellos, si fuesen erróneos o afectasen ilegítimamente sus derechos.[429]

Estos derechos, como lo señaló la Sala Constitucional del Tribunal Supremo de Justicia en sentencia de 9 de noviembre de 2009 (caso *Mercedes Josefina Ramírez, Acción de Habeas Data*), "no involucran directamente nulidades, ni indemnizaciones, sino otorgan situaciones jurídicas esenciales al ser humano: como lo es la existencia de un recurso sobre su persona en archivos públicos o privados, por lo que no resulta vinculante para el Juez Constitucional lo que pida el quejoso, sino la situación fáctica ocurrida en contravención a los derechos y garantías constitucionales y los efectos que ella produce, que el actor trata que cesen y dejen de perjudicarlo; o simplemente la información sobre sí mismo que tiene derecho a conocer existente en los registros público o privados."[430]

Por otra parte, el artículo 28 de la Constitución también consagra el derecho de toda persona de acceder a documentos de cualquier naturaleza que contengan información cuyo conocimiento sea de interés para comunidades o grupos de personas, quedando a salvo el secreto de las fuentes de información periodística y de otras profesiones que determine la ley.

---

428 *V.* la sentencia Nº 7 de 20–01–2000 (Caso: *José A. Mejía y otros*), en *Revista de Derecho Público*, Nº 81, Editorial Jurídica Venezolana, Caracas, 2000, pp. 245 ss.; y sentencia Nº 88 de 14–03–2000 (Caso: *Ducharme de Venezuela C.A.*) en *Idem*, pp. 223 ss. *V.* en general sobre estas sentencias, Antonio Canova González, "La Sala Constitucional y su competencia en los procesos de amparo," en *Estudios de Derecho Administrativo: Libro Homenaje a la Universidad Central de Venezuela,* Volumen I, Imprenta Nacional, Caracas, 2001, pp. 157–176; Luis Martínez Hernández, "Nuevo régimen de acción de amparo con motivo de sentencias dictadas por la Sala Constitucional del Tribunal Supremo de Justicia," en *Estudios de Derecho Público: Libro Homenaje a Humberto J. La Roche Rincón,* Volumen I. Tribunal Supremo de Justicia, Caracas, 2001, pp. 209–265; Rafael Badell Madrid, "El amparo constitucional en la jurisprudencia del Tribunal Supremo de Justicia," en *Revista de derecho del Tribunal Supremo de Justicia,* Nº 4, Caracas, 2002, pp. 87 a 12; y Allan R. Brewer–Carías, "El juez constitucional como legislador positivo y la inconstitucional reforma de la Ley Orgánica de Amparo mediante sentencias interpretativas," en Eduardo Ferrer Mac–Gregor y Arturo Zaldívar Lelo de Larrea (Coord.), *La ciencia del derecho procesal constitucional. Estudios en homenaje a Héctor Fix–Zamudio en sus cincuenta años como investigador del derecho,* Instituto de Investigaciones Jurídicas, Universidad Nacional Autónoma de México, México, 2008, Tomo V, pp. 63–80; Humberto E. Bello Tabares, "El procedimiento de amparo constitucional," *Revista de Derecho,* Nº 8, Tribunal Supremo de Justicia, Caracas, 2003, pp. 13–48.

429 *V.* Carlos Mouriño Vaquero, "Aproximación al Hábeas Data," en Román Duque Corredor y Jesús María Casal (Coords), *Estudios de Derecho Público,* Tomo II, Universidad Católica Andrés Bello, Caracas, 2004, pp. 129–162; Allan R. Brewer–Carías, "El proceso constitucional de las acciones de habeas data en Venezuela: las sentencias de la Sala Constitucional como fuente del Derecho Procesal Constitucional," en *Revista de Derecho Público,* Nº 120, (octubre–diciembre 2009), Editorial Jurídica Venezolana, Caracas, 2009, pp. 185–191.

430 *V.* en http://www.tsj.gov.ve/decisiones/scon/Noviembre/1511–91109–2009–09–0369.html

La norma, por tanto, consagra dos derechos distintos, sobre los cuales la Sala Constitucional en sentencia de 23 de agosto de 2000 (Caso: *Veedores de UCAB*) expresó en materia de derecho de acceso:

> "el artículo 28 separa el acceso a la información y a los datos, del acceso a documentos que contengan información, la cual debe ser puntual, sobre cualquier tópico, sean o no dichos documentos soportes de bases de datos, que tengan interés para las comunidades o grupos. El acceso a estos documentos es distinto al de las bases de datos, de cualquier tipo. Se trata de acceder a documentos en sentido amplio, escritos o meramente representativos (de allí que la norma expresa que son documentos de cualquier naturaleza), que por alguna razón contienen información de interés para el grupo, o para la comunidad. Tal interés debe ser decidido por el juez, para ordenar su exhibición, por lo que debe ser alegado, no bastando la subjetiva apreciación del actor en ese sentido".[431]

Estos derechos de habeas data, por otra parte, son también distintos al derecho garantizado en el artículo 143 de la misma Constitución que tienen todos los ciudadanos a ser informados oportuna y verazmente por la Administración Pública, sobre el estado de las actuaciones en que estén directamente interesados, y a conocer las resoluciones definitivas que se adopten sobre el particular. Asimismo, consagra la norma el derecho de acceso a los archivos y registros administrativos, sin perjuicio de los límites aceptables dentro de una sociedad democrática en materias relativas a seguridad interior y exterior, a investigación criminal y a la intimidad de la vida privada, de conformidad con la ley que regule la materia de clasificación de documentos de contenido confidencial o secreto. La norma prohíbe, en todo caso, la censura a los funcionarios públicos en relación a lo que informen sobre asuntos bajo su responsabilidad.

En cuanto al derecho de habeas data que consagra el artículo 28 de la Constitución, la Sala Constitucional del Tribunal Supremo de Justicia en su sentencia N° 1050 de 23 de agosto de 2000 (caso: *Ruth Capriles y otros*), determinó que se trata de un "derecho de las personas a conocer la información que sobre ellas, hayan sido compiladas por otras" consecuencia del hecho de que "tanto el Estado, como los particulares, mediante diversas formas de compilación de datos: manuales, computarizados, etc., registran y almacenan datos e informaciones sobre las personas o sobre sus bienes, y en vista que tal recopilación puede afectar la vida privada, la intimidad, el honor, la reputación, la vida económica y otros valores constitucionales de las personas naturales o jurídicas, la Constitución, para controlar tales registros, otorga varios derechos a la ciudadanía que aparecen recogidos en el artículo 28 citado." Estos derechos, en criterio de la Sala Constitucional son los siguientes: "1) El derecho de conocer sobre la existencia de tales registros. 2) El derecho de acceso individual a la información, la cual puede ser nominativa, o donde la persona queda vinculada a comunidades o a grupos de personas. 3) El derecho de respuesta, lo que permite al individuo controlar la existencia y exactitud de la información recolectada sobre él. 4) El derecho de conocer el uso y finalidad que hace de la información quien la registra. 5) El derecho de actualización, a fin que se corrija lo que resulta inexacto o se transformó por el transcurso del tiempo. 6) El derecho a la rectificación del dato falso o incompleto. 7) El derecho de destrucción de los datos erróneos o que afectan ilegítimamente los derechos de las personas."[432]

A los efectos de ejercer esta acción de habeas data, la Sala Constitucional en la mencionada sentencia de N° 1050 de el 23 de agosto de 2000 precisó que se trata de dere-

431 *V.* en *Revista de Derecho Público,* N° 85–88, Editorial Jurídica Venezolana, Caracas, 2001, pp. 500–501.
432 *V.* en *Revista de Derecho Público,* N° 83, Editorial Jurídica Venezolana, Caracas 2000, pp. 378–381.

chos que giran alrededor de los datos recopilados sobre las personas o sobre sus bienes, por lo que la legitimación activa corresponde a quienes tengan "un interés, personal, legítimo y directo en quien ejerza estos derechos, ya que es la información sobre su persona y bienes el que lo origina." En otras palabras, dijo la Sala, quien quiere hacer valer estos derechos que conforman el habeas data, "lo hace porque se trata de datos que le son personales." Es decir, "quien no alega que el habeas data se solicita para obtener información sobre sus datos registrados, carece de interés legítimo en tal acción, ya que no hace uso del derecho que otorga dicha norma, con los otros derechos que nacen de la misma, los cuales giran alrededor de las informaciones personales."[433]

Posteriormente, en ausencia de la legislación sobre la materia, la Sala Constitucional estableció la competencia en la materia, reservándosela,[434] y reguló el procedimiento judicial aplicable a la acción de habeas data.[435]

X. LOS PROBLEMAS DE LA CONSTITUCIÓN SOCIAL, EL PATERNALISMO ESTATAL Y LA JUSTICIABILIDAD DE LOS DERECHOS

La Constitución Social o del ciudadano, como hemos señalado, es la que establece las relaciones entre el Estado y la Sociedad y sus componentes individuales, compuesta por el conjunto de libertades y derechos de los ciudadanos y habitantes del país, antes indicados, con sus correlativos deberes de parte del Estado y sus autoridades de protección, abstención o de prestación social. Lo cierto es que no puede haber un derecho consagrado constitucionalmente que no tenga un deber u obligación correlativo a cargo del Estado.

En esta materia, a pesar de los avances que contiene la nueva Constitución, por ejemplo, en la enumeración de los derechos individuales y en la constitucionalización, con rango constitucional, de los Tratados internacionales sobre derechos humanos a los cuales se les prescribió aplicación preferente cuando sean más favorables; consideramos que contiene muchos aspectos negativos específicos, como la grave lesión a la garantía de la reserva legal respecto de los derechos constitucionales en virtud de la delegación legislativa al Presidente de la República que en forma amplia regula la Constitución; y como las fallas en la protección de los derechos del niño y en el régimen del derecho a la información.

Pero en global, desde el punto de vista social, el principal problema de la Constitución es la confusión entre buenas intenciones declaradas y derechos constitucionales, y

---

433 *Idem*. Esta doctrina fue ratificada por la Sala Constitucional en sentencia N° 332 de 14 de marzo de 2001 (Caso: *Insaca vs. Ministerio de Sanidad y Asistencia Social)*, en *Revista de Derecho Público,* N° 85–88, Editorial Jurídica Venezolana, Caracas, 2001, pp. 484–485.

434 *V.* sentencia N° 165 de 13 de febrero de 2001(Caso: *Euclides S. Rivas vs. Juzgado de Control* N° *2, Circuito Judicial Penal, Estado Nueva Esparta*), en *Revista de Derecho Público*, N° 85–88, Editorial Jurídica Venezolana, Caracas, 2001, pp. 489 ss.

435 Véanse las reglas de procedimiento establecidas en la sentencia N° 2551 de 24 de septiembre de 2003 (caso: *Jaime Ojeda Ortiz*), en http://www.tsj.gov.ve/decisiones/scon/Septiembre/2551–240903–03–0980.htm; modificadas por sentencia de 9 de noviembre de 2009 (caso *Mercedes Josefina Ramírez, Acción de Habeas Data*), en http://www.tsj.gov.ve/decisiones/scon/Noviembre/1511–91109–2009–09–0369.html.

el engaño que puede derivar de la imposibilidad de satisfacer algunos derechos sociales.[436]

En efecto, en la consagración de los derechos humanos, uno de los principios esenciales de orden constitucional es el denominado principio de alteridad, que implica que todo derecho comporta una obligación y que todo titular de un derecho tiene que tener relación con un sujeto obligado. No hay, por tanto, derechos sin obligaciones ni obligados; por lo que la consagración de supuestos derechos que no pueden originar obligaciones u obligados, por imposibilidad conceptual, no es más que un engaño.[437]

Así sucede, por ejemplo, con varios de los derechos y garantías sociales, tal y como se consagraron en la Constitución, cuya satisfacción es simplemente imposible. Constituyen, más bien, declaraciones de principio y de intención de indiscutible carácter teleológico, pero difícilmente pueden concebirse como "derechos" por no poder existir un sujeto con obligación de satisfacerlos.

Es el caso, por ejemplo, del "derecho a la salud," que se consagra como "un derecho social fundamental, obligación del Estado, que lo garantizará como parte del derecho a la vida" (Art. 83). Lo cierto es que no es posible que alguien garantice la salud de nadie y que constitucionalmente se pueda consagrar el "derecho a la salud." Ello equivaldría a consagrar en la Constitución, el derecho a no enfermarse, lo cual es imposible pues nadie garantizar a otra persona que no se va a enfermar.

En realidad, el derecho que se puede consagrar en materia de salud, como derecho constitucional, y es el que está efectivamente declarado es el "derecho a la protección de la salud," lo que comporta la obligación del Estado de velar por dicha protección, estableciendo servicios públicos de medicina preventiva y curativa.[438] De resto, regular el derecho a la salud, por imposibilidad de la alteridad, es una ilusión.[439]

Lo mismo podría señalarse, por ejemplo, del derecho que se consagra en la Constitución a favor de "toda persona," "a una vivienda adecuada, segura, cómoda, higiénica, con servicios básicos esenciales que incluyan un hábitat que humanice las relaciones familiares, vecinales y comunitarias" (Art. 82). Este derecho, como está consagrado, es de imposible satisfacción; se trata, más bien, de una declaración de principio o de intención bellamente estructurada que no puede conducir a identificar a un obligado a satisfacerla, y menos al Estado.

También resulta una ilusión establecer en la Constitución, pura y simplemente, que "toda persona tiene derecho a la seguridad social como servicio público no lucrativo que garantice la salud y asegure protección en contingencias... de previsión social"; siendo igualmente una imposibilidad prever que "El Estado tiene la obligación de ase-

436 *V.* Allan R. Brewer–Carías, "Reflexiones críticas sobre la Constitución de 1999" en *La Constitución de 1999,* Academia de Ciencias Políticas y Sociales, Caracas, 2000, pp. 77 ss.

437 *V.* lo expuesto en este sentido de Allan R. Brewer–Carías, *Mecanismos nacionales de protección de los derechos humanos (Garantías judiciales de los derechos humanos en el derecho constitucional comparado latinoamericano),* Instituto Interamericano de Derechos Humanos (IIDH), Costa Rica, San José 2005, pp. 31 ss.

438 *V.* Allan R. Brewer–Carías, *Constitutional Protection of Human Rights in Latin America. A Comparative Study of the* Amparo *Proceedings,* Cambridge University Press, New York, 2008, pp. 247 ss.

439 Ello ha llevado a la Sala Constitucional, por ejemplo, respecto del derecho a la protección de la salud, a protegerlo vinculándolo al derecho a la vida. Por ejemplo, sentencia Nº 487 de 06–04–2001 (Caso: *Glenda López y otros*), en *Revista de Derecho Público,* Nº 85–86, Editorial Jurídica Venezolana, Caracas 2001, pp. 139–141. En estos casos, la Sala ha rechazado la protección al derecho a la salud reclamada como derecho colectivo en forma abstracta. *V.* por ejemplo, sentencia Nº 1002 de 26–05–2004 (Caso: *Federación Médica Venezolana*), *Revista de Derecho Público,* Nº 97–98, Editorial Jurídica Venezolana, Caracas, 2004, pp. 143 ss.

gurar la efectividad de este derecho, creando un sistema de seguridad social…" (Art. 86).

De nuevo aquí, la intención es excelente, pero no para pretender regularla como un "derecho" constitucional con una obligación estatal correlativa, también de rango constitucional, cuya satisfacción es imposible. Se confundieron, en esta materia, las declaraciones de política pública y las buenas intenciones sociales, con derechos y obligaciones constitucionales, que originan otro tipo de relaciones jurídicas, incluso con derecho de ser amparados constitucionalmente.

Además, del texto de la Constitución social se evidencia un excesivo paternalismo estatal y la minimización de las iniciativas privadas en materia de salud, educación y seguridad social. En efecto, en la regulación de los derechos sociales, en la Constitución no sólo se ponen en manos del Estado excesivas cargas, obligaciones y garantías, muchas de imposible cumplimiento y ejecución, sino que se minimiza, al extremo de la exclusión, a las iniciativas privadas. En esta forma, servicios públicos esencial y tradicionalmente concurrentes entre el Estado y los particulares, como los de educación, salud y seguridad social, aparecen regulados con un marcado acento estatista y excluyente incluso como "servicios públicos."

Por ejemplo, en materia de salud, se dispone que para garantizarla "el Estado creará, ejercerá la rectoría y gestionará un sistema público nacional de salud, … integrado al sistema de seguridad social, regido por los principios de gratuidad, universalidad, integralidad, equidad, integración social y solidaridad" (Art. 84). Se trata, por tanto, de un sistema público de salud, regulado como un servicio público gratuito que forma parte del sistema de seguridad social. Nada se dice en la norma sobre los servicios privados de salud, aún cuando en otro artículo se indica que el Estado "regulará las instituciones públicas y privadas de salud" (Art. 85).

En materia de seguridad social, el rasgo estatista del sistema es aún mayor: se declara la seguridad social como un servicio público de carácter no lucrativo, estando obligado el Estado "de asegurar la efectividad de este derecho, creando un sistema de seguridad social universal, integral, de financiamiento solidario, unitario, eficiente y participativo, de contribuciones directas o indirectas," precisándose, además, que las cotizaciones obligatorias sólo "podrán ser administradas con fines sociales bajo la rectoría del Estado" (Art. 86). Se excluye así, en principio, toda iniciativa privada en materia de seguridad social y se minimiza la participación privada en la administración reproductiva de los fondos de pensiones.

En materia de educación, la tendencia estatista es similar: se regula la educación, en general, como un derecho humano y un deber social fundamental; se la declara en general como "democrática, gratuita y obligatoria" y se la define como "un servicios público" que el Estado debe asumir "como función indeclinable" (Art. 102). Nada se indica en la norma que se refiere a la educación privada, y sólo es en otro artículo que se consagra el derecho de las personas "a fundar y mantener instituciones educativas privadas bajo la estricta inspección y vigilancia del Estado, previa aceptación de este" (Art. 106). La posibilidad de estatización de la educación, por tanto, no tiene límites en la Constitución, habiéndose eliminado del texto constitucional la disposición, que en la materia preveía la Constitución de 1961 de que "El Estado estimulará y protegerá la educación privada que se imparta de acuerdo con los principios contenidos en esta Constitución y en las leyes" (Art. 79).

Sección Sexta: ALGUNOS ASPECTOS RELEVANTES DE LA CONSTITUCIÓN ECONÓMICA

El tercer componente normativo de toda Constitución contemporánea, además de la *Constitución Política* que regula la organización del Estado mediante la distribución territorial y división orgánica del Poder Público; y de la *Constitución Social* que regula el estatuto de las personas y de los ciudadanos, y su relación con el Estado al igual que la relación general entre la sociedad y el Estado; es la *Constitución Económica* que tiene por objeto establecer los principios del régimen de las relaciones económicas y el papel que, en las mismas, corresponde a la iniciativa privada y al propio Estado. Esta Constitución Económica es entendida, Como lo puntualizó la Sala Constitucional del Tribunal Supremo: "como el conjunto de normas constitucionales destinadas a proporcionar el marco jurídico fundamental para la estructura y funcionamiento de la actividad económica," y que como tal, "no está destinada –salvo el caso de las constituciones socialistas de modelo soviético– a garantizar la existencia de un determinado orden económico, sino que actúan como garantes de una economía social de mercado, inspiradas en principios básicos de justicia social y con una "base neutral" que deja abiertas distintas posibilidades al legislador, del cual sólo se pretende que observe los límites constitucionales."[440]

En este sentido, en el constitucionalismo venezolano, puede decirse que en las últimas cinco décadas se ha venido desarrollando un régimen constitucional y político propio de una sociedad democrática, con la configuración, en la Constitución del 23 de enero de 1961, y ahora, en la del 30 de diciembre de 1999, de un Estado Social de Derecho, y la formulación, en esos textos, de una Constitución Económica que opta por un modelo económico de libertad como opuesto al de economía dirigida, similar al que existe en todos los países occidentales.

La aplicación práctica de ese modelo constitucional ha provocado, desde el punto de vista político, la consolidación del régimen democrático representativo, pluralista y, ahora, con vocación participativa; y desde el punto de vista económico, y a pesar de los múltiples problemas de desarrollo económico–social que continúan existiendo, el modelo ha enmarcado el desenvolvimiento de una economía basada en la libertad económica y la iniciativa privada, pero con una intervención importante y necesaria del Estado para asegurar los principios de justicia social que constitucionalmente deben orientar el régimen económico.

Además, el Estado, al ser titular desde siempre del dominio público sobre el subsuelo conforme a la pauta que marcaron las Ordenanzas de Nueva España, en vigencia en los territorios de las antiguas Provincias Coloniales de España en el Mar Caribe desde al segunda mitad del siglo XVII, en el caso de Venezuela ha convertido al Estado en la entidad económica más poderosa del país, por ser dueño del petróleo, lo que le ha llevado a intervenir en forma importante en la actividad económica.

Siguiendo, en cierta forma, las orientaciones de la Constitución de 1961 en materia de Constitución Económica,[441] la Constitución de 1999 establece igualmente, pero sin de-

---

440 *V.* sentencia N° 117 de 6 de febrero de 2001, en *Revista de Derecho Público,* N° 85–88, Editorial Jurídica Venezolana, Caracas, 2001, pp. 212–218.

441 *V.* Allan R. Brewer–Carías, "Reflexiones sobre la Constitución Económica" en *Estudios sobre la Constitución Española. Homenaje al Profesor Eduardo García de Enterría,* Madrid 1991, pp. 3839 a 3853; Ignacio de León, "A cinco años de la Constitución Económica de 1999. Un balance de la gestión," Jesús María Casal, Alfredo

cirlo, un sistema económico de economía social de mercado[442] que se fundamenta en la libertad económica, pero que debe desenvolverse conforme a principios de justicia social, que requieren de la intervención del Estado.[443]

I. PRINCIPIOS DEL SISTEMA ECONÓMICO

En esa orientación, precisamente se inscribe el contenido del artículo 299, al prescribir que el régimen socioeconómico de la República se fundamenta en los siguientes principios: justicia social, democratización, eficiencia, libre competencia, protección del ambiente, productividad y solidaridad, a los fines de asegurar el desarrollo humano integral y una existencia digna y provechosa para la colectividad.

El sistema económico, por tanto, se fundamenta en la libertad económica, la iniciativa privada y la libre competencia, pero con la participación del Estado como promotor del desarrollo económico, regulador de la actividad económica, y planificador con la participación de la sociedad civil. Este sistema de economía mixta como lo ha sido precisado por la Sala Constitucional del Tribunal Supremo, en sentencia N° 117 de 6 de febrero de 2001, está basado en la idea de que la Constitución:

> propugna una serie de valores normativos superiores del régimen económico, consagrando como tales la libertad de empresa en el marco de una economía de mercado y fundamentalmente el del Estado Social de Derecho (Welfare State, Estado de Bienestar o Estado Socialdemócrata), esto es un Estado social opuesto al autoritarismo. Los valores aludidos se desarrollan mediante el concepto de libertad de empresa, que encierra, tanto la noción de un derecho subjetivo "a dedicarse libremente a la actividad económica de su preferencia," como un principio de ordenación económica dentro del cual se manifiesta la voluntad de la empresa de decidir sobre sus objetivos. En este contexto, los Poderes Públicos, cumplen un rol de intervención, la cual puede ser directa (a través de empresas) o indirecta (como ente regulador del mercado).[444]
>
> Ello, según el criterio de la misma Sala Constitucional, "permiten determinar el grado de flexibilidad de nuestra Constitución Económica dentro de la economía de mercado, el cual puede tener como contenido la economía social de mercado o la economía dirigida o controlada de mercado, adaptándose de esta forma, a las necesidades de su tiempo..."; de lo que concluyó la Sala señalando que se patentiza "el carácter mixto de la economía venezolana," esto es, "un sistema socioeconómico intermedio entre la economía de libre mercado (en el que el Estado funge como simple

---

Arismendi y Carlos Luis Carrillo Artiles (Coord.), *Tendencias Actuales del Derecho Constitucional. Homenaje a Jesús María Casal Montbrun,* Tomo II, Universidad Central de Venezuela/Universidad Católica Andrés Bello, Caracas, 2008, pp. 379–406.

442 *V.* lo que expusimos ante la Asamblea, en Allan R. Brewer–Carías, *Debate Constituyente,* Tomo III, *op. cit.*, pp. 15 a 52.

443 *V.* en general, Henrique Meier, "La Constitución económica," en *Revista de Derecho Corporativo,* Vol. 1, N° 1. Caracas, 2001, pp. 9–74; Dagmar Albornoz, "Constitución económica, régimen tributario y tutela judicial efectiva," en *Revista de Derecho Constitucional,* N° 5 (julio–diciembre), Editorial Sherwood, Caracas, 2001, pp. 7–20; Ana C. Núñez Machado, "Los principios económicos de la Constitución de 1999," en *Revista de Derecho Constitucional,* N° 6 (enero–diciembre), Editorial Sherwood, Caracas, 2002, pp. 129–140; Claudia Briceño Aranguren y Ana C. Núñez Machado, "Aspectos económicos de la nueva Constitución," en *Comentarios a la Constitución de la República Bolivariana de Venezuela,* Vadell Hermanos, Editores, Caracas, 2000, pp. 177 ss., Jesús Ollarves Irazábal, "La vigencia constitucional de los Derechos Económicos y Sociales en Venezuela," *Libro Homenaje a Enrique Tejera París, Temas sobre la Constitución de 1999,* Centro de Investigaciones Jurídicas (CEIN), Caracas, 2001, pp. 159 a 192; Rafael Ortiz Ortiz, "Derechos fundamentales y las actividades económicas de interés general," en *Revista de Derecho,* N° 22, Tribunal Supremo de Justicia, Caracas, 2006, pp. 123–202.

444 *V.* en *Revista de Derecho Público,* N° 85–88, Editorial Jurídica Venezolana, Caracas, 2001, pp. 212–218.

programador de la economía, dependiendo ésta de la oferta y la demanda de bienes y servicios) y la economía interventora (en la que el Estado interviene activamente como el "empresario mayor")." Ello se desprende, por otra parte, del propio texto de la Constitución, que promueve, expresamente, "la actividad económica conjunta del Estado y de la iniciativa privada en la persecución y concreción de los valores supremos consagrados en la Constitución."[445]

II. EL RÉGIMEN DE LOS DERECHOS ECONÓMICOS

En el Título de los "Derechos, Deberes y Garantías Constitucionales" se incorporó un Capítulo que enumera los *derechos económicos* de las personas, en la siguiente forma: por una parte la libertad económica (Art. 112); y por la otra el derecho de propiedad y la expropiación (Art. 115).

1. La libertad económica

Siguiendo la orientación del artículo 96 de la Constitución de 1961, el artículo 112 de la nueva Constitución establece el derecho de todas las personas de poder dedicarse libremente a la actividad económica de su preferencia, sin más limitaciones que las previstas en la Constitución y las que establezcan las leyes, por razones de desarrollo humano, seguridad, sanidad, protección del ambiente u otras de interés social. Como lo ha señalado la Sala Constitucional del Tribunal Supremo, Tal derecho tiene como "contenido esencial," no sólo el derecho a la dedicación por los particulares a una actividad cualquiera y en las condiciones más favorables a sus personales intereses; sino fundamentalmente, en tener como fin del derecho a la libertad de empresa que "constituye una garantía institucional frente a la cual los poderes constituidos deben abstenerse de dictar normas que priven de todo sentido a la posibilidad de iniciar y mantener una actividad económica sujeta al cumplimiento de determinados requisitos." De ello deriva lo que la Sala Constitucional denominó como "su mínimo constitucional" que está referido "al ejercicio de aquella actividad *de su preferencia* en las condiciones o bajo las exigencias que el propio ordenamiento jurídico tenga establecidas."[446]

Esta libertad económica, en todo caso, se debe encuadrar en el marco del Estado Social, de manera que como también lo precisó la Sala Constitucional, "la creación de riqueza y su justa distribución no pueden partir de una ilimitada y desorbitada explotación de los demás."[447] Sin embargo, la existencia de dicho Estado Social de Derecho, como también lo ha dicho la Sala,

> "no es que propenda a un Estado Socialista, o no respete la libertad de empresa o el derecho de propiedad, sino que es un Estado que protege a los habitantes del país de la explotación desproporcionada, lo que se logra impidiendo o mitigando prácticas que atentan contra la justa distribución de la riqueza, y que conforme a las metas contenidas en el Preámbulo de la Constitución,

---

445 *Idem. V.* sobre dicha sentencia, José Ignacio Hernández, "Constitución económica y privatización (Comentarios a la sentencia de la Sala Constitucional del 6 de febrero de 2001)," en *Revista de Derecho Constitucional,* N° 5, julio–diciembre–2001, Editorial Sherwood, Caracas, 2002, pp. 327–342.

446 *V.* sentencia N° 460 de 06–04–2001 (Caso: *Oly One Import C.A. vs. Guardia Nacional*), en *Revista de Derecho Público,* N° 85–88, Editorial Jurídica Venezolana, Caracas, 2001, p. 219.

447 Caso: *Asociación Civil Deudores Hipotecarios de Vivienda Principal vs. Superintendencia de Bancos* en *Revista de Derecho Público,* N° 89–92, Editorial Jurídica Venezolana, Caracas, 2002, pp. 91–108.

tiende en toda forma a evitar la actividad monopólica, los abusos de la posición de dominio, la demanda concentrada (artículo 113 constitucional); los ilícitos económicos, la especulación, el acaparamiento, la usura, la cartelización (artículo 114 eiusdem); la adquisición de bienes y servicios de baja calidad, o que se ofrezcan sin la información adecuada o engañosa sobre el contenido y características de los servicios y productos de consumo, así como que se atente contra la libertad de elección de los mismos (artículo 117 constitucional)."[448]

2. El derecho de propiedad

En cuanto a la norma destinada a garantizar el derecho de propiedad contenida en el artículo 115 de la Constitución, la misma aún cuando también siguió la orientación del constitucionalismo venezolano,[449] incorporó algunas variaciones en relación con su equivalente en la Constitución de 1961 (Art. 99), que son las siguientes: *primero,* no se establece que la propiedad privada tiene una función social que cumplir, como lo indicaba la Constitución de 1961; *segundo,* en la Constitución de 1999 se enumeran los atributos del derecho de propiedad (uso, goce y disposición) lo que anteriormente era sólo materia de rango legal (Art. 545 del Código Civil); y *tercero,* en cuanto a la expropiación, que puede ser declarada sólo por causa de utilidad pública o interés social, mediante sentencia firme sobre cualquier clase de bienes, se exige en la Constitución el necesario pago de una justa indemnización que además debe sea "oportuno." [450] En esa forma, en general, la norma garantiza con mayor fuerza el derecho de propiedad.[451]

La Constitución, además, garantiza el derecho de autor y propiedad industrial, aún cuando las normas sobre ello estén mal ubicadas en el Capítulo relativo a los derechos culturales (Art. 98).

La Constitución, además, prohíbe que se decreten o ejecuten confiscaciones de bienes salvo en los casos permitidos por la propia Constitución y, en particular, por vía de ex-

---

448 *Idem.*

449 *V.* en general, Allan R. Brewer–Carías "El derecho de propiedad y libertad económica. Evolución y situación actual en Venezuela" en *Estudios sobre la Constitución. Libro Homenaje a Rafael Caldera,* Tomo II, Caracas 1979, pp. 1139 a 1246. En relación con las previsiones de la Constitución de 1999, véase: José L. Villegas Moreno, "El derecho de propiedad en la Constitución de 1999," en *Estudios de Derecho Administrativo: Libro Homenaje a la Universidad Central de Venezuela,* Volumen II. Imprenta Nacional, Caracas, 2001, pp. 565–582; y Luciano Parejo Alfonso, "Algunas consideraciones sobre el derecho de propiedad a la luz de la jurisprudencia constitucional," en *Estudios de Derecho Administrativo: Libro Homenaje a la Universidad Central de Venezuela,* Volumen II. Imprenta Nacional, Caracas, 2001, pp. 267–311; Pedro Vicente Ramos, "Visión tridimensional de la Propiedad Privada," Jesús María Casal, Alfredo Arismendi y Carlos Luis Carrillo Artiles (Coord.), *Tendencias Actuales del Derecho Constitucional. Homenaje a Jesús María Casal Montbrun,* Tomo II, Universidad Central de Venezuela/Universidad Católica Andrés Bello, Caracas, 2008, pp. 443–466.

450 *V.* la Ley de expropiación por causa de utilidad pública o social, *G.O.* N° 37.475 de 1° de julio de 2002. *V.* Allan R. Brewer–Carías et al., *Ley de expropiación por causa de utilidad pública o social,* Caracas, 2003. *V.* en general, Eduardo García de Enterría, "La garantía constitucional del patrimonio de los ciudadanos: expropiación forzosa y responsabilidad patrimonial del legislador en el derecho comparado," en *El Derecho Público a comienzos del siglo XXI. Estudios homenaje al Profesor Allan R. Brewer–Carías,* Tomo III, Instituto de Derecho Público, UCV, Civitas Ediciones, Madrid, 2003, pp. 3039–3056; Eloísa Avellaneda Sisto, "La expropiación en la legislación venezolana," Jesús María Casal, Alfredo Arismendi y Carlos Luis Carrillo Artiles (Coord.), *Tendencias Actuales del Derecho Constitucional. Homenaje a Jesús María Casal Montbrun,* Tomo II, Universidad Central de Venezuela / Universidad Católica Andrés Bello, Caracas, 2008, pp. 407–442; Karina Anzola Spadaro, "La expropiación y la ocupación temporal en Venezuela," en *Revista de Derecho* N° 26, Tribunal Supremo de Justicia, Caracas, 2008, pp. 201–222.

451 *V.*, además, los comentarios que formulamos sobre el régimen de la propiedad en Allan R. Brewer–Carías, *Debate Constituyente*, Tomo I, (8 agosto–8 Septiembre 1999), Caracas, 1999, pp. 201 ss.

cepción, mediante sentencia firme, respecto de los bienes de personas naturales o jurídicas, nacionales o extranjeras, responsables de delitos cometidos contra el patrimonio público, o de quienes se hayan enriquecido ilícitamente al amparo del Poder Público y los provenientes de las actividades comerciales, financieras o cualesquiera otras vinculadas al tráfico ilícito de sustancias psicotrópicas y estupefacientes (Art. 116 y 271).

El artículo 307 de la Constitución declara al régimen latifundista como contrario al interés social, y remite al legislador para disponer lo conducente en materia tributaria para gravar las tierras ociosas y establecer las medidas necesarias para su transformación en unidades económicas productivas, rescatando igualmente las tierras de vocación agrícola.

Por otra parte, la norma establece el derecho de los campesinos y demás productores agropecuarios a la propiedad de la tierra, en los casos y formas especificados por la ley respectiva. Esto implica el establecimiento de obligaciones constitucionales al Estado para proteger y promover las formas asociativas y particulares de propiedad para garantizar la producción agrícola, y para velar por la ordenación sustentable de las tierras de vocación agrícola con el objeto de asegurar su potencial agroalimentario.

Excepcionalmente dispone el mismo artículo constitucional, que el legislador creará contribuciones parafiscales con el fin de facilitar fondos para financiamiento, investigación, asistencia técnica, transferencia tecnológica y otras actividades que promuevan la productividad y la competitividad del sector agrícola.

Una innovación constitucional en materia económica es el derecho que regula el artículo 117, de todas las personas a disponer de bienes y servicios de calidad, así como a una información adecuada y no engañosa sobre el contenido y características de los productos y servicios que consumen, a la libertad de elección y a un trato equitativo y digno.

3. El régimen de la intervención del Estado en la economía

En el texto constitucional se regulan las diferentes facetas de la intervención del Estado en la economía, como se habían venido desarrollando en las últimas décadas[452].

En primer lugar, de las normas constitucionales se puede construir la figura del Estado promotor, es decir, que no sustituye a la iniciativa privada, sino que fomenta y ordena la economía para asegurar su desarrollo. Ello resulta de las siguientes regulaciones: la promoción del desarrollo económico (Art. 299); la promoción de la iniciativa privada (Art. 112), garantizando la creación y justa distribución de la riqueza, así como la producción de bienes y servicios que satisfagan las necesidades de la población, la libertad de trabajo, la libertad de empresa, la libertad de comercio, la libertad de industria, sin perjuicio de su facultad para dictar medidas para planificar, racionalizar y regular la economía e impulsar el desarrollo integral del país (Art. 112); la promoción de la agricultura para la seguridad alimentaria (Art. 305); la promoción de la industria (Art. 302); la promoción del desarrollo rural integrado (Art. 306); la promoción de la pequeña y mediana industria (Art. 308); la promoción de la artesanía popular (Art. 309); y la promoción del turismo (Art. 310).

452 *V.* Allan R. Brewer–Carías, *Instituciones Políticas y Constitucionales*, Tomo I, *op. cit.*, pp. 594 ss.

En el texto constitucional, por otra parte, se establecen un conjunto de atribuciones que facultan al Estado para regular el ejercicio de los derechos económicos (Estado regulador),[453] como resulta de lo antes expuesto y, en particular, se precisa el régimen de la prohibición de los monopolios (Art. 113), declarándose contrarios a los principios fundamentales de esta Constitución cualquier acto, actividad, conducta o acuerdo de los y las particulares que tengan por objeto el establecimiento de un monopolio o que conduzcan, por sus efectos reales e independientes de la voluntad de aquellos o aquellas, a su existencia, cualquiera que fuere la forma que adoptare en la realidad[454]. También se declaró constitucionalmente contraria a dichos principios, el abuso de la posición de dominio que un particular, un conjunto de ellos o una empresa o conjunto de empresas, adquiera o haya adquirido en un determinado mercado de bienes o de servicios, con independencia de la causa determinante de tal posición de dominio, así como cuando se trate de una demanda concentrada. En todos los casos antes indicados, el Estado debe adoptar las medidas que fueren necesarias para evitar los efectos nocivos y restrictivos del monopolio, del abuso de la posición de dominio y de las demandas concentradas, teniendo como finalidad la protección del público consumidor, los productores y productoras y el aseguramiento de condiciones efectivas de competencia en la economía. En todos estos casos, como lo ha señalado la Sala Constitucional, "las restricciones legales a la propiedad o a la libertad económica, son inherentes a la existencia del Estado Social de Derecho y su meta de proteger a las personas ante las conductas desequilibrantes tendentes a explotar a sectores de la población." En criterio de la misma Sala, "este signo distingue al Estado Social de Derecho del Estado Liberal."[455]

Por otra parte, la Constitución reguló el régimen de las concesiones estatales (Art. 113); el régimen de protección a los consumidores o usuarios (Art. 117); y el régimen de la política comercial (Art. 301); y estableció los principios sobre los ilícitos económicos (Art. 114).

En lo que concierne a la intervención del Estado en la economía, como Estado empresario, la Constitución reguló en forma específica, el régimen de la creación de empresas estatales (Art. 300); el régimen de la nacionalización petrolera y el régimen de la reserva de actividades económicas al Estado.[456]

Sobre estos últimos aspectos, el artículo 302 de la Constitución, luego de intensos debates[457] estableció que "el Estado se reserva, mediante la ley orgánica respectiva y por razones de conveniencia nacional, la actividad petrolera". En esta forma, la reserva de la industria petrolera que se había efectuado mediante la Ley Orgánica que reserva al

---

453 *V.* en general, José Ignacio Hernández G., *Derecho Administrativo y Regulación Económica*, Editorial Jurídica Venezolana, Caracas, 2006.

454 *V.* nuestro criterio sobre esta norma en Allan R. Brewer–Carías, *Debate Constituyente,* Tomo III, *op. cit.*, pp. 185 y 186.

455 *V.* sentencia N° 85 de 24 de enero de 2002, en *Revista de Derecho Público,* N° 89–92, Editorial Jurídica Venezolana, Caracas, 2002, pp. 92 ss.

456 *V.* en general, Víctor Rafael Hernández–Mendible, José Ignacio Hernández G, Allan R. Brewer–Carías y José Araujo–Juárez, *Nacionalización, Libertad de Empresa y Asociaciones Mixtas*, Editorial Jurídica Venezolana, Caracas, 2008

457 *V. Gaceta Constituyente (Diario de Debates), Noviembre 1999–Enero 2000,* Sesión de 14–11–99, N° 44, pp. 3 ss. *V.* nuestro voto salvado en primera discusión en Allan R. Brewer–Carías, *Debate Constituyente,* Tomo III, *op. cit.*, pp. 209 y 210.

Estado la Industria y el Comercio de los Hidrocarburos de 1975,[458] adquirió rango constitucional en el texto de 1999, pero conforme lo establezca la ley orgánica respectiva, la cual puede ser modificada. La reserva, por tanto, puede considerarse que no es ni rígida ni absoluta, sino flexible, conforme lo establezca la ley orgánica respectiva.[459]

En particular, en todo caso, en la Constitución (Art. 303) se estableció expresamente que por razones de soberanía económica, política y de estrategia nacional "el Estado conservará la totalidad de las acciones de Petróleos de Venezuela, S.A"., o del ente creado para el manejo de la industria petrolera, exceptuando la de las filiales, asociaciones estratégicas, empresas y cualquier otra que se haya constituido o se constituya como consecuencia del desarrollo de negocios de Petróleos de Venezuela, S.A. En esta forma, lo que de acuerdo con la Constitución debe permanecer como propiedad de la República (no del Estado) son las acciones de PDVSA, es decir, del holding de la industria petrolera, pero no de las filiales, las cuales son, en realidad, las que realizan las actividades económicas en la industria.

El mismo artículo 302 de la Constitución, también establece que el Estado se puede reservar, mediante ley orgánica, y por razones de conveniencia nacional, industrias, explotaciones, servicios y bienes de interés público y de carácter estratégico. En este caso, distinto al de la industria petrolera ya reservada desde 1975, se trata de una previsión que sigue la orientación del artículo 97 de la Constitución de 1961, y que se refiere tanto a otras actividades ya reservadas en el pasado (por ejemplo la industria del mineral de hierro), como a la posibilidad, en el futuro, que se pueda dictar una reserva de actividades económicas de interés público o de carácter estratégico.[460] Ha sido precisamente el caso de la reserva al Estado de la industria del cemento, la industria siderúrgica y las actividades y servicios conexos con los hidrocarburos.[461]

Por último, tanto el artículo 112 como en el artículo 299 de la Constitución, atribuyen al Estado potestades planificadoras, aún cuando con la especificación de que debe ser democrática, participativa y de consulta abierta. A tal efecto, en 2001 se dictó el Decreto N° 1.528 con Fuerza de Ley Orgánica de Planificación, el cual fue posteriormente modificado por la Ley de la Comisión Central de Planificación, y posteriormente por la Ley Orgánica de Planificación Popular de 2010, con acentuado carácter centralista y nada democrático.[462]

---

458 *V.* nuestros comentarios sobre ese proceso en Allan R. Brewer–Carías, "Aspectos organizativos de la industria petrolera nacionalizada," en *Archivo de Derecho Público y Ciencias de la Administración*, Instituto de Derecho Público UCV, Vol. III, Tomo I, Caracas, 1981, pp. 407 a 492.

459 Así se reguló, en la Ley Orgánica de Hidrocarburos de 2001, reformada en 2006, *G.O.* N° 38.493 de 4–8–2006, mediante la cual se derogó la Ley de Nacionalización Petrolera de 1975.

460 *V.* nuestro voto salvado en primera discusión en Allan R. Brewer–Carías, *Debate Constituyente,* Tomo III, *op. cit.* pp. 210 y 211.

461 *V.* Ley Orgánica de Ordenación de las Empresas Productoras de Cemento, Decreto Ley N° 6.091, *G.O.* N° 5.886 Extra. de de 18–6–2008); Ley Orgánica de Ordenación de las Empresas que Desarrollan Actividades en el Sector Siderúrgico en la Región de Guayana, Decreto Ley N° 6.058 *G.O.* N° 38.928 de 12–5– 2008; Ley Orgánica que reserva al Estado bienes y servicios conexos a las actividades primarias de Hidrocarburos, *G.O.* N° 39.173 de 7–5–2009.

462 *V.* la Ley Orgánica de Planificación y Popular. (*G.O.* N° 6.011 Extra. de de 21–12–2010); y Ley Orgánica de Creación de la Comisión Central de Planificación (*G.O.* N° 5.990 Extra. de 29–7–2010) *V.* los comentarios a esta última en Allan R. Brewer–Carías, "Comentarios sobre la inconstitucional creación de la Comisión Central de Planificación, centralizada y obligatoria," en *Revista de Derecho Público*," N° 110, (abril–junio 2007), Editorial Jurídica Venezolana, Caracas, 2007, pp. 79–89.

4. Los problemas de una Constitución económica concebida para el estatismo

El paternalismo estatal en el campo social analizado anteriormente, también conduce inexorablemente a la concepción de una Constitución económica con una gran carga estatista.[463] En esta materia, en efecto, a pesar de que en las discusiones del Proyecto de Constitución se lograron establecer algunos equilibrios importantes entre la libertad económica y la intervención del Estado, existe un marcado acento estatista, lo que aunado a las consecuencias fiscales del paternalismo social y del populismo que contiene, hacen materialmente inviable financieramente el rol del Estado, sobre todo en el largo plazo, previéndose un esquema de terrorismo tributario que informó la Disposición Transitoria Quinta, contrario a la iniciativa privada.

En efecto, la Constitución no sólo es manifiestamente estatista en materia económica, al atribuir al Estado la responsabilidad fundamental en la gestión y prestación de los servicios públicos básicos en materia de salud, educación y seguridad social, y de los de carácter domiciliario como distribución de agua, electricidad y gas, sino que ello también deriva de la regulación, en el mismo, de un conjunto de potestades reguladoras, de control y de planificación.

Las normas relativas a la economía, por tanto, son básicamente las destinadas a prever la intervención del Estado, destinándose a lo privado, en realidad, las escuetas normas reguladoras de la libertad económica (Art. 112) y de la propiedad privada (Art. 115). No existe, sin embargo, el equilibrio necesario entre lo público y lo privado, privilegiándose en el sector privado sólo actividades no fundamentales en la generación de riqueza y empleo como la agrícola (Art. 305), la artesanía (Art. 309), la pequeña y mediana empresa (Art. 308), y el turismo (Art. 310).

A ello se agregan normas de control y persecución como las relativas a los monopolios y a los delitos económicos (Arts. 113 y 114); la declaración como del dominio público del subsuelo, las costas marítimas y las aguas (Arts. 112 y 304) lo que abre un campo importante adicional respecto del control estatal del uso y aprovechamiento de dichos bienes; la reserva al Estado de la industria petrolera, y la posibilidad de reserva de otras actividades, servicios o explotaciones de carácter estratégico (Art. 302); y las normas que prevén las potestades planificadoras del Estado, tanto a nivel nacional (Arts. 112 y 299) como a nivel local (Art. 178).

El Estado, así, en la Constitución es responsable de casi todo, y puede regularlo todo. La iniciativa privada aparece marginal y marginada. No se asimiló la experiencia del fracaso del Estado regulador, de control, planificador y empresario de las últimas décadas, ni se entendió la necesidad de privilegiar las iniciativas privadas y estimular la generación de riqueza y empleo por la sociedad.

El resultado del texto constitucional en materia económica, visto globalmente y en su conjunto, es el de una Constitución hecha para la intervención del Estado en la economía y no para el desarrollo de la economía por los privados bajo el principio de la subsidiariedad de la intervención estatal, lo cual por lo demás, visto retrospectivamente una década después, se ha cumplido a cabalidad.

Por otra parte, el Estado que se concibe en el texto constitucional, cuando se analiza en su conjunto el enorme cúmulo de responsabilidades que se le atribuyen en el campo

---

463 *V.* Allan R. Brewer–Carías, "Reflexiones críticas sobre la Constitución de 1999" en *La Constitución de 1999*," Academia de Ciencias Políticas y Sociales, Caracas, 2000, pp. 77 ss.

social, de la salud, educación, seguridad social y cargas laborales, con exclusión sistemática de las iniciativas privadas; lo hacen totalmente incapaz, financieramente, para atenderlas. Para la previsión de las regulaciones del Estado paternalista previstas en la Constitución, no hubo cálculo alguno de costos, lo que coloca al Estado, si pretendiese asumirlas y cumplirlas, de entrada, en una situación de quiebra, por estar obligado a pagar más de lo que es capaz y puede recaudar en impuestos, máxime en un país en el cual no hay hábito ciudadano de contribuyente.

Si a ello se agrega la previsión con rango constitucional de que la gestión fiscal debe equilibrarse en un marco plurianual del presupuesto "de manera que los ingresos ordinarios deben ser suficientes para cubrir los gastos ordinarios" (Art. 311); no se entiende cómo será posible la atención por el Estado de todas las obligaciones que se le imponen.

En todo caso, la enorme responsabilidad social atribuida al Estado y los costos financieros que conlleva su atención, por supuesto que implicarán, de reducirse los ingresos petroleros derivados de los altos precios del petróleo, la exacerbación del ejercicio de la potestad tributaria del Estado en sus diversos niveles territoriales y, de inmediato, en el nivel nacional y en el nivel municipal. Ello exigía, por sobre todo, el establecimiento de un adecuado equilibrio entre la potestad pública y los derechos de los individuos, de manera que el ejercicio de la primera no afectase la capacidad económica de los contribuyentes ni sus garantías constitucionales, que requieren de protección especial.

La Constitución, en esta materia, no reguló nada específico sobre el necesario respeto de la capacidad contributiva de las personas ni sobre el principio de que la imposición debía revertir hacia los contribuyentes–ciudadanos, en servicios públicos adecuados. Nada se reguló en el texto constitucional, además, sobre las garantías constitucionales del contribuyente frente al ejercicio de la potestad tributaria, ya que es precisamente con ocasión de su ejercicio que todo el poder del Estado se puede volcar sobre los individuos. Al contrario, las únicas normas nuevas previstas en la Constitución en esta materia, tienden a castigar la evasión fiscal con penas privativas de la libertad personal (Art. 317), estableciéndose en las Disposiciones Transitorias normas destinadas a regularizar el terrorismo fiscal (Disposición Transitoria Quinta), elaboradas pensando como si sólo las grandes empresas fueran contribuyentes, a quienes sólo hay que perseguir, e ignorando que en un sistema de Estado con incapacidad financiera estructural, todas las personas son o deben ser potencialmente contribuyentes y, por tanto, sujetos de persecución fiscal.

En esta materia consideramos que la Constitución se olvidó del ciudadano y de la protección y seguridad que había que brindarle.

III PRINCIPIOS CONSTITUCIONALES SOBRE LA ECONOMÍA PÚBLICA.

1. El régimen tributario

El régimen tributario de la Constitución,[464] respecto del cual formulamos diversas propuestas,[465] lamentablemente no quedó integrado constitucionalmente y resultó con

464 *V.* en general, Gabriel Ruán Santos, "Principios substantivos de la tributación en la Constitución de 1999," en *Revista de Derecho Corporativo,* Vol. 1, N° 2, Caracas, 2001, pp. 11–38; Moisés Ballenilla Tolosa y otros, "El

una dispersión e insuficiencia injustificable. Las siguientes, sin embargo, son las normas más destacadas en esta materia.

En forma casi idéntica que lo establecido en el artículo 223 de la Constitución de 1961, el artículo 316 de la Constitución de 1999 dispuso que el sistema tributario debe procurar la justa distribución de las cargas públicas según la capacidad económica del contribuyente,[466] atendiendo al principio de progresividad, así como la protección de la economía nacional y la elevación del nivel de vida de la población, y se sustentará para ello en un sistema eficiente para la recaudación de los tributos.[467] Se reguló, además, el principio de la legalidad tributaria (Art. 317)[468] y se estableció en forma expresa lo que constituye una novedad en nuestro ordenamiento constitucional, que es el principio de que "ningún tributo puede tener efecto confiscatorio." Ello lo propusimos repetidamente en los debates,[469] siguiendo la tendencia existente en el derecho comparado.[470]

La Constitución de 1999 siguió la tendencia constitucional anterior de materialmente vaciar a los Estados de competencias tributarias, y centralizó aún más el Estado al atribuir al Poder Nacional, no sólo competencia para la creación, organización, recaudación, administración y control de casi todos los tributos (los impuestos sobre la renta, sobre sucesiones, donaciones y demás ramos conexos, el capital, la producción, el valor agregado, los hidrocarburos y minas, de los gravámenes a la importación y exportación de bienes y servicios, los impuestos que recaigan sobre el consumo de licores, alcoholes y demás especies alcohólicas, cigarrillos y demás manufacturas del tabaco); sino en forma residual, "todos los demás impuestos, tasas y rentas no atribuidas a los Estados y Municipios por esta Constitución y la ley" (Art. 156.12), invirtiéndose en esa forma lo que tradicionalmente había sido una competencia residual de los Estados. Además,

---

régimen tributario constitucional," en *Comentarios a la Constitución de la República Bolivariana de Venezuela,"* Vadell Hermanos Editores, Caracas, 2000, pp. 117–148; Alejandro R. Van Der Velde; Antonio Planchart Mendoza; Pedro B. Caraballo, "Análisis del Régimen Tributario en la Nueva Constitución (II Parte)," en *Boletín Tributario TPA* (Noviembre–Diciembre). Caracas, 2000, pp. 1–10; Adriana Vigilanza García, "El poder tributario antes y después de la Constitución de 1999," en *Revista de Derecho Constitucional,* N° 3 (julio–diciembre), Editorial Sherwood, Caracas, 2000, pp. 187–228.

465 *V.*, Allan R. Brewer–Carías, *Debate Constituyente* (*Aportes a la Asamblea Nacional Constituyente),* Tomo III, *(9 septiembre–17 octubre 1999)*, Caracas, 1999, pp. 253 a 286; y Tomo II, *op. cit.*, pp. 53 a 91.

466 Sobre el estatuto de los contribuyentes, véase Roquefélix Arvelo Villamizar, *El estatuto del contribuyente en la Constitución de la República Bolivariana de Venezuela de 1999,* Paredes Editores, Caracas, 2000, pp. 43 ss.

467 *V.* la propuesta de ampliación de esta norma que formulamos en nuestros votos salvados, en Allan R. Brewer–Carías, *Debate Constituyente,* Tomo III, *op. cit.*, pp. 53 a 91, 218 y 295 ss.

468 *V.* nuestro voto salvado sobre esta norma en Allan R. Brewer–Carías, *Debate Constituyente,* Tomo III, *op. cit.* pp. 220 a 226.

469 *V.*, Allan R. Brewer–Carías, *Debate Constituyente*, Tomo II, *op. cit.*, p. 279; y Tomo III, *op. cit.*, pp. 70 ss. Sobre los tributos confiscatorios véase el criterio de la Sala Constitucional en sentencia N° 307 de 6 de marzo de 2001 (Caso: *Ordenanza sobre Patente de Industria y Comercio del Municipio San Joaquín del Estado Carabobo),* en *Revista de Derecho Público*, 85–88, Editorial Jurídica Venezolana, Caracas, 2001. pp. 227–230.

470 *V.* Allan R. Brewer–Carías, "Les protections constitutionnelles et légales contre les impositions confiscatoires," *Rapports Generaux. XIII Congrès International de Droit Comparé,* Montreal 1990, pp. 795 a 824. *V.* también en Allan R. Brewer–Carías, *El Poder Público: Nacional Estadal y Municipal, Instituciones Políticas y Constitucionales*, Tomo II, Caracas, San Cristóbal 1996, pp. 85 ss. *V.* además, *V.* Juan D. Alfonzo Paradisi, "El Poder Tributario y los derechos y garantías constitucionales como límites a su ejercicio," en *El Derecho Público a comienzos del siglo XXI. Estudios homenaje al Profesor Allan R. Brewer–Carías,* Tomo III, Instituto de Derecho Público, UCV, Civitas Ediciones, Madrid, 2003, pp. 3151–3184; Dagmar Albornoz, "Constitución económica, régimen tributario y tutela judicial efectiva," en *Revista de Derecho Constitucional,* N° 5 (julio–diciembre), Editorial Sherwood, Caracas, 2001, pp. 7–20; Eduardo E. Meier García, "Reflexiones sobre el sistema tributario y el principio de legalidad tributaria en la Constitución de 1999," en *Revista de Derecho Corporativo,* Vol. 2, N° 1, Caracas, 2002, pp. 73–124

asignó al Poder Nacional, la potestad para regular y limitar el ejercicio de sus competencias, por los Estados y Municipios, lo que constituye una contradicción con la declaración de los Estados y Municipios como entidades autónomas (Arts. 159, 168).[471]

En el artículo 156, ordinal 13 se atribuye al Poder Nacional la potestad de dictar la legislación que garantice la coordinación y armonización de las distintas potestades tributarias (nacional, estadal y municipal), para definir principios, parámetros y limitaciones, específicamente para la determinación de los tipos impositivos o alícuotas de los tributos estadales y municipales, así como para crear fondos específicos que aseguren la solidaridad interterritorial.

En esta forma se establece en la nueva Constitución, una nueva forma de limitación mediante ley nacional, de la autonomía de los Estados y Municipios.

Además, corresponde al Poder Nacional, mediante Ley, regular la participación de los Estados en los tributos nacionales (Arts. 164,3 y 167,6) y asignar a los Estados impuestos, tasas y contribuciones especiales con el fin de promover el desarrollo de las haciendas públicas estadales (Art. 167,5). En este último caso, de leyes que creen o transfieran ramos tributarios a favor de los Estados, las mismas podrán compensar dichas asignaciones con modificaciones de los ramos de ingresos de los Estados, a fin de preservar la equidad interterritorial (Art. 167,5). Ninguna de estas leyes ha sido dictada durante la vigencia de la Constitución.

Por último, debe señalarse que el texto del artículo 18 de la Constitución de 1961 fue básicamente recogido, a propuesta nuestra,[472] en el artículo 183 de la Constitución que prohíbe a los Estados y los Municipios el establecimiento de tributos sobre importación, exportación o tránsito sobre bienes, sobre las demás materias rentísticas de la competencia nacional; y sobre consumo de bienes en casos específicos.

Sin embargo, en cuanto a los gravámenes relativos a la agricultura, la cría, la pesca y la actividad forestal, la nueva Constitución eliminó la prohibición constitucional impuesta a los Estados y Municipios, y se estableció que sólo pueden ser gravados en la oportunidad, forma y medida que lo permita la ley.

2. El régimen fiscal y económico del Estado

Por otra parte, en la Constitución de 1999, también constituyendo una novedad, se incorporaron unas secciones sobre el régimen fiscal y presupuestario; el sistema monetario nacional y la coordinación macroeconómica; estableciéndose, además, en general, que los principios y disposiciones establecidas en la Constitución para la administración económica y financiera nacional, deben regular la de los Estados y Municipios, en cuanto sean aplicables (Art. 311 a 317).

---

471 *V.* en general, Manuel Rachadell, "La distribución del poder tributario entre los diversos niveles del Poder Público según la Constitución de 1999," en *Revista de Derecho Administrativo,* N° *8 (enero–abril).* Editorial Sherwood, Caracas, 2000, pp. 179–205; Adriana Vigilanza García, "Menú para la armonización y coordinación de la potestad tributaria de Estados y Municipios. Algunas reflexiones," en *Revista de Derecho Tributario,* N° 99 (abril–junio), Legislec Editores, Caracas, 2003, pp. 9–26 y en *Revista de Derecho Constitucional,* N° 6, enero–diciembre–2002, Editorial Sherwood, Caracas, 2003, pp. 213 a 230.

472 *V.* Allan R. Brewer–Carías, *Debate Constituyente,* Tomo II, *op. cit.* p. 282 y Tomo III, *op. cit.* p. 81.

Además, por primera vez en el constitucionalismo venezolano se incorporaron al texto fundamental un conjunto de normas relativas al Banco Central de Venezuela y a la política macroeconómica del Estado (Arts. 318 a 321).

3. El régimen de los bienes públicos

Por último, en materia económica, la nueva Constitución trae un conjunto de disposiciones constitucionales, muchas novedosas, sobre el régimen de los bienes del Estado,[473] que deben destacarse.

En la nueva Constitución se declaran como bienes del dominio público y que, por tanto, en los términos del Código Civil (Art. 543) son inalienables e imprescriptibles a los yacimientos mineros y de hidrocarburos, cualquiera que sea su naturaleza, existentes en el territorio nacional, bajo el lecho del mar territorial, en la zona económica exclusiva y en la plataforma continental, (Art. 12).[474]

La misma norma del artículo 12 de la Constitución dispone que las costas marinas son bienes del dominio público; entendiéndose por tales costas, la parte de la ribera que baña el mar, es decir, la playa o zona que está entre la alta y la baja marea, como lo había establecido la jurisprudencia de la antigua Corte Suprema.[475] En 2001, a los efectos de desarrollar esta norma constitucional, se dictó el Decreto N° 1.468 con Fuerza de Ley de Zonas Costeras.[476]

El artículo 304 de la Constitución dispuso también que todas las aguas son bienes del dominio público de la Nación, insustituibles para la vida y el desarrollo; remitiendo a la ley el establecimiento de las disposiciones necesarias a fin de garantizar su protección, aprovechamiento y recuperación, respetando las fases del ciclo hidrológico y los criterios de ordenación del territorio.[477]

473 *V.* Héctor Turuhpial Cariello, *Teoría General y Régimen Jurídico del Dominio Público en Venezuela*, Fundación Estudios de Derecho Administrativo (FUNEDA), Caracas, 2008.

474 En esta forma se le dió rango constitucional a lo que ya se había previsto en la Ley de Minas (Art. 2) (*G.O.* N° 5382 de 28–09–99) y en la Ley Orgánica de Hidrocarburos Gaseosos (Art. 1°) (*G.O.* N° 36.793 de 23–9–99). *V.* nuestra propuesta sobre esto en Allan R. Brewer–Carías, *Debate Constituyente,* Tomo II, *op. cit.* pp. 35 y 39. *V.* en general sobre el tema Isabel Boscán de Ruesta, "La propiedad de los yacimientos de los hidrocarburos. Evolución histórica," en *El Derecho Público a comienzos del siglo XXI. Estudios homenaje al Profesor Allan R. Brewer–Carías,* Tomo III, Instituto de Derecho Público, UCV, Civitas Ediciones, Madrid, 2003, pp. 3061–3105.

475 *V.* la sentencia de la Corte Suprema de Justicia en Sala Político Administrativa de 13–08–64 en *Gaceta Forense* N° 45, 1964, p. 235 a 237; y en Allan R. Brewer–Carías, *Jurisprudencia de la Corte Suprema 1930–1974 y Estudios de Derecho Administrativo,* Tomo II, Caracas 1976, pp. 523 a 528.

476 *G.O.* N° 37.349 del 19 de diciembre de 2001. *V.*, en Allan R. Brewer–Carías, "El nuevo régimen de las zonas costeras. Inconstitucionalidades, dominio público, limitaciones a la propiedad privada e insuficiencias normativas" en *Ley Habilitante del 13–11–2000 y sus Decretos Leyes,* Academia de Ciencias Políticas y Sociales, Serie Eventos N° 17, Caracas, 2002, pp. 245–294.

477 *V.* Allan R. Brewer–Carías, "La declaratoria de todas las aguas como del dominio público en el derecho venezolano," en *Revista de la Facultad de Derecho y Ciencias Sociales*, N° 3–4, XXIII, Montevideo, 1975, pp. 157 a 167, y "El régimen de las aguas en Venezuela. Efectos de su declaratoria general constitucional como bienes del dominio público," en *Estudios de derecho administrativo 2005–2007,* Colección Estudios Jurídicos N° 86, Editorial Jurídica Venezolana, Caracas, 2007, pp. 375–438. Además, Allan R. Brewer–Carías *Derecho y Administración de las Aguas y otros Recursos Naturales Renovables,* Caracas 1976, pp. 79 a 91. En 2007 se dictó la Ley de Aguas, en la cual se reiteró la declaratoria de las mismas como del dominio público. *G.O.* N° 38.598 de 02–01–2007. *V.* Allan R. Brewer–Carías, *Ley de Aguas*, Editorial Jurídica Venezolana, Caracas, 2007.

En cuanto a las tierras baldías, estás de acuerdo con el Código Civil, son los bienes inmuebles que no tienen dueño (Art. 542), y que se atribuyen a los Estados. La nueva Constitución les asigna la "administración" de las tierras baldías de su jurisdicción" (Art. 164, ord. 5), cambiando el régimen de la Constitución de 1961 que reservaba dicha administración de baldíos al Poder Nacional (Art. 136, ord. 10). Sin embargo, la Disposición Transitoria Decimoprimera estableció que hasta tanto se dicte la legislación nacional sobre el régimen de las tierras baldías, la administración de las mismas continuará siendo ejercida por el Poder Nacional, con lo cual la reforma quedó pospuesta.[478]

En cuanto a los ejidos municipales en la Constitución de 1999 se repitió el dispositivo del artículo 32 de la Constitución de 1961, en el sentido de que su inalienabilidad e imprescriptibilidad (Art. 181).

En la Constitución sin embargo, se agregó una disposición novedosa que en forma similar a la definición de las tienen baldías en relación con los Estados, considera que los terrenos situados dentro del área de las poblaciones de los Municipios, carentes de dueño, se consideran terrenos ejidos, sin menoscabo de legítimos derechos de terceros, válidamente constituidos.[479] Igualmente, el artículo 181 de la Constitución constituye en ejidos, las tierras baldías ubicadas en el área urbana, quedando sólo exceptuadas las tierras correspondientes a las comunidades y pueblos indígenas. Además, se establece que la ley debe determinar la conversión en ejidos de otras tierras públicas.

IV. LOS INTENTOS DE REFORMA CONSTITUCIONAL PARA ESTABLECER UN SISTEMA ECONÓMICO SOCIALISTA EN LA CONSTITUCIÓN

1. Las propuestas de cambio del sistema económico en la rechazada Reforma Constitucional de 2007

Ahora bien, todo el sistema antes comentado de economía mixta que establece la Constitución, aún con los desequilibrios que la práctica política ha provocado, se buscó cambiar radicalmente en la propuesta de reforma constitucional de 2007, que fue rechazada por el pueblo.[480]

---

478 *V.* Luis A. Herrera Orellana, "Tierras baldías y propiedad privada en tierras agrarias: Sobre el límite de la propiedad de rescate del Instituto Nacional de Tierras," en *Revista de Derecho,* Nº 21, Tribunal Supremo de Justicia, Caracas, 2006, pp. 303–346; Allan R. Brewer–Carías, "El régimen de las tierras baldías y la adquisición del derecho de propiedad privada sobre tierras rurales en Venezuela," en *Estudios de Derecho Administrativo 2005–2007,* Editorial Jurídica Venezolana, Caracas, 2007, pp. 327–374.

479 *V.* en general, Luis Alberto Moreno Jiménez, "El régimen de los ejidos en Venezuela," *Revista Tachirense de Derecho,* Nº 18, Universidad Católica del Táchira, San Cristóbal, 2006, pp. 53–73.

480 *V.* Manuel Rachadell, *Socialismo del Siglo XXI. Análisis de la Reforma Constitucional propuesta por el Presidente Chávez en agosto de 2007,* Funeda, Caracas, 2007; y Allan R. Brewer–Carías, *La reforma constitucional de 2007 (Comentarios al Proyecto inconstitucionalmente sancionado por la Asamblea Nacional el 2 de noviembre de 2007),* Colección Textos Legislativos, Nº 43, Editorial Jurídica Venezolana, Caracas, 2007; "Estudio sobre la propuesta presidencial de reforma constitucional para la creación de un Estado Socialista, Centralizado y Militarista en Venezuela (análisis del anteproyecto presidencial, agosto 2007," en *Anuario da Facultade de Dereito da Universidade da Coruña, Revista jurídica interdisciplinaria internacional,* Con. 12, La Coruña 2008, pp. 87–125; "Hacia la creación de un Estado Socialista, Centralizado y Militarista en Venezuela. Análisis de la propuesta presidencial de reforma constitucional," en *Estudios Jurídicos,* Volumen XIII, Enero 2004–Diciembre 2007, Asociación Hipólito Herrera Billini, Santo Domingo, República Dominica 2008, pp. 17–66; "Estudio sobre la propues-

En la misma, en efecto, se buscó cambiar radicalmente ese modelo, acentuando el desequilibrio existente entre lo público y lo privado, al transformarlo en un sistema totalmente de economía estatal, de planificación centralizada, propia de un Estado y economía socialista, donde desaparecía la libertad económica y el derecho de propiedad como derechos constitucionales, y con ello, el principio mismo de la reserva legal.

En efecto, el artículo 112 de la Constitución establece, como hemos señalado y como uno de los principios fundamentales del sistema constitucional, el derecho de todas las personas de poder dedicarse libremente a la actividad económica de su preferencia, sin más limitaciones que las previstas en la Constitución y las que establezcan las leyes, por razones de desarrollo humano, seguridad, sanidad, protección del ambiente u otras de interés social, a cuyo efecto, el Estado está obligado a promover "la iniciativa privada, garantizando la creación y justa distribución de la riqueza, así como la producción de bienes y servicios que satisfagan las necesidades de la población, la libertad de trabajo, empresa, comercio, industria, sin perjuicio de su facultad para dictar medidas para planificar, racionalizar y regular la economía e impulsar el desarrollo integral del país".

En el proyecto de reforma constitucional sancionado en noviembre de 2007, sin embargo, se buscó eliminar este derecho y la libertad económica, es decir, se pretendió quitarles rango constitucional, y se propuso sustituir esta norma por otra en la cual lo que se establecía ere la definición de una política estatal para promover "el desarrollo de un modelo económico productivo, intermedio, diversificado e independiente, fundado en los valores humanísticos de la cooperación y la preponderancia de los intereses comunes sobre los individuales, que garantice la satisfacción de las necesidades sociales y materiales del pueblo, la mayor suma de estabilidad política y social y la mayor suma de felicidad posible"; agregándose que el Estado, asimismo, "fomentará y desarrollará distintas formas de empresas y unidades económicas de propiedad social, tanto directa o comunal como indirecta o estatal, así como empresas y unidades económicas de producción o distribución social, pudiendo ser estas de propiedad mixta entre el Estado, el sector privado y el poder comunal, creando las mejores condiciones para la construcción colectiva y cooperativa de una economía socialista."

Es decir, en un artículo como el 112 ubicado en el Capítulo constitucional sobre los derechos económicos, simplemente se buscaba eliminar el derecho al libre ejercicio de las actividades económicas y la propia libertad económica. Ello, por supuesto, era contrario al principio de la progresividad en materia de derechos humanos y constitucionales que garantiza el artículo 19 de la Constitución.

La consecuencia más dramática de la eliminación de un derecho, como derecho constitucional, era entre otros aspectos, la desaparición de las garantías constitucionales al mismo y en particular la desaparición de la garantía de la reserva legal, es decir, que las limitaciones o restricciones al derecho sólo podrían establecerse mediante ley formal emanada de la Asamblea Nacional, y no mediante decretos reglamentarios del Ejecutivo. Por ello, precisamente, por la desaparición del derecho a la libertad económica y sus garantías constitucionales, el proyecto de reforma constitucional sancionado en 2007 incorporó una Disposición Transitoria Novena en la cual se disponía que:

---

ta presidencial de reforma constitucional para la creación de un Estado Socialista, Centralizado y Militarista en Venezuela (Agosto 2007)," *Revista de Derecho Público*," N° 111, (julio–septiembre 2007), Editorial Jurídica Venezolana, Caracas, 2007, pp. 7–42

> Hasta tanto se dicten las normas que desarrollen los principios establecidos en el artículo 112 de esta Constitución, el Ejecutivo Nacional podrá, mediante decretos o decreto ley, regular la transición al Modelo de Economía Socialista.

Es decir, se pretendía autorizar constitucionalmente al Ejecutivo nacional para incluso mediante reglamentos regular todo lo concerniente al régimen económico de la República para la "transición al Modelo de Economía Socialista," lo que era contrario a todos los principios de un Estado de derecho, que de haberse aprobado la reforma hubiera desaparecido completamente en Venezuela.

Además, debe destacarse en esta misma orientación, que con el proyecto de reforma constitucional de 2007, respecto del artículo 299, se buscó eliminar de su texto como fundamentos del sistema económico, a los principios de justicia social, libre competencia, democracia y productividad, y en su lugar se propuso establecer, entre otros, los principios socialistas, antiimperialistas, humanistas, a los fines asegurar el desarrollo humano integral y una existencia digna y provechosa para la colectividad. Por otra parte, la garantía del desarrollo armónico de la economía en la reforma propuesta no se asignaba "al Estado conjuntamente con la iniciativa privada" como dispone la Constitución de 1999, sino "al Estado conjuntamente con la iniciativa comunitaria, social y personal," todo, "con el fin de generar fuentes de trabajo, alto valor agregado nacional, elevar la calidad de vida de la población, lograr la suprema felicidad social y fortalecer la soberanía económica del país, garantizando la solidez, dinamismo, sustentabilidad, permanencia y equidad del crecimiento de la economía, para lograr una justa distribución social de la riqueza mediante una planificación estratégica, democrática, participativa, política, económica y de consulta abierta."

Esta forma de planificación, por supuesto chocaba con la potestad asignada en el proyecto de reforma constitucional al Presidente de la República para formular el Plan de Desarrollo Integral de la nación (Art. 236.20).

En la Constitución de 1999, por otra parte y como también hemos señalado, se establecen un conjunto de atribuciones que facultaban al Estado para regular el ejercicio de los derechos económicos, en particular, al precisarse el régimen de la prohibición de los monopolios (Art. 113), declarándose contrarios a los principios fundamentales de la Constitución las actividades tendientes a su establecimiento o que conduzcan a su existencia. También se declaró como contrario a dichos principios, el abuso de la posición de dominio que puedan adquirir los agentes económicos independientemente de su causa. En todos estos casos, la norma faculta al Estado para adoptar las medidas que fueren necesarias para evitar los efectos nocivos y restrictivos del monopolio, del abuso de la posición de dominio y de las demandas concentradas, teniendo como finalidad la protección del público consumidor, los productores y productoras y el aseguramiento de condiciones efectivas de competencia en la economía.

Con el proyecto de reforma constitucional sancionado en noviembre de 2007, se buscaba cambiar radicalmente el régimen de la actividad económica, estableciéndose en el artículo 113 una serie de limitaciones a la misma que iban mucho más allá de la restricción de los monopolios y la posición dominante de empresas, privilegiándose la economía estatal y los medios de producción socialista.

En esta orientación, se propuso agregar a la norma, que en general, "no se permitirán actividades, acuerdos, prácticas, conductas y omisiones de los y las particulares que vulneren los métodos y sistemas de producción social y colectiva con los cuales se afecte la propiedad social y colectiva o impidan o dificulten la justa y equitativa concurrencia de bienes y servicios," con lo cual quedaba en manos del Estado la suerte de cualquier actividad económica particular.

Además, en la reforma de 2007 respecto del artículo 113 se propuso agregar a la norma que en los casos de explotación de recursos naturales o de cualquier otro bien del dominio de la Nación, considerados de carácter estratégico por la Constitución o la ley, así como cuando se tratase de la prestación de servicios públicos vitales, considerados como tales por la Constitución o la ley, el Estado podía reservarse la explotación o ejecución de los mismos, directamente o mediante empresas de su propiedad, sin perjuicio de establecer empresas de propiedad social directa, empresas mixtas o unidades de producción socialistas, que asegurasen la soberanía económica y social, respetasen el control del Estado, y cumplieran con las cargas sociales que se le impusieran."[481]

En el proyecto de reforma constitucional al artículo 113, en todo caso, se proponía la declaración como contrarios a los principios fundamentales de la Constitución respecto de los monopolios o de abuso de la posición de dominio sólo en relación con los particulares, no aplicándose al Estado, ya que con el proyecto de reforma constitucional lo que se proponía era un sistema económico de capitalismo de Estado, el cual podía tener monopolios y posición de dominio sin límite alguno.

Por otra parte, otro de los pilares fundamentales de la Constitución de 1999, además de la libertad económica, como también hemos señalado es la garantía del derecho de propiedad privada, que conforme al artículo 115 de la Constitución de 1999, se la concibe como el derecho que tiene toda persona "al uso, goce, disfrute y disposición de sus bienes," aún cuando sometida a "las contribuciones, restricciones y obligaciones que establezca la ley con fines de utilidad pública o de interés general". Dicha garantía implica que "sólo por causa de utilidad pública o interés social, mediante sentencia firme y pago oportuno de justa indemnización, podrá ser declarada la expropiación de cualquier clase de bienes".

Con el proyecto de reforma constitucional sancionado en noviembre de 2007 se propuso cambiar radicalmente el régimen de la propiedad privada, la cual se eliminaba como derecho constitucional, quedando materialmente reducida a la que pudiera existir sobre los bienes de uso, consumo y medios de producción legítimamente adquiridos, quedando por tanto minimizada y marginalizada en relación con la propiedad pública.

En el proyecto de reforma constitucional sancionado respecto del artículo 115 de la Constitución, en efecto, en lugar de garantizarse la propiedad privada, lo que se proponía era reconocer y garantizar "las diferentes formas de propiedad," las cuales se enumeraban así:

Primero, la propiedad pública concebida como aquella que pertenece a los entes del Estado; la propiedad social como aquella que pertenece al pueblo en su conjunto y las futuras generaciones," la cual podía ser de dos tipos: primero, la propiedad social indirecta cuando es ejercida por el Estado a nombre de la comunidad, y la propiedad social directa, cuando el Estado la asigna, bajo distintas formas y en ámbitos territoriales demarcados, a una o varias comunidades, a una o varias comunas, constituyéndose así en

481 Con ello, como se propuso en las *Propuestas de Reforma del Consejo Presidencial para la Reforma Constitucional,* lo que se busca es establecer que la prohibición de los monopolios no se aplica a aquellos casos en los cuales el Estado "los establezca, reservándose actividades o servicios en función del interés social, en aras de materializar los principios de la economía socialista y humanista," indicándose, además, que "el Estado podrá asumir posiciones de control cuando por razones de estrategia así lo requiera." Esto, sin embargo, no se incorporó en la reforma sancionada en noviembre de 2007.

propiedad comunal o a una o varias ciudades, constituyéndose así en propiedad ciudadana;

Segundo, la propiedad colectiva concebida como la perteneciente a grupos sociales o personas, para su aprovechamiento, uso o goce en común, pudiendo ser de origen social o de origen privado;

Tercero, la propiedad mixta concebida como la conformada entre el sector público, el sector social, el sector colectivo y el sector privado, en distintas combinaciones, para el aprovechamiento de recursos o ejecución de actividades, siempre sometida al respeto absoluto de la soberanía económica y social de la Nación;" y

Cuarto, la propiedad privada concebida como "aquella que pertenece a personas naturales o jurídicas y que se reconoce sobre bienes de uso, consumo y medios de producción legítimamente adquiridos, con los atributos de uso, goce y disposición, y las limitaciones y restricciones que establece la ley."

La propiedad privada, en consecuencia, quedaba reducida a los bienes de uso y consumo y a los medios de producción. Por lo demás, quedaba por precisar qué debía entenderse por bienes de consumo, los cuales en el lenguaje común son aquellos que no buscan producir otros bienes, es decir, los que se usan para satisfacer las necesidades específicas del consumidor que lo adquiere; así como por medios de producción, los cuales en el lenguaje común son el conjunto de objetos de trabajo que participan en el proceso de producción y que el hombre utiliza para crear los bienes materiales.[482]

Sobre esto, el magistrado Jesús Eduardo Cabrera en el Voto salvado a la sentencia N° 2042 de la Sala Constitucional de 2 de noviembre de 2007 en la cual se declaró inadmisible un amparo constitucional ejercido contra el Presidente de la República y la Asamblea Nacional, con motivo de la inconstitucional "reforma constitucional," sostuvo lo siguiente:

El artículo 113 del Proyecto, plantea un concepto de propiedad, que se adapta a la propiedad socialista, y que es válido, incluso dentro del Estado Social; pero al limitar la propiedad privada solo sobre bienes de uso, es decir aquellos que una persona utiliza (sin especificarse en cual forma); o de consumo, que no es otra cosa que los fungibles, surge un cambio en la estructura de este derecho que dada su importancia, conduce a una transformación de la estructura del Estado. Los alcances del Derecho de propiedad dentro del Estado Social, ya fueron reconocidos en fallo de esta Sala de 20 de noviembre de 2002, con ponencia del Magistrado Antonio García García.[483]

En el proyecto de reforma constitucional sancionado en noviembre de 2007, se buscó establecer, además, que "toda propiedad, estará sometida a las contribuciones, cargas,

---

482 Debe destacarse, por otra parte, que en las *Propuestas de Reforma del Consejo Presidencial para la Reforma Constitucional de junio 2007*, incluso se llegó a proponer otra redacción del artículo 115, en la cual se restringía aún más el ámbito de la propiedad privada, que quedaba reducida a las remuneraciones del trabajo, y a los bienes necesarios para satisfacer las necesidades vitales, así: "En virtud que el trabajo es el origen de todo valor económico, todos y todas tienen derecho a la propiedad privada sobre las remuneraciones, ingresos y ahorros provenientes de su trabajo, así como sobre los bienes necesarios para satisfacer sus necesidades costeados por ellos, incluida la vivienda adquirida de tal forma o mediante título legítimo, así como el derecho de herencia sobre tales bienes. Se reconoce también la propiedad privada personal sobre los instrumentos de trabajo de profesionales, investigadores, artesanos, artistas o grupos de producción familiar siempre que no sean aplicados como medios de producción para explotar el trabajo de terceros."

483 *V.* en *Revista de Derecho Público*, N° 112 *Estudios sobre la reforma constitucional*, Editorial Jurídica Venezolana, Caracas, 2007, pp. 642 ss.

restricciones y obligaciones que establezca la ley con fines de utilidad pública o de interés general," y que "por causa de utilidad pública o interés social, mediante sentencia firme y pago oportuno de justa indemnización, podrá ser declarada la expropiación de cualquier clase de bienes, sin perjuicio de la facultad de los órganos del Estado de ocupar previamente, durante el proceso judicial, los bienes objeto de expropiación, conforme a los requisitos establecidos en la ley".

En esta forma, no sólo buscaba eliminar la garantía constitucional de que "sólo" mediante expropiación puede extinguirse la propiedad como siempre se ha establecido en el ordenamiento constitucional, lo que hubiera abierto la vía no sólo para que por ley se establecieran otras formas de extinción de la propiedad; sino que se constitucionalizara el mecanismo de la ocupación previa, sin pago de previa indemnización.[484]

Con la reforma de 2007, de haber sido aprobada, simplemente hubiera desaparecido el derecho de propiedad como elemento fundamental del orden jurídico.

Se destaca, por último, que en materia de confiscación, si bien no se propuso reforma del artículo 116 de la Constitución, en el artículo 307 relativo a la prohibición del latifundio se propuso agregar al texto constitucional que "Se confiscarán aquellos fundos cuyos dueños o dueñas ejecuten en ellos actos irreparables de destrucción ambiental, los dediquen a la producción de sustancias psicotrópicas o estupefacientes o la trata de personas, o los utilicen o permitan su utilización como espacios para la comisión de delitos contra la seguridad y defensa de la Nación."

Como hemos dicho, en el referendo de diciembre de 2007, dicha reforma constitucional fue formalmente rechazada por el pueblo.[485] Sin embargo, no sólo ello no ha impedido que se haya implementado inconstitucionalmente en diversos aspectos mediante leyes, como precisamente ha ocurrido en materia de la Constitución económica, inicialmente mediante el Decreto Ley N° 6.130 de 2008, contentivo de la Ley para el Fomento y Desarrollo de la Economía Popular,[486] la cual se ha derogado en 2010 mediante la Ley Orgánica del Sistema Económico Comunal (LOSEC),[487] en la cual se ha establecido una nueva Constitución Económica paralela a la prevista en la Constitución, pero que cambia de raíz el sistema constitucional al establecer un sistema económico comunista, denominado Sistema Económico Comunal.

---

484 No debe dejar de mencionarse que en las *Propuestas de Reforma del Consejo Presidencial para la Reforma Constitucional,* pretendía que el artículo 115, dispusiera que "La República podrá declarar mediante resolución administrativa la expropiación de bienes por causa de utilidad pública o interés social, a cuyo efecto pagará justa indemnización determinada por los órganos de los poderes públicos, de acuerdo con la ley," y que en lugar de la prohibición de las confiscaciones, que permanece en el artículo 116 de la Constitución, se estableciera que: "La propiedad cuyo uso atente o afecte los derechos de terceros o de la sociedad, podrá ser objeto de confiscación por parte del Gobierno Nacional, de acuerdo a la ley." Estas propuestas no fueron acogidas por la Asamblea nacional. *V.* en general, Antonio Canova González, Luis Alfonso Herrera Orellana y Karina Anzola Spadaro, *¿Expropiaciones o vías de hecho?– La degradación continuada del derecho fundamental de propiedad en la Venezuela actual,* FUNEDA/Universidad Católica Andrés Bello, Caracas, 2009.

485 *V.* Allan R. Brewer–Carías, "La reforma constitucional en Venezuela de 2007 y su rechazo por el poder constituyente originario," en José Ma. Serna de la Garza (Coord.), *Procesos Constituyentes contemporáneos en América latina. Tendencias y perspectivas,* Universidad Nacional Autónoma de México, México, 2009, pp. 407–449; "La proyectada reforma constitucional de 2007, rechazada por el poder constituyente originario," en *Anuario de Derecho Público 2007,* Año 1, Instituto de Estudios de Derecho Público de la Universidad Monteávila, Caracas, 2008, pp. 17–65; "La reforma constitucional en Venezuela de 2007 y su rechazo por el poder constituyente originario," en *Revista Peruana de Derecho Público,* Año 8, N° 15, Lima, Julio–Diciembre 2007, pp. 13–53.

486 *V.* en *G.O.* N° 5.890 Extra. de 31 de julio de 2008.

487 *V.* en *G.O.* N° 6.011 Extra. de 21 de diciembre de 2010.

2. El establecimiento de un sistema de economía comunal o socialista mediante Ley en 2010

En efecto, el 21 de diciembre de 2010, la Asamblea Nacional junto con otras leyes relativas al Poder Popular y al Estado Comunal, como antes se ha dicho, sancionó la Ley Orgánica del Sistema Económico Comunal, buscando sustituir el sistema económico de economía mixta consagrado en la Constitución de 1999, por un sistema económico socialista o comunista, por el cual nadie ha votado y, al contrario, ha sido rechazado popularmente,[488] concebido, tal como se lo define en el artículo 2, como:

> "el conjunto de relaciones sociales de producción, distribución, intercambio y consumo de bienes y servicios, así como de saberes y conocimientos, desarrolladas por las instancias del Poder Popular, el Poder Público o por acuerdo entre ambos, a través de organizaciones socio productivas bajo formas de propiedad social comunal."

Se trata, por tanto, de un sistema económico que se desarrolla exclusivamente "a través de organizaciones socioproductivas bajo formas de propiedad social comunal" que conforme a la Ley son solamente las empresas del Estado Comunal creadas por las instancias del Poder Público; las empresas públicas creadas por los órganos que ejercen del Poder Público; las unidades productivas familiares; o los grupos de trueque, donde está excluida toda iniciativa privada y la propiedad privada de los medios de producción y comercialización de bienes y servicios.

Es en consecuencia, un sistema económico socialista que se ha implantado mediante ley, violentando completamente el sistema de economía mixta que garantiza la Constitución donde se establece, al contrario, como se dijo, como uno de los principios fundamentales del sistema constitucional, tanto la libertad económica como el derecho de propiedad privada.

En la Ley Orgánica del Sistema Económico Comunal se regula, por tanto, un sistema económico que cambia la estructura el Estado y cuya aprobación solo hubiera podido ser posible a través de la convocatoria de una Asamblea Constituyente (ni siquiera mediante reforma o enmienda constitucional), de un sistema de economía mixta a un sistema económico estatista o controlado por el Estado, mezclado con previsiones propias de sociedades primitivas y lugareñas que en el mundo globalizado de hoy ya simplemente no existen, que presuponen la miseria como forma de vida, para regular y justificar el "trueque" como sistema, pensando quizás en sociedades agrícolas o recolectoras; y para crear una moneda al margen de la de curso legal que es el Bolívar, llamando así como "moneda comunal," como medio de intercambio de bienes y servicios, a los viejos "vales" de las haciendas de hace más de un siglo, donde el campesino estaba confinado al ámbito geográfico de la economía que controlaba estrictamente el hacendado.

Por ello es que este sistema económico comunal se lo concibe como la "herramienta fundamental para construcción de la nueva sociedad," que supuestamente debe regirse sólo "por los principios y valores socialistas" que en esta Ley Orgánica, sin fundamento histórico alguno, se declara que supuestamente se inspira en la "doctrina de Simón Bolívar" (Art. 5).

488 El rechazo popular se efectuó mediante el referendo de diciembre de 2007 en el cual se rechazó la reforma constitucional en la cual se proponía su creación; y en las elecciones parlamentarias de septiembre de 2010, en la cual el Pueblo mayoritariamente voló contra el Presidente y sus políticas socialistas.

A tal efecto, reducida la propiedad privada a la mínima expresión, en la Ley se define la "propiedad social" como:

> "El derecho que tiene la sociedad de poseer medios y factores de producción o entidades con posibilidades de convertirse en tales, esenciales para el desarrollo de una vida plena o la producción de obras, bienes o servicios, que por condición y naturaleza propia son del dominio del Estado; bien sea por su condición estratégica para la soberanía y el desarrollo humano integral nacional, o porque su aprovechamiento garantiza el bienestar general, la satisfacción de las necesidades humanas, el desarrollo humano integral y el logro de la suprema felicidad social" (Art. 6.15).

Con ello se reafirma que el sistema económico comunal que se regula, está basado exclusivamente en la propiedad pública, del Estado (dominio del Estado), sobre los medios de producción, de manera que en la práctica, no se trata de ningún derecho que sea "de la sociedad," sino del aparato Estatal, cuyo desarrollo, regido por un sistema de planificación centralizada, elimina toda posibilidad de libertad económica e iniciativa privada, y convierte a las "organizaciones socio productivas" en meros apéndices del aparato estatal.

El sistema omni comprensivo que se regula, al contrario está basado en la "propiedad social comunal" y que debe ser desarrollada tanto por el Estado Constitucional (los órganos del Poder Público) como por el Estado Comunal (instancias del Poder Popular), como se dijo, exclusivamente a través de "organizaciones socioproductivas bajo formas de propiedad comunal."

Este sistema económico comunal como se dijo, se había comenzado a regular legalmente, al margen de la Constitución, violentándola, luego de haber sido rechazado en la reforma constitucional que se pretendió implementar en ese sentido en 2007, donde por primera vez se formuló formalmente, mediante el Decreto Ley N° 6.130 de 2008, contentivo de la Ley para el Fomento y Desarrollo de la Economía Popular,[489] derogada y sustituida ahora por esta Ley Orgánica del Sistema Económico Comunal, la cual tiene por finalidad, entre otras, impulsar dicho sistema "a través de un modelo de gestión sustentable y sostenible para el fortalecimiento del desarrollo endógeno (Art. 3.2); "fomentar el sistema económico comunal en el marco del modelo productivo socialista, a través de diversas formas de organización socio productiva, comunitaria y comunal en todo el territorio nacional (Art. 3.3); e "incentivar en las comunidades y las comunas los valores y principios socialistas para la educación, el trabajo, la investigación, el intercambio de saberes y conocimientos, así como la solidaridad, como medios para alcanzar el bien común.(Art. 3.8).

En este contexto socialista, la LOSEC define el "modelo productivo socialista" como el:

> "modelo de producción basado en la *propiedad social*, orientado hacia la eliminación de la *división social del trabajo* propio del modelo capitalista. El modelo de producción socialista está dirigido a la satisfacción de necesidades crecientes de la población, a través de nuevas formas de generación y apropiación así como de la *reinversión social del excedente*." (Art. 6.12).

Se trata en consecuencia, de una Ley mediante la cual se pretende, además, cambiar el sistema capitalista y sustituirlo a la fuerza por un sistema socialista, imponiendo un sistema comunista, para lo cual sus redactores, basándose quizás en algún "Manual" vetusto de revoluciones comunistas fracasadas, han parafraseado en la Ley, lo que Carlos

---

489 La Ley derogó expresamente la Ley la Ley para el Fomento y Desarrollo de la Economía Popular, *G. O.* N° 5.890 Extra. de fecha 31–07–2008

Marx y Federico Engels escribieron hace más de 150 años, en 1845 y 1846, sobre la sociedad comunista. En el conocido libro *La Ideología Alemana*, en efecto, refiriéndose a la sociedad primitiva de la época, en muchas partes aún esclavista y en todas, preindustrial, después de afirmar que la propiedad es "el derecho de suponer de la fuerza de trabajo de otros" y declarar que la "división del trabajo y la propiedad privada" eran "términos idénticos: uno de ellos, referido a la esclavitud, lo mismo que el otro, referido al producto de ésta," escribieron que:

> "la división del trabajo nos brinda ya el primer ejemplo de cómo, mientras los hombres viven en una sociedad natural, mientras se da, por tanto, una separación entre el interés particular y el interés común, mientras las actividades, por consiguientes no aparecen divididas voluntariamente, sino por modo natural,[490] los actos propios del hombres se erigen ante él en un poder hostil y ajeno, que lo sojuzga, en vez de ser él quien los domine. En efecto, a partir del momento en que comienza a dividirse el trabajo, cada cual se mueve en un determinado circulo exclusivo de actividad, que le es impuesto y del cual no puede salirse; el hombre es cazador, pescador, pastor o crítico, y no tiene más remedio que seguirlo siendo, si no quiere verse privado de los medios de vida; al paso que en la sociedad comunista, donde cada individuo no tiene acotado un círculo exclusivo de actividades, sino que puede desarrollar sus aptitudes en la rama que mejor le parezca, la sociedad se encarga de regular la producción general, con lo que hace cabalmente posible que yo pueda por la mañana cazar, por la tarde pescar y por la noche apacentar ganado, y después de comer, si me place, dedicarme a criticar, sin necesidad de ser exclusivamente cazador, pescador, pastor o crítico, según los casos."[491]

Los redactores de la Ley, por tanto, so se han percatado de que las sociedades contemporáneas ya no se reducen a ser aquellas que vivían de la caza y de la pesca, o de la siembra y cría de animales, y de que en las sociedades globalizadas de la actualidad, es imposible no basar la producción en la división social del trabajo; y además, parece que ni siquiera se han percatado que después de tantos años de estancamiento y de miseria, tratando de imponer la sociedad comunista, el desarrollo del sistema capitalista es el que le ha permitido a China catapultarse económicamente, aún cuando sometida a una dictadura del Estado capitalista; y que en Cuba, el régimen comunista clama por su auto eliminación para lo cual en 2011 ha comenzado a lanzar a la calle a decenas de miles de antiguos asalariados o servidores del Estado, para forzarlos a desarrollar iniciativas privadas, basadas en la supuesta "esclavitud" de la división social del trabajo y en el supuesto producto de esa esclavitud, que es la propiedad, convencidos de que en el mundo contemporáneo no es posible "la eliminación de la división social del trabajo" como en cambio se propugna en el artículo 6.12 de la Ley Orgánica, y de que sólo, precisamente, mediante la división social del trabajo, es posible la producción industrial, la generación de empleo y la generación de riqueza.

En cambio, para eliminar toda forma de generar riqueza y con ello, de trabajo libre y empleo, la LOSEC declara como pieza esencial del nuevo sistema económico comunal, la necesaria "reinversión social del excedente," como principio esencial que rige las organizaciones socio productivas, definida como "el uso de los recursos remanentes provenientes de la actividad económica de las organizaciones socio productivas, en pro

490 Esta división "natural" se daba según Marx y Engels "en atención a las dotes físicas (por ejemplo, la fuerza corporal), a las necesidades, las coincidencias fortuitas, etc." *V.* Karl Marx and Frederich Engels, "The German Ideology," en *Collective Works*, Vol. 5, International Publishers, New York 1976, p. 47. Véanse además los textos pertinentes en http://www.educa.madrid.org/cms_tools/files/0a24636f–764c–4e03–9c1d–6722e2ee60d7/Texto%20 Marx%20y%20Engels.pdf

491 *Idem.*

de satisfacer las necesidades colectivas de la comunidad o la comuna, y contribuir al desarrollo social integral del país" (Art. 6.19). Con este principio, los redactores de la Ley incorporaron a su articulado, otros de los pilares del sistema comunista, tal como fue concebido por Marx y Engels, como contrapuesto al sistema capitalista, y es la necesaria "reinversión social de excedente" producto de la actividad económica. Debe recordarse que las sociedades industriales se desarrollaron económicamente, al contrario, gracias a la acumulación del excedente económico que genera el empresario privado y a la reinversión de este excedente para generar mayor crecimiento, que fue en definitiva lo que generó la industrialización. Un sistema en el cual si bien la reinversión social de parte de ese excedente se logra a través del sistema tributario, está basado en la libre iniciativa generadora de riqueza, que a la vez, es la que puede multiplicar el empleo y el trabajo, y general mayor crecimiento económico.

Basada, por tanto, en los principios utópicos comunistas de la "propiedad social de los medios de producción," la "eliminación de la división social del trabajo" y la "reinversión social del excedente," la Ley Orgánica del Sistema Económico Comunal está sin duda concebida para implantar en Venezuela el sistema comunista como contrario al sistema capitalista, a cuyo efecto la misma, como se declara en su artículo 1°, se ha dictado para desarrollar y fortalecer el Poder Popular:

> "estableciendo las normas, principios, y procedimientos para la creación, funcionamiento y desarrollo del sistema económico comunal, integrado por organizaciones socio productivas bajo régimen de propiedad social comunal, impulsadas por las instancias del Poder Popular, del Poder Público o por acuerdo entre ambos, para la producción, distribución, intercambio y consumo de bienes y servicios, así como de saberes y conocimientos, en pro de satisfacer las necesidades colectivas y reinvertir socialmente el excedente, mediante una planificación estratégica, democrática y participativa (Art. 2).

Para implantar el comunismo, la Ley Orgánica establece un ámbito omnicomprensivo de aplicación, al establecer, formalmente, que se aplica, por una parte "a las comunidades organizadas, consejos comunales, comunas y todas las instancias y expresiones del Poder Popular, en especial a las organizaciones socio productivas que se constituyan dentro del sistema económico comunal," es decir, a todo el ámbito del Estado Comunal; y por la otra, "de igual manera, a los órganos y entes del Poder Público y las organizaciones del sector privado, en sus relaciones con las instancias del Poder Popular" (Art. 3), es decir, a todos los órganos y entes del Estado Constitucional y a todas las instituciones, empresas y personas del sector privado. Es decir, es una Ley tendiente a implementar el comunismo en todos los órdenes.

Como antes se ha dicho, de acuerdo con esta LOSEC, las organizaciones socio productivas son los "actores" fundamentales que se han diseñado para dar soporte al sistema económico comunal, pues es a través de ellas que se desarrolla el "modelo productivo socialista" que propugna, las cuales se definen como las:

> "unidades de producción constituidas por las instancias del Poder Popular, el Poder Público o por acuerdo entre ambos, con objetivos e intereses comunes, orientadas a la satisfacción de necesidades colectivas, mediante una economía basada en la producción, transformación, distribución, intercambio y consumo de bienes y servicios, así como de saberes y conocimientos, en las cuales el trabajo tiene significado propio, auténtico; sin ningún tipo de discriminación" (Art. 9).

Esta afirmación legal, que también proviene de los viejos Manuales comunistas basados en las apreciaciones de Marx y Engels en las sociedades anteriores a las europeas de mitades del siglo XIX sobre el trabajo asalariado, su explotación y carácter esclavista y discriminatorio, particularmente en relación con las mujeres,[492] lo cual no tiene ninguna relación con la actualidad en ningún país occidental, parecería que parte de supuesto de que en Venezuela, el trabajo hasta ahora no habría tenido "significado propio" y no habría sido "auténtico," y además, se habría realizado basado en la "discriminación," lo que no tiene base ni sentido algunos. El trabajo es la tarea desarrollada por el hombre generalmente sobre una materia prima con ayuda de instrumentos con la finalidad de producir bienes y servicios; y es, por tanto, el medio para la producción de la riqueza. Ese es el sentido propio y auténtico del trabajo, en cualquier parte del mundo, y su división es de la esencia de la productividad en una sociedad, pues una sola persona no podría nunca cubrir todas las fases de la producción o comercialización de bienes o de la prestación de servicios. De manera que no se entiende qué es lo que se quiere decir que, con la nueva Ley, el trabajo supuestamente ahora adquirirá un significado "propio y auténtico." Por otra parte, en la definición se sugiere que supuestamente hasta ahora, el trabajo se habría realizado en el país sobre la base de la explotación y la discriminación, lo que está desmentido por la avanzada legislación laboral que ha habido desde la década de los cuarenta.

Ahora bien, ese trabajo con sentido "propio y auténtico," y "sin discriminación," al que se refiere la Ley Orgánica, es el que supuestamente ahora se va a garantizar a través de las organizaciones socioproductivas que se regulan en la ley, mediante las cuales, en forma exclusiva, se desarrollará la economía del país, y que conforme al artículo 10 de la LOSEC, son sólo cuatro: primero, las empresas del Estado Comunal; segundo, las empresas públicas del Estado Constitucional; tercero, las unidades productivas familiares; y cuarto, los grupos de trueque, variándose sustantivamente las formas que se regulaban en el régimen de la derogada Ley de 2008.

O sea, que del trabajo en empresas privadas en las cuales los trabajadoras tienen herramientas para lograr mejores condiciones que ha sido una de las bases del sistema económico del país, se quiere pasar al trabajo exclusivamente en empresas de carácter público, creadas por las instancias del Estado Comunal y por los órganos y entes del Estado Constitucional, sometidas todas a una planificación centralizada, en las cuales no puede haber movimientos sindicales u organizaciones de trabajadores libres que puedan presionar para el logro de mejores condiciones laborales, y donde el "empresario" en definitiva resultará ser un burócrata de un régimen autoritario que usa el "excedente" para su propio confort, explotando a los asalariados alienados.

Por otra parte, todo el sistema de producción socialista que se regula en la Ley Orgánica, es un sistema económico sometido a una planificación centralizada, conforme a la cual está proscrita toda iniciativa privada, controlado además por el Ejecutivo nacional directamente.

A tal efecto, en la Ley para el Fomento y Desarrollo de la Economía Popular de 2008, se había establecido que el sistema de economía comunal estaba bajo el control del Ejecutivo Nacional, como "órgano rector," que se ejercía por órgano del Ministerio del Poder Popular para las Comunas y Protección Social (Art. 6) (en lo adelante, Ministerio de las Comunas). La Ley Orgánica del Sistema Económico Comunal establece ahora que el Ministerio de las Comunas, "es el órgano coordinador de las políticas públicas

---

492 Al referirse al trabajo en la misma obra la *Ideología Alemana*, Marx y Engels hablaron de la "explotación del hombre por el hombre": y se refirieron a la "distribución desigual, tanto cuantitativa como cualitativamente, del trabajo y de sus productos." *Idem*.

relacionadas con la promoción, formación, acompañamiento integral y financiamiento de los proyectos socio productivos, originados del seno de las comunidades, las comunas o constituidos por entes del Poder Público conforme a lo establecido en el Plan de Desarrollo Económico y Social de la Nación, las disposiciones de la Ley, su Reglamento y demás normativas aplicables" (art 7). Sin embargo, de las competencias que se atribuyen, resulta todo un sistema centralizado que conduce el Ejecutivo Nacional.

Sección Séptima: LOS SISTEMAS DE PROTECCIÓN Y GARANTÍA DE LA CONSTITUCIÓN

El artículo 7 de la Constitución de 1999, reafirma que la Constitución es la norma suprema y el fundamento de todo el ordenamiento jurídico, de manera que todas las personas y los órganos que ejercen el Poder Público están sujetos a la misma; constituyendo, además, uno de los deberes constitucionales "cumplir y acatar" la Constitución (Art. 131). Ello conduce a la previsión, en el propio texto constitucional, de un conjunto de sistemas para la protección y garantía de esa supremacía constitucional que, sin duda, constituye uno de los pilares fundamentales del constitucionalismo contemporáneo y del Estado de Derecho.[493]

Entre estas garantías está: el sistema de justicia constitucional; la regulación de los estados de excepción; y el desarrollo del principio de la rigidez constitucional.

I. LA GARANTÍA JUDICIAL DE LA CONSTITUCIÓN: EL SISTEMA DE JUSTICIA CONSTITUCIONAL

La consolidación en Venezuela del Estado de Derecho, como ha ocurrido en todo el constitucionalismo moderno, está en el establecimiento de un completo sistema de control de la constitucionalidad de los actos estatales, es decir, de justicia constitucional,[494] mediante la asignación a todos los jueces de la República, en el ámbito de sus respectivas competencias y conforme a lo previsto en la Constitución y en la ley, de la obligación "de asegurar la integridad de la Constitución" (Art. 334);[495] y además, al Tribunal Supremo de Justicia de ejercer la Jurisdicción Constitucional.

De lo anterior resulta, en consecuencia, que conforme a la Constitución de 1999, la expresión "justicia constitucional" es un concepto material que equivale a *control judicial de la constitucionalidad de las leyes y demás actos estatales,* el cual siempre se ha

493 *V.* Alejandra León Parada y Guido Garbati Garbati, "Jurisdicción y Supremacía Constitucional," en *Nuevos estudios de derecho procesal, Libro Homenaje a José Andrés Fuenmayor,* Vol. I, Tribunal Supremo de Justicia, Colección Libros Homenaje, N° 8, Caracas, 2002, pp. 745 a 784.

494 *V.* nuestra propuesta en relación con este artículo en Allan R. Brewer–Carías, *Debate Constituyente (Aportes a la Asamblea Nacional Constituyente),* Tomo II, (9 Septiembre–17 Octubre 1999), Fundación de Derecho Público–Editorial Jurídica Venezolana, Caracas, 1999, pp. 24 y 34. *V.* además, Allan R. Brewer–Carías, *Instituciones Políticas y Constitucionales*, Tomo VI, *La Justicia Constitucional*, Caracas, 1996; *La Justicia Constitucional. Procesos y Procedimientos Constitucionales*, Ed. Porrúa, México, 2007.

495 *V.* nuestra propuesta en relación con este artículo en Allan R. Brewer–Carías, *Debate Constituyente (Aportes a la Asamblea Nacional Constituyente),* Tomo II, (9 Septiembre–17 Octubre 1999), Fundación de Derecho Público–Editorial Jurídica Venezolana, Caracas, 1999, pp. 24 y 34.

ejercido en el país, por todos los tribunales pertenecientes a todas las Jurisdicciones, es decir, por todos los órganos que ejercen el Poder Judicial.

En cambio, la expresión *"Jurisdicción Constitucional"* es una noción orgánica, que tiende a identificar a un órgano específico del Poder Judicial que tiene, en forma exclusiva, la potestad de anular *ciertos actos estatales* por razones de inconstitucionalidad, en particular, las leyes y demás actos con rango de ley o de ejecución directa e inmediata de la Constitución. En los países europeos, dicha Jurisdicción Constitucional corresponde a los Tribunales o Cortes Constitucionales (muchas, incluso, ubicadas fuera del Poder Judicial), al igual que en algunos países latinoamericanos. En cambio, en Venezuela, siempre ha correspondido al Supremo Tribunal de Justicia[496], ahora a través de su Sala Constitucional. La noción de justicia constitucional, por tanto, es distinta a la de Jurisdicción Constitucional,[497] por lo que no es posible ni correcto identificar la Jurisdicción Constitucional con "la potestad de juzgar en materia constitucional,"[498] que equivaldría a justicia constitucional.

1. Aspectos de la justicia constitucional

A. La competencia judicial

En efecto, siendo la Constitución norma suprema y el fundamento del ordenamiento jurídico (Art. 7); dicha supremacía no tendría efectividad si no fuera por la existencia de un sistema de justicia constitucional para garantizarla. De allí que el artículo 334 de la Constitución atribuya a todos los jueces, en el ámbito de sus competencias y conforme a lo previsto en la Constitución y la ley, la obligación "de asegurar la integridad de la Constitución"[499].

En consecuencia la justicia constitucional como competencia judicial para velar por la integridad y supremacía de la Constitución, corresponde a todos los jueces en cualquier causa o proceso que conozcan y, además, en particular, cuando conozcan de acciones de amparo o de las acciones contencioso–administrativa al tener la potestad para anular actos administrativos por contrariedad a la Constitución (como forma de contrariedad al derecho) (Art. 259);[500] y no sólo al Tribunal Supremo de Justicia. Este, sin embargo, en forma particular, tiene expresamente como competencia garantizar "la supremacía y

496 *V.* Allan R. Brewer–Carías, *La Justicia Constitucional*, Tomo VI, *Instituciones Políticas y Constitucionales*, Universidad Católica del Táchira–Editorial Jurídica Venezolana, Caracas, 1996; Allan R. Brewer–Carías, *Judicial Review in Comparative Law*, Cambridge, 1989.

497 *V.* sentencia de la Sala Político Administrativa del Tribunal Supremo en sentencia Nº 1213 de 30 de mayo de 2000 (Caso: *Carlos P. García P. vs. Ministerio de Justicia. Cuerpo Técnico de Policía Judicial)*, en *Revista de Derecho Público*, Nº 82, (abril–junio), Editorial Jurídica Venezolana, Caracas, 2000, p. 446; y la sentencia de la Sala Constitucional Nº 833 de 15 de mayo de 2001 (Caso: *Instituto Autónomo Policía Municipal de Chacao vs. Corte Primera de lo Contencioso Administrativo*), en *Revista de Derecho Público*, Nº 85–88, Editorial Jurídica Venezolana, Caracas, 2001, pp. 370.

498 Sentencia de Sala Constitucional Nº 129 de 17–03–2000 (Expediente 00–0005, Caso: *Vicente Bautista García Fermín).* en *Revista de Derecho Público*, Nº 81, Editorial Jurídica Venezolana, Caracas, 2000, pp. 232 ss.

499 *V.* nuestra propuesta en relación con este artículo en Allan R. Brewer–Carías, *Debate Constituyente (Aportes a la Asamblea Nacional Constituyente)*, Tomo II, *(9 septiembre–17 octubre 1999)*, Caracas, 1999, pp. 24 y 34.

500 *V.* Allan R. Brewer–Carías, *Instituciones Políticas y Constitucionales*, Tomo VII, *La Justicia Contencioso–Administrativa*, Caracas, 1997, pp. 26 ss.

efectividad de las normas y principios constitucionales," correspondiéndole ser "el máximo y último intérprete de la Constitución" y velar "por su uniforme interpretación y aplicación" (Art. 335); y, en particular, ejercer la jurisdicción constitucional (Arts. 266.1 y 336).

Por tanto, el sistema venezolano de control de la constitucionalidad de las leyes y otros actos estatales, de carácter mixto o integral,[501] puede decirse que es uno de los más amplios conocidos en el mundo actual si se lo compara con los que muestra el derecho comparado, pues mezcla el llamado control difuso de la constitucionalidad de las leyes con el control concentrado de la constitucionalidad de las mismas.[502]

B. El control difuso de la constitucionalidad de las leyes

Una de las formas específicas para el ejercicio de la justicia constitucional, es la posibilidad que tiene todo juez de la República de ser juez de la constitucionalidad de las leyes. Se trata del método denominado de control difuso de control de la constitucionalidad de leyes que existe en nuestro país desde el siglo XIX,[503] y que estuvo incluso regulado expresamente en el artículo 20 del Código de Procedimiento Civil, que establece que:

> *Artículo 20.* Cuando la ley vigente, cuya aplicación se pida, colidiere con alguna disposición constitucional, los jueces aplicarán ésta con preferencia.

Igualmente, también estaba en el artículo 19 del Código Orgánico Procesal Penal, con este texto:

> *Artículo 19.* Control de la Constitucionalidad. Corresponde a los jueces velar por la incolumidad de la Constitución de la República. Cuando la ley cuya aplicación se pida colidiere con ella, los tribunales deberán atenerse a la norma constitucional.

---

501 *V.* Allan R. Brewer–Carías, *Judicial review in comparative law,* Cambridge University Press, 1989. *V.* además, Allan R. Brewer–Carías, *El sistema mixto o integral de control de constitucionalidad en Colombia y Venezuela,* Bogotá, 1995; Manuel Gaona Cruz, "El control judicial ante el Derecho Comparado" en *Archivo de Derecho Público y Ciencias de la Administración* (El Derecho Público en Colombia y Venezuela), Vol. VII, 1986, Caracas, 1986.

502 *V.* en general, Allan R. Brewer–Carías, *El Sistema de Justicia Constitucional en la Constitución de 1999: Comentarios sobre su desarrollo jurisprudencial y su explicación a veces errada, en la Exposición de Motivos,* Editorial Jurídica Venezolana, Caracas, 2000; "La Justicia Constitucional en la Nueva Constitución" en *Revista de Derecho Constitucional,* N° 1, Septiembre–Diciembre 1999, Editorial Sherwood, Caracas, 1999, pp. 35–44; y "La justicia constitucional en la Constitución de 1999," en *Derecho Procesal Constitucional,* Colegio de Secretarios de la Suprema Corte de Justicia de la Nación, A.C., Editorial Porrúa, México 2001, pp. 931–961; publicado también en *Reflexiones sobre el Constitucionalismo en América,* Editorial Jurídica Venezolana, Caracas, 2001, pp. 255–285; Jesús M. Casal H., *Constitución y justicia constitucional: los fundamentos de la justicia constitucional en la nueva Carta Magna,* Universidad Católica Andrés Bello, Caracas, 2000; y "Hacia el fortalecimiento y racionalización de la justicia constitucional," en *Revista de Derecho Constitucional,* N° 2 (enero–junio), Editorial Sherwood, Caracas, 2000, pp. 215–242; José Vicente Haro G., "La justicia constitucional en Venezuela y la Constitución de 1999" en *Revista de Derecho Constitucional,* Editorial Sherwood, N° 1, Caracas, sep–dic. 1999, pp. 137–146; Antonio Canova González, "La futura justicia constitucional en Venezuela," en *Revista de Derecho Constitucional,* N° 2 (enero–junio), Editorial Sherwood, Caracas, 2000, pp. 93–181; María A. Bonnemaison, "El control constitucional de los Poderes Públicos," en *Bases y principios del sistema constitucional venezolano* (Ponencias del VII Congreso Venezolano de Derecho Constitucional realizado en San Cristóbal del 21 al 23 de Noviembre de 2001*),* Volumen II, pp. 233–260; Margarita Escudero León, *El Control judicial de constitucionalidad sobre las ramas legislativa y ejecutiva del poder público,* Universidad Central de Venezuela, Caracas, 2005.

503 *V.* Allan R. Brewer–Carías, *Judicial Review in Comparative Law,* Cambridge 1989, pp. 127 ss.; Allan R. Brewer–Carías, *Instituciones Políticas y Constitucionales,* Tomo VI: *La Justicia Constitucional, cit.*, pp. 86 ss.

Ahora bien, los efectos de consolidar constitucionalmente el método de control difuso de la constitucionalidad de las leyes,[504] como ha ocurrido en otros países como Colombia, por ejemplo, desde 1910 (Art. 4) y, en Guatemala, 1965 (Art. 204), Bolivia, 1994 (Art. 228), Honduras, 1982 (Art. 315) y Perú, 1993 (Art. 138); en la Constitución de 1999 se incorporó una disposición similar,[505] que terminó siendo ubicada en el artículo 334,[506] con el siguiente texto:

> "En caso de incompatibilidad entre esa Constitución y una ley u otra norma jurídica, se aplicarán las disposiciones constitucionales, correspondiendo a los tribunales en cualquier causa, aun de oficio, decidir lo conducente".

En esta forma, el método de control difuso de la constitucionalidad adquirió en nuestro país rango constitucional, el cual, incluso, puede ser ejercido *de oficio* por todos los tribunales,[507] teniendo la decisión del juez al declarar inaplicable una ley al caso concreto, siempre, carácter incidental y efectos *inter partes*, y en principio, *ex tunc, pro pretaerito,* considerándose para la decisión del caso como si la ley nunca hubiera existido o producido efectos respecto del mismo.

C. El control concentrado de la constitucionalidad de las leyes: la Jurisdicción Constitucional

Pero además de constitucionalizarse el control difuso de la constitucionalidad de las leyes, en la Constitución de 1999 se precisó el régimen del control concentrado de la constitucionalidad[508] de las leyes y demás actos estatales de ejecución directa e inmediata de la Constitución,[509] configurándose claramente al Tribunal Supremo de Justicia, como Jurisdicción constitucional, a los efectos de la anulación de las mismas y no solo de desaplicarlas en un proceso concreto; es decir, declarar su nulidad por inconstitucionalidad con efectos *erga omnes*, y como principio, *ex nunc, pro futuro;*[510] pudiendo ello

---

504 *V.* Allan R. Brewer–Carías, "El método difuso de control de constitucionalidad de las leyes en el derecho venezolano," en Víctor Bazán (coord.), *Derecho Procesal Constitucional Americano y Europeo*, Editorial Abeledo–Perrot, 2 Vols. Buenos Aires, Rep. Argentina, 2010, Tomo I, pp. 671–690; José Vicente Haro García, "El Control Difuso de la Constitucionalidad en Venezuela. El estado actual de la cuestión," Jesús María Casal, Alfredo Arismendi y Carlos Luis Carrillo Artiles (Coord.), *Tendencias Actuales del Derecho Constitucional. Homenaje a Jesús María Casal Montbrun,* Tomo II, Universidad Central de Venezuela/Universidad Católica Andrés Bello, Caracas, 2008, pp. 129–156; Jesús María Casal H., "El control difuso de la Constitucionalidad y sus perspectivas en el derecho venezolano," en Román Duque Corredor y Jesús María Casal (Coord.), *Estudios de Derecho Público,* Tomo II, Universidad Católica Andrés Bello, Caracas, 2004, pp. 303–336.

505 *V.* nuestras propuestas respecto del artículo 7 en Allan R. Brewer–Carías, *Debates Constituyentes,* Tomo II, *op. cit.*, pp. 24 y 34.

506 *V.* Allan R. Brewer–Carías, *Debate Constituyente (Aportes a la Asamblea Nacional Constituyente,* Tomo III, *(18 octubre–30 noviembre 1999)*, Caracas, 1999, pp. 94 a 105.

507 Esta ha sido una de las características del sistema venezolano. *V.* Allan R. Brewer–Carías, *Instituciones Políticas y Constitucionales,* Tomo VI: *La Justicia Constitucional, op. cit.*, p. 101.

508 *V.* Allan R. Brewer–Carías, "Principios del método concentrado de justicia constitucional," en José de Jesús Navaja Macías y Víctor Bazán (Coord.), *Derecho Procesal Constitucional*, Tomo I, Orlando Cárdenas Editor, Irapuato, GTO, México, 2007, pp. 251–272; *El control concentrado de la constitucionalidad de las leyes (Estudio de Derecho Comparado),* Caracas, 1994.

509 Sobre este concepto de actos de ejecución directa de la Constitución, véase sentencia de la Sala Constitucional N° 2748 de 20 de diciembre de 2001 (Caso: *Fiscal General de la República vs. Consejo Nacional Electoral*), en *Revista de Derecho Público*, N° 85–88, Editorial Jurídica Venezolana, Caracas, 2001, pp. 389–390.

510 *V.* sentencia de la Sala Constitucional N° 2588 de 11 de diciembre de 2001 (Caso: *Interpretación de artículos del Código Orgánico Procesal Penal*), en *Revista de Derecho Público*, N° 85–88, Editorial Jurídica Venezolana, Caracas, 2001, pp. 420 ss.

solicitarse por vía de acción popular, es decir, una acción en la cual "cualquier persona capaz procesalmente tiene interés procesal y jurídico para proponerla, sin necesidad de un hecho histórico concreto que lesione la esfera jurídica privada del accionante."[511]

Por ello, el mismo artículo 334 de la Constitución dispone:

> "Corresponde exclusivamente a la Sala Constitucional del Tribunal Supremo de Justicia como jurisdicción constitucional, declarar la nulidad de las leyes y demás actos de los órganos que ejercen el Poder Público dictados en ejecución directa e inmediata de la Constitución o que tengan rango de ley".

En esta forma quedó definitivamente establecida la diferencia entre la jurisdicción contencioso–administrativa y la Jurisdicción constitucional, por el objeto del control y no por los motivos de control[512], por lo que sólo compete a la Jurisdicción Constitucional conocer de la anulación, por inconstitucionalidad, por supuesto, de las leyes y demás actos dictados en ejecución directa e inmediata de la Constitución (como los actos de gobierno, o los interna corporis de la Asamblea) o que tengan rango de Ley (Decretos–Leyes); correspondiendo, en cambio, a la jurisdicción contencioso–administrativa conocer de la nulidad de los actos administrativos, incluidos los Reglamentos, por motivos de inconstitucionalidad y de ilegalidad (contrariedad del derecho).

2. Las competencias del Tribunal Supremo de Justicia en materia de justicia constitucional: la Jurisdicción Constitucional

Una de las novedades de la Constitución de 1999 ha sido la creación de la Sala Constitucional del Tribunal Supremo de Justicia (Art. 262),[513] a la cual se le ha atribuido la Jurisdicción Constitucional (Art. 266, ord. 1°) consistente en la potestad anulatoria de las leyes y demás actos de igual rango y jerarquía, y el ejercicio de otras competencias en materia de justicia constitucional;[514] competencias que antes, desde el siglo XIX, ejercía el Tribunal Supremo o Corte Suprema en pleno.

A. La potestad anulatoria por inconstitucionalidad

La Sala Constitucional del Tribunal Supremo, como Jurisdicción constitucional, tiene las siguientes atribuciones de control concentrado de la constitucionalidad de determinados actos estatales, con poderes anulatorios, y efectos *erga omnes*, previstas en el artículo 336:

---

511 *V.* sentencia de la Sala Constitucional N° 1077 de 22 de agosto de 2001 (Caso: *Servio Tulio León Briceño*), en *Revista de Derecho Público,* N° 83, (julio–septiembre), Editorial Jurídica Venezolana, Caracas, 2000, pp. 247 ss.

512 *V.* Allan R. Brewer–Carías, *La Justicia Contencioso–Administrativa, Instituciones Políticas y Constitucionales,* Tomo VII, *op. cit.*, pp. 26 a 33.

513 *V.* en general, Román J. Duque Corredor, "La Sala constitucional contemplada en la Constitución de 1999," en *Estudios de Derecho Público: Libro Homenaje a Humberto J. La Roche Rincón,* Volumen I. Tribunal Supremo de Justicia, Caracas, 2001, pp. 289–301; Rafael Badell Madrid, "Competencias de la Sala Constitucional," en *Nuevos estudios de derecho procesal, Libro Homenaje a José Andrés Fuenmayor,* Vol. I, Tribunal Supremo de Justicia, Colección Libros Homenaje, N° 8, Caracas, 2002 pp. 61 a 119; Rafael Badell Madrid, "Las competencias de la Sala Constitucional," en *Derecho y Sociedad. Revista de Estudiantes de Derecho de la Universidad Monteávila,* Universidad Monteávila, Facultad de Ciencias Jurídicas y Políticas, N° 3, Caracas, 2002, pp. 13–48.

514 *V.* Winfried Hassemer, Norbert Lösing y Jesús María Casal H, *La Jurisdicción Constitucional, Democracia y Estado de Derecho,* UCAB, Caracas, 2009.

1. Declarar la nulidad total o parcial de las *leyes nacionales* y demás actos con *rango de ley* de la Asamblea Nacional que colidan con esta Constitución.
2. Declarar la nulidad total o parcial de las *Constituciones* y *leyes estadales*, de las *ordenanzas municipales* y demás actos de los cuerpos deliberantes de los Estados y Municipios dictados en *ejecución directa e inmediata* de la Constitución y que colidan con ésta.
3. Declarar la nulidad total o parcial de los *actos con rango de ley* dictados por el Ejecutivo Nacional que colidan con esta Constitución.
4. Declarar la nulidad total o parcial de los *actos en ejecución directa e inmediata* de la Constitución, dictados por cualquier otro órgano estatal en ejercicio del Poder Público.

Conforme a estas normas y como lo ha resumido la Sala Constitucional, a los efectos de su competencia, se consideran "leyes:" "1) Las nacionales emanadas de la Asamblea Nacional (numeral 1); 2) Actos con rango de ley, emanados de la Asamblea Nacional (numeral 2); 3) Constituciones Estadales (numeral 2); 4) Leyes Estadales (numeral 2); 5) Ordenanzas Municipales (numeral 2); 6) Actos con rango de ley dictados por el Ejecutivo Nacional (numeral 3). De este último tipo de actos, los decretos leyes dictados por el Ejecutivo (artículo 336, numeral 10), producto de leyes habilitantes, son actos con rango de ley, y como leyes son de igual naturaleza que la normativa dictada por la Sala Plena de este Tribunal Supremo de Justicia en el ejercicio del artículo 267 constitucional."[515]

La acción para la solicitud de declaratoria de nulidad de las leyes y demás actos estatales de ejecución directa de la Constitución, es una acción popular, que puede intentarse por cualquier ciudadano conforme a una tradición que se remonta al año 1858.[516]

B. El control previo de la constitucionalidad de actos estatales

El Tribunal Supremo de Justicia en Sala Constitucional, además, tiene las siguientes competencias para controlar la constitucionalidad de actos estatales antes de su entrada en vigencia:

En *primer lugar,* la prevista en el artículo 336, ordinal 5° en relación con los *tratados internacionales* de:

> "5. Verificar, a solicitud del Presidente o Presidenta de la República o de la Asamblea Nacional, la conformidad de la Constitución con los tratados internacionales suscritos por la República antes de su ratificación".

En *segundo lugar*, la prevista en el artículo 203 de la Constitución conforme al cual, la Sala Constitucional debe pronunciarse sobre la constitucionalidad del carácter orgánico, antes de su promulgación, de las *leyes orgánicas* que así hayan sido calificadas por la Asamblea Nacional.

En *tercer lugar*, la prevista en el artículo 204 de la Constitución, en los casos del veto presidencial a las leyes, conforme al cual la Sala Constitucional debe pronunciarse sobre la inconstitucionalidad de una ley o de algunos de sus artículos, a solicitud del Pre-

---

515 *V.* la sentencia N° 833 de 25 de mayo de 2001 (Caso: *Instituto Autónomo Policía Municipal de Chacao vs. Corte Primera de lo Contencioso Administrativo*), en *Revista de Derecho Público*, N° 85–88, Editorial Jurídica Venezolana, Caracas, 2001, pp. 370.

516 *V.* Allan R. Brewer–Carías, *El sistema mixto o integral de control de constitucionalidad en Colombia y Venezuela,* Bogotá, 1995, pp. 10 ss.

sidente de la República, antes de la promulgación de la ley. Se reguló, así, un control de constitucionalidad de leyes sancionadas y no promulgadas, que se desvinculó del llamado "veto presidencial" a las leyes, que siempre implica su devolución a la Asamblea Nacional (Art. 214). En el caso regulado en el artículo 204, en cambio, la posibilidad de que el Presidente de la República someta al pronunciamiento del Tribunal Supremo de Justicia la inconstitucionalidad de una ley sancionada que se le haya enviado para su promulgación, no está ligada al veto presidencial ante la Asamblea, sino que en el lapso de diez (10) días que tiene para su promulgación, puede dirigirse directamente al Tribunal Supremo, sin devolverla a la Asamblea Nacional.

C. La revisión obligatoria de la constitucionalidad de los Decretos de Estado de Emergencia

De acuerdo con el artículo 339 de la Constitución, el Decreto que declare el Estado de Excepción debe ser presentado a la Sala Constitucional del Tribunal Supremo, para que se pronuncie sobre su inconstitucionalidad. Por ello, el artículo 336 le atribuye a la Sala, competencia expresa para dicha revisión, que puede ejercer aun de oficio.

Esta también es una novedad introducida por la Constitución de 1999, lo que además conlleva al único supuesto constitucional en el cual la Sala puede actuar de oficio. En ejercicio de este control, la Sala Constitucional puede pronunciarse no sólo sobre la constitucionalidad de los decretos que declaren el estado de excepción, sino sobre la constitucionalidad del contenido del decreto conforme a lo dispuesto en los artículos 337 y siguientes de la Constitución. En particular, la Sala debe verificar, al decretarse el estado de excepción y restringirse alguna garantía constitucional, si el decreto contiene, por ejemplo, efectivamente, la necesaria regulación "del ejercicio del derecho cuya garantía se restringe" (Art. 339).

D. El control de constitucionalidad de las leyes por omisión

Otra institución novedosa en materia de justicia constitucional que establece la Constitución de 1999, es el denominado control de la constitucionalidad de las leyes por omisión al atribuirle, el artículo 336, a la Sala Constitucional, competencia para:

> "7. Declarar la inconstitucionalidad de la omisión del poder legislativo municipal, estadal o nacional, cuando haya dejado de dictar las normas o medidas indispensables para garantizar el cumplimiento de la Constitución, o las haya dictado en forma incompleta, y establecer el plazo y, de ser necesario, los lineamientos de su corrección."

Esta disposición prevé una amplísima potestad de la Sala Constitucional, que supera el inicial antecedente portugués, donde la legitimación para requerir del Tribunal Constitucional el ejercicio de esta competencia la tenían el Presidente de la República, el Ombudsman o los Presidentes de las Regiones Autónomas;[517] en cambio, en el texto de la Constitución de 1999, no se establece condicionamiento alguno a la legitimación, por lo que tratándose de omisiones normativas, el mecanismo para impulsar su control podría recibir el mismo tratamiento de una acción popular.

517 *V.* Allan R. Brewer–Carías, *Judicial Review in Comparative Law, op. cit.*, p. 269.

Conforme a la norma, por ejemplo, la Sala Constitucional ejerció el control de constitucionalidad por omisión por parte de la Asamblea Nacional en dictar la Ley Orgánica de Régimen Municipal, conforme lo ordenaba la Constitución, pero con la peculiaridad de que ejerció dicho control de oficio, con motivo de decidir un recurso de interpretación de la Ley Orgánica de Régimen Municipal preconstitucional.[518]

En estos casos, evidentemente, la Sala Constitucional no puede sustituirse en el legislador y dictar la ley respectiva, obviando la función de la representación popular y el procedimiento constitucional de formación de las leyes. Sin embargo, la Sala Constitucional ha forzado su rol en la materia y si bien ha reconocido que por la complejidad de la materia la Jurisdicción Constitucional difícilmente podría suplir la omisión del Legislador en su totalidad, señalando que "es constitucionalmente imposible incluso para esta Sala, pese a su amplia competencia constitucional, transformarse en legislador y proporcionar a la colectividad las normas que exige," sin embargo ha considerado que si está facultada para proporcionar soluciones a aspectos concretos, incluso por medio de la adopción de reglas generales que ocupen temporalmente el lugar de las normas ausentes, pero no para corregir por completo la inactividad del legislador y dictar las normas que se requieran.[519]

En estos casos, la Sala Constitucional, ha conocido del recurso por omisión de sus funciones por parte de la Asamblea Nacional, por ejemplo, en efectuar los nombramientos de altos funcionarios públicos no electos popularmente que debe hacer conforme a la Constitución. Así ocurrió respecto del nombramiento de los miembros (rectores) del Consejo Nacional Electoral ante la omisión de la Asamblea, pero con la peculiaridad de que la Sala Constitucional no sólo declaró como inconstitucional la omisión legislativa, sino que se sustituyó en el ejercicio de tal atribución. En efecto, mediante sentencia N° 2073 de 4 de agosto de 2003 (Caso: *Hermánn E. Escarrá Malavé*; acción de inconstitucionalidad por omisión contra la Asamblea Nacional), la Sala le fijó un lapso a la Asamblea Nacional para hacer los nombramientos,[520] y luego de que la designación de los titulares del Consejo Nacional Electoral no se pudo realizar por la Asamblea Nacional, por no haber podido lograr los acuerdos políticos necesarios que aseguraran la mayoría calificada que exige la Constitución para hacer tales nombramientos, la Sala Constitucional mediante sentencia N° 2341 de 25 de agosto de 2003 (Caso: *Hermánn E. Escarrá Malavé*; acción de inconstitucionalidad por omisión contra la Asamblea Nacional), una vez verificado que hasta esa fecha la Asamblea Nacional no había designado a los rectores del Poder Electoral, y estando dentro del lapso que la Sala misma se fijó para hacer la designación, extralimitándose en sus funciones y limitando injustificada e ilegítimamente la propia autonomía del Consejo Nacional Electoral como órgano rector de dicho Poder Público, procedió a efectuar los nombramientos, sustituyéndose ilegítimamente en el ejercicio de tal atribución legislativa, y sin cumplir con las previsiones y exigencias constitucionales para hacer tales nombramientos.[521] Además, la Sala procedió a nombrar directamente a todos los funcionarios directivos del organismo, competencia que no correspondía ni siquiera a la Asamblea Nacional (sino al propio Consejo

518 *V.* sentencia N° 3118 de 6 de octubre de 2003, en *Revista de Derecho Público*, N° 93–96, Editorial Jurídica Venezolana, Caracas, 2003, pp. 528–529.

519 *V.* sentencia N° 1043 de 31–5–2004 (Caso: *Consejo Legislativo del Estado Zulia*), en *Revista de Derecho Público*, N° 97–98, Editorial Jurídica Venezolana, Caracas, 2004, p. 408.

520 *V.* en *Revista de Derecho Público*, N° 93–96, Editorial Jurídica Venezolana, Caracas, 2003, pp. 520 ss.

521 *V.* sentencia de 25 de agosto de 2003 (Caso: *Hermánn Escarrá y otros*), en *Revista de Derecho Público*, N° 93–96, Editorial Jurídica Venezolana, Caracas, 2003, pp. 525 ss.

Nacional Electoral que estaba nombrando) y respecto de cuyo ejercicio no se había producido omisión alguna que pudiera justificar tales nombramientos.[522]

Con esta decisión, sin duda, la Sala se sustituyó en el ejercicio de la competencia del órgano legislativo omiso, y asumió y ejerció su competencia; es decir, la Sala usurpó las funciones del órgano legislativo, ejerciéndolas al margen de la Constitución, pues constitucionalmente era imposible que lo sustituyera, ya que conforme a la Constitución, sólo la Asamblea Nacional y mediante una votación de mayoría calificada de los 2/3 de los diputados (Art. 296), con la participación de la sociedad civil (Comité de Postulaciones Electorales), puede designar dichos funcionarios. Por ello, la omisión de la Asamblea no podría ser "suplida" por ningún otro órgano del Estado y menos por la Sala Constitucional, pues ésta ni es un órgano de representación popular ni hay forma ni manera alguna cómo pueda reflejar la mayoría calificada requerida, de la representación popular.[523] En ese caso, sin duda, a través de una inconstitucional mutación de la Constitución, produciéndose una usurpación de funciones del órgano legislativo por la Sala Constitucional, en sentido similar si la Sala Constitucional, por ejemplo, se le ocurriera actuar como cuerpo legislador y sancionar una ley ante la omisión de la Asamblea Nacional en hacerlo.

E. El control de la constitucionalidad de las leyes mediante la declaración de colisión

Conforme a una tradicional competencia de la Corte Suprema de Justicia (Art. 215.5 de la Constitución de 1961), el artículo 336 de la Constitución de 1999 le atribuye al Tribunal Supremo competencia para "resolver las colisiones que existan entre diversas disposiciones legales y declarar cuál de éstas debe prevalecer" (ord. 8).

Este mecanismo de control, antes que un control de constitucionalidad, es un control respecto de la vigencia de la ley en casos de derogación tácita. Por ello, como lo ha puntualizado la Sala Constitucional, "no se puede pretender que a través de este mecanismo se resuelvan cuestiones de inconstitucionalidad"[524].

En efecto, en los casos en los cuales se dicte una ley que contraríe las disposiciones de otra ley, sin que contenga una derogación expresa, si la derogación tácita no es evidente pueden plantearse situaciones en las cuales las dos leyes pueden considerarse aplicables. En estos supuestos, el Tribunal Supremo debe resolver la colisión que pueda existir entre dos disposiciones legales que intentan regular el mismo supuesto en forma

522 *Idem. V.* Allan R. Brewer–Carías, *La Sala Constitucional Versus el Estado Democrático de Derecho. El secuestro del poder electoral y de la Sala Electoral del Tribunal Supremo y la confiscación del derecho a la participación política*, Los Libros de El Nacional, Colección Ares, Caracas, 2004; "El secuestro del Poder Electoral y la confiscación del derecho a la participación política mediante el referendo revocatorio presidencial: Venezuela 2000–2004," en *Boletín Mexicano de Derecho Comparado*, Instituto de Investigaciones Jurídicas, Universidad Nacional Autónoma de México, N° 112. México, enero–abril 2005 pp. 11–73

523 *V.* sentencia N° 2341 de 25–08–2003 (Caso: *Hermann Escarrá y otros*), en *Revista de Derecho Público*, N° 93–96, Editorial Jurídica Venezolana, Caracas, 2003), pp. 525 ss.; y los comentarios en Allan R. Brewer–Carías, *La Sala Constitucional vs. El Estado democrático de derecho, El secuestro del Poder Electoral y de la Sala Electoral del Tribunal Supremo y la confiscación del derecho a la participación política,* Ediciones Libros El Nacional, Caracas, 2004, pp. 43 ss.

524 *V.* sentencia N° 265 de 25–04–2000 en *Revista de Derecho Público*, N° 82, Editorial Jurídica Venezolana, Caracas, 2000, p. 146. *V.* en general, Jesús M. Casal H, "Las colisiones constitucionales y su resolución," en *Revista de Derecho,* N° 27, Tribunal Supremo de Justicia, Caracas, 2008, pp. 19–46

diferente por lo que las mismas se encontrarían en conflicto[525], y declarar cuál de ellas debe prevalecer, lo que implica considerar como derogada la que no prevalece.

F. La resolución de controversias constitucionales entre los órganos del Poder Público

El Tribunal Supremo, en Sala Constitucional, también tiene competencia, conforme al artículo 336, para "dirimir las controversias constitucionales que se susciten entre cualesquiera de los órganos del Poder Público" (ord. 9).

Esta competencia de orden constitucional tiene por objeto resolver los conflictos entre los órganos del Poder Público, tanto en su distribución vertical (República, Estados y Municipios), como en su división horizontal a nivel nacional (Poder Legislativo, Poder Ejecutivo, Poder Judicial, Poder Ciudadano, Poder Electoral) y a nivel estadal y municipal (Poder Legislativo y Poder Ejecutivo); entendiéndose por controversia, "aquella situación en la cual dos o mas personas, discuten larga y reiteradamente, contendiendo y alegando razones contra el parecer de otro sobre intereses contrapuestos"[526].

El objetivo de esta competencia de la Sala Constitucional, en definitiva, es "la protección de la estructura institucional del Estado y su régimen competencial, con el propósito de corregir las eventuales invasiones por parte de algún órgano del Poder Público en la esfera de competencias de otro."[527]

Es decir, se trata de resolución de controversias sobre atribuciones *constitucionales* entre los órganos del Poder Público; que son distintas a las controversias administrativas que se susciten entre la República, los Estados, Municipios u otro ente público, las que compete ser resueltas por la Sala Político–Administrativa del Tribunal Supremo (Art. 266.4), como jurisdicción contencioso–administrativa.[528]

G. La revisión de las sentencias dictadas por los tribunales de instancia en cuestiones de constitucionalidad

Por último, el artículo 336 de la Constitución atribuye a la Sala Constitucional, competencia para:

---

525 *V.* sentencia Nº 356 de 11–05–2000 en *Revista de Derecho Público*, Nº 82, (abril–junio), Editorial Jurídica Venezolana, Caracas, 2000, p. 147.

526 *V.* sentencia de la Sala Político Administrativa Nº 1819 de 08–08–2000 (Caso: *René Molina vs. Luis Miquilena*), en *Revista de Derecho Público*, Nº 83, (julio–septiembre), Editorial Jurídica Venezolana, Caracas, 2000, p. 267. *V.* en general, *V.* Gilberto Alejandro Guerrero–Rocca, "Controversias constitucionales y conflictos de autoridad: Una necesaria distinción," en *Revista de Derecho Constitucional,* Nº 7, enero–junio 2003, Editorial Sherwood, Caracas, 2003, pp. 137 a 159.

527 *V.* Sentencia Nº 1937 de 2003 de la Sala Constitucional (Caso: *Controversia constitucional entre el Alcalde del Municipio Píritu del Estado Falcón y el Concejo Municipal de dicha entidad político territorial*) en *Revista de Derecho Público*, Nº 93–96, Editorial Jurídica Venezolana, Caracas, 2003 p. 529.

528 Sobre la distinción entre controversias constitucionales y administrativas véase sentencia de la Sala Constitucional Nº 1819 de 08–08–2000 (Caso: *René Molina vs. Luis Miquilena*), en *Revista de Derecho Público*, Nº 83, Editorial Jurídica Venezolana, Caracas, 2000, p. 267.

"Revisar las sentencias definitivamente firmes de amparo constitucional y de control de constitucionalidad de leyes o normas jurídicas dictadas por los tribunales de la República, en los términos establecidos por la ley orgánica respectiva".

Por supuesto, esta competencia no se configura como la de una apelación ni como la de una segunda instancia general en la materia. Se trata de una competencia excepcional para que la Sala Constitucional pueda revisar, a su juicio y discreción, mediante un recurso extraordinario[529] que se puede ejercer contra sentencias de última instancia dictadas por los tribunales de la República (excluido, por supuesto, el Tribunal Supremo y sus Salas) en materia de amparo constitucional o en ejercicio de control difuso de la constitucionalidad de las leyes.

Esta potestad de revisión no es obligatoria, sino que se ejerce a juicio de la Sala, en forma discrecional. De lo que se trata fue de evitar que se pudiera abrir un recurso extraordinario, de obligatoria decisión por la Sala, contra todas las sentencias referidas, lo cual sería imposible de manejar, por la magnitud de casos.

En esta materia, en todo caso, en los últimos años se ha producido una ilegítima mutación de la Constitución efectuada por la Sala Constitucional del Tribunal Supremo sobre sus propias competencias, al haber ampliado el objeto de este recurso de revisión, más allá de las sentencias definitivamente firmes dictadas en juicios de amparo o dictadas por los jueces en ejercicio del poder de control difuso de la constitucionalidad de las leyes y normas. Así, mediante sentencia N° 93 de 6 de febrero de 2001 (Caso: *Olimpia Tours and Travel vs. Corporación de Turismo de Venezuela*), la Sala Constitucional agregó como objeto de revisión *otras sentencias dictadas por las Salas del Tribunal Supremo u otros tribunales*, distintas a las dictadas en materia de amparo o de control difuso de constitucionalidad, afirmando su potestad para revisar, además de estas, respecto de las siguientes:

3. Las sentencias definitivamente firmes que hayan sido dictadas por las demás Salas de este Tribunal o por los demás tribunales o juzgados del país apartándose u obviando expresa o tácitamente alguna interpretación de la Constitución contenida en alguna sentencia dictada por esta Sala con anterioridad al fallo impugnado, realizando un errado control de constitucionalidad al aplicar indebidamente la norma constitucional.
4. Las sentencias definitivamente firmes que hayan sido dictadas por las demás Salas de este Tribunal o por los demás tribunales o juzgados del país que de manera evidente hayan incurrido, según el criterio de la Sala, en un error grotesco en cuanto a la interpretación de la Constitución o que sencillamente hayan obviado por completo la interpretación de la norma constitucional. En estos casos hay también un errado control constitucional.[530]

La Sala Constitucional, por otra parte, en sentencia N° 727 de 8 de abril de 2003 continuó ampliando el universo de sentencias que podían ser objeto del recurso extraordinario de revisión, indicando que además de las sentencias de amparo constitucional y las sentencias de control difuso de constitucionalidad de leyes o normas jurídicas fun-

---

529 *V.* en general, José V. Haro G., "El mecanismo Extra. de revisión de sentencias definitivamente firmes de amparo y control difuso de la constitucionalidad previsto en el artículo 336, numeral 10 de la Constitución," en *Revista de Derecho Constitucional,* N° 3 (julio–diciembre), Editorial Sherwood, Caracas, 2000, pp. 231–266; Adán Febres Cordero, "La revisión constitucional," en *Nuevos estudios de derecho procesal, Libro Homenaje a José Andrés Fuenmayor,* Vol. I, Tribunal Supremo de Justicia, Colección Libros Homenaje, N° 8, Caracas, 2002 pp. 489 a 508; Carlos Escarrá Malave, "¿Existe en Venezuela un recurso de certiorari?," en Román Duque Corredor y Jesús María Casal (Coord.), *Estudios de Derecho Público,* Tomo II, Universidad Católica Andrés Bello, Caracas, 2004, pp. 337–372.

530 *V.* en *Revista de Derecho Público*, N° 85–88, Editorial Jurídica Venezolana, Caracas, 2001, pp. 414–415.

damentadas en un errado control de constitucionalidad, también pueden ser objeto del recurso de revisión:

> (iii) Las sentencias que de manera evidente hayan incurrido, según el criterio de la Sala, en un error grotesco en cuanto a la interpretación de la Constitución o que sencillamente hayan obviado por completo la interpretación de la norma constitucional y (iv) Las sentencias que hayan sido dictadas por las demás Salas de este Tribunal o por los demás juzgados del país apartándose u obviando, expresa o tácitamente, alguna interpretación de la Constitución que contenga alguna sentencia de esta Sala con anterioridad al fallo que sea impugnado.[531]

En esta forma, la Sala Constitucional violando la Constitución, amplió el ámbito de su potestad constitucional revisora referida sólo a las sentencias dictadas en juicios de amparo o con motivo de control difuso de la constitucionalidad, abarcando otras sentencias, incluso las dictadas por las otras Salas del Tribunal Supremo, lo que constituye una limitación no autorizada en la Constitución al debido proceso y al derecho a la cosa juzgada, con importantes repercusiones en el ámbito de la seguridad jurídica y del Estado de derecho.

Posteriormente, estos excesos de la Sala Constitucional fueron recogidos en la ley Orgánica del Tribunal Supremo de Justicia.

H. El recurso autónomo para la interpretación abstracta de la Constitución

Una de las mutaciones ilegítimas de la Constitución de mayor trascendencia efectuada por la Sala Constitucional del Tribunal Supremo respecto de sus propias competencias,[532] ha sido la creación de un recurso autónomo de interpretación de la Constitución que no estaba ni está establecido en la Constitución ni estaba previsto en Ley alguna, que a la vez ha servido de vehículo para las otras mutaciones ilegítimas de la Constitución efectuadas por la misma Sala Constitucional.

Es decir, muchas de las mutaciones constitucionales ilegítimamente efectuadas, y a las cuales se ha hecho referencia,[533] tienen su origen en interpretaciones inconstitucionales que ha hecho el Juez Constitucional, no al interpretar la Constitución con motivo de resolver una acción de inconstitucionalidad u otro medio de control de la constitucionalidad de los actos estatales, sino al decidir "acciones o recursos autónomos de interpretación abstracta de la Constitución," muchos de ellos interpuestos por el propio

531 *V.* caso: *Revisión de la sentencia dictada por la Sala Electoral en fecha 21 de noviembre de 2002*, en *Revista de Derecho Público*, N° 93–96, Editorial Jurídica Venezolana, Caracas, 2003, p. 500.

532 *V.* Allan R. Brewer–Carías, "La ilegítima mutación de la constitución por el juez constitucional: la inconstitucional ampliación y modificación de su propia competencia en materia de control de constitucionalidad," en *Libro Homenaje a Josefina Calcaño de Temeltas*. Fundación de Estudios de Derecho Administrativo (FUNEDA), Caracas, 2009, pp. 319–362.

533 *V.* Allan R. Brewer–Carías, "El juez constitucional al servicio del autoritarismo y la ilegítima mutación de la Constitución: el caso de la Sala Constitucional del Tribunal Supremo de Justicia de Venezuela (1999–2009)," en *IUSTEL, Revista General de Derecho Administrativo*, N° 21, junio 2009, Madrid, ISSN–1696–9650; "La ilegítima mutación de la Constitución por el juez constitucional y la demolición del Estado de derecho en Venezuela," en *Revista de Derecho Político*, N° 75–76, Homenaje a Manuel García Pelayo, Universidad Nacional de Educación a Distancia, Madrid, 2009, pp. 289–325; en "La fraudulenta mutación de la Constitución en Venezuela, o de cómo el juez constitucional usurpa el poder constituyente originario," en *Anuario de Derecho Público*, Centro de Estudios de Derecho Público de la Universidad Monteávila, Año 2, Caracas, 2009, pp. 23–65; y "El juez constitucional al servicio del autoritarismo y la ilegítima mutación de la Constitución: el caso de la Sala Constitucional del Tribunal Supremo de Justicia de Venezuela (1999–2009)," en *Revista de Administración Pública*, N° 180, Madrid, 2009, pp. 383–418.

Estado (Procurador General de la República), que la propia Sala Constitucional creó, a la vez, mutando ilegítimamente la Constitución.

En efecto, con anterioridad a la entrada en vigencia de la Constitución de 1999, el artículo 42.24 de la derogada Ley Orgánica de la Corte Suprema de Justicia había atribuido competencia a la Sala Político Administrativa de la antigua Corte Suprema para interpretar los "textos legales, en los casos previstos en la Ley." En esa misma tradición, la Constitución de 1999 estableció en forma expresa, la competencia del Tribunal Supremo de Justicia, para "conocer de los recursos de interpretación sobre el contenido y alcance de los textos legales," pero "en los términos contemplados en la ley" (artículo 266,6), atribución que debe ser ejercida "por las diversas Salas conforme a lo previsto en esta Constitución y en la ley" (único aparte, artículo 266). Por ello, el artículo 5, párrafo 1°, de la Ley Orgánica de 2004, atribuye a todas las Salas del Tribunal Supremo, competencia para:

> 52. Conocer del recurso de interpretación y resolver las consultas que se le formulen acerca del alcance e inteligencia de los textos legales, en los casos previstos en la ley, siempre que dicho conocimiento no signifique una sustitución del mecanismo, medio o recurso previsto en la ley para dirimir la situación si la hubiere.

Ahora bien, a pesar de que el ordenamiento constitucional y legal venezolano sólo regulaba y regula el recurso de interpretación respecto de textos legales, la Sala Constitucional creó jurisprudencialmente su propia competencia para conocer de recursos autónomos de interpretación abstracta e la Constitución, mediante una inconstitucional interpretación que le dio artículo 335 de la Constitución, que atribuye a todas las salas del Tribunal Supremo y no sólo a la Sala Constitucional, el carácter de "máximo y último intérprete de la Constitución"

En efecto, la Sala Constitucional en sentencia N° 1077 de 22 de septiembre de 2000, consideró que los ciudadano no requieren "de leyes que contemplen, en particular, el recurso de interpretación constitucional, para interponerlo,"[534] procediendo a "crear" un recurso autónomo de interpretación abstracta de las normas constitucionales no previsto constitucional ni legalmente, basándose para ello en el artículo 26 de la Constitución que consagra el derecho de acceso a la justicia, del cual dedujo que si bien dicha acción no estaba prevista en el ordenamiento jurídico, tampoco estaba prohibida, agregando que, por lo tanto:

> No es necesario que existan normas que contemplen expresamente la posibilidad de incoar una acción con la pretensión que por medio de ella se ventila, bastando para ello que exista una situación semejante a las prevenidas en la ley, para la obtención de sentencias declarativas de mera

534 *V.* Sentencia N° 1077 de la Sala Constitucional de 22–09–00, caso: *Servio Tulio León Briceño,* en *Revista de Derecho Público,* N° 83, Caracas, 2000, pp. 247 ss. Este criterio fue luego ratificado en sentencias de fecha 09–11–00 (N° 1347), 21–11–00 (N° 1387), y 05–04–01 (N° 457), entre otras. *V.* en general, Ninoska Rodríguez Laverde, "La interpretación de la Constitución: Fundamentos y límites al Recurso de Interpretación de la Constitución o Acción Extraordinaria de Inconstitucionalidad," Jesús María Casal, Alfredo Arismendi y Carlos Luis Carrillo Artiles (Coord.), *Tendencias Actuales del Derecho Constitucional. Homenaje a Jesús María Casal Montbrun,* Tomo II, Universidad Central de Venezuela / Universidad Católica Andrés Bello, Caracas, 2008, pp. 285–320; Desirée Ríos, "La acción de interpretación constitucional: referencia a la jurisprudencia de la Sala Constitucional del Tribunal Supremo de Justicia," en *Revista de Derecho,* N° 13, Tribunal Supremo de Justicia, Caracas, 2004, pp. 83–180; Luis A. Herrera Orellana, "El recurso de interpretación de la Constitución: reflexiones críticas desde la argumentación jurídica y la teoría del discurso," en *Revista de Derecho Público,* N° 113, Editorial Jurídica Venezolana, Caracas, 2008, pp. 7–29.

certeza, de condena, o constitutivas. Este es el resultado de la expansión natural de la juridicidad.[535]

En esta forma, la acción de interpretación de la Constitución, en criterio de la Sala Constitucional, es una acción de igual naturaleza que la de interpretación de la ley,[536] es decir, tiene por objeto obtener una sentencia declarativa de mera certeza sobre el alcance y contenido de las normas constitucionales, que no anula el acto en cuestión, pero que busca en efecto semejante, ya que en estos casos, coincide el interés particular con el interés constitucional; agregando que:

La finalidad de tal acción de interpretación constitucional sería una declaración de certeza sobre los alcances y el contenido de una norma constitucional, y formaría un sector de la participación ciudadana, que podría hacerse incluso como paso previo a la acción de inconstitucionalidad, ya que la interpretación constitucional podría despejar dudas y ambigüedades sobre la supuesta colisión. Se trata de una tutela preventiva.[537]

En cuanto a la legitimidad necesaria para interponer la demanda, la Sala Constitucional ha señalado que el recurrente debe tener un interés particular en el sentido de que:

> Como persona pública o privada debe invocar un interés jurídico actual, legítimo, fundado en una situación jurídica concreta y específica en que se encuentra, y que requiere necesariamente de la interpretación de normas constitucionales aplicables a la situación, a fin de que cese la incertidumbre que impide el desarrollo y efectos de dicha situación jurídica.[538]

La Sala precisó además que se "está ante una acción con legitimación restringida, aunque los efectos del fallo sean generales"; por lo que señaló que "puede declarar inadmisible un recurso de interpretación que no persiga los fines antes mencionados, o que se refiere al supuesto de colisión de leyes con la Constitución, ya que ello origina otra clase de recurso."[539]

En la antes mencionada sentencia N° 1077 de 22–09–01, la Sala Constitucional reiteró su criterio sobre la legitimación activa para intentar el recurso de interpretación, señalando que el recurrente debe tener un "interés jurídico personal y directo," de manera que en la demanda se exprese con precisión, como condición de admisibilidad, "en qué consiste la oscuridad, ambigüedad o contradicción entre las normas del texto constitucional, o en una de ellas en particular; o sobre la naturaleza y alcance de los principios aplicables; o sobre las situaciones contradictorias o ambiguas surgidas entre la Constitución y las normas del régimen transitorio o del régimen constituyente."[540]

En este caso de esta acción de interpretación constitucional, puede decirse que se está en presencia de un proceso constitucional, que requeriría de un accionante, como consecuencia de lo debería abrirse el proceso a un contradictorio; pues así como puede haber personas con interés jurídico en determinada interpretación de la Constitución, igualmente puede haber otras personas con interés jurídico en otra interpretación. En tal sentido, la Sala debería emplazar y citar a los interesados para garantizarles el que puedan hacerse parte en el proceso, y alegar a favor de una u otra interpretación del texto constitucional. Sin embargo, sobre esto, después de haber creado el recurso, la Sala

---

535 Sentencia N° 1077 de la Sala Constitucional de 22–09–00, caso: *Servio Tulio León Briceño. V.* en *Revista de Derecho Público,* N° 83, Caracas, 2000, pp. 247 ss.

536 *Idem*

537 *Ibídem*

538 *Ibídem*

539 *Ibídem*

540 Caso: *Servicio Tulio León Briceño*, en *Revista de Derecho Público*, N° 83, Caracas, 2000, pp. 247 ss.

Constitucional, en sentencia N° 2651 de 2 de octubre de 2003 (Caso: *Ricardo Delgado; Interpretación artículo 174 de la Constitución),* le negó el carácter de proceso constitucional señalando que en virtud de que "el recurso de interpretación debe tener como pretensión la exclusiva determinación del alcance de normas –en este caso constitucionales–," entonces "no hay *litis*, enfrentamiento entre unas partes, respecto de las cuales haya que procurar su defensa."[541]

Por último, debe indicarse que en sentencia N° 1347, de 9 de noviembre de 2000, la Sala Constitucional delimitó el carácter vinculante de las interpretaciones establecidas con motivo de decidir los recursos de interpretación, señalando que:

> Las interpretaciones de esta Sala Constitucional, en general, o las dictadas en vía de recurso interpretativo, se entenderán vinculantes respecto al núcleo del caso estudiado, todo ello en un sentido de límite mínimo, y no de frontera intraspasable por una jurisprudencia de valores oriunda de la propia Sala, de las demás Salas o del universo de los tribunales de instancia. [542]

Como puede observarse de lo anterior, estamos en presencia de una mutación constitucional mediante la ampliación de competencias constitucionales propias que se ha arrogado la Sala Constitucional, a través de una inconstitucional interpretación de la Constitución, que no establece la posibilidad de este recurso autónomo y abstracto de interpretación de las normas constitucionales,[543] el cual, por lo demás no encuentra ningún antecedente en el derecho comparado sobre los sistemas de justicia constitucional.

3. El Tribunal Supremo como supremo intérprete de la Constitución

De acuerdo con el artículo 335 de la Constitución el Tribunal Supremo de Justicia debe garantizar la supremacía y efectividad de las normas y principios constitucionales; y es el máximo y último intérprete de la Constitución, por lo que debe velar por su uniforme interpretación y aplicación.

En todo caso, el valor de las interpretaciones constitucionales que, en particular, establezca la Sala Constitucional sobre el contenido o alcance de las normas y principios constitucionales "son vinculantes para las otras Salas del Tribunal Supremo de Justicia y demás tribunales de la República."[544]

Se le da, así, a las interpretaciones constitucionales de la Sala, valor de precedente, de obligatoria aplicación por los demás tribunales y, además, por las otras Salas del Tribunal Supremo.

Ello, no excluye, sin embargo, la competencia de las otras Salas para tomar decisiones en materia constitucional e interpretar la Constitución, al aplicarla en los casos concretos que conozcan. Todas las Salas deben considerarse que son en sí mismas el Tribunal Supremo.

---

541 *V.* en *Revista de Derecho Público* N° 93–96, Editorial Jurídica Venezolana, Caracas, 2003, pp. 533–535

542 *V.* en *Revista de Derecho Público* N° 84, Editorial Jurídica Venezolana, Caracas 2000, p. 270.

543 *V.* Allan R. Brewer–Carías, "Le recours d'interprétation abstrait de la Constitution au Vénézuéla," en *Le renouveau du droit constitutionnel, Mélanges en l'honneur de Louis Favoreu*, Dalloz, Paris, 2007, pp. 61–70

544 *V.* en general, Rubén J. Laguna Navas, *La Sala Constitucional del Tribunal Supremo de Justicia: su rol como máxima y última intérprete de la Constitución*, Universidad Central de Venezuela, Caracas, 2005; Nancy Carolina Granadillo Colmenares, *Sentencias Vinculantes de la Sala Constitucional del tribunal Supremo de Justicia 2000–2007,* Paredes Libros, Caracas, 2008.

II. EL RÉGIMEN DE LOS ESTADOS DE EXCEPCIÓN

El Capítulo II del Título relativo a la "Protección de la Constitución," está destinado a regular las circunstancias excepcionales que pueden originar situaciones de excepción que afecten gravemente la seguridad de la Nación, de las instituciones y de las personas, y que ameritan la adopción de medidas político constitucionales para afrontarlas. Conforme al artículo 338 de la Constitución una ley orgánica debe regular los estados de excepción y determinar las medidas que pueden adoptarse con base en los mismos; por lo que la Asamblea Nacional sancionó la Ley Orgánica sobre Estados de Excepción de 15 de agosto de 2001[545] la cual no sólo los regula en sus diferentes formas, sino que además, regula "el ejercicio de los derechos que sean restringidos con la finalidad de restablecer la normalidad en el menor tiempo posible" (Art. 1).

1. Los estados de excepción

El artículo 337 de la Constitución califica expresamente como estados de excepción,

> "[...] las circunstancias de orden social, económico, político, natural o ecológico, que afecten gravemente la seguridad de la Nación, de las instituciones y de los ciudadanos y ciudadanas, a cuyo respecto resultan insuficientes las facultades de las cuales se disponen para hacer frente a tales hechos".

Se trata, por tanto, de circunstancias excepcionales que sobrepasan las posibilidades de su atención mediante los mecanismos institucionales previstos para situaciones normales. El artículo 338 remite a la Ley Orgánica para regular los estados de excepción y determinar las medidas que pueden adoptarse con base en los mismos, la cual como se dijo, fue sancionada en 2001.

El artículo 338 de la Constitución, además, precisa los diversos tipos específicos de estados de excepción, en la siguiente forma:

> Puede decretarse el estado de alarma cuando se produzcan catástrofes, calamidades públicas u otros acontecimientos similares que pongan seriamente en peligro la seguridad de la Nación o de sus ciudadanos. Dicho estado de excepción debe tener una duración de hasta treinta días, siendo prorrogable por treinta días más.
>
> El estado de emergencia económica puede decretarse cuando se susciten circunstancias económicas extraordinarias que afecten gravemente la vida económica de la Nación. Su duración debe ser de sesenta días prorrogables por un plazo igual.
>
> También puede decretarse el estado de conmoción interior o exterior en caso de conflicto interno o externo, que ponga seriamente en peligro la seguridad de la Nación, de sus ciudadanos o de sus instituciones. En este caso, la duración puede ser de hasta por noventa días, siendo prorrogable hasta por noventa días más.

---

545 *V.* en *G.O.* N° 37.261 de 15–08–2001. *V.* en general sobre los estados de excepción en la Constitución, Jesús M. Casal H., "Los estados de excepción en la Constitución de 1999," en *Revista de Derecho Constitucional,* N° 1 (septiembre–diciembre), Editorial Sherwood, Caracas, 1999, pp. 45–54; Salvador Leal W., "Los estados de excepción en la Constitución," en *Revista del Tribunal Supremo de Justicia*, N° 8, Caracas, 2003, pp. 335–359; María de los Ángeles Delfino, "El desarrollo de los Estados de Excepción en las Constituciones de América Latina," en *Constitución y Constitucionalismo Hoy.* Editorial Ex Libris, Caracas, 2000, pp. 507–532; Salvador Leal Wilhelm, "Los estados de excepción en la Constitución," en *Revista de Derecho,* N° 8, Tribunal Supremo de Justicia, Caracas, 2003, pp. 335–356.

2. El Decreto de estado de excepción

En las circunstancias excepcionales antes mencionadas, corresponde al Presidente de la República, en Consejo de Ministros, decretar los estados de excepción. (Art. 337).

De acuerdo con el artículo 339, el Decreto que declare el estado de excepción, debe ser presentado, dentro de los ocho días siguientes de haberse dictado, a la Asamblea Nacional, o a la Comisión Delegada, para su consideración y aprobación, y a la Sala Constitucional del Tribunal Supremo de Justicia, para que se pronuncie sobre su constitucionalidad.

El Decreto debe cumplir con las exigencias, principios y garantías establecidos en el Pacto Internacional de Derechos Civiles y Políticos y en la Convención Americana sobre Derechos Humanos (Art. 339). Conforme al artículo 4 del Pacto Internacional de Derechos Civiles y Políticos, el estado de excepción debe ser "proclamado oficialmente". Con base en ello sólo se pueden "adoptar disposiciones" que, en la medida estrictamente limitada a las exigencias de la situación, suspendan las obligaciones contraídas (por los Estados) en virtud de este Pacto. Las medidas, además, no pueden "ser incompatibles con las demás obligaciones que les impone el derecho internacional y no entrañen discriminación alguna fundada únicamente en motivos de raza, color, sexo, idioma, religión u origen social". En igual sentido se dispone en el artículo 27 de la Convención Americana sobre Derechos Humanos.

Por otra parte, el Pacto exige que todo Estado "que haga uso del derecho de suspensión" debe informar inmediatamente a todos los demás Estados Partes en el Pacto, por conducto del Secretario General de las Naciones Unidas, "de las disposiciones cuya aplicación haya suspendido y de los motivos que hayan suscitado la suspensión". Igualmente, deben comunicar la fecha "en que haya dado por terminada tal suspensión" (Art. 4,3). La Convención Americana establece una disposición similar de información a los Estados Partes en la Convención, por conducto del Secretario General de la Organización de Estados Americanos (Art. 27,3).

El Presidente de la República puede solicitar a la Asamblea Nacional la prórroga del Decreto por un plazo igual, y puede ser revocado por el Ejecutivo Nacional o por la Asamblea Nacional o por su Comisión Delegada, antes del término señalado, al cesar las causas que lo motivaron. En todo caso, la aprobación de la prórroga de los estados de excepción corresponde a la Asamblea Nacional (Art. 338).

3. La restricción de las garantías constitucionales

En los casos en los cuales se decreten estados de excepción, el Presidente de la República en Consejo de Ministros también puede restringir temporalmente las garantías consagradas en la Constitución, salvo las referidas a los derechos a la vida, prohibición de incomunicación o tortura, el derecho al debido proceso, el derecho a la información y los demás derechos humanos intangibles (Art. 377).

A esta lista de garantías constitucionales que no pueden restringirse en forma alguna, y que están reguladas en los artículos 43, 43, ord. 2 y 46, ord. 1, 49 y 58; se deben considerar como "los demás derechos humanos intangibles" cuyas garantías tampoco pueden restringirse, a los indicados en el Pacto Internacional de Derechos Civiles y Políticos (Art. 4), y en la Convención Americana de Derechos Humanos (Art. 27), y que son:

la garantía de la igualdad y no discriminación; la garantía de no ser condenado a prisión por obligaciones contractuales; la garantía de la irretroactividad de la ley; el derecho a la personalidad; la libertad religiosa; la garantía de no ser sometido a esclavitud o servidumbre; la garantía de la integridad personal; el principio de legalidad; la protección de la familia; los derechos del niño; la garantía de la no privación arbitraria de la nacionalidad y el ejercicio de los derechos políticos al sufragio y el acceso a las funciones públicas.

En esta forma, en *primer lugar,* se eliminó de la Constitución la posibilidad de que se pudiesen "suspender" las garantías constitucionales, como lo autorizaba el artículo 241, en concordancia con el artículo 190, ordinal 6 de la Constitución de 1961, y que dio origen a tantos abusos institucionales, quedando la potestad de excepción, a la sola posibilidad de "restringir" (Art. 236, ord. 7) las garantías constitucionales.[546]

En *segundo lugar*, se exige expresamente que el Decreto que declare el estado de excepción y restrinja las garantías, obligatoriamente debe "regular el ejercicio del derecho cuya garantía se restringe" (Art. 339). Es decir, no basta "restringir" una garantía constitucional pura y simplemente, sino que es indispensable que en el mismo Decreto se regule (normativamente) en concreto el ejercicio del derecho. Por ejemplo, si se restringe la libertad de tránsito, en el mismo Decreto de restricción debe especificarse en qué consiste la restricción, como podría ser la prohibición de circular a determinadas horas (toque de queda), por ejemplo, o en determinados vehículos[547].

4. La garantía del normal funcionamiento de los Poderes Públicos

La declaratoria del estado de excepción en ningún caso interrumpe el funcionamiento de los órganos del Poder Público (Art. 339).

Además, la declaración de los estados de excepción no modifica el principio de la responsabilidad del Presidente de la República, ni la del Vicepresidente Ejecutivo, ni la de los Ministros de conformidad con la Constitución y la ley (Art. 232).

5. El control de los decretos de estados de excepción

De acuerdo con el artículo 339, el decreto que declare el estado de excepción debe ser presentado, dentro de los 8 días siguientes de haberse dictado, a la Asamblea Nacional o a la Comisión Delegada, para su consideración y aprobación, y a la Sala Constitucional del Tribunal Supremo de Justicia, para que se pronuncie sobre su constitucionalidad (Art. 336,6).

Este doble régimen general de control parlamentario y judicial, lo desarrolla la Ley Orgánica, estableciendo normas particulares en relación con el control por parte de la Asamblea Nacional, por parte de la Sala Constitucional del Tribunal Supremo y por parte de los jueces de amparo.

---

546 *V.* Allan R. Brewer–Carías, "Consideraciones sobre la suspensión o restricción de las garantías constitucionales," en *Revista de Derecho Público,* N° 37, Editorial Jurídica Venezolana, Caracas, 1989, pp. 5 ss.

547 *V.* las críticas a la suspensión no regulada de garantías constitucionales en Allan R. Brewer–Carías, "Prólogo" al libro de Daniel Zovatto G., *Los Estados de Excepción y los derechos humanos en América Latina,* Caracas, San José, pp. 24 ss.

III. LA RIGIDEZ CONSTITUCIONAL Y EL RÉGIMEN DE LA REVISIÓN DE LA CONSTITUCIÓN

La Constitución, como ley suprema, es por supuesto inmutable mediante los mecanismos ordinarios de formación de las leyes, gozando por tanto sus normas de rigidez constitucional, lo que implica que la misma sólo puede ser modificadas o reformadas por los medios que se indican expresamente en el texto, por lo que se insiste, este no pierde su vigencia "si dejare de observarse por acto de fuerza o porque fuere derogada por cualquier otro medio distinto al previsto en ella" (Art. 333), es decir, por los establecidos en el Título IX sobre Reforma Constitucional (Arts. 340 a 349).[548]

Esta rigidez de la Constitución se concretiza en la previsión de procedimientos y vías institucionales específicas para la revisión de la Constitución, la cual en ningún caso puede hacerse por la Asamblea Nacional mediante el solo procedimiento de formación de las leyes, ni mediante el ejercicio de un recurso de nulidad de normas constitucionales.[549] En general, se exige para la revisión constitucional la participación del pueblo como poder constituyente originario.

En la Constitución de 1999 se establecieron tres mecanismos institucionales para la revisión constitucional que se distinguen según la intensidad de las transformaciones que se proponen, y que son las Enmiendas constitucionales, las Reformas Constitucionales y la Asamblea Nacional Constituyente.[550] Cada procedimiento tiene su sentido y ámbito de aplicación según la importancia de las modificaciones a la Constitución, de manera que para la aprobación de las "enmiendas" se estableció la sola participación del pueblo como poder constituyente originario manifestado mediante referendo aprobatorio; para la aprobación de la "reforma constitucional" se estableció la participación de uno de los poderes constituidos, –la Asamblea Nacional– y, además, del pueblo como poder constituyente originario manifestado mediante referendo; y para la revisión constitucional mediante una "Asamblea Nacional Constituyente," se estableció la participación del pueblo como poder constituyente originario, de dos maneras, primero, para pronunciarse sobre la convocatoria de la Asamblea Constituyente (Art. 347) una vez ejercida la iniciativa conforme a la Constitución (Art. 348); y segundo para la elección de los miembros de la Asamblea Constituyente.[551]

---

548 *V.* en general, Allan R. Brewer– Carías, "Los procedimientos de revisión constitucional en Venezuela" en Eduardo Rozo Acuña (Coord.), *I Procedimenti di revisione costituzionale nel Diritto Comparato,* Atti del Convegno Internazionale organizzato dalla Facoltà di Giurisprudenza di Urbino, 23–24 aprile 1997, a cargo del Prof., Università Degli Studi di Urbino, pubblicazioni della Facoltà di Giurisprudenza e della Facoltá di Scienze Politiche, Urbino, Italia, 1999, pp. 137–181; y Allan R. Brewer–Carías, *Asamblea Constituyente y ordenamiento constitucional,* Biblioteca de la Academia de Ciencias Políticas y Sociales, Serie Estudios Nº 53, Editorial Arte, Caracas, 1999, pp. 87–116.

549 *V.* sentencia Nº 1140 de la Sala Constitucional de 05–19–2000, *Revista de Derecho Público,* Nº 84, Editorial Jurídica Venezolana, Caracas, 2000, pp. 101–102.

550 *V.* Claudia Nikken, "Breves consideraciones sobre el ejercicio del poder de revisión en Venezuela: a partir de la vigente constitución" *Revista de Derecho Público,* Nº 109, Editorial Jurídica Venezolana, Caracas 2007, pp. 27–34; Lolymar Hernández Camargo, "El Poder Constituyente como principio legitimador de la Constitución," en *El Derecho Público a comienzos del siglo XXI. Estudios homenaje al Profesor Allan R. Brewer–Carías,* Tomo I, Instituto de Derecho Público, UCV, Civitas Ediciones, Madrid, 2003, pp. 113–130; José Vicente Haro, "Sobre los límites materiales de la enmienda y la reforma constitucional," Román Duque Corredor y Jesús María Casal (Coord.), *Estudios de Derecho Público,* Tomo II, Universidad Católica Andrés Bello, Caracas, 2004, pp. 373–420.

551 *V.* Allan R. Brewer–Carías, "La intervención del pueblo en la revisión constitucional en América latina," en *El derecho público a los 100 números de la Revista de Derecho Público 1980–2005*, Editorial Jurídica Venezolana, Caracas, 2006, pp. 41–52.

Sobre estos tres mecanismos para la revisión constitucional, la propia Sala Constitucional del Tribunal Supremo de Justicia ha señalado que:

> "Cada uno de estos mecanismos de reforma tiene sus peculiaridades, los cuales con una somera lectura del texto constitucional se puede apreciar que, por ejemplo, el procedimiento de enmienda, va a tener por objeto la adición o modificación de uno o varios artículos de la Constitución, tal como lo señala el artículo 340 de la Carta Magna. Por su parte, la reforma constitucional, se orienta hacia la revisión parcial de la Constitución, así como la sustitución de una o varias de sus normas (artículo 342). Ambos mecanismos, están limitados por la no modificación de la estructura fundamental del texto constitucional, y por un referéndum al cual debe estar sometido para su definitiva aprobación, Ahora bien, en el caso de que se quiera transformar el Estado, crear un nuevo ordenamiento jurídico y redactar una nueva Constitución, el texto constitucional vigente consagra la posibilidad de convocatoria a una Asamblea Nacional Constituyente (Artículo 347 *eiusdem*). Igualmente, las iniciativa para proceder a la enmienda, reforma o convocatoria de la Asamblea Constituyente, están consagradas en el texto constitucional de manera expresa."[552]

De lo anterior resulta que no puede utilizarse uno de los procedimientos de revisión constitucional para fines distintos a los regulados en la propia Constitución, pues de lo contrario, se incurriría en un fraude constitucional,[553] tal como ocurrió con la reforma constitucional sancionada por la Asamblea Nacional el 2 de noviembre de 2007, que fue rechazada por voto popular en el referendo del 2 de diciembre de 2007. A ello nos referimos más adelante.

1. Las Enmiendas Constitucionales

El procedimiento de la Enmienda para la reforma constitucional, tiene por objeto la adición o modificación de uno o varios artículos de la Constitución, sin alterar su estructura fundamental (Art. 340).

De acuerdo con el artículo 341, ordinal 1, la iniciativa para la Enmienda puede partir del quince por ciento de los ciudadanos inscritos en el registro civil y electoral; o de un treinta por ciento de los integrantes de la Asamblea Nacional o del Presidente de la República en Consejo de Ministros. Cuando la iniciativa parta de la Asamblea Nacional, la enmienda requiere la aprobación de ésta por la mayoría de sus integrantes y se debe discutir, según el procedimiento establecido en esta Constitución para la formación de leyes (Art. 341,2).

De esta norma se deduce, por tanto, que la discusión legislativa de las Enmiendas sólo se produce cuando la iniciativa parta de la Asamblea Nacional. Por tanto, si la Enmien-

552 *V.* sentencia Nº 1140 de la Sala Constitucional de 05–19–2000, en *Revista de Derecho Público,* Nº 84, Editorial Jurídica Venezolana, Caracas, 2000, pp. 101–102.

553 La Sala Constitucional del Tribunal Supremo de Justicia en la sentencia N° 74 de 25–01–2006 señaló que un *fraude a la Constitución* ocurre cuando se destruyen las teorías democráticas "mediante el procedimiento de cambio en las instituciones existentes aparentando respetar las formas y procedimientos constitucionales," o cuando se utiliza "del procedimiento de reforma constitucional para proceder a la creación de un nuevo régimen político, de un nuevo ordenamiento constitucional, sin alterar el sistema de legalidad establecido, como ocurrió con el *uso fraudulento de los poderes* conferidos por la ley marcial en la Alemania de la Constitución de *Weimar*, forzando al Parlamento a conceder a los líderes fascistas, en términos de dudosa legitimidad, la plenitud del poder constituyente, otorgando un poder legislativo ilimitado"; y que un *falseamiento de la Constitución* ocurre cuando se otorga "a las normas constitucionales una interpretación y un sentido distinto del que realmente tienen, que es en realidad una modificación no formal de la Constitución misma," concluyendo con la afirmación de que "*Una reforma constitucional sin ningún tipo de límites, constituiría un fraude constitucional.*" *V.* en *Revista de Derecho Público,* N° 105, Editorial Jurídica Venezolana, Caracas, 2006, pp. 76 ss.

da parte de una iniciativa popular o del Presidente de la República, no se somete a discusión ni a aprobación por la Asamblea Nacional, sino que directamente se debe someter a referendo aprobatorio (Art. 341,3 y 4), al cual deben concurrir al menos el 25% de los electores inscritos, bastando para la aprobación que haya mayoría de votos afirmativos (Art. 73).

Conforme a lo establecido en el artículo 346, el Presidente de la República está obligado a promulgar las Enmiendas dentro de los 10 días siguientes a su aprobación.

Por último, la Constitución exige que las enmiendas sean numeradas consecutivamente. Se deben publicar a continuación de la Constitución sin alterar el texto de ésta, pero anotando al pie del artículo o artículos enmendados la referencia de número y fecha de la enmienda que lo modificó.

2. Las Reformas Constitucionales

En cuanto a las Reformas constitucionales, conforme al artículo 342 de la Constitución, tienen por objeto una revisión parcial de la Constitución y la sustitución de una o varias de sus normas que no modifiquen la estructura y principios fundamentales del texto constitucional.

De lo anterior resulta que la diferencia entre la Enmienda y la Reforma es muy sutil: aquella tiene por objeto "la adición o modificación de uno o varios artículos de la Constitución, sin alterar su estructura fundamental"; ésta tiene por objeto, "la sustitución de una o varias de sus normas que no modifiquen la estructura y principios fundamentales del texto constitucional". En definitiva, podría decirse que la Enmienda tiene por objeto "añadir o modificar" unos artículos y la Reforma la "sustitución" de unos artículos, pero en uno u otro caso, sin alterar o modificar la estructura fundamental de la Constitución.

Sin embargo, el procedimiento para la reforma es más complejo, pues requiere que el texto sea discutido y aprobado por la Asamblea Nacional antes de ser sometido a referendo.

En efecto, la iniciativa de la Reforma de la Constitución la puede ejercer la Asamblea Nacional mediante acuerdo aprobado por el voto de la mayoría de sus integrantes; el Presidente de la República en Consejo de Ministros o a solicitud de un número no menor del quince por ciento de los electores inscritos en el registro civil y electoral (Art. 342).

Conforme al artículo 343, la iniciativa de reforma constitucional debe ser tramitada por la Asamblea Nacional en dos discusiones (Art. 343). El proyecto de reforma constitucional aprobado por la Asamblea Nacional debe ser sometido a referendo dentro de los treinta días siguientes a su sanción (Art. 344).

El pueblo, en el referendo, se debe pronunciar en conjunto sobre la reforma, pero puede votarse separadamente hasta una tercera parte de ella, si así lo aprueba un número no menor de una tercera parte de la Asamblea Nacional o si en la iniciativa de reforma así lo hubiere solicitado el Presidente de la República o un número no menor del cinco por ciento de los electores inscritos en el registro civil y electoral.

La Reforma constitucional se debe declarar aprobada si el número de votos afirmativos es superior al número de votos negativos (Art. 345).

En caso de que no sea aprobada la reforma, el artículo 345 dispone que la iniciativa de la reforma no puede presentarse de nuevo en un mismo período constitucional a la Asamblea Nacional.

El Presidente de la República debe promulgar las reformas dentro de los diez días siguientes a su aprobación. Si no lo hiciere, se aplica lo previsto en el artículo 216 de la Constitución (Art. 346).

3. La Asamblea Nacional Constituyente

Por último, como mecanismo de revisión constitucional, la Constitución de 1999, producto de una Asamblea Nacional Constituyente que como institución para la reforma constitucional no estaba prevista ni regulada en la Constitución de 1961; prevé precisamente dicho mecanismo en los artículos 347 y siguientes.

El artículo 347 comienza precisando lo que es lo esencial en este proceso, y es que "el pueblo de Venezuela es el depositario del poder constituyente originario";[554] y que en consecuencia, en ejercicio de dicho poder puede convocar una Asamblea Nacional Constituyente "con el objeto de transformar al Estado, crear un nuevo ordenamiento jurídico y redactar una nueva Constitución".

La Asamblea Nacional Constituyente en la Constitución de 1999, por tanto, no está concebida como "poder originario" alguno, el cual al contrario, queda reservado al pueblo, en forma intransferible. Sin embargo, contradictoriamente se especifica en el artículo 349 que los poderes constituidos no pueden en forma alguna impedir las decisiones de la Asamblea Nacional Constituyente, con lo cual la misma podría sobreponerse a los poderes constituidos.

La iniciativa para someter a la voluntad popular la convocatoria a la Asamblea Nacional Constituyente corresponde al Presidente de la República en Consejo de Ministros; a la Asamblea Nacional, mediante acuerdo de la dos terceras partes de sus integrantes; a los Concejos Municipales en cabildos, mediante el voto de las dos terceras partes de los mismos; y al quince por ciento de los electores inscritos en el registro electoral (Art. 348).

Ahora bien, sobre esta figura de la Asamblea Nacional Constituyente como mecanismo para la reforma constitucional, debe observarse lo siguiente:

En primer lugar, su convocatoria si bien en el artículo 347 no está sometida a referendo consultivo previo regulado, en la propia Constitución (Art. 71), tratándose como en efecto se trata de una materia de especial trascendencia nacional, debió haberse previsto expresamente el referendo consultivo de acuerdo con la experiencia de 1999, conforme a la cual la Asamblea Nacional Constituyente de 1999 fue el producto final del referendo consultivo del 25 de abril de 1999. Sin embargo, por la redacción del artículo 347, de que el pueblo en ejercicio del poder constituyente originario puede convocar la Asamblea, es evidente que ello sólo puede ocurrir mediante referendo a iniciativa de los funcionarios y del propio pueblo conforme se regula en el artículo 348.

En segundo lugar, la aprobación de la Constitución que emane de la Asamblea Nacional Constituyente no está sometida a referendo aprobatorio, el cual, sin embargo,

---

554 *V.* lo expuesto en Allan R. Brewer–Carías, *Poder Constituyente Originario y Asamblea Nacional Constituyente*, Caracas, 1999.

está ahora regulado en la Constitución (Art. 73 y 74). En contraste, también debe recordarse que la Constitución de 1999, sancionada por la Asamblea Nacional Constituyente, fue aprobada mediante referendo del 15–12–99 para poder entrar en vigencia. Asimismo, en contraste, debe destacarse que la propia Constitución exige que en los casos de Enmiendas y de Reformas constitucionales, las mismas deben ser sometidas a referendos aprobatorios (Arts. 341 y 344).

En tercer lugar, nada se especifica en la Constitución en cuanto al "estatuto" de la Asamblea Nacional Constituyente, es decir, sobre su integración, la forma de elección de sus miembros y la duración. La determinación de este estatuto, por tanto, quedaría en manos del ente que ejerza la iniciativa, el cual debe someterse a la consulta popular para la convocatoria.

4. La utilización fraudulenta del procedimiento de Reforma Constitucional: el caso de la rechazada reforma constitucional de 2007

El día 2 de noviembre de 2007, la Asamblea Nacional de Venezuela, luego de haberle dado tres discusiones en algo más de un mes a un Anteproyecto de reforma constitucional que le presentó el Presidente de la República el 15 de agosto de 2007[555] conforme a la iniciativa que le otorgaba el artículo 342 de la Constitución, sancionó formalmente un proyecto de reforma a la Constitución de 1999, a los efectos de someterlo a referendo aprobatorio como lo exigía el artículo 344 de la misma Constitución, el cual el Consejo Nacional Electoral convocó para el 2 de diciembre de 2007. Mediante este proyecto de reforma constitucional sancionado por la Asamblea, se buscaban transformar aspectos esenciales y fundamentales del Estado, siendo, sin duda, de una de las más sustanciales que se hubieran propuesto en toda la historia constitucional de Venezuela.

Con ella, en efecto, se pretendía cambiar radicalmente el modelo de Estado descentralizado, democrático, pluralista y social de derecho que se había venido construyendo y consolidando desde la segunda guerra mundial, por el de un Estado Socialista, centralizado, policial y militarista, con una doctrina oficial "bolivariana," que se identificó como "el Socialismo del Siglo XXI," y un sistema económico de capitalismo de Estado[556].

Esa reforma se sancionó, como se dijo, conforme a la propuesta formulada por el Presidente de la República, Hugo Chávez Frías, siguiéndose sin embargo, el procedimiento constitucionalmente previsto para la "reforma constitucional," que no podía utilizarse para un cambio tan fundamental. Con esa "reforma," en definitiva, se buscaba transformar radicalmente el sistema político constitucional venezolano, estableciendo un Estado Centralizado del Poder Popular, como Estado Socialista, de economía estatal y centralizada, y como Estado Militarista y Policial, de ideología única oficial, lo que se apartaba radicalmente de la concepción del Estado descentralizado, civil, social, democrático y pluralista de derecho y de justicia, y de economía mixta que regula la Constitución de 1999. Con dicha reforma, de haber sido aprobada, materialmente hubiera desaparecido la democracia representativa y las autonomías político territoriales, que se quería sustituir por un esquema estatal centralizado supuestamente montado sobre una

---

555 *V.* el *Proyecto de Exposición de Motivos para la Reforma Constitucional, Presidencia de la República, Proyecto Reforma Constitucional. Propuesta del presidente Hugo Chávez Agosto 2007*, Caracas, p. 19

556 *V.* Allan R. Brewer–Carías, *La reforma constitucional de 2007 (Comentarios al proyecto inconstitucionalmente sancionado por la Asamblea Nacional el 2 de noviembre de 2007)*, Colección Textos Legislativos, Nº 43, Editorial Jurídica Venezolana, Caracas, 2007, 224 pp.

democracia "participativa y protagónica" controlada total y centralizadamente desde arriba, por el Jefe de Estado, en la cual hubiera quedado proscrita toda forma de descentralización política y autonomía territorial, y que a la vez, restringía los mecanismos de participación política que están directamente regulados en la Constitución, como son los referendos y la participación de la sociedad civil en los Comité de Postulaciones de altos funcionarios.

Dicha "reforma constitucional" de 2007, en todo caso, fue rechazada por el voto popular en el referendo que tuvo lugar el 2 de diciembre de 2007, y en consecuencia, conforme a lo dispuesto en el artículo 345 de la Constitución, al no se aprobada en el mismo, no puede presentarse de nuevo a la Asamblea Nacional otra iniciativa de reforma constitucional en el mismo período constitucional.

5. La utilización fraudulenta del procedimiento de enmienda constitucional: el caso de la Enmienda Nº 1

La Asamblea Nacional en 2008–2009 tomó la iniciativa y aprobó un proyecto de Enmienda Constitucional que inicialmente sólo perseguía modificar el artículo 230 de la Constitución sobre reelección del Presidente, y que luego se extendió a los artículos 160, 162, 174 y 192 de la Constitución sobre reelección de otros cargos electivos, en los cuales se establecían límites para la reelección, a los efectos de eliminar dichos límites.

Dicha Enmienda Constitucional fue aprobada por referendo realizado el 15 de febrero de 2009. En esta forma quedaron enmendados los Artículos 162 y 192 que establecían que los miembros de Consejos Legislativos de los Estados y los Diputados a la Asamblea Nacional, sólo podían reelegirse por dos períodos como máximo; y los Artículos 160, 174, y 230 que establecían que los Gobernadores y Alcaldes, y el Presidente de la República, solo podían reelegirse de inmediato y por una sola vez, para un nuevo período. Después de la Enmienda, al contrario se permite la reelección continua e ilimitada de los funcionarios electos.

Ahora bien, como antes se mencionó, el 2 de diciembre de 2007 el pueblo había rechazado con su voto popular expresado en el Referendo convocado para aprobar la Reforma Constitucional propuesta por el Presidente de la Republica ante la Asamblea Nacional, la propuesta, entre otros aspectos, precisamente de establecer la posibilidad de la reelección continua del Presidente de la República mediante la eliminación de la limitación constitucional a la reelección, antes indicada.[557]

Siendo la manifestación de la voluntad popular el rechazar la propuesta de modificación constitucional, conforme al artículo 345 de la Constitución no se podía someter de nuevo a consulta popular, la misma reforma en el mismo período constitucional. Ello se requirió que fuera interpretado por la Sala Constitucional, la cual, sin embargo, en sentencia Nº 53 de 3 de febrero de 2009,[558] sobre el tema de si la prohibición contenida en

557 *V.* Allan R. Brewer–Carías, *La reforma constitucional de 2007 (Comentarios al proyecto inconstitucionalmente sancionado por la Asamblea Nacional el 2 de noviembre de 2007)*, Editorial Jurídica Venezolana, Caracas 2007.

558 *V.* la sentencia Nº 53, de la Sala Constitucional de 2 de febrero de 2009 (Caso: *Interpretación de los artículos 340,6 y 345 de la Constitución)*, en http:/www.tsj.gov.ve/decisions/scon/Febrero/53–3209–2009–08–1610.html. *V.* los comentarios en Allan R. Brewer–Carías, "El Juez Constitucional vs. La alternabilidad republicana (La reelección continua e indefinida), en *Revista de Derecho Público*, Nº 117, (enero–marzo 2009), Caracas, 2009, pp. 205–211

el artículo 345 de la Constitución en el sentido de que la iniciativa de reforma constitucional que no fuese aprobada no podía presentarse de nuevo en un mismo período constitucional a la Asamblea Nacional, decidió que la misma no estaba destinada a regular los efectos de la manifestación de rechazo popular de la modificación propuesta, sino que estaba sólo dirigida a regular a la Asamblea Nacional, en el sentido de que lo que no podría era exigírsele que debatiera una reforma constitucional una vez que ya la había debatido en el mismo período constitucional y había sido rechazada por el pueblo. La Sala olvidó que la norma constitucional a lo que está dirigida es a regular las consultas a la voluntad popular en materia de modificación de la Constitución y sus efectos, y no los efectos de los debates en la Asamblea Nacional.

En efecto, la prohibición constitucional de volver a someter a consulta una reforma rechazada, en realidad está dirigida a regular los efectos de la voluntad popular expresada mediante referendo, en el sentido de que no se puede consultar al pueblo de nuevo la misma modificación constitucional que el pueblo ya ha rechazado en un mismo período constitucional.

Lo importante de la prohibición establecida en un Título de la Constitución relativo a la "Reforma Constitucional" que en Venezuela sólo puede realizarse con la participación del pueblo, es que la misma se refiere precisamente a los efectos de la expresión de la voluntad popular que es manifestación del poder constituyente originario, y no a los efectos del debate que pueda haber habido en la Asamblea Nacional en la materia, que no es poder constituyente, ni siquiera derivado, ya que no puede haber modificación constitucional alguna sin aprobación popular.

La decisión de la Sala Constitucional fue una nueva burla a la Constitución al ignorar la prohibición de sucesivas consultas populares, basándose en dos artilugios que se utilizaron en este caso de la Enmienda 2008–2009: primero, el utilizado por la Asamblea Nacional, en su iniciativa de Enmienda, al extenderla a otros artículos constitucionales además del 230, para tratar de diferenciar la Enmienda de 2008–2009 de la rechazada Reforma Constitucional de 2007; y segundo, el utilizado por la Sala Constitucional al considerar que la prohibición constitucional de consultar al pueblo sobre reformas rechazadas es sólo formal respecto de las discusiones en la Asamblea Nacional, ignorando su propósito esencial de respetar la voluntad popular una vez que esta se ha expresado en forma negativa respecto de una modificación de la Constitución.

Esa voluntad había que respetarla, que es lo que perseguía la Constitución, por lo que una vez que el pueblo se había manifestado rechazando una modificación al texto constitucional no se lo podía estar convocando sucesivamente sin límites en el mismo período constitucional para volver a pronunciarse sobre lo mismo.

REFLEXIÓN FINAL:
SOBRE EL DERECHO ADMINISTRATIVO Y LA DEMOCRACIA

Sección Primera: EL DERECHO A LA DEMOCRACIA ENTRE LAS NUEVAS TENDENCIAS DEL DERECHO ADMINISTRATIVO COMO PUNTO DE EQUILIBRIO ENTRE LOS PODERES DE LA ADMINISTRACIÓN Y LOS DERECHOS DEL ADMINISTRADO (2008)

"El Derecho a la democracia entre las nuevas tendencias del derecho administrativo como punto de equilibrio entre los poderes de la Administración y los derechos del Administrado," en *Revista Mexicana "Statum Rei Romanae" de Derecho Administrativo.* Homenaje al profesor Jorge Fernández Ruiz, Asociación Mexicana de Derecho Administrativo, Faculta de Derecho y Criminología de la Universidad Autónoma de Nuevo León, México 2008, pp. 85–122; y en Víctor Hernández Mendible (Coordinador), *Desafíos del Derecho Administrativo Contemporáneo (Conmemoración Internacional del Centenario de la Cátedra de Derecho Administrativo en Venezuela*, Tomo II, Ediciones Paredes, Caracas 2009, pp. 1417–1439.

El derecho administrativo es ante todo un *derecho estatal*[1], es decir, un derecho del Estado en el sentido de que además de emanar de éste, está destinado a regular una parte esencial de su organización y actividad; particularmente la Administración Pública como complejo orgánico, su organización y funcionamiento; el ejercicio de la función administrativa, y las relaciones jurídicas entre las personas jurídicas estatales y los administrados; siendo su objeto, por tanto, normar instituciones de carácter público que persiguen fines públicos y colectivos, situados por encima de los intereses particulares.

Siendo un derecho que regula al Estado, el derecho administrativo se presenta siempre, por supuesto, como un derecho dinámico, en constante evolución, como consecuencia directa de los cambios que se operan en el ámbito social y político de cada sociedad; los cuales, como lo ha dicho Alejandro Nieto, "se expresan en un determinado

1 André Demichel, *Le droit administratif. Essai de réflexion théorique,* París, 1978, p. 14.

derecho [pues] las transformaciones sociales arrastran inevitablemente una alteración de la superestructura jurídica"[2]. En otras palabras, "el derecho administrativo se asienta sobre bases que están en constante evolución y que reflejan los condicionamientos políticos y sociales vigentes en un momento dado"[3]. De allí la expresión de Weil en el sentido de que el derecho administrativo sufre permanentemente de una "crisis de crecimiento"[4], la cual se debe a los cambios que le causan de manera constante, las transformaciones económicas y sociales que no cesan.

Por ello también, el derecho administrativo, además de ser un derecho del Estado, regulador tanto de sus fines y cometidos, como de los poderes y prerrogativas que tiene que tener para poder hacer prevalecer los intereses generales y colectivos frente a los intereses individuales, es también un derecho regulador del ejercicio de los derechos y garantías de los administrados. Por ello, también, es un derecho regulador del necesario equilibrio que debe existir entre los intereses públicos, colectivos o generales que debe proteger y garantizar, y los intereses individuales y privados que también debe garantizar. Como lo destacó la Sala Político Administrativa del Tribunal Supremo de Justicia de Venezuela, en 2000, antes de que comenzaran a demolerse las instituciones democráticas:

> El derecho administrativo se presenta dentro de un Estado social de derecho como el punto de equilibrio entre el poder (entendido éste como el conjunto de atribuciones y potestades que tienen las instituciones y autoridades públicas, dentro del marco de la legalidad), y la libertad (entendida ésta como los derechos y garantías que tiene el ciudadano para convivir en paz, justicia y democracia). En este orden de ideas el derecho administrativo es ante y por sobre todo un derecho democrático y de la democracia, y su manifestación está íntimamente vinculada a la voluntad general (soberanía) de la cual emana.[5].

Por tanto, es la democracia como régimen político, la que precisamente permite configurar al derecho administrativo como ese punto de equilibrio entre los poderes del Estado y los derechos de los administrados. Pero por supuesto, ello no siempre ha sido así en toda la historia del derecho administrativo. Al surgir de las secuelas de la Revolución francesa en el siglo XIX, el derecho administrativo comenzó a ser un derecho de una naciente forma de Estado, del Estado de derecho, y así se fue consolidando progresivamente en un persistente proceso de lucha por controlar el poder y contra las inmunidades del poder (García de Enterría), a los efectos de garantizar los derechos de los administrados. El equilibrio entre el poder y el ciudadano se comenzó realmente a consolidar años después, en el Siglo XX, luego de la segunda guerra mundial, cuando el derecho administrativo comenzó a ser un derecho de otra forma de Estado de derecho, del Estado democrático de derecho.

Con ello se consolidó la concepción del derecho administrativo de las sociedades democráticas como el instrumento por excelencia par, por una parte garantizar la eficien-

---

2 *V.* Alejandro Nieto "La vocación del derecho administrativo de nuestro tiempo", *Revista de Administración Pública,* N° 76, Madrid, Centro de Estudios Constitucionales 1975; también en *34 artículos seleccionados de la Revista de Administración Pública con ocasión de su centenario,* Madrid, 1983, pp. 880 y 881.

3 Martín Bassols, "Sobre los principios originarios del derecho administrativo y su evolución", en *Libro homenaje al profesor Juan Galván Escutia,* Valencia, 1980, p. 57.

4 *V.*, Prosper Weil, *El derecho administrativo,* Madrid, 1966, p. 31.

5 *V.* sentencia 1028 del 9 de mayo de 2000 en *Revista de Derecho Público*, N° 82, Editorial Jurídica Venezolana, Caracas, 2000, p. 214. *V.* también, sentencia de la misma Sala de 5 de octubre de 2006, N° 2189 (Caso: *Seguros Altamira, C.A. vs. Ministro de Finanzas*), en *Revista de Derecho Público*, N° 108, Editorial Jurídica Venezolana, Caracas, 2006, p 100

cia de la acción administrativa y la prevalencia de los intereses generales y colectivos, y por la otra, para asegurar la protección del administrado frente a la Administración. Ello llevó a Fernando Garrido Falla ha señalar, con razón, que el "derecho administrativo encierra en su seno una oposición aparentemente irreductible que le hace ofrecerse como un hipócrita personaje de doble faz: de una parte, un conjunto de prerrogativas que sitúan a la administración en un plano de desigualdad y favor en sus relaciones con los particulares; de otra parte, la más acabada instrumentación técnica del Estado liberal"[6]. Lo cierto, en todo caso, es que el derecho administrativo siempre se ha explicado por el juego dialéctico de esos dos conceptos contrapuestos: prerrogativas administrativas y garantías del administrado, de manera que, como dijo Marcel Waline, por una parte se evite el inmovilismo y la impotencia, y por la otra, la tiranía[7].

Para el logro del equilibrio, por tanto, no sólo se requiere que el Estado esté configurado como un Estado de derecho sino como un Estado democrático, que es en el cual el control del ejercicio del poder es posible y efectivo. Sin democracia y sin dicho control, el derecho administrativo no pasaría de ser un derecho del Poder Ejecutivo o de la Administración Pública, el cual incluso podría estar montado sobre un desequilibrio o desbalance, donde las prerrogativas y poderes de la Administración pudieran predominar en el contenido de su regulación.

Por ello, el derecho administrativo no es ni puede ser lo mismo en un Estado autoritario, que en un Estado democrático. En el primero, lejos de un equilibrio entre los poderes de la Administración y los derechos de los particulares, lo que existe es más bien un marcado desequilibrio a favor del régimen de la Administración, con pocas posibilidades de garantía de los derechos de los particulares frente a su actividad. En cambio, el equilibrio antes mencionado sólo tiene posibilidad de pleno desarrollo en Estados con regímenes democráticos, donde la supremacía constitucional esté asegurada, la separación y distribución del Poder sea el principio medular de la organización del Estrado, donde el ejercicio del Poder Público pueda ser efectivamente controlado, y donde los derechos de los ciudadanos puedan ser garantizados por un Poder Judicial independiente y autónomo. Nada de ello se encuentra en los Estados con regímenes autoritarios, así sus gobernantes hayan tenido origen electivo

En todo caso, ha sido precisamente por el desarrollo y consolidación de la democracia que el derecho administrativo contemporáneo se ha desarrollado tan extraordinariamente como ha ocurrido en las últimas décadas, lo que ha dado origen, por ejemplo, a las regulaciones contenidas en las leyes de procedimiento administrativo, las cuales además de regular y formalizar la actividad administrativa, establecen el contrapeso de la garantía de los derechos ciudadanos. Esas leyes, y sin duda, en El Salvador ya hace falta que se sancione una similar, se han dictado no sólo en interés de la Administración y del interés general que gestiona, sino además, en interés de los administrados. Ello incluso se declara así en el texto de las propias leyes, como es el caso del Código Contencioso Administrativo de Colombia en el cual se exige que los funcionarios tengan en cuenta que la actuación administrativa no sólo tiene por objeto el cumplimiento de los cometidos estatales como lo señalan las leyes y la adecuada prestación de los servicios públicos sino además, la efectividad de los derechos e intereses de los administrados reconocidos por la ley (art. 2). La Ley General de la Administración Pública de Costa

6 Fernando Garrido Falla, "Sobre el derecho administrativo", en *Revista de Administración Pública,* N° 7, Instituto de Estudios Políticos, Madrid, 1952, p. 223.

7 Marcel Waline, *Droit administratif,* París, 1963, p. 4.

Rica, por su parte, precisa que el procedimiento administrativo se debe desarrollar "con respeto para los derechos subjetivos e intereses legítimos del administrado"(art. 10,1 y 214,1); y en la Ley de Procedimiento Administrativo de Honduras se indica que el procedimiento se regula "como garantía de los derechos de los particulares frente a la actividad administrativa", lo que también se expresa en la Ley de Procedimientos Administrativos del Perú (art. III). De ello resulta que un elemento central de la finalidad del procedimiento administrativo es la satisfacción de los derechos de los particulares, y no sólo asegurar el adecuado funcionamiento de la Administración.

Estos mismos principios fueron los que orientaron, por ejemplo, la regulación del procedimiento administrativo en Venezuela en 1982, al punto de que posteriormente, todavía en tiempos de democracia, se llegó a establecer en la propia Constitución de 1999 que "la Administración Pública está al servicio de los ciudadanos" (art. 141), mención que, por supuesto, el régimen autoritario que ahora padecemos propuso eliminar formalmente con la reforma constitucional sancionada por la Asamblea Nacional en noviembre de 2007, y que afortunadamente fue abrumadoramente rechazada por referendo popular.[8]

Sin embargo, cuando se habla del equilibrio entre las prorrogativas de la Administración y los derechos de los administrados, por ejemplo en materia de regulación del procedimiento administrativo, los derechos que surgen de bulto en las relaciones que regulan para el logro del equilibrio con los poderes de la Administración son básicamente los derechos individuales y más específicamente los concernientes al debido proceso administrativo que son los que más relación tienen con el régimen del procedimiento. Y es por ello, que las leyes de procedimiento administrativo buscan regular con mayor énfasis el derecho de los ciudadanos a igual trato por parte de la Administración, sin discriminación ni favoritismos a favor de algunos administrados, el defensa a la defensa, el derecho a notificado, el derecho a ser oído, el derecho a aportar pruebas, el derecho a recurrir, en fin, que se les garantice un debido procedimiento administrativo.[9]

Sin embargo, con el desarrollo de la democracia, otros derechos han comenzado a marcar con mayor fuerza la relación entre Administración y administrados, tal y como ha sucedido, por ejemplo, con el derecho a la participación política más allá del ejercicio del derecho de voto para elegir representantes o para decidir directamente asuntos públicos, mediante mecanismos de democracia directa como los referendos. En las últimas décadas, el derecho ciudadano de participar en la gestión de las actividades públicas ha sido progresivamente constitucionalizado, imponiendo nuevas formas jurídicas que permitan garantizar el equilibrio entre la acción de la Administración para el cumplimiento de los cometidos públicos y ese derecho ciudadano de participar en la toma de decisiones y la gestión de dichas acciones públicas. Muestra de ello son las regulaciones que se han establecido en muchos países estableciendo la consulta popular obligatoria de proyectos de ley o de actos administrativos normativos y reglamentos.

Pero en un estadio más avanzado en la búsqueda del antes mencionado equilibrio entre los poderes y prerrogativas de la actividad de la Administración y los derechos y

8 *V.* Allan R. Brewer–Carías, *Hacia la consolidación de un Estado Socialista, Centralista, Policial y Militarista. Comentarios sobre el alcance y sentido de las propuestas de reforma constitucional 2007*, Editorial Jurídica Venezolana, Caracas 2007, pp. 31 ss.; *La Reforma Constitucional de 2007 (Inconstitucionalmente sancionada por la Asamblea nacional el 2 de noviembre de 2007)*, Editorial Jurídica venezolana, Caracas 2007, pp. 50 ss.

9 *V.* Allan R. Brewer–Carías, *Principios del Procedimiento Administrativo en América Latina*, Editorial Legis, Bogotá, 2003, pp. 261 ss.

garantías de los administrados, más allá de los clásicos derechos reconocidos en el Estado constitucional democrático de derecho, como son los derechos civiles, políticos, sociales, culturales, económicos y ambientales, en el mundo contemporáneo se ha comenzado a perfilar otro conjunto de derechos que derivan de la propia concepción de dicho Estado democrático de derecho, como por ejemplo, el derecho ciudadano a la Constitución y a su supremacía constitucional y también, el derecho ciudadano a la propia democracia, lo que ha implicado que los derechos políticos han dejado de estar reducidos a los que desde antaño generalmente se habían establecido expresamente en las Constituciones, como eran los clásicos derecho al sufragio, al desempeño de cargos públicos, a asociarse en partidos políticos y, más recientemente, el derecho a la participación política.

En el mundo contemporáneo, en efecto, en las Constituciones se pueden comenzar a identificar otros derechos políticos derivados del régimen democrático como es el derecho ciudadano a la democracia en sí misma, es decir, a un régimen político en el cual se garanticen sus *elementos esenciales* tal como los enumeró la *Carta Democrática Interamericana* de 2001, y que son: 1) el respeto a los derechos humanos y las libertades fundamentales; 2) el acceso al poder y su ejercicio con sujeción al Estado de derecho; 3) la celebración de elecciones periódicas, libres, justas y basadas en el sufragio universal y secreto, como expresión de la soberanía del pueblo; 4) el régimen plural de partidos y organizaciones políticas y 5) la separación e independencia de los poderes públicos (art. 3). En democracia, sin duda, el ciudadano tiene derecho a todos esos elementos esenciales, los cuales incluso, en muchas Constituciones se han configurado como derechos políticos individualizados, como es el caso del derecho a ejercer funciones públicas, del derecho al sufragio, o del derecho de asociación en partidos políticos. Sin embargo, considerados en su conjunto, y destacándose en particular entre ellos, el principio de la separación de poderes, es que se pueden configurar, globalmente, como integrando un derecho a la democracia destinado a garantizar el control efectivo del ejercicio del poder por parte de los gobernantes, y a través de ellos, del Estado.

Este derecho a la democracia,[10] por supuesto, sólo puede configurarse en Estados democráticos de derecho, siendo inconcebible en los Estados con regímenes autoritarios donde precisamente esos elementos esenciales no pueden ser garantizados por la ausencia de controles al ejercicio del poder, aún cuando pueda tratarse de Estados en los cuales, en fraude a la Constitución y a la propia democracia, los gobiernos puedan haber tenido su origen en algún ejercicio electoral.

"Es una experiencia eterna –tal como hace varias centurias lo enseñó Charles Louis de Secondat, Barón de Montesquieu– que todo hombre que tiene poder, tiende a abusar de él; y lo hace, hasta que encuentra límites" de lo que dedujo su famoso postulado de que "para que no se pueda abusar del poder es necesario que por la disposición de las cosas, el poder limite al poder"[11]. De esta apreciación física fue que se derivó, precisamente, el principio de la separación de poderes que todas las Constituciones que se formularon después de las revoluciones norteamericana y francesa del siglo XIX recogieron expresamente, dando origen, entre otros, a nuestra propia disciplina. Dicho prin-

10 *V.* Allan R. Brewer–Carías, "Prólogo: Sobre el derecho a la democracia y el control del poder", al libro de Asdrúbal Aguiar, *El derecho a la democracia. La democracia en el derecho y la jurisprudencia interamericanos. La libertad de expresión, piedra angular de la democracia*, Editorial Jurídica Venezolana, Caracas 2008, pp. 19 ss. (En prensa).

11 *De l'Espirit des Lois* (ed. G. Tunc), Paris 1949, Vol. I, Libro XI, Cáp. IV, pp. 162–163.

cipio no sólo se convirtió en uno de los principios fundamentales del constitucionalismo moderno, sino además, luego, de la propia democracia como régimen político y como derecho ciudadano para asegurar que quienes sean electos para gobernar y ejercer el poder estatal en representación del pueblo, no abusen del mismo. Por ello, desde la misma Declaración de Derechos del Hombre y del Ciudadano de 1789 se estableció, con razón, que toda sociedad en la cual no esté determinada la separación de los poderes, carece de Constitución (art. 16).

Doscientos años después, pero con su origen en aquellos postulados, en el orden constitucional interno de los Estados democráticos de derecho es posible identificar un derecho a la democracia conformado por los antes mencionados *elementos esenciales* de la misma, los que además se complementan con sus *componentes fundamentales* que también ha enumerado la misma *Carta Democrática*, y que son: 1) la transparencia de las actividades gubernamentales; 2) la probidad y la responsabilidad de los gobiernos en la gestión pública; 3) el respeto de los derechos sociales; 4) el respeto de la libertad de expresión y de prensa; 5) la subordinación constitucional de todas las instituciones del Estado a la autoridad civil legalmente constituida y 6) el respeto al Estado de derecho de todas las entidades y sectores de la sociedad (art. 4).

Al igual que algunos de los antes mencionados elementos esenciales de la democracia, muchos de estos componentes fundamentales también se han configurado en las Constituciones como derechos ciudadanos individualizados, como por ejemplo, el conjunto de derechos sociales y la libertad de expresión del pensamiento, que son parte de la balanza en el establecimiento del equilibrio entre poderes de la Administración y situación jurídica del ciudadano. Sin embargo, también considerados en su conjunto, junto con los elementos esenciales, estos componentes fundamentales de la democracia también permiten reafirmar la existencia de un derecho ciudadano a la democracia, como derecho fundamental en si mismo.

Este derecho a la democracia, en esta forma, comprendería todos los antes mencionados elementos esenciales y componentes fundamentales, entre los cuales se destaca por sobre todos, la posibilidad ciudadana de controlar el ejercicio del poder, que además de ser el fundamento del propio derecho administrativo, es el elemento fundamental para garantizar cualquier equilibrio que pueda establecerse entre los poderes y prerrogativas de la Administración del Estado y los derechos ciudadanos; pues, en definitiva, sólo controlando al Poder es que puede haber elecciones libres y justas, así como efectiva representatividad; sólo controlando al poder es que puede haber pluralismo político; sólo controlando al Poder es que puede haber efectiva participación democrática en la gestión de los asuntos públicos; sólo controlando al Poder es que puede haber transparencia administrativa en el ejercicio del gobierno, y rendición de cuentas por parte de los gobernantes; sólo controlando el Poder es que se puede asegurar un gobierno sometido a la Constitución y las leyes, es decir, un Estado de derecho y la garantía del principio de legalidad; sólo controlando el Poder es que puede haber un efectivo acceso a la justicia de manera que esta pueda funcionar con efectiva autonomía e independencia; y sólo controlando al Poder es que puede haber real y efectiva garantía de respeto a los derechos humanos. De lo anterior resulta, por tanto, que sólo cuando existe un sistema de control efectivo del poder es que puede haber democracia, y sólo en esta es que los ciudadanos pueden encontrar asegurados sus derechos debidamente equilibrados con los poderes Públicos.

Por ello, precisamente, es que en el mundo contemporáneo, la democracia no sólo se define como el gobierno del pueblo mediante representantes elegidos, sino además y por sobre todo, como un gobierno sometido a controles, y no solo por parte del Poder mismo, conforme al principio de la separación de los poderes del Estado, sino por parte del pueblo mismo, es decir, de los ciudadanos, individual y colectivamente considerados.

Ahora bien, este control del poder como elemento esencial de la democracia comporta al menos tres derechos políticos básicos que se configuran precisamente en los pilares fundamentales del equilibrio entre Estado y administrado–ciudadano, y que son, en primer lugar, el derecho ciudadano a la separación de poderes; en segundo lugar, el derecho ciudadano a la distribución vertical o territorial del poder para asegurar la participación; y en tercer lugar, el derecho ciudadano al ejercicio de los recursos judiciales necesarios para controlar el ejercicio del poder, y además, asegurar la vigencia de los derechos humanos y el sometimiento del Estado al derecho.

Estos derechos, como derechos políticos, por supuesto hay que configurarlos desde la perspectiva del derecho constitucional y del derecho administrativo de cada país. Ustedes pueden hacerlo en El salvador; por lo que ahora me referiré fundamentalmente como estudio de caso, a la situación de Venezuela, donde lamentablemente, después de haber tenido uno de los más largos períodos históricos de democracia (1958–1999), a partir de 1999, desde la misma democracia y en fraude a ella, se ha venido consolidando un régimen autoritario montado sobre el sistemático desmantelamiento, distorsión o neutralización de los sistemas de control del poder, con la consiguiente disolución paulatina de la propia democracia, la desaparición del derecho ciudadano a la misma y en definitiva, el desdibujamiento del equilibrio que el derecho administrativo había venido construyendo entre los poderes de la Administración del Estado y la garantía de los derechos ciudadanos.

El primer derecho político derivado del derecho a la democracia, que se erige en un elemento esencial para el establecimiento de dicho equilibrio, como decía, es el derecho a la separación e independencia de los Poderes Públicos, que es lo que puede permitir el control del poder estatal por el poder estatal mismo, al punto de que su existencia, como hemos dicho, es la que puede garantizar la vigencia de los diversos factores esenciales de la democracia. Este derecho derivado del principio de la separación de poderes sigue siendo el pilar fundamental en la organización del Estado democrático constitucional y, exige no sólo que los Poderes del Estado tengan efectiva independencia y autonomía sino que la misma esté garantizada.

Ello, por lo demás, es de la esencia de la democracia, de manera que al contrario, como lo enseña la historia de la humanidad, demasiada concentración y centralización del poder, como ocurre en cualquier gobierno autoritario, así tenga origen electoral, inevitablemente conduce a la tiranía. El mundo contemporáneo ha tenido demasiadas experiencias que han mostrado toda suerte de tiranos que usaron el voto popular para acceder al poder, y que luego, mediante su ejercicio incontrolado, desarrollaron gobiernos autoritarios, contrarios al pueblo, que acabaron con la propia democracia y con todos sus elementos, comenzando por el respeto a los derechos humanos.

Y lamentablemente ello es lo que ha venido ocurriendo en Venezuela a la vista de todo el mundo democrático en estos primeros años del Siglo XXI, donde se ha arraigado un gobierno autoritario partiendo de elementos que se insertaron en la misma Constitución de 1999[12], en la cual se dispuso el germen de la concentración del poder en manos de la Asamblea Nacional y, consecuencialmente, del Poder Ejecutivo que la controla políticamente, con lo cual, progresivamente, los otros Poderes Públicos, y particularmente el Poder Judicial[13], el Poder Ciudadano y el Poder Electoral[14] han quedado sometidos a la voluntad del Ejecutivo.

Ello lo denunciamos en noviembre de 1999, antes de que se sometiera a referendo aprobatorio la Constitución, advirtiendo entonces que si la Constitución se aprobaba, ello iba a implicar la implantación en Venezuela, de:

> "Un esquema institucional concebido para el autoritarismo derivado de la combinación del centralismo del Estado, el presidencialismo exacerbado, la democracia de partidos, la concentración de poder en la Asamblea y el militarismo, que constituye el elemento central diseñado para la organización del poder del Estado. En mi opinión –agregaba–, esto no es lo que se requería para el perfeccionamiento de la democracia; la cual al contrario, se debió basar en la descentralización del poder, en un presidencialismo controlado y moderado, en la participación política para balancear el poder del Estado y en la sujeción de la autoridad militar a la autoridad civil"[15].

La dependencia de los Poderes Públicos respecto de la Asamblea Nacional se estableció en la Constitución de 1999, en efecto, al atribuírsele no sólo la potestad de nombrar a los titulares de los órganos de los Poderes Públicos, sino la potestad de removerlos de sus cargos mediante el simple voto político. Como consecuencia de ello, los Magistrados del Tribunal Supremo de Justicia (Poder Judicial), el Fiscal General de la República, el Contralor General de la República, el Defensor del Pueblo (Poder Ciudadano) y los Miembros del Consejo Nacional Electoral (Poder Electoral) (Art. 265, 279 y 296), pueden ser removidos por el voto de los diputados, incluso en algunos casos por simple mayoría de votos, todo lo cual se pretendió incluso regular en forma general con la re-

12 *V.* los comentarios críticos a la semilla autoritaria en la Constitución de 1999, en Allan R. Brewer–Carías, *Debate Constituyente (Aportes a la Asamblea Nacional Constituyente), Tomo III (18 octubre–30 noviembre 1999),* Fundación de Derecho Público–Editorial Jurídica Venezolana, Caracas, 1999, pp. 311–340; «Reflexiones críticas sobre la Constitución de Venezuela de 1999» en el libro de Diego Valadés, Miguel Carbonell (Coordinadores), *Constitucionalismo Iberoamericano del Siglo XXI,* Cámara de Diputados. LVII Legislatura, Universidad Nacional Autónoma de México, México 2000, pp. 171–193; en *Revista de Derecho Público,* Nº 81, Editorial Jurídica Venezolana, Caracas, enero–marzo 2000, pp. 7–21; en *Revista Facultad de Derecho, Derechos y Valores,* Volumen III Nº 5, Universidad Militar Nueva Granada, Santafé de Bogotá, D.C., Colombia, Julio 2000, pp. 9–26; y en el libro *La Constitución de 1999,* Biblioteca de la Academia de Ciencias Políticas y Sociales, Serie Eventos 14, Caracas, 2000, pp. 63–88.

13 *V.* Allan R. Brewer–Carías, "La progresiva y sistemática demolición de la autonomía en independencia del Poder Judicial en Venezuela (1999–2004)", en *XXX Jornadas J.M Domínguez Escovar, Estado de derecho, Administración de justicia y derechos humanos,* Instituto de Estudios Jurídicos del Estado Lara, Barquisimeto, 2005, pp. 33–174; y "La justicia sometida al poder [La ausencia de independencia y autonomía de los jueces en Venezuela por la interminable emergencia del Poder Judicial (1999–2006)]" en *Cuestiones Internacionales. Anuario Jurídico Villanueva 2007,* Centro Universitario Villanueva, Marcial Pons, Madrid, 2007, pp. 25–57.

14 *V.* Allan R. Brewer–Carías, «El secuestro del Poder Electoral y la confiscación del derecho a la participación política mediante el referendo revocatorio presidencial: Venezuela 2000–2004», en *Boletín Mexicano de Derecho Comparado,* Instituto de Investigaciones Jurídicas, Universidad Nacional Autónoma de México, Nº 112. México, enero–abril 2005 pp. 11–73; *La Sala Constitucional versus el Estado Democrático de Derecho. El secuestro del poder electoral y de la Sala Electoral del Tribunal Supremo y la confiscación del derecho a la participación política,* Los Libros de El Nacional, Colección Ares, Caracas, 2004, 172 pp.

15 Documento de 30 de noviembre de 1999. *V.* en Allan R. Brewer–Carías, *Debate Constituyente (Aportes a la Asamblea Nacional Constituyente),* Tomo III, Fundación de Derecho Público, Editorial Jurídica Venezolana, Caracas, 1999, p. 339.

forma constitucional de 2007, que fue rechazada mediante el referendo del 2 de diciembre de 2007.[16]

Con esas previsiones constitucionales, simplemente es imposible que pueda hablarse de independencia de los poderes públicos, dado que la existencia misma de sus titulares depende de la sola voluntad política de uno de ellos, el cual puede removerlos precisamente cuando actúen con alguna independencia, lo que por supuesto ha ocurrido en los últimos años en Venezuela, precisamente cuando hubo algún mínimo signo de autonomía e independencia de alguno de los titulares de los altos órganos del Estado, supuestos en los cuales fueron removidos de sus cargos[17].

Esta dependencia de los órganos de control respecto de la Asamblea Nacional, por otra parte, es lo que ha originado la abstención total de otros en el ejercicio del control que les está atribuido, por ejemplo, sobre la Administración Pública, como ha sucedido con los casos del Contralor General de la República, y del Defensor del Pueblo, cuya propia existencia –por omisión o ausencia de control– es objeto de conjetura.

En la consolidación de esta dependencia de los poderes del Estado en relación con la Asamblea Nacional puede decirse que jugó un papel fundamental el progresivo desmantelamiento, mediante una legislación inconstitucional, del novedoso sistema que la Constitución de 1999 estableció para asegurar la participación de la sociedad civil en la designación de los titulares de los diversos poderes públicos, buscando ilusoriamente evitar las designaciones de antaño, exclusivamente partidistas. Ese sistema consistió en la creación de unos Comités de Postulaciones que debían estar integrados exclusivamente "por representantes de los diversos sectores de la sociedad", para la presentación de los candidatos a magistrados del Tribunal Supremo de Justicia, a Fiscal General de la República, a Contralor General de la República, a Defensor del Pueblo y a miembros del Consejo Nacional Electoral. Ello implicaba la pérdida del poder discrecional de designación de dichos altos funcionarios por parte de la Asamblea Nacional. Sin embargo, en evidente fraude a la Constitución, la regulación legal que la Asamblea Nacional hizo de dichos Comités de Postulaciones, los fue convirtiendo paulatinamente en simples

---

16 *V.* Allan R. Brewer–Carías, *Hacia la consolidación de un Estado Socialista, Centralista, Policial y Militarista. Comentarios sobre el alcance y sentido de las propuestas de reforma constitucional 2007*, Editorial Jurídica Venezolana, Caracas 2007, pp. 112 ss.; *La Reforma Constitucional de 2007 (Inconstitucionalmente sancionada por la Asamblea nacional el 2 de noviembre de 2007)*, Editorial Jurídica venezolana, Caracas, 2007. pp. 108 ss.

17 Así ocurrió con la Defensora del Pueblo y el Fiscal General de la República quienes ingenuamente pensaron que podían actuar con cierta autonomía respecto de la Asamblea Nacional, por lo que fueron removidos inmediatamente de sus cargos. El Fiscal General de la República por haber iniciado un procedimiento de antejuicio de mérito (penal) contra el entonces Ministro del Interior; y la Defensora del Pueblo, por haber impugnado la Ley Especial de la Asamblea Nacional de 2001 sobre nombramiento de los Magistrados del Tribunal Supremo sin cumplir con los requisitos constitucionales. Ambos fueron sustituidos en 2001. Así sucedió también con algunos Magistrados del Tribunal Supremo que votaron sentencias donde se contrariaban los designios del Jefe del Estado, lo que también provocó su inmediata remoción o que se acordase su "jubilación. Fue el caso del Vice Presidente del Tribunal Supremo de Justicia, quien fue Ponente de la sentencia de la Sala Plena Accidental de 14–08–2002 que decidió el antejuicio de mérito a los generales que actuaron el 12 de abril de 2002), declarando que no había mérito para enjuiciarlos porque en esa ocasión no había ocurrido un golpe militar sino un vacío de poder; y de los varios Magistrados de la Sala Electoral, quienes firmaron la sentencia N° 24 del 15–03–2004 (Caso*: Julio Borges, César Pérez Vivas, Henry Ramos Allup, Jorge Sucre Castillo, Ramón José Medina y Gerardo Blyde vs. Consejo Nacional Electoral*), que suspendió los efectos de la Resolución N° 040302–131 de 02–03–2004, del Consejo Nacional Electoral que en su momento impidió la realización del referendo revocatorio presidencial. *V.* "Democracia y control del poder", en Allan R. Brewer–Carías, *Constitución, democracia y control del poder*, Centro Iberoamericano de Estudios Provinciales y Locales, Universidad de Los Andes, Mérida, 2004, pp. 25 ss.

Comisiones parlamentarias "ampliadas", integradas mayoritariamente por diputados.[18] Este esquema incluso también se pretendió constitucionalizar formalmente en 2007 con la rechazada reforma constitucional de 2007, con la cual se buscaba hacer desaparecer toda referencia a la sociedad civil.[19]

En todo caso, este marco institucional, lo que ha hecho es consolidar la primacía de la Asamblea Nacional sobre los Poderes Judicial, Ciudadano y Electoral, y con ello, en la práctica política y constitucional, la concentración total del poder en manos del Ejecutivo, dado el control político partidista que éste ejerce sobre la Asamblea Nacional. A consolidar ese control, además, ha contribuido la exacerbación del presidencialismo que la Constitución de 1999 impulsó con la extensión del período presidencial a seis años, y que en la rechazada reforma constitucional de 2007 se pretendía llevar a siete años; con la consagración de la reelección presidencial inmediata por una sola vez para un nuevo período (art. 230) que se estableció en 1999 después de más de 100 años de la prohibición de reelección inmediata, que con la misma rechazada reforma constitucional de noviembre de 2007 se buscaba establecer en forma continua e indefinida,[20] lo que el Régimen ha logrado establecer, al fin, en a enmienda constitucional aprobada en referendo del 14 de febrero de 2009; y la posibilidad de que el Legislativo le delegue materialmente toda la potestad de legislar, lo que efectivamente ha ocurrido en la práctica legislativa desde 2000, mediante varias leyes habilitantes (Art. 203).

Todo este sistema de ausencia de autonomía y de dependencia de los poderes del Estado, respecto del Ejecutivo Nacional, ha sido catastrófico en relación con el Poder Judicial, el cual desde que fue intervenido por la Asamblea Nacional Constituyente en 1999, ha continuado intervenido por el eje Ejecutivo–Asamblea Nacional. Ello ha sido así, además, lamentablemente, con la anuencia y complicidad del propio Tribunal Supremo de Justicia, el cual se ha abstenido de asumir el completo gobierno del Poder Judicial, permitiendo que una inconstitucional Comisión de Reorganización del Poder Judicial –a la cual ha legitimado– conviva con él mismo, con poderes disciplinarios que conforme a la Constitución sólo unos jueces disciplinarios nombrados por concurso debían ejercer.[21]

El derecho ciudadano a la separación e independencia de los poderes, base esencial del derecho a la democracia, en consecuencia, se ha encontrado gravemente quebrantado en Venezuela, y con ello, se ha eliminado toda posibilidad real de asegurar un equilibrio entre la Administración del Estado y los ciudadanos. Si todos los poderes del Estado están a la merced del Poder Ejecutivo y de su instrumento, que es la Administración Pública, ésta difícilmente puede concebirse como entidad al servicio de los ciudadanos, quienes en su relación con ella, en la práctica, lamentablemente entran a la mis-

---

18 *V.* Allan R. Brewer–Carías, "La participación ciudadana en la designación de los titulares de los órganos no electos de los Poderes Públicos en Venezuela y sus vicisitudes políticas", en *Revista Iberoamericana de Derecho Público y Administrativo*, Año 5, Nº 5–2005, San José, Costa Rica 2005, pp. 76–95.

19 *V.* Allan R. Brewer–Carías, *Hacia la consolidación de un Estado Socialista, Centralista, Policial y Militarista. Comentarios sobre el alcance y sentido de las propuestas de reforma constitucional 2007*, Editorial Jurídica Venezolana, Caracas 2007, pp. 112 ss.; *La Reforma Constitucional de 2007 (Inconstitucionalmente sancionada por la Asamblea nacional el 2 de noviembre de 2007)*, Editorial Jurídica venezolana, Caracas, 2007. pp. 108 ss.

20 *Idem*, pp. 40 y 65 ss.; y 100 ss., respectivamente. .

21 *V.* Allan R. Brewer–Carías, "La justicia sometida al poder [La ausencia de independencia y autonomía de los jueces en Venezuela por la interminable emergencia del Poder Judicial (1999–2006)]," en *Cuestiones Internacionales. Anuario Jurídico Villanueva 2007,* Centro Universitario Villanueva, Marcial Pons, Madrid, 2007, pp. 25–57.

ma en dos formas: por una parte, algunos como privilegiados del poder, como consecuencia de la pertenencia política al régimen o a su partido único, con todas las prebendas y parcialidades de parte de los funcionarios; y otros, como marginados del poder que acuden a la Administración por necesidad ciudadana, a rogar las más elementales actuaciones públicas, como solicitar autorizaciones, licencias, permisos o habilitaciones, las cuales nunca son atendidas y más bien tratadas como si lo que se estuviera requiriendo fueran favores y no derechos o el cumplimiento de obligaciones públicas. En ambas situaciones lamentablemente el equilibrio entre poderes del Estado y derechos ciudadanos de los administrados ha desaparecido, sin que existan elementos de control para restablecerlo: se privilegia y se margina, como producto de una discriminación política antes nunca vista, sin posibilidad alguna de control. Por ejemplo, todos los más de 3.500.000 ciudadanos que ejercieron su derecho de petición para que se convocara a un referendo revocatorio presidencial en 2003–2004, pasaron a integrar una lista de discriminados en asuntos políticos y administrativos, a los cuales se ha rechazado toda posibilidad de relación con el Estado (Lista Tascón).

Pero el derecho a la democracia también está condicionado por otro clásico principio de la organización del Estado que responde a un segundo derecho político derivado del derecho a la democracia, que es la distribución vertical del poder público el cual necesariamente implica un proceso de descentralización política entre entidades territoriales dotadas de autonomía política. Este principio en efecto, también se configura como un derecho ciudadano en ese caso a la distribución del poder que es, además, el que puede garantizar la efectiva posibilidad de ejercicio del derecho a la participación política democrática. Por ello, puede decirse, por ejemplo, que la configuración de un Estado Unitario descentralizado como el de Colombia o de un Estado Federal descentralizado como los de Venezuela y México, conllevan la existencia de un derecho ciudadano a esa distribución territorial del poder.

En Venezuela, esa distribución territorial del poder incluso se enunció en la Constitución al definirse la forma del Estado como la de un "Estado federal descentralizado" (art. 4). Sin embargo, en la práctica política, también lamentablemente y con base en normas contradictorias incluidas en la propia Constitución[22], a lo que se ha conducido es a la progresiva centralización del poder en los niveles nacionales del Estado, en perjuicio de los Estados y municipios y del derecho ciudadano a su distribución territorial. Ello, a la vez, ha provocado una distorsión del propio ejercicio de la democracia y de la participación popular, por un falaz discurso que busca sustituir la democracia representativa por una "democracia participativa", como si representación y participación fueran conceptos dicotómicos, conduciendo en realidad a la destrucción de la propia democracia.

Este desconocimiento del derecho ciudadano a la distribución territorial del poder y por ende, de la participación política, comenzó con las propias previsiones de la Constitución de 1999, que eliminó el Senado y el principio de igualdad institucional de los Estados de la "federación"; y que permitió la posibilidad de establecer limitaciones me-

22 *V.* Allan R. Brewer–Carías, *Federalismo y Municipalismo en la Constitución de 1999 (Alcance de una reforma insuficiente y regresiva),* Cuadernos de la Cátedra Allan R. Brewer–Carías de Derecho Público, N° 7, Universidad Católica del Táchira, Editorial Jurídica Venezolana, Caracas–San Cristóbal, 2001, 187 pp.. *V.* además, Allan R. Brewer–Carías, "El 'Estado Federal descentralizado' y la centralización de la Federación en Venezuela. Situación y Perspectiva de una contradicción constitucional», en *Revista de Estudios de la Administración Local (REAL)*, 292–293, mayo–diciembre 2003, Madrid, 2003, pp. 11–43.

diante ley a su autonomía (Art. 162) al igual que a la de los Municipios (Art. 168), lo que fue la negación de la idea misma de descentralización política y de su garantía constitucional. Las competencias de los Estados se redujeron a un precario ámbito, eliminándose las competencias tributarias, con lo que se los colocó en una posición de dependencia financiera más acentuada. Incluso se invirtió el viejo principio federal del carácter residual de las competencias públicas a favor de los Estados, que en materia tributaria se asignaron al Poder Nacional; y que con la rechazada reforma constitucional que sancionó la Asamblea Nacional el 2 de noviembre de 2007, se buscaba completar respecto de todas las materias.[23]

En todo caso, el retroceso en la descentralización política distorsionó la posibilidad para el ciudadano de poder ejercer el derecho de participar en la toma de decisiones y en la gestión de los asuntos públicos, lo cual sólo es posible cuando el poder está cerca del mismo, como consecuencia, precisamente, de la distribución territorial o descentralización del poder basado en la multiplicación de las autoridades locales con autonomía política,[24] que es lo que puede servir, además, para que el poder controle al poder. Al contrario, en un esquema de centralización del poder, no sólo la participación política se torna en una ilusión retórica, sino que el sistema se convierte en fácil instrumento del autoritarismo[25].

Por ello, también con motivo de la realización del referendo aprobatorio de la Constitución de 1999, advertíamos que:

> "La gran reforma del sistema político, necesaria e indispensable para perfeccionar la democracia era desmontar el centralismo de Estado y distribuir el Poder Público en el territorio; única vía para hacer realidad la participación política. La Asamblea Constituyente –agregábamos–, para superar la crisis política, debió diseñar la transformación del Estado, descentralizando el poder y sentar las bases para acercarlo efectivamente al ciudadano. Al no hacerlo, ni transformó el Estado ni dispuso lo necesario para hacer efectiva la participación"[26].

La Constitución de 1999, en esta materia, en realidad resultó un fraude encubierto en una mezcolanza terminológica contradictoria. En su texto se reguló un esquema de Estado centralizado, pero engañosamente utilizando en múltiples ocasiones las palabras "federación," "descentralización" y "participación", las cuales incluso, en la rechazada reforma constitucional de 2007, se buscaba que desaparecieran totalmente del texto

23 *V.* Allan R. Brewer–Carías, *Hacia la consolidación de un Estado Socialista, Centralista, Policial y Militarista. Comentarios sobre el alcance y sentido de las propuestas de reforma constitucional 2007*, Editorial Jurídica Venezolana, Caracas 2007, pp. 43 ss.; *La Reforma Constitucional de 2007 (Inconstitucionalmente sancionada por la Asamblea nacional el 2 de noviembre de 2007)*, Editorial Jurídica venezolana, Caracas, 2007. pp. 75 ss.

24 *V.* Allan R. Brewer–carías, "El Municipio, la descentralización política y la democracia" en *XXV Congreso Iberoamericano de Municipios, Guadalajara, Jalisco, México, 23 al 26 de octubre del 2001*, México 2003, pp. 53–61. *V.* las propuestas para el reforzamiento de la descentralización de la federación y el desmantelamiento de su centralización en la Asamblea Constituyente de 1999, en Allan R. Brewer–Carías, *Debate Constituyente (Aportes a la Asamblea Nacional Constituyente),* Tomo I, Fundación de Derecho Público, Editorial Jurídica Venezolana, Caracas, 1999, pp. 155 y ss.

25 *V.* los estudios "La opción entre democracia y autoritarismo (julio 2001)", pp. 41–59; "Democratización, descentralización política y reforma del Estado (julio–octubre 2001)"», pp. 105–125; y "El Municipio, la descentralización política y la democracia (octubre 2001)», pp. 127–141, en Allan R. Brewer, *Reflexiones sobre el constitucionalismo en América*, Editorial Jurídica Venezolana, Caracas, 2001.

26 Documento de 30 de noviembre de 1999. *V.* en Allan R. Brewer–Carías, *Debate Constituyente (Aportes a la Asamblea Nacional Constituyente)*, Tomo III, Fundación de Derecho Público, Editorial Jurídica Venezolana, Caracas, 1999, p. 323.

constitucional;[27] y, además, proclamando como valor global la llamada "democracia participativa", pero contradictoriamente, sin distribuir efectivamente el poder en el territorio, y sin permitir la efectiva posibilidad de participación política del ciudadano en la conducción de los asuntos públicos en entidades políticas autónomas y descentralizadas. Todo ello también se buscaba que desapareciera con la rechazada reforma constitucional de 2007, que pretendía estructurar un Estado Socialista centralizado montado sobre unos Consejos del Poder Popular totalmente controlados desde la Presidencia de la República, con integrantes que no son electos popularmente.[28]

La participación política, que es un derecho constitucional que no debe confundirse con la movilización popular, sólo es posible en las democracias a nivel local, en unidades territoriales políticas y autónomas descentralizadas donde se practique el autogobierno mediante representantes electos en forma directa, universal y secreta. Esa participación, por supuesto, no debe confundirse con mecanismos de democracia directa como los referendos, las asambleas de ciudadanos y los Consejos Comunales. Estos últimos fueron creados en Venezuela (2006), paralelamente a los Municipios, pero sin embargo, configurados como instancias sin autonomía política y con miembros que no son electos popularmente mediante sufragio, siendo conducidos exclusivamente desde la jefatura del Estado para la centralización del poder.

La historia y práctica política enseña que nunca ha habido autoritarismos descentralizados, y menos autoritarismos que hayan podido permitir el ejercicio efectivo del derecho a la participación política. La centralización política del poder es de la esencia de los autoritarismos, es contraria a la democracia, impidiendo a la vez toda posibilidad de participación, y es la base de la exclusión política al concentrar el poder en unos pocos, incluso así hayan sido electos. Por ello, los autoritarismos temen y rechazan tanto la real descentralización política como a la participación democrática, siendo la negación del derecho a la distribución territorial del poder y, en definitiva, del derecho a la democracia.

En cambio, la distribución territorial del poder, es decir, la descentralización política, es la que puede permitir el ejercicio efectivo de una democracia participativa, y la vez, del derecho a la posibilidad de controlar el poder. Esto no es posible mediante el engañoso recurso a una supuesta "democracia participativa y protagónica", que no está montada en la descentralización del poder, sino en unos Consejos Comunales creados como entidades controladas desde la cúspide del Poder Ejecutivo y cuyos miembros *no son electos por votación universal, directa y secreta del pueblo*, sino que son designados por asambleas de ciudadanos controladas por el partido de gobierno.[29] En definitiva, se trata de instituciones de manejo centralizado, dispuestas para hacerle creer al ciu-

27 *V.* Allan R. Brewer–Carías, *Hacia la consolidación de un Estado Socialista, Centralista, Policial y Militarista. Comentarios sobre el alcance y sentido de las propuestas de reforma constitucional 2007*, Editorial Jurídica Venezolana, Caracas, 2007, pp. 51 ss.; *La Reforma Constitucional de 2007 (Inconstitucionalmente sancionada por la Asamblea nacional el 2 de noviembre de 2007)*, Editorial Jurídica venezolana, Caracas, 2007. pp. 84 ss.

28 *Idem*, pp. 35, 43 ss.; y 55 ss., respectivamente.

29 *V.* Ley de los Consejos Comunales en *Gaceta Oficial* Nº 5.806 Extraordinaria del 10 de abril de 2006. *V.* Allan R. Brewer–Carías, "El inicio de la desmunicipalización en Venezuela: La organización del Poder Popular para eliminar la descentralización, la democracia representativa y la participación a nivel local", en *AIDA, Opera Prima de Derecho Administrativo. Revista de la Asociación Internacional de Derecho Administrativo*, Universidad Nacional Autónoma de México, Facultad de Estudios Superiores de Acatlán, Coordinación de Postgrado, Instituto Internacional de Derecho Administrativo "Agustín Gordillo", Asociación Internacional de Derecho Administrativo, México, 2007, pp. 49 a 67.

dadano que participa, cuando lo que se hace, si acaso, es movilizarlo en forma totalmente controlada por el Poder Central.

La verdad es que para que la democracia sea inclusiva o de inclusión, es decir, participativa, la misma tiene que permitir al ciudadano poder ser parte efectivamente de una comunidad política que tenga autonomía; lo que sólo puede tener lugar en entidades políticas autónomas, como los Municipios, producto de la distribución territorial del poder, como sucede en todas las sociedades democráticas. Por ello, la gran reforma democrática que se requería en 1999 para asegurar la participación política era, en realidad, que se garantizara efectivamente el derecho a la distribución territorial del poder, y se acercaran las instituciones locales autónomas al ciudadano, municipalizándose el territorio. Para ello, lo que había que hacer era multiplicar los municipios en lugar de reducirlos o de pretender sustituirlos y marginalizarlos con la creación de los Consejos Comunales, configurados en un sistema institucional *centralizado* denominado "del Poder Popular". Con ello, en 2006 se inició formalmente, en nombre de una supuesta democracia participativa, la eliminación de la propia democracia representativa, todo lo cual se buscaba constitucionalizar con la rechazada reforma constitucional de 2007.[30]

La consecuencia fundamental de todo este sistema ha sido la centralización progresiva del poder en la Jefatura del Ejecutivo Nacional, y el aniquilamiento de cualquier forma de control del poder mediante su distribución territorial, y en definitiva, la eliminación del derecho ciudadano a la distribución territorial del poder y, en definitiva, de la participación política. Ha implicado, además, el desmantelamiento de las estructuras territoriales del Estado y de la Administración Pública, incluso mediante la sustitución de la organización administrativa del Estado, por nuevas y confusas formas que han desarticulado el propio derecho administrativo. Ha sido el caso de las llamadas "misiones" creadas como "organizaciones" públicas fuera de la organización de la Administración general del Estado, al punto de que en la rechazada reforma constitucional de 2007 se proponía incluirlas en un artículo constitucional, con redacción más propia de un comentario doctrinal que de un texto constitucional, en el cual se pretendía clasificar a las "administraciones públicas", contra toda técnica legislativa, en las siguientes dos "categorías": por una parte, "las administraciones públicas burocráticas o tradicionales, que son las que atienden a las estructuras previstas y reguladas en esta Constitución; y por lastra, "las misiones, constituidas por organizaciones de variada naturaleza, creadas para atender a la satisfacción de las más sentidas y urgentes necesidades de la población, cuya prestación exige de la aplicación de sistemas excepcionales, e incluso, experimentales, los cuales serán establecidos por el Poder Ejecutivo mediante reglamentos organizativos y funcionales" (art. 141). Es decir, con la rechazada reforma constitucional, en lugar de buscarse corregir el descalabro administrativo producido en los últimos años por la indisciplina presupuestaria derivada de fondos asignados a programas específicos del gobierno, denominados "misiones", concebidos fuera de la organización general del Estado, lo que se pretendía era constitucionalizar el desorden administrativo, calificándose a las estructuras administrativas del Estado como "burocráticas o tradicionales", renunciando a que las mismas fueran reformadas para convertirlas en instrumentos para que, precisamente pudieran atender a la satisfacción de las más senti-

30 *V.* Allan R. Brewer–Carías, *Hacia la consolidación de un Estado Socialista, Centralista, Policial y Militarista. Comentarios sobre el alcance y sentido de las propuestas de reforma constitucional 2007*, Editorial Jurídica Venezolana, Caracas, 2007, pp. 51 ss.; *La Reforma Constitucional de 2007 (Inconstitucionalmente sancionada por la Asamblea nacional el 2 de noviembre de 2007)*, Editorial Jurídica venezolana, Caracas, 2007. pp. 84 ss.

das y urgentes necesidades de la población. Y todo ello, dejando la organización de la Administración Pública a la sola voluntad del Presidente de la República mediante reglamentos (artículos 141; 236,22).[31]

Pero además del derecho ciudadano a la separación de poderes y a la distribución territorial del poder, para controlarlo, el derecho a la democracia, también conlleva la existencia de un tercer derecho ciudadano destinado a asegurar la tutela y el control judicial efectivo del ejercicio del poder, lo que exige, ineludiblemente, que la autonomía e independencia del Poder Judicial en su conjunto y de los jueces en particular, estén garantizadas. Por ello, también como parte del derecho ciudadano a la separación de poderes y como parte del derecho a la democracia, se puede identificar un derecho ciudadano a la independencia y autonomía de los jueces que en un Estado democrático de derecho la Constitución debe garantizar. Se trata de darle plena efectividad al mencionado derecho constitucional a la separación de poderes, porque sin éste, simplemente no puede hablarse ni de Estado de derecho, ni de posibilidad de control judicial del poder, ni de derecho a la democracia, y sin ello, es imposible hablar siquiera del equilibrio que el derecho administrativo debe asegurar entre los poderes del Estado y los derechos ciudadanos.

El principio de la independencia y autonomía del Poder Judicial está declarado en el artículo 254 de la Constitución venezolana de 1999, pero la base fundamental para asegurarlas está en las normas relativas al ingreso de los jueces a la carrera judicial y a su permanencia y estabilidad en los cargos. A tal efecto, en cuanto a la carrera judicial, de acuerdo con lo dispuesto en el artículo 255 de la Constitución, el ingreso a la misma y el ascenso de los jueces solo se debe hacer mediante concursos públicos de oposición que aseguren la idoneidad y excelencia de los participantes, debiendo además la ley garantizar la participación ciudadana en el procedimiento de selección y designación de los jueces. Por otra parte, la Constitución dispuso que los jueces sólo pueden ser removidos o suspendidos de sus cargos mediante juicios disciplinarios llevados por jueces disciplinarios (art. 255).

Lamentablemente, sin embargo, diez años después, nada de ello se ha implementado durante la casi una década de vigencia de la Constitución, de manera que la realización de los concursos públicos para el ingreso a la carrera judicial no han tenido lugar, y conforme a una interminable transitoriedad constitucional que ha permitido el funcionamiento de una inconstitucional "Comisión de Funcionamiento del Poder Judicial" creada en 1999 por la Asamblea Nacional Constituyente, y que fue regularizada legislativamente en 2004, la importante jurisdicción disciplinaria tampoco se ha establecido en Venezuela, y ello, peor aún, con la anuencia del propio Tribunal Supremo de Justicia el cual renunció a asumir sus funciones constitucionales.[32]

En esta forma, a partir de 1999, se destituyeron materialmente a casi todos los jueces del país,[33] habiendo sido reemplazados por jueces provisorios o temporales,[34] con lo

31 *Idem*, pp. 31 ss.; y 50 ss., respectivamente.

32 *V.* Allan R. Brewer–Carías, "La justicia sometida al poder y la interminable emergencia del poder judicial (1999–2006)", en *Derecho y democracia. Cuadernos Universitarios*, Órgano de Divulgación Académica, Vicerrectorado Académico, Universidad Metropolitana, Año II, N° 11, Caracas, septiembre 2007, pp. 122–138.

33 La Comisión Interamericana de Derechos Humanos también lo registró en el Capítulo IV del *Informe* que rindió ante la Asamblea General de la OEA en 2006, que los "casos de destituciones, sustituciones y otro tipo de medidas que, en razón de la provisionalidad y los procesos de reforma, han generado dificultades para una plena vigencia de la independencia judicial en Venezuela" (párrafo 291); destacando aquellas "destituciones y sustituciones que son señaladas como represalias por la toma de decisiones contrarias al Gobierno" (párrafo 295 ss.); conclu-

cual desde 1999 se produjo un proceso de intervención sistemática y continua del Poder Judicial. Ello comenzó con la intervención decretada por la Asamblea Nacional Constituyente en 1999[35], la cual ha continuado hasta el presente, demoliéndose sistemáticamente su autonomía.[36] Con todo ello, el derecho a la tutela judicial efectiva y al control judicial del poder del Estado ha quedado marginado, siendo imposible garantizar efectivamente ningún equilibrio entre el Estado y su Administración y los derechos de los ciudadanos–administrados.

Lo grave de toda esta irregular situación derivada de la masiva remoción de jueces sin debido proceso alguno, designándose para sustituirlos a jueces provisorios y temporales, fue que en 2006 se pretendió solventar el problema de la provisionalidad, a través de un "Programa Especial para la Regularización de la Titularidad" dirigido a los dotar de permanencia a los jueces accidentales, temporales o provisorios, burlándose el sistema de ingreso a la función judicial que, como se dijo, constitucionalmente sólo puede ocurrir mediante concursos públicos de oposición (artículo 255). Con ello, en definitiva, lo que se ha buscado ha sido consolidar los efectos de los nombramientos "a dedo" de jueces dependencia del poder.

La intervención política del Poder Judicial, por otra parte, se ha afianzado mediante el control político que se ha consolidado sobre el Tribunal Supremo de Justicia, lo que se ha efectuado comenzando por la designación de los magistrados. En efecto, en cuanto a la selección de los Magistrados del Tribunal Supremo de Justicia, la Constitución de 1999 creó el Comité de Postulaciones Judiciales (art. 270), que debía haber estado integrado por representantes de los diferentes sectores de la sociedad. Sin embargo, en la designación de Magistrados por la Asamblea Nacional Constituyente, la participación de la sociedad civil no se garantizó, y en 2001, nueva la designación de Magistrados mediante una "Ley Especial" que convirtió dicho Comité en una comisión parlamentaria, tampoco se garantizó. Luego, después de años de transitoriedad constitucional, la Ley Orgánica del Tribunal Supremo de Justicia de 2004, en lugar de regular dicho Comité, lo que estableció fue una Comisión parlamentaria ampliada, totalmente controlada por el Parlamento, burlando la disposición constitucional[37]. Con dicha reforma, además,

---

yendo que para 2005, según cifras oficiales, "el 18,30% de las juezas y jueces son titulares y 81,70% están en condiciones de provisionalidad" (párrafo 202).

34 En el *Informe Especial* de la Comisión sobre Venezuela correspondiente al año 2003, la misma también expresó, que "un aspecto vinculado a la autonomía e independencia del Poder Judicial es el relativo al carácter provisorio de los jueces en el sistema judicial de Venezuela. Actualmente, la información proporcionada por las distintas fuentes indica que más del 80% de los jueces venezolanos son "provisionales". *Informe sobre la Situación de los Derechos Humanos en Venezuela 2003, cit.* párr. 161

35 *V.* nuestro voto salvado a la intervención del Poder Judicial por la Asamblea Nacional Constituyente en Allan R. Brewer–Carías, *Debate Constituyente, (Aportes a la Asamblea Nacional Constituyente),* Tomo I, (8 agosto–8 septiembre), Caracas 1999; y las críticas formuladas a ese proceso en Allan R. Brewer–Carías, *Golpe de Estado y proceso constituyente en Venezuela,* Universidad Nacional Autónoma de México, México, 2002.

36 *V.* Allan R. Brewer–Carías, "La progresiva y sistemática demolición de la autonomía en independencia del Poder Judicial en Venezuela (1999–2004)", en *XXX Jornadas J.M Domínguez Escovar, Estado de derecho, Administración de justicia y derechos humanos,* Instituto de Estudios Jurídicos del Estado Lara, Barquisimeto, 2005, pp. 33–174.

37 *V.* los comentarios en Allan R. Brewer–Carías, *Ley Orgánica del Tribunal Supremo de Justicia,* Editorial Jurídica Venezolana, Caracas 200, pp. 32 ss. El asalto al Tribunal Supremo de Justicia se inició antes con el nombramiento "transitorio", en 1999, por la Asamblea Nacional Constituyente, de los nuevos Magistrados del Tribunal Supremo de Justicia sin cumplirse los requisitos constitucionales ni asegurarse la participación de la sociedad civil en los nombramientos. Las previsiones constitucionales sobre condiciones para ser magistrado y los procedimientos para su designación con participación de los sectores de la sociedad, se continuaron violando por la Asamblea

se aumentó el número de Magistrados de 20 a 32, los cuales fueron elegidos por la Asamblea Nacional en un procedimiento enteramente dominado por el Presidente de la República. Ello incluso lo anunció públicamente en víspera de los nombramientos, el entonces Presidente de la Comisión parlamentaria encargada de escoger los candidatos a Magistrados del Tribunal Supremo.[38] Con razón, la Comisión Interamericana de Derechos Humanos indicó en su *Informe* a la Asamblea General de la OEA correspondiente a 2004 que "estas normas de la Ley Orgánica del Tribunal Supremo de Justicia habrían facilitado que el Poder Ejecutivo manipulara el proceso de elección de magistrados llevado a cabo durante 2004."[39]

Por otra parte, en cuanto a la estabilidad de los Magistrados del Tribunal Supremo de Justicia, el artículo 265 de la Constitución dispuso que los mismos podían ser removidos por la Asamblea Nacional mediante una mayoría calificada de las dos terceras partes de sus integrantes, previa audiencia concedida al interesado, en caso de faltas graves calificadas por el Poder Ciudadano. Con esta sola disposición, ciertamente podía decirse que la autonomía e independencia de los magistrados quedaba cuestionada pues permitía una inconveniente e inaceptable injerencia de la instancia política del Poder en relación con la administración de Justicia. Con esta disposición, la Asamblea Nacional comenzó z ejercer un control político directo sobre los Magistrados del Tribunal Supremo, los cuales permanentemente saben que en cualquier momento pueden ser investigados y removidos. Sin embargo, en la previsión constitucional al menos había la garantía de la exigencia de una mayoría calificada para la votación, pero ello fue absurdamente eliminado al preverse otra modalidad de remoción, con el sólo voto de la mayoría absoluta de los diputados, establecida en evidente fraude a la Constitución, en la Ley Orgánica del Tribunal Supremo de Justicia en 2004.[40] sta inconstitucional previsión legal, incluso se buscó constitucionalizar con la rechazada reforma constitucional de 2007.[41]

En esta forma, el Tribunal Supremo de Justicia de Venezuela se ha configurado como un Poder del Estado altamente politizado[42], lamentablemente sujeto a la voluntad del

---

Nacional al hacer las primeras designaciones en 2002 conforme a una "Ley especial" sancionada para efectuarlas transitoriamente, con contenido completamente al margen de las exigencias constitucionales

38 El diputado Pedro Carreño, quien un tiempo después fue designado Ministro del Interior y de Justicia, afirmó lo siguiente: "Si bien los diputados tenemos la potestad de esta escogencia, el Presidente de la República fue consultado y su opinión fue tenida muy en cuenta."(Resaltado añadido). Agregó: "Vamos a estar claros, nosotros no nos vamos a meter autogoles. En la lista había gente de la oposición que cumple con todos los requisitos. La oposición hubiera podido usarlos para llegar a un acuerdo en las últimas sesiones, pero no quisieron. Así que nosotros no lo vamos a hacer por ellos. En el grupo de los postulados no hay nadie que vaya a actuar contra nosotros y, así sea en una sesión de 10 horas, lo aprobaremos." *V.* en *El Nacional*, Caracas, 13–12–2004.

39 Comisión Interamericana de Derechos Humanos, *Informe sobre Venezuela 2004*, párrafo 180

40 Se estableció, en efecto, la posibilidad de la "revocación del acto administrativo de nombramiento los Magistrados" por mayoría para burlar la exigencia de la mayoría calificada prevista para la "remoción". *V.* los comentarios en Allan R. Brewer–Carías, *Ley Orgánica del Tribunal Supremo de Justicia,* Editorial Jurídica Venezolana, Caracas, 2004, pp. 41 ss.

41 *V.* Allan R. Brewer–Carías, *Hacia la consolidación de un Estado Socialista, Centralista, Policial y Militarista. Comentarios sobre el alcance y sentido de las propuestas de reforma constitucional 2007*, Editorial Jurídica Venezolana, Caracas, 2007, pp. 114 ss.; *La Reforma Constitucional de 2007 (Inconstitucionalmente sancionada por la Asamblea nacional el 2 de noviembre de 2007)*, Editorial Jurídica venezolana, Caracas, 2007, pp. 108 ss.

42 *V.* lo expresado por el magistrado Francisco Carrasqueño, en la apertura del año judicial en enero de 2008, al explicar que : "no es cierto que el ejercicio del poder político se limite al Legislativo, sino que tiene su continuación en los tribunales, en la misma medida que el Ejecutivo", dejando claro que la "aplicación del Derecho no es neutra y menos aun la actividad de los magistrados, porque según se dice en la doctrina, deben ser reflejo de la política, sin vulnerar la independencia de la actividad judicial". *V.* en *El Universal*, Caracas, 29–01–2008.

Presidente de la República, lo que en la práctica ha significado la eliminación de toda la autonomía del Poder Judicial. Con ello, el propio postulado de la separación de los poderes, como piedra angular del Estado de Derecho y de la vigencia de las instituciones democráticas ha sido eliminando, desapareciendo toda posibilidad de control judicial efectivo del poder por parte de los ciudadanos. El propio Presidente de la República incluso, llegó a decir en 2007 que para poder dictar sentencias, el Tribunal Supremo debía consultarlo previamente.[43] Este sometimiento del Tribunal Supremo a la voluntad del Ejecutivo Nacional, ha sido catastrófica en relación a la autonomía e independencia del Poder Judicial, particularmente si se tiene en cuenta, además, que dicho Tribunal ejerce el gobierno y administración de todo el Poder Judicial. Lo grave es que en este esquema, la Sala Constitucional del Tribunal Supremo se ha convertido en el instrumento fundamental para el afianzamiento institucional del autoritarismo.

Con todo esto, el Poder Judicial ha pospuesto su función fundamental de servir de instrumento de control de las actividades de los otros órganos del Estado para asegurar su sometimiento a la ley, habiendo materialmente desaparecido el derecho ciudadano a la tutela judicial efectiva y al controlar del poder. En esa situación, por tanto, es difícil hablar siquiera de posibilidad alguna de equilibrio entre poderes y prerrogativas del Estado y derechos y garantías ciudadanas.

Esto es particularmente grave en el caso de los tribunales contencioso administrativos precisamente por el hecho de que sus decisiones siempre implican enfrentar el poder, y particularmente, el Poder Ejecutivo. Si esta autonomía no está garantizada ni la independencia está blindada, el mejor sistema de justicia contencioso administrativa será letra muerta; y lamentablemente, esto es lo que también ha venido ocurriendo en Venezuela en los últimos años durante el gobierno autoritario. Ello ha afectado a la Jurisdicción Contencioso Administrativa, y la cual después de diez años ya no es un efectivo sistema de control de las actuaciones administrativas. Como ejemplo de esta lamentable situación basta citar un sólo caso, desarrollado con ocasión de un proceso contencioso administrativo de nulidad y amparo iniciado el 17 de julio de 2003 por ante la Corte Primera de lo Contencioso Administrativo, intentado por la Federación Médica Venezolana contra los actos del Alcalde Metropolitano de Caracas, del Ministro de Salud y del Colegio de Médicos del Distrito Metropolitano de Caracas mediante los cuales se había decidido contratar médicos de nacionalidad cubana para el desarrollo de un importante programa asistencial de salud en los barrios de Caracas, pero sin que se cumplieran los requisitos para el ejercicio de la medicina establecidos en la Ley de Ejercicio de la Medicina. La Federación Médica Venezolana consideró dicho programa como discriminatorio y violatorio de los derechos de los médicos venezolanos (derecho al trabajo, entre otros) a ejercer su profesión, al permitir a médicos extranjeros ejercer la profesión médica sin cumplir con las condiciones establecidas en la Ley para el ejercicio de la profesión médica, y en consecuencia, intentó la acción de nulidad y amparo, en repre-

43 Asi lo afirmó el Jefe de Estado, cuando al referirse a una sentencia de la Sala Constitucional muy criticada, en la cual reformó de oficio una norma de la Ley del Impuesto sobre la renta, simplemente dijo: "Muchas veces llegan, viene el Gobierno Nacional Revolucionario y quiere tomar una decisión contra algo por ejemplo que tiene que ver o que tiene que pasar por decisiones judiciales y ellos empiezan a moverse en contrario a la sombra, y muchas veces logran neutralizar decisiones de la Revolución a través de un juez, o de un tribunal, o hasta en el mismísimo Tribunal Supremo de Justicia, a espaldas del líder de la Revolución, actuando por dentro contra la Revolución. Eso es, repito, traición al pueblo, traición a la Revolución." Discurso del Presidente de la Republica en el Primer Evento con propulsores del Partido Socialista Unido de Venezuela, Teatro Teresa Carreño, Caracas 24 marzo 2007.

sentación de los derechos colectivos de los médicos venezolanos, solicitando su protección.[44]

Un mes después, el 21 de agosto de 203, la Corte Primera dictó una medida cautelar de amparo considerando que había suficientes elementos en el caso que hacían presumir la violación del derecho a la igualdad ante la ley de los médicos venezolanos, ordenando la suspensión temporal del programa de contratación de médicos cubanos, y ordenando al Colegio de Médicos del Distrito metropolitano el sustituir los médicos cubanos ya contratados sin licencia por médicos venezolanos o médicos extranjeros con licencia para ejercer la profesión en Venezuela.[45]

La respuesta gubernamental a esta decisión preliminar con medida cautelar, que tocaba un programa social muy sensible para el gobierno, fue el anuncio público del Ministro de Salud, del Alcalde metropolitano y del propio Presidente de la república de que la medida judicial cautelar dictada no iba a ser ejecutada en forma alguna.[46]

Estos anuncios fueron seguidos de varias decisiones gubernamentales: La Sala Constitucional del Tribunal Supremo de Justicia, controlada por el Ejecutivo, adoptó la decisión de avocarse al caso decidido por la Corte Primera de lo Contencioso Administrativo, y usurpando competencias en la materia, declaró la nulidad del amparo cautelare decidido por esta; un grupo de agentes de la policía política (DISIP) allanó la sede de la Corte Primera, después de detener a un escribiente o alguacil de la misma por motivos fútiles; el Presidente de la república, entre otras expresiones usadas, se refirió al Presidente de la Corte primea como "un bandido;"[47] y unas semanas después, la Comisión Especial Judicial del Tribunal Supremo de Justicia, sin fundamento legal alguno, destituyó a los cinco magistrados de la Corte Primera, la cual fue intervenida.[48] A pesar de la protesta de los Colegios de Abogados del país e incluso de la Comisión Internacional de Juristas;[49] el hecho es que la Cote primera permaneció cerrada sin jueces por más de diez meses,[50] tiempo durante el cual simplemente no hubo justicia contencioso administrativa en el país.

Esa fue la respuesta gubernamental a un amparo cautelar dictado por el juez competente respecto de un programa gubernamental sensible; respuesta que fue dada y ejecutada a través de órganos judiciales controlados políticamente.[51] Ello, por supuesto, la-

---

44 *V.* Claudia Nikken, "El caso "Barrio Adentro": La Corte Primera de lo Contencioso Administrativo ante la Sala Constitucional del Tribunal Supremo de Justicia o el avocamiento como medio de amparo de derechos e intereses colectivos y difusos," en *Revista de Derecho Público,* Nº 93–96, Editorial Jurídica Venezolana, Caracas, 2003, pp. 5 ss.

45 *V.* la decisión de 21 de agosto de 2003 en *Idem,* pp. 445 ss.

46 El Presidente de la república dijo: "*Váyanse con su decisión no sé para donde, la cumplirán ustedes en su casa si quieren…*", en el programa de TV *Aló Presidente,* nº 161, 24 de Agosto de 2003.

47 Discurso público, 20 septiembre de 2003.

48 *V.* la información en *El Nacional,* Caracas, Noviembre 5, 2003, p. A2. En la misma página el Presidente destituido de la Corte Primera dijo: "*La justicia venezolana vive un momento tenebroso, pues el tribunal que constituye un último resquicio de esperanza ha sido clausurado*".

49 *V.* en *El Nacional,* Caracas, Octubre 12, 2003, p. A–5; y *El Nacional,* Caracas, Noviembre 18,2004, p. A–6.

50 *V.* en *El Nacional,* Caracas, Octubre 24, 2003, p. A–2; y *El Nacional,* Caracas, Julio 16, 2004, p. A–6.

51 *V.* Allan R. Brewer–Carías, "La progresiva y sistemática demolición institucional de la autonomía e independencia del Poder Judicial en Venezuela 1999–2004," en *XXX Jornadas J.M Domínguez Escovar, Estado de derecho, Administración de justicia y derechos humanos,* Instituto de Estudios Jurídicos del Estado Lara, Barquisimeto, 2005, pp. 33–174; "La justicia sometida al poder (La ausencia de independencia y autonomía de los jueces en Venezuela por la interminable emergencia del Poder Judicial (1999–2006))," en *Cuestiones Internacionales. Anuario Jurídico Villanueva 2007,* Centro Universitario Villanueva, Marcial Pons, Madrid, 2007, pp. 25–57.

mentablemente significó que los jueces que fueron luego nombrados para reemplazar a los destituidos comenzaron a entender como debían comportarse en el futuro frente al poder.

Este caso, de abierto desconocimiento del poder de los jueces contencioso administrativo, fue denunciado por los ex–Magistrados de la Corte Primera ante la Comisión Interamericana de Derechos Humanos por violación a sus garantías constitucionales judiciales. Después que la Comisión demandó al Estado venezolano ante la Corte Interamericana de Derechos Humanos, el proceso concluyó el 5 de agosto de 2008, con una decisión,[52] en la cual la Corte Interamericana decidió que el Estado venezolano había violado en el caso las garantías judiciales de los jueces destituidos establecidas en la Convención Americana de Derechos Humanos, condenando al Estado a pagarles compensación, a reincorporarlos a cargos similares en el Poder Judicial, y a publicar parte de la sentencia en la prensa venezolana. Sin embargo, la Sala Constitucional del Tribunal Supremo, en sentencia N° 1.939 de 12 de diciembre de 2008,[53] citando como precedente una sentencia del Tribunal Superior Militar del Perú de 2002, declaró como "inejecutable" la antes citada decisión de la Corte Interamericana de Derechos Humanos de agosto de 2008, solicitando al Ejecutivo que denunciara la Convención Americana de Derechos Humanos que supuestamente había usurpado los poderes del Tribunal Supremo.

Este caso emblemático, por otra parte, contrasta con las previsiones de la Constitución de 1999, en la cual se encuentra una de las declaraciones de derechos más completas de América Latina, y sobre su protección por medio de la acción de amparo, así como previsiones expresas sobre la Jurisdicción Constitucional y la Jurisdicción Contencioso Administrativa difícilmente contenidas con tanto detalle en otros textos constitucionales. Ello, por otra parte, lo que muestra es que para que exista control de la actuación del Estado es indispensable que el Poder Judicial sea autónomo e independiente, y fuera del alcance del Poder Ejecutivo. Al contrario, cuando el poder judicial está controlado por el Poder Ejecutivo, como lo muestra el caso citado, las declaraciones constitucionales de derechos se convierten en letra muerta.

De todo lo anterior resulta, con evidencia, que para que exista democracia como régimen político en un Estado constitucional y democrático de derecho, no son suficientes las declaraciones contenidas en los textos constitucionales que hablen del derecho al sufragio y a la participación política; ni de la división o separación horizontal del Poder Público, ni de su distribución vertical o territorial del poder público, de manera que los diversos poderes del Estado puedan limitarse mutuamente; así como tampoco bastan las declaraciones que se refieran a la posibilidad de los ciudadanos de controlar el poder del Estado, mediante elecciones libres y justas que garanticen la alternabilidad republicana; mediante un sistema de partidos que permita el libre juego del pluralismo democrático; mediante la libre manifestación y expresión del pensamiento y de la información que movilice la opinión pública; o mediante el ejercicio de recursos judiciales ante jueces independientes que permitan asegurar la vigencia de los derechos humanos y el sometimiento del Estado al derecho. Tampoco bastan las declaraciones constitucionales sobre la "democracia participativa y protagónica" o la descentralización del Estado; así como tampoco la declaración extensa de derechos humanos.

---

52 *V.* Caso *Apitz Barbera y otros ("Corte Primera de lo Contencioso Administrativo") vs. Venezuela,* Excepción Preliminar, Fondo, Reparaciones y Costas, Serie C N° 182, en www.corteidh.or.cr

53 Expediente : 08–1572, Case: *Abogados Gustavo Álvarez Arias y otros*

Además de todas esas declaraciones, es necesaria que la práctica política democrática asegure efectivamente la posibilidad de controlar el poder, como única forma de garantizar la vigencia del Estado de derecho, y el ejercicio real de los derechos humanos; y que el derecho administrativo pueda consolidarse como un régimen jurídico de la Administración que disponga el equilibrio entre los poderes del Estado y los derechos de los administrados. Para lograr ese equilibrio, sin duda, nuevos derechos ciudadanos deben identificarse en el Estado democrático de derecho y entre ellos, el derecho a la democracia.

Lamentablemente, en Venezuela, después de cuatro décadas de práctica democrática que tuvimos entre 1959 y 1999, durante esta última década entre 1999 y 2009, en fraude continuo a la Constitución efectuado por el Legislador y por el Tribunal Supremo de Justicia, guiados por el Poder Ejecutivo, a pesar de las excelentes normas constitucionales que están insertas en el Texto fundamental, se ha venido estructurando un Estado autoritario en contra de las mismas, que ha aniquilado toda posibilidad de control del ejercicio del poder y, en definitiva, el derecho mismo de los ciudadanos a la democracia. Y con ello, de toda posibilidad de que el derecho administrativo sea ese derecho que asegure el equilibrio entre los poderes del Estado y los derechos ciudadanos que el Estado democrático de derecho exige.

Ello es lo único que puede explicar que un Jefe de Estado pueda decir en pleno comienzo del Siglo XXI, pueda llegar a afirmar públicamente retando a sus opositores al usar desmedidamente los poderes de legislación delegada, "Yo soy la Ley," "Yo soy el Estado,"[54] o "La Ley soy yo. El Estado soy yo."[55] Esa frase que ha dicho el Presidente de Venezuela en 2001 y 2008, atribuida a Luis XIV, incluso éste nunca la llegó a expresar.[56] Pero en boca de un Jefe de Estado de nuestros tiempos, es suficiente para entender la tragedia institucional de Venezuela, precisamente caracterizada por la completa ausencia de separación de poderes, de independencia y autonomía del poder judicial, y en consecuencia de gobierno democrático y de derecho ciudadano a la democracia.[57]

---

54 Expresión del Presidente Hugo Chávez Frías, el 28 de agosto de 2008. Ver en Gustavo Coronel, *Las Armas de Coronel*, 15 de octubre de 2008: http://lasarmasdecoronel.blogspot.com/2008/10/yo-soy-la-leyyo-soy-el-estado.html

55 "*La ley soy yo. El Estado soy yo*". *V.* en *El Universal*, Caracas 4–12–01, pp. 1,1 y 2,1..

56 La frase atribuida a Luis XIV cuando en 1661 decidió gobernar solo después de la muerte del Cardenal Mazarin, nunca llegó a pronunciarla. *V.* Yves Guchet, *Histoire Constitutionnelle Française (1789–1958)*, Ed. Erasme, Paris, 1990, p. 8.

57 *V.* el resumen de esta situación en Teodoro Petkoff, "Election and Political Power. Challenges for the Opposition", en *ReVista. Harvard Review of Latin America*, David Rockefeller Center for Latin American Studies, Harvard University, Fall 2008, pp. 12. *V.* además, Allan R. Brewer–Carías, "Los problemas de la gobernabilidad democrática en Venezuela: el autoritarismo constitucional y la concentración y centralización del poder," en Diego Valadés (Coord.), *Gobernabilidad y constitucionalismo en América Latina*, Universidad Nacional Autónoma de México, México, 2005, pp. 73–96.

Sección Segunda: DERECHO ADMINISTRATIVO Y LA DEMOCRACIA A LOS 100 AÑOS DE LA CÁTEDRA DE DERECHO ADMINISTRATIVO (2009)

"Salutación leída por el profesor Jesús María Casal, Decano de la Facultad de Derecho de la Universidad Católica Andrés Bello, en las *Jornadas Conmemorativas del Centenario de la Cátedra de Derecho Administrativo en Venezuela*, Caracas 16 de junio de 2009".

Comienzo agradeciendo muy especialmente al decano Jesús María Casal, por su afectuoso y generoso gesto al invitarme que escribiera estas palabras de Salutación para ser leídas por él, dada mi obligada ausencia del país, en estas *Jornadas Conmemorativas del Centenario de la Cátedra de Derecho Administrativo.*

Un Siglo, sin duda, siempre es un tiempo memorable para recordar y celebrar, como ocurre con esta celebración del *Centenario de la Cátedra de Derecho Administrativo*, la cual fue fundada, como todos sabemos, en 1909, en un momento muy especial en nuestra historia político constitucional, que coincide con el proceso de consolidación del Estado Nacional en el país, pero en el marco de un Estado Centralizado del cual se acababa de apoderar Juan Vicente Gómez, iniciando así el régimen autoritario con el cual regiría el país en las décadas sucesivas.

En los primeros cincuenta años de la Cátedra, hasta 1958, el derecho administrativo fue, por tanto, el derecho relativo a un Estado centralizado y autoritario, cuyo contenido se reducía a regular con cierta superficialidad, la organización y funcionamiento de su Administración Pública, sin que en el mismo pudieran identificarse aspectos sustantivos y menos aún, planteamientos que tuvieran relación con los posibles derechos de los administrados en sus relaciones con la Administración Pública. Aquél no era tiempo de poder pensar en regular en forma alguna, las garantías jurídicas de los administrados frente a la Administración, ni las limitaciones que debían establecerse a los poderes de esta, ya que no existía democracia como régimen político, ni tenía vigencia el principio de la separación de poderes, que le es consustancial; ni existía, por supuesto, la posibilidad efectiva alguna de controlar judicialmente la actividad administrativa.

El derecho administrativo, por tanto, no es ni puede ser lo mismo en un Estado autoritario, que en un Estado democrático. En el primero, lejos de un equilibrio entre los poderes de la Administración y los derechos de los particulares, lo que existe es más bien un marcado desequilibrio a favor del régimen de la Administración, con pocas posibilidades de garantía de los derechos de los particulares frente a su actividad. En cambio, el equilibrio antes mencionado sólo tiene posibilidad de pleno desarrollo en Estados con regímenes democráticos, donde la supremacía constitucional esté asegurada, la separación y distribución del Poder sea el principio medular de la organización del Estado, donde el ejercicio del Poder Público pueda ser efectivamente controlado, y donde los derechos de los ciudadanos puedan ser garantizados por un Poder Judicial independiente y autónomo. Nada de ello se encuentra en los Estados con regímenes autoritarios, así sus gobernantes hayan tenido origen electivo.[58]

---

58 *V.* Allan R. Brewer–Carías, "El Derecho a la democracia entre las nuevas tendencias del derecho administrativo como punto de equilibrio entre los poderes de la Administración y los derechos del Administrado," en *Revista Mexicana "Statum Rei Romanae" de Derecho Administrativo.* Homenaje al profesor Jorge Fernández Ruiz,

Yo me topé con el derecho administrativo precisamente al concluir esos primeros cincuenta años de la Cátedra coincidente con el régimen de Estado autoritario, cuando todavía no se había iniciado la segunda etapa correspondiente a los siguientes cincuenta años que correspondieron al período del Estado democrático, durante el cual progresivamente se fueron limitando las potestades públicas, se fue afianzando el principio de la legalidad y el de la separación de poderes, se reconocieron los derechos de los ciudadanos en sus relaciones frente a la Administración, y se aceptó que ésta tenía efectivamente que someterse a control judicial.

Ha sido precisamente en esa segunda mitad de la historia de la Cátedra, el período en el cual yo he tenido el privilegio vital de haber estado vinculado a la misma, tiempo en el cual nuestra asignatura adquirió un desarrollo e influencia extraordinarias sin parangón en alguna otra de las cátedras de las Facultades de derecho. En ese tiempo, sin duda, el derecho administrativo dominó el campo del derecho, y ese fue el tiempo, precisamente, del afianzamiento de la democracia en Venezuela.

En ese año de 1958, cuando comenzó el régimen político democrático en el país, fue cuando me topé con el Derecho Administrativo como asignatura de la carrera de derecho en la Facultad de Derecho de la Universidad Central de Venezuela. Esta materia la comencé a estudiar en el curso de *Derecho Administrativo I* que daba el profesor Gonzalo Pérez Luciani, y la continué estudiando al año siguiente, en 1959, en el curso de *Derecho Administrativo II* que daba el profesor Tomás Polanco Alcántara. Con ocasión de esos dos cursos, en 1959, hace exactamente cincuenta años, el Centro de Estudiantes de la Facultad de Derecho de la Universidad Central, me solicitó publicar en forma multigrafiada un escrito denominado *Esquemas de Derecho Administrativo I*[59] que yo había redactado para mi estudio personal siguiendo el curso del profesor Pérez Luciani.

La verdad es que no se trataron de "apuntes" tomados en sus clases, sino de un texto que redacté en forma autónoma siguiendo el Programa de la asignatura y destacando los diversos aspectos que trataba el profesor en clase. En esos *Esquemas* desarrollé el contenido de la materia apelando a la bibliografía que sobre derecho administrativo existía en aquel entonces en el país, muy escasa por cierto, recordando ahora entre los libros y trabajos consultados, las *Lecciones* del curso que había dado el profesor Moles Caubet;[60] el *Tratado* de Sayagués Lazo[61] de Uruguay; los libros de Villegas Basavilbaso y Bielsa de Argentina;[62] el libro de Fraga[63] de México; los de Merkl y Fleiner,[64] de Ale-

Asociación Mexicana de Derecho Administrativo, Facultad de Derecho y Criminología de la Universidad Autónoma de Nuevo León, México, 2008, pp. 85–122; y "Prólogo: Sobre el derecho a la democracia y el control del poder", al libro de Asdrúbal Aguiar, *El derecho a la democracia. La democracia en el derecho y la jurisprudencia interamericanos. La libertad de expresión, piedra angular de la democracia*, Editorial Jurídica Venezolana, Caracas, 2008, pp. 19 ss.

59 *V. Esquemas de Derecho Administrativo I (Tesis 1 A 16)*, (Curso de Profesor Gonzalo Pérez Luciani, Segundo año), Edición del Centro de Estudiantes de la Facultad de Derecho, Universidad Central de Venezuela, multigrafiado, Caracas, 1960, 96 pp.

60 *V.* Antonio Moles Caubet, *Lecciones de Derecho Administrativo*, Curso 1956–1957, Caracas.

61 *V.* Enrique Sayagués Laso, *Tratado de Derecho Administrativo*, Tomo 1, Montevideo 1953.

62 *V.* Rafael Villegas Basavilbaso, *Derecho Administrativo*, 6 Tomos, Buenos Aires 1949–1956; Rafael Bielsa, *Derecho Administrativo*, Buenos Aires 1955, y *Ciencias de la Administración*, Buenos Aires, 1937.

63 *V.* Gabino Fraga, *Derecho Administrativo*, México, 1955.

64 *V.* Adolfo Merkl, *Teoría General del Derecho Administrativo*, México 1935; Fritz Fleiner, *Instituciones de Derecho Administrativo*, Barcelona, 1933.

mania, los de Jèze y Waline[65] de Francia; el de Zanobini[66] de Italia; y algunos otros más que conseguí en librerías y en la vieja Biblioteca de la Facultad, como el de Castro Martínez[67] de Colombia.

Muchos de esos autores, por supuesto, serán desconocidos para casi todos ustedes, pero es que en la época aquí no teníamos acceso a muchos más doctrinarios. Recuerden que en 1958 fue que se fundó la *Revista de Administración Pública de España*, de cuyas páginas y grupo salió la pléyade de administrativistas españoles que hoy son de primera lectura. En cuanto al libro del profesor Polanco, se publicó en 1959,[68] y el *Manual* del profesor Lares Martínez salió publicado por primera vez en 1964.[69] En esa época, por lo demás, el libro del profesor Hernández Ron publicado inicialmente en 1937,[70] era totalmente desconocido.

Por esos "*Esquemas*" que con esa escasa bibliografía elaboré en aquella época, estudiaron muchos alumnos en los años subsiguientes hasta que unos años después le solicité al Centro de Estudiantes que no los siguiera publicando. Como desde 1963 ya yo me encontraba dando clases en los dos cursos de la asignatura, consideré que no tenía lógica que mis alumnos de entonces pudieran estudiar para mis cursos, por aquellos *Esquemas* que yo había redactado como estudiante, y que incluso seguían un Programa que yo mismo como profesor estaba proponiendo cambiar.

Este medio siglo de mi vinculación a la Cátedra también deriva de que fue precisamente en 1960, cuando como estudiante, después de trabajar unos meses como auxiliar de investigación con el profesor Manuel García Pelayo en el Instituto de Estudios Políticos, ingresé como auxiliar de investigación en el Instituto de Derecho Público de la misma Universidad Central, entonces bajo la dirección del profesor Antonio Moles Caubet, institución en la cual permanecí hasta 1987. En ese mismo año de 1960 también fue cuando comencé a trabajar en la recopilación de la jurisprudencia administrativa y constitucional, entonces totalmente desconocida por todos, en el Instituto de Codificación y Jurisprudencia del entonces Ministerio de Justicia; tarea que luego continué sin parar.[71]

También fue, en 1960, hace precisamente medio siglo, cuando apareció publicado mi primer estudio jurídico sobre derecho administrativo que versó sobre el procedimiento administrativo en materia de regulación de alquileres, y que se publicó como "Colaboración Estudiantil" en la *Revista del Colegio de Abogados del Distrito Federal.*[72]

Por todo ello, la celebración del centenario de la Cátedra también pasa por celebrar esta media centuria de mi vinculación con la misma, desde cuando en 1959 tuve el privilegio de toparme con los tres profesores que antes he mencionado, Gonzalo Pérez Luciani, Tomás Polanco Alcántara y Antonio Moles Caubet, quienes sin duda, junto

---

65 *V.* Gaston Jèze, *Principios Generales del derecho Administrativo*, 6 Tomos, Buenos Aires, 1949–1950; Marcel Waline, *Droit Administratif*, Paris, 1957.

66 *V.* Guido Zanobini, *Derecho Administrativo,* Buenos Aires, 1954.

67 *V.* José Joaquín Castro Martínez, *Tratado de Derecho Administrativo*, Bogotá, 1950

68 *V.* Tomás Polanco Alcántara, *Derecho Administrativo Especial*, Cursos de Derecho, Caracas, 1959.

69 *V.* Eloy Lares Martínez, *Manual de Derecho Administrativo*, Caracas 1964.

70 *V.* J.M. Hernández Ron, *Tratado Elemental de Derecho Administrativo*, 2 Vols., Caracas, 1937, Segunda edición, 3 tomos, Caracas, 1943.

71 *V. Jurisprudencia de la Corte Suprema 1930–1974 y Estudios de Derecho Administrativo*, Instituto de Derecho Público, Universidad Central de Venezuela, 6 Tomos, Caracas, 1975–1979.

72 *V.* Allan R. Brewer–Carías, "Estudio sobre la Ley de Regulación de Alquileres de 1° de agosto de 1960," en *Revista del Colegio de Abogados del Distrito Federal*, N° 113, Año XXIII, Caracas 1960, pp. 217–232.

con el profesor Eloy Lares Martínez, fueron los que en una forma u otra sentaron las bases del derecho administrativo contemporáneo en nuestro país. Esas bases fueron precisamente las que a mí me correspondió desarrollar, aún cuando con aliento propio, en buena parte del último medio siglo transcurrido donde construimos un derecho administrativo del Estado democrático, ahora lamentablemente en vías de extinción.

Como bien sabemos, el derecho administrativo es ante todo un derecho estatal[73], es decir, un derecho del Estado, que está destinado a regular su organización y su actividad, particularmente de su Administración Pública, así como el ejercicio de la función administrativa por los entes públicos, y las relaciones jurídicas que se establecen entre las personas jurídicas estatales y los administrados. Pero al ser un derecho que regula al Estado, por supuesto siempre se nos configura como un derecho dinámico, en constante evolución, respondiendo a las transformaciones que se operan en el ámbito social y político de cada sociedad[74] y, particularmente, respondiendo al tipo de Estado que se configura en cada sociedad y en cada tiempo.

Por ello, la existencia del solo derecho administrativo no garantiza equilibrio alguno entre el poder del Estado y los derechos ciudadanos. Si el Estado está configurado en forma autocrática, respondiendo a un modelo centralizado y autoritario, estas relaciones son básicamente de sujeción, mostrando las normas un profundo desequilibrio entre los poderes y prerrogativas del Estado y los derechos y garantías de los administrados, inclinando la balanza precisamente en beneficio de los entes públicos. En cambio, si el Estado está configurado en una sociedad democrática, respondiendo a un modelo de Estado descentralizado basado en la separación de poderes y el principio de legalidad, estas relaciones son básicamente de equilibrio entre los poderes y prerrogativas del Estado y los derechos y garantías de los administrados, precisamente en beneficio de estos últimos. Simplemente, tal y como lo destacó la Sala Político Administrativa del Tribunal Supremo de Justicia en 2000, antes de que comenzaran a demolerse las instituciones democráticas en el país:

> "El derecho administrativo se presenta dentro de un Estado social de derecho como el punto de equilibrio entre el poder (entendido éste como el conjunto de atribuciones y potestades que tienen las instituciones y autoridades públicas, dentro del marco de la legalidad), y la libertad (entendida ésta como los derechos y garantías que tiene el ciudadano para convivir en paz, justicia y democracia)."

Por ello, concluía la Sala diciendo que:

> "En este orden de ideas, el derecho administrativo es ante y por sobre todo un derecho democrático y de la democracia, y su manifestación está íntimamente vinculada a la voluntad general (soberanía) de la cual emana."[75]

73 *V.* André Demichel, *Le droit administratif. Essai de réflexion théorique,* París, 1978, p. 14.

74 *V.* Alejandro Nieto "La vocación del derecho administrativo de nuestro tiempo", *Revista de Administración Pública,* N° 76, Madrid, Centro de Estudios Constitucionales 1975; también en *34 artículos seleccionados de la Revista de Administración Pública con ocasión de su centenario,* Madrid, 1983, pp. 880 y 881; y Martín Bassols, "Sobre los principios originarios del derecho administrativo y su evolución", en *Libro homenaje al profesor Juan Galván Escutia,* Valencia, 1980, p. 57.

75 *V.* sentencia 1028 del 9 de mayo de 2000 en *Revista de Derecho Público*, N° 82, Editorial Jurídica Venezolana, Caracas, 2000, p. 214. *V.* también, sentencia de la misma Sala de 5 de octubre de 2006, N° 2189 (Caso: *Seguros Altamira, C.A. vs. Ministro de Finanzas*), en *Revista de Derecho Público*, N° 108, Editorial Jurídica Venezolana, Caracas 2006, p. 100.

En ese marco fue que precisamente se desarrolló el derecho administrativo durante la última media centuria, es decir, el derecho administrativo que todos ustedes conocen, por el que han estudiado y por el que estudian, que es el marco político democrático que se instauró en el país desde 1958, y que sin estar exento de defectos, perduró hasta 1999. En ese período, la disciplina se configuró como el instrumento normativo por excelencia para la búsqueda y consolidación del mencionado punto de equilibrio que en una sociedad democrática tiene que existir entre el Estado y los administrados; en un proceso de lucha permanente por erradicar las inmunidades del poder y someter al Estado a control judicial. Ese fue el derecho administrativo que nosotros ayudamos a desarrollar y consolidar, y ese es el derecho administrativo que los juristas de las viejas y nuevas generaciones tienen que buscar preservar, pues se nos está desmoronando ante nuestros propios ojos a pasos agigantados, tal y como ha venido ocurriendo en esta última década.

Desde 1999, en efecto, cuando por la crisis del régimen democrático de partidos se produjo el violento asalto institucional al Poder que motorizó la Asamblea Nacional Constituyente, a la vista de todos quienes hemos estudiado el derecho administrativo, y en contraste con el régimen político anterior, se ha venido configurando un Estado Socialista, Centralizado, Populista, Militar y Policial que incluso fue el que se pretendió constitucionalizar después de varios años seguidos de abuso de poder, en la propuesta de Reforma Constitucional que se sometió a aprobación popular en el Referendo de diciembre de 2007, y que fue rechazada popularmente.

Como estudiosos del derecho público formados en un régimen democrático, muchos pensaron que con ese rechazo popular prevalecería la voluntad popular frente al voluntarismo Ejecutivo. Pero no fue así, y los pasos que había comenzado a dar el Poder Ejecutivo para implementar la Reforma mediante decretos leyes dictados por delegación legislativa mucho antes de la realización del Referendo, se aceleraron con posterioridad al mismo, inicialmente también mediante decretos leyes, y más recientemente, mediante leyes que se han aprobado en la Asamblea Nacional por la sola voluntad del Jefe del Ejecutivo, en la misma forma como se emiten sus decretos leyes, utilizando la sorpresa, elaborados en la clandestinidad, sin debate alguno, y sin participación ciudadana de ninguna clase.

Ese modelo de Estado autoritario que se nos ha venido imponiendo es el que está desmoronando las bases fundamentales del derecho administrativo que ayudamos a construir durante medio siglo, reconduciendo ahora al derecho administrativo, a lo que fueron sus orígenes, es decir, un derecho exclusivamente referido a un Estado autoritario en el cual los administrados no juegan papel alguno. Recuérdese solamente la propuesta de Reforma Constitucional formulada en 2007 en relación con el artículo 141 de la Constitución,[76] quizás el más importante de todos los artículos constitucionales para nuestra disciplina, en el cual se declara que la Administración está al servicio de los ciudadanos, se enumeran una serie de principios que deben fundamentar su relación con ellos, como la honestidad, la participación, la celeridad, la eficacia, la eficiencia, la transparencia, la rendición de cuentas y la responsabilidad en el ejercicio de la función pública; y se termina con la indicación expresa de que la Administración siempre debe

---

76 *V.* Allan R. Brewer–Carías, *Hacia la consolidación de un Estado Socialista, Centralista, Policial y Militarista. Comentarios sobre el alcance y sentido de las propuestas de reforma constitucional 2007*, Editorial Jurídica Venezolana, Caracas, 2007, pp. 31 ss.; *La Reforma Constitucional de 2007 (Inconstitucionalmente sancionada por la Asamblea nacional el 2 de noviembre de 2007)*, Editorial Jurídica venezolana, Caracas, 2007, pp. 50 ss.

actuar con sometimiento pleno a la ley y al derecho, es decir conforme al principio de legalidad. Con la rechazada Reforma Constitucional de 2007, al contrario, se buscaba eliminar el principio esencial de que la Administración está siempre al servicio de los ciudadanos, y se buscaba simplemente establecer que la Administración sólo está al servicio del propio Estado, eliminándose el derecho de los ciudadanos a que la Administración estuviese a su servicio. Para ello, lo que en el artículo 141 se propuso fue establecer simplemente que "Las administraciones públicas son las estructuras organizativas destinadas a servir de instrumento a los poderes públicos para el ejercicio de sus funciones, y para la prestación de los servicios." Y eso es precisamente lo que ha venido ocurriendo, a pesar de que la reforma hubiese sido rechazada, en burla, sin duda, de la voluntad popular.

Así, hemos presenciado el proceso progresivo de concentración del Poder que el Estado ha experimentado, basado en el desdibujamiento del principio de la separación de poderes, de manera que en todas las leyes que se han venido dictando en los últimos años, los ciudadanos y administrados progresivamente han quedado sin derechos ni garantías, siendo el Estado y sus instituciones lo único importante.

Ello es más grave aún, si tomamos en cuenta que nuestro país tiene un Jefe de Estado que en pleno comienzo del Siglo XXI ha llegado a afirmar públicamente, que él es el Estado y la Ley. En 2001, en efecto, dijo: "*Yo soy la Ley. Yo soy el Estado*,"[77] en respuesta a las críticas que se le formularon por el uso desmedido de los poderes de legislación delegada; y ello lo repitió en 2008, al decir públicamente "*La Ley soy yo. El Estado soy yo*."[78] Esas frases, dichas ahora por un Jefe de Estado, fueron las que en 1661 se atribuyeron al rey Luis XIV cuando luego de la muerte de su ministro de Estado el cardenal Mazarino, decidió asumir el ejercicio del poder sin nombrar un ministro sustituto, pero con la diferencia que aún siendo un Monarca Absoluto tuvo el recato de no decirlas nunca.[79]

Por ello, cuando uno oye esa frase de un Jefe de Estado de nuestros tiempos, lo que se pone en evidencia es la tragedia institucional que hemos padecido, precisamente caracterizada por la completa ausencia de separación de poderes, de independencia y autonomía del Poder Judicial y, en consecuencia, de un gobierno democrático y de derecho ciudadano a la democracia;[80] lo que en fin, repercute directamente en nuestra disciplina.

Por ejemplo, en materia de organización administrativa, lamentablemente hemos visto ocurrir lo que se anunciaba en la rechazada Reforma Constitucional de 2007 sobre la distinción entre lo que se buscaba llamar en el mismo artículo 141 de la Constitución como "administraciones públicas burocráticas o tradicionales, que son las que atienden a las estructuras previstas y reguladas en esta Constitución;" y –cito textualmente– "las misiones, constituidas por organizaciones de variada naturaleza, creadas para atender a la satisfacción de las más sentidas y urgentes necesidades de la población, cuya prestación exige de la aplicación de sistemas excepcionales, e incluso, experimentales, los

77 Expresión del Presidente Hugo Chávez Frías, el 28 de agosto de 2008. Ver en Gustavo Coronel, *Las Armas de Coronel*, 15 de octubre de 2008: http://lasarmasdecoronel.blogspot.com/2008/10/yo–soy–la–leyyo–soy–el–estado.html

78 *V.* en *El Universal*, Caracas, 4–12–01, pp. 1,1 y 2,1.

79 *V.* Yves Guchet, *Histoire Constitutionnelle Française (1789–1958)*, Ed. Erasme, Paris, 1990, p. 8

80 *V.* Allan R. Brewer–Carías, "Los problemas de la gobernabilidad democrática en Venezuela: el autoritarismo constitucional y la concentración y centralización del poder," en Diego Valadés (Coord.), *Gobernabilidad y constitucionalismo en América Latina*, Universidad Nacional Autónoma de México, México, 2005, pp. 73–96.

cuales serán establecidos por el Poder Ejecutivo mediante reglamentos organizativos y funcionales." Aún cuando la Reforma no fue aprobada, esto sin embargo es lo que hemos visto que ha sucedido, siendo imposible en la actualidad conocer con claridad la estructura de la Administración Pública, que cambia casi semanalmente mediante la sola voluntad del Jefe del Ejecutivo Nacional, en la generalidad de los casos, incluso mediante simples anuncios en programas de televisión, desde donde suele gobernar. ¿Cómo vamos entonces a enseñar los principios de la Organización Administrativa, que son parte medular de nuestra disciplina?

Y lo mismo ocurre en todos los otros campos del derecho administrativo. Por ejemplo, en el que se refiere al régimen de la economía que se ha convertido, ahora, en lugar de un derecho relativo a la regulación y limitación de las actividades económicas privadas, en un derecho exclusivamente referido a la planificación estatal centralizada y al régimen y actuación de las empresas públicas. Los derechos económicos, que eran parte medular del derecho administrativo, quedaron marginados, y ya ni la propiedad privada se respeta, y el Estado ni siquiera guarda las formas de seguir los procedimientos expropiatorios cuando se apropia de bienes y servicios. Ahora se ocupan bienes y empresas con el auxilio de la fuerza pública, de hecho, y se confiscan propiedades y derechos sin que tenga valor alguno el que se pretendan tener derechos de indemnización, que se desconocen; todo en violación impune de la Constitución. ¿Que vamos entonces a enseñar sobre el régimen público de la economía y sobre los derechos de los particulares a ser expropiados y compensados de ser necesario cuando por causa de utilidad pública o interés social se requieren sus bienes y derechos, si nada de ello se respeta y se confisca a mansalva, incluso sin formalidades legales?

La contratación pública, por otra parte, pasó a ser un régimen para ahogar y extorsionar a los co–contratantes privados, por supuesto, mientras estos existan, sin posibilidad alguna de efectivo control de la actuación de los funcionarios públicos, y sin que exista disciplina fiscal ni presupuestaria algunas. ¿Cuáles son entonces las reglas que debemos enseñar en materia de selección de contratistas, de igualdad de los potenciales contratantes, de ausencia de parcialidad en las adjudicaciones, o de protección del co–contratante frente a las prerrogativas de la Administración? ¿Que es en definitiva lo que debemos enseñar sobre los derechos de los co–contratantes en los contratos públicos, cuando en el Estado autoritario lo que prevalece es la voluntad estatal?

En cuanto a la función pública, la misma, lamentablemente se ha reducido a un sistema mediante el cual el Estado dispone de un personal que presta servicios, si es que efectivamente es así, sólo con base a la lealtad política. Nadie que no se pliegue a la doctrina oficial podría pretender siquiera pensar en ejercer cargos públicos con independencia, y los que piensan que por necesidad pueden permanecer neutrales, pronto se dan cuenta de los efectos devastadores que origina la compleja maraña de venta de valores en la que forzosamente se ven inmersos. Y entonces, ¿qué podemos enseñar sobre la otrora importante carrera administrativa, con sus escalas, escalafones y concursos de ingreso y ascenso?

Y por último, para sólo referirme a los distintos temas que serán tratados en estas Jornadas conmemorativas, está el de la actividad administrativa y su control judicial. El sistema jurídico relativo al acto administrativo, al procedimiento administrativo y a los recursos administrativos solo puede tener sentido y utilidad en el mundo del derecho cuando en los mismos, los administrados entran en relación con la Administración teniendo ciertos derechos que deben ser respetados por esta. Si estos no existen, estamos sólo en presencia de aspectos de la Ciencia de la Administración pero no del derecho administrativo, el cual se ha estructurado precisamente como un sistema para regular esas relaciones jurídicas y garantizar a los administrados sus derechos frente a la Administración. Si esto no existe, ¿qué podemos entonces enseñar sobre el derecho administrativo formal, que no sea un elenco de normas de conducta impuestas a la Administración, pero que no se cumplen?

Pero sin duda, lo más grave de toda esta demolición del derecho administrativo ha sido la neutralización o intervención de la jurisdicción contencioso administrativa por parte del Poder Ejecutivo, a través del control político que éste ejerce sobre el Tribunal Supremo de Justicia. El punto culminante de la construcción del derecho público en una sociedad democrática, incluido el derecho administrativo, es el establecimiento de tribunales con competencia para controlar los actos del Estado, con potestad para anularlos y para condenar a la Administración por sus actos ilegítimos e ilegales. El desarrollo y consolidación de la Jurisdicción Constitucional fue así la culminación del derecho constitucional, y el establecimiento y consolidación de la Jurisdicción Contencioso Administrativa fue por su parte lo que originó el derecho administrativo que conocemos y por el que tanto hemos luchado. Sin control judicial de la actividad administrativa, simplemente, carece de sentido hablar de derecho administrativo.

Por tanto, si no hay posibilidad real y efectiva, conforme a las garantías del debido proceso, de enjuiciar a la Administración Pública, de exigirle responsabilidad a los funcionarios, de anular los actos administrativos ilegales, abusivos o arbitrarios, simplemente el derecho administrativo se nos convierte en un elenco formal de normas relativas a la Administración, pero que no protegen a los ciudadanos. Nosotros hemos vivido en estos últimos años la tragedia institucional que significa el hecho de haberse intervenido el Poder Judicial en general y, en particular, el sometimiento de los tribunales contencioso administrativos al poder.[81] Vimos cómo se destituyó a mansalva a jueces contencioso administrativos que fallaron en contra de la Administración,[82] y vimos incluso cómo, una vez que la Corte Interamericana de Derechos Humanos[83] protegió las garantías judiciales de los jueces destituidos, la Sala Constitucional del Tribunal Supremo,[84] citando como precedente la sentencia de un Tribunal Superior Militar del Perú de 2002, declaró como "inejecutable" la decisión de la Corte Interamericana en el país, solicitando incluso al Ejecutivo que denunciara la Convención Americana de Derechos Humanos. Y entonces, ¿qué es lo que podremos enseñar en materia contencioso administrativa y de control de la legalidad de los actos administrativos?

81 *V*. Allan R. Brewer–Carías, "La progresiva y sistemática demolición de la autonomía en independencia del Poder Judicial en Venezuela (1999–2004)", en *XXX Jornadas J.M Domínguez Escovar, Estado de derecho, Administración de justicia y derechos humanos,* Instituto de Estudios Jurídicos del Estado Lara, Barquisimeto, 2005, pp. 33–174; y "La justicia sometida al poder [La ausencia de independencia y autonomía de los jueces en Venezuela por la interminable emergencia del Poder Judicial (1999–2006)]" en *Cuestiones Internacionales. Anuario Jurídico Villanueva 2007*, Centro Universitario Villanueva, Marcial Pons, Madrid, 2007, pp. 25–57.

82 *V*. Claudia Nikken, "El caso "Barrio Adentro": La Corte Primera de lo Contencioso Administrativo ante la Sala Constitucional del Tribunal Supremo de Justicia o el avocamiento como medio de amparo de derechos e intereses colectivos y difusos," En *Revista de Derecho Público*, N° 93–96, Editorial Jurídica Venezolana, Caracas, 2003, pp. 5 ss.

83 *V*. Sentencia de 5 de agosto de 2008. Caso: *Apitz Barbera y otros ("Corte Primera de lo Contencioso Administrativo") vs. Venezuela,* Excepción Preliminar, Fondo, Reparaciones y Costas, Serie C N° 182, en www.corteidh.or.cr

84 *V*. sentencia N° 1.939 de 12 de diciembre de 2008, Expediente: 08–1572, Case: *Abogados Gustavo Álvarez Arias y otros*

El panorama, ciertamente, es sombrío y desolador, pero queridos amigos, nada de lo dicho es para desanimarlos; al contrario, con el mismo ánimo de siempre, incluso ante todas las adversidades, esto que les digo es para retarlos a que asumamos el rol que nos corresponde como universitarios y que defendamos nuestro derecho administrativo, que ello es defender la democracia; y que con el esfuerzo de todos, podamos volver a los cauces del Estado de derecho democrático, que es ese en el cual el control del ejercicio del poder es posible y efectivo. Sin democracia y sin dicho control, insisto el derecho administrativo no pasa de ser un derecho del Poder Ejecutivo o de la Administración Pública, montado incluso sobre un desequilibrio o desbalance, donde las prerrogativas y poderes de la Administración predominan en el contenido de su regulación.

La celebración de este Centenario de la Cátedra, en todo caso, es momento propicio para rescatar nuestra propia historia, y en ella, la historia del derecho administrativo en nuestro país, que tantas horas, días, meses y años de trabajo nos ha costado; y a cuyo desarrollo, estoy seguro, todos los jóvenes profesores que tiene ahora la responsabilidad de conducirlo, le continuarán dando sus mejores esfuerzos en los años venideros. Yo también aspiro seguir en la misma tarea, y como siempre, pueden contar conmigo.

ÍNDICE GENERAL

PLAN GENERAL DE LA OBRA 7

PLAN GENERAL DEL TOMO I 9

PROLOGO:

LUCIANO PAREJO ALFONSO 13

PRESENTACIÓN:

ALLAN BREWER-CARÍAS 23

LIBRO PRIMERO:

SOBRE EL CONCEPTO DEL DERECHO ADMINISTRATIVO 27

Sección Primera: EN TORNO AL CONCEPTO DEL DERECHO ADMINISTRATIVO (1984/2008) 28

I. LA ADMINISTRACIÓN PÚBLICA DENTRO DEL SISTEMA DE DISTRIBUCIÓN DEL PODER PÚBLICO 30

1. *La distribución vertical del poder público y los sujetos de derecho estatales* 30
2. *La distribución horizontal del poder público y la administración pública como complejo orgánico* 31
3. *Las personas jurídicas en el derecho administrativo y la interaplicación del derecho público y privado* 33

II. LA FUNCIÓN ADMINISTRATIVA DENTRO DE LAS FUNCIONES DEL ESTADO 34

III. LA ACTIVIDAD ADMINISTRATIVA DENTRO DE LAS ACTIVIDADES DEL ESTADO 36

1. *La actividad administrativa como actividad formal del estado* 36
2. *La actividad administrativa del estado sometida al derecho y controlable jurisdiccionalmente* 37
3. *La actividad administrativa y los administrados* 38

Sección Segunda: MARCO CONSTITUCIONAL DEL DERECHO ADMINISTRATIVO (2007) 42

I. EL PRINCIPIO DE LA LEGALIDAD: LA SUPREMACÍA CONSTITUCIONAL, LA FORMACIÓN DEL DERECHO POR GRADOS, Y LA SUMISIÓN DE LA ADMINISTRACIÓN PÚBLICA AL ORDENAMIENTO JURÍDICO. 43

II. LA ORGANIZACIÓN DEL ESTADO: LA DISTRIBUCIÓN VERTICAL DEL PODER PÚBLICO Y LAS PERSONAS JURÍDICAS ESTATALES 46

III. LA SEPARACIÓN ORGÁNICA (HORIZONTAL) DEL PODER PÚBLICO Y EL CARÁCTER INTERORGÁNICO DE LA ADMINISTRACIÓN PÚBLICA .. 49

IV. LAS FUNCIONES DEL ESTADO, SU EJERCICIO INTERORGÁNICO Y LA FUNCIÓN ADMINISTRATIVA 55
V. LOS ACTOS ESTATALES, SU CARÁCTER INTERFUNCIONAL Y LOS ACTOS ADMINISTRATIVOS 62
VI. EL CONTROL DE LA ADMINISTRACIÓN PÚBLICA Y LA RESPONSABILIDAD ADMINISTRATIVA 66

LIBRO SEGUNDO:

SOBRE LOS FUNDAMENTOS CONSTITUCIONALES DEL DERECHO ADMINISTRATIVO 75

Sección Primera: BASES CONSTITUCIONALES DEL DERECHO ADMINISTRATIVO (1982) 76

I. EL PODER PÚBLICO Y SU DISTRIBUCIÓN 76
1. *El Estado y el Poder Público* 76
2. *La distribución vertical del poder: la descentralización política.* 79
A. *Las formas de Estado* 79
B. *La personalidad jurídico–territorial* 80
C. *La autonomía territorial* 81
a. *La autonomía política* 81
b. *La autonomía normativa: las competencias* 81
c. *La autonomía de descentralización funcional* 82
d. *La autonomía tributaria* 83
e. *La autonomía administrativa* 83
f. *La autonomía jurídica: la ausencia de controles* 83
3. *La distribución horizontal del Poder: la separación orgánica de poderes* 84
A. *Las ramas del Poder Público* 84
B. *La separación orgánica de poderes* 85
a. *La separación orgánica en el nivel nacional* 85
b. *La ruptura de la trilogía clásica de los poderes: Los órganos con autonomía funcional.* 86
c. *La separación orgánica a nivel estadal* 87
d. *La conjunción orgánica a nivel municipal* 87
4. *Conclusión* 88
II. LAS FUNCIONES DEL ESTADO 89
1. *El Poder Público y las funciones del Estado* 89
2. *Las diversas funciones del Estado* 90
A. *La función legislativa* 90
B. *La función jurisdiccional* 91

C. *La función de gobierno* ... 91
D. *La función administrativa* ... 92
3. *Las funciones estatales "propias"* ... 93
4. *La interferencia orgánica en el ejercicio de las funciones propias.* ... 94
A. *Las interferencias en el ejercicio de la función legislativa por las cámaras Legislativas* ... 94
B. *Las interferencias en el ejercicio de las funciones de gobierno y administrativa por los órganos del Poder Ejecutivo* ... 95
C. *Las interferencias en el ejercicio de la función jurisdiccional por los Tribunales.* ... 96
5. *El ejercicio no excluyente de las funciones propias* ... 97
A. *La función legislativa y su ejercicio* ... 97
B. *La función de gobierno y su ejercicio* ... 99
C. La función jurisdiccional y su ejercicio ... 99
D. *La función administrativa y su ejercicio* ... 100
6. *Las funciones del Estado y los actos estatales* ... 101
III. EL ESTADO DE DERECHO Y EL PRINCIPIO DE LA LEGALIDAD. ... 103
1. *El sometimiento al derecho por los órganos estatales.* ... 103
2. *La supremacía constitucional* ... 104
3. *El sometimiento al derecho y la distribución del Poder Público* ... 106
A. *La formación del derecho por grados y la distribución horizontal del poder.* ... 106
a. *La ejecución directa de la Constitución.* ... 107
a'. *La Ley y su sometimiento al derecho* ... 107
b'. *Los actos parlamentarios sin forma de ley y su sometimiento al derecho.* ... 108
c'. *El acto de gobierno y su sometimiento al derecho* ... 108
b. *La ejecución indirecta de la Constitución.* ... 110
a'. *Los actos judiciales y su sometimiento al derecho.* ... 110
b'. *Los de los órganos ejecutivos y su sometimiento al derecho*... 111
a". *La legalidad y los actos administrativos* ... 111
b". *Los reglamentos y su sometimiento al derecho (reserva legal)* ... 112
c. *Las relaciones entre la Ley y el reglamento* ... 114
4. *El sometimiento al derecho y la distribución vertical del poder* ... 115
A. *La diferenciación de las regulaciones constitucionales destinadas al ámbito nacional, de aquellas con ámbitos estadales y municipales.* ... 115
B. *Los Estados y el sometimiento a la legalidad* ... 117
a. *El ordenamiento aplicable a los Estados.* ... 117
b. *Las competencias estadales y el sometimiento al derecho* ... 118

a'. *La organización de los poderes públicos estadales*.................. 119
b'. *La organización municipal y la división político–territorial*.... 121
c'. *La administración de bienes e ingresos*.................................. 122
d'. *La organización de la policía*.. 122
e'. *Las competencias estadales producto de la descentralización nacional.*.. 123
f'. *Las competencias residuales.*.. 123
C. *Las Competencias Concurrentes atribuidas al "Estado" como comprensivo de los tres niveles territoriales incluyendo los Estados.*............ 125
D. *Los Municipios y el sometimiento a la legalidad*.................................. 128
a. *La jerarquía de las fuentes a nivel municipal.*................................ 129
a'. *Las leyes orgánicas*.. 129
b'. *Las leyes ordinarias*... 130
c'. *Las leyes estadales.*... 131
b. *El régimen de las competencias municipales en la Constitución.*.... 133
a'. *Las competencias urbanísticas.*.. 133
b'. *Las competencias en materia de abastos*................................ 136
c'. *Las competencias en materia de circulación y transporte urbano.*.. 137
d'. *Las competencias en materia de cultura.*................................ 140
e'. *Las competencias en materia de salubridad*........................... 140
f'. *Las competencias en materia de asistencia social.*................. 141
g'. *La competencia en materia de institutos populares de crédito.*.. 141
h'. *La competencia en materia de turismo*.................................. 142
i'. *La competencia en materia de policía municipal.*.................... 142
c. *El régimen de las competencias municipales en la Ley Orgánica y su sujeción a la legislación nacional.*.. 143
a'. *Competencias en materia de acueductos, cloacas y drenajes.*.. 144
b'. *La competencia en materia de distribución y venta de electricidad y gas.*.. 144
c'. *La competencia en materia de transporte colectivo de pasajeros y circulación urbana*.. 145
d'. *Las competencias en materia de servicios de mercadeo y abastecimiento.*.. 146
e'. *Las competencias en materia de Aseo Urbano y domiciliario.*.. 146
d. *El régimen de las competencias municipales en la Ley Orgánica y su nacionalización derivada de la forma de prestación.*.............. 146

IV. LA ORGANIZACIÓN ADMINISTRATIVA 148
1. *Introducción.* 148
2. *La Organización Administrativa Nacional.* 149
A. *La Administración Pública Central: el Ejecutivo Nacional.* 149
a. *El Presidente de la República.* 149
b. *Los Ministros y los Ministerios.* 149
c. *El Procurador General de la República y la Procuraduría General de la República.* 150
d. *Las Fuerzas Armadas Nacionales.* 150
B. *Las Administraciones con autonomía funcional.* 151
C. *La Administración Pública Descentralizada* 153
a. *Principios constitucionales.* 153
b. *Clasificación de los entes descentralizados de derecho público.* 157

Sección Segunda: SOBRE LA CONSTITUCIONALIZACIÓN DEL DERECHO ADMINISTRATIVO EN COLOMBIA (1993) 158

I. EL DERECHO ADMINISTRATIVO COMO DERECHO DEL ESTADO DE DERECHO 159
1. *La supremacía constitucional* 159
2. *La limitación del poder* 160
3. *La sumisión a la legalidad* 162
4. *La declaración constitucional de derechos y garantías* 163
5. *Las garantías de la Constitución y de los derechos fundamentales, y el control judicial* 164
II. EL DERECHO ADMINISTRATIVO COMO DERECHO DEL ESTADO DEMOCRÁTICO Y SOCIAL 166
III. EL DERECHO ADMINISTRATIVO Y EL EQUILIBRIO ENTRE PRERROGATIVAS Y PODERES ESTADALES Y DERECHOS E INTERESES INDIVIDUALES 168

Sección Tercera: SOBRE LA CONSTITUCIONALIZACIÓN DEL DERECHO ADMINISTRATIVO EN VENEZUELA (2000) 171

I. EL DERECHO ADMINISTRATIVO COMO DERECHO DEL ESTADO DE DERECHO 173
1. *La supremacía constitucional* 173
2. *La limitación al poder público* 173
3. *La sumisión a la legalidad y el principio de la formación del derecho por grados* 176
4. *La declaración constitucional de derechos y garantías* 176
5. *Las garantías de la constitución y de los derechos fundamentales, y el control judicial* 178

II EL DERECHO ADMINISTRATIVO COMO DERECHO DEL ESTADO DEMOCRÁTICO Y SOCIAL ... 179
III. EL DERECHO ADMINISTRATIVO Y EL EQUILIBRIO ENTRE PRERROGATIVAS Y PODERES ESTATALES Y DERECHOS E INTERESES INDIVIDUALES ... 181
IV. EL DERECHO ADMINISTRATIVO COMO DERECHO QUE REGULA LA ACTUACIÓN DEL ESTADO EN RELACIÓN CON LOS ADMINISTRADOS ... 183
V. LA CONSTITUCIÓN COMO FUENTE DEL DERECHO ADMINISTRATIVO ... 185
1. *Los artículos de la constitución como fuente del derecho administrativo* ... 186
A. *Los artículos constitucionales sobre ejercicio del poder público* ... 186
B. *Los artículos constitucionales sobre distribución del poder público* ... 187
C. *Los artículos constitucionales que consagran la reserva legal* ... 188
D. *Los artículos constitucionales sobre derechos y garantías de las personas* ... 188
E. *Los artículos constitucionales sobre el régimen fiscal, monetario y de la tributación* ... 190
F. *Los artículos constitucionales sobre el control judicial de la actividad administrativa* ... 190
2. *Los principios constitucionales* ... 191
A. *Los principios constitucionales del preámbulo* ... 191
B. *Los principios constitucionales enumerados en el texto fundamental* ... 191
C. *Los principios constitucionales que derivan del Texto Fundamental* ... 193

Sección Cuarta: SOBRE LA CONSTITUCIONALIZACIÓN DEL DERECHO ADMINISTRATIVO EN LA REPÚBLICA DOMINICANA (2012) ... 194

I. EL PRINCIPIO DE LA LEGALIDAD Y LA SUPREMACÍA CONSTITUCIONAL ... 195
II. EL PRINCIPIO DE LA FORMACIÓN DEL DERECHO POR GRADOS ... 196
III. EL PRINCIPIO DE LA DISTRIBUCIÓN VERTICAL O TERRITORIAL DE LOS PODERES PÚBLICOS Y LAS PERSONAS JURÍDICAS ESTATALES ... 200
1. *El principio de la distribución territorial de los poderes públicos* ... 200
2. *Las diversas personas jurídicas de derecho público territoriales y el sentido de la expresión "Estado" en la Constitución* ... 202
3. *Las personas jurídicas de derecho público no territoriales* ... 203
4. *Las personas jurídicas estatales de derecho privado* ... 205
IV. EL PRINCIPIO DE LA SEPARACIÓN ORGÁNICA (HORIZONTAL) DE LOS PODERES PÚBLICOS Y LOS DIVERSOS ÓRGANOS CONSTITUCIONALES QUE CONFIGURAN LOS PODERES PÚBLICOS DEL ESTADO ... 206
1. *El principio de la separación de poderes* ... 206
2. *El Poder legislativo* ... 206

3. *El Poder Ejecutivo* 206
4. *El Poder Judicial* 207
5. *Los otros órganos constitucionales que constituyen poderes públicos* 208
A. *Los órganos constitucionales dentro del sistema de justicia* 208
B. *Los demás órganos constitucionales con autonomía* 208
6. *El principio de la separación de poderes en la administración local* 209
V. EL PRINCIPIO DEL CARÁCTER INTERORGÁNICO DE LA ADMINISTRACIÓN PÚBLICA COMO CONJUNTO DE ÓRGANOS DEL ESTADO 210
VI. LOS PRINCIPIOS DE LA ACTIVIDAD ADMINISTRATIVA COMO ACTIVIDAD DEL ESTADO 211
1. *Principios de la actuación administrativa* 212
2. *Los principios sobre los contratos del Estado* 216
3. *Los principios sobre los servicios públicos* 218
VII. EL PRINCIPIO DEL EJERCICIO INTERORGÁNICO DE LAS FUNCIONES DEL ESTADO, EN PARTICULAR DE LA FUNCIÓN ADMINISTRATIVA 220
VIII. EL PRINCIPIO DEL CARÁCTER INTER FUNCIONAL DE LOS ACTOS ESTATALES, EN PARTICULAR, DE LOS ACTOS ADMINISTRATIVOS 225
IX. EL PRINCIPIO DE LA UNIVERSALIDAD CONTROL DE LA ACTIVIDAD ESTATAL: EL CONTROL DE CONSTITUCIONALIDAD POR LA JURISDICCIÓN CONSTITUCIONAL Y EL CONTROL DE CONTRARIEDAD AL DERECHO POR LA JURISDICCIÓN CONTENCIOSO ADMINISTRATIVO 229
1. *El control de la constitucionalidad a cargo del Tribunal Constitucional (Jurisdicción Constitucional)* 229
2. *El control de la contrariedad al derecho de los actos administrativos (Jurisdicción contencioso administrativa)* 231
X. EL PRINCIPIO DE LA RESPONSABILIDAD DEL ESTADO Y DE LOS FUNCIONARIOS PÚBLICOS 235

LIBRO TERCERO:

SOBRE LOS PRINCIPIOS FUNDAMENTALES DEL DERECHO ADMINISTRATIVO 237

Sección Primera: EL PRINCIPIO DE LEGALIDAD ADMINISTRATIVA (1964) 237

I. NOCIÓN DE LEGALIDAD 240
1. *El Principio de Legalidad es el signo común y quizás más característico y patente de los sistemas jurídicos contemporáneos* 240
2. *Alcance del principio de legalidad según las funciones del estado* 241
3. *La legalidad administrativa* 243
A. *Noción* 243
B. *Actos sometidos al principio* 243
C. *Consecuencias* 244

II. FUENTES DE LA LEGALIDAD ADMINISTRATIVA 244
1. *Introducción* 244
2. *Fuentes escritas* 245
A. *Impuestas a la Administración* 245
a. *Jerarquía de las fuentes* 245
b. *Enumeración de las fuentes* 245
a'. *La Constitución* 245
b'. *Las leyes orgánicas* 246
c'. *Las leyes ordinarias* 246
B. *Creadas por la Administración.* 248
a. *El carácter general* 248
a'. *Los Decretos–Leyes* 248
b'. *Los Reglamentos* 249
b. *De orden interno* 250
3. *Fuentes no escritas* 251
A. *La Jurisprudencia Administrativa* 251
B. *Los Principios Generales del Derecho Administrativo* 254
C. *La costumbre administrativa* 255
4. *Fuentes de carácter particular* 255
A. *La cosa juzgada jurisdiccional* 255
B. *La cosa juzgada administrativa* 256
C. *Los contratos administrativos* 257
III. ALCANCE DEL PRINCIPIO 259
1. *La administración reglada y el poder discrecional* 259
A. *Distinción* 259
a. *Administración reglada* 259
b. *El poder discrecional* 260
c. *Consecuencias de la distinción* 260
B. *Justificación del poder discrecional* 261
C. *Interés de la distinción* 261
a. *Apreciación de la oportunidad* 261
b. *Control de la oportunidad* 262
c. *El control de la legalidad* 262
2. *Limites del poder discrecional* 262
IV. LA ILEGALIDAD 263
1. *Noción* 263
2. *Formas de la ilegalidad* 263

A. *La inconstitucionalidad* 263
a. *La inconstitucionalidad de los actos administrativos* 263
b. *La usurpación de funciones* 264
a'. *La usurpación de autoridad* 264
b' *La usurpación de funciones* 264
c'. *Precisión terminológica* 265
B. La ilegalidad 267
a. *La extralimitación de atribuciones* 267
b. *El abuso o exceso de poder* 268
c. *La desviación de poder* 270
d. *El vicio de forma* 272
a'. *El vicio de forma en relación con la manifestación de voluntad de la Administración* 272
b'. *El vicio de forma en relación con la motivación del acto administrativo* 273
c'. *El vicio de forma en relación a la notificación del acto administrativo* 273
d'. *Otros vicios de forma* 274
e. *Los actos administrativos contrarios a derecho* 275
3. *El control de la ilegalidad* 275
A. *Noción previa* 275
B. *Los recursos administrativos* 276
a. *Noción previa* 276
b. *Los principales recursos administrativos* 276
a'. *El Recurso de Reconsideración* 276
b'. *El Recurso Jerárquico* 277
c. *Motivos que pueden invocarse en los Recursos Administrativos* 277
d. *La decisión de los Recursos Administrativos* 277
C. *Los Recursos Jurisdiccionales* 278
a. *Noción previa* 278
b. *Los tipos de recursos jurisdiccionales* 278
a'. *El Recurso de Inconstitucionalidad de los actos administrativos generales* 278
b'. *El Recurso Contencioso–Administrativo de Anulación de los actos administrativos.* 279
c. *Motivos que pueden invocarse en los recursos jurisdiccionales* 280
d. *La decisión de los recursos jurisdiccionales* 281
e. *Imposibilidad de acumulación de los recursos jurisdiccionales* 281
D. *La excepción de ilegalidad* 281

4. *Consecuencias de la ilegalidad* 281
A. *Los efectos de la ilegalidad respecto al acto administrativo* 281
a. *Noción previa* 281
b. *La nulidad del acto administrativo* 282
c. *La anulabilidad del acto administrativo* 284
B. *La constatación de la ilegalidad* 285

Sección Segunda: SOBRE LOS PRINCIPIOS GENERALES DEL DERECHO ADMINISTRATIVO EN LA LEY GENERAL DE LA ADMINISTRACIÓN PÚBLICA EN COSTA RICA (1982) 286

I. INTRODUCCIÓN 286
II. EL RÉGIMEN LEGAL DEL PRINCIPIO DE LA LEGALIDAD ADMINISTRATIVA 287
1. *La formulación del principio* 287
2. *Los sujetos de derecho público* 288
3. *El derecho aplicable a los diversos sujetos de derecho público* 290
A. *La interaplicación del derecho público y del derecho privado* 290
B. *La precisión de normas que regulan con exclusividad algunos sujetos de derecho.* 291
III. EL SISTEMA DE LAS FUENTES DEL DERECHO ADMINISTRATIVO 292
1. *La integración e interpretación del ordenamiento administrativo* 293
2. *La jerarquía de las fuentes del derecho administrativo* 294
3. *Las fuentes escritas y su jerarquía* 294
4. *Las fuentes no escritas y su jerarquía* 295
5. *Las fuentes supletorias* 296
IV. LOS PRINCIPIOS QUE DEBEN GUIAR LA ACTIVIDAD ADMINISTRATIVA 296
1. *El principio de la competencia* 297
2. *La potestad reglamentaria y sus límites* 297
3. *Los principios del servicio público y su aplicación a la actividad administrativa* 298
4. *La discrecionalidad administrativa y sus límites* 299
5. *El respeto de los derechos particulares* 300
V. CONCLUSIONES 302

Sección Tercera: SOBRE LOS PRINCIPIOS FUNDAMENTALES DEL DERECHO PÚBLICO (2005) 303

I. EL PRINCIPIO DE LA SUPREMACÍA CONSTITUCIONAL Y DE LA APLICACIÓN DIRECTA DE LA CONSTITUCIÓN 305
1. *La constitución como norma suprema* 305

2. *El principio de la aplicabilidad inmediata de la Constitución* 306
3. *La supra constitucionalidad en materia de derechos humanos* 311
II. EL PRINCIPIO DE LA FORMACIÓN DEL DERECHO POR GRADOS 312
1. *La Constitución como fuente del ordenamiento jurídico y el sistema jerarquizado del ordenamiento jurídico* 312
2. *La formación del derecho por grados en la Constitución de 1999* 315
3. *Los actos estatales dictados en ejecución directa e inmediata de la constitución (actos de rango legal)* 317
4. *Los actos estatales dictados en ejecución indirecta y mediata de la constitución (actos de rango sub legal): los actos administrativos y los actos judiciales* 319
III. EL PRINCIPIO DE LA LEGALIDAD (EL ESTADO DE DERECHO) Y LA SUPRANACIONALIDAD 320
1. *El ejercicio del poder público sometido al ordenamiento jurídico* 321
2. *La incorporación del derecho comunitario al ordenamiento jurídico* 324
IV. EL PRINCIPIO DE LA DISTRIBUCIÓN VERTICAL DEL PODER PÚBLICO: LA FORMA FEDERAL DEL ESTADO 329
1. *La constante histórica del federalismo* 330
2. *El poder público distribuido territorialmente* 331
3. *Los principios del estado federal: la autonomía territorial y sus límites* 333
V. EL PRINCIPIO DE LA PERSONALIDAD JURÍDICA DEL ESTADO Y LAS PERSONAS JURÍDICAS ESTATALES 336
VI. EL PRINCIPIO DE LA SEPARACIÓN ORGÁNICA DE PODERES: LA DIVISIÓN HORIZONTAL DEL PODER PÚBLICO 339
1. *La penta división del Poder Público Nacional* 339
2. *La división de los poderes públicos estadales y municipales* 341
VII. PRINCIPIO DEL EJERCICIO INTERORGÁNICO DE LAS FUNCIONES DEL ESTADO 342
1. *La división del poder público y las diversas funciones del Estado* 342
2. *Las diversas funciones del estado* 344
A. *La función normativa* 344
B. *La función política* 346
C. *La función jurisdiccional* 348
D. *La función de control* 350
E. *La función administrativa* 351
3. *Las "funciones propias"* 353
4. *La ausencia de coincidencia de la separación orgánica de "poderes" (división del poder público) y la asignación de funciones estatales* 355

VIII. EL PRINCIPIO DEL CARÁCTER INTERFUNCIONAL DE LOS ACTOS ESTATALES ... 357
1. *La distinción entre las funciones y actos estatales* ... 357
2. *Los diversos actos estatales* ... 358
IX. EL PRINCIPIO DEL CARÁCTER INTERORGÁNICO DE LA ADMINISTRACIÓN PÚBLICA ... 362
1. *La administración del estado y la separación orgánica de poderes* ... 363
2. *El régimen de la administración pública en la Constitución de 1999* ... 364
X. EL PRINCIPIO DE LOS FINES DEMOCRÁTICOS, SOCIALES Y DE JUSTICIA DEL ESTADO ... 367
XI. EL PRINCIPIO DE LA PRIMACÍA Y PROGRESIVIDAD DE LOS DERECHOS CONSTITUCIONALES ... 373
1. *El principio de la progresividad y la no discriminación* ... 373
2. *El principio de la libertad* ... 375
3. *La cláusula abierta de los derechos humanos, la preeminencia de los mismos y su aplicación inmediata* ... 375
4. *La jerarquía constitucional de los tratados internacionales sobre derechos humanos* ... 376
5. *La obligación de los órganos del estado de respetar y garantizar los derechos humanos y el principio de la reserva legal* ... 379
XII. EL PRINCIPIO DE LA RESPONSABILIDAD DEL ESTADO Y DE LOS FUNCIONARIOS PÚBLICOS ... 380
1. *La responsabilidad individual de los funcionarios públicos* ... 381
2. *La responsabilidad patrimonial del estado* ... 382
XIII. EL PRINCIPIO DE LA UNIVERSALIDAD DEL CONTROL JUDICIAL SOBRE LOS ACTOS ESTATALES ... 386
1. *La justicia constitucional: el carácter mixto o integral del sistema de control de constitucionalidad de los actos estatales* ... 387
A. *El control concentrado de la constitucionalidad* ... 388
B. *El control difuso de la constitucionalidad* ... 390
2. *La justicia administrativa: el control de constitucionalidad y de legalidad de los actos administrativos* ... 391
A. *La constitucionalización del contencioso administrativo* ... 391
B. *El contencioso administrativo como fuero judicial de la administración pública* ... 396

LIBRO CUARTO:

SOBRE LOS SUPUESTOS FUNDAMENTALES DEL DERECHO ADMINISTRATIVO 399

Sección Primera: LOS SUPUESTOS HISTÓRICOS: EL ESTADO MODERNO Y LA CONFIGURACIÓN DEL ESTADO EN VENEZUELA 404

INTRODUCCIÓN 404
I. DEL ESTADO ABSOLUTO AL ESTADO DE DERECHO 406
1. *El Estado Moderno y las teorías políticas* 406
2. *La base económica del absolutismo: el Mercantilismo* 408
3. *Las teorías políticas a la base del liberalismo* 410
4. *La división del Poder Estatal* 412
5. *La ley como expresión de la voluntad general* 414
6. *El liberalismo* 416
7. *La Revolución Francesa* 417
II. DEL ESTADO LIBERAL–BURGUÉS DE DERECHO AL ESTADO SOCIAL DE DERECHO 419
1. *El liberalismo económico* 420
2. *Los correctivos al Estado liberal* 421
3. *La administración liberal y sus transformaciones* 424
4. *La cuestión social y el Estado de Derecho* 426
5. *La transformación de la democracia* 428
III. LA CONFORMACIÓN HISTÓRICA DEL ESTADO VENEZOLANO 430
1. *La Independencia* 431
2. *La Constitución de 1811 y las bases del constitucionalismo* 433
3. *La idea federal y la disgregación política regional caudillista* 437
4. *La República oligárquica y conservadora* 442
5. *Liberales y conservadores* 444
6. *Las Constituciones de 1857 y 1858* 446
7. *Las Guerras Federales* 448
8. *La alianza caudillista–federal– regional* 451
9. *La integración política y la dictadura petrolera* 456
10. *La evolución posterior a 1936* 460

Sección Segunda: LOS SUPUESTOS SOCIOECONÓMICOS: HACIA LA CONFIGURACIÓN DEL ESTADO DEMOCRÁTICO Y SOCIAL DE DERECHO ... 463

INTRODUCCIÓN ... 463
I. EL ESTADO DENTRO DE UN SISTEMA DE ECONOMÍA MIXTA ... 467
1. *El sistema económico venezolano* ... 467
2. *La influencia del petróleo* ... 470
3. *La participación estatal en la industria petrolera* ... 472
4. *El papel del Estado* ... 475
II. LOS FINES DEL ESTADO CONTEMPORÁNEO ... 477
1. *Los fines de política y administración general* ... 477
2. *Los fines de desarrollo económico* ... 480
3. *Los fines de desarrollo social* ... 483
4. *Los fines de desarrollo físico y ordenación territorial* ... 486
5. *La previsión constitucional de los recursos del Estado* ... 487
III. EL PAPEL DEL ESTADO EN EL PROCESO DE DESARROLLO EN AMÉRICA LATINA ... 489
1. *Poder económico y poder político* ... 490
2. *El Estado como agente y actor en el proceso de desarrollo* ... 491
3. *La búsqueda de un modelo político para el desarrollo* ... 494
4. *La fórmula neoliberal* ... 495
5. *El modelo socialista revolucionario* ... 497
6. *La autonomización del Estado y el capitalismo del Estado* ... 500
7. *El Estado Democrático y Social de Derecho* ... 503

Sección Tercera: LOS SUPUESTOS POLÍTICOS: EL RÉGIMEN CONSTITUCIONAL Y POLÍTICO VENEZOLANO ... 506

I. EL ORDENAMIENTO CONSTITUCIONAL ... 507
1. *La supremacía constitucional* ... 507
2. *La rigidez constitucional* ... 510
3. *La imperatividad constitucional* ... 512
II. LA FORMA DEL ESTADO: LAS PECULIARIDADES DEL FEDERALISMO VENEZOLANO ... 516
1. *La disgregación federal–caudillista* ... 517
2. *El Estado Federal* ... 521
3. *La autonomía estadal mediatizada* ... 524
4. *La relativa autonomía municipal* ... 526
5. *La crisis del municipalismo* ... 529

III. LA SEPARACIÓN DE PODERES 531
1. *Los antecedentes* 531
2. *La división y distribución del Poder* 533
3. *Las funciones estatales* 536
4. *La ausencia de coincidencia de la separación orgánica de "poderes" y la asignación de funciones estatales* 538
5. *Las interferencias orgánicas en el ejercicio de las funciones estatales* 544
IV. EL RÉGIMEN DEMOCRÁTICO Y EL SISTEMA POLÍTICO 546
1. *La democracia formal* 546
2. *El sistema electoral: la universalización progresiva* 548
3. *El sufragio directo y secreto* 550
4. *El sistema electoral minoritario y la representación proporcional* 553
5. *Efectos del sistema electoral minoritario* 554
6. *Los orígenes del sistema de partidos* 557
7. *El sistema multipartidista* 560
8. *Las características del multipartidismo* 562
9. *El régimen democrático* 563
V. LA FORMA DE GOBIERNO PRESIDENCIAL CON SUJECIÓN PARLAMENTARIA 566
1. *El sistema presidencial* 567
2. *Las interferencias entre los órganos ejecutivos y legislativos* 568
3. *La sujeción parlamentaria* 569
4. *El sistema presidencial y el sistema electoral* 571
5. *La superación del sistema de contrapesos* 573
6. *El fortalecimiento del Ejecutivo* 575
VI. LA CONSAGRACIÓN DE LOS DERECHOS Y GARANTÍAS CONSTITUCIONALES 579
1. *El Estado de Derecho y los derechos* 579
2. *Los derechos individuales* 580
3. *Los derechos sociales* 584
4. *Los derechos económicos* 588
5. *Los derechos políticos y la regulación constitucional de los derechos y garantías* 593
6. *El amparo* 596
7. *El control político y fiscal* 598
VII. EL CONTROL JURISDICCIONAL DE LA CONSTITUCIONALIDAD DE LOS ACTOS ESTATALES 600
1. *El Estado de derecho y los controles en el derecho comparado* 600
2. *La evolución del recurso de inconstitucionalidad* 603

3. *El régimen en la Constitución de 1961* ... 606
4. *El control de la constitucionalidad de las leyes* ... 608
5. *El recurso de inconstitucionalidad como acción popular* ... 610
6. *Efectos del control difuso de la constitucionalidad* ... 612
7. *Efectos de control concentrado de constitucionalidad* ... 615
8. *La irretroactividad de las decisiones de inconstitucionalidad* ... 618
9. *La inconstitucionalidad como nulidad absoluta o relativa* ... 621

Sección Cuarta: LOS SUPUESTOS ADMINISTRATIVOS: LA ADMINISTRACION PÚBLICA, LA FUNCIÓN ADMINISTRATIVA Y LA ACTIVIDAD ADMINISTRATIVA ... 623

I. LA ADMINISTRACION PÚBLICA COMO COMPLEJO ORGÁNICO ... 626
1. *La evolución de la administración ministerial* ... 627
2. *Las oficinas presidenciales y los órganos con autonomía funcional* ... 631
3. *La administración descentralizada* ... 632
4. *La Administración Pública y la personalidad del Estado* ... 637
II. LA FUNCIÓN ADMINISTRATIVA DENTRO DE LAS FUNCIONES DEL ESTADO ... 638
1. *La función legislativa* ... 639
2. *La función de gobierno* ... 642
3. *La función jurisdiccional* ... 644
4. *La función administrativa* ... 646
5. *La distinción entre las funciones y actos estatales* ... 648
III. LA ACTIVIDAD ADMINISTRATIVA DENTRO DE LAS ACTIVIDADES ESTATALES ... 652
1. *Las actividades del Estado* ... 652
2. *La actividad administrativa* ... 654

LIBRO QUINTO:

EL OBJETO DEL DERECHO ADMINISTRATIVO ... 659

Sección Primera: LA ADMINISTRACIÓN PÚBLICA Y EL DERECHO ADMINISTRATIVO ... 667

I. LA ADMINISTRACIÓN PÚBLICA COMO COMPLEJO DE ÓRGANOS ESTATALES ... 669
1. *La administración pública como conjunto de órganos de las personas jurídicas estatales y la distribución vertical del poder público* ... 669
A. *El Estado y las personas jurídicas estatales* ... 669
B. *La distribución y división del poder público* ... 669

C. *Las personas jurídicas estatales* 670

D. *La administración pública y las personas jurídicas estatales* 671

E. *La clasificación de las personas jurídicas en el derecho administrativo* 673

2. *La administración pública como complejo orgánico y la división horizontal del poder público* 674

A. *La penta división del poder público nacional y la Administración Pública nacional* 674

B. *La división de los poderes públicos estadales y municipales y la Administración Pública estadal y municipal* 675

II. LA ADMINISTRACIÓN PÚBLICA COMO ACTIVIDAD ADMINISTRATIVA 676

1. *La actividad administrativa realizada por órganos competentes conforme al principio de legalidad* 676

2. *La actividad administrativa como actividad de carácter sublegal conforme al principio de la formación del derecho por grados* 678

3. *La actividad administrativa y el ejercicio de la función administrativa dentro de las funciones del estado* 682

4. *La finalidad de la actividad administrativa, sus formas y las relaciones jurídico administrativas* 684

5. *La consecuencia de la actividad administrativa: la responsabilidad* 686

III. EL OBJETO DEL DERECHO ADMINISTRATIVO 687

Sección Segunda: EL PROCESO DE HUIDA Y DE RECUPERACIÓN DEL DERECHO ADMINISTRATIVO 688

I. LA HUIDA DEL RÉGIMEN GENERAL DE LA ORGANIZACIÓN ADMINISTRATIVA 690

II. LA LABORALIZACIÓN DEL RÉGIMEN DE LA FUNCIÓN PÚBLICA 696

III. LA APLICACIÓN DEL DERECHO ADMINISTRATIVO AL EJERCICIO DE LA FUNCIÓN ADMINISTRATIVA 701

IV. LA PENETRACIÓN DEL PODER LEGISLATIVO N LA FUNCIÓN ADMINISTRATIVA 703

V. LA PROYECCIÓN DEL DERECHO ADMINISTRATIVO HACIA ACTUACIONES DE PERSONAS JURÍDICAS O ESTATALES 705

VI. LA FÁCTICA "PRIVATIZACIÓN" DEL EJERCICIO DE ACTIVIDADES ADMINISTRATIVAS 708

VII. LA INEXISTENCIA DE ACTOS O DE CONTRATOS ESTATALES EXCLUSIVAMENTE DE DERECHO PRIVADO 712

VIII. LA PUBLICIZACIÓN PROGRESIVA DEL DERECHO PRIVADO 715

IX. LA CONFIGURACIÓN DEL RÉGIMEN DE LA RESPONSABILIDAD ADMINISTRATIVA 717

X. LA EXPANSIÓN DEL CONTENCIOSO ADMINISTRATIVO 719

Sección Tercera: UN PANORAMA GENERAL DEL DERECHO ADMINISTRATIVO 724

I. BASE CONSTITUCIONAL DEL DERECHO ADMINISTRATIVO 725
1. *La connotación orgánica de la Administración* 725
2. *La connotación material de la Administración* 727
3. *Administración Pública, derecho administrativo, personalidad jurídica* 728
4. *Encuadramiento del derecho administrativo y sus fuentes* 729

II. LA ORGANIZACIÓN ADMINISTRATIVA NACIONAL, ESTADAL Y MUNICIPAL 730
1. *Administración y federación* 730
2. *Potestad organizativa, reserva legal y delegación legislativa* 731
3. *Organización de la Administración Pública Nacional* 732
A. *Administración Central* 732
B. *Administración descentralizada* 733
4. *La "Administración Pública" del Estado Comunal paralela a la del Estado Constitucional* 734

III. EL PROCEDIMIENTO ADMINISTRATIVO 735

IV. EL ACTO ADMINISTRATIVO Y LOS RECURSOS EN VÍA ADMINISTRATIVA. 736

V. LOS CONTRATOS DEL ESTADO Y EL CONTRATO ADMINISTRATIVO 740
1. *Los contratos de interés público* 740
2. *La superada noción de "contratos administrativos"* 741
3. *El régimen constitucional sobre los contratos públicos* 743
4. *Las cláusulas obligatorias en los contratos públicos* 745
5. *La aprobación legislativa en materia de contratos públicos* 747
6. *El régimen legal de los contratos públicos* 748

VI. EL DERECHO ADMINISTRATIVO SANCIONADOR 749

VII. LA DISCRECIONALIDAD ADMINISTRATIVA 752

VIII. EL CONTROL JUDICIAL DE LA ADMINISTRACIÓN 753
1. *El control judicial de la constitucionalidad y legalidad de los actos estatales* 753
2. *La jurisdicción contencioso administrativa* 754
3. *Los diversos procesos contencioso administrativos en la Ley de 2010* 755
A. *Los procesos contencioso administrativos de las demandas patrimoniales* 756
B. *Los procesos contencioso administrativos de las demandas contra las vías de hecho administrativas* 758
C. *Los procesos contencioso administrativos de las demandas relativas a los servicios públicos* 758

D. *Los procesos contencioso administrativos de anulación de los actos administrativos* 759
E. *Los procesos contencioso administrativos contra las carencias administrativas* 762
F. *Los procesos contencioso administrativos de las controversias administrativas* 763
G. *Los procesos contencioso administrativos de interpretación de las leyes* 763
4. Acciones y demandas contencioso administrativas y los procedimientos..... 763
5. La protección contencioso administrativa de los intereses colectivos y difusos 764
6. El recurso al arbitraje en materia de contratos públicos 766
IX. OTRAS TÉCNICAS DE CONTROL DE LA ADMINISTRACIÓN 766
1. *El control político sobre la Administración* 766
2. *El control fiscal de la Administración* 768
X. LA RESPONSABILIDAD ADMINISTRATIVA 768
1. *La responsabilidad de los funcionarios públicos* 768
2. *La responsabilidad patrimonial de la Administración* 770
XI. EL SERVICIO PÚBLICO Y EL RÉGIMEN DE COMPETENCIA 772
1. *Principios constitucionales del sistema económico* 772
2. *La actividad administrativa y su incidencia en la esfera de los administrados* 773
3. *El régimen de los servicios públicos* 774
4. *La nacionalización de actividades económicas* 778
5. *La estatización de actividades económicas y el "sistema económico comunal"* 779
XII. LA FUNCIÓN PÚBLICA 784
XIII. EL URBANISMO, EL MEDIO AMBIENTE Y LA ORDENACIÓN DEL TERRITORIO 786
1. *Los derechos ambientales y la protección del medio ambiente* 786
2. *La política de ordenación del territorio y el régimen de la ordenación urbanística* 787
XIV. LOS BIENES PÚBLICOS 788

LIBRO SEXTO:

LA PERSONALIDAD JURÍDICA EN EL DERECHO ADMINISTRATIVO..... 791

Sección Primera: LAS CLASIFICACIONES DE LAS PERSONAS JURÍDICAS...... 793

I. LA CLASIFICACIÓN DE LAS PERSONAS JURÍDICAS EN LA CONSTITUCIÓN Y EN EL CÓDIGO CIVIL 793
   1. *La clasificación según las disposiciones del Código Civil*..... 793
   2. *Las clasificaciones según las disposiciones de la Constitución*..... 797
II. EL PROBLEMA DE LA CLÁSICA Y SUPERADA DISTINCIÓN ENTRE LAS "PERSONAS PÚBLICAS" Y LAS "PERSONAS PRIVADAS"..... 798
   1. *La interaplicación del derecho público y del derecho privado a los diversos sujetos de derecho*..... 800
   2. *La variedad de las formas jurídicas adoptadas para los sujetos de derecho*.. 801
   3. *La integración de los diversos sujetos de derecho a la organización del estado* 803
   4. *El sentido de las clasificaciones*..... 806
III. LOS CRITERIOS PARA LAS CLASIFICACIONES DE LAS PERSONAS JURÍDICAS EN EL DERECHO ADMINISTRATIVO..... 807
   1. *La distinción entre las personas jurídicas de derecho público y las personas jurídicas de derecho privado*..... 807
   2. *La distinción entre las personas jurídicas estatales y las personas jurídicas no estatales*..... 809

Sección Segunda: LAS PERSONAS JURÍDICAS DE DERECHO PÚBLICO Y LAS PERSONAS JURÍDICAS DE DERECHO PRIVADO..... 813

I. LAS PERSONAS JURÍDICAS DE DERECHO PÚBLICO 814
   1. *Las corporaciones de derecho público* 815
      A *Las comunidades públicas: las personas jurídicas de derecho público político territoriales* 815
         a. *La República*..... 817
         b. *Los Estados* 819
         c. *El Distrito Capital*..... 819
         d. *Los municipios*..... 822
         e. *Los distritos municipales*..... 823
            a'. *El régimen de los distritos metropolitanos y del Distrito Metropolitano de Caracas*..... 824
            b'. *El Distrito Municipal del Alto Apure*..... 825
         f. *Las parroquias* 826
      B. *Las comunidades indígenas*..... 826
      C. *Las comunidades religiosas: las iglesias* 827

D. *Las comunidades universitarias: las universidades nacionales y los institutos públicos de educación superior* 828
2 *Las corporaciones públicas* 830
A. *Los colegios o gremios profesionales* 830
B. *Las academias nacionales* 833
3. *Las asociaciones de derecho público* 834
A. *Las mancomunidades* 834
B. *Las personas asociativas intergubernamentales* 835
4. *Las instituciones de derecho público: establecimientos públicos institucionales o fundacionales* 835
A. *Los institutos autónomos* 836
B. *El Banco Central de Venezuela* 841
II. LAS PERSONAS JURÍDICAS DE DERECHO PRIVADO 843
1. *Las corporaciones de derecho privado (comunidades privadas)* 844
A. *Las comunidades universitarias privadas: las universidades privadas* 845
B. *Las comunidades políticas privadas: las organizaciones con fines políticos (partidos políticos)* 845
C. *Las comunidades laborales privadas: las organizaciones sindicales (sindicatos)* 849
2. *Las asociaciones de derecho privado* 852
A. *Las sociedades civiles* 852
B. *Las sociedades mercantiles* 859
3. *Las instituciones de derecho privado (base patrimonial): las fundaciones* 860

Sección Tercera: LAS PERSONAS JURÍDICAS ESTATALES 864
I. LAS PERSONAS JURÍDICAS DE DERECHO PÚBLICO ESTATALES 865
II. LAS PERSONAS JURÍDICAS DE DERECHO PRIVADO ESTATALES 866
1. *Las sociedades civiles del estado (nacionales)* 867
2. *Las sociedades mercantiles del estado* 867
A *Las empresas del estado* 867
B. *Petróleos de Venezuela s.a. (PDVSA)* 870
3. *Las fundaciones del Estado* 871
III. EL CONTROL ESTATAL SOBRE LAS PERSONAS JURÍDICAS ESTATALES: LA POTESTAD DE ADSCRIPCIÓN Y EL CONTROL DE TUTELA 872

LIBRO SÉPTIMO:

SOBRE EL RÉGIMEN GENERAL DE LA CONSTITUCIÓN DE 1999 COMO MARCO DEL DERECHO ADMINISTRATIVO EN VENEZUELA..... 875

Sección Primera: BREVE APROXIMACIÓN A LA HISTORIA CONSTITUCIONAL DE VENEZUELA 875

I. EL PERÍODO CONSTITUYENTE DEL ESTADO, COMO ESTADO INDEPENDIENTE Y AUTÓNOMO: 1811–1864 877
II. EL PERÍODO DE LA CONSOLIDACIÓN DEL ESTADO FEDERAL: 1864–1899 883
III. EL PERÍODO DE LA CENTRALIZACIÓN DEL ESTADO Y DE LA AUTOCRACIA: 1901–1945 886
IV. EL PERÍODO DE LA ESTRUCTURACIÓN DEL ESTADO DEMOCRÁTICO CENTRALIZADO DE DERECHO: 1945–1999 888
V. EL PERÍODO CONTEMPORÁNEO DE ESTADO CENTRALIZADO Y AUTORITARIO, DESDE 1999 CON OCASIÓN DE LA CONVOCATORIA DE UNA ASAMBLEA NACIONAL CONSTITUYENTE 893

Sección Segunda: ASPECTOS RELEVANTES DE LAS REFORMAS CONSTITUCIONALES INTRODUCIDAS EN LA CONSTITUCIÓN DE 1999 897

I. LA SUPREMACÍA Y LA IMPERATIVIDAD CONSTITUCIONAL 899
II. LA NUEVA DENOMINACIÓN DE LA REPÚBLICA COMO REPÚBLICA BOLIVARIANA DE VENEZUELA 902
III. LOS PRINCIPIOS Y FINES DEL ESTADO Y DEL ORDENAMIENTO JURÍDICO, Y LA FÓRMULA DEL ESTADO DEMOCRÁTICO Y SOCIAL DE DERECHO Y DE JUSTICIA 903
IV. LA CONTRADICTORIA FORMA DEL ESTADO: LA “FEDERACIÓN DESCENTRALIZADA” 906
V. LA SOBERANÍA POPULAR Y EL RÉGIMEN DEMOCRÁTICO 908
VI EL ESTATUTO DE LAS PERSONAS Y DE LOS CIUDADANOS 911
VII. EL RÉGIMEN CONSTITUCIONAL DEL TERRITORIO DE LA REPÚBLICA 914
VIII. EL RÉGIMEN DE LA SEGURIDAD Y DEFENSA DE LA NACIÓN 916
IX. RÉGIMEN CONSTITUCIONAL DE LA INTEGRACIÓN ECONÓMICA REGIONAL 919
X. EL RÉGIMEN TRANSITORIO EN LA CONSTITUCIÓN DE 1999 920
   1. *Las disposiciones transitorias de la Constitución aprobadas popularmente* ... 920
   2. *La ruptura del hilo constitucional por la Asamblea Nacional Constituyente al dictar unas disposiciones constitucionales transitorias no aprobadas por el pueblo* 921

Sección Tercera: ***ASPECTOS RELEVANTES DE LA CONSTITUCIÓN POLÍTICA*** 925

I. EL SISTEMA POLÍTICO 925
   1. *El derecho a la participación política* 926
   2. *El sistema electoral y la democracia representativa* 927
   3. *El sistema de partidos políticos y de asociación política* 929
   4. *El sistema de referendos y la democracia directa* 933
II. EL PODER PÚBLICO 935
   1. *La distribución vertical del Poder Público: Poder Público Nacional, Poder de los Estados o Poder Público Estadal, y Poder Público Municipal* 936
   2. *El régimen constitucional aplicado a todos los niveles del Poder Público* 937
   3. *La estructuración del llamado "Poder Popular" y de un "Estado Comunal" al margen de la Constitución* 945

Sección Cuarta: ***ASPECTOS RELEVANTES DE LA ORGANIZACIÓN POLÍTICO TERRITORIAL DEL ESTADO*** 950

I. LA ORGANIZACIÓN DEL PODER PÚBLICO NACIONAL 951
   1. *La penta división del Poder y la ausencia efectiva de independencia entre los Poderes* 951
   2. *El sistema presidencial de gobierno* 954
   3. *El Poder Legislativo Nacional: La Asamblea Nacional* 955
   4. *El Poder Ejecutivo Nacional* 959
   5. *El Poder Judicial* 961
      A. *Los principios de la justicia* 961
      B. *Las jurisdicciones en la Constitución* 963
      C. *Los principios de la carrera judicial* 964
      D. *El Tribunal Supremo de Justicia y sus atribuciones en el gobierno y administración del sistema judicial* 965
      E. *El Tribunal Supremo de Justicia y el problema de la autonomía e independencia del Poder Judicial* 967
   6. *El Poder Ciudadano* 974
   7. *El Poder Electoral* 976
II. LA ORGANIZACIÓN DEL PODER PÚBLICO ESTADAL 978
III. LA ORGANIZACIÓN DEL PODER PÚBLICO MUNICIPAL 982
IV. EL RÉGIMEN DEL DISTRITO CAPITAL Y DEL ÁREA METROPOLITANA DE CARACAS 984
V. EL PROBLEMA DEL ESTADO FEDERAL DESCENTRALIZADO CON UN MARCO CENTRALISTA 986

Sección Quinta: ASPECTOS RELEVANTES DE LA CONSTITUCIÓN SOCIAL Y DEL RÉGIMEN DE LOS DERECHOS Y GARANTÍAS 988

I. EL RÉGIMEN GENERAL DE LOS DERECHOS HUMANOS 989
II. EL RÉGIMEN GENERAL DE LAS GARANTÍAS CONSTITUCIONALES 991
III. LOS DERECHOS INDIVIDUALES 994
IV. LOS DERECHOS SOCIALES Y DE LAS FAMILIAS 997
V. LOS DERECHOS LABORALES 999
VI. LOS DERECHOS CULTURALES Y EDUCACIÓN 1000
VII. LOS DERECHOS AMBIENTALES 1001
VIII. LOS DERECHOS DE LOS PUEBLOS INDÍGENAS 1002
IX. LA GARANTÍA JUDICIAL DE LOS DERECHOS Y GARANTÍAS CONSTITUCIONALES: EL AMPARO CONSTITUCIONAL Y EL HABEAS DATA 1004
  1. *La universalidad del amparo: derechos y garantías protegidos y actos lesivos de particulares y de autoridades* 1005
  2. *Las formas de ejercicio del derecho de amparo: acción autónoma de amparo y pretensión de amparo acumulada a otras acciones judiciales* 1010
  3. *La acción de habeas data* 1012
X. LOS PROBLEMAS DE LA CONSTITUCIÓN SOCIAL, EL PATERNALISMO ESTATAL Y LA JUSTICIABILIDAD DE LOS DERECHOS 1014

Sección Sexta: ALGUNOS ASPECTOS RELEVANTES DE LA CONSTITUCIÓN ECONÓMICA 1017

I. PRINCIPIOS DEL SISTEMA ECONÓMICO 1018
II. EL RÉGIMEN DE LOS DERECHOS ECONÓMICOS 1019
  1. *La libertad económica* 1019
  2. *El derecho de propiedad* 1020
  3. *El régimen de la intervención del Estado en la economía* 1021
  4. *Los problemas de una Constitución económica concebida para el estatismo* 1024
III PRINCIPIOS CONSTITUCIONALES SOBRE LA ECONOMÍA PÚBLICA. 1025
  1. *El régimen tributario* 1025
  2. *El régimen fiscal y económico del Estado* 1027
  3. *El régimen de los bienes públicos* 1028
IV. LOS INTENTOS DE REFORMA CONSTITUCIONAL PARA ESTABLECER UN SISTEMA ECONÓMICO SOCIALISTA EN LA CONSTITUCIÓN 1029
  1. *Las propuestas de cambio del sistema económico en la rechazada Reforma Constitucional de 2007* 1029
  2. *El establecimiento de un sistema de economía comunal o socialista mediante ley en 2010* 1035

Sección Séptima: LOS SISTEMAS DE PROTECCIÓN Y GARANTÍA DE LA CONSTITUCIÓN ... 1040

I. LA GARANTÍA JUDICIAL DE LA CONSTITUCIÓN: EL SISTEMA DE JUSTICIA CONSTITUCIONAL ... 1040

1. *Aspectos de la justicia constitucional* ... 1041
   - A. *La competencia judicial* ... 1041
   - B. *El control difuso de la constitucionalidad de las leyes* ... 1042
   - C. *El control concentrado de la constitucionalidad de las leyes: la Jurisdicción Constitucional* ... 1043
2. *Las competencias del Tribunal Supremo de Justicia en materia de justicia constitucional: la Jurisdicción Constitucional* ... 1044
   - A. *La potestad anulatoria por inconstitucionalidad* ... 1044
   - B. *El control previo de la constitucionalidad de actos estatales* ... 1045
   - C. *La revisión obligatoria de la constitucionalidad de los Decretos de Estado de Emergencia* ... 1046
   - D. *El control de constitucionalidad de las leyes por omisión* ... 1046
   - E. *El control de la constitucionalidad de las leyes mediante la declaración de colisión* ... 1048
   - F. *La resolución de controversias constitucionales entre los órganos del Poder Público* ... 1049
   - G. *La revisión de las sentencias dictadas por los tribunales de instancia en cuestiones de constitucionalidad* ... 1049
   - H. *El recurso autónomo para la interpretación abstracta de la Constitución* ... 1051
3. *El Tribunal Supremo como supremo intérprete de la Constitución* ... 1054

II. EL RÉGIMEN DE LOS ESTADOS DE EXCEPCIÓN ... 1055

1. *Los estados de excepción* ... 1055
2. *El Decreto de estado de excepción* ... 1056
3. *La restricción de las garantías constitucionales* ... 1056
4. *La garantía del normal funcionamiento de los Poderes Públicos* ... 1057
5. *El control de los decretos de estados de excepción* ... 1057

III. LA RIGIDEZ CONSTITUCIONAL Y EL RÉGIMEN DE LA REVISIÓN DE LA CONSTITUCIÓN ... 1058

1. *Las Enmiendas Constitucionales* ... 1059
2. *Las Reformas Constitucionales* ... 1060
3. *La Asamblea Nacional Constituyente* ... 1061
4. *La utilización fraudulenta del procedimiento de Reforma Constitucional: el caso de la rechazada reforma constitucional de 2007* ... 1062
5. *La utilización fraudulenta del procedimiento de enmienda constitucional: el caso de la Enmienda Nº 1* ... 1063

REFLEXIÓN FINAL:

SOBRE EL DERECHO ADMINISTRATIVO Y LA DEMOCRACIA 1065

Sección Primera: EL DERECHO A LA DEMOCRACIA ENTRE LAS NUEVAS TENDENCIAS DEL DERECHO ADMINISTRATIVO COMO PUNTO DE EQUILIBRIO ENTRE LOS PODERES DE LA ADMINISTRACIÓN Y LOS DERECHOS DEL ADMINISTRADO (2008) 1065

Sección Segunda: DERECHO ADMINISTRATIVO Y LA DEMOCRACIA A LOS 100 AÑOS DE LA CÁTEDRA DE DERECHO ADMINISTRATIVO (2009) 1086

ÍNDICE GENERAL 1095

www.ingramcontent.com/pod-product-compliance
Lightning Source LLC
LaVergne TN
LVHW080100011026
849160LV00013B/995
* 9 7 8 9 8 0 3 6 5 2 0 6 7 *